本书出版获以下资助，谨致谢忱！

1. 2022年度国家社会科学基金重点项目“广东粤闽客三大方言语音特征系统分层实验研究”(22AYY010)
2. 广东省高水平大学建设经费
3. 中央高校基本科研业务费专项资金(23JNSYS02)
4. 岭南数字人文实验室
5. 暨南大学潮州文化研究院
6. 暨南大学2024年度学院重大成果培育资助计划-文学院
7. 暨南大学一流研究生课程《语音学与音系学》
8. 面向中文系语言学系列课程的语音及语言信息处理虚拟仿真实验

汉语方言声调图谱

上册

刘新中◎著

中国·广州

图书在版编目（CIP）数据

汉语方言声调图谱. 上册 / 刘新中著. -- 广州 : 暨南大学出版社, 2024. 12. -- ISBN 978-7-5668-4093-6

Ⅰ. H17-64

中国国家版本馆 CIP 数据核字第 20248P33N5 号

汉语方言声调图谱（上册）

HANYU FANGYAN SHENGDIAO TUPU （SHANG CE）

著　者：刘新中

出 版 人：阳　翼
策划编辑：姚晓莉
责任编辑：姚晓莉
责任校对：刘舜怡　梁玮浈
责任印制：周一丹　郑玉婷

出版发行：暨南大学出版社（511434）
电　　话：总编室（8620）31105261
营销部（8620）37331682　37331689
传　　真：（8620）31105289（办公室）　37331684（营销部）
网　　址：http://www.jnupress.com
排　　版：广州市新晨文化发展有限公司
印　　刷：深圳市新联美术印刷有限公司
开　　本：787mm × 1092mm　1/16
印　　张：33.75
字　　数：800 千
版　　次：2024 年 12 月第 1 版
印　　次：2024 年 12 月第 1 次
定　　价：598.00 元（全二册）

编写说明

汉语方言丰富而复杂，声调是汉语最为重要的标识之一，声调的实验研究可以很好地挖掘分析语言学的深层次问题，对深入描写声调语言、探索人类语言的特征和语言类型具有重要的意义。

《汉语方言声调图谱》由暨南大学汉语方言研究中心刘新中教授团队历时30多年编著而成，由暨南大学出版社在刘复《四声实验录》出版100周年之际出版。

该书是历史上第一次全面系统展示汉语方言声调声学模型的专著，分为上、下两册，按照《中国语言地图集》（2012）的分区安排内容，版面字数共168万字，彩色印刷，同步制作“汉语方言声调图谱数据库”。它全面系统地记录、展示了汉语10大方言174个方言小片535个方言点的单字调声学模式及其今声调调域分布情况，并在此基础上初步探讨了汉语各大方言声调的总体特征。

全书所涉及的方言情况如下：

上册是官话方言，主要包括北京官话2个大片，东北官话3个大片，冀鲁官话3个大片，胶辽官话3个大片，中原官话8个大片，秦陇官话6个大片，兰银官话4个大片，江淮官话3个大片，西南官话6个大片。

下册是非官话方言，包括晋方言8个大片，吴方言6个大片，闽方言8个大片，客家方言8个大片，粤方言7个大片，湘方言5个大片，赣方言9个大片，徽州方言5个大片，平话、土话等其他方言12种。

该书利用声调图谱展示汉语方言声调的调型模式，系统反映了汉语方言声调的调类、调值的基本特征和类型，由此可进一步探索汉语方言声调整体而系统的语音特征。

该书利用现代声学技术和系统数据的方法，系统描写汉语方言单字调的声学模型，客观说明汉语方言声调的调型，用可视化的形式呈现汉语方言声调的系统特点，提供了一个直观观察声调的参照镜像，对提炼展示中华有声文化的特征性标识，具有不可替代的作用，对于深入、全面了解汉语整体的语音特点、汉语教学、汉语人工智能工程等都具有现实的参考价值和指导作用。

该书充分发掘作为中国有声文化精髓的声调的主要特征，向世界展示了一个包括所有汉语方言分片的大汉语声调的全貌，全景式展示了整体汉语的声调系统，对于世界上众多声调语言的研究具有示范效应，很好地凸显了中国语言学所表现的中华优秀传统文化的当代价值、世界意义。

刘新中

2024年6月

序

刘新中教授让我为他的鸿篇巨著《汉语方言声调图谱》写序，真是诚惶诚恐。我抱着学习的态度，看了他发给我的电子版书稿，并在后记中看到，这本书从数据整理到出版超过30年，编写的由头是为了纪念刘复先生《四声实验录》出版100周年，以一个全景式的汉语方言声调图谱，表达对刘复、赵元任等前辈先贤的纪念。

33年前，吴宗济先生在《汉语声调研究的两个发展阶段：一千四百年/七十年——为刘复大师百年诞辰纪念而作》中，“不惮辞费”总结了距今一千四百多年来汉语声调研究的历史进程，指出中国学者对汉语声调的认识直到20世纪二三十年代，有了刘复、赵元任、王力诸位大师，道出了声调的原理，奠定了汉语四声的测量方法，对四声的认识模糊不清的局面，才告结束。在声调研究转折点的几位关键人物中，“尤以刘复先生的功绩最为突出。他不但阐明了声调的音理，实际测量了多处汉语方言字调的频率，还发明创制了实验和测算的精密仪器，使不少同道和后学者受益匪浅，成为划时代的汉语声调研究科学化的奠基人”。

中国社会科学院语言研究所的语言科学博物馆至今依然珍藏着刘复（刘半农）先生使用过的浪纹计，以及他从巴黎留学回国后，为了配合浪纹计测量声调而发明的乙一、乙二声调推断尺。百年前刘复先生的《四声实验录》宣布了汉语“四声”只是频率高低的差别，成为人们告别旧的声调知识而跃进到新的知识的“分水岭”。刘复先生用浪纹计得到声音波形，计算音高并换算成对数，用12个半音表示音高，最后得到声调曲线，并测量了12个汉语方言点的声调曲线。在20世纪三四十年代，王力先生的《博白方音实验录》，罗常培先生的《临川音系》以及其他一些声调实验著作，都是采用刘复先生的声调计算方法，对不同汉语方言和民族语言进行的声调实验研究。

赵元任先生除了调查多种汉语方言之外，更注重调查连续话语中的声调变化。1930年，赵元任先生在巴黎国际语音学会IPA会刊 *Le Maître Phonétique* 上发表了一篇名为 *A System of Tone-Letters* 的文章，提出了对汉语声调进行正规化描写的五度制系统，该系统至今我们仍在汉语方言和少数民族语言声调和语调研究中使用。与此同时，他指导吴宗济先生设计、改装电动浪纹计，以提高声调分析的效率和精度。1937年，为了改进分析声调的仪器，赵元任先生派吴宗济先生去上海找中央研究院物理研究所的丁西林所长，研制电动画调器。但因抗战，此工作停顿了下来。中华人民共和国成立后，在中国科学院语言研究所罗常培先生力主和吴宗济先生的指导下，林茂灿先生于1959年终于研制出“音高显示器”，并开展了单音节声调，两音节、三音节和四音节变调的实验研究。要想用“音高显示器”得到音高曲线和波形，必须配以双线示波器，用一种底片平移的照相机拍摄，然后冲洗，不能实时得到所要的音高曲线，还是不够方便。中国社会科学院语言研究所成立后，从1978年开始，林茂灿先生等又采用数字计算机提取基频，研究两字组变调，汉语声调研究从此从模拟电路时代进入数字计算时代。

方言学界通过对中国方言区的大规模音系调查，对汉语声调进行了比较全面的描写，但大多数仅限于调查者的五度值记音；语音学界用实验语音学手段来分析和描写汉语声调的方法也在不断进步，研究者提出了各种声调规整的方法，但还没有一项研究是按照汉语方言分区对声调进行系统的分析和描写。刘新中教授的这部《汉语方言声调图谱》可以说是填补了国内声调研究的空白，他能够几十年耕耘不辍来完成这样一项吃苦功的工作，让我十分敬佩。

该书为语言学研究者提供了丰富的汉语方言声调数据。我本人正在开展语调类型学研究，这些单字调的基本数据资料对我们研究连续语流中的声调变化模式和语调模式，有非常重要的参考价值。我相信其他从事语言学、语音学，甚至言语工程研究的学者都会受益匪浅。

是为序。

李爱军
中国社会科学院语言研究所
2024 年 7 月

凡 例

本书主要以可视化的声学模式，呈现汉语方言声调的全貌。

语料主要来源于以下四个方面：一是作者30多年的调查录音；二是侯精一主编的《现代汉语方言音库》（以下简称《音库》）中的音系例字；三是中国语言资源保护工程采录展示平台（以下简称“语保”）上已上传的声调例字的音频；四是通过同学、朋友补录的字音。主要调查例字见附录。如果没有语保材料的支持，就个人而言是无法完成这个宏大的任务的，因此，本书能够出版，实在是有赖于这个大时代集体劳动成果的汇集。

全书覆盖了汉语10大方言174个方言小片535个方言点的单字调情况。用声学模式展示这些方言的单字调系统、今声调调域分布范围，以期系统、全景式地展示汉语方言的声调。

下面是本书结构和内容的说明。

1. 本书的方言分区

本书的方言分区参照《中国语言地图集》（2012）的分类，稍作调整的是将“中原官话B”叫作“秦陇官话”，将平话、土话以及其他系属未定的方言放在同一章。

2. 各章节的安排

每一章的内容均按照大的方言－方言片－方言小片来排列：①介绍方言片和选点；②展示各方言点的图谱并描写调类调值；③介绍方言片声调的总体特征；④汇编方言点的调类调值；⑤列出主要参考文献。

以第3章“冀鲁官话”为例说明如下：

3.1 保唐片

  3.1.1 涞阜小片

  3.1.2 定霸小片

  3.1.3 天津小片

  3.1.4 蓟遵小片

  3.1.5 滦昌小片

  3.1.6 抚龙小片

3.2 石济片

  3.2.1 赵深小片

  3.2.2 邢衡小片

  3.2.3 聊泰小片

3. 声调实验及声调声学模式图说明

声调实验最重要的基础是方言学的调查。步骤如下：

（1）声音采集：采集合适的声音。

（2）标注：声调承载段与该音节的韵母绑定，声调标在每个音节的韵母部分。原始录音主要按照古音四声八调的类标注，阴平 1a、阳平 1b、阴上 2a、阳上 2b、阴去 3a、阳去 3b、阴入 4a、阳入 4b。

（3）调值分析：分析每一类的今读调值，对调值进行初步归类。

（4）确定调类：核实每个声调的调值，确定调类。

（5）展示调域分布范围：根据调值给出每个调类的调域分布范围。

（6）测算调类均值：根据今调域分布算出每个调类的均值。

（7）根据调类均值出图：一是等长图，二是实长图，调值确定主要依据实长图。图中标出的是今调类，也是阴平 1a、阳平 1b、阴上 2a、阳上 2b、阴去 3a、阳去 3b、阴入 4a、阳入 4b，与原始录音标注的对象不同。八种标号不敷使用时，就增加相应的符号，比如广州话加上阴平 1aa、下阴平 1ab、上阴入 4aa、下阴入 4ab，琼雷闽语加长入 4c。

（8）图中的线条和标记，在同一章中尽量保持一致，标记总原则是平声用方框“□”，上声用三角“△”，去声用圆圈“○”，入声用十字“+”，再根据需要丰富这些标记符号。线条的颜色和粗细，只标明大类，没有特别的含义。

有两点特别需要强调一下：一是音高单位，虽然个别声调调型图保留了对数值，但我们主要使用的是赫兹值，因为多数的音高都在 300Hz 以下，经过归一化处理，赫兹值的结果与对数值的结果差别不大。二是带有拱度调型的调值描写，尽可能参考已有的调类描写，但是也有一部分，直接记录了发音人的实际读音。这个情况，还有待今后感知实验来最终确定。

我们根据这些归一化了的声学模式图，概括这个方言点的单字调系统；同时也初步描写根据现有材料得出的今调类分布范围。需要特别说明的是，调域分布范围和均值图并不对等，具体的调值分布也会因个别声调特别高而使得其他调类分布范围变窄。

这些概括和归纳、描写，限于目前的语音数据，难免有疏漏，还请各方言区的方言专家批评指正。

4. 图谱所反映的声调的主要特征

根据调类、调值的情况，每个方言区在图谱之后，初步概括该方言区声调的主要特点，重点是共时层面的说明，也涉及一些演变上的问题。最后一章，因为涉及不同方言，就不再讨论。这些概括有的是前人研究的成果，我们会在行文中注明。

5. 图谱所选方言点的调类调值对照表

每一章末尾均以表格形式集中列出已有研究的调类和调值，一般是本书所涉方言点的调类调值，但是为了参考，也有一些不在本书中的方言点的数据。调值对应的是共时的声调调值，并不强调与古调类的对应，读者需要结合方言点共时声调系统的调类－调值关系来观察。所有数据均标注来源。

6. 参考文献

每一章最后都列出重要的基础文献，这些文献大致分为两类：一是史语所专刊与集刊、语言地图集、方言地图集等相对集中的材料；二是有关方言点的已有著述。因笔者视野所限，或许会漏掉一些重要的文献，也恳请方家指正。

目　录

1　北京官话

根据《中国语言地图集》（2012），北京官话主要分布在北京、河北、辽宁、内蒙古等省市区。北京官话分为2个片，下面是本书在这2个片中的选点，如表1－1所示。

表1－1　北京官话的分片选点

片	小片	方言点	序号
京承片	京师小片	北京西城	1－1
	怀承小片	北京怀柔	1－2
		廊坊广阳（河北）	1－3
		河北滦平	1－4
		承德平泉（河北）	1－5
朝峰片	朝峰小片	赤峰红山（内蒙古）	1－6
		辽宁朝阳	1－7

1.1 京承片

1.1.1 京师小片

北京西城

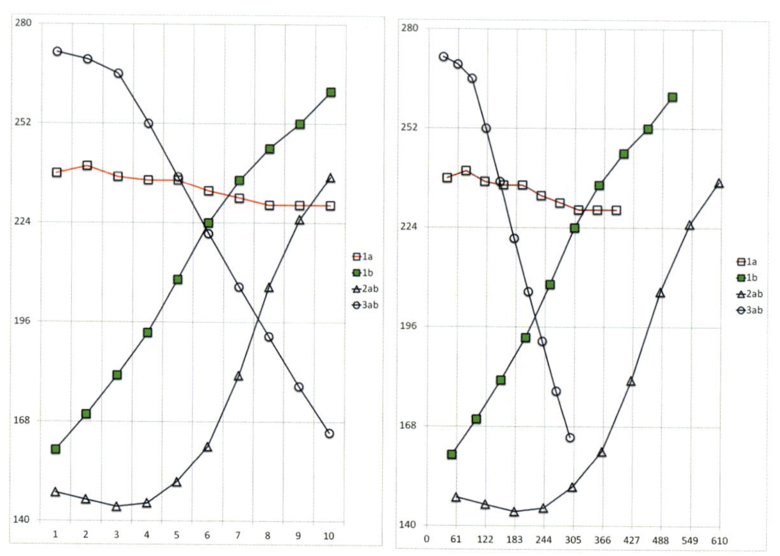

图 1－1a 单字调等长、实长音高模式－北京西城－OM

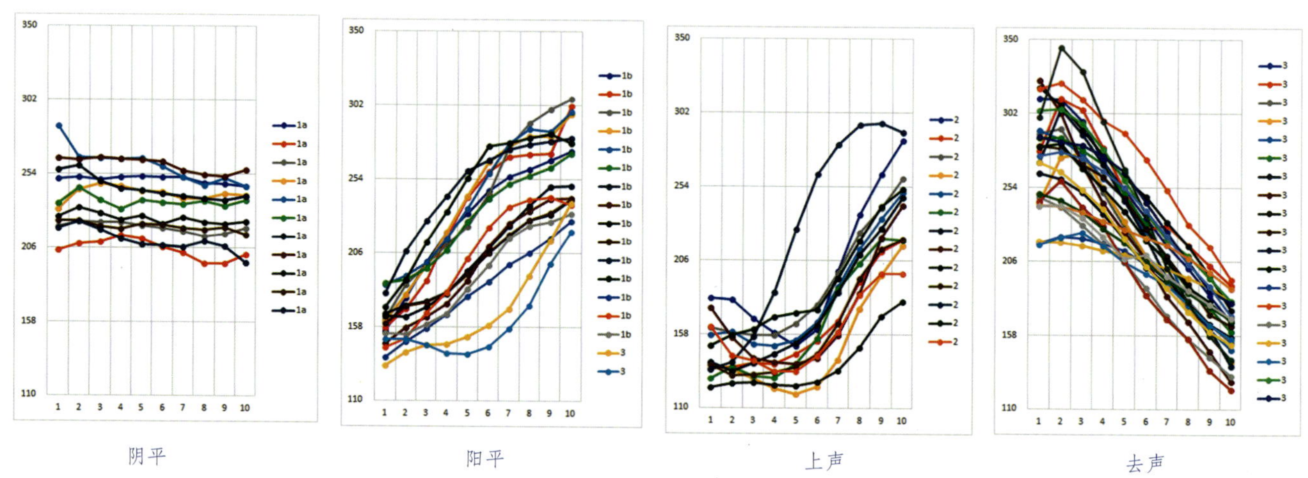

图 1－1b 今声调调域分布范围－北京西城－OM

老男的声调有 4 个（见图 1－1a）：

阴平 44、阳平 15、上声 114、去声 51。

今调域的分布情况（见图 1－1b）：

阴平主要在 33～44 之间；阳平主要在 13～24 之间；上声主要在 112～214 之间；去声在 31～52 之间。

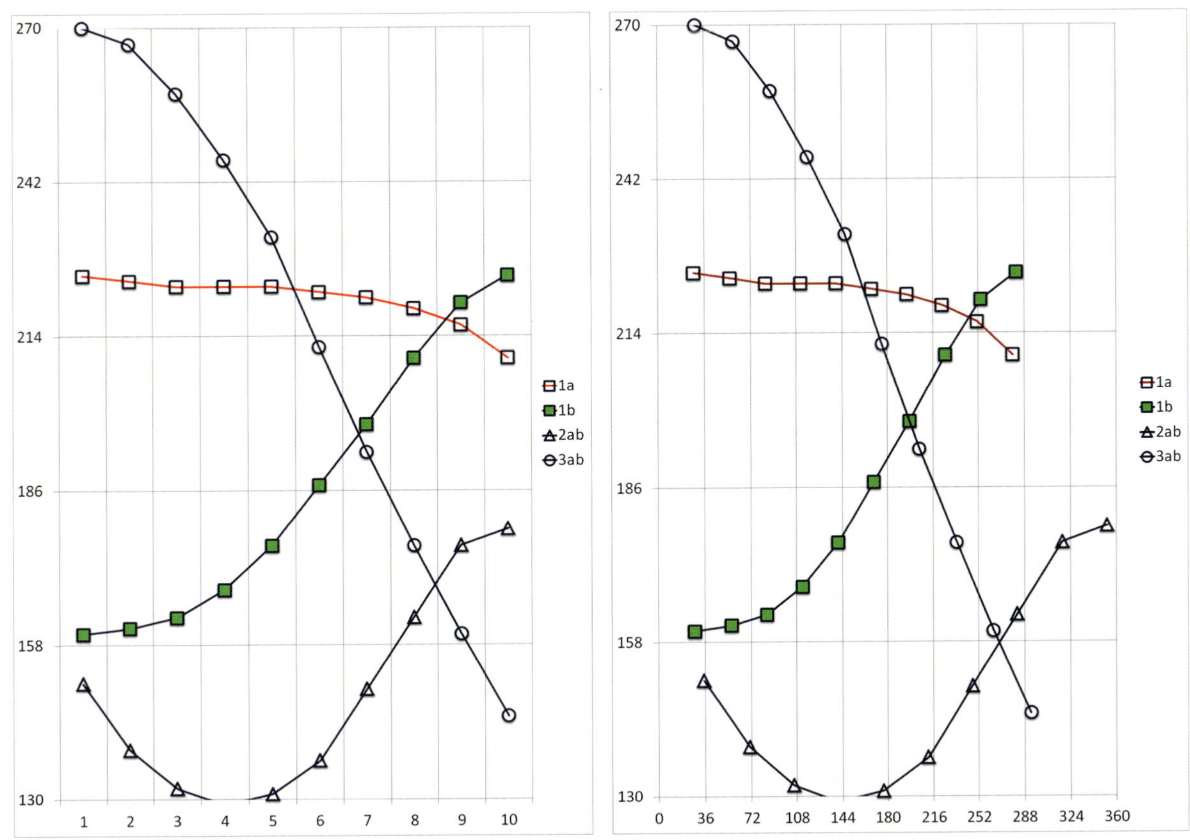

图 1－1c 单字调等长、实长音高模式－北京西城－YM

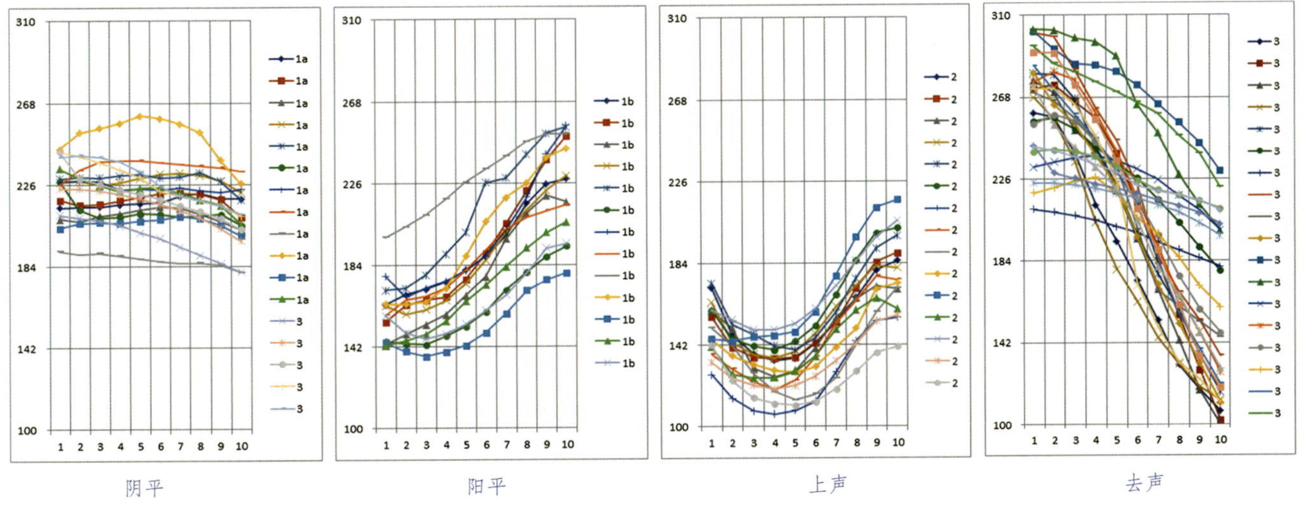

图 1－1d 今声调调域分布范围－北京西城－YM

青男的声调有 4 个（见图 1－1c）：

阴平 44、阳平 24、上声 213、去声 51。

今调域的分布情况（见图 1－1d）：

阴平主要在 33～44 之间，不一定是一个完全平直的调型；阳平主要在 23～24 之间；上声主要在 212～213 之间；去声主要在 31～54 之间。

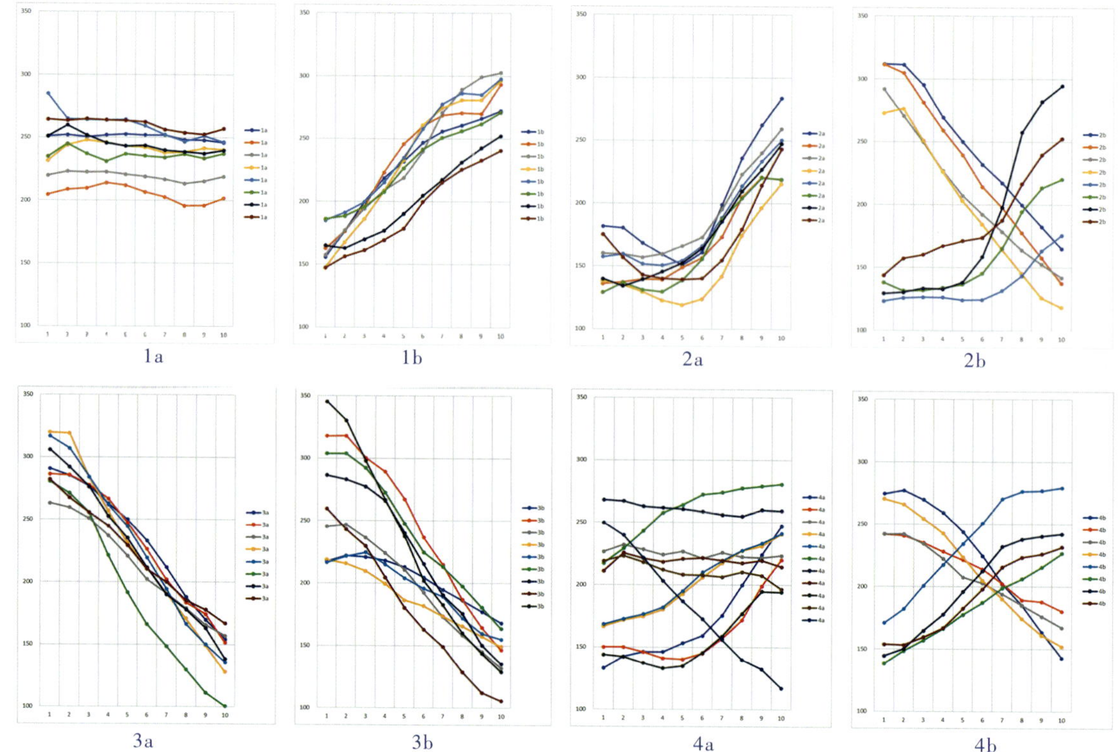

图 1－1e　古四声今读的概貌－北京西城－OM

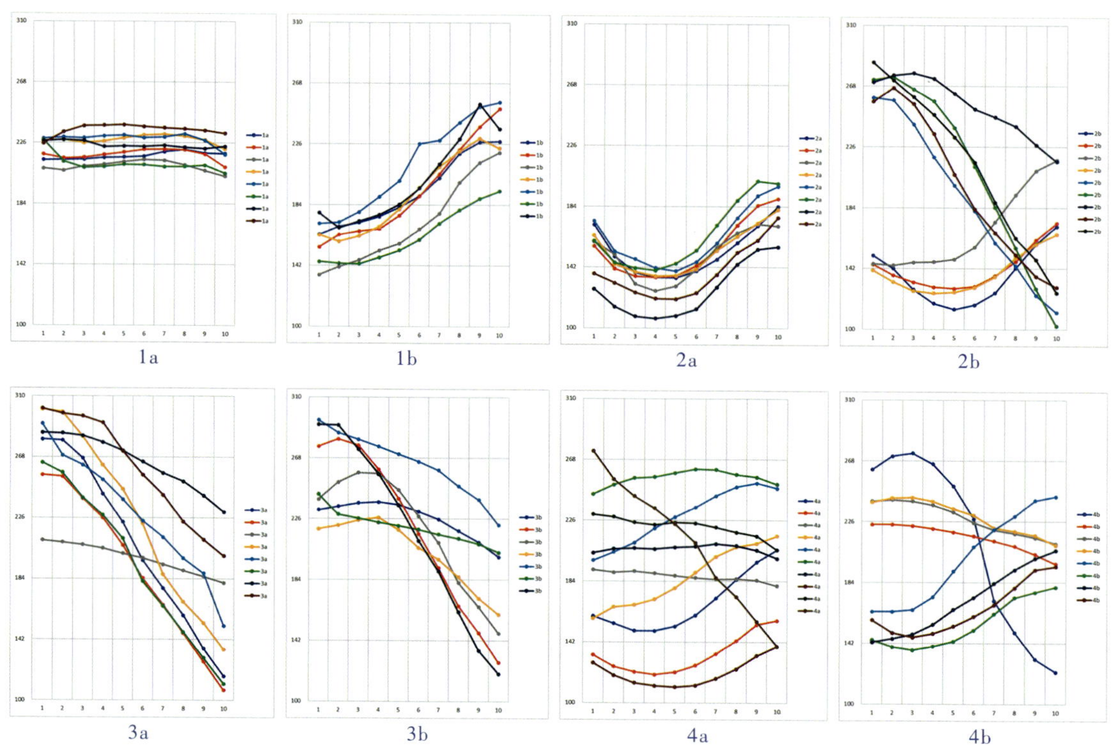

图 1－1f　古四声今读的概貌－北京西城－YM

图 1－1e 和图 1－1f 是北京西城老男、青男单字调例字的古四声今读情况，主要的对应规律是：平分阴阳；阴上今读上声，浊上分别归入今上声和今去声；古去声今读去声，较为一致；古清入字今归派到阴阳上去四声，浊入字主要归阳平和去声。

1.1.2 怀承小片

1. 北京怀柔

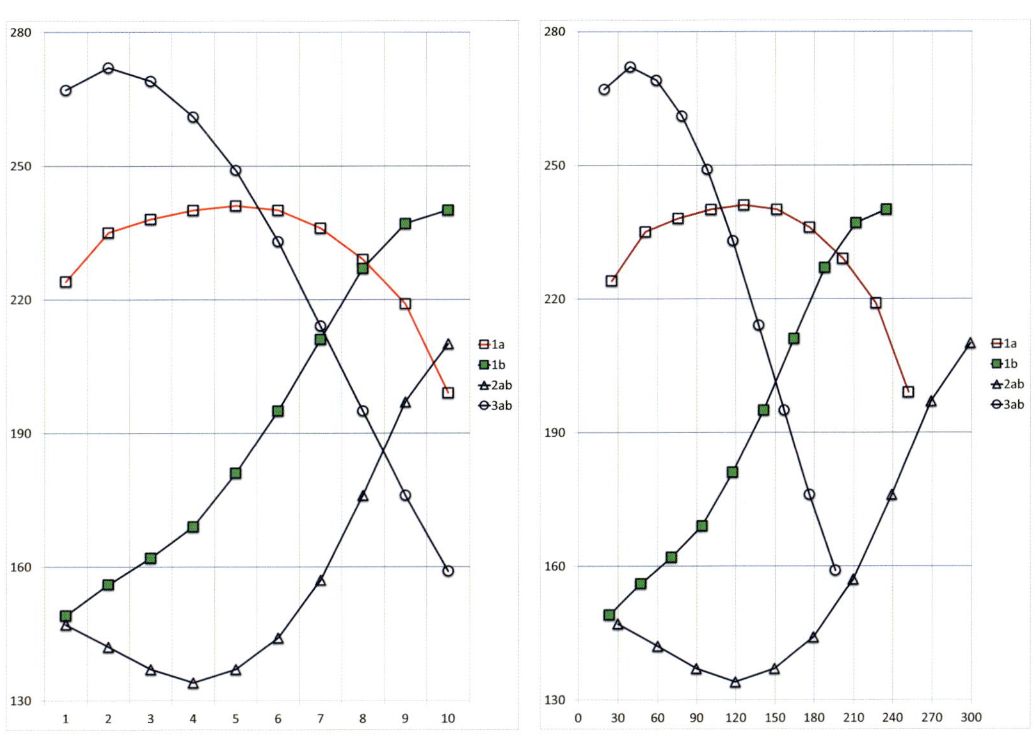

图 1 －2a　单字调等长、实长音高模式 －北京怀柔 －OM

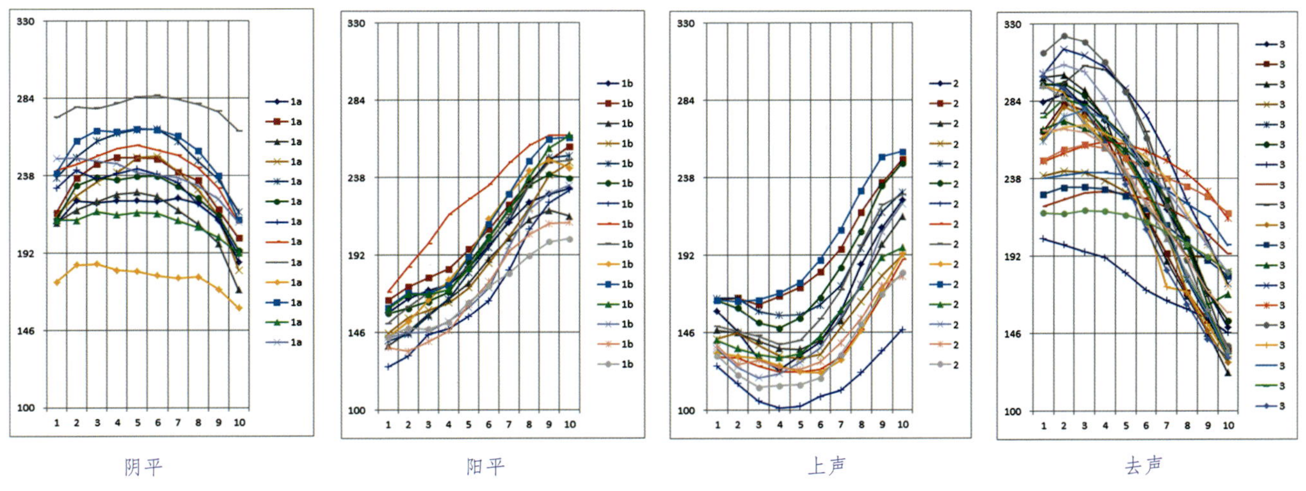

图 1 －2b　今声调调域分布范围 －北京怀柔 －OM

老男的声调有 4 个（见图 1 －2a）：

阴平 443、阳平 14、上声 213、去声 51。

今调域的分布情况（见图 1 －2b）：

阴平主要在 33 ~44 之间；阳平主要在 23 ~24 之间；上声主要在 212 ~224 之间；去声主要在 31 ~52 之间。

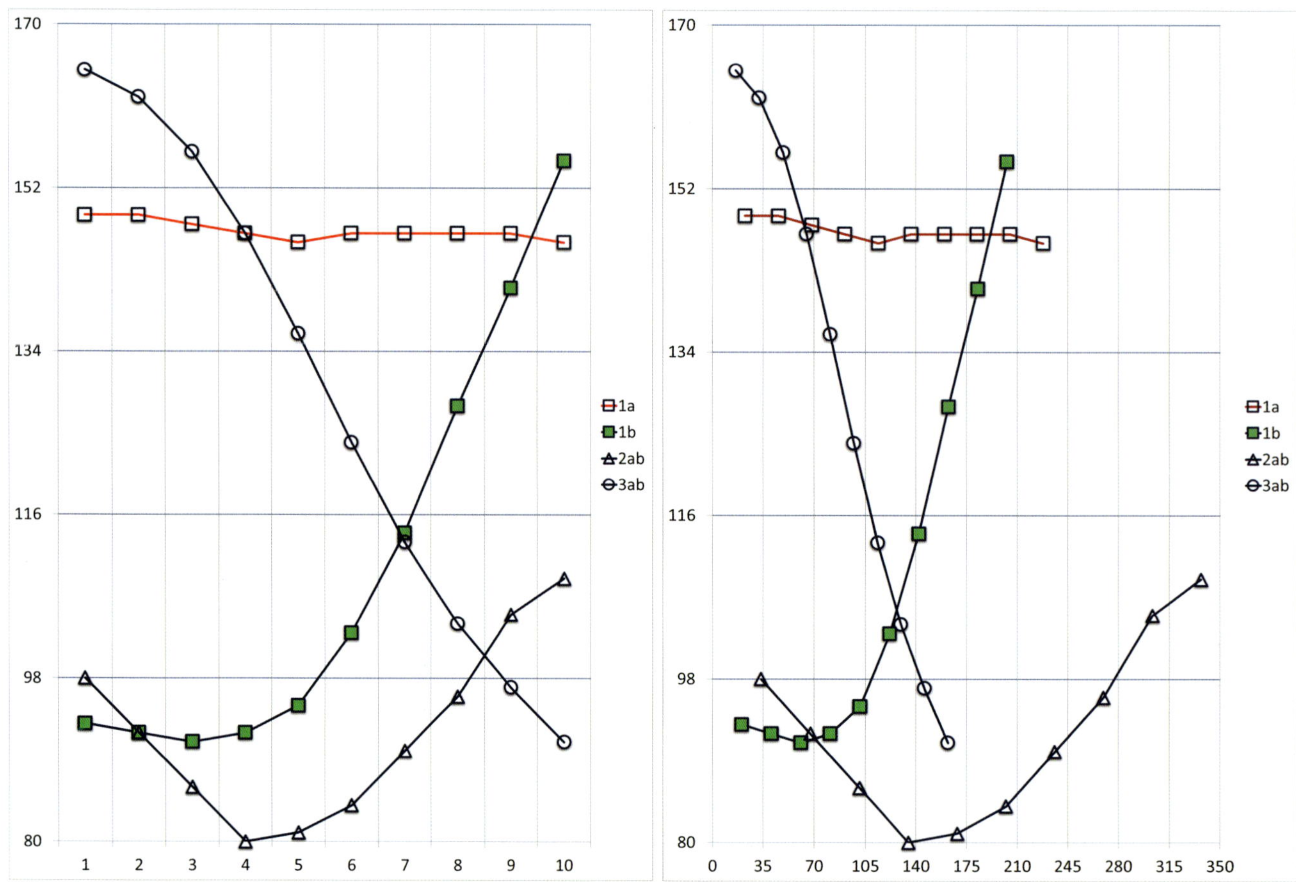

图 1－2c　单字调等长、实长音高模式－北京怀柔－YM

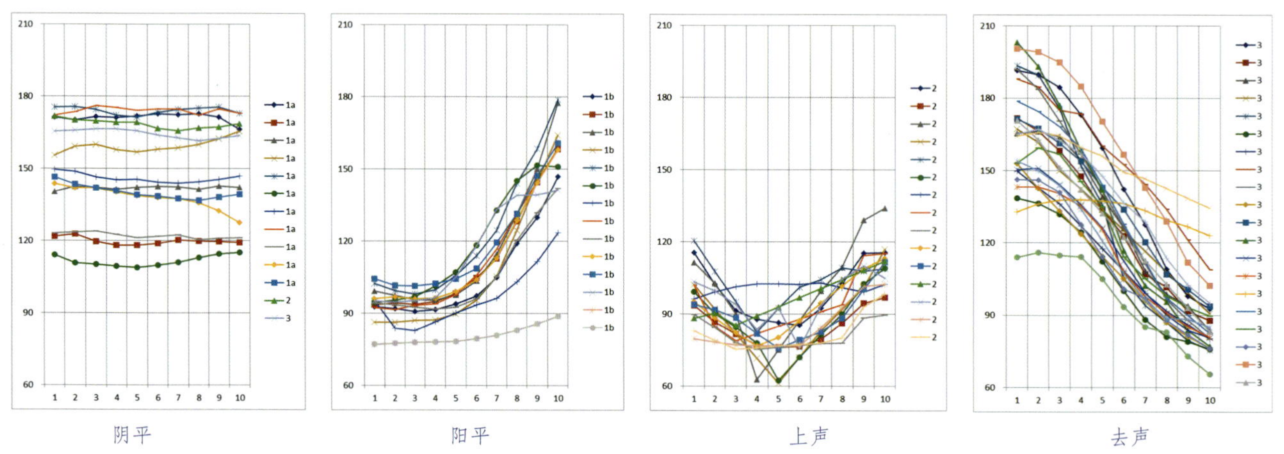

图 1－2d　今声调调域分布范围－北京怀柔－YM

青男的声调有 4 个（见图 1－2c）：

阴平 44、阳平 114、上声 212、去声 51。

今调域的分布情况（见图 1－2d）：

阴平主要在 22～44 之间；阳平主要在 12～24 之间；上声主要在 212 的范围；去声在 21～53 之间。

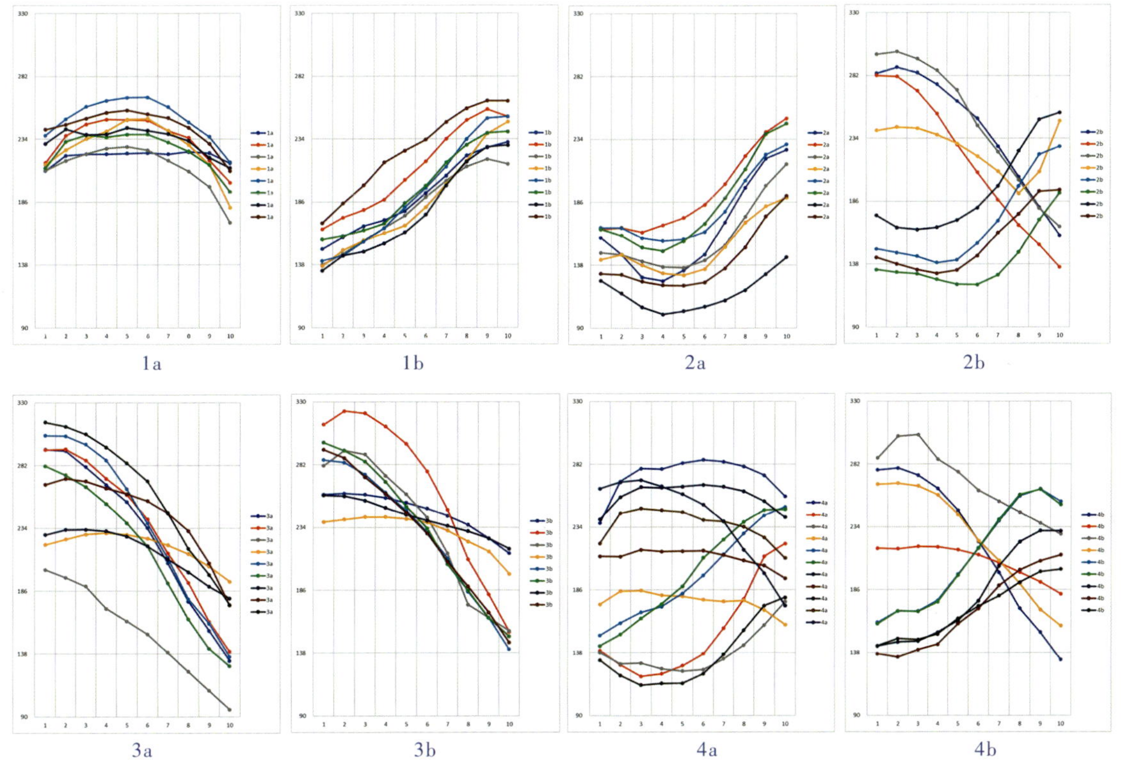

图 1－2e　古四声今读的概貌－北京怀柔－OM

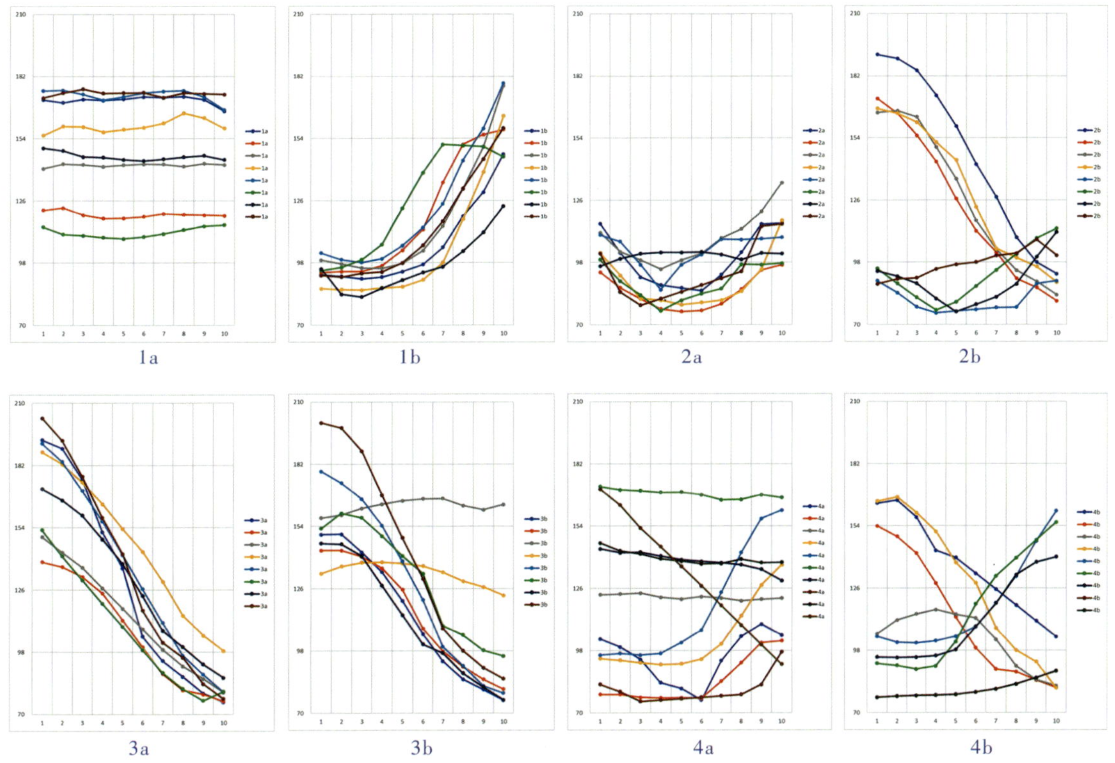

图 1－2f　古四声今读的概貌－北京怀柔－YM

图 1－2e 和图 1－2f 是北京怀柔老男、青男单字调例字的古四声今读情况，主要的对应规律是：平分阴阳；阴上今读上声，浊上分别归入今上声和今去声；古去声今读主要是去声；古清入字今归派到阴阳上去四声，浊入字主要归阳平和去声。

2. 廊坊广阳

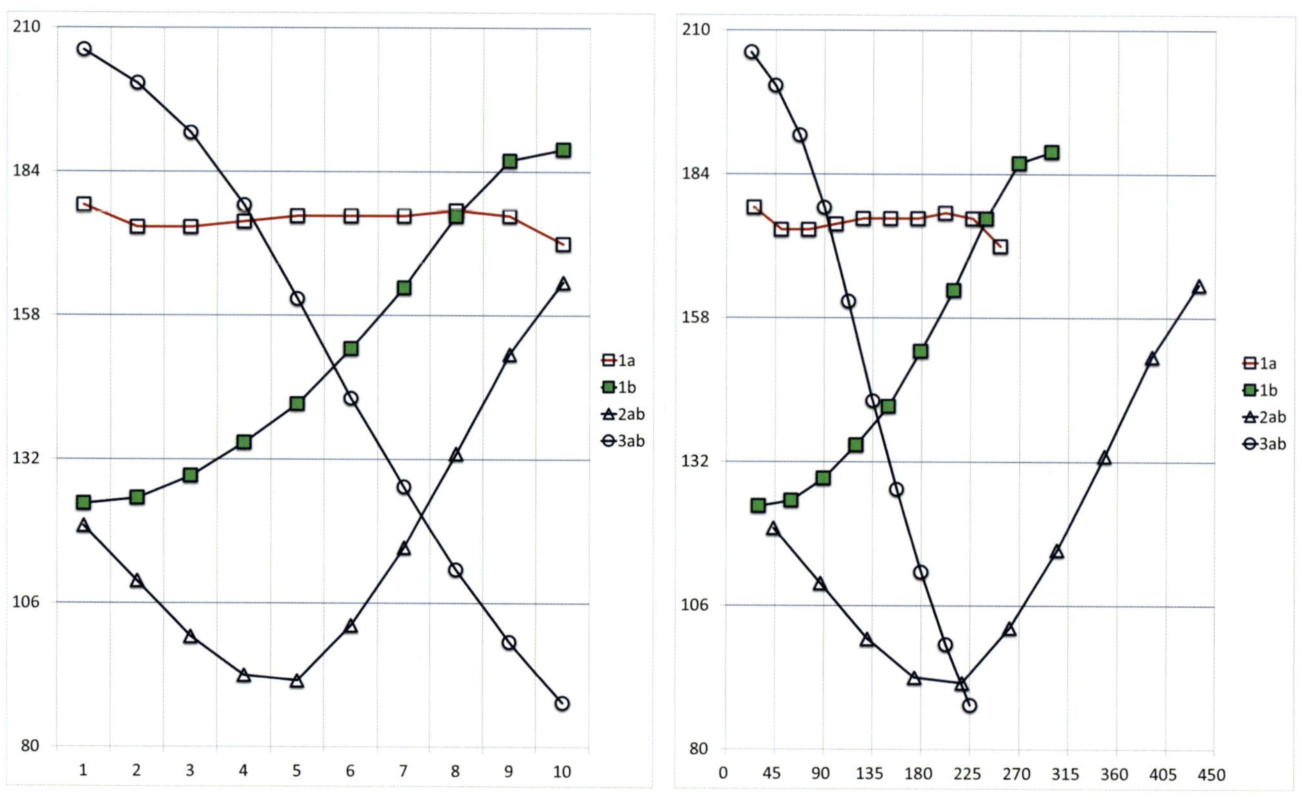

图1－3a 单字调等长、实长音高模式－廊坊广阳－OM

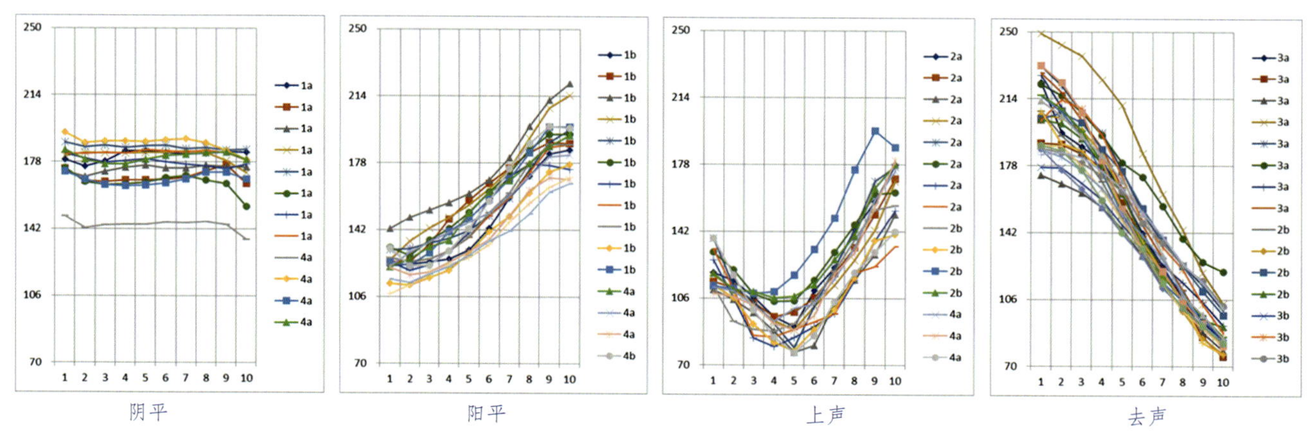

图1－3b 今声调调域分布范围－廊坊广阳－OM

老男的声调有4个（见图1－3a）：

阴平44、阳平25、上声214、去声51。

今调域的分布情况（见图1－3b）：

阴平主要在33～44之间；阳平主要在23～35之间；上声主要在213的范围；去声在31～52之间。

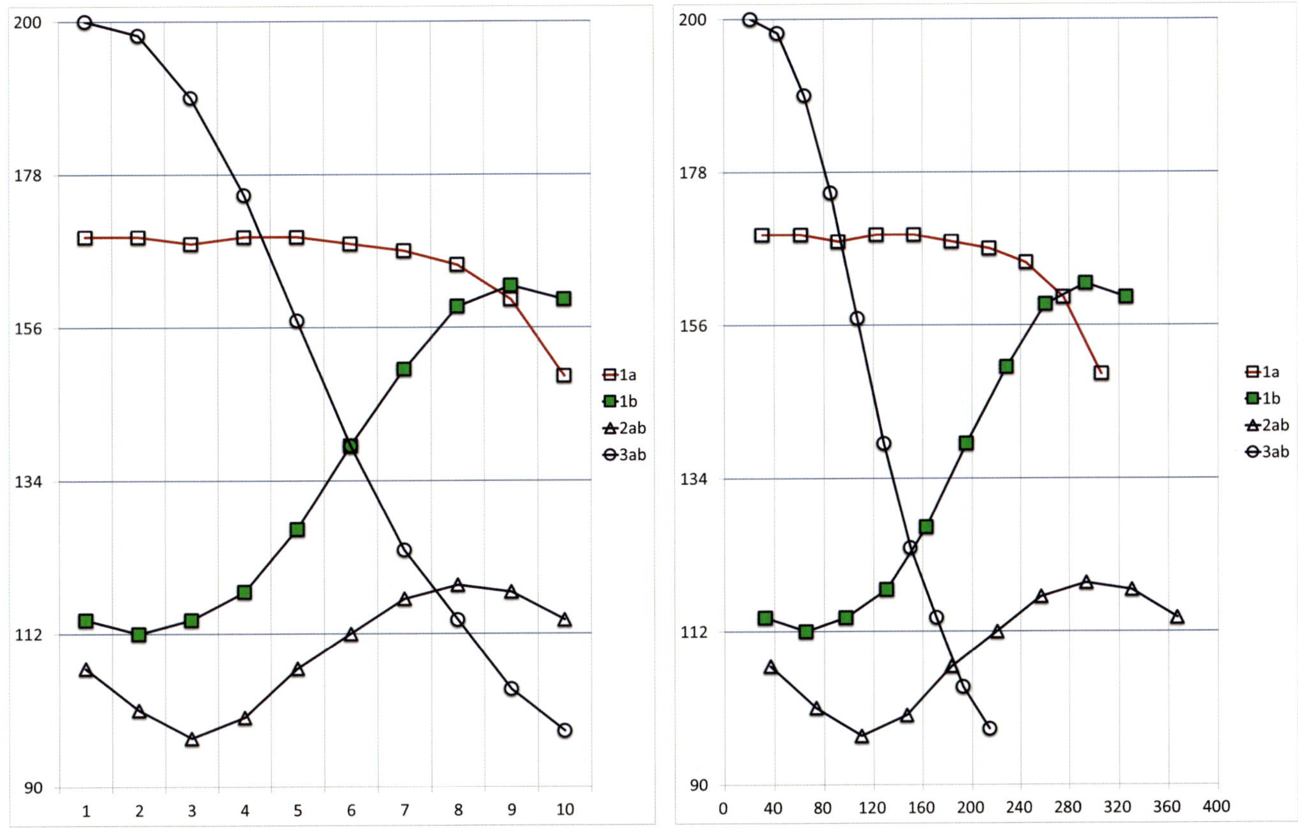

图 1－3c　单字调等长、实长音高模式－廊坊广阳－YM

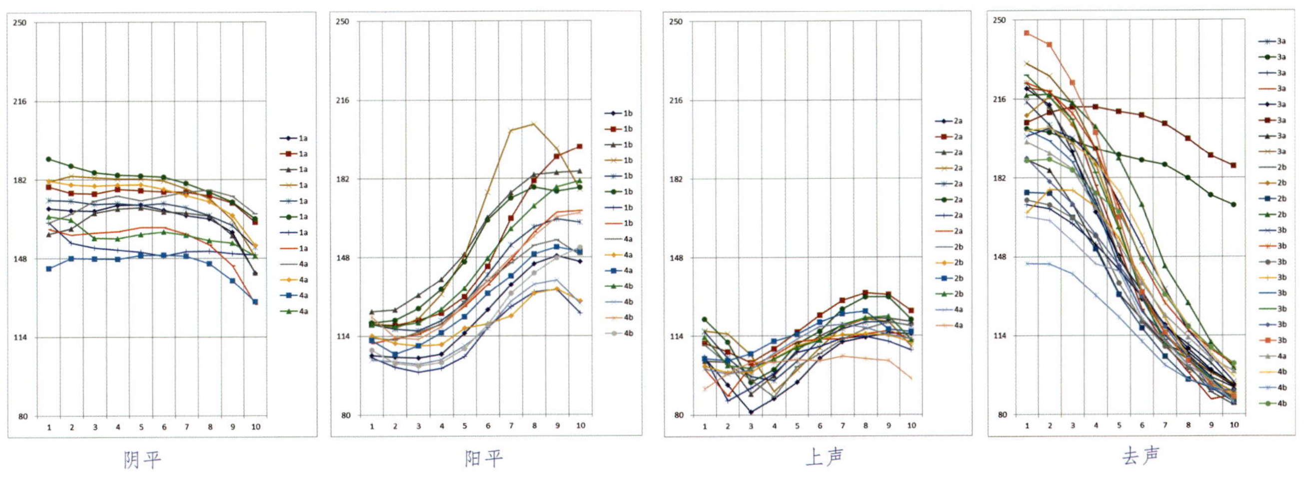

图 1－3d　今声调调域分布范围－廊坊广阳－YM

青男的声调有 4 个（见图 1－3c）：

阴平 44、阳平 24、上声 212、去声 51。

今调域的分布情况（见图 1－3d）：

阴平主要在 33～44 之间；阳平主要在 12～24 之间；上声主要在 212 的范围；去声主要在 31～51 之间。

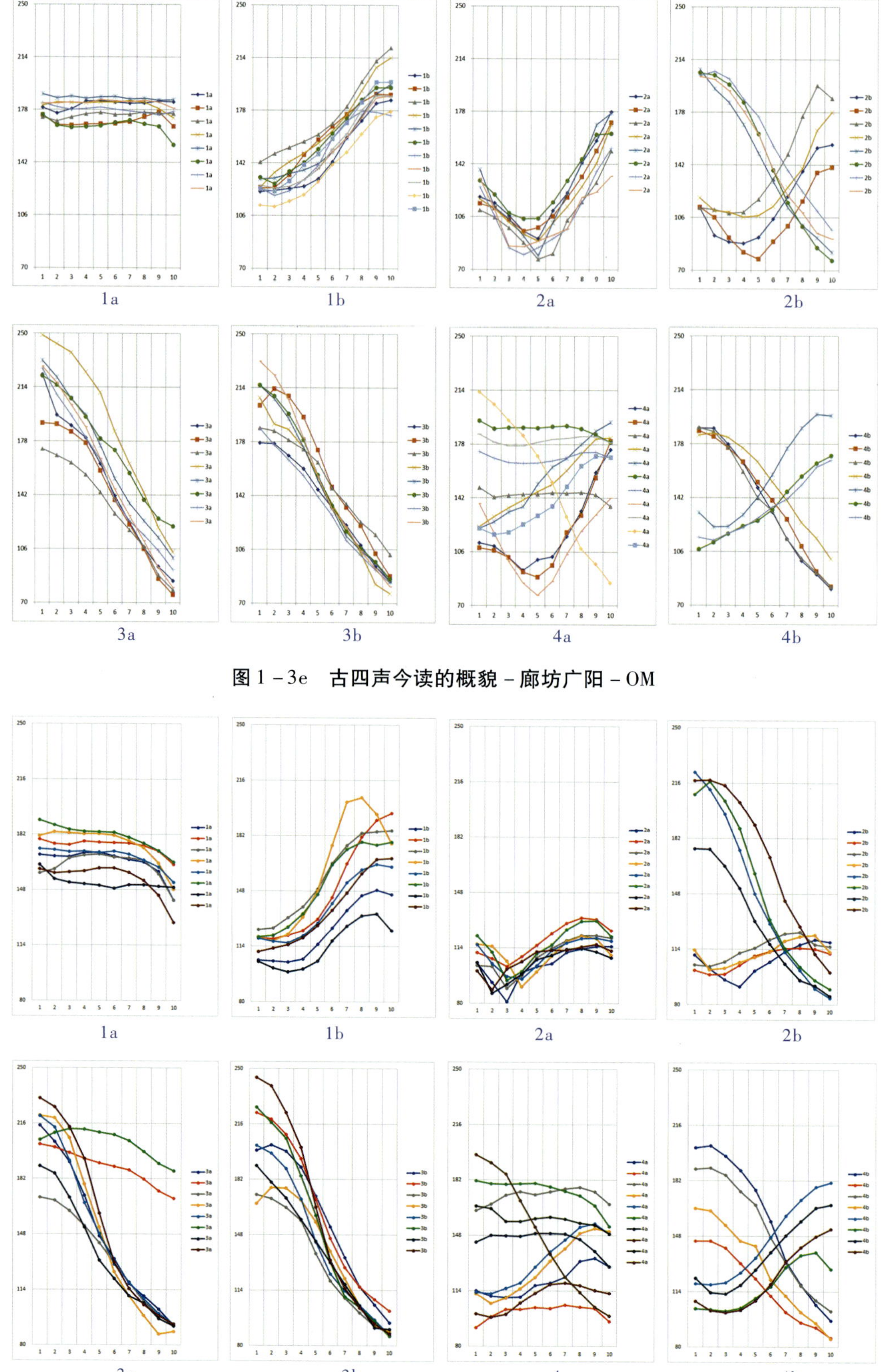

图 1－3e　古四声今读的概貌－廊坊广阳－OM

图 1－3f　古四声今读的概貌－廊坊广阳－YM

图 1－3e 和图 1－3f 是廊坊广阳老男、青男单字调例字的古四声今读情况，主要的对应规律是：平分阴阳；阴上今读上声，浊上分别归入今上声和今去声；古去声今读去声，较为一致；古清入字今归派到阴阳上去四声，浊入字主要归阳平和去声。

3. 河北滦平

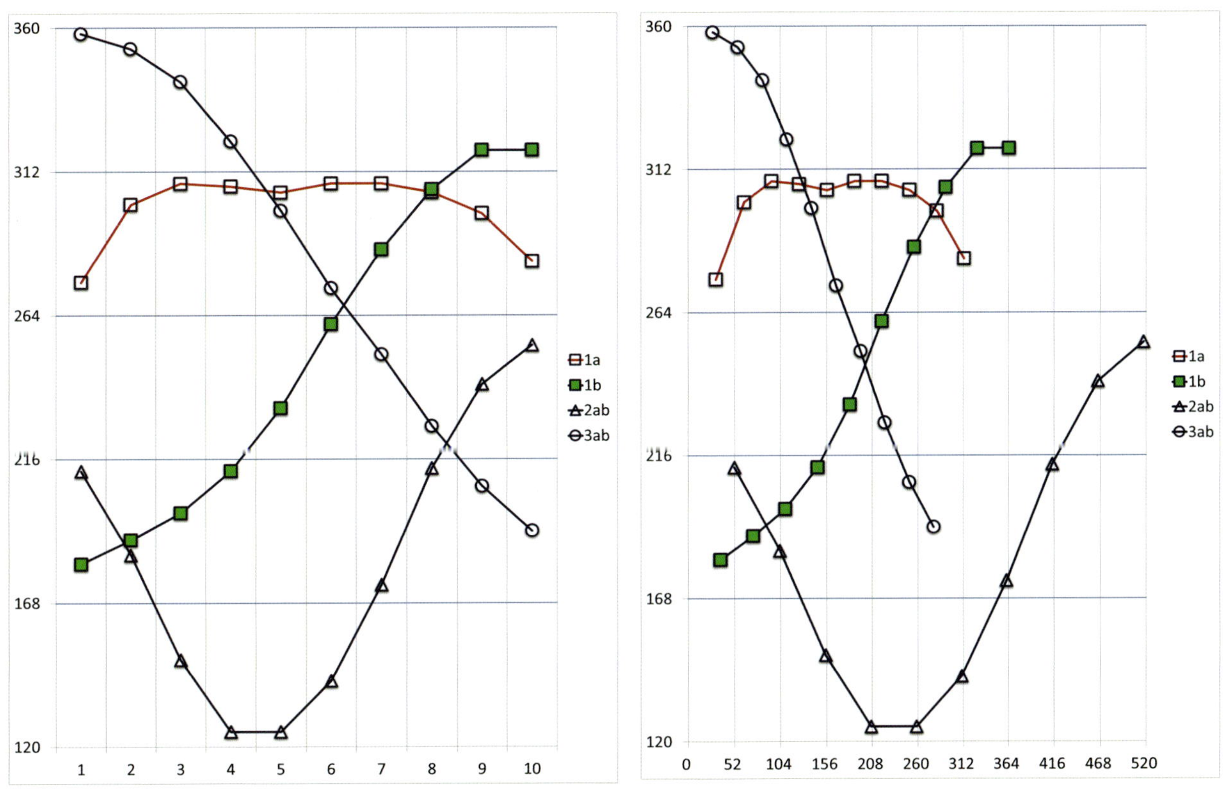

图 1－4a　单字调等长、实长音高模式－河北滦平－OM

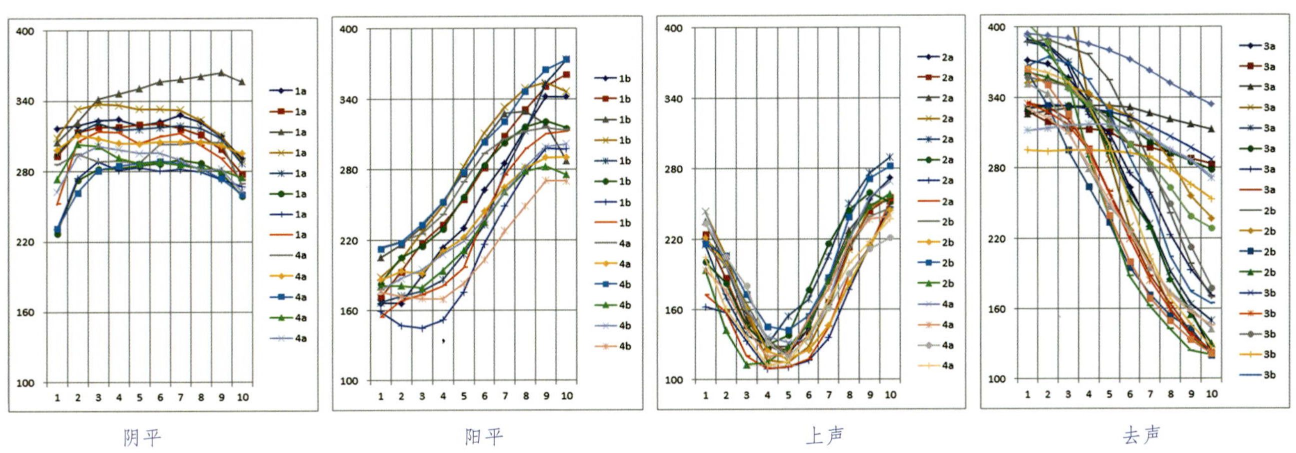

图 1－4b　今声调调域分布范围－河北滦平－OM

老男的声调有 4 个（见图 1－4a）：

阴平 44、阳平 25、上声 213、去声 52。

今调域的分布情况（见图 1－4b）：

阴平主要在 44 的范围；阳平主要在 24～35 之间；上声主要在 213～314 之间；去声主要在 41～53 之间。

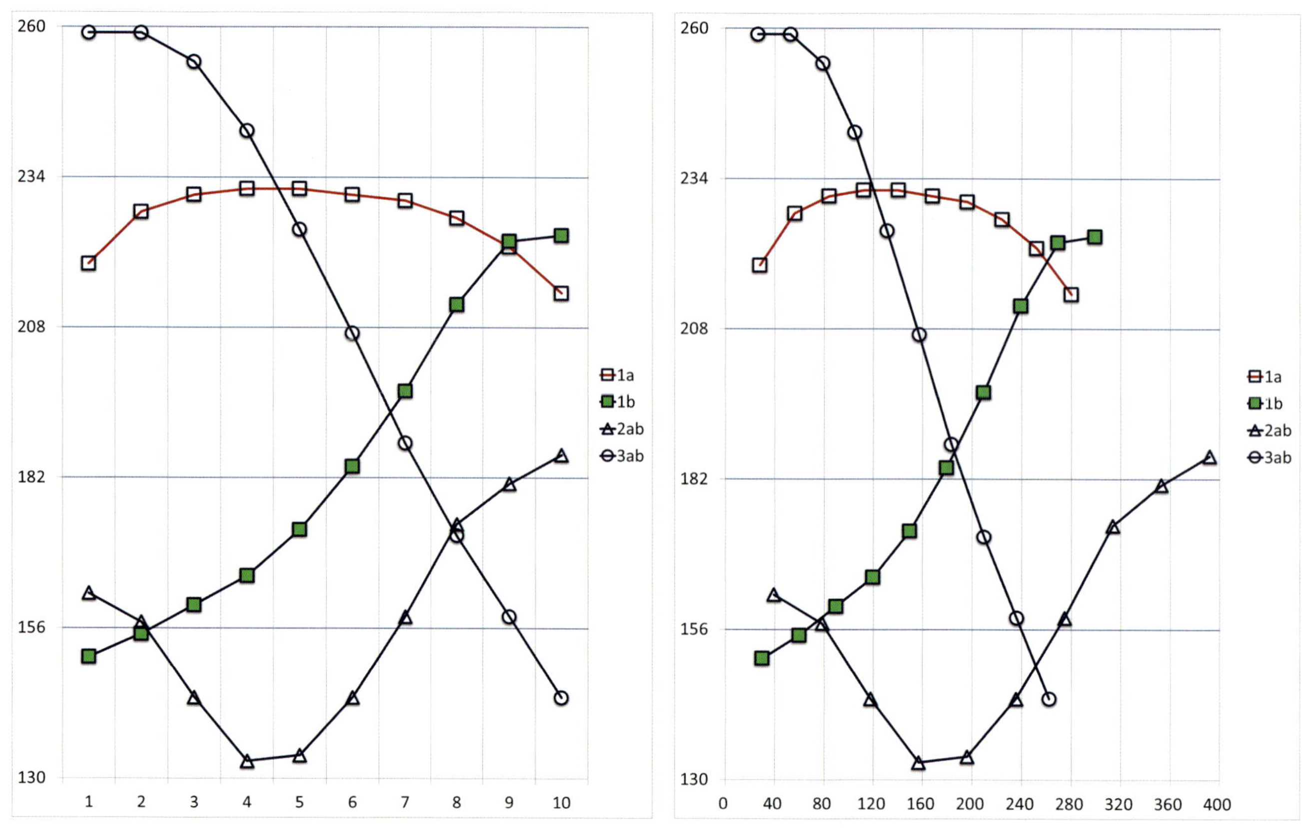

图 1 –4c　单字调等长、实长音高模式 – 河北滦平 – YM

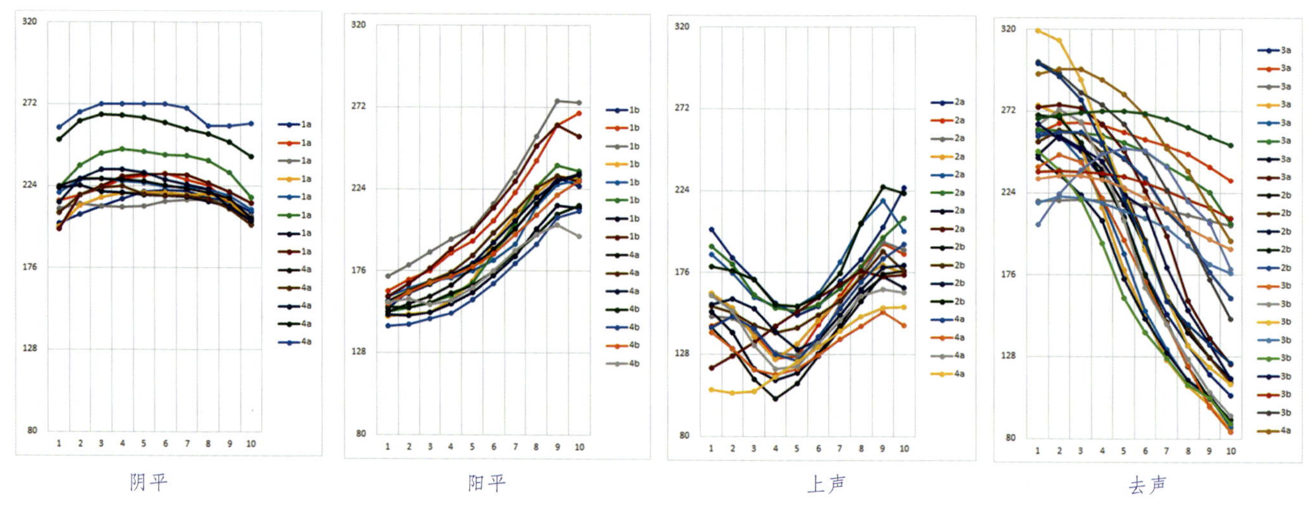

图 1 –4d　今声调调域分布范围 – 河北滦平 – YM

青男的声调有 4 个（见图 1 –4c）：

阴平 44、阳平 24、上声 213、去声 51。

今调域的分布情况（见图 1 –4d）：

阴平主要在 33 ~44 之间；阳平主要在 23 ~24 之间；上声主要在 213 ~323 之间；去声主要在 41 ~53 之间。

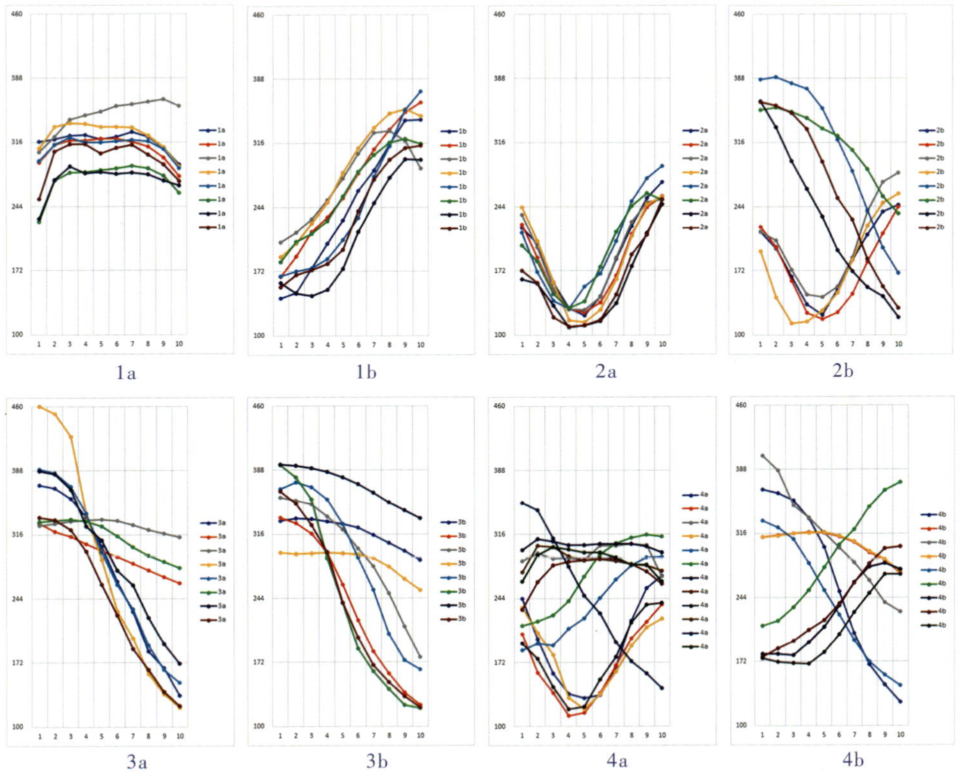

图 1 - 4e　古四声今读的概貌 - 河北滦平 - OM

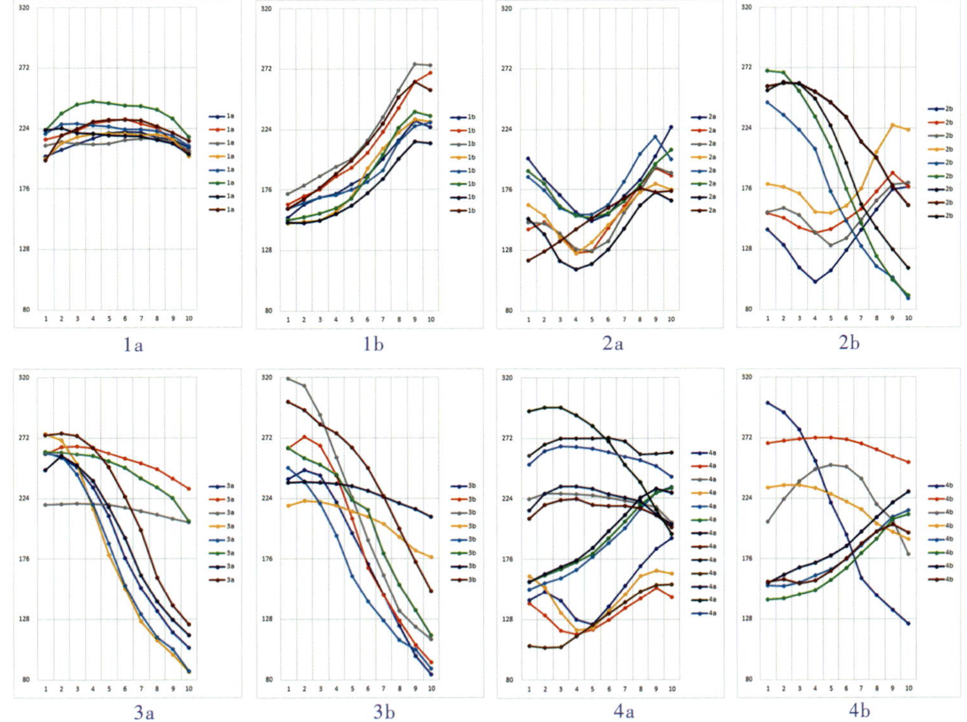

图 1 - 4f　古四声今读的概貌 - 河北滦平 - YM

图 1 - 4e 和图 1 - 4f 是河北滦平老男、青男单字调例字的古四声今读情况，主要的对应规律是：平分阴阳；阴上今读上声，浊上分别归入今上声和今去声；古去声今读去声，同为高降，有的是 51，有的是 54、53；古清入字今归派到阴阳上去四声，浊入字主要归阳平和去声。

4. 承德平泉

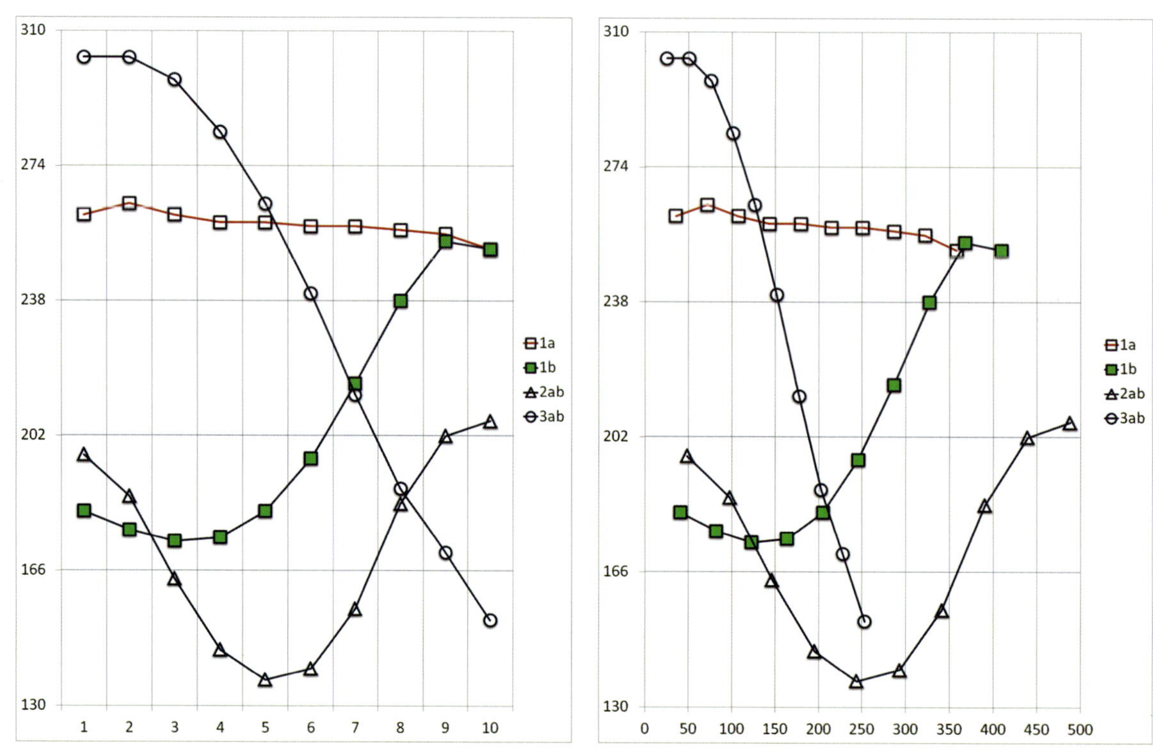

图 1－5a　单字调等长、实长音高模式－承德平泉－OM

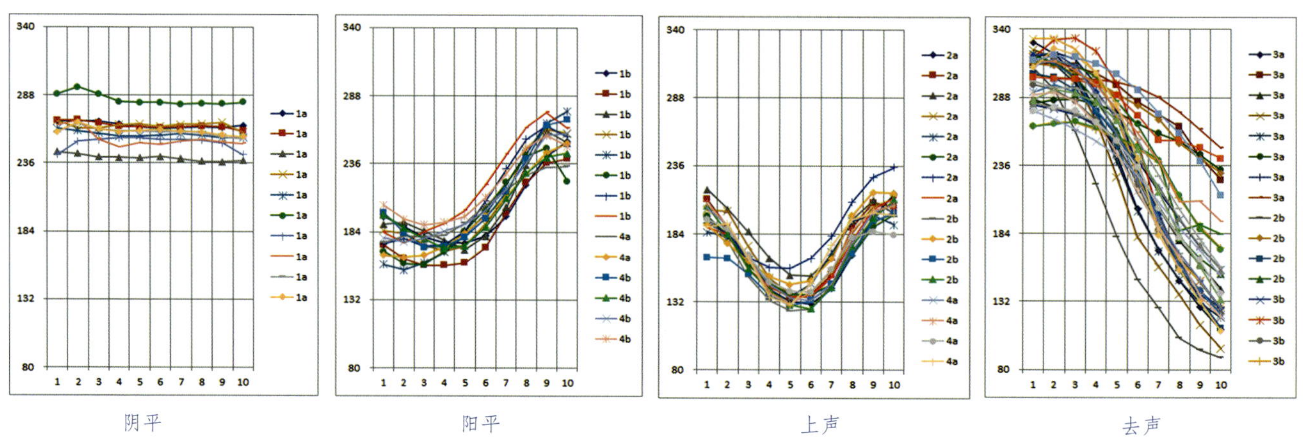

图 1－5b　今声调调域分布范围－承德平泉－OM

老男的声调有 4 个（见图 1－5a）：

阴平 44、阳平 24、上声 213、去声 51。

今调域的分布情况（见图 1－5b）：

阴平主要在 44 的范围；阳平主要在 223～334 之间；上声主要在 323 的范围；去声主要在 41～53 之间。

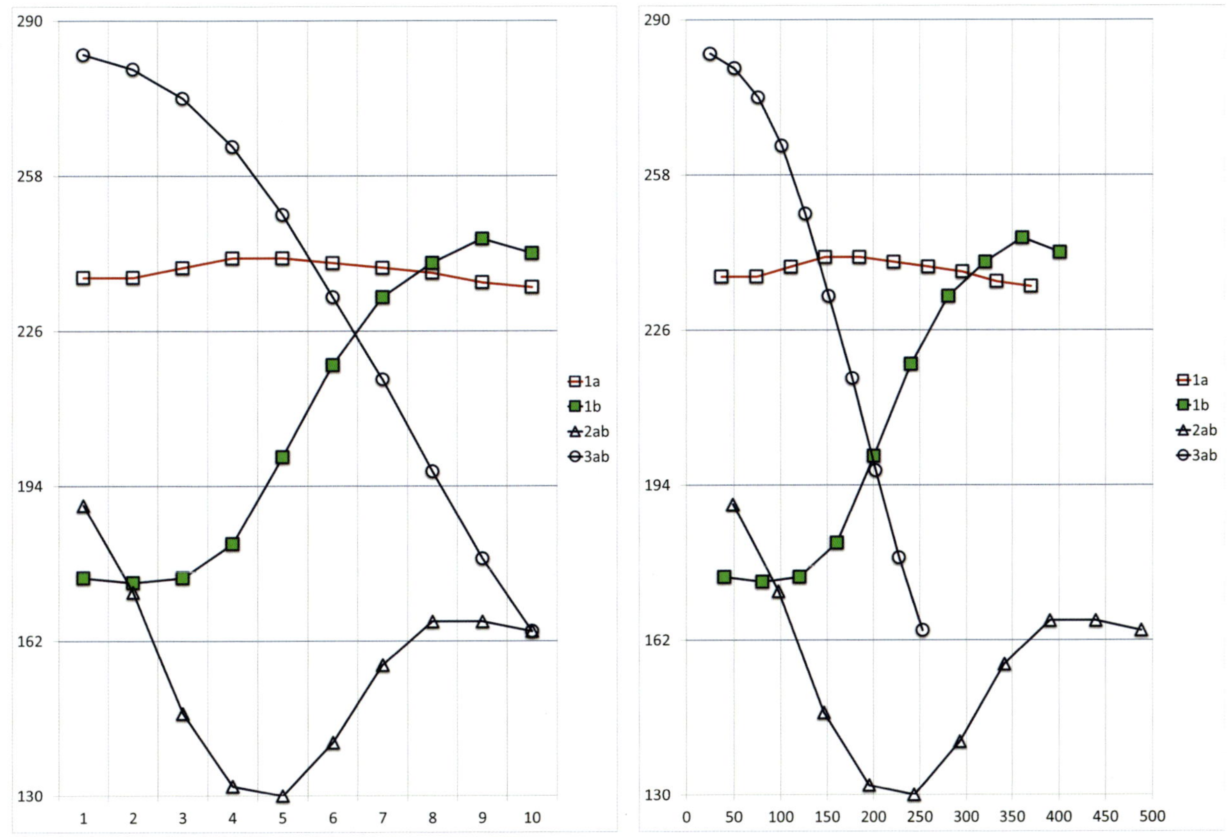

图 1－5c　单字调等长、实长音高模式－承德平泉－YM

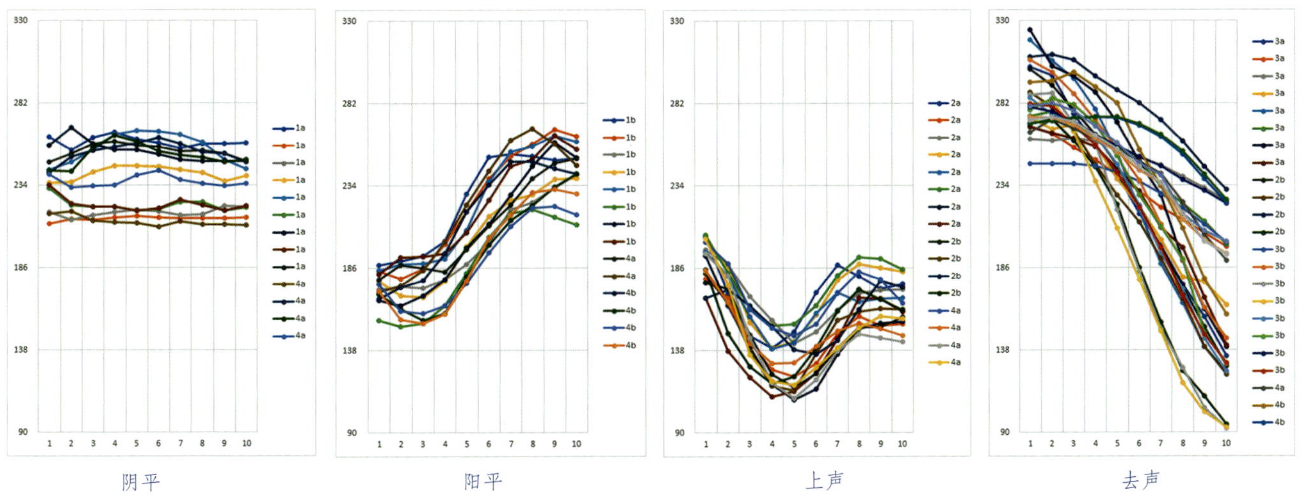

图 1－5d　今声调调域分布范围－承德平泉－YM

青男的声调有 4 个（见图 1－5c）：

阴平 44、阳平 24、上声 212、去声 52。

今调域的分布情况（见图 1－5d）：

阴平主要在 33～44 之间；阳平主要在 23～24 之间；上声主要在 212～323 之间；去声主要在 41～53 之间。

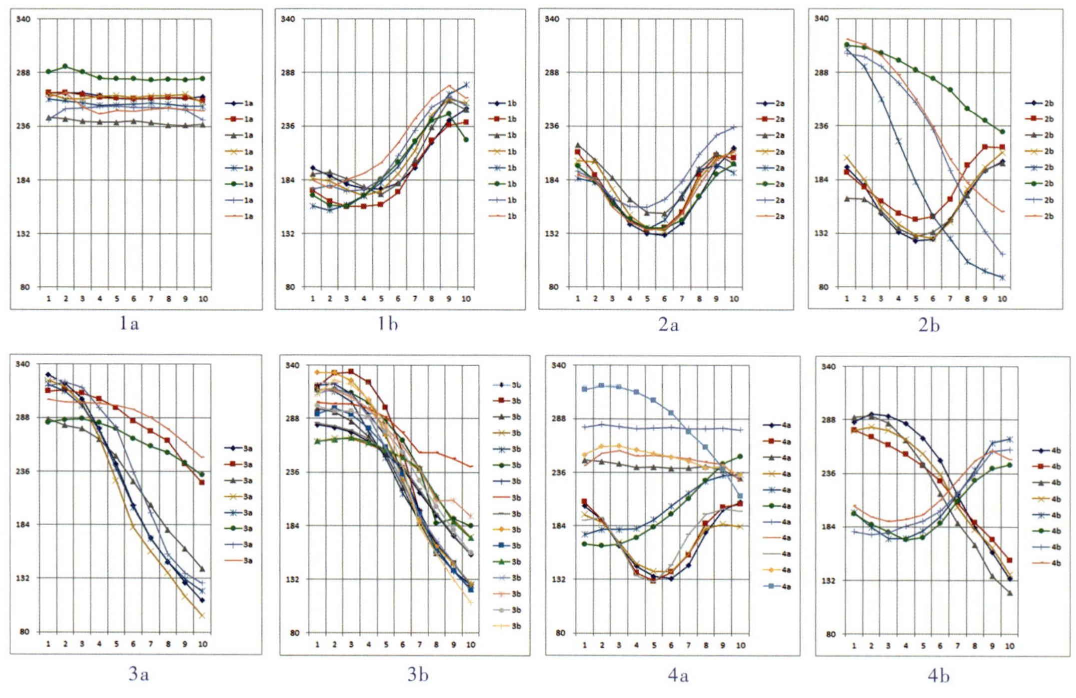

图 1 - 5e　古四声今读的概貌 - 承德平泉 - OM

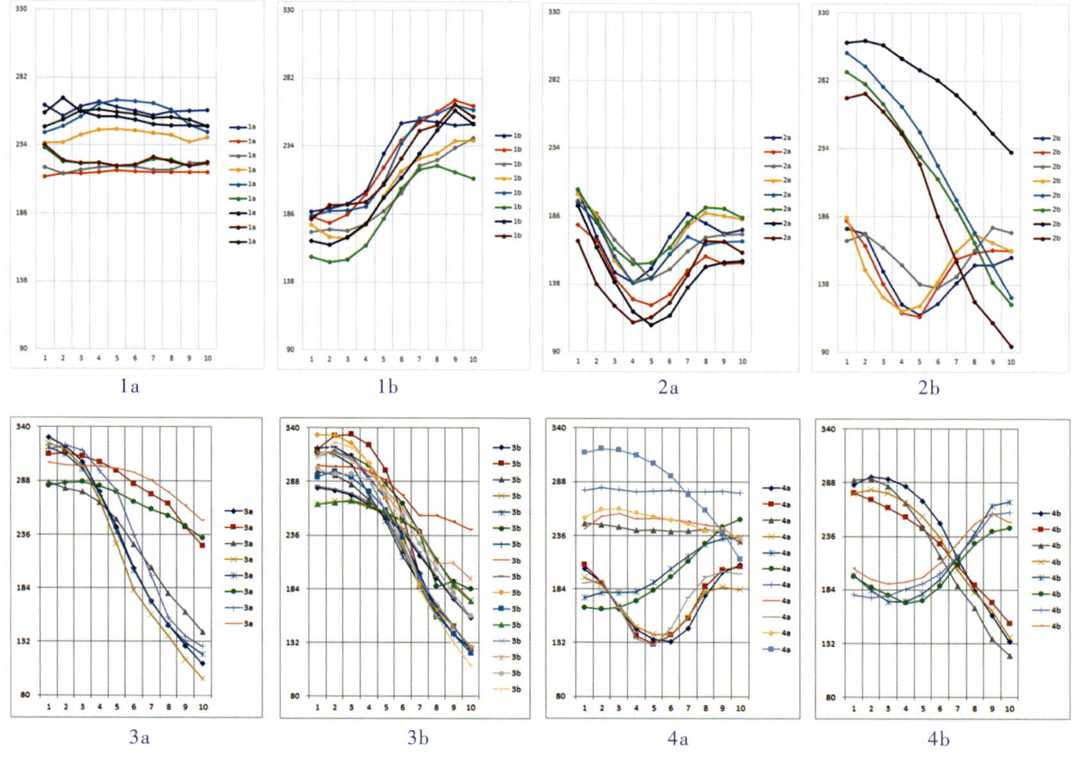

图 1 - 5f　古四声今读的概貌 - 承德平泉 - YM

图 1 - 5e 和图 1 - 5f 是承德平泉老男、青男单字调例字的古四声今读情况，主要的对应规律是：平分阴阳；阴上今读上声，浊上分别归入今上声和今去声；古去声今读去声，同为高降，有的是 52，有的是 54、53；古清入字今归派到阴阳上去四声，浊入字主要归阳平和去声。

1.2 朝峰片

朝峰小片

1. 赤峰红山

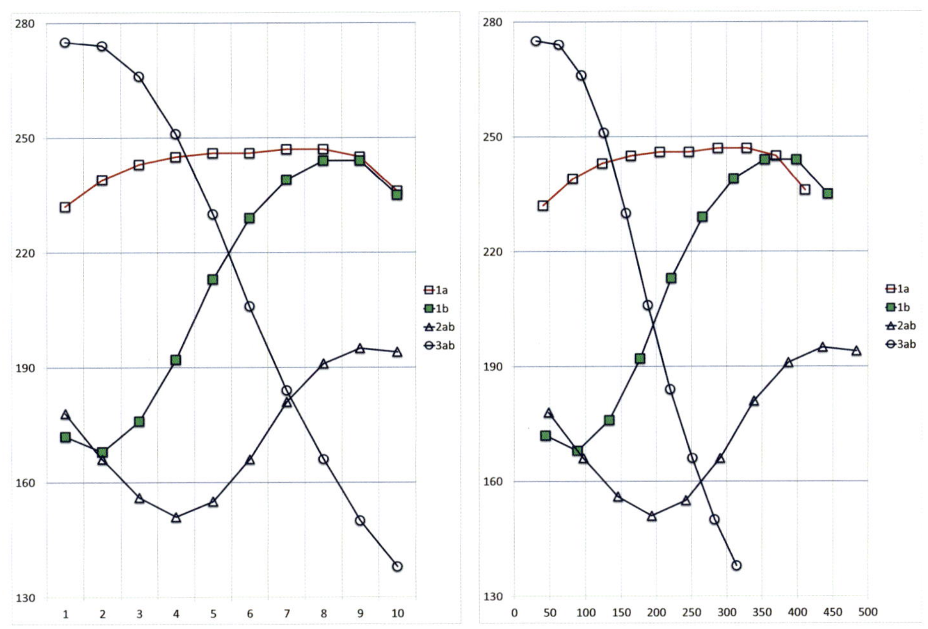

图 1－6a 单字调等长、实长音高模式－赤峰红山－OM

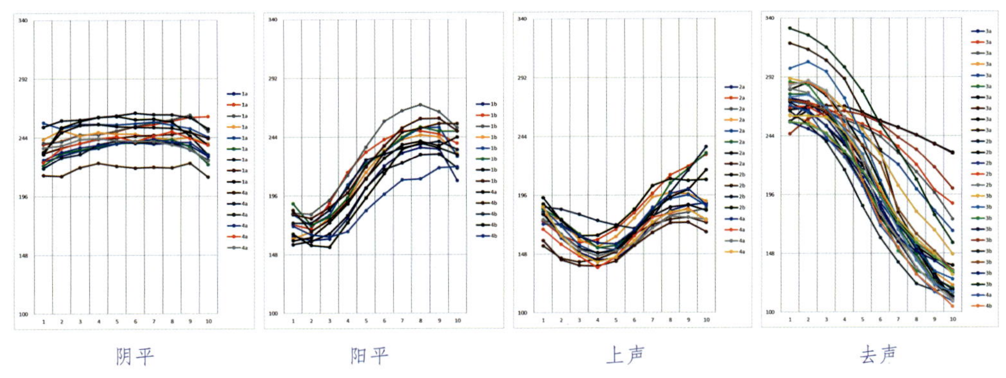

图 1－6b 今声调调域分布范围－赤峰红山－OM

老男的声调有 4 个（见图 1－6a）：

阴平 44、阳平 24、上声 213、去声 51。

今调域的分布情况（见图 1－6b）：

阴平主要在 33～44 之间；阳平主要在 23～24 之间；上声主要在 212～213 之间；去声主要在 41～53 之间。

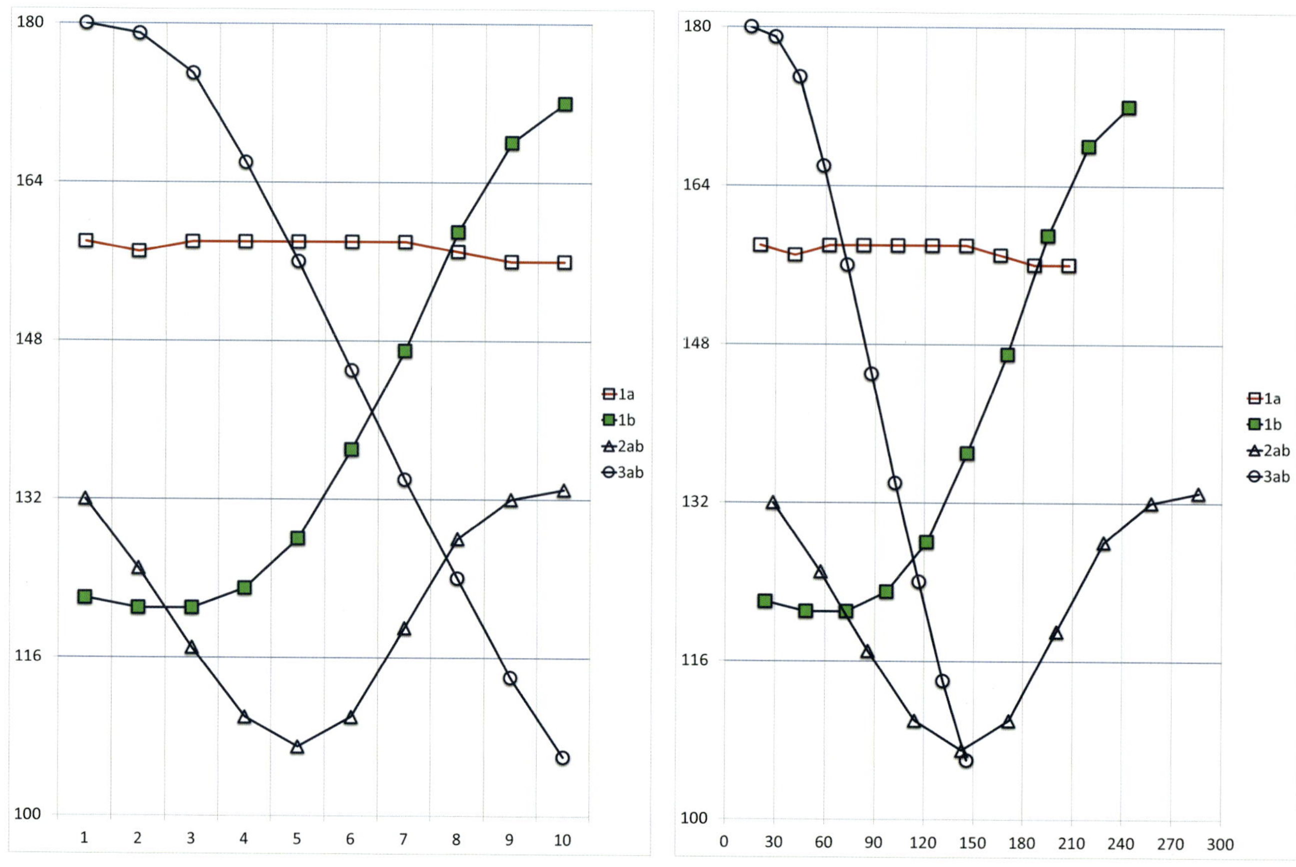

图 1－6c　单字调等长、实长音高模式－赤峰红山－YM

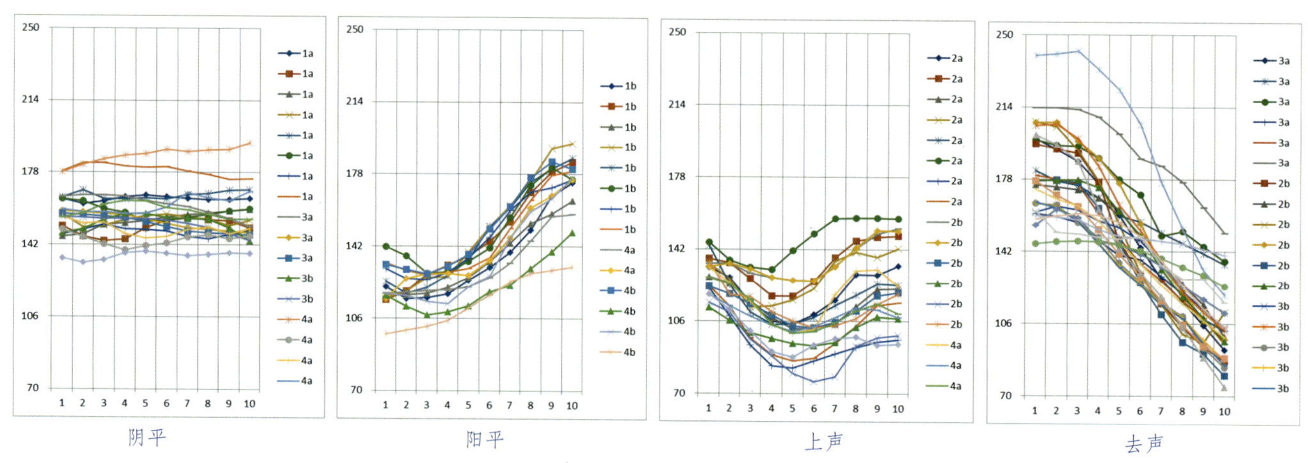

图 1－6d　今声调调域分布范围－赤峰红山－YM

青男的声调有 4 个（见图 1－6c）：

阴平 44、阳平 25、上声 212、去声 51。

今调域的分布情况（见图 1－6d）：

阴平主要在 33～44 之间；阳平主要在 23～24 之间；上声主要在 212～323 之间；去声在 31～53 之间。

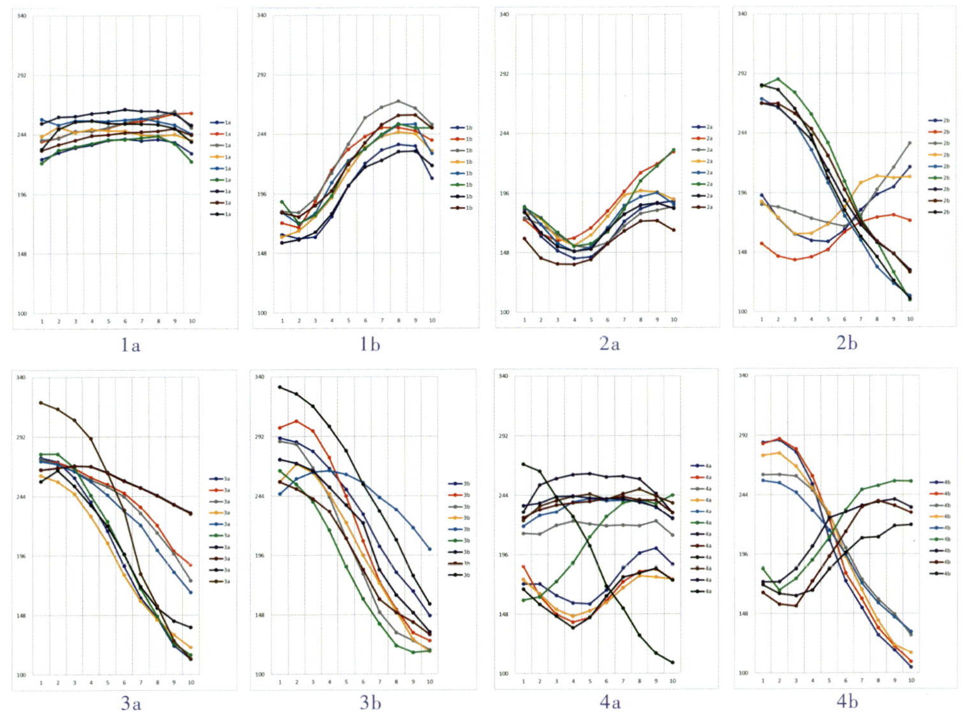

图 1－6e 古四声今读的概貌－赤峰红山－OM

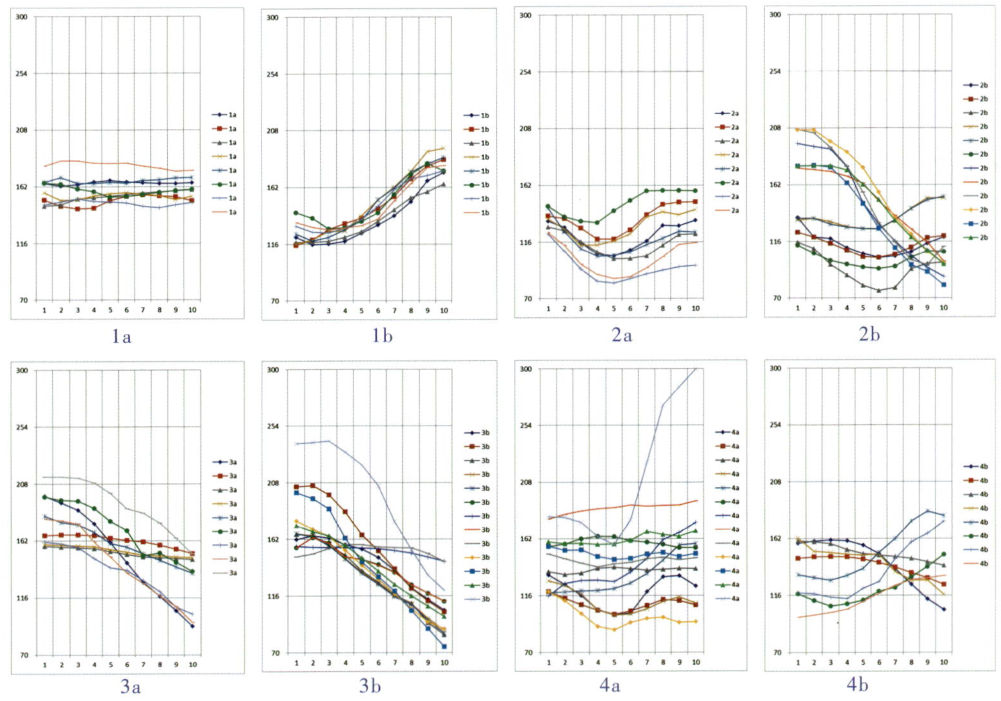

图 1－6f 古四声今读的概貌－赤峰红山－YM

图 1－6e 和图 1－6f 是赤峰红山老男、青男单字调例字的古四声今读情况，主要的对应规律是：平分阴阳；阴上今读上声，浊上分别归入今上声和今去声；古去声今读去声，同为高降，有的是 52，有的是 42、43；古清入字今归派到阴阳上去四声，浊入字主要归阳平和去声。

2. 辽宁朝阳

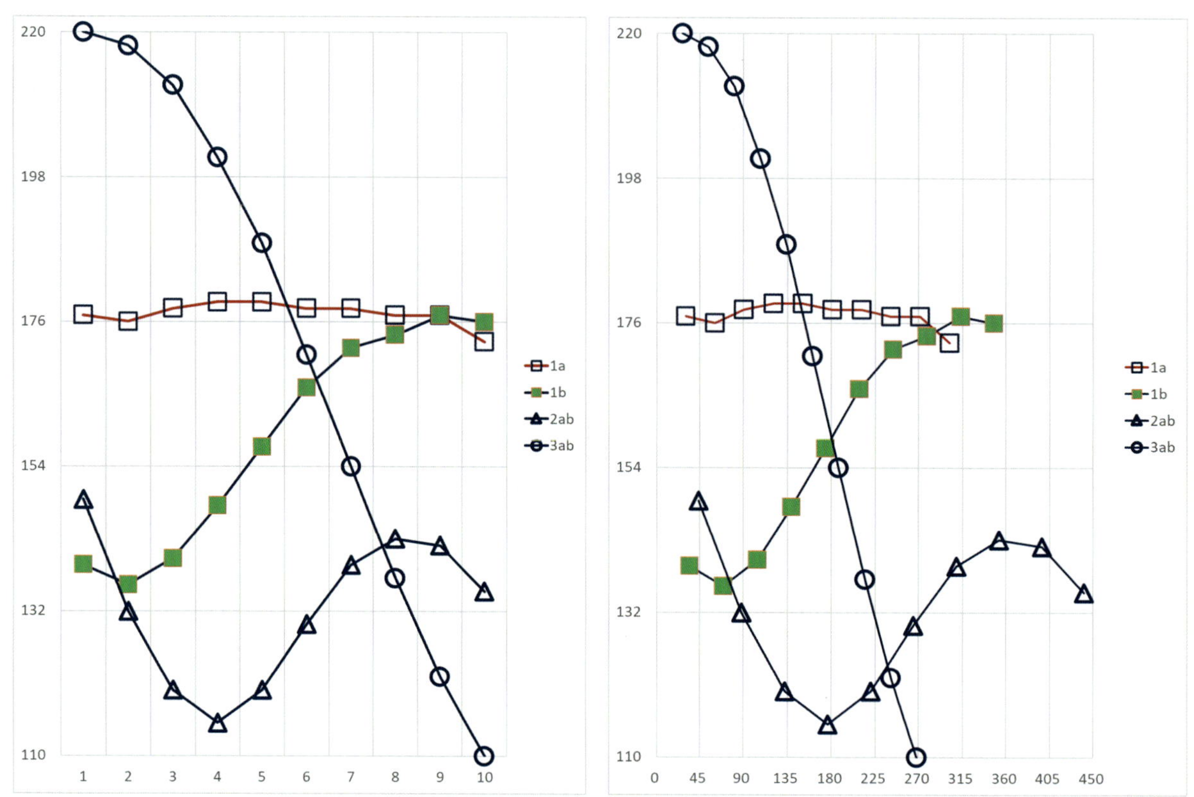

图 1－7a　单字调等长、实长音高模式－辽宁朝阳－OM

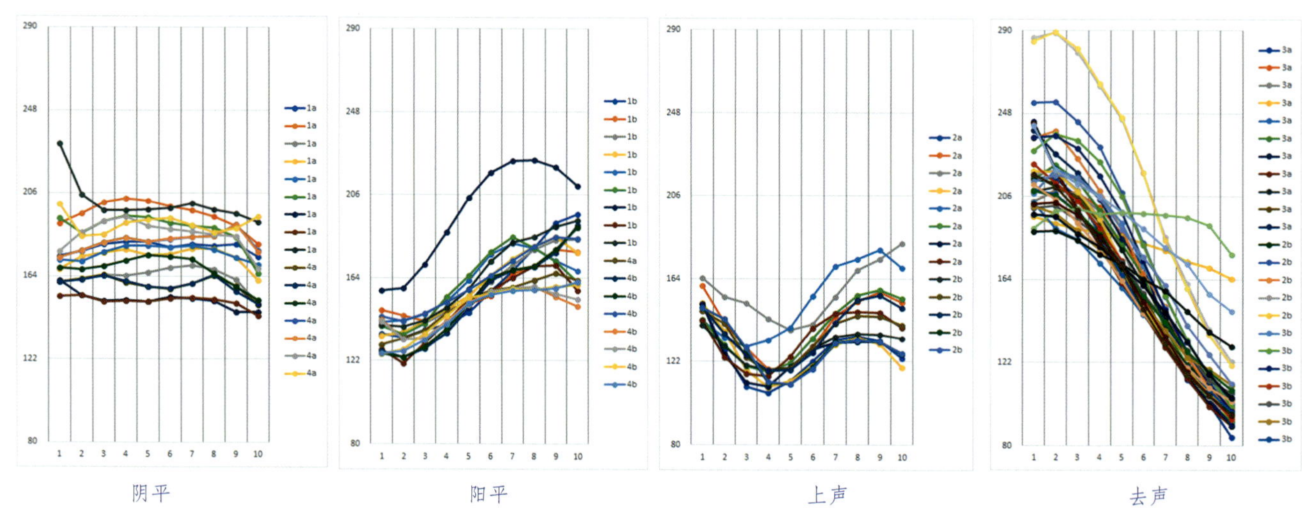

图 1－7b　今声调调域分布范围－辽宁朝阳－OM

老男的声调有 4 个（见图 1－7a）：

阴平 44、阳平 24、上声 212、去声 51。

今调域的分布情况（见图 1－7b）：

阴平主要在 22～33 之间；阳平主要在 23～24 之间；上声主要在 212～323 之间；去声在 31～52 之间。

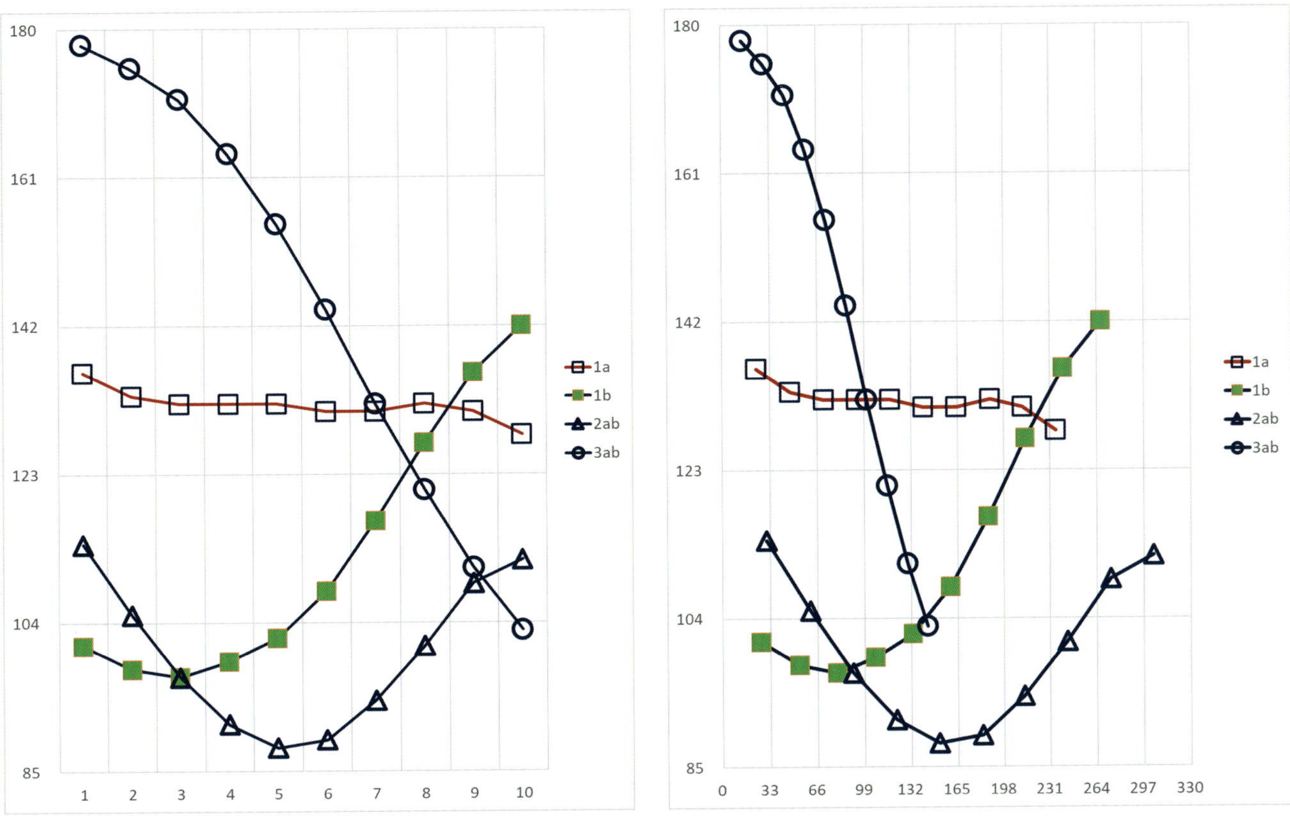

图 1-7c　单字调等长、实长音高模式-辽宁朝阳-YM

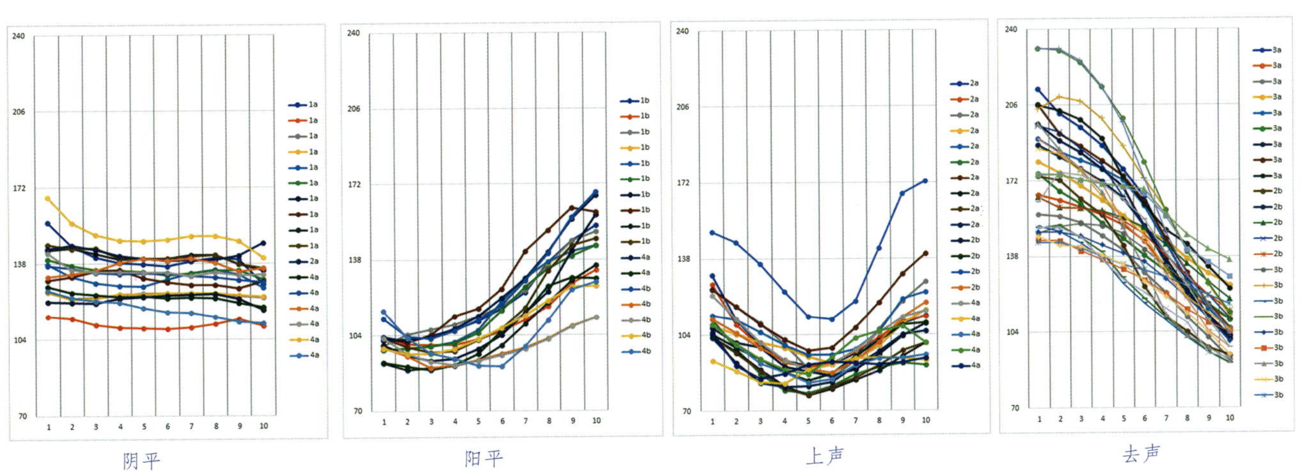

图 1-7d　今声调调域分布范围-辽宁朝阳-YM

青男的声调有 4 个（见图 1-7c）：

阴平 33、阳平 23、上声 212、去声 52。

今调域的分布情况（见图 1-7d）：

阴平主要在 22～33 之间；阳平主要在 12～13 之间；上声主要在 212 的范围；去声主要在 31～52 之间。

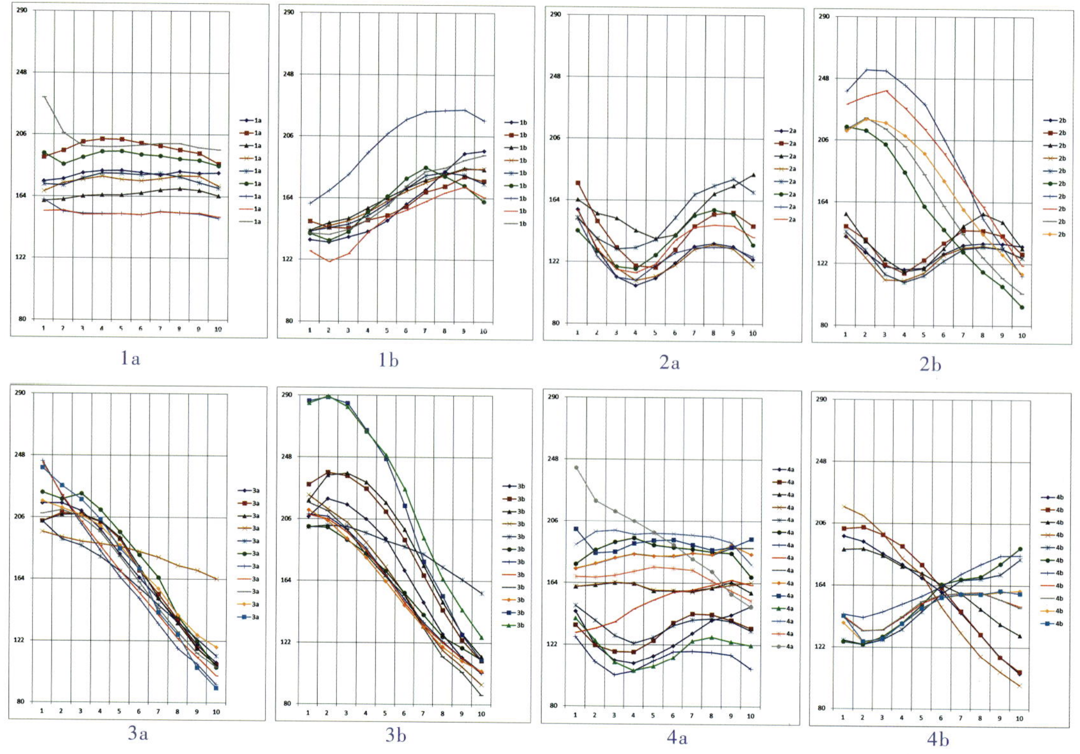

图 1－7e　古四声今读的概貌－辽宁朝阳－OM

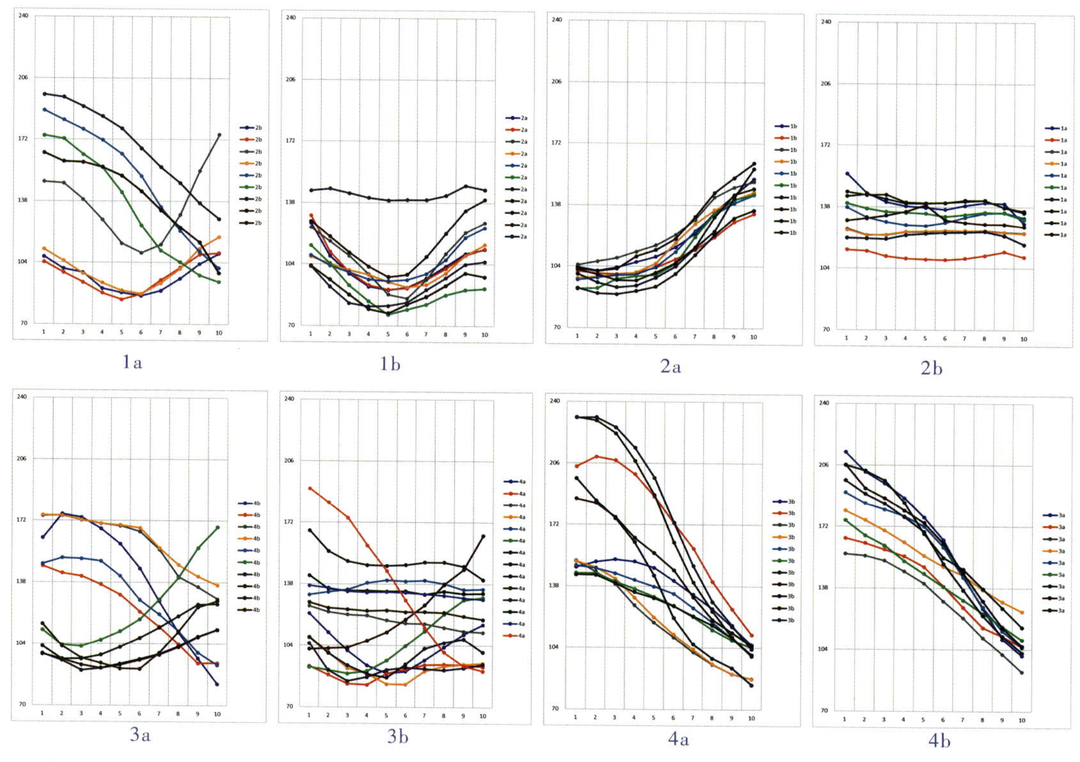

图 1－7f　古四声今读的概貌－辽宁朝阳－YM

图 1－7e 和图 1－7f 是辽宁朝阳老男、青男单字调例字的古四声今读情况，主要的对应规律是：平分阴阳。阴上今主要读上声，浊上分别归入今上声和今去声。老男古去声今读去声，同为高降，有的是 41，有的是 42、43；青男古去声今读比较复杂。古清入字今归派到阴阳上去四声，浊入字主要归阳平和去声。

1.3 北京官话声调小结

北京官话的研究较为充分，成果也非常多，根据本书的研究角度，我们选取两个具有代表性的来介绍。

首先是刘复的“北京的四（五）声”。刘复在《四声实验录》中记录了12个点的方言声调，而北京的声调，他写作“四（五）声”。北京的四（五）声，发音人：陈绵；用字：衣（上平）、仪（下平）、以（上）、义（去）、益（入）。[①]

其次是熊子瑜用系统实验的方法研究的北京话的声调，包括北京话的单字调系统和古四声在今北京话中的调值。他用柱形图呈现北京话四声的调域范围，并把这个叫作“当代北京话四声调类变体”。根据熊子瑜分析得出的北京话各个声调的调值分配情况，阴平出现最多的是44，其他还有33、34、45、43，这些变体的主要特征是中高调，是不是完全平直只是伴随性质的特点；阳平最常见的是24，其次是224、324，较少出现的是223、25，这些变体主要的特征是上扬；上声最常出现的单字调是213和212，其他还有112、113、313，这些变体共有的特征是低调；去声较为集中的是51、52、41，个别的是441、42，去声最重要的特征是高降。

北京官话的特点可从其与东北官话的差异中看出。关于北京官话与东北官话在声调方面的区别，前人有过深入研究，下面列举两点：

（1）东北官话的阴平调值普遍比北京官话低，这是北京官话与东北官话相区别的重要特征，但由于朝峰片处在东北官话向北京官话过渡的地带，因而声调上也具有东北官话的特点。1987年版的《中国语言地图集》就指出，北京官话内部差别之一就是朝峰片的阴平调值普遍比京师片和怀承片低。又据《辽宁语音说略》（1963）记音，在原朝峰片的各方言点里，阴平调值普遍比北京官话低，当时记作33或44。《中国语言地图集》（2012）认为东北方言“阴平的调值比北京低”，就共时层面的阴阳上去四声调值而言，东北官话与北京官话四声相近但阴平略低。

（2）东北官话区古清入字今读上声的比北京官话多。

张志敏对《方言调查字表》所收的古清音入声字在东北官话和北京官话中的声调演变情况作了一个统计。结果表明，古清音入声字今在北京官话里归入上声的有41个，但在东北官话中有79个，是北京官话的近两倍。这说明东北官话与北京官话在古清音入声字声调的演变上有不同的表现。张志敏列举了41个古清音入声字，其在北京官话中的声调分别是阴平、阳平和去声，但在东北官话中基本读作上声。这些字是：溻戳蛤插拙扑膝息撮（“一撮毛”的“撮”）曲（“弯曲”的“曲”）削（“削皮”的“削”）割｜袱节结媳职阁国革执福幅蝠脊（“脊梁”的“脊”）得（得分的“得”）觉（“感觉”的“觉”）｜霍藿髮质窒鲫僻腹触宿（“宿舍”的“宿”）客雀色迫。但是这一条规律并不能一刀切，张志敏认为，“即使在北京城区话里，也有个别的古清音入声字今读上声，如‘雀色’。而城区话以外的北京官话里，许多方言点也都存在古入声的清音声母字今读上声的比北京话多的现象。比如在丰宁满族自治县、固安、大厂回族自治县、隆化、涿州、大兴等地，‘国职节革福’等字也都读成上声。可以说，从北京官话区到东北官话区，古入声的清音声母字今读上声的是逐渐增多、逐渐过渡的。但从数量上讲，北京官话里这样的字不如东北官话多。所以，这条标准还是反映出了东北官话和北京官话在古清音声母字今声调演变上的差别”[②]。

---

① 刘复．四声实验录［M］．上海：群益书社，1924：54－56.

② 中国社会科学院语言研究所，中国社会科学院民族学与人类学研究所，香港城市大学语言资讯科学研究中心．中国语言地图集［M］．2版．北京：商务印书馆，2012：40.

1.4　北京官话主要方言点的调类调值对照

北京官话主要方言点的调类调值对照如表 1－2 所示。

表 1－2　北京官话主要方言点的调类调值对照

片	小片	方言点	选点	阴平 1a	阳平 1b	上声 2ab	去声 3ab	调类数量	备注
京承片	京师小片	北京	城六区	55	35	214	51	4	贺巍，钱曾怡，陈淑静（1986） 卢小群（2023）
			西城区	55	35	214	51	4	语保 OM
	怀承小片	怀柔（北京）	怀柔	55	35	214	51	4	语保 OM
				43	24	214	51	4	卢小群（2023）
		廊坊（河北）	广阳区南尖塔镇	55	35	214	51	4	语保 OM
		滦平（河北）	滦平镇	55	35	214	51	4	语保 OM
		承德（河北）	承德	55	35	214	51	4	贺巍，钱曾怡，陈淑静（1986）
				55/44	34/24	213/212	51	4	张高媛，阎锦婷（2018）
朝峰片	朝峰小片	赤峰（内蒙古）	八里罕	214	55	35	51	4	语保 OM
				44	24	213	42	4	李敬尧（1986）
				44	24	213	42	4	吴文杰（2012）
				并入阳平	35				吴文杰（2012）
				44	35	213	52	4	曹景乐，蔡文婷（2019）
		朝阳（辽宁）	①	335		213	51	3	语保 OM
			建平县叶柏寿镇	44	35	213	53	4	语保 OM

注：①为西部临近宁城的老哈河下游，白山水库、努鲁儿虎山以西地区，包括太平庄、白山、三家、沙海的白家洼等地。

参考文献

［1］曹景乐，蔡文婷．赤峰方言音系及同音字汇［J］．呼伦贝尔学院学报，2019，27（3）．

［2］贺巍，钱曾怡，陈淑静．河北省北京市天津市方言的分区（稿）［J］．方言，1986（4）．

［3］李敬尧．赤峰方音辨正［C］．昭乌达蒙族师专、赤峰教育学院，1986.

［4］李荣．官话方言的分区［J］．方言，1985（1）．

［5］林焘．北京官话区的划分［J］．方言，1987（3）．

［6］刘援朝．北京话与四周邻近地区四声调值的差异［J］．语文研究，1991（3）．

［7］卢小群．北京方言声调的调查与实验研究［J］．贺州学院学报，2023，39（3）．

［8］牟青，汪银峰．《北京官话声音谱》声调研究［J］．沈阳工程学院学报（社会科学版），2018，14（2）．

［9］宋学．辽宁语音说略［J］．中国语文，1963（2）．

［10］吴文杰．赤峰汉语方言的区域划分及差异表现［J］．呼伦贝尔学院学报，2012（6）．

［11］张高媛，阎锦婷．承德话语音语调的实验研究［J］．唐山师范学院学报，2018，40（2）．

［12］张世方．北京官话语音研究［M］．北京：北京语言大学出版社，2010.

［13］张志敏．北京官话［J］．方言，2008（1）．

［14］中国社会科学院，澳大利亚人文科学院．中国语言地图集［M］．香港：朗文出版社（远东）有限公司，1987.

［15］中国社会科学院语言研究所，中国社会科学院民族学与人类学研究所，香港城市大学语言资讯科学研究中心．中国语言地图集［M］．2 版．北京：商务印书馆，2012.

2　东北官话

东北官话分布在黑龙江、吉林、辽宁、内蒙古等省区。根据《中国语言地图集》(2012)，东北官话分为3个片，8个小片，我们根据这个分片来选择方言点，具体情况如表2-1所示。

表2-1　东北官话的分片选点

片	小片	方言点	序号
吉沈片	蛟宁小片	鸡西鸡冠（黑龙江）	2-1
		吉林龙潭	2-2
	通溪小片	吉林通化	2-3
		辽宁沈阳	2-4
		辽宁铁岭	2-5
	延吉小片	吉林延吉	2-6
哈阜片	肇扶小片	哈尔滨道外（黑龙江）	2-7
	长锦小片	长春南关（吉林）	2-8
		长春榆树（吉林）	2-9
		辽宁锦州	2-10
		锦州黑山	2-11
		内蒙古通辽	2-12
黑松片	嫩克小片	黑河瑷珲（黑龙江）	2-13
		齐齐哈尔泰来（黑龙江）	2-14
	佳富小片	黑龙江伊春	2-15
		牡丹江林口（黑龙江）	2-16
	站话小片	黑龙江漠河	2-17

2.1 吉沈片

2.1.1 蛟宁小片

1. 鸡西鸡冠

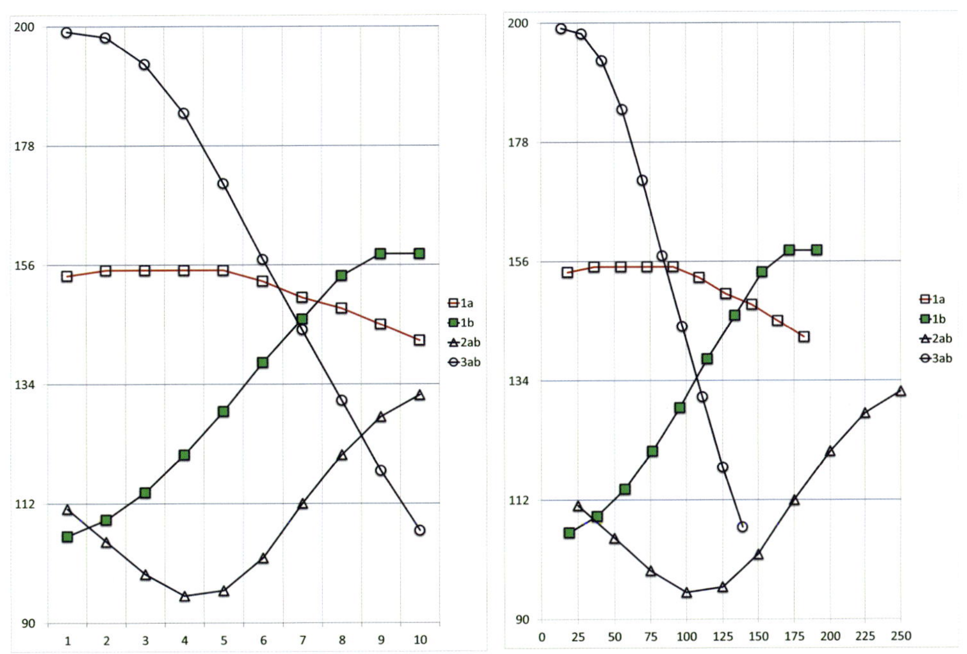

图 2 - 1a　单字调等长、实长音高模式 - 鸡西鸡冠 - OM

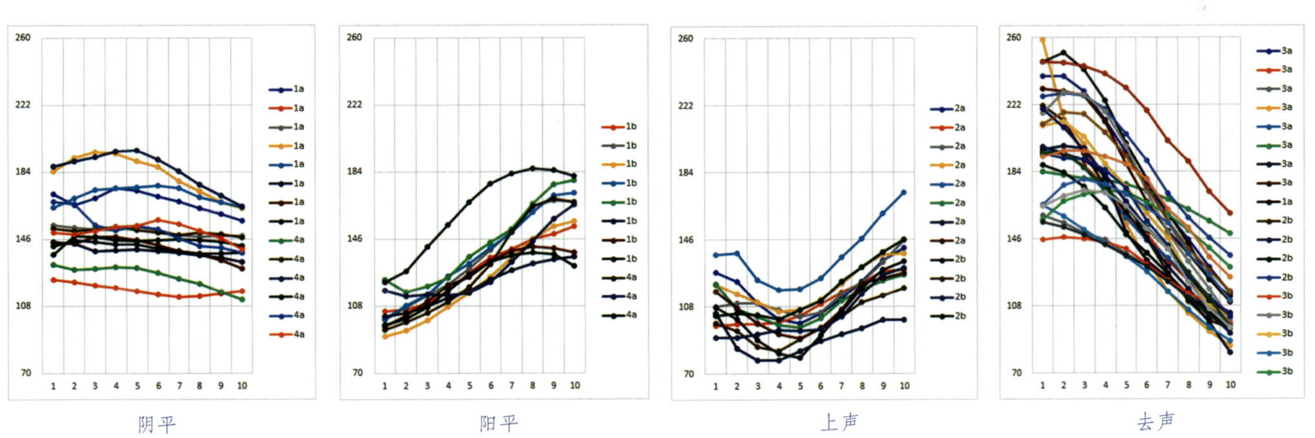

图 2 - 1b　今声调调域分布范围 - 鸡西鸡冠 - OM

老男的声调有 4 个（见图 2 - 1a）：

阴平 33、阳平 14、上声 213、去声 51。

今调域的分布情况（见图 2 - 1b）：

阴平主要在 22 ~ 44 之间；阳平主要在 12 ~ 23 之间；上声主要在 212 ~ 213 之间；去声在 31 ~ 53 之间。

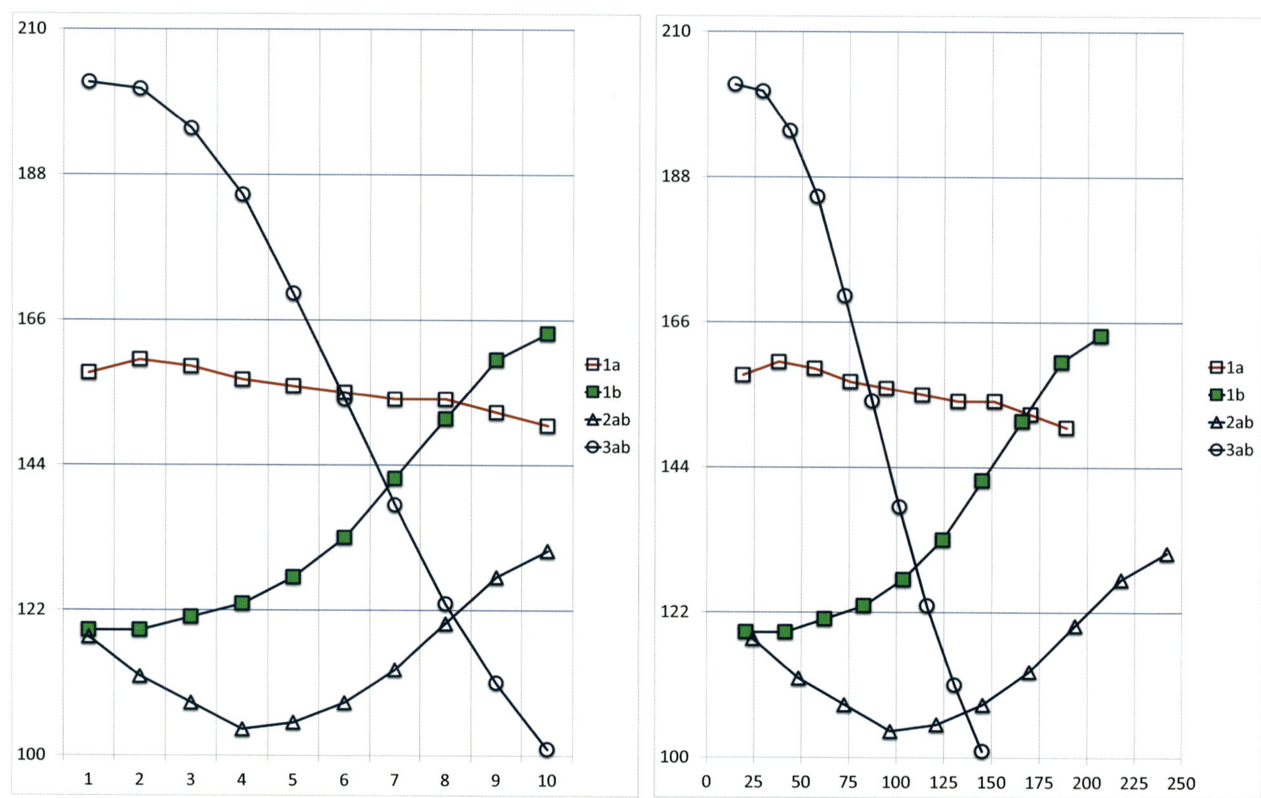

图 2-1c　单字调等长、实长音高模式 - 鸡西鸡冠 - YM

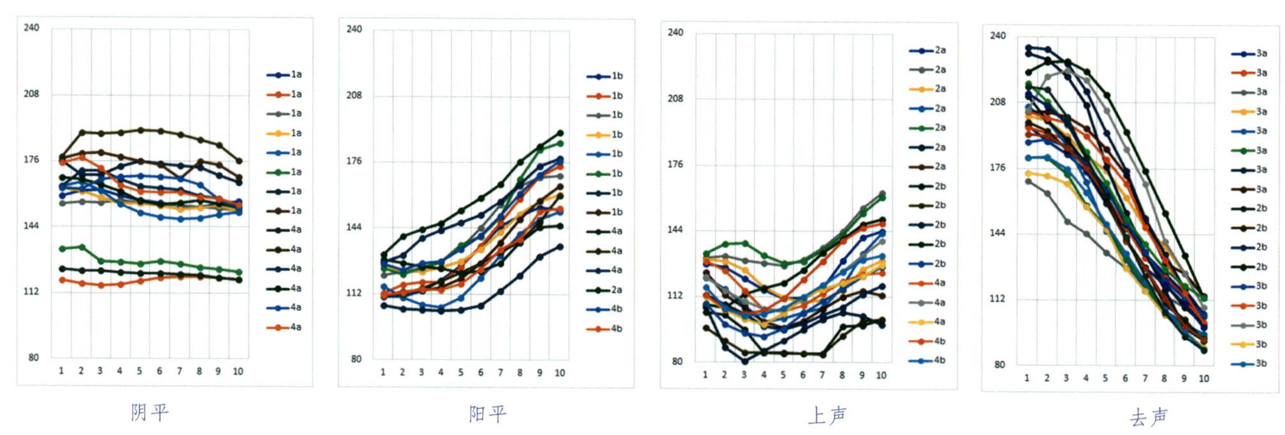

图 2-1d　今声调调域分布范围 - 鸡西鸡冠 - YM

青男的声调有 4 个（见图 2-1c）：

阴平是略带下降的 33；阳平 13；上声 213；去声 51。

今调域的分布情况（见图 2-1d）：

阴平主要在 33～44 之间；阳平主要在 12～24 之间；上声主要在 212～213 之间；去声在 31～52 之间。

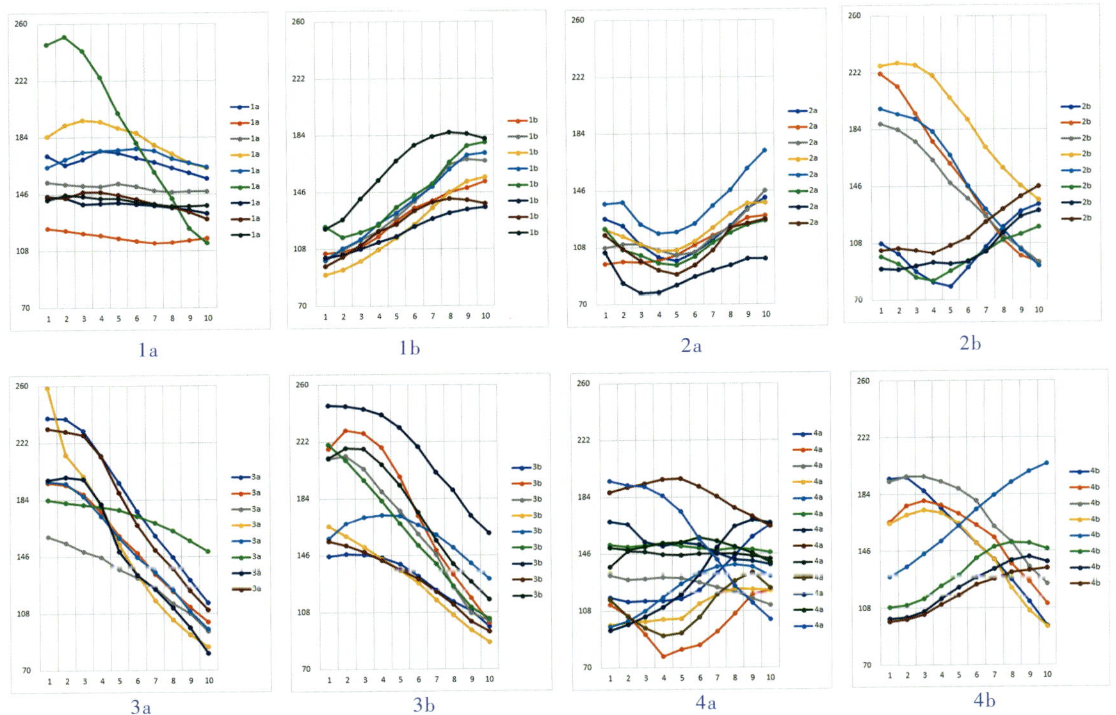

图 2－1e　古四声今读的概貌－鸡西鸡冠－OM

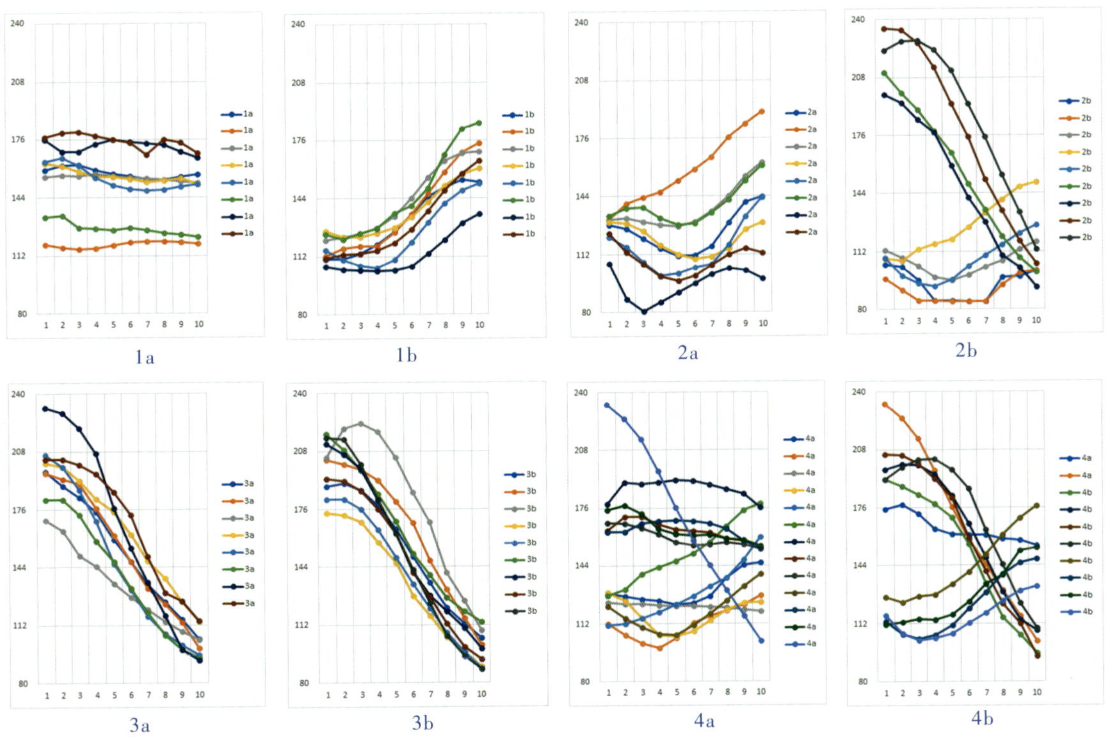

图 2－1f　古四声今读的概貌－鸡西鸡冠－YM

图 2－1e 和图 2－1f 是鸡西鸡冠老男、青男单字调例字的古四声今读情况，主要的对应规律是：古平声今读主要是阴平和阳平；古上声也是二分的情况，清上字今读上声，浊上字今读上声和去声；古去声大都保留在去声，读 51；古清入字今归派到阴阴上去四声，浊入字主要归阳平和去声。

2. 吉林龙潭

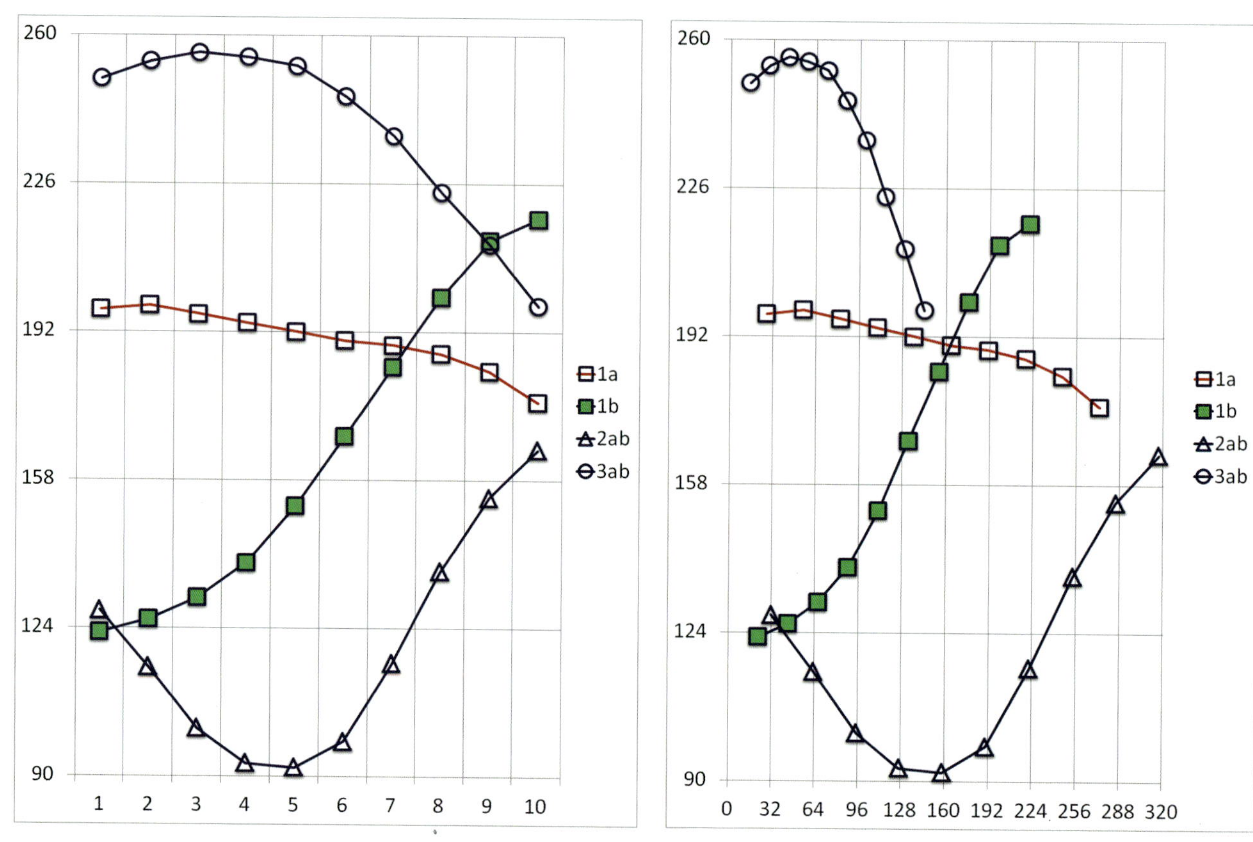

图 2-2a　单字调等长、实长音高模式-吉林龙潭-OM

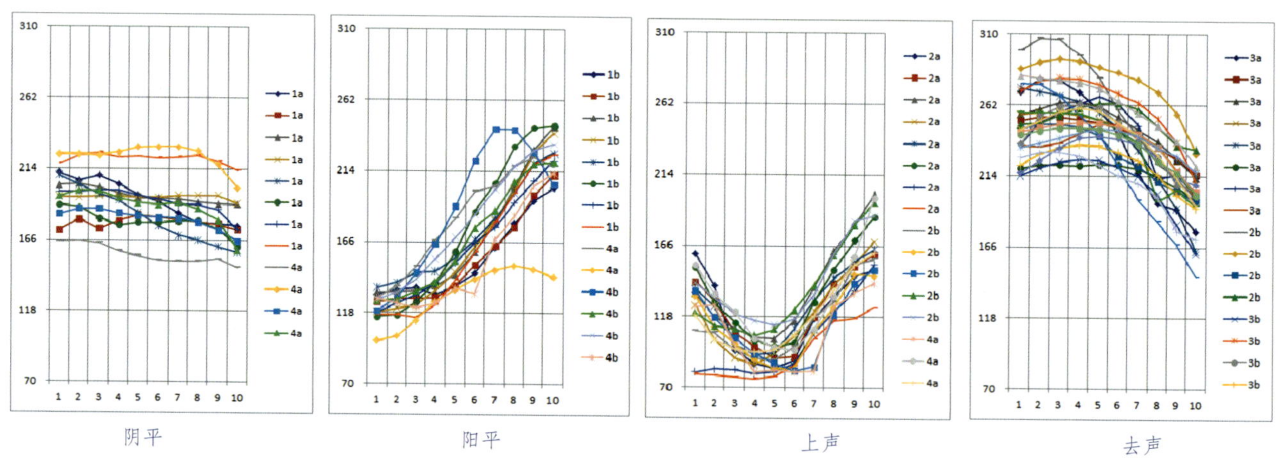

图 2-2b　今声调调域分布范围-吉林龙潭-OM

老男的声调有 4 个（见图 2-2a）：

阴平是略带下降的 44；阳平 24；上声 213；去声 54。

今调域的分布情况（见图 2-2b）：

阴平在 33～44 之间；阳平在 13～14 之间；上声主要在 212～213 之间，上下略有浮动；去声主要在 43～54 之间。

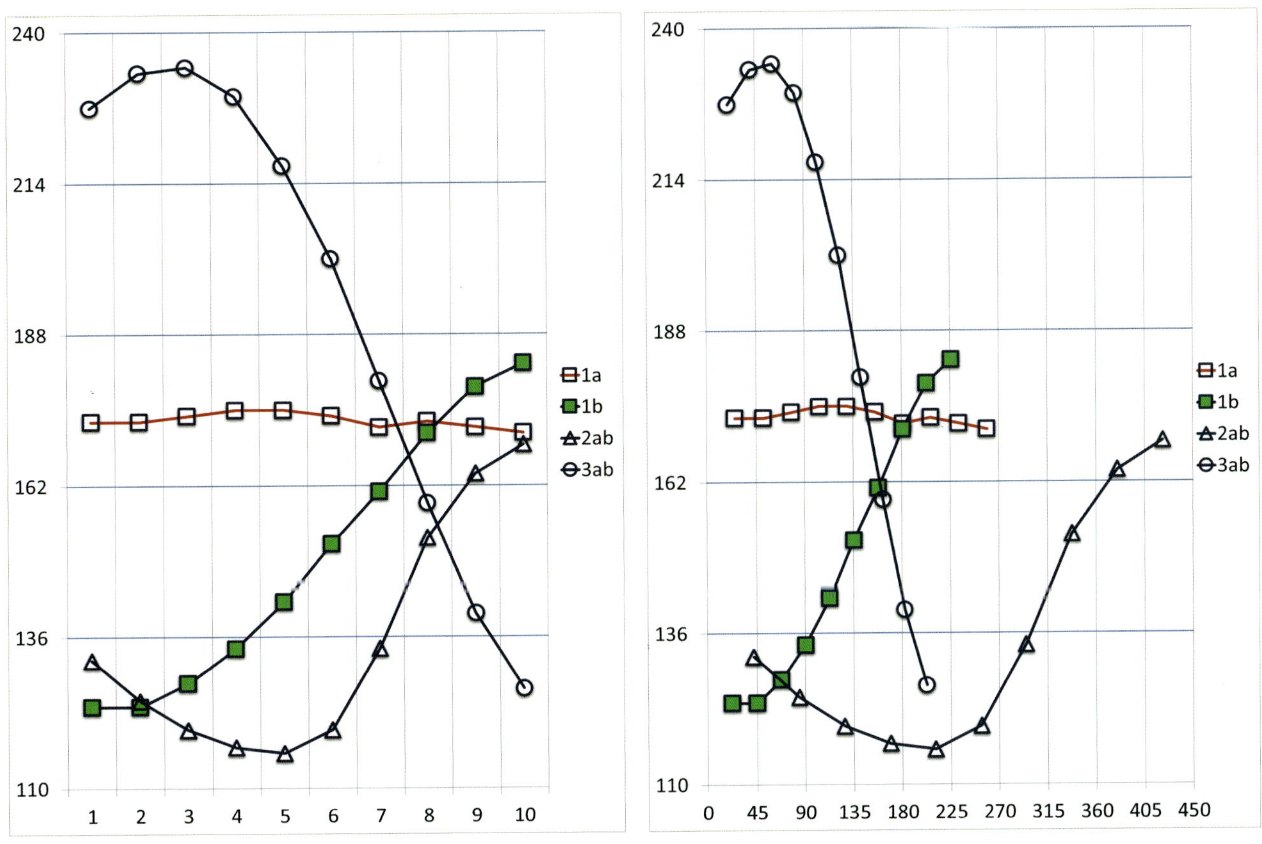

图 2－2c　单字调等长、实长音高模式－吉林龙潭－YM

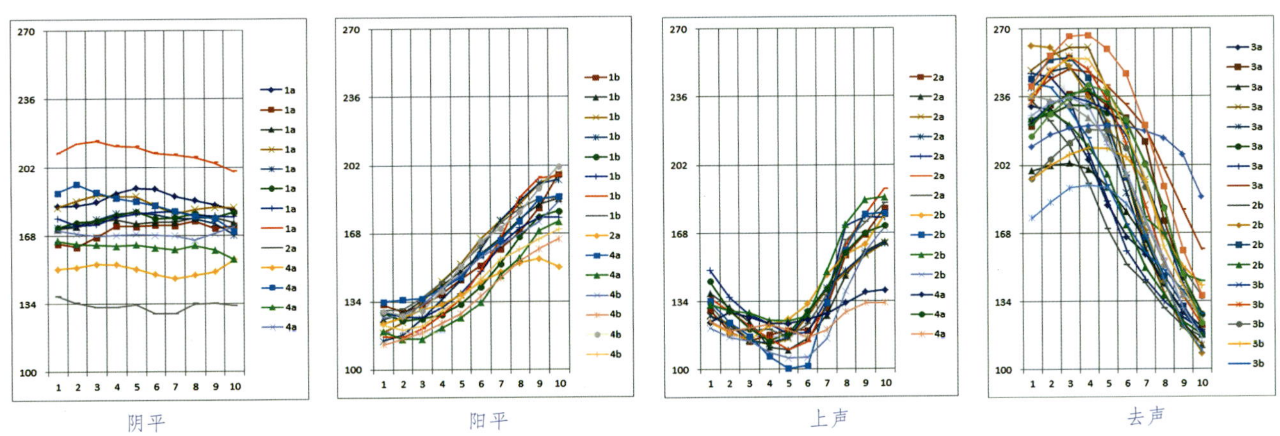

图 2－2d　今声调调域分布范围－吉林龙潭－YM

青男的声调有 4 个（见图 2－2c）：

阴平 33、阳平 13、上声 213、去声 51。

今调域的分布情况（见图 2－2d）：

阴平从 22 到 44 都有分布；阳平分布在 12～13 之间；上声主要在 212～213 之间，上下略有浮动；去声主要在 31～53 之间。

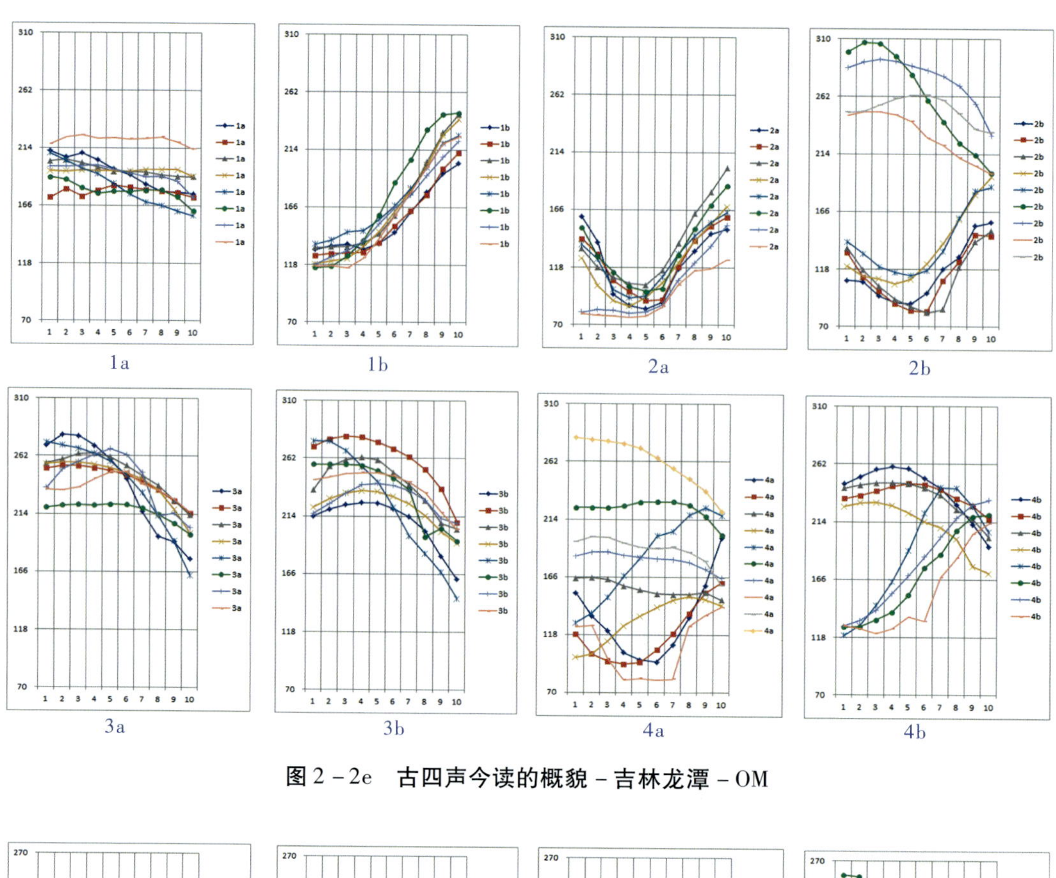

图 2－2e　古四声今读的概貌－吉林龙潭－OM

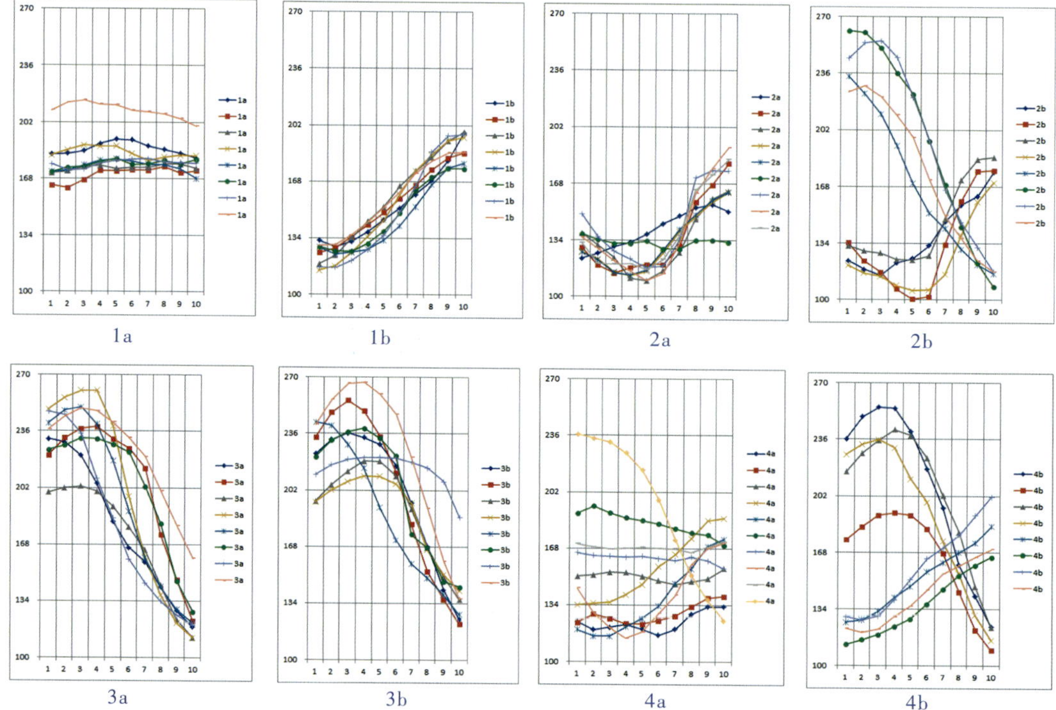

图 2－2f　古四声今读的概貌－吉林龙潭－YM

图 2－2e 和图 2－2f 是吉林龙潭老男、青男单字调例字的古四声今读情况，主要的对应规律是：古平声今读主要是阴平 33 和阳平 24；古上声也是二分的情况，清上字今读上声，浊上字今读上声和去声；古去声大都保留在去声，老男主要读 54/53，青男则主要读 51，一些读 43；古清入字今归派到阴阳上去四声，浊入字主要归阳平和去声。

2.1.2 通溪小片

1. 吉林通化

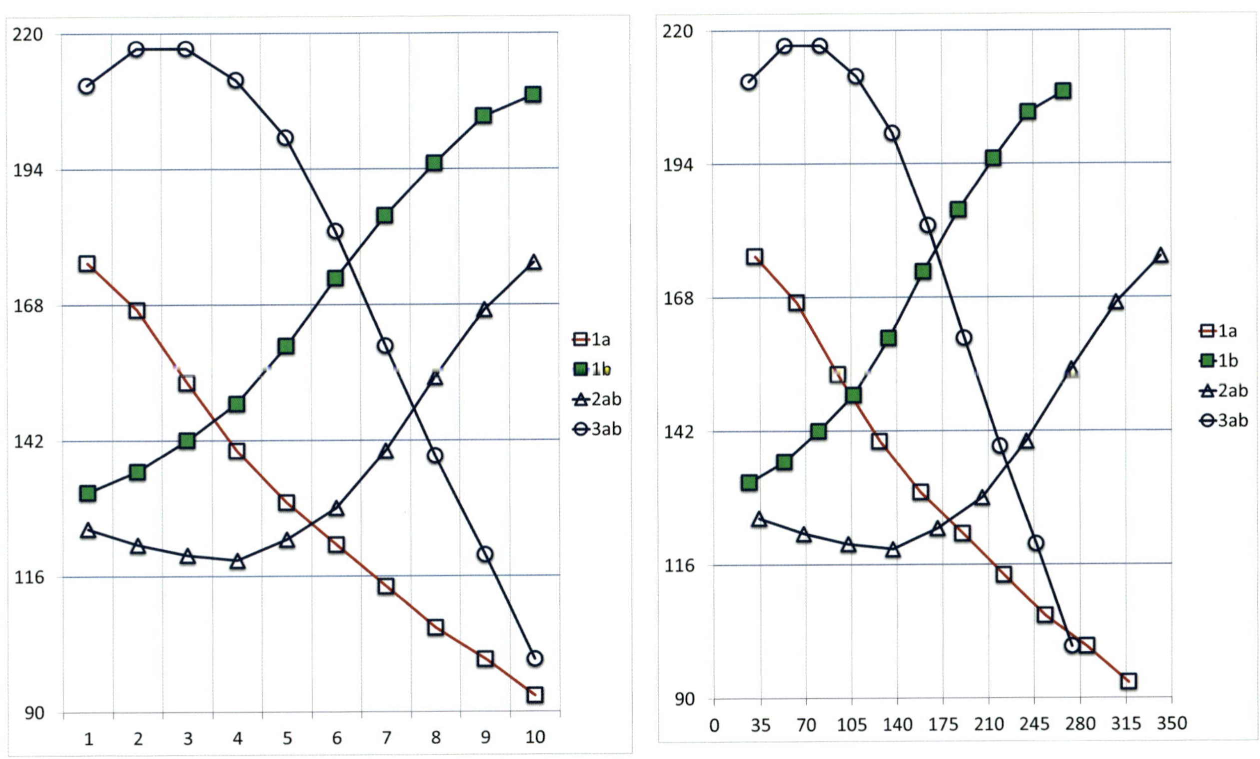

图 2－3a　单字调等长、实长音高模式－吉林通化－OM

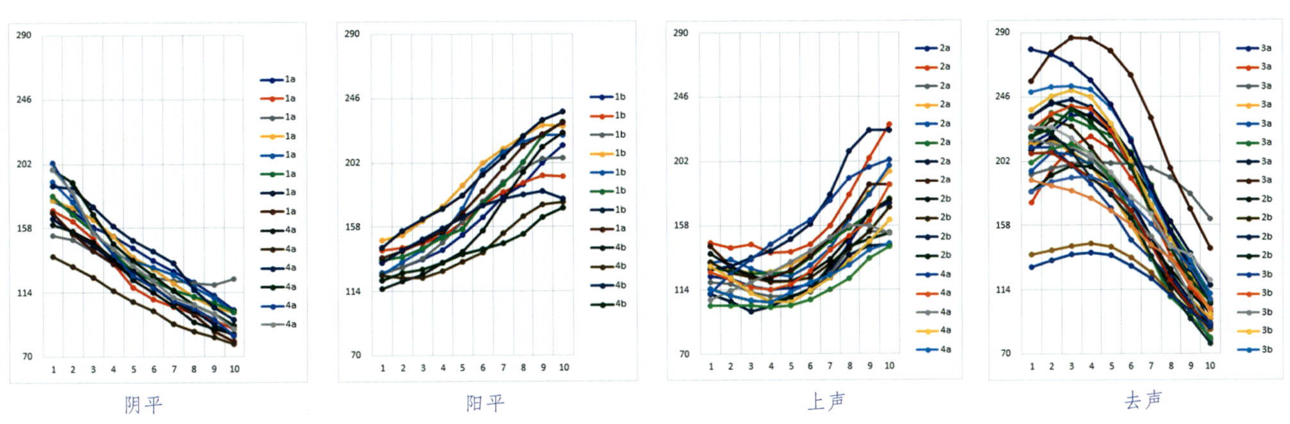

图 2－3b　今声调调域分布范围－吉林通化－OM

老男的声调有 4 个（见图 2－3a）：

阴平 31、阳平 25、上声 224、去声 51。

今调域的分布情况（见图 2－3b）：

阴平在 21～31 之间；阳平在 23～24 之间；上声在 112～224 之间；去声在 221～552 之间。

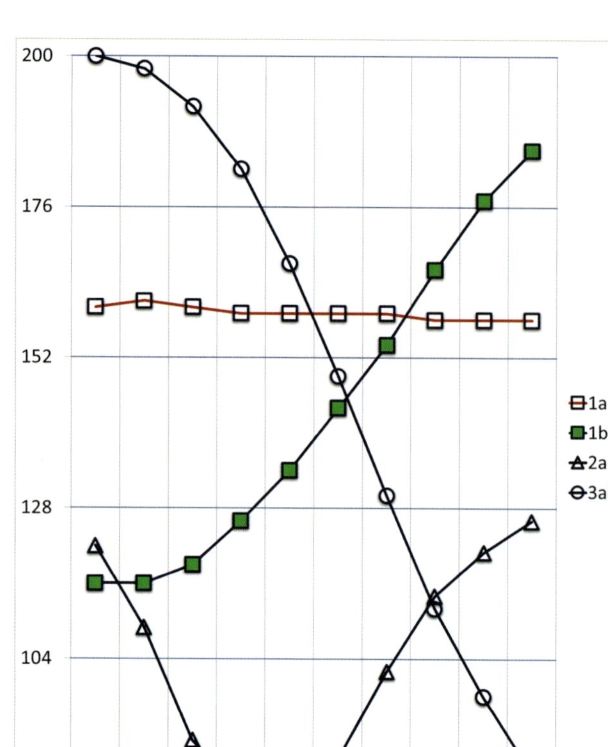

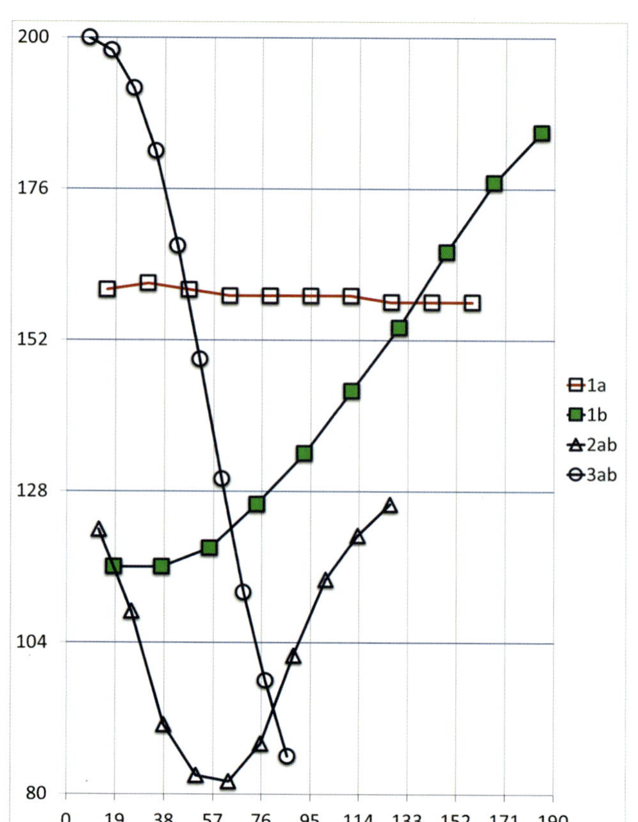

图 2－3c　单字调等长、实长音高模式－吉林通化－YM

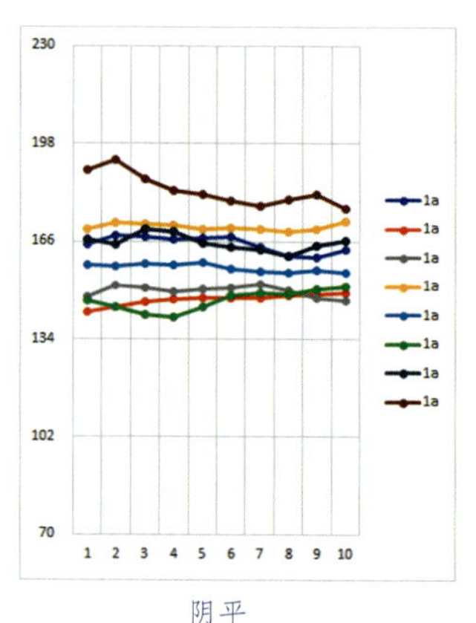

阴平

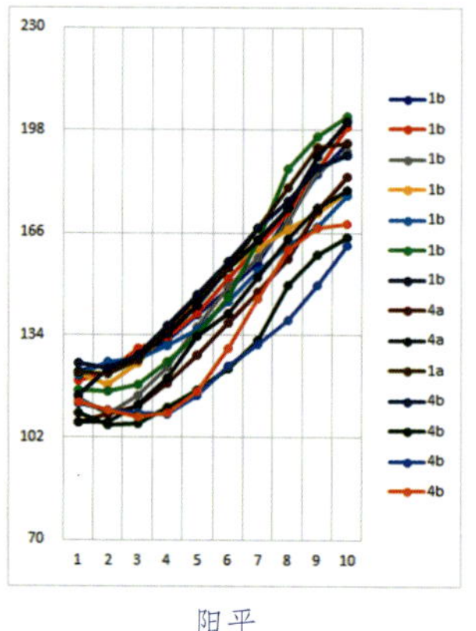

阳平

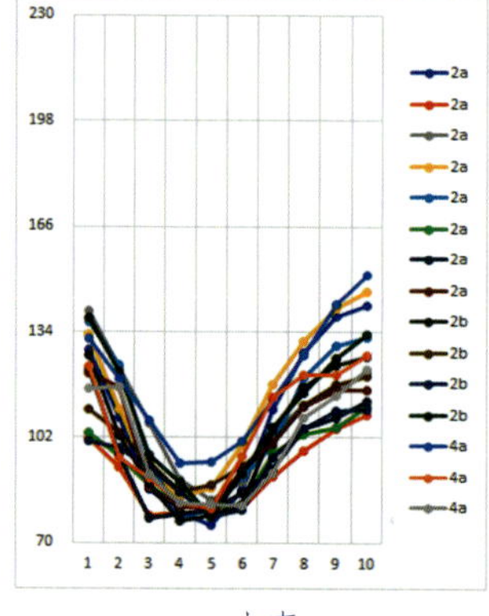

上声

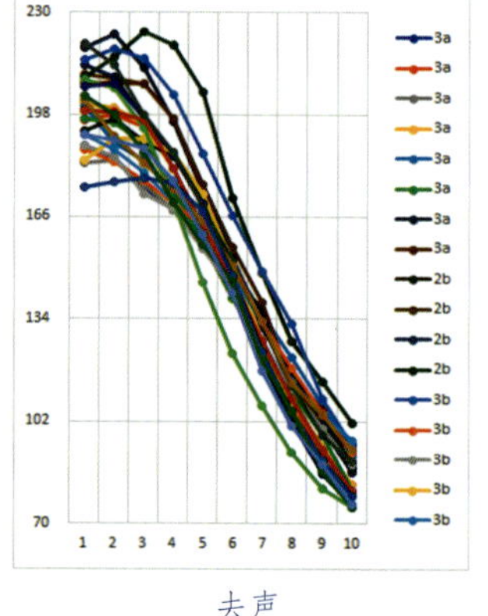

去声

图 2－3d　今声调调域分布范围－吉林通化－YM

青男的声调有 4 个（见图 2－3c）：

阴平 44、阳平 25、上声 212、去声 51。

今调域的分布情况（见图 2－3d）：

阴平在 33～44 之间；阳平在 23～24 之间；上声主要在 212～313 之间；去声集中在 51 的范围。

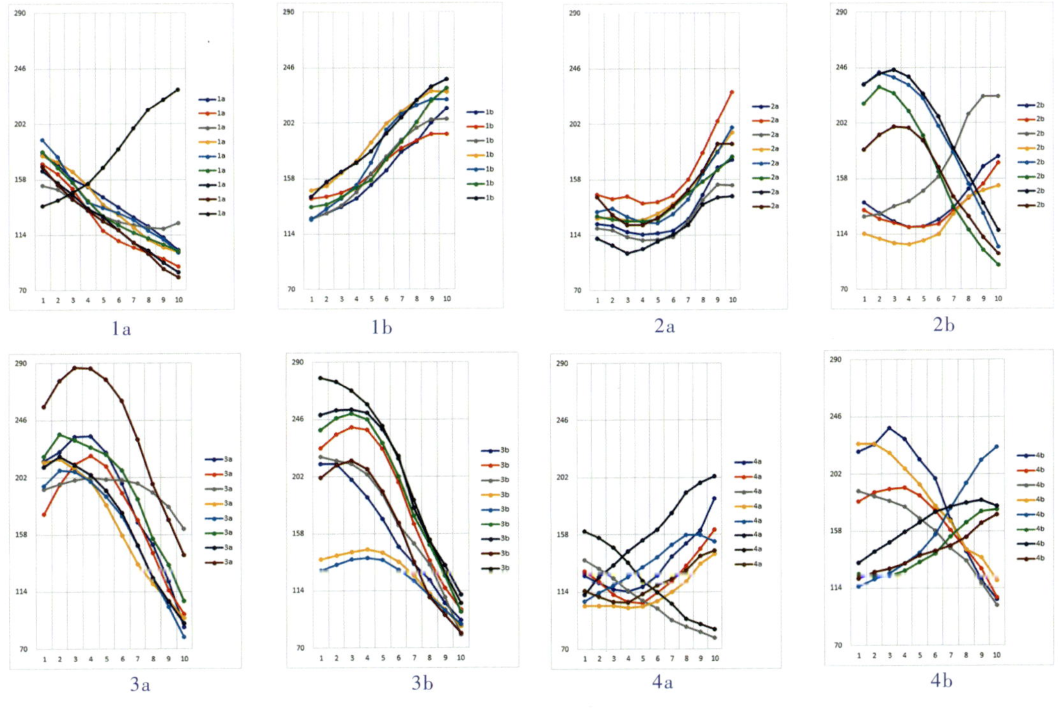

图 2-3e 古四声今读的概貌-吉林通化-OM

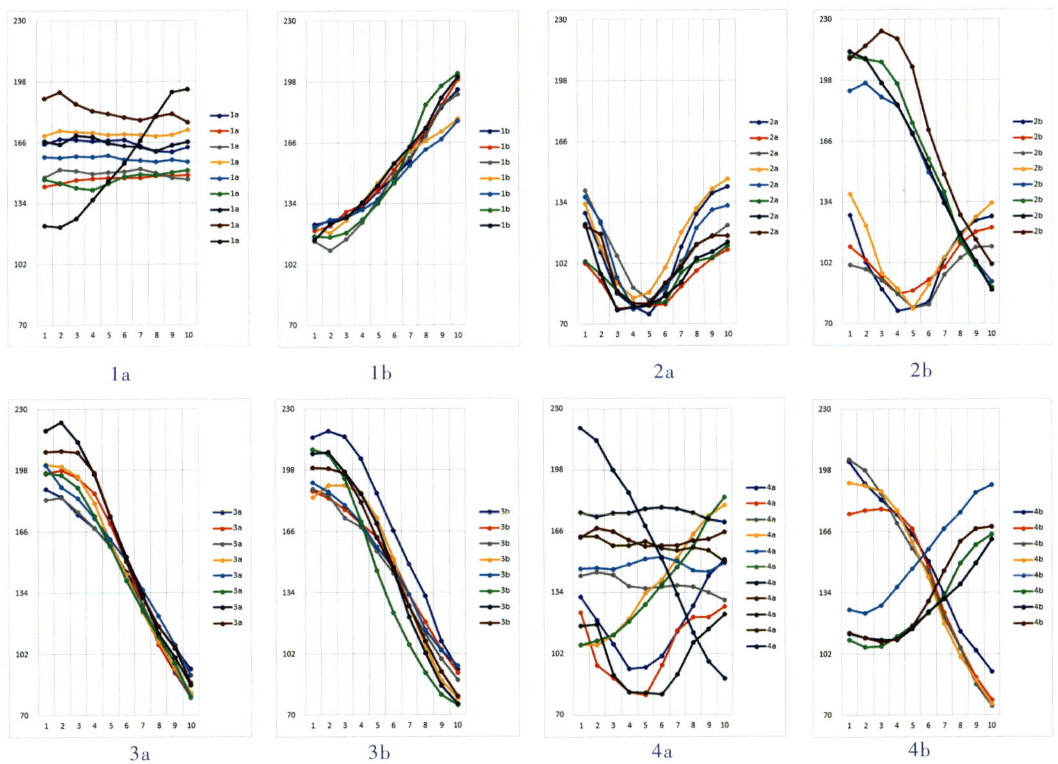

图 2-3f 古四声今读的概貌-吉林通化-YM

图 2-3e 和图 2-3f 是吉林通化老男、青男单字调例字的古四声今读情况，主要的对应规律是：古平声今读主要是阴平和阳平；古上声也是二分的情况，清上字今读上声，浊上字今读上声和去声；古去声大都保留在去声，老男主要读 41/52，青男则主要读 51；古清入字今归派到阴阳上去四声，浊入字主要归阳平和去声。

2. 辽宁沈阳

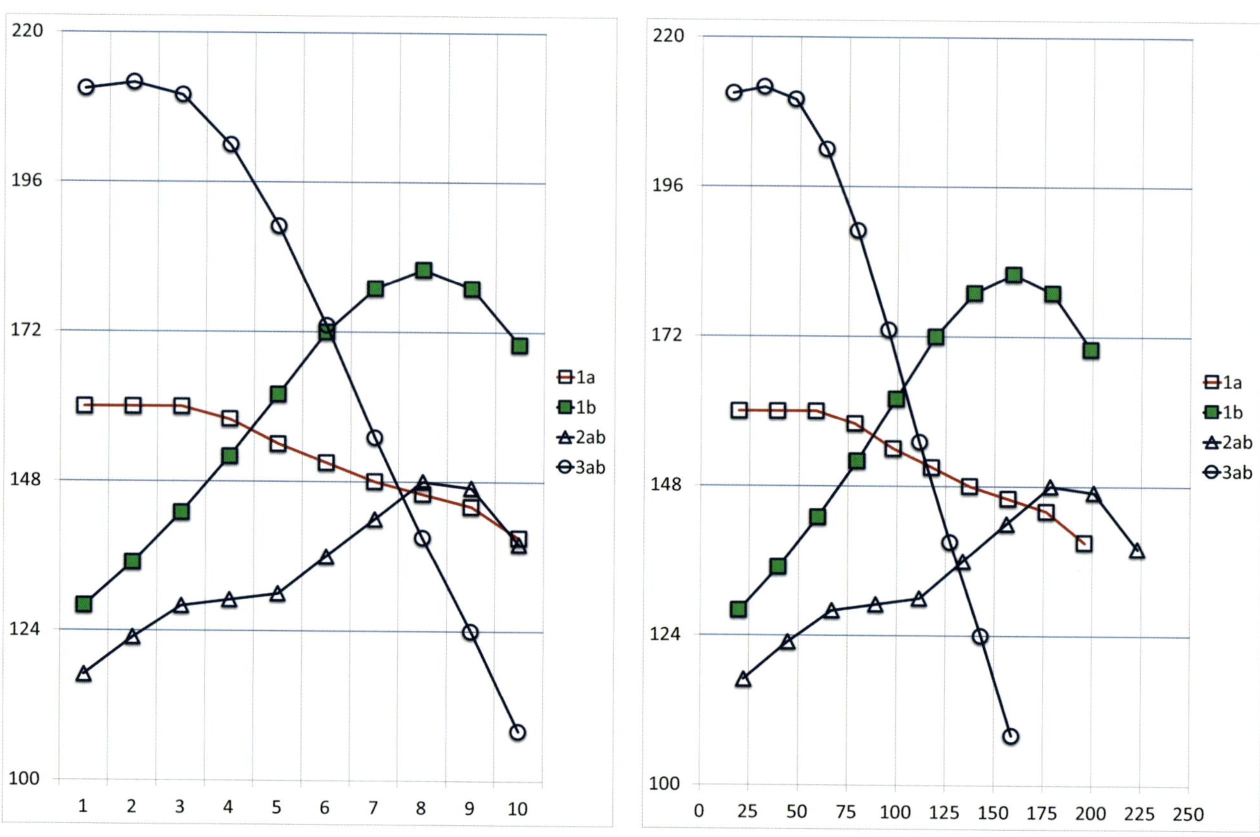

图 2－4a　单字调等长、实长音高模式－辽宁沈阳－OM

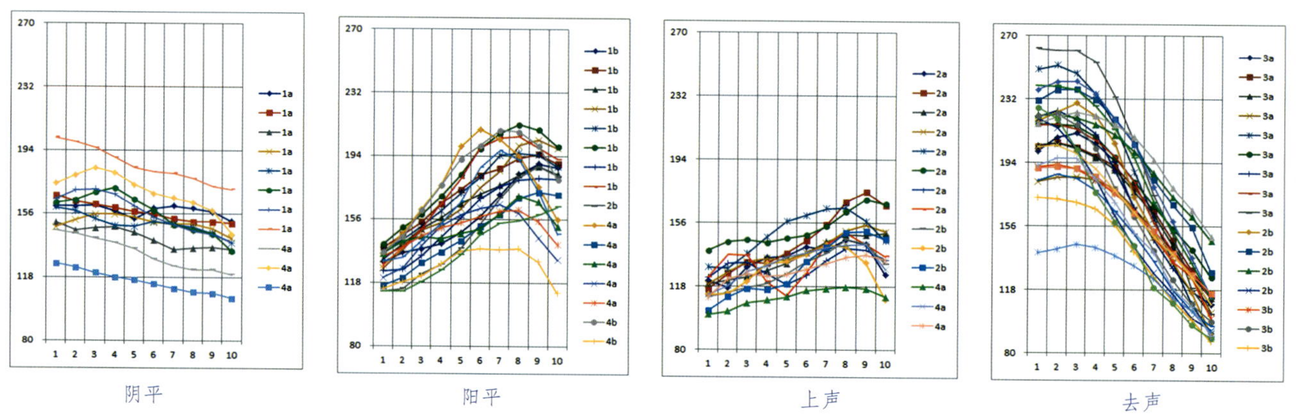

图 2－4b　今声调调域分布范围－辽宁沈阳－OM

老男的声调有 4 个（见图 2－4a）：

阴平 32、阳平 24、上声 12、去声 51。

今调域的分布情况（见图 2－4b）：

阴平在 21～32 之间；阳平在 23～24 之间；上声主要在 12～23 之间，上下略有浮动；去声主要在 31～52 之间。

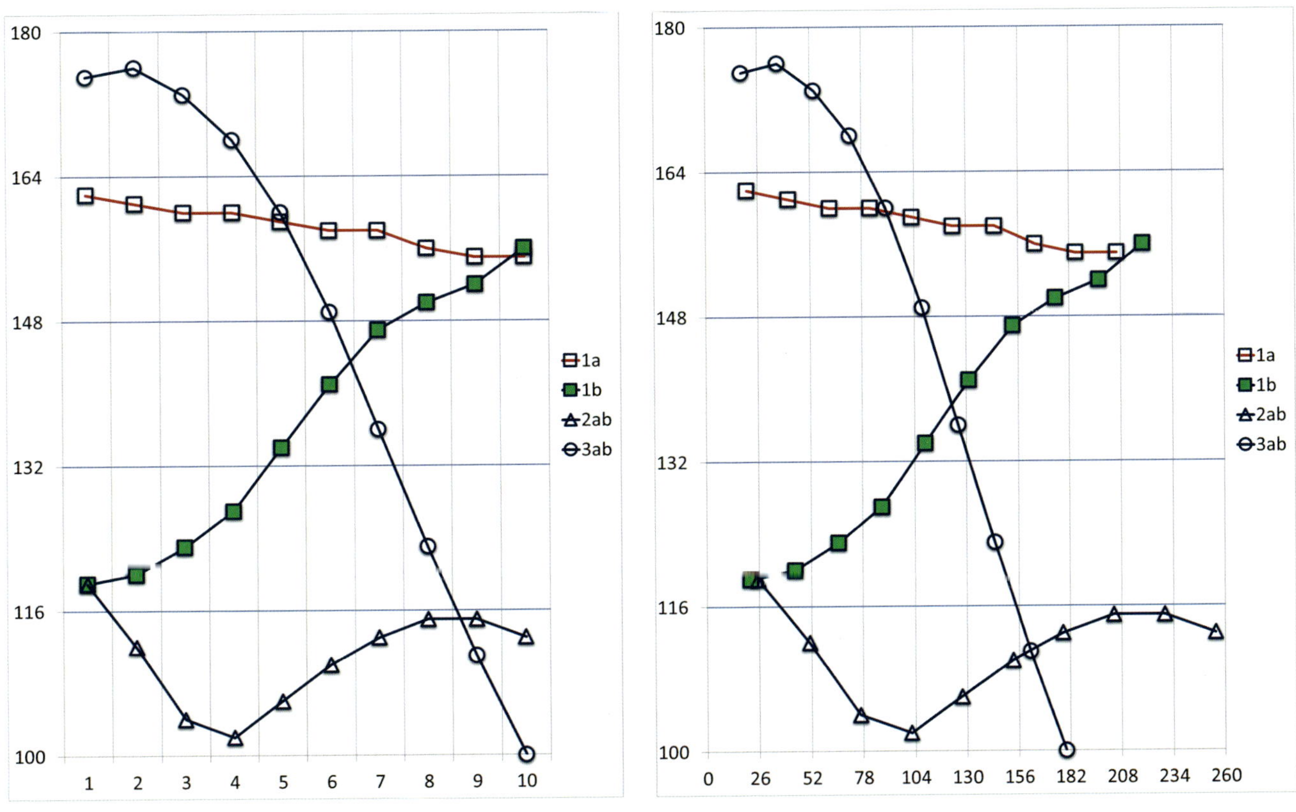

图 2-4c 单字调等长、实长音高模式-辽宁沈阳-YM

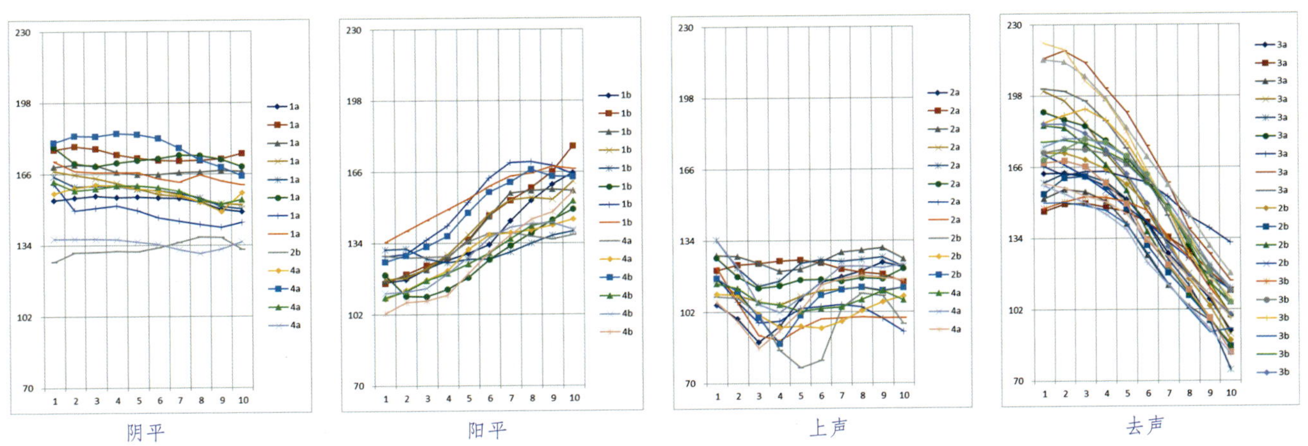

图 2-4d 今声调调域分布范围-辽宁沈阳-YM

青男的声调有 4 个（见图 2-4c）：

阴平是略带下降的 44；阳平 24；上声 212；去声 51。

今调域的分布情况（见图 2-4d）：

阴平主要在 33～44 之间；阳平在 23～24 之间；上声主要在 212 的范围，也有一些是接近平调的 323；去声主要在 31～52 之间。

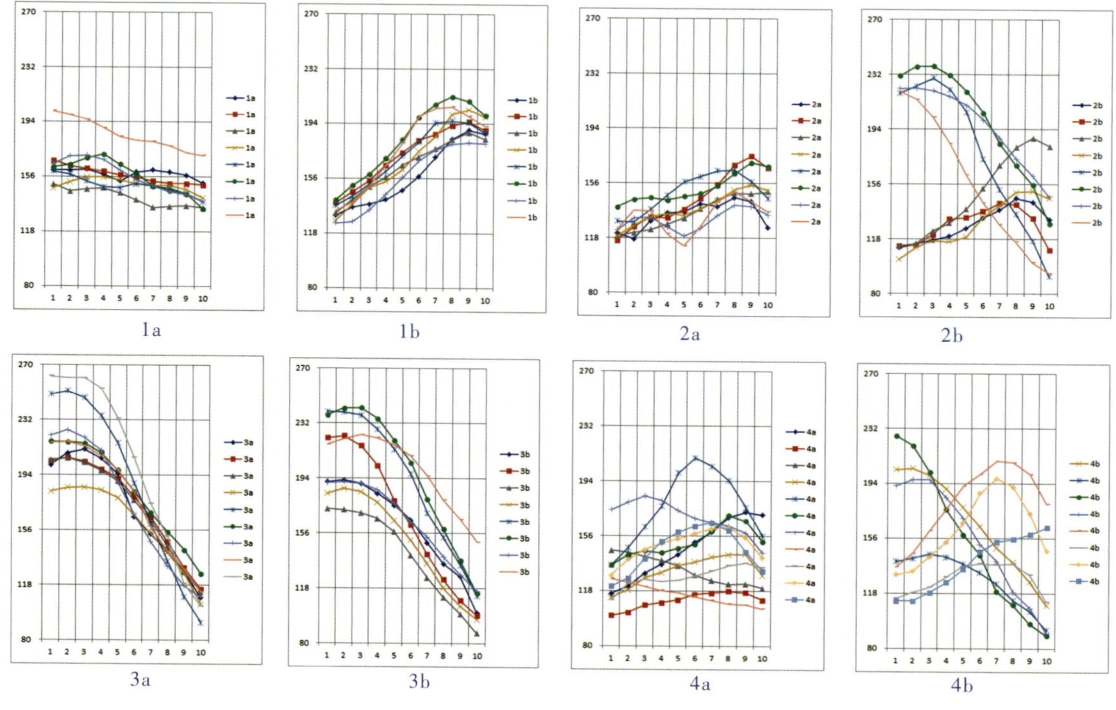

图 2－4e　古四声今读的概貌－辽宁沈阳－OM

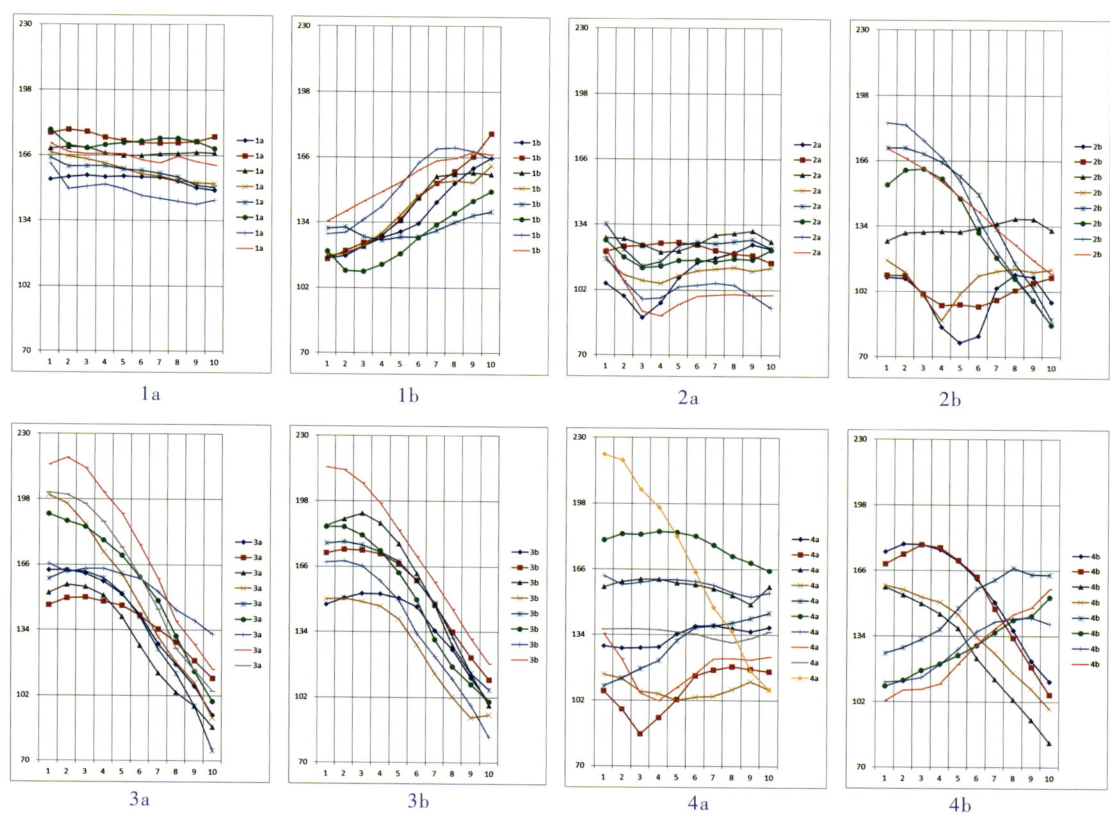

图 2－4f　古四声今读的概貌－辽宁沈阳－YM

图 2－4e 和图 2－4f 是辽宁沈阳老男、青男单字调例字的古四声今读情况，主要的对应规律是：古平声今读主要是阴平和阳平；古上声也是二分的情况，清上字今读上声，浊上字今读上声和去声；古去声大都保留在去声；古清入字今归派到阴阳上去四声，浊入字主要归阳平和去声。

3. 辽宁铁岭

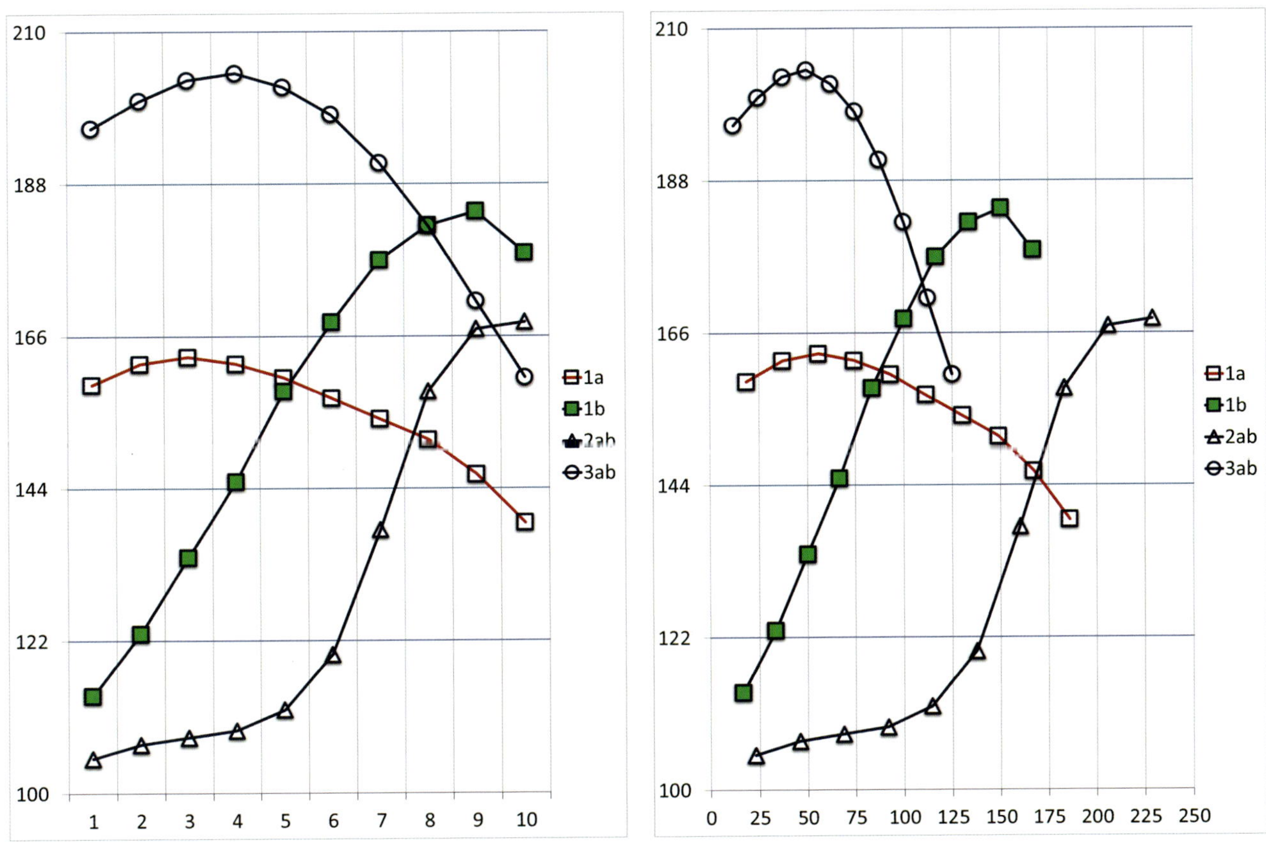

图 2－5a　单字调等长、实长音高模式－辽宁铁岭－OM

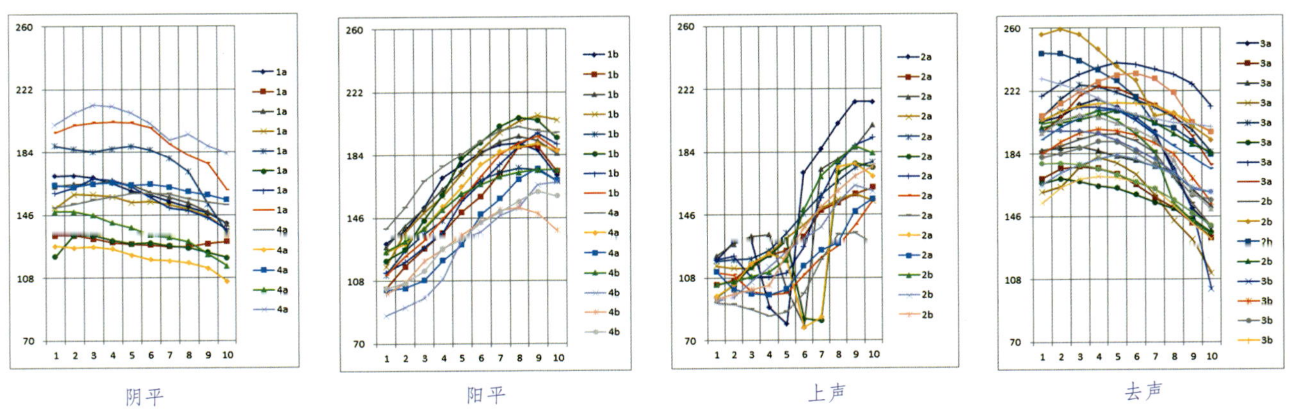

图 2－5b　今声调调域分布范围－辽宁铁岭－OM

老男的声调有 4 个（见图 2－5a）：

阴平 32、阳平 14、上声 113、去声 553。

今调域的分布情况（见图 2－5b）：

阴平在 22～44 之间；阳平在 23～24 之间；上声主要在 214 的范围，曲折的部分上下略有浮动；去声主要在 32～54 之间。

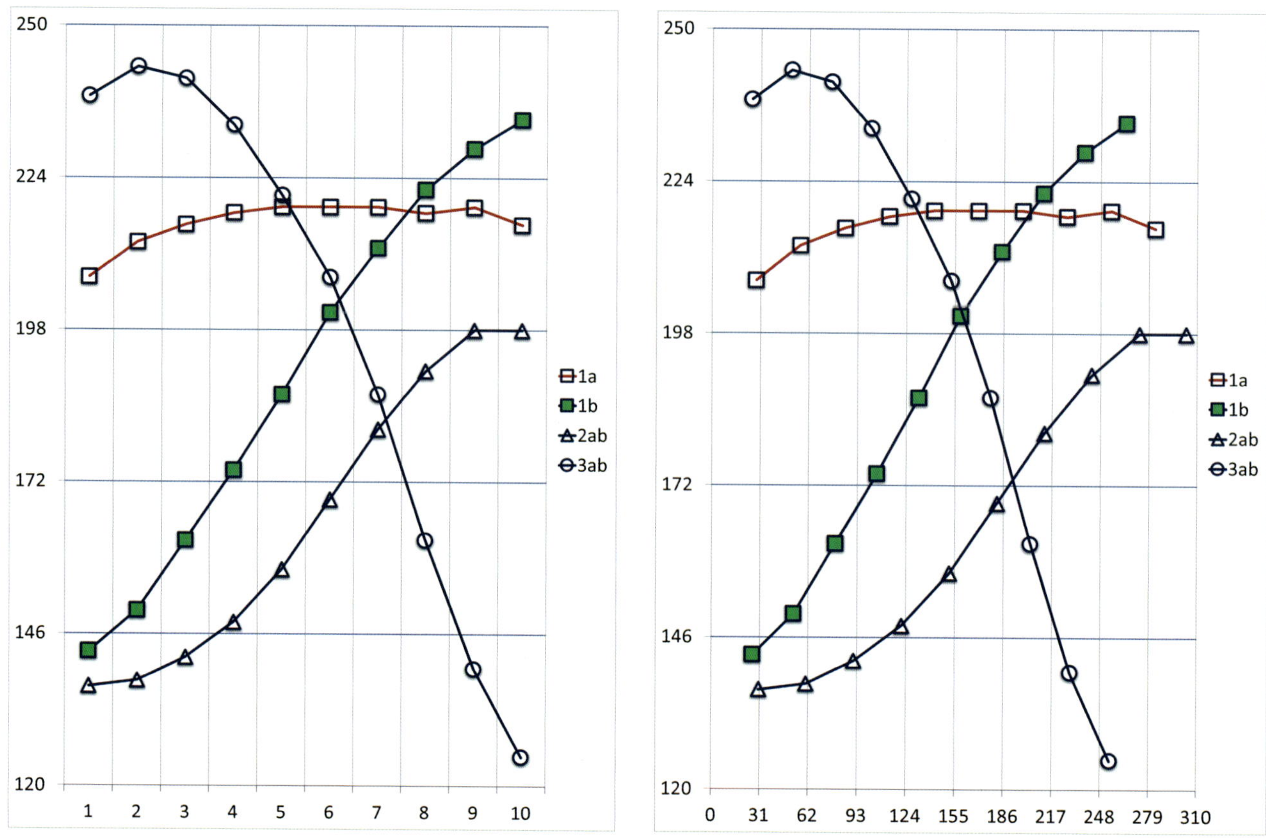

图 2－5c　单字调等长、实长音高模式－辽宁铁岭－YM

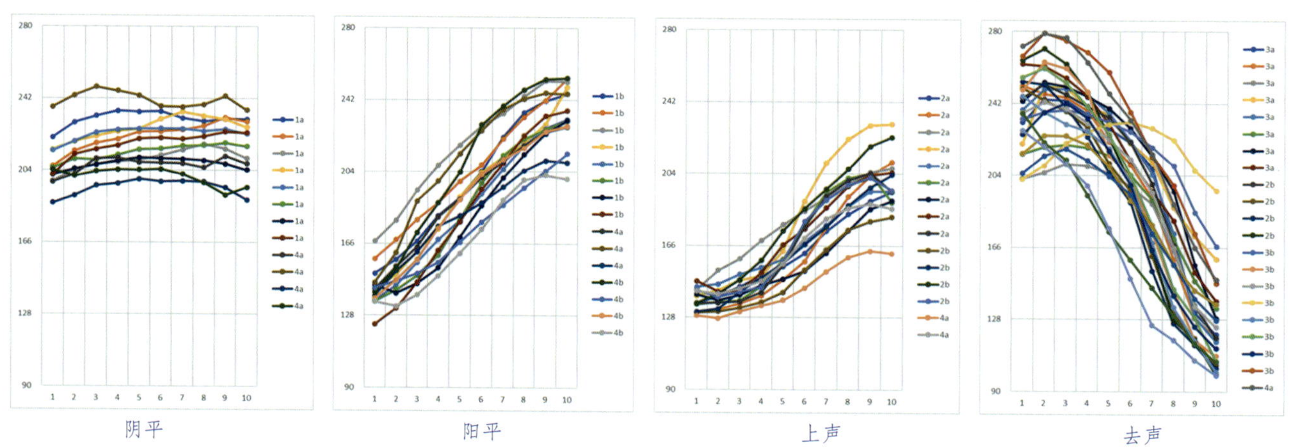

图 2－5d　今声调调域分布范围－辽宁铁岭－YM

青男的声调有 4 个（见图 2－5c）：

阴平 44、阳平 25、上声 13、去声 51。

今调域的分布情况（见图 2－5d）：

阴平主要在 44 及其上下；阳平在 23～35 之间；上声主要在 23～24 之间；去声主要在 41～52 之间。

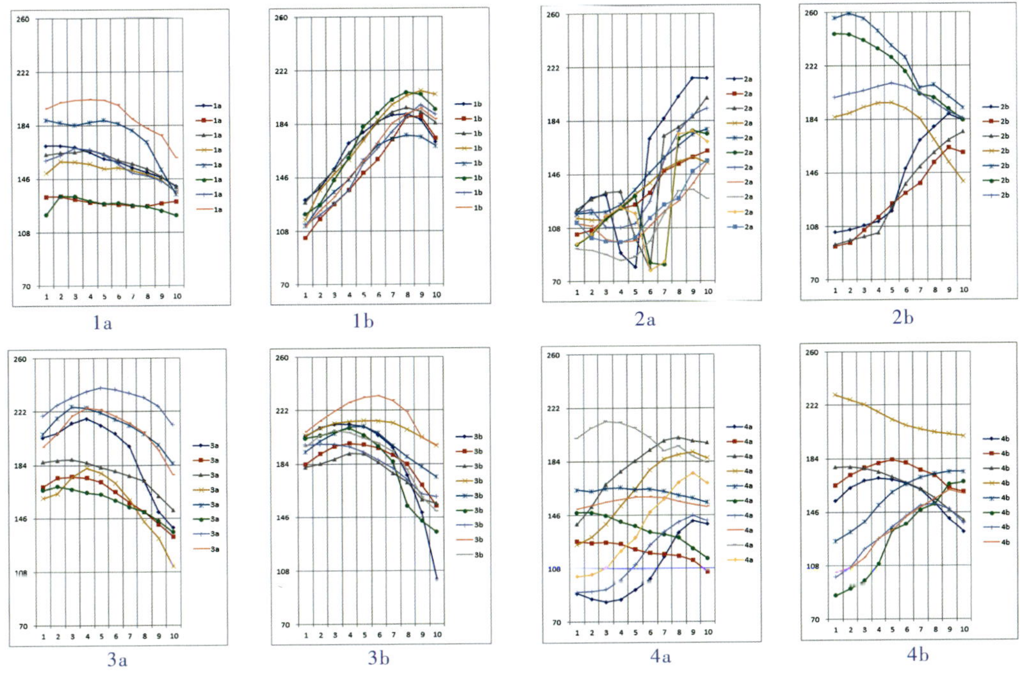

图 2 - 5e　古四声今读的概貌 - 辽宁铁岭 - OM

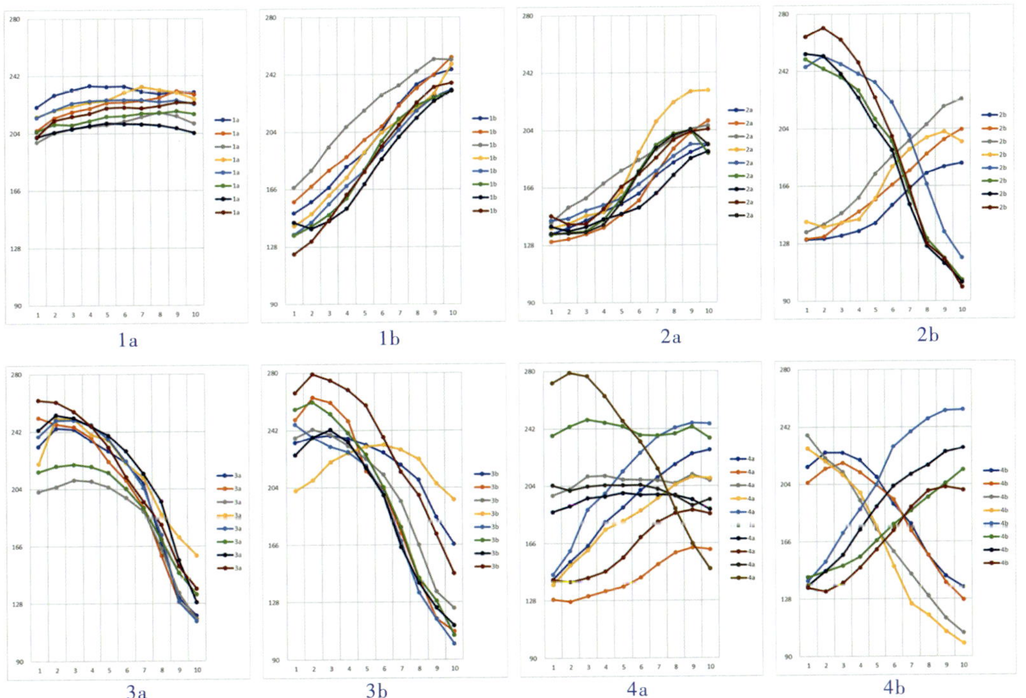

图 2 - 5f　古四声今读的概貌 - 辽宁铁岭 - YM

图 2 - 5e 和图 2 - 5f 是辽宁铁岭老男、青男单字调例字的古四声今读情况，主要的对应规律是：古平声今读主要是阴平和阳平，老男清平今读的内部差异较大，青男的则较为一致；古上声也是二分的情况，清上字今读上声，浊上字今读上声和去声；古去声大都保留在去声，老男主要读 53/32，青男则主要读 52/51；古清入字今归派到阴阳上去四声，浊入字主要归阳平和去声。

2.1.3 延吉小片

吉林延吉

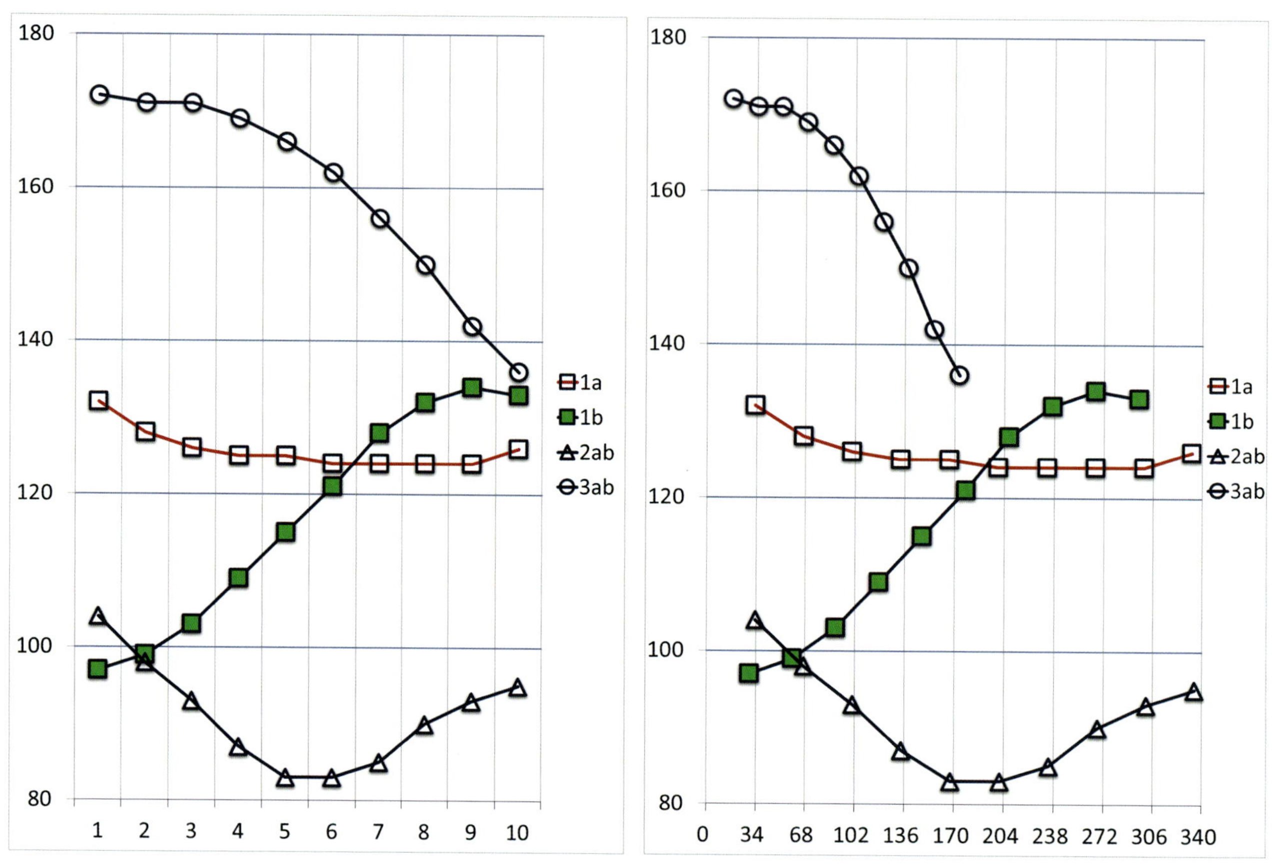

图 2－6a 单字调等长、实长音高模式－吉林延吉－OM

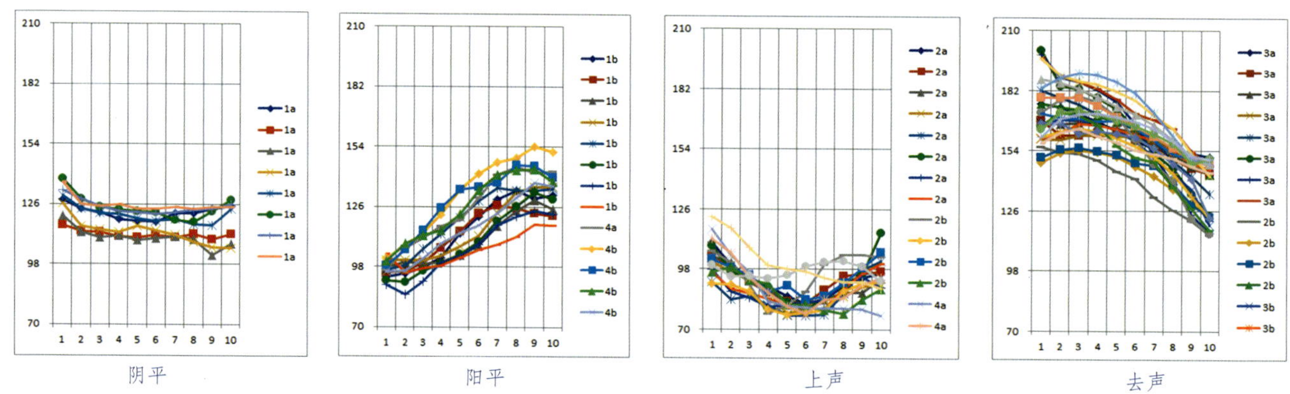

图 2－6b 今声调调域分布范围－吉林延吉－OM

老男的声调有 4 个（见图 2－6a）：

阴平 33、阳平 23、上声 212、去声 53。

今调域的分布情况（见图 2－6b）：

阴平在 22～33 之间；阳平在 13～23 之间；上声主要在 212 的范围，曲折的部分前部略高；去声主要在 32～53 之间。

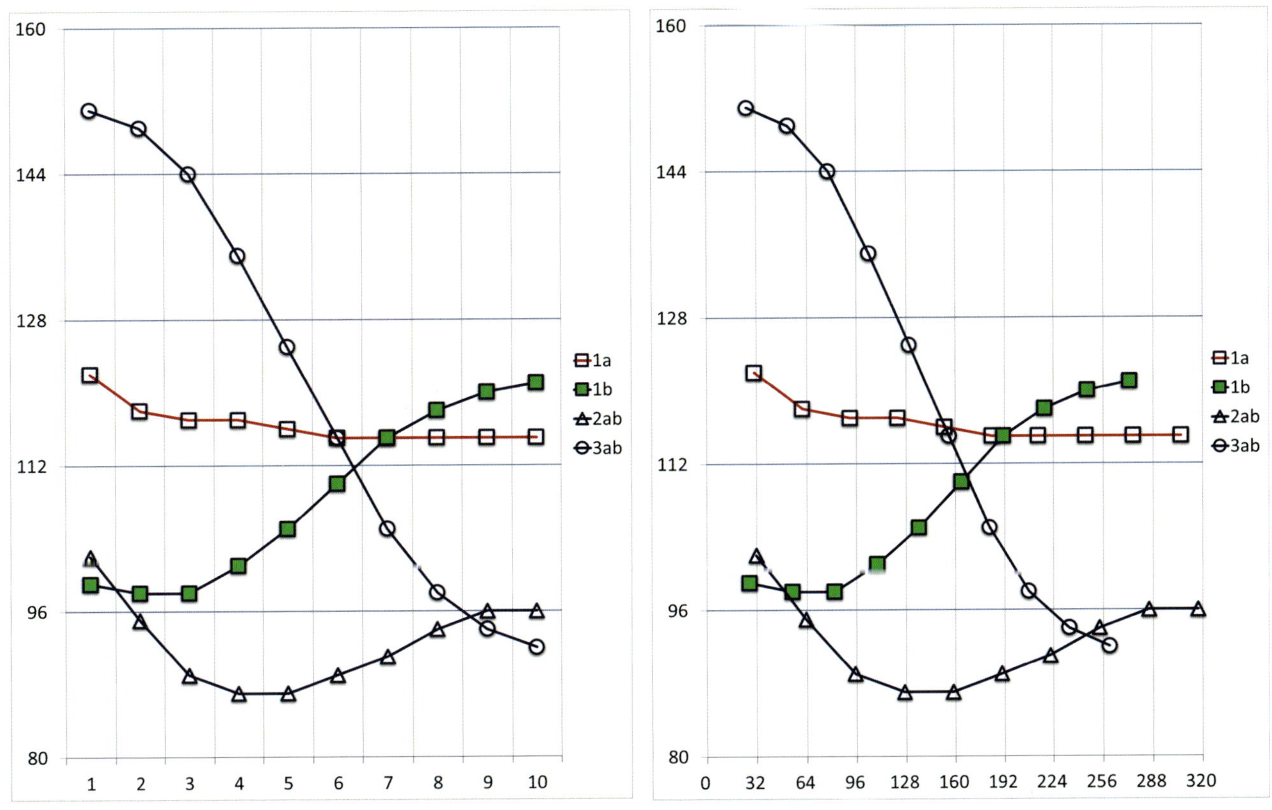

图 2－6c 单字调等长、实长音高模式－吉林延吉－YM

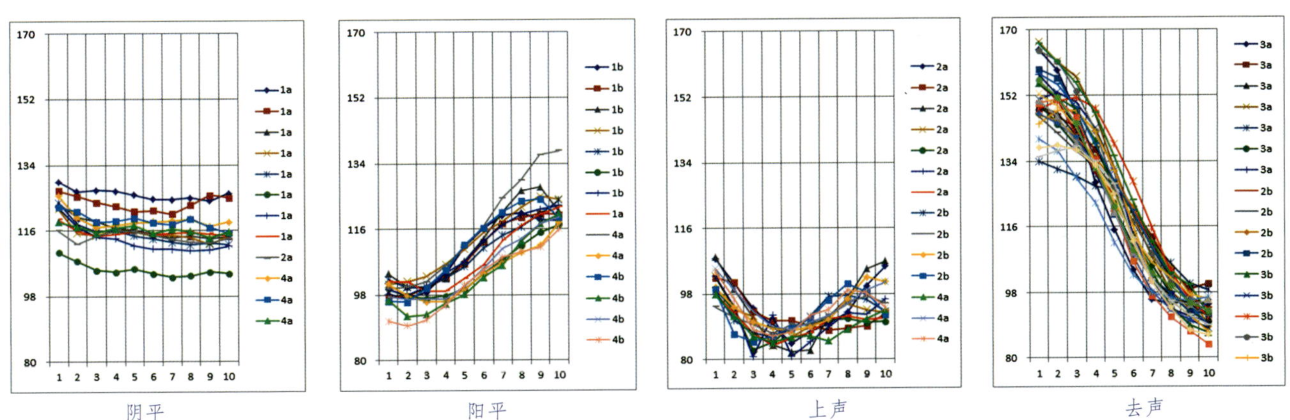

图 2－6d 今声调调域分布范围－吉林延吉－YM

青男的声调有 4 个（见图 2－6c）：

阴平 33；阳平 23；上声是前部略高的 212；去声 51。

今调域的分布情况（见图 2－6d）：

阴平在 22 ~ 33 之间；阳平在 12 ~ 23 之间；上声主要在 212 的范围，曲折的部分前部略高；去声主要在 41 ~ 52 之间。

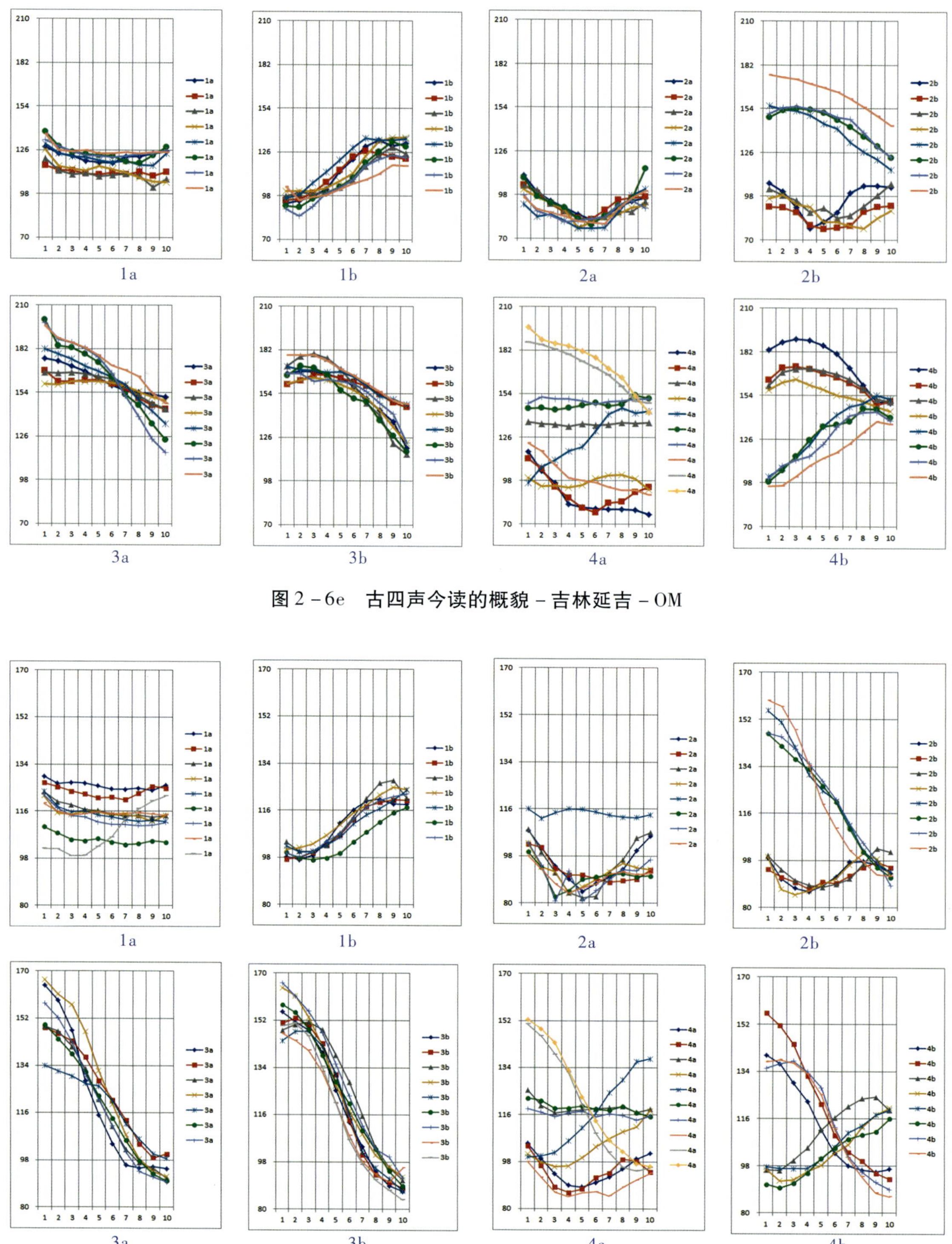

图 2 - 6e　古四声今读的概貌 - 吉林延吉 - OM

图 2 - 6f　古四声今读的概貌 - 吉林延吉 - YM

图 2 - 6e 和图 2 - 6f 是吉林延吉老男、青男单字调例字的古四声今读情况，主要的对应规律是：古平声今读主要是阴平和阳平，老男、青男较为一致；古上声也是二分的情况，除个别情况，清上字今读上声，浊上字今读上声和去声；古去声大都保留在去声，老男主要读 53/42，青男则主要读 52/41；古清入字今归派到阴阳上去四声，浊入字主要归阳平和去声。

2.2 哈阜片

2.2.1 肇扶小片

哈尔滨道外

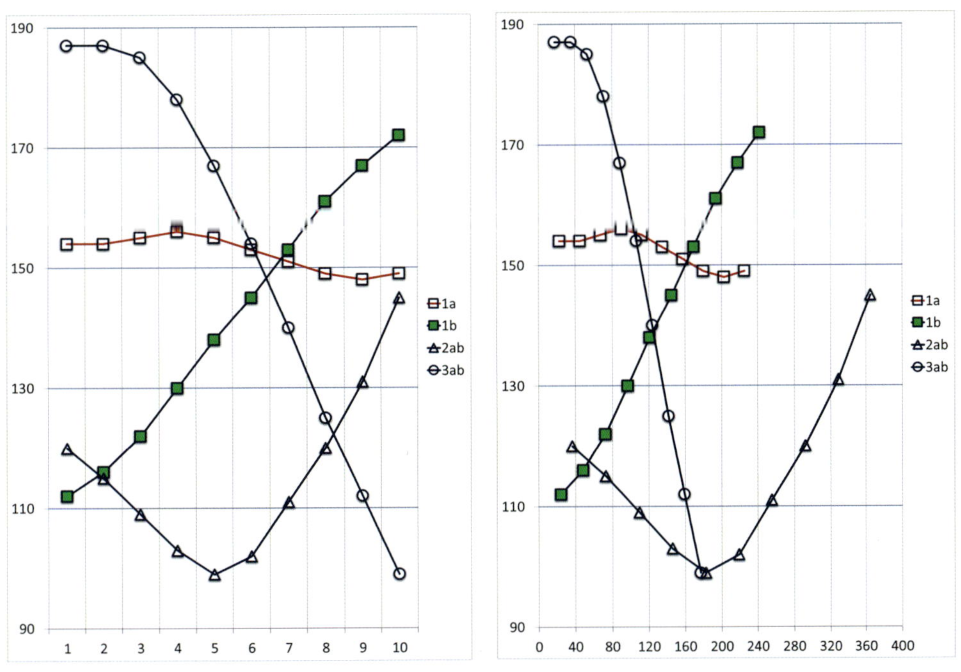

图 2－7a 单字调等长、实长音高模式－哈尔滨道外－OM

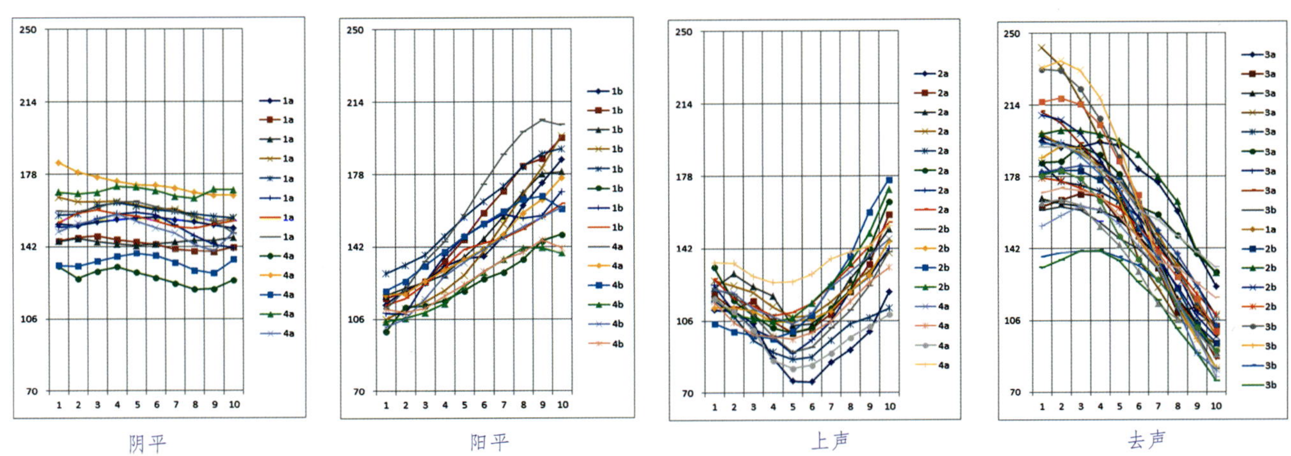

图 2－7b 今声调调域分布范围－哈尔滨道外－OM

老男的声调有 4 个（见图 2－7a）：

阴平 44、阳平 24、上声 213、去声 51。

今调域的分布情况（见图 2－7b）：

阴平在 22～33 之间；阳平在 23～24 之间；上声主要在 212～213 之间；去声主要在 31～52 之间。

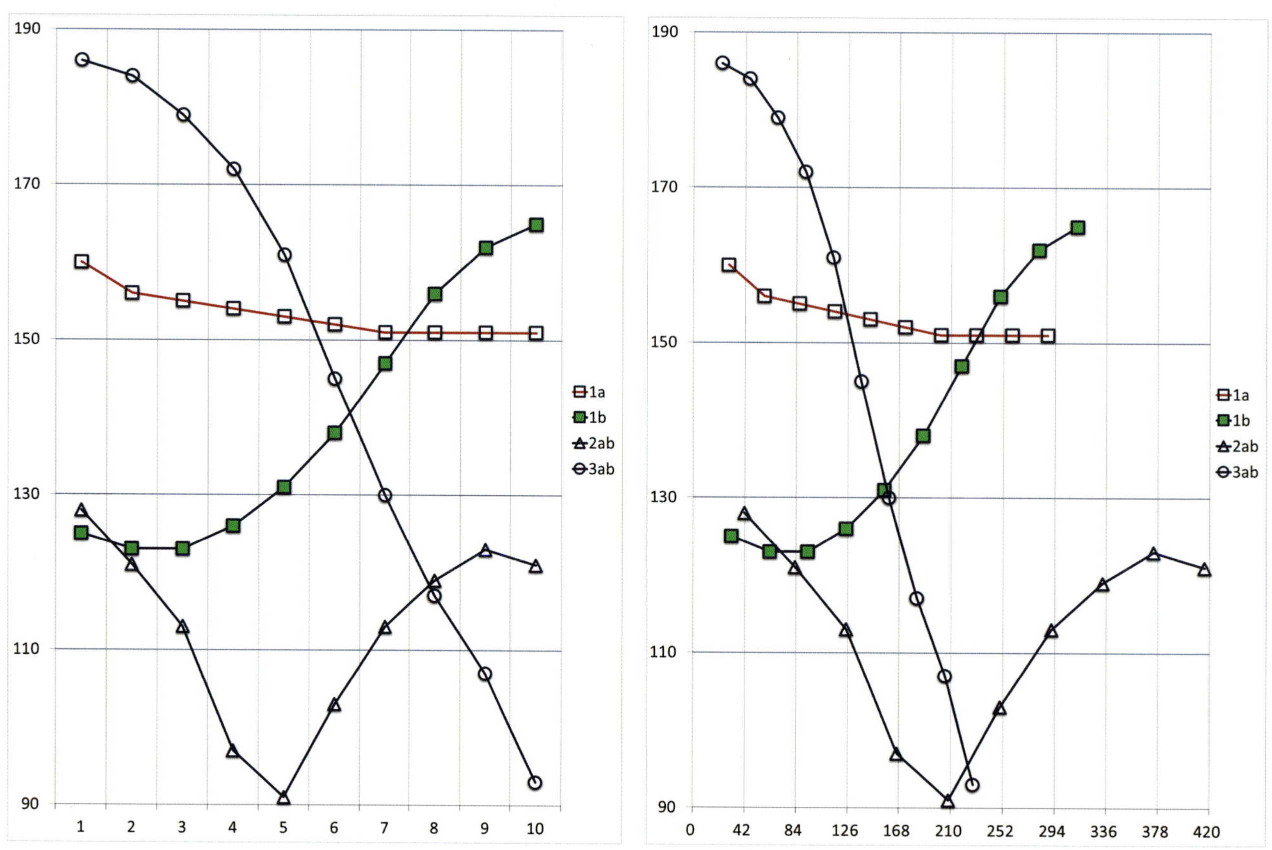

图 2 –7c 单字调等长、实长音高模式 – 哈尔滨道外 – YM

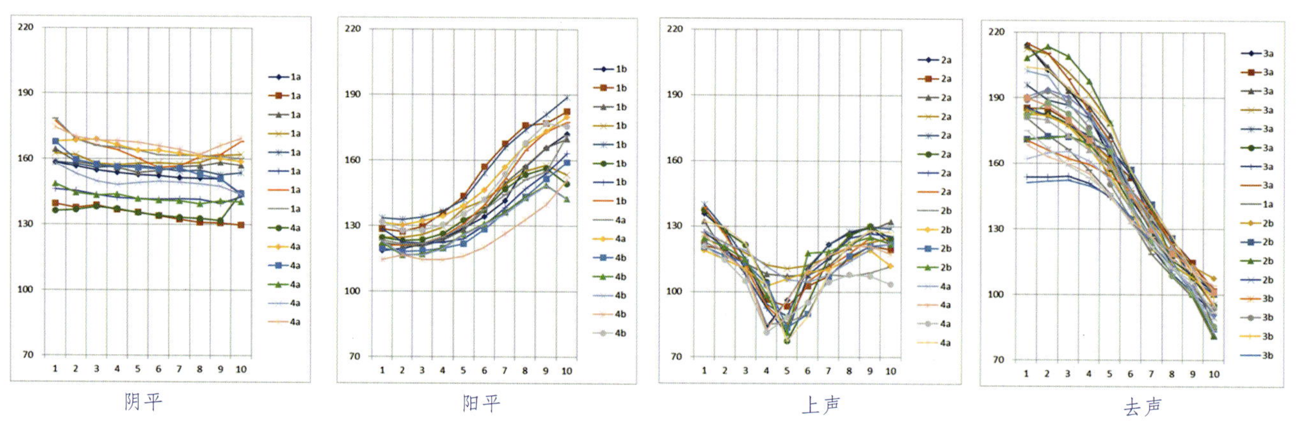

图 2 –7d 今声调调域分布范围 – 哈尔滨道外 – YM

青男的声调有 4 个（见图 2 –7c）：

阴平 44；阳平 24；上声为前部略高的 212；去声 51。

今调域的分布情况（见图 2 –7d）：

阴平主要在 33 ~44 之间；阳平在 23 ~24 之间；上声主要在 212 的范围；去声主要在 31 ~52 之间。

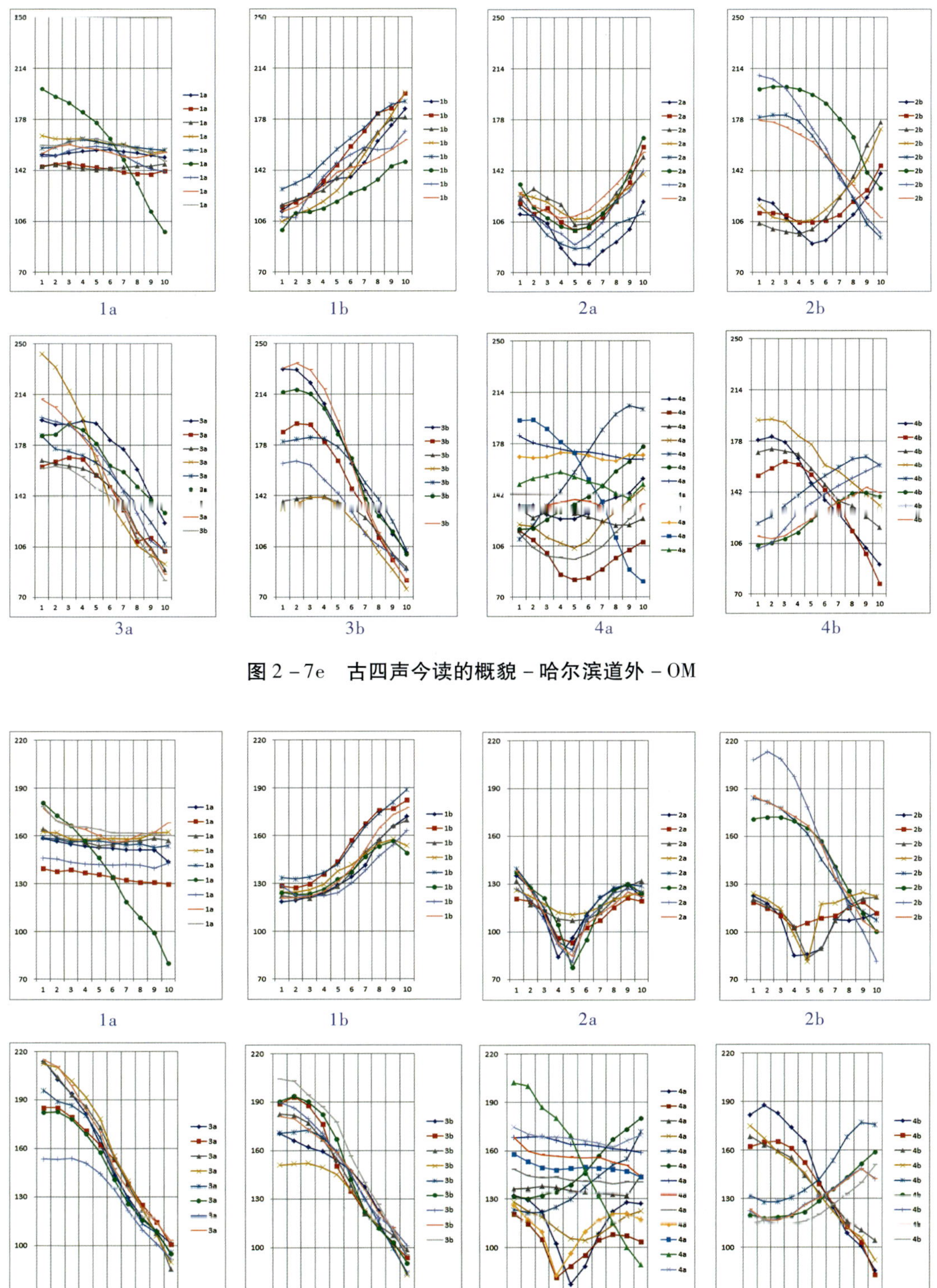

图 2 -7e　古四声今读的概貌 - 哈尔滨道外 - OM

图 2 -7f　古四声今读的概貌 - 哈尔滨道外 - YM

图 2 -7e 和图 2 -7f 是哈尔滨道外老男、青男单字调例字的古四声今读情况，主要的对应规律是：古平声今读主要是阴平和阳平，老男、青男较为一致；古上声也是二分的情况，除个别情况，清上字今读上声，浊上字今读上声和去声；古去声大都保留在去声，老男主要读 51/42/31，青男则主要读 52/41；古清入字今归派到阴阳上去四声，浊入字主要归阳平和去声。

2.2.2 长锦小片

1. 长春南关

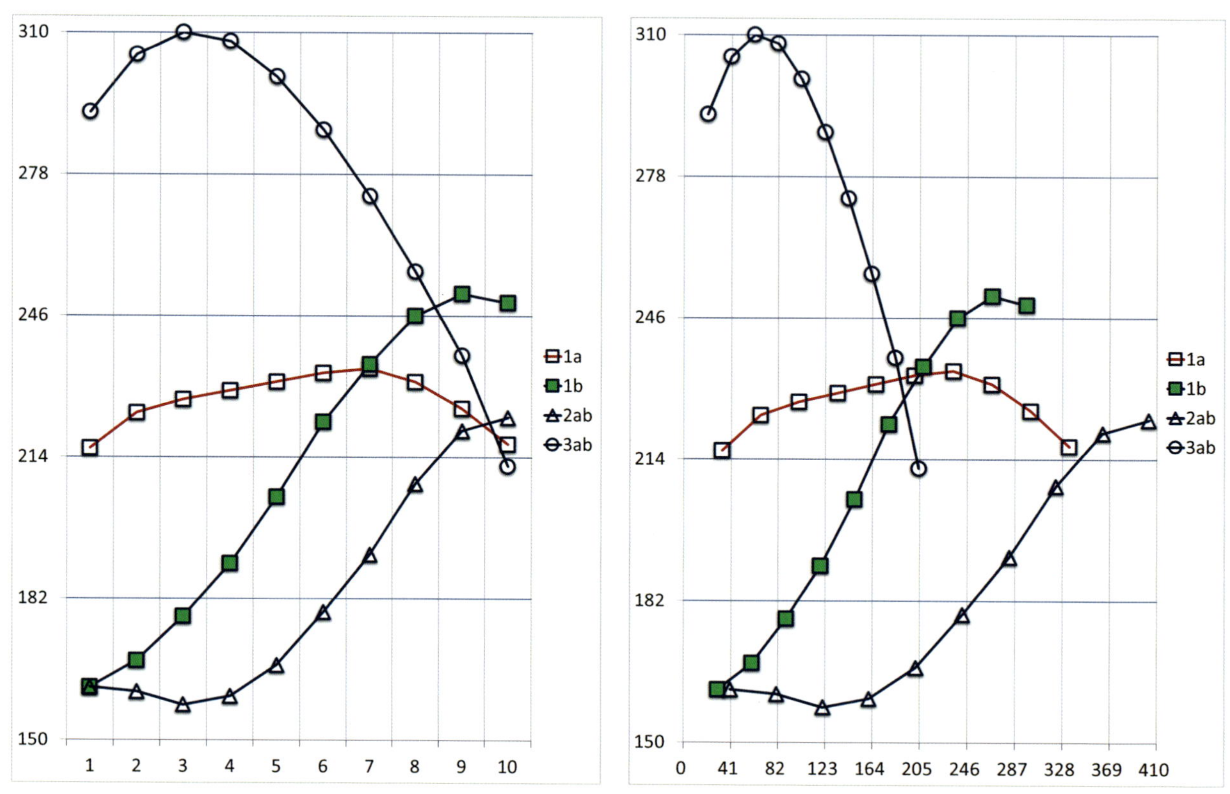

图 2－8a 单字调等长、实长音高模式－长春南关－OM

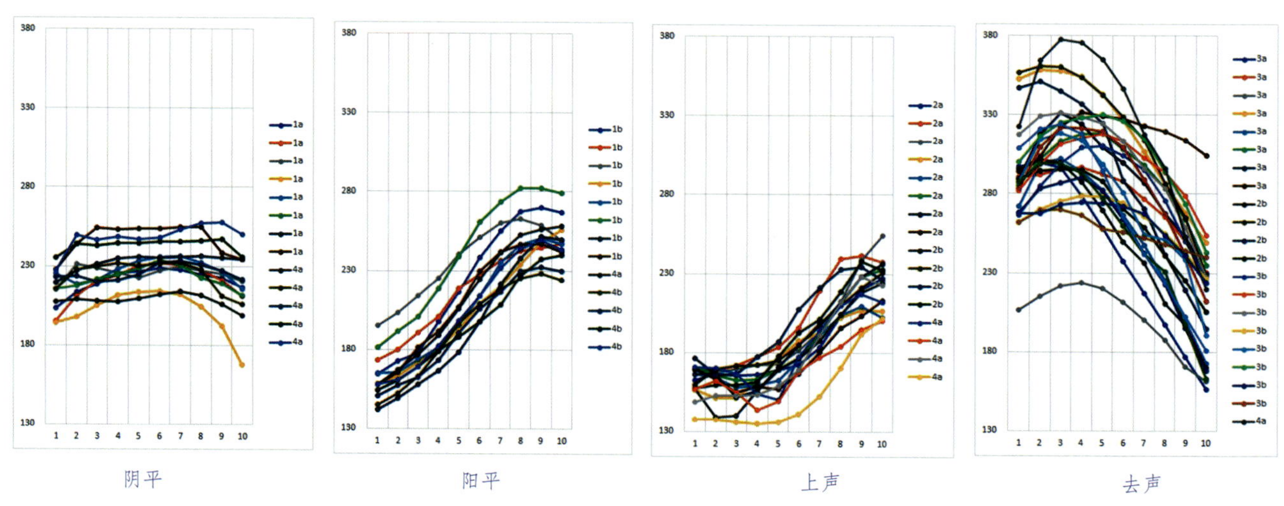

图 2－8b 今声调调域分布范围－长春南关－OM

老男的声调有 4 个（见图 2－8a）：

阴平 33、阳平 14、上声 113、去声 53。

今调域的分布情况（见图 2－8b）：

阴平在 22～33 之间；阳平在 13～24 之间；上声主要在 112～113 之间；去声主要在 31～53 之间。

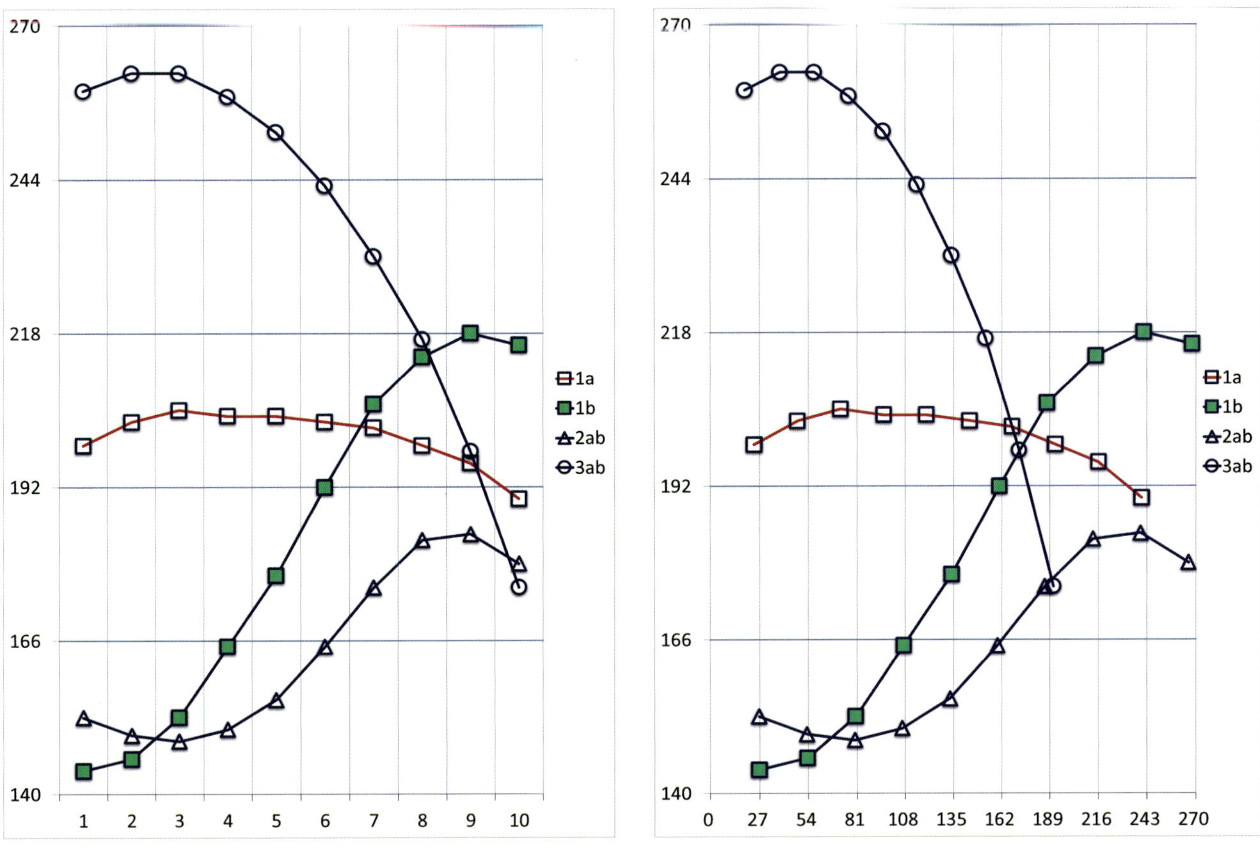

图 2-8c　单字调等长、实长音高模式-长春南关-YM

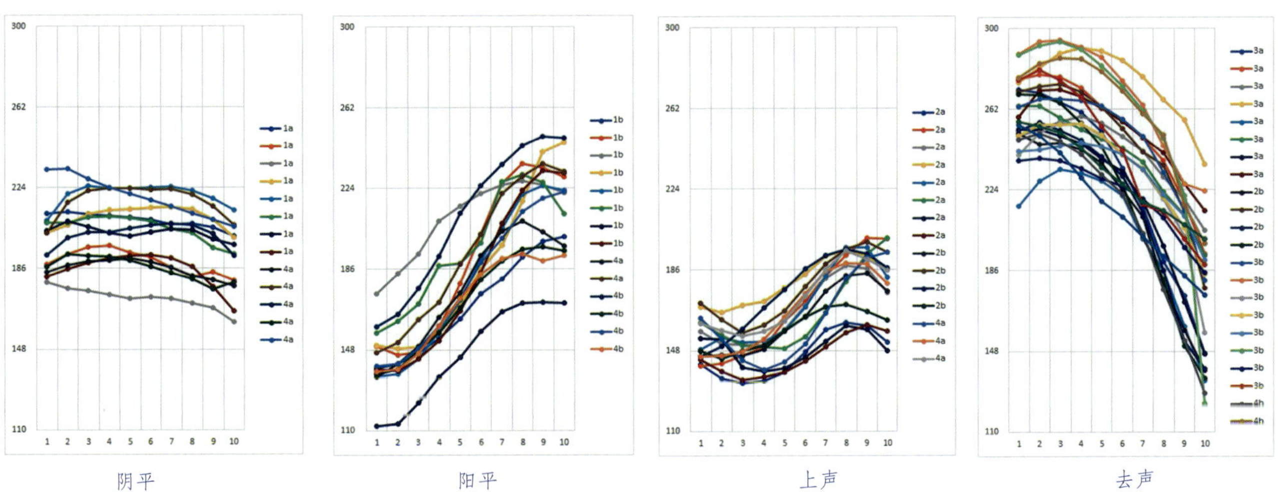

图 2-8d　今声调调域分布范围-长春南关-YM

青男的声调有 4 个（见图 2-8c）：

阴平 33、阳平 13、上声 112、去声 52。

今调域的分布情况（见图 2-8d）：

阴平在 22～33 之间；阳平在 12～24 之间；上声主要在 212～213 之间；去声主要在 41～54 之间。

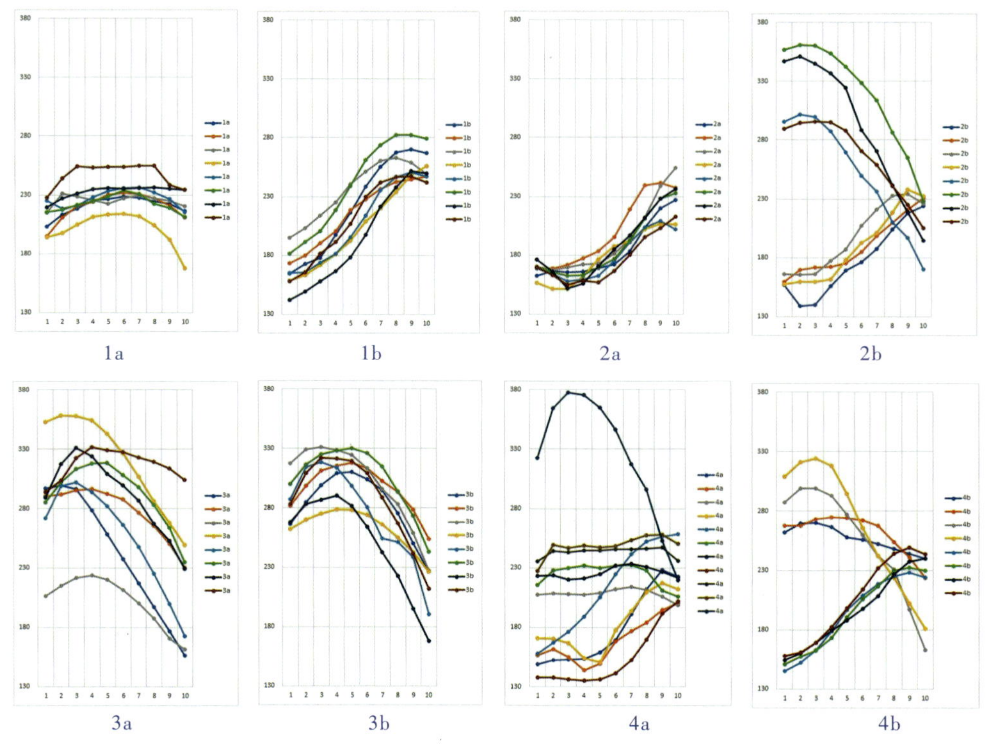

图 2－8e　古四声今读的概貌－长春南关－OM

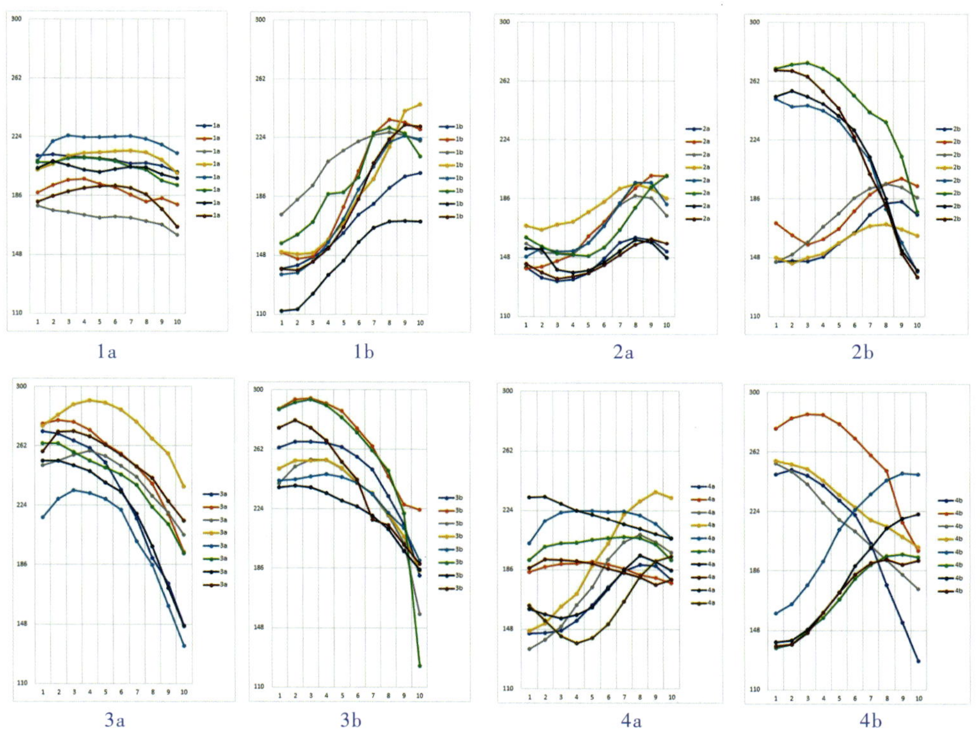

图 2－8f　古四声今读的概貌－长春南关－YM

图 2－8e 和图 2－8f 是长春南关老男、青男单字调例字的古四声今读情况，主要的对应规律是：古平声今读主要是阴平和阳平，老男、青男较为一致；古上声也是二分的情况，清上字今读上声，浊上字今读上声和去声；古去声大都保留在去声，老男、青男分布在 31～53 之间；古清入字今归派到阴阳上去四声，浊入字主要归阳平和去声。

2. 长春榆树

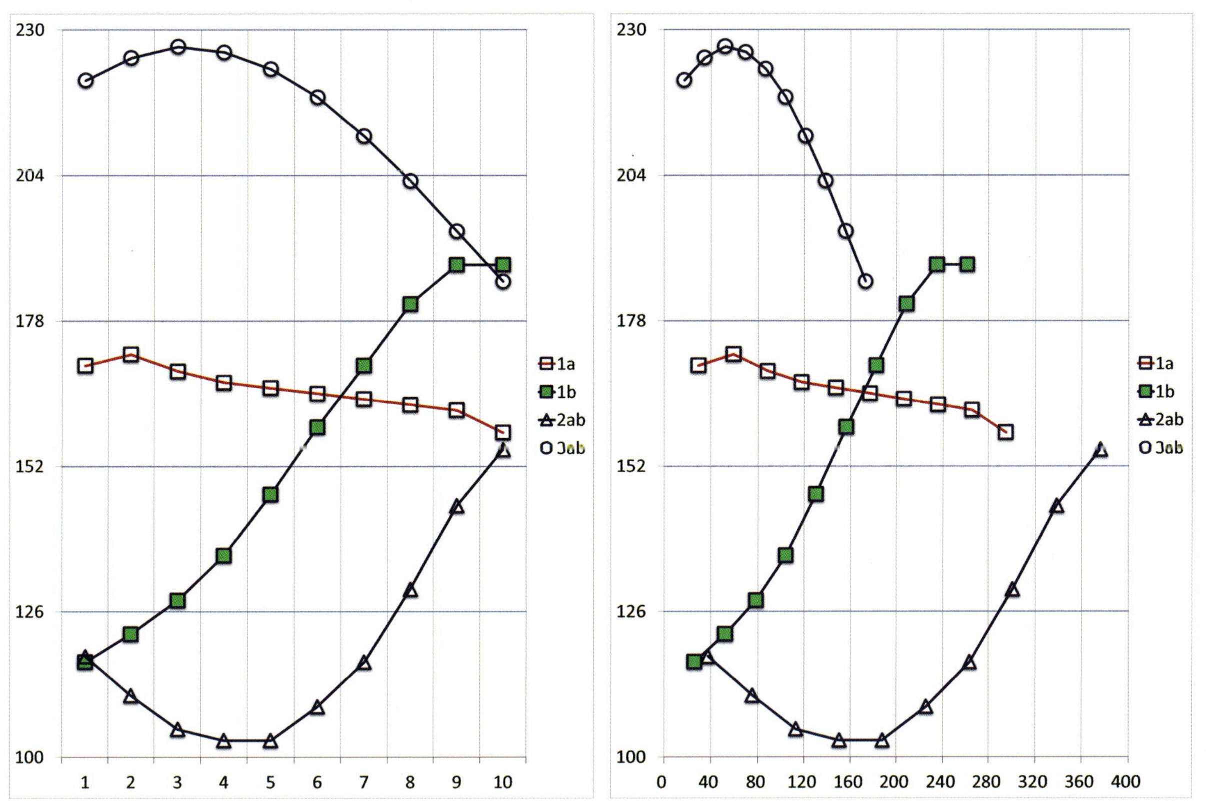

图 2-9a 单字调等长、实长音高模式-长春榆树-OM

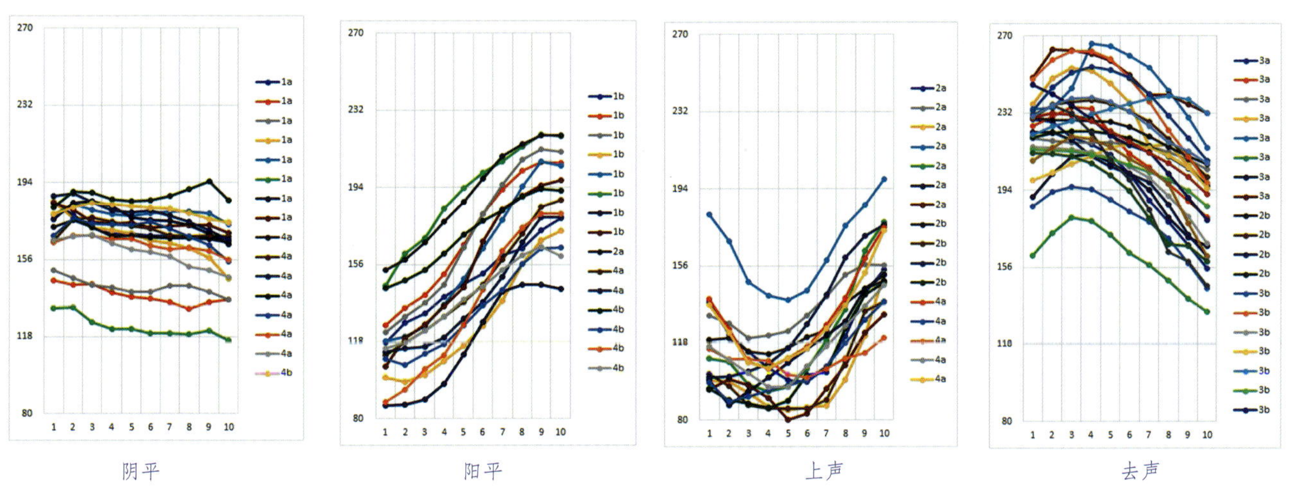

图 2-9b 今声调调域分布范围-长春榆树-OM

老男的声调有 4 个（见图 2-9a）：

阴平是略带下降的 33；阳平 14；上声 213；去声 54。

今调域的分布情况（见图 2-9b）：

阴平在 22~33 之间；阳平在 13~24 之间；上声主要在 213~324 之间；去声主要在 32~54 之间。

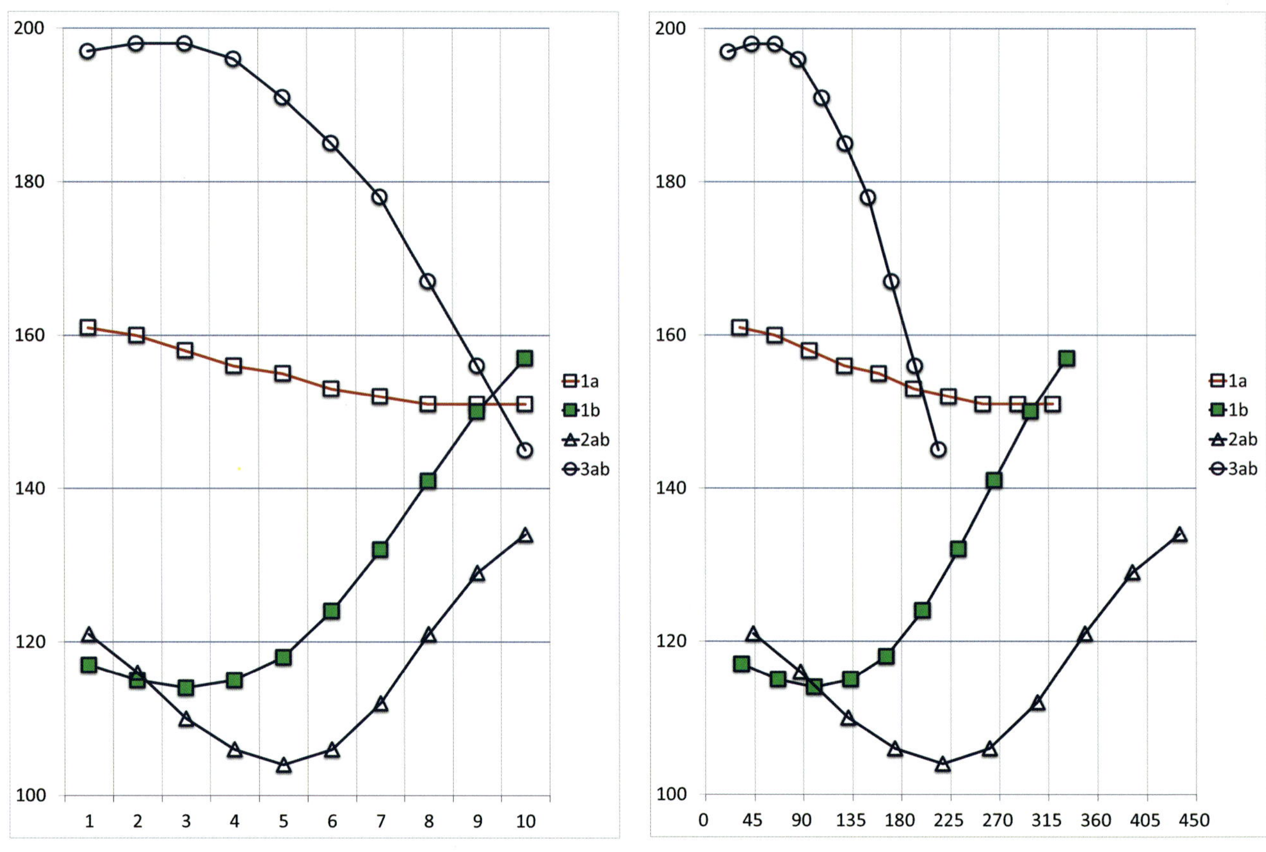

图 2－9c　单字调等长、实长音高模式－长春榆树－YM

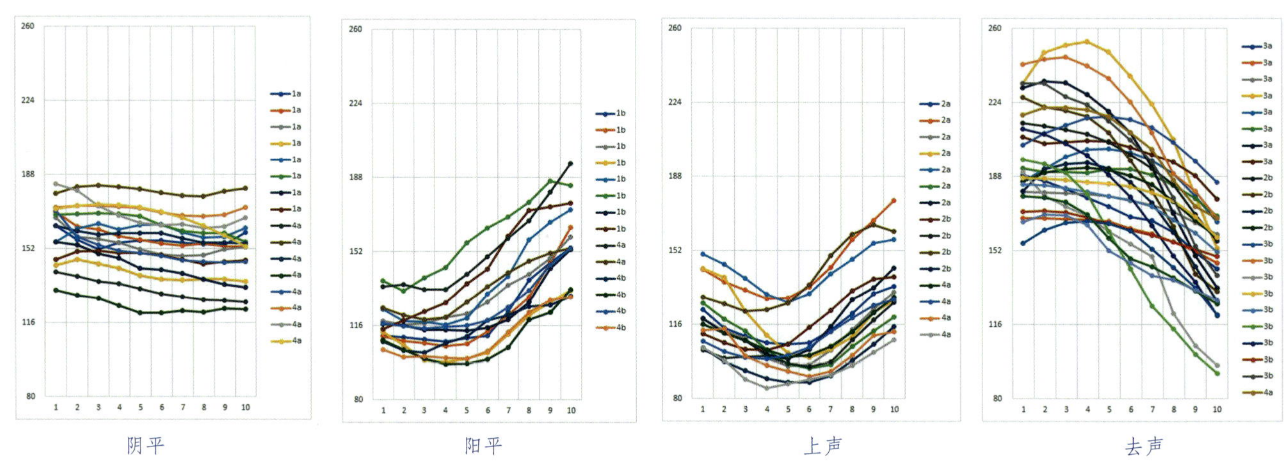

图 2－9d　今声调调域分布范围－长春榆树－YM

青男的声调有 4 个（见图 2－9c）：

阴平是略带下降的 33；阳平 113；上声是略低的 213；去声 53。

今调域的分布情况（见图 2－9d）：

阴平在 22～33 之间；阳平在 112～223 之间；上声在 212～322 之间；去声主要在 31～53 之间。

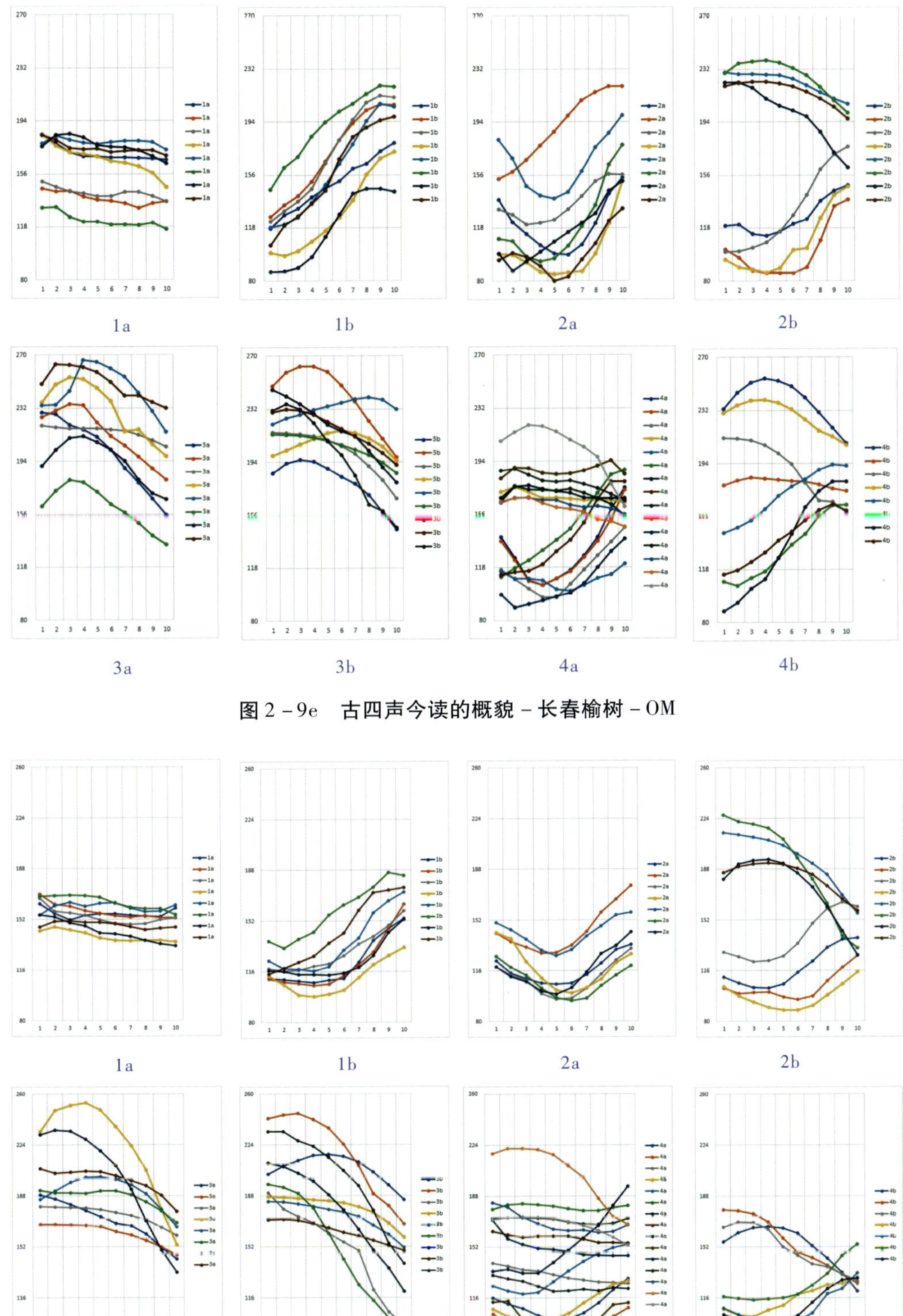

图 2－9e　古四声今读的概貌－长春榆树－OM

图 2－9f　古四声今读的概貌－长春榆树－YM

图 2－9e 和图 2－9f 是长春榆树老男、青男单字调例字的古四声今读情况，主要的对应规律是：古平声今读主要是阴平和阳平，老男、青男较为一致；古上声也是二分的情况，清上字今读上声，浊上字今读上声和去声；古去声大都保留在去声，老男分布在 32～54 之间，青男分布在 31～53 之间；古清入字今归派到阴阳上去四声，浊入字主要读阳平和去声。

3. 辽宁锦州

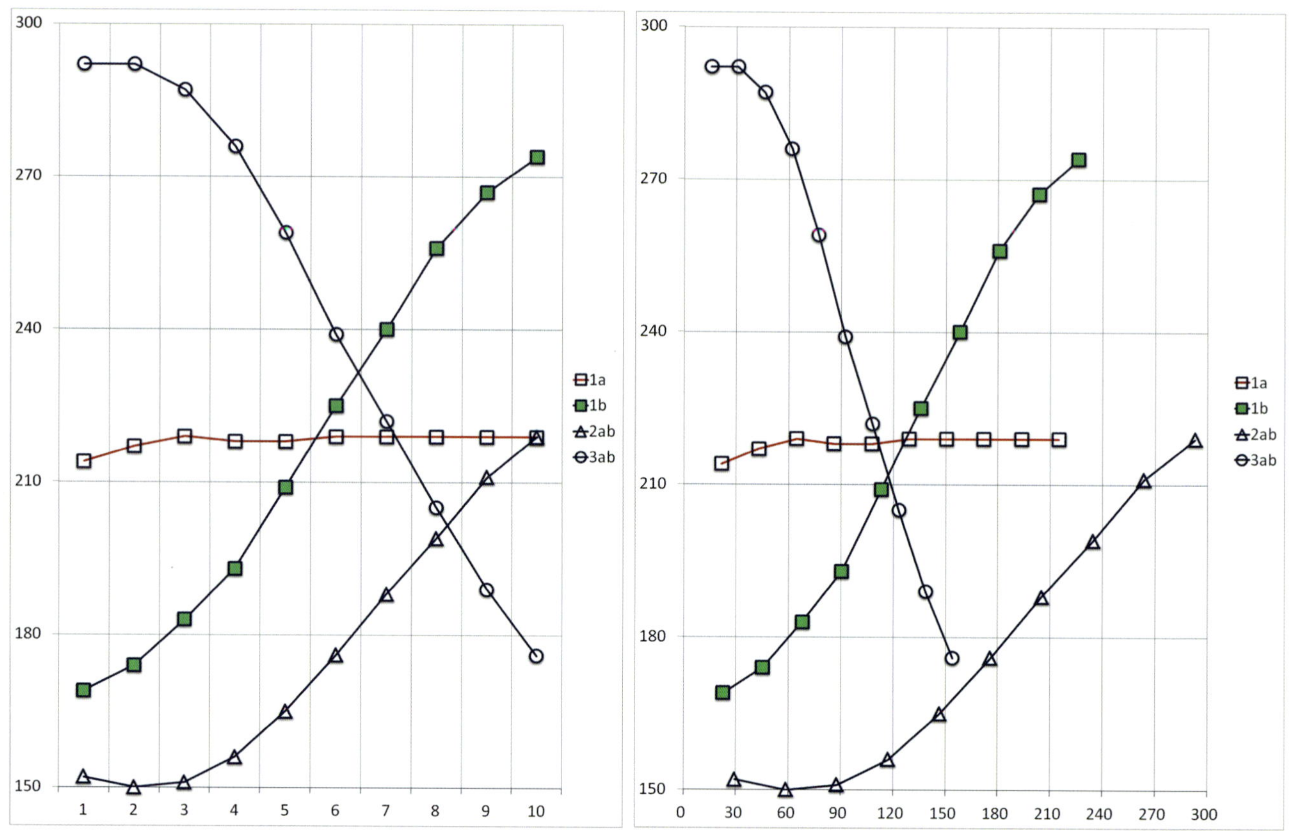

图 2－10a　单字调等长、实长音高模式－辽宁锦州－OM

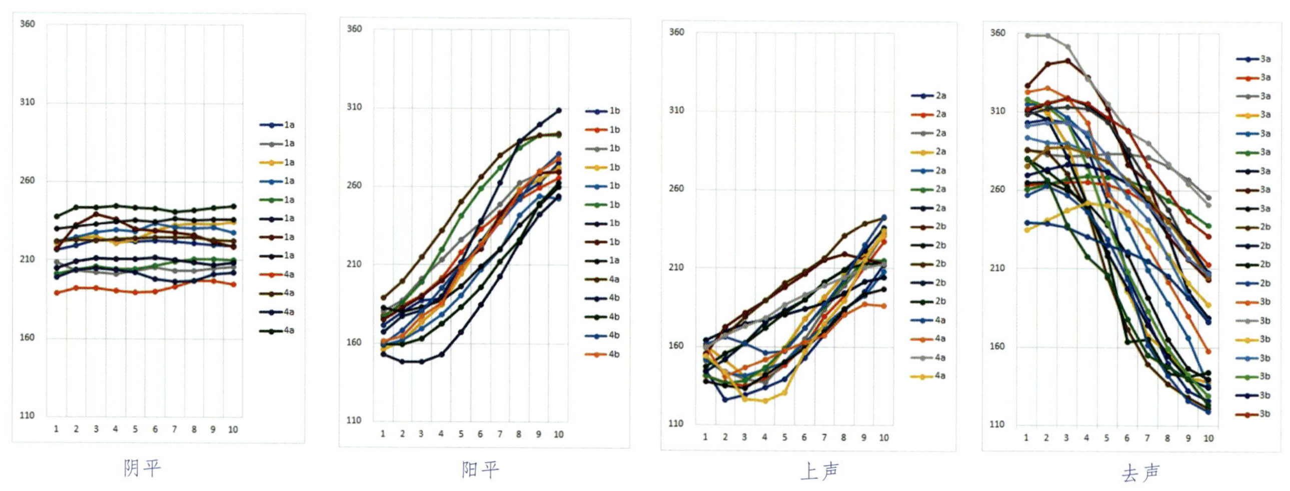

图 2－10b　今声调调域分布范围－辽宁锦州－OM

老男的声调有 4 个（见图 2－10a）：

阴平 33、阳平 15、上声 113、去声 52。

今调域的分布情况（见图 2－10b）：

阴平在 22～33 之间；阳平在 13～24 之间；上声主要在 213～23 之间；去声主要在 31～54 之间。

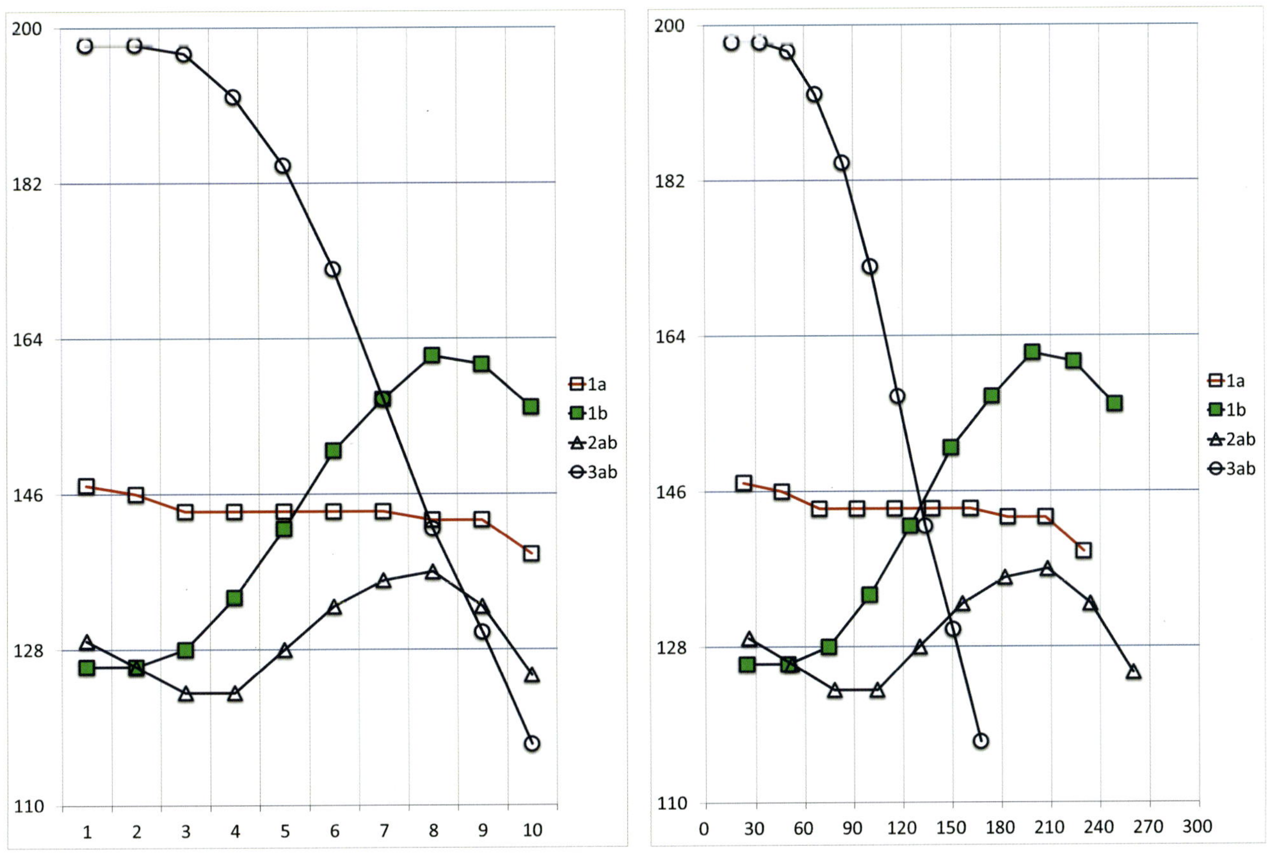

图 2－10c　单字调等长、实长音高模式－辽宁锦州－YM

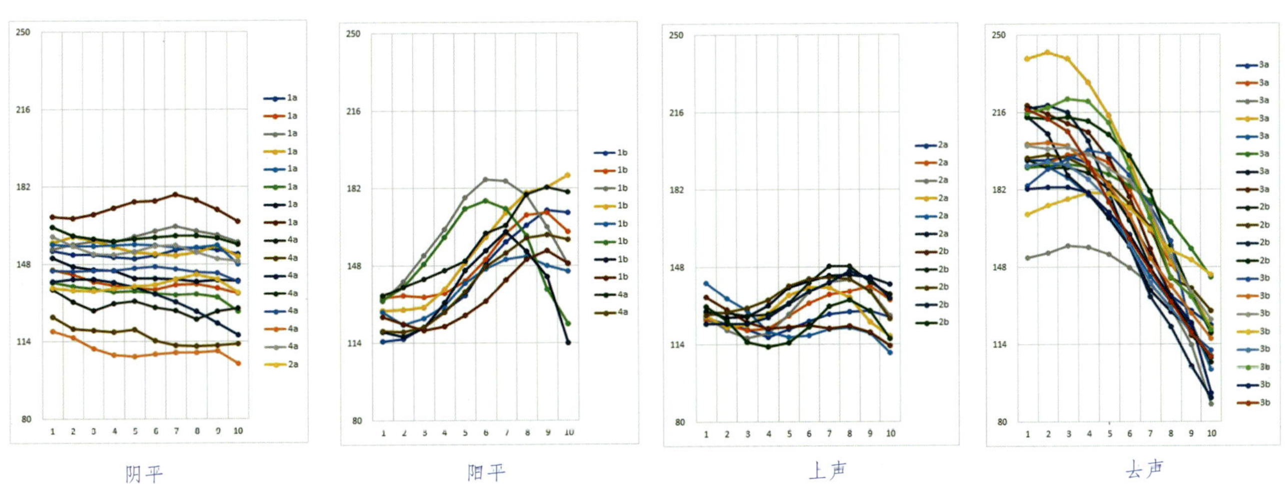

图 2－10d　今声调调域分布范围－辽宁锦州－YM

青男的声调有 4 个（见图 2－10c）：

阴平是略带下降的 33；阳平 23；上声 213；去声 51。

今调域的分布情况（见图 2－10d）：

阴平主要在 22～33 之间；阳平是前面略平、后面带拱度的 23/232；上声主要在 212 的范围，曲折处较高；去声主要在 31～53 之间。

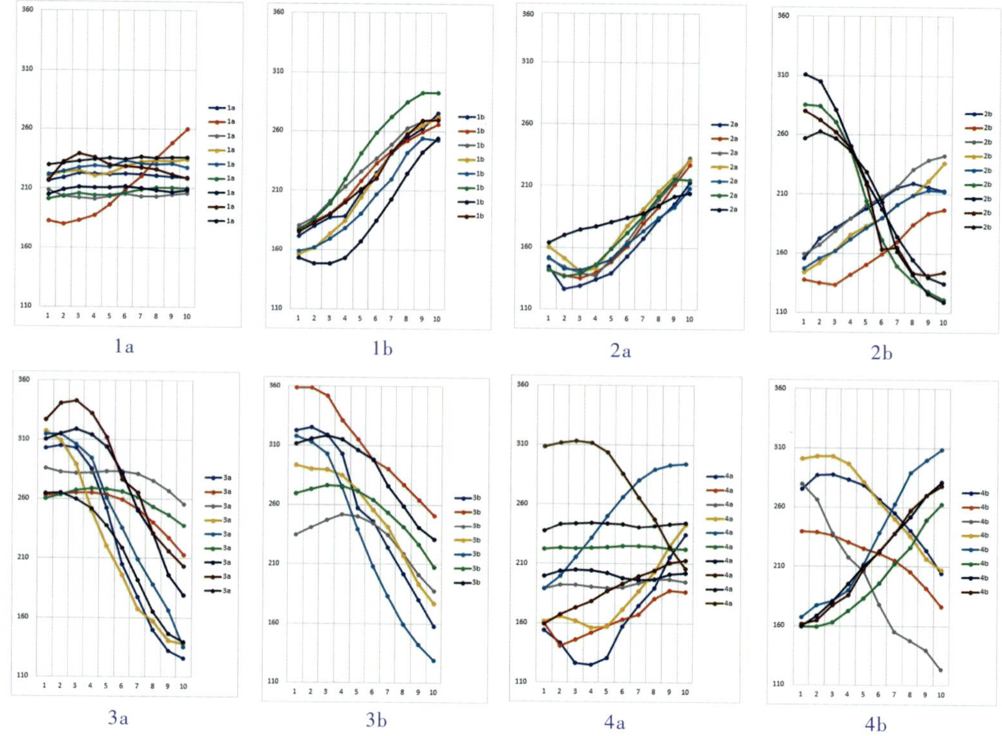

图 2－10e　古四声今读的概貌－辽宁锦州－OM

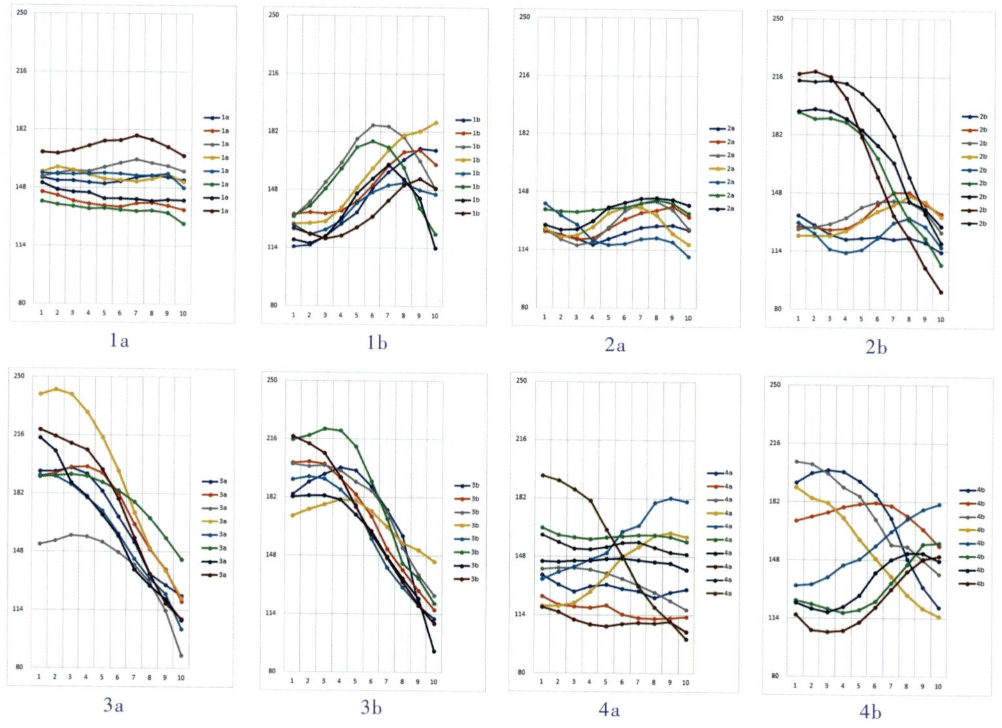

图 2－10f　古四声今读的概貌－辽宁锦州－YM

图 2－10e 和图 2－10f 是辽宁锦州老男、青男单字调例字的古四声今读情况，主要的对应规律是：古平声今读主要是阴平和阳平，老男、青男较为一致；古上声也是二分的情况，清上字今读上声，浊上字今读上声和去声；古去声大都保留在去声，老男分布在 31～53 之间，青男分布在 32～53 之间；古清入字今归派到阴阳上去四声，浊入字主要读阳平和去声。

4. 锦州黑山

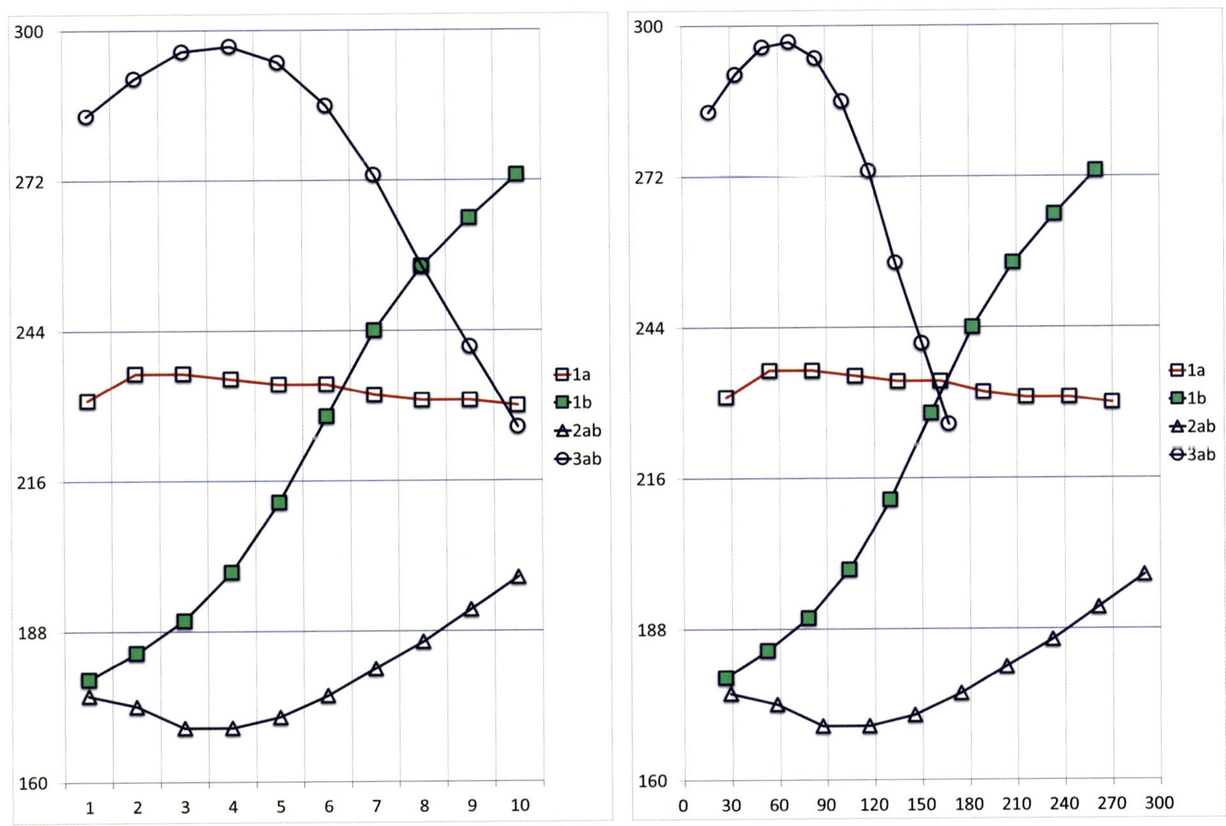

图 2 - 11a 单字调等长、实长音高模式 - 锦州黑山 - OM

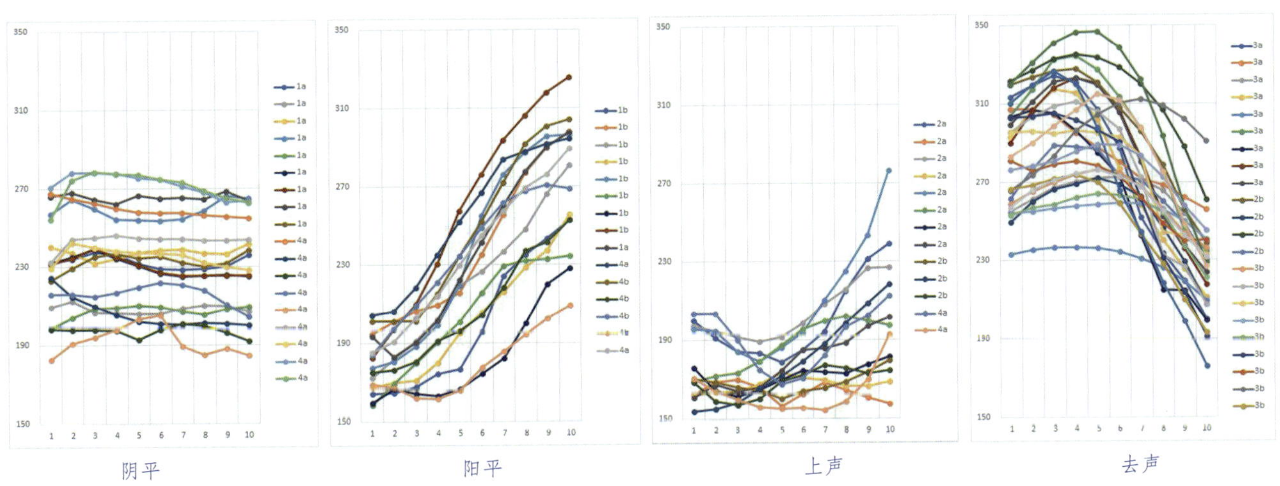

图 2 - 11b 今声调调域分布范围 - 锦州黑山 - OM

老男的声调有 4 个（见图 2 - 11a）：

阴平 33、阳平 14、上声 112、去声 53。

今调域的分布情况（见图 2 - 11b）：

阴平在 22 ~ 44 之间；阳平在 12 ~ 25 之间；上声主要在 112 ~ 214 之间；去声前面略带拱度，主要在 31 ~ 53 之间。

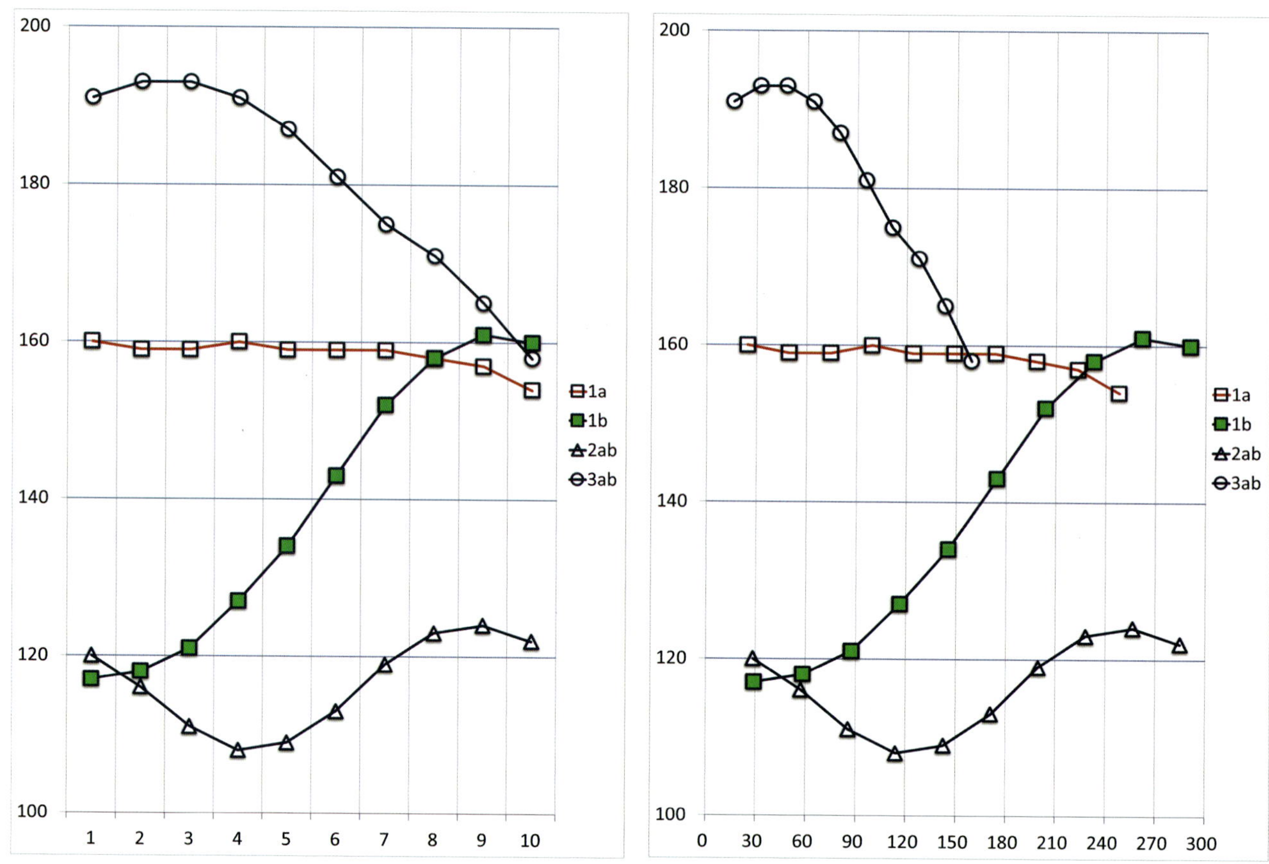

图 2－11c　单字调等长、实长音高模式－锦州黑山－YM

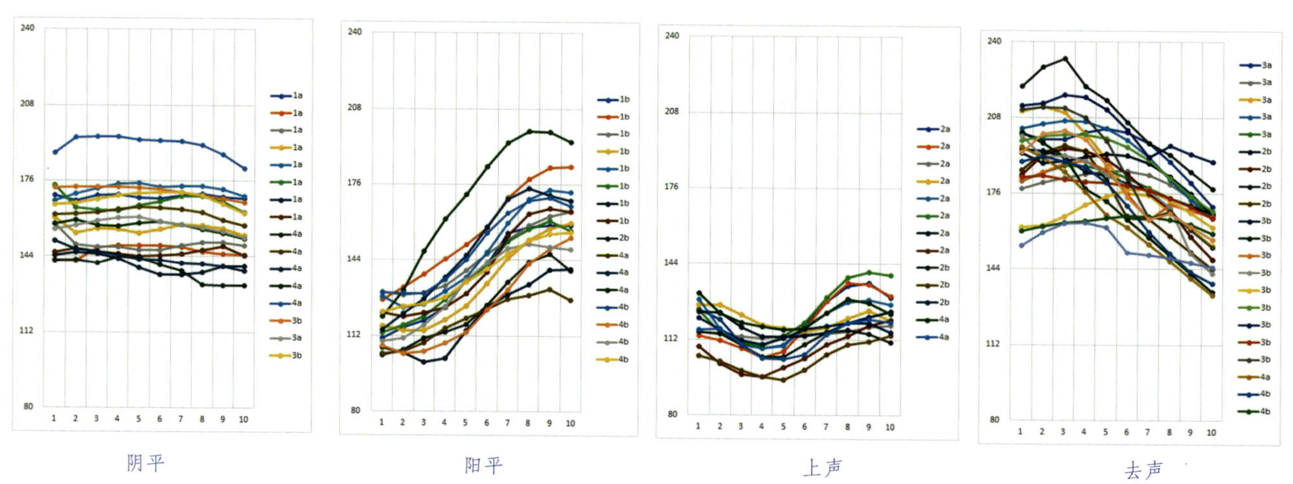

图 2－11d　今声调调域分布范围－锦州黑山－YM

青男的声调有 4 个（见图 2－11c）：

阴平 33、阳平 23、上声 212、去声 54。

今调域的分布情况（见图 2－11d）：

阴平在 22～44 之间；阳平在 23～24 之间，前面略平、后面带平度收尾；上声主要在 212 的范围，曲折处较高；去声前面略带拱度，主要在 42～54 之间。

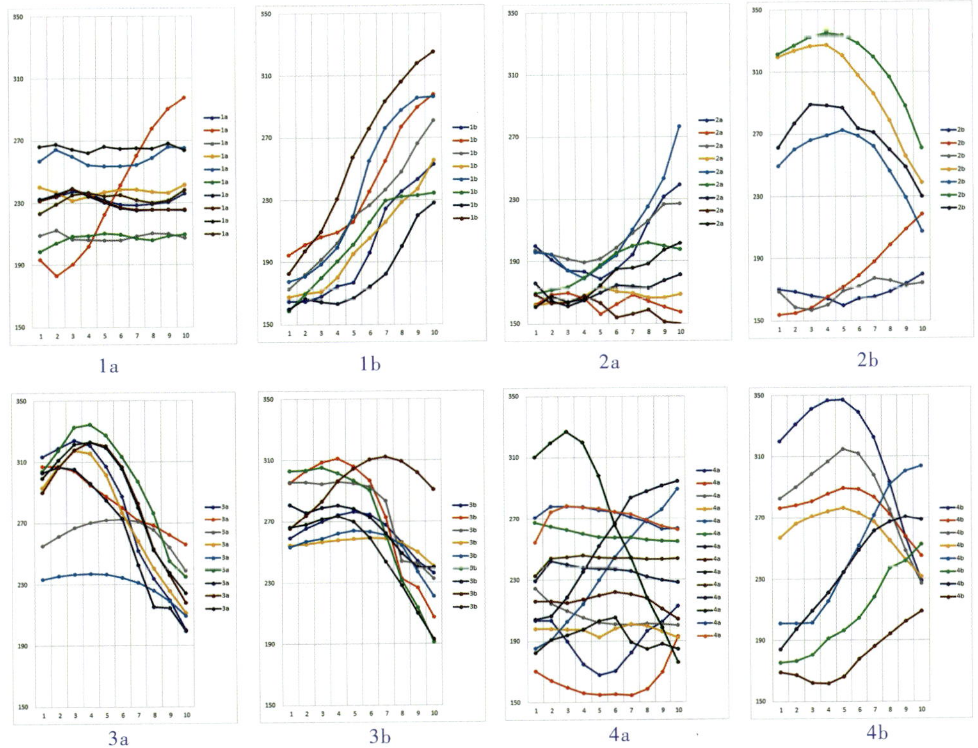

图 2 - 11e 古四声今读的概貌 - 锦州黑山 - OM

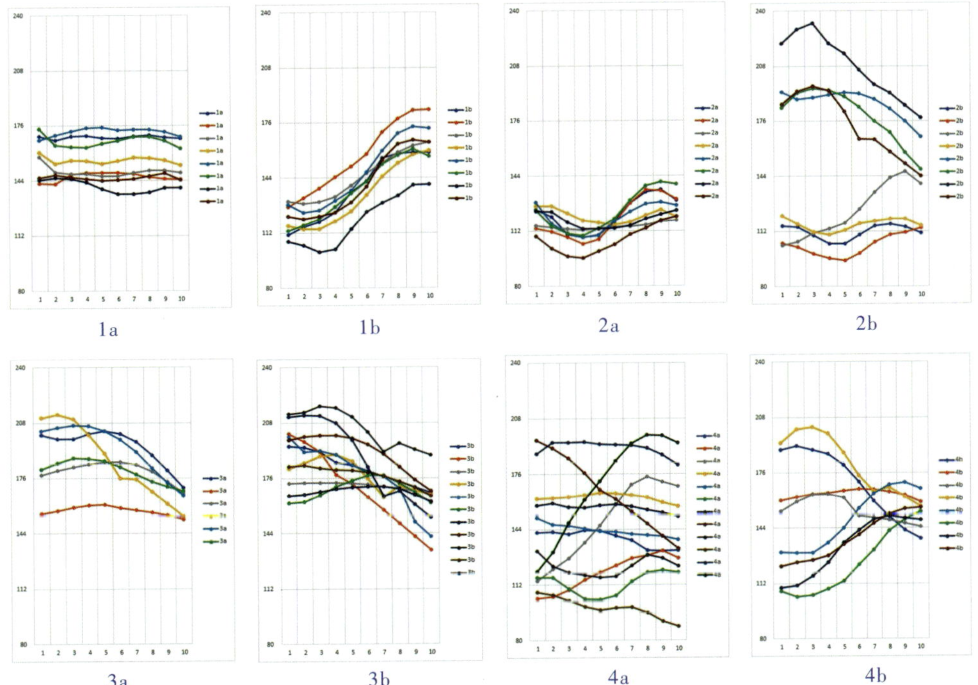

图 2 - 11f 古四声今读的概貌 - 锦州黑山 - YM

图 2 - 11e 和图 2 - 11f 是锦州黑山老男、青男单字调例字的古四声今读情况，主要的对应规律是：古平声今读主要是阴平和阳平，老男、青男基本一致；古上声也是二分的情况，清上字今读上声，浊上字今读上声和去声；古去声大都保留在去声，老男主要分布在 42 ~ 53 之间，青男分布在 43 ~ 54 这个高调域区间；古清入字今归派到阴阳上去四声，浊入字主要归阳平和去声。

5. 内蒙古通辽

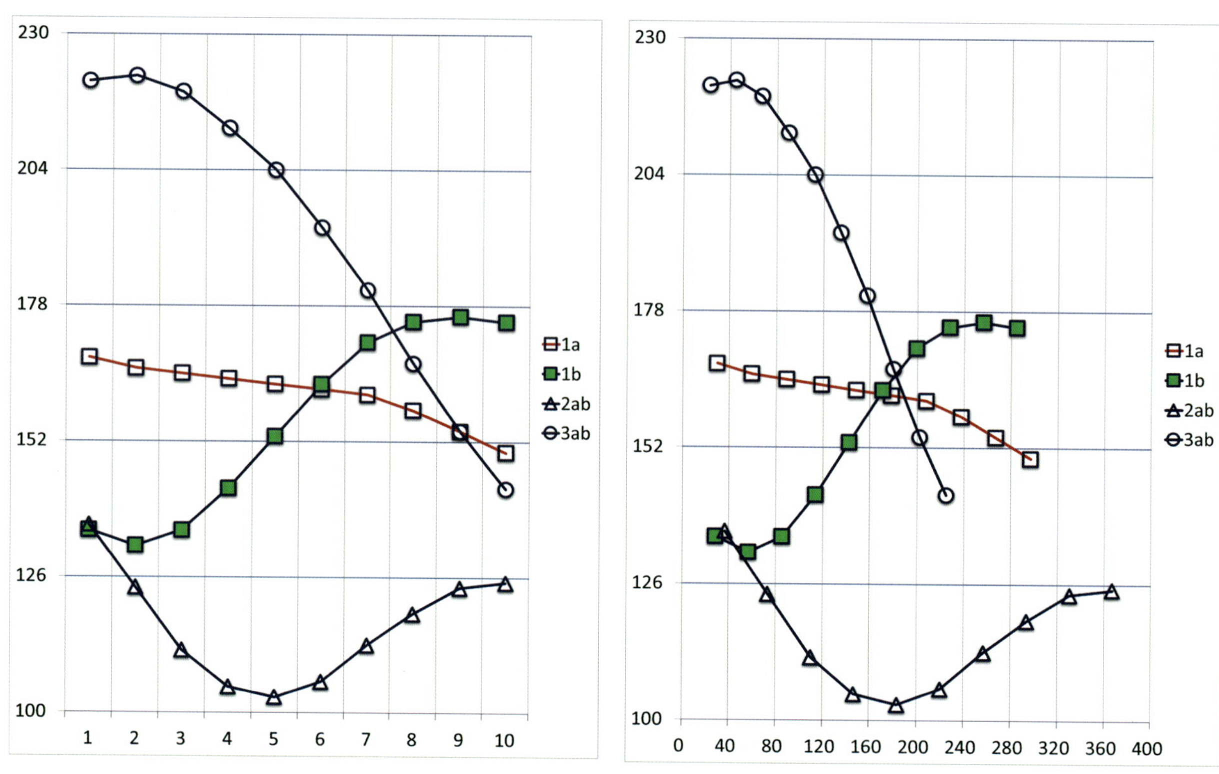

图 2－12a　单字调等长、实长音高模式－内蒙古通辽－OM

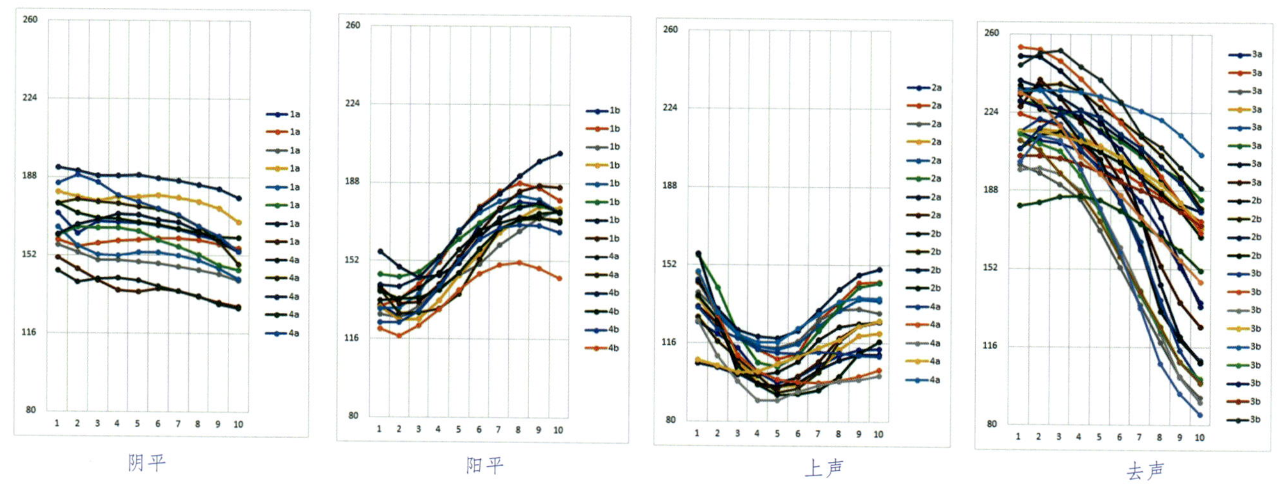

图 2－12b　今声调调域分布范围－内蒙古通辽－OM

老男的声调有 4 个（见图 2－12a）：

阴平 32、阳平 23、上声 212、去声 52。

今调域的分布情况（见图 2－12b）：

阴平在 22～44 之间；阳平在 23～24 之间；上声主要在 212～323 之间；去声前部有拱度，主要在 41～53 之间。

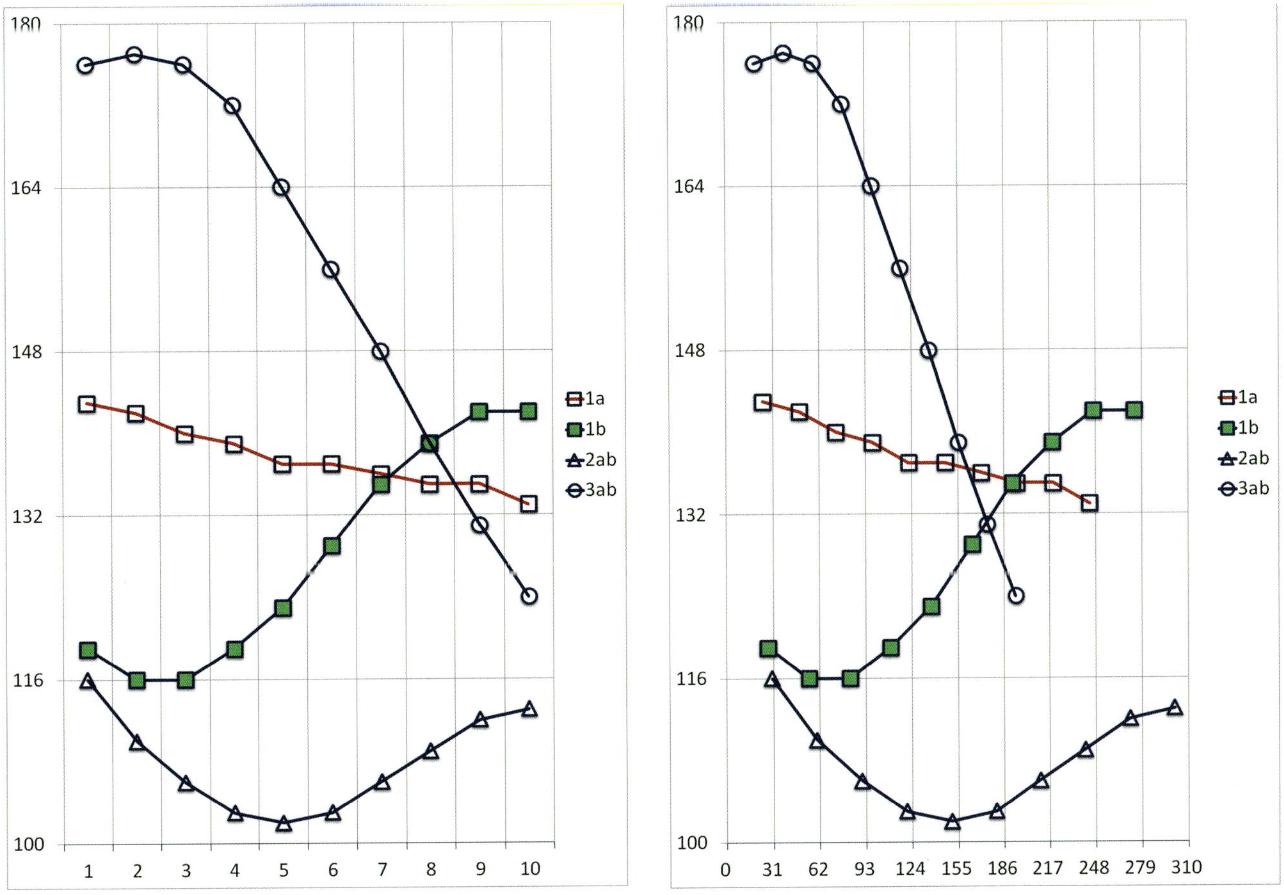

图 2-12c　单字调等长、实长音高模式-内蒙古通辽-YM

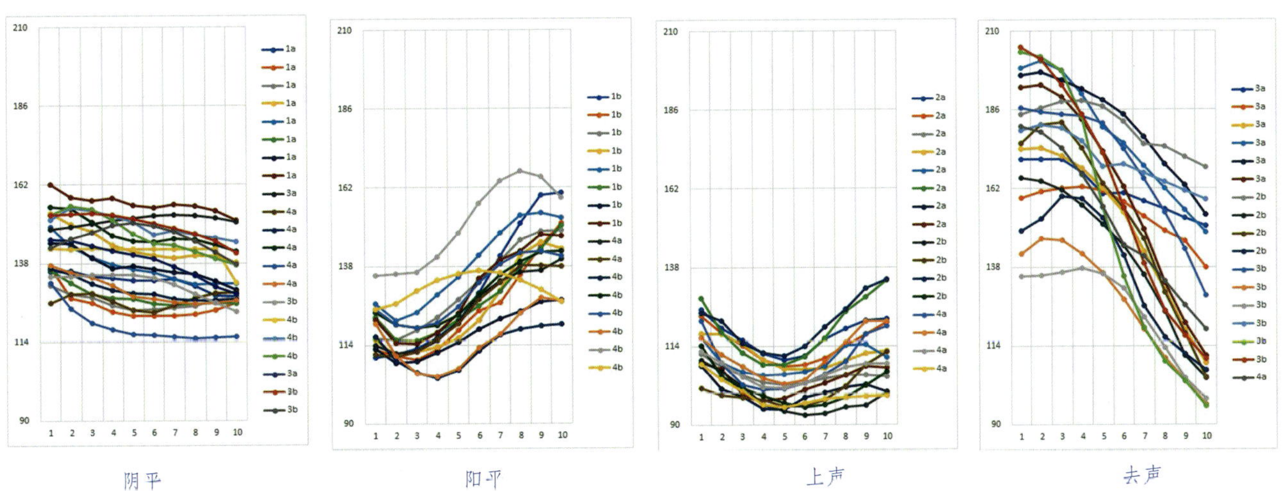

图 2-12d　今声调调域分布范围-内蒙古通辽-YM

青男的声调有 4 个（见图 2-12c）：

阴平 32、阳平 23、上声 212、去声 52。

今调域的分布情况（见图 2-12d）：

阴平主要在 22～33 之间；阳平主要在 12～24 之间；上声主要在 212 的范围，曲折处较高；去声前面略平，主要在 31～54 之间。

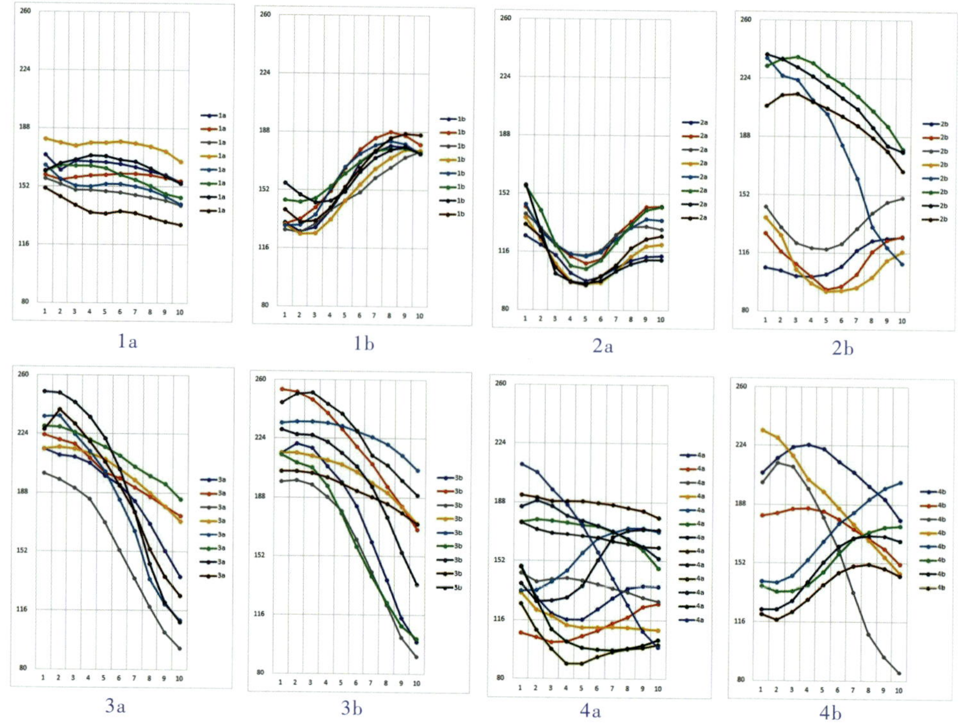

图 2－12e　古四声今读的概貌－内蒙古通辽－OM

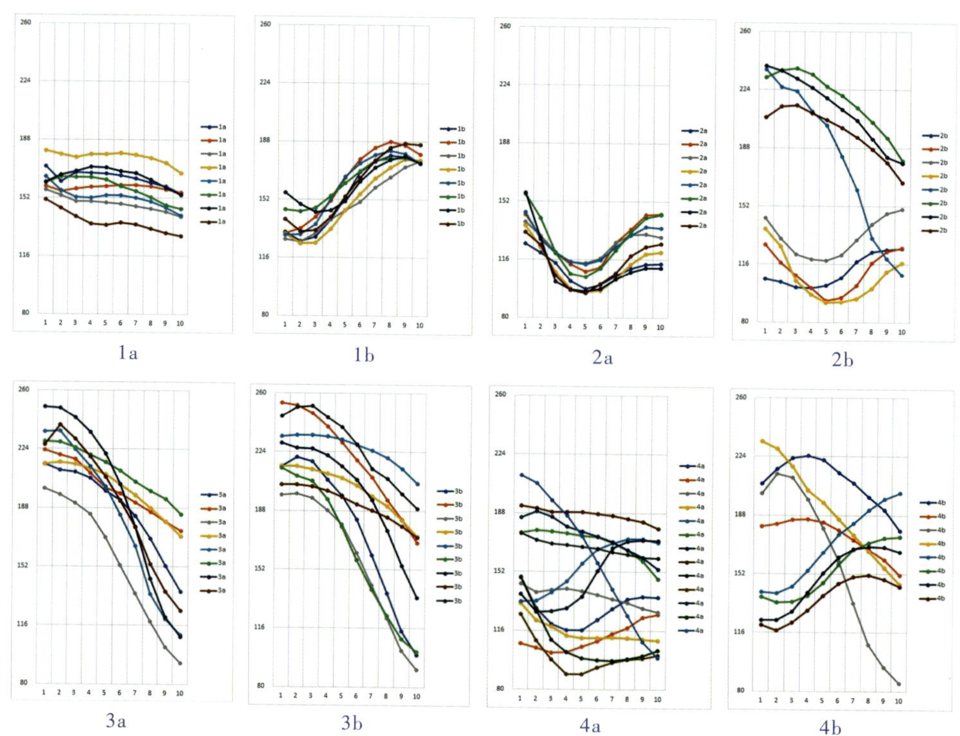

图 2－12f　古四声今读的概貌－内蒙古通辽－YM

图 2－12e 和图 2－12f 是内蒙古通辽老男、青男单字调例字的古四声今读情况，主要的对应规律是：古平声今读主要是阴平和阳平，老男、青男基本一致；古上声也是二分的情况，清上字今读上声，浊上字今读上声和去声；古去声大都保留在去声，老男主要分布在 41～53 之间，青男主要分布在 41～54 之间；古清入字今归派到阴阳上去四声，浊入字主要归阳平和去声。

2.3 黑松片

2.3.1 嫩克小片

1. 黑河瑷珲

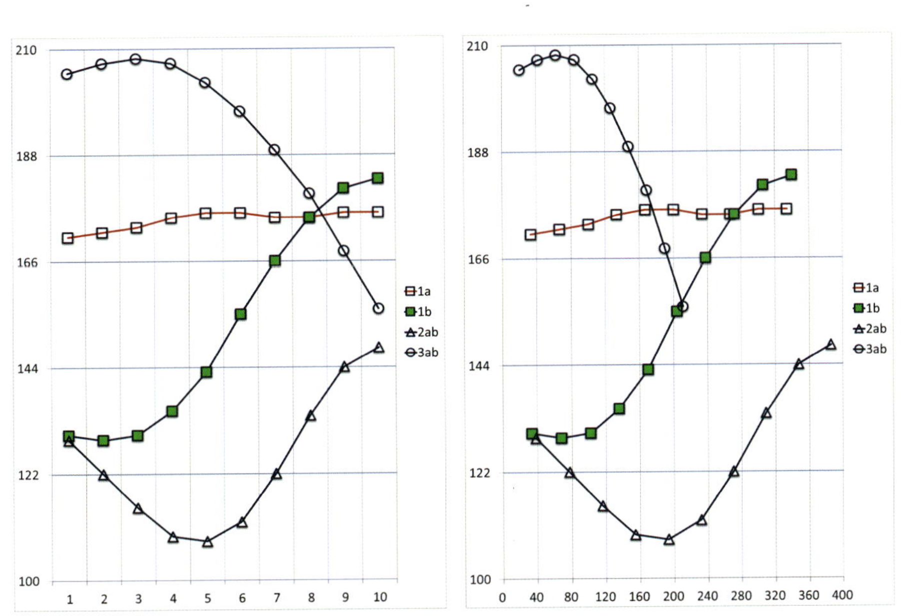

图 2－13a　单字调等长、实长音高模式－黑河瑷珲－OM

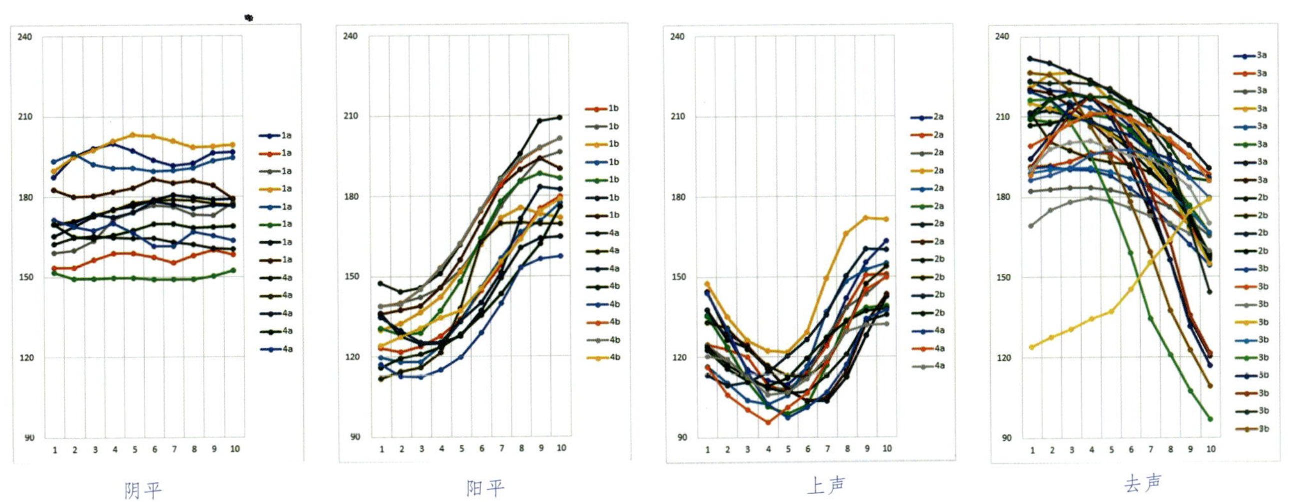

图 2－13b　今声调调域分布范围－黑河瑷珲－OM

老男的声调有 4 个（见图 2－13a）：

阴平 44、阳平 24、上声 213、去声 53。

今调域的分布情况（见图 2－13b）：

阴平主要在 33～44 之间；阳平在 13～24 之间；上声主要在 213 的范围；去声主要在 42～54 之间。

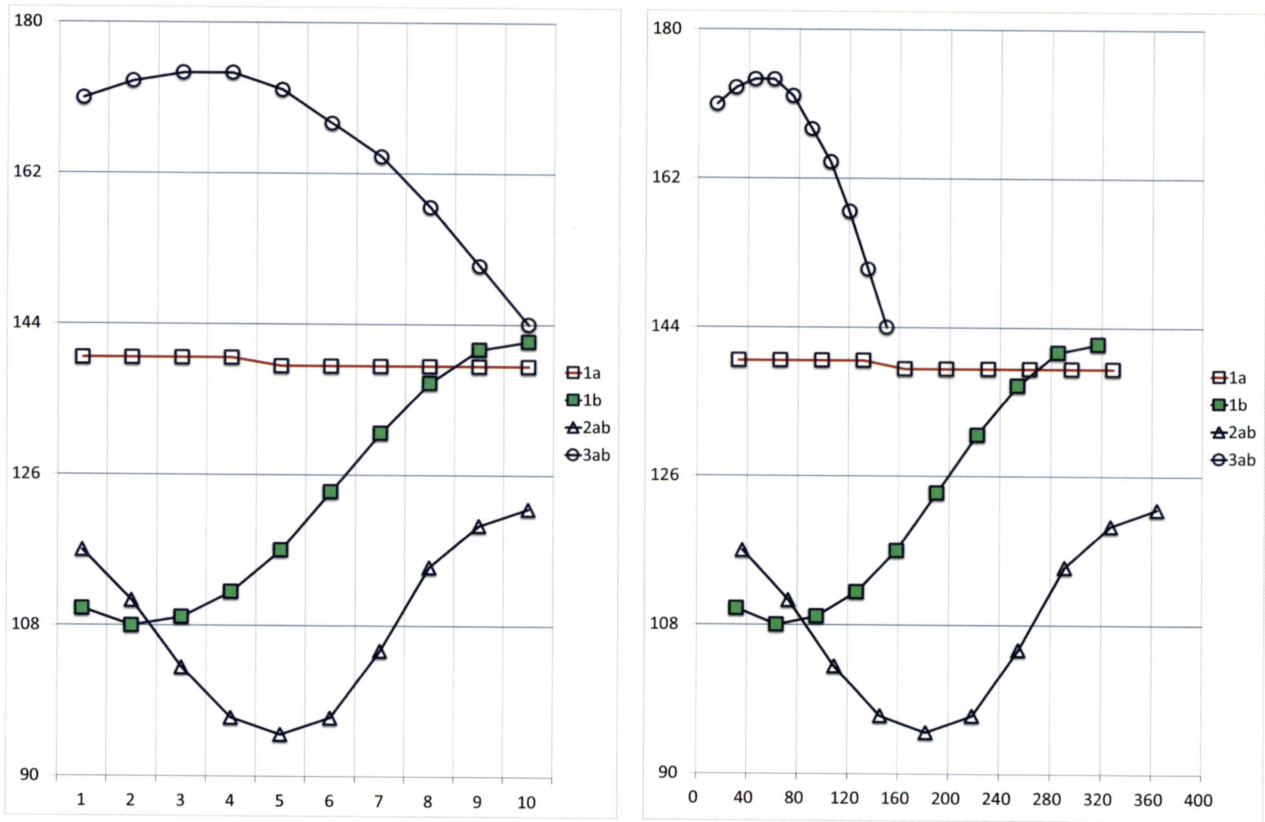

图 2－13c　单字调等长、实长音高模式－黑河瑷珲－YM

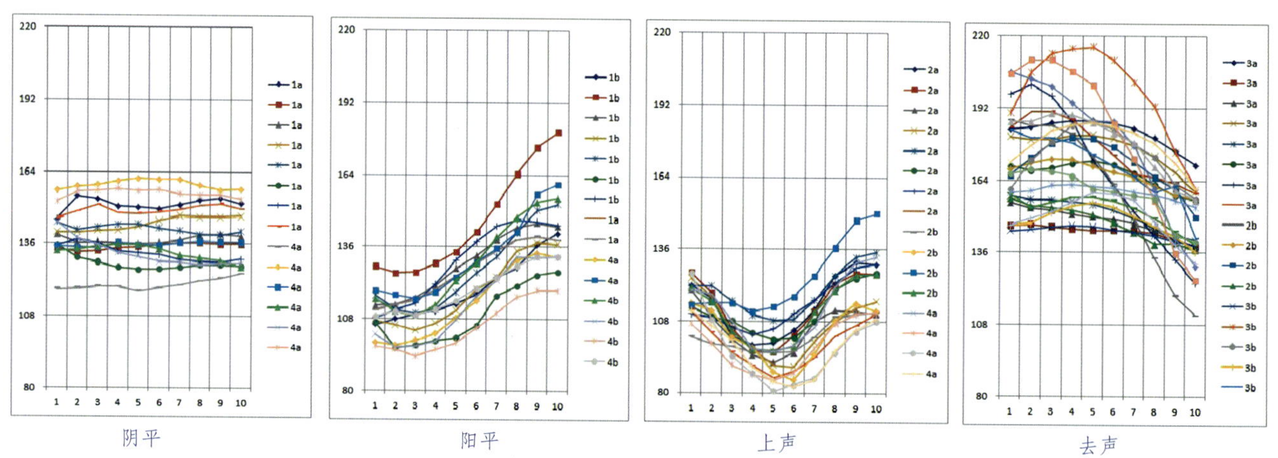

图 2－13d　今声调调域分布范围－黑河瑷珲－YM

青男的声调有 4 个（见图 2－13c）：

阴平 33、阳平 23、上声 212、去声 54。

今调域的分布情况（见图 2－13d）：

阴平主要在 22～33 之间；阳平以前面略平的 23 为主；上声主要在 212 的范围；去声前面略平，主要在 42～54 之间。

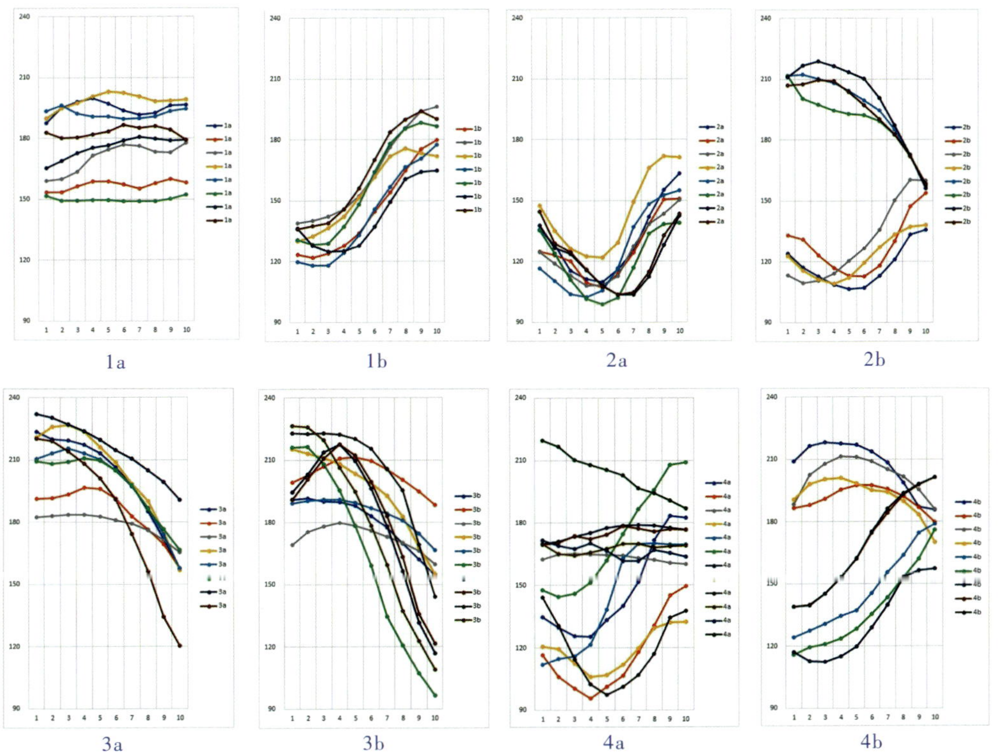

图 2-13e 古四声今读的概貌-黑河瑷珲-OM

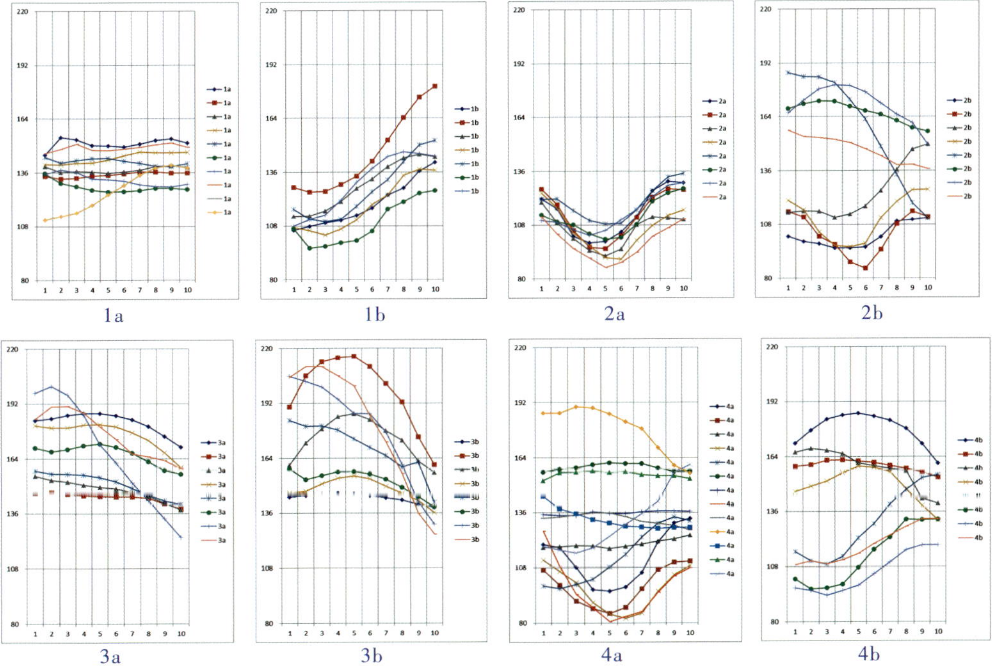

图 2-13f 古四声今读的概貌-黑河瑷珲-YM

图 2-13e 和图 2-13f 是黑河瑷珲老男、青男单字调例字的古四声今读情况，主要的对应规律是：古平声今读主要是阴平和阳平，老男、青男基本一致；古上声也是比较清晰的二分情况，清上字今读上声，浊上字今读上声和去声；古去声大都保留在去声，老男主要分布在 43、51、54 这些区间，青男较复杂，主要分布在 43～54 之间；古清入字今归派到阴阳上去四声，浊入字主要归阳平和去声。

2. 齐齐哈尔泰来

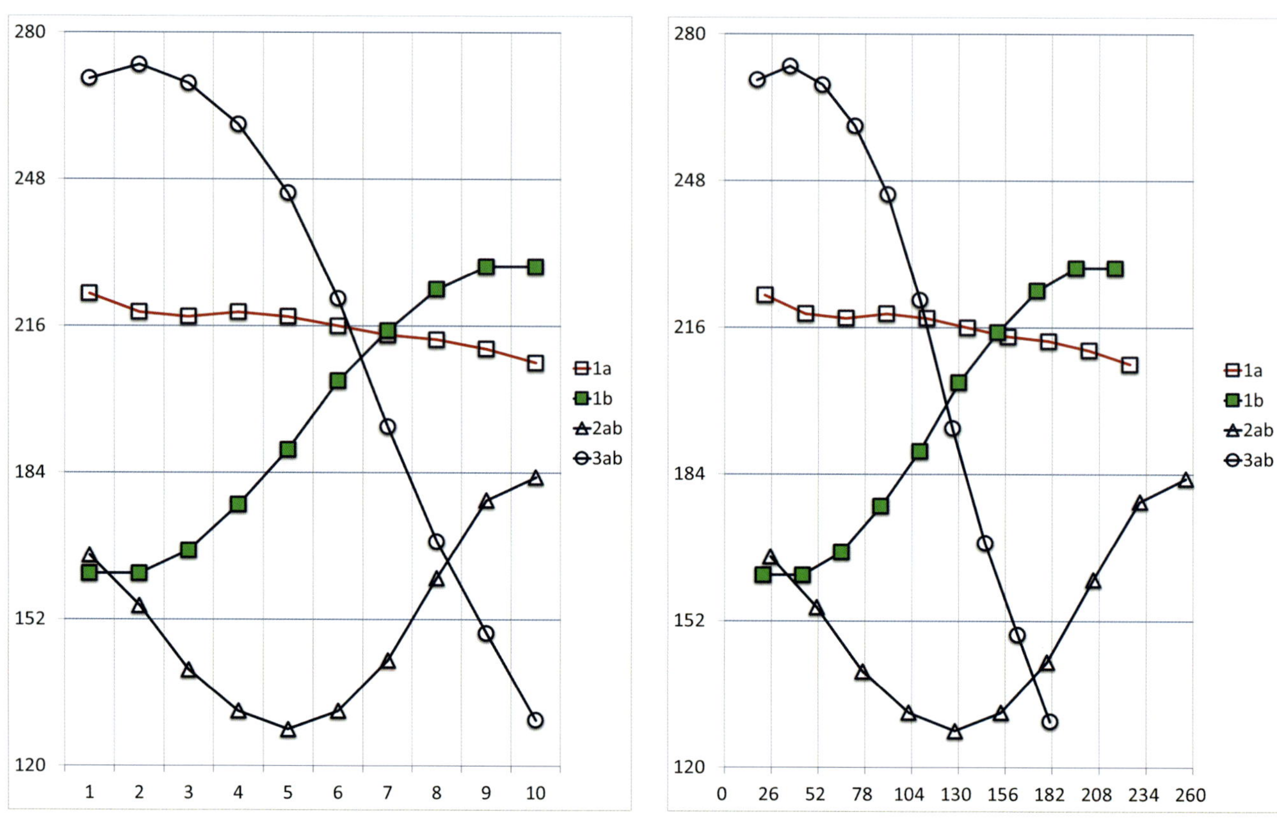

图 2－14a　单字调等长、实长音高模式－齐齐哈尔泰来－OM

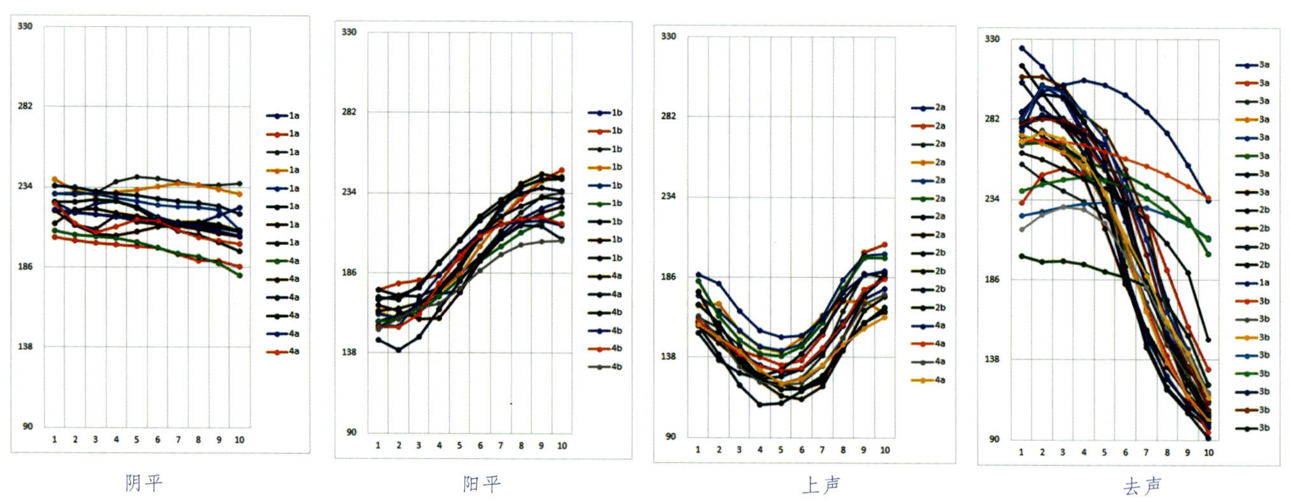

图 2－14b　今声调调域分布范围－齐齐哈尔泰来－OM

老男的声调有 4 个（见图 2－14a）：

阴平 44、阳平 24、上声 213、去声 51。

今调域的分布情况（见图 2－14b）：

阴平主要在 33 的范围；阳平在 23～24 之间；上声主要在 212～213 之间；去声主要在 41～54 之间。

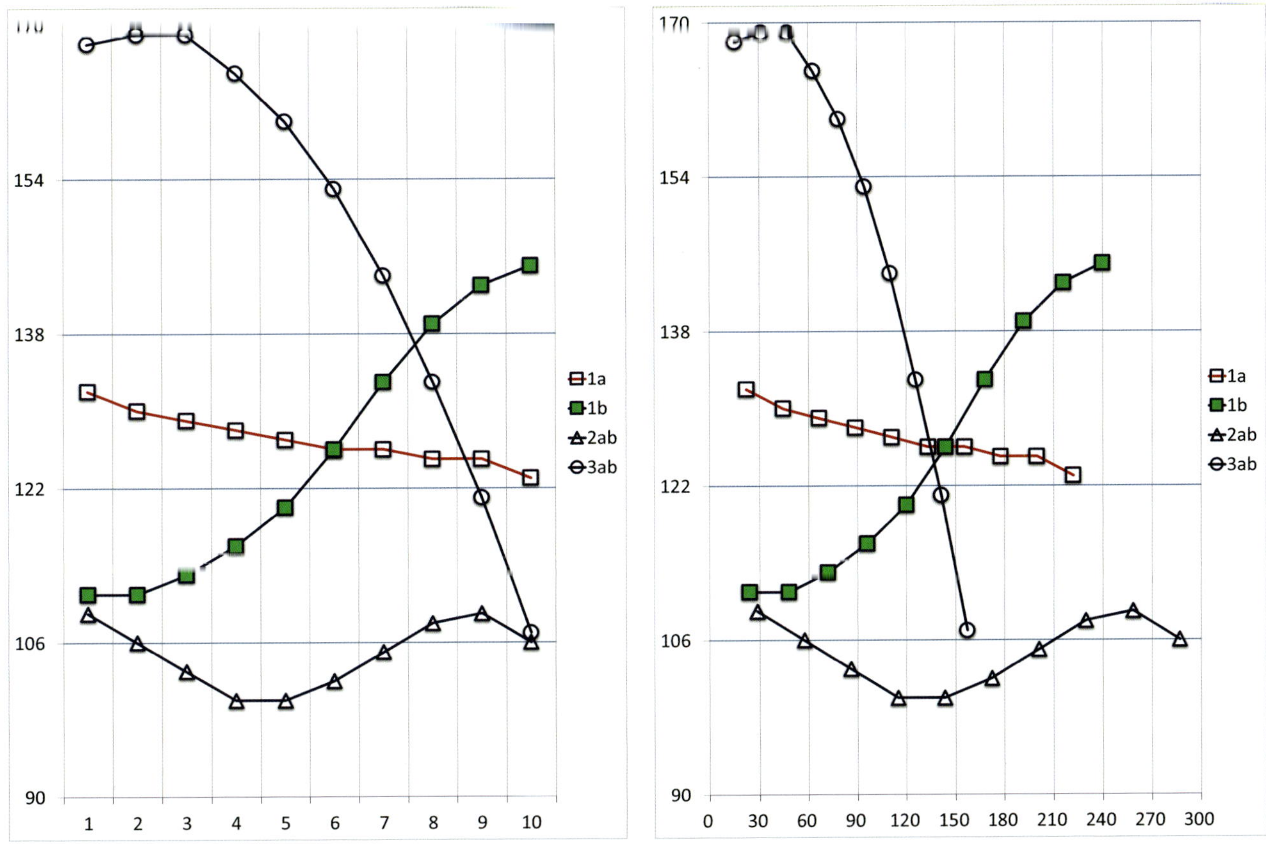

图 2－14c　单字调等长、实长音高模式－齐齐哈尔泰来－YM

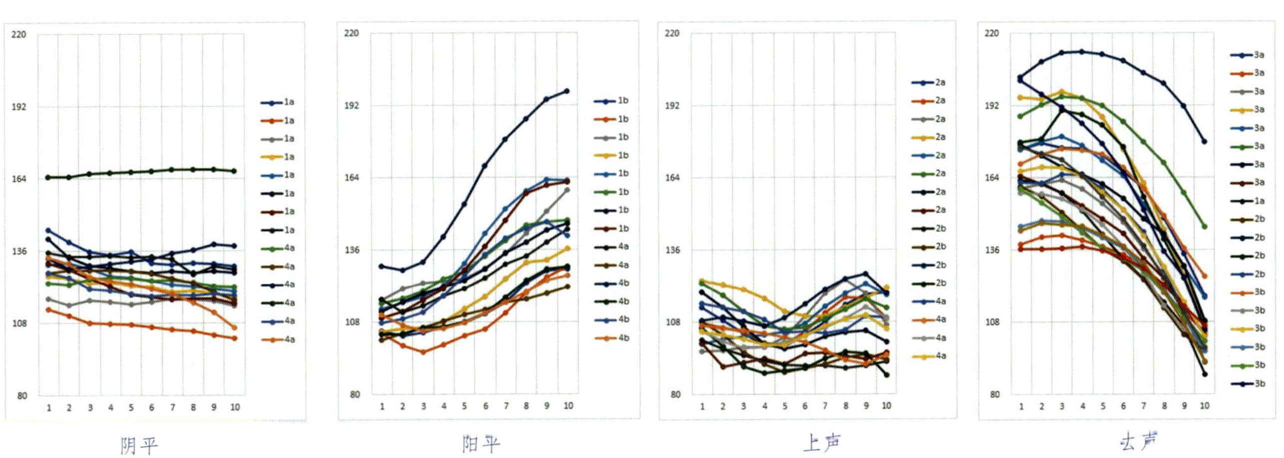

图 2－14d　今声调调域分布范围－齐齐哈尔泰来－YM

青男的声调有 4 个（见图 2－14c）：

阴平 32、阳平 23、上声 212、去声 51。

今调域的分布情况（见图 2－14d）：

阴平主要在 22 上下；阳平在 23～24 之间；上声主要在 211～212 之间，曲折处较高；去声主要在 31～54 之间。

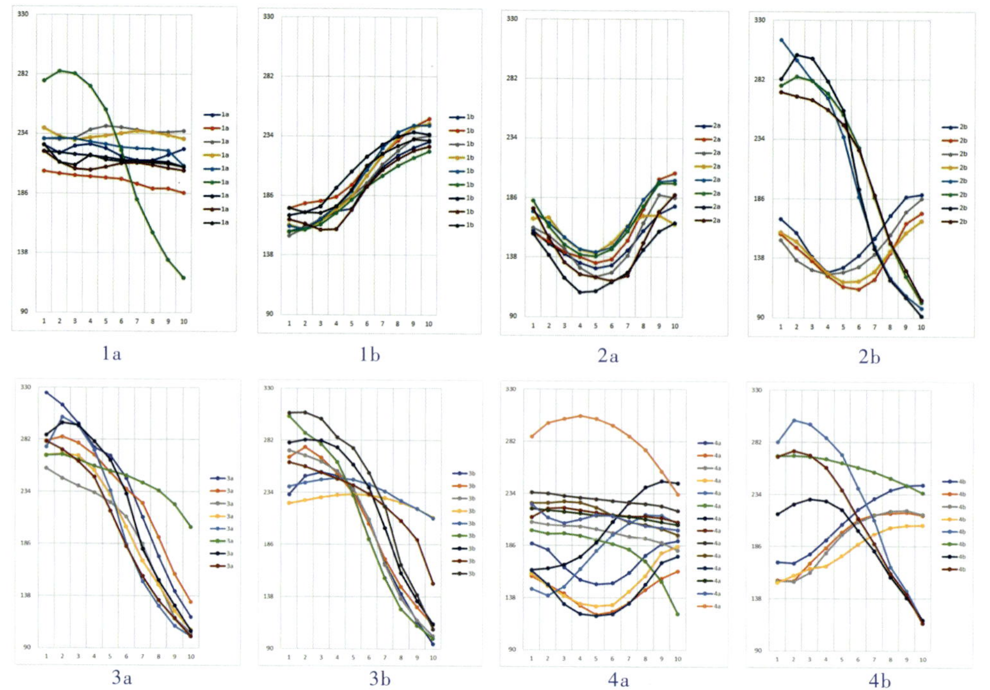

图 2 - 14e　古四声今读的概貌 - 齐齐哈尔泰来 - OM

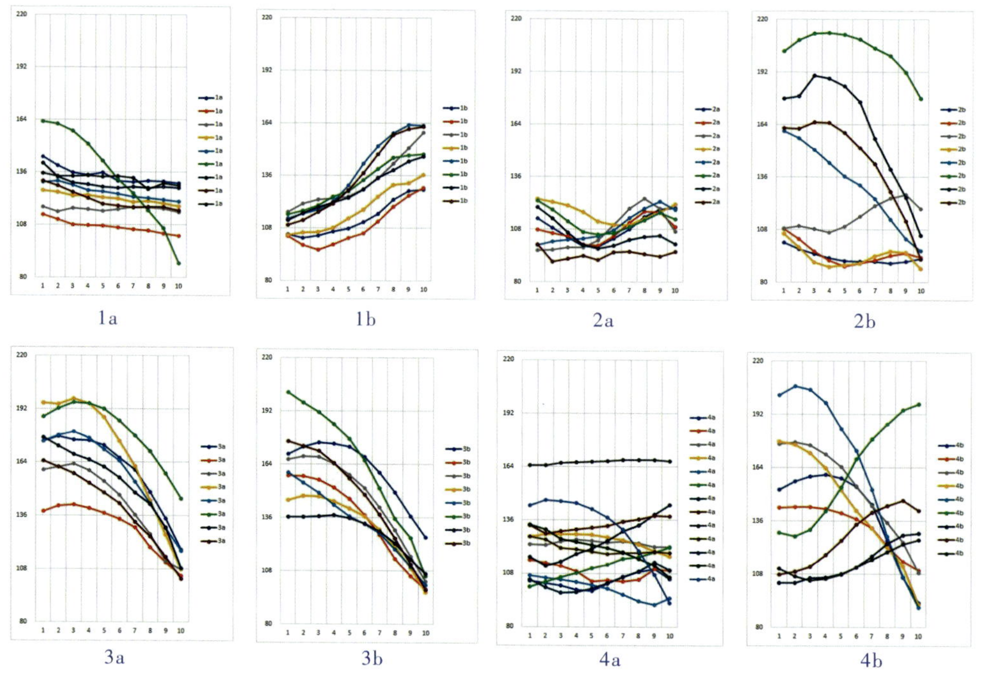

图 2 - 14f　古四声今读的概貌 - 齐齐哈尔泰来 - YM

图 2 - 14e 和图 2 - 14f 是齐齐哈尔泰来老男、青男单字调例字的古四声今读情况，主要的对应规律是：古平声今读主要是阴平和阳平，老男、青男基本一致；古上声也是二分的情况，清上字今读上声，浊上字今读上声和去声，老男的规律性更强；古去声大都保留在去声，老男主要分布在 43 ~ 51 之间，青男主要分布在 32 ~ 42 之间；古清入字今归派到阴阳上去四声，浊入字主要归阳平和去声。

2.3.2 佳富小片

1. 黑龙江伊春

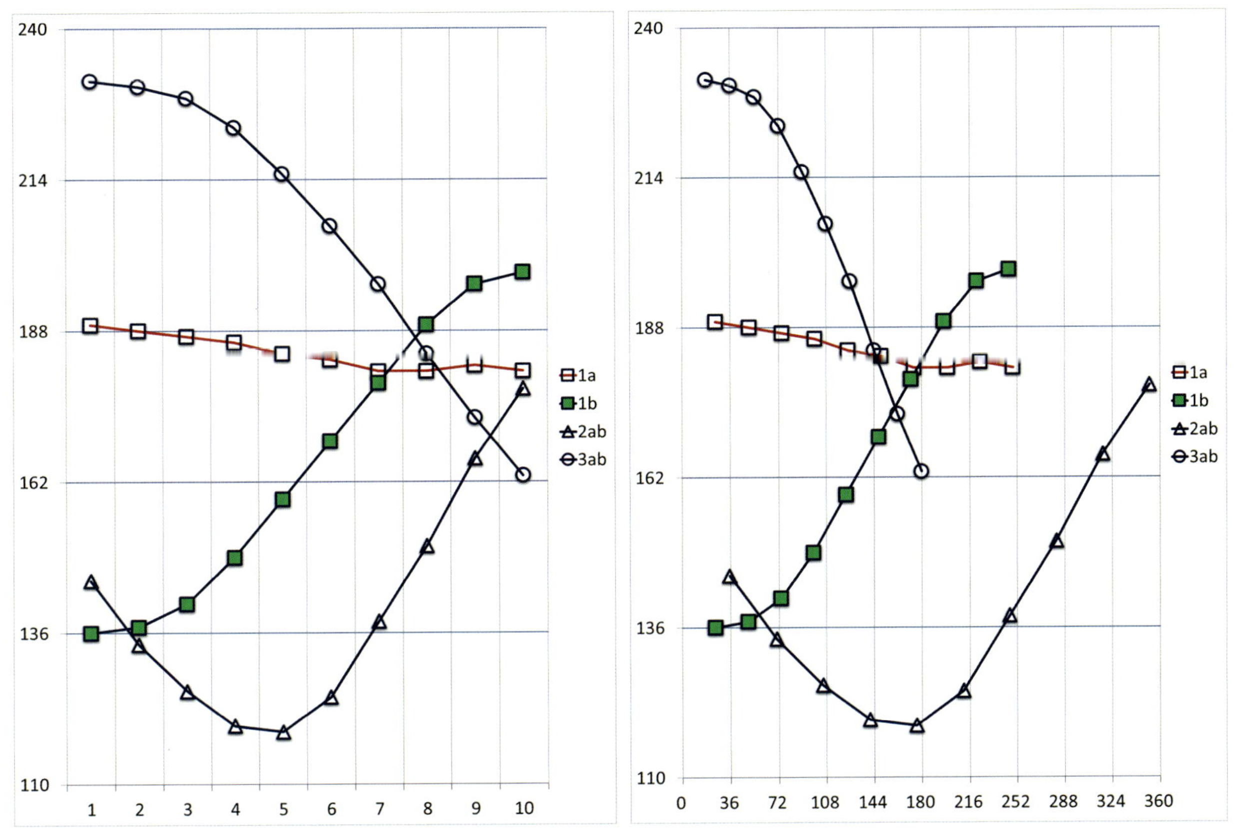

图2－15a 单字调等长、实长音高模式－黑龙江伊春－OM

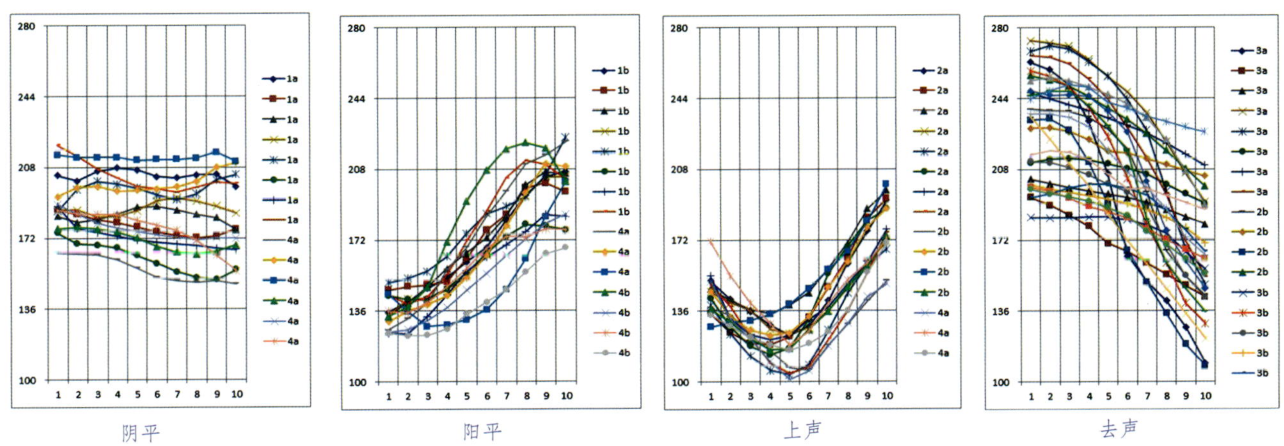

图2－15b 今声调调域分布范围－黑龙江伊春－OM

老男的声调有4个（见图2－15a）：

阴平33、阳平24、上声213、去声53。

今调域的分布情况（见图2－15b）：

阴平在22～44之间；阳平在12～24之间；上声在212～213之间；去声主要在31～54之间。

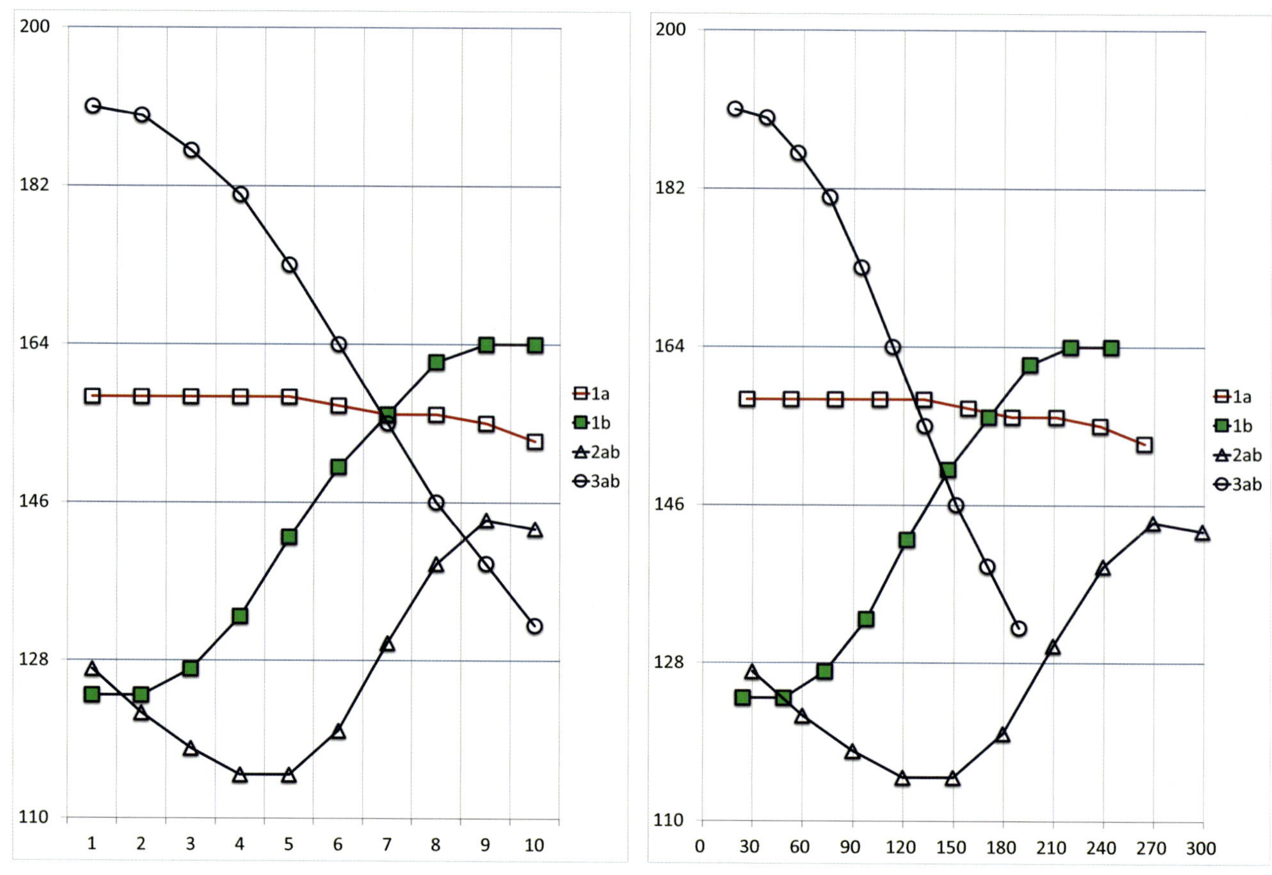

图 2-15c　单字调等长、实长音高模式 - 黑龙江伊春 - YM

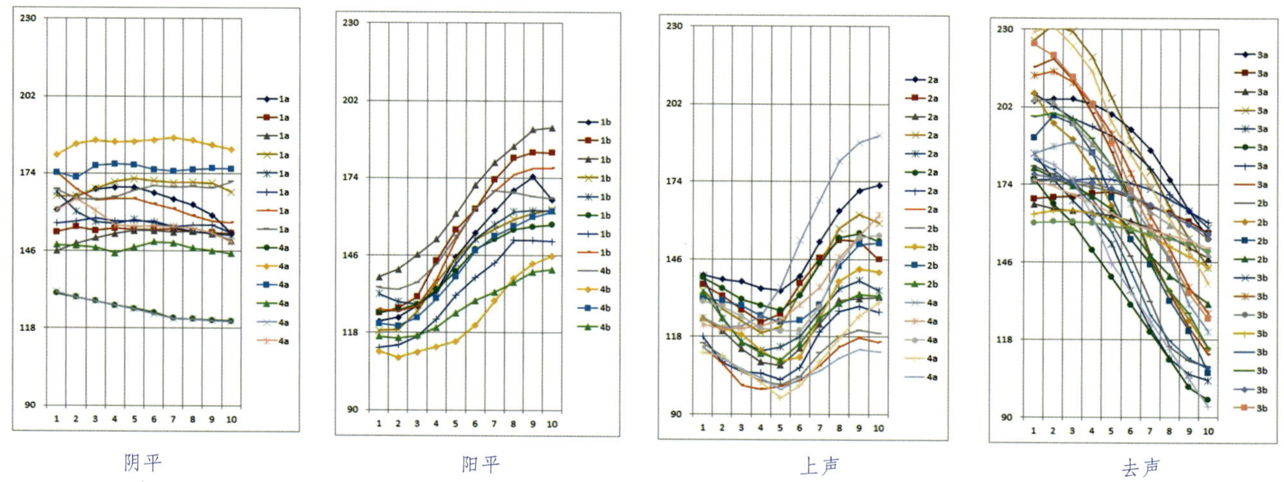

图 2-15d　今声调调域分布范围 - 黑龙江伊春 - YM

青男的声调有 4 个（见图 2-15c）：

阴平 33、阳平 13、上声 213、去声 52。

今调域的分布情况（见图 2-15d）：

阴平主要在 33～44 之间；阳平在 12～24 之间；上声在 212～324 之间；去声主要在 31～53 之间。

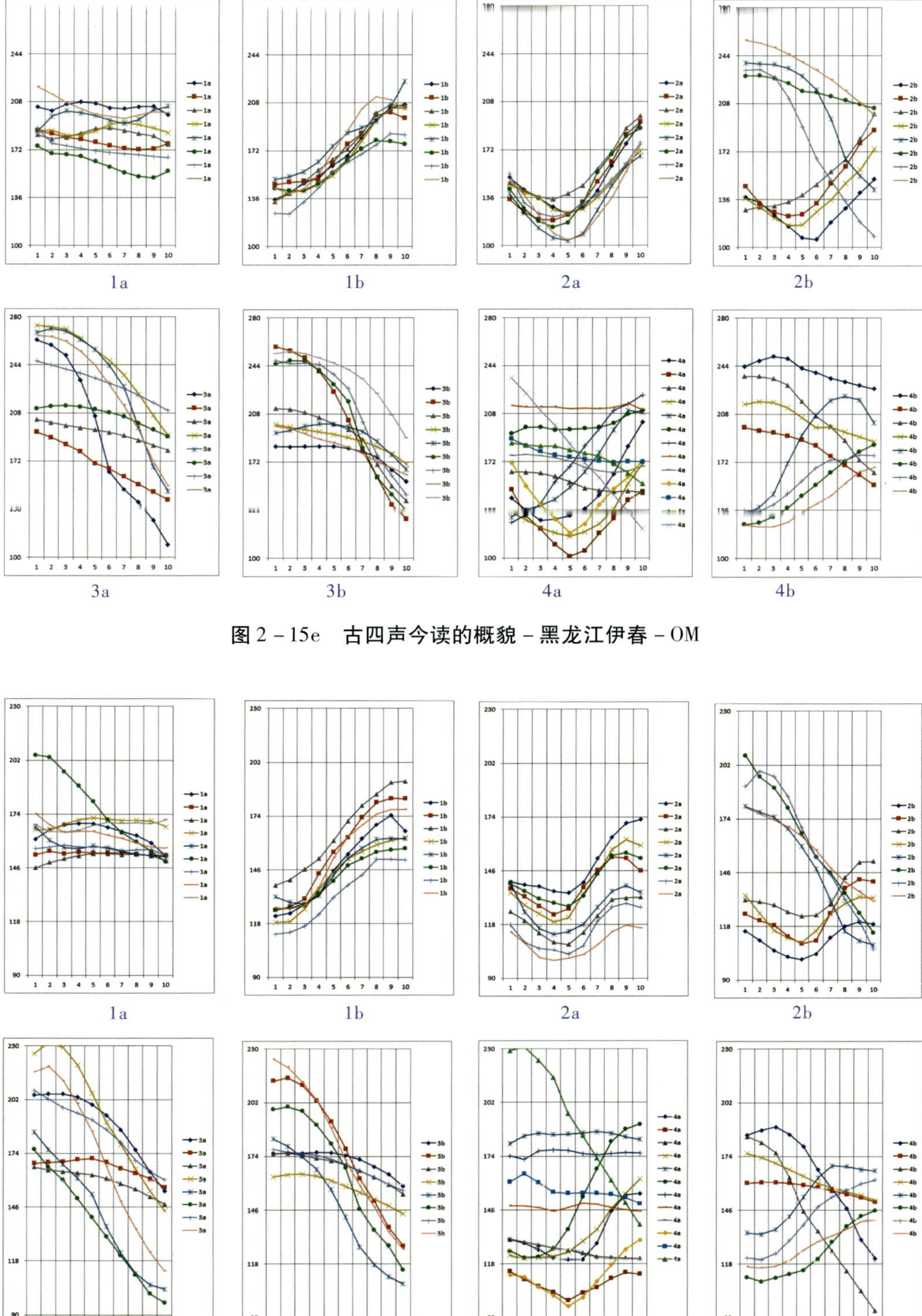

图 2－15e　古四声今读的概貌－黑龙江伊春－OM

图 2－15f　古四声今读的概貌－黑龙江伊春－YM

图 2－15e 和图 2－15f 是黑龙江伊春老男、青男单字调例字的古四声今读情况，主要的对应规律是：古平声今读主要是阴平和阳平，老男、青男基本一致；古上声也是二分的情况，清上字今读上声，浊上字今读上声和去声，老男、青男都是如此；古去声大都保留在去声，老男、青男主要分布在 32～53 之间；古清入字今归派到阴阳上去四声，浊入字主要归阳平和去声。

2. 牡丹江林口

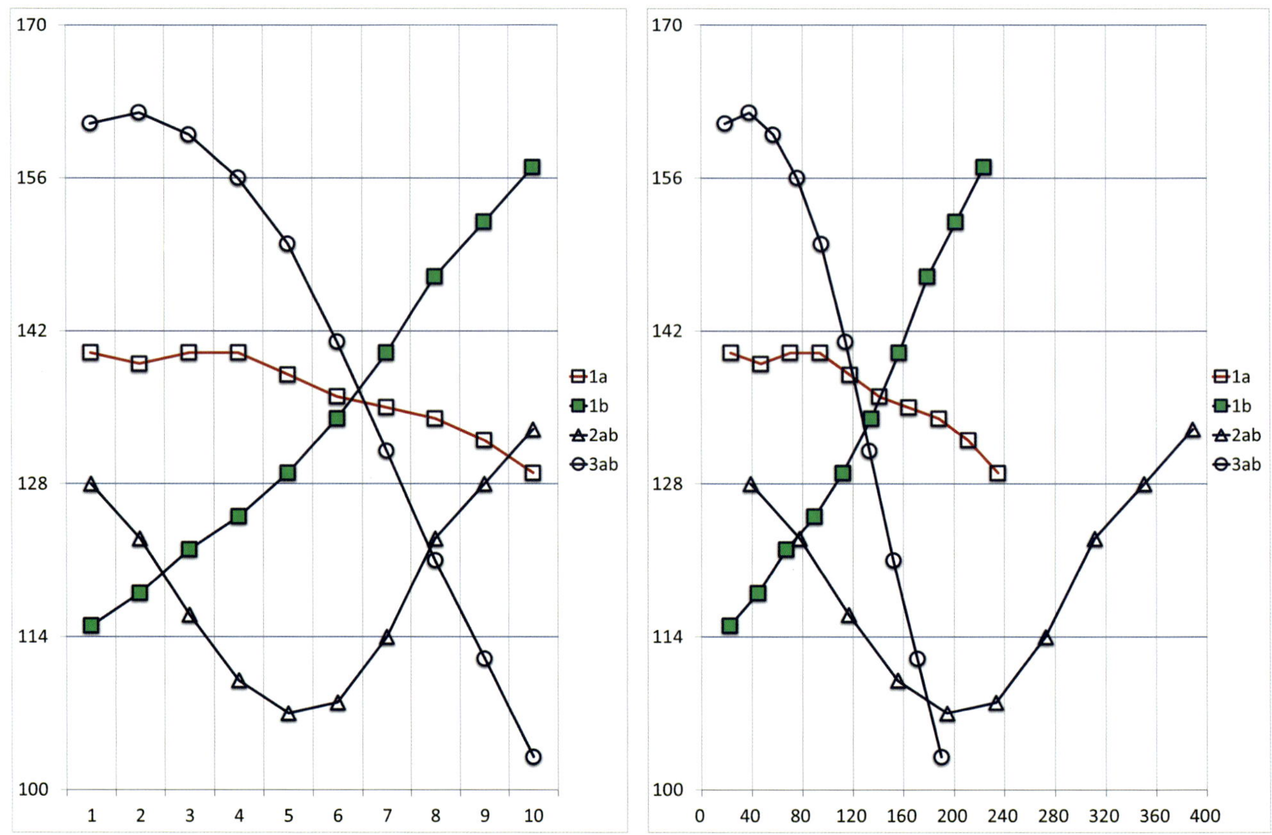

图 2-16a　单字调等长、实长音高模式 - 牡丹江林口 - OM

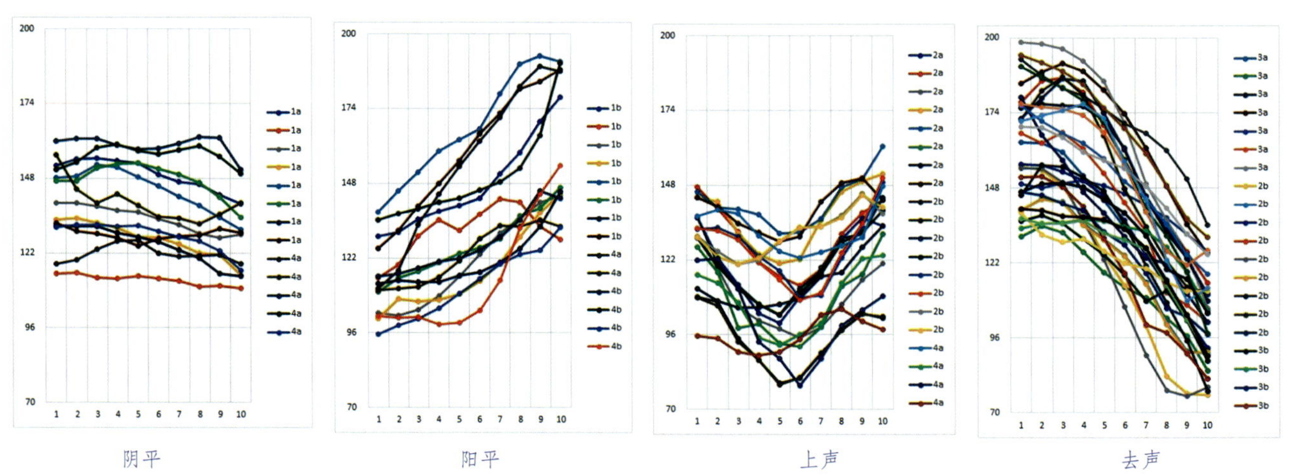

图 2-16b　今声调调域分布范围 - 牡丹江林口 - OM

老男的声调有 4 个（见图 2-16a）：

阴平 33、阳平 24、上声 213、去声 51。

今调域的分布情况（见图 2-16b）：

阴平在 22～44 之间；阳平在 23～35 之间；上声主要在 212～323 之间；去声主要在 31～53 之间。

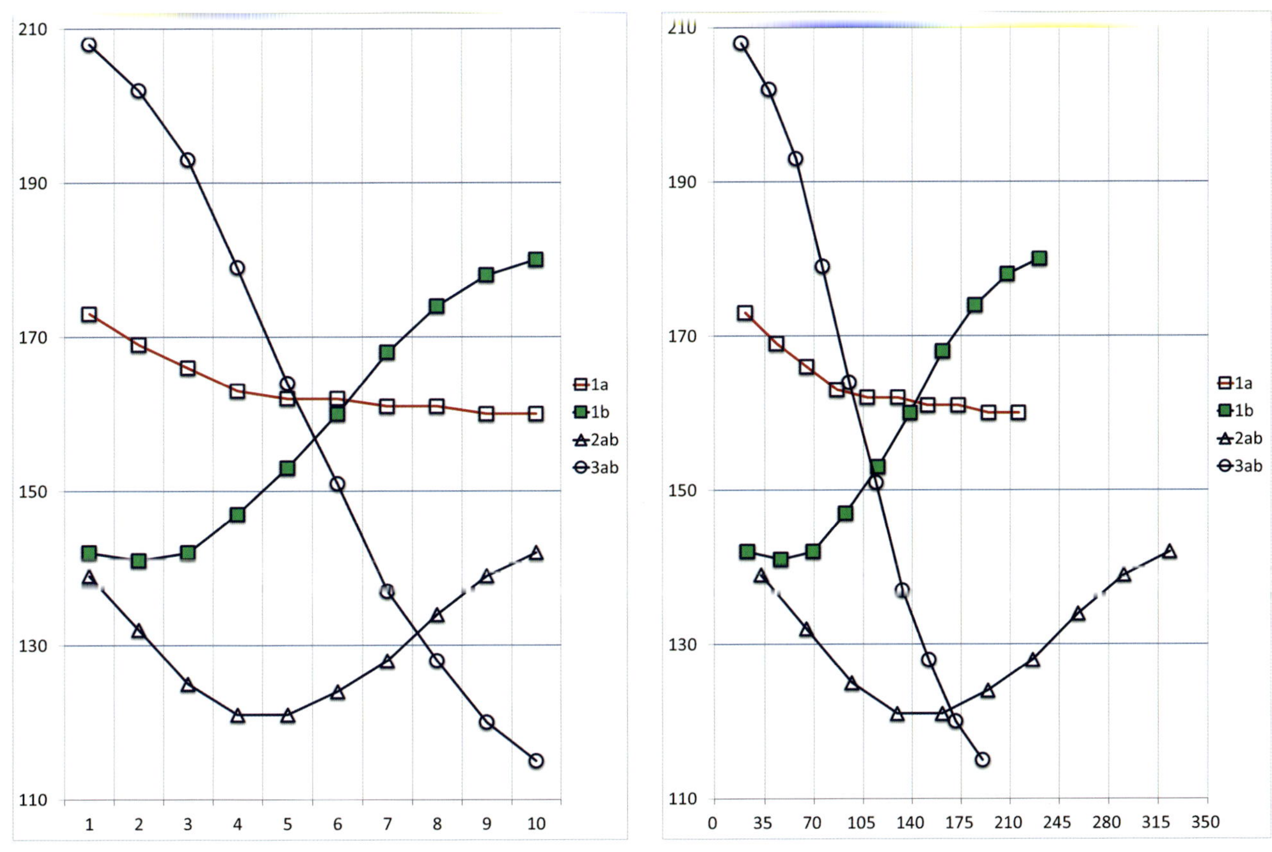

图 2－16c 单字调等长、实长音高模式－牡丹江林口－YM

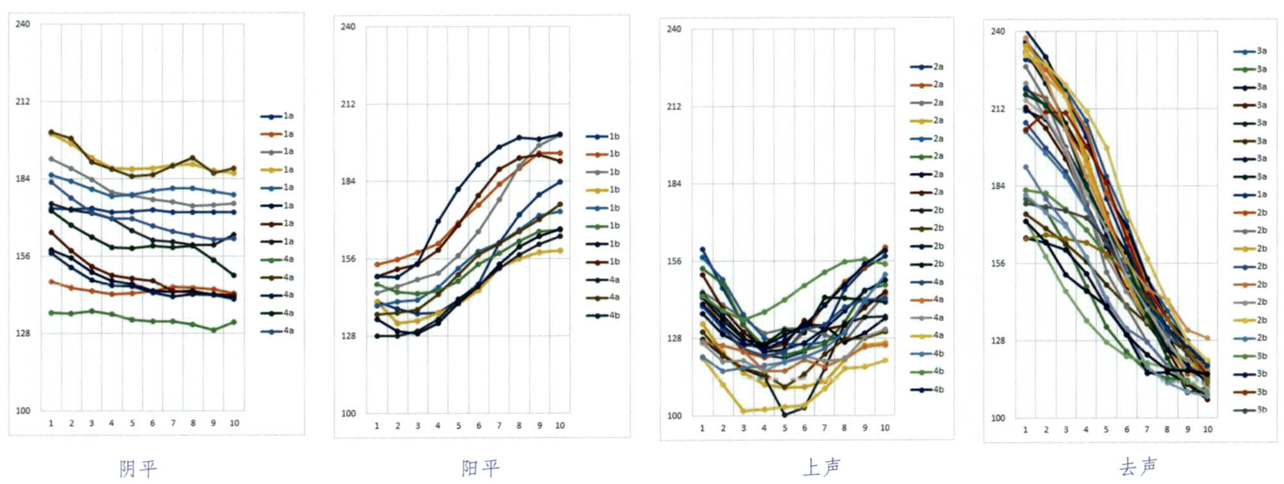

图 2－16d 今声调调域分布范围－牡丹江林口－YM

青男的声调有 4 个（见图 2－16c）：

阴平 33、阳平 24、上声 212、去声 51。

今调域的分布情况（见图 2－16d）：

阴平在 22～44 之间；阳平在 23～24 之间；上声主要在 212 的范围；去声主要在 31～52 之间。

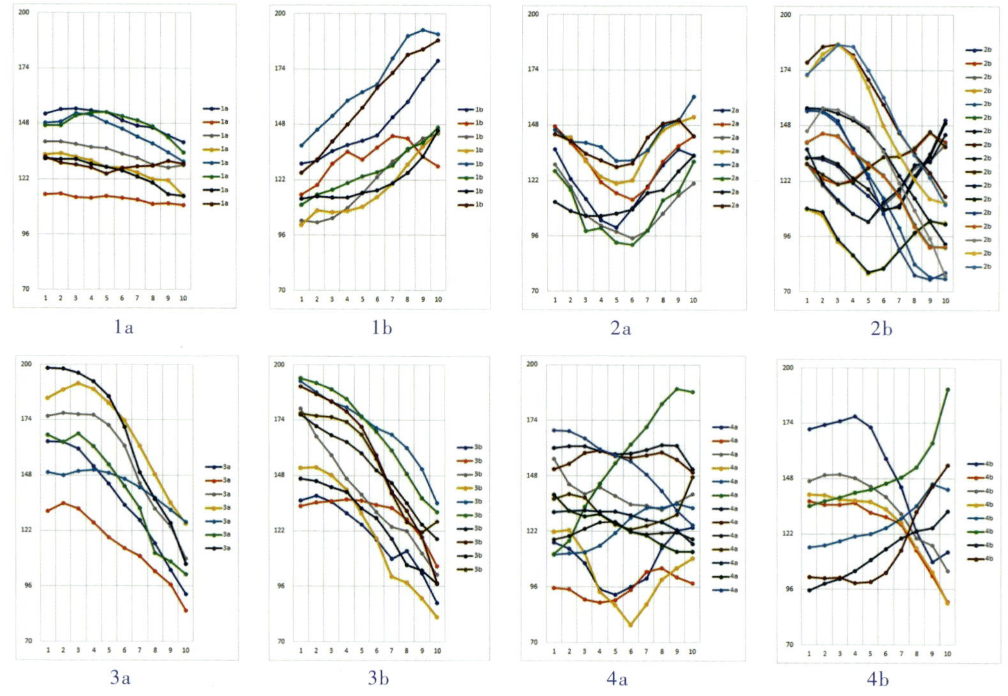

图 2 - 16e　古四声今读的概貌 - 牡丹江林口 - OM

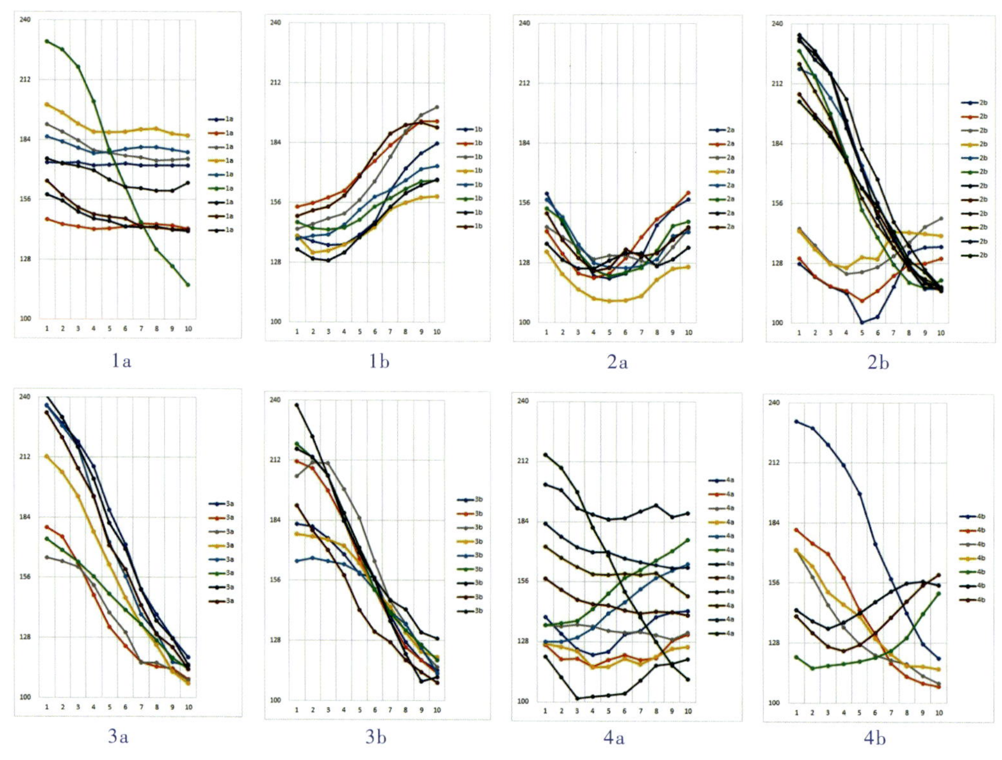

图 2 - 16f　古四声今读的概貌 - 牡丹江林口 - YM

图 2 - 16e 和图 2 - 16f 是牡丹江林口老男、青男单字调例字的古四声今读情况，主要的对应规律是：古平声今读主要是阴平和阳平；古上声也是二分的情况，清上字今读上声，浊上字今读上声和去声，青男的内部一致性更强；古去声大都保留在去声，老男主要分布在 31 ~ 53 之间，青男主要分布在 31 ~ 51 之间；古清入字今归派到阴阳上去四声，浊入字主要归阳平和去声。

2.3.3 站话小片

黑龙江漠河

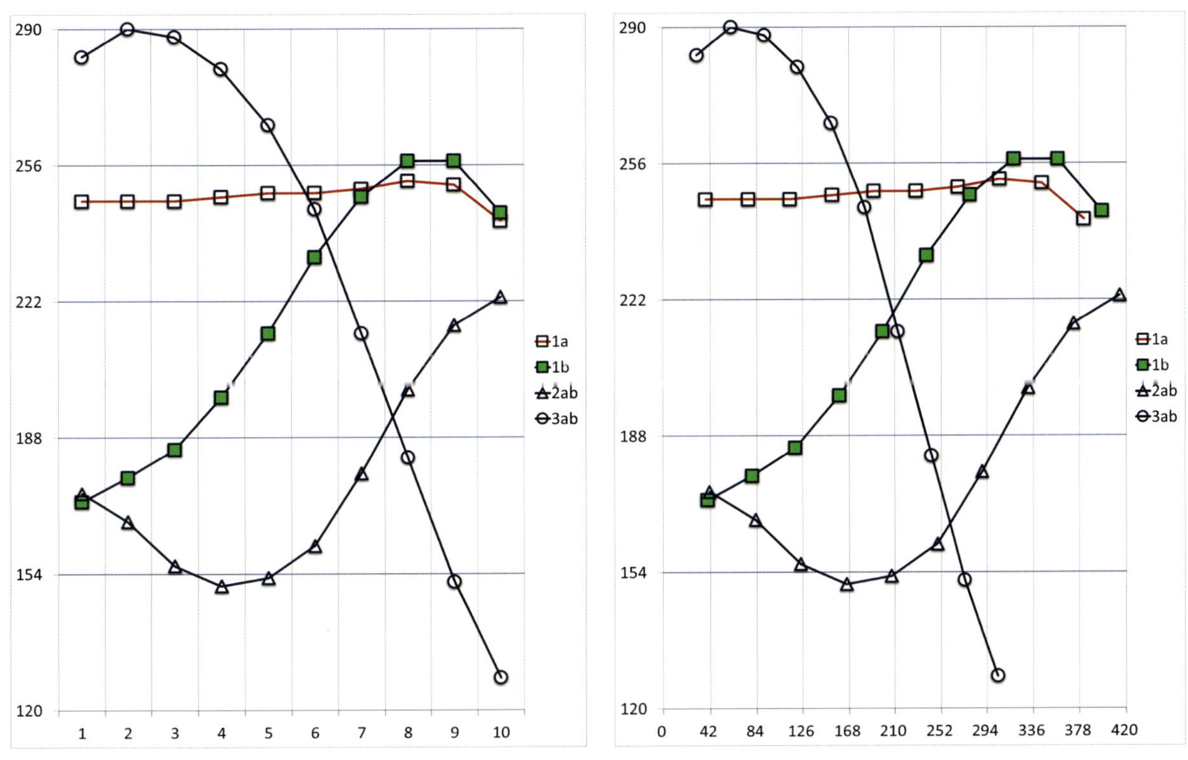

图 2－17a　单字调等长、实长音高模式－黑龙江漠河－OM

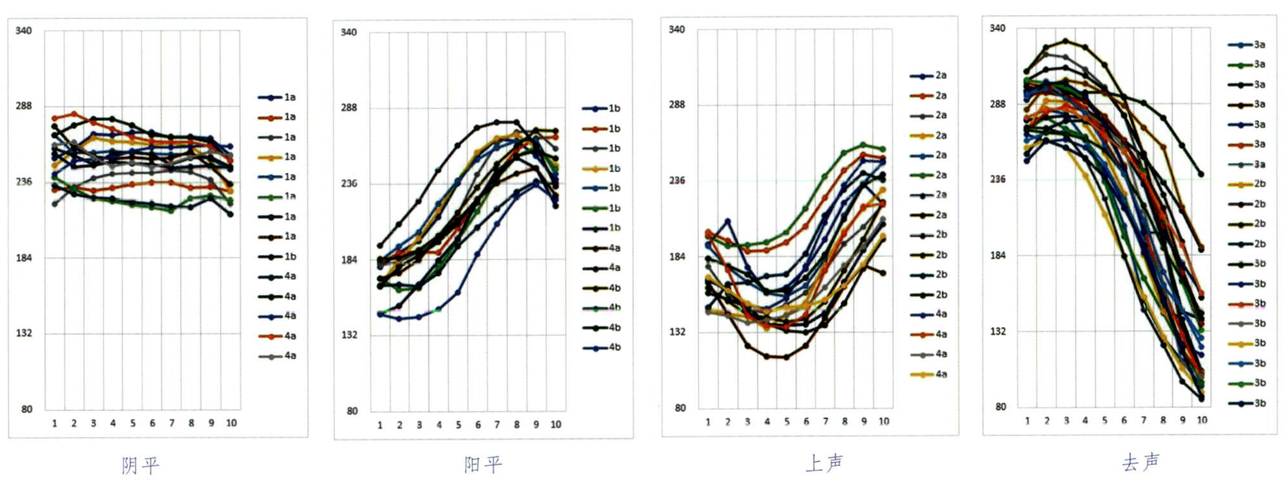

图 2－17b　今声调调域分布范围－黑龙江漠河－OM

老男的声调有 4 个（见图 2－17a）：

阴平 44、阳平 24、上声 214、去声 51。

今调域的分布情况（见图 2－17b）：

阴平主要在 33～44 之间；阳平主要在 23～34 之间；上声主要在 213～324 之间；去声主要在 41～53 之间。

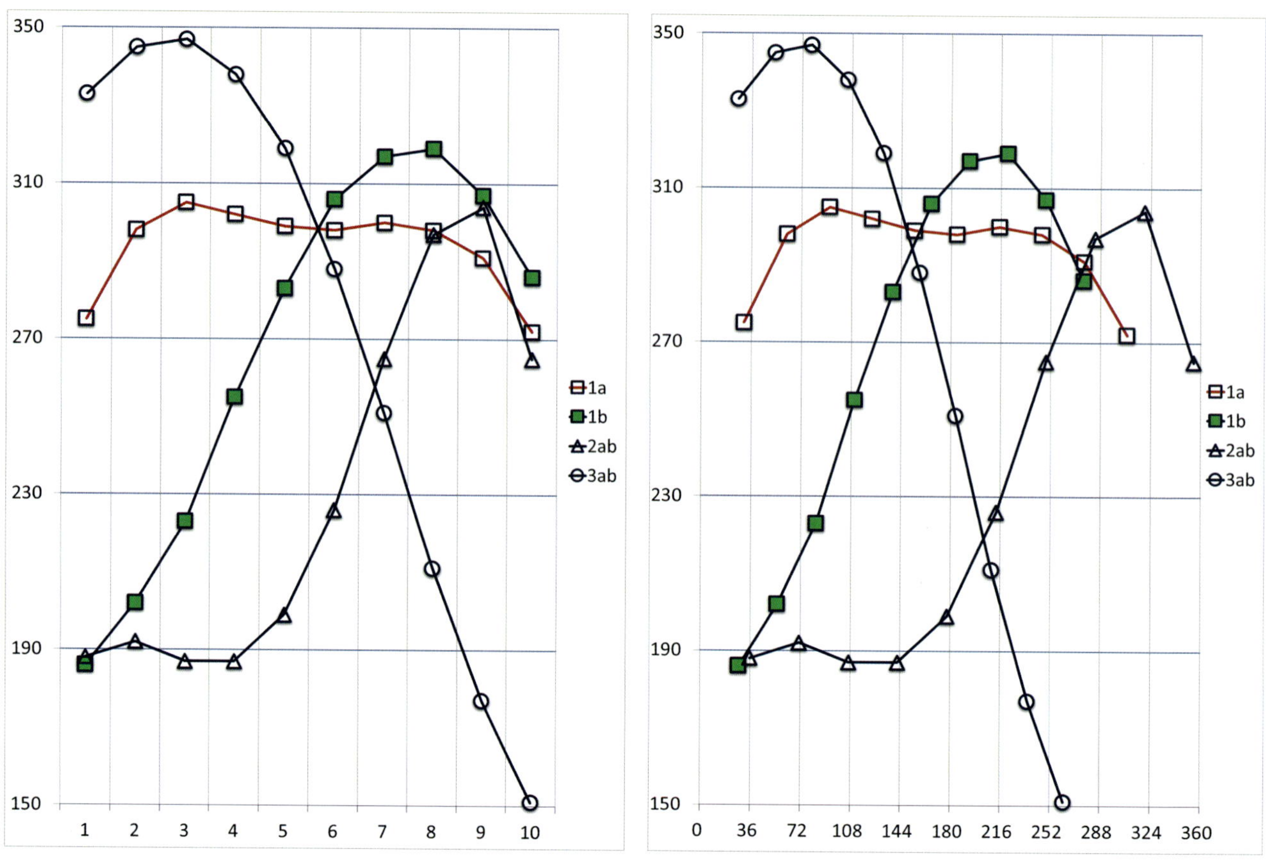

图 2－17c 单字调等长、实长音高模式－黑龙江漠河－YM

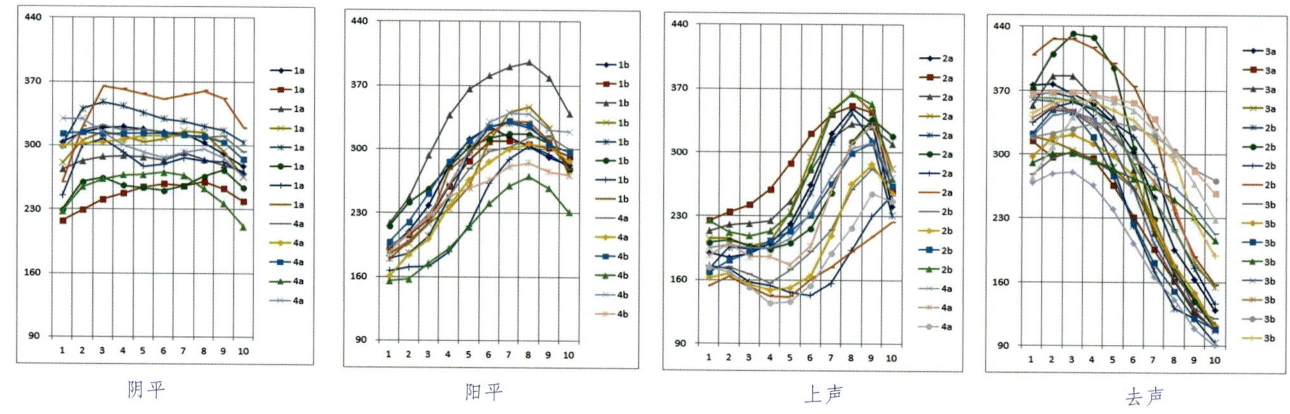

图 2－17d 今声调调域分布范围－黑龙江漠河－YM

青男的声调有 4 个（见图 2－17c）：

阴平 44、阳平 25、上声 224、去声 51。

今调域的分布情况（见图 2－17d）：

阴平主要在 33～44 之间；阳平主要在 23～24 之间；上声主要在 213～334 之间；去声主要在 31～53 之间。

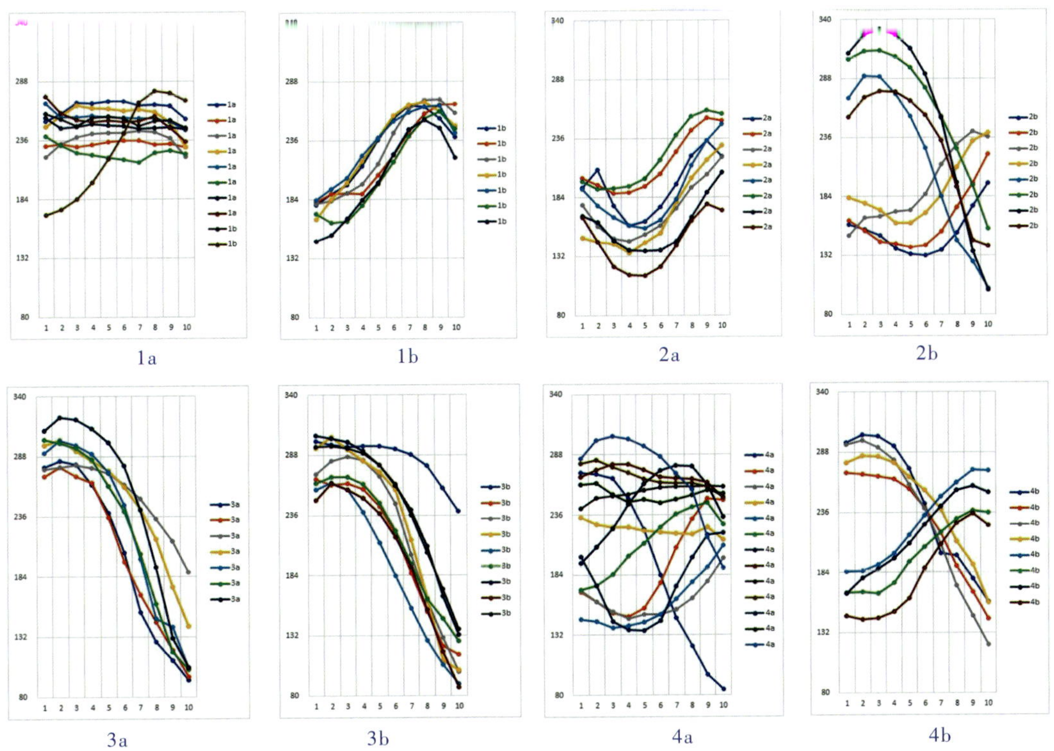

图 2-17e 古四声今读的概貌-黑龙江漠河-OM

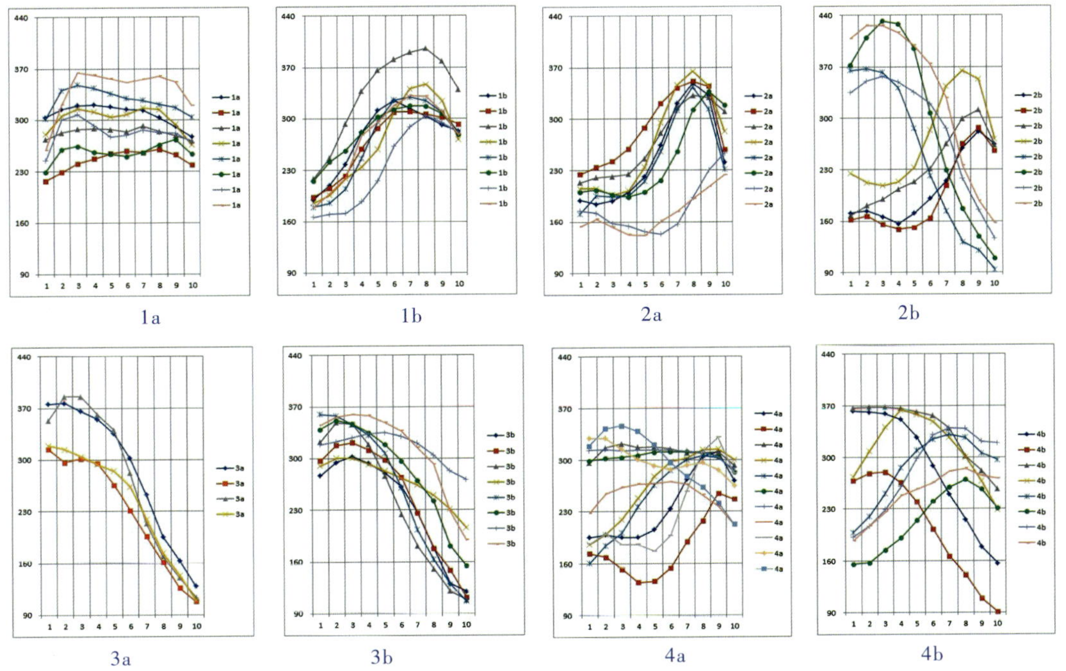

图 2-17f 古四声今读的概貌-黑龙江漠河-YM

图 2-17e 和图 2-17f 是黑龙江漠河老男、青男单字调例字的古四声今读情况，主要的对应规律是：古平声今读主要是阴平和阳平，老男、青男基本一致；古上声也是二分的情况，清上字今读上声，浊上字今读上声和去声；古去声大都保留在去声，老男主要分布在 41～53 之间，青男主要分布在 31～43 之间；古清入字今归派到阴阳上去四声，浊入字主要归阳平和去声。

2.4 东北官话声调小结

关于东北官话声调的主要特征，前人有过较为深入的研究，我们简略叙述如下。

（1）经典的描述。

李荣（1985）曾做了一个总的说明：“考虑到东北官话区古入声的清音声母字今读上声的比北京多得多；四声调值和北京相近，但阴平的调值比北京低；以及多数方言无［ʐ］声母（北京的［ʐ］声母读零声母）等特点，现在把东北官话区独立成一区。”贺巍（1986）据此作了具体说明，这也可以看作判定东北官话的几条标准。

张志敏对《方言调查字表》所收的古清音入声字在东北官话和北京官话中的声调演变情况作了一个统计。详见第1章北京官话声调小结。

（2）单字调的主要特征。

首先，单字调格局与北京官话非常一致。东北官话有阴平、阳平、上声和去声四个声调。虽然东北官话大部分声调的调值和北京官话相近，但阴平的调值比北京官话低，大都读33调或44调，这是东北官话在听感上区别于北京官话的一个重要标志。如孙维张、路野、李丽君（1986）认为“阴平通化片读424调或313调”，本书的材料阴平老男为31，青男则是44。

其次，古四声的演变情况和北京官话大致相同。古入声的清音声母字今分归阴平、阳平、上声和去声，但今读上声的比北京官话多得多。

2.5 东北官话主要方言点的调类调值对照

东北官话主要方言点的调类调值对照如表2－2所示。

表2－2 东北官话主要方言点的调类调值对照

片	小片	方言点	选点	阴平 1a	阳平 1b	上声 2ab	去声 3ab	调类数量	备注
吉沈片	蛟宁小片	鸡西（黑龙江）	当壁镇	44	24	213	53	4	语保 OM
		松原（吉林）	宁江区	44	24	213	52	4	语保 OM
		敦化（吉林）	胜利街	44	24	213	52	4	语保 OM
		磐石（吉林）	磐石	44	24	213	42	4	赵月（2014）
	通溪小片	通化（吉林）	东昌区	31	24	213	52	4	语保 OM
			通化	42	13	212	52	4	王洪杰，陈本庆（2007）
		沈阳（辽宁）	沈阳	33	35	213	41	4	语保 OM
			法库县	33	24	213	52	4	李楠（2014）
		铁岭（辽宁）	铁岭	44	24	214	51	4	苗慧（2011）
			开原	32	23	312	52	4	赵建军，王诗语（2021）
	延吉小片	延边（吉林）	延边	55	24	213	52	4	语保 OM
		延吉（吉林）	延吉	44	24	213	53	4	朱莹（2023）

（续上表）

片	小片	方言点	选点	阴平 1a	阳平 1b	上声 2ab	去声 3ab	调类数量	备注
哈阜片	肇扶小片	哈尔滨（黑龙江）	尚志	44	24	213	53	4	语保 OM
	长锦小片	长春（吉林）	榆树县正阳街道	44	24	213	52	4	语保 OM
		锦州（辽宁）	黑山县黑山镇	55	35	212	51	4	语保 OM
		通辽（内蒙古）	科尔沁区	55	35	213	52	4	语保 OM
黑松片	嫩克小片	黑河（黑龙江）	嫩江镇兴农街	44	24	213	52	4	语保
		齐齐哈尔（黑龙江）	泰来县	44	24	213	53	4	知网
	佳富小片	伊春（黑龙江）	嘉荫县朝阳镇	33	35	213	51	4	语保 OM
		牡丹江（黑龙江）	前进区站前街道	33	24	212	53	4	语保 OM
	站话小片	肇源（黑龙江）	肇源	55	35	214	51	4	姜宏楠（2010）
		漠河（黑龙江）	北极镇	55	35	213	52	4	语保 OM

参考文献

［1］陈立中．黑龙江站话研究［M］．北京：中国社会科学出版社，2005.

［2］郭风岚．黑龙江站话的分布区域与归属［J］．方言，2008（1）.

［3］郭正彦．黑龙江方言分区略说［J］．方言，1986（3）.

［4］贺巍．东北官话的分区（稿）［J］．方言，1986（3）.

［5］姜宏楠．肇源话平翘舌问题的研究［D］．广州：暨南大学，2010.

［6］李楠．法库方言语音研究［D］．大连：辽宁师范大学，2014.

［7］李荣．官话方言的分区［J］．方言，1985（1）.

［8］苗慧．铁岭方言语音特点之探究［J］．长春大学学报，2011，21（9）.

［9］孙维张，路野，李丽君．吉林方言分区略说［J］．方言，1986（1）.

［10］王洪杰，陈本庆．通化方言声调的发展变化［J］．通化师范学院学报，2007，28（6）.

［11］张志敏．东北官话的分区（稿）［J］．方言，2005（2）.

［12］赵贺．铁岭方言研究综述［J］．汉字文化，2021（9）.

［13］赵建军，王诗语．开原方言单字调格局实验研究［J］．辽宁师范大学学报（社会科学版），2021，44（6）.

［14］赵君秋．东北官话分区补正：与张志敏先生等商榷［J］．社会科学战线，2010（7）.

［15］赵月．吉林磐石方言语音研究［D］．上海：上海师范大学，2014.

［16］中国社会科学院语言研究所，中国社会科学院民族学与人类学研究所，香港城市大学语言资讯科学研究中心．中国语言地图集［M］.2 版．北京：商务印书馆，2012.

［17］朱莹．延吉方言语音特点［J］．新楚文化，2023（32）.

3　冀鲁官话

冀鲁官话主要分布在北京、天津、河北、山东以及山西的个别地区。本书依据《中国语言地图集》（2012）的分片来选择方言点，具体情况如表3－1所示。

表3－1　冀鲁官话的分片选点

片	小片	方言点	序号
保唐片	涞阜小片	广灵壶泉（山西）	3－1
		保定阜平（河北）	3－2
	定霸小片	保定满城（河北）	3－3
		天津静海	3－4
	天津小片	天津－《音库》	3－5
		天津津南	3－6
	蓟遵小片	北京平谷	3－7
		天津宝坻	3－8
		天津蓟州	3－9
	滦昌小片	河北昌黎	3－10
	抚龙小片	秦皇岛北戴河（河北）	3－11
石济片	赵深小片	河北辛集	3－12
		河北无极	3－13
	邢衡小片	衡水桃城（河北）	3－14
		邢台桥东（河北）	3－15
	聊泰小片	邯郸馆陶（山东）	3－16
		济南－《音库》	3－17
		济南市区（山东）	3－18
		淄博博山（山东）	3－19
		淄博张店（山东）	3－20
沧惠片	黄乐小片	沧州沧县（河北）	3－21
		德州乐陵（山东）	3－22
	阳寿小片	寿光圣城（山东）	3－23
		山东东营	3－24
	莒照小片	山东日照	3－25
		莒县莒南（山东）	3－26
	章桓小片	东营利津（山东）	3－27

3.1 保唐片

3.1.1 涞阜小片

1. 广灵壶泉

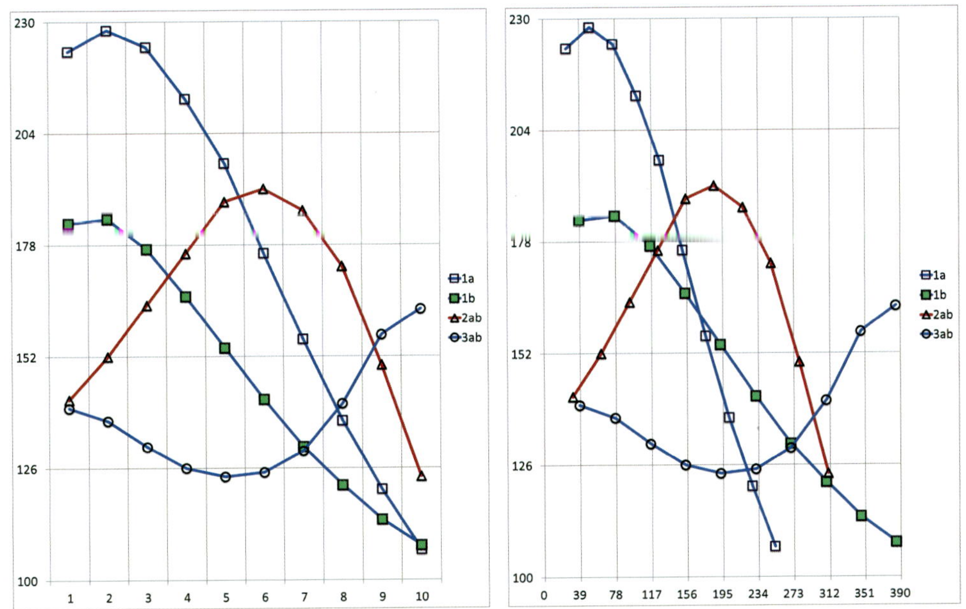

图 3－1a　单字调等长、实长音高模式－广灵壶泉－OM

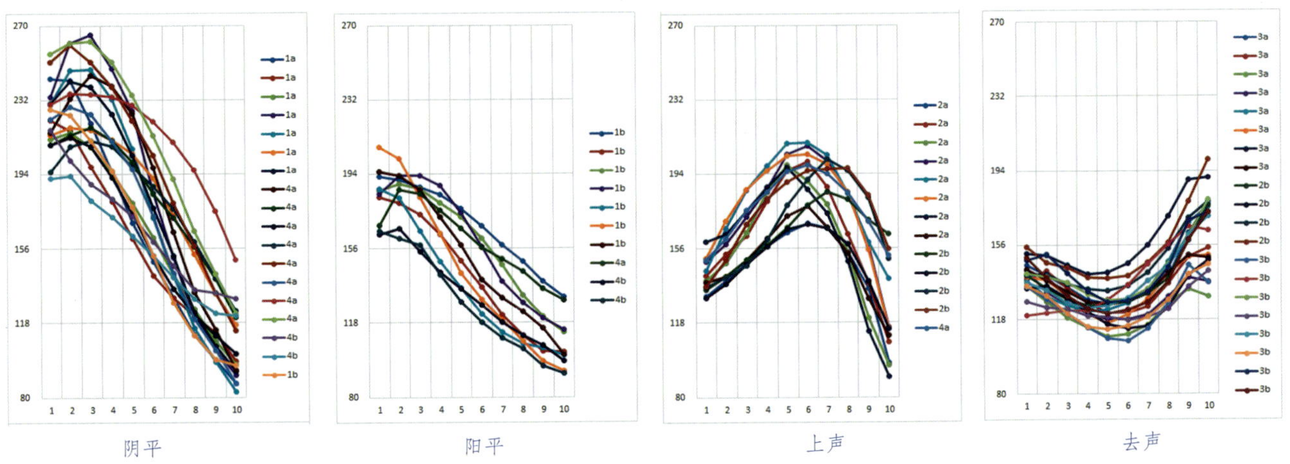

图 3－1b　今声调调域分布范围－广灵壶泉－OM

老男的声调有 4 个（见图 3－1a）：

阴平 51、阳平 41、上声 241、去声 213。

今调域的分布情况（见图 3－1b）：

阴平在 41～52 之间；阳平在 31～42 之间；上声在 231～243 之间；去声在 212～324 之间。

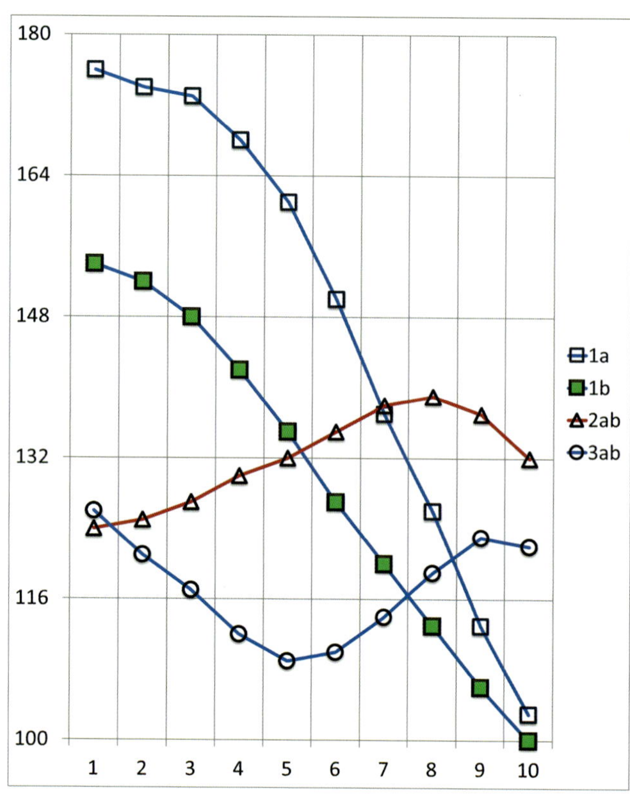

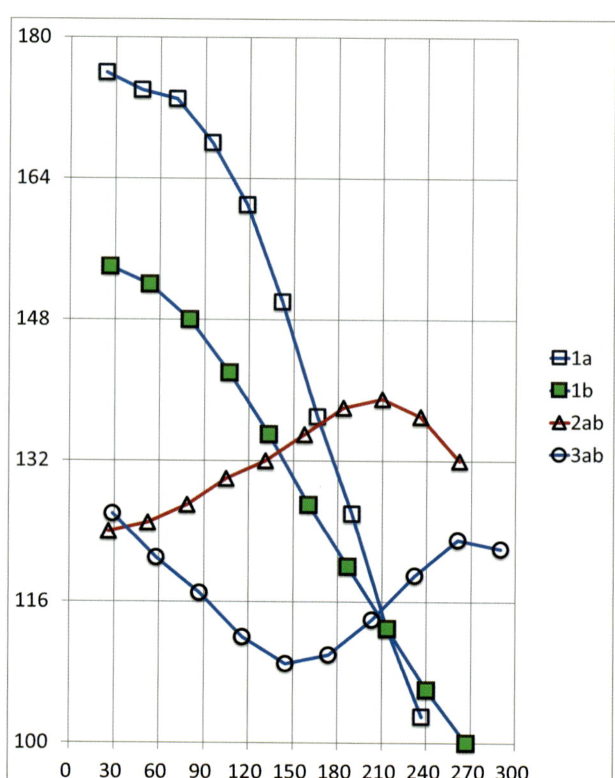

图 3－1c　单字调等长、实长音高模式－广灵壶泉－YM

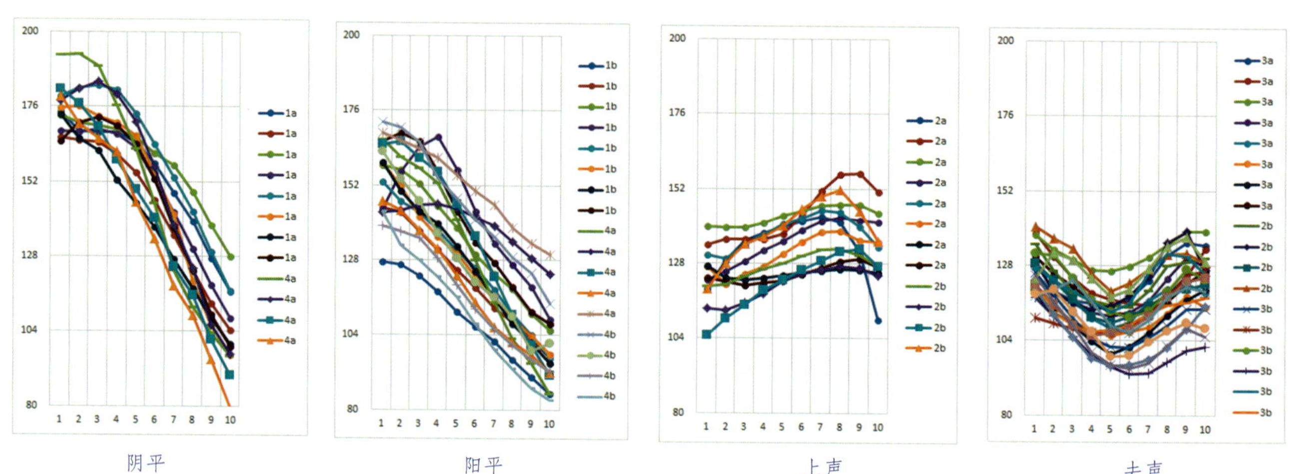

图 3－1d　今声调调域分布范围－广灵壶泉－YM

青男的声调有 4 个（见图 3－1c）：

阴平 51、阳平 41、上声 232、去声 212。

今调域的分布情况（见图 3－1d）：

阴平在 41～53 之间；阳平在 31～43 之间；上声在 232～343 之间；去声在 212～323 之间。

2. 保定阜平

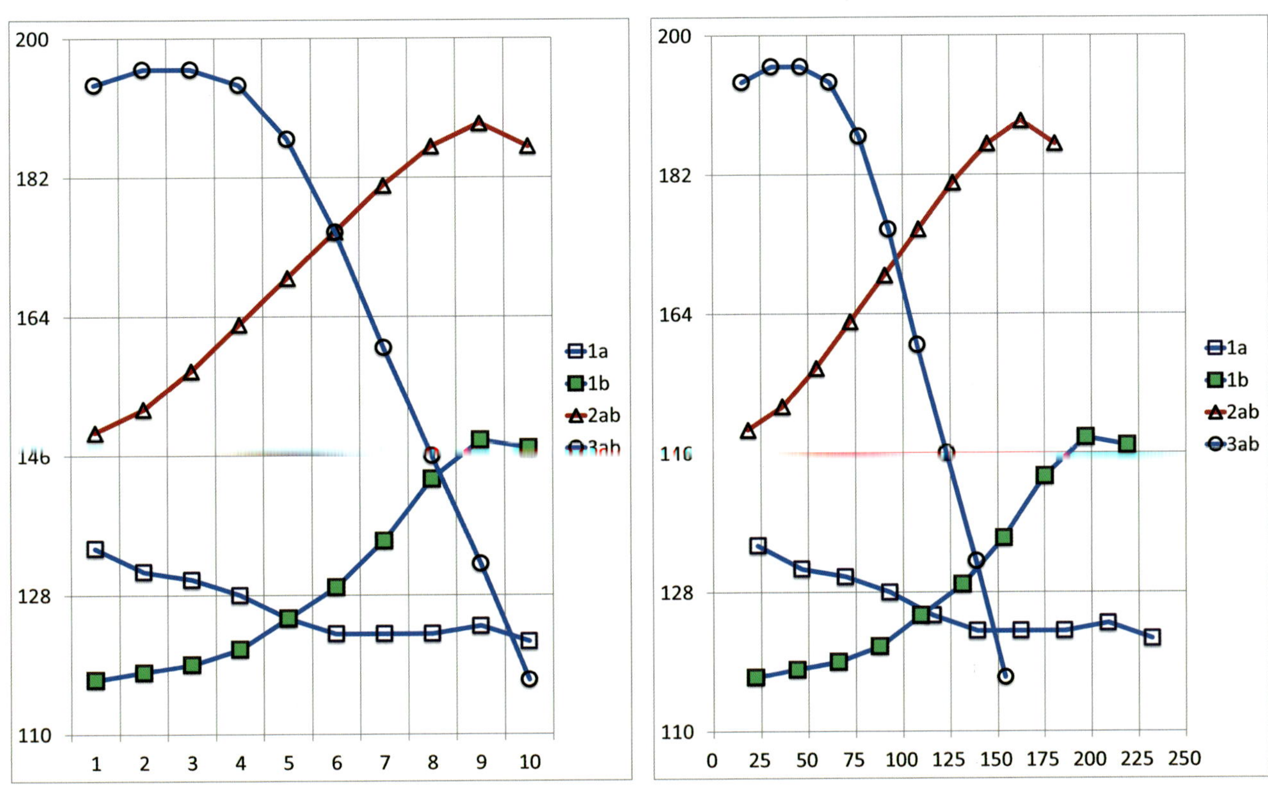

图 3-2a 单字调等长、实长音高模式-保定阜平-OM

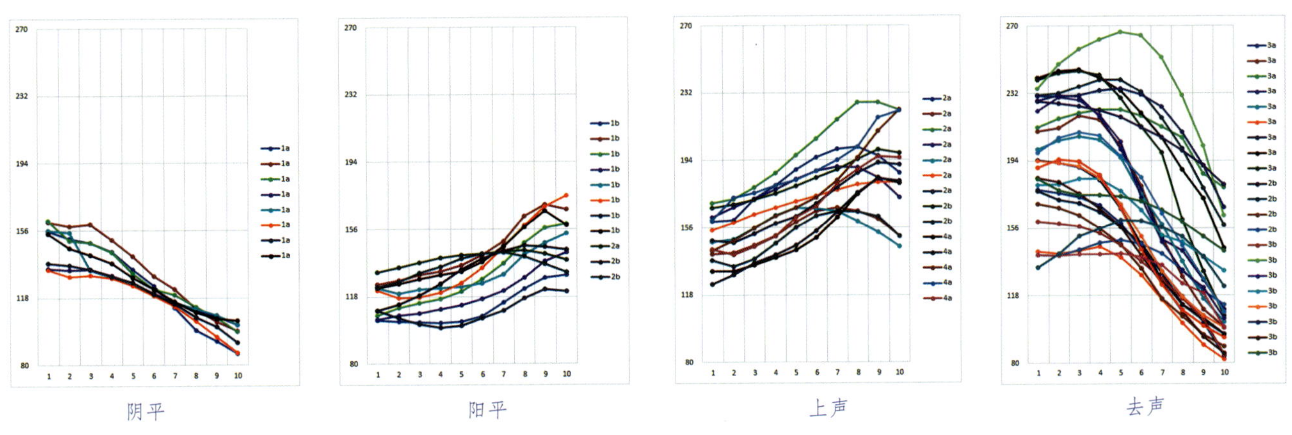

图 3-2b 今声调调域分布范围-保定阜平-OM

老男的声调有 4 个（见图 3-2a）：

阴平 21、阳平 13、上声 35、去声 51。

今调域的分布情况（见图 3-2b）：

阴平在 21~31 之间；阳平在 12~23 之间；上声在 23~34 之间；去声在 21~53 之间。

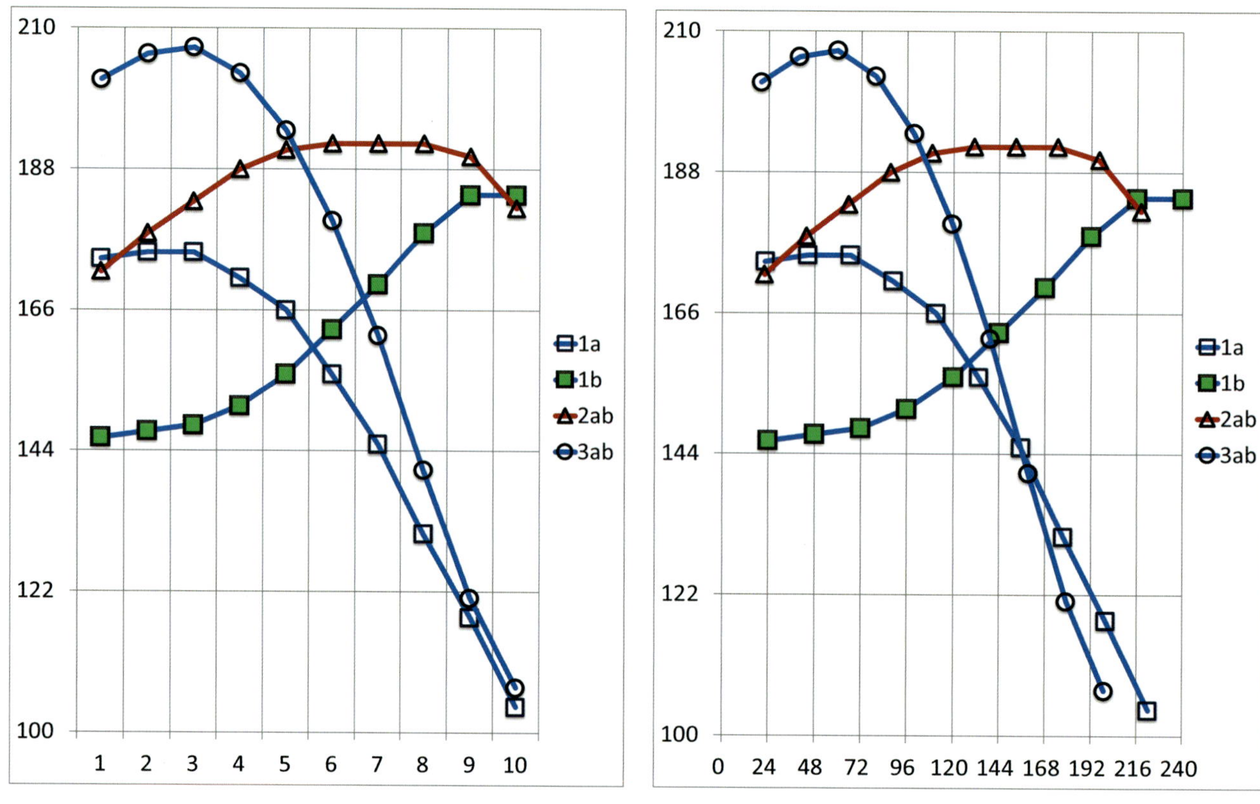

图 3－2c　单字调等长、实长音高模式－保定阜平－YM

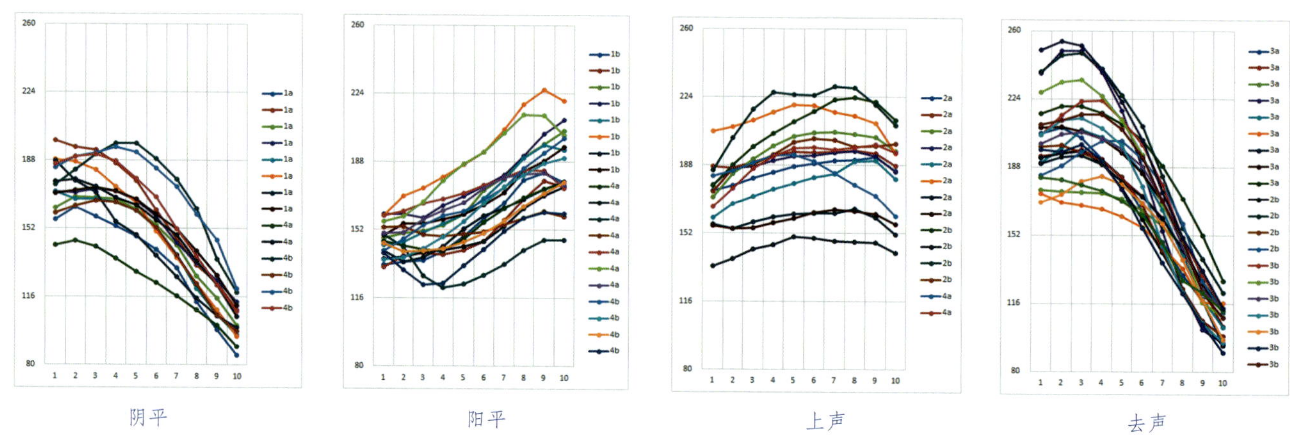

图 3－2d　今声调调域分布范围－保定阜平－YM

青男的声调有 4 个（见图 3－2c）：

阴平 41、阳平 34、上声 45、去声 51。

今调域的分布情况（见图 3－2d）：

阴平在 21～32 之间；阳平在 23～34 之间；上声在 22～45 之间；去声在 31～52 之间。

3.1.2　定霸小片

1. 保定满城

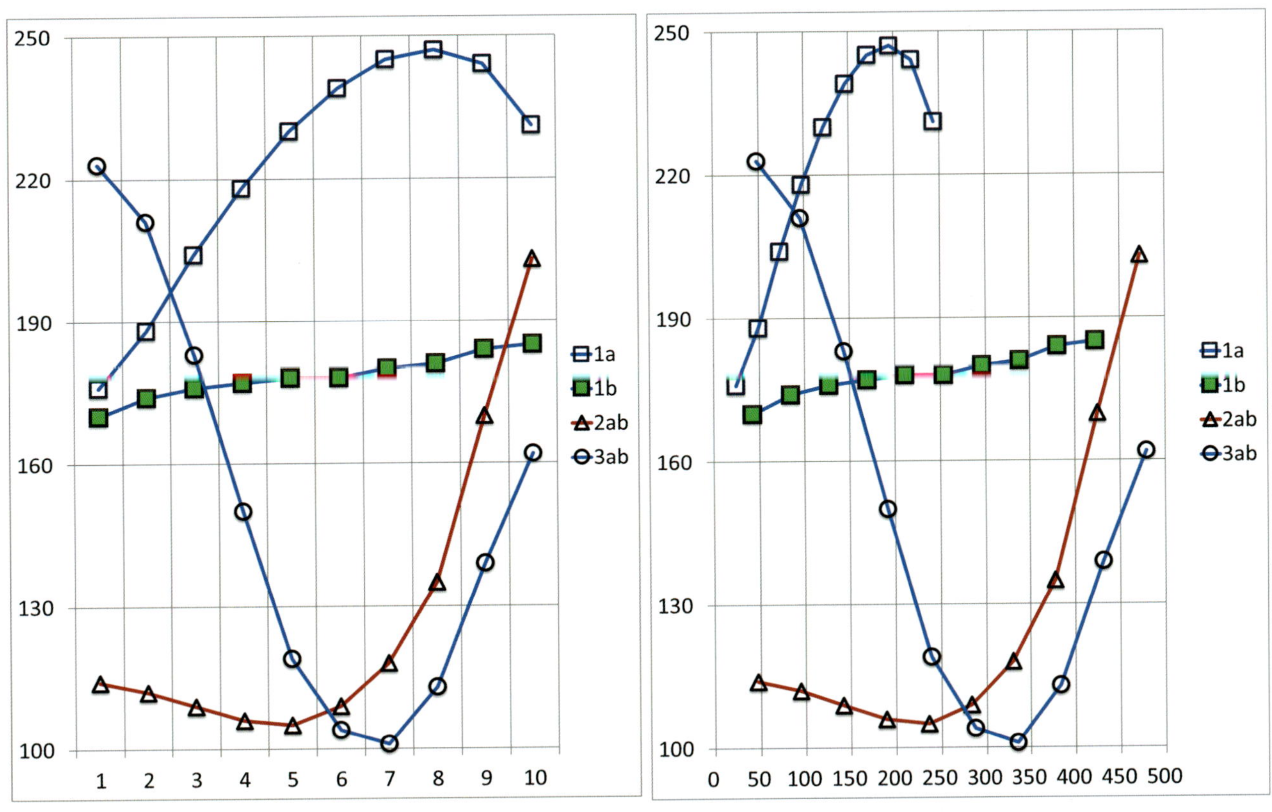

图 3－3a　单字调等长、实长音高模式－保定满城－OM

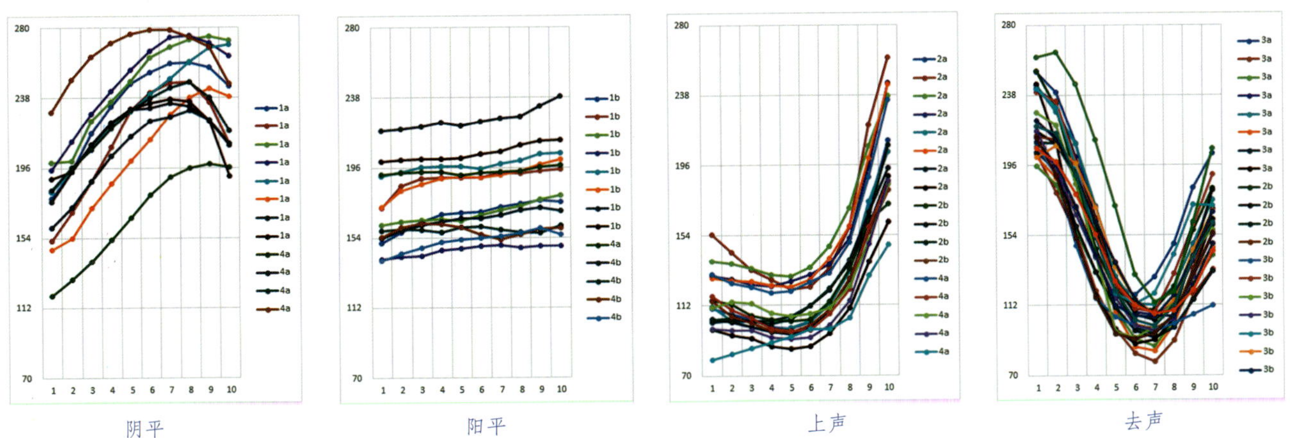

图 3－3b　今声调调域分布范围－保定满城－OM

老男的声调有 4 个（见图 3－3a）：

阴平 35、阳平 33、上声 114、去声 513。

今调域的分布情况（见图 3－3b）：

阴平在 23～45 之间；阳平在 22～44 之间；上声在 113～325 之间；去声在 412～524 之间。

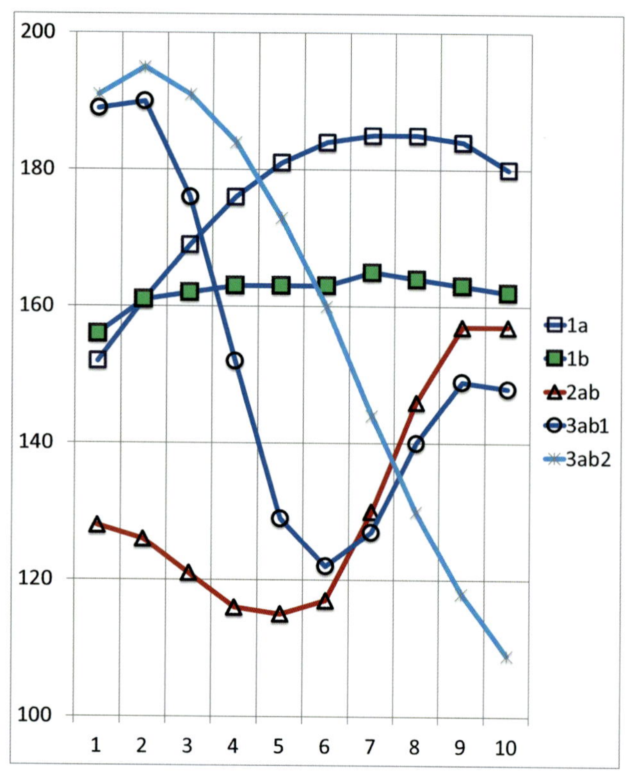

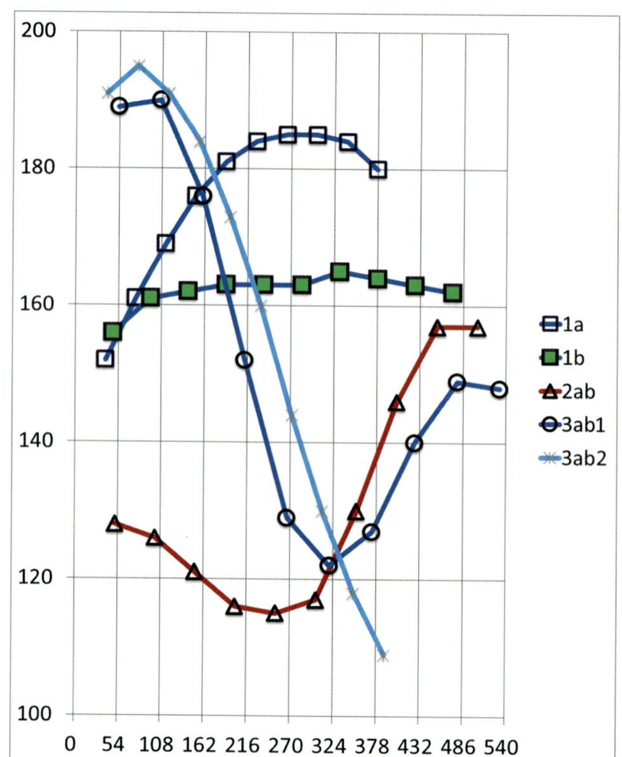

图 3－3c　单字调等长、实长音高模式－保定满城－YM

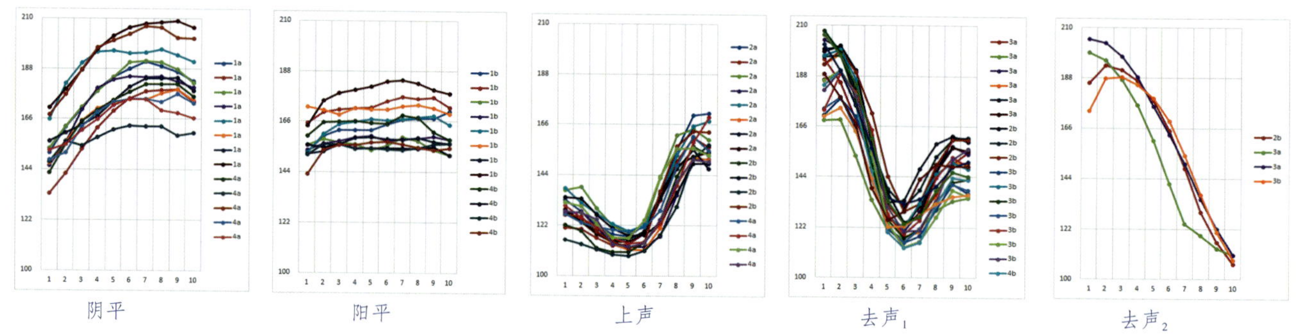

图 3－3d　今声调调域分布范围－保定满城－YM

青男的声调有 5 个（见图 3－3c）：

阴平 35、阳平 44、上声 213、去声$_1$ 523、去声$_2$ 51。从单字调的表现形式而言，这个点青男有两个去声，分别记为去声$_1$、去声$_2$。

今调域的分布情况（见图 3－3d）：

阴平在 23～45 之间；阳平在 33～44 之间；上声在 213～214 之间；去声$_1$在 412～523 之间，去声$_2$在 41～51 之间。

2. 天津静海

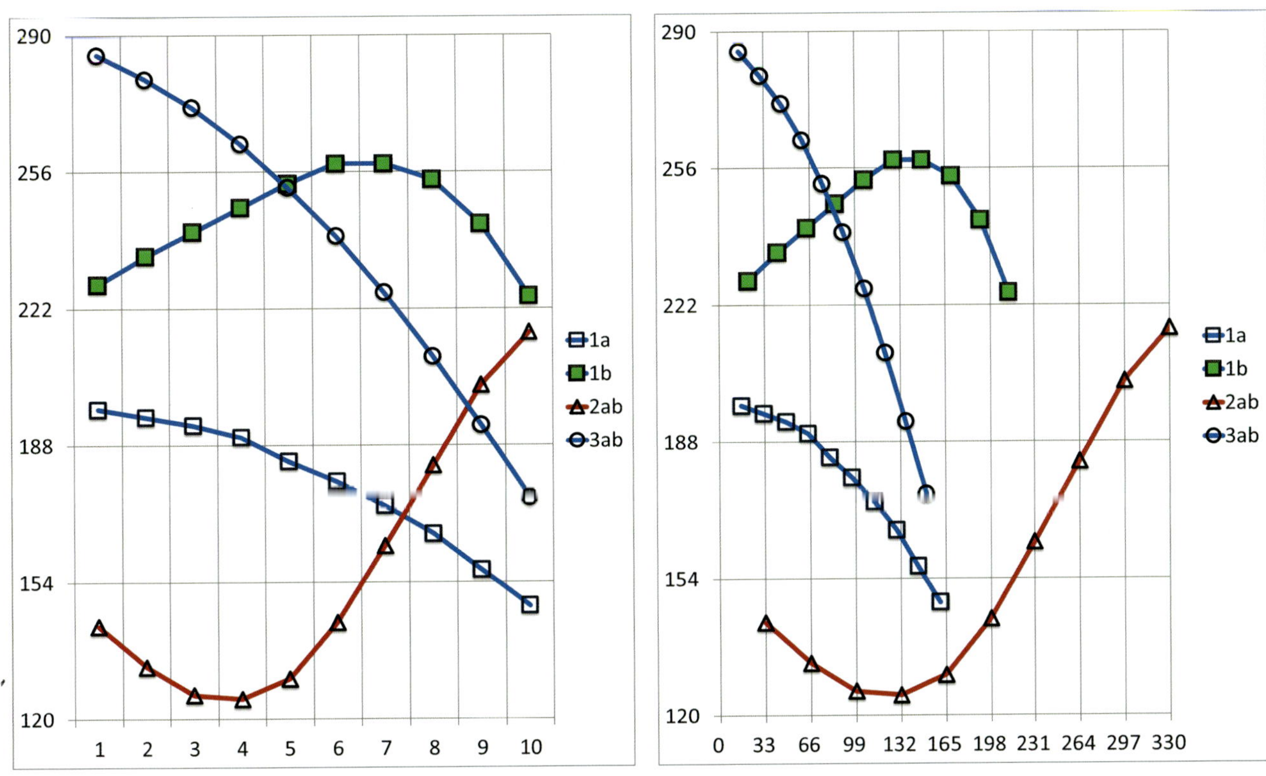

图 3－4a 单字调等长、实长音高模式－天津静海－OM

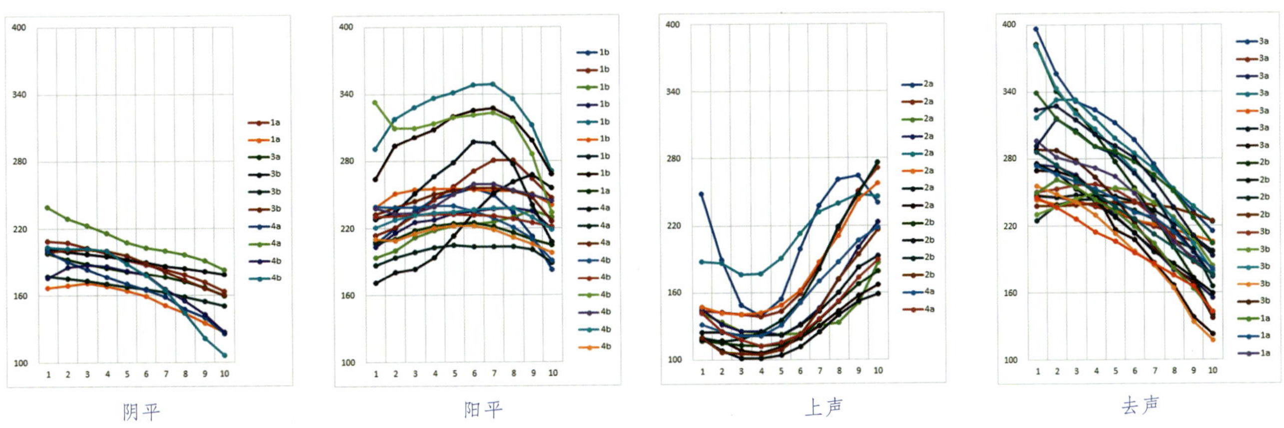

图 3－4b 今声调调域分布范围－天津静海－OM

老男的声调有 4 个（见图 3－4a）：

阴平 31、阳平 454、上声 213、去声 52。

今调域的分布情况（见图 3－4b）：

阴平在 21～32 之间；阳平在 22～454 之间；上声在 212～213 之间；去声在 31～53 之间。

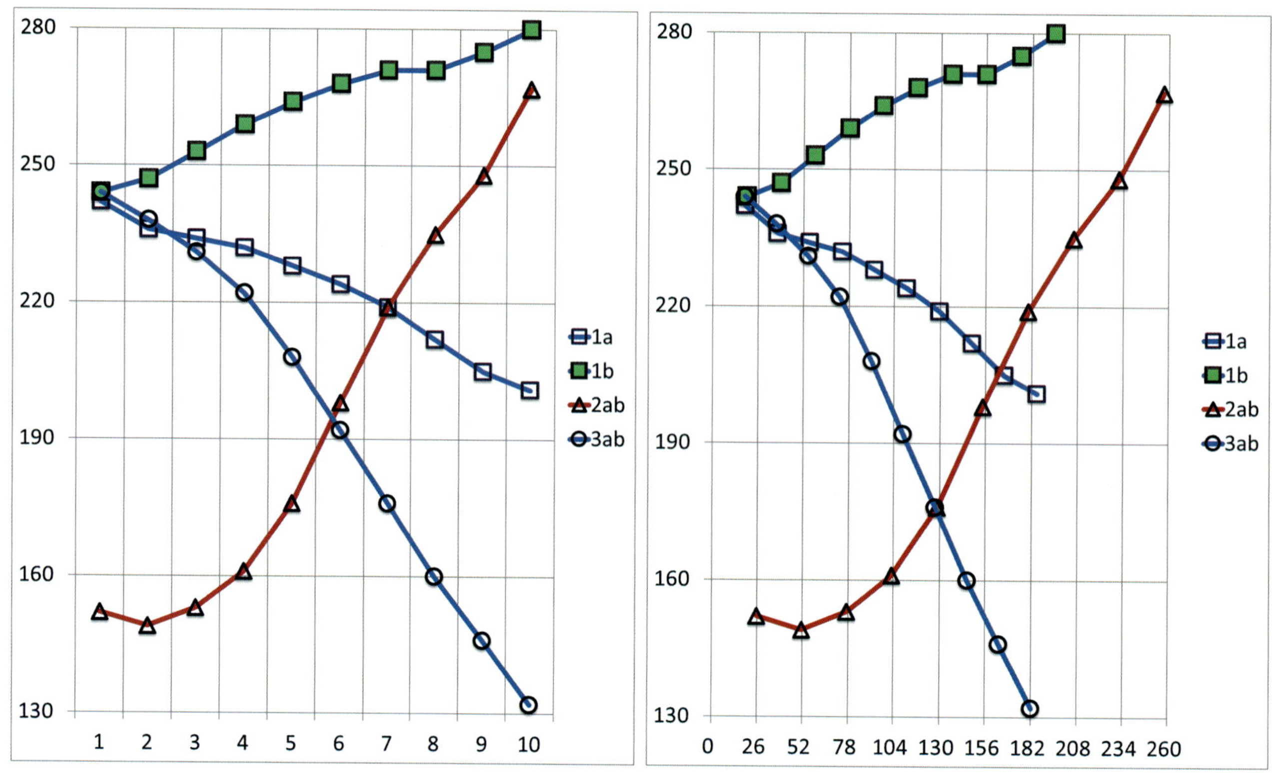

图 3－4c　单字调等长、实长音高模式－天津静海－YM

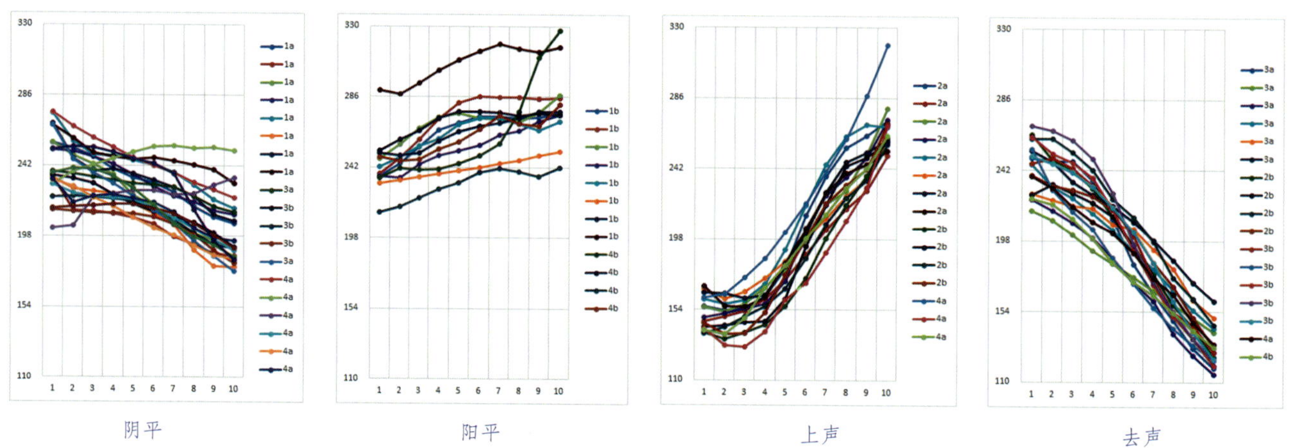

图 3－4d　今声调调域分布范围－天津静海－YM

青男的声调有 4 个（见图 3－4c）：

阴平 43、阳平 45、上声 15、去声 41。

今调域的分布情况（见图 3－4d）：

阴平在 32～43 之间；阳平在 34～45 之间；上声在 14～25 之间；去声在 31～42 之间。

3.1.3 天津小片

1. 天津－《音库》

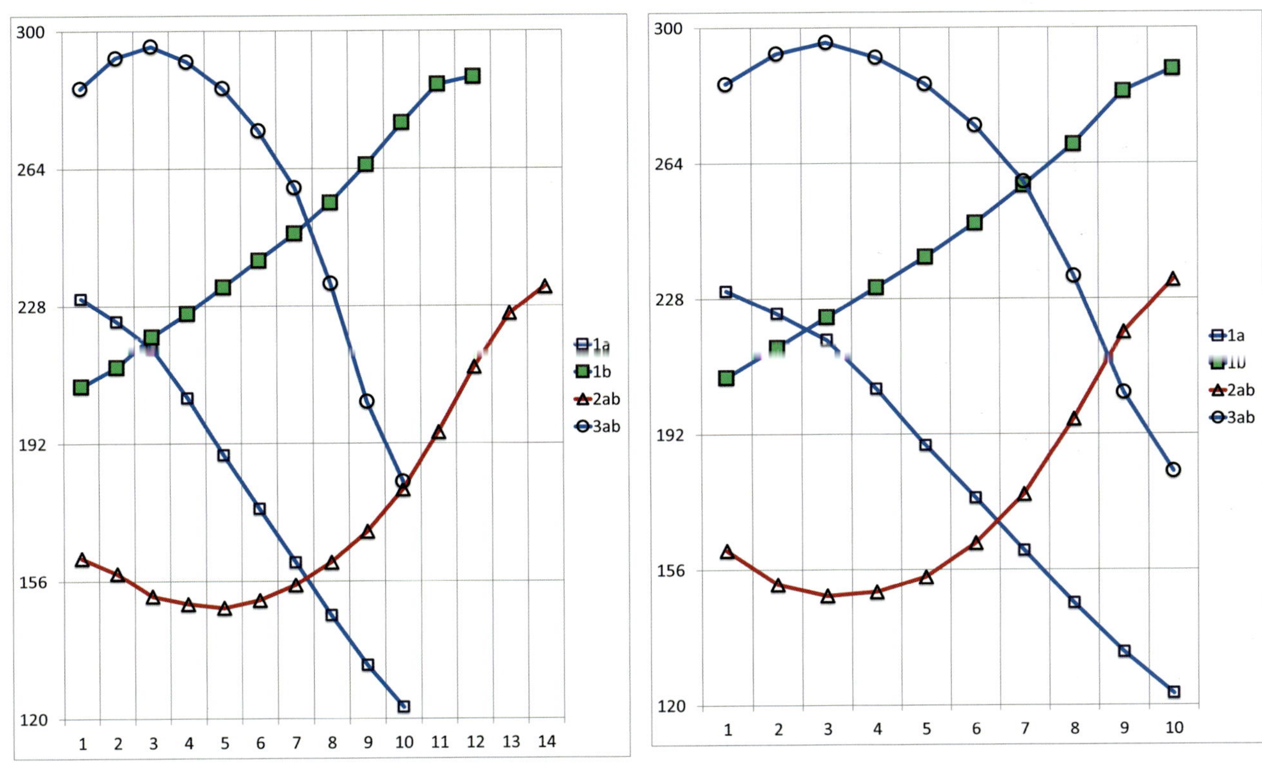

图 3－5a　单字调等长、实长音高模式－天津－《音库》

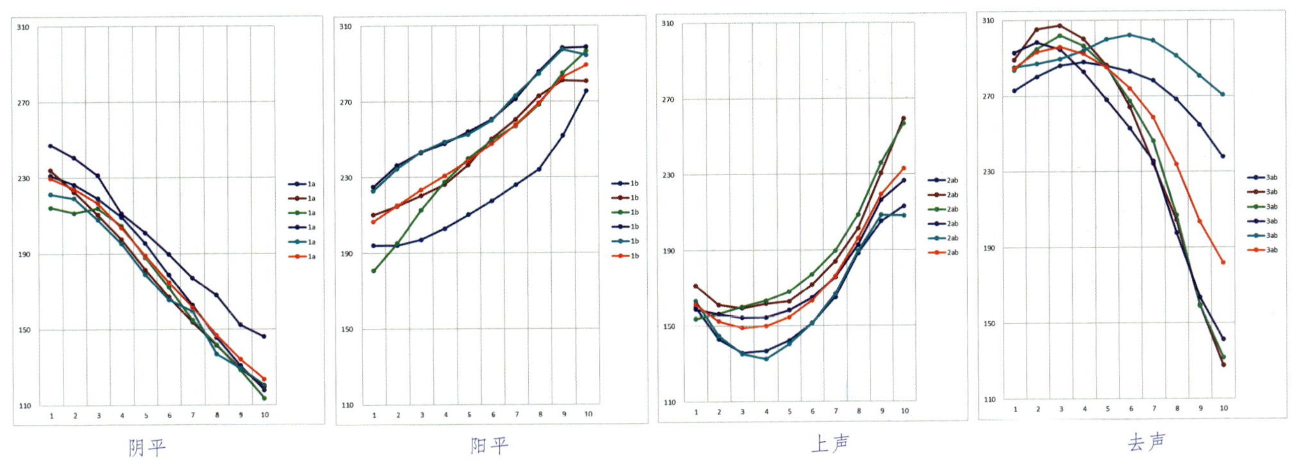

图 3－5b　今声调调域分布范围－天津－《音库》

《音库》的声调有 4 个：

阴平 21，高东乌雪接；阳平 45，寒同吴局急；上声 13，考董五尺甲；去声 53，盖动怒壁麦。

根据《音库》音频所作的调型图（见图 3－5a、图 3－5b），调型趋势没有问题，但调值可略作调整：阴平 31、阳平 35、上声 224、去声 52。这个微调并不影响调型的格局，但可以观察到在高调域和低调域分别形成两个升降调的交叉。大体上的格局是两升两降。

2. 天津津南

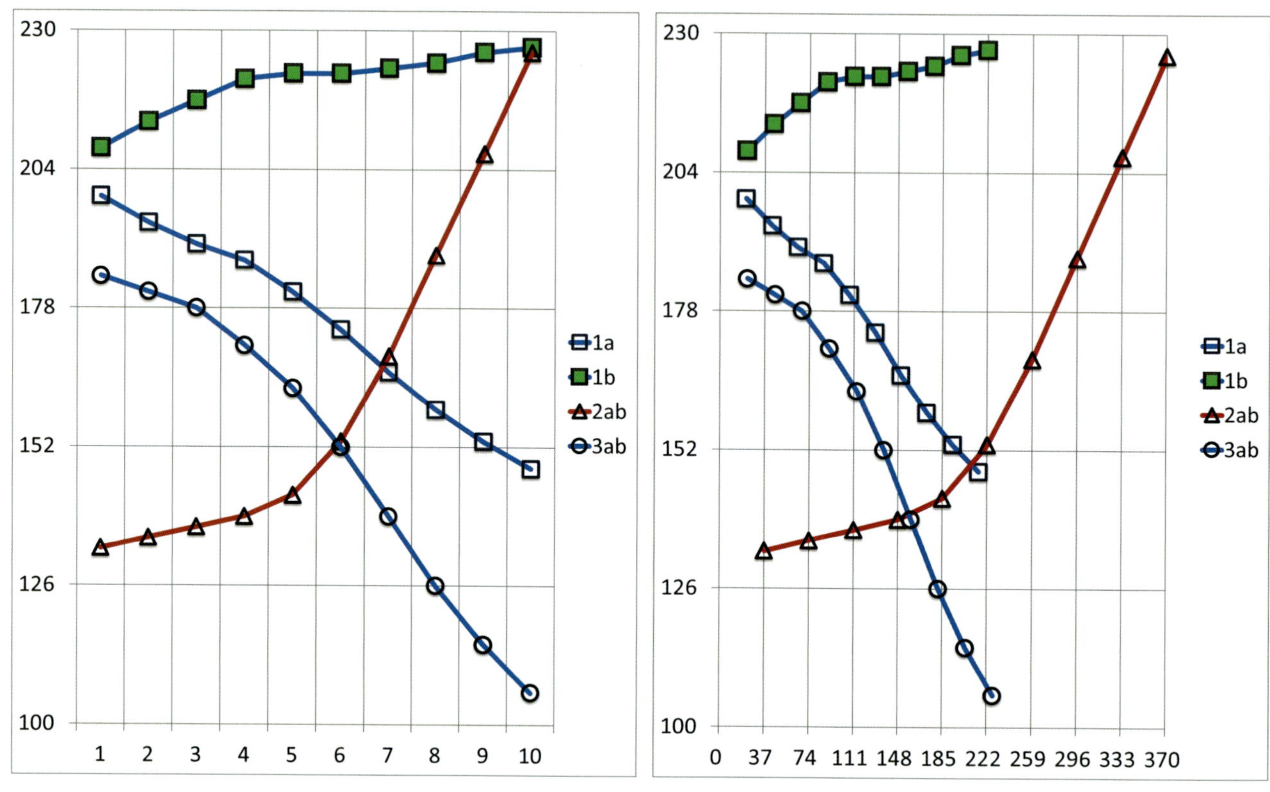

图 3－6a　单字调等长、实长音高模式－天津津南－OM

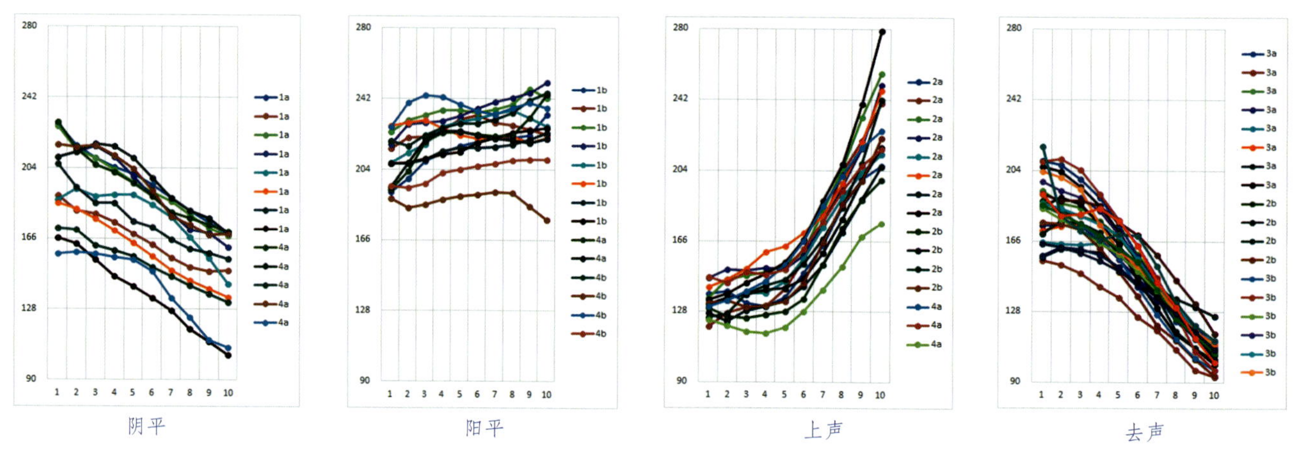

图 3－6b　今声调调域分布范围－天津津南－OM

老男的声调有 4 个（见图 3－6a）：

阴平 42、阳平 45、上声 25、去声 41。

今调域的分布情况（见图 3－6b）：

阴平在 21～43 之间；阳平在 33～45 之间；上声在 13～25 之间；去声在 21～31 之间。

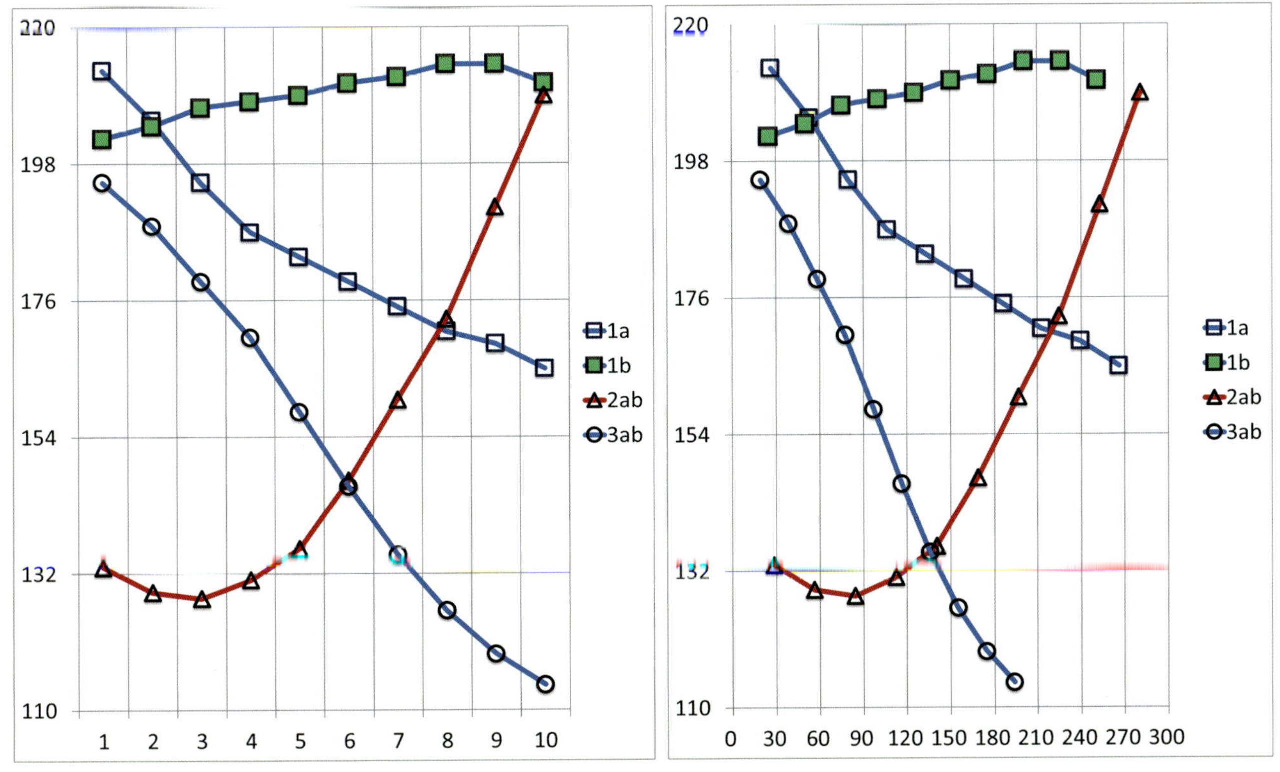

图 3－6c 单字调等长、实长音高模式－天津津南－YM

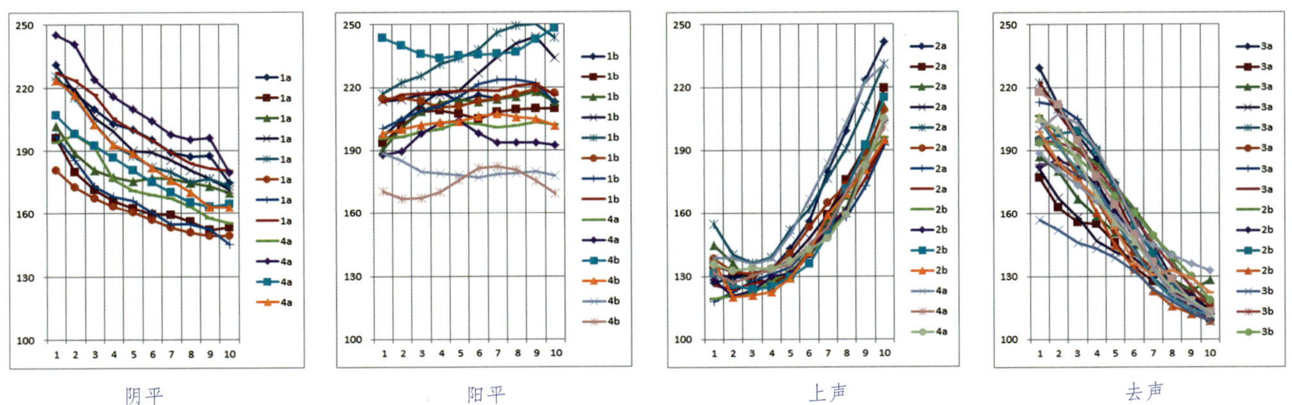

图 3－6d 今声调调域分布范围－天津津南－YM

青男的声调有 4 个（见图 3－6c）：

阴平 53、阳平 55、上声 25、去声 41。

今调域的分布情况（见图 3－6d）：

阴平在 32～53 之间；阳平在 33～55 之间；上声在 14～25 之间；去声在 21～52 之间。

3.1.4 蓟遵小片

1. 北京平谷

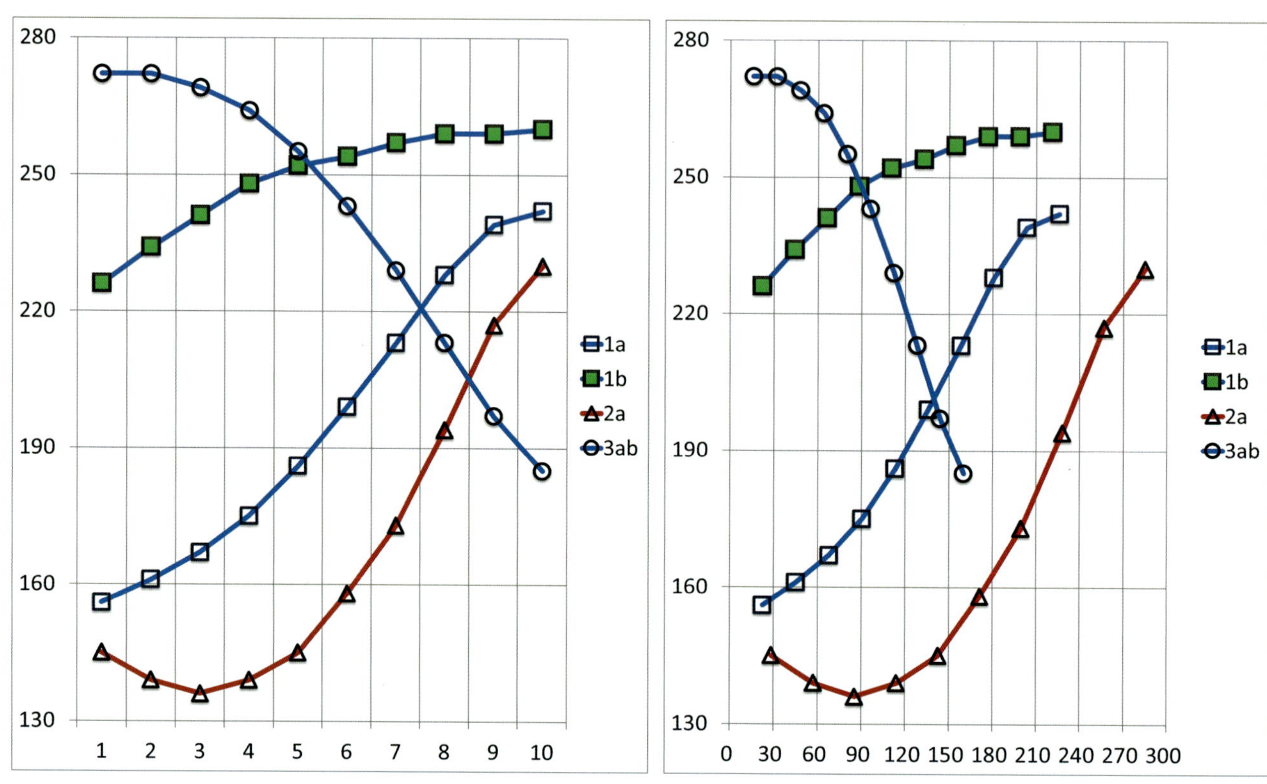

图 3－7a　单字调等长、实长音高模式－北京平谷－OM

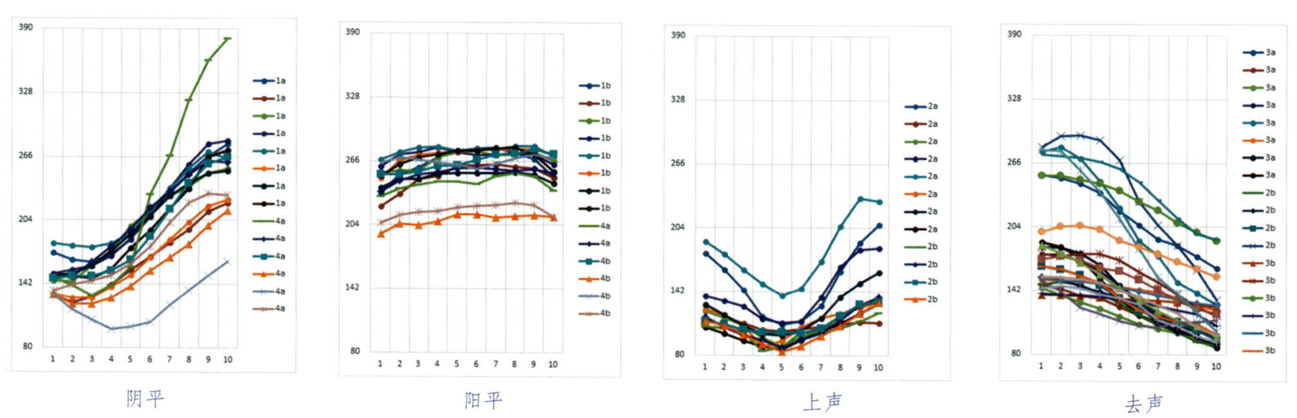

图 3－7b　今声调调域分布范围－北京平谷－OM

老男的声调有 4 个（见图 3－7a）：

阴平 24、阳平 45、上声 214、去声 52。

今调域的分布情况（见图 3－7b）：

阴平在 13～25 之间；阳平在 33～44 之间；上声在 212～324 之间；去声在 21～43 之间。

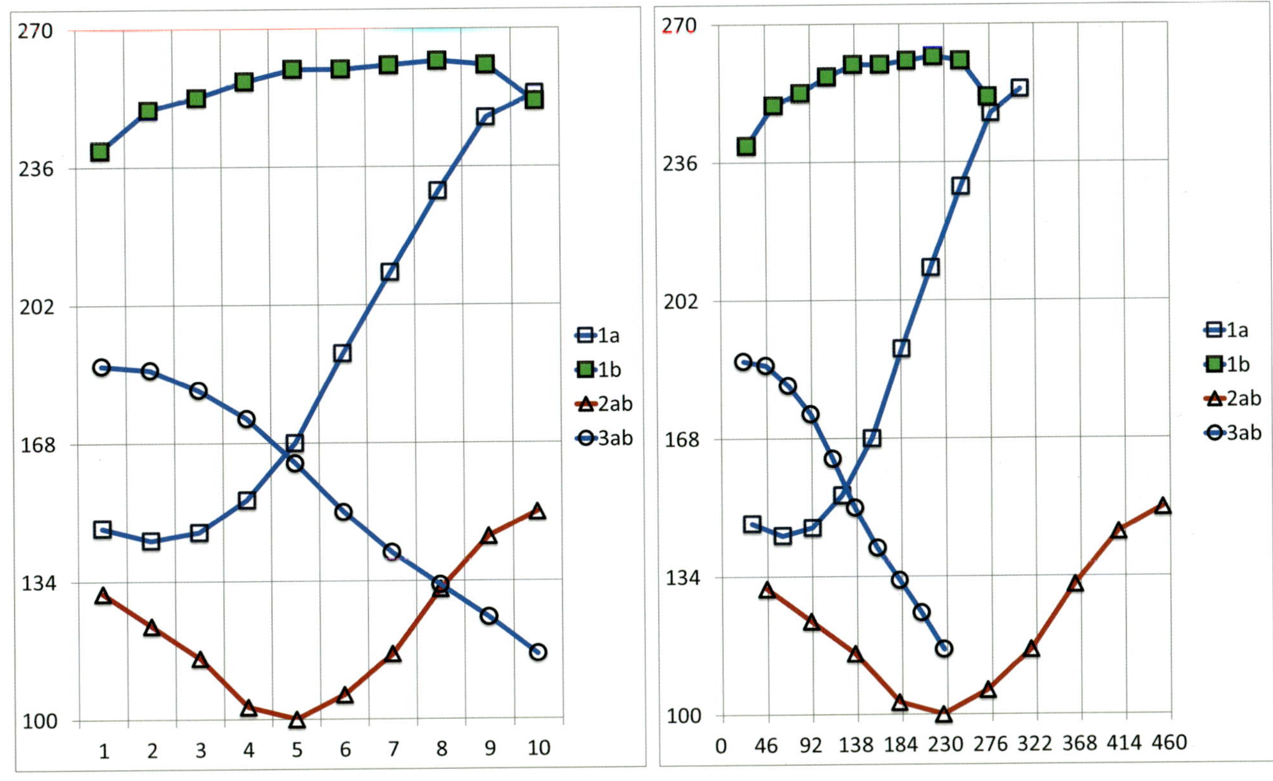

图 3－7c 单字调等长、实长音高模式－北京平谷－YM

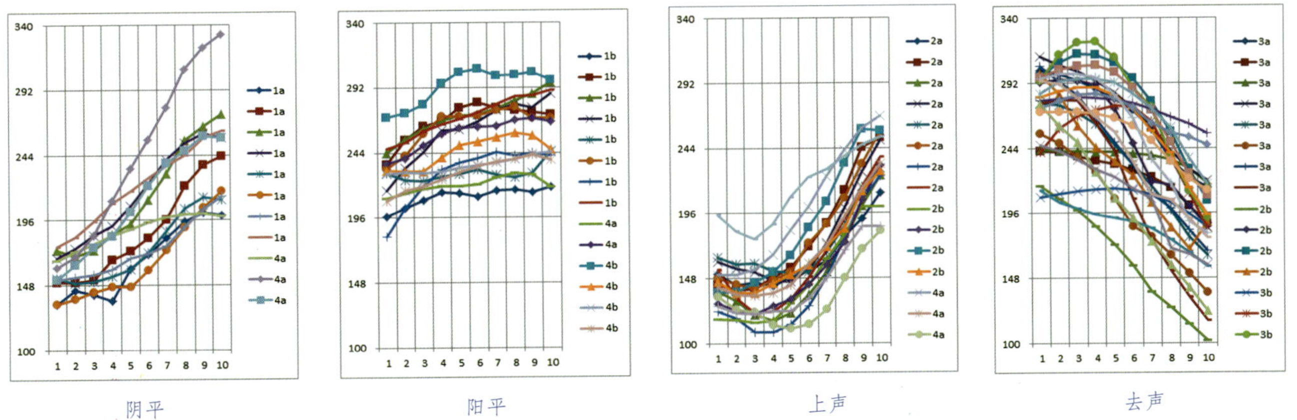

图 3－7d 今声调调域分布范围－北京平谷－YM

青男的声调有 4 个（见图 3－7c）：

阴平 25、阳平 55、上声 213、去声 31。

今调域的分布情况（见图 3－7d）：

阴平在 12～25 之间；阳平在 33～44 之间；上声在 212～324 之间；去声在 31～53 之间。

2. 天津宝坻

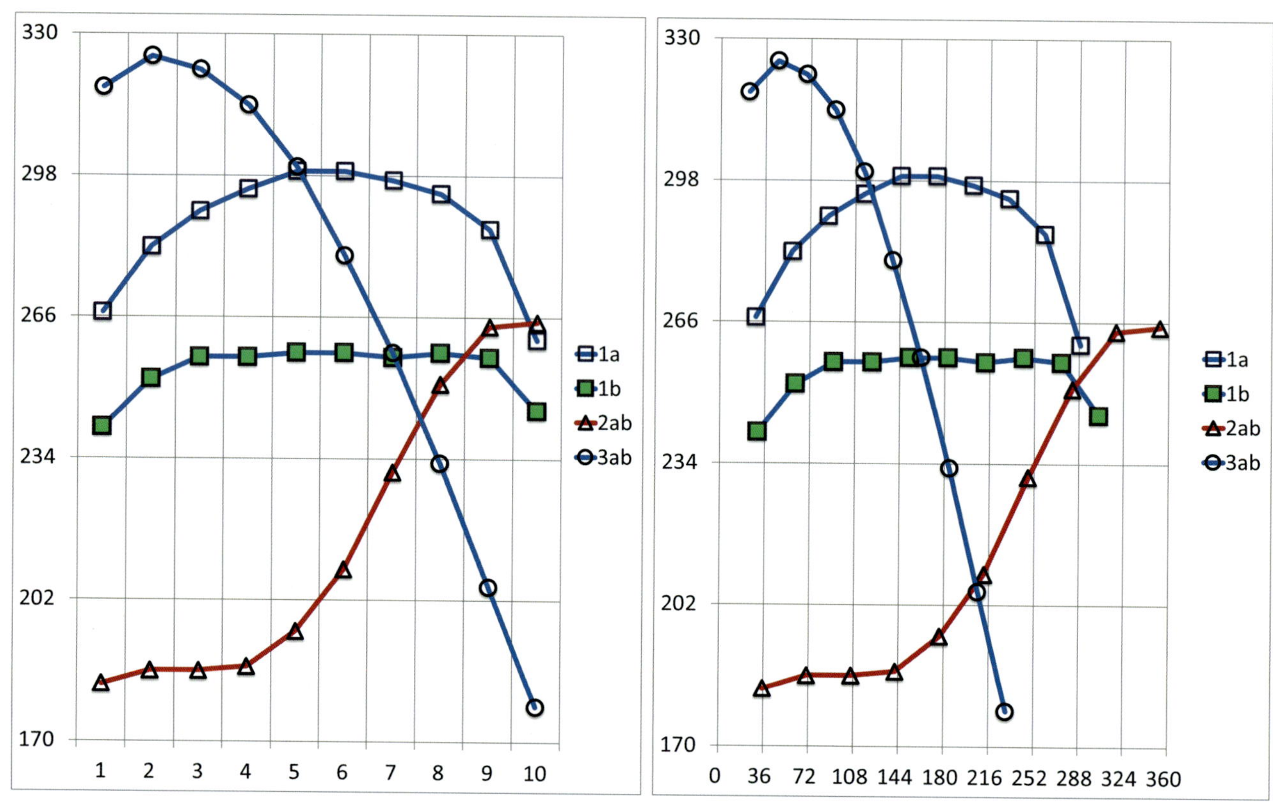

图 3－8a　单字调等长、实长音高模式－天津宝坻－OM

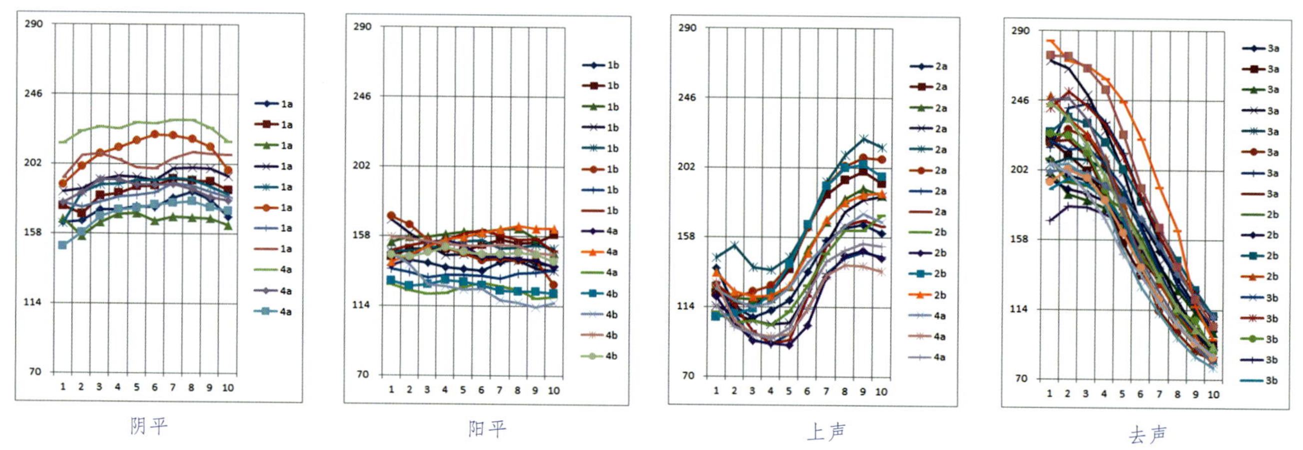

图 3－8b　今声调调域分布范围－天津宝坻－OM

老男的声调有 4 个（见图 3－8a）：

阴平 44、阳平 33、上声 113、去声 51。

今调域的分布情况（见图 3－8b）：

阴平在 33～44 之间；阳平在 22～33 之间；上声在 212～324 之间；去声在 31～54 之间。

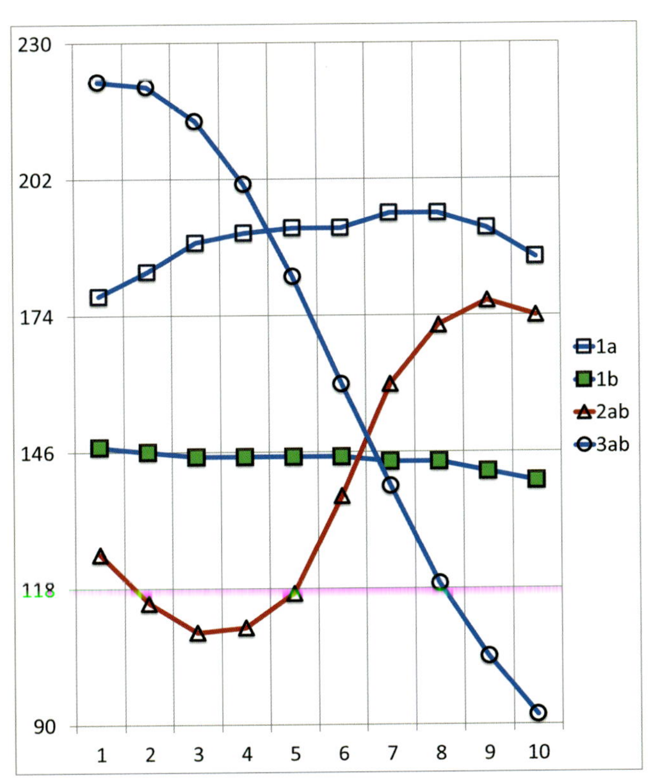

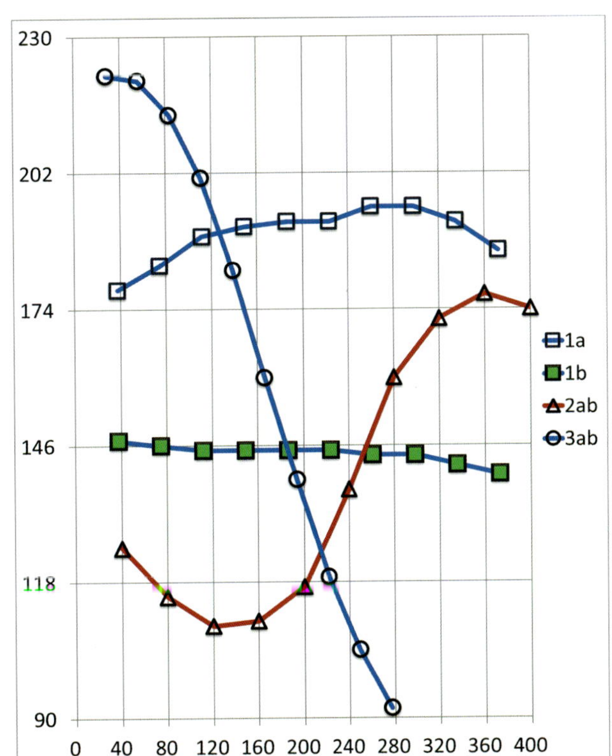

图 3－8c　单字调等长、实长音高模式－天津宝坻－YM

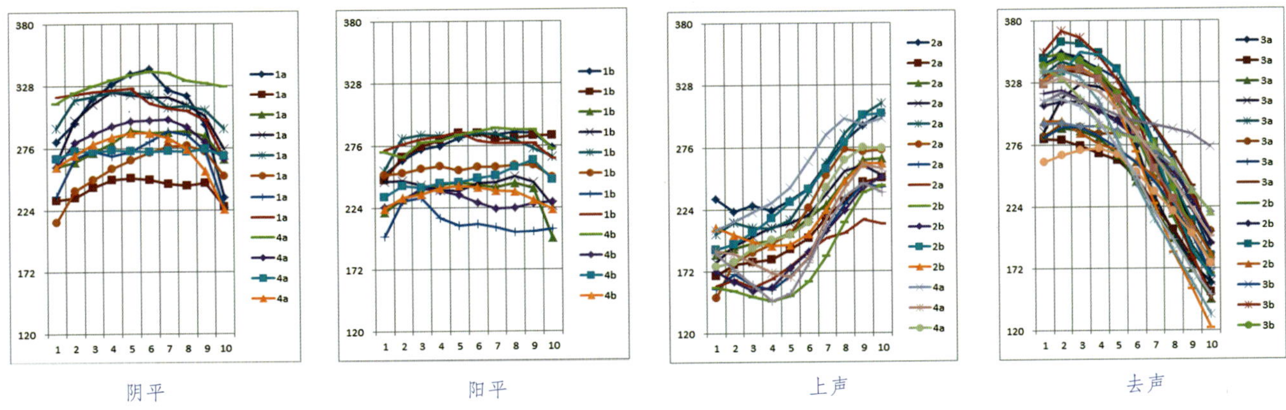

图 3－8d　今声调调域分布范围－天津宝坻－YM

青男的声调有 4 个（见图 3－8c）：

阴平 44、阳平 33、上声 214、去声 51。

今调域的分布情况（见图 3－8d）：

阴平在 33～44 之间；阳平在 22～33 之间；上声在 212～324 之间；去声在 31～52 之间。

3. 天津蓟州

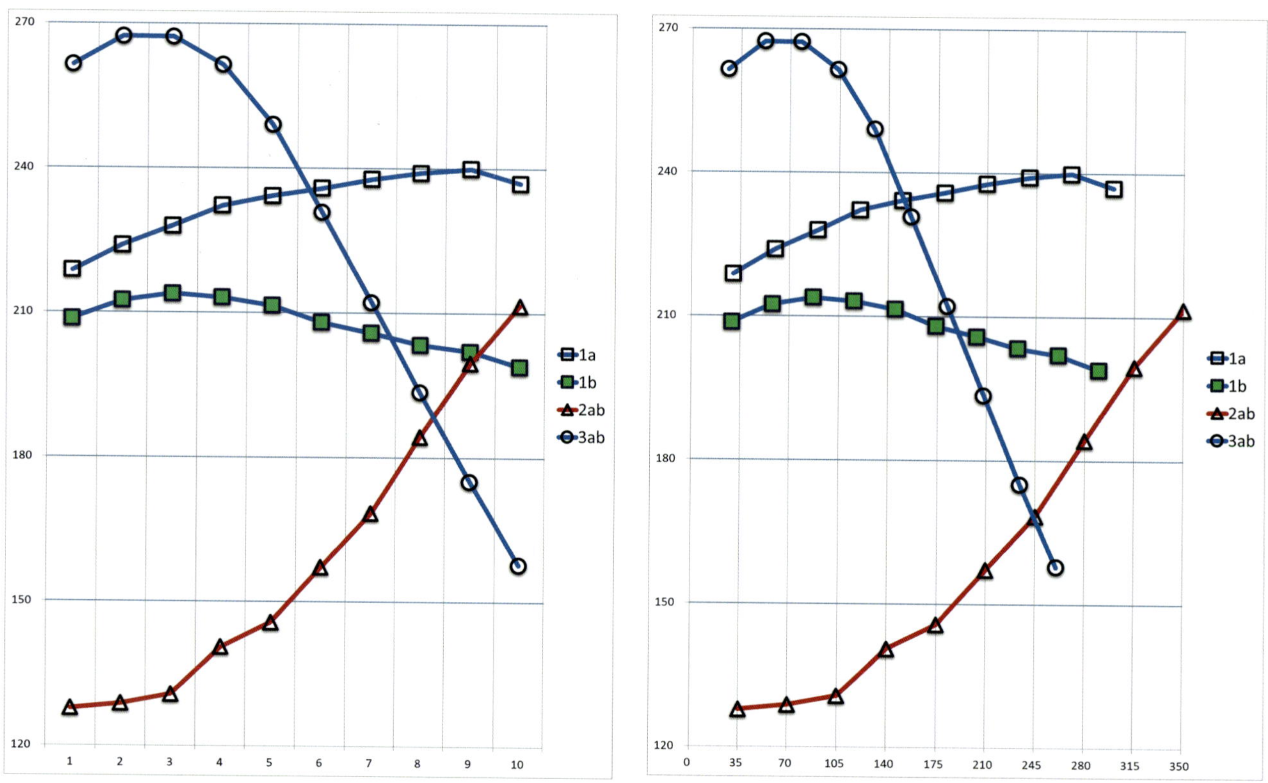

图 3 - 9a　单字调等长、实长音高模式 - 天津蓟州 - OM

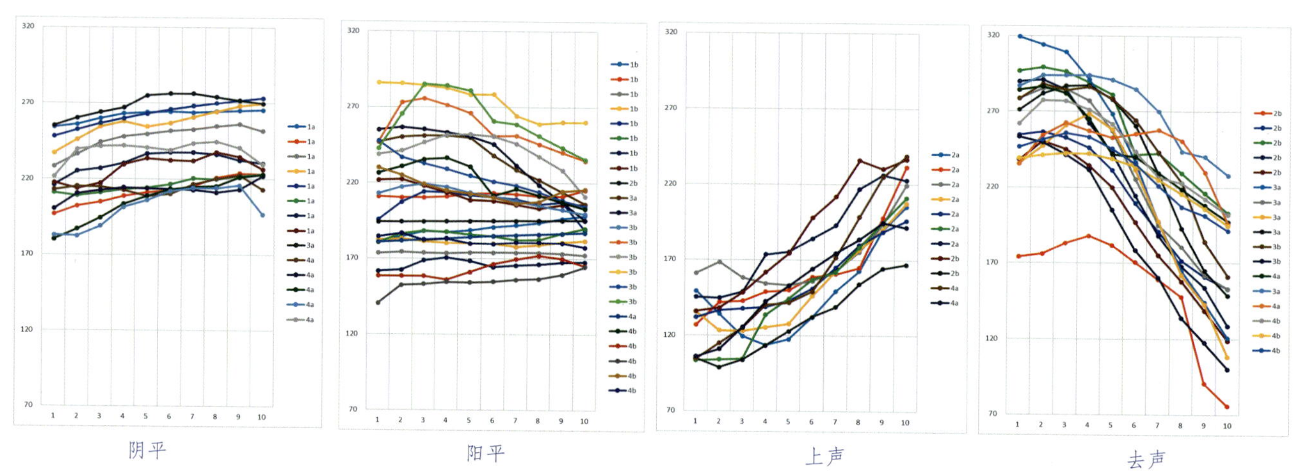

图 3 - 9b　今声调调域分布范围 - 天津蓟州 - OM

老男的声调有 4 个（见图 3 - 9a）：

阴平 45、阳平 43、上声 14、去声 52。

今调域的分布情况（见图 3 - 9b）：

阴平在 34 ~ 45 之间；阳平在 22 ~ 54 之间；上声在 12 ~ 24 之间；去声在 31 ~ 54 之间。

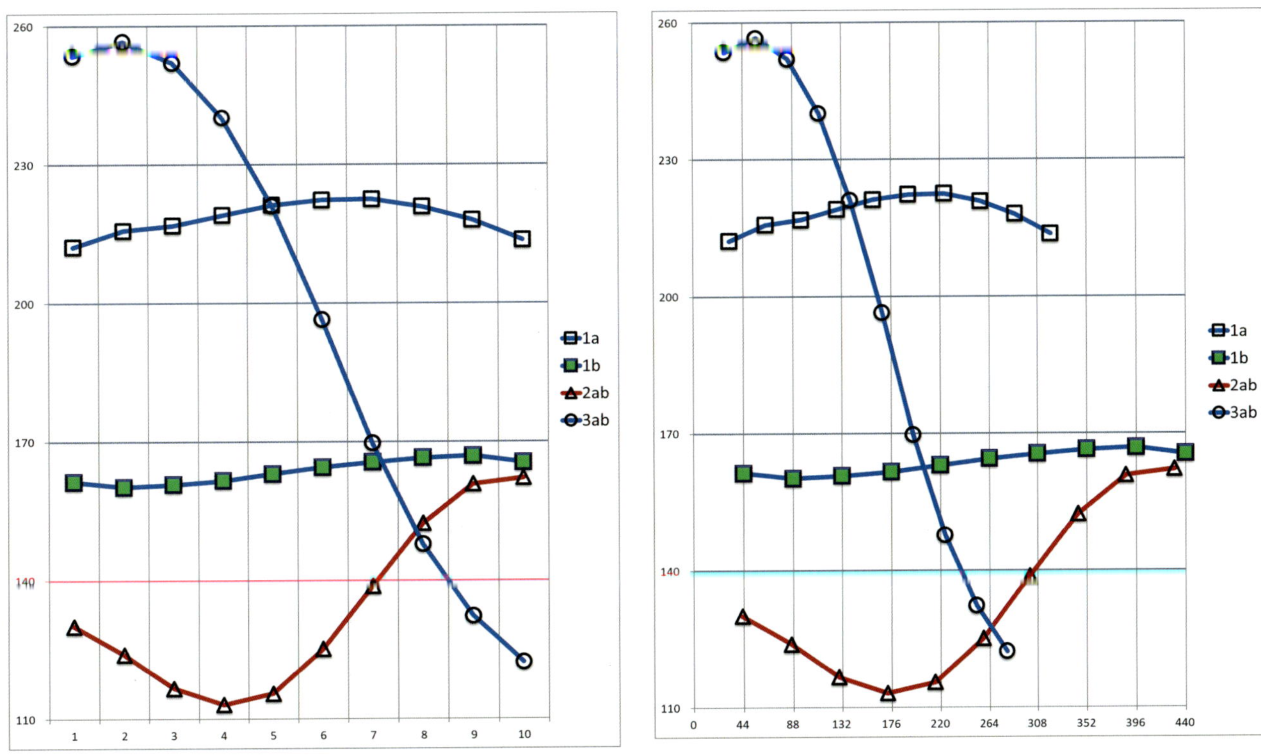

图 3－9c　单字调等长、实长音高模式－天津蓟州－YM

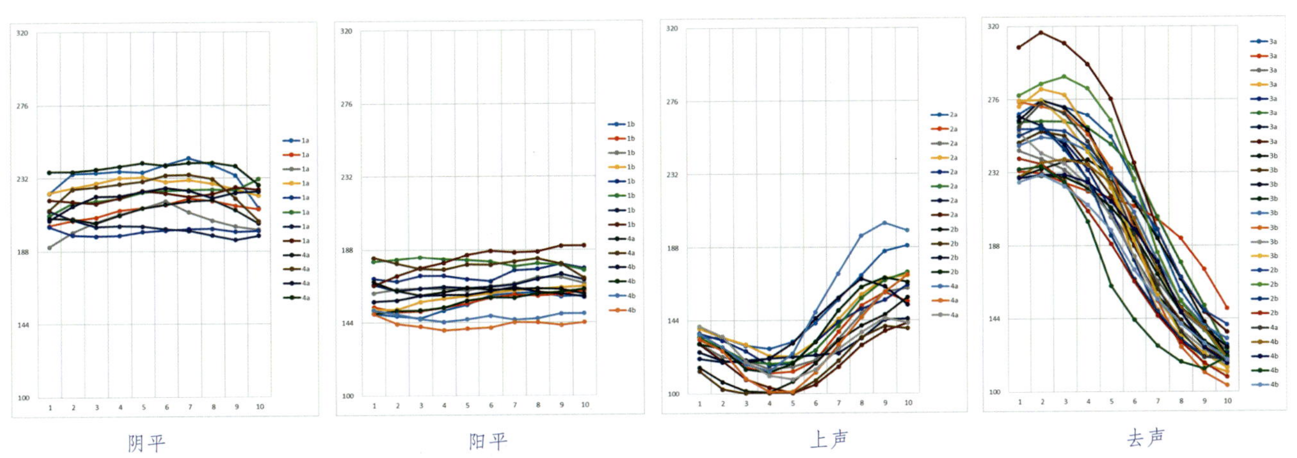

图 3－9d　今声调调域分布范围－天津蓟州－YM

青男的声调有 4 个（见图 3－9c）：

阴平 44、阳平 22、上声 213、去声 51。

今调域的分布情况（见图 3－9d）：

阴平在 33～44 之间；阳平在 11～22 之间；上声在 212～213 之间；去声在 41～52 之间。

3.1.5 滦昌小片

河北昌黎

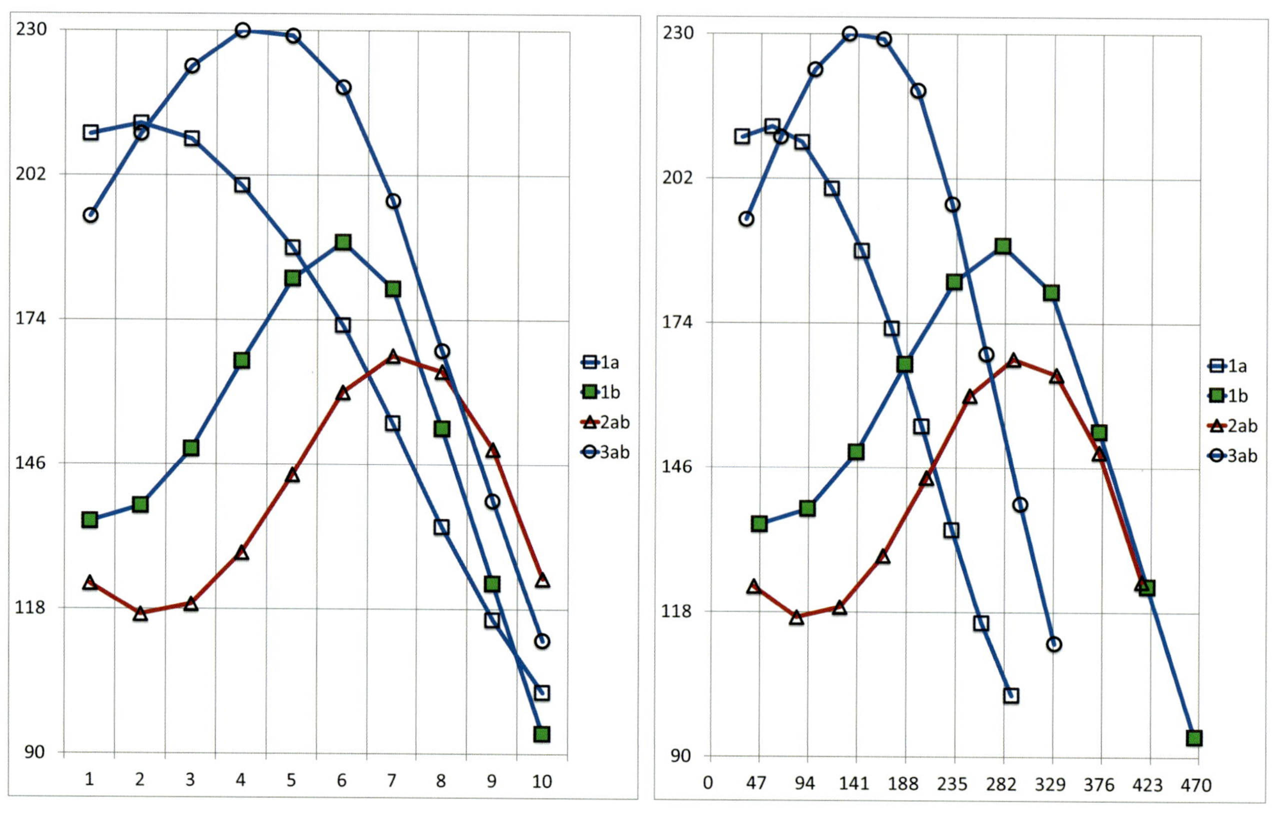

图 3－10a 单字调等长、实长音高模式－河北昌黎－OM

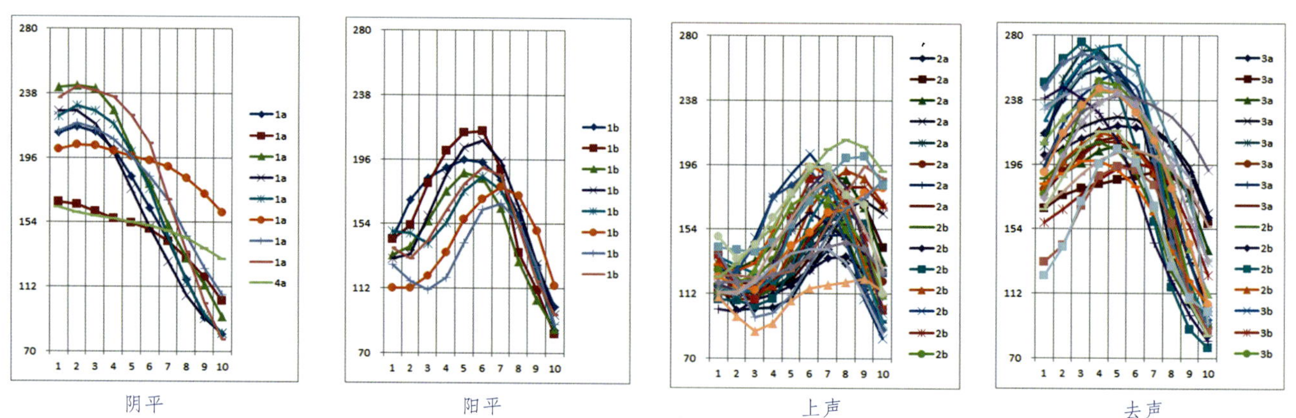

图 3－10b 今声调调域分布范围－河北昌黎－OM

老男的声调有 4 个（见图 3－10a）：

阴平 51、阳平 241、上声 232、去声 451。

今调域的分布情况（见图 3－10b）：

阴平在 31～53 之间；阳平在 231～241 之间；上声在 121～243 之间；去声在 231～453 之间。

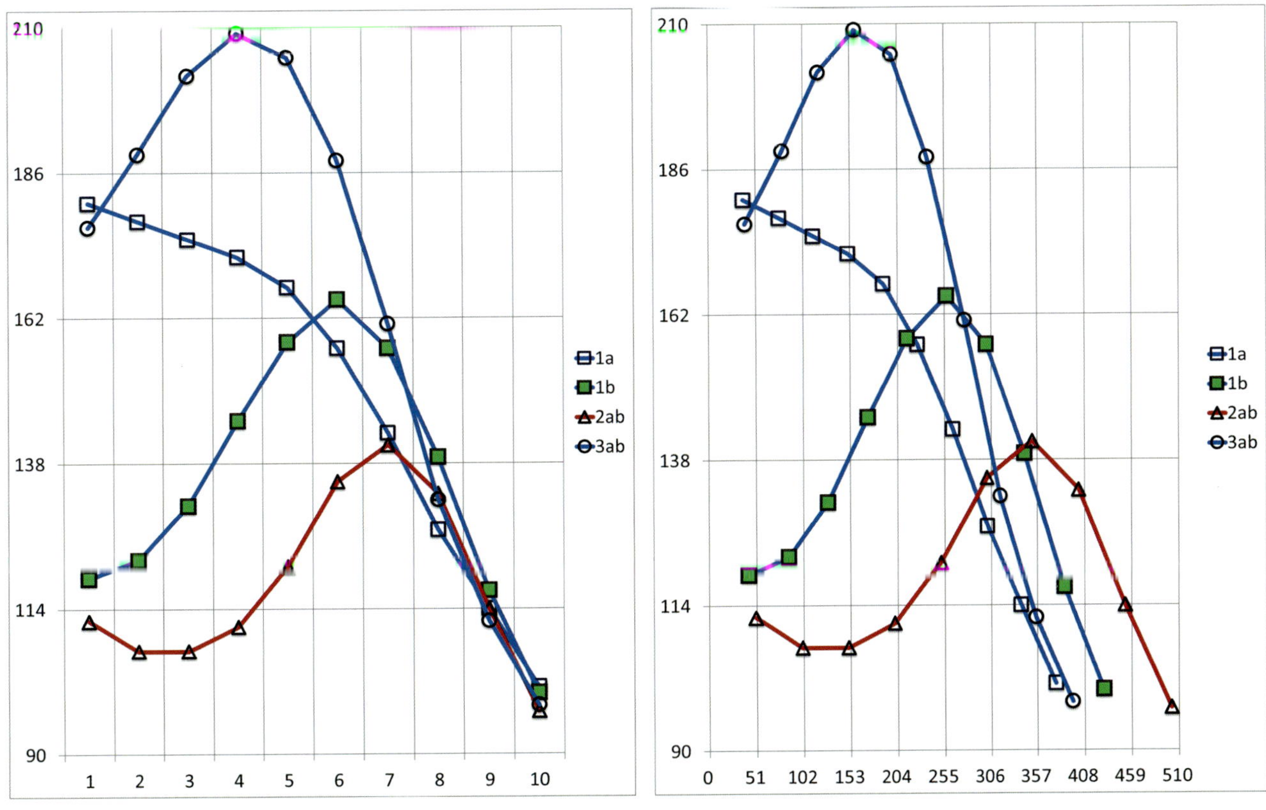

图 3－10c 单字调等长、实长音高模式－河北昌黎－YM

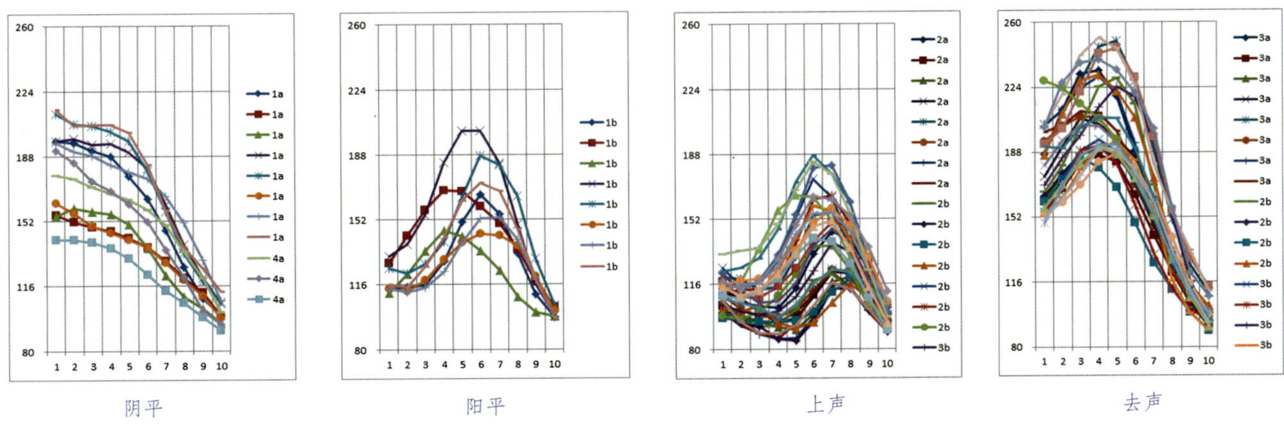

图 3－10d 今声调调域分布范围－河北昌黎－YM

青男的声调有 4 个（见图 3－10c）：

阴平 41、阳平 241、上声 231、去声 451。

今调域的分布情况（见图 3－10d）：

阴平在 21～41 之间；阳平在 121～241 之间；上声在 121～231 之间；去声在 231～451 之间。

3.1.6 抚龙小片

秦皇岛北戴河

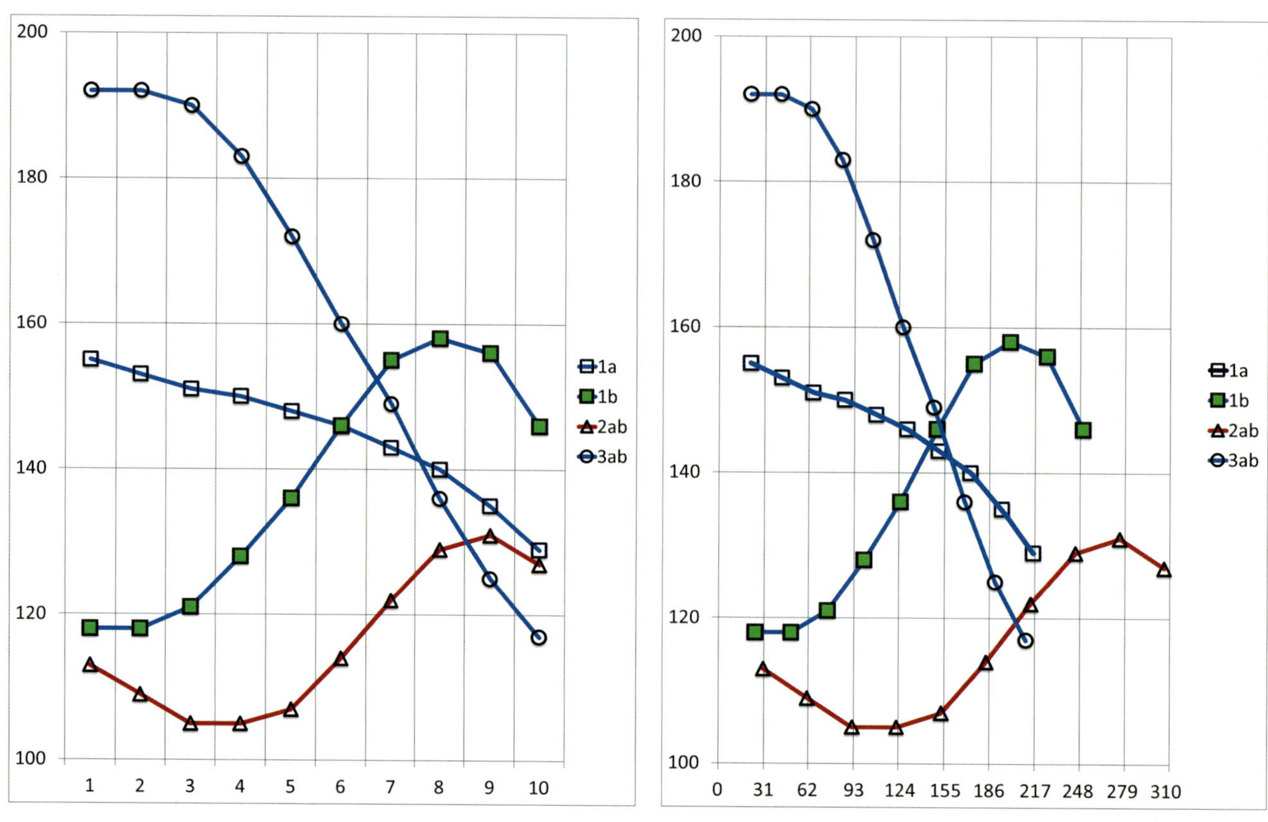

图 3－11a　单字调等长、实长音高模式－秦皇岛北戴河－OM

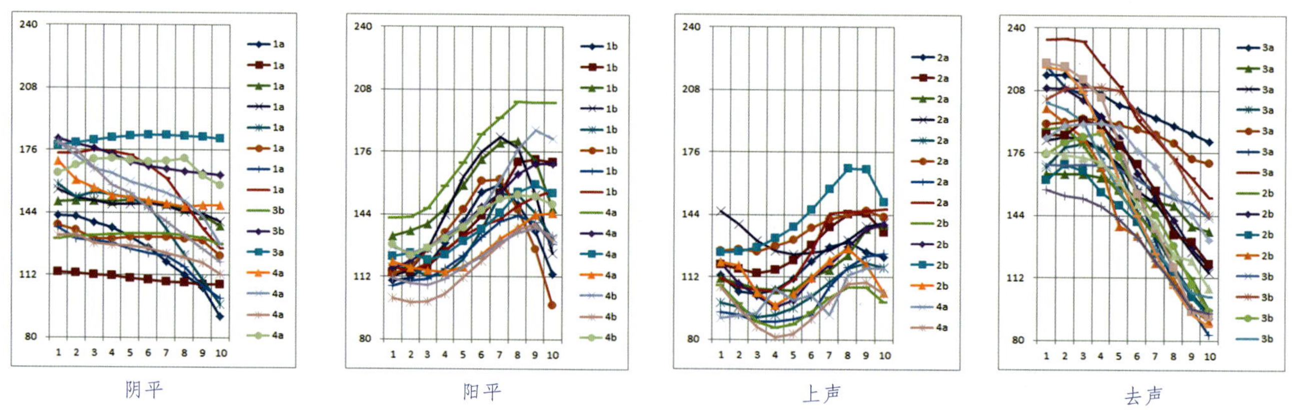

图 3－11b　今声调调域分布范围－秦皇岛北戴河－OM

老男的声调有 4 个（见图 3－11a）：

阴平 32、阳平 13、上声 213、去声 51。

今调域的分布情况（见图 3－11b）：

阴平在 21～44 之间；阳平在 12～24 之间；上声在 212～223 之间；去声在 31～54 之间。

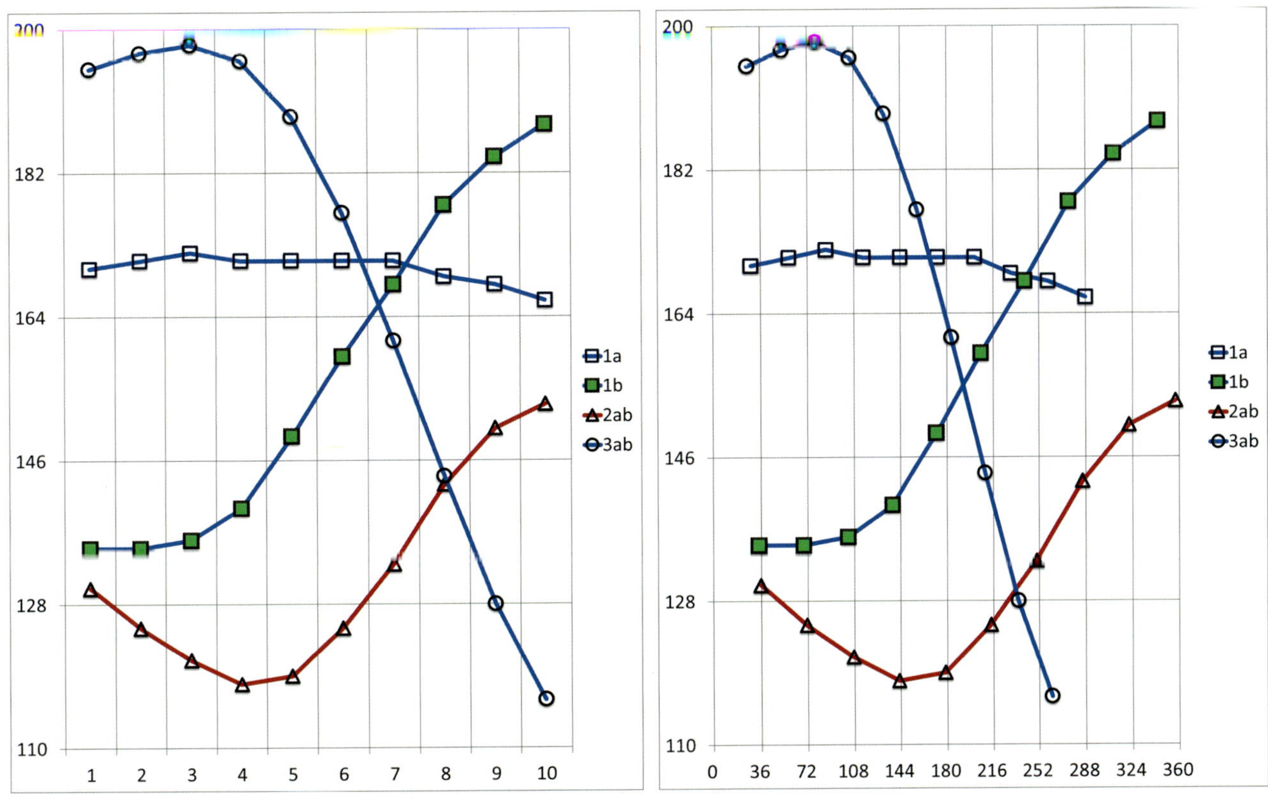

图 3－11c　单字调等长、实长音高模式－秦皇岛北戴河－YM

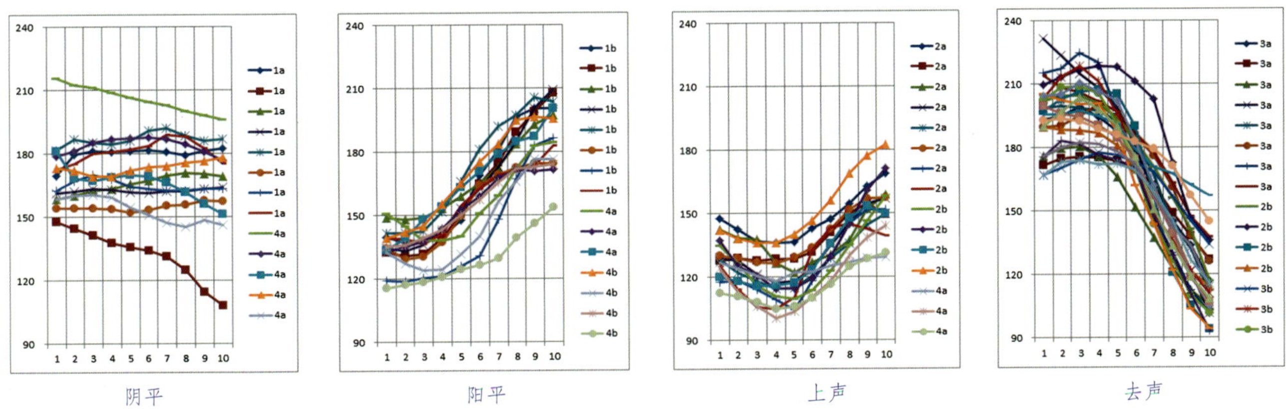

图 3－11d　今声调调域分布范围－秦皇岛北戴河－YM

青男的声调有 4 个（见图 3－11c）：

阴平 44、阳平 25、上声 213、去声 51。

今调域的分布情况（见图 3－11d）：

阴平主要在 33～44 之间；阳平在 23～24 之间；上声在 212～324 之间；去声在 31～53 之间。

3.2 石济片

3.2.1 赵深小片

1. 河北辛集

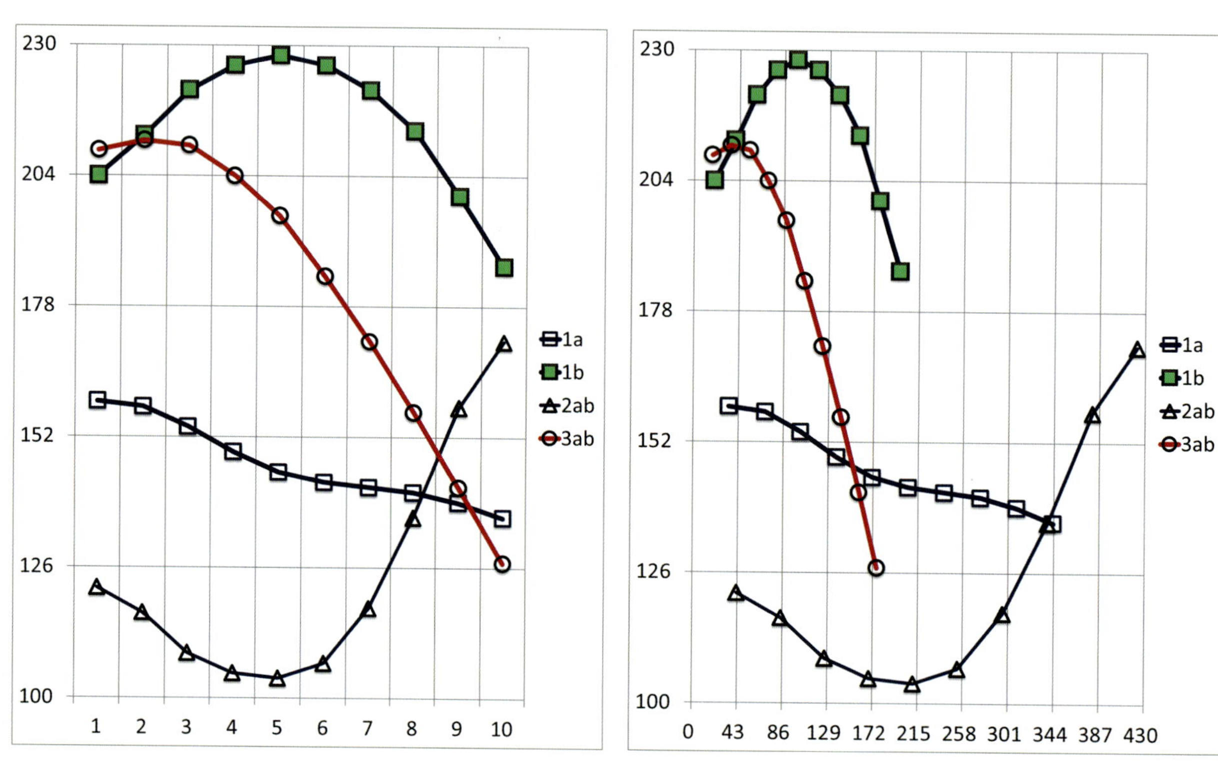

图 3－12a　单字调等长、实长音高模式－河北辛集－OM

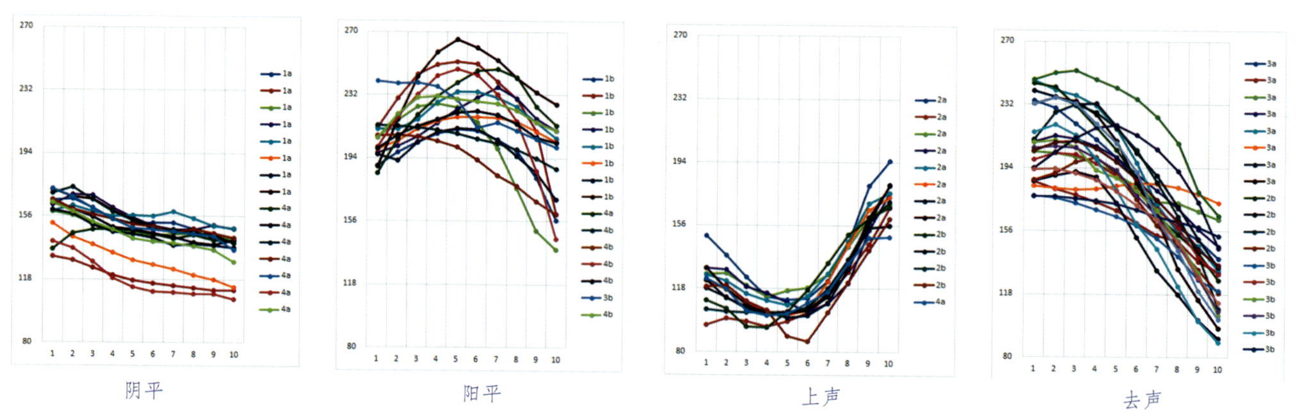

图 3－12b　今声调调域分布范围－河北辛集－OM

老男的声调有 4 个（见图 3－12a）：

阴平 32、阳平 454、上声 213、去声 52。

今调域的分布情况（见图 3－12b）：

阴平在 21～32 之间；阳平在 342～454 之间；上声在 212～213 之间；去声在 31～53 之间。

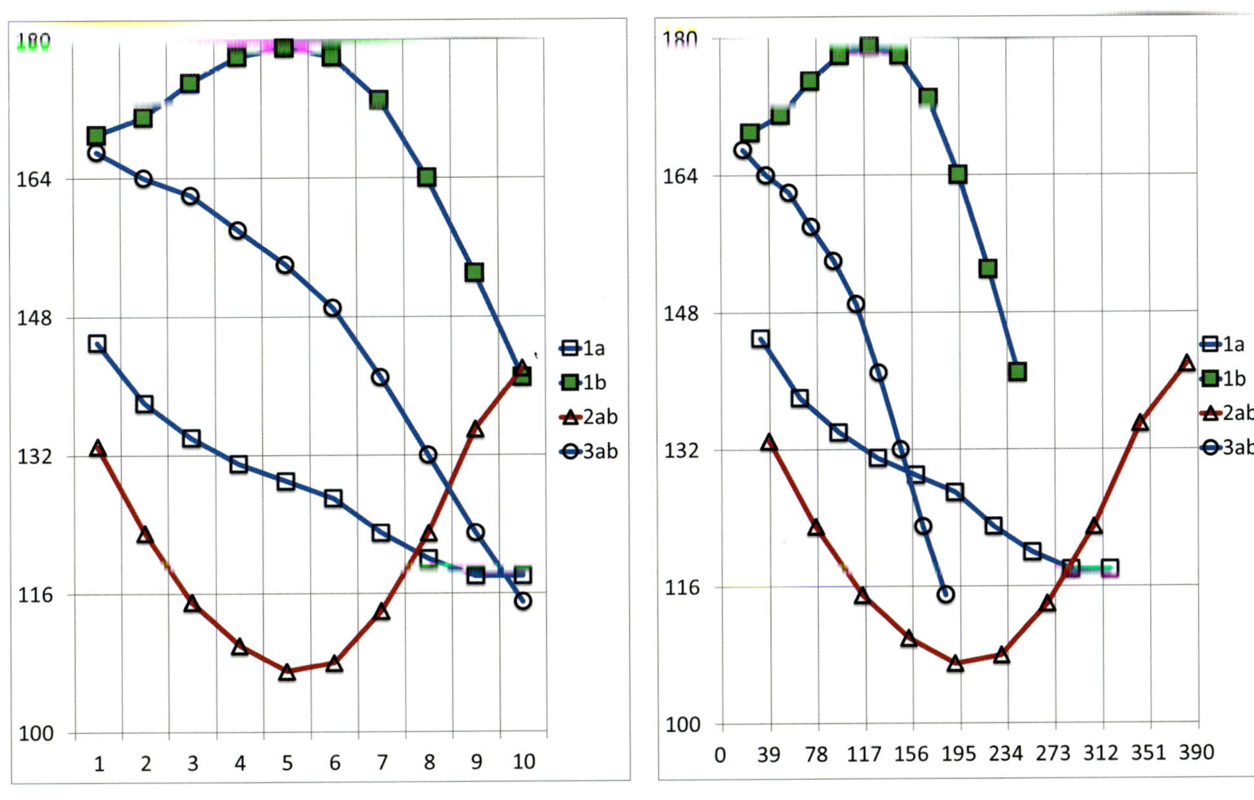

图 3－12c　单字调等长、实长音高模式－河北辛集－YM

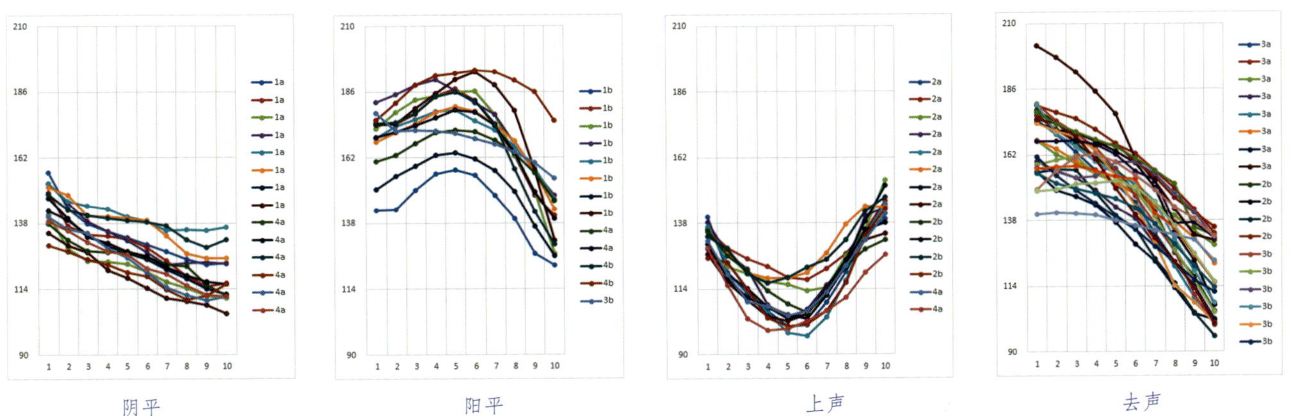

图 3－12d　今声调调域分布范围－河北辛集－YM

青男的声调有 4 个（见图 3－12c）：

阴平 32、阳平 553、上声 313、去声 51。

今调域的分布情况（见图 3－12d）：

阴平在 21～32 之间；阳平在 232～454 之间；上声在 212～323 之间；去声在 31～53 之间。

2. 河北无极

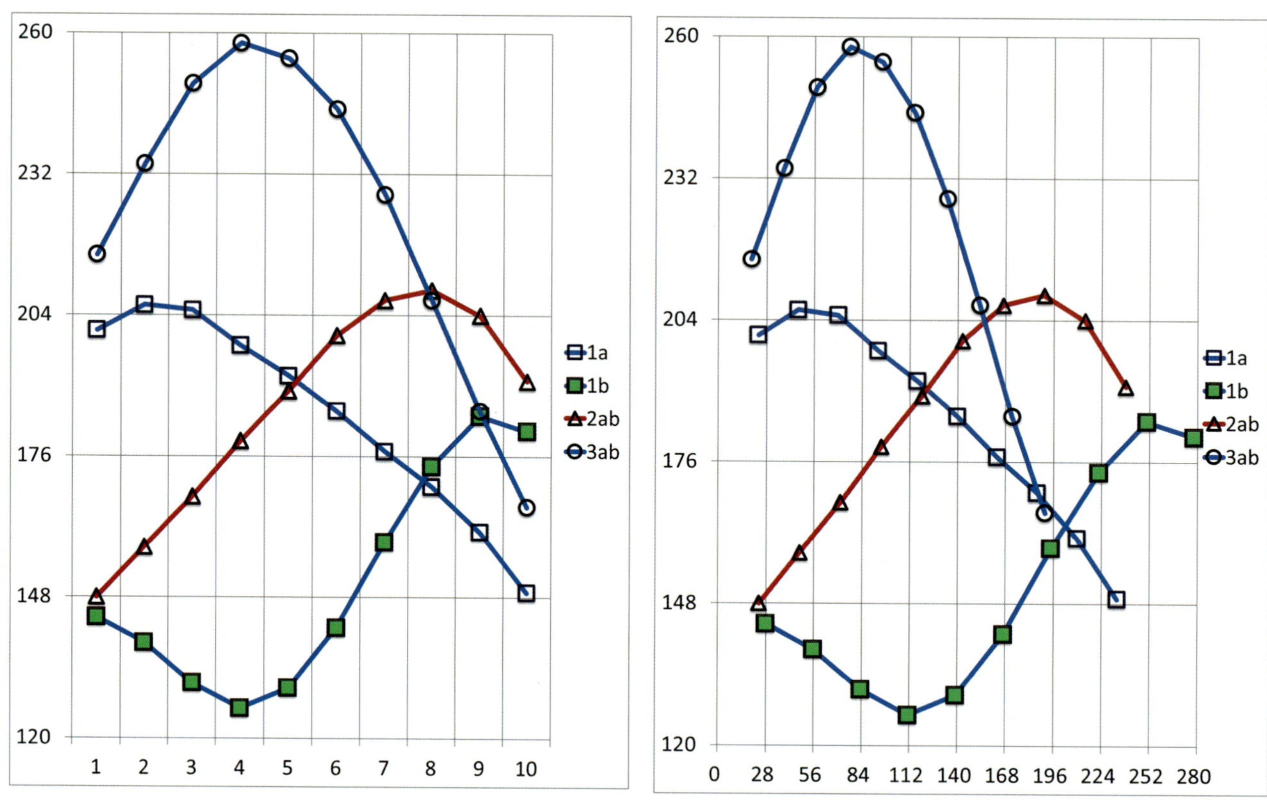

图 3－13a　单字调等长、实长音高模式－河北无极－OM

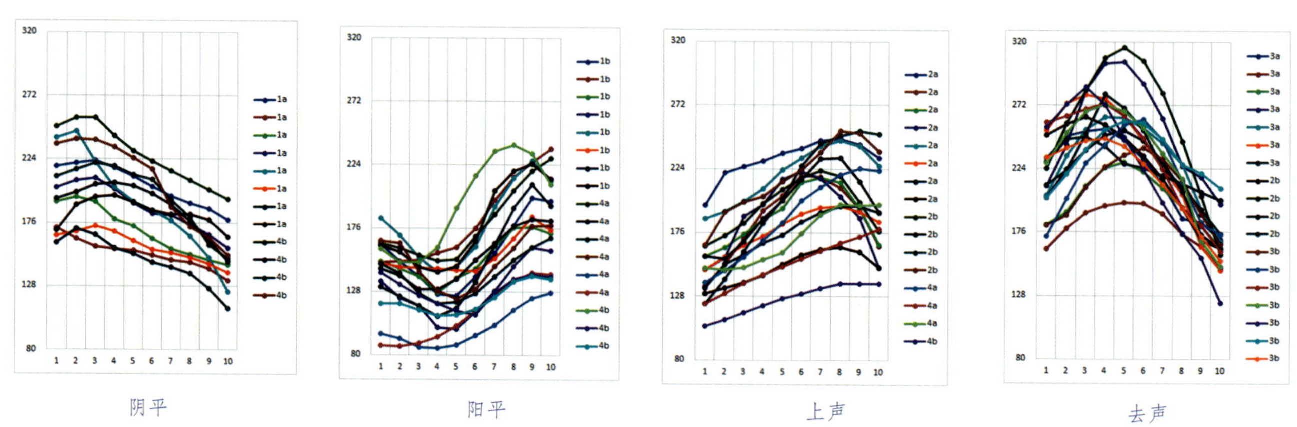

图 3－13b　今声调调域分布范围－河北无极－OM

老男的声调有 4 个（见图 3－13a）：

阴平 32、阳平 213、上声 24、去声 452。

今调域的分布情况（见图 3－13b）：

阴平在 21～43 之间；阳平在 112～324 之间；上声在 12～34 之间；去声在 232～453 之间。

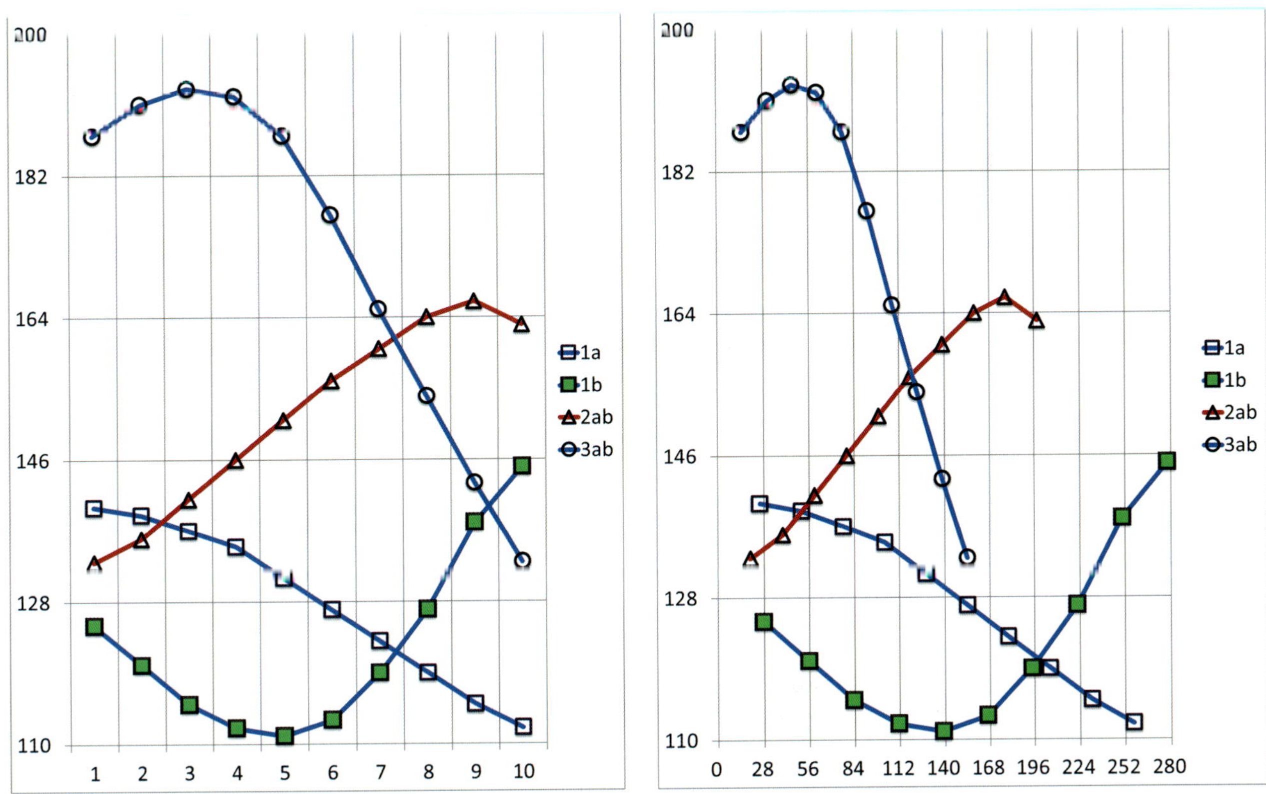

图 3－13c 单字调等长、实长音高模式－河北无极－YM

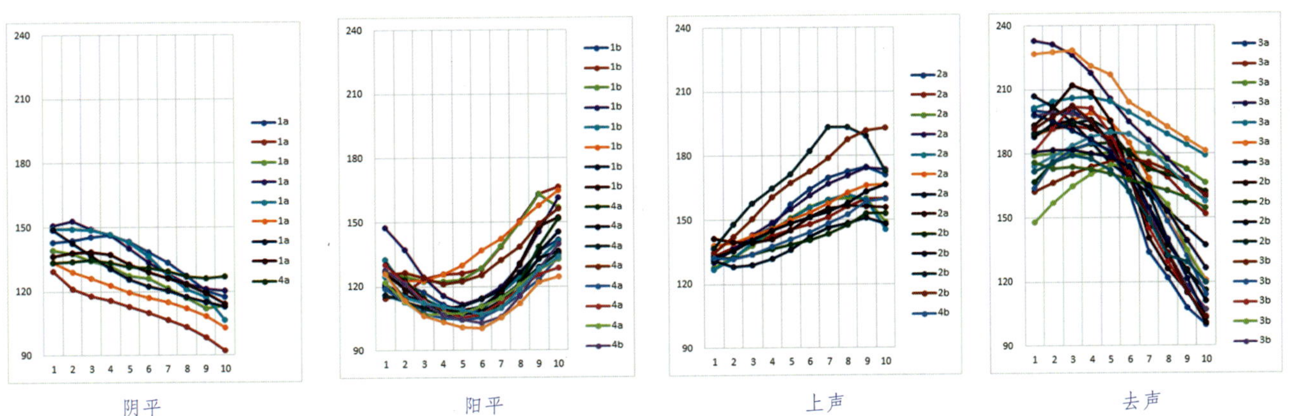

图 3－13d 今声调调域分布范围－河北无极－YM

青男的声调有 4 个（见图 3－13c）：

阴平 21、阳平 213、上声 24、去声 52。

今调域的分布情况（见图 3－13d）：

阴平在 21～32 之间；阳平在 212～323 之间；上声在 23～24 之间；去声在 231～54 之间。

3.2.2 邢衡小片

1. 衡水桃城

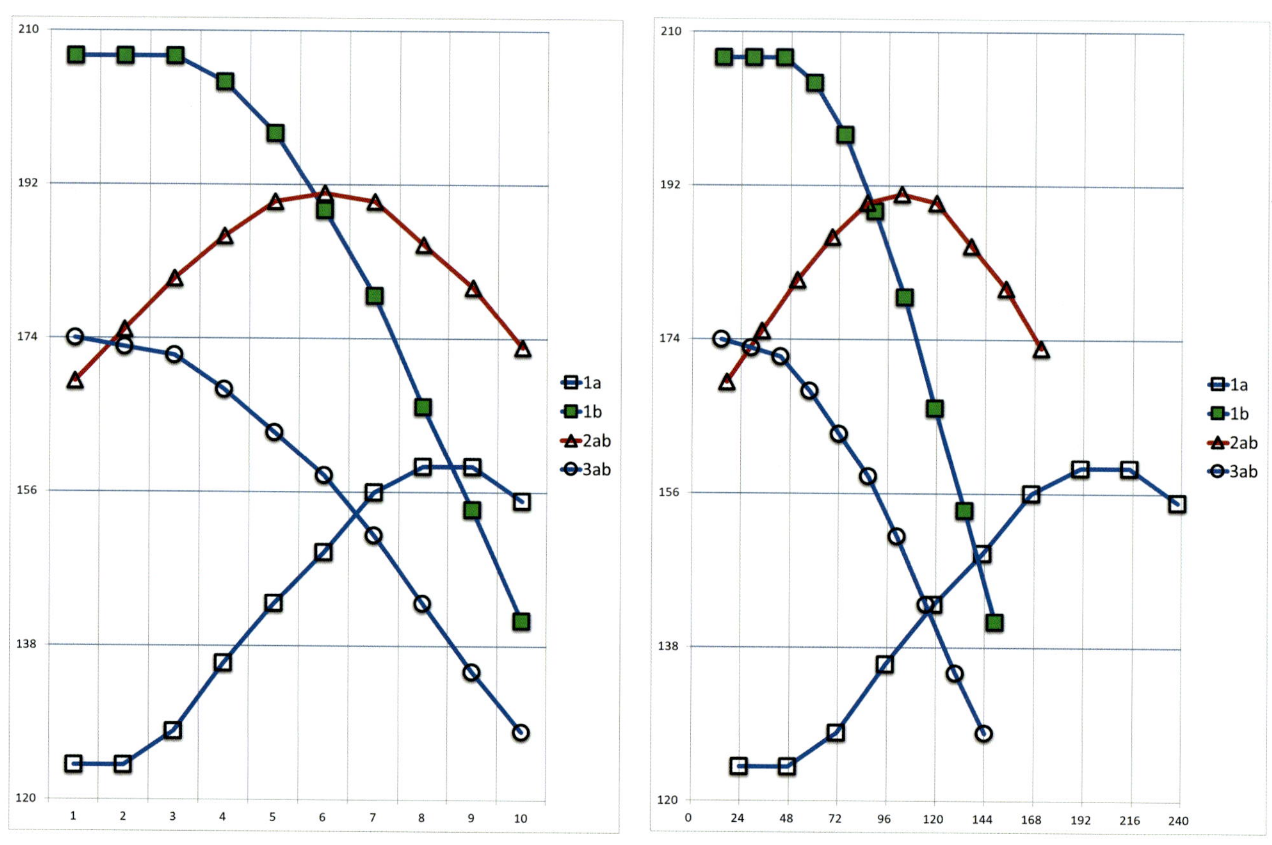

图 3-14a 单字调等长、实长音高模式-衡水桃城-OM

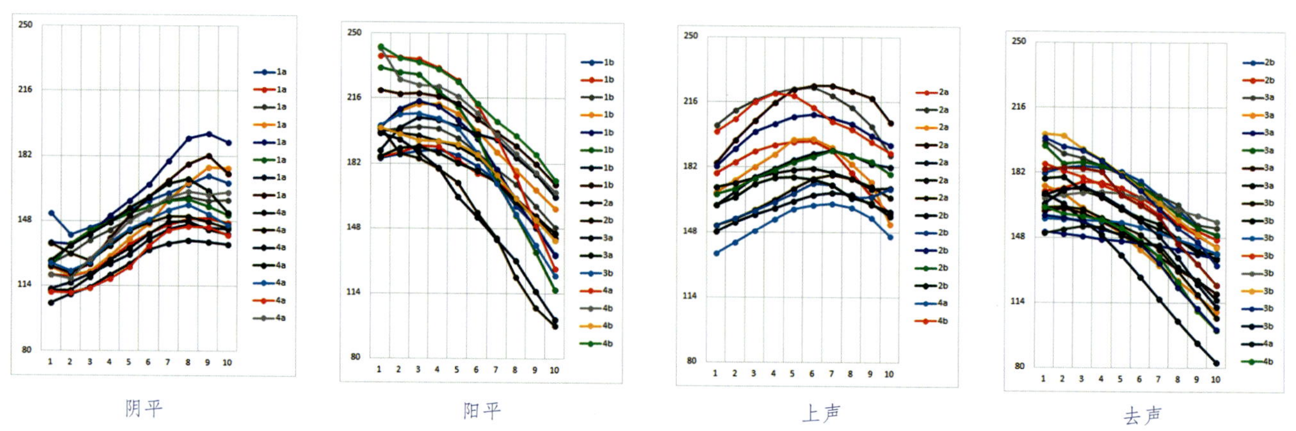

图 3-14b 今声调调域分布范围-衡水桃城-OM

老男的声调有 4 个（见图 3-14a）：

阴平 13、阳平 52、上声 343、去声 31。

今调域的分布情况（见图 3-14b）：

阴平在 12~24 之间；阳平在 41~53 之间；上声在 232~454 之间；去声在 31~43 之间。

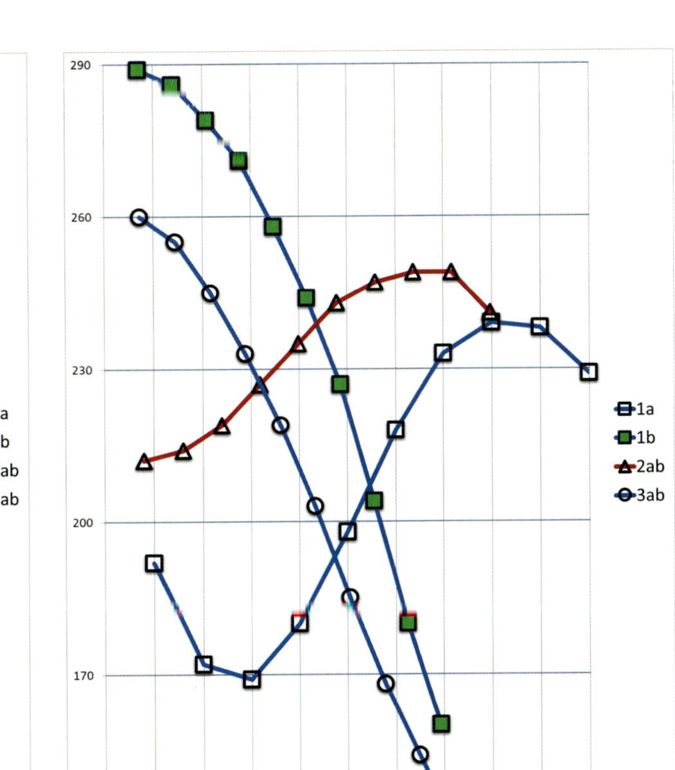

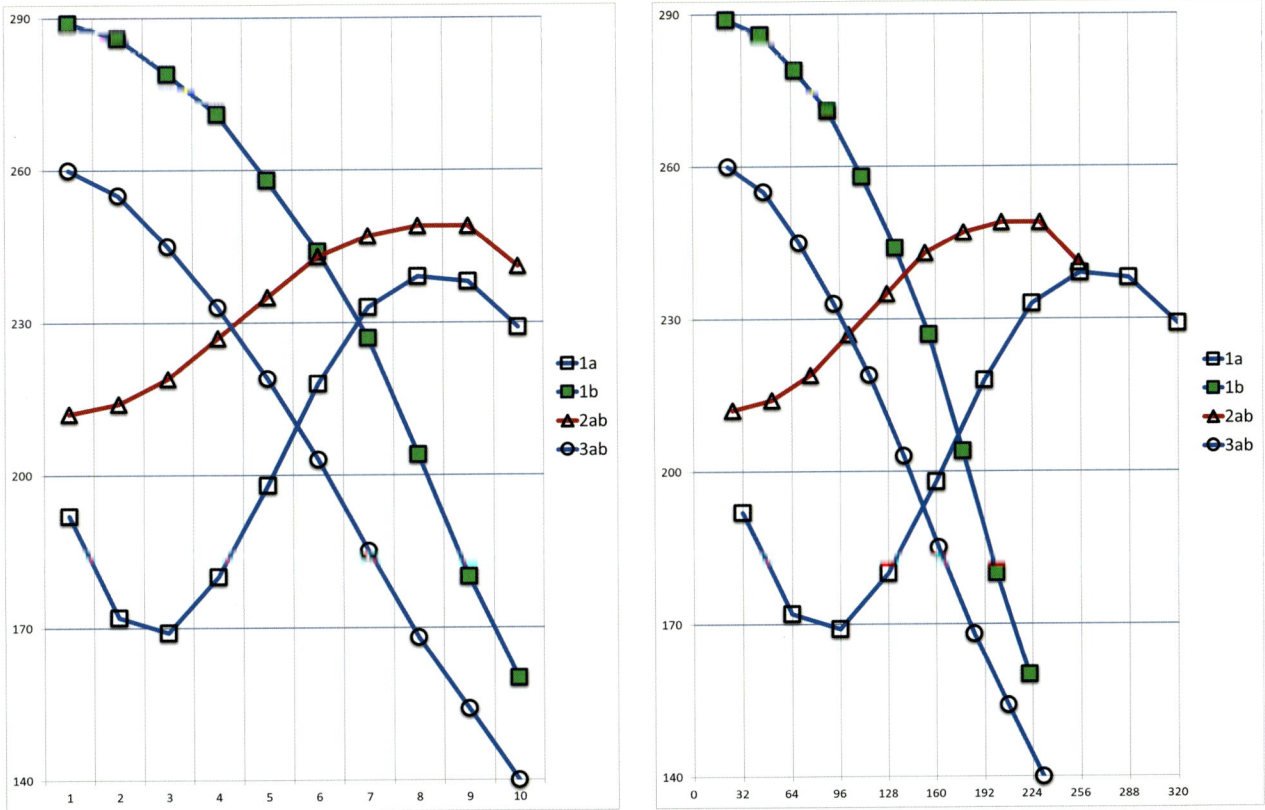

图 3－14c　单字调等长、实长音高模式－衡水桃城－YM

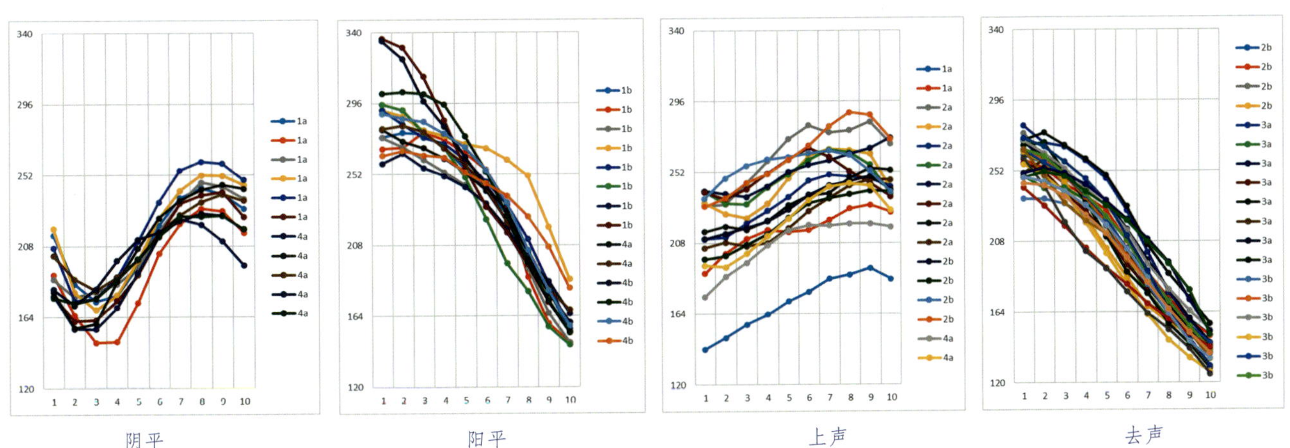

图 3－14d　今声调调域分布范围－衡水桃城－YM

青男的声调有 4 个（见图 3－14c）：

阴平 214、阳平 51、上声 34、去声 41。

今调域的分布情况（见图 3　14d）：

阴平在 213～324 之间；阳平在 41～52 之间；上声在 12～34 之间；去声在 31～41 之间。

2. 邢台桥东

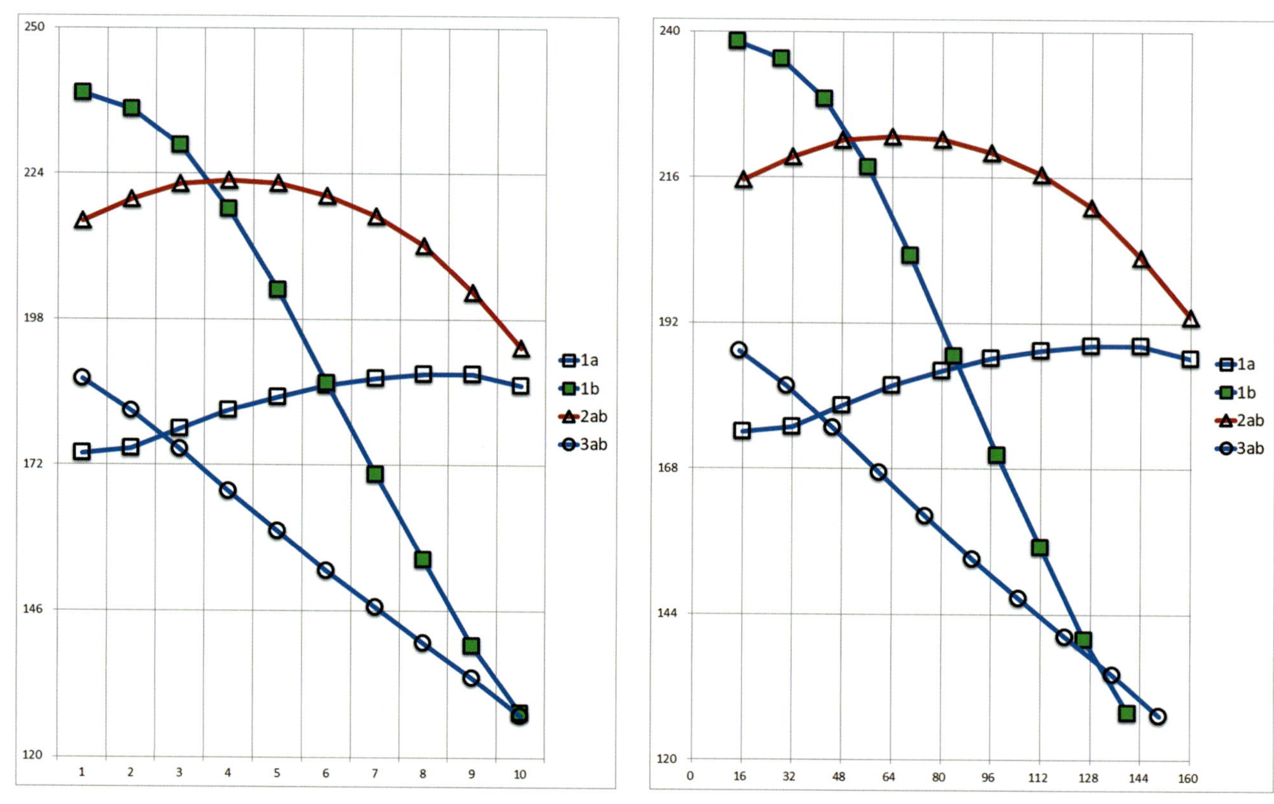

图 3－15a 单字调等长、实长音高模式－邢台桥东－OM

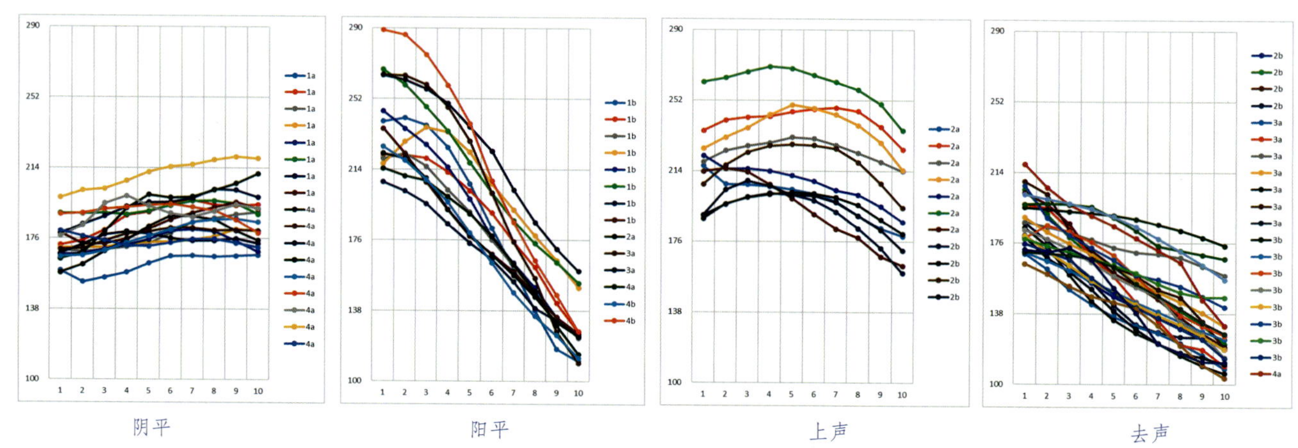

图 3－15b 今声调调域分布范围－邢台桥东－OM

老男的声调有 4 个（见图 3－15a）：

阴平 23、阳平 51、上声 54、去声 31。

今调域的分布情况（见图 3－15b）：

阴平在 23～34 之间；阳平在 31～52 之间；上声在 32～54 之间；去声在 21～43 之间。

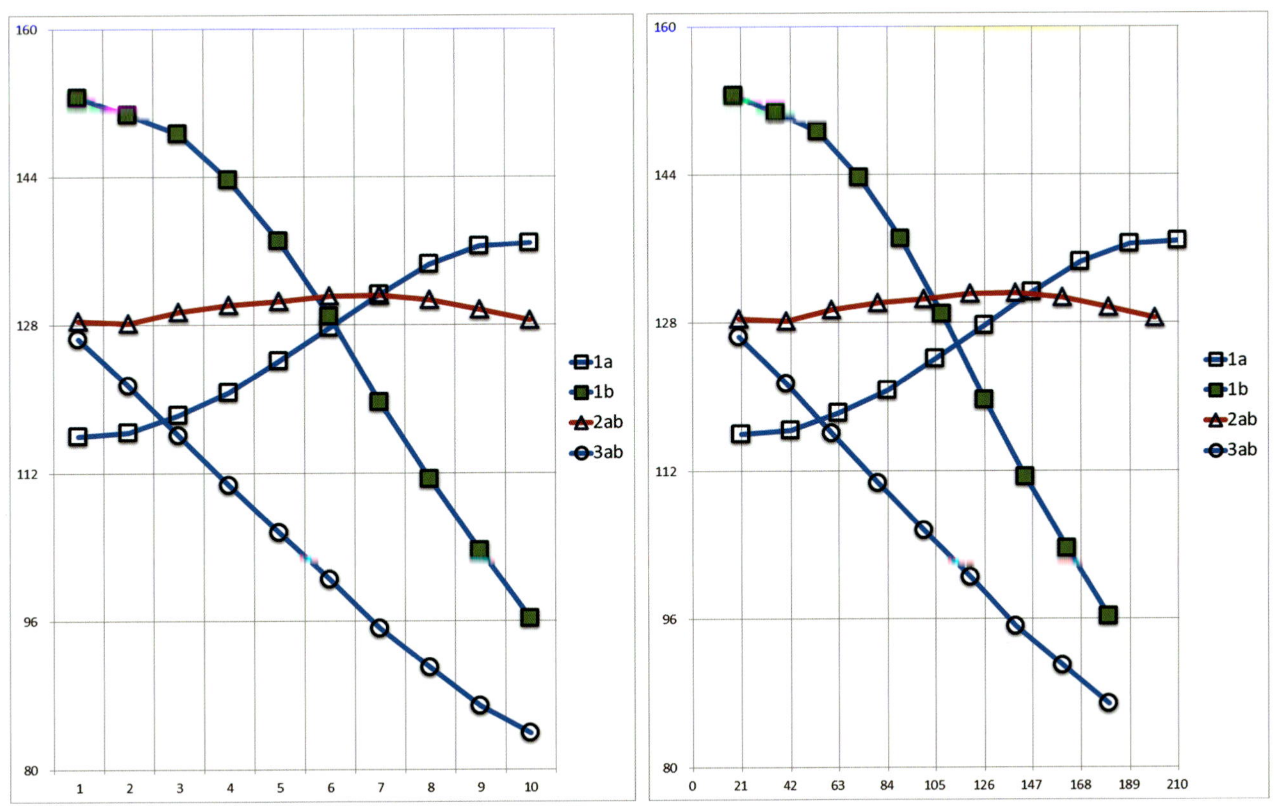

图 3-15c　单字调等长、实长音高模式-邢台桥东-YM

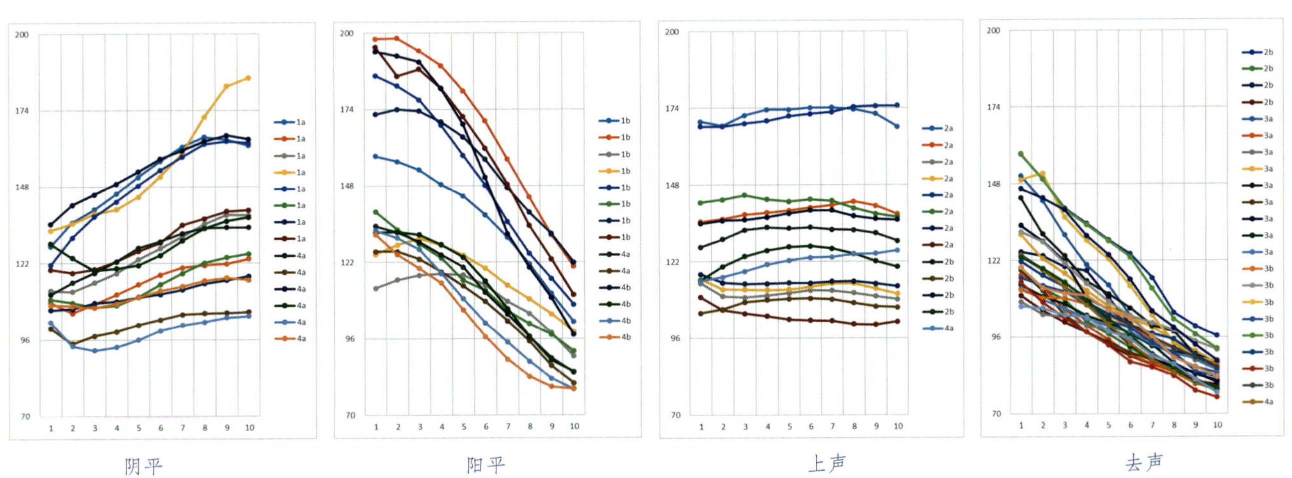

图 3-15d　今声调调域分布范围-邢台桥东-YM

青男的声调有 4 个（见图 3-15c）：

阴平 34、阳平 52、上声 44、去声 31。

今调域的分布情况（见图 3-15d）：

阴平在 23～34 之间；阳平在 21～52 之间；上声在 22～44 之间；去声在 21～41 之间。

3.2.3 聊泰小片

1. 邯郸馆陶

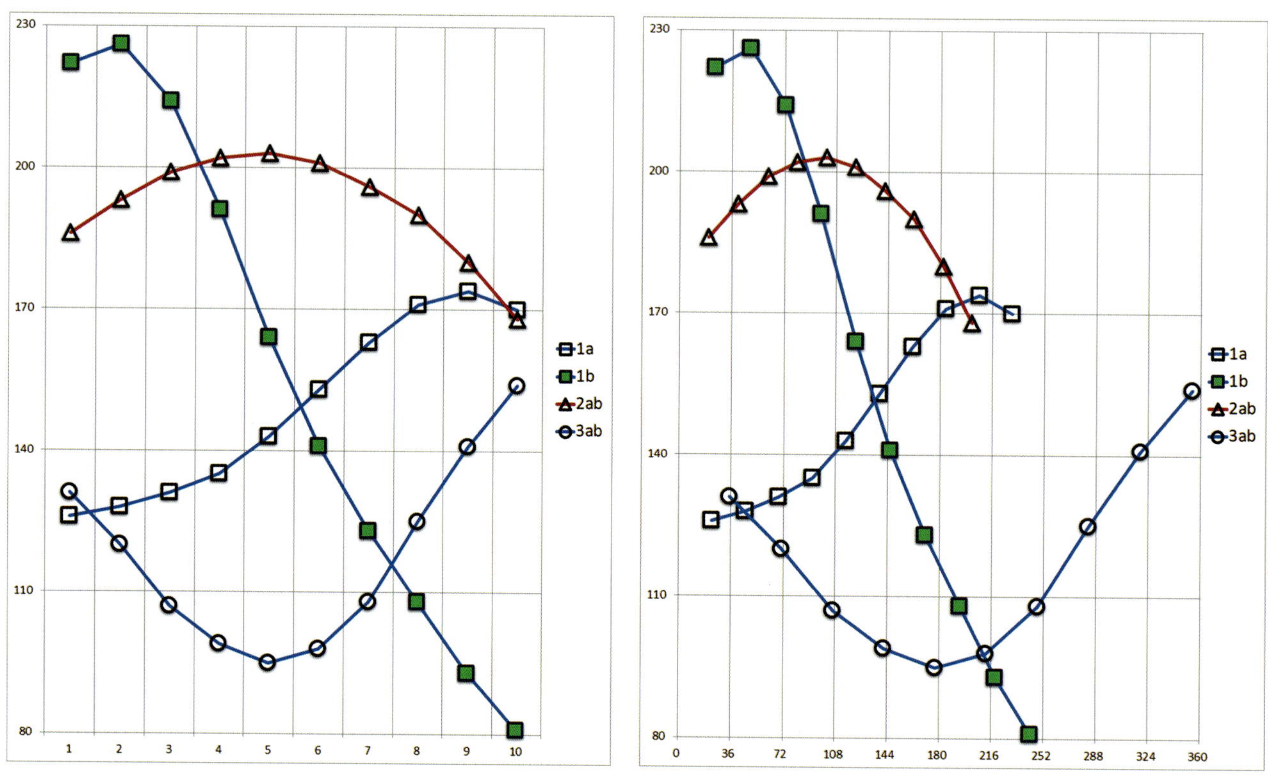

图 3－16a 单字调等长、实长音高模式－邯郸馆陶－OM

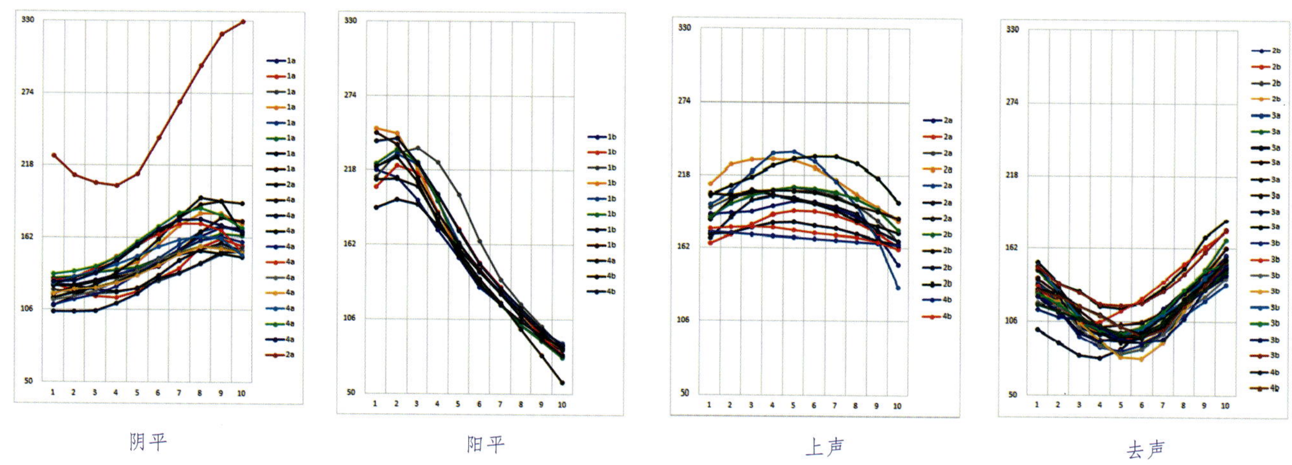

图 3－16b 今声调调域分布范围－邯郸馆陶－OM

老男的声调有 4 个（见图 3－16a）：

阴平 24、阳平 51、上声 454、去声 213。

今调域的分布情况（见图 3－16b）：

阴平主要在 12～23 之间；阳平在 31～41 之间；上声在 33～343 之间；去声在 212～323 之间。

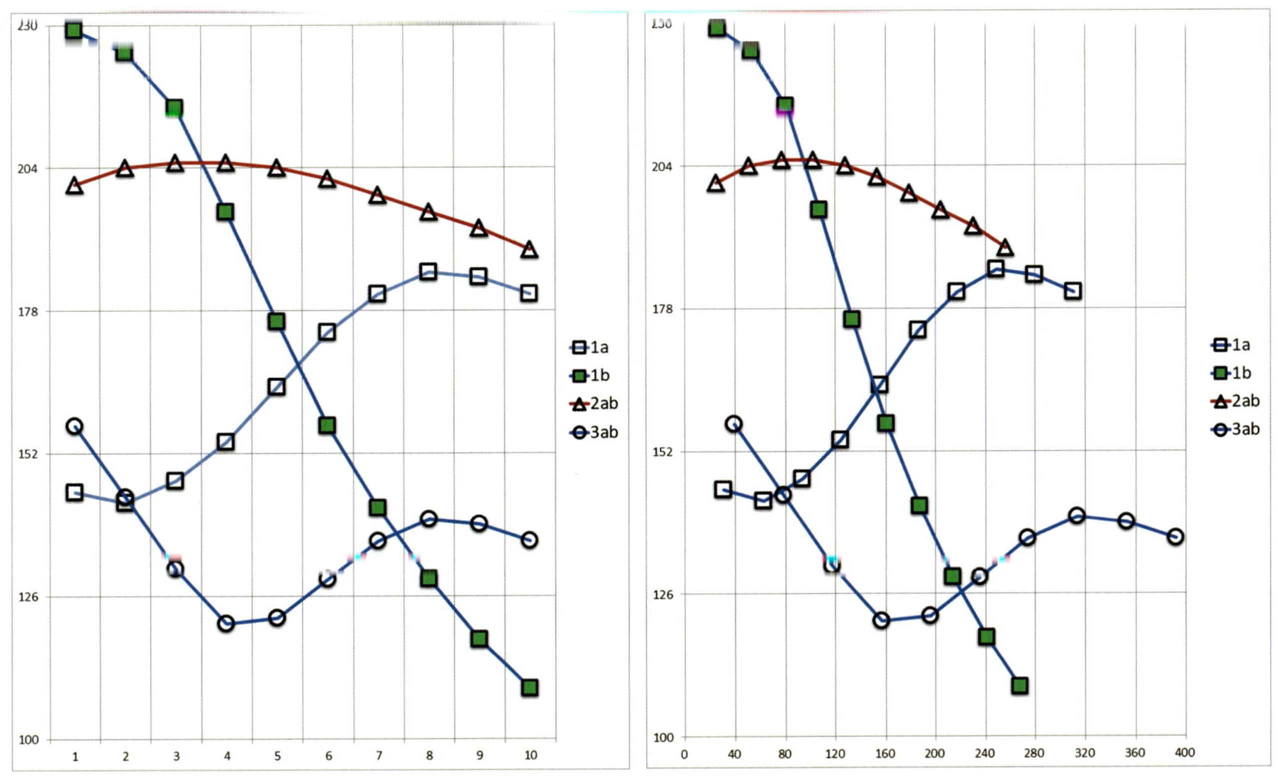

图 3－16c　单字调等长、实长音高模式－邯郸馆陶－YM

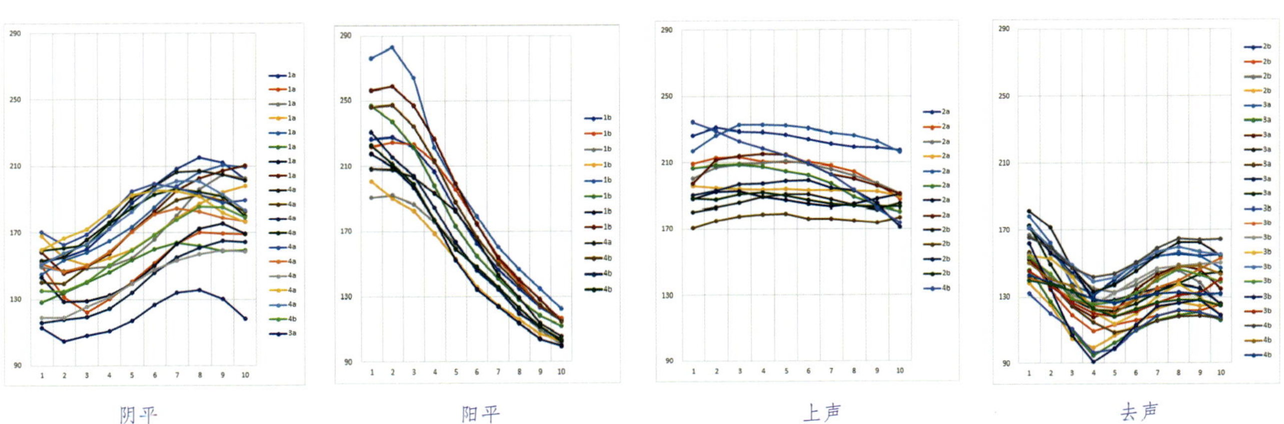

图 3－16d　今声调调域分布范围－邯郸馆陶－YM

青男的声调有 4 个（见图 3－16c）：

阴平 24、阳平 51、上声 54、去声 312。

今调域的分布情况（见图 3－16d）：

阴平在 12～24 之间；阳平在 31～51 之间；上声在 33～44 之间；去声在 212～323 之间。

2. 济南 -《音库》

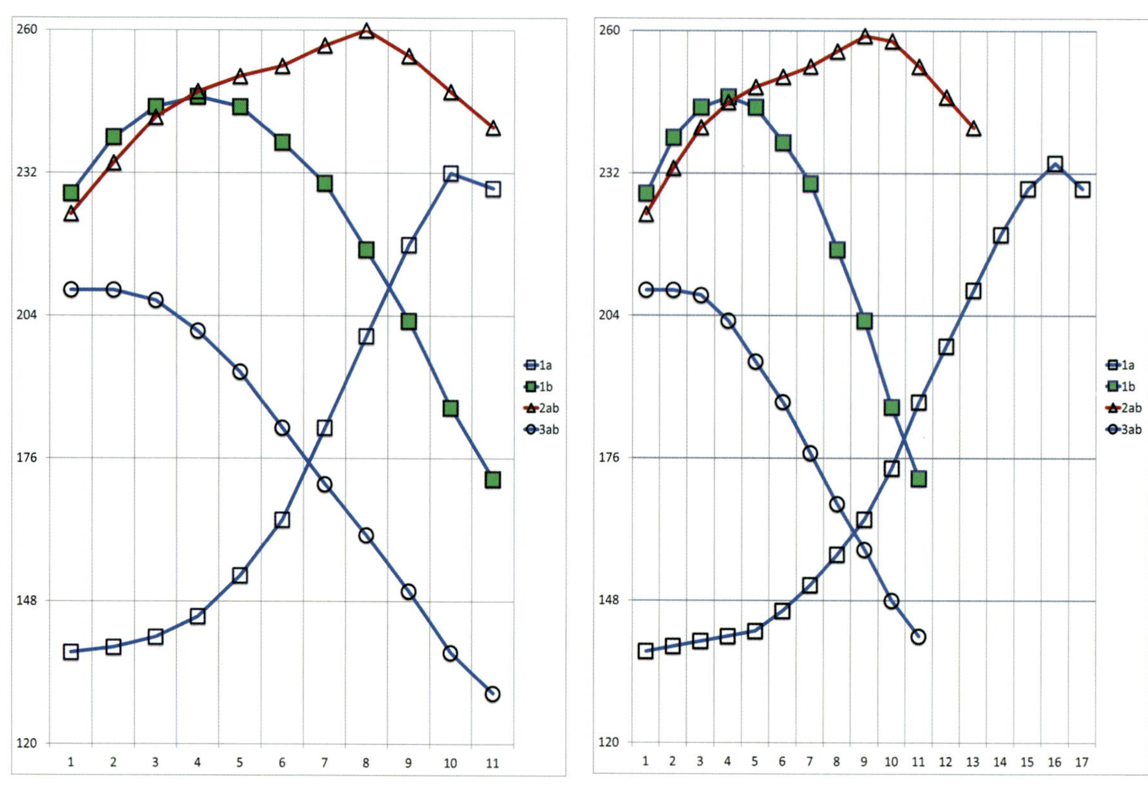

图 3-17a　单字调等长、实长音高模式 - 济南 -《音库》

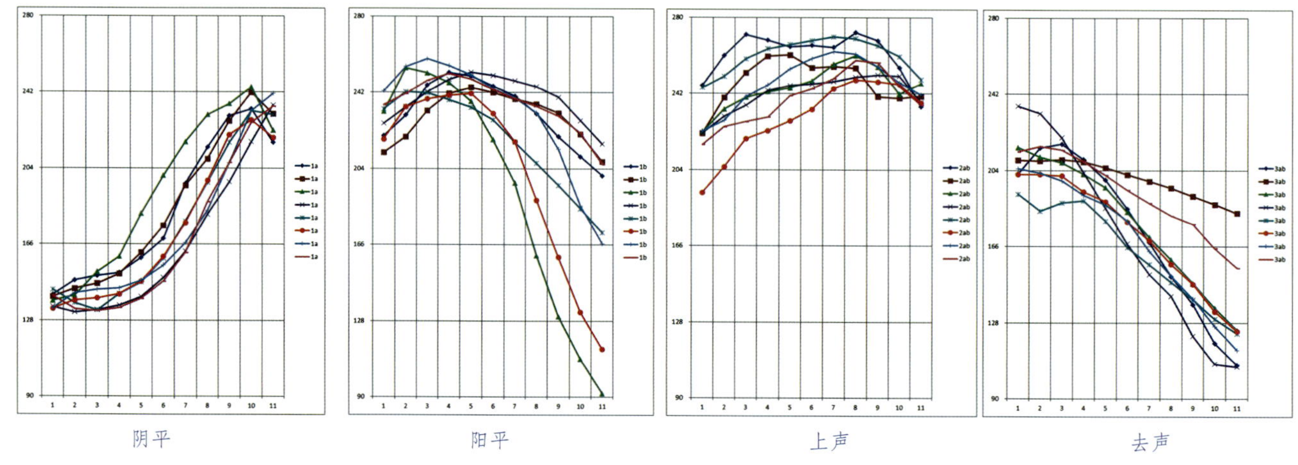

图 3-17b　今声调调域分布范围 - 济南 -《音库》

《音库》的声调有 4 个（见图 3-17a）：

阴平 14、阳平 452、上声 55、去声 41。

《音库》的描写如下：

阴平 213，高猪低安发接桌屈；阳平 42，寒才人麻杂敌活学；上声 55，古纸走比女老暖买；去声 21，近盖共树纳叶洛月。

今调域的分布情况（见图 3-17b）：

阴平主要在 24 的范围；阳平在 41～53 之间；上声在 355～454 之间；去声在 31～42 之间。

3. 济南市区

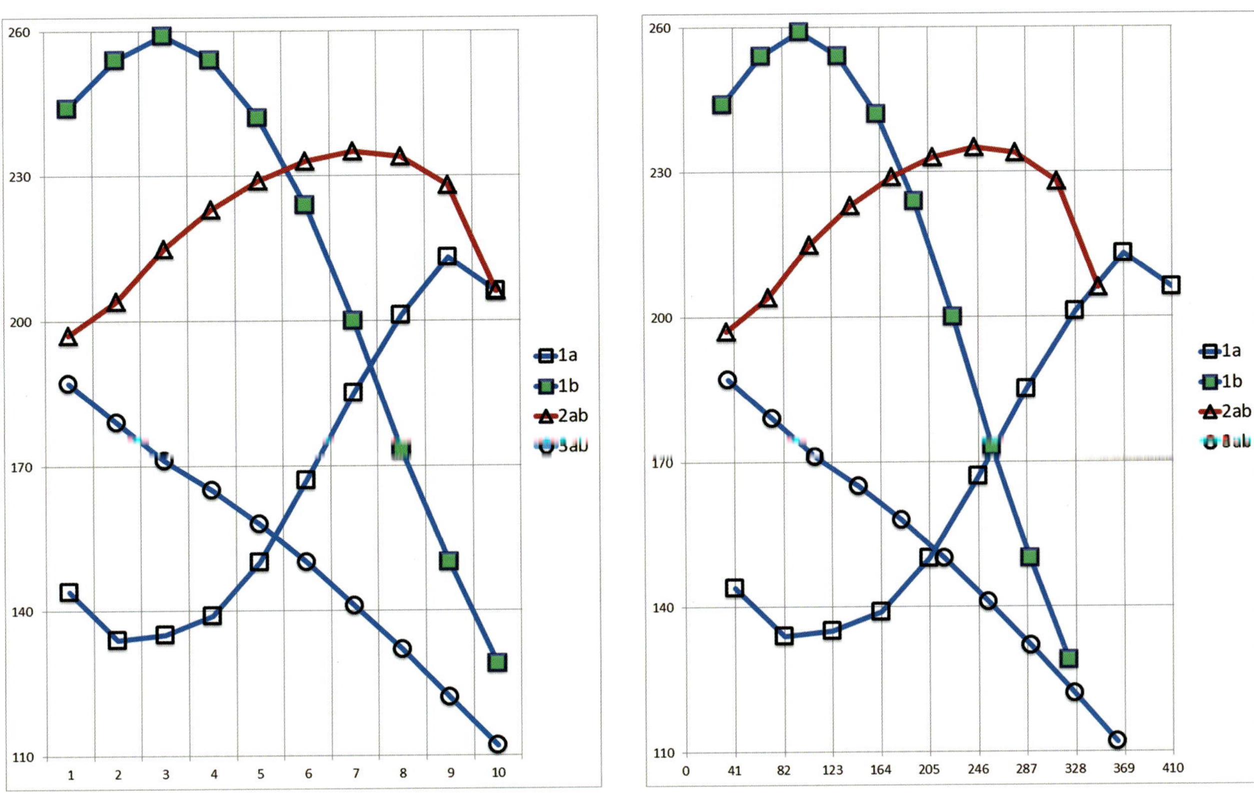

图 3－18a 单字调等长、实长音高模式－济南市区－OM

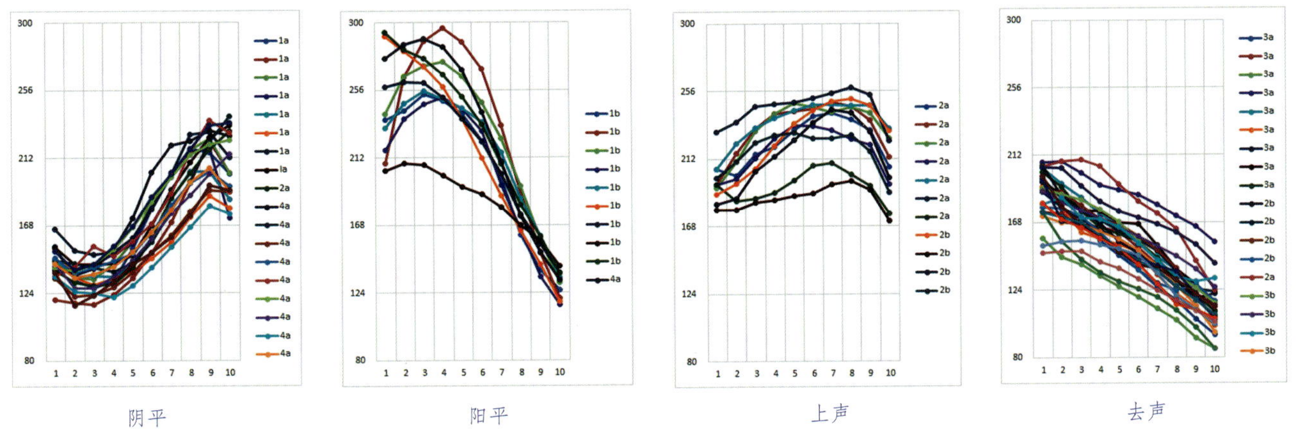

图 3－18b 今声调调域分布范围－济南市区－OM

老男的声调有 4 个（见图 3－18a）：

阴平 24、阳平 51、上声 354、去声 31。

今调域的分布情况（见图 3－18b）：

阴平在 12～24 之间；阳平在 31～52 之间；上声在 33～44 之间；去声在 21～32 之间。

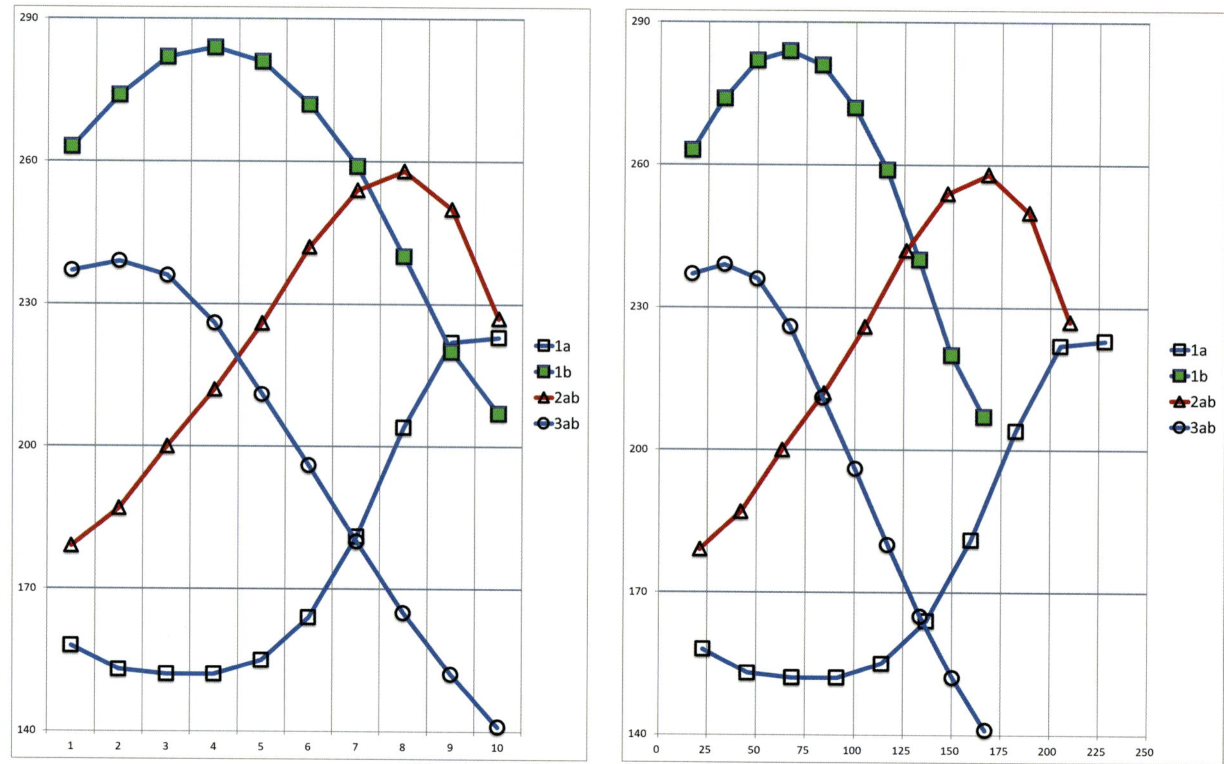

图 3-18c　单字调等长、实长音高模式-济南市区-YM

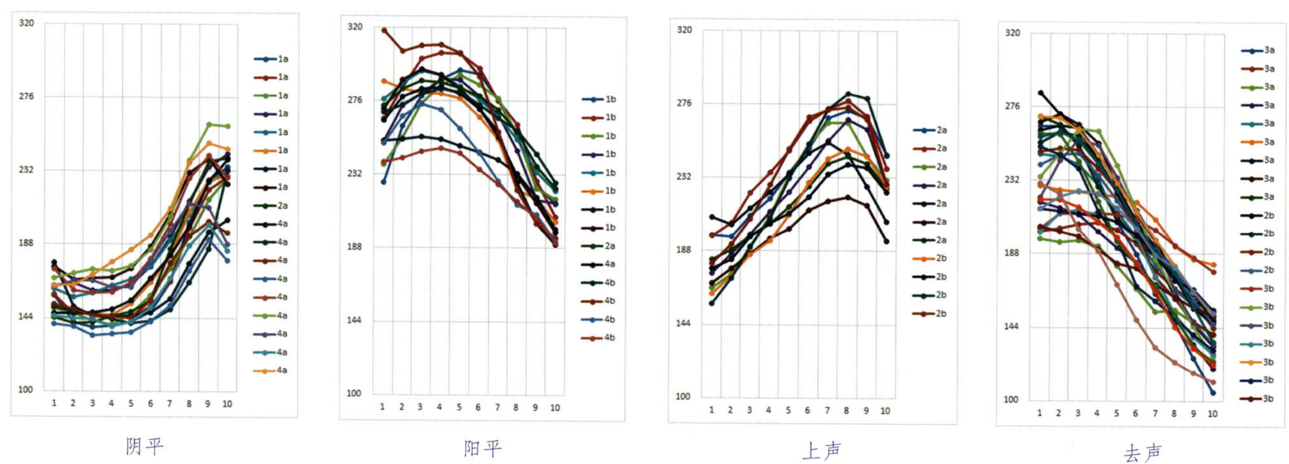

图 3-18d　今声调调域分布范围-济南市区-YM

青男的声调有 4 个（见图 3-18c）：

阴平 13、阳平 53、上声 243、去声 41。

今调域的分布情况（见图 3-18d）：

阴平在 12～24 之间；阳平在 43～53 之间；上声在 232～354 之间；去声在 31～52 之间。

4 淄博博山

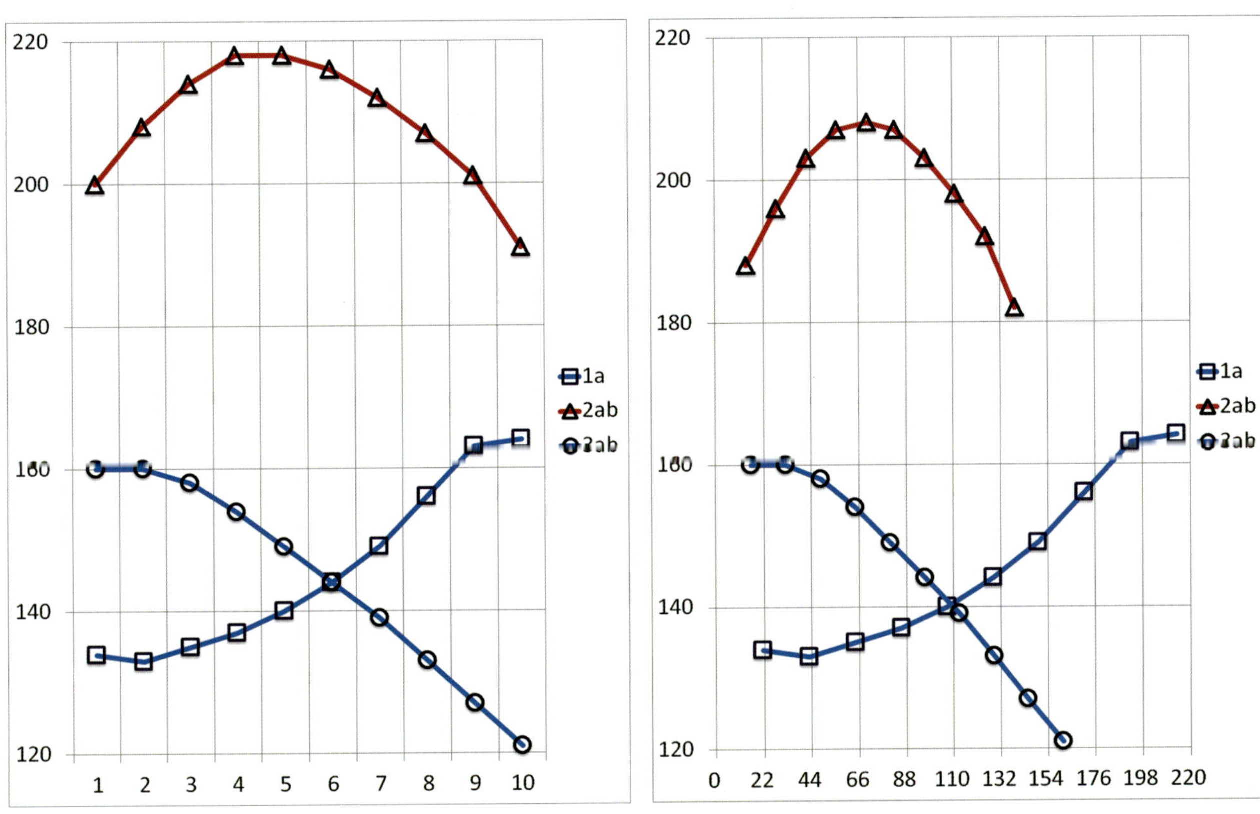

图 3－19a 单字调等长、实长音高模式－淄博博山－OM

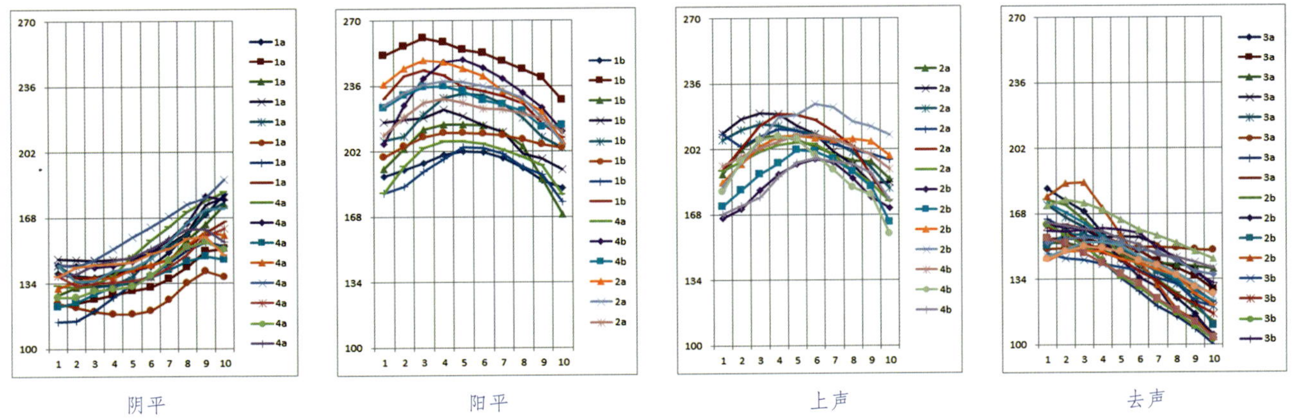

图 3－19b 今声调调域分布范围－淄博博山－OM

老男的声调有 3 个（见图 3－19a）：

阴平 13、上声 454、去声 31。

今调域的分布情况（见图 3－19b）：

阴平在 12～23 之间；阳平在 343～54 之间；上声主要在 343 的范围；阳平、上声合并后分布在 343～54 之间；去声在 21～32 之间。

5. 淄博张店

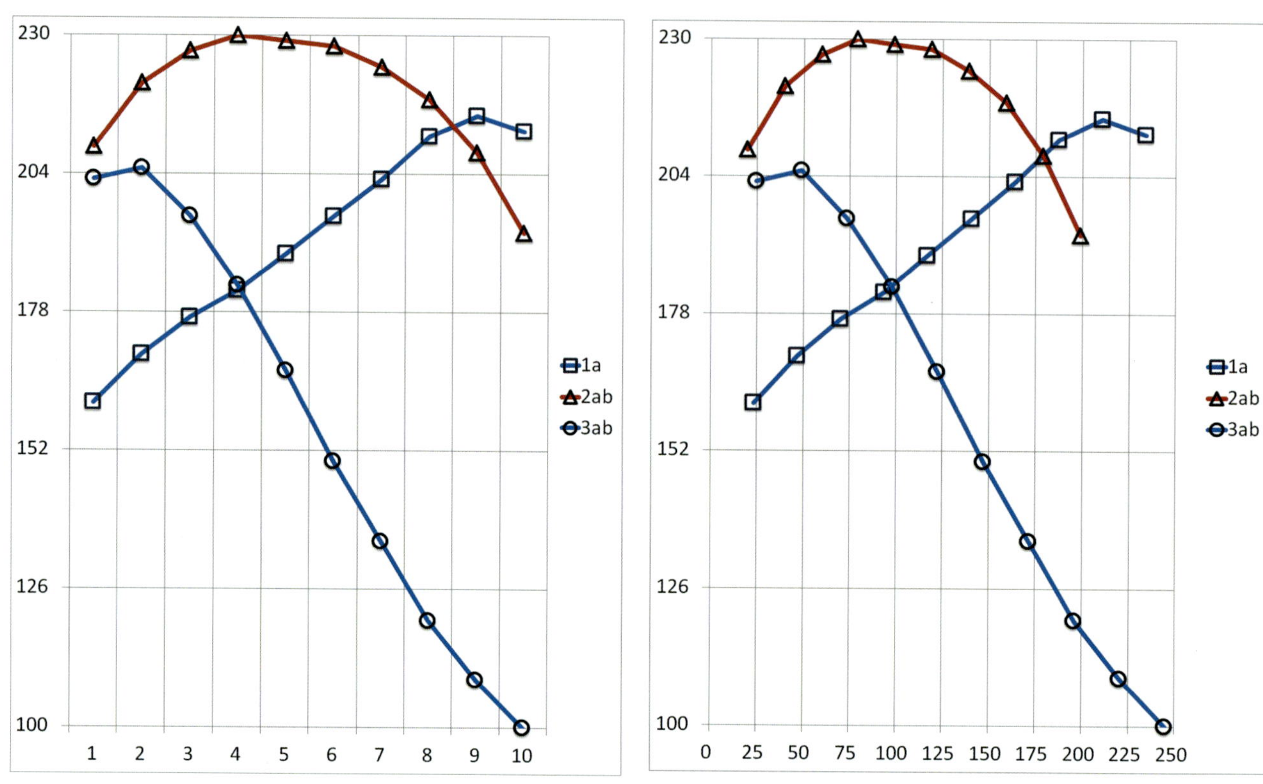

图 3－20a　单字调等长、实长音高模式－淄博张店－OM

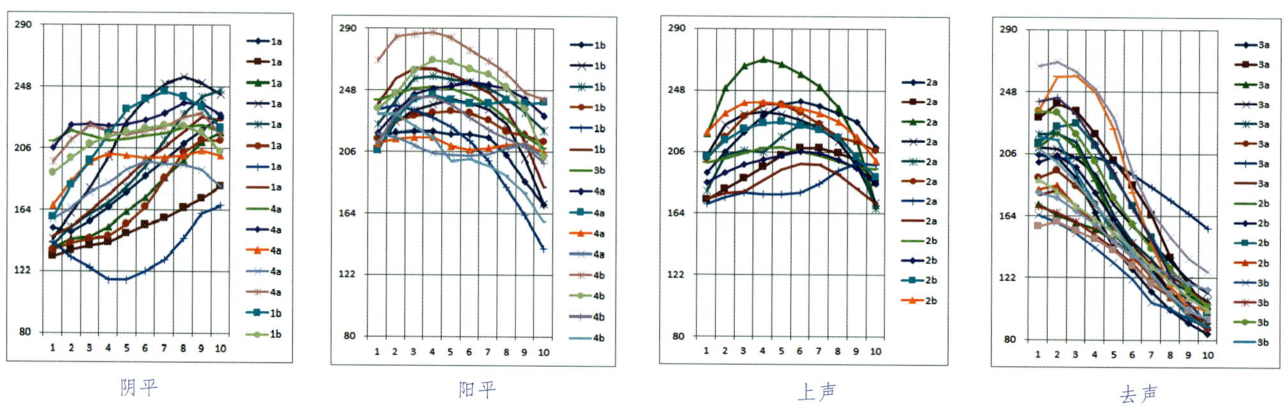

图 3－20b　今声调调域分布范围－淄博张店－OM

老男的声调有 3 个（见图 3－20a）：

阴平 35、上声 454、去声 41。

今调域的分布情况（见图 3－20b）：

阴平在 23～45 之间；阳平在 43～54 之间；上声在 343～454 之间；阳平、上声合并后分布在 343～54 之间；去声在 21～52 之间。

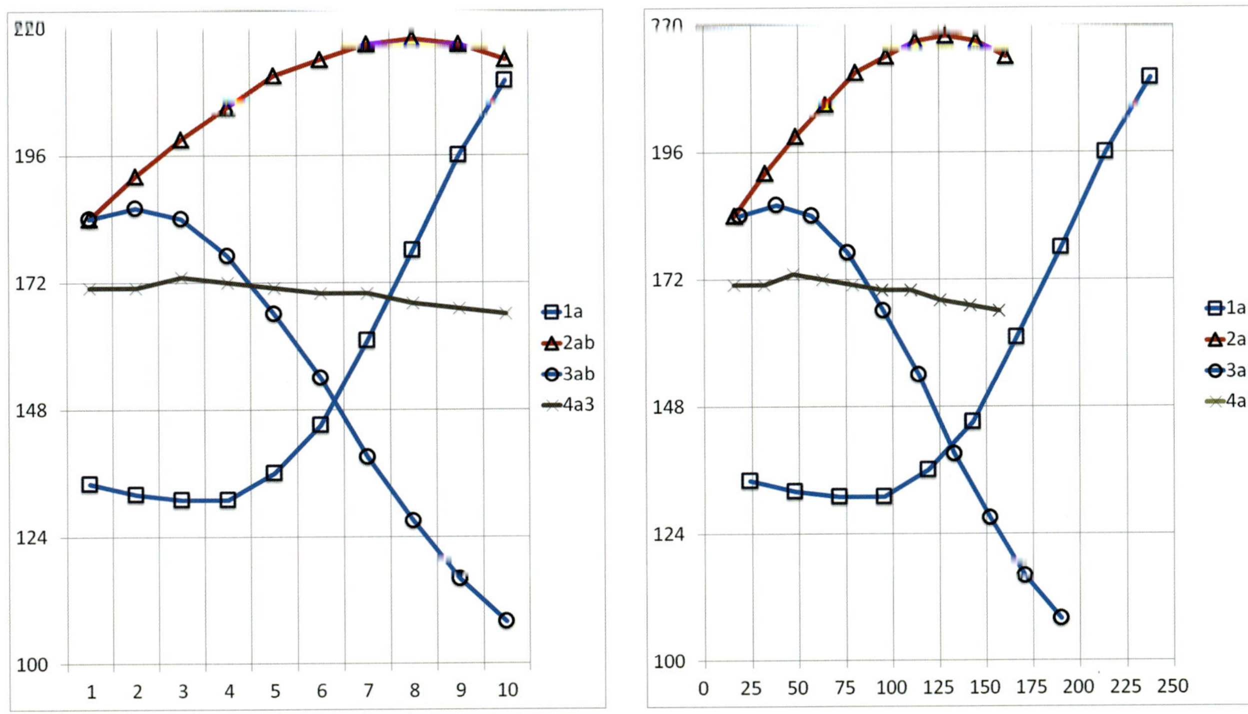

图 3－20c 单字调等长、实长音高模式－淄博张店－YM

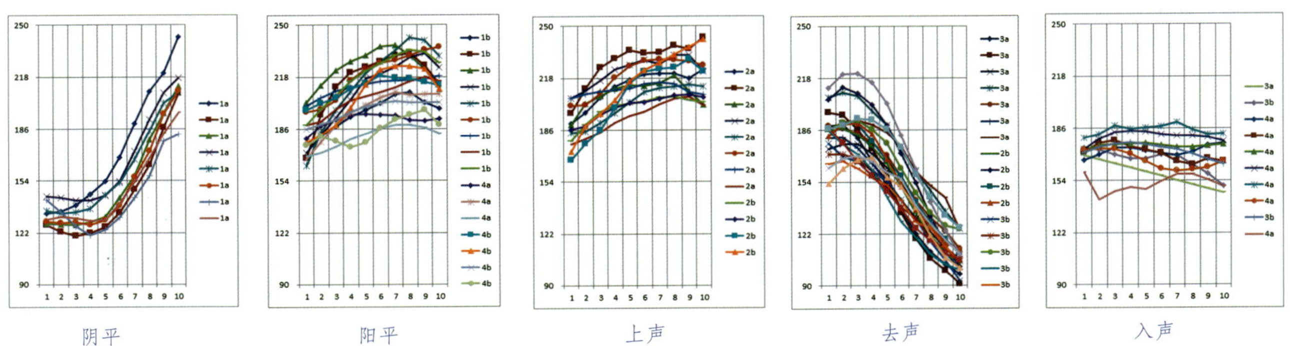

图 3－20d 今声调调域分布范围－淄博张店－YM

青男的声调有 4 个（见图 3－20c）：

阴平 25、上声 45、去声 41。有一部分入声来源的字读 44，视作上声的变体。

今调域的分布情况（见图 3－20d）：

阴平在 23～25 之间；上声（包括阳平、上声）在 34～45 之间；去声在 31～42 之间；入声来源的字主要在 33～44 之间。

3.3 沧惠片

3.3.1 黄乐小片

1. 沧州沧县

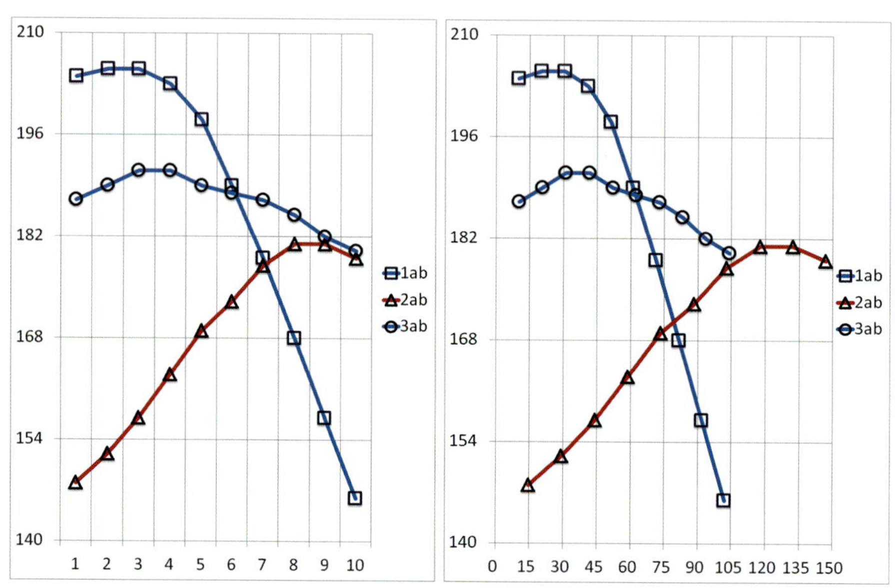

图 3－21a 单字调等长、实长音高模式－沧州沧县－OM

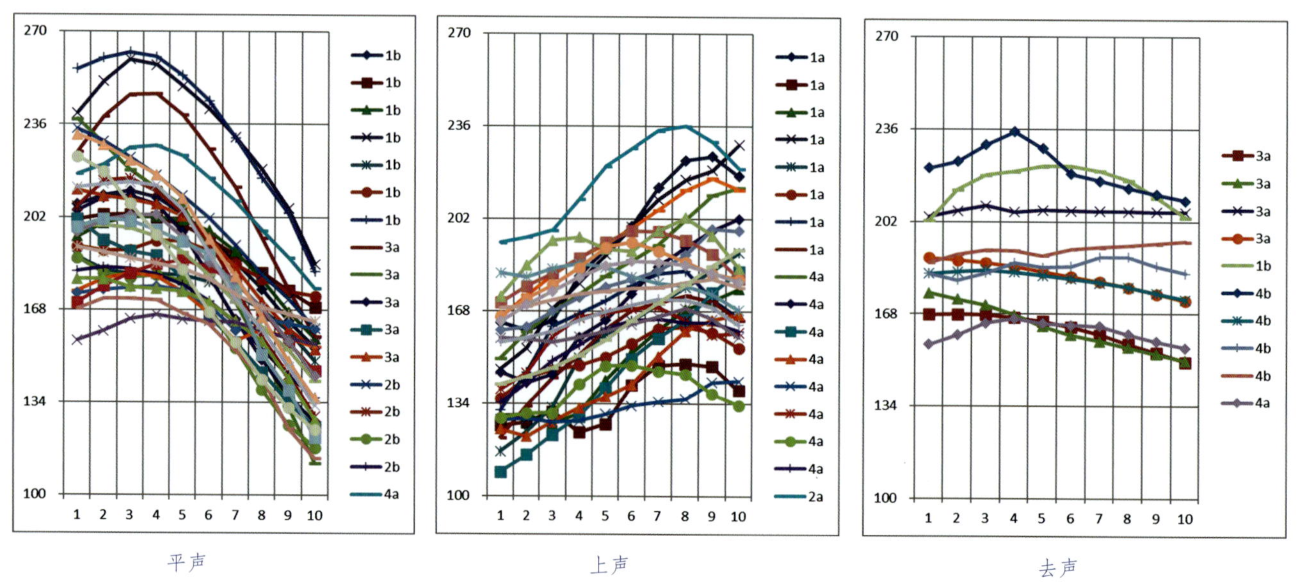

图 3－21b 今声调调域分布范围－沧州沧县－OM

老男的声调有 3 个（见图 3－21a）：

平声 51、上声 13、去声 43。

今调域的分布情况（见图 3－21b）：

平声在 21～53 之间；上声在 12～34 之间；去声在 32～44 之间。

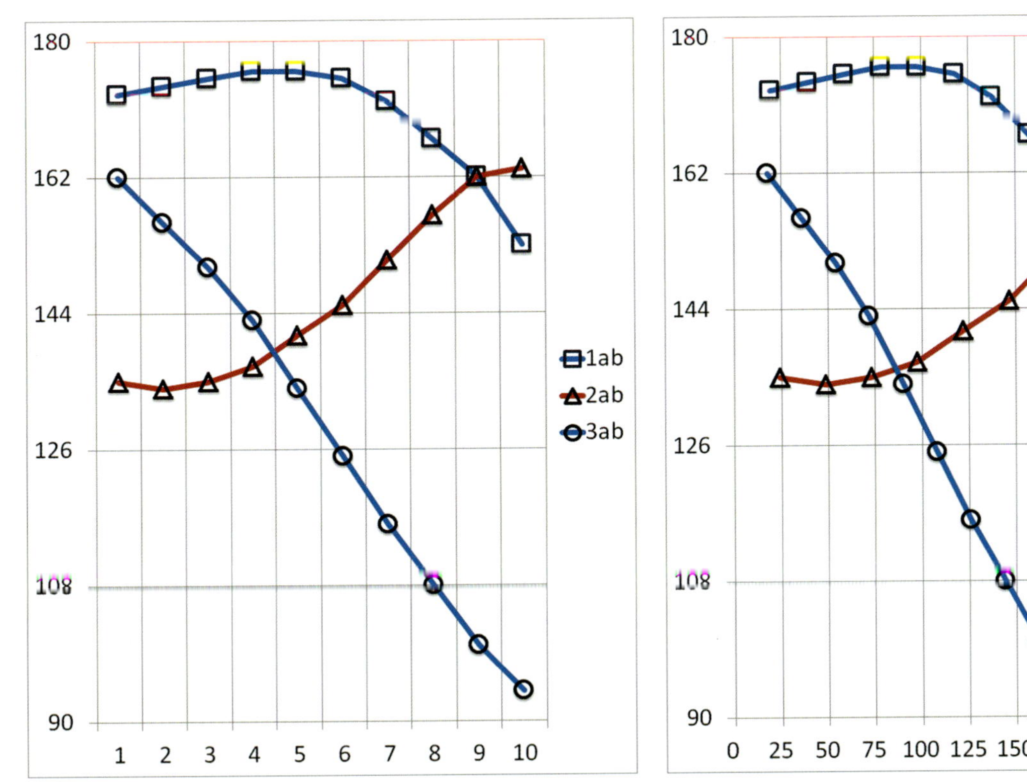

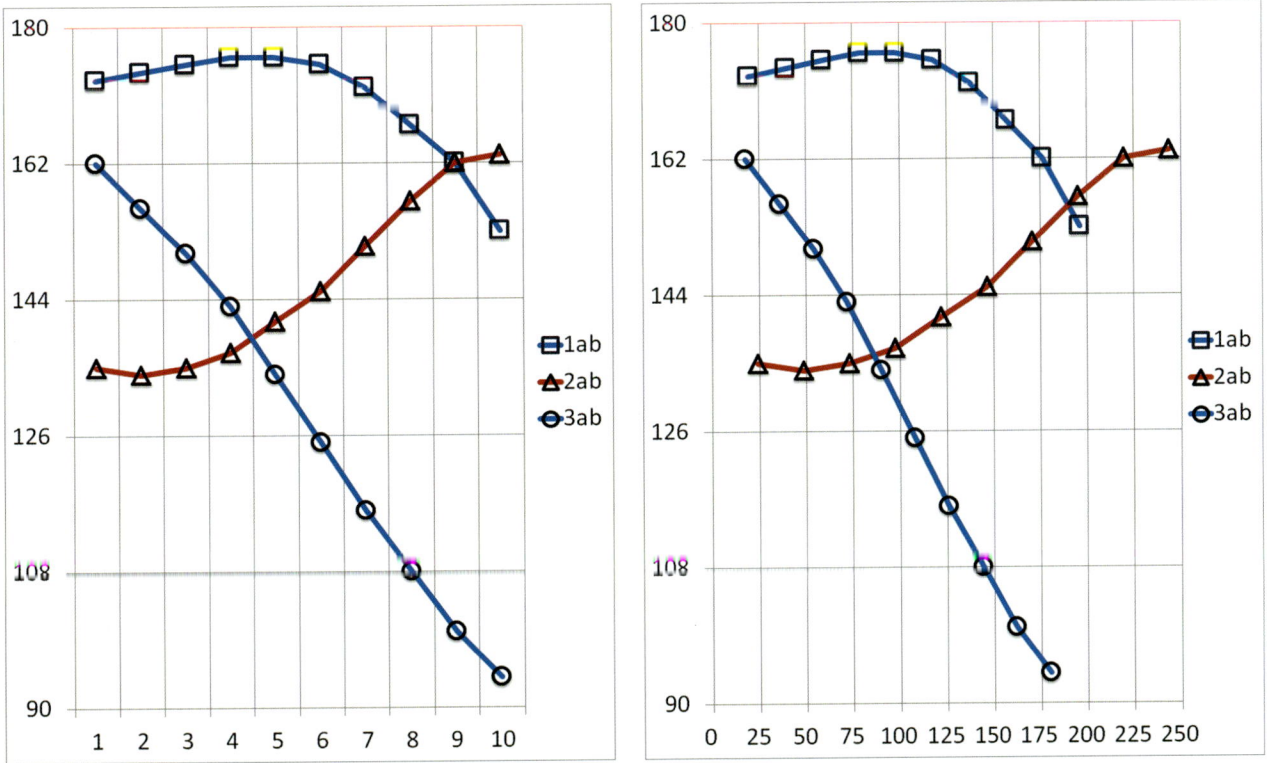

图 3-21c 单字调等长、实长音高模式-沧州沧县-YM

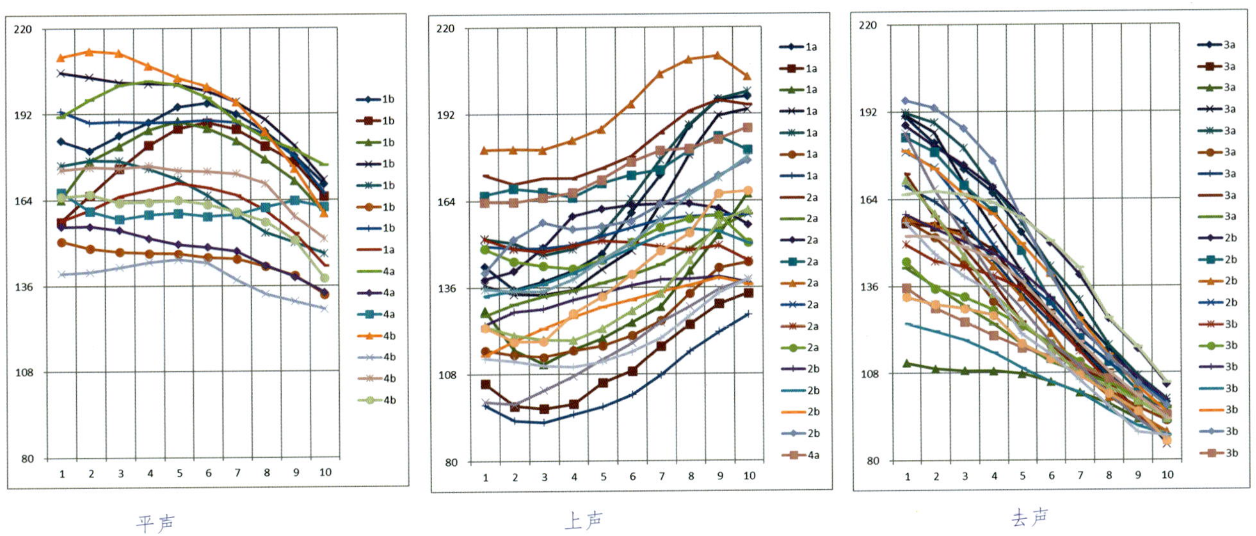

图 3-21d 今声调调域分布范围-沧州沧县-YM

青男的声调有 3 个（见图 3-21c）：

平声 54、上声 34、去声 41。

今调域的分布情况（见图 3-21d）：

平声在 32~54 之间；上声在 12~45 之间；去声在 21~41 之间。

2. 德州乐陵

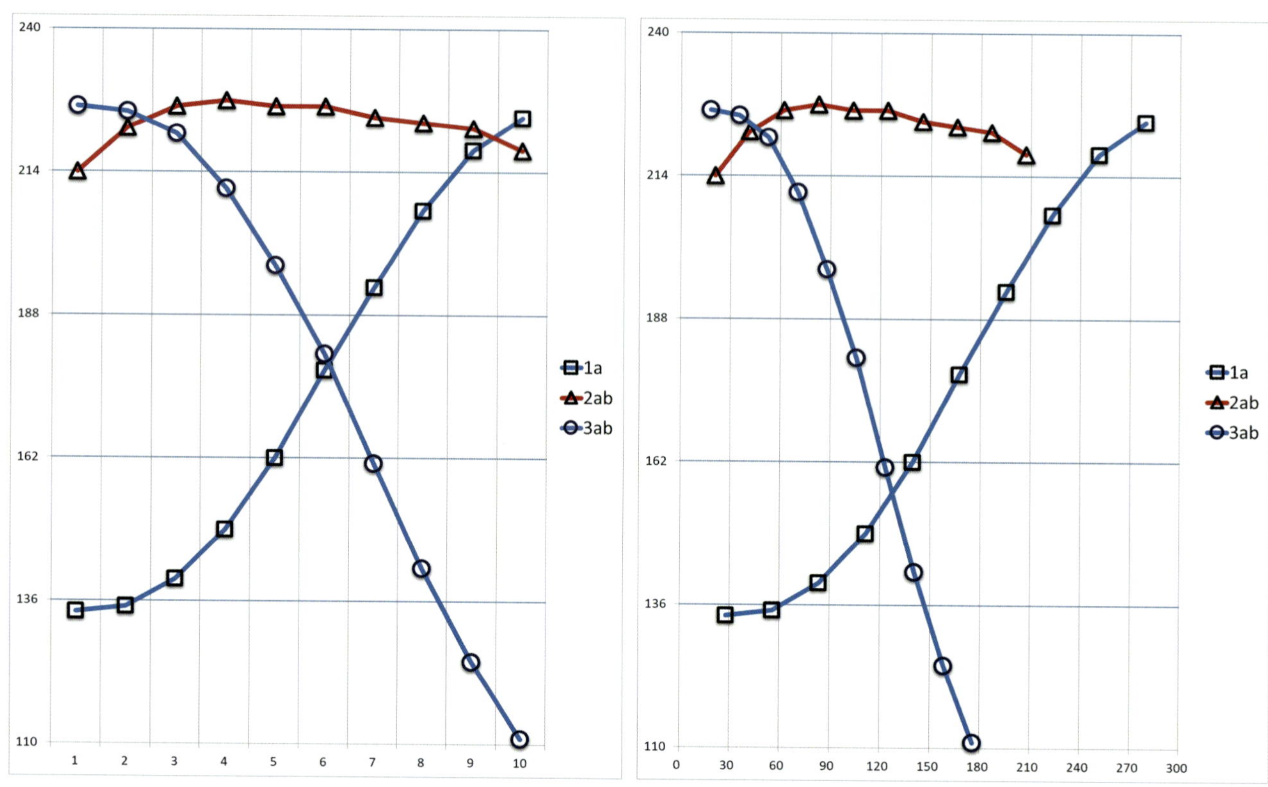

图 3－22a　单字调等长、实长音高模式－德州乐陵－OM

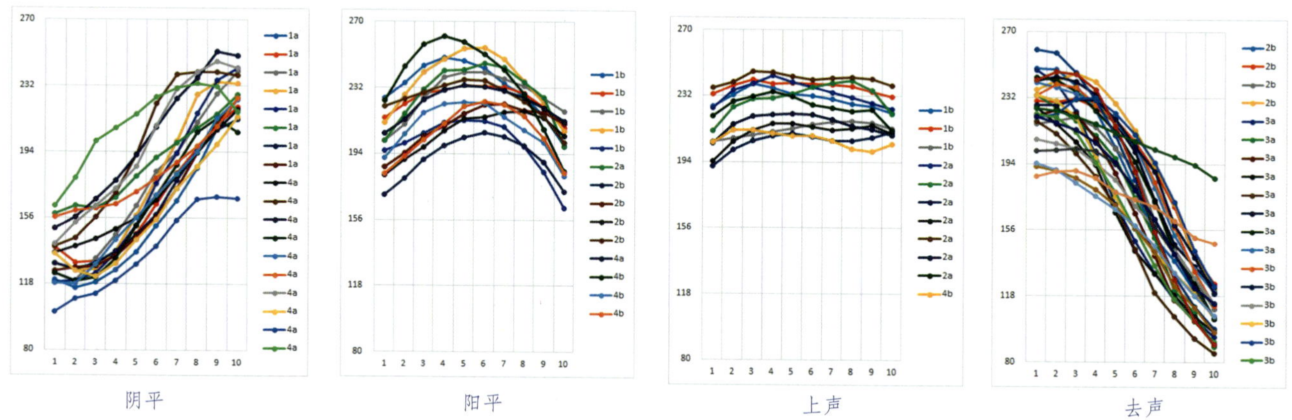

图 3－22b　今声调调域分布范围－德州乐陵－OM

老男的声调有 3 个（见图 3－22a）：

平声 25、上声 55、去声 51。

今调域的分布情况（见图 3－22b）：

平声在 13～35 之间；上声（阳平加上声）主要在 44～55 之间；去声在 31～52 之间。

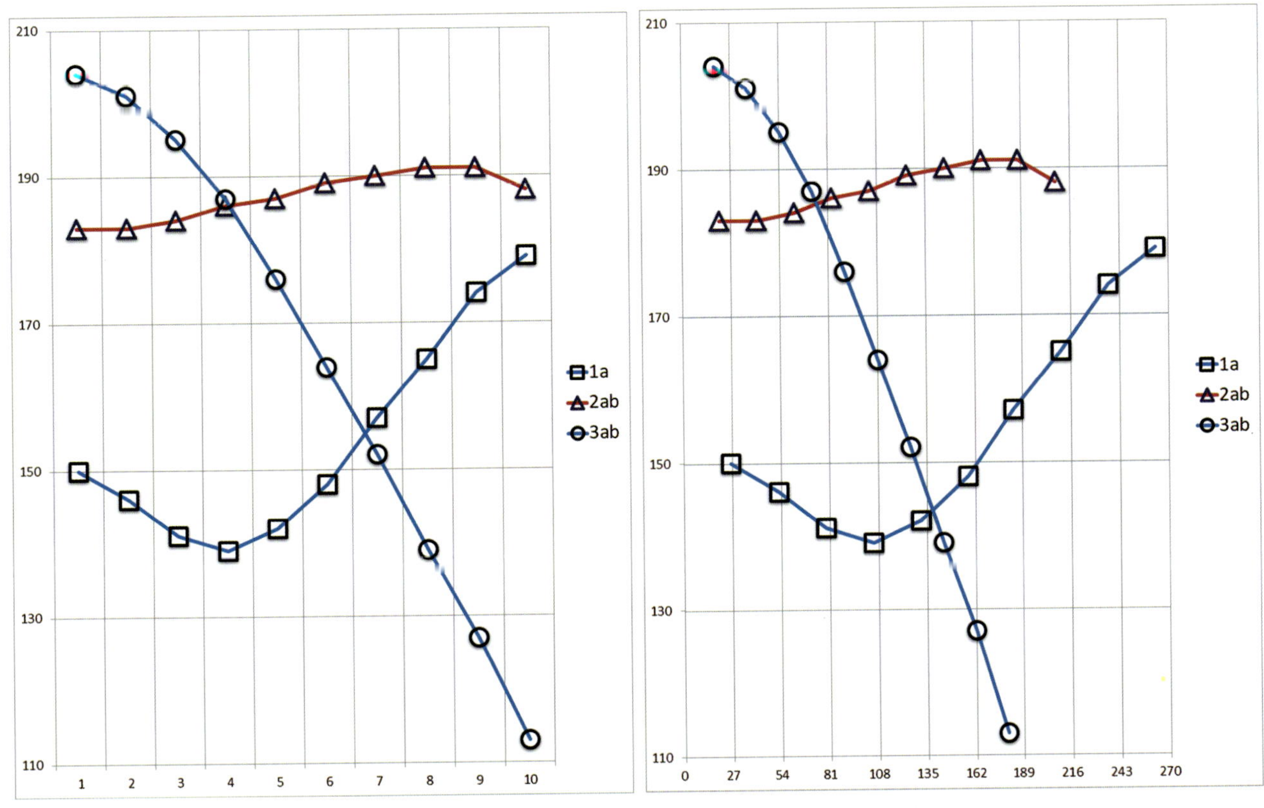

图 3－22c 单字调等长、实长音高模式－德州乐陵－YM

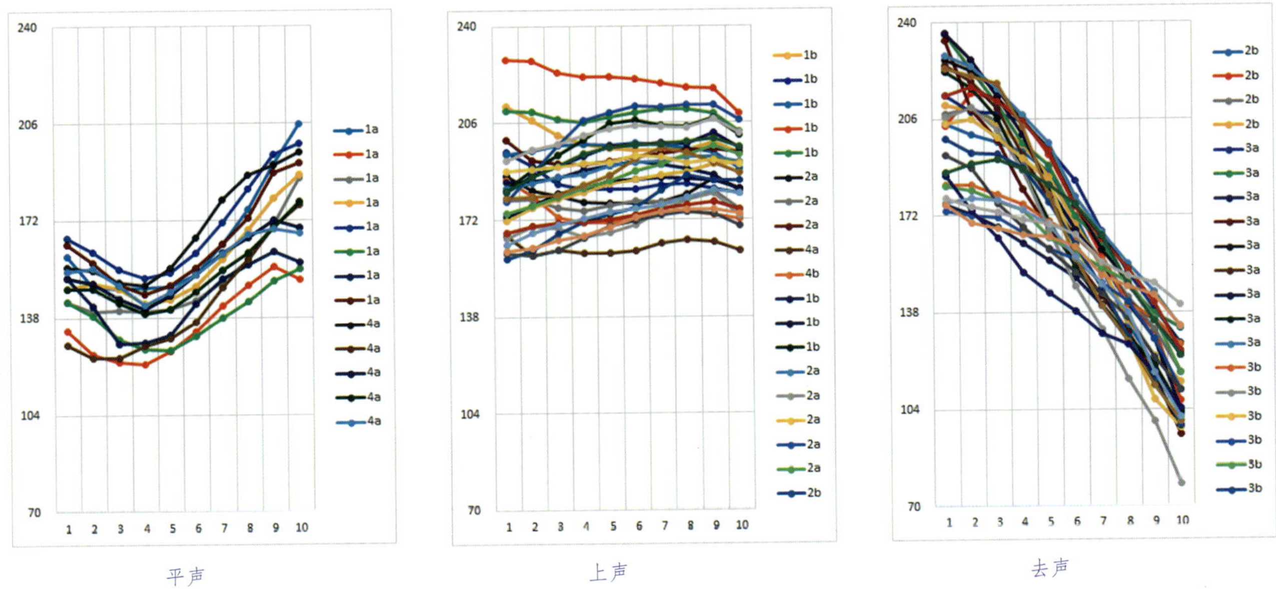

图 3－22d 今声调调域分布范围－德州乐陵－YM

青男的声调有 3 个（见图 3－22c）：

平声 324、上声 44、去声 51。

今调域的分布情况（见图 3－22d）：

平声在 23～34 之间；上声在 33～55 之间；去声在 41～53 之间。

3.3.2 阳寿小片

1. 寿光圣城

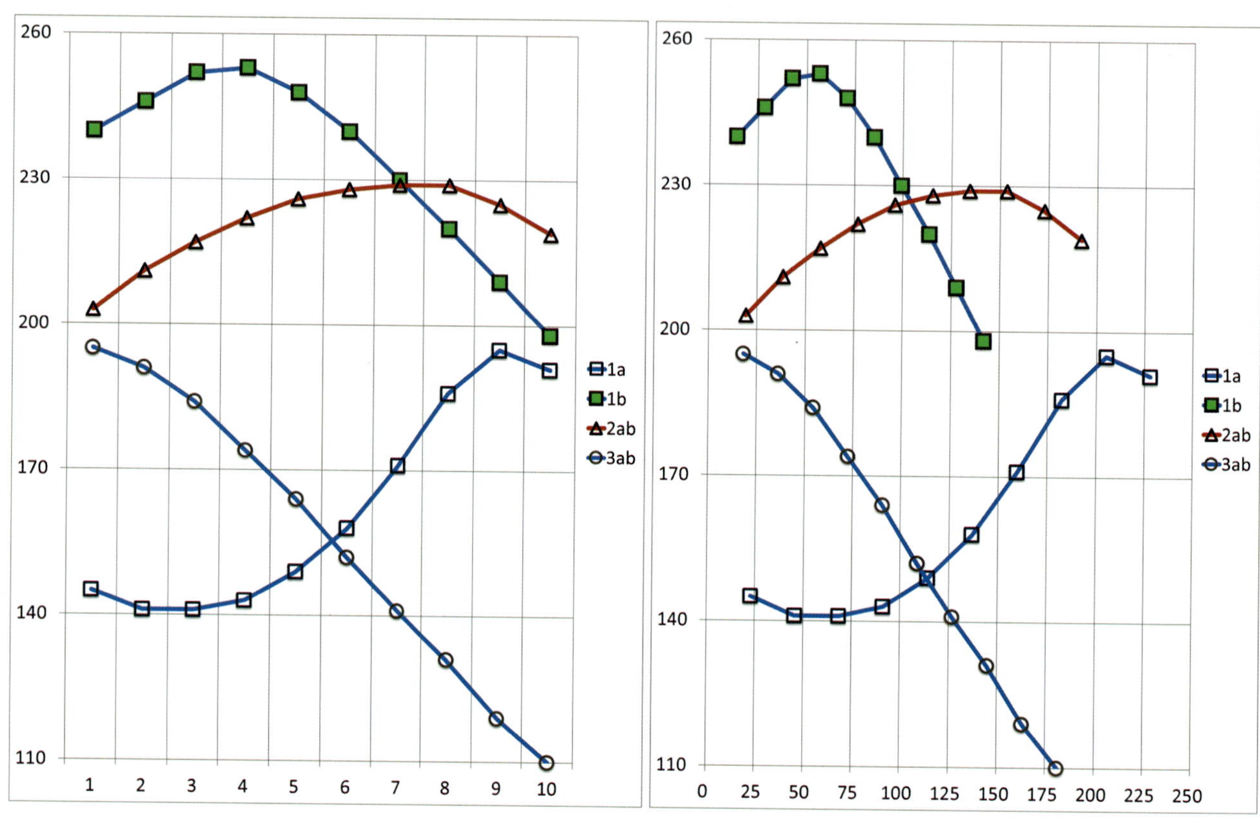

图3－23a 单字调等长、实长音高模式－寿光圣城－OM

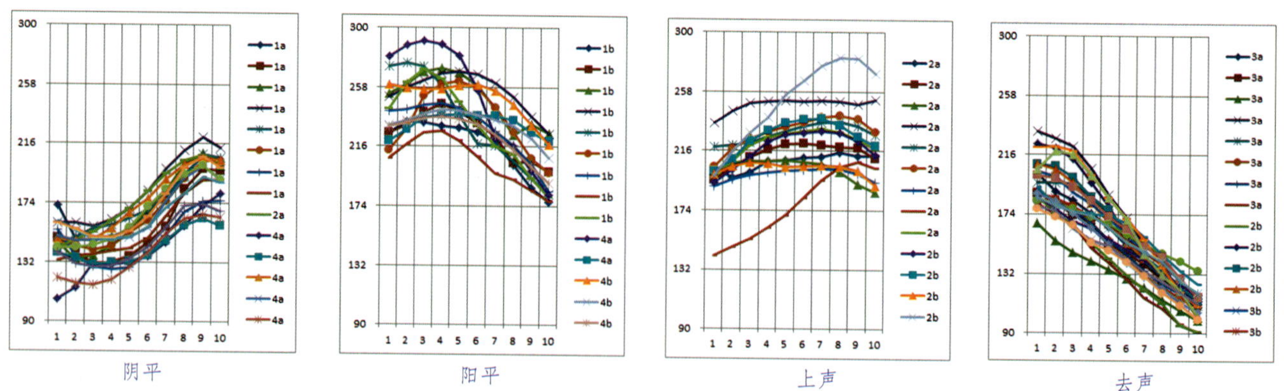

图3－23b 今声调调域分布范围－寿光圣城－OM

老男的声调有4个（见图3－23a）：

阴平23、阳平53、上声44、去声31。

今调域的分布情况（见图3－23b）：

阴平在12～23之间；阳平在43～54之间；上声在23～45之间；去声在21～42之间。

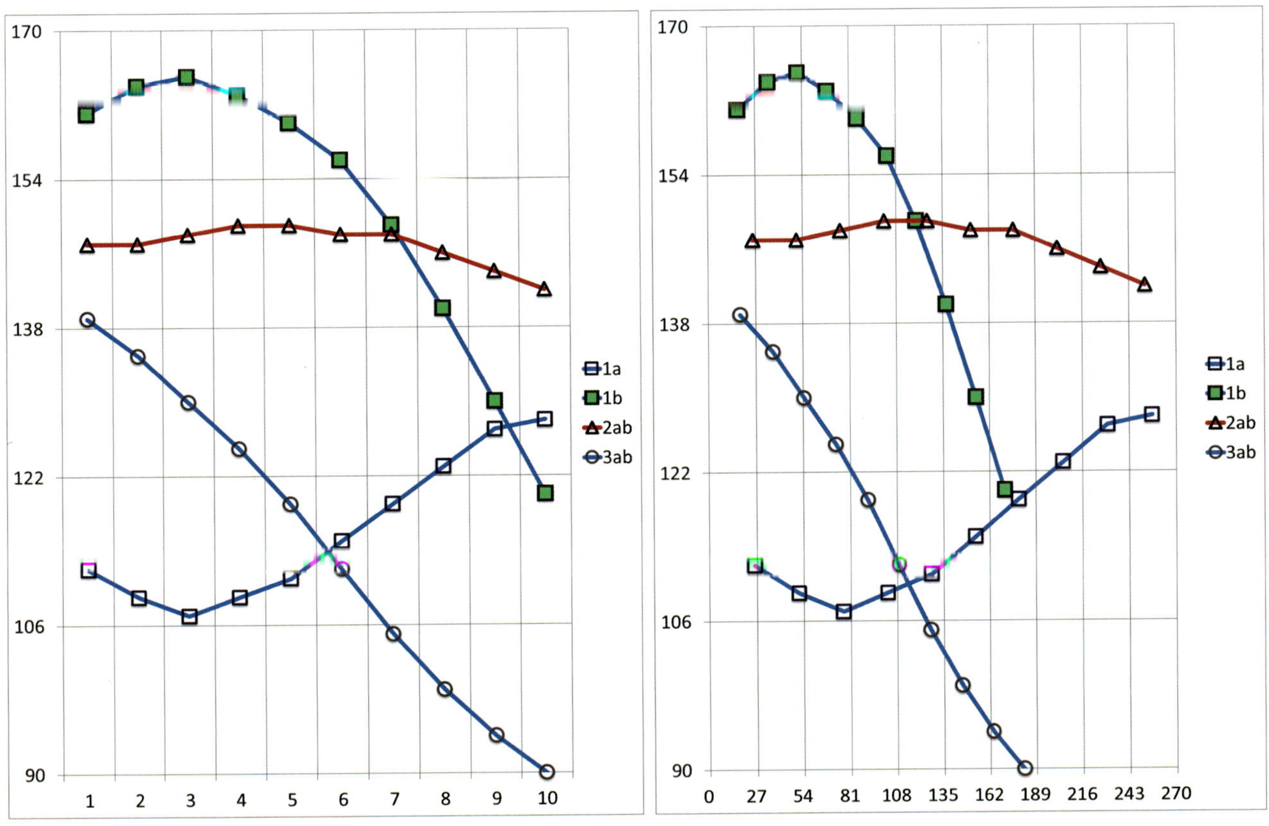

图 3－23c　单字调等长、实长音高模式－寿光圣城－YM

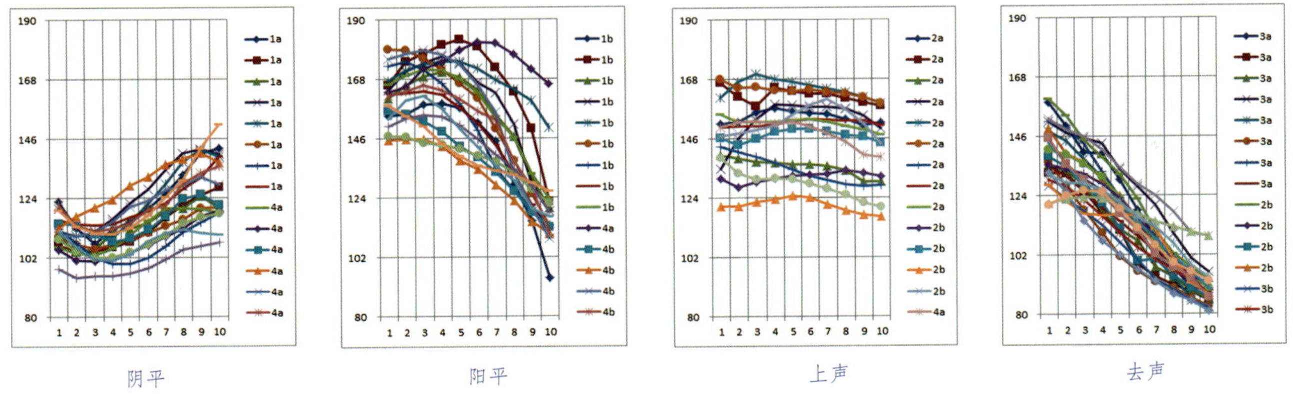

图 3－23d　今声调调域分布范围－寿光圣城－YM

青男的声调有 4 个（见图 3－23c）：

阴平 23、阳平 52、上声 44、去声 41。

今调域的分布情况（见图 3－23d）：

阴平在 12～23 之间；阳平在 32～54 之间；上声在 22～44 之间；去声在 21～42 之间。

2. 山东东营

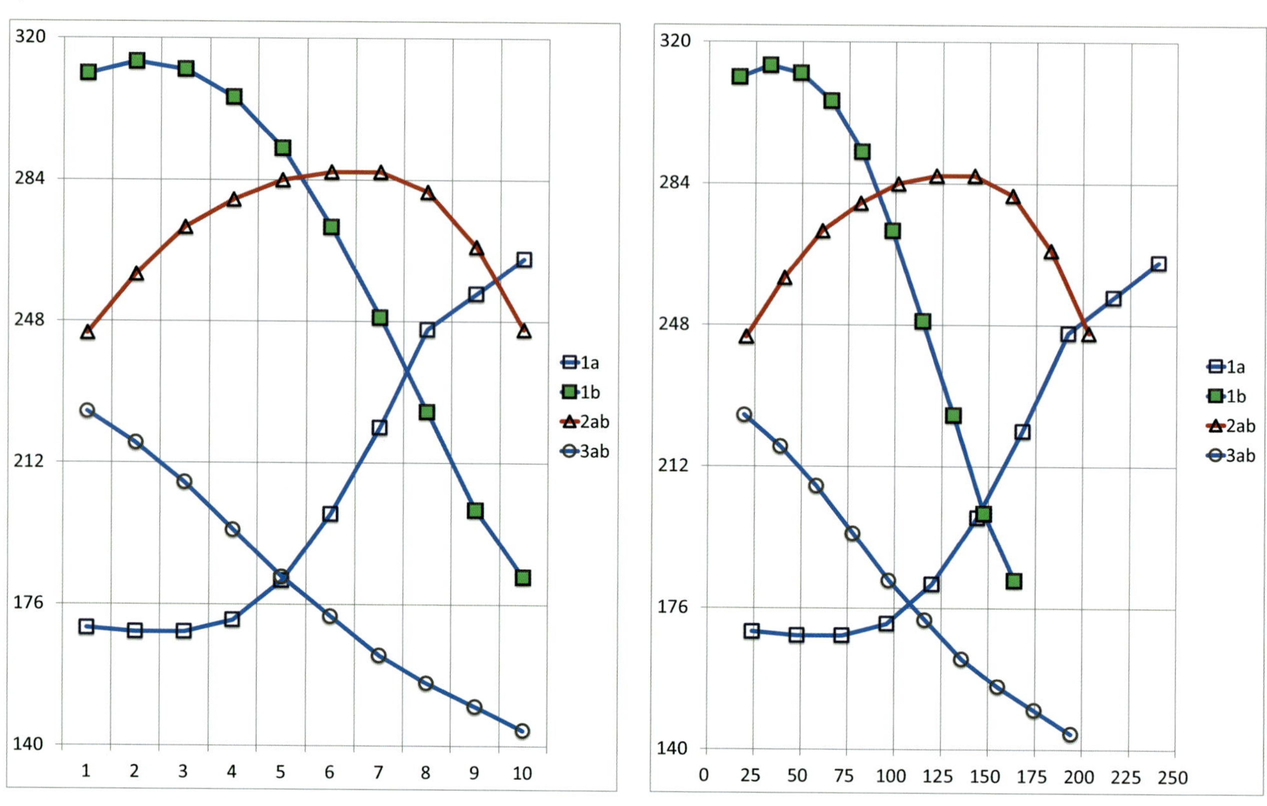

图 3－24a 单字调等长、实长音高模式－山东东营－OM

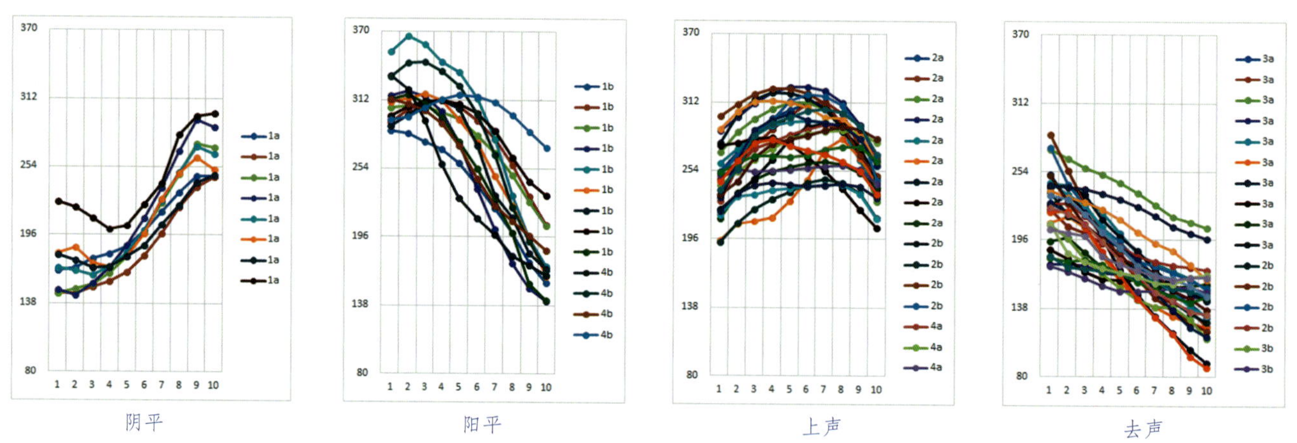

图 3－24b 今声调调域分布范围－山东东营－OM

老男的声调有 4 个（见图 3－24a）：

阴平 14、阳平 52、上声 454、去声 31。

今调域的分布情况（见图 3－24b）：

阴平在 23～34 之间；阳平在 42～54 之间；上声在 343～454 之间；去声在 21～43 之间。

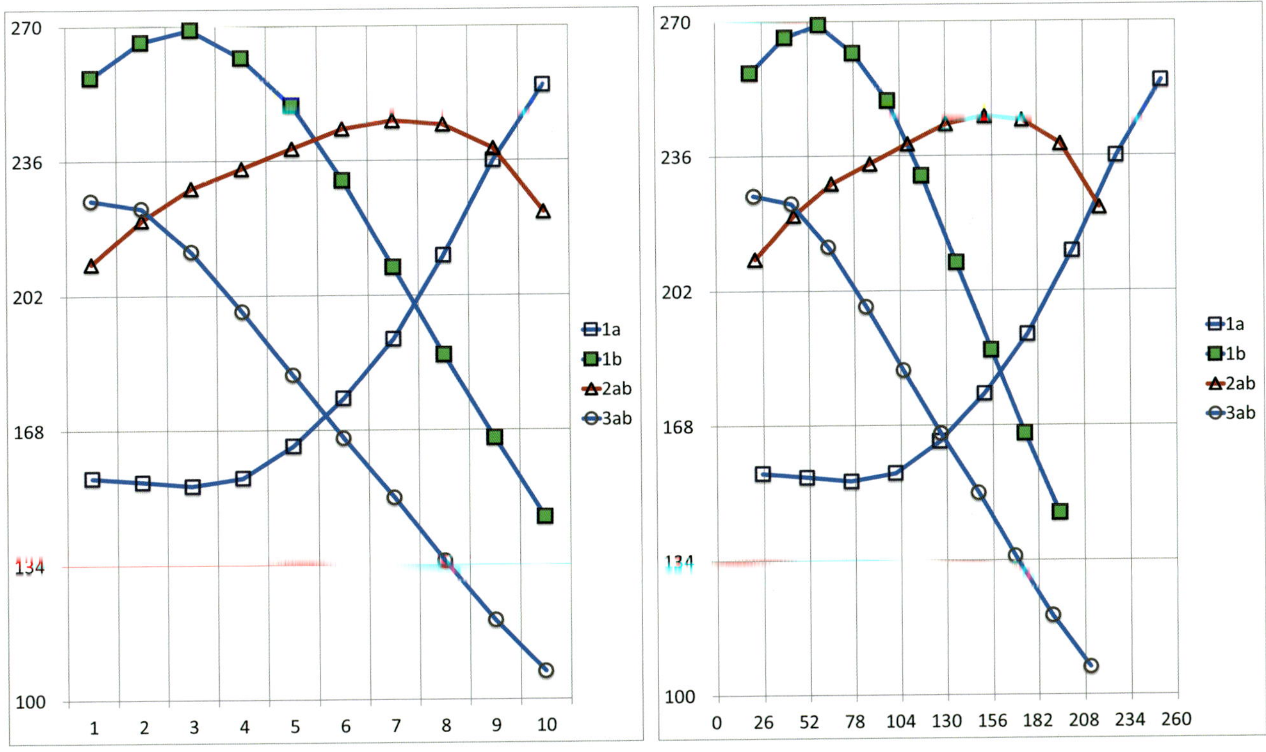

图 3－24c 单字调等长、实长音高模式－山东东营－YM

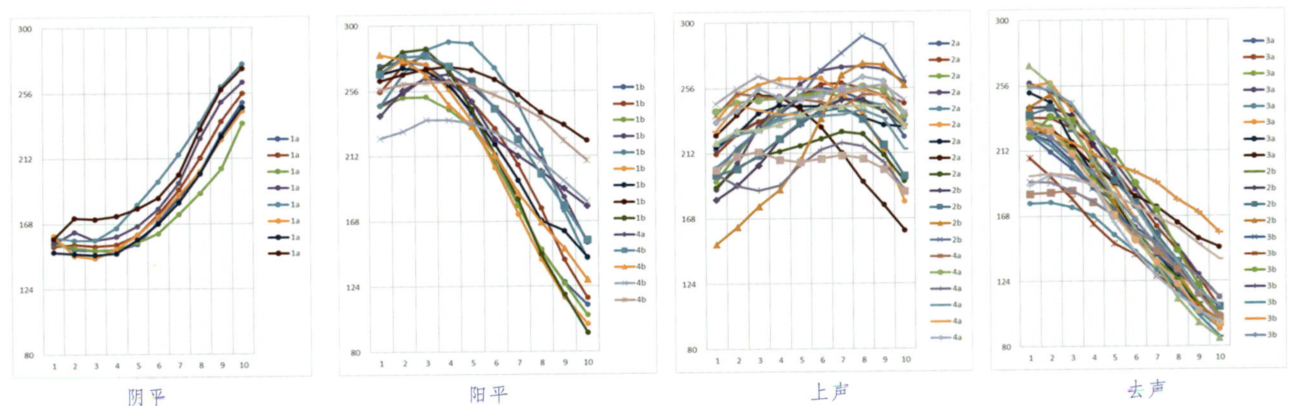

图 3－24d 今声调调域分布范围－山东东营－YM

青男的声调有 4 个（见图 3－24c）：

阴平 25、阳平 52、上声 454、去声 41。

今调域的分布情况（见图 3－24d）：

阴平在 24～25 之间；阳平在 41～54 之间；上声在 343～454 之间；去声在 31～52 之间。

3.3.3 莒照小片

1. 山东日照

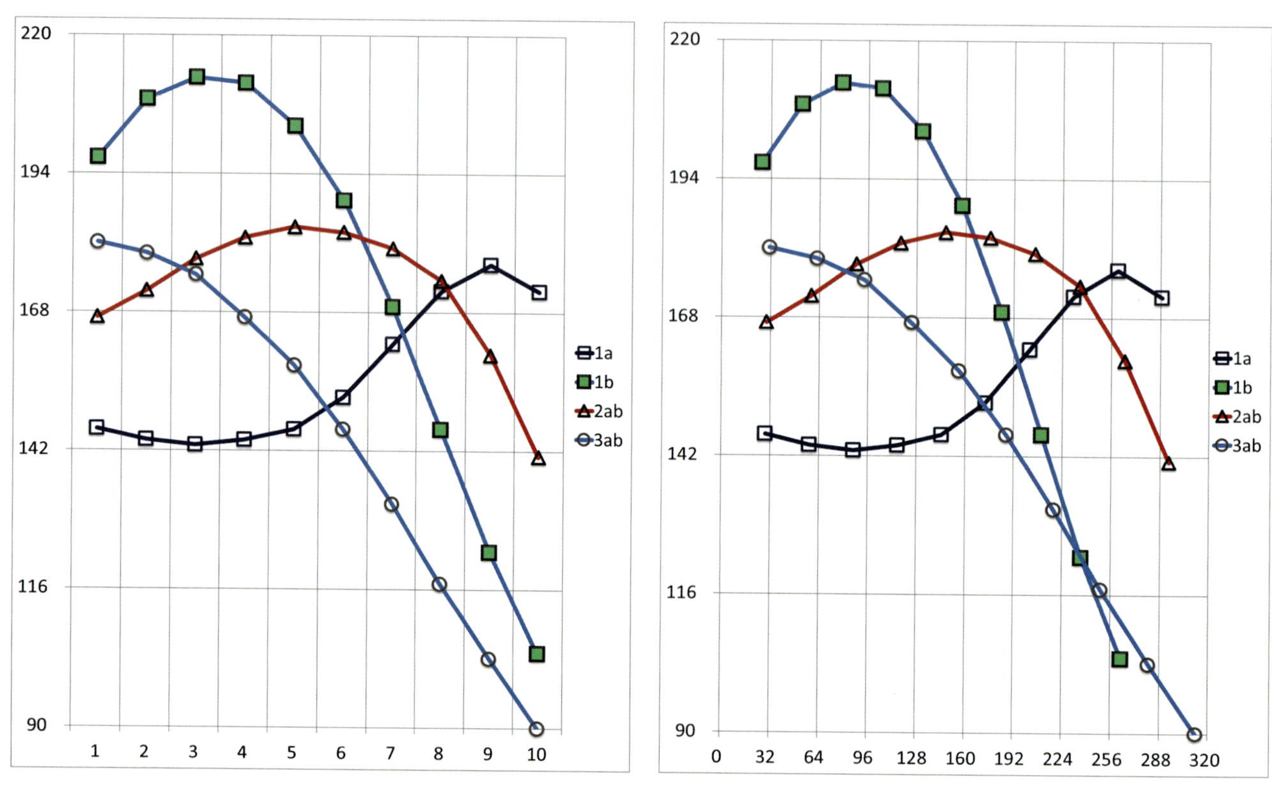

图3-25a 单字调等长、实长音高模式-山东日照-OM

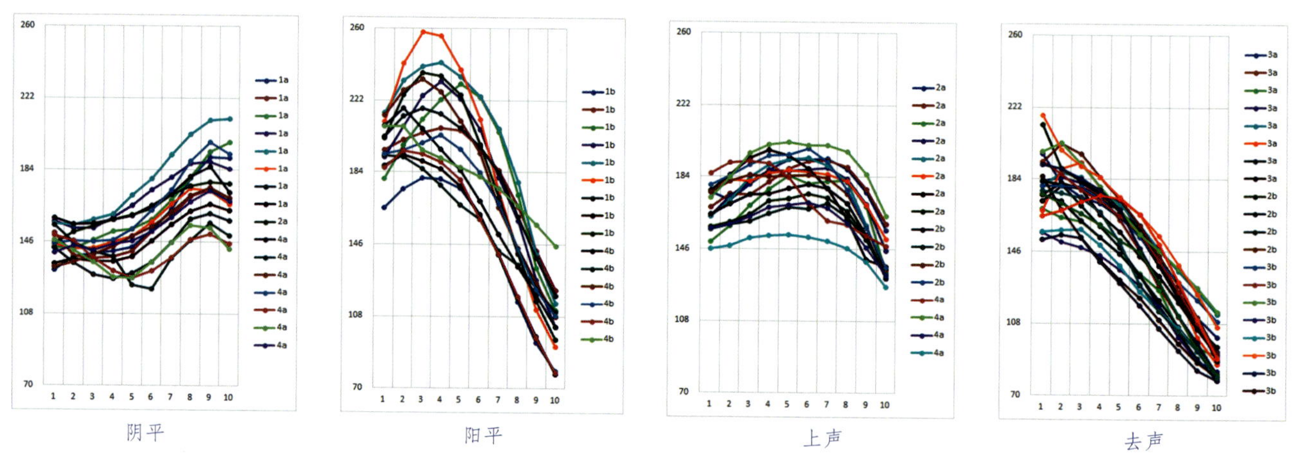

图3-25b 今声调调域分布范围-山东日照-OM

老男的声调有4个（见图3-25a）：

阴平334、阳平51、上声443、去声41。

今调域的分布情况（见图3-25b）：

阴平在213~334之间；阳平在31~53之间；上声在332~343之间；去声在31~42之间。

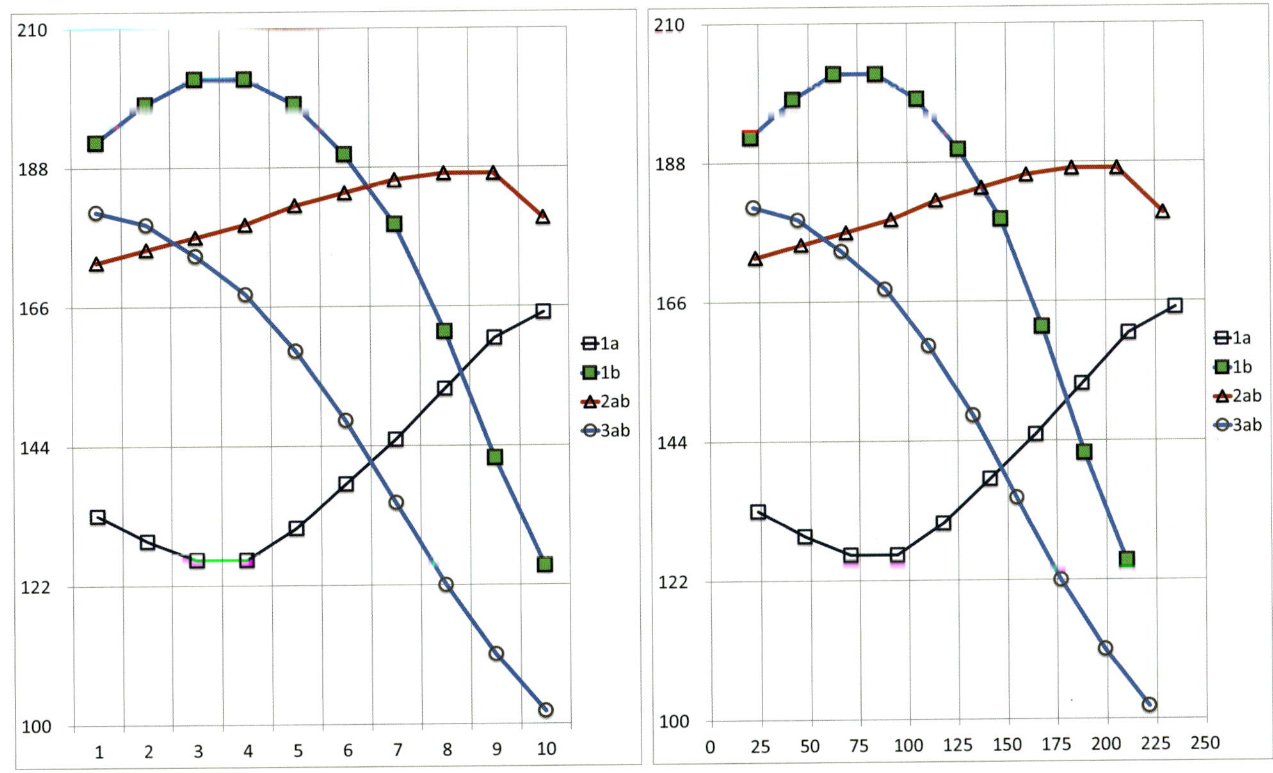

图 3－25c　单字调等长、实长音高模式－山东日照－YM

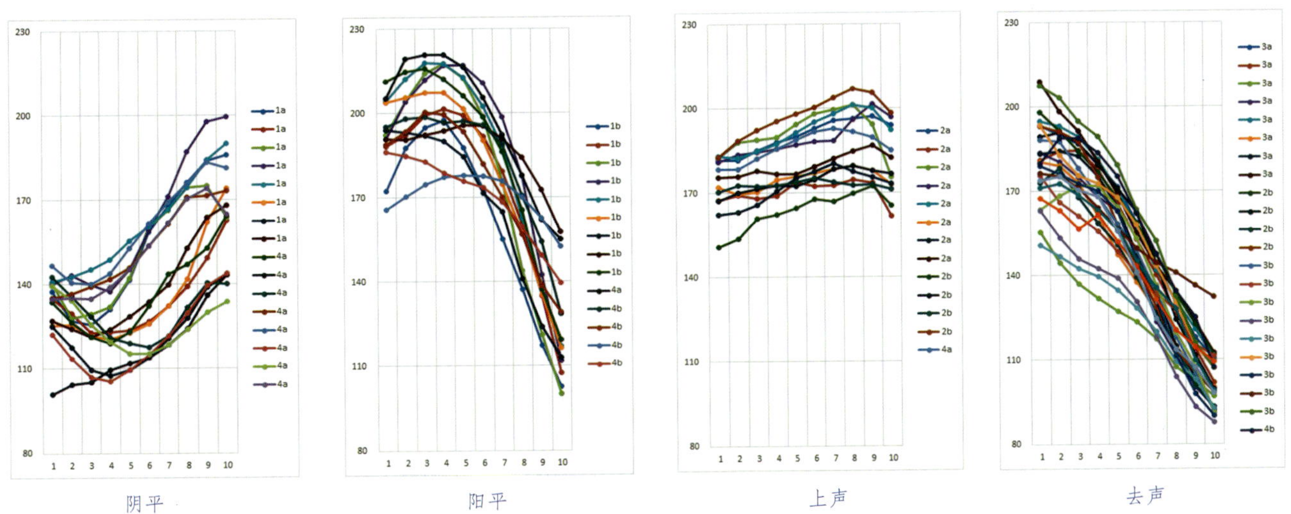

图 3－25d　今声调调域分布范围－山东日照－YM

青男的声调有 4 个（见图 3－25c）：

阴平 223、阳平 52、上声 45、去声 41。

今调域的分布情况（见图 3－25d）：

阴平在 12～34 之间；阳平在 42～53 之间；上声在 34～45 之间；去声在 31～52 之间。

2. 莒县莒南

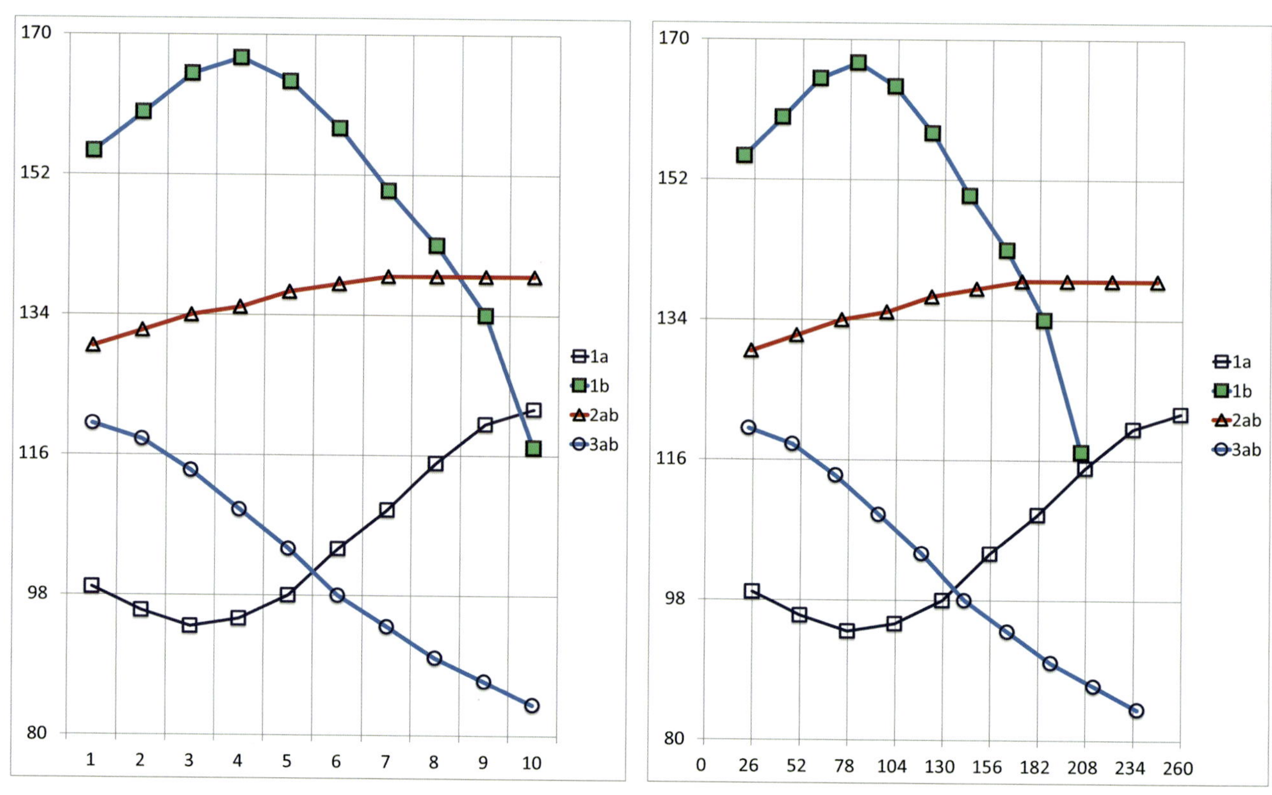

图 3－26a　单字调等长、实长音高模式－莒县莒南－OM

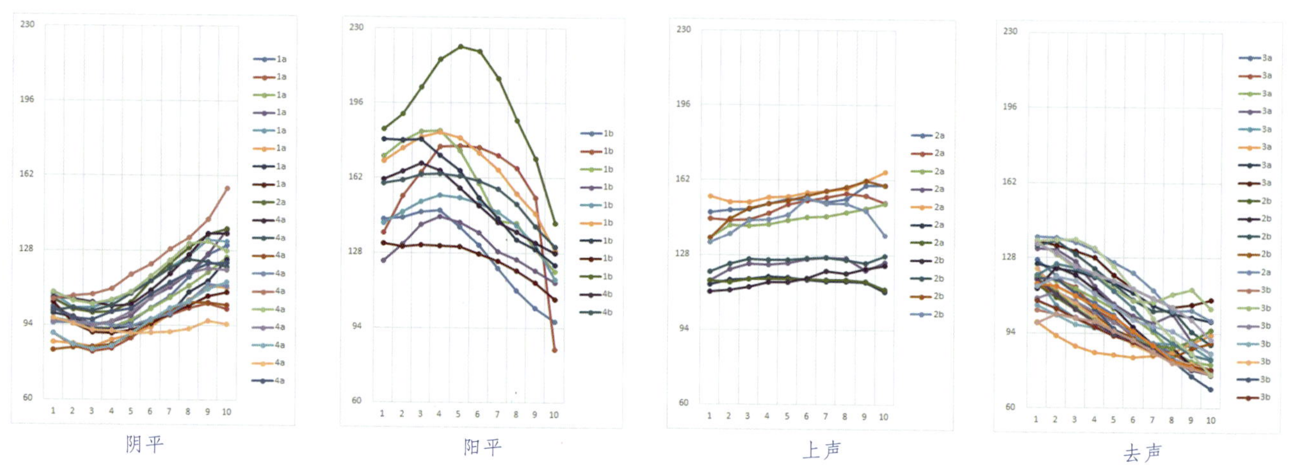

图 3－26b　今声调调域分布范围－莒县莒南－OM

老男的声调有 4 个（见图 3－26a）：

阴平 13、阳平 53、上声 34、去声 31。

今调域的分布情况（见图 3－26b）：

阴平在 12～23 之间；阳平在 232～453 之间；上声在 22～34 之间；去声在 21～32 之间。

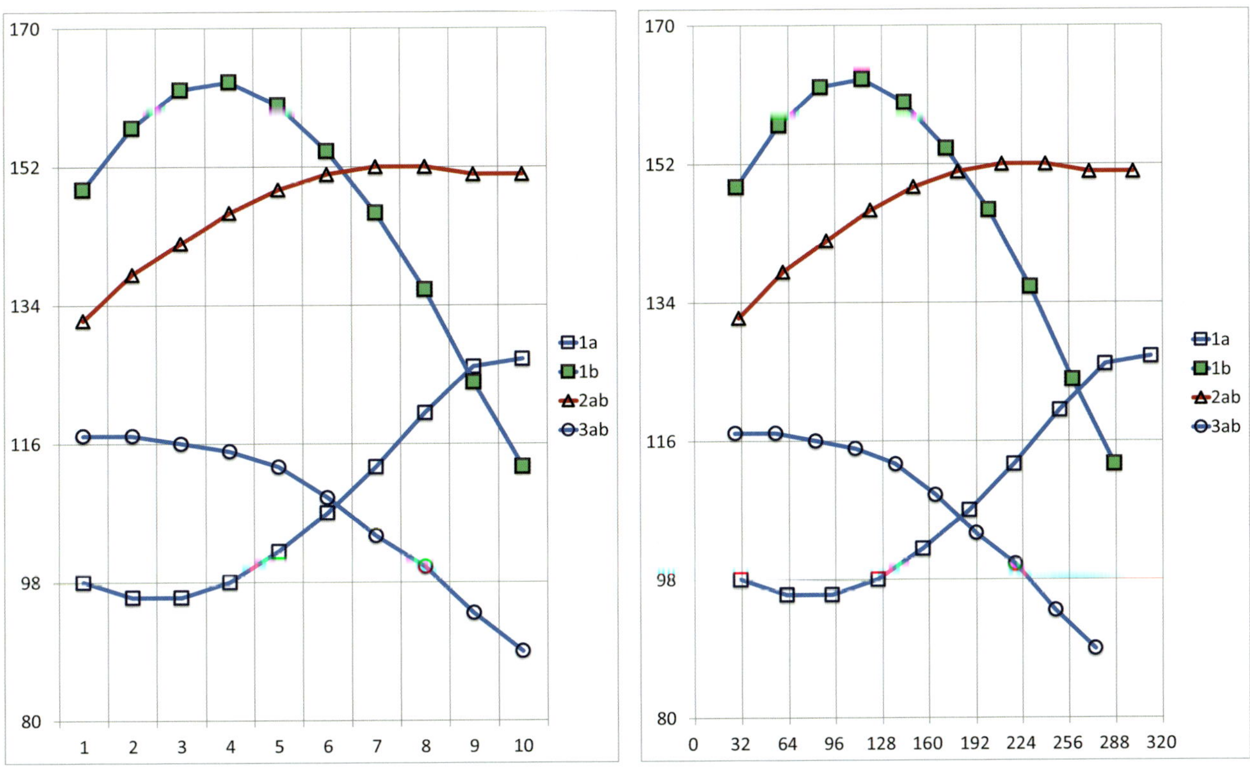

图 3－26c 单字调等长、实长音高模式－莒县莒南－YM

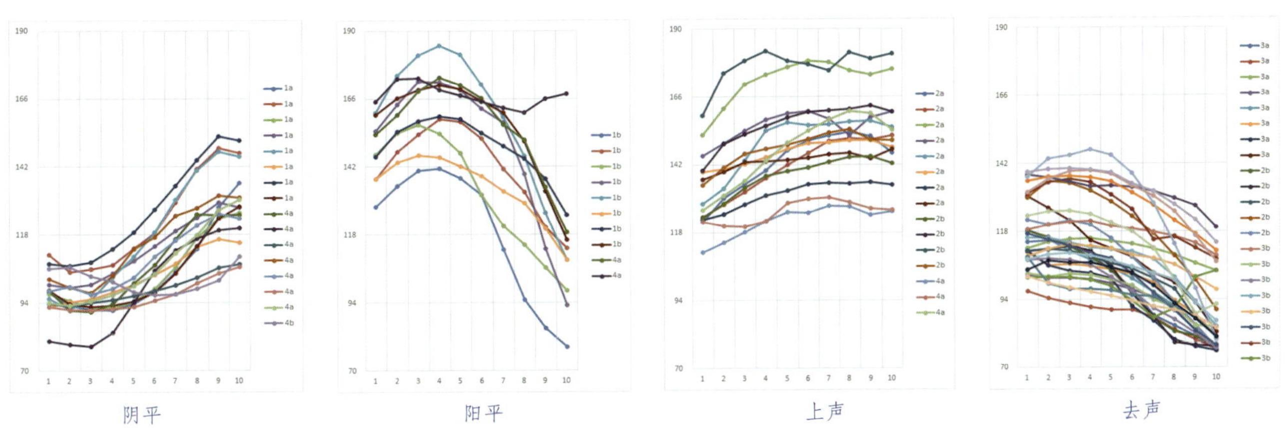

图 3－26d 今声调调域分布范围－莒县莒南－YM

青男的声调有 4 个（见图 3－26c）：

阴平 13、阳平 452、上声 34、去声 31。

今调域的分布情况（见图 3－26d）：

阴平在 12～24 之间；阳平在 341～453 之间；上声在 23～45 之间；去声在 21～43 之间。

3.3.4 章桓小片

东营利津

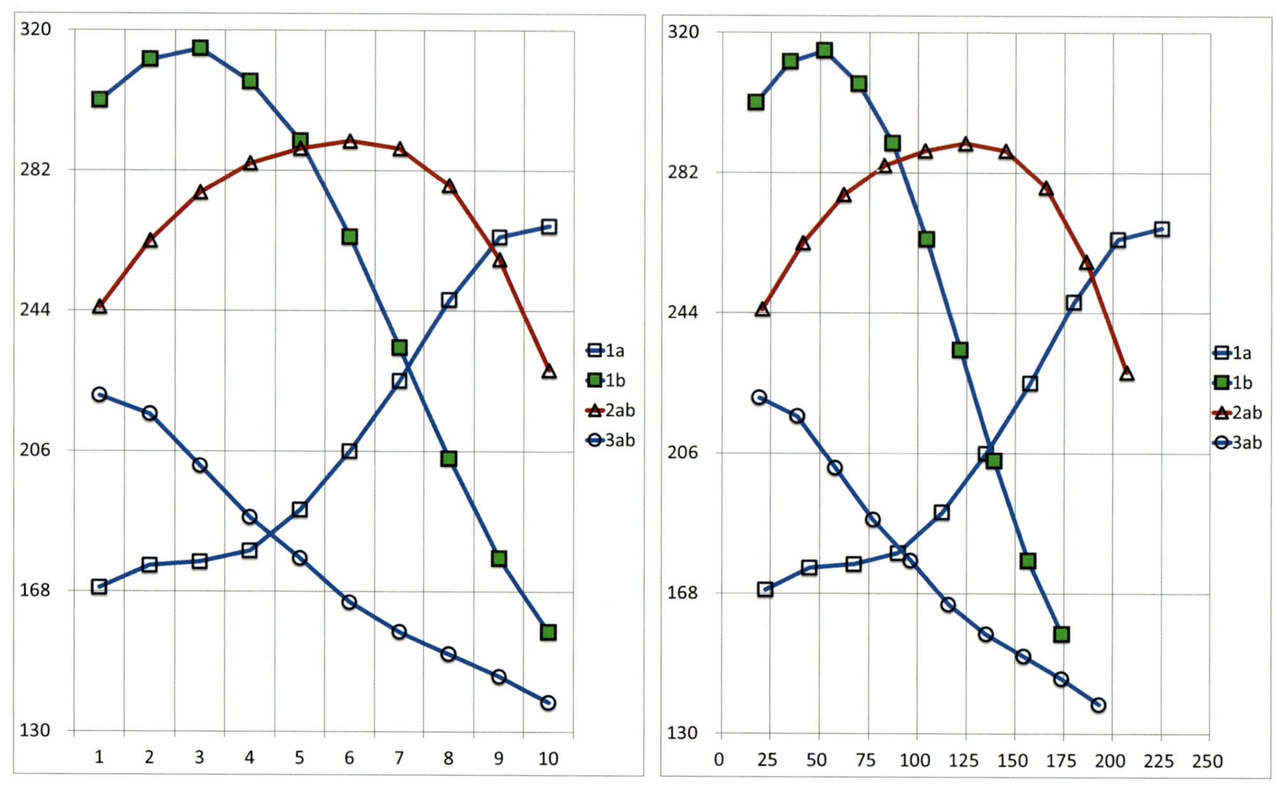

图 3－27a　单字调等长、实长音高模式－东营利津－OM

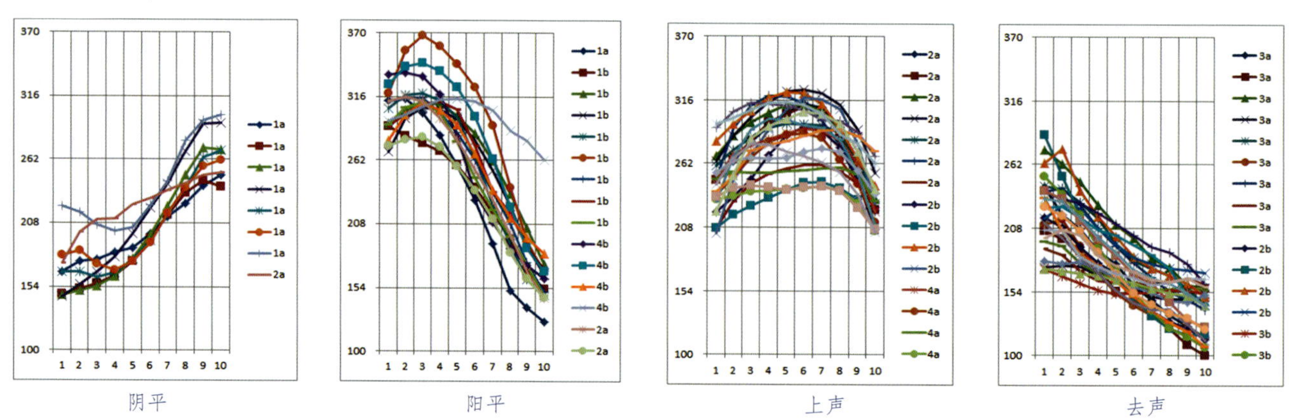

图 3－27b　今声调调域分布范围－东营利津－OM

老男的声调有 4 个（见图 3－27a）：

阴平 24、阳平 51、上声 453、去声 31。

今调域的分布情况（见图 3－27b）：

阴平在 23～24 之间；阳平在 41～52 之间；上声在 343～454 之间；去声在 21～42 之间。

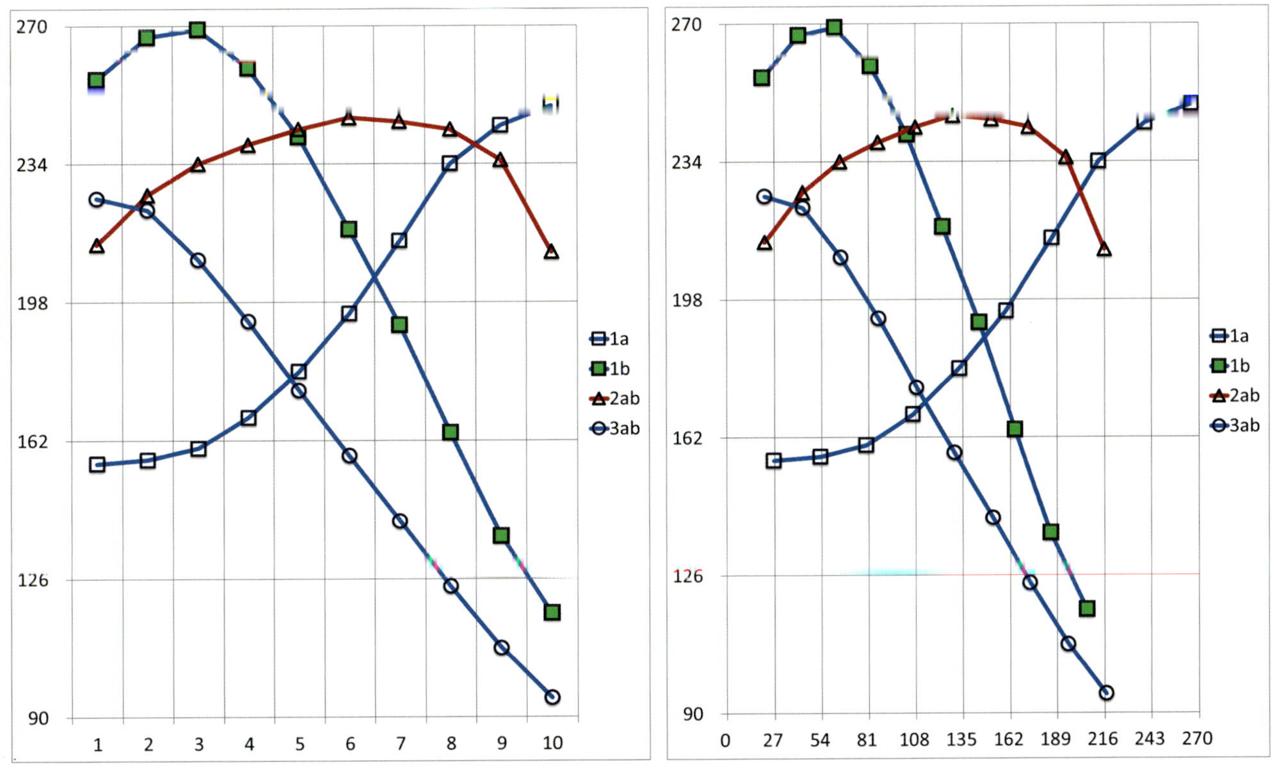

图 3－27c　单字调等长、实长音高模式－东营利津－YM

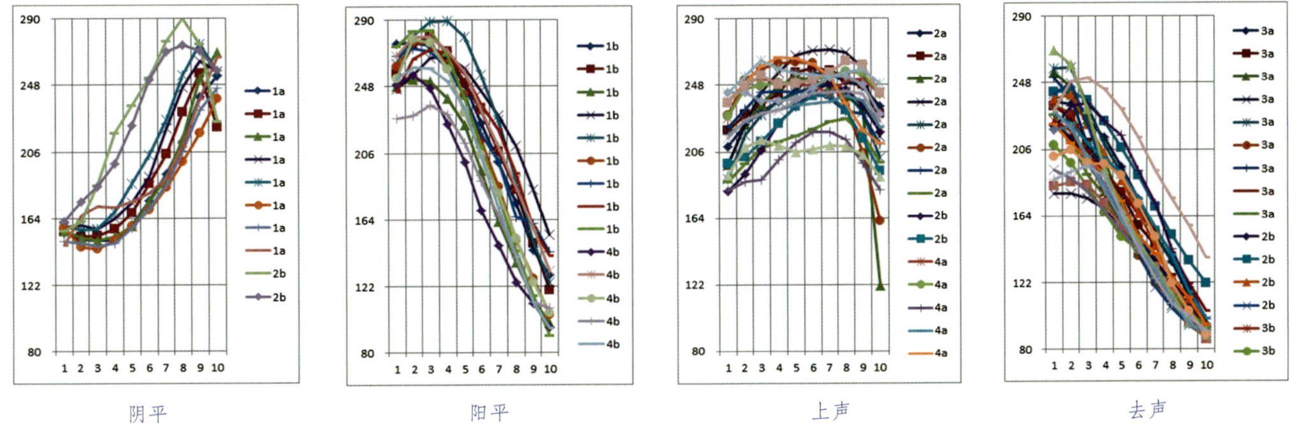

图 3－27d　今声调调域分布范围－东营利津－YM

青男的声调有 4 个（见图 3－27c）：

阴平 25、阳平 51、上声 454、去声 41。

今调域的分布情况（见图 3－27d）：

阴平在 24～25 之间；阳平在 41～52 之间；上声在 343～454 之间；去声在 31～52 之间。

3.4 冀鲁官话声调小结

这一部分的结论主要参照《中国语言地图集》(2012)“B1 -3 官话之三 冀鲁官话”。

(1) 总体特点。

从声调调型和声学模式来看，冀鲁官话的调型主要表现为以升调、降调为主的形式，有较丰富的拱度调型，平调的变化形式非常复杂。冀鲁官话保唐片上声、去声调值与北京官话较为一致，阴平、阳平的调值则与北京官话不同。

1987 年版的《中国语言地图集》把冀鲁官话叫做“北方官话”。从古今声调的派生角度来看，冀鲁官话的主要特征，是李荣(1985)曾做的概括：“冀鲁官话的特性是古清音入声今读阴平，古次浊入声今读去声（古清音读阴平与古次浊入声读去声蕴涵古全浊入声读阳平），前者是冀鲁和中原两区的共性，与其他五区分开。后者是冀鲁、兰银、胶辽、北京四区的共性，与其他三区分开。”

刘淑学(2000)举例说明如下：冀鲁官话古次浊和全浊入声的归类一致性很强，如“六药麦月”（次浊）读去声，“局宅杂读”（全浊）读阳平。至于只有 3 个调类的方言，如盐山等县市，古浊平和清上、次浊上不分，“局宅杂读”归上声；井陉等县市，平声不分阴阳，“局宅杂读”归平声。这种古今声调演变的格局几乎没有例外。

(2) 冀鲁官话内部各片方言的声调特点。

根据贺巍的研究，北京官话和冀鲁官话的主要差别是古入声清音声母字的今调类、调值。刘淑学进一步说明，冀鲁官话区分为保唐、石济、沧惠三片，它们也有各自的特点：从古清入字今读的情况来看，石济片为阴平，沧惠片也多数读阴平，少数读上声，保唐片则是分为阴阳上去四声，大的规律与北京话一致。

根据刘淑学的统计，石济片方言点清声母入声字 70% 以上读阴平，沧惠片方言点清声母入声字读阴平的比例普遍低于石济片，保唐片古入声清音声母字分归阴阳上去四声，其中归阴平、上声的字比北京多是本片的特点。

北京官话和冀鲁官话保唐片古入声清音声母字今均归阴阳上去四声，除了它们归各调的比例不同外，它们的调值差别也较大。贺巍指出：北京官话古今声调演变的情况和北京话相同，古入声今归阴阳上去四声……，并且四声的调值也和北京话接近。而保唐片阴阳上去四声的调值跟北京话差别显著，这也是把保唐片划归冀鲁官话的一个根据。

此外章桓小片的古入声清音声母字，多数自成一个调类，少数今读阴平。唐县、顺平县方言有阴平、阳平、上声、去声四个声调，清声母入声字基本归上声。井陉县、石家庄西郊方言只有三个声调，平声不分阴阳，清声母入声字基本归上声。晋州市、无极县方言有阴平、阳平、上声、去声四个声调，清声母入声字基本归阳平。

3.5 冀鲁官话主要方言点的调类调值对照

冀鲁官话主要方言点的调类调值对照如表 3－2 所示。

表 3－2 冀鲁官话主要方言点的调类调值对照

片	小片	方言点	选点	阴平 1a	阳平 1b	上声 2ab	去声 3ab	调类数量	备注
保唐片	涞阜小片	广灵（山西）	壶泉镇	53	31	44	213	4	语保 OM
		阜平（河北）	阜平镇	31	24	55	53	4	语保 OM
	定霸小片	保定（河北）	满城区满城镇	45	22	213	512	4	语保 OM
		静海（天津）	静海镇	31	55	213	53	4	语保 OM
	天津小片	天津	津南区咸水沽镇	43	55	213	31	4	语保 OM
	蓟遵小片	平谷（北京）	平谷镇	35	55	213	51	4	语保 OM（语保中属于北京官话京师片）
		宝坻（天津）	钰华街道	55	33	213	51	4	语保 OM
		唐山（河北）	唐山	34	41	312	51	4	及转转，阎锦婷（2018）
		蓟州（天津）	渔阳镇	55	33	213	51	4	语保 OM
	滦昌小片	昌黎（河北）	昌黎镇	42	24	213	453	4	语保 OM
		滦县（河北）	滦县	11		213	55	3	知网
	抚龙小片	抚宁（河北）	抚宁	33	35	214	51	4	知网
		秦皇岛（河北）	秦皇岛	42	24	213	453	4	语保 OM
石济片	赵深小片	石家庄（河北）	无极县无极镇	31	213	35	51	4	语保 OM
		辛集（河北）	辛集镇	33	354	324	41	4	语保 OM
	邢衡小片	衡水（河北）	桃城区河西街道	24	53	55	31	4	语保 OM
			衡水	213	53	55	31	4	钱曾怡，曹志耘，罗福腾（1987）
		邢台（河北）	桥东区北大街	34	53	55	31	4	语保 OM

（续上表）

片	小片	方言点	选点	阴平 1a	阳平 1b	上声 2ab	去声 3ab	调类数量	备注
石济片	聊泰小片	清河（河北）	清河	214	53	44	413	4	钱曾怡，曹志赟，罗福腾（1987）
		邯郸（河北）	馆陶县馆陶镇	24	52	44	213	4	语保 OM
			馆陶	324	53	55	312	4	钱曾怡，曹志赟，罗福腾（1987）
			邯郸	31	53	55	313	4	
		济南（山东）	天桥区	213	42	55	21	4	语保 OM
		淄博（山东）	张店区马尚街道	214	55		31	3	语保 OM
沧惠片	黄乐小片	沧州（河北）	沧县旧州镇	23	55		41	3	语保 OM
		德州（山东）	乐陵	24	55		51	3	语保 OM
	阳寿小片	寿光（山东）	圣城街道	213	53	55	21	4	语保 OM
	莒照小片	日照（山东）	东港区日照街道	213	53	44	31	4	语保 OM
		莒南（山东）	大埠南村	213	53	55	312	4	语保 OM
	章桓小片	利津（山东）	利津县凤凰城街道	213	53	55	31	4	语保 OM

参考文献

［1］陈淑静．河北保定地区方言的语音特点［J］．方言，1986（2）．

［2］陈淑静．平谷方言研究［M］．保定：河北大学出版社，1998.

［3］侯精一．现代汉语方言概论［M］．上海：上海教育出版社，2002.

［4］侯精一．济南话音档［M］．上海：上海教育出版社，1998.

［5］及转转，阎锦婷．唐山方言语音和语调的实验分析［J］．唐山师范学院学报，2018，40（1）．

［6］李荣．官话方言的分区［J］．方言，1985（1）．

［7］刘淑学．中古入声字在河北方言中的读音研究［M］．保定：河北大学出版社，2000.

［8］钱曾怡．济南方言词典［J］．南京：江苏教育出版社，1997.

［9］钱曾怡，曹志耘，罗福腾．河北省东南部三十九县市方音概况［J］．方言，1987（3）.

［10］钱曾怡，高文达，张志静．山东方言的分区［J］．方言，1985（4）.

［11］中国社会科学院，澳大利亚人文科学院．中国语言地图集［M］．香港：香港朗文（远东）有限公司，1987.

［12］中国社会科学院语言研究所，中国社会科学院民族学与人类学研究所，香港城市大学语言资讯科学研究中心．中国语言地图集［M］．2 版．北京：商务印书馆，2012.

4 胶辽官话

胶辽官话的分布，除了山东胶东地区外，辽宁辽东、黑龙江也有胶辽官话的方言岛。

《中国语言地图集》(2012) 以古清声母入声字今读上声作为划分胶辽官话区的标准，将胶辽官话分为三个片：登连片、青莱片、盖桓片。分片的标准主要有两条：先以古知庄章三组字声母的今读划出盖桓片，盖桓片今读一类，而青莱、登连两片分读两类；再以古见组字今读［c cʻ ç］分出登连片，青莱和盖桓两片都不读［c cʻ ç］。这种划分反映了胶辽官话的基本特点和内部差异，各片内部的多数特征比较一致，而三片之间的差别比较明显。

下面是本书胶辽官话各片的选点情况，如表 4－1 所示。

表 4－1 胶辽官话的分片选点

片	小片	方言点	序号
登连片	烟威小片	烟台芝罘（山东）	4－1
		威海荣成（山东）	4－2
		烟台海阳（山东）	4－3
		庄河城关（辽宁）	4－4
	蓬龙小片	长岛南长山（山东）	4－5
青莱片	胶莲小片	青岛－《音库》	4－6
		平度东阁（山东）	4－7
		高密密水（山东）	4－8
	莱昌小片	烟台莱州（山东）	4－9
		潍坊昌邑（山东）	4－10
	青临小片	潍坊临朐（山东）	4－11
盖桓片		营口盖州（辽宁）	4－12
		丹东振兴（辽宁）	4－13
		虎林新乐（黑龙江）	4－14

4.1 登连片

4.1.1 烟威小片

1. 烟台芝罘

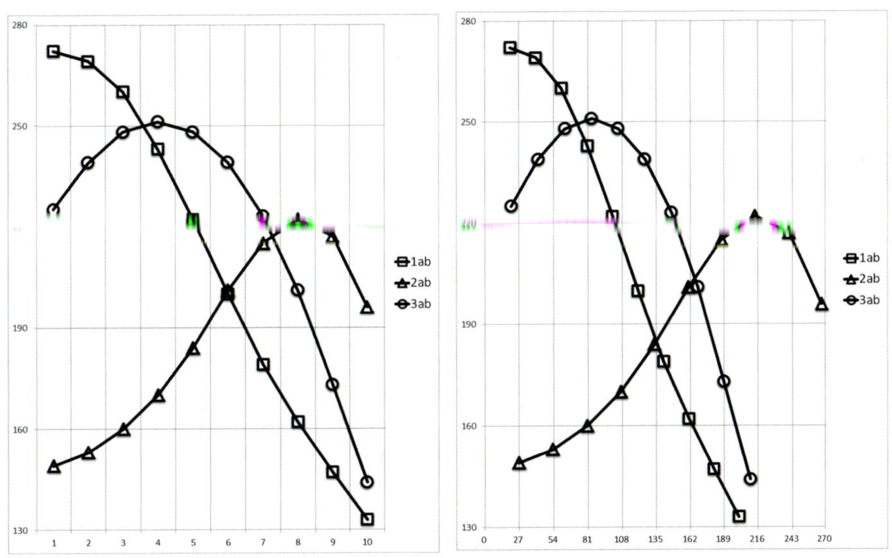

图 4－1a 单字调等长、实长音高模式－烟台芝罘－OM

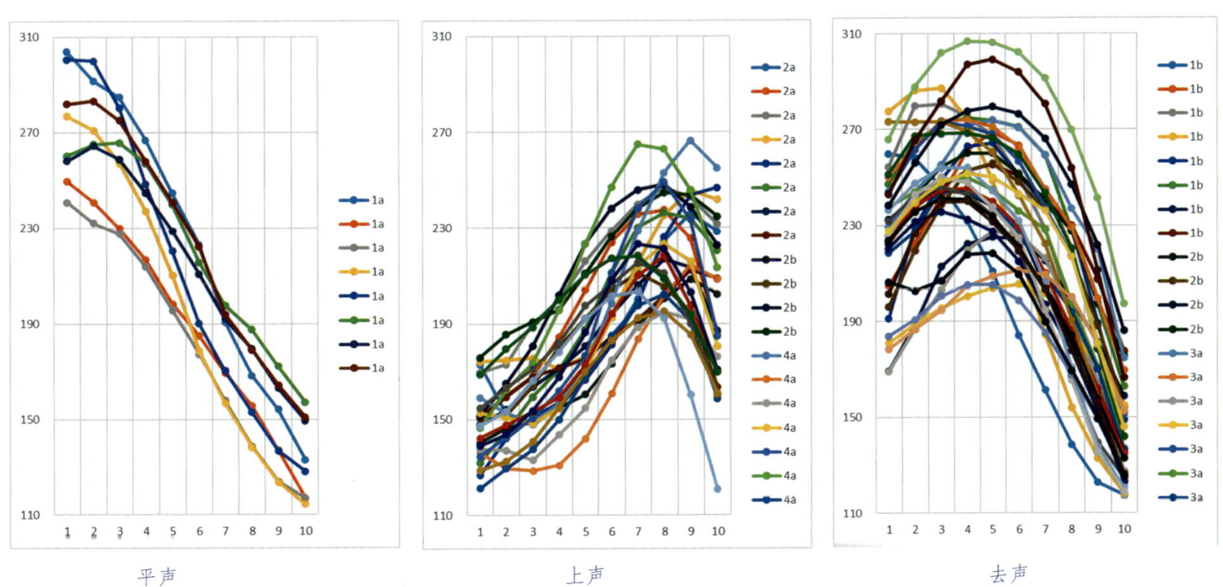

图 4－1b 今声调调域分布范围－烟台芝罘－OM

老男的声调有 3 个（见图 4－1a）：

平声 51、上声 132、去声 441。

今调域的分布情况（见图 4－1b）：

平声在 41～52 之间；上声在 12～24 之间；去声在 231～453 之间。

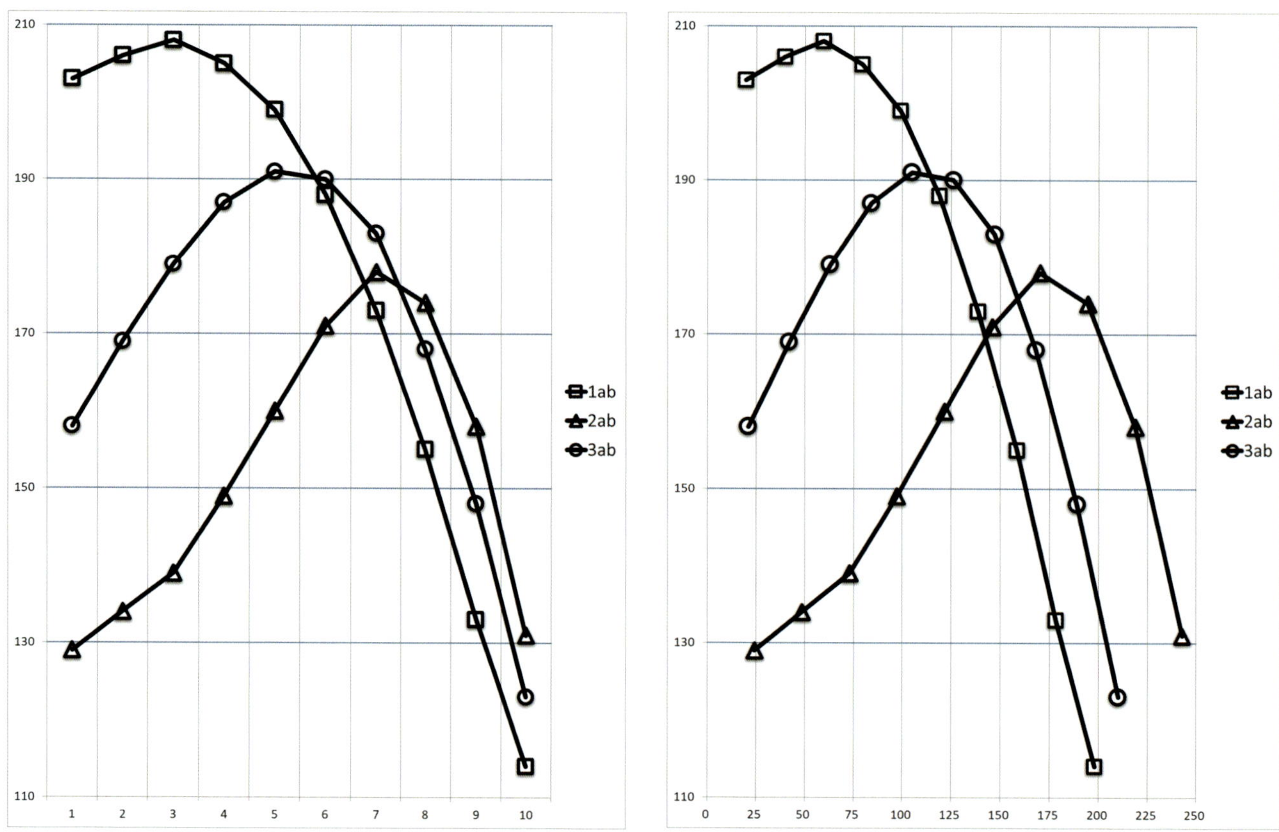

图4-1c　单字调等长、实长音高模式-烟台芝罘-YM

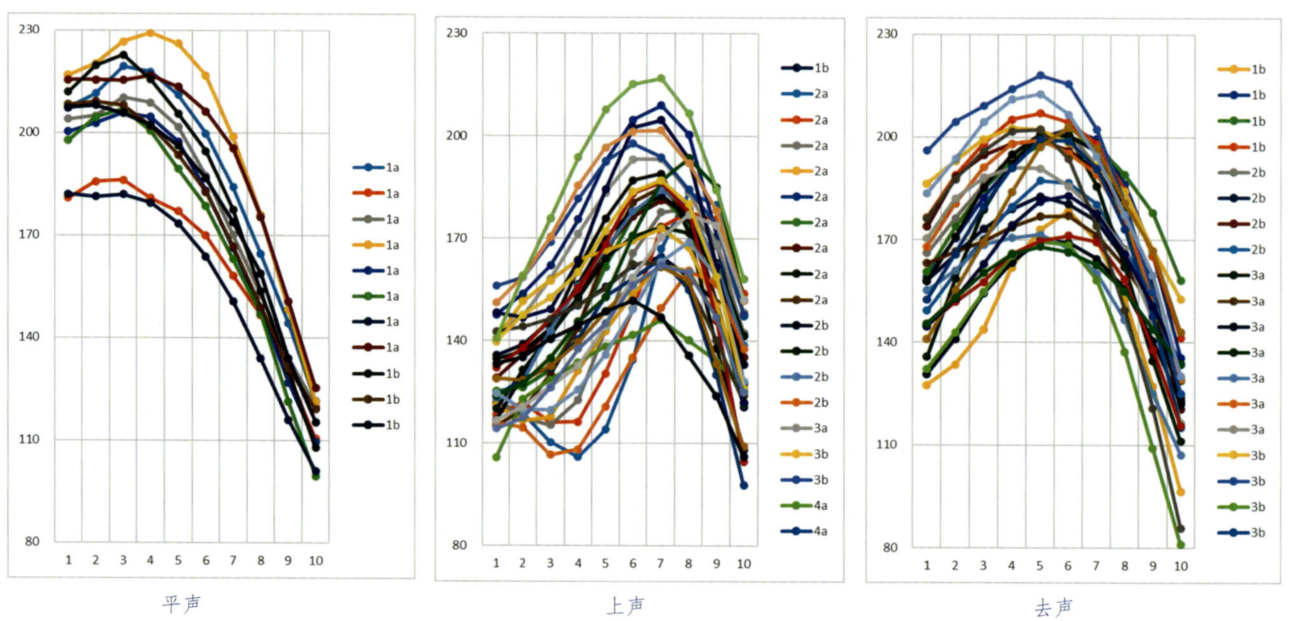

图4-1d　今声调调域分布范围-烟台芝罘-YM

青男的声调有3个（见图4-1c）：

平声51、上声242、去声341。

今调域的分布情况（见图4-1d）：

平声在41~52之间；上声在231~353之间；去声在231~453之间。

2. 威海荣成

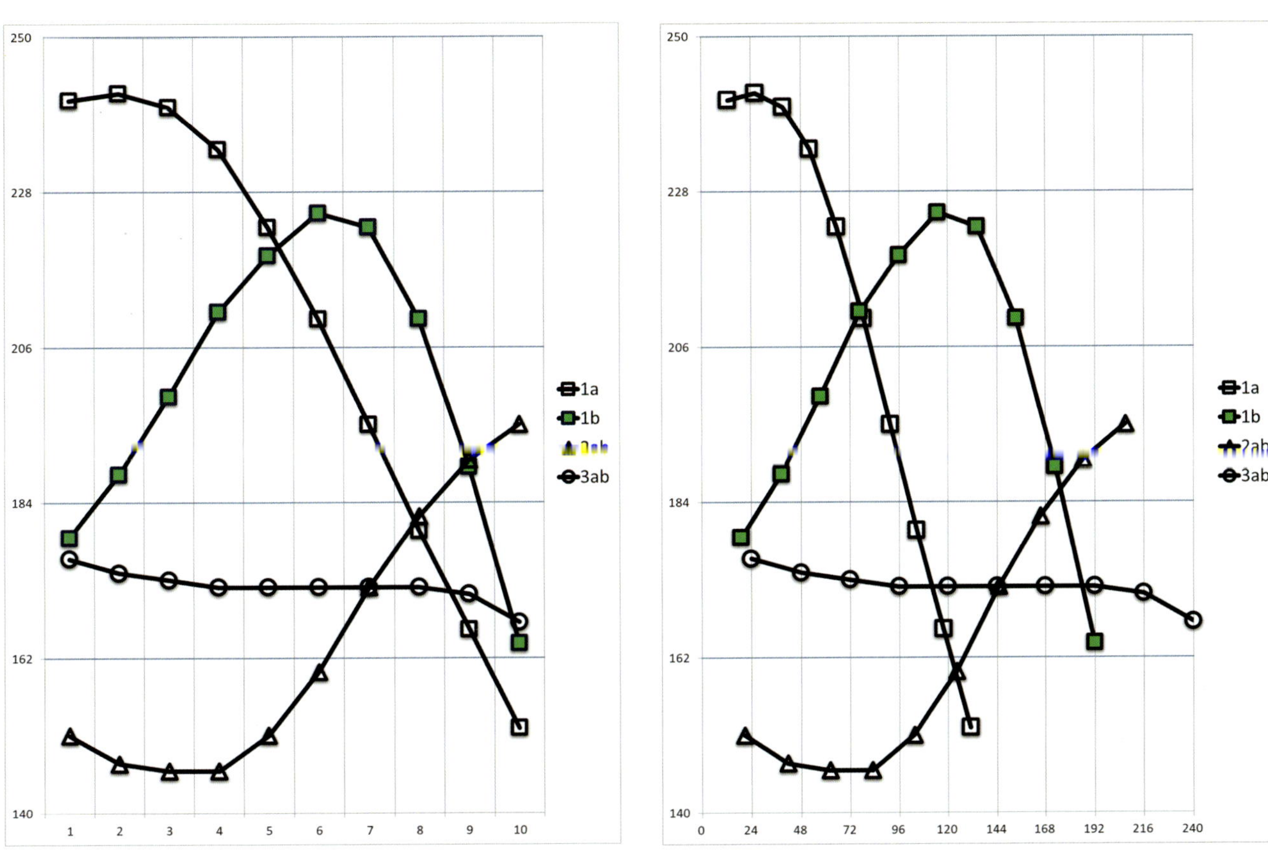

图 4－2a　单字调等长、实长音高模式－威海荣成－OM

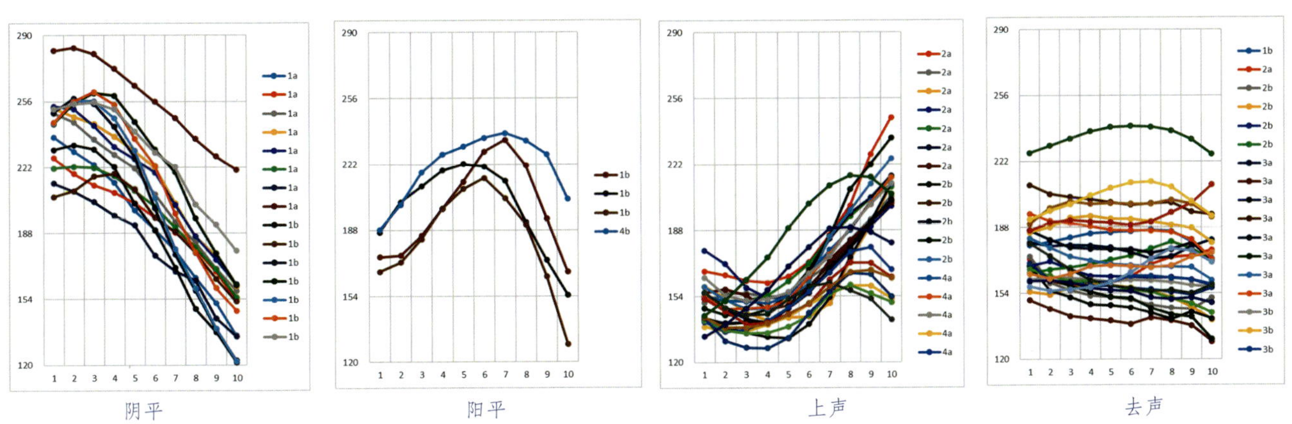

图 4－2b　今声调调域分布范围－威海荣成－OM

老男的声调有 4 个（见图 4－2a）：

阴平 51、阳平 242、上声 113、去声 22。

今调域的分布情况（见图 4－2b）：

阴平在 31～53 之间；阳平主要在 231～343 之间；上声在 112～224 之间；去声在 11～44 之间。

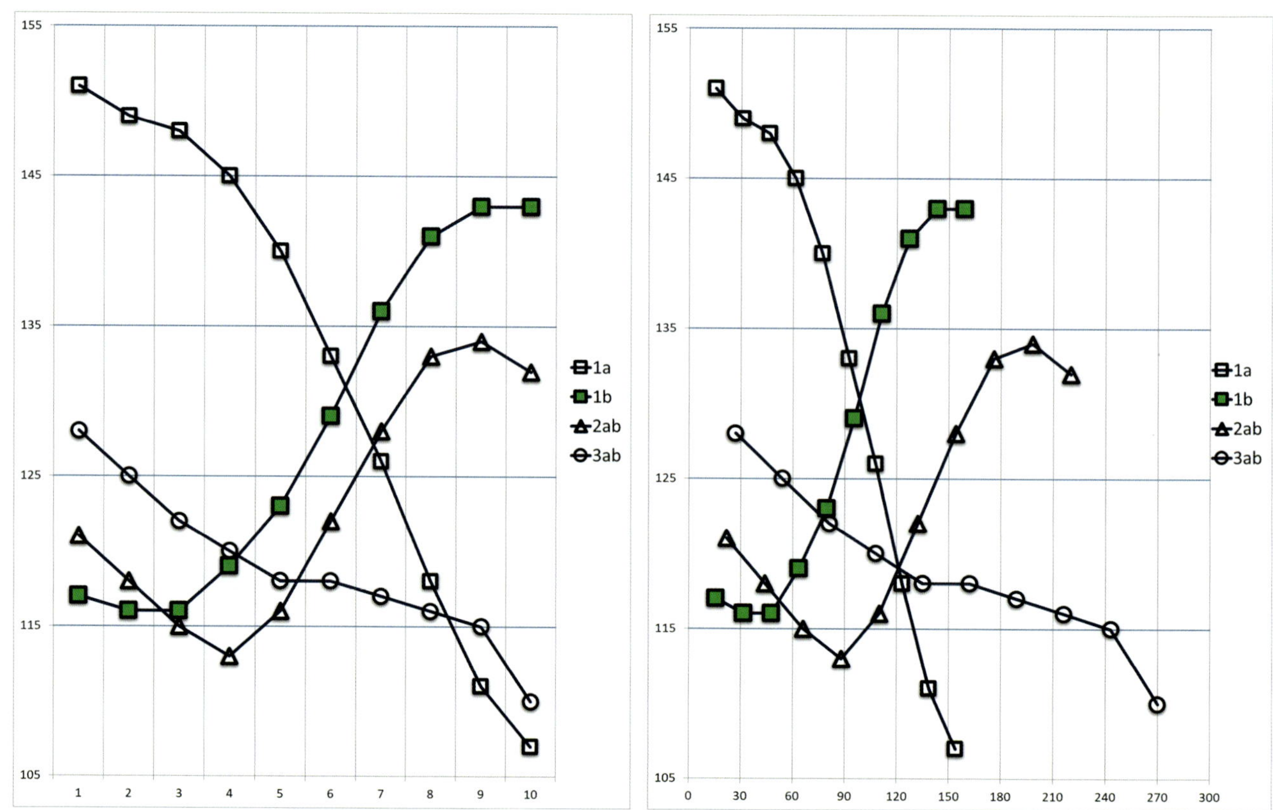

图 4－2c　单字调等长、实长音高模式－威海荣成－YM

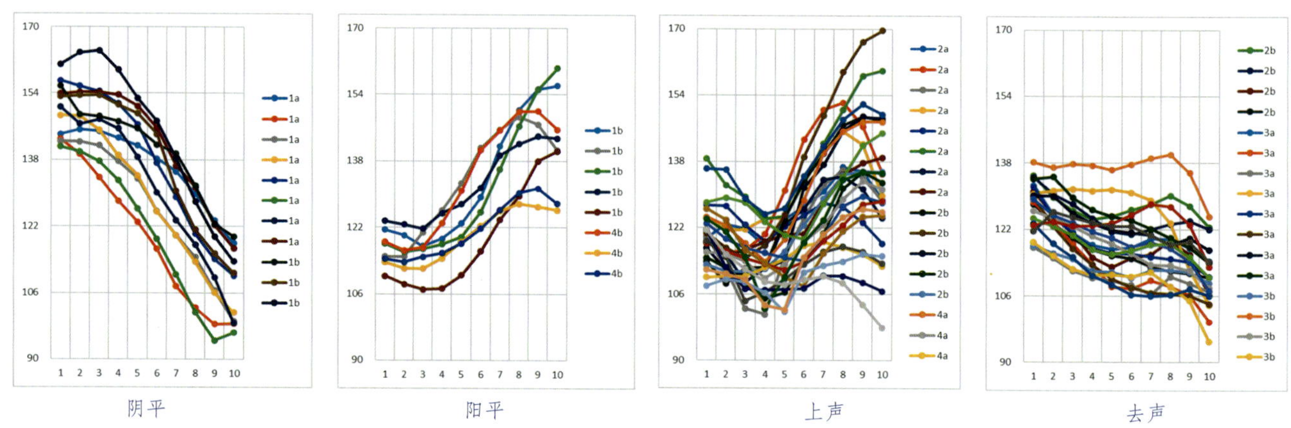

图 4－2d　今声调调域分布范围－威海荣成－YM

青男的声调有 4 个（见图 4－2c）：

阴平 51、阳平 24、上声 213、去声 31。

今调域的分布情况（见图 4－2d）：

阴平在 41～52 之间；阳平主要在 23～35 之间；上声在 212～325 之间；去声主要在 21～32 之间。

3. 烟台海阳

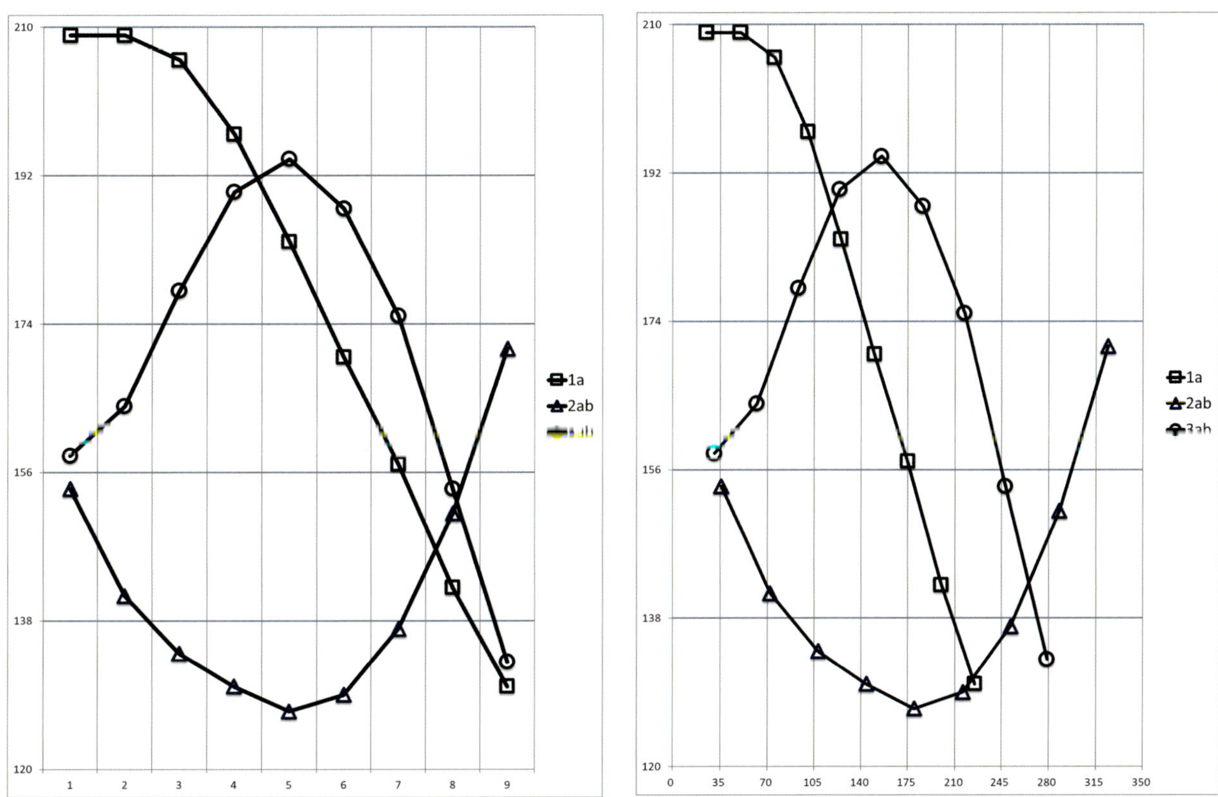

图4－3a　单字调等长、实长音高模式－烟台海阳－MM

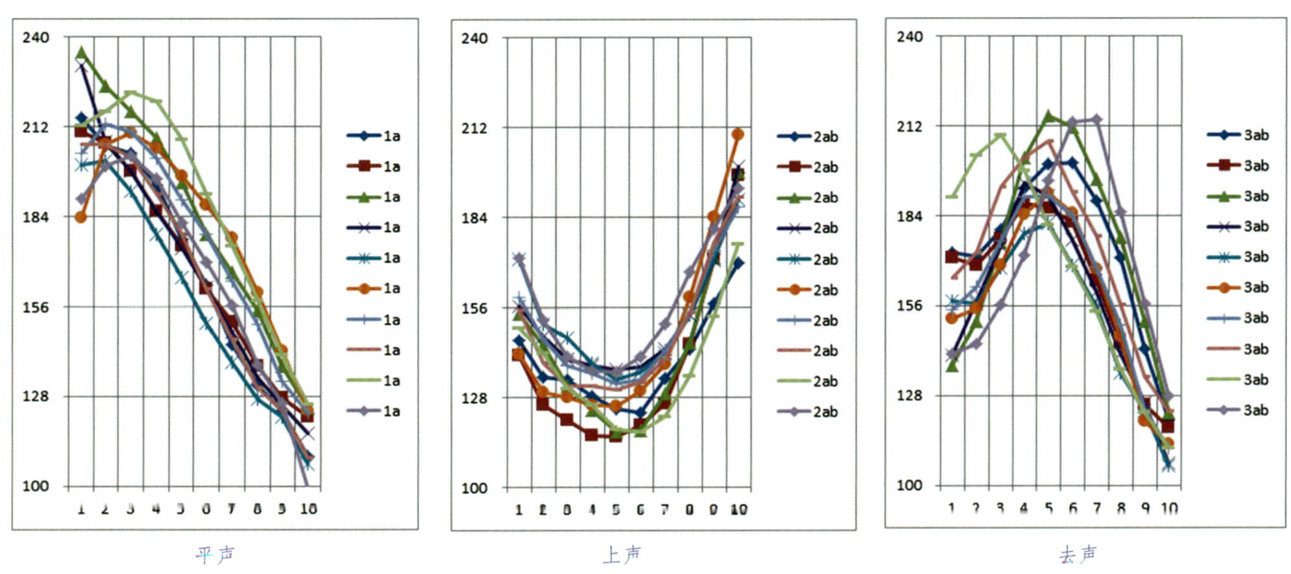

图4－3b　今声调调域分布范围－烟台海阳－MM

中男的声调有3个（见图4－3a）：

平声51、上声213、去声341。

今调域的分布情况（见图4－3b）：

平声在41～51之间；上声在213～324之间；去声在231～341之间。

4. 庄河城关

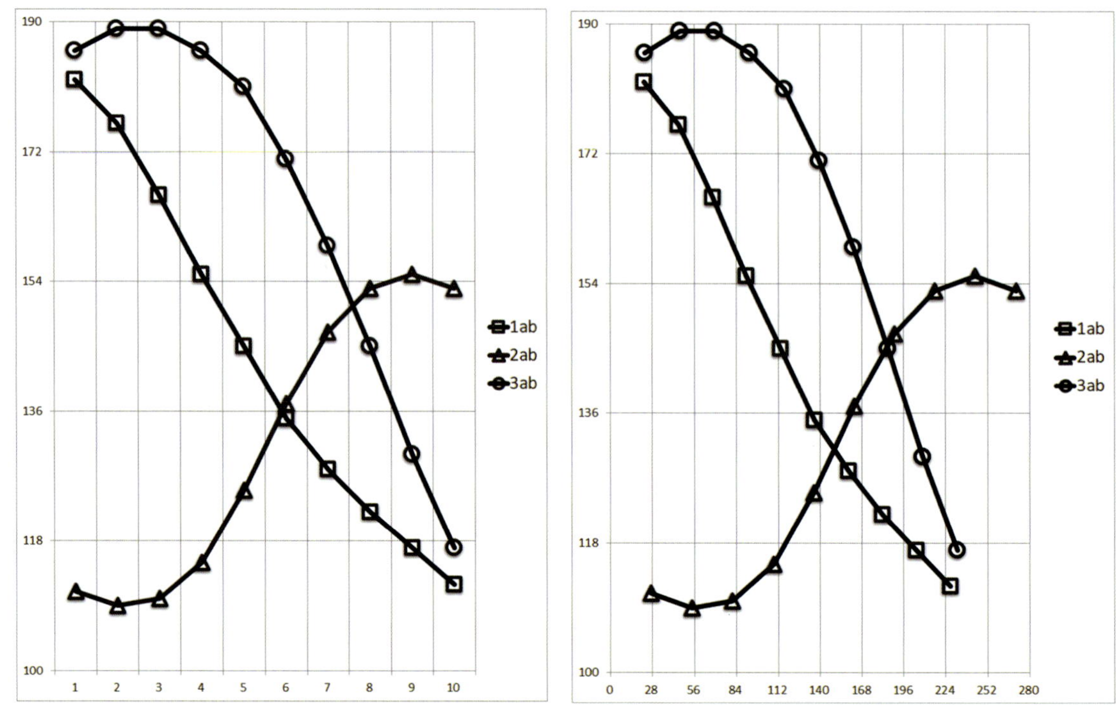

图 4－4a　单字调等长、实长音高模式－庄河城关－OM

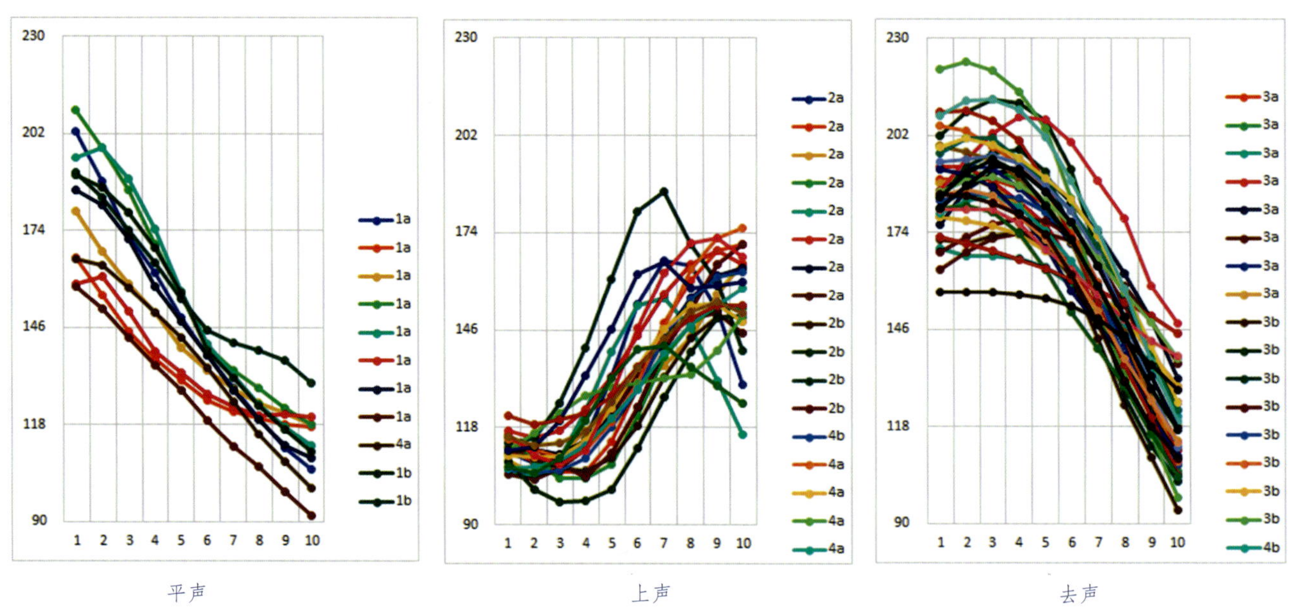

图 4－4b　今声调调域分布范围－庄河城关－OM

老男的声调有 3 个（见图 4－4a）：

平声 51、上声 13、去声 52。

今调域的分布情况（见图 4－4b）：

平声在 31～52 之间；上声主要在 12～23 之间；去声在 31～53 之间。

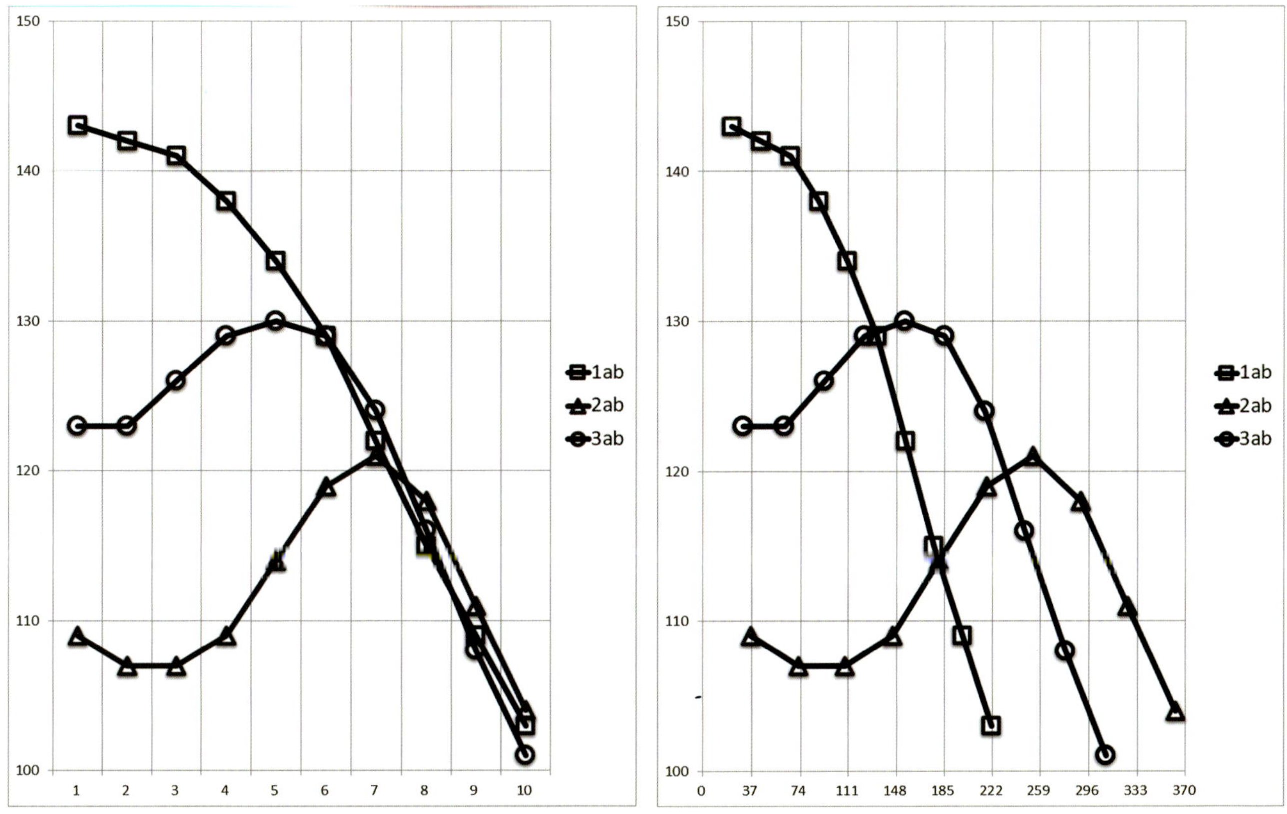

图 4-4c 单字调等长、实长音高模式-庄河城关-YM

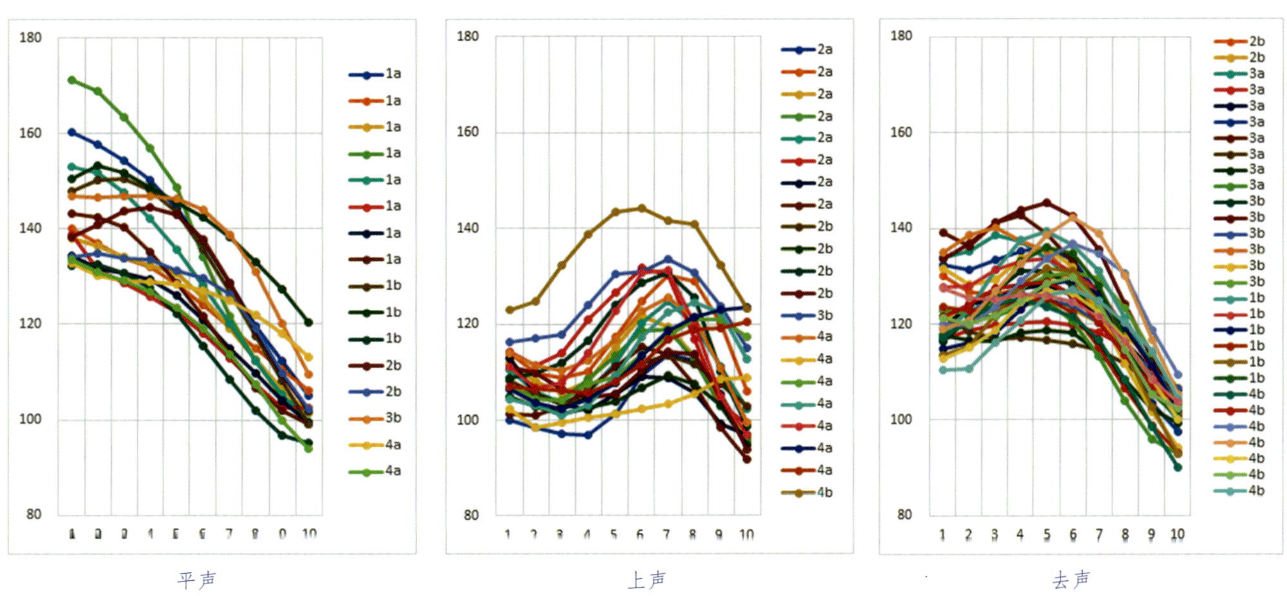

图 4-4d 今声调调域分布范围-庄河城关-YM

青男的声调有 3 个（见图 4-4c）：

平声 51、上声 232、去声 341。

今调域的分布情况（见图 4-4d）：

平声在 31～52 之间；上声在 121～343 之间，前后都有弯头的引音和翘尾的余音；去声在 231～342 之间。

4.1.2 蓬龙小片

长岛南长山

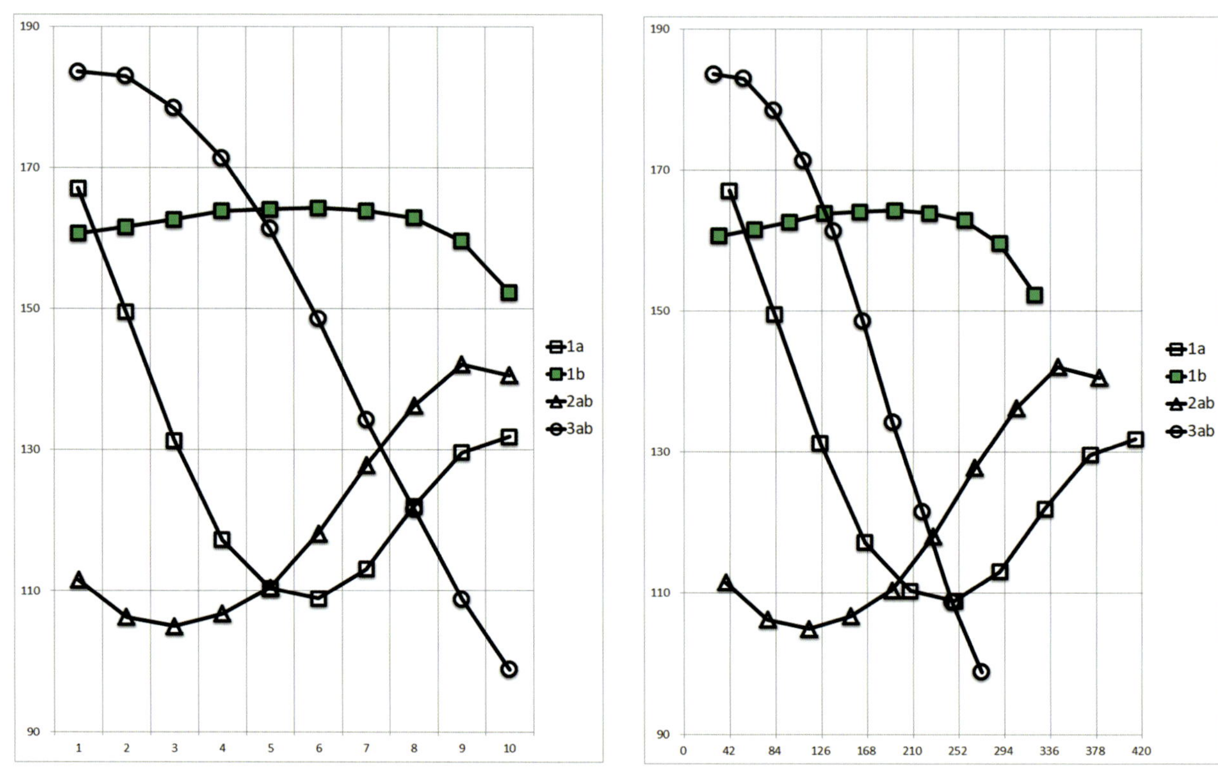

图 4－5a　单字调等长、实长音高模式－长岛南长山－OM

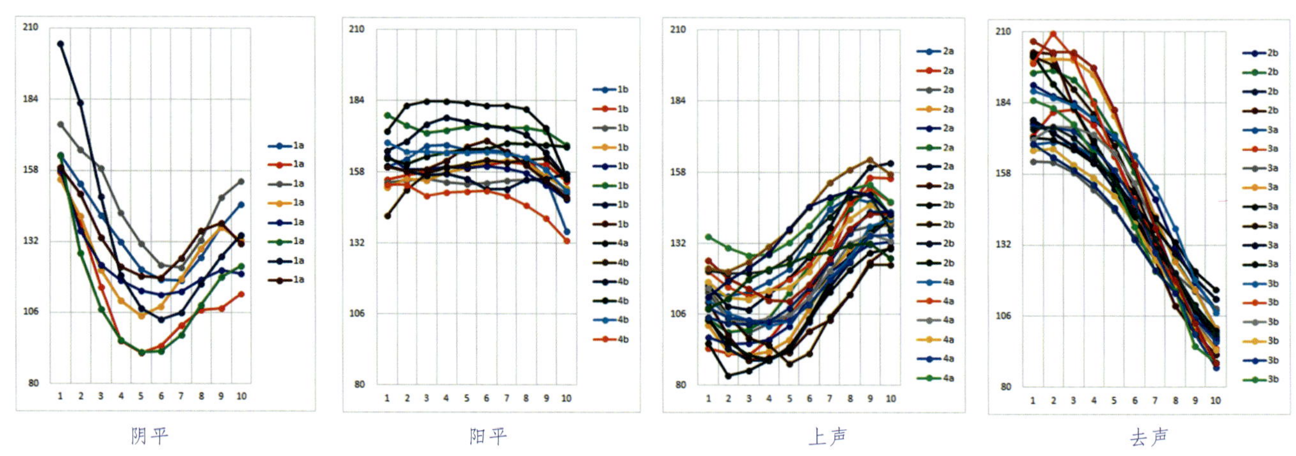

图 4－5b　今声调调域分布范围－长岛南长山－OM

老男的声调有 4 个（见图 4－5a）：

阴平 423、阳平 44、上声 13、去声 51。

今调域的分布情况（见图 4－5b）：

阴平在 312～523 之间；阳平主要在 33～44 之间；上声主要在 12～23 之间；去声在 41～52 之间。

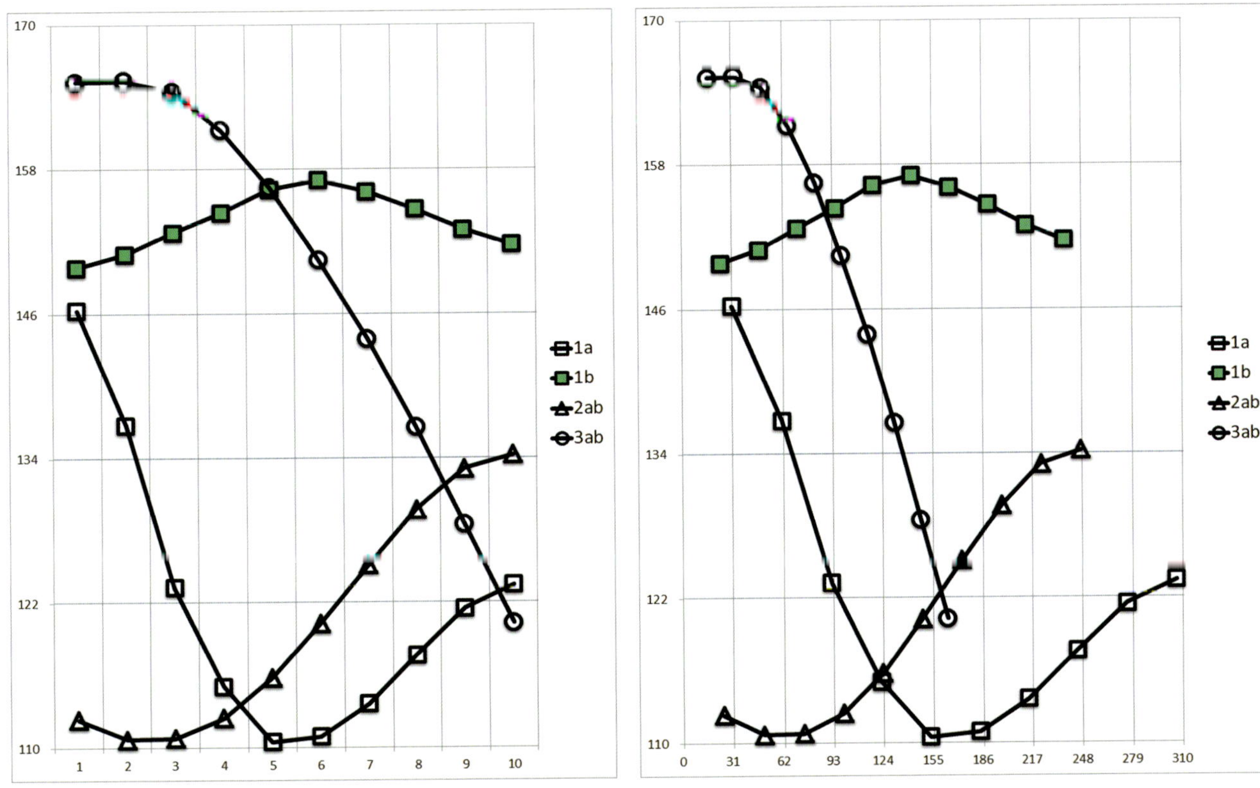

图 4－5c　单字调等长、实长音高模式－长岛南长山－YM

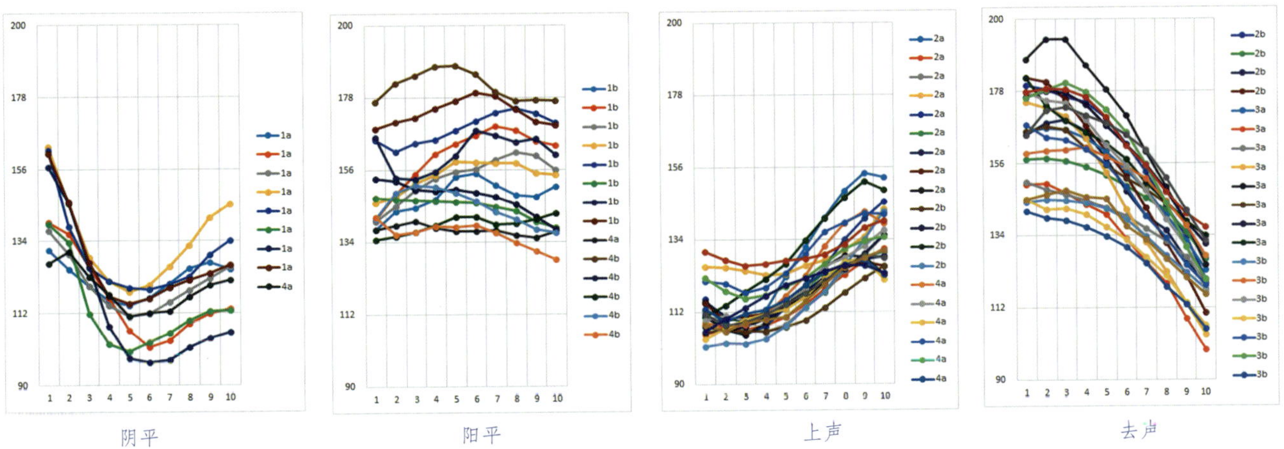

图 4－5d　今声调调域分布范围－长岛南长山－YM

青男的声调有 4 个（见图 4－5c）：

阴平 312、阳平 44、上声 12、去声 51。

今调域的分布情况（见图 4－5d）：

阴平主要在 212～423 之间；阳平主要在 33～44 之间；上声在 12～23 之间；去声主要在 31～53 之间。

4.2 青莱片

4.2.1 胶莲小片

1. 青岛 -《音库》

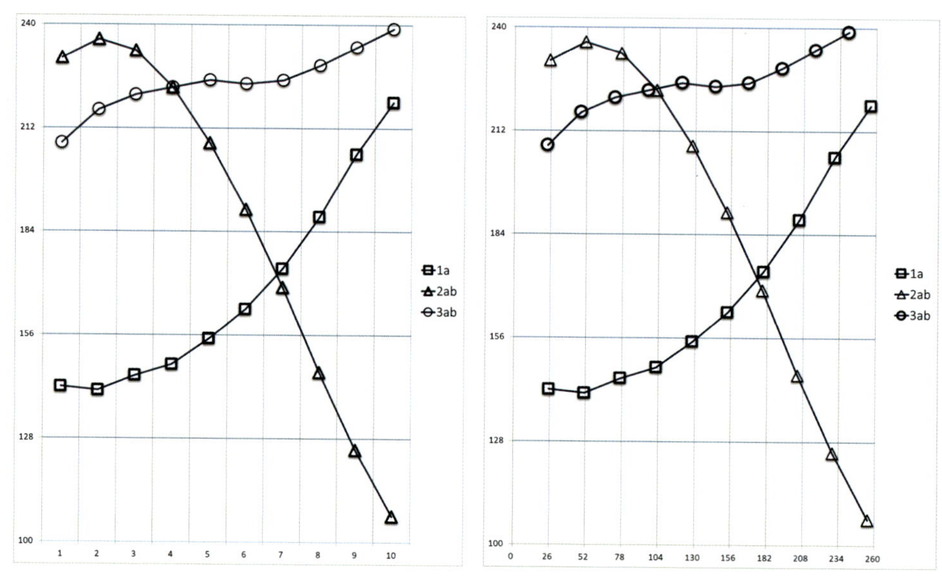

图 4-6a 单字调等长、实长音高模式 - 青岛 -《音库》

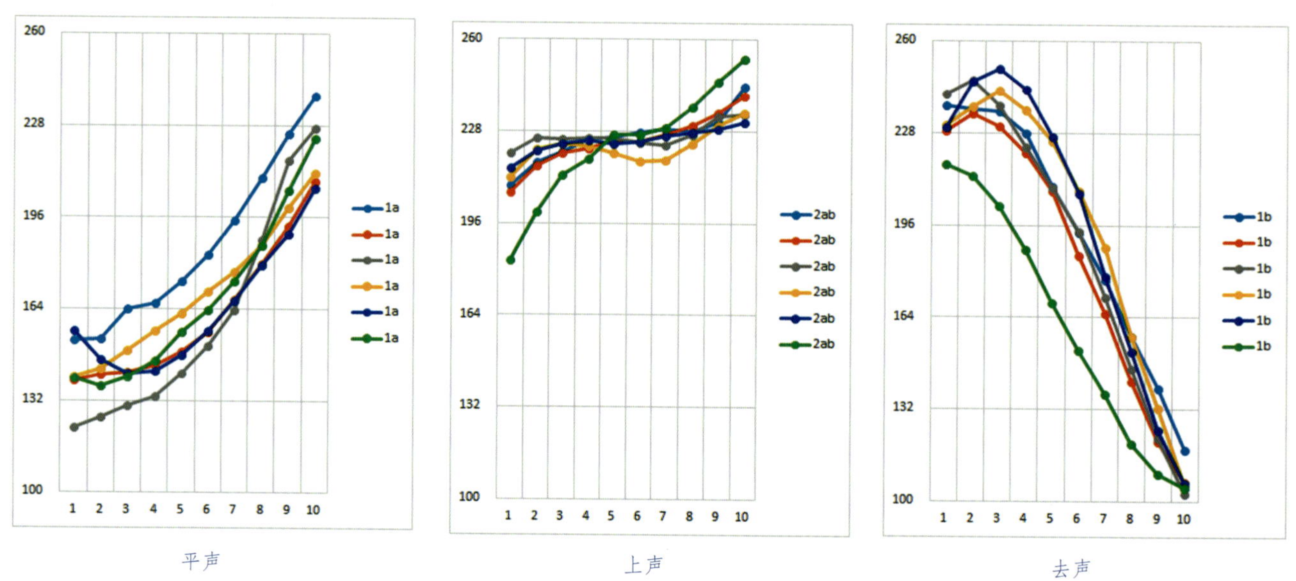

图 4-6b 今声调调域分布范围 - 青岛 -《音库》

《音库》的声调有 3 个（见图 4-6a）：

平声 25、上声 51、去声 45。

今调域的分布情况（见图 4-6b）：

平声主要在 14 ~ 25 之间；上声主要在 45 的范围；去声在 41 ~ 51 之间。

2 平度东阁

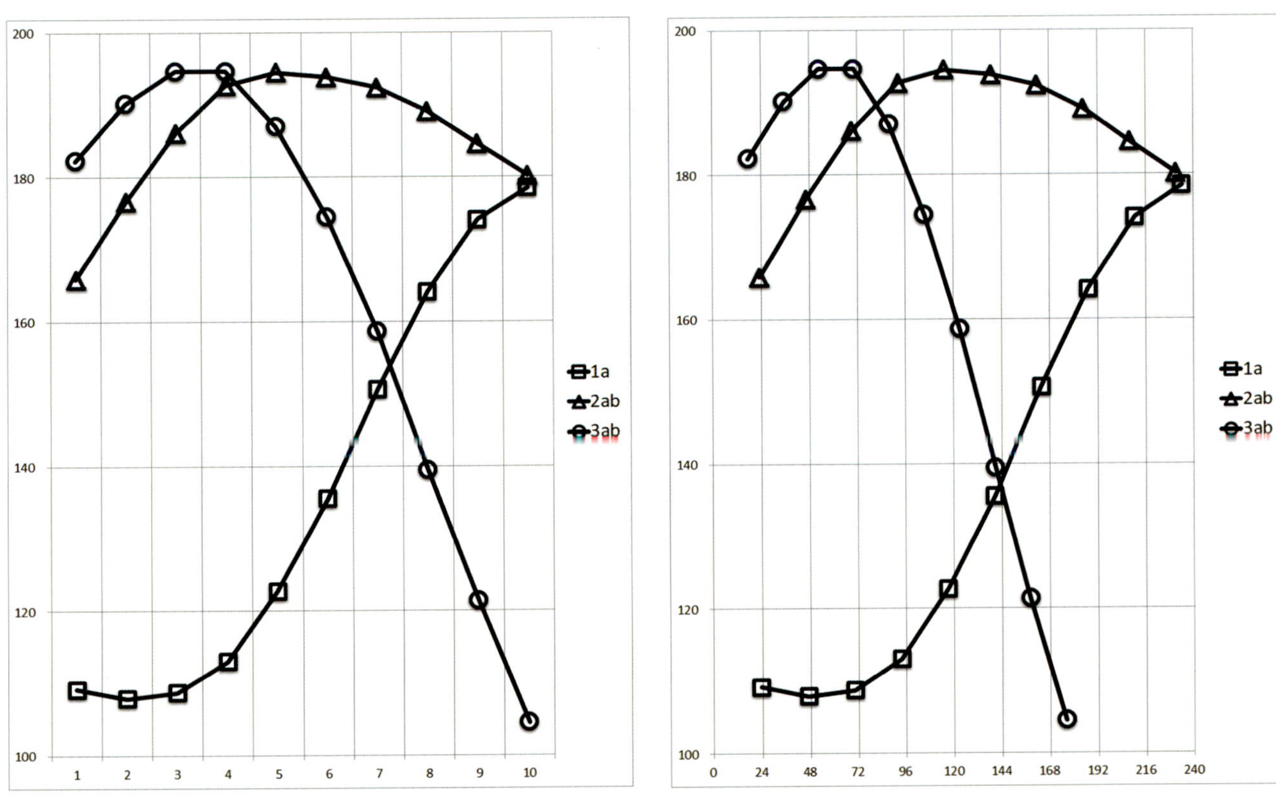

图 4－7a　单字调等长、实长音高模式－平度东阁－OM

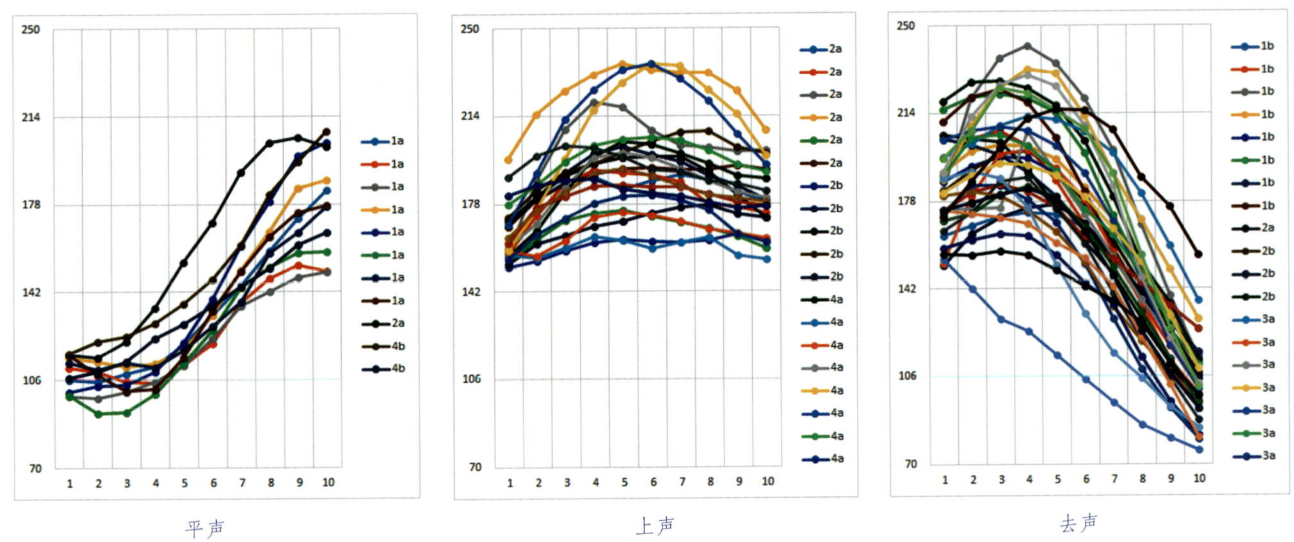

图 4－7b　今声调调域分布范围－平度东阁－OM

老男的声调有 3 个（见图 4－7a）：

平声 14、上声 454、去声 51。

今调域的分布情况（见图 4－7b）：

平声在 13～24 之间；上声主要在 33～454 之间，调型呈拱形；去声在 31～53 之间。

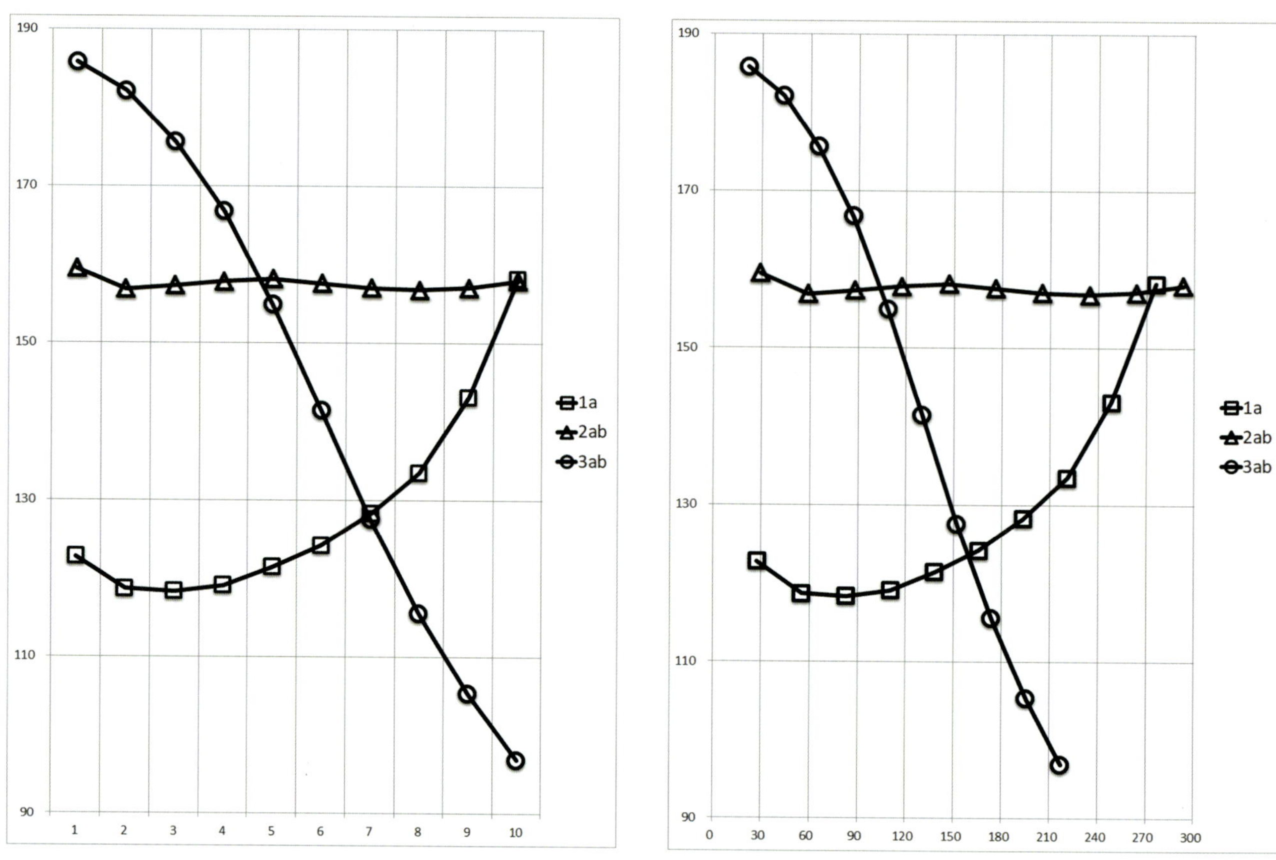

图 4－7c　单字调等长、实长音高模式－平度东阁－YM

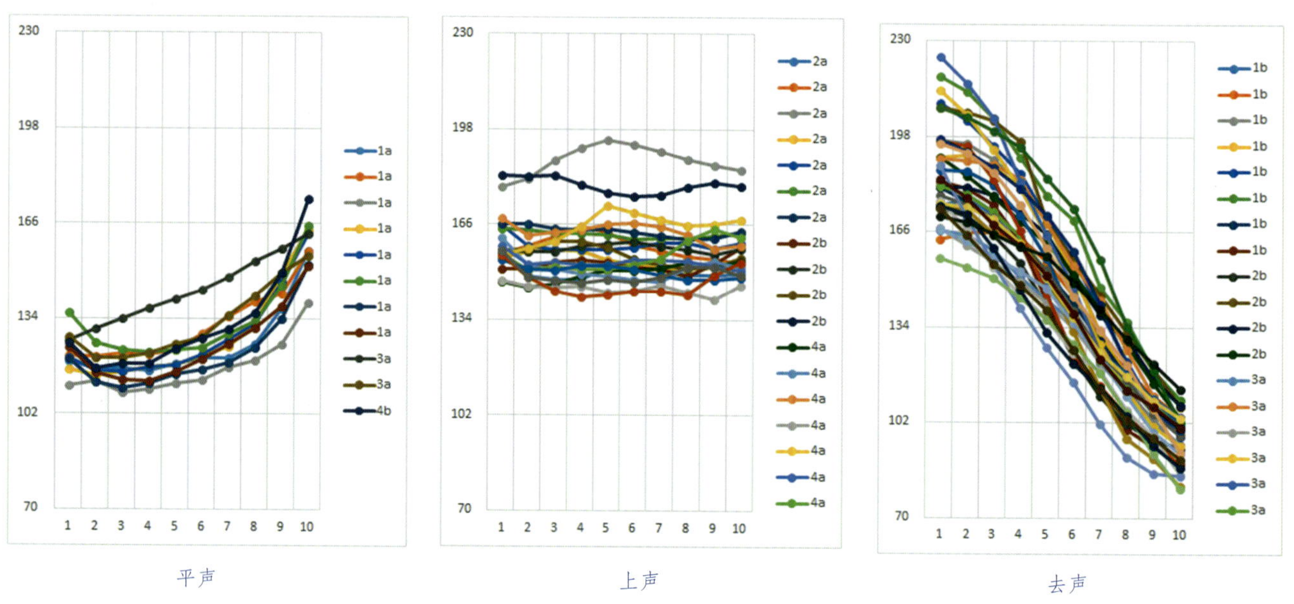

图 4－7d　今声调调域分布范围－平度东阁－YM

青男的声调有 3 个（见图 4－7c）：

平声 24、上声 44、去声 51（阳平归去声）。

今调域的分布情况（见图 4－7d）：

平声主要在 223 的范围，是一个略低平再上升的声调；上声在 33～44 之间；去声在 31～52 之间。

3. 高密密水

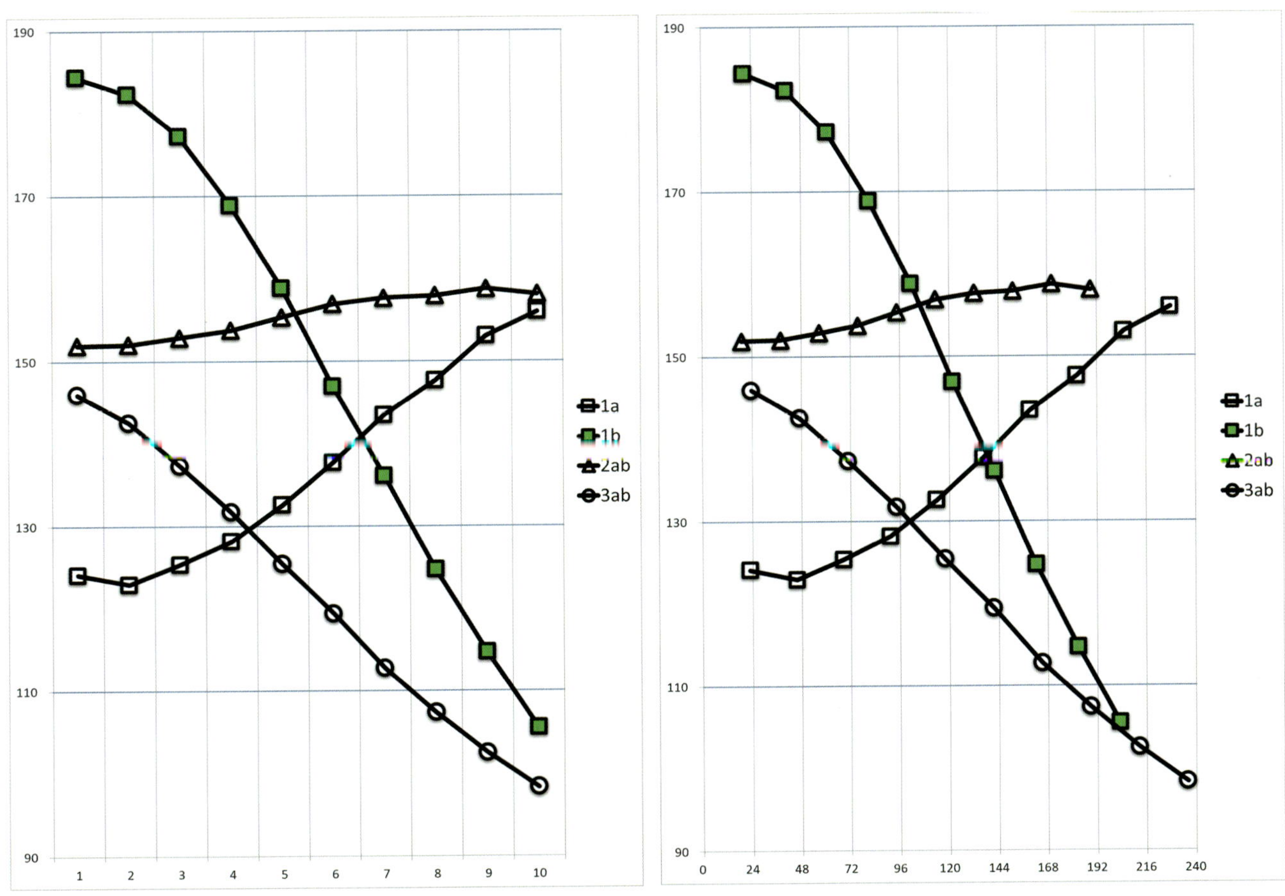

图 4－8a 单字调等长、实长音高模式－高密密水－OM

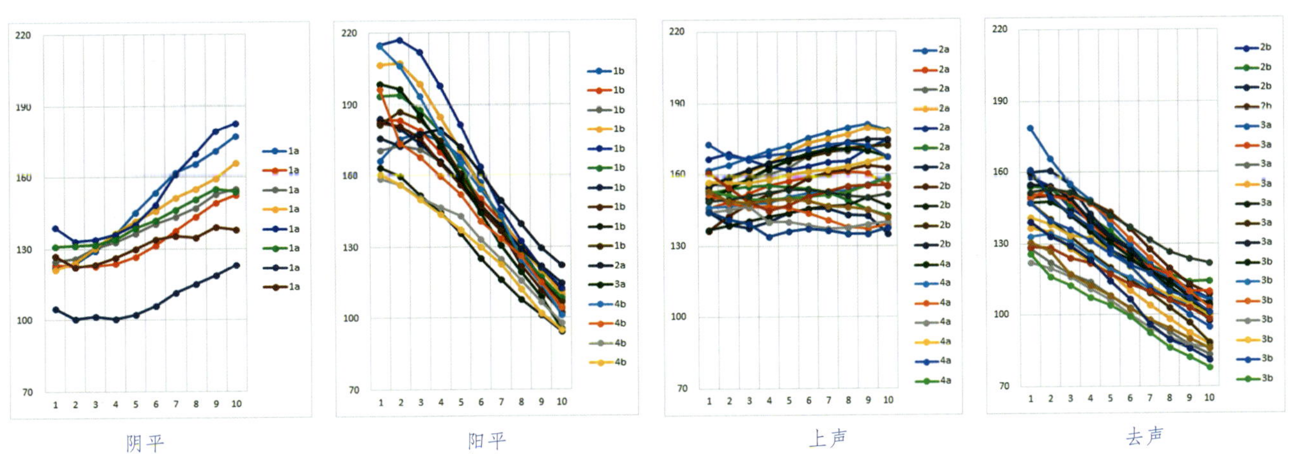

图 4－8b 今声调调域分布范围－高密密水－OM

老男的声调有 4 个（见图 4－8a）：

阴平 24、阳平 51、上声 44、去声 31。

今调域的分布情况（见图 4－8b）：

阴平在 23～34 之间；阳平主要在 31～52 之间；上声在 33～44 之间；去声在 21～42 之间。

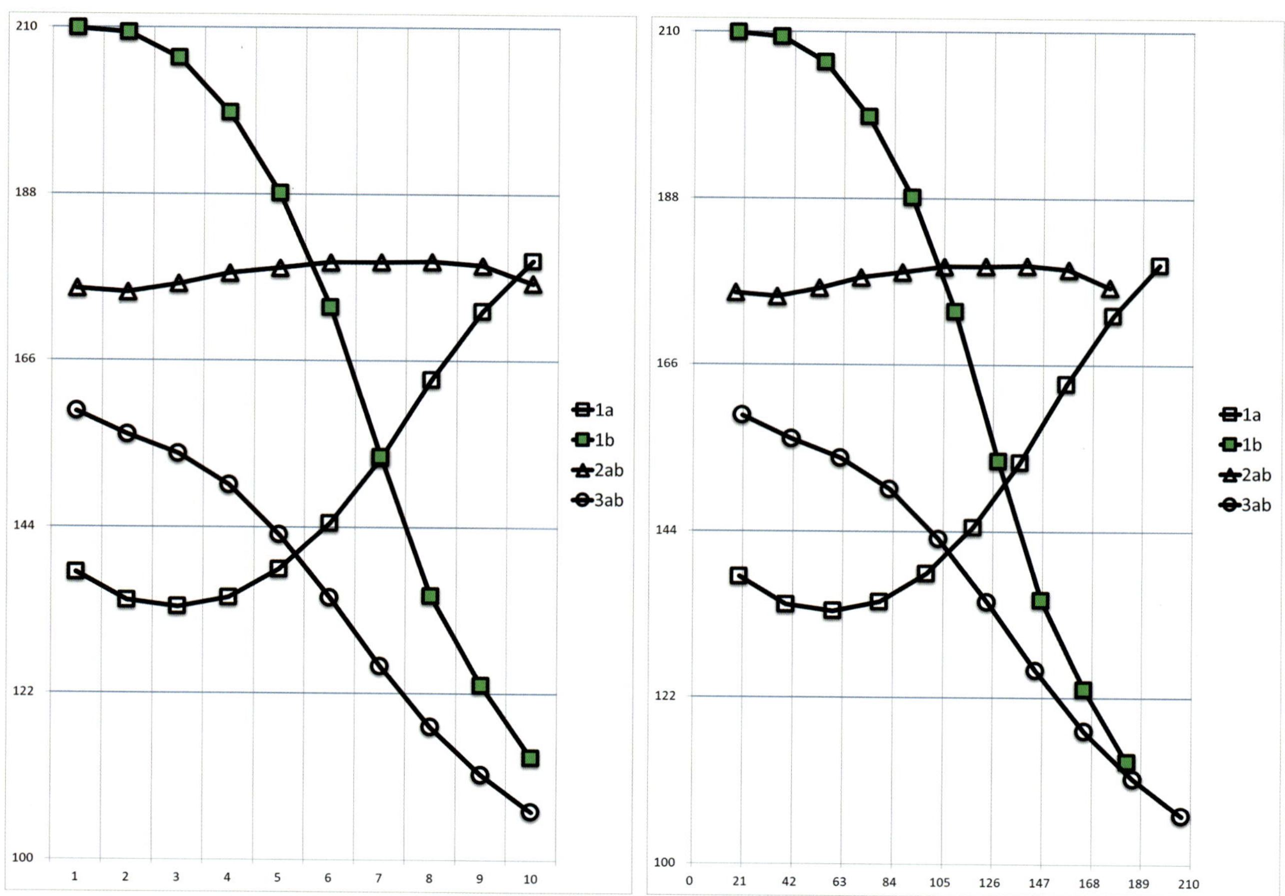

图 4－8c　单字调等长、实长音高模式－高密密水－YM

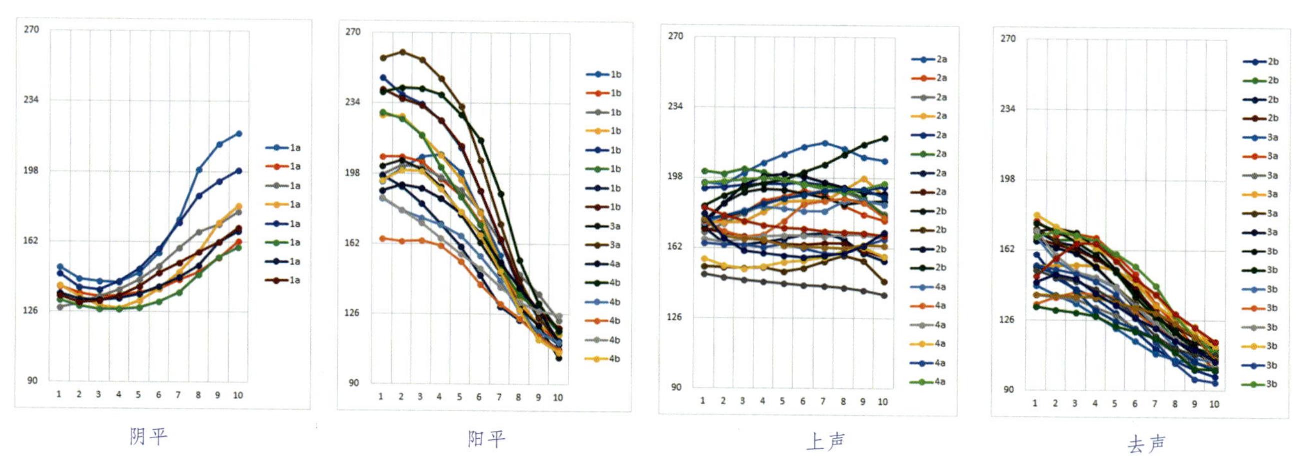

图 4－8d　今声调调域分布范围－高密密水－YM

青男的声调有 4 个（见图 4－8c）：

阴平 24、阳平 51、上声 44、去声 31。

今调域的分布情况（见图 4－8d）：

阴平在 223～224 之间；阳平在 31～51 之间；上声在 22～44 之间；去声在 21～31 之间。

4.2.2 莱昌小片

1. 烟台莱州

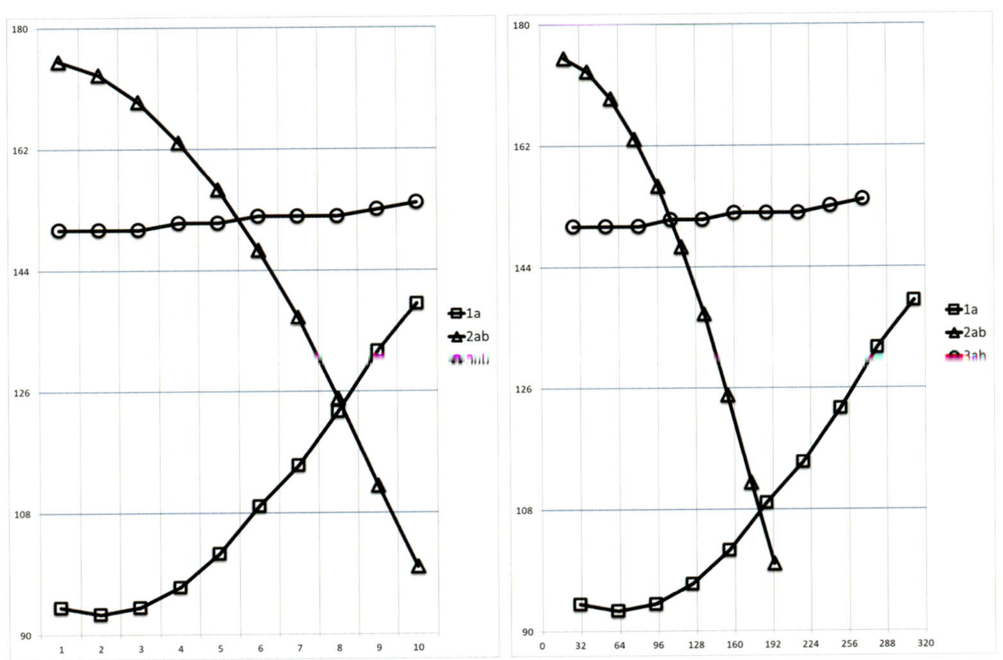

图 4－9a　单字调等长、实长音高模式－烟台莱州－OM

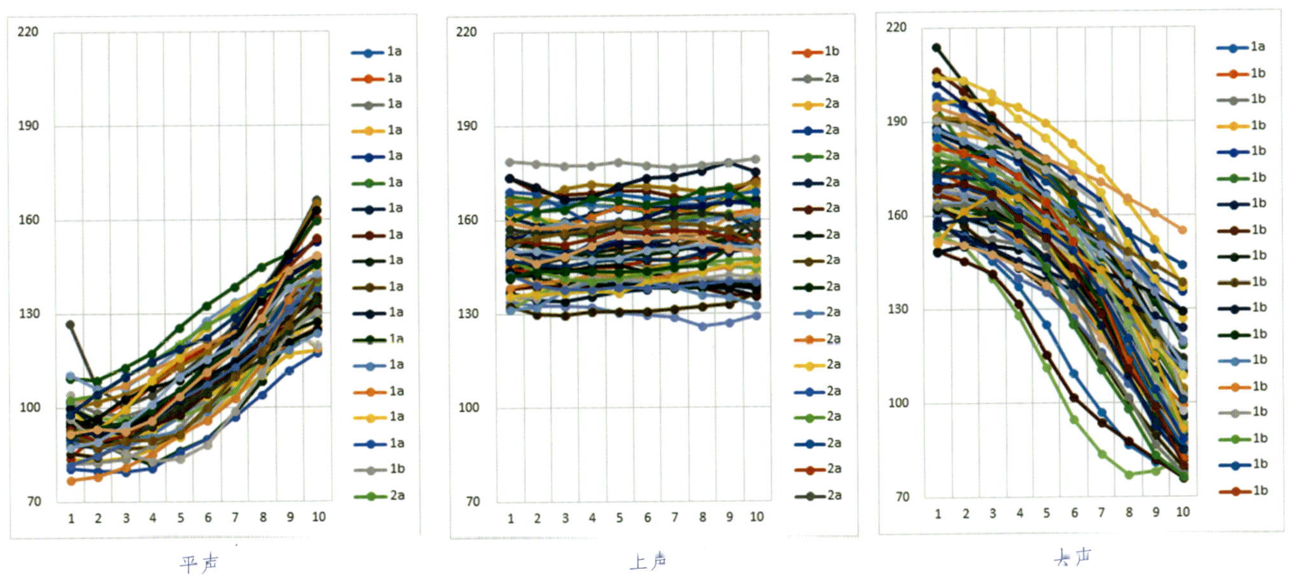

图 4－9b　今声调调域分布范围－烟台莱州－OM

老男的声调有 3 个（见图 4－9a）：

平声 13、上声 44、去声 51。

今调域的分布情况（见图 4－9b）：

平声在 12～24 之间；上声主要在 33～44 之间；去声在 31～53 之间。

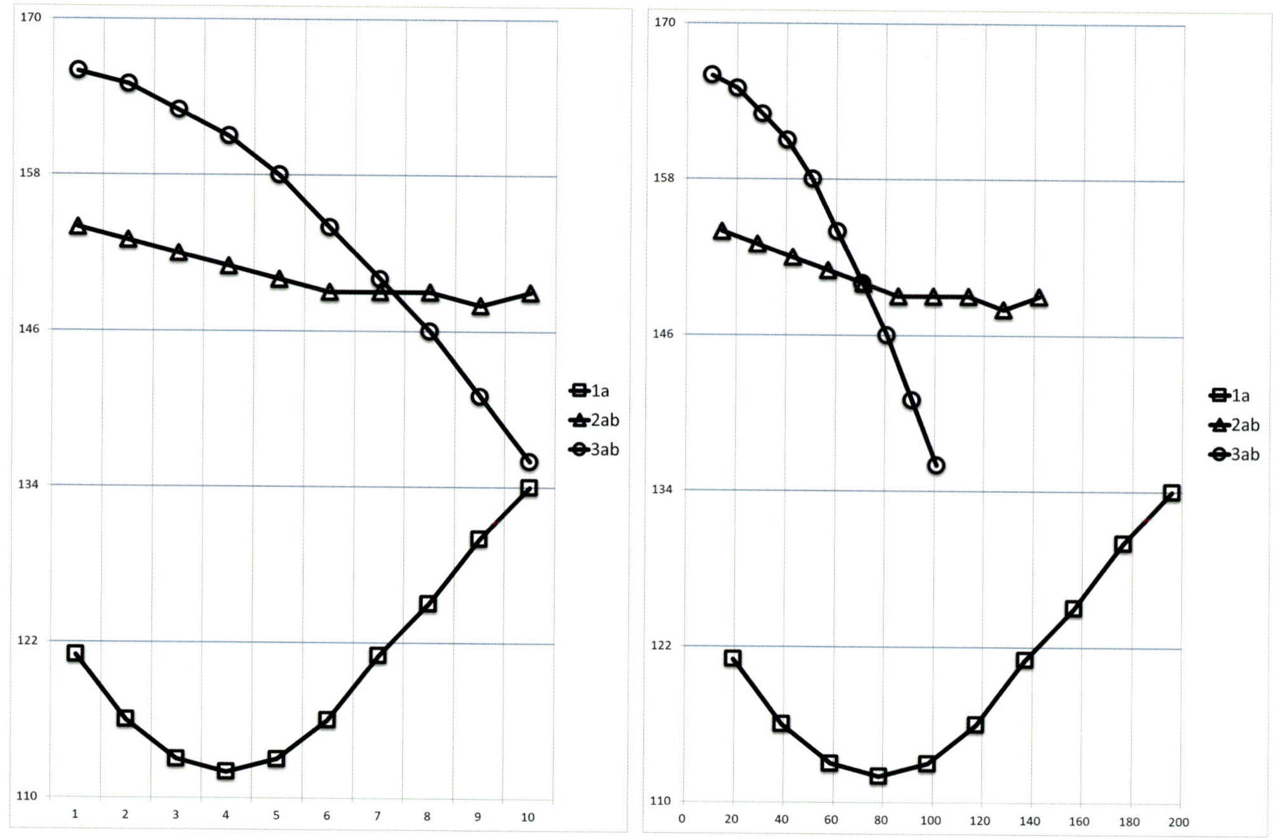

图4－9c 单字调等长、实长音高模式－烟台莱州－YM

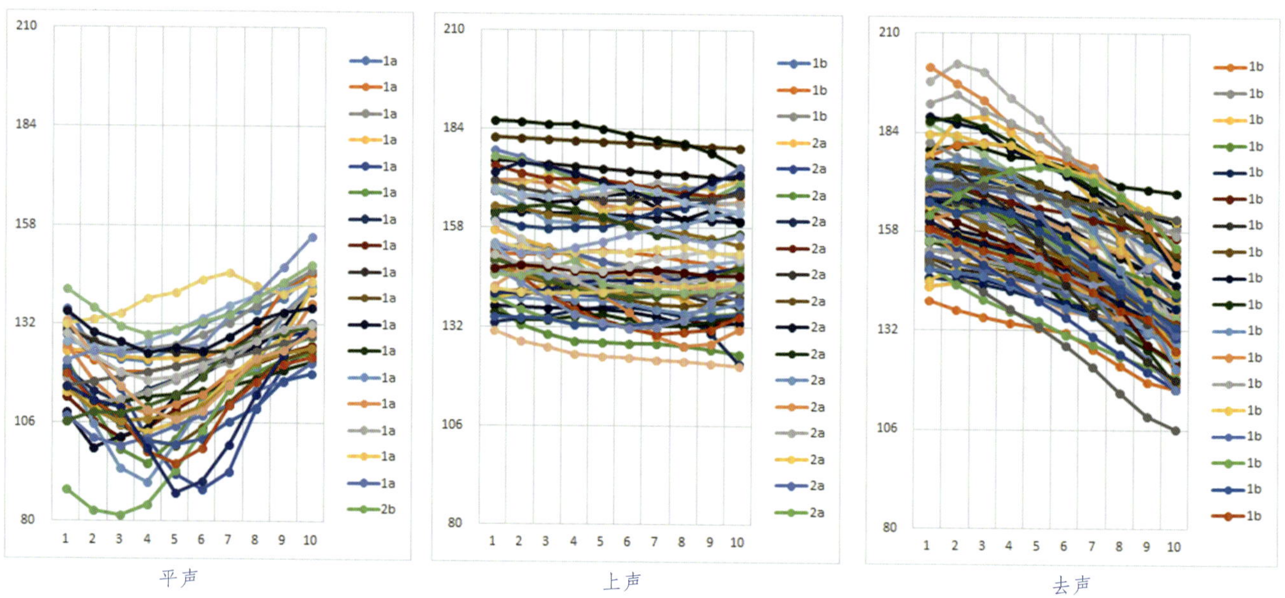

图4－9d 今声调调域分布范围－烟台莱州－YM

青男的声调有3个（见图4－9c）：

平声213、上声44、去声53。

今调域的分布情况（见图4－9d）：

平声在213～323之间；上声主要在33～44之间；去声在32～53之间。

2. 潍坊昌邑

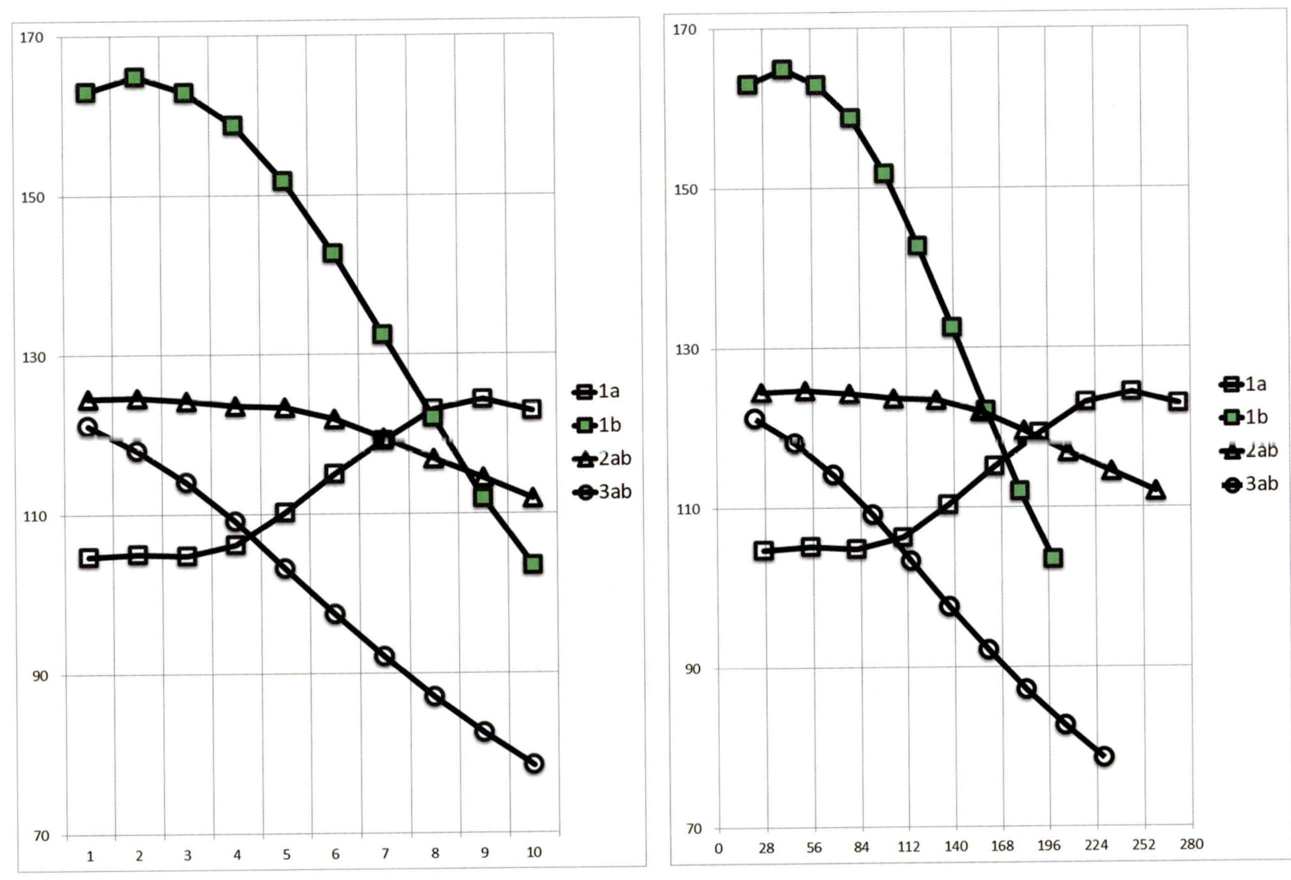

图 4－10a　单字调等长、实长音高模式－潍坊昌邑－OM

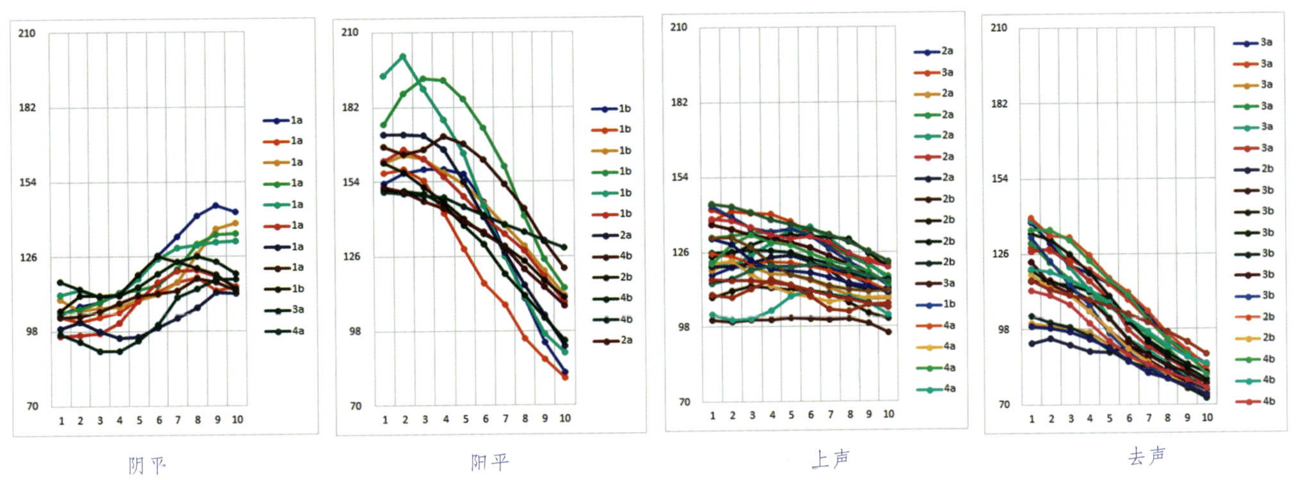

图 4－10b　今声调调域分布范围－潍坊昌邑－OM

老男的声调有 4 个（见图 4－10a）：

阴平 23、阳平 52、上声 33、去声 31。

今调域的分布情况（见图 4－10b）：

阴平在 12～23 之间；阳平主要在 31～53 之间；上声在 22～32 之间；去声在 21～31 之间。

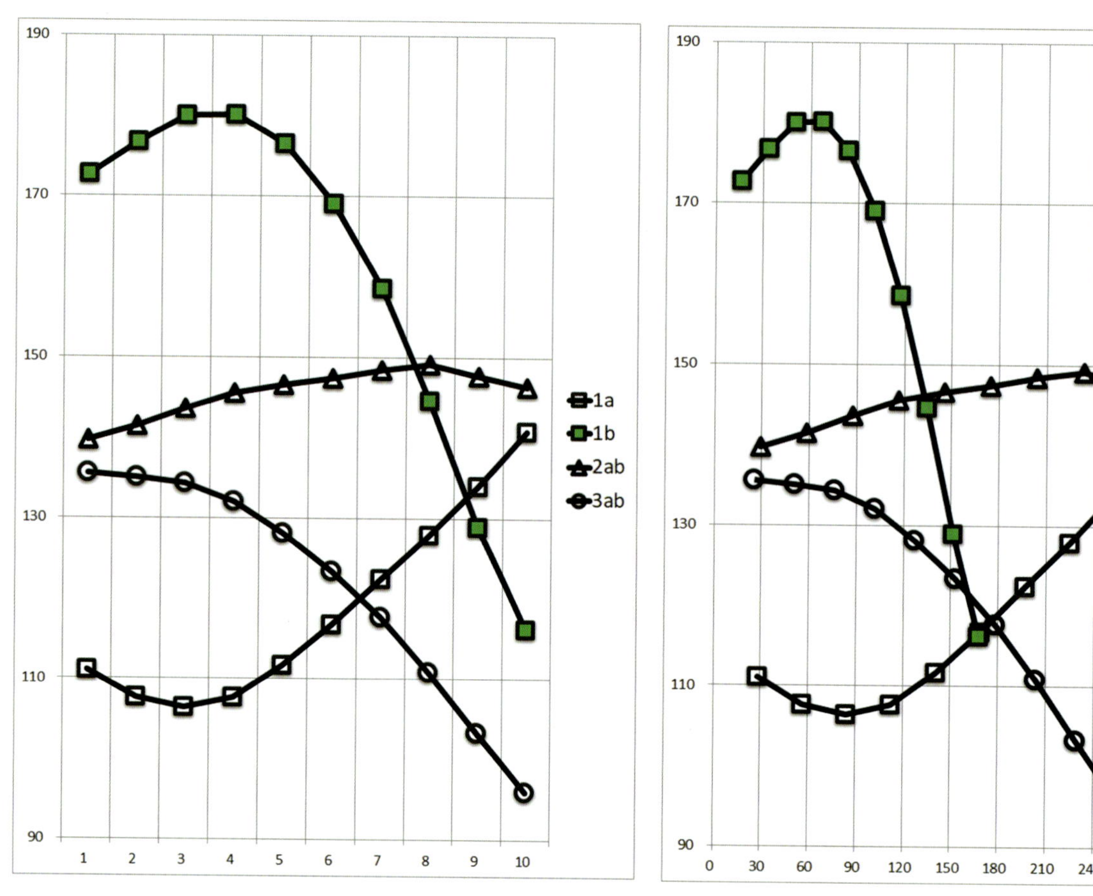

图 4－10c　单字调等长、实长音高模式－潍坊昌邑－YM

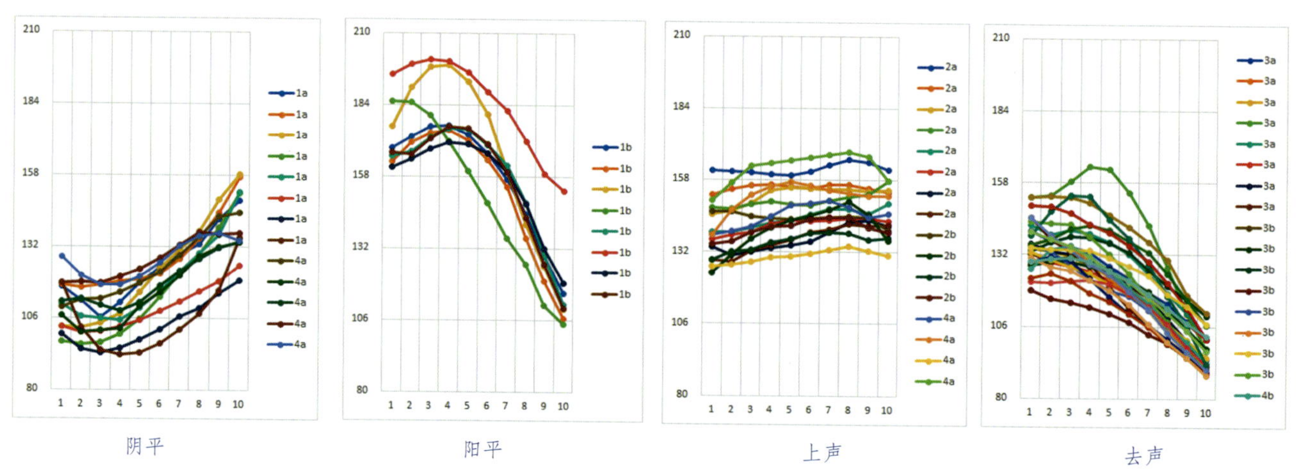

图 4－10d　今声调调域分布范围－潍坊昌邑－YM

青男的声调有 4 个（见图 4－10c）：

阴平 213、阳平 52、上声 33、去声 31。

今调域的分布情况（见图 4－10d）：

阴平在 112～223 之间；阳平在 42～53 之间；上声在 22～44 之间；去声在 21～32 之间。

4.2.3 青临小片

潍坊临朐

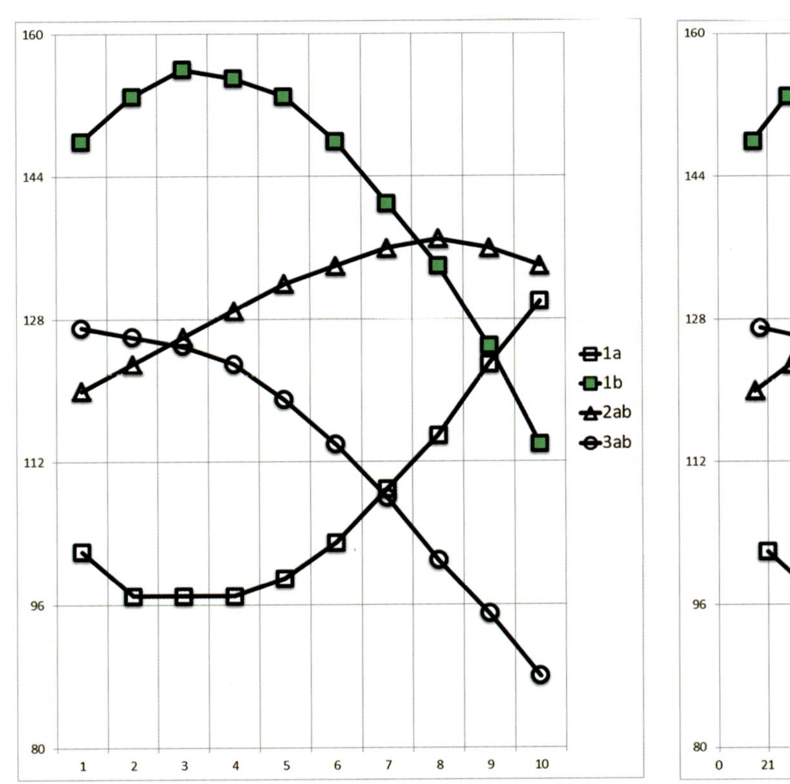

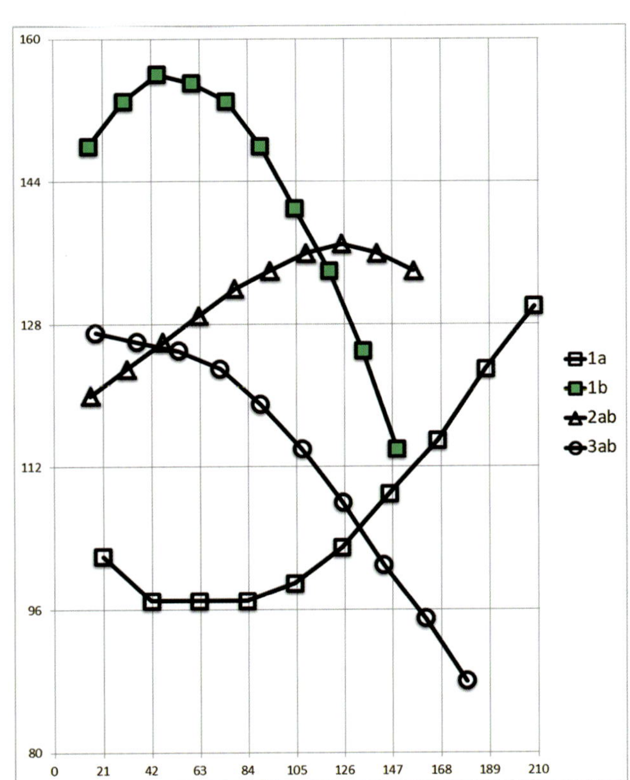

图 4－11a 单字调等长、实长音高模式－潍坊临朐－OM

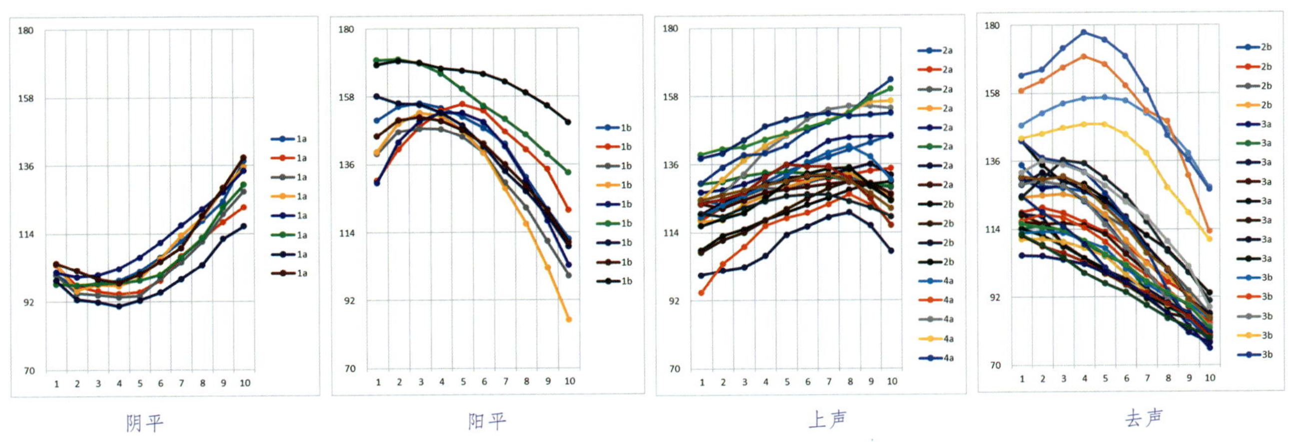

图 4－11b 今声调调域分布范围－潍坊临朐－OM

老男的声调有 4 个（见图 4－11a）：

阴平 224、阳平 553、上声 34、去声 31。

今调域的分布情况（见图 4－11b）：

阴平在 23～24 之间；阳平在 341～54 之间；上声在 23～45 之间；去声在 21～53 之间。

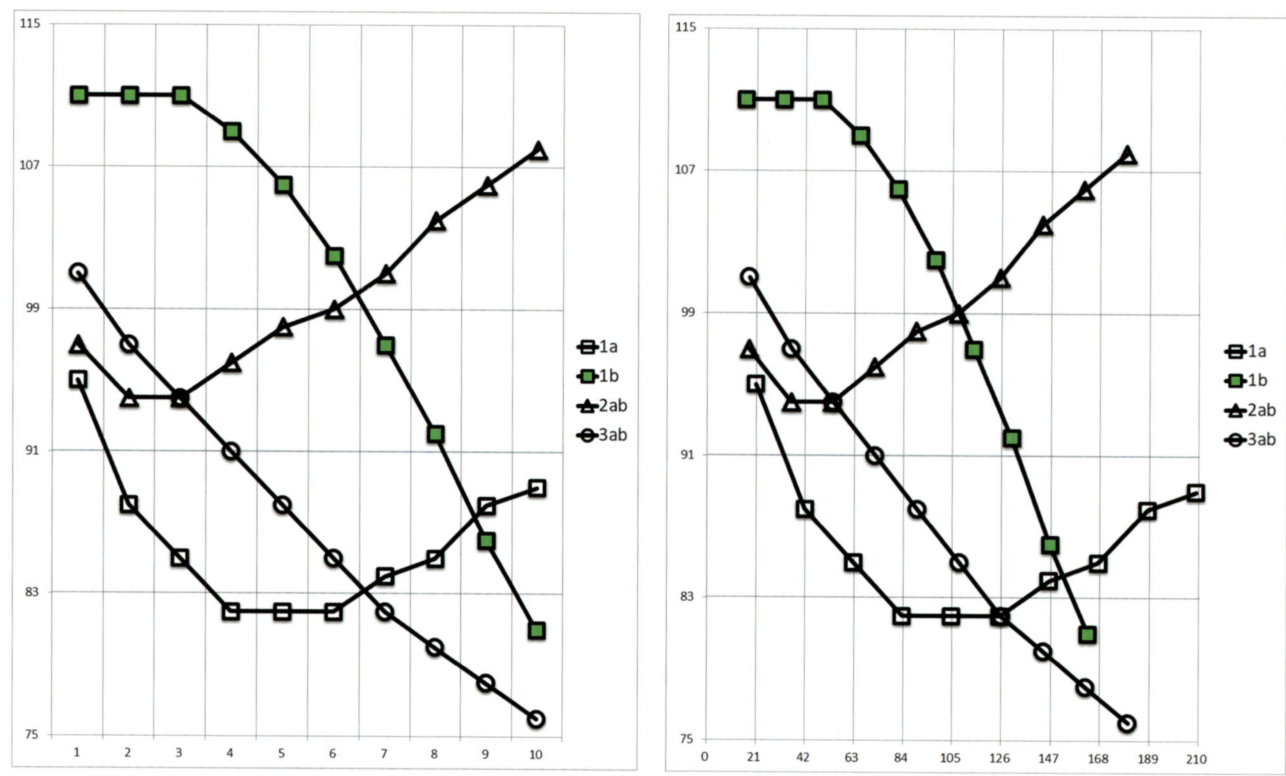

图 4－11c　单字调等长、实长音高模式－潍坊临朐－YM

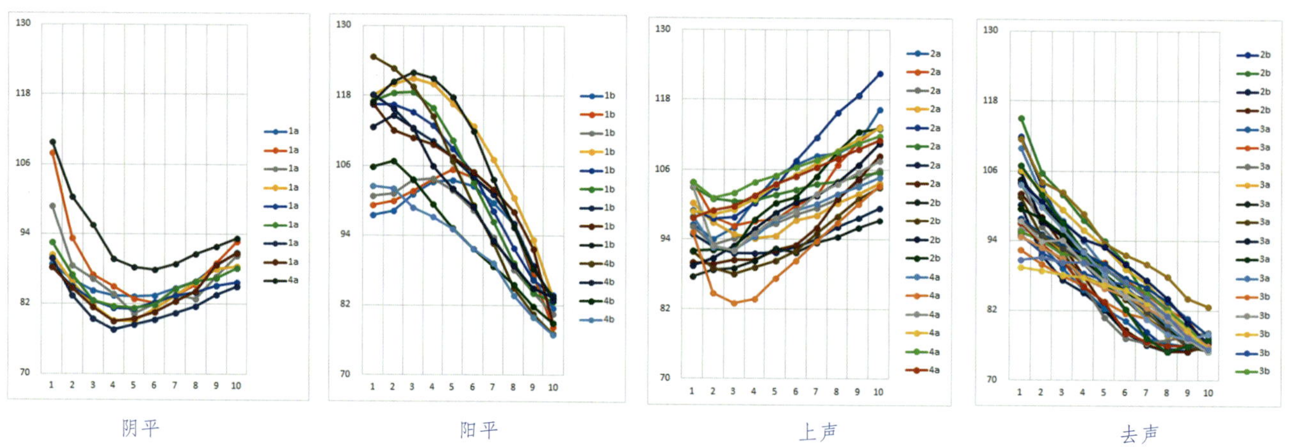

图 4－11d　今声调调域分布范围－潍坊临朐－YM

青男的声调有 4 个（见图 4－11c）：

阴平 312、阳平 51、上声 35、去声 41。

今调域的分布情况（见图 4－11d）：

阴平在 212～423 之间；阳平在 31～52 之间；上声在 23～35 之间；去声在 21～42 之间。

4.3 盖桓片

1. 营口盖州

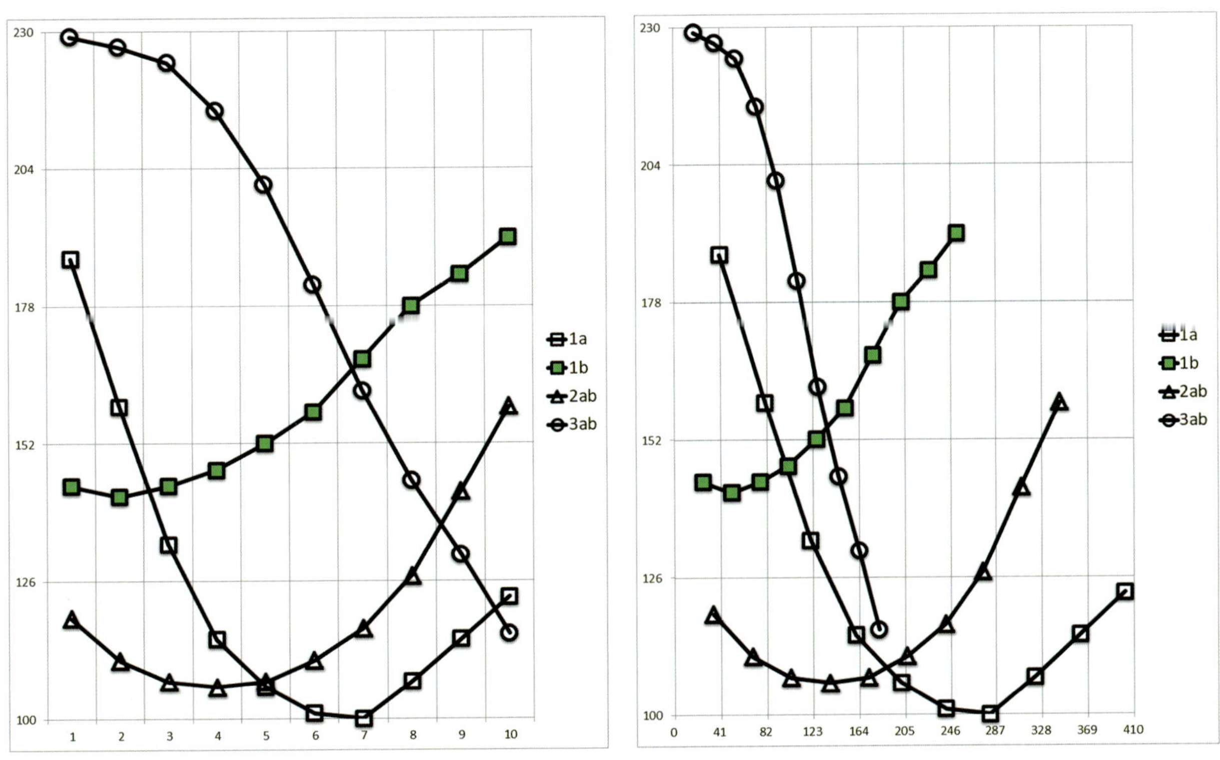

图 4－12a 单字调等长、实长音高模式－营口盖州－OM

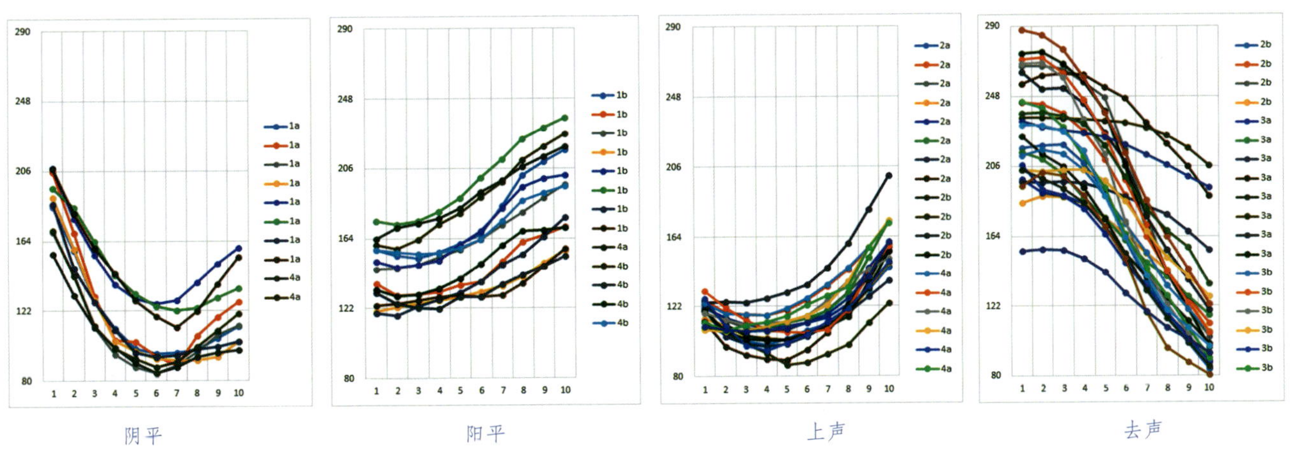

图 4－12b 今声调调域分布范围－营口盖州－OM

老男的声调有 4 个（见图 4－12a）：

阴平 412、阳平 24、上声 213、去声 51。

今调域的分布情况（见图 4－12b）：

阴平在 211～312 之间；阳平主要在 12～34 之间；上声在 212～223 之间；去声在 21～53 之间。

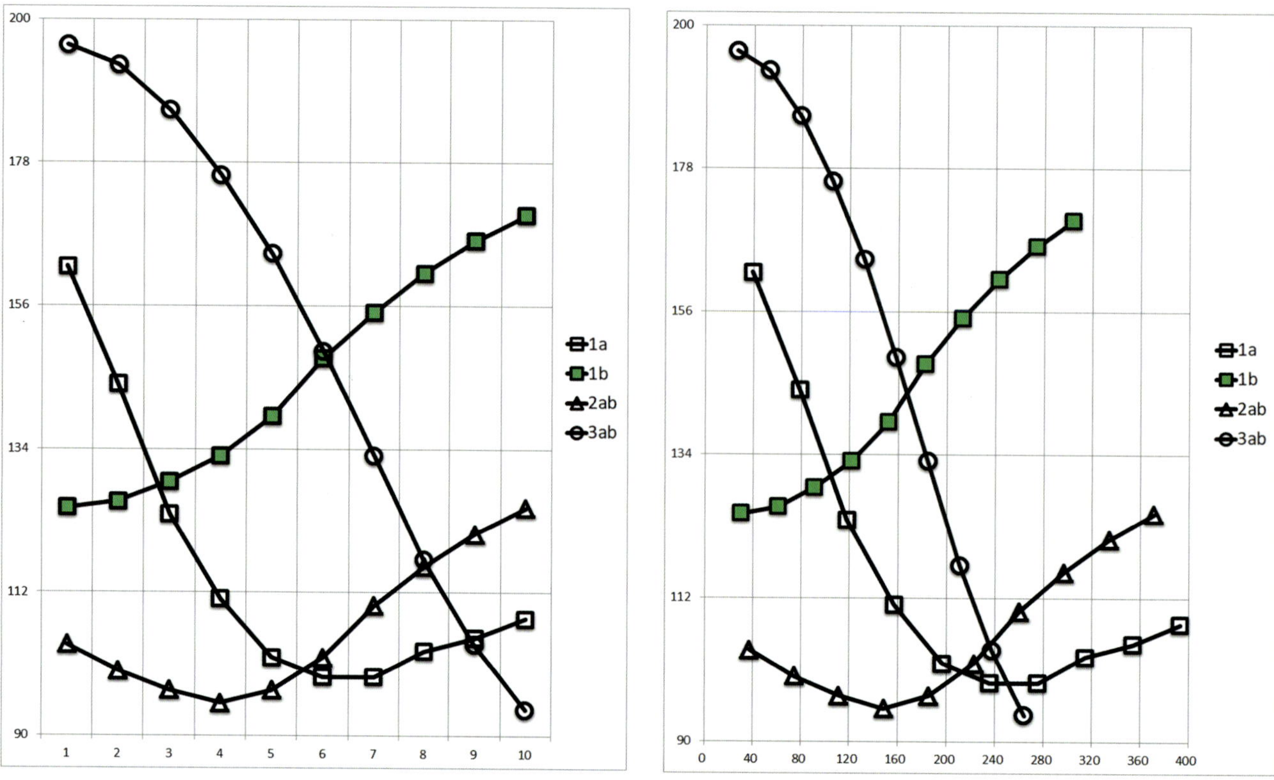

图 4－12c　单字调等长、实长音高模式－营口盖州－YM

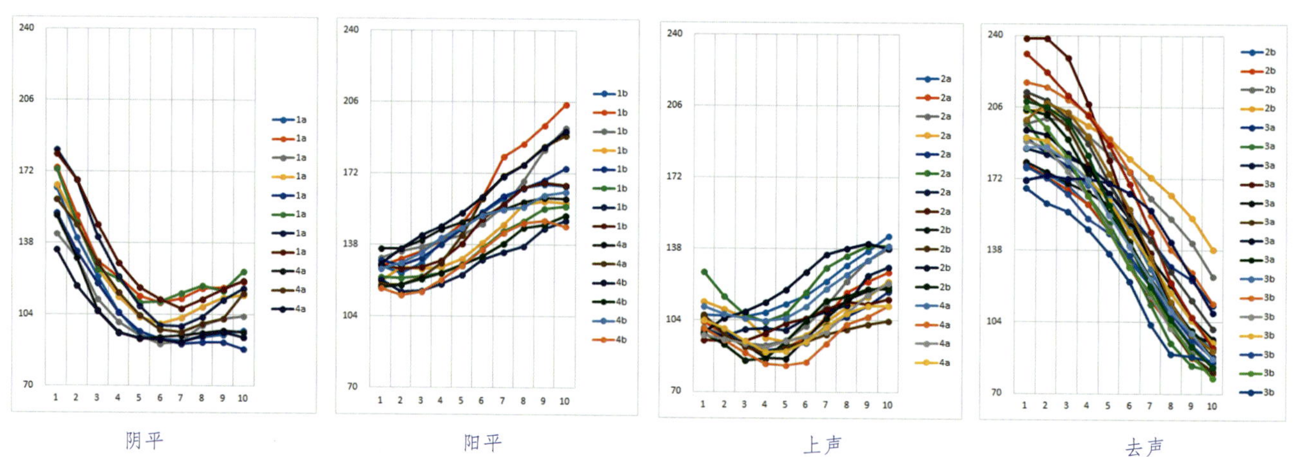

图 4－12d　今声调调域分布范围－营口盖州－YM

青年的声调有 4 个（见图 4－12c）：

阴平 412、阳平 24、上声 112、去声 51。

今调域的分布情况（见图 4－12d）：

阴平在 211～422 之间；阳平在 23～24 之间；上声在 212～213 之间；去声在 31～53 之间。

2. 丹东振兴

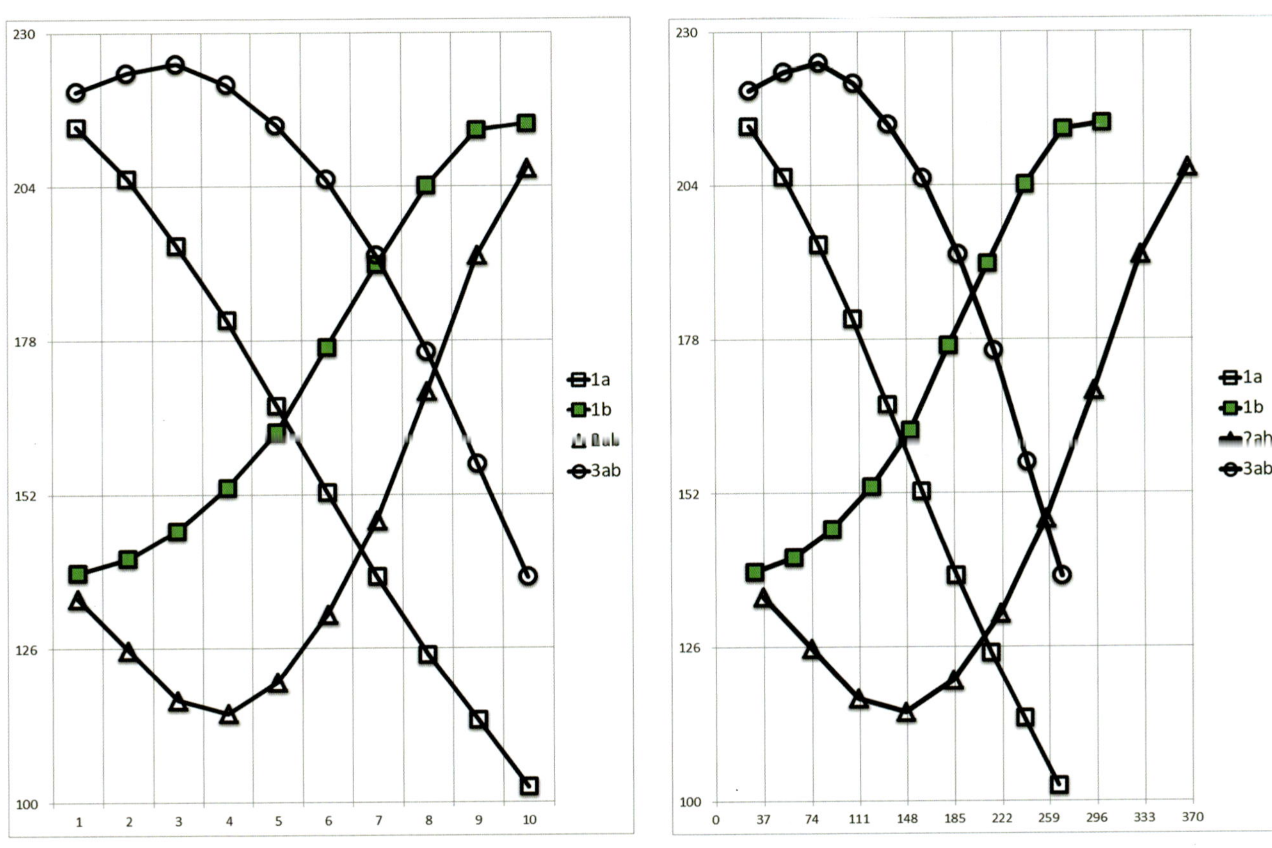

图 4－13a　单字调等长、实长音高模式－丹东振兴－OM

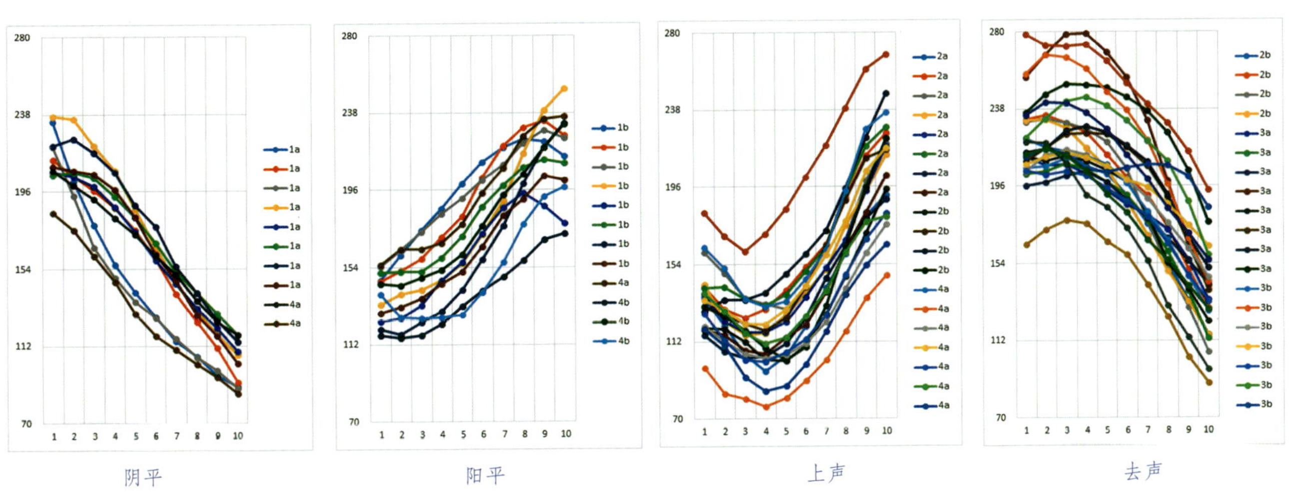

图 4－13b　今声调调域分布范围－丹东振兴－OM

老男的声调有 4 个（见图 4－13a）：

阴平 51、阳平 25、上声 215、去声 52。

今调域的分布情况（见图 4－13b）：

阴平在 31～42 之间；阳平主要在 23～24 之间；上声主要在 213～325 之间；去声在 31～53 之间。

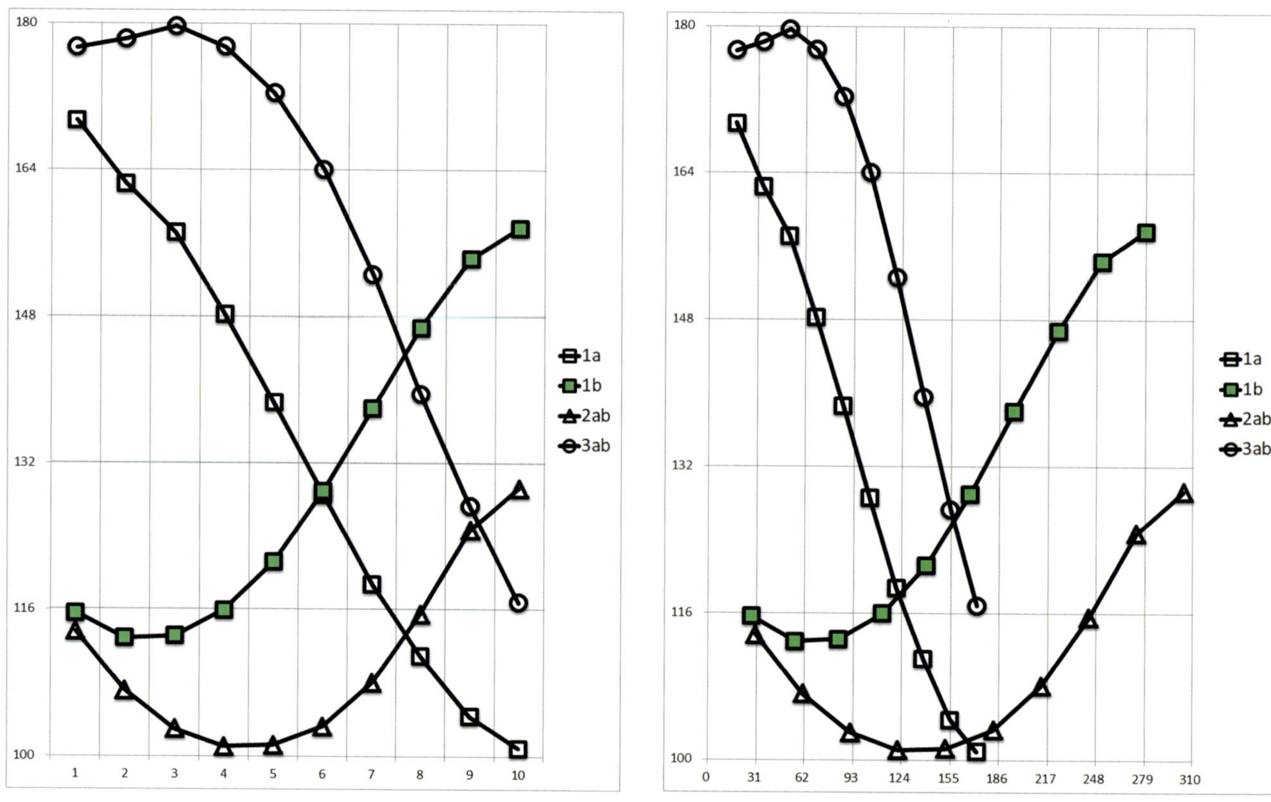

图 4-13c 单字调等长、实长音高模式 - 丹东振兴 - YM

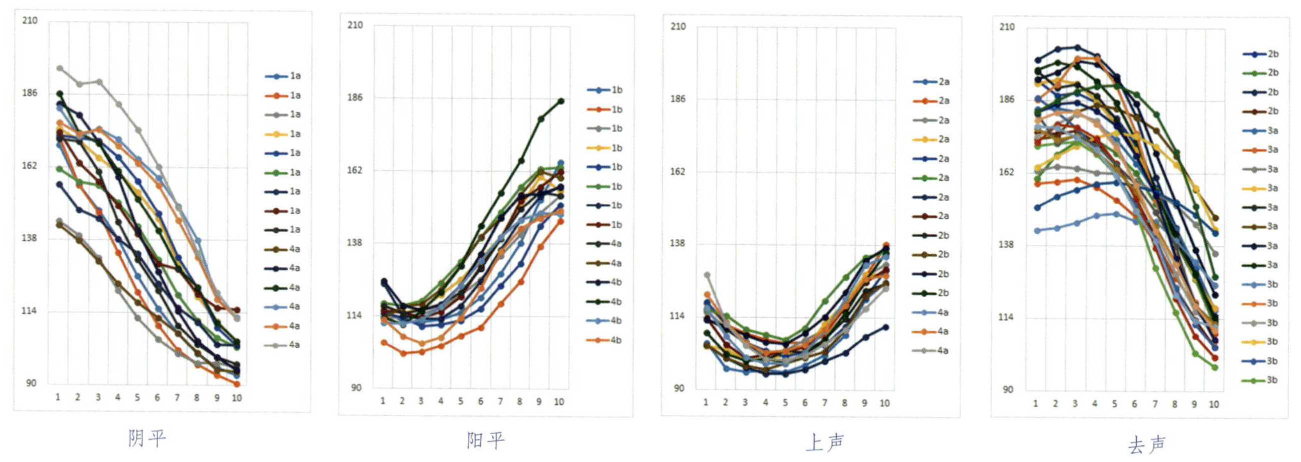

图 4-13d 今声调调域分布范围 - 丹东振兴 - YM

青男的声调有 4 个（见图 4-13c）：

阴平 51、阳平 14、上声 213、去声 52。

今调域的分布情况（见图 4-13d）：

阴平在 31～52 之间；阳平在 13～24 之间；上声在 212～213 之间；去声主要在 31～53 之间。

3. 虎林新乐

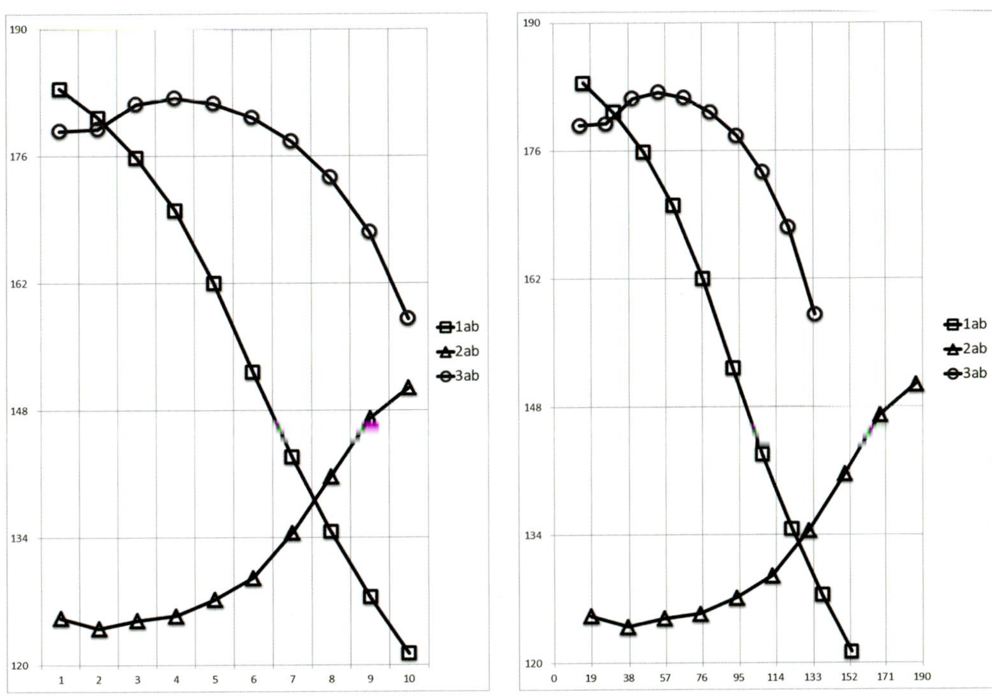

图 4－14a 单字调等长、实长音高模式－虎林新乐－OM

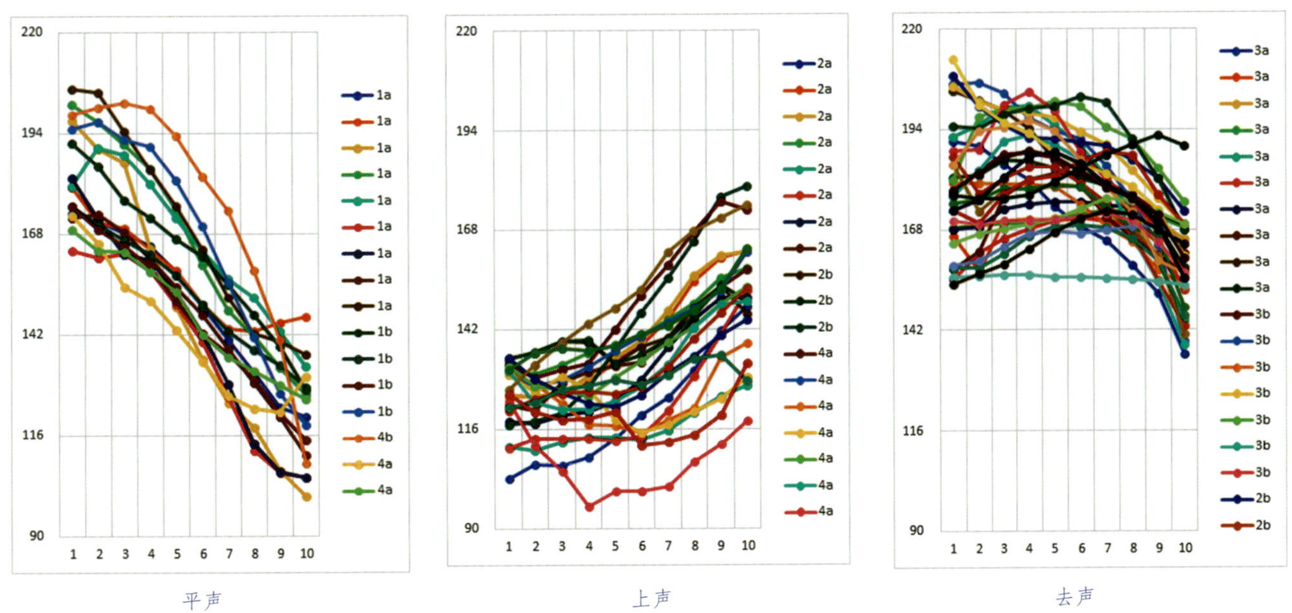

图 4－14b 今声调调域分布范围－虎林新乐－OM

老男的声调有 3 个（见图 4－14a）：

平声 51、上声 13、去声 553。

今调域的分布情况（见图 4－14b）：

平声在 31～52 之间；上声在 12～24 之间；去声在 33～54 之间。

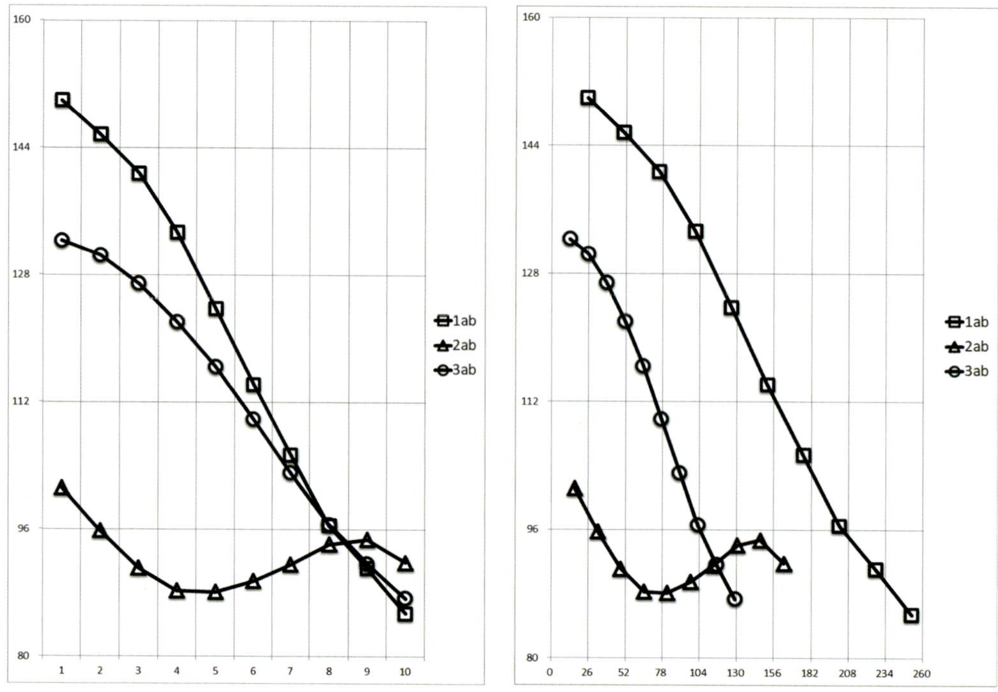

图 4－14c 单字调等长、实长音高模式－虎林新乐－YM

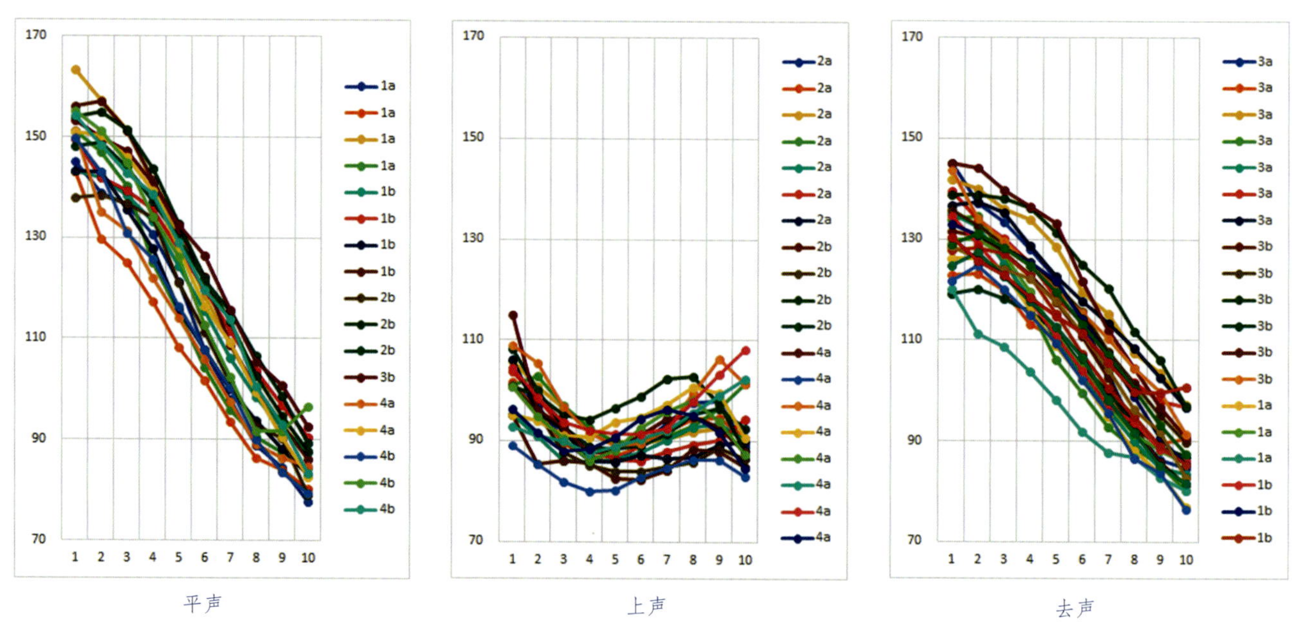

图 4－14d 今声调调域分布范围－虎林新乐－YM

青男的声调有 3 个（见图 4－14c）：

平声 51、上声 212、去声 41。

今调域的分布情况（见图 4－14d）：

平声主要在 41～52 之间；上声在 212～323 之间；去声在 31～42 之间。

4.4 胶辽官话声调小结

胶辽官话的声调涉及很多问题，我们主要从调型、调类两个方面小结一下胶辽官话的声调特点。

（1）胶辽官话声调调型特点。

就声调而言，钱曾怡（1959）早有观察：“胶东人最突出的一点是多数没有上升的调子，只有极少数的例外。”① 我们根据目前的数据认为，在调型方面胶辽官话有两个显著的特点：

①凹调较为突出，每个点至少有一个凹调；

②基本没有平调。

这几乎是目前所见的多数胶辽官话点的共同特征，有些点的描写即使是升调、降调，也有前后明显的曲折的部分。

我们根据《现代汉语方言音库》的录音，对青岛市区的声调描写如下：平声 24、上声 45、去声 51，阳平与去声同调合并；其中上声的调值，音档描写为 55，而调值的声学表现不是一个 55 的平调。

以往的研究记录也基本反映了胶辽官话的这两个主要特点。如对于牟平方言的 4 个声调，钱曾怡（1959）记为阴平（51）、阳平（33）、上声（214）、去声（31）；罗福腾（1988）记为阴平（51）、阳平（53）、上声（213）、去声（131）；孙慧明（2007）记为阴平（51）、阳平（53）、上声（213）、去声（131）。无论记为什么调型，都是没有平调。又如大连话已有的描写（刘丽丽，2020），阴平 312，如：逼、跌、忽、接、拍等；阳平 34，如：疑、台、没、陈、时等；上声 213，如：笔、老、我、桌、出等；去声 53，如：奋、进、累、动、冠等；有 2 个凹调，一升一降，没有平调。

（2）胶辽官话声调调类特点。

李荣（1985）认为，官话方言的再划分是以古入声字的今调类为标准的。据此观察演变线索在今胶辽官话中的表现，胶辽官话古入声字的今声调特点是：清声母字读上声，次浊声母字读去声，全浊声母字读阳平。

调类是由区别意义的调位数量决定的，胶辽官话的声调调类，主要有三调和四调两种。其中四调方言点的四声分别是阴平、阳平、上声和去声，但是三调方言点的声调命名有点儿乱，主要表现在阳平和去声如何归并。

4.5 胶辽官话主要方言点的调类调值对照

胶辽官话主要方言点的调类调值对照如表 4－2 所示。

表 4－2　胶辽官话主要方言点的调类调值对照

片	小片	方言点	选点	阴平 1a	阳平 1b	上声 2ab	去声 3ab	调类数量	备注
登连片	烟威小片	烟台（山东）	芝罘区	53	33	214	33	3	语保 OM
		威海（山东）	荣成区崖头街道	53	35	214	33	4	语保 OM
		庄河（辽宁）	城关街道	31	51	213	51	3	语保 OM

① 钱曾怡．胶东方音概况［J］．山东大学学报，1959（4）：110.

（续上表）

片	小片	方言点	选点	阴平 1a	阳平 1b	上声 2ab	去声 3ab	调类数量	备注
登连片	蓬龙小片	长岛（山东）	南长山镇	313	55	213	52	4	语保 OM
	大岫小片	大连（辽宁）[①]	市内四区	312	34	213	52	4	语保 OM
青莱片	胶莲小片	平度（山东）	东阁街道	213	42	55	42	3	语保 OM
		高密（山东）	密水街道	213	42	55	21	4	语保 OM
	莱昌小片	莱州（山东）	莱州	213	53	55		3	刘玥（2020）
	青临小片	潍坊临朐（山东）	城关街道	213	53	44	21	4	语保 OM
盖桓片		盖州（辽宁）	鼓楼街道	412	24	213	51	4	语保 OM
		丹东（辽宁）	振兴区	411	24	213	51	4	语保 OM
		虎林（黑龙江）	新乐乡	31	53	213	53	3	语保 OM

注：①大岫小片中大连只包括旅顺口区、沙河口区、中山区、西岗区、甘井子区。

参考文献

［1］郭正彦．黑龙江方言分区略说［J］．方言，1986（3）．

［2］贺巍．河南山东皖北苏北的官话（稿）［J］．方言，1985（3）．

［3］李荣．官话方言的分区［J］．方言，1985（1）．

［4］刘丽丽．大连方言语音的过渡性特征［J］．语言研究，2020，40（3）．

［5］刘玥．莱州方言语音内部地理差异研究［D］．济南：山东大学，2020.

［6］罗福腾．牟平方言词典［M］．南京：江苏教育出版社，1997.

［7］钱曾怡．胶东方音概况［J］．山东大学学报，1959（4）．

［8］钱曾怡．山东方言研究［M］．济南：齐鲁书社，2001.

［9］钱曾怡．汉语官话方言研究［M］．济南：齐鲁书社，2010.

［10］孙慧明．胶东方言声调的实验研究［D］．烟台：鲁东大学，2007.

［11］魏阳，朱晓农．演化视野中的胶辽声调类型［J］．民俗典籍文字研究，2021（1）．

［12］张树铮．胶辽官话的分区（稿）［J］．方言，2007（4）．

［13］中国社会科学院语言研究所，中国社会科学院民族学与人类学研究所，香港城市大学语言资讯科学研究中心．中国语言地图集［M］．2 版．北京：商务印书馆，2012.

5　中原官话

本书的“中原官话”指的是《中国语言地图集》（2012）“B1 -5 官话之五　中原官话 A”，包括河南、河北、山东、安徽、江苏、陕西六省的不同区域。下面是本书中原官话各片的选点情况，如表 5 -1 所示。

表 5 -1　中原官话的分片选点

片	选点	序号
郑开片	郑州 - 《音库》	5 -1
	郑州金水（河南）	5 -2
	开封鼓楼（河南）	5 -3
洛嵩片	洛阳老城区（河南）	5 -4
南鲁片	南阳宛城（河南）	5 -5
	许昌魏都（河南）	5 -6
	驻马店泌阳（河南）	5 -7
漯项片	漯河郾城（河南）	5 -8
	驻马店驿城（河南）	5 -9
商阜片	商丘梁园（河南）	5 -10
	周口郸城（河南）	5 -11
	阜阳颍州（安徽）	5 -12
	亳州谯城（安徽）	5 -13
信蚌片	信阳固始（河南）	5 -14
	蚌埠蚌山（安徽）	5 -15
兖菏片	山东梁山	5 -16
	菏泽曹县（山东）	5 -17
	范县城关（河南）	5 -18
徐淮片	徐州云龙（江苏）	5 -19
	安徽淮北	5 -20

5.1 郑开片

1. 郑州 -《音库》

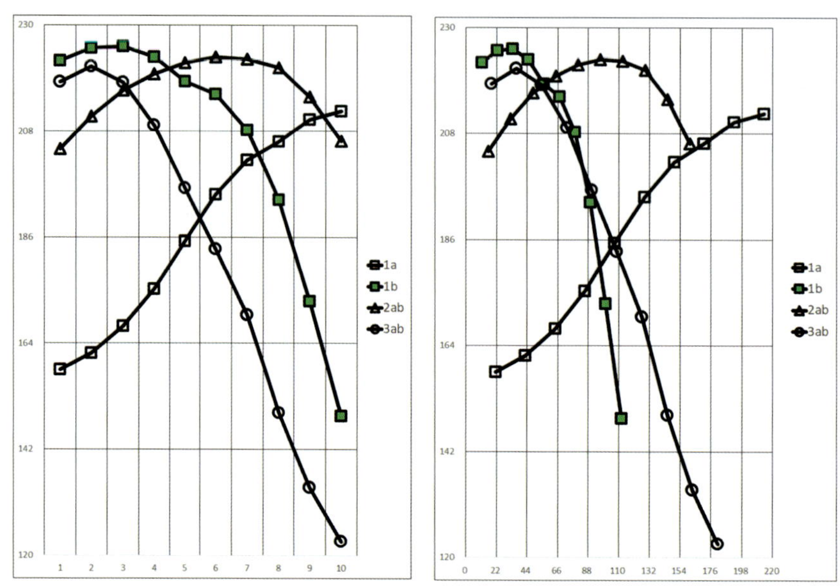

图 5-1a 单字调等长、实长音高模式 - 郑州 -《音库》

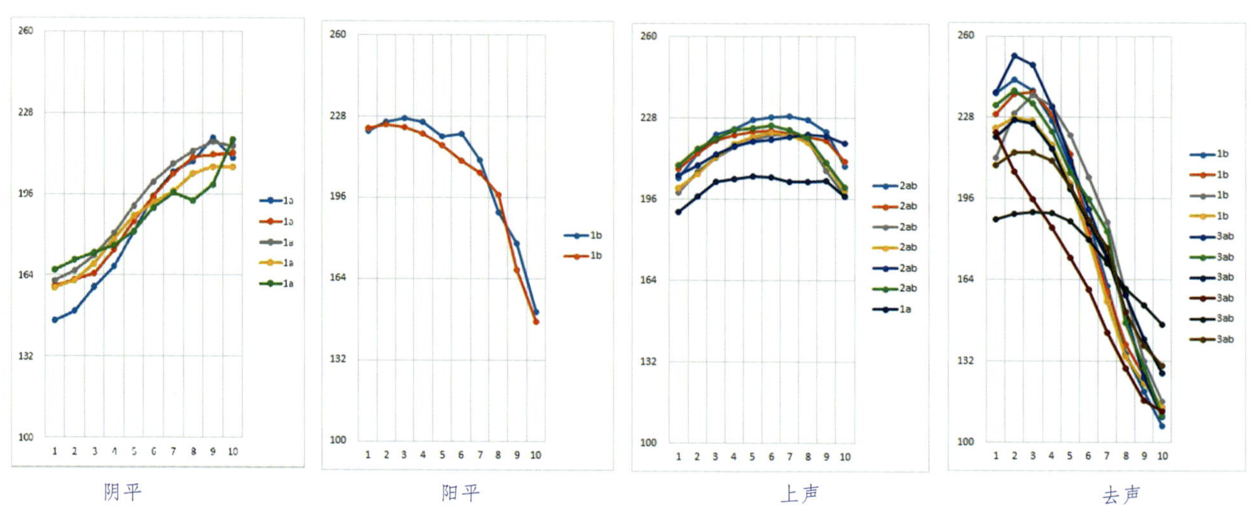

图 5-1b 今声调调域分布范围 - 郑州 -《音库》

《音库》的声调有 4 个（见图 5-1a）：

阴平 25、阳平 52、上声 454、去声 51。

今调域的分布情况（见图 5-1b）：

阴平在 24~34 之间；阳平主要在 42 的范围；上声主要在 44~55 之间；去声在 31~52 之间。

《音库》中郑州话的四声及例字如下：阴平 24，忧居知多妈阴；阳平 42，由局直夺麻银；上声 53，有举纸朵马饮；去声 312，又句志惰骂印。

2. 郑州金水

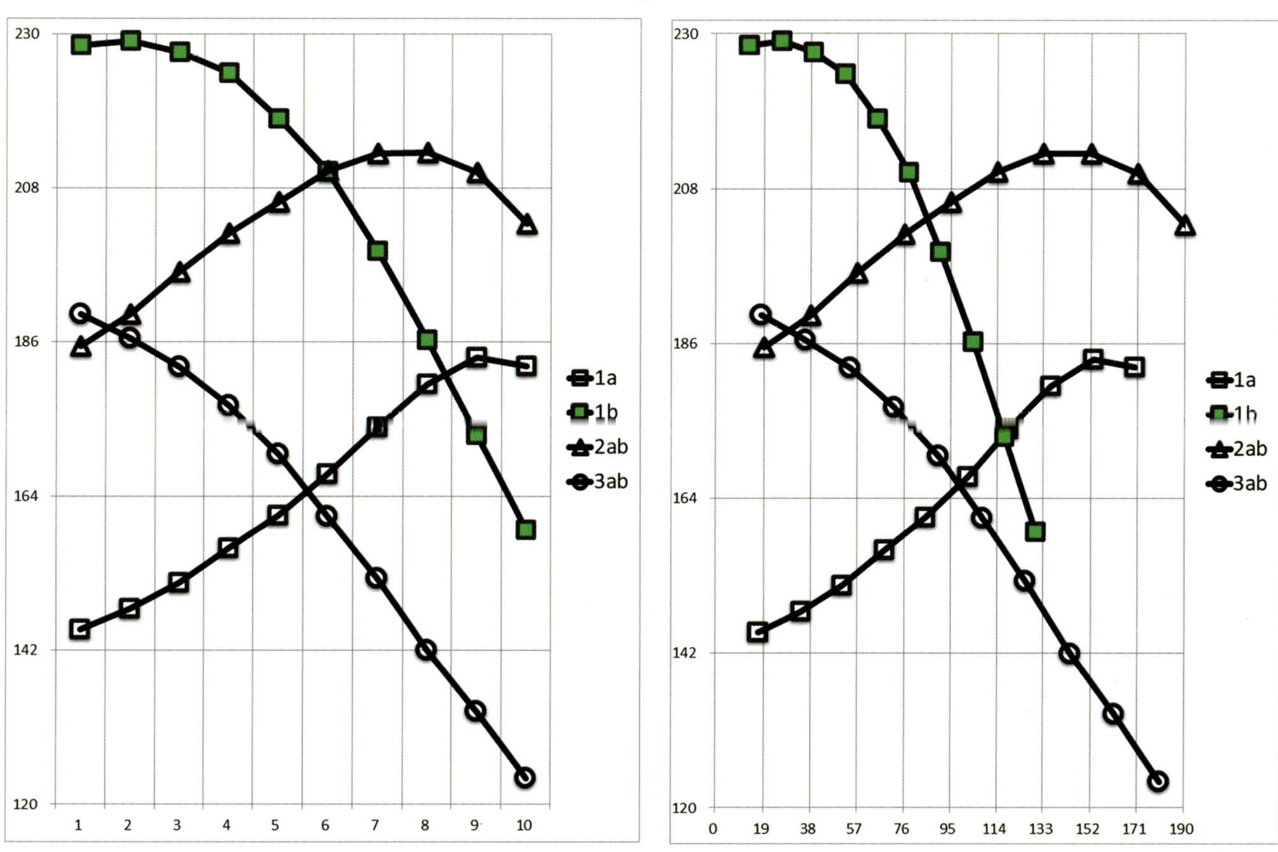

图 5－2a　单字调等长、实长音高模式－郑州金水－OM

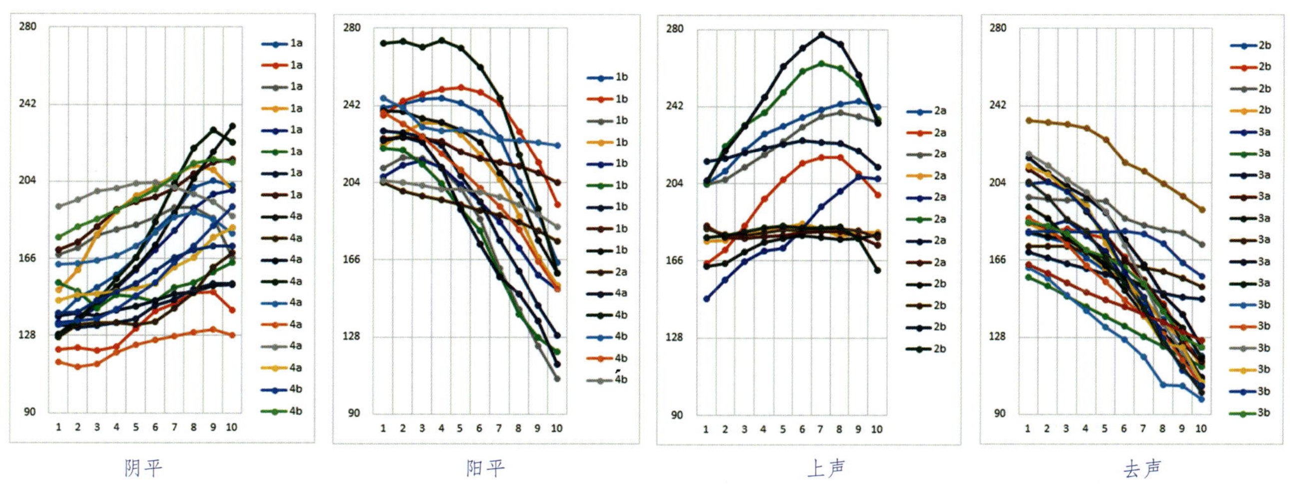

图 5－2b　今声调调域分布范围－郑州金水－OM

老男的声调有 4 个（见图 5－2a）：

阴平 23、阳平 52、上声 45、去声 41。

今调域的分布情况（见图 5－2b）：

阴平在 12～34 之间；阳平在 41～54 之间；上声在 23～45 之间；去声在 21～43 之间。

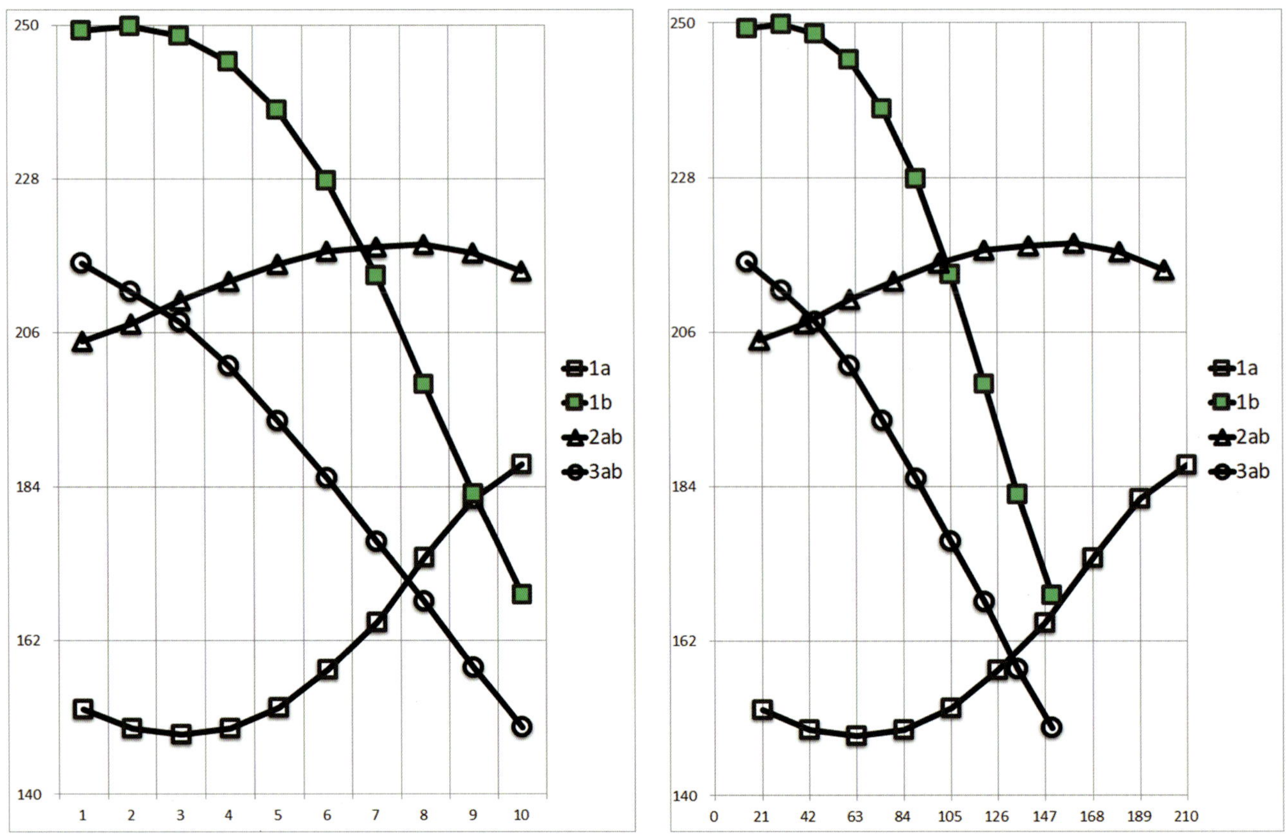

图 5－2c　单字调等长、实长音高模式－郑州金水－YM

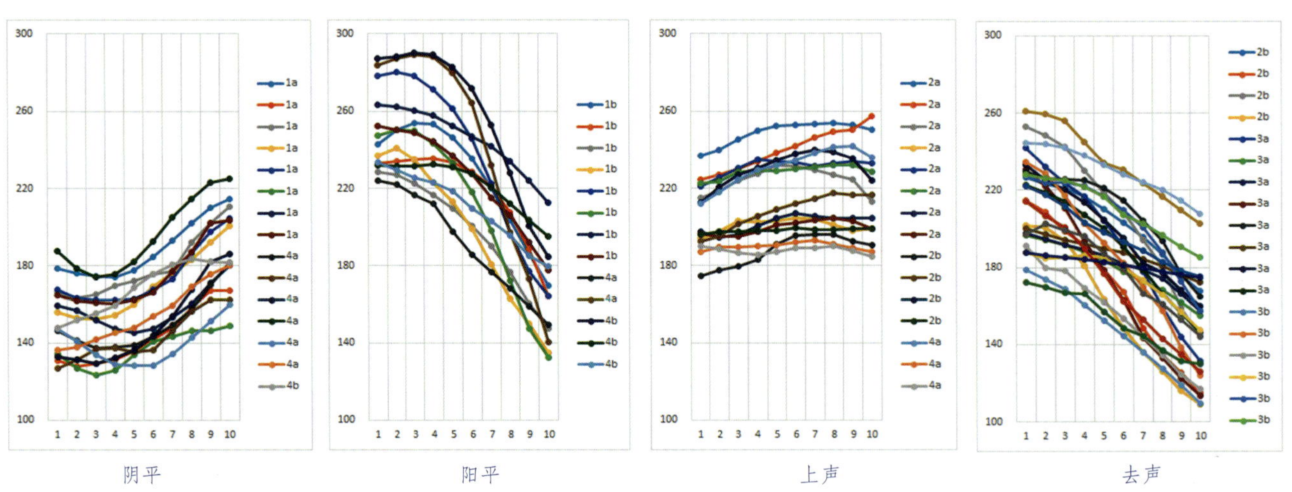

图 5－2d　今声调调域分布范围－郑州金水－YM

青男的声调有 4 个（见图 5－2c）：

阴平 13、阳平 52、上声 44、去声 41。

今调域的分布情况（见图 5－2d）：

阴平在 12～23 之间；阳平在 41～53 之间；上声在 33～44 之间；去声在 21～43 之间。

3. 开封鼓楼

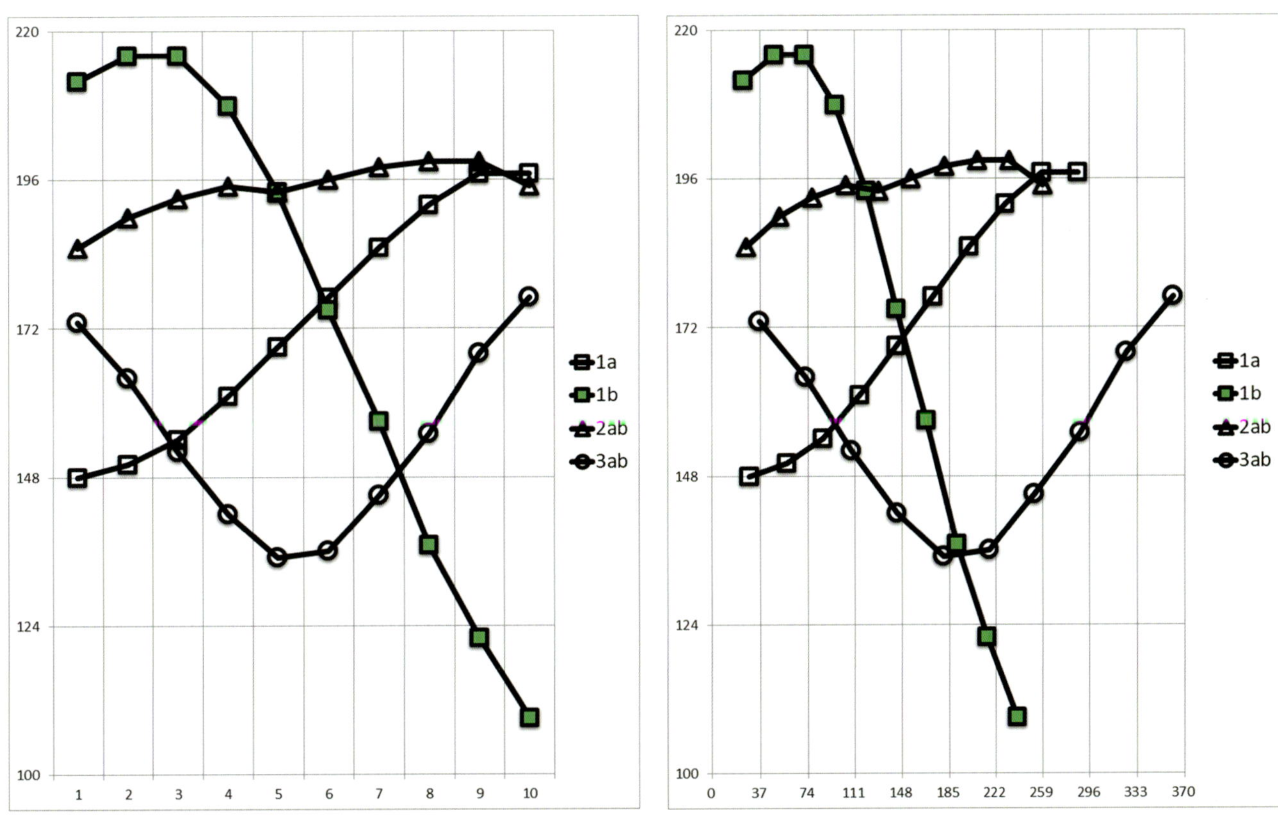

图 5－3a　单字调等长、实长音高模式－开封鼓楼－OM

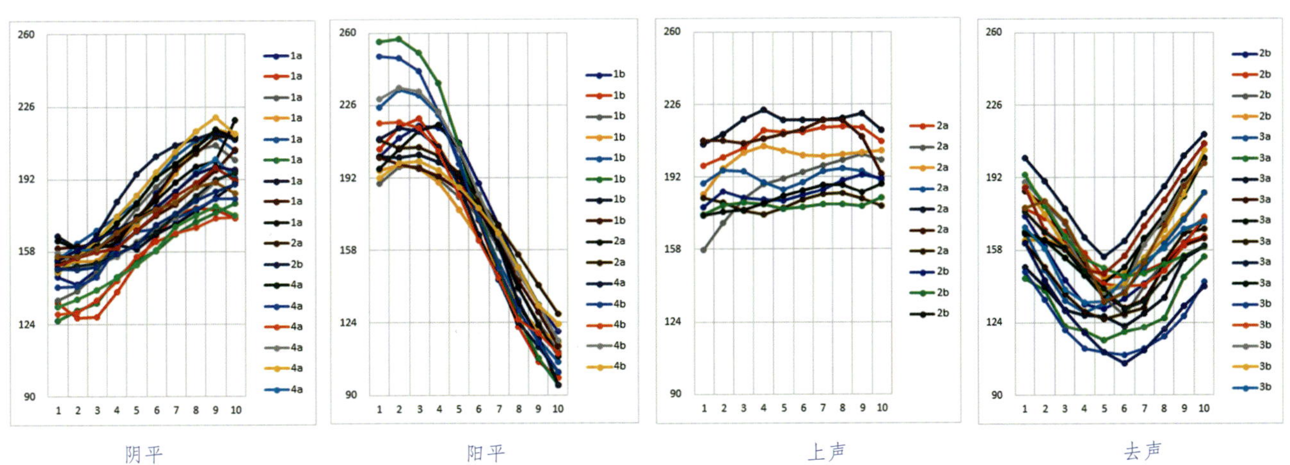

图 5－3b　今声调调域分布范围－开封鼓楼－OM

老男的声调有 4 个（见图 5－3a）：

阴平 34、阳平 51、上声 44、去声 323。

今调域的分布情况（见图 5－3b）：

阴平在 23～34 之间；阳平在 41～52 之间；上声在 33～44 之间；去声在 212～424 之间。

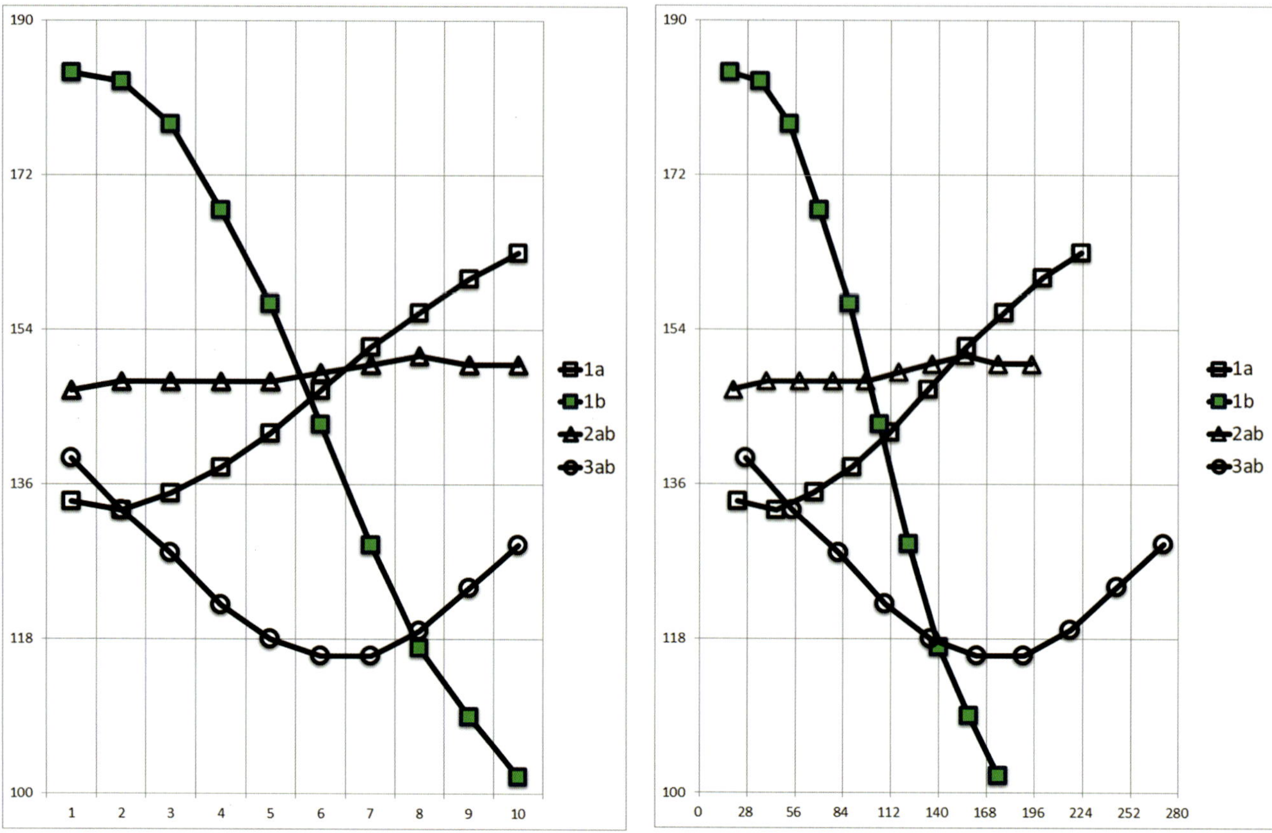

图 5-3c　单字调等长、实长音高模式-开封鼓楼-YM

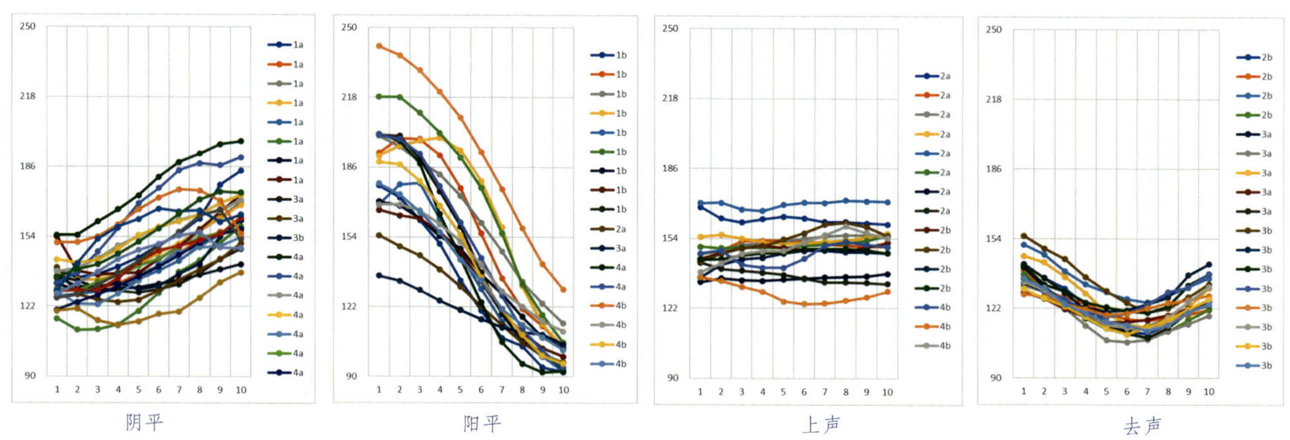

图 5-3d　今声调调域分布范围-开封鼓楼-YM

青男的声调有 4 个（见图 5-3c）：

阴平 24、阳平 51、上声 33、去声 312。

今调域的分布情况（见图 5-3d）：

阴平在 12～34 之间；阳平在 21～52 之间；上声在 33～44 之间；去声在 212～312 之间。

5.2 洛嵩片

洛阳老城区

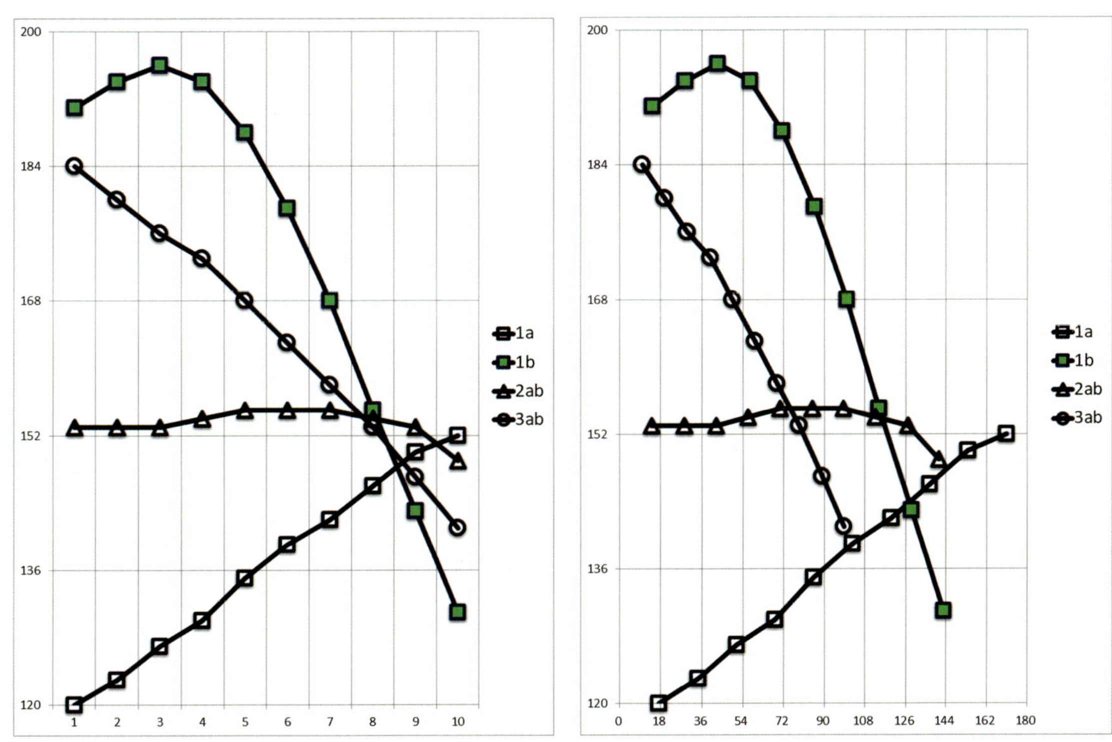

图 5－4a　单字调等长、实长音高模式－洛阳老城区－OM

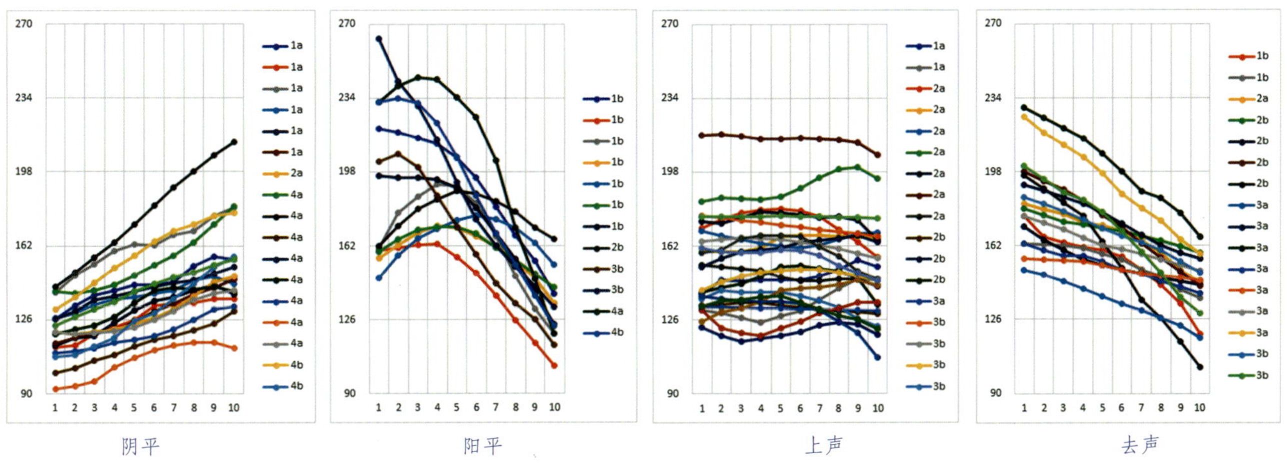

图 5－4b　今声调调域分布范围－洛阳老城区－OM

老男的声调有 4 个（见图 5－4a）：

阴平 12、阳平 51、上声 33、去声 42。

今调域的分布情况（见图 5－4b）：

阴平在 12～24 之间；阳平在 21～52 之间；上声在 11～44 之间；去声在 21～42 之间。

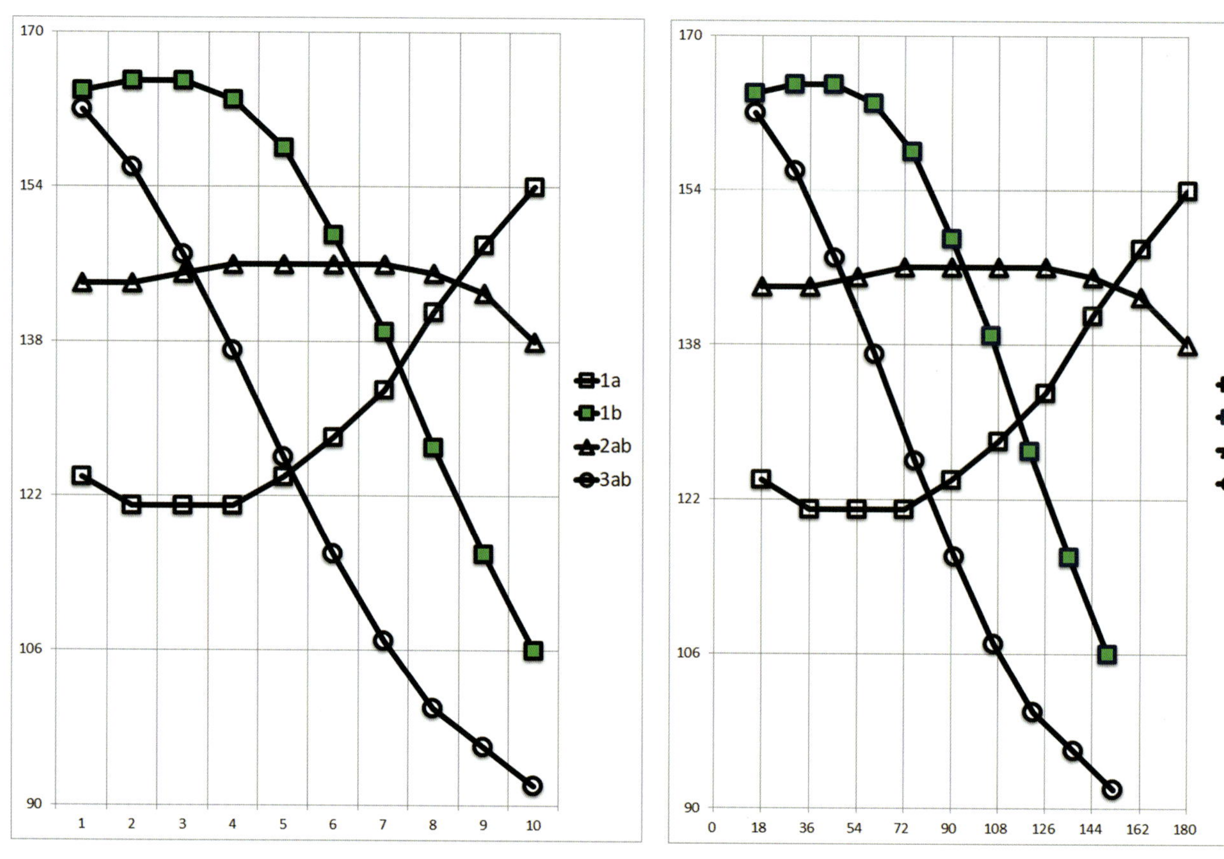

图 5 – 4c　单字调等长、实长音高模式 – 洛阳老城区 – YM

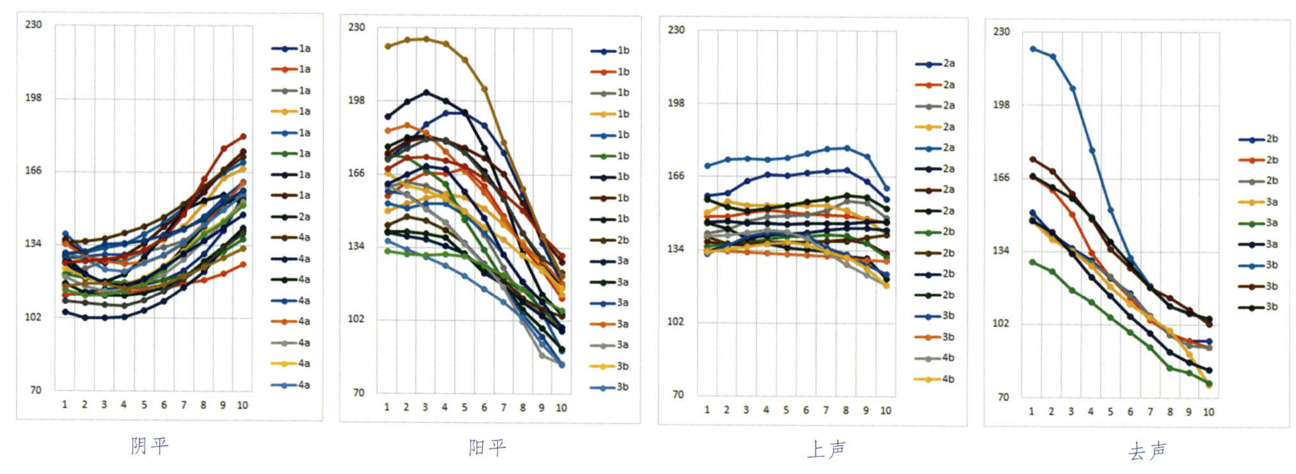

图 5 – 4d　今声调调域分布范围 – 洛阳老城区 – YM

青男的声调有 4 个（见图 5 – 4c）：

阴平 24、阳平 52、上声 44、去声 51。

今调域的分布情况（见图 5 – 4d）：

阴平在 23 ~ 34 之间；阳平在 21 ~ 52 之间；上声在 33 ~ 44 之间；去声在 21 ~ 52 之间。

5.3 南鲁片

1. 南阳宛城

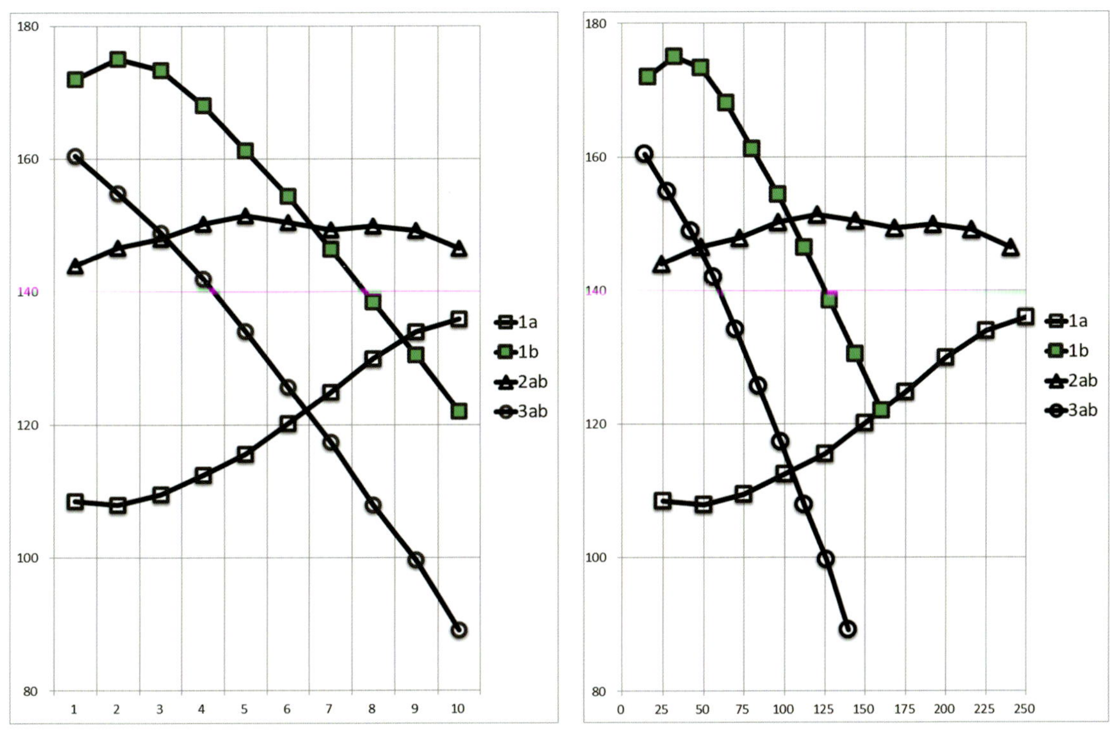

图 5－5a　单字调等长、实长音高模式－南阳宛城－OM

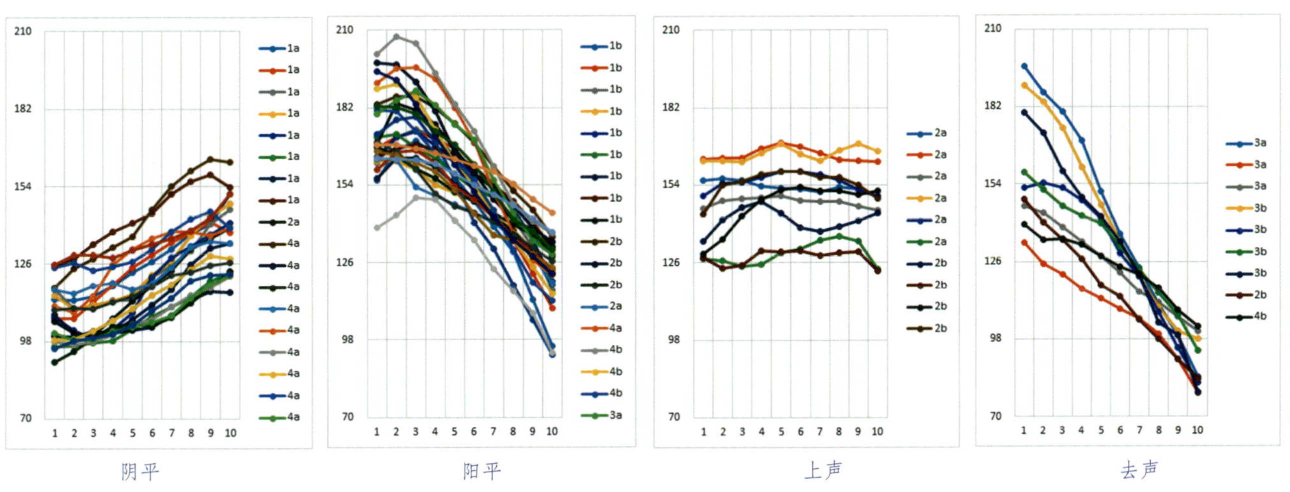

图 5－5b　今声调调域分布范围－南阳宛城－OM

老男的声调有 4 个（见图 5－5a）：

阴平 23、阳平 53、上声 44、去声 41。

今调域的分布情况（见图 5－5b）：

阴平在 12～34 之间；阳平在 31～53 之间；上声在 33～44 之间；去声在 31～52 之间。

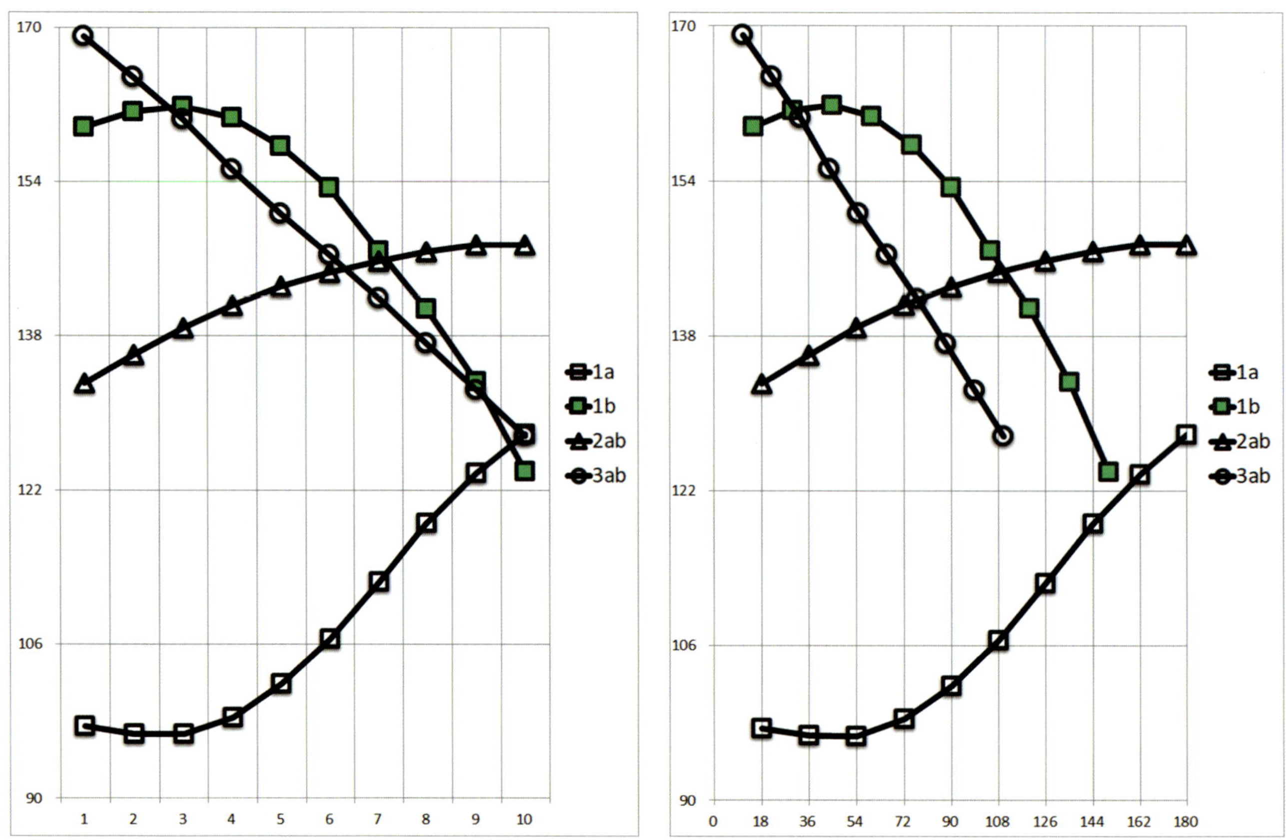

图 5－5c　单字调等长、实长音高模式－南阳宛城－YM

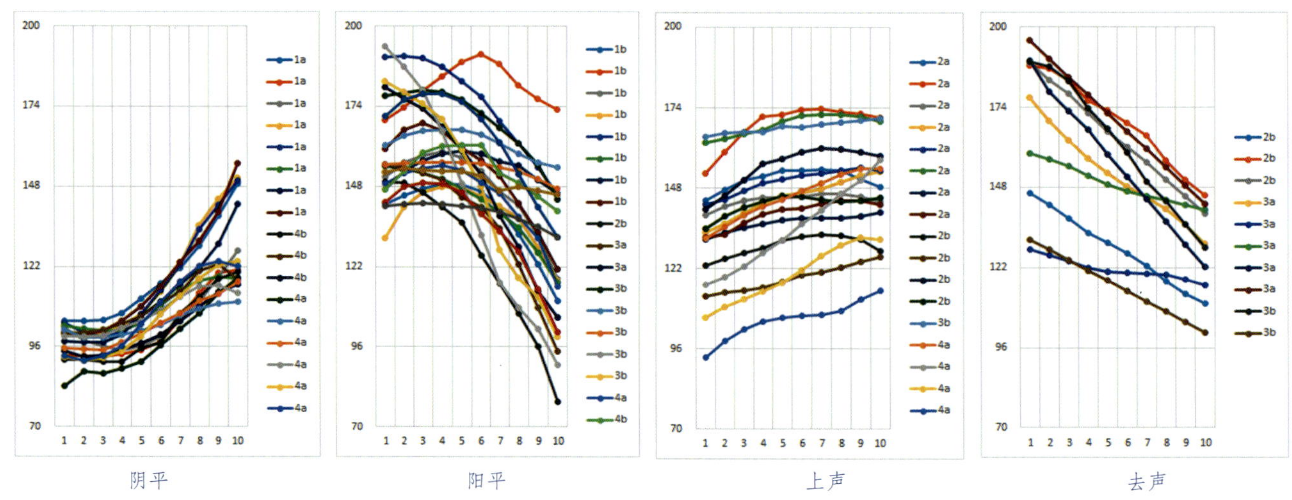

图 5－5d　今声调调域分布范围－南阳宛城－YM

青男的声调有 4 个（见图 5－5c）：

阴平 13、阳平 53、上声 34、去声 53。

今调域的分布情况（见图 5－5d）：

阴平在 12～24 之间；阳平在 31～54 之间；上声在 22～44 之间；去声在 32～53 之间。

2. 许昌魏都

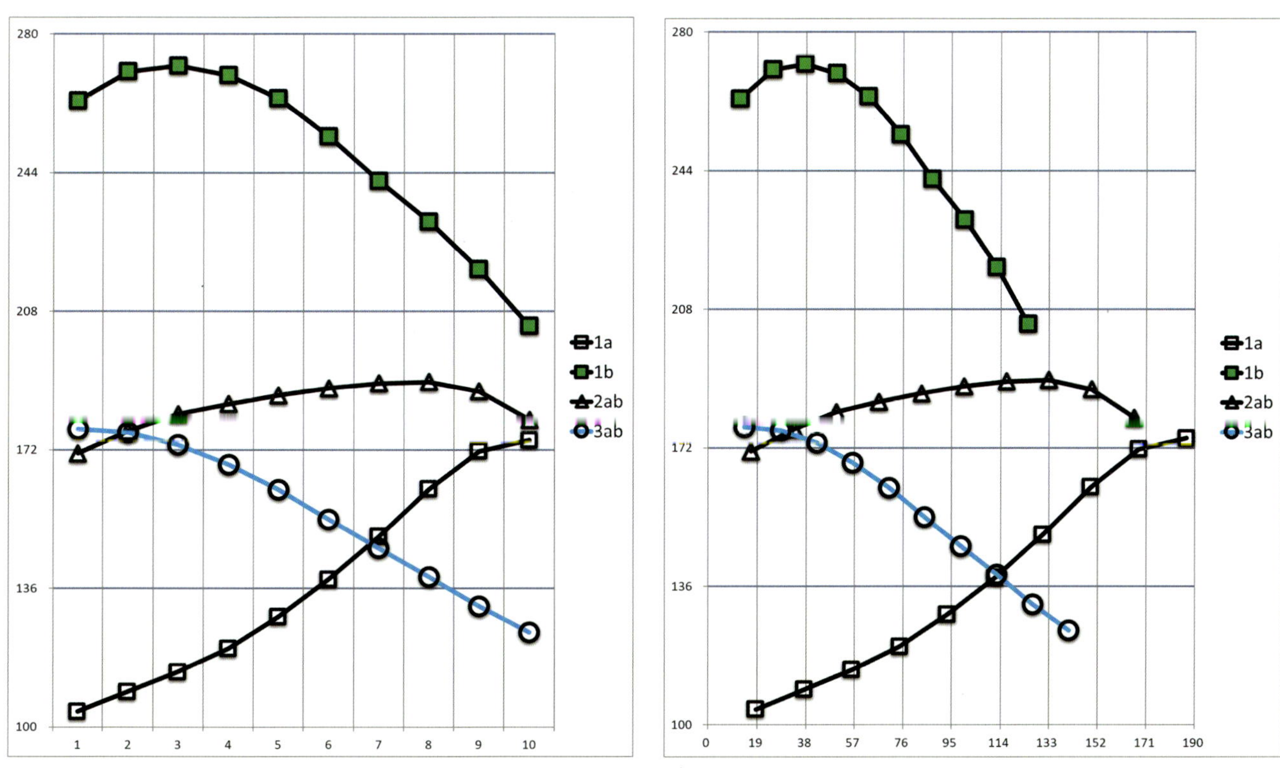

图 5－6a　单字调等长、实长音高模式－许昌魏都－OM

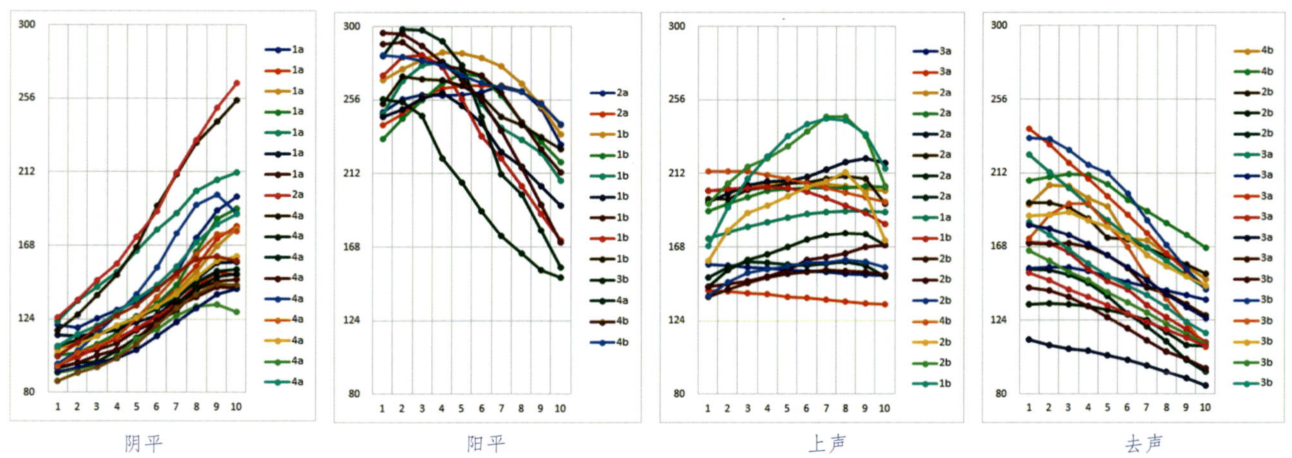

图 5－6b　今声调调域分布范围－许昌魏都－OM

老男的声调有 4 个（见图 5－6a）：

阴平 13、阳平 53、上声 33、去声 31。

今调域的分布情况（见图 5－6b）：

阴平在 12～25 之间；阳平在 42～54 之间；上声在 22～44 之间；去声在 21～42 之间。

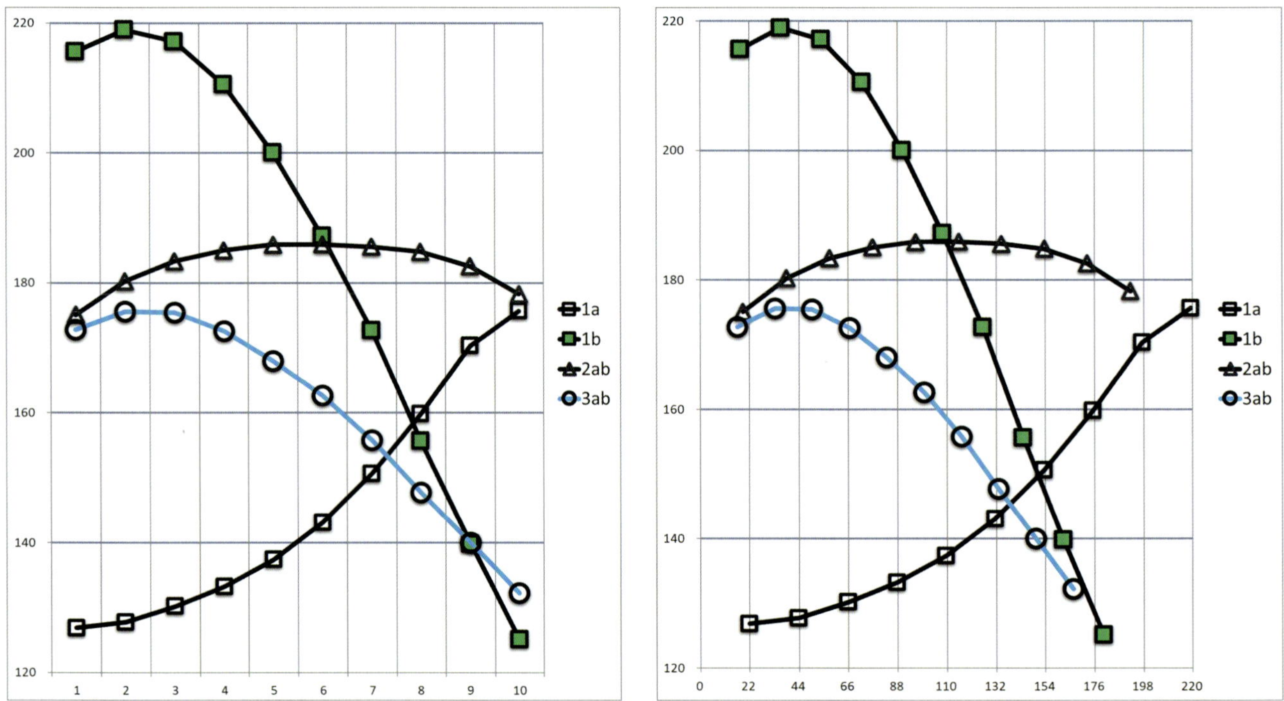

图 5－6c 单字调等长、实长音高模式－许昌魏都－YM

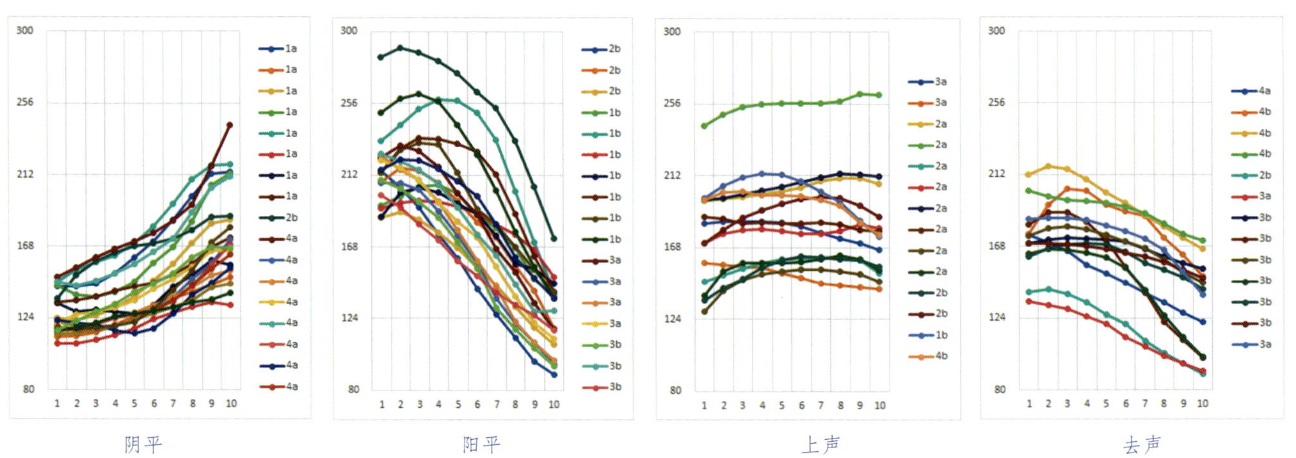

图 5－6d 今声调调域分布范围－许昌魏都－YM

青男的声调有 4 个（见图 5－6c）：

阴平 13、阳平 51、上声 44、去声 31。

今调域的分布情况（见图 5－6d）：

阴平在 12～24 之间；阳平在 31～53 之间；上声在 22～44 之间；去声在 21～43 之间。

3. 驻马店泌阳

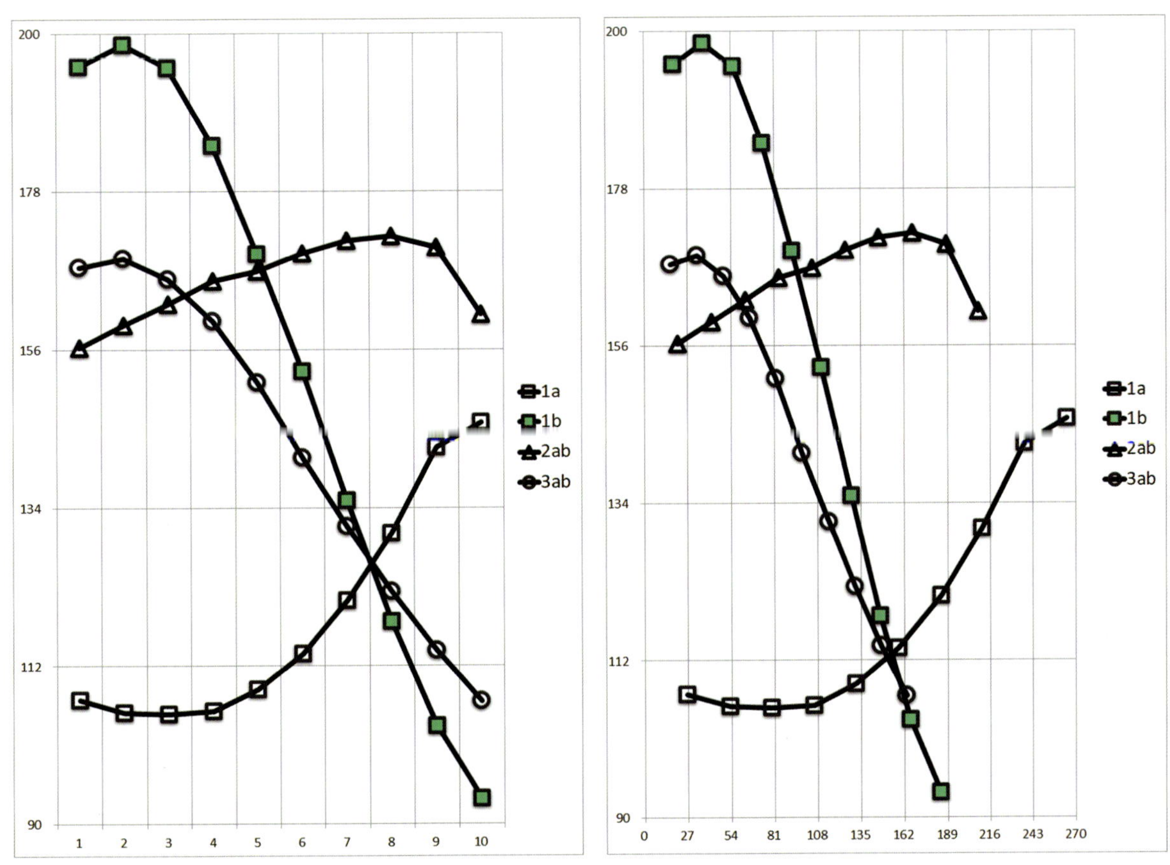

图 5－7a　单字调等长、实长音高模式－驻马店泌阳－OM

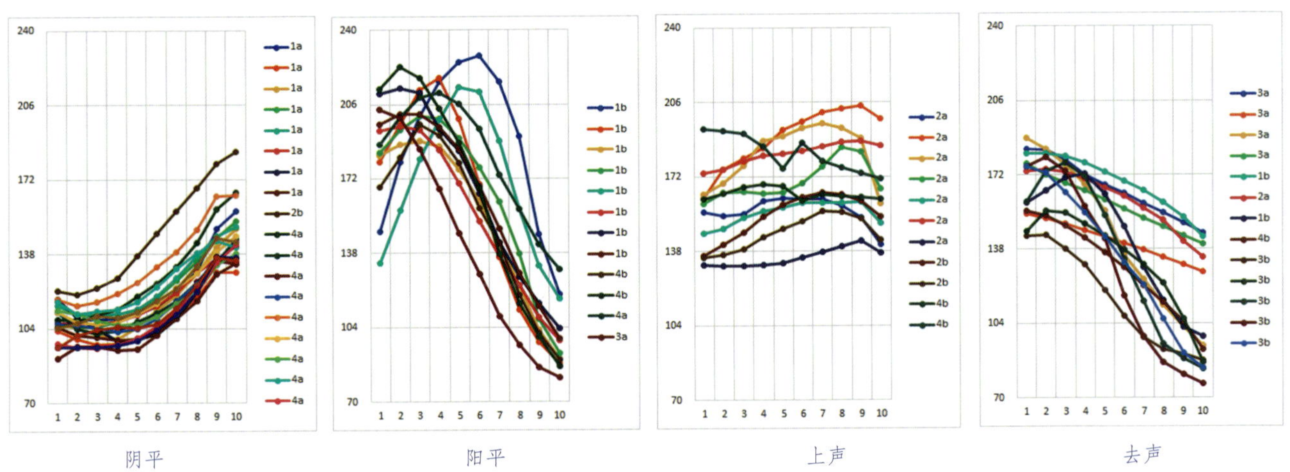

图 5－7b　今声调调域分布范围－驻马店泌阳－OM

老男的声调有 4 个（见图 5－7a）：

阴平 13、阳平 51、上声 44、去声 41。

今调域的分布情况（见图 5－7b）：

阴平在 12～24 之间；阳平在 41～52 之间；上声在 33～44 之间；去声在 31～43 之间。

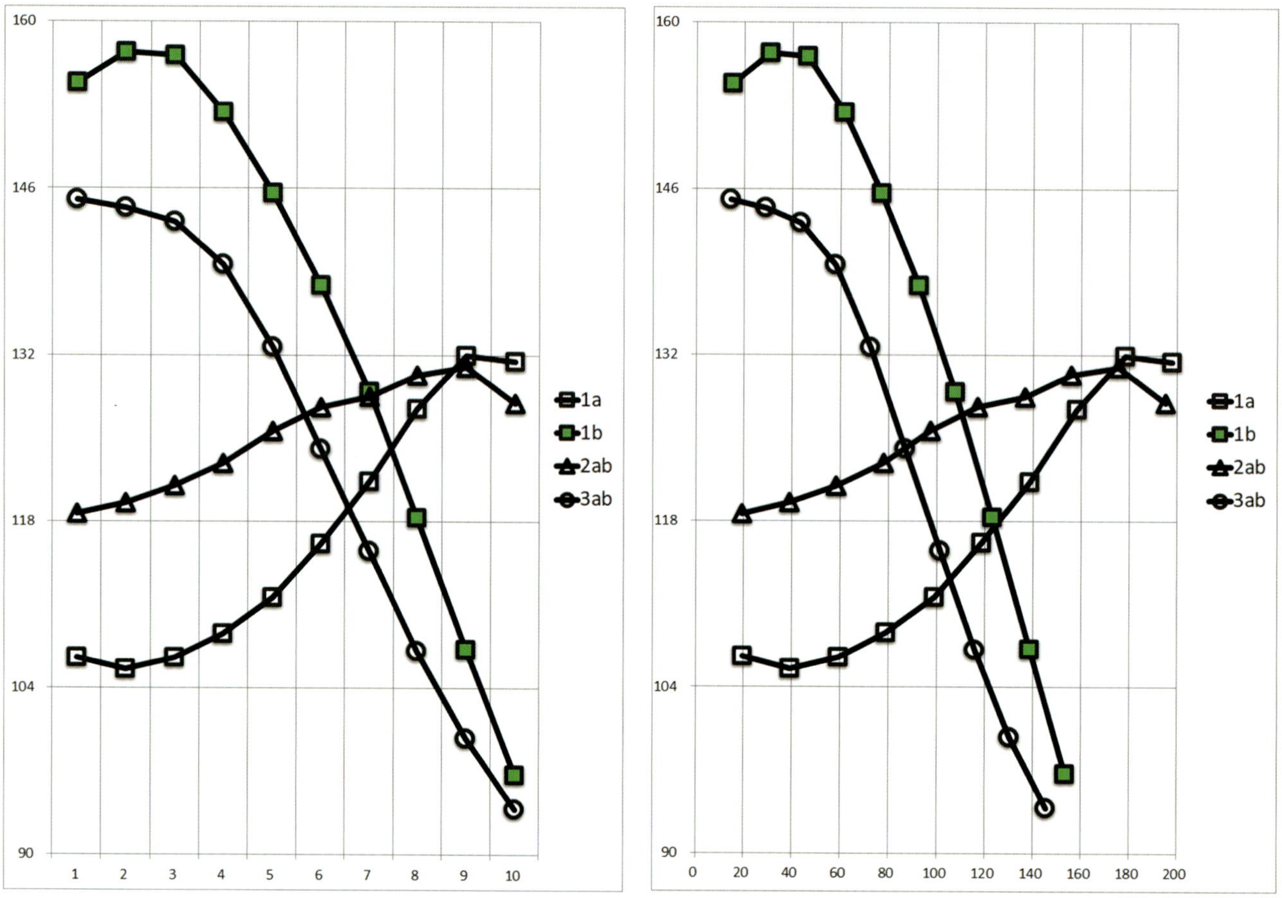

图 5 –7c　单字调等长、实长音高模式 – 驻马店泌阳 – YM

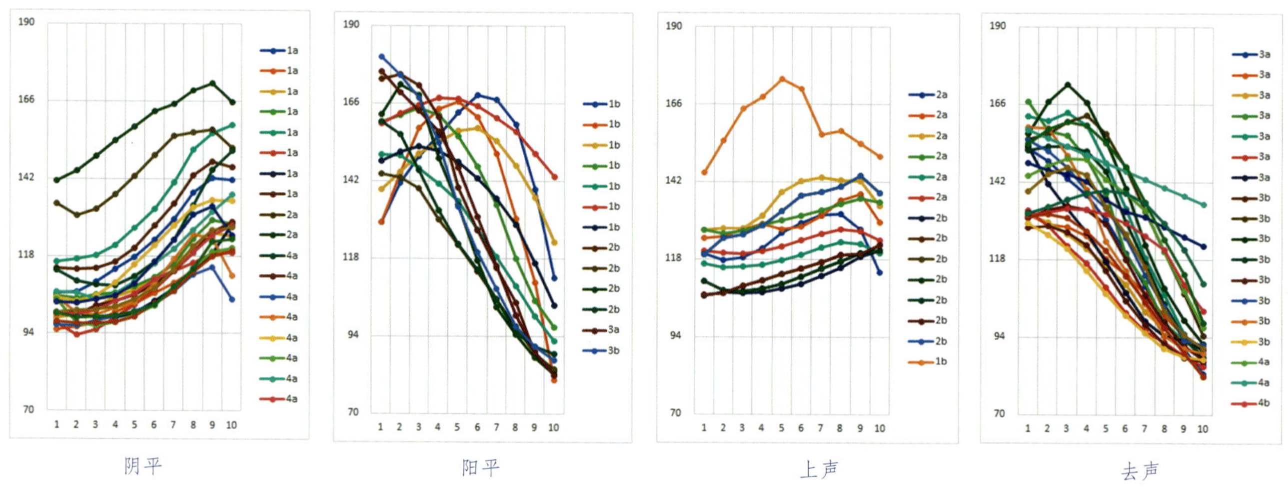

图 5 –7d　今声调调域分布范围 – 驻马店泌阳 – YM

青男的声调有 4 个（见图 5 –7c）：

阴平 23、阳平 51、上声 34、去声 41。

今调域的分布情况（见图 5 –7d）：

阴平在 23 ~45 之间；阳平在 31 ~53 之间；上声主要在 33 ~44 之间；去声在 31 ~43 之间。

5.4 漯项片

1. 漯河郾城

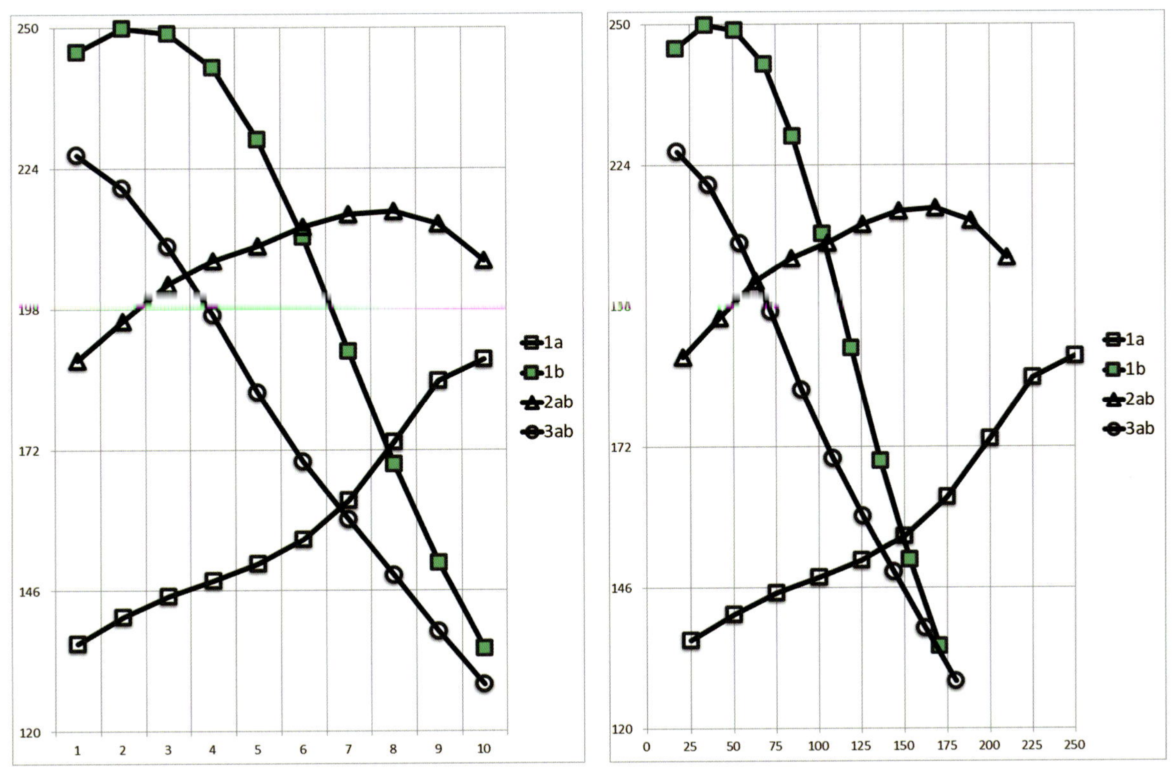

图 5－8a　单字调等长、实长音高模式－漯河郾城－OM

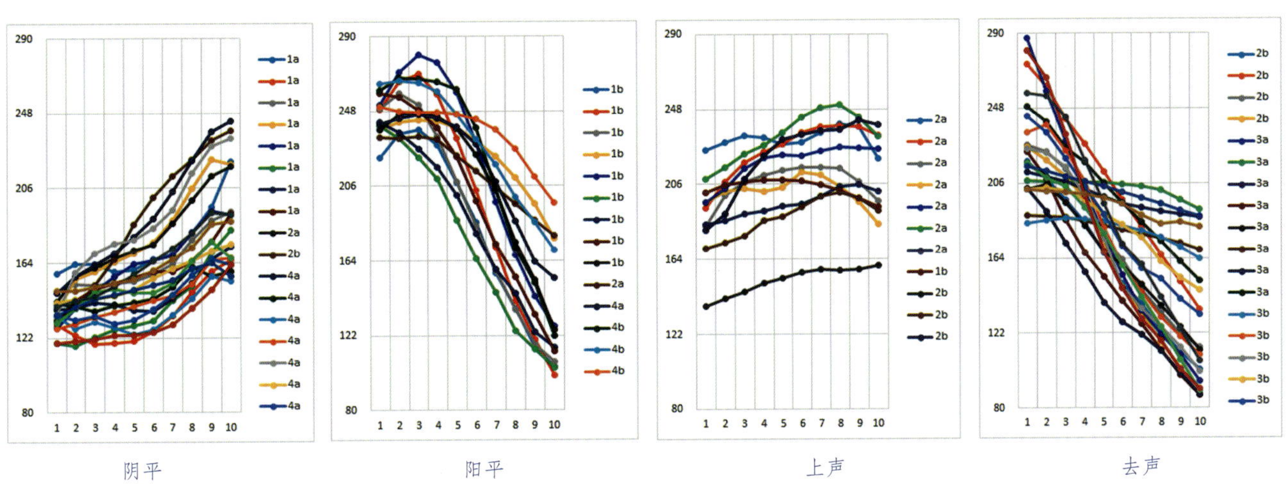

图 5－8b　今声调调域分布范围－漯河郾城－OM

老男的声调有 4 个（见图 5－8a）：

阴平 13、阳平 51、上声 34、去声 41。

今调域的分布情况（见图 5－8b）：

阴平在 23～24 之间；阳平在 41～53 之间；上声在 22～44 之间；去声主要在 41～52 之间。

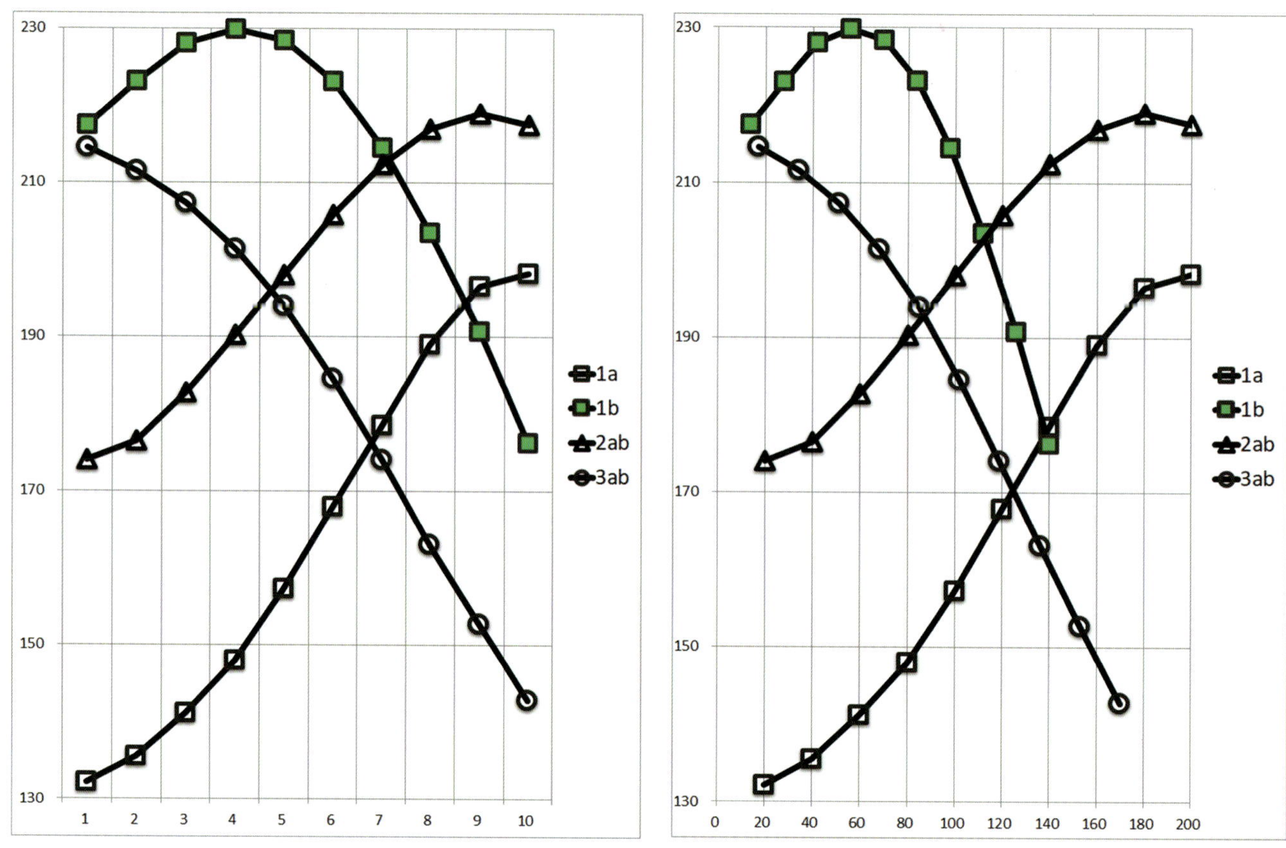

图 5－8c　单字调等长、实长音高模式－漯河郾城－YM

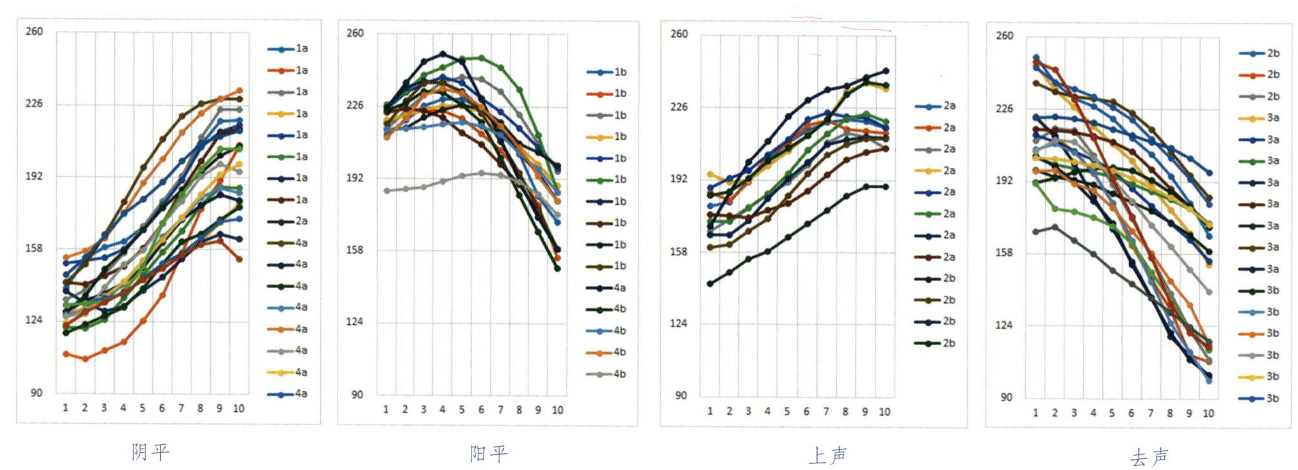

图 5－8d　今声调调域分布范围－漯河郾城－YM

青男的声调有 4 个（见图 5－8c）：

阴平 14、阳平 53、上声 35、去声 51。

今调域的分布情况（见图 5－8d）：

阴平在 13～24 之间；阳平在 42～54 之间；上声在 23～35 之间；去声在 31～53 之间。

2. 驻马店驿城

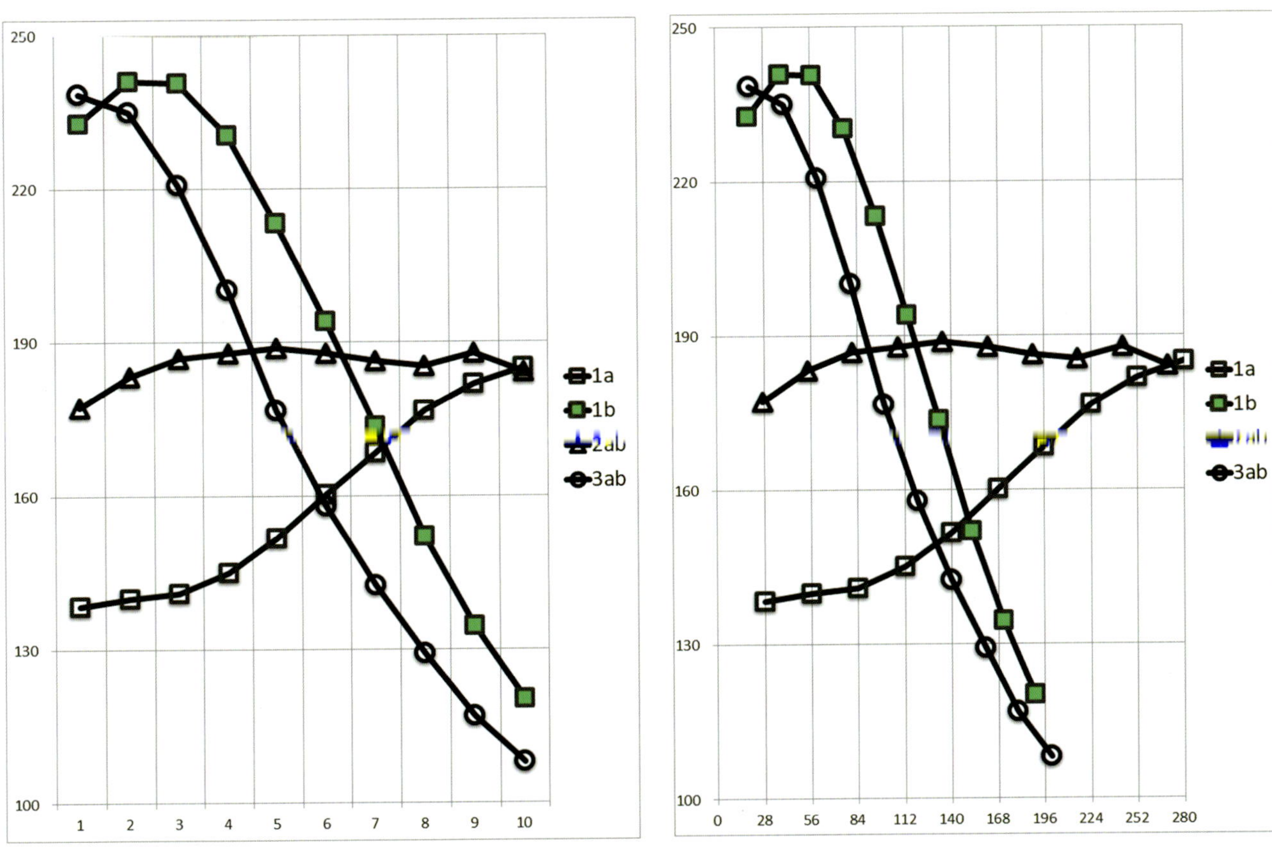

图 5－9a 单字调等长、实长音高模式－驻马店驿城－OM

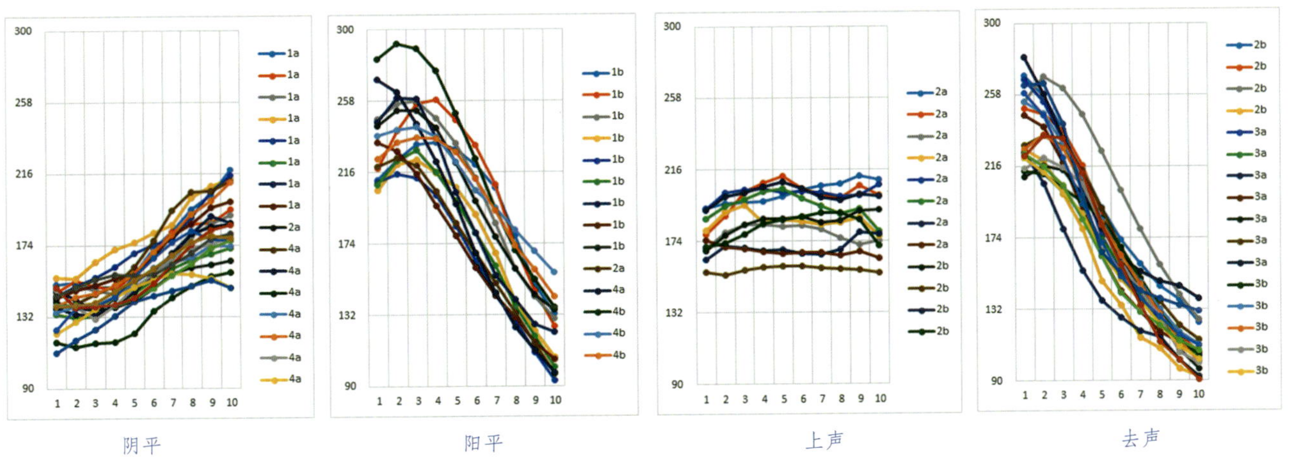

图 5－9b 今声调调域分布范围－驻马店驿城－OM

老男的声调有 4 个（见图 5－9a）：

阴平 23、阳平 52、上声 33、去声 51。

今调域的分布情况（见图 5－9b）：

阴平在 12～23 之间；阳平在 31～52 之间；上声在 22～33 之间；去声在 31～52 之间。

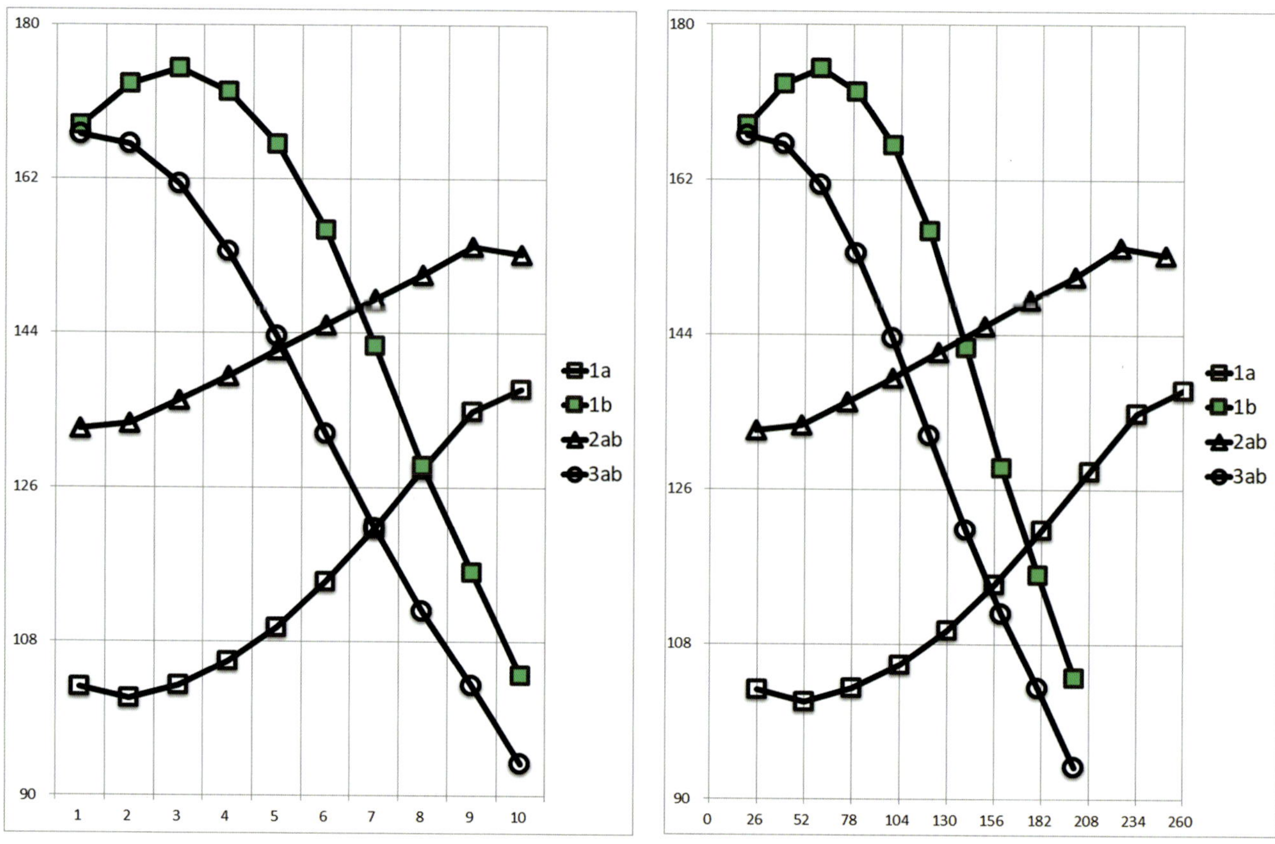

图 5－9c　单字调等长、实长音高模式－驻马店驿城－YM

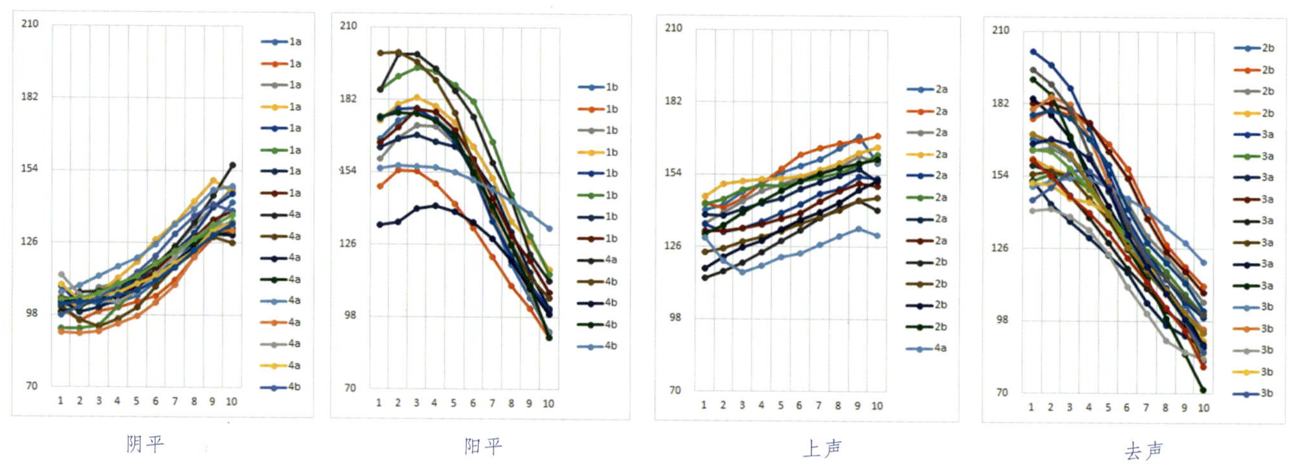

图 5－9d　今声调调域分布范围－驻马店驿城－YM

青男的声调有 4 个（见图 5－9c）：

阴平 13、阳平 52、上声 34、去声 51。

今调域的分布情况（见图 5－9d）：

阴平在 12～23 之间；阳平在 32～52 之间；上声在 23～34 之间；去声在 31～52 之间。

5.5 商阜片

1. 商丘梁园

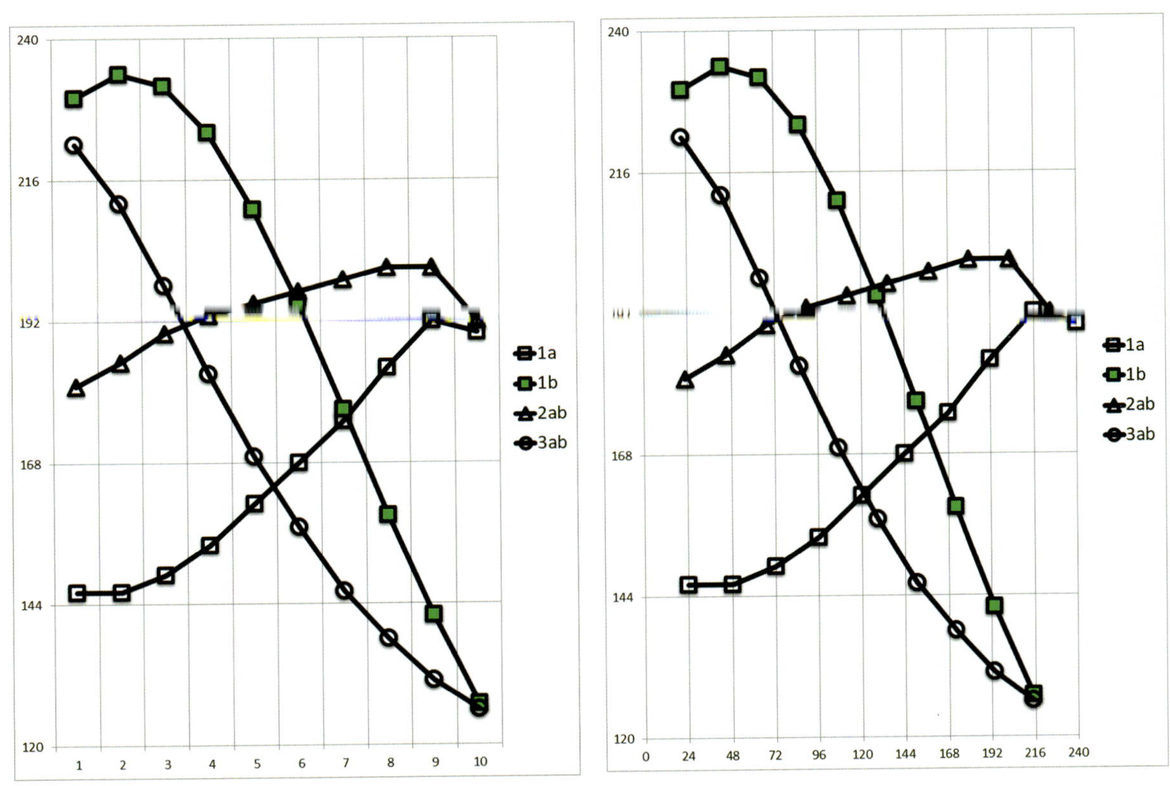

图 5－10a 单字调等长、实长音高模式－商丘梁园－OM

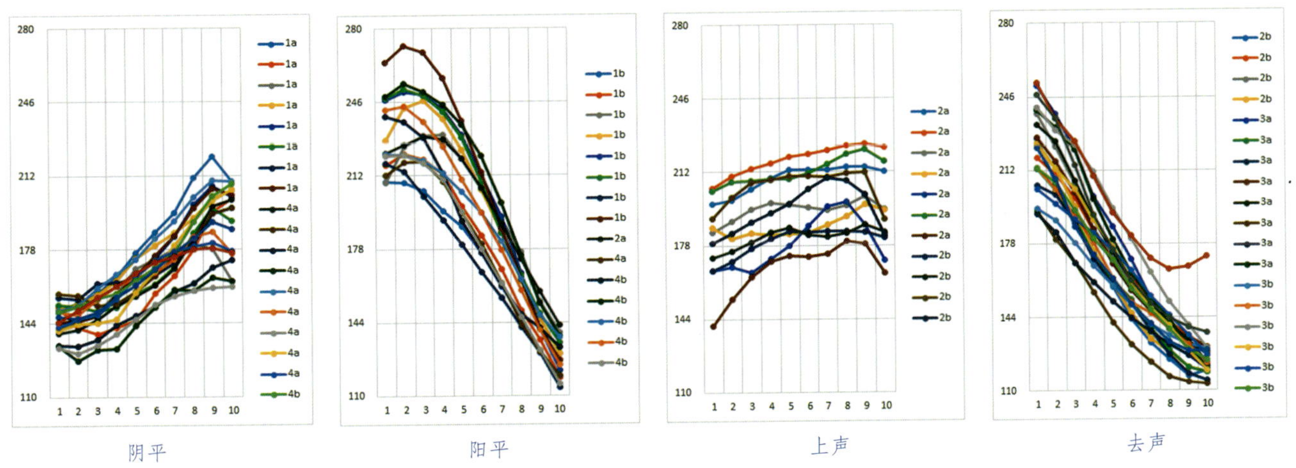

图 5－10b 今声调调域分布范围－商丘梁园－OM

老男的声调有 4 个（见图 5－10a）：

阴平 23、阳平 51、上声 34、去声 41。

今调域的分布情况（见图 5－10b）：

阴平在 12～23 之间；阳平在 41～52 之间；上声在 23～34 之间；去声在 31～41 之间。

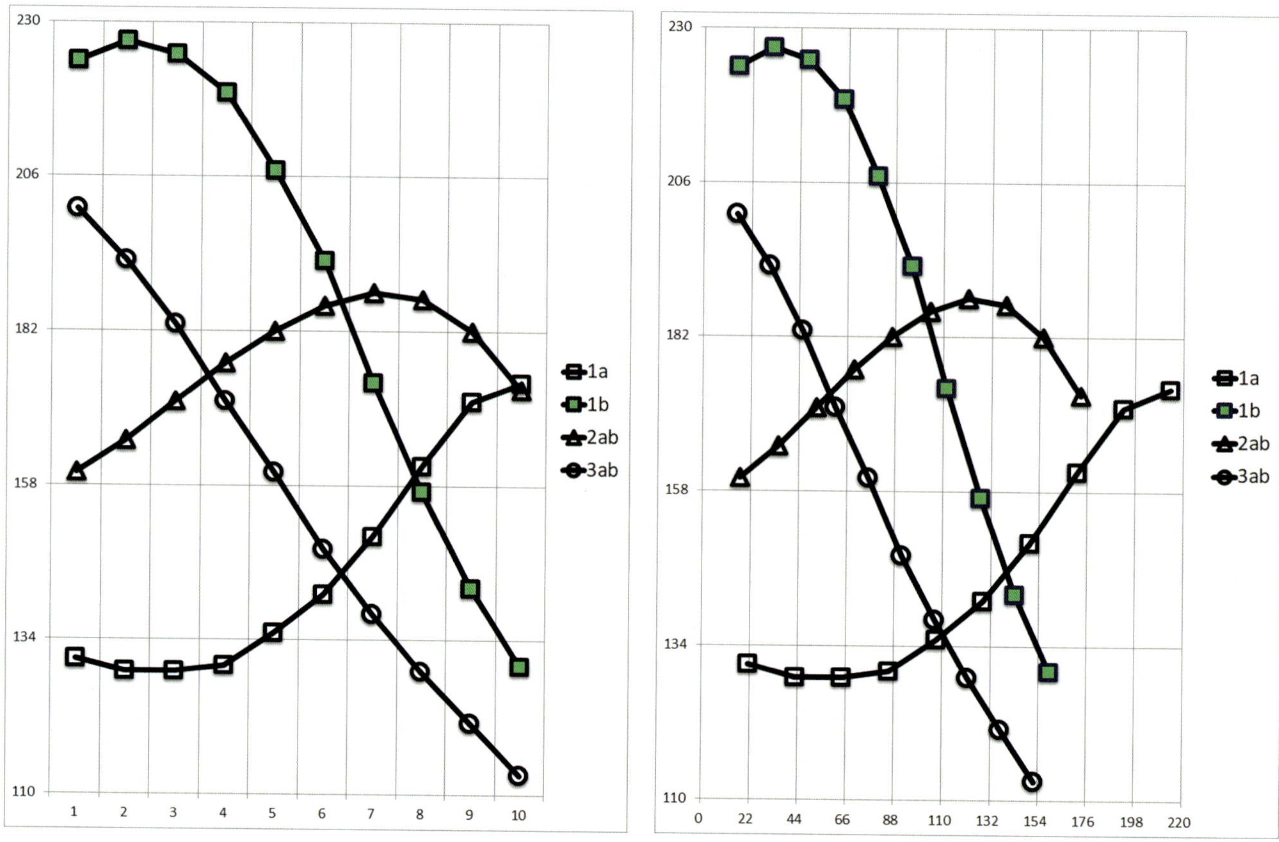

图 5－10c　单字调等长、实长音高模式－商丘梁园－YM

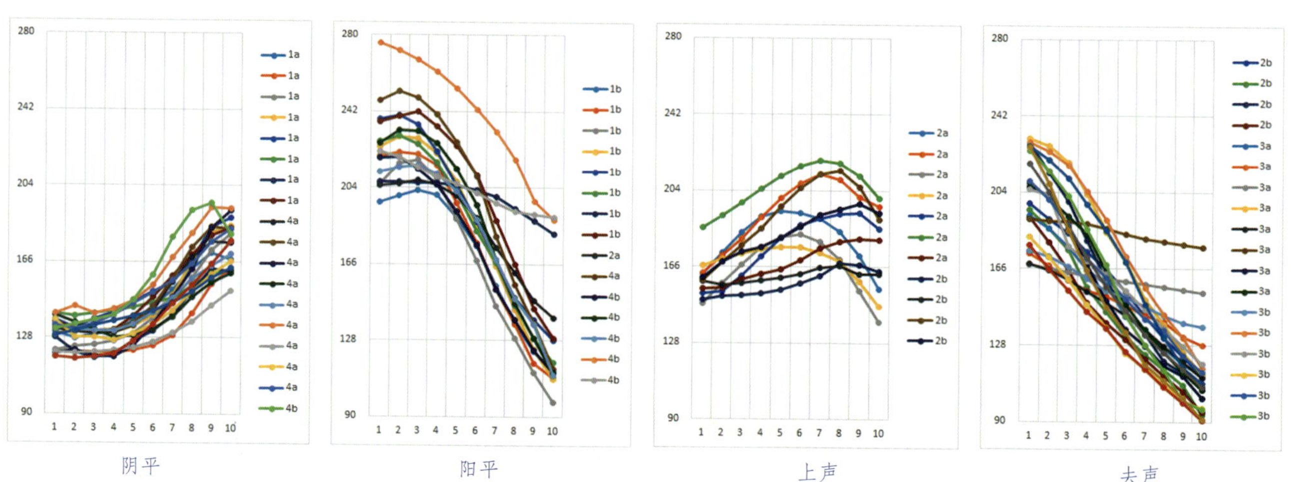

图 5－10d　今声调调域分布范围－商丘梁园－YM

青男的声调有 4 个（见图 5－10c）：

阴平 13、阳平 52、上声 34、去声 41。

今调域的分布情况（见图 5－10d）：

阴平在 12～23 之间；阳平在 31～53 之间；上声在 23～34 之间；去声主要在 31～41 之间。

2. 周口郸城

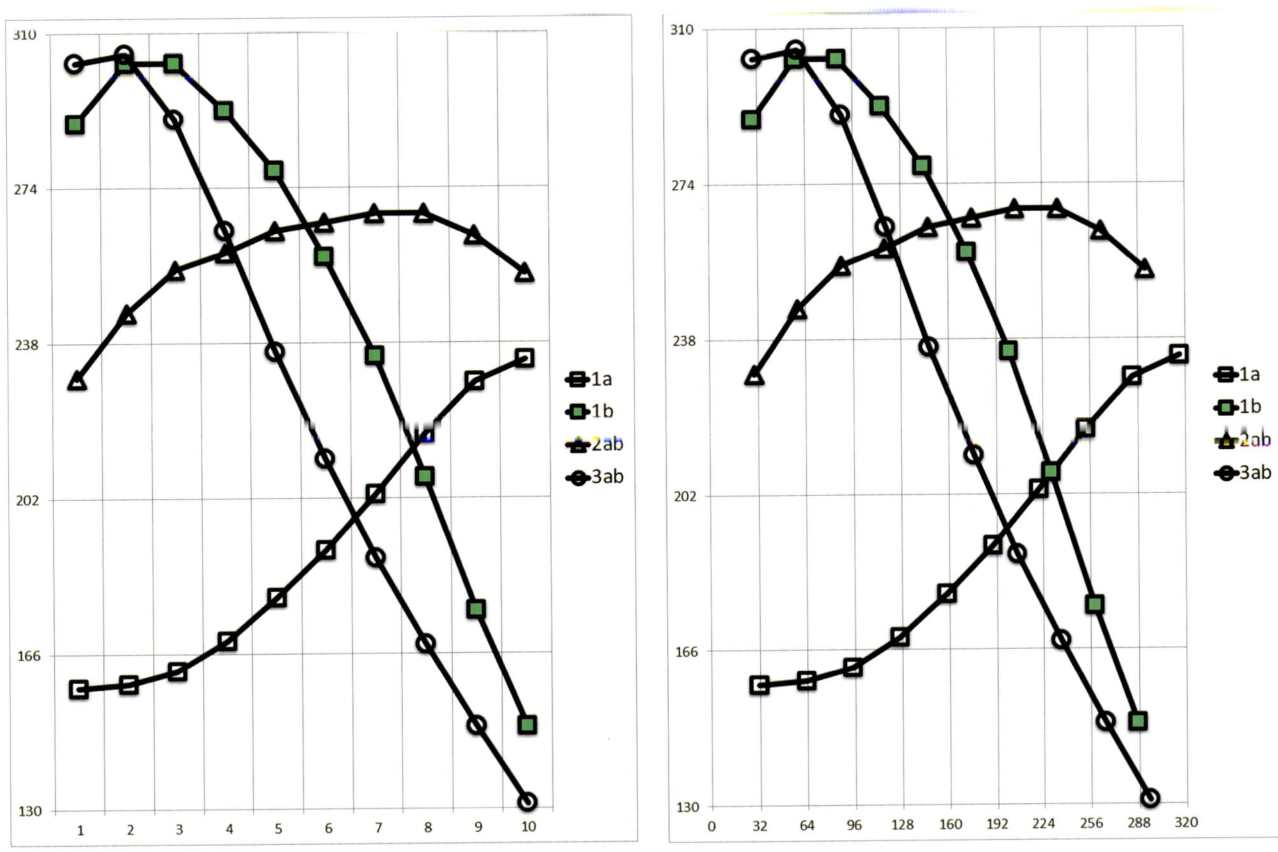

图 5 - 11a　单字调等长、实长音高模式 - 周口郸城 - OM

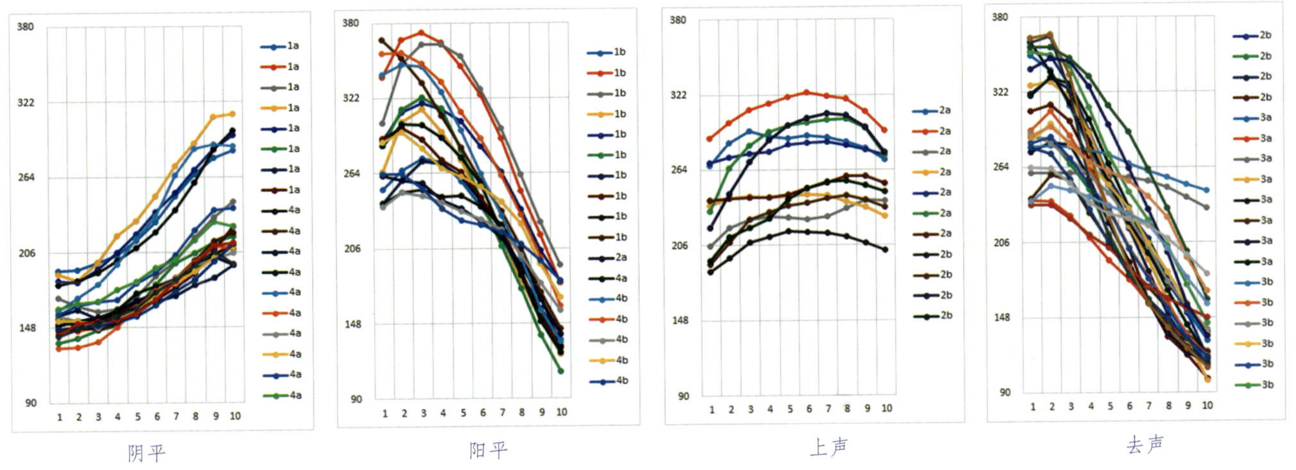

图 5 - 11b　今声调调域分布范围 - 周口郸城 - OM

老男的声调有 4 个（见图 5 - 11a）：

阴平 13、阳平 52、上声 44、去声 51。

今调域的分布情况（见图 5 - 11b）：

阴平在 12 ~ 24 之间；阳平在 31 ~ 52 之间；上声在 33 ~ 44 之间；去声在 31 ~ 52 之间。

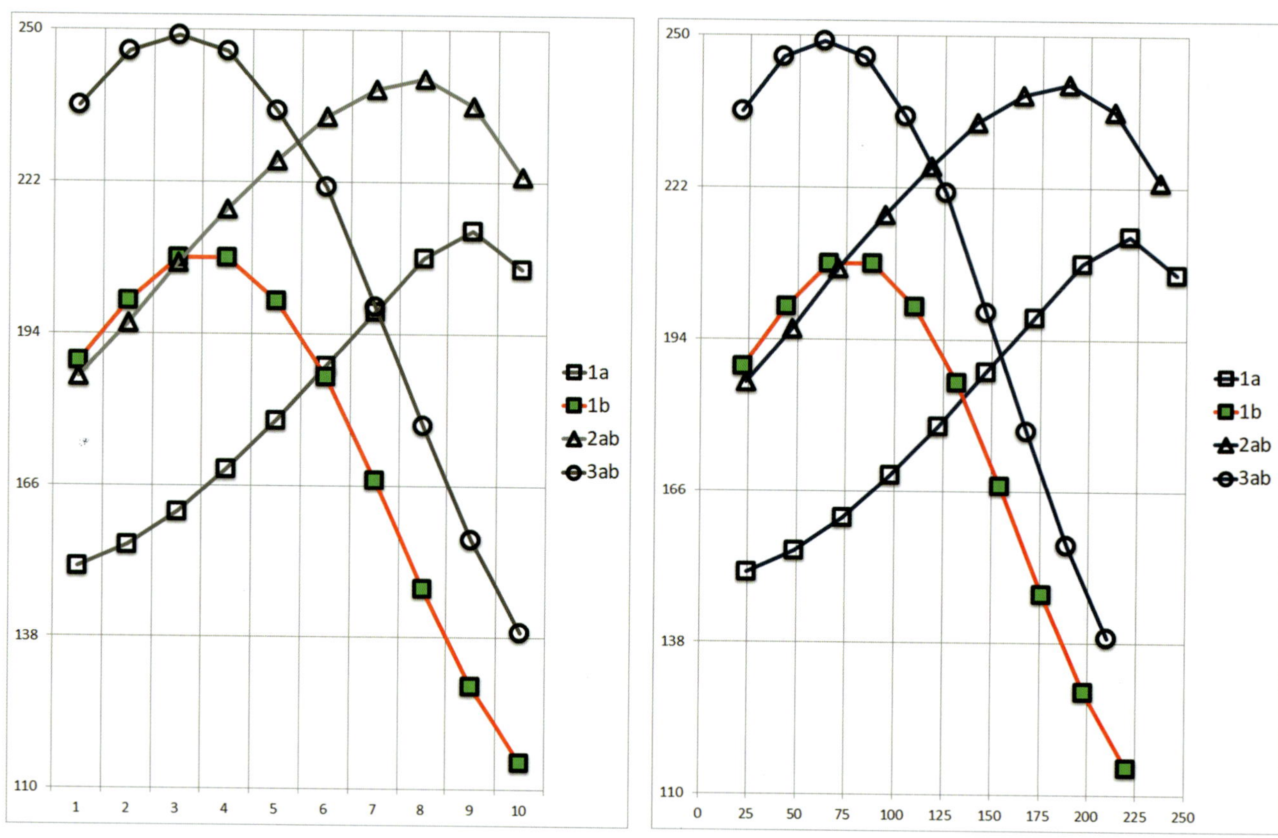

图 5－11c　单字调等长、实长音高模式－周口郸城－YM

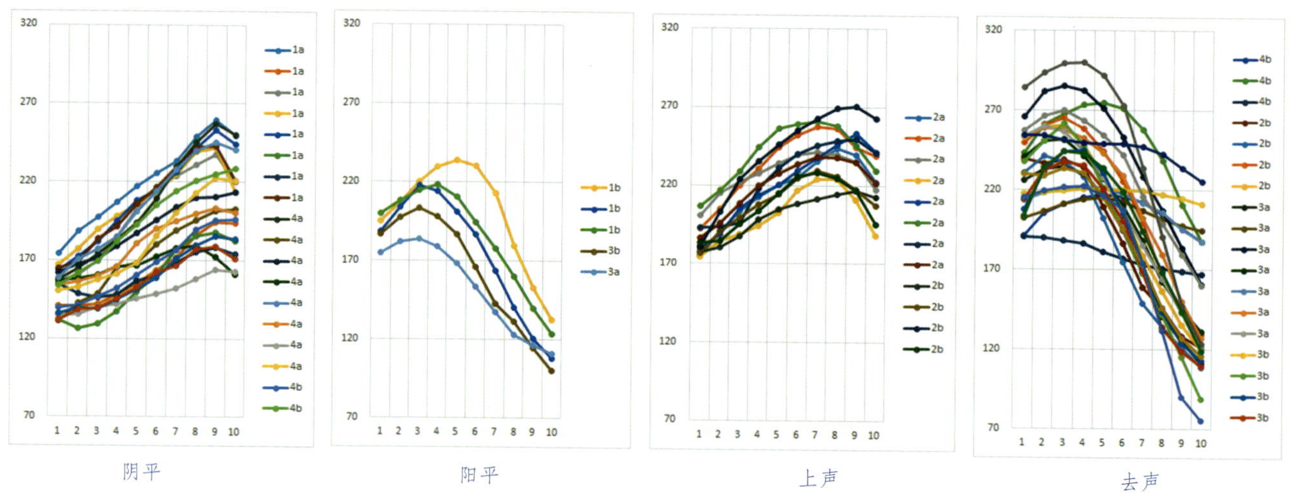

图 5－11d　今声调调域分布范围－周口郸城－YM

青男的声调有 4 个（见图 5－11c）：

阴平 24、阳平 41、上声 35、去声 52。

今调域的分布情况（见图 5－11d）：

阴平在 23～34 之间；阳平在 31～42 之间；上声主要在 34 的范围；去声在 31～54 之间。

3. 阜阳颍州

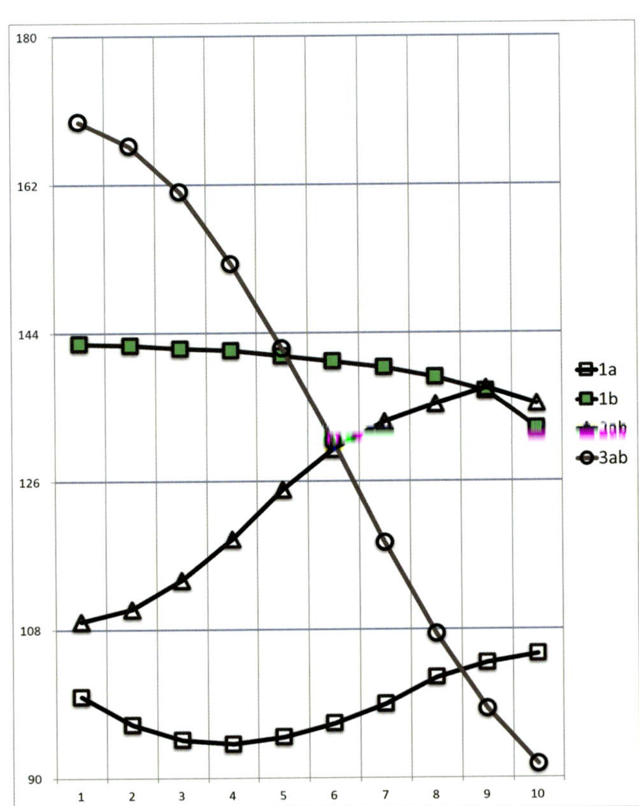

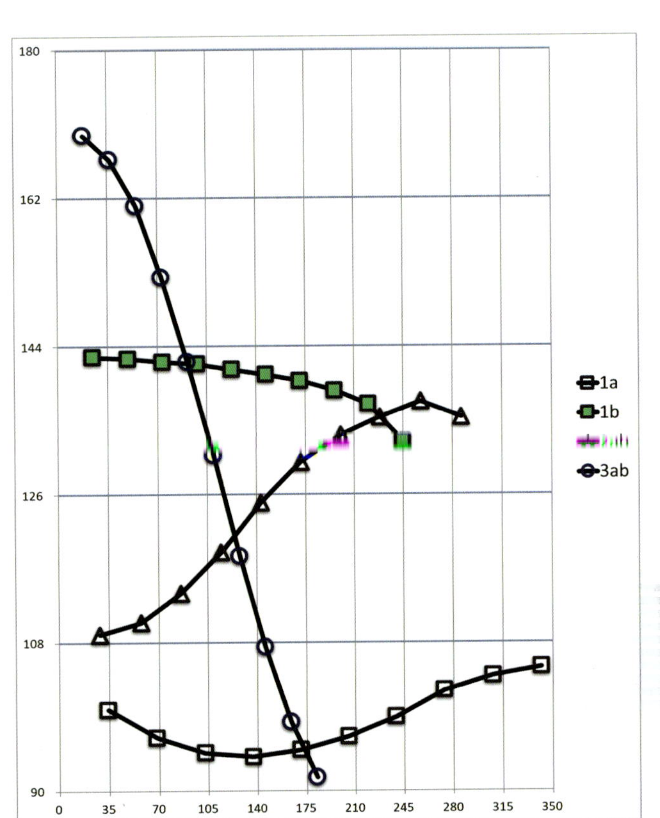

图 5－12a　单字调等长、实长音高模式－阜阳颍州－OM

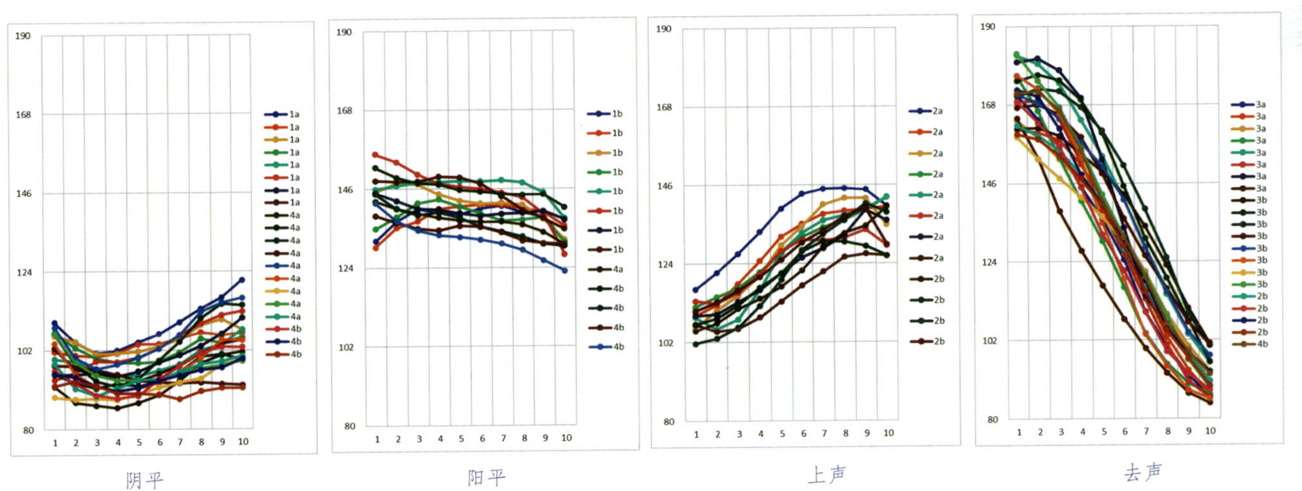

图 5－12b　今声调调域分布范围－阜阳颍州－OM

老男的声调有 4 个（见图 5－12a）：

阴平 212、阳平 33、上声 23、去声 51。

今调域的分布情况（见图 5－12b）：

阴平主要在 212 的范围；阳平在 33～43 之间；上声主要在 23 的范围；去声在 41～52 之间。

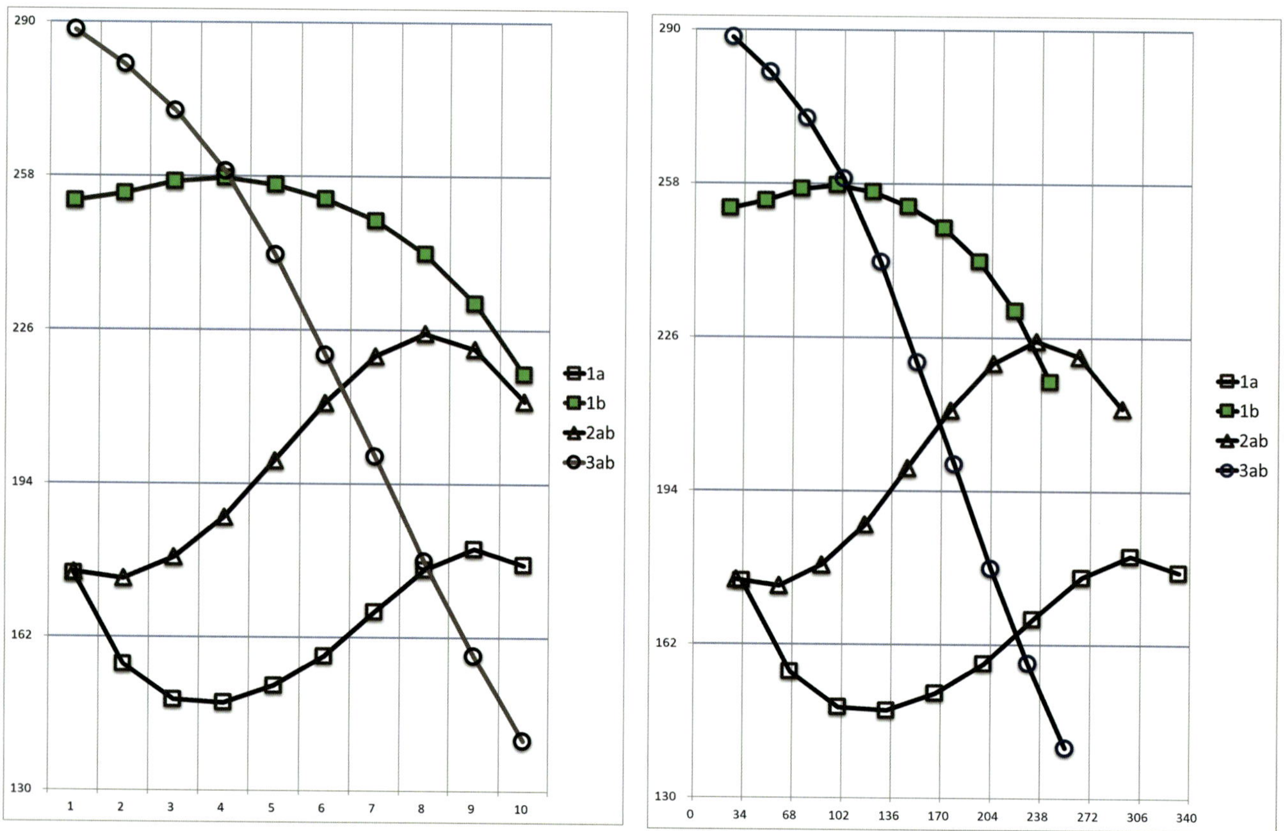

图 5－12c　单字调等长、实长音高模式－阜阳颍州－OF

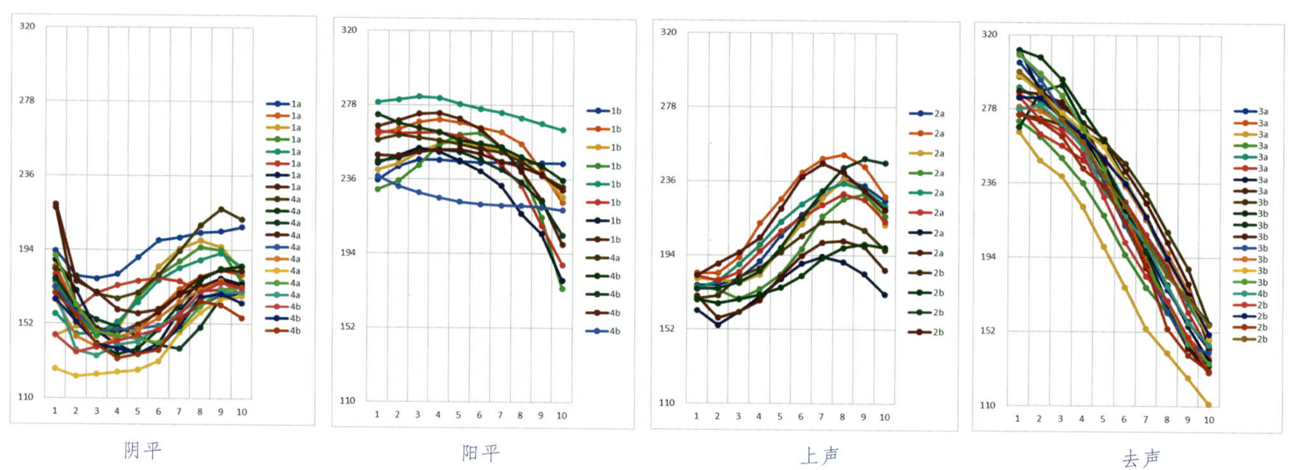

图 5－12d　今声调调域分布范围－阜阳颍州－OF

老女的声调有 4 个（见图 5－12c）：

阴平 212、阳平 43、上声 23、去声 51。

今调域的分布情况（见图 5－12d）：

阴平在 212～323 之间；阳平在 32～43 之间；上声在 23～24 之间；去声在 41～52 之间。

4. 亳州谯城

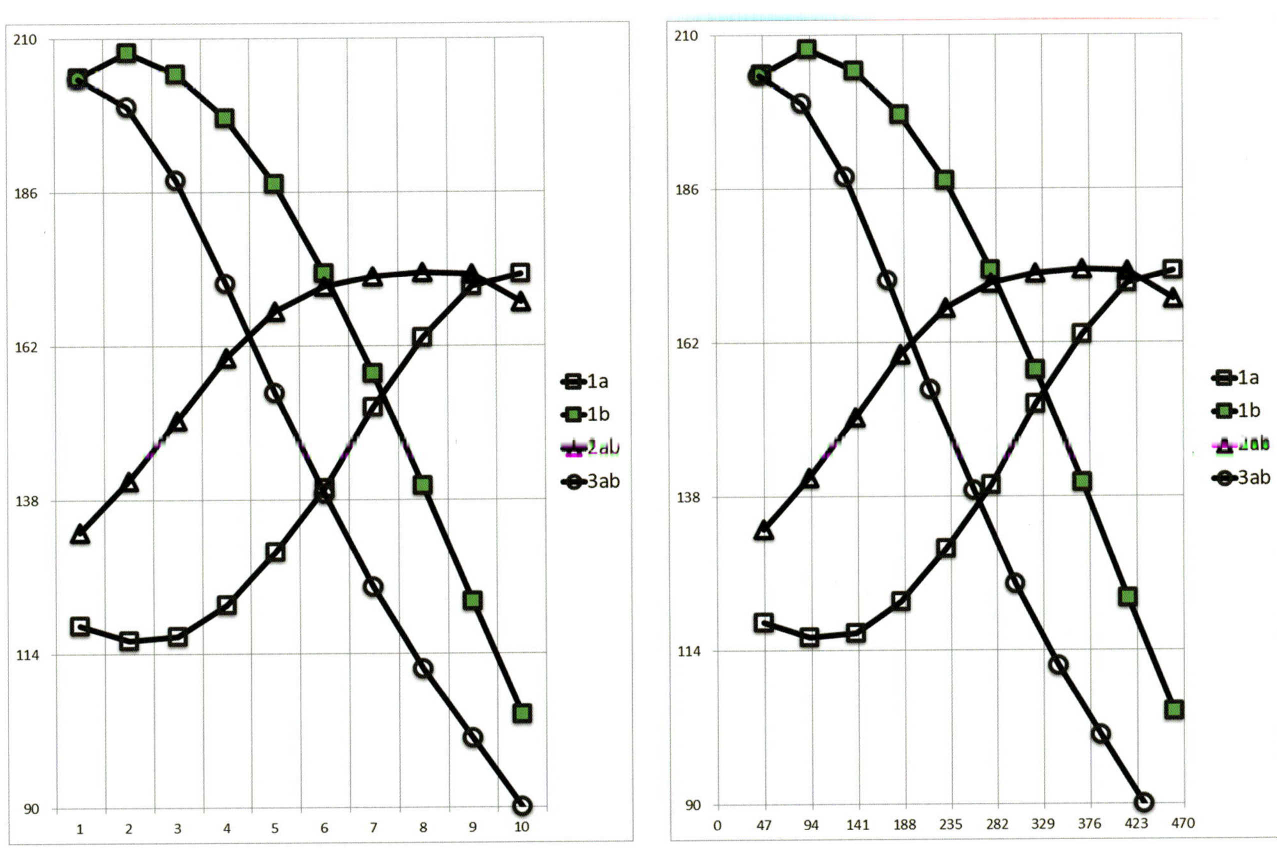

图 5－13a　单字调等长、实长音高模式－亳州谯城－OM

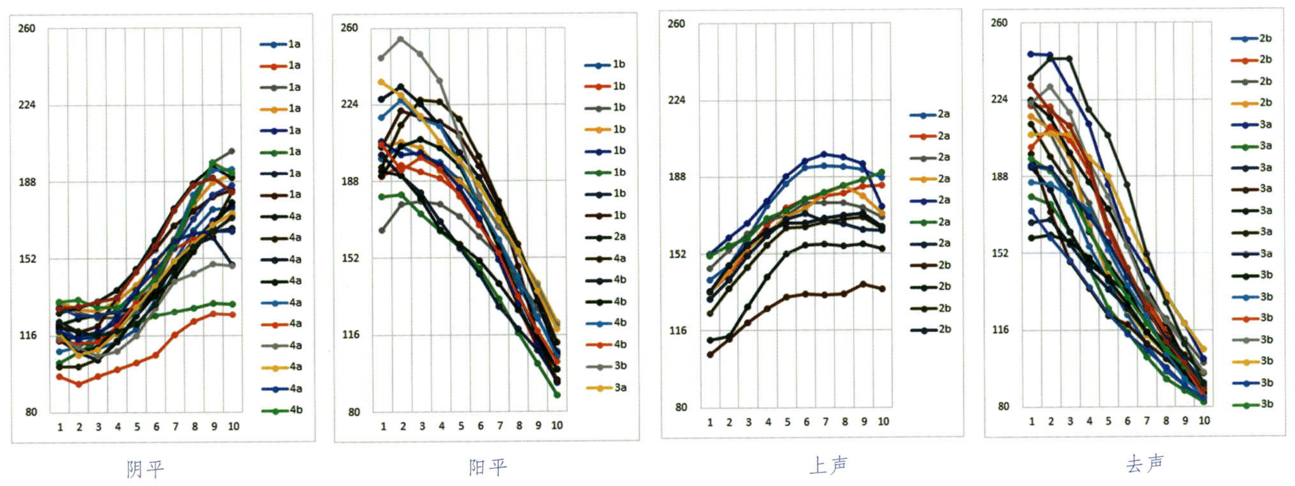

图 5－13b　今声调调域分布范围－亳州谯城－OM

老男的声调有 4 个（见图 5－13a）：

阴平 24、阳平 52、上声 24、去声 51。

今调域的分布情况（见图 5－13b）：

阴平在 12～24 之间；阳平在 31～52 之间；上声在 23～34 之间；去声在 31～51 之间。

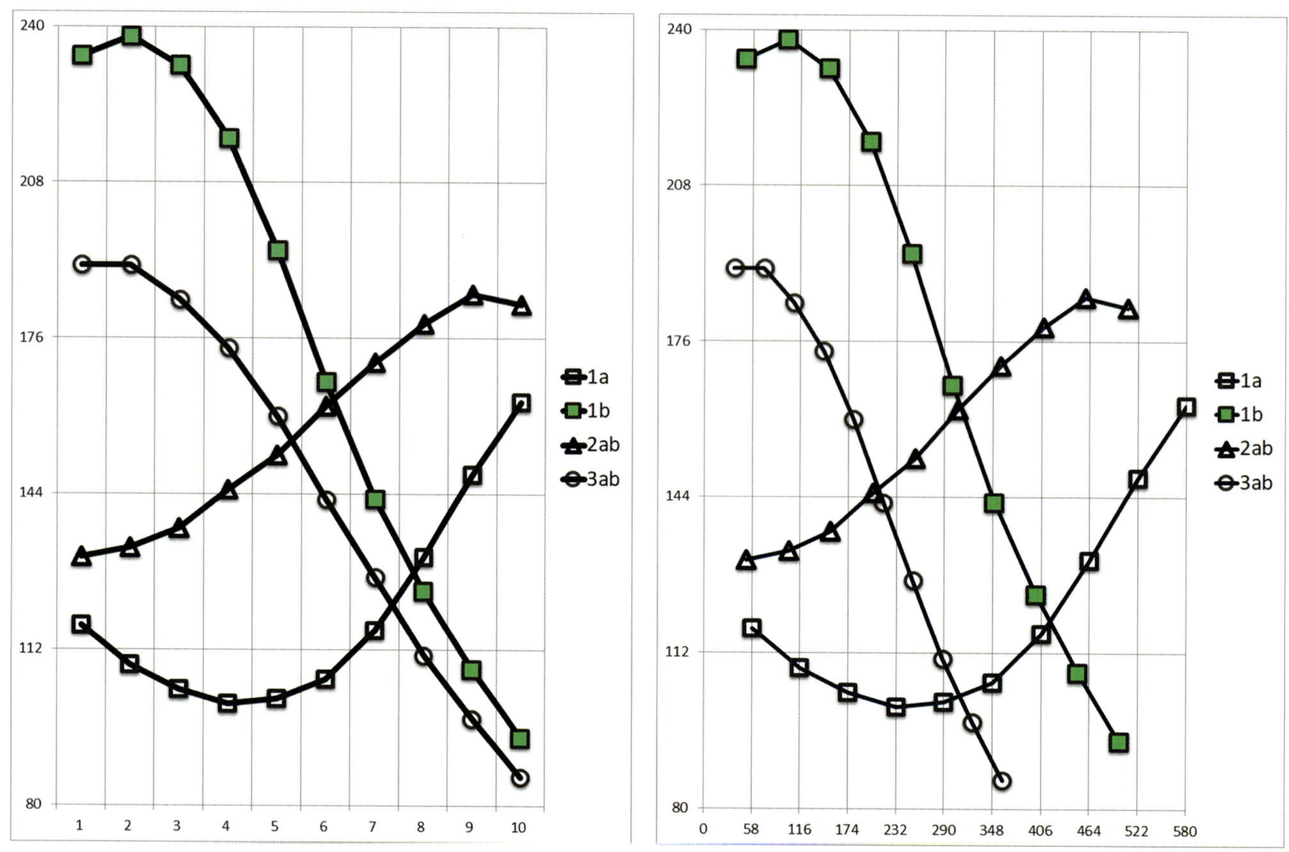

图 5－13c　单字调等长、实长音高模式－亳州谯城－YM

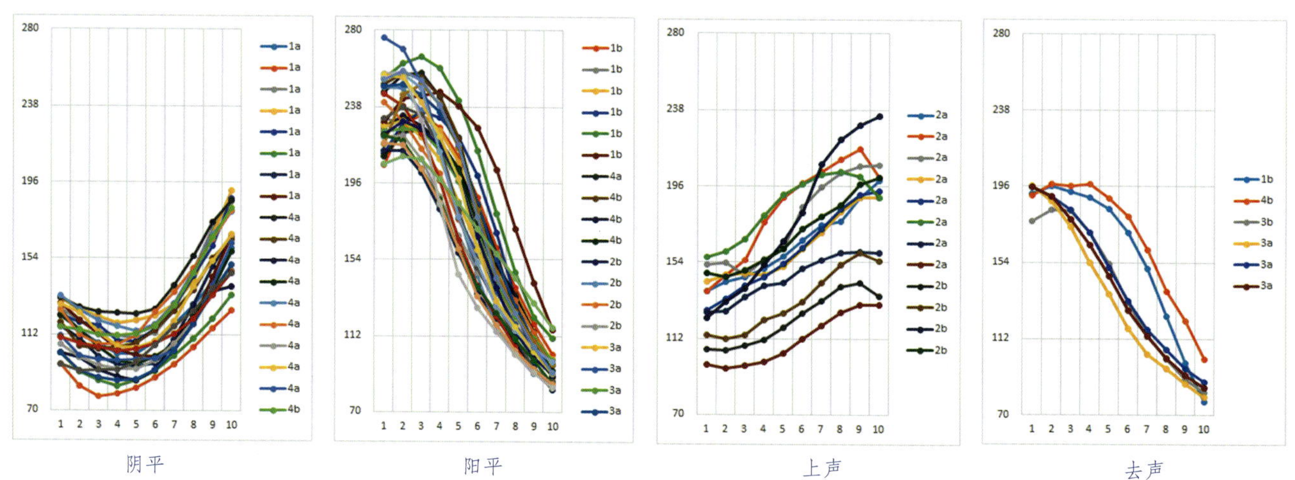

图 5－13d　今声调调域分布范围－亳州谯城－YM

青男的声调有 4 个（见图 5－13c）：

阴平 213、阳平 51、上声 24、去声 41。

今调域的分布情况（见图 5－13d）：

阴平在 212～223 之间；阳平在 41～51 之间；上声在 12～34 之间；去声主要在 31 的范围。

5.6 信蚌片

1. 信阳固始

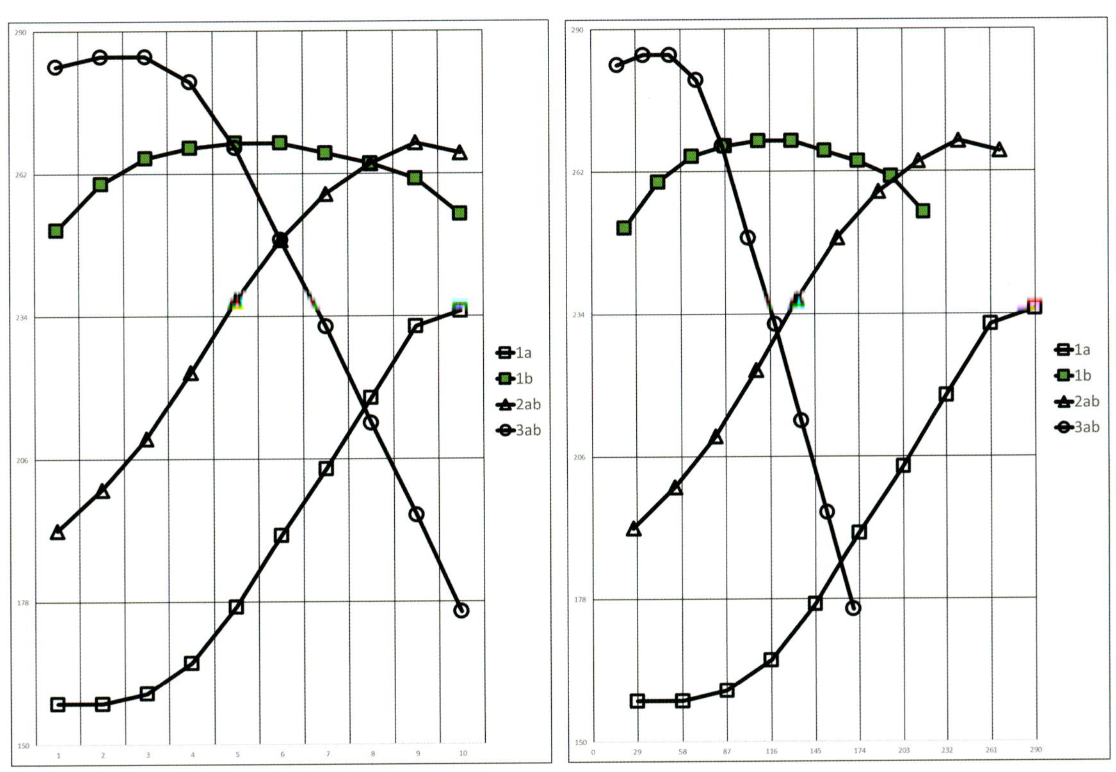

图 5－14a 单字调等长、实长音高模式－信阳固始－OM

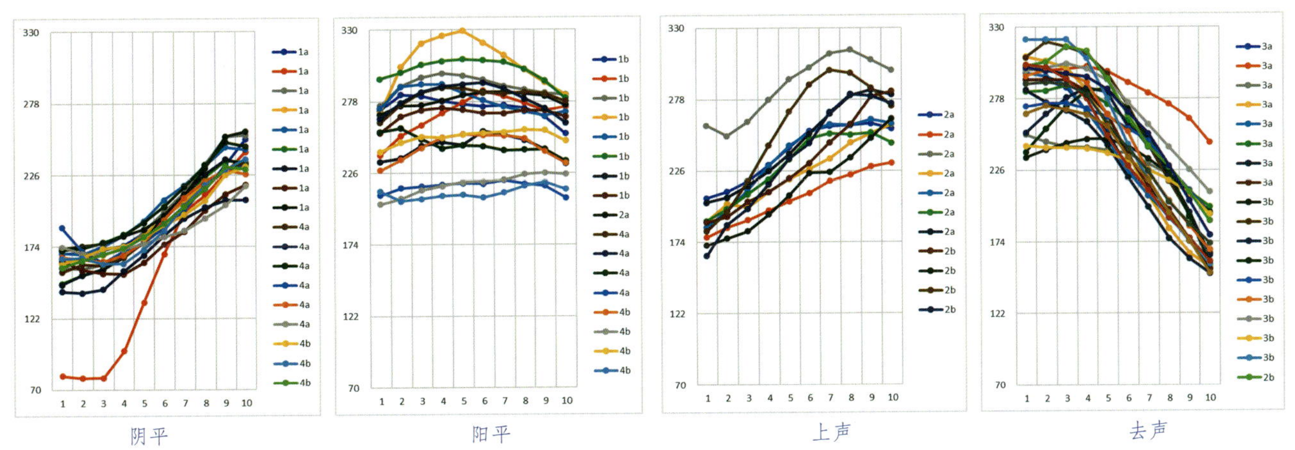

图 5－14b 今声调调域分布范围－信阳固始－OM

老男的声调有 4 个（见图 5－14a）：

阴平 13、阳平 55、上声 25、去声 52。

今调域的分布情况（见图 5－14b）：

阴平主要在 23～24 之间；阳平在 33～55 之间；上声在 34～45 之间；去声在 42～54 之间。

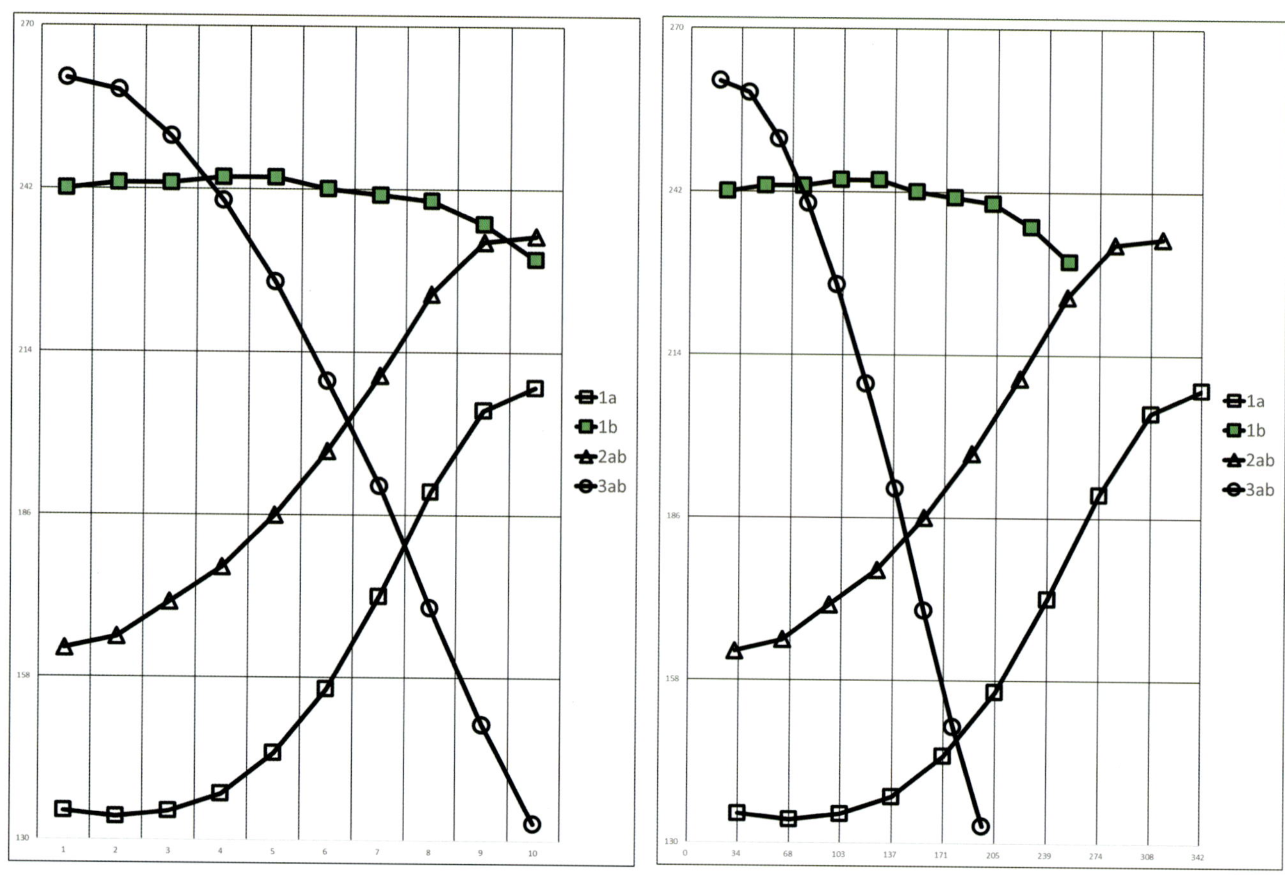

图 5-14c　单字调等长、实长音高模式－信阳固始－YM

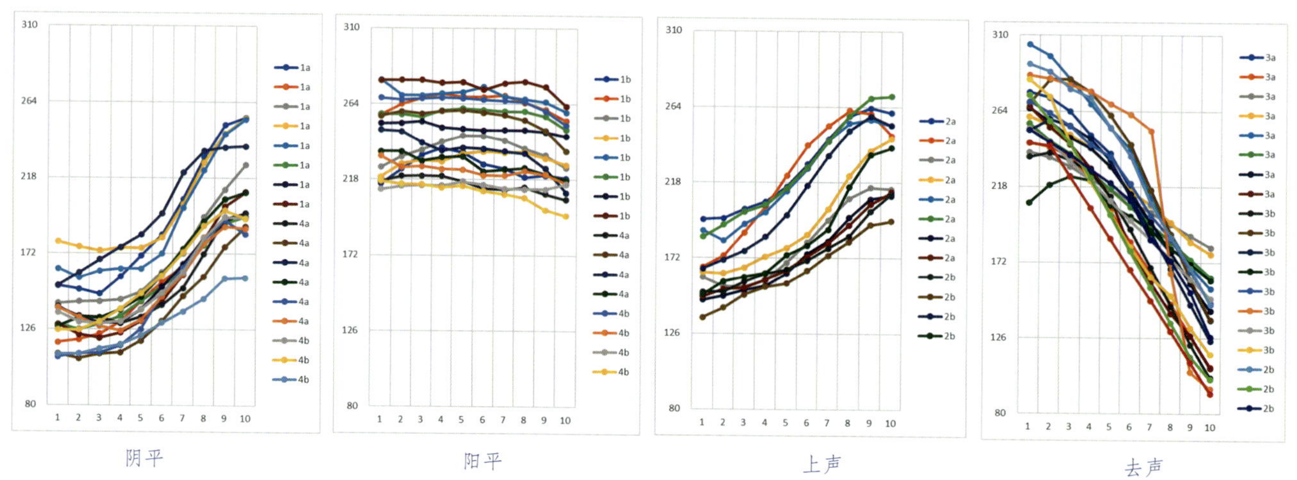

图 5-14d　今声调调域分布范围－信阳固始－YM

青男的声调有 4 个（见图 5-14c）：

阴平 13、阳平 44、上声 24、去声 51。

今调域的分布情况（见图 5-14d）：

阴平在 12～24 之间；阳平在 44～55 之间；上声在 23～35 之间；去声在 41～53 之间。

2. 蚌埠蚌山

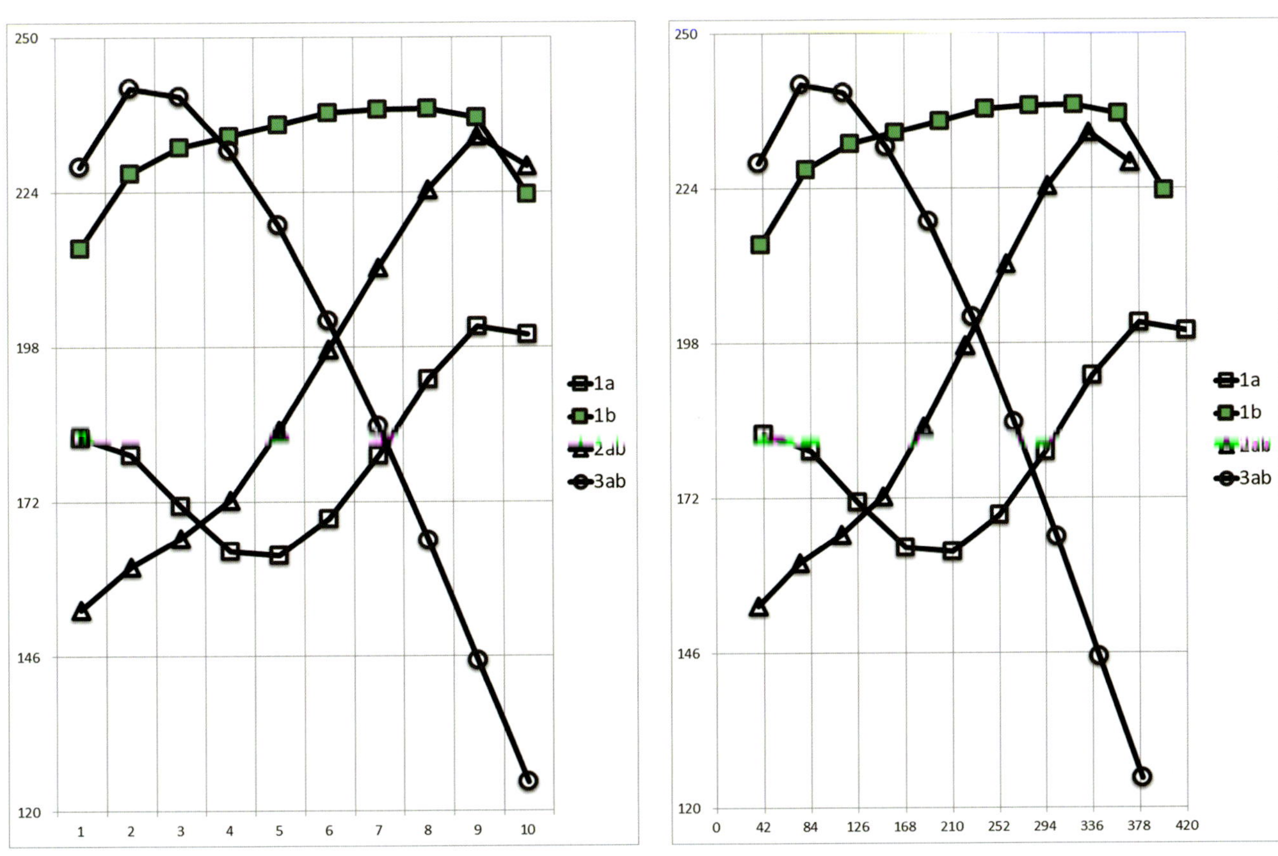

图 5－15a 单字调等长、实长音高模式－蚌埠蚌山－OM

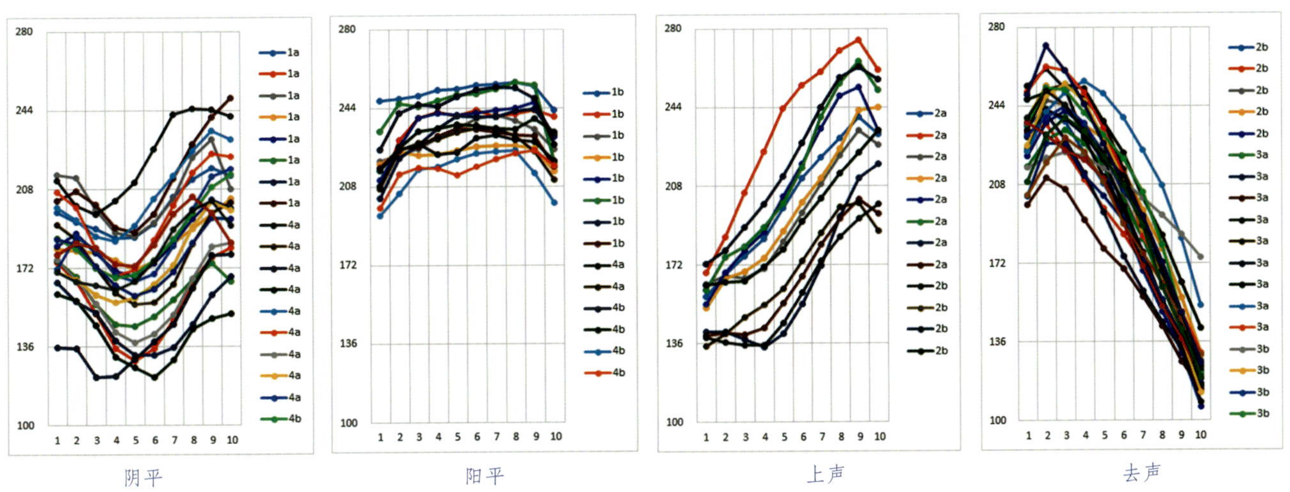

图 5－15b 今声调调域分布范围－蚌埠蚌山－OM

老男的声调有 4 个（见图 5－15a）：

阴平 324、阳平 55、上声 25、去声 51。

今调域的分布情况（见图 5－15b）：

阴平在 212～324 之间；阳平在 44～55 之间；上声在 23～25 之间；去声在 41～52 之间。

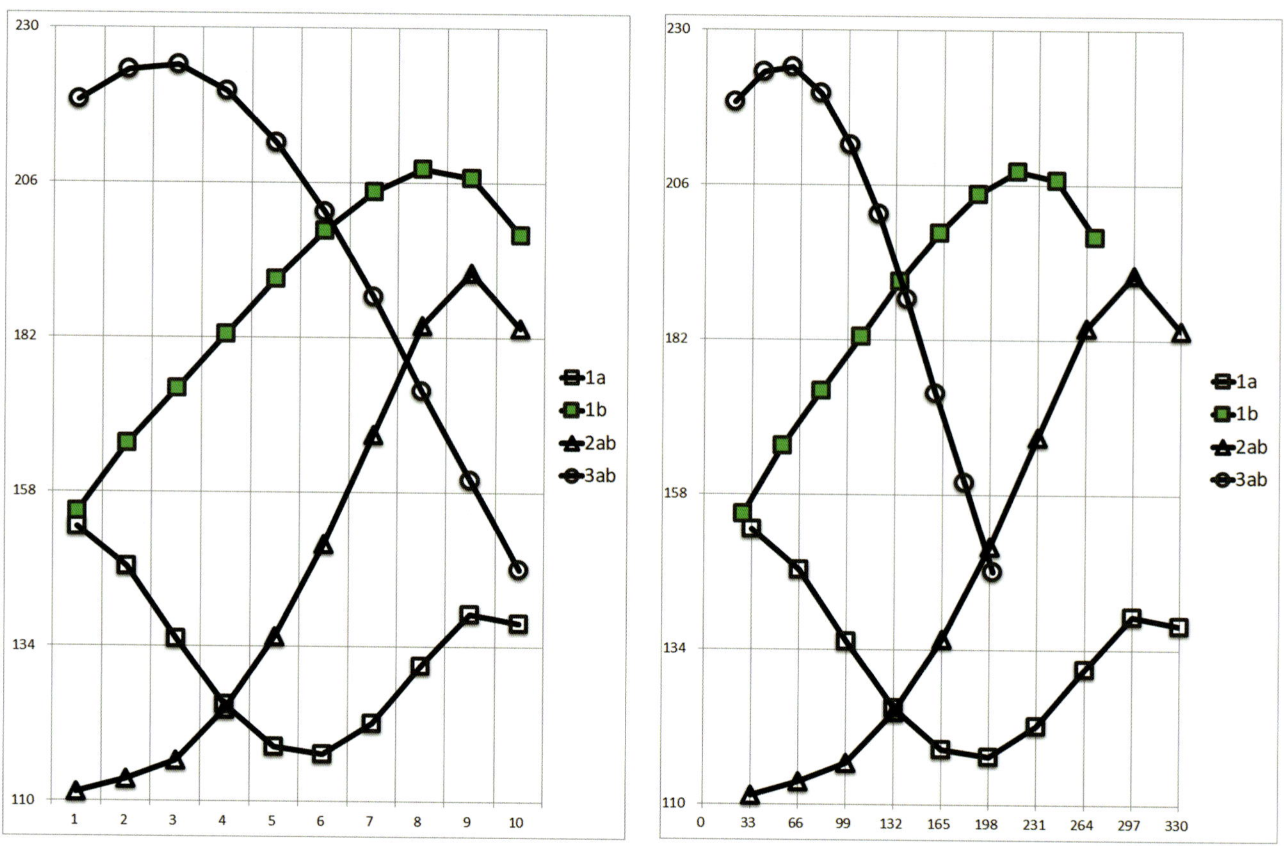

图 5-15c　单字调等长、实长音高模式-蚌埠蚌山-YM

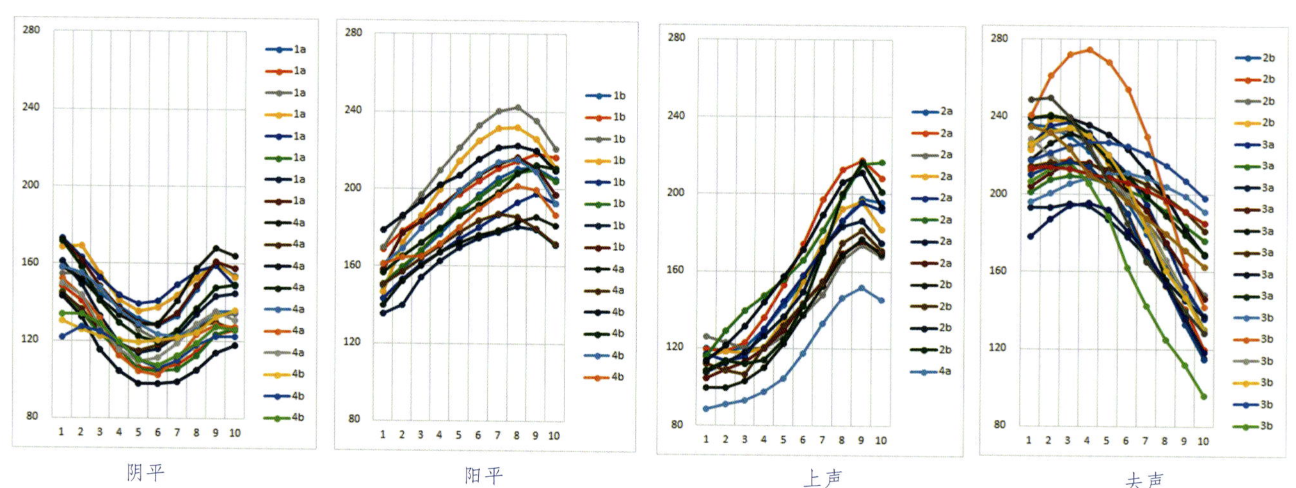

图 5-15d　今声调调域分布范围-蚌埠蚌山-YM

青男的声调有 4 个（见图 5-15c）：

阴平 212、阳平 24、上声 14、去声 52。

今调域的分布情况（见图 5-15d）：

阴平在 212～323 之间；阳平在 23～34 之间；上声在 12～14 之间；去声在 31～54 之间。

5.7 兖菏片

1. 山东梁山

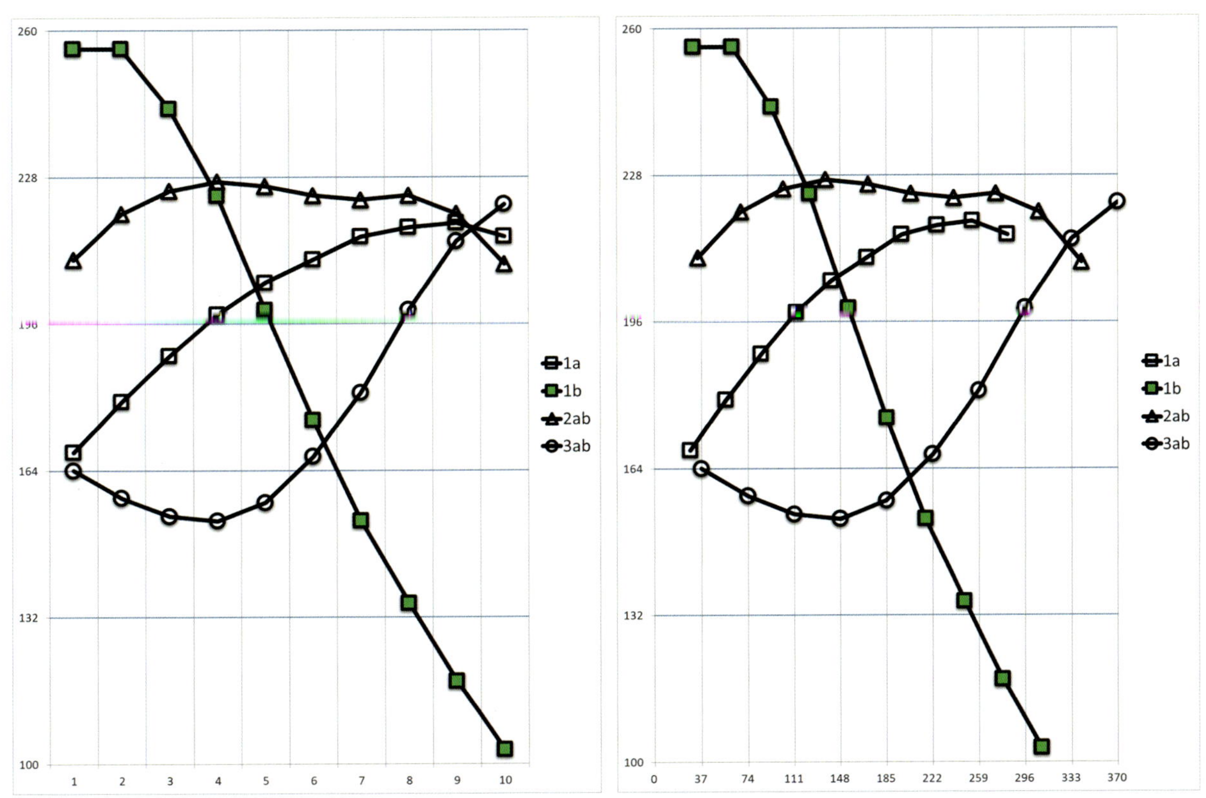

图 5 - 16a 单字调等长、实长音高模式 - 山东梁山 - OM

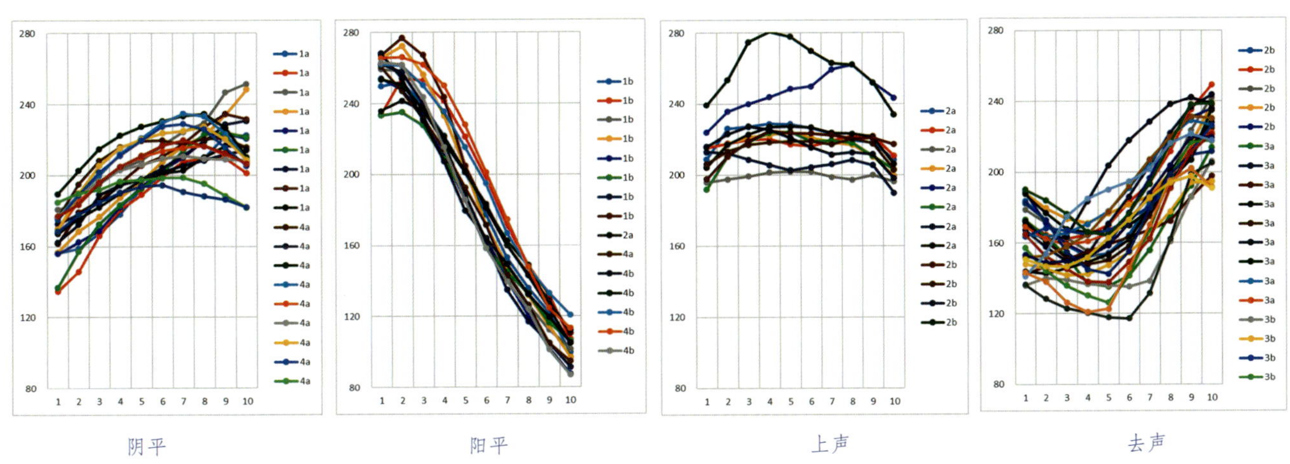

图 5 - 16b 今声调调域分布范围 - 山东梁山 - OM

老男的声调有 4 个（见图 5 - 16a）：

阴平 34、阳平 51、上声 44、去声 324。

今调域的分布情况（见图 5 - 16b）：

阴平在 24 ~ 34 之间；阳平在 41 ~ 51 之间；上声在 44 ~ 55 之间；去声在 213 ~ 324 之间。

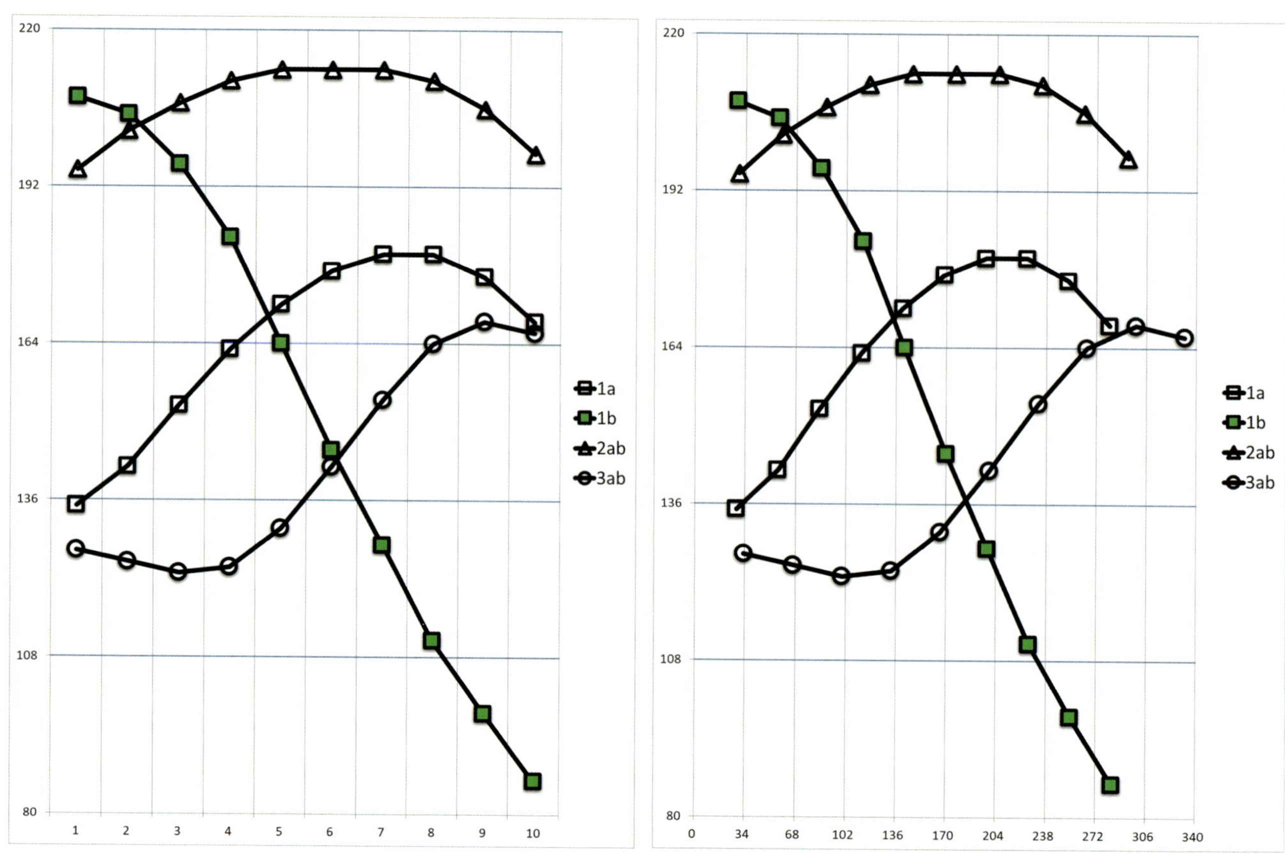

图 5－16c　单字调等长、实长音高模式－山东梁山－YM

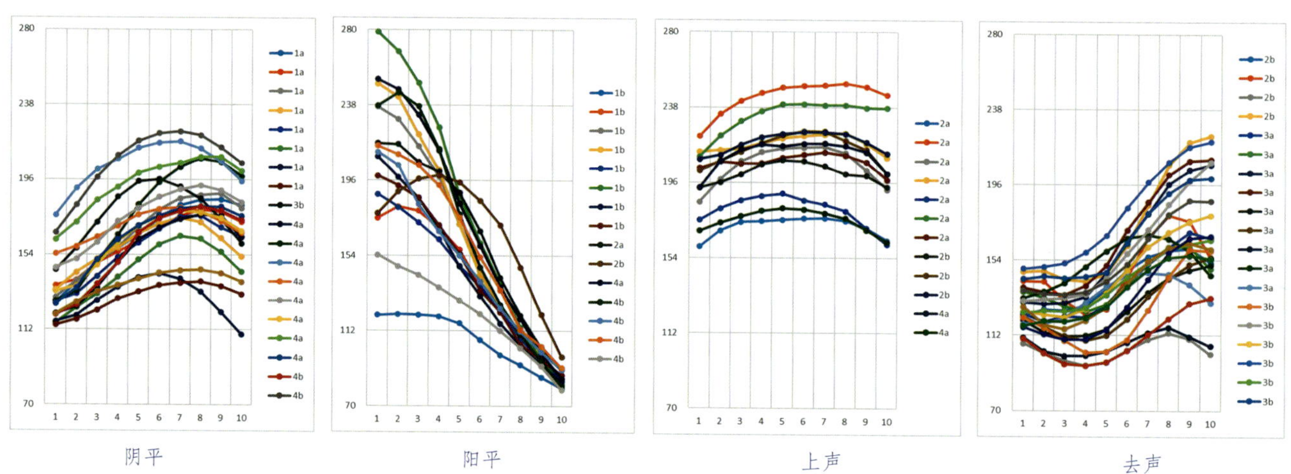

图 5－16d　今声调调域分布范围－山东梁山－YM

青男的声调有 4 个（见图 5－16c）：

阴平 34、阳平 51、上声 55、去声 224。

今调域的分布情况（见图 5－16d）：

阴平在 23～34 之间；阳平在 21～51 之间；上声在 33～55 之间；去声在 212～224 之间。

2. 菏泽曹县

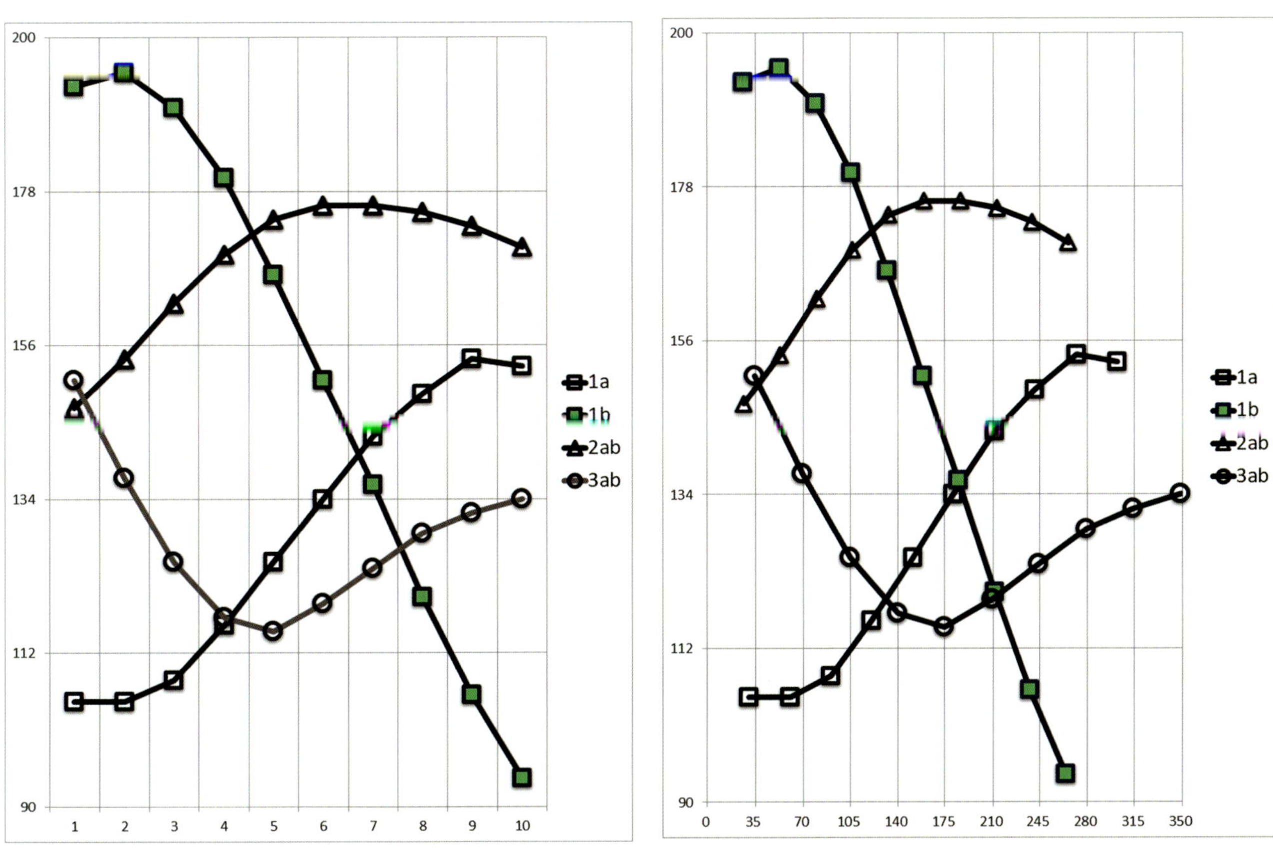

图 5－17a 单字调等长、实长音高模式－菏泽曹县－OM

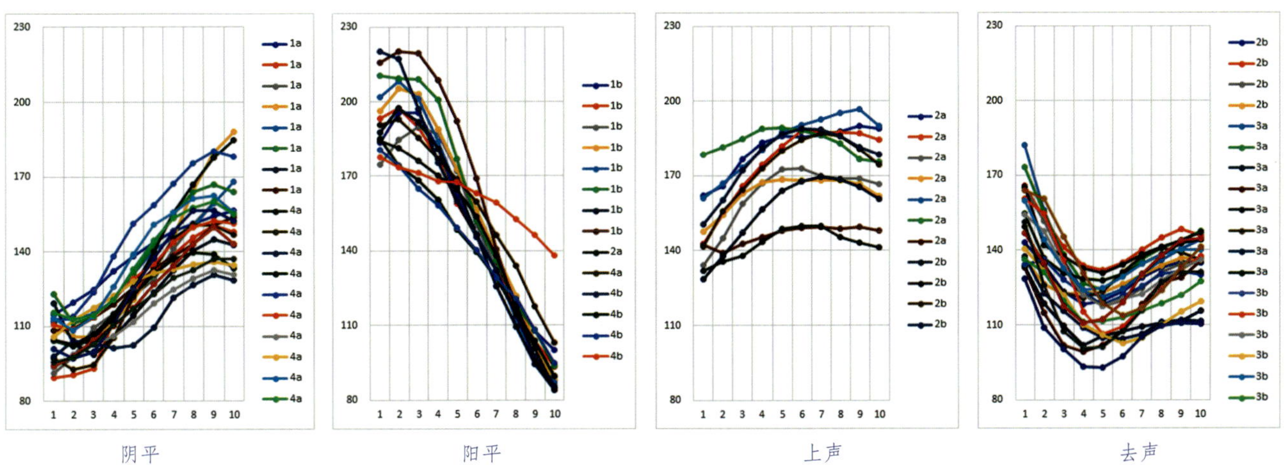

图 5－17b 今声调调域分布范围－菏泽曹县－OM

老男的声调有 4 个（见图 5－17a）：

阴平 13、阳平 51、上声 34、去声 323。

今调域的分布情况（见图 5－17b）：

阴平在 12～24 之间；阳平在 41～51 之间；上声在 23～34 之间；去声在 212～423 之间。

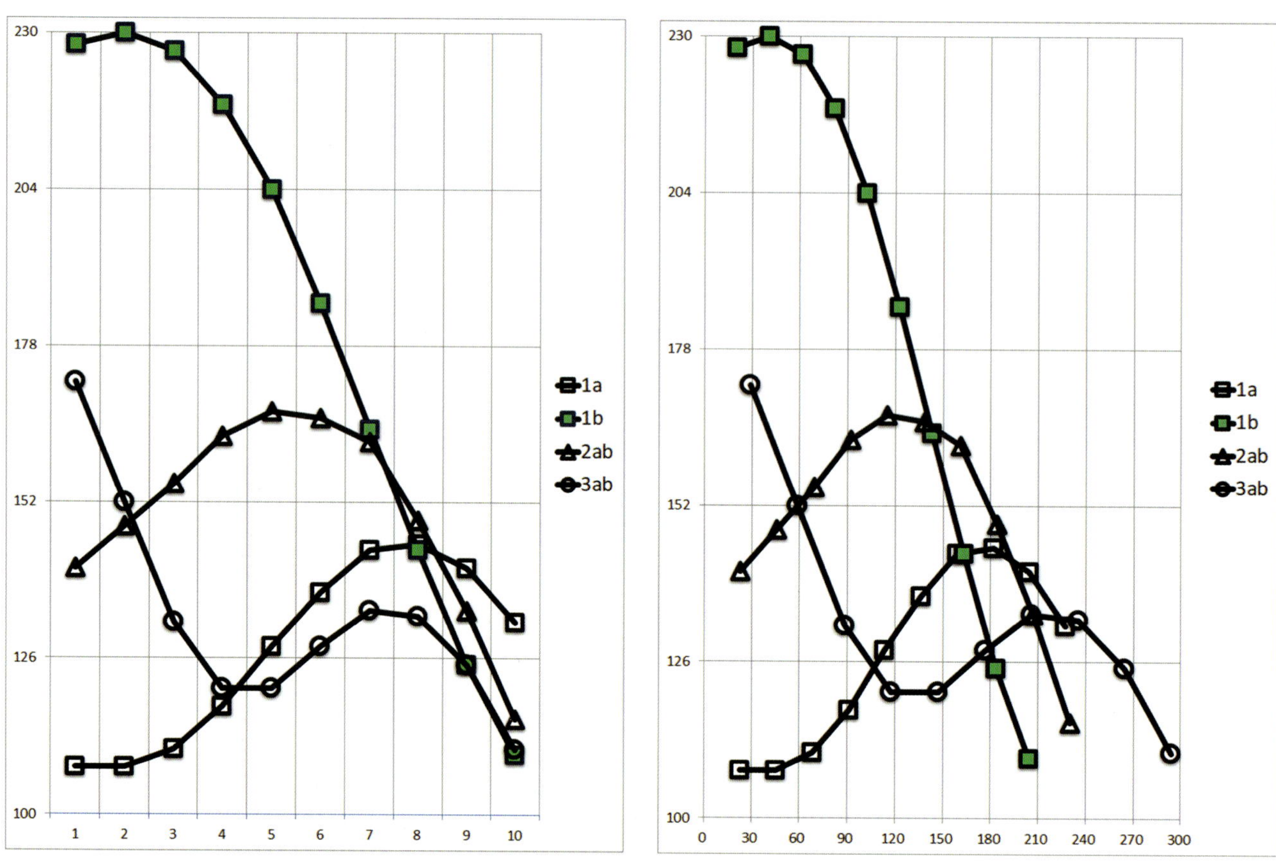

图 5－17c　单字调等长、实长音高模式－菏泽曹县－YM

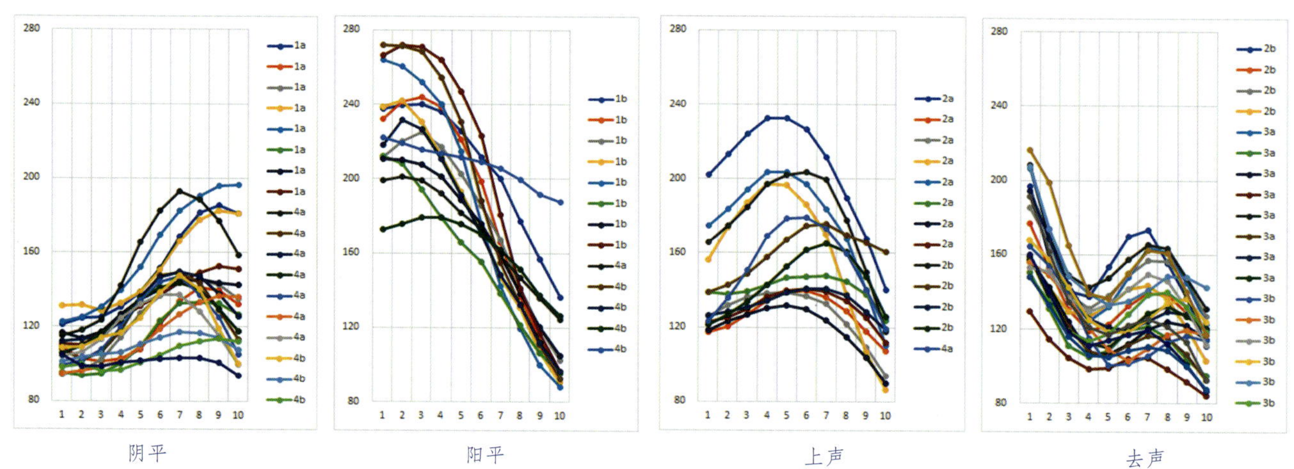

图 5－17d　今声调调域分布范围－菏泽曹县－YM

青男的声调有 4 个（见图 5－17c）：

阴平 12、阳平 51、上声 231、去声 312。

今调域的分布情况（见图 5－17d）：

阴平在 12～23 之间；阳平在 31～52 之间；上声在 21～42 之间；去声在 212～423 之间。

3. 范县城关

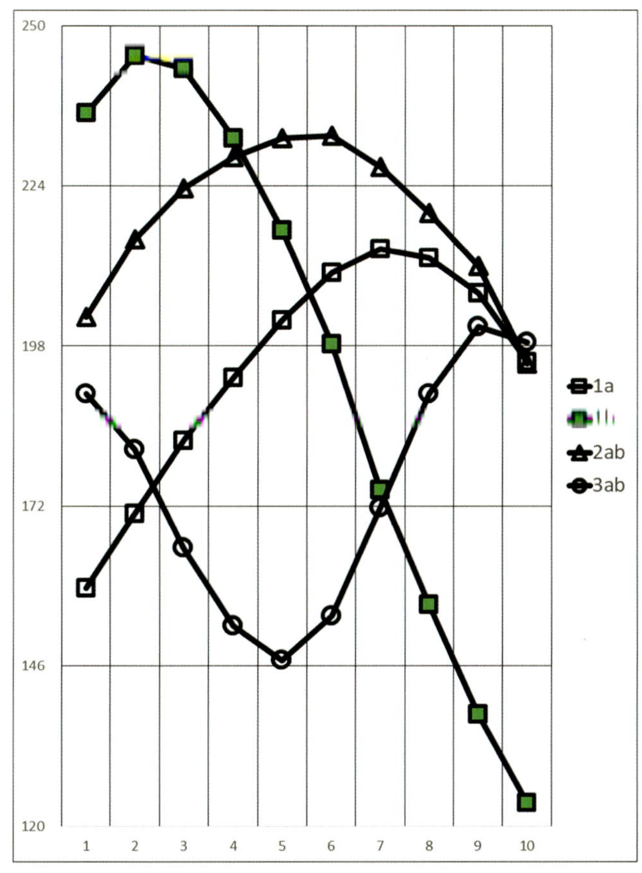

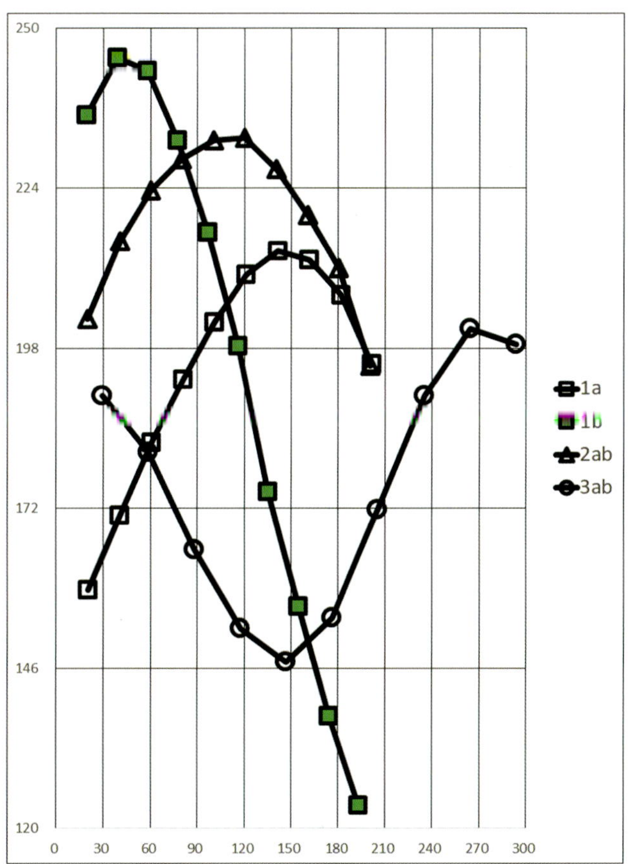

图 5－18a　单字调等长、实长音高模式－范县城关－OM

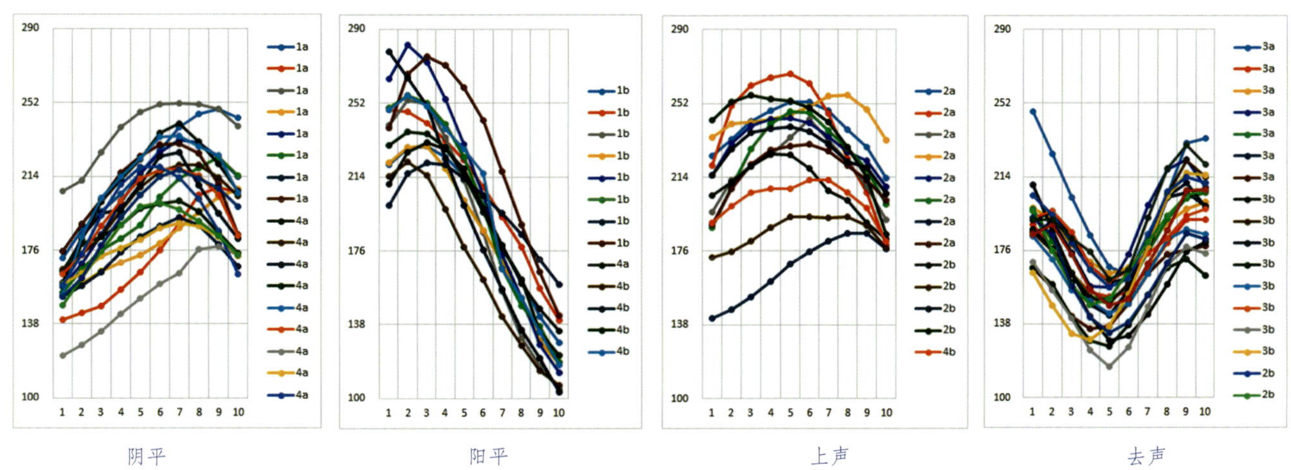

图 5－18b　今声调调域分布范围－范县城关－OM

老男的声调有 4 个（见图 5－18a）：

阴平 24、阳平 51、上声 454、去声 323。

今调域的分布情况（见图 5－18b）：

阴平在 13～34 之间；阳平在 41～52 之间；上声在 23～454 之间；去声在 212～424 之间。

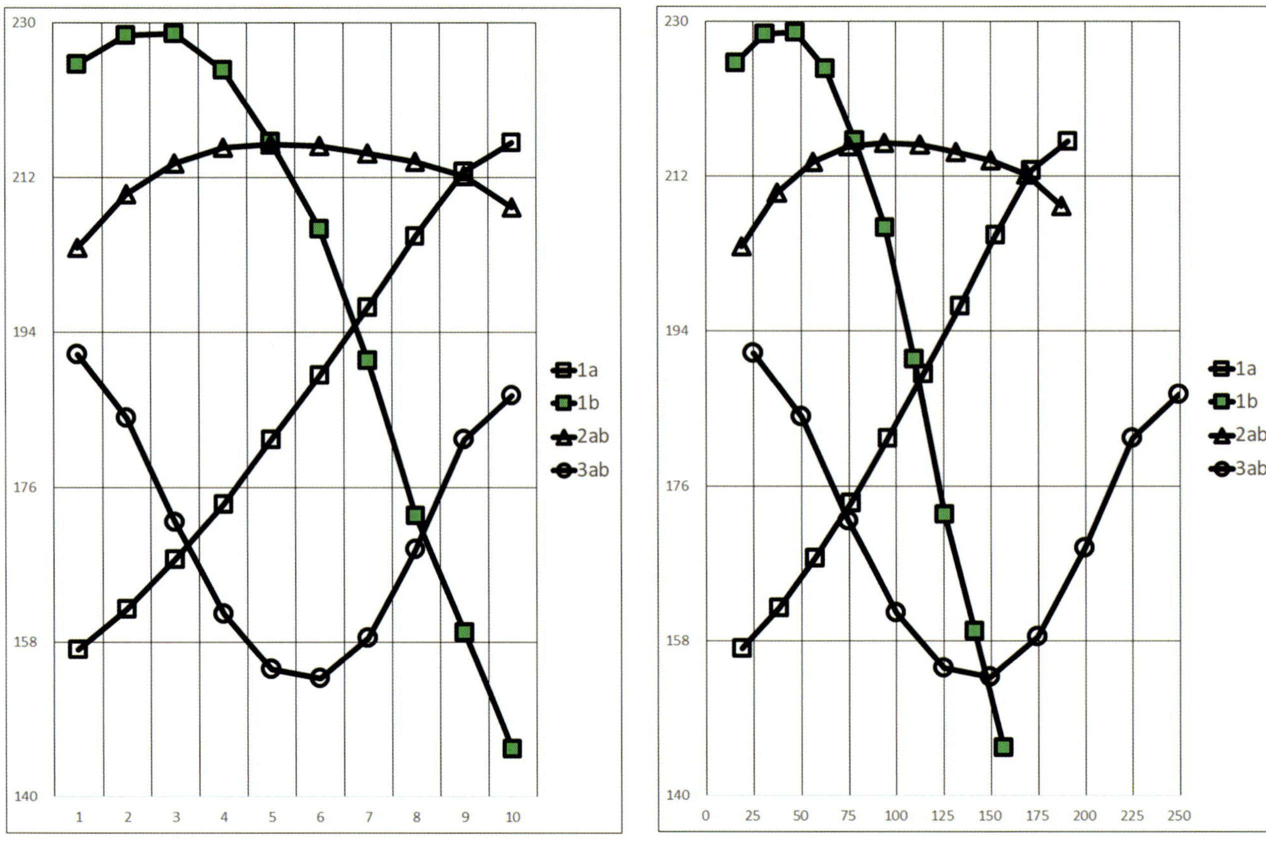

图 5－18c　单字调等长、实长音高模式－范县城关－YM

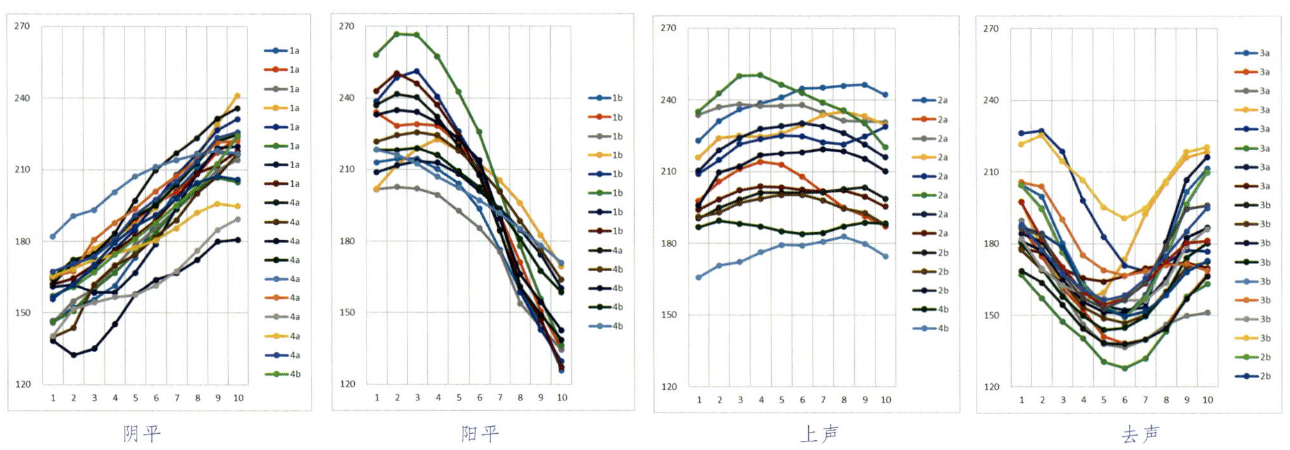

图 5－18d　今声调调域分布范围－范县城关－YM

青男的声调有 4 个（见图 5－18c）：

阴平 25、阳平 51、上声 55、去声 323。

今调域的分布情况（见图 5－18d）：

阴平在 12～34 之间；阳平在 31～52 之间；上声在 33～55 之间；去声在 212～423 之间。

5.8 徐淮片

1. 徐州云龙

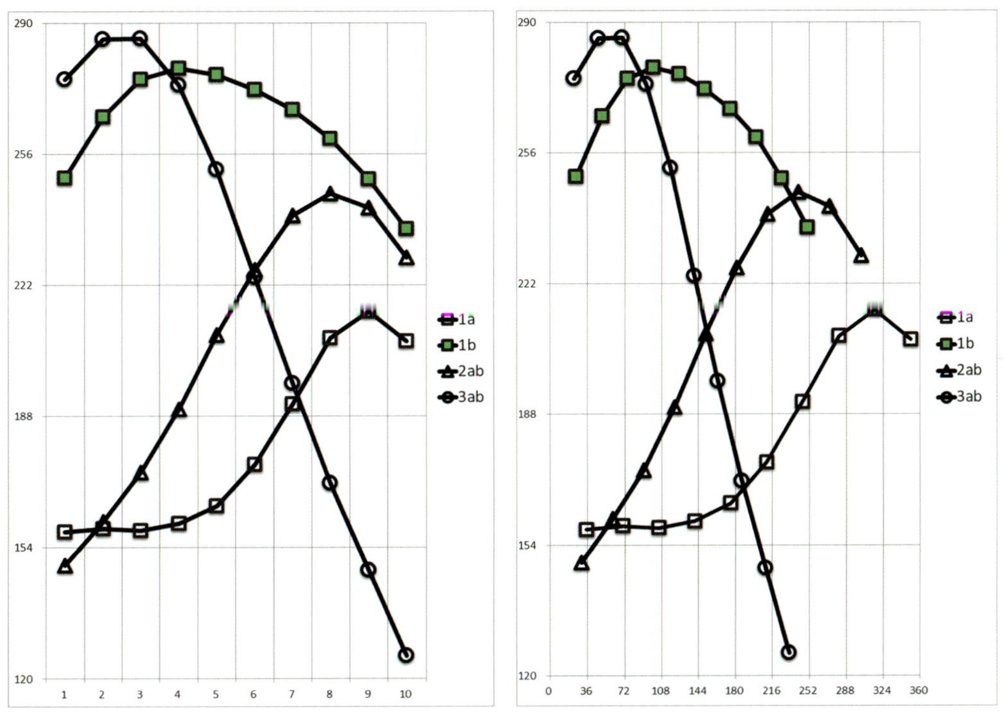

图 5－19a　单字调等长、实长音高模式－徐州云龙－OM

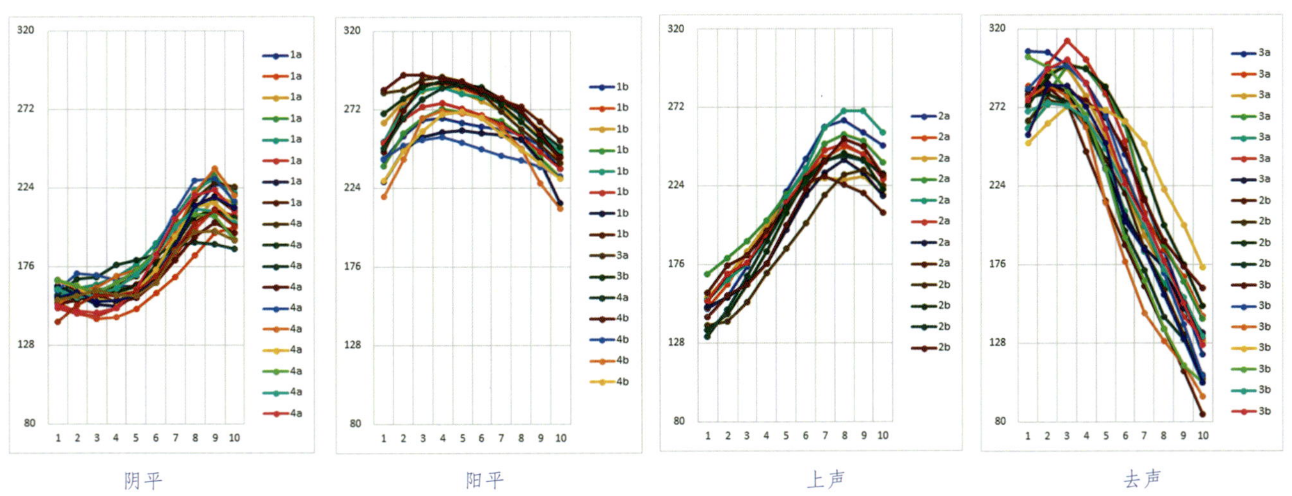

图 5－19b　今声调调域分布范围－徐州云龙－OM

老男的声调有 4 个（见图 5－19a）：

阴平 23、阳平 454、上声 24、去声 51。

今调域的分布情况（见图 5－19b）：

阴平主要在 23 的范围；阳平在 343～454 之间；上声在 23～34 之间；去声在 41～53 之间。

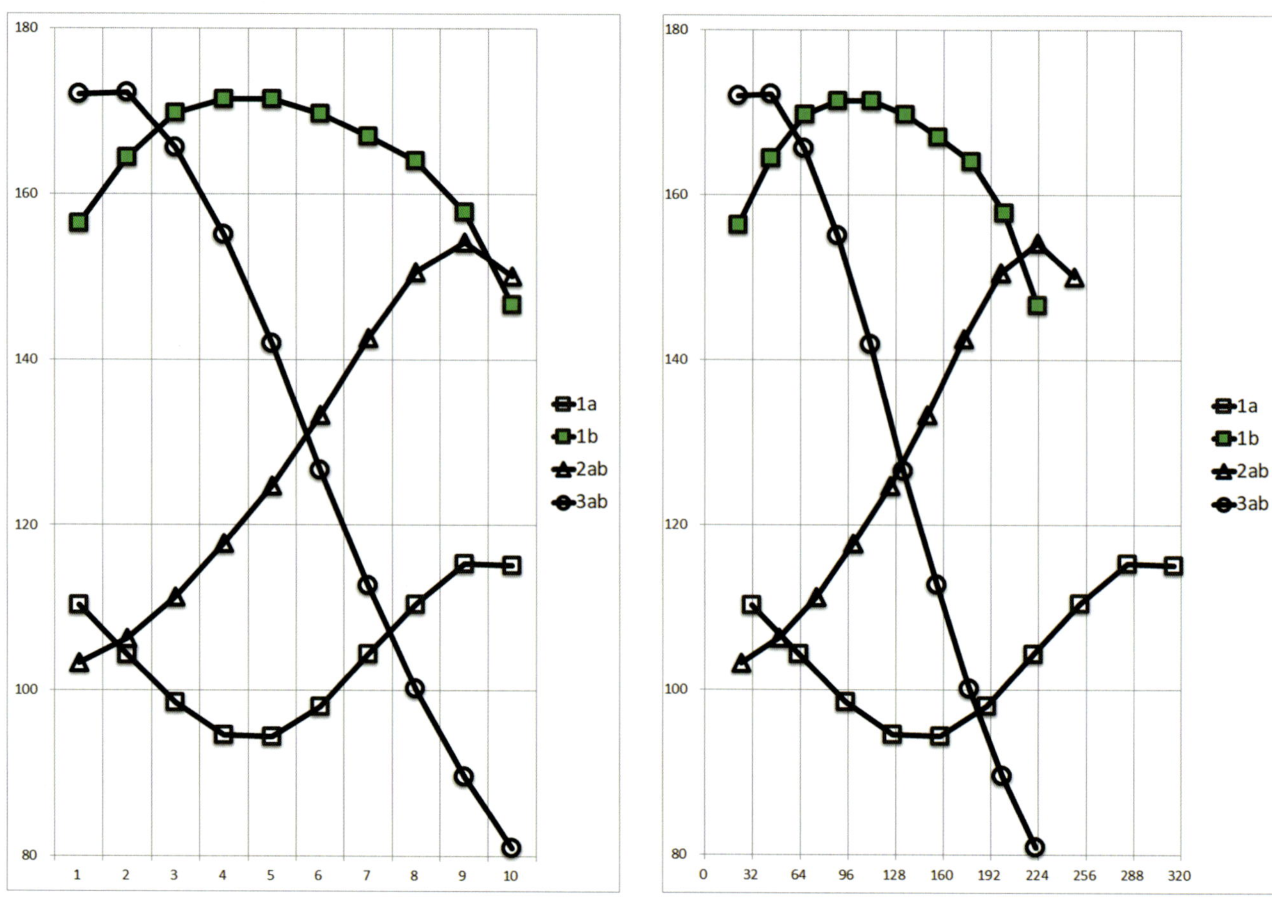

图 5－19c 单字调等长、实长音高模式－徐州云龙－YM

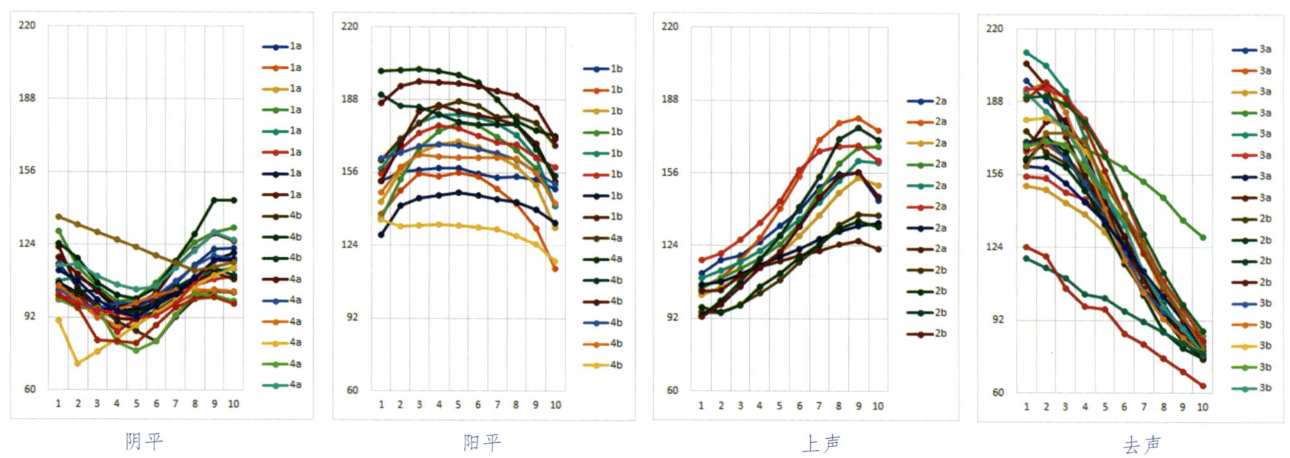

图 5－19d 今声调调域分布范围－徐州云龙－YM

青男的声调有 4 个（见图 5－19c）：

阴平 212、阳平 454、上声 24、去声 51。

今调域的分布情况（见图 5－19d）：

阴平在 212～323 之间；阳平在 33～55 之间；上声在 23～24 之间；去声在 21～52 之间。

2. 安徽淮北

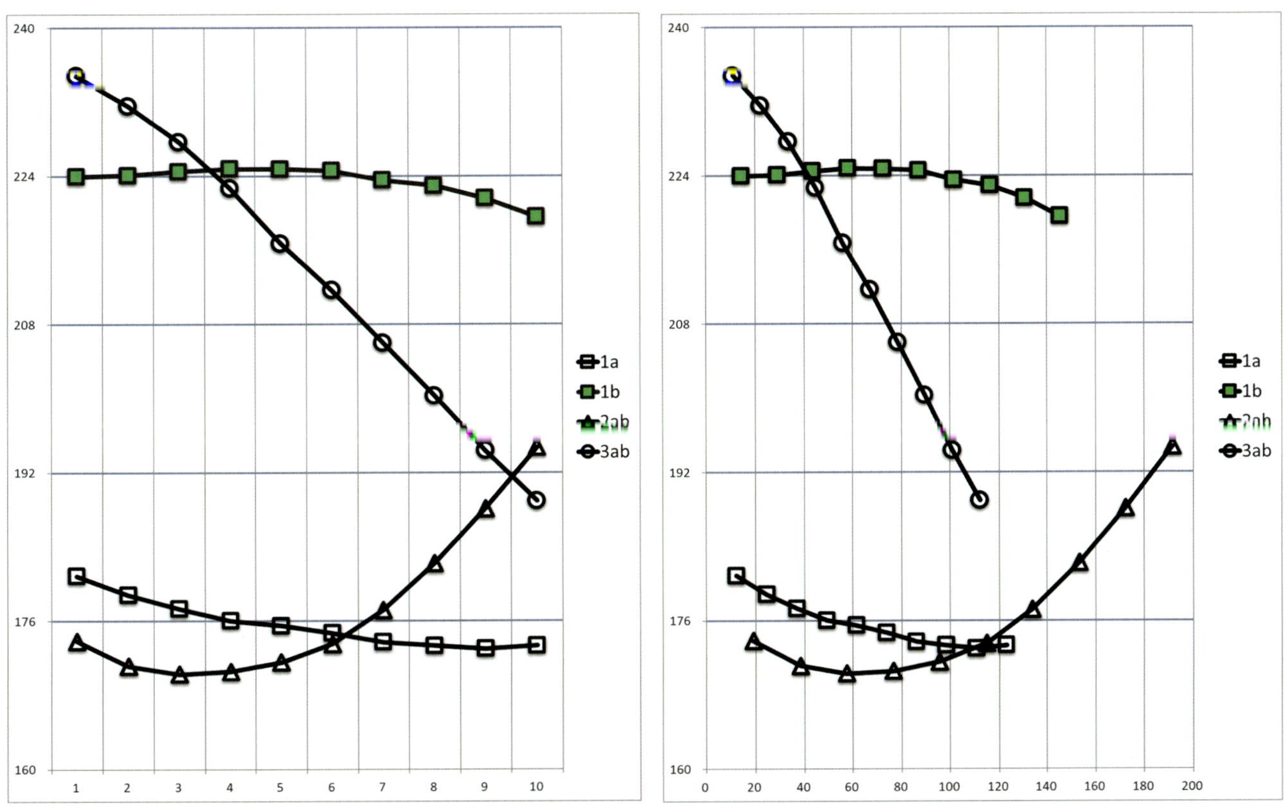

图 5－20a　单字调等长、实长音高模式－安徽淮北－OM

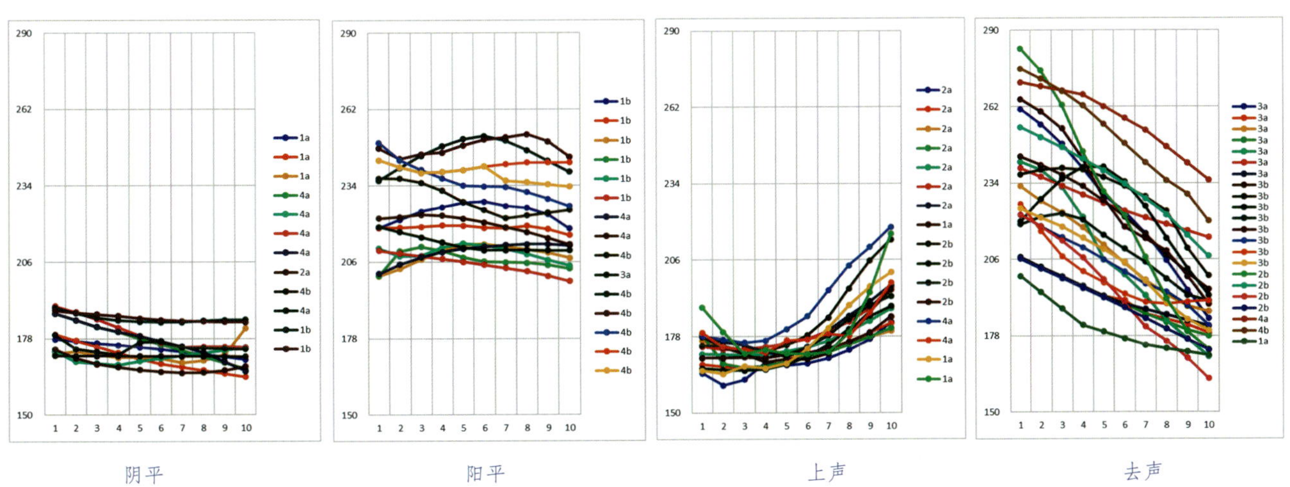

图 5－20b　今声调调域分布范围－安徽淮北－OM

老男的声调有 4 个（见图 5－20a）：

阴平 11、阳平 44、上声 113、去声 52。

今调域的分布情况（见图 5－20b）：

阴平在 11～22 之间；阳平在 33～44 之间；上声在 12～23 之间；去声在 21～54 之间。

5.9 中原官话声调小结

这一部分的观点主要参照贺巍《B1－5 官话之五　中原官话 A》[①] 一文。

（1）本书的中原官话范围。

如前所述，本书的中原官话指的是《中国语言地图集》（2012）中的“中原官话 A”，以河南省为中心向四周扩展，主要分布在河南、河北、山东、安徽、江苏、陕西等省。与此同时，我们将“中原官话 B”和“中原官话 C”归入“秦陇官话”，其分布在陕西、山西、甘肃、青海、宁夏、新疆等省区。

（2）中原官话与其他官话的比较。

中原官话古清音声母和古次浊声母字入声字今读阴平是最重要的特点，据此，我们可以与它周边的几个官话方言作一比较。

第一，中原官话和北京官话、东北官话声调方面的差别在于古清音声母入声字。北京官话和东北官话今分归阴平、阳平、上声、去声，而东北官话以今读上声字为多。

第二，中原官话的东面是冀鲁官话，这两种官话的共同特点是古清音声母入声字今读阴平，古全浊声母入声字今读阳平。古次浊声母入声字今读阴平是中原官话的特性，与此对照，冀鲁官话今读去声，这是冀鲁官话的特性。

第三，中原官话的西北是兰银官话，两种官话的区别在于兰银官话的古入声清音声母和次浊声母字今一律读去声。

第四，中原官话的西南是西南官话，西南官话的古入声字今读阳平，而中原官话古清音声母和古次浊声母字入声字今读阴平。

（3）中原官话声调系统内部的一些共时特点。

①中原官话古入声清音声母和次浊声母字今读阴平；今阴平的调值除兖菏片、徐淮片读曲折调 213 外，其他各片大都读高升调 24 或中平调 33。

②阳平读降调是以河南为中心的中原官话的主要特点，除此之外，阳平多读为高平调。多数方言点有两个降调。

③调值的差异，是各片标志性的区别。比如徐淮片和其他各片的差别主要是在四个声调的调值上，阴平调值除了与兖菏片的调值相同外，和其他各片不同；其他声调的调值和其他各片也有明显的差别。兖菏片的一些阴平字，如“刚知专尊方丁边天”等调值为曲折调 213，是山东口音区别于河南口音的主要特点。

---

① 中国社会科学院语言研究所，中国社会科学院民族学与人类学研究所，香港城市大学语言资讯科学研究中心．中国语言地图集［M］．2 版．北京：商务印书馆，2012：55－59．

5.10 中原官话主要方言点的调类调值对照

中原官话主要方言点的调类调值对照如表5－2所示。

表5－2　中原官话主要方言点的调类调值对照

片	方言点	选点	阴平 1a	阳平 1b	上声 2ab	去声 3ab	调类数量	备注
郑开片	郑州（河南）	金水区	24	53	44	31	4	语保 OM
	开封（河南）	鼓楼区 相国寺街道	24	53	44	312	4	语保 OM
洛嵩片	洛阳（河南）	老城区 南关街道	34	53	44	31	4	语保 OM
	嵩县（河南）	车村镇	213	443	33	51	4	吕倩倩（2021）
南鲁片	南阳（河南）	宛城区	224	42	55	31	4	语保 OM
	许昌（河南）	魏都区	24	53	44	31	4	语保 OM
	泌阳（河南）	古城街道	24	53	44	31	4	语保 OM
漯项片	漯河（河南）	郾城区城关镇	224	53	44	31	4	语保 OM
	驻马店（河南）	驿城区刘阁街道	213	53	44	31	4	语保 OM
商阜片	商丘（河南）	梁园区	223	52	44	41	4	语保 OM
	周口（河南）	郸城县城关镇	24	42	44	51	4	语保 OM
	阜阳（安徽）	颍州区	213	55	24	53	4	语保 OM
	亳州（安徽）	谯城区薛阁街道	213	52	224	42	4	语保 OM
信蚌片	信阳（河南）	固始县蓼城街道	213	55	24	51	4	语保 OM
	蚌埠（安徽）	蚌山区雪花乡	213	55	24	52	4	语保 OM
兖菏片	梁山（山东）	梁山县	213	42	55	314	4	语保 OM
	菏泽（山东）	曹县磐石街道	213	53	44	312	4	语保 OM
	范县（河南）	城关镇	24	42	55	313	4	语保 OM
徐淮片	徐州（江苏）	云龙区	324	55	35	51	4	语保 OM
	宿迁（江苏）	宿城区	213	55	24	51	4	语保 OM
	淮北（安徽）	淮北	213	44	24	52	4	丁婷婷（2012）
	砀山（安徽）	砀城镇	213	55	24	53	4	崔晨曦（2013）
	萧县（安徽）	萧县	213	44	45	54	4	徐森（2013）

参考文献

［1］崔晨曦．砀山县城话语音研究［D］．上海：上海师范大学，2013.
［2］丁婷婷．淮北方言语音研究［D］．上海：上海师范大学，2012.
［3］贺巍．河南山东皖北苏北的官话（稿）［J］．方言，1985（3）.
［4］贺巍．河南省西南部方言的语音异同［J］．方言，1985（2）.
［5］贺巍．冀鲁豫三省毗连地区的方言分界［J］．方言，1986（1）.

［6］李荣．官话方言的分区［J］．方言，1985（1）．
［7］刘冬冰．开封方言记略［J］．方言，1997（4）．
［8］吕倩倩．嵩县（车村镇）方言语音研究［D］．西安：陕西师范大学，2021．
［9］钱曾怡，高文达，张志静．山东方言的分区［J］．方言，1985（4）．
［10］徐森．萧县方言语音研究［D］．南京：南京师范大学，2013．
［11］张启焕，陈天福，程仪．河南方言研究［M］．开封：河南大学出版社，1993．
［12］中国社会科学院语言研究所，中国社会科学院民族学与人类学研究所，香港城市大学语言资讯科学研究中心．中国语言地图集［M］．2 版．北京：商务印书馆，2012．

6 秦陇官话

秦陇官话即《中国语言地图集》（2012）中的“中原官话 B”和“中原官话 C”，分布在山西、陕西、甘肃、宁夏、青海、新疆等省区。本章方言点涵盖了白涤洲 20 世纪 30 年代曾调查实验的 39 个县，其余方言点根据各片的分布情况选定。下面是本书秦陇官话各片的选点情况，如表 6－1 所示。

表 6－1 秦龙官话的分片选点

片	小片	方言点	序号
关中片		西安－《音库》	6－1
		西安莲湖（陕西）	6－2
		安康汉滨（陕西）	6－3
		商洛商州（陕西）	6－4
		咸阳武功（陕西）	6－5
		渭南白水（陕西）	6－6
		咸阳彬州（陕西）	6－7
		大荔朝邑（陕西）	6－8
		渭南澄城（陕西）	6－9
		淳化方里（陕西）	6－10
		渭南临渭（陕西）	6－11
		兴平庄头（陕西）	6－12
		富平城区（陕西）	6－13
		高陵官寺（陕西）	6－14
		鄠邑草堂（陕西）	6－15
		华县赤水（陕西）	6－16
		泾阳云阳（陕西）	6－17
		泾阳白王（陕西）	6－18
		蓝田葛牌（陕西）	6－19
		蓝田华胥（陕西）	6－20
		西安临潼（陕西）	6－21
		乾县城关（陕西）	6－22
		三原鲁桥（陕西）	6－23
		铜川城区（陕西）	6－24
		商洛洛南（陕西）	6－25
		旬邑土桥（陕西）	6－26
		耀州瑶曲（陕西）	6－27
		长安豆曲（陕西）	6－28
		长安砲里（陕西）	6－29
		蒲城蒲石（陕西）	6－30
		宁县会师（甘肃）	6－31
		泾源香水（宁夏）	6－32
		灵宝涧西（河南）	6－33

（续上表）

片	小片	方言点	序号
秦陇片		岐山凤鸣（陕西）	6－34
		凤翔南指挥（陕西）	6－35
		扶风绛帐（陕西）	6－36
		眉县首善（陕西）	6－37
		陇县城关（陕西）	6－38
		勉县勉阳（陕西）	6－39
		咸阳长武（陕西）	6－40
		汉中汉台（陕西）	6－41
		固原原州（宁夏）	6－42
		西宁－《音库》	6－43
		西宁城东（青海）	6－44
		门源浩门（青海）	6－45
		平凉崆峒（甘肃）	6－46
		靖远乌兰（甘肃）	6－47
		敦煌沙洲（甘肃）	6－48
汾河片	平阳小片	翼城唐兴（山西）	6－49
	绛州小片	新绛龙兴（山西）	6－50
		万荣解店（山西）	6－51
	解州小片	临猗猗氏（山西）	6－52
		合阳城关（甘肃）	6－53
		韩城龙门（陕西）	6－54
陇中片		西吉吉强（宁夏）	6－55
		天水秦州（甘肃）	6－56
		定西安定（甘肃）	6－57
河州片		甘肃临夏	6－58
南疆片		吐鲁番绿洲西路（新疆）	6－59
		巴音郭楞焉耆（新疆）	6－60
		喀什伽师（新疆）	6－61

本章图片以 4 张为主，个别地点为了说明今声调的分派，出 6 张图；出图 2 张的，包括两部分的材料：一是《现代汉语方言音库》中的录音，二是只有一位发音人的方言点；还有一些点因为有 3 位不同发音人的材料，所以出图 6 张。

6.1 关中片

1. 西安 - 《音库》

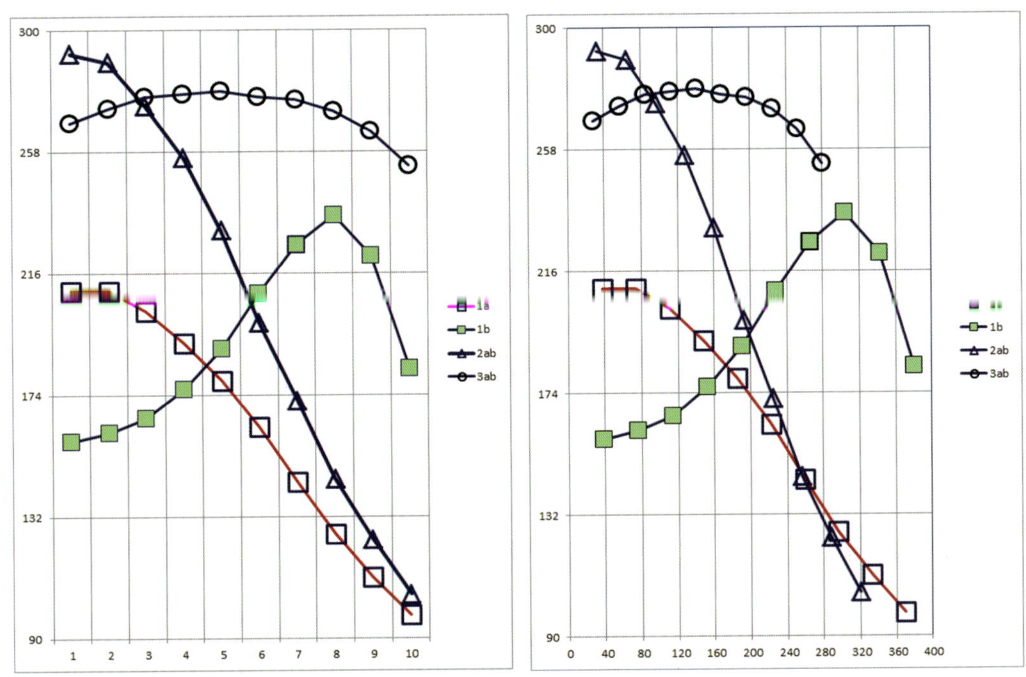

图6-1a 单字调等长、实长音高模式-西安-《音库》

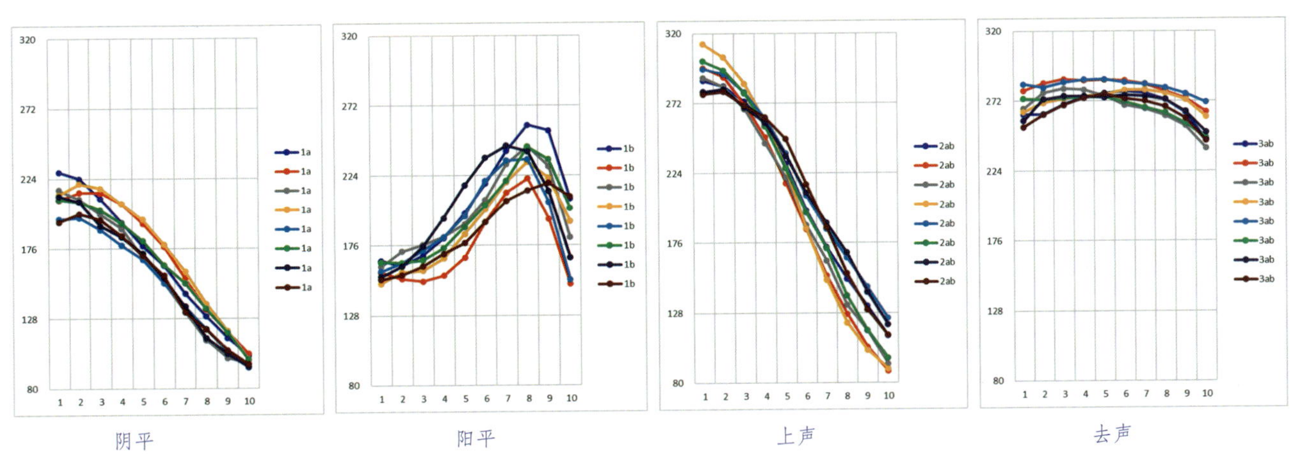

图6-1b 今声调调域分布范围-西安-《音库》

《音库》的声调有4个（见图6-1a）：

阴平31、阳平24、上声51、去声55。

今调域的分布情况（见图6-1b）：

阴平主要在31的范围；阳平在23~24之间，结尾处有高升后的下降；上声在51的范围；去声在44偏高到55之间。

2. 西安莲湖

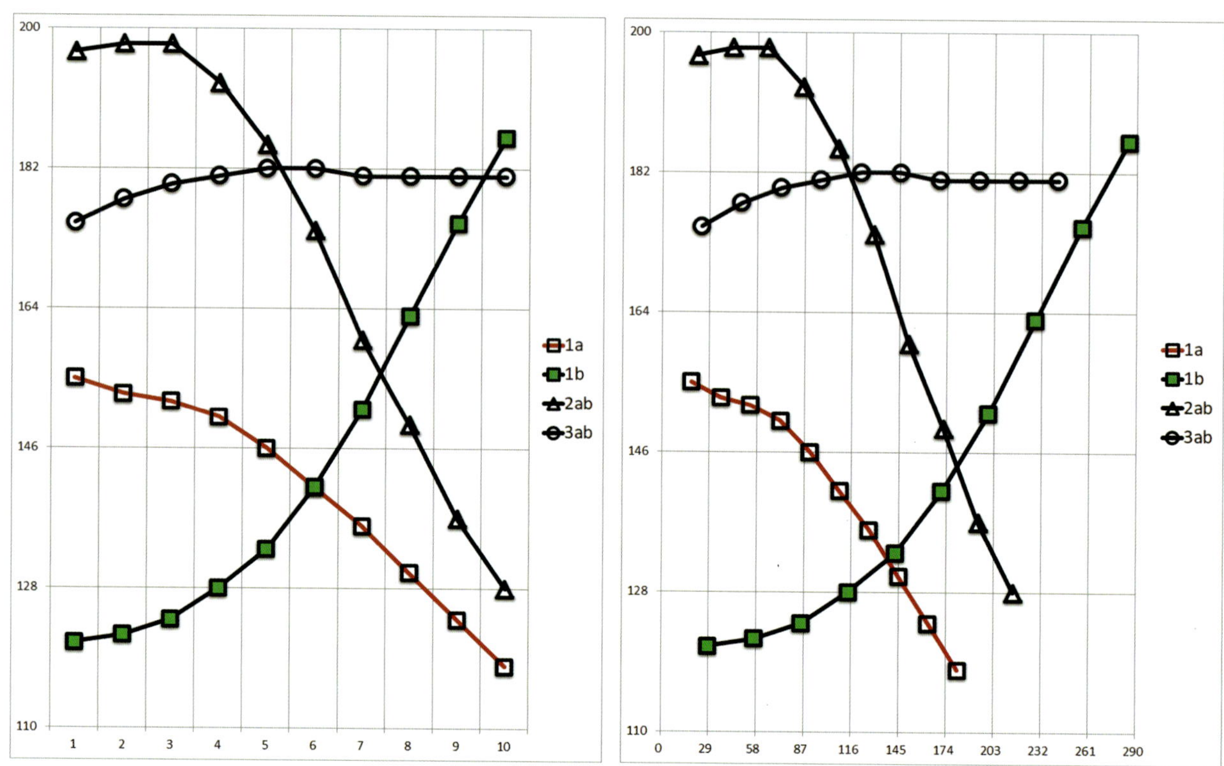

图 6－2a 单字调等长、实长音高模式－西安莲湖－OM

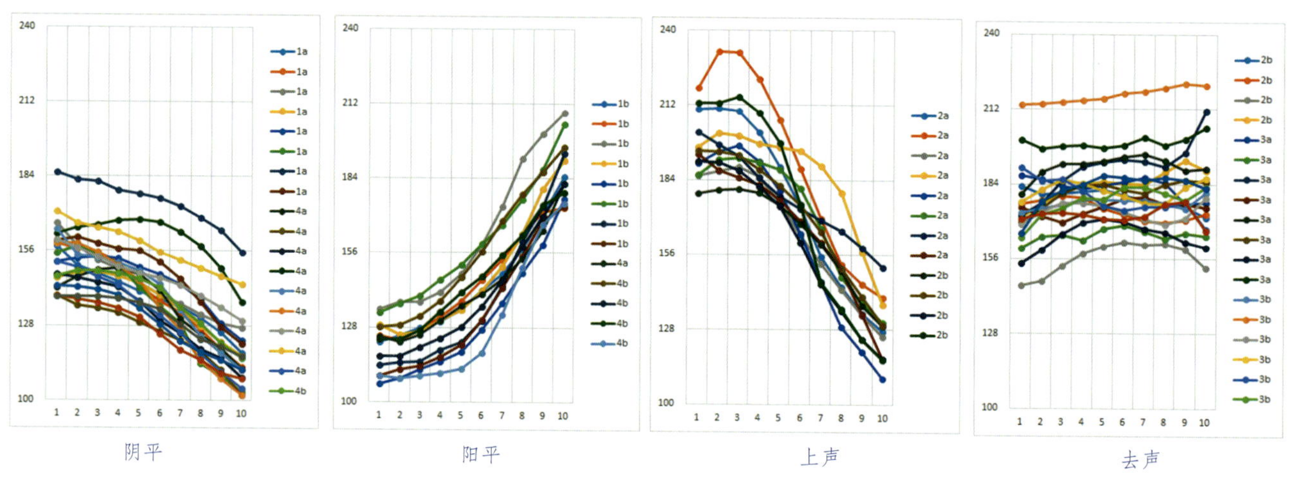

图 6－2b 今声调调域分布范围－西安莲湖－OM

老男的声调有 4 个（见图 6－2a）：

阴平 31、阳平 15、上声 52、去声 44。

今调域的分布情况（见图 6－2b）：

阴平主要在 21～32 之间；阳平主要在 13～24 之间；上声主要在 41～52 之间；去声主要在 33～44 之间。

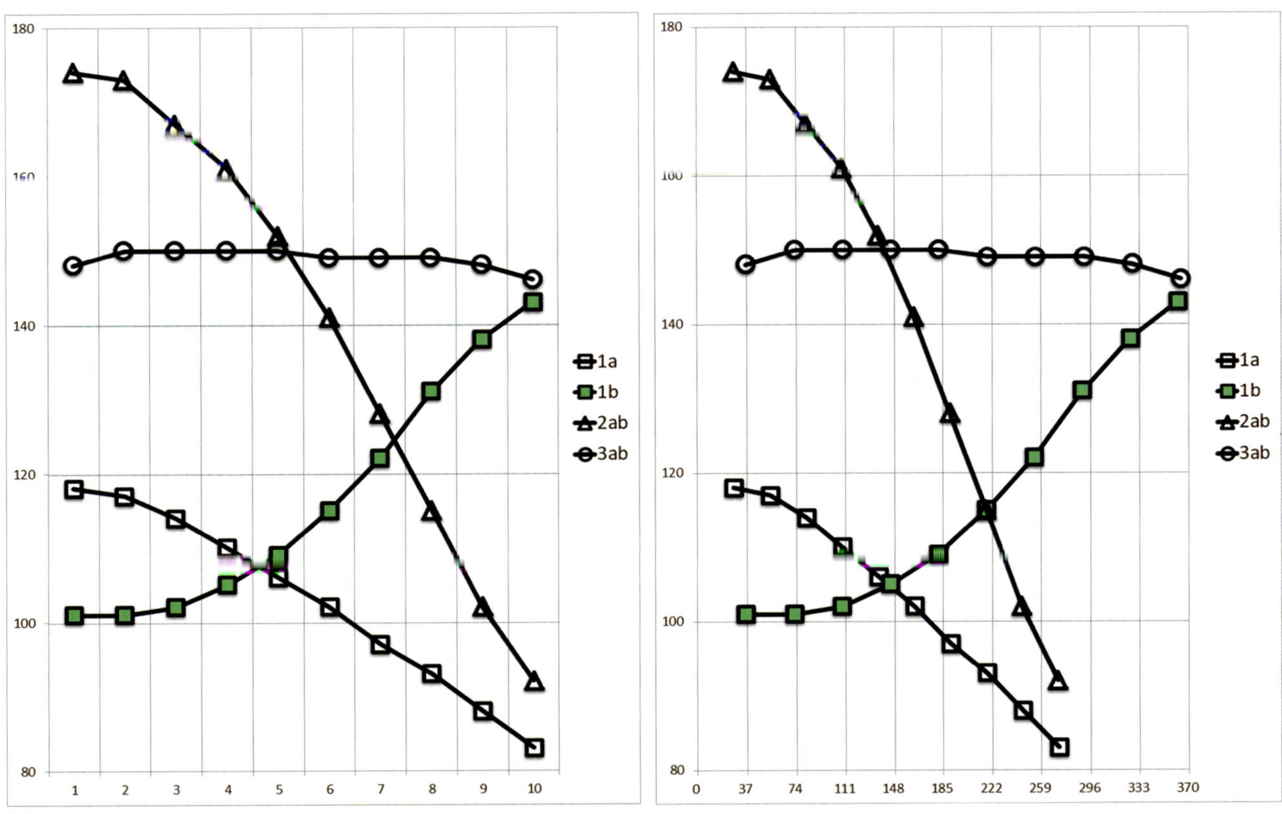

图 6－2c　单字调等长、实长音高模式－西安莲湖－YM

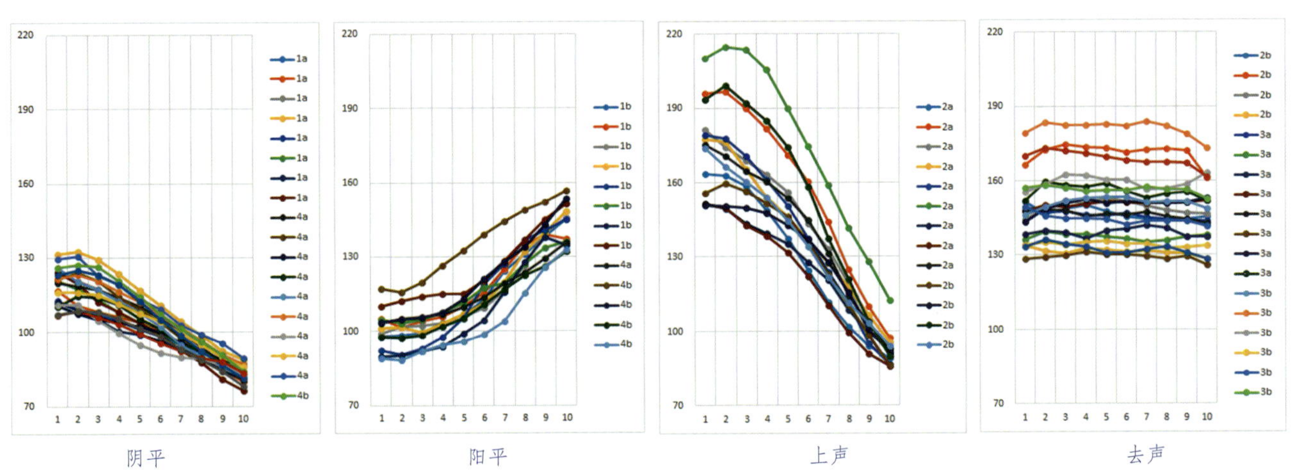

图 6－2d　今声调调域分布范围－西安莲湖－YM

青男的声调有 4 个（见图 6－2c）：

阴平 21、阳平 24、上声 51、去声 44。

今调域的分布情况（见图 6－2d）：

阴平主要在 21 的范围；阳平主要在 12～23 之间；上声主要在 31～52 之间；去声主要在 33～44 之间。

3. 安康汉滨

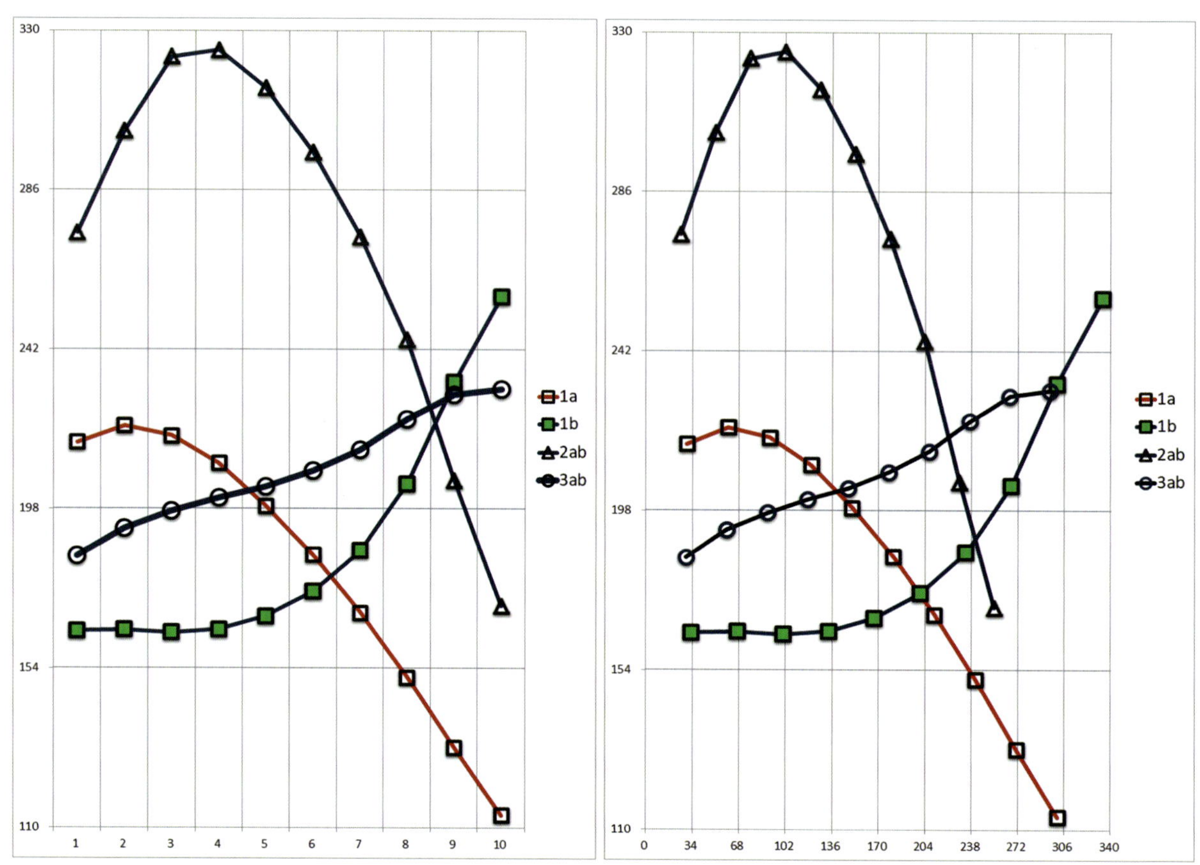

图 6－3a　单字调等长、实长音高模式－安康汉滨－OM

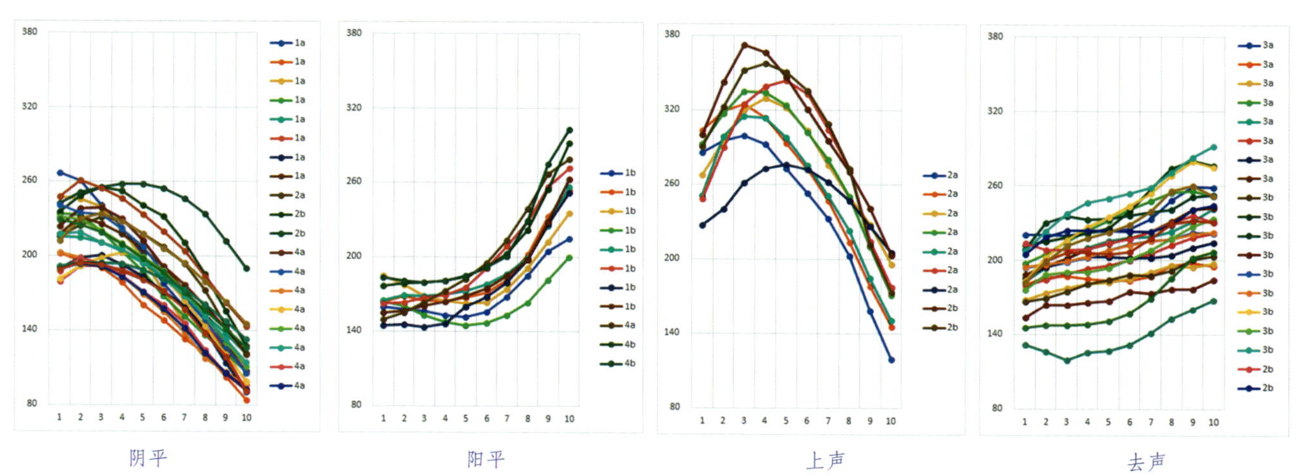

图 6－3b　今声调调域分布范围－安康汉滨－OM

老男的声调有 4 个（见图 6－3a）：

阴平 31、阳平 224、上声 452、去声 23。

今调域的分布情况（见图 6－3b）：

阴平主要在 21～32 之间；阳平主要在 223～224 之间；上声主要在 342～452 之间；去声主要在 12～34 之间。

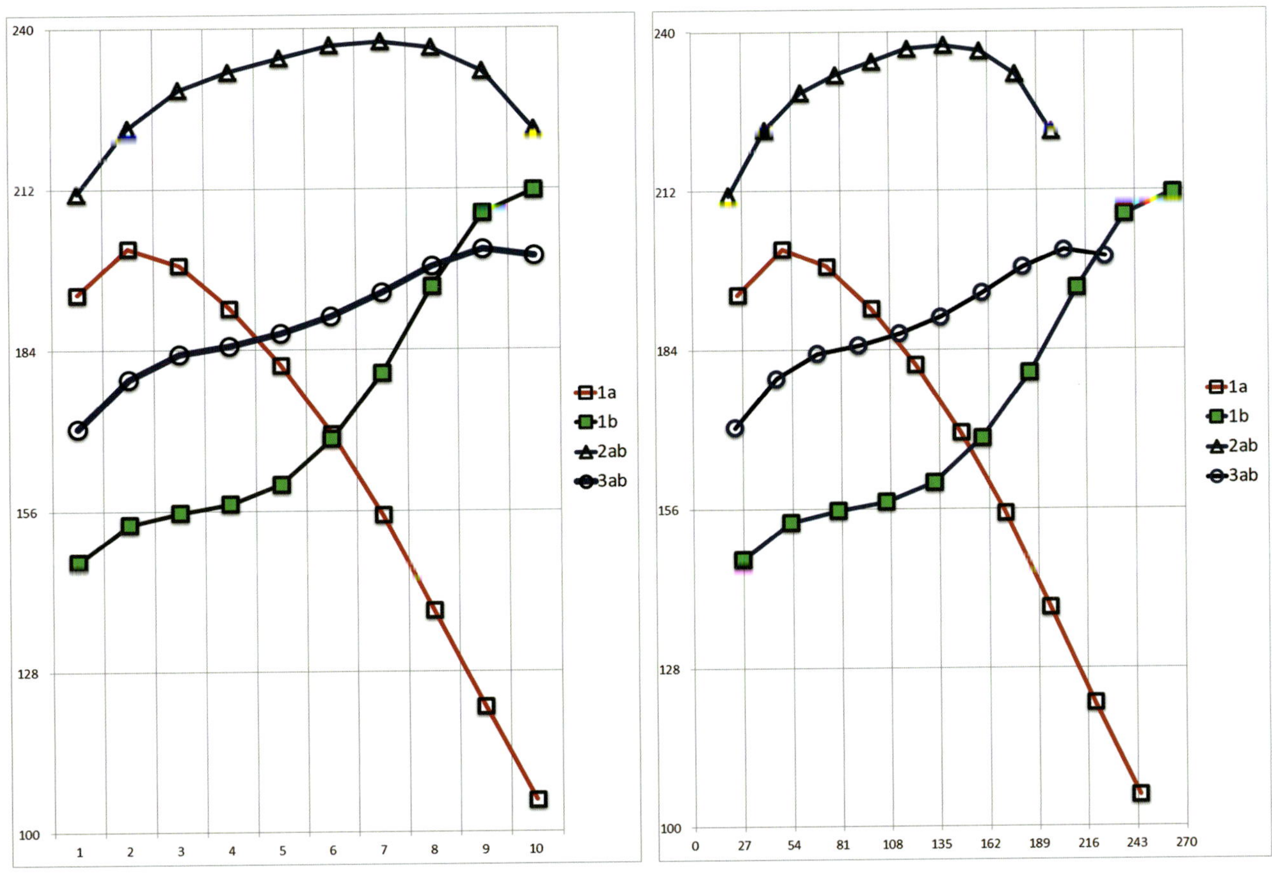

图 6－3c 单字调等长、实长音高模式－安康汉滨－YM

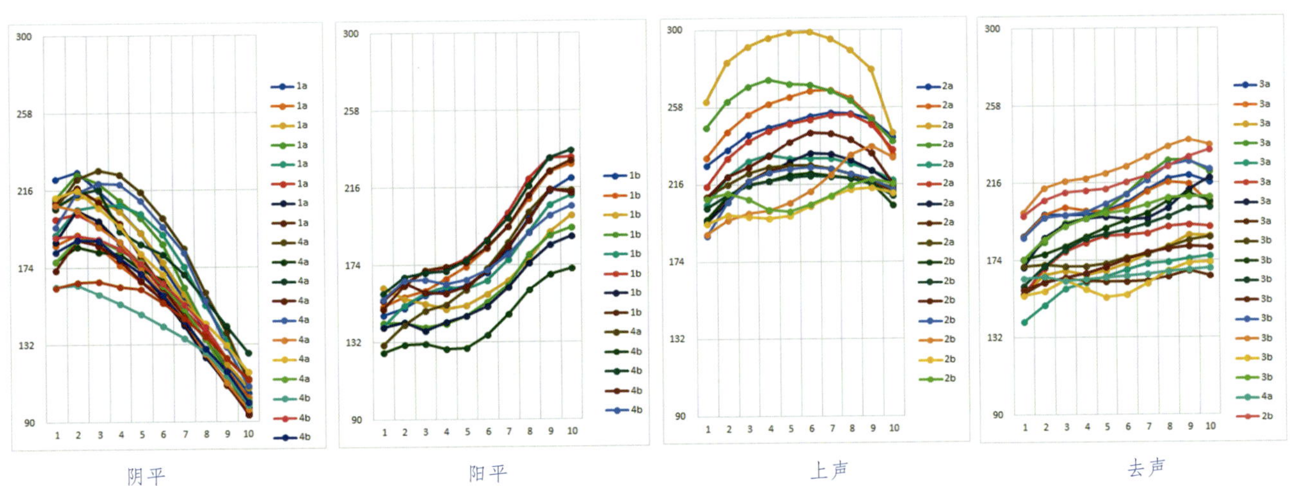

图 6－3d 今声调调域分布范围－安康汉滨－YM

青男的声调有 4 个（见图 6－3c）：

阴平 41、阳平 24、上声 55、去声 34。

今调域的分布情况（见图 6－3d）：

阴平主要在 21～42 之间；阳平主要在 223～224 之间；上声主要在 33～55 之间；去声主要在 23～34 之间。

4. 商洛商州

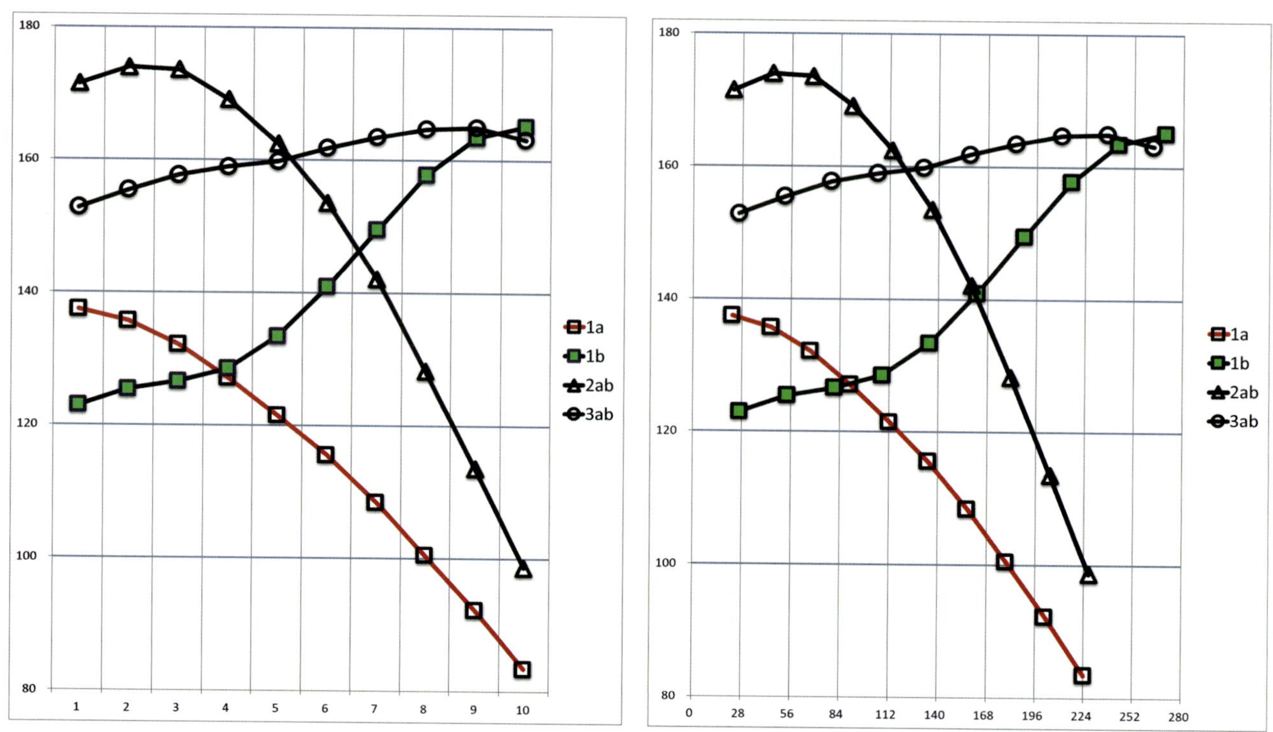

图6－4a　单字调等长、实长音高模式－商洛商州－OM

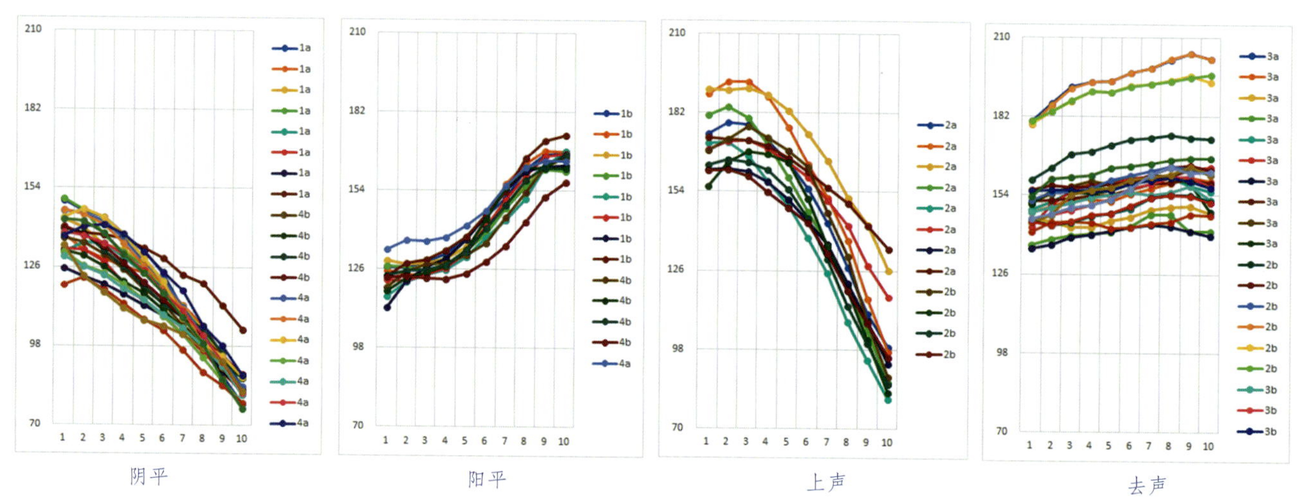

图6－4b　今声调调域分布范围－商洛商州－OM

老男的声调有4个（见图6－4a）：

阴平31、阳平35、上声51、去声45。

今调域的分布情况（见图6－4b）：

阴平主要在21～32之间；阳平主要在23～34之间；上声主要在41～53之间；去声主要在33～55之间。

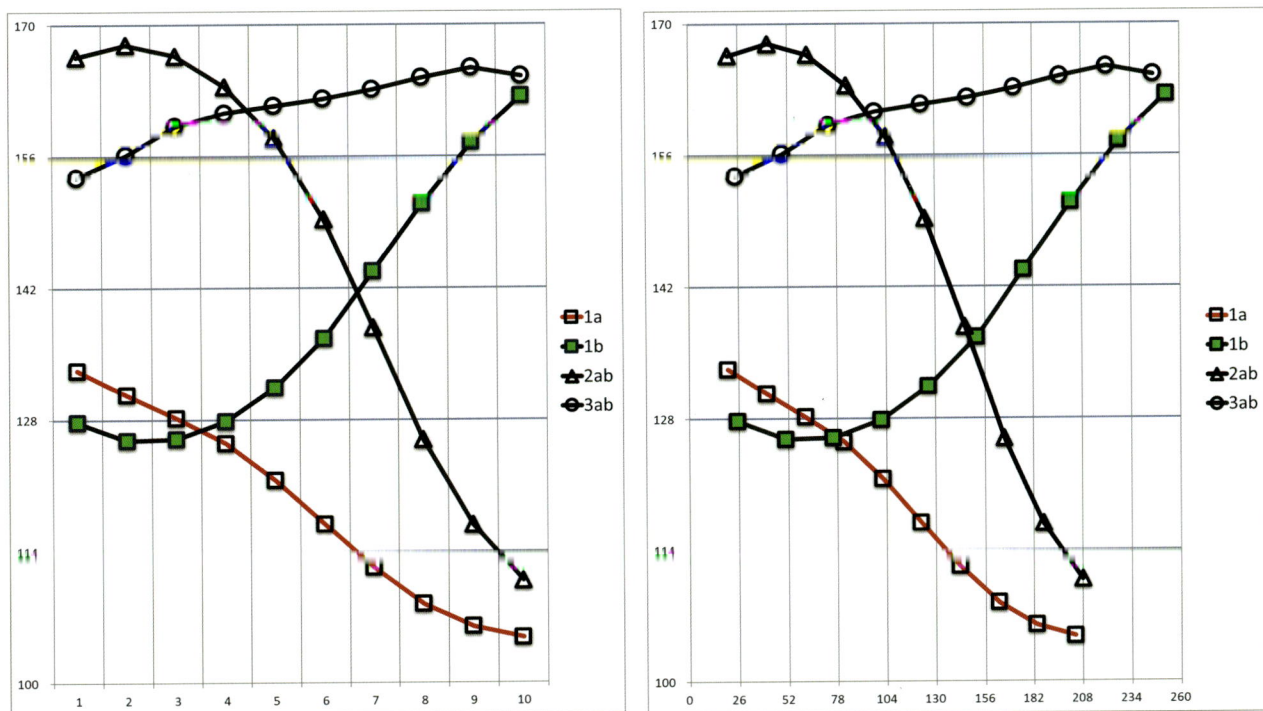

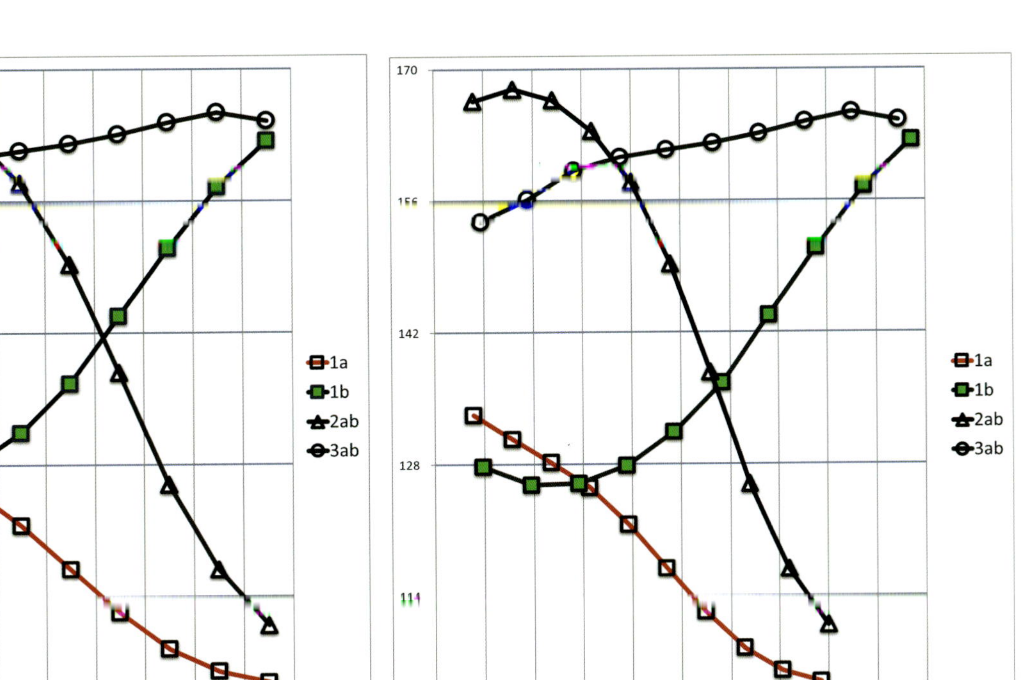

图 6－4c　单字调等长、实长音高模式－商洛商州－YM

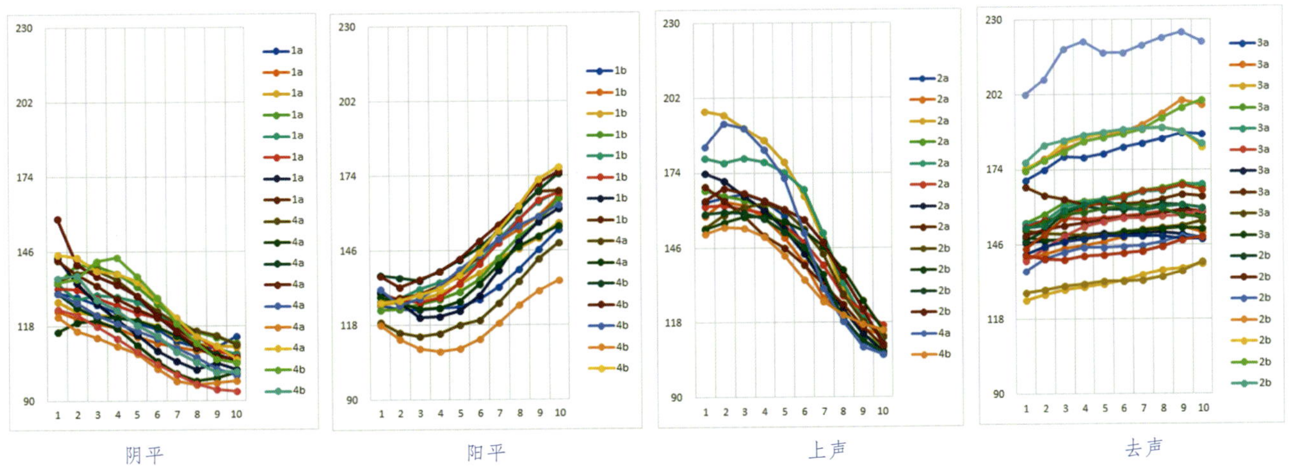

图 6－4d　今声调调域分布范围－商洛商州－YM

青男的声调有 4 个（见图 6－4c）：

阴平 31、阳平 35、上声 51、去声 45。

今调域的分布情况（见图 6－4d）：

阴平主要在 21 的范围；阳平主要在 12～23 之间；上声主要在 31～41 之间；去声在 22～55 之间都有分布。

5. 咸阳武功

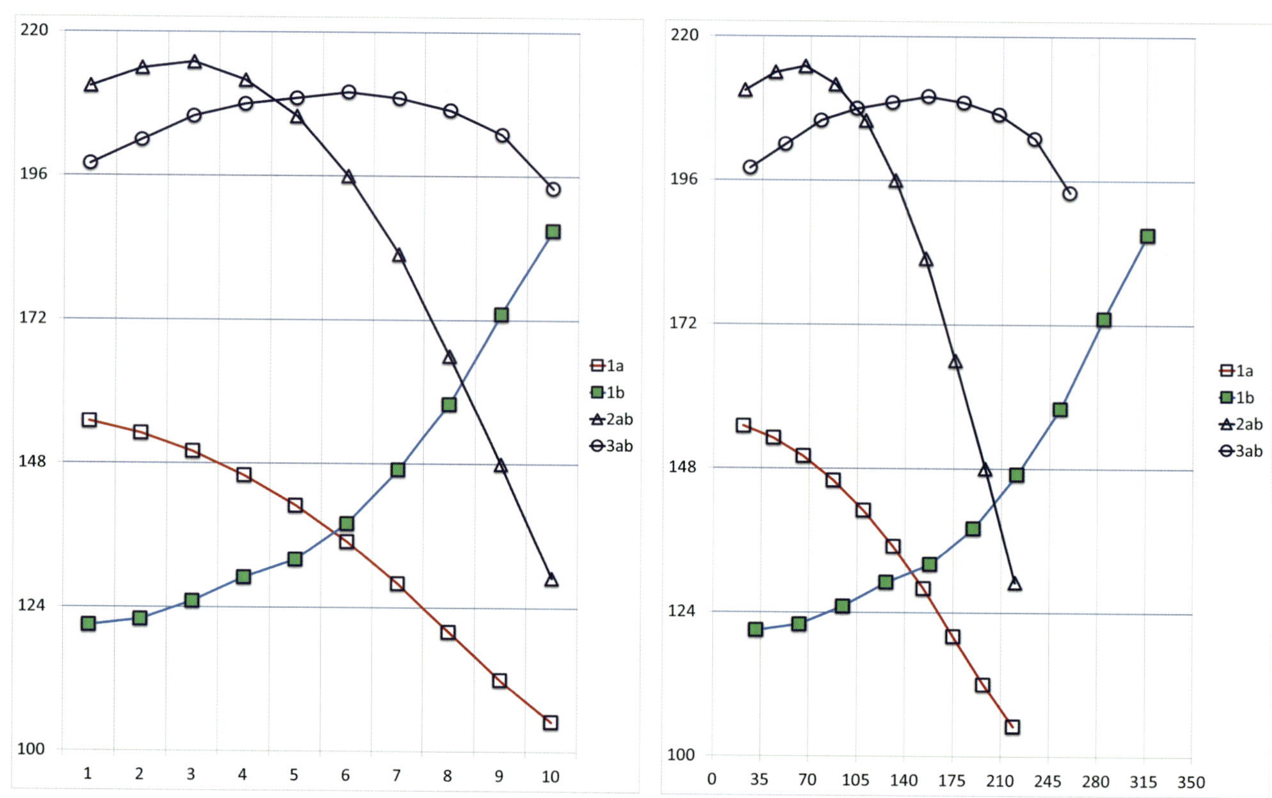

图 6－5a 单字调等长、实长音高模式－咸阳武功－OM

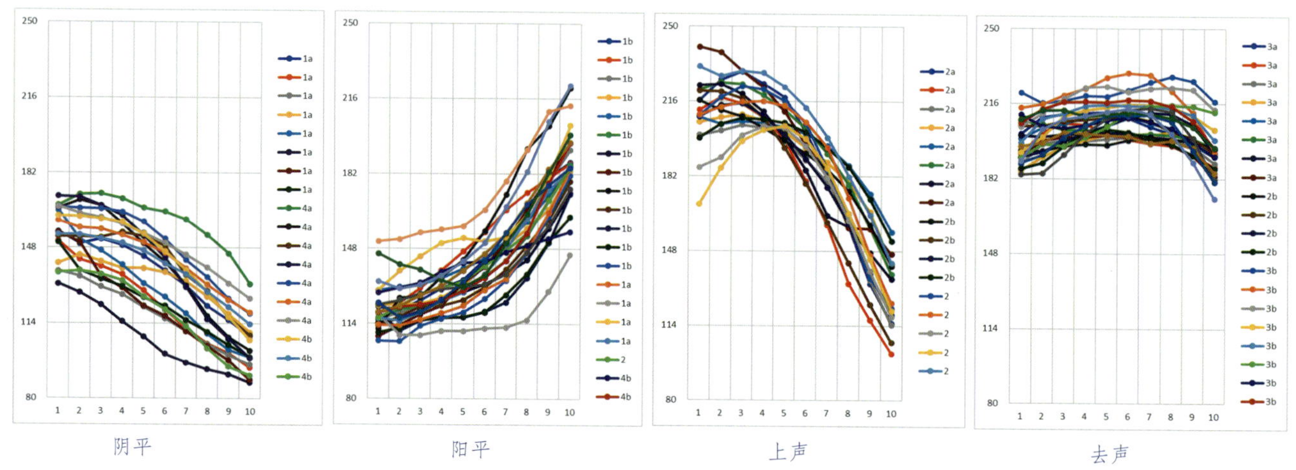

图 6－5b 今声调调域分布范围－咸阳武功－OM

老男的声调有 4 个（见图 6－5a）：

阴平 31、阳平 14、上声 52、去声 55。

今调域的分布情况（见图 6－5b）：

阴平主要在 21～32 之间；阳平主要在 23～24 之间；上声主要在 41～53 之间；去声主要在 454 的范围。

6. 渭南白水

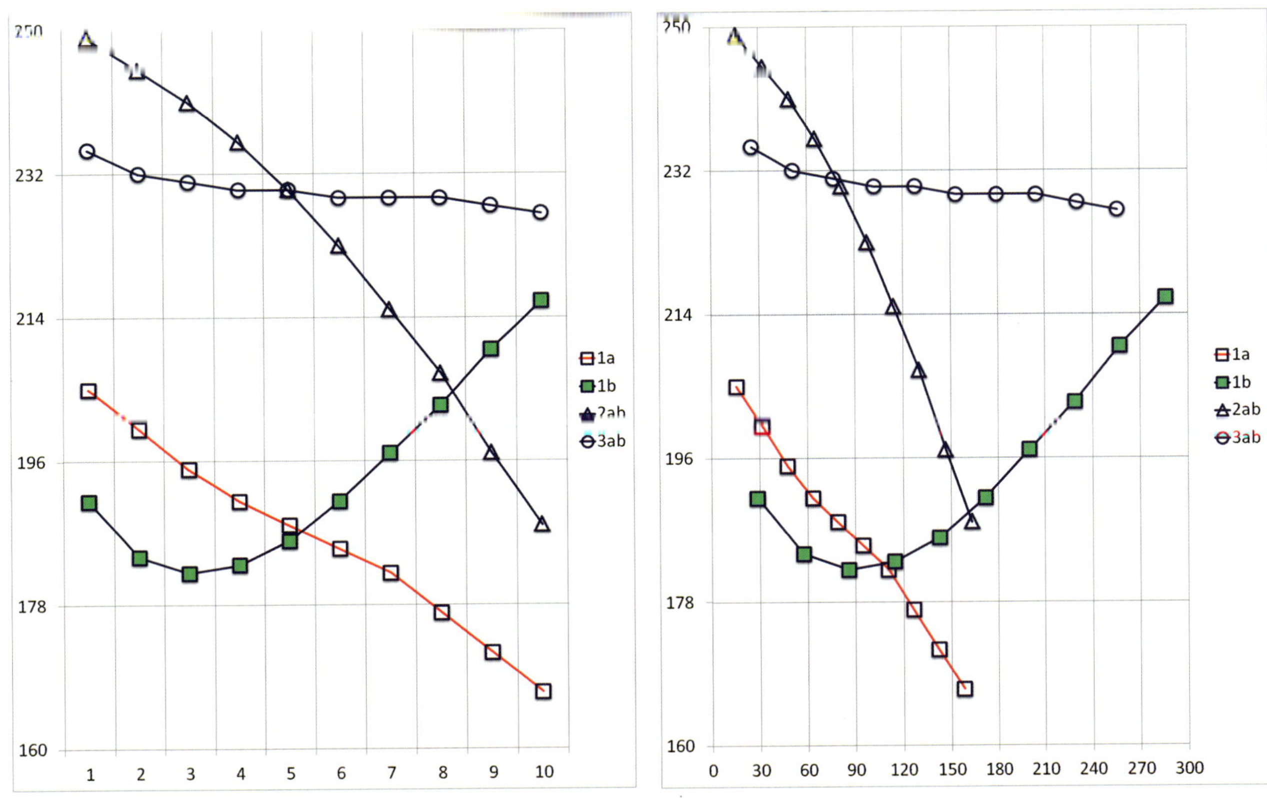

图 6－6a　单字调等长、实长音高模式－渭南白水－YF

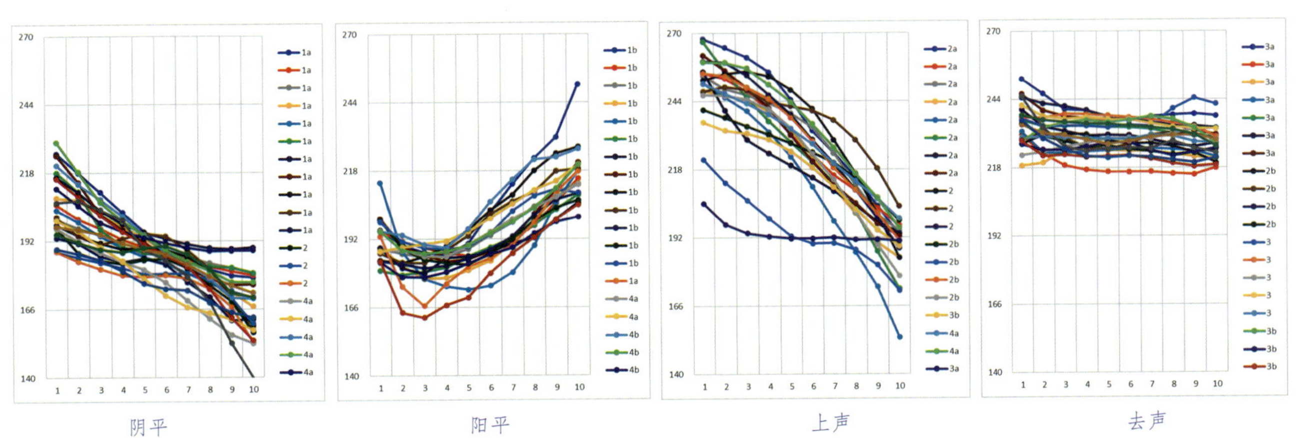

图 6－6b　今声调调域分布范围－渭南白水－YF

青女的声调有 4 个（见图 6－6a）：

阴平 31、阳平 214、上声 52、去声 44。

今调域的分布情况（见图 6－6b）：

阴平主要在 21～42 之间；阳平主要在 213～324 之间；上声在 31～53 之间；去声主要在 44 的范围。

7. 咸阳彬州

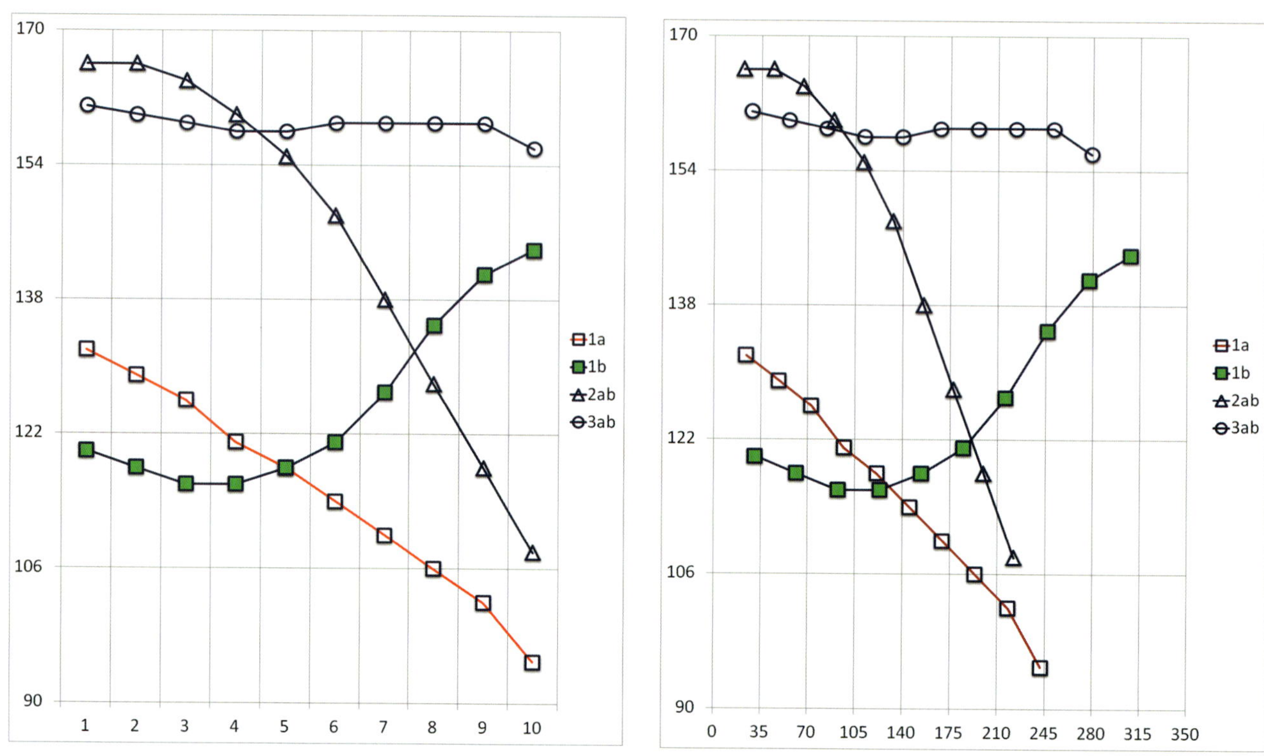

图 6－7a 单字调等长、实长音高模式－咸阳彬州－YF

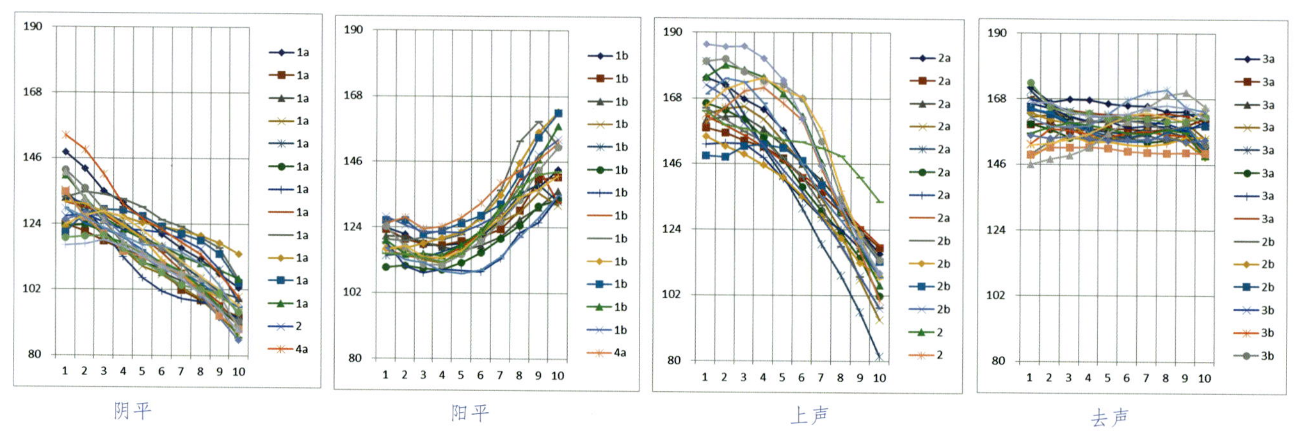

图 6－7b 今声调调域分布范围－咸阳彬州－YF

青女的声调有 4 个（见图 6－7a）：

阴平 31、阳平 224、上声 52、去声 55。

今调域的分布情况（见图 6－7b）：

阴平主要在 21～42 之间；阳平主要在 223～224 之间；上声主要在 41～52 之间；去声主要在 44 的范围。

8. 大荔朝邑

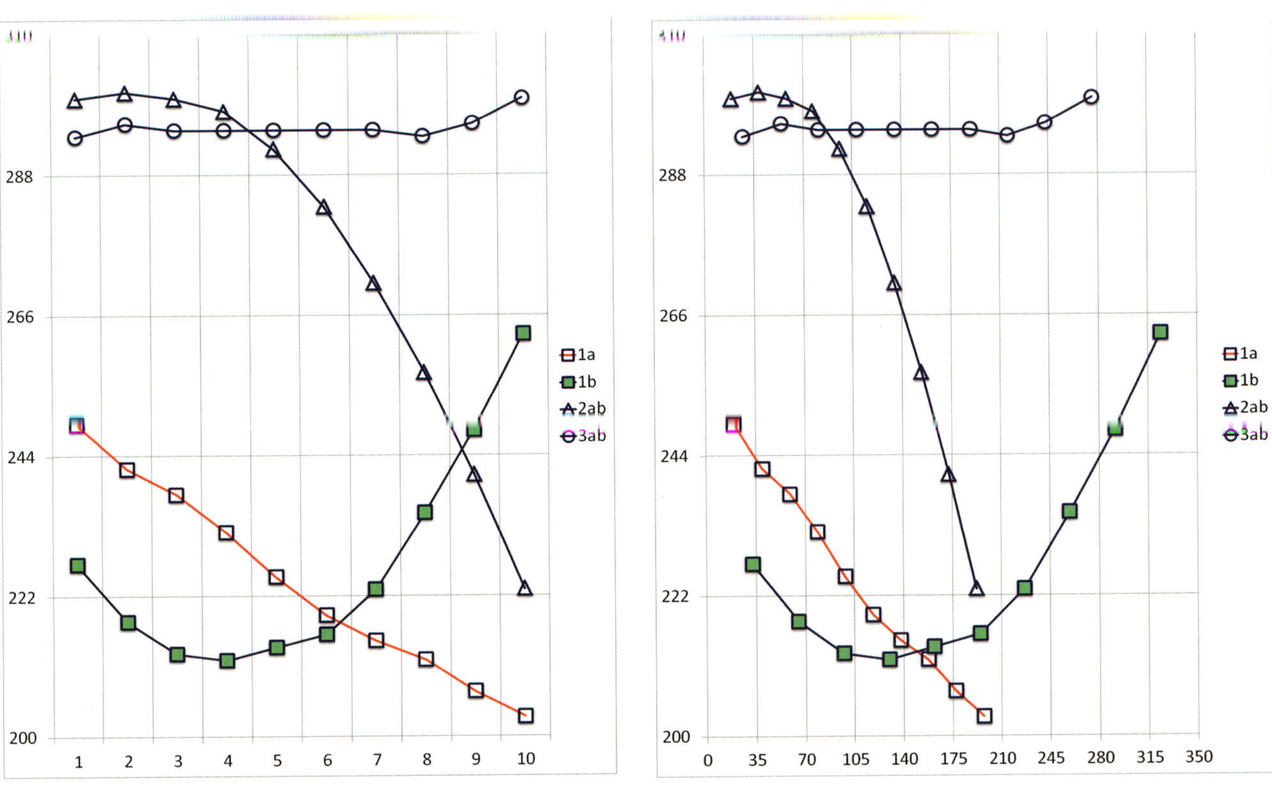

图 6－8a 单字调等长、实长音高模式－大荔朝邑－YF

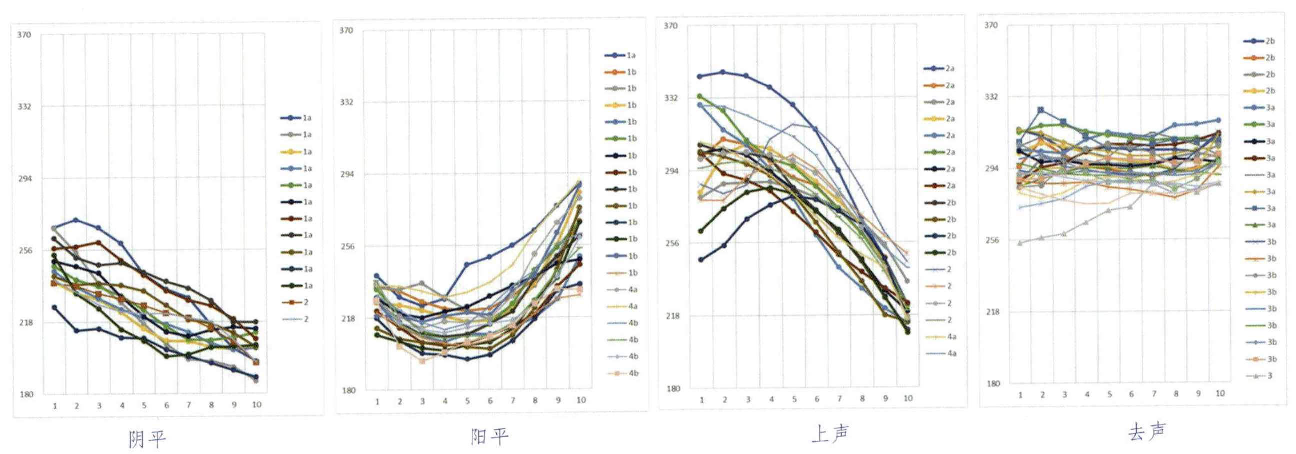

图 6－8b 今声调调域分布范围－大荔朝邑－YF

青女的声调有 4 个（见图 6－8a）：

阴平 31、阳平 213、上声 52、去声 55。

今调域的分布情况（见图 6－8b）：

阴平在 21～32 之间；阳平在 212～224 之间；上声在 32～53 之间，有拱度；去声在 44 上下，略升。

9. 渭南澄城

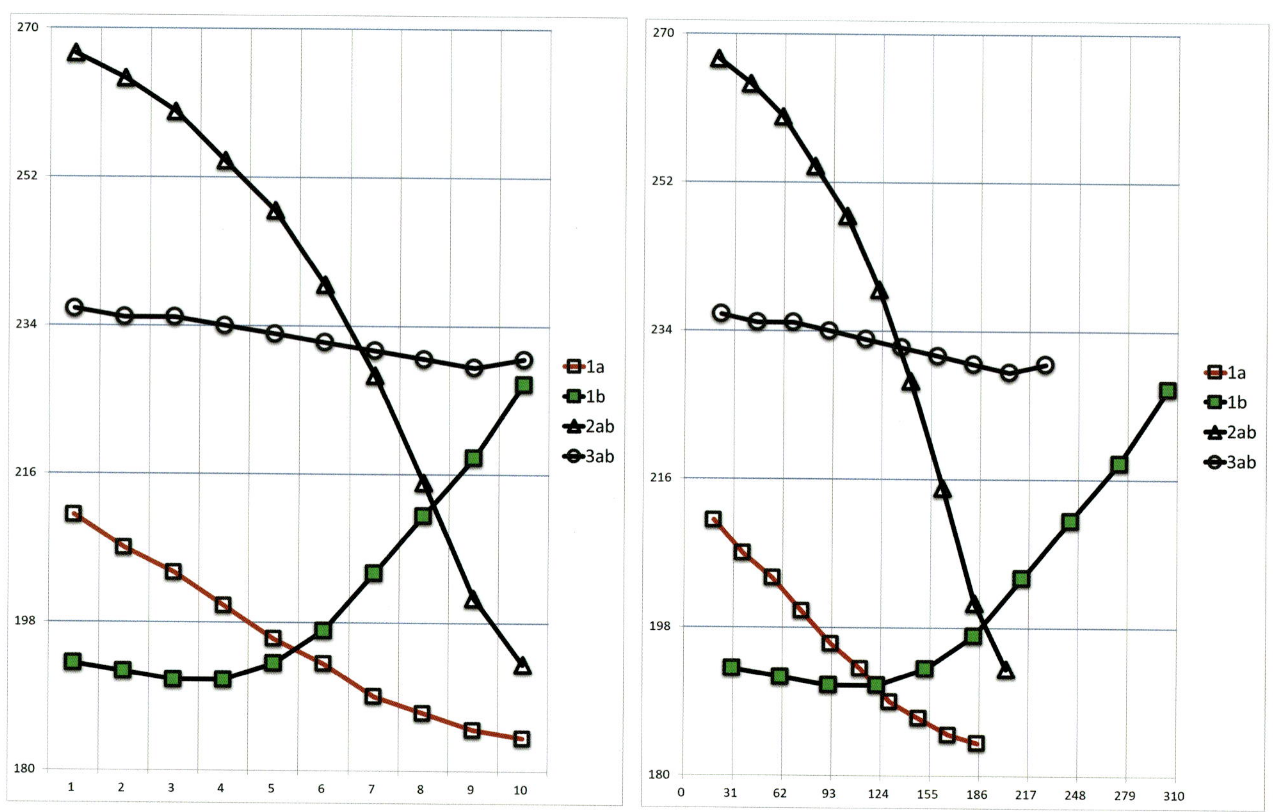

图 6－9a　单字调等长、实长音高模式－渭南澄城－MM

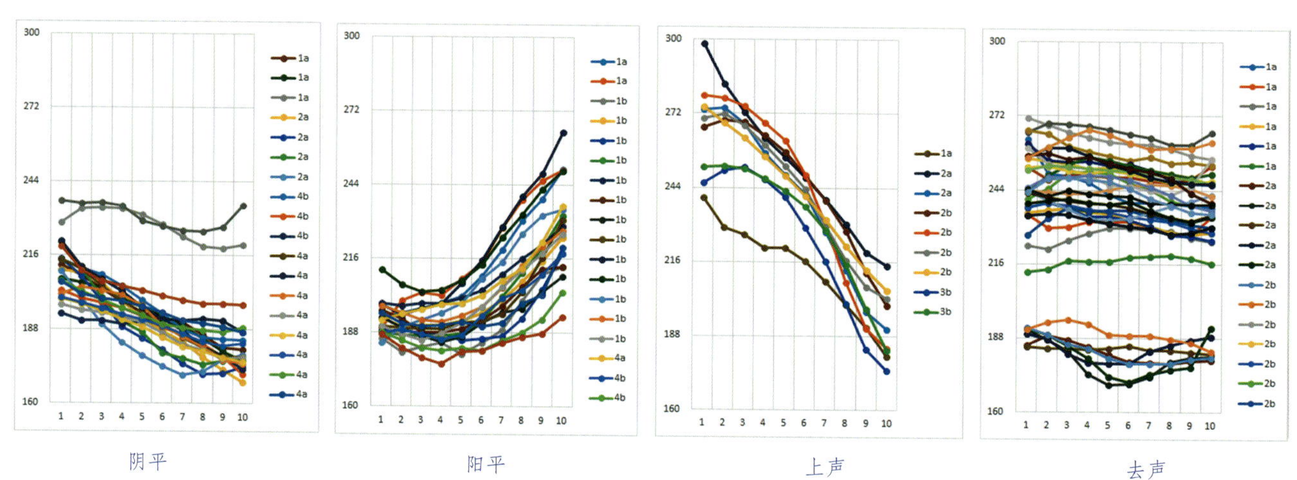

图 6－9b　今声调调域分布范围－渭南澄城－MM

中男的声调有 4 个（见图 6－9a）：

阴平 21、阳平 113、上声 51、去声 44。

今调域的分布情况（见图 6－9b）：

阴平在 21～32 之间；阳平在 213～224 之间；上声在 31～52 之间；去声主要在 33～44 之间。

10. 淳化方里

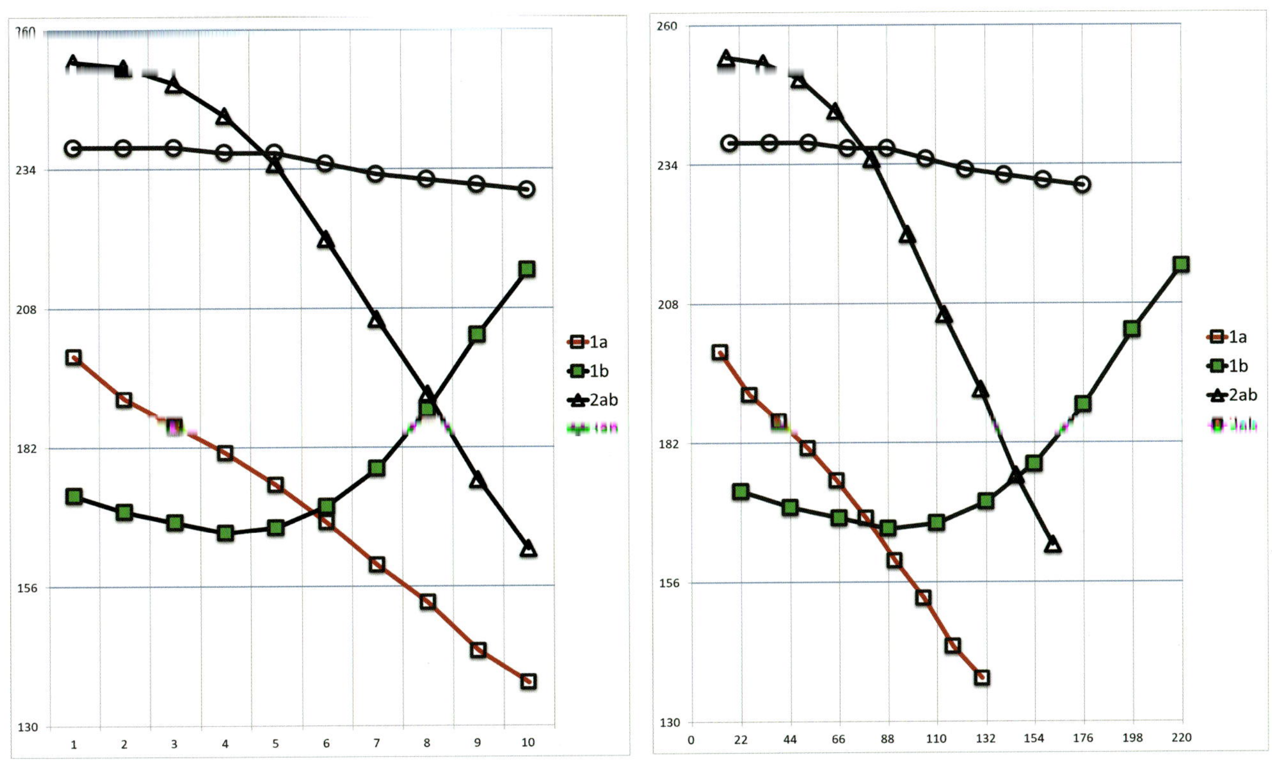

图 6－10a　单字调等长、实长音高模式－淳化方里－MF

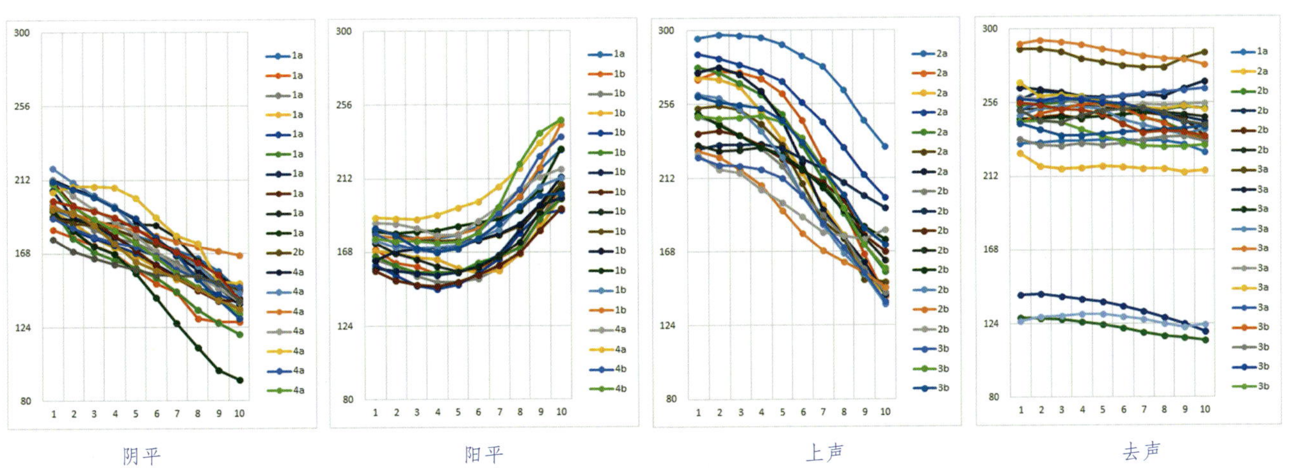

图 6－10b　今声调调域分布范围－淳化方里－MF

中女的声调有 4 个（见图 6－10a）：

阴平 31、阳平 224、上声 52、去声 55。

今调域的分布情况（见图 6－10b）：

阴平在 31～32 之间；阳平在 223～334 之间；上声在 42～54 之间；去声主要在 44～55 之间，也有一些 22 的去声。

11. 渭南临渭

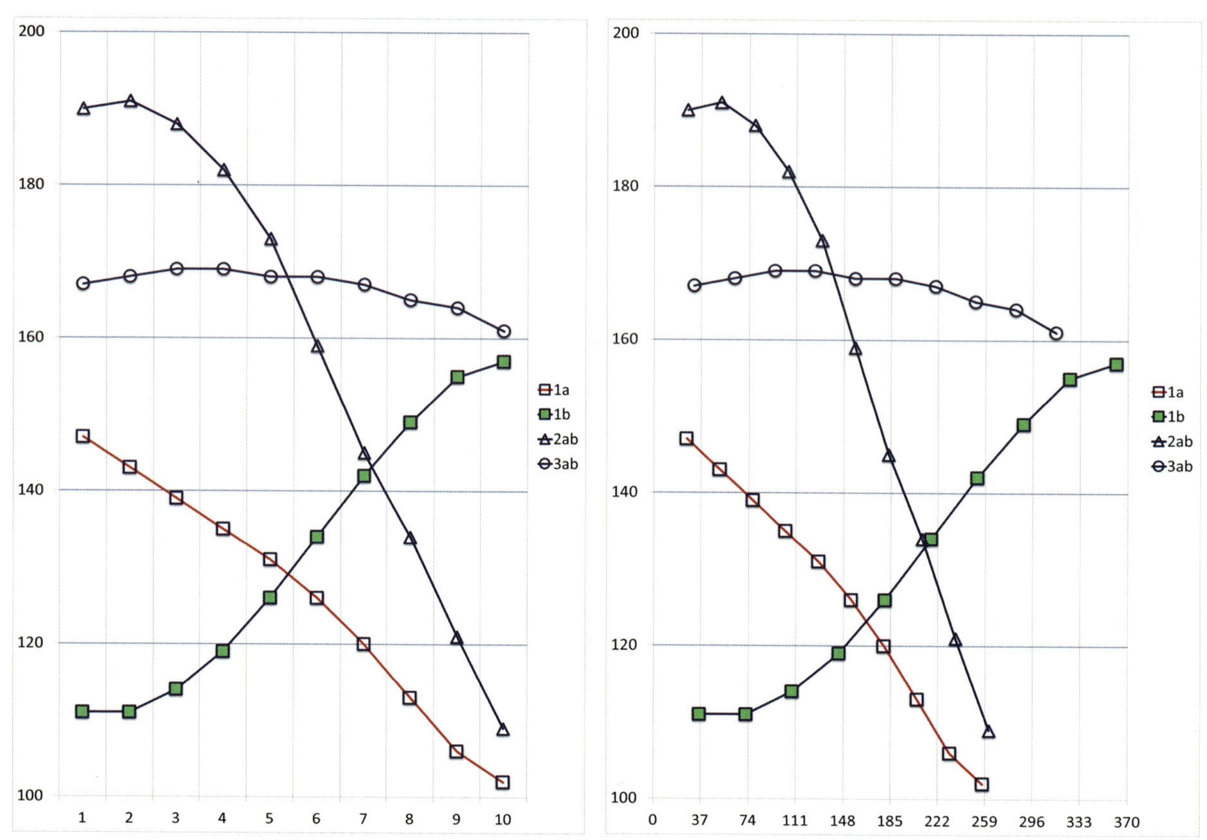

图 6－11a　单字调等长、实长音高模式－渭南临渭－MM

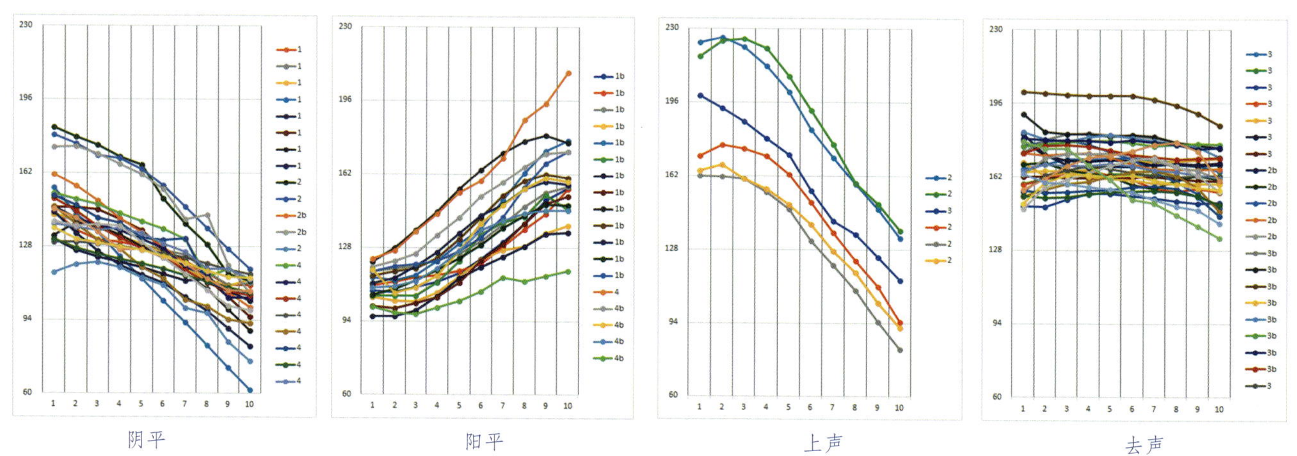

图 6－11b　今声调调域分布范围－渭南临渭－MM

中男的声调有 4 个（见图 6－11a）：

阴平 31、阳平 13、上声 51、去声 44。

今调域的分布情况（见图 6－11b）：

阴平主要在 21～42 之间；阳平主要在 23～24 之间；上声主要在 31～53 之间；去声主要在 33～44 之间。

12. 兴平庄头

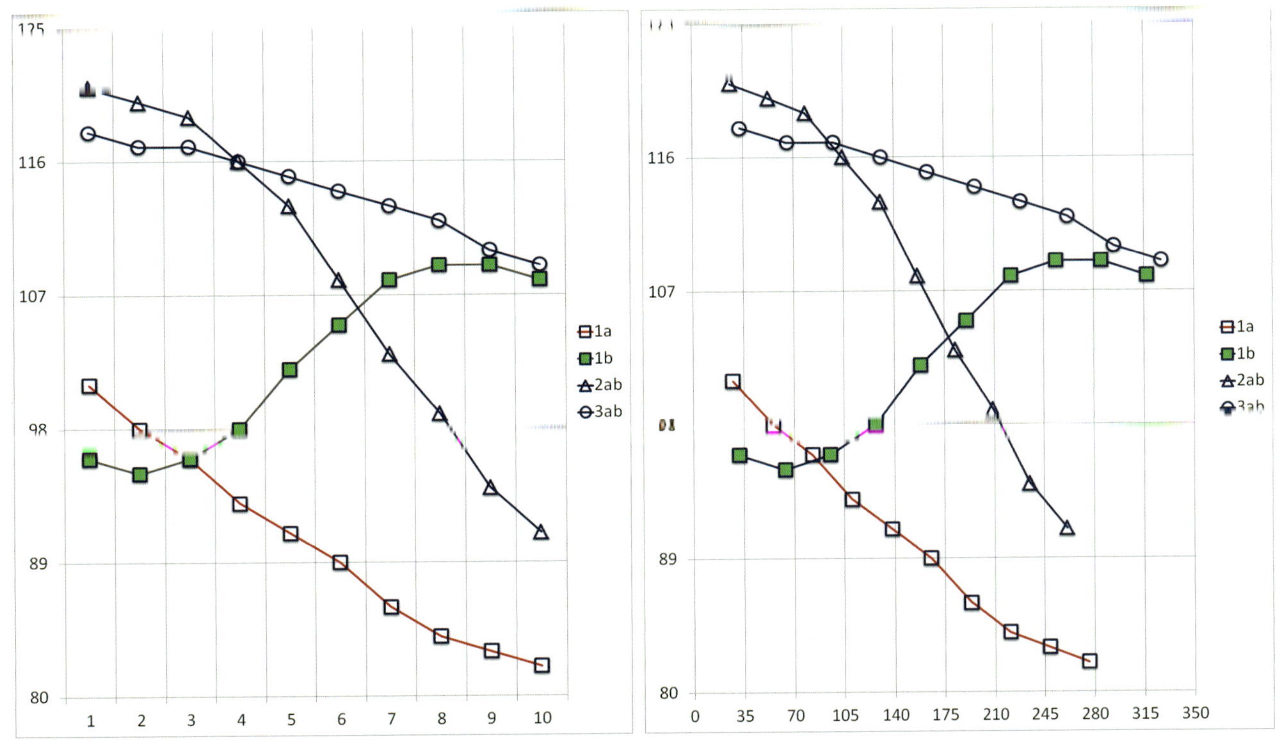

图 6－12a 单字调等长、实长音高模式－兴平庄头－MM

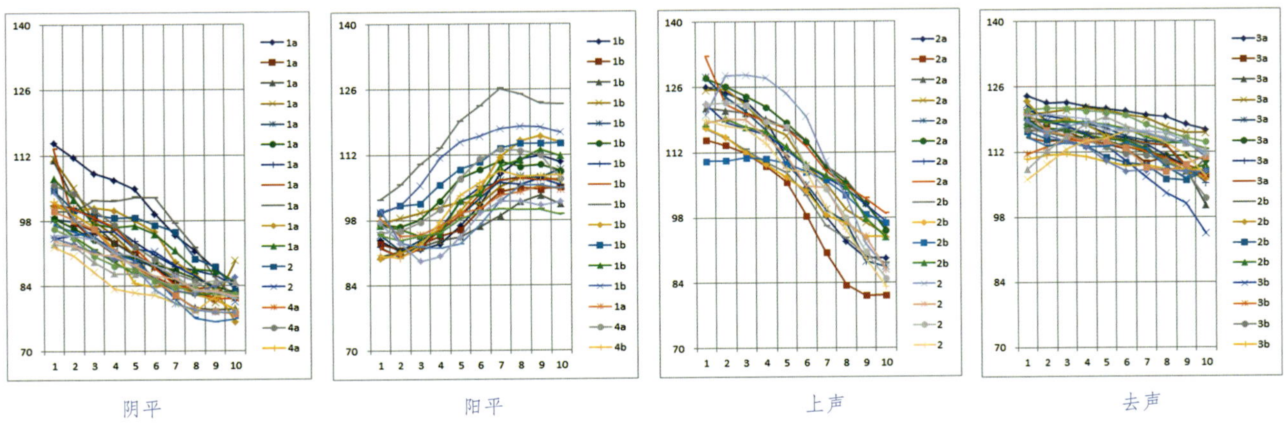

图 6－12b 今声调调域分布范围－兴平庄头－MM

中男的声调有 4 个（见图 6－12a）：

阴平 31、阳平 24、上声 52、去声 54。

今调域的分布情况（见图 6－12b）：

阴平主要在 21～32 之间；阳平主要在 23～34 之间；上声主要在 42～53 之间；去声主要在 43～44 之间。

13. 富平城区

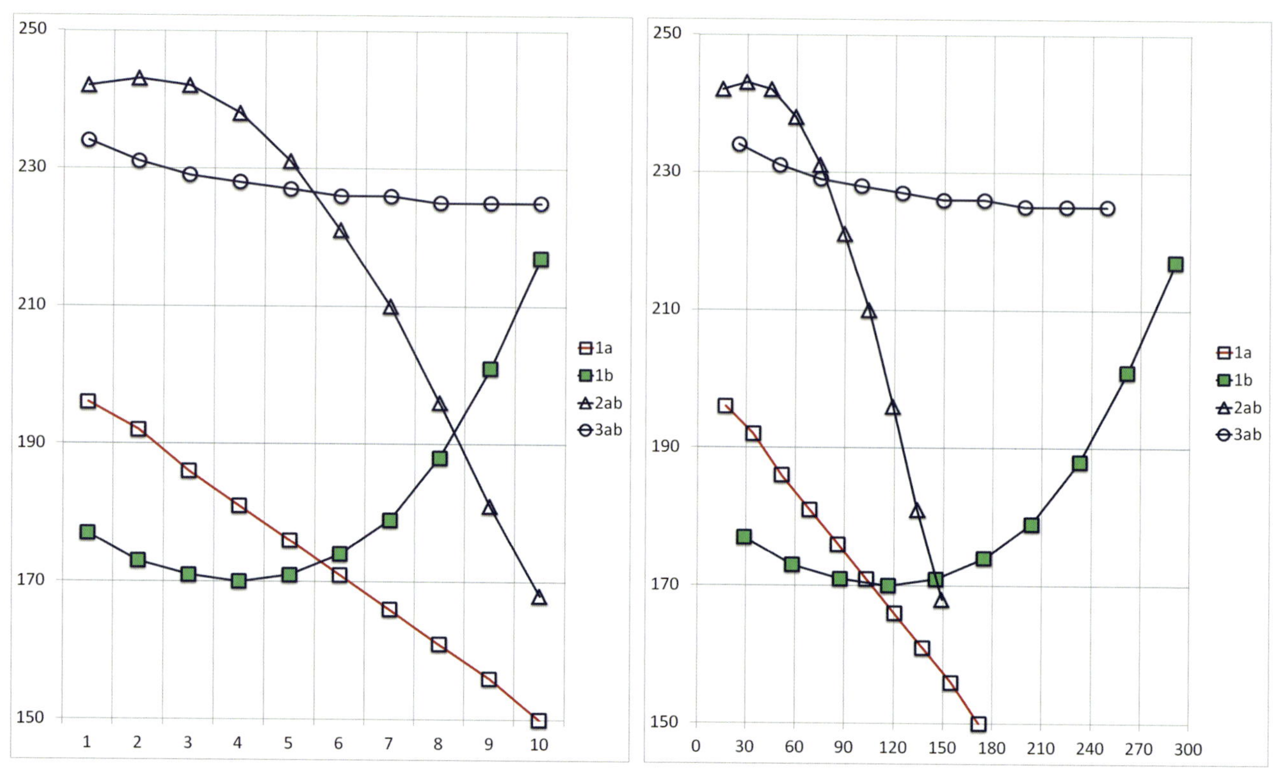

图 6-13a 单字调等长、实长音高模式-富平城区-YF

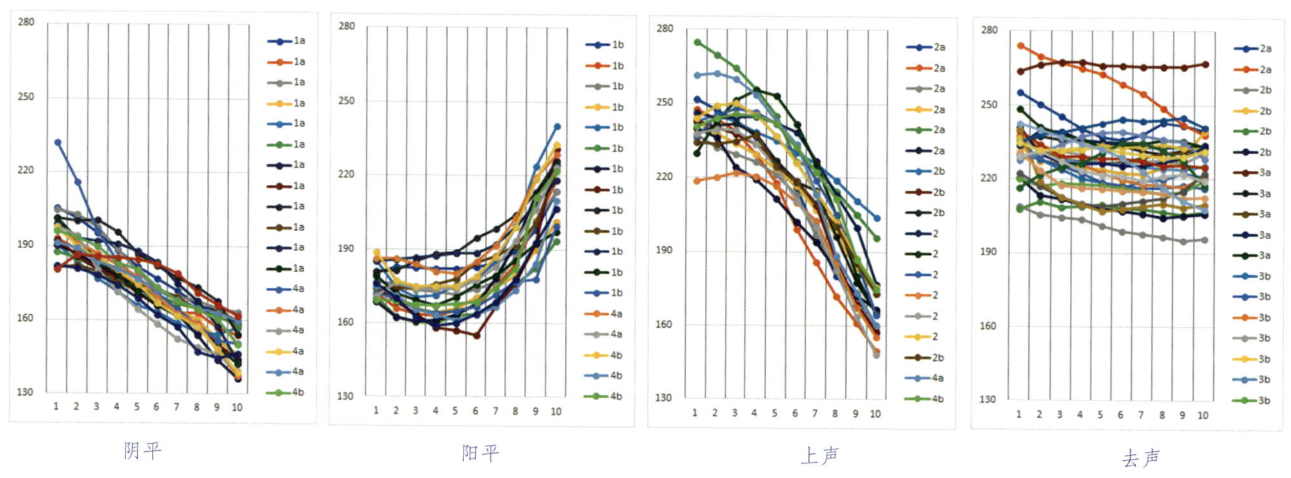

图 6-13b 今声调调域分布范围-富平城区-YF

青女的声调有 4 个（见图 6-13a）：

阴平 31、阳平 224、上声 52、去声 54。

今调域的分布情况（见图 6-13b）：

阴平主要在 21～32 之间；阳平主要在 213～224 之间；上声主要在 42～53 之间；去声主要在 33～55 之间。

14. 高陵官寺

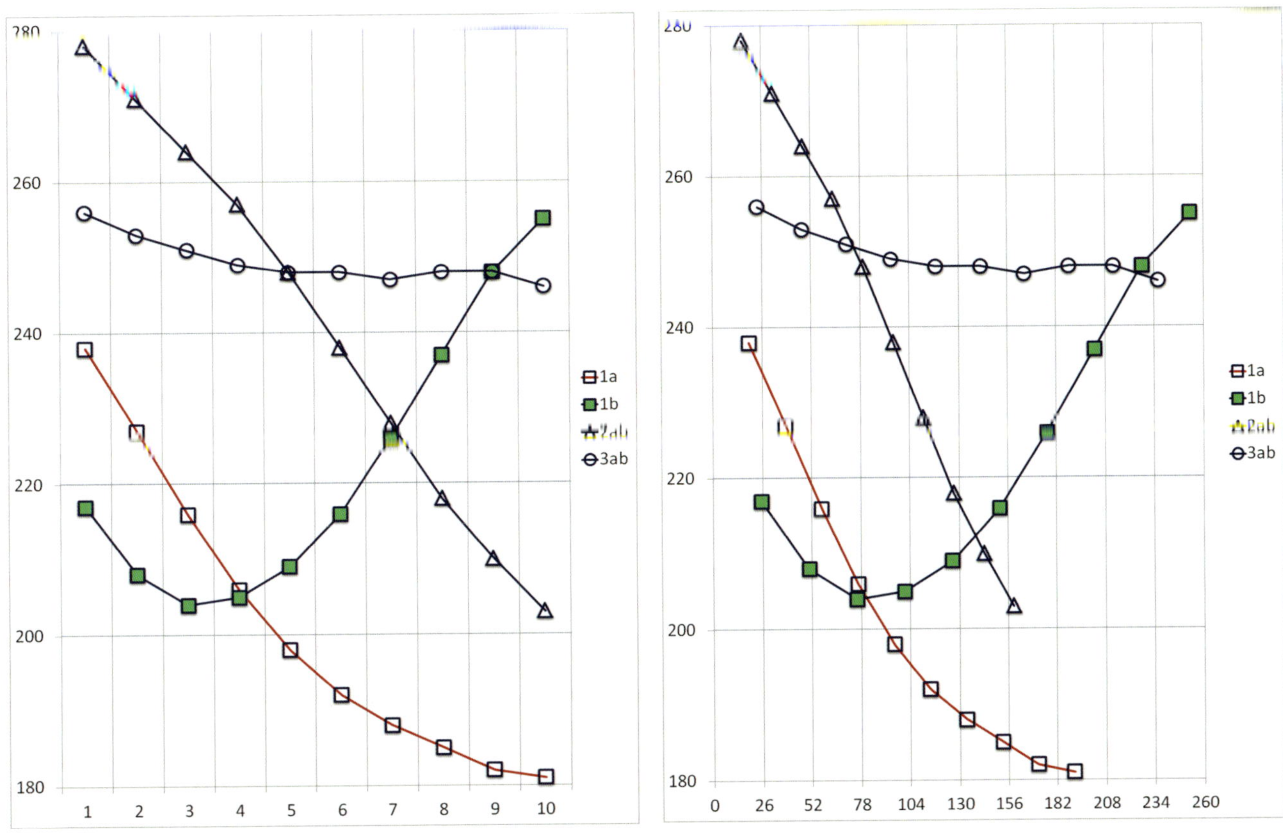

图 6－14a 单字调等长、实长音高模式－高陵官寺－YF

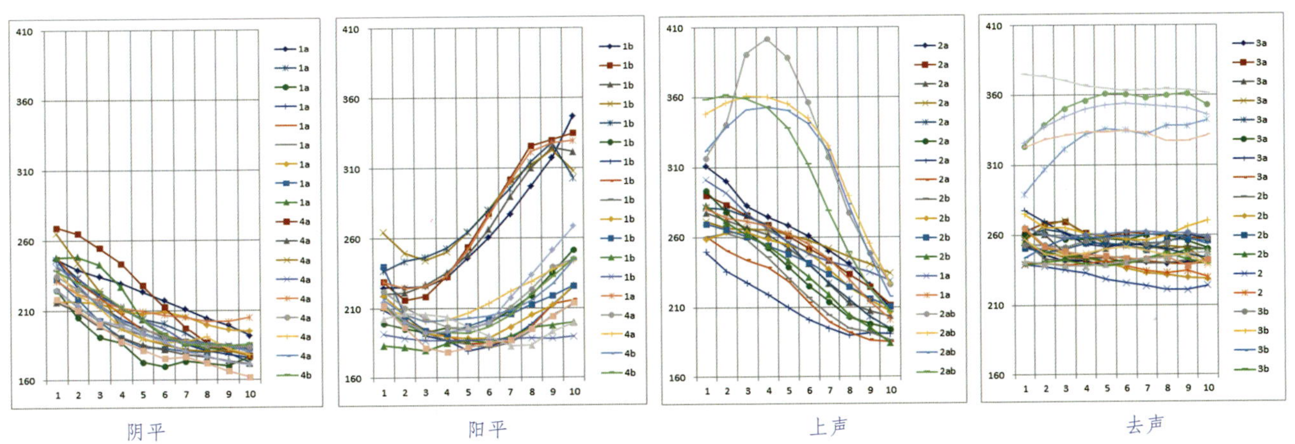

图 6－14b 今声调调域分布范围－高陵官寺－YF

青女的声调有 4 个（见图 6－14a）：

阴平 31、阳平 324、上声 52、去声 44。

今调域的分布情况（见图 6－14b）：

阴平主要在 21 的范围；阳平主要在 112～224 之间；上声主要在 21～52 之间；去声主要在 22～44 之间。

15. 鄠邑草堂

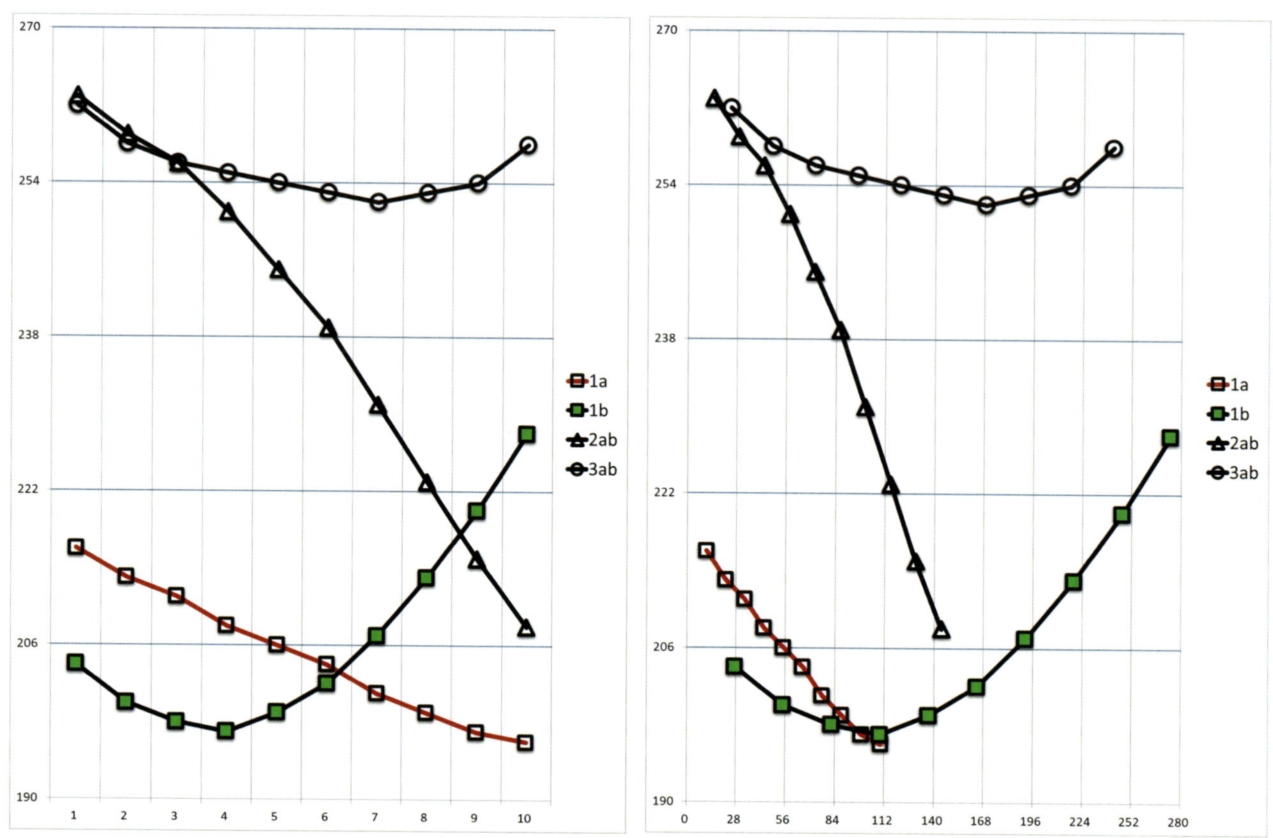

图 6－15a　单字调等长、实长音高模式－鄠邑草堂－YF

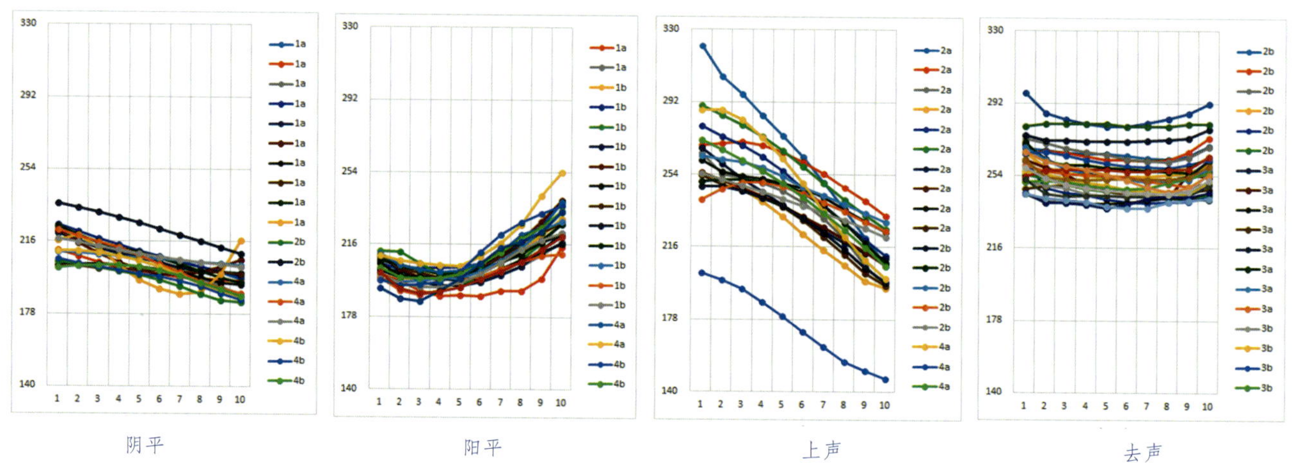

图 6－15b　今声调调域分布范围－鄠邑草堂－YF

青女的声调有 4 个（见图 6－15a）：

阴平 21、阳平 213、上声 52、去声 55。

今调域的分布情况（见图 6－15b）：

阴平主要在 21～32 之间；阳平主要在 213～223 之间；上声主要在 32～53 之间；去声主要在 33～44 之间。

16. 华县赤水

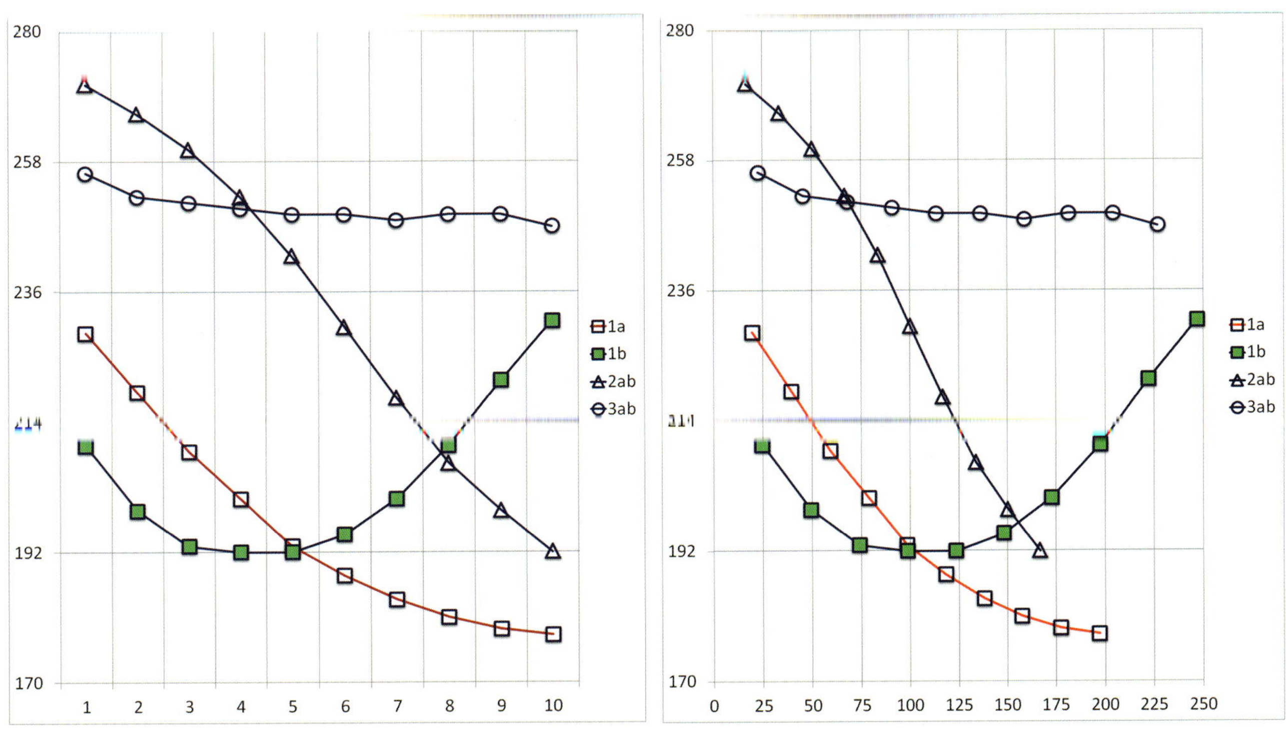

图 6－16a 单字调等长、实长音高模式－华县赤水－YF

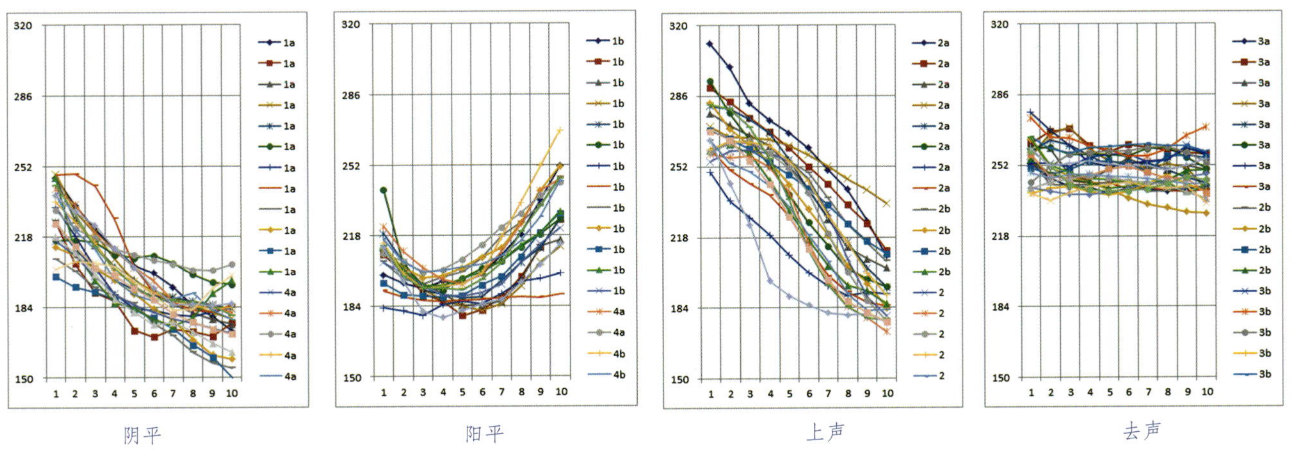

图 6－16b 今声调调域分布范围－华县赤水－YF

青女的声调有 4 个（见图 6－16a）：

阴平 31、阳平 213、上声 52、去声 44。

今调域的分布情况（见图 6－16b）：

阴平主要在 21～32 之间；阳平主要在 213～324 之间；上声主要在 31～53 之间；去声主要在 33～44 之间。

17. 泾阳云阳

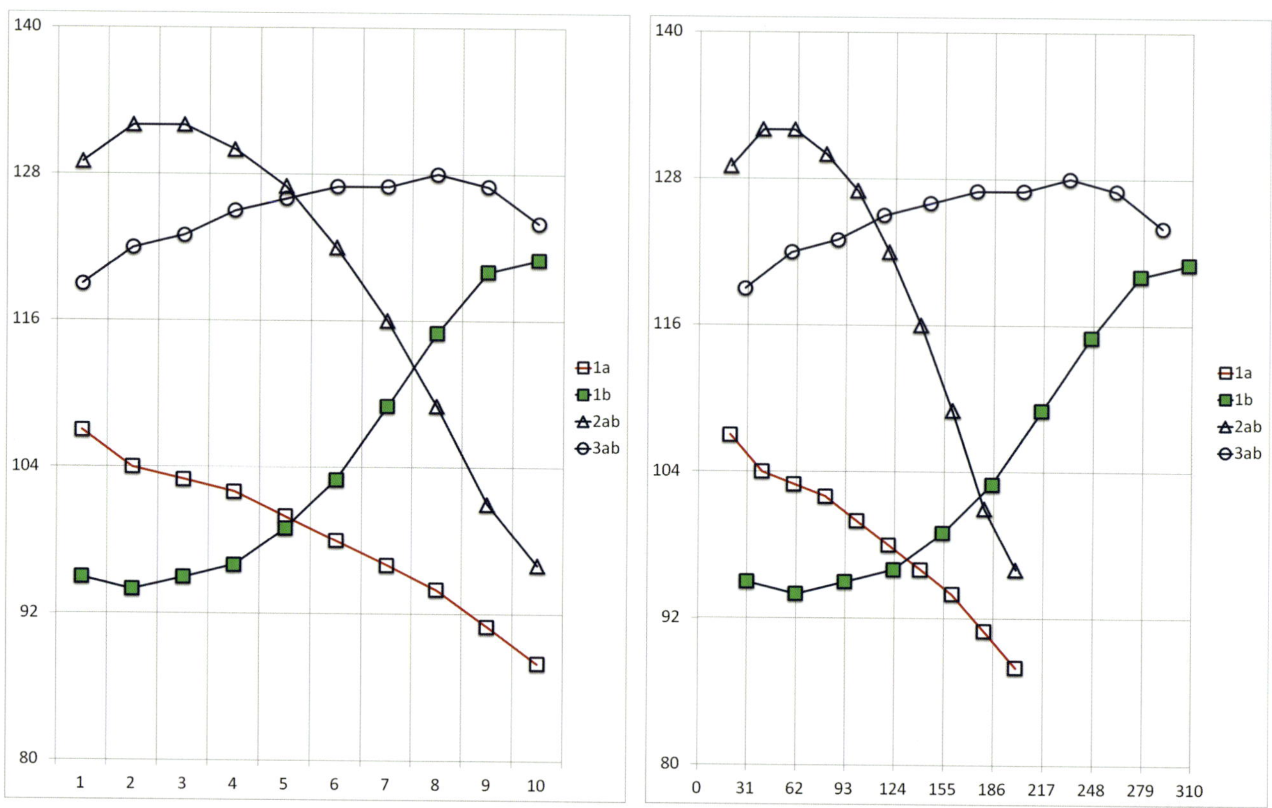

图 6－17a 单字调等长、实长音高模式－泾阳云阳－YM

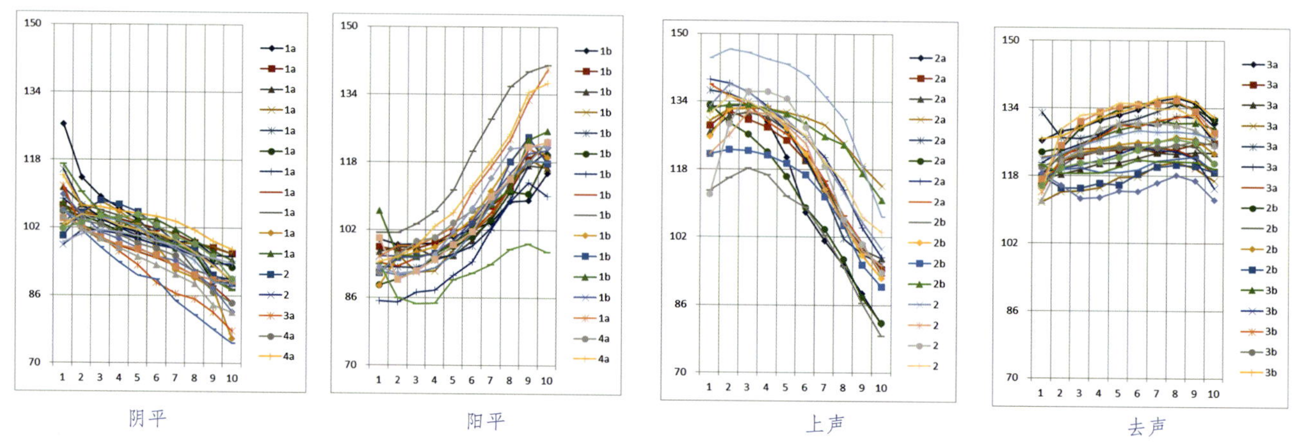

图 6－17b 今声调调域分布范围－泾阳云阳－YM

青男的声调有 4 个（见图 6－17a）：

阴平 31、阳平 24、上声 52、去声 44。

今调域的分布情况（见图 6－17b）：

阴平主要在 31～32 之间；阳平主要在 23～25 之间；上声主要在 41～53 之间；去声主要在 33～44 之间。

18. 泾阳白王

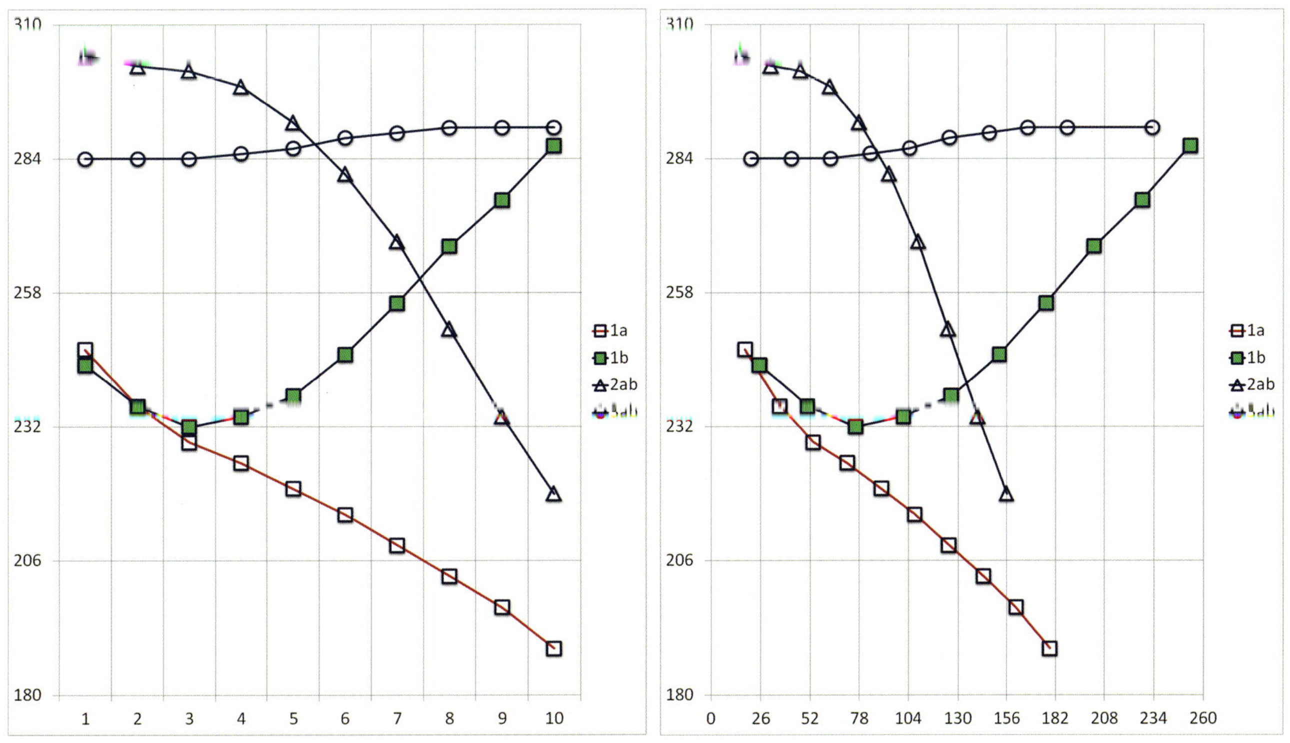

图 6－18a 单字调等长、实长音高模式－泾阳白王－YF

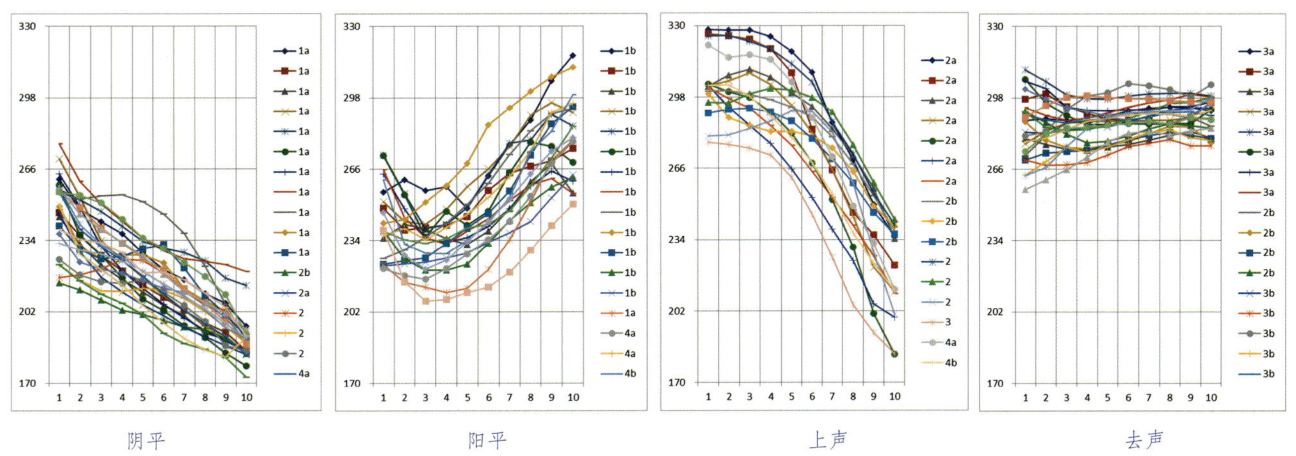

图 6－18b 今声调调域分布范围－泾阳白王－YF

青女的声调有 4 个（见图 6－18a）：

阴平 31、阳平 324、上声 52、去声 44。

今调域的分布情况（见图 6－18b）：

阴平主要在 21～31 之间；阳平主要在 324～435 之间；上声主要在 41～53 之间；去声主要在 44～55 之间。

19. 蓝田葛牌

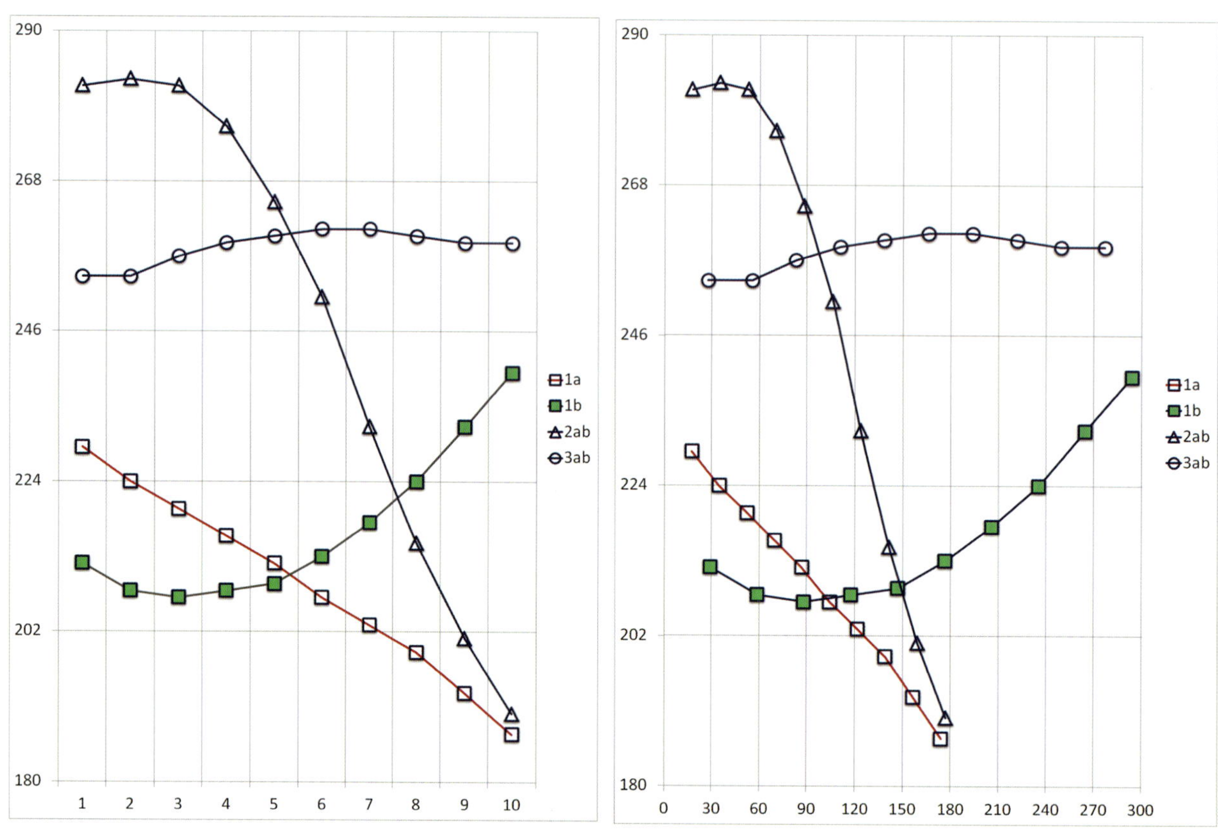

图 6－19a 单字调等长、实长音高模式－蓝田葛牌－YF

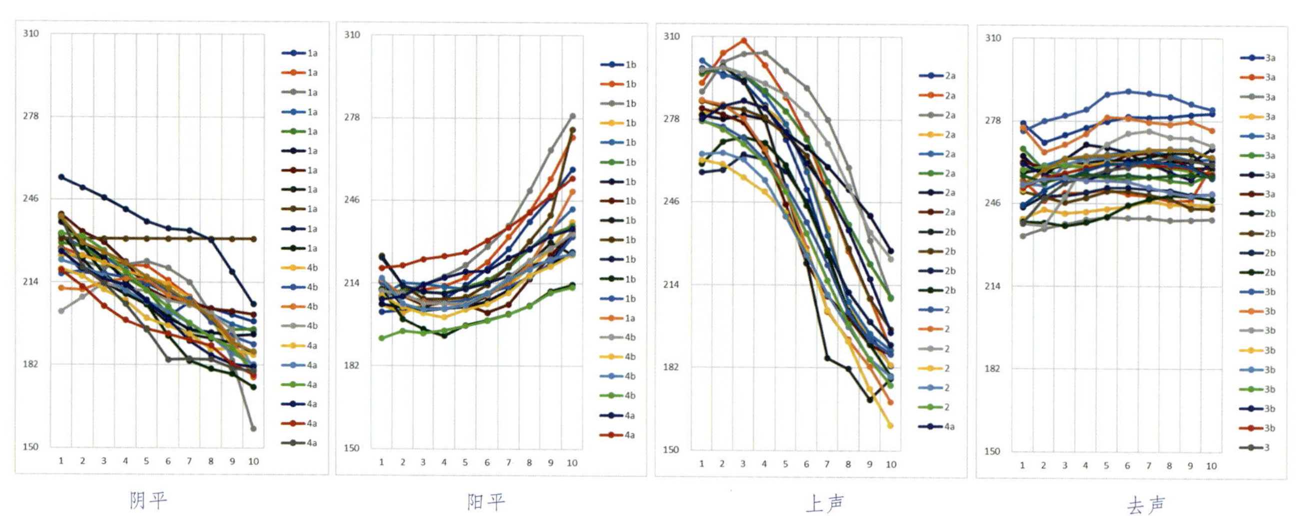

图 6－19b 今声调调域分布范围－蓝田葛牌－YF

青女的声调有 4 个（见图 6－19a）：

阴平 31、阳平 223、上声 51、去声 44。

今调域的分布情况（见图 6－19b）：

阴平主要在 21～42 之间；阳平主要在 223～334 之间；上声主要在 41～53 之间；去声主要在 33～55 之间。

20. 蓝田华胥

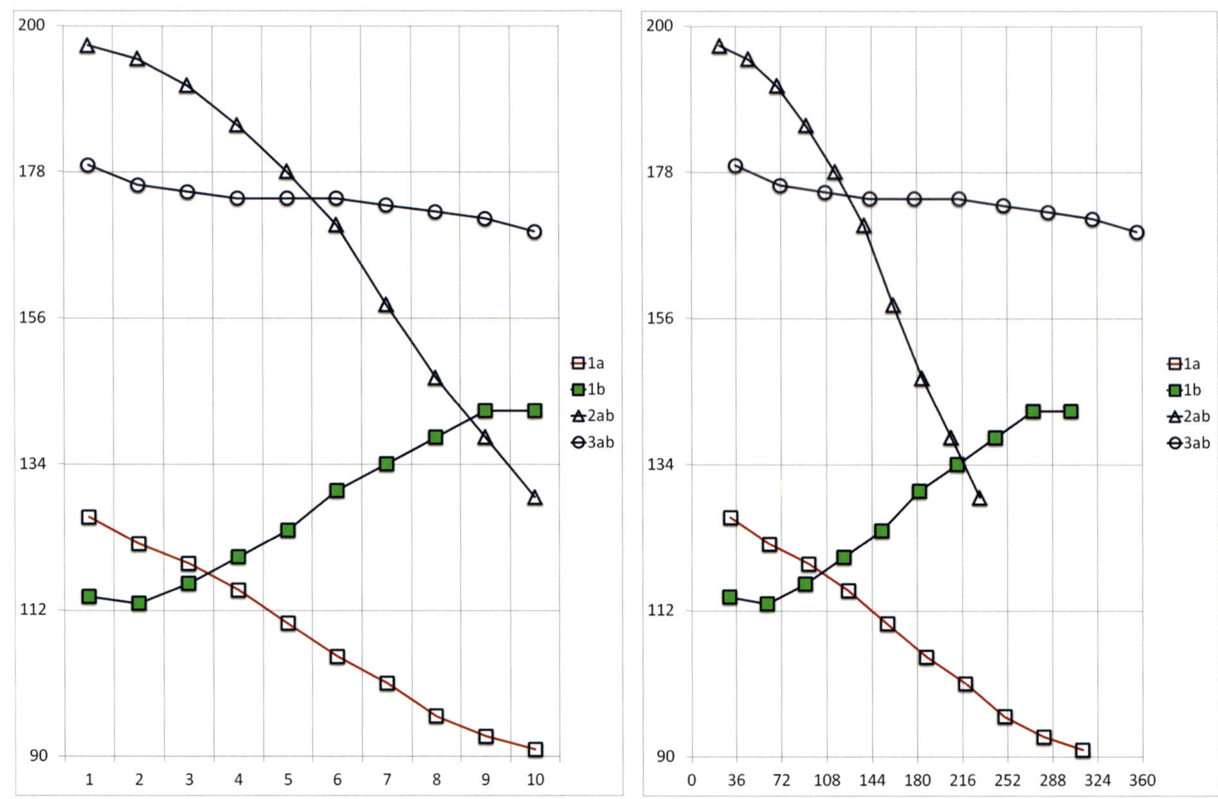

图 6－20a　单字调等长、实长音高模式－蓝田华胥－MM

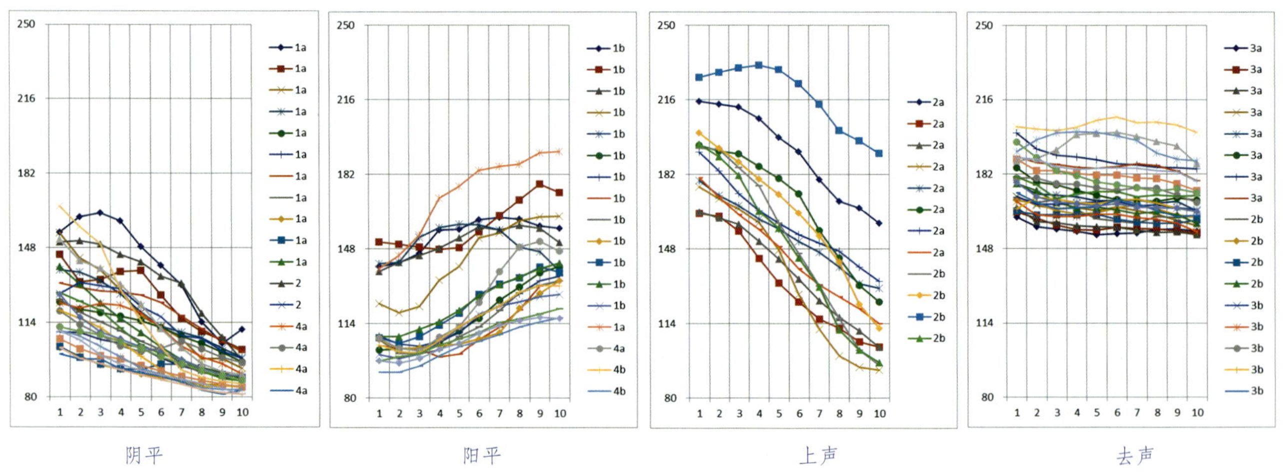

图 6－20b　今声调调域分布范围－蓝田华胥－MM

中男的声调有 4 个（见图 6－20a）：

阴平 21、阳平 23、上声 52、去声 44。

今调域的分布情况（见图 6－20b）：

阴平主要在 21～31 之间；阳平主要在 12～34 之间；上声主要在 31～54 之间；去声主要在 33～44 之间。

21. 西安临潼

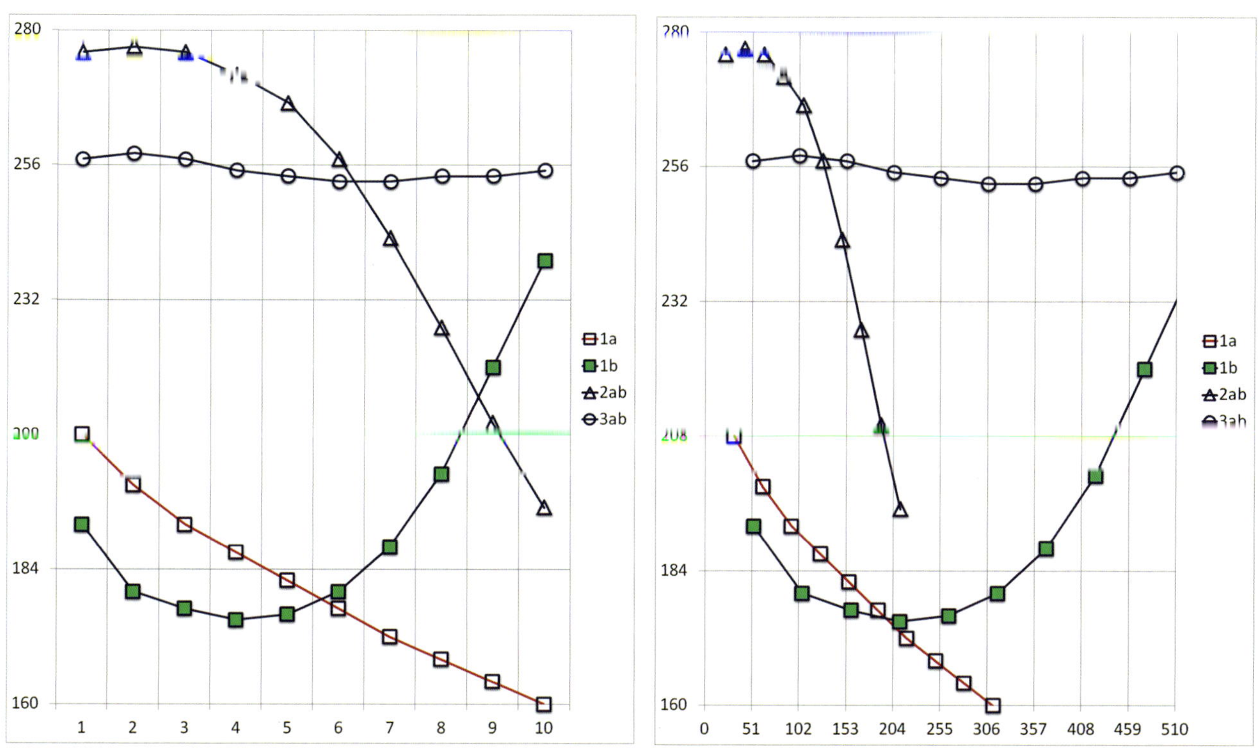

图 6－21a：单字调等长、实长音高模式－西安临潼－YF

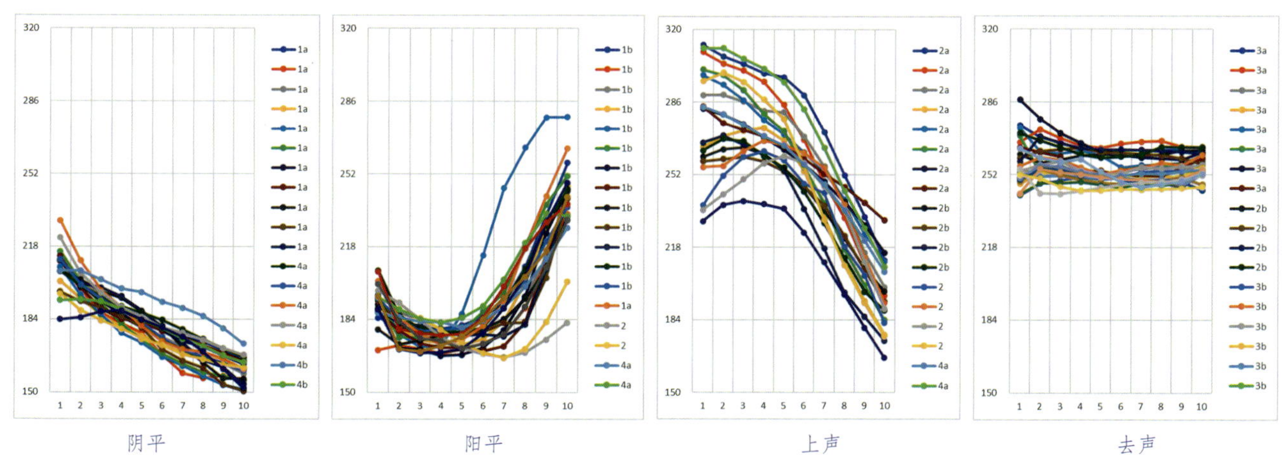

图 6－21b 今声调调域分布范围－西安临潼－YF

青女的声调有 4 个（见图 6－21a）：

阴平 21、阳平 214、上声 52、去声 44。

今调域的分布情况（见图 6－21b）：

阴平主要在 21 的范围；阳平主要在 213 的范围；上声主要在 31～52 之间；去声主要在 33～44 之间。

22. 乾县城关

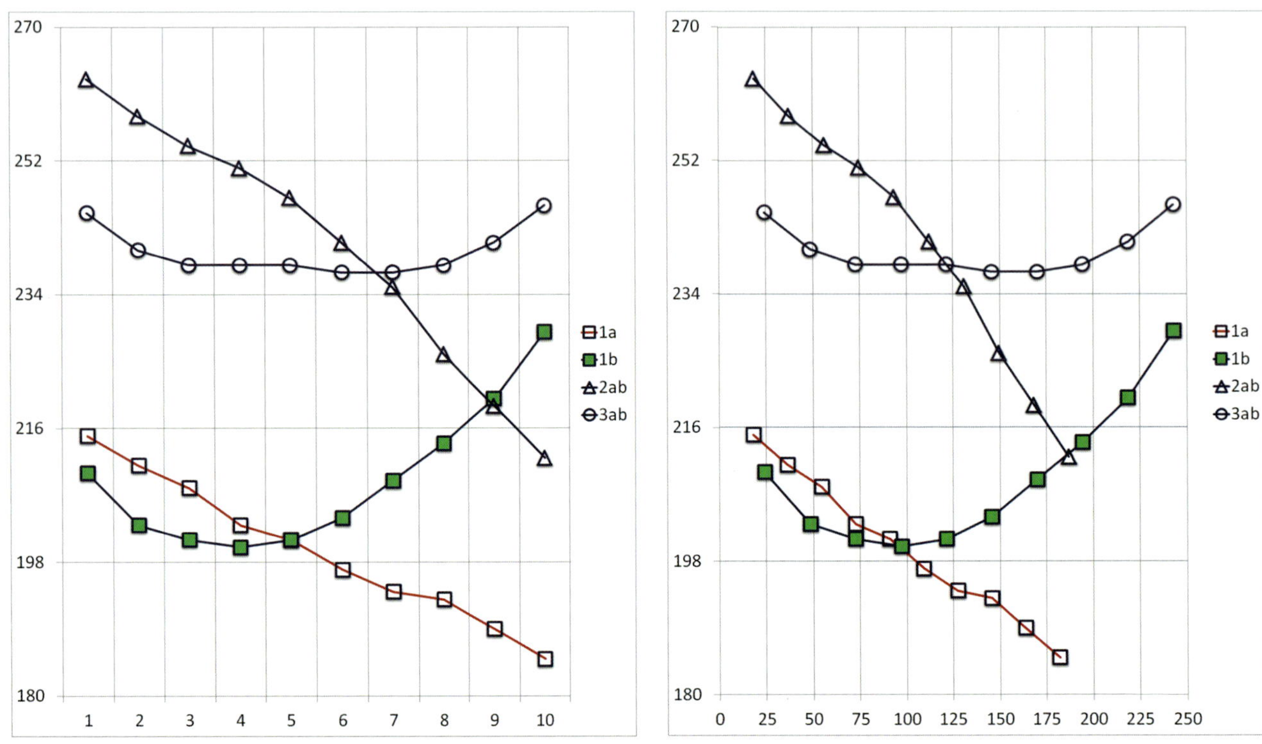

图 6－22a 单字调等长、实长音高模式－乾县城关－YF

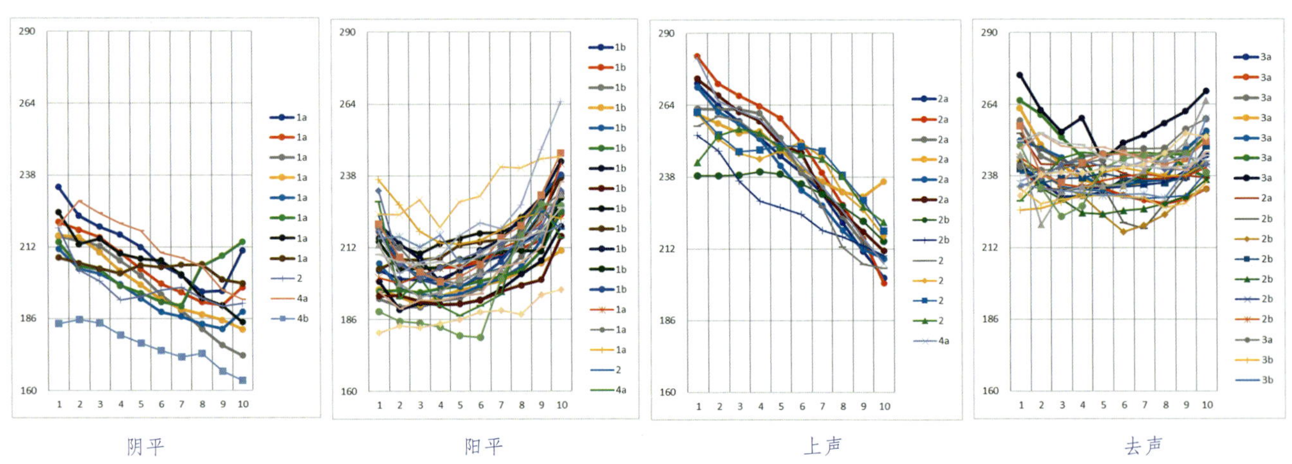

图 6－22b 今声调调域分布范围－乾县城关－YF

青女的声调有 4 个（见图 6－22a）：

阴平 21、阳平 223、上声 52、去声 44。

今调域的分布情况（见图 6－22b）：

阴平主要在 21～32 之间；阳平主要在 223～324 之间；上声主要在 42～53 之间；去声主要在 33～44 之间。

23. 三原鲁桥

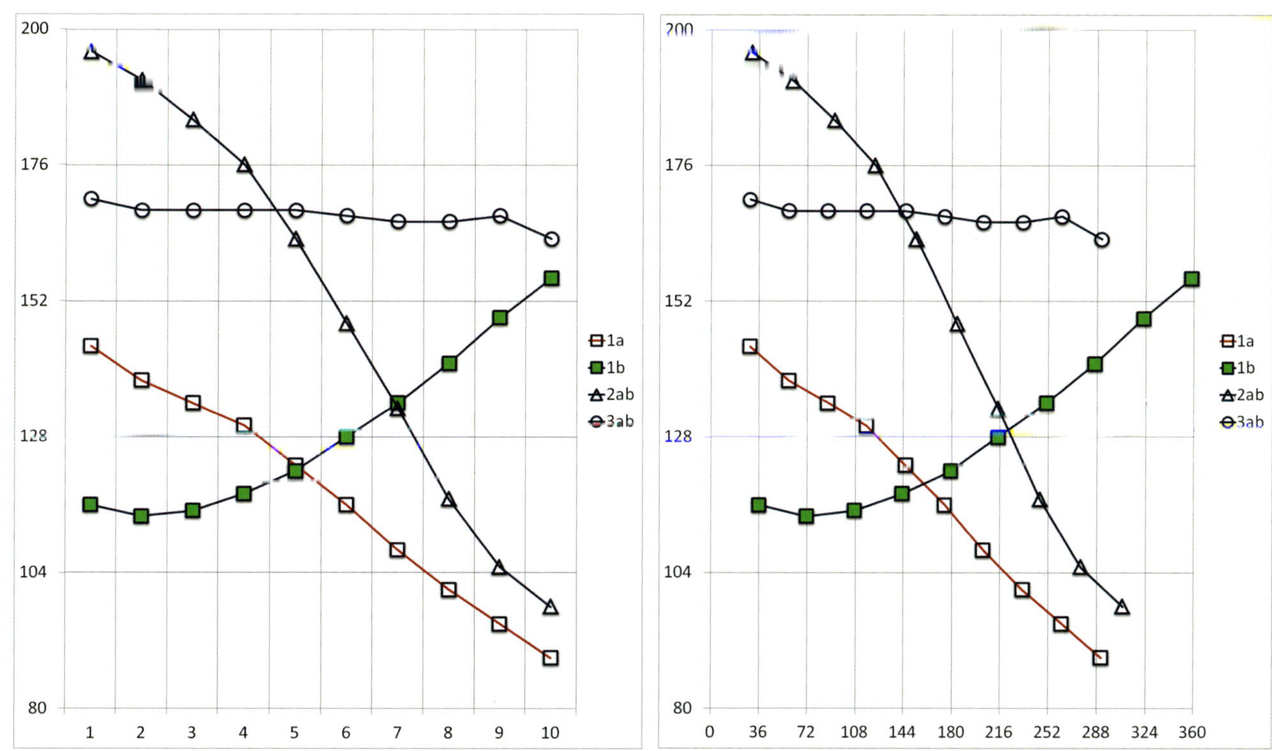

图 6－23a　单字调等长、实长音高模式－三原鲁桥－MM

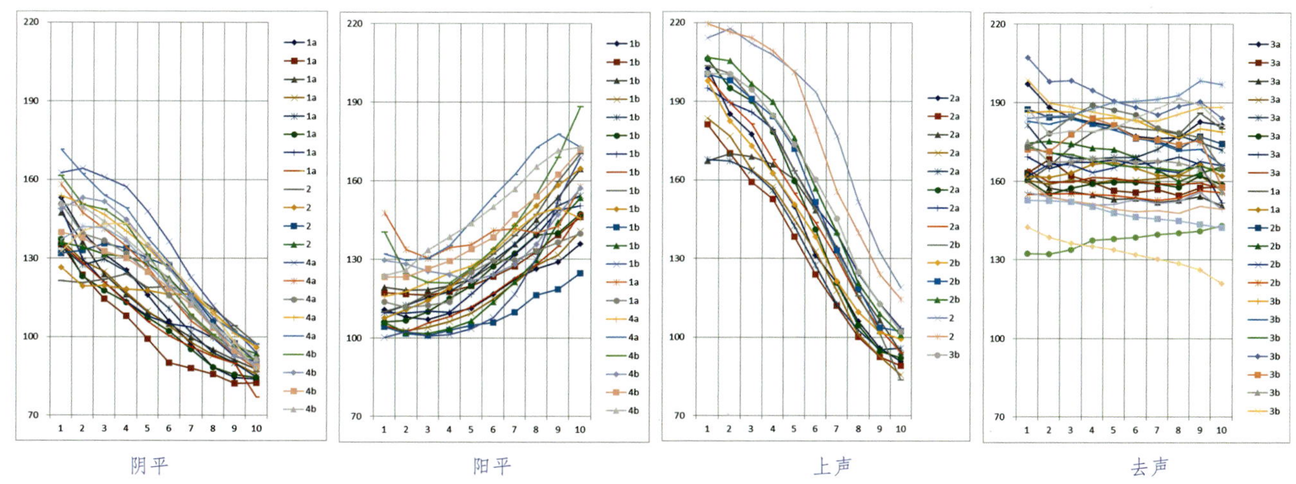

图 6－23b　今声调调域分布范围－三原鲁桥－MM

中男的声调有 4 个（见图 6－23a）：

阴平 31、阳平 24、上声 51、去声 44。

今调域的分布情况（见图 6－23b）：

阴平主要在 21～31 之间；阳平主要在 23～34 之间；上声主要在 41～52 之间；去声主要在 33～44 之间。

24. 铜川城区

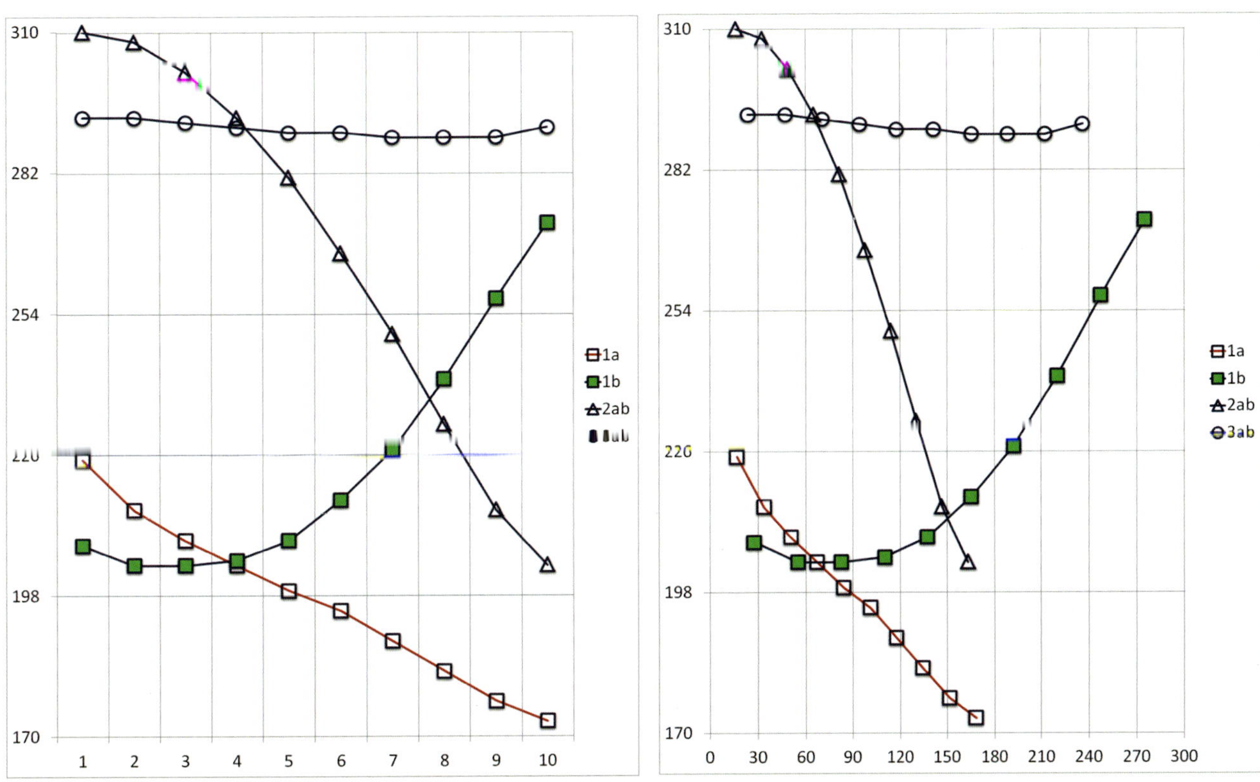

图 6－24a　单字调等长、实长音高模式－铜川城区－MF

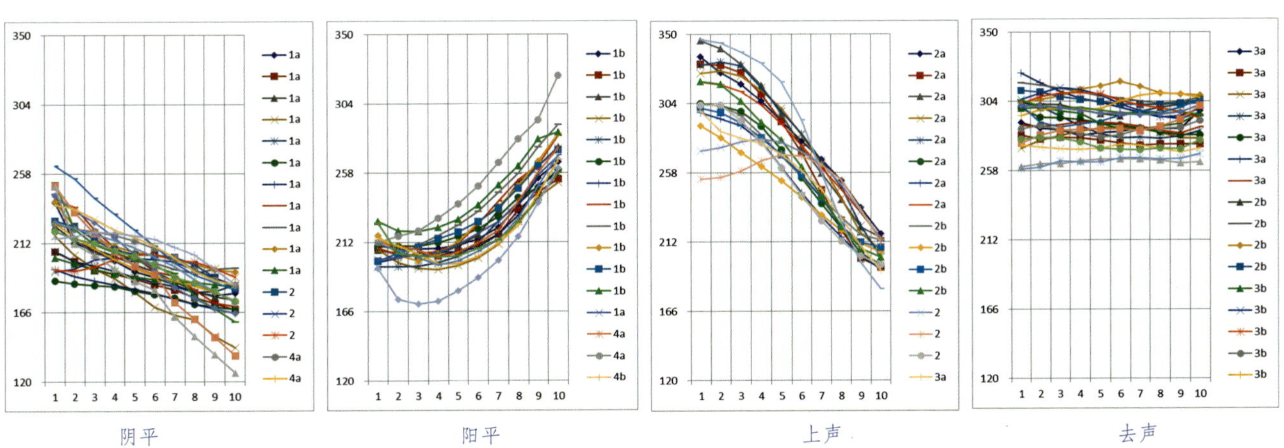

图 6－24b　今声调调域分布范围－铜川城区－MF

中女的声调有 4 个（见图 6－24a）：

阴平 21、阳平 24、上声 52、去声 55。

今调域的分布情况（见图 6－24b）：

阴平主要在 21～32 之间；阳平主要在 23～34 之间；上声主要在 42～53 之间；去声主要在 44～55 之间。

25. 商洛洛南

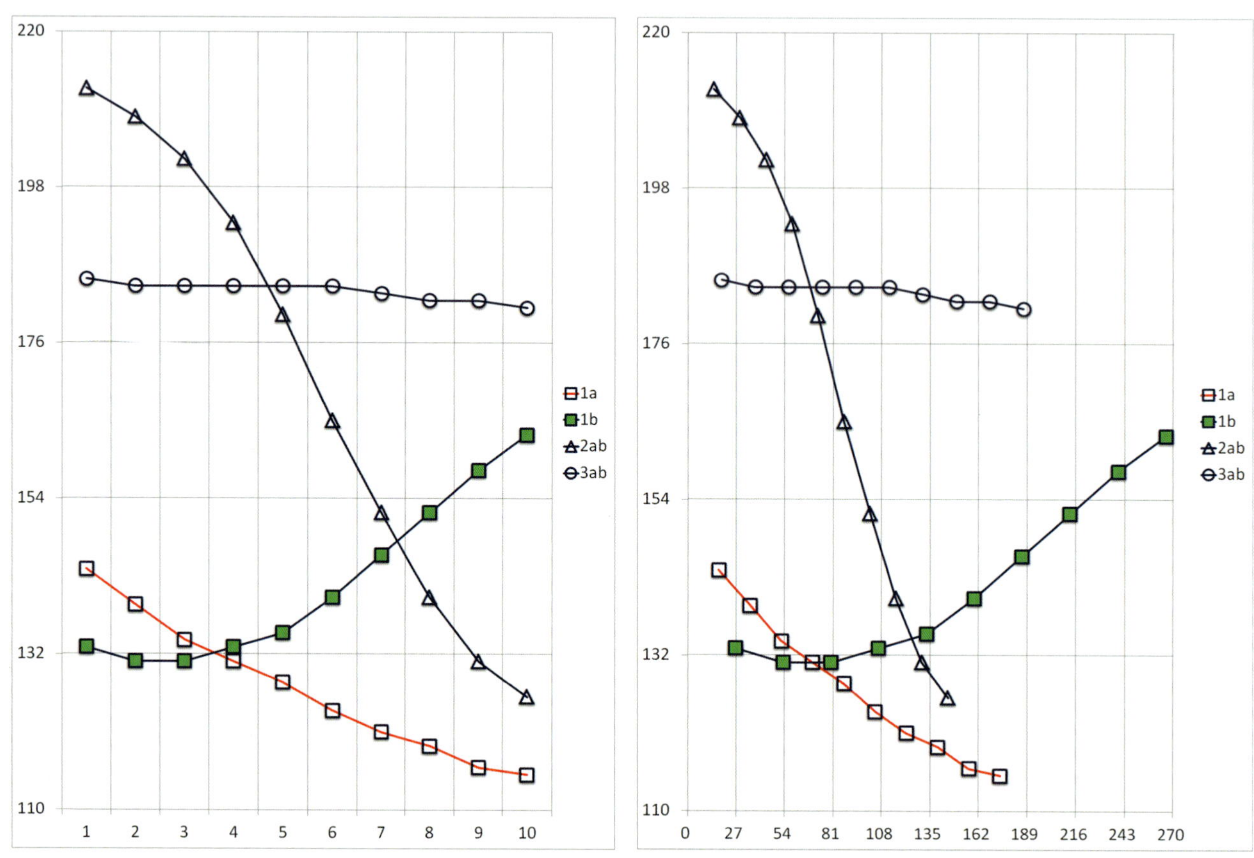

图 6－25a　单字调等长、实长音高模式－商洛洛南－YM

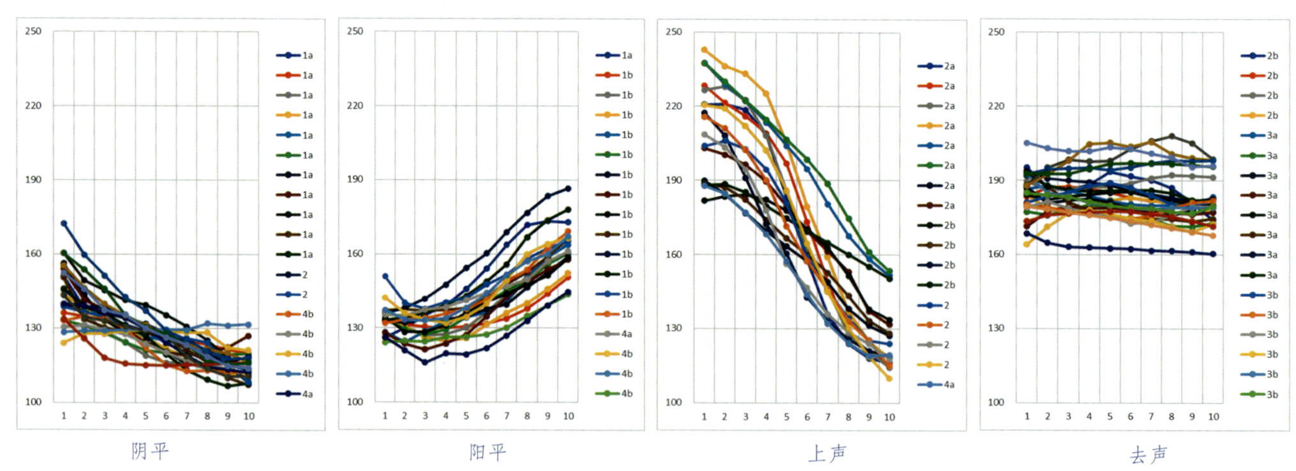

图 6－25b　今声调调域分布范围－商洛洛南－YM

青男的声调有 4 个（见图 6－25a）：

阴平 21、阳平 23、上声 51、去声 44。

今调域的分布情况（见图 6－25b）：

阴平主要在 21～32 之间；阳平主要在 12～23 之间；上声主要在 31～52 之间；去声主要在 33～44 之间。

26. 旬邑土桥

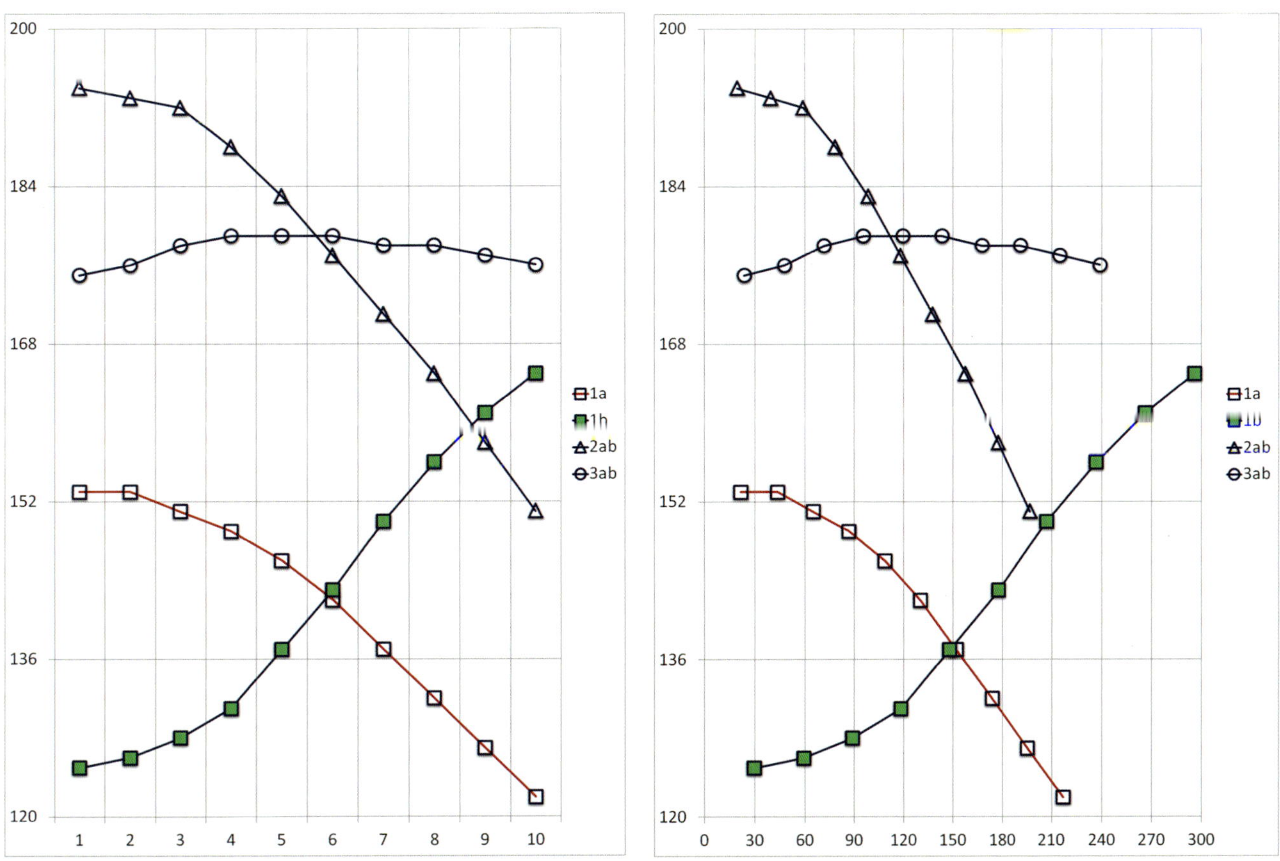

图 6－26a　单字调等长、实长音高模式－旬邑土桥－MM

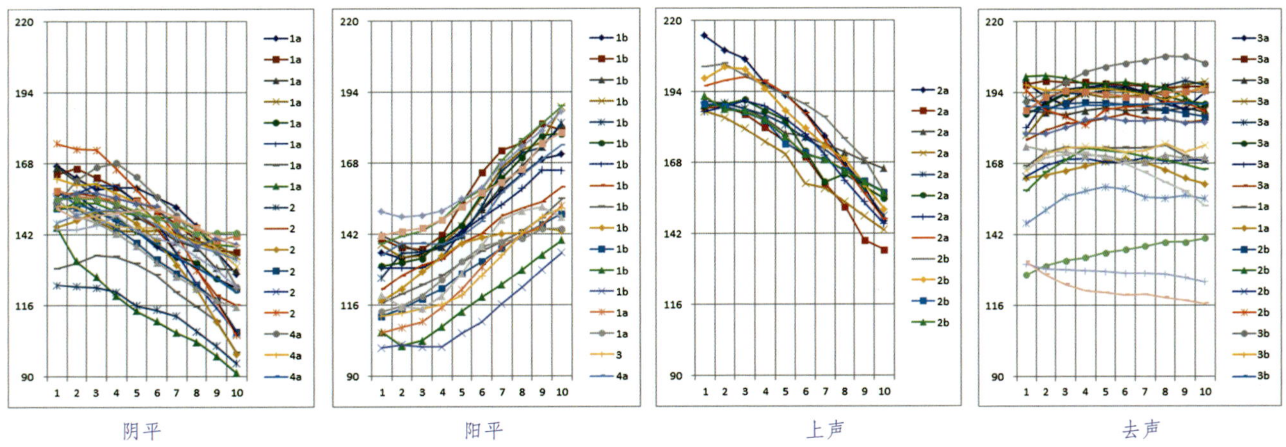

图 6－26b　今声调调域分布范围－旬邑土桥－MM

中男的声调有 4 个（见图 6－26a）：

阴平 21、阳平 13、上声 53、去声 44。

今调域的分布情况（见图 6－26b）：

阴平主要在 21～32 之间；阳平主要在 12～24 之间；上声主要在 43～53 之间；去声主要在 22～55 之间。

27. 耀州瑶曲

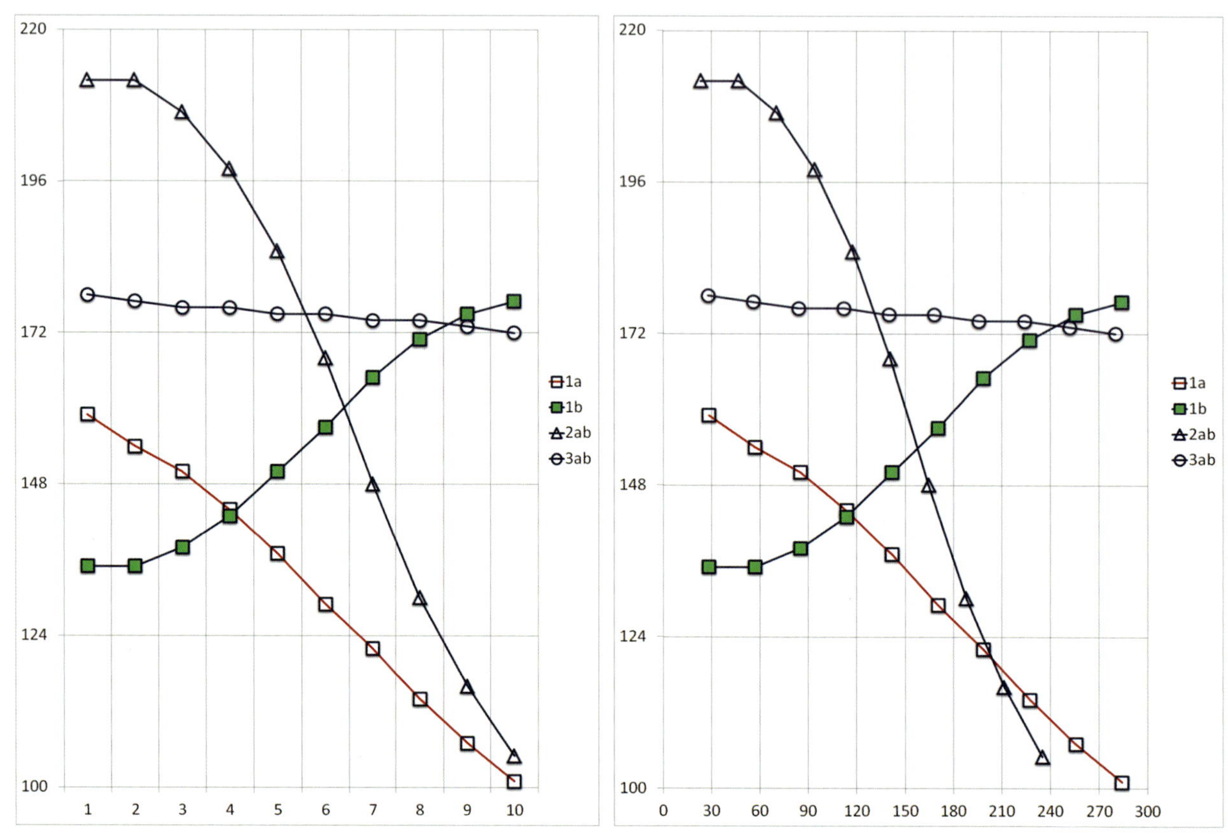

图 6－27a　单字调等长、实长音高模式－耀州瑶曲－MM

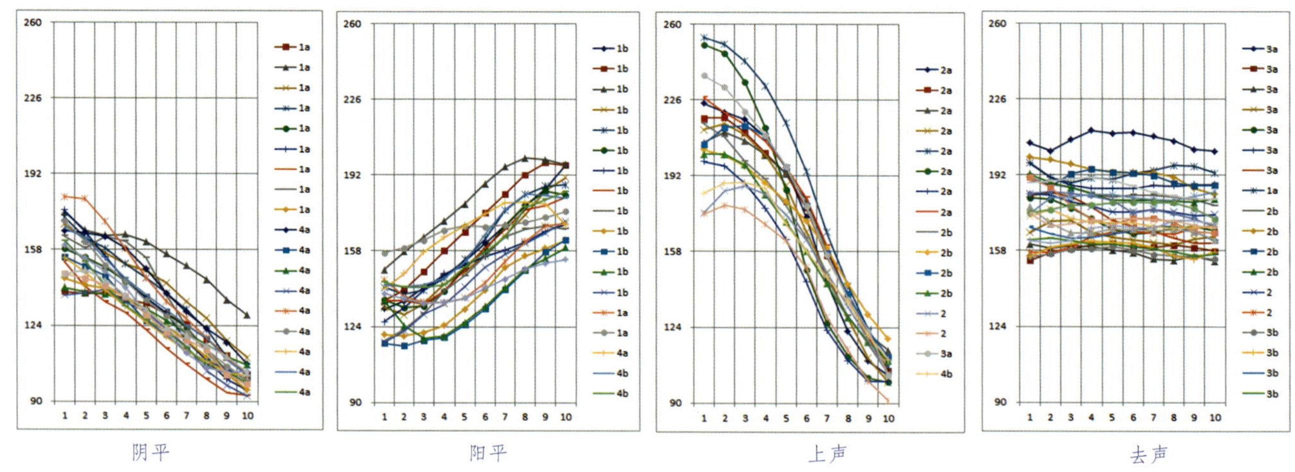

图 6－27b　今声调调域分布范围－耀州瑶曲－MM

中男的声调有 4 个（见图 6－27a）：

阴平 31、阳平 24、上声 51、去声 44。

今调域的分布情况（见图 6－27b）：

阴平主要在 21～32 之间；阳平主要在 13～24 之间；上声主要在 31～51 之间；去声主要在 33～44 之间。

28. 长安豆曲

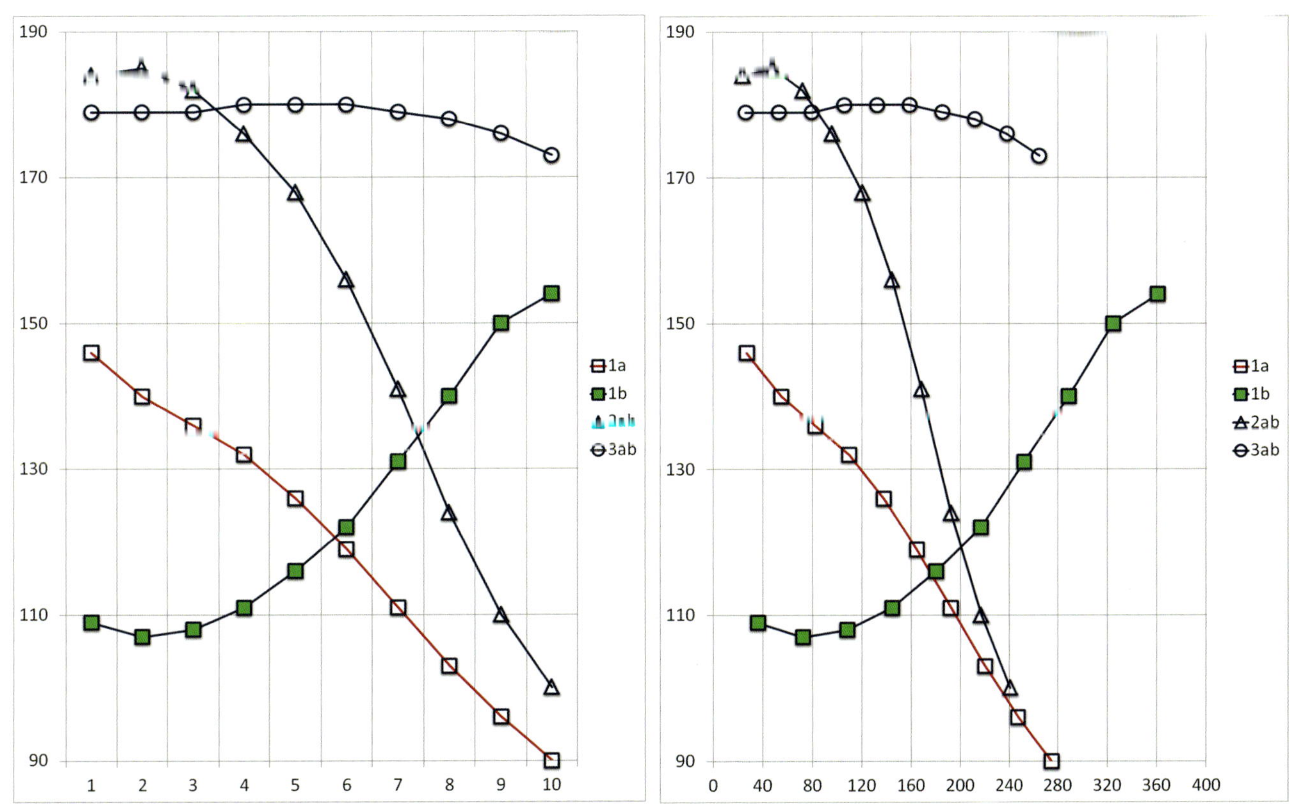

图 6-28a　单字调等长、实长音高模式-长安豆曲-OM

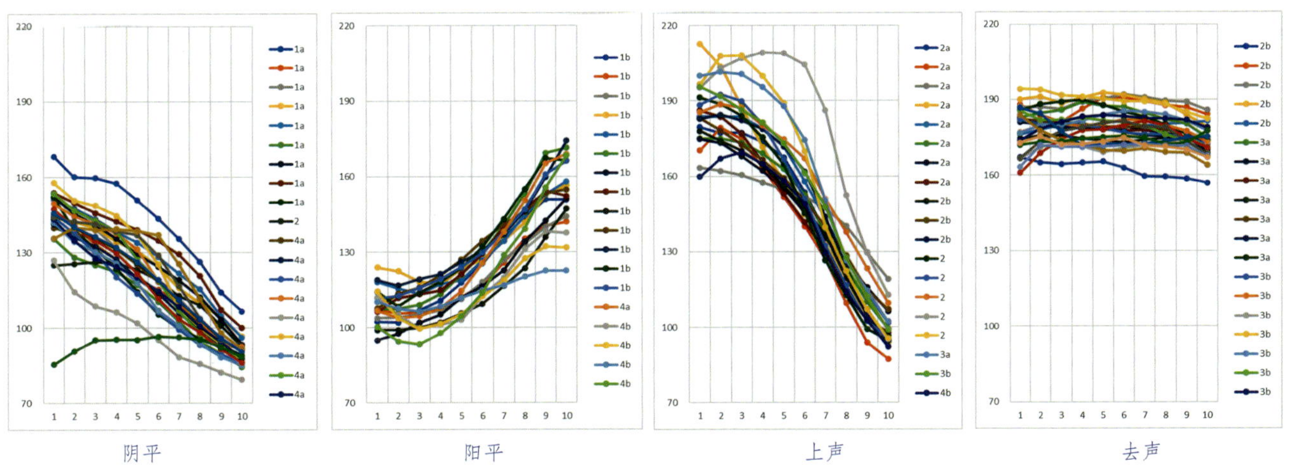

图 6-28b　今声调调域分布范围-长安豆曲-OM

老男的声调有 4 个（见图 6-28a）：

阴平 31、阳平 24、上声 51、去声 55。

今调域的分布情况（见图 6-28b）：

阴平主要在 21～32 之间；阳平主要在 12～24 之间；上声主要在 31～52 之间；去声主要在 44～55 之间。

29. 长安砲里

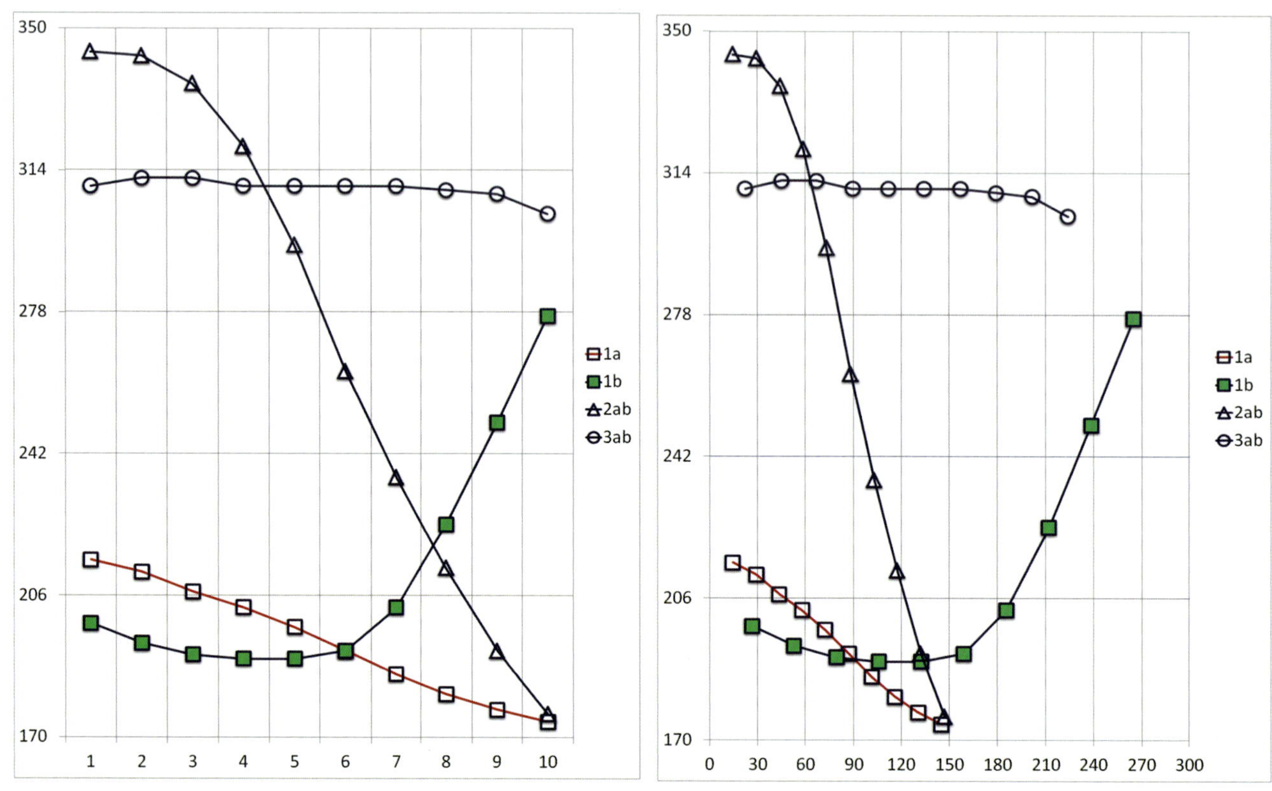

图 6－29a　单字调等长、实长音高模式－长安砲里－YF

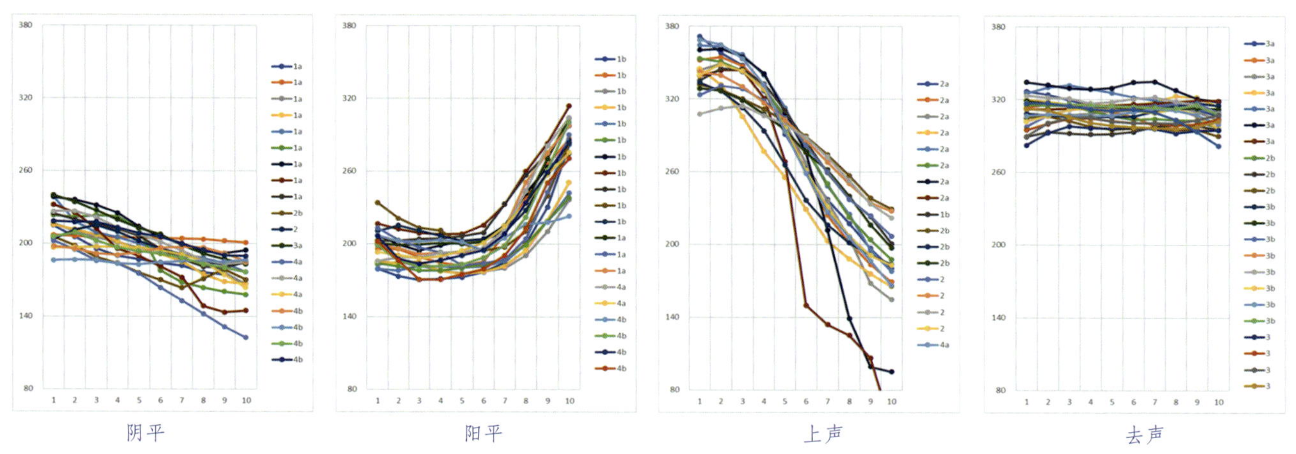

图 6－29b　今声调调域分布范围－长安砲里－YF

青女的声调有 4 个（见图 6－29a）：

阴平 21、阳平 113、上声 51、去声 44。

今调域的分布情况（见图 6－29b）：

阴平主要在 21～32 之间；阳平主要在 223～334 之间；上声主要在 41～53 之间；去声主要在 44～55 之间。

30. 蒲城蒲石

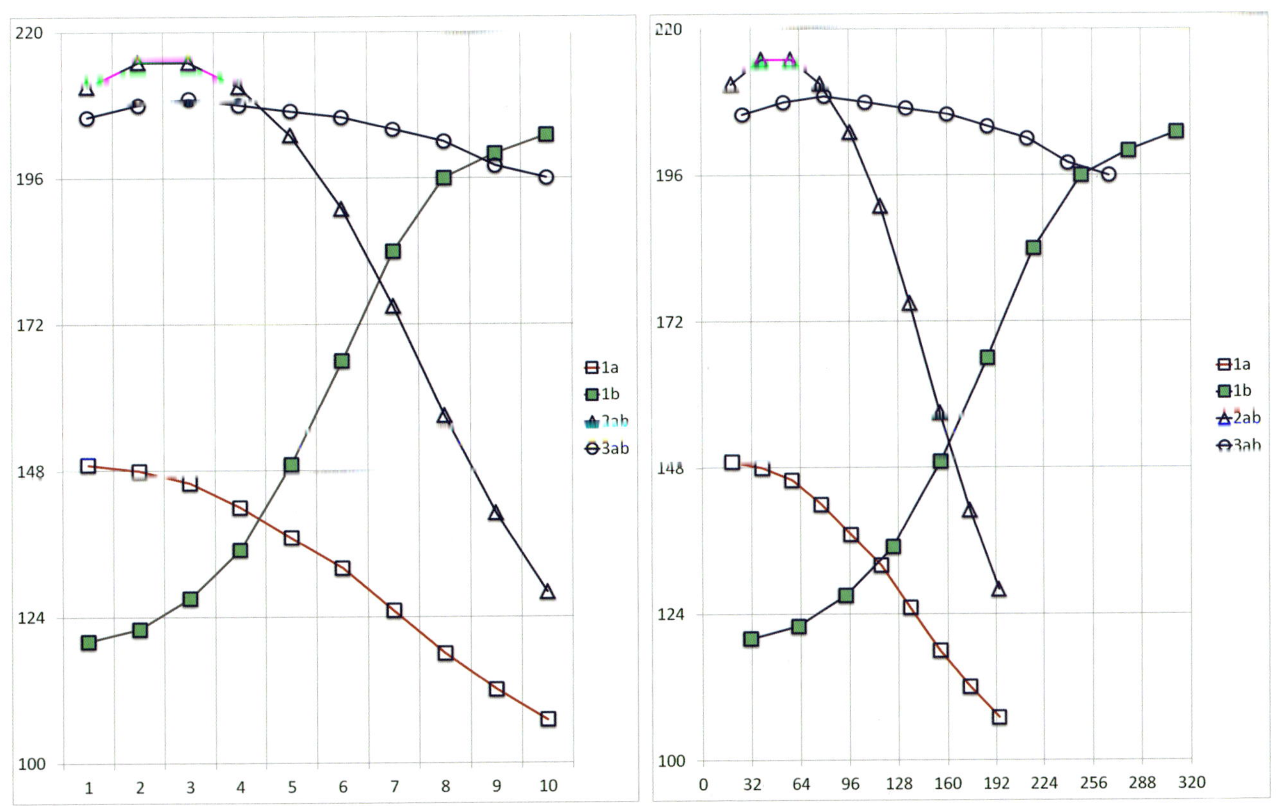

图 6－30a 单字调等长、实长音高模式－蒲城蒲石－MM

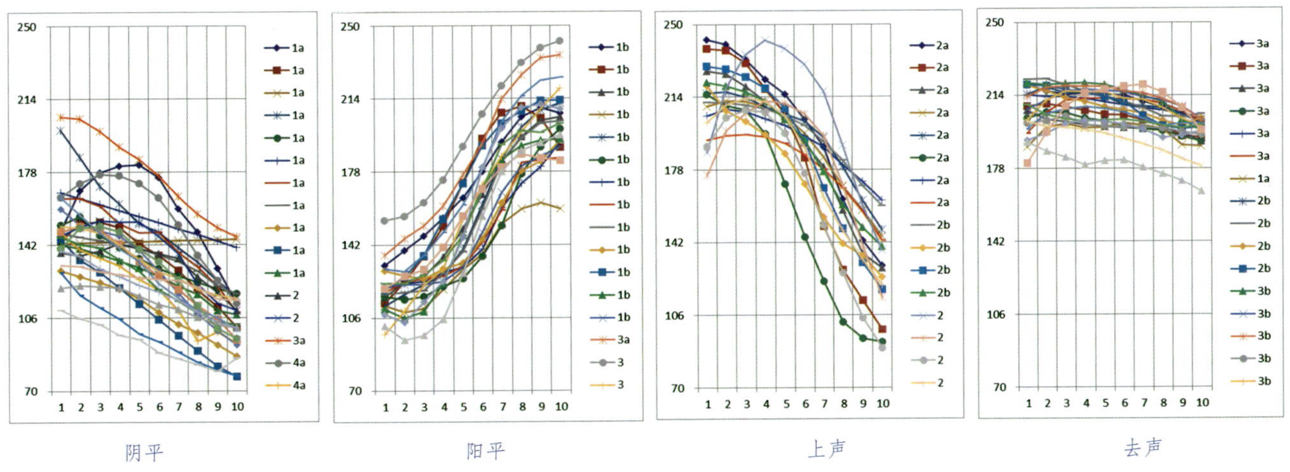

图 6－30b 今声调调域分布范围－蒲城蒲石－MM

中男的声调有 4 个（见图 6－30a）：

阴平 21、阳平 25、上声 52、去声 55。

今调域的分布情况（见图 6－30b）：

阴平主要在 21～43 之间；阳平主要在 13～35 之间；上声主要在 41～53 之间；去声主要在 44～55 之间。

31. 宁县会师

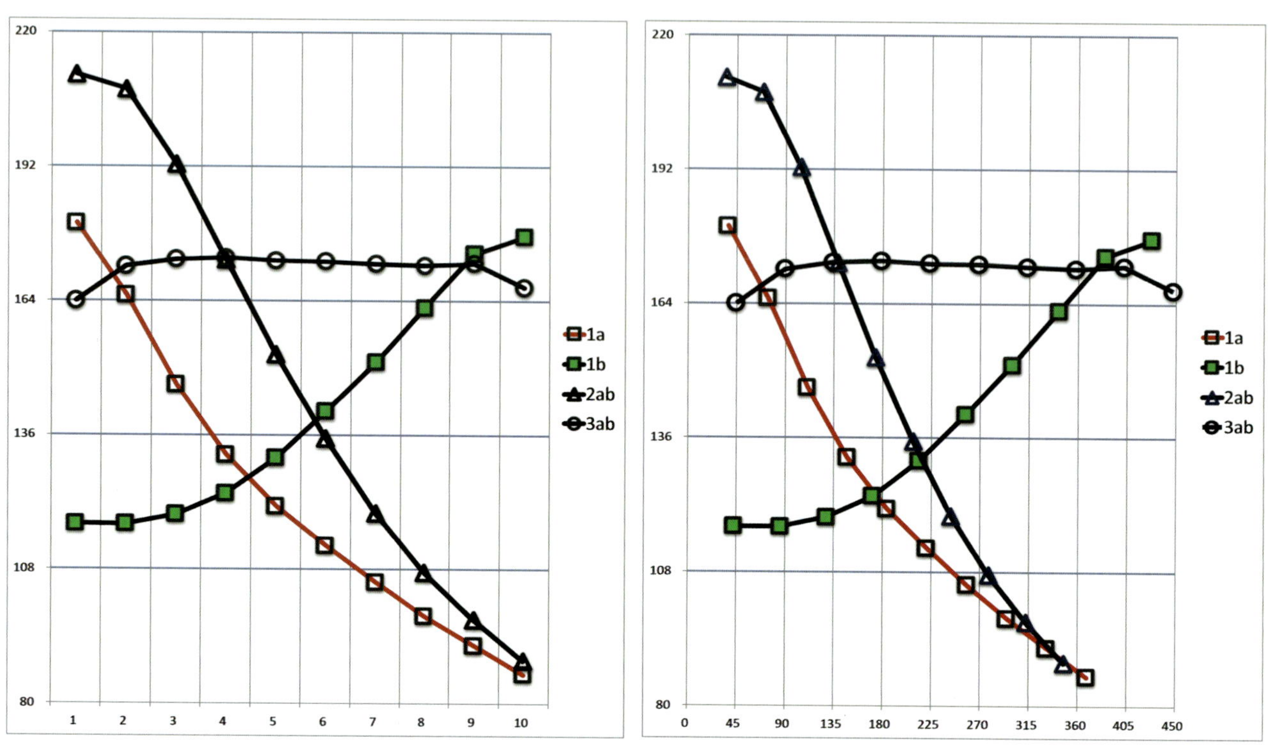

图 6－31a 单字调等长、实长音高模式－宁县会师－OM

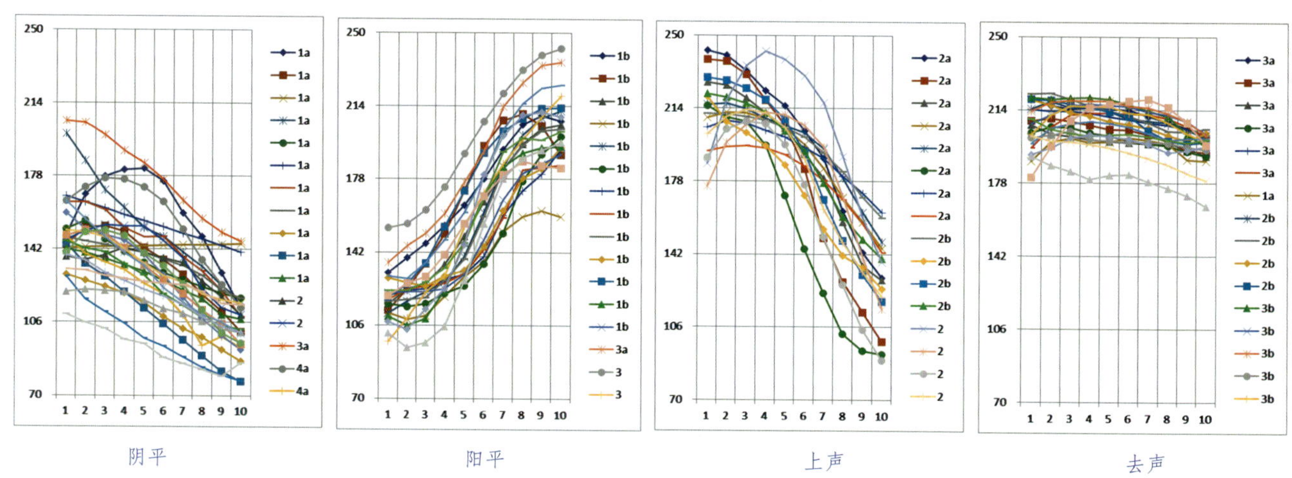

图 6－31b 今声调调域分布范围－宁县会师－OM

老男的声调有 4 个（见图 6－31a）：

阴平 41、阳平 24、上声 51、去声 44。

今调域的分布情况（见图 6－31b）：

阴平主要在 21～43 之间；阳平主要在 23～35 之间；上声主要在 41～53 之间；去声主要在 44～55 之间。

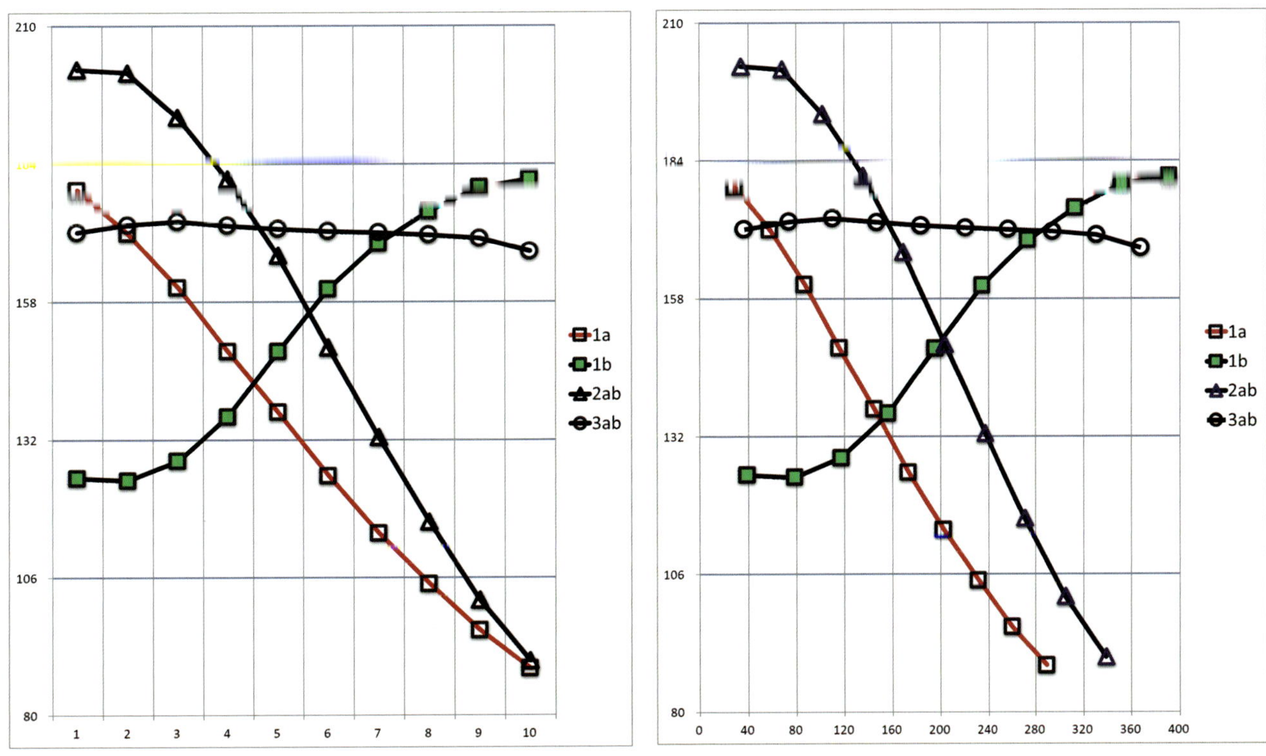

图 6－31c 单字调等长、实长音高模式－宁县会师－YM

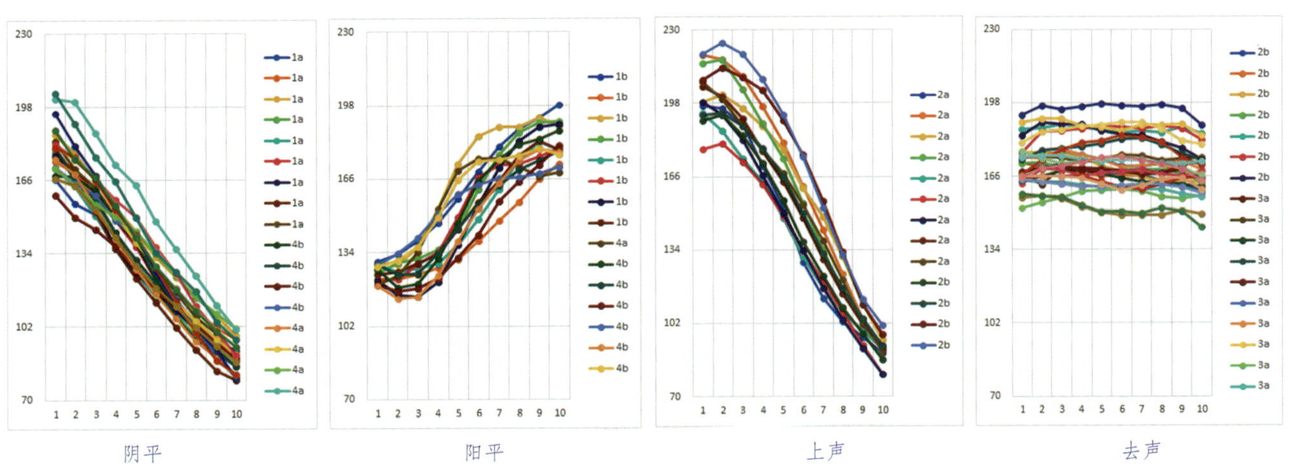

图 6－31d 今声调调域分布范围－宁县会师－YM

青男的声调有 4 个（见图 6－31c）：

阴平 41、阳平 24、上声 51、去声 44。

今调域的分布情况（见图 6－31d）：

阴平主要在 31～41 之间；阳平主要在 24 的范围；上声主要在 41～51 之间；去声主要在 33～44 之间。

32. 泾源香水

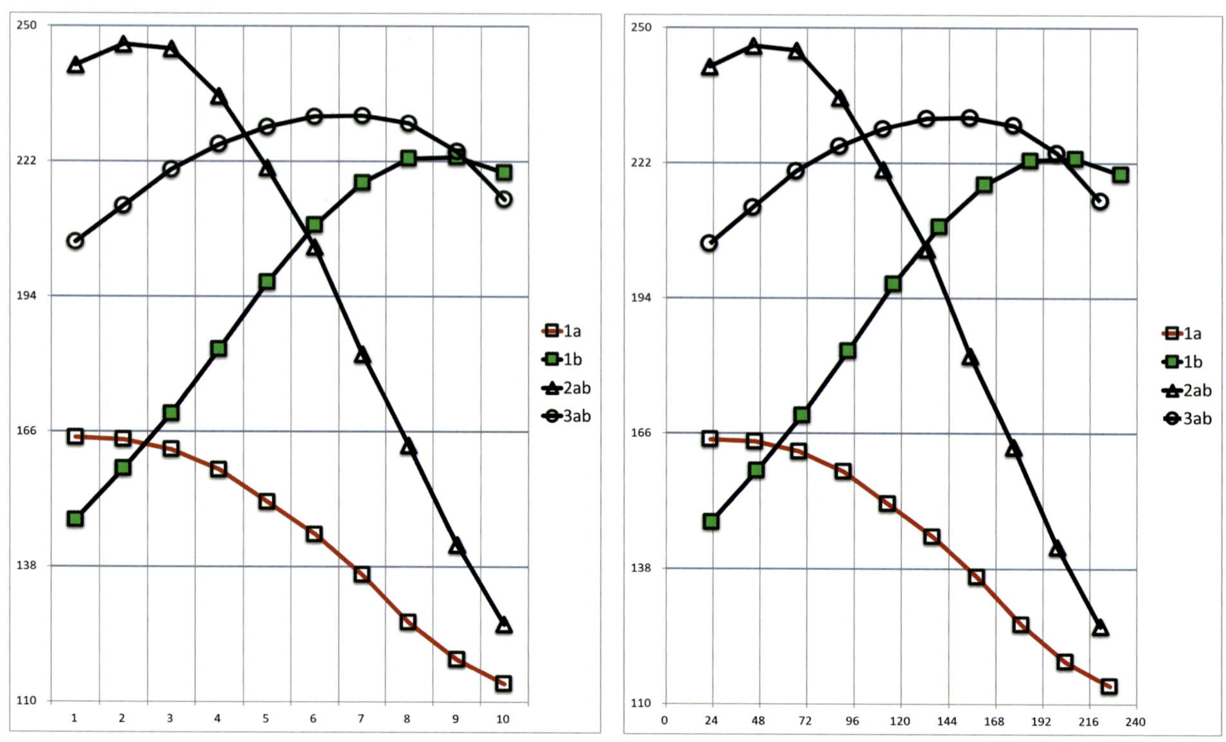

图 6－32a　单字调等长、实长音高模式－泾源香水－OM

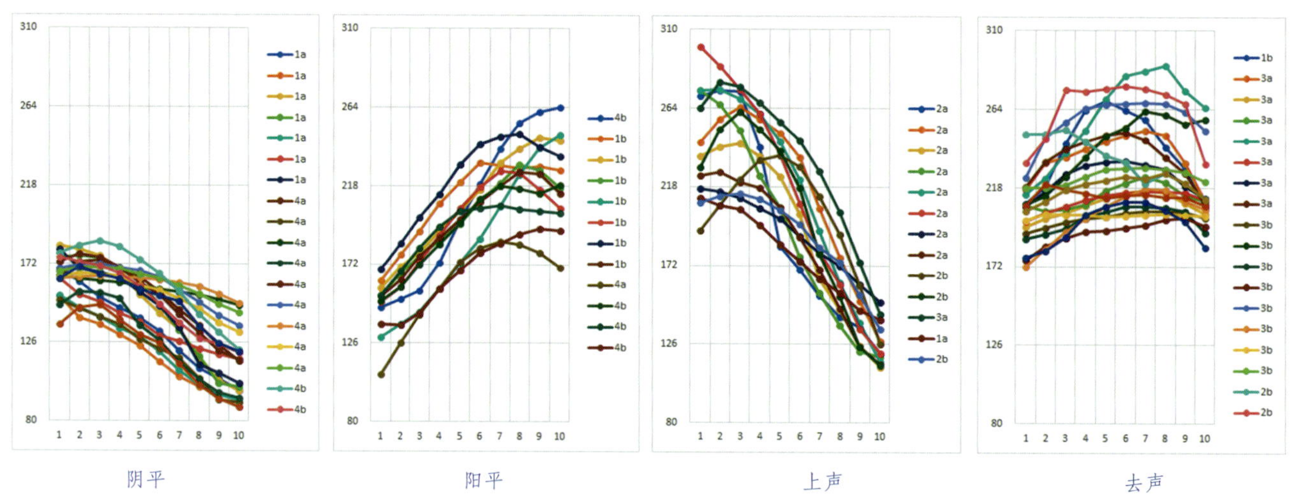

图 6－32b　今声调调域分布范围－泾源香水－OM

老男的声调有 4 个（见图 6－32a）：

阴平 21、阳平 24、上声 51、去声 454。

今调域的分布情况（见图 6－32b）：

阴平主要在 21～32 之间；阳平主要在 23～24 之间；上声主要在 31～52 之间；去声主要在 33～454 之间。

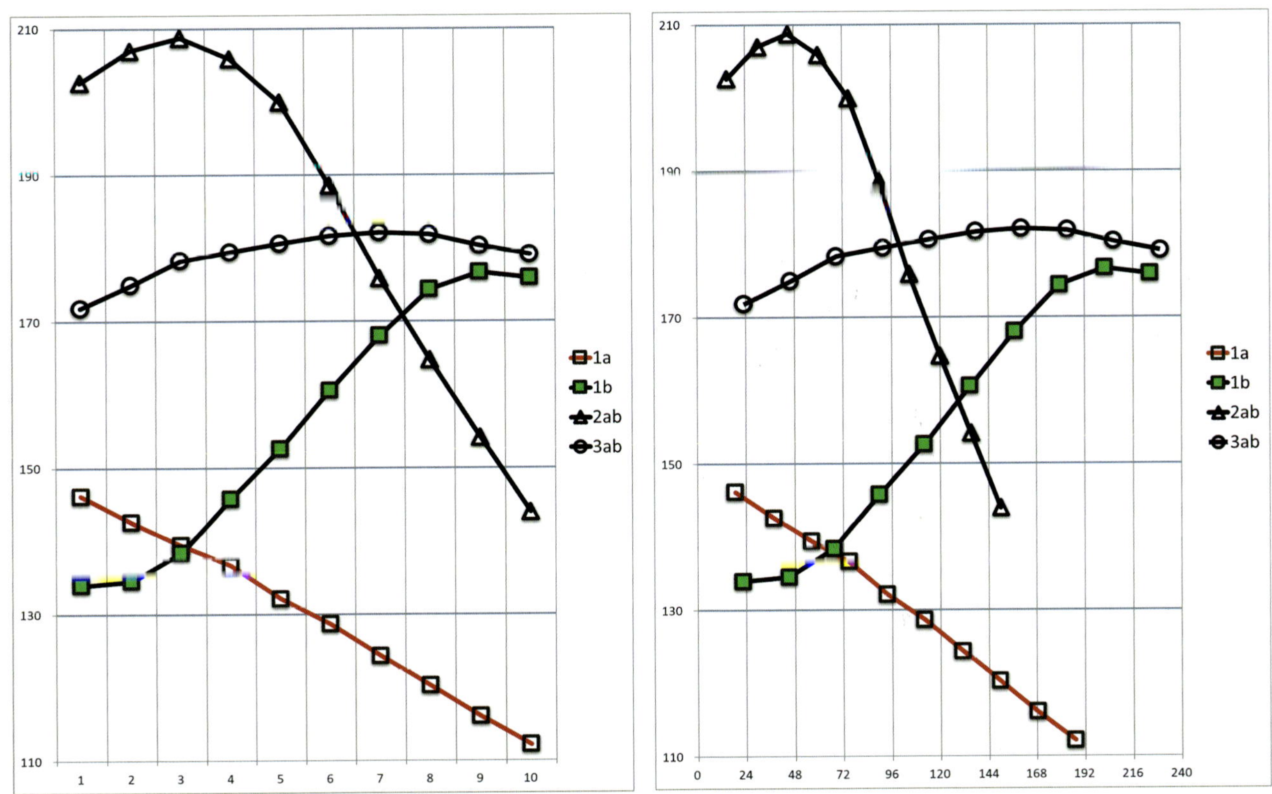

图 6－32c 单字调等长、实长音高模式－泾源香水－YM

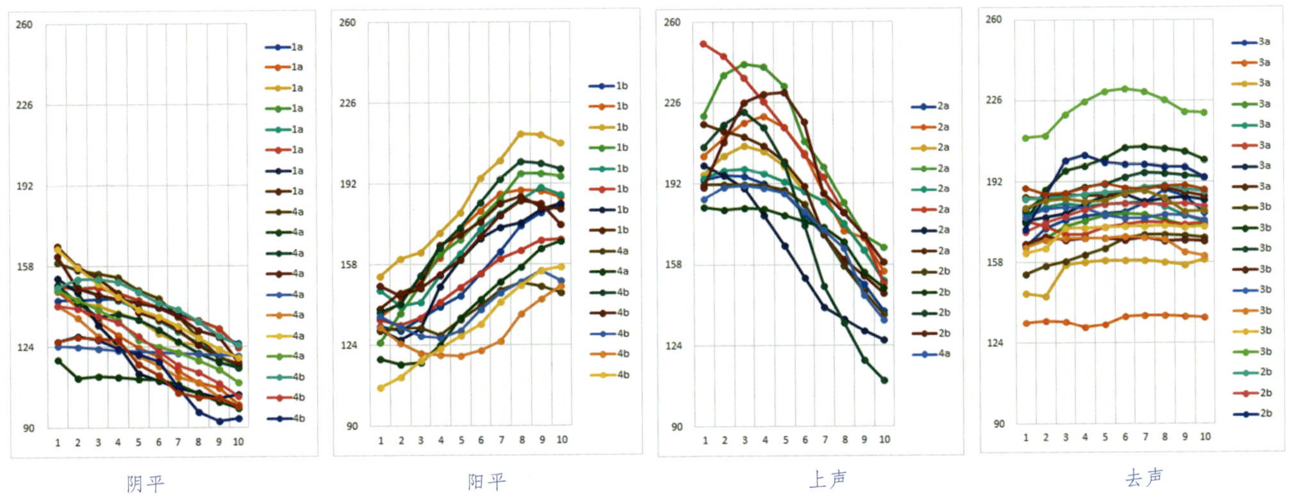

图 6－32d 今声调调域分布范围－泾源香水－YM

青男的声调有 4 个（见图 6－32c）：

阴平 21、阳平 24、上声 52、去声 44。

今调域的分布情况（见图 6－32d）：

阴平主要在 21～32 之间；阳平主要在 12～24 之间；上声主要在 31～53 之间；去声主要在 22～44 之间。

33. 灵宝涧西

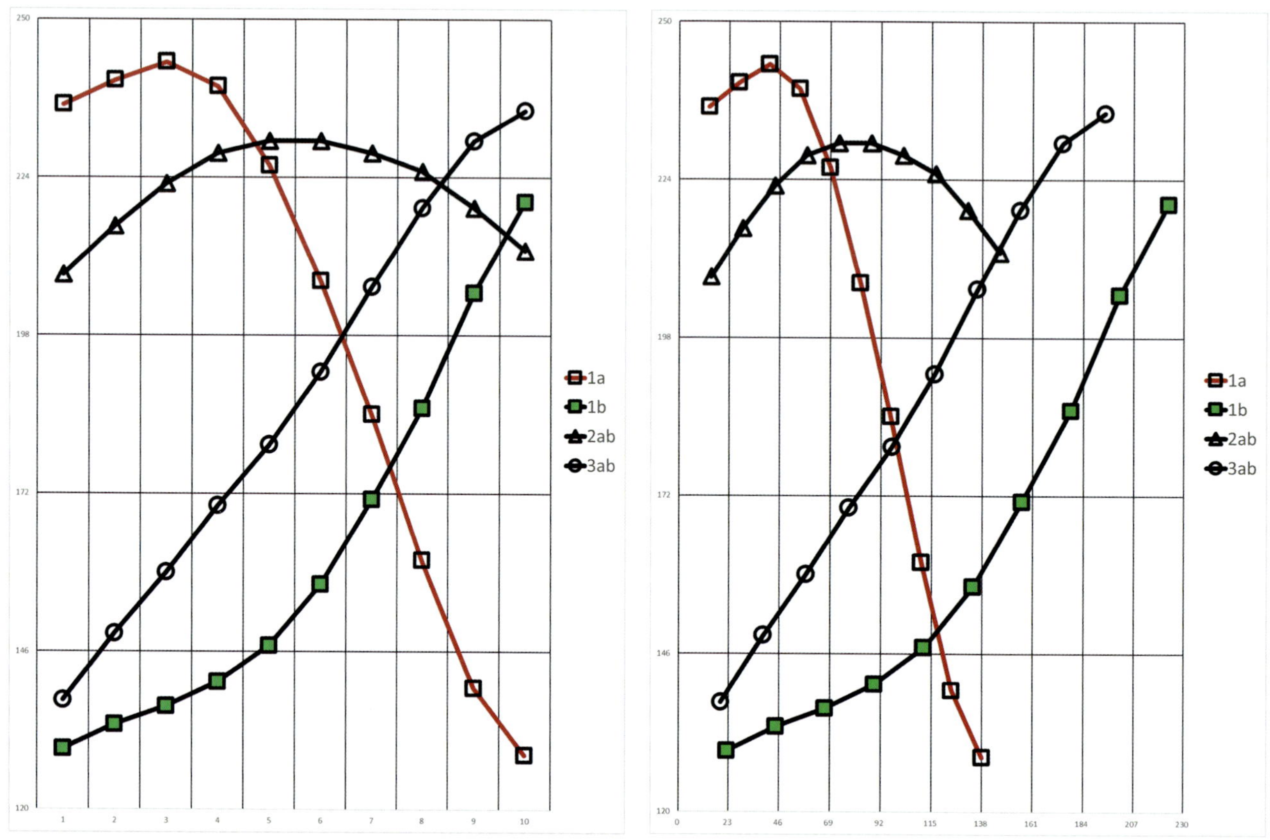

图 6－33a　单字调等长、实长音高模式－灵宝涧西－OM

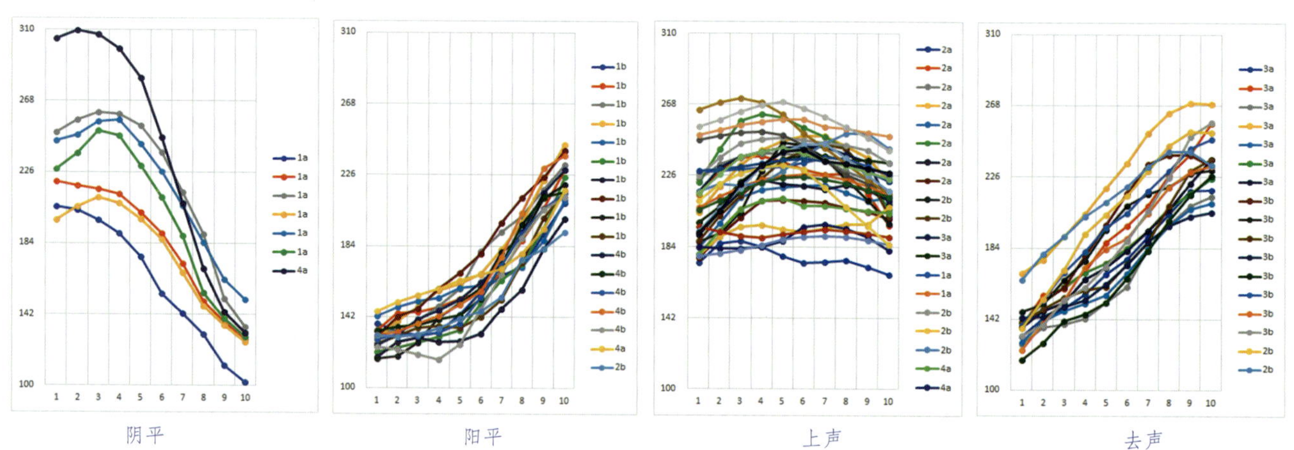

图 6－33b　今声调调域分布范围－灵宝涧西－OM

老男的声调有 4 个（见图 6－33a）：

阴平 51、阳平 14、上声 454、去声 25。

今调域的分布情况（见图 6－33b）：

阴平主要在 31～52 之间；阳平主要在 13～24 之间；上声主要在 33～44 之间；去声主要在 13～25 之间。

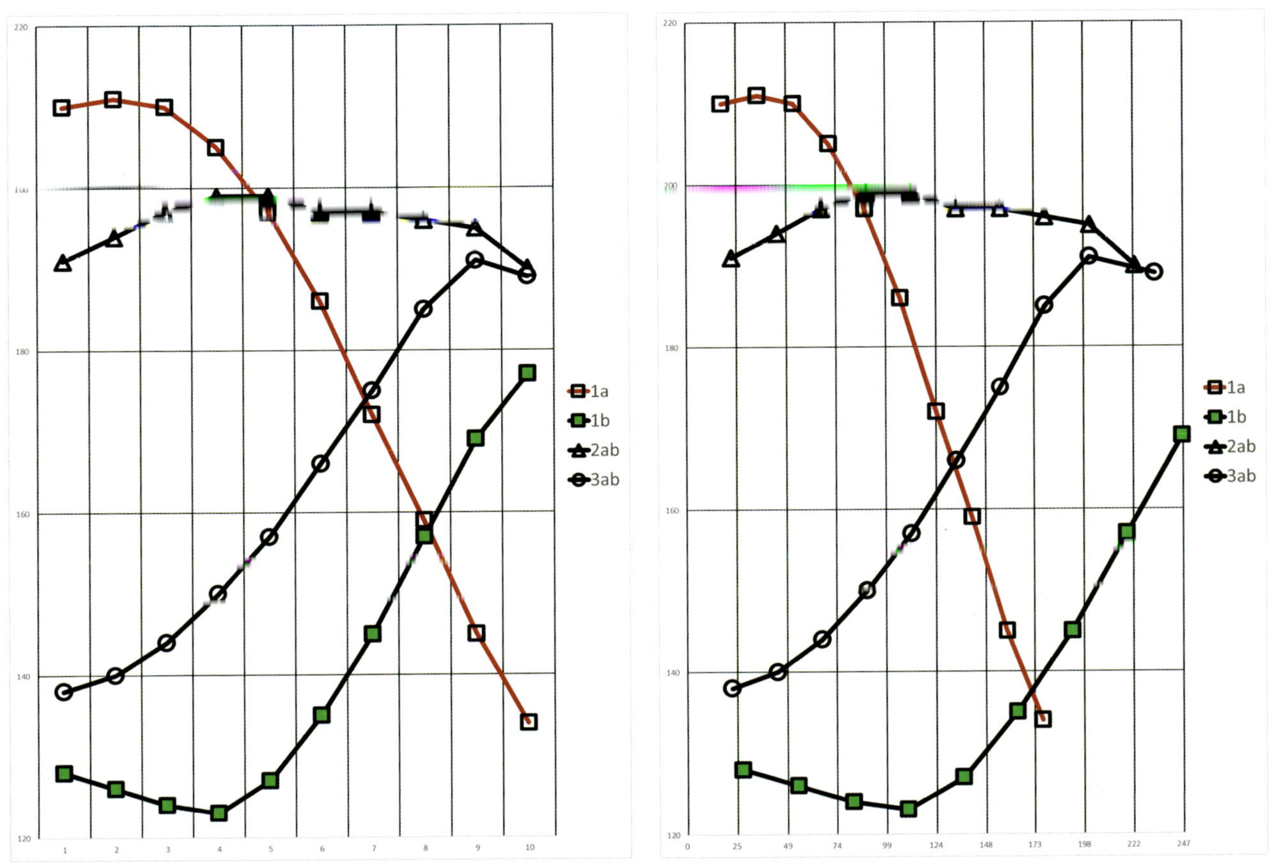

图 6－33c　单字调等长、实长音高模式－灵宝涧西－YM

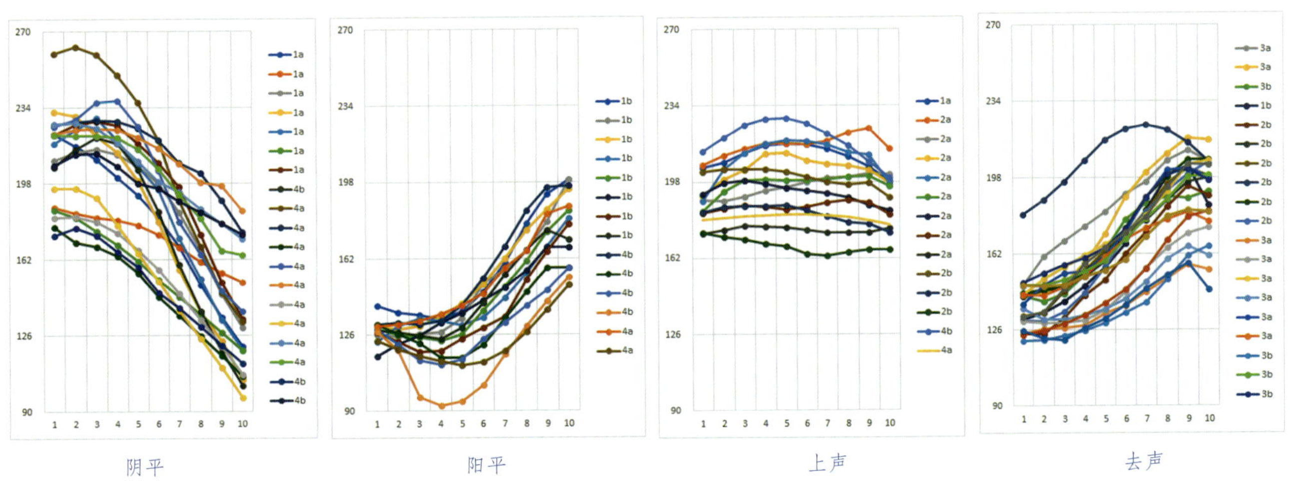

图 6－33d　今声调调域分布范围－灵宝涧西－YM

青男的声调有 4 个（见图 6－33c）：

阴平 51、阳平 113、上声 44、去声 14。

今调域的分布情况（见图 6－33d）：

阴平主要在 31～53 之间；阳平主要在 213～223 之间；上声主要在 33～44 之间；去声主要在 23～34 之间。

6.2 秦陇片

1. 岐山凤鸣

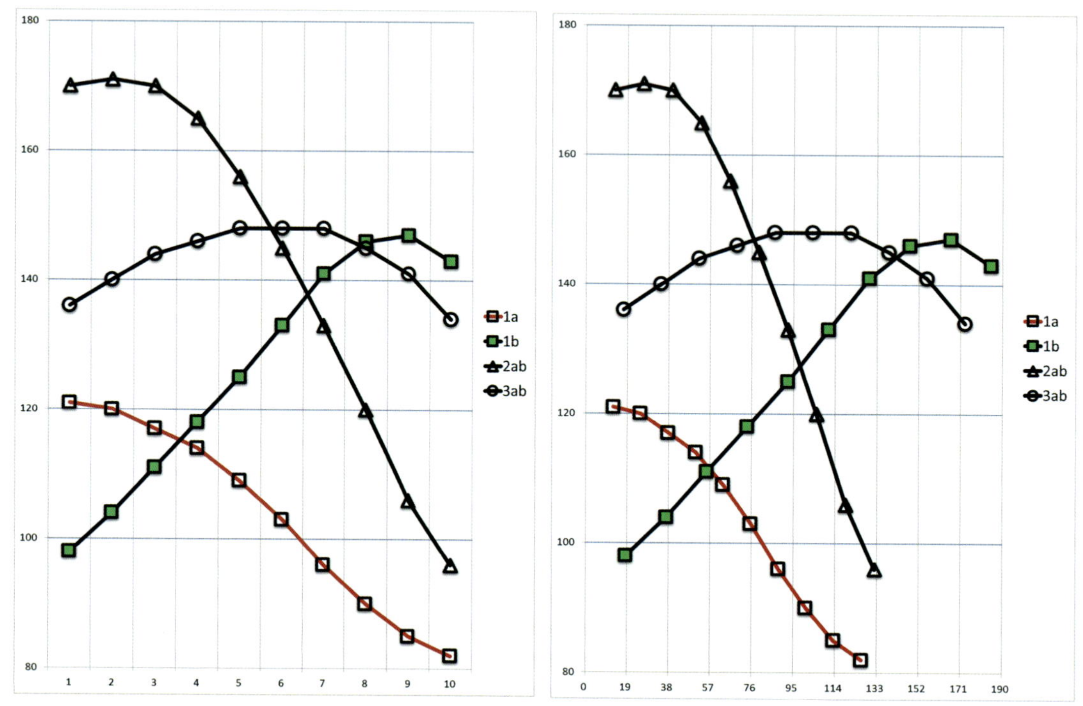

图 6－34a　单字调等长、实长音高模式－岐山凤鸣－OM

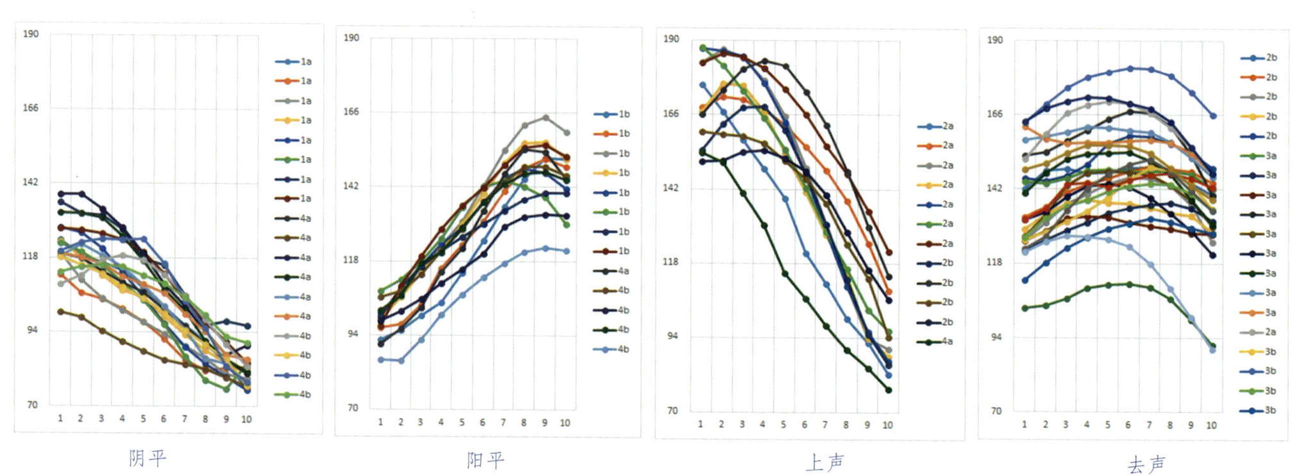

图 6－34b　今声调调域分布范围－岐山凤鸣－OM

老男的声调有 4 个（见图 6－34a）：

阴平 21、阳平 24、上声 51、去声 44。

今调域的分布情况（见图 6－34b）：

阴平主要在 21～31 之间；阳平主要在 13～24 之间；上声主要在 41～53 之间；去声主要在 22～55 之间。

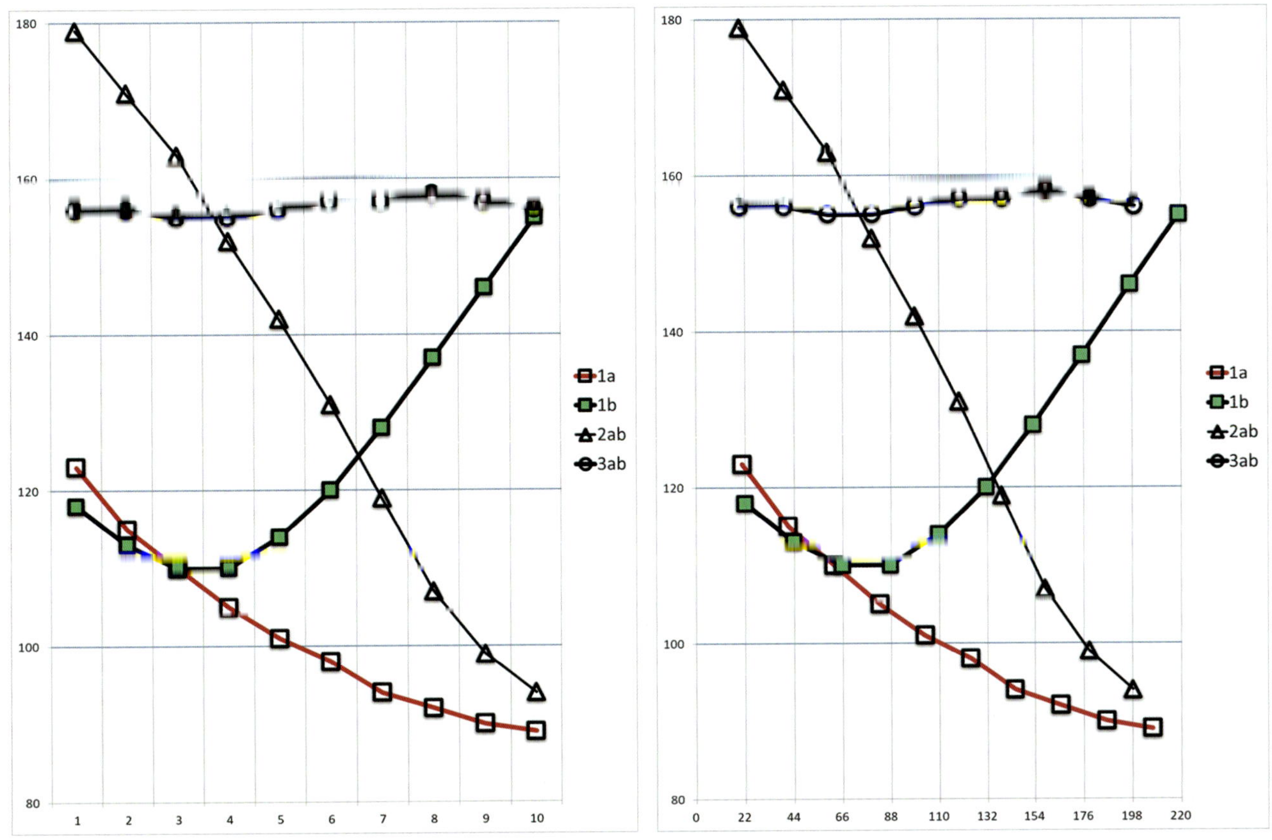

图 6－34c 单字调等长、实长音高模式－岐山凤鸣－YM

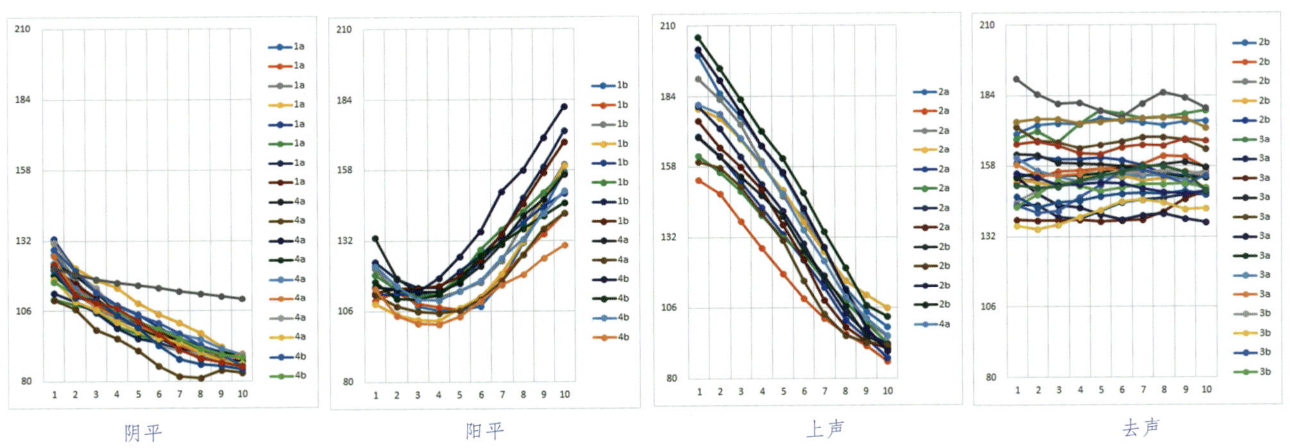

图 6－34d 今声调调域分布范围－岐山凤鸣－YM

青男的声调有 4 个（见图 6－34c）：

阴平 21、阳平 224、上声 51、去声 44。

今调域的分布情况（见图 6－34d）：

阴平主要在 21 的范围；阳平主要在 23～24 之间；上声主要在 31～52 之间；去声主要 33～44 之间。

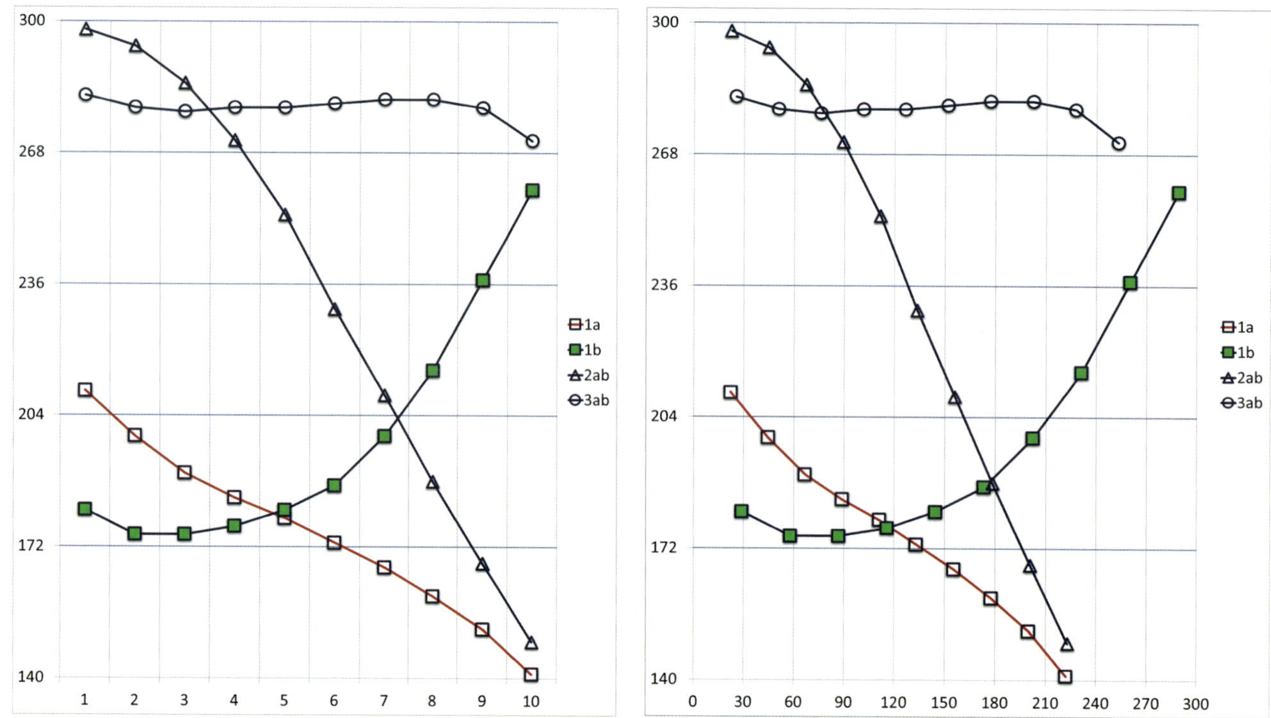

图 6-34e 单字调等长、实长音高模式-岐山凤鸣-MF

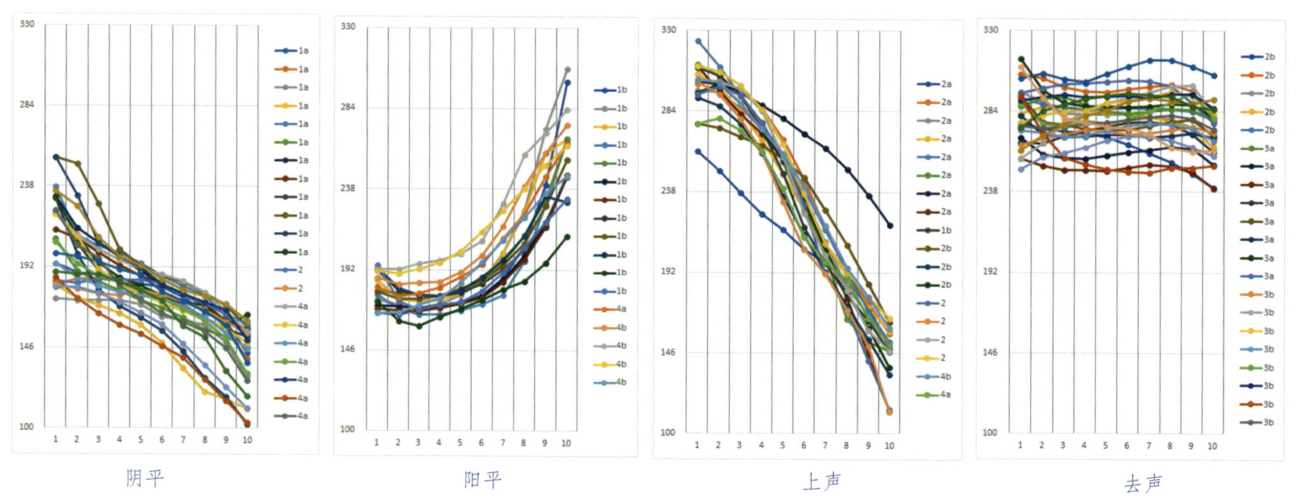

图 6-34f 今声调调域分布范围-岐山凤鸣-MF

中女的声调有 4 个（见图 6-34e）：

阴平 31、阳平 24、上声 51、去声 55。

今调域的分布情况（见图 6-34f）：

阴平主要在 21～42 之间；阳平主要在 23～35 之间；上声主要在 41～53 之间；去声主要在 44～55 之间。

2. 凤翔南指挥

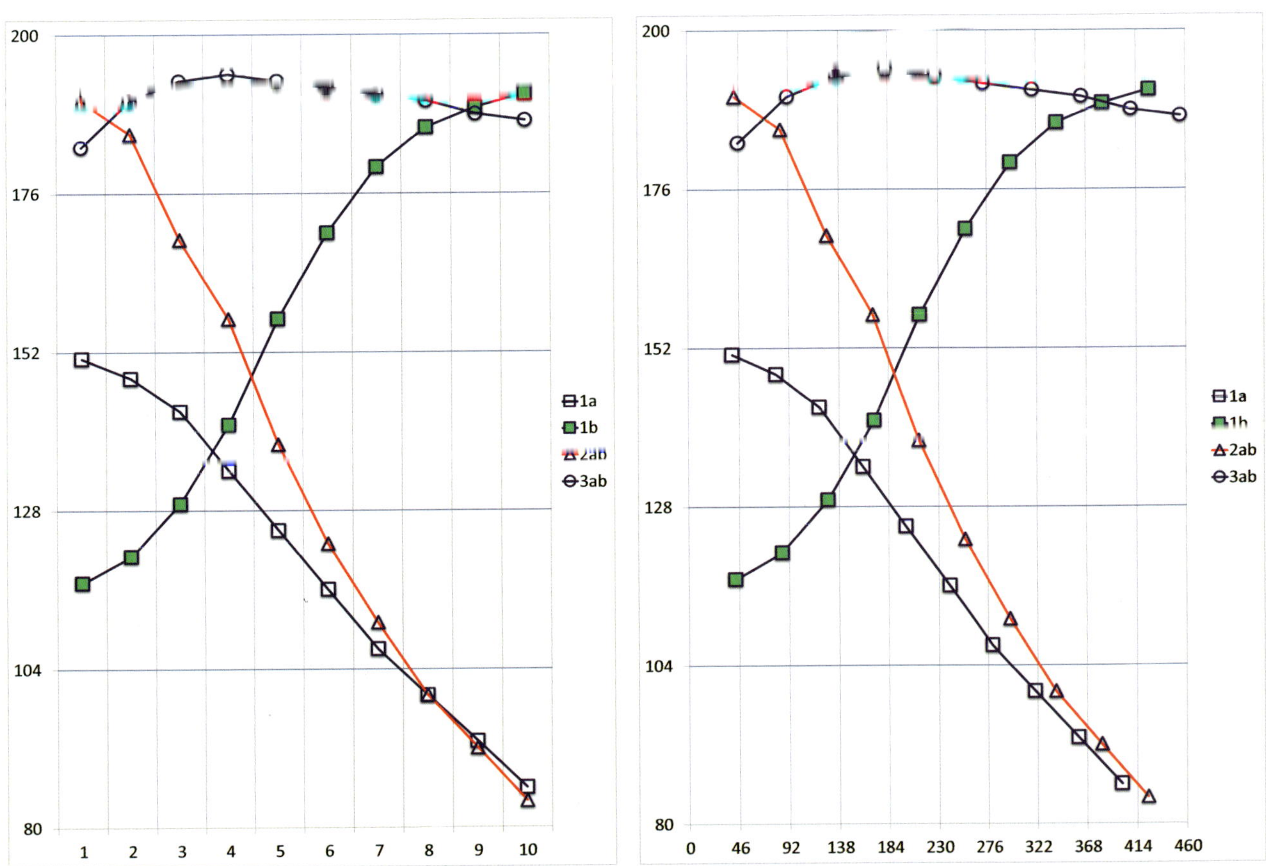

图 6－35a 单字调等长、实长音高模式－凤翔南指挥－MM

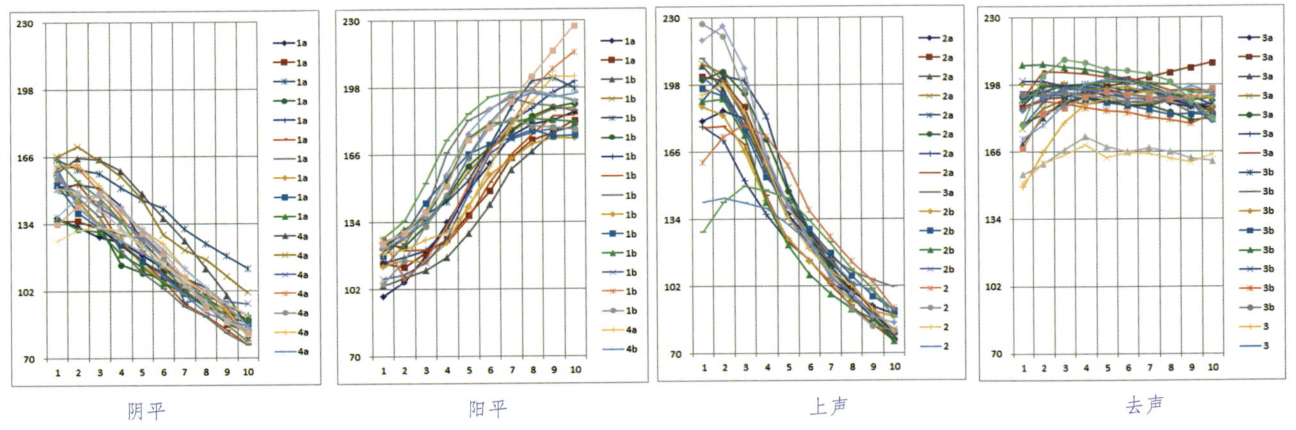

图 6－35b 今声调调域分布范围－凤翔南指挥－MM

中男的声调有 4 个（见图 6－35a）：

阴平 31、阳平 25、上声 51、去声 55。

今调域的分布情况（见图 6－35b）：

阴平主要在 21～32 之间；阳平主要在 24～25 之间；上声主要在 31～51 之间；去声主要在 44～55 之间。

3. 扶风绛帐

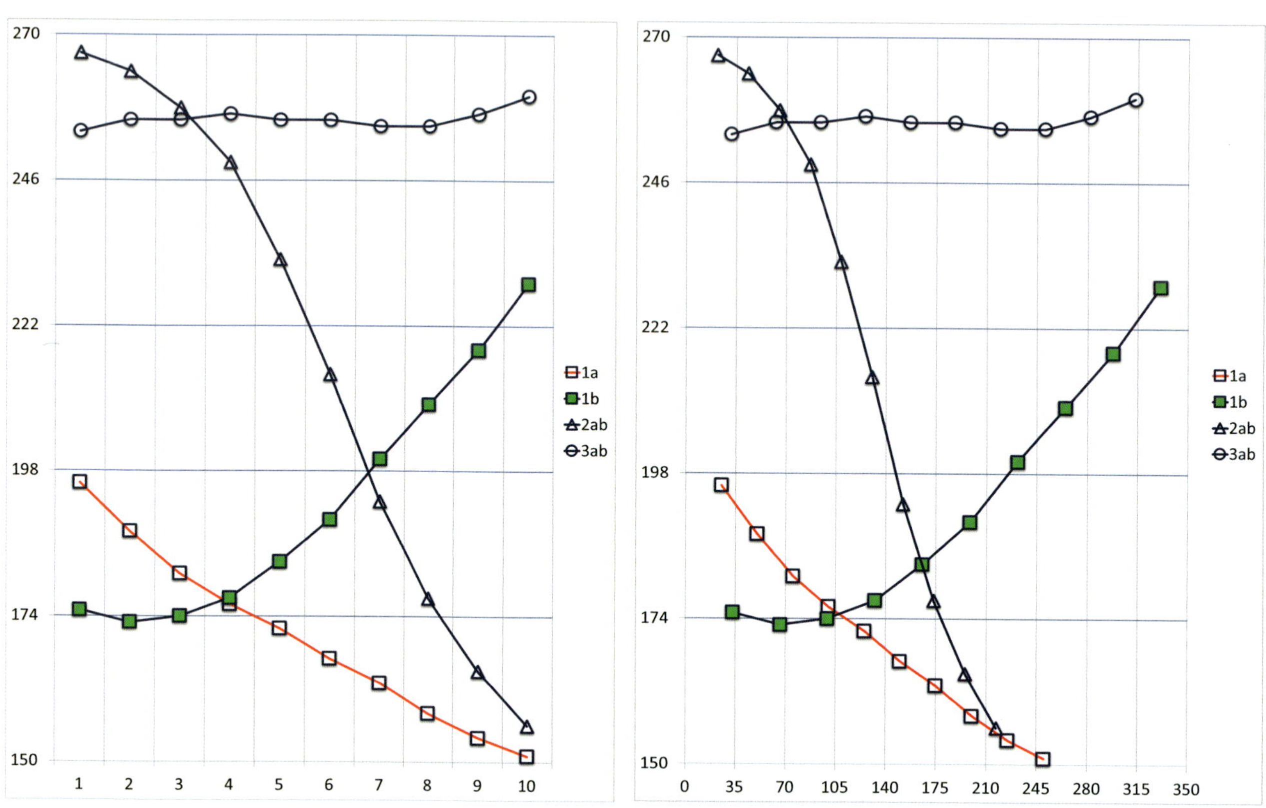

图 6－36a　单字调等长、实长音高模式－扶风绛帐－YF

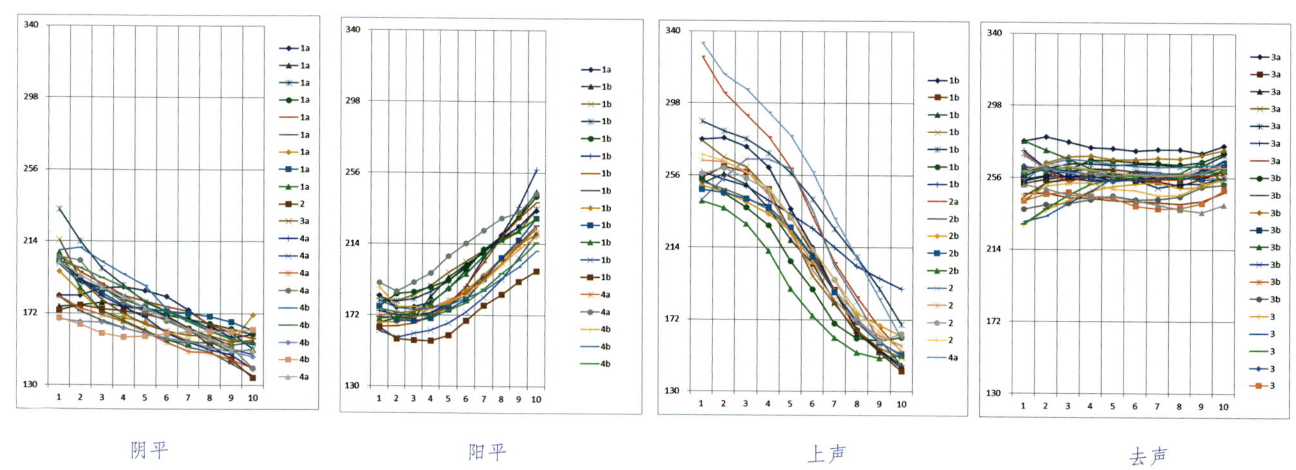

图 6－36b　今声调调域分布范围－扶风绛帐－YF

青女的声调有 4 个（见图 6－36a）：

阴平 21、阳平 24、上声 51、去声 55。

今调域的分布情况（见图 6－36b）：

阴平在 21～32 之间；阳平在 12～23 之间；上声在 31～52 之间；去声在 33～44 之间。

4. 眉县首善

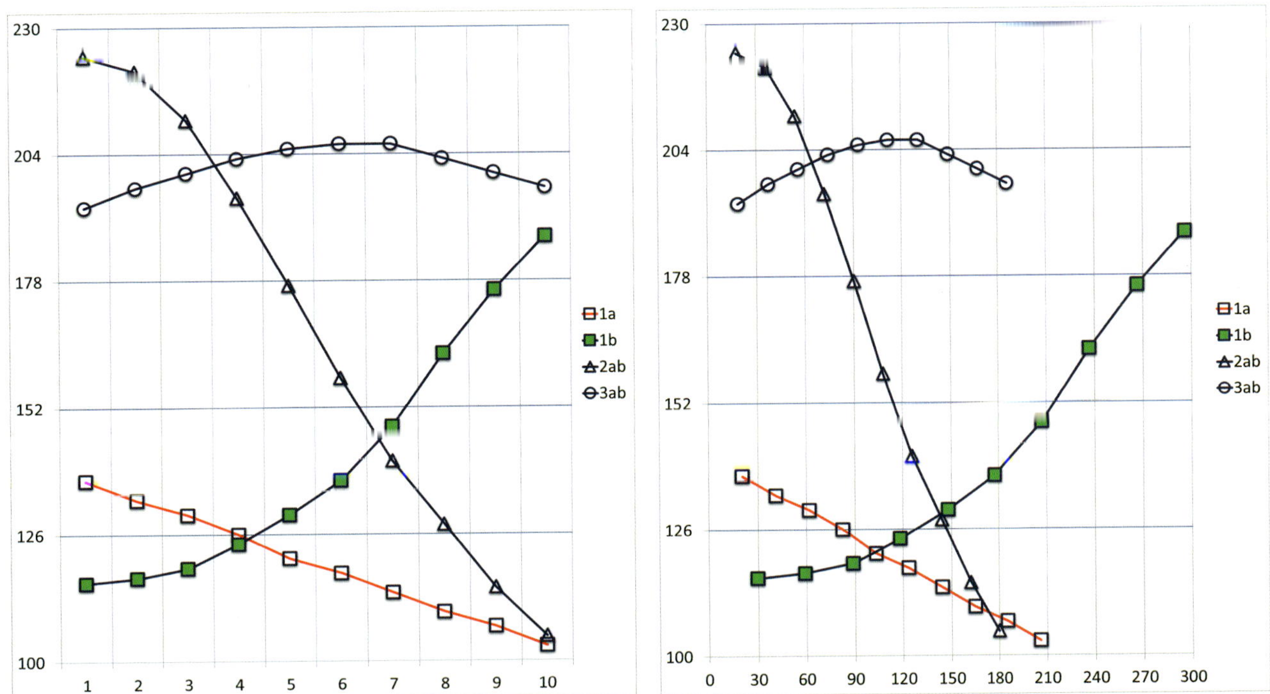

图 6－37a　单字调等长、实长音高模式－眉县首善－YF

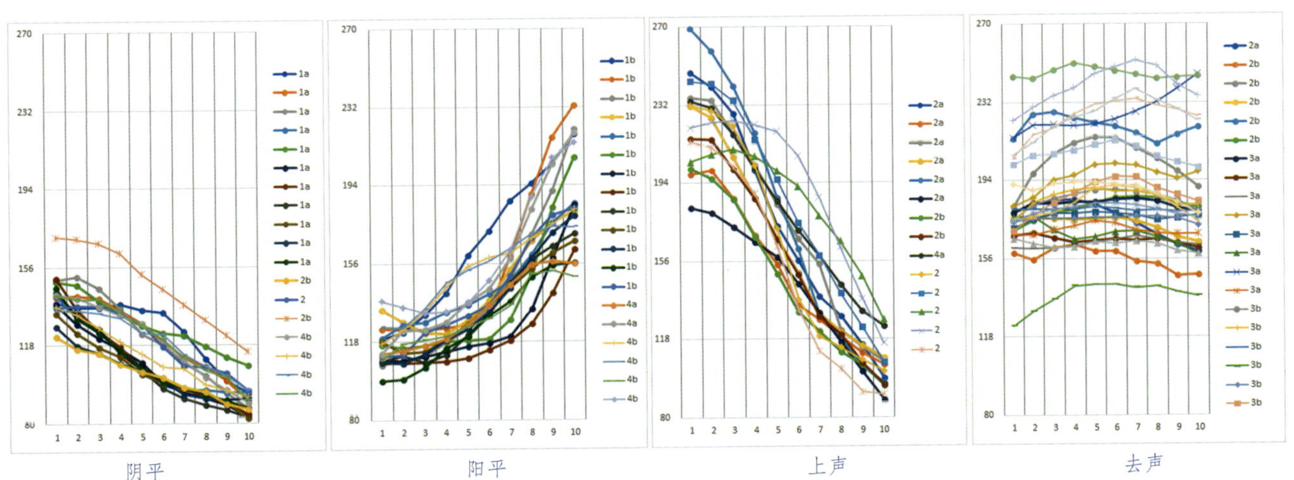

图 6－37b　今声调调域分布范围－眉县首善－YF

青女的声调有 4 个（见图 6－37a）：

阴平 21、阳平 14、上声 51、去声 44。

今调域的分布情况（见图 6－37b）：

阴平在 21～32 之间；阳平在 12～24 之间；上声在 31～52 之间；去声在 22～55 之间，去声从 22 到 55 都有分布，几乎只要是平调就都包括在内了。

5. 陇县城关

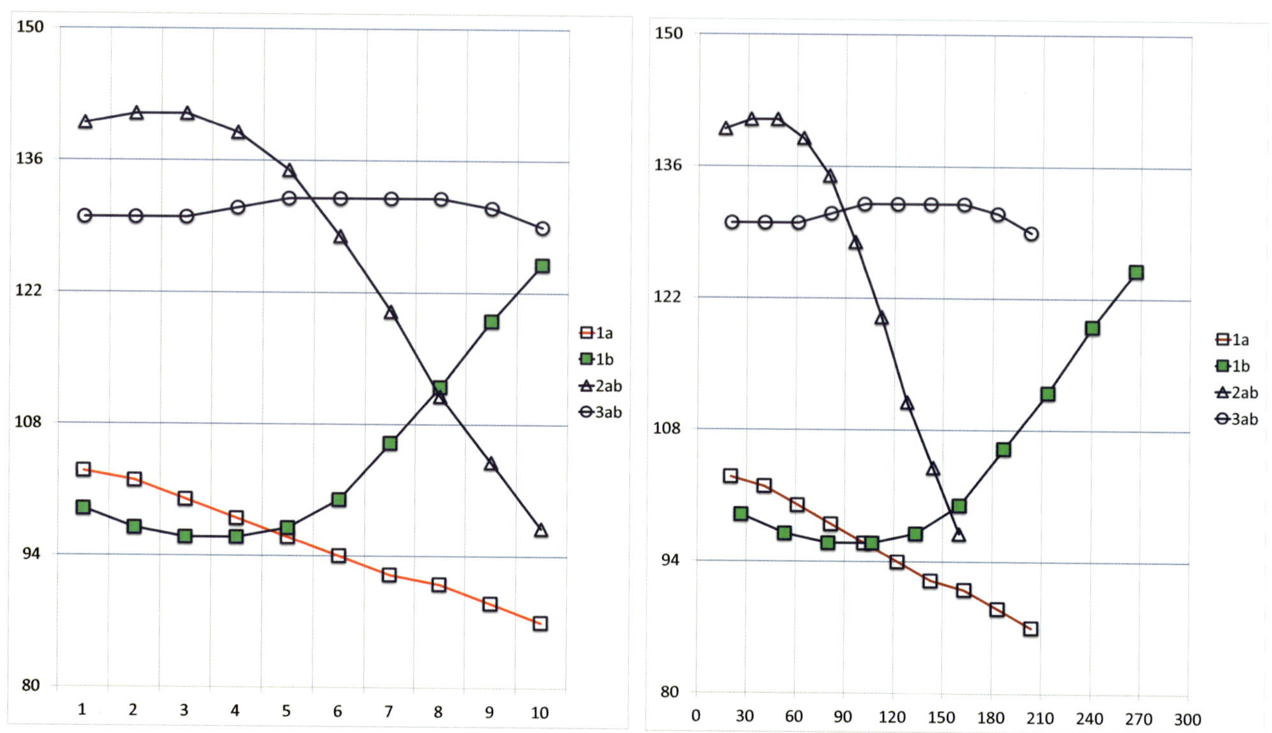

图 6－38a 单字调等长、实长音高模式－陇县城关－YM

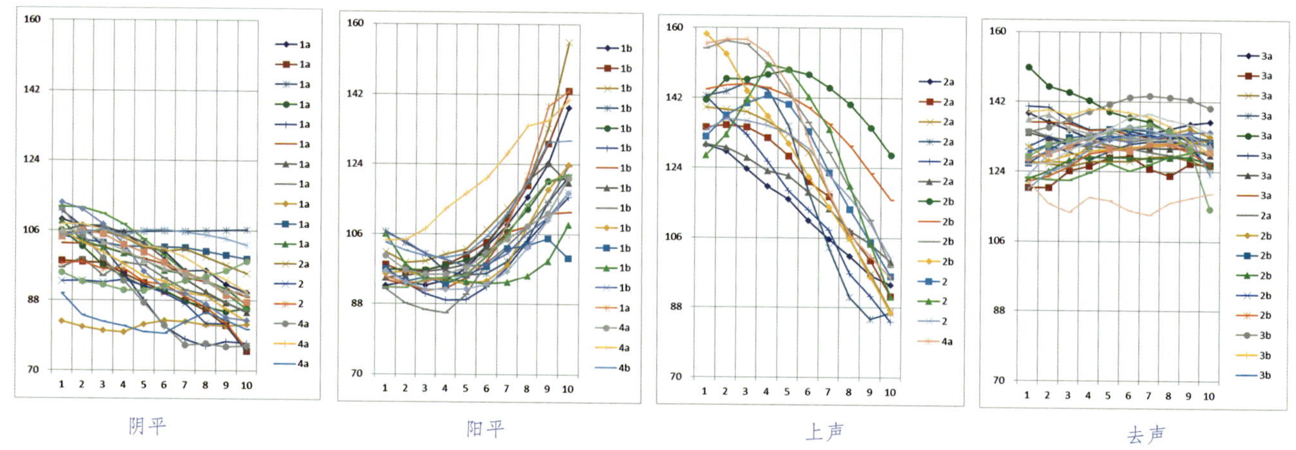

图 6－38b 今声调调域分布范围－陇县城关－YM

青男的声调有 4 个（见图 6－38a）：

阴平 21、阳平 224、上声 52、去声 44。

今调域的分布情况（见图 6－38b）：

阴平主要在 21～32 之间；阳平主要在 223～224 之间；上声主要在 42～53 之间；去声主要在 44 上下浮动。

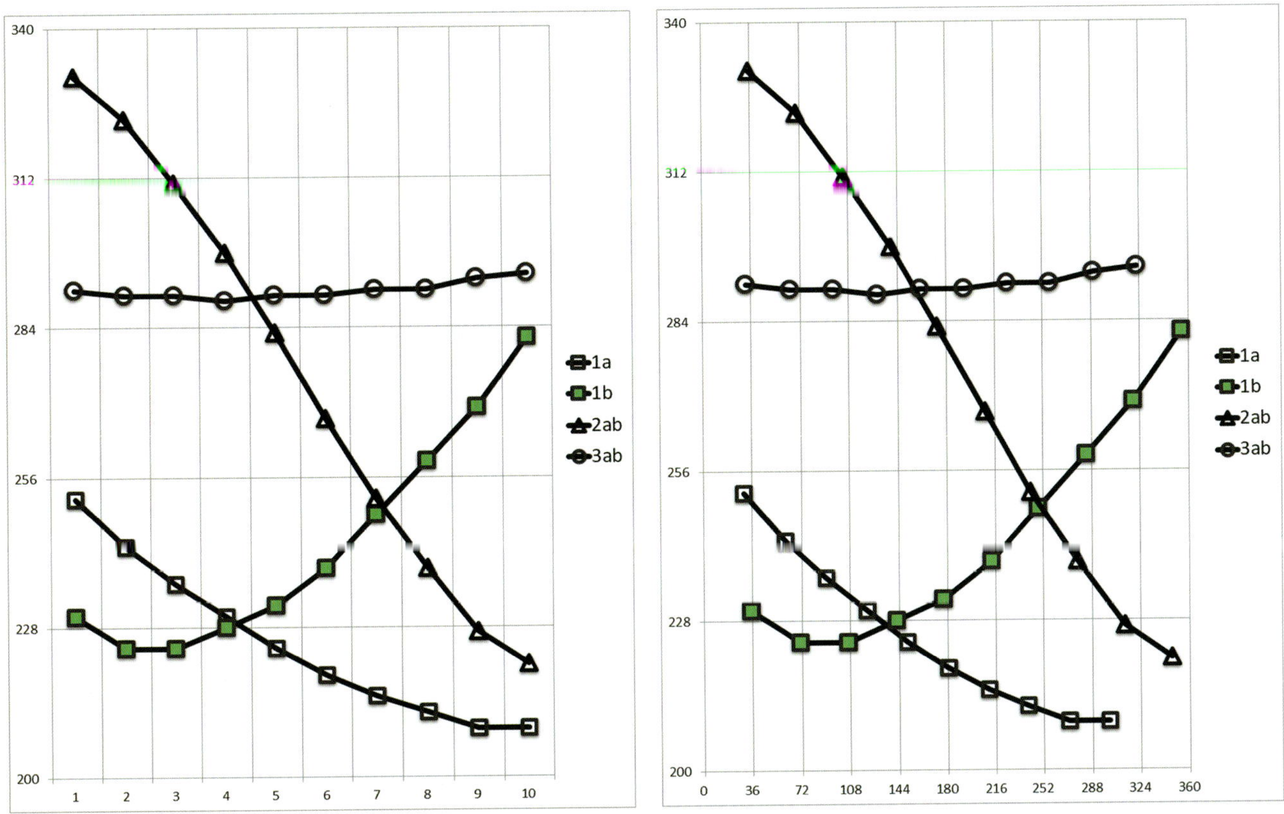

图 6－38c　单字调等长、实长音高模式－陇县城关－YF

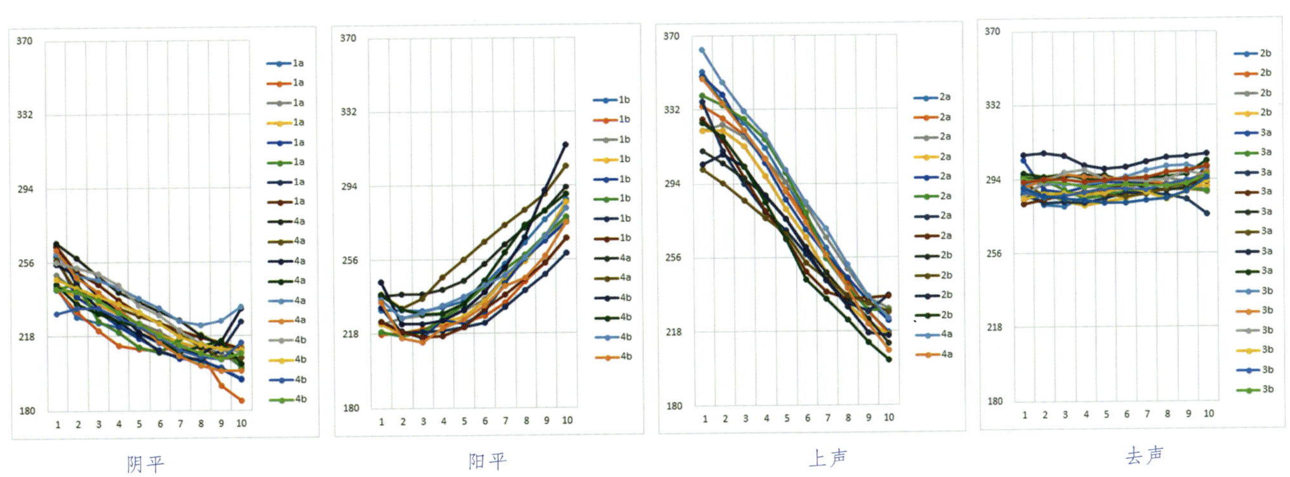

图 6－38d　今声调调域分布范围－陇县城关－YF

青女的声调有 4 个（见图 6－38c）：

阴平 21、阳平 13、上声 51、去声 44。

今调域的分布情况（见图 6－38d）：

阴平主要在 21～32 之间；阳平主要在 23～24 之间；上声主要在 31～52 之间；去声主要在 33～44 之间。

6. 勉县勉阳

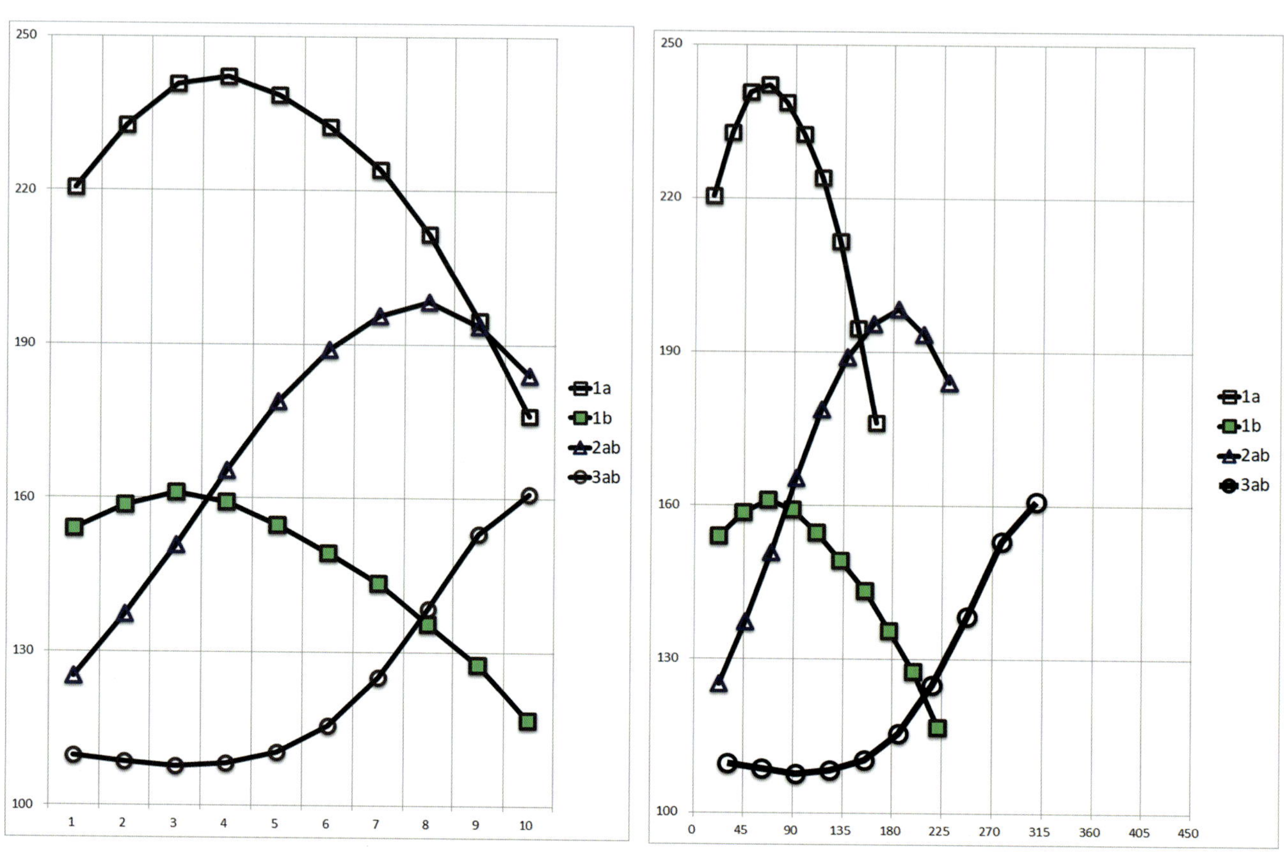

图 6-39a　单字调等长、实长音高模式 - 勉县勉阳 - OM

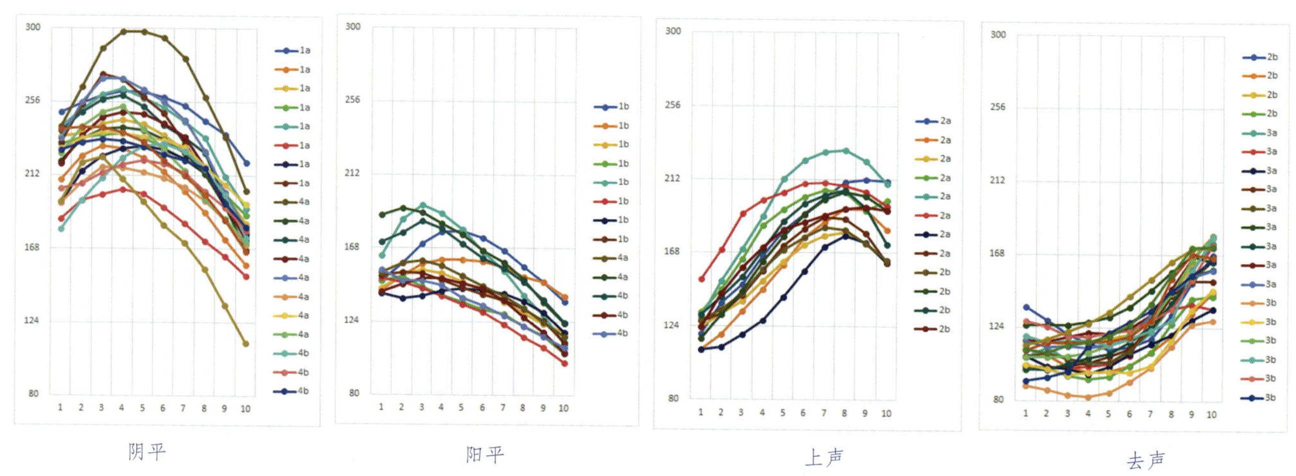

图 6-39b　今声调调域分布范围 - 勉县勉阳 - OM

老男的声调有 4 个（见图 6-39a）：

阴平 53、阳平 21、上声 14、去声 112。

今调域的分布情况（见图 6-39b）：

阴平主要在 32～53 之间；阳平主要在 21～32 之间；上声主要在 13～24 之间；去声主要在 112～223 之间。

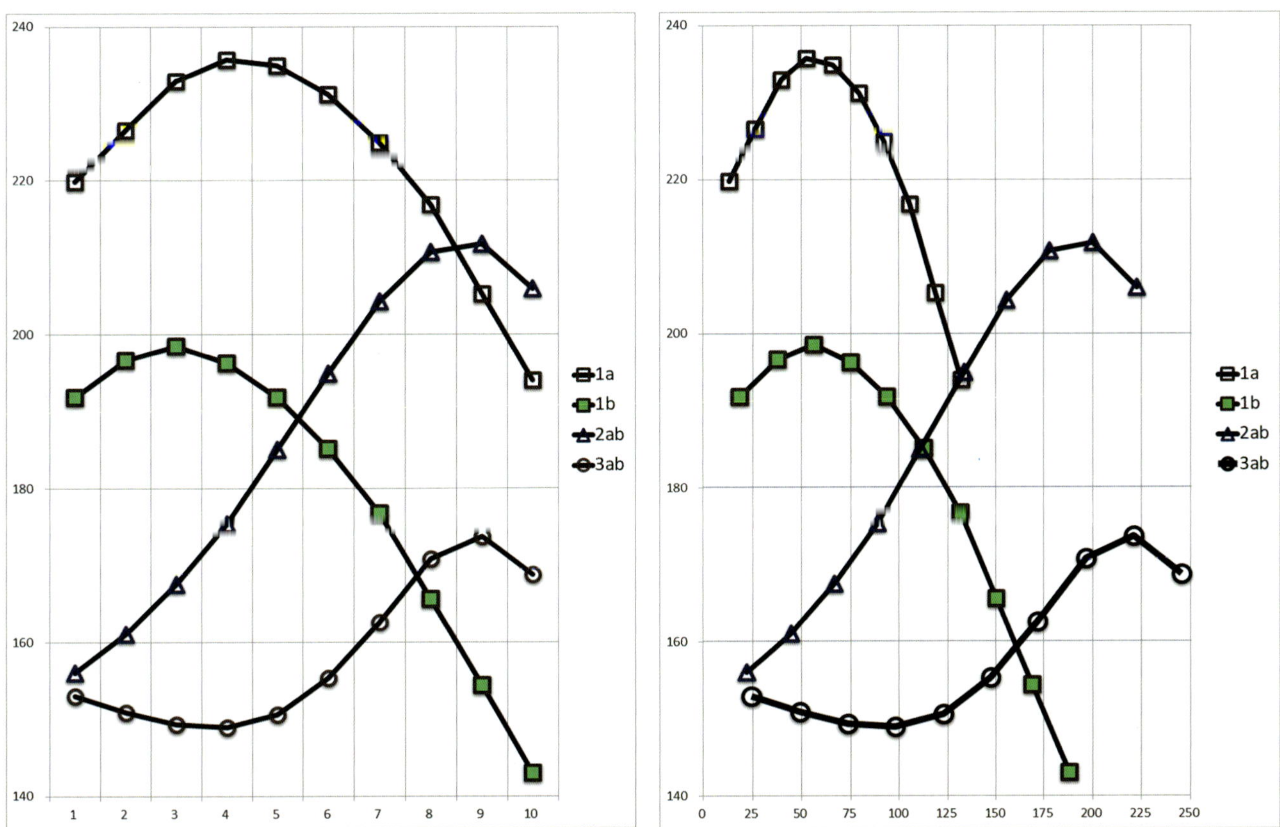

图 6－39c　单字调等长、实长音高模式－勉县勉阳－YM

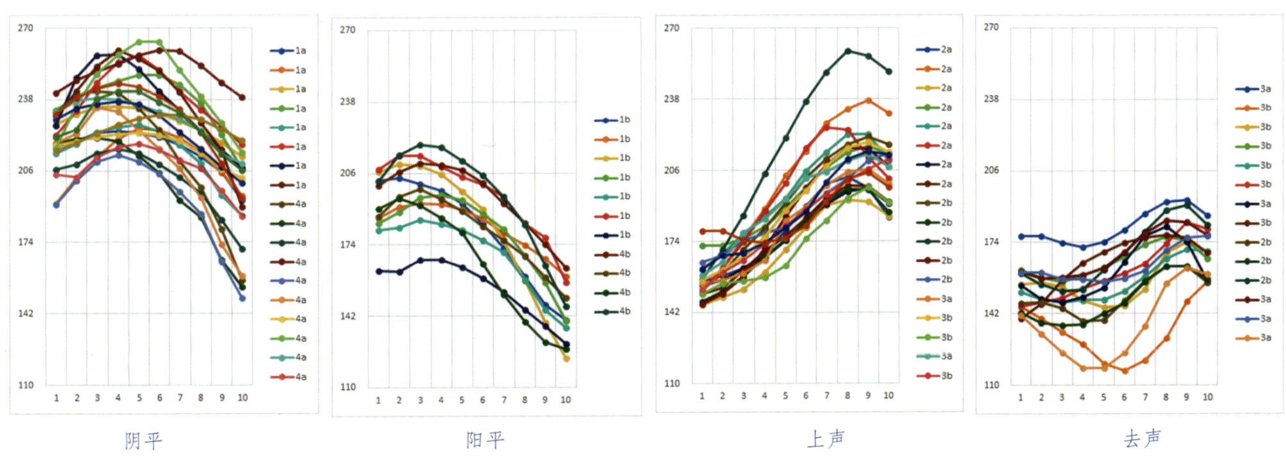

图 6－39d　今声调调域分布范围－勉县勉阳－YM

青男的声调有 4 个（见图 6－39c）：

阴平 53、阳平 31、上声 14、去声 112。

今调域的分布情况（见图 6－39d）：

阴平主要在 42～54 之间；阳平主要在 21～42 之间；上声主要在 23～25 之间；去声在 212～223 之间。

7. 咸阳长武

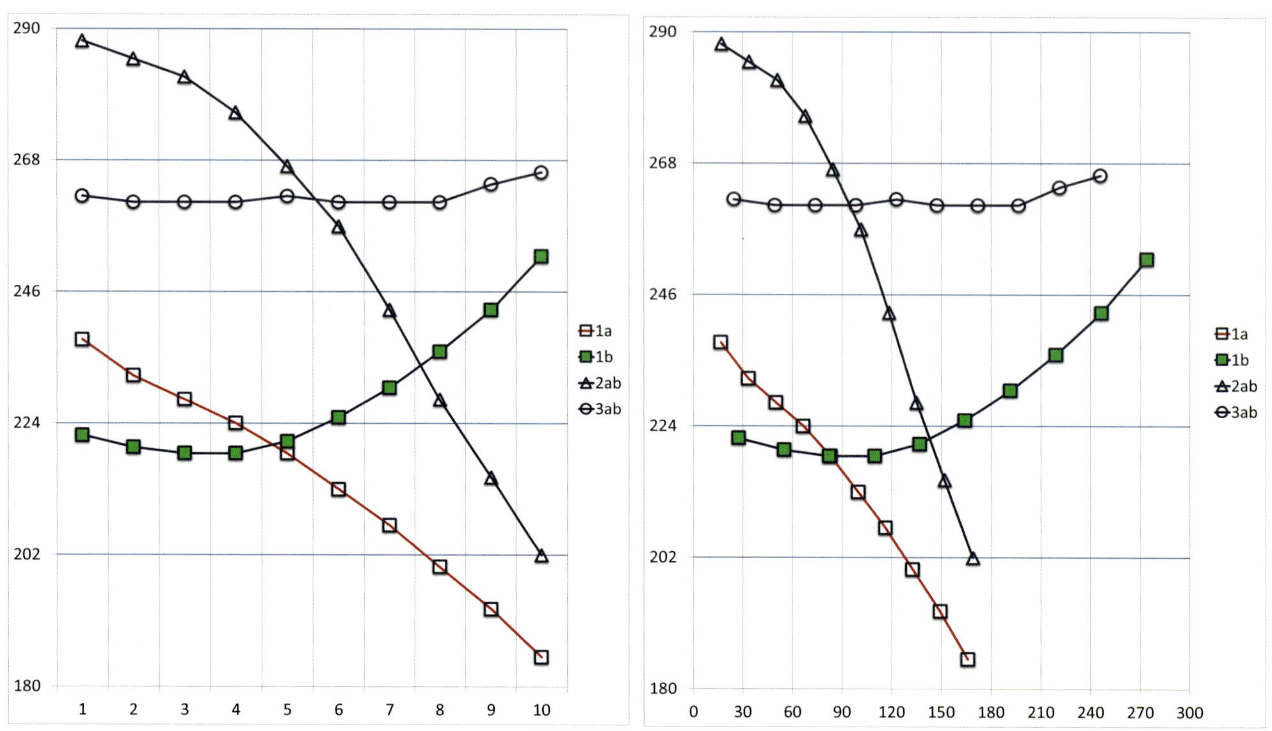

图 6－40a 单字调等长、实长音高模式－咸阳长武－YF

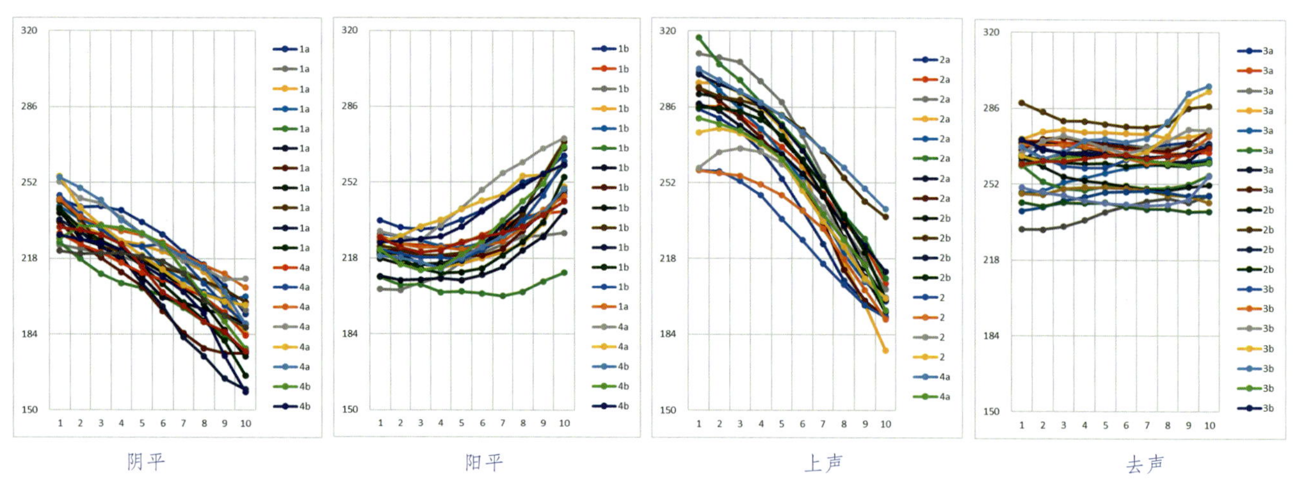

图 6－40b 今声调调域分布范围－咸阳长武－YF

青女的声调有 4 个（见图 6－40a）：

阴平 31、阳平 24、上声 52、去声 44。

今调域的分布情况（见图 6－40b）：

阴平在 31～42 之间；阳平在 23～34 之间；上声在 42～53 之间；去声在 33～44 之间。

8. 汉中汉台

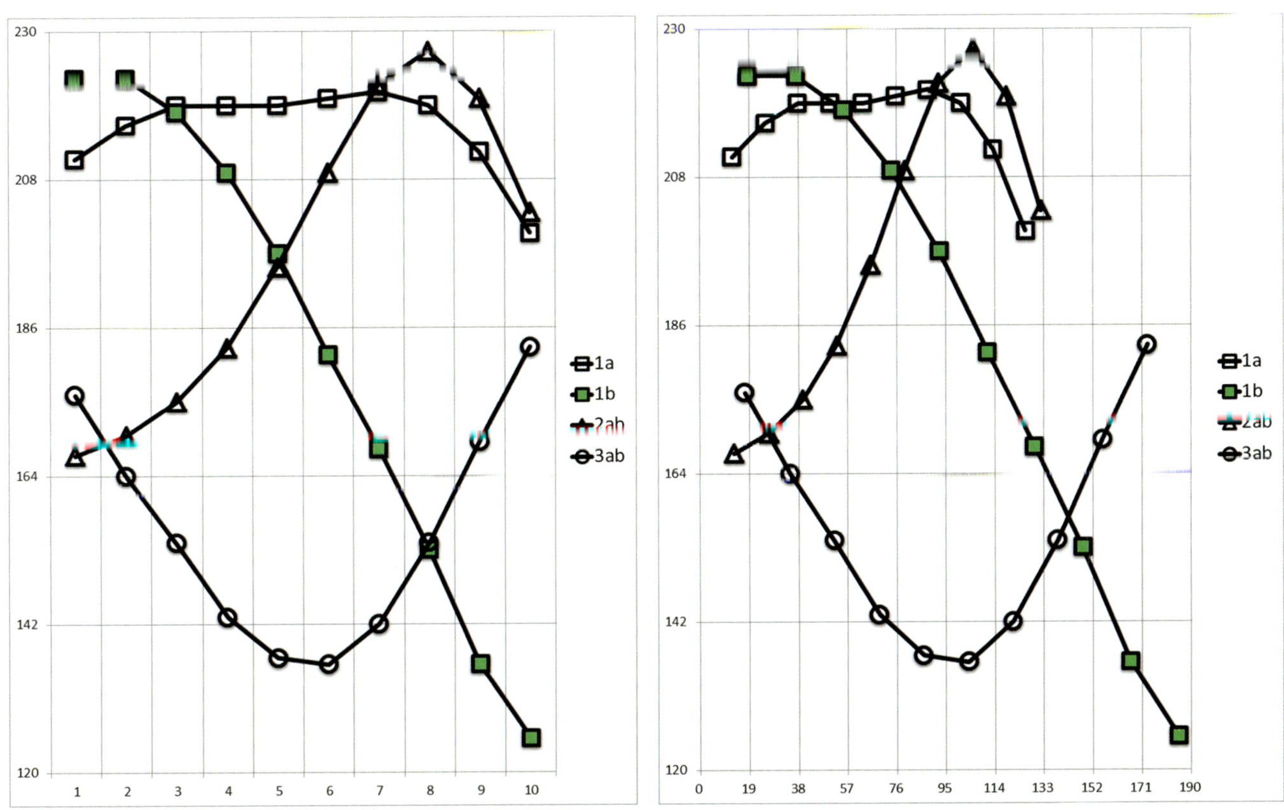

图 6－41a 单字调等长、实长音高模式－汉中汉台－OM

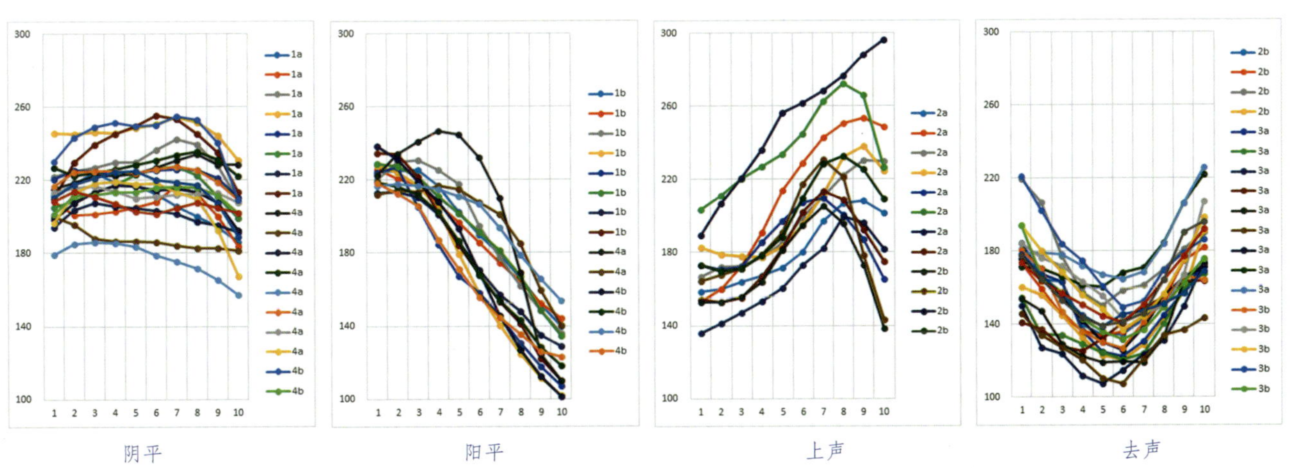

图 6－41b 今声调调域分布范围－汉中汉台－OM

老男的声调有 4 个（见图 6－41a）：

阴平 55、阳平 51、上声 354、去声 313。

今调域的分布情况（见图 6－41b）：

阴平主要在 33～44 之间；阳平主要在 31～42 之间；上声主要在 232～354 之间；去声主要在 212～323 之间。

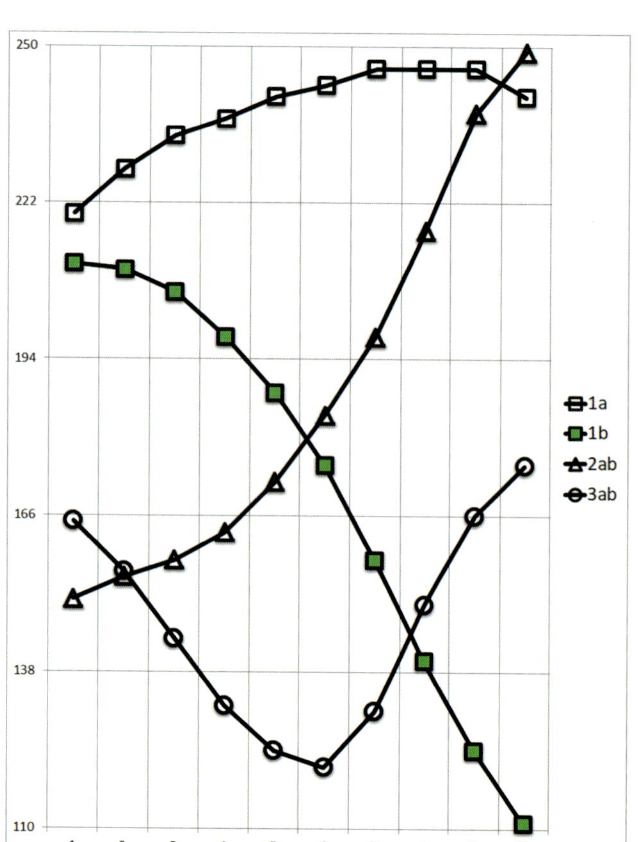

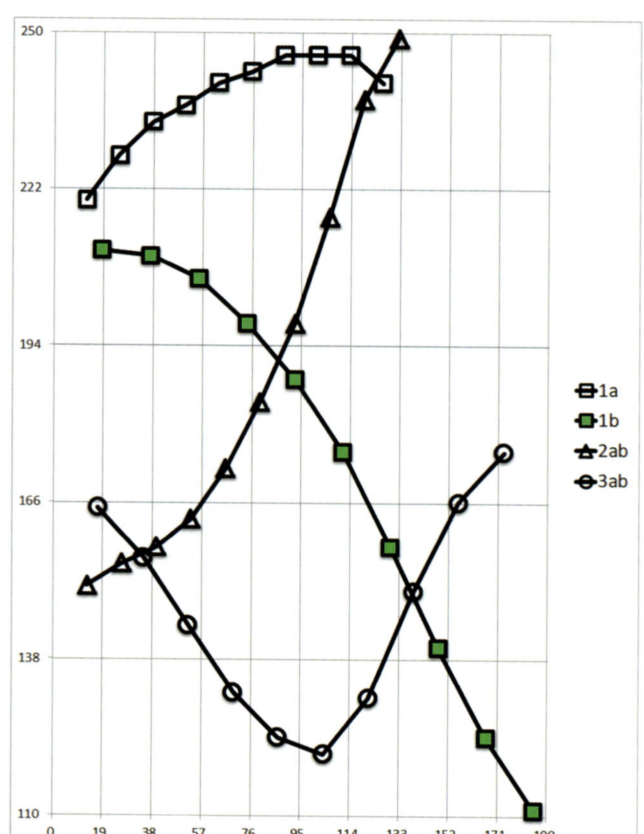

图 6－41c　单字调等长、实长音高模式－汉中汉台－YM

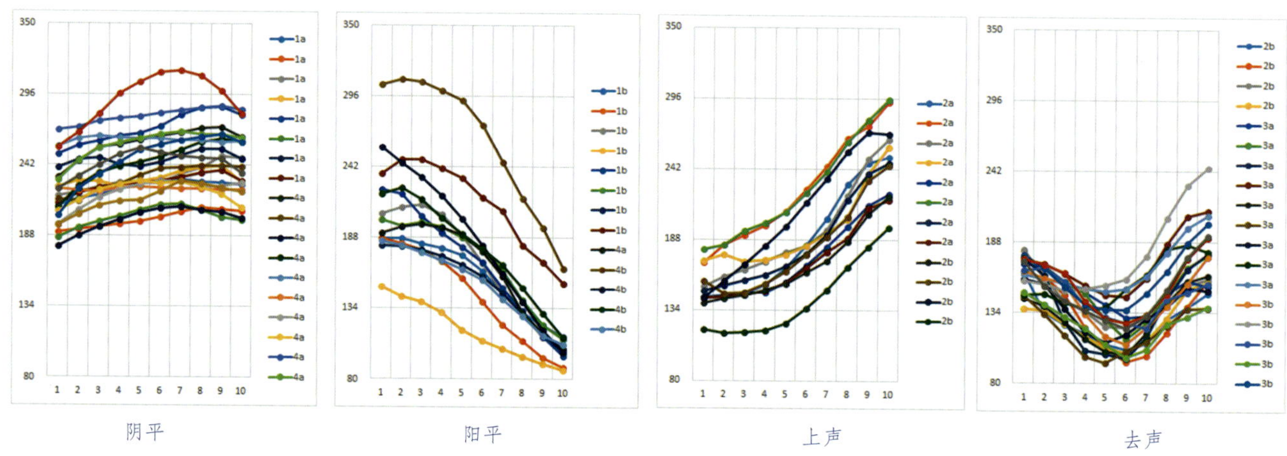

图 6－41d　今声调调域分布范围－汉中汉台－YM

青男的声调有 4 个（见图 6－41c）：

阴平 45、阳平 41、上声 25、去声 213。

今调域的分布情况（见图 6－41d）：

阴平主要在 33～44 之间；阳平主要在 21～52 之间；上声主要在 13～24 之间；去声主要在 212～213 之间。

9. 固原原州

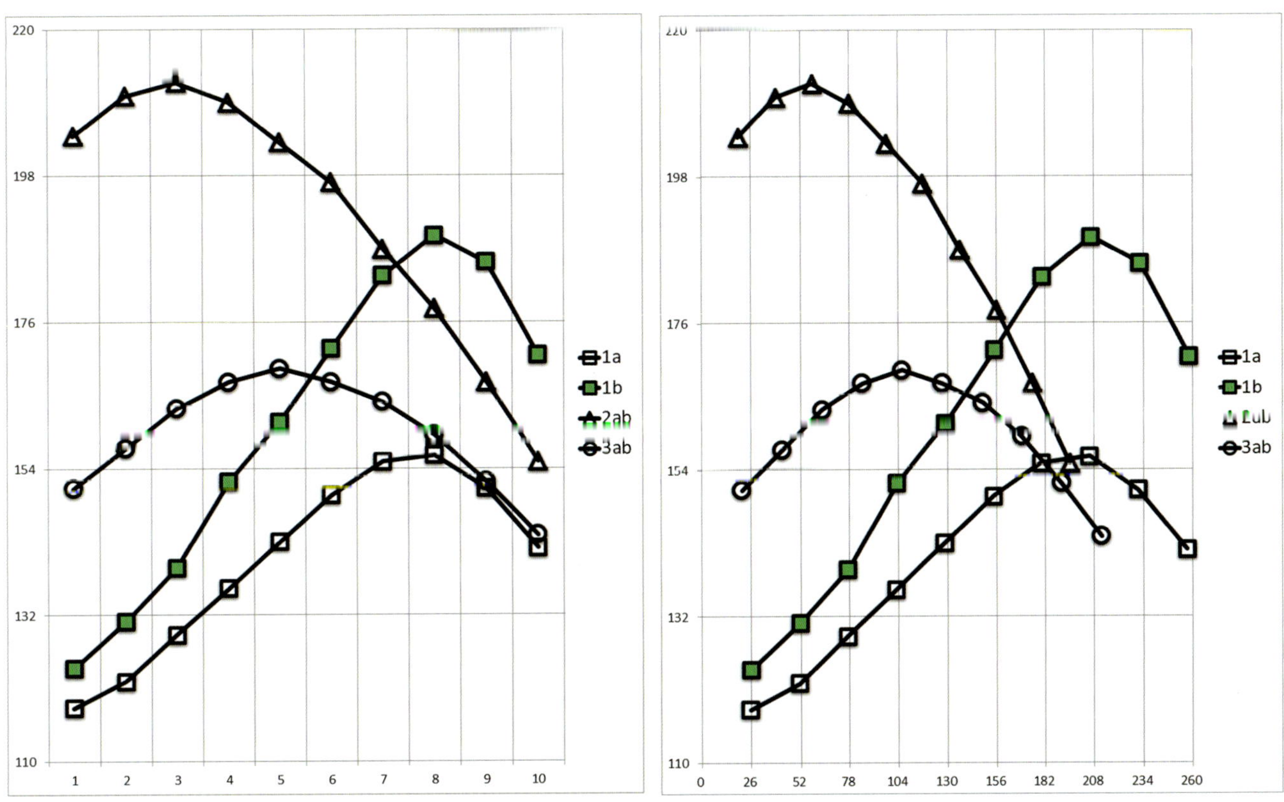

图 6－42a　单字调等长、实长音高模式－固原原州－OM

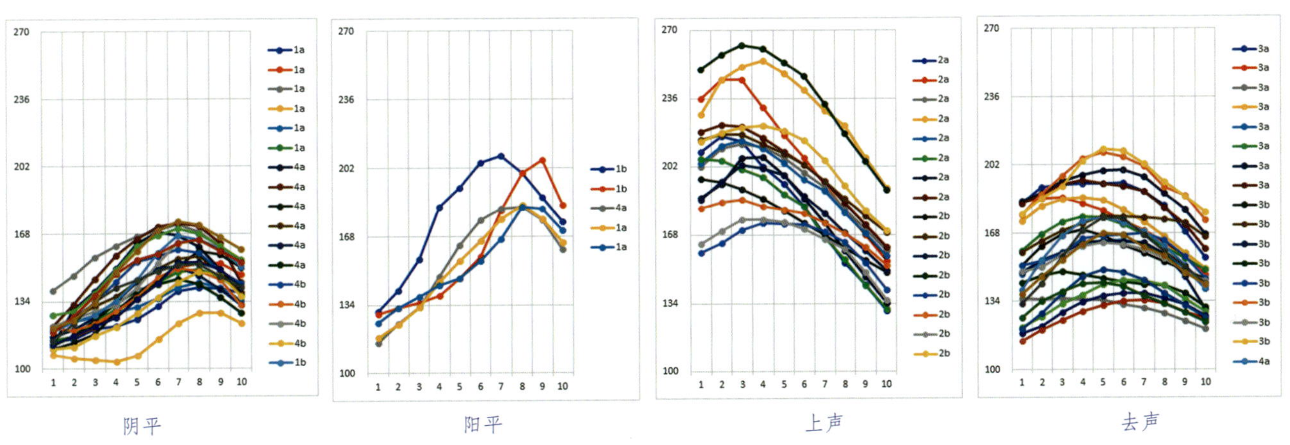

图 6－42b　今声调调域分布范围－固原原州－OM

老男的声调有 4 个（见图 6－42a）：

阴平 12、阳平 14、上声 53、去声 232。

今调域的分布情况（见图 6－42b）：

阴平主要在 12～23 之间；阳平主要在 12～24 之间；上声主要在 32～53 之间；去声主要在 121～343 之间。

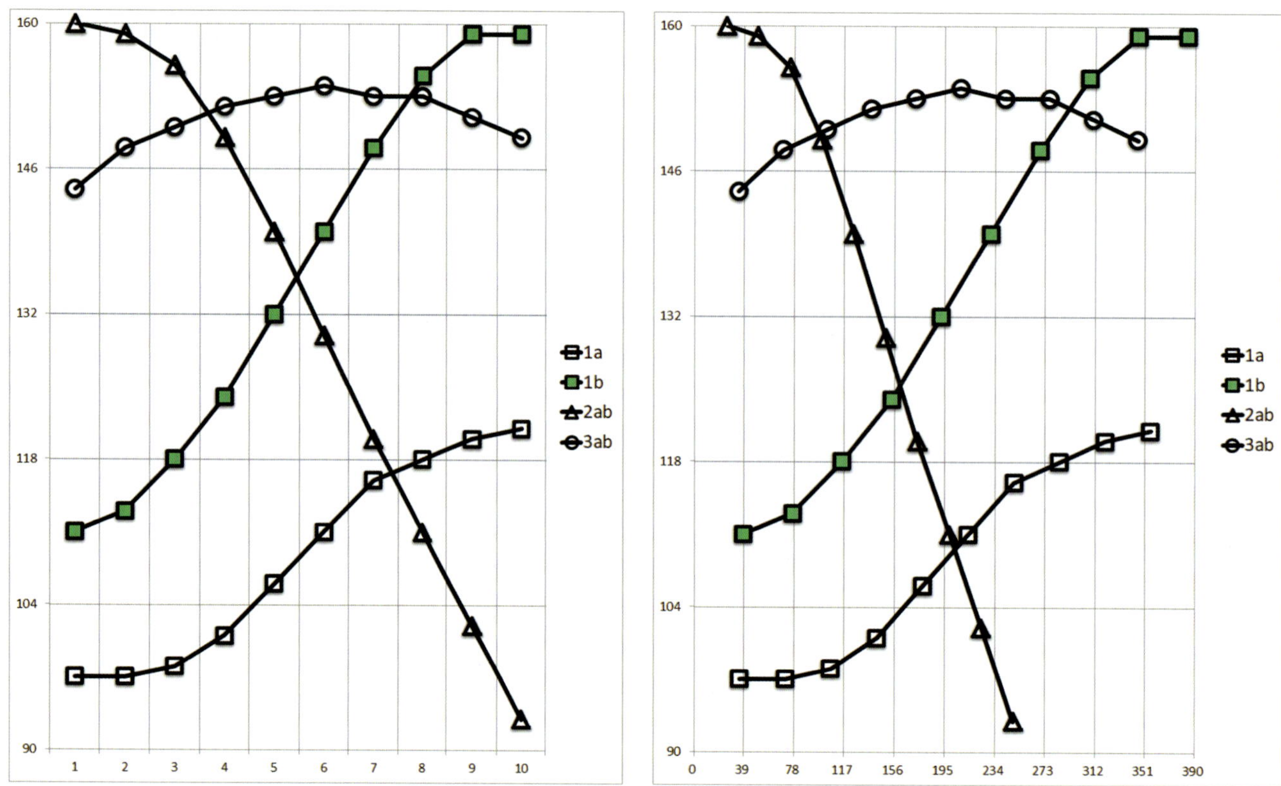

图 6－42c　单字调等长、实长音高模式－固原原州－YM

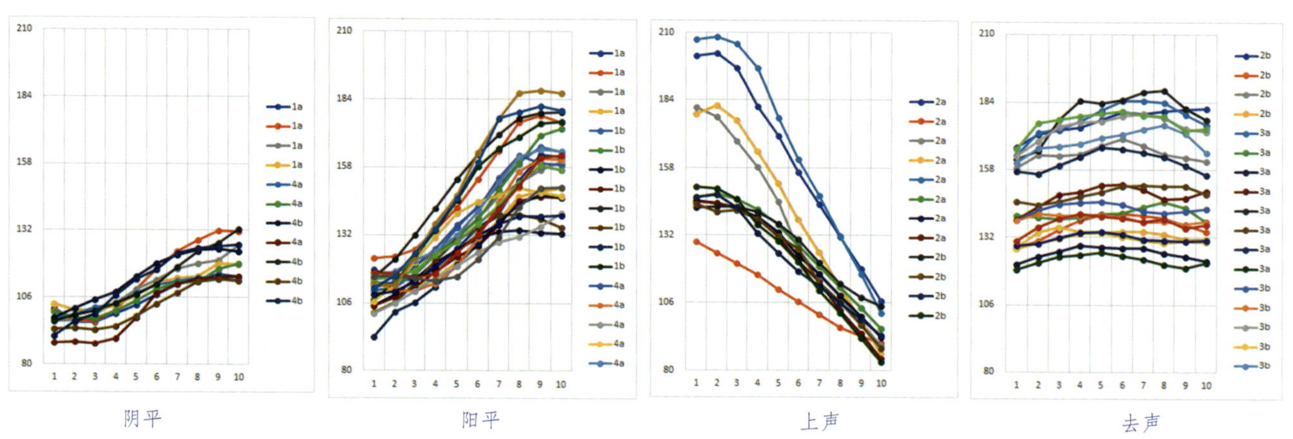

图 6－42d　今声调调域分布范围－固原原州－YM

青男的声调有 4 个（见图 6－42c）：

阴平 13、阳平 25、上声 51、去声 55。

今调域的分布情况（见图 6－42d）：

阴平主要在 12 的范围；阳平主要在 13～25 之间；上声主要在 21～52 之间；去声主要在 22～44 之间。

10. 西宁 - 《音库》

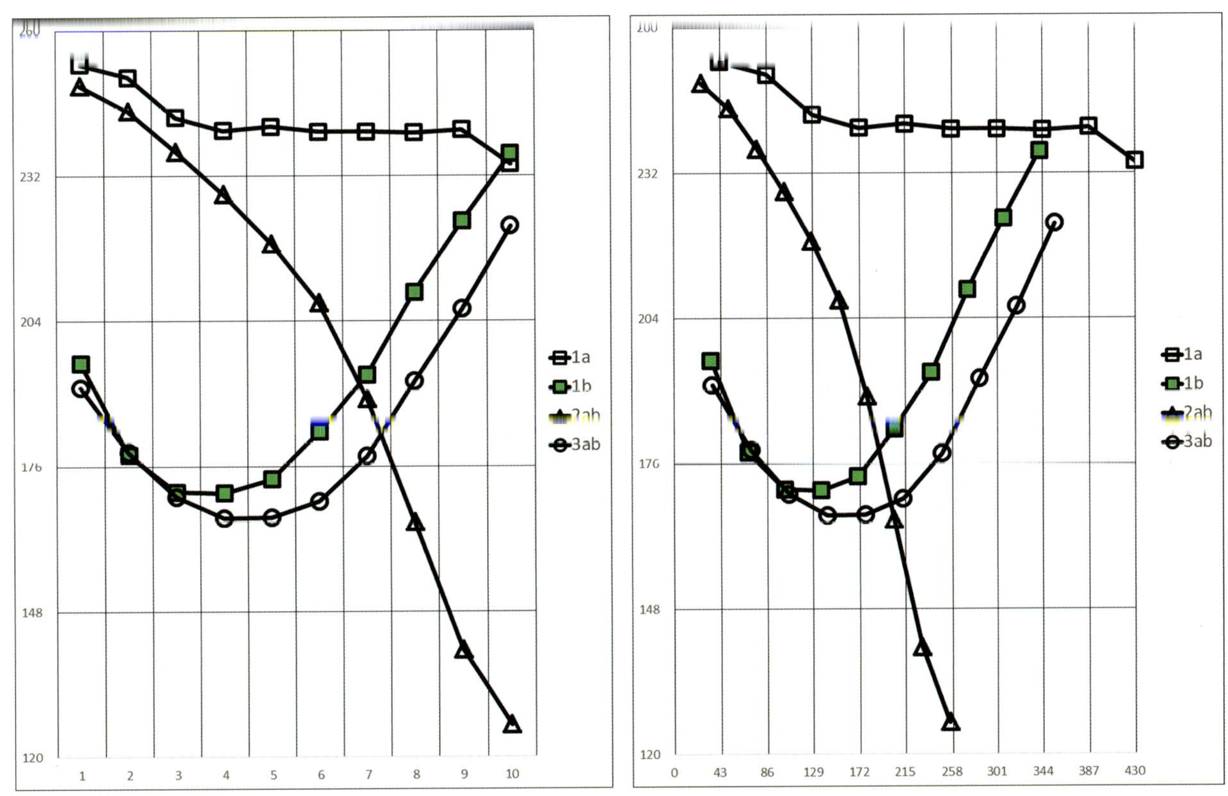

图 6 - 43a 单字调等长、实长音高模式 - 西宁 - 《音库》 - OM

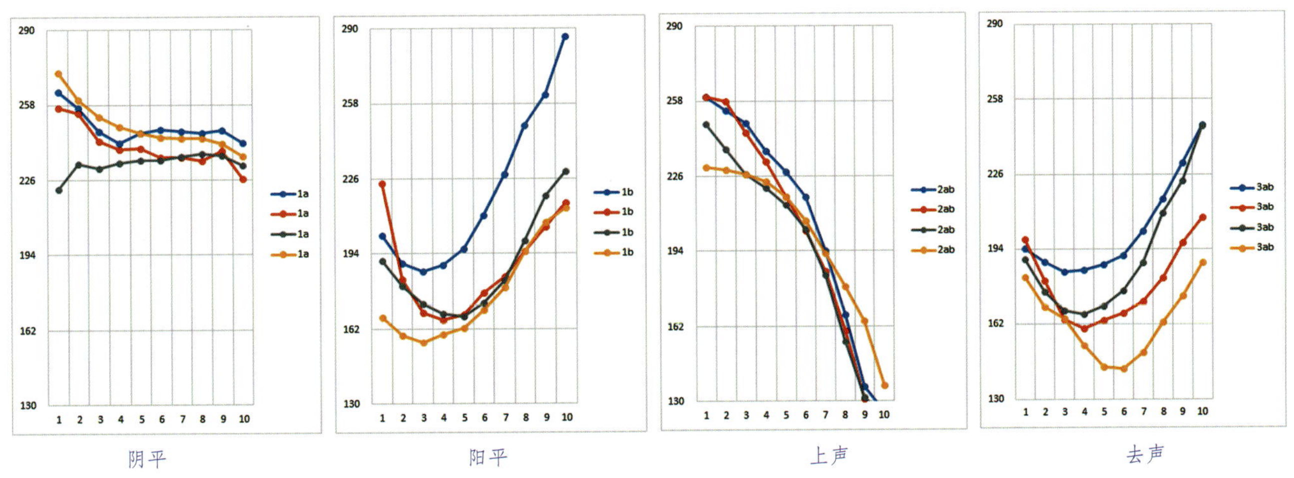

图 6 - 43b 今声调调域分布范围 - 西宁 - 《音库》 - OM

《音库》的声调有 4 个（见图 6 - 43a）：

阴平 55、阳平 325、上声 51、去声 324。

今调域的分布情况（见图 6 - 43b）：

阴平主要在 44 的范围；阳平在 213 ~ 325 之间；上声在 31 ~ 51 之间；去声在 212 ~ 324 之间。

《音库》中西宁话的声调调类调值及其例字摘录如下：阴平 44，专开笔百；阳平 24，穷寒局合；上声 53，古口好五；去声 213，近盖共岸。

11. 西宁城东

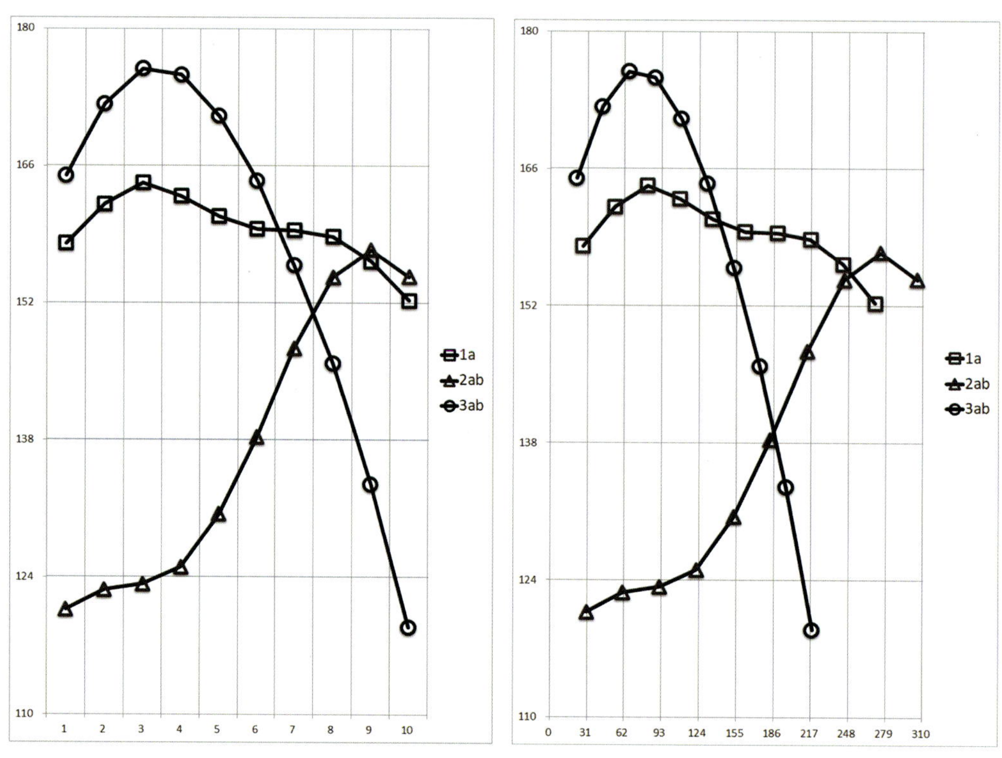

图 6－44a　单字调等长、实长音高模式－西宁城东－OM

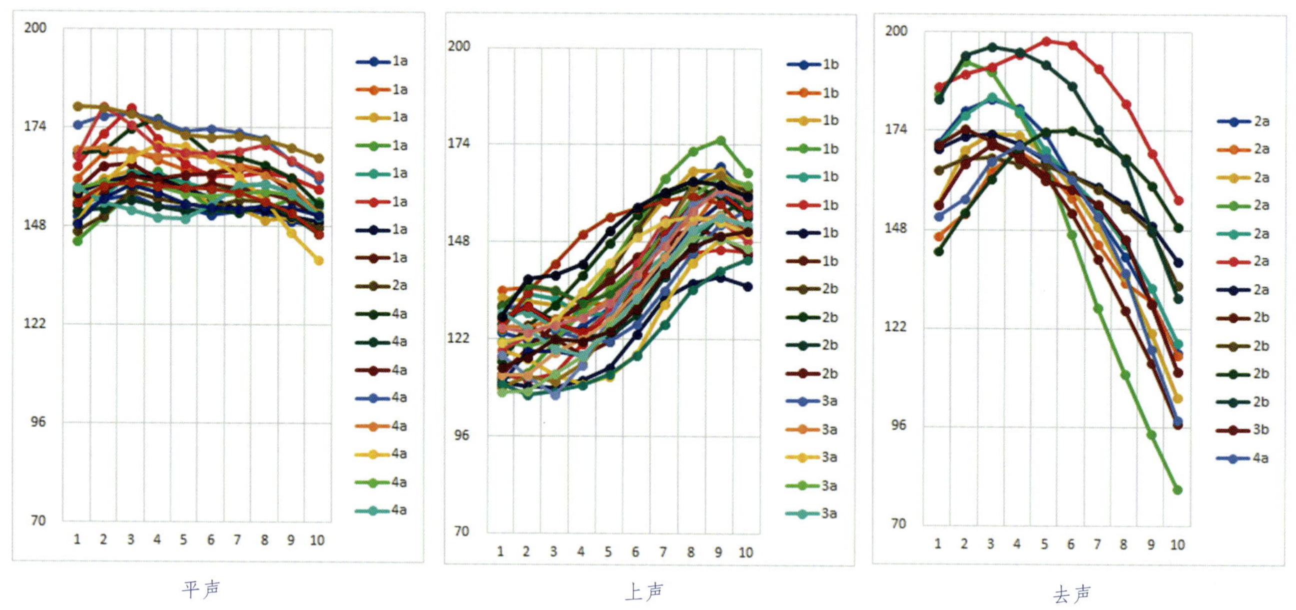

图 6－44b　今声调调域分布范围－西宁城东－OM

老男的声调有 3 个（见图 6－44a）：

平声 44、上声 14、去声 51。

今调域的分布情况（见图 6－44b）：

平声主要在 44 的范围；上声在 23～34 之间；去声在 41～54 之间。

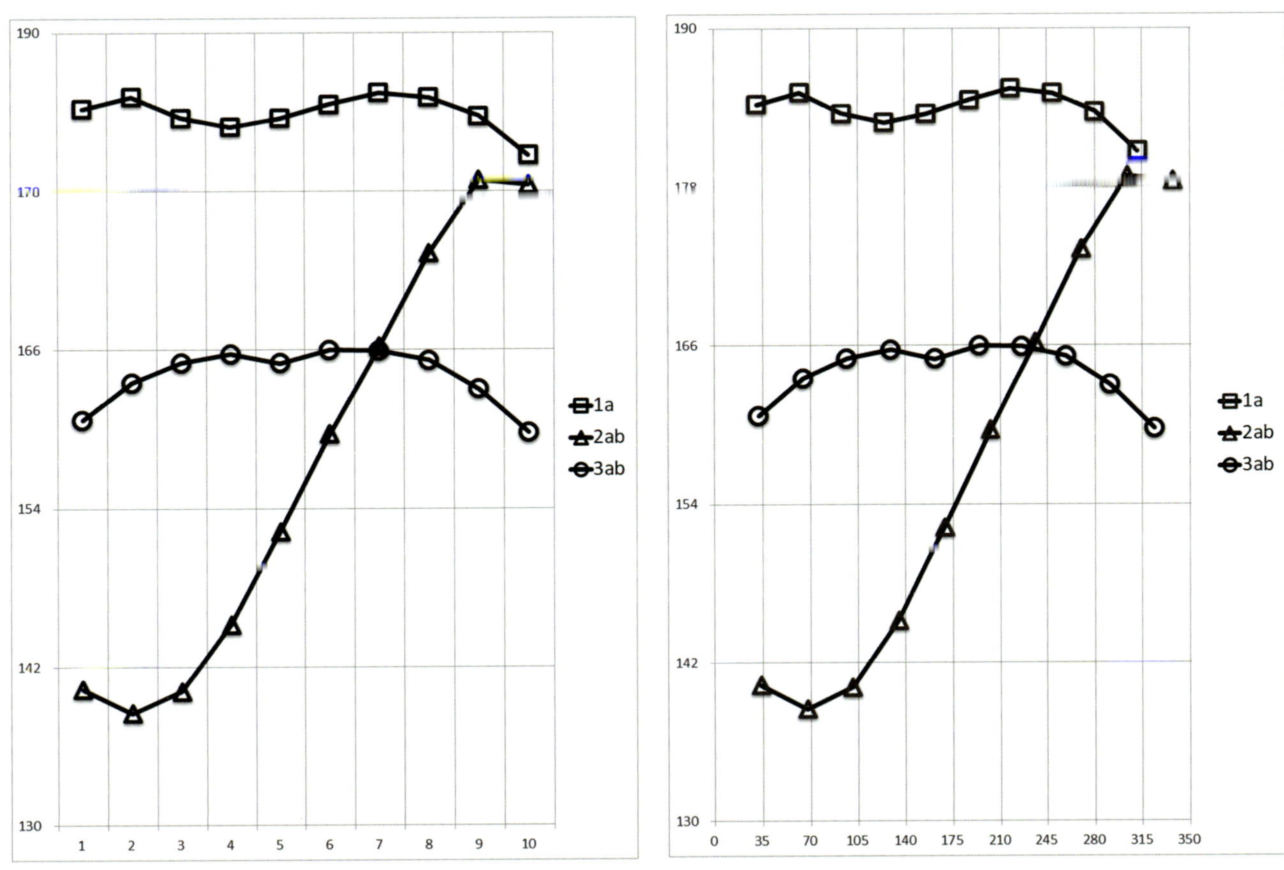

图6－44c 单字调等长、实长音高模式－西宁城东－YM

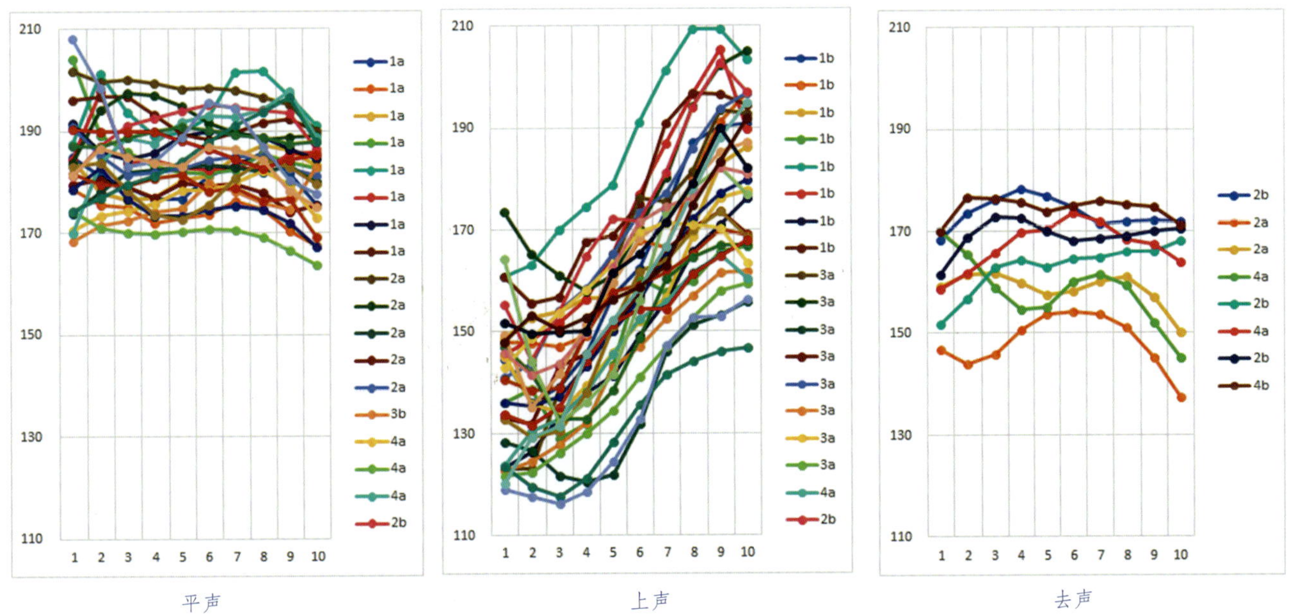

图6－44d 今声调调域分布范围－西宁城东－YM

青男的声调有3个（见图6－44c）：

平声55、上声14、去声33。

今调域的分布情况（见图6－44d）：

平声主要在44～55之间；上声在13～35之间；去声在33～44之间，带拱度。

12. 门源浩门

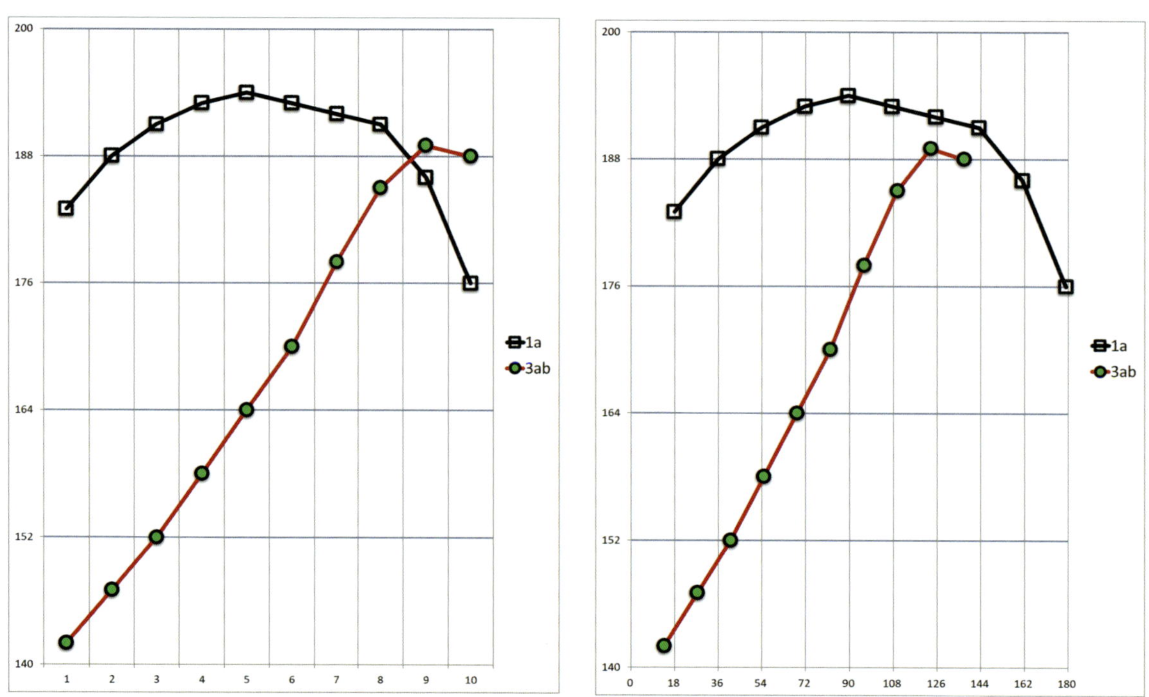

图 6-45a 单字调等长、实长音高模式-门源浩门-OM

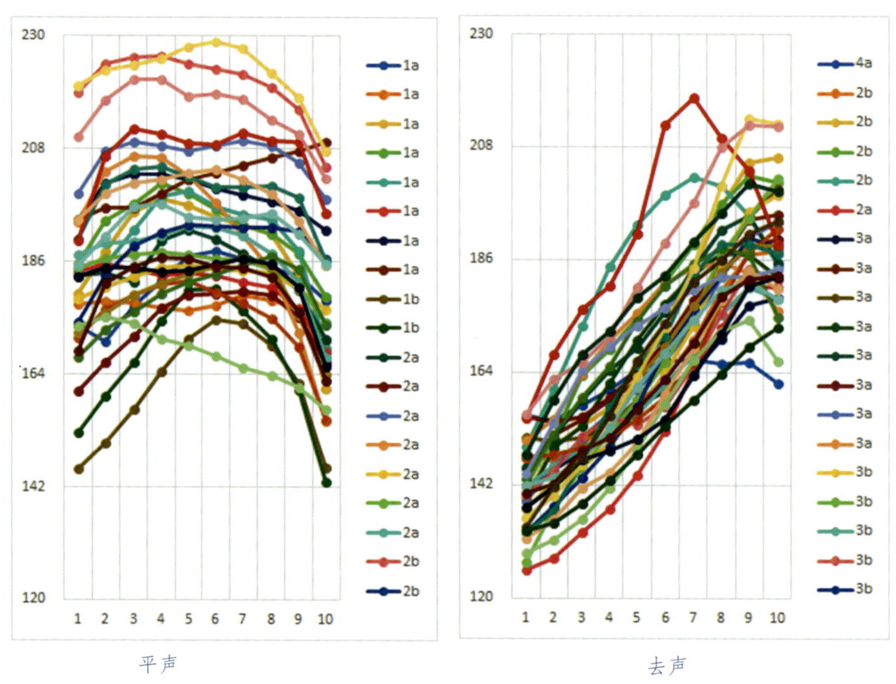

图 6-45b 今声调调域分布范围-门源浩门-OM

老男的声调有 2 个（见图 6-45a）：

平声 454、去声 14。

今调域的分布情况（见图 6-45b）：

平声主要在 232～55 之间；去声主要在 13～25 之间。

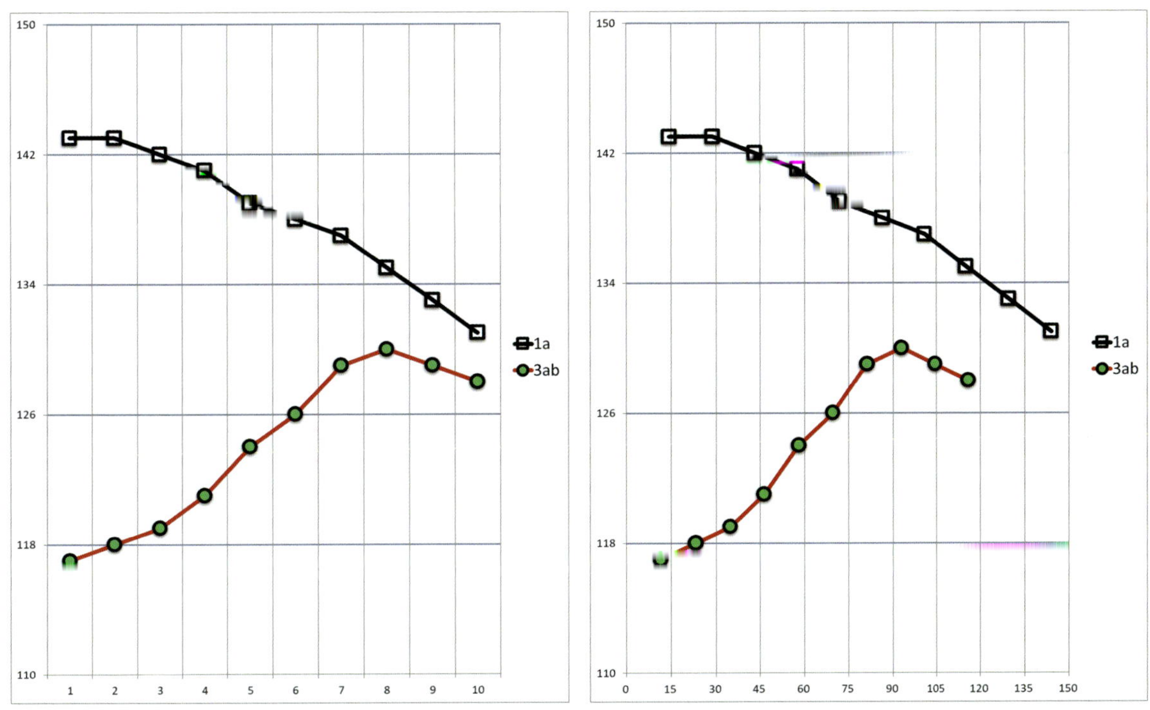

图 6－45c　单字调等长、实长音高模式－门源浩门－YM

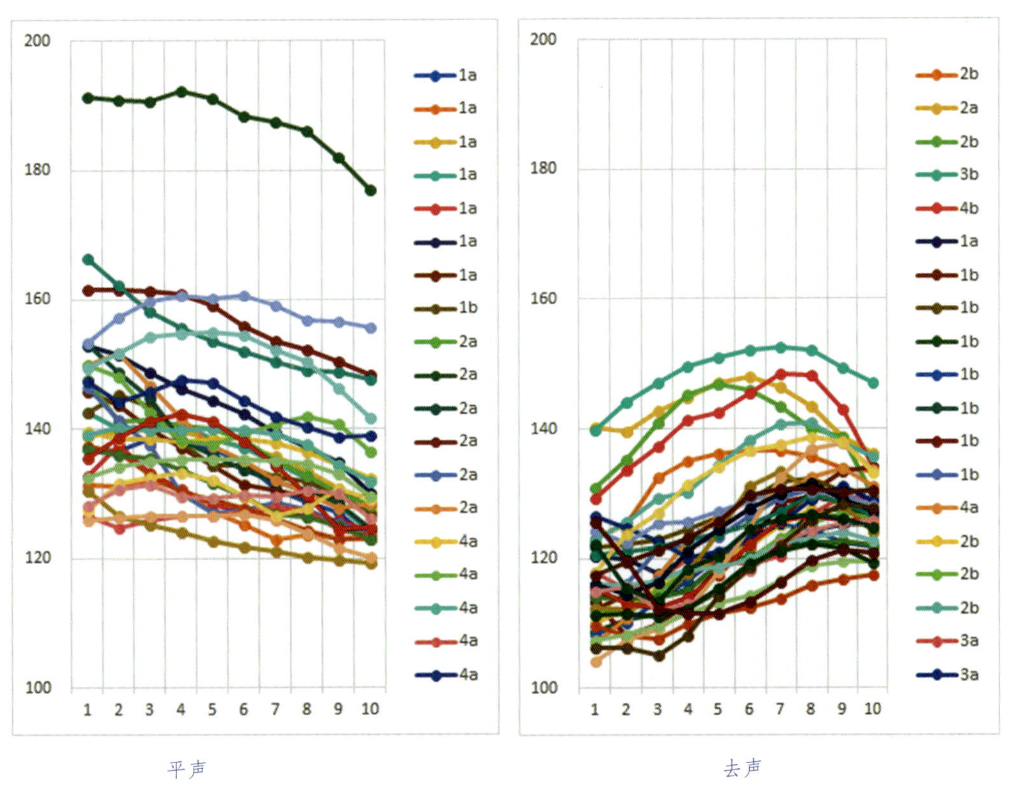

图 6－45d　今声调调域分布范围－门源浩门－YM

青男的声调有 2 个（见图 6－45c）：

平声 53、去声 13。

今调域的分布情况（见图 6－45d）：

平声主要在 22～43 之间；去声主要在 12～33 之间。

13. 平凉崆峒

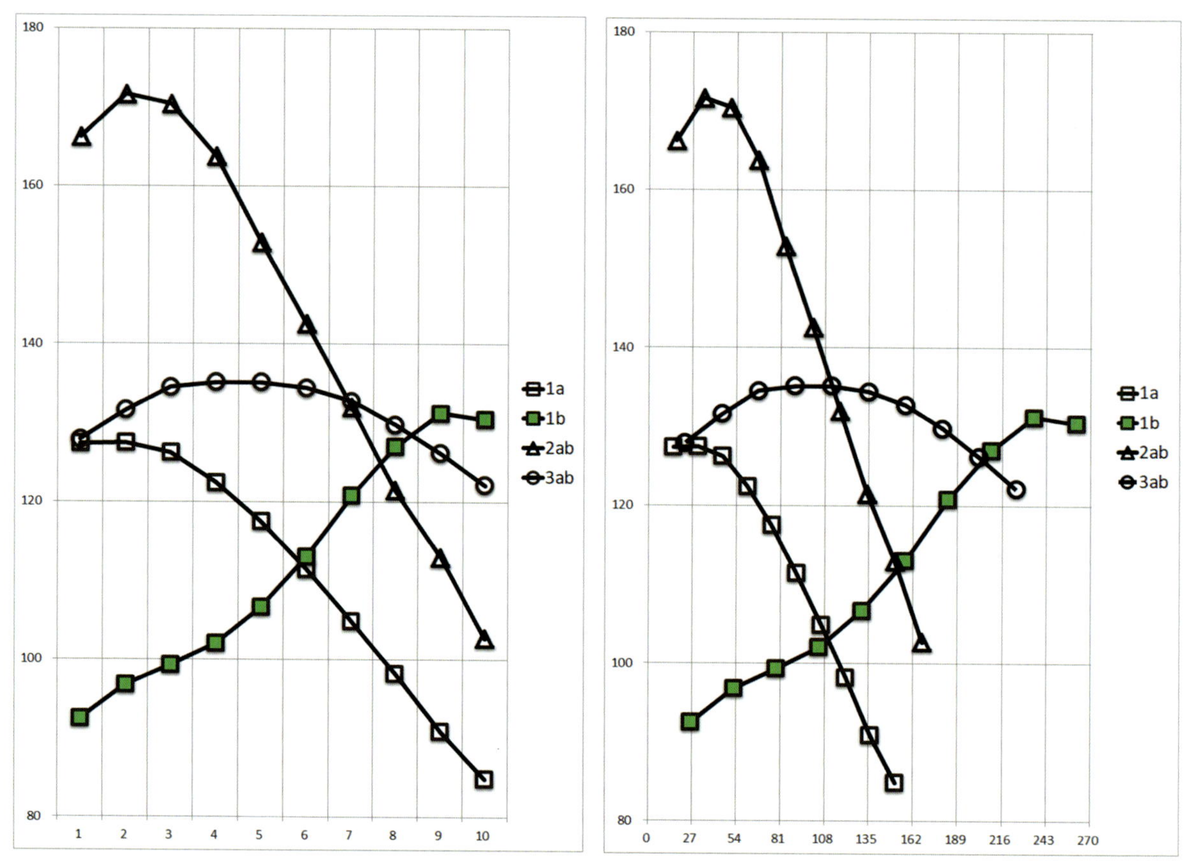

图 6－46a　单字调等长、实长音高模式－平凉崆峒－OM

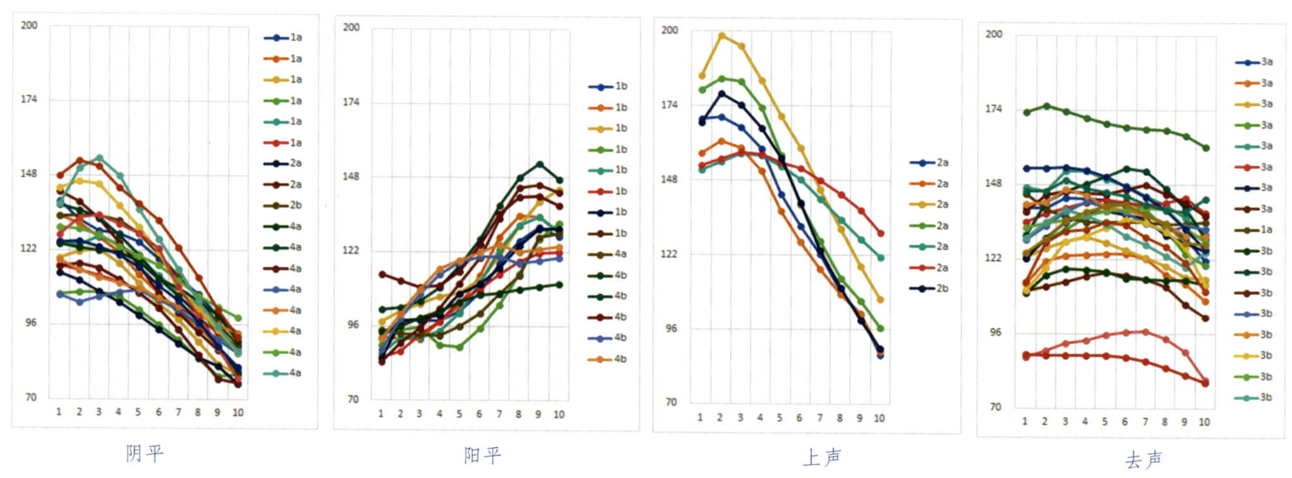

图 6－46b　今声调调域分布范围－平凉崆峒－OM

老男的声调有 4 个（见图 6－46a）：

阴平 31、阳平 13、上声 52、去声 33。

今调域的分布情况（见图 6－46b）：

阴平主要在 21～42 之间；阳平主要在 12～24 之间；上声主要在 41～52 之间；去声主要在 22～44 之间。

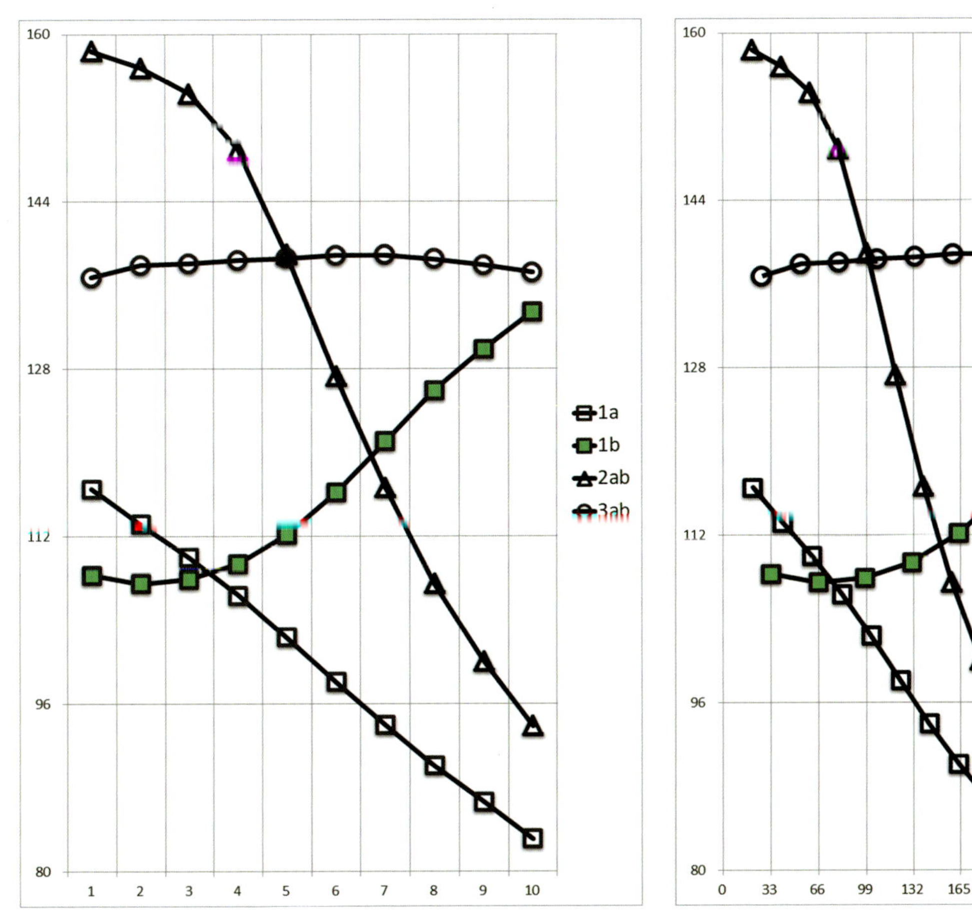

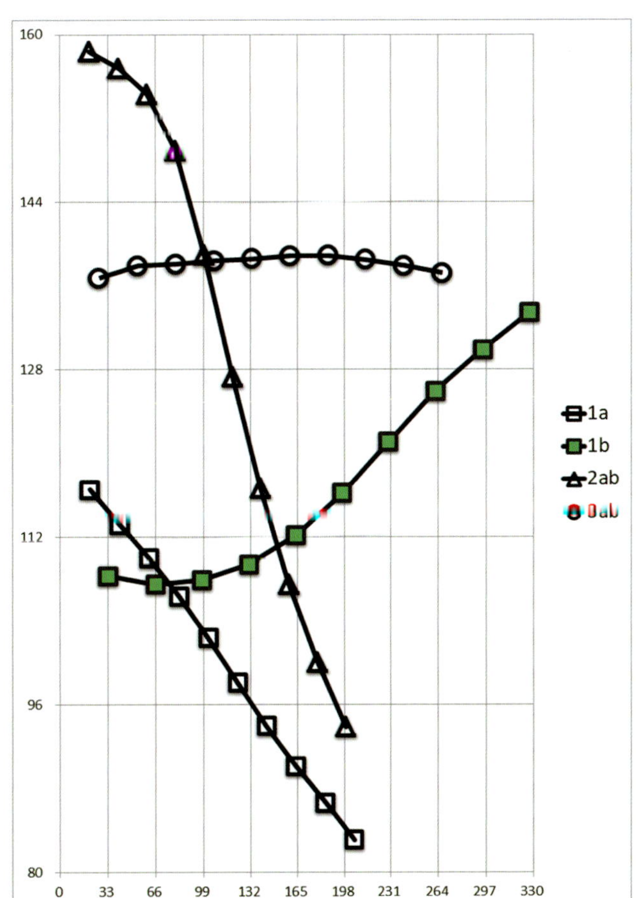

图 6 – 46c 单字调等长、实长音高模式 – 平凉崆峒 – YM

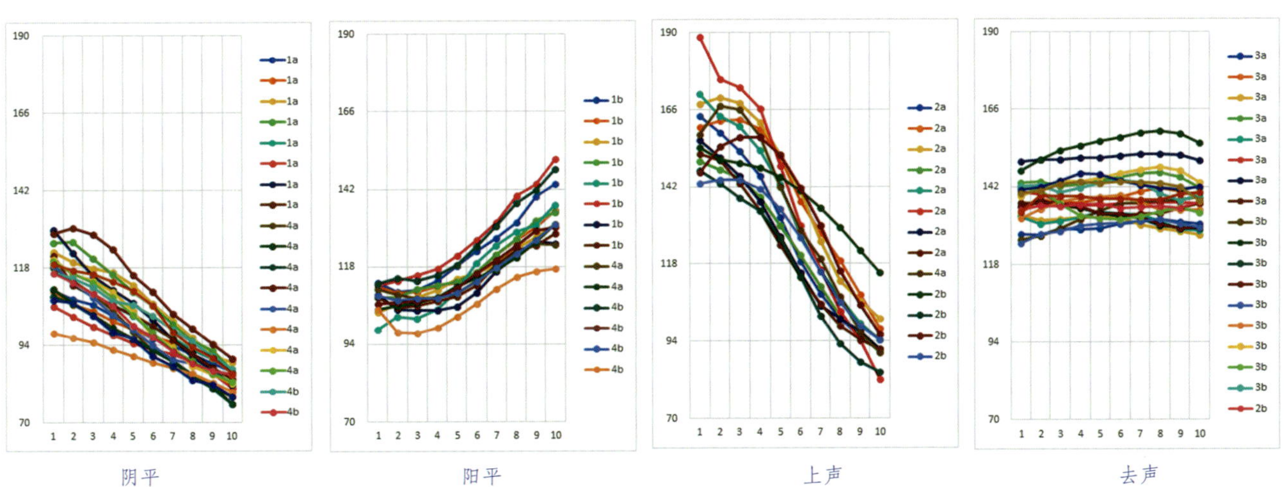

图 6 – 46d 今声调调域分布范围 – 平凉崆峒 – YM

青男的声调有 4 个（见图 6 – 46c）：

阴平 31、阳平 24、上声 51、去声 44。

今调域的分布情况（见图 6 – 46d）：

阴平主要在 21 ~ 31 之间；阳平主要在 23 ~ 24 之间；上声主要在 41 ~ 52 之间；去声主要在 33 ~ 44 之间。

14. 靖远乌兰

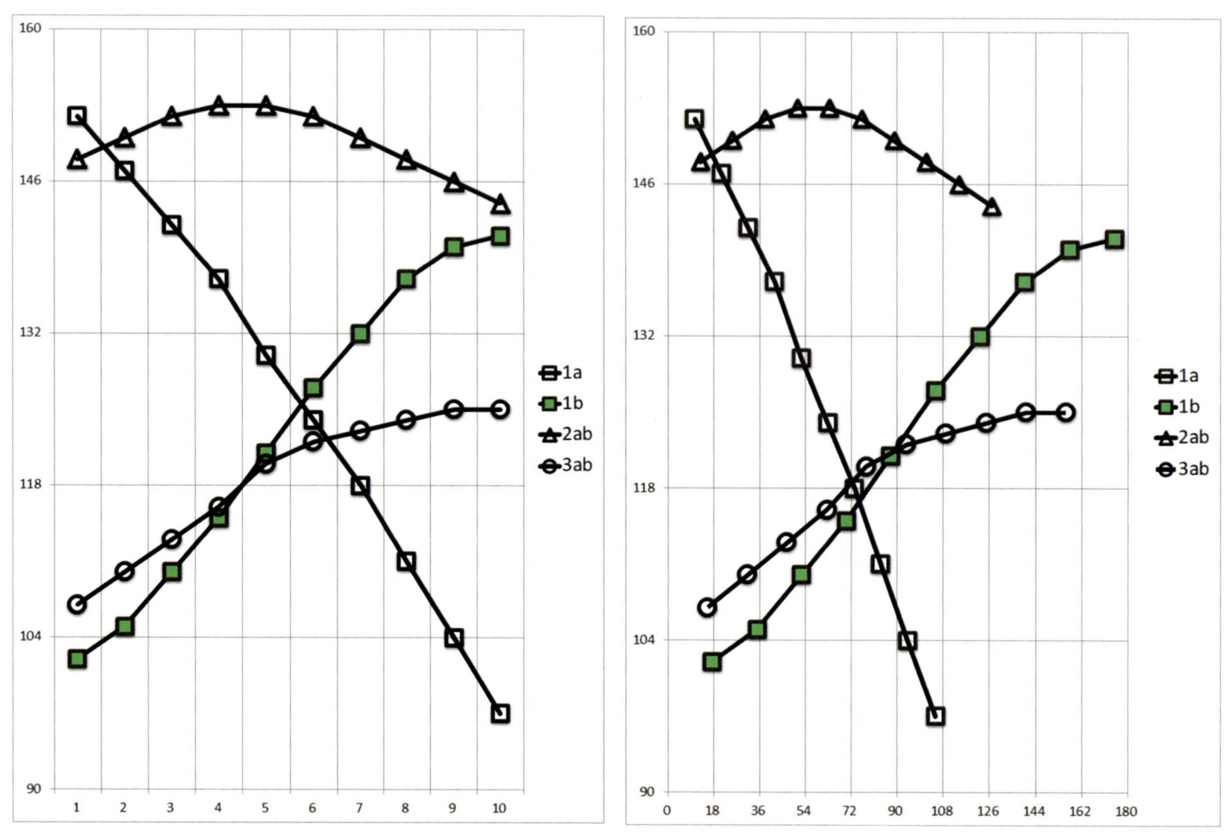

图 6－47a　单字调等长、实长音高模式－靖远乌兰－OM

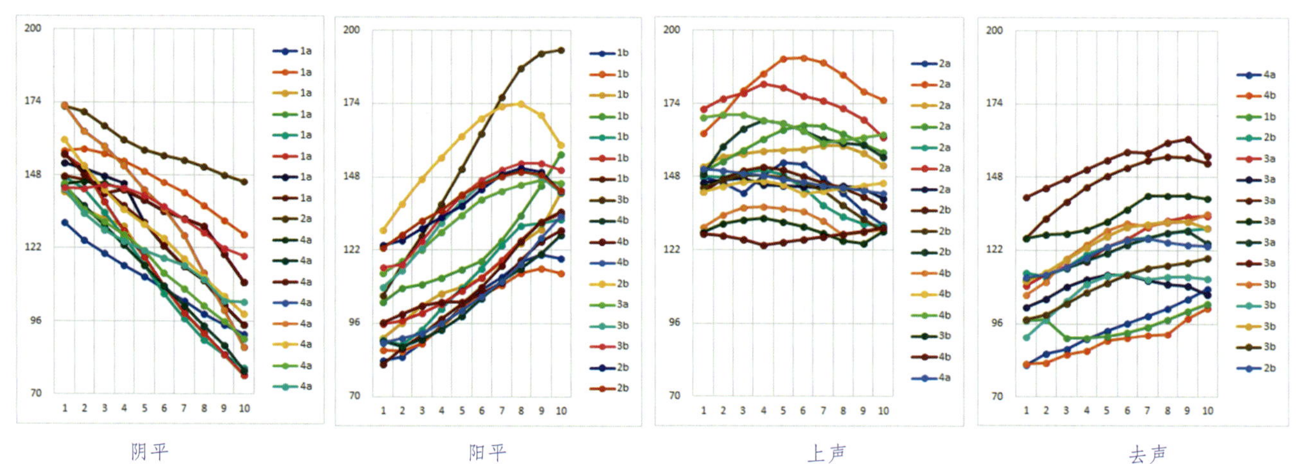

图 6－47b　今声调调域分布范围－靖远乌兰－OM

老男的声调有 4 个（见图 6－47a）：

阴平 51、阳平 24、上声 55、去声 23。

今调域的分布情况（见图 6－47b）：

阴平主要在 31～43 之间；阳平主要在 12～35 之间；上声主要在 33～55 之间；去声主要在 12～34 之间。

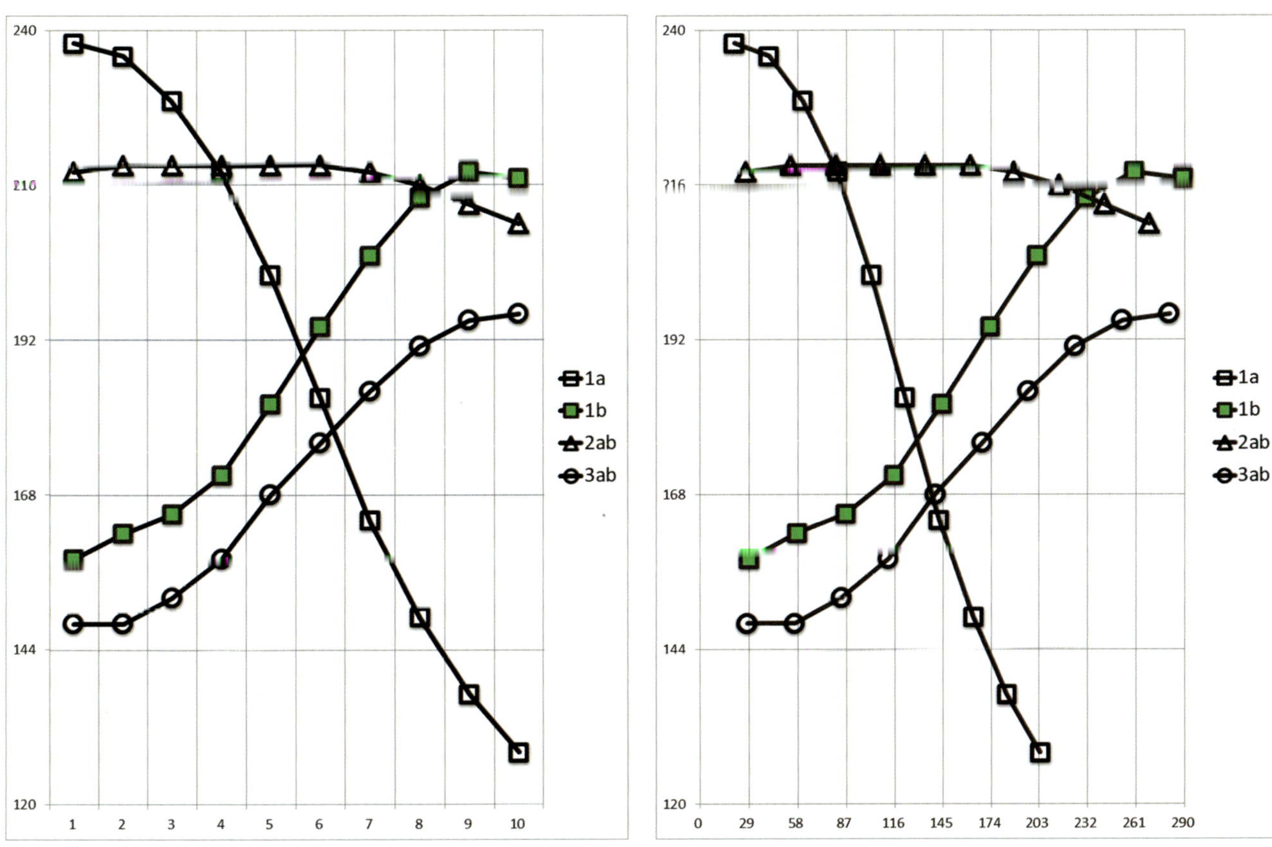

图 6－47c 单字调等长、实长音高模式－靖远乌兰－YM

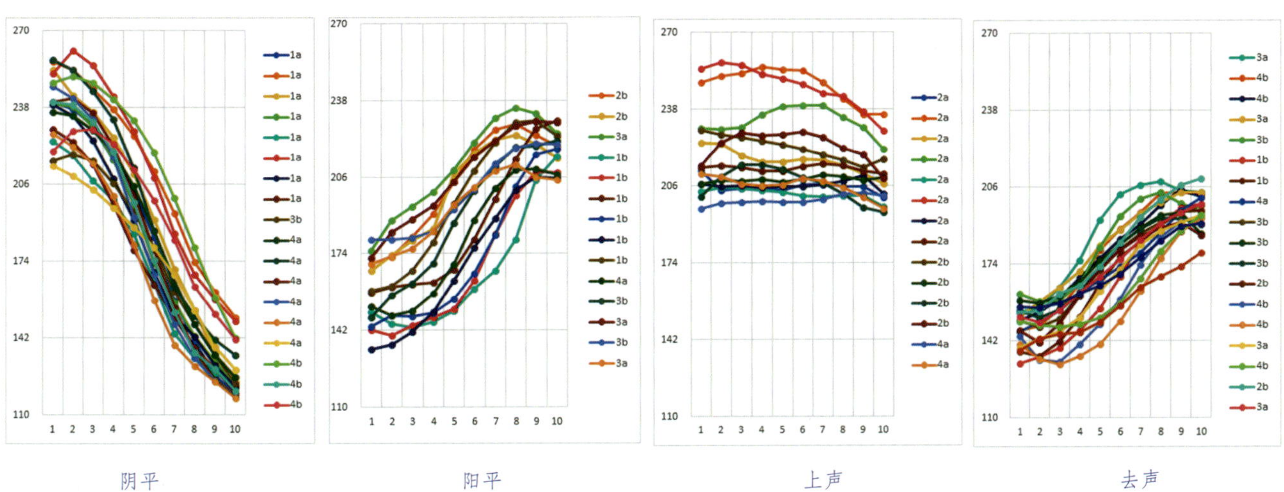

图 6－47d 今声调调域分布范围－靖远乌兰－YM

青男的声调有 4 个（见图 6－47c）：

阴平 51、阳平 25、上声 44、去声 24。

今调域的分布情况（见图 6－47d）：

阴平主要在 41～52 之间；阳平主要在 24～34 之间；上声主要在 44～54 之间；去声主要在 13～23 之间。

15. 敦煌沙洲

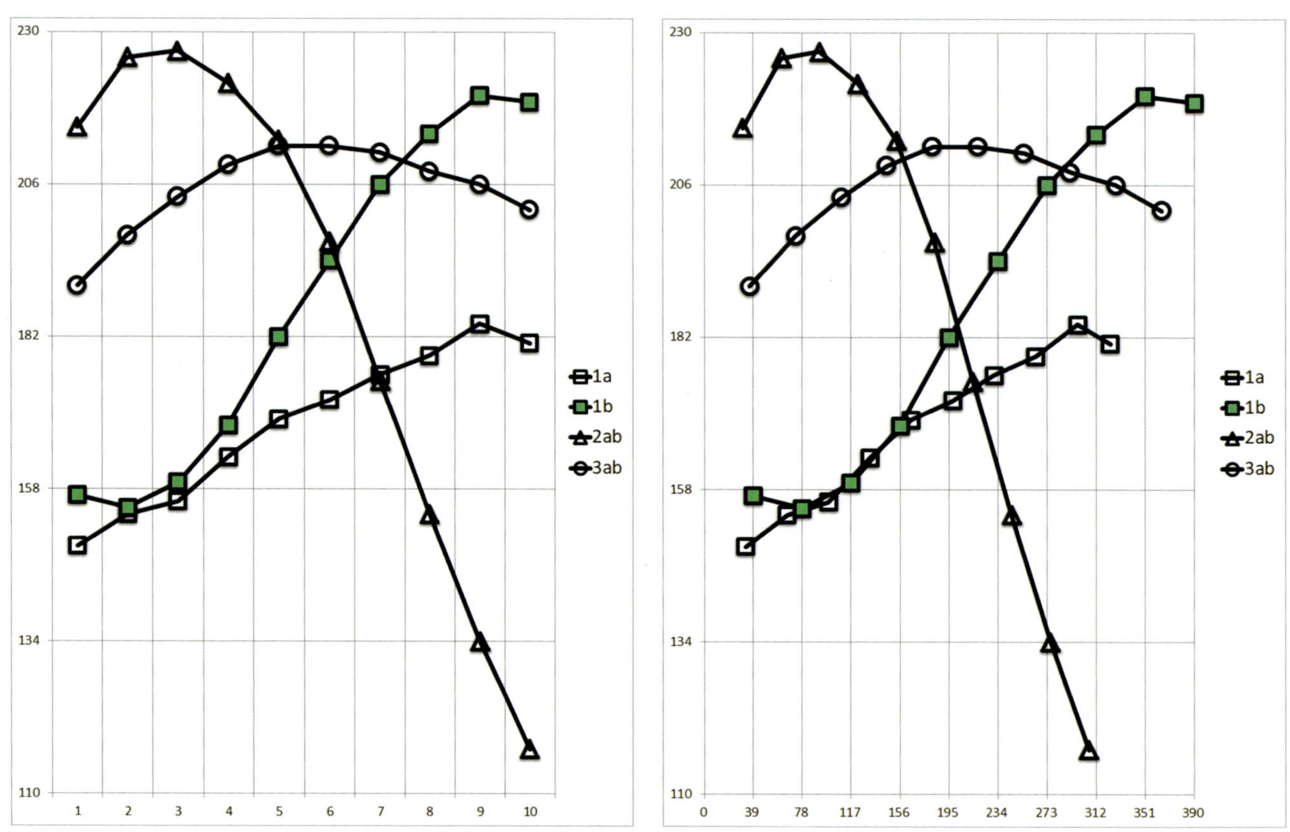

图 6－48a 单字调等长、实长音高模式－敦煌沙洲－OM

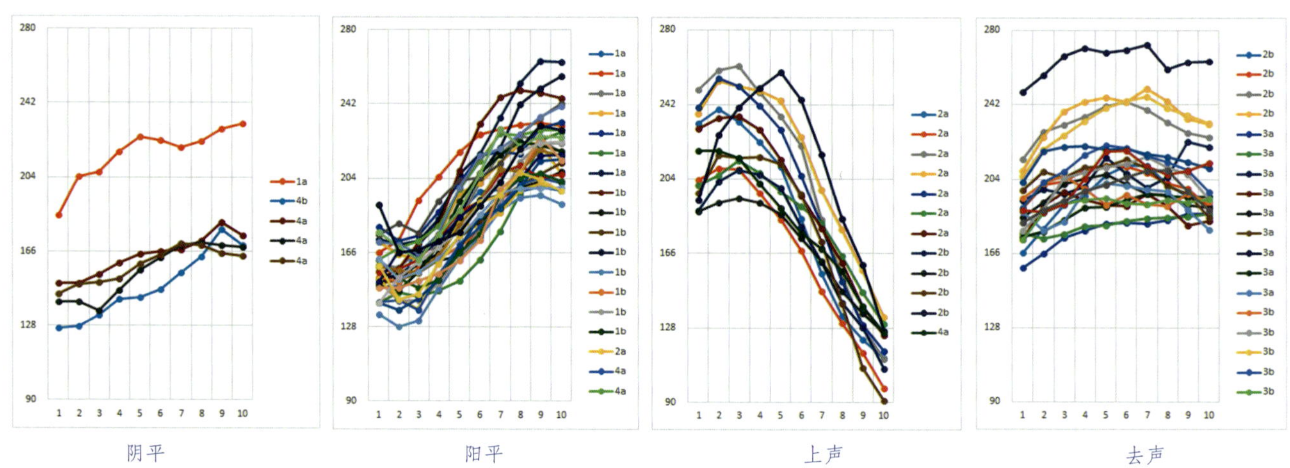

图 6－48b 今声调调域分布范围－敦煌沙洲－OM

老男的声调有 4 个（见图 6－48a）：

阴平 23、阳平 35、上声 51、去声 44。

今调域的分布情况（见图 6－48b）：

阴平主要在 23～34 之间；阳平主要在 24～35 之间；上声主要在 31～52 之间；去声主要在 33～55 之间。

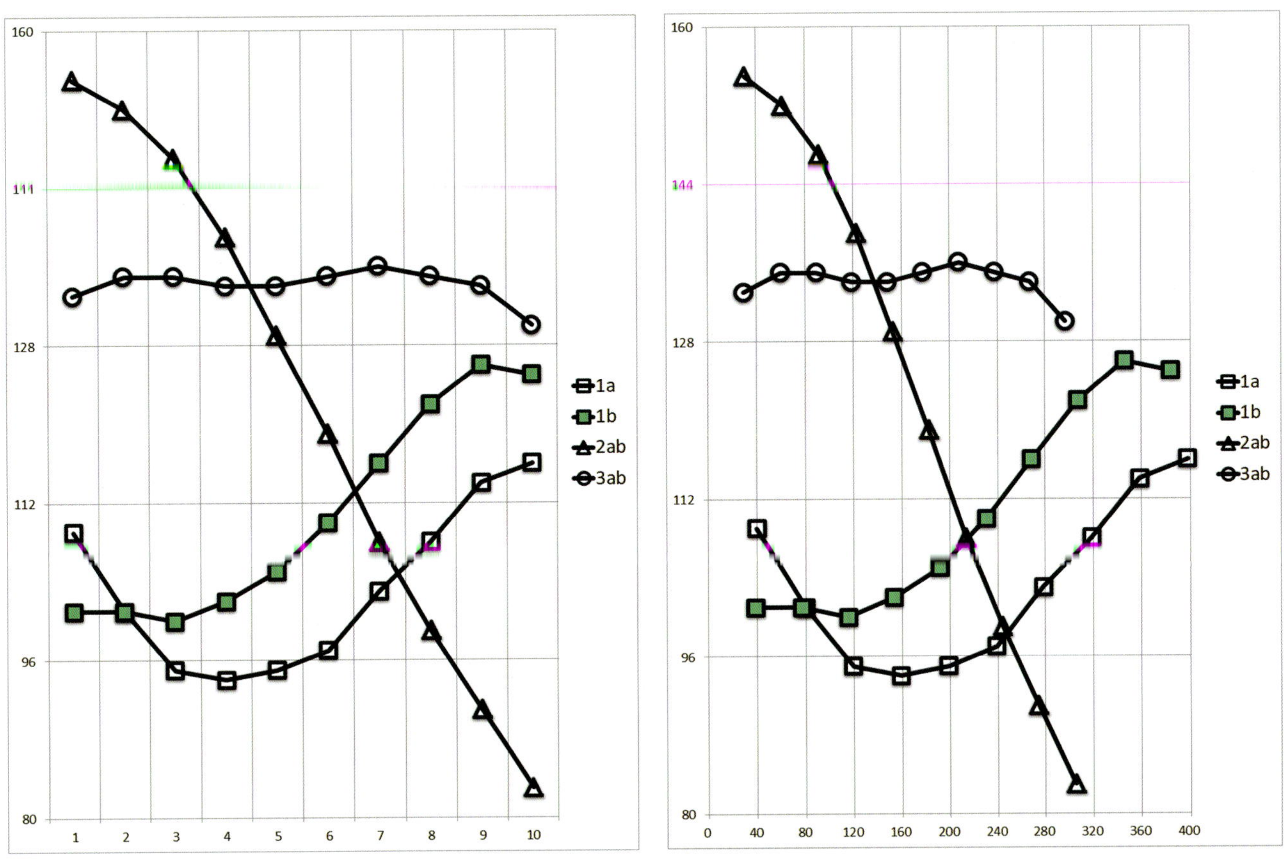

图 6－48c　单字调等长、实长音高模式－敦煌沙洲－YM

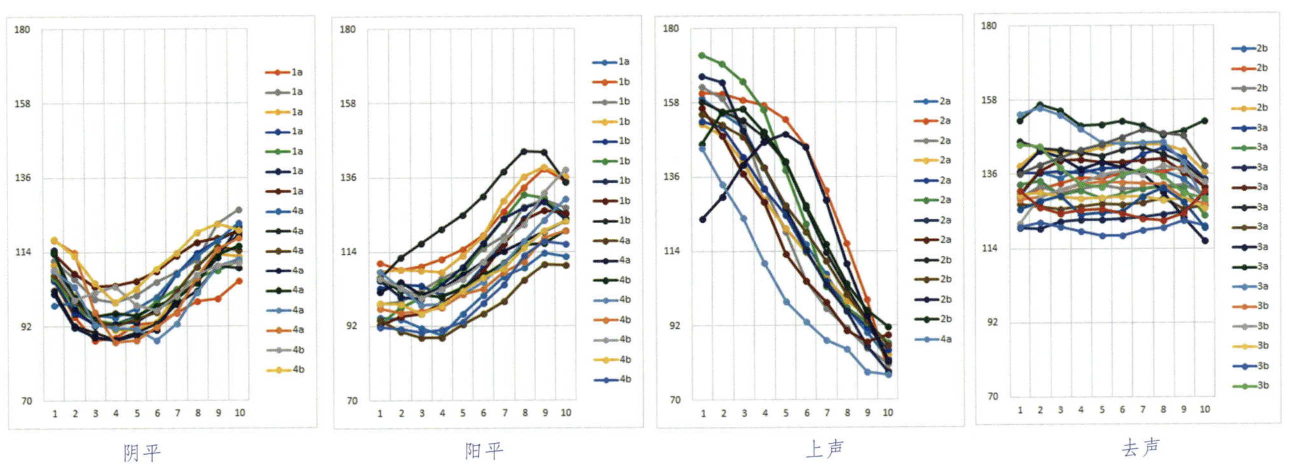

图 6－48d　今声调调域分布范围－敦煌沙洲－YM

青男的声调有 4 个（见图 6－48c）：

阴平 213、阳平 23、上声 51、去声 44。

今调域的分布情况（见图 6－48d）：

阴平主要在 213～323 之间；阳平主要在 12～24 之间；上声主要在 41～52 之间；去声主要在 33～44 之间。

6.3 汾河片

6.3.1 平阳小片

翼城唐兴

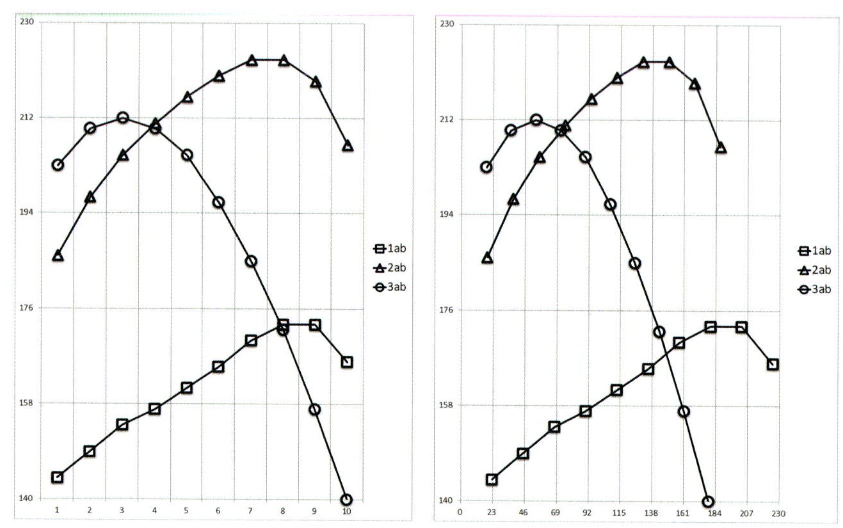

图 6-49a 单字调等长、实长音高模式 - 翼城唐兴 - OM

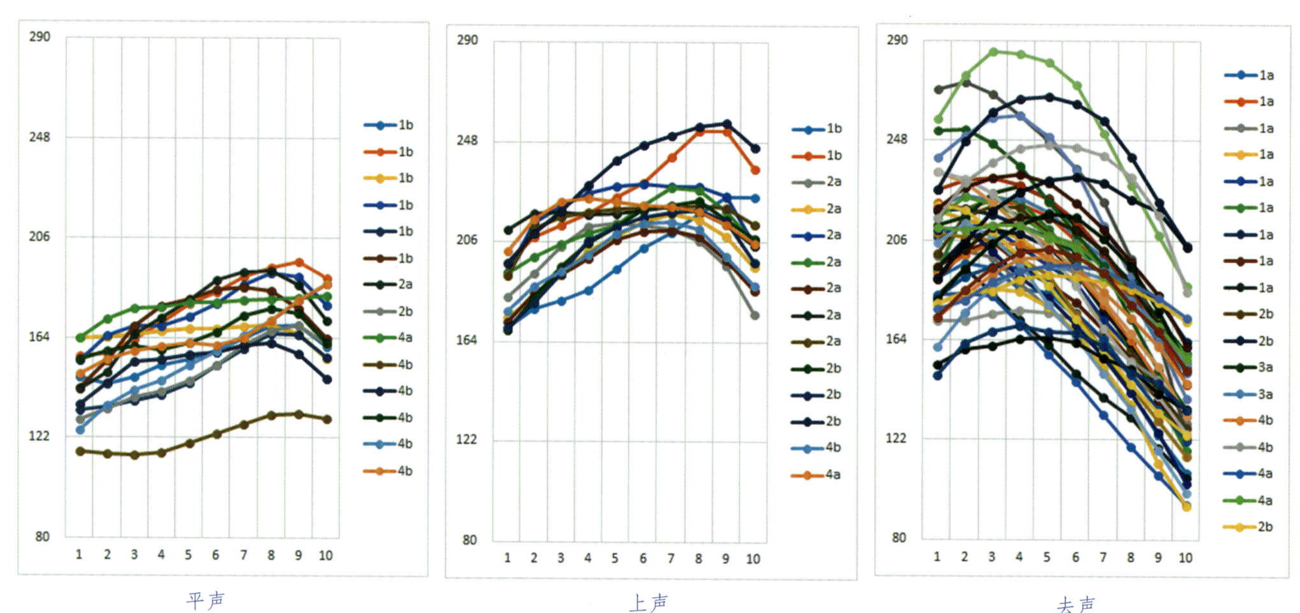

图 6-49b 今声调调域分布范围 - 翼城唐兴 - OM

老男的声调有 3 个（见图 6-49a）：

平声 12、上声 35、去声 41。

今调域的分布情况（见图 6-49b）：

平声主要在 12~23 之间；上声主要在 34~45 之间；去声主要在 21~53 之间。

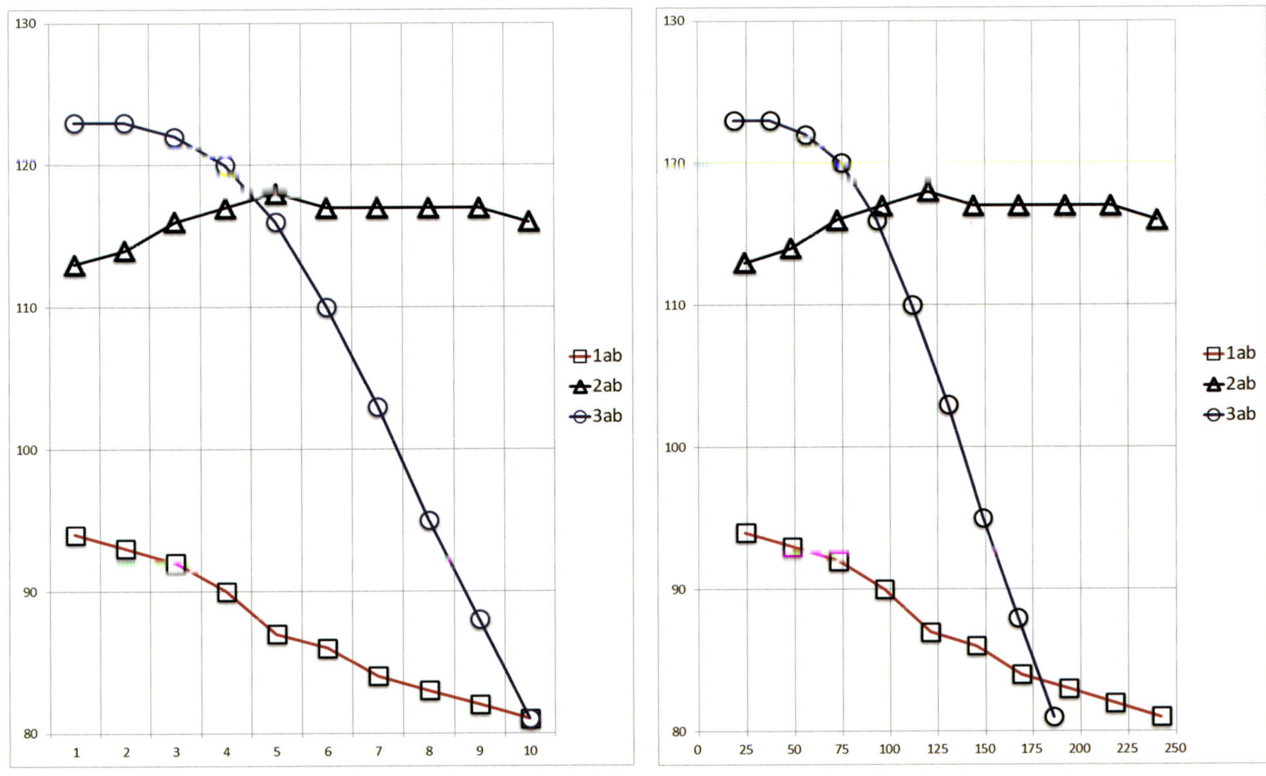

图 6－49c　单字调等长、实长音高模式－翼城唐兴－YM

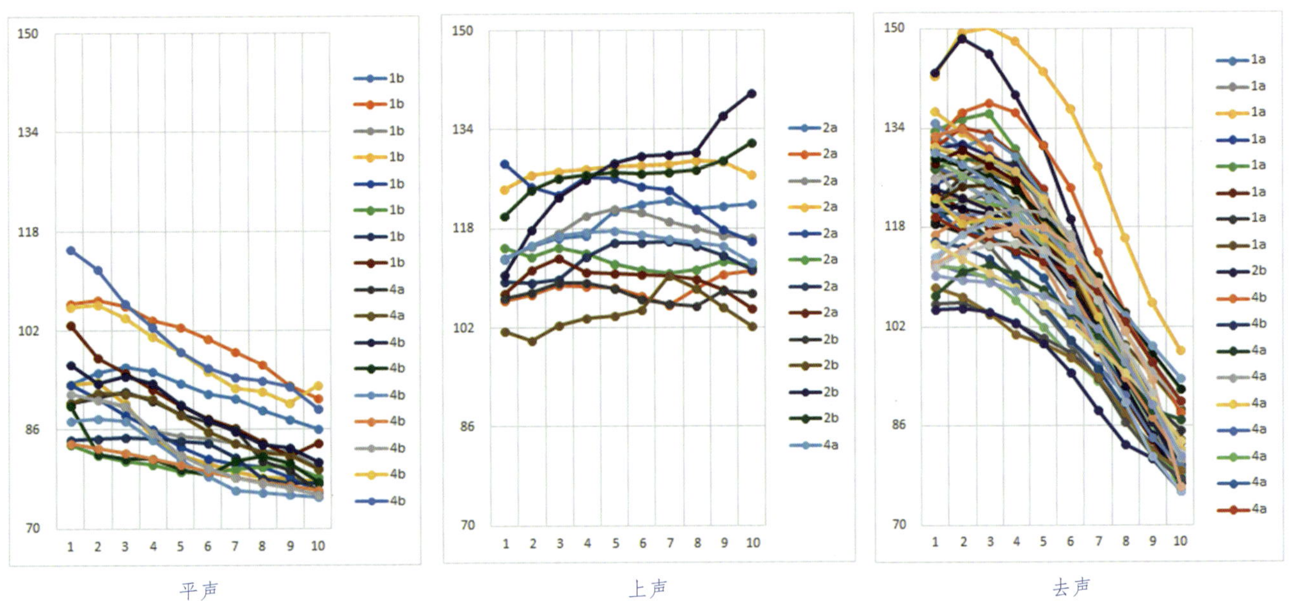

图 6－49d　今声调调域分布范围－翼城唐兴－YM

青男的声调有 3 个（见图 6－49c）：

平声 21、上声 44、去声 51。

今调域的分布情况（见图 6－49d）：

平声主要在 21～32 之间；上声主要在 33～44 之间；去声主要在 31～52 之间。

6.3.2 绛州小片

1. 新绛龙兴

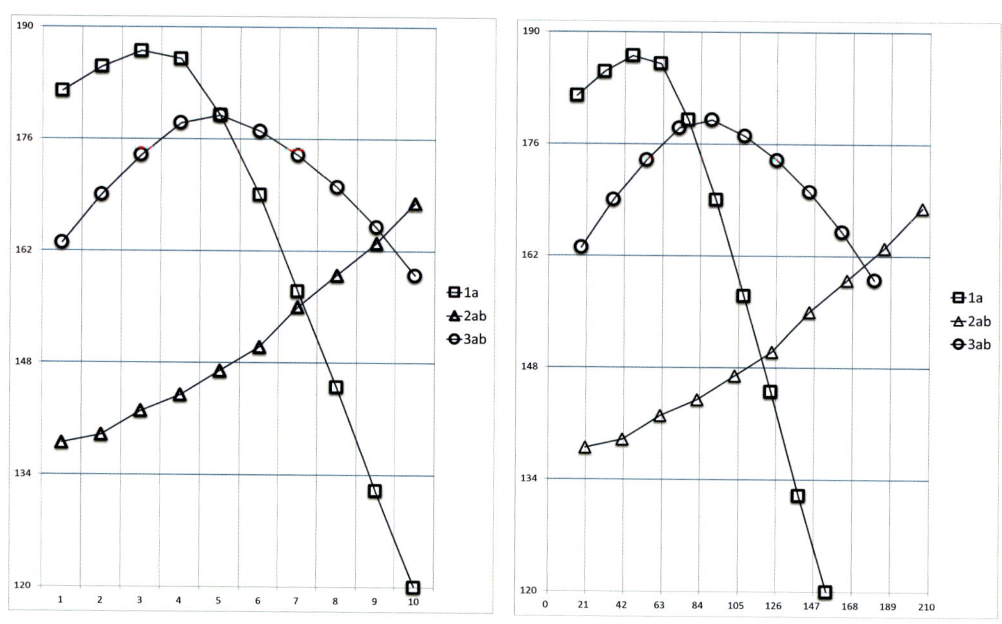

图 6－50a 单字调等长、实长音高模式－新绛龙兴－OM

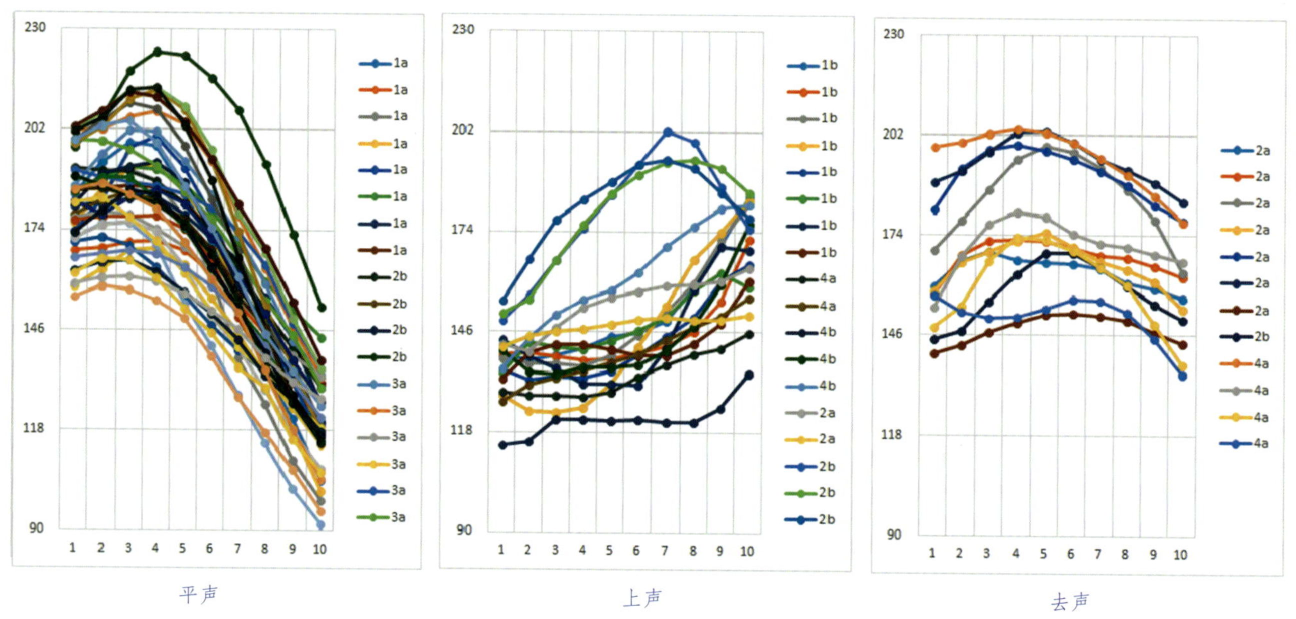

图 6－50b 今声调调域分布范围－新绛龙兴－OM

老男的声调有 3 个（见图 6－50a）：

平声 51、上声 24、去声 453。

今调域的分布情况（见图 6－50b）：

平声主要在 31～53 之间；上声主要在 23～34 之间；去声主要在 232～454 之间。

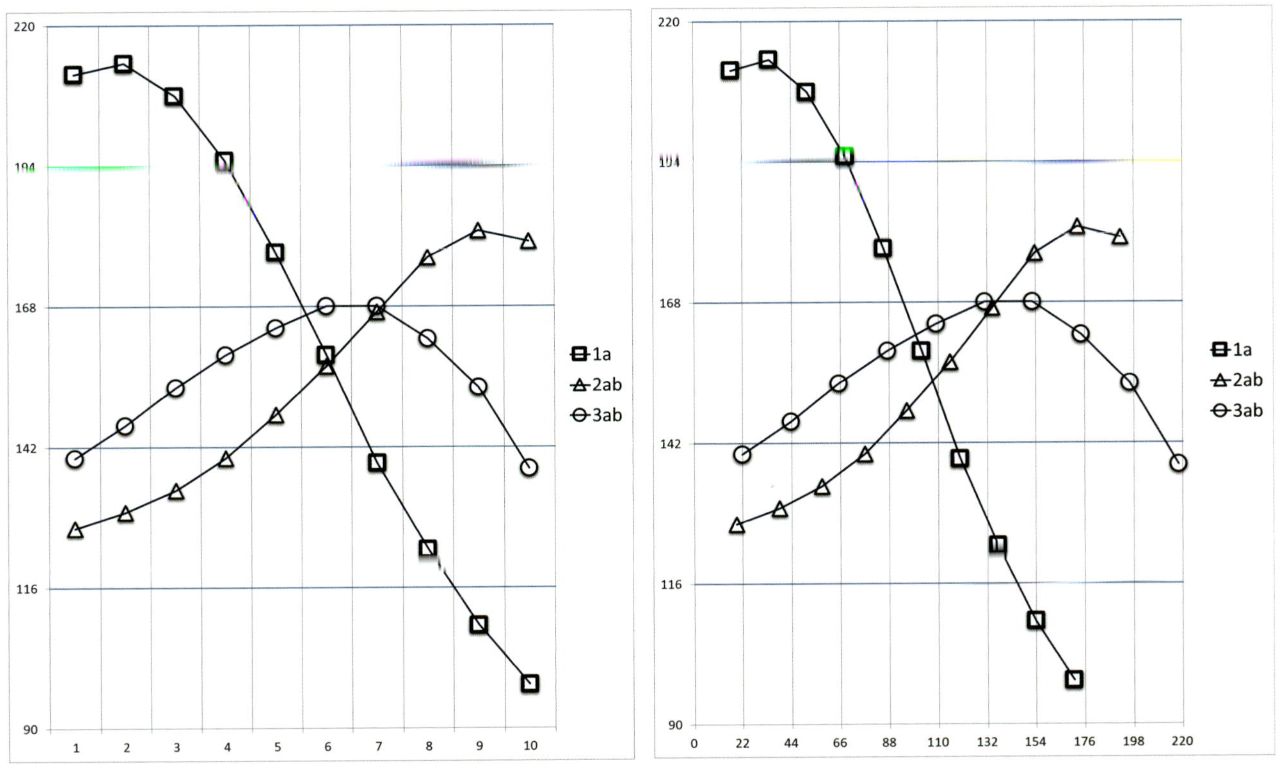

图 6－50c　单字调等长、实长音高模式－新绛龙兴－YM

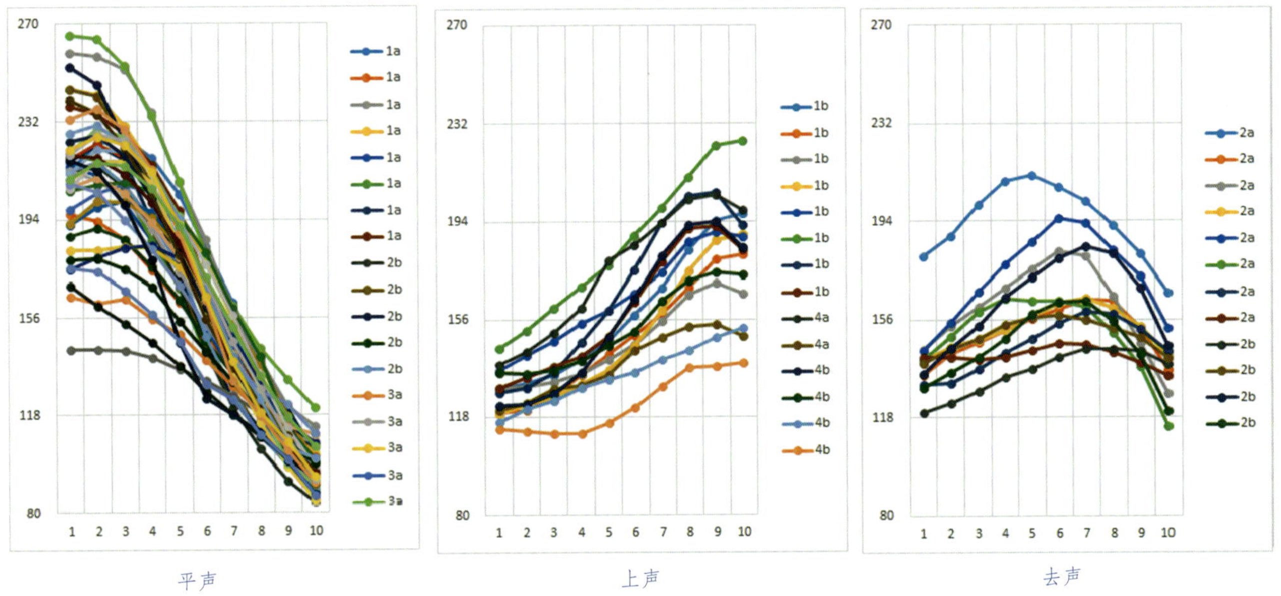

图 6－50d　今声调调域分布范围－新绛龙兴－YM

青男的声调有 3 个（见图 6－50c）：

平声 51、上声 24、去声 343。

今调域的分布情况（见图 6－50d）：

平声主要在 21～52 之间；上声主要在 23～34 之间；去声主要在 232～343 之间。

2. 万荣解店

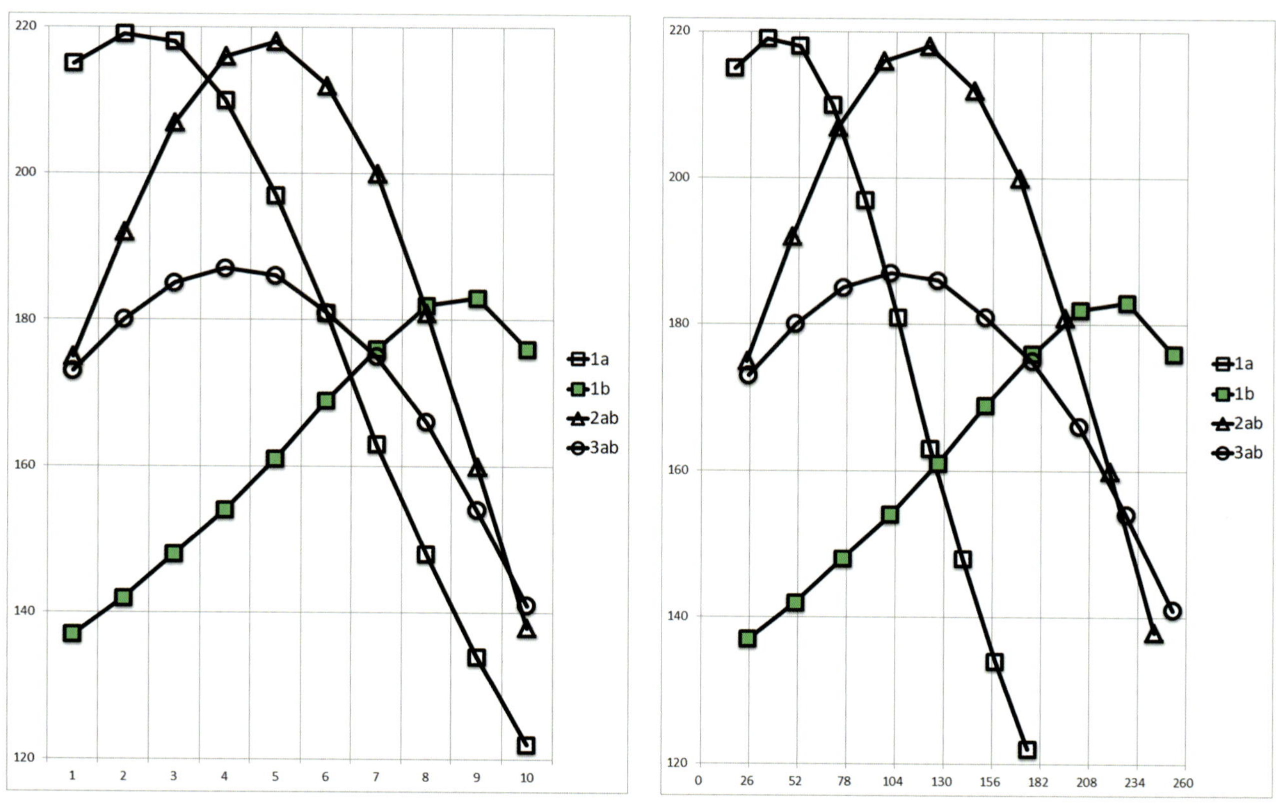

图 6－51a　单字调等长、实长音高模式－万荣解店－OM

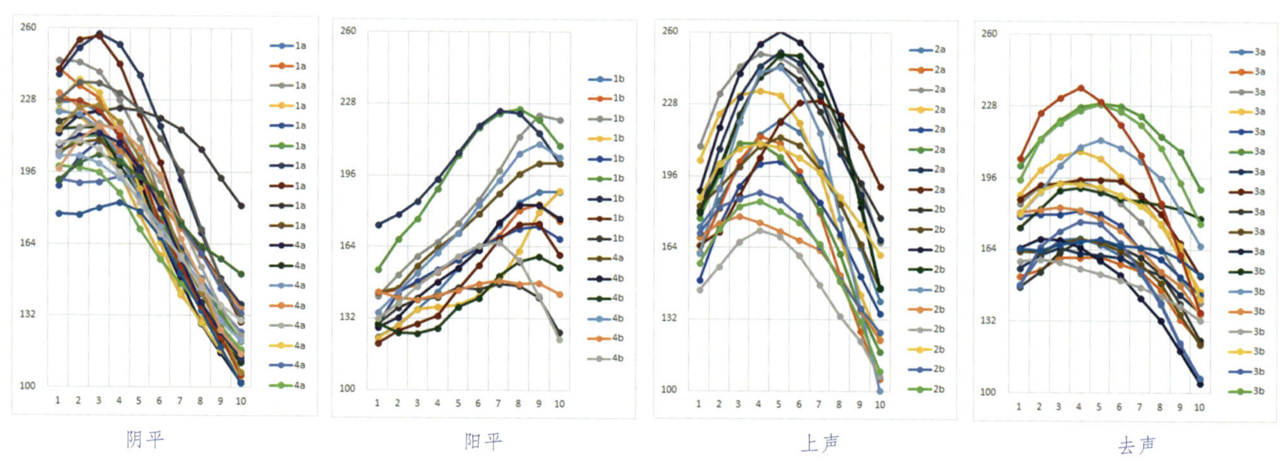

图 6－51b　今声调调域分布范围－万荣解店－OM

老男的声调有 4 个（见图 6－51a）：

阴平 51、阳平 24、上声 352、去声 342。

今调域的分布情况（见图 6－51b）：

阴平主要在 31～53 之间；阳平主要在 12～34 之间；上声主要在 231～454 之间；去声主要在 231～454 之间。

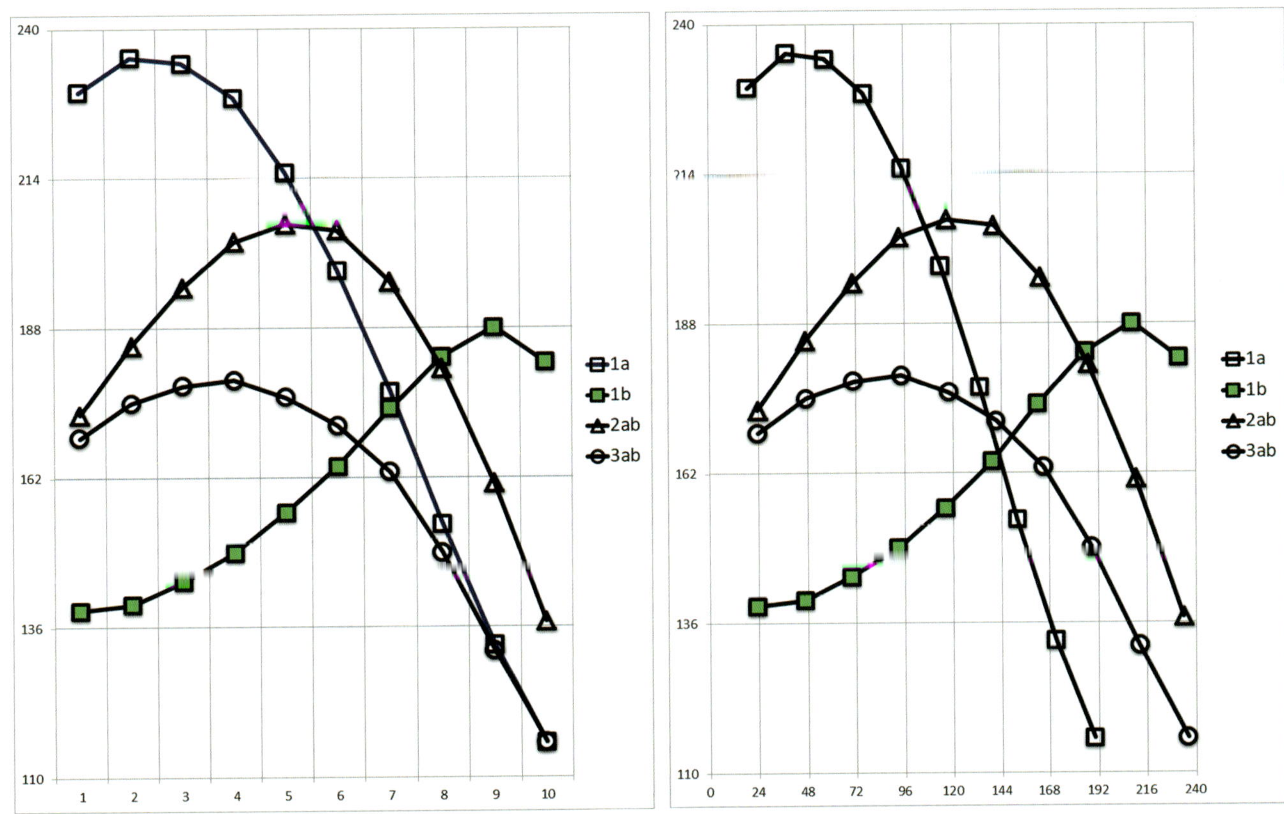

图 6－51c　单字调等长、实长音高模式－万荣解店－YM

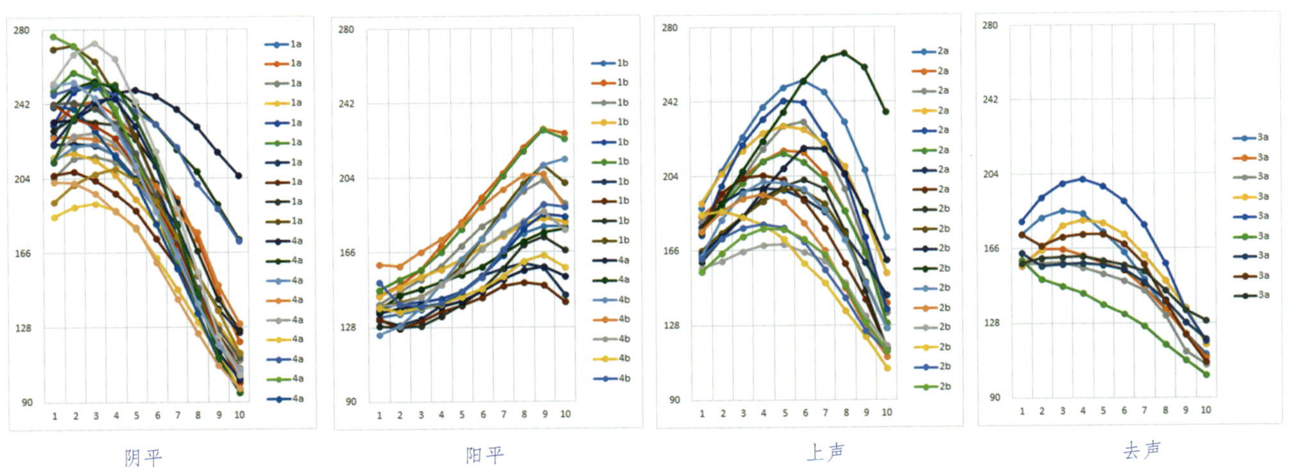

图 6－51d　今声调调域分布范围－万荣解店－YM

青男的声调有 4 个（见图 6－51c）：

阴平 51、阳平 23、上声 342、去声 31。

今调域的分布情况（见图 6－51d）：

阴平主要在 31～53 之间；阳平主要在 23～24 之间；上声主要在 231～353 之间；去声主要在 21～31 之间。

6.3.3 解州小片

1. 临猗猗氏

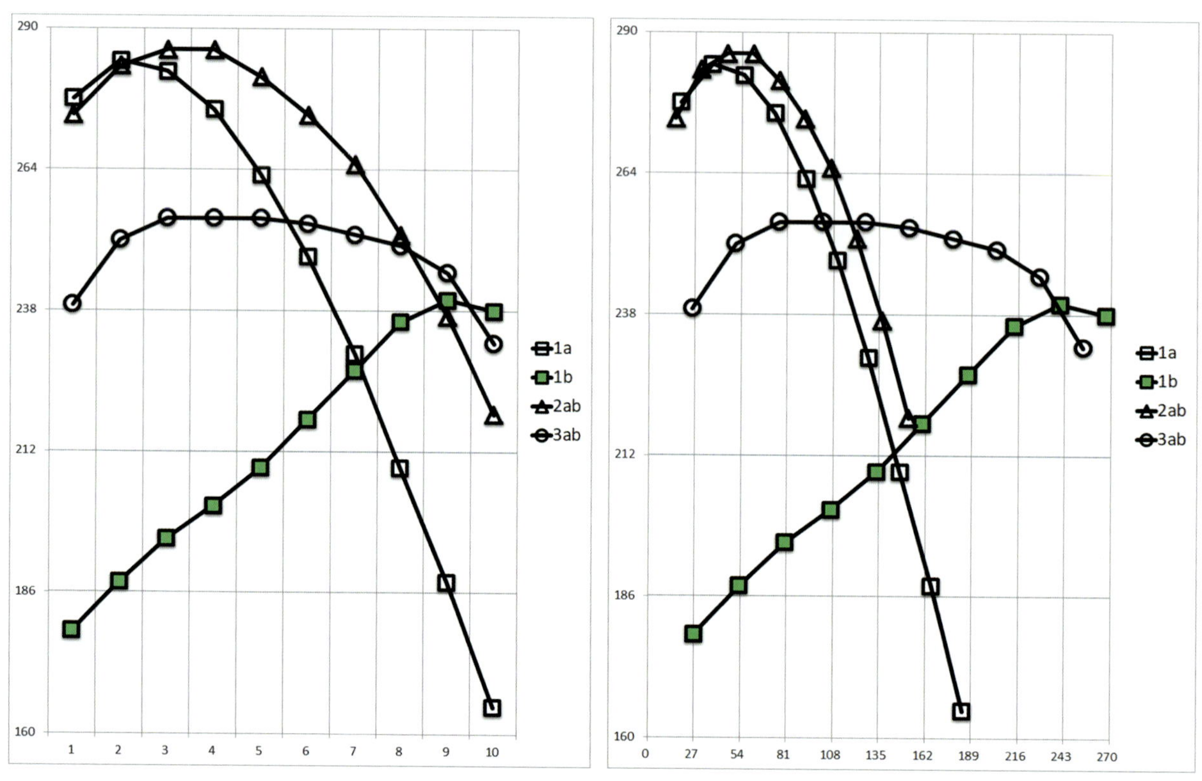

图 6－52a 单字调等长、实长音高模式－临猗猗氏－OM

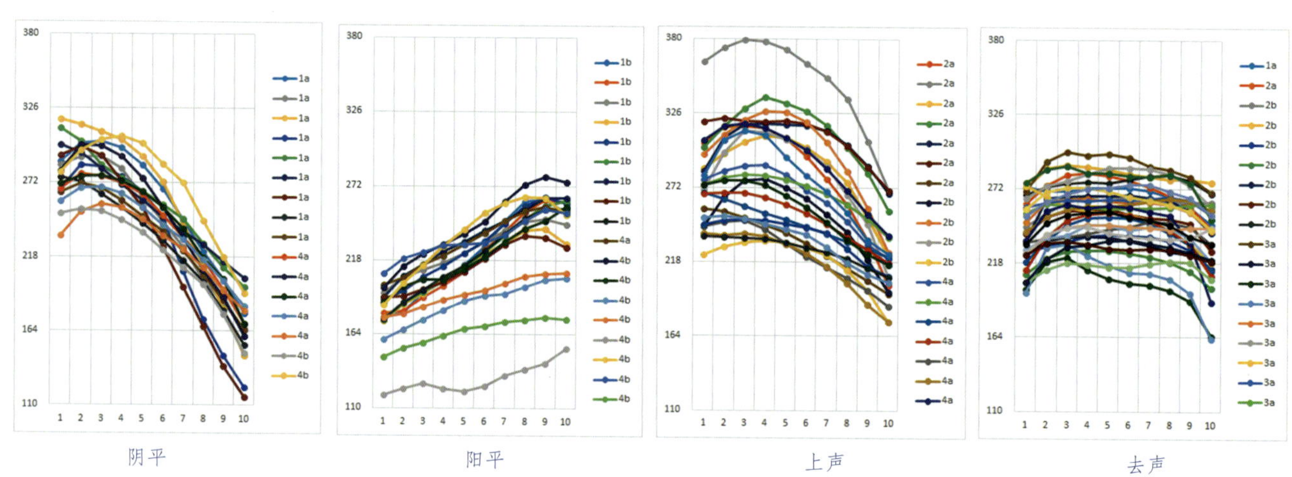

图 6－52b 今声调调域分布范围－临猗猗氏－OM

老男的声调有 4 个（见图 6－52a）：

阴平 51、阳平 13、上声 53、去声 44。

今调域的分布情况（见图 6－52b）：

阴平主要在 31～42 之间；阳平主要在 12～23 之间；上声主要在 32～54 之间；去声主要在 33～44 之间。

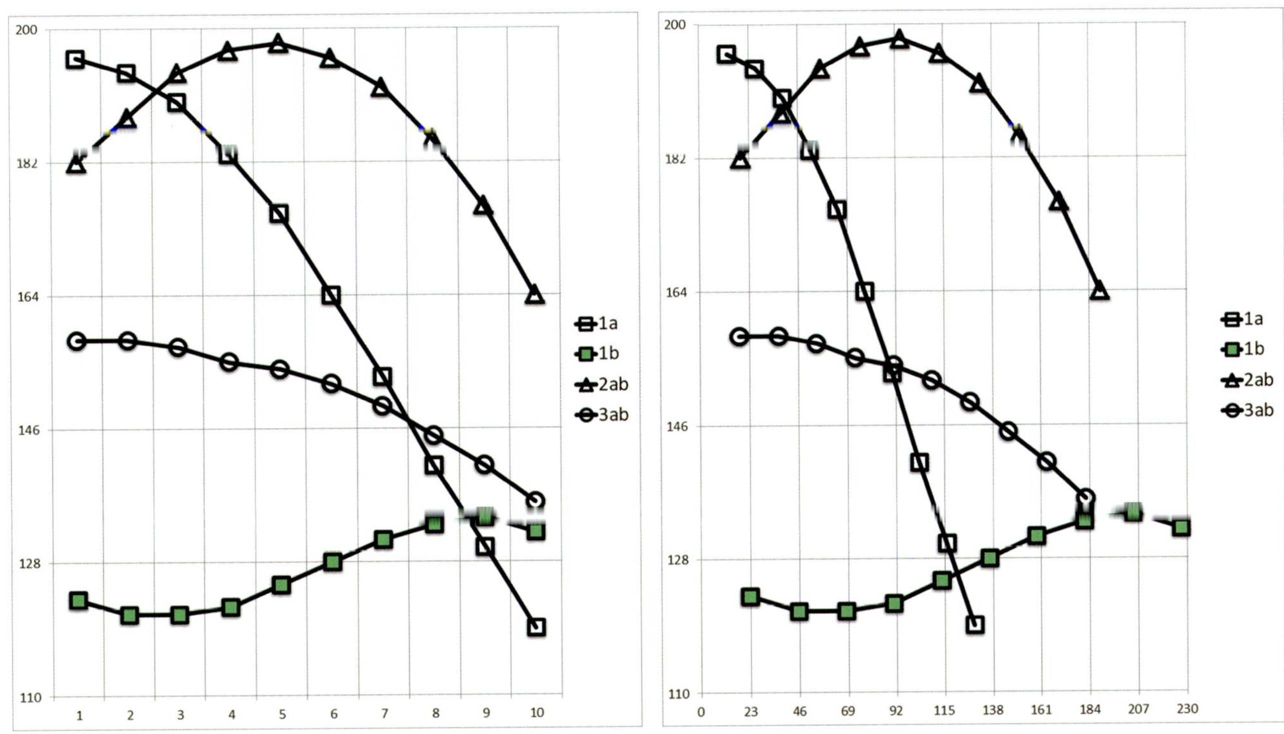

图 6－52c 单字调等长、实长音高模式－临猗猗氏－YM

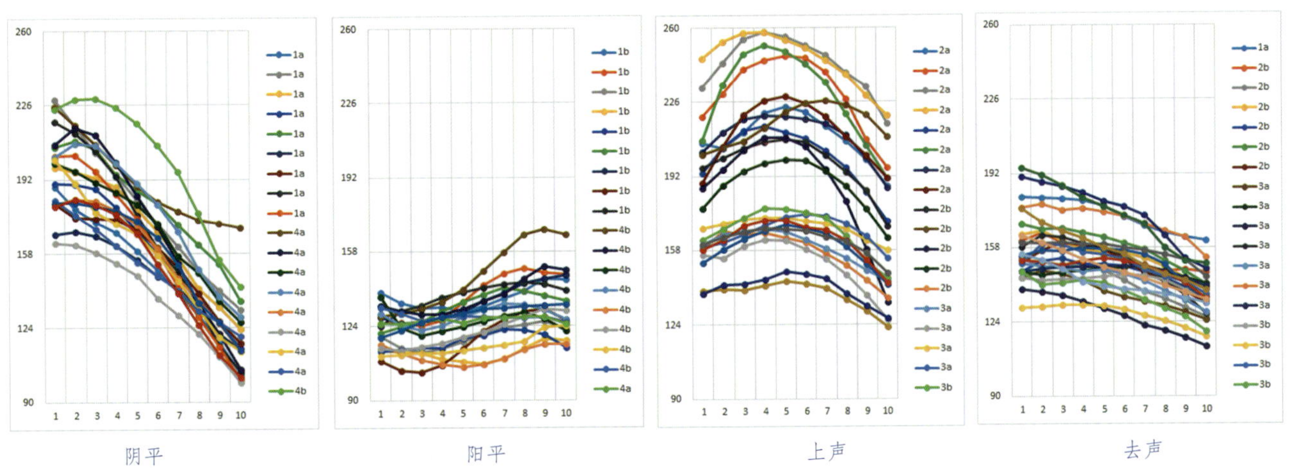

图 6－52d 今声调调域分布范围－临猗猗氏－YM

青男的声调有 4 个（见图 6－52c）：

阴平 51、阳平 12、上声 554、去声 32。

今调域的分布情况（见图 6－52d）：

阴平主要在 31～42 之间；阳平主要在 12～23 之间；上声主要在 332～554 之间；去声主要在 21～32 之间。

2. 合阳城关

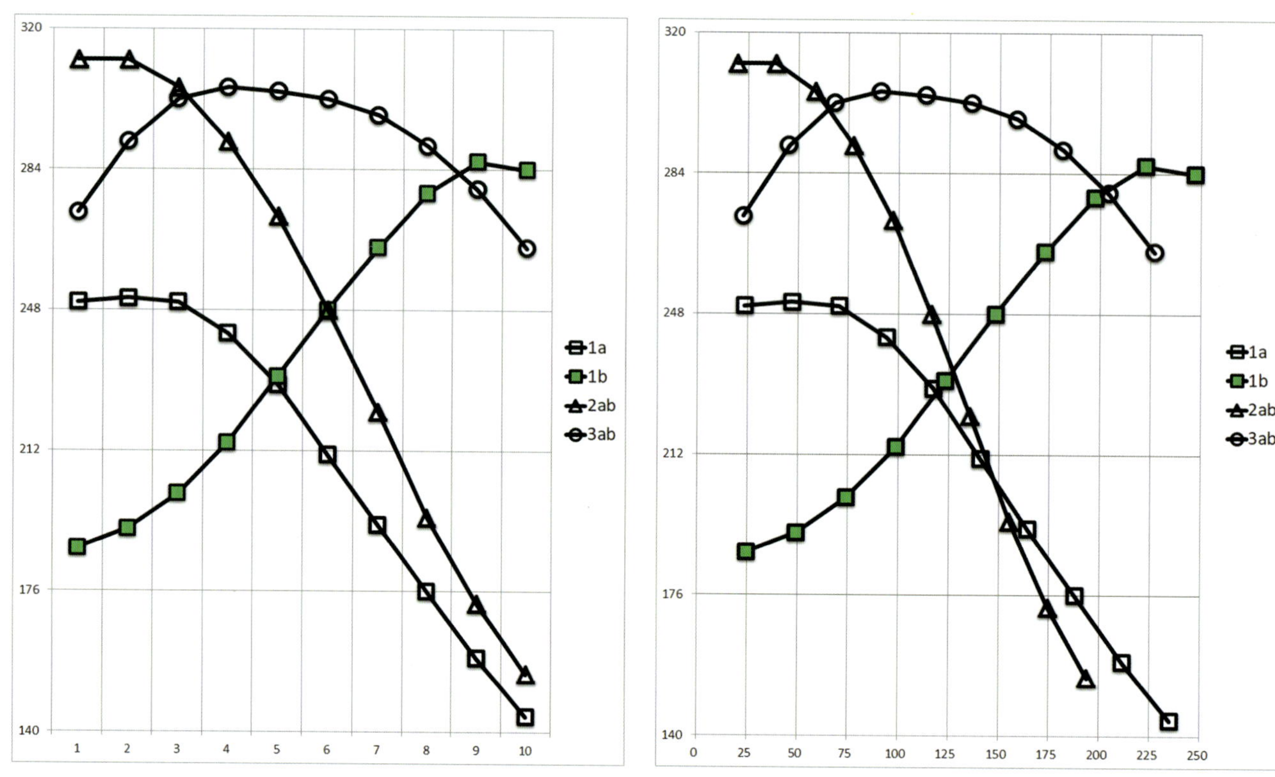

图 6 – 53a　单字调等长、实长音高模式 – 合阳城关 – OM

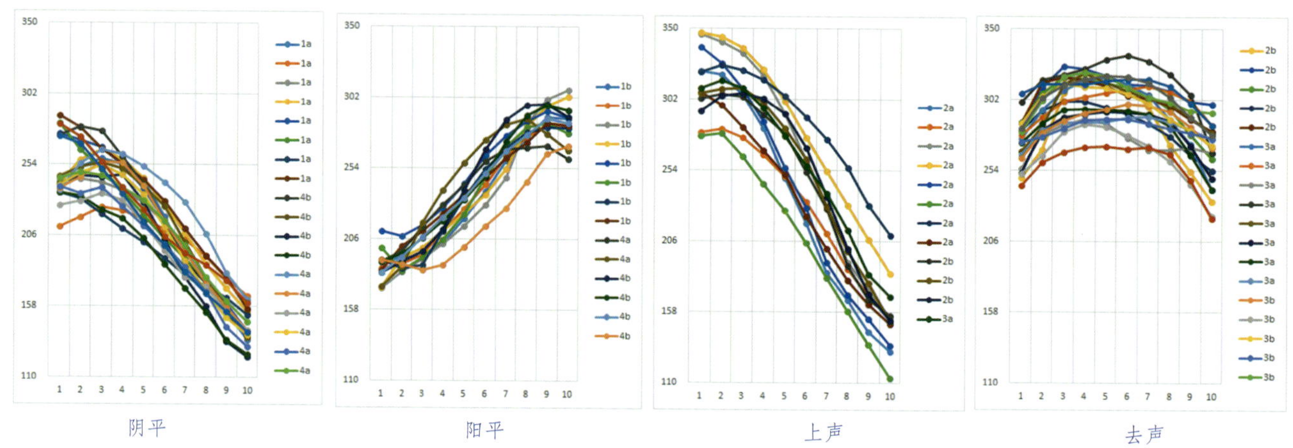

图 6 – 53b　今声调调域分布范围 – 合阳城关 – OM

老男的声调有 4 个（见图 6 – 53a）：

阴平 31、阳平 24、上声 51、去声 454。

今调域的分布情况（见图 6 – 53b）：

阴平主要在 31 ~ 42 之间；阳平主要在 24 的范围；上声主要在 41 ~ 53 之间；去声主要在 454 的范围。

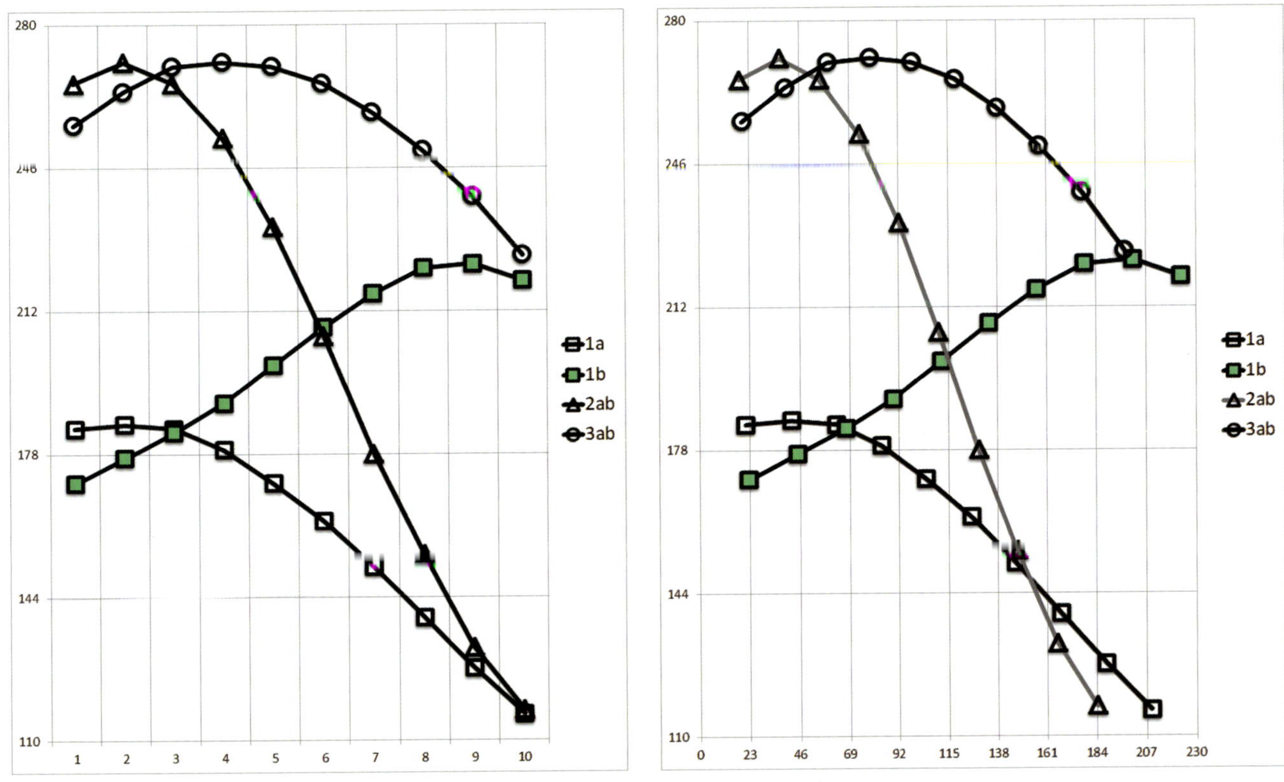

图 6－53c　单字调等长、实长音高模式－合阳城关－YM

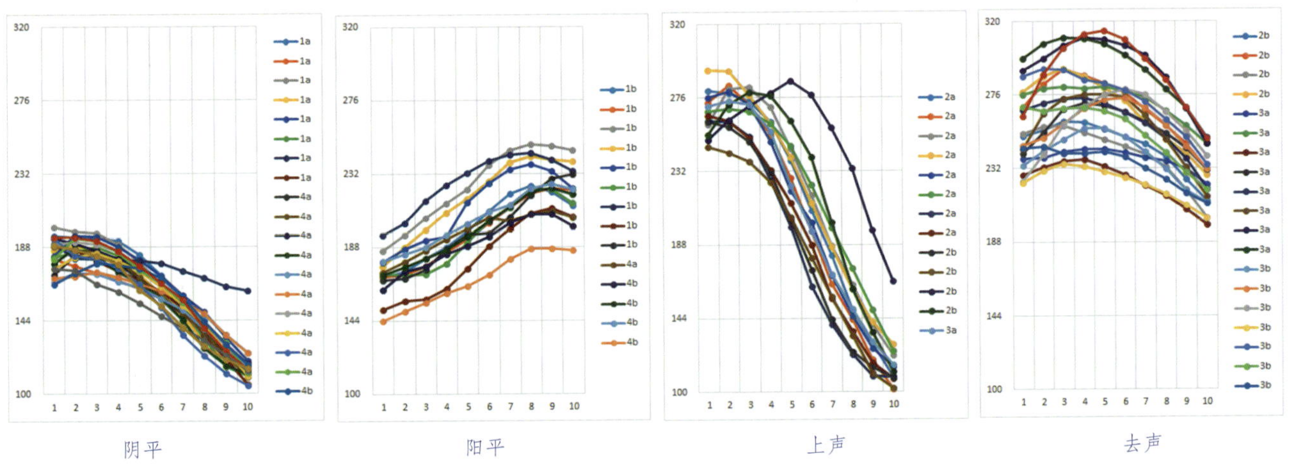

图 6－53d　今声调调域分布范围－合阳城关－YM

青男的声调有 4 个（见图 6－53c）：

阴平 31、阳平 24、上声 51、去声 554。

今调域的分布情况（见图 6－53d）：

阴平主要在 21～31 之间；阳平主要在 23～34 之间；上声主要在 41～51 之间；去声主要在 443～554 之间。

3. 韩城龙门

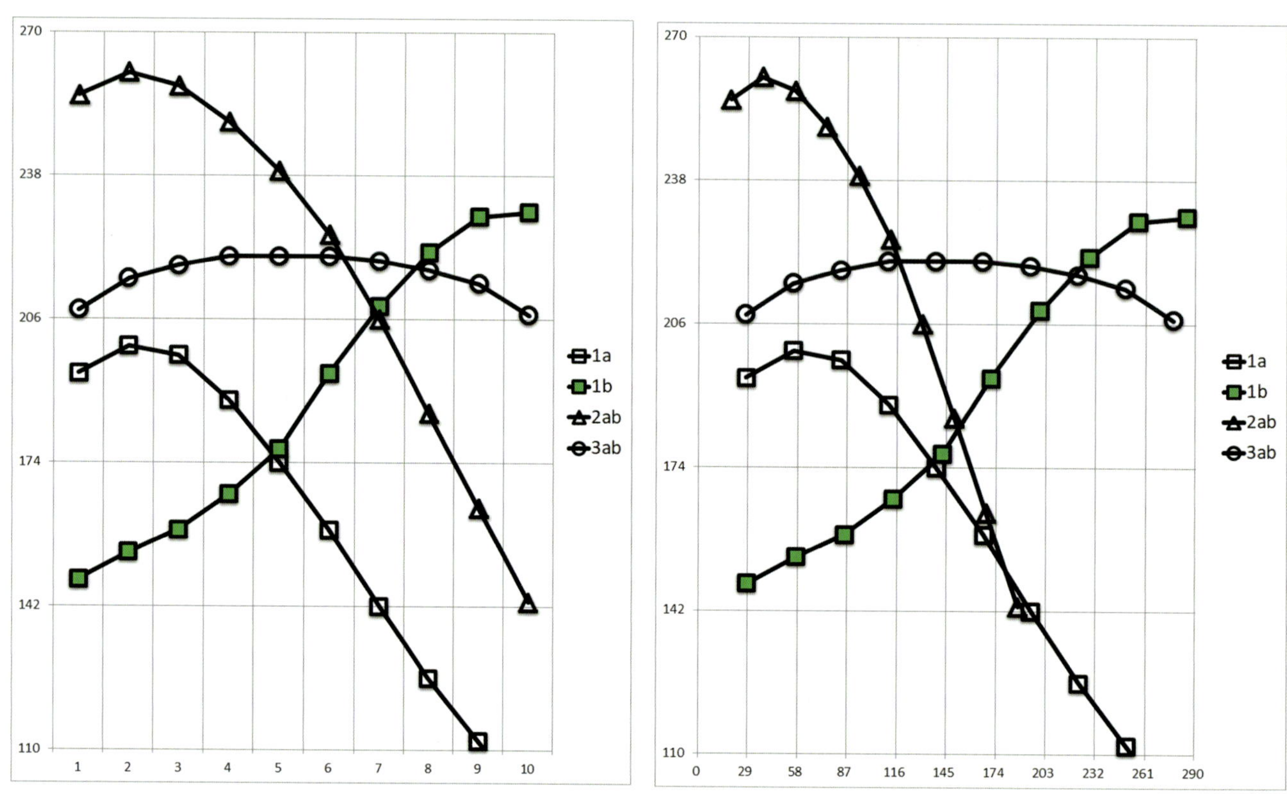

图 6－54a　单字调等长、实长音高模式－韩城龙门－OM

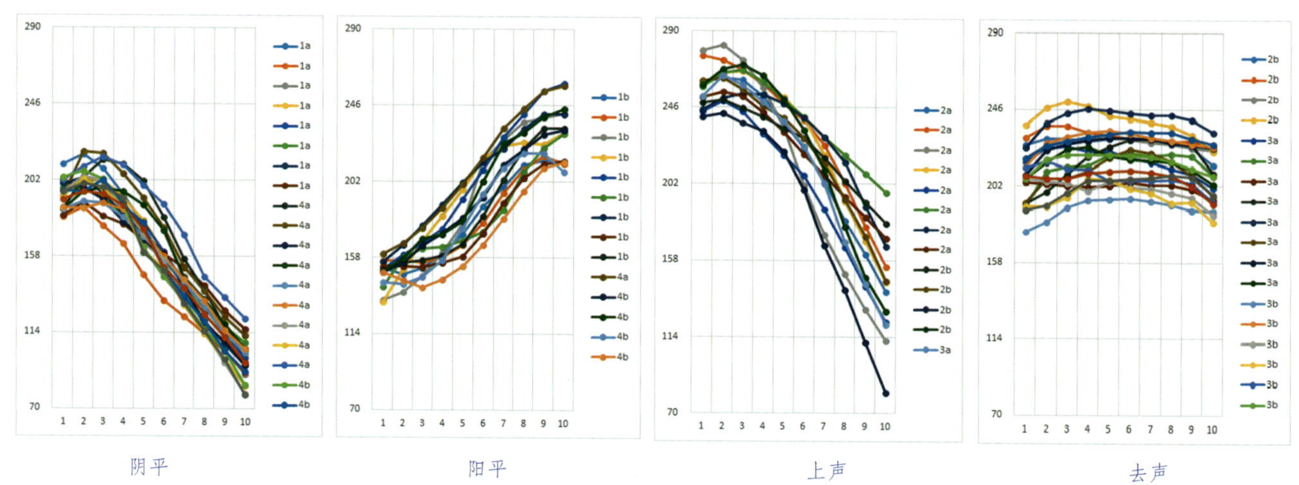

图 6－54b　今声调调域分布范围－韩城龙门－OM

老男的声调有 4 个（见图 6－54a）：

阴平 31、阳平 24、上声 52、去声 44。

今调域的分布情况（见图 6－54b）：

阴平主要在 31～42 之间；阳平主要在 23～35 之间；上声主要在 41～53 之间；去声主要在 33～44 之间。

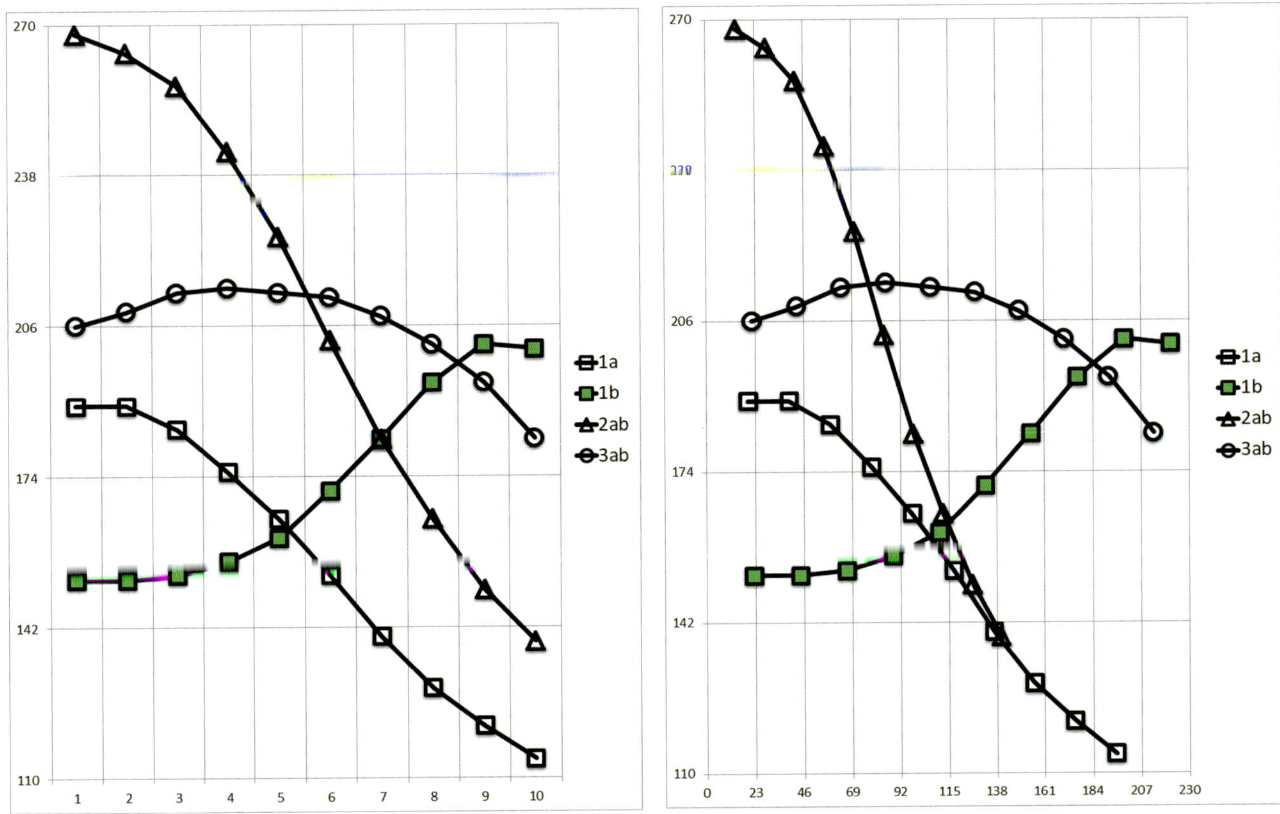

图 6－54c 单字调等长、实长音高模式－韩城龙门－YM

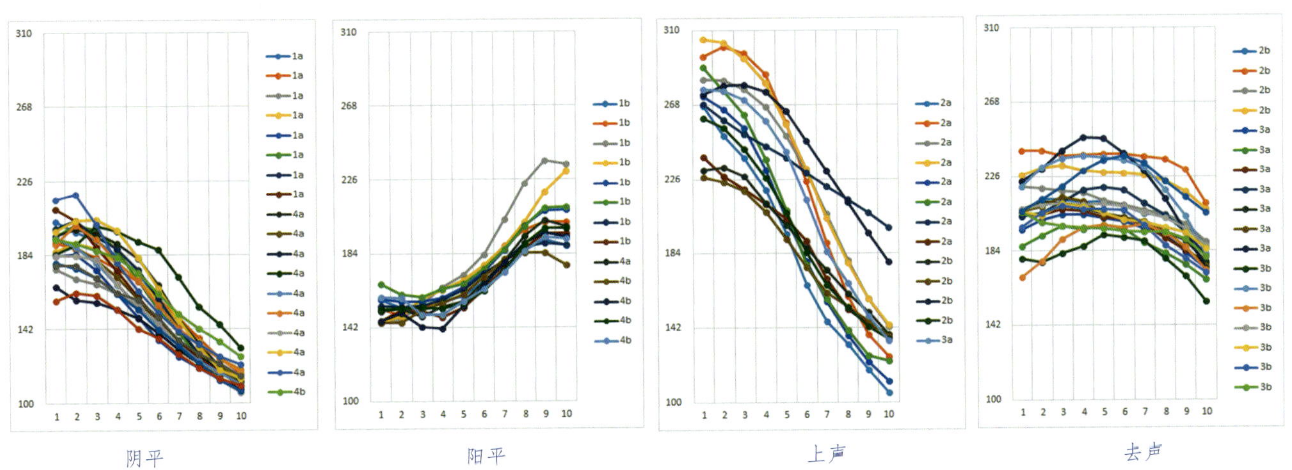

图 6－54d 今声调调域分布范围－韩城龙门－YM

青男的声调有 4 个（见图 6－54c）：

阴平 31、阳平 23、上声 52、去声 443。

今调域的分布情况（见图 6－54d）：

阴平主要在 21～31 之间；阳平主要在 23～24 之间；上声主要在 31～53 之间；去声主要在 332～443 之间。

6.4 陇中片

1. 西吉吉强

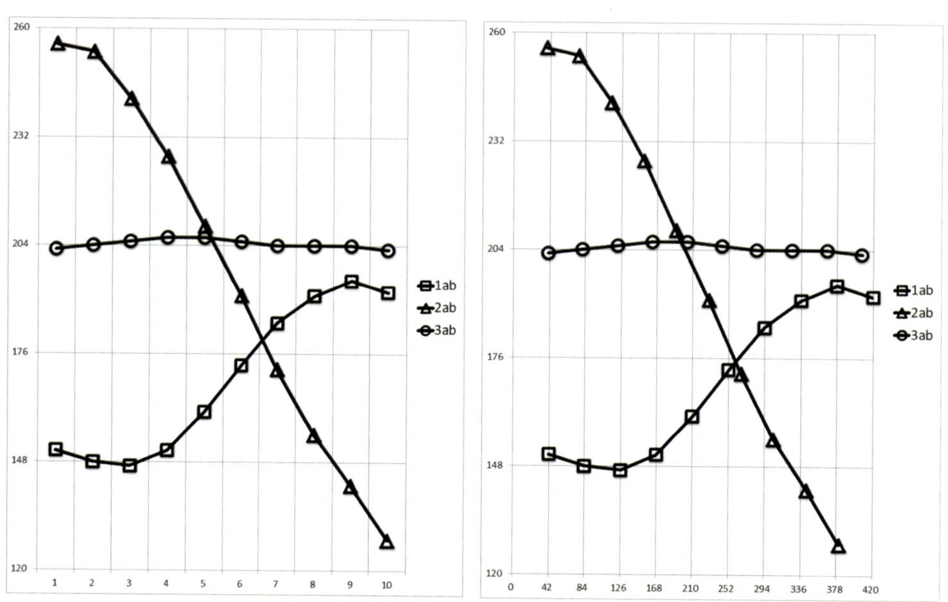

图 6－55a　单字调等长、实长音高模式－西吉吉强－OM

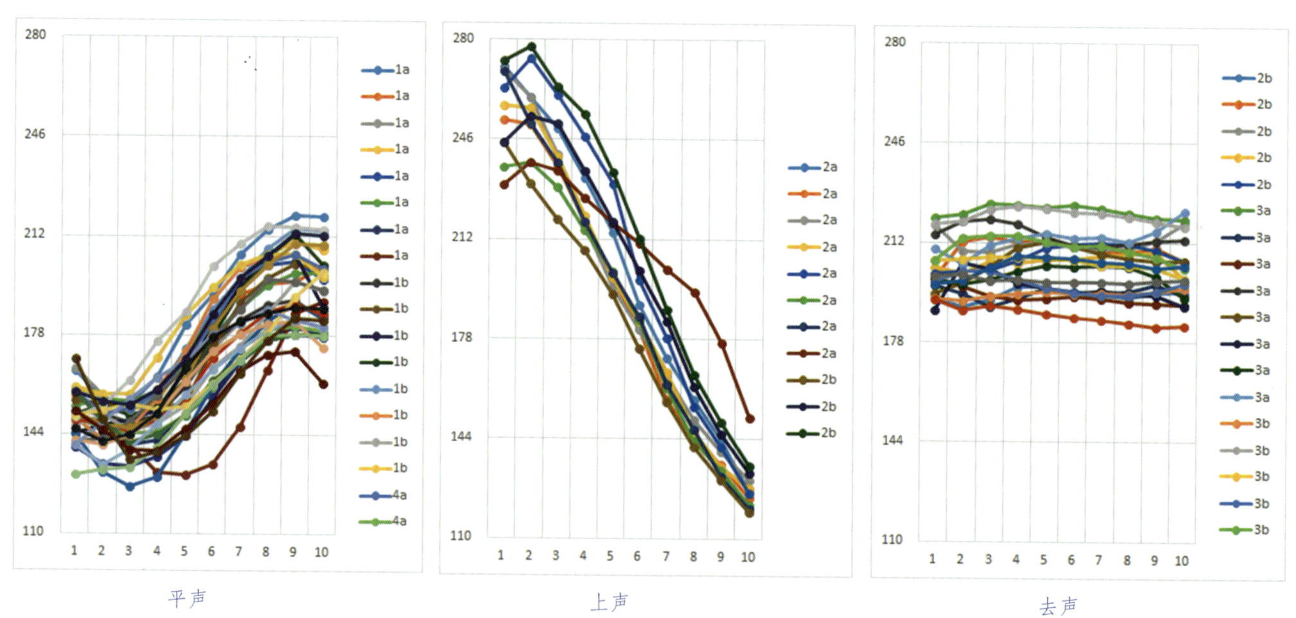

图 6－55b　今声调调域分布范围－西吉吉强－OM

老男的声调有 3 个（见图 6－55a）：

平声 23、上声 51、去声 33。

今调域的分布情况（见图 6－55b）：

平声主要在 12～23 之间；上声主要在 41～52 之间；去声主要在 33～44 之间。

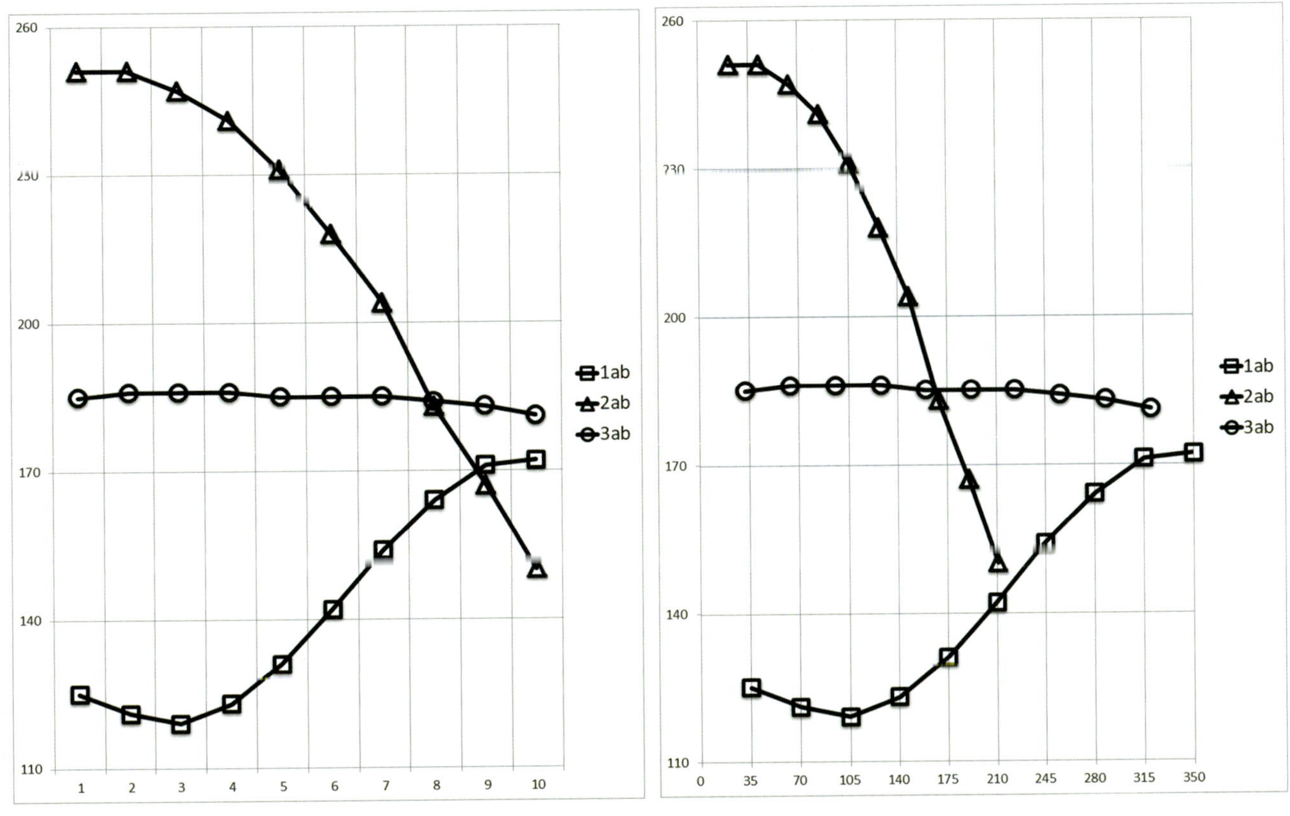

图 6－55c　单字调等长、实长音高模式－西吉吉强－YM

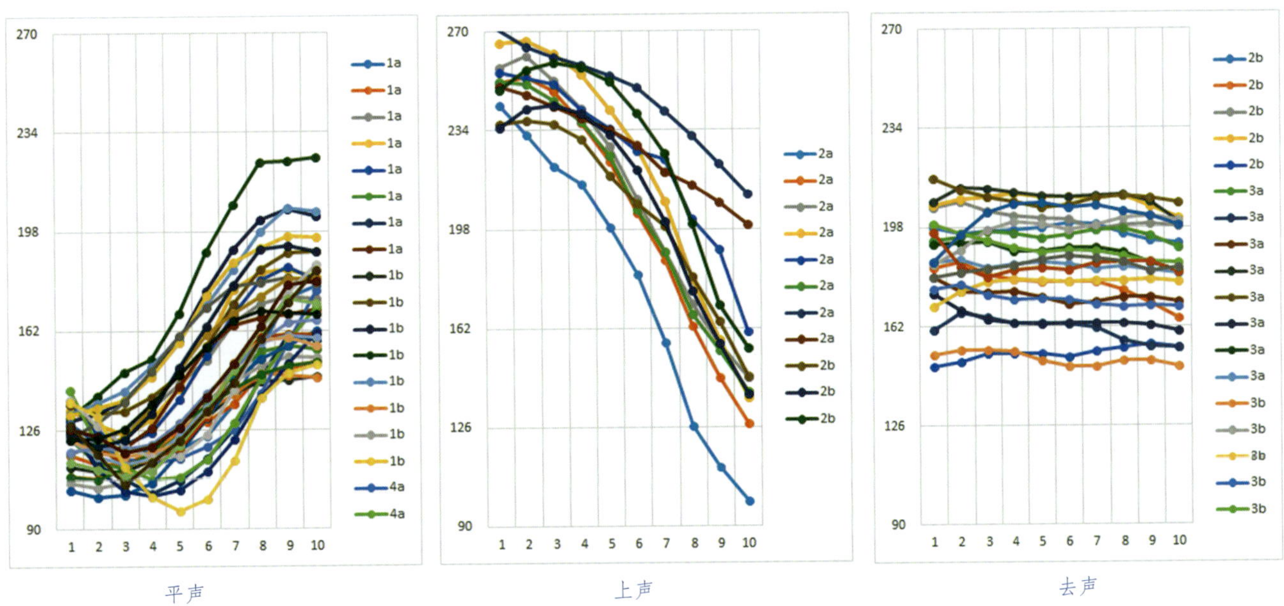

图 6－55d　今声调调域分布范围－西吉吉强－YM

青男的声调有 3 个（见图 6－55c）：

平声 12、上声 52、去声 33。

今调域的分布情况（见图 6－55d）：

平声主要在 12～24 之间；上声主要在 51～54 之间；去声主要在 22～44 之间。

2. 天水秦州

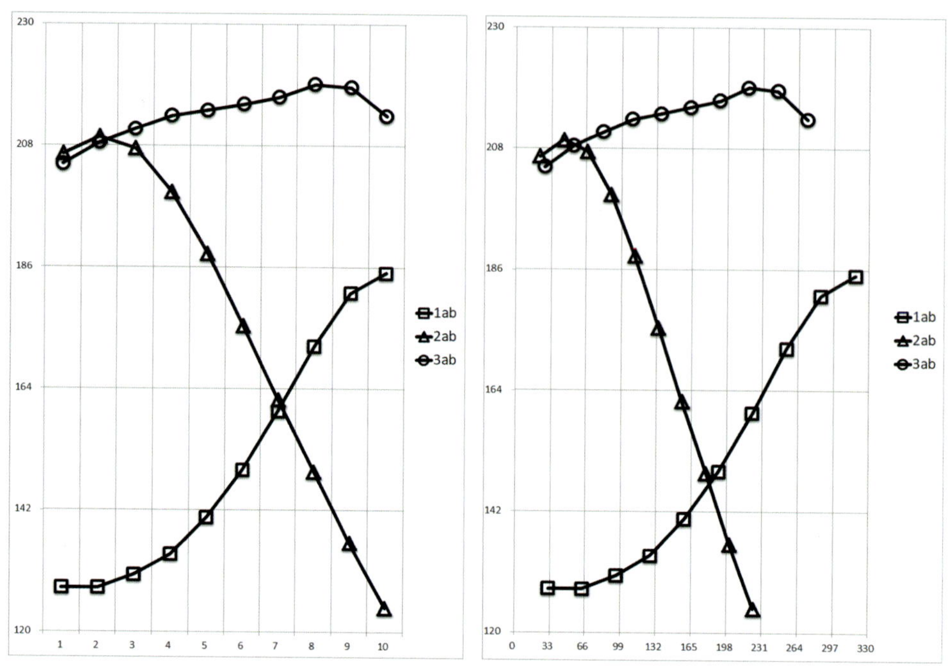

图 6－56a　单字调等长、实长音高模式－天水秦州－OM

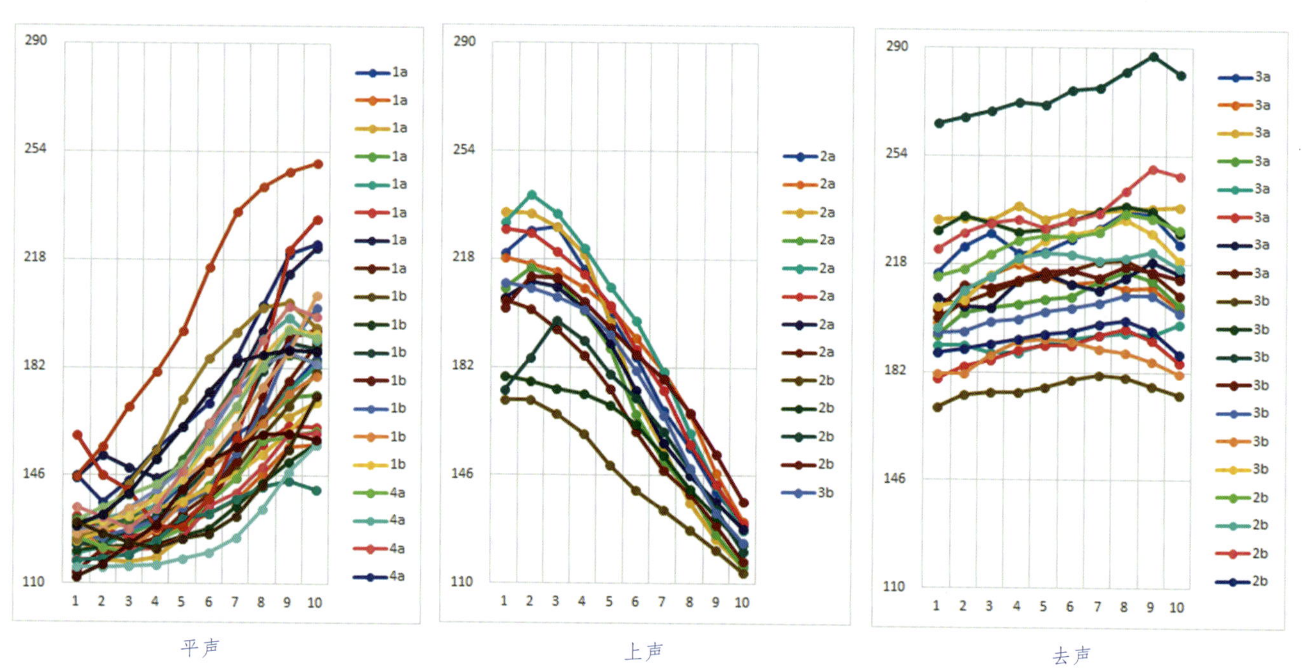

图 6－56b　今声调调域分布范围－天水秦州－OM

老男的声调有 3 个（见图 6－56a）：

平声 13、上声 41、去声 55。

今调域的分布情况（见图 6－56b）：

平声主要在 12～24 之间；上声主要在 21～41 之间；去声主要在 22～44 之间。

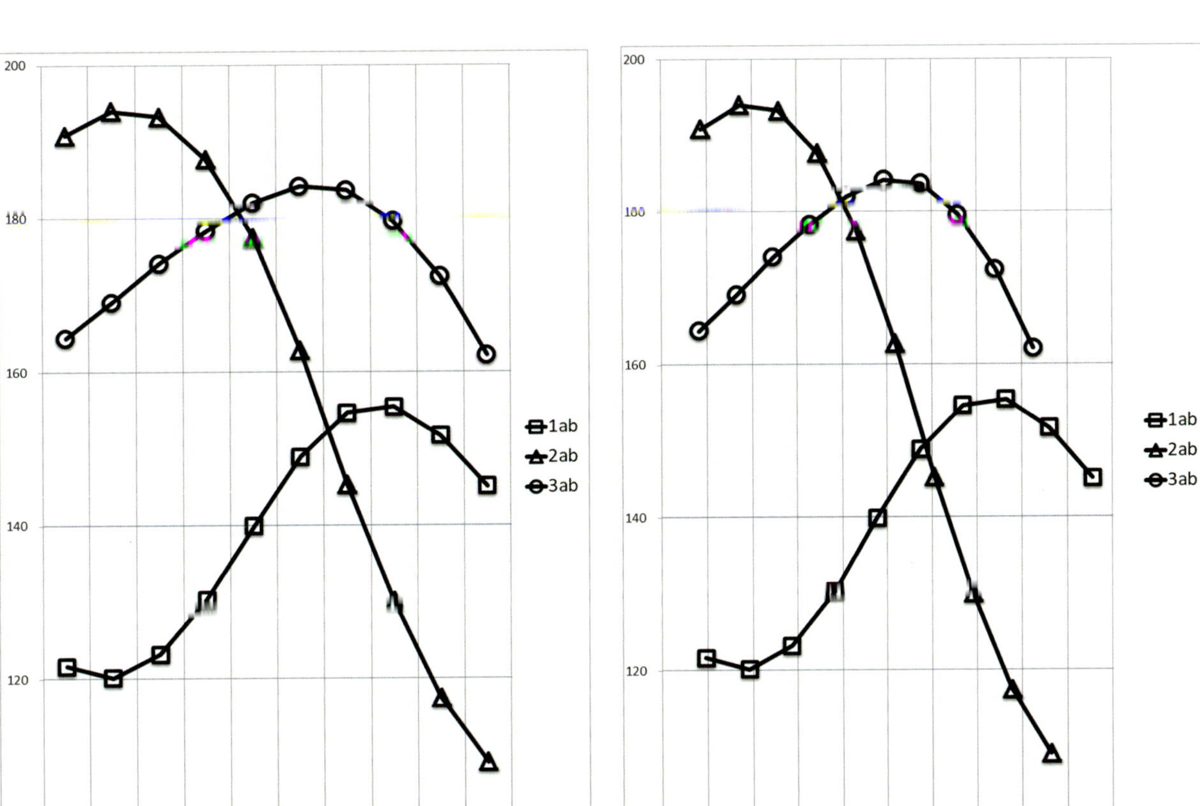

图 6－56c 单字调等长、实长音高模式－天水秦州－YM

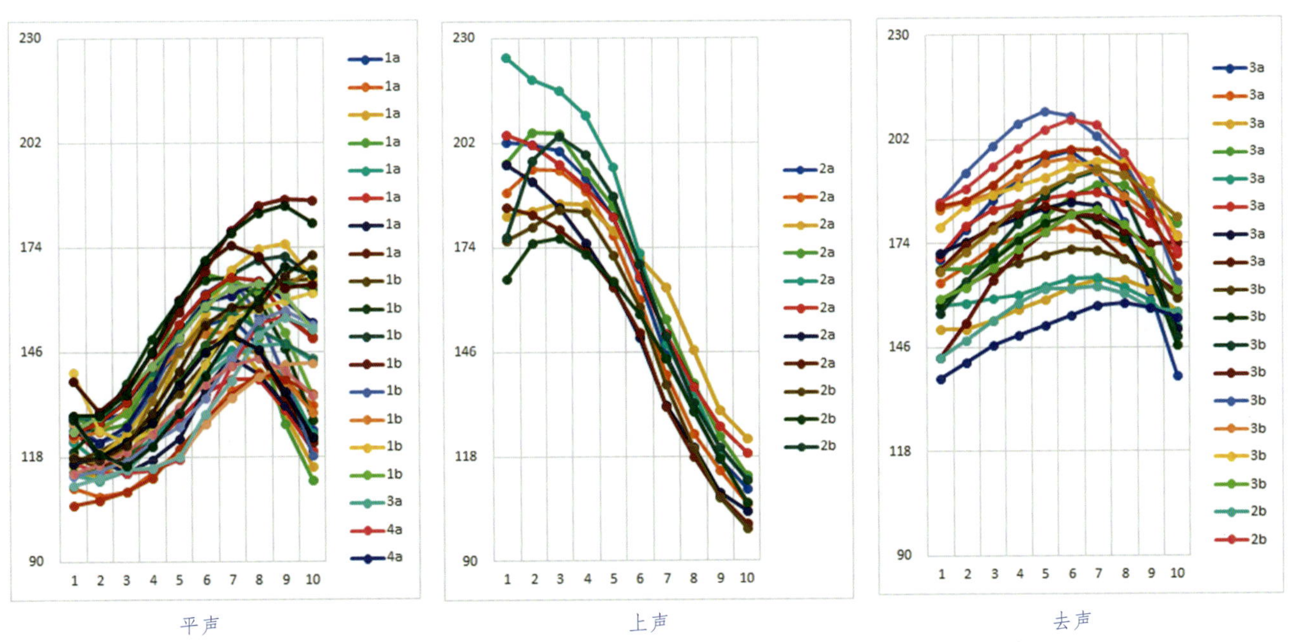

图 6－56d 今声调调域分布范围－天水秦州－YM

青男的声调有 3 个（见图 6－56c）：

平声 23、上声 51、去声 454。

今调域的分布情况（见图 6－56d）：

平声主要在 12～24 之间；上声主要在 41～52 之间；去声主要在 232～454 之间。

3. 定西安定

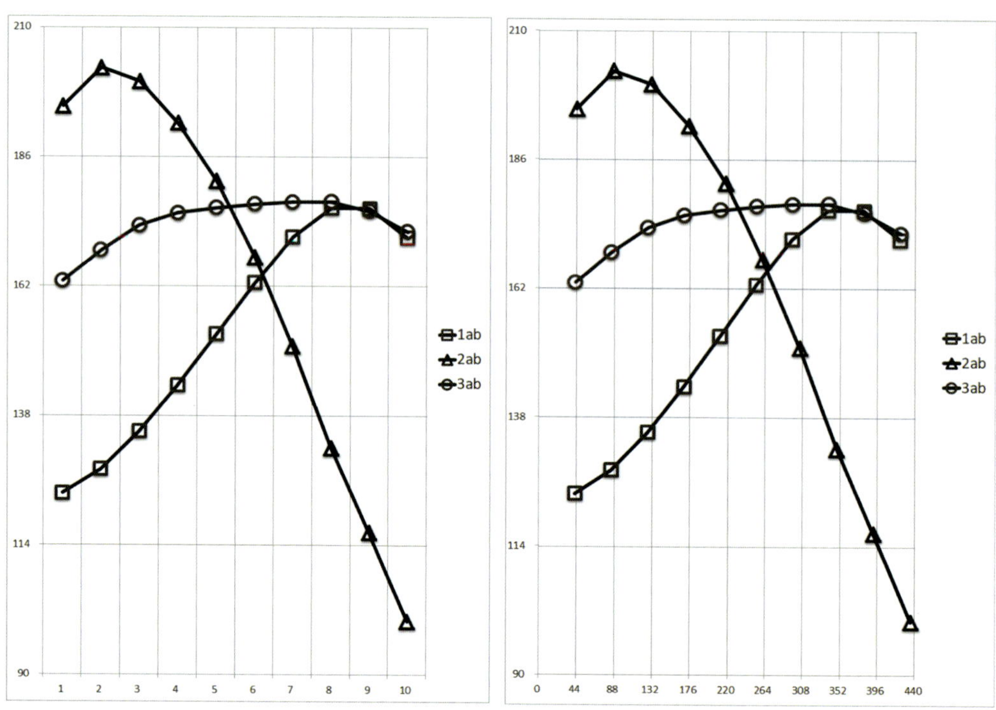

图 6－57a　单字调等长、实长音高模式－定西安定－OM

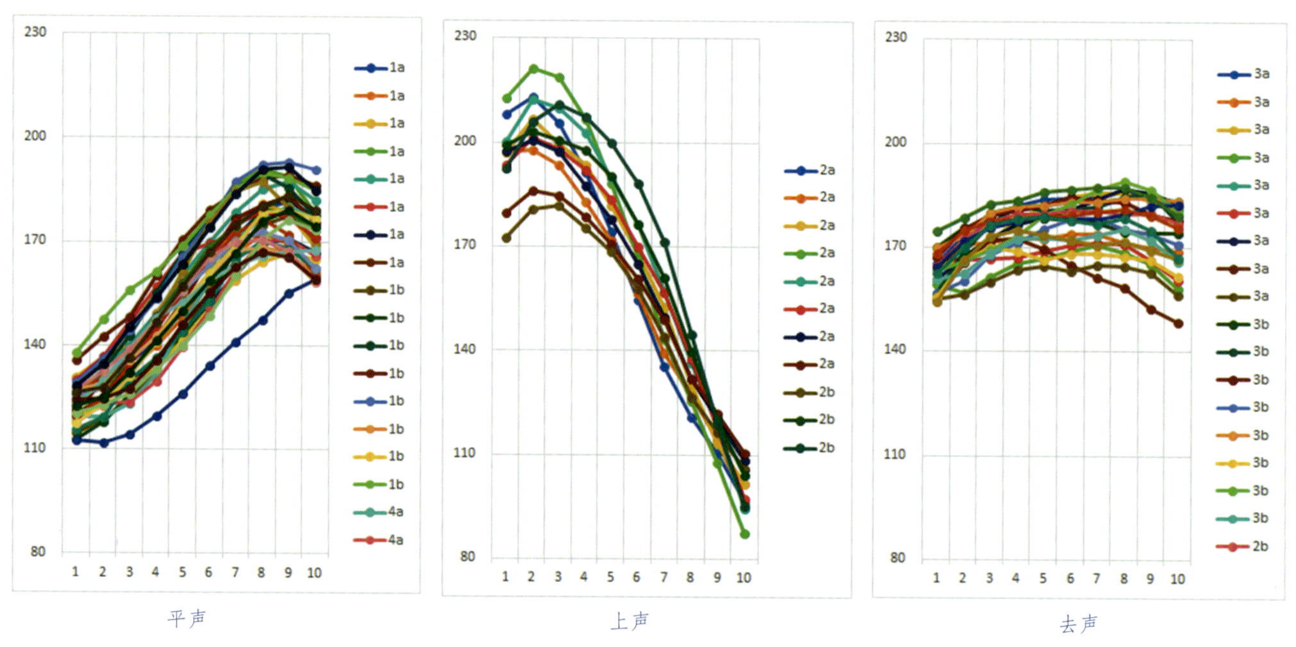

图 6－57b　今声调调域分布范围－定西安定－OM

老男的声调有 3 个（见图 6－57a）：

平声 24、上声 51、去声 44。

今调域的分布情况（见图 6－57b）：

平声主要在 23～24 之间；上声主要在 41～52 之间；去声主要在 33～44 之间。

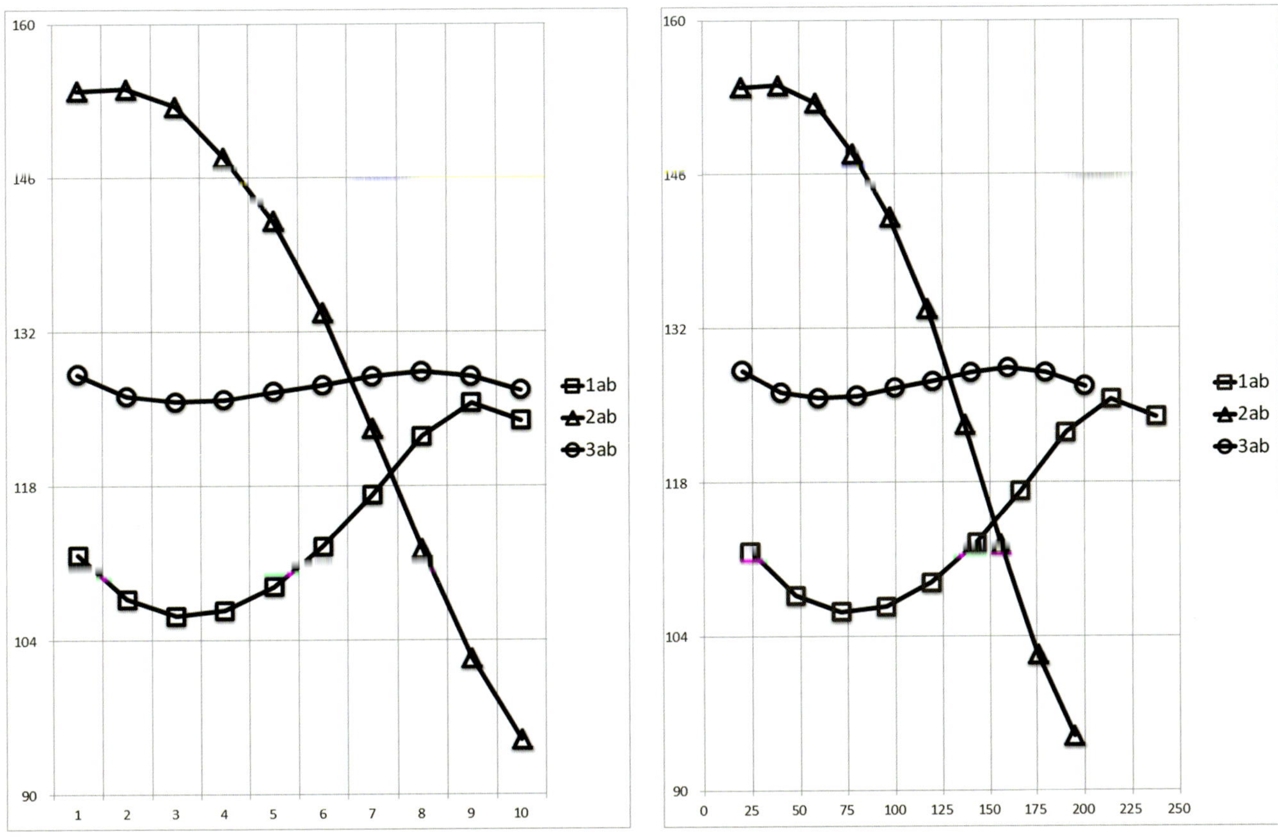

图 6－57c 单字调等长、实长音高模式－定西安定－YM

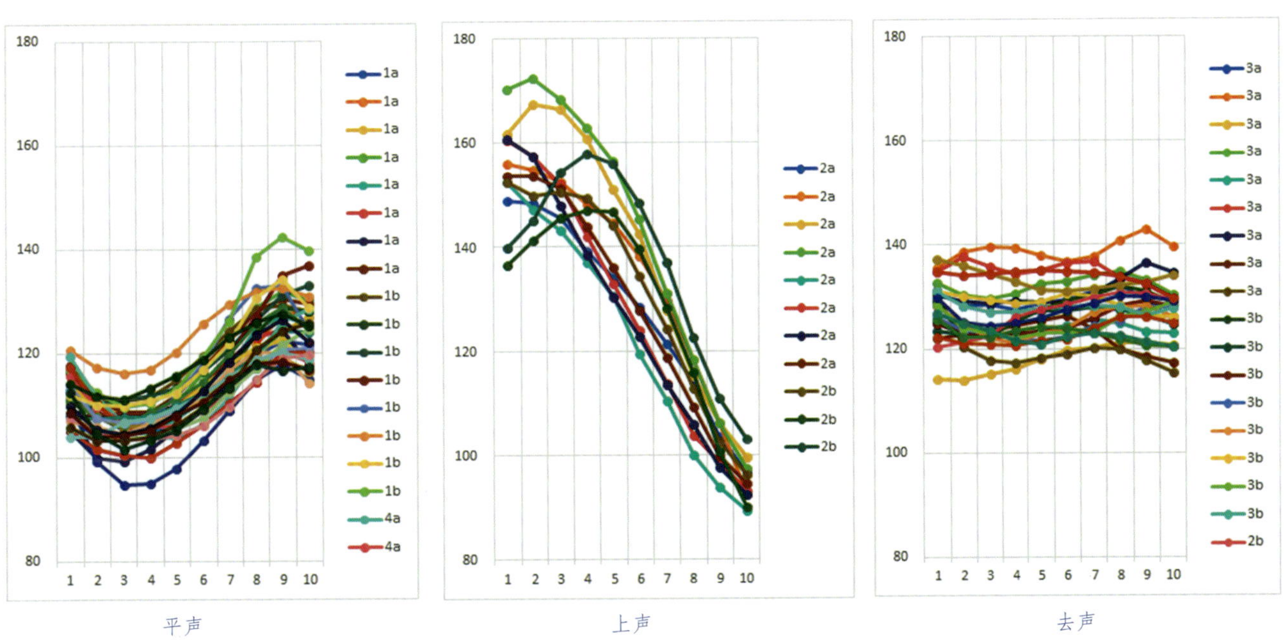

图 6－57d 今声调调域分布范围－定西安定－YM

青男的声调有 3 个（见图 6－57c）：

平声 23、上声 51、去声 33。

今调域的分布情况（见图 6－57d）：

平声主要在 23 的范围；上声主要在 41～52 之间；去声主要在 33 的范围。

6.5 河州片

甘肃临夏

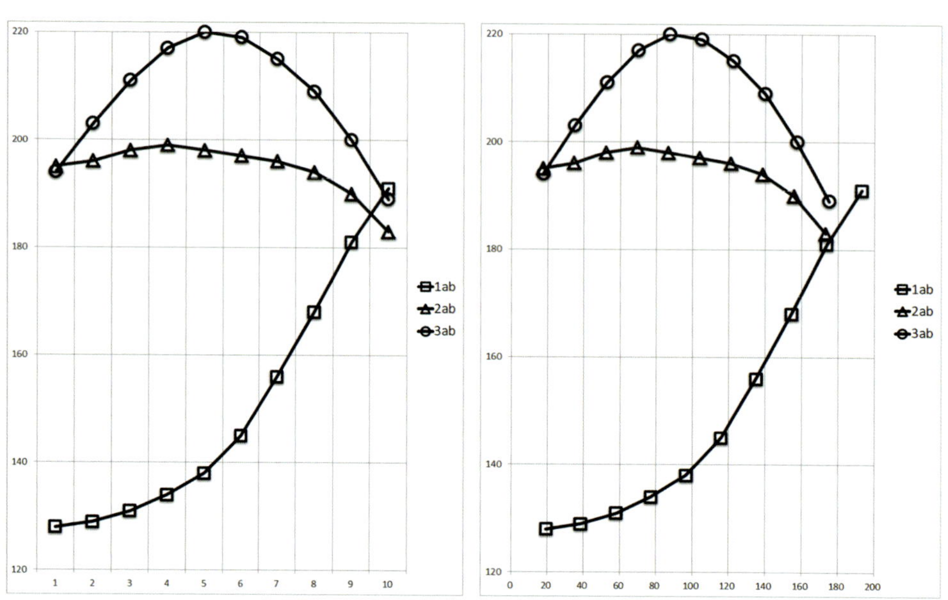

图 6－58a　单字调等长、实长音高模式－甘肃临夏－OM

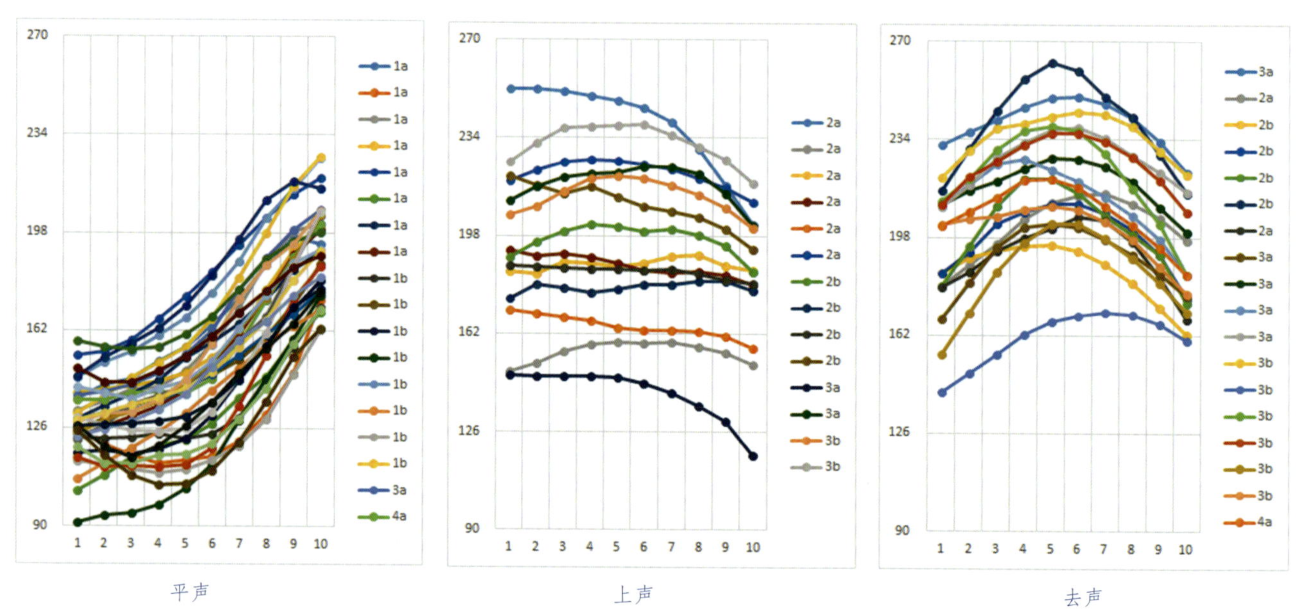

图 6－58b　今声调调域分布范围－甘肃临夏－OM

老男的声调有 3 个（见图 6－58a）：

平声 14、上声 44、去声 454。

今调域的分布情况（见图 6－58b）：

平声主要在 12～24 之间；上声主要在 22～44 之间；去声主要在 232～454 之间。

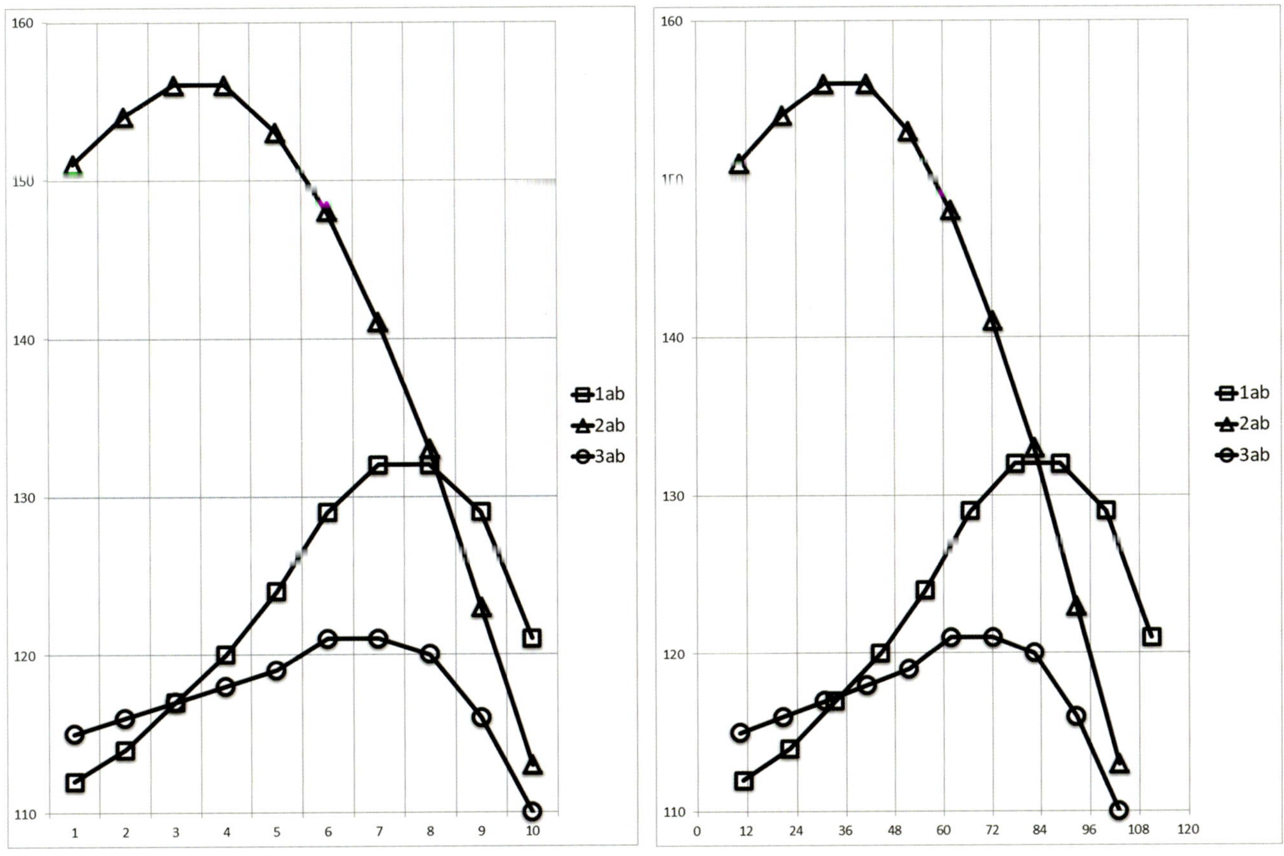

图 6 - 58c 单字调等长、实长音高模式 - 甘肃临夏 - YM

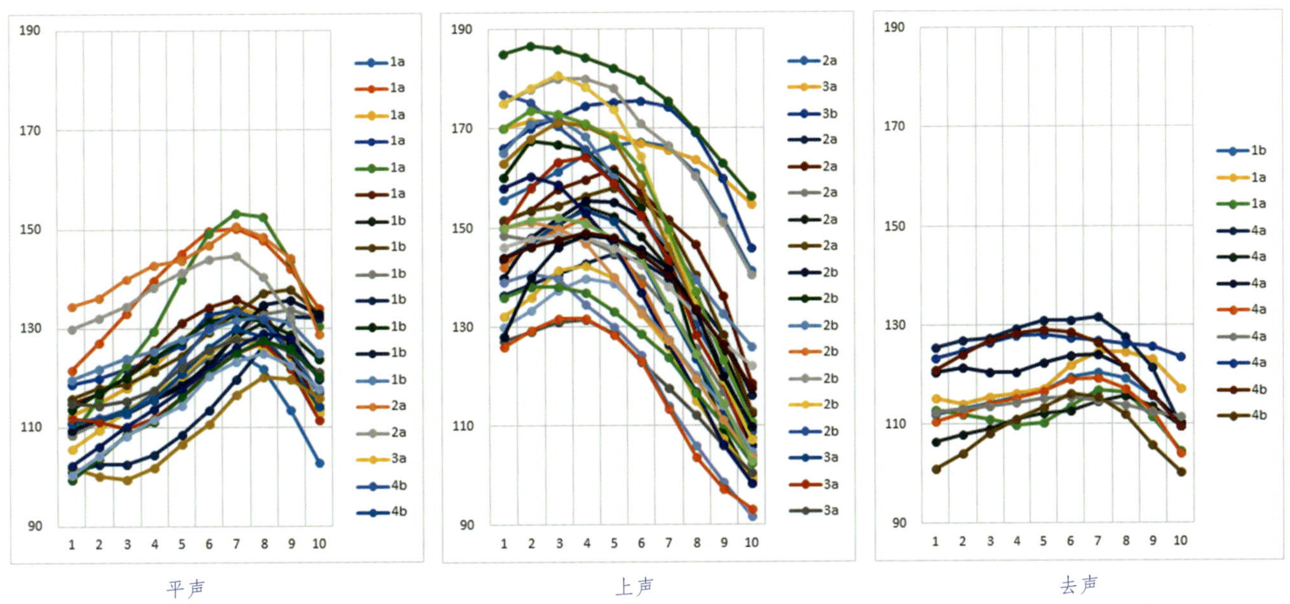

图 6 - 58d 今声调调域分布范围 - 甘肃临夏 - YM

青男的声调有 3 个（见图 6 - 58c）：

平声 132、上声 51、去声 221。

今调域的分布情况（见图 6 - 58d）：

平声主要在 121 ~ 343 之间；上声主要在 21 ~ 53 之间；去声主要在 121 ~ 232 之间。

6.6 南疆片

1. 吐鲁番绿洲西路

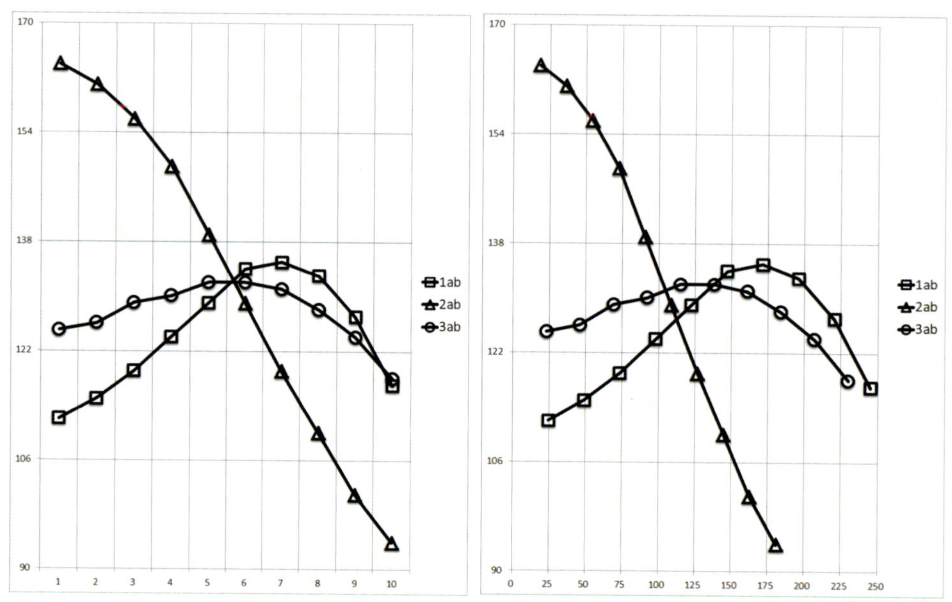

图 6－59a 单字调等长、实长音高模式－吐鲁番绿洲西路－OM

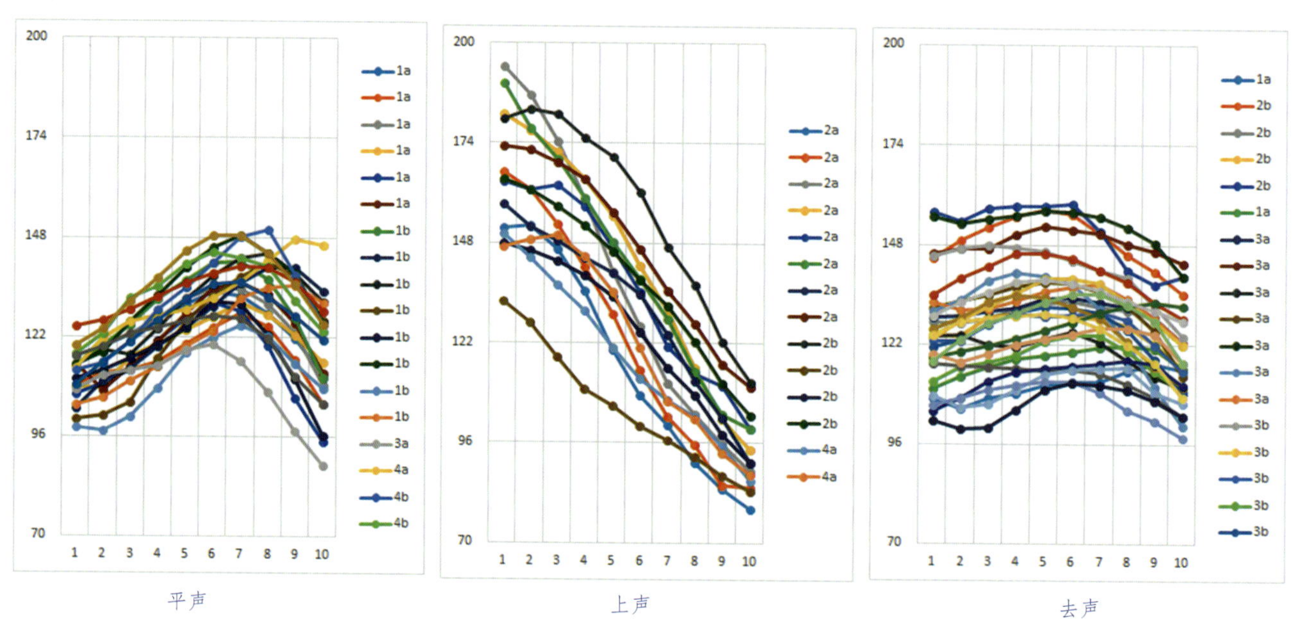

图 6－59b 今声调调域分布范围－吐鲁番绿洲西路－OM

老男的声调有 3 个（见图 6－59a）：

平声 232、上声 51、去声 332。

今调域的分布情况（见图 6－59b）：

平声主要在 232～343 之间；上声主要在 31～52 之间；去声主要在 221～443 之间。

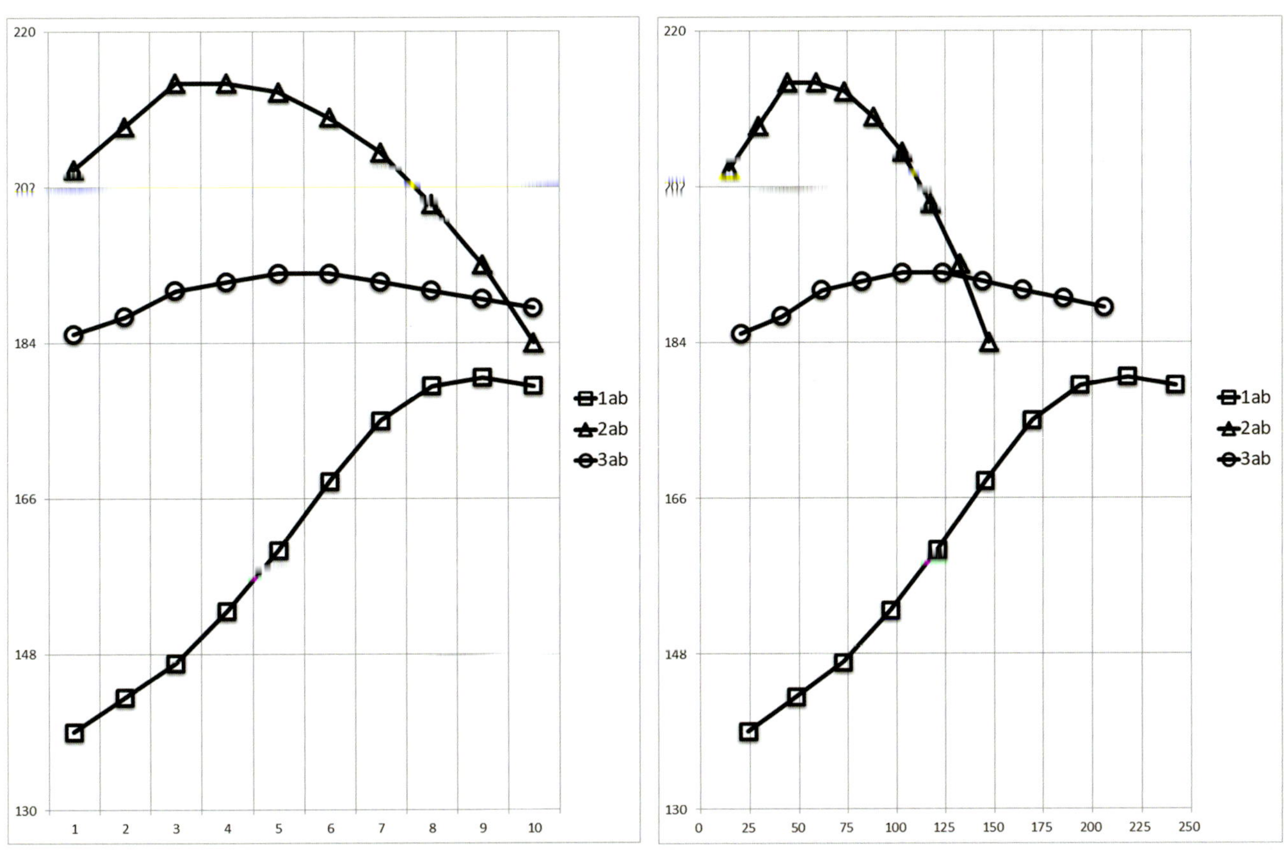

图 6－59c　单字调等长、实长音高模式－吐鲁番绿洲西路－YM

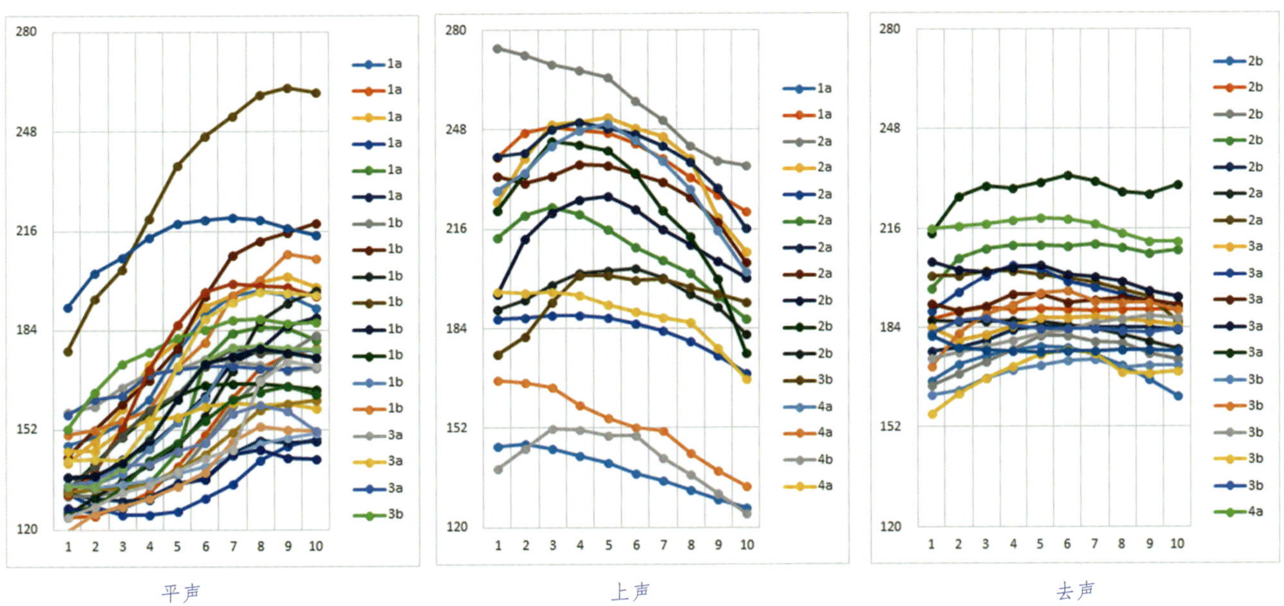

图 6－59d　今声调调域分布范围－吐鲁番绿洲西路－YM

青男的声调有 3 个（见图 6－59c）：

平声 13、上声 54、去声 44。

今调域的分布情况（见图 6－59d）：

平声主要在 12～35 之间；上声主要在 21～54 之间；去声主要在 22～44 之间。同调型的调值，在三字调方言中都有较宽的音高域。

2. 巴音郭楞焉耆

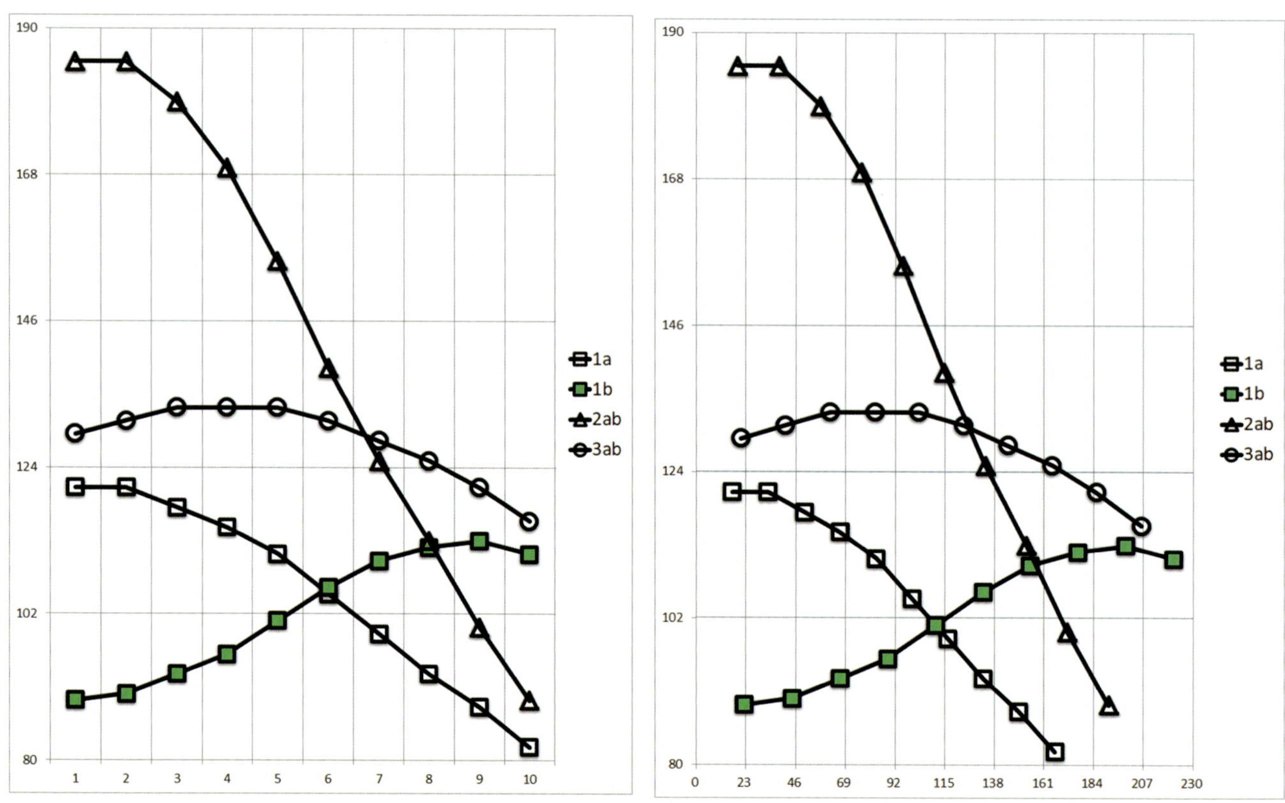

图 6－60a　单字调等长、实长音高模式－巴音郭楞焉耆－OM

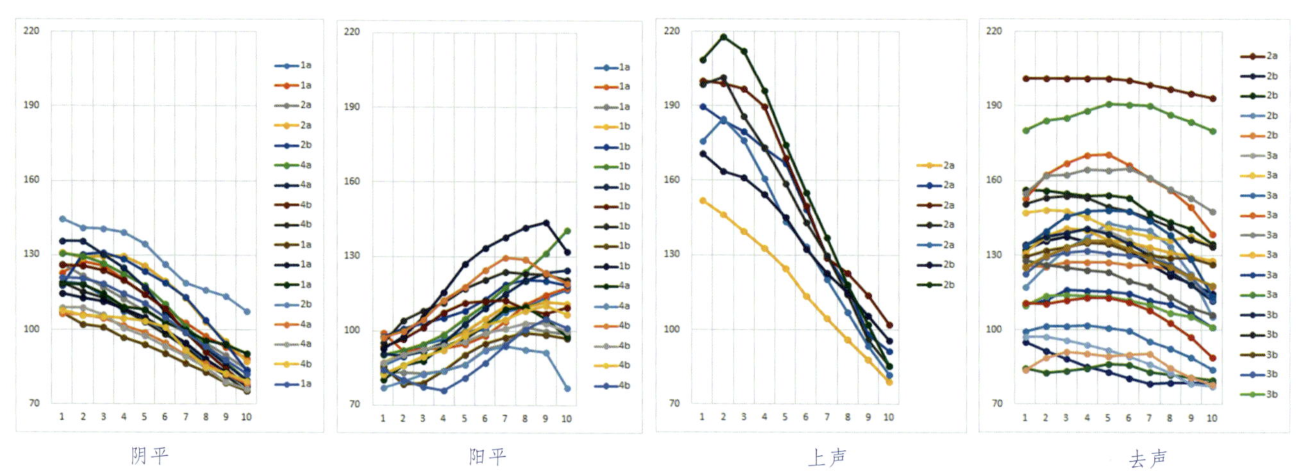

图 6－60b　今声调调域分布范围－巴音郭楞焉耆－OM

老男的声调有 4 个（见图 6－60a）：

阴平 21、阳平 12、上声 51、去声 33。

今调域的分布情况（见图 6－60b）：

阴平在 21～32 之间；阳平在 12～23 之间；上声在 31～52 之间；去声在 11～55 之间。

焉耆的汉语方言一般描写为 3 调，我们还是列出 4 调，与青男的 3 调不同，供参考对照。

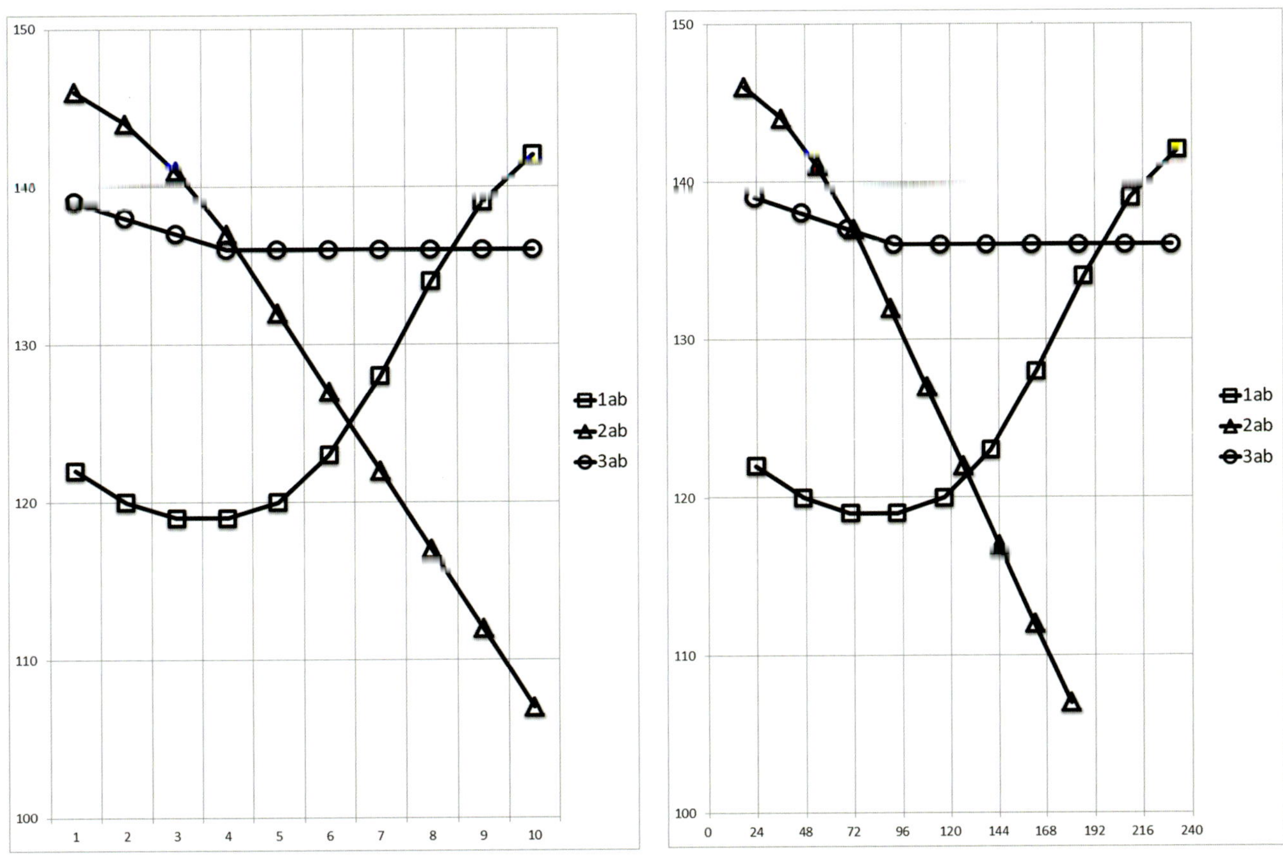

图 6 - 60c　单字调等长、实长音高模式 - 巴音郭楞焉耆 - YM

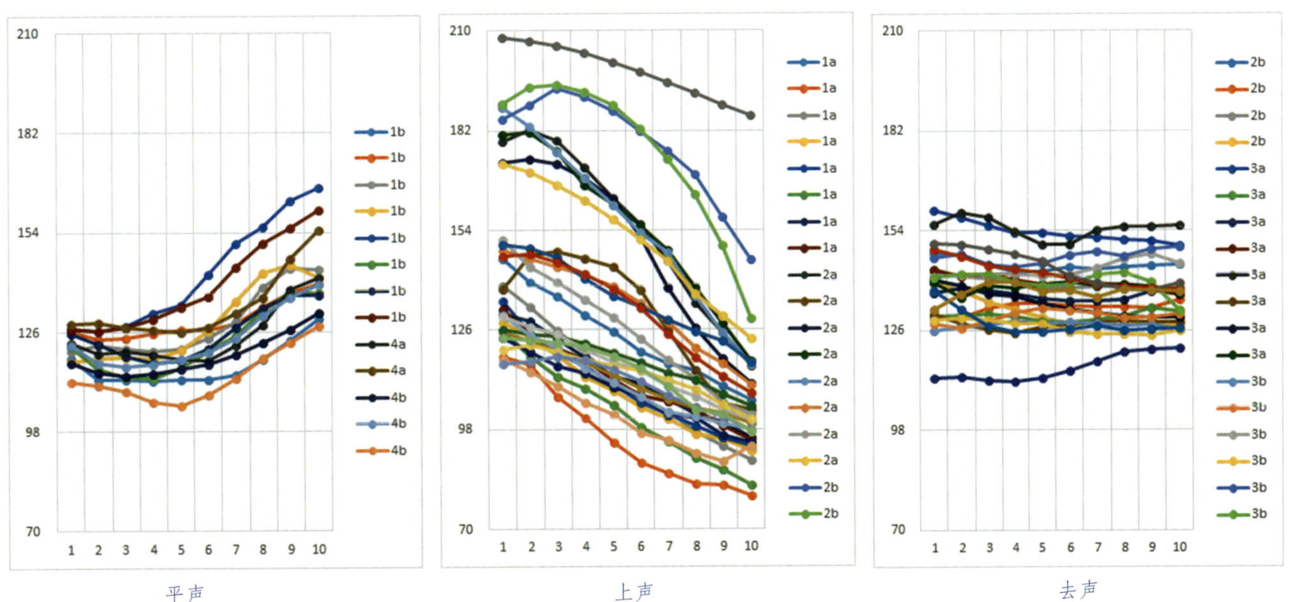

图 6 - 60d　今声调调域分布范围 - 巴音郭楞焉耆 - YM

青男的声调有 3 个（见图 6 - 60c）：

平声 35、上声 51、去声 44。

今调域的分布情况（见图 6 - 60d）：

平声主要在 23 ~ 34 之间；上声主要在 21 ~ 54 之间；去声主要在 22 ~ 44 之间。

3. 喀什伽师

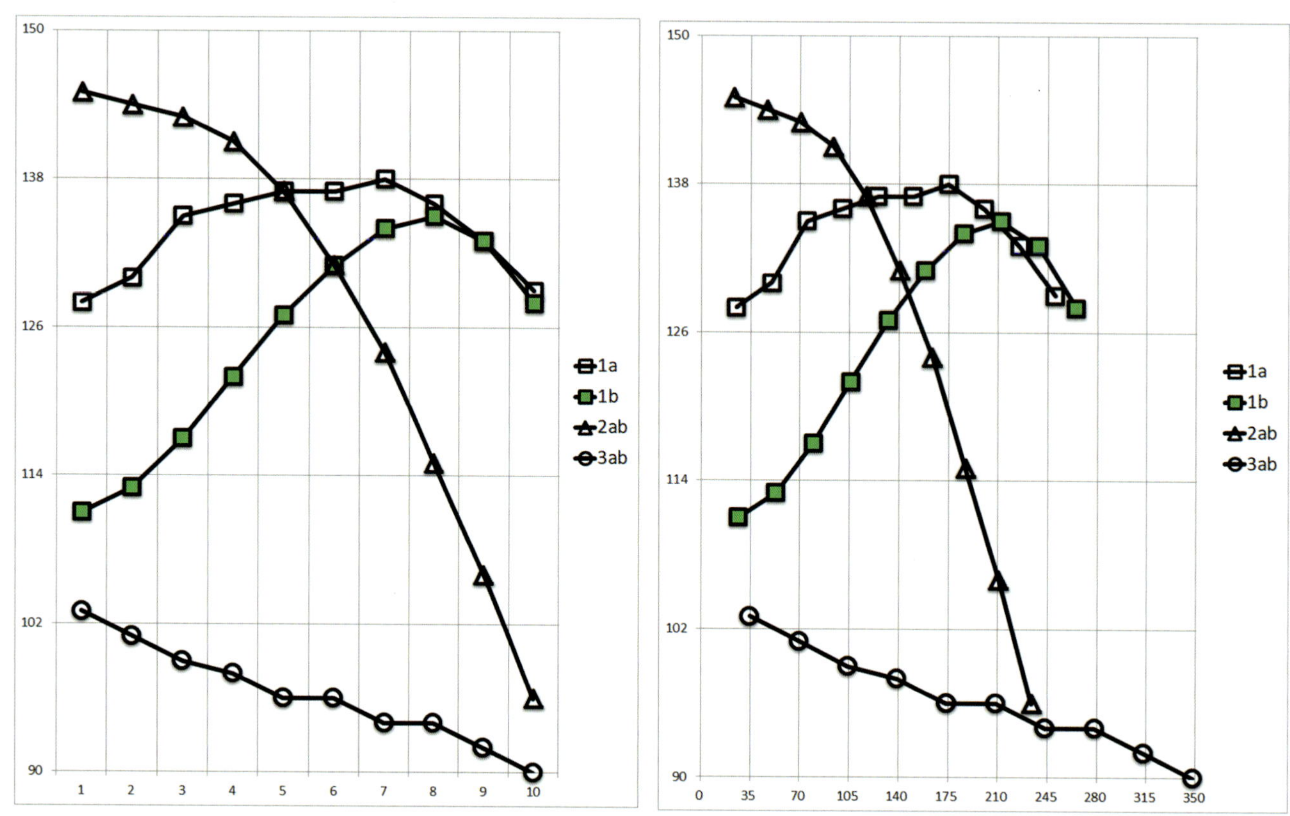

图 6－61a　单字调等长、实长音高模式－喀什伽师－OM

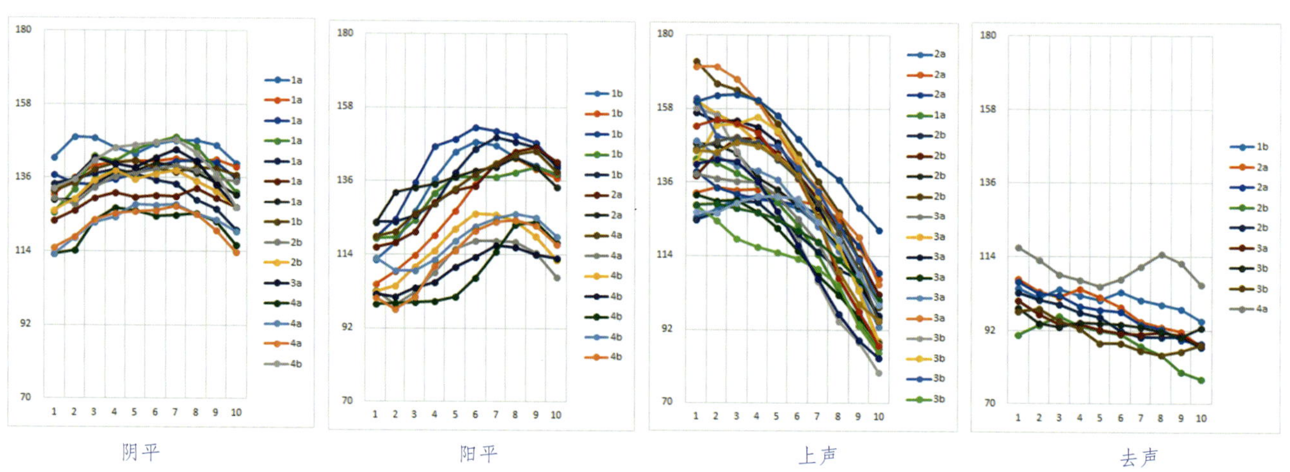

图 6－61b　今声调调域分布范围－喀什伽师－OM

老男的声调有 4 个（见图 6－61a）：

阴平 44、阳平 24、上声 51、去声 21。

今调域的分布情况（见图 6－61b）：

阴平主要在 33～44 之间；阳平主要在 23～34 之间；上声主要在 31～53 之间；去声主要在 21～32 之间。

6.7　秦陇官话声调小结

秦陇官话以陕西关中为核心向其他地区拓展，从声调的特点来观察，我们作如下分析：

（1）从共时层面看，秦陇官话共同的特点是阳平读高升调，上声读高降调。

我们根据《现代汉语方言音库》的材料举例说明。《音库》有西安和西宁两个点的材料。西安话声调有四个，具体如下：阴平 21，偏低三猪高笔切麦；阳平 24，扶难龙人穷白读合；上声 53，比死体手女口碗网；去声 44，抱对菜世阵害厚用。西宁话声调也有四个：阴平 44，专开笔百；阳平 24，穷寒局合；上声 53，古口好五；去声 213，近盖共岸。西安话与西宁话声调相同的是阳平和上声。西宁话现在的几个描写都有简化的趋势。

（2）秦陇官话与兰银官话的区别。

李荣（1985）根据古入声的今调类将官话方言分成七个区。中原官话的特性是古次浊入声今读阴平，与其他六区分开。（古次浊入声读阴平蕴涵古清音入声也读阴平，古全浊入声读阳平。）兰银官话的特性是古清音入声今读去声，与其他六区分开。（古清音入声读去声蕴涵古次浊入声也读去声，古全浊入声读阳平。）

邢向东认为秦陇官话与兰银官话有划界的问题。他认为有四个单字调，古清入、次浊入声字归阴平，全浊入归阳平，属中原官话秦陇片。比如银川南部的同心县，包括城关在内的北片话有阴平［44］、阳平上［53］、去声［13］三个单字调，古入声字全部归去声，属兰银官话银吴片；南片话有阴平［214］、阳平［24］、上声［53］、去声［13］四个单字调，古清入、次浊入声字归阴平，全浊入归阳平，属中原官话秦陇片。①

（3）汾河片内部分区的条件。

1987 年版《中国语言地图集》B7 指出："平阳小片去声分阴阳，解州、绛州两个小片去声不分阴阳。绛州小片只有三个单字调，其中新绛、垣曲、绛县单字调今阴平和去声同调；侯马、曲沃单字调平声不分阴阳。"（见表 6－2）

表 6－2　汾河片部分方言单字调表（据 1987 年版《中国语言地图集》）

<table>
<tr><th></th><th>调类数</th><th>清平</th><th>浊平</th><th>清、次浊上</th><th>全浊上</th><th>浊去</th><th>清去</th><th colspan="2">清、次浊入</th><th>全浊入</th></tr>
<tr><td>新绛</td><td>4</td><td>53</td><td>325</td><td>44</td><td colspan="5">31</td><td>325</td></tr>
<tr><td>垣曲</td><td>4</td><td>31</td><td>212</td><td>44</td><td colspan="5">53</td><td>212</td></tr>
<tr><td>稷山</td><td>4</td><td>31</td><td>24</td><td>55</td><td colspan="5">33</td><td>24</td></tr>
<tr><td>襄汾</td><td>4</td><td>53</td><td>24</td><td>44</td><td colspan="5">31</td><td>24</td></tr>
<tr><td>绛县</td><td>4</td><td>31</td><td>13</td><td>44</td><td colspan="3">53</td><td colspan="2">31</td><td>13</td></tr>
<tr><td>侯马</td><td>4</td><td>31</td><td>324</td><td>44</td><td colspan="3">53</td><td colspan="2">31</td><td>324</td></tr>
<tr><td>曲沃</td><td>4</td><td colspan="2">213</td><td>55</td><td colspan="2">53</td><td colspan="3">31</td><td>213</td></tr>
<tr><td>闻喜</td><td>4</td><td>31</td><td>213</td><td>45</td><td colspan="2">213</td><td colspan="3">51</td><td>213</td></tr>
<tr><td>翼城</td><td>5</td><td>31</td><td>13</td><td>55</td><td colspan="2">51</td><td>33</td><td colspan="2">31</td><td>13</td></tr>
<tr><td>沁水</td><td>4</td><td>31</td><td>13</td><td>44</td><td colspan="3">53</td><td>31</td><td>53</td><td>13</td></tr>
<tr><td>夏县</td><td>4</td><td>31</td><td>11</td><td>35</td><td colspan="3">33</td><td>31</td><td>33</td><td>11</td></tr>
</table>

① 见《中国语言地图集》（2012）中原官话 B 说明。

除翼城外，其他方言均为四个单字调，其中的区别在于去声是否分阴阳，清、次浊入是否归去声，去声与阴平是否同调型。因此，汾河片内部的分区条件可修订如下：①去声分阴阳的，归平阳小片；②去声不分阴阳，清、次浊入归去声或去声与阴平同调型的，归绛州小片；③去声不分阴阳，清、次浊入归阴平，阴平不与去声同调型的，归解州小片。

（4）陇中片和河州片。

《中国语言地图集》（2012）从原陇中片中分出河州片。河州片与陇中片有如下区别：有三个调类，但调型与陇中片方言不同。

中原官话声调方面的共同特点：古全浊入声归阳平，清入、次浊入声归阴平；陇中片的特点是平声不分阴阳，只有三个单字调。这一点可与关中片、秦陇片区分开来，与河州片相同。

中原官话秦陇片、陇中片、关中片的特点：关中片和秦陇片的共同点是都有阴平、阳平、上声、去声四个单字调，陇中片平声不分阴阳，只有三个单字调。关中片与秦陇片的差别在于韵母分类。

（5）秦陇官话南疆片。①

新疆中原官话南疆片的地理分布范围主要在天山山脉以南，包括天山以北的地区。周磊认为南疆片的内部一致性很强，声调的分类也很整齐，都是三个声调，这是南疆片的重要特点之一，可以定义为三个声调的方言，无论是从调类上看，还是从调型上看，都有着较大的一致性。

声调的变化是以古声母的清浊为依据的。南疆片的古平声不论清浊都读作同一个声调，古上声的清声母和次浊声母字今读上声，古上声的全浊声母字和古去声今读去声。

南疆片三个声调的较大的一致性也和古入声字在中原官话南疆片中的走向一致性有关。中原官话南疆片的古入声字在今方言里不论清浊入声一律和平声同调，只有少数字例外。正是由于古声母清浊变化的一致性而促成中原官话南疆片三个声调方言的调类一致性，调值类型的一致性可能更与古入声字的走向一致性有关，当然，不排除其他音变的内部因素和社会因素。三个声调的平声调值都是曲折调或升调，其中读升调的和单字音的读音速度有关，慢读时为曲折调，快读时为上扬的升调。阳平都是高降调，去声大多是平调。

6.8 秦陇官话主要方言点的调类调值对照

秦陇官话主要方言点的调类调值对照如表 6－3 至表 6－7 所示。

表 6－3 秦陇官话主要方言点的调类调值对照（关中片与秦陇片）

片	方言点	选点	阴平 1a	阳平 1b	上声 2ab	去声 3ab	调类数量	备注
关中片	西安（陕西）	莲湖区 北院门街道	21	24	53	44	4	语保 OM
	安康（陕西）	汉滨区 新城街道	31	35	53	44	4	语保 OM
	商洛（陕西）	商州区	31	35	53	44	4	语保 OM
	宁县（甘肃）	会师镇	31	24	52	44	4	语保 OM
	泾源（宁夏）	香水镇	31	35	52	44	4	语保 OM

① 根据周磊关于中原官话 C（新疆维吾尔自治区）的总结。

（续上表）

片	方言点	选点	阴平 1a	阳平 1b	上声 2ab	去声 3ab	调类数量	备注
关中片	灵宝（河南）	涧西区	53	213	44	24	4	语保 OM
	武功（陕西）	武功	31	35	42	44	4	孙立新（1995）
			31	24/23	52	54/44	4	康骥臻（2013）
	白水（陕西）	白水	21	24	53	44	4	郭珍珍（2011）
	彬县（陕西）	彬县	31	24	52	55	4	孙建华（2014）
			31	35	51	55	4	孙立新（1995）
	朝邑（陕西）	朝邑	31	24	53	55	4	段蓓蕾（2016）
	澄城（陕西）	澄城	21	24	53	44	4	卜晓梅（2008）
	淳化（陕西）	淳化	21	24	52	44	4	孙立新（1995）
			31	24	51	44	4	杨梅（2019）
	渭南（陕西）	临渭	21	24	51	33	4	马毛朋（2003）
	咸阳（陕西）	咸阳	31	24	42	44	4	孙立新（1995）
	兴平（陕西）	兴平	31	24	42	44	4	魏锦（2011）
			31	35	52	55	4	孙立新（1995）
	富平（陕西）	富平	21	24	52	44	4	李虹（2003）
	高陵（陕西）	高陵	21	25	42	44	4	三秦游网高陵县方言介绍
	户县（陕西）	户县	31	35	51	55	4	赵娟（2014）
	华县（陕西）	华县	31	35	51	55	4	刘洋（2011）
	泾阳（陕西）	泾阳	31	24	52	44	4	三秦游网泾阳县方言语音介绍
			31	35	51	55	4	孙立新（1995）
	蓝田（陕西）	蓝田	31	24	52	55	4	韩承红（2011）
	临潼（陕西）	临潼	21	35	53	55	4	赵丹（2012）
	乾县（陕西）	城关	31	24	51	44	4	杨梅（2018）

（续上表）

片	方言点	选点	阴平 1a	阳平 1b	上声 2ab	去声 3ab	调类数量	备注
关中片	三原（陕西）	三原	31	35	52	44	4	姚焰（2012）
			31	35	52	55	4	孙立新（1995）
	铜川（陕西）	铜川	21	35	53	44	4	杨银梅（2004）
	洛南（陕西）	洛南	21	35	53	44	4	孟万春（2007）
	旬邑（陕西）	旬邑	21	24	52	44	4	语保 OM
			31	35	51	44	4	孙立新（1995）
	耀县（陕西）	耀县	31	24	52	44	4	岳佳（2011）
	长安（陕西）	长安	31	24	53	55	4	赵锦秀（2017）
	蒲城（陕西）	蒲城	31	24	53	44	4	郑宏（2004）
秦陇片	凤翔（陕西）	凤翔	31	24	53	44	4	任永辉（2006）
	扶风（陕西）	扶风	31	24	52	33	4	吴媛（2011）
	眉县（陕西）	眉县	31	24	52	44	4	吴媛（2011）
	陇县（陕西）	陇县	31	24	53	44	4	景永智（2010）
	长武（陕西）	长武	31	35	51	55	4	孙立新（1995）
	宝鸡（陕西）	岐山县凤鸣镇	31	24	53	44	4	语保 OM
	汉中（陕西）	汉台区汉中街道	55	42	354	213	4	语保 OM
	勉县（陕西）	勉阳街道	42	21	35	213	4	语保 OM
	固原（宁夏）	原州区北塬街道	213	24	53	44	4	语保 OM
	西宁（青海）	城东区康乐社区	55	13	53		3	语保 OM
		西宁	44	24	53	213	4	张成材（2013）

（续上表）

片	方言点	选点	阴平 1a	阳平 1b	上声 2ab	去声 3ab	调类数量	备注
秦陇片	门源（青海）	浩门镇	55	13			2	语保 OM
	平凉（甘肃）	崆峒区	21	24	53	44	4	语保 OM
	靖远（甘肃）	乌兰镇	41	24	55	33	4	语保 OM
	敦煌（甘肃）	沙州镇	21	213	51	44	4	语保 OM（语保中属于南疆片）

表 6－4　秦陇官话主要方言点的调类调值对照（汾河片）

片	小片	方言点	选点	阴平 1a	阳平 1b	上声 2ab	阴去 3a	阳去 3b	入声 4ab	调类数量	备注
汾河片	平阳小片	翼城（山西）	唐兴镇	53	12	44	53			3	语保 OM
			翼城	31	22	55	53			4	吕美红（2006）
	绛州小片	新绛（山西）	龙兴镇	53	13	44	53			3	语保 OM
			新绛	53	325	44	31			4	王临惠（2003）
		万荣（山西）	解店镇	51	213	55	33			4	语保 OM
			万荣	51	24	55	33			4	吴建生（1984）
	解州小片	临猗（山西）	猗氏镇	42	13	53	44			4	语保 OM
			临猗	31	13	53	44			4	李仙娟（2006）
		合阳（陕西）	城关镇	31	24	52	55			4	语保 OM
			合阳	31	24	52	55			4	邢向东、蔡文婷（2010）
		韩城（陕西）	新城街道	31	24	53	44			4	语保 OM
			韩城	31	24	53	44			4	于永敏（2008）

表 6－5　秦陇官话主要方言点的调类调值对照（陇中片）

片	方言点	选点	阴平 1a	阳平 1b	上声 2ab	调类数量	备注
陇中片	西吉（宁夏）	吉强镇	213	53	44	3	语保 OM
	天水（甘肃）	秦州区	13	53	44	3	语保 OM
	定西（甘肃）	安定区凤翔镇	13	53	44	3	语保 OM

表6-6 秦陇官话主要方言点的调类调值对照（河州片）

<table>
<tr><th>片</th><th>方言点</th><th>选点</th><th>阴平 1a</th><th>阳平 1b</th><th>上声 2ab</th><th>去声 3ab</th><th>调类数量</th><th>备注</th></tr>
<tr><td>河州片</td><td>临夏（甘肃）</td><td>东区街道</td><td colspan="2">13</td><td>42</td><td>53</td><td>3</td><td>语保 OM</td></tr>
</table>

表6-7 秦陇官话主要方言点的调类调值对照（南疆片）

<table>
<tr><th>片</th><th>方言点</th><th>选点</th><th>平声 1ab</th><th>上声 2ab</th><th>去声 3ab</th><th>调类数量</th><th>备注</th></tr>
<tr><td rowspan="5">南疆片</td><td rowspan="2">吐鲁番（新疆）</td><td>绿洲西路</td><td>213</td><td>52</td><td>44</td><td>3</td><td>语保 OM</td></tr>
<tr><td>吐鲁番</td><td>213</td><td>52</td><td>44</td><td>3</td><td>刘俐李，周磊（1986）</td></tr>
<tr><td rowspan="2">焉耆（新疆）</td><td>焉耆镇</td><td>24</td><td>52</td><td>44</td><td>3</td><td>语保 OM</td></tr>
<tr><td>焉耆</td><td>24</td><td>51</td><td>44</td><td>3</td><td rowspan="2">刘俐李，周磊（1986）</td></tr>
<tr><td>喀什（新疆）</td><td>伽师县</td><td>313</td><td>52</td><td>44</td><td>3</td></tr>
</table>

参考文献

［1］白涤洲．关中声调实验录［M］．国立中央研究院．历史语言研究所集刊：第4本第4分．上海：商务印书馆，1934.

［2］卜晓梅．陕西澄城方言语音概说［J］．咸阳师范学院学报，2008（5）.

［3］蔡文婷．合阳方言语音研究［D］．西安：陕西师范大学，2007.

［4］曹志耘，邵朝阳．青海乐都方言音系［J］．方言，2001（4）.

［5］董琳莉．周至方音的古今音变特点［J］．咸阳师范学院学报，2008（3）.

［6］杜林林．陕西礼泉方言单字音声调的实验分析［J］．咸阳师范学院学报，2019，34（1）.

［7］段蓓蕾．大荔（朝邑）方言语音研究［D］．西安：西北大学，2016.

［8］段京雨．四川松潘县和九寨沟县汉语方言音系调查研究［D］．成都：四川师范大学，2017.

［9］谷少华．陕西麟游方言音系［J］．宝鸡文理学院学报（社会科学版），2016，36（6）.

［10］郭珍珍．白水方言语音研究［D］．西安：西安外国语大学，2011.

［11］韩承红．陕西蓝田方言的语音特点［J］．陕西教育学院学报，2011（3）.

［12］焦姣．华阴夫水镇方言语音研究［D］．西安：陕西师范大学，2012.

［13］景永智．陇县方言语音研究［D］．西安：西北大学，2010.

［14］康骥臻．武功方言单字调的实验分析［J］．咸阳师范学院学报，2013（1）.

［15］李斐．陕西潼关方言研究［D］．西安：陕西师范大学，2003.

［16］李虹．富平方言研究［D］．西安：陕西师范大学，2003.

［17］李荣．官话方言的分区［J］．方言，1985（1）.

［18］李晰．山西方言声调研究［D］．西安：陕西师范大学，2014.

［19］李仙娟．临猗方言的语音研究［D］．西安：西北大学，2006.

［20］刘俐李，周磊．新疆汉语方言的分区（稿）［J］．方言，1986（3）.

［21］刘洋．华县方言语音研究［D］．西安：西安外国语大学，2011.

［22］吕美红．翼城方言研究［D］．苏州：苏州大学，2006.

［23］马毛朋．陕西渭南方言研究［D］．西安：陕西师范大学，2003.

［24］马燕娜. 商洛市商州方言音系［J］. 和田师范专科学校学报，2010（4）.
［25］孟万春. 商洛方言语音研究［D］. 西安：陕西师范大学，2007.
［26］任永辉. 陕西风翔方言的语音特点［J］. 牡丹江教育学院学报，2006（4）.
［27］申向阳. 九寨沟方言语音系统（一）［J］. 阿坝师范高等专科学校学报，2009，26（2）.
［28］孙建华. 陕西彬县方言语音研究［J］. 西安文理学院学报（社会科学版），2014（1）.
［29］孙立新. 关于关中方言声调研究的几个问题［J］. 渭南师范学院学报，2017，32（3）.
［30］孙立新. 关于陕南方言声调及归属等问题［J］. 咸阳师范学院学报，2015，30（5）.
［31］孙立新. 关中方言略说［J］. 方言，1997（2）.
［32］孙立新. 咸阳市方言语音特点综述［J］. 咸阳师专学报，1995（1）.
［33］田娟. 山西霍州方言语音研究［D］. 西安：陕西师范大学，2009.
［34］王蕾. 大荔方言语音研究［D］. 西安：陕西师范大学，2007.
［35］王临惠. 汾河流域方言的语音特点及其流变［M］. 北京：中国社会科学出版社，2003.
［36］魏锦. 一百年来兴平方言语音变化研究［D］. 重庆：西南大学，2011.
［37］吴建生. 万荣方言志［M］.《语文研究》编辑部，1984.
［38］吴媛. 岐山方言语音研究［D］. 西安：陕西师范大学，2006.
［39］吴媛. 陕西关中西府方言语音研究［D］. 西安：陕西师范大学，2011.
［40］邢向东，蔡文婷. 合阳方言音系与文白异读［J］. 咸阳师范学院学报，2010（3）.
［41］杨梅. 乾县方言单字调实验研究［J］. 咸阳师范学院学报，2018，33（3）.
［42］杨梅. 陕西淳化方言音系研究［D］. 西安：西北师范大学，2019.
［43］杨银梅. 陕西铜川方言研究［D］. 西安：陕西师范大学，2004.
［44］姚焰. 陕西三原方言研究［D］. 哈尔滨：黑龙江大学，2012.
［45］于永敏. 韩城方言语音研究［D］. 西安：陕西师范大学，2008.
［46］岳佳. 耀县方言体貌系统［D］. 西安：陕西师范大学，2011.
［47］张成材. 丹凤方言同音字汇［J］. 咸阳师范学院学报，2012（3）.
［48］张成材. 青海汉语方言古今声调的比较［J］. 青海师范大学学报（哲学社会科学版），2013（1）.
［49］张成材. 青海省汉语方言的分区［J］. 方言，1984（3）.
［50］张成材. 商洛方言概况（上）［J］. 商洛师范专科学校学报，1999（3）.
［51］张盛裕，张成材. 陕甘宁青四省区汉语方言的分区（稿）［J］. 方言，1986（2）.
［52］张维佳. 关中方言的形成及新时期关中方言研究现状［J］. 榆林高等专科学校学报，2002（1）.
［53］张维佳. 关中方言片内部音韵差异与历史行政区划［J］. 语言研究，2002（2）.
［54］张维佳. 关中方言音韵结构共性与历史行政区划［J］. 宝鸡文理学院学报（社会科学版），2002（2）.
［55］赵丹. 临潼方言语音研究［D］. 南京：南京大学，2012.
［56］赵锦秀. 长安区韦曲镇方言语音研究［D］. 西安：陕西师范大学，2017.
［57］赵娟. 陕西户县方言的语音格局［D］. 西安：西北师范大学，2014.
［58］郑宏. 陕西蒲城方言研究［D］. 西安：陕西师范大学，2004.
［59］中国社会科学院，澳大利亚人文科学院. 中国语言地图集［M］. 香港：朗文出版社（远东）有限公司，1987.
［60］中国社会科学院语言研究所，中国社会科学院民族学与人类学研究所，香港城市大学语言资讯科学研究中心. 中国语言地图集［M］. 2 版. 北京：商务印书馆，2012.

7　兰银官话

兰银官话主要分布在宁夏北部、甘肃兰州附近到河西走廊、新疆天山以北的大部分汉族聚居地区。下面是本书的选点情况，如表 7－1 所示。

表 7－1　兰银官话的分片选点

片	方言点	序号
金城片	兰州－《音库》	7－1
	兰州城关（甘肃）	7－2
	榆中城关（甘肃）	7－3
	红古海石湾（甘肃）	7－4
银吴片	银川－《音库》	7－5
	银川兴庆（宁夏）	7－6
	中卫滨河（宁夏）	7－7
河西片	酒泉肃州（甘肃）	7－8
	张掖甘州（甘肃）	7－9
	武威凉州（甘肃）	7－10
	永昌城关（甘肃）	7－11
	天祝华藏寺（甘肃）	7－12
塔密片（北疆片）	乌鲁木齐－《音库》	7－13
	乌鲁木齐板房沟（新疆）	7－14
	沙湾县城（新疆）	7－15
	奇台三清宫（新疆）	7－16
	昌吉木垒（新疆）	7－17
	哈密巴里坤（新疆）	7－18
	塔城市区（新疆）	7－19

7.1 金城片

1. 兰州 《音库》

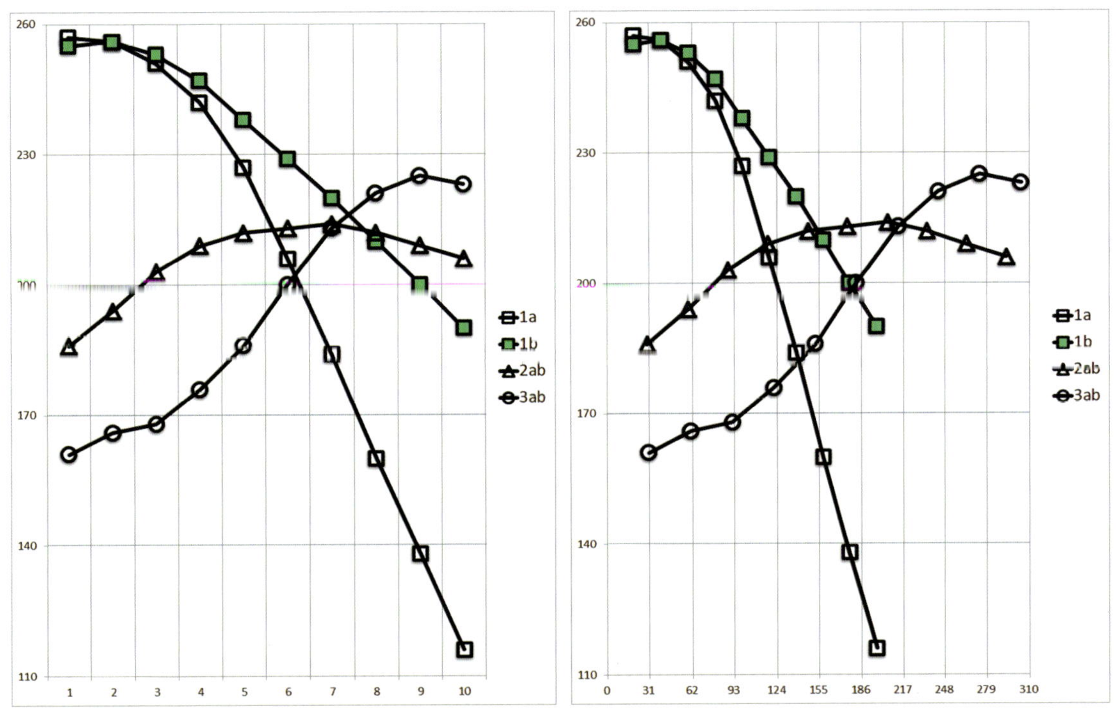

图 7-1a 单字调等长、实长音高模式-兰州-《音库》

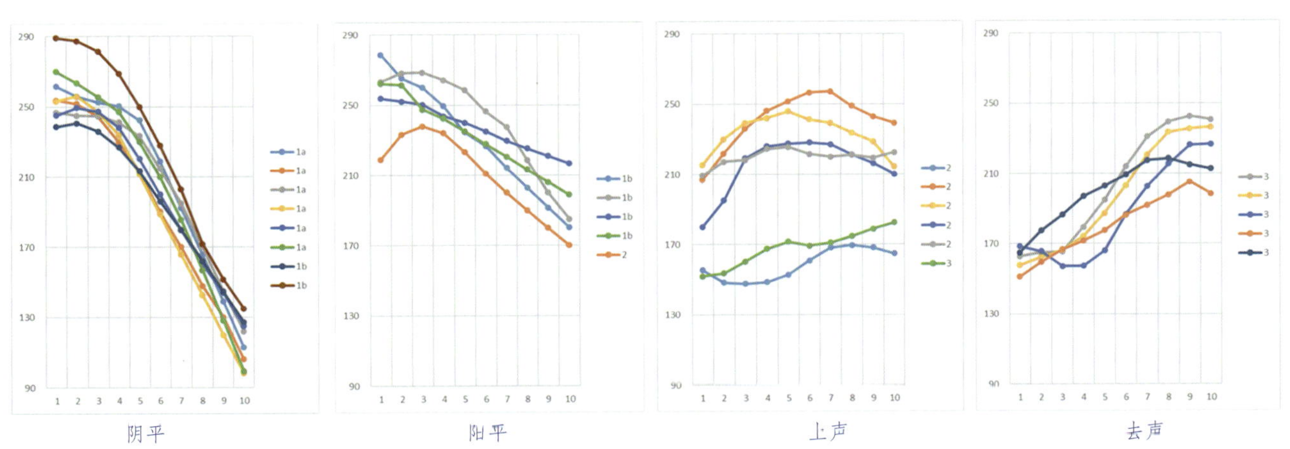

图 7-1b 今声调调域分布范围-兰州-《音库》

《音库》的声调有 4 个（见图 7-1a）：

阴平 51、阳平 53、上声 344、去声 24。

今调域的分布情况（见图 7-1b）：

阴平主要在 51 的范围；阳平主要在 43～54 之间；上声主要在 22～454 之间；去声主要在 23～24 之间。

2. 兰州城关

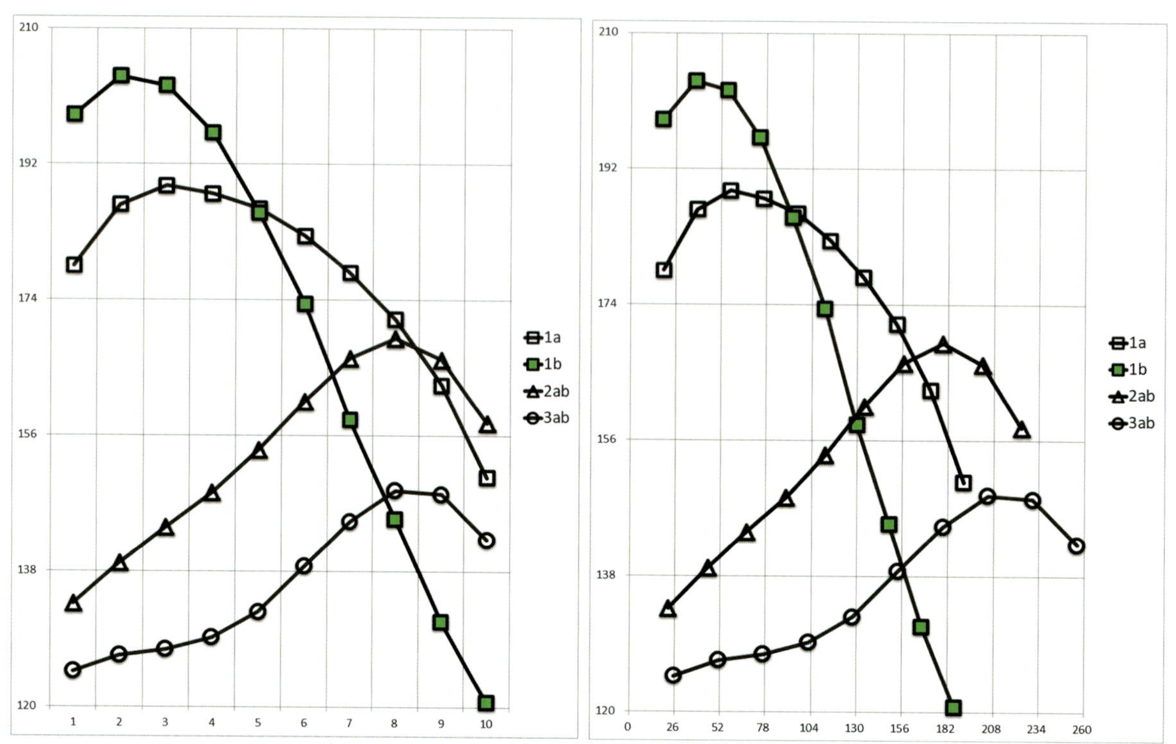

图 7－2a 单字调等长、实长音高模式－兰州城关－OM

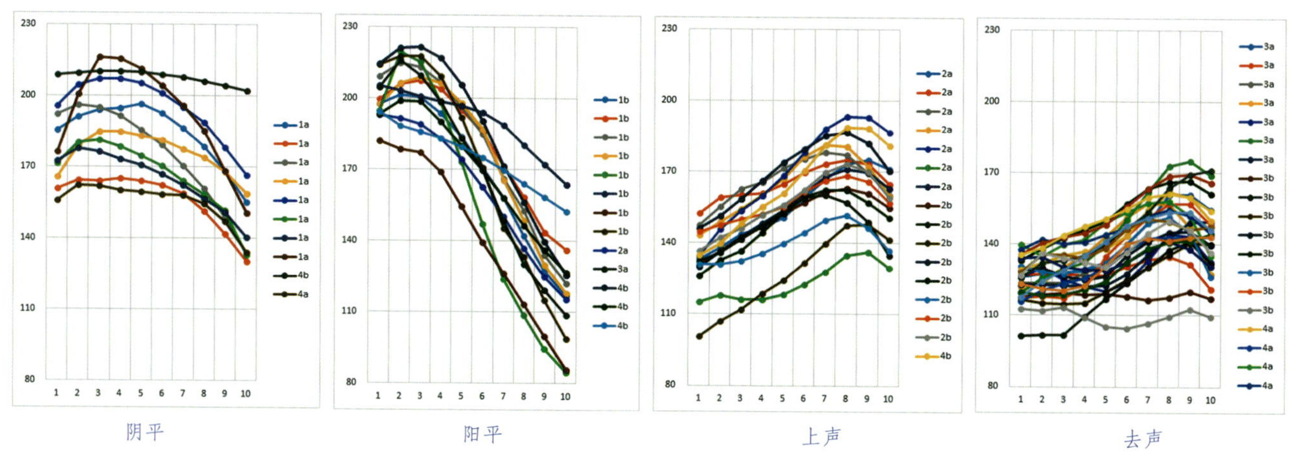

图 7－2b 今声调调域分布范围－兰州城关－OM

老男的声调有 4 个（见图 7－2a）：

阴平 42、阳平 51、上声 13、去声 12。

今调域的分布情况（见图 7－2b）：

阴平主要在 32～54 之间；阳平主要在 41～53 之间；上声主要在 12～34 之间；去声主要在 12～23 之间，相对上声，起点、末点较低。

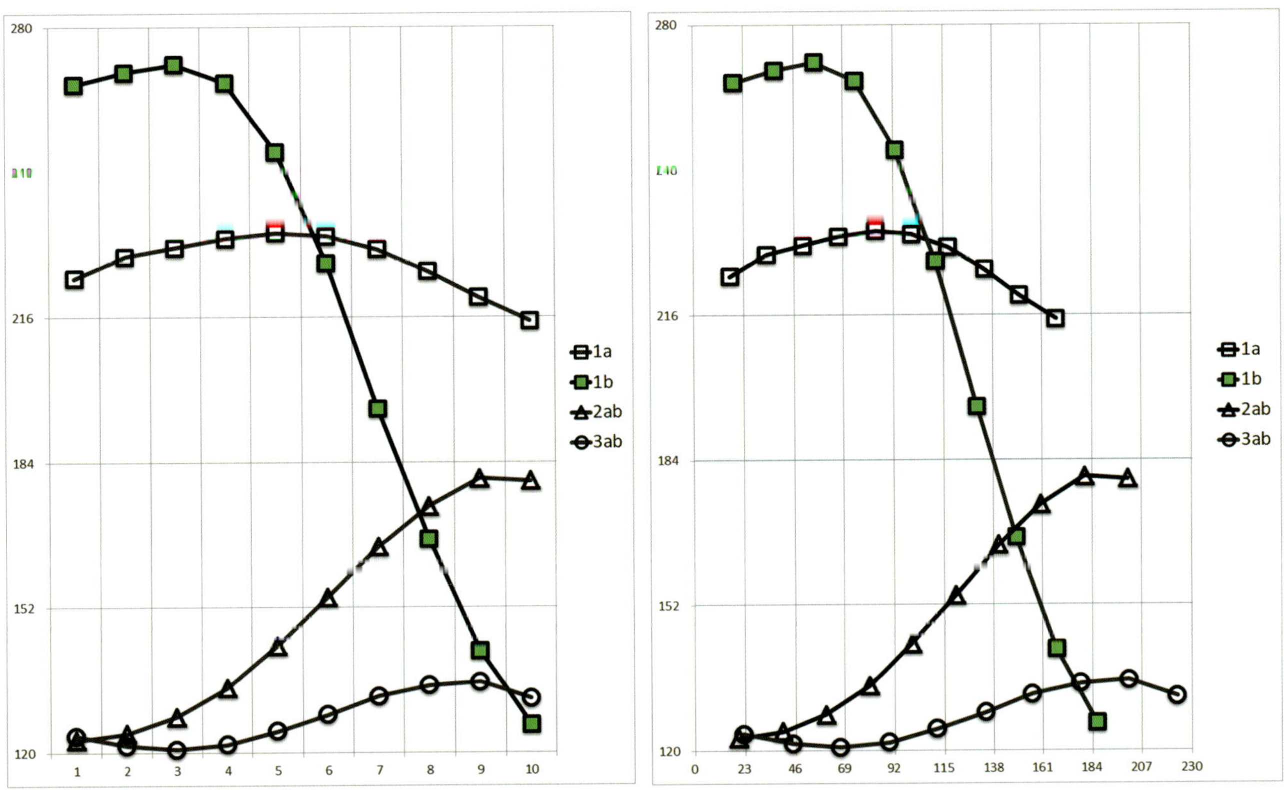

图 7-2c 单字调等长、实长音高模式-兰州城关-YM

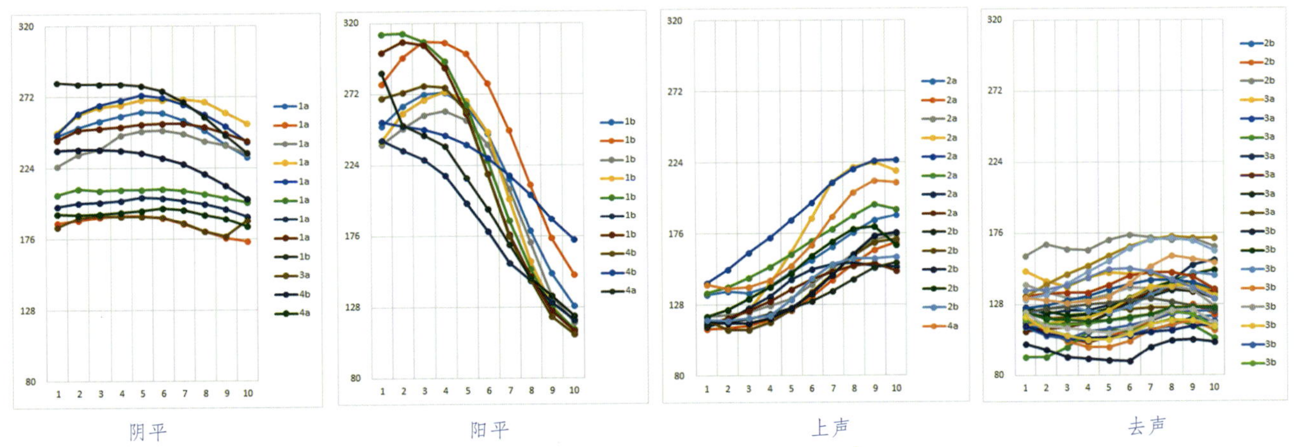

图 7-2d 今声调调域分布范围-兰州城关-YM

青男的声调有 4 个（见图 7-2c）：

阴平 44、阳平 51、上声 12、去声 11。

今调域的分布情况（见图 7-2d）：

阴平主要在 33~44 之间；阳平主要在 41~52 之间；上声主要在12~23 之间；去声主要在 11~22 之间。

3. 榆中城关

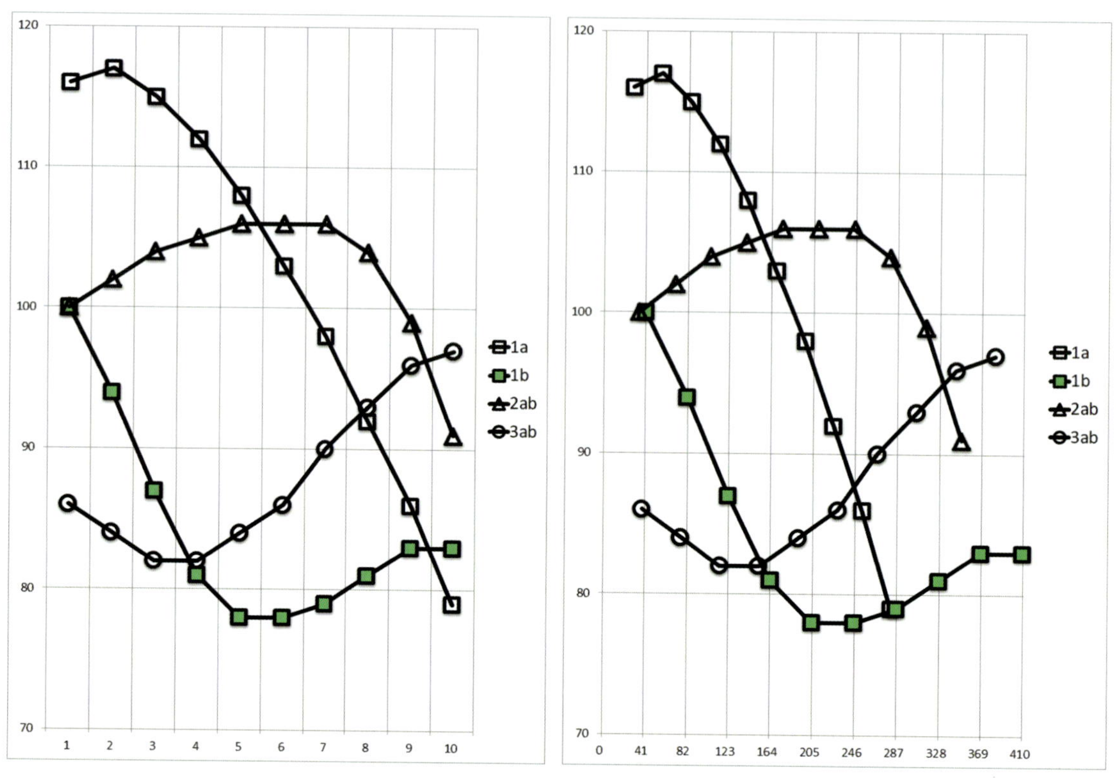

图 7－3a　单字调等长、实长音高模式－榆中城关－OM

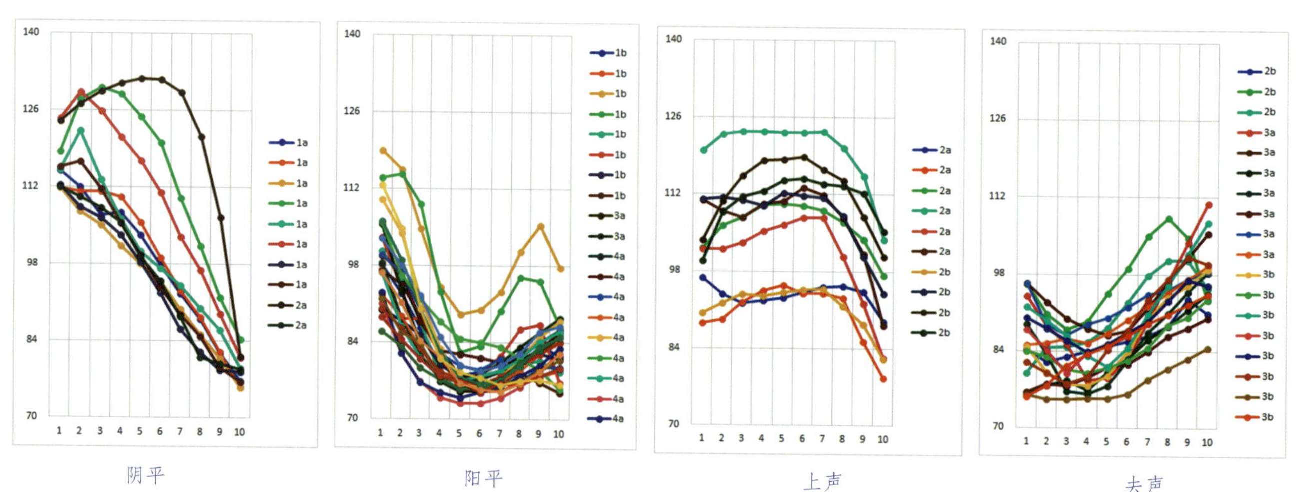

图 7－3b　今声调调域分布范围－榆中城关－OM

老男的声调有 4 个（见图 7－3a）：

阴平 51、阳平 312、上声 443、去声 213。

今调域的分布情况（见图 7－3b）：

阴平主要在 41～451 之间；阳平主要在 212～423 之间；上声主要在 221～443 之间；去声主要在 12～213 之间。

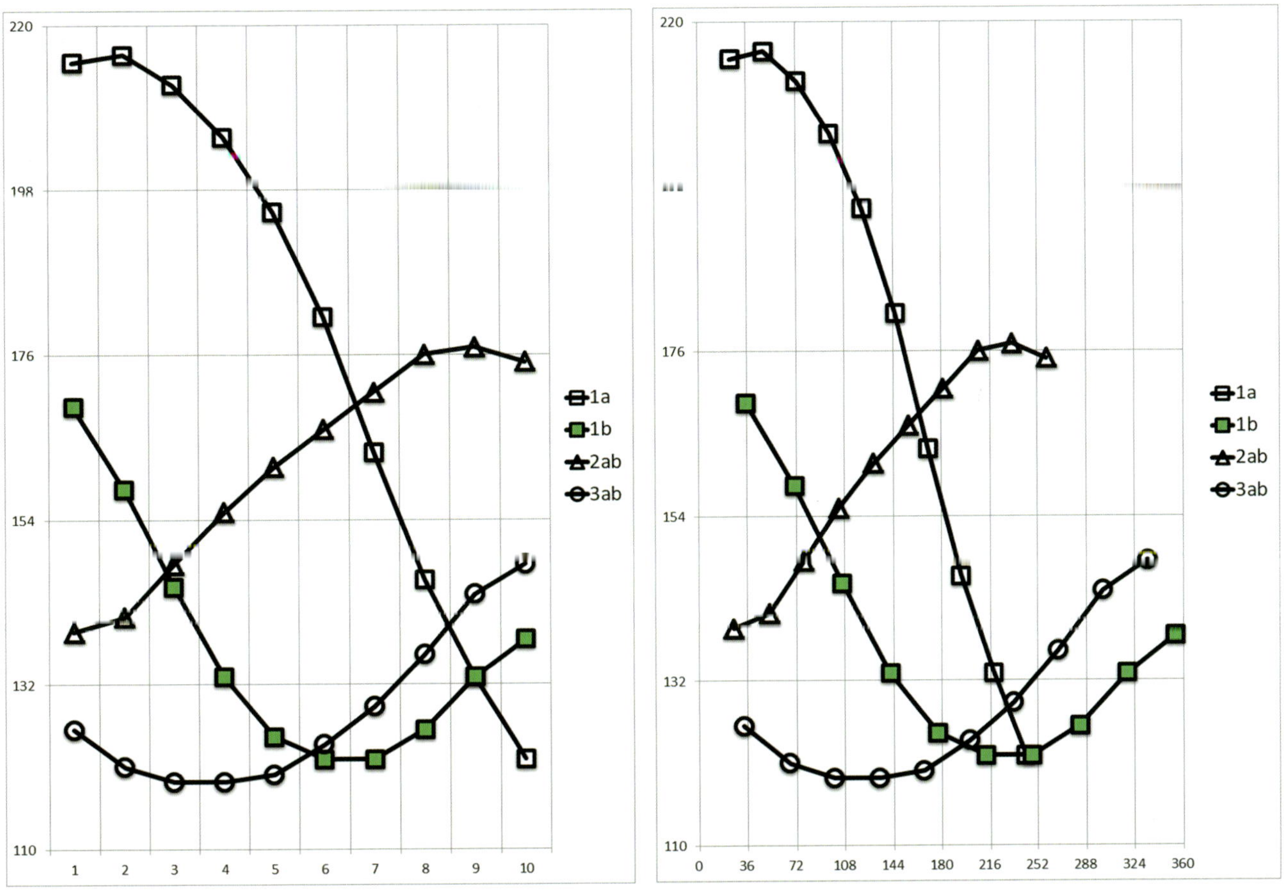

图 7－3c　单字调等长、实长音高模式－榆中城关－YM

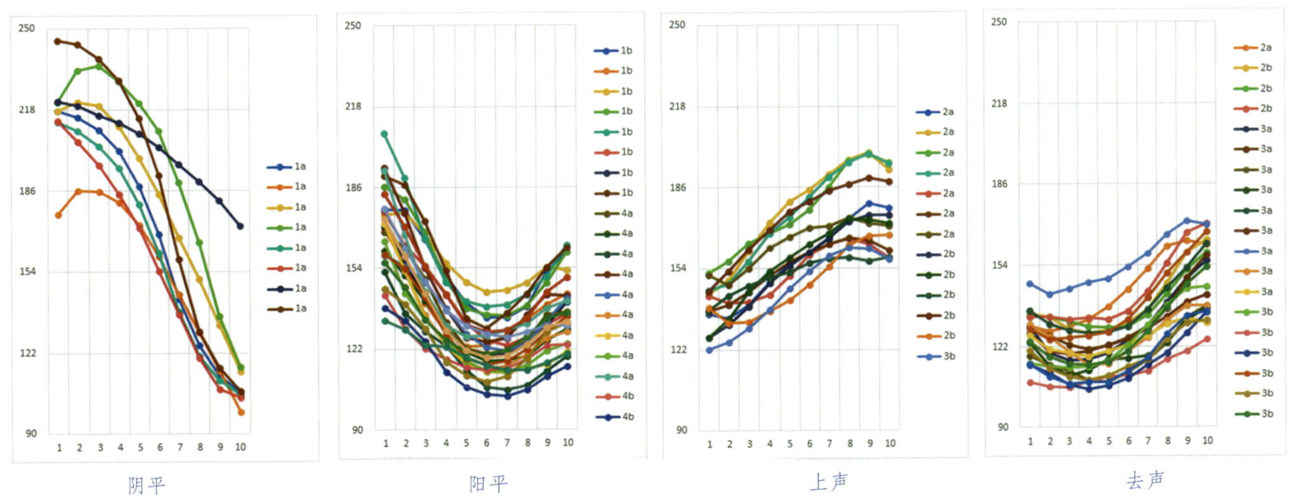

图 7－3d　今声调调域分布范围－榆中城关－YM

青男的声调有 4 个（见图 7－3c）：

阴平 51、阳平 312、上声 23、去声 112。

今调域的分布情况（见图 7－3d）：

阴平主要在 51 的范围；阳平主要在 212～423 之间；上声主要在 23～24 之间；去声主要在 112～223 之间。

4. 红古海石湾

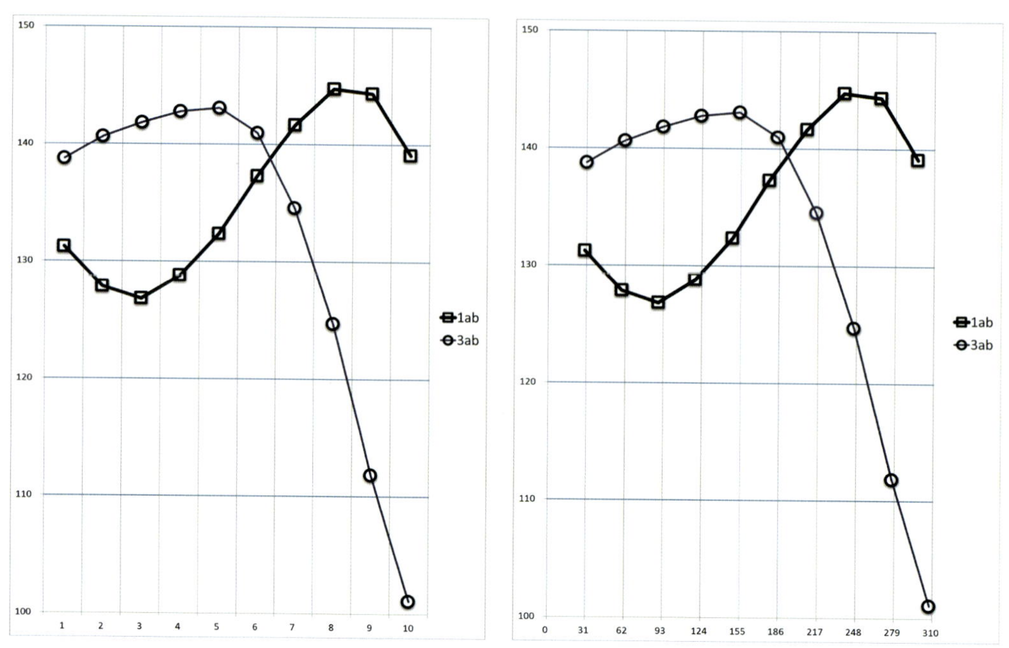

图 7－4a　单字调等长、实长音高模式－红古海石湾－OM

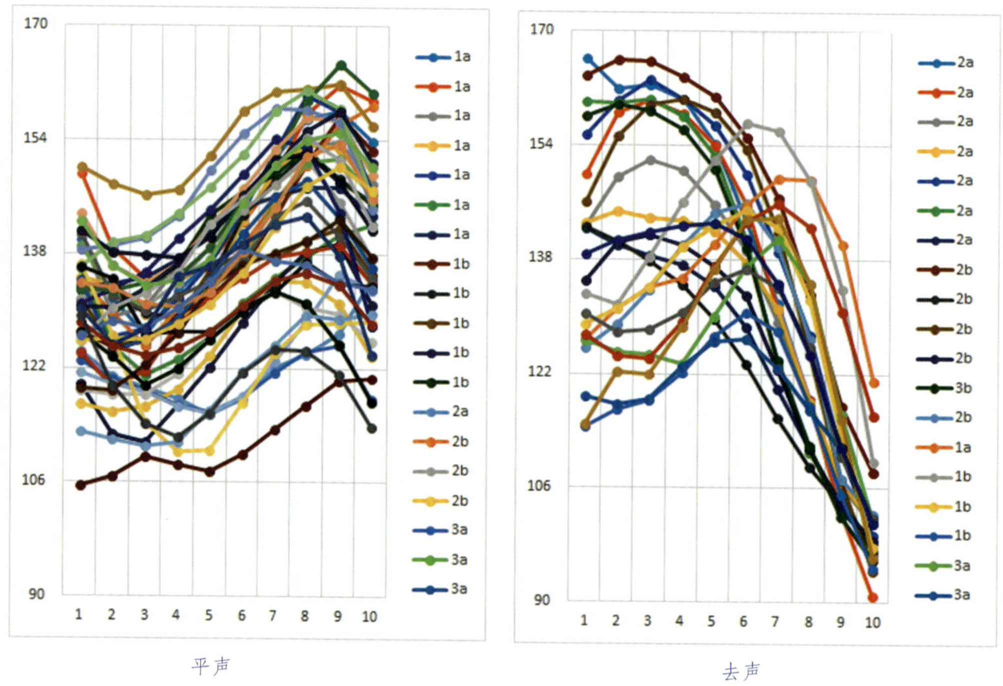

图 7－4b　今声调调域分布范围－红古海石湾－OM

老男的声调有 2 个（见图 7－4a）：

平声 35、去声 451。

今调域的分布情况（见图 7－4b）：

平声主要在 23～45 之间；去声主要在 231～52 之间。

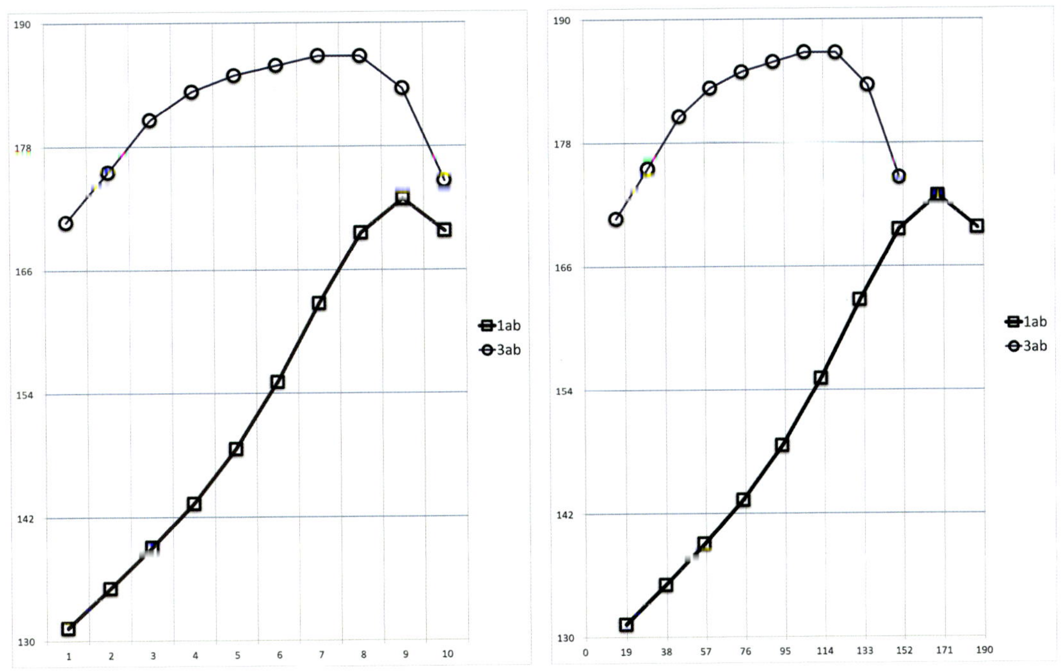

图 7－4c　单字调等长、实长音高模式－红古海石湾－YM

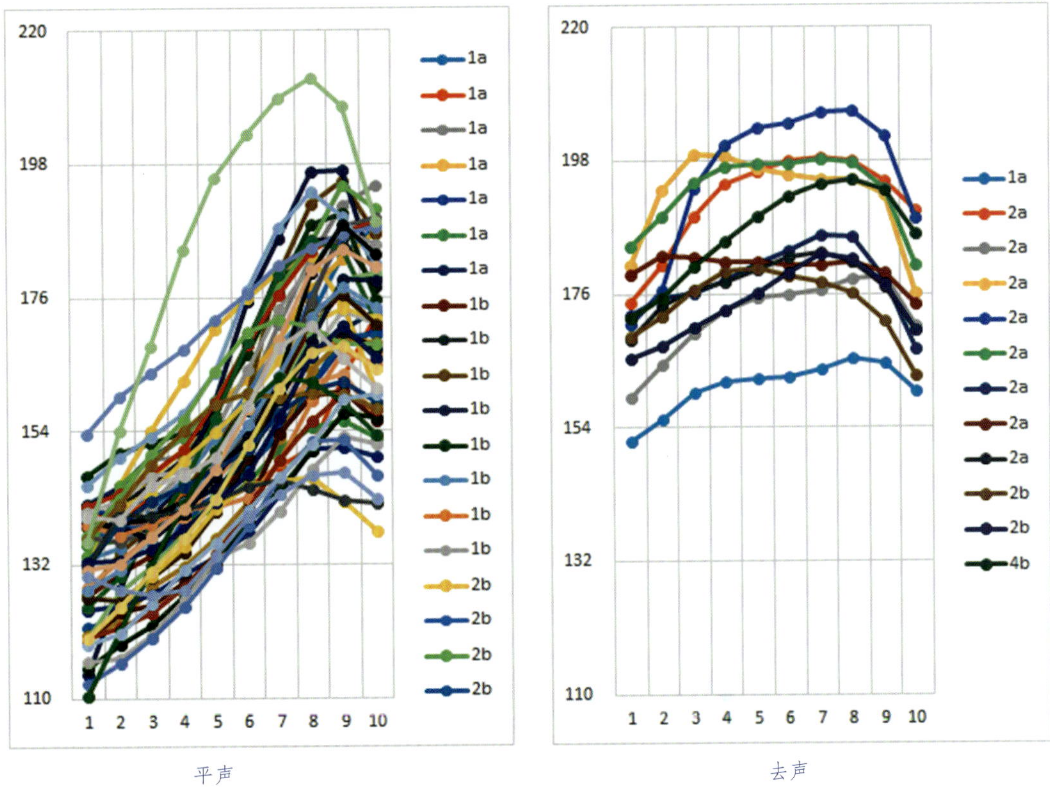

图 7－4d　今声调调域分布范围－红古海石湾－YM

青男的声调有 2 个（见图 7－4c）：

平声 14、去声 454。

今调域的分布情况（见图 7－4d）：

平声主要在 12～24 之间；去声主要在 33～454 之间。

7.2 银吴片

1. 银川 - 《音库》

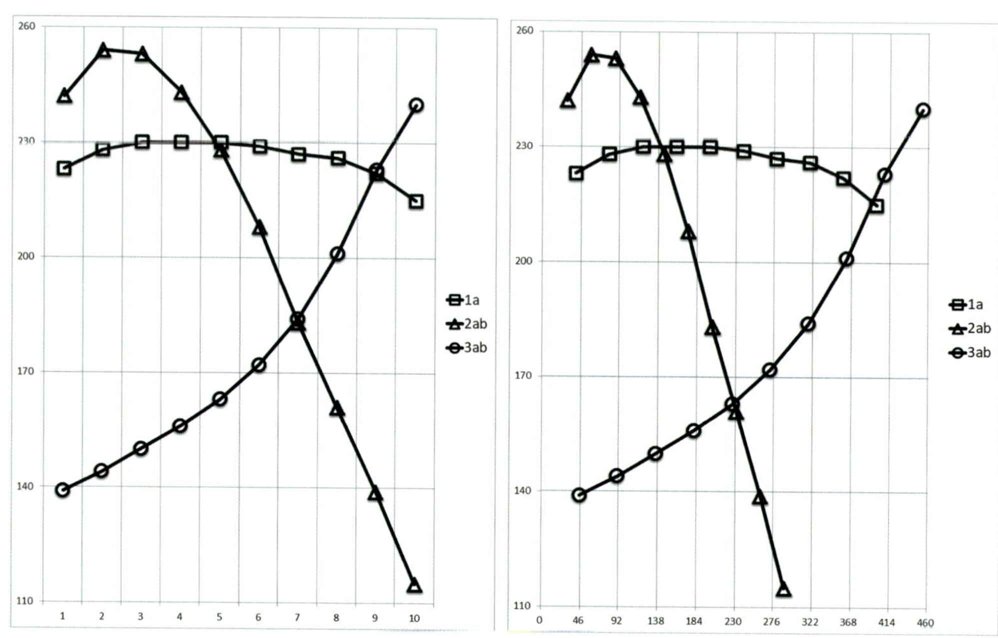

图 7 - 5a　单字调等长、实长音高模式 - 银川 - 《音库》 - OM

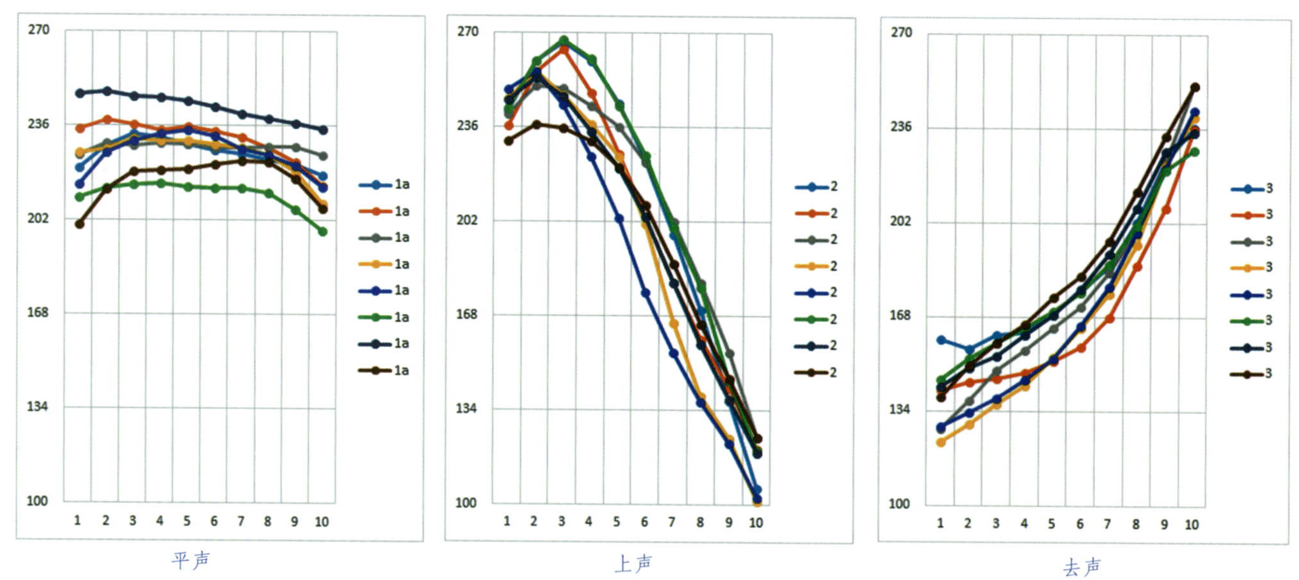

图 7 - 5b　今声调调域分布范围 - 银川 - 《音库》 - OM

《音库》的声调有 3 个（见图 7 - 5a）：

平声 44、上声 51、去声 25。

今调域的分布情况（见图 7 - 5b）：

平声主要在 44 ~ 55 之间；上声主要在 51 的范围；去声主要在 14 ~ 25 之间。

2. 银川兴庆

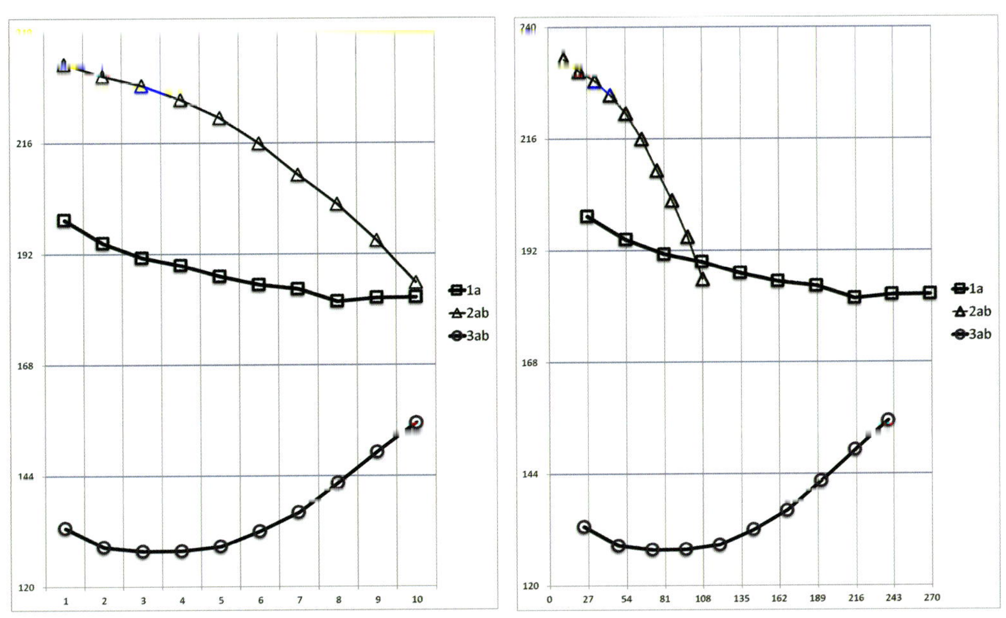

图 7－6a　单字调等长、实长音高模式－银川兴庆－OM

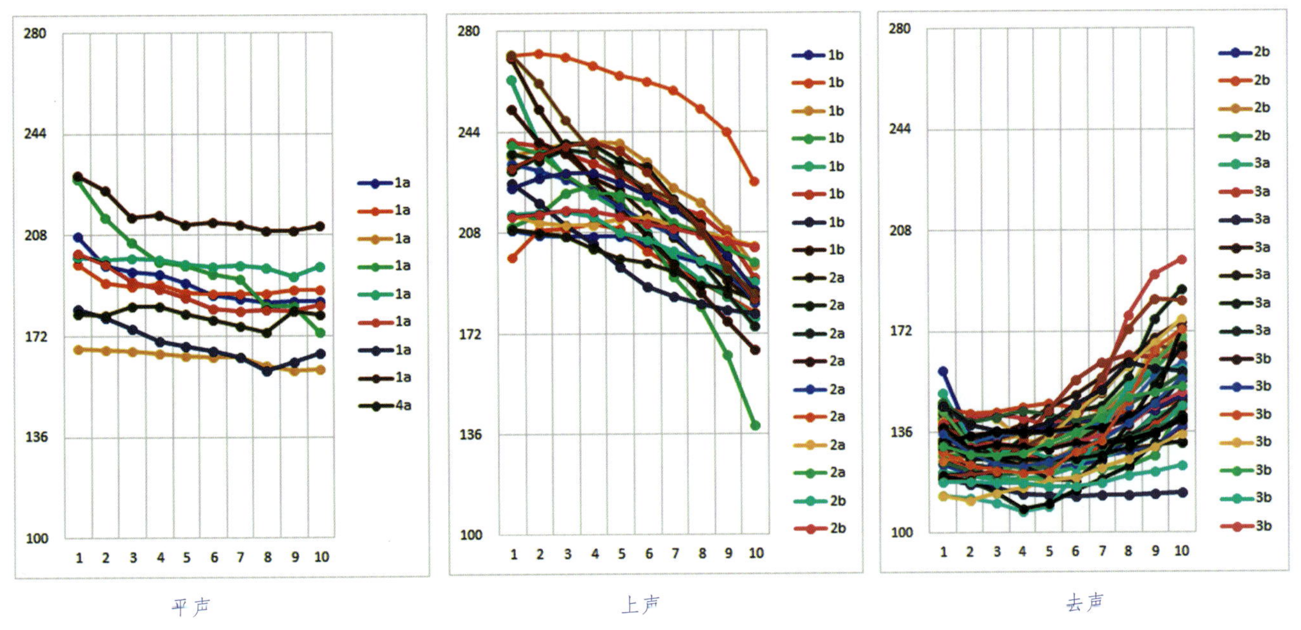

图 7－6b　今声调调域分布范围－银川兴庆　OM

老男的声调有 3 个（见图 7－6a）：

平声 43、上声 53、去声 112。

今调域的分布情况（见图 7－6b）：

平声主要在 33～43 之间；上声主要在 42～54 之间；去声主要在 11～223 之间。

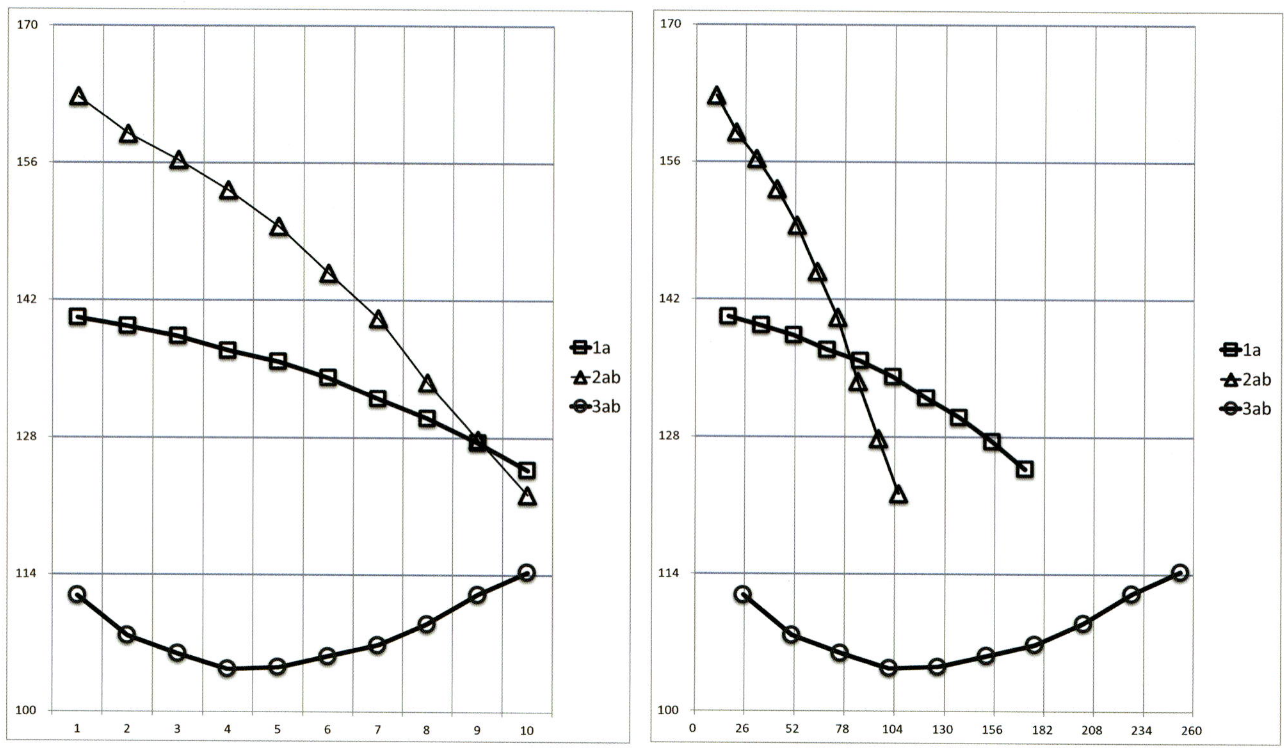

图 7－6c　单字调等长、实长音高模式－银川兴庆－YM

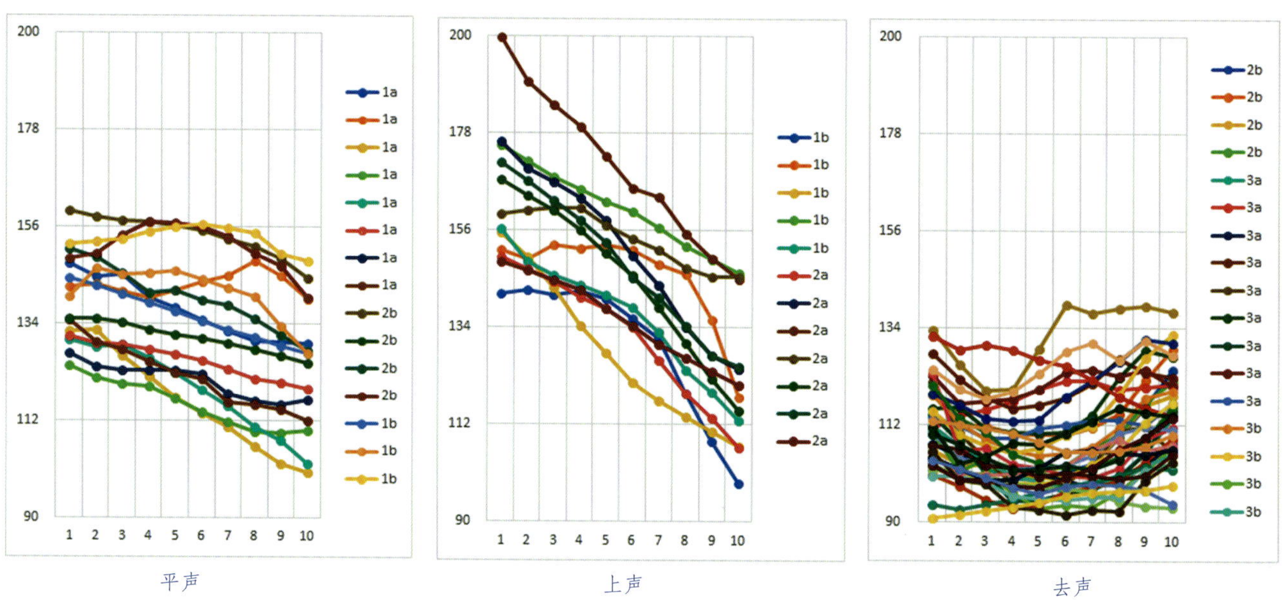

图 7－6d　今声调调域分布范围－银川兴庆－YM

青男的声调有 3 个（见图 7－6c）：

平声 32、上声 52、去声 212。

今调域的分布情况（见图 7－6d）：

平声主要在 21～43 之间；上声主要在 31～53 之间；去声主要在 212～323 之间。

3. 中卫滨河

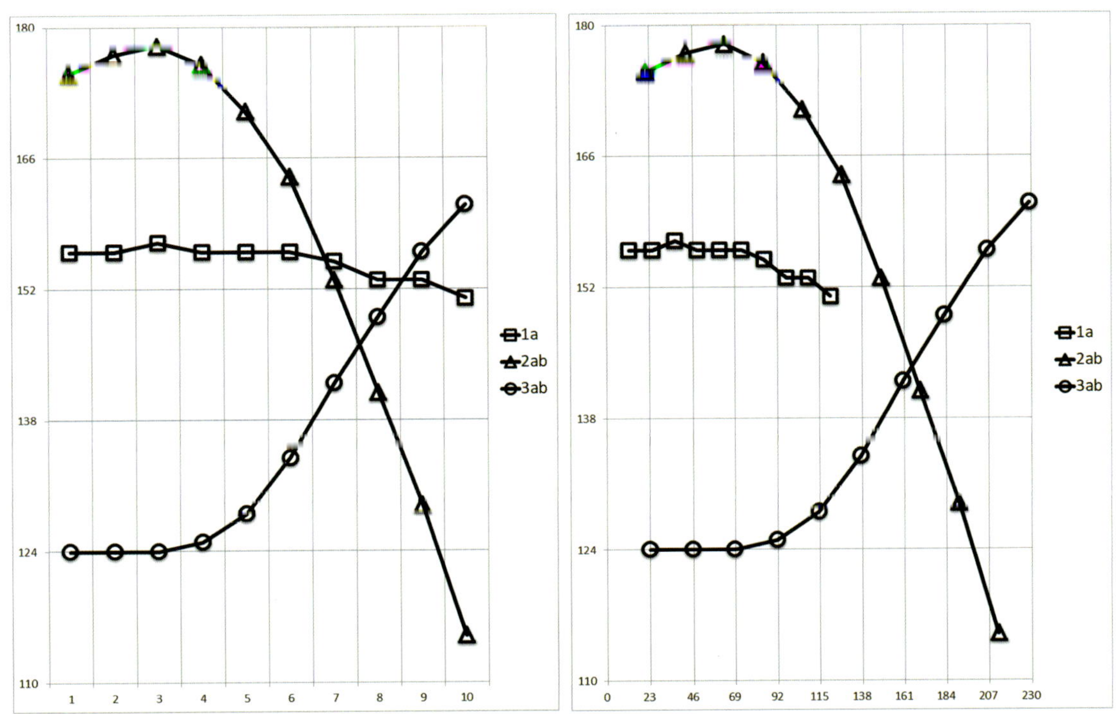

图 7－7a　单字调等长、实长音高模式－中卫滨河－OM

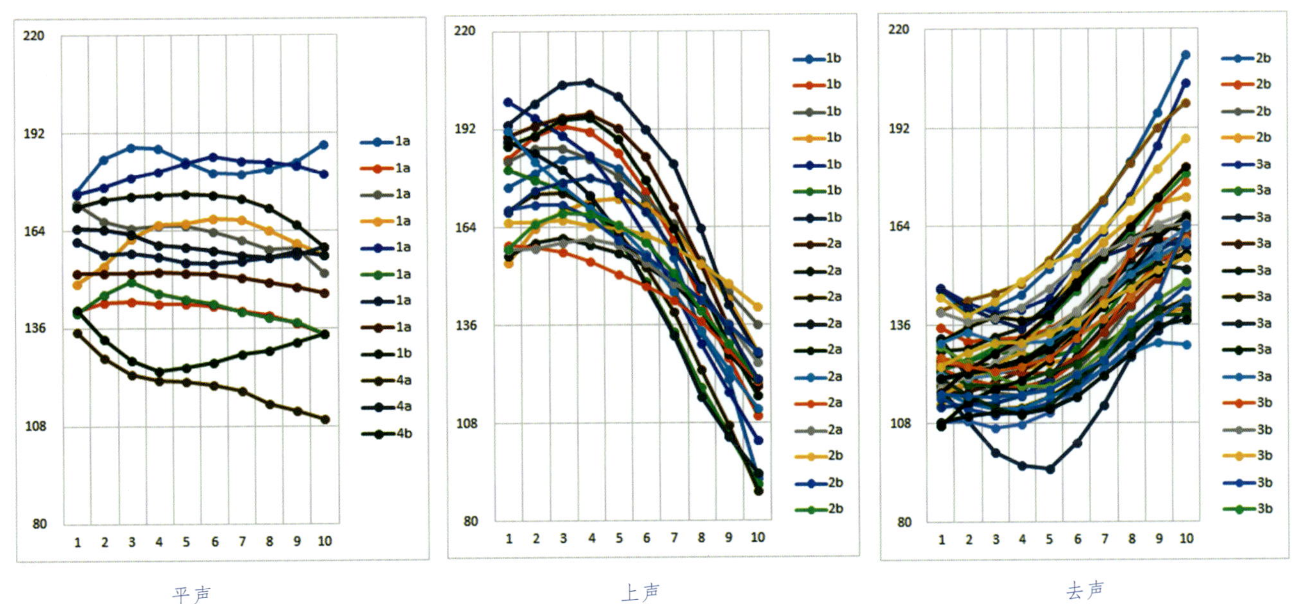

图 7－7b　今声调调域分布范围－中卫滨河－OM

老男的声调有 3 个（见图 7－7a）：

平声 44、上声 51、去声 224。

今调域的分布情况（见图 7－7b）：

平声主要在 22～44 之间；上声主要在 31～53 之间；去声主要在 223～335 之间。

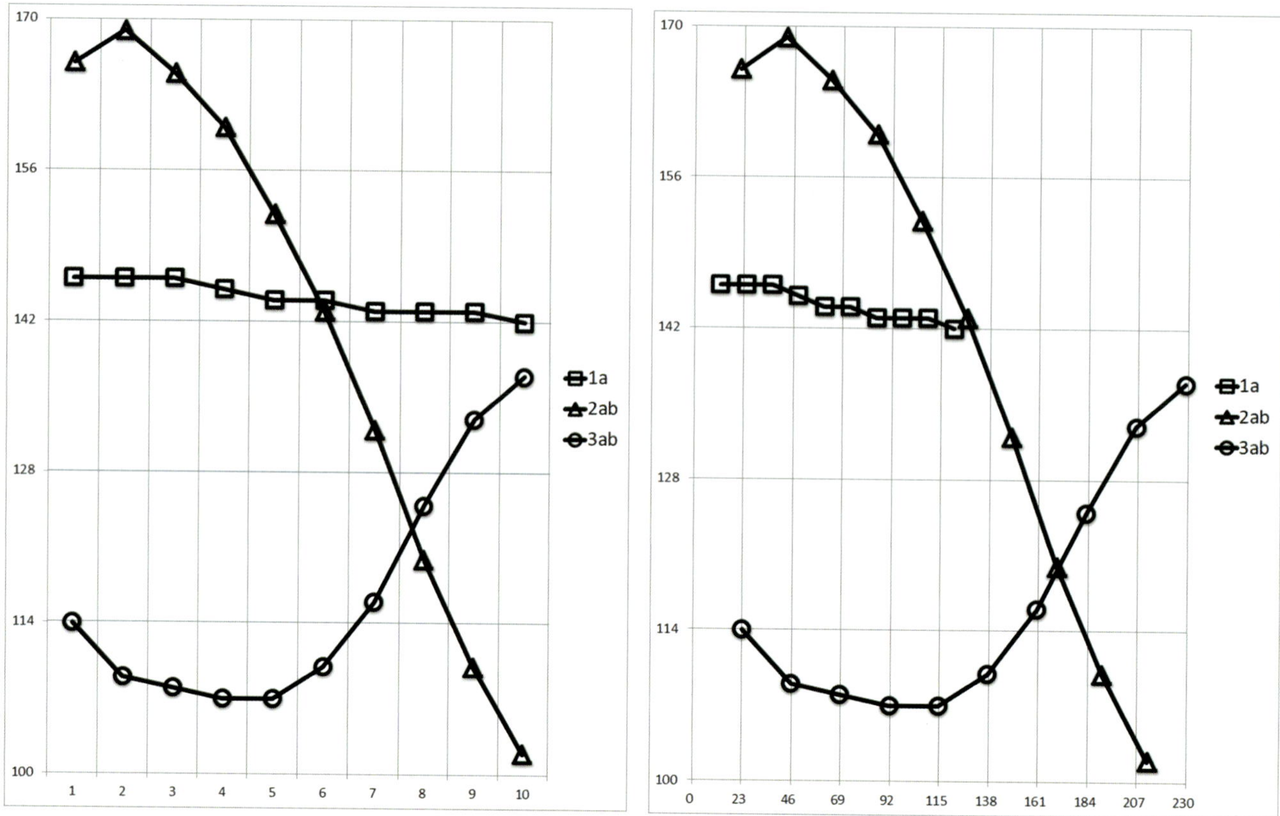

图 7－7c　单字调等长、实长音高模式－中卫滨河－YM

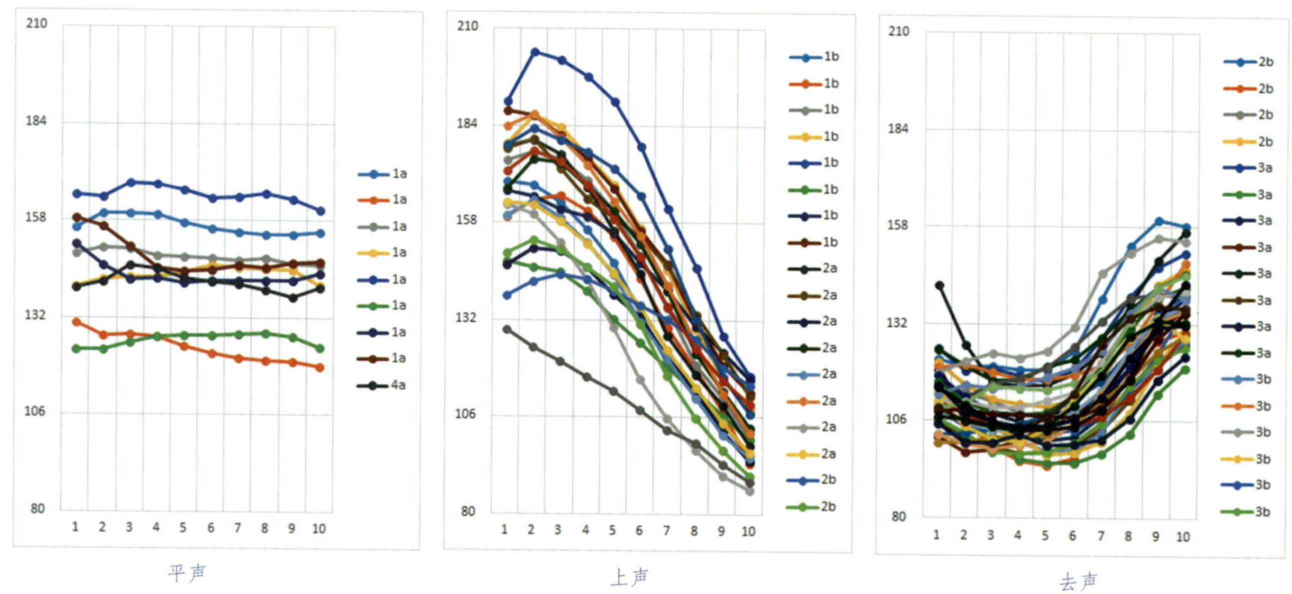

图 7－7d　今声调调域分布范围－中卫滨河－YM

青男的声调有 3 个（见图 7－7c）：

平声 44、上声 51、去声 213。

今调域的分布情况（见图 7－7d）：

平声主要在 33～44 之间；上声主要在 21～52 之间；去声主要在 212～223 之间。

7.3 河西片

1. 酒泉肃州

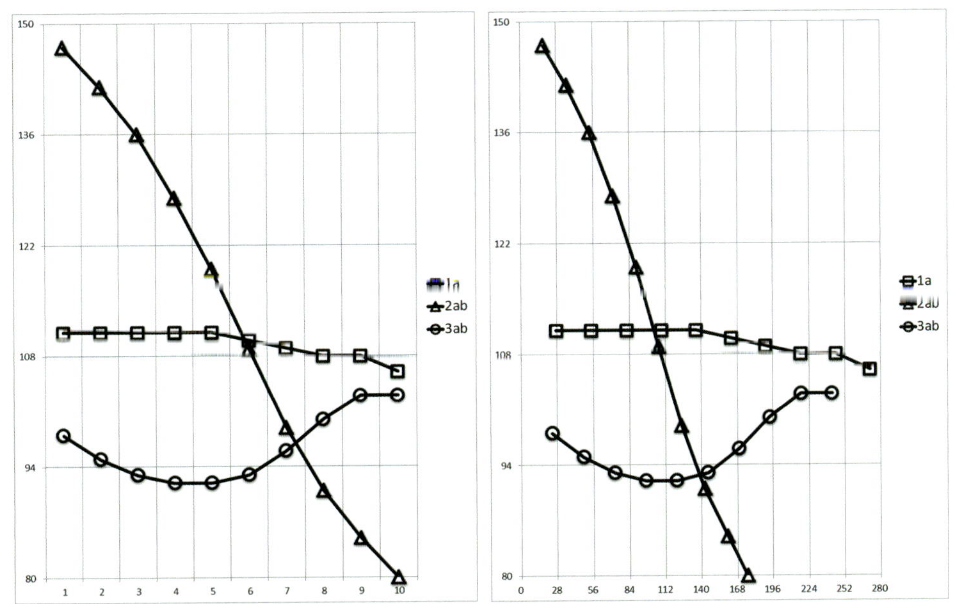

图 7－8a　单字调等长、实长音高模式－酒泉肃州－OM

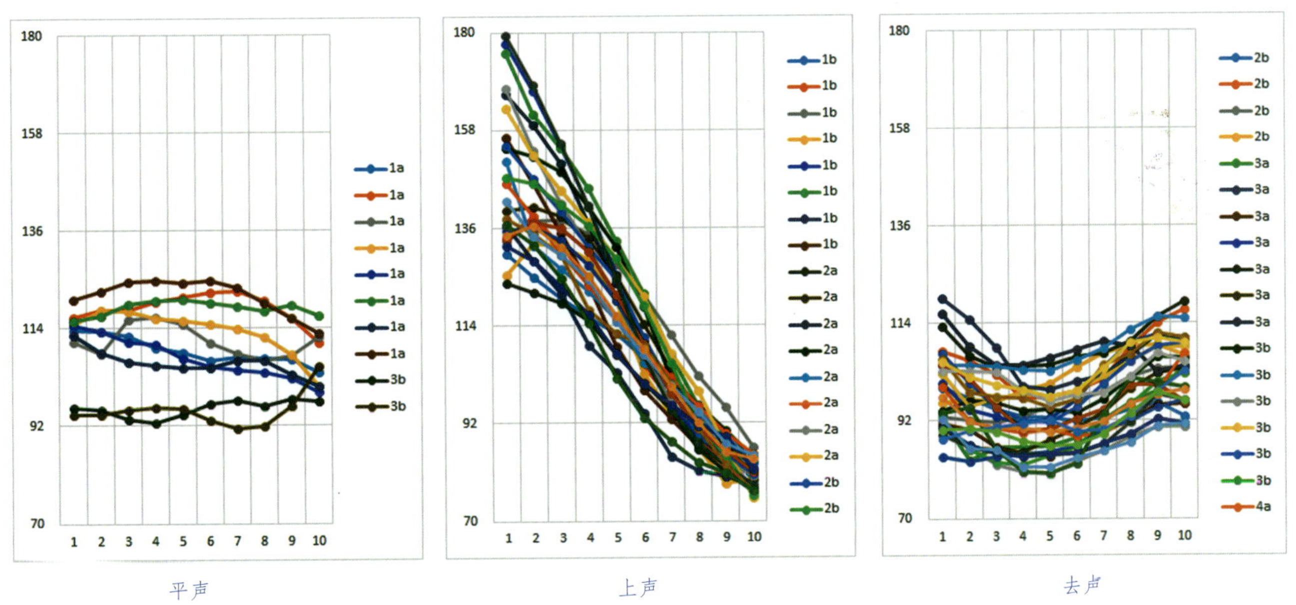

图 7－8b　今声调调域分布范围－酒泉肃州－OM

老男的声调有 3 个（见图 7－8a）：

平声 33、上声 51、去声 212。

今调域的分布情况（见图 7－8b）：

平声主要在 22～33 之间；上声主要在 31～51 之间；去声主要在 212～323 之间。

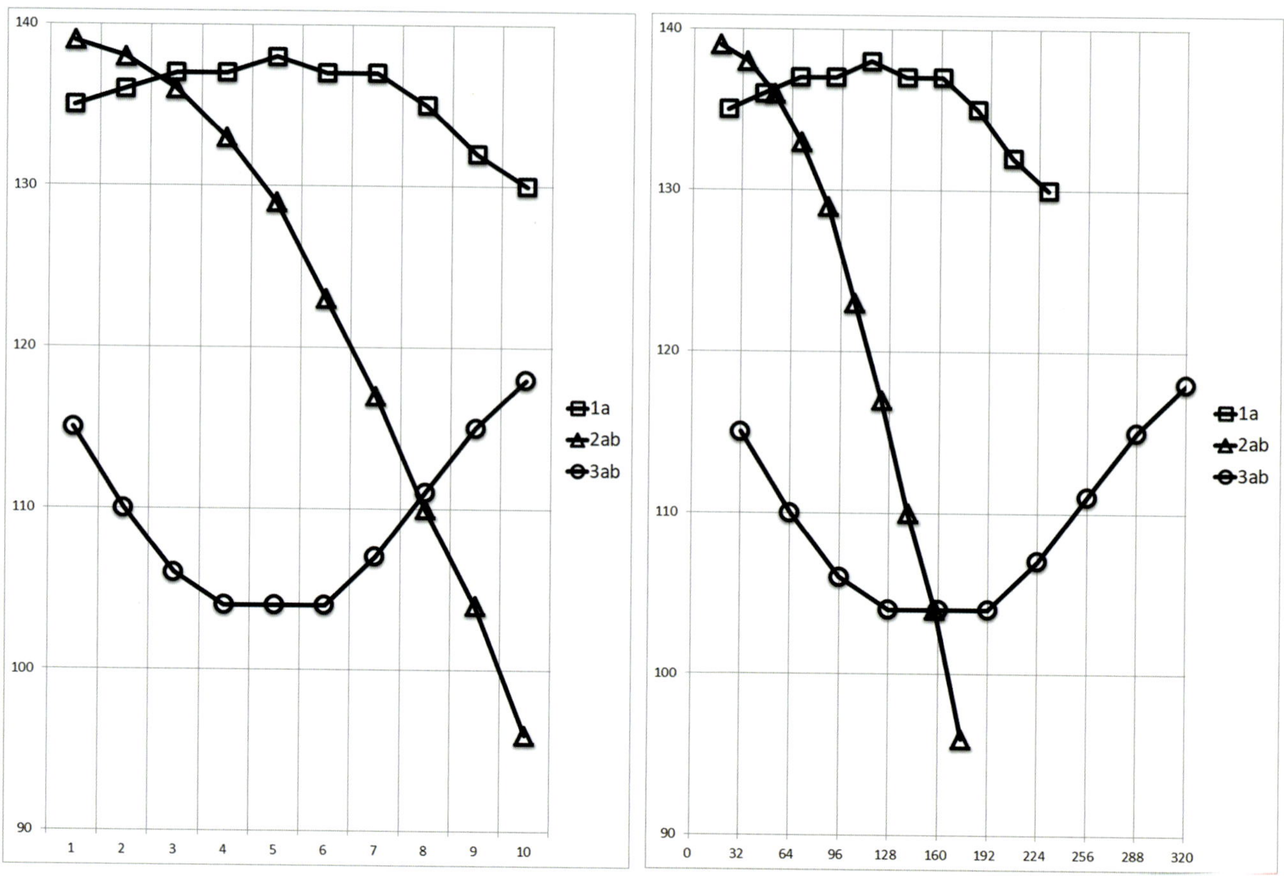

图 7－8c　单字调等长、实长音高模式－酒泉肃州－YM

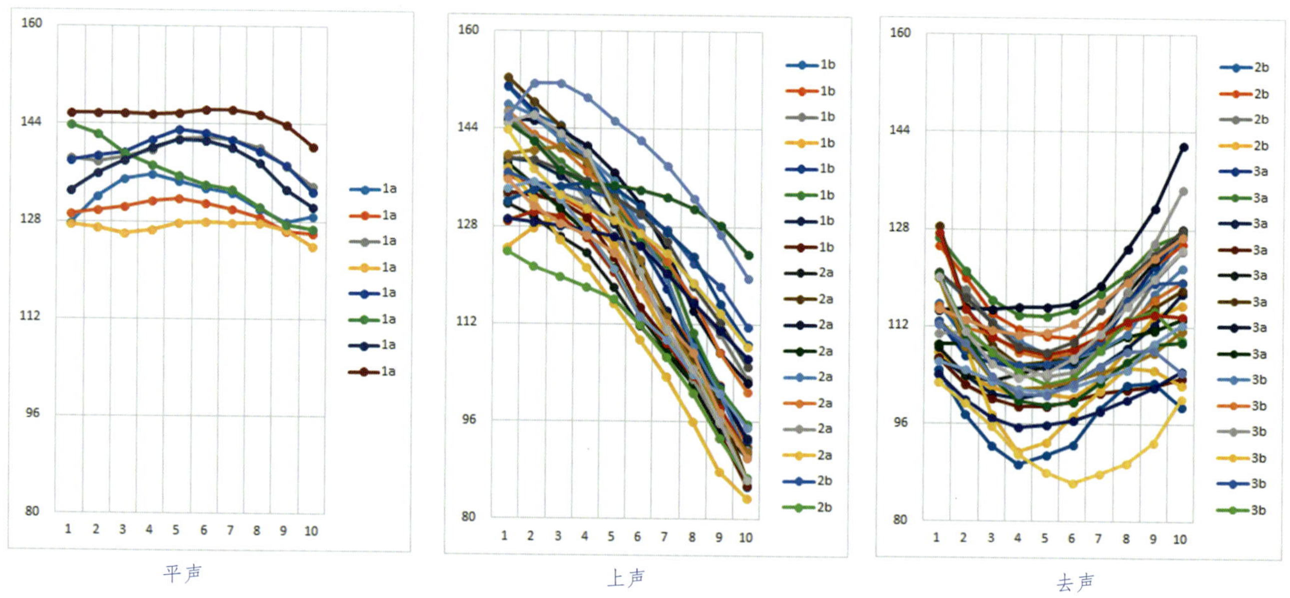

图 7－8d　今声调调域分布范围－酒泉肃州－YM

青男的声调有 3 个（见图 7－8c）：

平声 55、上声 51、去声 323。

今调域的分布情况（见图 7－8d）：

平声主要在 44～55 之间；上声主要在 31～53 之间；去声主要在 212～324 之间。

2. 张掖甘州

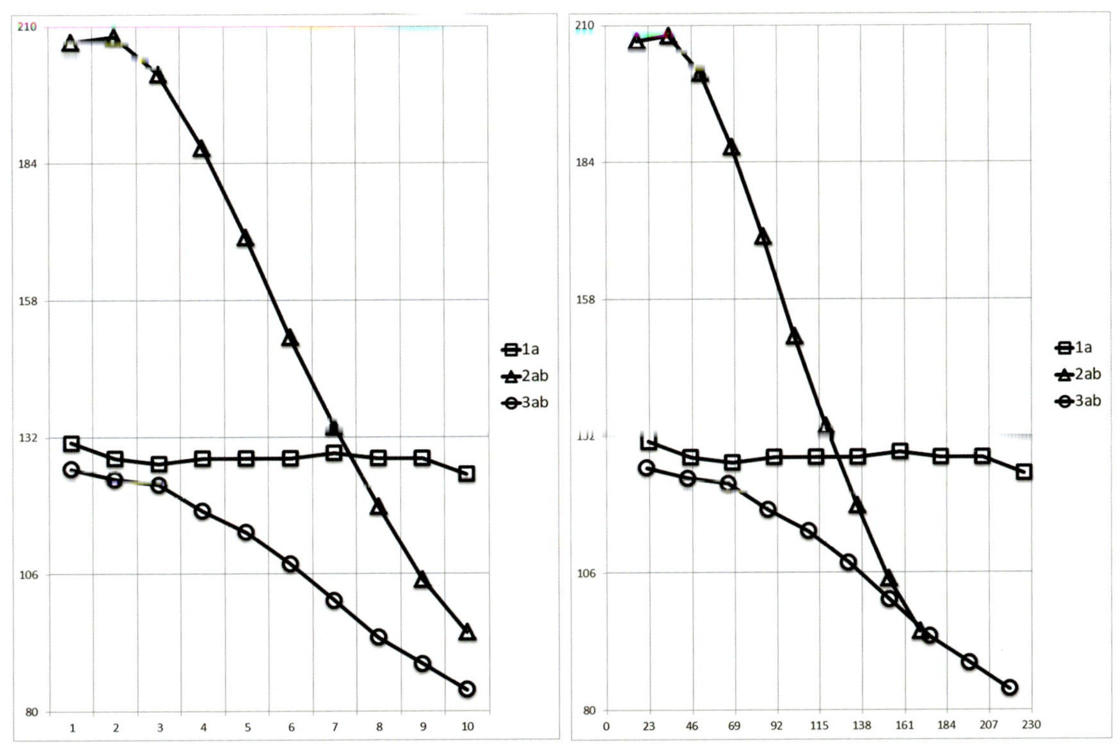

图 7－9a 单字调等长、实长音高模式－张掖甘州－OM

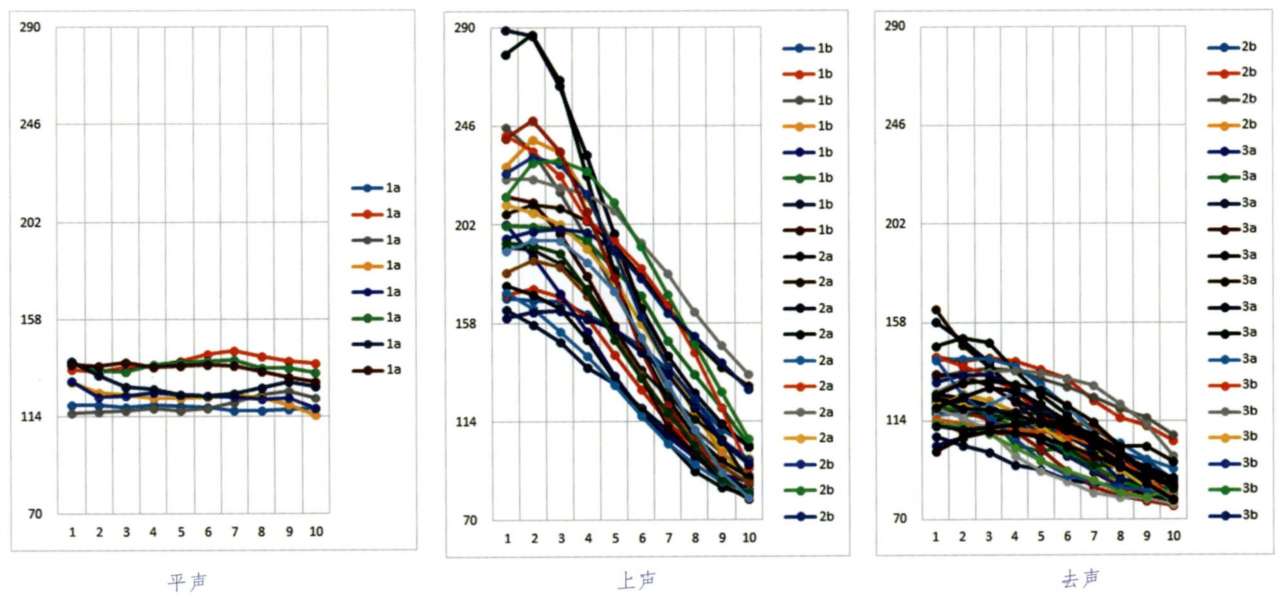

图 7－9b 今声调调域分布范围－张掖甘州－OM

老男的声调有 3 个（见图 7－9a）：

平声 22、上声 51、去声 21。

今调域的分布情况（见图 7－9b）：

平声主要在 22 的范围；上声主要在 31～52 之间；去声主要在 21 的范围。

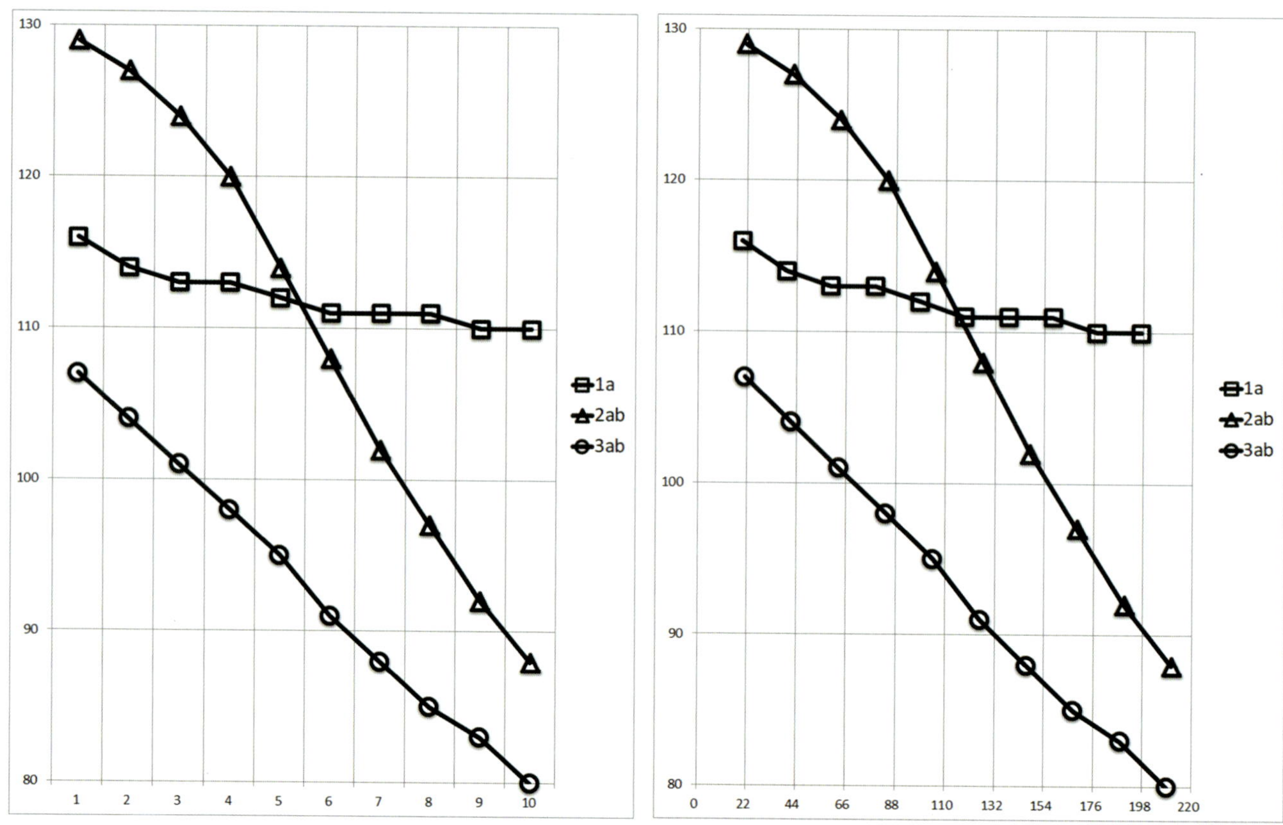

图 7－9c　单字调等长、实长音高模式－张掖甘州－YM

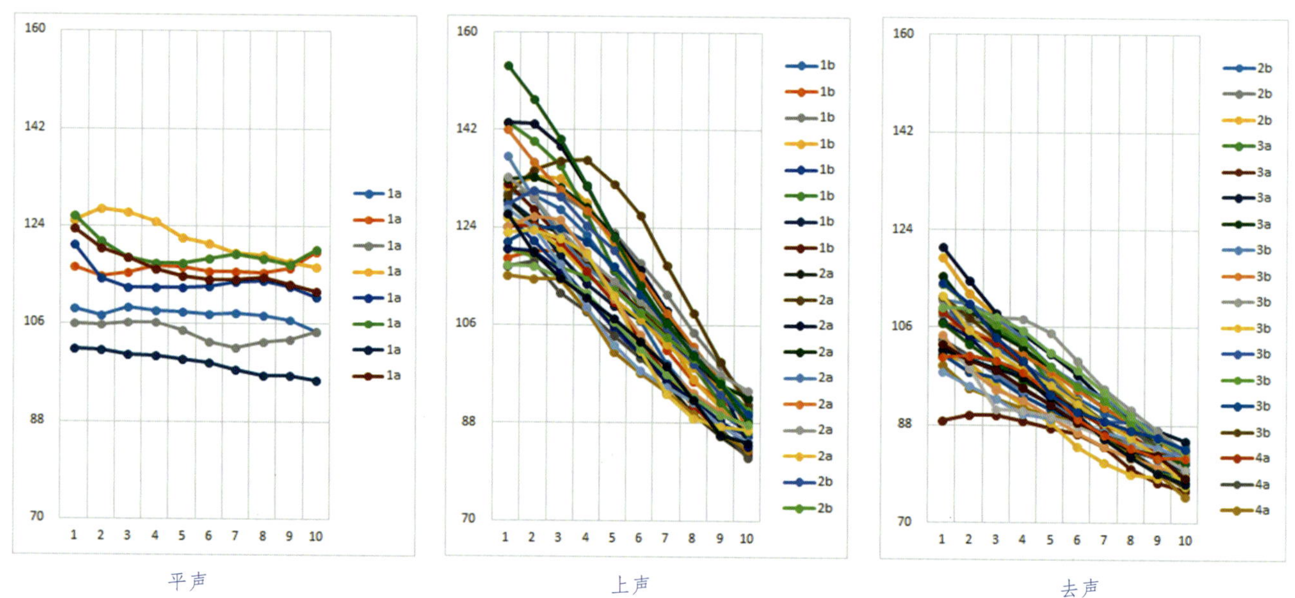

图 7－9d　今声调调域分布范围－张掖甘州－YM

青男的声调有 3 个（见图 7－9c）：

平声 44、上声 51、去声 31。

今调域的分布情况（见图 7－9d）：

平声主要在 22～33 之间；上声主要在 31～52 之间；去声主要在 21～31 之间。

3. 武威凉州

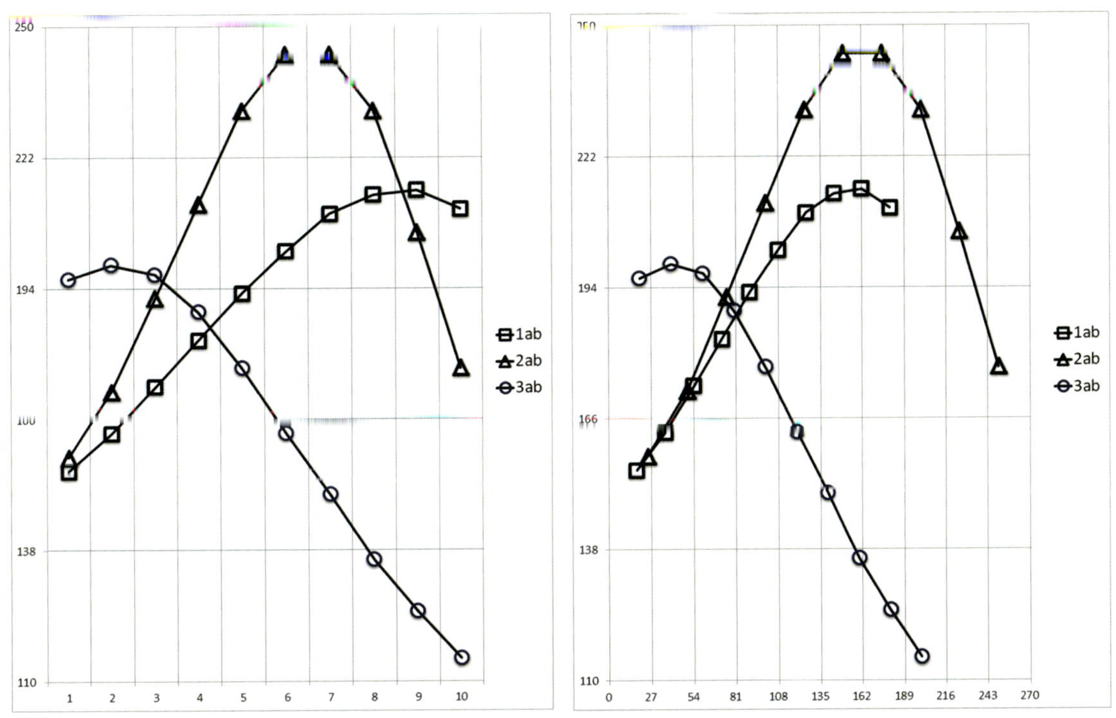

图 7－10a 单字调等长、实长音高模式－武威凉州－OM

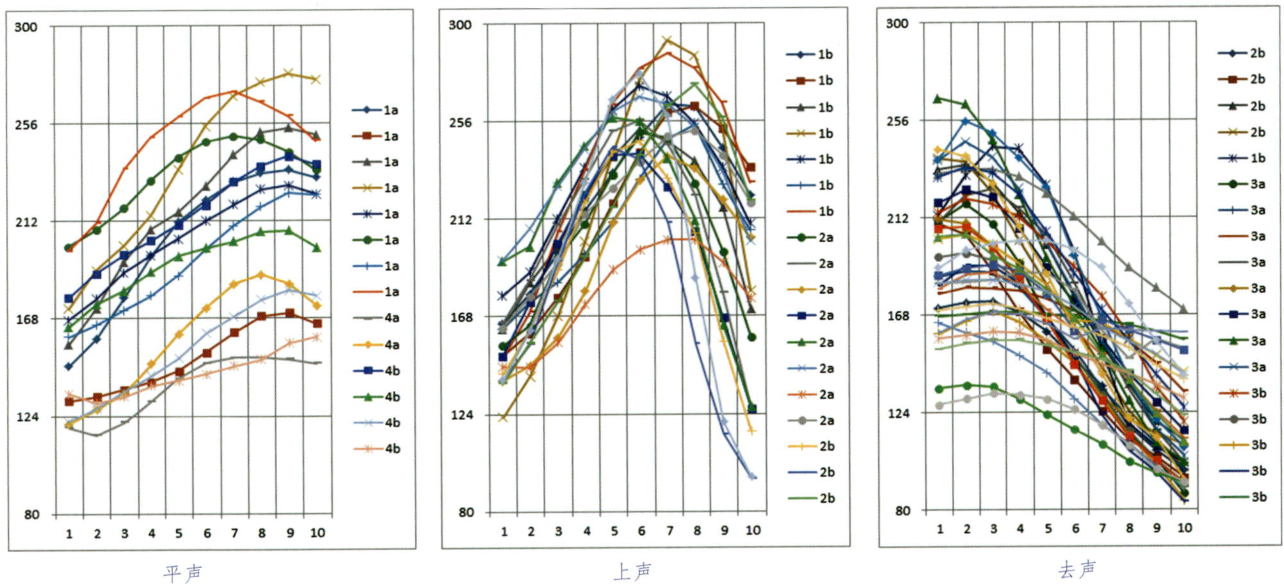

图 7－10b 今声调调域分布范围－武威凉州－OM

老男的声调有 3 个（见图 7－10a）：

平声 24、上声 353、去声 41。

今调域的分布情况（见图 7－10b）：

平声主要在 23～45 之间；上声主要在 242～353 之间；去声主要在 21～43 之间。

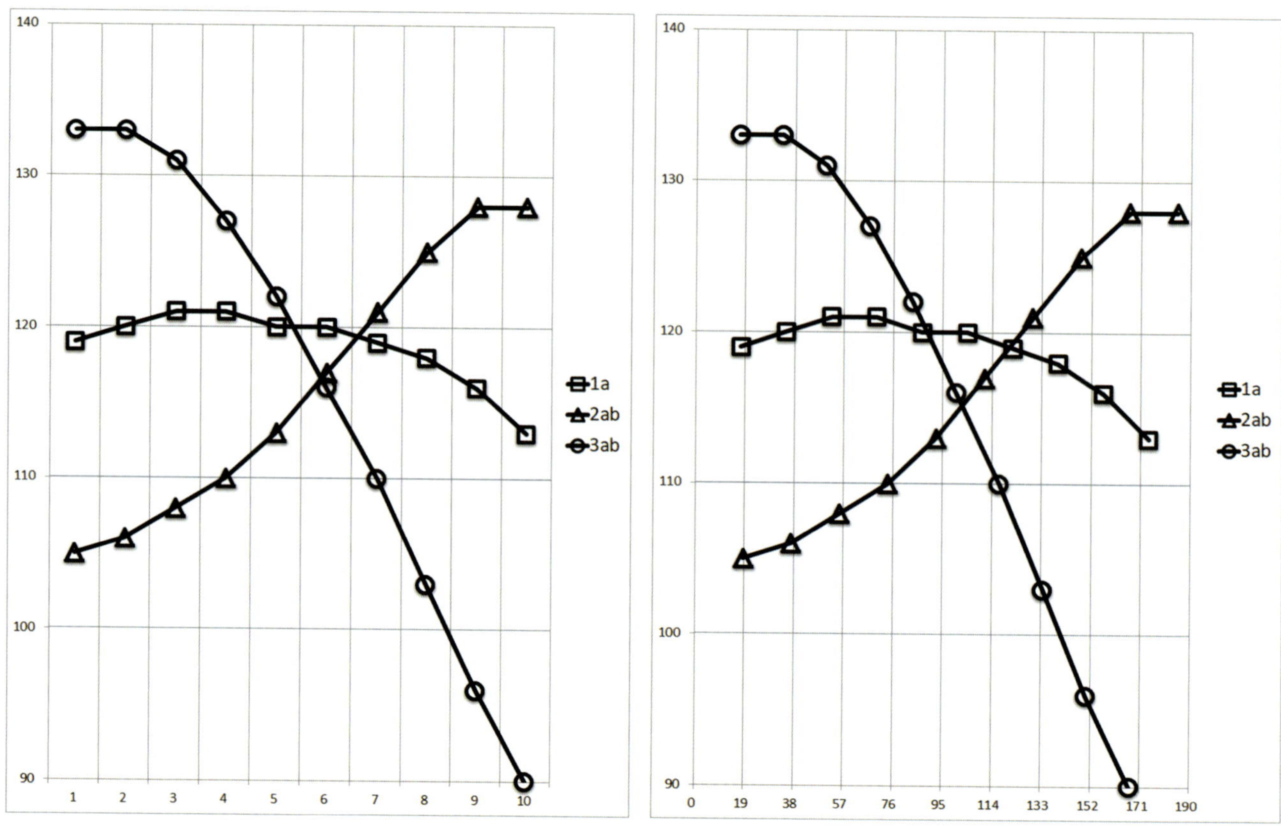

图 7－10c　单字调等长、实长音高模式－武威凉州－YM

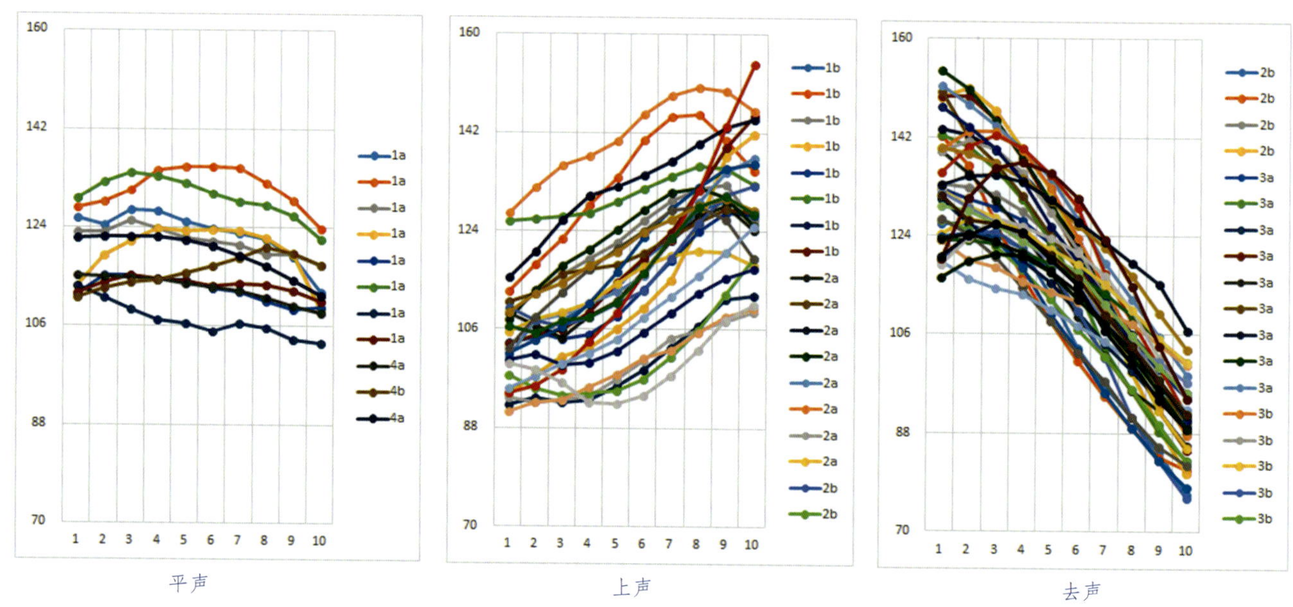

图 7－10d　今声调调域分布范围－武威凉州－YM

青男的声调有 3 个（见图 7－10c）：

平声 44、上声 24、去声 51。

今调域的分布情况（见图 7－10d）：

平声主要在 33～44 之间；上声主要在 23～45 之间；去声主要在 31～53 之间。

4. **永昌城关**

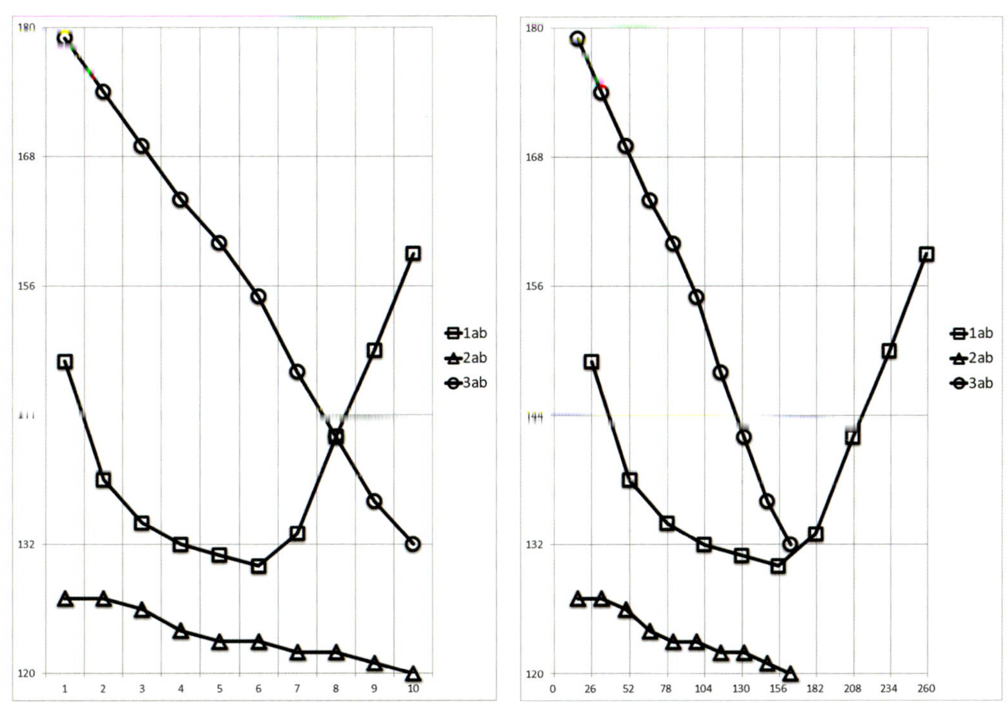

图 7－11a　单字调等长、实长音高模式－永昌城关－OM

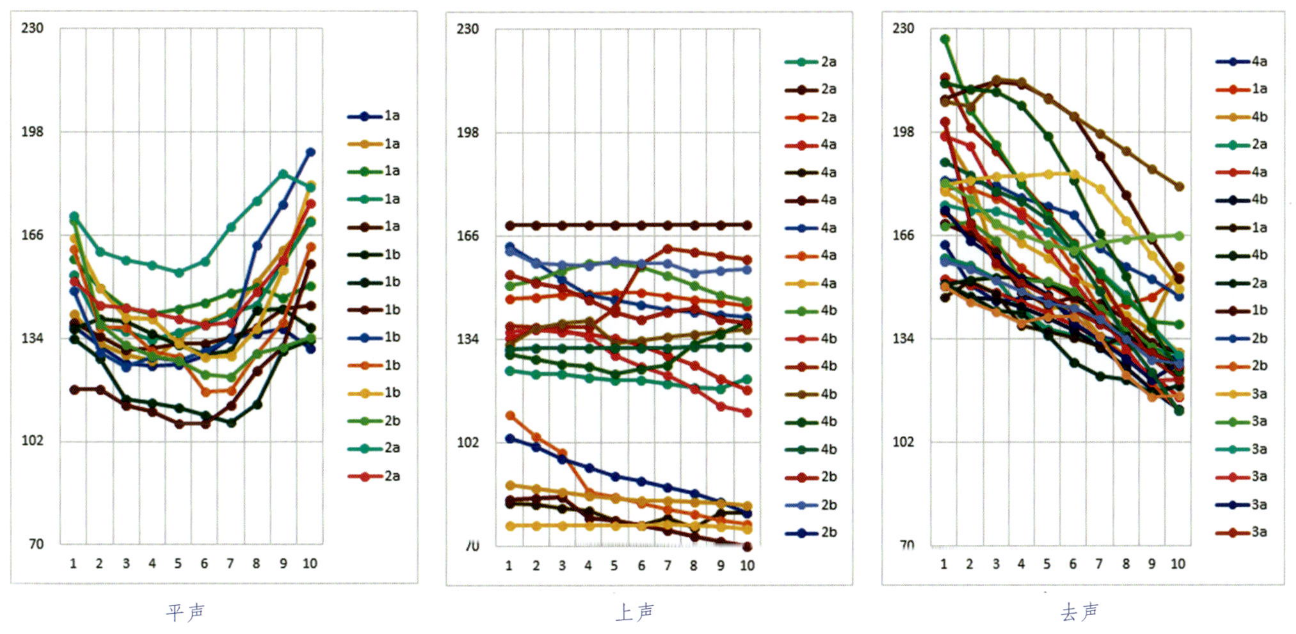

图 7－11b　今声调调域分布范围－永昌城关－OM

老男的声调有 3 个（见图 7－11a）：

平声 314、上声 11、去声 52。

今调域的分布情况（见图 7－11b）：

平声主要在 323～434 之间；上声主要在 11～33 之间；去声主要在 32～54 之间。

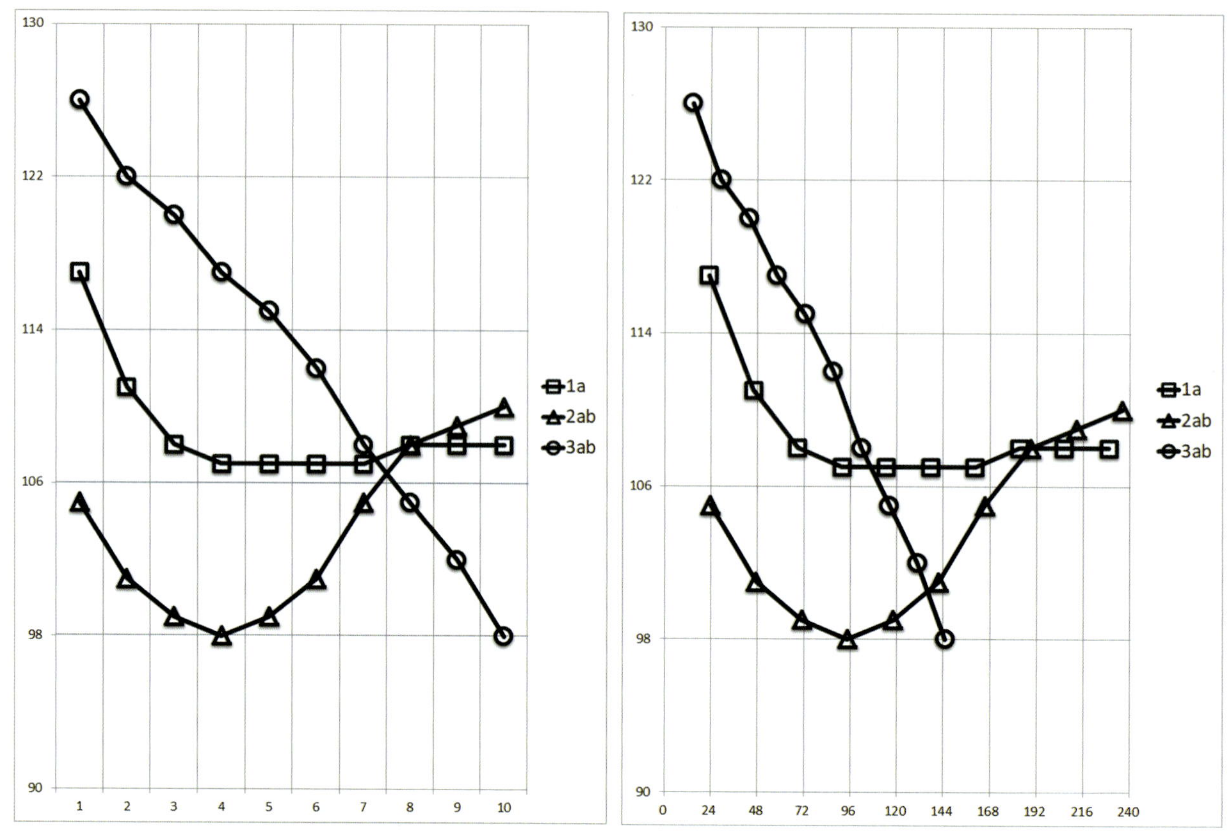

图 7-11c　单字调等长、实长音高模式-永昌城关-YM

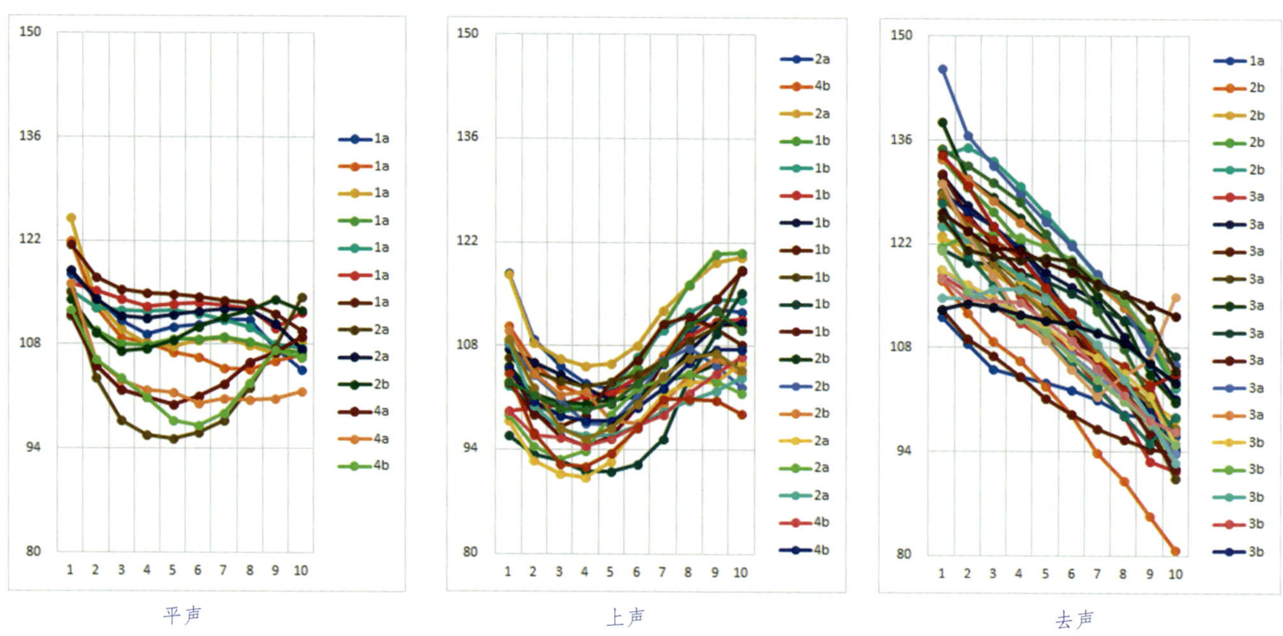

图 7-11d　今声调调域分布范围-永昌城关-YM

青男的声调有 3 个（见图 7-11c）：

平声 433、上声 213、去声 52。

今调域的分布情况（见图 7-11d）：

平声主要在 323～33 之间；上声主要在 212～323 之间；去声主要在 31～53 之间。

5. 天祝华藏寺

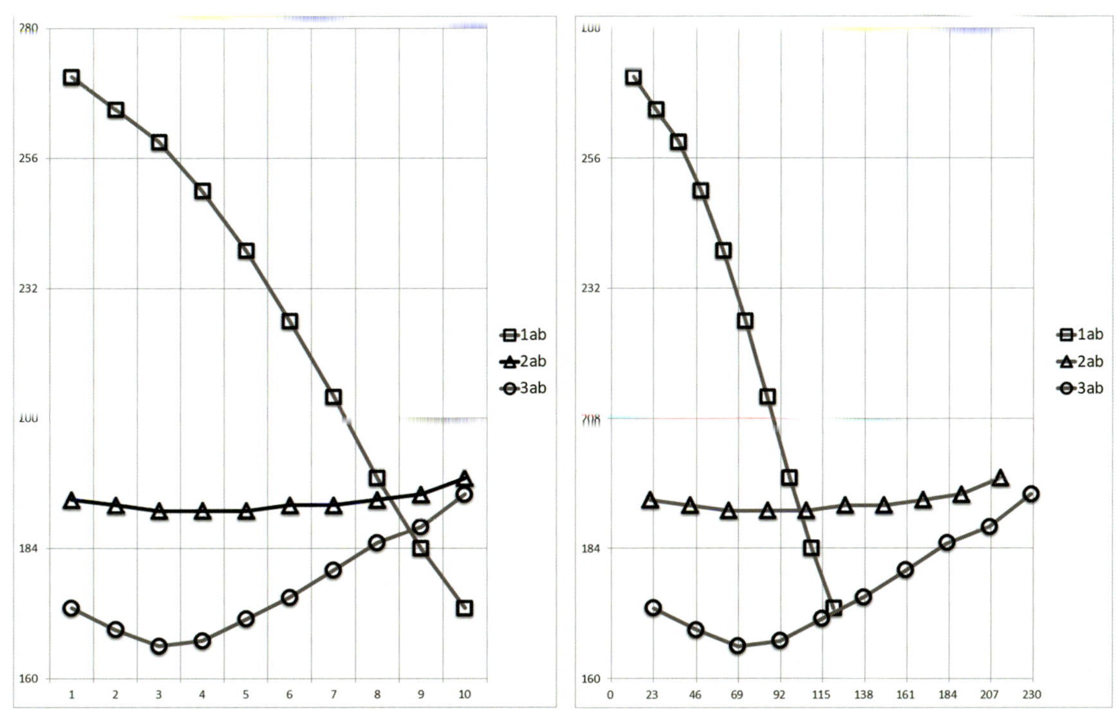

图 7－12a　单字调等长、实长音高模式－天祝华藏寺－YF

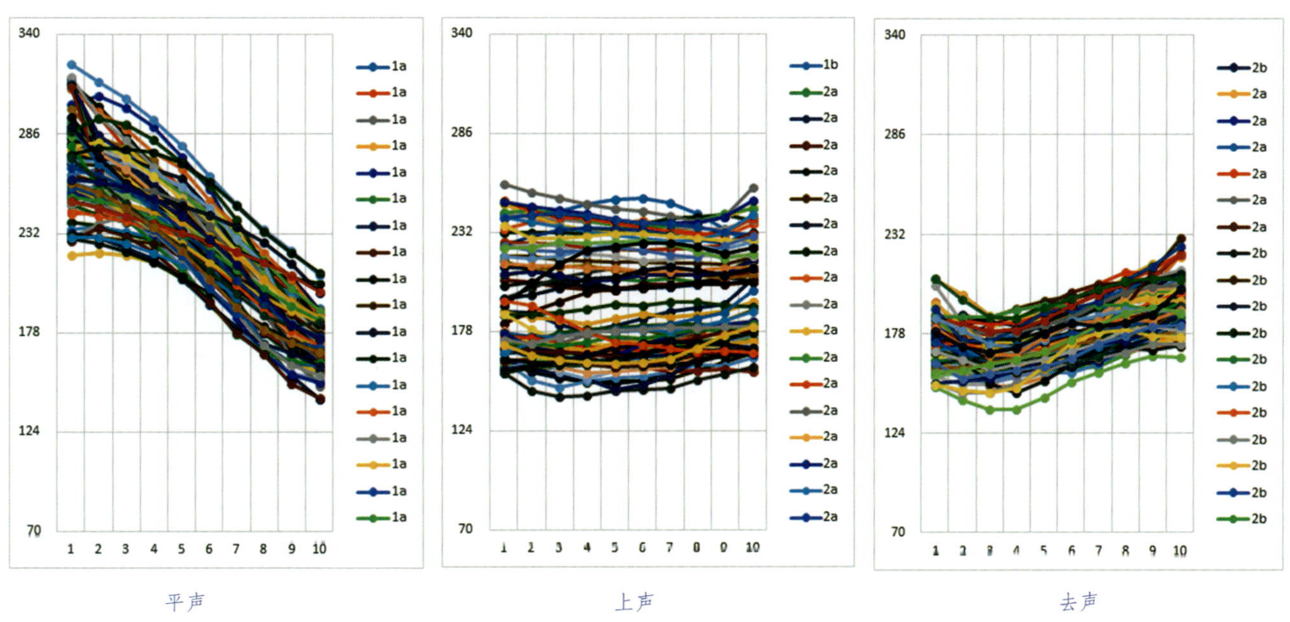

图 7－12b　今声调调域分布范围－天祝华藏寺－YF

青女的声调有 3 个（见图 7－12a）：

平声 51、上声 22、去声 12。

今调域的分布情况（见图 7－12b）：

平声主要在 32～53 之间；上声主要在 22～44 之间；去声主要在 23 的范围。

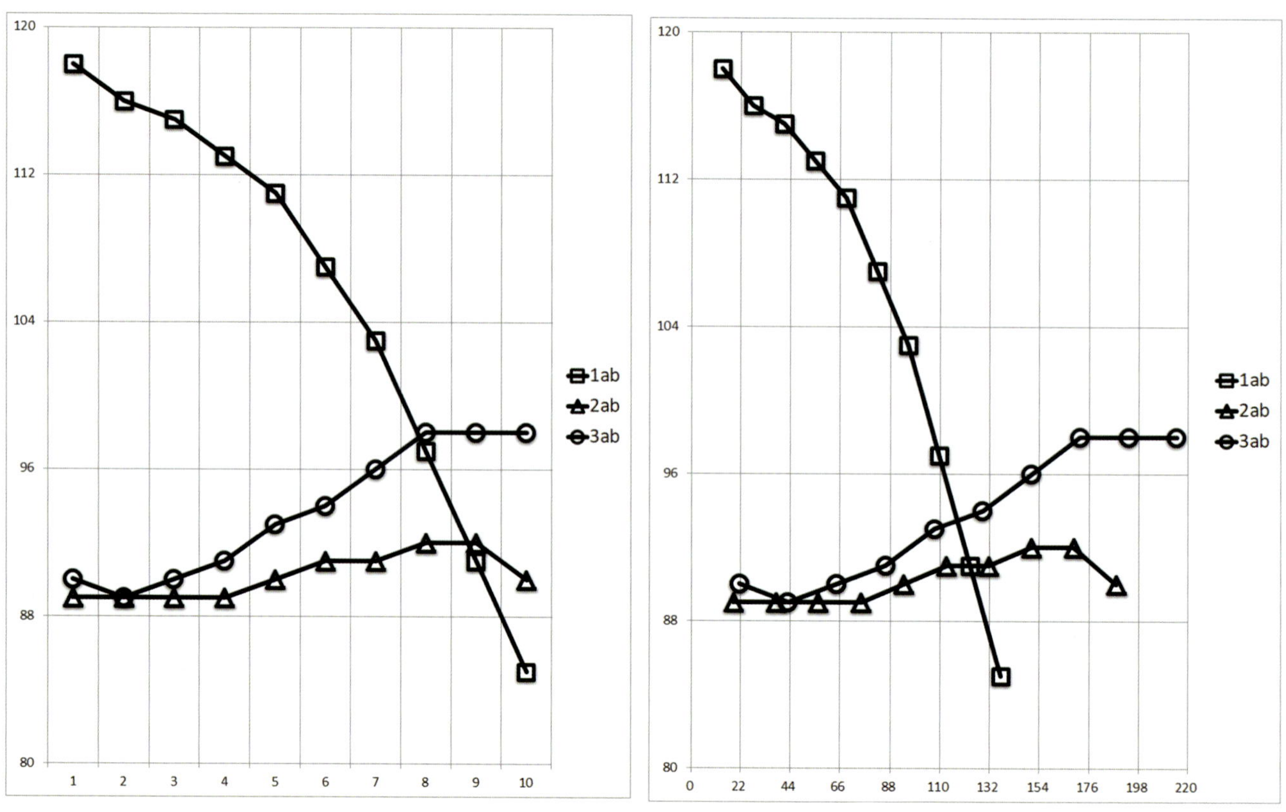

图 7－12c　单字调等长、实长音高模式－天祝华藏寺－YM

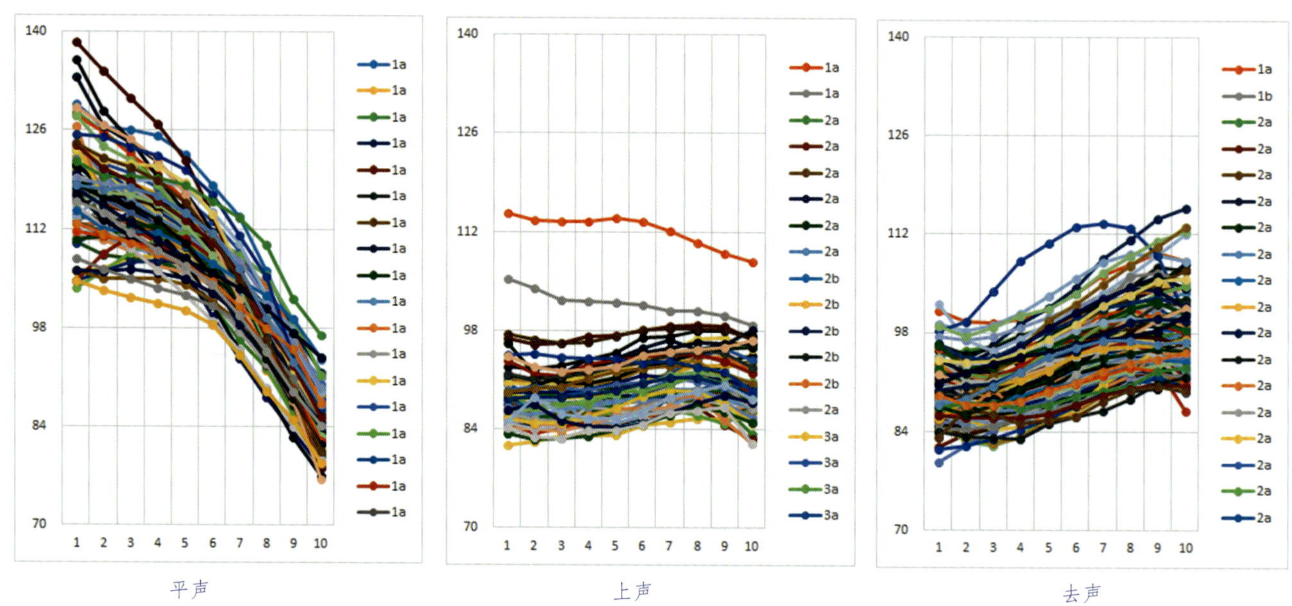

图 7－12d　今声调调域分布范围－天祝华藏寺－YM

青男的声调有 3 个（见图 7－12c）：

平声 51、上声 22、去声 23。

今调域的分布情况（见图 7－12d）：

平声主要在 31～52 之间；上声主要在 22 的范围；去声主要在 12～34 之间。

7.4 塔密片（北疆片）

1. 乌鲁木齐 –《音库》

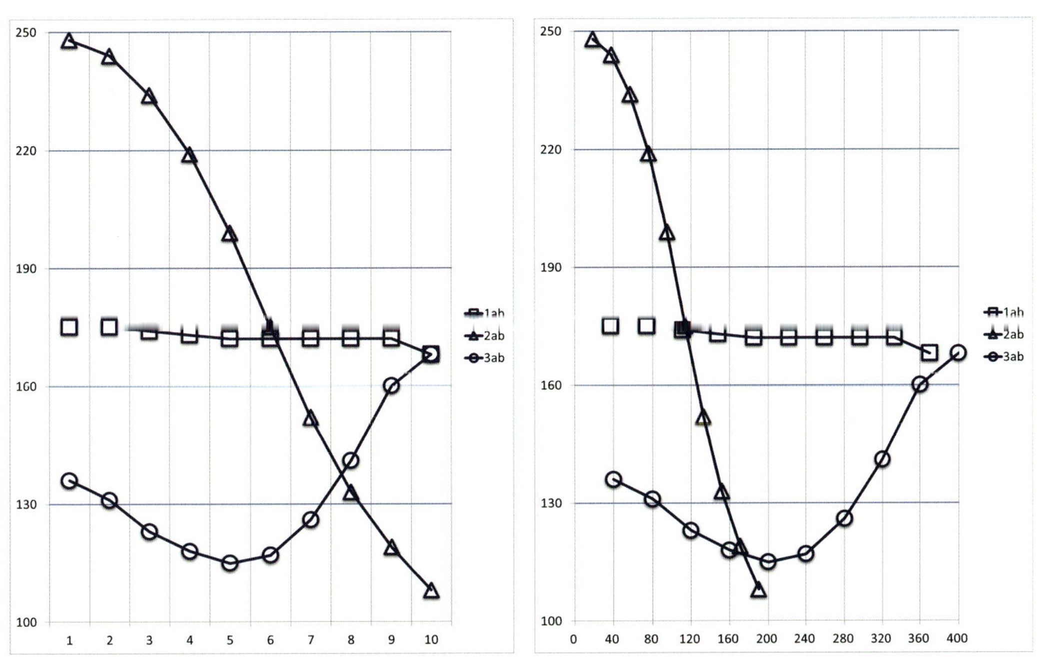

图 7 – 13a 单字调等长、实长音高模式 – 乌鲁木齐 –《音库》

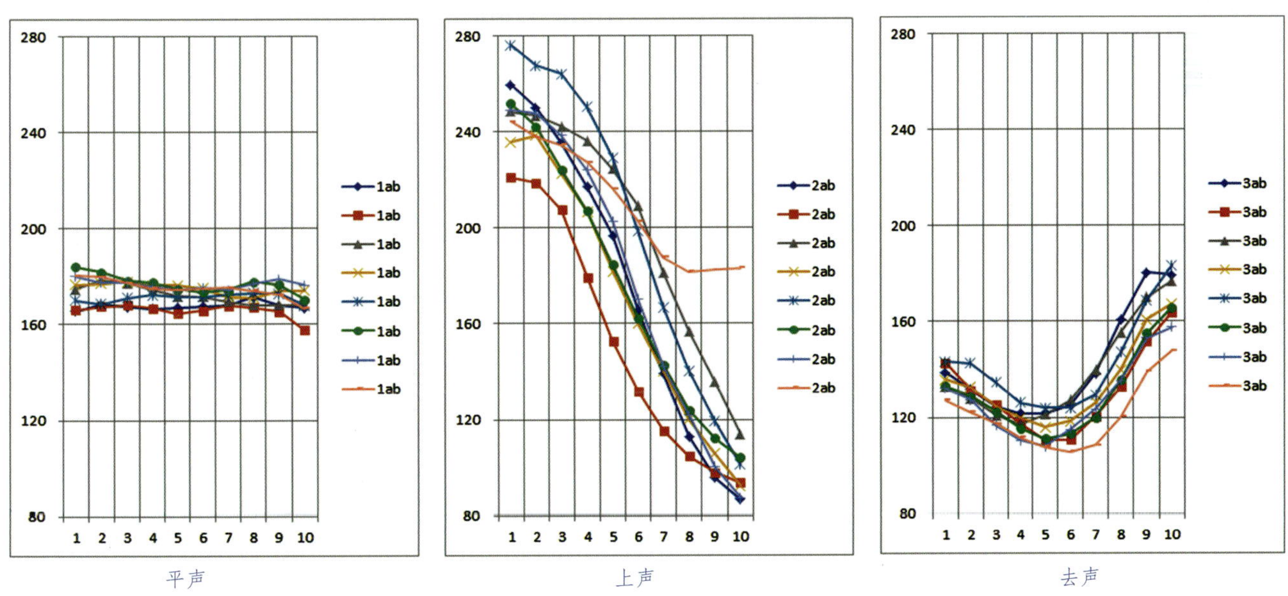

图 7 – 13b 今声调调域分布范围 – 乌鲁木齐 –《音库》

《音库》的声调有 3 个（见图 7 – 13a）：

平声 33、上声 51、去声 213。

今调域的分布情况（见图 7 – 13b）：

平声主要在 33 的范围；上声主要在 41 ~ 51 之间；去声主要在 213 的范围。

2. 乌鲁木齐板房沟

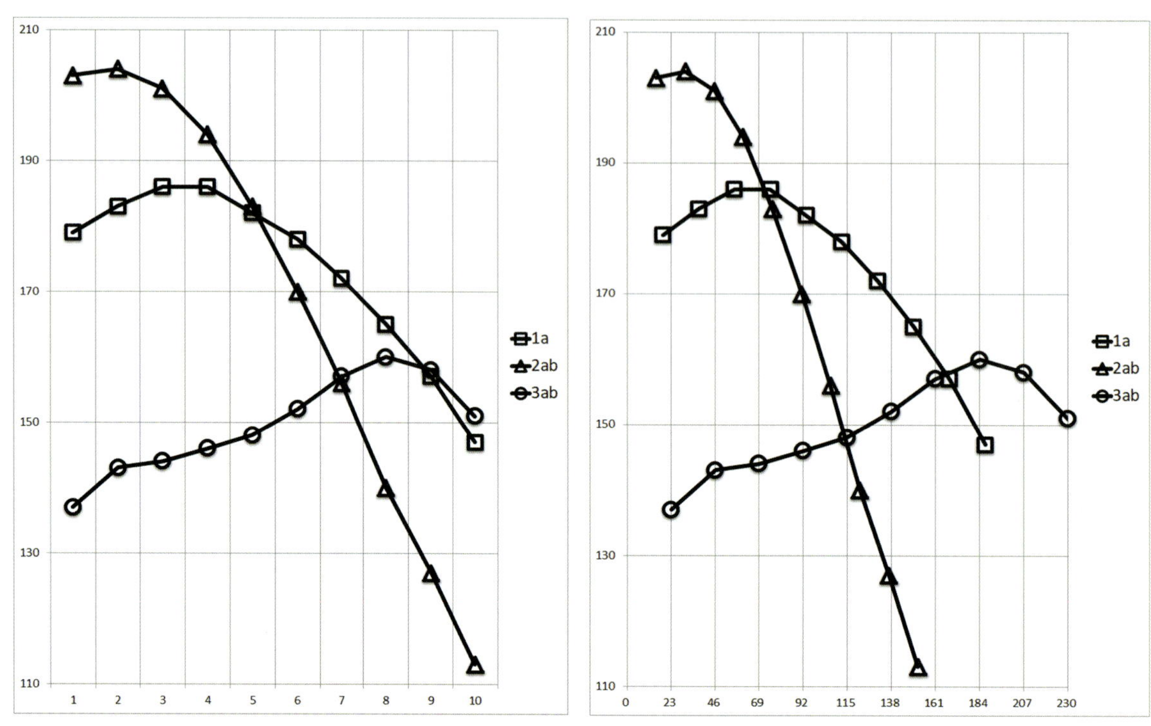

图 7－14a　单字调等长、实长音高模式－乌鲁木齐板房沟－OM

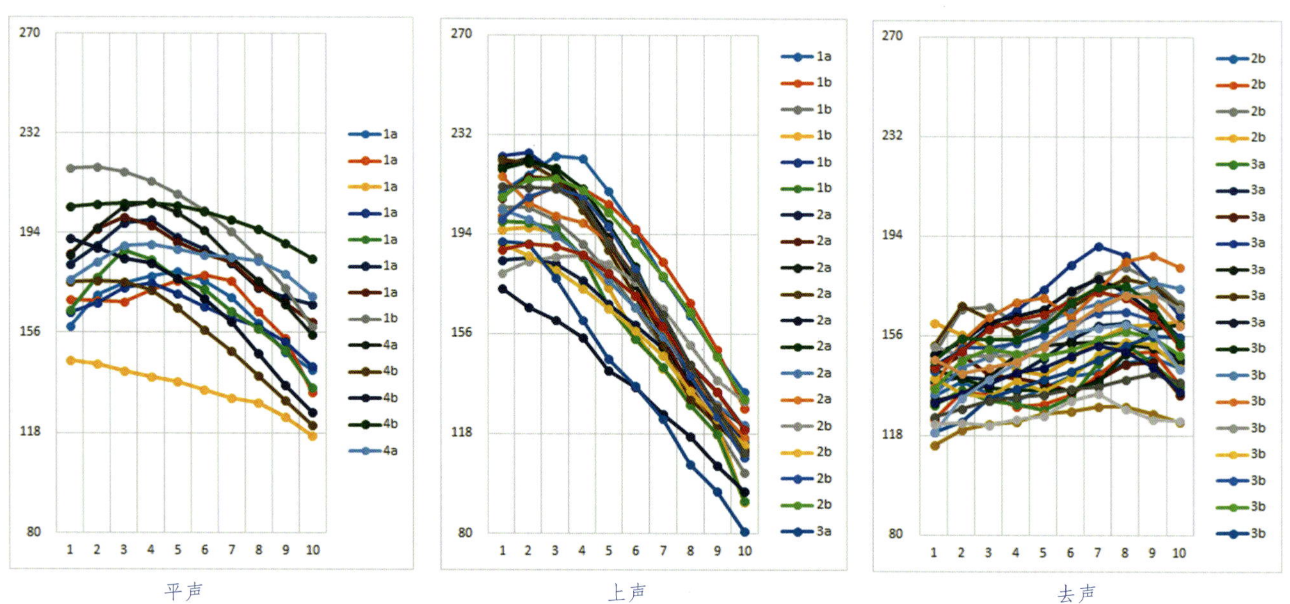

图 7－14b　今声调调域分布范围－乌鲁木齐板房沟－OM

老男的声调有 3 个（见图 7－14a）：

平声 43、上声 51、去声 23。

今调域的分布情况（见图 7－14b）：

平声主要在 32～43 之间；上声主要在 31～42 之间；去声主要在 23 的范围。

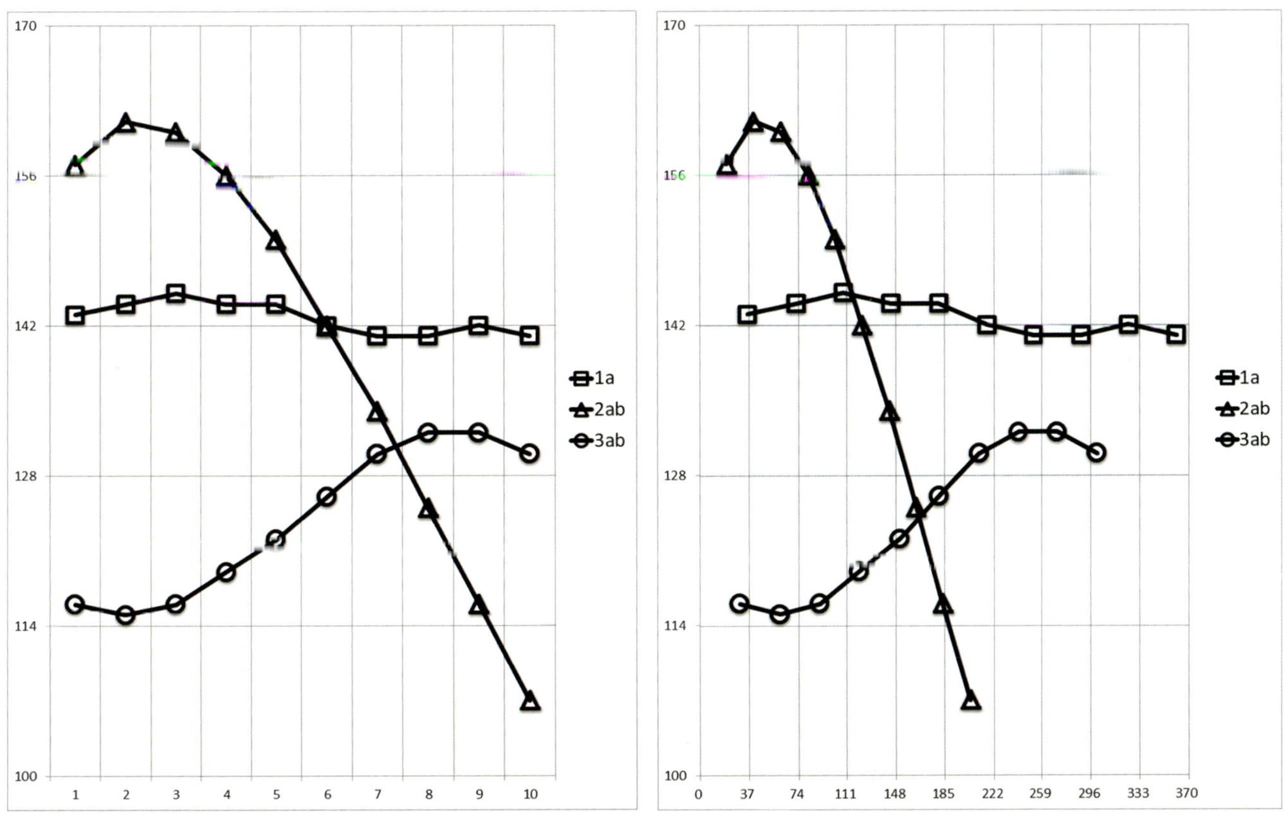

图 7－14c 单字调等长、实长音高模式－乌鲁木齐板房沟－YM

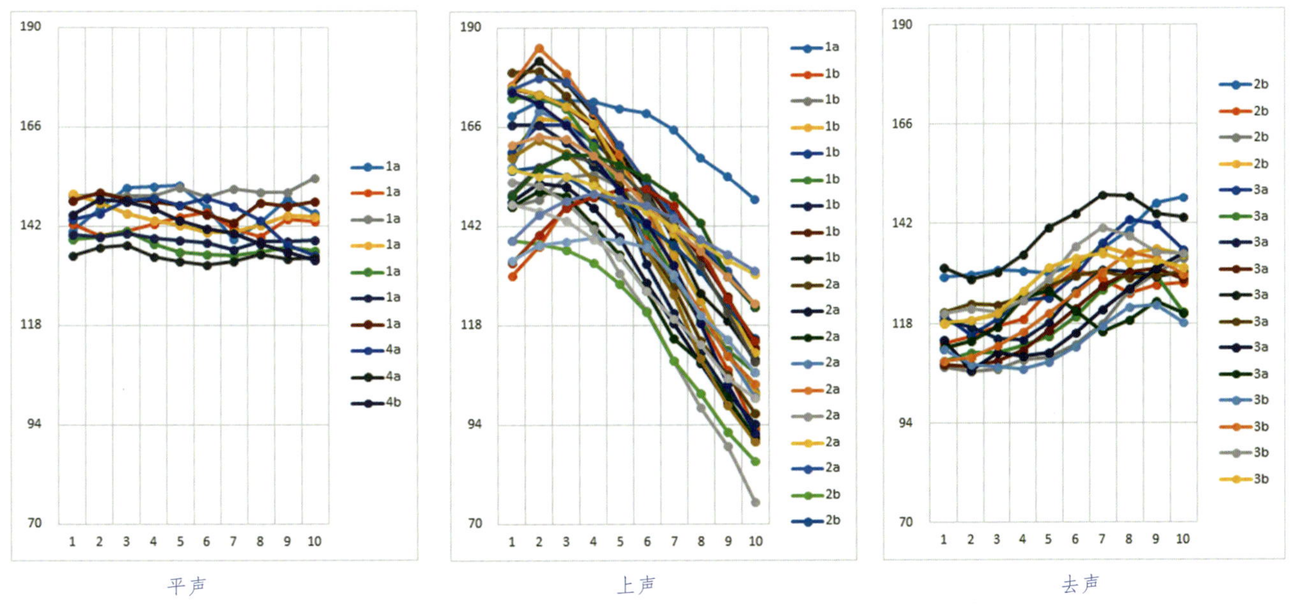

图 7－14d 今声调调域分布范围－乌鲁木齐板房沟－YM

青男的声调有 3 个（见图 7－14c）：

平声 44、上声 51、去声 23。

今调域的分布情况（见图 7－14d）：

平声主要在 33～44 之间；上声主要在 31～53 之间；去声主要在 23～34 之间。

3. 沙湾县城

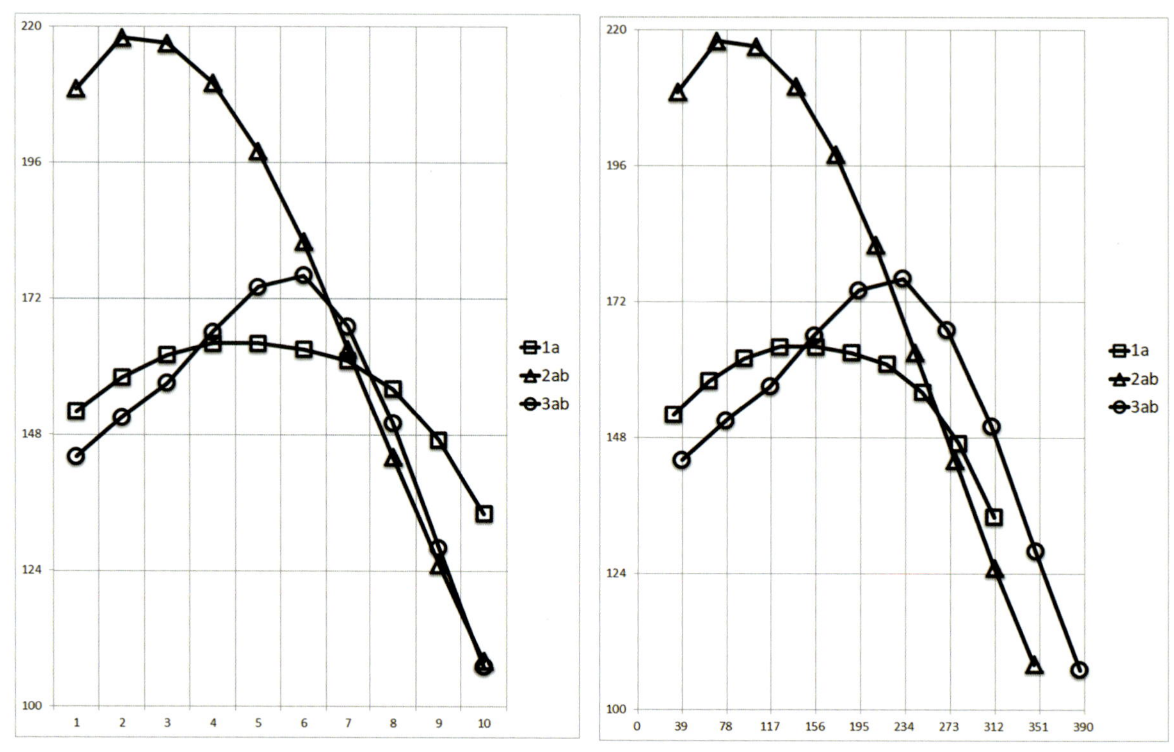

图 7－15a　单字调等长、实长音高模式－沙湾县城－OM

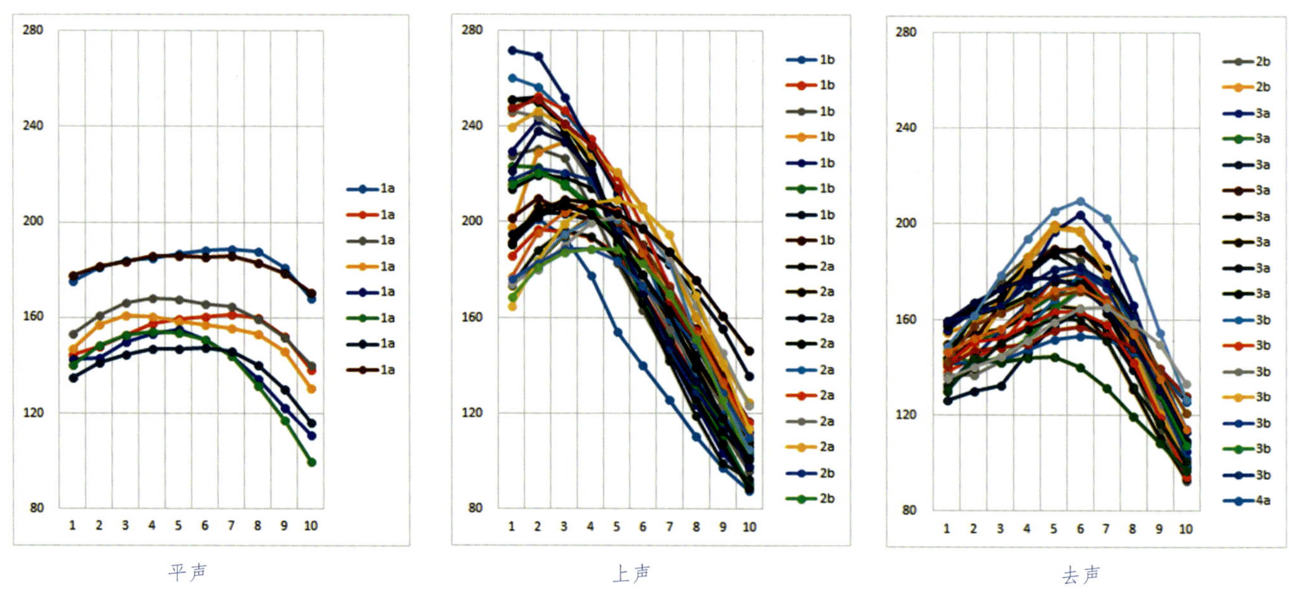

图 7－15b　今声调调域分布范围－沙湾县城－OM

老男的声调有 3 个（见图 7－15a）：

平声 332、上声 51、去声 241。

今调域的分布情况（见图 7－15b）：

平声主要在 221～33 之间；上声主要在 31～52 之间；去声主要在 231～242 之间。

4. 奇台三清宫

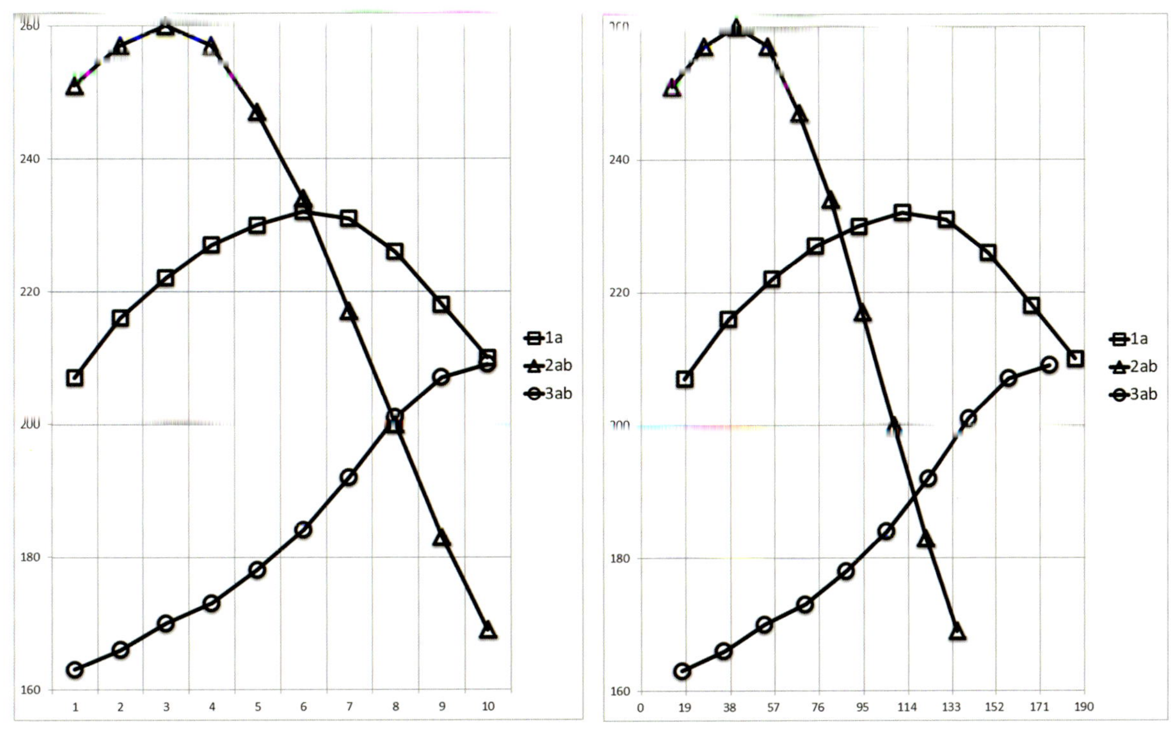

图 7－16a 单字调等长、实长音高模式－奇台三清宫－OM

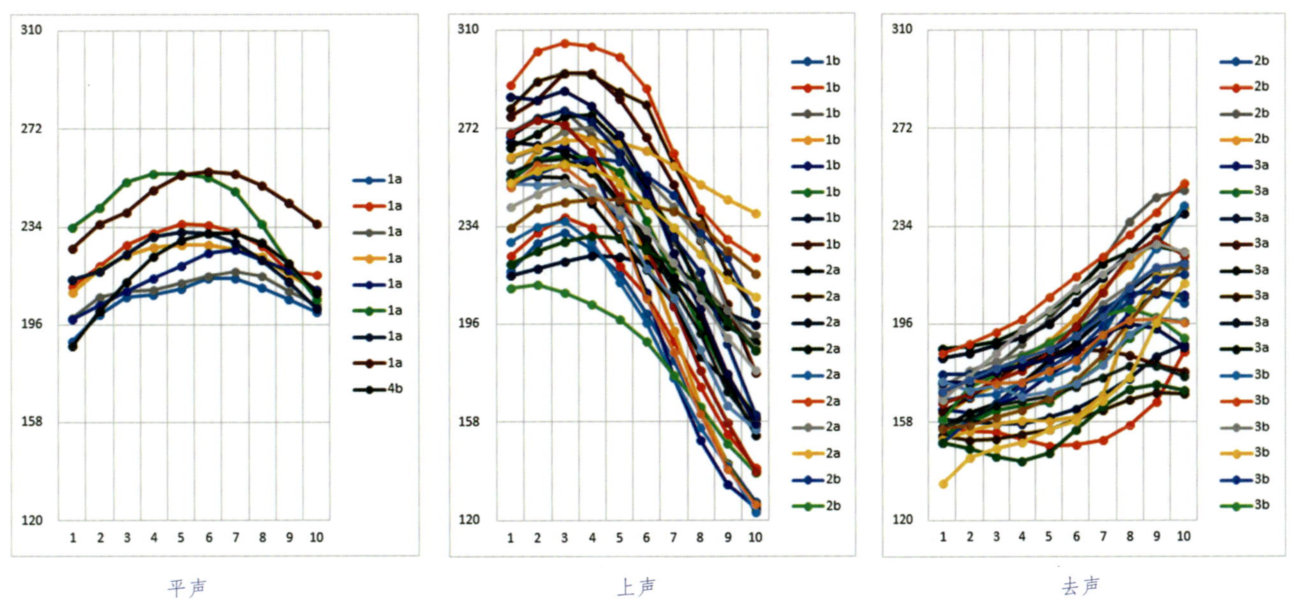

图 7－16b 今声调调域分布范围－奇台三清宫－OM

老男的声调有 3 个（见图 7－16a）：

平声 343、上声 51、去声 13。

今调域的分布情况（见图 7－16b）：

平声主要在 33～343 之间；上声主要在 31～53 之间；去声主要在 12～24 之间。

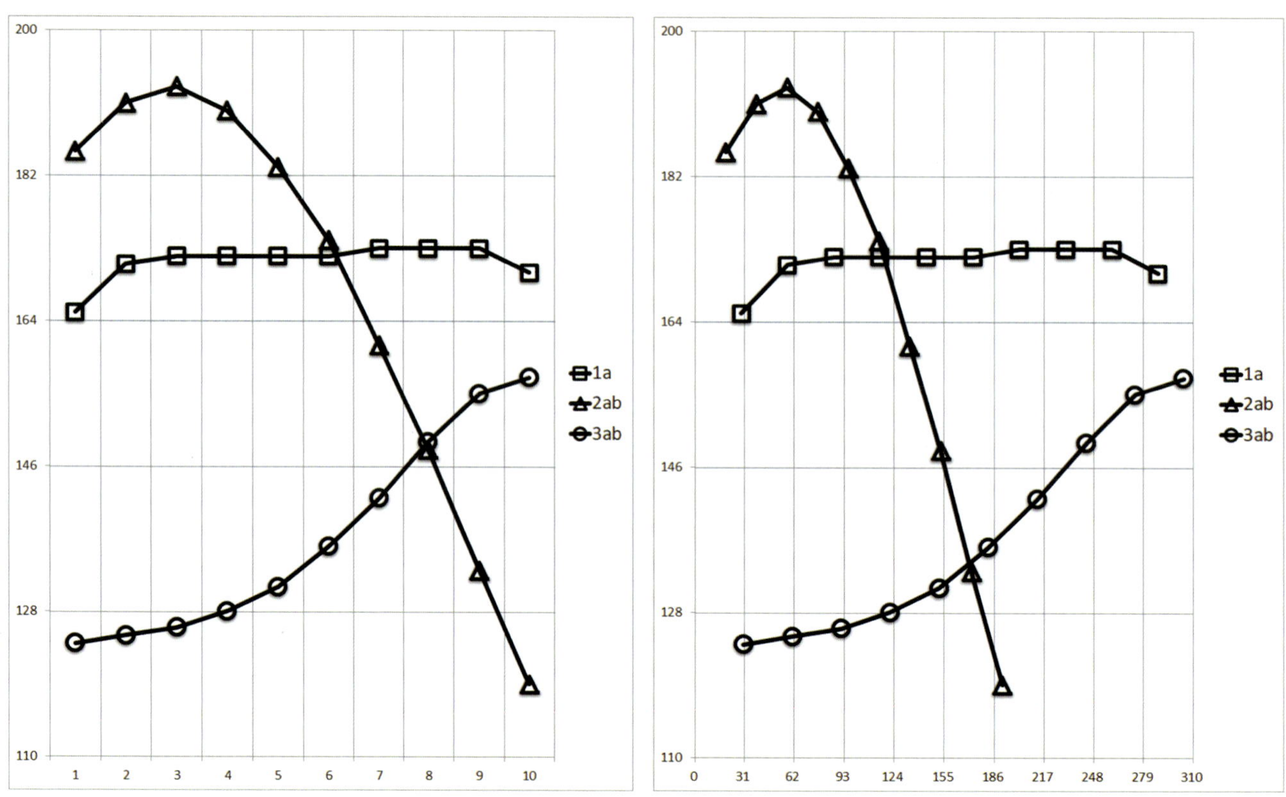

图 7－16c　单字调等长、实长音高模式－奇台三清宫－YM

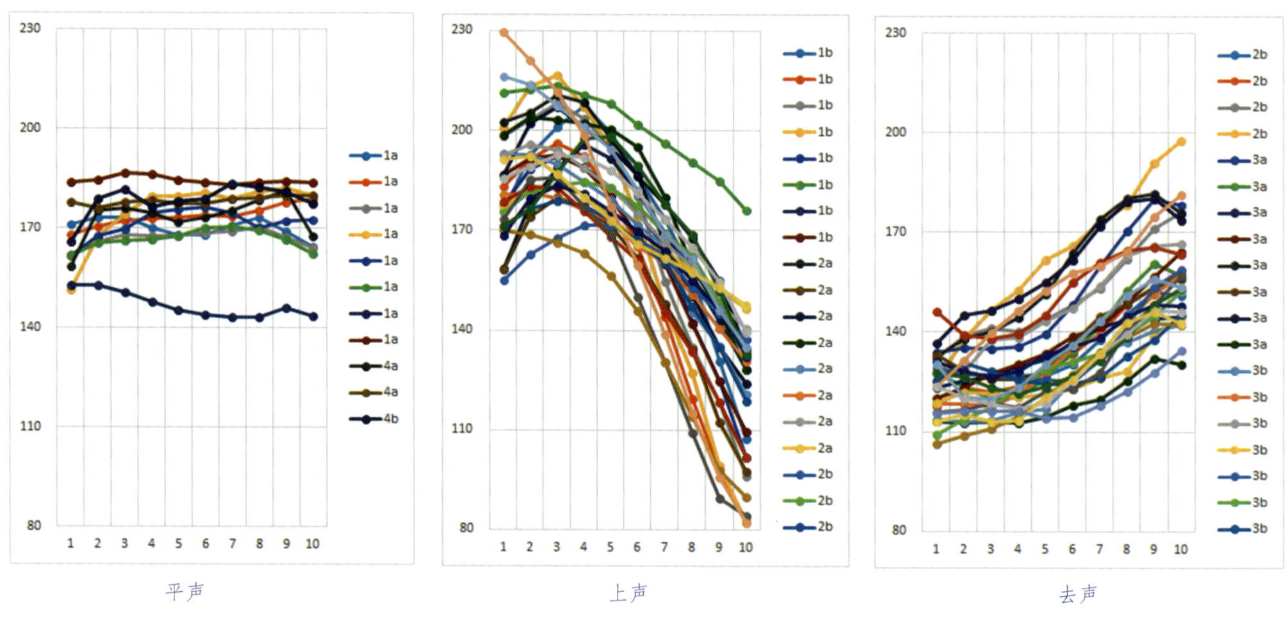

图 7－16d　今声调调域分布范围－奇台三清宫－YM

青男的声调有 3 个（见图 7－16c）：

平声 44、上声 51、去声 13。

今调域的分布情况（见图 7－16d）：

平声主要在 33～44 之间；上声主要在 341～53 之间；去声主要在 12～24 之间。

5. 昌吉木垒

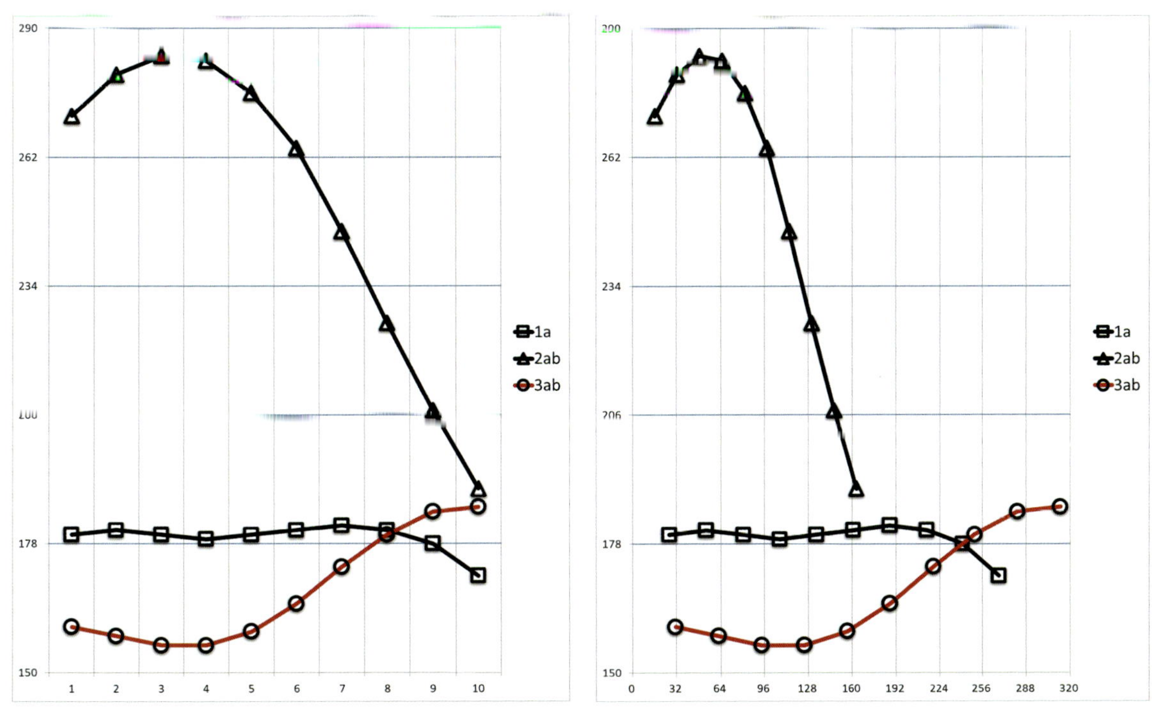

图 7－17a　单字调等长、实长音高模式－木垒东城－OM1

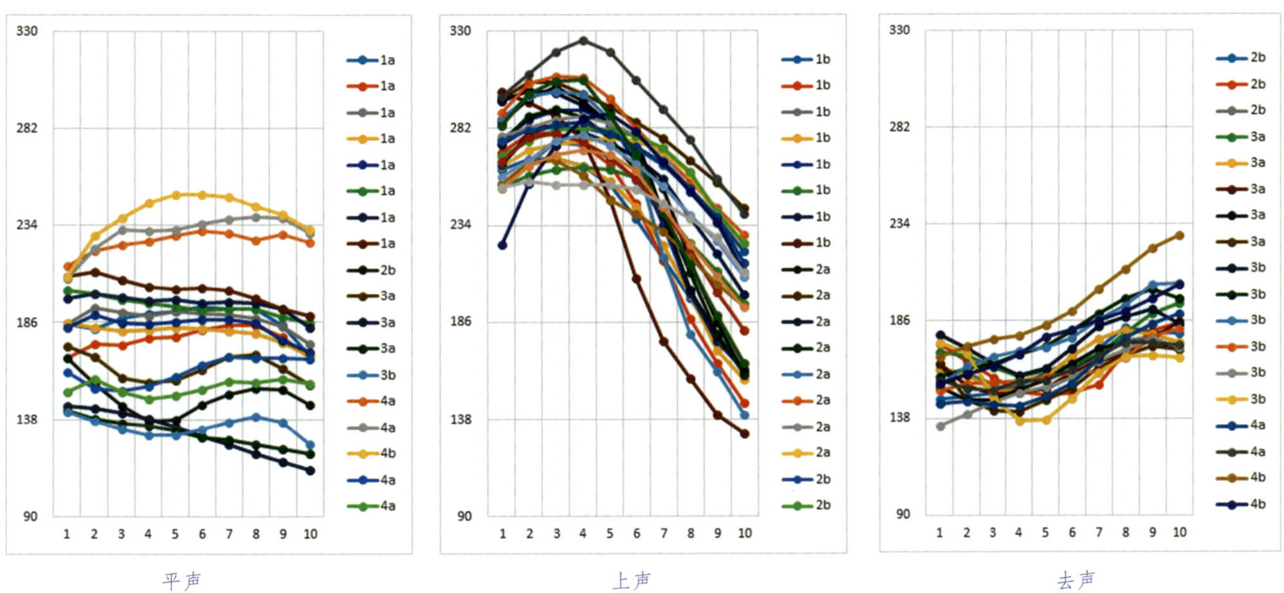

图 7－17b　今声调调域分布范围－木垒东城－OM1

老男 1 的声调有 3 个（见图 7－17a）：

平声 22、上声 52、去声 112。

今调域的分布情况（见图 7－17b）：

平声的分布范围较宽，主要在 22～44 之间；上声主要在 42～53 之间；去声主要在 213～223 之间。

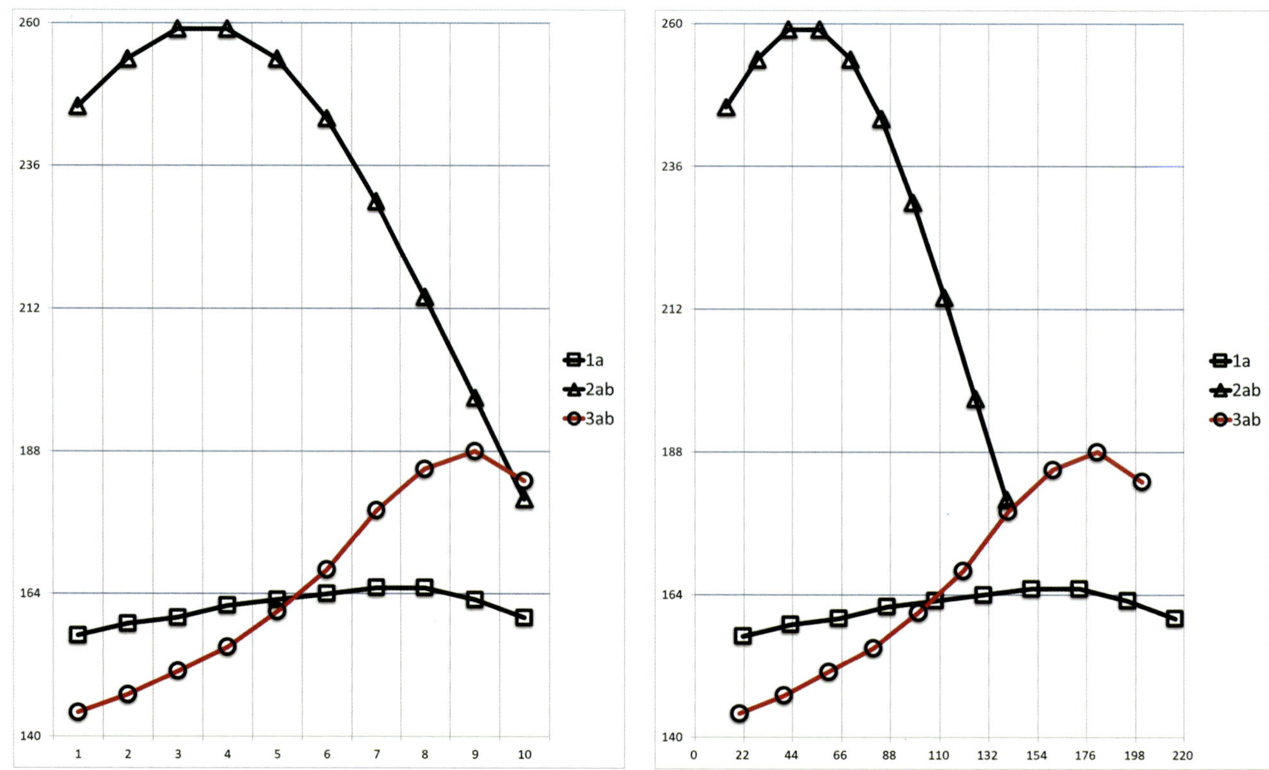

图 7－17c 单字调等长、实长音高模式－木垒白杨河－OM2

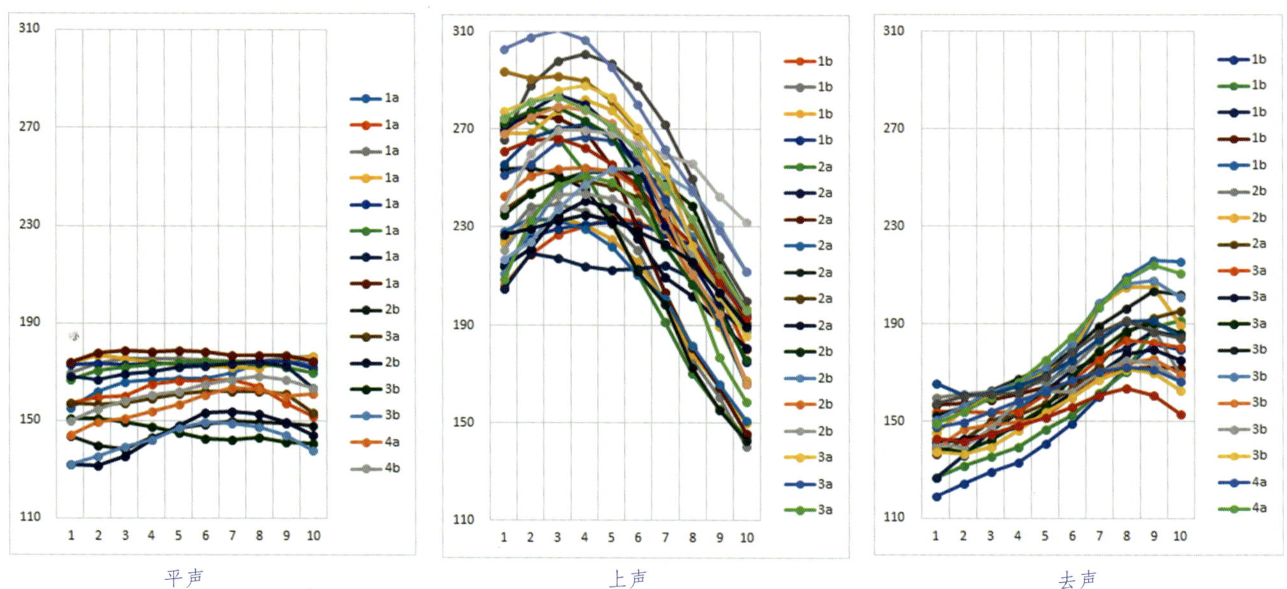

图 7－17d 今声调调域分布范围－木垒白杨河－OM2

老男 2 的声调有 3 个（见图 7－17c）：

平声 22、上声 52、去声 12。

今调域的分布情况（见图 7－17d）：

平声主要在 11～22 之间；上声主要在 32～53 之间；去声主要在 12～23 之间。

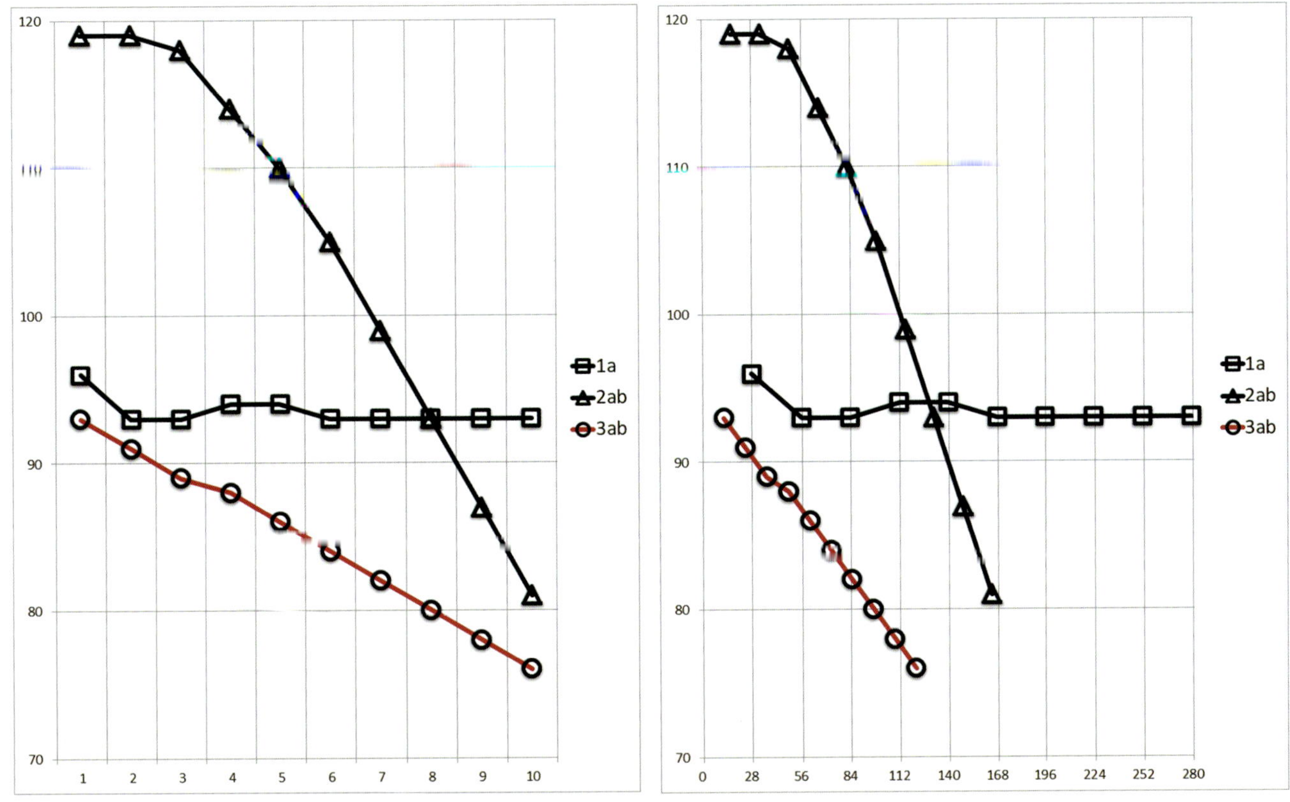

图 7－17e　单字调等长、实长音高模式－木垒县城－OM3

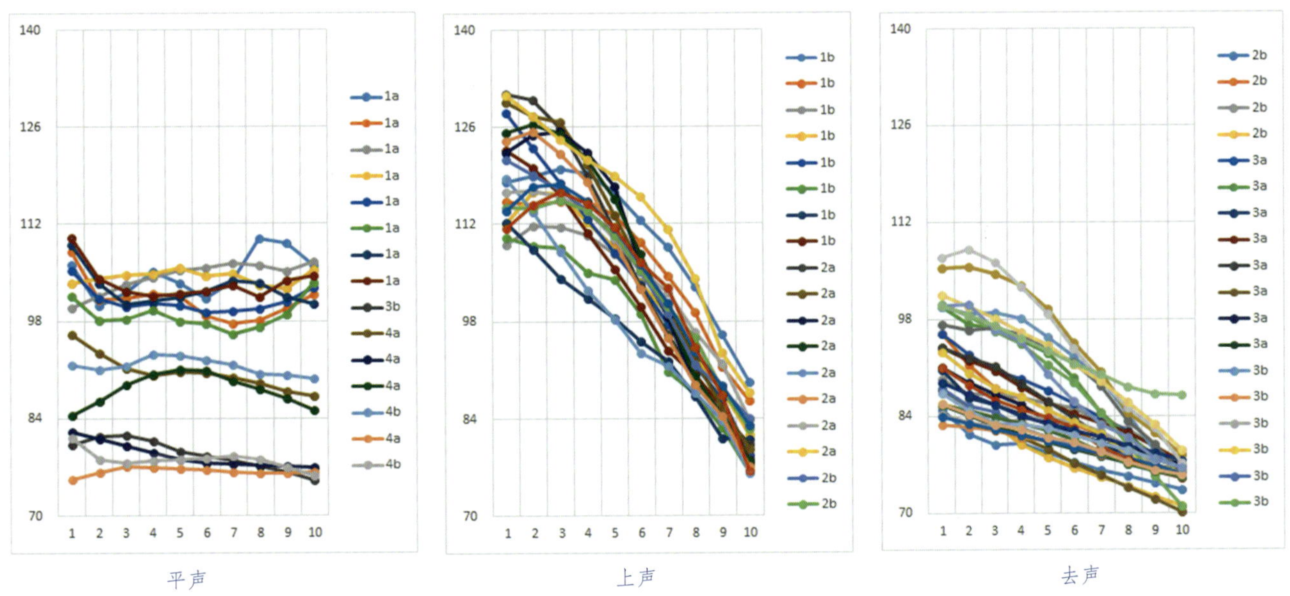

图 7－17f　今声调调域分布范围－木垒县城－OM3

老男 3 的声调有 3 个（见图 7－17e）：

平声 33、上声 52、去声 31。

今调域的分布情况（见图 7－17f）：

平声主要在 11～33 之间；上声主要在 31～42 之间；去声主要在 21～31 之间。

6. 哈密巴里坤

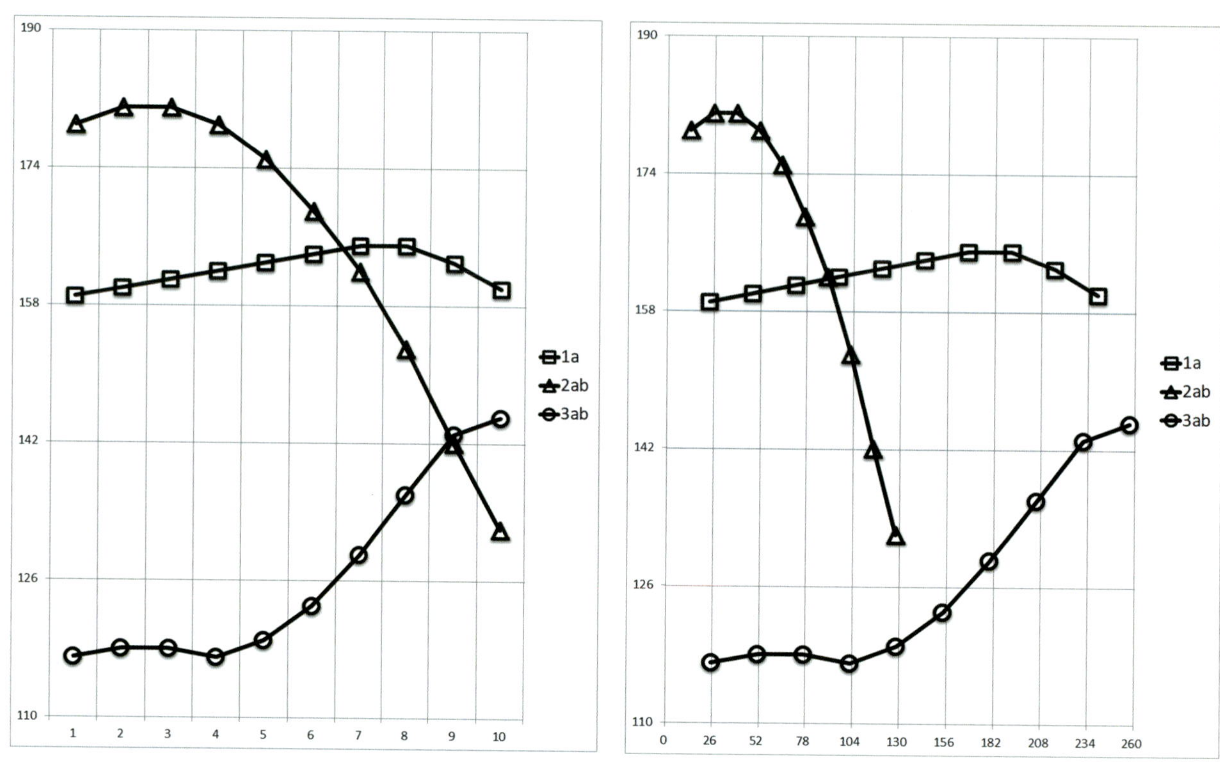

图 7－18a　单字调等长、实长音高模式－哈密巴里坤－OM

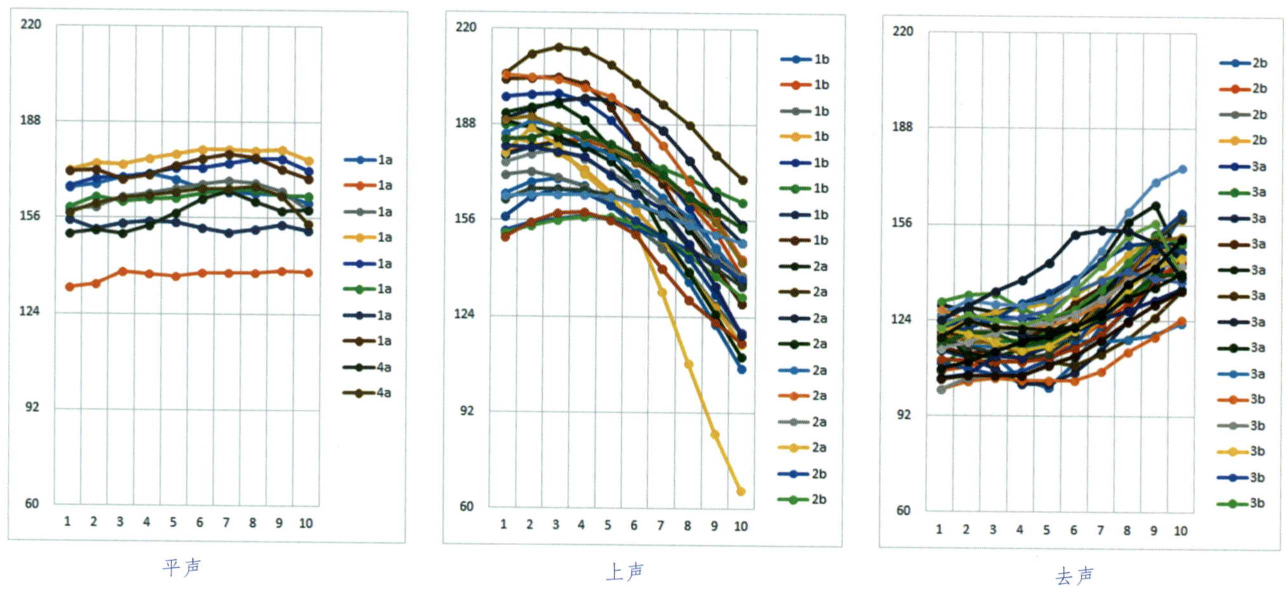

图 7－18b　今声调调域分布范围－哈密巴里坤－OM

老男的声调有 3 个（见图 7－18a）：

平声 44、上声 52、去声 113。

今调域的分布情况（见图 7－18b）：

平声主要在 33～44 之间；上声主要在 32～54 之间；去声主要在 223～334 之间。

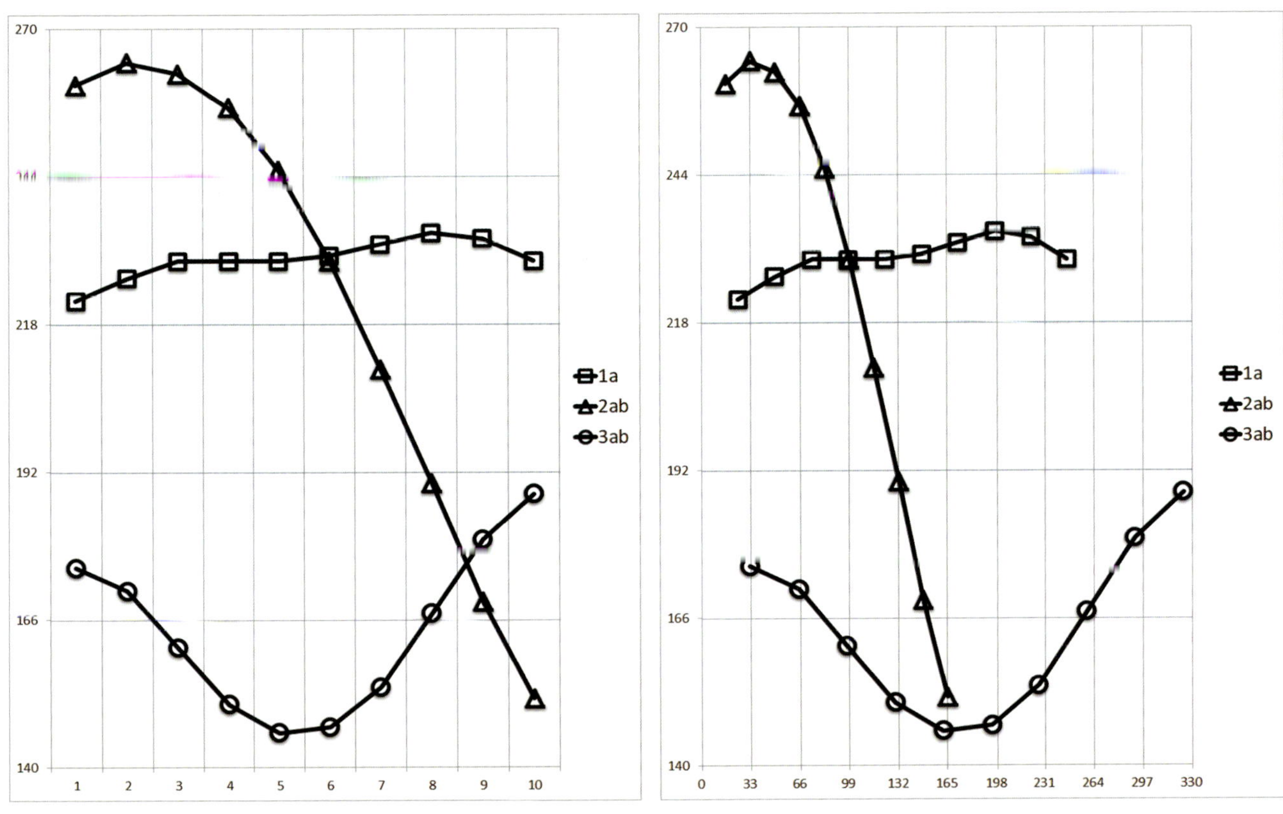

图 7－18c　单字调等长、实长音高模式－哈密巴里坤－YM

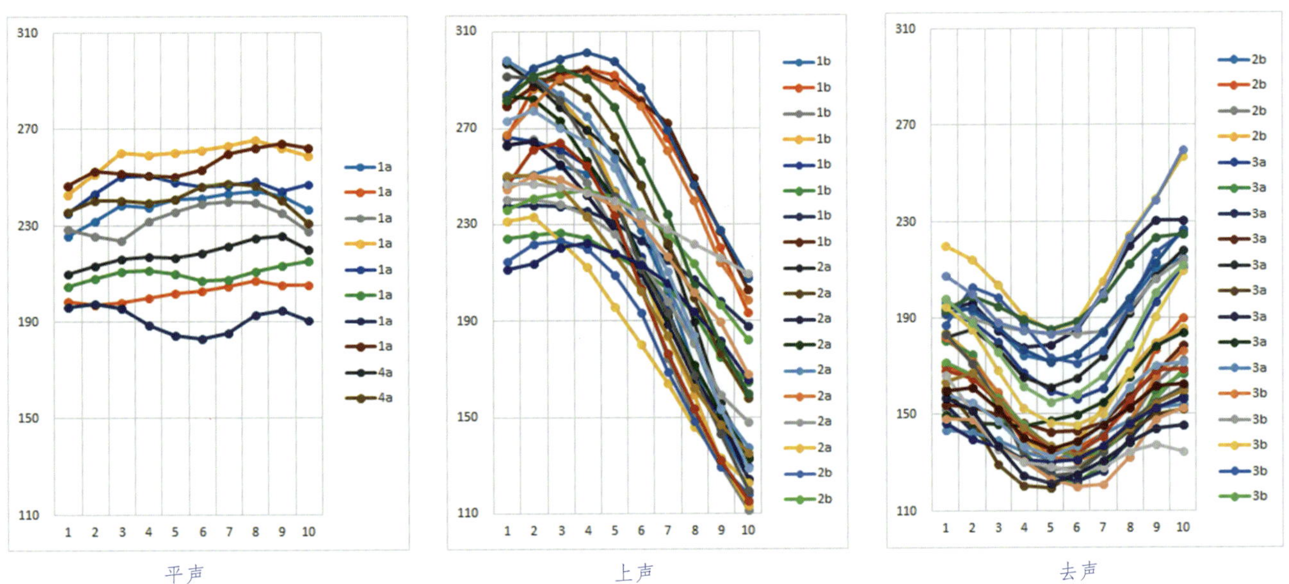

图 7－18d　今声调调域分布范围－哈密巴里坤－YM

青男的声调有 3 个（见图 7－18c）：

平声 44、上声 51、去声 213。

今调域的分布情况（见图 7－18d）：

平声主要在 33～44 之间；上声主要在 31～53 之间；去声主要在 212～324 之间。

7. 塔城市区

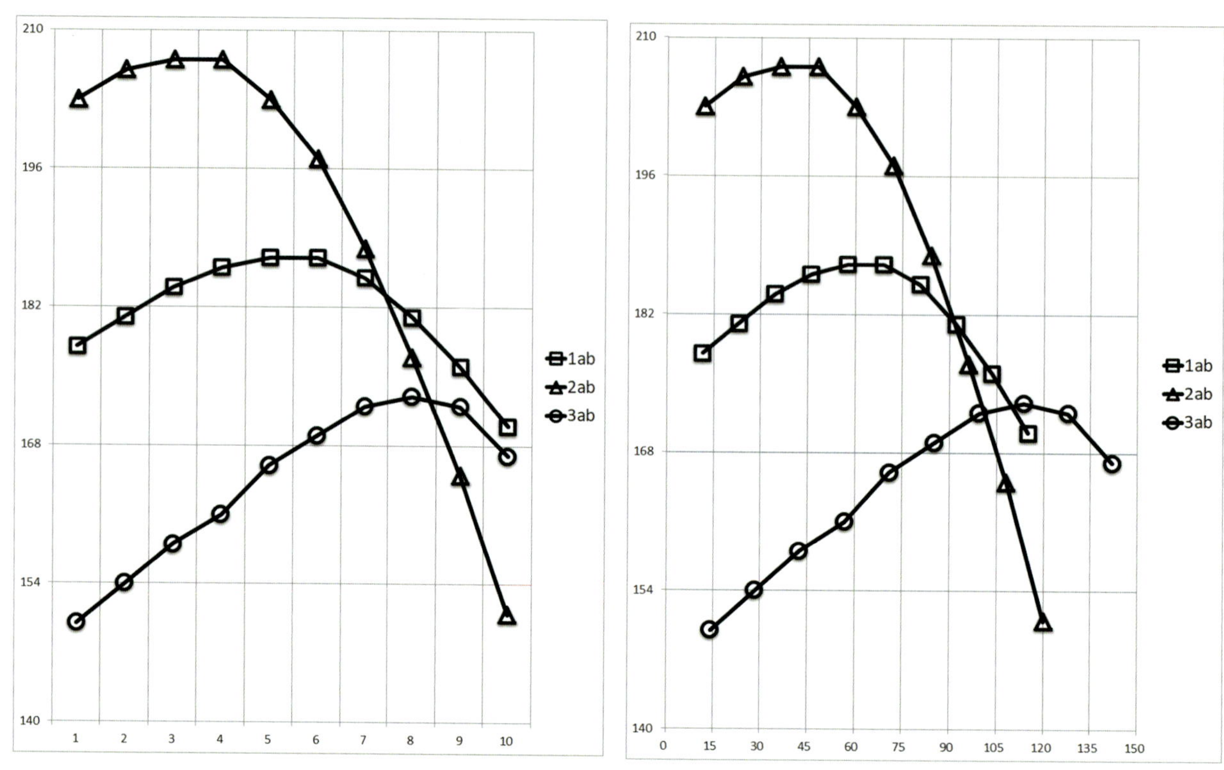

图 7－19a　单字调等长、实长音高模式－塔城市区－OM

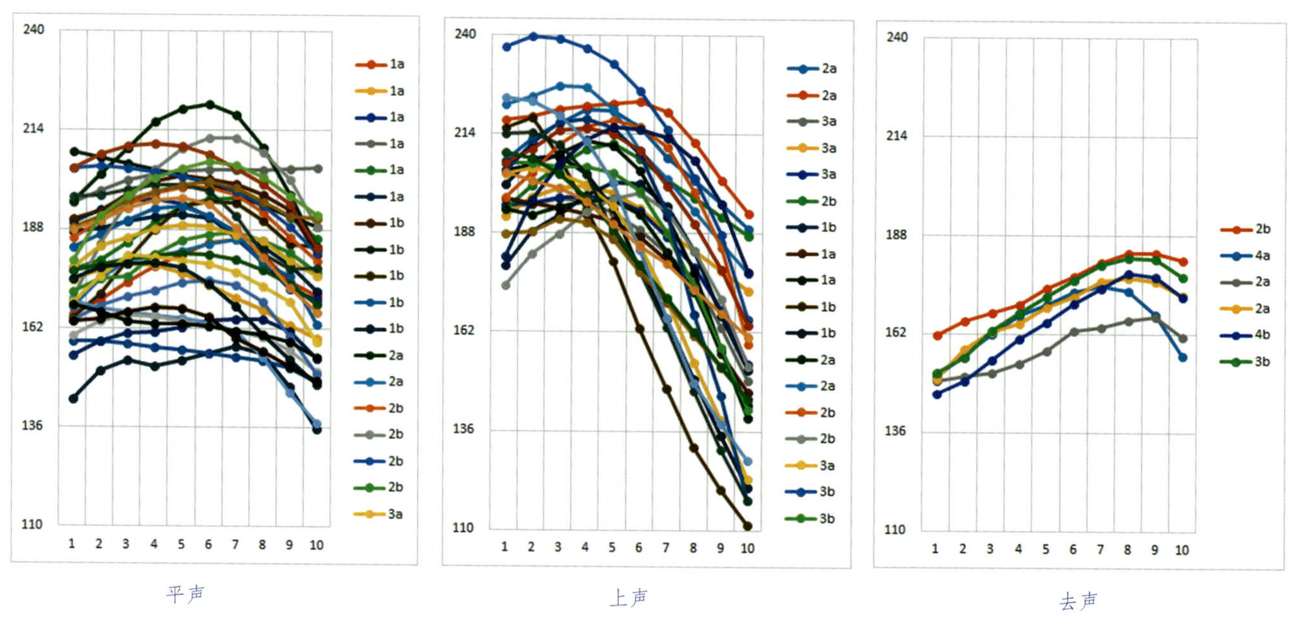

图 7－19b　今声调调域分布范围－塔城市区－OM

老男的声调有 3 个（见图 7－19a）：

平声 44（略带拱度）、上声 51、去声 13。

今调域的分布情况（见图 7－19b）：

平声主要在 22～44 之间；上声主要在 31～54 之间；去声主要在 23～34 之间。

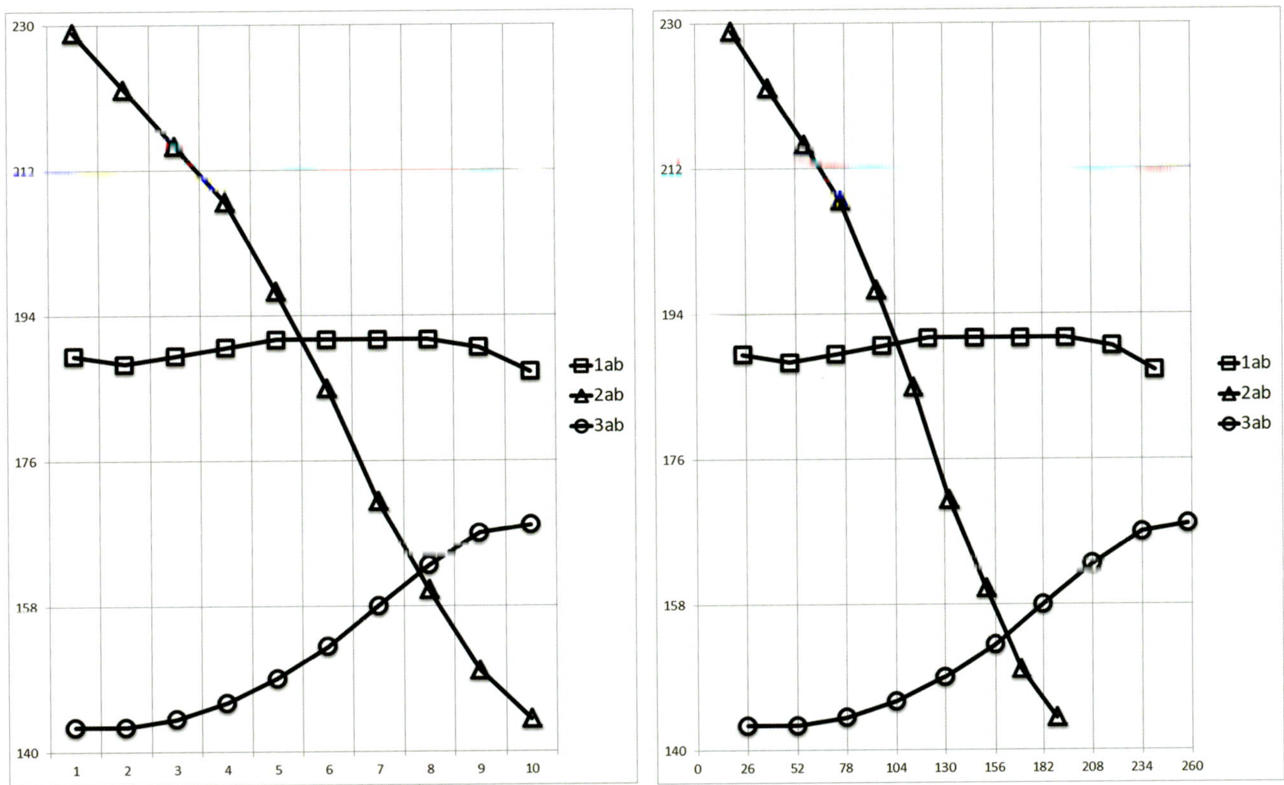

图 7－19c　单字调等长、实长音高模式－塔城市区－YM

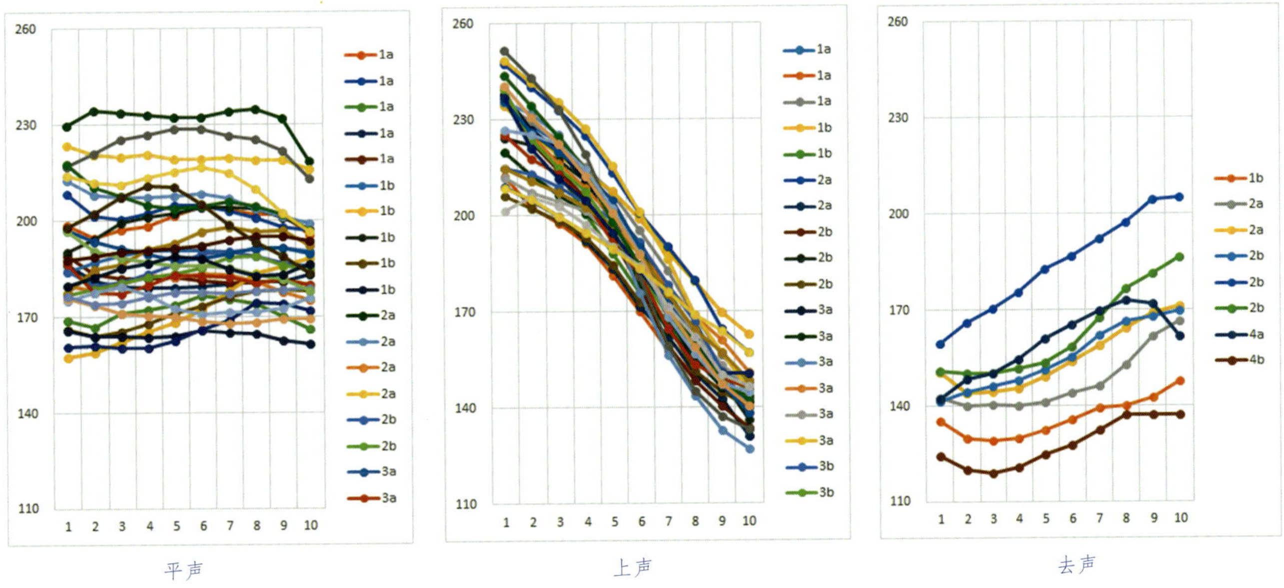

图 7－19d　今声调调域分布范围－塔城市区－YM

青男的声调有 3 个（见图 7－19c）：

平声 33、上声 51、去声 112。

今调域的分布情况（见图 7－19d）：

平声主要在 33～44 之间；上声主要在 31～52 之间；去声主要在 112～223 之间。

7.5 兰银官话声调小结

这一部分除了本人的调查，主要参照《中国语言地图集》（2012）中周磊关于兰银官话的观点。

1. 分布范围与调类特点

分布范围：兰银官话东起宁夏盐池、惠农，西到伊犁、塔城，东西长约2500千米，从汉唐到清末，以河西走廊为核心，不断向西发展，形成了今天兰银官话分布的格局。

调类特点：从调类的古今对照来看，兰银官话的特点是古清入字今读去声，同时古次浊入声字也读阴平，这可以与其他官话片区相区别；平声依清浊而分化为阴平和阳平两个声调，阳平和清上同调，古上声的清声母和次浊声母字今读音和阳平同调；古上声的全浊声母字和古去声今读同调。兰银官话古全浊入声字读阳平，这与多数官话方言的演变情况类似。

2. 三调方言

兰银官话可以定义为三调方言，这是它的重要特点之一。如前所述，从调类演化的路径来看，兰银官话内部也有着较大的一致性。下面是《中国语言地图集》（2012）中周磊所列举的兰银官话的调类调值对照（见表7－2）。

表7－2 《中国语言地图集》（2012）中周磊所列举的兰银官话的调类调值对照①

地名	阴平	阳平	上声	去声
乌鲁木齐	44	51	51	213
吉木萨尔	44	52	52	214
昌吉	44	53	53	213
米泉	44	53	53	213
五家渠	44	53	53	213
阜康	44	53	53	213
呼图壁	44	53	53	213
玛纳斯	44	53	53	213
克拉玛依	44	53	53	213
石河子	44	53	53	213
奇台	44	52	52	212
木垒	44	52	52	24
温泉	45	51	51	24
博乐	45	51	51	24
精河	45	51	51	24
奎屯	44	53	53	213
乌苏	44	52	52	212
沙湾	44	51	51	325
清河	44	52	52	212

① 中国社会科学院语言研究所，中国社会科学院民族学与人类学研究所，香港城市大学语言资讯科学研究中心．中国语言地图集［M］.2版．北京：商务印书馆，2012：72.

（续上表）

地名	阴平	阳平	上声	去声
阿勒泰	44	51	51	23
布尔津	44	51	51	23
富蕴	44	51	51	23
福海	44	51	51	23
哈巴河	44	51	51	23
吉木乃	44	51	51	23
额敏	44	51	51	34
哈密	44	51	51	213
巴里坤	44	51	51	213
伊吾	44	51	51	213
银川	44	53	53	13
永宁	44	53	53	13
贺兰	44	53	53	13
石嘴山	44	53	53	13
平罗	44	53	53	13
吴忠	44	53	53	13
青铜峡	44	53	53	13
同心	44	53	53	13
灵武	44	53	53	13
中宁	44	53	53	13
中卫	44	53	53	13
嘉峪关市	33	51	51	212
玉门市	33	52	52	213
金塔	33	53	53	31
民乐	44	52	52	31
临泽	33	53	53	31
肃南	33	53	53	31
武威	33	53	53	31
山丹	33	53	53	31
张掖	55	53	53	31
高台	44	53	53	31
酒泉	44	53	53	213
安西	33	42	42	213
敦煌河西	44	53	53	213
金昌	33	55	55	31
永昌	33	55	55	31

周磊列举了兰银官话55个点的调类调值对应情况，从中可以清晰地看出兰银官话主要方言点的调类调值对照情况。作为以三调为核心的方言，兰银官话主要的特点有三个：

（1）阳平和上声同调，我们把它叫作“上声”，而不是“阳平上”；

（2）浊上与去声同调，归入今去声；

（3）古入声全浊声母字今读阳平和去声。

3. 三调方言声调命名

周磊认为三调方言的三个调类定名为阴平、阳平、去声，而不定名为阴平、上声、去声，比较符合汉语调类演化的一般情况。① 但是我们从共时系统平衡的角度考虑，认为叫平声、上声、去声也比较合适。② 从入声字的归并来看，兰银官话和其他官话相同，入声字已不成单独调类，分别归入其他三个声调了。

4. 兰银官话内部的声调特点

三个声调的调型，主要是升、降、平，多数方言点都是如此，降调的一致性较强，平调、升调的变体较为复杂。

以兰州为核心的金城片，和其他几个片最大的不同是兰州、白银、榆中三个点有阴平、阳平、上声、去声四个单字调，永登、皋兰两点虽然是三个单字调，但声调的演变规律是平声不分阴平、阳平。

河西片的情况比较复杂，既有四个声调，也有三个声调。民勤有阴平、阳平、上声、去声四个单字调。从调类归并上来看，古浪、天祝两处单字调阴平与上声不分也是一个重要的特点。

银吴片、新疆北疆的塔密片与河西走廊的多数方言点，都以三个声调为主，如嘉峪关、玉门、酒泉、金塔、安西、金昌、永昌、张掖、山丹、民乐、高台、临泽、肃南、武威、敦煌、河西等市县，主要表现是单字调阳平与上声不分、浊上与去声同调，但是在连调中阳平和上声有区别。

宁夏银吴片的特点是古入声全浊声母字一部分归阳平，一部分归去声；盐池话大部分归去声，少数归阳平，此外盐池有阴平、阳平、上声、去声四个单字调，与秦陇官话类似。

7.6 兰银官话主要方言点的调类调值对照

兰银官话主要方言点的调类调值对照如表7－3所示。

表7－3　兰银官话主要方言点的调类调值对照

<table>
<tr><th>片</th><th>方言点</th><th>选点</th><th>阴平 1a</th><th>阳平 1b</th><th>上声 2ab</th><th>去声 3ab</th><th>调类数量</th><th>备注</th></tr>
<tr><td rowspan="3">金城片</td><td>兰州（甘肃）</td><td>城关区临夏路</td><td>55</td><td>53</td><td>34</td><td>13</td><td>4</td><td>语保 OM</td></tr>
<tr><td>榆中（甘肃）</td><td>城关镇</td><td>51</td><td>312</td><td>44</td><td>213</td><td>4</td><td>语保 OM</td></tr>
<tr><td>红古（甘肃）</td><td>海石湾镇</td><td colspan="2">13</td><td>53</td><td></td><td>2</td><td>语保 OM</td></tr>
<tr><td rowspan="2">银吴片</td><td>银川（宁夏）</td><td>兴庆区
胜利南街</td><td>44</td><td colspan="2">53</td><td>13</td><td>3</td><td>语保 OM
《中国语言地图集》（2012）</td></tr>
<tr><td>中卫（宁夏）</td><td>沙坡头区
滨河镇</td><td>44</td><td colspan="2">53</td><td>13</td><td>3</td><td>语保 OM
《中国语言地图集》（2012）</td></tr>
</table>

① 周磊．兰银官话的分区（稿）[J]．方言，2005（3）：274．

② 刘新中，梁嘉莹．新疆木垒方言的单字调：一项基于声学数据的研究[J]．方言，2017（3）：339．

（续上表）

<table>
<tr><th>片</th><th>方言点</th><th>选点</th><th>阴平 1a</th><th>阳平 1b</th><th>上声 2ab</th><th>去声 3ab</th><th>调类数量</th><th>备注</th></tr>
<tr><td rowspan="6">河西片</td><td>酒泉（甘肃）</td><td>肃州区</td><td>44</td><td colspan="2">51</td><td>213</td><td>3</td><td>语保 OM</td></tr>
<tr><td>张掖（甘肃）</td><td>甘州区
西街街道</td><td>44</td><td colspan="2">53</td><td>31</td><td>3</td><td>语保 OM
《中国语言地图集》（2012）</td></tr>
<tr><td rowspan="3">武威（甘肃）</td><td>凉州区
西大街</td><td colspan="3">35</td><td>31</td><td>2</td><td>语保 OM</td></tr>
<tr><td rowspan="2">武威</td><td>33</td><td>24</td><td></td><td>31</td><td>3</td><td>赵颖（2014）</td></tr>
<tr><td>33</td><td colspan="2">53</td><td>31</td><td>3</td><td>《中国语言地图集》（2012）</td></tr>
<tr><td>金昌（甘肃）</td><td>永昌县城关镇</td><td>33</td><td colspan="2">55</td><td>31</td><td>3</td><td>《中国语言地图集》（2012）</td></tr>
<tr><td rowspan="14">塔密片（北疆片）</td><td rowspan="3">乌鲁木齐（新疆）</td><td>板房沟镇</td><td>44</td><td colspan="2">52</td><td>213</td><td>3</td><td>语保 OM</td></tr>
<tr><td rowspan="2">乌鲁木齐</td><td>44</td><td colspan="2">52</td><td>312</td><td>3</td><td>林端（1987）</td></tr>
<tr><td>44</td><td colspan="2">51</td><td>213</td><td>3</td><td>《中国语言地图集》（2012）</td></tr>
<tr><td rowspan="3">塔城（新疆）</td><td rowspan="2">沙湾</td><td colspan="2">44</td><td>51</td><td>325</td><td>3</td><td>《中国语言地图集》（2012）</td></tr>
<tr><td colspan="2">44</td><td>51</td><td>324</td><td>3</td><td>林端（1987）</td></tr>
<tr><td>塔城市区</td><td colspan="3">44</td><td>51</td><td>2</td><td>语保 OM</td></tr>
<tr><td rowspan="5">昌吉（新疆）</td><td rowspan="3">木垒</td><td>55</td><td>51</td><td></td><td>24</td><td>3</td><td>林端（1987）</td></tr>
<tr><td>44</td><td colspan="2">52</td><td>24</td><td>3</td><td>周磊（2005）</td></tr>
<tr><td colspan="2">44</td><td>51</td><td>213</td><td>3</td><td>刘新中、梁嘉莹（2017）</td></tr>
<tr><td>奇台东大街</td><td>44</td><td colspan="2">52</td><td>213</td><td>3</td><td>语保 OM</td></tr>
<tr><td>奇台</td><td>44</td><td colspan="2">53</td><td>213</td><td>3</td><td>《中国语言地图集》（2012）</td></tr>
<tr><td rowspan="3">哈密（新疆）</td><td rowspan="3">巴里坤</td><td>44</td><td colspan="2">52</td><td>213</td><td>3</td><td>语保 OM</td></tr>
<tr><td>445</td><td colspan="2">51</td><td>213</td><td>3</td><td>林端（1987）</td></tr>
<tr><td>44</td><td colspan="2">51</td><td>213</td><td>3</td><td>《中国语言地图集》（2012）</td></tr>
</table>

参考文献

[1] 董印其．新疆汉语方言语音系统研究［J］．语言与翻译，2013（4）．

[2] 高葆泰．兰州方言音系［M］．兰州：甘肃人民出版社，1985．

[3] 李荣．官话方言的分区［J］．方言，1985（1）．

[4] 李荣．三个单字调的方言的调类［J］．方言，1985（4）．

[5] 林端．新疆汉话的声调特点［J］．新疆大学学报（哲学社会科学版），1987（1）．

[6] 刘俐李，周磊．新疆汉语方言的分区（稿）［J］．方言，1986（3）．

[7] 刘俐李．新疆汉语方言语音特点的扩散［J］．新疆大学学报（哲学社会科学版），1995（1）．

[8] 刘新中，梁嘉莹．新疆木垒方言的单字调：一项基于声学数据的研究［J］．方言，2017（3）．

[9] 张盛裕，张成材．陕甘宁青四省区汉语方言的分区（稿）［J］．方言，1986（2）．

[10] 张燕来．兰银官话语音研究［M］．北京：北京语言大学出版社，2014．

[11] 赵颖．浅析甘肃武威方言语音与普通话的差异［J］．语文建设，2014（2）．

[12] 中国社会科学院语言研究所，中国社会科学院民族学与人类学研究所，香港城市大学语言资讯科学研究中心．中国语言地图集［M］．2 版．北京：商务印书馆，2012．

[13] 周磊．兰银官话的分区（稿）［J］．方言，2005（3）．

8　江淮官话

江淮官话主要分布在安徽、江苏、浙江、湖北、江西，此外鄂西、陕南也有零星分布。下面是本书江淮官话各片的选点情况，如表 8－1 所示。

表 8－1　江淮官话的分片选点

片	方言点	序号
泰如片	泰州海陵（江苏）	8－1
	南通海安（江苏）	8－2
	南通崇川（江苏）	8－3
洪巢片	南京－《音库》	8－4
	南京浦口（江苏）	8－5
	扬州广陵（江苏）	8－6
	淮安青浦（江苏）	8－7
	合肥－《音库》	8－8
	合肥蜀山（安徽）	8－9
	宣城宣州（安徽）	8－10
	宣城旌德（安徽）	8－11
	广德桃州（安徽）	8－12
黄孝片	孝感云梦（湖北）	8－13
	武汉黄陂（湖北）	8－14
	黄冈黄州（湖北）	8－15
	九江浔阳（江西）	8－16
	安庆迎江（安徽）	8－17
	铜陵枞阳（安徽）	8－18
	桐城文昌（安徽）	8－19

8.1 泰如片

1. 泰州海陵

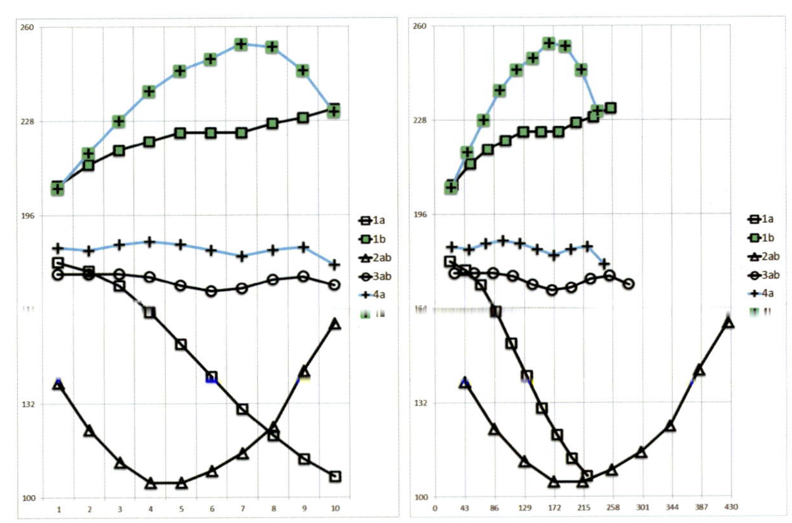

图 8－1a　单字调等长、实长音高模式－泰州海陵－OM

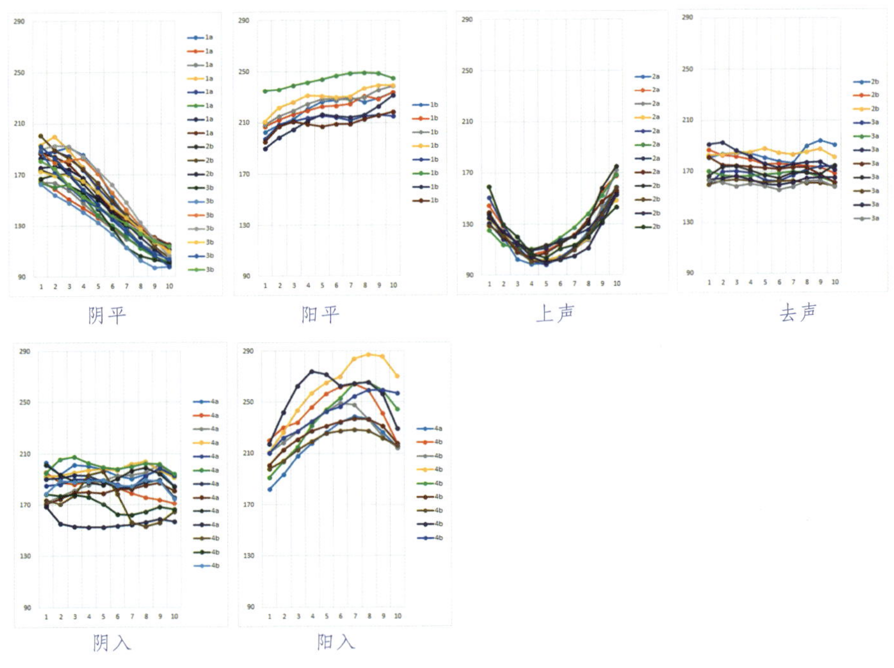

图 8－1b　今声调调域分布范围－泰州海陵－OM

老男的声调有 6 个（见图 8－1a）：

阴平 31、阳平 45、上声 213、去声 33、阴入 33、阳入 45。

今调域的分布情况（见图 8－1b）：

阴平在 21～31 之间；阳平在 34～45 之间；上声在 212～213 之间；去声在 22～33 之间；阴入在 22～33 之间；阳入在 34～45 之间。

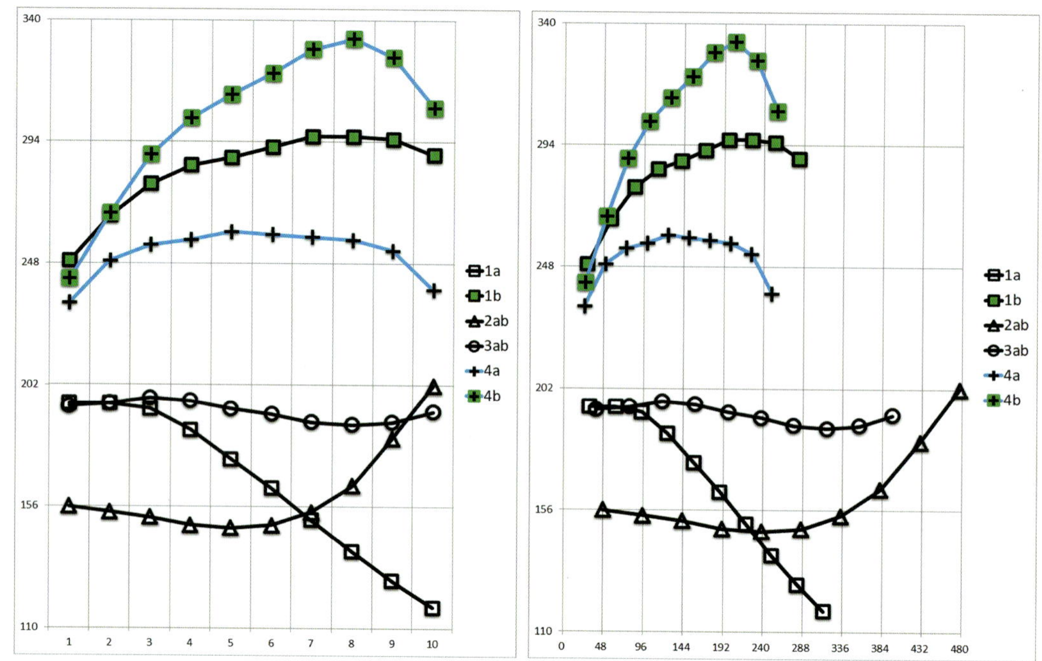

图 8－1c　单字调等长、实长音高模式－泰州海陵－YM

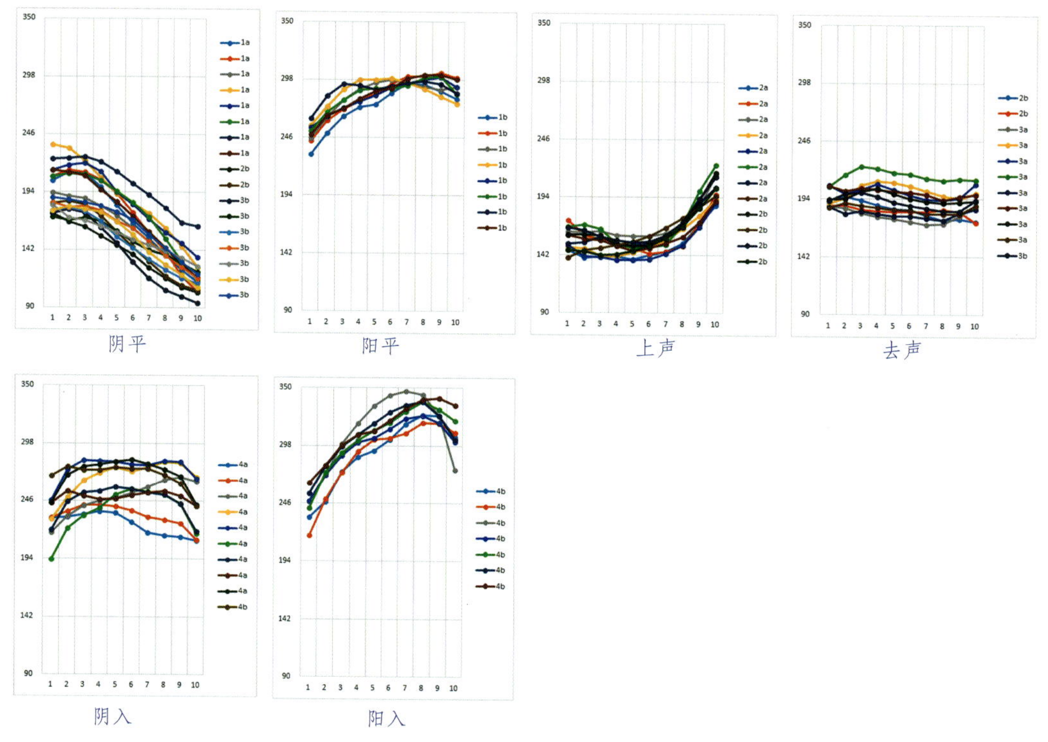

图 8－1d　今声调调域分布范围－泰州海陵－YM

青男的声调有 6 个（见图 8－1c）：

阴平 31、阳平 34、上声 213、去声 33、阴入 <u>44</u>、阳入 <u>45</u>。

今调域的分布情况（见图 8－1d）：

阴平在 21～32 之间；阳平在 34～45 之间；上声在 112～223 之间；去声在 22～33 之间；阴入在 <u>33</u>～<u>44</u> 之间；阳入在 <u>35</u>～<u>45</u> 之间。

2. 南通海安

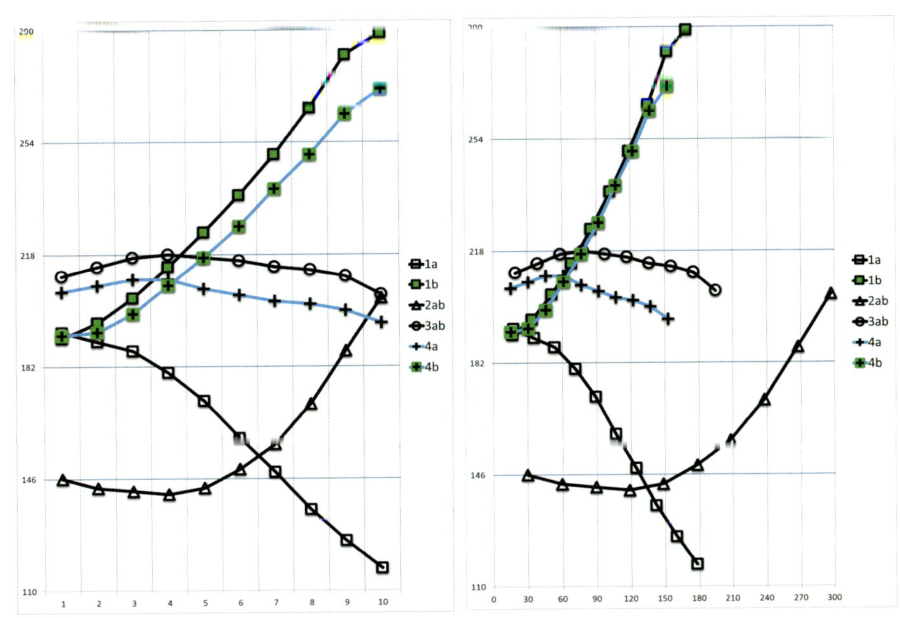

图 8－2a　单字调等长、实长音高模式－南通海安－OM

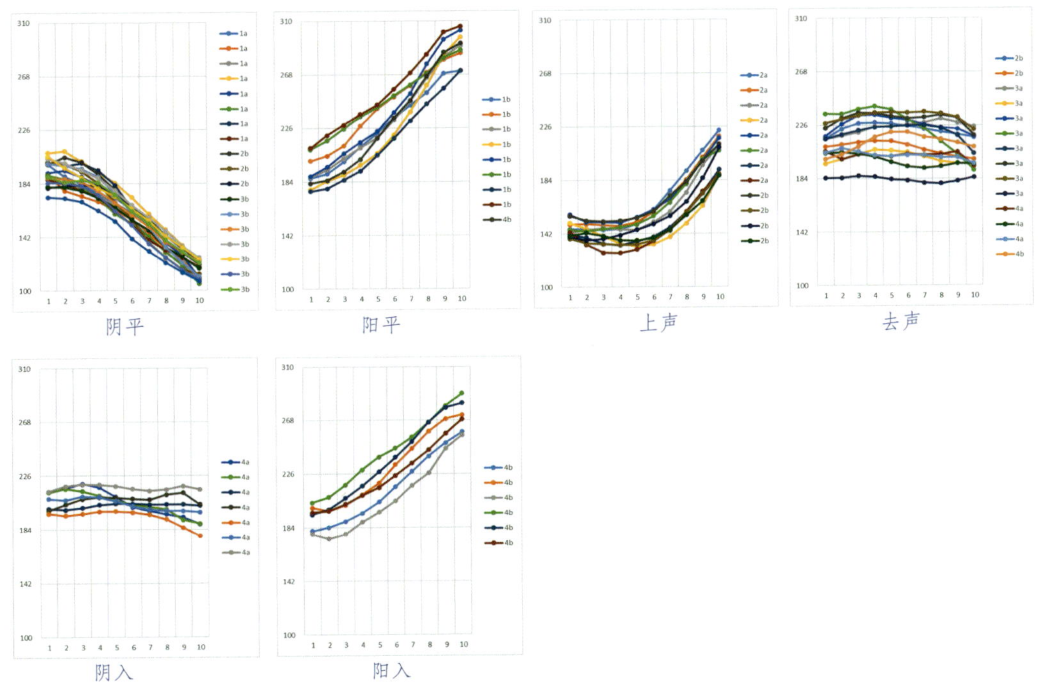

图 8－2b　今声调调域分布范围－南通海安－OM

老男的声调有 6 个（见图 8－2a）：

阴平 31、阳平 35、上声 213、去声 33、阴入 33、阳入 35。

今调域的分布情况（见图 8－2b）：

阴平在 21～31 之间；阳平在 24～35 之间；上声在 212～223 之间；去声在 33～44 之间；阴入主要在 33 的范围；阳入在 24～35 之间。

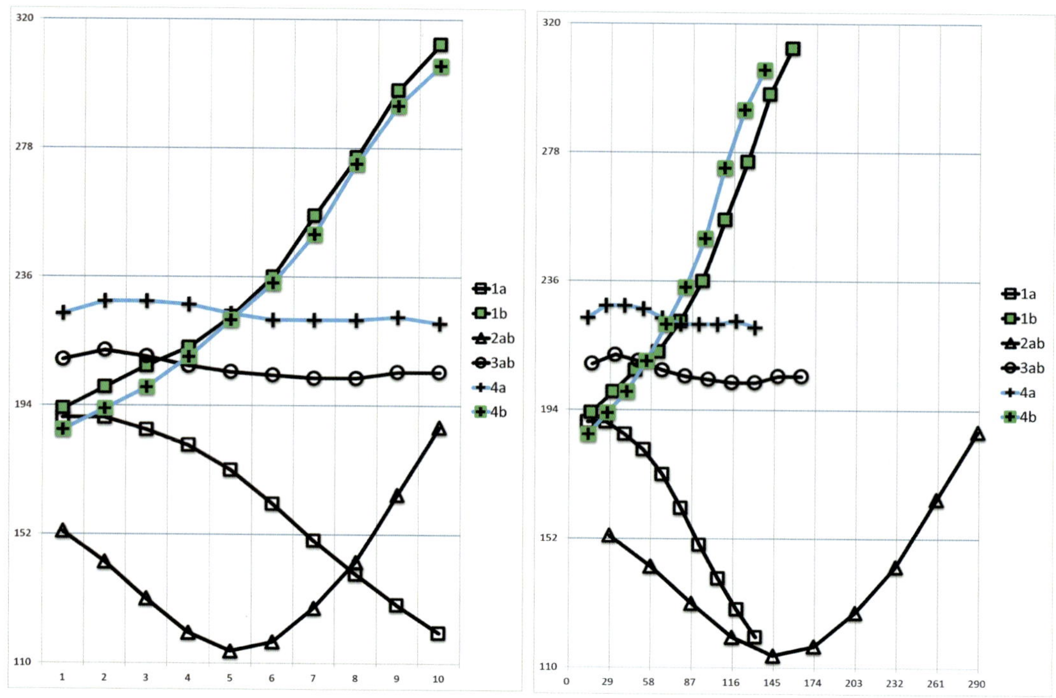

图 8－2c　单字调等长、实长音高模式－南通海安－YM

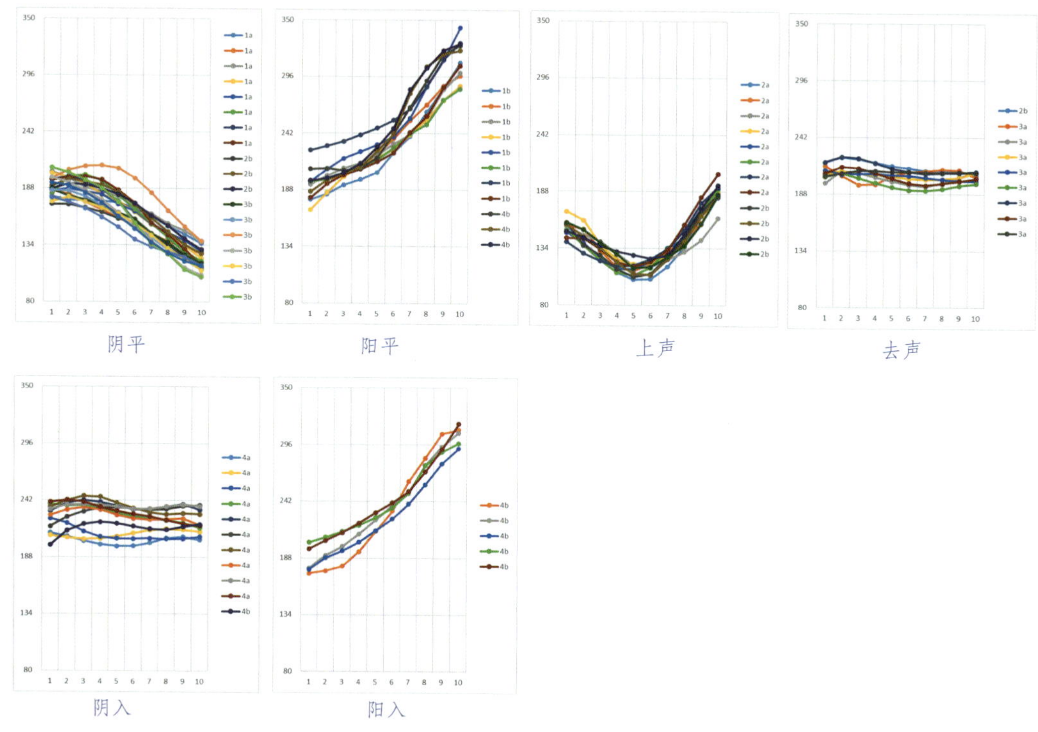

图 8－2d　今声调调域分布范围－南通海安－YM

青男的声调有 6 个（见图 8－2c）：

阴平 21、阳平 25、上声 213、去声 33、阴入 33、阳入 25。

今调域的分布情况（见图 8－2d）：

阴平在 21～31 之间；阳平在 24～35 之间；上声在 212 的范围；去声主要在 33 的范围；阴入在 33～44 之间；阳入在 24～35 之间。

3. 南通崇川

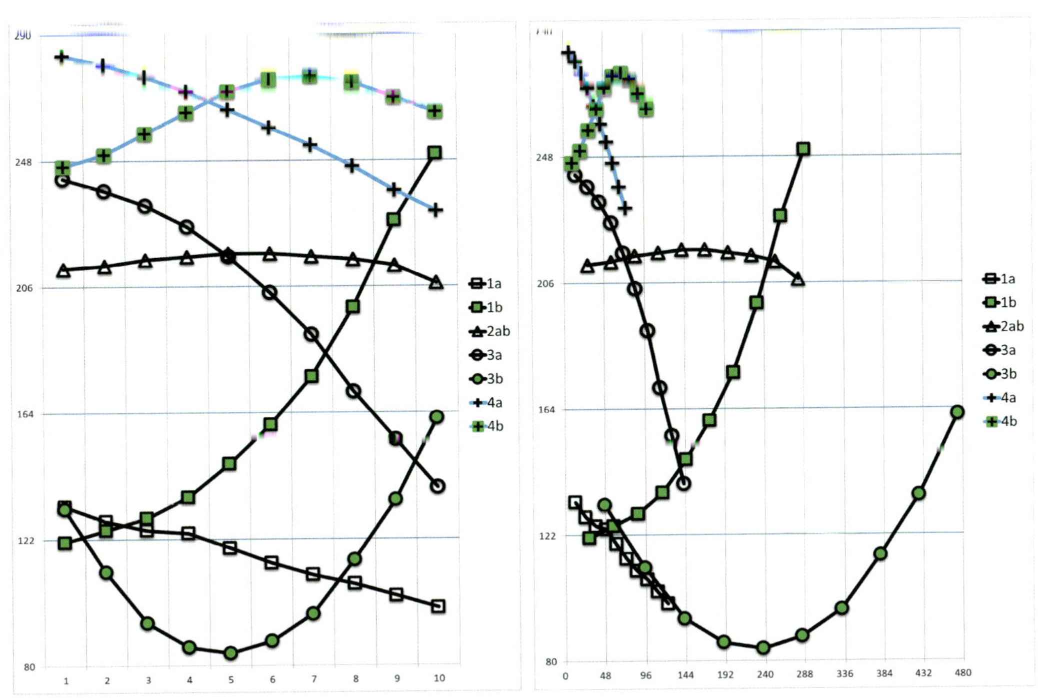

图 8 - 3a　单字调等长、实长音高模式 - 南通崇川 - OM

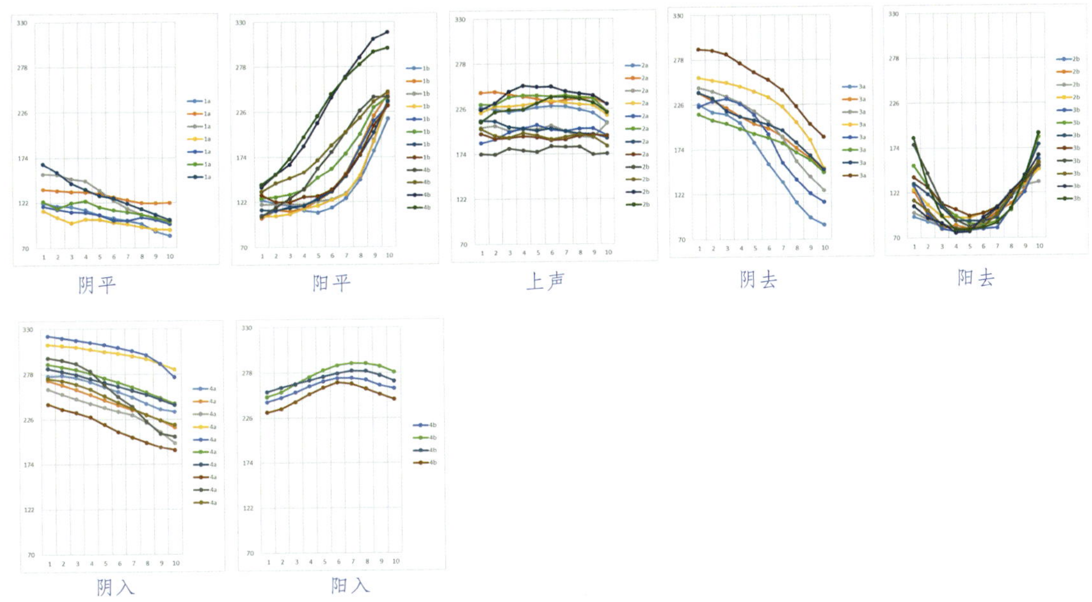

图 8 - 3b　今声调调域分布范围 - 南通崇川 - OM

老男的声调有 7 个（见图 8 - 3a）：

阴平 21、阳平 25、上声 44、阴去 42、阳去 213、阴入 54、阳入 45。

今调域的分布情况（见图 8 - 3b）：

阴平主要在 21 的范围；阳平在 23 ~ 25 之间；上声在 33 ~ 44 之间；阴去在 31 ~ 53 之间；阳去在 212 ~ 313 之间；阴入在 43 ~ 54 之间；阳入主要在 45 的范围。

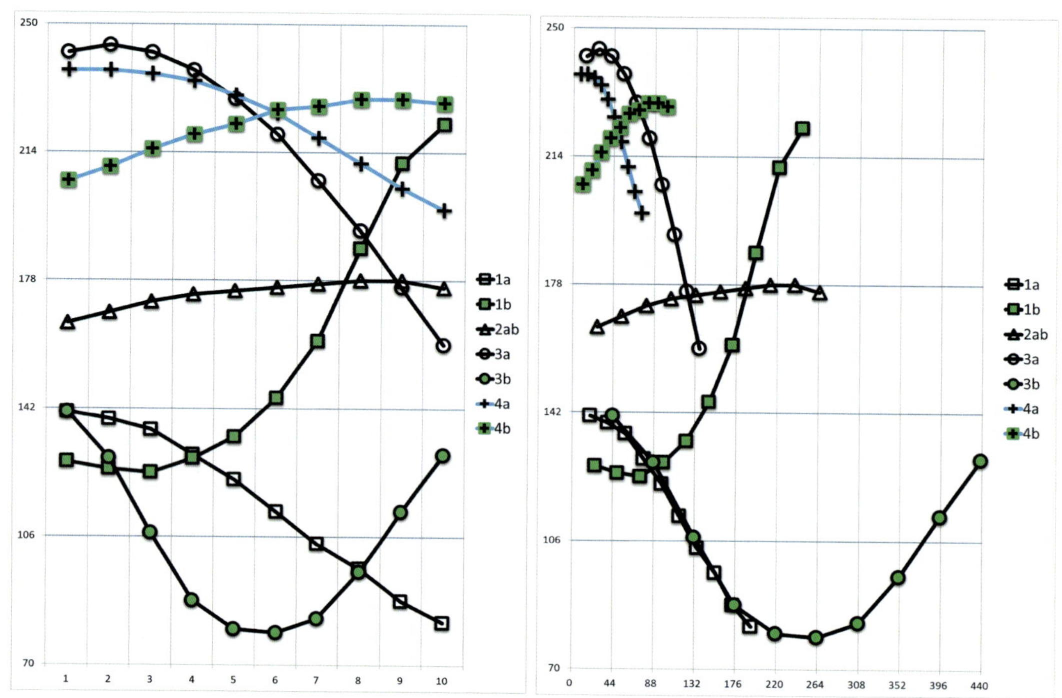

图 8－3c　单字调等长、实长音高模式－南通崇川－YM

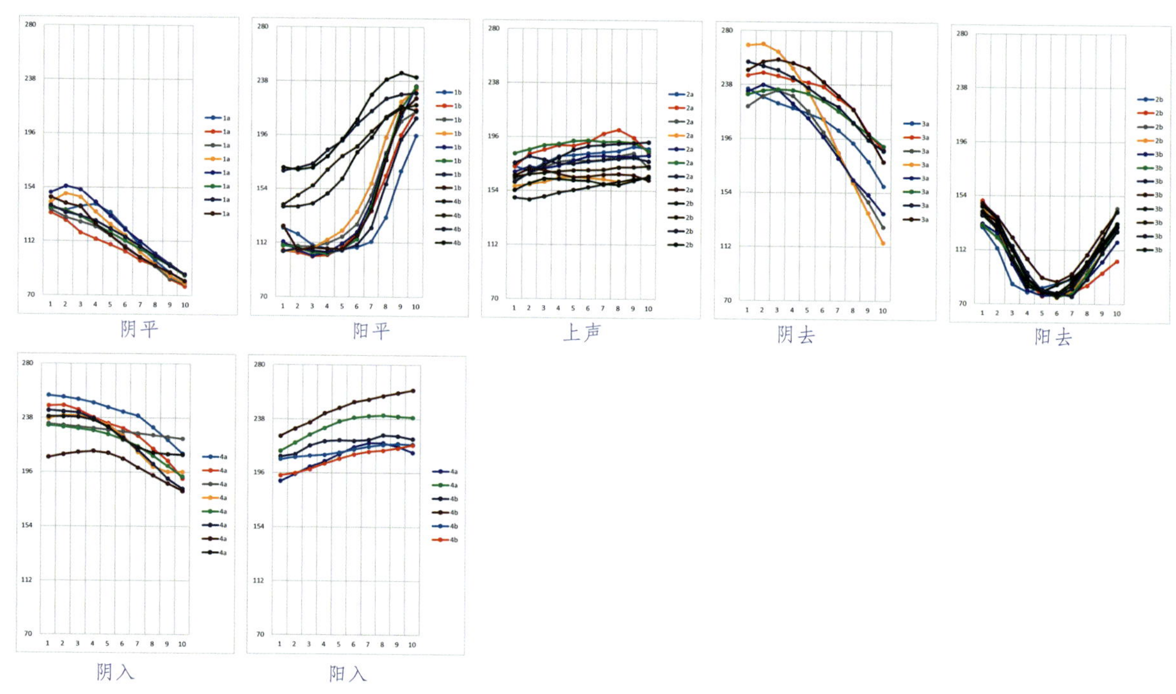

图 8－3d　今声调调域分布范围－南通崇川－YM

青男的声调有 7 个（见图 8－3c）：

阴平 21、阳平 25、上声 33、阴去 53、阳去 212、阴入 54、阳入 45。

今调域的分布情况（见图 8－3d）：

阴平在 21～31 之间；阳平在 24～35 之间；上声在 33～44 之间；阴去在 42～53 之间；阳去主要在 212 的范围；阴入在 43～54 之间；阳入在 34～45 之间。

8.2 洪巢片

1. 南京－《音库》

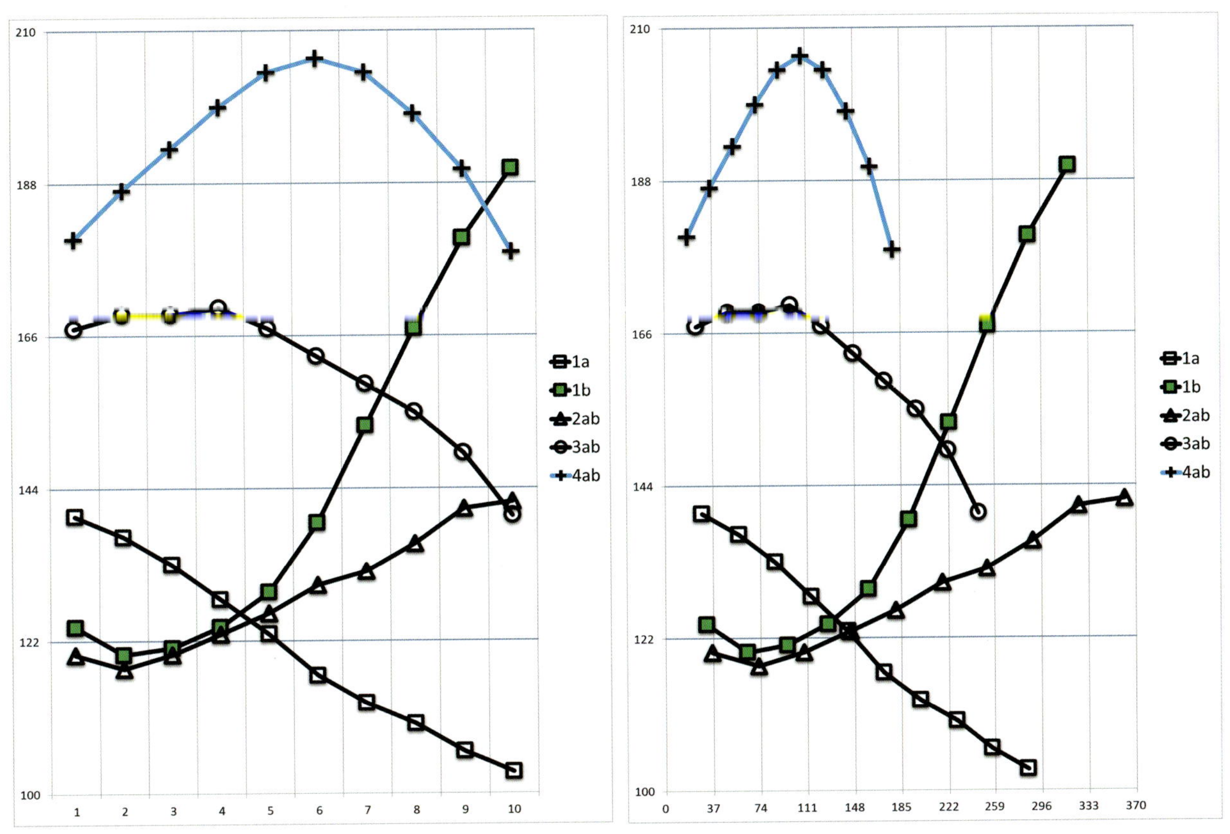

图 8－4a 单字调等长、实长音高模式－南京－《音库》－OM

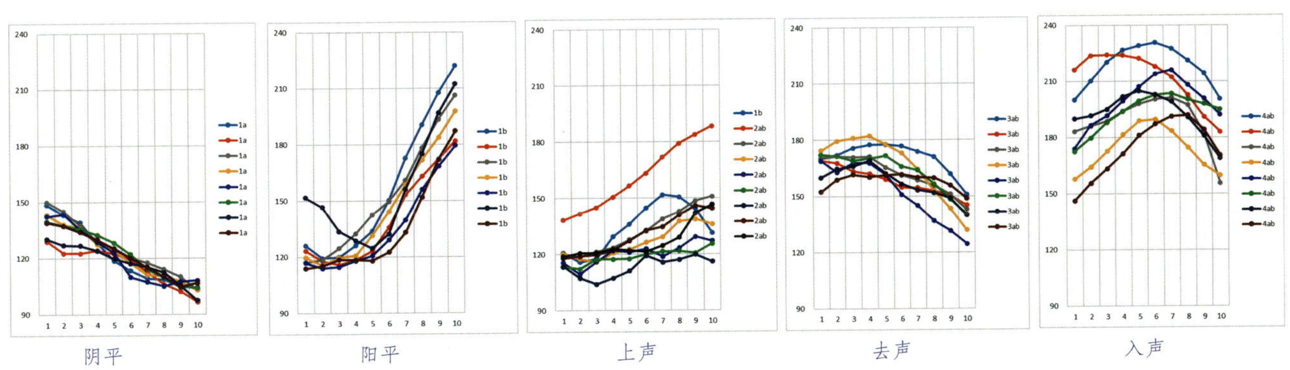

图 8－4b 今声调调域分布范围－南京－《音库》－OM

《音库》的声调有 5 个（见图 8－4a）：

阴平 21、阳平 24、上声 12、去声 42、入声 454。

今调域的分布情况（见图 8－4b）：

阴平在 21～31 之间；阳平在 24～25 之间；上声在 12～24 之间；去声在 32～43 之间；入声在 343～454 之间。

2. 南京浦口

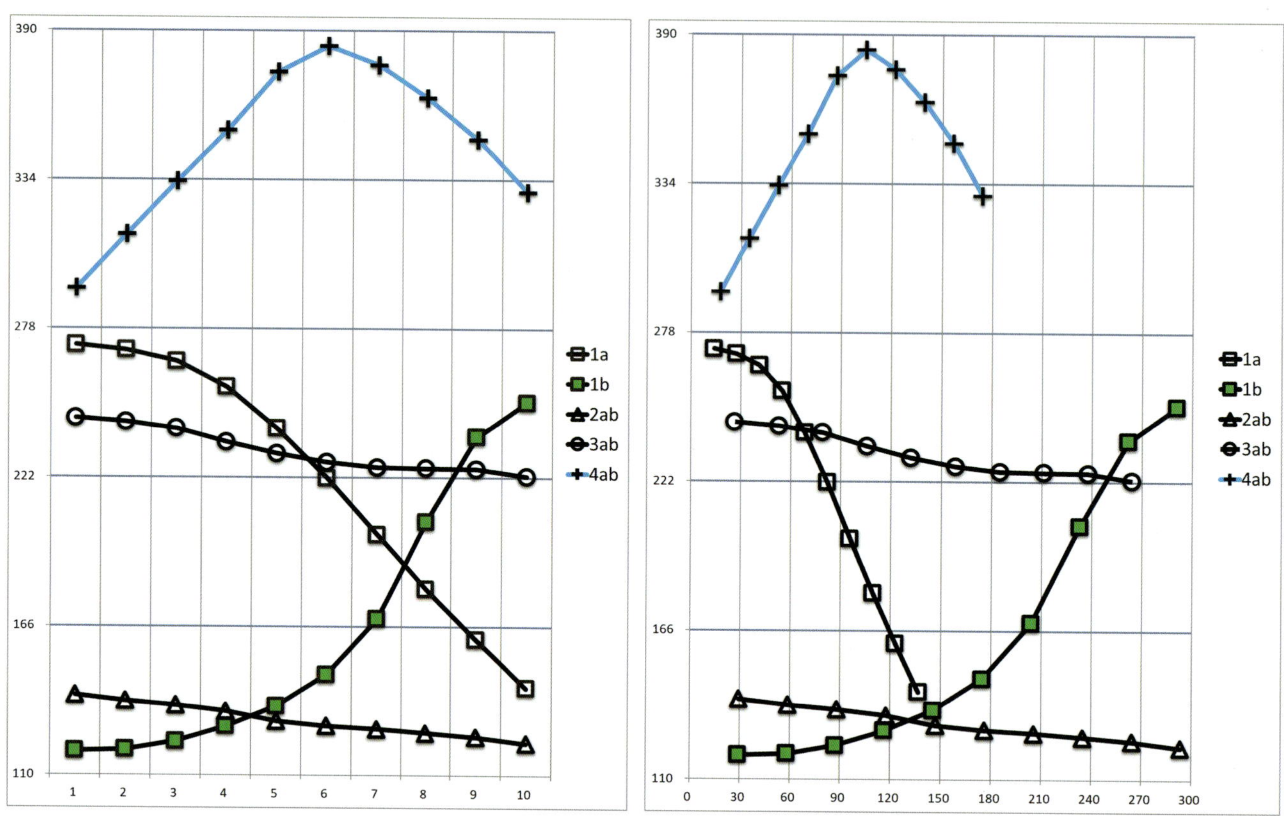

图 8－5a　单字调等长、实长音高模式－南京浦口－OM

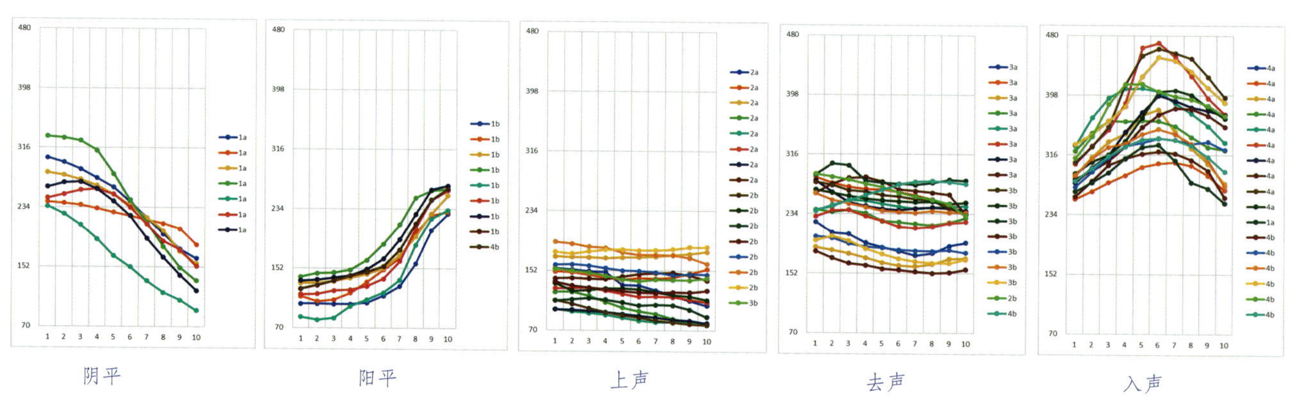

图 8－5b　今声调调域分布范围－南京浦口－OM

老男的声调有 5 个（见图 8－5a）：

阴平 31、阳平 13、上声 11、去声 33、入声 454。

今调域的分布情况（见图 8－5b）：

阴平在 21～42 之间；阳平在 12～23 之间；上声在 11～22 之间；去声在 22～33 之间；入声在 343～454 之间。

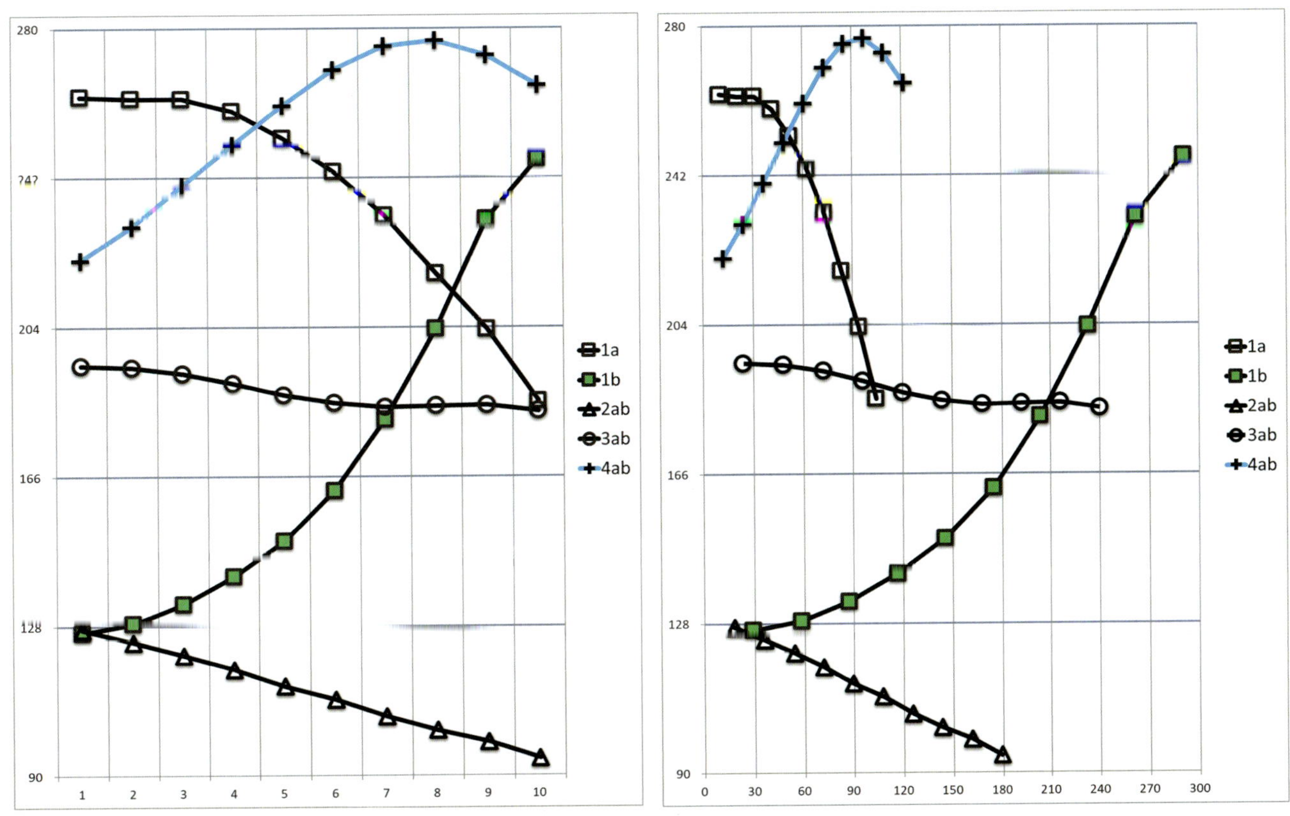

图 8－5c　单字调等长、实长音高模式－南京浦口－YM

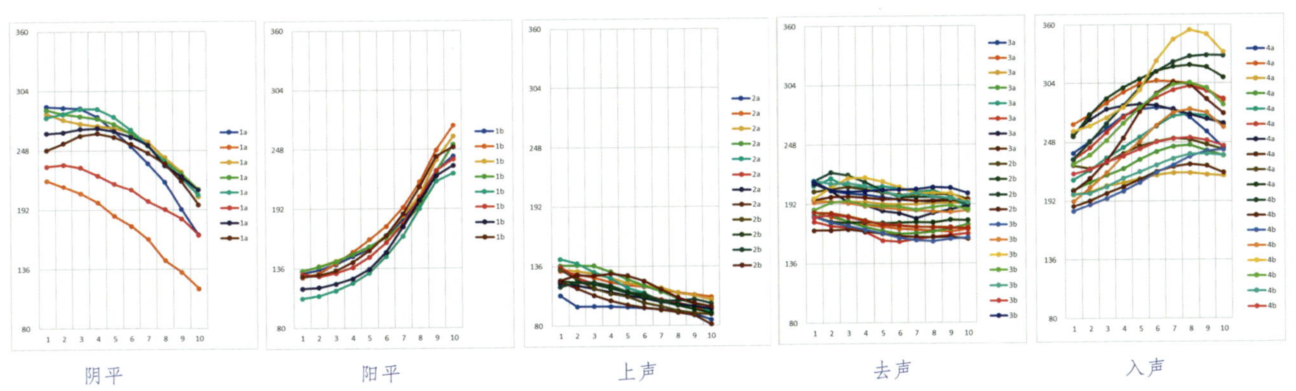

图 8－5d　今声调调域分布范围－南京浦口－YM

青男的声调有 5 个（见图 8－5c）：

阴平 53、阳平 25、上声 21、去声 33、入声 45。

今调域的分布情况（见图 8－5d）：

阴平在 31～43 之间；阳平在 13～24 之间；上声主要在 21 的范围；去声在 22～33 之间；入声主要在 34～45 之间。

3. 扬州广陵

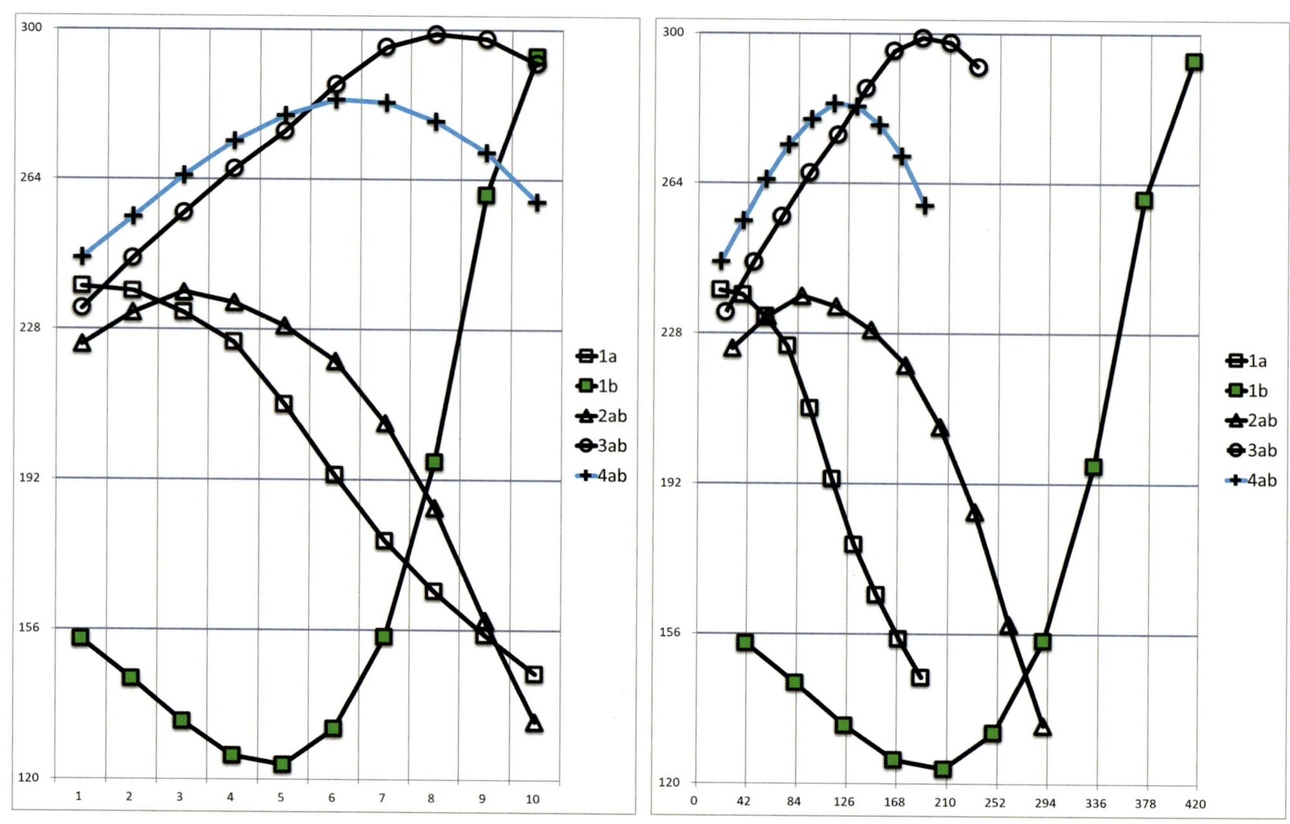

图 8－6a　单字调等长、实长音高模式－扬州广陵－OM

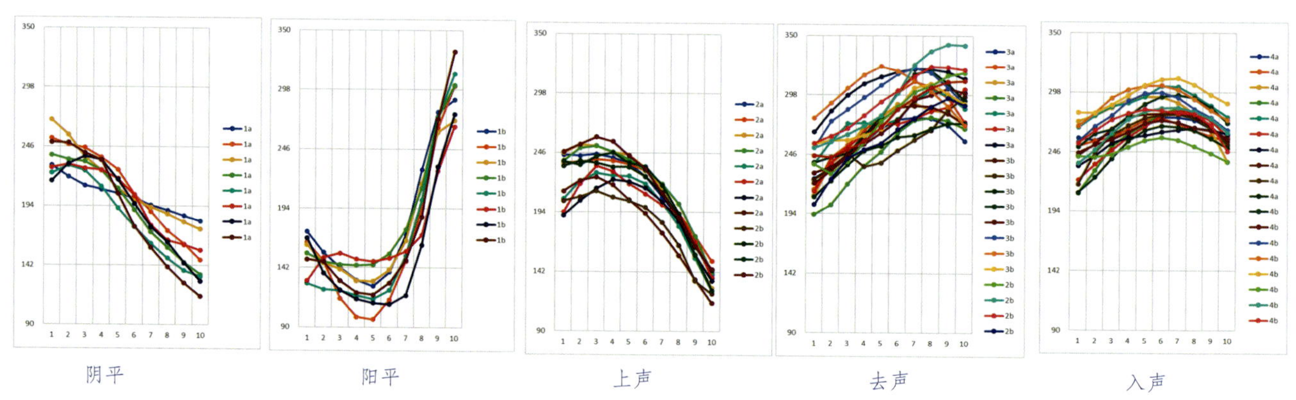

图 8－6b　今声调调域分布范围－扬州广陵－OM

老男的声调有 5 个（见图 8－6a）：

阴平 41、阳平 215、上声 31、去声 45、入声 <u>454</u>。

今调域的分布情况（见图 8－6b）：

阴平在 31～42 之间；阳平在 214～215 之间；上声在 31～42 之间；去声在 34～45 之间；入声在 <u>343</u>～<u>454</u> 之间。

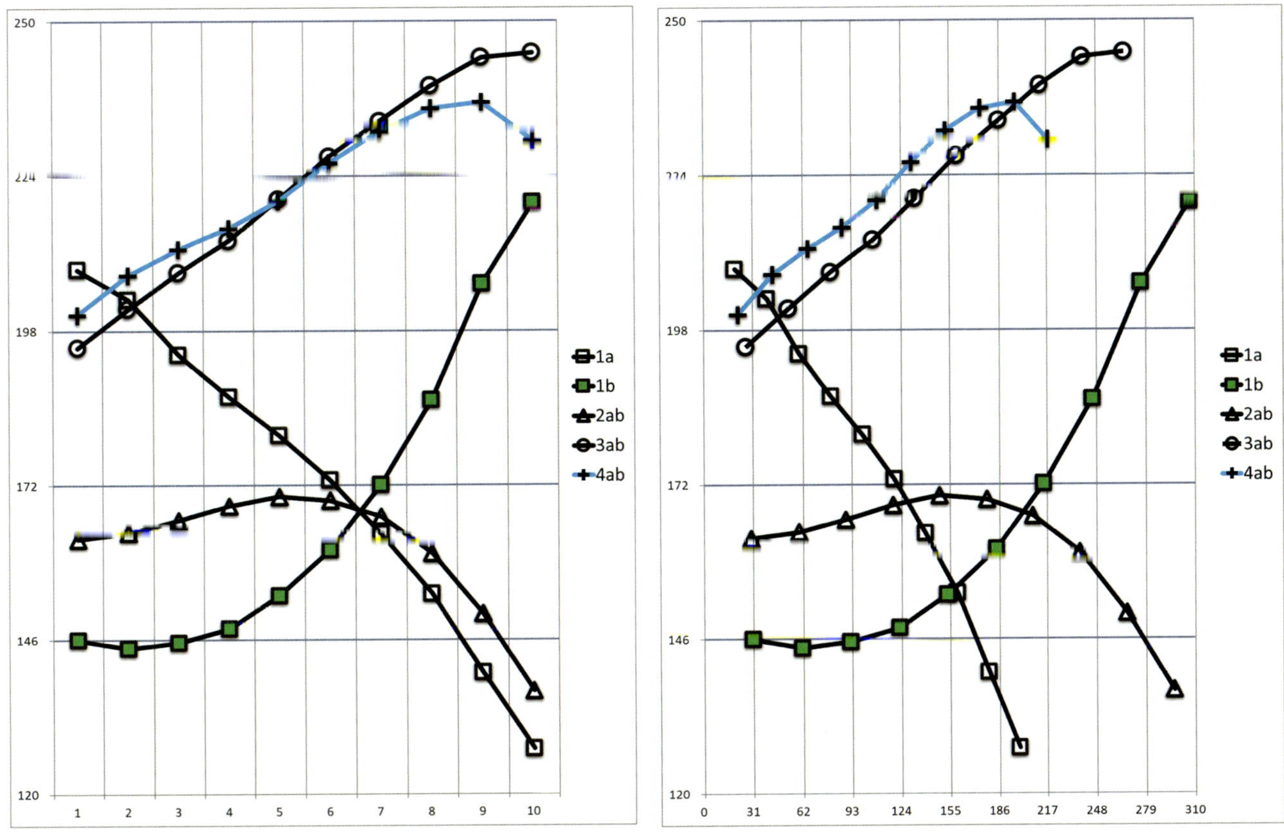

图 8 - 6c　单字调等长、实长音高模式 - 扬州广陵 - YM

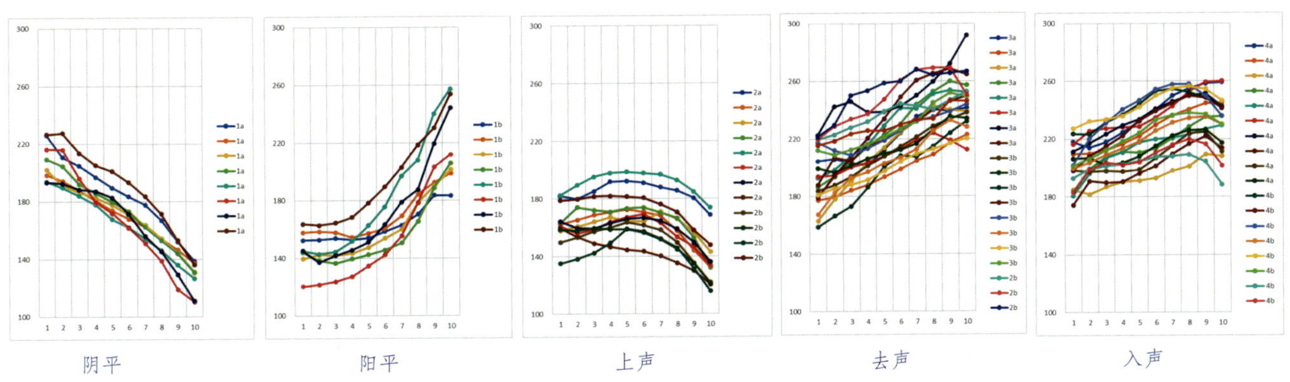

图 8 - 6d　今声调调域分布范围 - 扬州广陵 - YM

青男的声调有 5 个（见图 8 - 6c）：

阴平 41、阳平 24、上声 221、去声 35、入声 45。

今调域的分布情况（见图 8 - 6d）：

阴平在 31 ~ 42 之间；阳平在 13 ~ 24 之间；上声在 221 ~ 332 之间；去声在 23 ~ 45 之间；入声在 34 ~ 45 之间。

4. 淮安青浦

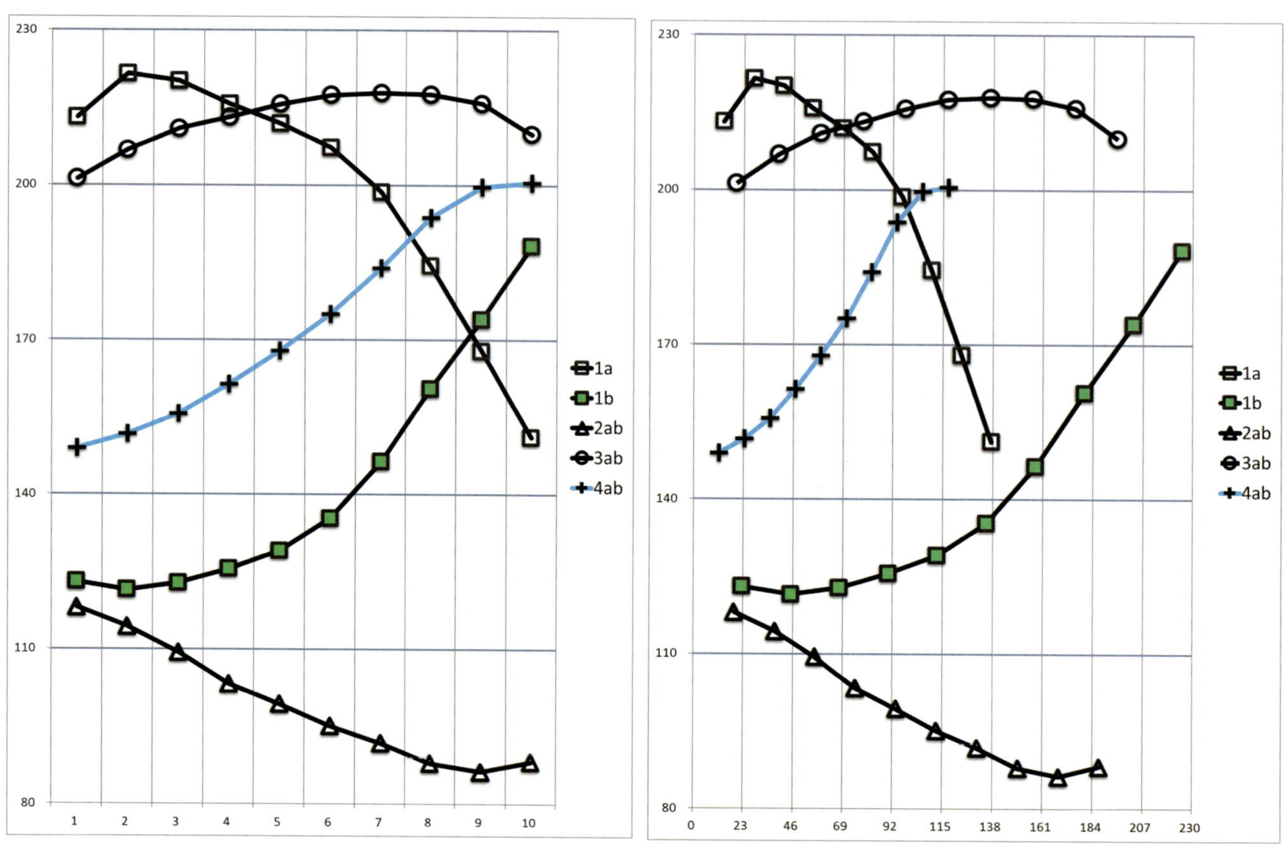

图 8－7a　单字调等长、实长音高模式－淮安青浦－OM

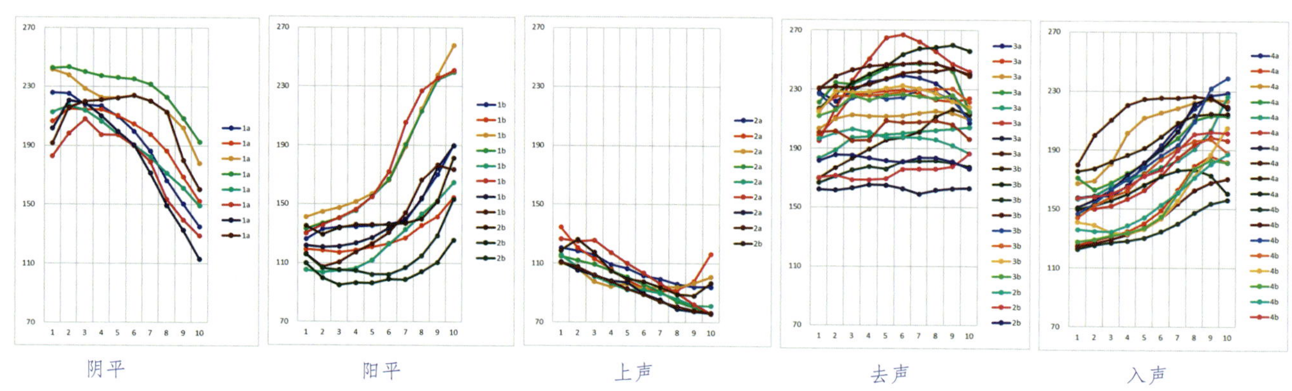

图 8－7b　今声调调域分布范围－淮安青浦－OM

老男的声调有 5 个（见图 8－7a）：

阴平 53、阳平 24、上声 21、去声 55、入声 34。

今调域的分布情况（见图 8－7b）：

阴平在 42～53 之间；阳平在 23～25 之间；上声主要在 21 的范围；去声在 33～55 之间；入声主要在 23～ 34 之间。

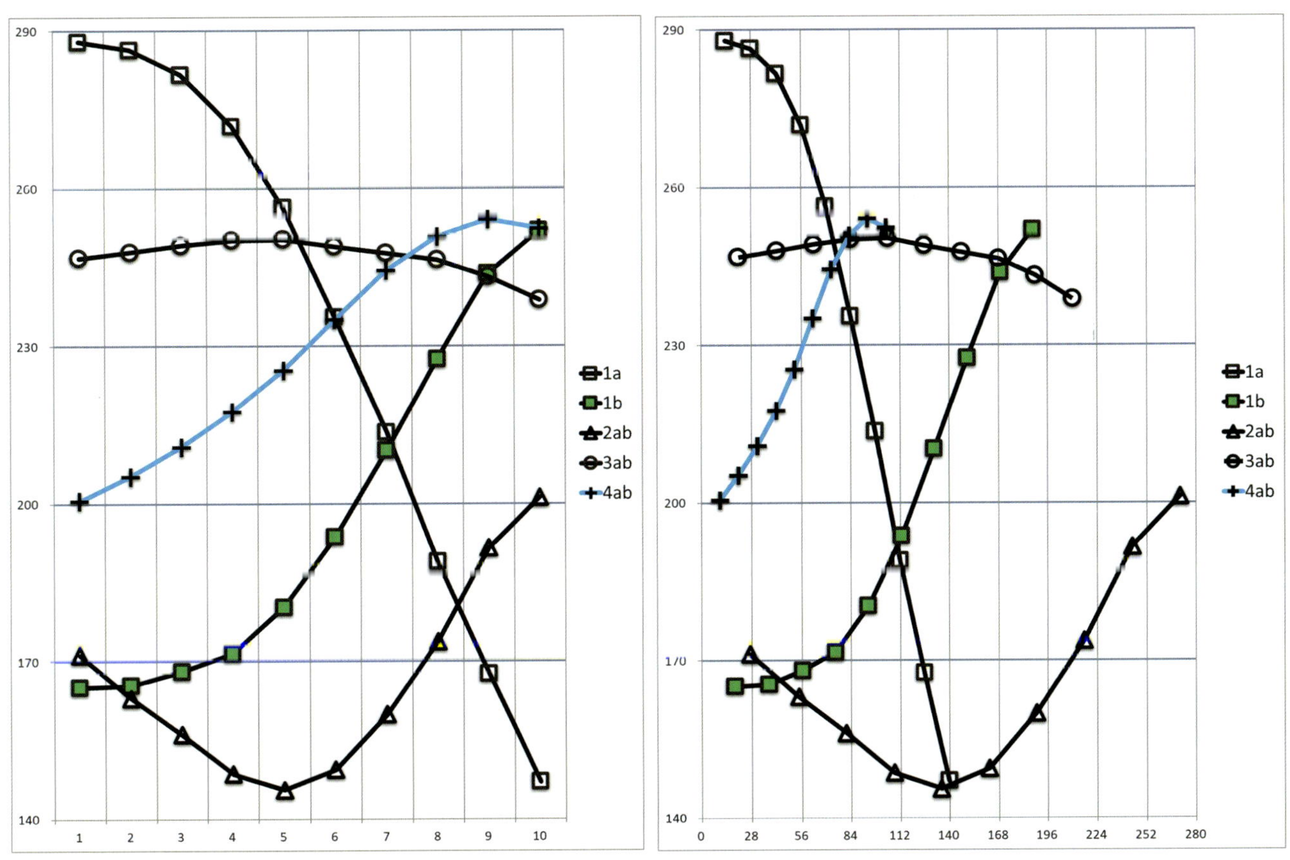

图 8 – 7c 单字调等长、实长音高模式 – 淮安青浦 – YM

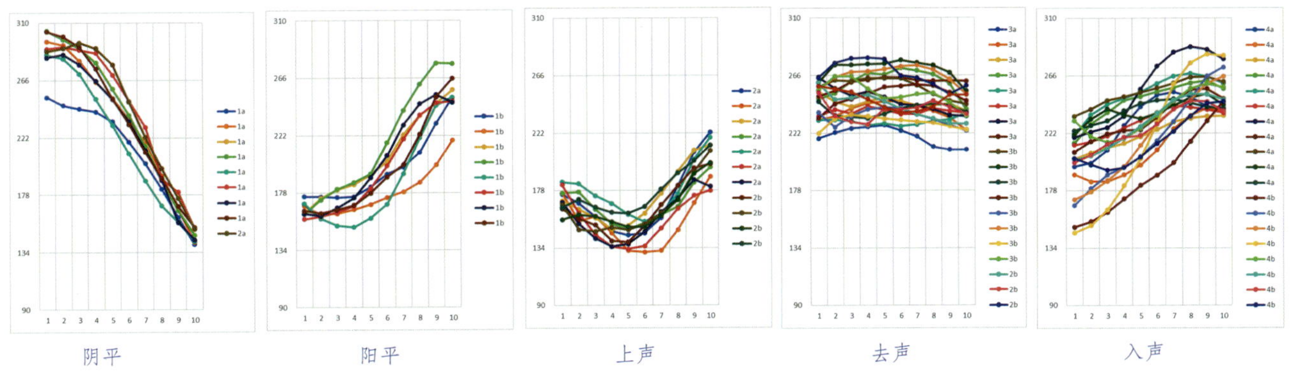

图 8 – 7d 今声调调域分布范围 – 淮安青浦 – YM

青男的声调有 5 个（见图 8 – 7c）：

阴平 51、阳平 24、上声 213、去声 44、入声 34。

今调域的分布情况（见图 8 – 7d）：

阴平在 42 ~ 52 之间；阳平在 23 ~ 25 之间；上声在 213 ~ 324 之间；去声在 44 ~ 55 之间；入声在 24 ~ 45 之间。

5. 合肥 –《音库》

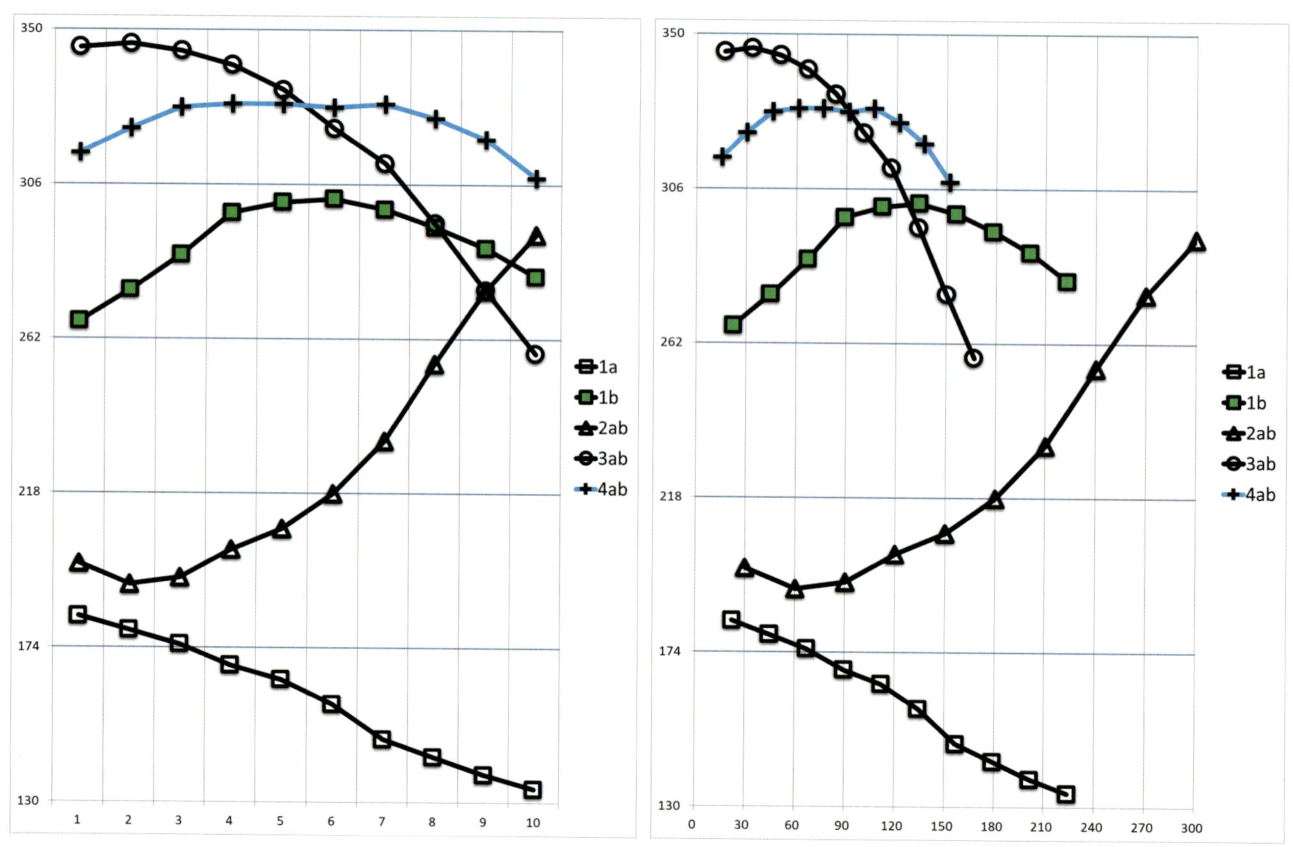

图 8 – 8a　单字调等长、实长音高模式 – 合肥 – 《音库》 – OM

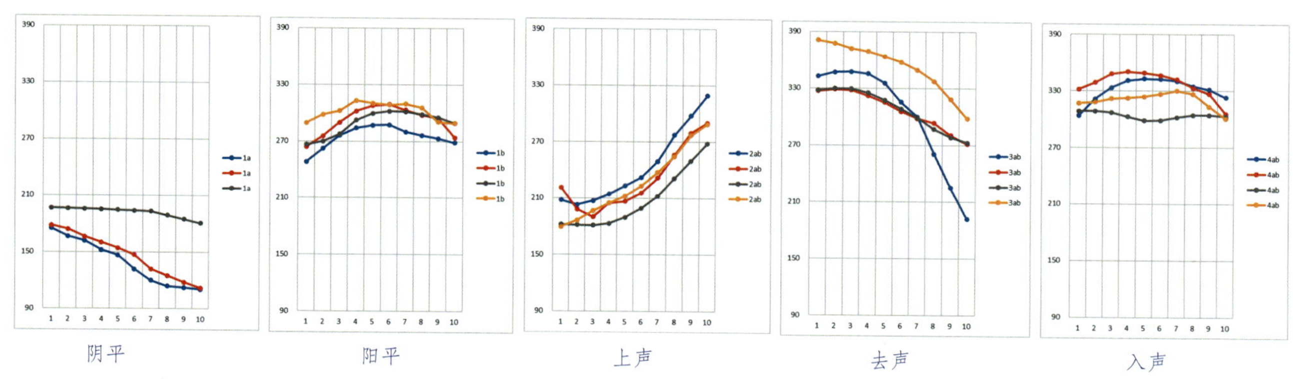

图 8 – 8b　今声调调域分布范围 – 合肥 – 《音库》 – OM

《音库》的声调有 5 个（见图 8 – 8a）：

阴平 21、阳平 44、上声 24、去声 53、入声 55。

今调域的分布情况（见图 8 – 8b）：

阴平在 21 ~ 22 之间；阳平在 33 ~ 44 之间；上声在 23 ~ 34 之间；去声在 42 ~ 54 之间；入声在 44 ~ 55 之间。

6. 合肥蜀山

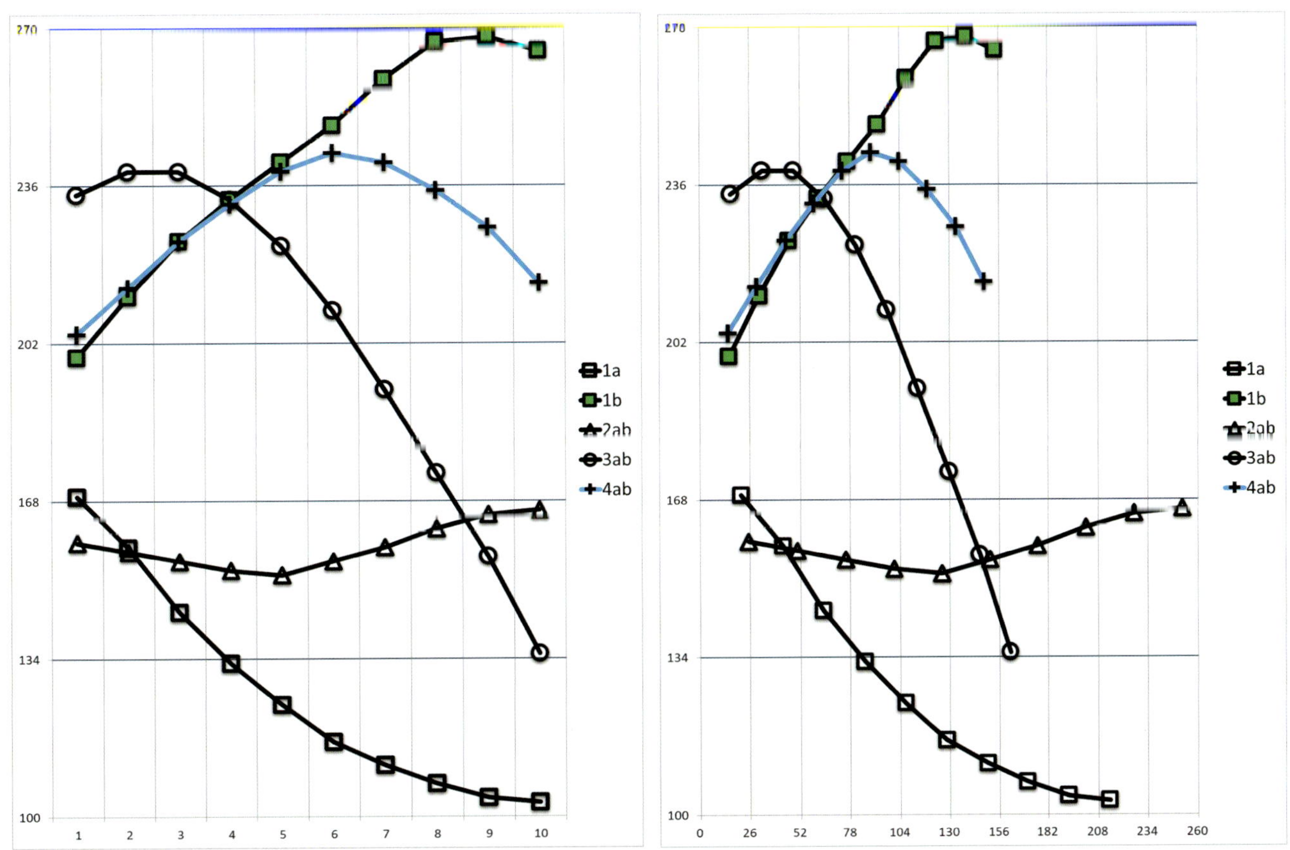

图 8 - 9a　单字调等长、实长音高模式 - 合肥蜀山 - OM

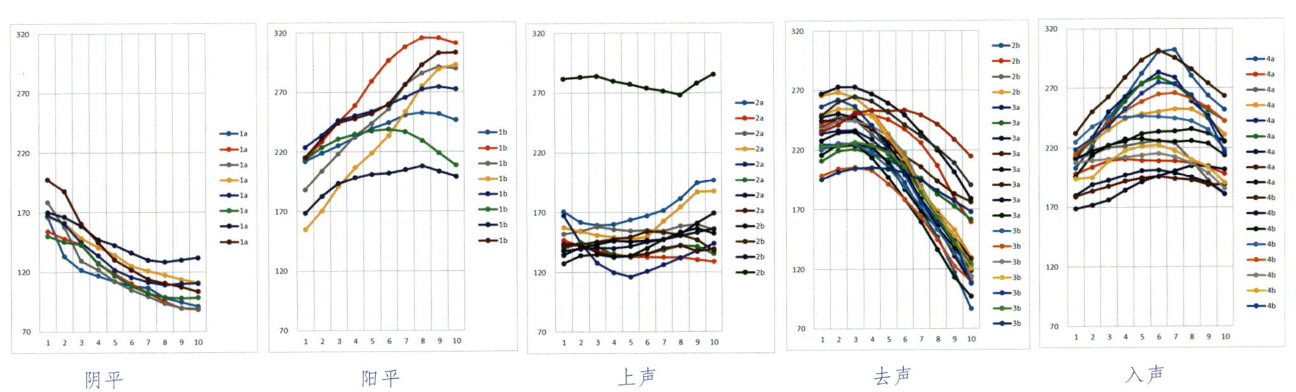

图 8 - 9b　今声调调域分布范围 - 合肥蜀山 - OM

老男的声调有 5 个（见图 8 - 9a）：

阴平 21、阳平 35、上声 22、去声 42、入声 454。

今调域的分布情况（见图 8 - 9b）：

阴平在 21 ~ 32 之间；阳平在 23 ~ 45 之间；上声主要在 22 ~ 33 之间；去声在 31 ~ 53 之间；入声在 33 ~ 454 之间。

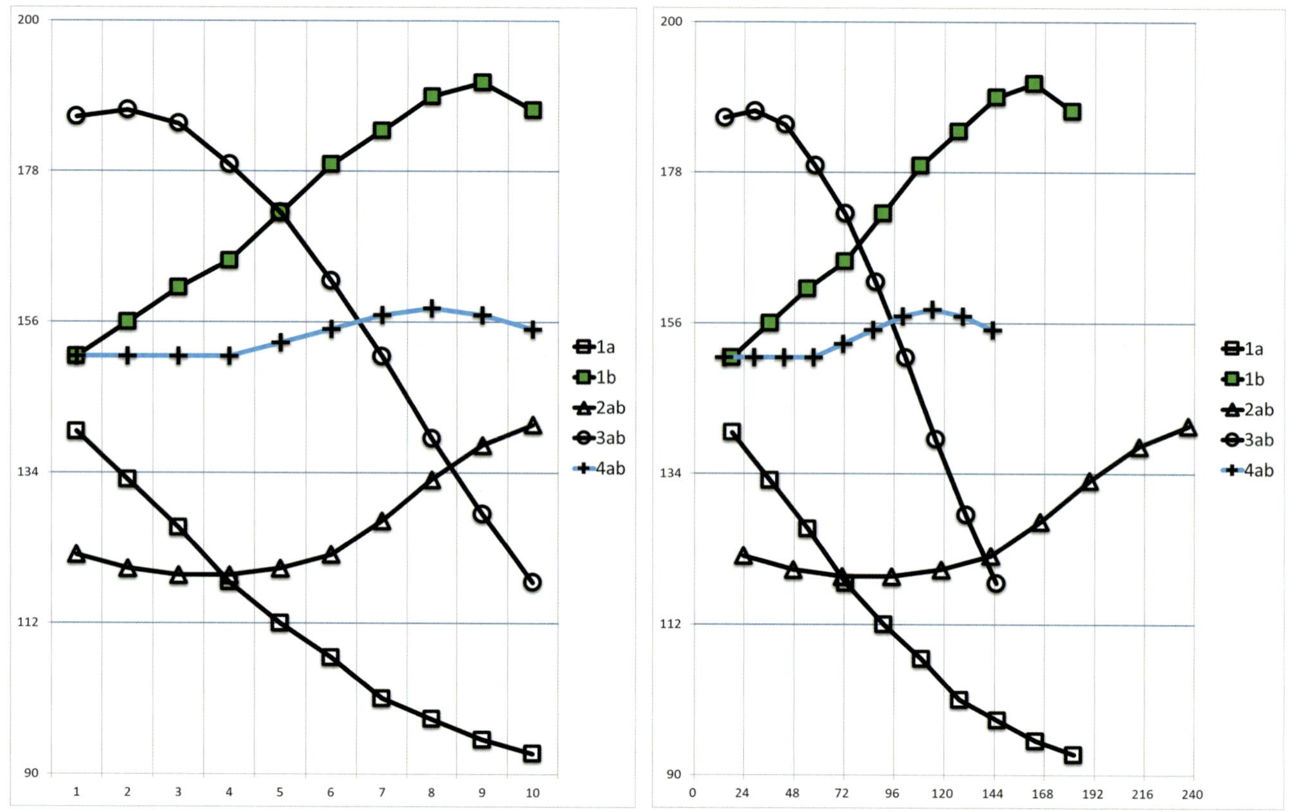

图 8-9c　单字调等长、实长音高模式-合肥蜀山-YM

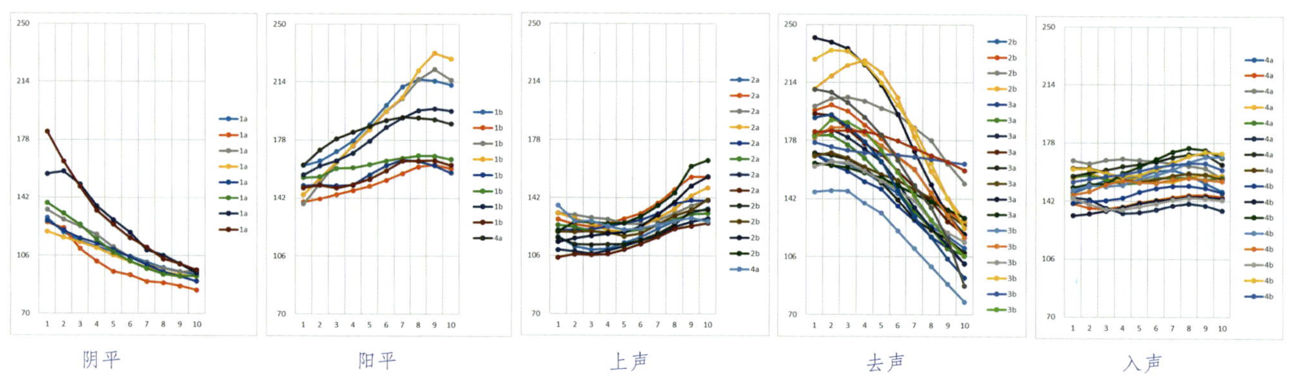

图 8-9d　今声调调域分布范围-合肥蜀山-YM

青男的声调有 5 个（见图 8-9c）：

阴平 31、阳平 35、上声 223、去声 52、入声 33。

今调域的分布情况（见图 8-9d）：

阴平在 21～31 之间；阳平在 23～35 之间；上声主要在 223 的范围；去声在 31～53 之间；入声在 22～33 之间。

7. 宣城宣州

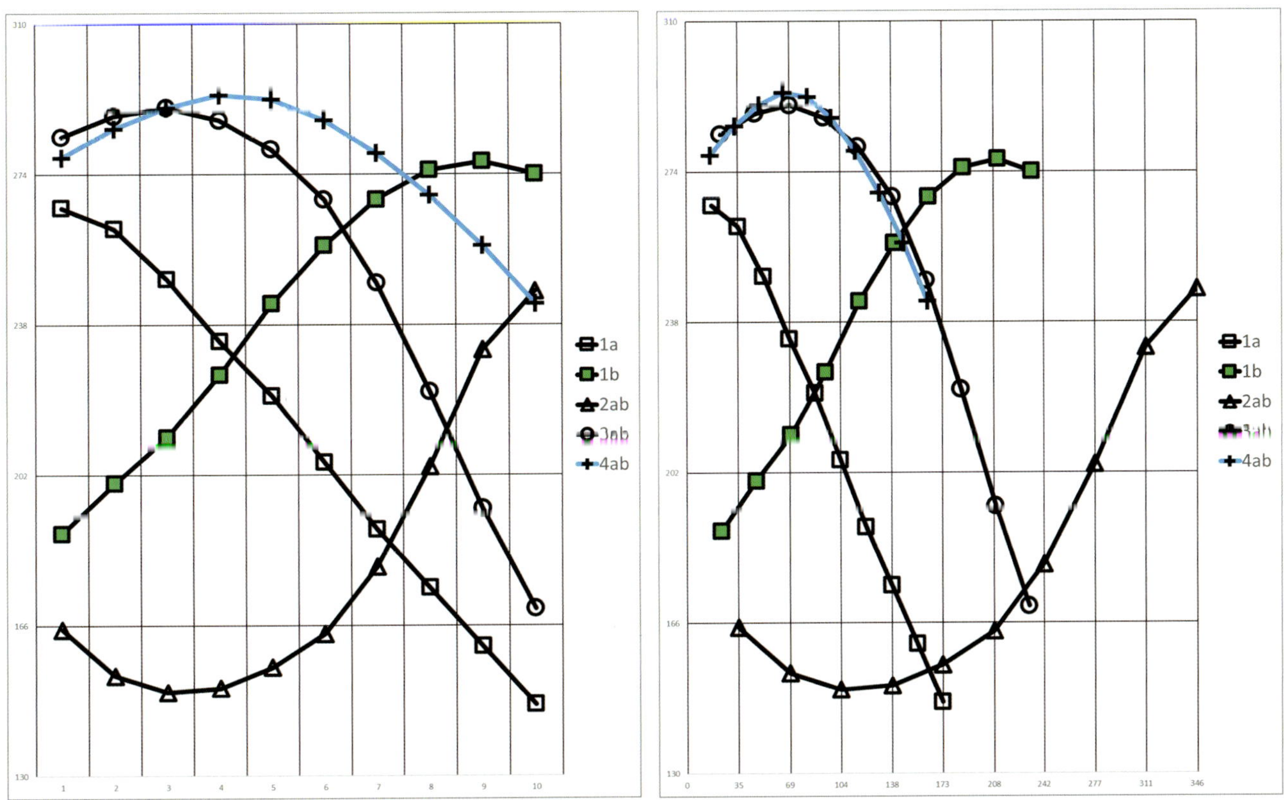

图 8 - 10a 单字调等长、实长音高模式 - 宣城宣州 - OM

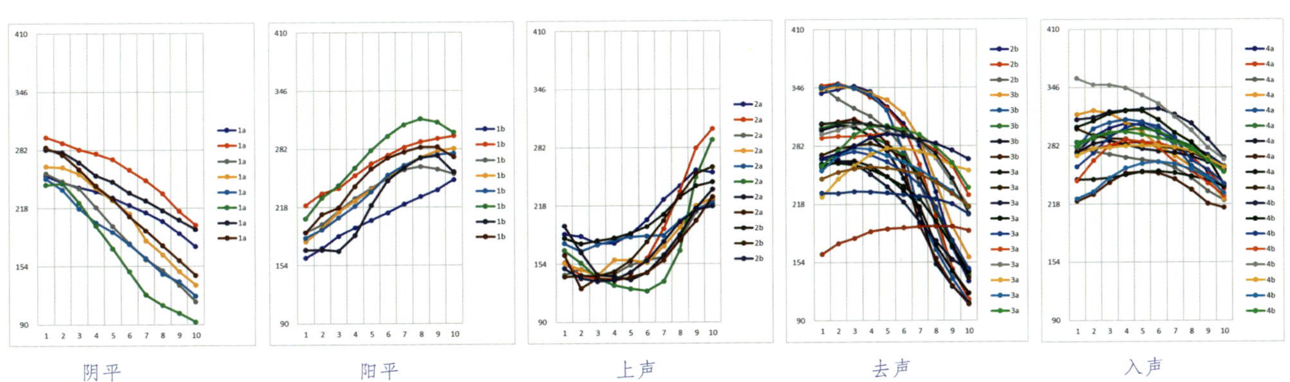

图 8 - 10b 今声调调域分布范围 - 宣城宣州 - OM

老男的声调有 5 个（见图 8 - 10a）：

阴平 41、阳平 25、上声 213、去声 52、入声 54。

今调域的分布情况（见图 8 - 10b）：

阴平在 31 ~ 42 之间；阳平在 23 ~ 34 之间；上声主要在 213 ~ 224 之间；去声主要在 31 ~ 53 之间；入声在 343 ~ 54 之间。

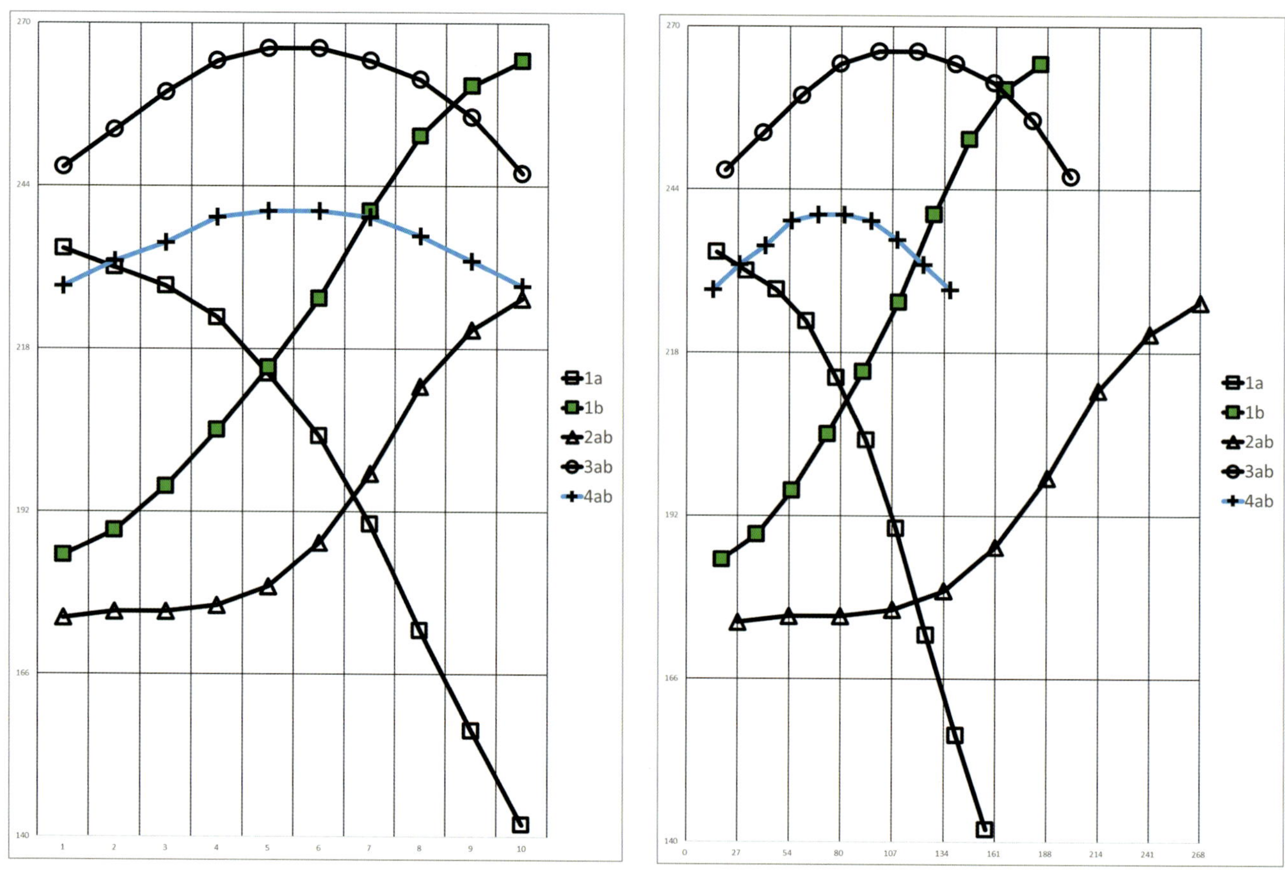

图 8－10c　单字调等长、实长音高模式－宣城宣州－YM

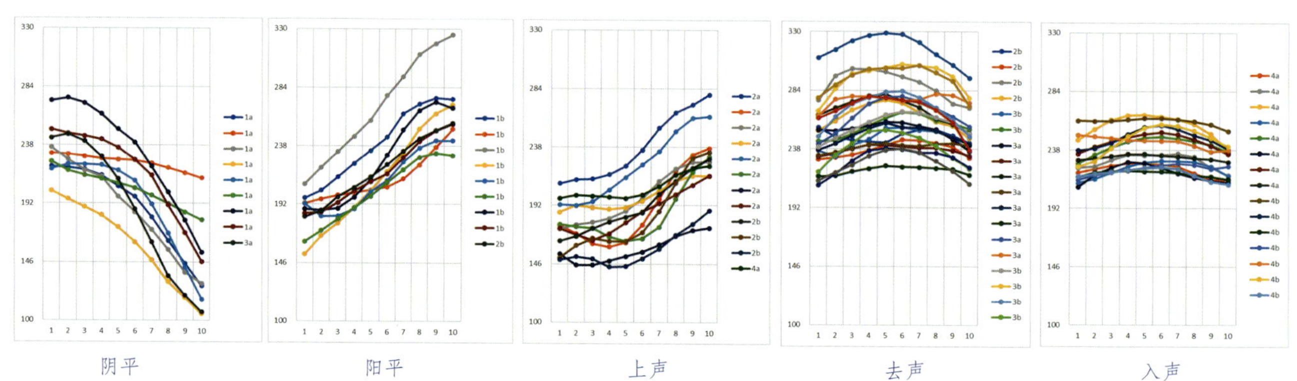

图 8－10d　今声调调域分布范围－宣城宣州－YM

青男的声调有 5 个（见图 8－10c）：

阴平 41、阳平 25、上声 224、去声 454、入声 44。

今调域的分布情况（见图 8－10d）：

阴平在 31 ~ 42 之间；阳平在 24 ~ 35 之间；上声主要在 223 ~ 334 之间；去声主要在 343 ~ 454 之间；入声在 33 ~ 44 之间。

8. 宣城旌德

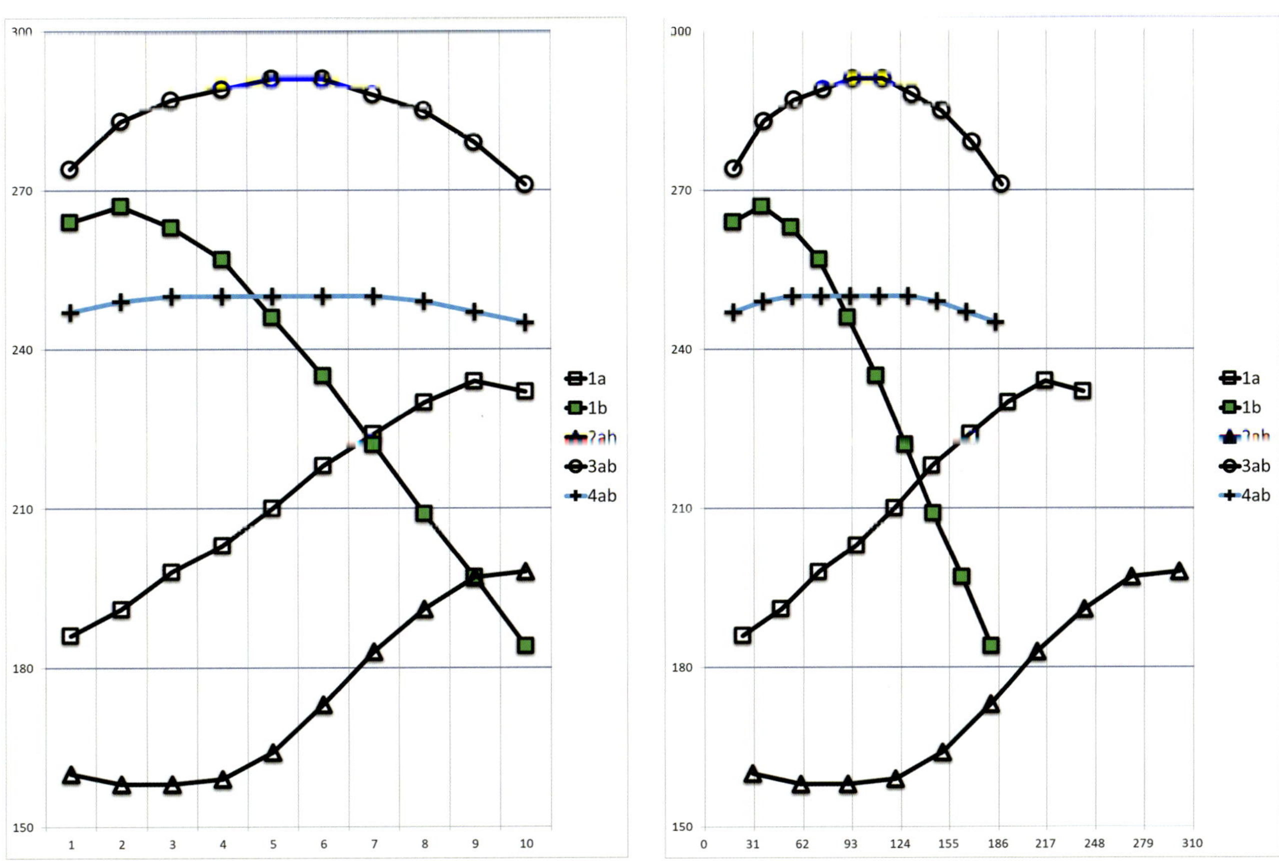

图 8－11a　单字调等长、实长音高模式－宣城旌德－OM

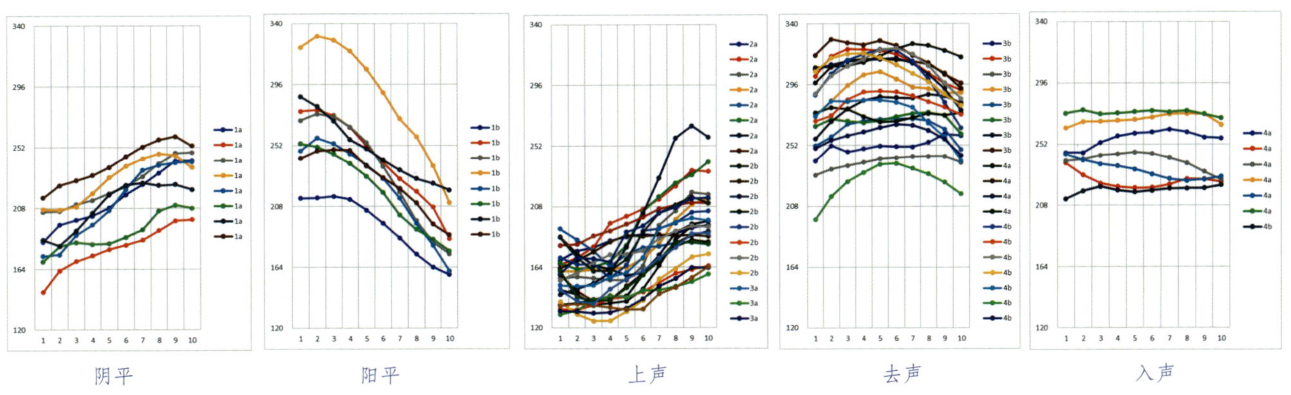

图 8－11b　今声调调域分布范围－宣城旌德－OM

老男的声调有 5 个（见图 8－11a）：

阴平 23、阳平 42、上声 112、去声 454、入声 44。

今调域的分布情况（见图 8－11b）：

阴平在 12～34 之间；阳平在 31～53 之间；上声主要在 112～213 之间；去声主要在 343～454 之间；入声在 33～44 之间。

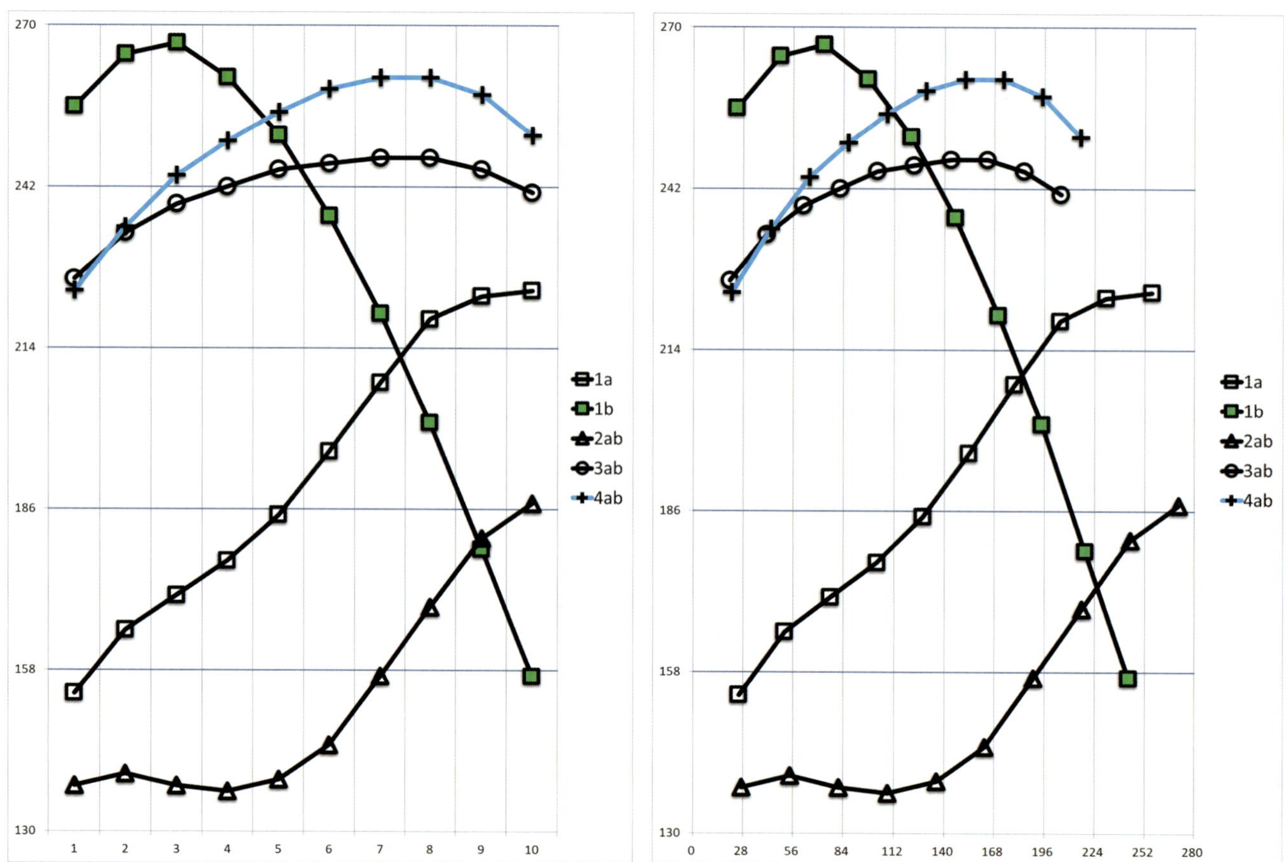

图 8－11c 单字调等长、实长音高模式－宣城旌德－YM

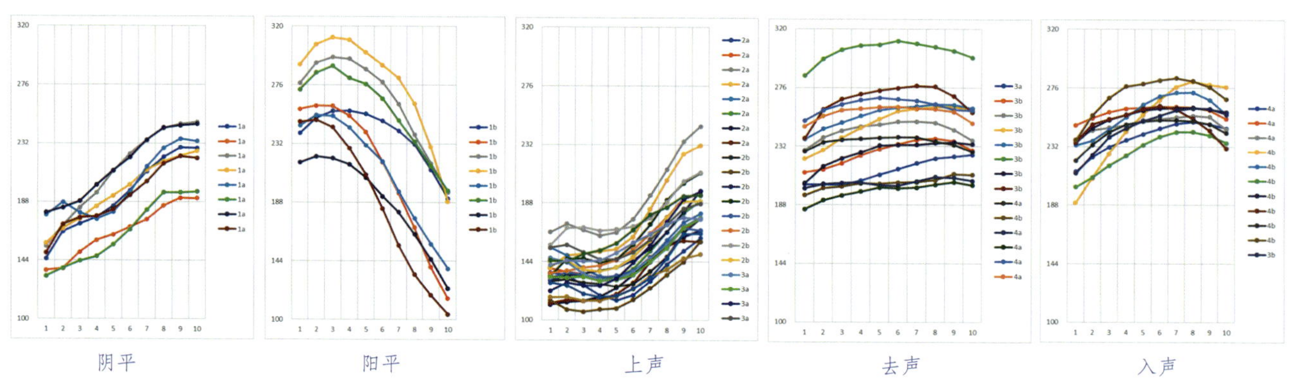

图 8－11d 今声调调域分布范围－宣城旌德－YM

青男的声调有 5 个（见图 8－11c）：

阴平 24、阳平 52、上声 113、去声 45、入声 <u>45</u>。

今调域的分布情况（见图 8－11d）：

阴平在 23～34 之间；阳平在 31～53 之间；上声主要在 112～224 之间；去声主要在 33～55 之间；入声主要在 <u>34</u>～<u>45</u> 之间。

9. 广德桃州

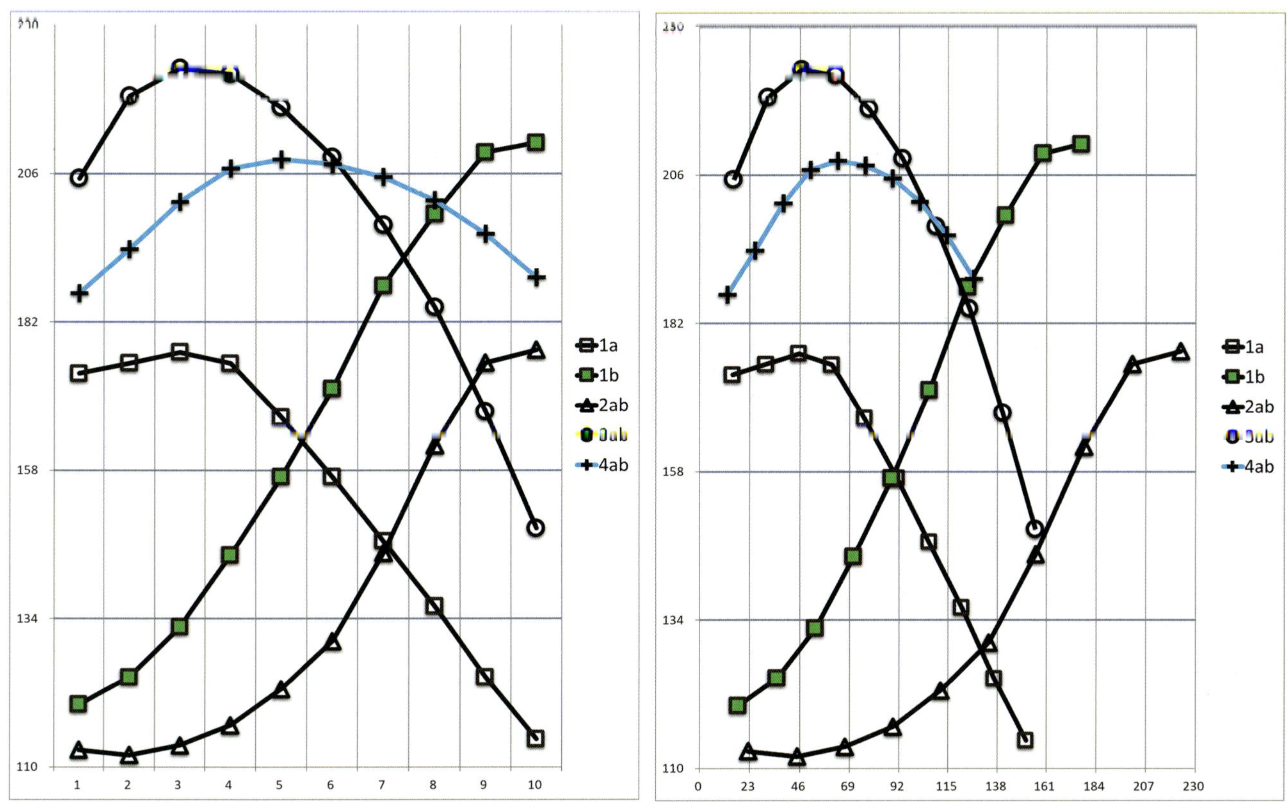

图 8－12a　单字调等长、实长音高模式－广德桃州－OM

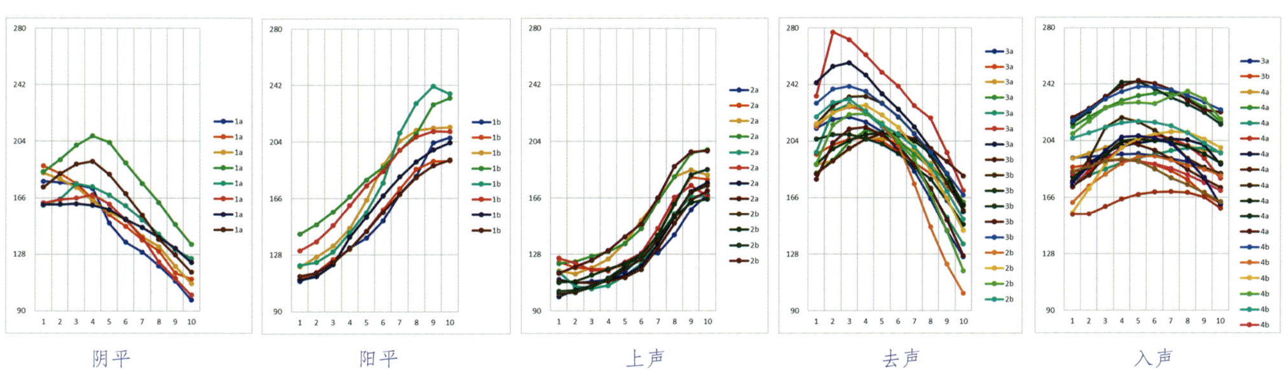

图 8－12b　今声调调域分布范围－广德桃州－OM

老男的声调有 5 个（见图 8－12a）：

阴平 31、阳平 15、上声 13、去声 452、入声 454。

今调域的分布情况（见图 8－12b）：

阴平在 21～32 之间；阳平在 13～24 之间；上声主要在 13 的范围；去声主要在 31～53 之间；入声主要在 343～454 之间。

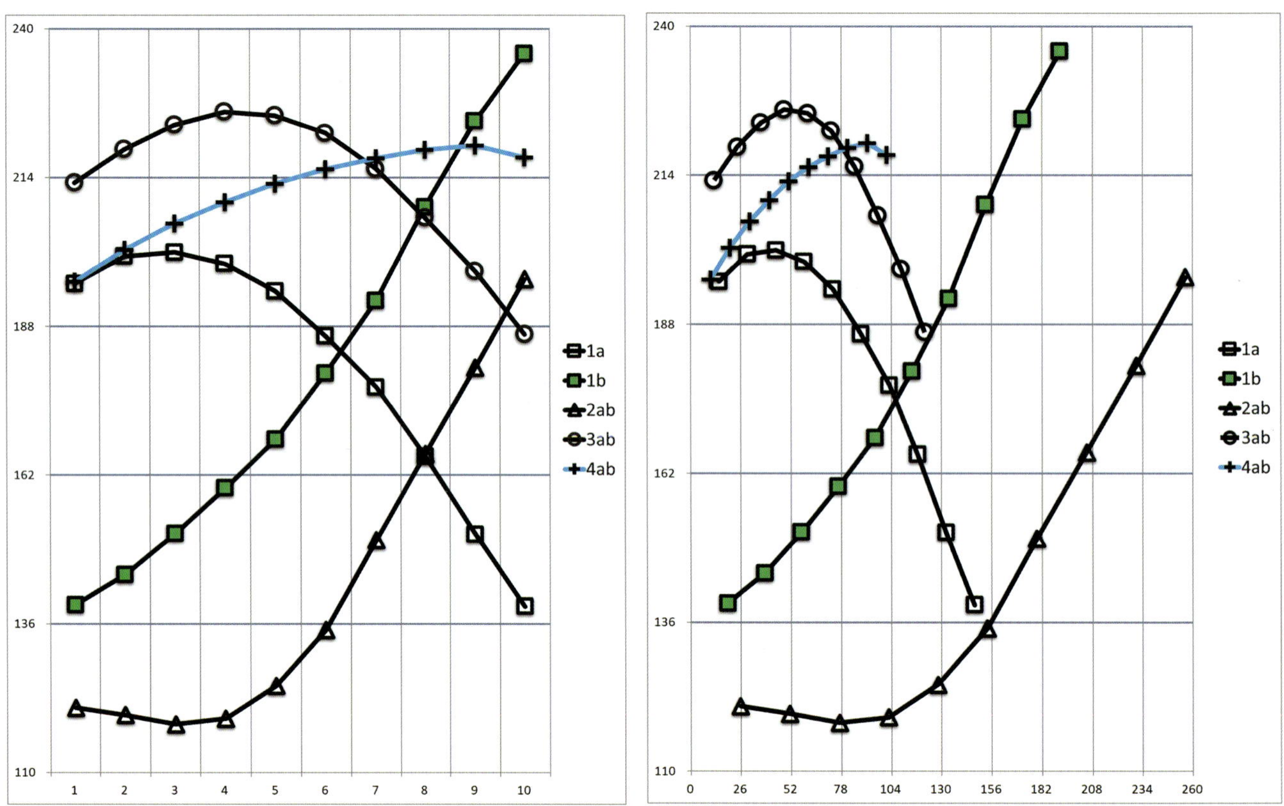

图 8－12c　单字调等长、实长音高模式－广德桃州－YM

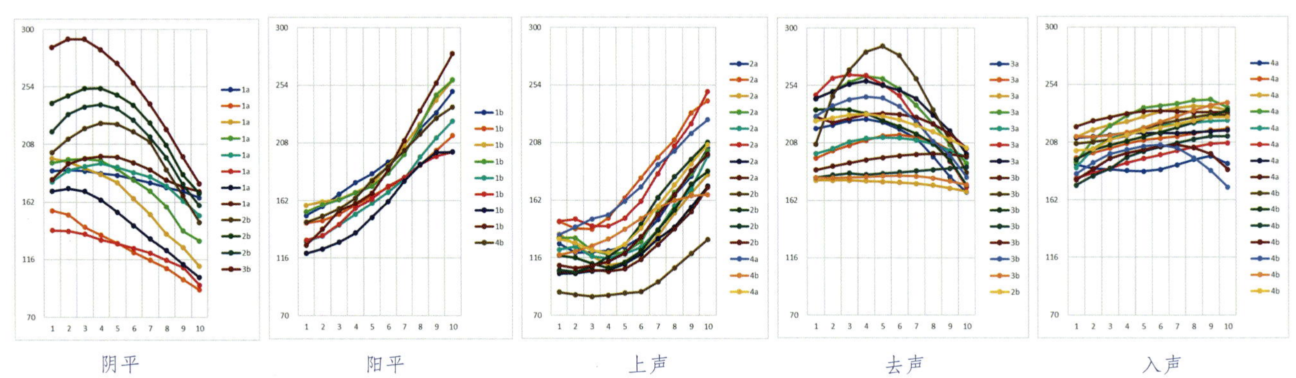

图 8－12d　今声调调域分布范围－广德桃州－YM

青男的声调有 5 个（见图 8－12c）：

阴平 42、阳平 25、上声 114、去声 54、入声 45。

今调域的分布情况（见图 8－12d）：

阴平主要在 21～53 之间；阳平在 24～25 之间；上声主要在 112～224 之间；去声主要在 33～454 之间；入声主要在 33～44 之间。

8.3 黄孝片

1. 孝感云梦

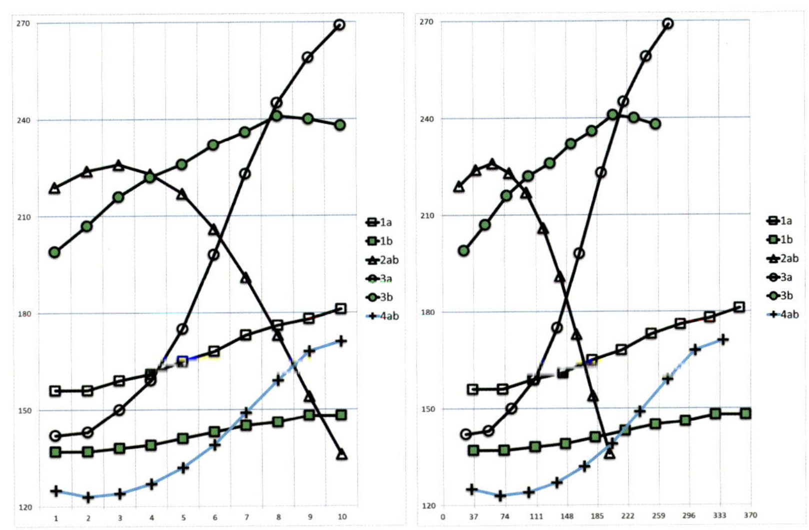

图 8-13a 单字调等长、实长音高模式-孝感云梦-OM

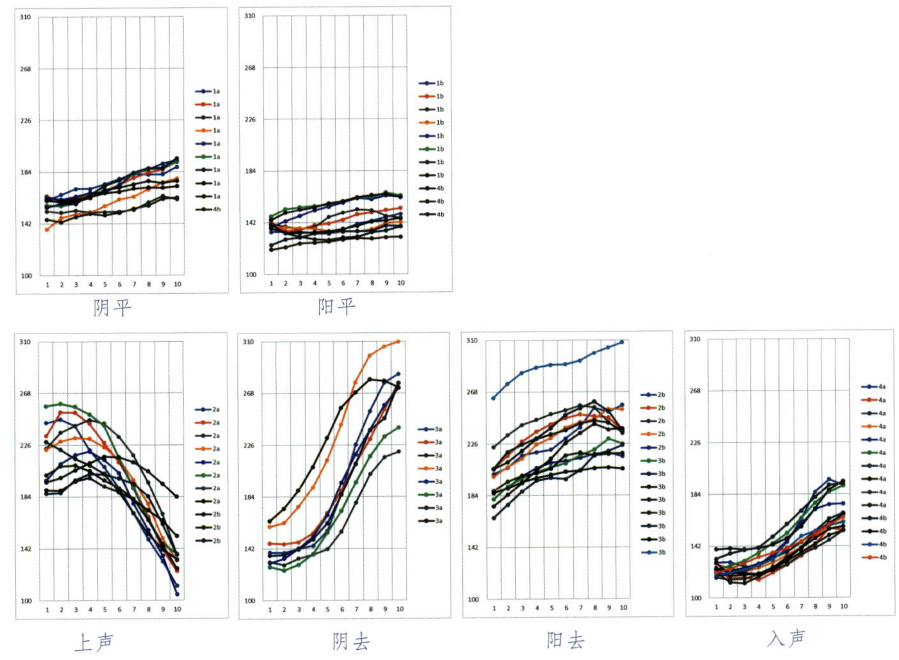

图 8-13b 今声调调域分布范围-孝感云梦-OM

老男的声调有 6 个（见图 8-13a）：

阴平 23、阳平 12、上声 41、阴去 15、阳去 34、入声 12。

今调域的分布情况（见图 8-13b）：

阴平主要在 23 的范围；阳平在 11～22 之间；上声主要在 31～42 之间；阴去在 13～25 之间；阳去在 23～45 之间；入声在 12～23 之间。

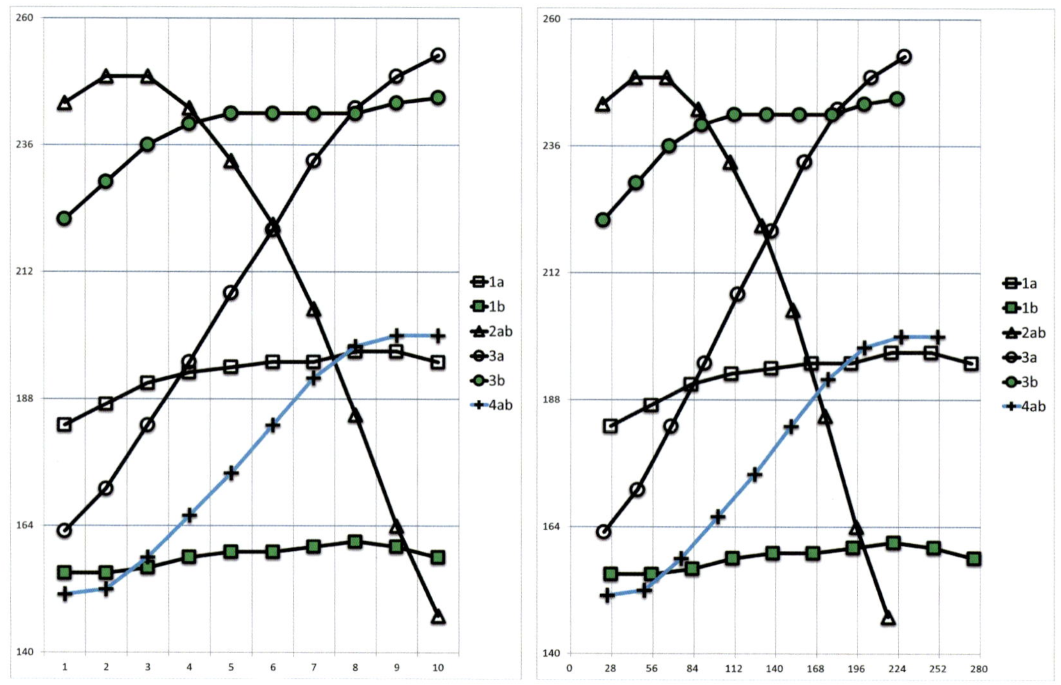

图 8－13c　单字调等长、实长音高模式－孝感云梦－YM

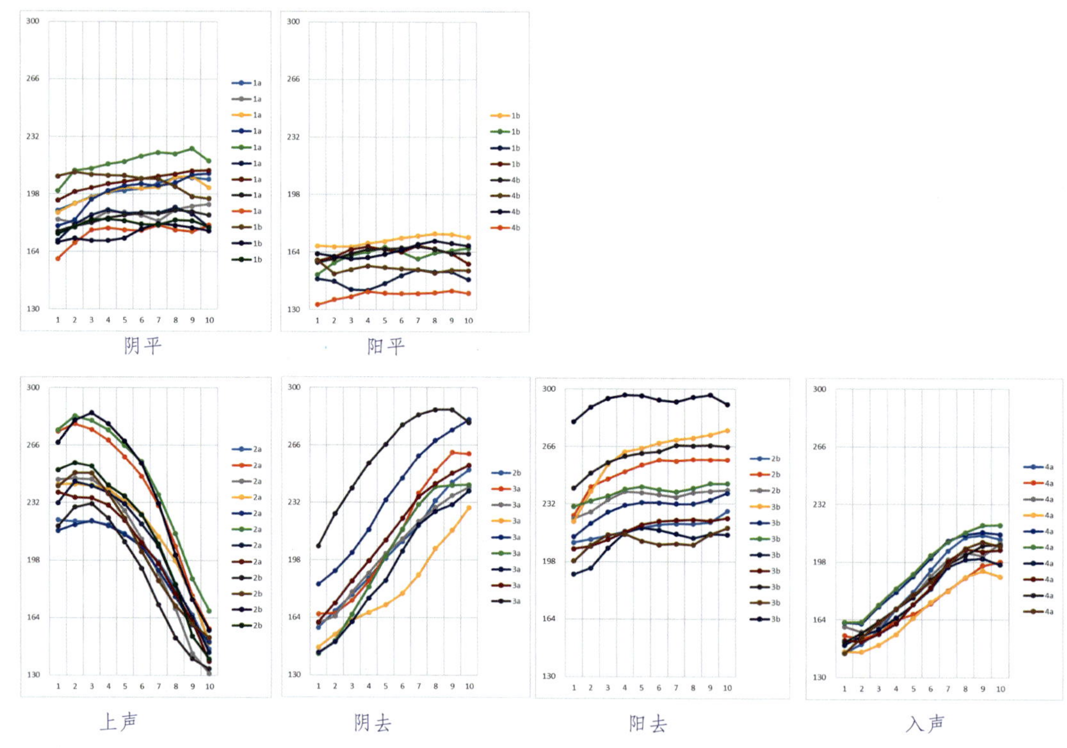

图 8－13d　今声调调域分布范围－孝感云梦－YM

青男的声调有 6 个（见图 8－13c）：

阴平 23、阳平 11、上声 51、阴去 25、阳去 45、入声 13。

今调域的分布情况（见图 8－13d）：

阴平主要在 22～23 之间；阳平在 11～22 之间；上声主要在 31～52 之间；阴去在 13～35 之间；阳去在 33～55 之间；入声在 12～23 之间。

2. 武汉黄陂

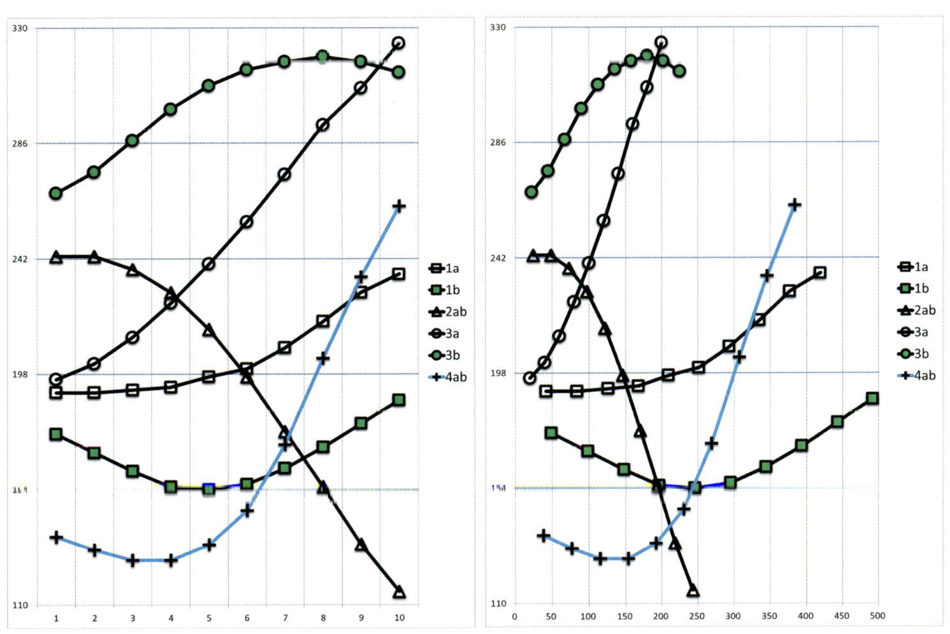

图 8－14a　单字调等长、实长音高模式－武汉黄陂－OM

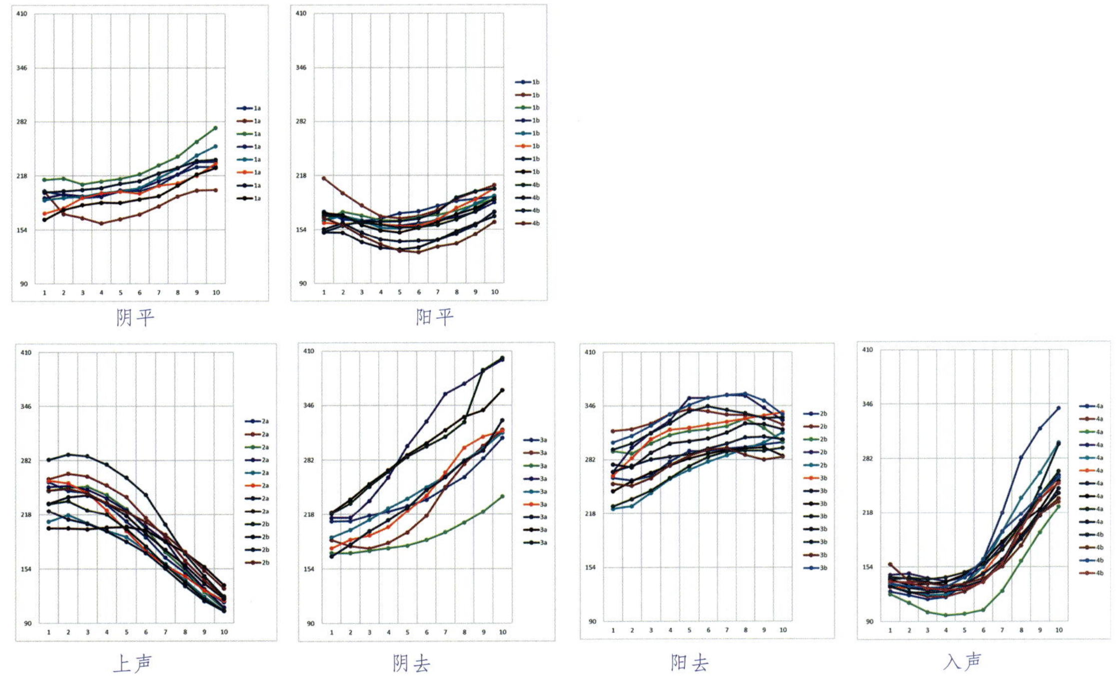

图 8－14b　今声调调域分布范围－武汉黄陂－OM

老男的声调有 6 个（见图 8－14a）：

阴平 223、阳平 212、上声 31、阴去 25、阳去 45、入声 114。

今调域的分布情况（见图 8－14b）：

阴平主要在 23 的范围；阳平主要在 11～22 之间；上声在 21～31 之间；阴去在 23～35 之间；阳去在 34～45 之间；入声在 113～114 之间。

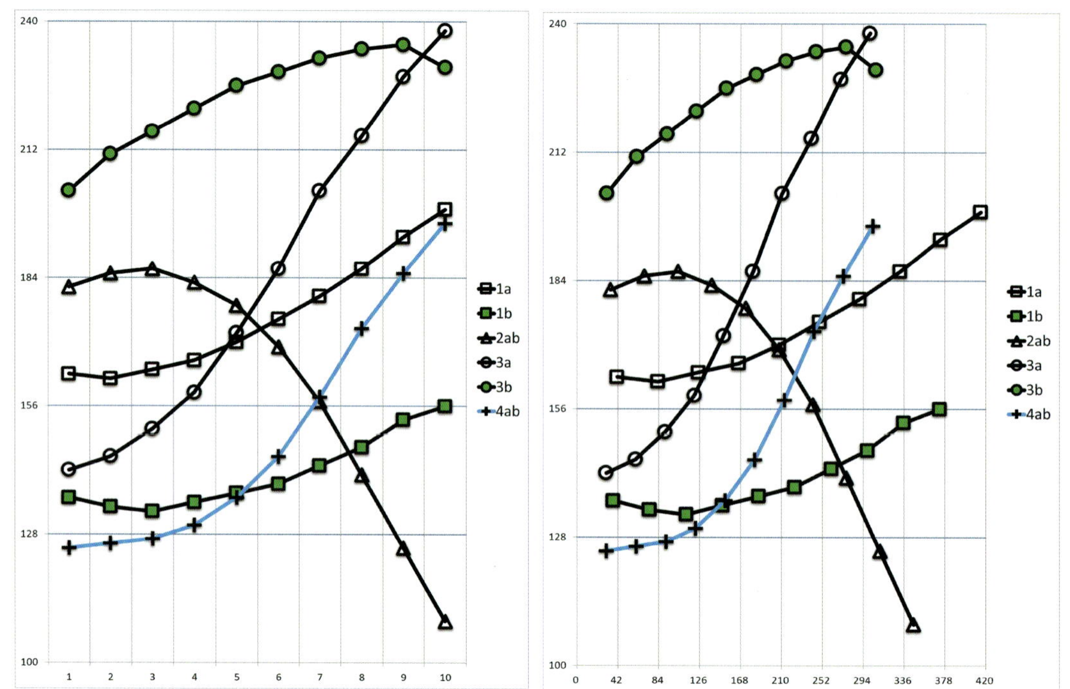

图 8－14c　单字调等长、实长音高模式－武汉黄陂－YM

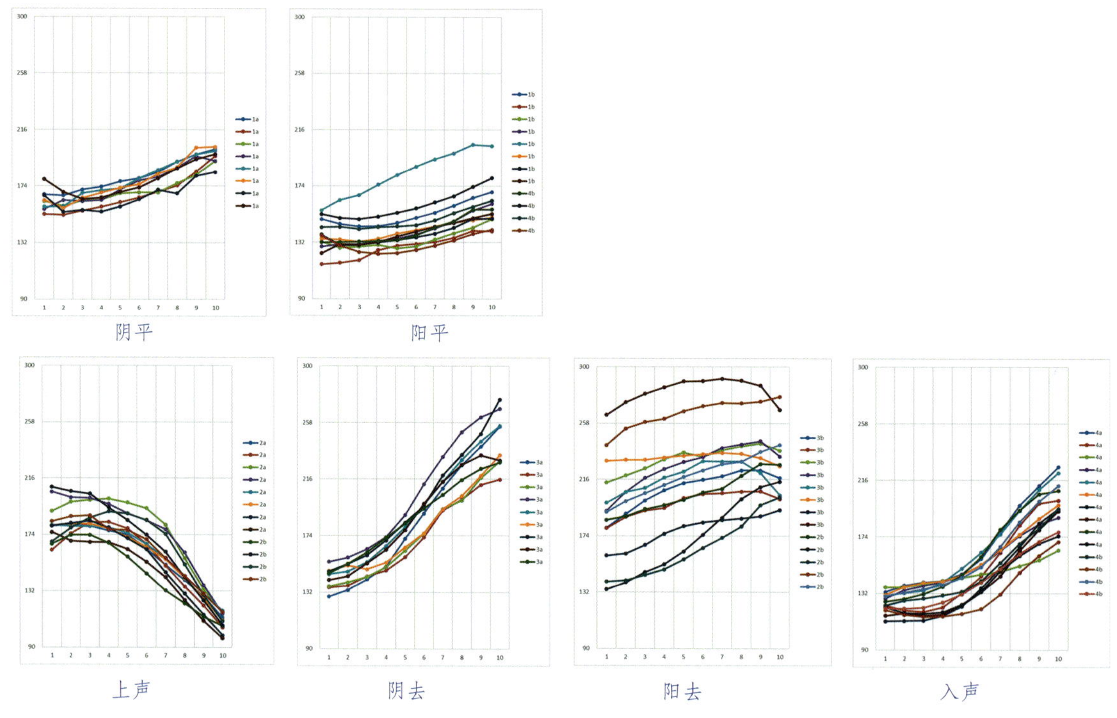

图 8－14d　今声调调域分布范围－武汉黄陂－YM

青男的声调有 6 个（见图 8－14c）：

阴平 34、阳平 23、上声 31、阴去 25、阳去 45、入声 224。

今调域的分布情况（见图 8－14d）：

阴平主要在 23 的范围；阳平主要在 12～23 之间；上声在 21～31 之间；阴去主要在 23～24 之间；阳去在 23～45 之间，分布较广；入声在 112～224 之间。

3. 黄冈黄州

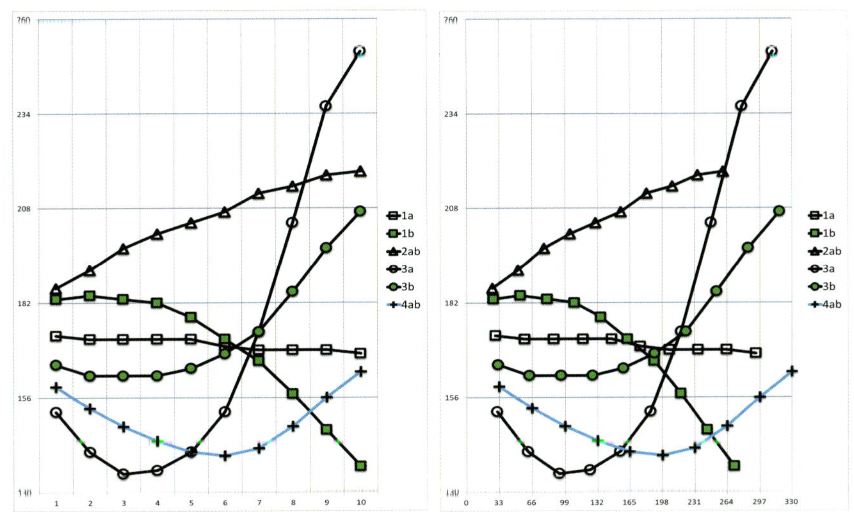

图 8－15a　单字调等长、实长音高模式－黄冈黄州－OM

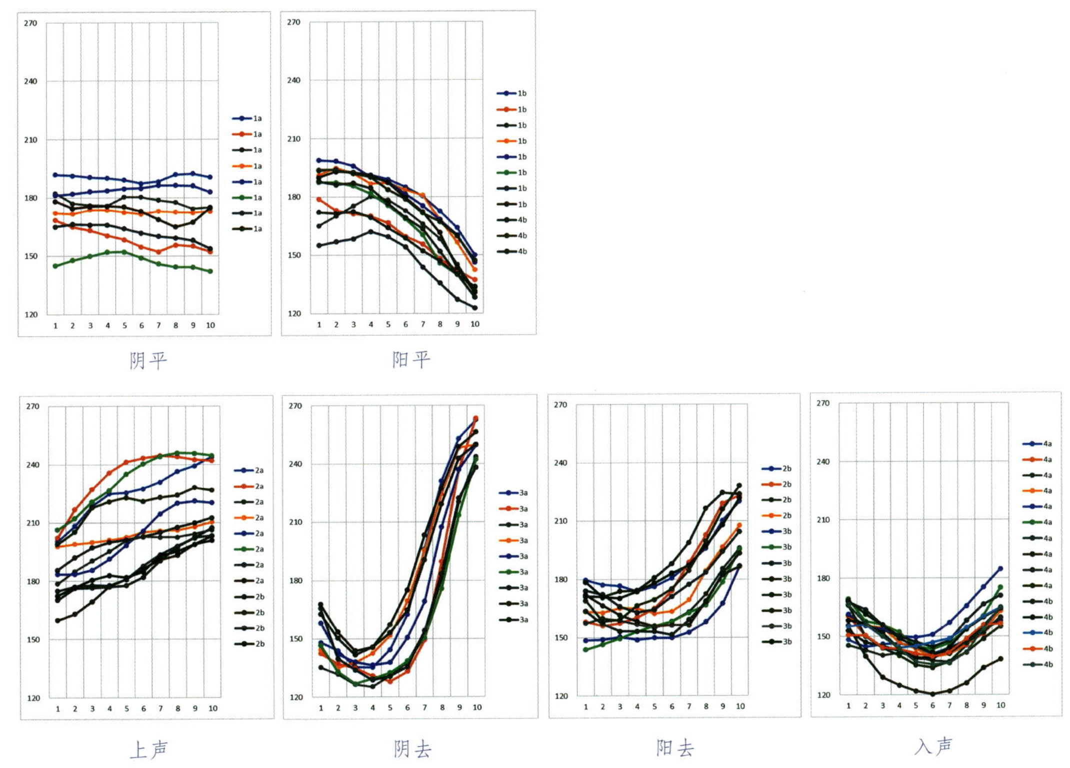

图 8－15b　今声调调域分布范围－黄冈黄州－OM

老男的声调有 6 个（见图 8－15a）：

阴平 22、阳平 31、上声 34、阴去 215、阳去 223、入声 212。

今调域的分布情况（见图 8－15b）：

阴平在 22～33 之间；阳平主要在 21～32 之间；上声在 23～35 之间；阴去在 214～215 之间；阳去在 223～224 之间；入声在 212～323 之间。

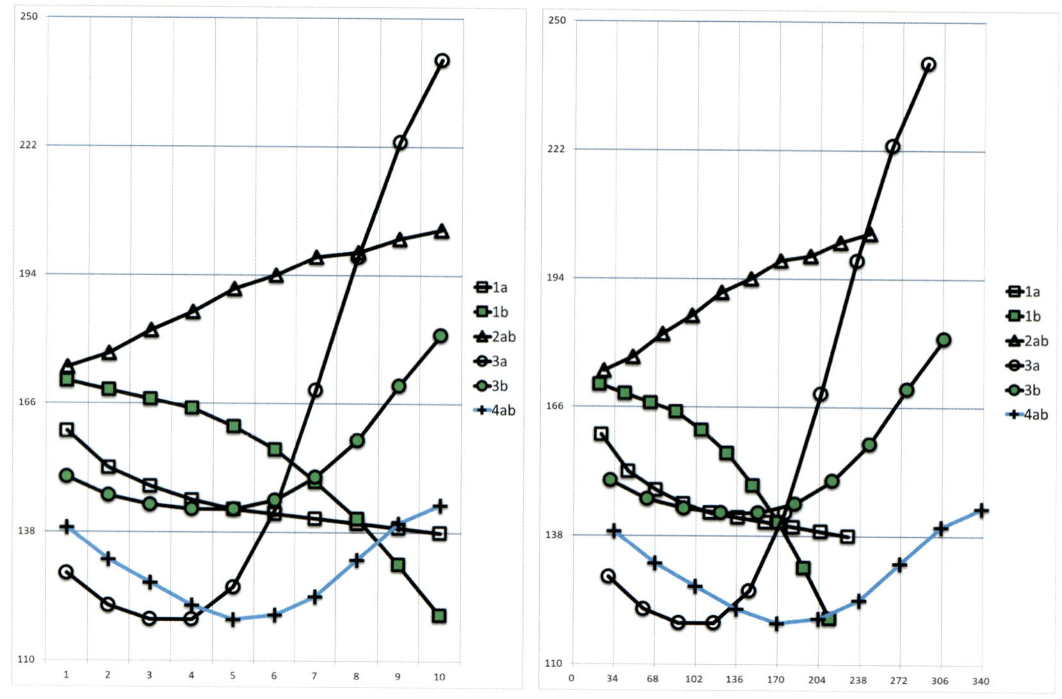

图 8－15c　单字调等长、实长音高模式－黄冈黄州－YM

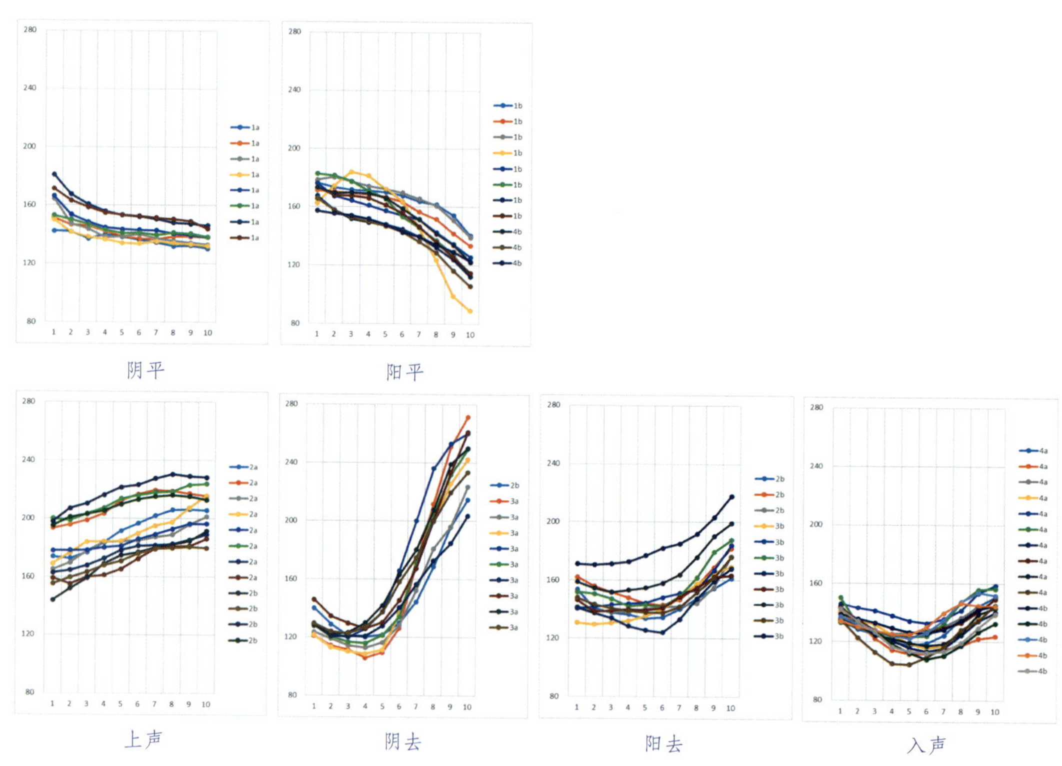

图 8－15d　今声调调域分布范围－黄冈黄州－YM

青男的声调有 6 个（见图 8－15c）：

阴平 21、阳平 31、上声 34、阴去 215、阳去 223、入声 212。

今调域的分布情况（见图 8－15d）：

阴平主要在 22～32 之间；阳平主要在 21～32 之间；上声在 23～34 之间；阴去在 214～215 之间；阳去在 212～334 之间；入声主要在 212～323 之间。

4. 九江浔阳

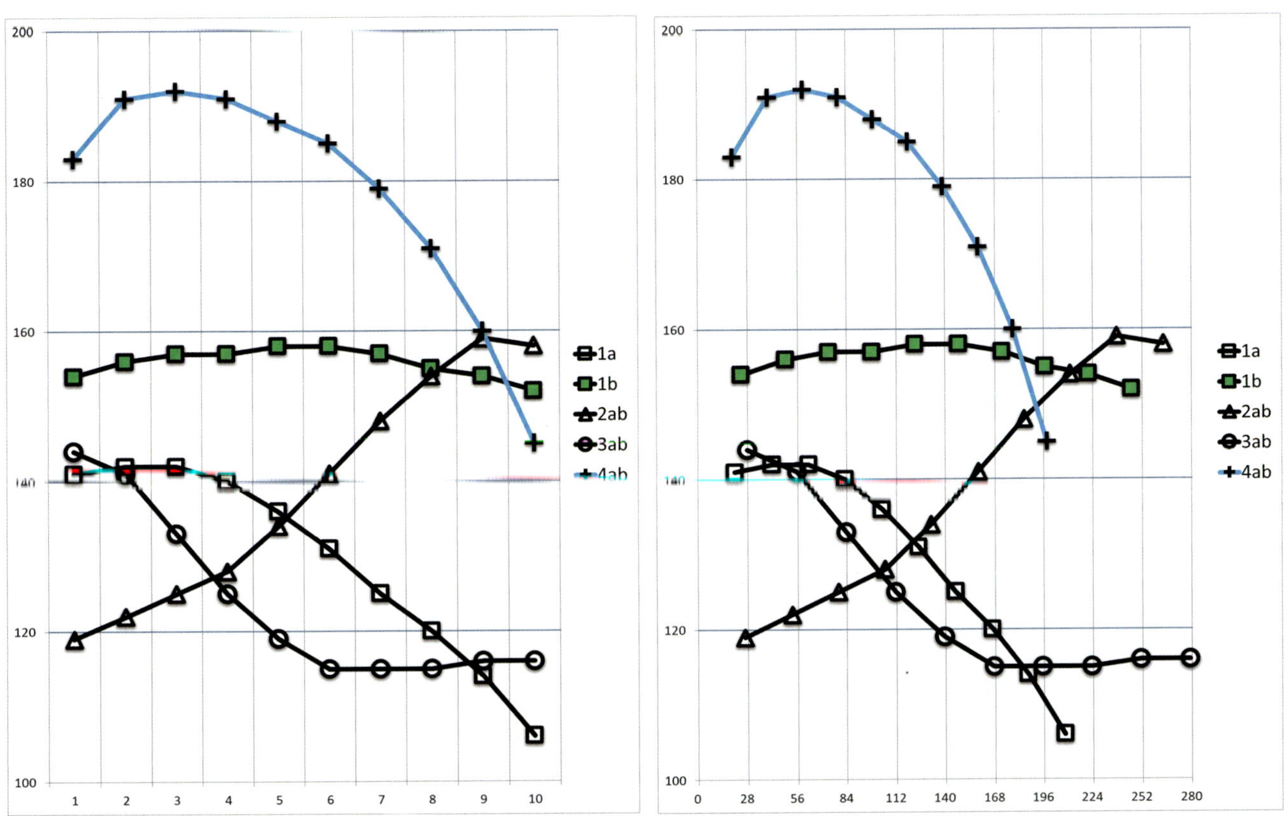

图 8－16a　单字调等长、实长音高模式－九江浔阳－OM

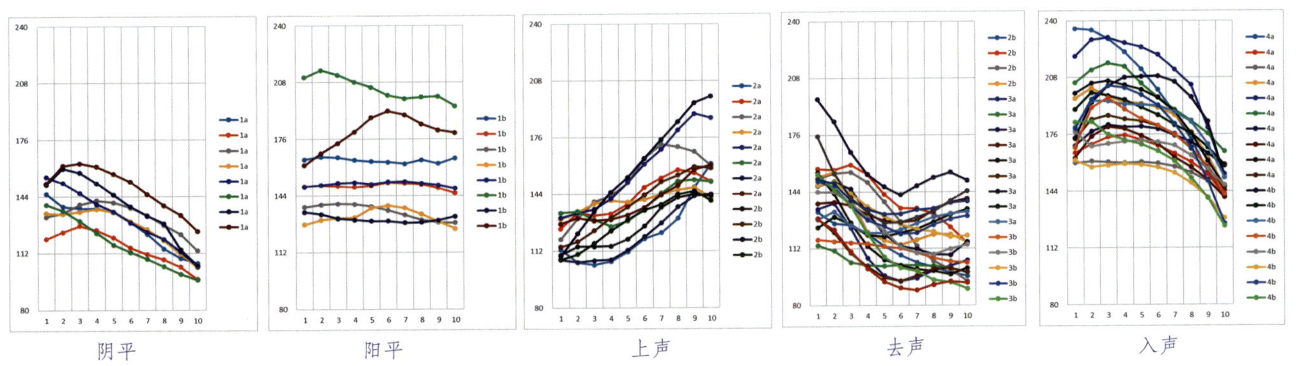

图 8－16b　今声调调域分布范围－九江浔阳－OM

老男的声调有 5 个（见图 8－16a）：

阴平 21、阳平 33、上声 23、去声 311、入声 53。

今调域的分布情况（见图 8－16b）：

阴平在 21～32 之间；阳平在 22～44 之间；上声在 12～24 之间；去声在 211～422 之间；入声在 32～53 之间。

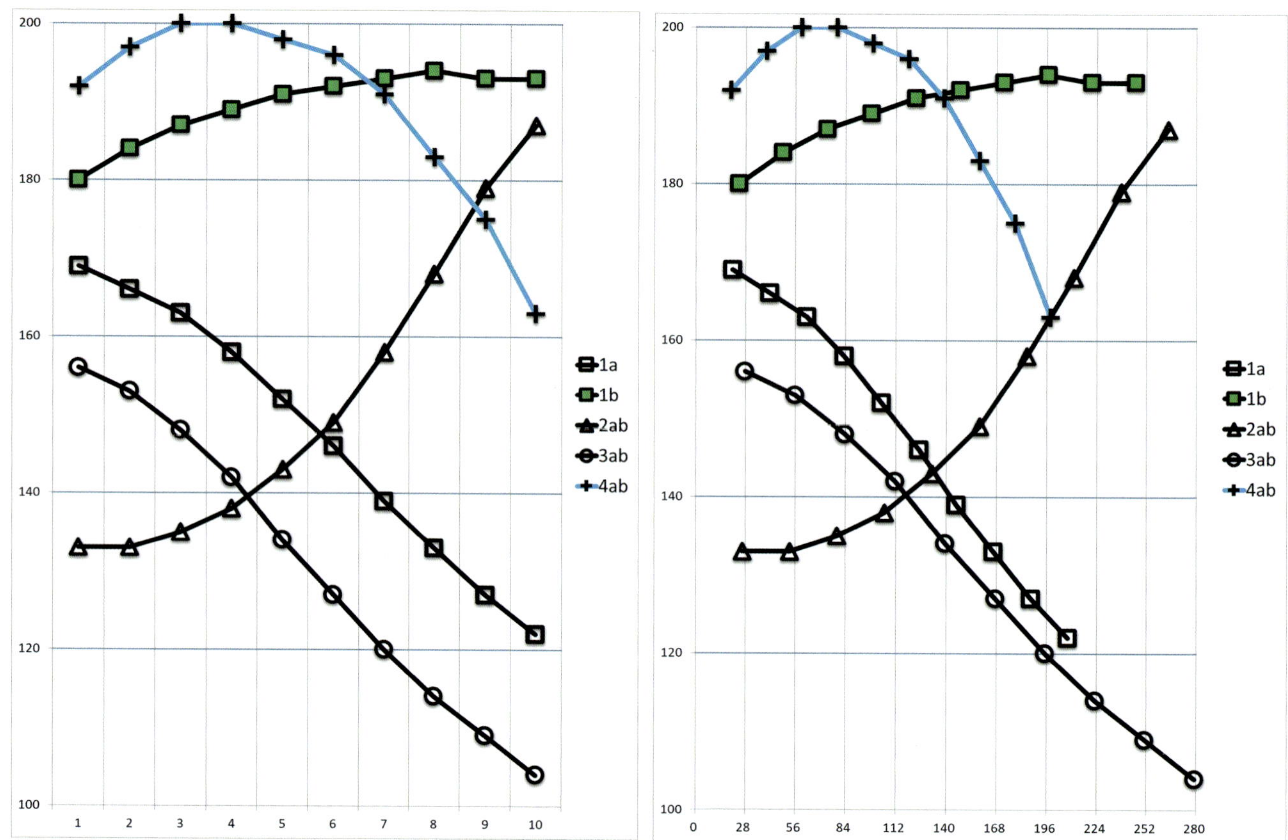

图 8－16c　单字调等长、实长音高模式－九江浔阳－YM

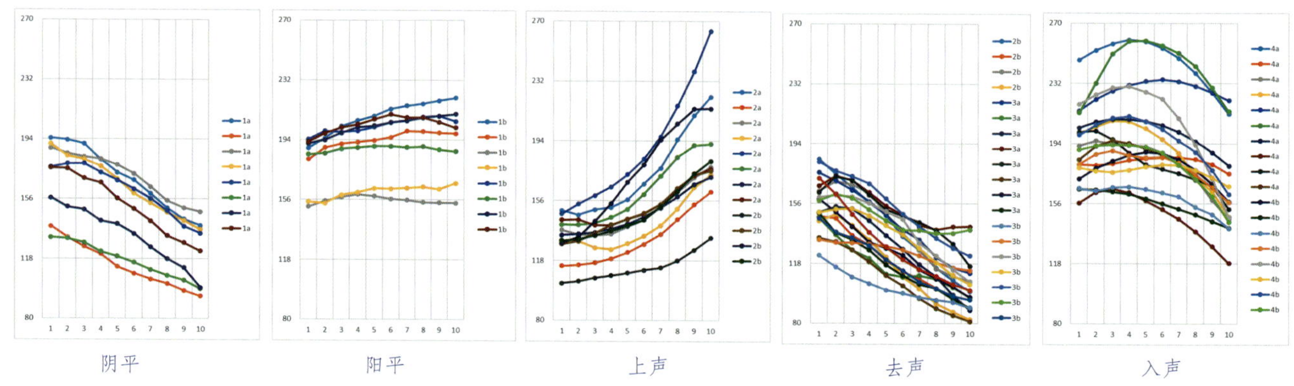

图 8－16d　今声调调域分布范围－九江浔阳－YM

青男的声调有 5 个（见图 8－16c）：

阴平 42、阳平 45、上声 25、去声 31、入声 54。

今调域的分布情况（见图 8－16d）：

阴平在 21～32 之间；阳平主要在 33～34 之间；上声在 12～25 之间；去声在 21～32 之间；入声主要在 32～54 之间。

5. 安庆迎江

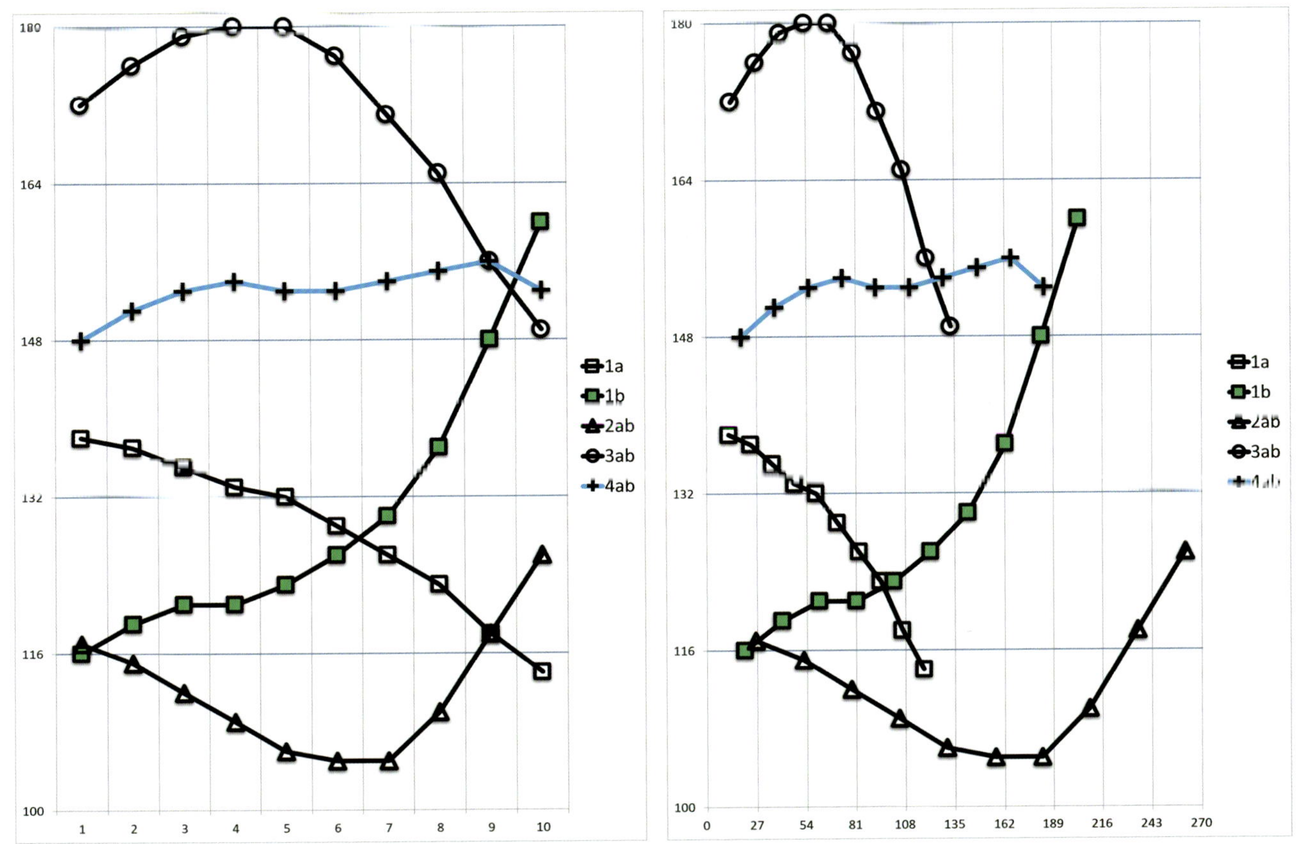

图 8－17a　单字调等长、实长音高模式－安庆迎江－OM

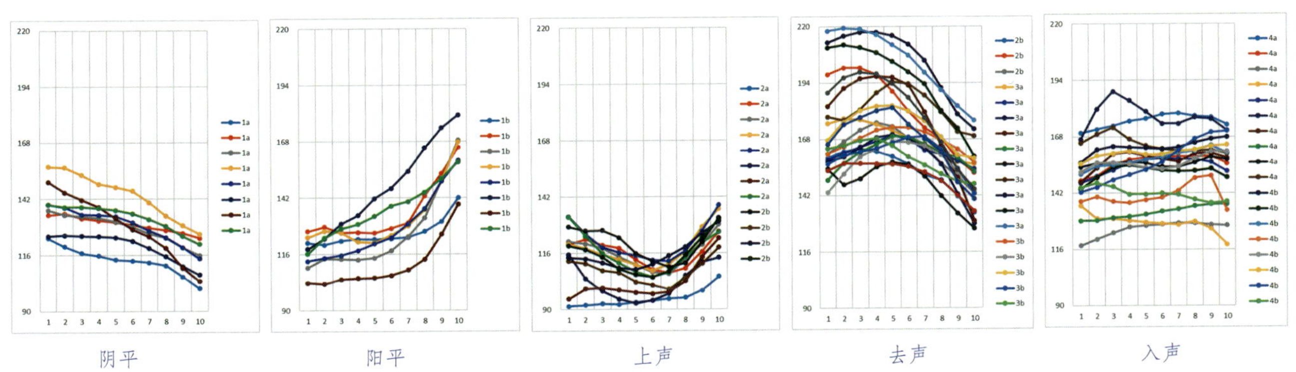

图 8－17b　今声调调域分布范围－安庆迎江－OM

老男的声调有 5 个（见图 8－17a）：

阴平 31、阳平 24、上声 212、去声 54、入声 44。

今调域的分布情况（见图 8－17b）：

阴平在 21～32 之间；阳平在 12～24 之间；上声主要在 212～323 之间；去声在 32～54 之间；入声主要在 33～44 之间。

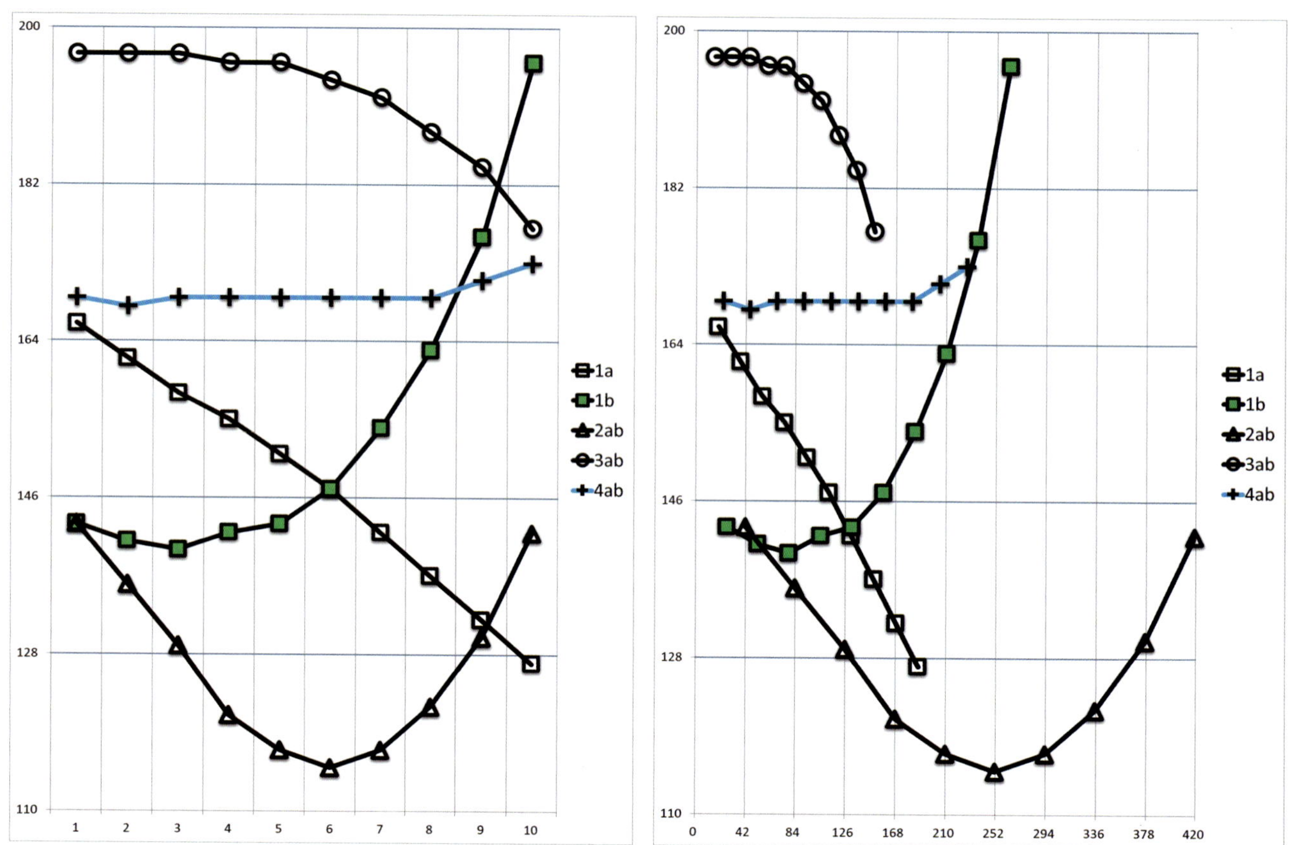

图 8－17c　单字调等长、实长音高模式－安庆迎江－YM

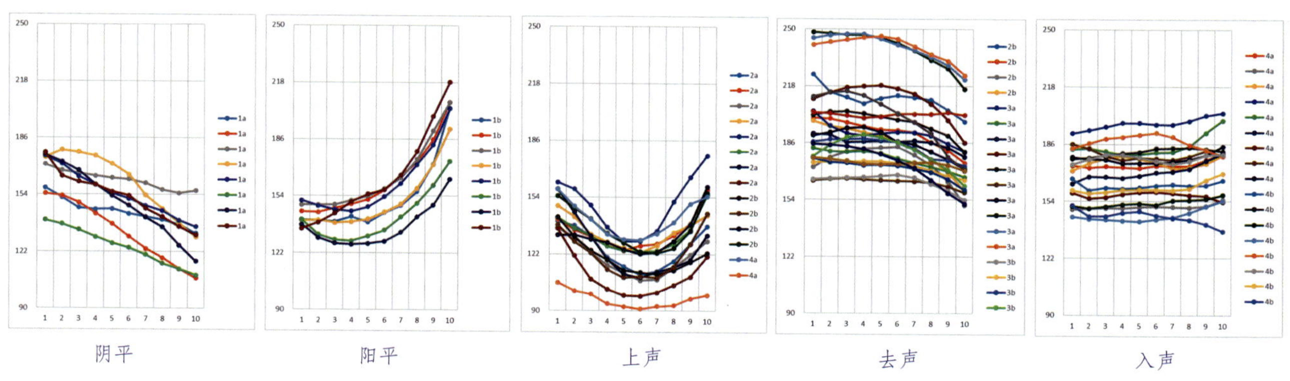

图 8－17d　今声调调域分布范围－安庆迎江－YM

青男的声调有 5 个（见图 8－17c）：

阴平 42、阳平 25、上声 212、去声 54、入声 44。

今调域的分布情况（见图 8－17d）：

阴平在 21～32 之间；阳平在 23～24 之间；上声主要在 212～323 之间；去声在 43～54 之间；入声主要在 33～44 之间。

6. 铜陵枞阳

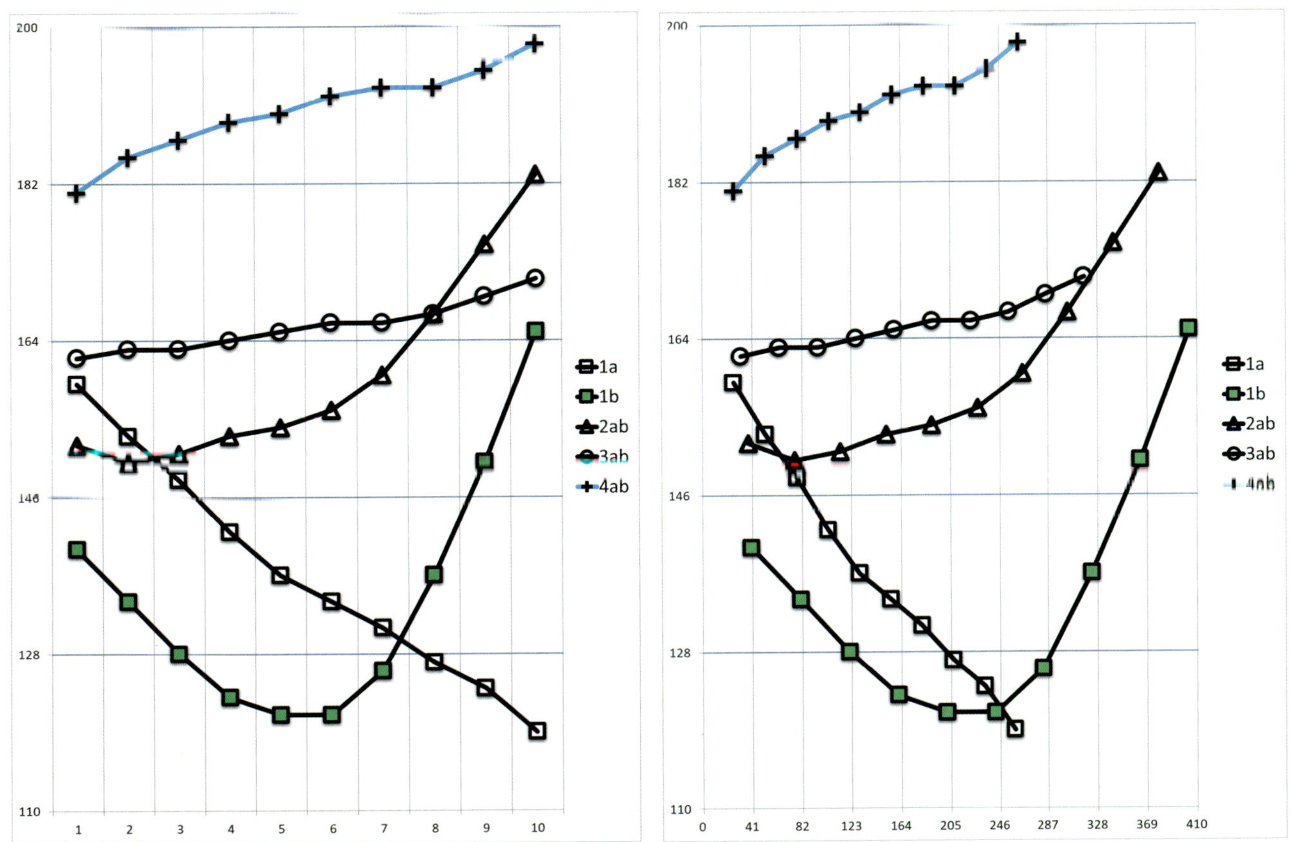

图 8-18a　单字调等长、实长音高模式-铜陵枞阳-OM

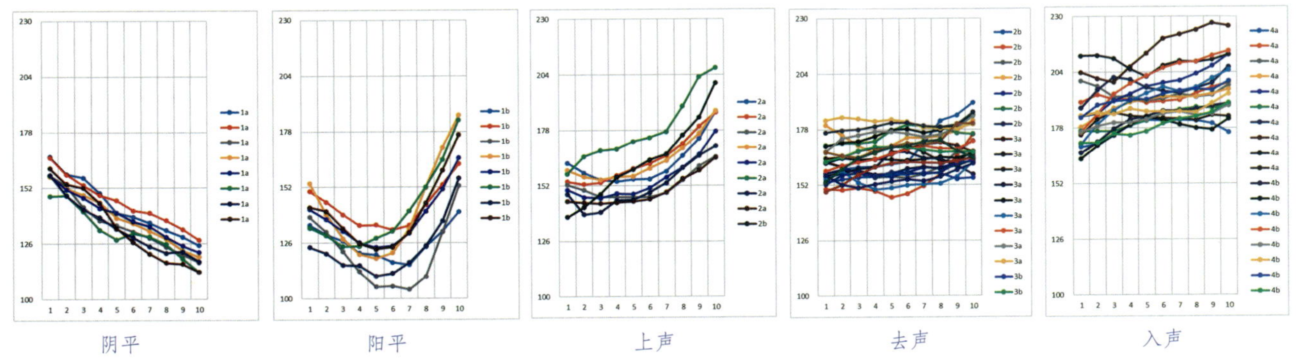

图 8-18b　今声调调域分布范围-铜陵枞阳-OM

老男的声调有 5 个（见图 8-18a）：

阴平 31、阳平 213、上声 335、去声 44、入声 55。

今调域的分布情况（见图 8-18b）：

阴平在 21~32 之间；阳平在 212~324 之间；上声主要在 223~334 之间；去声在 33~44 之间；入声主要在 44~55 之间。

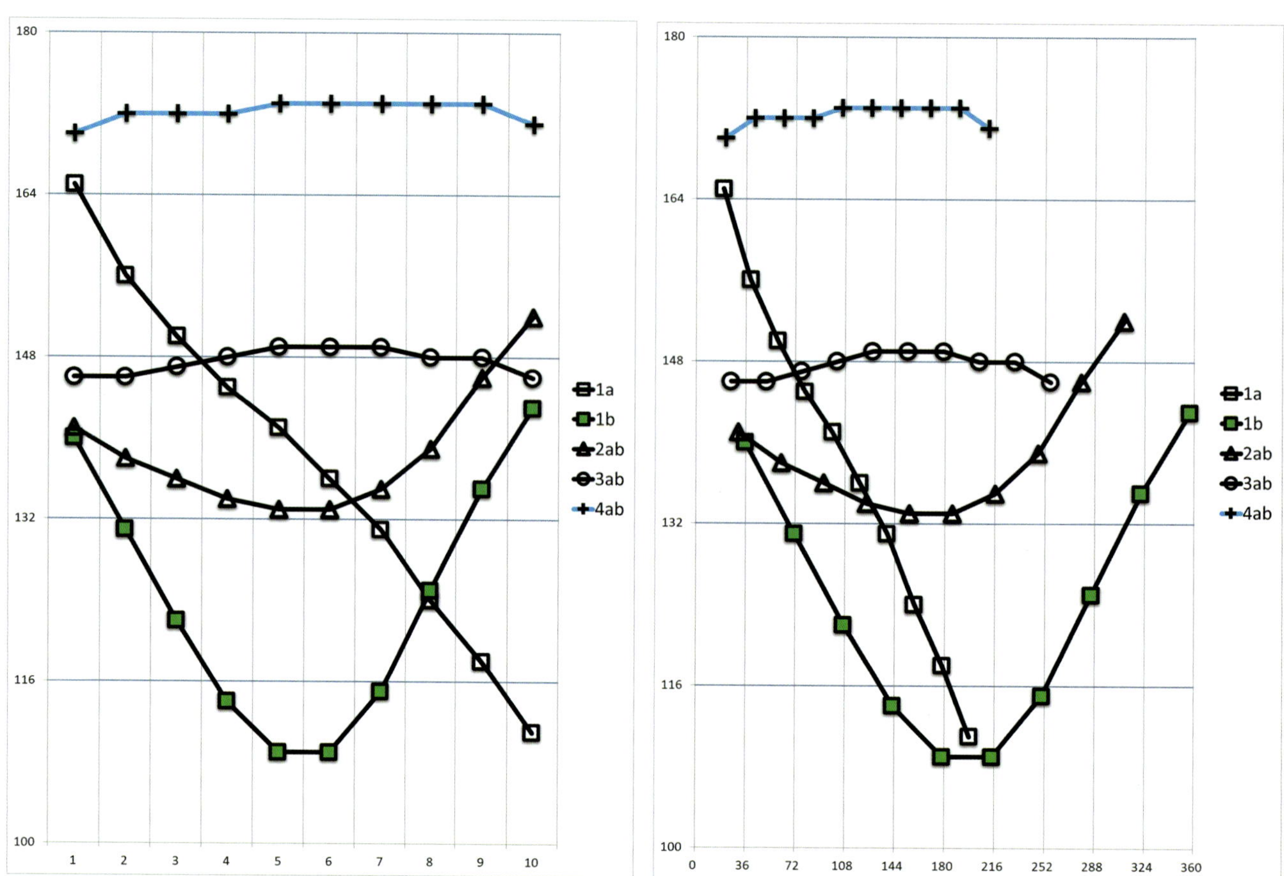

图 8-18c 单字调等长、实长音高模式-铜陵枞阳-YM

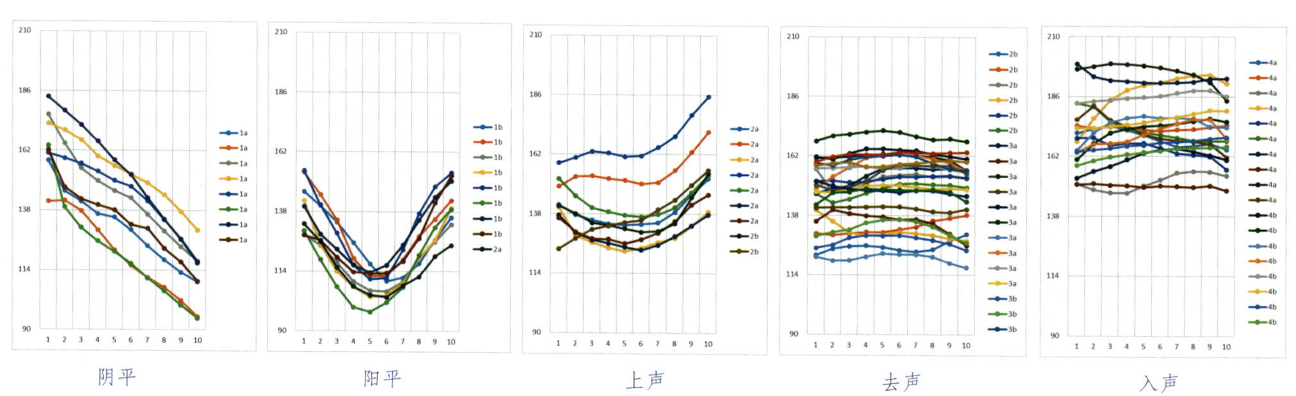

图 8-18d 今声调调域分布范围-铜陵枞阳-YM

青男的声调有 5 个（见图 8-18c）：

阴平 41、阳平 313、上声 334、去声 44、入声 55。

今调域的分布情况（见图 8-18d）：

阴平在 31～42 之间；阳平在 212～323 之间；上声主要在 223～334 之间；去声主要在 22～44 之间；入声主要在 33～55 之间。

7. 桐城文昌

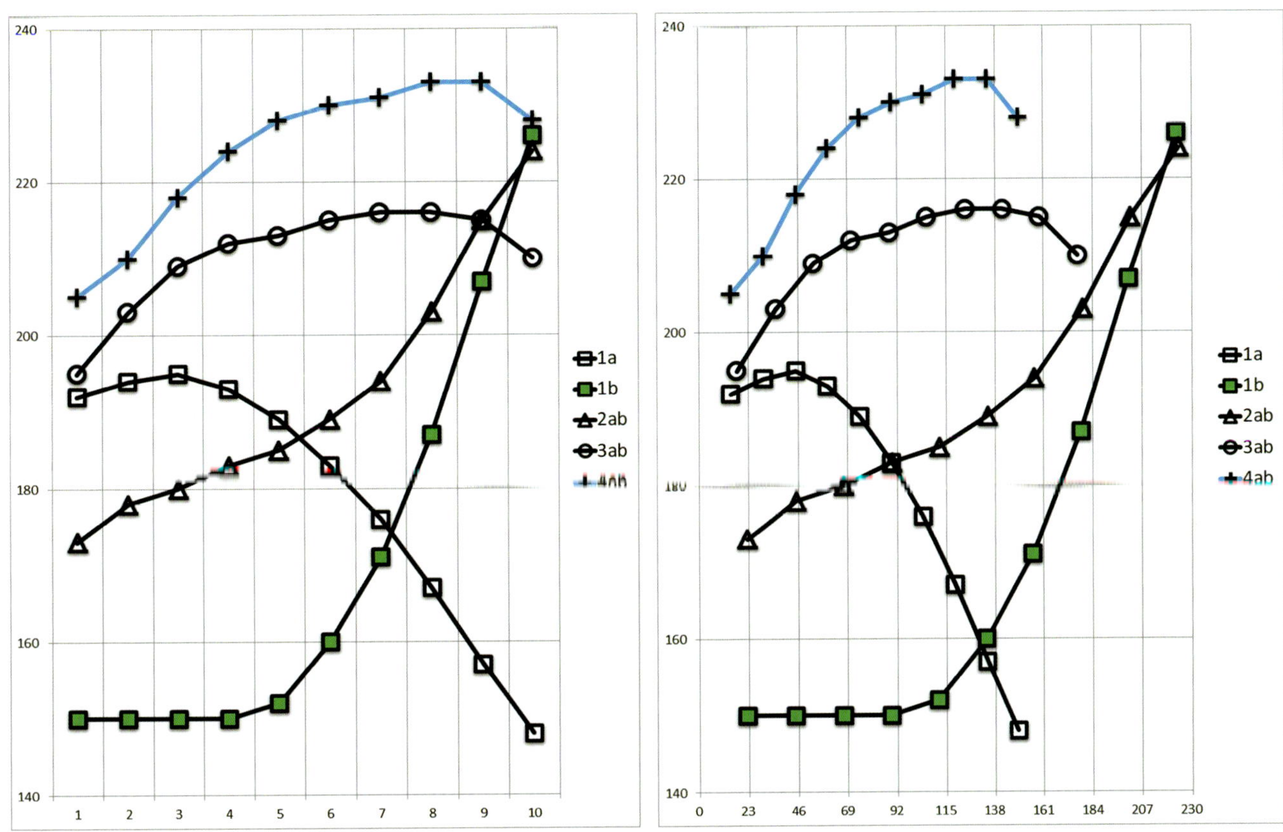

图 8-19a 单字调等长、实长音高模式-桐城文昌-OM

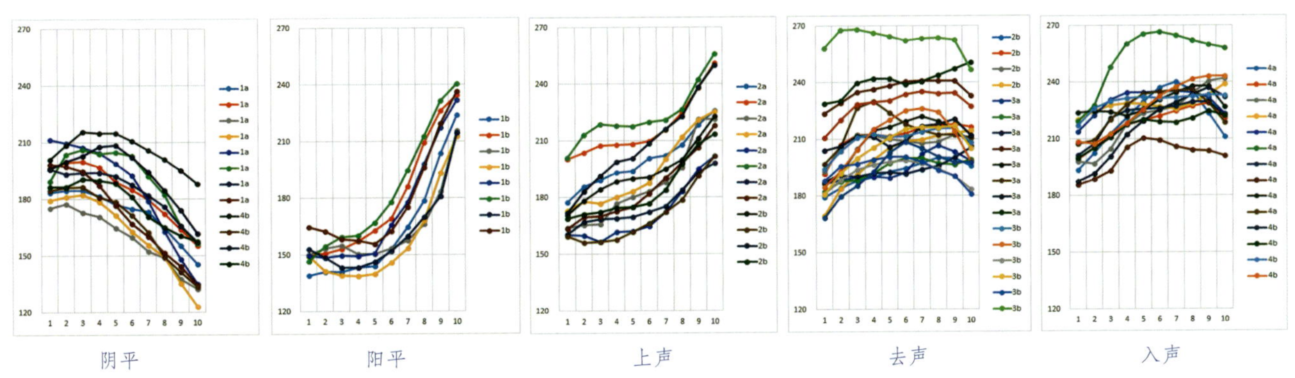

图 8-19b 今声调调域分布范围-桐城文昌-OM

老男的声调有 5 个（见图 8-19a）：

阴平 31、阳平 15、上声 25、去声 34、入声 45。

今调域的分布情况（见图 8-19b）：

阴平在 21~32 之间；阳平在 13~24 之间；上声主要在 23~35 之间；去声主要在 33~44 之间；入声主要在 44~55 之间。

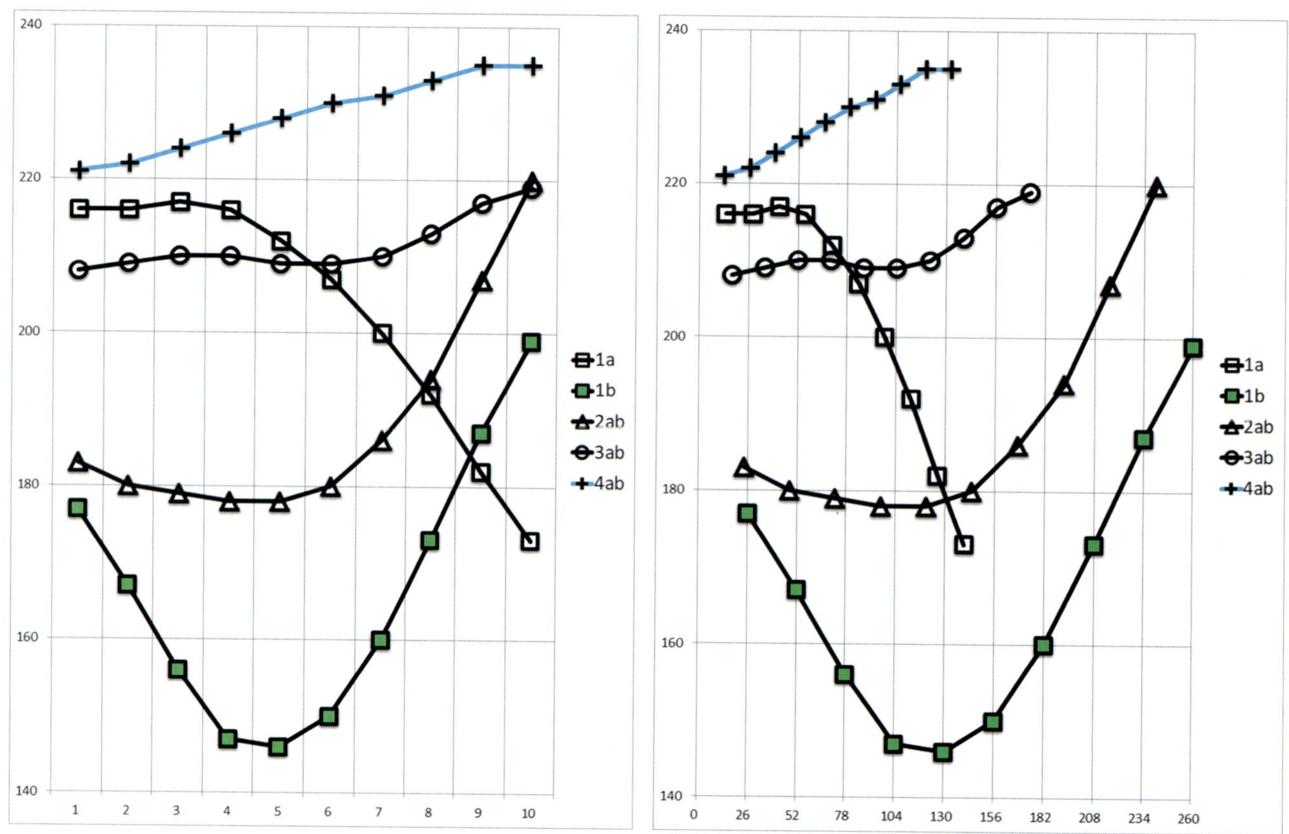

图 8－19c　单字调等长、实长音高模式－桐城文昌－YM

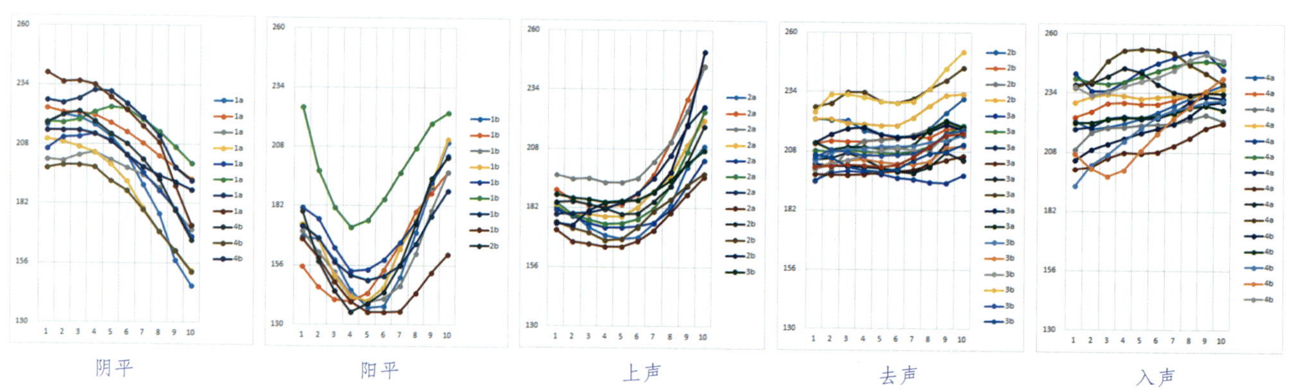

图 8－19d　今声调调域分布范围－桐城文昌－YM

青男的声调有 5 个（见图 8－19c）：

阴平 42、阳平 213、上声 35、去声 44、入声 45。

今调域的分布情况（见图 8－19d）：

阴平在 31～53 之间；阳平在 212～424 之间；上声主要在 223～335 之间；去声在 33～44 之间；入声主要在 34～45 之间。

8.4 江淮官话声调小结

这一部分的讨论，除了本书的材料，主要参考《中国语言地图集》（2012）中刘祥柏的讨论。

1. 调类的主要特点

与其他官话方言相比，江淮官话较为突出的特征是有独立的入声调类，多为喉塞尾短调。

根据《中国语言地图集》（2012）的描写，调类方面有两个主要判定标准：一是入声是否分阴阳，二是去声是否分阴阳。据此观察江淮官话三个片区的不同特点。

根据本书的材料，泰如片有 6~7 个单字调，入声分阴阳，去声的主要情况是不分阴阳。洪巢片以 5 个单字调为主，去声、入声都不分阴阳。黄孝片有 5~6 个单字调，入声不分阴阳读舒声；黄孝片 5 个调类的去声不分阴阳，6 个调类的去声分阴阳。

2. 中古四声与今调类的关系

关于中古四声与今调类的关系，刘祥柏（2007）较为系统地列举了江淮官话古四声跟今调类的关系，如表 8-2 所示：

表 8-2　江淮官话古四声跟今调类的关系（刘祥柏，2007）

小片	中古四声	平		上	去		上	入	
		清	浊	清+次浊	清	浊	全浊	清	浊
	例字	春生	能肥	土产老买	去见	命洞	户杏	七角竹	十集月落
泰如片	南通	阴平 21	阳平 35	上声 55	阴去 42	阳去 213		阴入 4	阳入 5
	泰州	阴平 21	阳平 45	上声 213	去声 33			阴入 3	阳入 5
洪巢片	扬州	阴平 21	阳平 34	上声 42	去声 55			入声 4	
	连云港	阴平 214	阳平 35	上声 41	去声 55			入声 24	
	涟水	阴平 31	阳平 35	上声 211	去声 55			入声 34	
	南京	阴平 31	阳平 24	上声 212	去声 44			入声 5	
	芜湖	阴平 31	阳平 35	上声 213	去声 55			入声 5	
	合肥	阴平 21	阳平 55	上声 24	去声 53			入声 5	
黄孝片	安庆	阴平 31	阳平 35	上声 213	去声 52			入声 55	
	红安	阴平 11	阳平 31	上声 55	阴去 35	阳去 33		入声 214	
	黄冈	阴平 34	阳平 313	上声 42	阴去 35	阳去 44		入声 24	
	孝感	阴平 24	阳平 31	上声 53	阴去 35	阳去 33		入声 13	
	英山	阴平 11	阳平 31	上声 44	阴去 35	阳去 33		入声 313	

从表 8-2 中我们可以看到，平分阴阳、上声不分阴阳是江淮官话三个片共同的特点。洪巢片去声不分阴阳，泰如、黄孝两个片的去声有两种情况，一种是分阴阳，如黄孝片的多数点；另一种是不分阴阳，如泰如片的多数点。洪巢、黄孝两个片的多数点只有一个入声，入声分阴阳，有两个入声的点主要在泰如片。上述特点也比较符合本书的观察。

如果我们加上入声韵尾，就会进一步细化江淮官话三个片的特征，正如刘祥柏说的："入声调分阴阳，是泰如片；入声调不分阴阳，入声韵有塞音韵尾，是洪巢片；入声调不分阴阳，入声韵没有塞音韵尾，是黄孝片。”①

3. 鄂西北和陕南地区的江淮官话

根据刘祥柏的记录，鄂西北和陕南地区的江淮官话主要分布于湖北省竹山、竹溪两县，陕西省商洛市的柞水、镇安、商南、丹凤和山阳，安康市辖区、旬阳、平利、白河等9个市县的部分乡镇。鄂西北和陕南地区的江淮官话在声调方面的主要特点如下②：

（1）无入声调，古清入、次浊入今多读阴平，类似于中原官话；全浊入今多读阳去，部分类似于江淮官话黄孝片和部分北部赣语。

（2）去声分阴阳，古清去字读阴去，古浊去字读阳去，类似于江淮官话黄孝片和部分北部赣语。

8.5 江淮官话主要方言点的调类调值对照

江淮官话主要方言点的调类调值对照如表8－3、表8－4、表8－5所示。

表8－3 江淮官话主要方言点的调类调值对照（泰如片）

<table>
<tr><th>片</th><th>方言点</th><th>选点</th><th>阴平
1a</th><th>阳平
1b</th><th>上声
2ab</th><th>阴去
3a</th><th>阳去
3b</th><th>阴入
4a</th><th>阳入
4b</th><th>调类
数量</th><th>备注</th></tr>
<tr><td rowspan="4">泰如片</td><td>泰州（江苏）</td><td>海陵区</td><td>21</td><td>45</td><td>213</td><td colspan="2">33</td><td>3</td><td>5</td><td>6</td><td>语保 OM
《中国语言地图集》（2012）</td></tr>
<tr><td>海安（江苏）</td><td>海安</td><td>31</td><td>24</td><td>213</td><td colspan="2">33</td><td>4</td><td>5</td><td>6</td><td>语保 OM</td></tr>
<tr><td rowspan="2">南通（江苏）</td><td>崇川区</td><td>21</td><td>35</td><td>55</td><td colspan="2">42</td><td>4</td><td>5</td><td>6</td><td>语保 OM</td></tr>
<tr><td>南通</td><td>21</td><td>35</td><td>55</td><td>42</td><td>213</td><td>4</td><td>5</td><td>7</td><td>《中国语言地图集》（2012）</td></tr>
</table>

表8－4 江淮官话主要方言点的调类调值对照（洪巢片）

<table>
<tr><th>片</th><th>方言点</th><th>选点</th><th>阴平
1a</th><th>阳平
1b</th><th>上声
2ab</th><th>去声
3ab</th><th>入声
4ab</th><th>调类
数量</th><th>备注</th></tr>
<tr><td rowspan="7">洪巢片</td><td rowspan="2">南京（江苏）</td><td>浦口区</td><td>41</td><td>24</td><td>22</td><td>44</td><td>5</td><td>5</td><td>语保 OM
《中国语言地图集》（2012）</td></tr>
<tr><td>南京</td><td>31</td><td>24</td><td>212</td><td>44</td><td>5</td><td>5</td><td></td></tr>
<tr><td>扬州（江苏）</td><td>广陵区汶河</td><td>21</td><td>34</td><td>42</td><td>55</td><td>4</td><td>5</td><td>语保 OM
《中国语言地图集》（2012）</td></tr>
<tr><td>淮安（江苏）</td><td>清浦区</td><td>42</td><td>24</td><td>21</td><td>55</td><td>5</td><td>5</td><td>语保 OM</td></tr>
<tr><td rowspan="2">合肥
（安徽）</td><td>蜀山区
南七街道</td><td>21</td><td>45</td><td>24</td><td>41</td><td>5</td><td>5</td><td>语保 OM</td></tr>
<tr><td>合肥</td><td>21</td><td>55</td><td>24</td><td>53</td><td>5</td><td>5</td><td>《中国语言地图集》（2012）</td></tr>
</table>

① 中国社会科学院语言研究所，中国社会科学院民族学与人类学研究所，香港城市大学语言资讯科学研究中心．中国语言地图集［M］．2版．北京：商务印书馆，2012：80.

② 中国社会科学院语言研究所，中国社会科学院民族学与人类学研究所，香港城市大学语言资讯科学研究中心．中国语言地图集［M］．2版．北京：商务印书馆，2012：80.

（续上表）

片	方言点	选点	阴平 1a	阳平 1b	上声 2ab	去声 3ab	入声 4ab	调类数量	备注
洪巢片	宣城（安徽）	宣州区	31	24	213	53	4	5	语保 OM
	广德（安徽）	桃州	31	24	213	53	55	5	语保 OM

表 8－5　江淮官话主要方言点的调类调值对照（黄孝片）

片	方言点	选点	阴平 1a	阳平 1b	上声 2ab	阴去 3a	阳去 3b	入声 4ab	调类数量	备注
黄孝片	孝感（湖北）	云梦县城关镇黄香大道	33	22	53	35	55	13	6	语保 OM
		孝感	24	31	53	35	33	13	6	《中国语言地图集》（2012）
	武汉（湖北）	黄陂区前川街道	334	212	41	35	455	214	6	语保 OM
	黄冈（湖北）	黄州区赤壁街道	22	31	55	35	44	213	6	语保 OM
		黄冈	34	313	42	35	44	24	6	《中国语言地图集》（2012）
	九江（江西）	浔阳区甘棠街道	42	44	24	21		53	5	语保 OM
	安庆（安徽）	迎江区宣城路街道	31	24	212	53		44	5	语保 OM
		安庆	31	35	213	52		55	5	《中国语言地图集》（2012）
	枞阳（安徽）	枞阳县枞阳镇	31	213	334	44		55	5	语保 OM
	桐城（安徽）	桐城	21	34	314	42		5	5	曹香（2021）

参考文献

［1］曹香. 皖西南地区方言语音研究［D］. 上海：上海师范大学，2021.

［2］侯精一. 合肥话音档［M］. 上海：上海教育出版社，1997.

［3］侯精一. 南京话音档［M］. 上海：上海教育出版社，1997.

［4］江苏省地方志编纂委员会. 江苏省志·方言志［M］. 南京：南京大学出版社，1998.

［5］李荣. 官话方言的分区［J］. 方言，1985（1）.

［6］刘祥柏. 江淮官话的分区（稿）［J］. 方言，2007（4）.

［7］孙宜志. 方以智《切韵声原》与桐城方音［J］. 中国语文，2005（1）.

［8］王世华. 扬州话音系［M］. 北京：科学出版社，1959.

［9］吴波．江淮官话语音研究［D］．上海：复旦大学，2007.

［10］赵元任．湖北方言调查报告［M］．武汉：华中科技大学出版社，2023.

［11］赵元任．南京音系［J］．科学，1928（8）.

［12］郑张尚芳．皖南方言的分区（稿）［J］．方言，1986（1）.

［13］中国社会科学院语言研究所，中国社会科学院民族学与人类学研究所，香港城市大学语言资讯科学研究中心．中国语言地图集［M］．2版．北京：商务印书馆，2012.

9 西南官话

西南官话分布在中国中部、西南部的广大地区，包括湖北、湖南、四川、重庆、陕西、云南、贵州、广西等省区，它又分为川黔片、西蜀片、川西片、云南片、湖广片、桂柳片等6个片区，这6个片区之下，又分为22个小片，具体选点情况如表9－1所示。

表9－1　西南官话的分片选点

片	小片	方言点	序号
川黔片	成渝小片	成都《音库》	9－1
		成都锦江（四川）	9－2
		重庆江北	9－3
		毕节金沙（贵州）	9－4
	黔中小片	贵阳南明（贵州）	9－5
		兴义桔山（贵州）	9－6
	陕南小片	宁陕城关（陕西）	9－7
		汉阴城关（陕西）	9－8
		镇巴泾洋（陕西）	9－9
		紫阳城关（陕西）	9－10
西蜀片	岷赤小片	都江堰奎光塔（四川）	9－11
		宜宾屏山（四川）	9－12
		重庆江津	9－13
		瓮安翁水（贵州）	9－14
		仁怀中枢（贵州）	9－15
	雅甘小片	乐山夹江（四川）	9－16
	江贡小片	内江隆昌（四川）	9－17
		自贡富顺（四川）	9－18
川西片	康藏小片	四川阿坝	9－19
		甘孜康定（四川）	9－20
	凉山小片	凉山会理（四川）	9－21
		攀枝花仁和（四川）	9－22
		西昌北城（四川）	9－23
云南片	滇中小片	昆明－《音库》	9－24
		大理下关（云南）	9－25
		普洱思茅（云南）	9－26
		玉溪红塔（云南）	9－27
		威宁六桥（贵州）	9－28

（续上表）

片	小片	方言点	序号
云南片	滇西小片	腾冲芒棒（云南）	9－29
		临沧临翔（云南）	9－30
		保山隆阳（云南）	9－31
		鹤庆云鹤（云南）	9－32
	滇南小片	红河建水（云南）	9－33
		云南文山	9－34
		百色西林（广西）	9－35
湖广片	鄂北小片	十堰房县（湖北）	9－36
		襄阳保康（湖北）	9－37
		安康白河（陕西）	9－38
	鄂中小片	武汉－《音库》	9－39
		武汉江汉（湖北）	9－40
		巴东信陵（湖北）	9－41
		宜昌西陵（湖北）	9－42
		张家界永定（湖南）	9－43
	湘北小片	常德龙阳（湖南）	9－44
		公安斗湖堤（湖北）	9－45
	湘西小片	凤凰沱江（湖南）	9－46
		吉首乾州（湖南）	9－47
	怀玉小片	怀化鹤城（湖南）	9－48
		玉屏平溪（贵州）	9－49
	黔东小片	铜仁碧江（贵州）	9－50
		凯里镇远（贵州）	9－51
	黎靖小片	黔东南黎平（贵州）	9－52
桂柳片	湘南小片	永州蓝山（湖南）	9－53
	桂北小片	桂林市区（广西）	9－54
		桂林永福（广西）	9－55
		来宾武宣（广西）	9－56
		柳州鱼峰（广西）	9－57
		柳州柳江（广西）	9－58
		全州全州镇（广西）	9－59
		富川富阳（广西）	9－60
		来宾象州（广西）	9－61
	桂南小片	武鸣城厢（广西）	9－62
	黔南小片	天峨六排（广西）	9－63

9.1 川黔片

9.1.1 成渝小片

1. 成都 - 《音库》

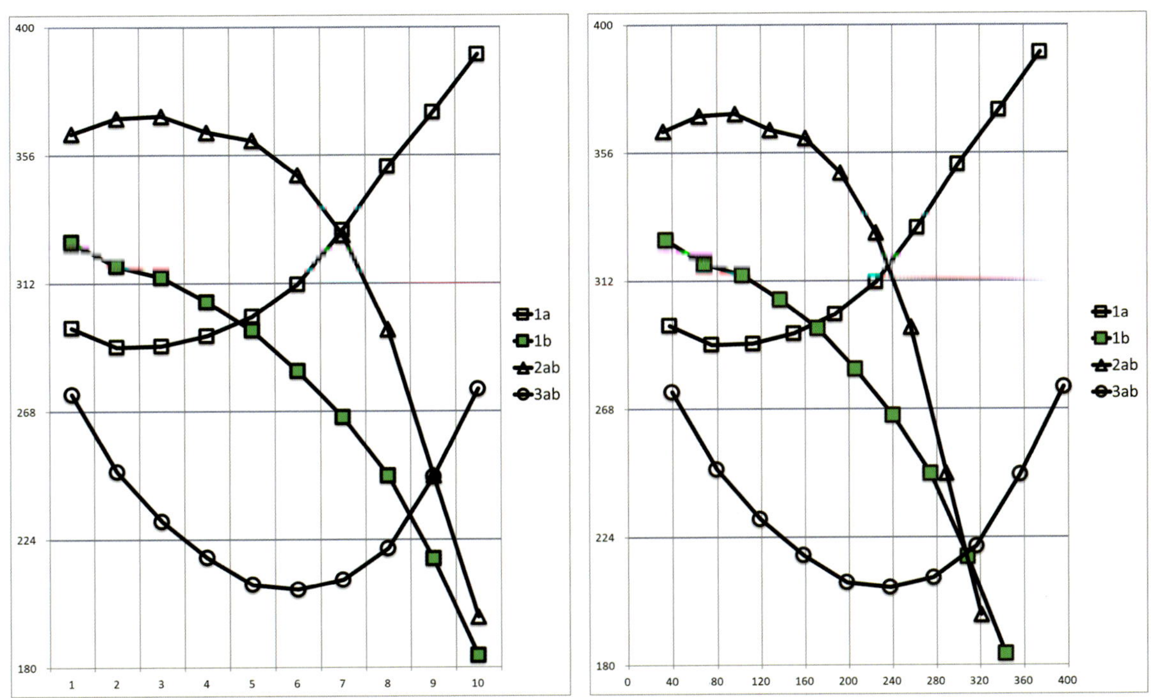

图 9 - 1a　单字调等长、实长音高模式 - 成都 - 《音库》

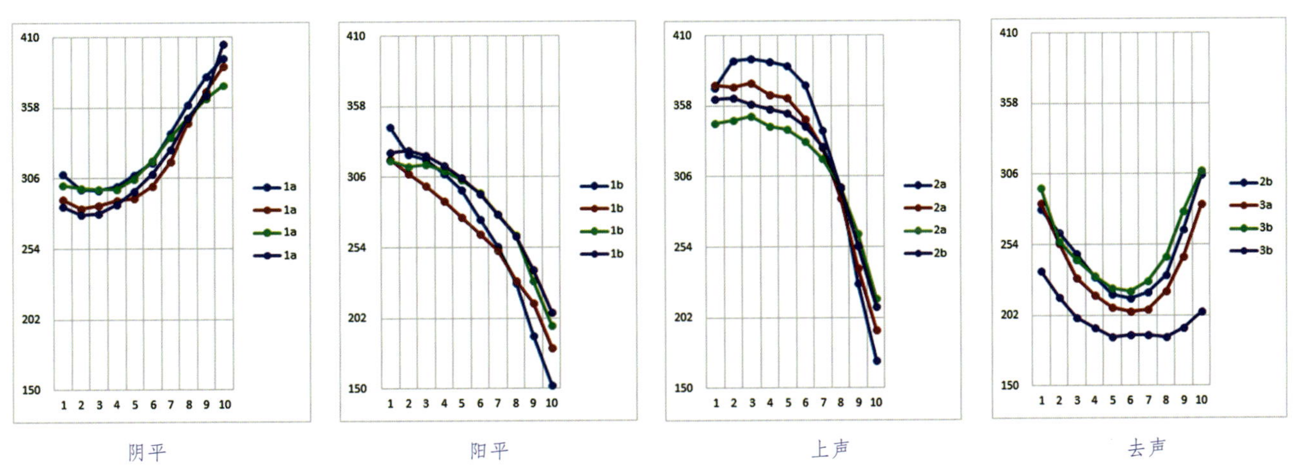

图 9 - 1b　今声调调域分布范围 - 成都 - 《音库》

《音库》的声调有 4 个（见图 9 - 1a）：
阴平 35、阳平 41、上声 551、去声 313。
今调域的分布情况（见图 9 - 1b）：
阴平在 35 ~ 45 之间；阳平在 41 ~ 42 之间；上声在 41 ~ 52 之间；去声在 212 ~ 323 之间。

2. 成都锦江

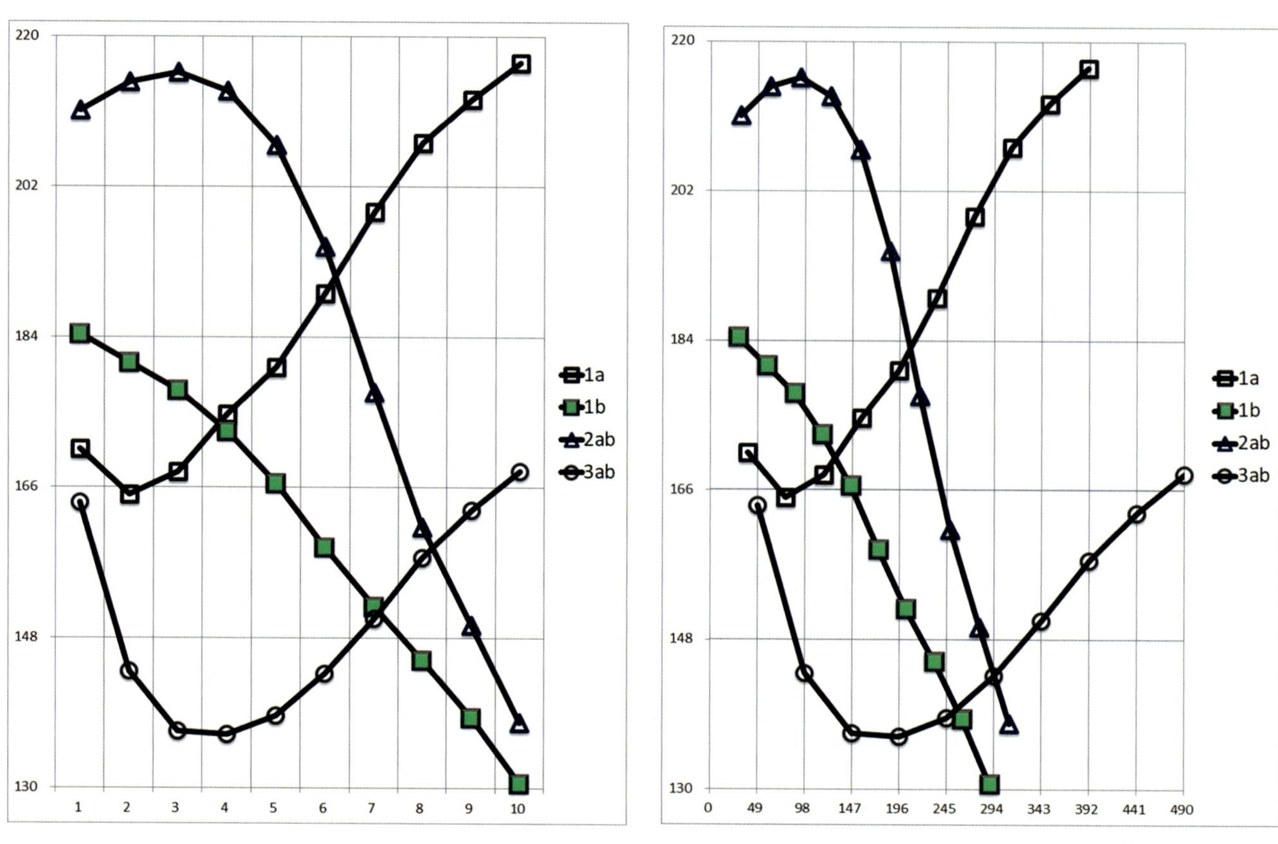

图 9－2a　单字调等长、实长音高模式－成都锦江－OM

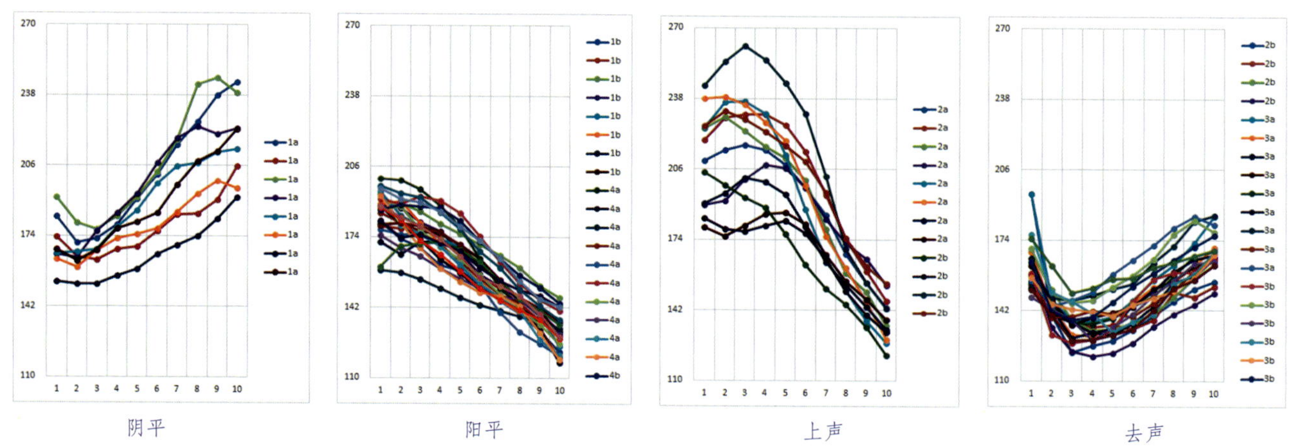

图 9－2b　今声调调域分布范围－成都锦江－OM

老男的声调有 4 个（见图 9－2a）：

阴平 35、阳平 31、上声 551、去声 213。

今调域的分布情况（见图 9－2b）：

阴平在 23～35 之间；阳平在 21～32 之间；上声在 31～52 之间；去声在 212～323 之间。

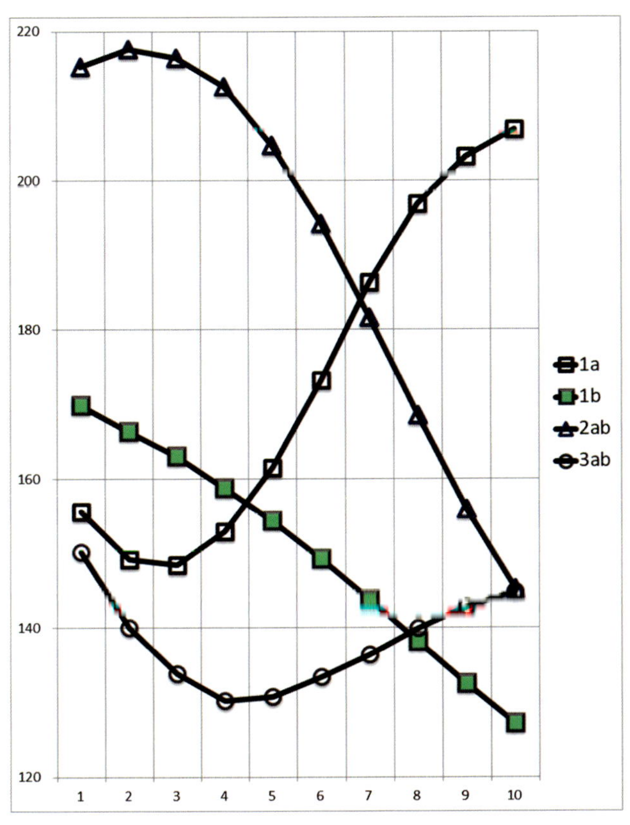

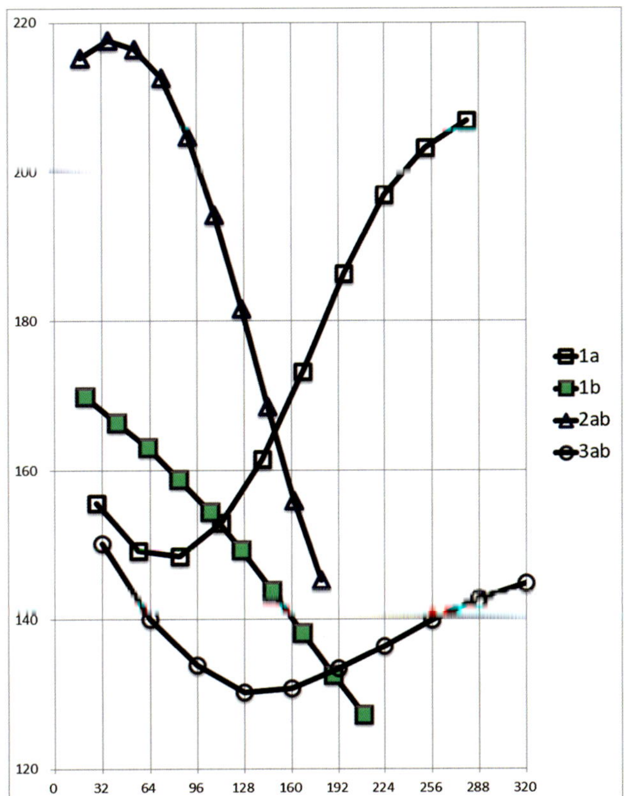

图 9 - 2c 单字调等长、实长音高模式 - 成都锦江 - YM

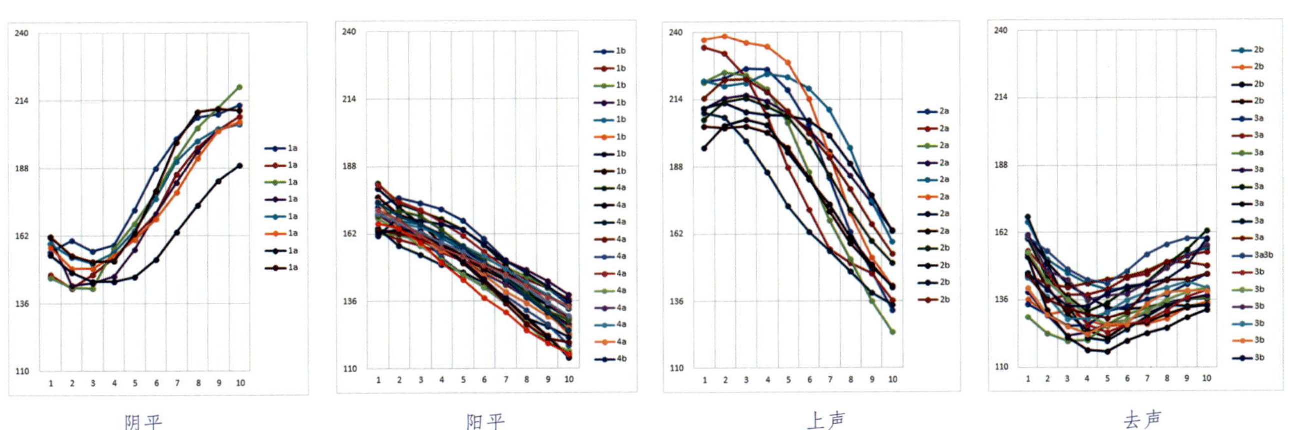

图 9 - 2d 今声调调域分布范围 - 成都锦江 - YM

青男的声调有 4 个（见图 9 - 2c）：

阴平 25、阳平 31、上声 52、去声 212。

今调域的分布情况（见图 9 - 2d）：

阴平在 23 ~ 24 之间；阳平在 21 ~ 32 之间；上声在 41 ~ 53 之间；去声在 212 ~ 323 之间。

3. 重庆江北

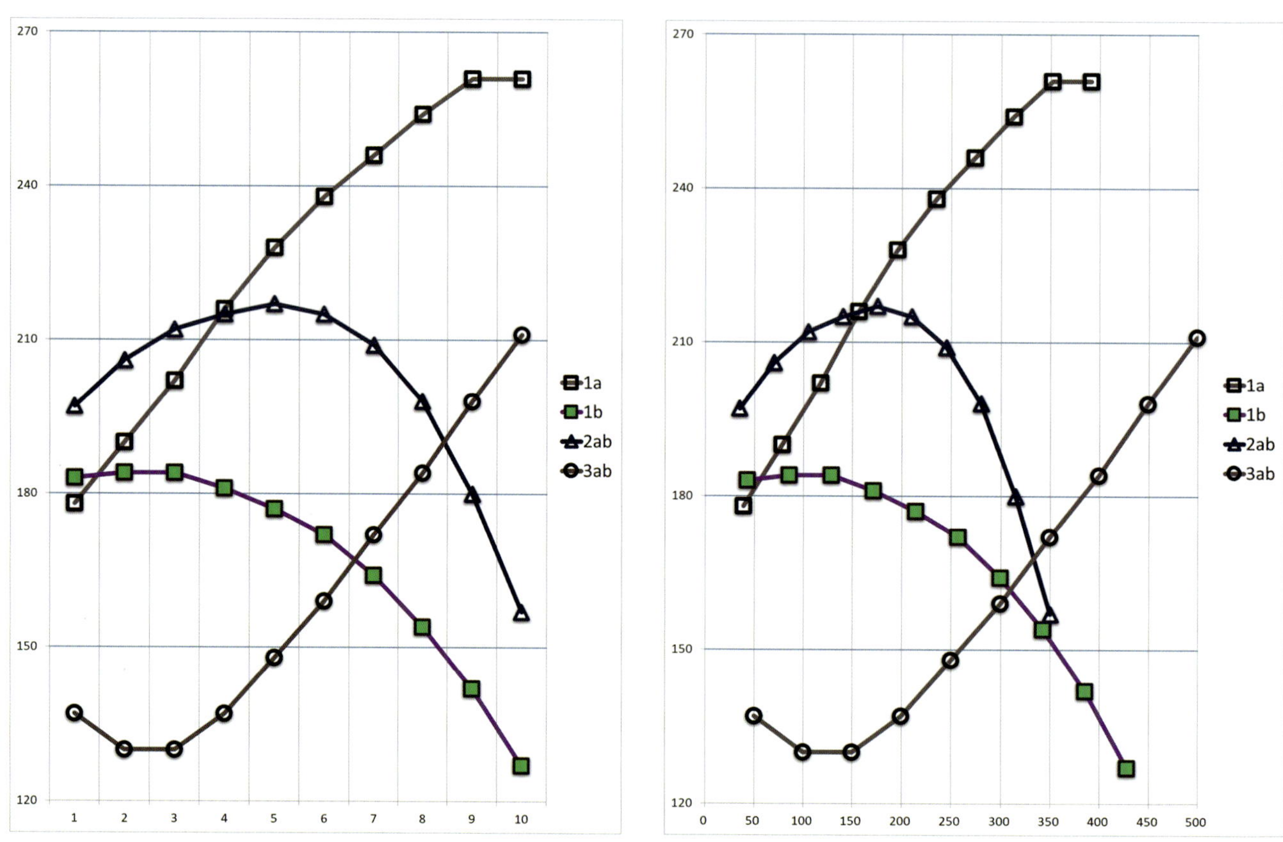

图 9－3a　单字调等长、实长音高模式－重庆江北－OM

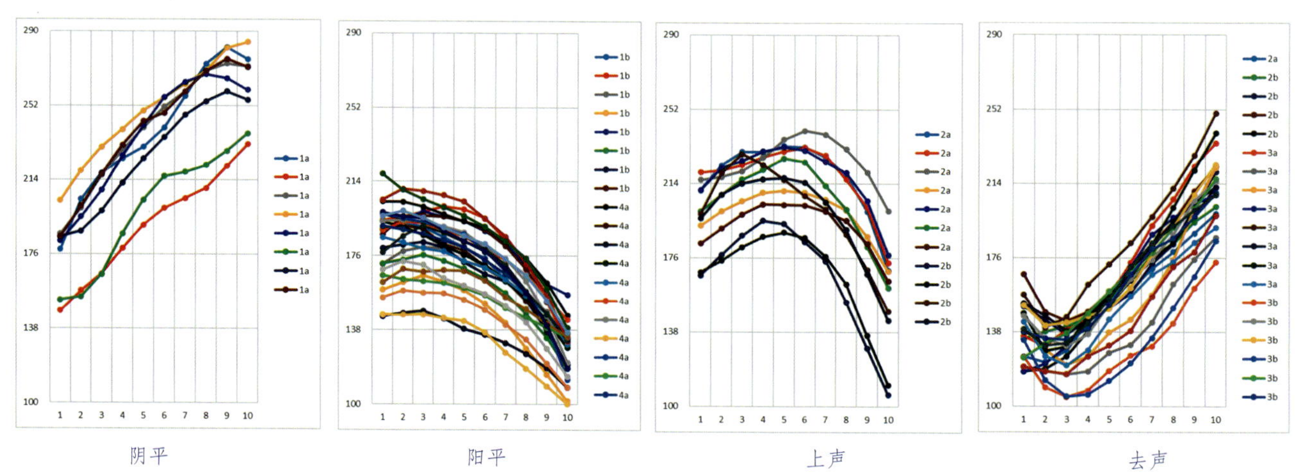

图 9－3b　今声调调域分布范围－重庆江北－OM

老男的声调有 4 个（见图 9－3a）：

阴平 35、阳平 31、上声 342、去声 213。

今调域的分布情况（见图 9－3b）：

阴平在 24～35 之间；阳平在 21～32 之间；上声在 231～442 之间；去声在 213～324 之间。

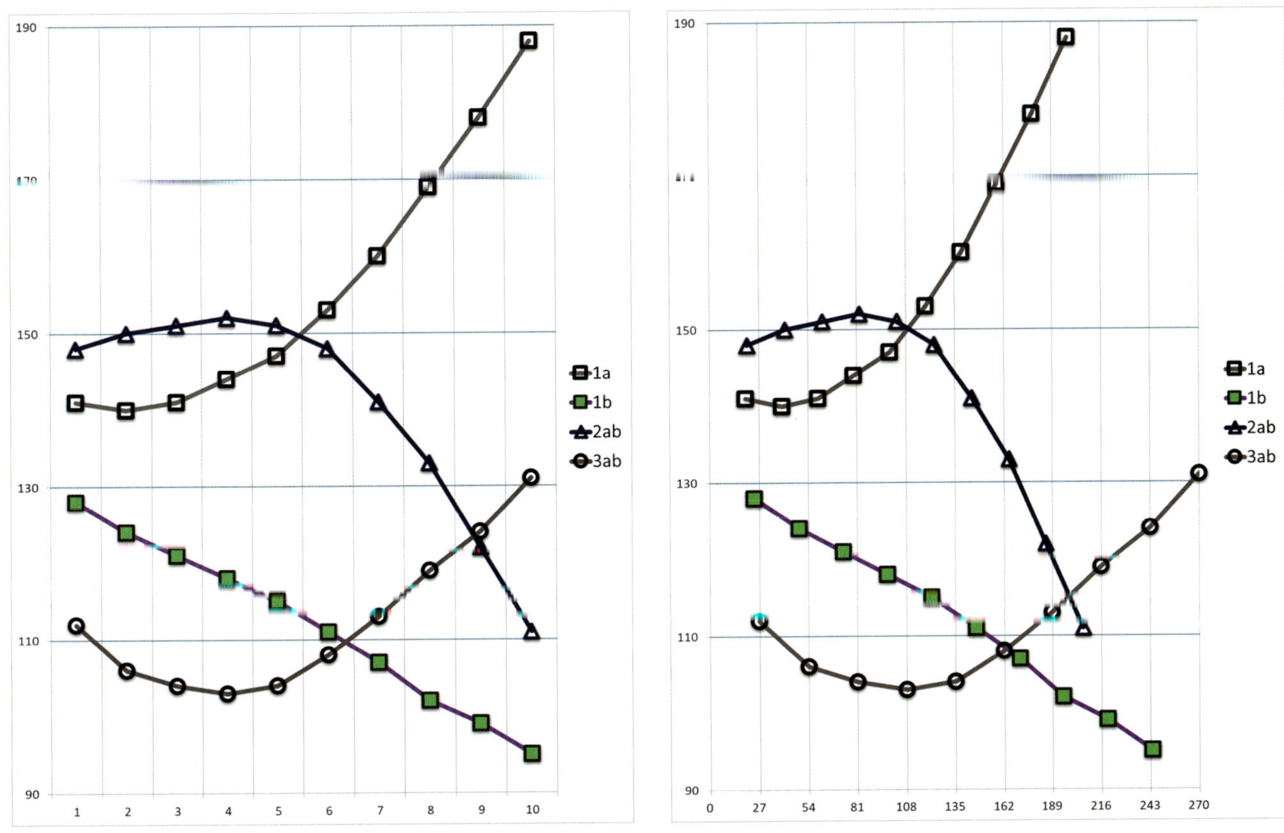

图 9－3c　单字调等长、实长音高模式－重庆江北－YM

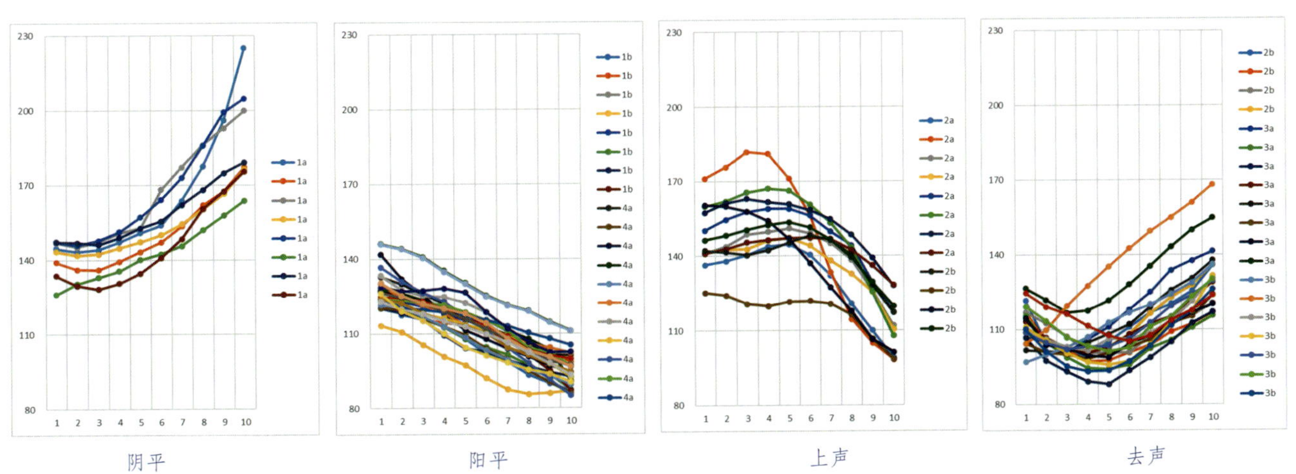

图 9－3d　今声调调域分布范围－重庆江北－YM

青男的声调有 4 个（见图 9－3c）：

阴平 35、阳平 21、上声 442、去声 213。

今调域的分布情况（见图 9－3d）：

阴平在 23～35 之间；阳平在 21～32 之间；上声在 221～442 之间；去声在 212～213 之间。

4. 毕节金沙

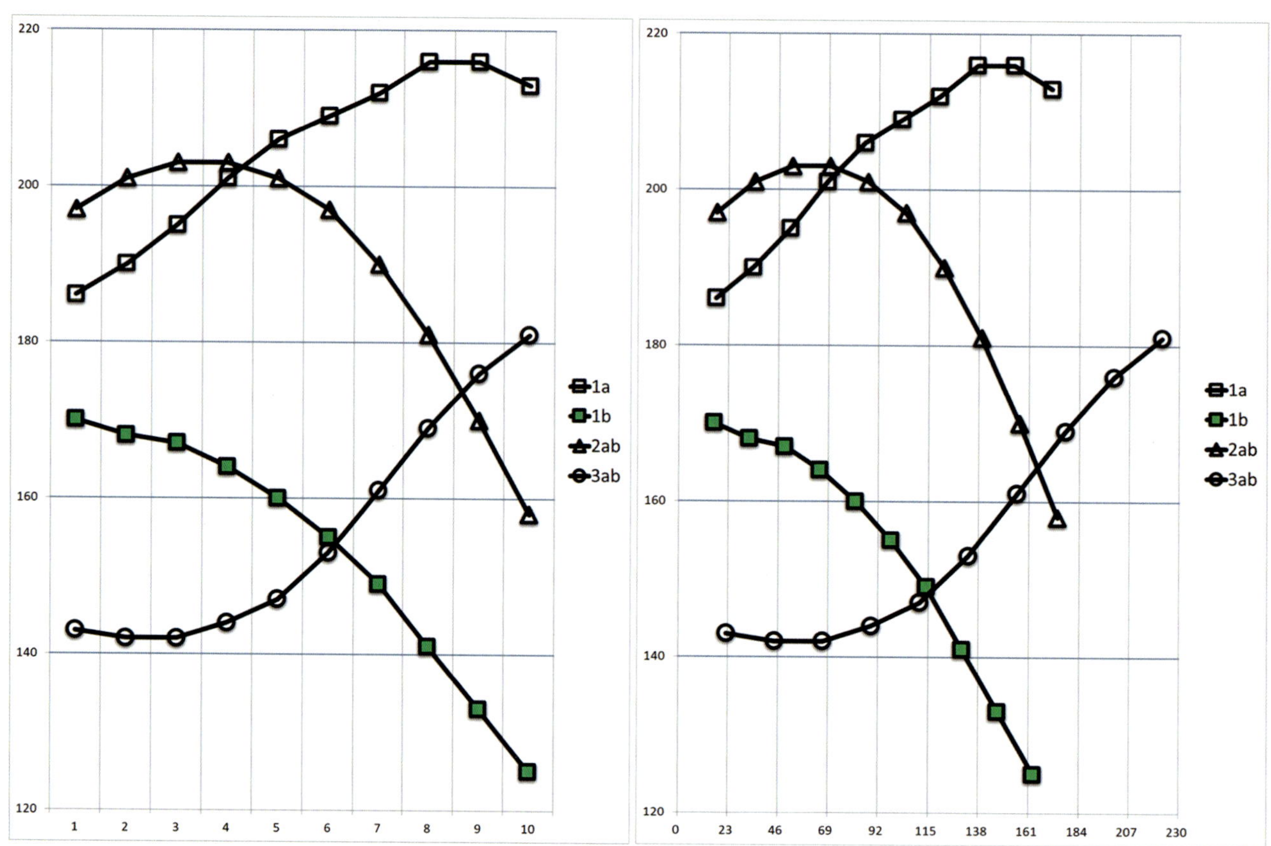

图 9-4a 单字调等长、实长音高模式 - 毕节金沙 - OM

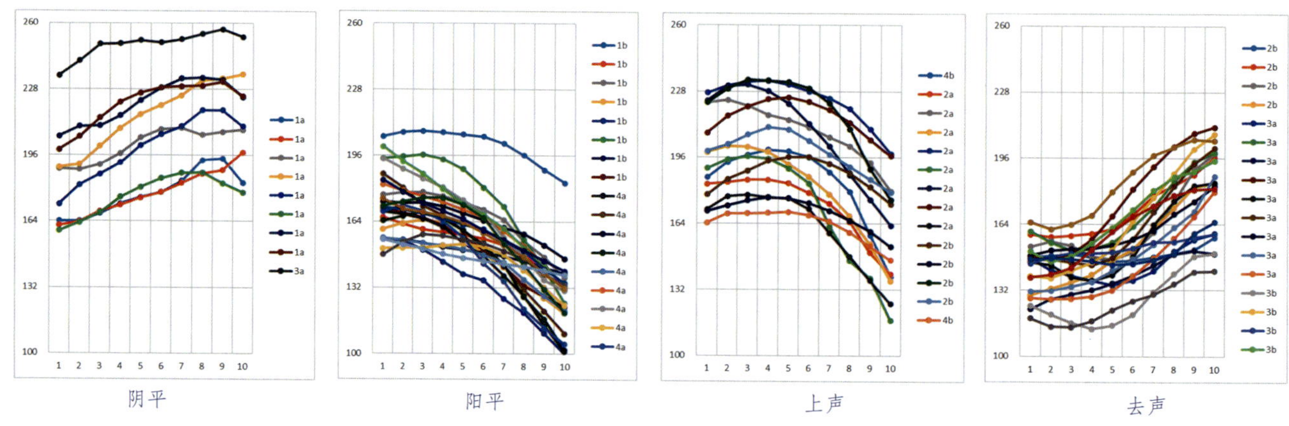

图 9-4b 今声调调域分布范围 - 毕节金沙 - OM

老男的声调有 4 个（见图 9-4a）：

阴平 45、阳平 31、上声 553、去声 24。

今调域的分布情况（见图 9-4b）：

阴平在 23~45 之间；阳平在 21~43 之间；上声在 331~554 之间；去声在 12~34 之间。

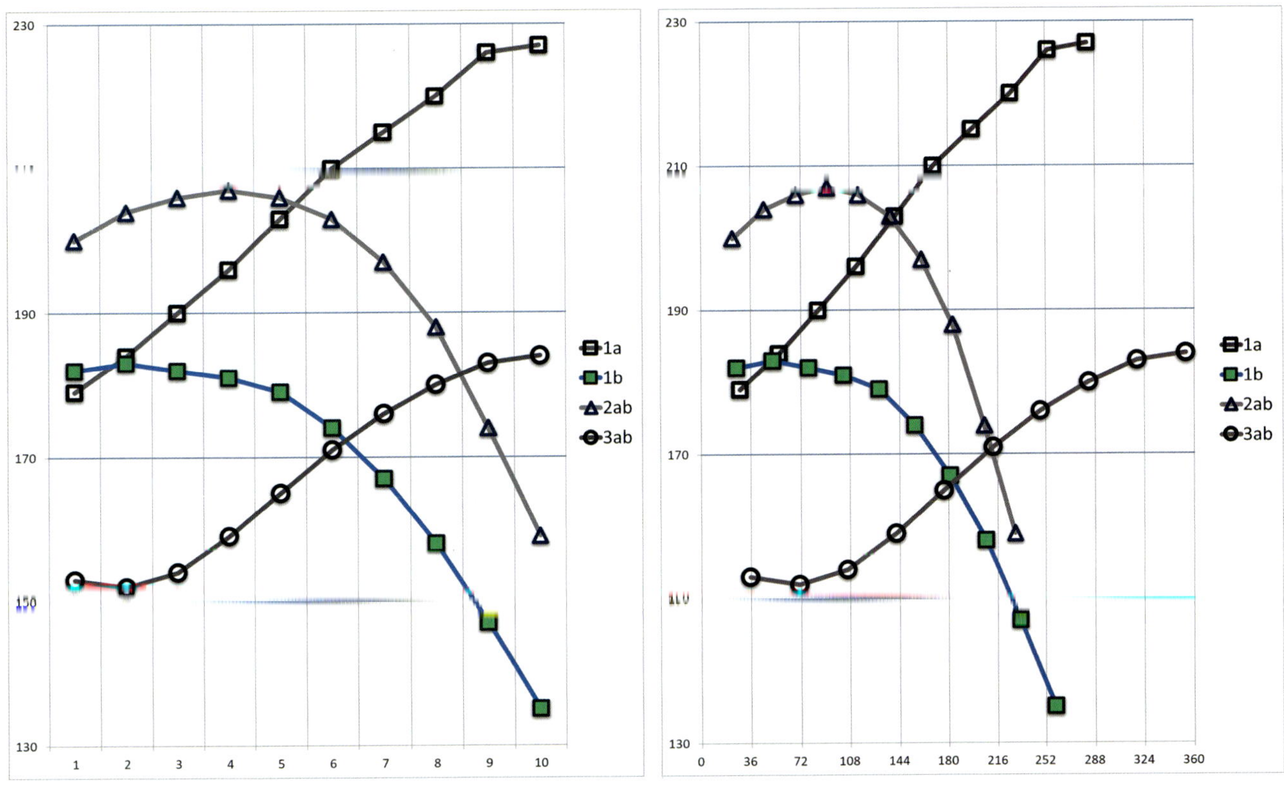

图 9－4c　单字调等长、实长音高模式－毕节金沙－YM

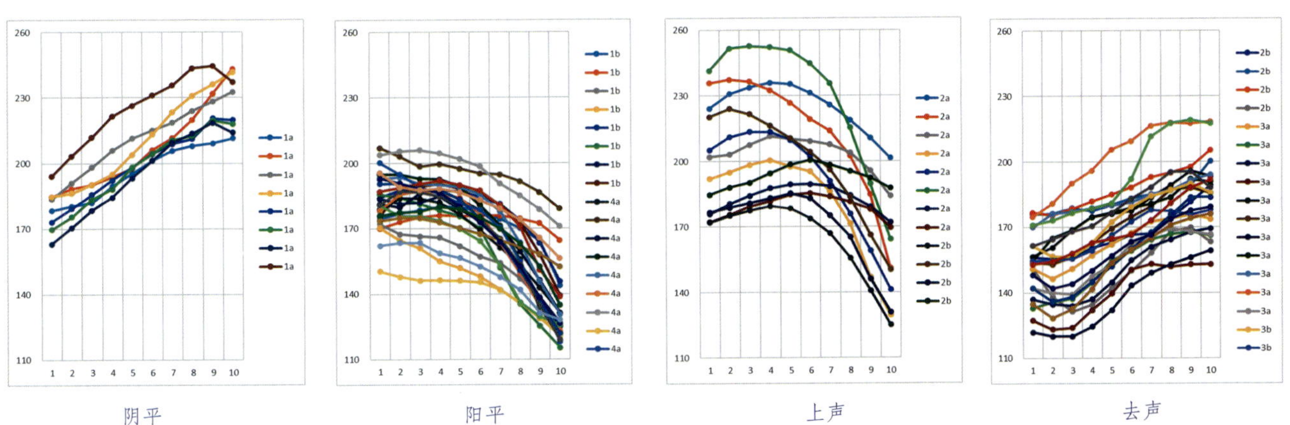

图 9－4d　今声调调域分布范围－毕节金沙－YM

青男的声调有 4 个（见图 9－4c）：

阴平 35、阳平 31、上声 442、去声 23。

今调域的分布情况（见图 9－4d）：

阴平在 24～35 之间；阳平在 21～43 之间；上声在 331～552 之间；去声在 12～34 之间。

9.1.2 黔中小片

1. 贵阳南明

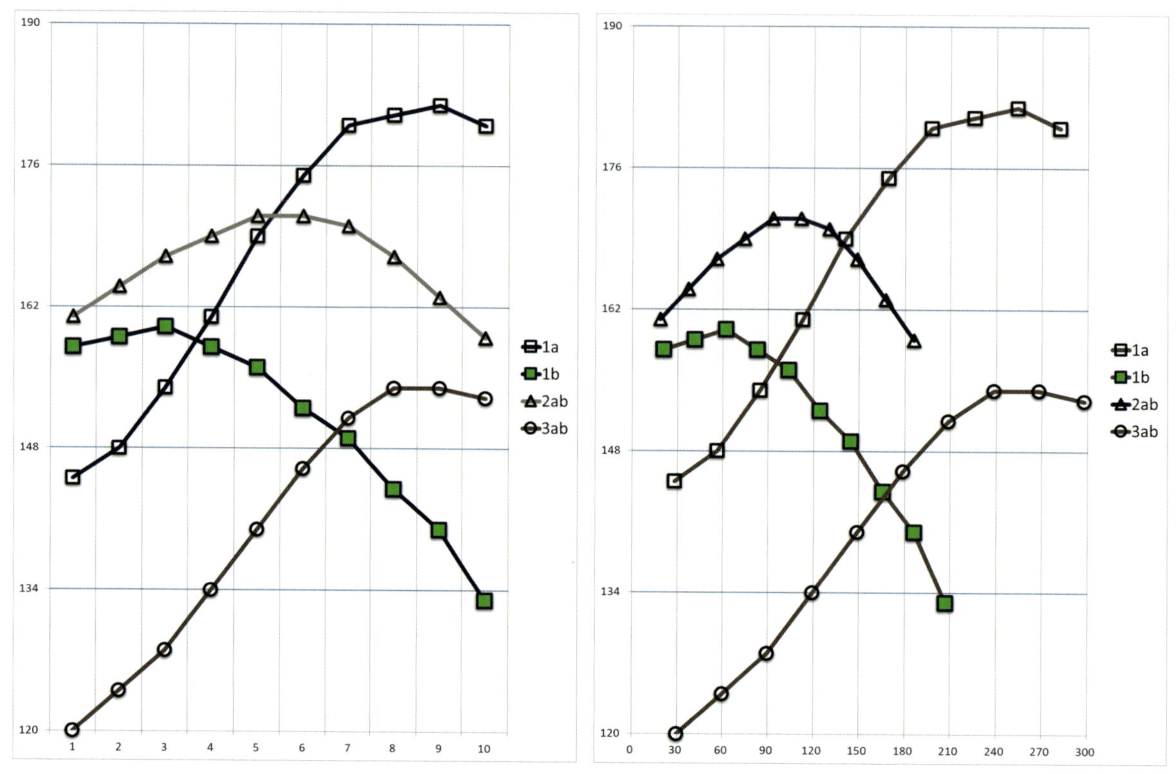

图 9－5a　单字调等长、实长音高模式－贵阳南明－OM

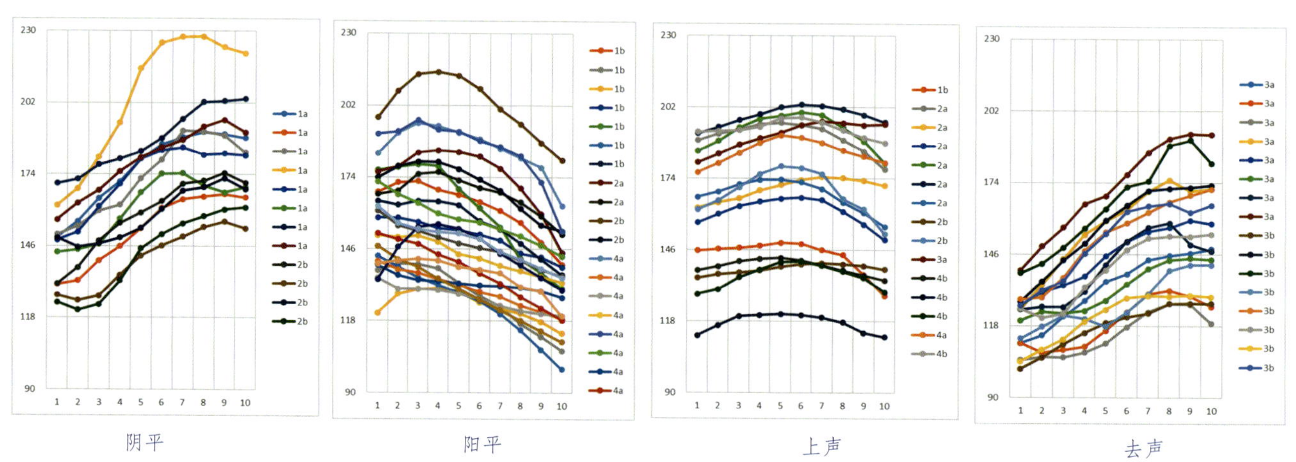

图 9－5b　今声调调域分布范围－贵阳南明－OM

老男的声调有 4 个（见图 9－5a）：

阴平 25、阳平 32、上声 343、去声 13。

今调域的分布情况（见图 9－5b）：

阴平在 23～35 之间；阳平在 21～54 之间；上声在 121～454 之间；去声在 12～24 之间。

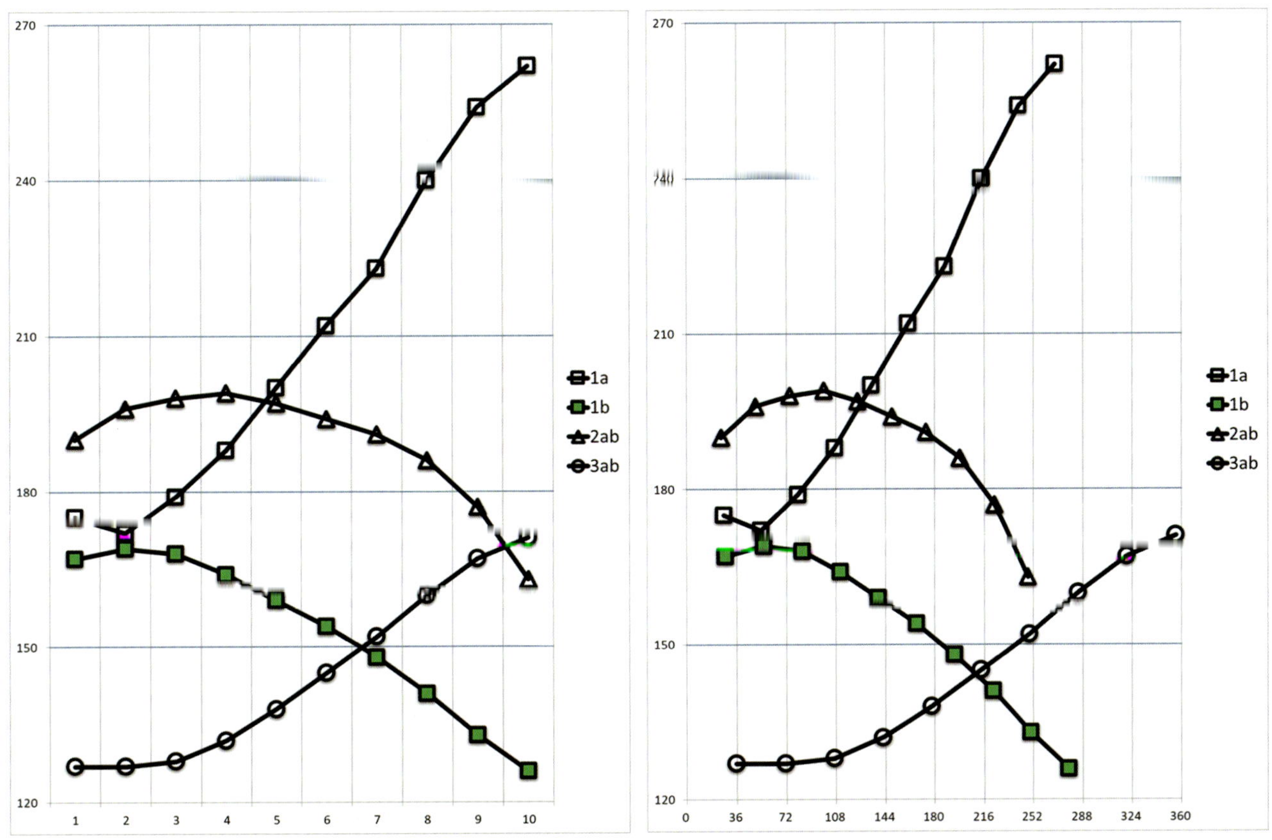

图 9－5c 单字调等长、实长音高模式－贵阳南明－YM

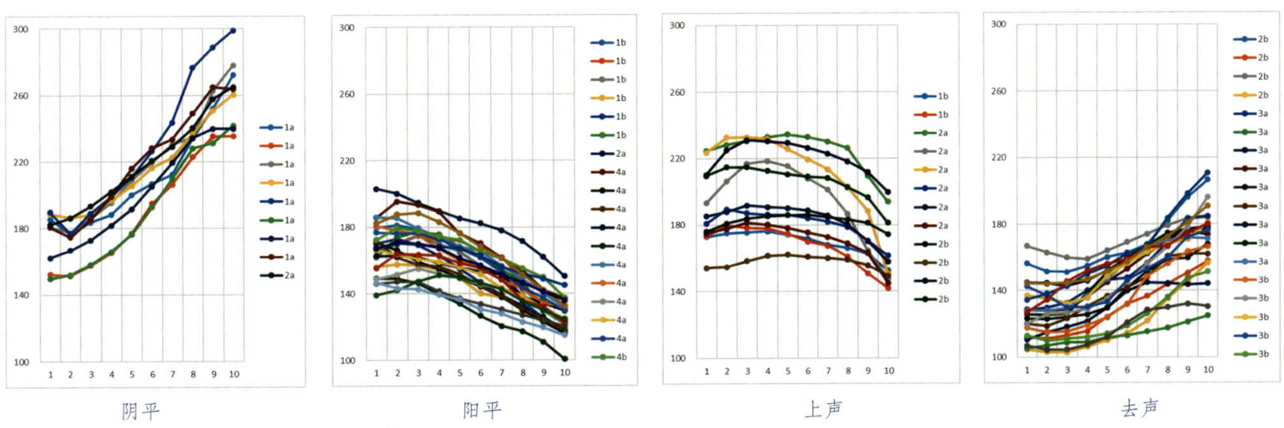

图 9－5d 今声调调域分布范围－贵阳南明－YM

青男的声调有 4 个（见图 9－5c）：

阴平 25、阳平 21、上声 332、去声 12。

今调域的分布情况（见图 9－5d）：

阴平在 24～35 之间；阳平在 21～32 之间；上声在 221～443 之间；去声在 12～23 之间。

2. 兴义桔山

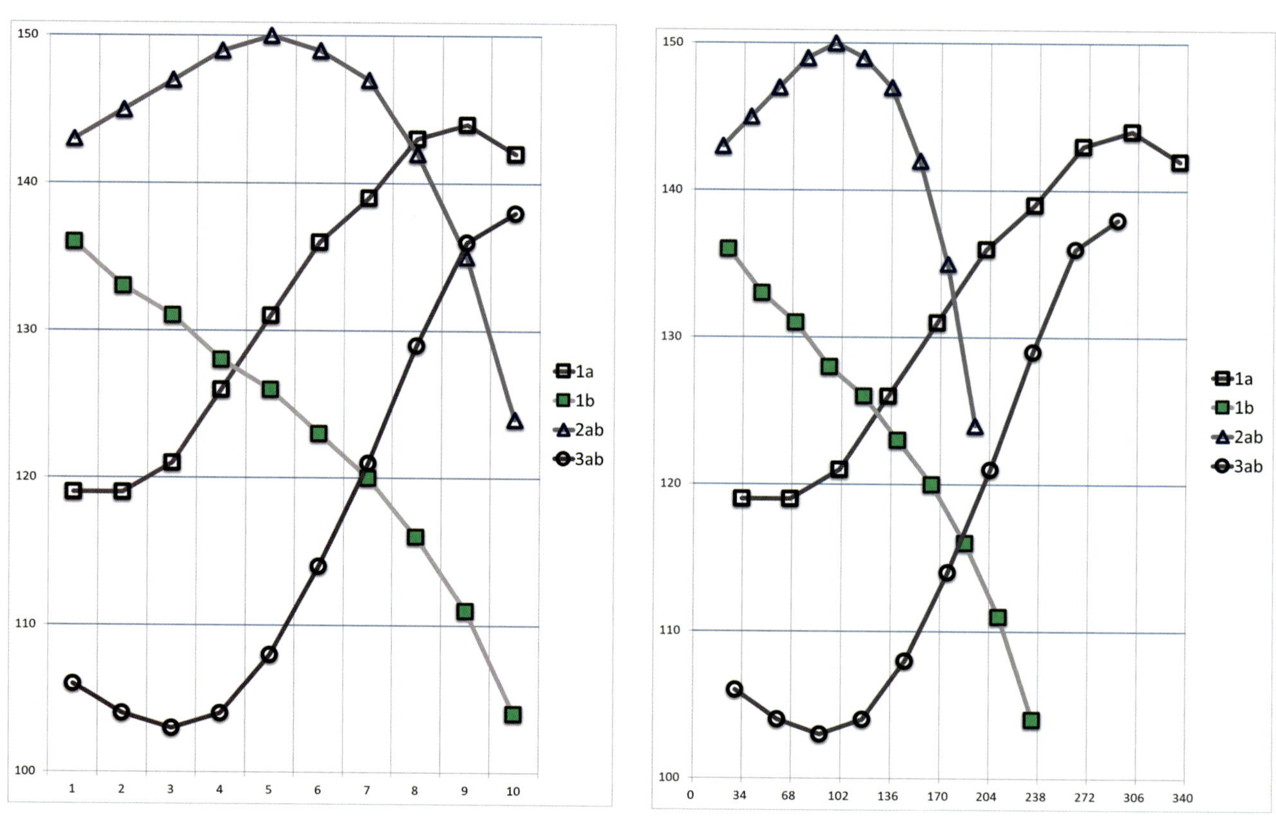

图 9－6a　单字调等长、实长音高模式－兴义桔山－OM

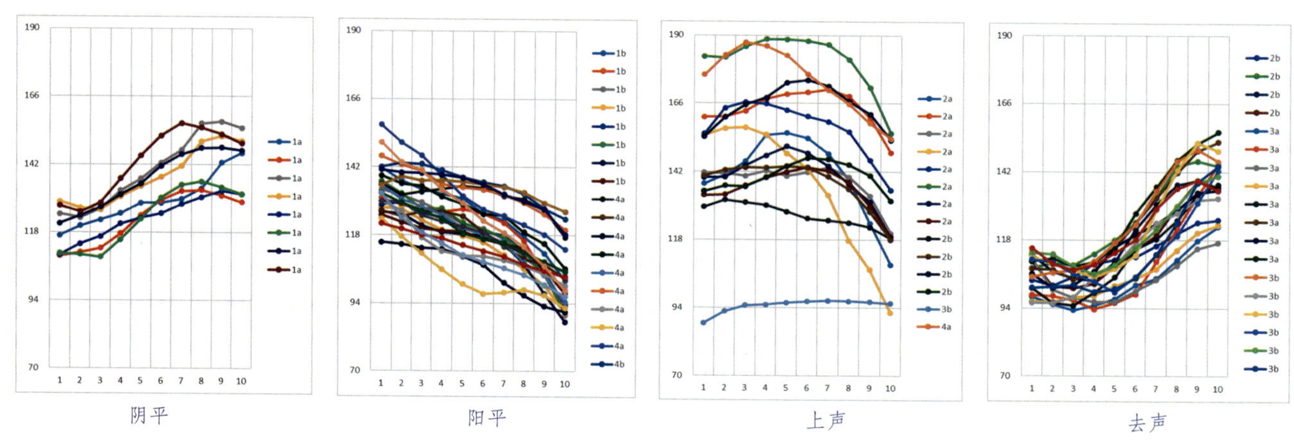

图 9－6b　今声调调域分布范围－兴义桔山－OM

老男的声调有 4 个（见图 9－6a）：

阴平 35、阳平 41、上声 553、去声 114。

今调域的分布情况（见图 9－6b）：

阴平在 23～34 之间；阳平在 21～43 之间；上声主要在 332～554 之间；去声在 223～224 之间。

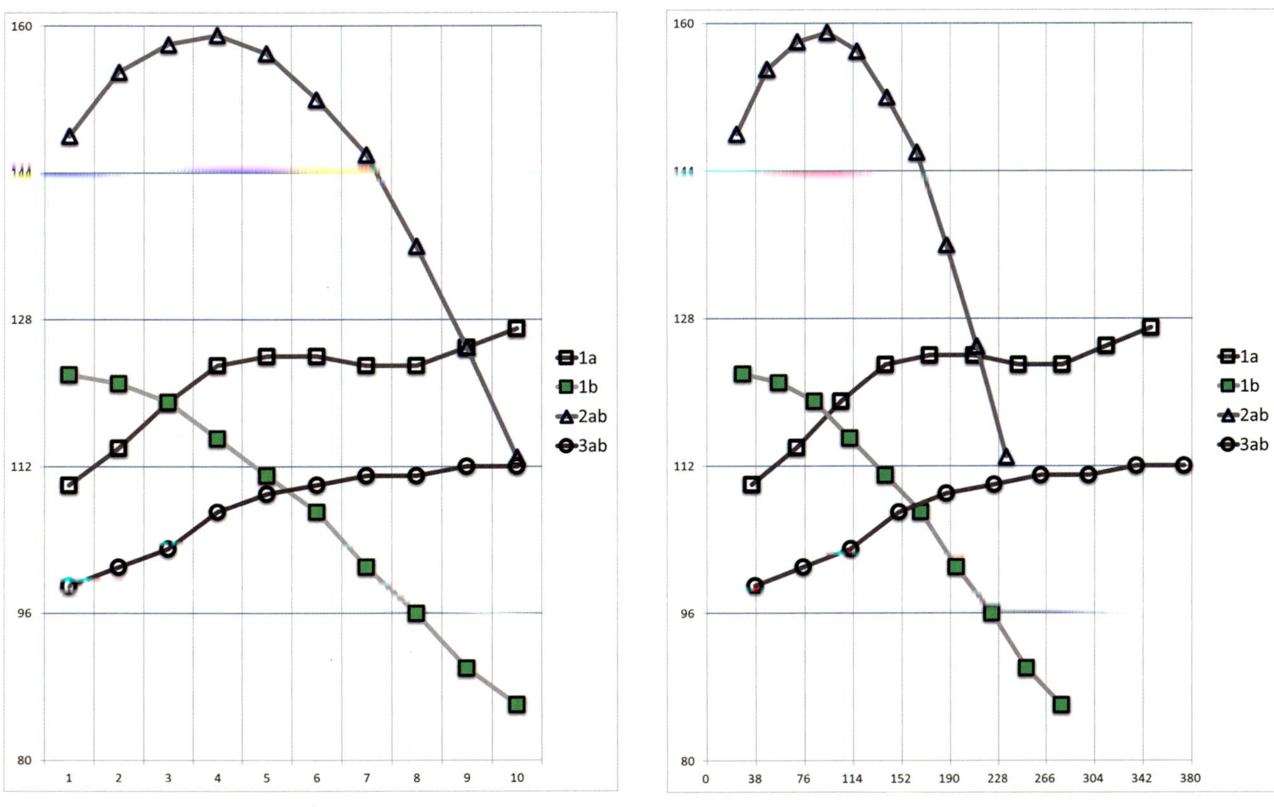

图 9－6c　单字调等长、实长音高模式－兴义桔山－YM

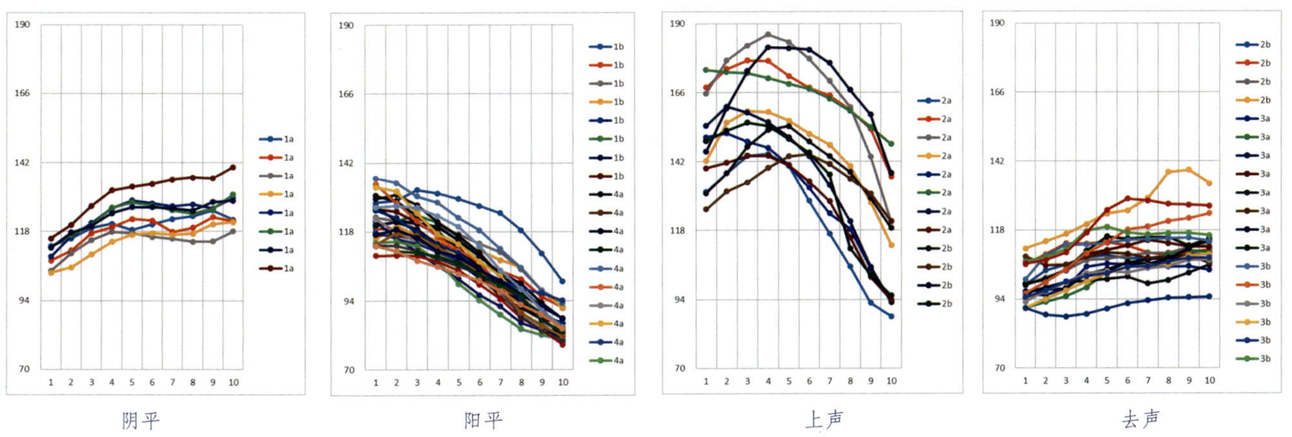

图 9－6d　今声调调域分布范围－兴义桔山－YM

青男的声调有 4 个（见图 9－6c）：

阴平 34、阳平 31、上声 553、去声 23。

今调域的分布情况（见图 9－6d）：

阴平主要在 23 的范围；阳平在 21～32 之间；上声在 331～553 之间；去声在 12～23 之间。

9.1.3 陕南小片

1. 宁陕城关

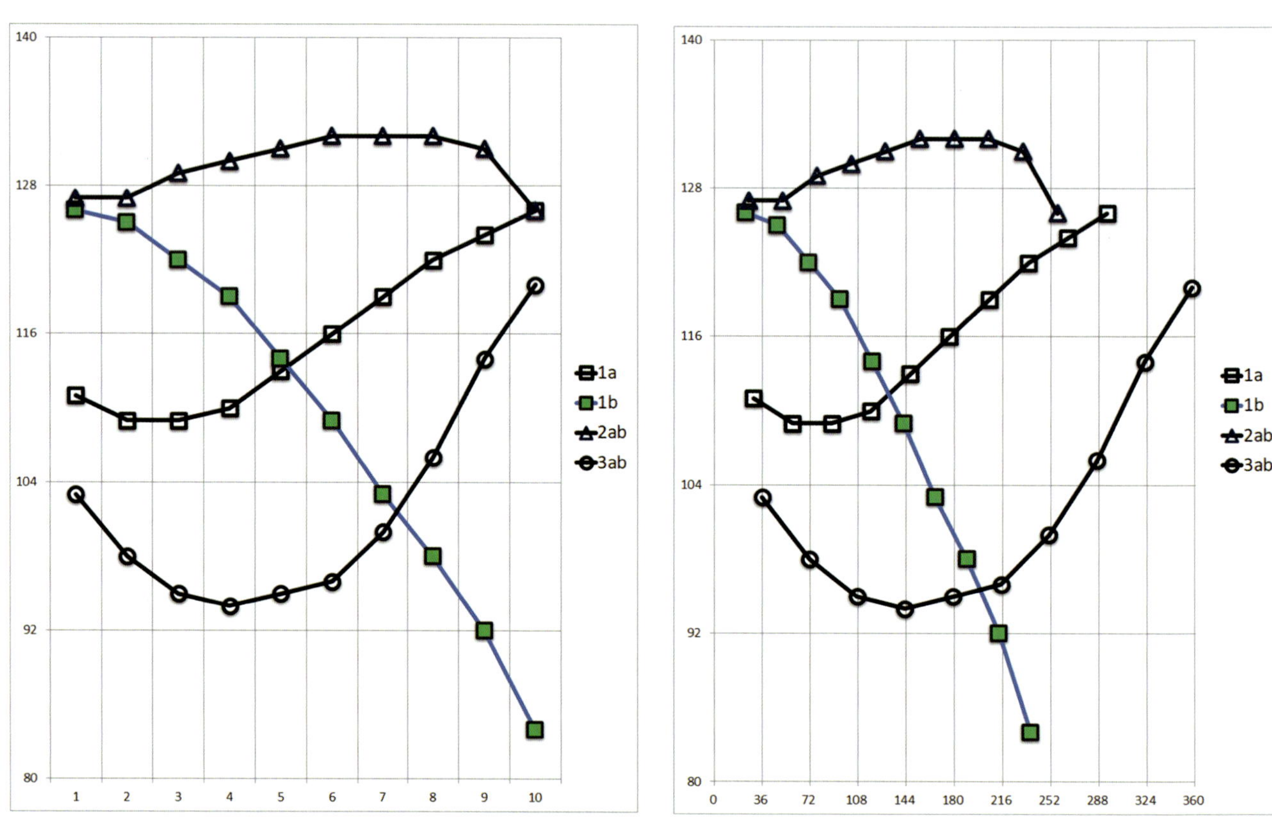

图 9－7a 单字调等长、实长音高模式－宁陕城关－OM

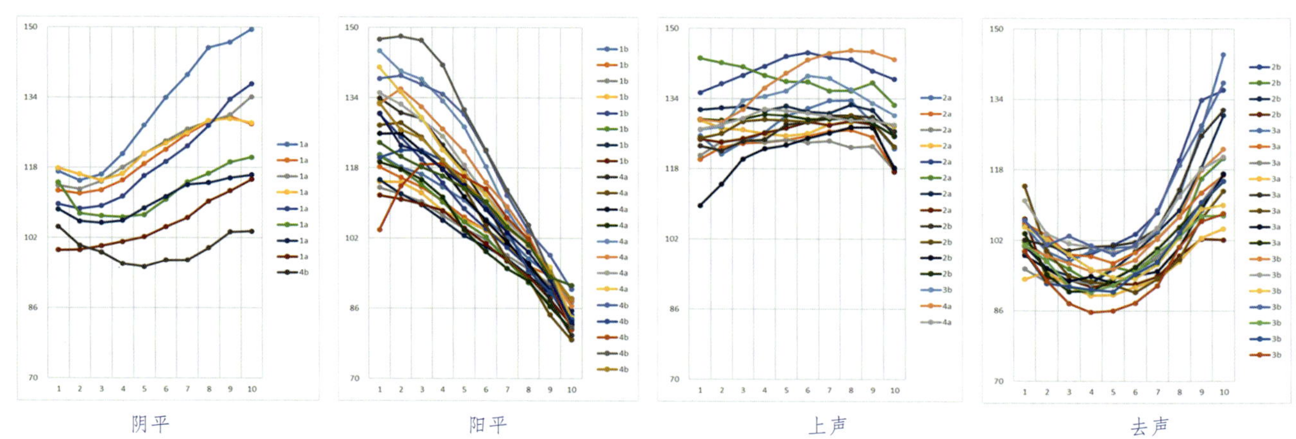

图 9－7b 今声调调域分布范围－宁陕城关－OM

老男的声调有 4 个（见图 9－7a）：

阴平 34、阳平 41、上声 55、去声 324。

今调域的分布情况（见图 9－7b）：

阴平在 23～35 之间；阳平在 31～52 之间；上声在 44～55 之间；去声在 323～325 之间。

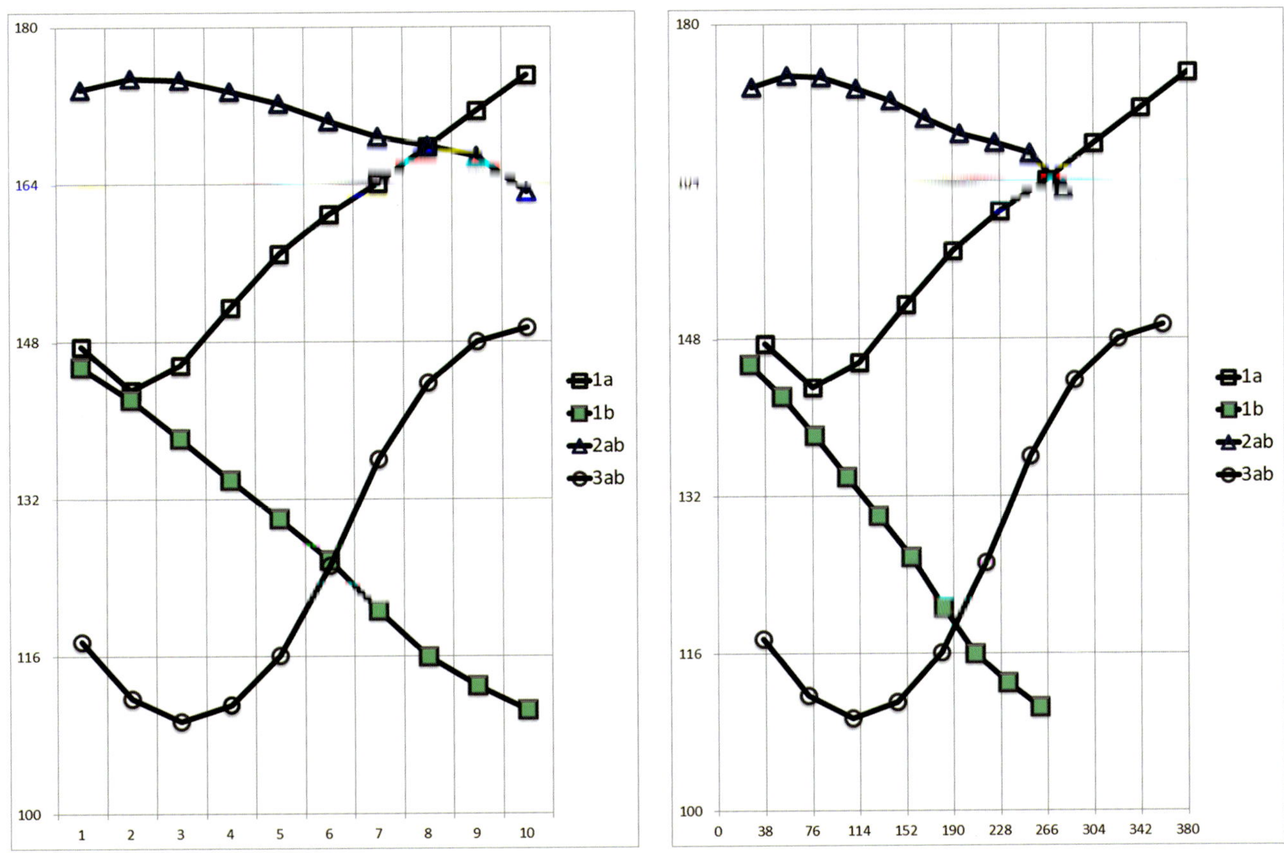

图 9－7c　单字调等长、实长音高模式－宁陕城关－YM

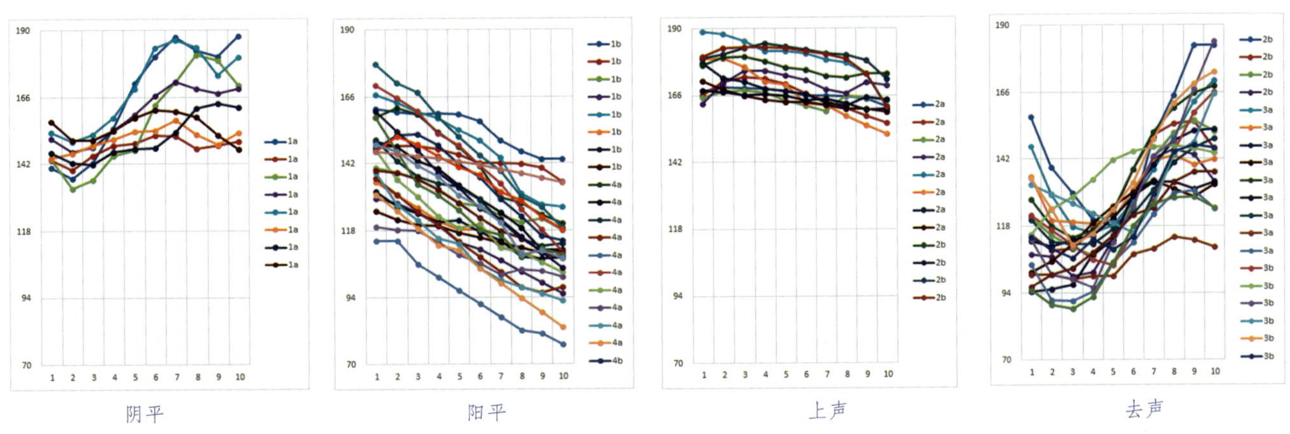

图 9－7d　今声调调域分布范围－宁陕城关－YM

青男的声调有 4 个（见图 9－7c）：

阴平 35、阳平 31、上声 55、去声 214。

今调域的分布情况（见图 9－7d）：

阴平在 34～45 之间；阳平在 21～53 之间；上声在 44～55 之间；去声在 212～435 之间。

2. 汉阴城关

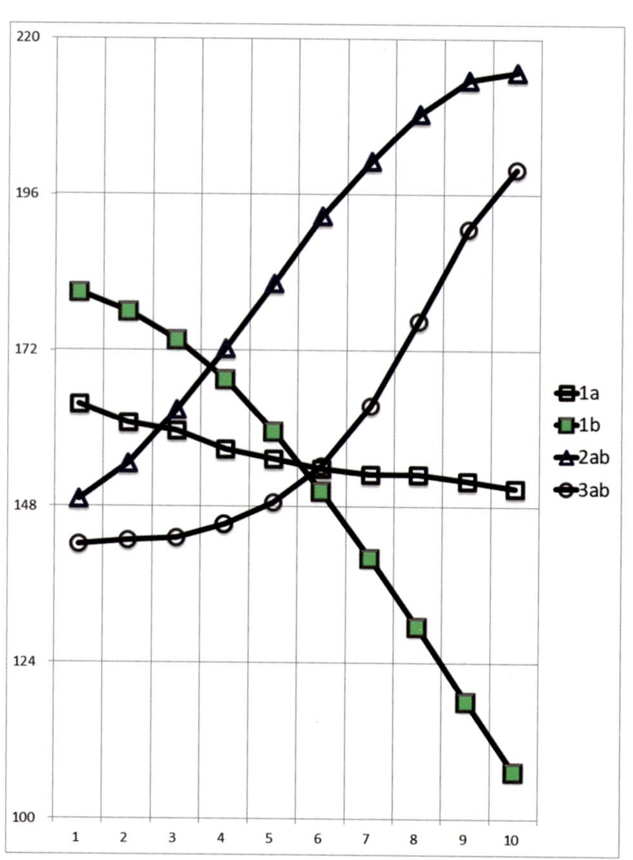

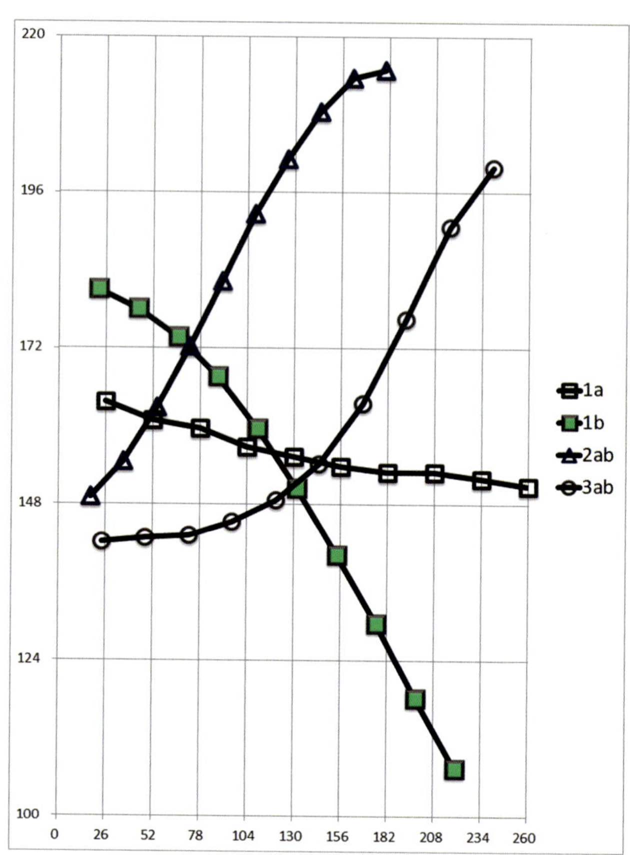

图 9－8a　单字调等长、实长音高模式－汉阴城关－OM

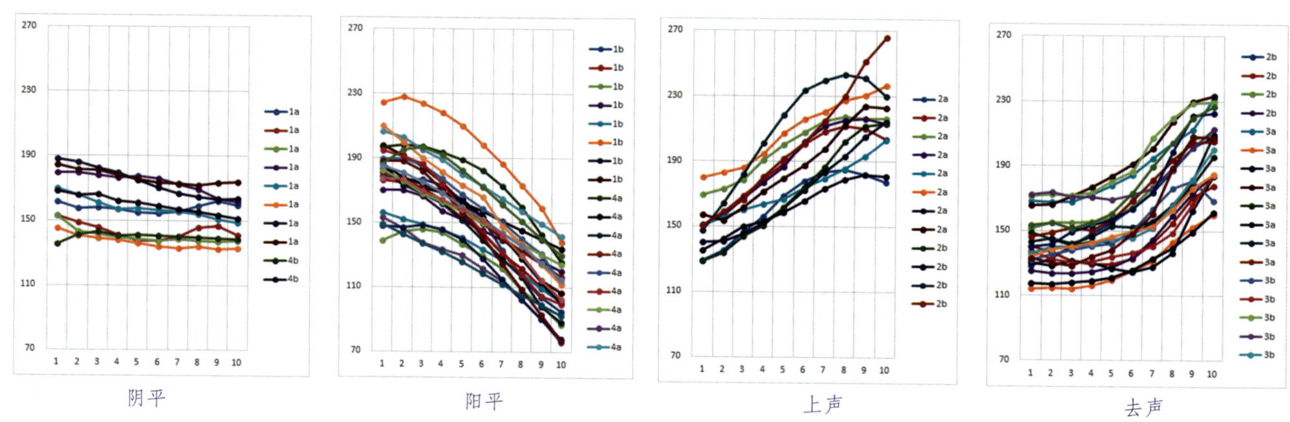

图 9－8b　今声调调域分布范围－汉阴城关－OM

老男的声调有 4 个（见图 9－8a）：

阴平 32、阳平 41、上声 35、去声 225。

今调域的分布情况（见图 9－8b）：

阴平在 22～33 之间；阳平在 21～42 之间；上声在 23～35 之间；去声在 223～335 之间。

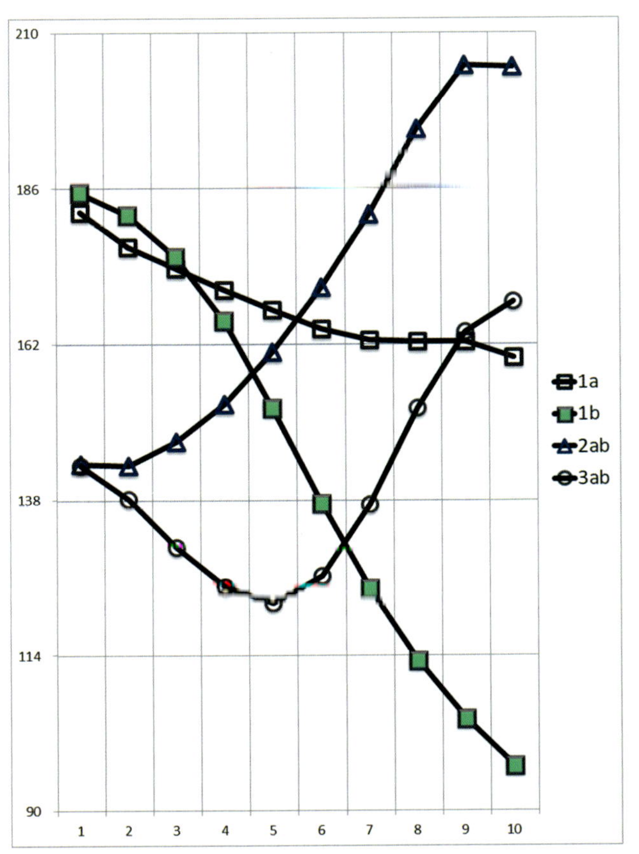

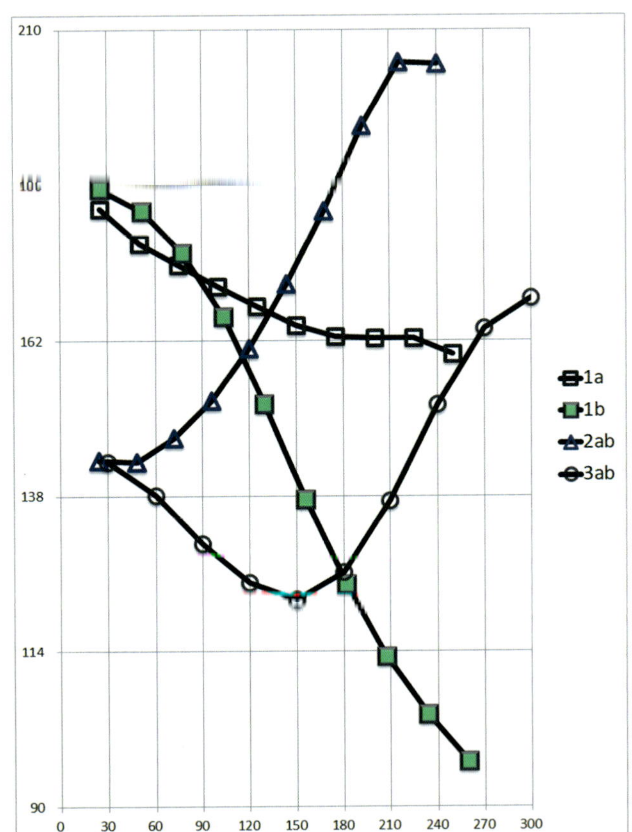

图 9－8c　单字调等长、实长音高模式－汉阴城关－YM

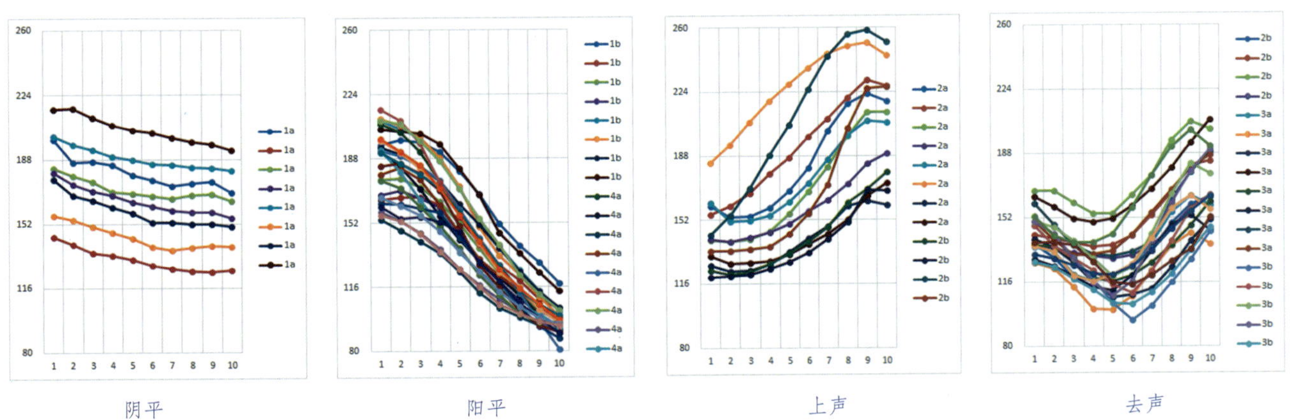

图 9－8d　今声调调域分布范围－汉阴城关－YM

青男的声调有 4 个（见图 9－8c）：

阴平 43、阳平 41、上声 35、去声 324。

今调域的分布情况（见图 9－8d）：

阴平在 32～43 之间；阳平在 31～42 之间；上声在 23～35 之间；去声在 212～324 之间。

3. 镇巴泾洋

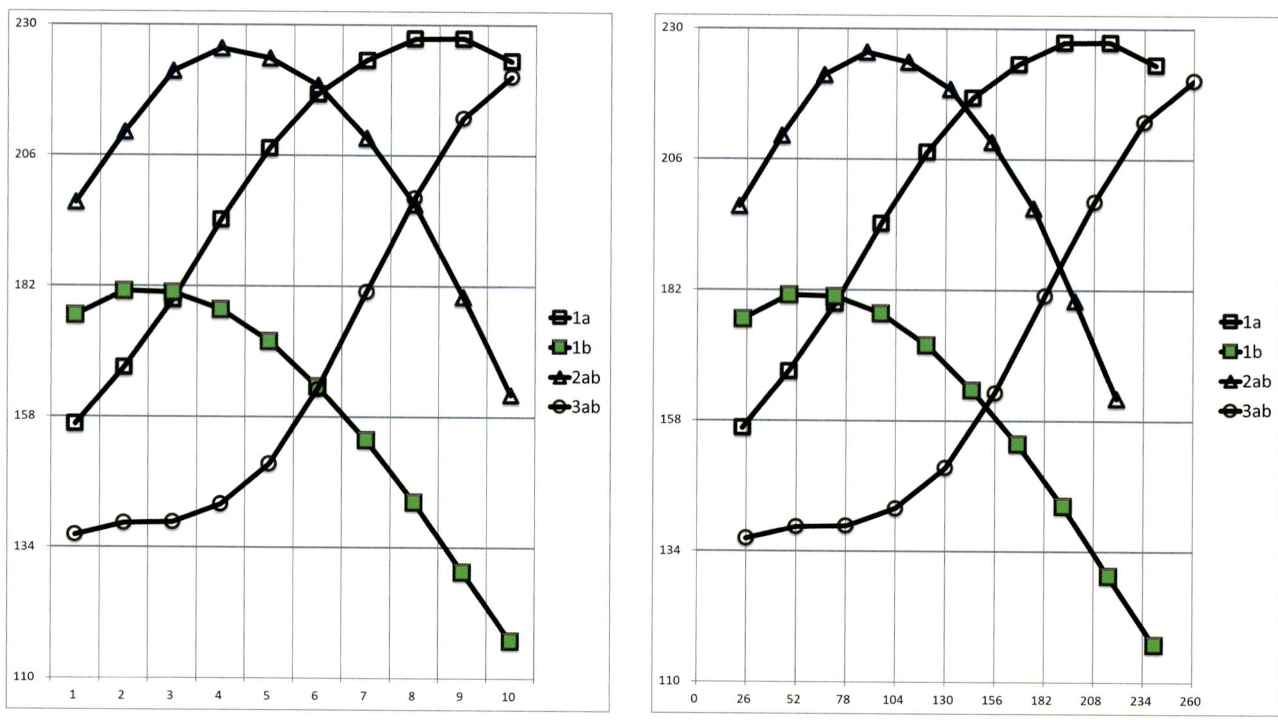

图 9－9a　单字调等长、实长音高模式－镇巴泾洋－OM

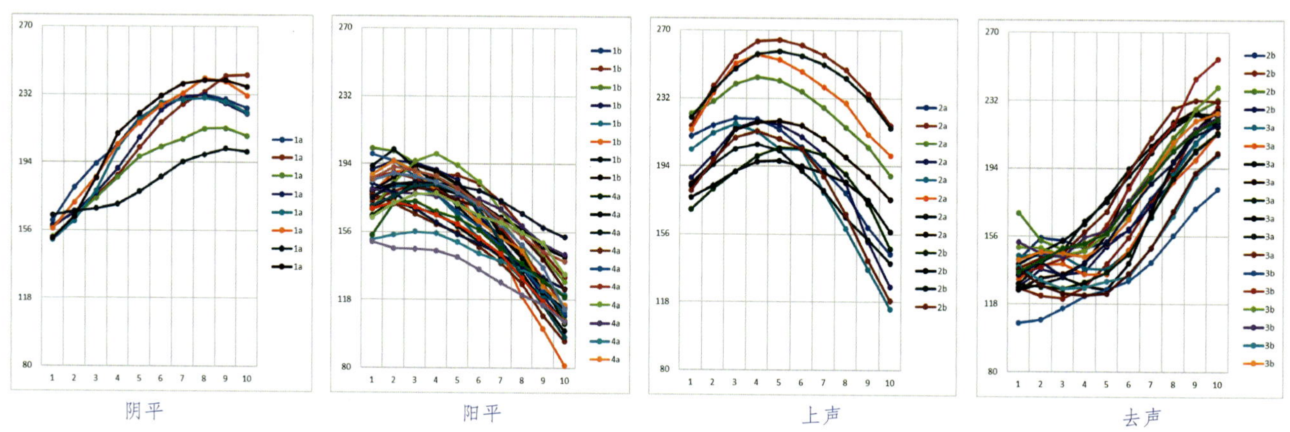

图 9－9b　今声调调域分布范围－镇巴泾洋－OM

老男的声调有 4 个（见图 9－9a）：

阴平 35、阳平 31、上声 453、去声 225。

今调域的分布情况（见图 9－9b）：

阴平在 34～35 之间；阳平在 21～43 之间；上声在 342～454 之间；去声在 223～225 之间。

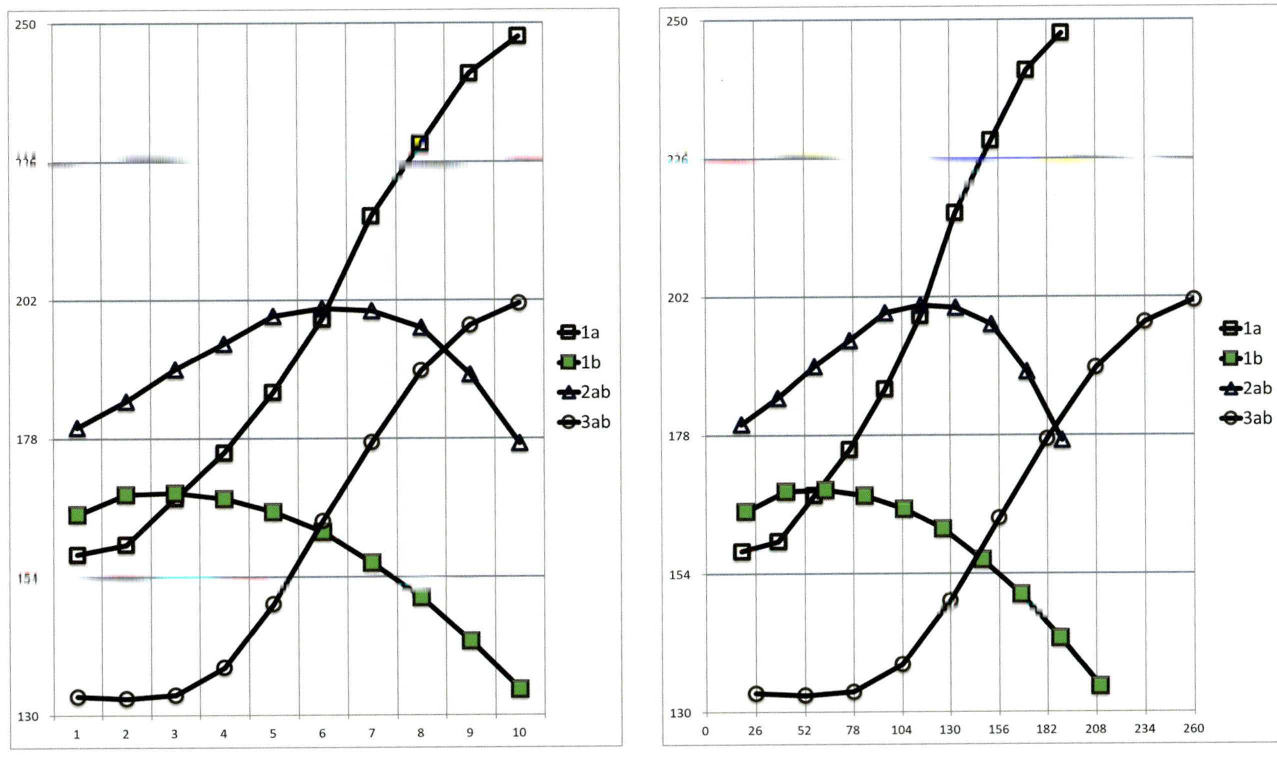

图 9－9c　单字调等长、实长音高模式－镇巴泾洋－YM

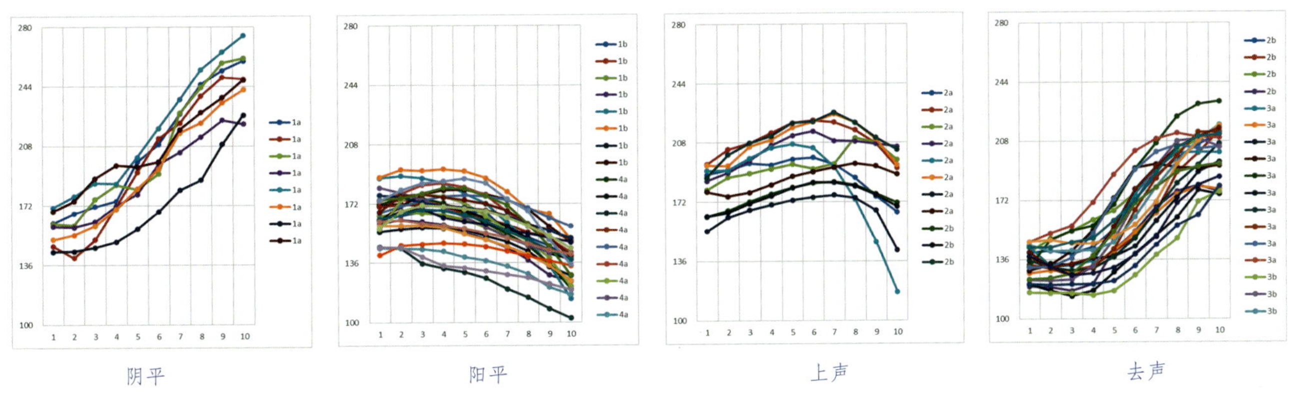

图 9－9d　今声调调域分布范围－镇巴泾洋－YM

青男的声调有 4 个（见图 9－9c）：

阴平 25、阳平 21、上声 232、去声 113。

今调域的分布情况（见图 9－9d）：

阴平在 24～35 之间；阳平在 21～32 之间；上声在 232～343 之间；去声在 113～224 之间。

4. 紫阳城关

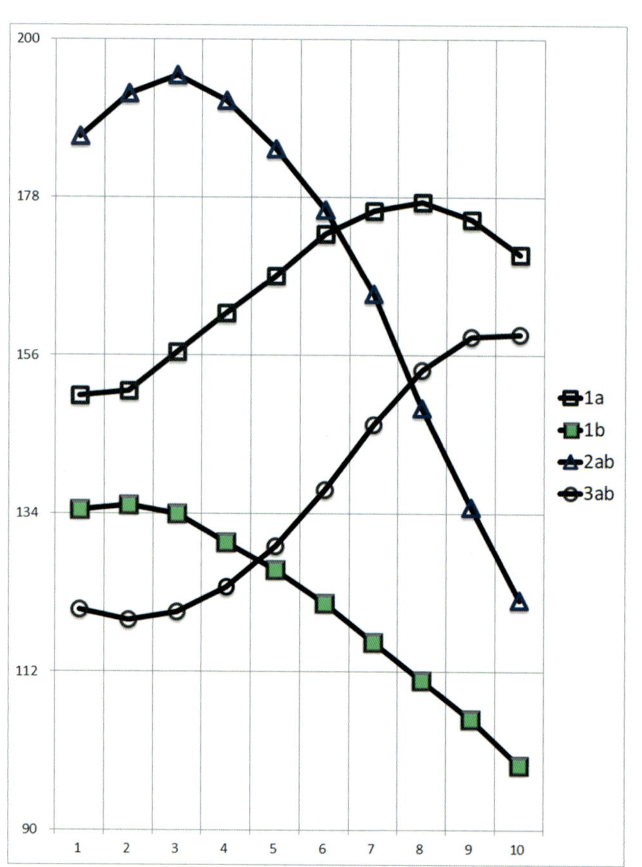

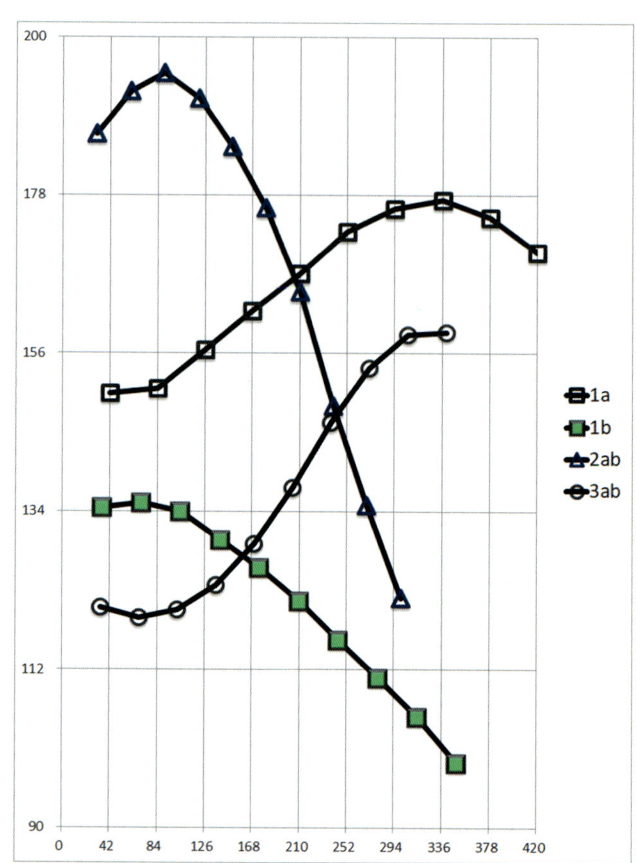

图 9－10a　单字调等长、实长音高模式－紫阳城关－OM

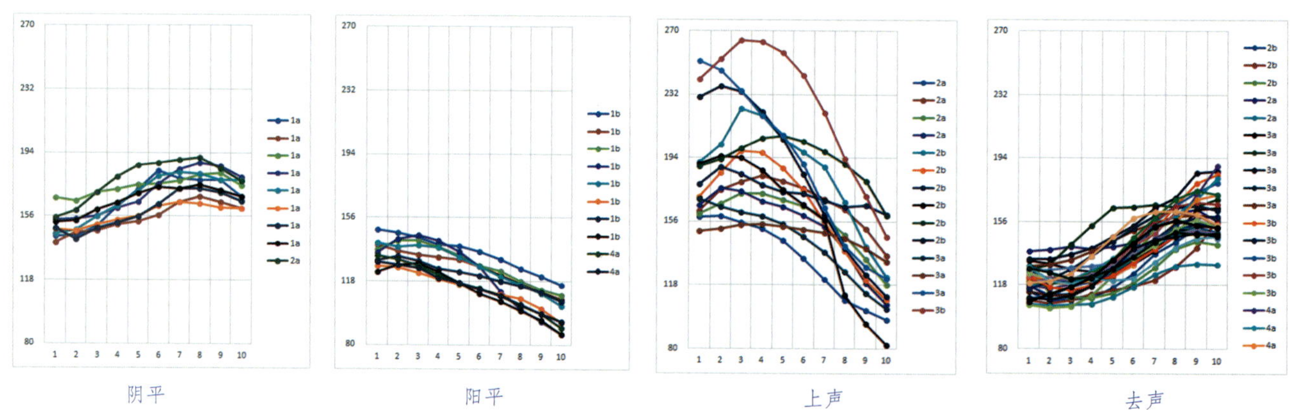

图 9－10b　今声调调域分布范围－紫阳城关－OM

老男的声调有 4 个（见图 9－10a）：

阴平 34、阳平 31、上声 552、去声 24。

今调域的分布情况（见图 9－10b）：

阴平在 23～34 之间；阳平在 21～32 之间；上声在 331～553 之间；去声在 12～23 之间。

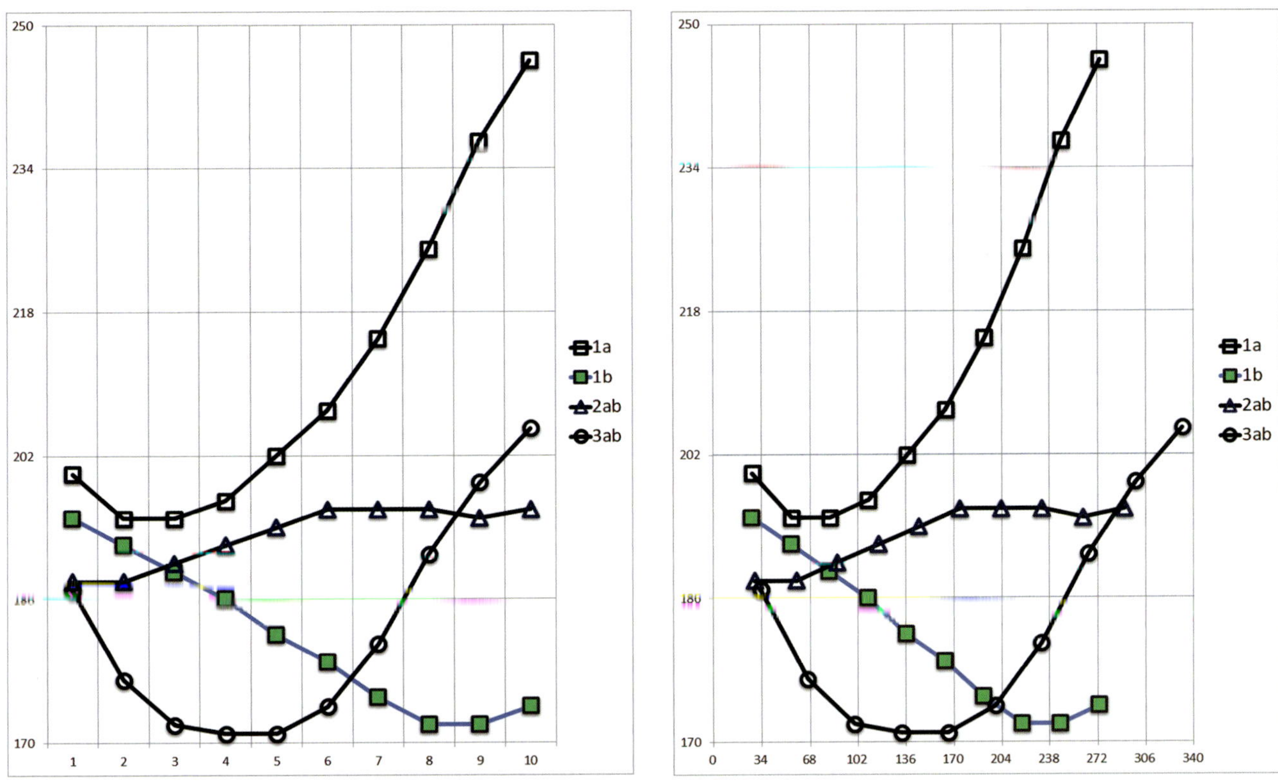

图 9－10c　单字调等长、实长音高模式－紫阳城关－YF

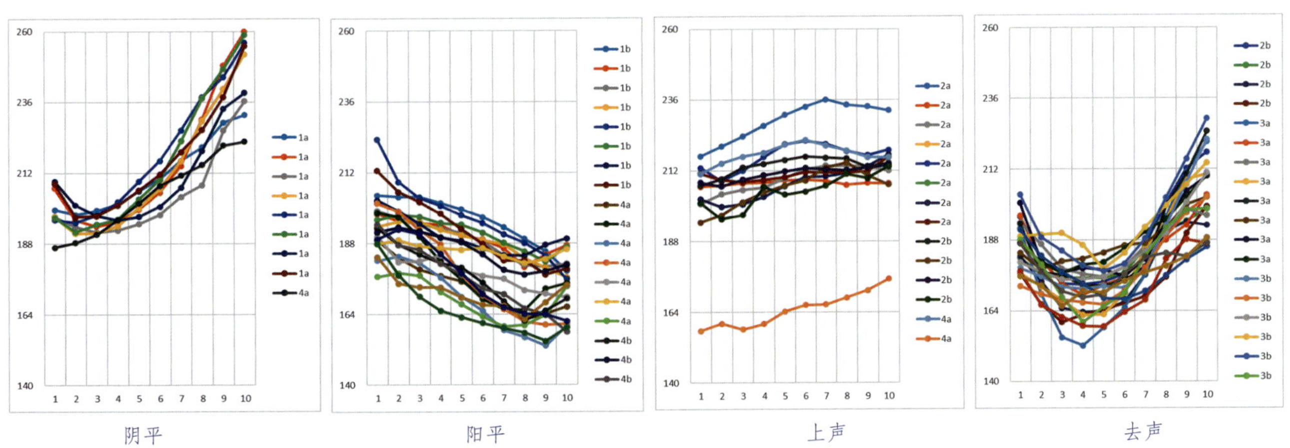

图 9－10d　今声调调域分布范围－紫阳城关－YF

青女的声调有 4 个（见图 9－10c）：

阴平 25、阳平 21、上声 23、去声 213。

今调域的分布情况（见图 9－10d）：

阴平在 34～35 之间；阳平在 21～43 之间；上声在 23～45 之间；去声在 213～324 之间。

9.2 西蜀片

9.2.1 岷赤小片

1. 都江堰奎光塔

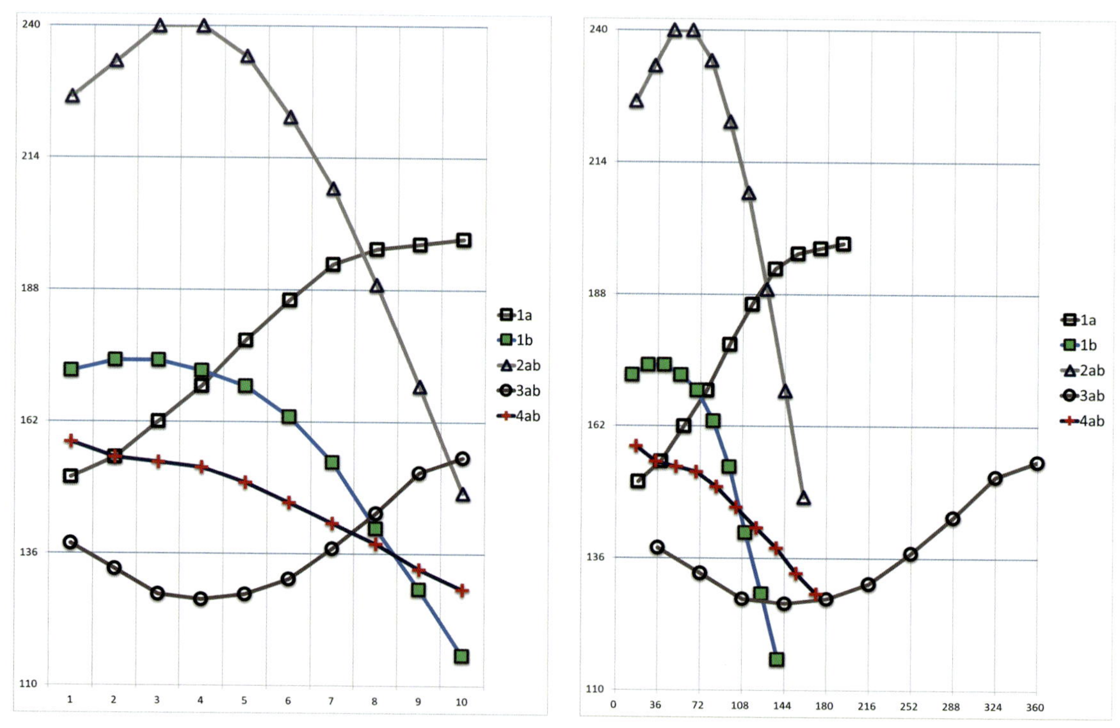

图 9－11a　单字调等长、实长音高模式－都江堰奎光塔－OM

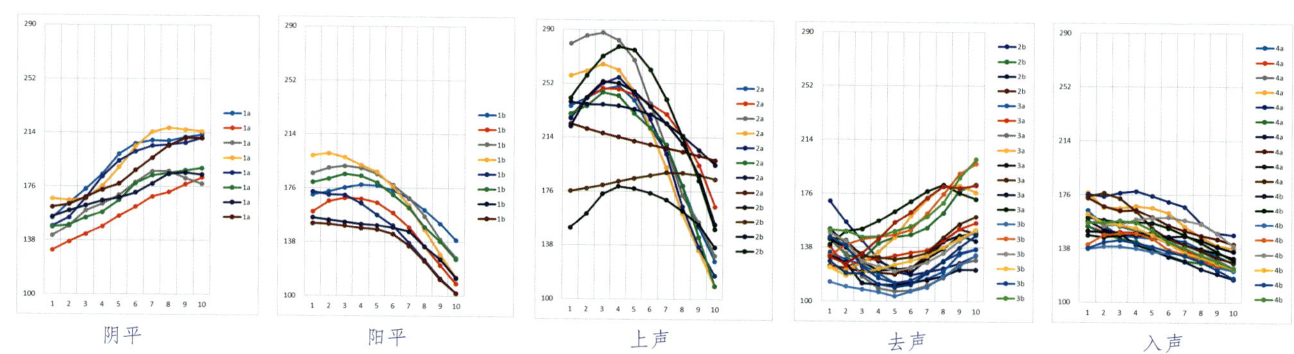

图 9－11b　今声调调域分布范围－都江堰奎光塔－OM

老男的声调有 5 个（见图 9－11a）：

阴平 24、阳平 31、上声 552、去声 212、入声 21。

今调域的分布情况（见图 9－11b）：

阴平在 13～24 之间；阳平在 21～32 之间；上声在 232～453 之间；去声在 212～223 之间；入声在 21 的范围，略平。

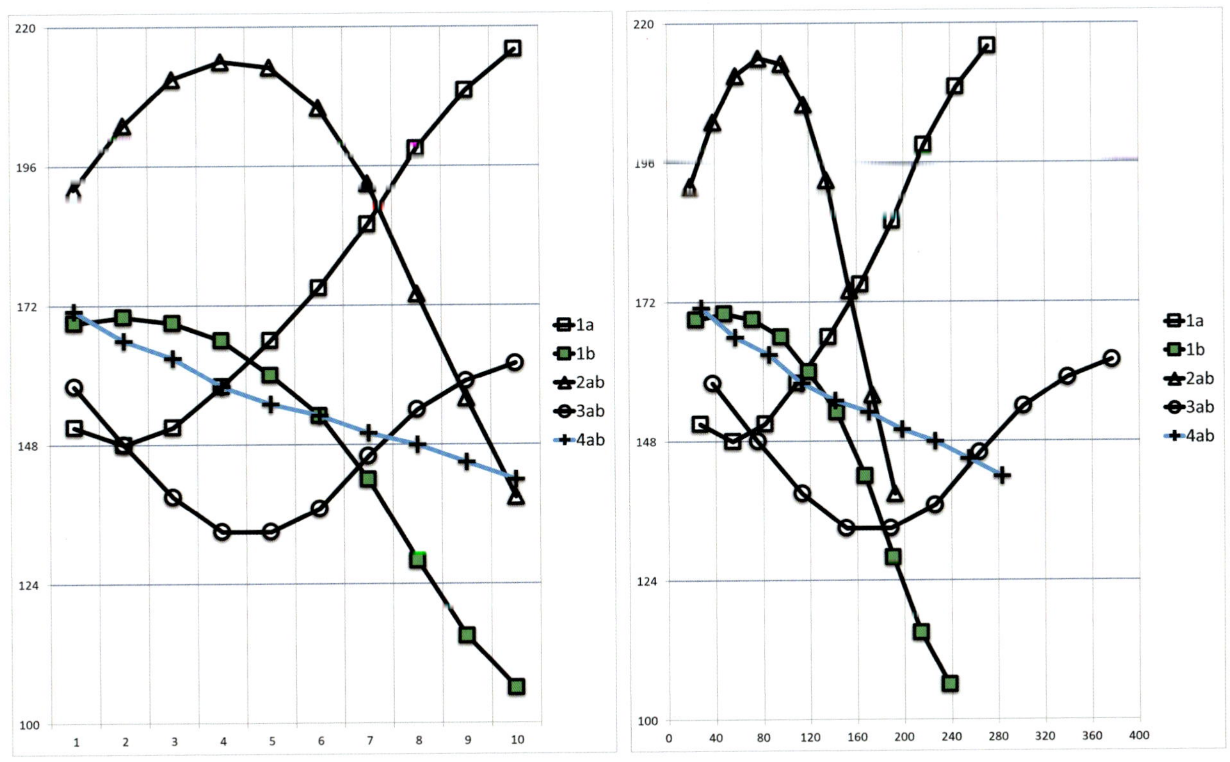

图 9－11c　单字调等长、实长音高模式－都江堰奎光塔－YM

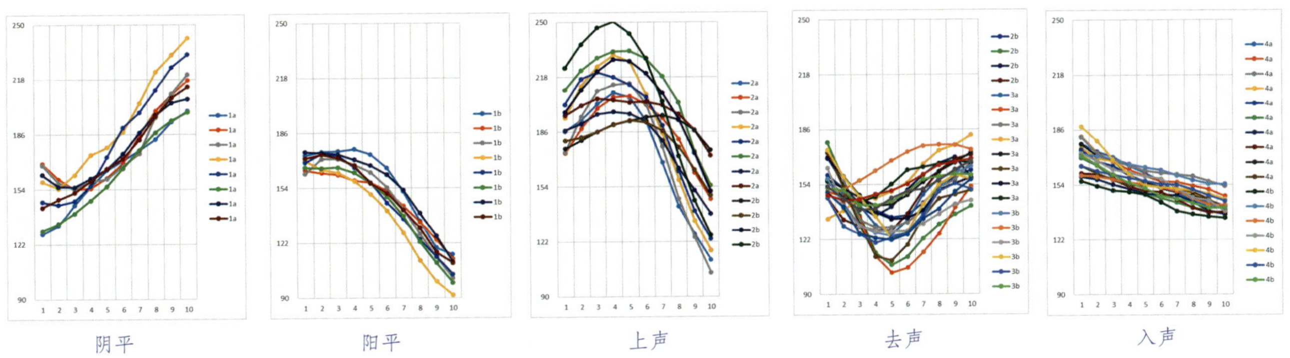

图 9－11d　今声调调域分布范围－都江堰奎光塔－YM

青男的声调有 5 个（见图 9－11c）：

阴平 35、阳平 31、上声 552、去声 323、入声 32。

今调域的分布情况（见图 9－11d）：

阴平在 24～35 之间；阳平在 31 的范围；上声在 331～453 之间；去声在 212～323 之间；入声主要在 32 的范围，略平。

2. 宜宾屏山

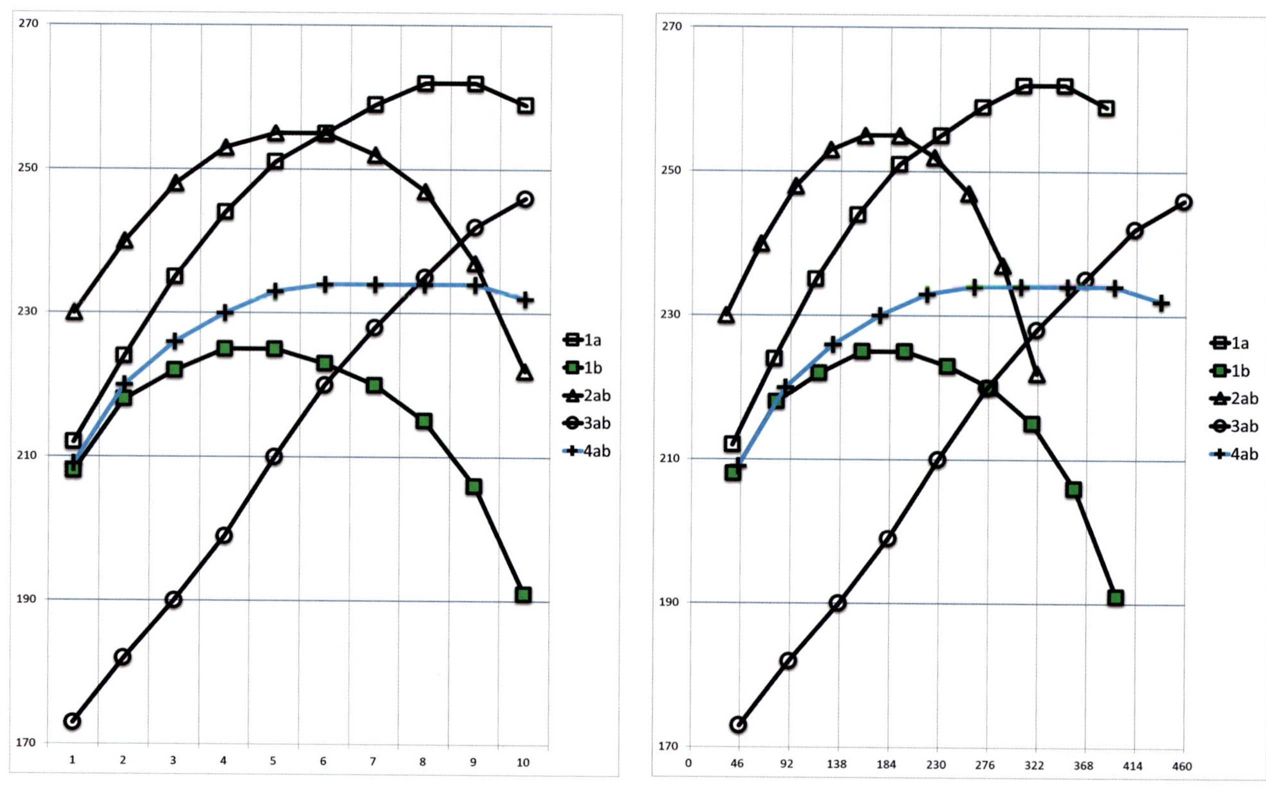

图 9－12a　单字调等长、实长音高模式－宜宾屏山－OM

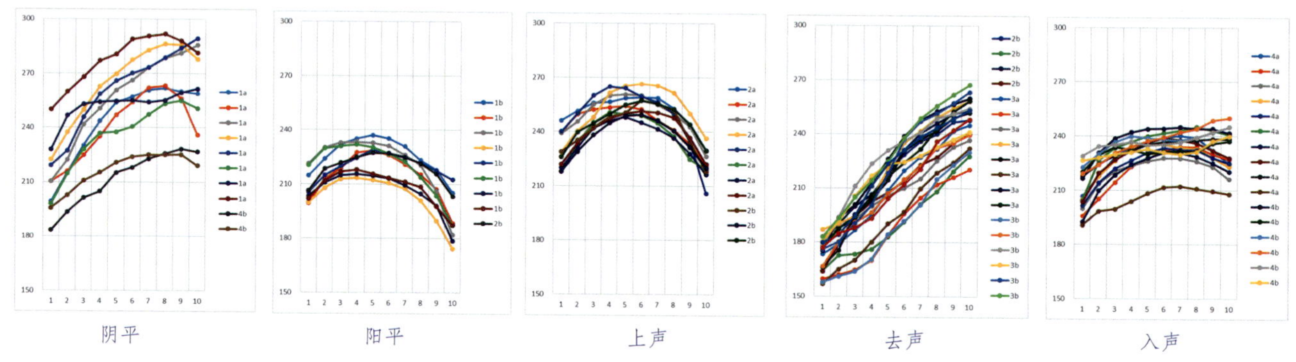

图 9－12b　今声调调域分布范围－宜宾屏山－OM

老男的声调有 5 个（见图 9－12a）：

阴平 35、阳平 332；上声 454、去声 14、入声 344。

今调域的分布情况（见图 9－12b）：

阴平在 23～45 之间；阳平主要在 232 的范围；上声在 343～454 之间；去声在 13～24 之间；入声在 233～344 之间。

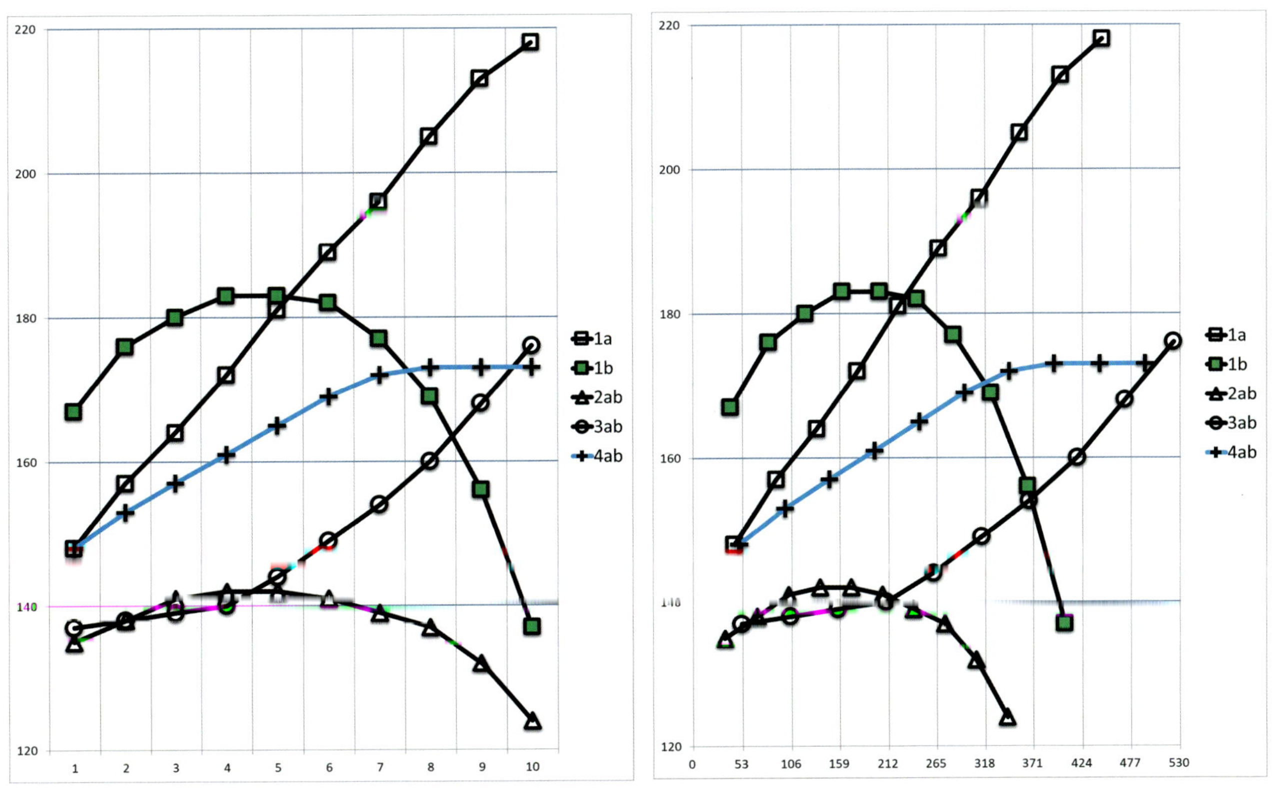

图 9－12c　单字调等长、实长音高模式－宜宾屏山－YM

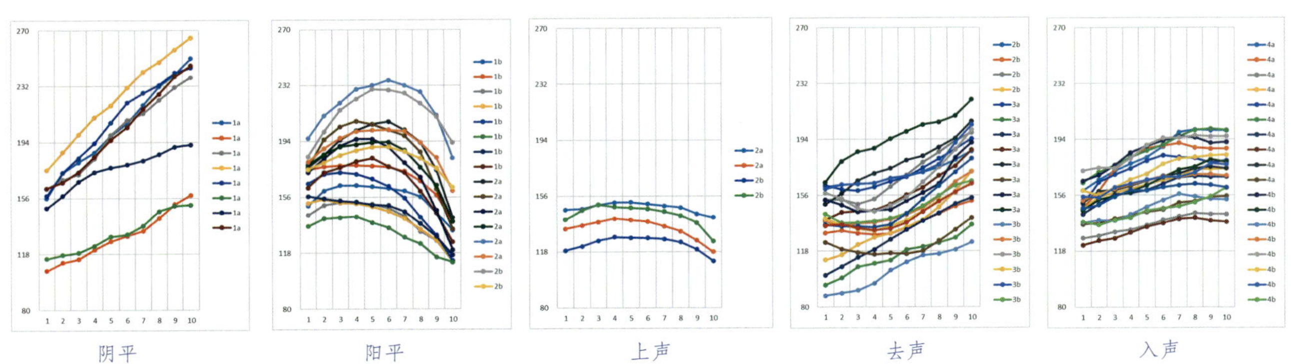

图 9－12d　今声调调域分布范围－宜宾屏山－YM

青男的声调有 5 个（见图 9－12c）：

阴平 25、阳平 332、上声 221、去声 13、入声 23。

今调域的分布情况（见图 9－12d）：

阴平在 12～35 之间；阳平在 21～454 之间；上声在 22 的范围，略降；去声在 12～34 之间；入声在 23～34 之间。

3. 重庆江津

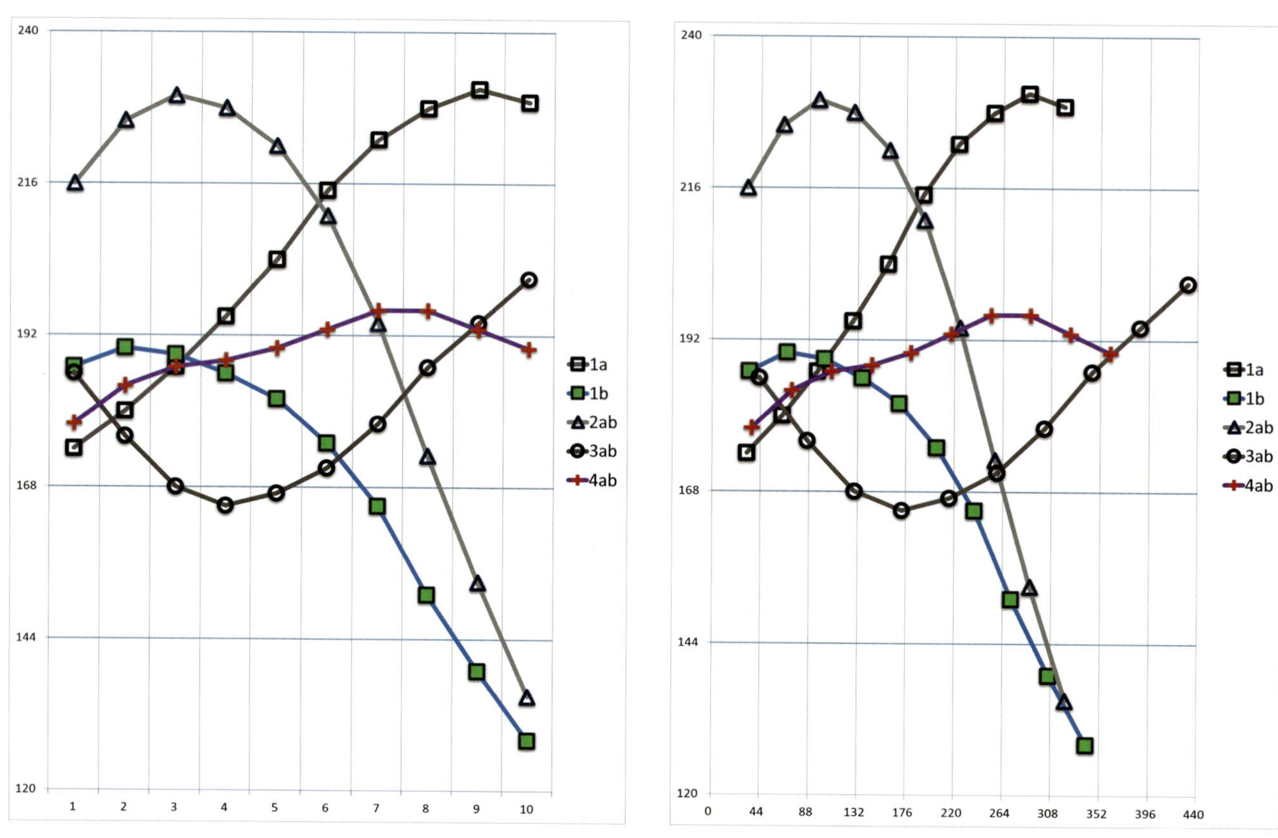

图 9－13a　单字调等长、实长音高模式－重庆江津－OM

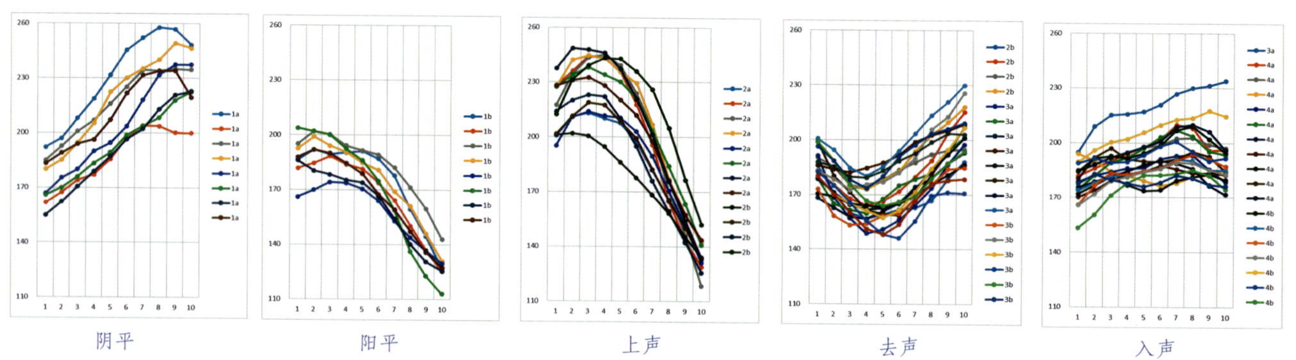

图 9－13b　今声调调域分布范围－重庆江津－OM

老男的声调有 5 个（见图 9－13a）：

阴平 35、阳平 31、上声 551、去声 324、入声 34。

今调域的分布情况（见图 9－13b）：

阴平在 24～35 之间；阳平在 21～32 之间；上声在 331～552 之间；去声在 323～324 之间；入声在 34～45 之间。

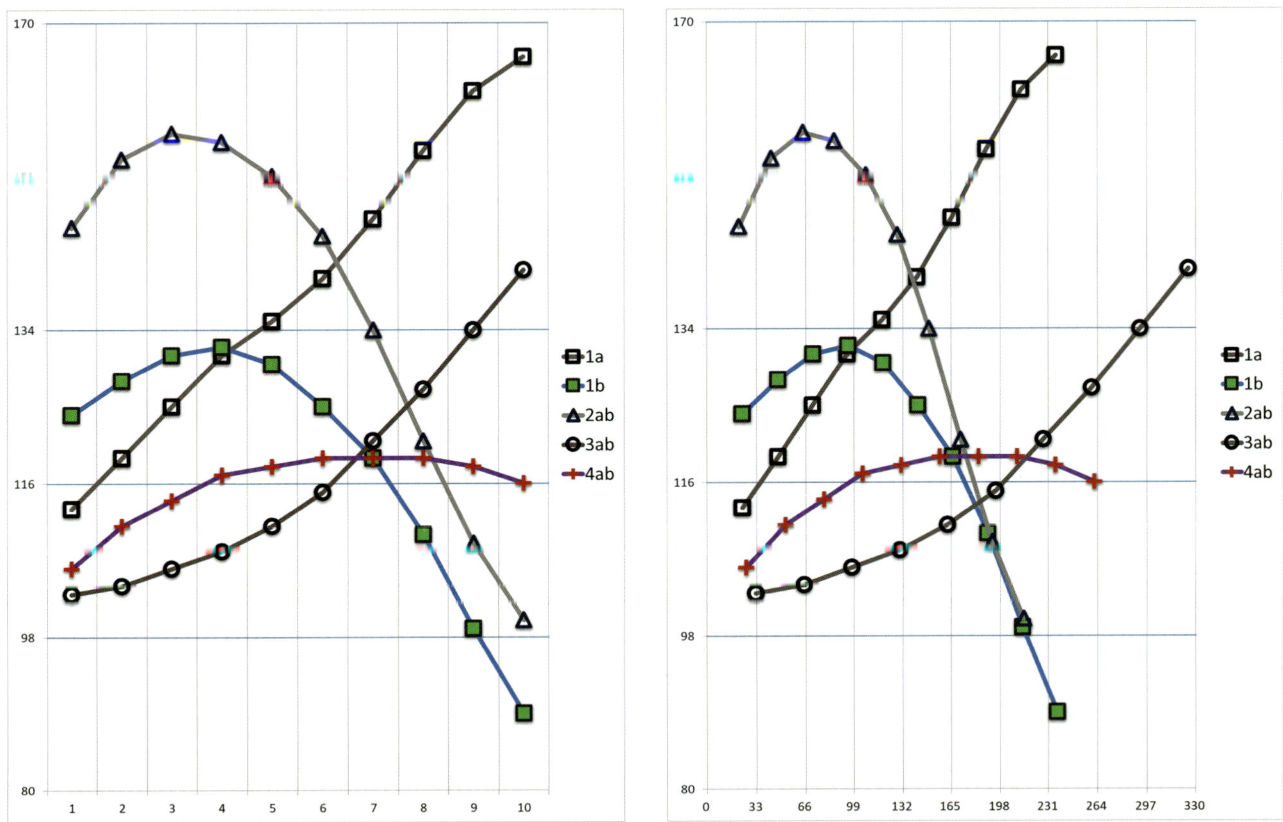

图 9－13c　单字调等长、实长音高模式－重庆江津－YM

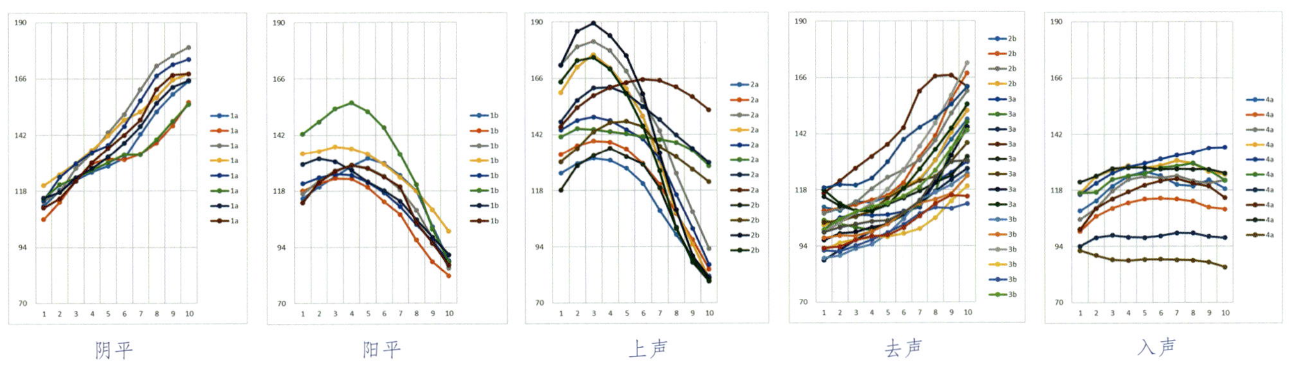

图 9－13d　今声调调域分布范围－重庆江津－YM

青男的声调有 5 个（见图 9－13c）：

阴平 25、阳平 331、上声 552、去声 24、入声 233。

今调域的分布情况（见图 9－13d）：

阴平在 24～35 之间；阳平在 331～442 之间；上声在 231～552 之间；去声在 23～34 之间；入声在 11～233 之间。

4. 瓮安翁水

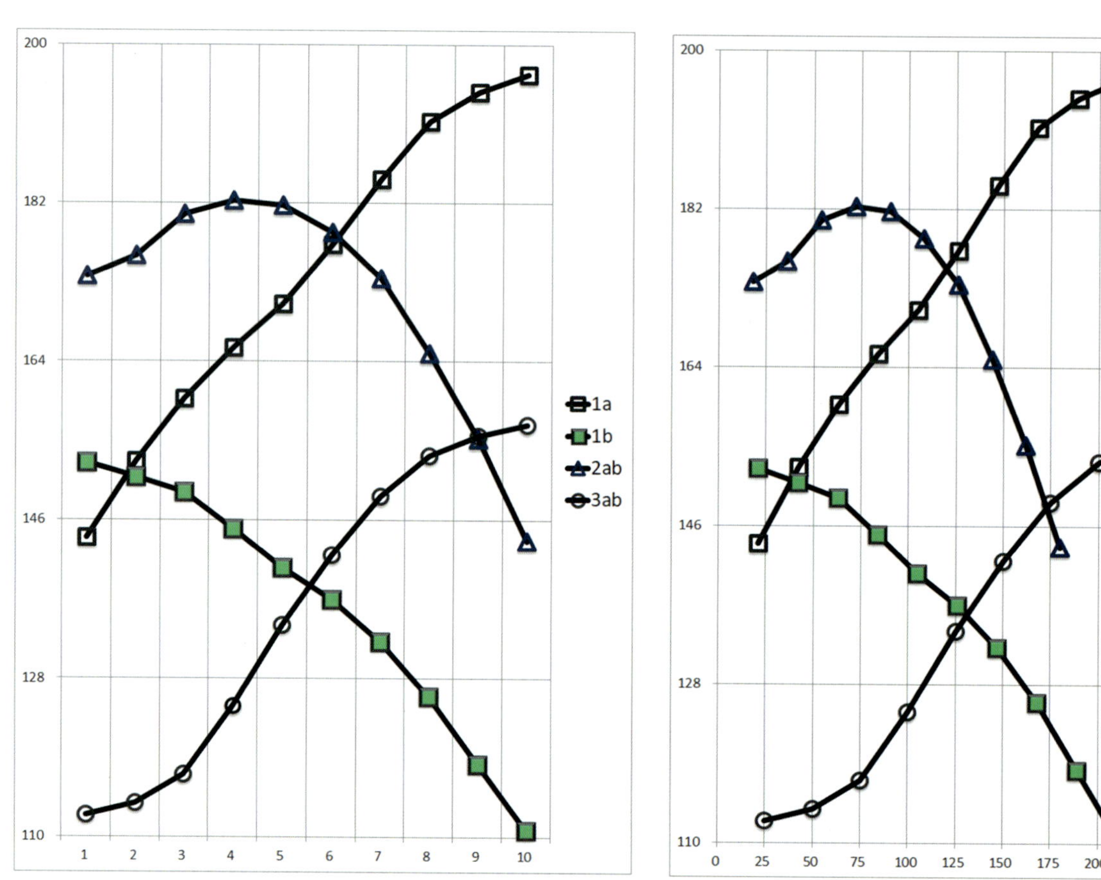

图 9－14a 单字调等长、实长音高模式－瓮安翁水－OM

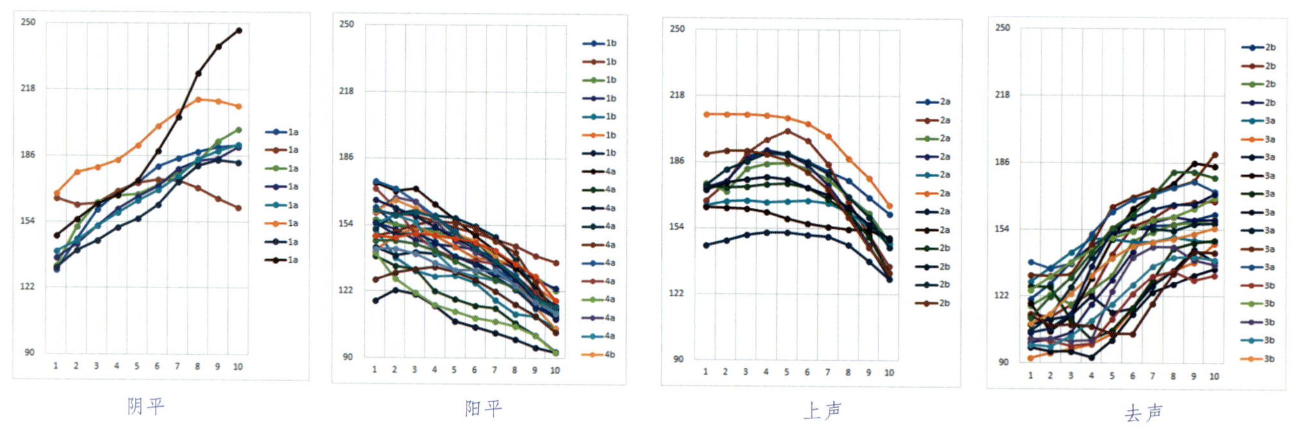

图 9－14b 今声调调域分布范围－瓮安翁水－OM

老男的声调有 4 个（见图 9－14a）：

阴平 25、阳平 31、上声 442、去声 13。

今调域的分布情况（见图 9－14b）：

阴平在 24～35 之间；阳平在 21～32 之间；上声在 332～443 之间；去声在 12～23 之间。

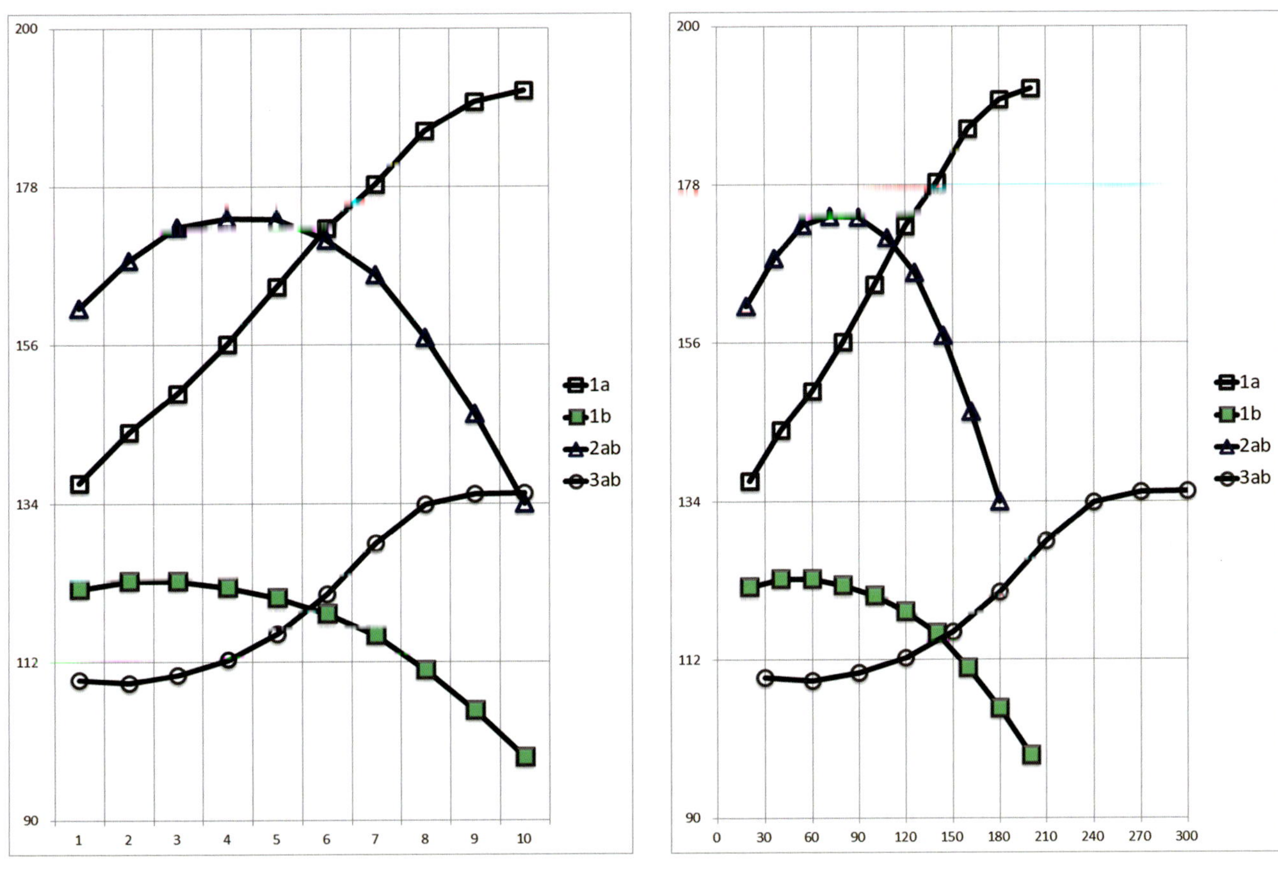

图 9－14c 单字调等长、实长音高模式－瓮安翁水－YM

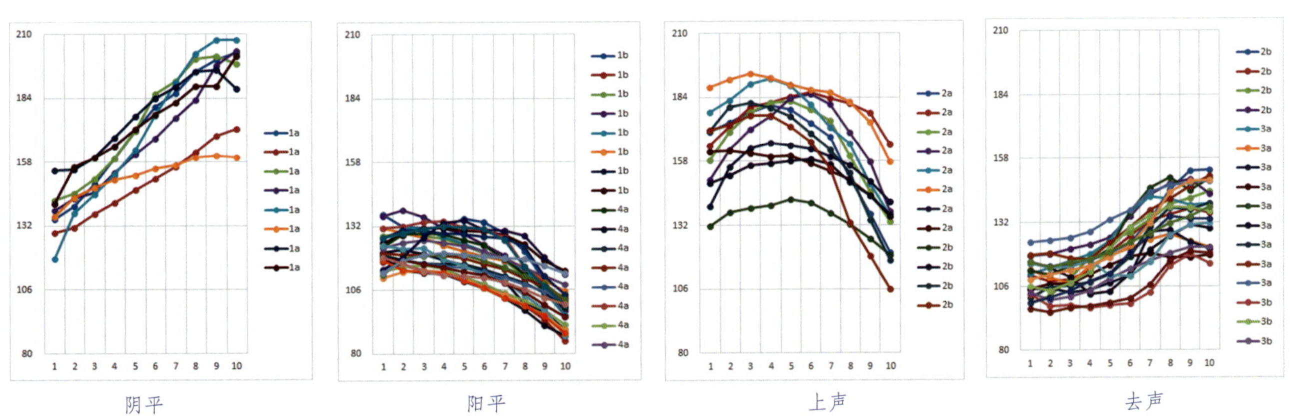

图 9－14d 今声调调域分布范围－瓮安翁水－YM

青男的声调有 4 个（见图 9－14c）：

阴平 35、阳平 21、上声 443、去声 23。

今调域的分布情况（见图 9－14d）：

阴平在 23～35 之间；阳平在 21～32 之间；上声在 332～554 之间；去声在 112～223 之间。

5. 仁怀中枢

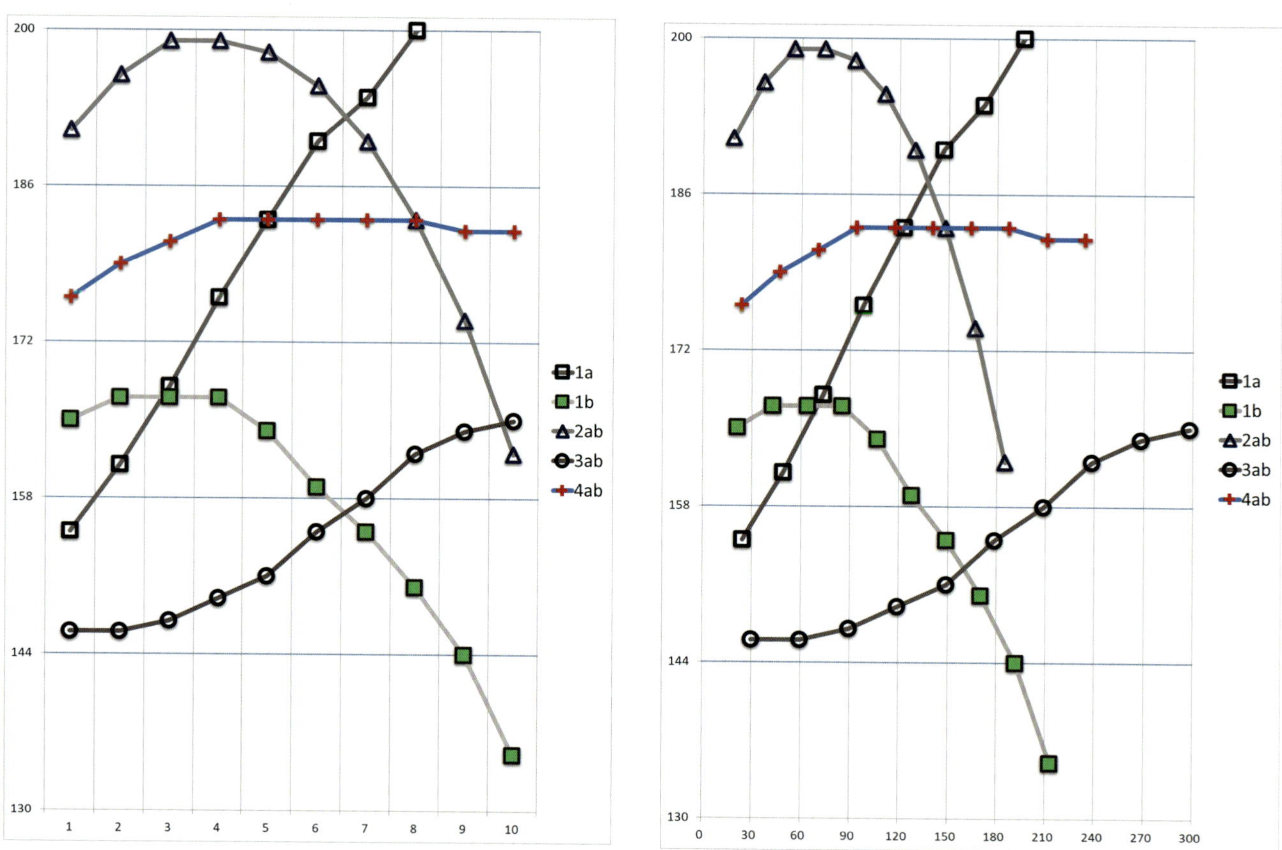

图 9－15a　单字调等长、实长音高模式－仁怀中枢－OM

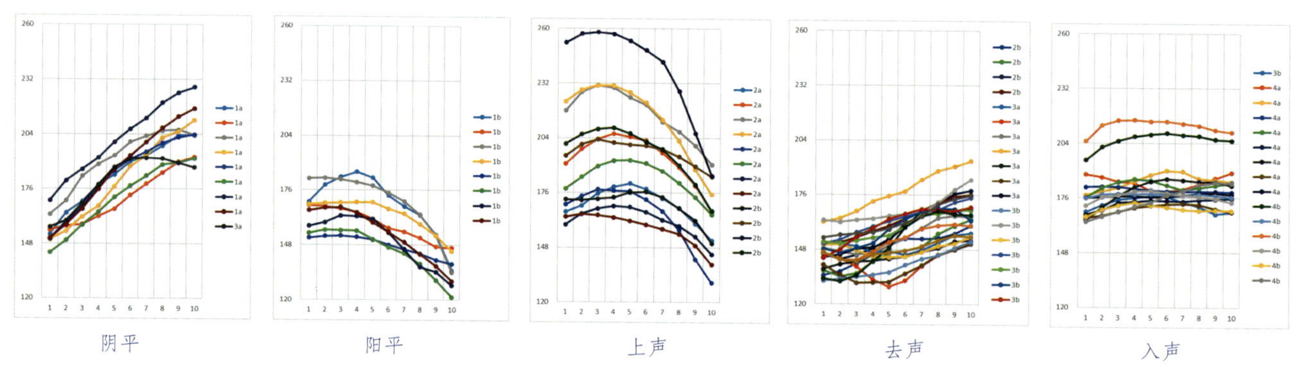

图 9－15b　今声调调域分布范围－仁怀中枢－OM

老男的声调有 5 个（见图 9－15a）：

阴平 25、阳平 31、上声 553、去声 23、入声 44。

今调域的分布情况（见图 9－15b）：

阴平在 23～24 之间；阳平在 21～32 之间；上声在 221～553 之间；去声在 12～23 之间；入声在 22～44 之间。

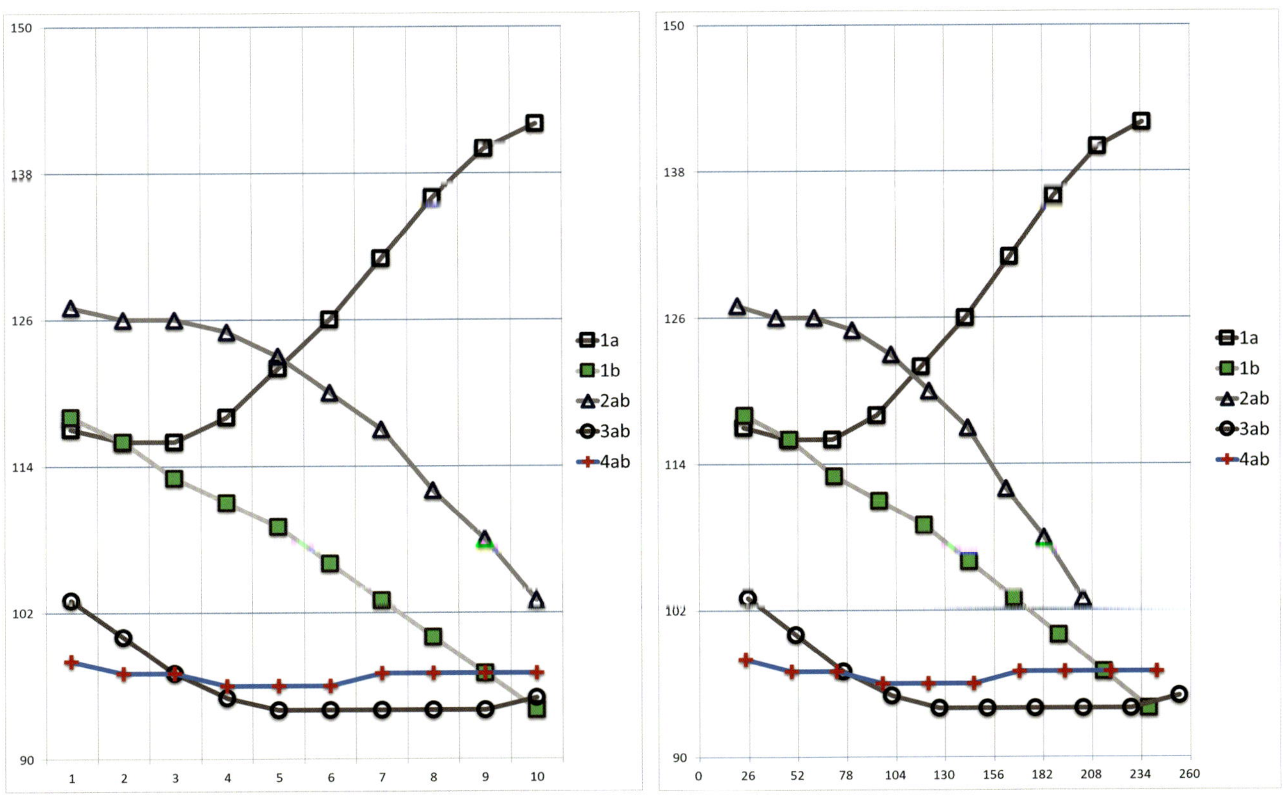

图 9－15c 单字调等长、实长音高模式－仁怀中枢－YM

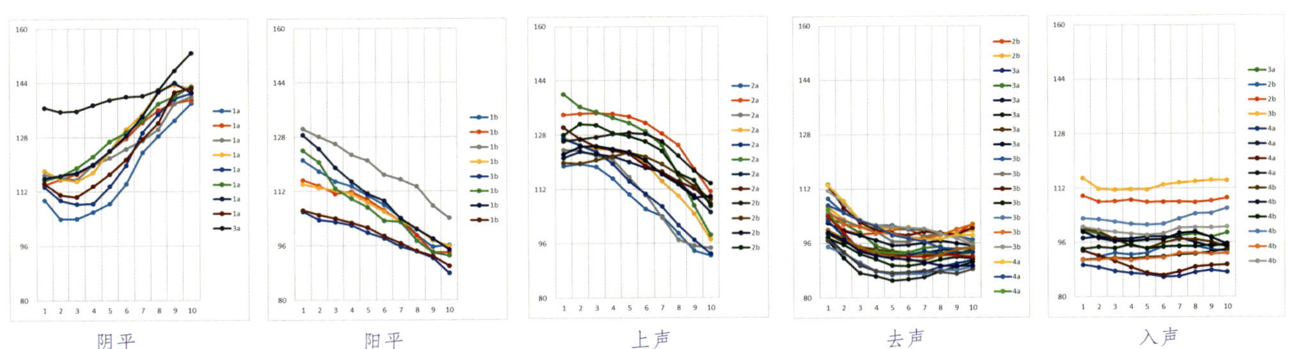

图 9－15d 今声调调域分布范围－仁怀中枢－YM

青男的声调有 5 个（见图 9－15c）：

阴平 35、阳平 31、上声 42、去声 211、入声 11。

今调域的分布情况（见图 9－15d）：

阴平在 24～45 之间；阳平在 21～42 之间；上声在 32～42 之间；去声在 211～322 之间；入声在 11～33 之间。

9.2.3 江贡小片

1. 内江隆昌

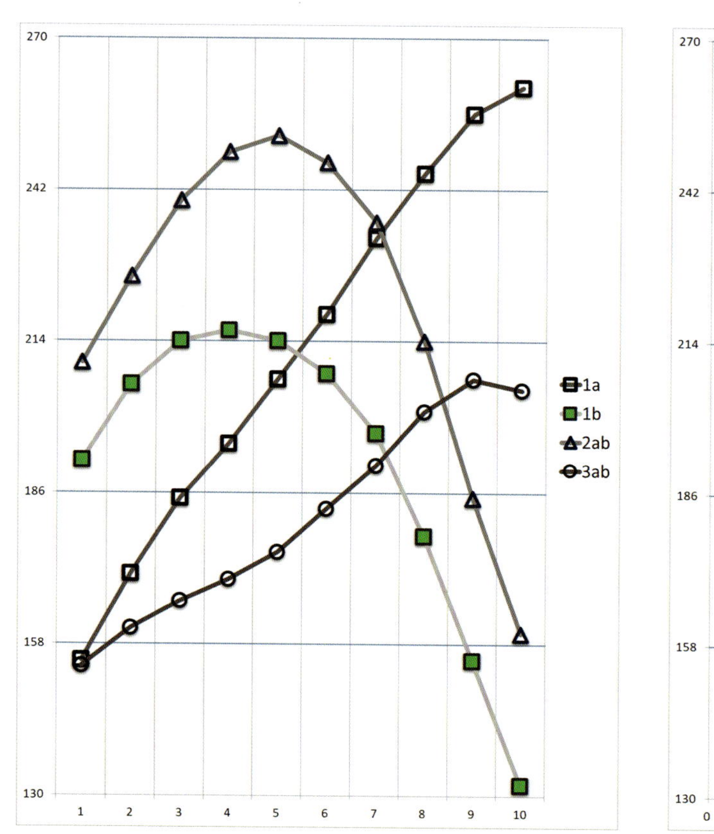

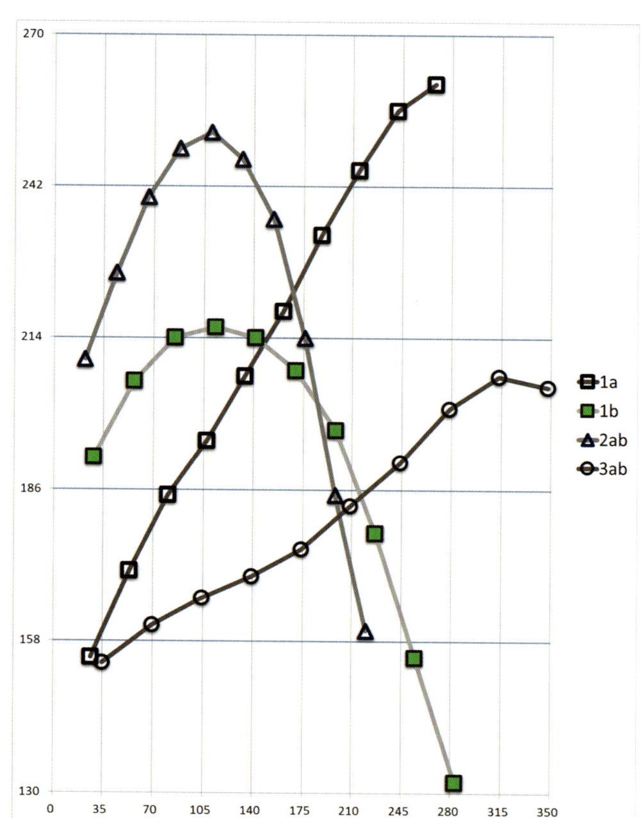

图 9－17a 单字调等长、实长音高模式－内江隆昌－OM

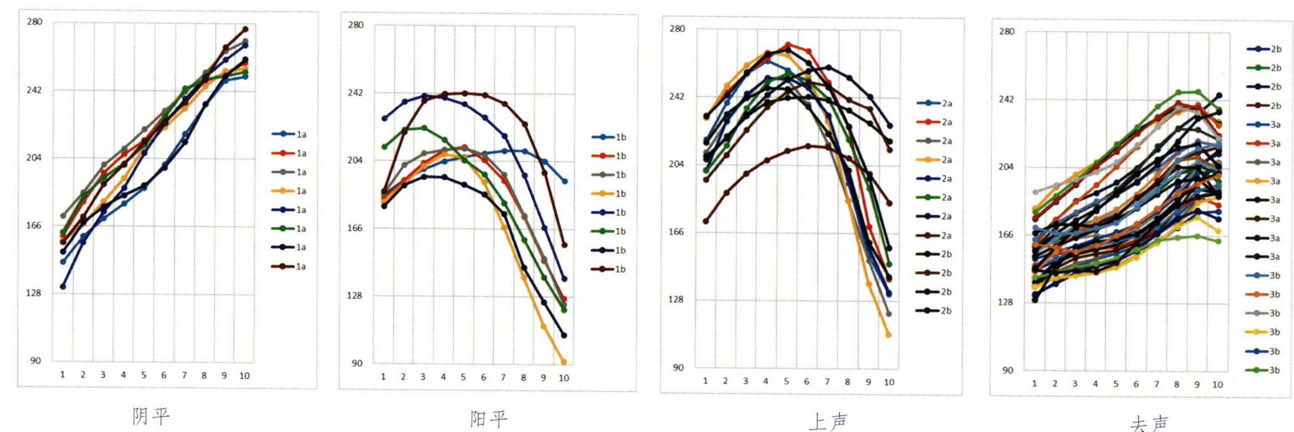

图 9－17b 今声调调域分布范围－内江隆昌－OM

老男的声调有 4 个（见图 9－17a）：

阴平 25、阳平 231、上声 452、去声 23。

今调域的分布情况（见图 9－17b）：

阴平在 25～35 之间；阳平在 331～442 之间；上声在 341～452 之间；去声在 23～34 之间。

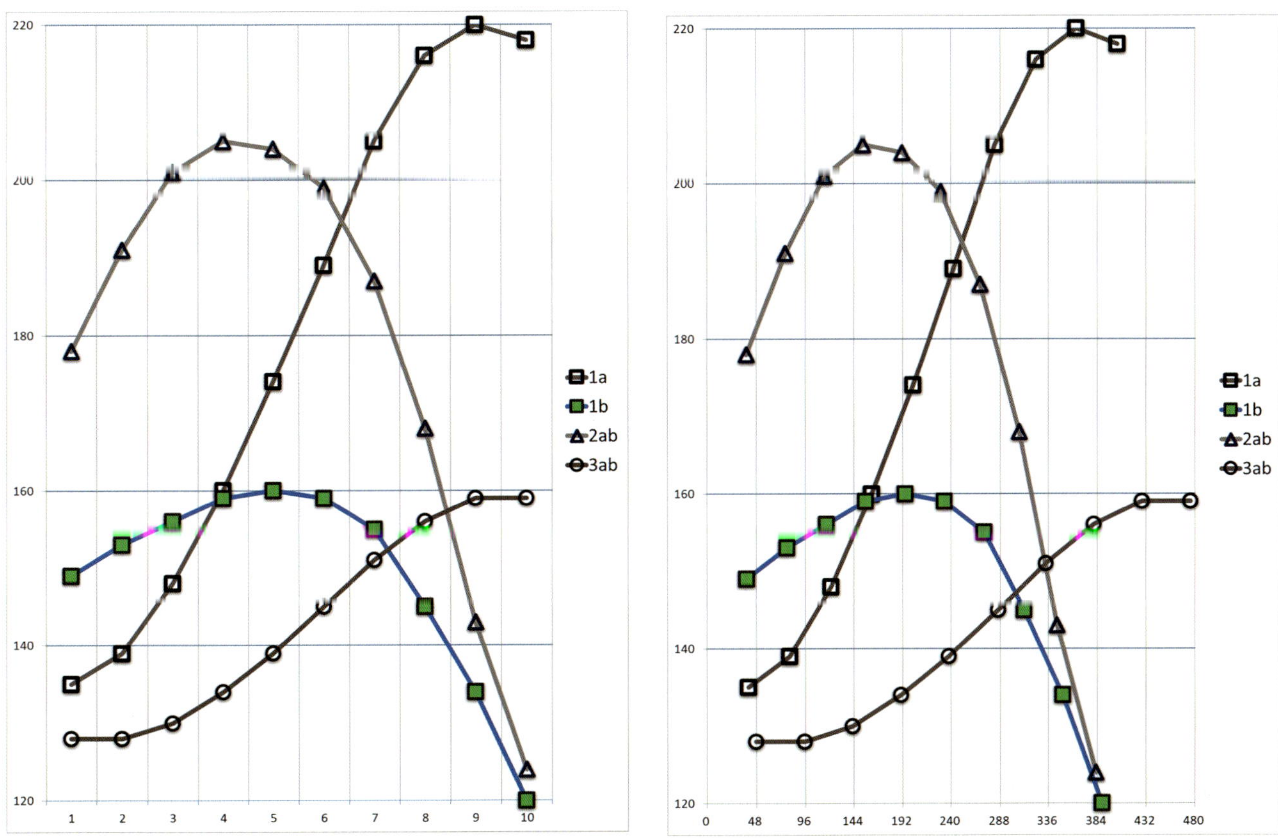

图 9－17c　单字调等长、实长音高模式－内江隆昌－YM

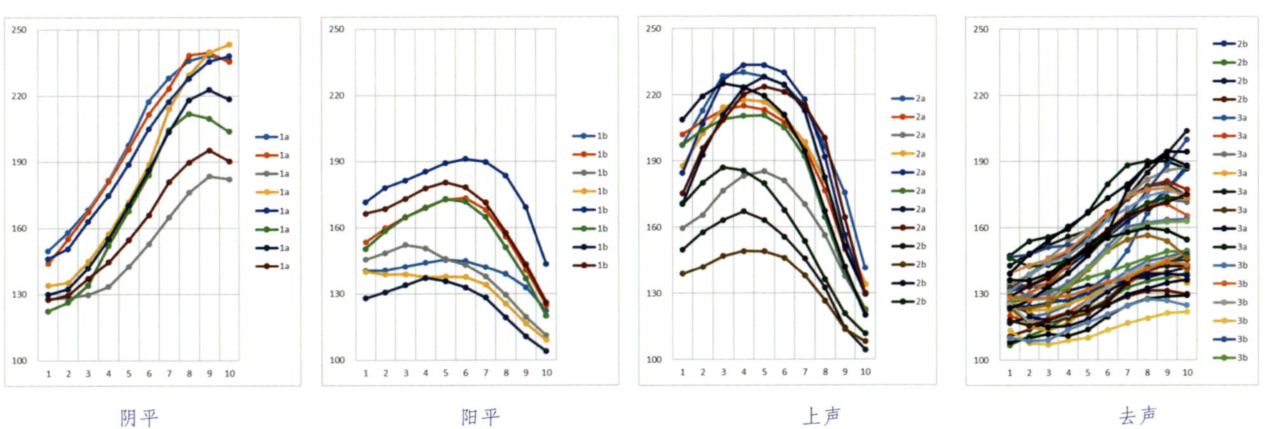

图 9－17d　今声调调域分布范围－内江隆昌－YM

青男的声调有 4 个（见图 9－17c）：

阴平 15、阳平 221、上声 451、去声 12。

今调域的分布情况（见图 9－17d）：

阴平在 13～25 之间；阳平在 221～332 之间；上声在 221～452 之间；去声在 12～23 之间。

2. 自贡富顺

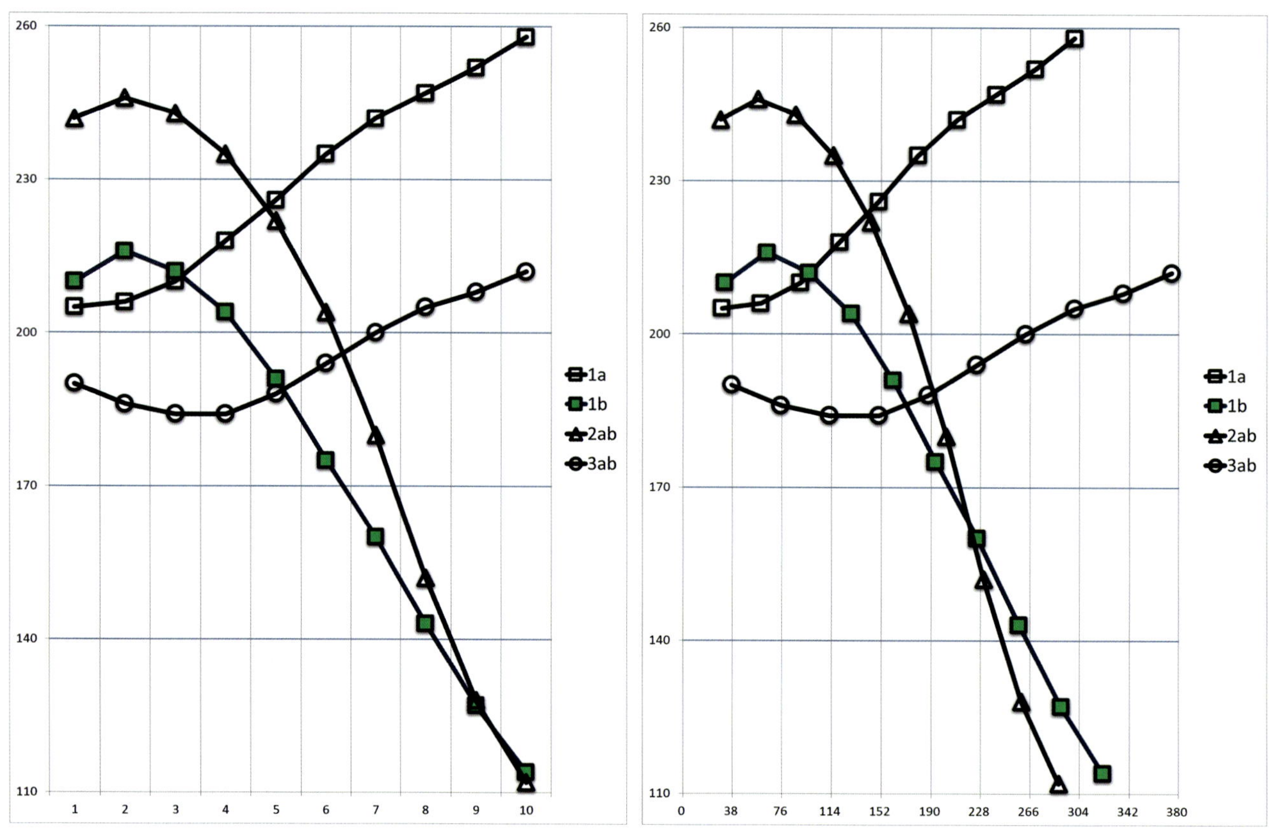

图 9－18a　单字调等长、实长音高模式－自贡富顺－OM

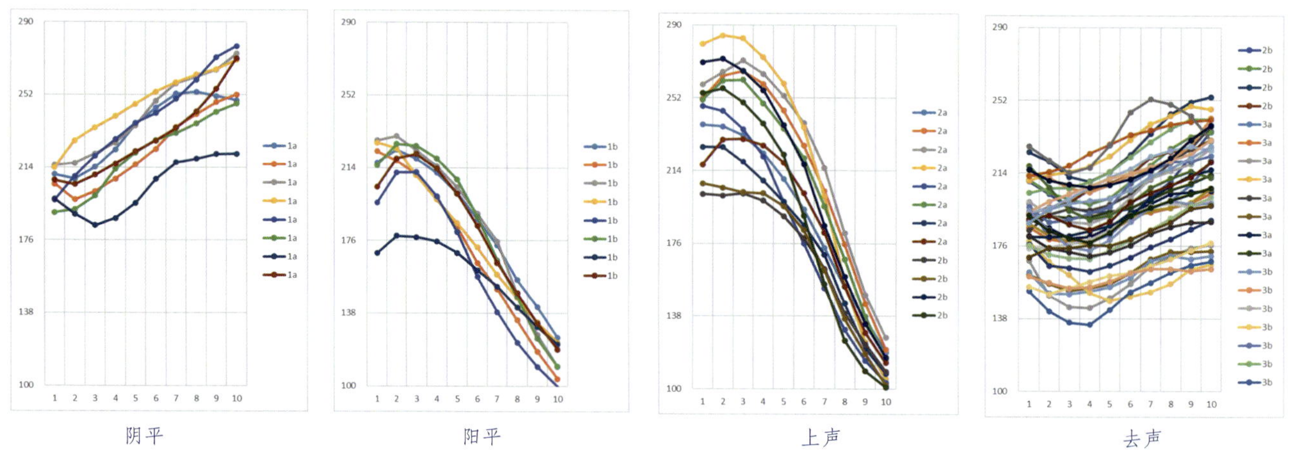

图 9－18b　今声调调域分布范围－自贡富顺－OM

老男的声调有 4 个（见图 9－18a）：

阴平 45、阳平 41、上声 51、去声 334。

今调域的分布情况（见图 9－18b）：

阴平在 34～45 之间；阳平在 21～41 之间；上声在 31～51 之间；去声在 212～435 之间。

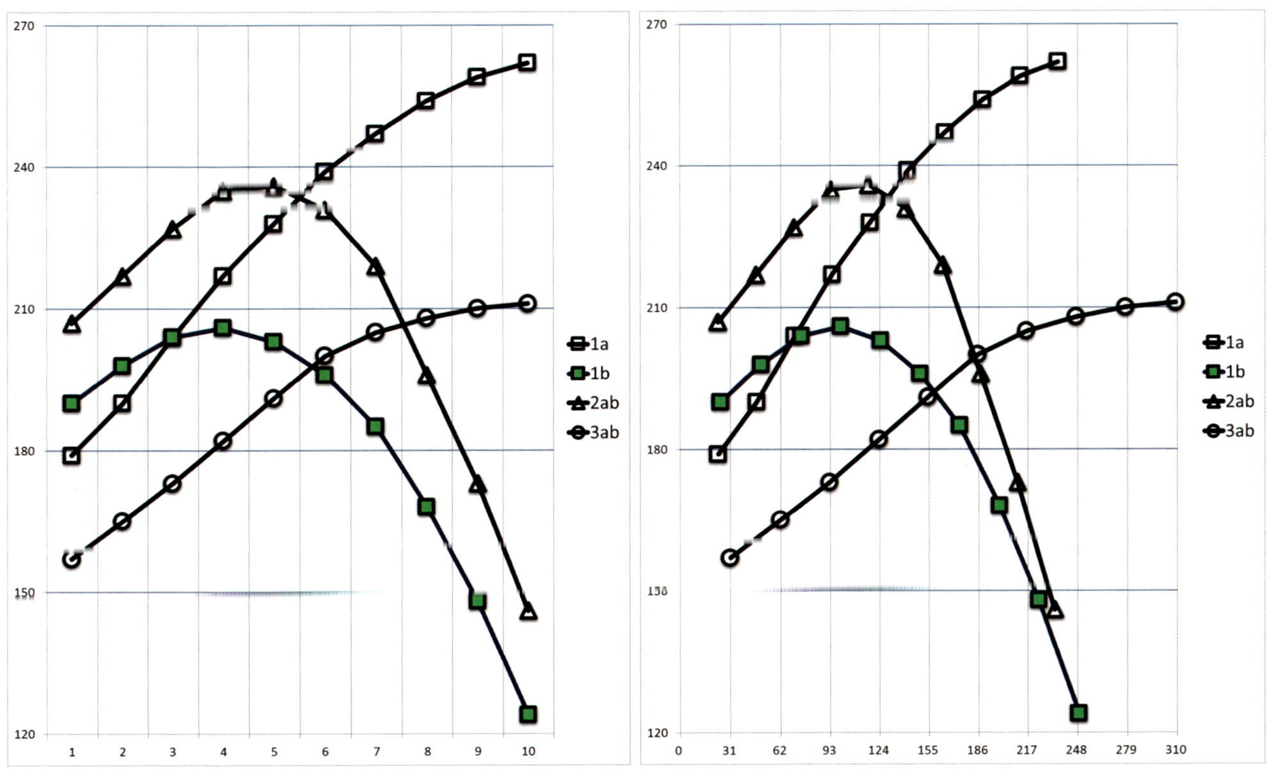

图 9 - 18c　单字调等长、实长音高模式 - 自贡富顺 - YM

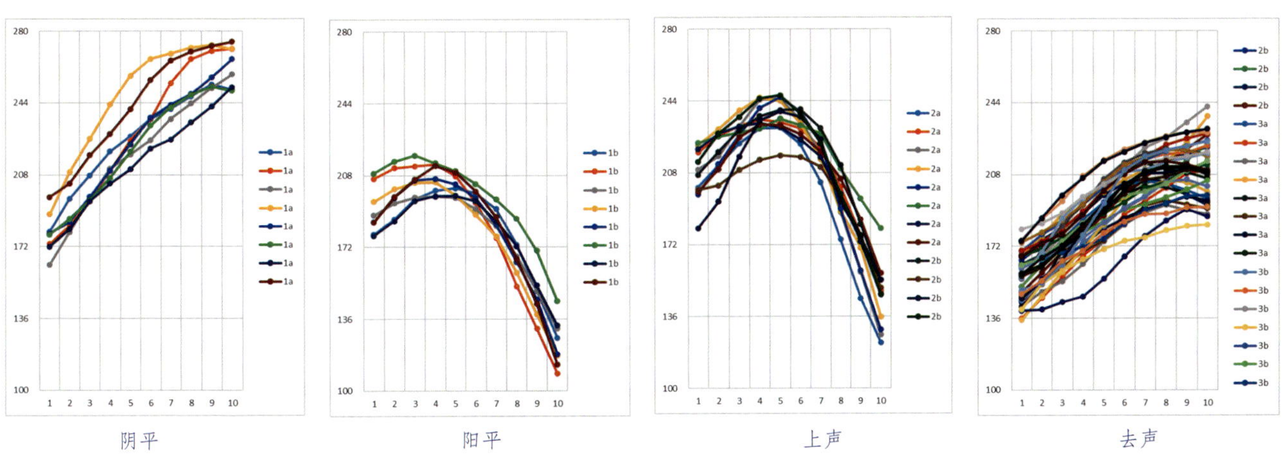

图 9 - 18d　今声调调域分布范围 - 自贡富顺 - YM

青男的声调有 4 个（见图 9 - 18c）：

阴平 35、阳平 331、上声 451、去声 24。

今调域的分布情况（见图 9 - 18d）：

阴平主要在 35 的范围；阳平在 331～442 之间；上声主要在 342 的范围；去声在 23～34 之间。

2. 甘孜康定

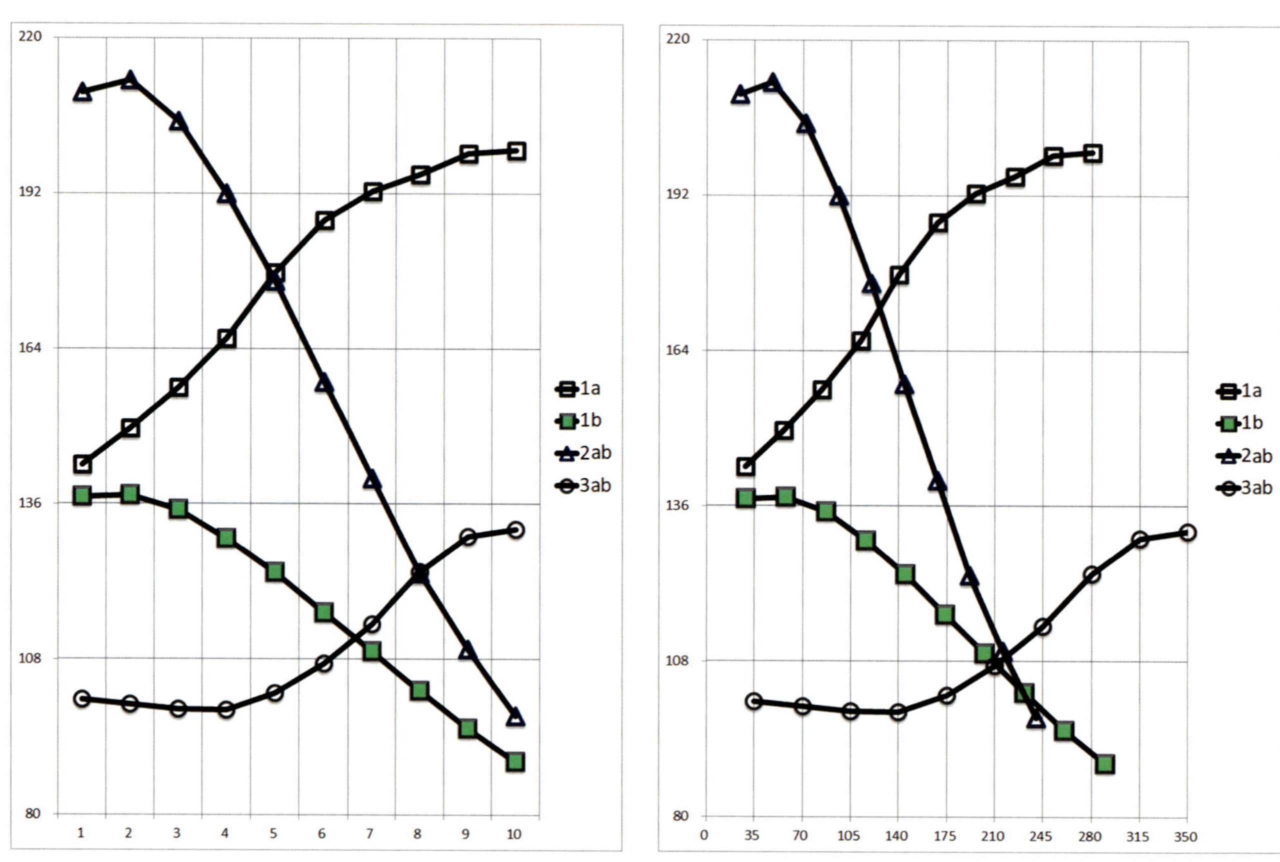

图 9－20a　单字调等长、实长音高模式－甘孜康定－OM

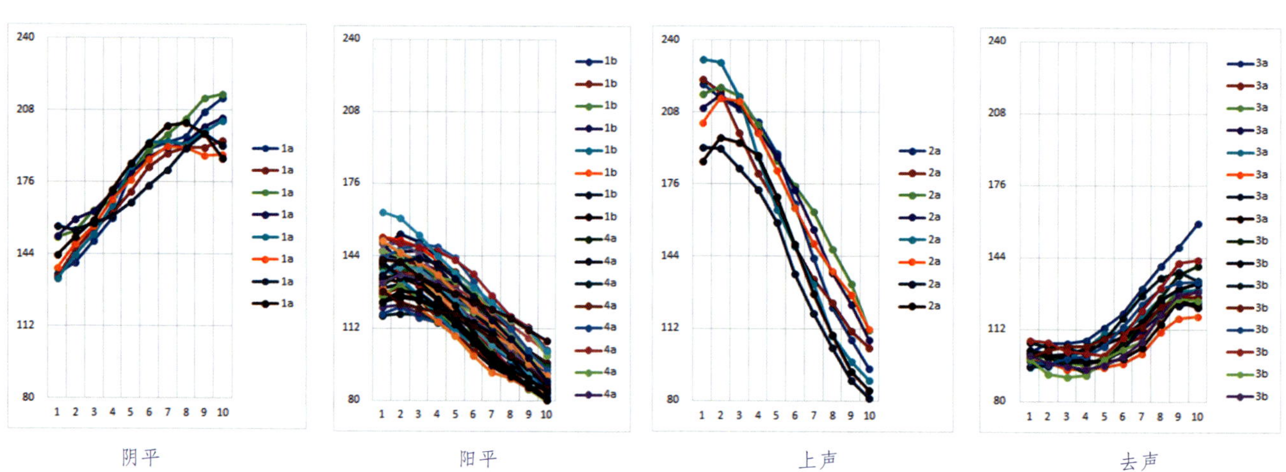

图 9－20b　今声调调域分布范围－甘孜康定－OM

老男的声调有 4 个（见图 9－20a）：

阴平 35、阳平 31、上声 51、去声 112。

今调域的分布情况（见图 9－20b）：

阴平在 24～35 之间；阳平在 21～31 之间；上声在 41～52 之间；去声主要在 112 的范围。

9.3.2 凉山小片

1. 凉山会理

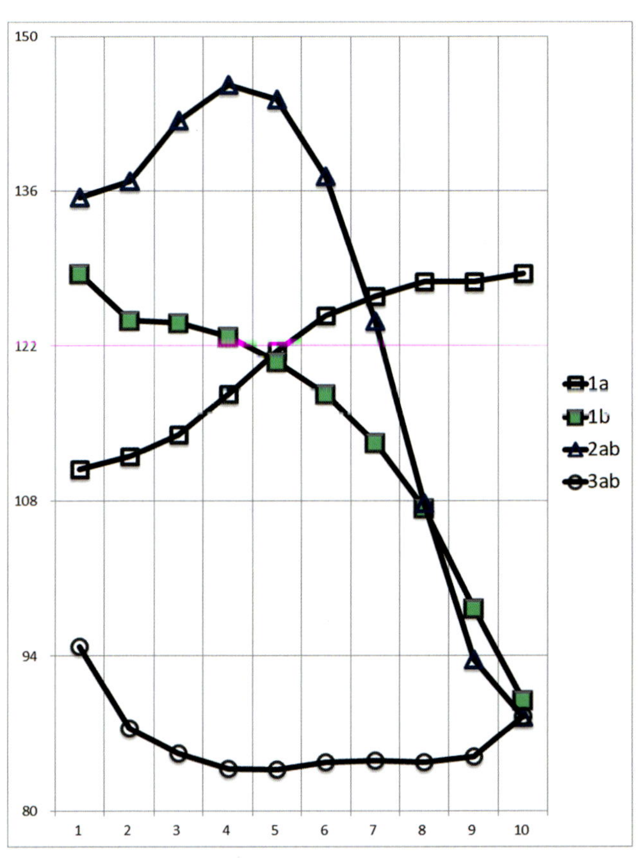

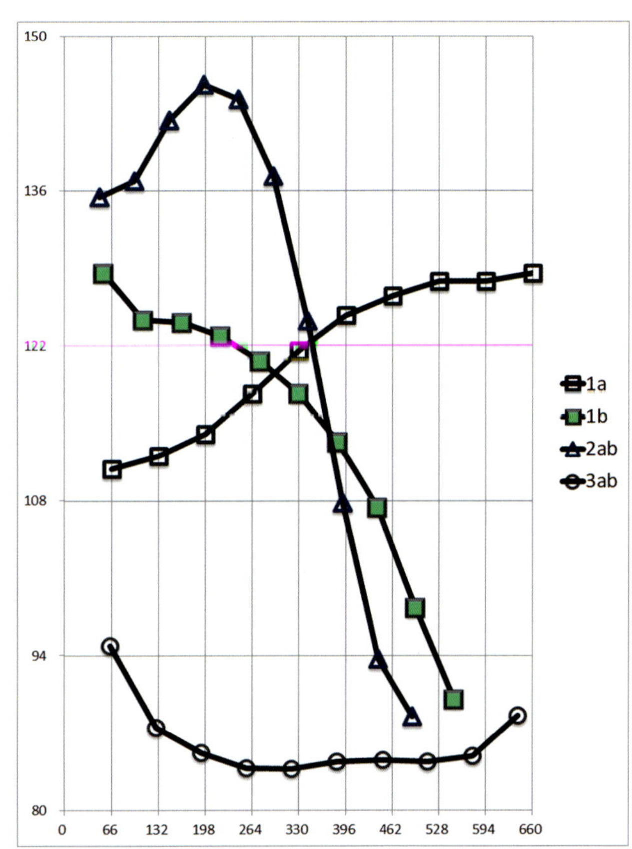

图 9－21a 单字调等长、实长音高模式－凉山会理－OM

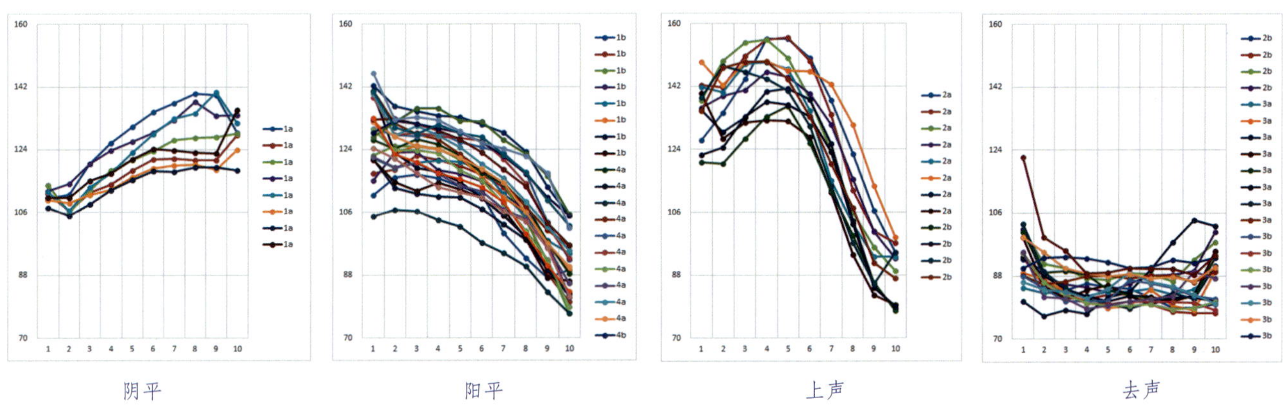

图 9－21b 今声调调域分布范围－凉山会理－OM

老男的声调有 4 个（见图 9－21a）：

阴平 34、阳平 41、上声 551、去声 211。

今调域的分布情况（见图 9－21b）：

阴平主要在 34 的范围；阳平在 31～42 之间；上声在 341～452 之间；去声在 211～322 之间。

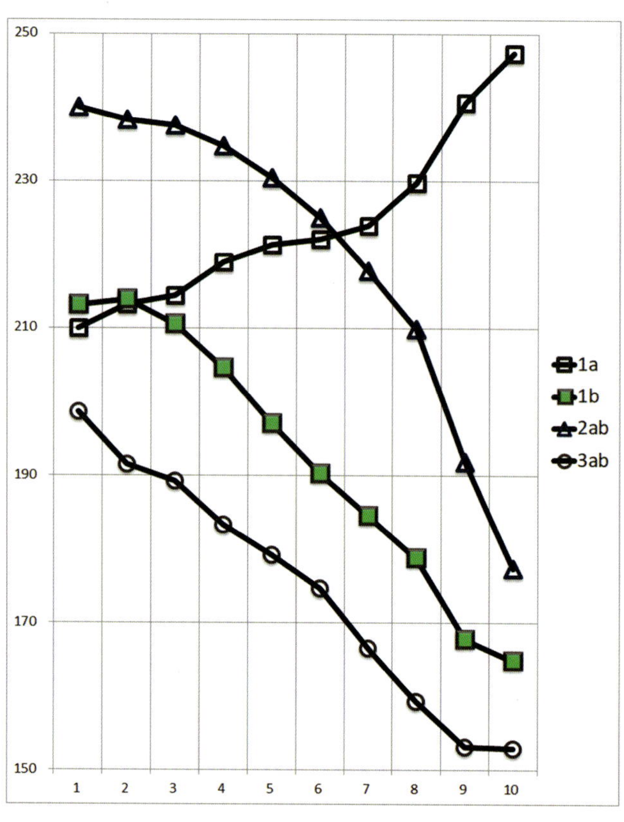

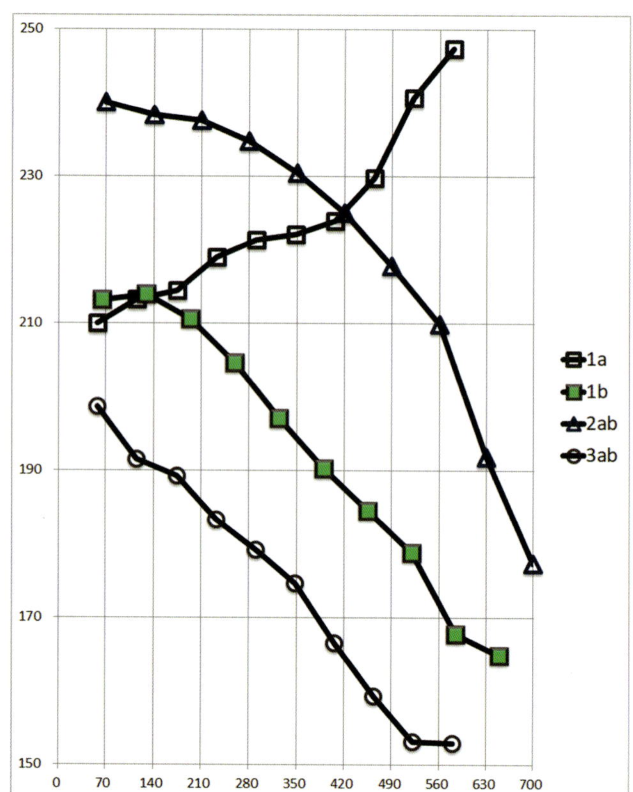

图 9－21c　单字调等长、实长音高模式－凉山会理－OF

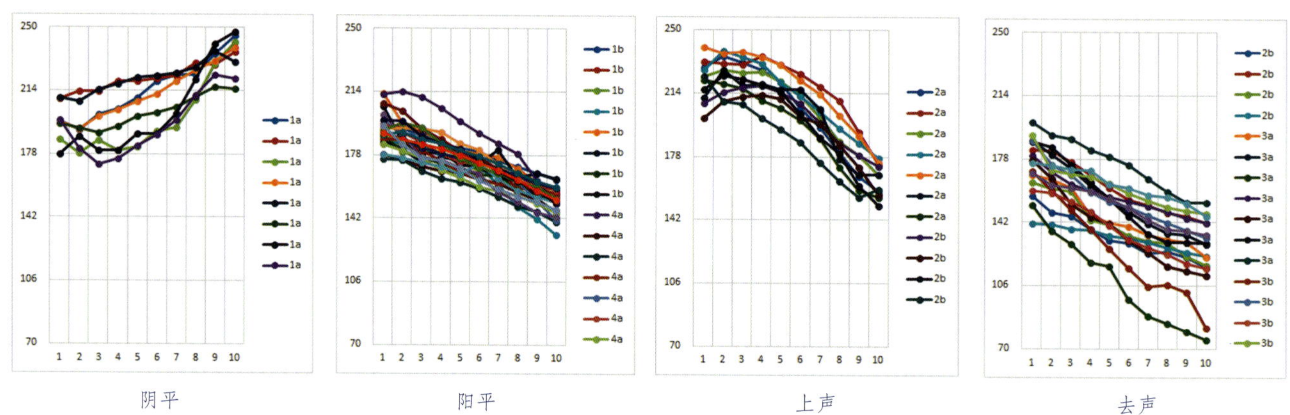

图 9－21d　今声调调域分布范围－凉山会理－OF

老女的声调有 4 个（见图 9－21c）：

阴平 45、阳平 41、上声 52、去声 31。

今调域的分布情况（见图 9－21d）：

阴平在 34～45 之间；阳平在 32～43 之间；上声在 43～53 之间；去声在 31～43 之间。

2. 攀枝花仁和

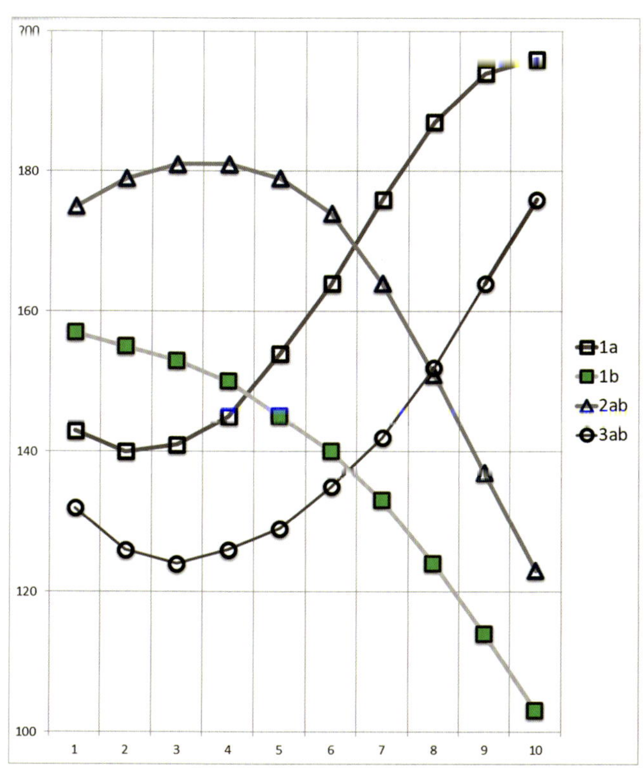

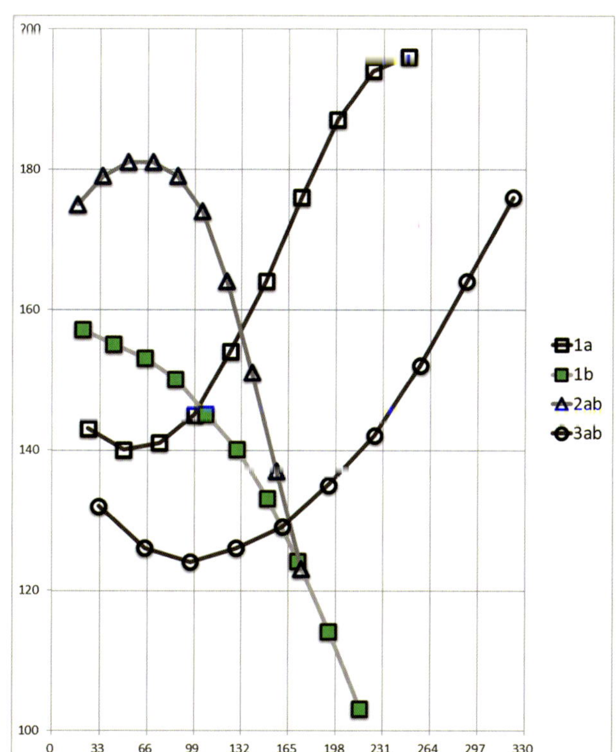

图 9 – 22a 单字调等长、实长音高模式 – 攀枝花仁和 – OM

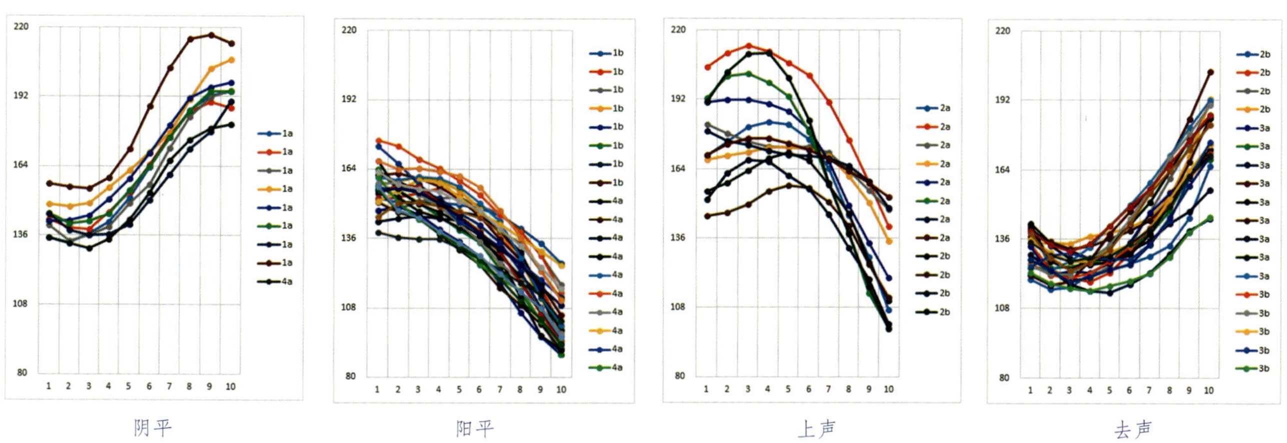

图 9 – 22b 今声调调域分布范围 – 攀枝花仁和 – OM

老男的声调有 4 个（见图 9 – 22a）：

阴平 35、阳平 31、上声 442、去声 224。

今调域的分布情况（见图 9 – 22b）：

阴平在 24 ~ 35 之间；阳平在 31 ~ 42 之间；上声在 331 ~ 553 之间；去声在 223 ~ 324 之间。

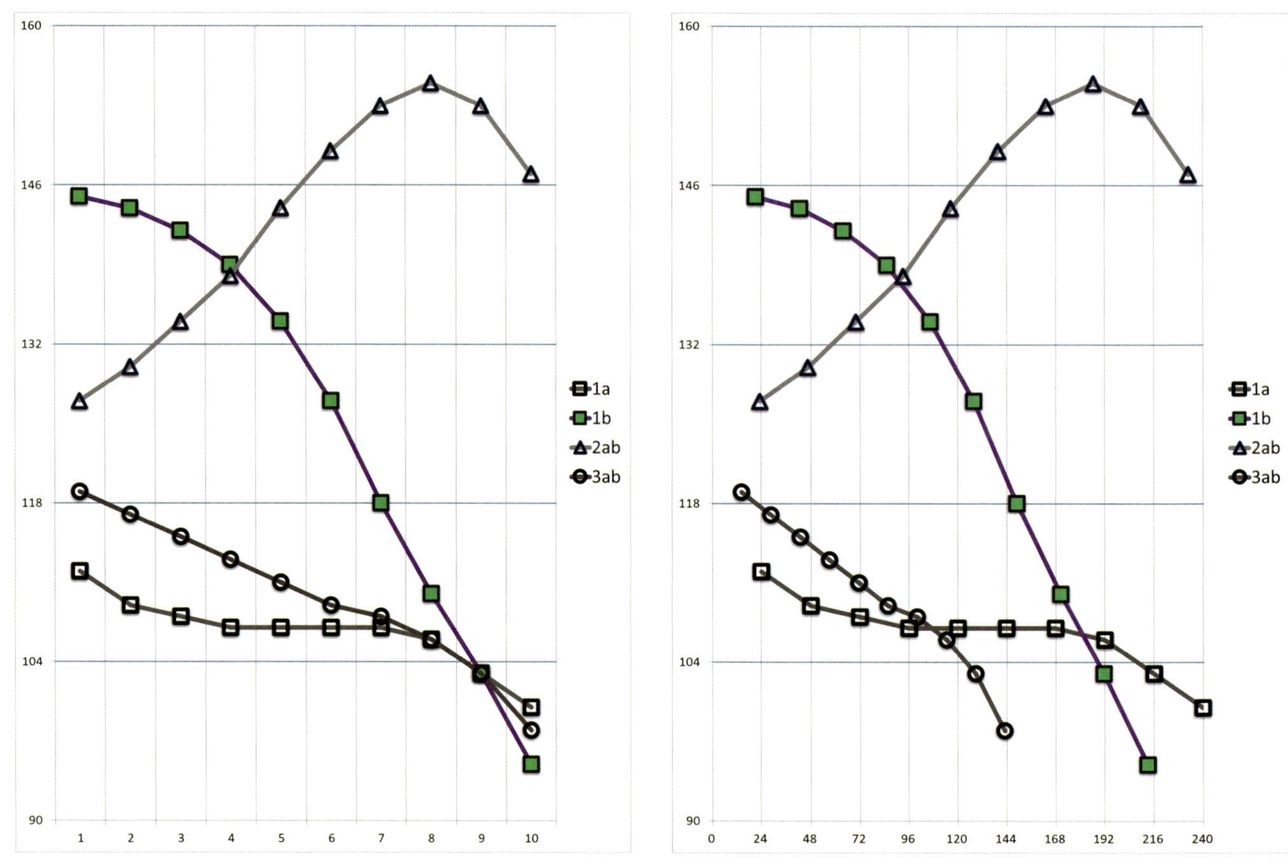

图 9－23c 单字调等长、实长音高模式－西昌北城－YM

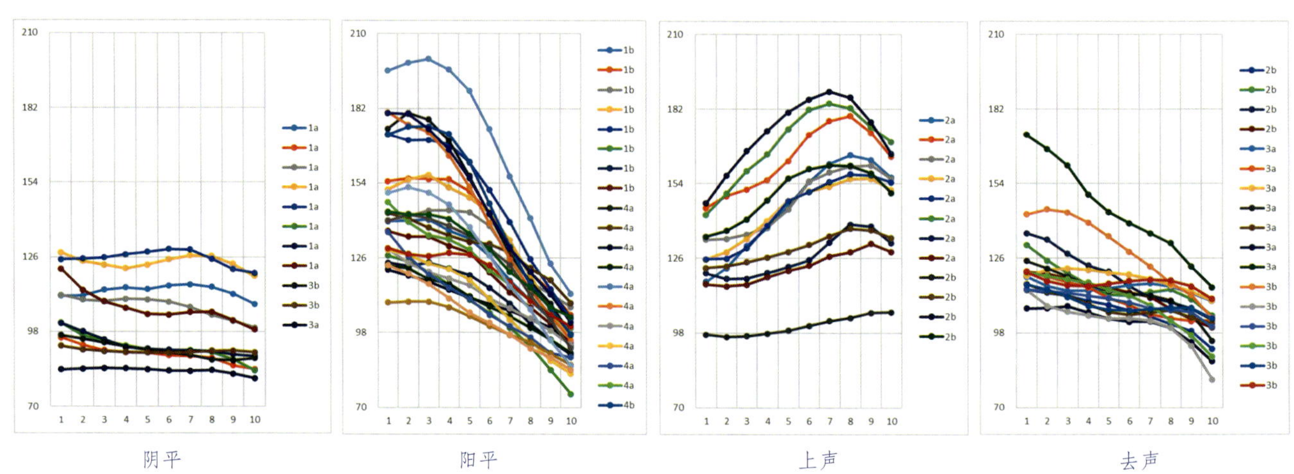

图 9－23d 今声调调域分布范围－西昌北城－YM

青男的声调有 4 个（见图 9－23c）：

阴平 22、阳平 41、上声 354、去声 31。

今调域的分布情况（见图 9－23d）：

阴平在 11～22 之间；阳平在 21～52 之间；上声在 232～354 之间；去声在 21～42 之间。

9.4 云南片

9.4.1 滇中小片

1. 昆明－《音库》

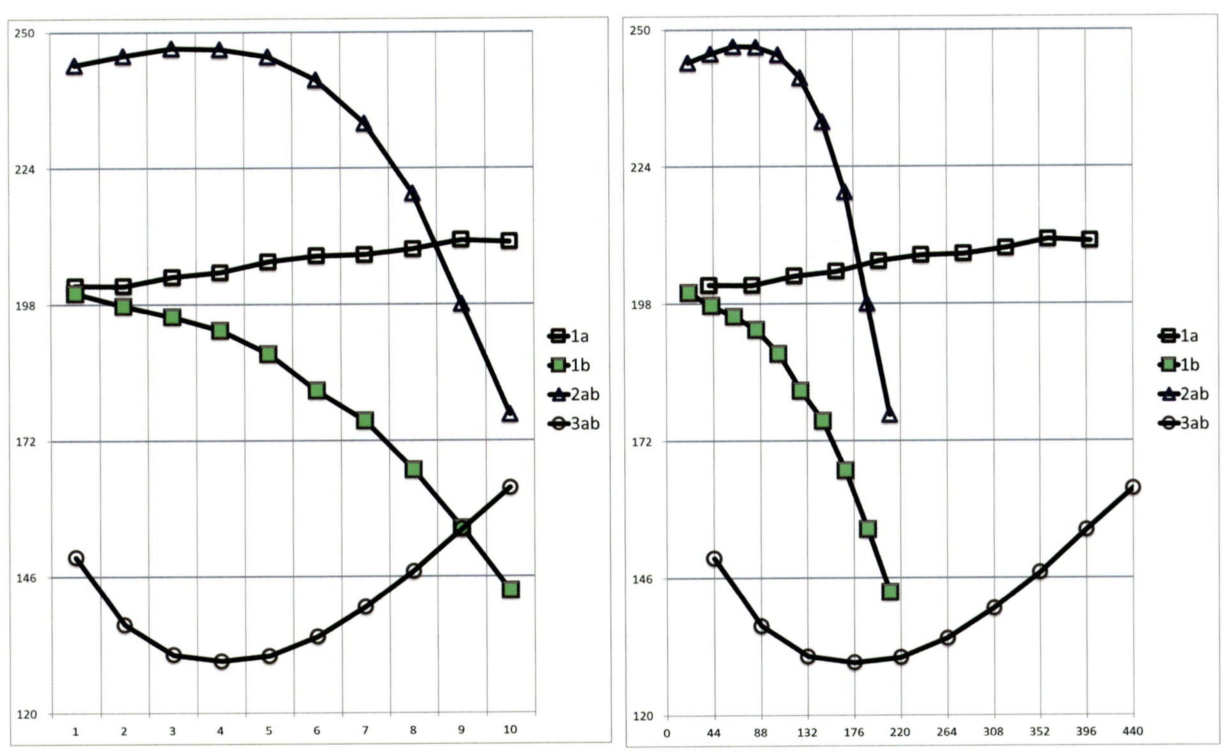

图 9－24a　单字调等长、实长音高模式－昆明－《音库》

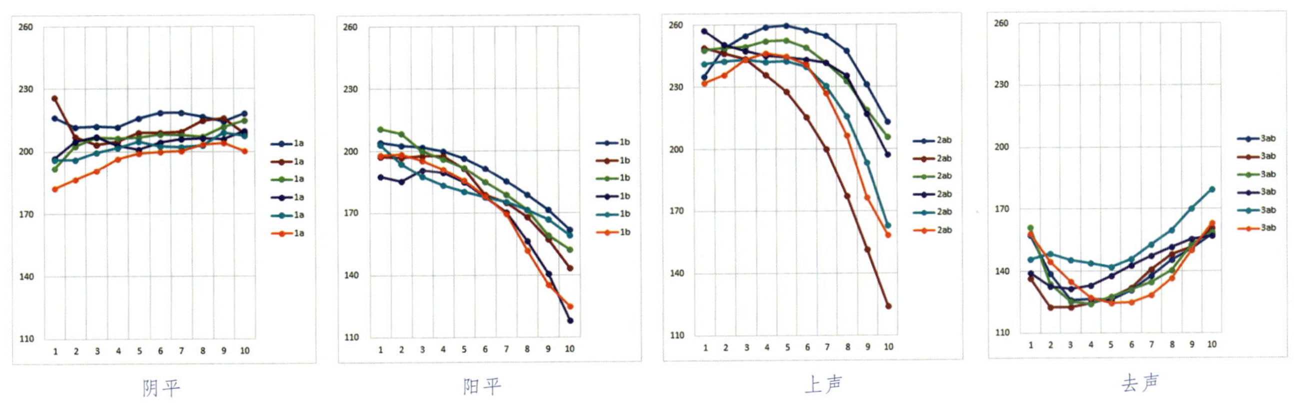

图 9－24b　今声调调域分布范围－昆明－《音库》

《音库》的声调有 4 个（见图 9－24a）：

阴平 44、阳平 31、上声 553、去声 213。

今调域的分布情况（见图 9－24b）：

阴平在 34～44 之间；阳平在 31～42 之间；上声在 551～554 之间；去声在 212～213 之间。

3. 普洱思茅

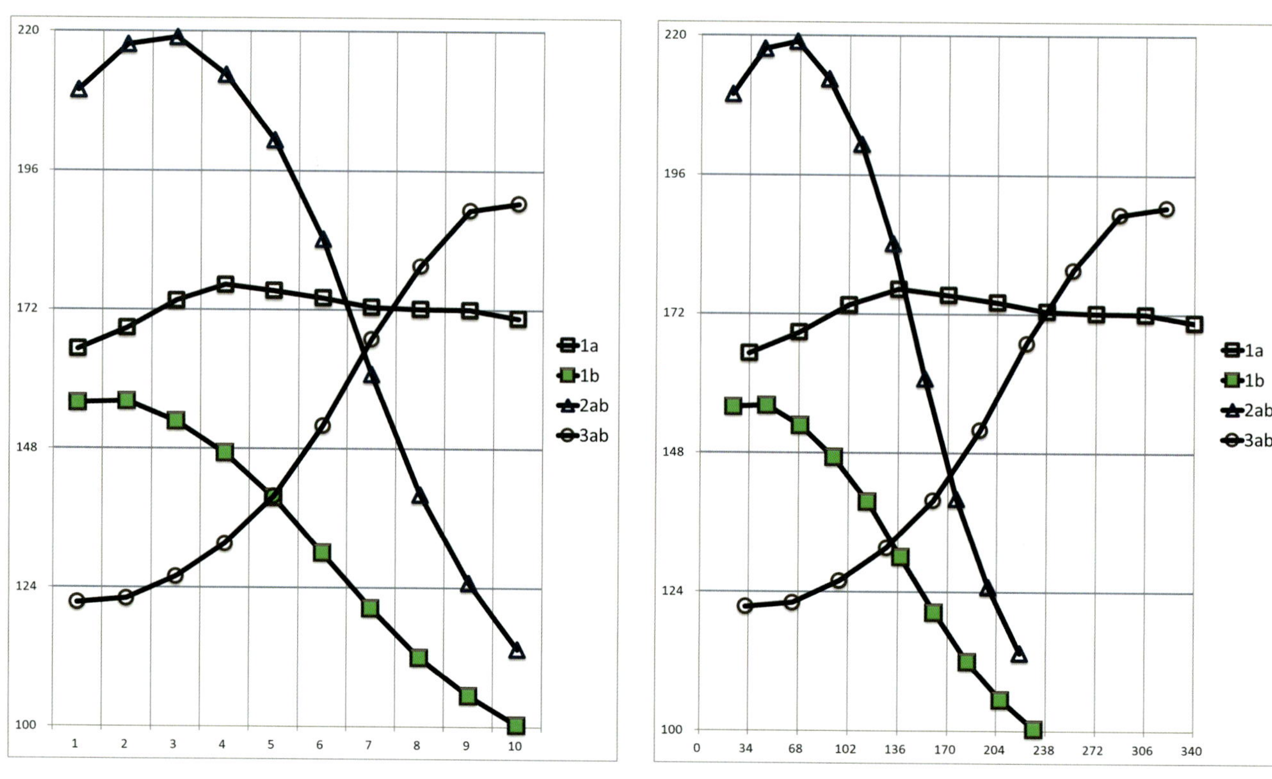

图 9－26a　单字调等长、实长音高模式－普洱思茅－OM

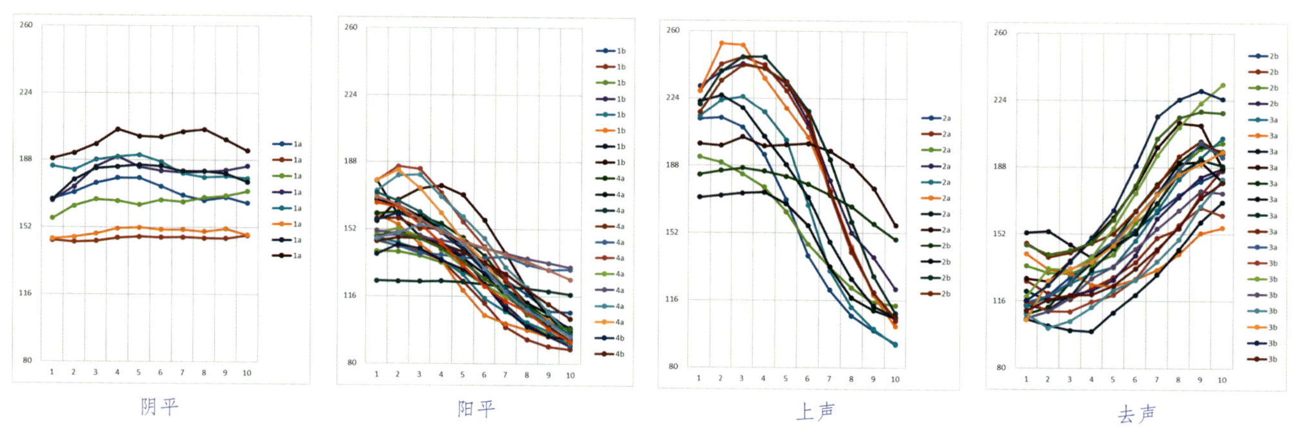

图 9－26b　今声调调域分布范围－普洱思茅－OM

老男的声调有 4 个（见图 9－26a）：

阴平 44、阳平 31、上声 51、去声 24。

今调域的分布情况（见图 9－26b）：

阴平在 33～44 之间；阳平在 21～32 之间；上声在 31～52 之间；去声在 13～25 之间。

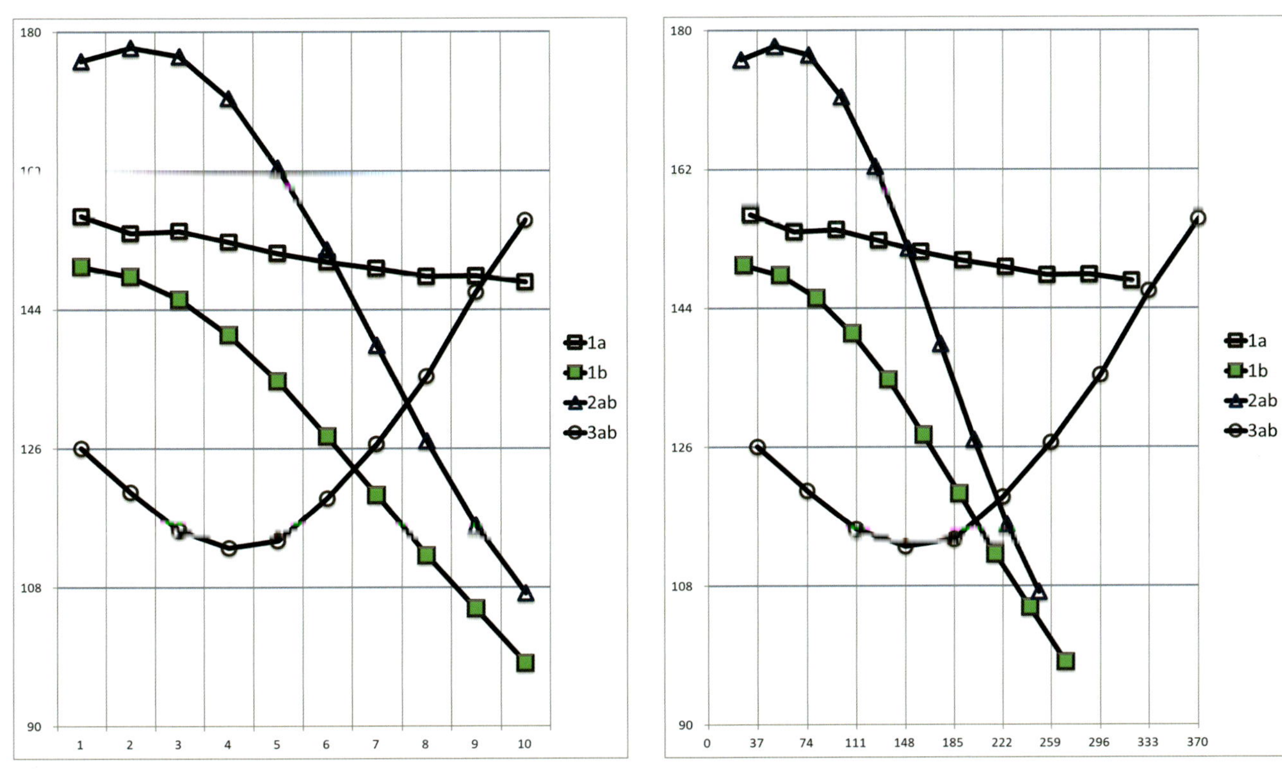

图 9－26c　单字调等长、实长音高模式－普洱思茅－YM

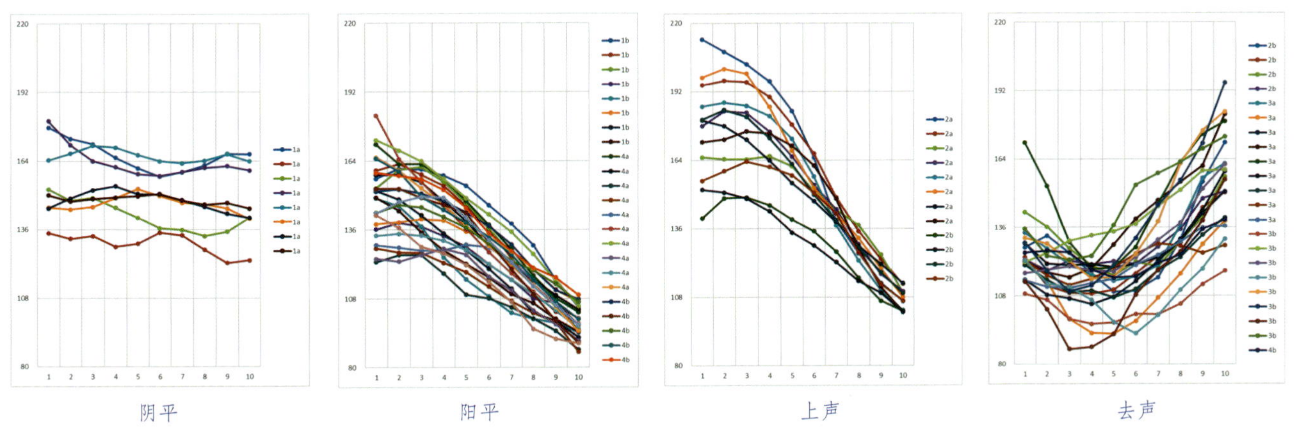

图 9－26d　今声调调域分布范围－普洱思茅－YM

青男的声调有 4 个（见图 9－26c）：

阴平 44、阳平 41、上声 52、去声 324。

今调域的分布情况（见图 9－26d）：

阴平在 22～44 之间；阳平在 21～42 之间；上声在 31～52 之间；去声在 212～324 之间。

4. 玉溪红塔

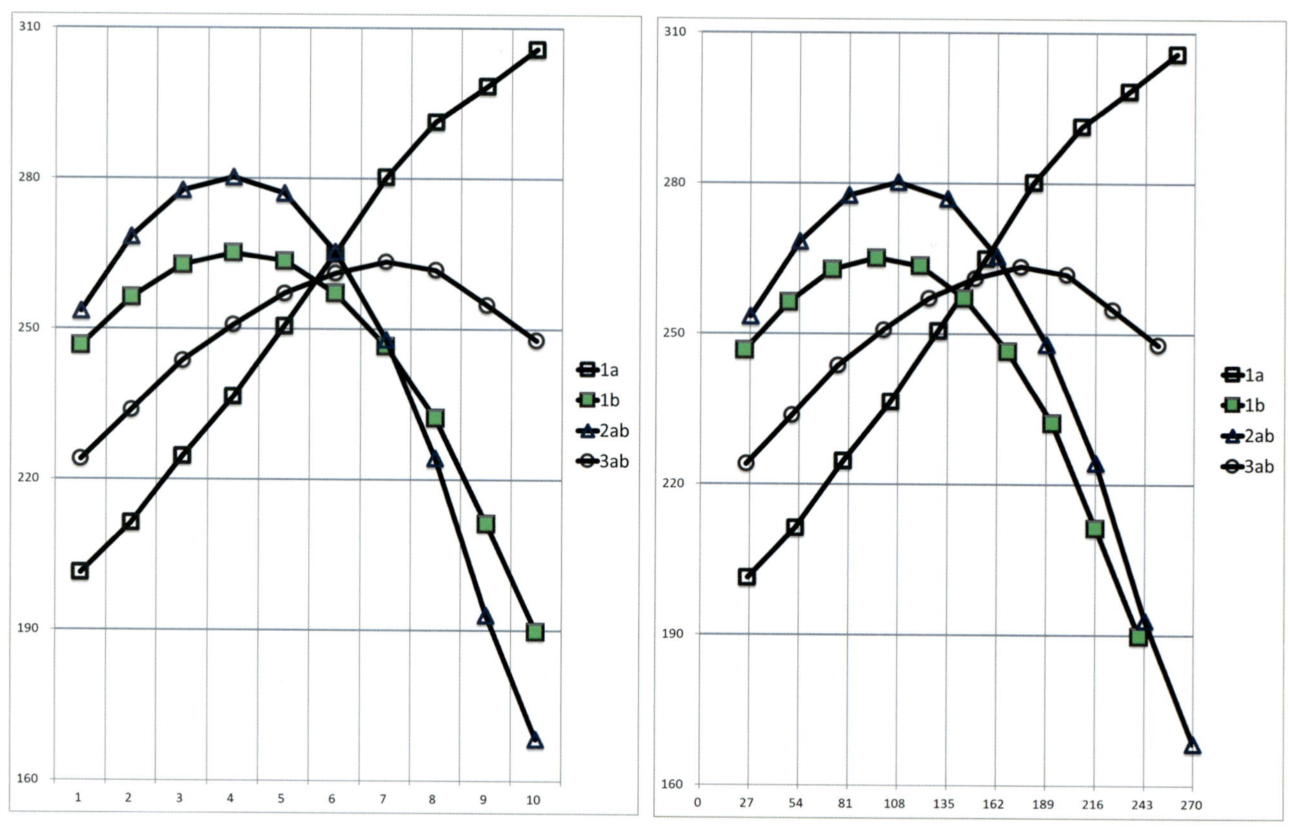

图 9－27a　单字调等长、实长音高模式－玉溪红塔－OM

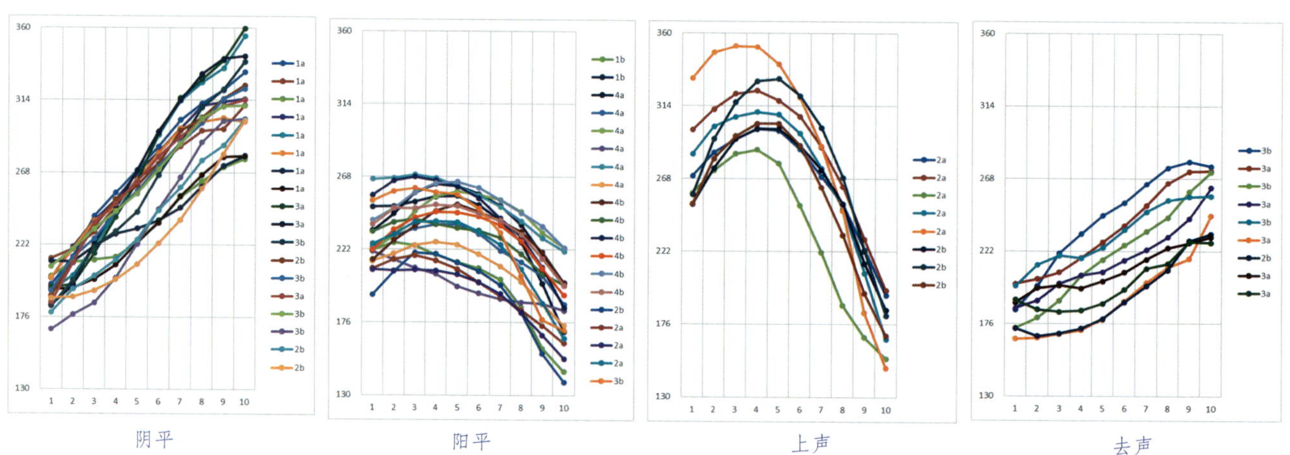

图 9－27b　今声调调域分布范围－玉溪红塔－OM

老男的声调有 4 个（见图 9－27a）：

阴平 25、阳平 442、上声 441、去声 34。

今调域的分布情况（见图 9－27b）：

阴平在 24～25 之间；阳平在 21～32 之间；上声在 441～552 之间；去声在 12～24 之间。

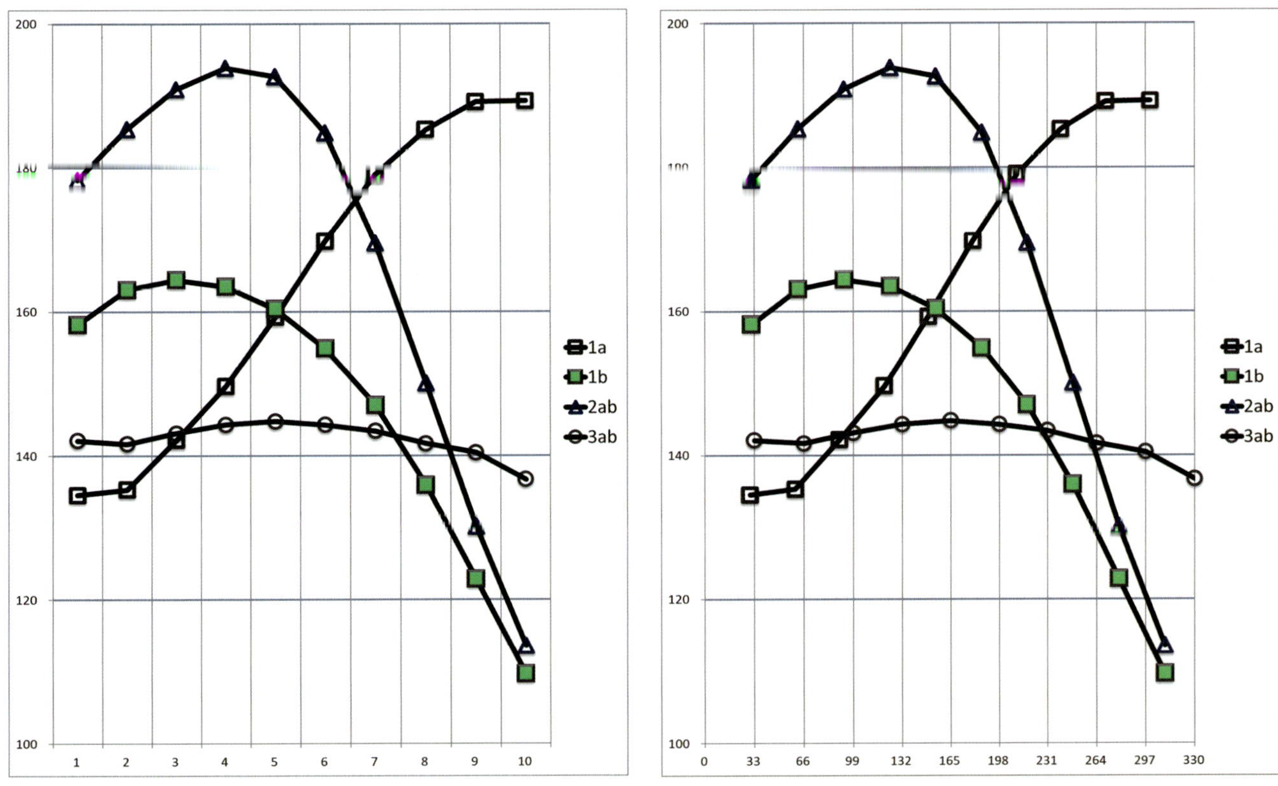

图 9－27c 单字调等长、实长音高模式－玉溪红塔－YM

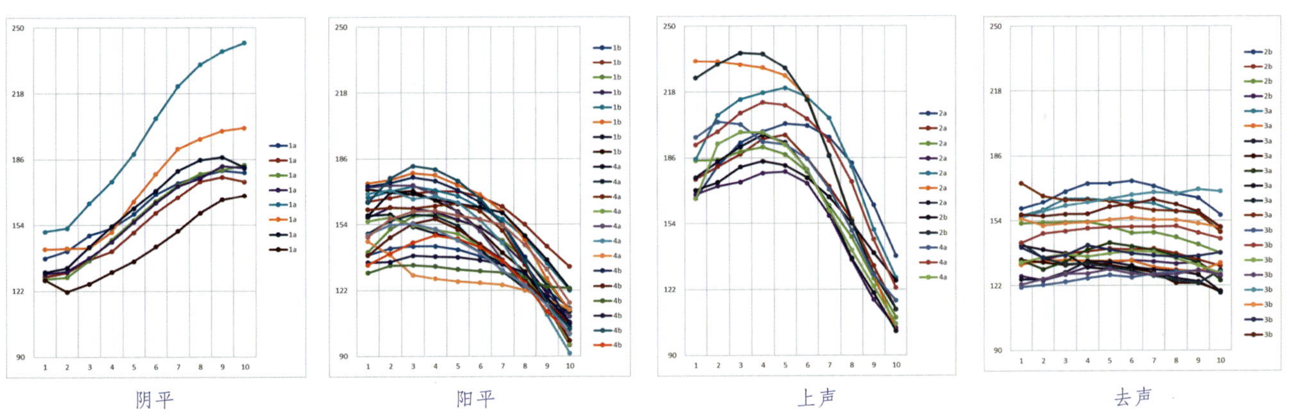

图 9－27d 今声调调域分布范围－玉溪红塔－YM

青男的声调有 4 个（见图 9－27c）：

阴平 25、阳平 441、上声 551、去声 33。

今调域的分布情况（见图 9－27d）：

阴平在 23～25 之间；阳平在 21～32 之间；上声在 331～552 之间；去声在 22～33 之间。

5. 威宁六桥

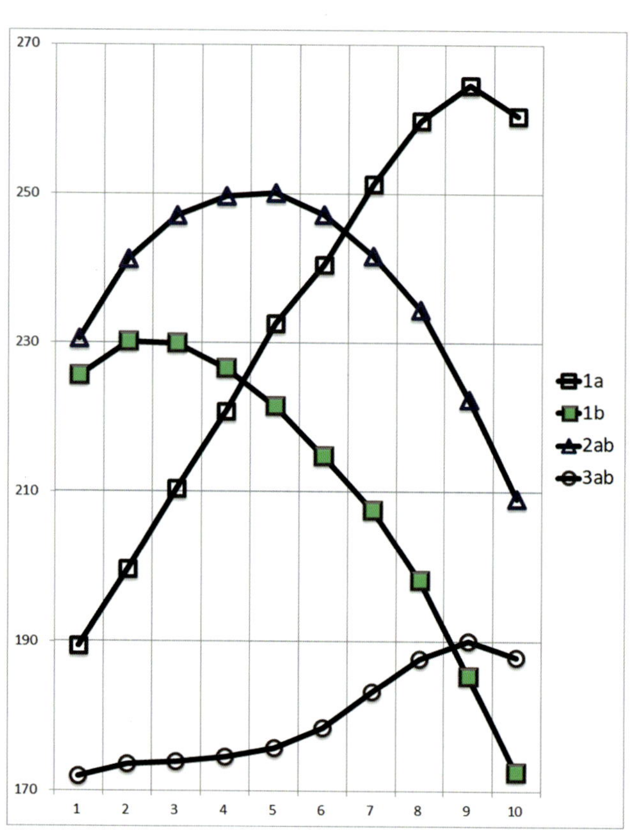

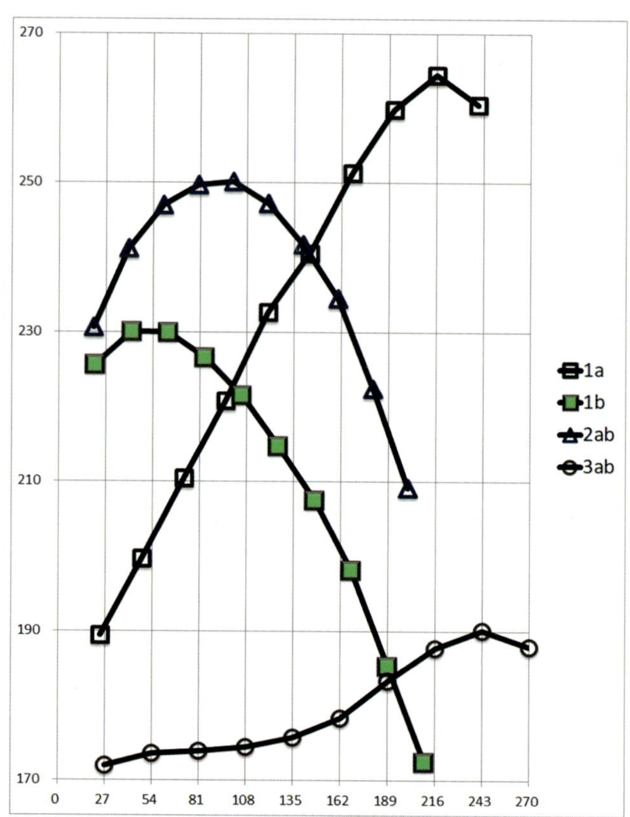

图 9－28a　单字调等长、实长音高模式－威宁六桥－OM

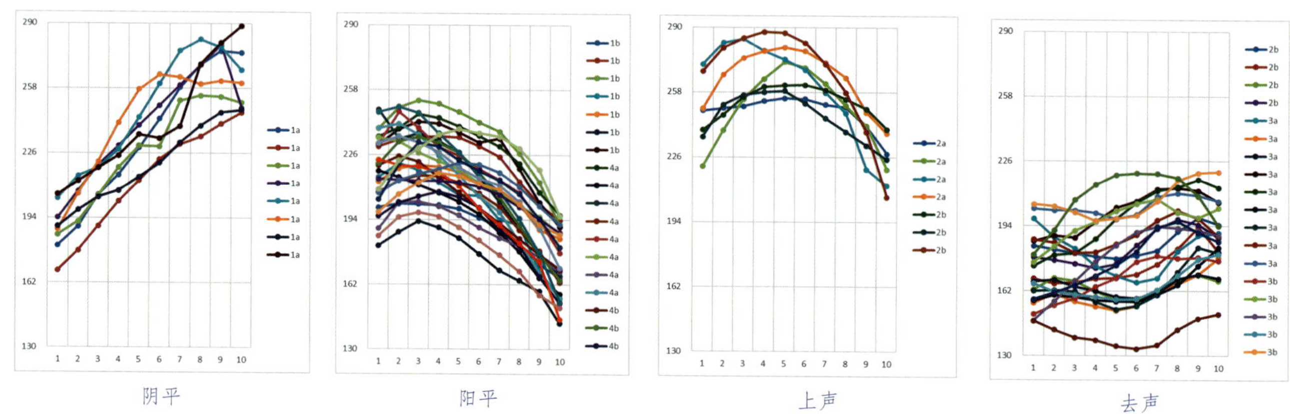

图 9－28b　今声调调域分布范围－威宁六桥－OM

老男的声调有 4 个（见图 9－28a）：

阴平 25、阳平 31、上声 443、去声 112。

今调域的分布情况（见图 9－28b）：

阴平在 24～35 之间；阳平在 21～42 之间；上声在 443～554 之间；去声在 212～334 之间。

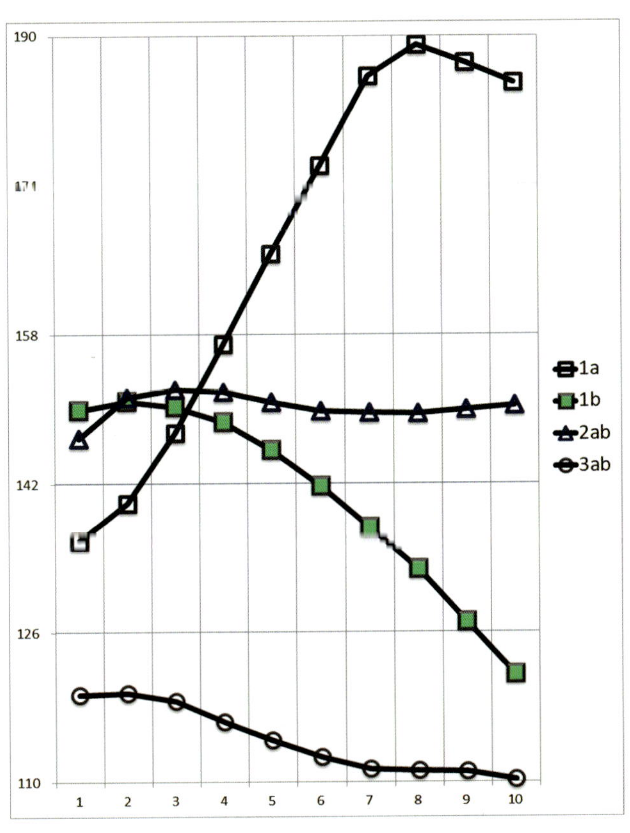

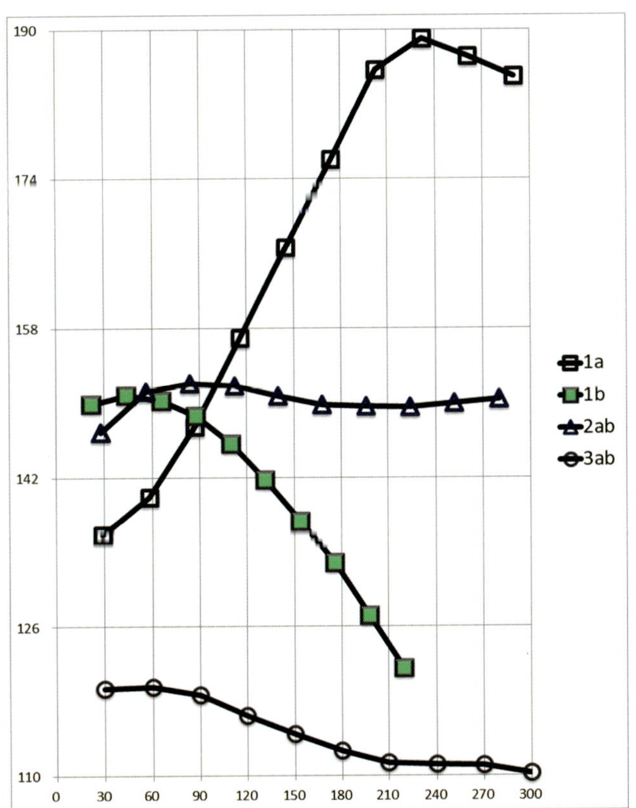

图 9－28c 单字调等长、实长音高模式－威宁六桥－YM

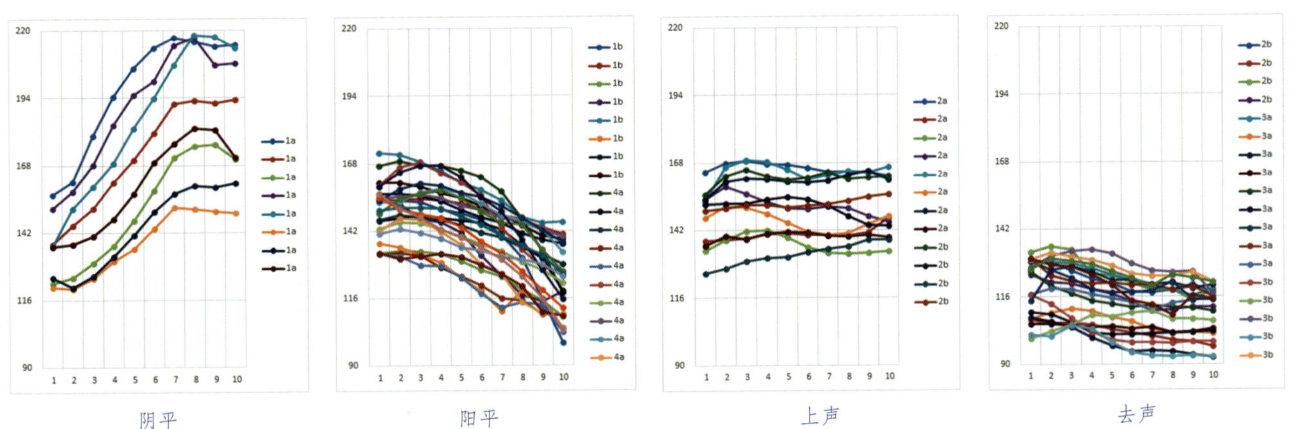

图 9－28d 今声调调域分布范围－威宁六桥－YM

青男的声调有 4 个（见图 9－28c）：

阴平 25、阳平 31、上声 33、去声 11。

今调域的分布情况（见图 9－28d）：

阴平在 23～35 之间；阳平在 21～32 之间；上声在 22～33 之间；去声在 11～22 之间。

9.4.2 滇西小片

1. 腾冲芒棒

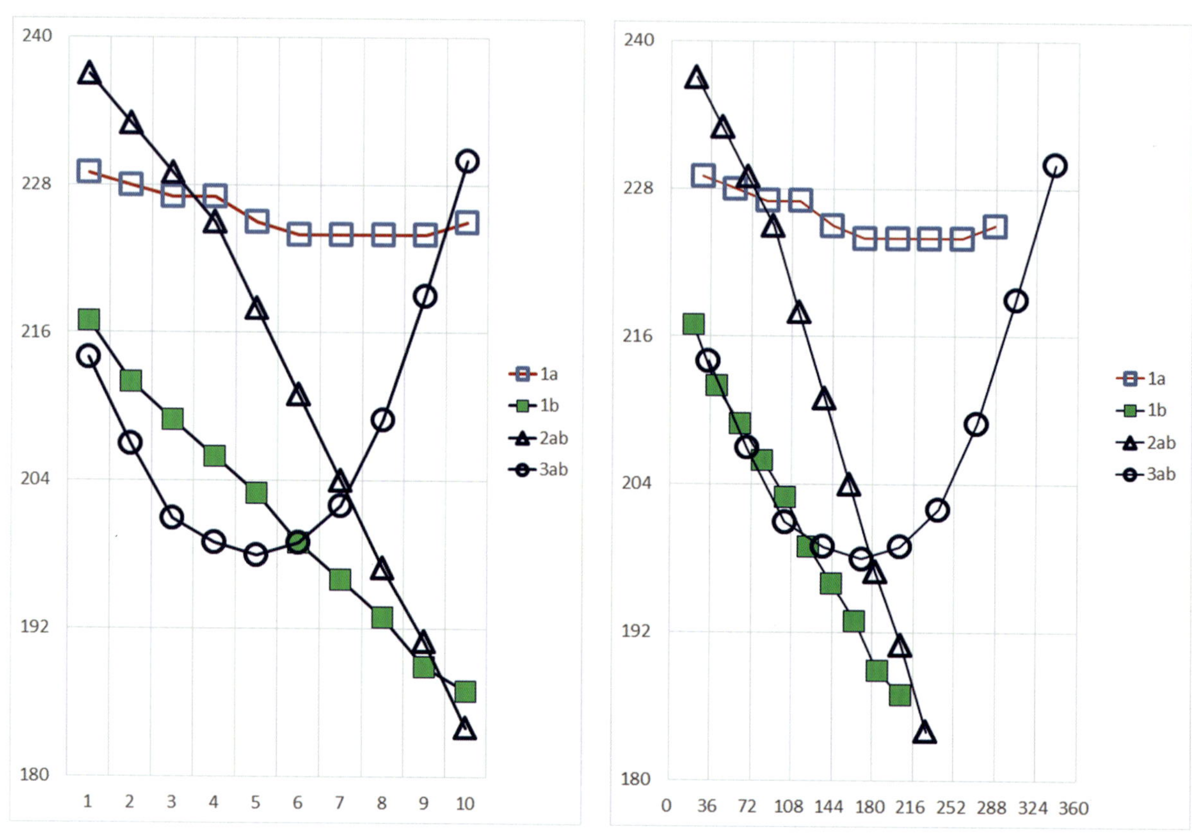

图 9－29a 单字调等长、实长音高模式－腾冲芒棒－YF

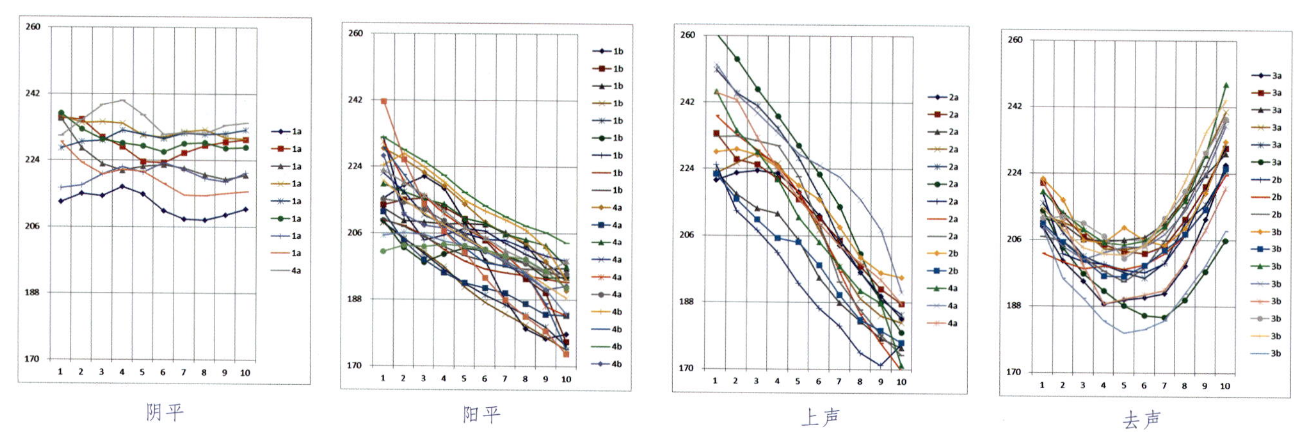

图 9－29b 今声调调域分布范围－腾冲芒棒－YF

青女的声调有 4 个（见图 9－29a）：

阴平 44、阳平 42、上声 51、去声 325。

今调域的分布情况（见图 9－29b）：

阴平在 33～44 之间；阳平在 21～42 之间；上声在 31～52 之间；去声在 212～324 之间。

2. 临沧临翔

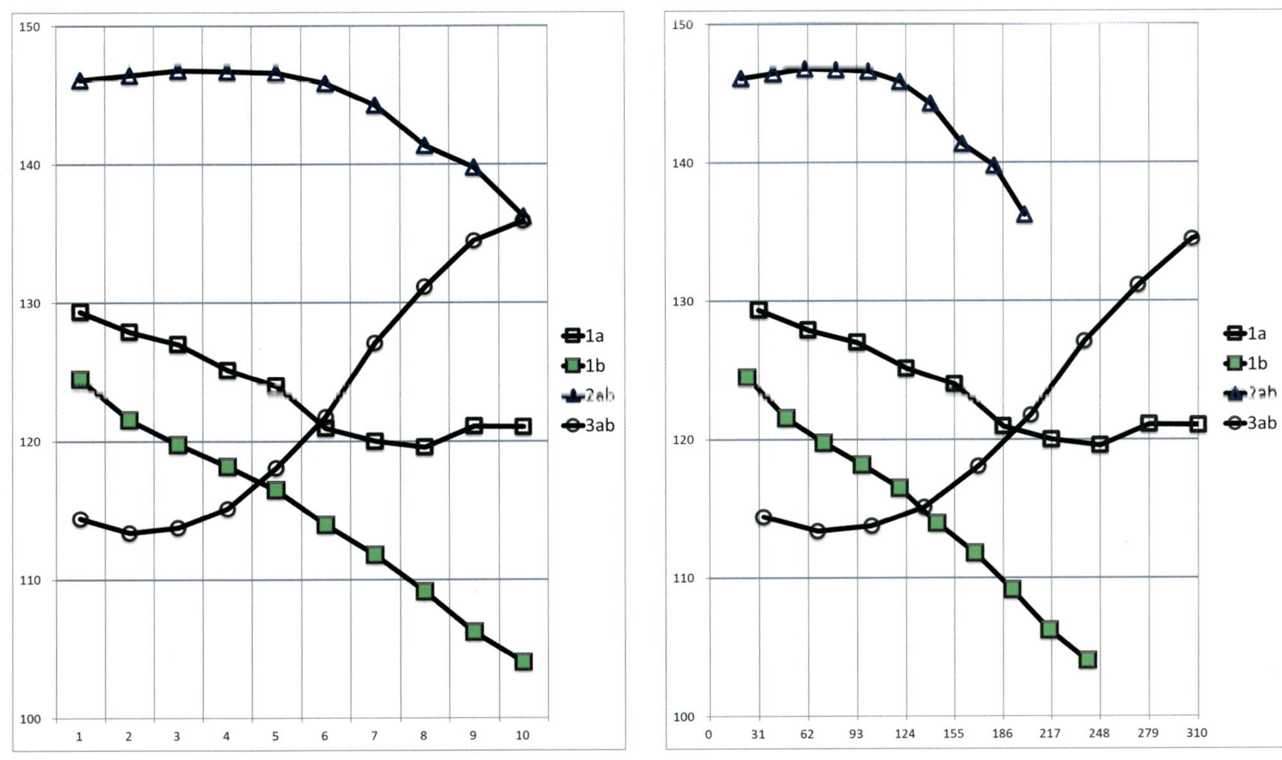

图 9－30a　单字调等长、实长音高模式－临沧临翔－OM

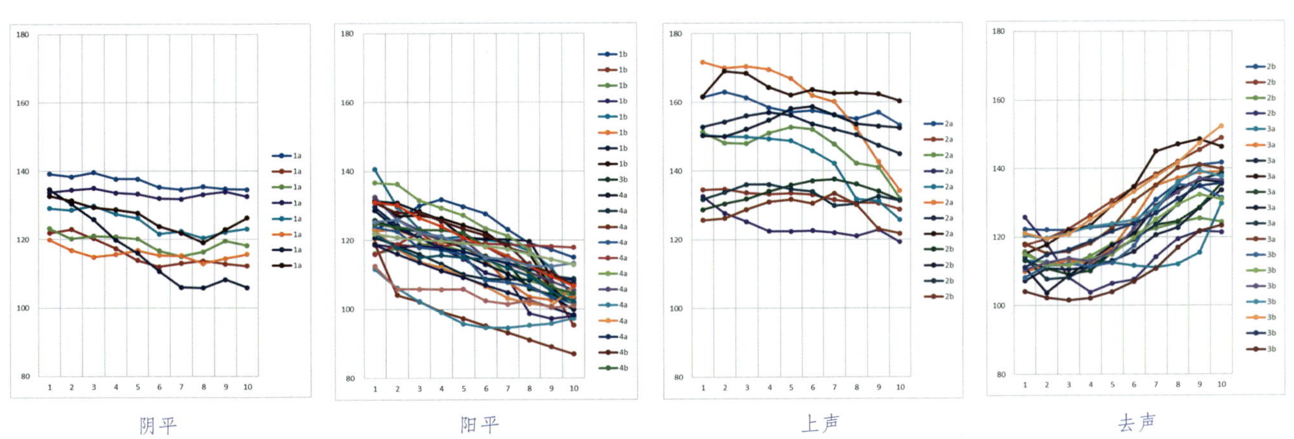

图 9－30b　今声调调域分布范围－临沧临翔－OM

老男的声调有 4 个（见图 9－30a）：

阴平 33、阳平 31、上声 54、去声 24。

今调域的分布情况（见图 9－30b）：

阴平在 22～33 之间；阳平在 21～32 之间；上声在 33～54 之间；去声在 23～34 之间。

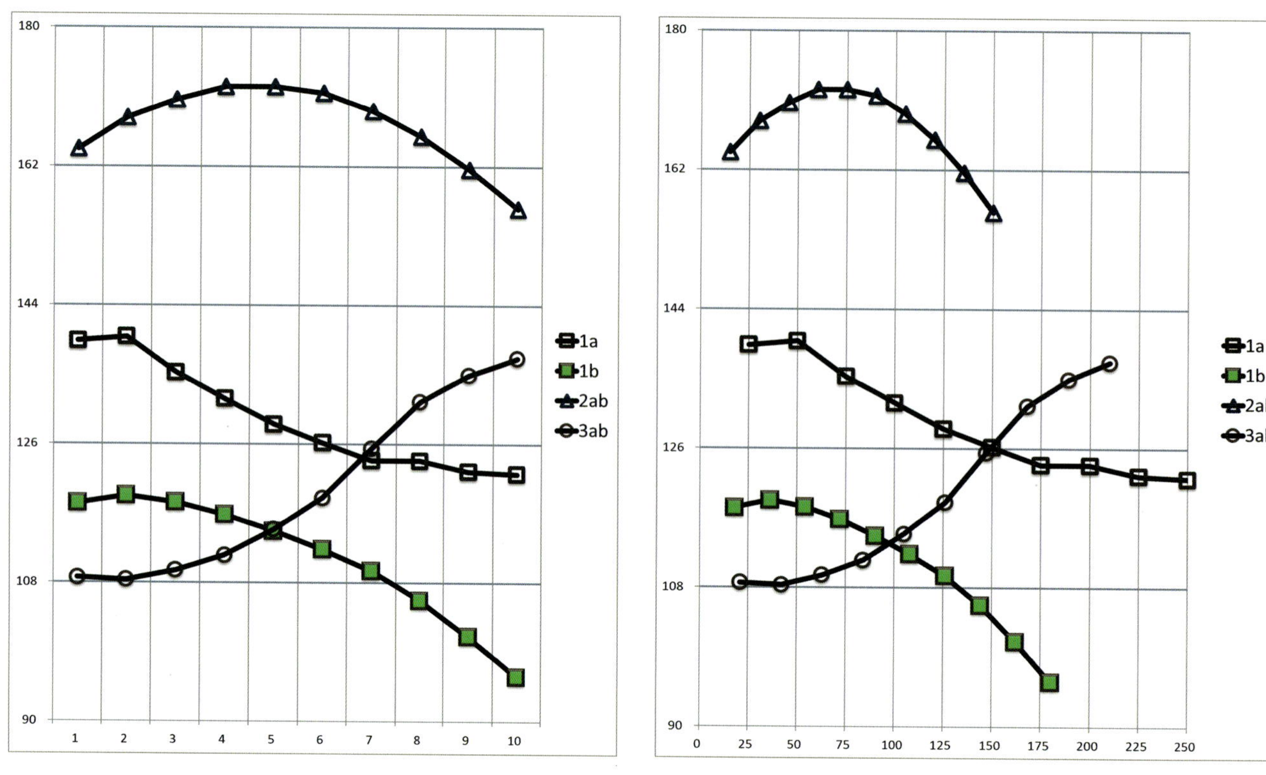

图 9－30c　单字调等长、实长音高模式－临沧临翔－YM

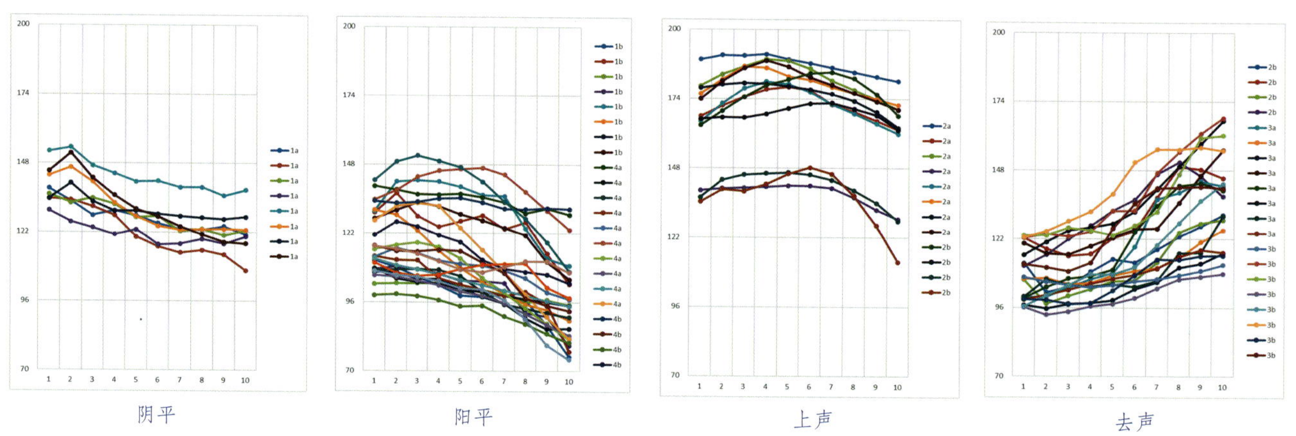

图 9－30d　今声调调域分布范围－临沧临翔－YM

青男的声调有 4 个（见图 9－30c）：

阴平 32、阳平 21、上声 54、去声 23。

今调域的分布情况（见图 9－30d）：

阴平在 32～43 之间；阳平在 21～32 之间；上声在 43～54 之间；去声在 23～34 之间。

3. 保山隆阳

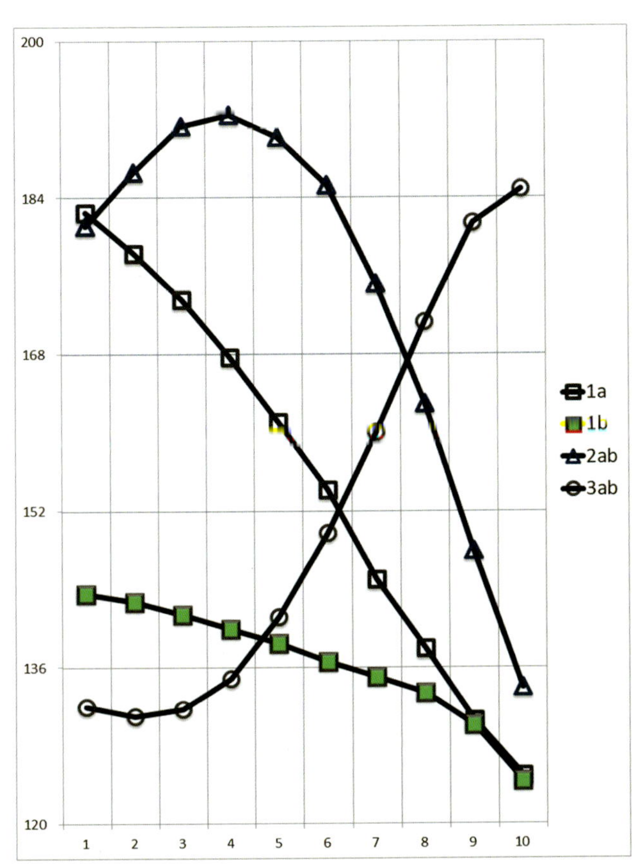

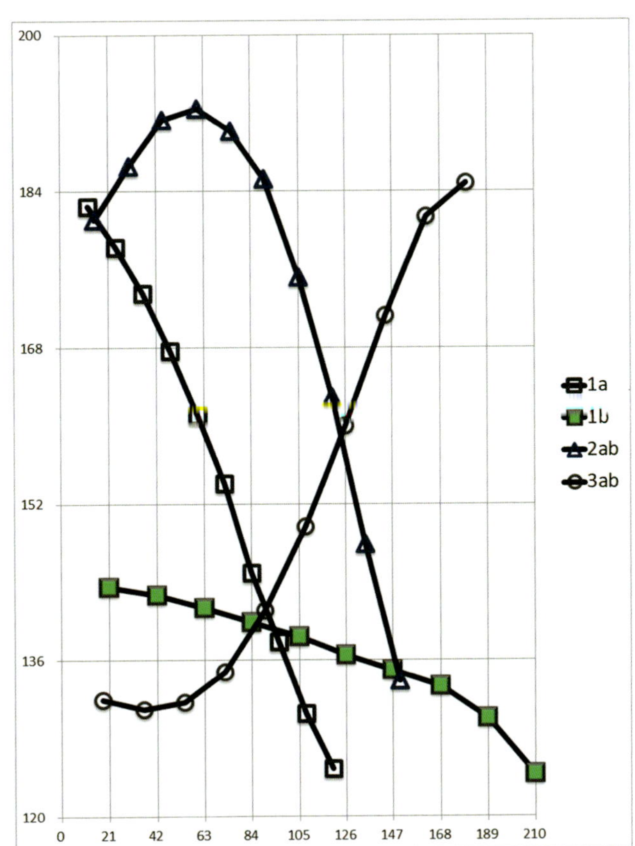

图 9－31a　单字调等长、实长音高模式－保山隆阳－OM

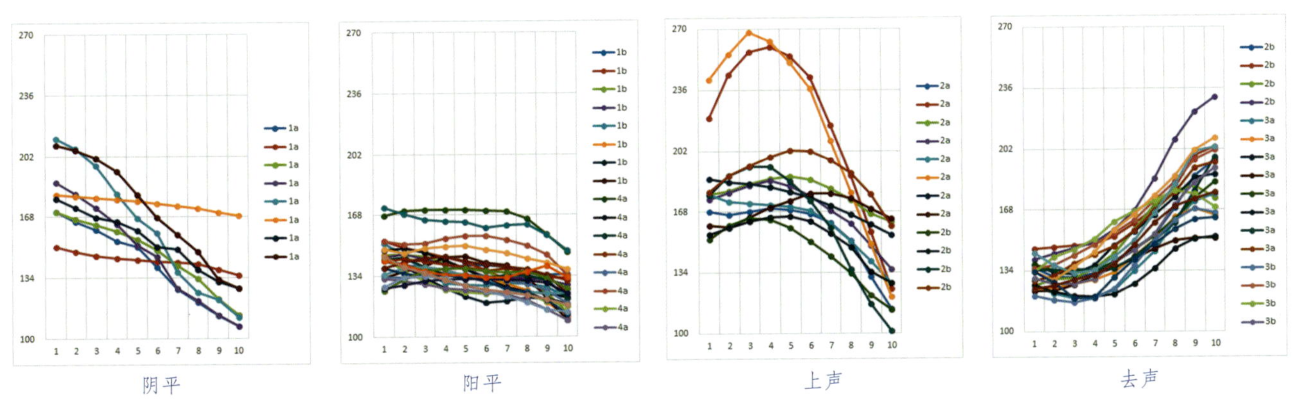

图 9－31b　今声调调域分布范围－保山隆阳－OM

老男的声调有 4 个（见图 9－31a）：

阴平 41、阳平 21、上声 552、去声 14。

今调域的分布情况（见图 9－31b）：

阴平在 21～42 之间；阳平在 21～32 之间；上声在 331～552 之间；去声在 12～24 之间。

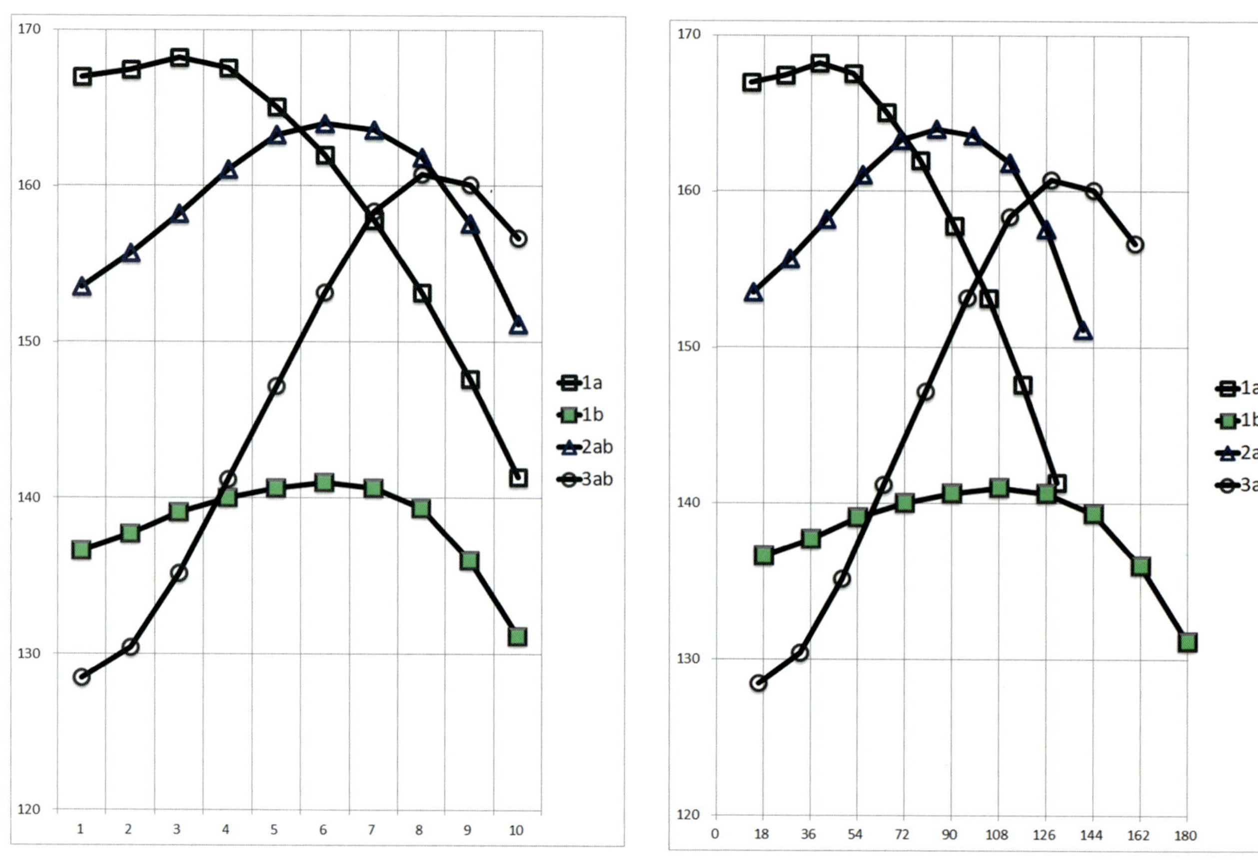

图 9－31c　单字调等长、实长音高模式－保山隆阳－YM

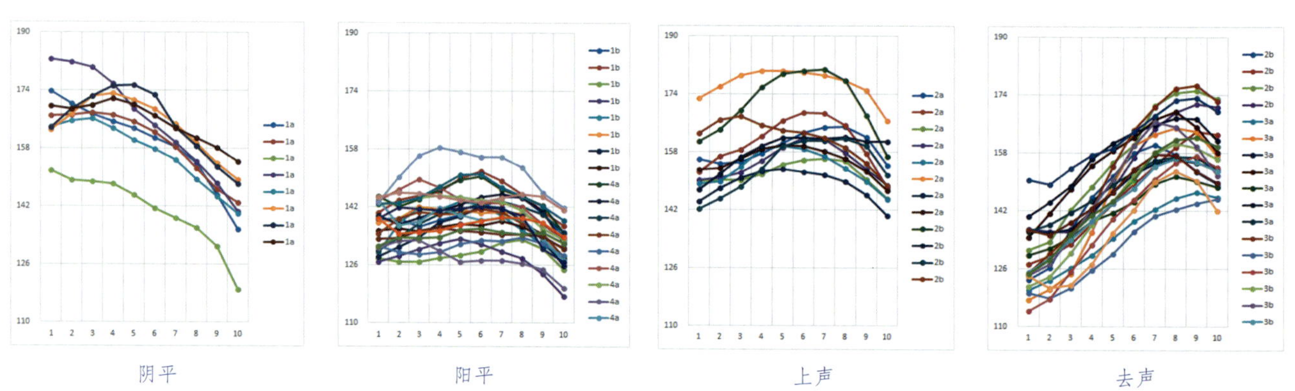

图 9－31d　今声调调域分布范围－保山隆阳－YM

青男的声调有 4 个（见图 9－31c）：

阴平 53、阳平 232、上声 454、去声 14。

今调域的分布情况（见图 9－31d）：

阴平在 31～53 之间；阳平在 221～343 之间；上声在 232～454 之间；去声在 13～35 之间。

4. 鹤庆云鹤

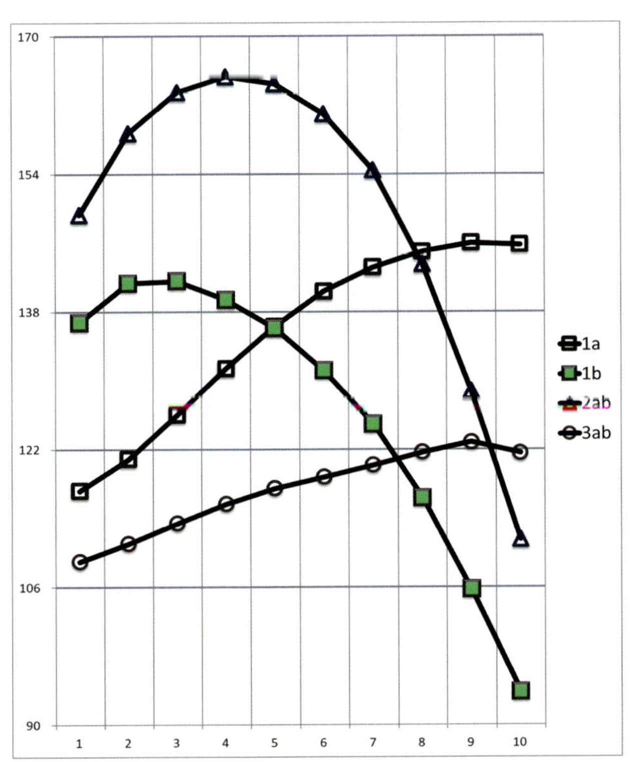

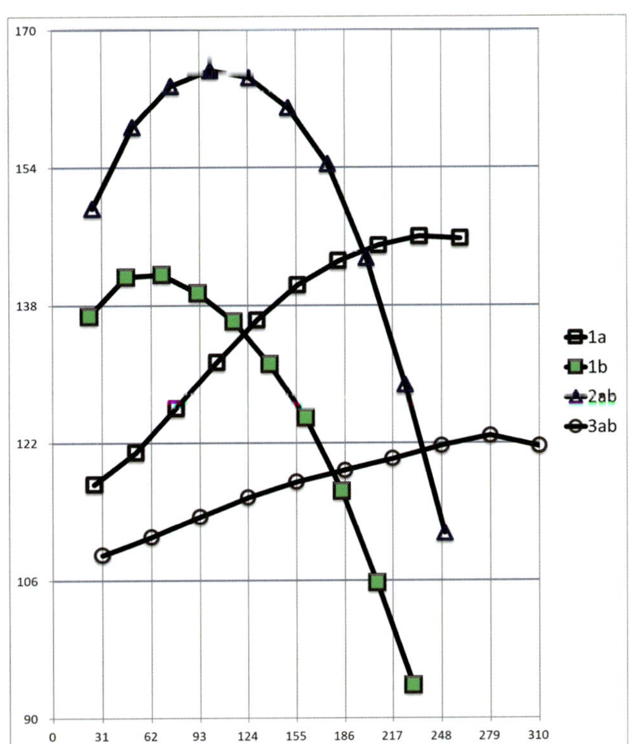

图 9 - 32a　单字调等长、实长音高模式 - 鹤庆云鹤 - OM

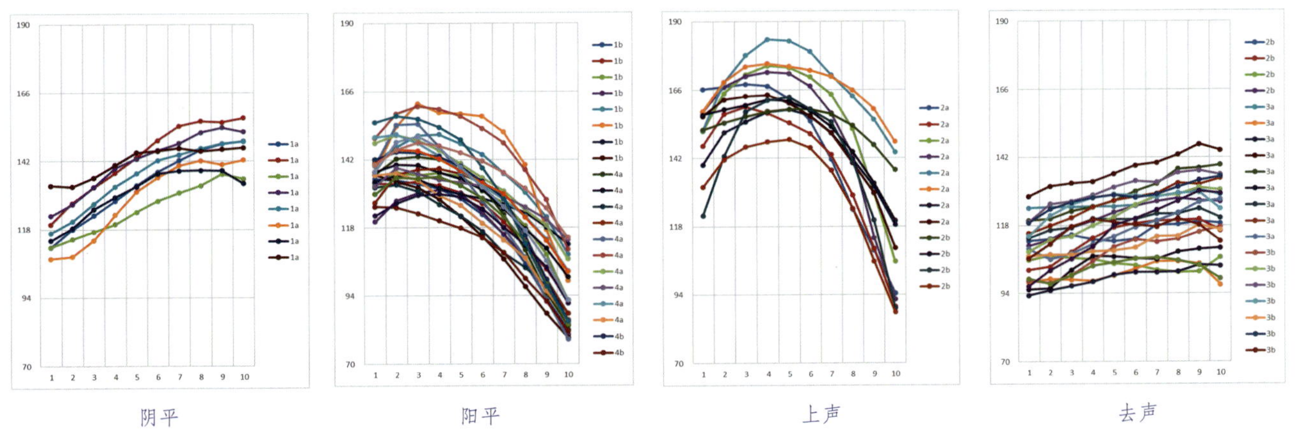

图 9 - 32b　今声调调域分布范围 - 鹤庆云鹤 - OM

老男的声调有 4 个（见图 9 - 32a）：

阴平 24、阳平 41、上声 552、去声 23。

今调域的分布情况（见图 9 - 32b）：

阴平在 23 ~ 34 之间；阳平在 31 ~ 42 之间；上声在 341 ~ 454 之间；去声在 12 ~ 34 之间。

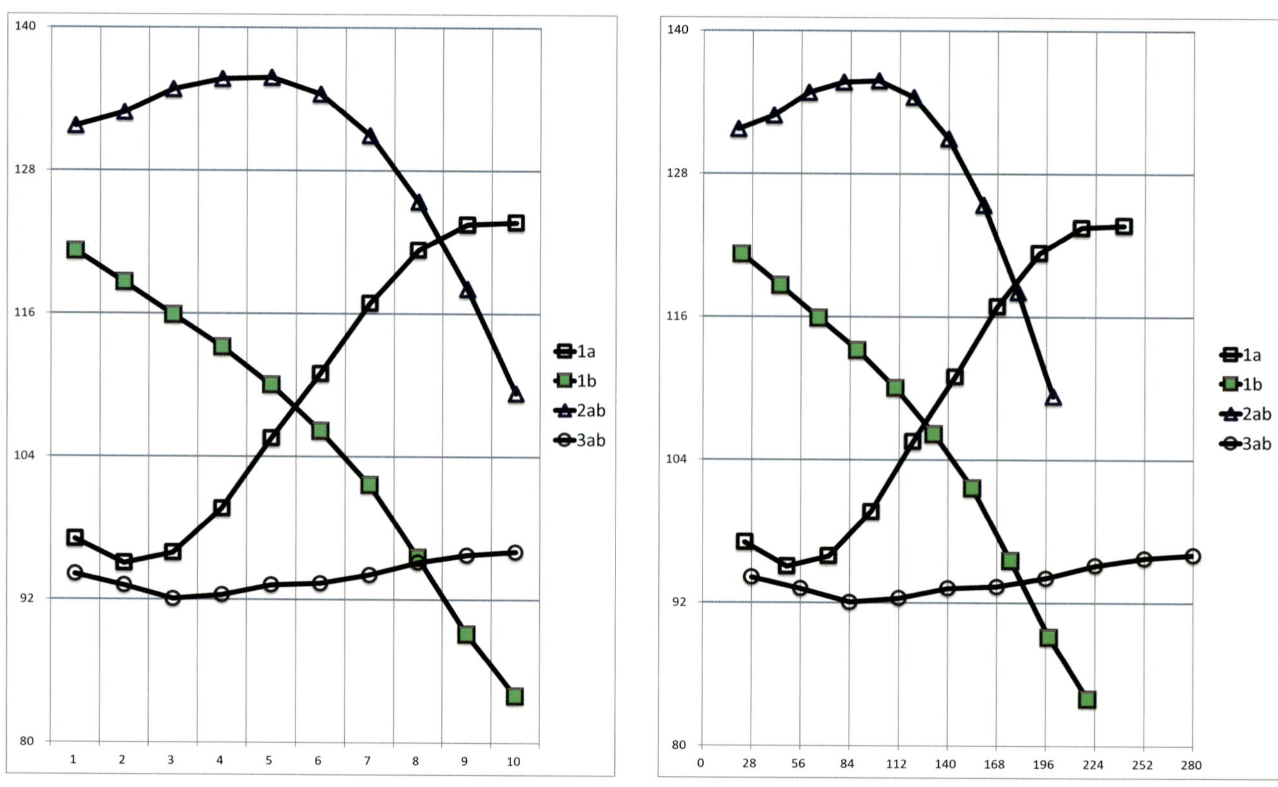

图 9-32c　单字调等长、实长音高模式-鹤庆云鹤-YM

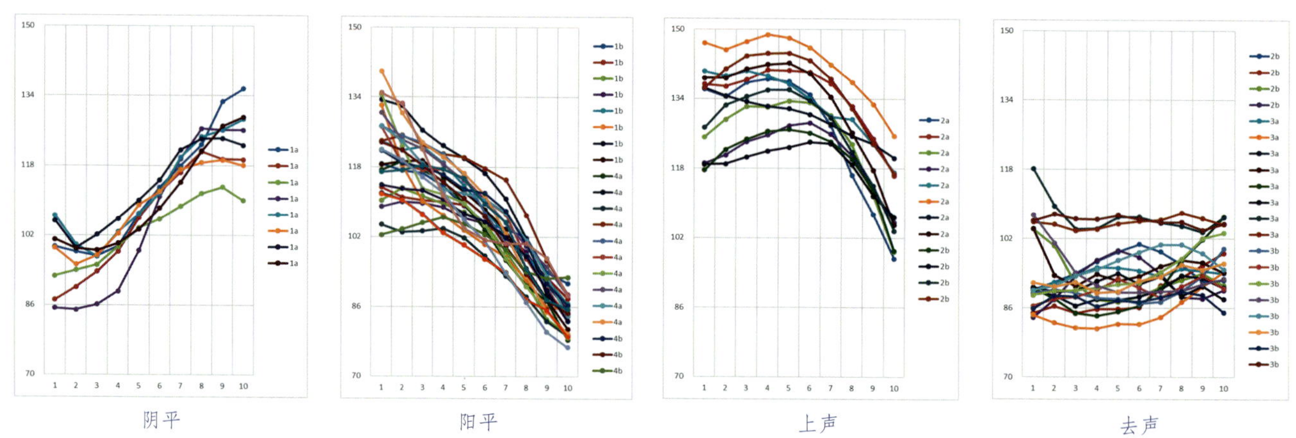

图 9-32d　今声调调域分布范围-鹤庆云鹤-YM

青男的声调有 4 个（见图 9-32c）：

阴平 24、阳平 41、上声 553、去声 22。

今调域的分布情况（见图 9-32d）：

阴平在 23～24 之间；阳平在 31～52 之间；上声在 442～554 之间；去声在 11～33 之间。

9.4.3 滇南小片

1. 红河建水

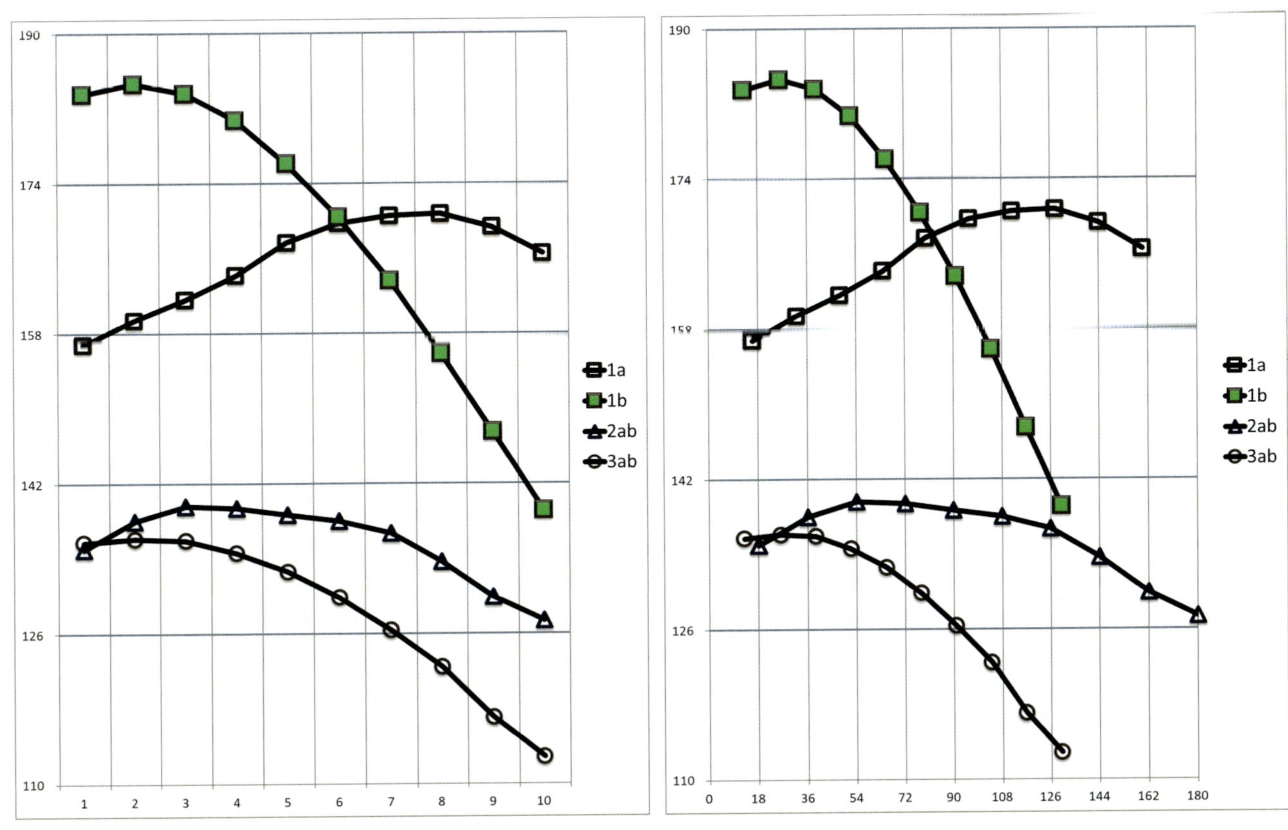

图 9－33a 单字调等长、实长音高模式－红河建水－OM

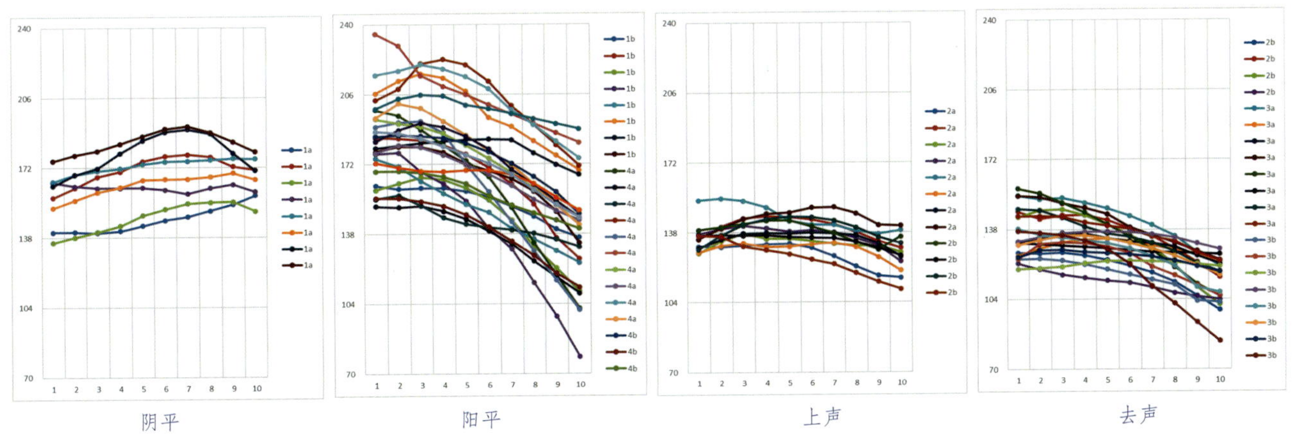

图 9－33b 今声调调域分布范围－红河建水－OM

老男的声调有 4 个（见图 9－33a）：

阴平 34、阳平 52、上声 332、去声 21。

今调域的分布情况（见图 9－33b）：

阴平在 23～34 之间；阳平在 31～54 之间；上声主要在 221～332 之间；去声在 21～32 之间。

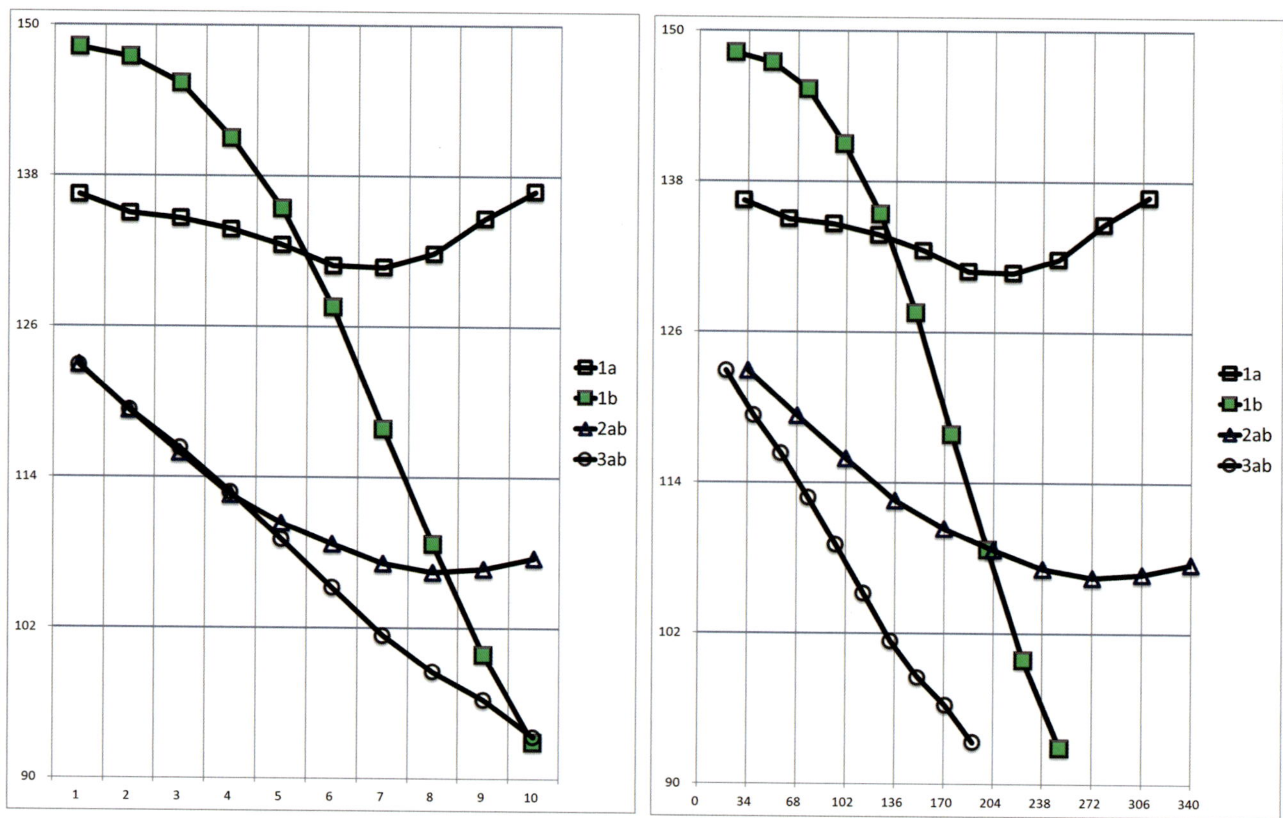

图 9－33c　单字调等长、实长音高模式－红河建水－YM

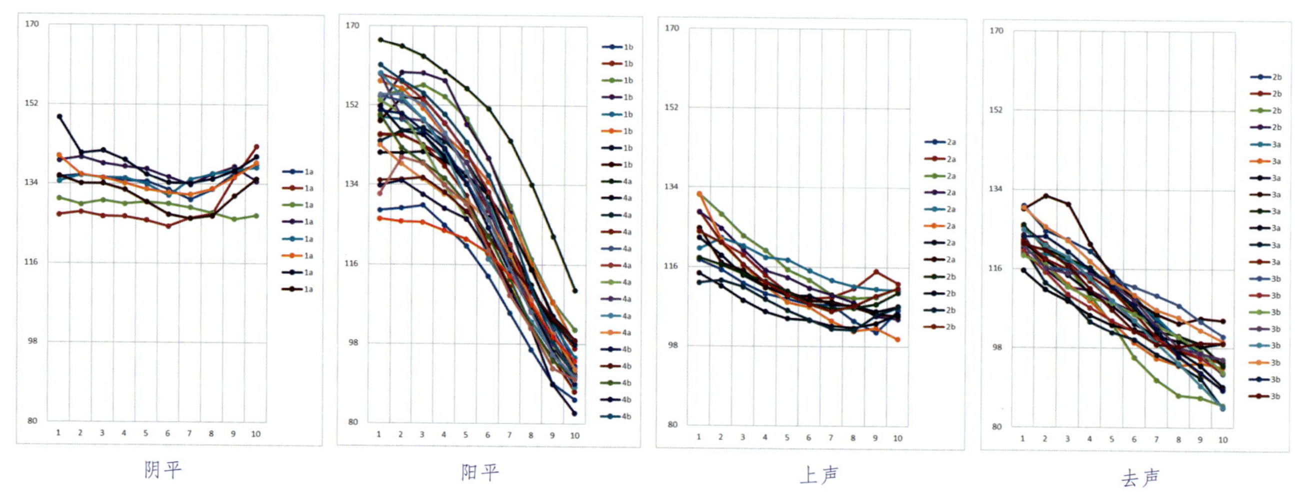

图 9－33d　今声调调域分布范围－红河建水－YM

青男的声调有 4 个（见图 9－33c）：

阴平 434、阳平 51、上声 32、去声 31。

今调域的分布情况（见图 9－33d）：

阴平在 33～44 之间；阳平在 31～52 之间；上声主要在 32 的范围；去声在 21～32 之间。

2. 云南文山

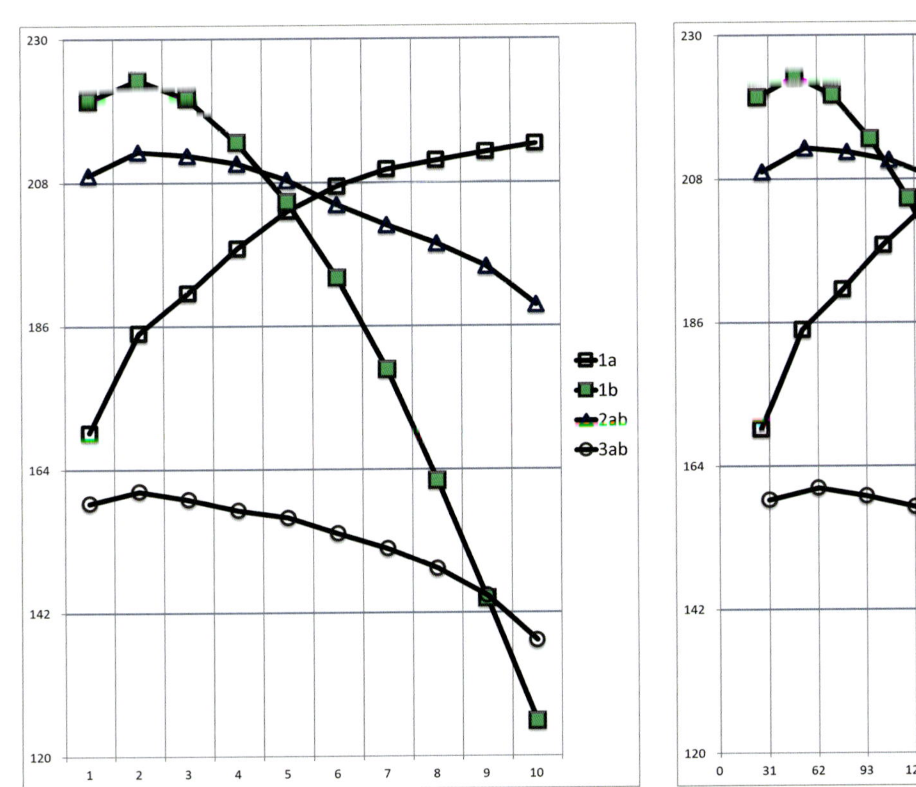

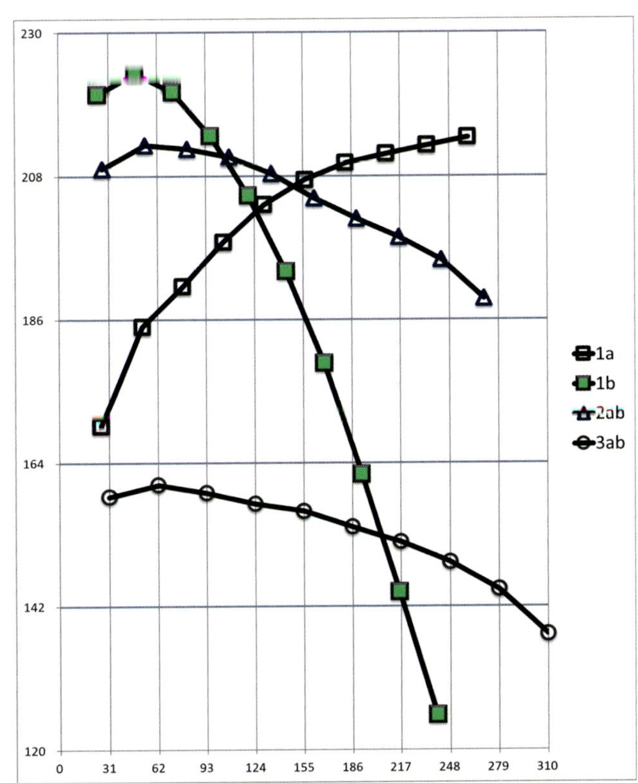

图 9－34a　单字调等长、实长音高模式－云南文山－OM

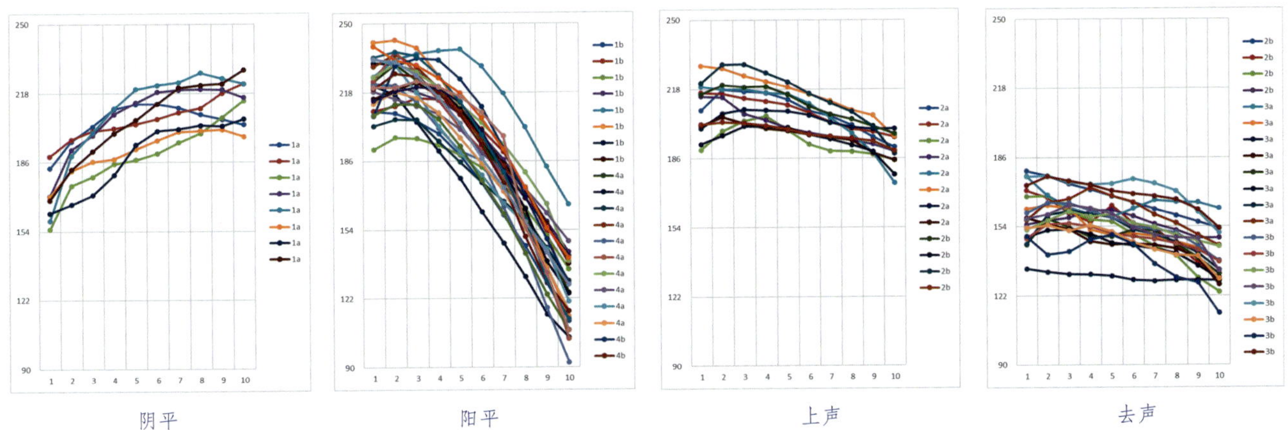

图 9－34b　今声调调域分布范围－云南文山－OM

老男的声调有 4 个（见图 9－34a）：

阴平 35、阳平 51、上声 54、去声 21。

今调域的分布情况（见图 9－34b）：

阴平在 34～45 之间；阳平在 41～53 之间；上声在 43～54 之间；去声在 21～32 之间。

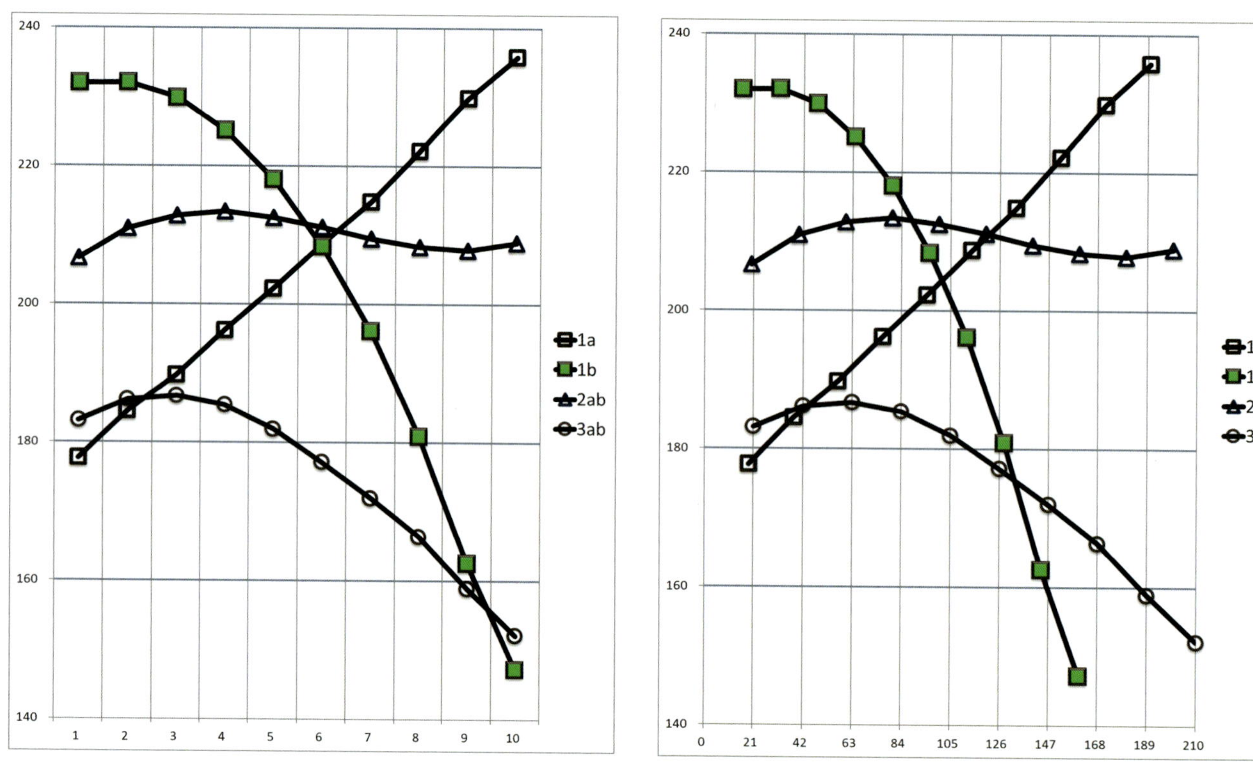

图 9－34c　单字调等长、实长音高模式－云南文山－YM

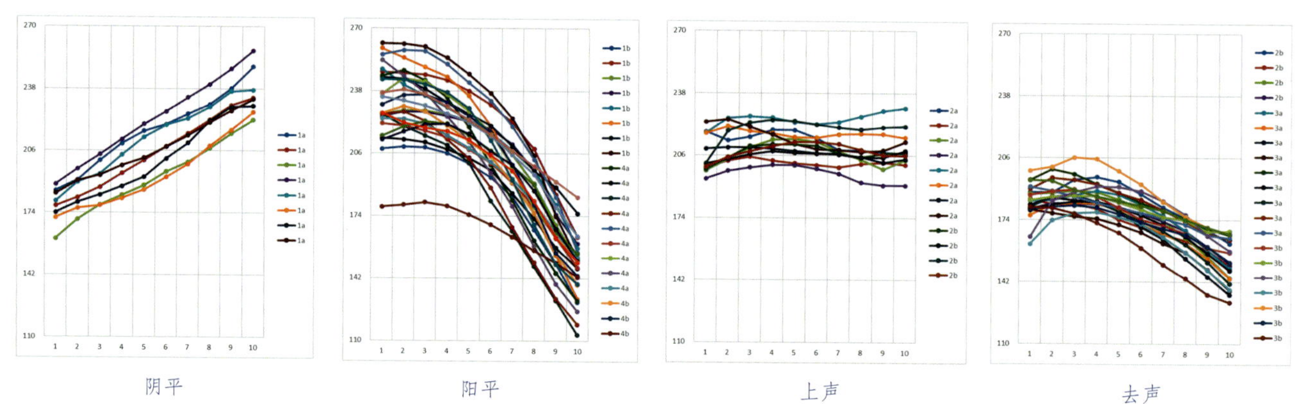

图 9－34d　今声调调域分布范围－云南文山－YM

青男的声调有 4 个（见图 9－34c）：

阴平 35、阳平 51、上声 44、去声 31。

今调域的分布情况（见图 9－34d）：

阴平在 24～35 之间；阳平在 41～53 之间；上声在 33～44 之间；去声在 21～32 之间。

3. 百色西林

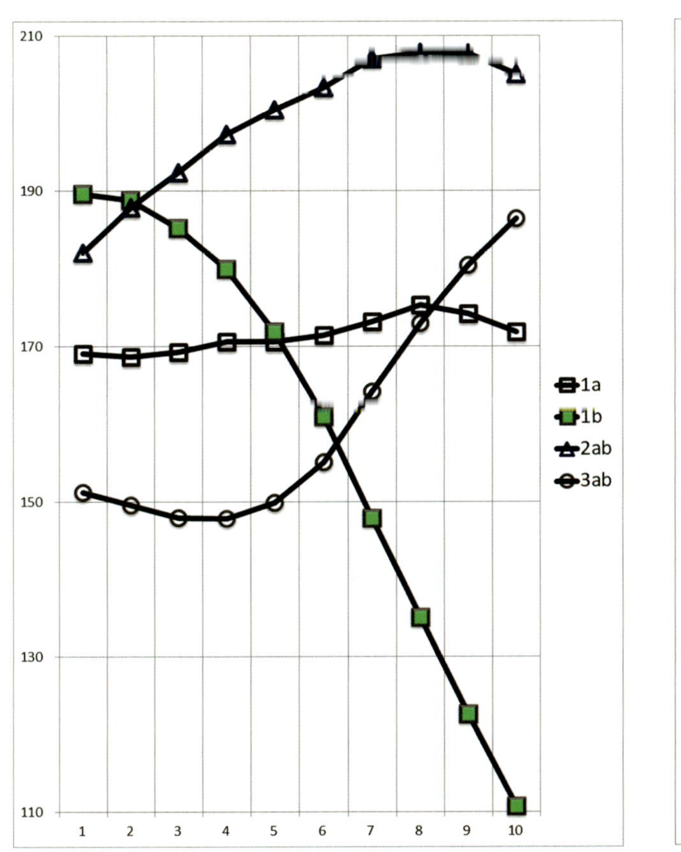

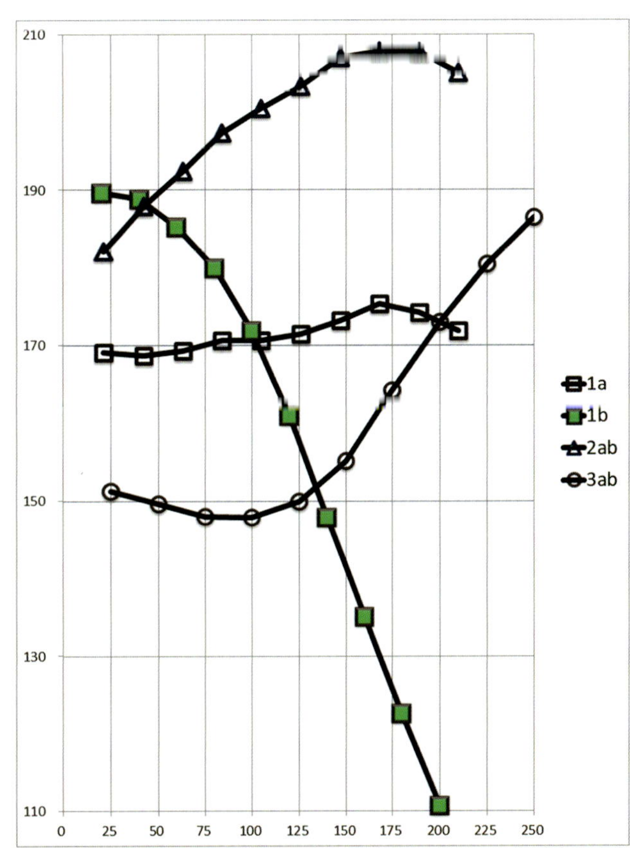

图 9－35a　单字调等长、实长音高模式－百色西林－OM

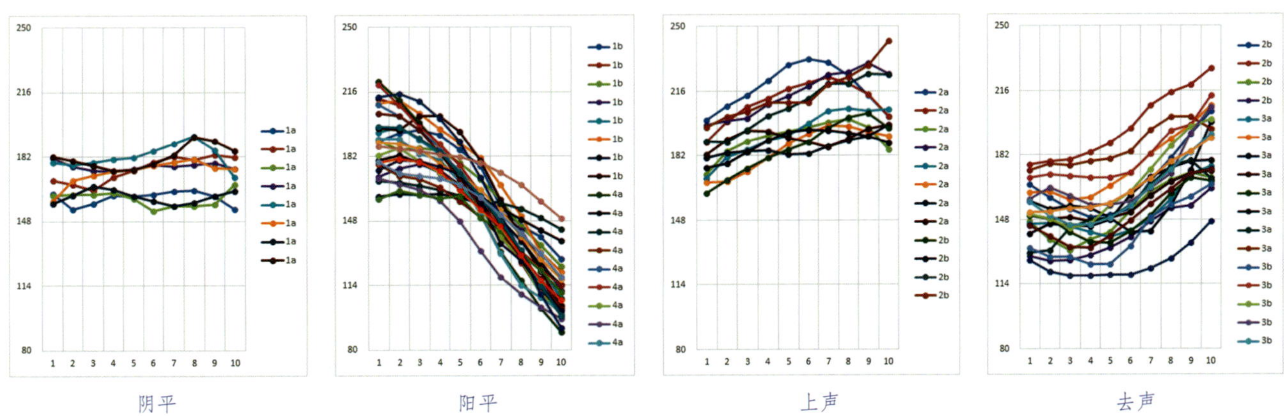

图 9－35b　今声调调域分布范围－百色西林－OM

老男的声调有 4 个（见图 9－35a）：

阴平 33、阳平 41、上声 45、去声 224。

今调域的分布情况（见图 9－35b）：

阴平在 33～44 之间；阳平在 31～42 之间；上声在 34～45 之间；去声主要在 223～335 之间。

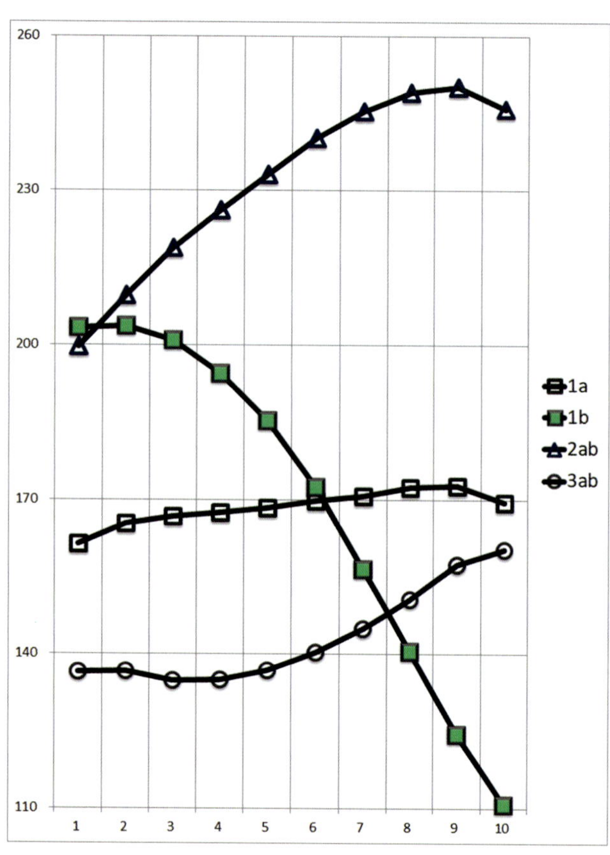

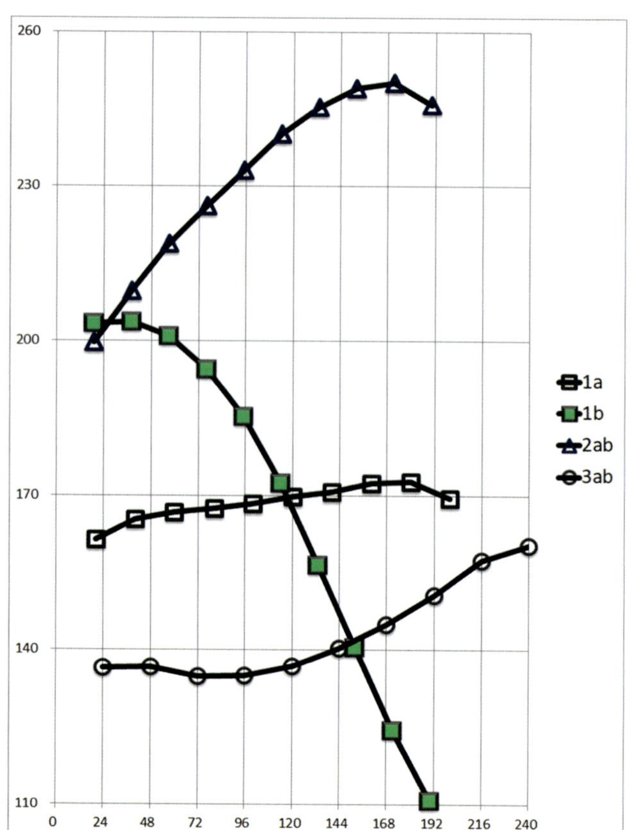

图 9－35c　单字调等长、实长音高模式－百色西林－YM

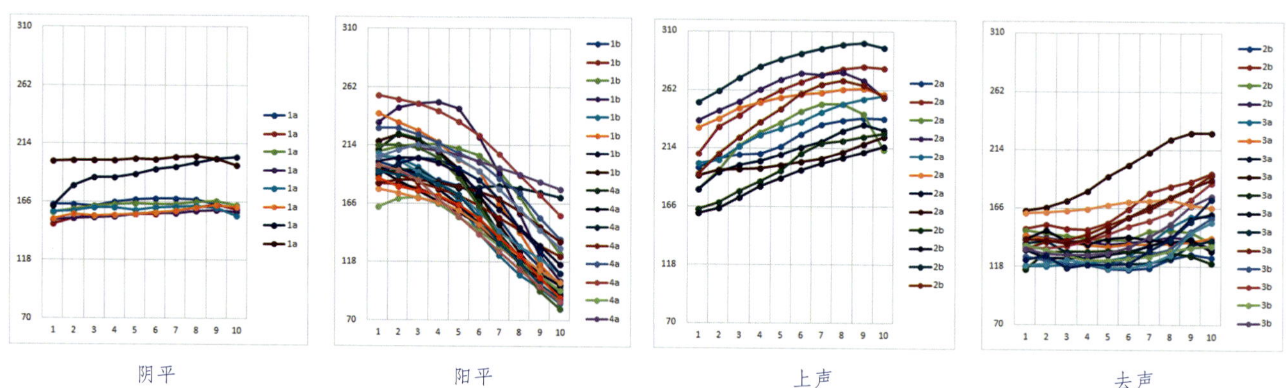

图 9－35d　今声调调域分布范围－百色西林－YM

青男的声调有 4 个（见图 9－35c）：

阴平 33、阳平 41、上声 45、去声 223。

今调域的分布情况（见图 9－35d）：

阴平在 22～33 之间；阳平在 31～42 之间；上声在 34～45 之间；去声主要在 223～34 之间。

9.5 湖广片

9.5.1 鄂北小片

1. 十堰房县

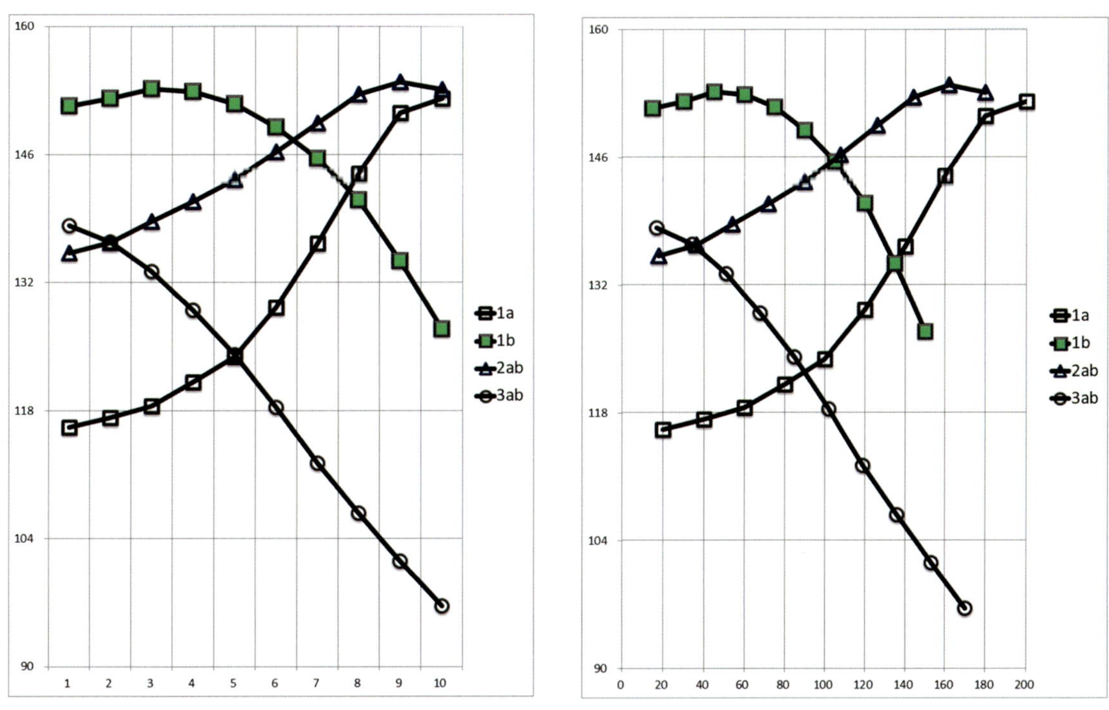

图 9－36a 单字调等长、实长音高模式－十堰房县－OM

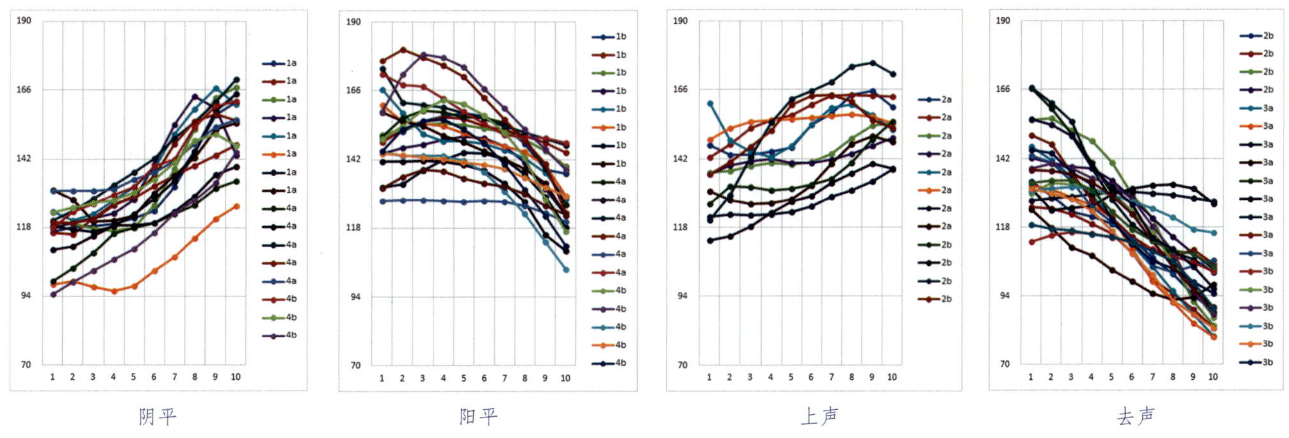

图 9－36b 今声调调域分布范围－十堰房县－OM

老男的声调有 4 个（见图 9－36a）：

阴平 35、阳平 53、上声 45、去声 41。

今调域的分布情况（见图 9－36b）：

阴平在 23～35 之间；阳平在 32～54 之间；上声在 34～45 之间；去声在 21～42 之间。

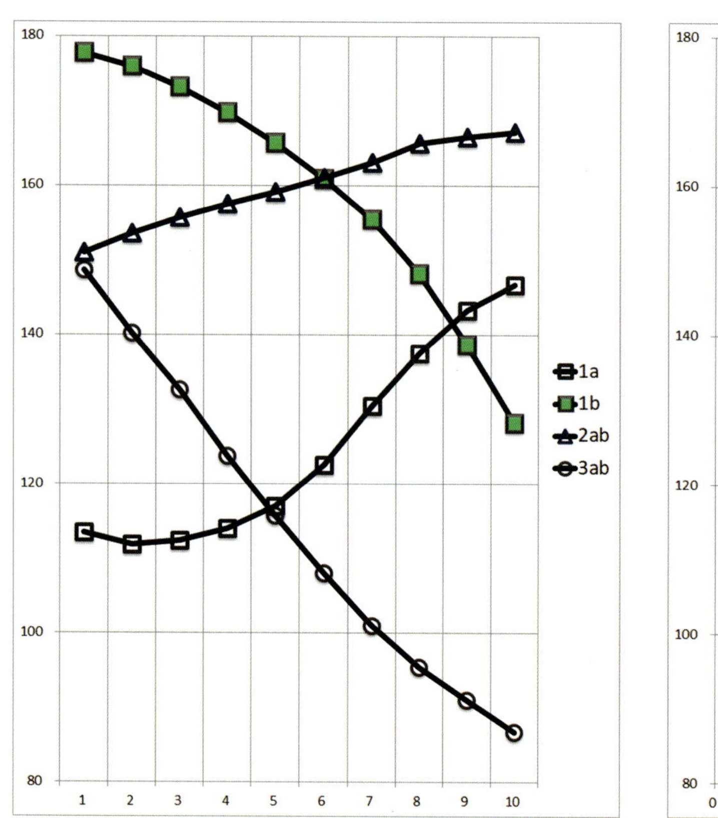

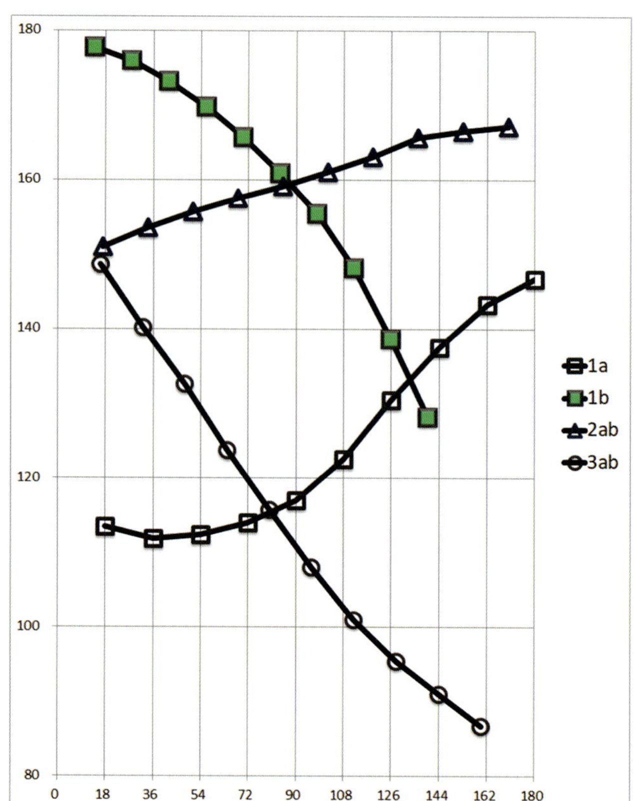

图 9－36c　单字调等长、实长音高模式－十堰房县－YM

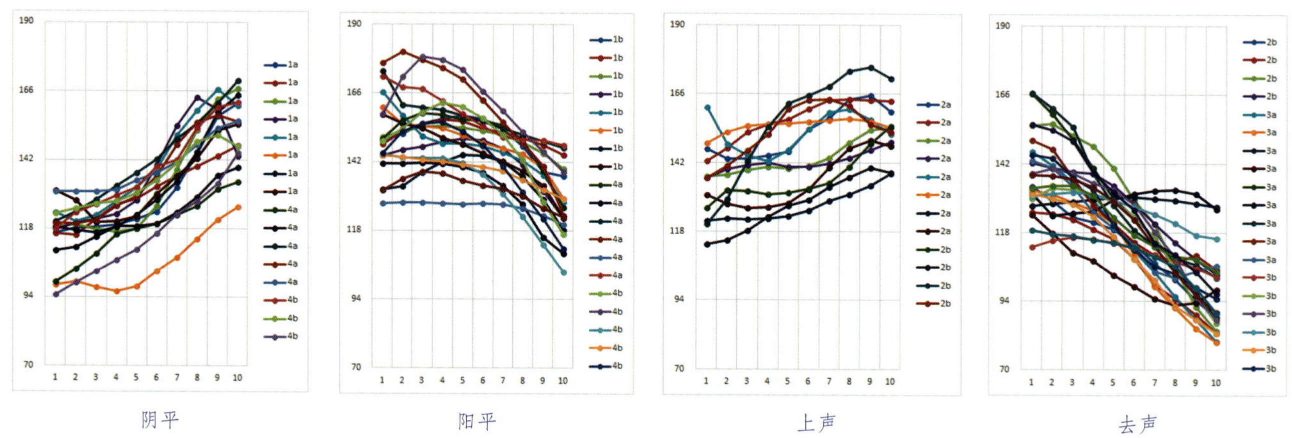

图 9－36d　今声调调域分布范围－十堰房县－YM

青男的声调有 4 个（见图 9－36c）：

阴平 24、阳平 53、上声 45、去声 41。

今调域的分布情况（见图 9－36d）：

阴平在 23～34 之间；阳平主要在 42～54 之间；上声在 34～45 之间；去声在 31～42 之间。

2. 襄阳保康

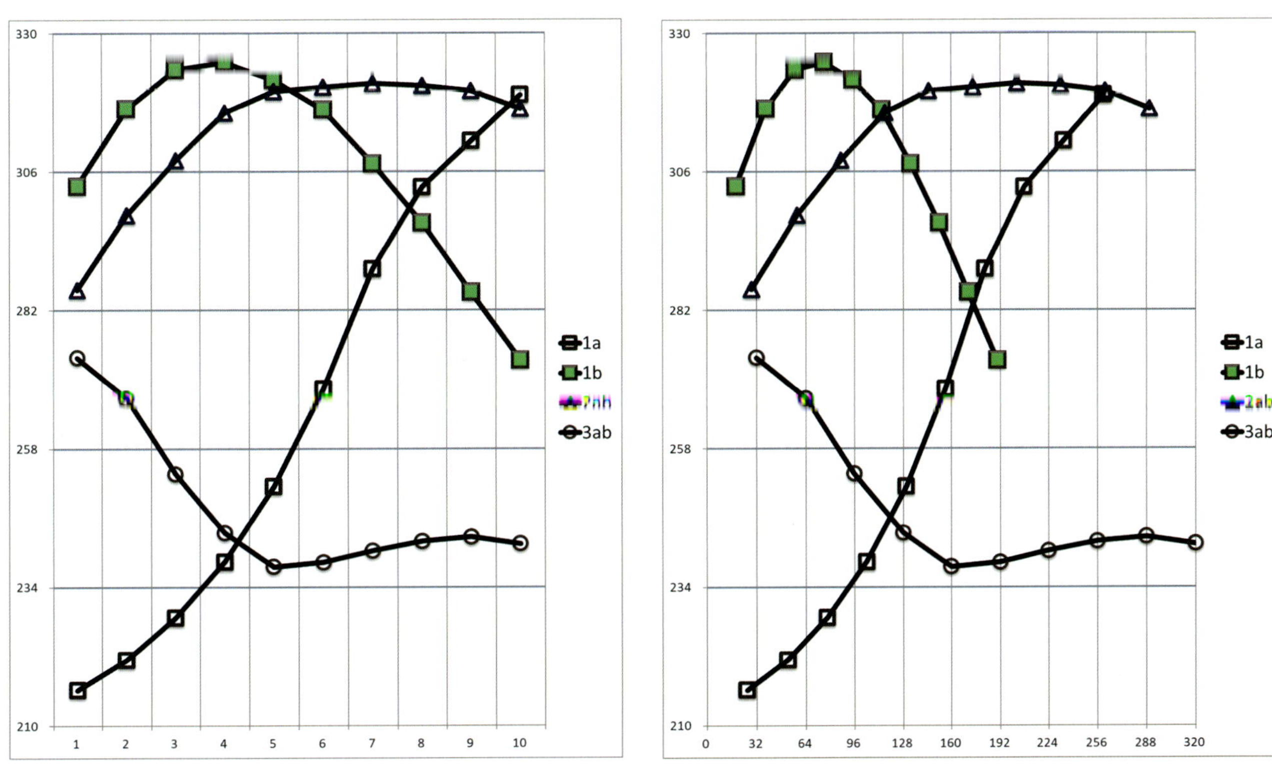

图 9－37a　单字调等长、实长音高模式－襄阳保康－OM

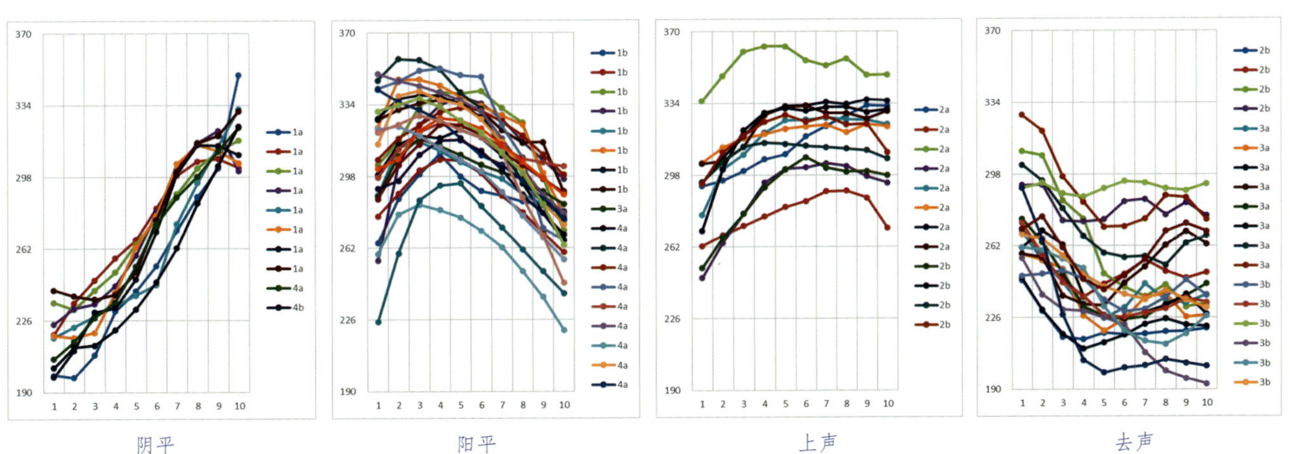

图 9－37b　今声调调域分布范围－襄阳保康－OM

老男的声调有 4 个（见图 9－37a）：

阴平 15、阳平 553、上声 455、去声 322。

今调域的分布情况（见图 9－37b）：

阴平在 14～25 之间；阳平在 232～54 之间；上声在 34～455 之间；去声在 211～433 之间。

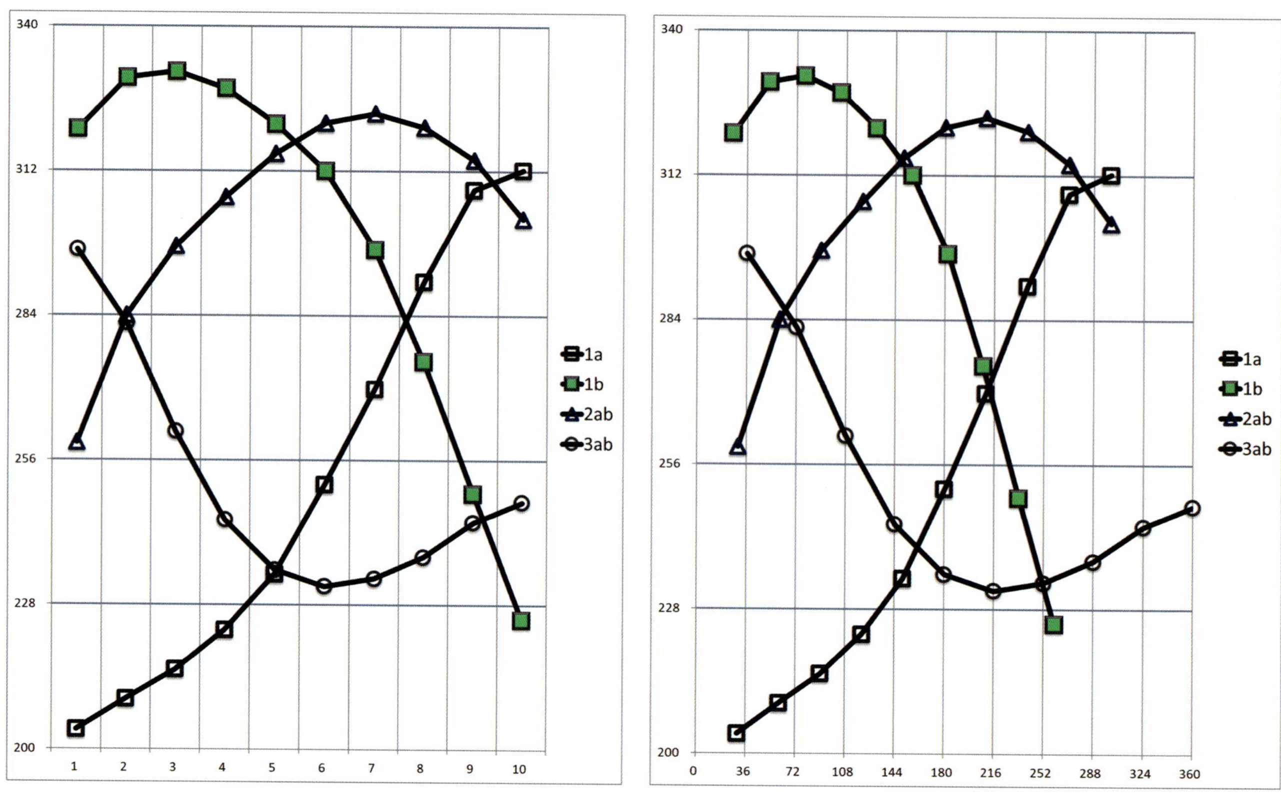

图 9－37c　单字调等长、实长音高模式－襄阳保康－YM

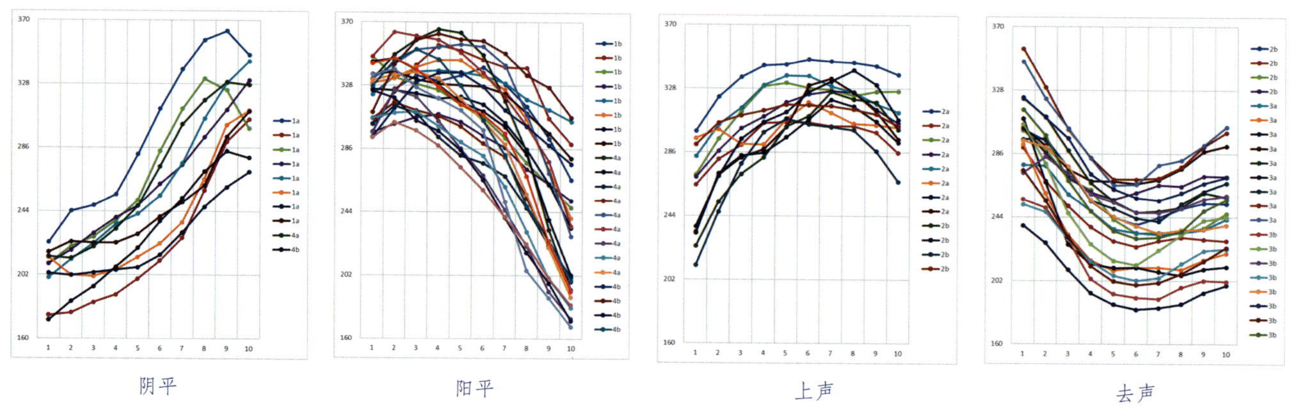

图 9－37d　今声调调域分布范围－襄阳保康－YM

青男的声调有 4 个（见图 9－37c）：

阴平 14、阳平 52、上声 355、去声 423。

今调域的分布情况（见图 9－37d）：

阴平在 13～25 之间；阳平在 41～54 之间；上声在 244～455 之间；去声在 211～534 之间。

3. 安康白河

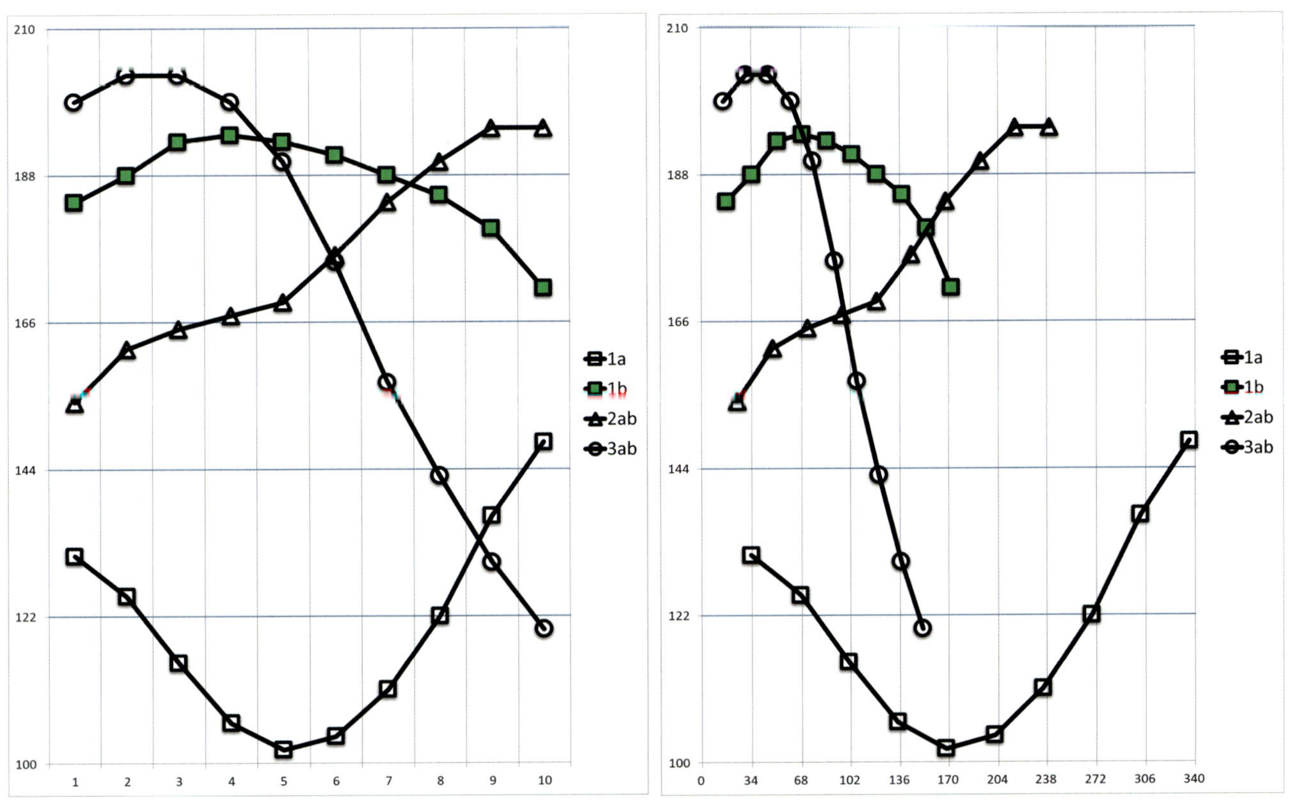

图 9－38a 单字调等长、实长音高模式－安康白河－OM

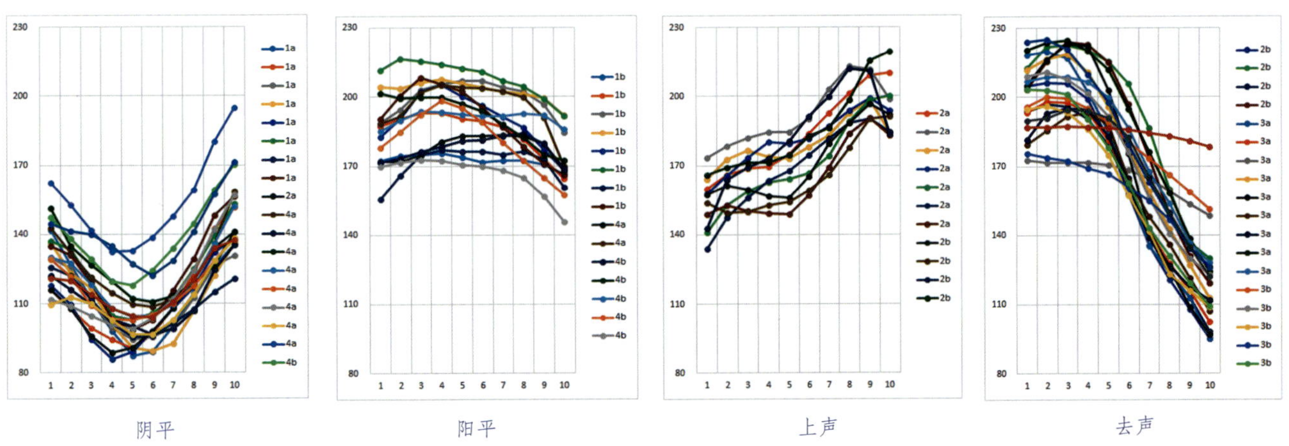

图 9－38b 今声调调域分布范围－安康白河－OM

老男的声调有 4 个（见图 9－38a）：

阴平 213、阳平 554、上声 35、去声 52。

今调域的分布情况（见图 9－38b）：

阴平在 212～324 之间；阳平在 443～554 之间；上声在 35～45 之间；去声主要在 41～52 之间。

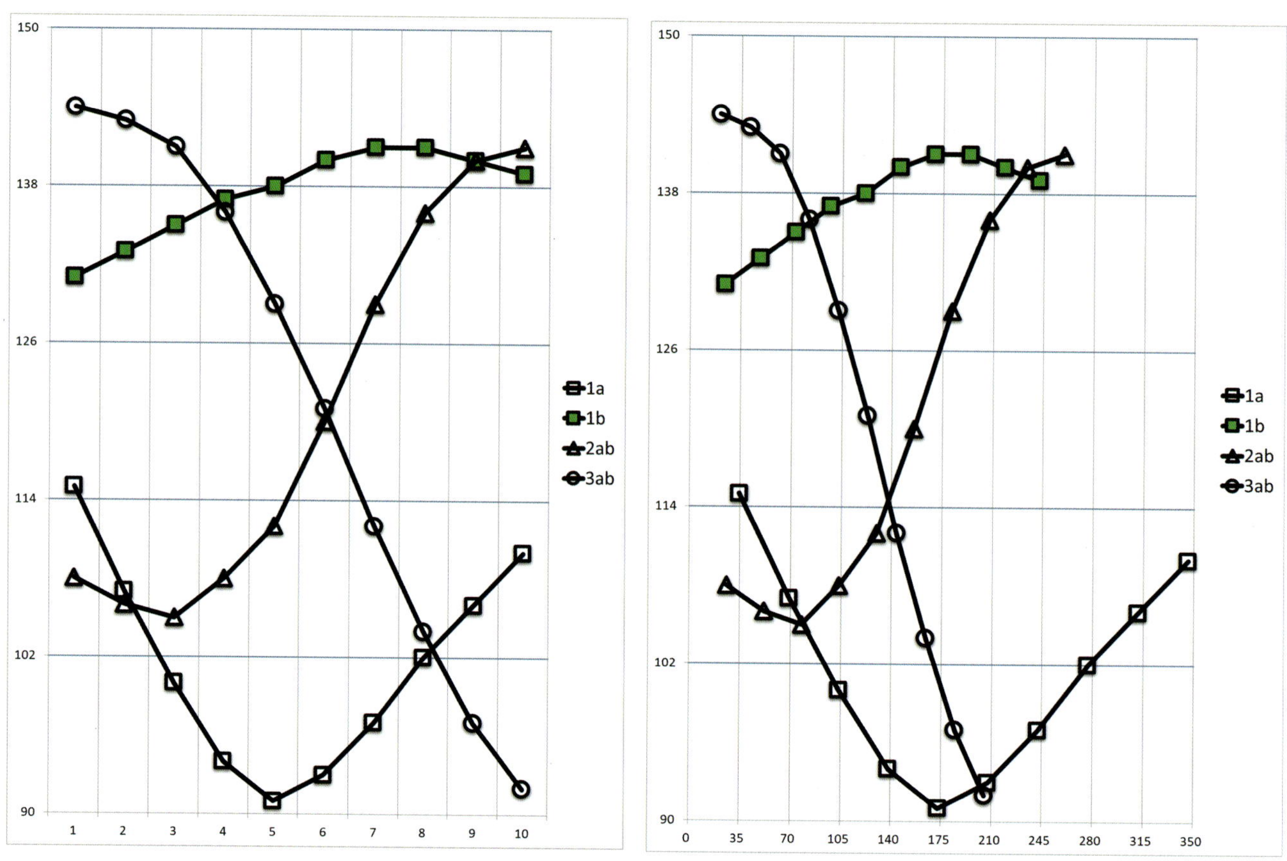

图 9－38c 单字调等长、实长音高模式－安康白河－YM

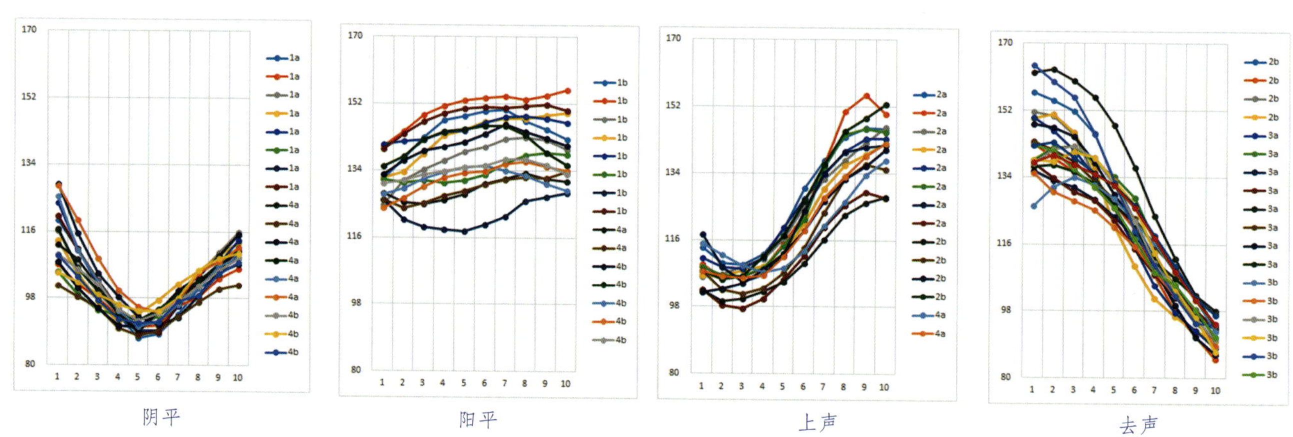

图 9－38d 今声调调域分布范围－安康白河－YM

青男的声调有 4 个（见图 9－38c）：

阴平 312、阳平 45、上声 25、去声 51。

今调域的分布情况（见图 9－38d）：

阴平在 212～312 之间；阳平在 34～45 之间；上声在 23～25 之间；去声在 41～52 之间。

9.5.2 鄂中小片

1. 武汉 -《音库》

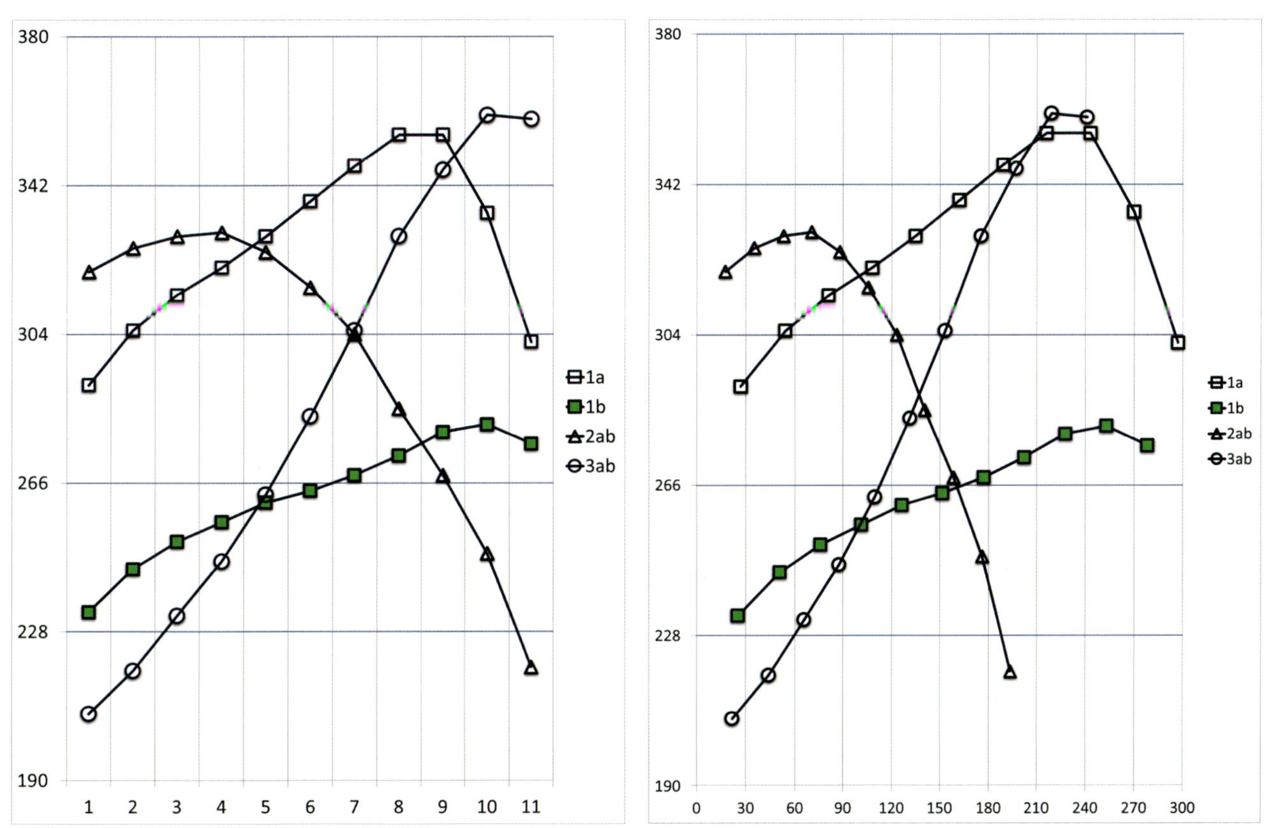

图 9 - 39a 单字调等长、实长音高模式 - 武汉 -《音库》

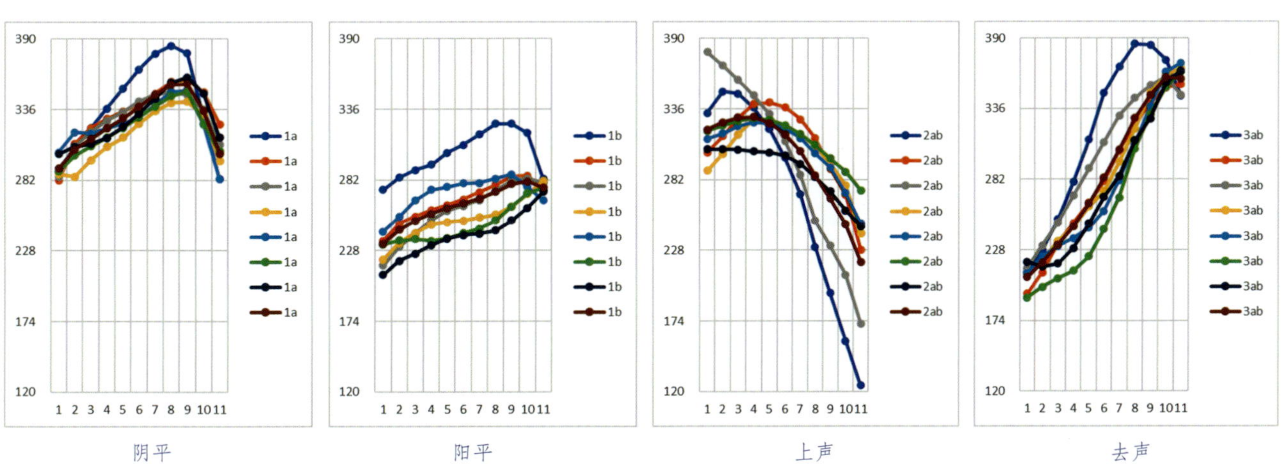

图 9 - 39b 今声调调域分布范围 - 武汉 -《音库》

《音库》的声调有 4 个（见图 9 - 39a）：

阴平 354、阳平 23、上声 442、去声 15。

今调域的分布情况（见图 9 - 39b）：

阴平主要在 454 的范围；阳平在 23 ~ 34 之间；上声在 441 ~ 453 之间；去声主要在 25 的范围。

2. 武汉江汉

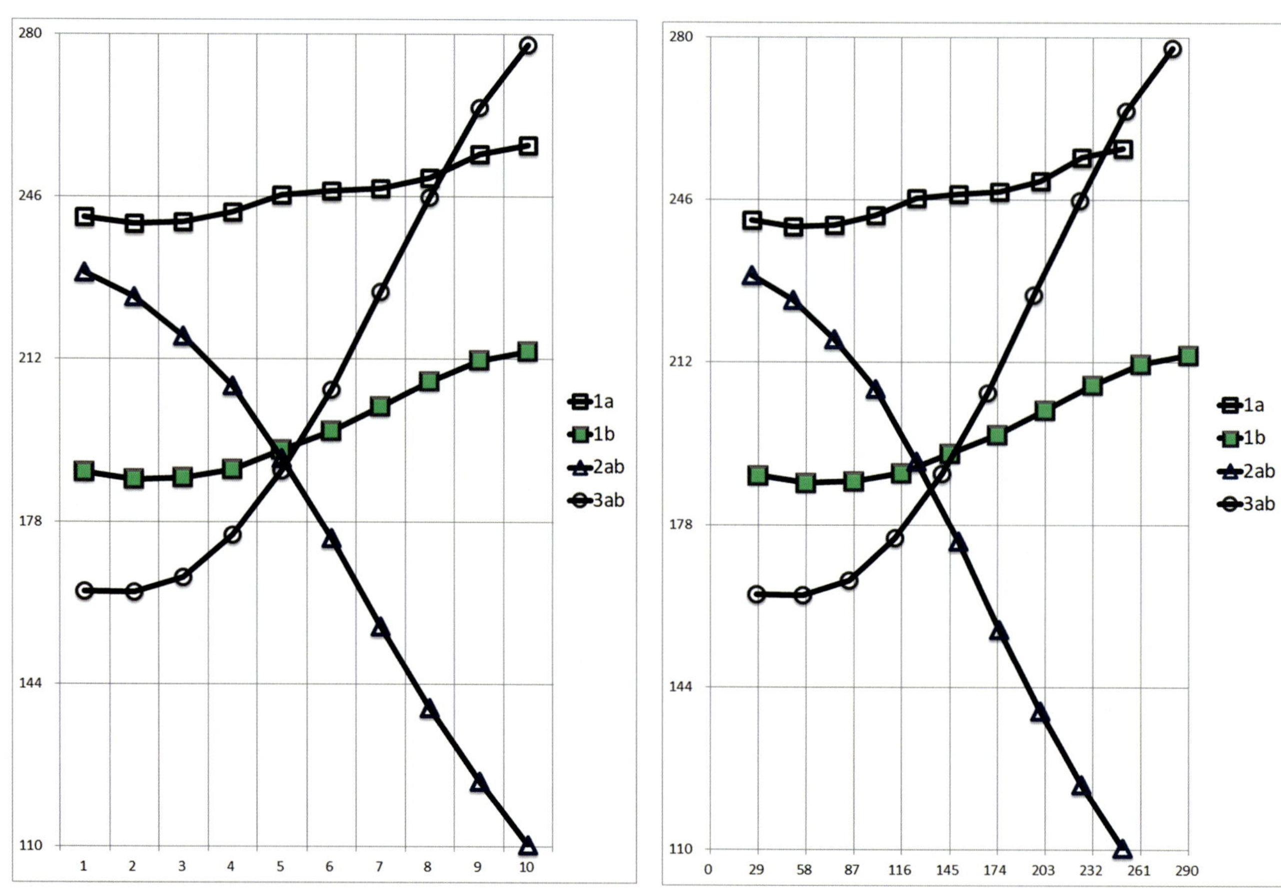

图 9－40a　单字调等长、实长音高模式－武汉江汉－OM

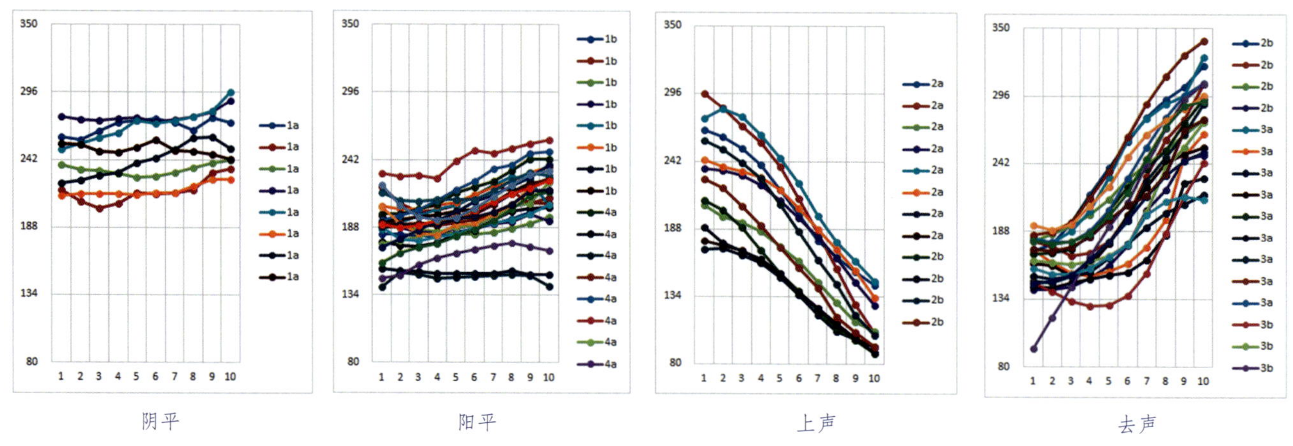

图 9－40b　今声调调域分布范围－武汉江汉－OM

老男的声调有 4 个（见图 9－40a）：

阴平 45、阳平 34、上声 41、去声 25。

今调域的分布情况（见图 9－40b）：

阴平在 33～44 之间；阳平在 22～34 之间；上声在 21～42 之间；去声在 23～35 之间。

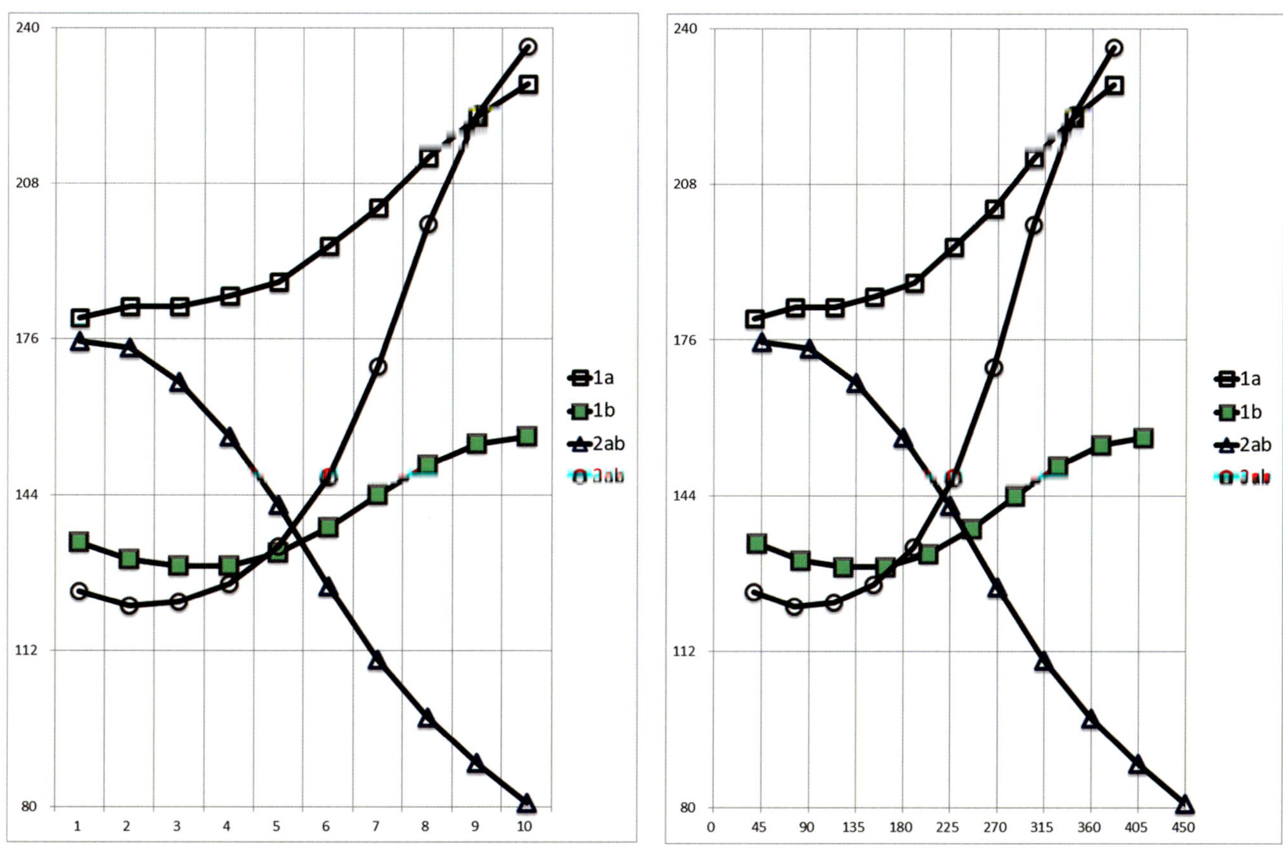

图 9-40c 单字调等长、实长音高模式 - 武汉江汉 - YM

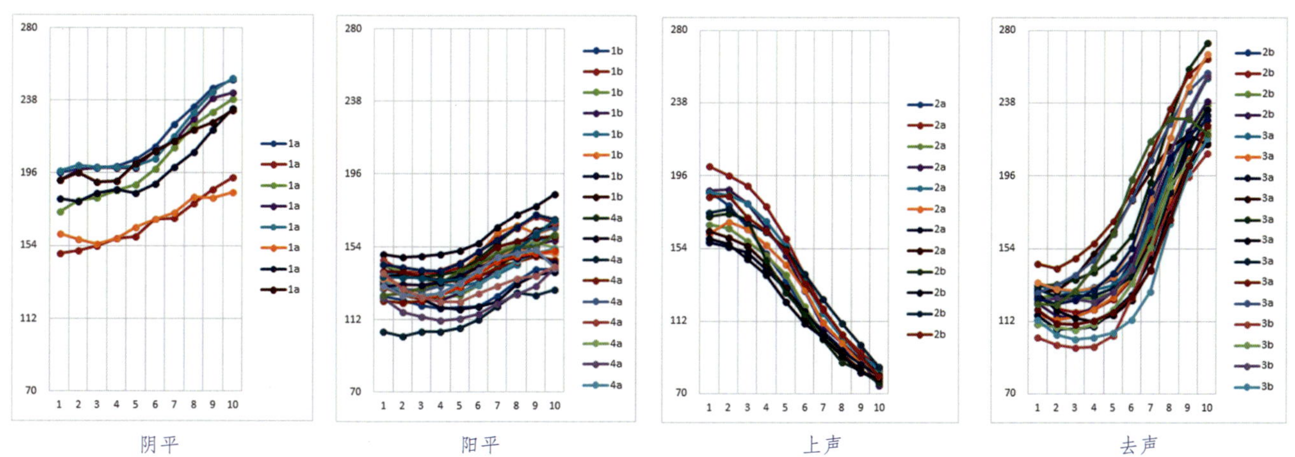

图 9-40d 今声调调域分布范围 - 武汉江汉 - YM

青男的声调有 4 个（见图 9-40c）：

阴平 45、阳平 23、上声 31、去声 25。

今调域的分布情况（见图 9-40d）：

阴平在 23～35 之间；阳平在 12～23 之间；上声在 31～41 之间；去声在 14～25 之间。

3. 巴东信陵

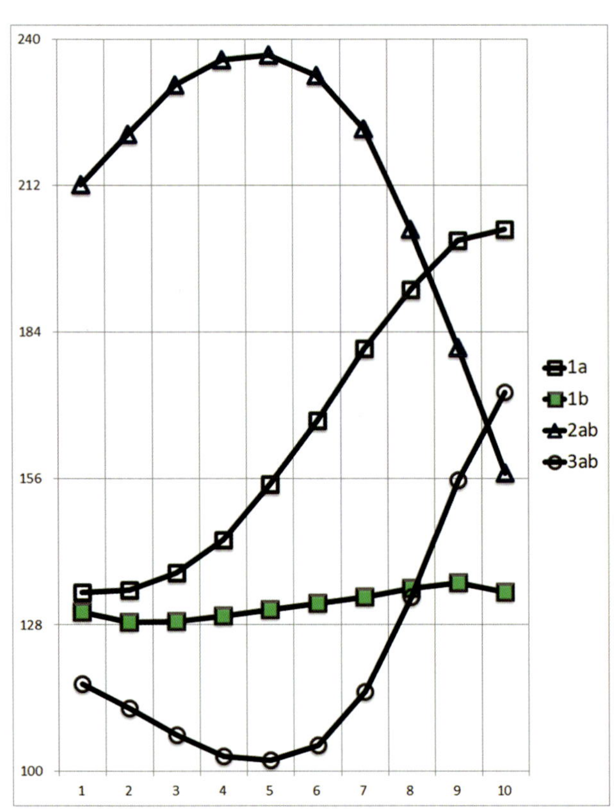

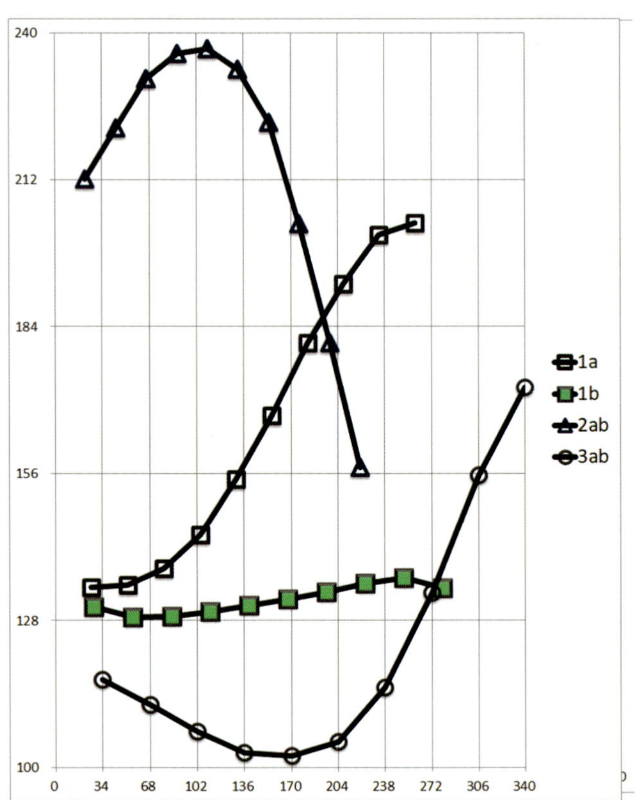

图 9－41a　单字调等长、实长音高模式－巴东信陵－OM

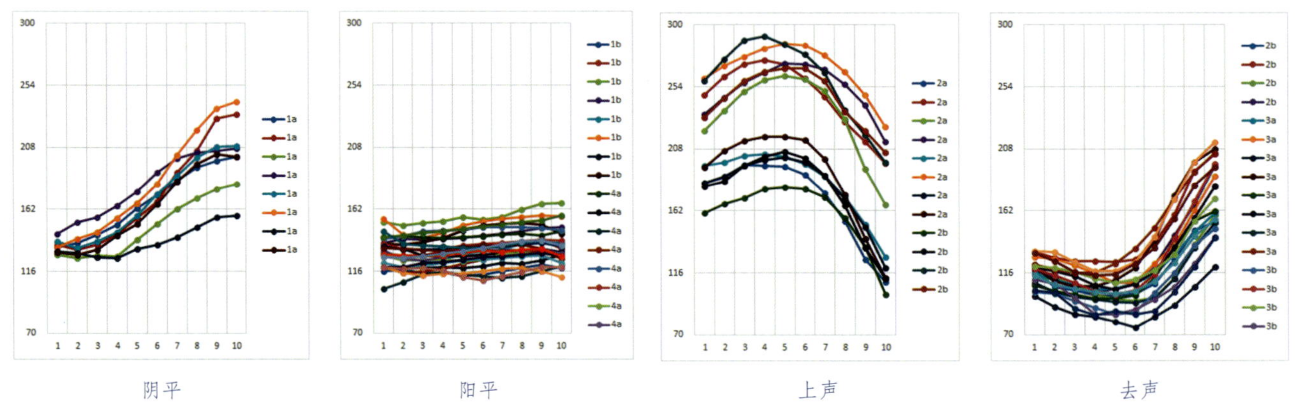

图 9－41b　今声调调域分布范围－巴东信陵－OM

老男的声调有 4 个（见图 9－41a）：

阴平 24、阳平 22、上声 553、去声 213。

今调域的分布情况（见图 9－41b）：

阴平在 23～34 之间；阳平主要在 22～33 之间；上声在 331～554 之间；去声主要在 212～213 之间。

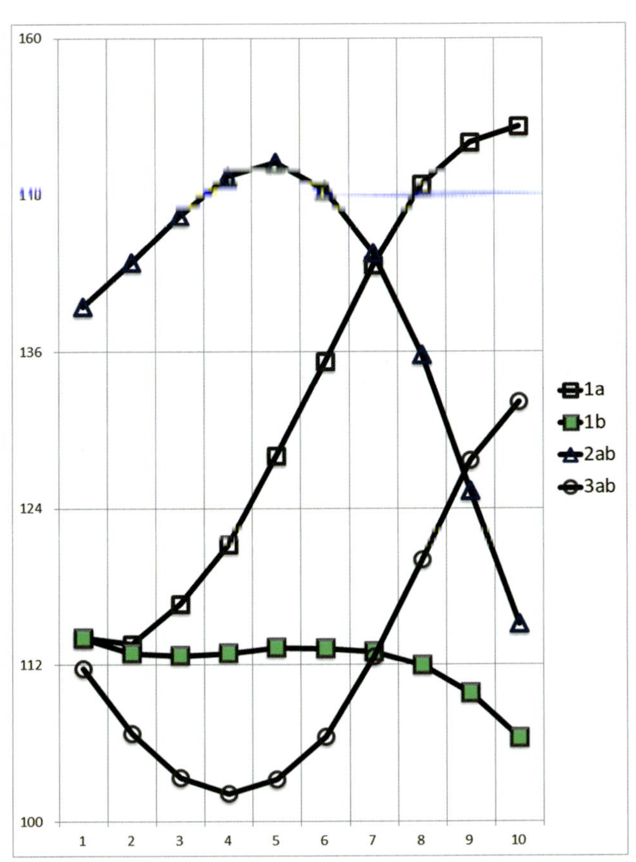

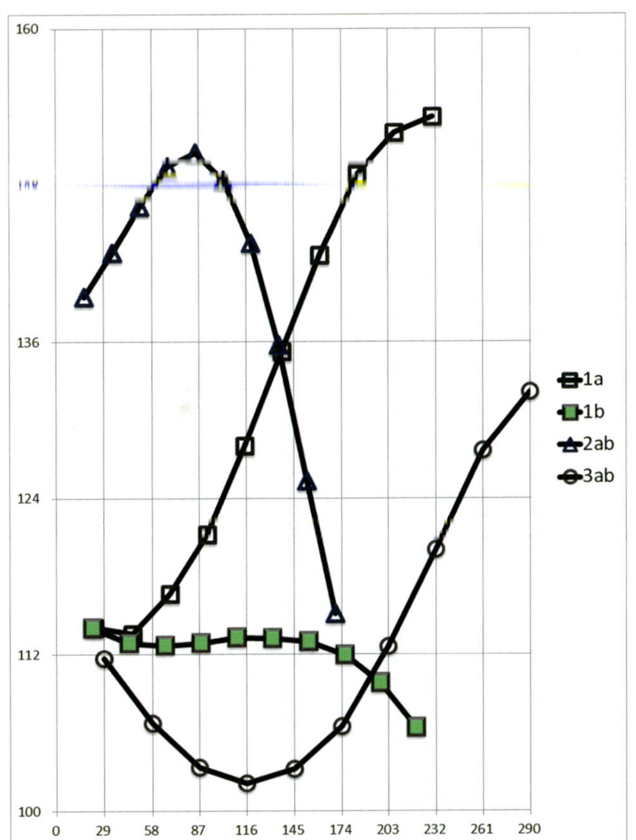

图 9-41c 单字调等长、实长音高模式-巴东信陵-YM

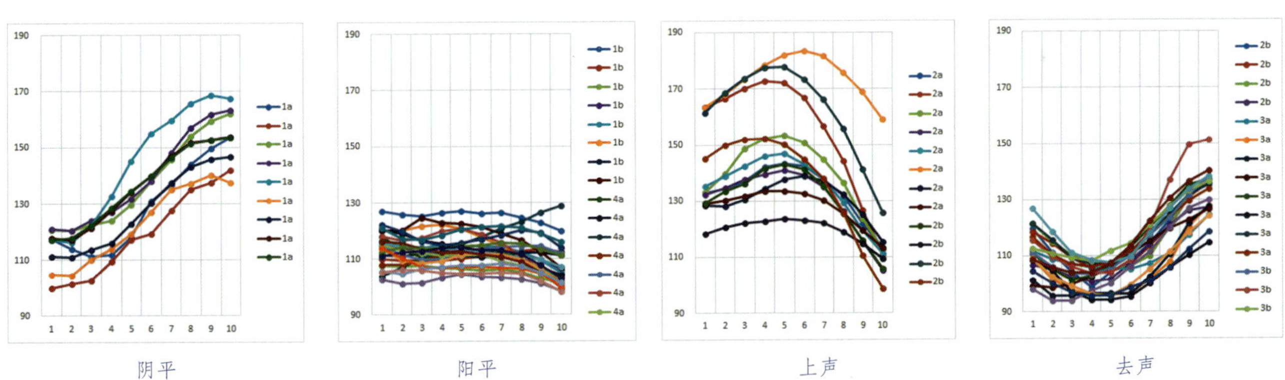

图 9-41d 今声调调域分布范围-巴东信陵-YM

青男的声调有 4 个（见图 9-41c）：

阴平 25、阳平 22、上声 452、去声 213。

今调域的分布情况（见图 9-41d）：

阴平在 13～24 之间；阳平在 11～22 之间；上声在 221～454 之间；去声主要在 212～213 之间。

4. 宜昌西陵

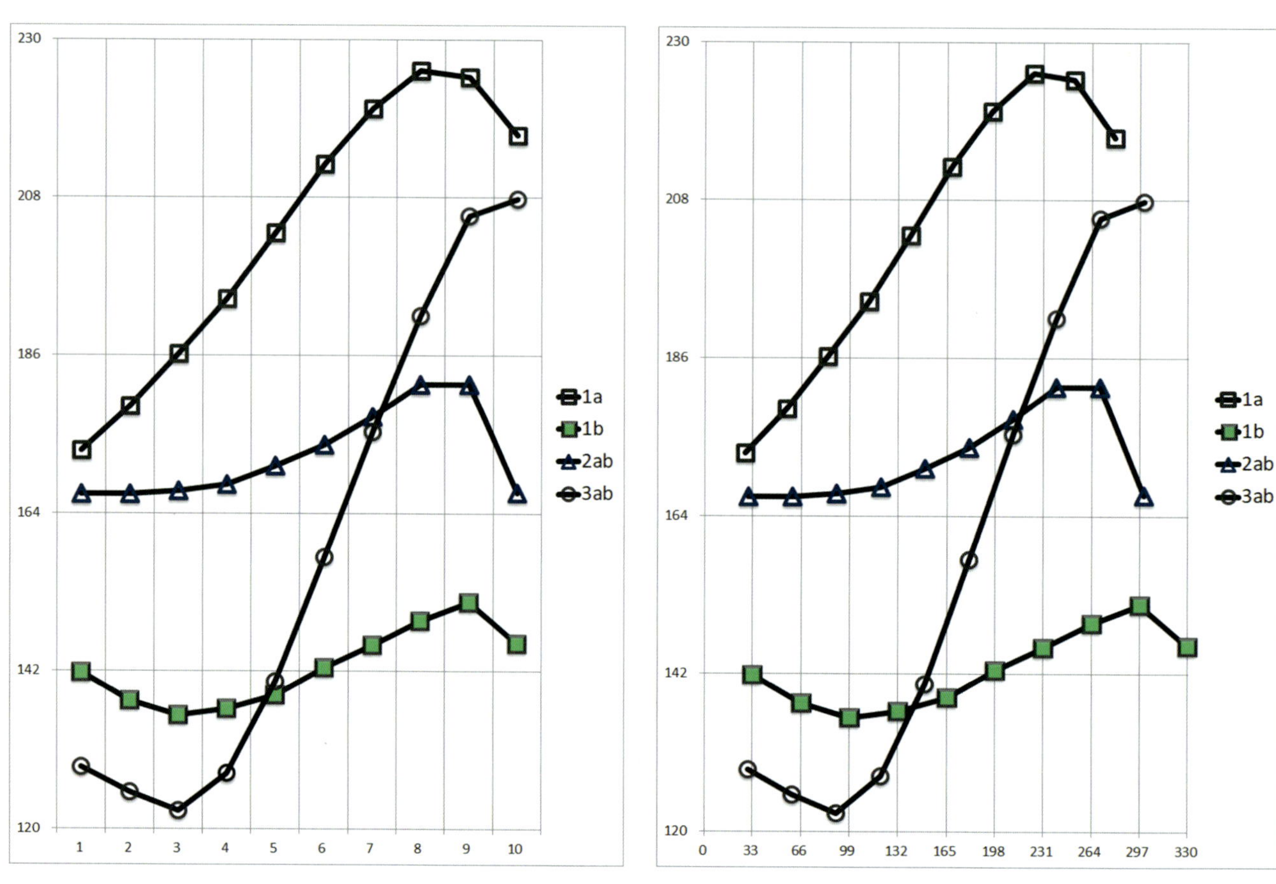

图 9－42a　单字调等长、实长音高模式－宜昌西陵－OM

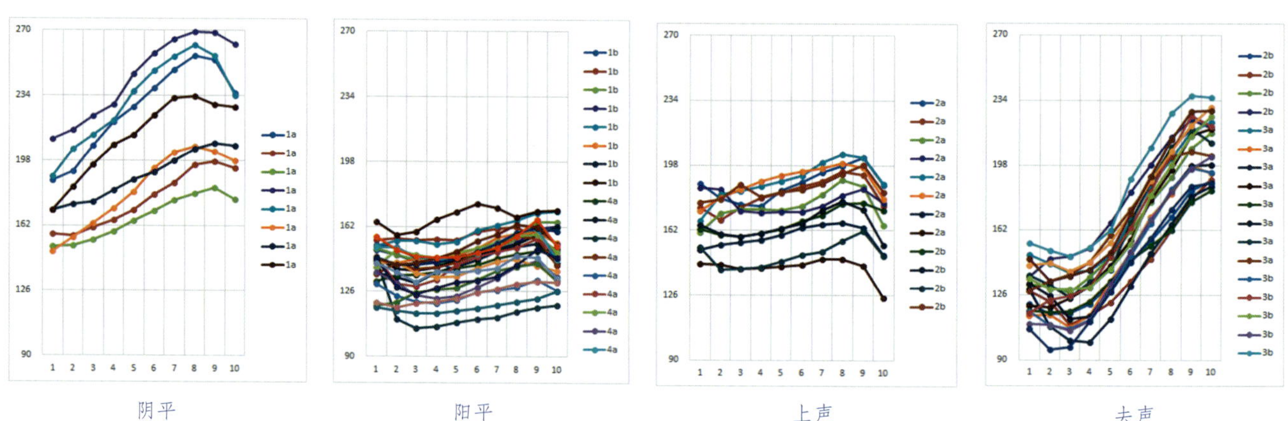

图 9－42b　今声调调域分布范围－宜昌西陵－OM

老男的声调有 4 个（见图 9－42a）：

阴平 35、阳平 12、上声 34、去声 14。

今调域的分布情况（见图 9－42b）：

阴平在 23～45 之间；阳平在 12～23 之间；上声在 23～34 之间；去声在 13～24 之间。

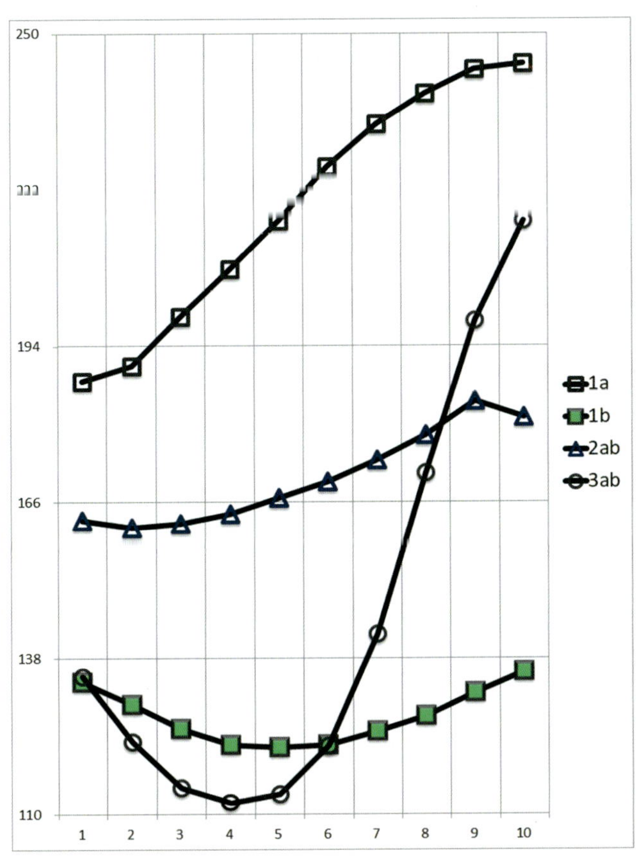

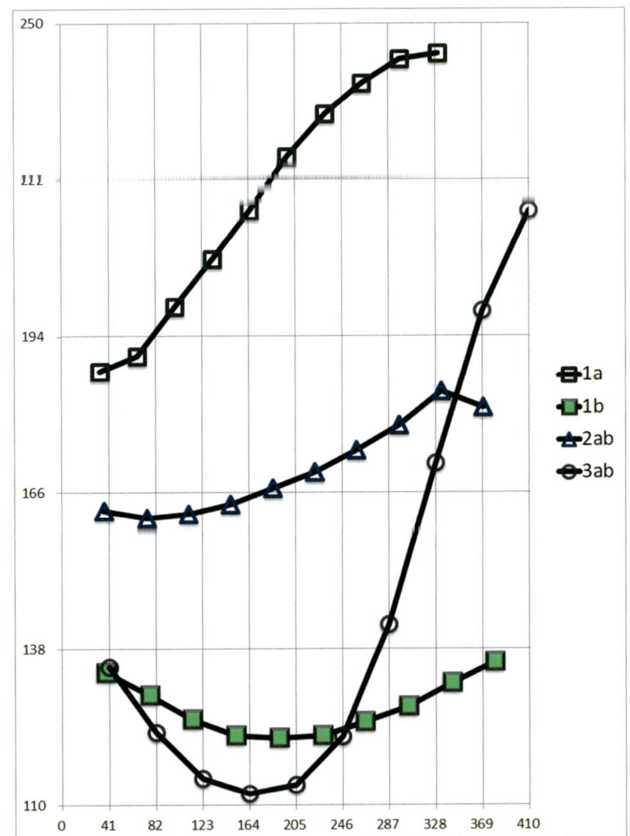

图 9－42c　单字调等长、实长音高模式－宜昌西陵－YM

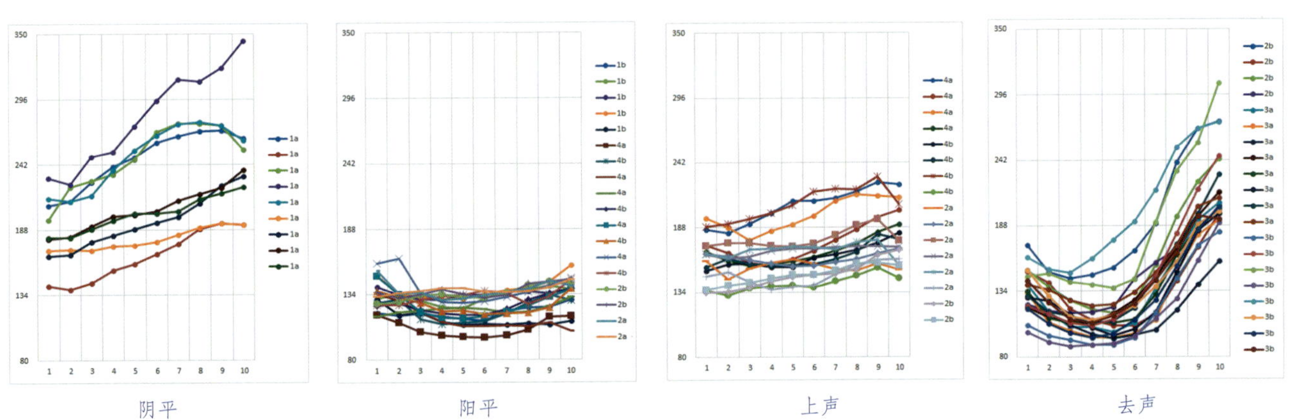

图 9－42d　今声调调域分布范围－宜昌西陵－YM

青男的声调有 4 个（见图 9－42c）：

阴平 35、阳平 11、上声 23、去声 214。

今调域的分布情况（见图 9－42d）：

阴平在 23～35 之间；阳平在 11～22 之间；上声在 23～34 之间；去声在 212～324 之间。

5. 张家界永定

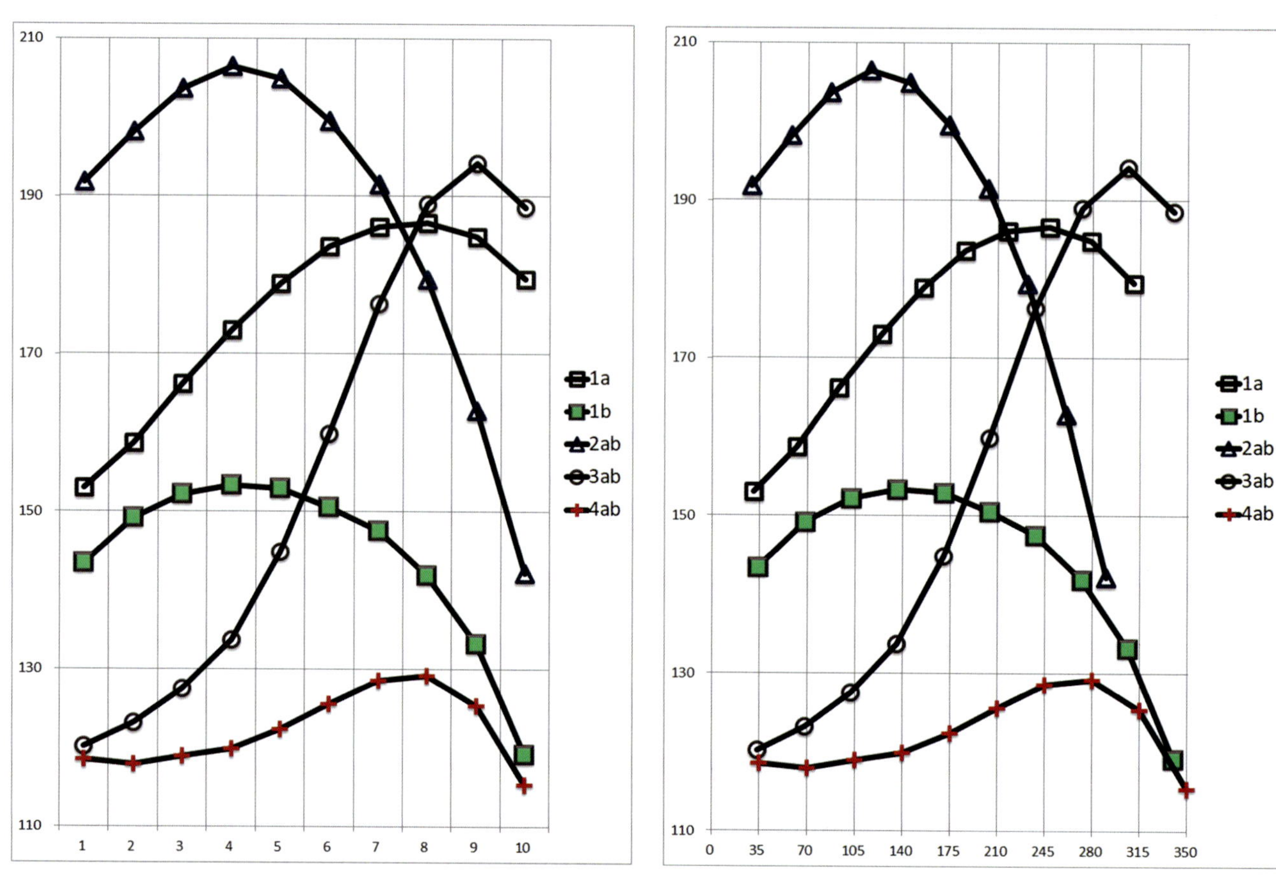

图 9－43a　单字调等长、实长音高模式－张家界永定－OM

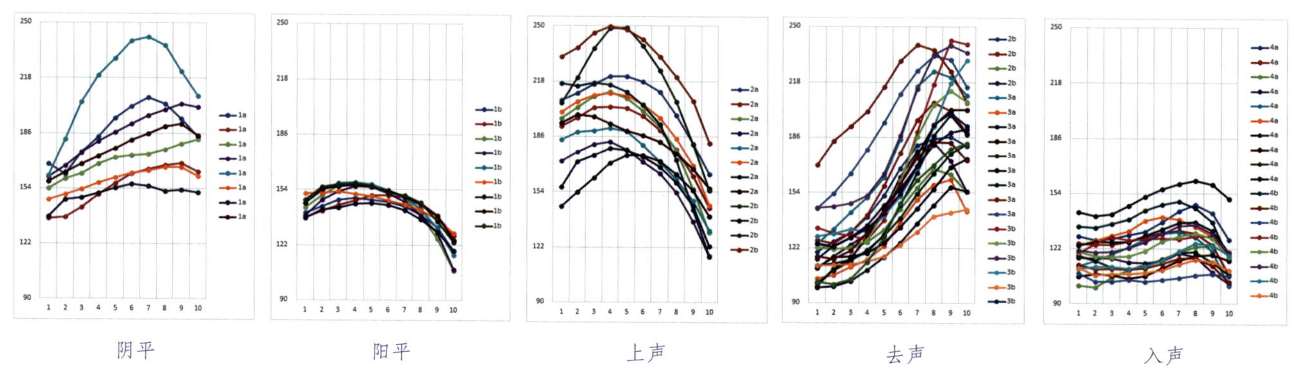

图 9－43b　今声调调域分布范围－张家界永定－OM

老男的声调有 5 个（见图 9－43a）：

阴平 34、阳平 331、上声 552、去声 14、入声 12。

今调域的分布情况（见图 9－43b）：

阴平在 23～35 之间；阳平在 221～332 之间；上声在 231～453 之间；去声在 13～35 之间；入声在 12～23 之间。

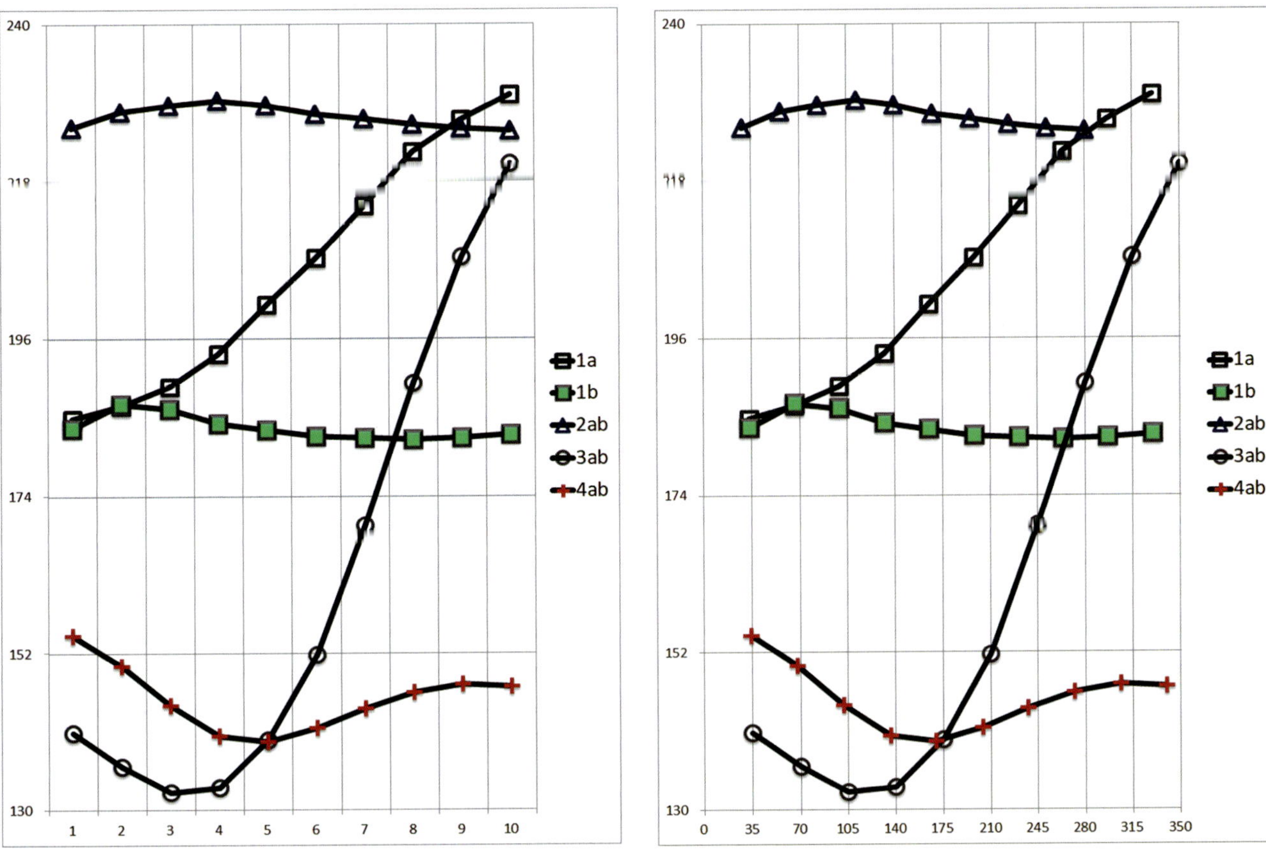

图 9－43c　单字调等长、实长音高模式－张家界永定－YM

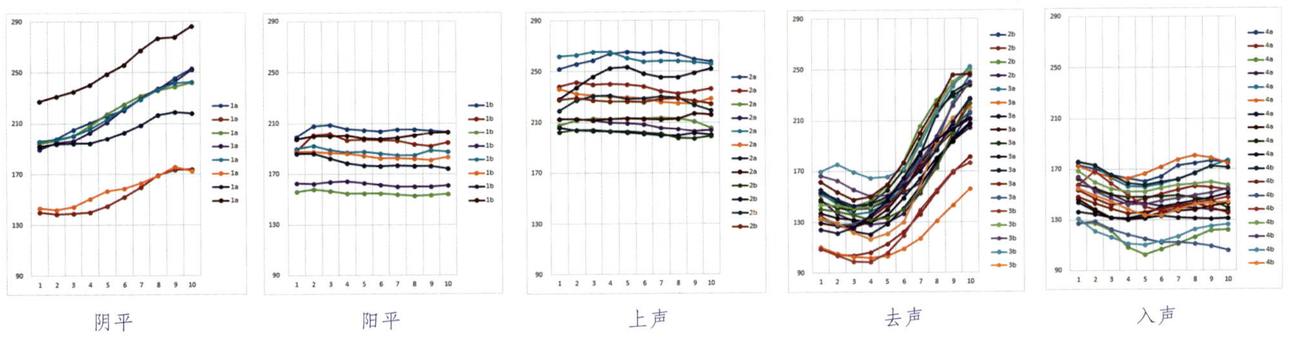

图 9－43d　今声调调域分布范围－张家界永定－YM

青男的声调有 5 个（见图 9－43c）：

阴平 35、阳平 33、上声 55、去声 14、入声 212。

今调域的分布情况（见图 9－43d）：

阴平在 23～45 之间；阳平在 22～33 之间；上声在 33～55 之间；去声在 112～224 之间；入声在 212～323 之间。

9.5.3 湘北小片

1. 常德龙阳

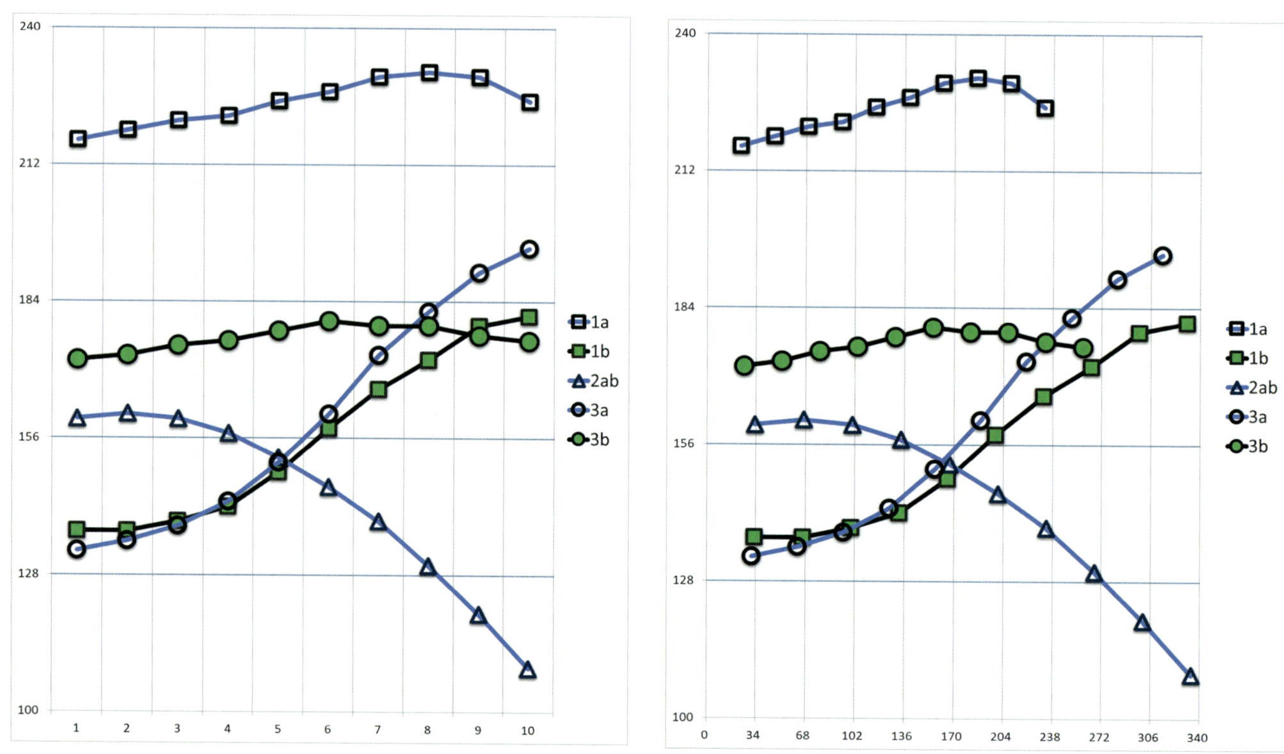

图 9－44a 单字调等长、实长音高模式－常德龙阳－OM

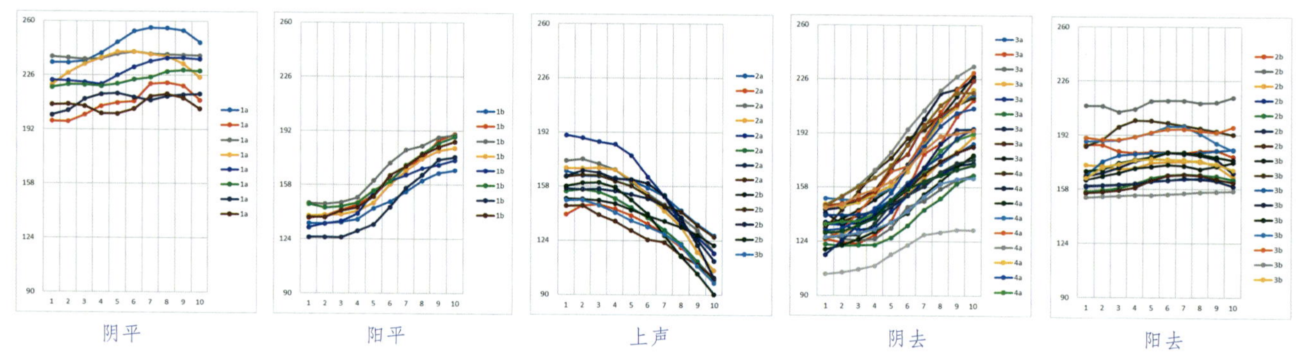

图 9－44b 今声调调域分布范围－常德龙阳－OM

老男的声调有 5 个（见图 9－44a）：

阴平 55、阳平 23、上声 31、阴去 24、阳去 33。

今调域的分布情况（见图 9－44b）：

阴平在 44～55 之间；阳平主要在 23 的范围；上声在 21～32 之间；阴去在 12～24 之间；阳去在 33～44 之间。

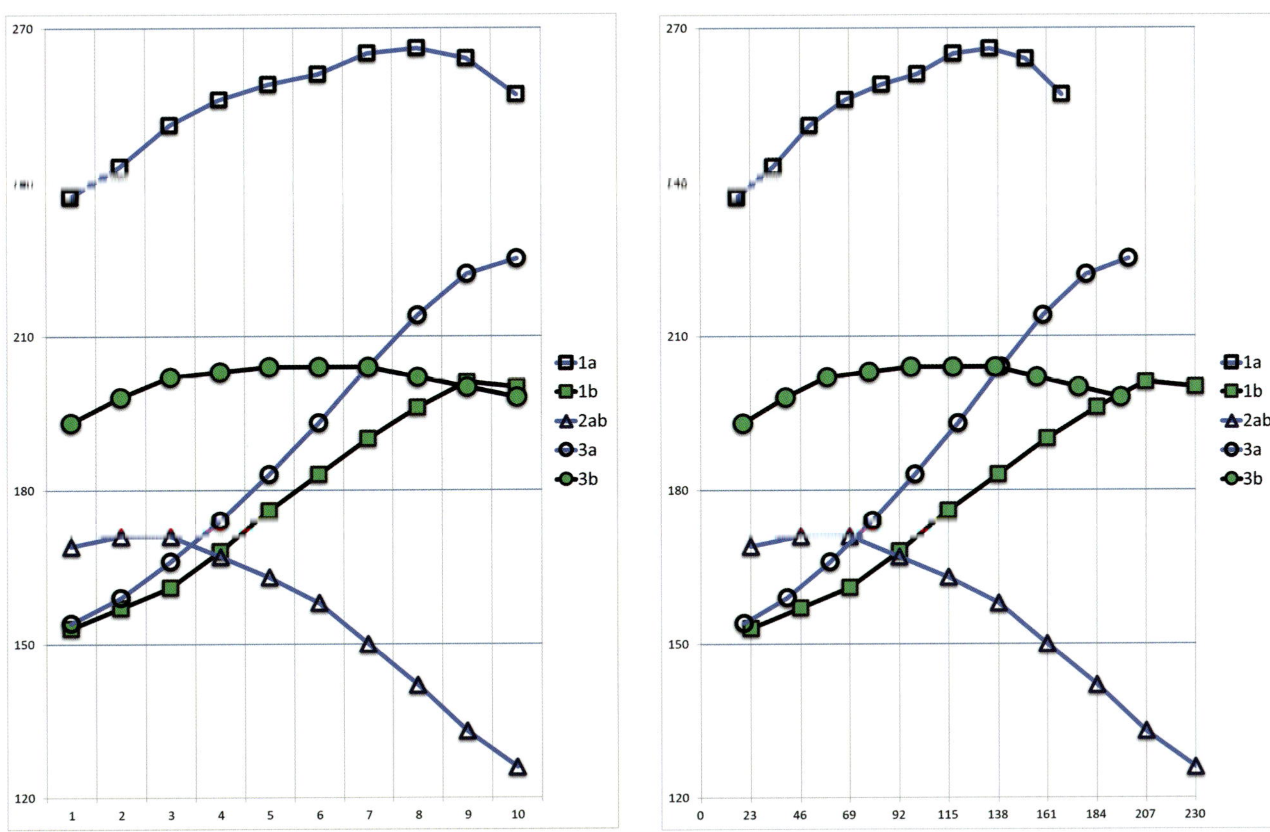

图 9－44c　单字调等长、实长音高模式－常德龙阳－YM

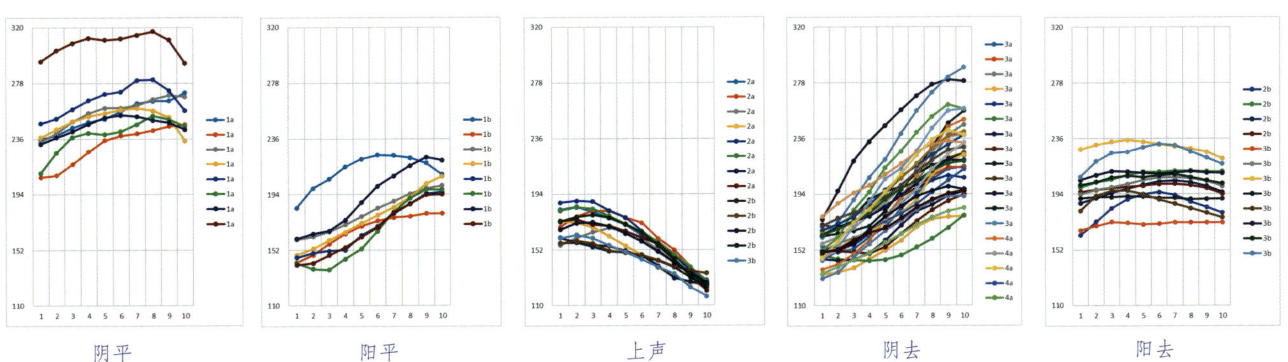

图 9－44d　今声调调域分布范围－常德龙阳－YM

青男的声调有 5 个（见图 9－44c）：

阴平 45、阳平 23、上声 21、阴去 24、阳去 33。

今调域的分布情况（见图 9－44d）：

阴平主要在 34～55 之间；阳平主要在 12～23 之间；上声主要在 21 的范围；阴去在 12～24 之间；阳去在 22～33 之间。

2. 公安斗湖堤

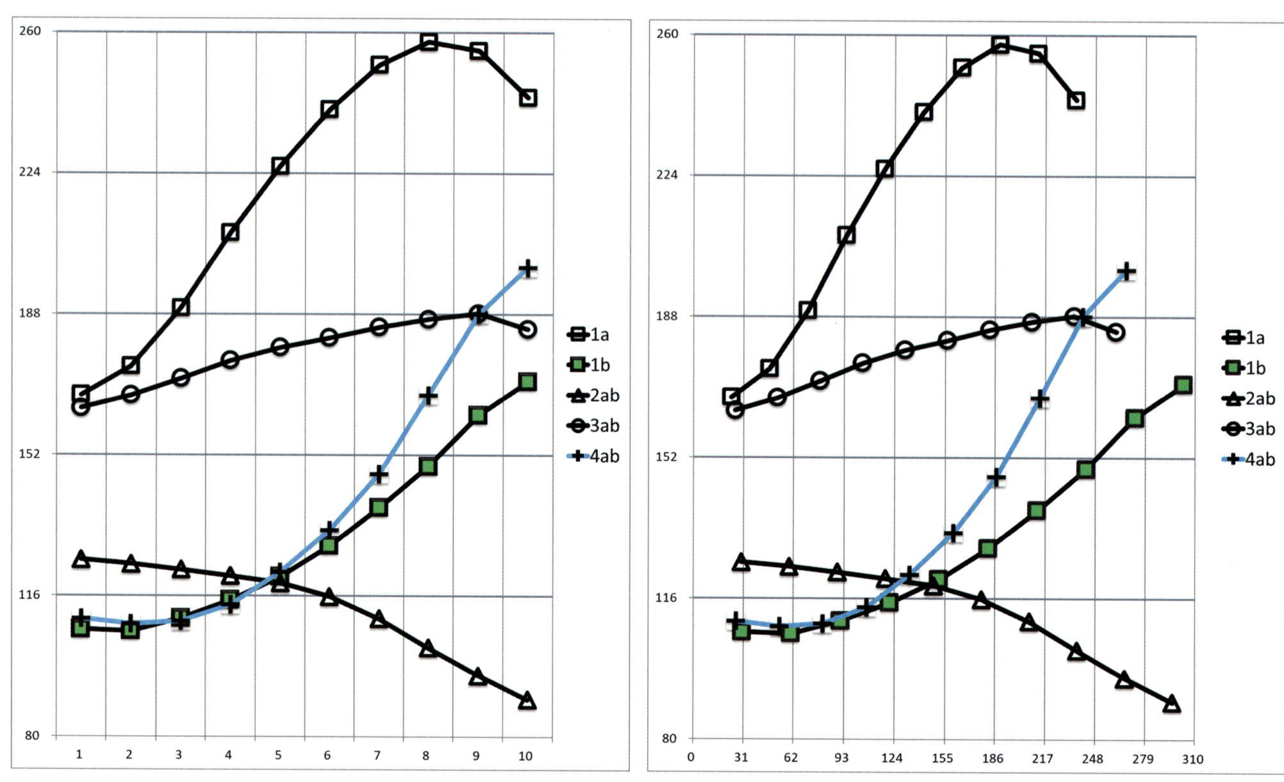

图 9－45a 单字调等长、实长音高模式－公安斗湖堤－OM

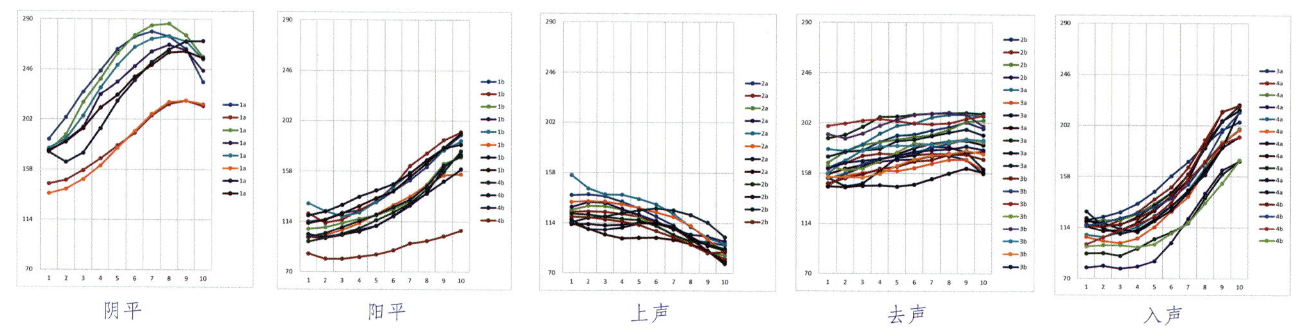

图 9－45b 今声调调域分布范围－公安斗湖堤－OM

老男的声调有 5 个（见图 9－45a）：

阴平 35、阳平 13、上声 21、去声 34、入声 14。

今调域的分布情况（见图 9－45b）：

阴平在 34～35 之间；阳平在 12～23 之间；上声在 21～31 之间；去声在 33～44 之间；入声在 13～24 之间。

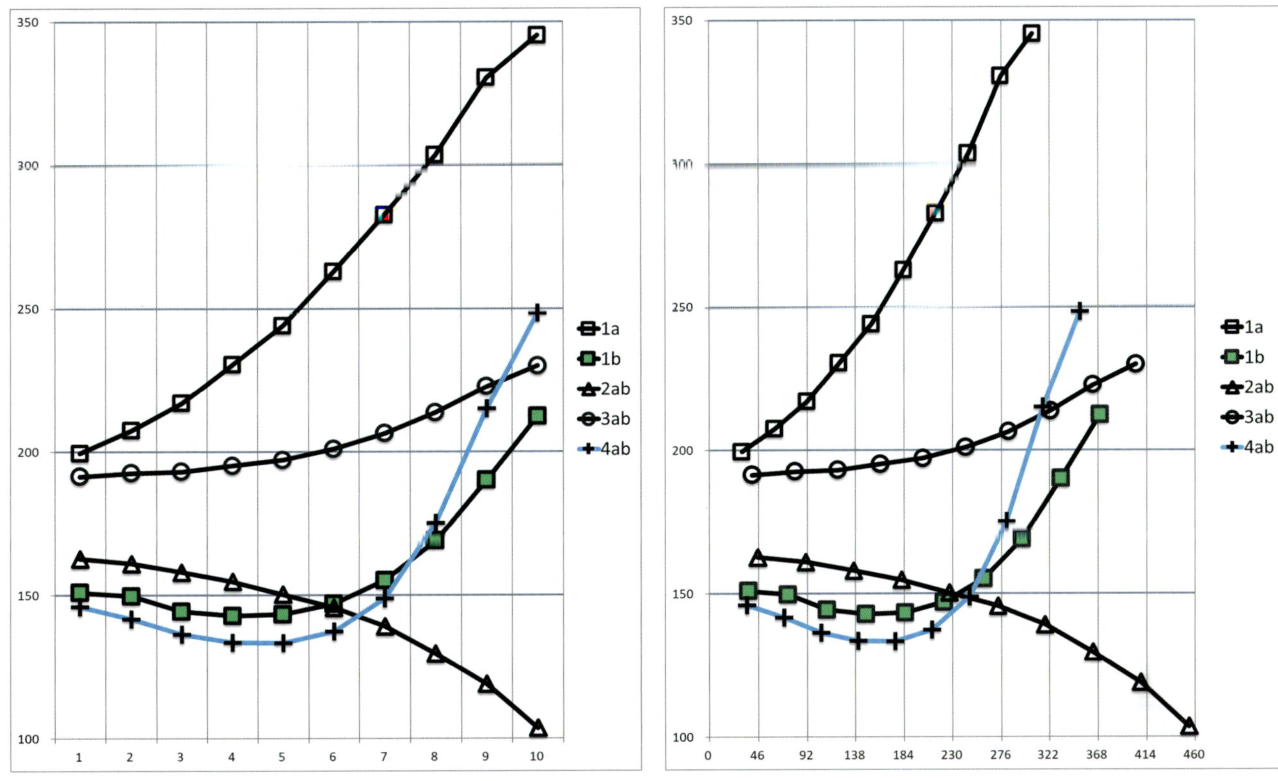

图 9 – 45c　单字调等长、实长音高模式 – 公安斗湖堤 – YM

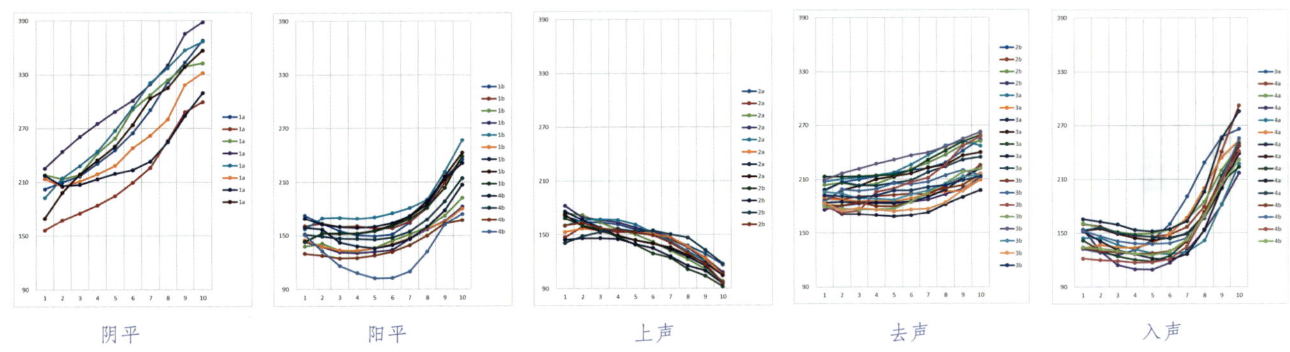

图 9 – 45d　今声调调域分布范围 – 公安斗湖堤 – YM

青男的声调有 5 个（见图 9 – 45c）：

阴平 35、阳平 113、上声 21、去声 223、入声 113。

今调域的分布情况（见图 9 – 45d）：

阴平在 24 ~ 35 之间；阳平主要在 112 ~ 223 之间；上声主要在 21 的范围；去声主要在 223 的范围；入声在 213 ~ 214 之间。

9.5.4　湘西小片

1. 凤凰沱江

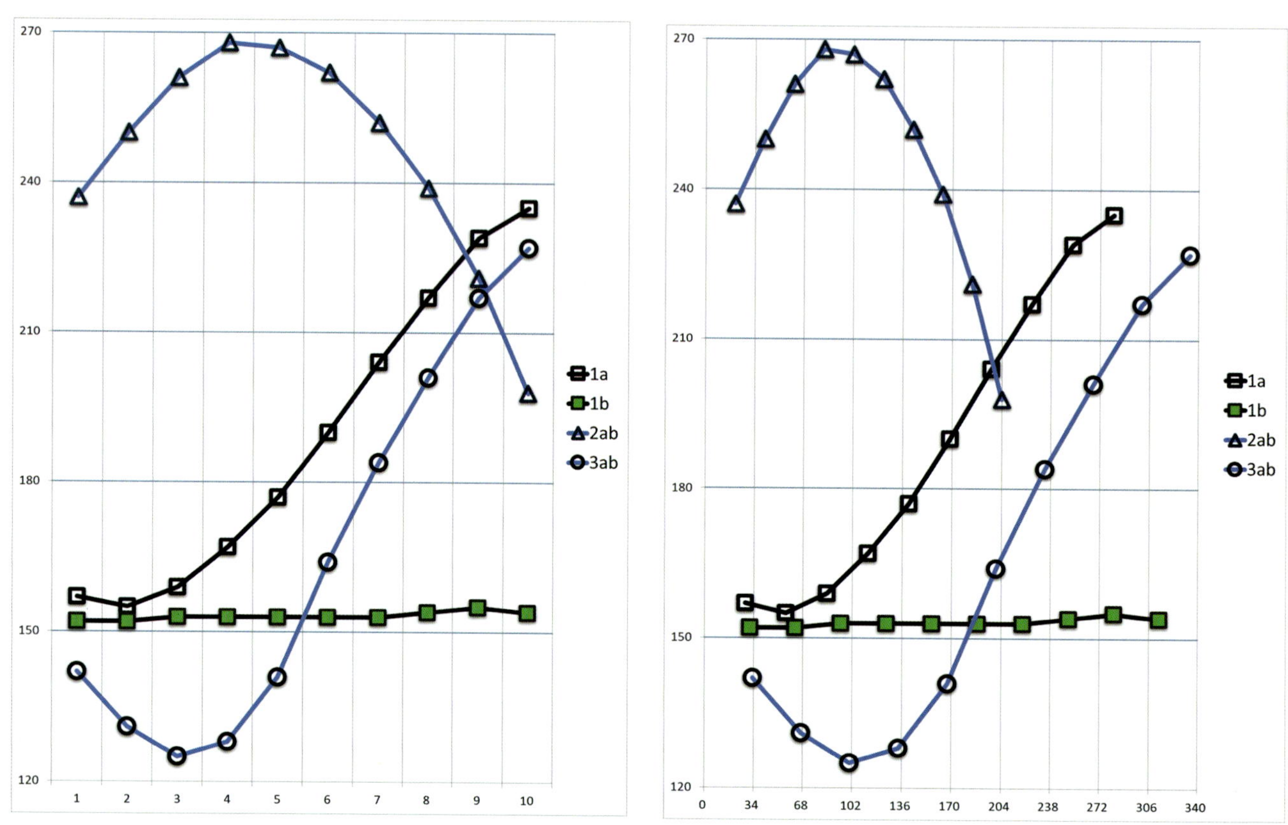

图 9－46a　单字调等长、实长音高模式－凤凰沱江－OM

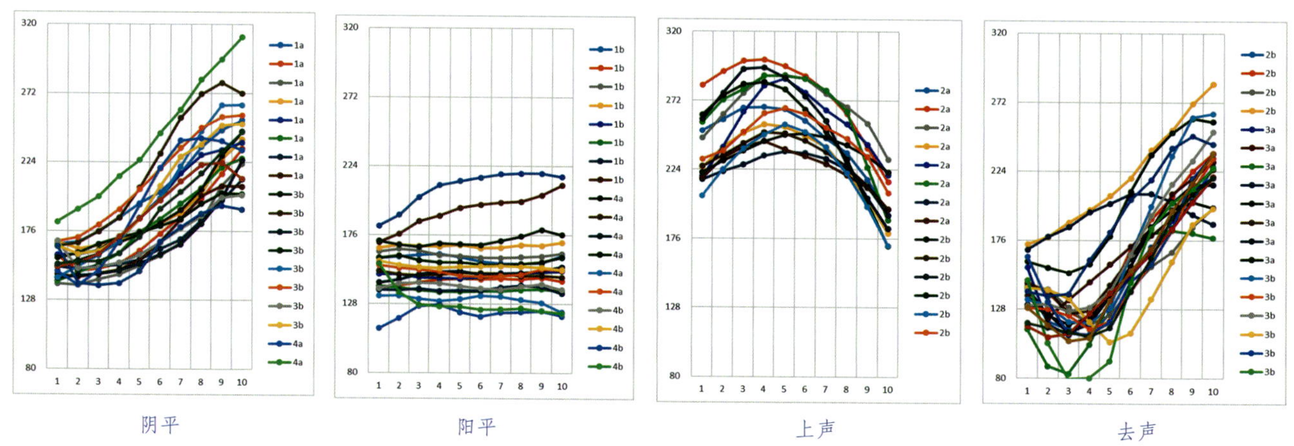

图 9－46b　今声调调域分布范围－凤凰沱江－OM

老男的声调有 4 个（见图 9－46a）：
阴平 24、阳平 22、上声 553、去声 214。
今调域的分布情况（见图 9－46b）：
阴平在 23～35 之间；阳平在 22～33 之间；上声在 443～454 之间；去声主要在 213～324 之间。

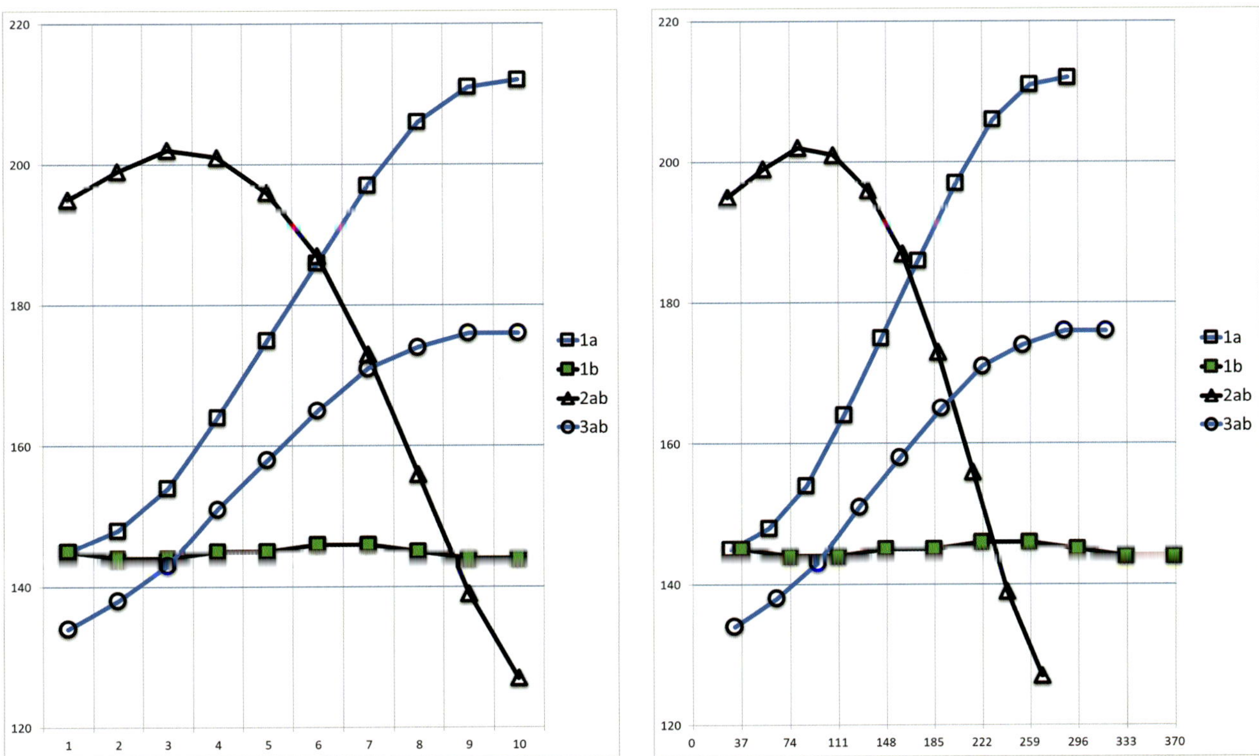

图 9-46c 单字调等长、实长音高模式-凤凰沱江-YM

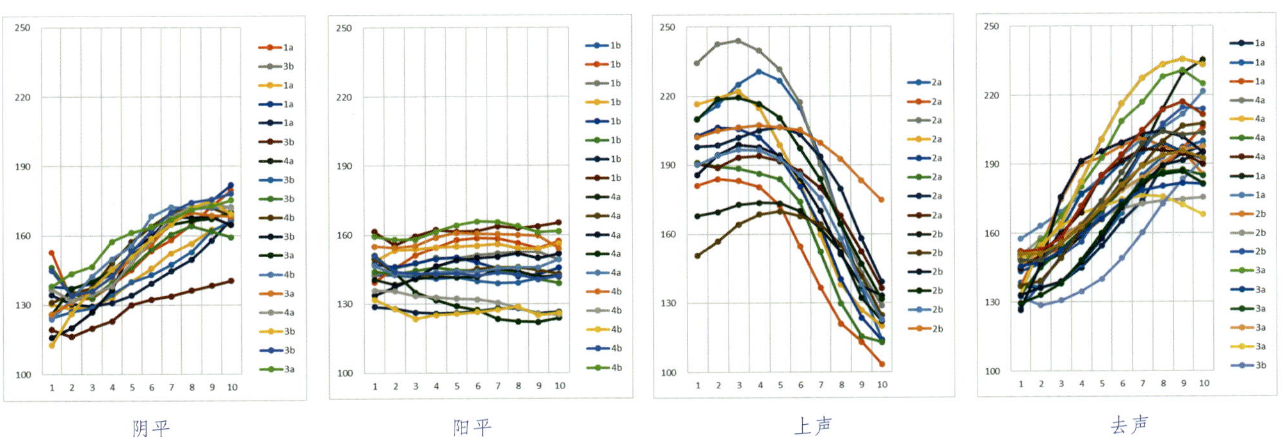

图 9-46d 今声调调域分布范围-凤凰沱江-YM

青男的声调有 4 个（见图 9-46c）：

阴平 13、阳平 22、上声 551、去声 25。

今调域的分布情况（见图 9-46d）：

阴平在 12～23 之间；阳平在 22～33 之间；上声在 331～552 之间；去声在 24～25 之间。

2. 吉首乾州

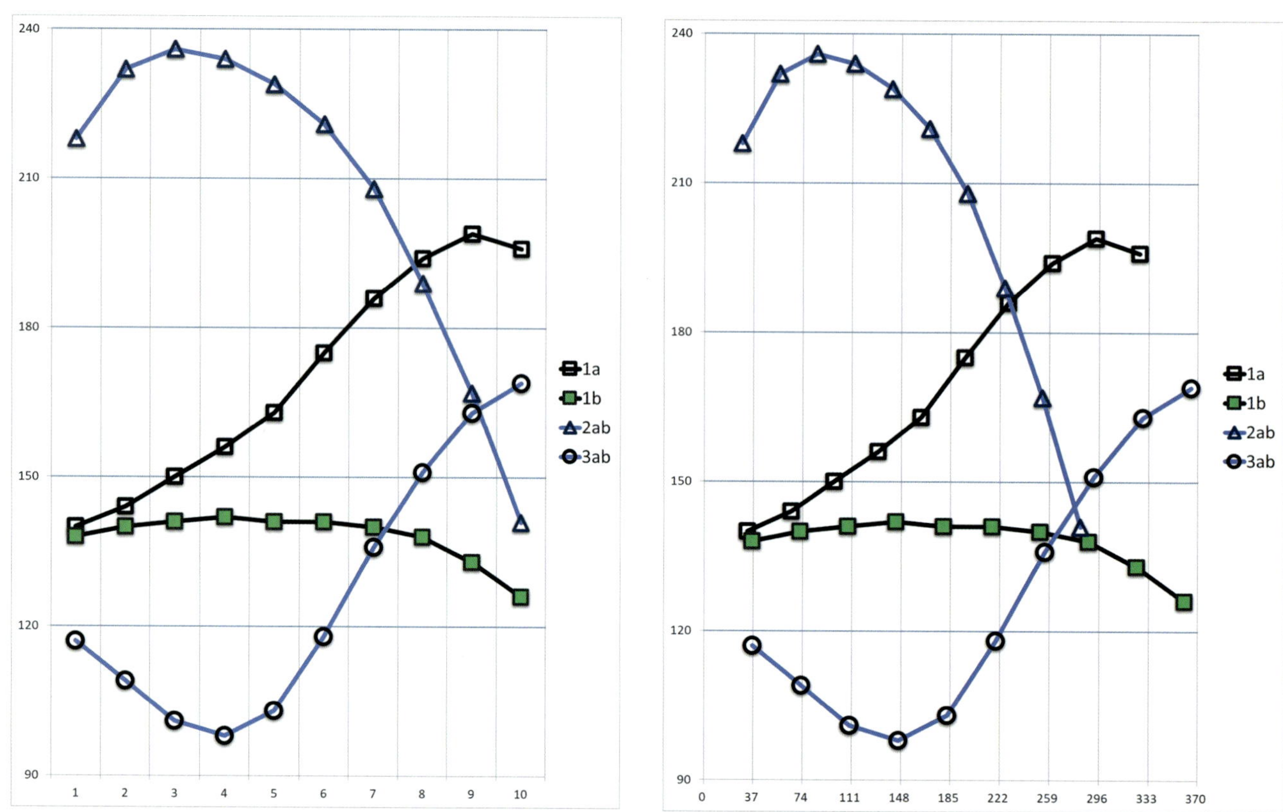

图 9－47a　单字调等长、实长音高模式－吉首乾州－OM

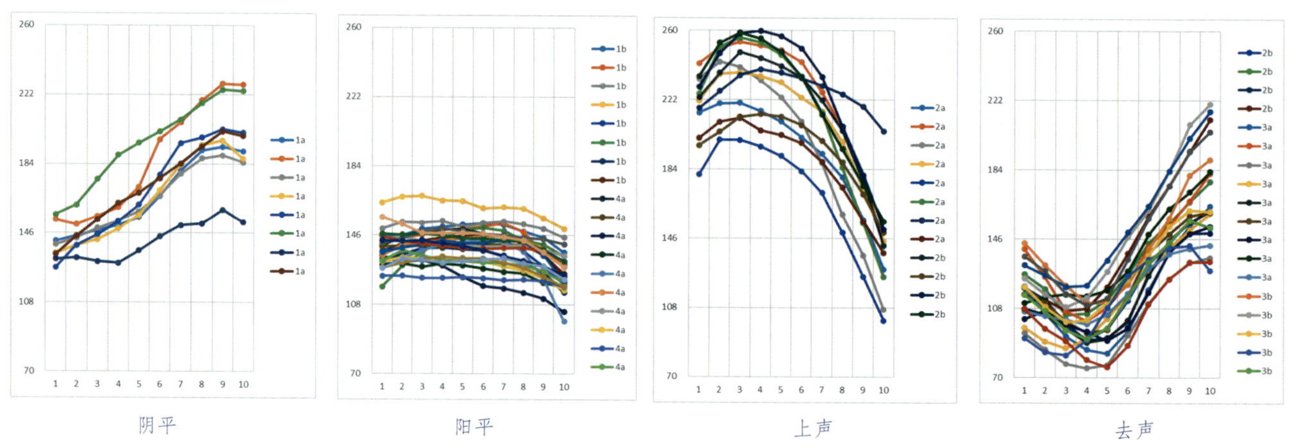

图 9－47b　今声调调域分布范围－吉首乾州－OM

老男的声调有 4 个（见图 9－47a）：

阴平 24、阳平 22、上声 552、去声 213。

今调域的分布情况（见图 9－47b）：

阴平在 23～34 之间；阳平在 22～33 之间；上声在 42～54 之间；去声在 212～324 之间。

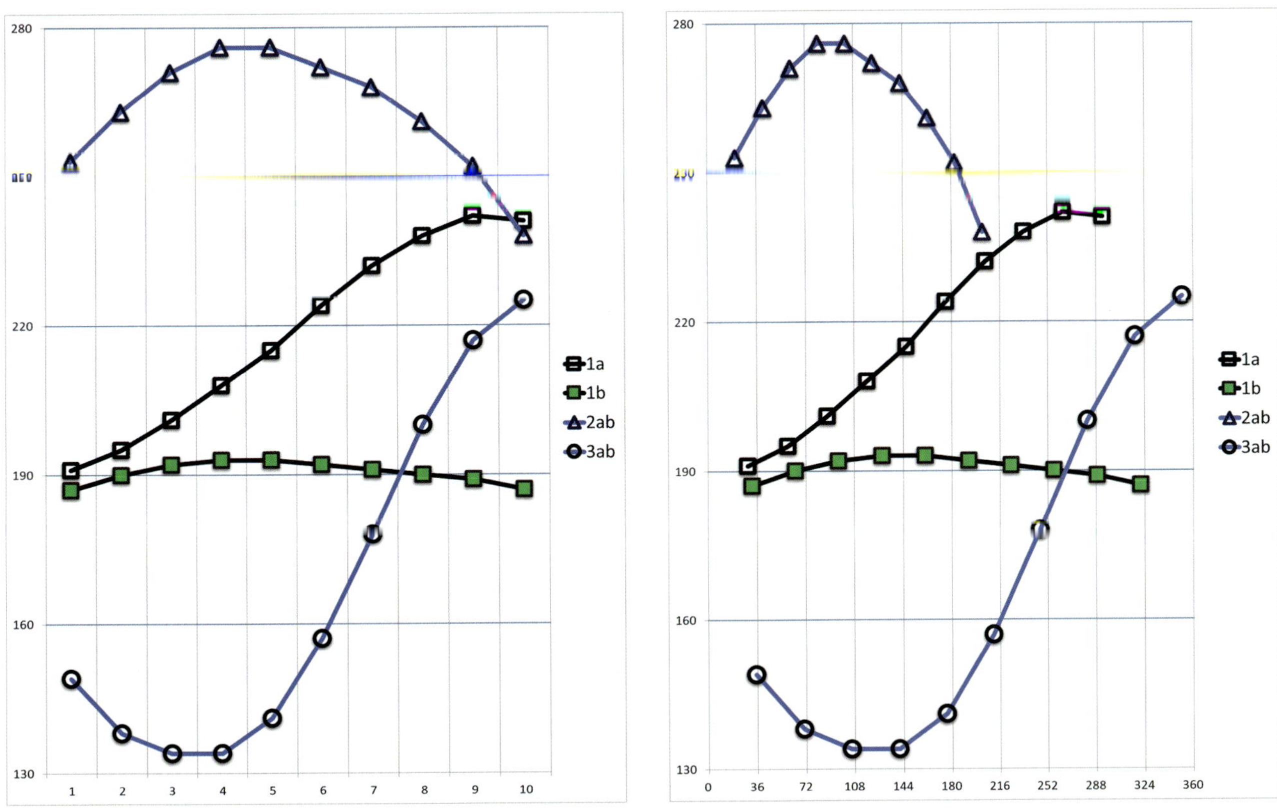

图 9-47c 单字调等长、实长音高模式-吉首乾州-YM

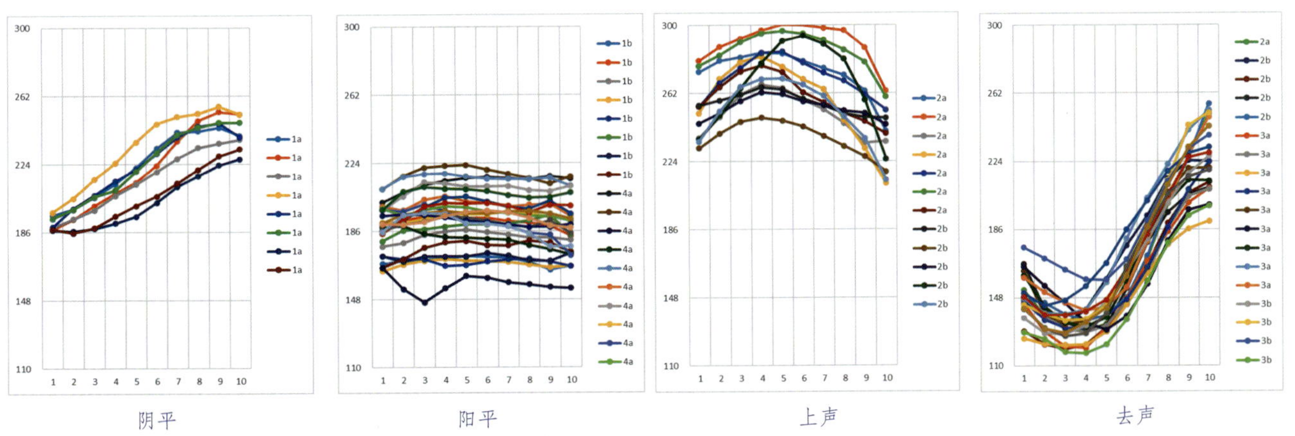

图 9-47d 今声调调域分布范围-吉首乾州-YM

青男的声调有 4 个（见图 9-47c）：

阴平 34、阳平 33、上声 454、去声 214。

今调域的分布情况（见图 9-47d）：

阴平主要在 34 的范围；阳平在 22～33 之间；上声在 343～454 之间；去声在 213～324 之间。

9.5.5 怀玉小片

1. 怀化鹤城

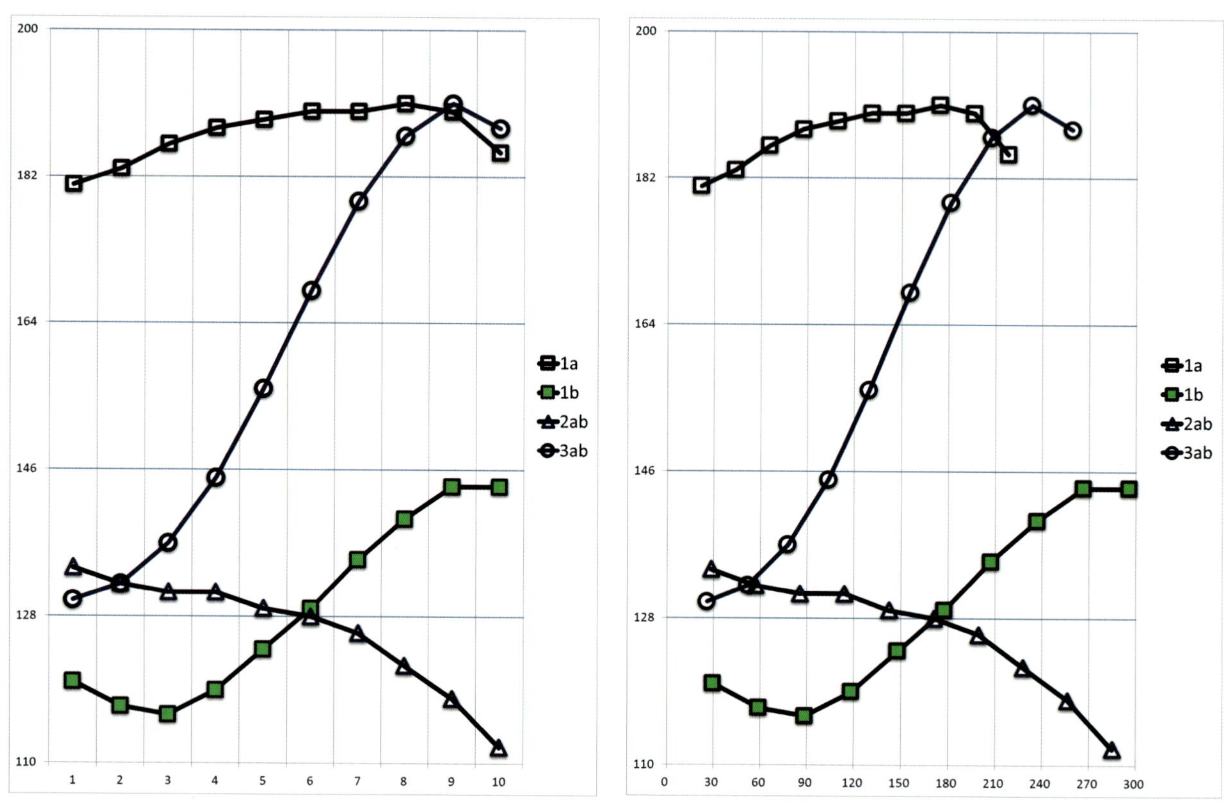

图 9－48a　单字调等长、实长音高模式－怀化鹤城－OM

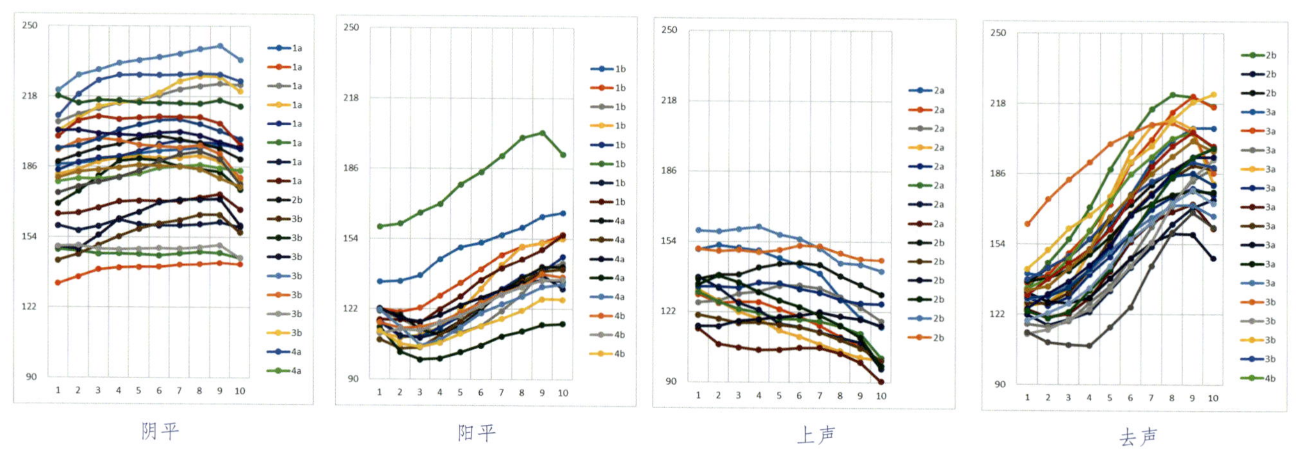

图 9－48b　今声调调域分布范围－怀化鹤城－OM

老男的声调有 4 个（见图 9－48a）：
阴平 55、阳平 12、上声 21、去声 25。
今调域的分布情况（见图 9－48b）：
阴平在 22～55 之间；阳平在 12～34 之间；上声在 21～32 之间；去声在 23～35 之间。

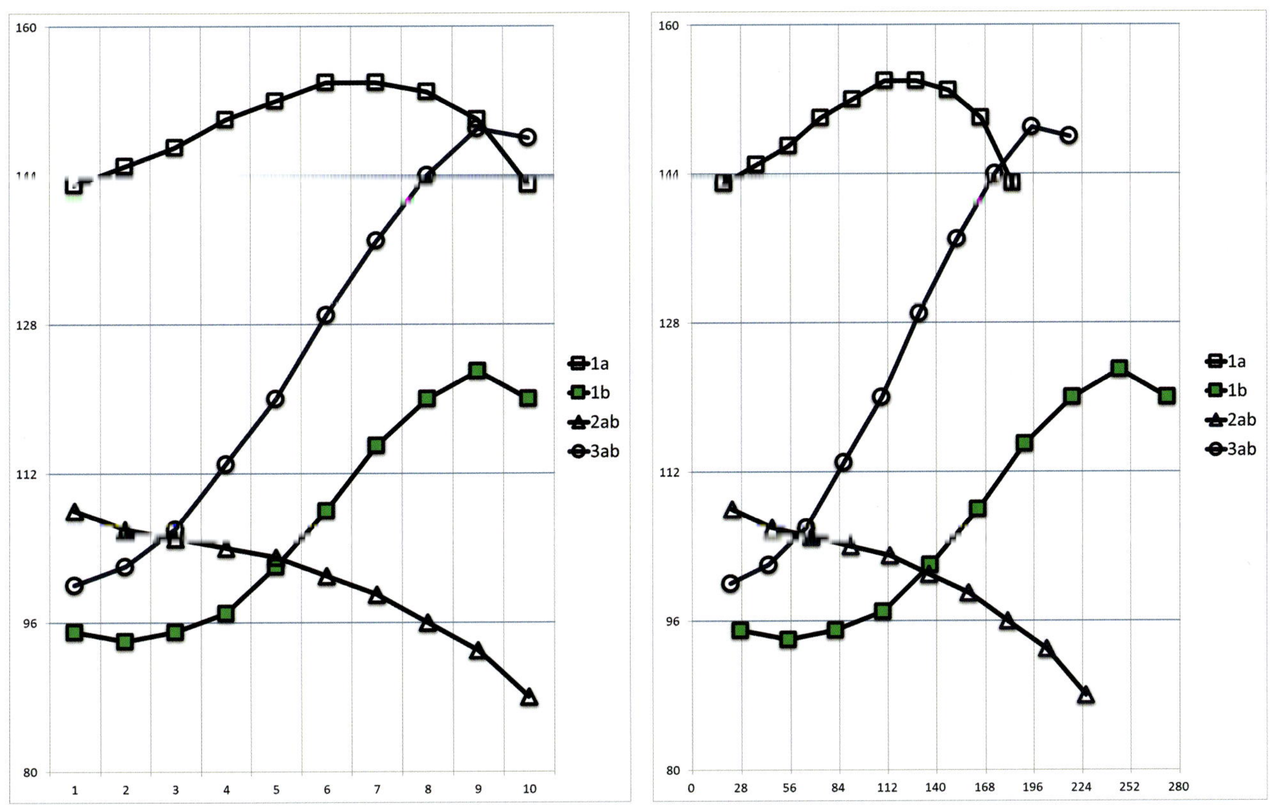

图 9－48c 单字调等长、实长音高模式－怀化鹤城－YM

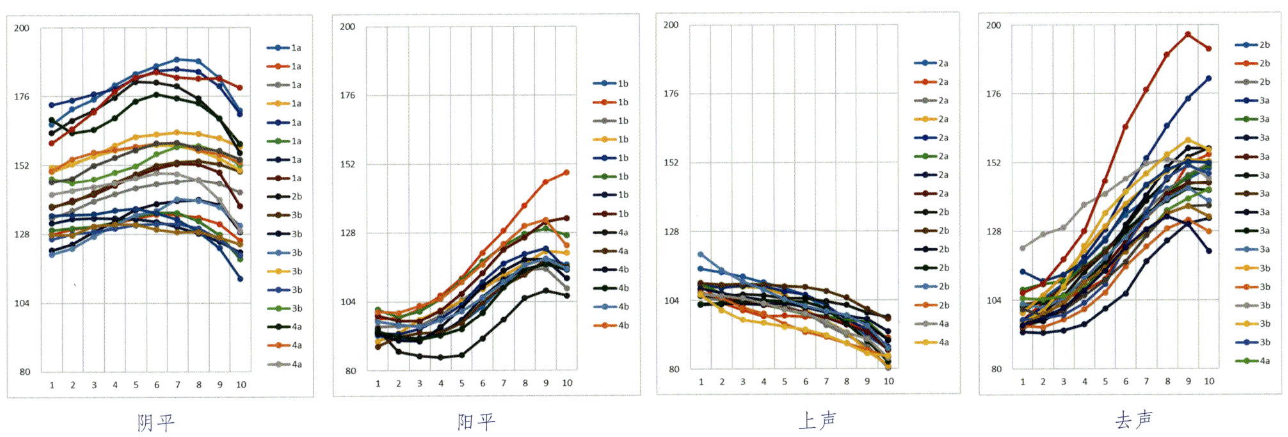

图 9－48d 今声调调域分布范围－怀化鹤城－YM

青男的声调有 4 个（见图 9－48c）：

阴平 55、阳平 13、上声 21、去声 25。

今调域的分布情况（见图 9－48d）：

阴平在 33～55 之间；阳平在 12～13 之间；上声主要在 21 的范围；去声在 12～25 之间。

2. 玉屏平溪

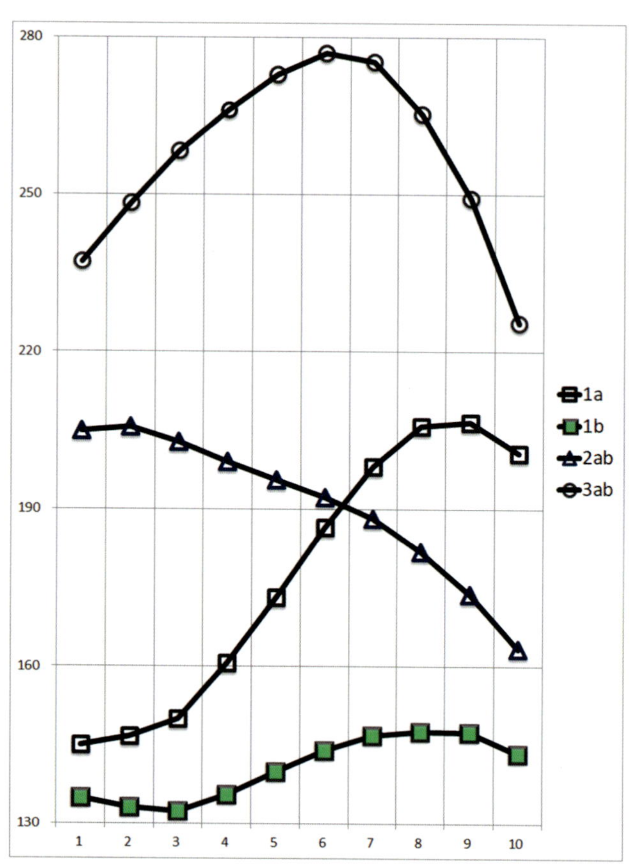

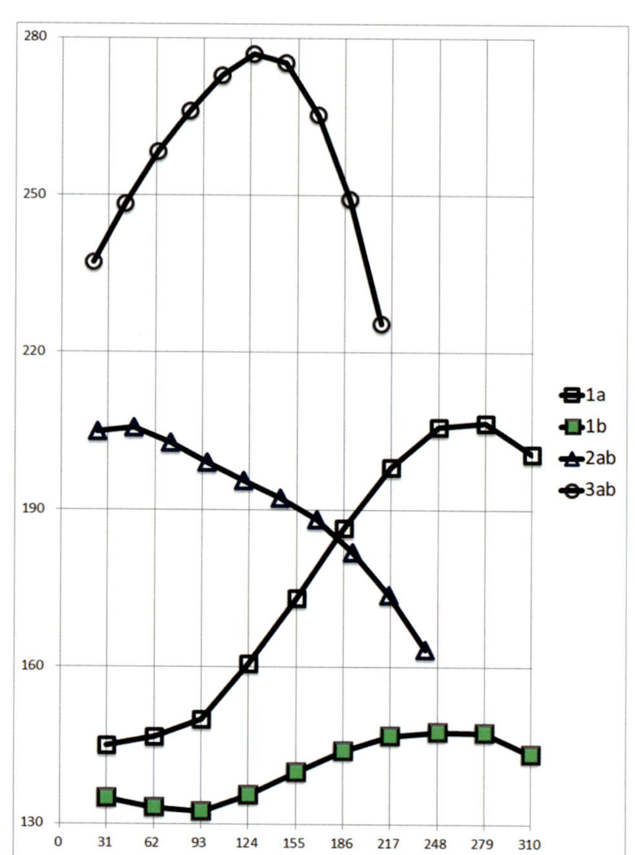

图 9－49a　单字调等长、实长音高模式－玉屏平溪－OM

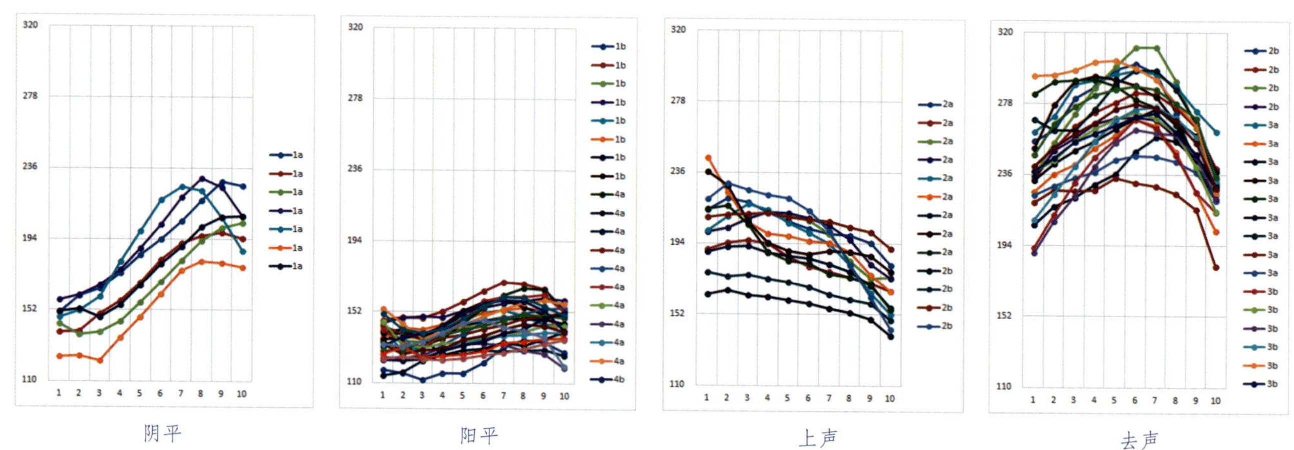

图 9－49b　今声调调域分布范围－玉屏平溪－OM

老男的声调有 4 个（见图 9－49a）：

阴平 13、阳平 11、上声 32、去声 454。

今调域的分布情况（见图 9－49b）：

阴平在 12～23 之间；阳平在 11～22 之间；上声在 21～32 之间；去声在 343～454 之间。

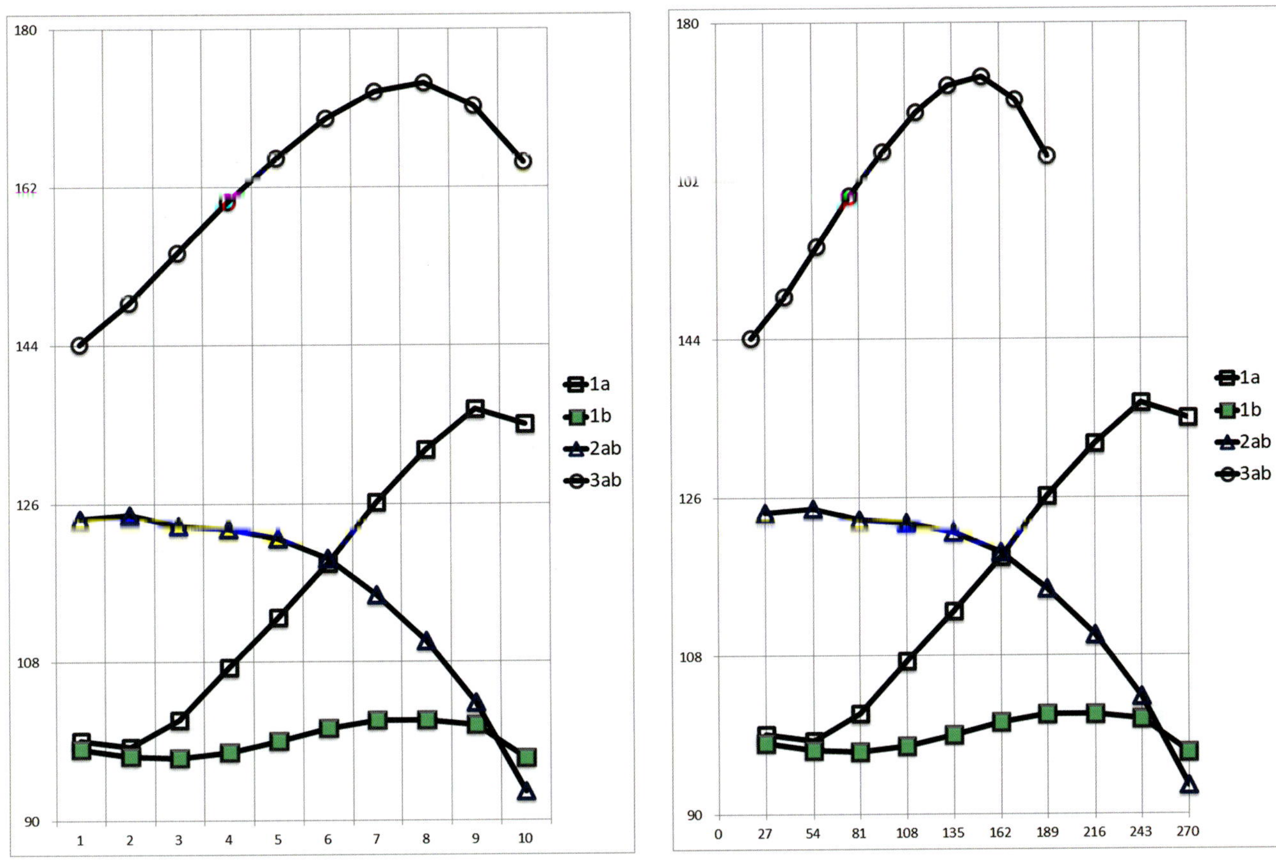

图 9－49c　单字调等长、实长音高模式－玉屏平溪－YM

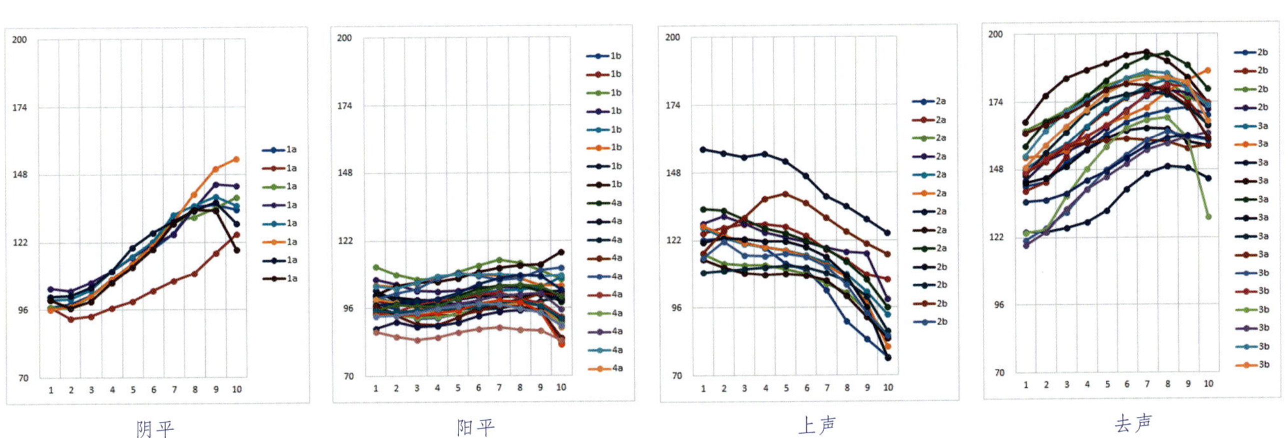

图 9－49d　今声调调域分布范围－玉屏平溪－YM

青男的声调有 4 个（见图 9－49c）：

阴平 13、阳平 11、上声 21、去声 45。

今调域的分布情况（见图 9－49d）：

阴平主要在 23 的范围；阳平在 11～22 之间；上声在 21～43 之间；去声在 34～45 之间。

9.5.6 黔东小片

1. 铜仁碧江

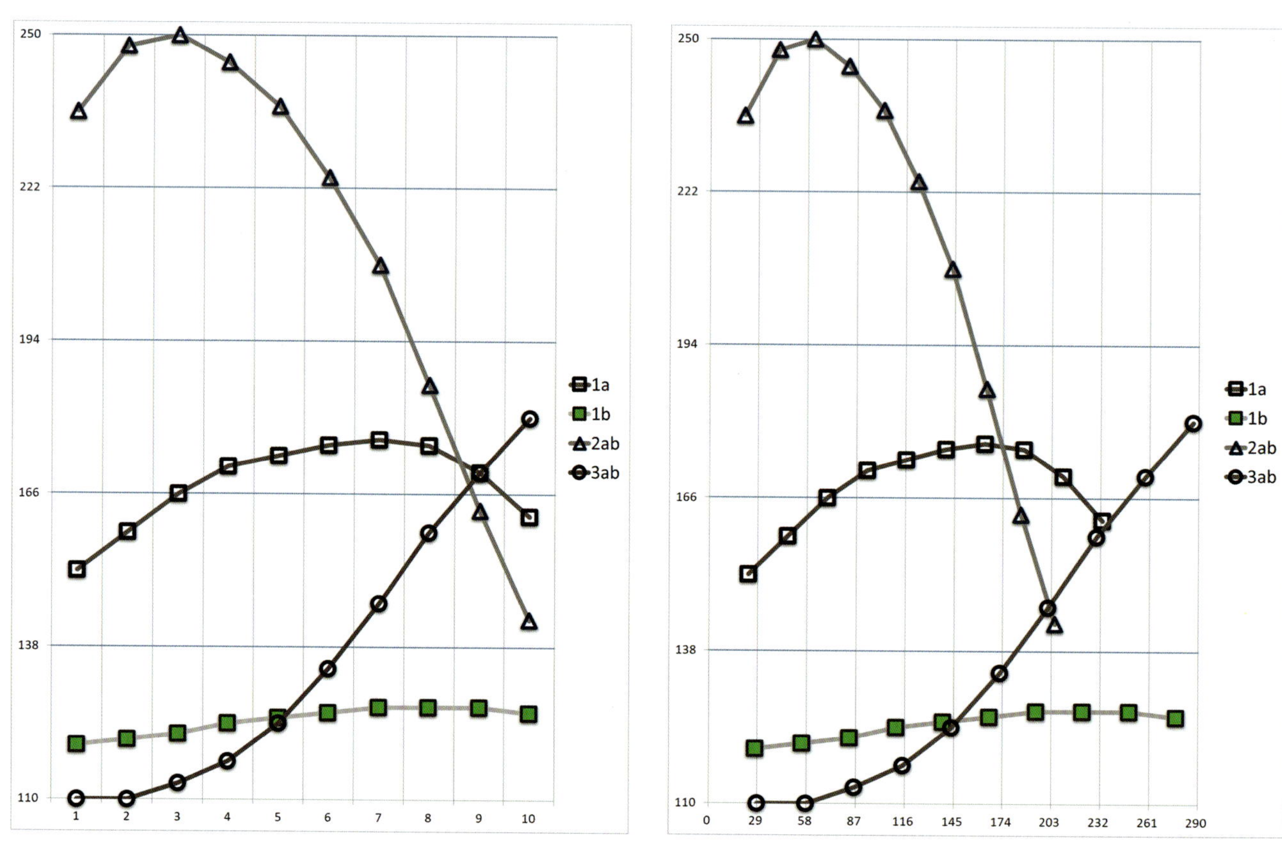

图 9－50a 单字调等长、实长音高模式－铜仁碧江－OM

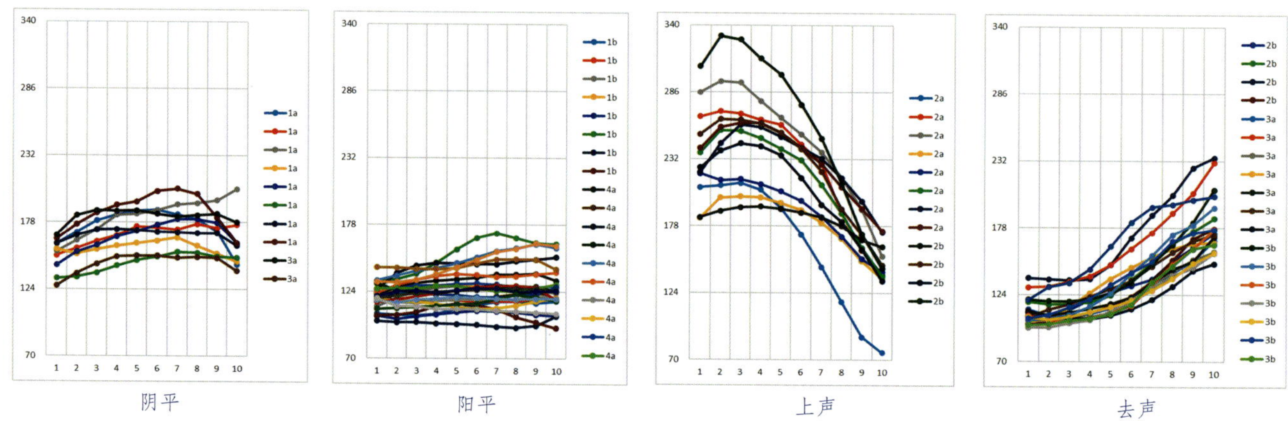

图 9－50b 今声调调域分布范围－铜仁碧江－OM

老男的声调有 4 个（见图 9－50a）：

阴平 233、阳平 11、上声 52、去声 13。

今调域的分布情况（见图 9－50b）：

阴平主要在 22～23 之间；阳平在 11～22 之间；上声在 31～52 之间；去声在 112～223 之间。

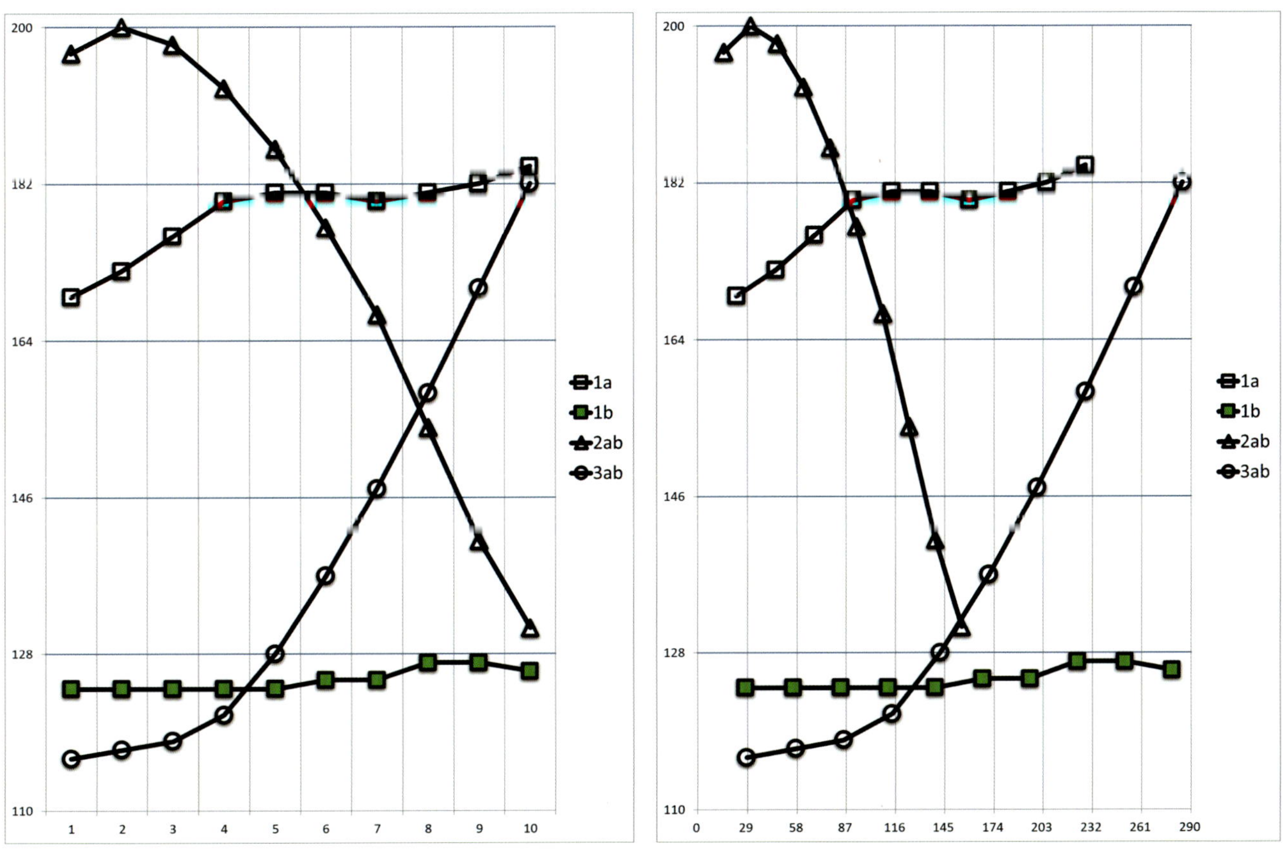

图 9－50c 单字调等长、实长音高模式－铜仁碧江－YM

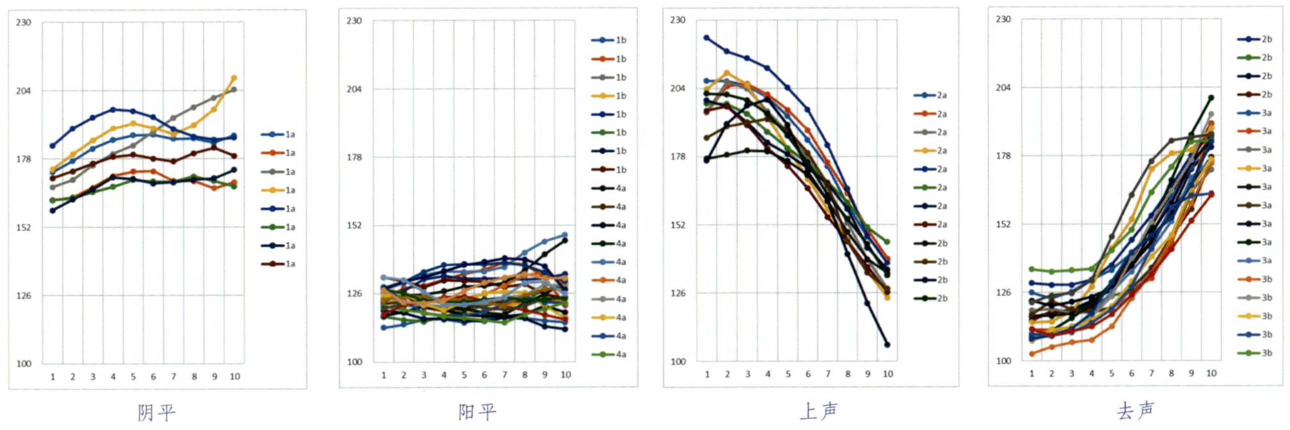

图 9－50d 今声调调域分布范围－铜仁碧江－YM

青男的声调有 4 个（见图 9－50c）：

阴平 45、阳平 11、上声 52、去声 14。

今调域的分布情况（见图 9－50d）：

阴平在 33～44 之间；阳平在 11～22 之间；上声在 31～52 之间；去声在 13～24 之间。

2. 凯里镇远

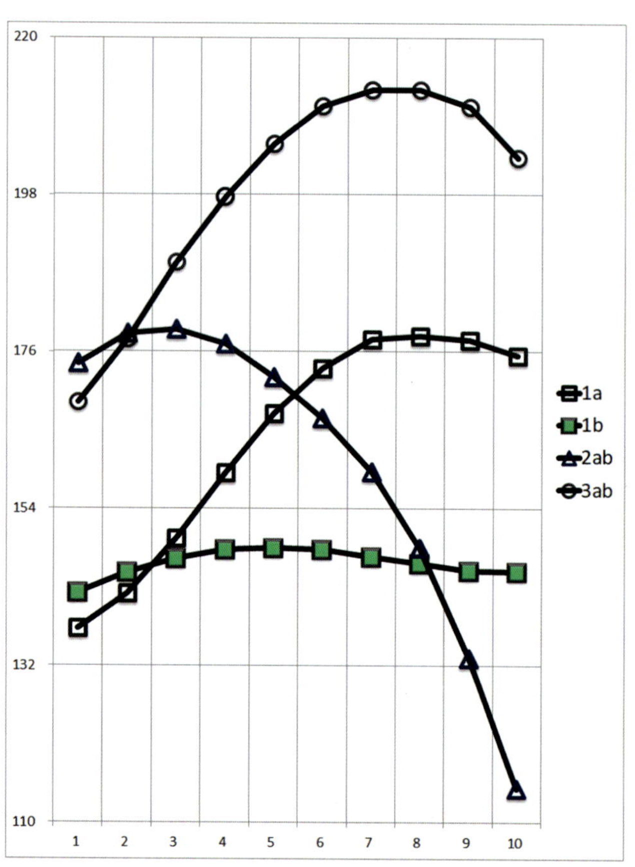

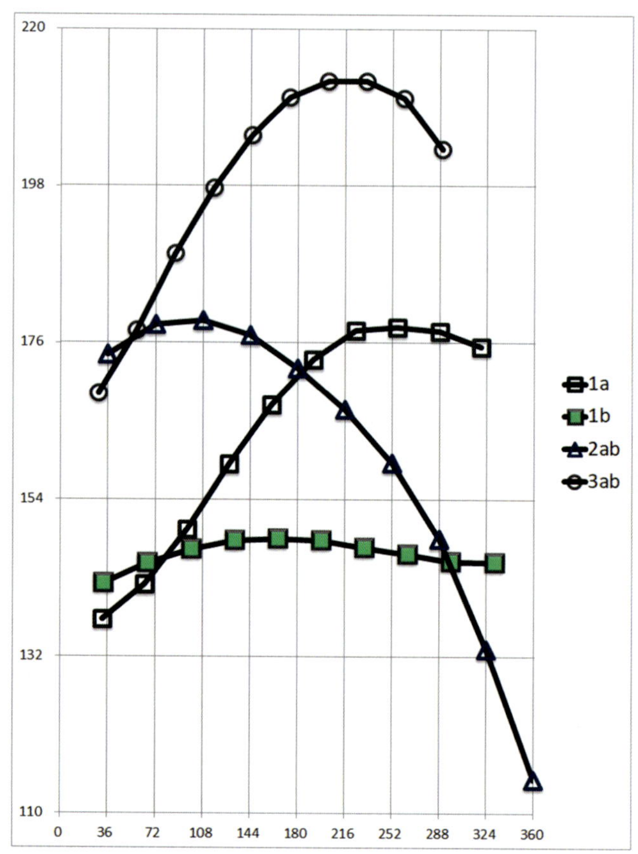

图 9－51a　单字调等长、实长音高模式－凯里镇远－OM

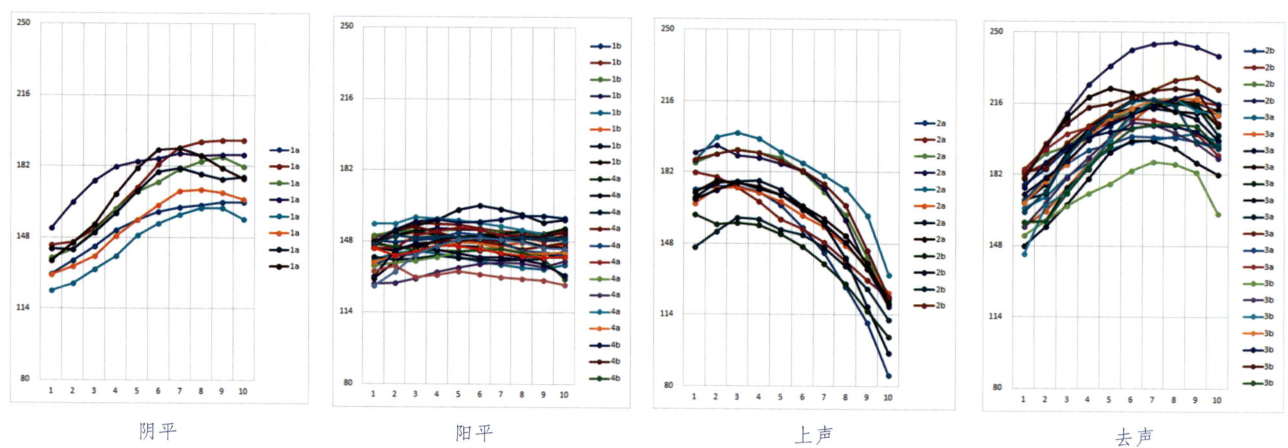

图 9－51b　今声调调域分布范围－凯里镇远－OM

老男的声调有 4 个（见图 9－51a）：

阴平 24、阳平 22、上声 31、去声 35。

今调域的分布情况（见图 9－51b）：

阴平在 23～34 之间；阳平在 22～33 之间；上声在 31～42 之间；去声在 34～45 之间。

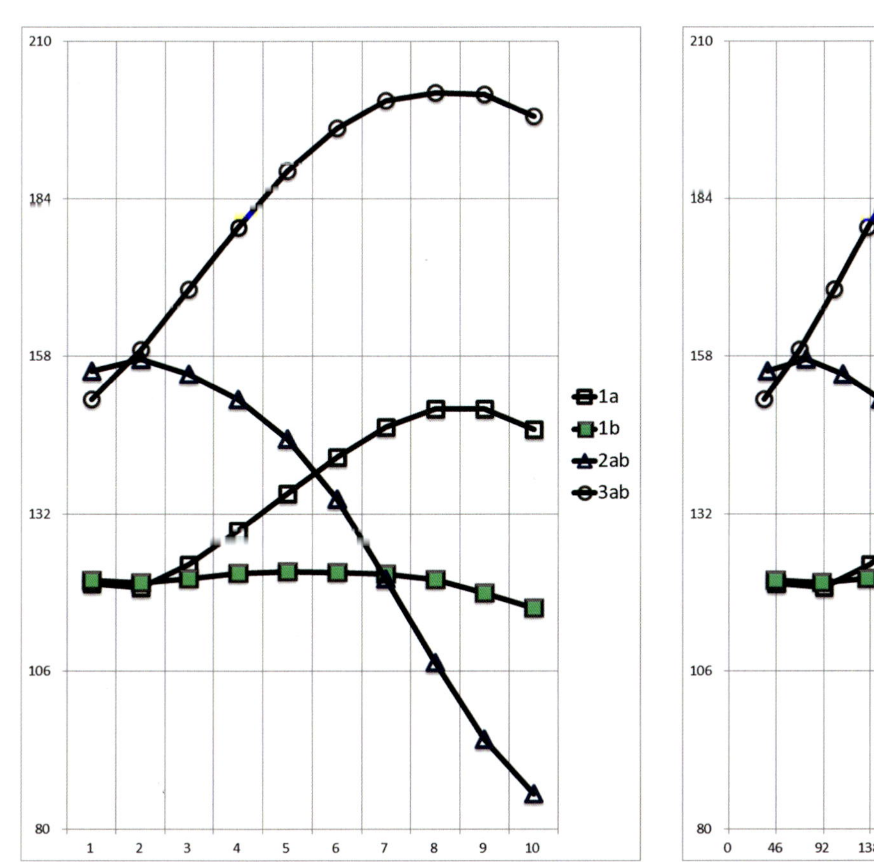

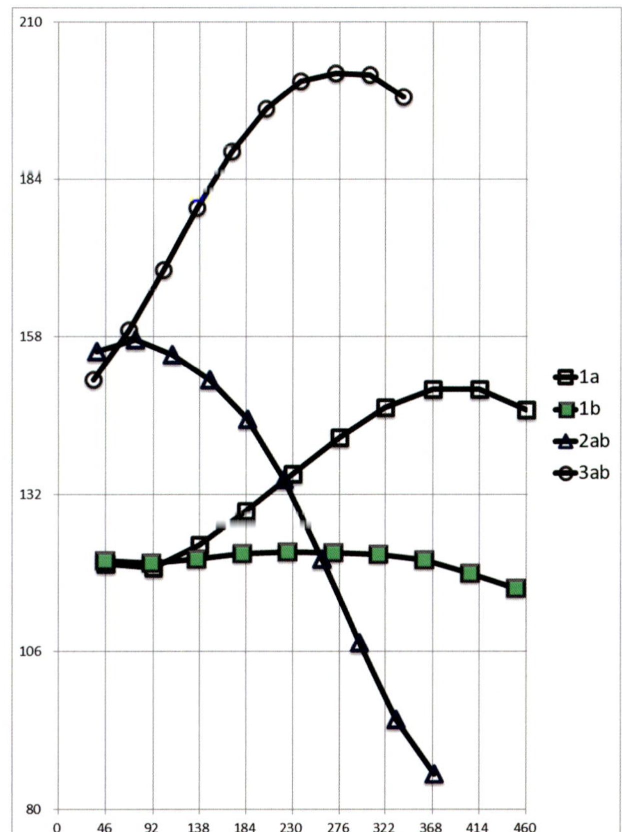

图 9－51c　单字调等长、实长音高模式－凯里镇远－YM

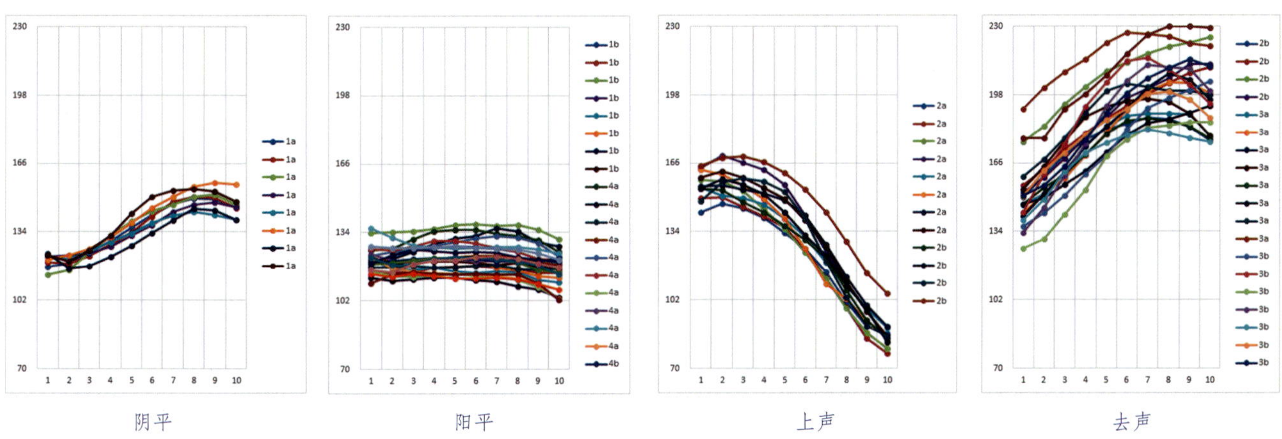

图 9－51d　今声调调域分布范围－凯里镇远－YM

青男的声调有 4 个（见图 9－51c）：

阴平 23、阳平 22、上声 31、去声 35。

今调域的分布情况（见图 9－51d）：

阴平主要在 23 的范围；阳平主要在 22 的范围；上声在 31～42 之间；去声在 34～45 之间。

9.5.7 黎靖小片

黔东南黎平

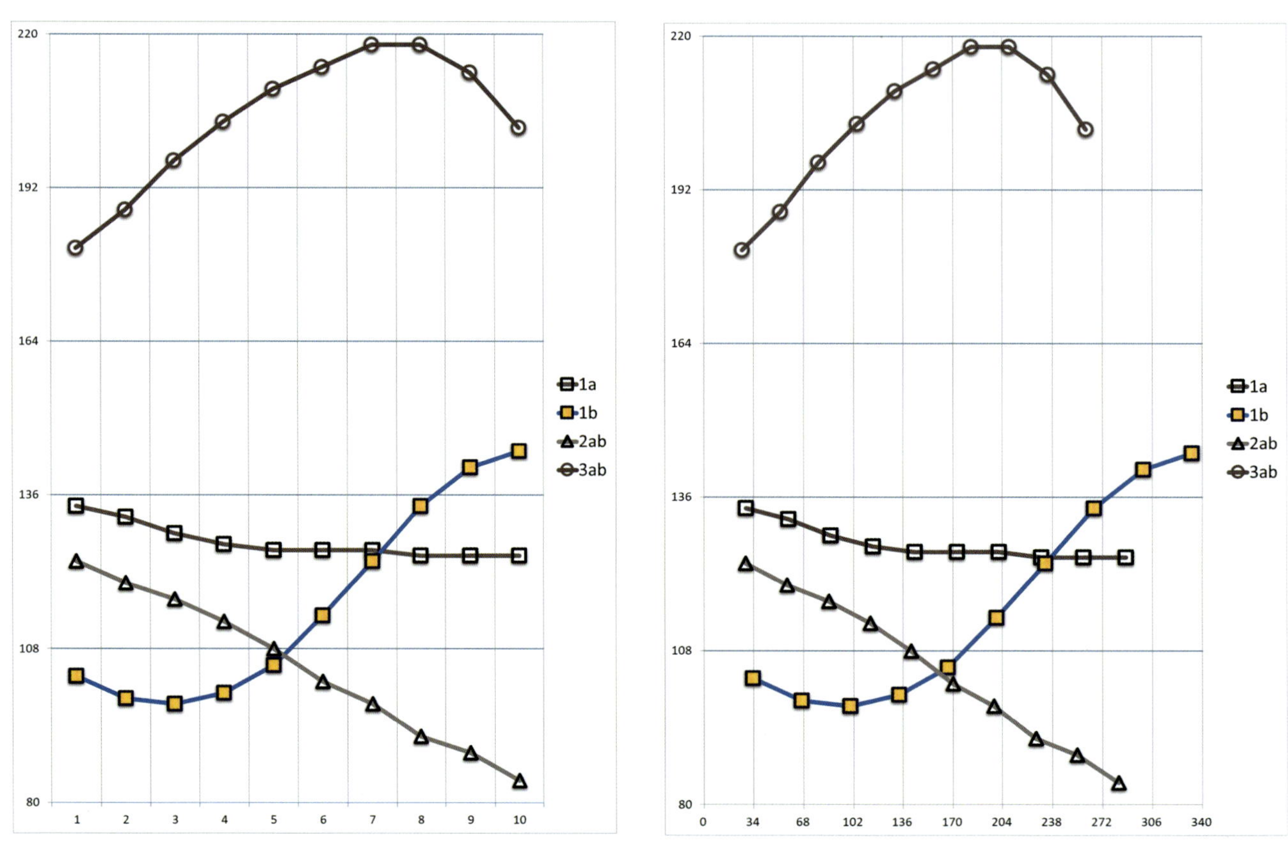

图 9-52a 单字调等长、实长音高模式 - 黔东南黎平 - OM

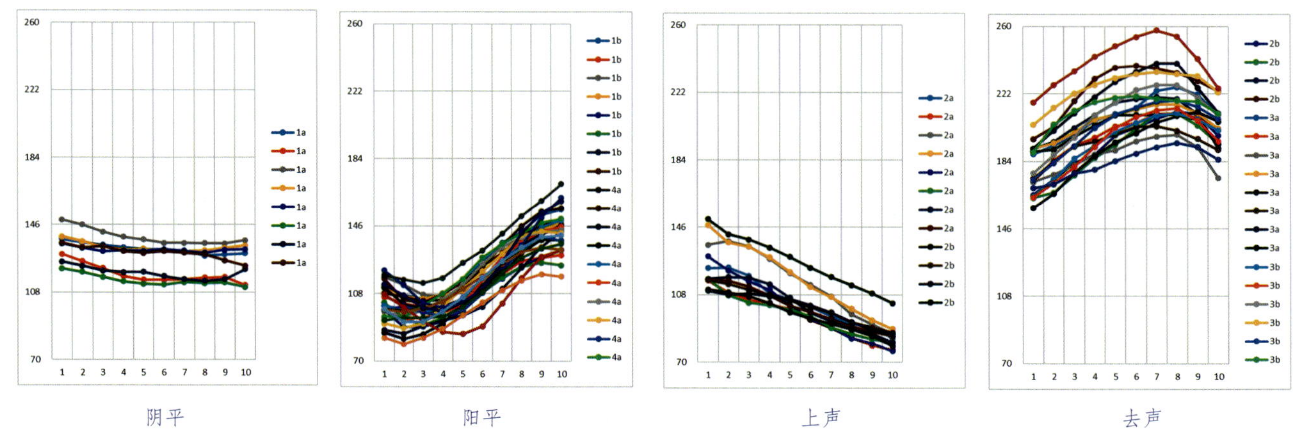

图 9-52b 今声调调域分布范围 - 黔东南黎平 - OM

老男的声调有 4 个（见图 9-52a）：

阴平 22、阳平 13、上声 21、去声 45。

今调域的分布情况（见图 9-52b）：

阴平主要在 22 的范围；阳平在 12～23 之间；上声在 21～31 之间；去声在 34～45 之间。

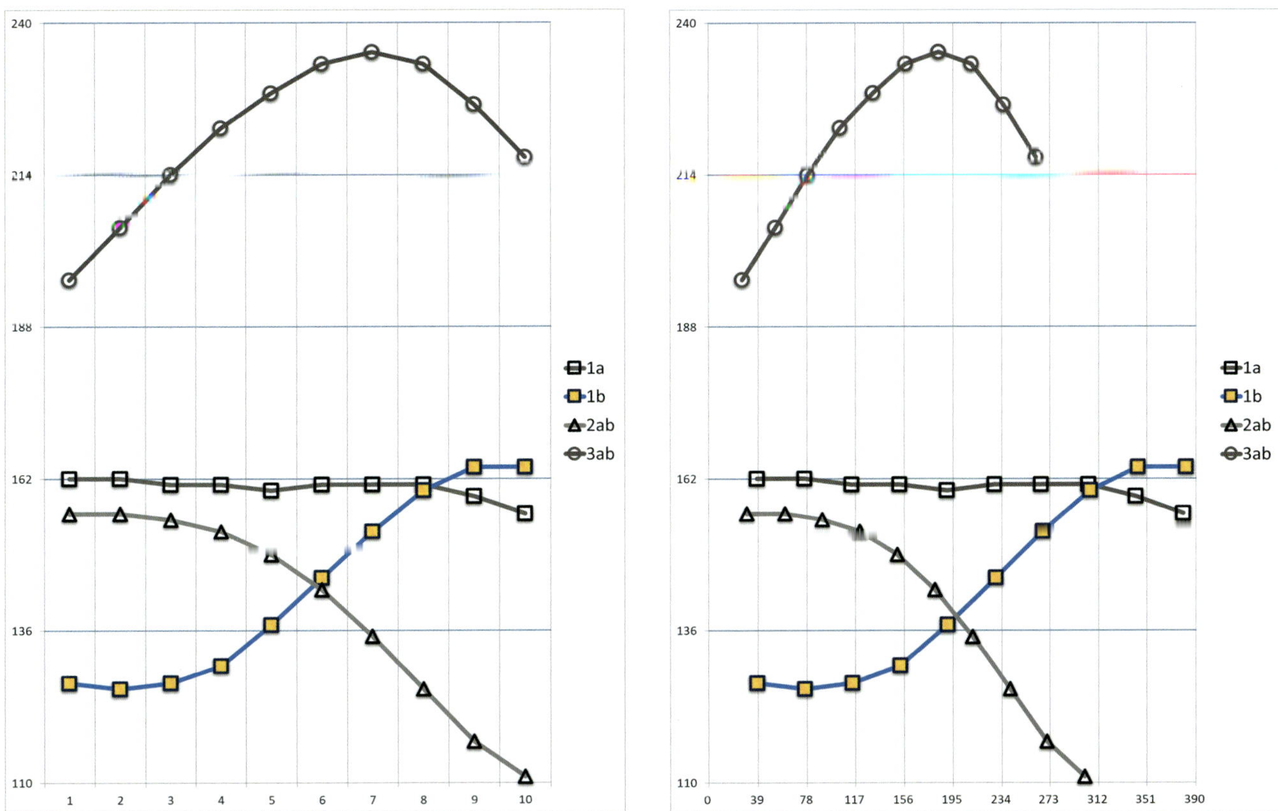

图 9－52c　单字调等长、实长音高模式－黔东南黎平－YM

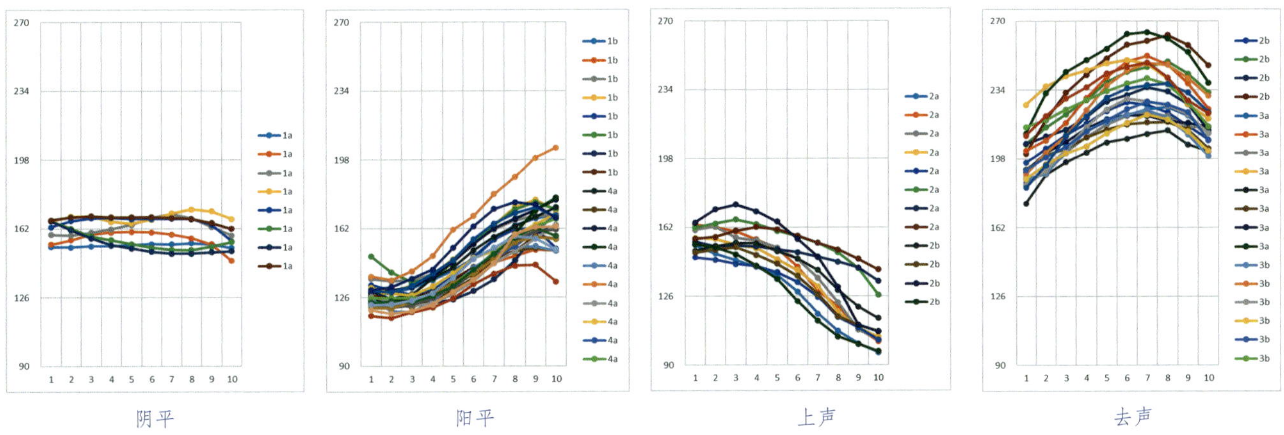

图 9－52d　今声调调域分布范围－黔东南黎平－YM

青男的声调有 4 个（见图 9－52c）：

阴平 33、阳平 13、上声 21、去声 45。

今调域的分布情况（见图 9－52d）：

阴平在 22～33 之间；阳平在 12～23 之间；上声在 21～32 之间；去声在 34～45 之间。

9.6 桂柳片

9.6.1 湘南小片

永州蓝山

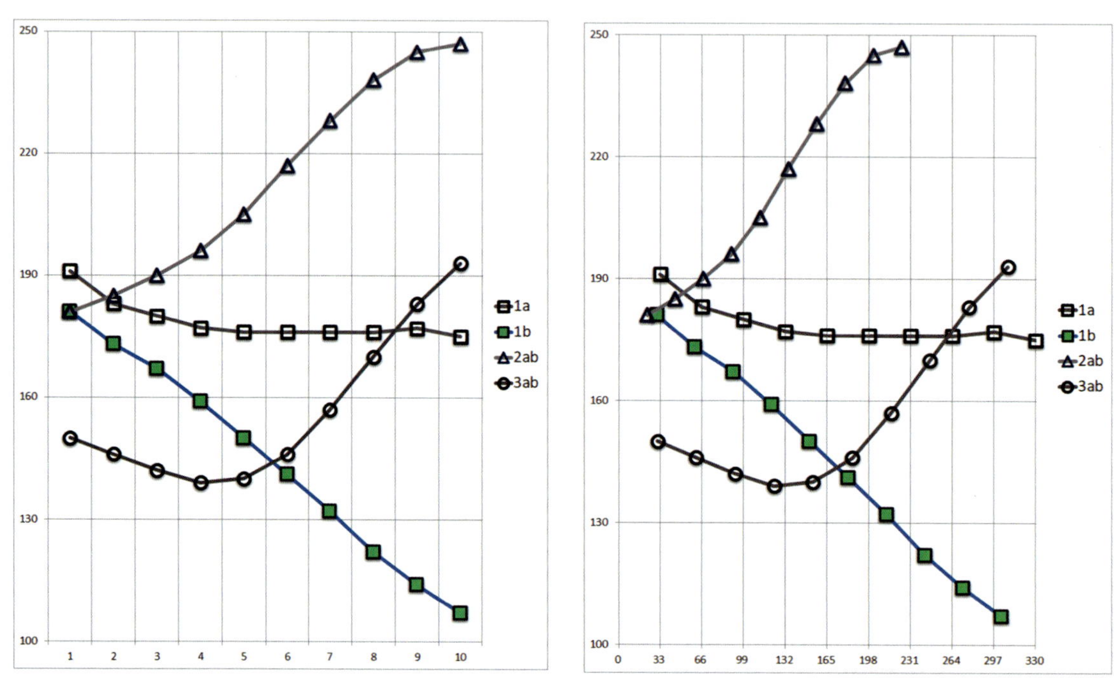

图 9－53a 单字调等长、实长音高模式－永州蓝山－OM

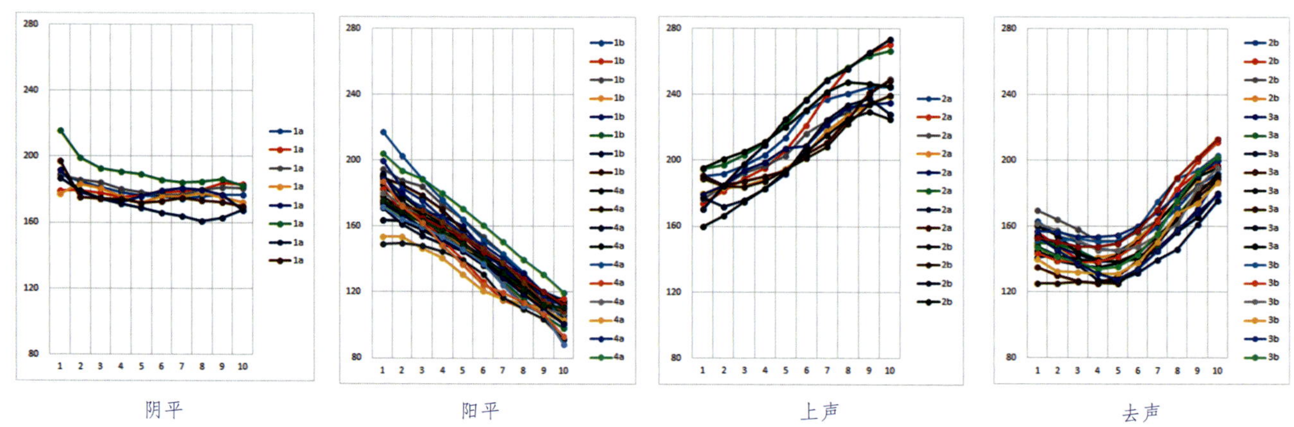

图 9－53b 今声调调域分布范围－永州蓝山－OM

老男的声调有 4 个（见图 9－53a）：

阴平 33、阳平 31、上声 35、去声 214。

今调域的分布情况（见图 9－53b）：

阴平主要在 33 的范围；阳平在 21～42 之间；上声在 34～35 之间；去声在 213～324 之间。

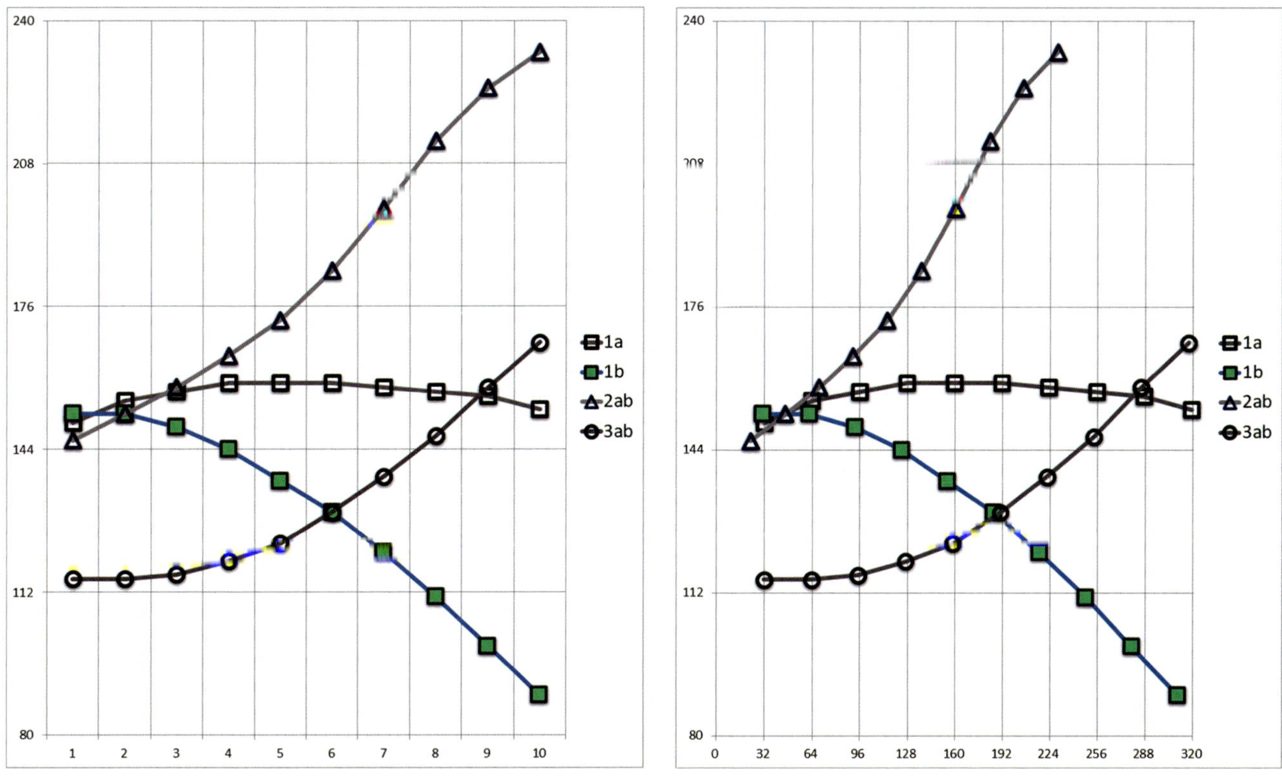

图 9－53c　单字调等长、实长音高模式－永州蓝山－YM

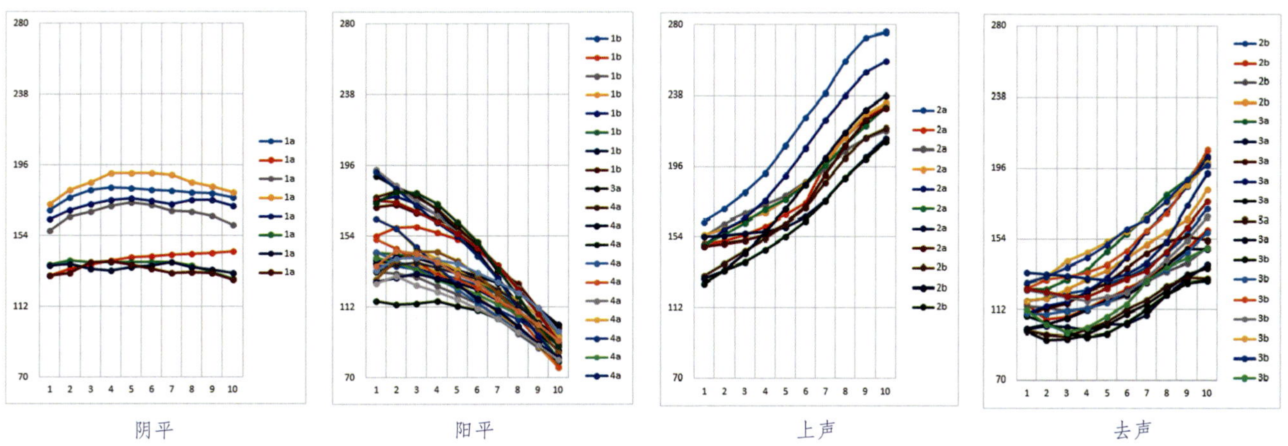

图 9－53d　今声调调域分布范围－永州蓝山－YM

青男的声调有 4 个（见图 9－53c）：

阴平 33、阳平 31、上声 35、去声 23。

今调域的分布情况（见图 9－53d）：

阴平在 22～33 之间；阳平在 21～32 之间；上声在 24～35 之间；去声在 12～24 之间。

9.6.2 桂北小片

1. 桂林市区

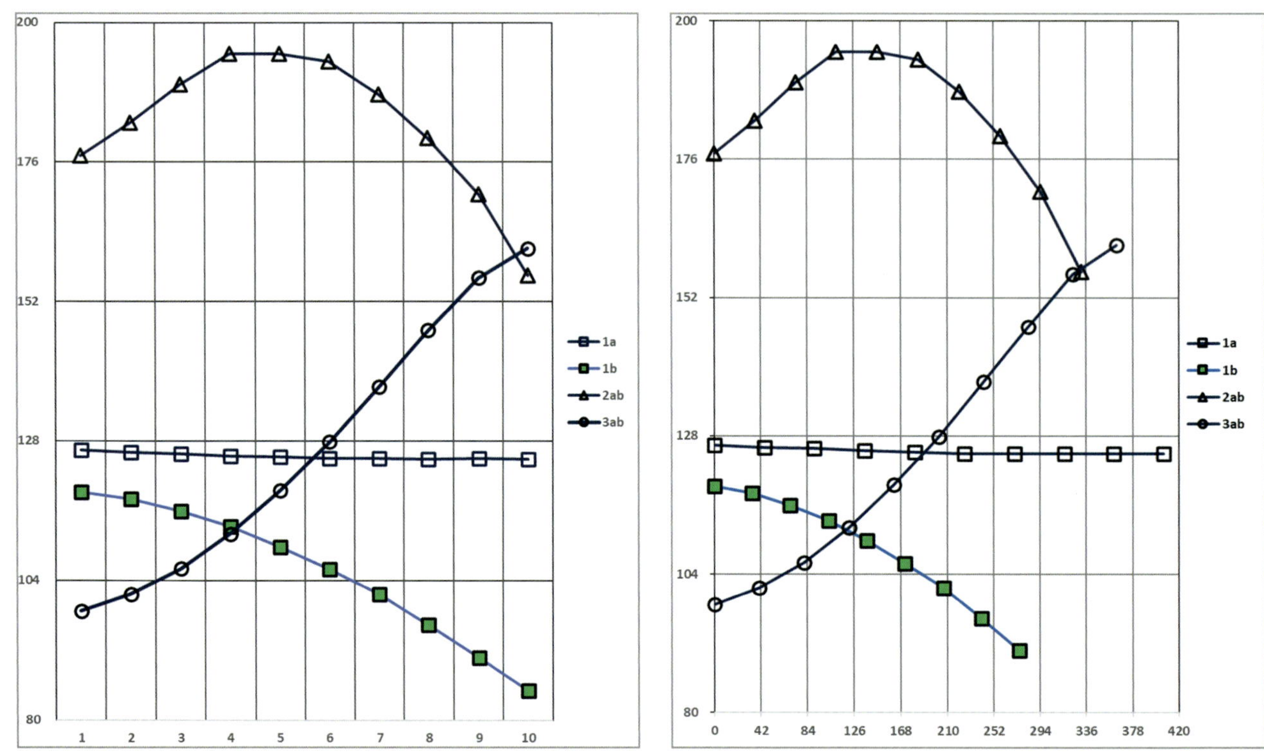

图 9－54a 单字调等长、实长音高模式－桂林市区－OM

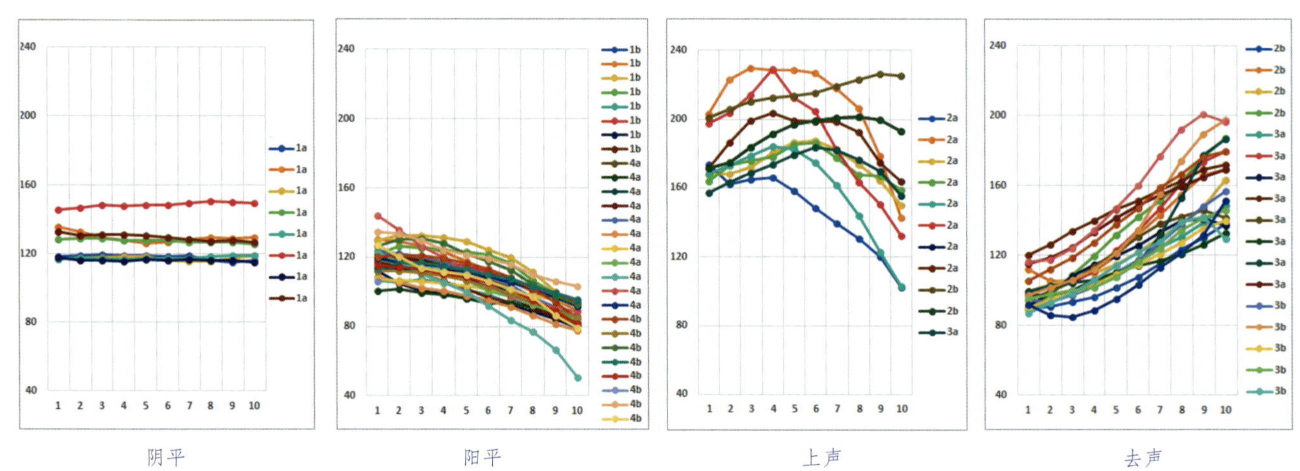

图 9－54b 今声调调域分布范围－桂林市区－OM

老男的声调有 4 个（见图 9－54a）：

阴平 33、阳平 21、上声 554、去声 24。

今调域的分布情况（见图 9－54b）：

阴平在 22～33 之间；阳平在 21～32 之间；上声在 42～554 之间；去声在 23～34 之间。

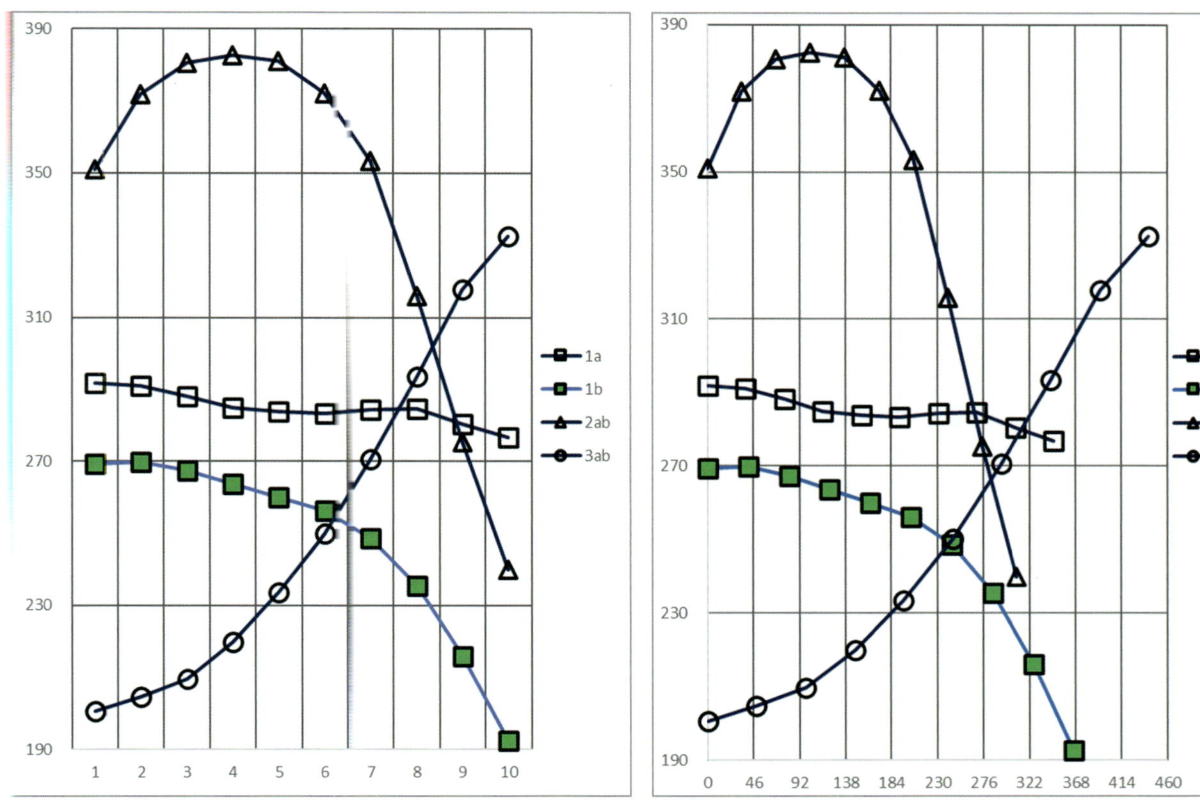

图 9－54c　单字调等长、实长音高模式－桂林市区－OF

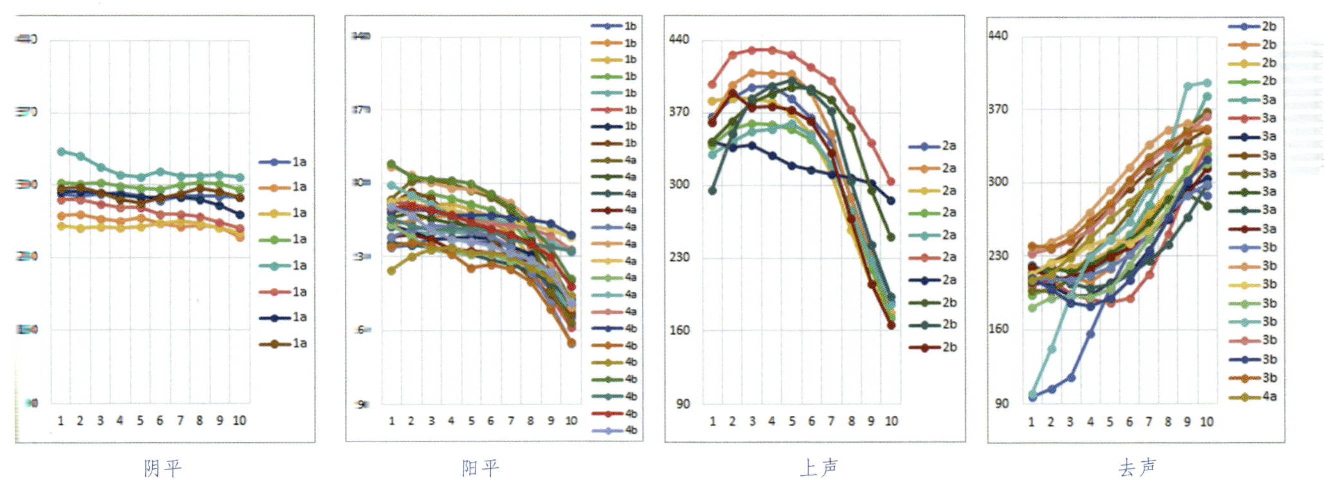

图 9－54d　今声调调域分布范围－桂林市区－OF

老女的声调有 4 个（见图 9－54c）：

阴平 33、阳平 21、上声 552、去声 14。

今调域的分布情况（见图 9－54d）：

阴平在 33～44 之间；阳平主要在 32～43 之间；上声在 42～54 之间；去声主要在 23～34 之间。

2. 桂林永福

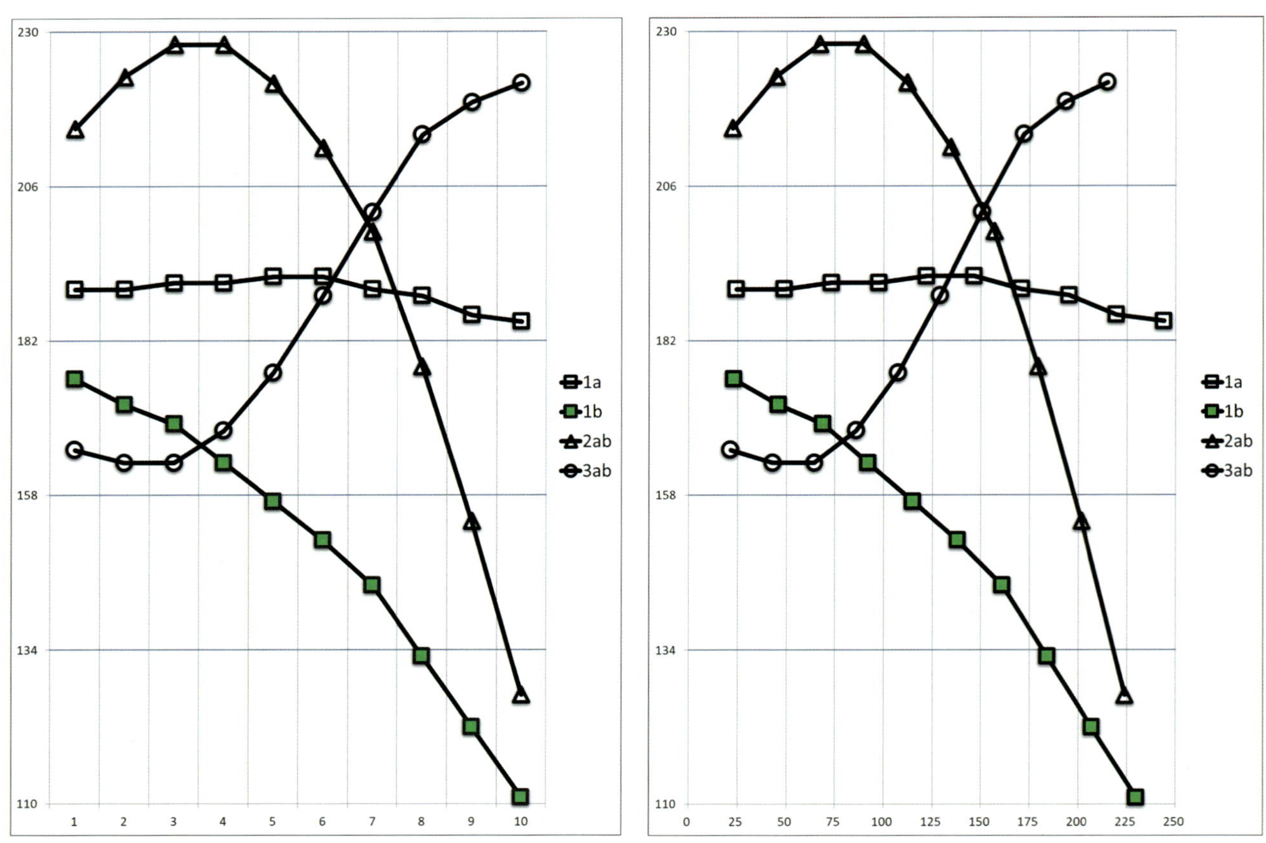

图 9－55a　单字调等长、实长音高模式－桂林永福－OM

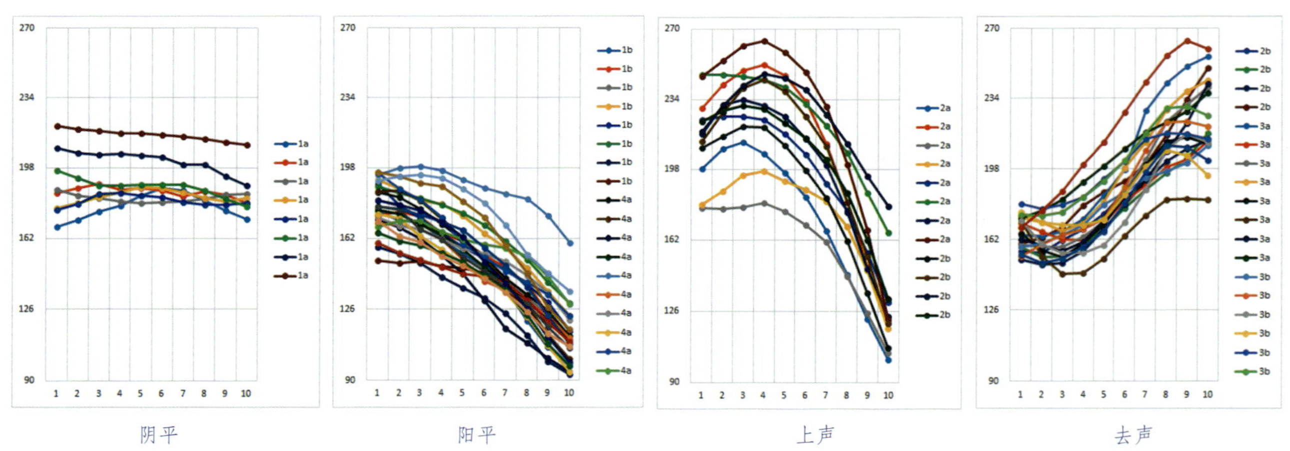

图 9－55b　今声调调域分布范围－桂林永福－OM

老男的声调有 4 个（见图 9－55a）：

阴平 44、阳平 31、上声 551、去声 35。

今调域的分布情况（见图 9－55b）：

阴平在 33～44 之间；阳平在 21～32 之间；上声在 331～553 之间；去声在 23～35 之间。

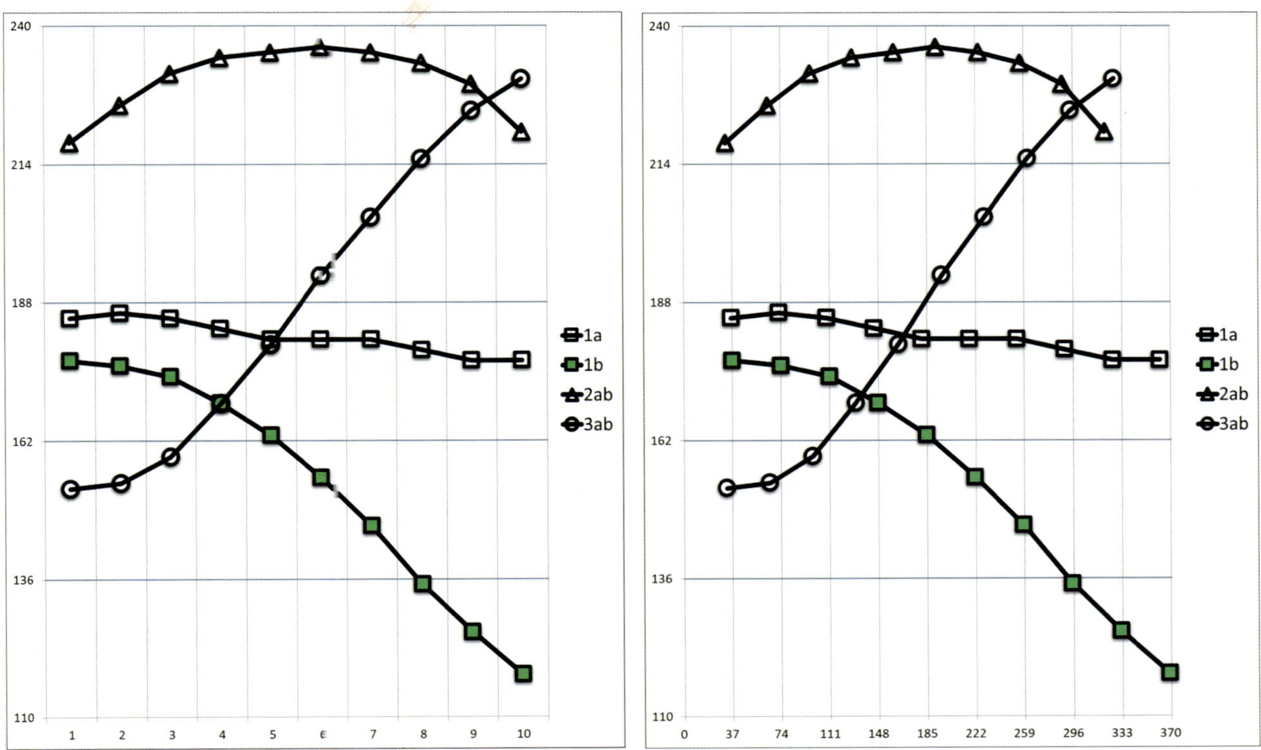

图 9－55c　单字调等长、实长音高模式－桂林永福－YM

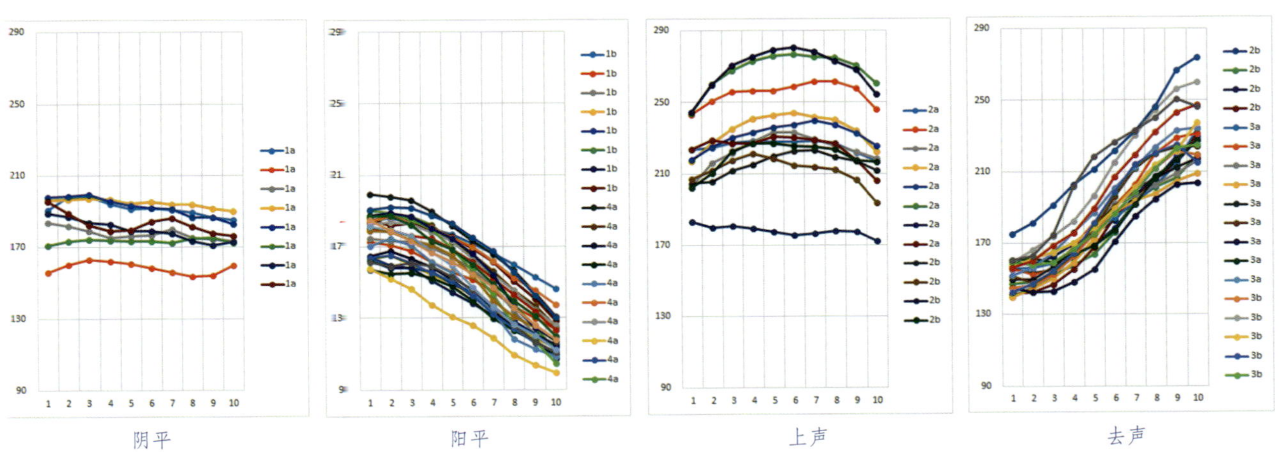

图 9－55d　今声调调域分布范围－桂林永福－YM

青男的声调有 4 个（见图 9－55c）：

阴平 33、阳平 31、上声 55、去声 25。

今调域的分布情况（见图 9－55d）：

阴平在 22～33 之间；阳平在 21～32 之间；上声在 33～55 之间；去声在 23～35 之间。

3. 来宾武宣

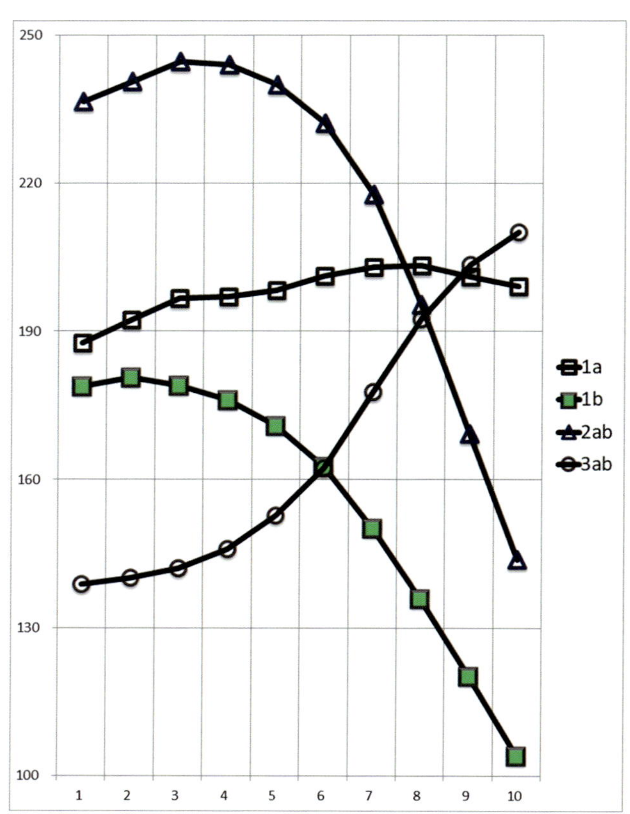

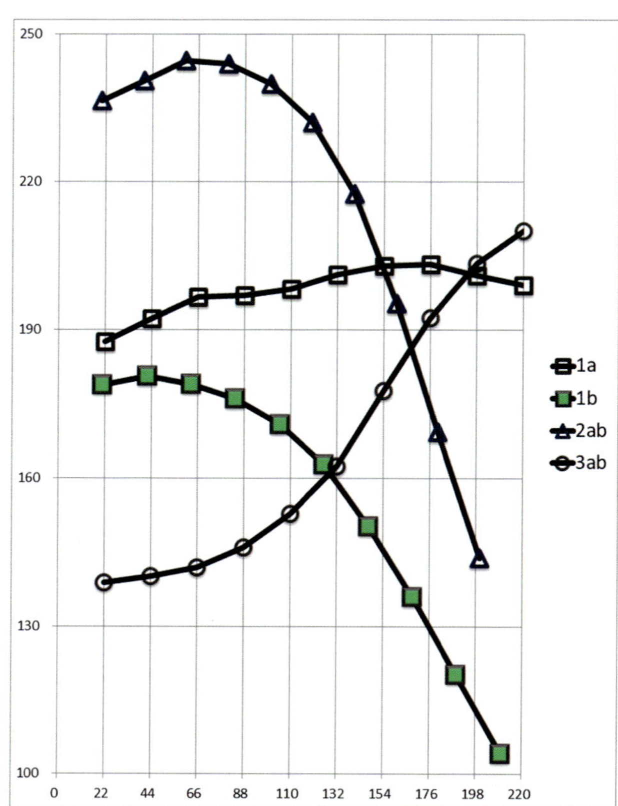

图 9－56a　单字调等长、实长音高模式－来宾武宣－OM

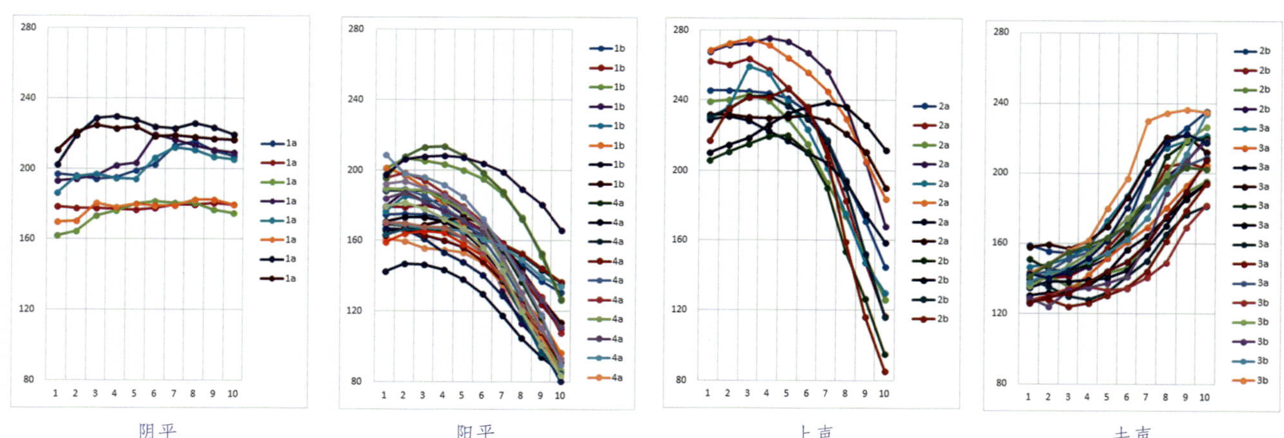

图 9－56b　今声调调域分布范围－来宾武宣－OM

老男的声调有 4 个（见图 9－56a）：

阴平 44、阳平 31、上声 552、去声 24。

今调域的分布情况（见图 9－56b）：

阴平在 33～44 之间；阳平在 21～43 之间；上声在 441～554 之间；去声在 23～34 之间。

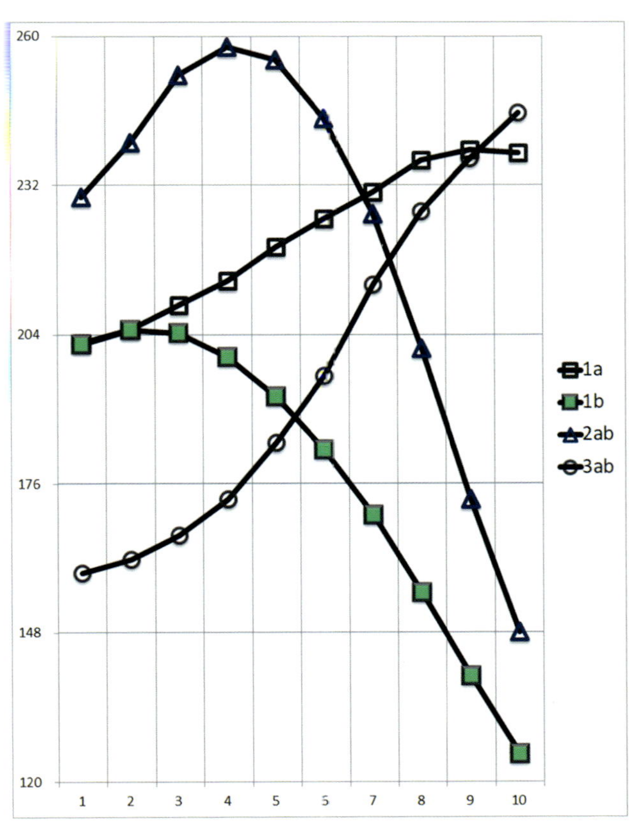

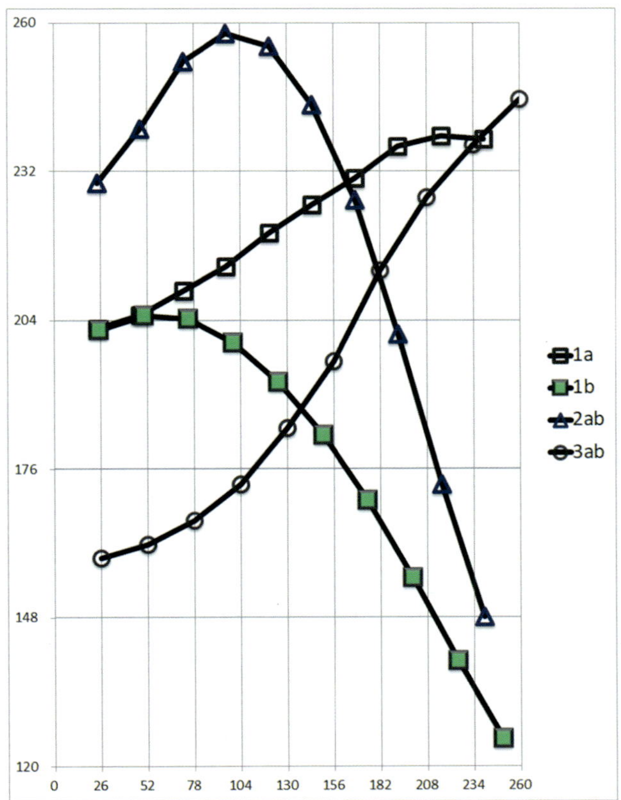

图 9－56c　单字调等长、实长音高模式－来宾武宣－YM

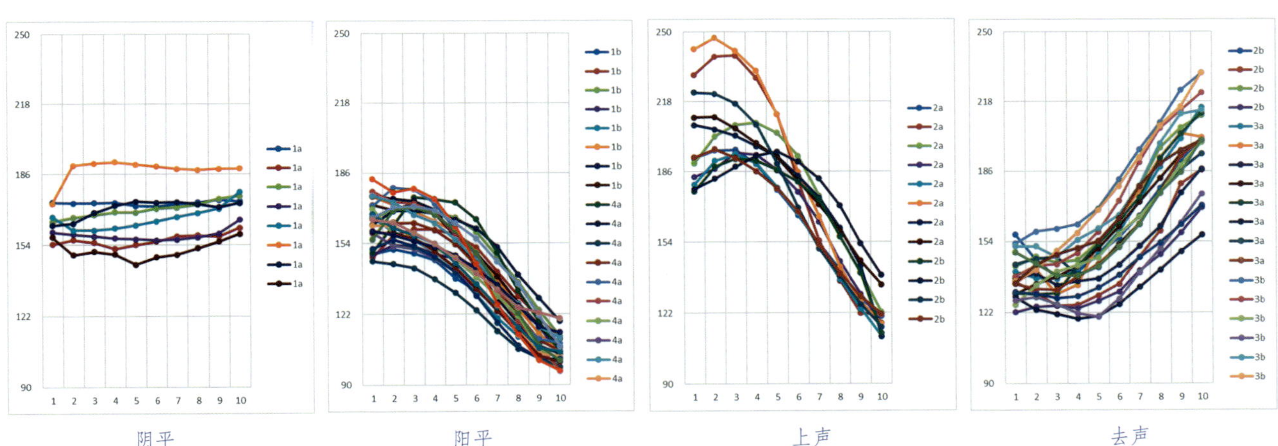

图 9－56d　今声调调域分布范围－来宾武宣－YM

青男的声调有 4 个（见图 9－56c）：

阴平 45、阳平 31、上声 552、去声 25。

今调域的分布情况（见图 9－56d）：

阴平在 23～34 之间；阳平在 21～31 之间；上声在 331～552 之间；去声在 13～35 之间。

4. 柳州鱼峰

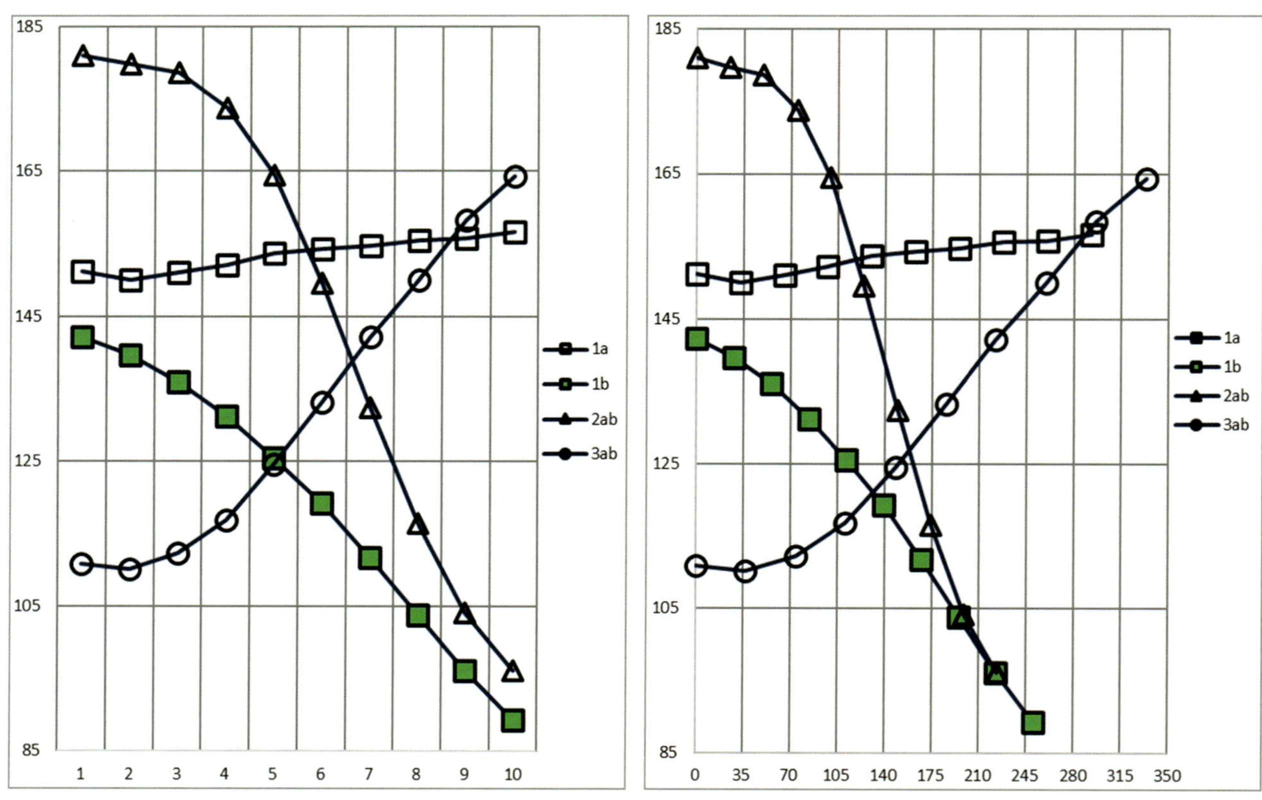

图 9－57a 单字调等长、实长音高模式－柳州鱼峰－OM

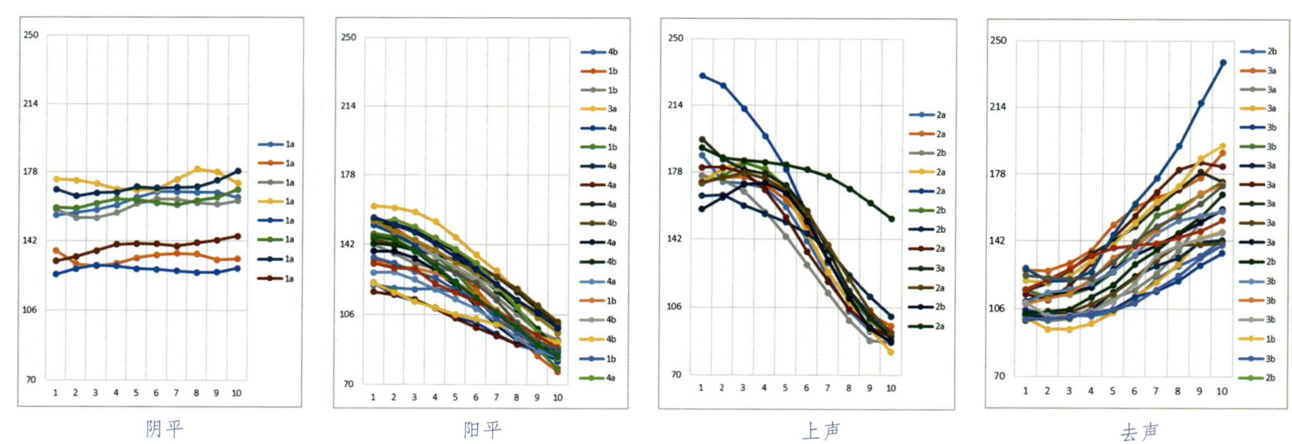

图 9－57b 今声调调域分布范围－柳州鱼峰－OM

老男的声调有 4 个（见图 9－57a）：

阴平 44、阳平 31、上声 51、去声 24。

今调域的分布情况（见图 9－57b）：

阴平在 22～44 之间；阳平在 21～32 之间；上声在 31～52 之间；去声在 12～24 之间。

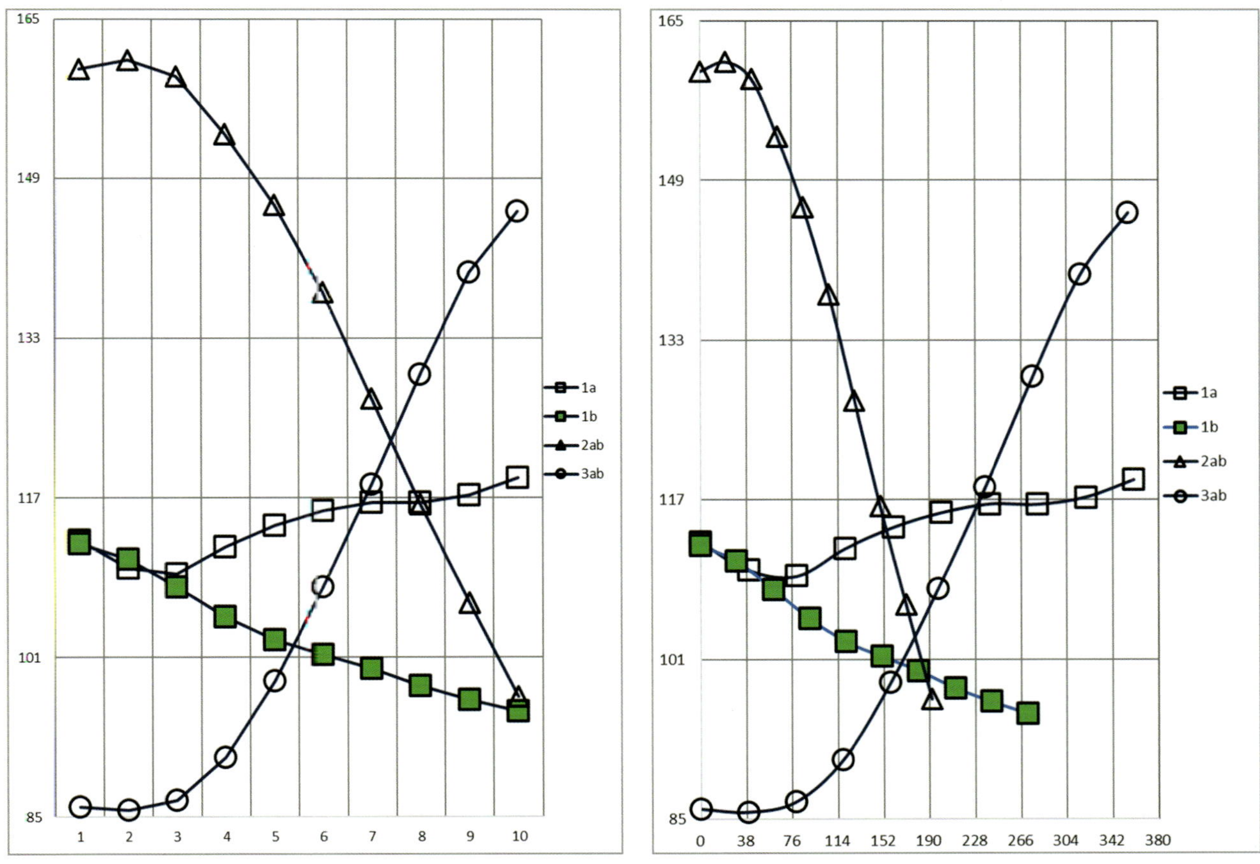

图 9－57c　单字调等长、实长音高模式－柳州鱼峰－YM

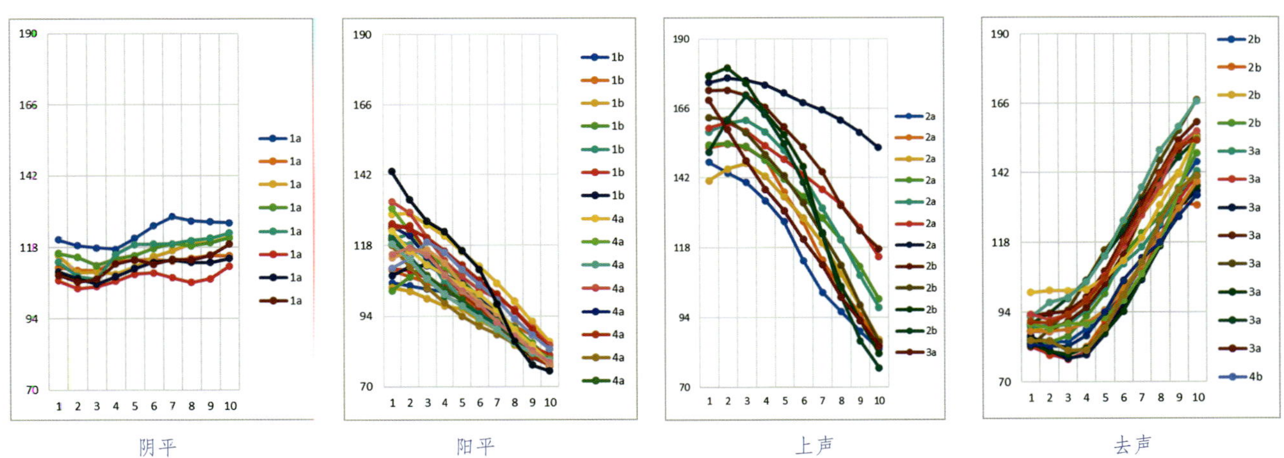

图 9－57d　今声调调域分布范围－柳州鱼峰－YM

青男的声调有 4 个（见图 9－57c）：

阴平 33、阳平 21、上声 51、去声 14。

今调域的分布情况（见图 9－57d）：

阴平在 22～33 之间；阳平在 21～31 之间；上声在 31～54 之间；去声在 13～24 之间。

5. 柳州柳江

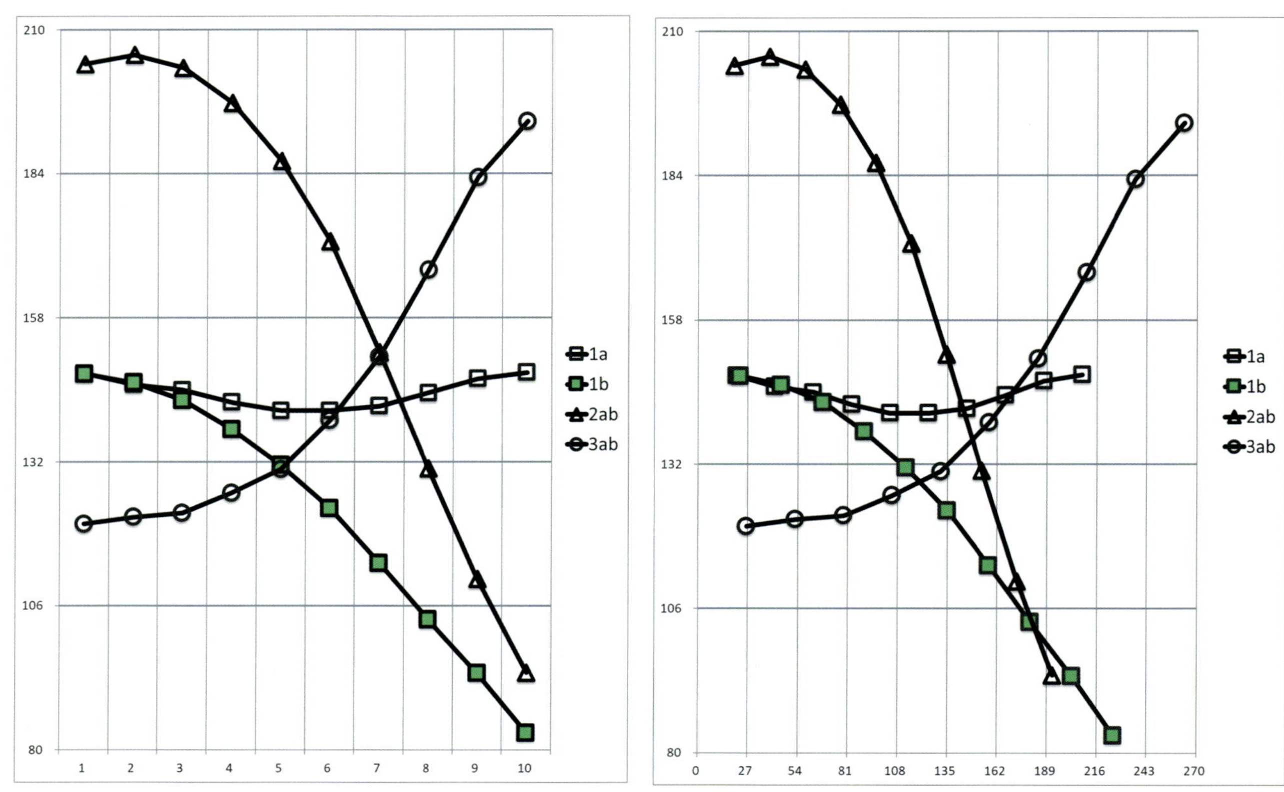

图 9－58a　单字调等长、实长音高模式－柳州柳江－OM

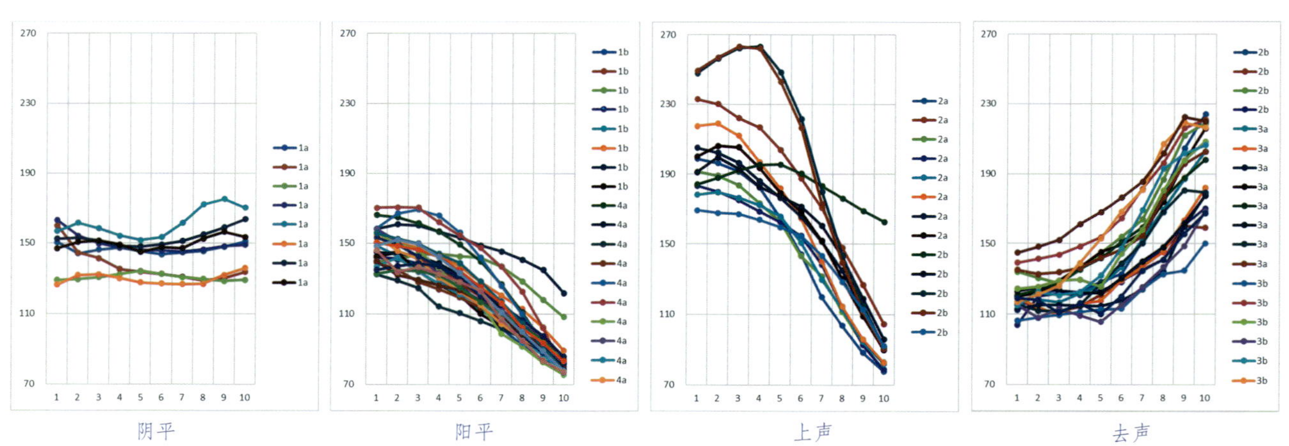

图 9－58b　今声调调域分布范围－柳州柳江－OM

老男的声调有 4 个（见图 9－58a）：

阴平 33、阳平 31、上声 51、去声 25。

今调域的分布情况（见图 9－58b）：

阴平在 22～33 之间；阳平在 21～32 之间；上声在 31～52 之间；去声在 23～34 之间。

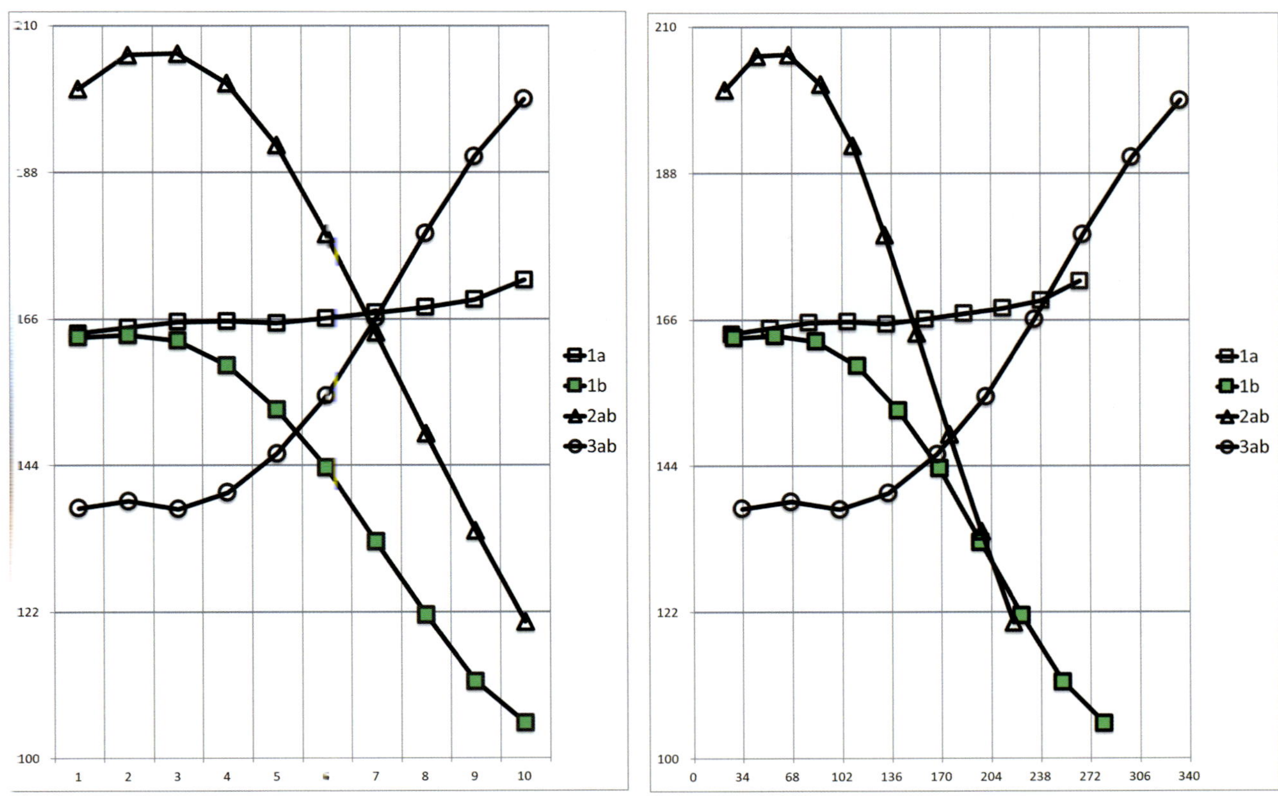

图 9－58c　单字调等长、实长音高模式－柳州柳江－YM

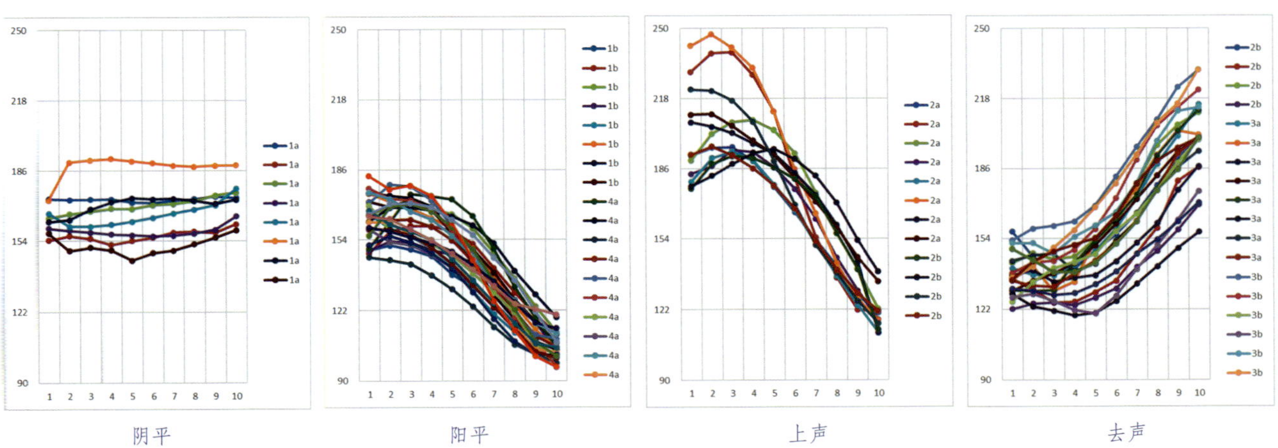

图 9－58d　今声调调域分布范围－柳州柳江－YM

青男的声调有 4 个（见图 9－58c）：

阴平 33、阳平 31、上声 52、去声 25。

今调域的分布情况（见图 9－58d）：

阴平在 33～44 之间；阳平在 21～31 之间；上声在 31～52 之间；去声在 23～25 之间。

6. 全州全州镇

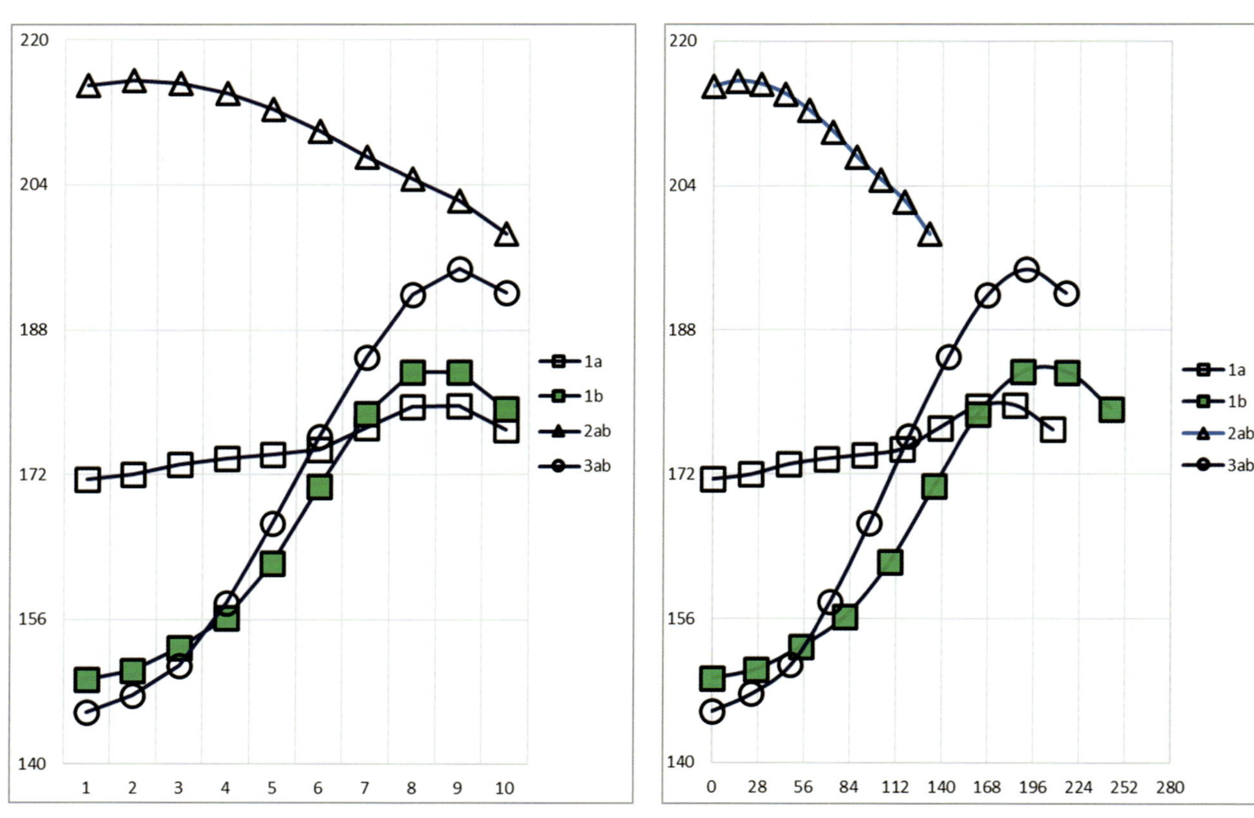

图 9－59a　单字调等长、实长音高模式－全州全州镇－OM

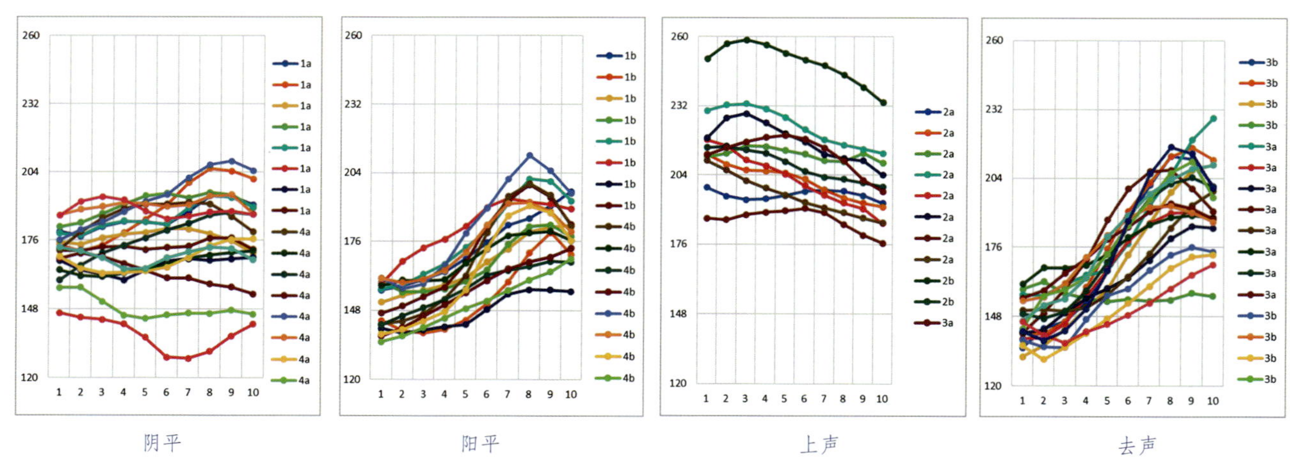

图 9－59b　今声调调域分布范围－全州全州镇－OM

老男的声调有 4 个（见图 9－59a）：

阴平 33、阳平 13、上声 54、去声 14。

今调域的分布情况（见图 9－59b）：

阴平主要在 11～33 之间；阳平主要在 12～23 之间；上声在 43～54 之间；去声在 12～24 之间。

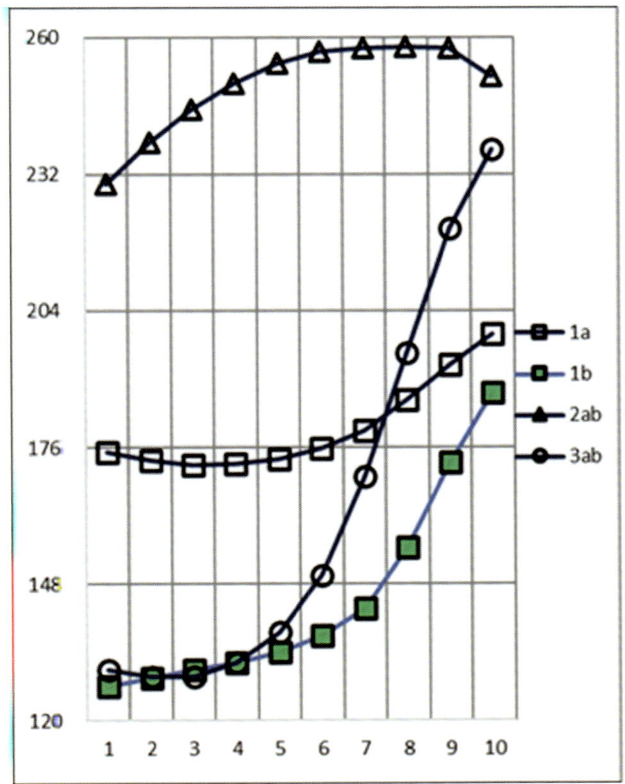

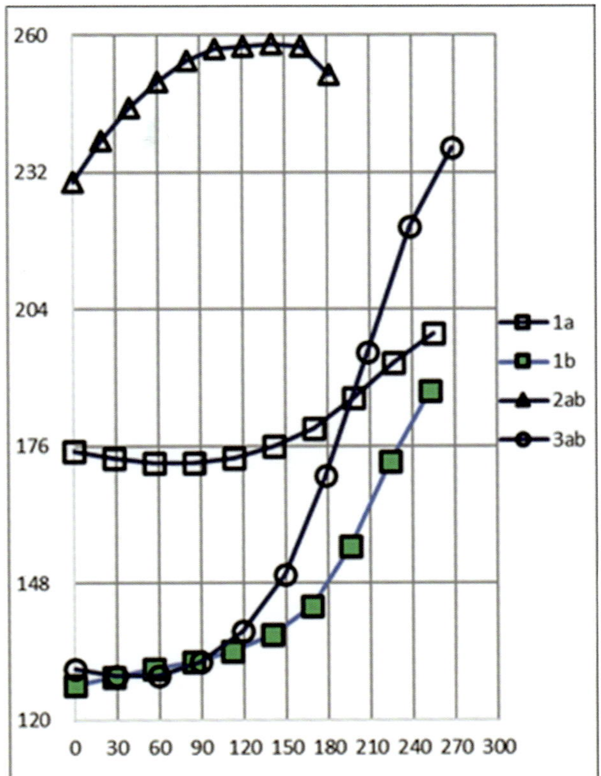

图 9－59c 单字调等长、实长音高模式－全州全州镇－YM

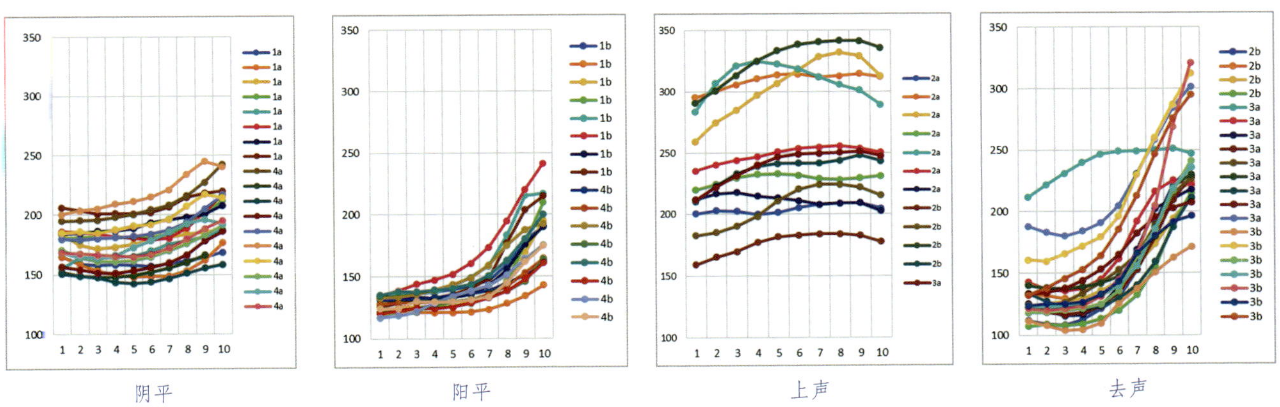

图 9－59d 今声调调域分布范围－全州全州镇－YM

青男的声调有 4 个（见图 9－59c）：

阴平 23、阳平 113、上声 45、去声 15。

今调域的分布情况（见图 9－59d）：

阴平主要在 223～334 之间；阳平在 112～113 之间；上声在 22～45 之间；去声主要在 12～25 之间。

7. 富川富阳

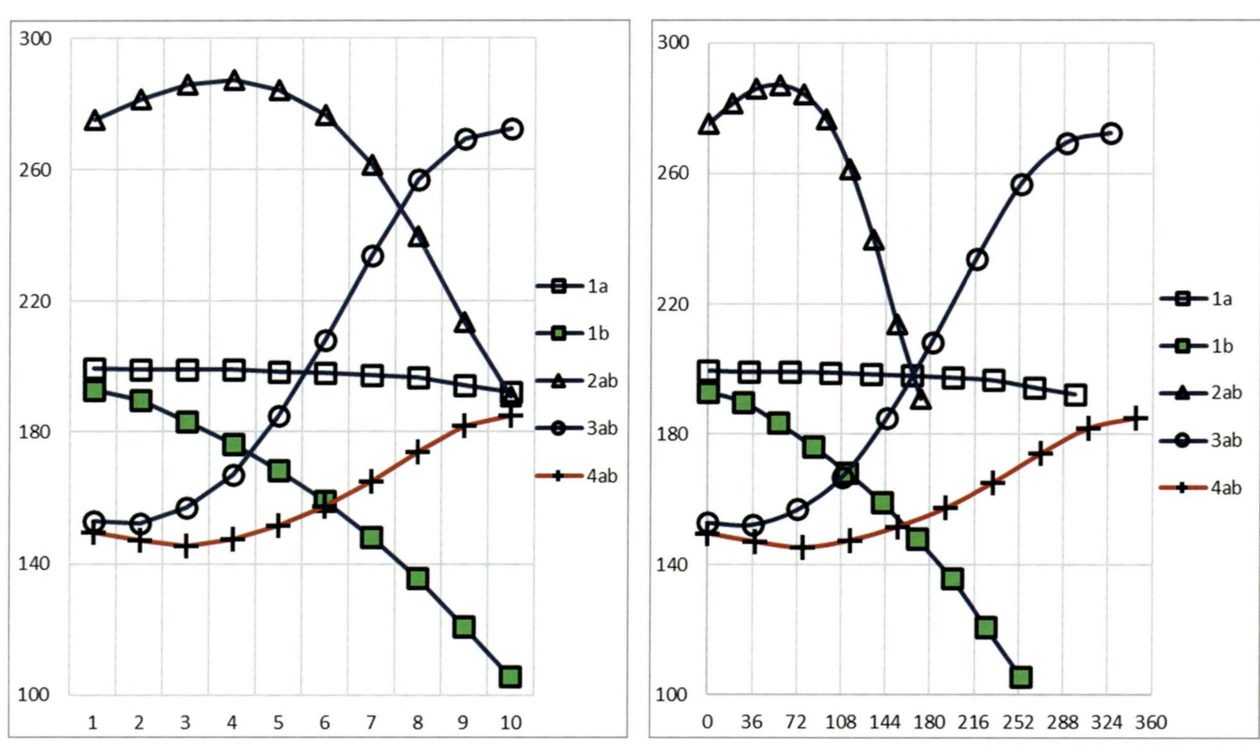

图 9－60a　单字调等长、实长音高模式－富川富阳－OM

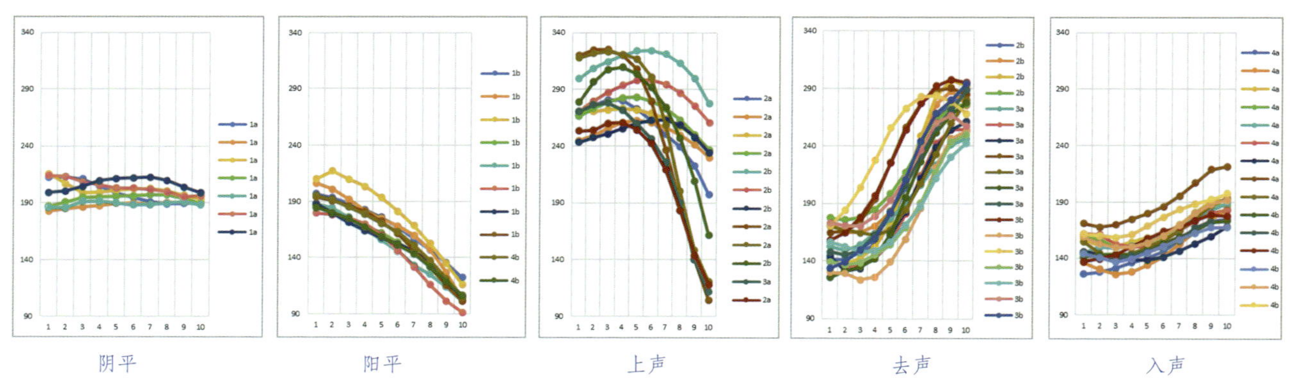

图 9－60b　今声调调域分布范围－富川富阳－OM

老男的声调有 5 个（见图 9－60a）：

阴平 33、阳平 31、上声 553、去声 25、入声 23。

今调域的分布情况（见图 9－60b）：

阴平在 22～33 之间；阳平在 21～31 之间；上声在 441～554 之间；去声在 13～25 之间；入声在 12～23 之间。

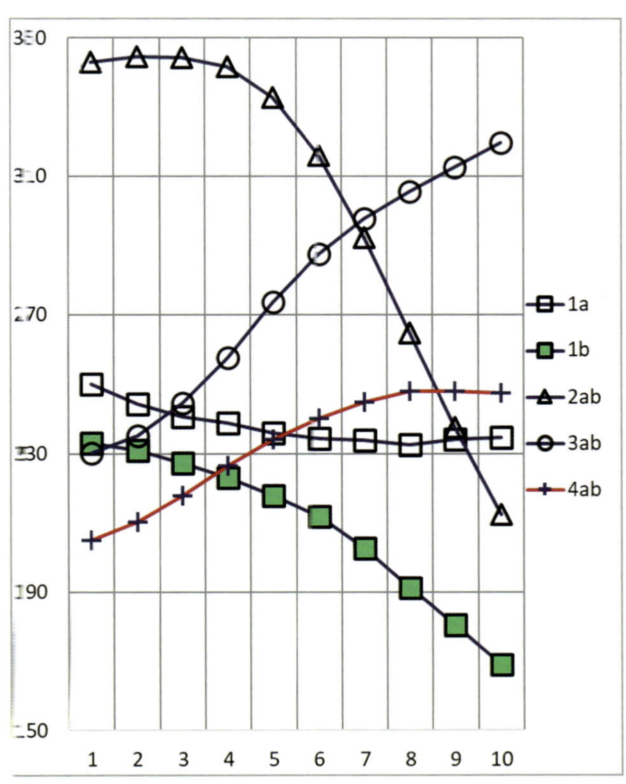

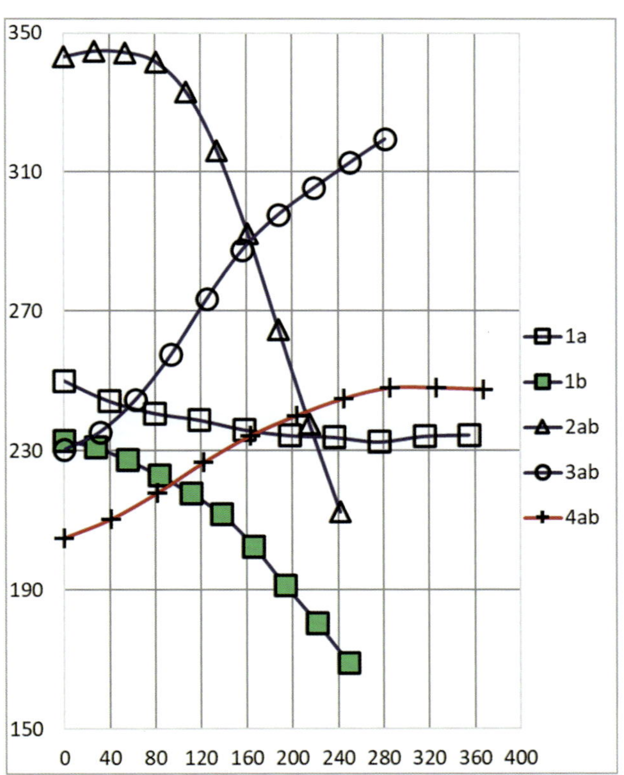

图 9－60c　单字调等长、实长音高模式－富川富阳－OF

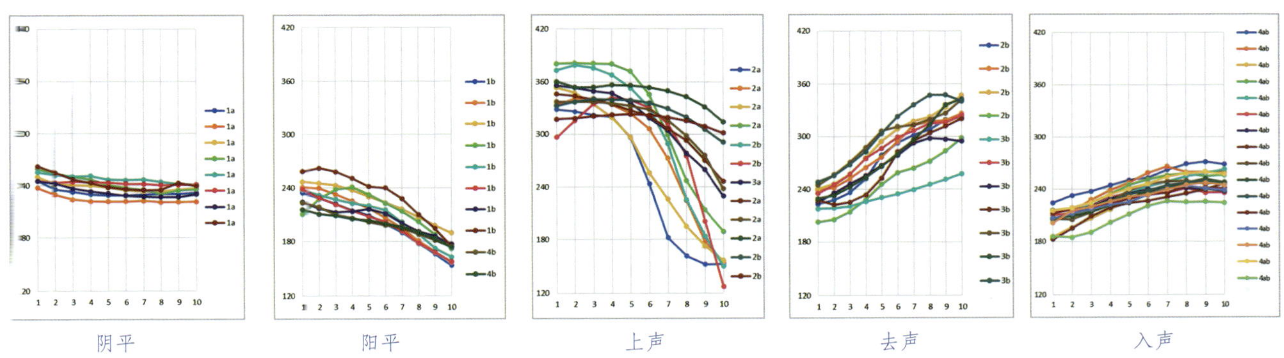

图 9－60d　今声调调域分布范围－富川富阳－OF

老女的声调有 5 个（见图 9－60c）：

阴平 33、阳平 21、上声 552、去声 35、入声 23。

今调域的分布情况（见图 9－60d）：

阴平在 22～33 之间；阳平在 21～32 之间；上声在 441～554 之间；去声在 23～34 之间；入声主要在 23 的范围。

8. 来宾象州

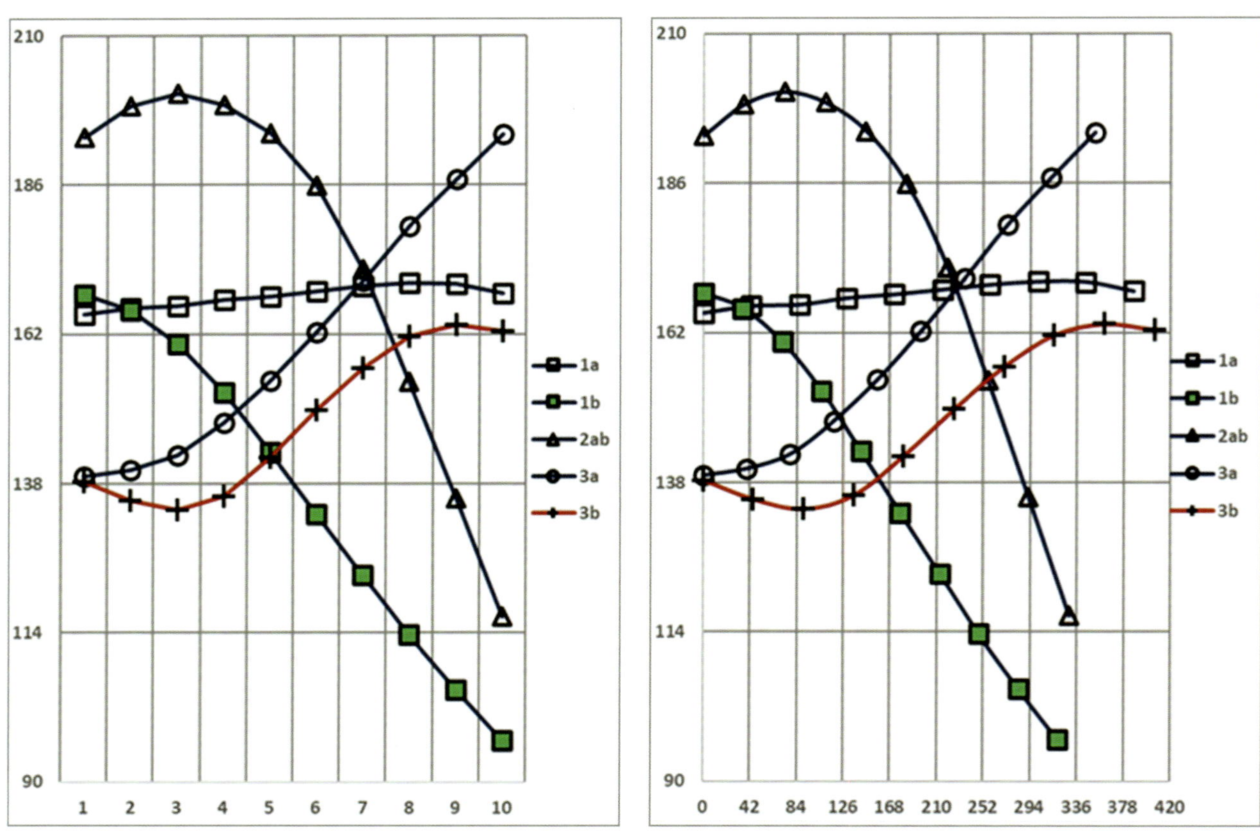

图 9－61a　单字调等长、实长音高模式－来宾象州－OM

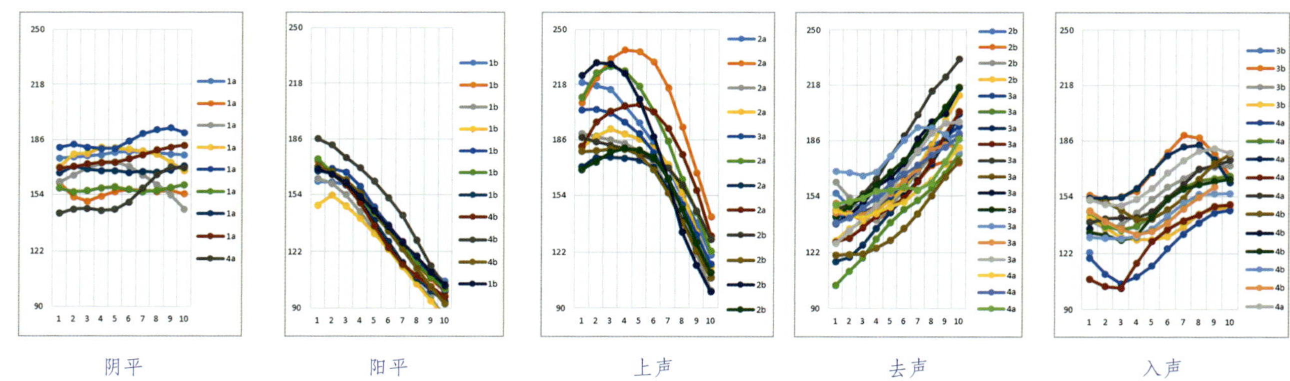

图 9－61b　今声调调域分布范围－来宾象州－OM

老男的声调有 5 个（见图 9－61a）：

阴平 44、阳平 41、上声 52、去声 35、入声 324。

今调域的分布情况（见图 9－61b）：

阴平在 33～44 之间；阳平在 21～31 之间；上声在 331～552 之间；去声在 13～35 之间；入声在 213～334 之间。

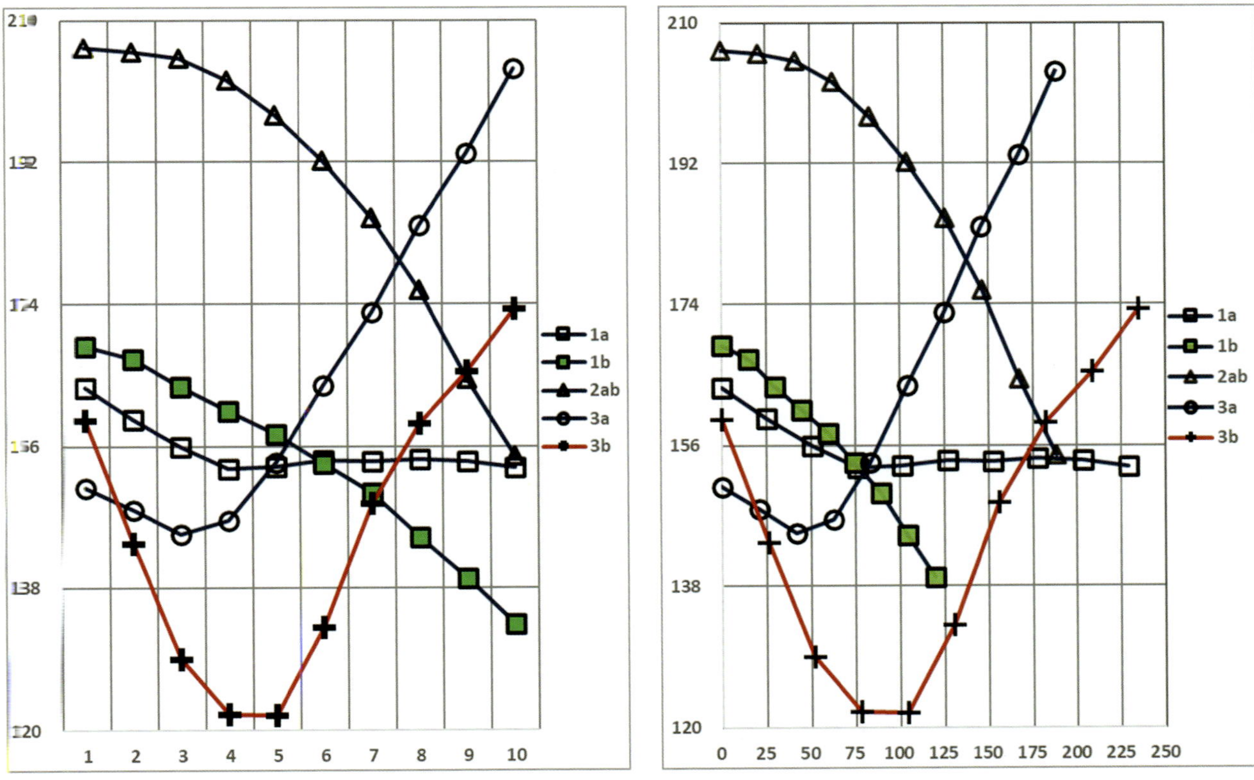

图 9－61c　单字调等长、实长音高模式－来宾象州－OF

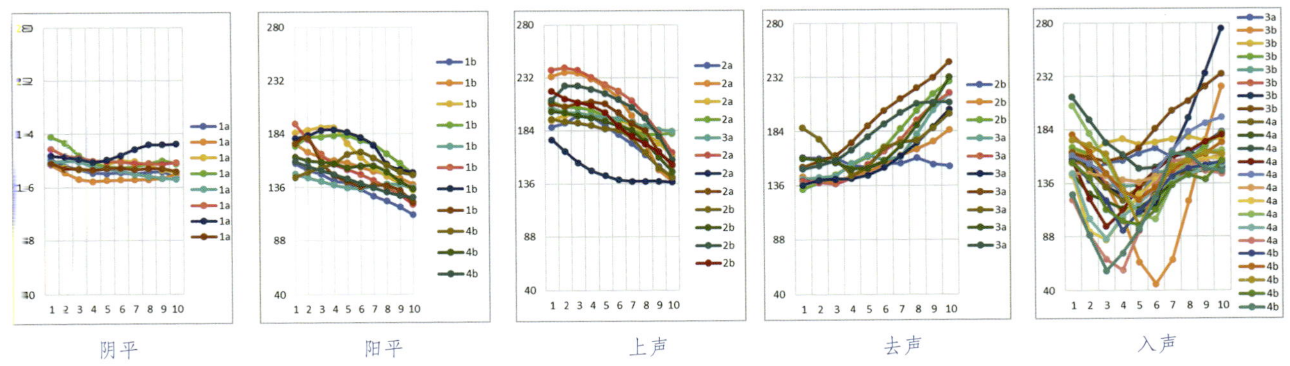

图 9－61d　今声调调域分布范围－来宾象州－OF

老女的声调有 5 个（见图 9－61c）：

阴平 22、阳平 32、上声 53、去声 225、入声 314。

今调域的分布情况（见图 9－61d）：

阴平在 33 的范围；阳平在 32～43 之间；上声在 42～53 之间；去声在 23～25 之间；入声在 313～435 之间。

9.6.3 桂南小片

武鸣城厢

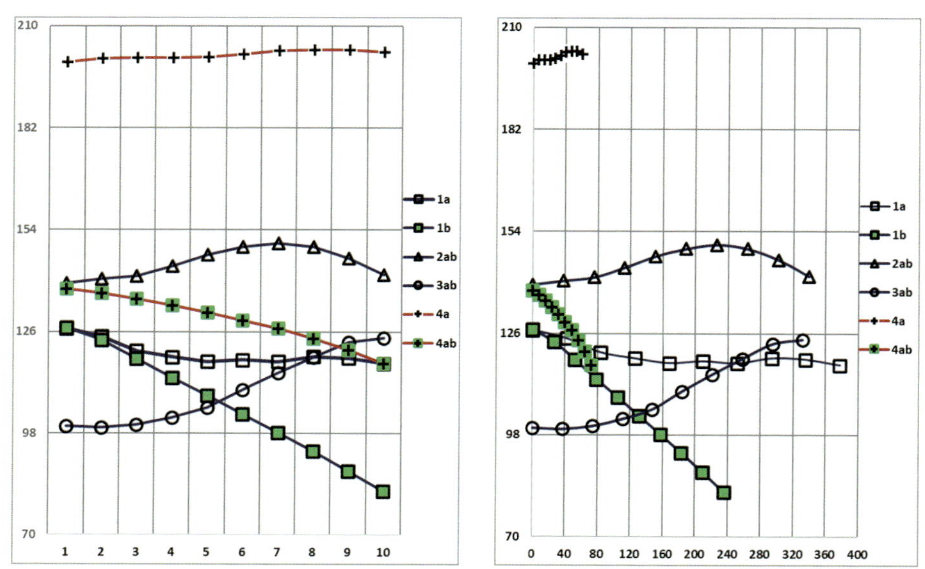

图 9－62a　单字调等长、实长音高模式－武鸣城厢－OM

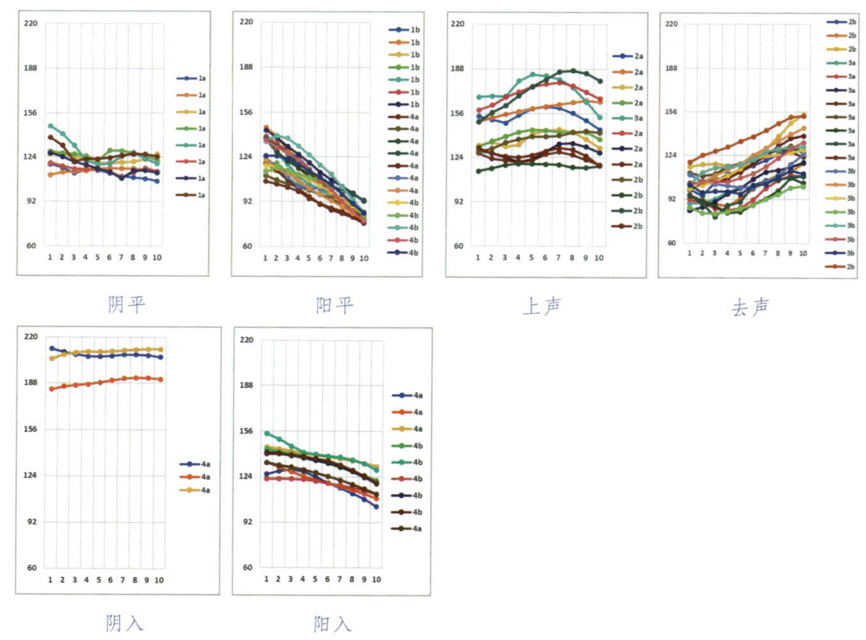

图 9－62b　今声调调域分布范围－武鸣城厢－OM

老男的声调有 6 个（见图 9－62a）：

阴平 22、阳平 31、上声 34、去声 23、阴入 55、阳入 32。

今调域的分布情况（见图 9－62b）：

阴平在 22～33 之间；阳平在 21～32 之间；上声在 33～44 之间；去声主要在 23 的范围；阴入主要在 55 的范围；阳入主要在 32 的范围。

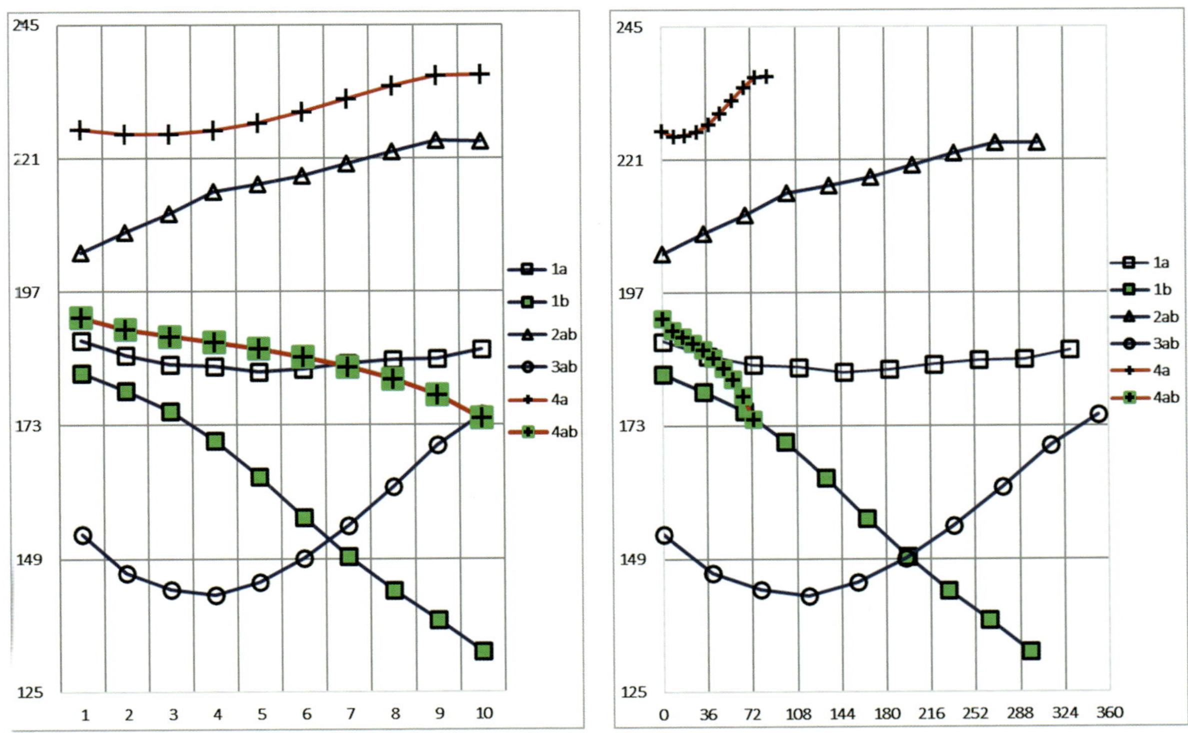

图 9－62c　单字调等长、实长音高模式－武鸣城厢－OF

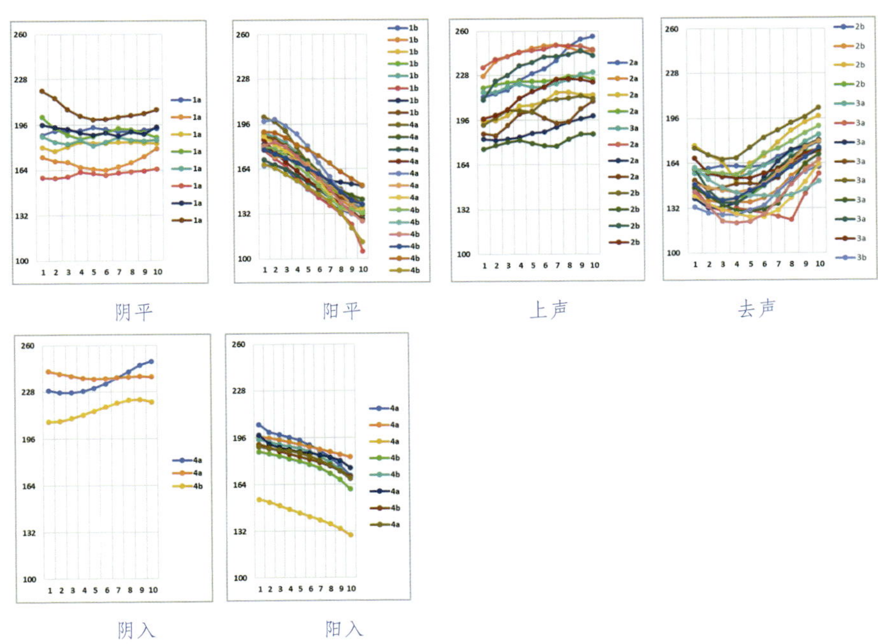

图 9－62d　今声调调域分布范围－武鸣城厢－OF

老女的声调有 6 个（见图 9－62c）：

阴平 33、阳平 31、上声 45、去声 213、阴入 55、阳入 32。

今调域的分布情况（见图 9－62d）：

阴平在 33～44 之间；阳平在 21～42 之间；上声在 33～55 之间；去声在 212～324 之间；阴入在 44～55 之间；阳入在 21～43 之间。

9.6.4 黔南小片

天峨六排

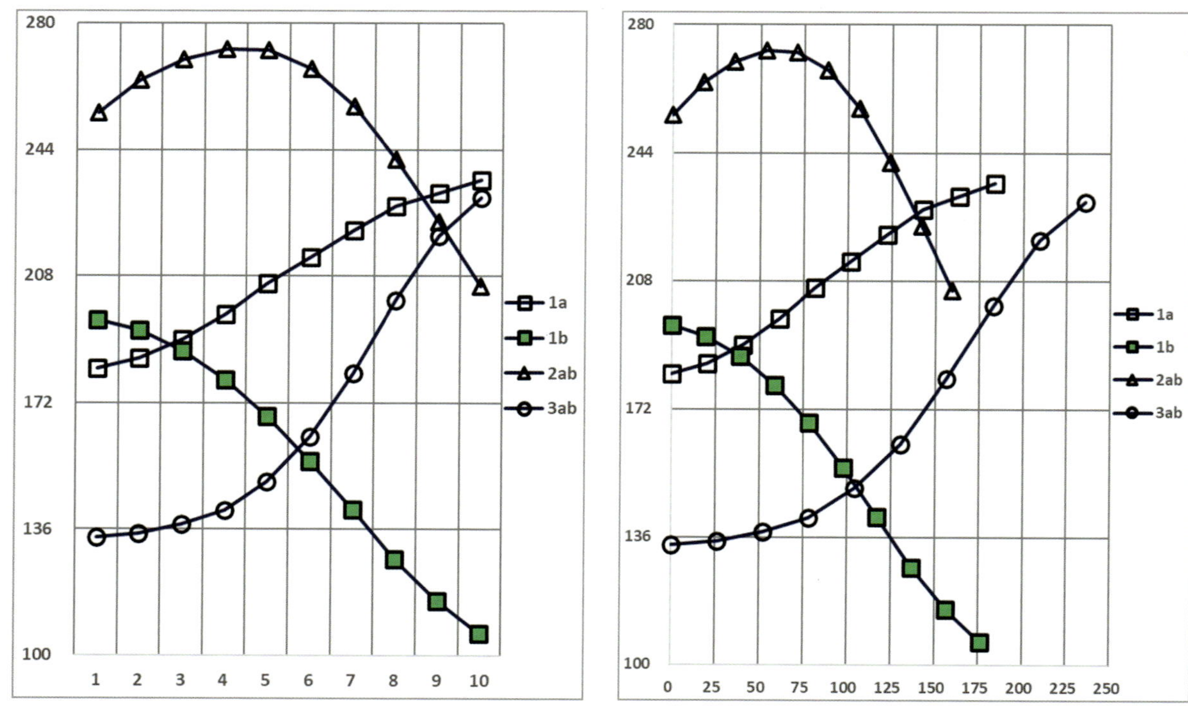

图 9－63a　单字调等长、实长音高模式－天峨六排－OM

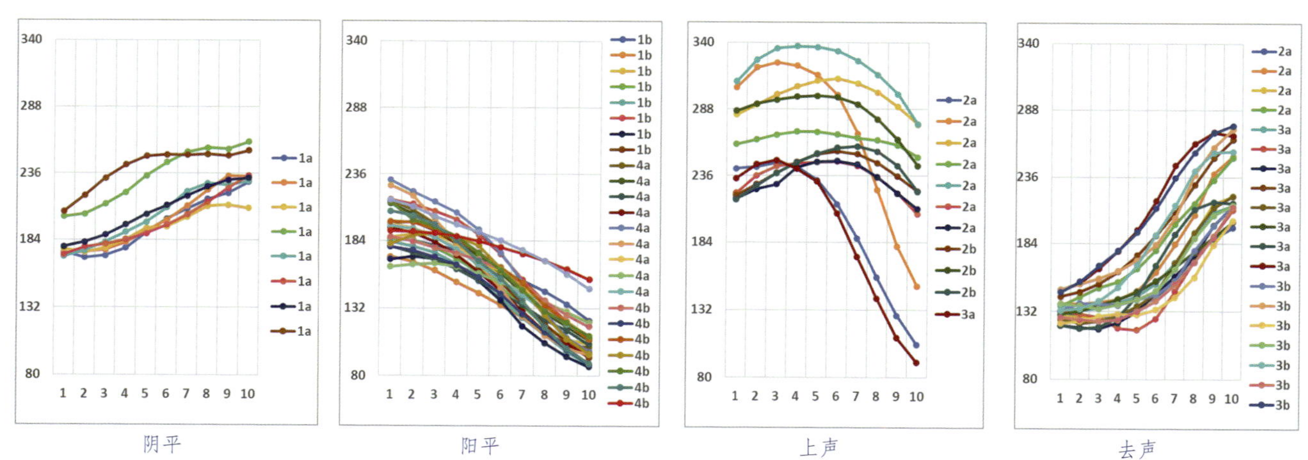

图 9－63b　今声调调域分布范围－天峨六排－OM

老男的声调有 4 个（见图 9－63a）：

阴平 34、阳平 31、上声 554、去声 24。

今调域的分布情况（见图 9－63b）：

阴平在 23～34 之间；阳平在 21～32 之间；上声在 331～554 之间；去声在 13～24 之间。

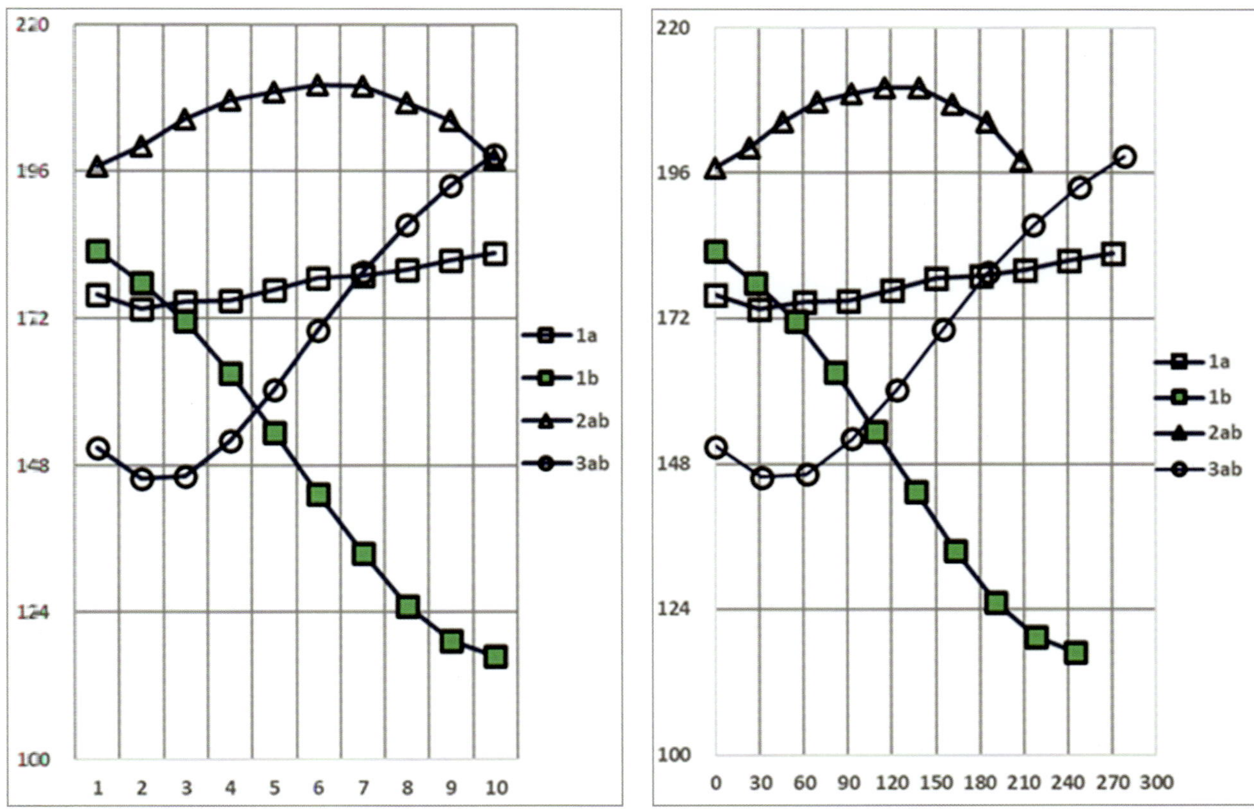

图 9－63c　单字调等长、实长音高模式－天峨六排－YM

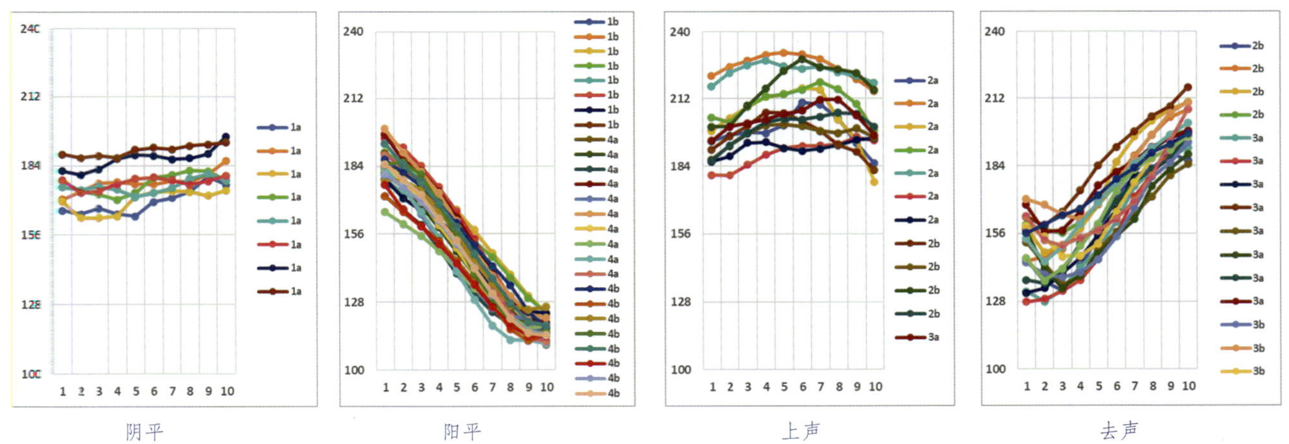

图 9－63d　今声调调域分布范围－天峨六排－YM

青男的声调有 4 个（见图 9－63c）：

阴平 44、阳平 41、上声 454、去声 24。

今调域的分布情况（见图 9－63d）：

阴平在 33～44 之间；阳平在 31～42 之间；上声在 343～454 之间；去声在 24～34 之间。

9.7 西南官话声调小结

黄雪贞（1986）在前人相关论述的基础上，对西南官话作了非常精辟的概括：“古入声今读阳平的是西南官话，古入声今读入声或阴平、去声的方言，阴平、阳平、上声、去声调值与西南官话的常见调值相近的，即调值与成都、昆明、贵阳等六处的调值相近的，也算是西南官话。”①

下面我们从调类、调型等方面来看看西南官话的主要特点。

1. 调类归并的特点

“入声归阳平，这是西南官话一个最重要的特点。”（赵元任等，1948）李蓝认为：“和粤语、桂南平话区别时主要看是否系统地保留入声韵尾。一般情况下，凡古入声今整体读阳平、四声框架与贵阳、昆明、武汉、桂林等地的西南官话接近、古全浊声母为‘清化，平声送气仄声不送气’的演变类型、没有入声韵尾的方言，就基本可以认定为西南官话。”② 这个描述将广西、湖南交叉地带的西南官话从调类归并上作了梳理，具有重要的参考意义。

关于西南官话调类归并的主要情况，我们转引《中国语言地图集》（2012）中李蓝的归纳（见表9－2）来说明：

表9－2 李蓝归纳的西南官话的声调类型③

类型	选点	阴平	阳平	上声	去声	入声
1a	成都	55	21	42	213	归阳平
1b	泸定	55	21	53	24	归阴平
1c	内江	55	21	42	213	归去声
1d	泸州	55	21	42	13	入声：33
1e	西昌	44	31	53	33	阳平（多数）/入声：21（少数）
2	昆明	44	31	53	212	归阳平
3	开远	55	42	33	12	归阳平
4	保山	32	44	53	25	归阳平
5a	武汉	55	213	42	35	归阳平
5b	汉寿	55	213	42	阴去35/ 阳去33	阴平/阳去（少）
6	桂林	33	21	55	35	归阳平
7	襄樊	34	52	55	212	归阳平
8	汉中	55	21	24	212	清入、次浊入归阴平 全浊入归阳平

李蓝根据声调的总体框架和入声的分派概括了西南官话8种不同的声调类型，就调类的归并而言，入声归阳平是西南官话最凸显的一个特点。

① 黄雪贞. 西南官话的分区（稿）[J]. 方言，1986（4）：266.

② 中国社会科学院语言研究所，中国社会科学院民族学与人类学研究所，香港城市大学语言资讯科学研究中心. 中国语言地图集[M]. 2版. 北京：商务印书馆，2012：82.

③ 中国社会科学院语言研究所，中国社会科学院民族学与人类学研究所，香港城市大学语言资讯科学研究中心. 中国语言地图集[M]. 2版. 北京：商务印书馆，2012：83－84.

2. 调型的主要特点

我们根据李蓝的研究，结合本章的声学模型，将西南官话的声调情况归纳如下：

（1）阴平调型为高调或中平调是多数西南官话的特点。李蓝认为阴平是最高调，阳平是最低调，上声是次高降调，去声是低降升调等是西南官话最具代表性的声调类型，主要分布在四川、重庆和贵州三省市。根据本章声学模型所反映的调值，阴平为高升或平，与此相对，阳平多为低降。

（2）去声和阳平为低调。主要分布在以昆明、东川、玉溪等城市为中心的云南中西部地区，桂柳片去声多为高调。

（3）阴平和去声都是以升为主的高调，阳平是一个低中升调，上声以降调为主，主要分布于东起武汉经湖南向西一直延伸到贵州的黔东南地区。

（4）阳平多为降调，阴平是中升或高升调，上声为较高的略升或略降、略带拱度的高调。这种声调类型主要分布在“鄂北小片”，即湖北与河南、陕西、重庆接壤的西北部地区。

（5）阴平是一个中平调或略升，阳平多为低降调，上声或升或降都是最高调，去声为高升或中升调，主要分布在“桂柳片”，地理上以广西桂林为中心，东起湘南，西至黔南，横跨湘黔桂三省。

（6）上声为高调，高升或高平都有，多数点的上声都带拱度。

9.8 西南官话主要方言点的调类调值对照

西南官话主要方言点的调类调值对照如表 9－3、表 9－4 所示。

表 9－3 西南官话主要方言点的调类调值对照（川黔片、西蜀片、川西片、云南片、湖广片）

片	小片	方言点	选点	阴平 1a	阳平 1b	上声 2ab	去声 3ab	入声 4ab	调类数量	备注
川黔片	成渝小片	成都（四川）	锦江区	45	31	52	213		4	语保 OM
			成都	55	21	42	213	归阳平	4	《中国语言地图集》（2012）
		重庆	江北区石马河街道	45	21	42	213		4	语保 OM
		毕节（贵州）	金沙县鼓场街道	55	31	42	13		4	语保 OM
		昭通（云南）	永善县溪洛渡街道	35	42	53	212		4	语保 OM
	黔中小片	贵阳（贵州）	南明区花果园	55	21	42	13		4	语保 OM
		兴义（贵州）	桔山镇	44	21	53	24		4	语保 OM
	陕南小片	汉中（陕西）	镇巴县泾洋街道	35	31	52	213		4	语保 OM
			汉中	55	21	24	212		4	《中国语言地图集》（2012）
		宁陕（陕西）	城关镇	34	41	55	224		4	本书
		紫阳（陕西）	城关镇	34	31	54	24			本书
		汉阴（陕西）	城关镇	33	42	45	214		4	语保 OM

（续上表）

片	小片	方言点	选点	阴平 1a	阳平 1b	上声 2ab	去声 3ab	入声 4ab	调类数量	备注
西蜀片	岷赤小片	都江堰（四川）	奎光塔街道	35	31	53	213	33	5	语保 OM
		宜宾（四川）	屏山县屏山镇	45	31	42	213	33	5	语保 OM
		江津（重庆）	几江街道	45	21	42	213	33	5	语保 OM
		瓮安（贵州）	翁水街道	55	21	42	13		4	语保 OM
		仁怀（贵州）	中枢镇	55	21	42	24	33	5	语保 OM
	雅甘小片	乐山（四川）	夹江县漹城镇	44	31	41	23	45	5	语保 OM
			夹江	33	31	42	324	45	5	张强（2012）
			夹江	44	31	41	23	45	5	朱红颖（2019）
			夹江	34	31	41	213	55	5	谢艳（2022）
			乐山	55	21	52	13	44	5	黄雪贞（1986） 李蓝（2009）
	江贡小片	内江（四川）	隆昌市金鹅镇	45	21	52	13		4	语保 OM
		自贡（四川）	富顺县富世镇	45	21	42	213		4	语保 OM
川西片	康藏小片	阿坝（四川）	阿坝	34	31	51	223		4	本书
		康定（四川）	康定	55	31	53	35		4	知网
	凉山小片	会理（四川）	会理	34	31	451	22		4	知网
		攀枝花（四川）	仁和区仁和镇	35	31	53	213		4	语保 OM
		西昌（四川）	北城社区	33	52	341	213		4	语保 OM
			西昌	44	31	53	33	21	5	《中国语言地图集》（2012）

（续上表）

片	小片	方言点	选点	阴平 1a	阳平 1b	上声 2ab	去声 3ab	入声 4ab	调类数量	备注
云南片	滇中小片	昆明（云南）	昆明	44	42	53	211		4	语保 OM
			昆明	44	31	53	212	归阳平	4	《中国语言地图集》（2012）
		大理（云南）	下关镇	45	42	53	213		4	语保 OM
		玉溪（云南）	红塔区三兴、玉带街道	45	31	53	213		4	语保 OM
		普洱（云南）	思茅区思茅镇	55	31	52	213		4	语保 OM
		威宁（贵州）	六桥街道	45	31	42	13		4	语保 OM
	滇西小片	保山（云南）	隆阳区永昌街道	42	33	53	13		4	语保 OM
		大理（云南）	鹤庆县云鹤镇	45	31	52	23		4	语保 OM
		腾冲（云南）	腾冲	44	42	52	313			知网
		临沧（云南）	临翔区凤翔街道	44	31	53	13		4	语保 OM
	滇南小片	红河（云南）	建水县临安镇	45	53	33	21		4	语保 OM
		文山（云南）	文山县开化镇	45	42	44	211		4	语保 OM
		西林（广西）	西林县八达镇	44	31	45	24		4	语保 OM（语保中属桂北小片）
湖广片	鄂北小片	十堰（湖北）	房县城关镇	24	53	33	31		4	语保 OM
		襄阳（湖北）	保康县城关镇	24	53	55	312		4	语保 OM
		白河（陕西）	城关镇	213	44	35	41		4	语保 OM（语保中属中原官话）

（续上表）

片	小片	方言点	选点	阴平 1a	阳平 1b	上声 2ab	去声 3ab	入声 4ab	调类数量	备注
湖广片	鄂中小片	武汉（湖北）	江汉区	55	213	42	25		4	语保 OM
			武汉	55	213	42	35	归阳平	4	《中国语言地图集》（2012）
		巴东（湖北）	信陵镇	45	22	51	24		4	语保 OM
		宜昌（湖北）	西陵区云集街道	55	13	33	35		4	语保 OM
		张家界（湖南）	永定区崇文街道	44	31	53	24	212	5	语保 OM
	湘北小片	常德（湖南）	汉寿县龙阳镇	55	13	21	24		4	语保 OM
		公安（湖北）	斗湖堤镇	55	24	21	33	35	5	语保 OM
	湘西小片	凤凰（湖南）	沱江镇	45	22	42	214		4	语保 OM
		吉首（湖南）	乾州	55	11	42	35		4	语保 OM
	怀玉小片	怀化（湖南）	鹤城区盈口乡	55	213	21	35		4	语保 OM
		玉屏（贵州）	平溪镇	24	21	42	35		4	语保 OM
	黔东小片	铜仁（贵州）	碧江区环北街道	45	22	42	24		4	语保 OM
		镇远（贵州）	㵲阳镇	44	21	35	13		4	语保 OM
	黎靖小片	黎平（贵州）	德凤镇	33	13	31	454		4	语保 OM

表 9－4　西南官话主要方言点的调类调值对照（桂柳片）

<table>
<tr><th rowspan="2">片</th><th rowspan="2">小片</th><th rowspan="2">方言点</th><th rowspan="2">选点</th><th rowspan="2">阴平
1a</th><th rowspan="2">阳平
1b</th><th rowspan="2">上声
2ab</th><th colspan="2">去声
3ab</th><th colspan="2">入声
4ab</th><th rowspan="2">调类
数量</th><th rowspan="2">备注</th></tr>
<tr><th>阴去
3a</th><th>阳去
3b</th><th>入声
高调
4a</th><th>入声
低调
4b</th></tr>
<tr><td rowspan="13">桂柳片</td><td rowspan="2">湘南
小片</td><td>郴州
（湖南）</td><td>嘉禾县
珠泉镇</td><td>24</td><td>31</td><td>33</td><td colspan="2">35</td><td colspan="2"></td><td>4</td><td>语保 OM</td></tr>
<tr><td>永州
（湖南）</td><td>蓝山县
塔峰镇</td><td>33</td><td>21</td><td>35</td><td colspan="2">13</td><td colspan="2"></td><td>4</td><td>语保 OM</td></tr>
<tr><td rowspan="7">桂北
小片</td><td rowspan="3">桂林
（广西）</td><td>桂林市区</td><td>44</td><td>21</td><td>54</td><td colspan="2">24</td><td colspan="2"></td><td>4</td><td>语保 OM</td></tr>
<tr><td>桂林</td><td>33</td><td>21</td><td>55</td><td colspan="2">35</td><td colspan="2">归阳平</td><td>4</td><td>《中国语言地图集》（2012）</td></tr>
<tr><td>全州县
全州镇</td><td>44</td><td>12</td><td>54</td><td colspan="2">34</td><td colspan="2"></td><td>4</td><td>语保 OM</td></tr>
<tr><td rowspan="2">来宾
（广西）</td><td>武宣县
武宣镇</td><td>44</td><td>31</td><td>53</td><td colspan="2">24</td><td colspan="2"></td><td>4</td><td>语保 OM</td></tr>
<tr><td>象州县
纳禄村</td><td>44</td><td>21</td><td>52</td><td>35</td><td>214</td><td colspan="2"></td><td>5</td><td>知网</td></tr>
<tr><td>柳州（广西）</td><td>柳江区</td><td>44</td><td>31</td><td>52</td><td colspan="2">24</td><td colspan="2"></td><td>4</td><td>语保 OM</td></tr>
<tr><td>富川（广西）</td><td>富阳镇</td><td>44</td><td>31</td><td>53</td><td colspan="2">35</td><td colspan="2">24</td><td>5</td><td>语保 OM</td></tr>
<tr><td>桂南
小片</td><td>武鸣
（广西）</td><td>城厢镇</td><td>33</td><td>21</td><td>55</td><td colspan="2">24</td><td>55</td><td>21</td><td>6</td><td>语保 OM</td></tr>
<tr><td rowspan="3">黔南
小片</td><td>天峨（广西）</td><td>六排镇</td><td>34</td><td>31</td><td>53</td><td colspan="2">24</td><td colspan="2"></td><td>4</td><td>本书</td></tr>
<tr><td>福泉（贵州）</td><td>金山街道</td><td>33</td><td>21</td><td>45</td><td colspan="2">13</td><td colspan="2"></td><td>4</td><td>语保 OM</td></tr>
<tr><td>都匀（贵州）</td><td>小围寨街道</td><td>44</td><td>53</td><td>24</td><td colspan="2">13</td><td colspan="2">42</td><td>5</td><td>语保 OM</td></tr>
</table>

参考文献

[1] 鲍厚星，颜森．湖南方言的分区［J］．方言，1986（4）．
[2] 贵州省地方志编纂委员会．贵州省志·汉语方言志［M］．北京：方志出版社，1998．
[3] 黄雪贞．西南官话的分区（稿）［J］．方言，1986（4）．
[4] 李蓝．六十年来西南官话的调查与研究［J］．方言，1997（4）．
[5] 李蓝．西南官话的分区（稿）［J］．方言，2009（1）．
[6] 李荣．官话方言的分区［J］．方言，1985（1）．
[7] 刘光亚．贵州省汉语方言的分区［J］．方言，1986（3）．
[8] 孙立新．陕南方言略说［J］．方言，1998（2）．
[9] 谢艳．四川岷江中下游流域方言入声的地理语言学研究［D］．长沙：中南大学，2022．
[10] 杨焕典，梁振仕，李谱英，等．广西的汉语方言（稿）［J］．方言，1985（3）．
[11] 杨时逢．湖南方言调查报告［M］．台北："中央研究院"历史语言研究所，1974．
[12] 杨时逢．四川方言调查报告［M］．台北："中央研究院"历史语言研究所，1984．

［13］杨时逢．云南方言调查报告［M］．台北：“中央研究院”历史语言研究所，1969．

［14］朱红颖．四川夹江方言调查研究［D］．绵阳：西南科技大学，2019．

［15］赵元任，等．湖北方言调查报告［M］．上海：商务印书馆，1948．

［16］张强．四川盐亭等六县市方言音系调查研究［D］．成都：四川师范大学，2012．

［17］中国社会科学院语言研究所，中国社会科学院民族学与人类学研究所，香港城市大学语言资讯科学研究中心．中国语言地图集［M］．2 版．北京：商务印书馆，2012．

附　录

本书声调调查例字

一、《方言调查字表》例字

我们根据《方言调查字表》编制了8组声调调查例字，具体如下：

1. 声调调类速检

第一组：诗　时　使　是　试　事　识　锡　食　石
第二组：梯　题　体　弟　替　第　滴　踢　笛　敌
第三组：披　皮　始　士　世　视　必　鳖　别　灭
第四组：夫　扶　苦　妇　富　负　福　捉　服　伏
第五组：碑　皮　比　美　被　备　壁　百　白　薄
第六组：低　提　底　礼　帝　地　得　托　读　毒
第七组：分　焚　粉　愤　训　份　忽　发　佛　局

2. 四声清－次浊的对比

四声：平　上　去　入
清：衣　灯　椅　等　意　凳　一　得
次浊：移　棉　以　免　异　面　逸　灭

3. 平声清浊的对比

清：坡　方　天　初　张
浊：婆　房　田　锄　肠

4. 上声清－次浊的对比

清：碗　委　隐　比　九　卷　碗
次浊：晚　尾　引　米　有　远　晚

5. 清去－全浊上－全浊去的对比

清　去：付　到　四　试　注　见　救　汉　辈　订　冻
全浊上：妇　稻　似　市　柱　件　舅　旱　倍　艇　动
全浊去：附　盗　寺　示　住　健　旧　汗　背~诵　定　洞

6. 清入－全浊入的对比

清　入：八　發　督　桌　失　濕　百
全浊入：拔　罰　毒　濁　實　十　白

7. 清入的对比

清入：嗒　測　握　急　即　出　黑　北　七
清入：答　拆　轭　鸽　脊　猝　客　百　刷

8. 各调类初步检校

清　平： 高－猪－专－尊－低－边－安－开－抽－初－粗－天－偏－婚－伤－三－飞
次浊平： 鹅－娘－人－龙－难－麻－文－云
全浊平： 穷－陈－床－才－唐－平－寒－神－徐－扶
清　上： 古－展－纸－走－短－比－碗－口－丑－楚－草－体－普－好－手－死－粉
次浊上： 五－女－染－老－暖－买－网－有
全浊上： 近－柱－是－坐－淡－抱－厚－社－似－父
清　去： 盖－帐－正－醉－对－变－爱－抗－唱－菜－怕－汉－世－送－放
次浊去： 岸－让－漏－怒－帽－望－用
全浊去： 共－阵－助－贱－大－病－害－树－谢－饭
清　入： 急－竹－织－积－得－笔－曲－出－七－秃－匹－黑－湿－锡－福－割－桌－窄－接－搭－百－缺－尺－切－铁－拍－歇－说－削－发
次浊入： 月－入－六－纳－麦－袜－药
全浊入： 局－宅－食－杂－读－白－合－舌－俗－服

二、《汉语方言地图集》、语保声调例字

1a：东　该　灯　风　通　开　天　春
1b：门　龙　牛　油　铜　皮　糖　红
2a：懂　古　鬼　九　统　苦　讨　草
2b：买　老　五　有　动　罪　近　后前～
3a：冻　怪　半　四　痛　快　寸　去
3b：卖　路　硬　乱　洞　地　饭　树
4a：谷稻～　百　搭　节　急　哭　拍　塔　切　刻
4b：六　麦　叶树～　月　毒　白　盒　罚

三、粤方言声调调查例字

1aa 上阴平： 私　天　夫　专　开　蛙　辫　分
1ab 下阴平： 诗　打十二　渣　卡　车　厢　虾　瓜　娃　权
1b 阳平： 时　田　扶　陈　唐　寒　麻　焚
2a 阴上： 使　统　苦　古　展　比　佬　粉
2b 阳上： 市　买　妇　五　老　米　柱　愤
3a 阴去： 试　再　富　盖　帐　对　变　训
3b 阳去： 事　卖　父　共　阵　大　败　份
4aa 上阴入： 篋小箱子　速　忽　急　竹　得　笔　忽
4ab 下阴入： 劫　杀　法　割　窄　搭　百　发
4b 阳入： 夹动　杂　十　六　昨　绿　白　佛
4c 变入： 夹名　额定～　瘪痣　盒　侄　扼手镯　贼　膜薄～

四、客家方言声调调查例字

1a 阴平： 杯　书　多　拿　毛　美　冷　坐
1b 阳平： 华　河　鹅　鞋　头　房　门　红
2ab 上声： 酒　井　手　柳　掌　桶　闷　纵
3ab 去声： 大　豆　饭　帽　染　俭　信　送

4a 阴入：鸭　笔　脚　谷　袜　六　肉　木
4b 阳入：碟　舌　白　佛　麦　落　鹿　玉

五、闽方言声调调查例字

一）潮州话声调调查例字

1. 潮州话单字调调查例字

1a 阴平：诗　扳　哮　京　蚶　分　于　鸯　园　谋
1b 阳平：时　棚　毫　行　涵　云　余　圆　哼　某
2a 阴上：史　井　巩　仔　撼　粉　予　椅　远　姆
2b 阳上：是　硬　校　件　憾　混　誉　善　饭　晚
3a 阴去：世　柄　孝　镜　喊　训　淤　燕　望　贸
3b 阳去：示　病　效　健　陷　份　额　院　韵　梦
4a 阴入：薛　么　揭　接　汁　忽　乞　积　笔　折　吃　乜
4b 阳入：蚀　漠　杰　捷　十　佛　稠　宅　毕　舌　粤　没

2. 潮州话连读调调查例字（见附表 1）

附表 1　潮州话连读调调查例字

	1a 阴平	1b 阳平	2a 阴上	2b 阳上	3a 阴去	3b 阳去	4a 阴入	4b 阳入
1a 阴平	担心	撑船	相好	猪肚	花布	生病	清洁	分别
1b 阳平	夜$_{冥}$昏	洋油	牛母	门第	微笑	黄豆	螺壳	猴栗
2a 阴上	拐脚	扁头	手指	闪电	仔婿	看病	指甲	丙药
2b 阳上	近边	老人	建议	援助	电报	上任	建筑	辨别
3a 阴去	透风	退潮	燕鸟	灶下	奋斗	政治	种竹	算术
3b 阳去	外公	旧年	露水	误会	面布	豆腐	外国	大佛
4a 阴入	菊花	踢球	熨斗	革命	失信	壁画	失约	出力
4b 阳入	立功	日头	石板	落雨	白菜	白帽	落雪	入学

二）海南话声调调查例字

诗　山　梯　方　天
大　病　树　面　漏
时　流　题　房　雄　楚　暖
本　史　使　比　纸　碗　古　展　走　短　草　五　女　染　老　有
试　世　替　放　汉　异　帽
岸　让　奴　望　用　是　弟　共　害　谢　近　柱　坐　社
月　麦　药　食　杂　白　舌
砚　杜　厚　袖　宙　电　队　旦　迅
锡　割　百　缺　八
急　竹　曲　出　七
入　灭　纳　袜　六　局　合　俗　服　十

后　记

从录音采集数据到制图出版经历了一个漫长的过程，时间跨度超过了30年。这30多年的积累让我们有两个认识上的突破：一是看到的材料多了，加深了对方言及其声调的认识，慢慢有了较为清晰的理念：调类的准确概括是方言声调实验研究的基础。二是技术的进步，让我们有机会更为精确地描写各个不同声调的调值及其表现形式，这样既可以看到每个声调的具体特征，又可以梳理每个声调的调位分布范围。这很好地助力我们加深和拓宽了研究的内容。

我从1993年在华东师范大学朱川老师的实验室做第一张声调曲线图，到2023年底完成现在的声调图谱，终于摸索出了一套汉语方言声调实验研究的范式，这本图谱就是这个范式的集中体现。它包括几个基本的声调可视化模型：①古调类今读。②今调类调域分布范围，主要观察声调的音高域的分布。今调类调域分布范围，可以反映一个“调位”的不同变体，可以对声调的总体面貌有一个初步的认识：每一个调类都是一个分布的范围，而不是简单的线条。③今声调等长均值图——等长图。④今声调音高在时间里的实际变化——实长图，它反映音高在时间轴上的实际变化。

从共时描写的角度看，最重要的是今调类调域分布和实长图。在本书中，我们集中、系统地记录、展示这两种图，并在北京官话和东北官话等部分适当展示古调类今读，这是为了提供对普通话古今演变的一点观察。全书也提供了等长图，这是为了与实长图进行比较，让读者更好地观察音高的变化情况，更好地理解实长图的作用。

图谱的编辑主导思想确定之后，就是如何处理如此大量的声音数据。我们用项目组的方式招募志愿者参与录音和标注工作，我自己对每一种材料都作了审核。

图谱编辑阶段，参加的同学、老师超过60人，主要流程如下：

（1）根据《中国语言地图集》（2012）的片区分布确定具体点。

（2）声音采集补点。例字主要来源于三个方面：一是《方言调查字表》声调例字；二是语保声调例字；三是根据个别方言点设计的例字。

（3）录音材料审核。

（4）标注，按照声调与韵母一致的原则进行声调承载段的标注。

（5）标注材料审核。

（6）提取音高数据和时长数据。

（7）检查数据并审核。

（8）根据审核过的数据初步出图。

（9）核对数据和三类声调图。

（10）核对方言点调类和调值的对应关系，并正式出图：一是古调类今读；二是今调类调域分布；三是调类声学模式的等长图和实长图。

这几个工作以调类为核心，环环相扣，如此才能得出相对可靠的结论。

编辑图谱是一个较为劳心费神的工作，好在我们有一支有责任心、有耐心、有技术的团队，保证了工作的有序进行。

图谱编辑团队分工如下：

统筹：刘新中
录音、标注组织：刘新中、陆晨、钟耀祖
录音、标注审核：刘新中
数据管理：刘新中、陆晨、刘若楠
数据审核：刘新中
草图制作：刘新中
正式出图：刘新中

书稿编辑阶段，也对图谱的各片分别进行了校对，参加编校的人员如下：

统筹：刘新中
官话：刘新中、陆晨、刘若楠、邓宏丽
非官话：刘新中、黄震、杨玉婷、吴艳芬、黄绮烨、余俊毅、陈家欣

图谱的编辑出版有赖于暨南大学出版社李战副总编辑、姚晓莉主任的支持。

编辑期间，很多同学参与了图谱调查点的补点、标注工作，具体参与的同学、老师如下（按姓氏音序排列）：

陈家欣　陈　榔　陈雨茵　戴春晖　邓宏丽　邓睿维　丁春华　丁　杰　房　琪
付昱芯　何芷彤　洪侗栩　侯欣宜　黄　冰　黄健儿　黄俊贤　黄绮烨　黄　玮
黄　瑶　黄　震　李秋丹　林灏朋　林丽丽　林徐扬　刘付杰　刘　恋　刘若楠
刘　薇　刘欣欣　刘新中　刘馨语　刘　洋　罗楚乔　罗雅曦　毛文艺　阮佳敏
孙逸恒　汤俊怡　王　婧　王　权　王诗琪　吴渲琪　吴艳芬　伍常旭　杨鑫培
杨玉婷　叶承易　余俊毅　袁　璐　曾　静　曾莹莹　张铭桐　郑冠宇　钟耀祖

图谱能够出版，有很多因素。首先是我们赶上了一个大时代，学术积累、技术支持都能够满足这项工作的要求，这在百年前刘复出版《四声实验录》时是没有办法实现的。

把各地的声调用可视化的手段呈现出来，意义重大，我们引用傅斯年给《四声实验录》作的序言中的话来说明：

●这里所谓实验，是在几个适用统计方法科目中的意义，就是受约束的，有界向度量可寻的观察。虽然这类方法不及物理学上的实验之透辟的深入——这是为这科目的性质所限，无可如何的——然由此所得，已经很不少了；有图可寻，意境清楚得多；耳朵里骗我们的事，瞒不过把气吹到鼓上的结果。刘先生是位以言语学专门的人，于左文右史的忙劳中，抓定语音学，于语音学中，急于见鼓上出图的符验；这样的择路何等扼要，这样的选述何等迫切！但刘先生仍不舍推测故训的大本营；这样对付的法子，恰合这件学问在现在所处的地位和性质。

实验手段只是语言研究中的一环，它必须服务于语言本质、语言特征的研究，而对语言本质、特征、规律的总结研究是语言学家、方言学者的强项，实验研究必须在他们研究总结的基础上才能有高水平的成果。可视化的手段可以很好地呈现声调实验的结果，对不同调类的语音形式，读者可以借助可视化的声音形式一目了然，这是只靠耳听口说的办法无法实现的。

本书最核心的语料是通过田野调查获得的声调例字及其录音，除了我自己的调查、《现代汉语方言音库》、语保录音数据，还有一些是通过同学、朋友的多方帮助获得的录音材料，特别要感谢下面这几位挚友的倾力帮助：四川大学陈思广教授、丁淑梅教授，作家李健，安徽大学陈勇教授，广东技术师范大学徐红梅教授，延边大学李英浩教授，暨南大学廖健琦教授，没有他们的帮助，一些难以调查的方言点是无法完成的。

此外，本书的写作得到了中国社会科学院语言研究所李爱军研究员、熊子瑜研究员，北京大学孔江平教授、北京语言大学曹志耘教授等学界同仁的大力支持，没有他们的支持，就无法完成这么大的系统工程。

本书的数据脚本均由荷兰阿姆斯特丹大学语音科学研究院的 David Weenink 教授编写，没有这些脚本，大量的语音数据是无法顺利提取分析的。

最后还是回到本书的由头——纪念刘复先生《四声实验录》出版 100 周年，我们提供一个全景式的汉语方言声调图谱，就是对刘复、赵元任等前辈先贤最好的纪念。末了还是要借傅斯年先生的序作为结束：

● 论到这“实验录”的本身。现在半农先生只是把这个问题托出来，把这个方法搬进去，只做了“开宗明义第一章”。这是为工作的地方所限的。将来刘先生要想得积极的结果，他预备回国后大大研究一番。即以中间帮助的人一件论，这些位到巴黎求学的先生们，恐怕都有些“东西南北之人”的意思，所发的音，或不免不能代表本乡土。在国内研究，这些地方必更代表些，推广些。又加已得的曲线，自然有些很引人惊异深想的地方，当从这地方更解辟的进去，愈比析愈得进境。这本书虽是“开宗明义第一章”，但我们确信这问题是极提醒人的问题，这方法是极刺激人的方法，确信这本书要引起好多本书，这本实验录要引起多次实验，刘先生的和别人的。

刘新中

2024 年 7 月

本书出版获以下资助，谨致谢忱！

1. 2022年度国家社会科学基金重点项目“广东粤闽客三大方言语音特征系统分层实验研究”(22AYY010)
2. 广东省高水平大学建设经费
3. 中央高校基本科研业务费专项资金(23JNSYS02)
4. 岭南数字人文实验室
5. 暨南大学潮州文化研究院
6. 暨南大学2024年度学院重大成果培育资助计划-文学院
7. 暨南大学一流研究生课程《语音学与音系学》
8. 面向中文系语言学系列课程的语音及语言信息处理虚拟仿真实验

汉语方言声调图谱

下册

刘新中◎著

中国·广州

图书在版编目（CIP）数据

汉语方言声调图谱. 下册 / 刘新中著. -- 广州 : 暨南大学出版社, 2024. 12. -- ISBN 978-7-5668-4093-6

Ⅰ. H17-64

中国国家版本馆CIP数据核字第2024UF9525号

汉语方言声调图谱（下册）

HANYU FANGYAN SHENGDIAO TUPU（XIA CE）

著　者：刘新中

出 版 人：阳　翼
策划编辑：姚晓莉
责任编辑：姚晓莉　梁玮滇
责任校对：许碧雅　陈慧妍　王雪琳　黄晓佳
责任印制：周一丹　郑玉婷

出版发行：暨南大学出版社（511434）
电　　话：总编室（8620）31105261
　　　　　营销部（8620）37331682　37331689
传　　真：（8620）31105289（办公室）　37331684（营销部）
网　　址：http://www.jnupress.com
排　　版：广州市新晨文化发展有限公司
印　　刷：深圳市新联美术印刷有限公司
开　　本：787mm×1092mm　1/16
印　　张：38.75
字　　数：880千
版　　次：2024年12月第1版
印　　次：2024年12月第1次
定　　价：598.00元（全二册）

编写说明

汉语方言丰富而复杂，声调是汉语最为重要的标识之一，声调的实验研究可以很好地挖掘分析语言学的深层次问题，对深入描写声调语言、探索人类语言的特征和语言类型具有重要的意义。

《汉语方言声调图谱》由暨南大学汉语方言研究中心刘新中教授团队历时30多年编著而成，由暨南大学出版社在刘复《四声实验录》出版100周年之际出版。

该书是历史上第一次全面系统展示汉语方言声调声学模型的专著，分为上、下两册，按照《中国语言地图集》（2012）的分区安排内容，版面字数共168万字，彩色印刷，同步制作“汉语方言声调图谱数据库”。它全面系统地记录、展示了汉语10大方言174个方言小片535个方言点的单字调声学模式及其今声调调域分布情况，并在此基础上初步探讨了汉语各大方言声调的总体特征。

全书所涉及的方言情况如下：

上册是官话方言，主要包括北京官话2个大片，东北官话3个大片，冀鲁官话3个大片，胶辽官话3个大片，中原官话8个大片，秦陇官话6个大片，兰银官话4个大片，江淮官话3个大片，西南官话6个大片。

下册是非官话方言，包括晋方言8个大片，吴方言6个大片，闽方言8个大片，客家方言8个大片，粤方言7个大片，湘方言5个大片，赣方言9个大片，徽州方言5个大片，平话、土话等其他方言12种。

该书利用声调图谱展示汉语方言声调的调型模式，系统反映了汉语方言声调的调类、调值的基本特征和类型，由此可进一步探索汉语方言声调整体而系统的语音特征。

该书利用现代声学技术和系统数据的方法，系统描写汉语方言单字调的声学模型，客观说明汉语方言声调的调型，用可视化的形式呈现汉语方言声调的系统特点，提供了一个直观观察声调的参照镜像，对提炼展示中华有声文化的特征性标识，具有不可替代的作用，对于深入、全面了解汉语整体的语音特点、汉语教学、汉语人工智能工程等都具有现实的参考价值和指导作用。

该书充分发掘作为中国有声文化精髓的声调的主要特征，向世界展示了一个包括所有汉语方言分片的大汉语声调的全貌，全景式展示了整体汉语的声调系统，对于世界上众多声调语言的研究具有示范效应，很好地凸显了中国语言学所表现的中华优秀传统文化的当代价值、世界意义。

刘新中

2024年6月

序

刘新中教授让我为他的鸿篇巨著《汉语方言声调图谱》写序，真是诚惶诚恐。我抱着学习的态度，看了他发给我的电子版书稿，并在后记中看到，这本书从数据整理到出版超过30年，编写的由头是为了纪念刘复先生《四声实验录》出版100周年，以一个全景式的汉语方言声调图谱，表达对刘复、赵元任等前辈先贤的纪念。

33年前，吴宗济先生在《汉语声调研究的两个发展阶段：一千四百年/七十年——为刘复大师百年诞辰纪念而作》中，"不惮辞费"总结了距今一千四百多年来汉语声调研究的历史进程，指出中国学者对汉语声调的认识直到20世纪二三十年代，有了刘复、赵元任、王力诸位大师，道出了声调的原理，奠定了汉语四声的测量方法，对四声的认识模糊不清的局面，才告结束。在声调研究转折点的几位关键人物中，"尤以刘复先生的功绩最为突出。他不但阐明了声调的音理，实际测量了多处汉语方言字调的频率，还发明创制了实验和测算的精密仪器，使不少同道和后学者受益匪浅，成为划时代的汉语声调研究科学化的奠基人"。

中国社会科学院语言研究所的语言科学博物馆至今依然珍藏着刘复（刘半农）先生使用过的浪纹计，以及他从巴黎留学回国后，为了配合浪纹计测量声调而发明的乙一、乙二声调推断尺。百年前刘复先生的《四声实验录》宣布了汉语"四声"只是频率高低的差别，成为人们告别旧的声调知识而跃进到新的知识的"分水岭"。刘复先生用浪纹计得到声音波形，计算音高并换算成对数，用12个半音表示音高，最后得到声调曲线，并测量了12个汉语方言点的声调曲线。在20世纪三四十年代，王力先生的《博白方音实验录》，罗常培先生的《临川音系》以及其他一些声调实验著作，都是采用刘复先生的声调计算方法，对不同汉语方言和民族语言进行的声调实验研究。

赵元任先生除了调查多种汉语方言之外，更注重调查连续话语中的声调变化。1930年，赵元任先生在巴黎国际语音学会IPA会刊 *Le Maître Phonétique* 上发表了一篇名为 *A System of Tone-Letters* 的文章，提出了对汉语声调进行正规化描写的五度制系统，该系统至今我们仍在汉语方言和少数民族语言声调和语调研究中使用。与此同时，他指导吴宗济先生设计、改装电动浪纹计，以提高声调分析的效率和精度。1937年，为了改进分析声调的仪器，赵元任先生派吴宗济先生去上海找中央研究院物理研究所的丁西林所长，研制电动画调器。但因抗战，此工作停顿了下来。中华人民共和国成立后，在中国科学院语言研究所罗常培先生力主和吴宗济先生的指导下，林茂灿先生于1959年终于研制出"音高显示器"，并开展了单音节声调，两音节、三音节和四音节变调的实验研究。要想用"音高显示器"得到音高曲线和波形，必须配以双线示波器，用一种底片平移的照相机拍摄，然后冲洗，不能实时得到所要的音高曲线，还是不够方便。中国社会科学院语言研究所成立后，从1978年开始，林茂灿先生等又采用数字计算机提取基频，研究两字组变调，汉语声调研究从此从模拟电路时代进入数字计算时代。

方言学界通过对中国方言区的大规模音系调查，对汉语声调进行了比较全面的描写，但大多数仅限于调查者的五度值记音；语音学界用实验语音学手段来分析和描写汉语声调的方法也在不断进步，研究者提出了各种声调规整的方法，但还没有一项研究是按照汉语方言分区对声调进行系统的分析和描写。刘新中教授的这部《汉语方言声调图谱》可以说是填补了国内声调研究的空白，他能够几十年耕耘不辍来完成这样一项吃苦功的工作，让我十分敬佩。

该书为语言学研究者提供了丰富的汉语方言声调数据。我本人正在开展语调类型学研究，这些单字调的基本数据资料对我们研究连续语流中的声调变化模式和语调模式，有非常重要的参考价值。我相信其他从事语言学、语音学，甚至言语工程研究的学者都会受益匪浅。

是为序。

李爱军
中国社会科学院语言研究所
2024 年 7 月

凡　例

本书主要以可视化的声学模式，呈现汉语方言声调的全貌。

语料主要来源于以下四个方面：一是作者30多年的调查录音；二是侯精一主编的《现代汉语方言音库》（以下简称《音库》）中的音系例字；三是中国语言资源保护工程采录展示平台（以下简称“语保”）上已上传的声调例字的音频；四是通过同学、朋友补录的字音。主要调查例字见附录。如果没有语保材料的支持，就个人而言是无法完成这个宏大的任务的，因此，本书能够出版，实在是有赖于这个大时代集体劳动成果的汇集。

全书覆盖了汉语10大方言174个方言小片535个方言点的单字调情况。用声学模式展示这些方言的单字调系统、今声调调域分布范围，以期系统、全景式地展示汉语方言的声调。

下面是本书结构和内容的说明。

1. 本书的方言分区

本书的方言分区参照《中国语言地图集》（2012）的分类，稍作调整的是将“中原官话B”叫作“秦陇官话”，将平话、土话以及其他系属未定的方言放在同一章。

2. 各章节的安排

每一章的内容均按照大的方言－方言片－方言小片来排列：①介绍方言片和选点；②展示各方言点的图谱并描写调类调值；③介绍方言片声调的总体特征；④汇编方言点的调类调值；⑤列出主要参考文献。

以第3章“冀鲁官话”为例说明如下：

3.1　保唐片

3.1.1　涞阜小片

3.1.2　定霸小片

3.1.3　天津小片

3.1.4　蓟遵小片

3.1.5　滦昌小片

3.1.6　抚龙小片

3.2　石济片

3.2.1　赵深小片

3.2.2　邢衡小片

3.2.3　聊泰小片

3. 声调实验及声调声学模式图说明

声调实验最重要的基础是方言学的调查。步骤如下：

（1）声音采集：采集合适的声音。

（2）标注：声调承载段与该音节的韵母绑定，声调标在每个音节的韵母部分。原始录音主要按照古音四声八调的类标注，阴平 1a、阳平 1b、阴上 2a、阳上 2b、阴去 3a、阳去 3b、阴入 4a、阳入 4b。

（3）调值分析：分析每一类的今读调值，对调值进行初步归类。

（4）确定调类：核实每个声调的调值，确定调类。

（5）展示调域分布范围：根据调值给出每个调类的调域分布范围。

（6）测算调类均值：根据今调域分布算出每个调类的均值。

（7）根据调类均值出图：一是等长图，二是实长图，调值确定主要依据实长图。图中标出的是今调类，也是阴平 1a、阳平 1b、阴上 2a、阳上 2b、阴去 3a、阳去 3b、阴入 4a、阳入 4b，与原始录音标注的对象不同。八种标号不敷使用时，就增加相应的符号，比如广州话加上阴平 1aa、下阴平 1ab、上阴入 4aa、下阴入 4ab，琼雷闽语加长入 4c。

（8）图中的线条和标记，在同一章中尽量保持一致，标记总原则是平声用方框“□”，上声用三角“△”，去声用圆圈“○”，入声用十字“+”，再根据需要丰富这些标记符号。线条的颜色和粗细，只标明大类，没有特别的含义。

有两点特别需要强调一下：一是音高单位，虽然个别声调调型图保留了对数值，但我们主要使用的是赫兹值，因为多数的音高都在 300Hz 以下，经过归一化处理，赫兹值的结果与对数值的结果差别不大。二是带有拱度调型的调值描写，尽可能参考已有的调类描写，但是也有一部分，直接记录了发音人的实际读音。这个情况，还有待今后感知实验来最终确定。

我们根据这些归一化了的声学模式图，概括这个方言点的单字调系统；同时也初步描写根据现有材料得出的今调类分布范围。需要特别说明的是，调域分布范围和均值图并不对等，具体的调值分布也会因个别声调特别高而使得其他调类分布范围变窄。

这些概括和归纳、描写，限于目前的语音数据，难免有疏漏，还请各方言区的方言专家批评指正。

4. 图谱所反映的声调的主要特征

根据调类、调值的情况，每个方言区在图谱之后，初步概括该方言区声调的主要特点，重点是共时层面的说明，也涉及一些演变上的问题。最后一章，因为涉及不同方言，就不再讨论。这些概括有的是前人研究的成果，我们会在行文中注明。

5. 图谱所选方言点的调类调值对照表

每一章末尾均以表格形式集中列出已有研究的调类和调值，一般是本书所涉方言点的调类调值，但是为了参考，也有一些不在本书中的方言点的数据。调值对应的是共时的声调调值，并不强调与古调类的对应，读者需要结合方言点共时声调系统的调类－调值关系来观察。所有数据均标注来源。

6. 参考文献

每一章最后都列出重要的基础文献，这些文献大致分为两类：一是史语所专刊与集刊、语言地图集、方言地图集等相对集中的材料；二是有关方言点的已有著述。因笔者视野所限，或许会漏掉一些重要的文献，也恳请方家指正。

目 录

10 晋方言

晋方言主要分布在山西、陕西、内蒙古、河北、河南等省区，表 10 – 1 是本书的选点情况。

表 10 – 1 晋方言的分片选点

片	小片	方言点	序号
并州片		太原 –《音库》	10 – 1
		太原阳曲（山西）	10 – 2
		平遥 –《音库》	10 – 3
		平遥古陶（山西）	10 – 4
吕梁片	汾州小片	吕梁离石（山西）	10 – 5
		吕梁方山（山西）	10 – 6
		榆林吴堡（陕西）	10 – 7
		清涧宽州（陕西）	10 – 8
	隰县小片	临汾隰县（山西）	10 – 9
		临汾蒲县（山西）	10 – 10
上党片	长治小片	长治常青（山西）	10 – 11
		长子丹朱（山西）	10 – 12
	晋城小片	晋城沁县（山西）	10 – 13
		陵川崇文（山西）	10 – 14
五台片		忻州河曲（山西）	10 – 15
		忻州繁峙（山西）	10 – 16
大包片		山西大同	10 – 17
		昔阳乐平（山西）	10 – 18
		包头东河（内蒙古）	10 – 19
		榆林榆阳（陕西）	10 – 20
张呼片		呼和浩特 –《音库》	10 – 21
		呼和浩特玉泉（内蒙古）	10 – 22
		乌兰察布集宁（内蒙古）	10 – 23
		河北张家口	10 – 24
		石家庄鹿泉（河北）	10 – 25

（续上表）

片	小片	方言点	序号
邯新片	磁漳小片	邯郸邯山（河北）	10 – 26
		邢台桥东（河北）	10 – 27
	获济小片	河南新乡	10 – 28
		焦作武陟（河南）	10 – 29
		林州城关（河南）	10 – 30
志延片		延安宝塔（陕西）	10 – 31
		延川大禹（陕西）	10 – 32

10.1 并州片

1. 太原 – 《音库》

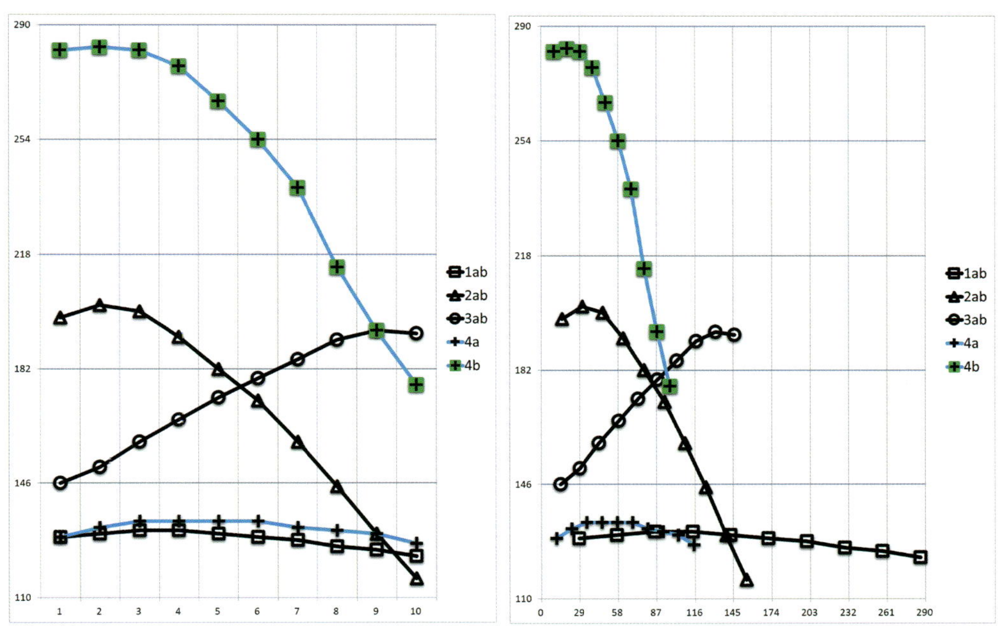

图 10 – 1a 单字调等长、实长音高模式 – 太原 – 《音库》

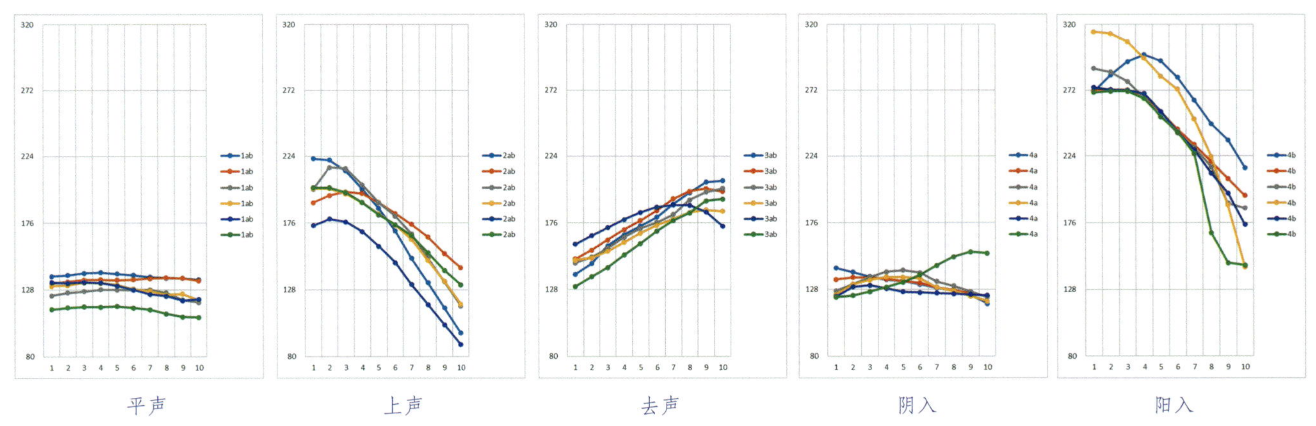

图 10 – 1b 今声调调域分布范围 – 太原 – 《音库》

《音库》的声调有 5 个（见图 10 – 1a）：

平声 11、上声 31、去声 23、阴入 11、阳入 54。

今调域的分布情况（见图 10 – 1b）：

平声在 11 ~ 22 之间；上声在 21 ~ 32 之间；去声主要在 23 的范围；阴入在 11 ~ 22 之间；阳入在 42 ~ 53 之间。

根据《音库》的描写，太原话声调的调类调值如下：平声 11，高知边平陈麻；上声 53，老手古有五九；去声 45，近柱对唱树用；阴入 2，八湿月麦入纳；阳入 54，拔拾舌局活毒。

2. 太原阳曲

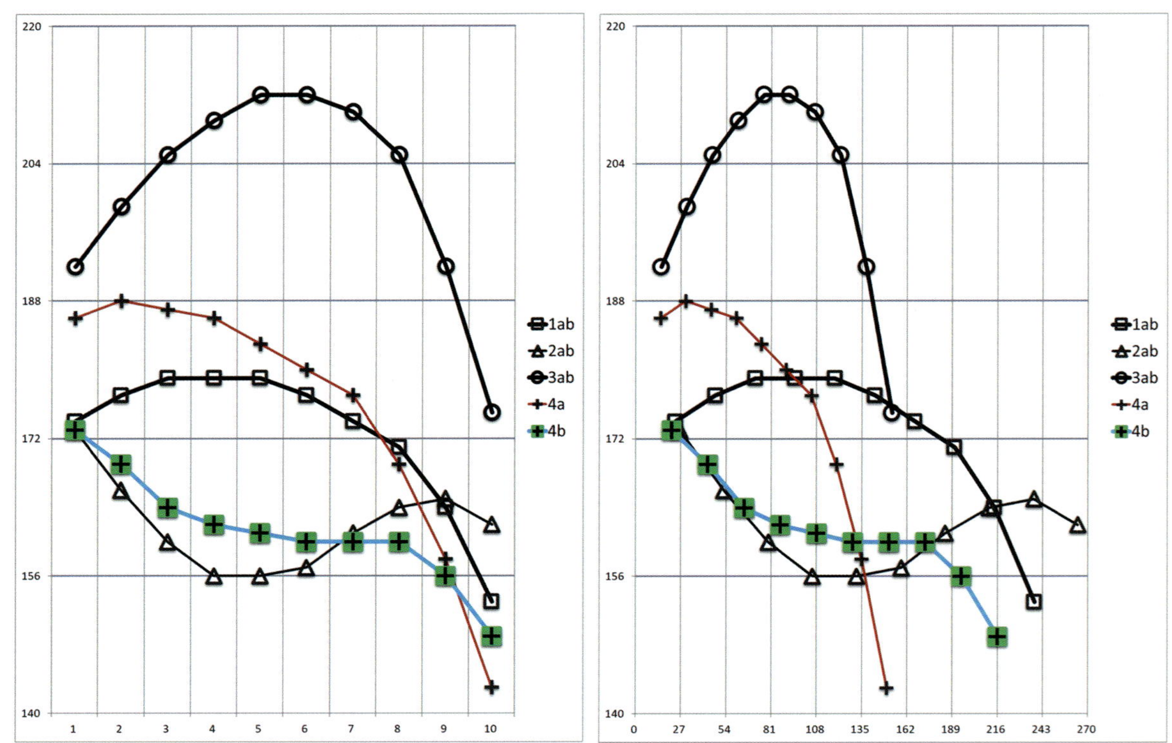

图 10－2a　单字调等长、实长音高模式－太原阳曲－OM

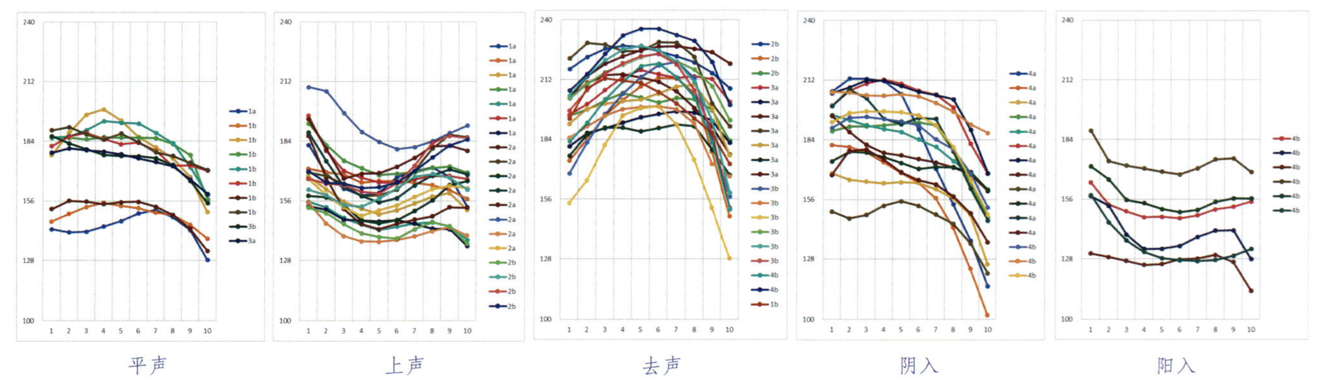

图 10－2b　今声调调域分布范围－太原阳曲－OM

老男的声调有 5 个（见图 10－2a）：

平声 331、上声 312、去声 453、阴入 31、阳入 221。

今调域的分布情况（见图 10－2b）：

平声在 221～443 之间；上声在 322～434 之间；去声在 343～454 之间；阴入在 21～43 之间；阳入在 221～33 之间。

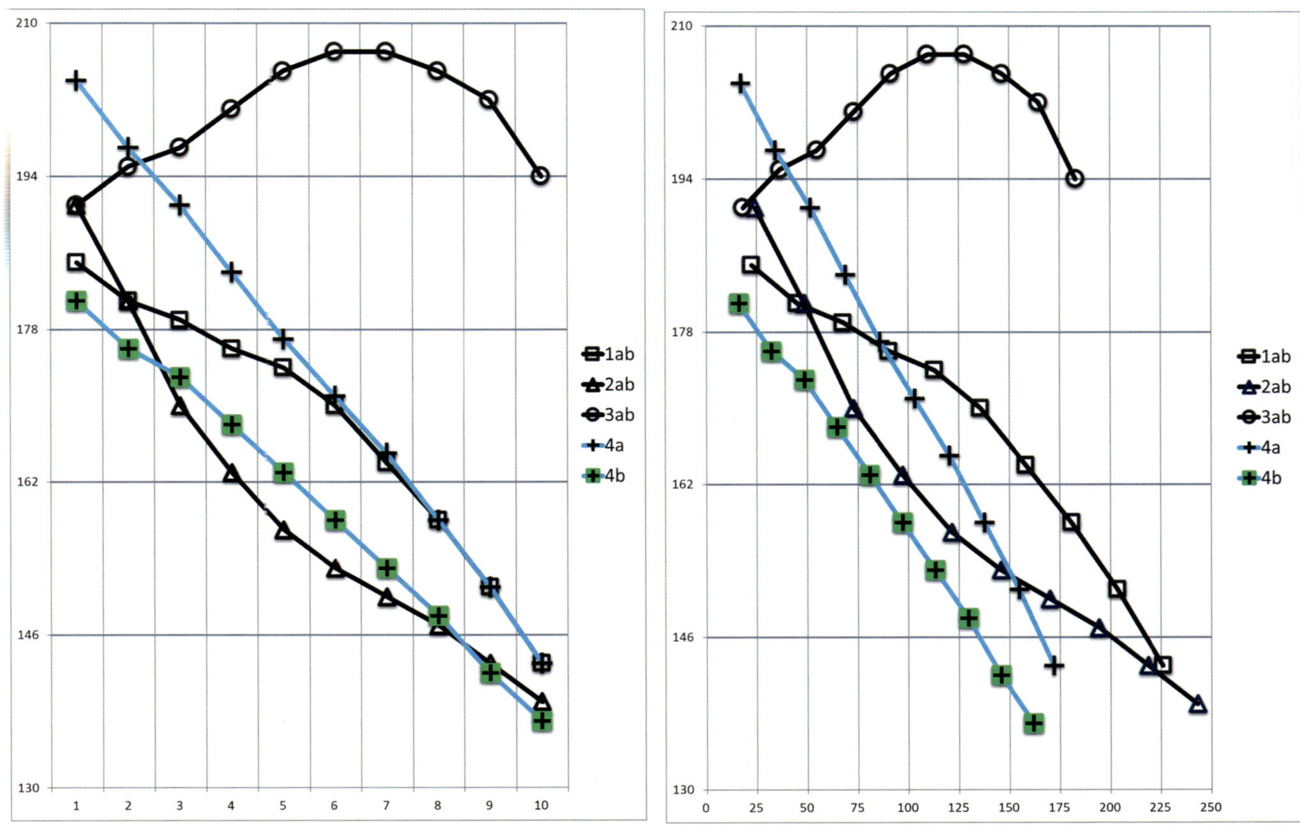

图 10－2c　单字调等长、实长音高模式－太原阳曲－YM

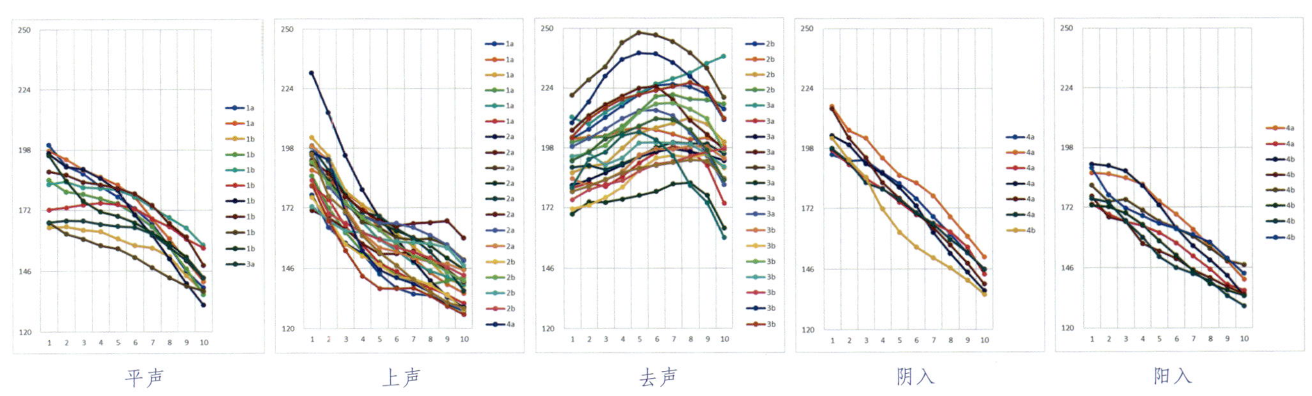

图 10－2d　今声调调域分布范围－太原阳曲－YM

青男的声调有 5 个（见图 10－2c）：

平声 42、上声 41、去声 454、阴入 51、阳入 41。

今调域的分布情况（见图 10－2d）：

平声在 21～42 之间；上声在 21～52 之间；去声在 232～454 之间；阴入在 31～42 之间；阳入在 21～32 之间。

3. 平遥 –《音库》

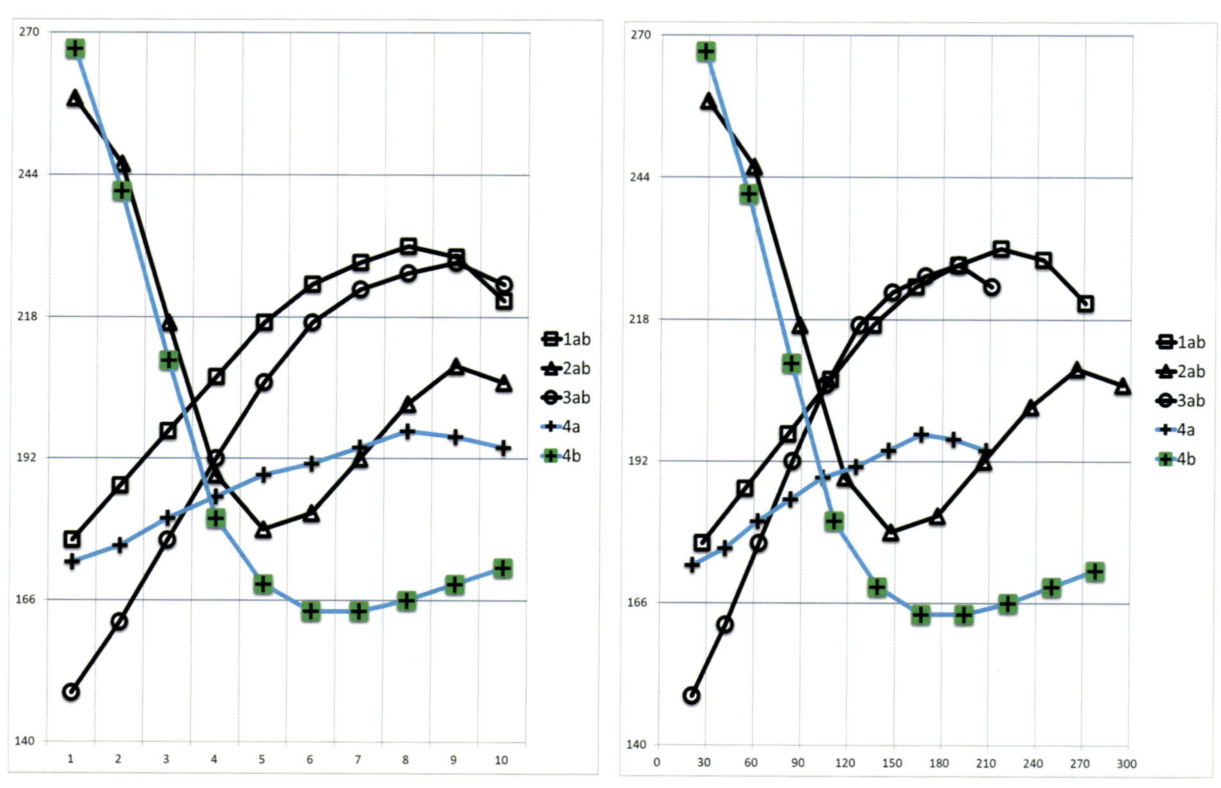

图 10 – 3a　单字调等长、实长音高模式 – 平遥 –《音库》

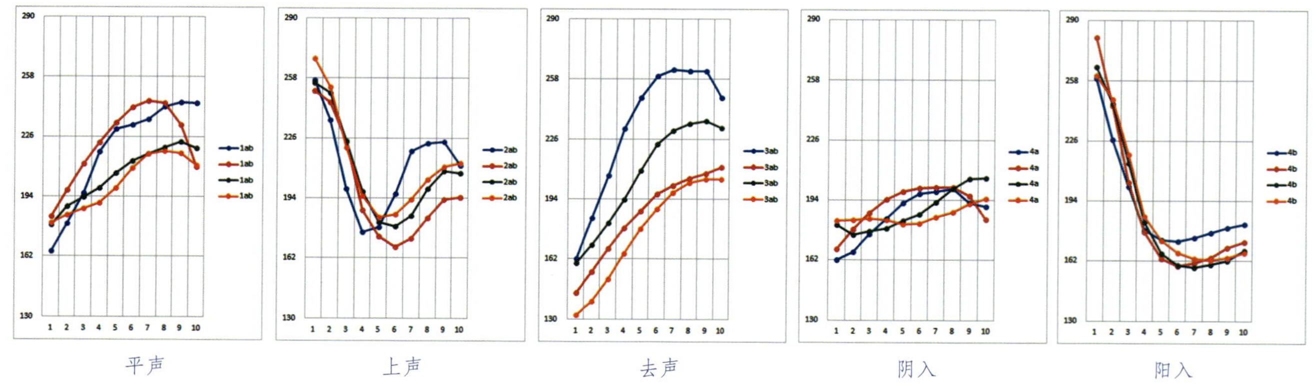

图 10 – 3b　今声调调域分布范围 – 平遥 –《音库》

《音库》的声调有 5 个（见图 10 – 3a）：

平声 24、上声 523、去声 14、阴入 23、阳入 52。

今调域的分布情况（见图 10 – 3b）：

平声在 23 ~ 24 之间；上声在 423 ~ 523 之间；去声在 13 ~ 24 之间；阴入在 22 ~ 23 之间；阳入主要在 52 的范围。

根据《音库》的描写，平遥话声调的调类调值如下：平声 13，刀汤皮盆；上声 53，小打雨纸；去声 35，四炭舅丈；阴入 ʔ13，不发踢曲；阳入 ʔ53，毒熟入烈。

4. 平遥古陶

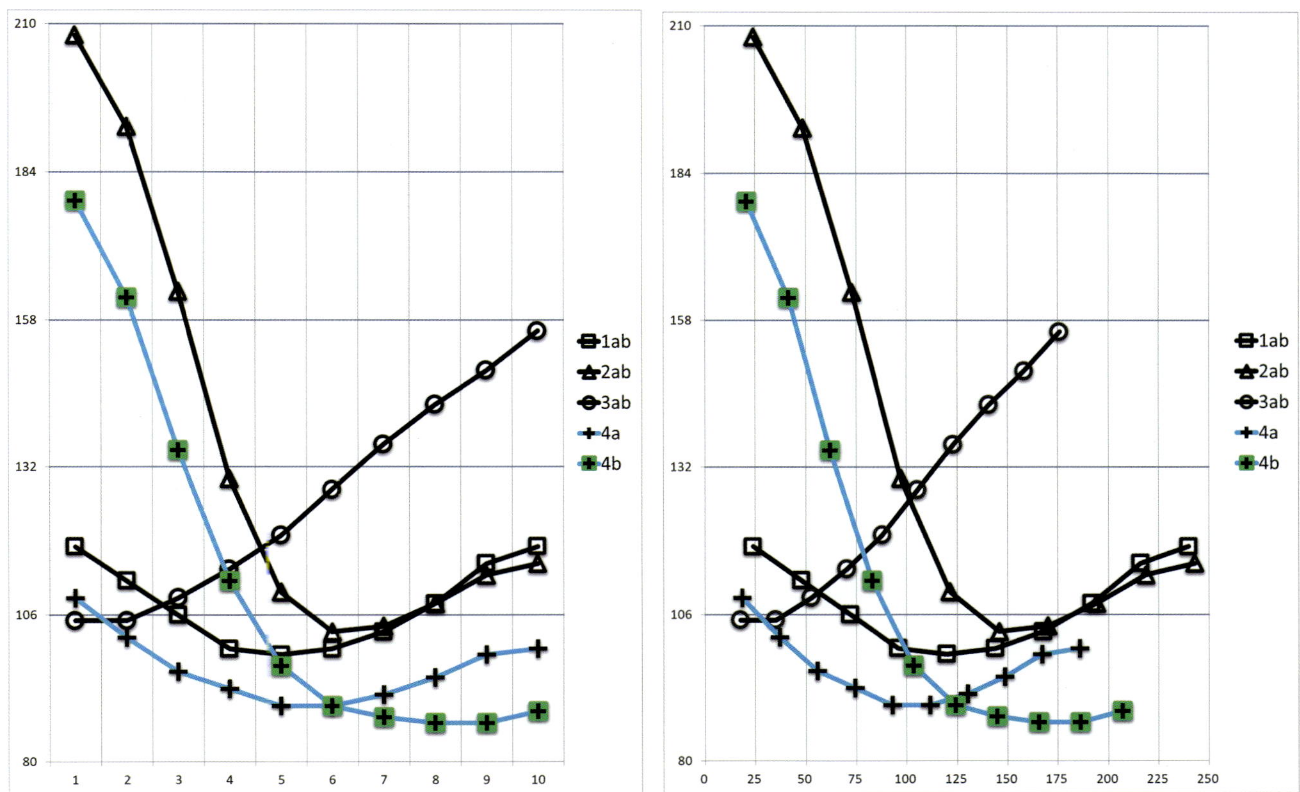

图 10－4a　单字调等长、实长音高模式－平遥古陶－OM

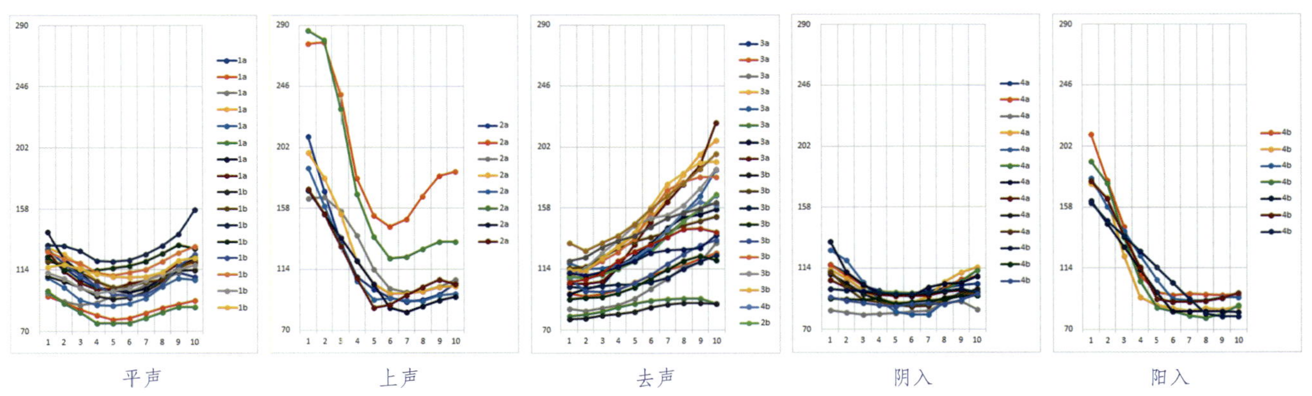

图 10－4b　今声调调域分布范围－平遥古陶－OM

老男的声调有 5 个（见图 10－4a）：

平声 212、上声 512、去声 13、阴入 <u>21</u>、阳入 <u>41</u>。

今调域的分布情况（见图 10－4b）：

平声在 212～323 之间；上声在 311～523 之间；去声在 11～24 之间；阴入在 <u>11</u>～<u>21</u> 之间；阳入在 <u>31</u>～<u>41</u> 之间。

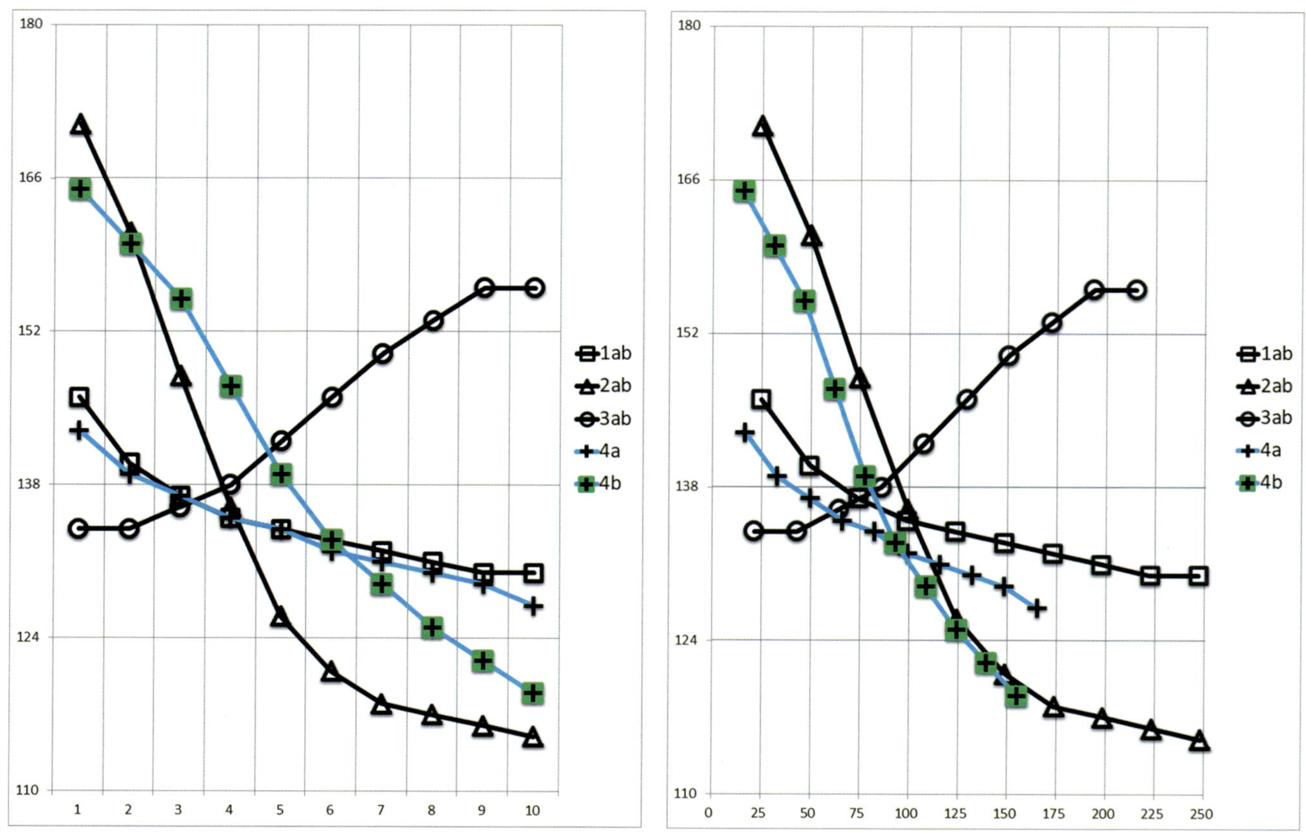

图 10－4c　单字调等长、实长音高模式－平遥古陶－YM

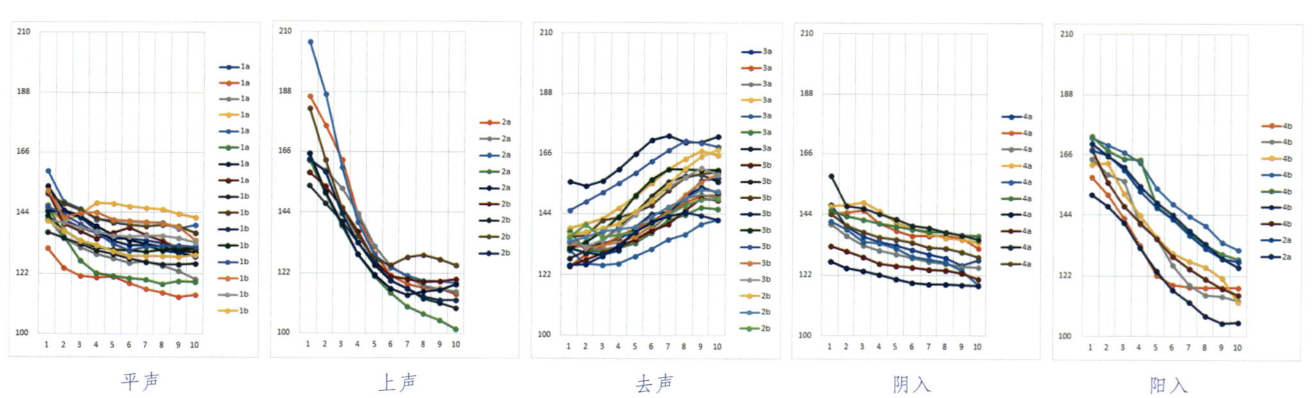

图 10－4d　今声调调域分布范围－平遥古陶－YM

青男的声调有 5 个（见图 10－4c）：

平声 32、上声 51、去声 24、阴入 32、阳入 41。

今调域的分布情况（见图 10－4d）：

平声在 21～32 之间；上声在 31～52 之间；去声在 23～34 之间；阴入在 21～32 之间；阳入在 31～42 之间。

10.2 吕梁片

10.2.1 汾州小片

1. 吕梁离石

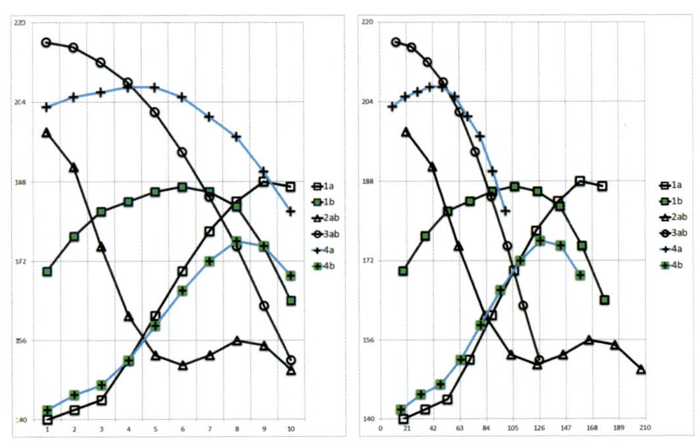

图 10－5a 单字调等长、实长音高模式－吕梁离石－OM

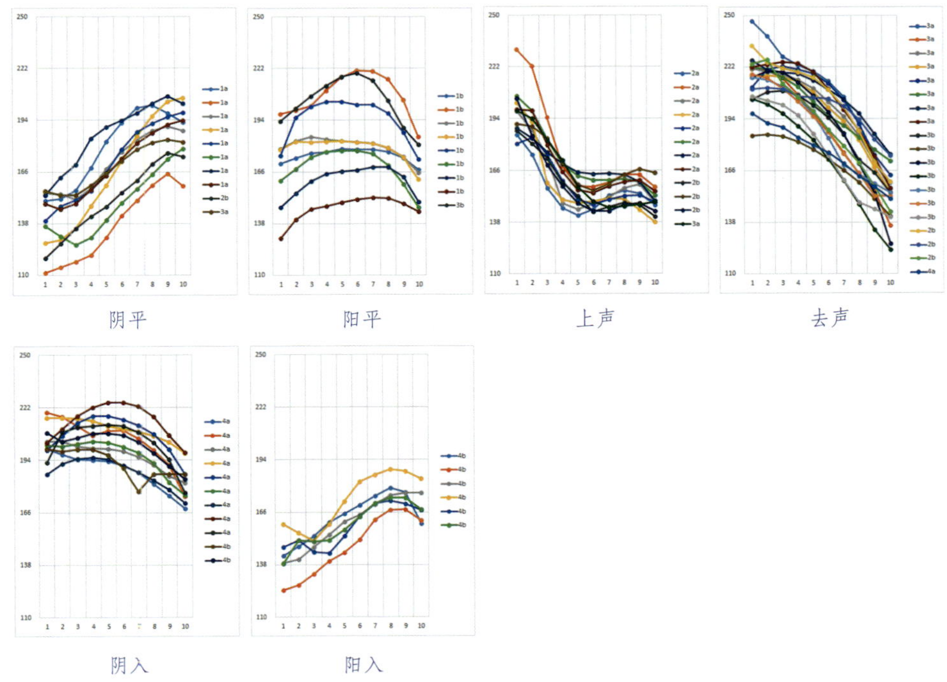

图 10－5b 今声调调域分布范围－吕梁离石－OM

老男的声调有 6 个（见图 10－5a）：

阴平 13、阳平 232、上声 411、去声 51、阴入 53、阳入 13。

今调域的分布情况（见图 10－5b）：

阴平在 12～24 之间；阳平在 22～343 之间；上声在 322～522 之间；去声在 31～53 之间；阴入在 32～54 之间；阳入在 12～23之间。

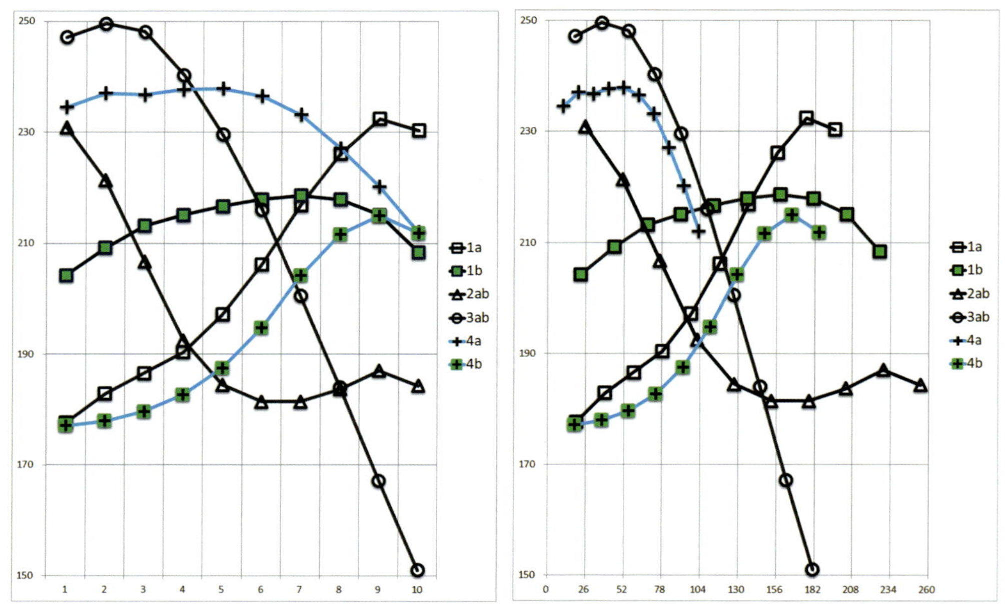

图 10－5c　单字调等长、实长音高模式－吕梁离石－YM

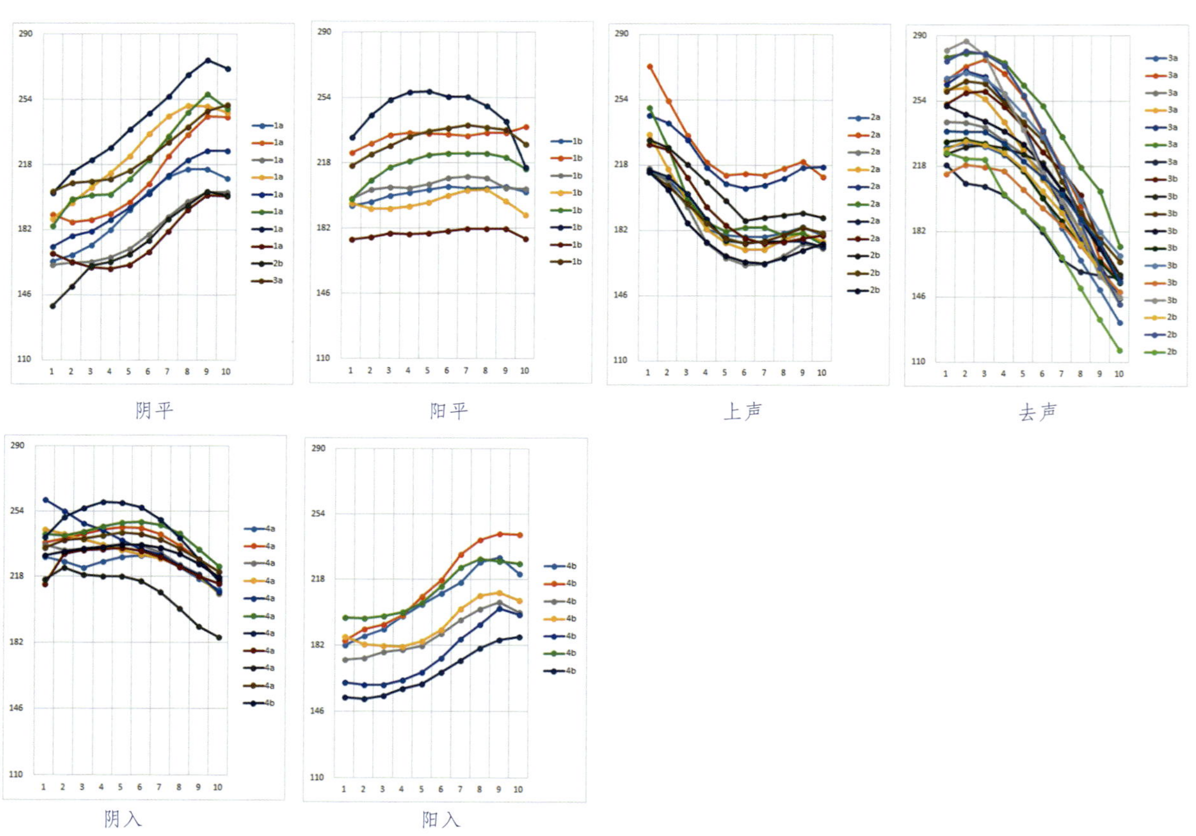

图 10－5d　今声调调域分布范围－吕梁离石－YM

青男的声调有 6 个（见图 10－5c）：

阴平 25、阳平 343、上声 422、去声 51、阴入 54、阳入 24。

今调域的分布情况（见图 10－5d）：

阴平在 13～35 之间；阳平在 22～44 之间；上声在 322～533 之间；去声在 31～52 之间；阴入在 43～54 之间；阳入在 23～34 之间。

2. 吕梁方山

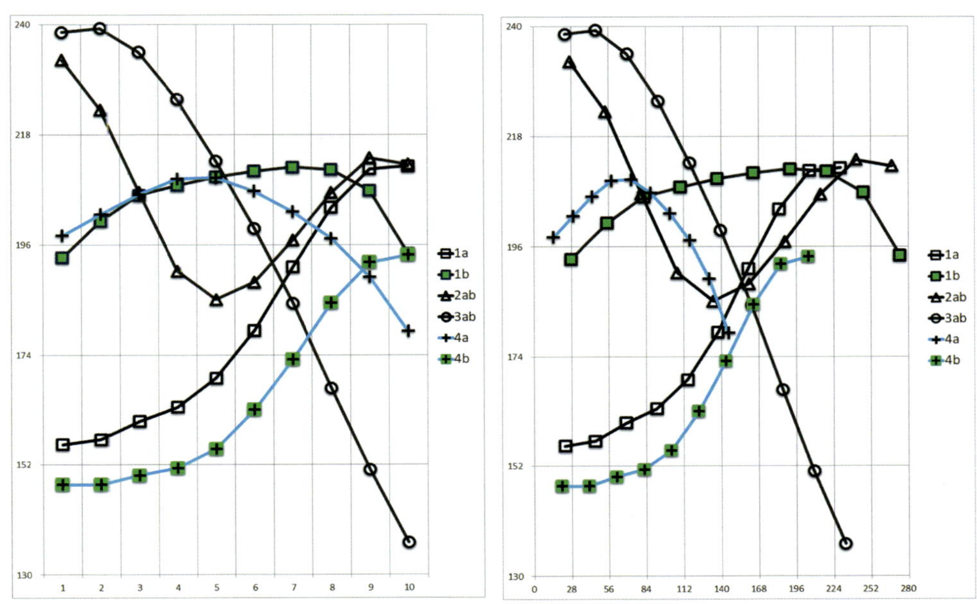

图 10－6a 单字调等长、实长音高模式－吕梁方山－OM

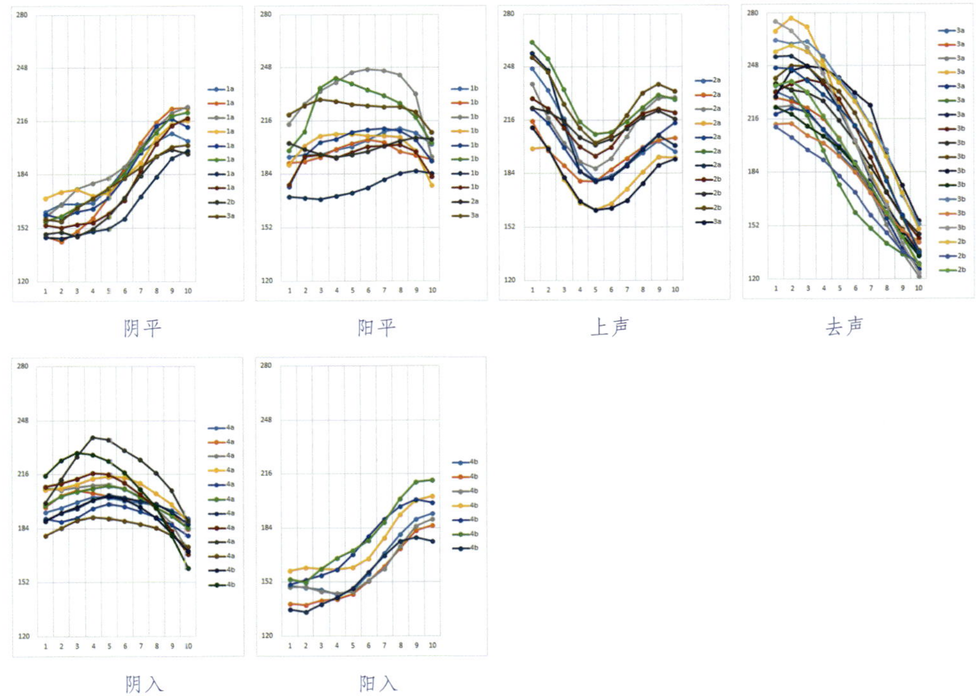

图 10－6b 今声调调域分布范围－吕梁方山－OM

老男的声调有 6 个（见图 10－6a）：

阴平 24、阳平 44、上声 534、去声 51、阴入 443、阳入 13。

今调域的分布情况（见图 10－6b）：

阴平在 13～24 之间；阳平在 22～343 之间；上声在 323～534 之间；去声在 31～52 之间；阴入在 32～43 之间；阳入在 12～23 之间。

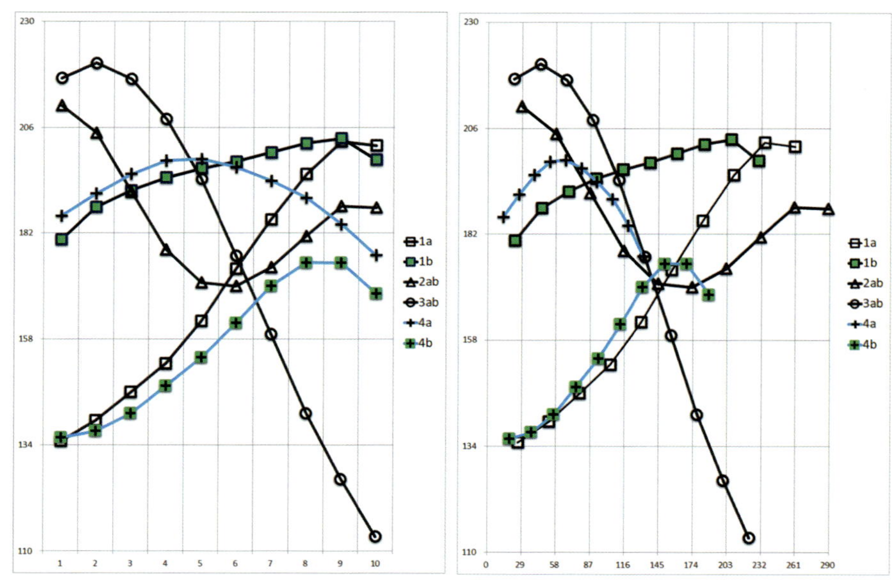

图 10－6c　单字调等长、实长音高模式－吕梁方山－YM

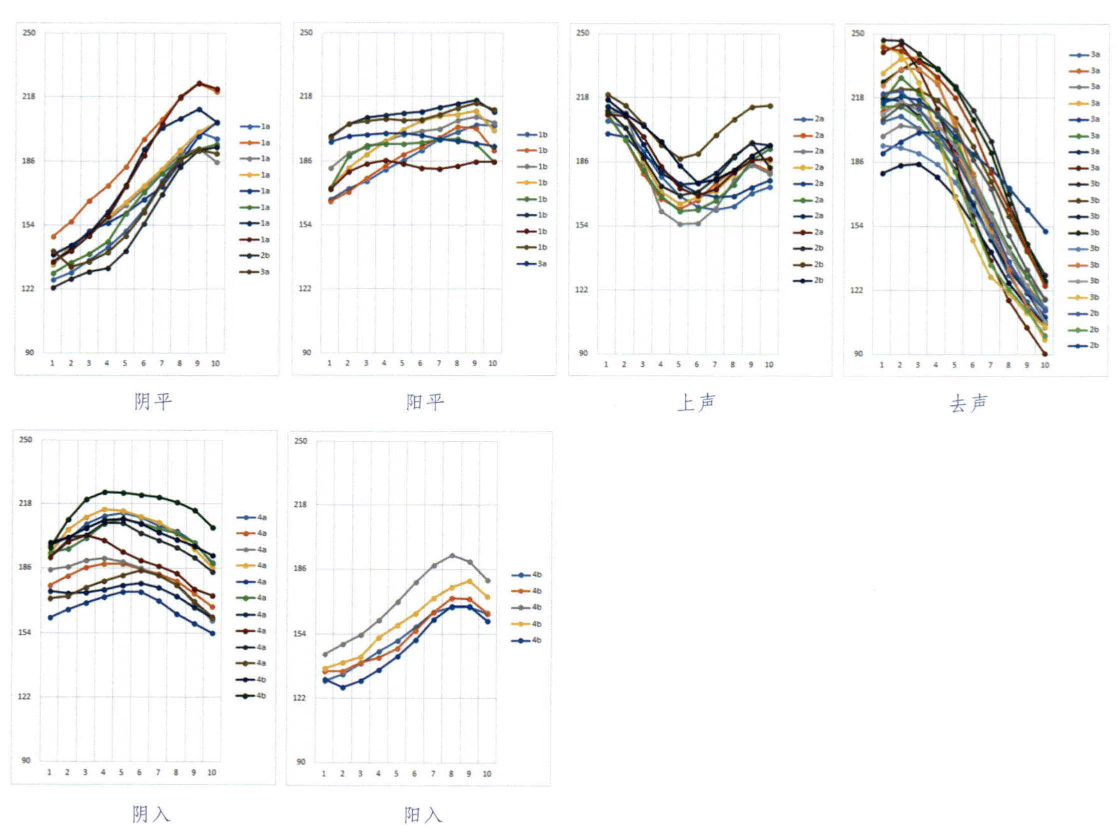

图 10－6d　今声调调域分布范围－吕梁方山－YM

青男的声调有 6 个（见图 10－6c）：

阴平 24、阳平 34、上声 534、去声 51、阴入 <u>443</u>、阳入 <u>23</u>。

今调域的分布情况（见图 10－6d）：

阴平在 24～25 之间；阳平主要在 34 的范围；上声在 423～434 之间；去声在 31～53 之间；阴入在 <u>232</u>～<u>454</u> 之间；阳入主要在 <u>23</u>～<u>24</u> 之间。

3. 榆林吴堡

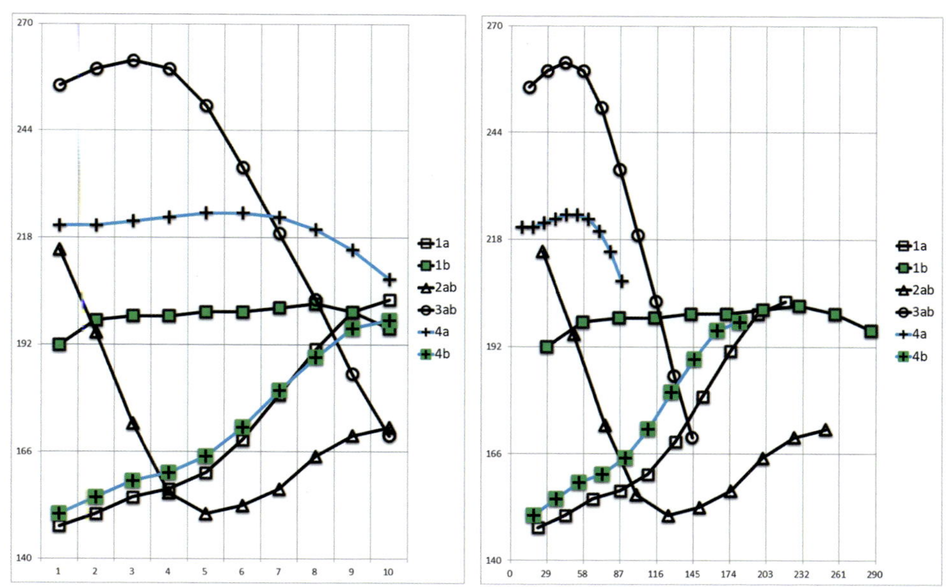

图 10－7a 单字调等长、实长音高模式－榆林吴堡－OM

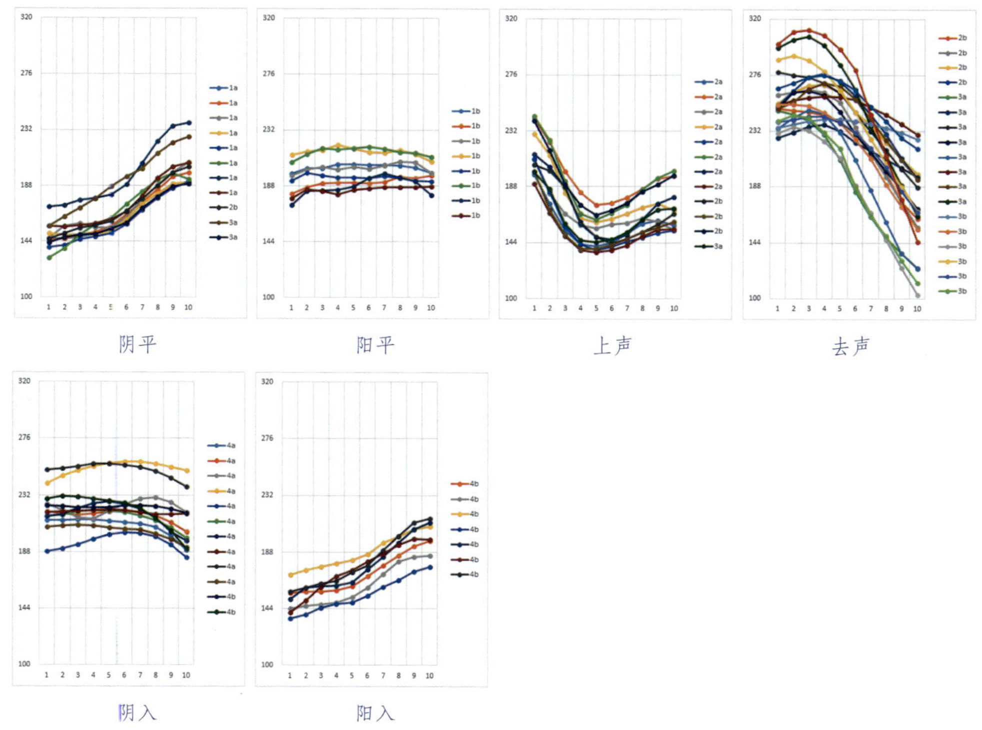

图 10－7b 今声调调域分布范围－榆林吴堡－OM

老男的声调有 6 个（见图 10－7a）：

阴平 13、阳平 33、上声 312、去声 52、阴入 43、阳入 13。

今调域的分布情况（见图 10－7b）：

阴平在 12～24 之间；阳平在 22～33 之间；上声在 312～423 之间；去声在 31～53 之间；阴入在 33～44 之间；阳入在 12～23 之间。

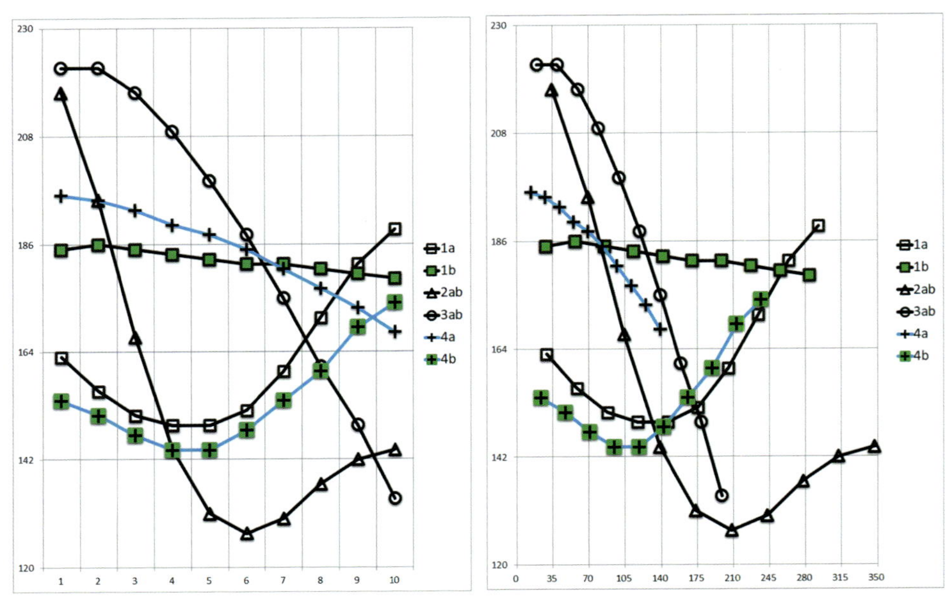

图 10－7c　单字调等长、实长音高模式－榆林吴堡－YM

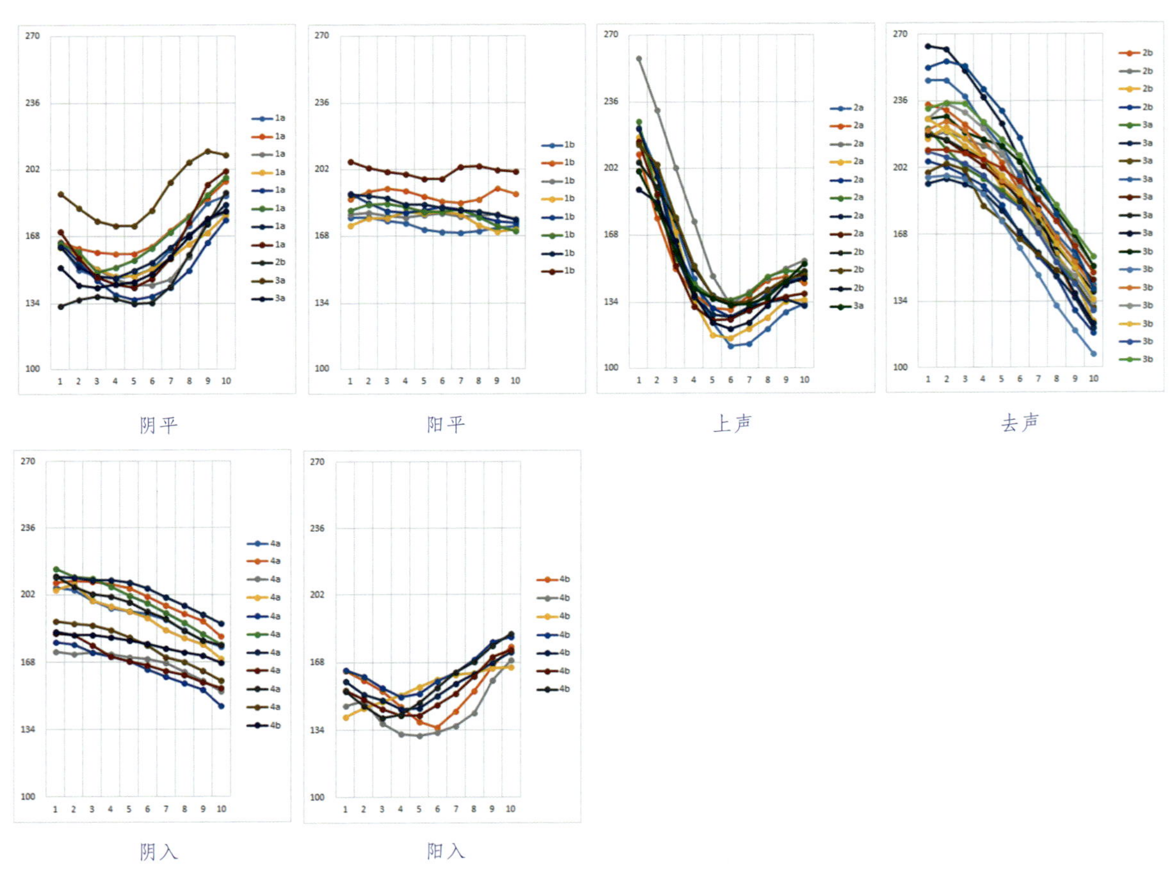

图 10－7d　今声调调域分布范围－榆林吴堡－YM

青男的声调有 6 个（见图 10－7c）：

阴平 324、阳平 33、上声 512、去声 51、阴入 43、阳入 213。

今调域的分布情况（见图 10－7d）：

阴平在 113～324 之间；阳平在 33～43 之间；上声在 312～512 之间；去声在 31～52 之间；阴入在 32～ 43 之间；阳入在 212～213 之间。

4. 清涧宽州

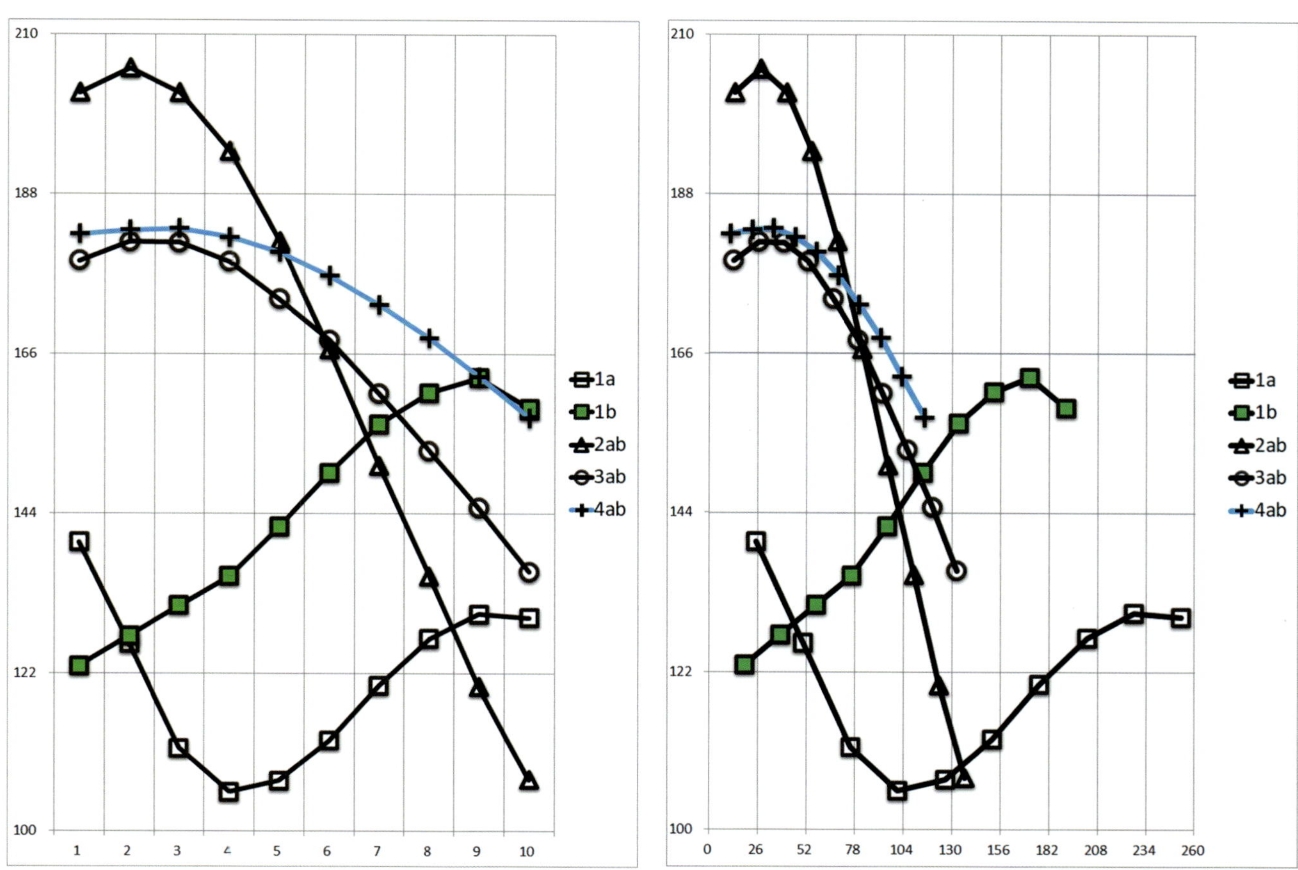

图 10－8a　单字调等长、实长音高模式－清涧宽州－OM

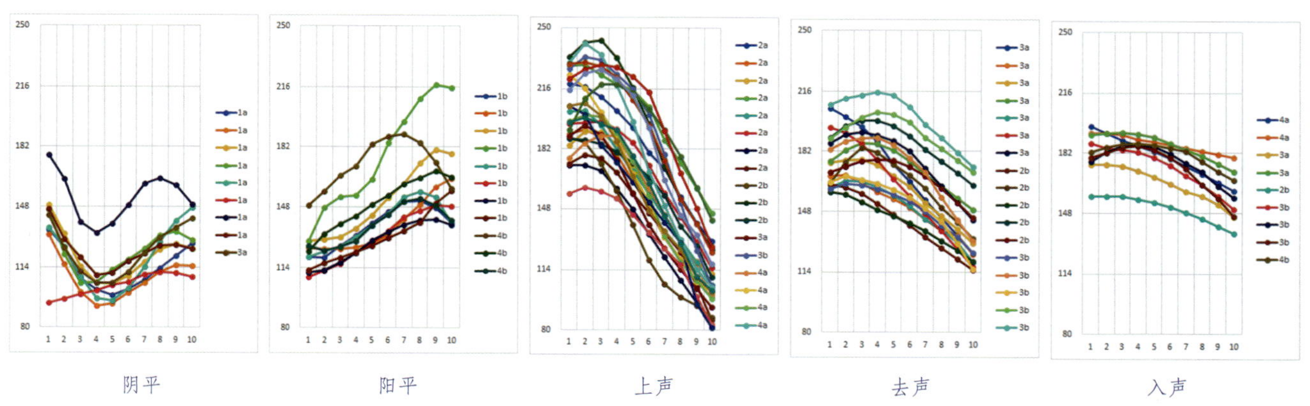

图 10－8b　今声调调域分布范围－清涧宽州－OM

老男的声调有 5 个（见图 10－8a）：

阴平 212、阳平 23、上声 51、去声 42、入声 43。

今调域的分布情况（见图 10－8b）：

阴平在 212～323 之间；阳平在 23～34 之间；上声在 31～52 之间；去声在 32～43 之间；入声在 32～43 之间。

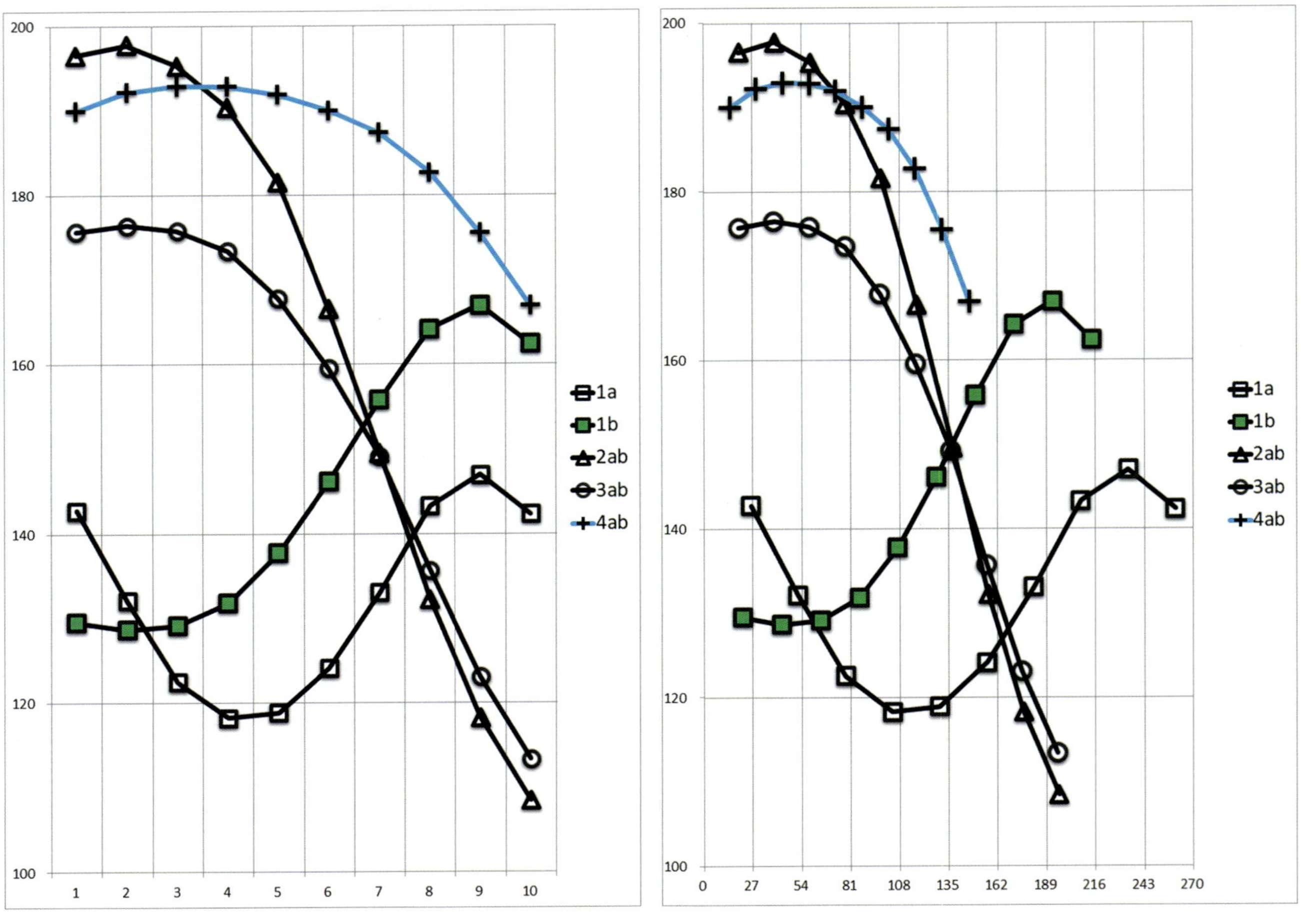

图 10－8c　单字调等长、实长音高模式－清涧宽州－YM

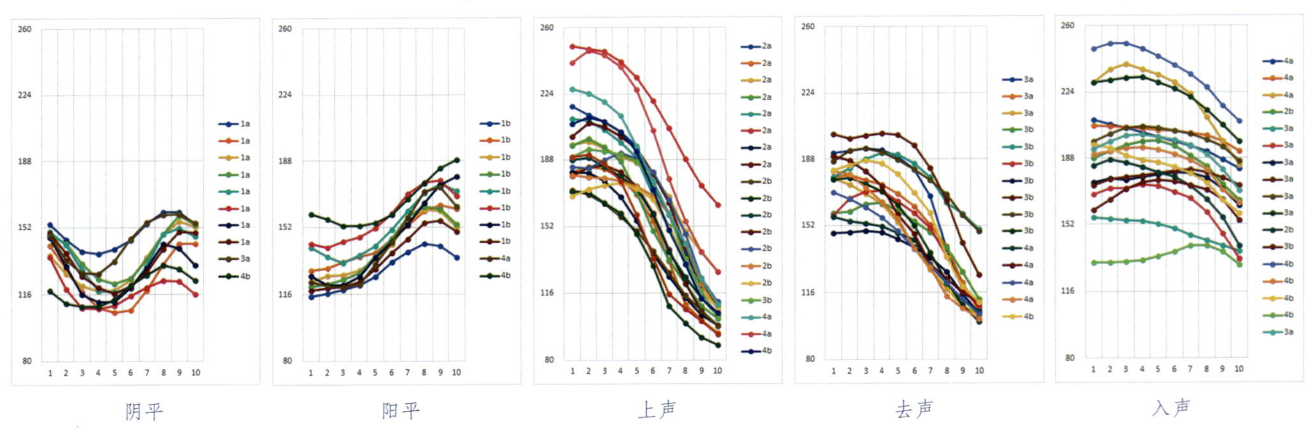

图 10－8d　今声调调域分布范围－清涧宽州－YM

青男的声调有 5 个（见图 10－8c）：

阴平 313、阳平 24、上声 51、去声 41、入声 <u>54</u>。

今调域的分布情况（见图 10－8d）：

阴平在 212～323 之间；阳平在 23～34 之间；上声在 31～53 之间；去声在 21～42 之间；入声在 <u>22</u>～<u>54</u> 之间。

10.2.2 隰县小片

1. 临汾隰县

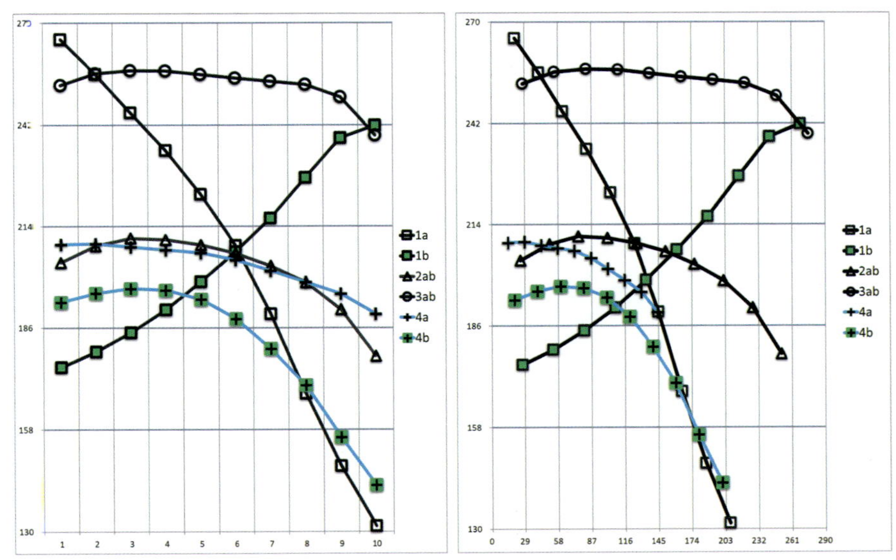

图 10－9a 单字调等长、实长音高模式－临汾隰县－OM

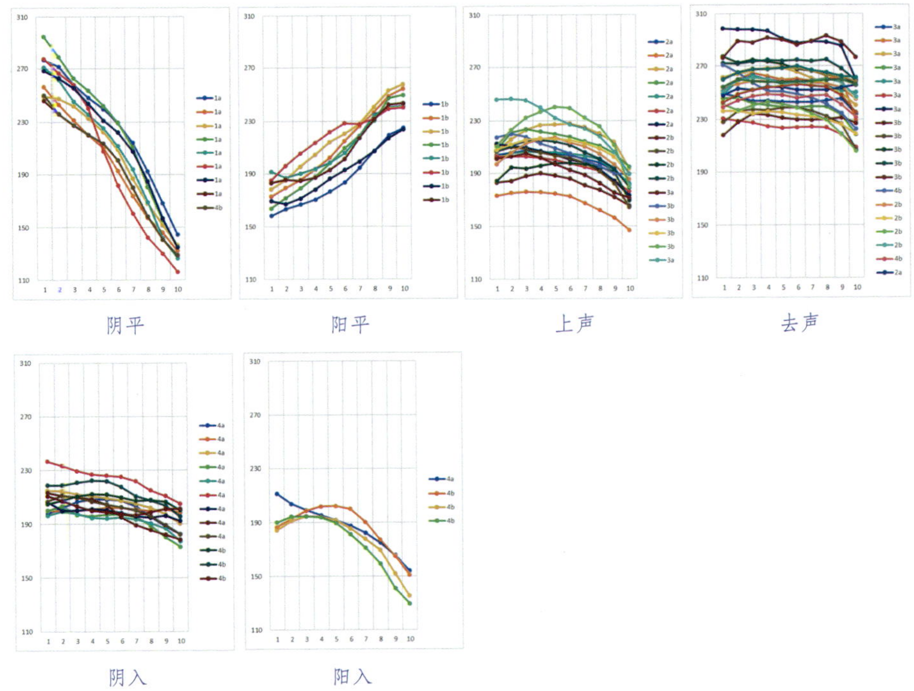

图 10－9b 今声调调域分布范围－临汾隰县－OM

老男的声调有 6 个（见图 10－9a）：

阴平 51、阳平 24、上声 32、去声 55、阴入 33、阳入 31。

今调域的分布情况（见图 10－9b）：

阴平在 41～51 之间；阳平在 23～34 之间；上声在 21～43 之间；去声在 33～55 之间；阴入在 32～43 之间；阳入在 21～32 之间。

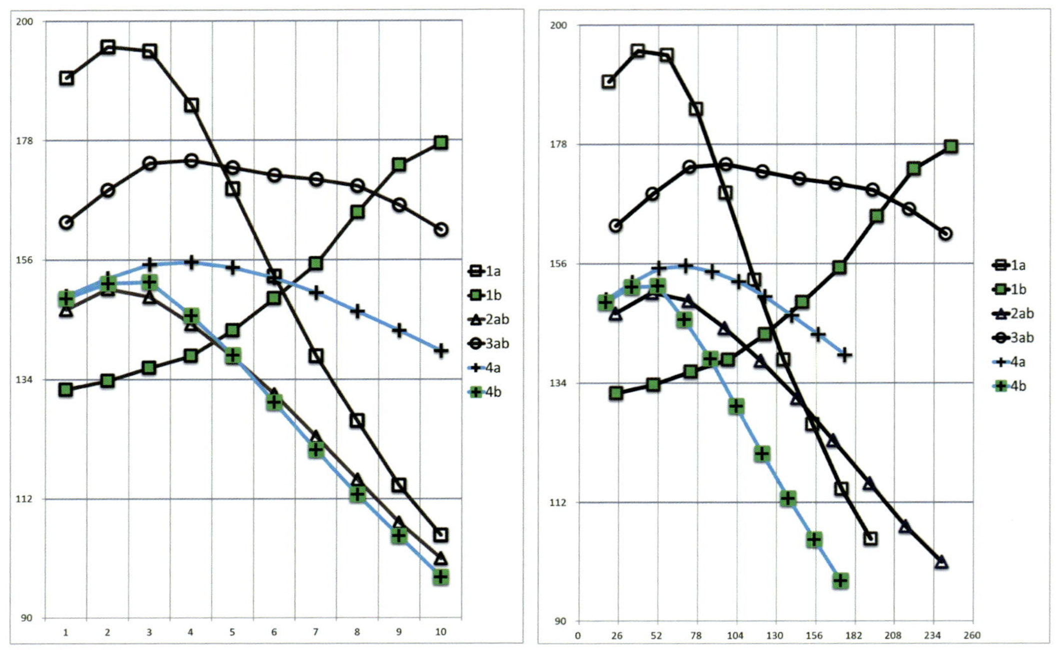

图 10－9c　单字调等长、实长音高模式－临汾隰县－YM

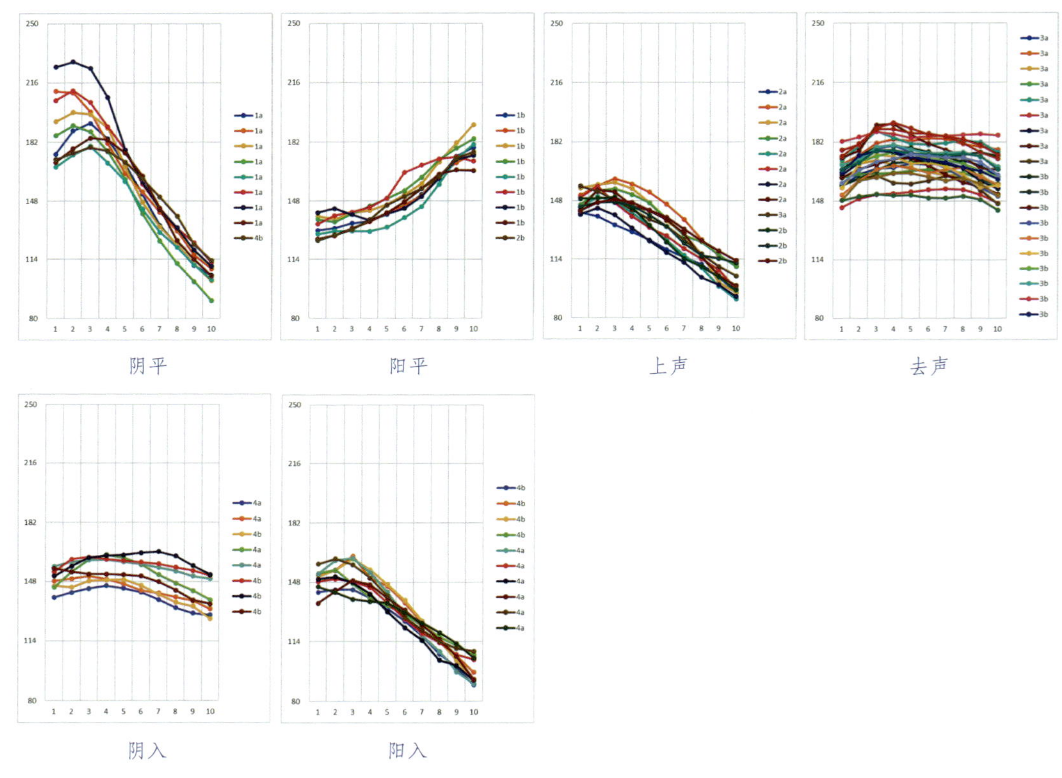

图 10－9d　今声调调域分布范围－临汾隰县－YM

青男的声调有 6 个（见图 10－9c）：

阴平 51、阳平 24、上声 31、去声 44、阴入 33、阳入 31。

今调域的分布情况（见图 10－9d）：

阴平在 31～51 之间；阳平在 23～24 之间；上声在 21～31 之间；去声在 22～33 之间；阴入在 22～33 之间；阳入在 21～31 之间。

2. 临汾蒲县

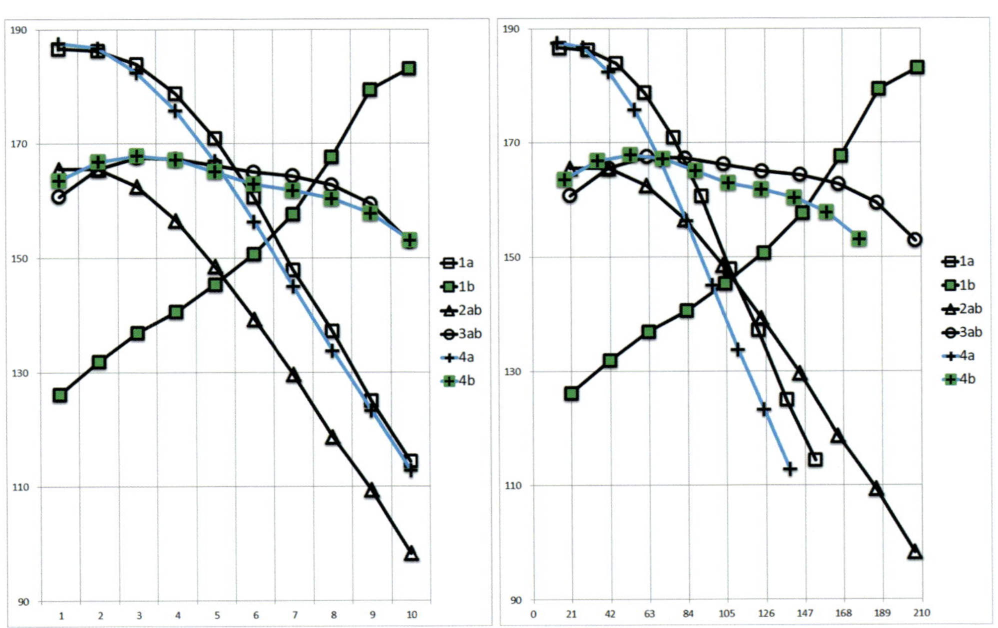

图 10 – 10a　单字调等长、实长音高模式 – 临汾蒲县 – OM

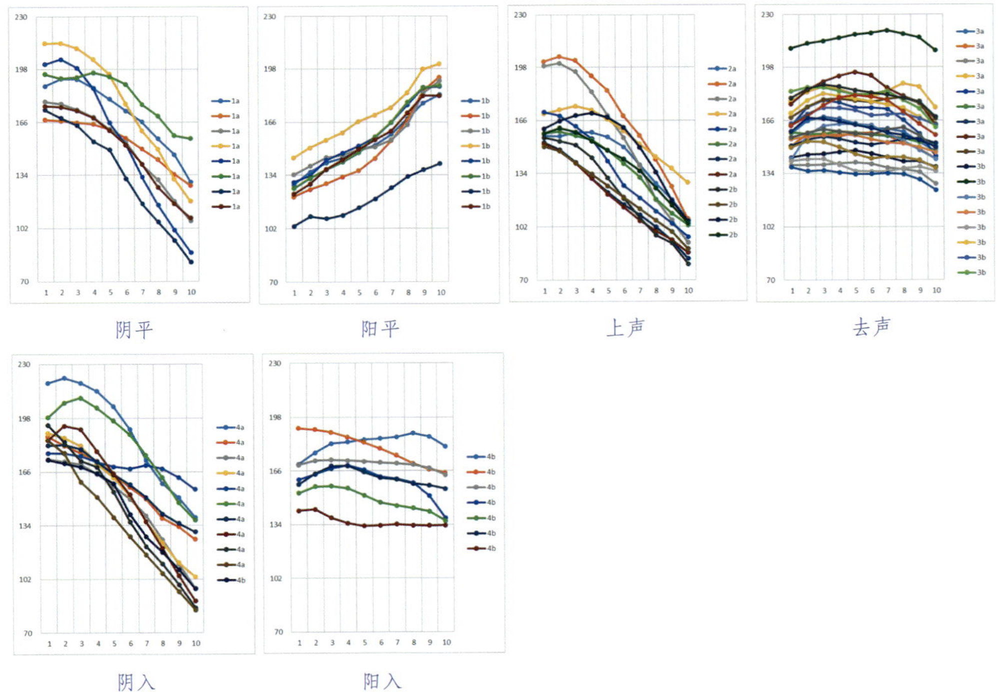

图 10 – 10b　今声调调域分布范围 – 临汾蒲县 – OM

老男的声调有 6 个（见图 10 – 10a）：

阴平 52、阳平 25、上声 41、去声 44、阴入 52、阳入 44。

今调域的分布情况（见图 10 – 10b）：

阴平在 41 ~ 53 之间；阳平在 23 ~ 34 之间；上声在 31 ~ 52 之间；去声在 32 ~ 55 之间；阴入在 41 ~ 53 之间；阳入在 33 ~ 44 之间。

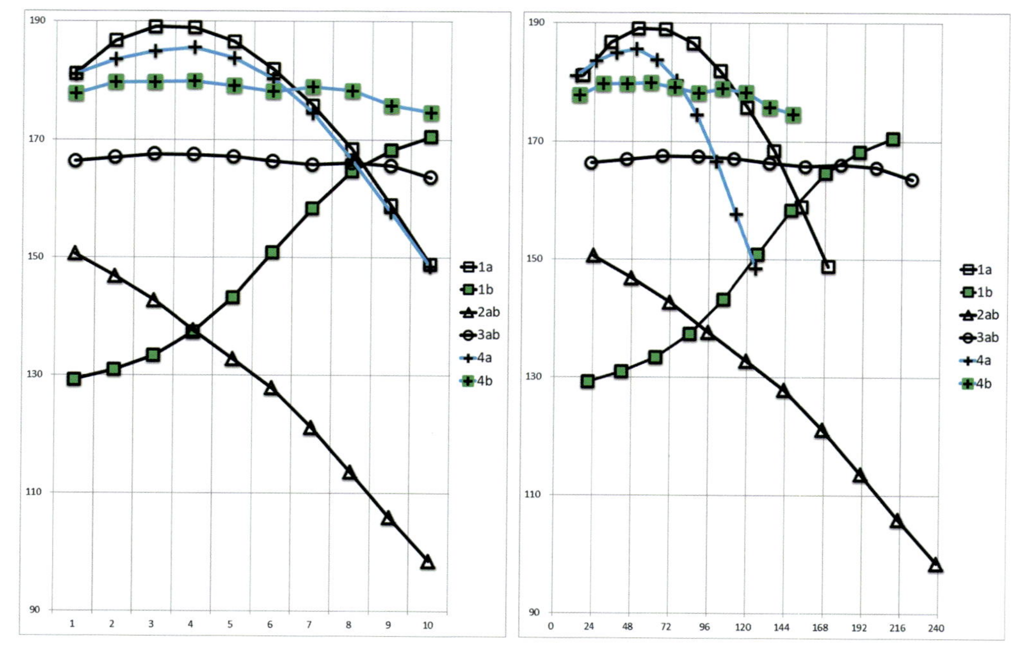

图 10－10c 单字调等长、实长音高模式－临汾蒲县－YM

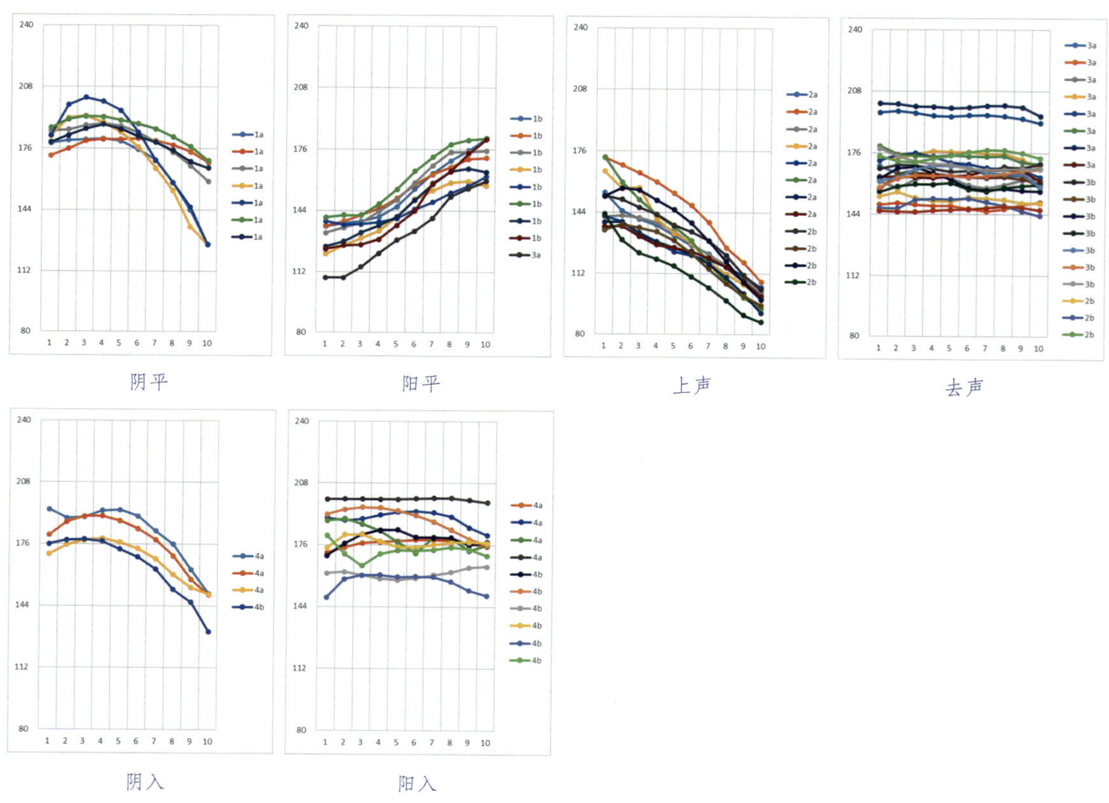

图 10－10d 今声调调域分布范围－临汾蒲县－YM

青男的声调有 6 个（见图 10－10c）：

阴平 53、阳平 24、上声 31、去声 44、阴入 <u>53</u>、阳入 <u>55</u>。

今调域的分布情况（见图 10－10d）：

阴平在 32～43 之间；阳平在 13～24 之间；上声在 21～31 之间；去声在 33～44 之间；阴入在 <u>32</u>～<u>43</u> 之间；阳入在 <u>33</u>～<u>44</u> 之间。

10.3 上党片

10.3.1 长治小片

1. 长治常青

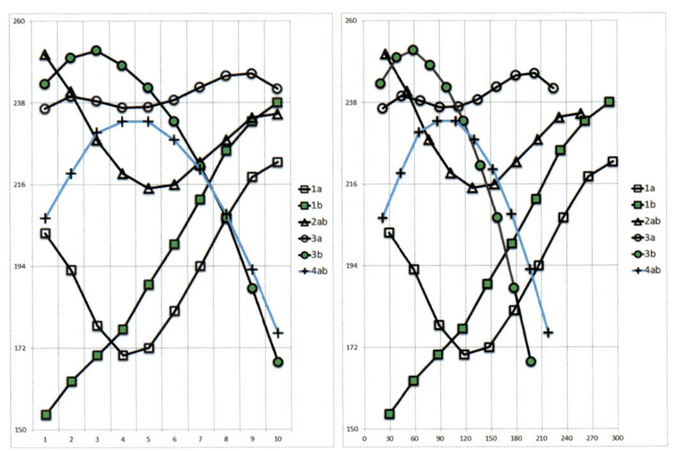

图 10－11a 单字调等长、实长音高模式－长治常青－OM

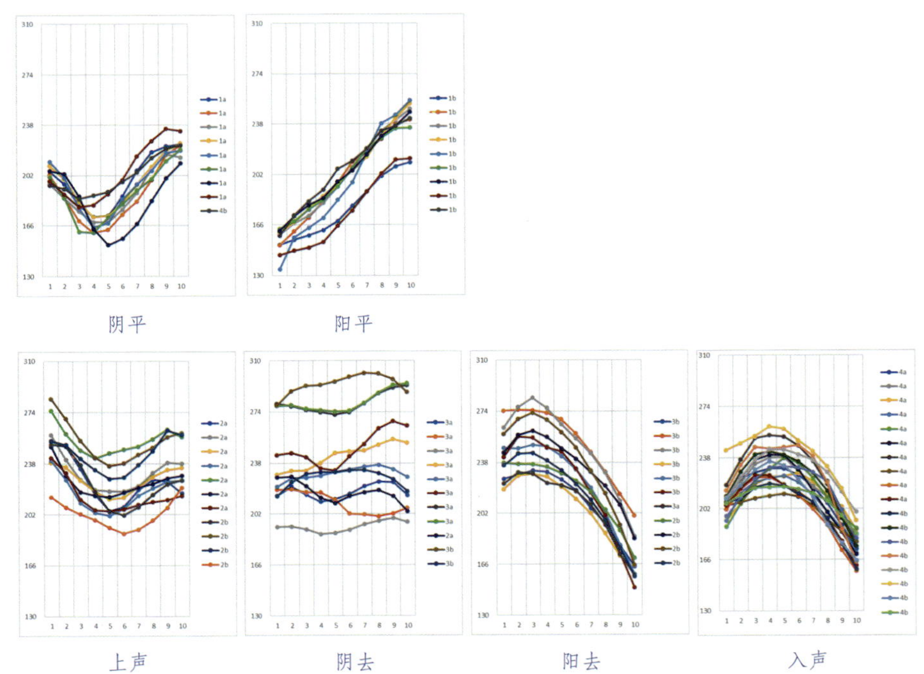

图 10－11b 今声调调域分布范围－长治常青－OM

老男的声调有 6 个（见图 10－11a）：

阴平 314、阳平 14、上声 534、阴去 45、阳去 51、入声 342。

今调域的分布情况（见图 10－11b）：

阴平在 213～323 之间；阳平在 13～14 之间；上声在 323～544 之间；阴去在 22～55 之间；阳去在 31～52 之间；入声在 231～442 之间。

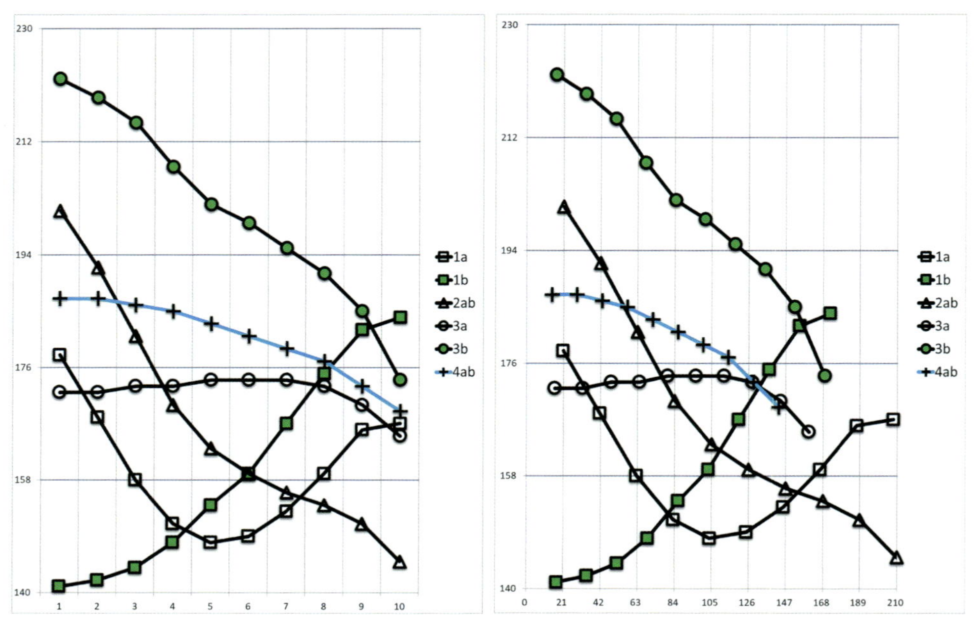

图 10－11c　单字调等长、实长音高模式－长治常青－YM

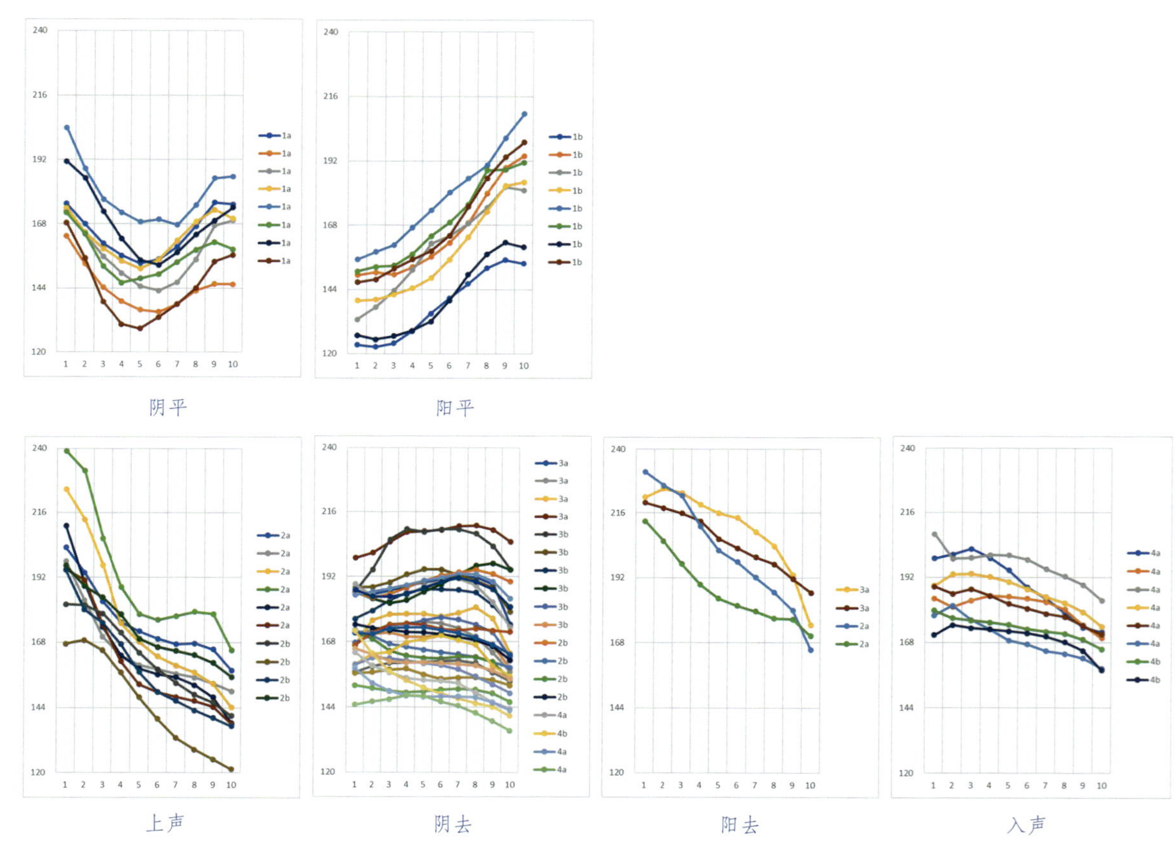

图 10－11d　今声调调域分布范围－长治常青－YM

青男的声调有 6 个（见图 10－11c）：

阴平 312、阳平 13、上声 41、阴去 22、阳去 52、入声 <u>32</u>。

今调域的分布情况（见图 10－11d）：

阴平在 212～434 之间；阳平在 12～24 之间；上声在 21～52 之间；阴去在 21～44 之间；阳去在 43～53 之间；入声在 <u>32</u>～<u>43</u> 之间。

2. 长子丹朱

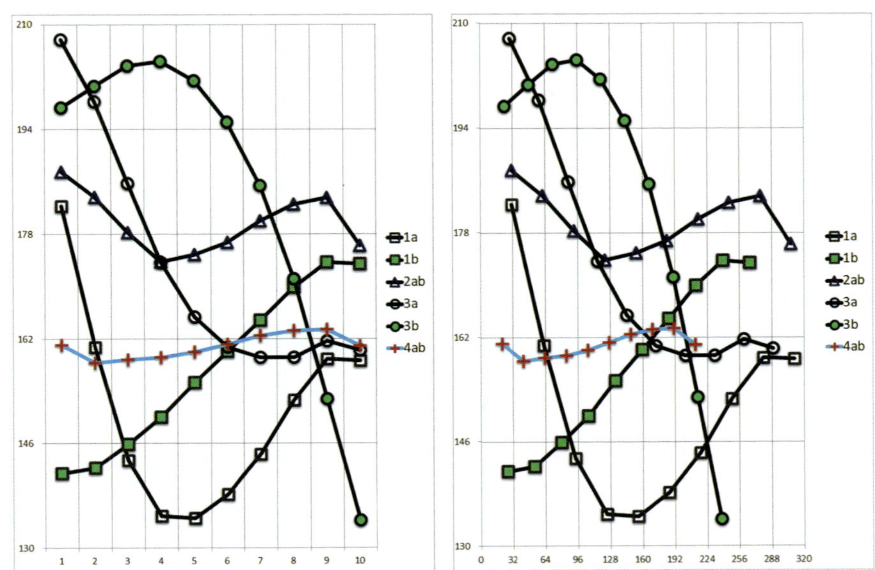

图 10－12a 单字调等长、实长音高模式－长子丹朱－OM

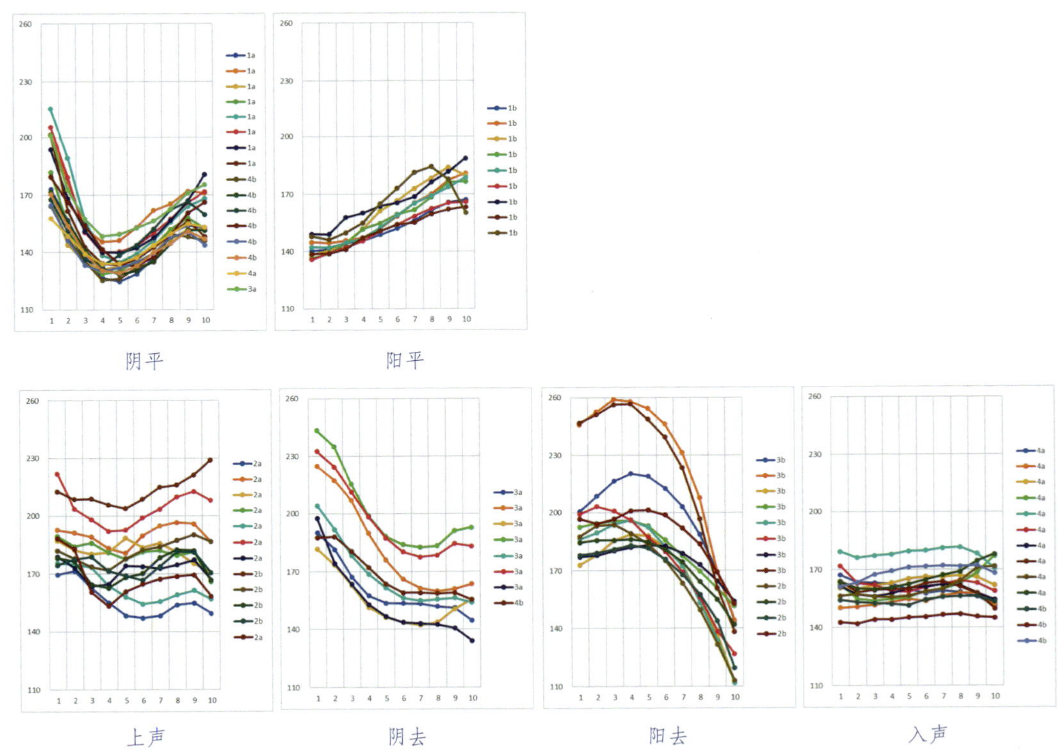

图 10－12b 今声调调域分布范围－长子丹朱－OM

老男的声调有 6 个（见图 10－12a）：

阴平 412、阳平 13、上声 434、阴去 522、阳去 551、入声 <u>22</u>。

今调域的分布情况（见图 10－12b）：

阴平在 212～423 之间；阳平在 12～23 之间；上声在 322～445 之间；阴去在 322～533 之间；阳去在 231～552 之间；入声在 <u>22</u>～<u>33</u> 之间。

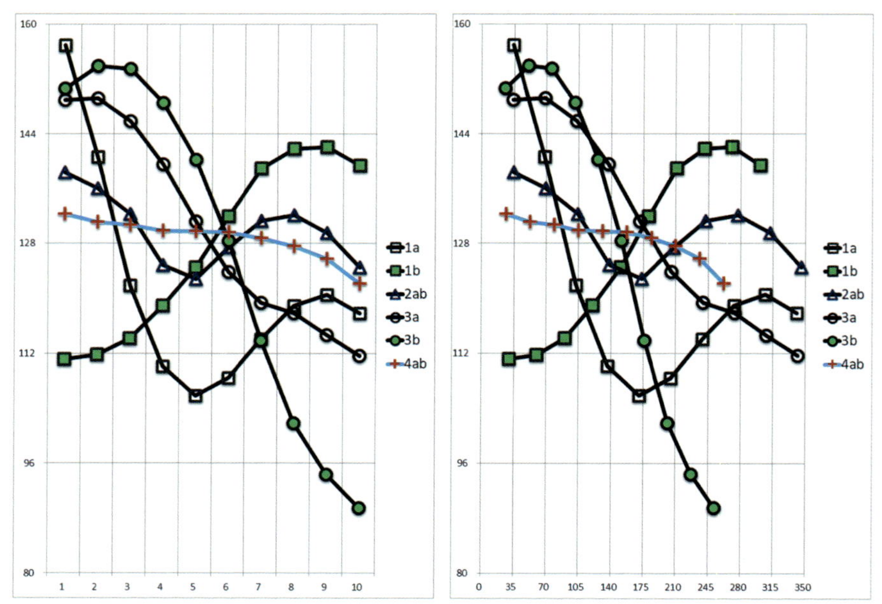

图 10－12c　单字调等长、实长音高模式－长子丹朱－YM

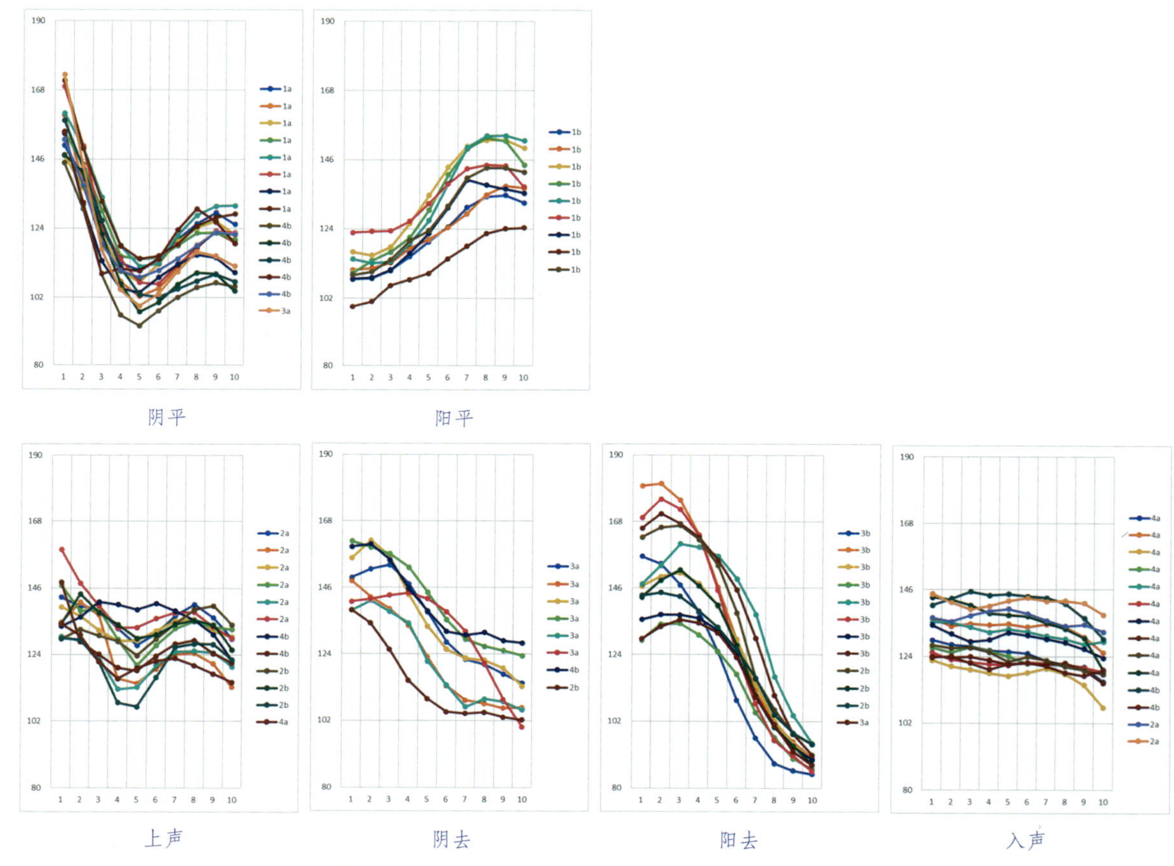

图 10－12d　今声调调域分布范围－长子丹朱－YM

青男的声调有 6 个（见图 10－12c）：

阴平 523、阳平 24、上声 434、阴去 52、阳去 51、入声 43。

今调域的分布情况（见图 10－12d）：

阴平在 312～523 之间；阳平在 23～24 之间；上声在 323～433 之间；阴去在 32～43 之间；阳去在 31～51 之间；入声在 22～33 之间。

10.3.2 晋城小片

1. 晋城沁县

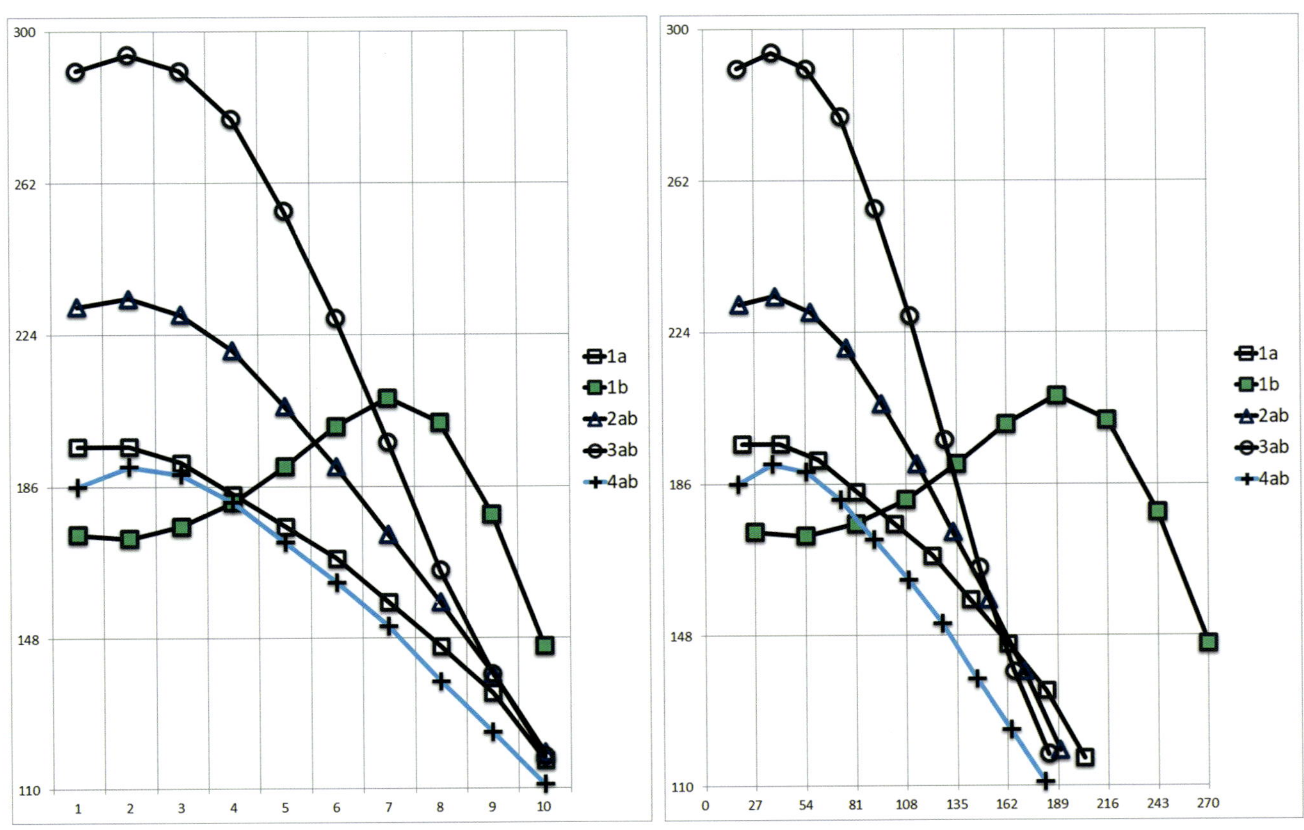

图 10－13a 单字调等长、实长音高模式－晋城沁县－OM

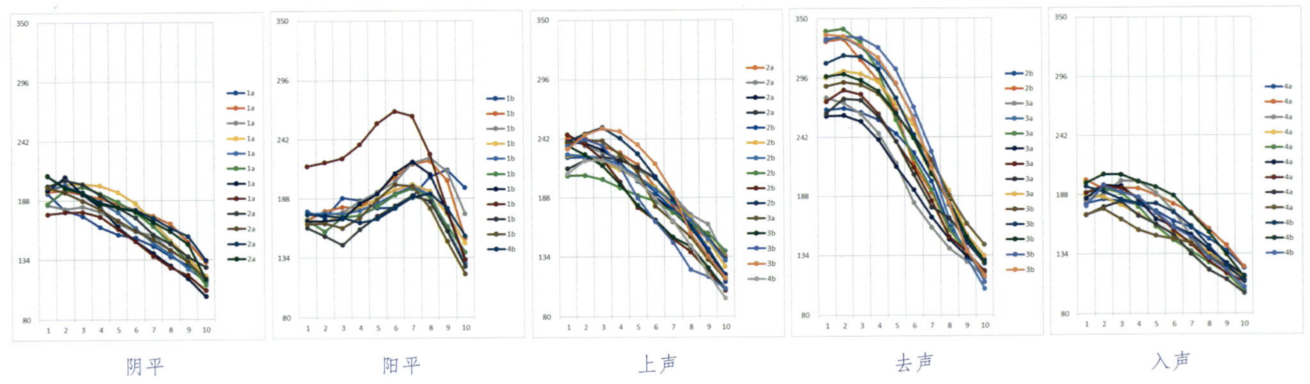

图 10－13b 今声调调域分布范围－晋城沁县－OM

老男的声调有 5 个（见图 10－13a）：

阴平 31、阳平 231、上声 41、去声 51、入声 31。

今调域的分布情况（见图 10－13b）：

阴平在 21～32 之间；阳平在 231～342 之间；上声在 31～32 之间；去声在 41～52 之间；入声在 21～31 之间。

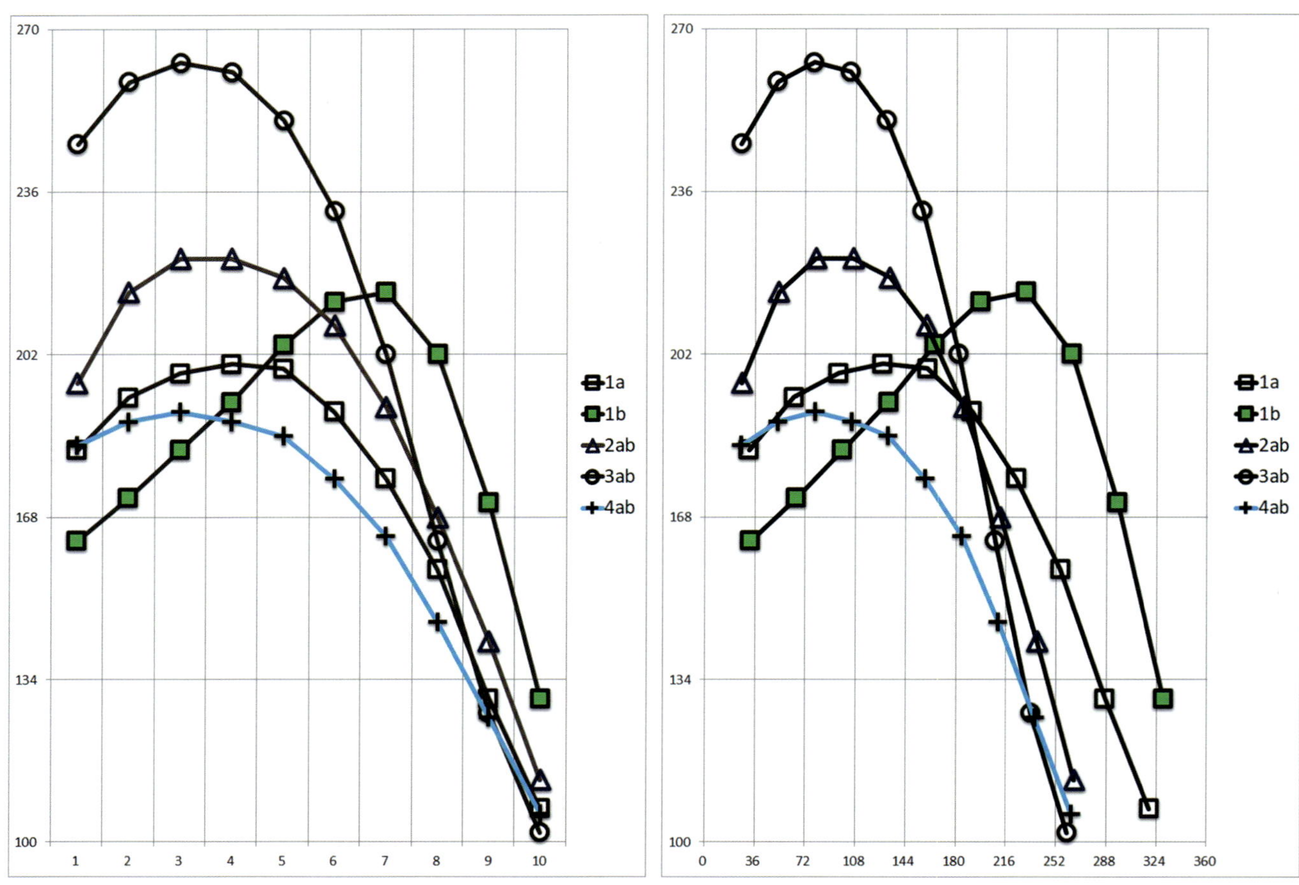

图 10－13c　单字调等长、实长音高模式－晋城沁县－YM

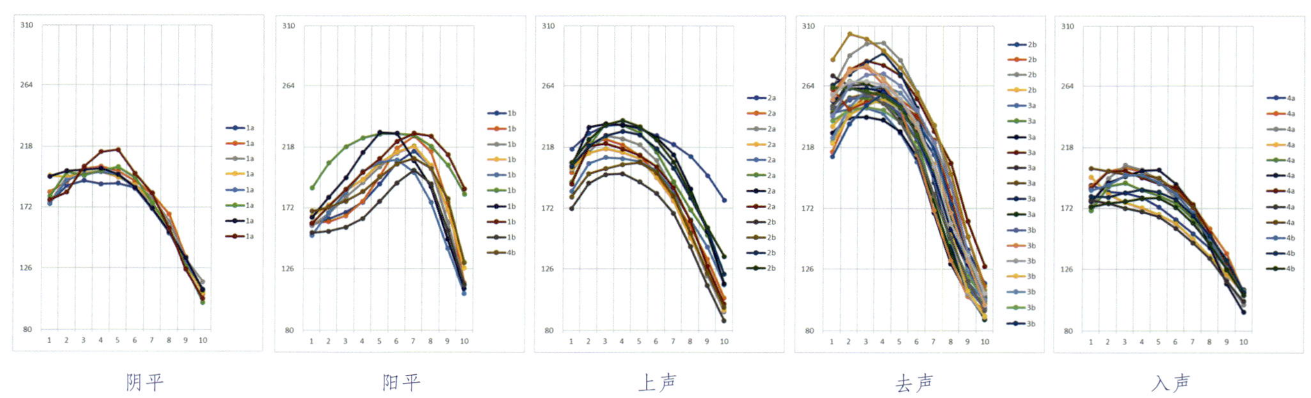

图 10－13d　今声调调域分布范围－晋城沁县－YM

青男的声调有 5 个（见图 10－13c）：

阴平 331、阳平 241、上声 341、去声 551、入声 <u>331</u>。

今调域的分布情况（见图 10－13d）：

阴平主要在 331 的范围；阳平在 231～343 之间；上声在 331～443 之间；去声在 441～552 之间；入声主要在 <u>331</u> 的范围。

2. 陵川崇文

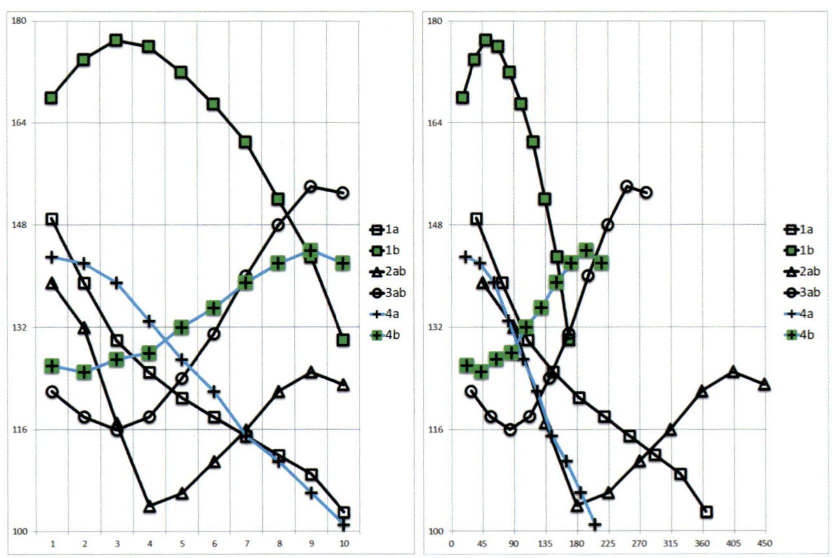

图 10 - 14a 单字调等长、实长音高模式 - 陵川崇文 - OM

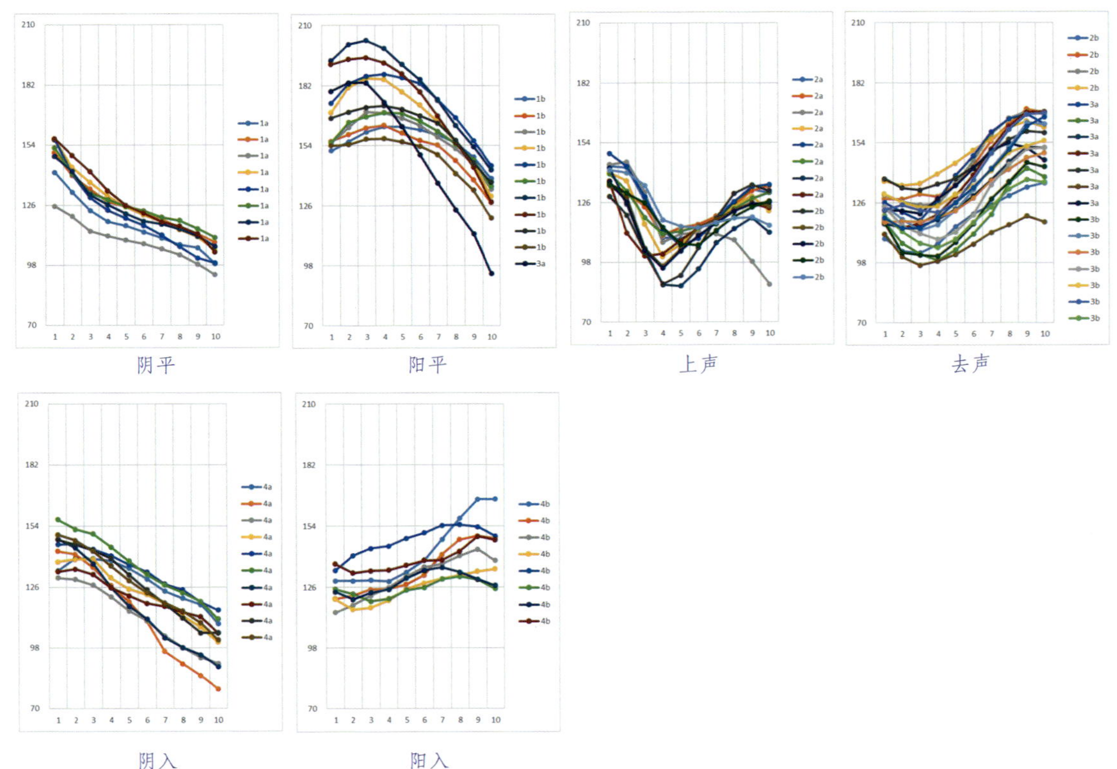

图 10 - 14b 今声调调域分布范围 - 陵川崇文 - OM

老男的声调有 6 个（见图 10 - 14a）：

阴平 41、阳平 552、上声 312、去声 224、阴入 31、阳入 23。

今调域的分布情况（见图 10 - 14b）：

阴平在 21 ~ 32 之间；阳平在 442 ~ 553 之间；上声在 212 ~ 323 之间；去声在 212 ~ 334 之间；阴入在 31 ~ 42 之间；阳入在 23 ~ 34 之间。

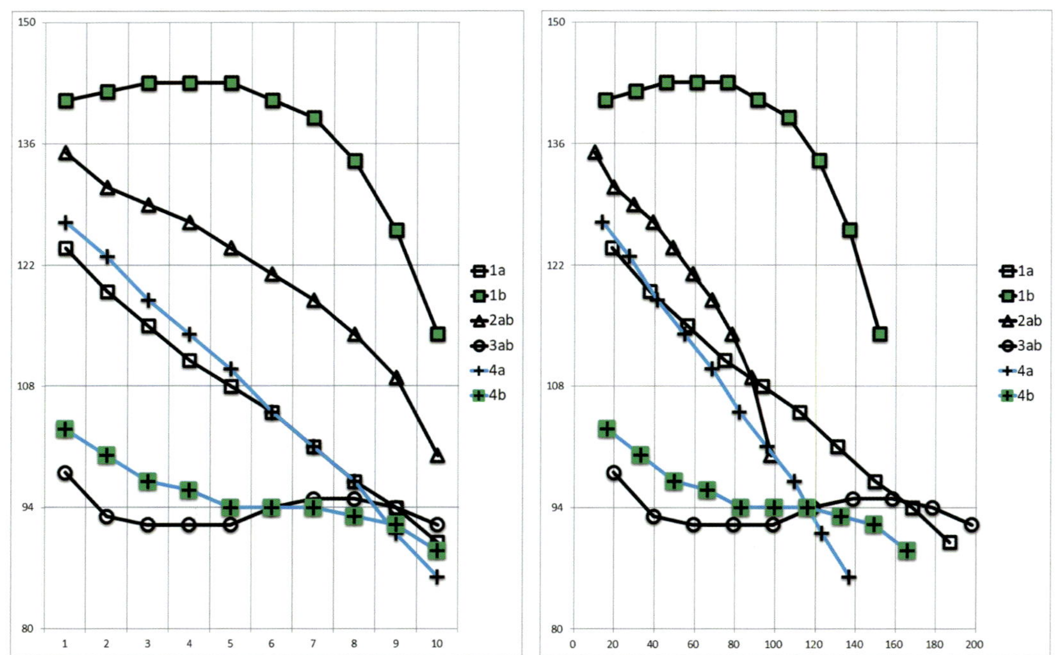

图 10－14c　单字调等长、实长音高模式－陵川崇文－YM

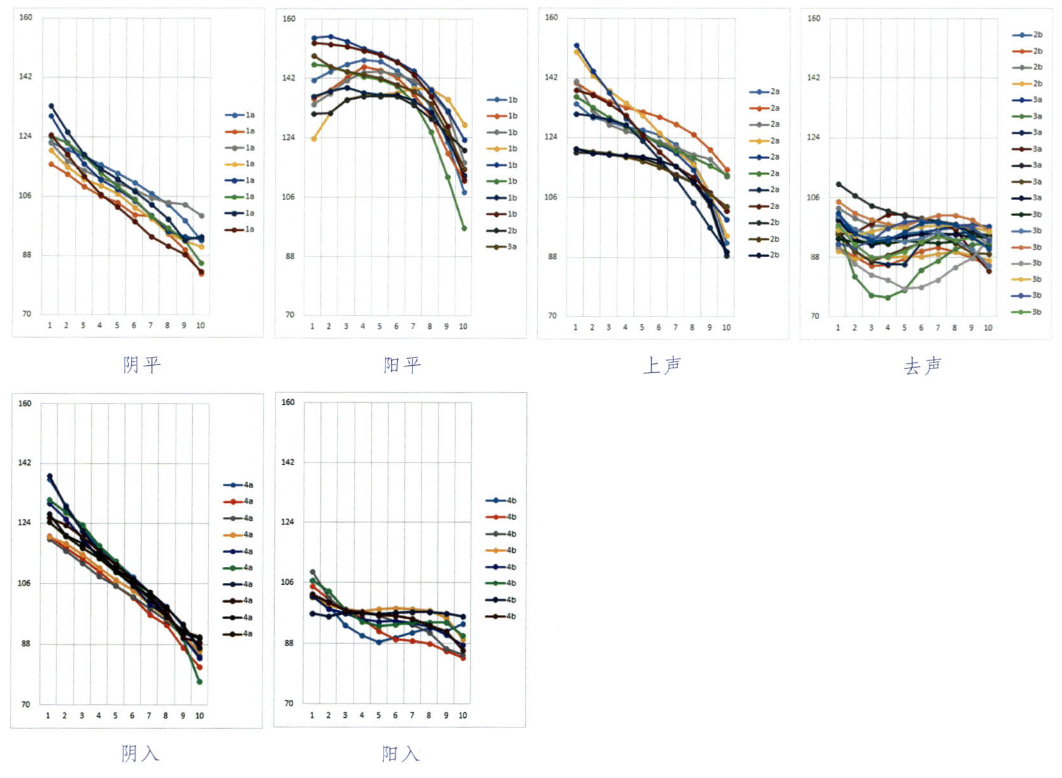

图 10－14d　今声调调域分布范围－陵川崇文－YM

青男的声调有 6 个（见图 10－14c）：

阴平 41、阳平 553、上声 42、去声 211、阴入 41、阳入 21。

今调域的分布情况（见图 10－14d）：

阴平在 31～42 之间；阳平在 442～553 之间；上声在 32～53 之间；去声在 212～32 之间；阴入在 31～42 之间；阳入在 21～32 之间。

10.4 五台片

1. 忻州河曲

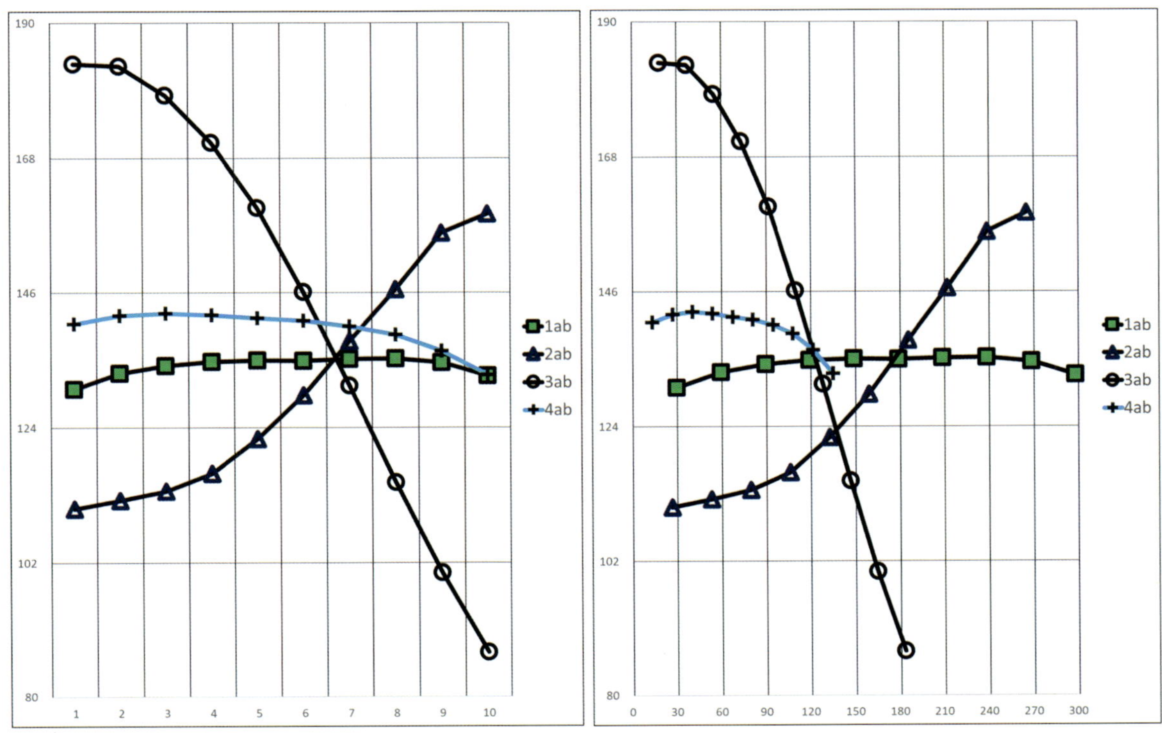

图 10－15a 单字调等长、实长音高模式－忻州河曲－OM

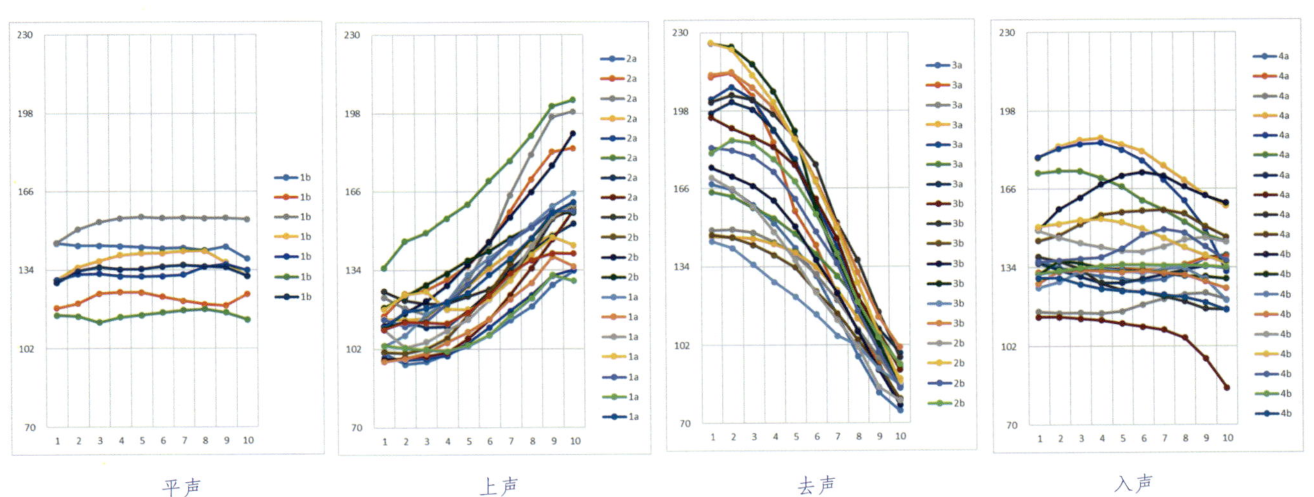

图 10－15b 今声调调域分布范围－忻州河曲－OM

老男的声调有 4 个（见图 10－15a）：

平声 33、上声 24、去声 51、入声 33。

今调域的分布情况（见图 10－15b）：

平声在 22～33 之间；上声在 12～35 之间；去声在 31～51 之间；入声在 21～43 之间。

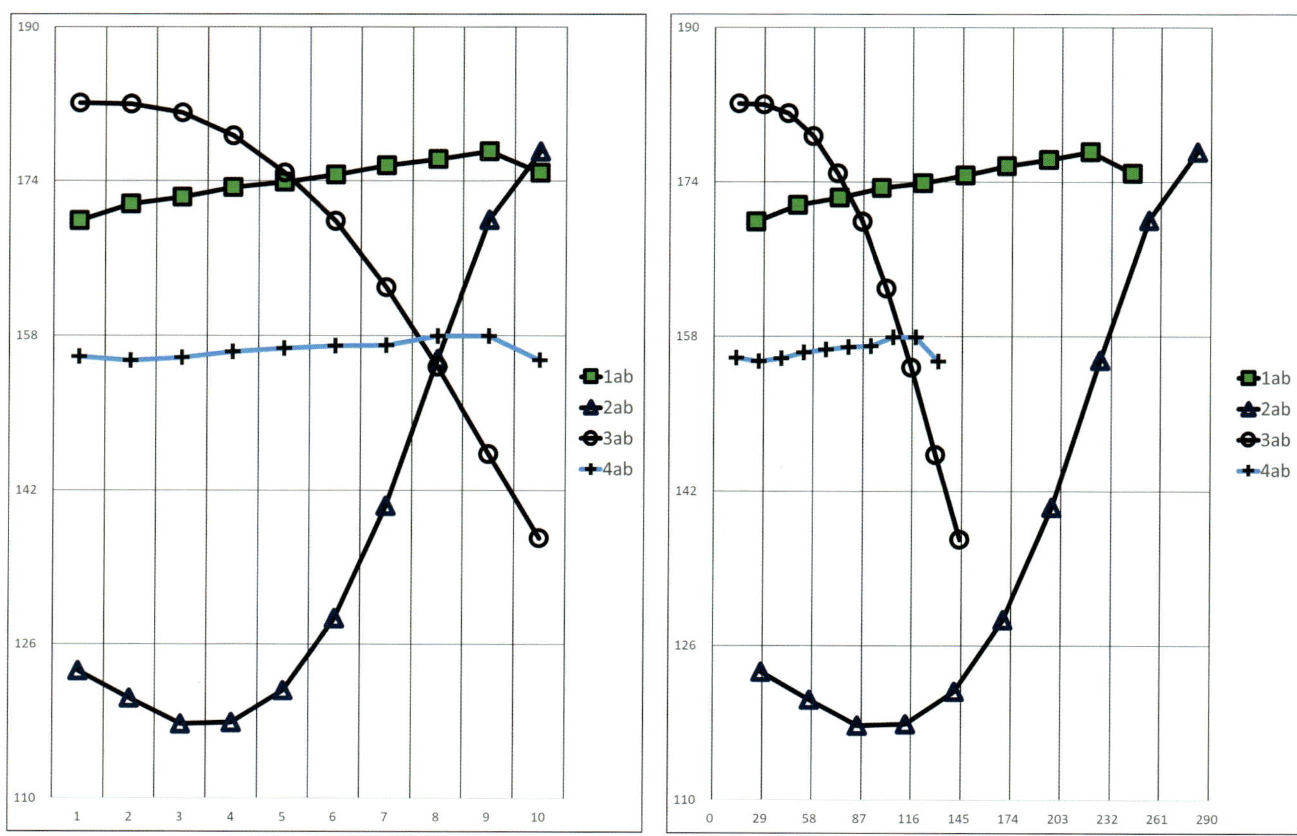

图 10－15c　单字调等长、实长音高模式－忻州河曲－YM

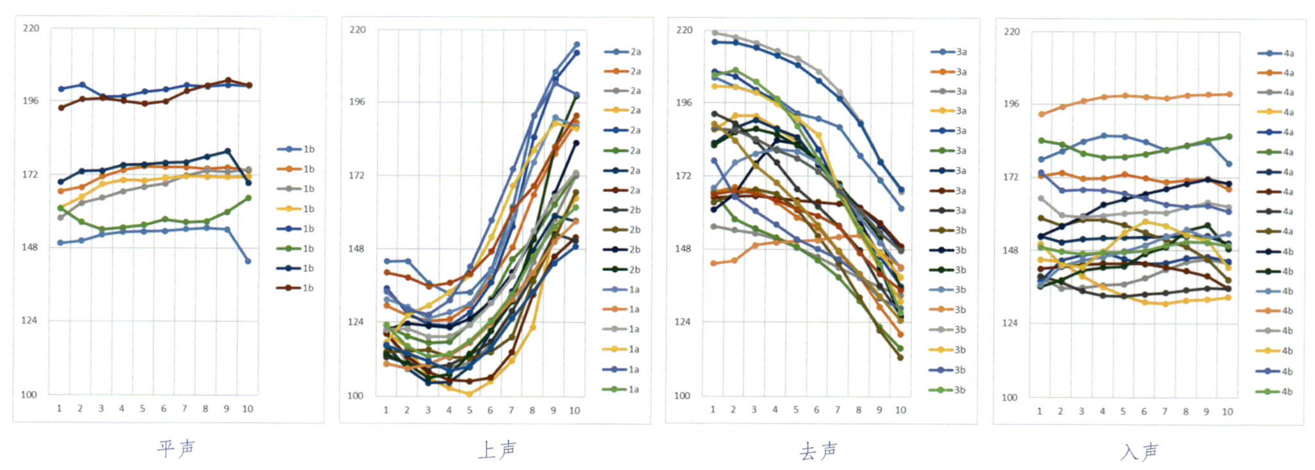

图 10－15d　今声调调域分布范围－忻州河曲－YM

青男的声调有 4 个（见图 10－15c）：

平声 45、上声 115、去声 52、入声 33。

今调域的分布情况（见图 10－15d）：

平声在 33～55 之间；上声在 113～225 之间；去声在 31～53 之间；入声在 22～45 之间。

2. 忻州繁峙

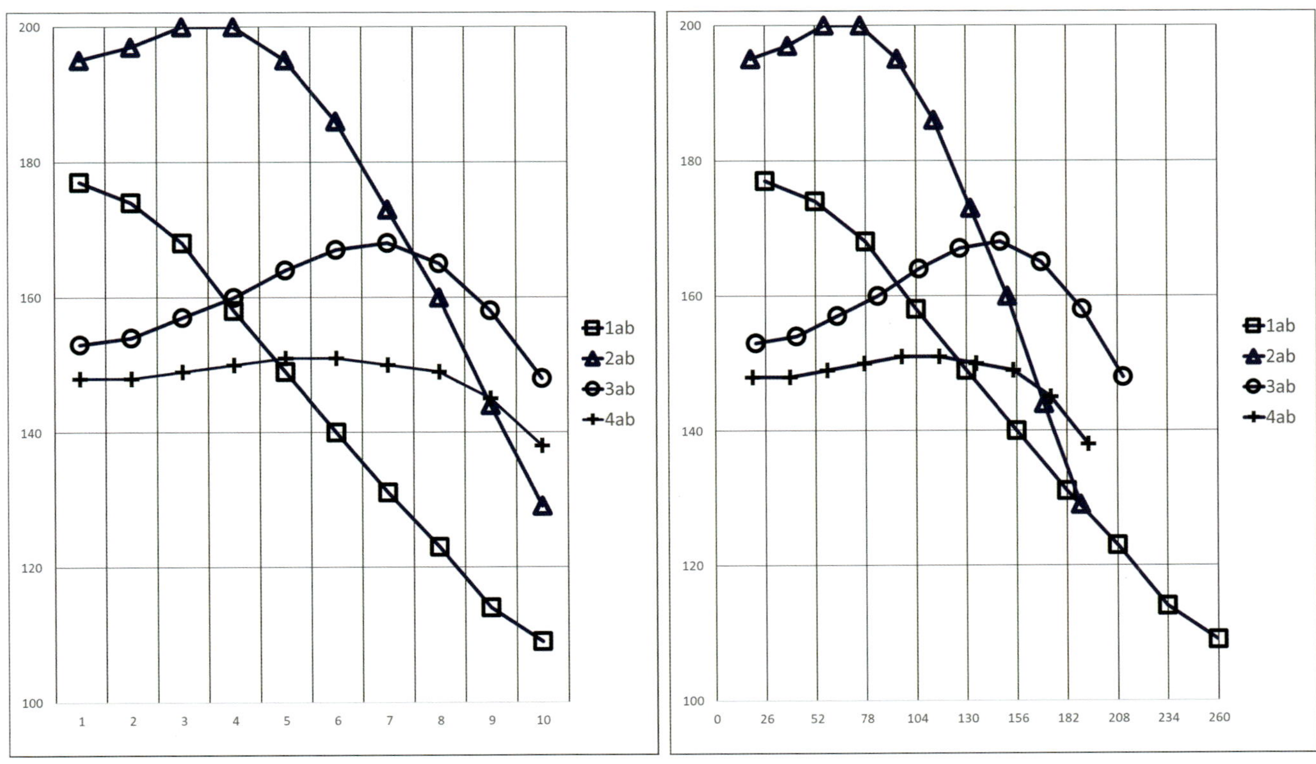

图 10－16a 单字调等长、实长音高模式－忻州繁峙－OM

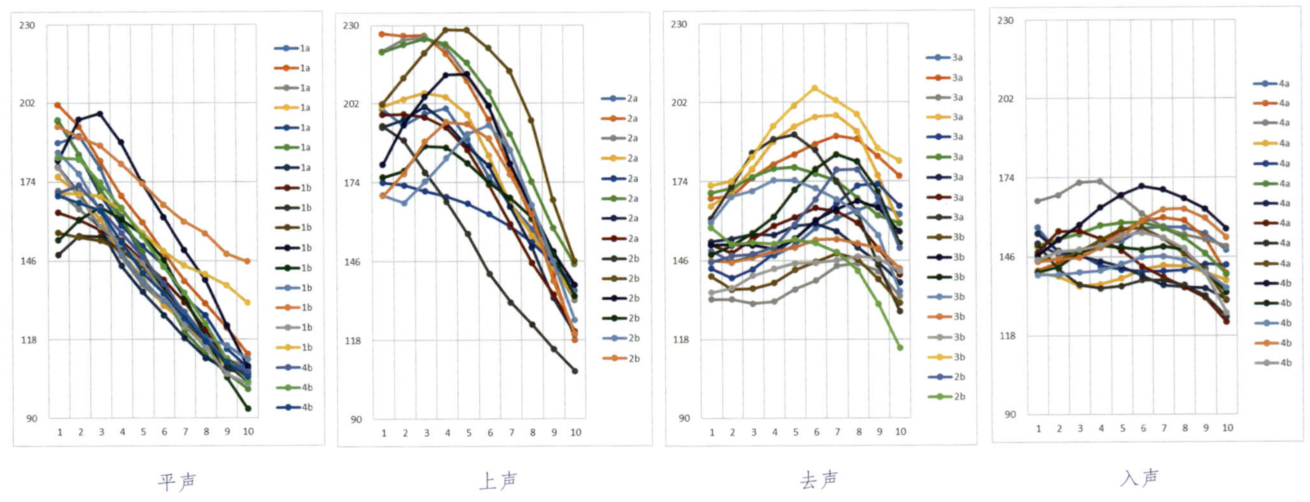

图 10－16b 今声调调域分布范围－忻州繁峙－OM

老男的声调有 4 个（见图 10－16a）：

平声 41、上声 552、去声 343、入声 32。

今调域的分布情况（见图 10－16b）：

平声在 31～42 之间；上声在 441～552 之间；去声在 232～354 之间；入声在 232～32 之间。

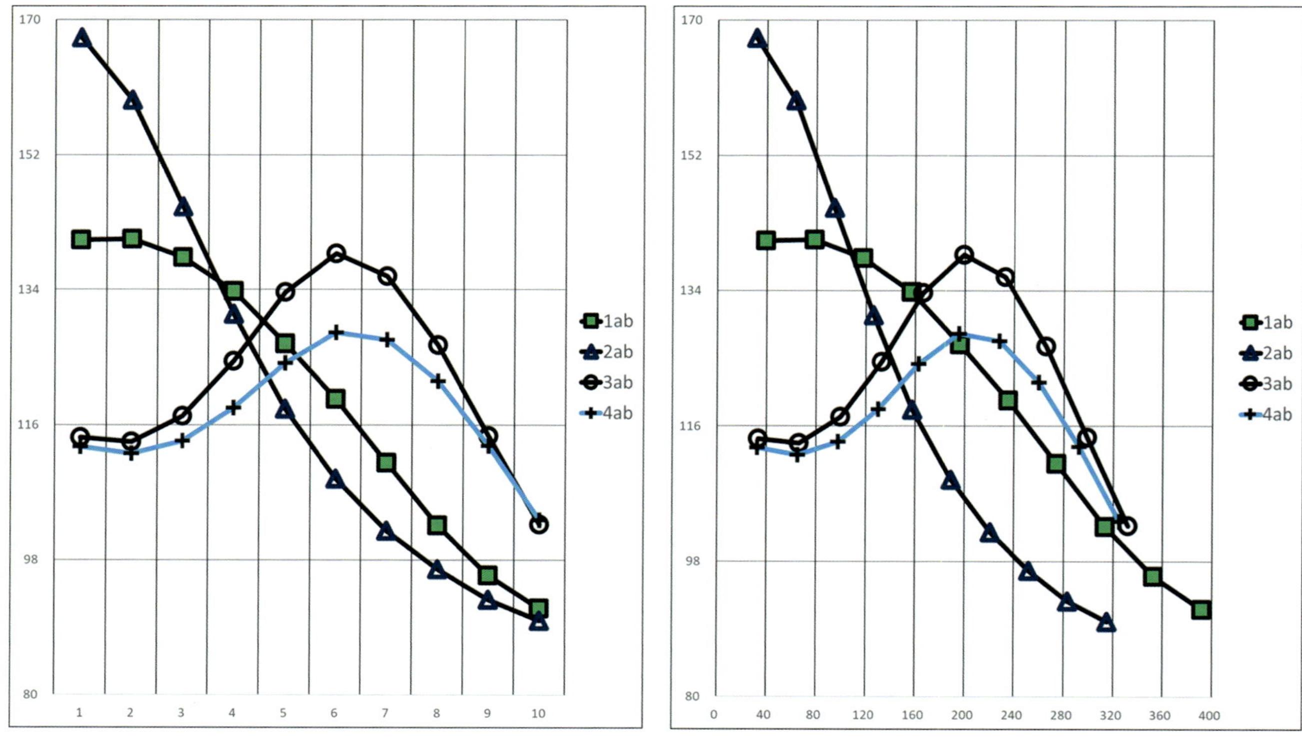

图 10－16c　单字调等长、实长音高模式－忻州繁峙－YM

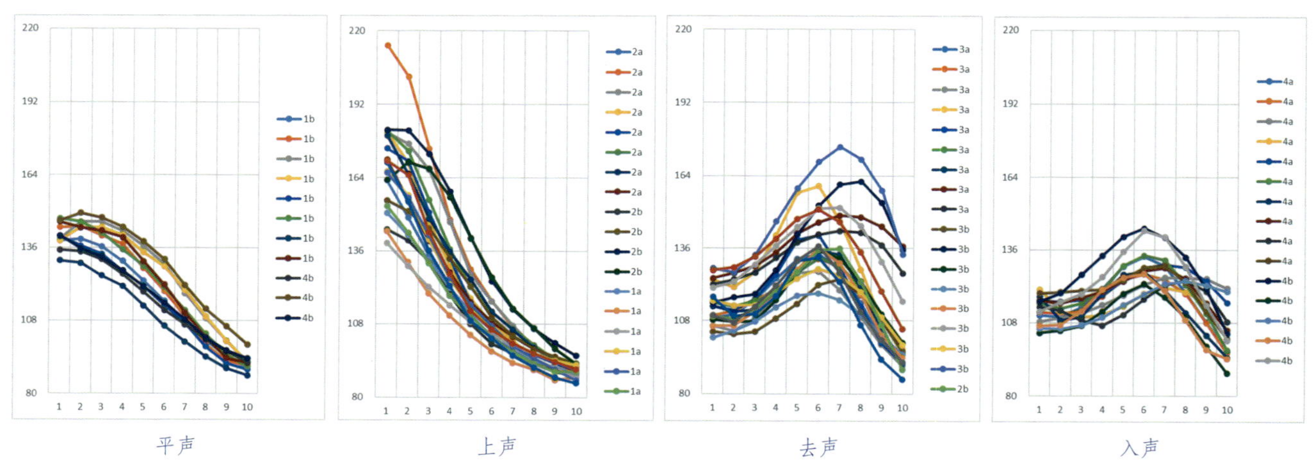

图 10－16d　今声调调域分布范围－忻州繁峙－YM

青男的声调有 4 个（见图 10－16c）：

平声 41、上声 51、去声 241、入声 231。

今调域的分布情况（见图 10－16d）：

平声在 21～31 之间；上声在 31～51 之间；去声在 121～243 之间；入声在 121～232 之间。

10.5 大包片

1. 山西大同

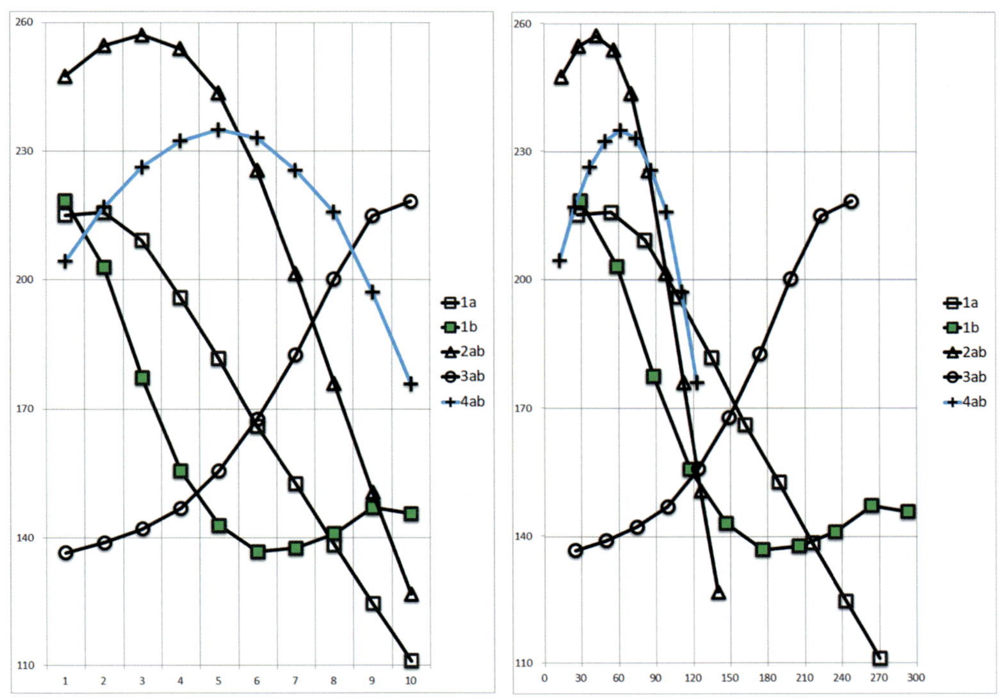

图 10－17a 单字调等长、实长音高模式－山西大同－OM

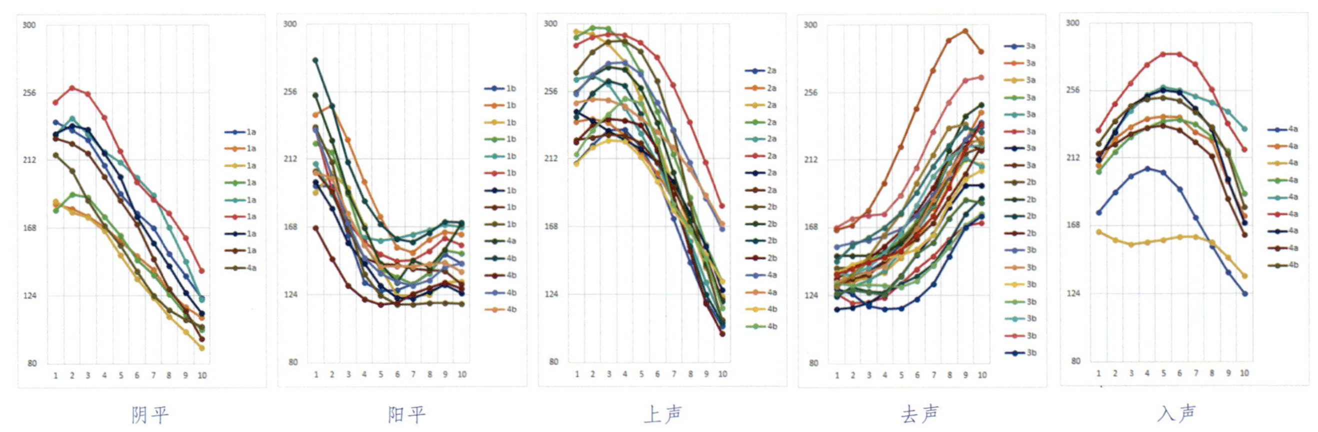

图 10－17b 今声调调域分布范围－山西大同－OM

老男的声调有 5 个（见图 10－17a）：

阴平 41、阳平 412、上声 551、去声 14、入声 453。

今调域的分布情况（见图 10－17b）：

阴平在 31～42 之间；阳平在 322～522 之间；上声在 441～553 之间；去声在 13～35 之间；入声在 22～454 之间。

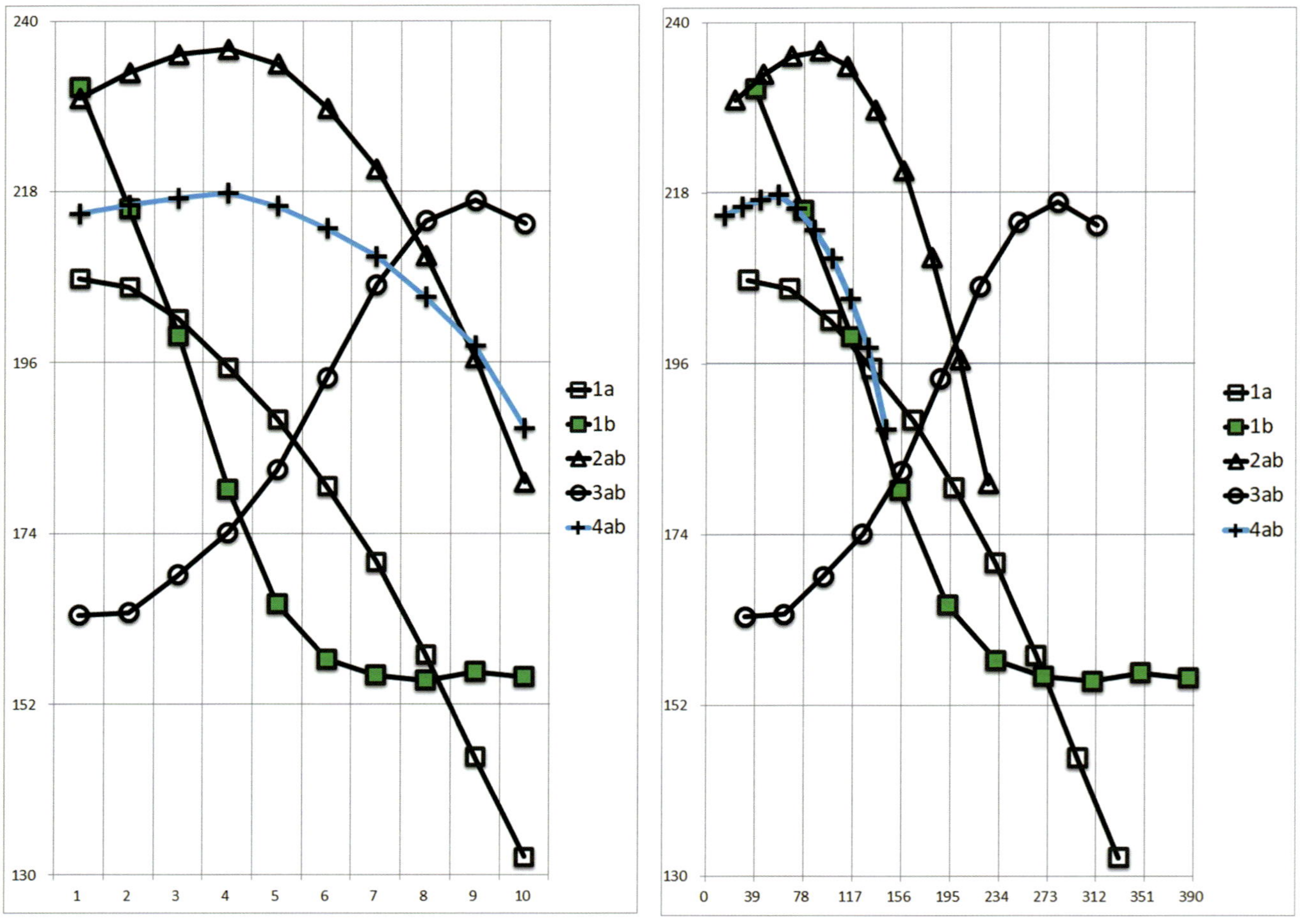

图 10－17c　单字调等长、实长音高模式－山西大同－YM

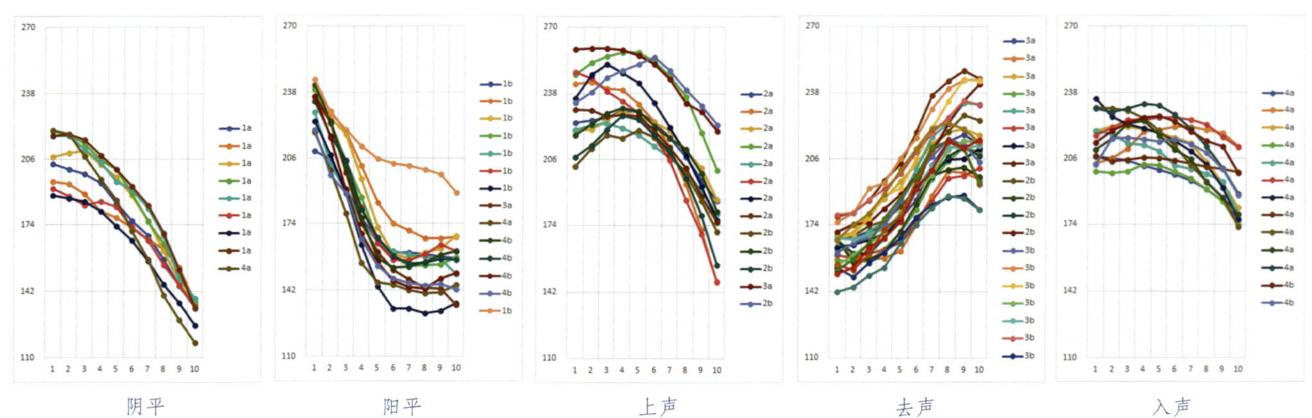

图 10－17d　今声调调域分布范围－山西大同－YM

青男的声调有 5 个（见图 10－17c）：

阴平 41、阳平 522、上声 553、去声 24、入声 43。

今调域的分布情况（见图 10－17d）：

阴平在 31～41 之间；阳平在 411～522 之间；上声在 442～554 之间；去声在 23～35 之间；入声在 32～43 之间。

2. 昔阳乐平

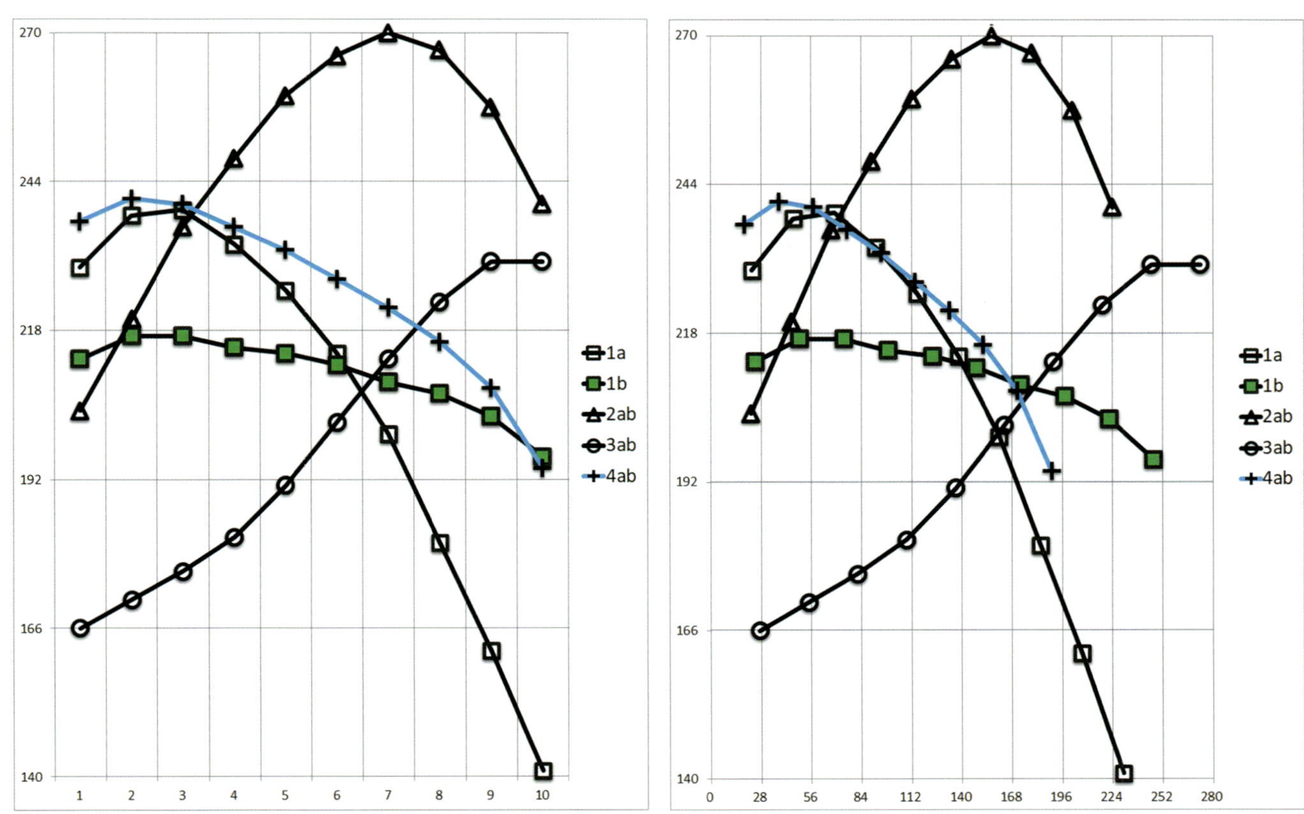

图 10－18a　单字调等长、实长音高模式－昔阳乐平－OM

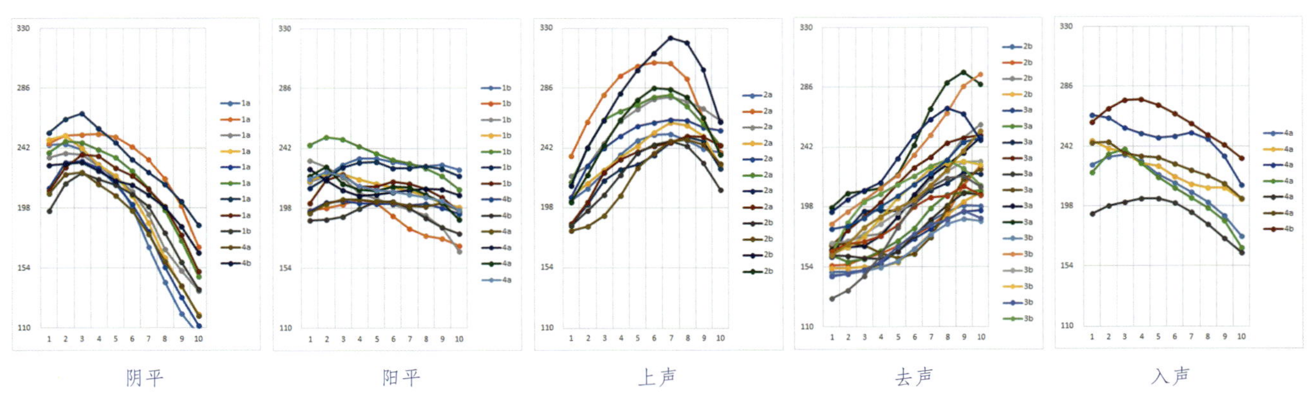

图 10－18b　今声调调域分布范围－昔阳乐平－OM

老男的声调有 5 个（见图 10－18a）：

阴平 41、阳平 33、上声 354、去声 24、入声 43。

今调域的分布情况（见图 10－18b）：

阴平在 31～42 之间；阳平在 32～43 之间；上声在 233～354 之间；去声在 12～25 之间；入声在 32～43 之间。

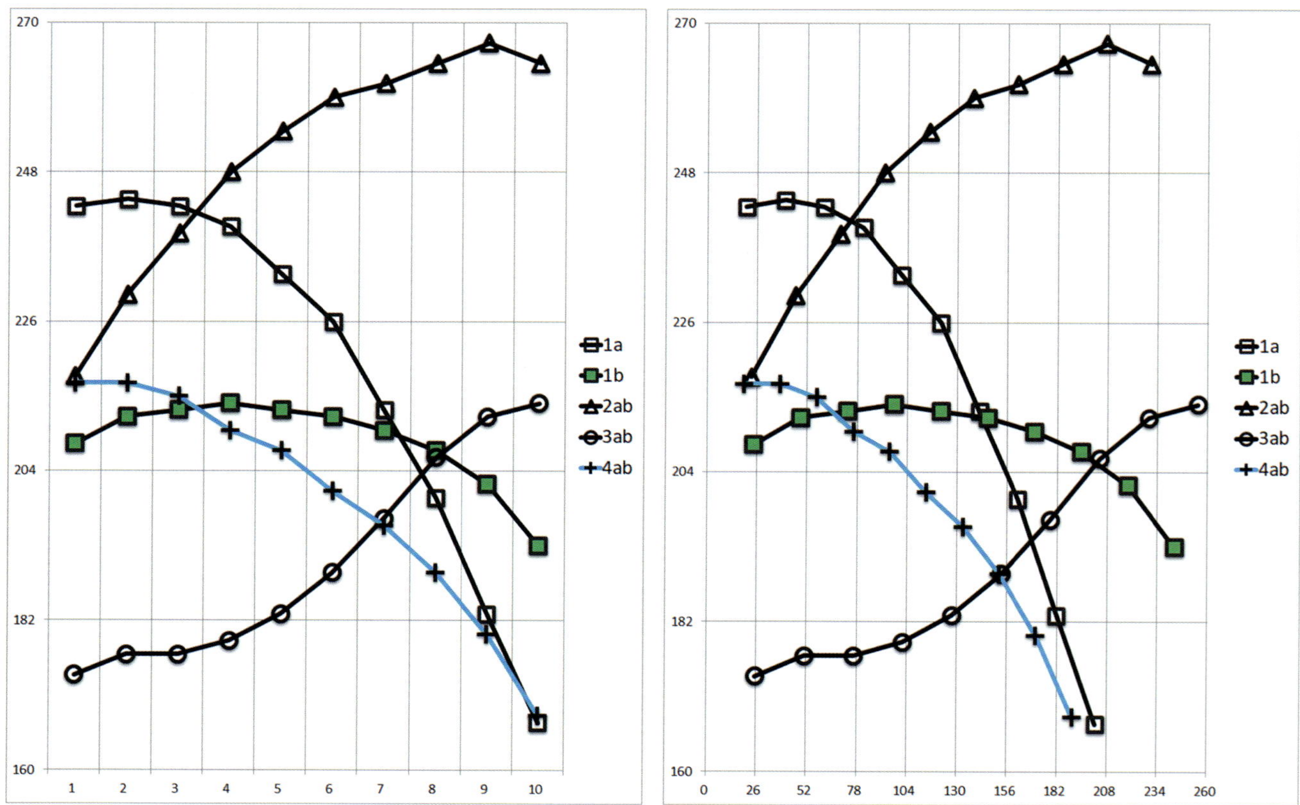

图 10－18c　单字调等长、实长音高模式－昔阳乐平－YM

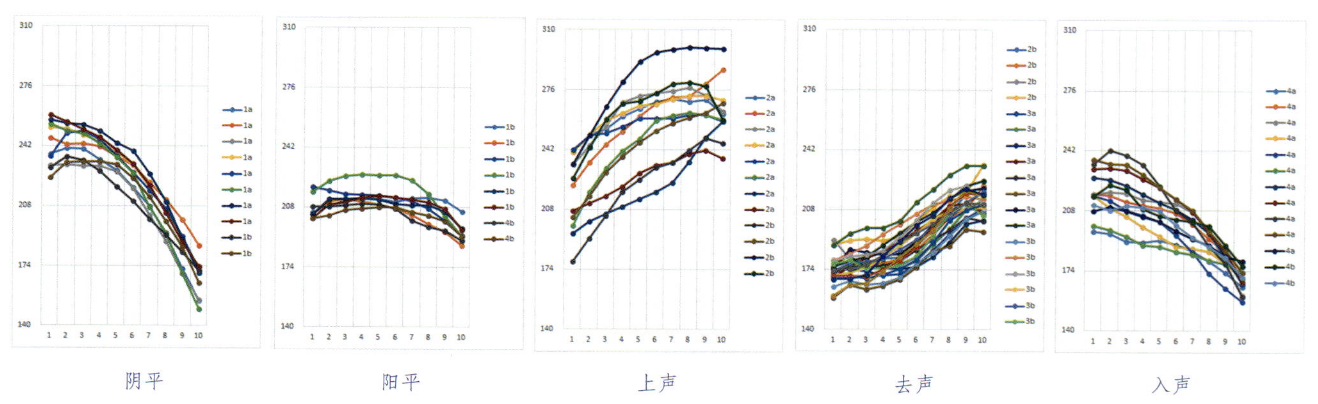

图 10－18d　今声调调域分布范围－昔阳乐平－YM

青男的声调有 5 个（见图 10－18c）：

阴平 41、阳平 32、上声 35、去声 13、入声 31。

今调域的分布情况（见图 10－18d）：

阴平在 31 ~ 42 之间；阳平主要在 32 的范围；上声在 23 ~ 35 之间；去声在 12 ~ 23 之间；入声在 21 ~ 31 之间。

3. 包头东河

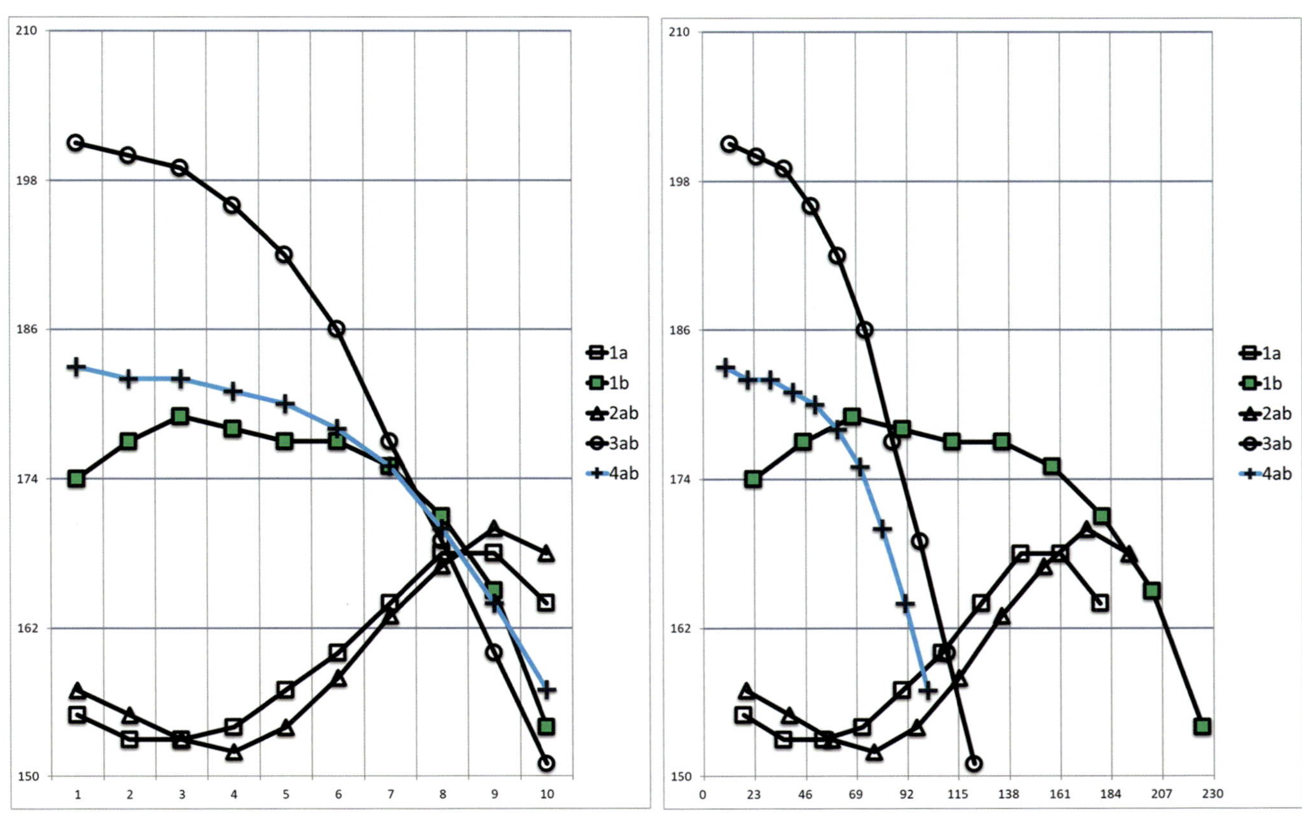

图 10－19a 单字调等长、实长音高模式－包头东河－OM

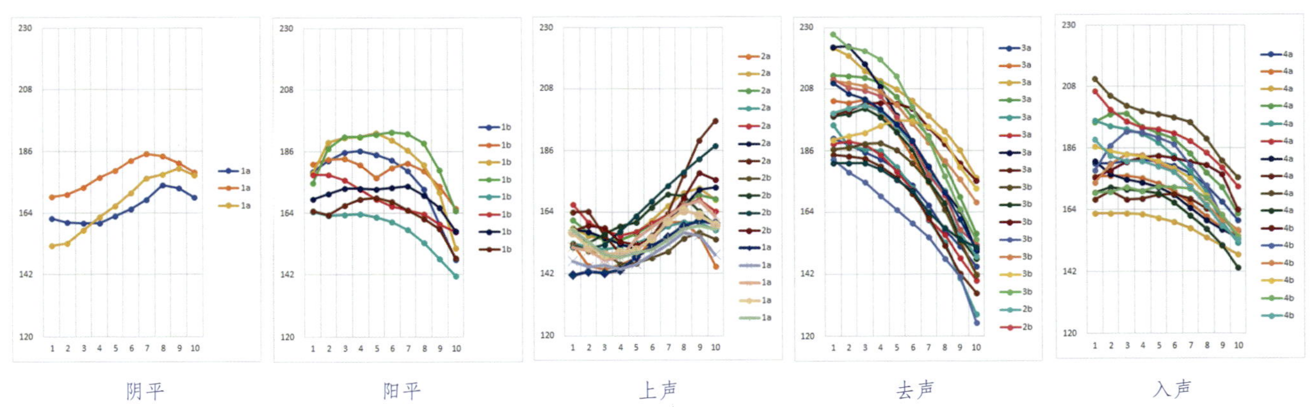

图 10－19b 今声调调域分布范围－包头东河－OM

老男的声调有 5 个（见图 10－19a）：

阴平 23、阳平 331、上声 112、去声 51、入声 <u>41</u>。

今调域的分布情况（见图 10－19b）：

阴平在 23～34 之间；阳平在 331～443 之间；上声在 112～224 之间；去声在 31～53 之间；入声在 <u>32</u>～<u>43</u> 之间。

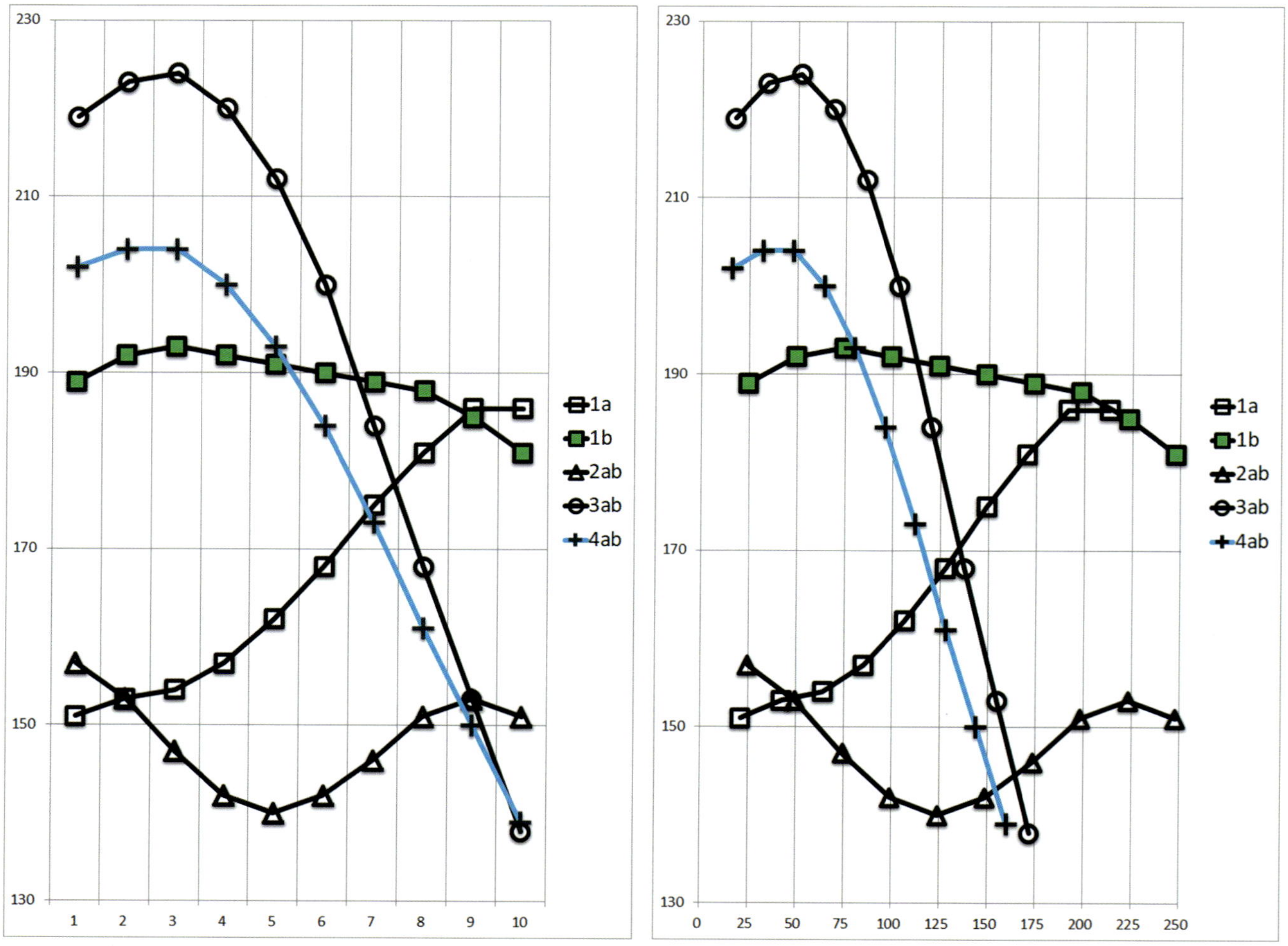

图 10－19c　单字调等长、实长音高模式－包头东河－YM

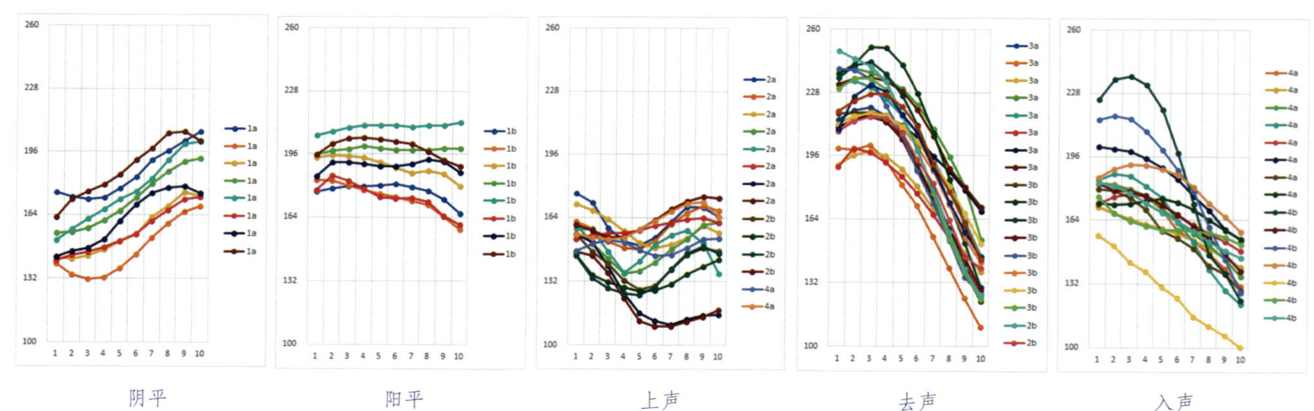

图 10－19d　今声调调域分布范围－包头东河－YM

青男的声调有 5 个（见图 10－19c）：

阴平 23、阳平 43、上声 212、去声 51、入声 41。

今调域的分布情况（见图 10－19d）：

阴平在 23～34 之间；阳平在 32～44 之间；上声在 211～323 之间；去声在 31～53 之间；入声在 21～52 之间。

4. 榆林榆阳

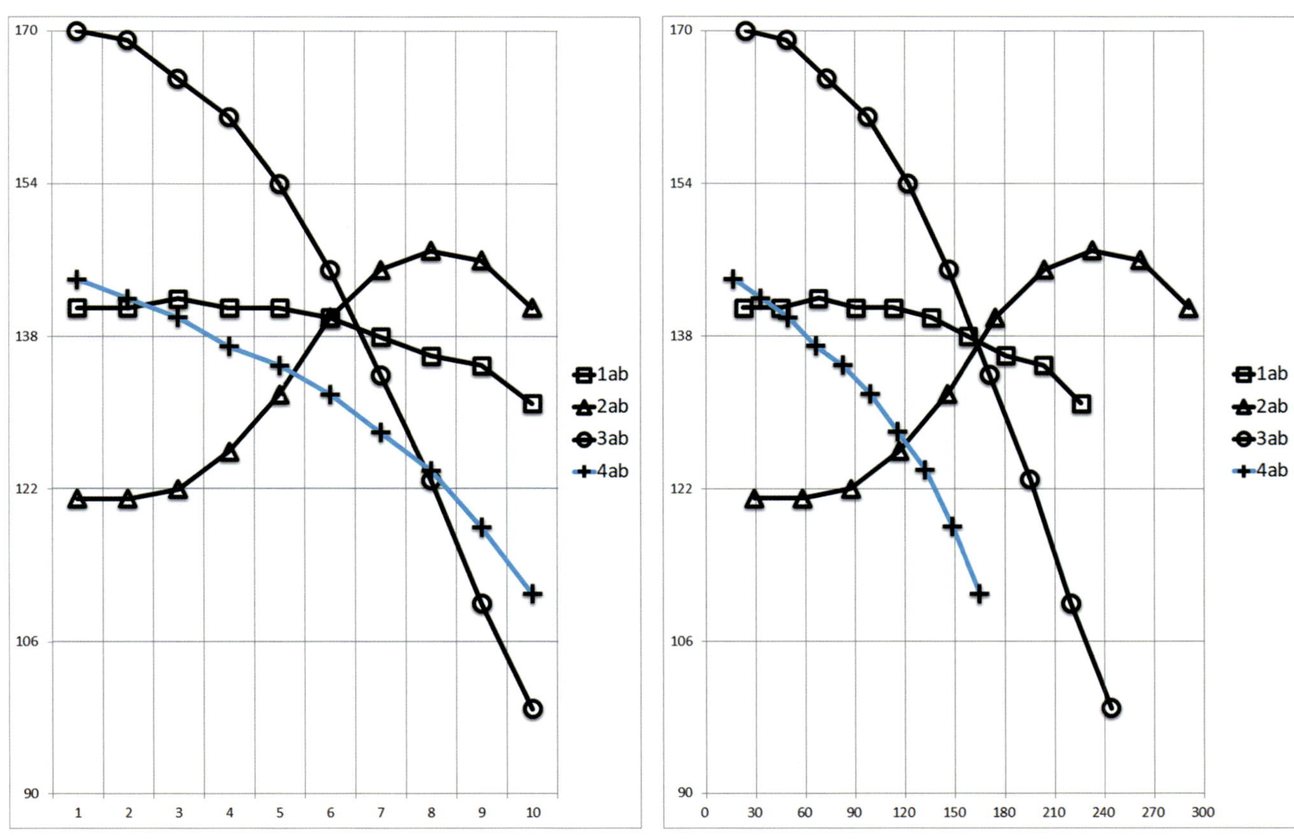

图 10－20a 单字调等长、实长音高模式－榆林榆阳－OM

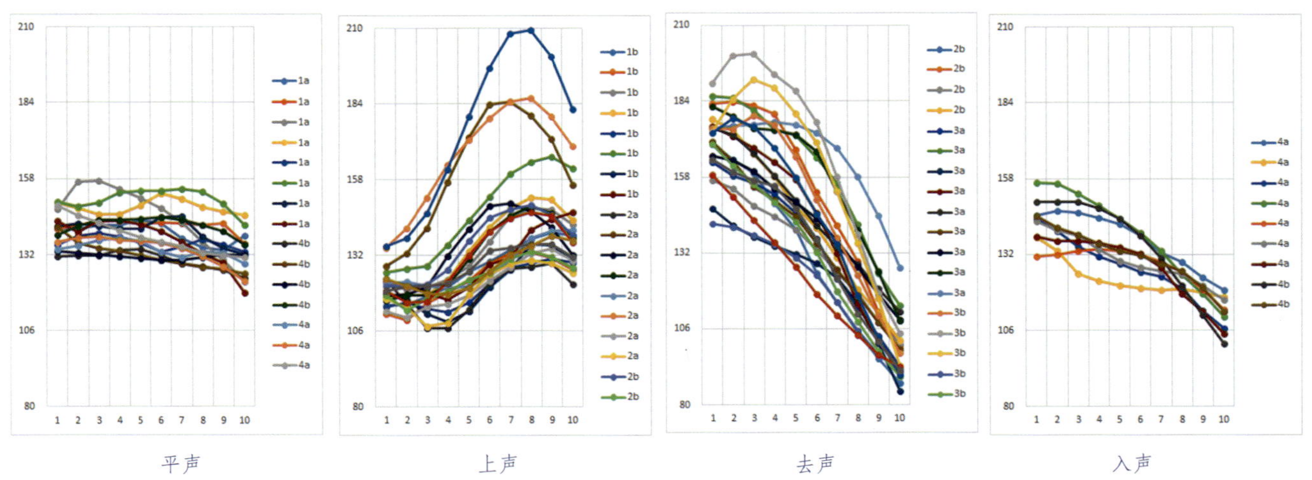

图 10－20b 今声调调域分布范围－榆林榆阳－OM

老男的声调有 4 个（见图 10－20a）：

平声 43、上声 24、去声 51、入声 42。

今调域的分布情况（见图 10－20b）：

平声在 32～33 之间；上声在 223～35 之间；去声在 31～52 之间；入声在 21～32 之间。

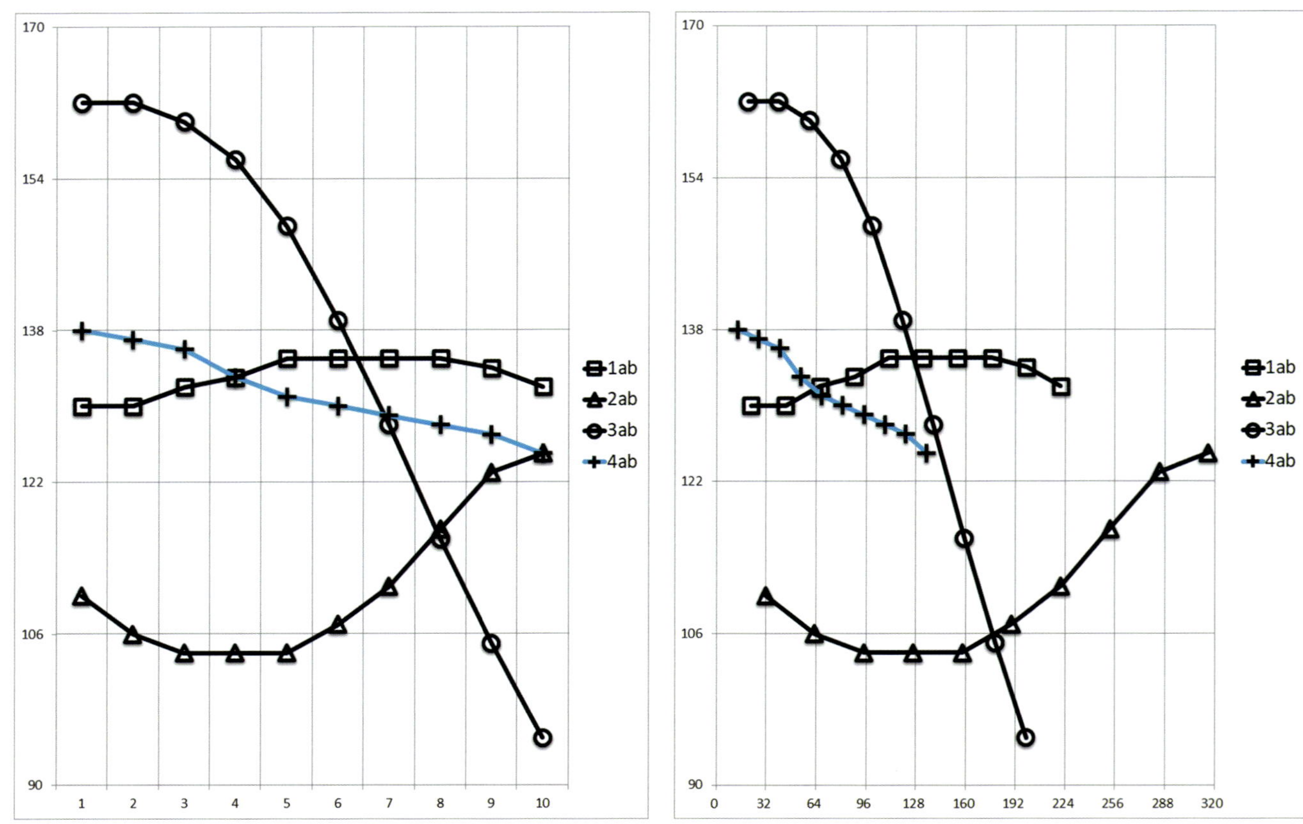

图 10－20c　单字调等长、实长音高模式－榆林榆阳－YM

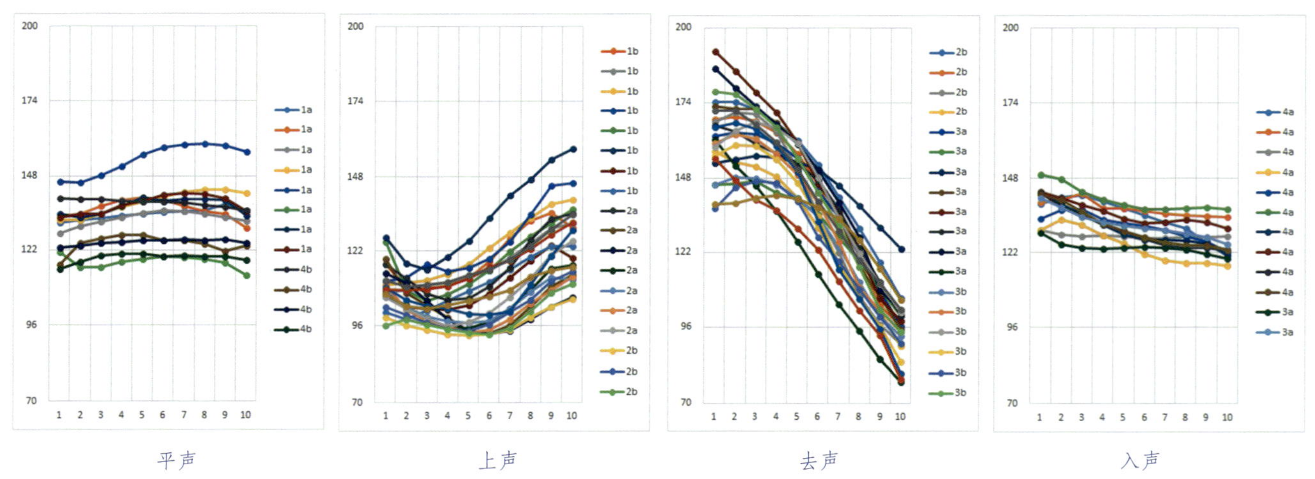

图 10－20d　今声调调域分布范围－榆林榆阳－YM

青男的声调有 4 个（见图 10－20c）：

平声 33、上声 213、去声 51、入声 43。

今调域的分布情况（见图 10－20d）：

平声在 22～34 之间；上声在 112～324 之间；去声在 31～53 之间；入声在 32～43 之间。

10.6　张呼片

1. 呼和浩特 -《音库》

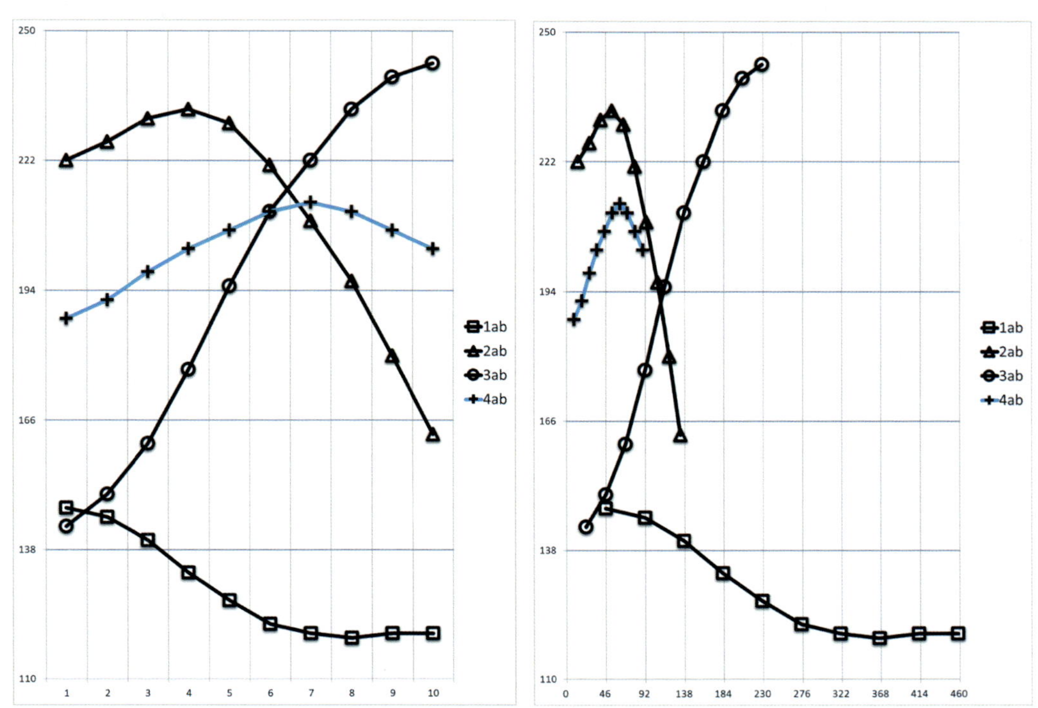

图 10 -21a　单字调等长、实长音高模式 - 呼和浩特 -《音库》

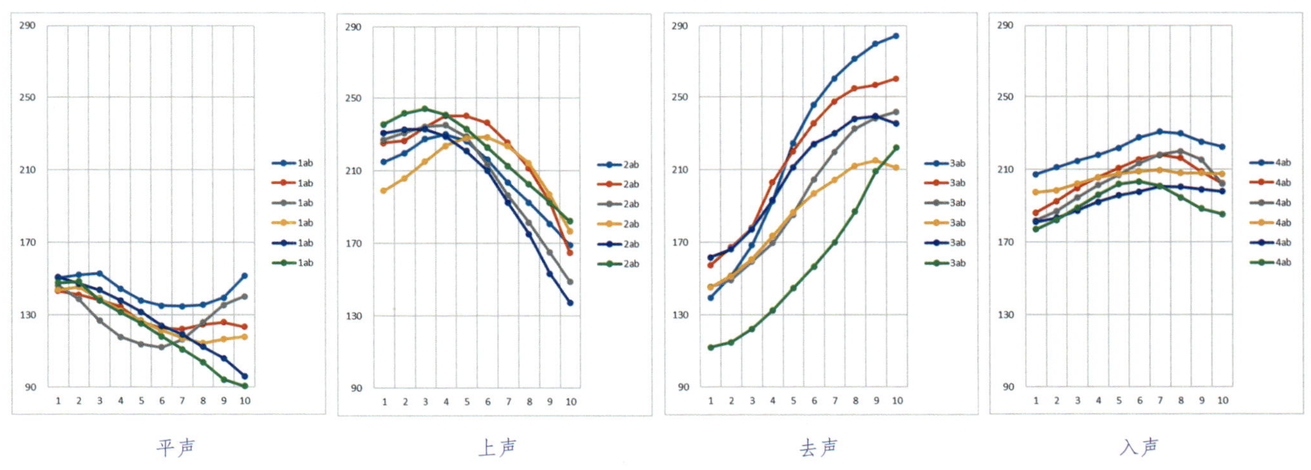

图 10 -21b　今声调调域分布范围 - 呼和浩特 -《音库》

《音库》的声调有 4 个（见图 10 -21a）：

平声 21、上声 553、去声 25、入声 343。

今调域的分布情况（见图 10 -21b）：

平声在 21 ~22 之间；上声在 342 ~443 之间；去声在 14 ~25 之间；入声主要在 34 的范围。

根据《音库》的描写，呼和浩特晋方言声调的调类调值如下：平声 31，巴边刁帮陈云；上声 53，马显晓绑粉有；去声 55，部限叫抗愤用；入声 43，割桌笔曲纳月。

2. 呼和浩特玉泉

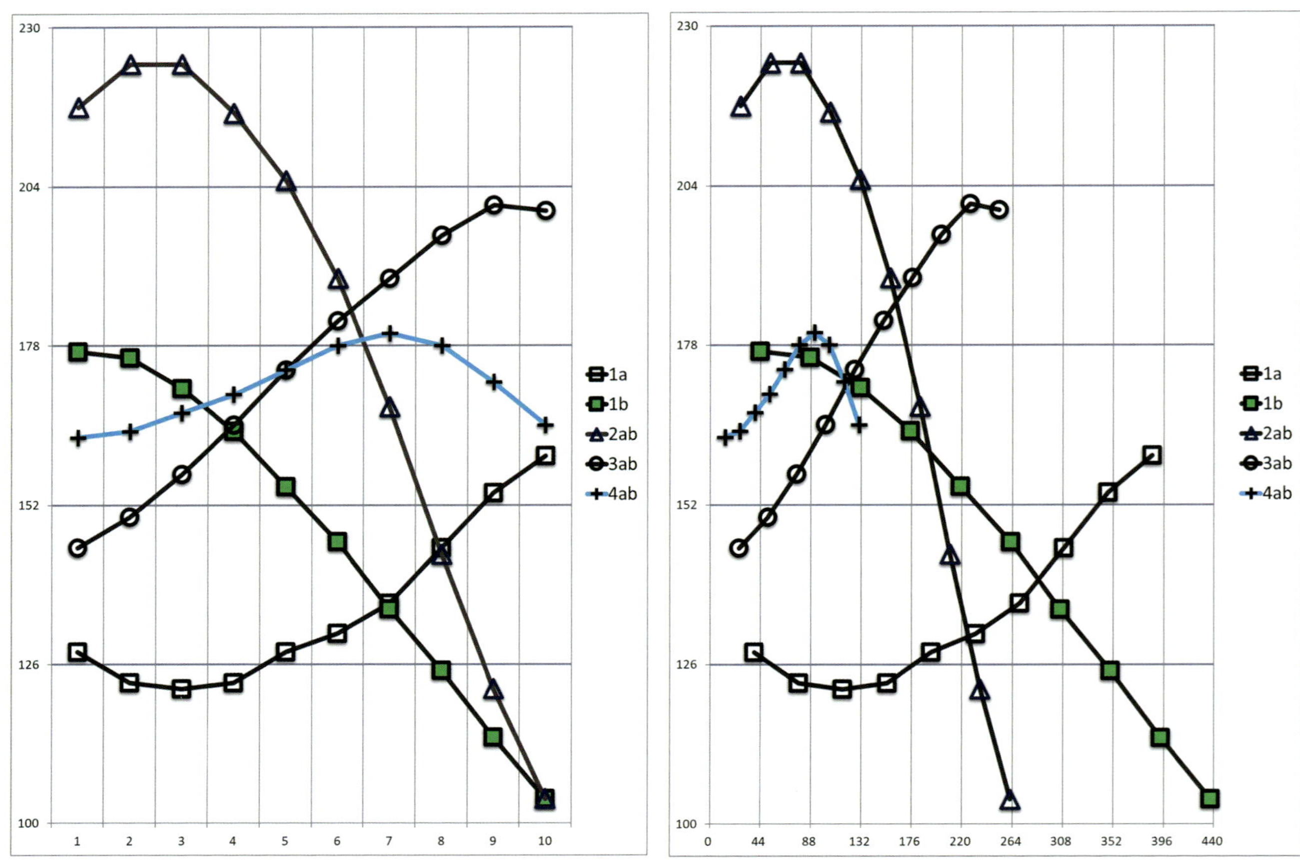

图 10－22a　单字调等长、实长音高模式－呼和浩特玉泉－OM

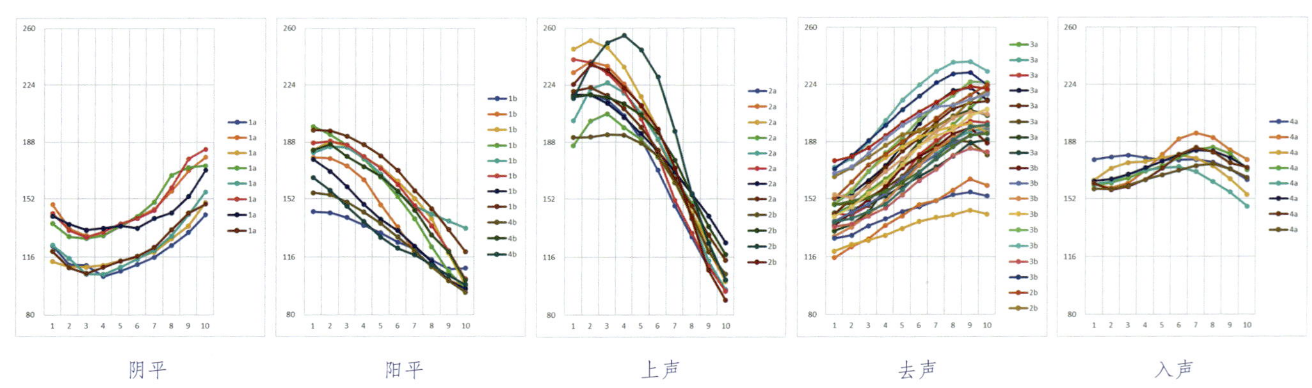

图 10－22b　今声调调域分布范围－呼和浩特玉泉－OM

老男的声调有 5 个（见图 10－22a）：

阴平 213、阳平 31、上声 551、去声 24、入声 343。

今调域的分布情况（见图 10－22b）：

阴平在 213～223 之间；阳平在 21～42 之间；上声在 441～552 之间；去声在 23～35 之间；入声在 232～343 之间。

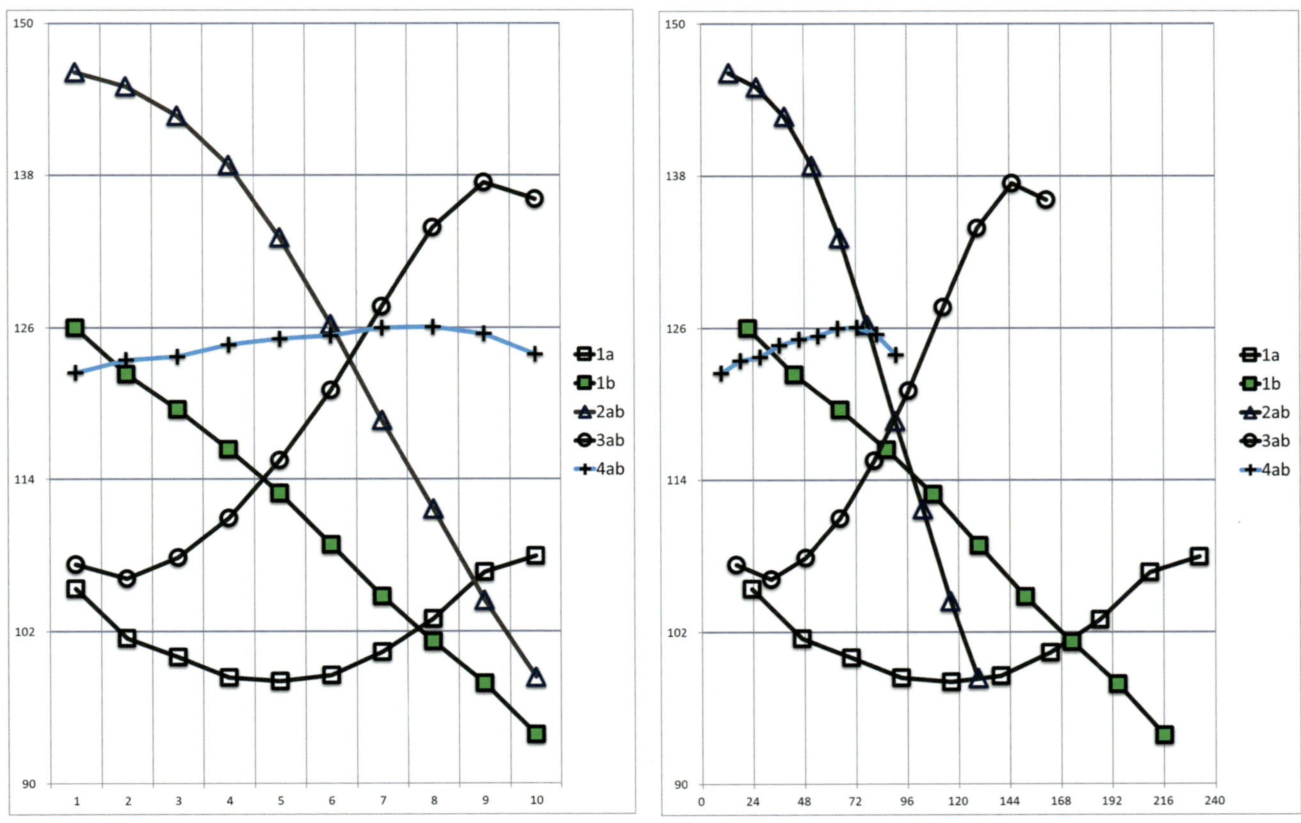

图 10－22c 单字调等长、实长音高模式－呼和浩特玉泉－YM

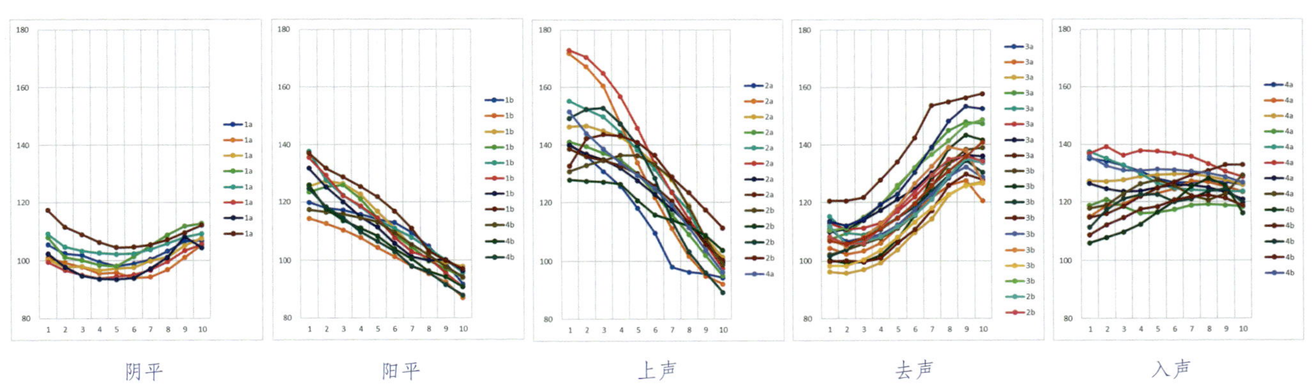

图 10－22d 今声调调域分布范围－呼和浩特玉泉－YM

青男的声调有 5 个（见图 10－22c）：

阴平 212、阳平 31、上声 51、去声 24、入声 <u>33</u>。

今调域的分布情况（见图 10－22d）：

阴平主要在 212 的范围；阳平在 21～31 之间；上声在 31～52 之间；去声在 13～34 之间；入声在 <u>23</u>～<u>33</u> 之间。

3. 乌兰察布集宁

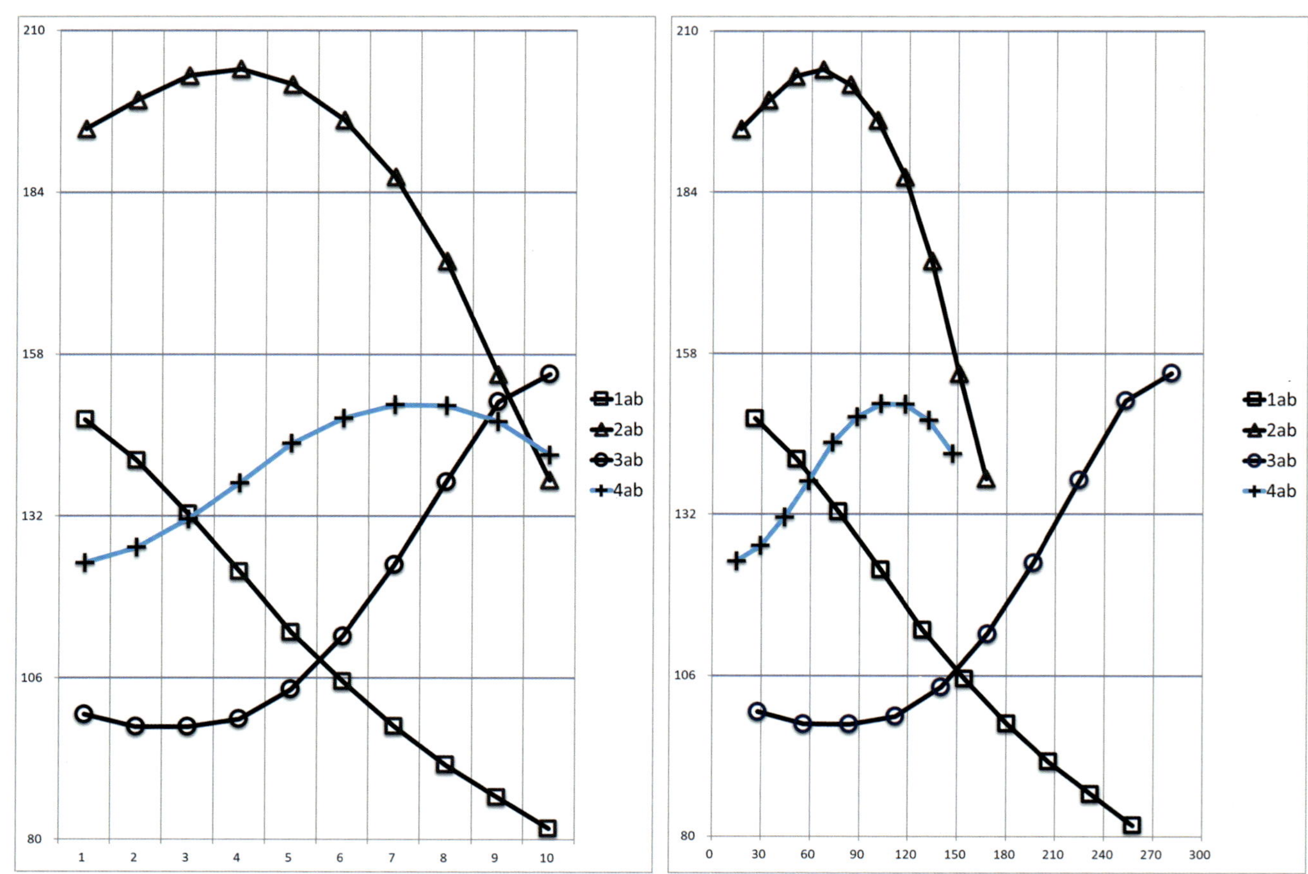

图 10－23a　单字调等长、实长音高模式－乌兰察布集宁－OM

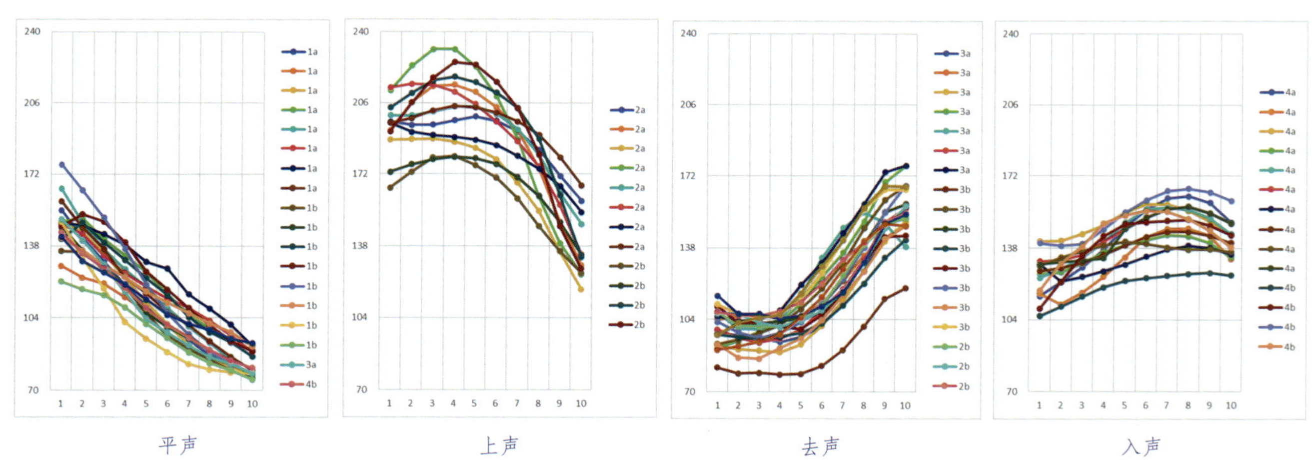

图 10－23b　今声调调域分布范围－乌兰察布集宁－OM

老男的声调有 4 个（见图 10－23a）：

平声 31、上声 553、去声 113、入声 <u>23</u>。

今调域的分布情况（见图 10－23b）：

平声在 21～31 之间；上声在 442～553 之间；去声在 112～224 之间；入声主要在 <u>23</u> 的范围。

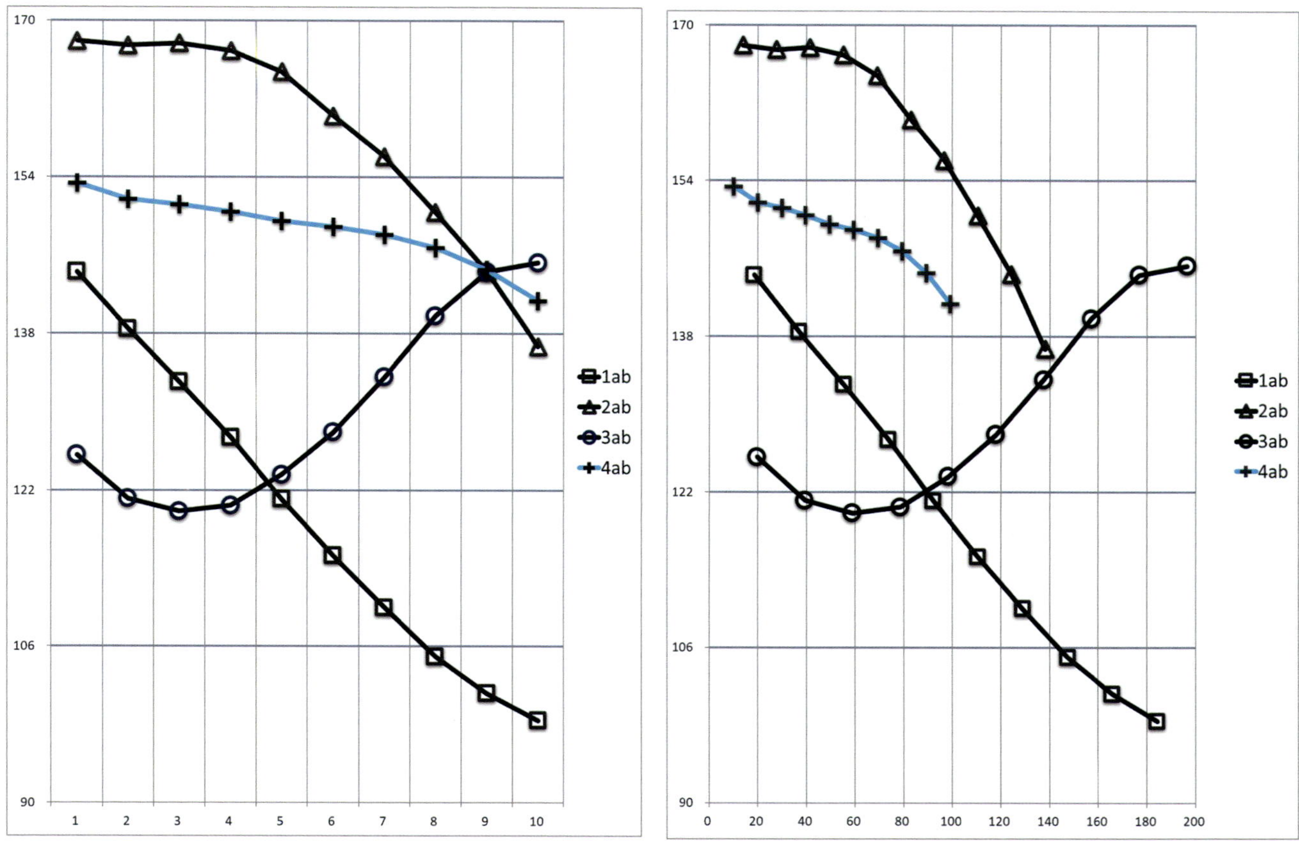

图 10－23c 单字调等长、实长音高模式－乌兰察布集宁－YM

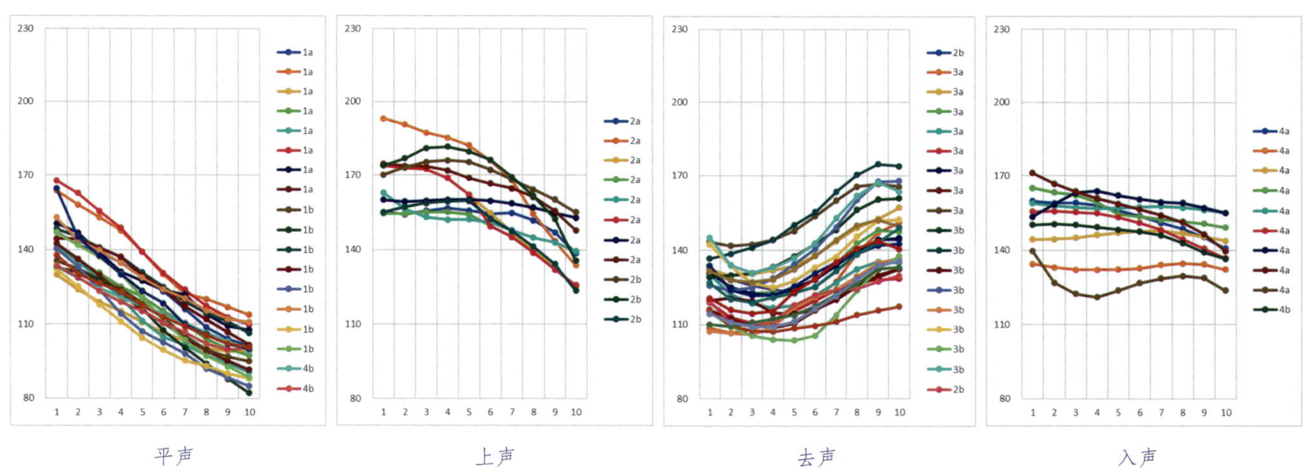

图 10－23d 今声调调域分布范围－乌兰察布集宁－YM

青男的声调有 4 个（见图 10－23c）：

平声 41、上声 53、去声 324、入声 43。

今调域的分布情况（见图 10－23d）：

平声在 21～32 之间；上声在 32～43 之间；去声在 112～334 之间；入声在 22～32 之间。

4. 河北张家口

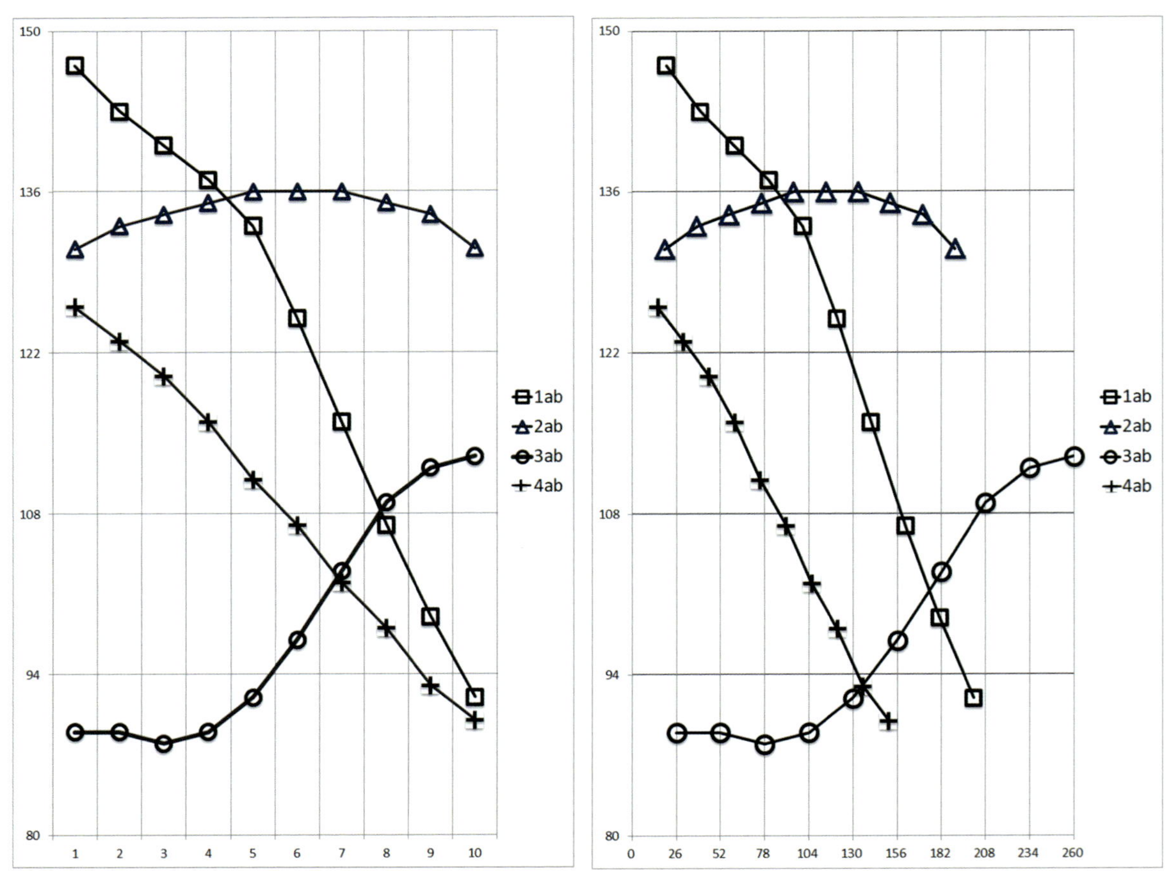

图 10－24a　单字调等长、实长音高模式－河北张家口－OM

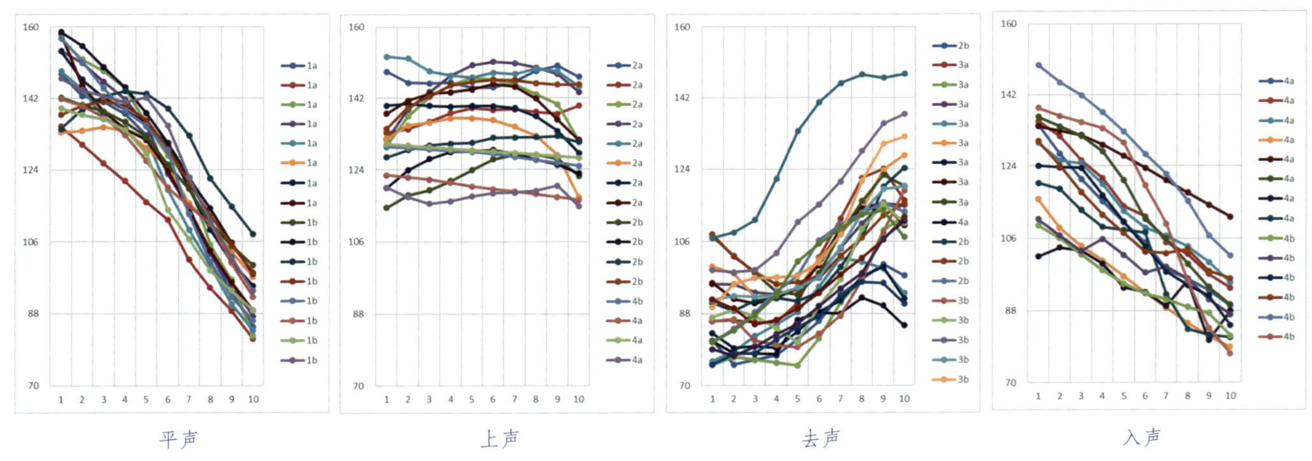

图 10－24b　今声调调域分布范围－河北张家口－OM

老男的声调有 4 个（见图 10－24a）：

平声 51、上声 44、去声 113、入声 41。

今调域的分布情况（见图 10－24b）：

平声在 41～52 之间；上声在 33～55 之间；去声在 112～35 之间；入声在 21～53 之间。

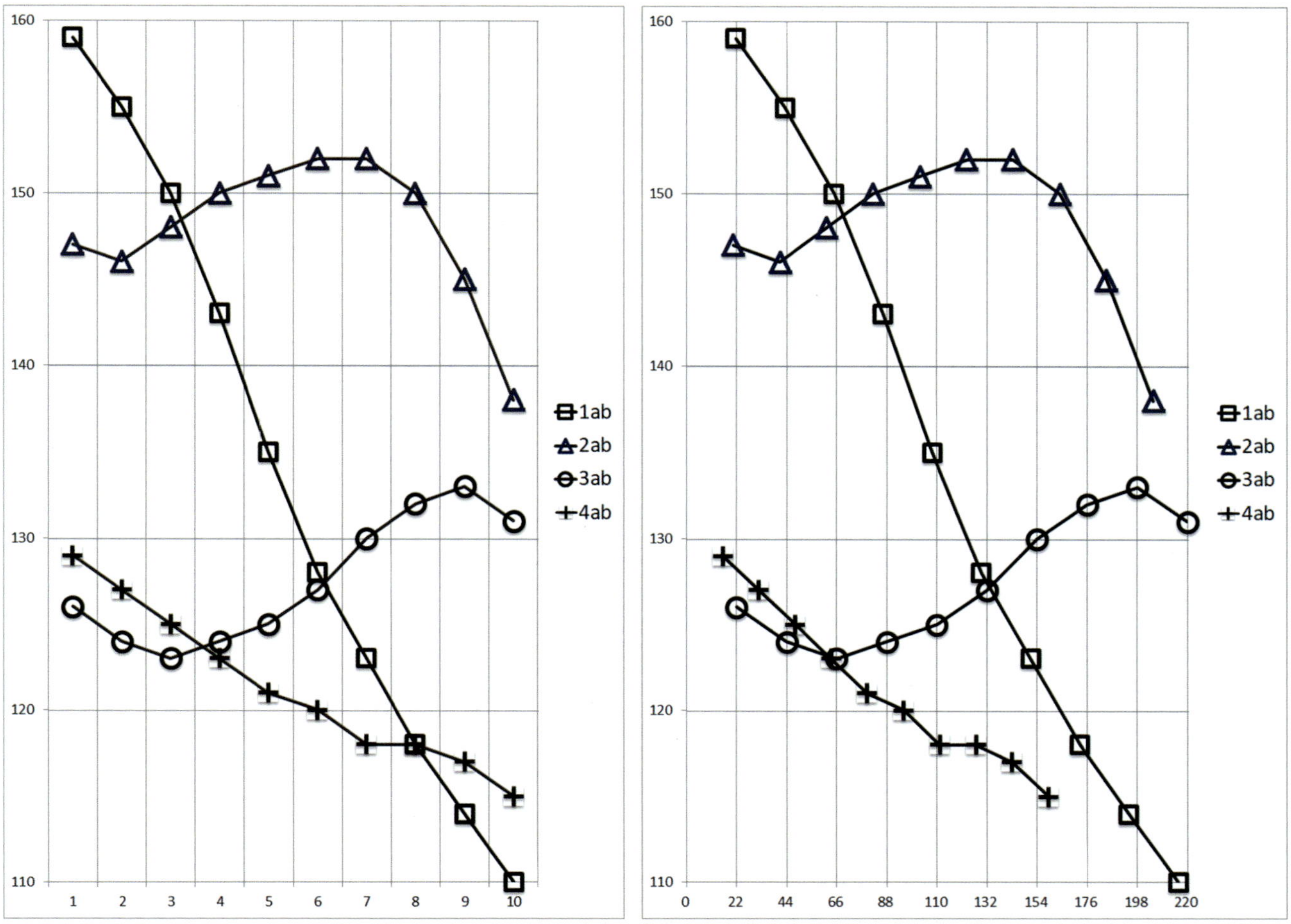

图 10 - 24c 单字调等长、实长音高模式 - 河北张家口 - YM

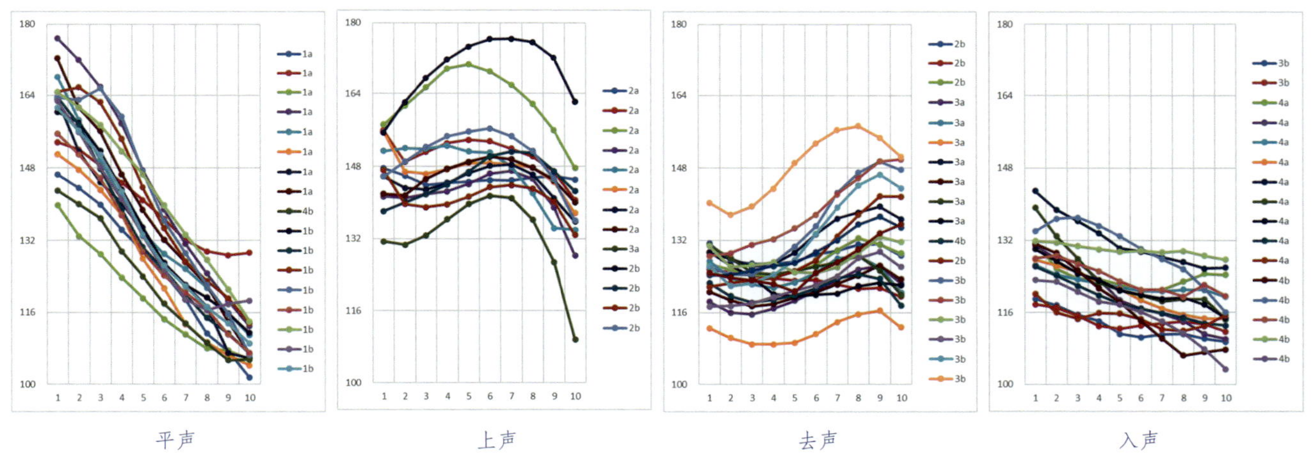

图 10 - 24d 今声调调域分布范围 - 河北张家口 - YM

青男的声调有 4 个（见图 10 - 24c）：

平声 51、上声 453、去声 223、入声 <u>21</u>。

今调域的分布情况（见图 10 - 24d）：

平声在 31 ~ 52 之间；上声在 231 ~ 454 之间；去声在 112 ~ 334 之间；入声在 <u>21</u> ~ <u>32</u> 之间。

5. 石家庄鹿泉

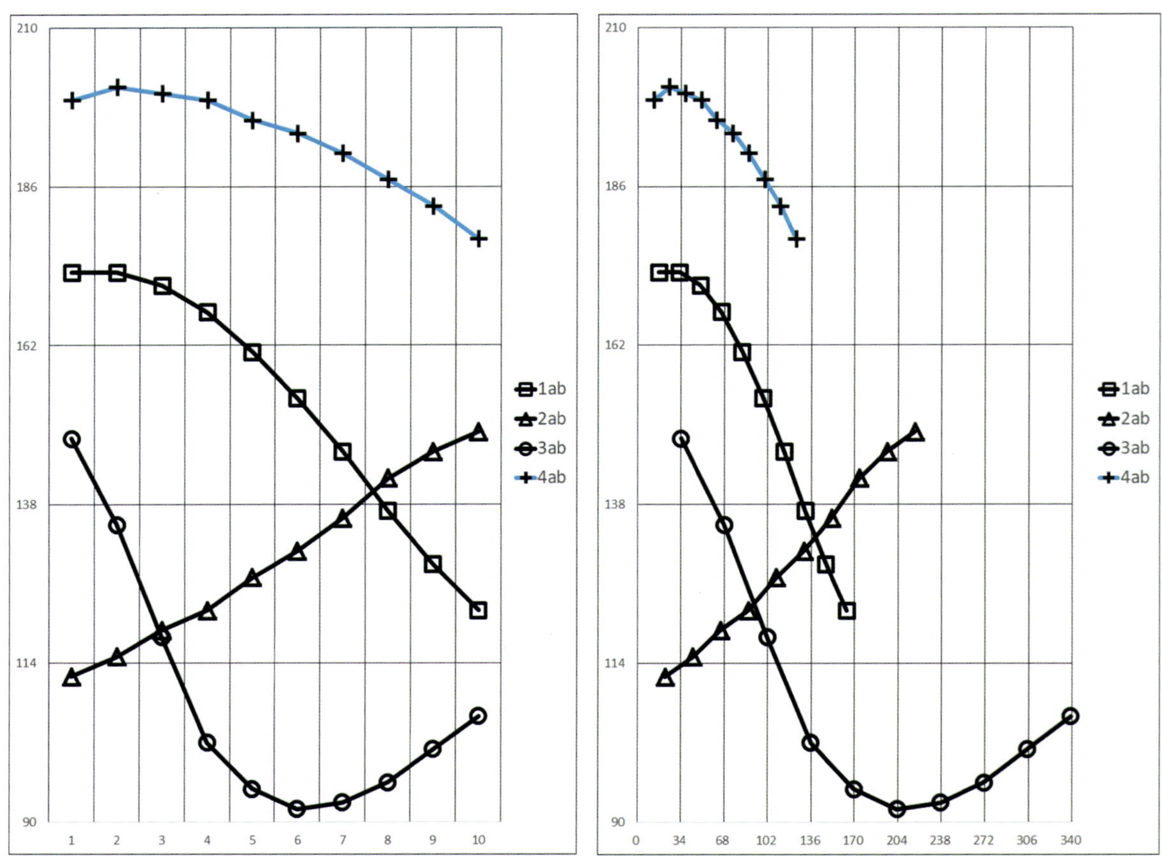

图 10－25a　单字调等长、实长音高模式－石家庄鹿泉－OM

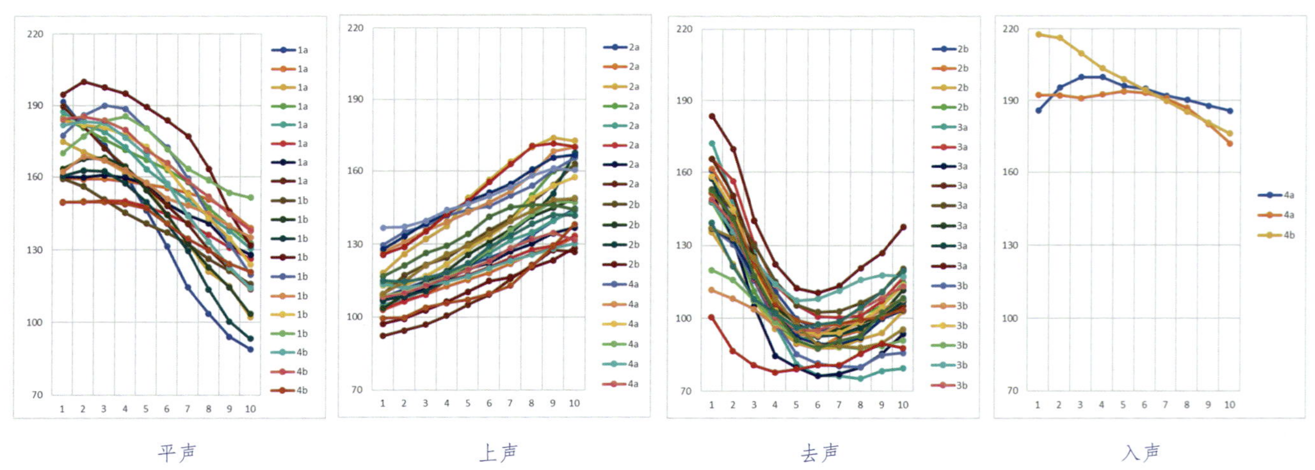

图 10－25b　今声调调域分布范围－石家庄鹿泉－OM

老男的声调有 4 个（见图 10－25a）：

平声 42、上声 23、去声 312、入声 54。

今调域的分布情况（见图 10－25b）：

平声在 31～53 之间；上声在 12～34 之间；去声在 211～423 之间；入声主要在 54 的范围。

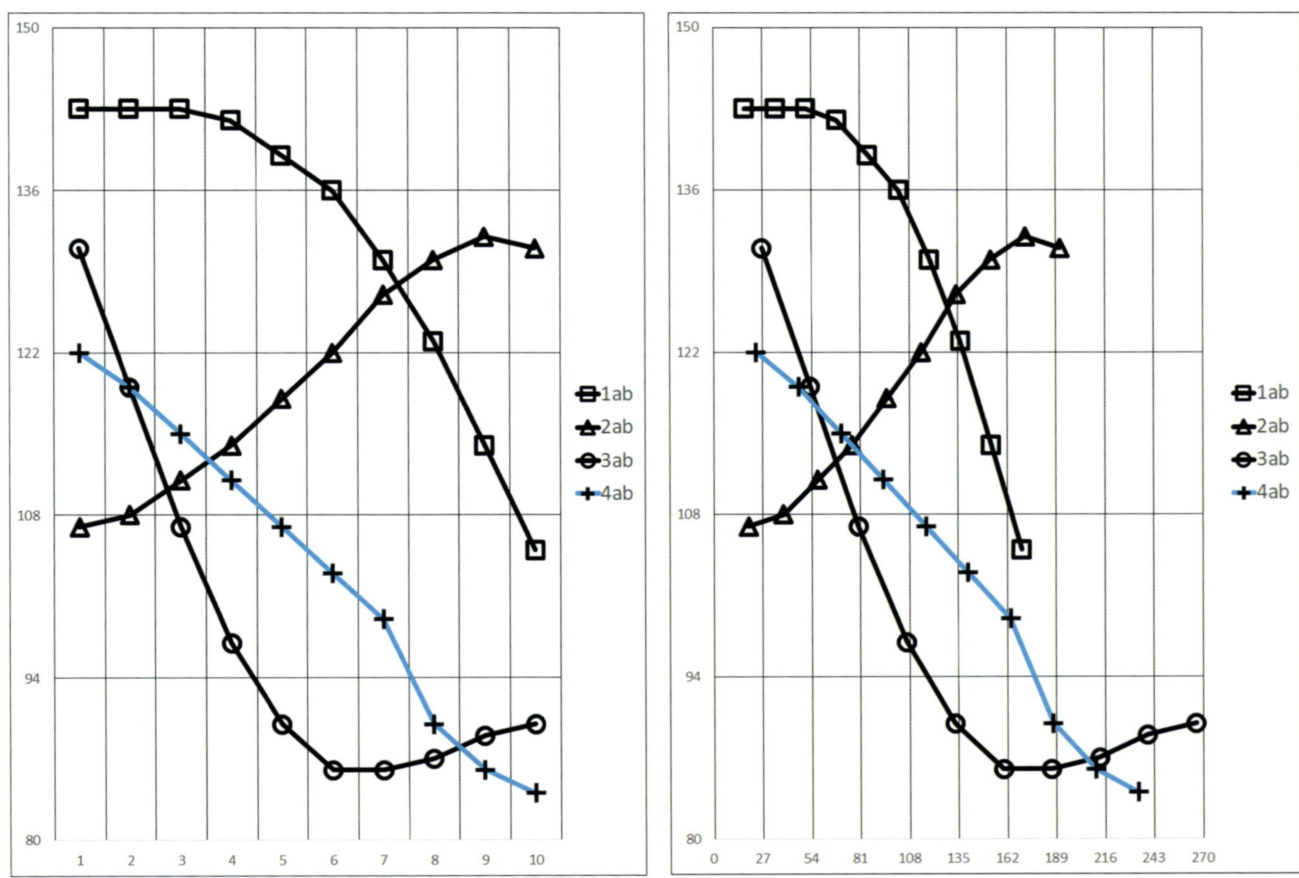

图 10－25c　单字调等长、实长音高模式－石家庄鹿泉－YM

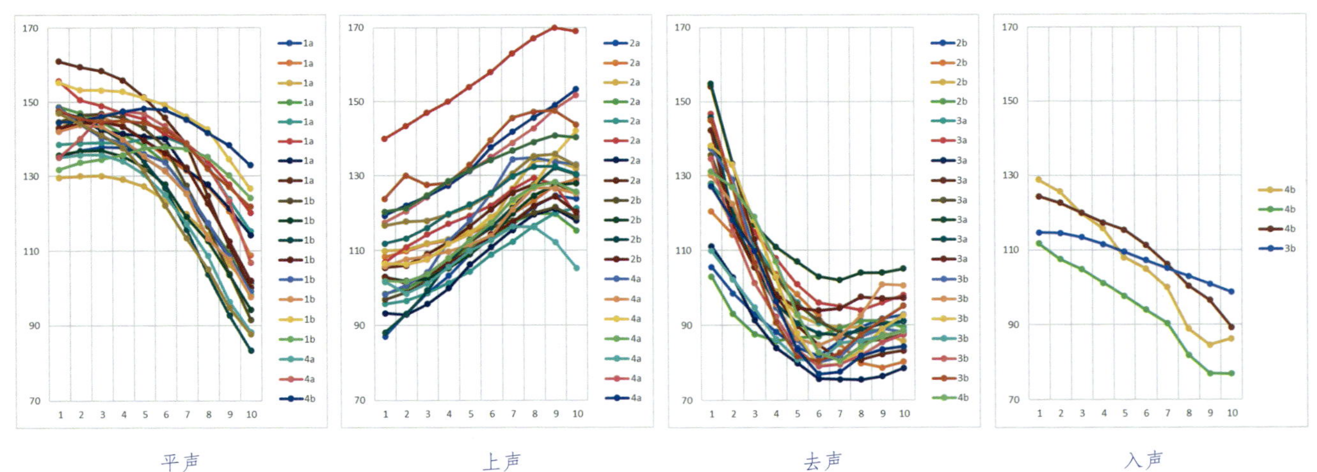

图 10－25d　今声调调域分布范围－石家庄鹿泉－YM

青男的声调有 4 个（见图 10－25c）：

平声 52、上声 24、去声 411、入声 31。

今调域的分布情况（见图 10－25d）：

平声在 31～54 之间；上声在 23～45 之间；去声在 211～522 之间；入声在 31～32 之间。

10.7 邯新片

10.7.1 磁漳小片

1. 邯郸邯山

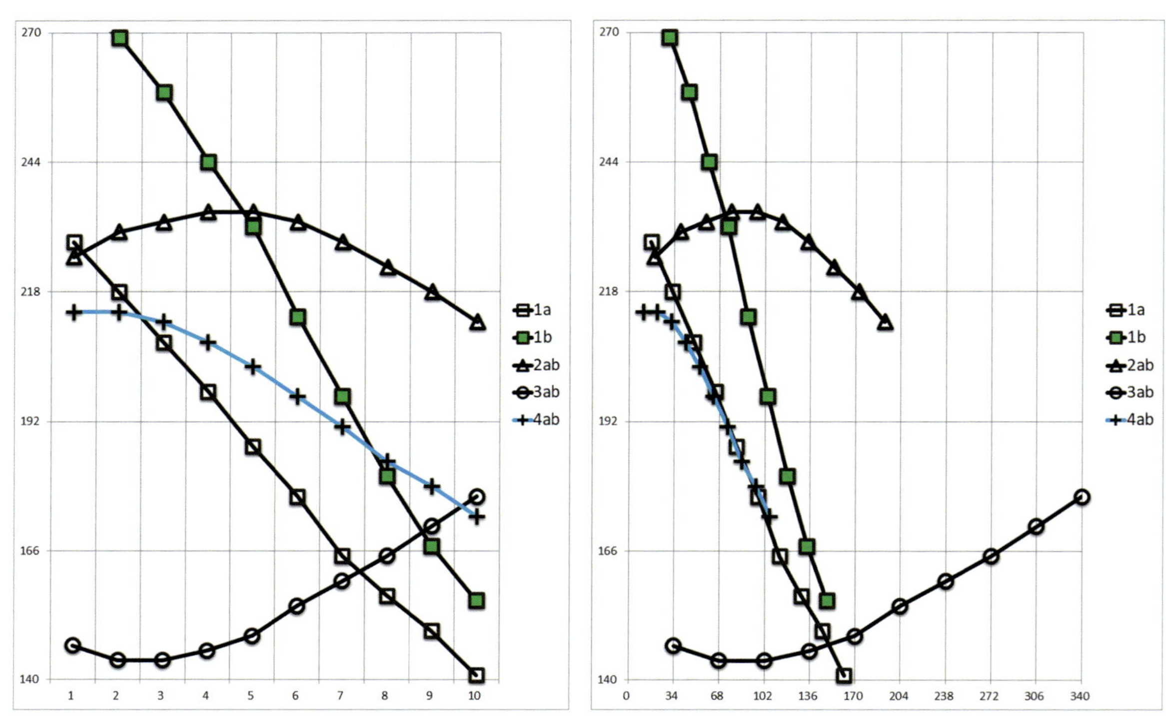

图 10－26a　单字调等长、实长音高模式－邯郸邯山－OM

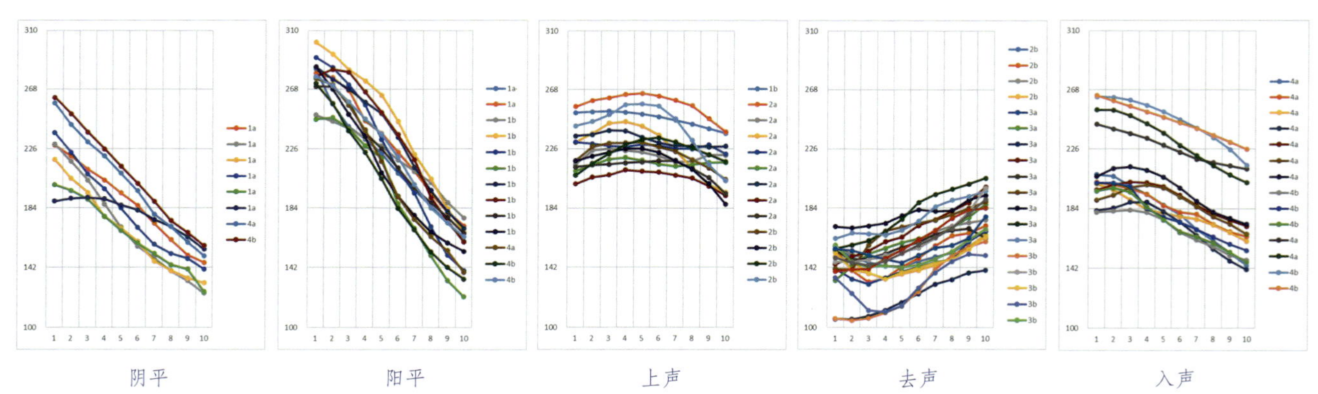

图 10－26b　今声调调域分布范围－邯郸邯山－OM

老男的声调有 5 个（见图 10－26a）：

阴平 41、阳平 51、上声 443、去声 112、入声 32。

今调域的分布情况（见图 10－26b）：

阴平在 31～42 之间；阳平在 41～52 之间；上声在 33～44 之间；去声在 12～23 之间；入声在 32～43 之间。

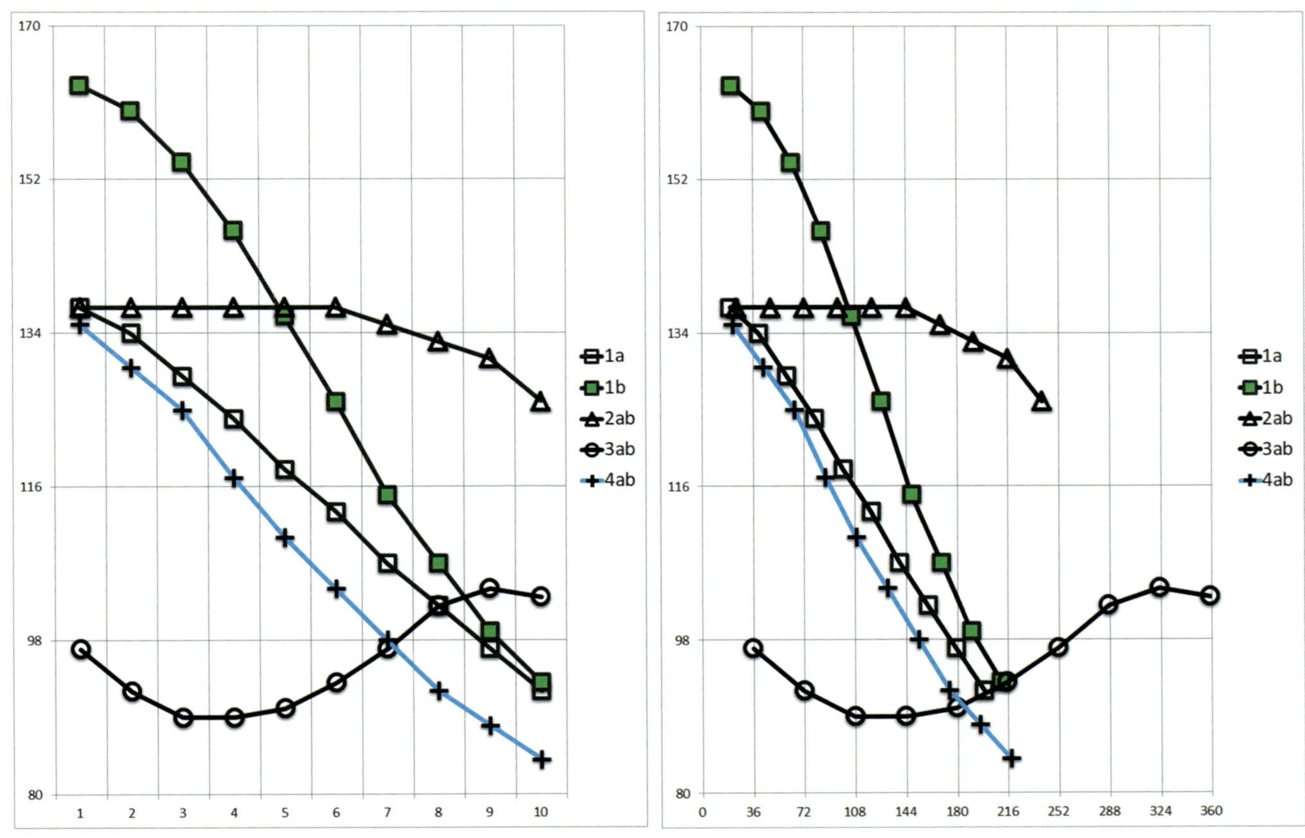

图 10－26c 单字调等长、实长音高模式－邯郸邯山－YM

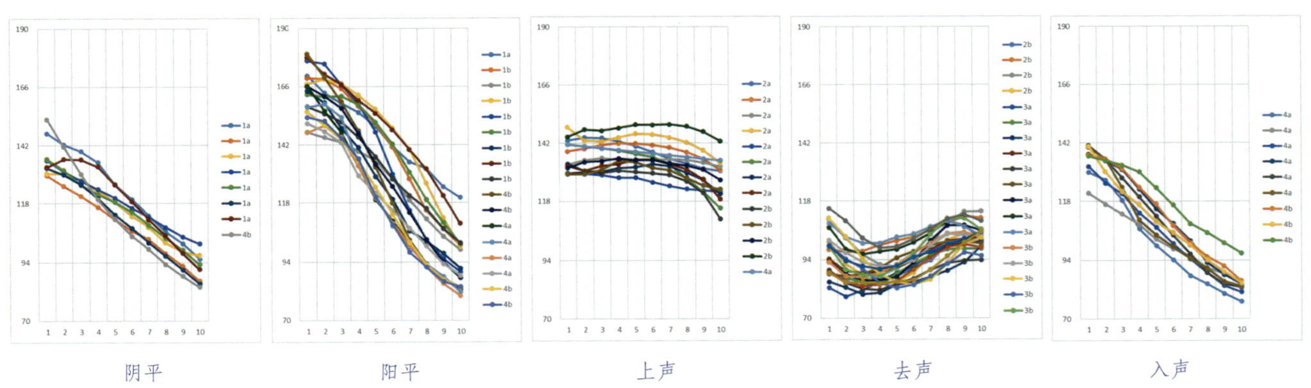

图 10－26d 今声调调域分布范围－邯郸邯山－YM

青男的声调有 5 个（见图 10－26c）：

阴平 41、阳平 51、上声 443、去声 112、入声 <u>31</u>。

今调域的分布情况（见图 10－26d）：

阴平在 31～42 之间；阳平在 41～53 之间；上声在 332～443 之间；去声在 212～323 之间；入声在 <u>31</u>～<u>32</u> 之间。

2. 邢台桥东

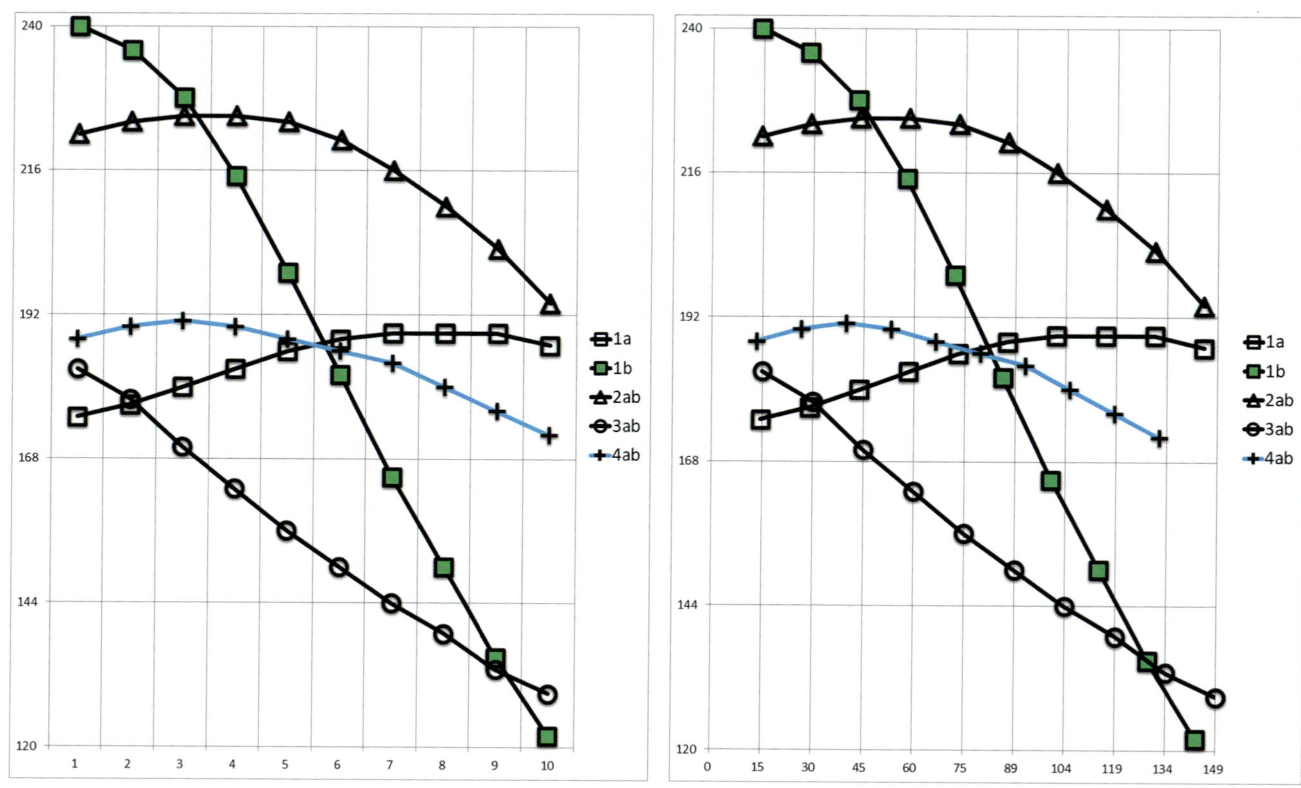

图 10－27a　单字调等长、实长音高模式－邢台桥东－OM

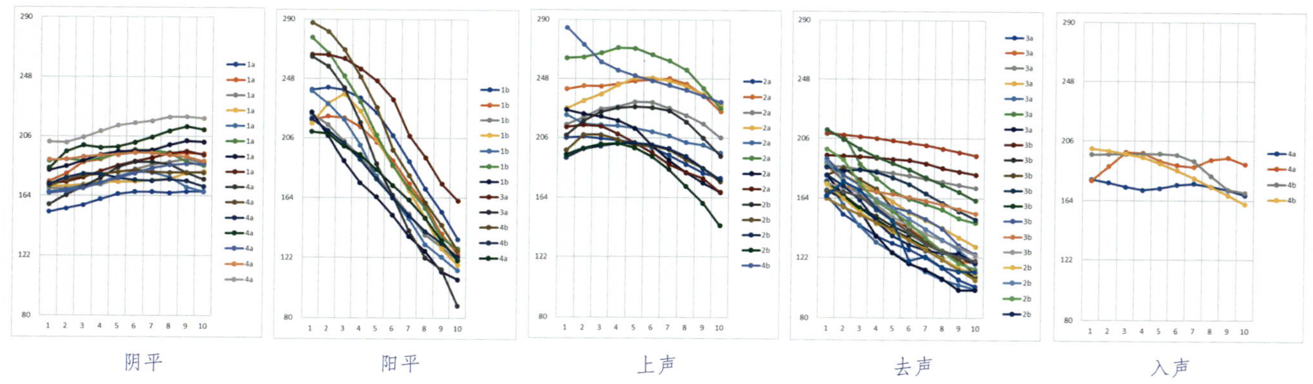

图 10－27b　今声调调域分布范围－邢台桥东－OM

老男的声调有 5 个（见图 10－27a）：

阴平 33、阳平 51、上声 54、去声 31、入声 33。

今调域的分布情况（见图 10－27b）：

阴平在 23～34 之间；阳平在 41～52 之间；上声在 32～54 之间；去声在 31～43 之间；入声在 32～33 之间。

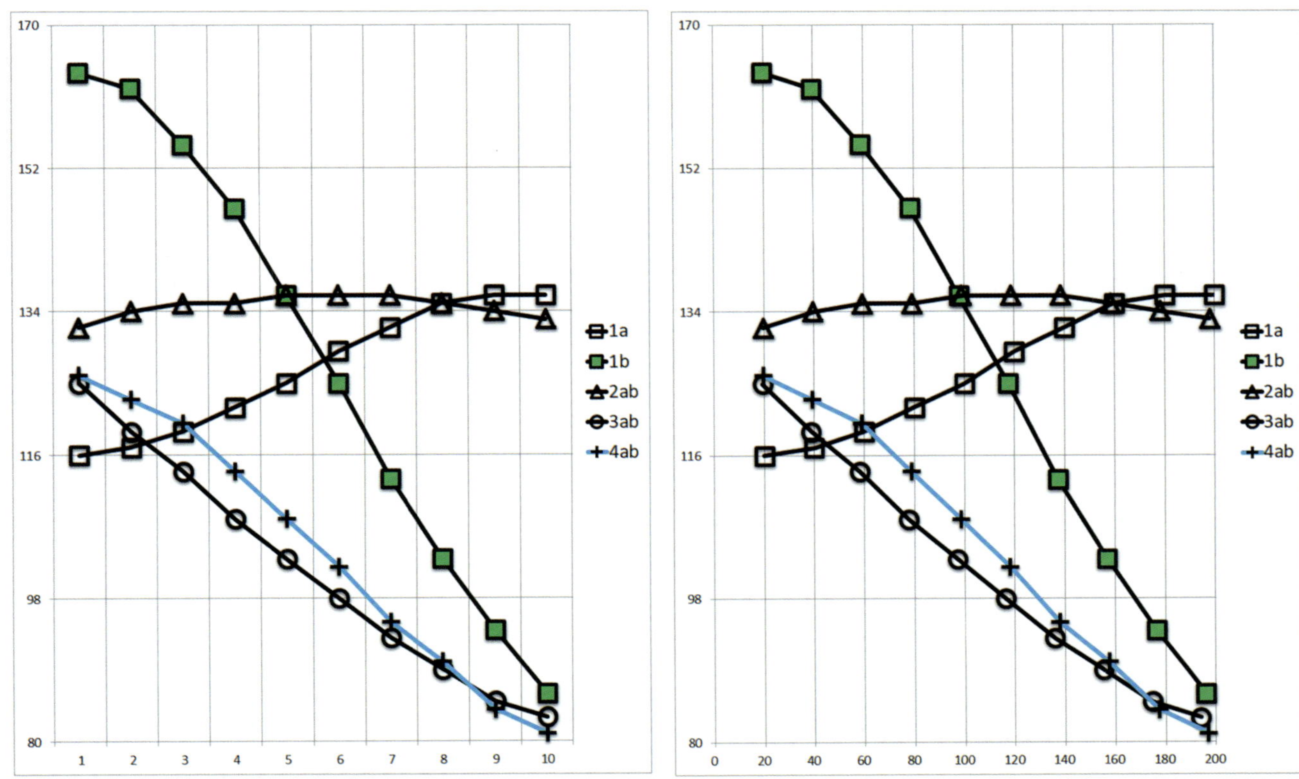

图 10 - 27c　单字调等长、实长音高模式 - 邢台桥东 - YM

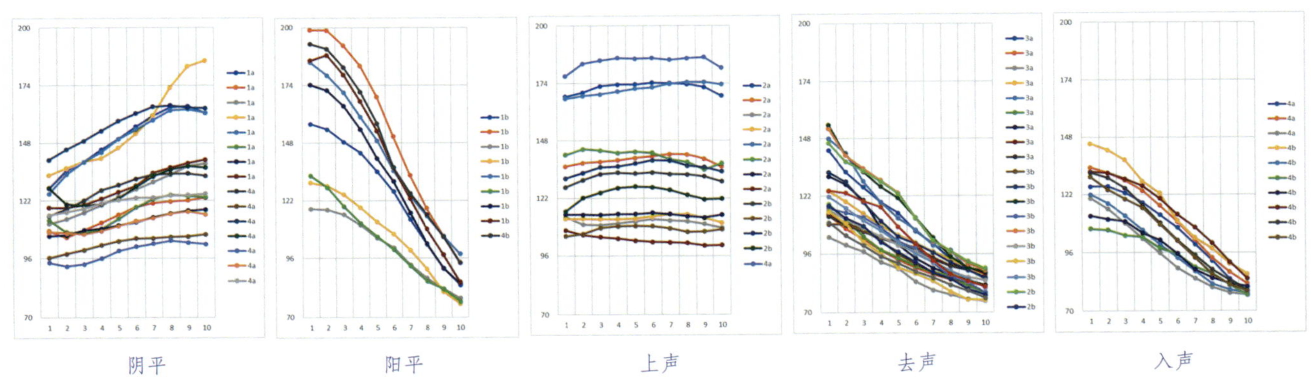

图 10 - 27d　今声调调域分布范围 - 邢台桥东 - YM

青男的声调有 5 个（见图 10 - 27c）：

阴平 34、阳平 51、上声 44、去声 31、入声 31。

今调域的分布情况（见图 10 - 27d）：

阴平在 12 ~ 35 之间；阳平在 21 ~ 51 之间；上声在 22 ~ 55 之间；去声在 21 ~ 41 之间；入声在 21 ~ 31 之间。

10.7.2 获济小片

1. 河南新乡

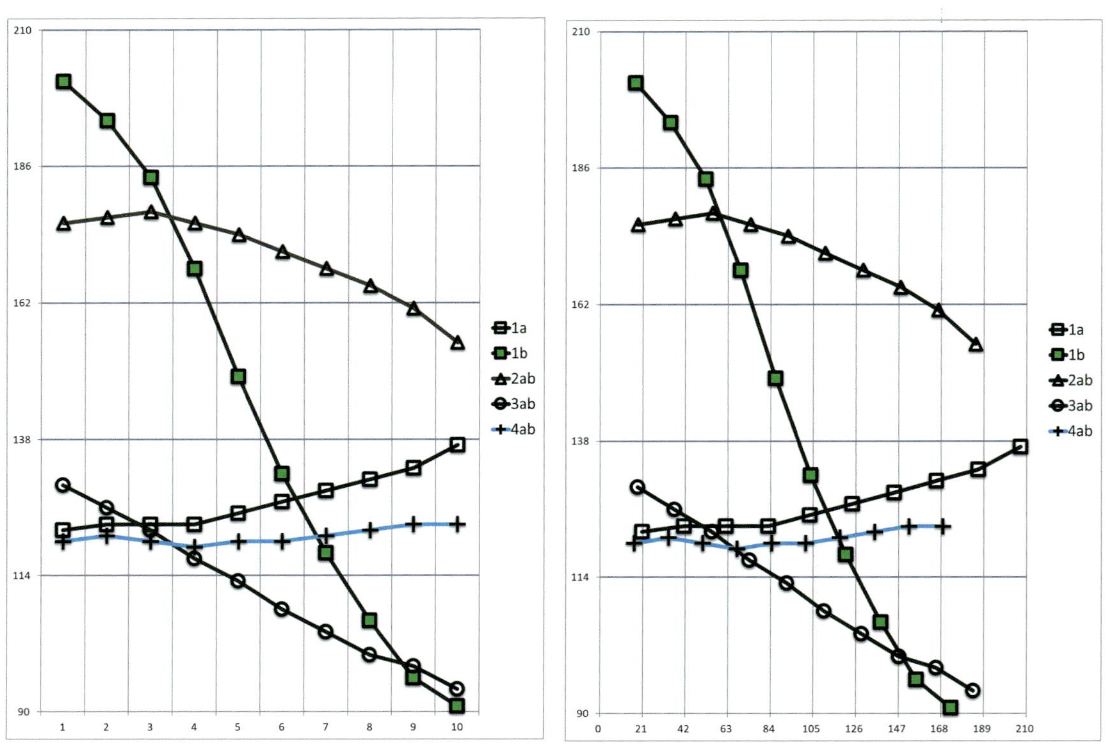

图 10－28a　单字调等长、实长音高模式－河南新乡－OM

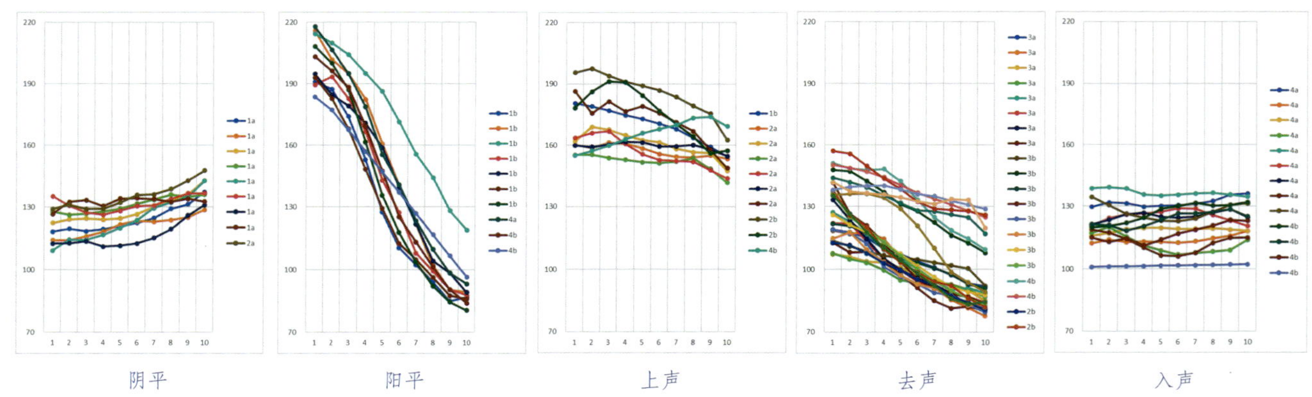

图 10－28b　今声调调域分布范围－河南新乡－OM

老男的声调有 5 个（见图 10－28a）：

阴平 22、阳平 51、上声 43、去声 21、入声 22。

今调域的分布情况（见图 10－28b）：

阴平在 23～33 之间；阳平在 41～52 之间；上声在 43～54 之间；去声在 21～32 之间；入声在 22～33 之间。

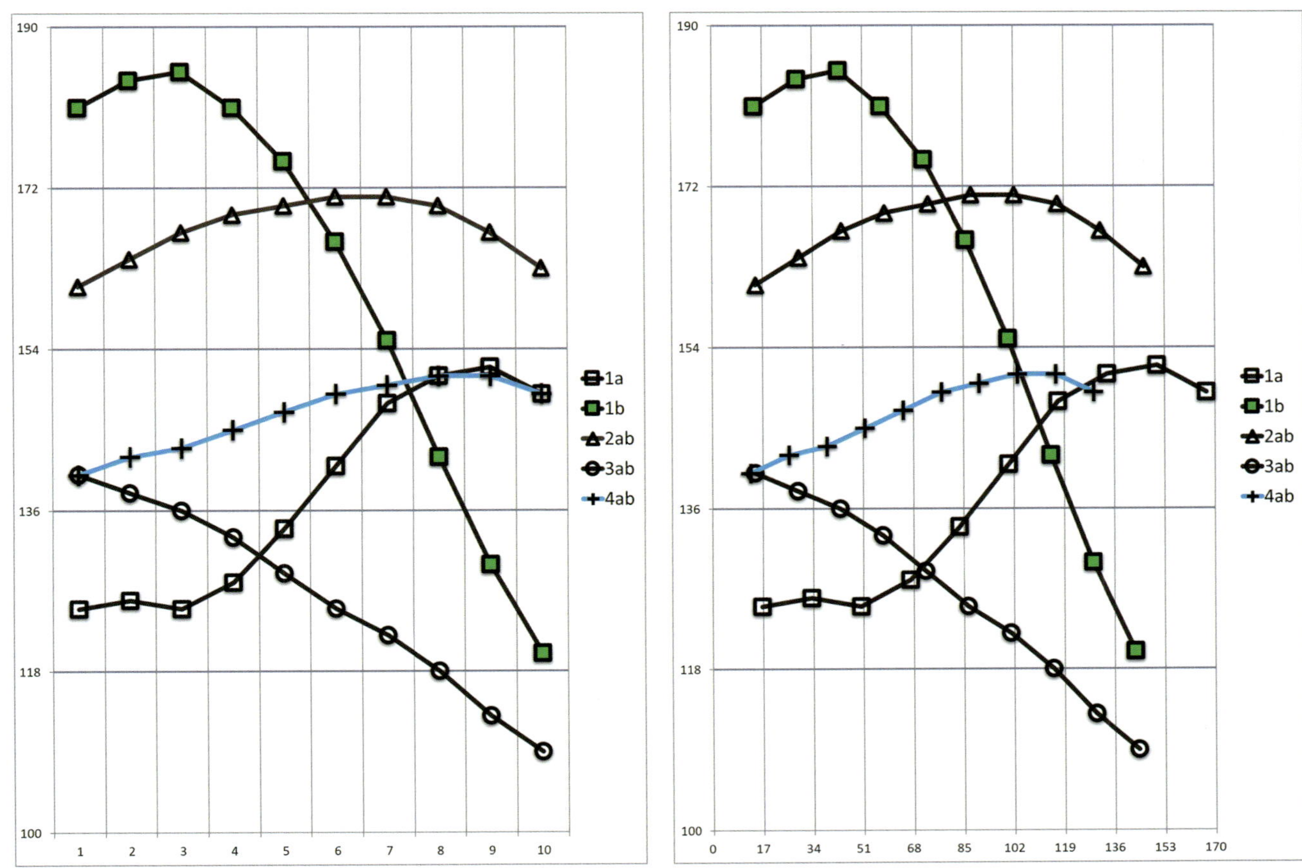

图 10－28c 单字调等长、实长音高模式－河南新乡－YM

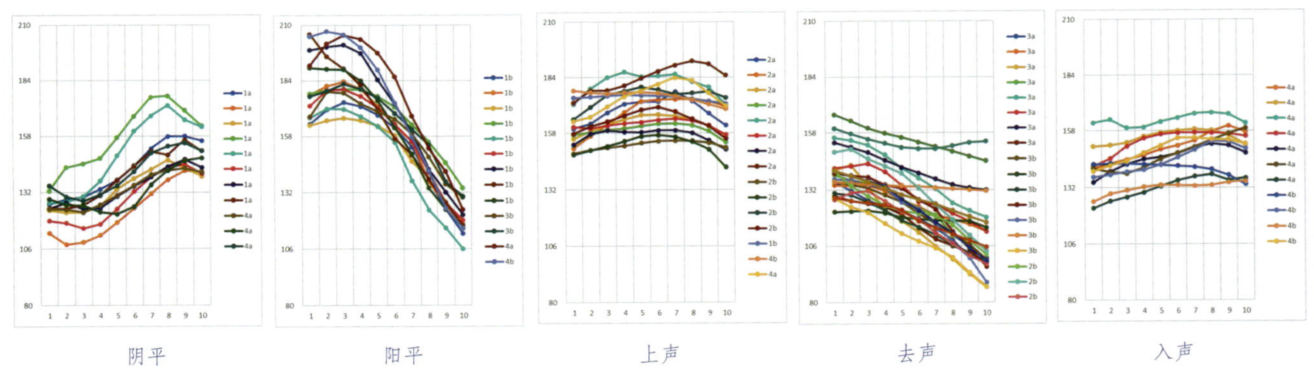

图 10－28d 今声调调域分布范围－河南新乡－YM

青男的声调有 5 个（见图 10－28c）：

阴平 23、阳平 52、上声 44、去声 31、入声 33。

今调域的分布情况（见图 10－28d）：

阴平在 23～34 之间；阳平在 42～53 之间；上声主要在 44 的范围；去声在 21～43 之间；入声在 23～44 之间。

2. 焦作武陟

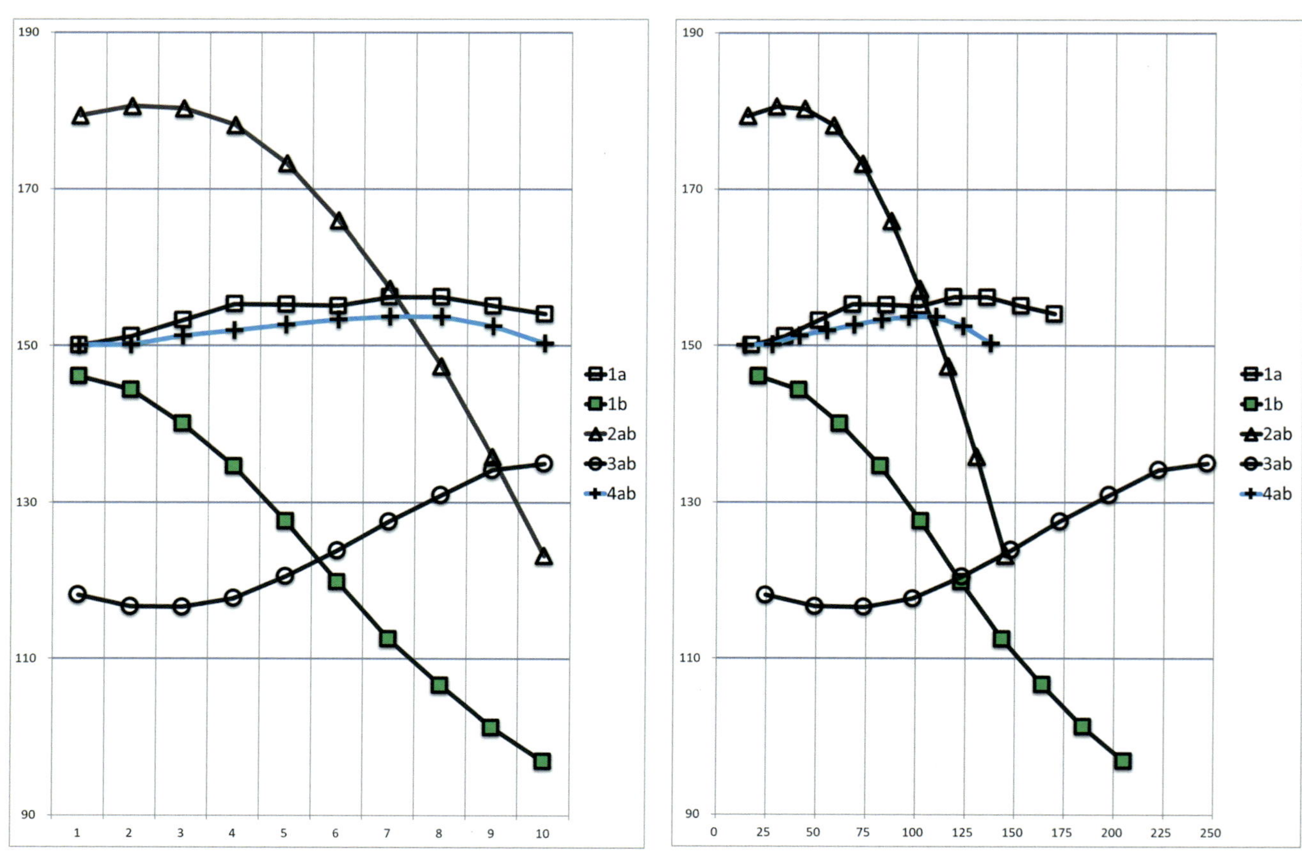

图 10－29a 单字调等长、实长音高模式－焦作武陟－OM

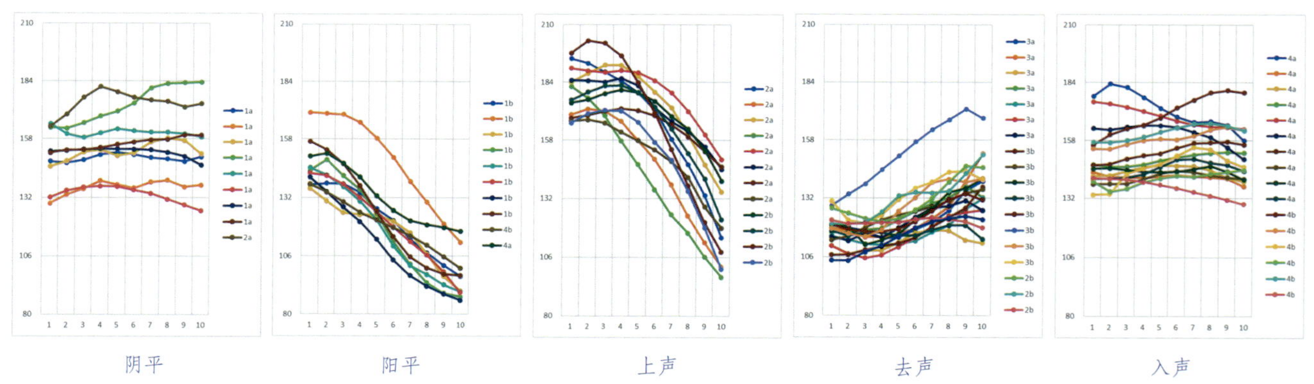

图 10－29b 今声调调域分布范围－焦作武陟－OM

老男的声调有 5 个（见图 10－29a）：

阴平 44、阳平 31、上声 52、去声 23、入声 44。

今调域的分布情况（见图 10－29b）：

阴平在 22～44 之间；阳平在 31～42 之间；上声在 41～53 之间；去声在 23～24 之间；入声在 33～44 之间。

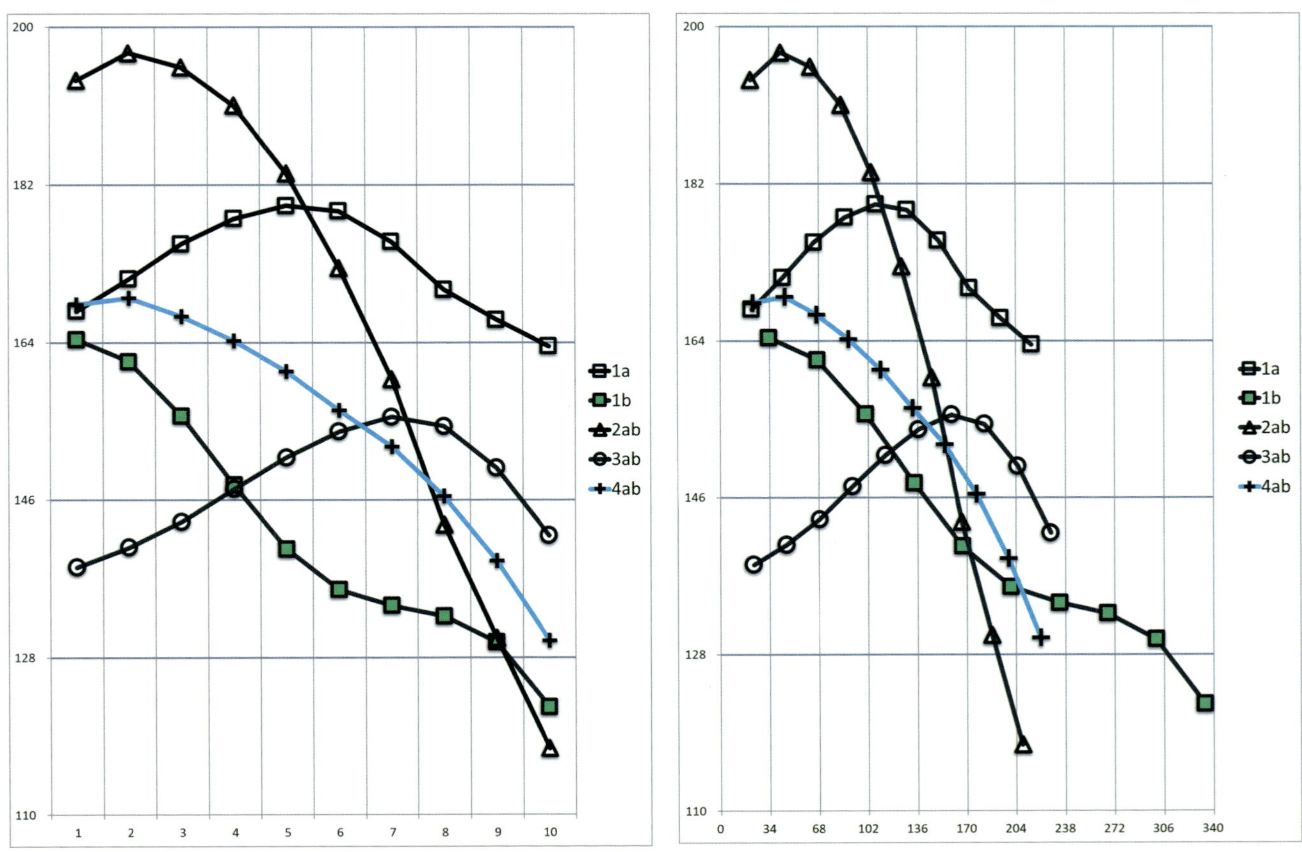

图 10－29c　单字调等长、实长音高模式－焦作武陟－YM

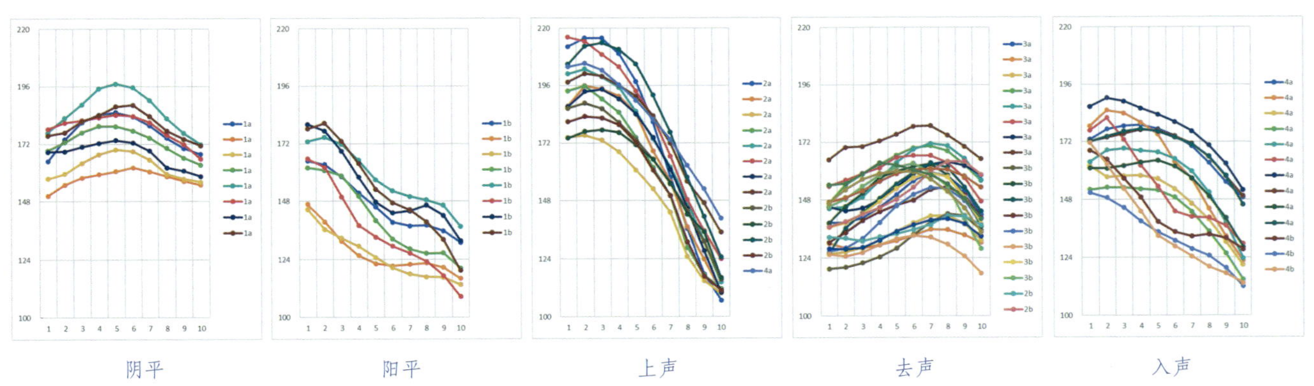

图 10－29d　今声调调域分布范围－焦作武陟－YM

青男的声调有 5 个（见图 10－29c）：

阴平 343、阳平 31、上声 51、去声 232、入声 42。

今调域的分布情况（见图 10－29d）：

阴平在 33～454 之间；阳平在 21～42 之间；上声在 41～52 之间；去声在 121～343 之间；入声在 31～43 之间。

3. 林州城关

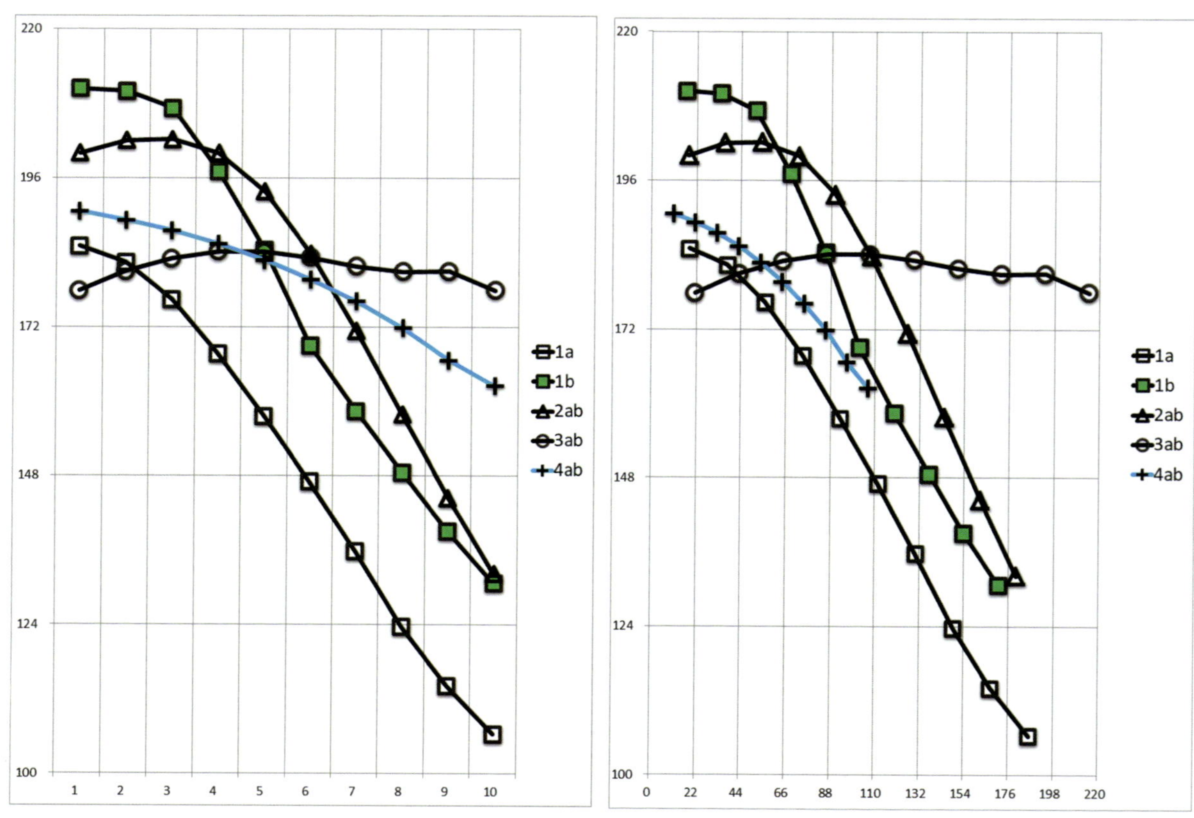

图 10－30a　单字调等长、实长音高模式－林州城关－OM

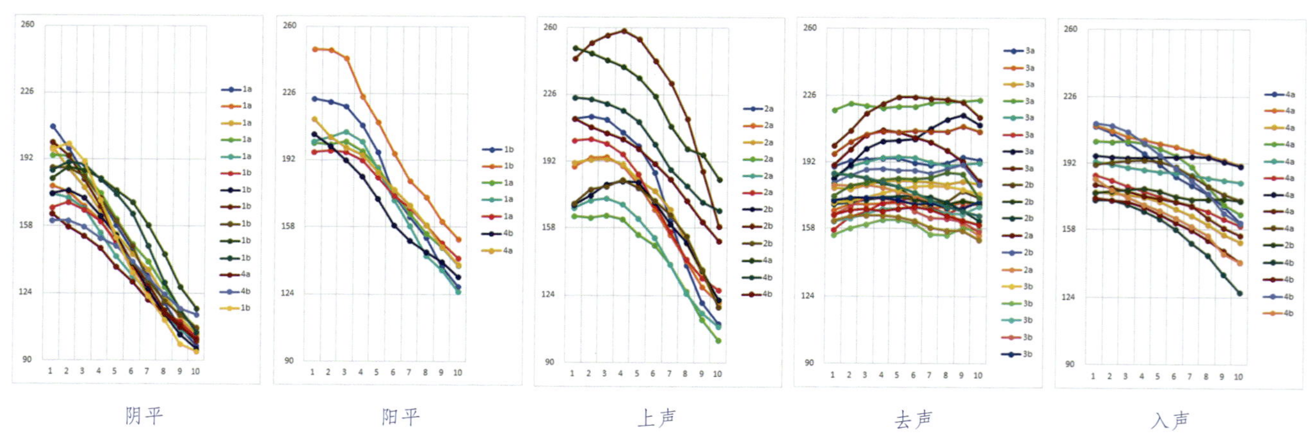

图 10－30b　今声调调域分布范围－林州城关－OM

老男的声调有 5 个（见图 10－30a）：

阴平 41、阳平 52、上声 42、去声 44、入声 <u>43</u>。

今调域的分布情况（见图 10－30b）：

阴平在 31～41 之间；阳平在 42～52 之间；上声在 331～552 之间；去声在 22～44 之间；入声在 <u>32</u>～<u>43</u> 之间。

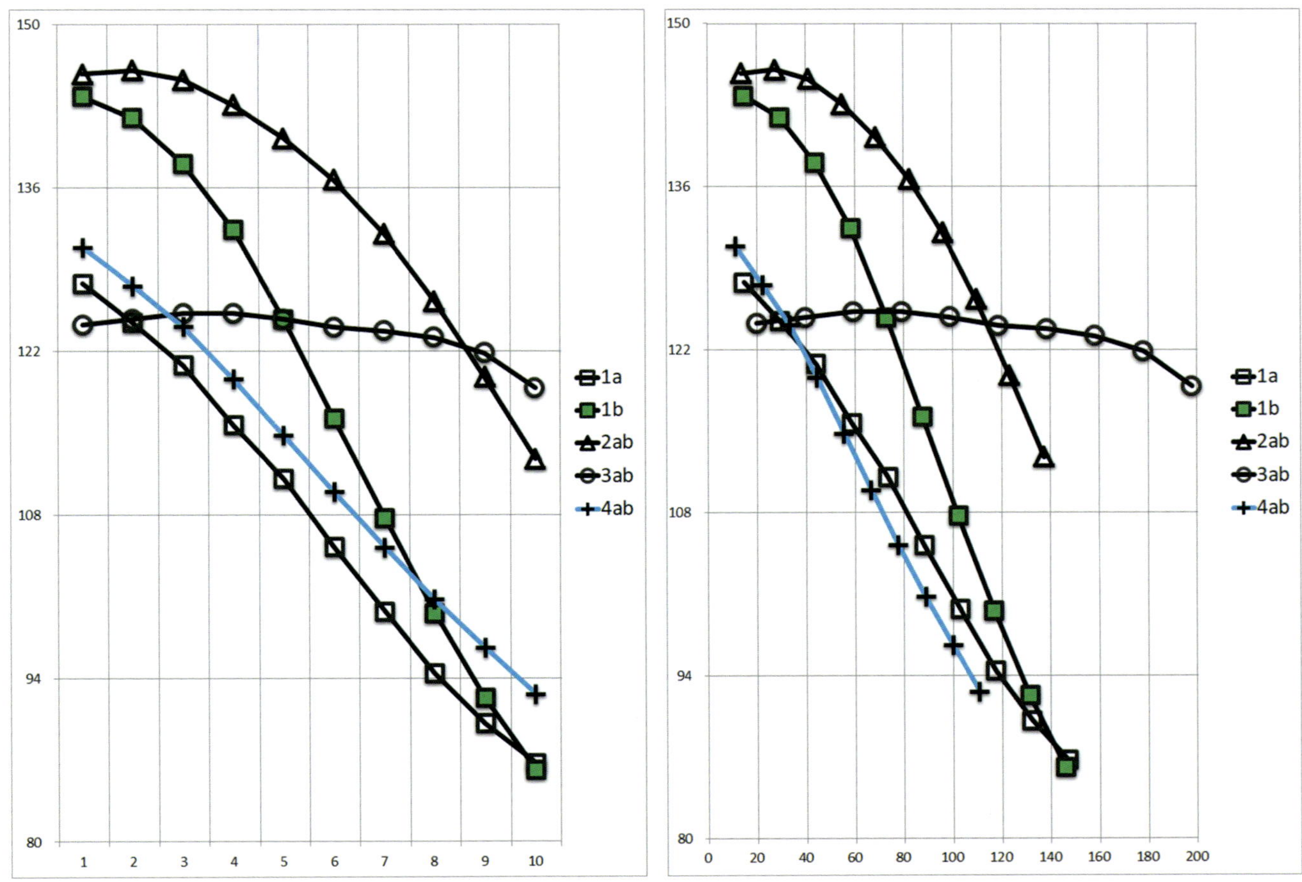

图 10－30c　单字调等长、实长音高模式－林州城关－YM

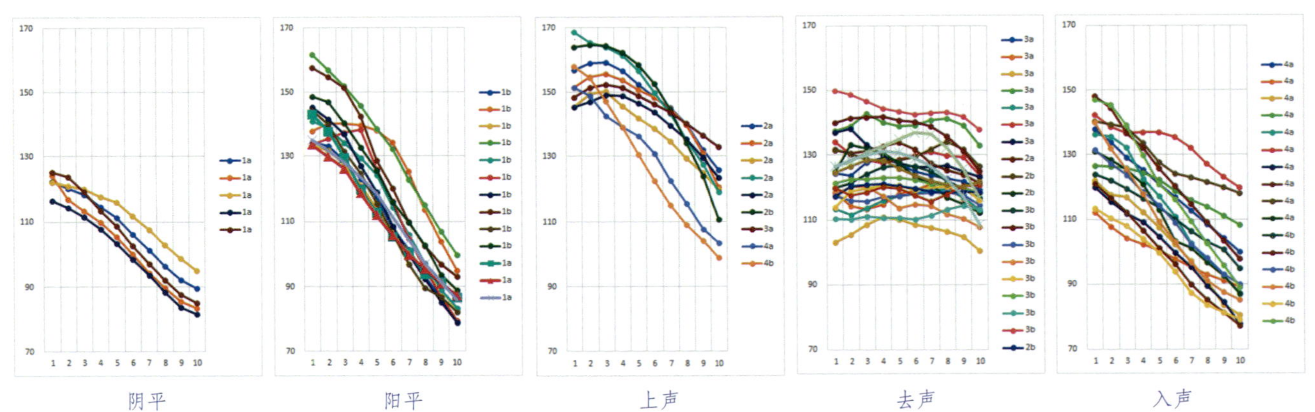

图 10－30d　今声调调域分布范围－林州城关－YM

青男的声调有 5 个（见图 10－30c）：

阴平 41、阳平 51、上声 53、去声 44、入声 41。

今调域的分布情况（见图 10－30d）：

阴平在 31～32 之间；阳平在 41～52 之间；上声在 42～54 之间；去声在 22～44 之间；入声在 31～43 之间。

10.8 志延片

1. 延安宝塔

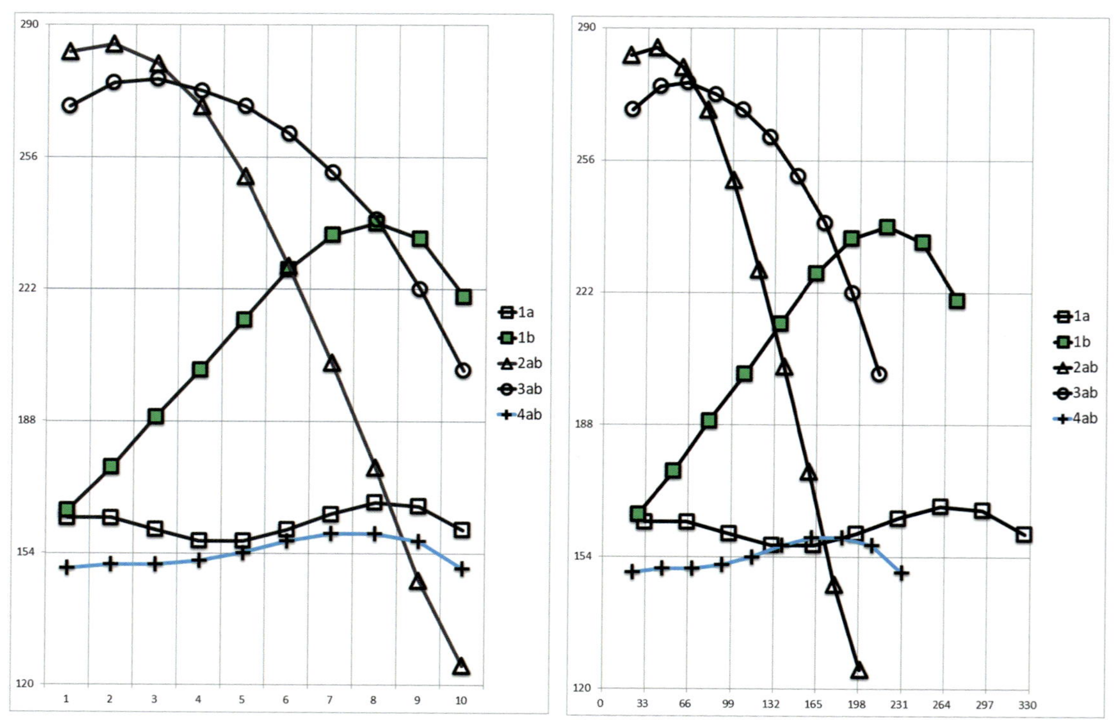

图 10－31a 单字调等长、实长音高模式－延安宝塔－OM

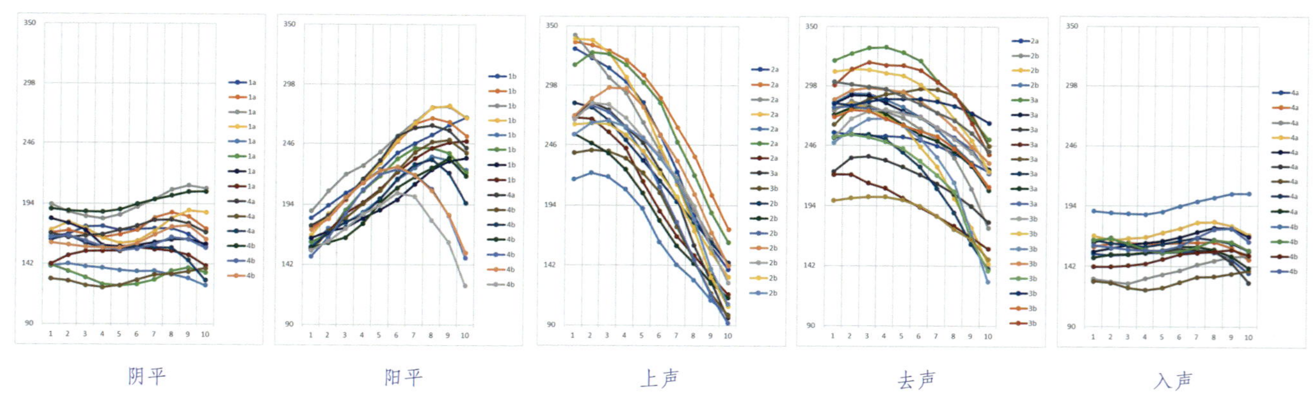

图 10－31b 今声调调域分布范围－延安宝塔－OM

老男的声调有 5 个（见图 10－31a）：

阴平 22、阳平 243、上声 51、去声 53、入声 22。

今调域的分布情况（见图 10－31b）：

阴平在 11～23 之间；阳平在 231～244 之间；上声在 31～52 之间；去声在 31～54 之间；入声在 11～23 之间。

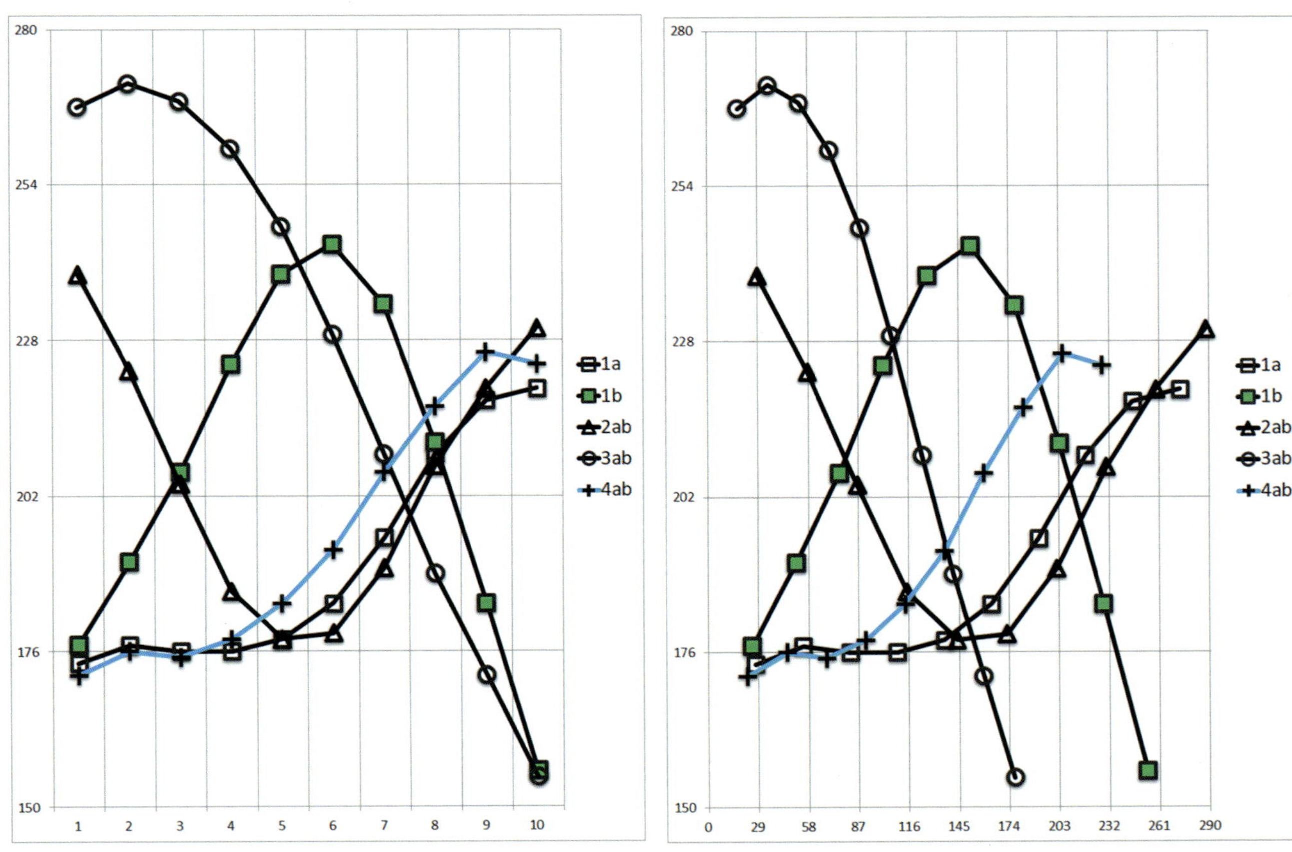

图 10－31c　单字调等长、实长音高模式－延安宝塔－YM

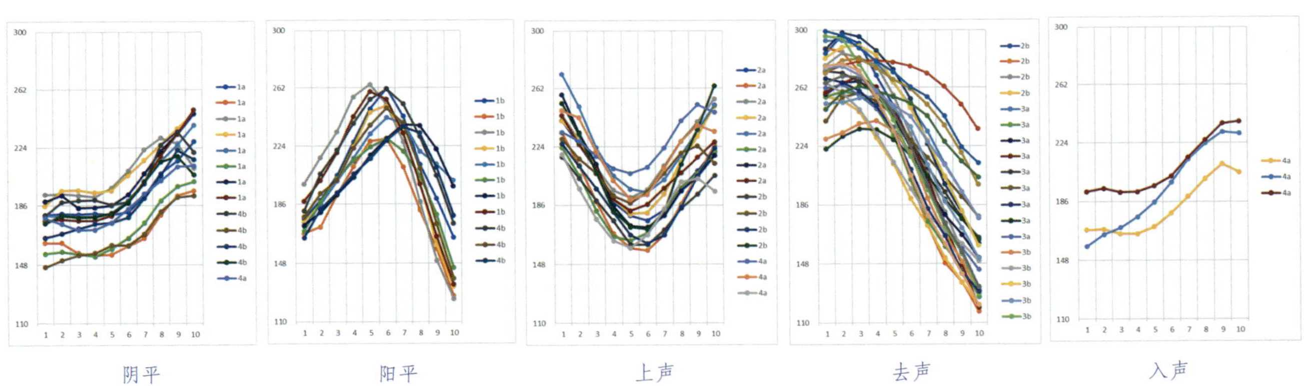

图 10－31d　今声调调域分布范围－延安宝塔－YM

青男的声调有 5 个（见图 10－31c）：

阴平 223、阳平 241、上声 423、去声 51、入声 13。

今调域的分布情况（见图 10－31d）：

阴平在 223～334 之间；阳平在 241～343 之间；上声在 323～534 之间；去声在 41～54 之间；入声在 23～34 之间。

2. 延川大禹

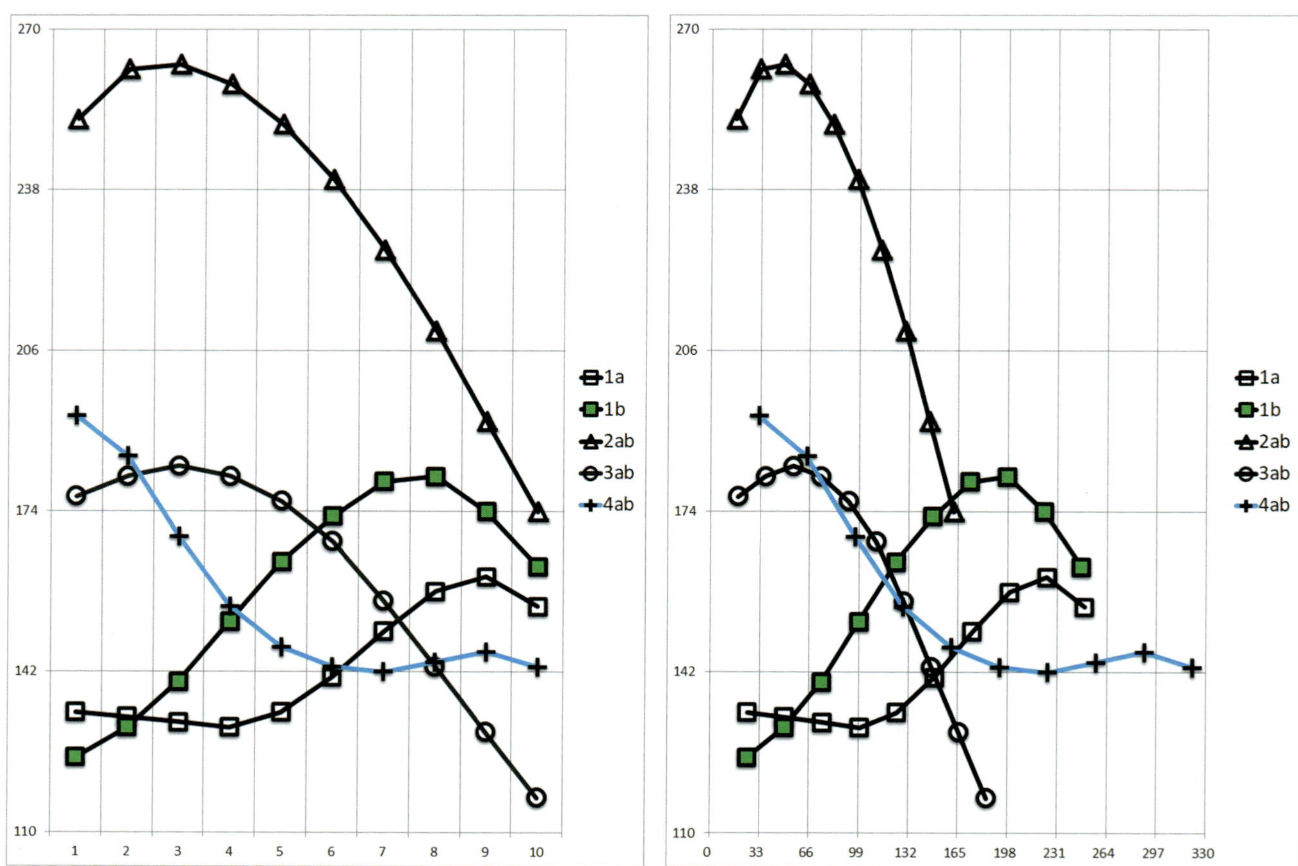

图 10－32a　单字调等长、实长音高模式－延川大禹－OM

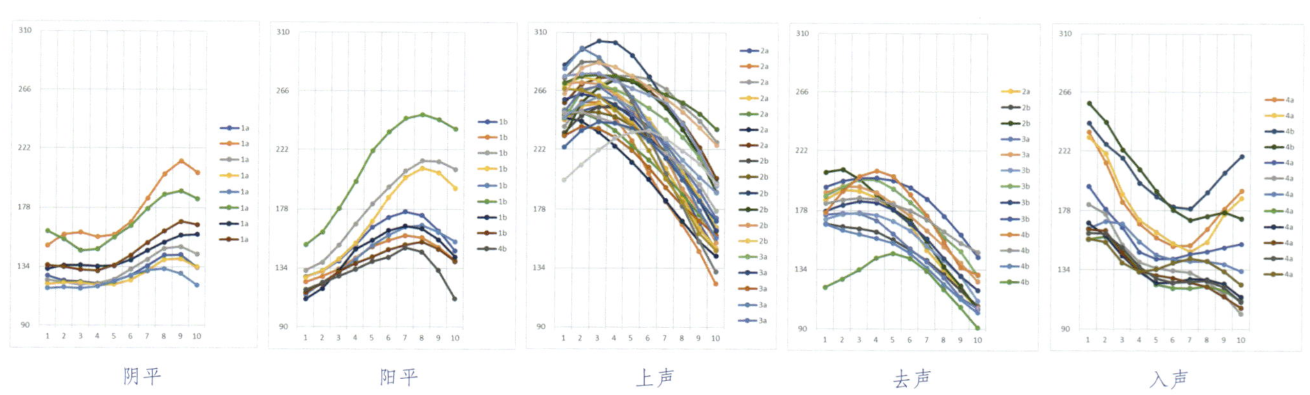

图 10－32b　今声调调域分布范围－延川大禹－OM

老男的声调有 5 个（见图 10－32a）：

阴平 112、阳平 132、上声 553、去声 331、入声 32。

今调域的分布情况（见图 10－32b）：

阴平在 112～223 之间；阳平在 121～244 之间；上声在 342～554 之间；去声在 121～332 之间；入声在 21～43 之间。

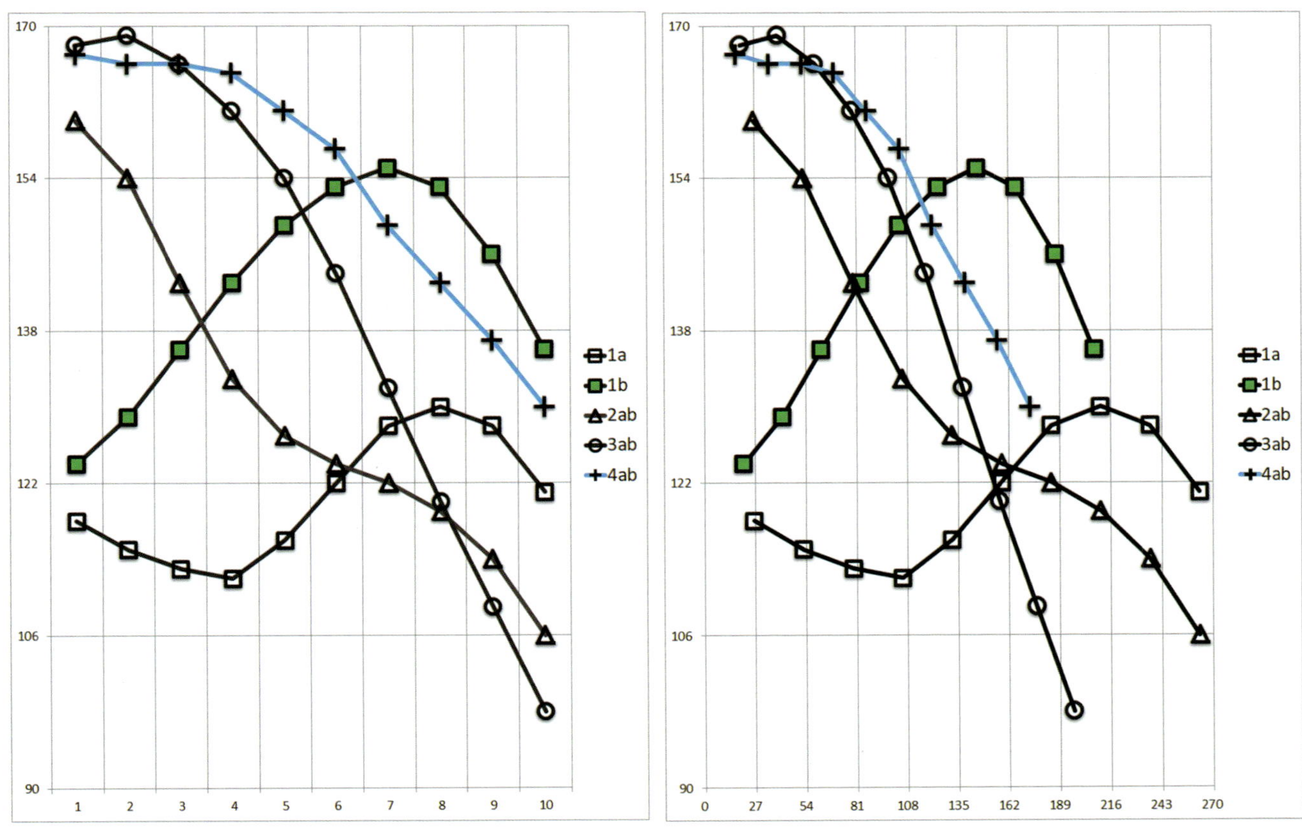

图 10－32c　单字调等长、实长音高模式－延川大禹－YM

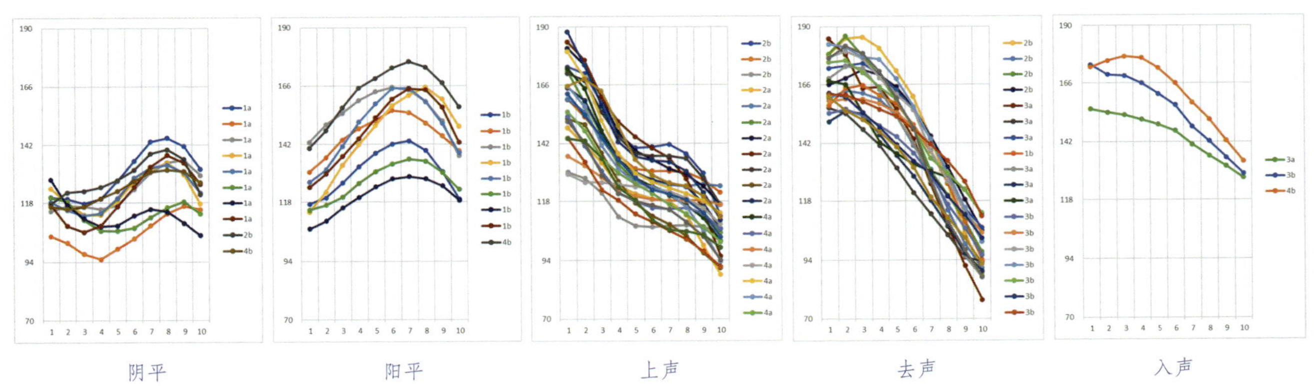

图 10－32d　今声调调域分布范围－延川大禹－YM

青男的声调有 5 个（见图 10－32c）：

阴平 223、阳平 353、上声 52、去声 51、入声 <u>53</u>。

今调域的分布情况（见图 10－32d）：

阴平在 212～323 之间；阳平在 233～454 之间；上声在 31～53 之间；去声在 41～52 之间；入声在 <u>43</u>～<u>53</u> 之间。

10.9 晋方言声调小结

晋方言指“山西及其毗连地区有入声的方言”（李荣，1985）。晋方言的共同点就是有入声，即古入声字今还读入声，大多收喉塞尾［-ʔ］，短调。我们初步从调类的现状来看，晋方言声调的主要特点：平声不分阴阳、有入声。

（1）古入声今读的主要特点。

晋方言（山西、陕西、内蒙古、河北、河南）入声调类的分合关系分为三种情形①：

①入声分阴阳。并州片、吕梁片阴入同阳平（平声），阳入同上声；上党片长治小片阴入同阴平，阳入同去声。

②入声调只有一个。一是古入声今读入声，见于五台片、大包片、张呼片、上党片晋城小片和邯新片；二是古清入、次浊入今读舒声调，全浊入保留入声调，见于志延片。

③入声调丢失喉塞尾［-ʔ］，自成调类。多见于晋方言边缘地带的一些方言点，比如吕梁片和中原官话交界处的汾西；张呼片和冀鲁官话交界处的灵寿、平山、元氏等。

晋方言各片古今声调的演变情况见表10－2。②

表10－2 晋方言各片古今声调的演变情况

<table>
<tr><td colspan="2">古声调</td><td colspan="2">平声</td><td colspan="3">上声</td><td colspan="2">去声</td><td colspan="3">入声</td></tr>
<tr><td colspan="2">古声母</td><td>浊</td><td>清</td><td>清</td><td>次浊</td><td>全浊</td><td>浊</td><td>清</td><td>清</td><td>次浊</td><td>全浊</td></tr>
<tr><td colspan="2">例 字</td><td>麻陈</td><td>高</td><td>古</td><td>老</td><td>舅</td><td>让旧</td><td>救</td><td>八</td><td>热</td><td>拔</td></tr>
<tr><td colspan="2">并州</td><td colspan="2">平声</td><td colspan="2">上声</td><td colspan="3">去声</td><td colspan="2">阴入</td><td>阳入</td></tr>
<tr><td rowspan="2">吕梁</td><td>汾州</td><td>阳平</td><td>阴平</td><td colspan="2">上声</td><td colspan="3">去声</td><td>阴入</td><td colspan="2">阳入</td></tr>
<tr><td>隰县</td><td>阳平</td><td>阴平</td><td colspan="2">上声</td><td colspan="3">去声</td><td colspan="2">阴入</td><td>阳入</td></tr>
<tr><td rowspan="2">上党</td><td>长治</td><td>阳平</td><td>阴平</td><td colspan="2">上声</td><td colspan="2">阳去</td><td>阴去</td><td>阴入</td><td colspan="2">阳入</td></tr>
<tr><td>晋城</td><td>阳平</td><td>阴平</td><td colspan="2">上声</td><td colspan="3">去声</td><td colspan="3">入声</td></tr>
<tr><td colspan="2">五台</td><td>阳平</td><td colspan="3">阴平上</td><td colspan="3">去声</td><td colspan="3">入声</td></tr>
<tr><td colspan="2">张呼</td><td colspan="2">平声</td><td colspan="2">上声</td><td colspan="3">去声</td><td colspan="3">入声</td></tr>
<tr><td colspan="2">大包</td><td>阳平</td><td>阴平</td><td colspan="2">上声</td><td colspan="3">去声</td><td colspan="3">入声</td></tr>
<tr><td rowspan="2">邯新</td><td>磁漳</td><td>阳平</td><td>阴平</td><td colspan="2">上声</td><td colspan="3">去声</td><td colspan="2">入声</td><td>阳平</td></tr>
<tr><td>获济</td><td>阳平</td><td>阴平</td><td colspan="2">上声</td><td colspan="3">去声</td><td colspan="2">入声</td><td>阳平</td></tr>
<tr><td colspan="2">志延</td><td>阳平</td><td>阴平</td><td colspan="2">上声</td><td colspan="3">去声</td><td colspan="2">阴平咸山宕江</td><td>入声</td></tr>
</table>

（2）几个片内部声调的情况。

①吕梁片的汾州小片和隰县小片的调型和调值不同，见表10－3。

① 中国社会科学院语言研究所，中国社会科学院民族学与人类研究所，香港城市大学语言资讯科学研究中心．中国语言地图集［M］．2版．北京：商务印书馆，2012：94.

② 中国社会科学院语言研究所，中国社会科学院民族学与人类研究所，香港城市大学语言资讯科学研究中心．中国语言地图集［M］．2版．北京：商务印书馆，2012：94.

表 10－3　汾州小片和隰县小片的调型调值对比

小片	阴平	阳平	上声	去声	阴入	阳入
汾州	低降升 213	高平 44	中降升 312	高降 53	短平 4（同阳平）	降升 312（同上声）
隰县	高降 51	中升 24	中降 31	中平 33	降 51/平 3（同阴平）	低降 21（同上声）

②在声调方面，长治小片和晋城小片的不同在于去声是否分阴阳。长治小片去声分阴阳，晋城小片去声则不分，只有一个。

③张呼片河北各点的古入声字有不同程度的舒化。其规律是清入归平上去三声，次浊入多归去声，全浊入多归阳平。

④邯新片的磁漳小片和获济小片的共同点是全浊入今多归阳平，而清入、次浊入则多保留喉塞尾［-ʔ］。

⑤古入声字在志延片有不同程度的舒化。其方式大体分为两种：一是古入声字大多已舒化，少数保留喉塞尾［-ʔ］，短调；二是古入声字今多读入声，部分舒化。入声舒化和韵摄及古声母的清浊有关，类似于并州片清徐和吕梁片汾西。

10.10　晋方言主要方言点的调类调值对照

晋方言主要方言点的调类调值对照见表 10－4。

表 10－4　晋方言主要方言点的调类调值对照

<table>
<tr><th>片</th><th>小片</th><th>方言点</th><th>选点</th><th>阴平
1a</th><th>阳平
1b</th><th>上声
2ab</th><th>去声
3ab</th><th>阴入
4a</th><th>阳入
4b</th><th>调类
数量</th><th>资料来源</th></tr>
<tr><td rowspan="8">并州片</td><td rowspan="8"></td><td rowspan="4">太原
（山西）</td><td>太原</td><td colspan="2">11</td><td>54</td><td>45</td><td>2</td><td>54</td><td>5</td><td>侯精一、温端政
（1993）</td></tr>
<tr><td>太原</td><td colspan="2">211</td><td>511</td><td>24</td><td>211</td><td>511</td><td>5</td><td>闫雪清（2013）</td></tr>
<tr><td>太原</td><td colspan="2">11</td><td>53</td><td>45</td><td>2</td><td>54</td><td>5</td><td>王琼（2012）
覃俊珺（2011）</td></tr>
<tr><td>太原
阳曲</td><td>312</td><td>43</td><td>312</td><td>454</td><td>4</td><td>212</td><td>5</td><td>语保 OM</td></tr>
<tr><td rowspan="4">平遥
（山西）</td><td>平遥</td><td colspan="2">11</td><td>512</td><td>24</td><td>11</td><td>31</td><td>5</td><td>武建娉（2017）</td></tr>
<tr><td>平遥</td><td colspan="2">13</td><td>53</td><td>35</td><td>13</td><td>53</td><td>5</td><td>【单字调调值】
王琼（2012）
覃俊珺（2011）</td></tr>
<tr><td>平遥</td><td>13</td><td>31</td><td>53</td><td>35</td><td>13</td><td>53</td><td>5</td><td>【连读调值】
王琼（2012）</td></tr>
<tr><td>古陶镇</td><td colspan="2">213</td><td>512</td><td>24</td><td>212</td><td>523</td><td>5</td><td>语保 OM</td></tr>
</table>

（续上表）

片	小片	方言点	选点	阴平 1a	阳平 1b	上声 2ab	去声 3ab	阴入 4a	阳入 4b	调类数量	资料来源
吕梁片	汾州小片	离石（山西）	离石	24	44	312	52	4	23	6	李小平（2004）
			莲花池街道	24	44	312	53	4	53	6	语保 OM
		吕梁方山（山西）	圪洞镇	24	44	312	52	4	52	6	语保 OM
		吴堡（陕西）	宋家川街道	213	33	412	53	3	53	6	语保 OM
			吴堡	213	33	412	53	3	213	6	邢向东（2007）
		清涧（陕西）	清涧	213	24	52	53	43		5	师惠玲（2014）
			宽州镇	312	21	53	42	54	24	6	语保 OM
	隰县小片	临汾隰县（山西）	龙泉镇	53（42）	24	31	55	3	21	6	李莉（2019）
				53	24	21	44	3		5	语保 OM
		临汾蒲县（山西）	蒲城	52	24	31	33	43	3	6	语保 OM
上党片	长治小片	长治（山西）	长治	213	24	535（534）	44	53	54	6	侯精一（1983）
			长治						4 / 54		
			常青	312	24	535	44	54	53	6	语保 OM
		长子（山西）	丹朱	312	24	434	44	53	422	6	语保 OM
			长子	213	24	324	45	53	4 / 212	7	王利（2008）
	晋城小片	晋城（山西）	晋城	33	113		53	22		4	王利（2008）
			沁水	21	24	31	53	22		5	语保 OM
		陵川（山西）	陵川	33	213		53	22		4	张铁南（2017）
			崇文	33	53	312	24	3	23	6	语保 OM
五台片		忻州（山西）	忻州	31		313	53	2		4	沈明（2007）
			河曲	213	44	213	52	4		4	语保 OM
			繁峙	21		53	24	43		4	沈明（2007）
			繁城	53	31	53	24	13		4	语保 OM
		五台（山西）	五台	33		313	52	32	313	5	沈明（2007）
大包片		大同（山西）	大同	31	423	53	24	4		5	郭贞彦（2016）
			大同	32	313	42	35	3		5	吕建凤（2009）
			新荣区	32	312	54	24	4		5	语保 OM
			大同县	21	312	55	24	4		5	语保 OM
			大同	41	512	44	34	54		5	庞雅峰（2016）
		昔阳（山西）	昔阳	51	41	55	24	3		5	赵辉（2021）
			乐平镇	42	33	55	13	43		5	语保 OM
		包头（内蒙古）	包头	323	44	213	52	43		5	沈文玉（2000）
			北梁新区	24	44	312	52	4		5	语保 OM
		榆林榆阳（陕西）	鼓楼街道	33	213		52	3		4	语保 OM

（续上表）

片	小片	方言点	选点	阴平 1a	阳平 1b	上声 2ab	去声 3ab	阴入 4a	阳入 4b	调类数量	资料来源
张呼片		呼和浩特（内蒙古）	玉泉区桃花乡	335	331	53	35	34		5	语保 OM
		集宁（内蒙古）	新华街道办事处	31		53	24	32		4	语保 OM
			集宁	11		53	45	2		4	妥彦平（2013）
		张家口（河北）	张家口	21		55	35	2		4	杨文会（2002）
			张北镇	42		55	213	32		4	语保 OM
		石家庄鹿泉（河北）	获鹿镇	55		35	312	13		4	语保 OM
邯新片	磁漳小片	邯郸（河北）	邯山区北张庄镇	31	53	55	213	43		5	语保 OM
		邢台（河北）	邢台	24	53	55	31	4		5	尚新丽（2009）
			沙河桥西	41	51	33	21	2		5	语保 OM
	获济小片	新乡（河南）	新乡	34	52	55	31	34		5	董一博（2018）
			卫滨区平原镇	24	52	55	21	34		5	语保 OM
		武陟（河南）	圪垱店乡	44	312	53	13	4		5	语保 OM
		林州（河南）	城关镇	31	42	54	33	3		5	语保 OM
			林州	31	41	53	45	3		5	陈松亚（2008）
志延片		延安（陕西）	延安	213	24	213	52	3		5	刘雯雯（2014）
			宝塔区凤凰街道办事处	213	24	52	443	5		5	语保 OM
		延川（陕西）	延川	35	314	53		423	54/ 35	5	李建校（2006）
			大禹街道	213	35	53		423	53	5	语保 OM
			延川	314	35	53		423	54	5	曹鹏（2009）

参考文献

［1］曹鹏．延川方言语音的演变与层次［D］．西安：陕西师范大学，2009.

［2］陈松亚．林州方言语音研究［D］．重庆：西南大学，2008.

［3］董一博．基于声学数据的河南新乡方言单字调调值及单元音特点研究［J］．吉首大学学报（社会科学版），2018，39（S1）．

［4］郭贞彦．山西中北部晋语声调研究［D］．保定：河北大学，2016.

［5］侯精一，温端政．山西方言调查研究报告［M］．太原：山西高校联合出版社，1993.

［6］侯精一．长治方言记略［J］．方言，1983（4）．

［7］李建校．陕北晋语语音研究［D］．北京：北京语言大学，2006.
［8］李莉．隰县方言语音研究［D］．天津：天津师范大学，2019.
［9］李荣．隰县方言语音研究［J］．方言，1985（1）．
［10］李晰．山西方言声调研究［D］．西安：陕西师范大学，2014.
［11］李小平．山西离石方言音系［J］．吕梁教育学院学报，2004（4）．
［12］刘雯雯．延安方言语音研究［D］．兰州：西北师范大学，2014.
［13］吕建凤．大同方言的语音研究［D］．福州：福建师范大学，2009.
［14］庞雅峰．大同方言声调的实验研究［D］．天津：天津师范大学，2016.
［15］尚新丽．邢台方言的语流音变［D］．保定：河北大学，2009.
［16］沈明．晋语五台片入声调的演变［J］．方言，2007（4）．
［17］沈明．山西省的汉语方言［J］．方言，2008（4）．
［18］沈文玉．包头方言与普通话语音的比较研究［J］．阴山学刊，2000（3）．
［19］师惠玲．陕北清涧方言研究［D］．哈尔滨：黑龙江大学，2014.
［20］覃俊珺．晋语并州片音韵比较［D］．北京：北京大学，2011.
［21］妥彦平．内蒙古集宁方言语音研究［D］．昆明：云南师范大学，2013.
［22］王利．晋东南晋语语音研究［D］．济南：山东大学，2008.
［23］王琼．并州片晋语语音研究［D］．北京：北京大学，2012.
［24］武建娉．平遥方言语音研究［D］．天津：天津师范大学，2017.
［25］邢向东．陕北吴堡话的文白异读与语音层次［J］．语言研究，2007（1）．
［26］闫雪清．太原方言声调实验研究［D］．兰州：西北民族大学，2013.
［27］杨文会．张家口方言的调类及连读变调［J］．张家口职业技术学院学报，2002（2）．
［28］张轶南．晋城方言语音研究［D］．大连：辽宁师范大学，2017.
［29］赵辉．山西昔阳方言语音格局的实验研究［J］．语文学刊，2021，41（1）．

11 吴方言

吴方言主要分布在上海、江苏、浙江、安徽、江西、福建等省市，表 11 – 1 是本书的选点情况。

表 11 – 1 吴方言的分片选点

片	小片	方言点	序号
太湖片	毗陵小片	常州钟楼（江苏）	11 – 1
		江苏宜兴	11 – 2
		江苏江阴	11 – 3
	苏嘉湖小片	苏州 – 《音库》	11 – 4
		浙江海宁	11 – 5
		湖州吴兴（浙江）	11 – 6
		嘉兴南湖（浙江）	11 – 7
	上海小片	上海 – 《音库》	11 – 8
		上海宝山	11 – 9
		江苏启东	11 – 10
	杭州小片	杭州 – 《音库》	11 – 11
		杭州上城（浙江）	11 – 12
	临绍小片	绍兴上虞（浙江）	11 – 13
		义乌稠城（浙江）	11 – 14
		义乌施付宅（浙江）	11 – 15
	甬江小片	宁波宁海（浙江）	11 – 16
		奉化锦屏（浙江）	11 – 17
台州片		台州玉环（浙江）	11 – 18
		浙江温岭	11 – 19
金衢片		金华婺城（浙江）	11 – 20
		兰溪兰江（浙江）	11 – 21
		衢州龙游（浙江）	11 – 22

（续上表）

片	小片	方言点	序号
上丽片	上山小片	浙江江山	11－23
		浙江开化	11－24
		江西上饶	11－25
		江西广丰	11－26
	丽水小片	丽水龙泉（浙江）	11－27
		丽水青田（浙江）	11－28
		南平浦城（福建）	11－29
瓯江片		温州－《音库》	11－30
		浙江瑞安	11－31
		永嘉东城（浙江）	11－32
		苍南灵溪（浙江）	11－33
宣州片	铜泾小片	宣城宣州（安徽）	11－34
		宣州泾县（安徽）	11－35
		安徽黄山	11－36
	太高小片	南京高淳（江苏）	11－37
		杭州临安（浙江）	11－38
	石陵小片	池州石台（安徽）	11－39
		池州贵池（安徽）	11－40
		池州青阳（安徽）	11－41

11.1 太湖片

11.1.1 毗陵小片

1. 常州钟楼

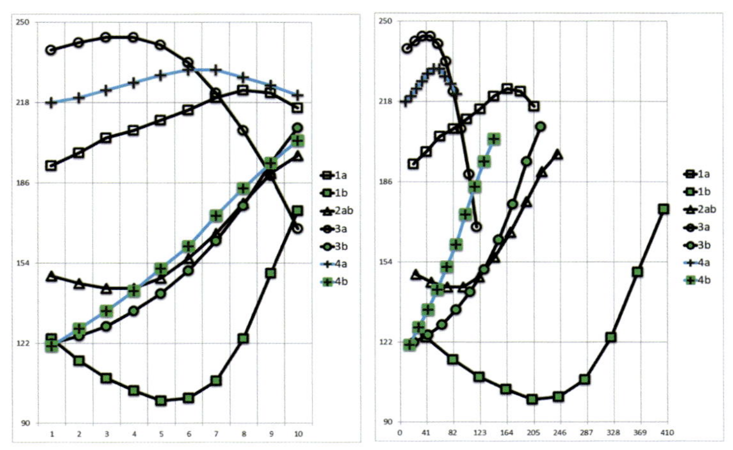

图 11－1a　单字调等长、实长音高模式－常州钟楼－OM

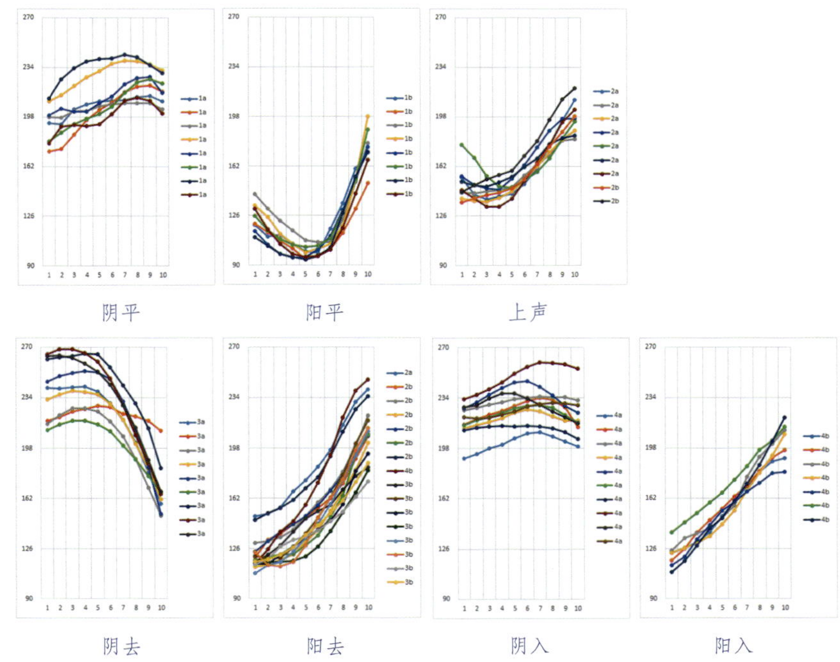

图 11－1b　今声调调域分布范围－常州钟楼－OM

老男的声调有 7 个（见图 11－1a）：

阴平 45、阳平 213、上声 24、阴去 53、阳去 24、阴入 55、阳入 24。

今调域的分布情况（见图 11－1b）：

阴平在 34～45 之间；阳平在 212～213 之间；上声在 23～24 之间；阴去在 42～53 之间；阳去在 13～25 之间；阴入在 44～55 之间；阳入在 13～24 之间。

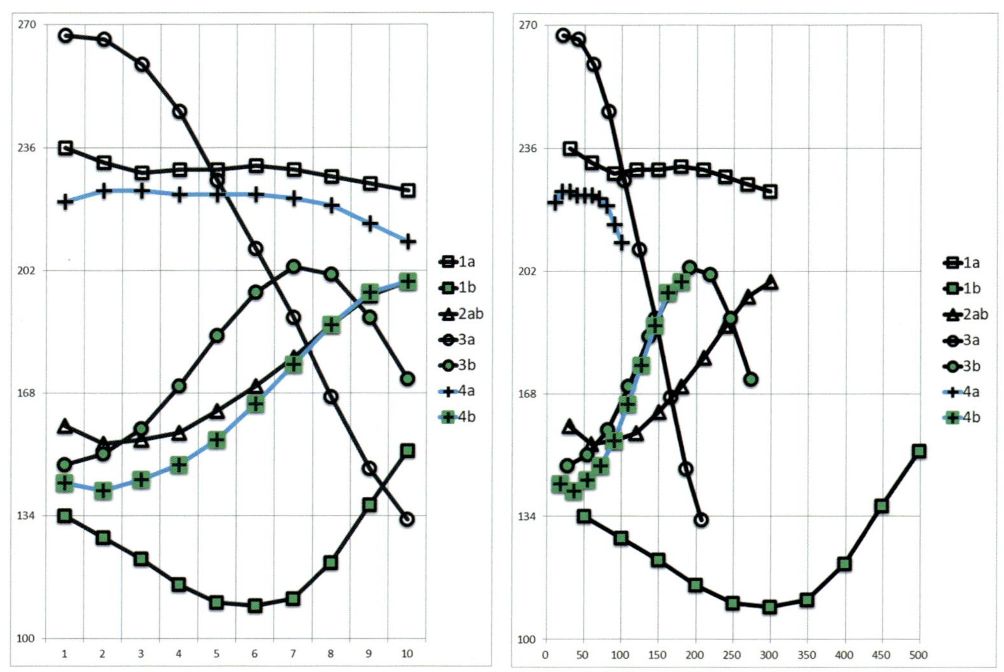

图 11－1c　单字调等长、实长音高模式－常州钟楼－YM

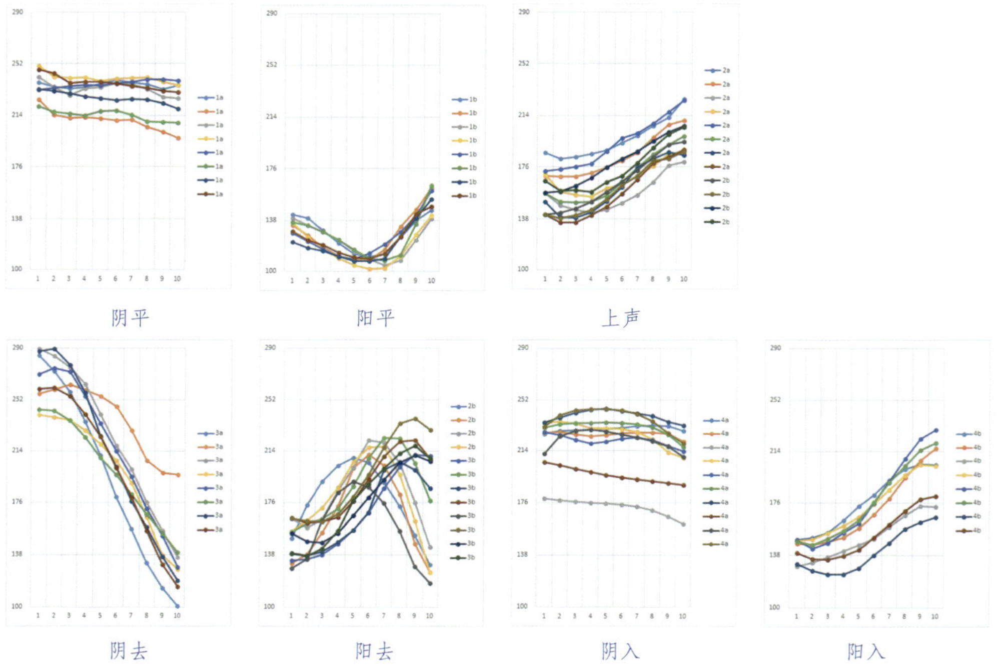

图 11－1d　今声调调域分布范围－常州钟楼－YM

青男的声调有 7 个（见图 11－1c）：

阴平 44、阳平 213、上声 24、阴去 52、阳去 23、阴入 44、阳入 24。

今调域的分布情况（见图 11－1d）：

阴平在 43～44 之间；阳平主要在 212 的范围；上声在 23～34 之间；阴去在 41～52 之间；阳去在 13～25 之间；阴入在 33～44 之间；阳入在 13～24 之间。

2. 江苏宜兴

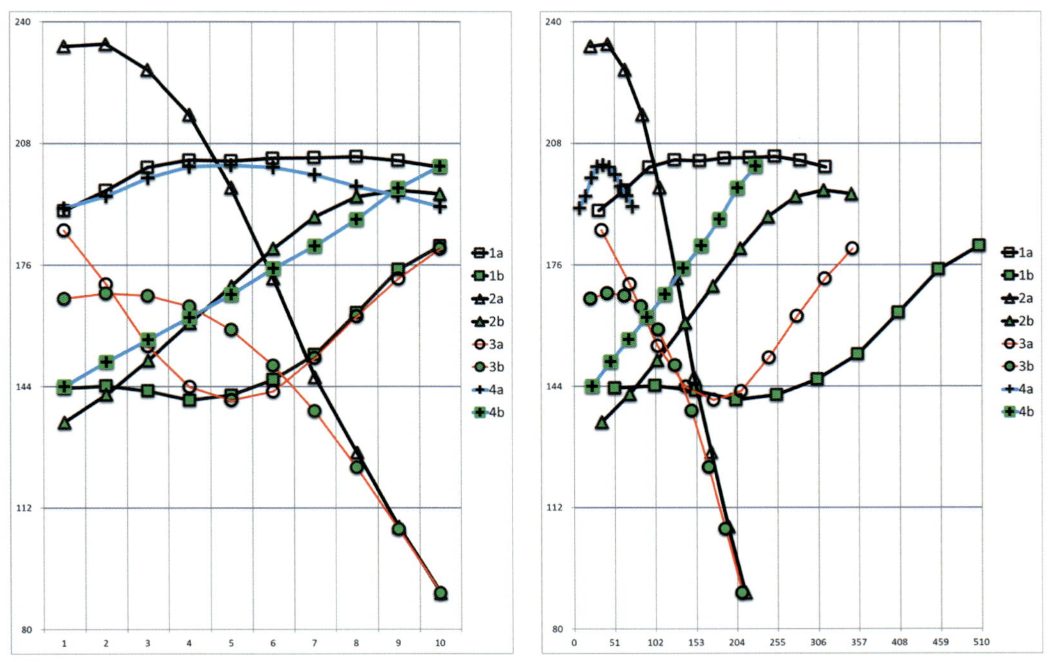

图 11－2a 单字调等长、实长音高模式－江苏宜兴－OM

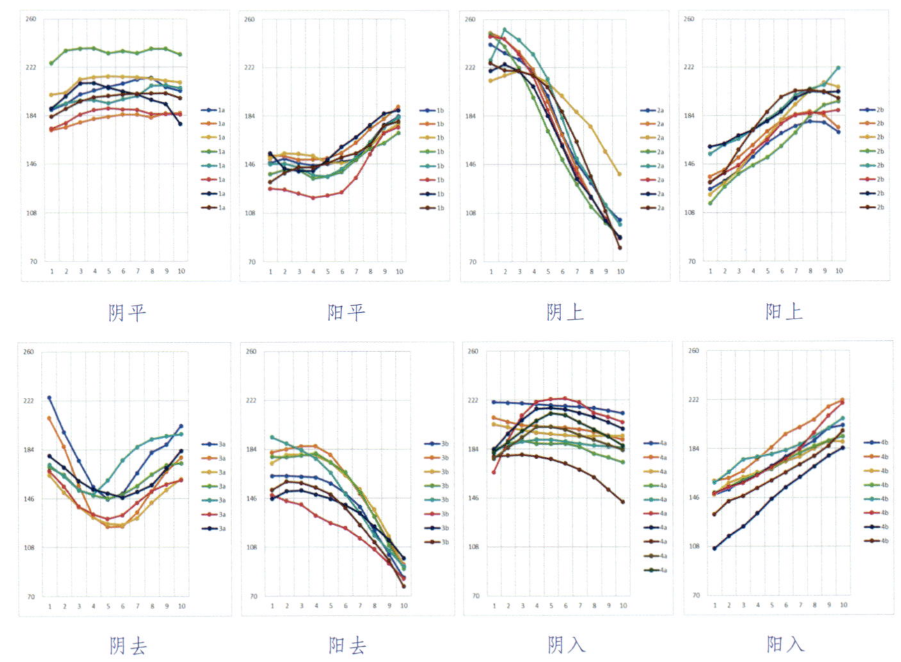

图 11－2b 今声调调域分布范围－江苏宜兴－OM

老男的声调有 8 个（见图 11－2a）：

阴平 44、阳平 224、阴上 51、阳上 24、阴去 424、阳去 31、阴入 44、阳入 24。

今调域的分布情况（见图 11－2b）：

阴平在 44～55 之间；阳平在 223～334 之间；阴上在 51～52 之间；阳上在 23～34 之间；阴去在 323～424 之间；阳去在 21～31 之间；阴入在 43～44 之间；阳入在 23～24 之间。

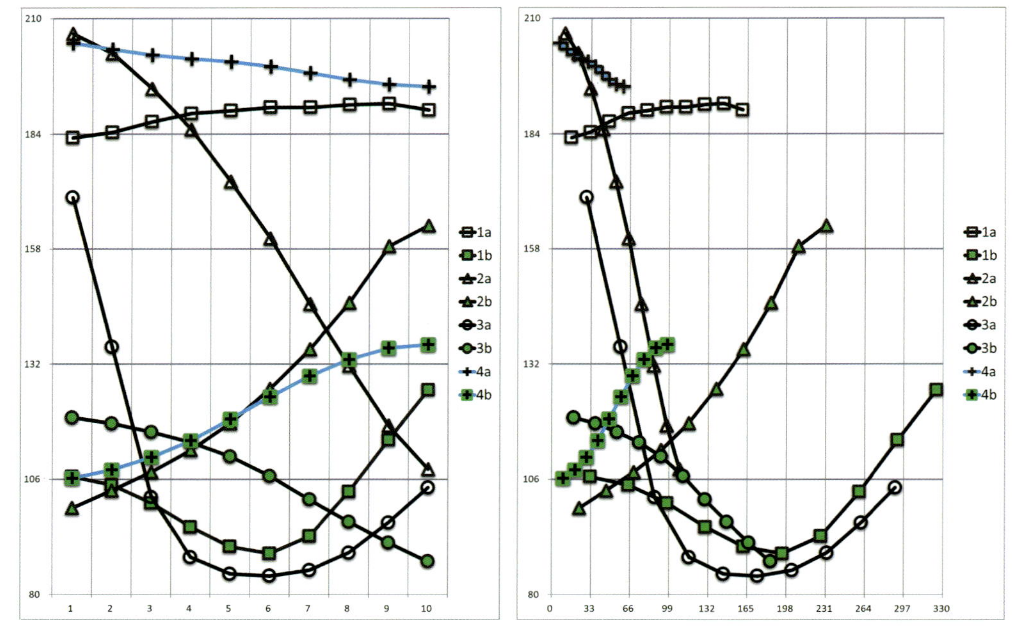

图 11－2c　单字调等长、实长音高模式－江苏宜兴－YM

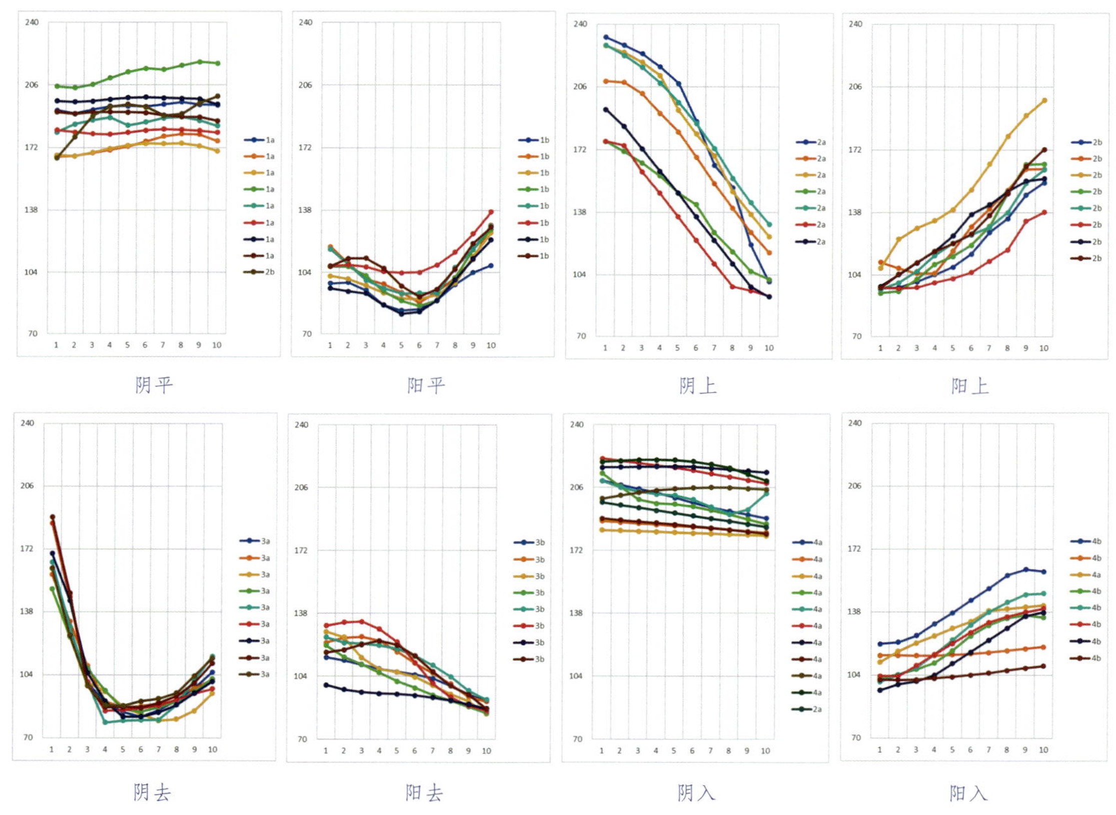

图 11－2d　今声调调域分布范围－江苏宜兴－YM

青男的声调有 8 个（见图 11－2c）：

阴平 55、阳平 213、阴上 52、阳上 14、阴去 412、阳去 21、阴入 54、阳入 23。

今调域的分布情况（见图 11－2d）：

阴平在 44～55 之间；阳平在 212～223 之间；阴上在 31～52 之间；阳上在 12～24 之间；阴去在 312～412 之间；阳去在 11～21 之间，呈下降趋势；阴入在 44～55 之间；阳入在 12～23 之间。

3. 江苏江阴

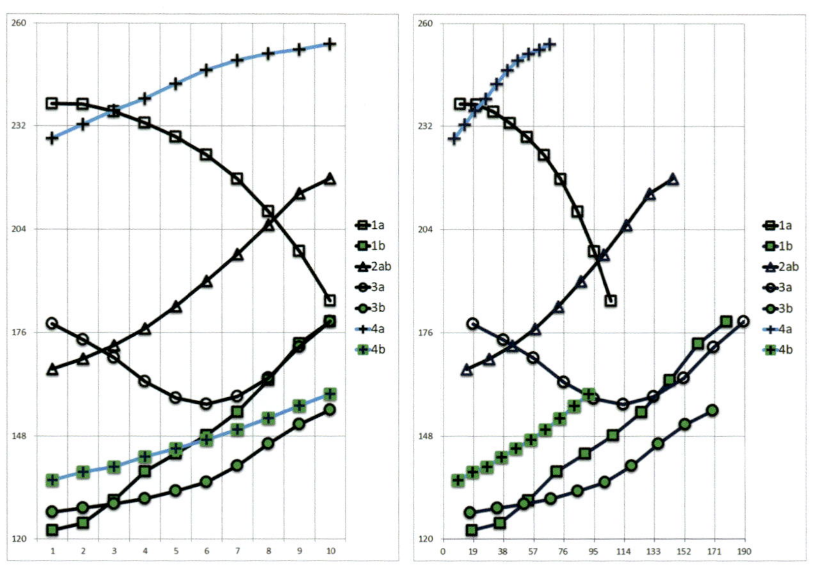

图 11－3a　单字调等长、实长音高模式－江苏江阴－OM

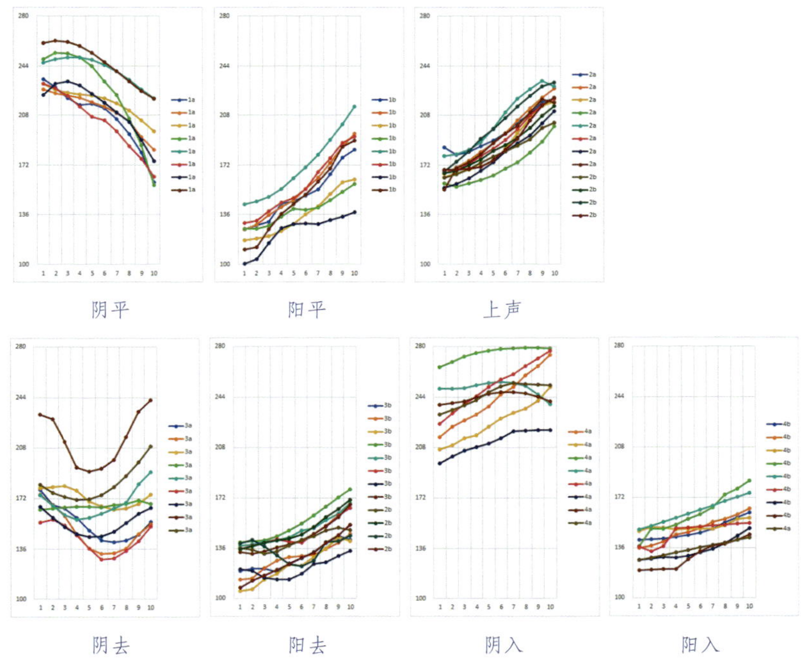

图 11－3b　今声调调域分布范围－江苏江阴－OM

老男的声调有 7 个（见图 11－3a）：

阴平 53、阳平 13、上声 24、阴去 323、阳去 12、阴入 45、阳入 12。

今调域的分布情况（见图 11－3b）：

阴平在 42～54 之间；阳平在 12～24 之间；上声在 23～34 之间；阴去在 212～434 之间；阳去在 12～23 之间；阴入在 34～55 之间；阳入在 12～23 之间。

江阴是刘复先生故里，他的《四声实验录》中调类描写与今天所见一致，根据浪纹计所出调值，也与我们所做的实验结果基本一致。

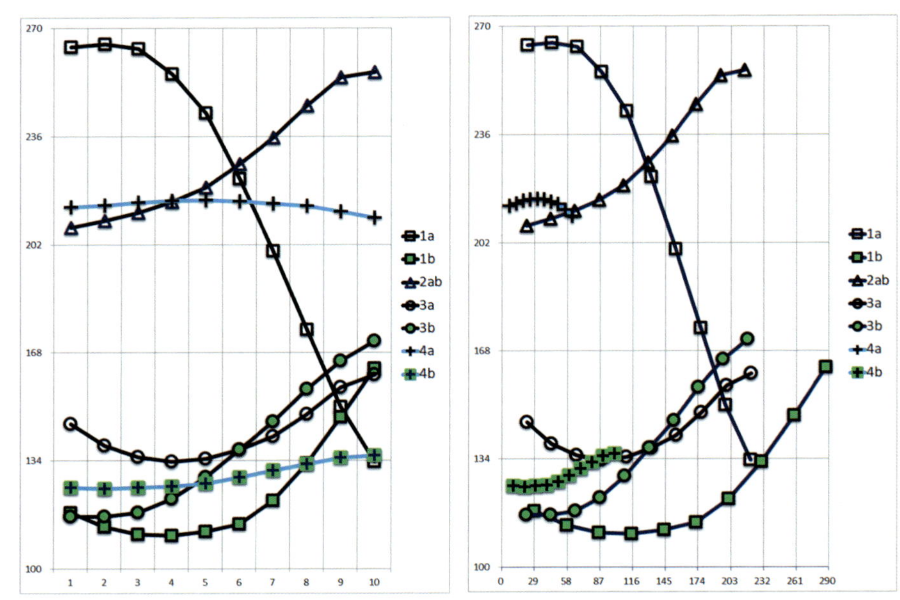

图 11－3c　单字调等长、实长音高模式－江苏江阴－YM

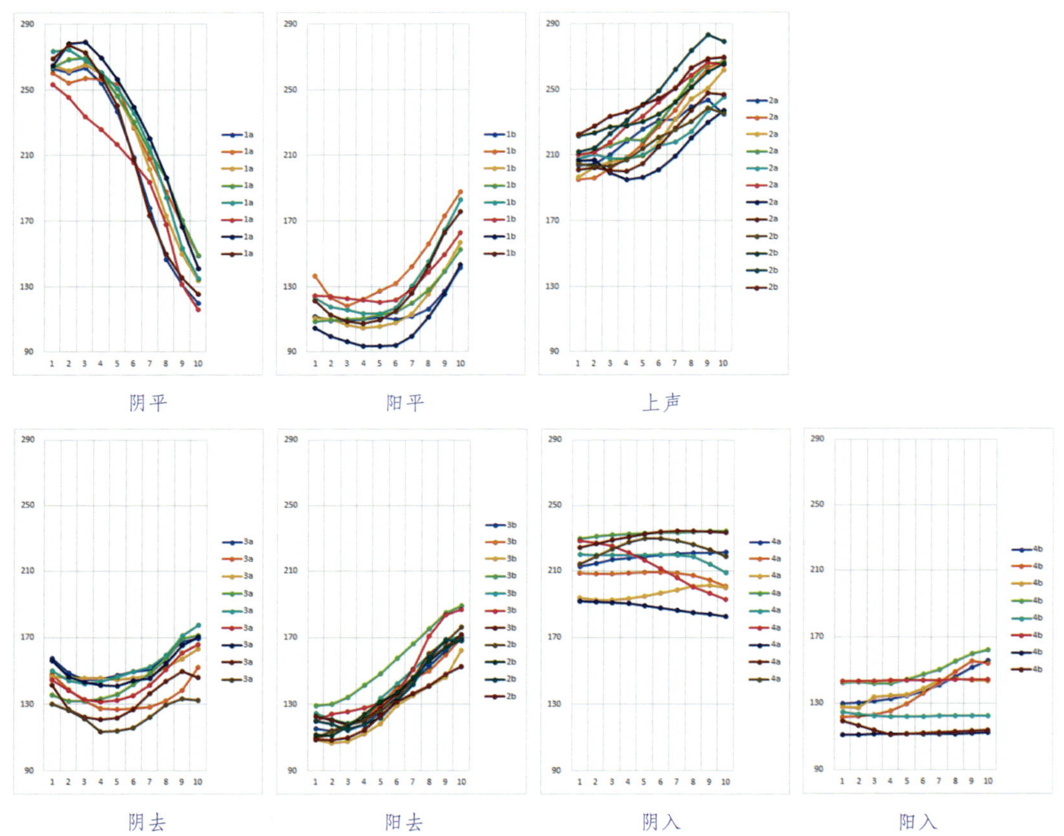

图 11－3d　今声调调域分布范围－江苏江阴－YM

青男的声调有 7 个（见图 11－3c）：

阴平 52、阳平 112、上声 45、阴去 213、阳去 13、阴入 44、阳入 12。

今调域的分布情况（见图 11－3d）：

阴平在 41～52 之间；阳平在 112～213 之间；上声在 34～45 之间；阴去在 212～323 之间；阳去在 12～23 之间；阴入在 33～44 之间；阳入在 11～23 之间。

11.1.2 苏嘉湖小片

1. 苏州 - 《音库》

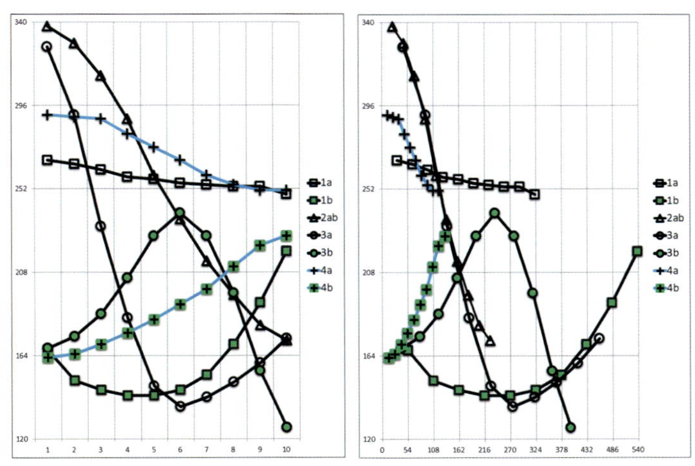

图 11 - 4a 单字调等长、实长音高模式 - 苏州 - 《音库》

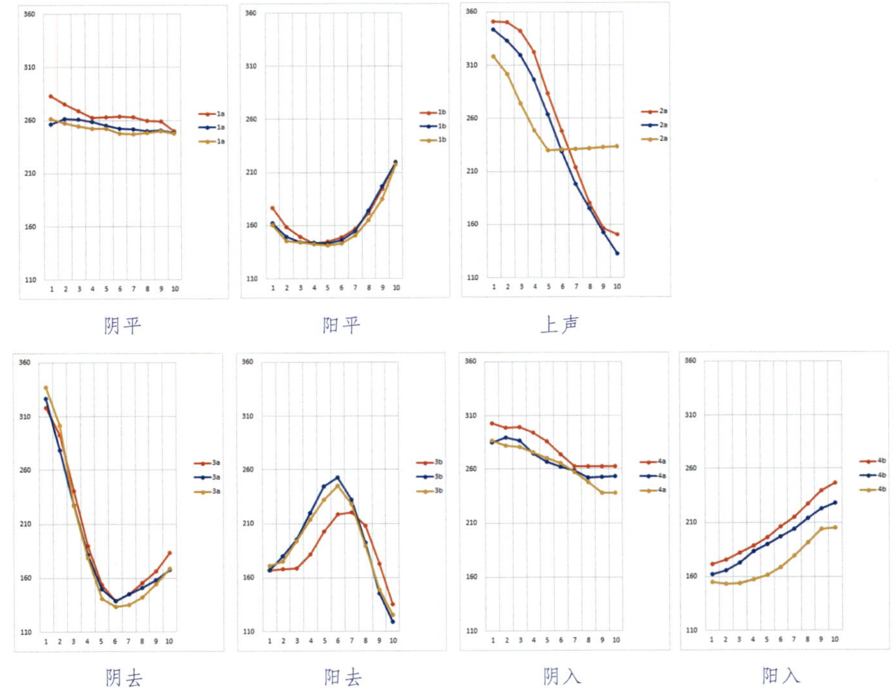

图 11 - 4b 今声调调域分布范围 - 苏州 - 《音库》

《音库》的声调有 7 个（见图 11 - 4a）：

阴平 44、阳平 213、上声 52、阴去 512、阳去 231、阴入 43、阳入 23。

今调域的分布情况（见图 11 - 4b）：

阴平在 33 ~ 44 之间；阳平主要在 213 的范围；上声在 51 ~ 52 之间；阴去在 512 的范围；阳去在 231 的范围；阴入在 43 的范围；阳入在 12 ~ 23 之间。

根据《音库》的描写，苏州话声调的调类调值如下：阴平 55，刚知丁；阳平 13，穷平寒；阴上 51，古口草；阴去 513，对菜送；阳去 31，淡有共；阴入 5，急曲各；阳入 3，岳六白。

2. 浙江海宁

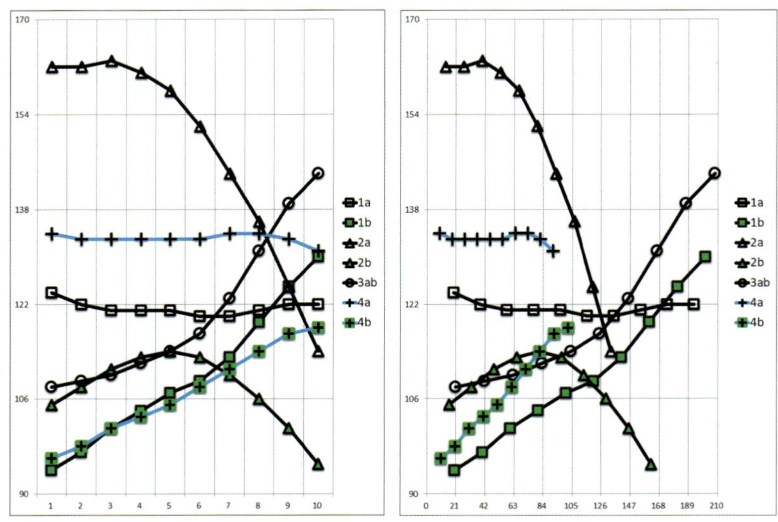

图 11－5a 单字调等长、实长音高模式－浙江海宁－OM

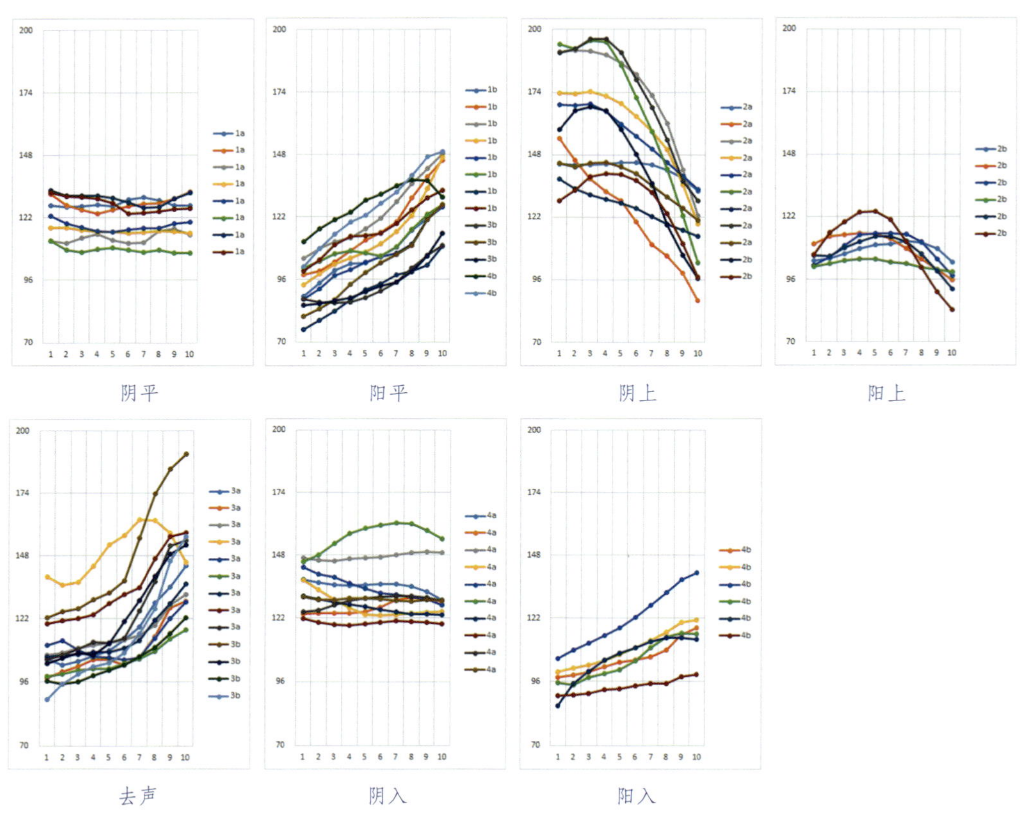

图 11－5b 今声调调域分布范围－浙江海宁－OM

老男的声调有 7 个（见图 11－5a）：

阴平 33、阳平 13、阴上 53、阳上 231、去声 24、阴入 33、阳入 12。

今调域的分布情况（见图 11－5b）：

阴平在 22～33 之间；阳平在 12～23 之间；阴上在 31～53 之间；阳上在 221～231 之间；去声在 23～35 之间；阴入在 33～44 之间；阳入在 12～23 之间，上升趋势较缓。

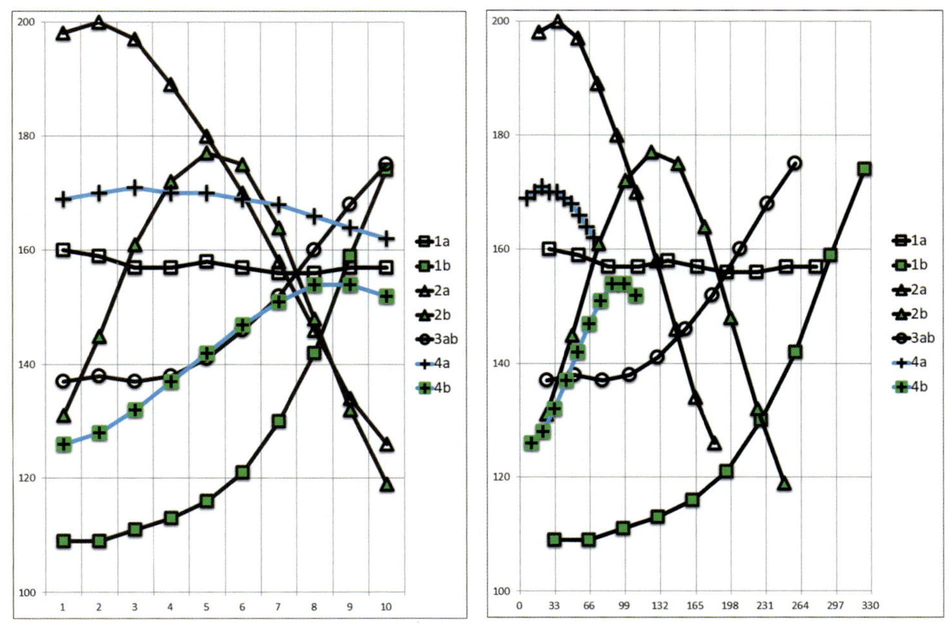

图 11－5c 单字调等长、实长音高模式－浙江海宁－YM

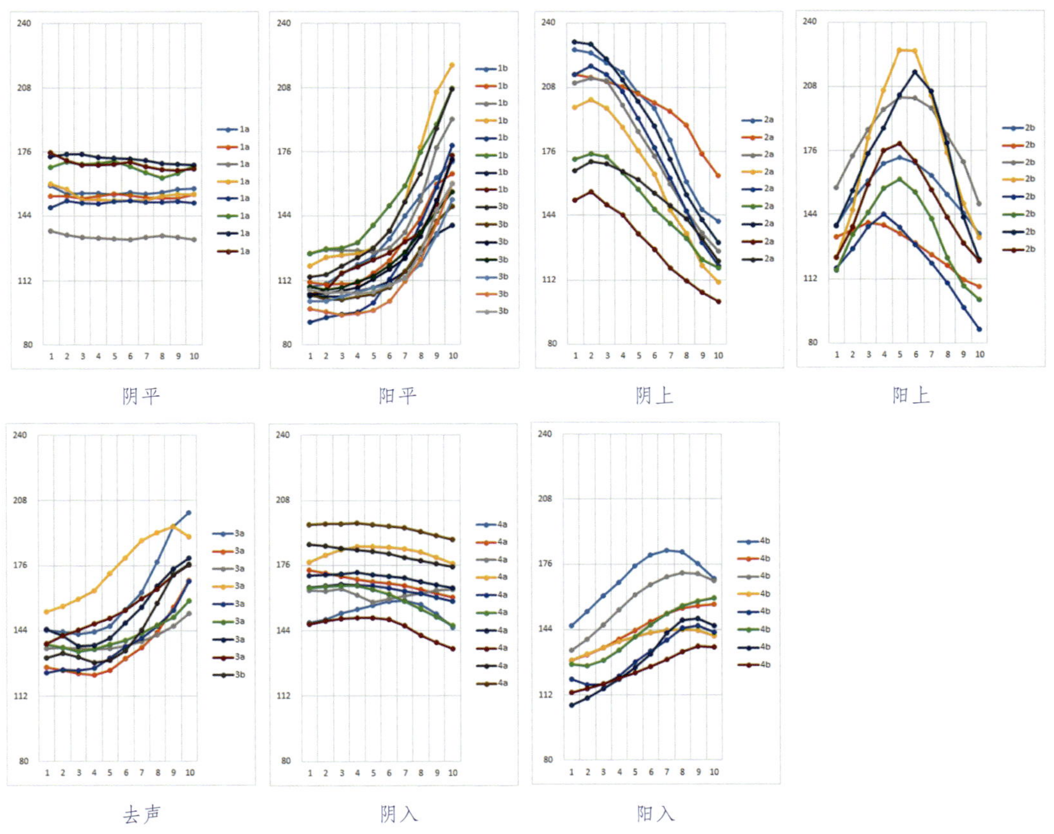

图 11－5d 今声调调域分布范围－浙江海宁－YM

青男的声调有 7 个（见图 11－5c）：

阴平 33、阳平 14、阴上 52、阳上 242、去声 24、阴入 44、阳入 23。

今调域的分布情况（见图 11－5d）：

阴平在 22～33 之间；阳平在 13～25 之间；阴上在 31～53 之间；阳上在 231～353 之间，为曲折调；去声在 23～34 之间；阴入在 33～44 之间；阳入在 12～34 之间。

3. 湖州吴兴

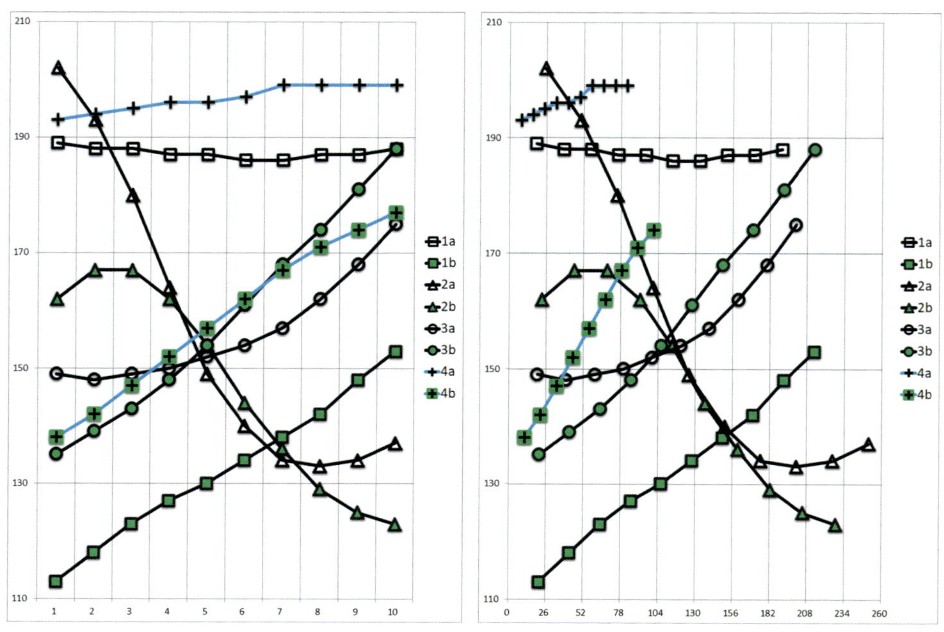

图 11－6a　单字调等长、实长音高模式－湖州吴兴－OM

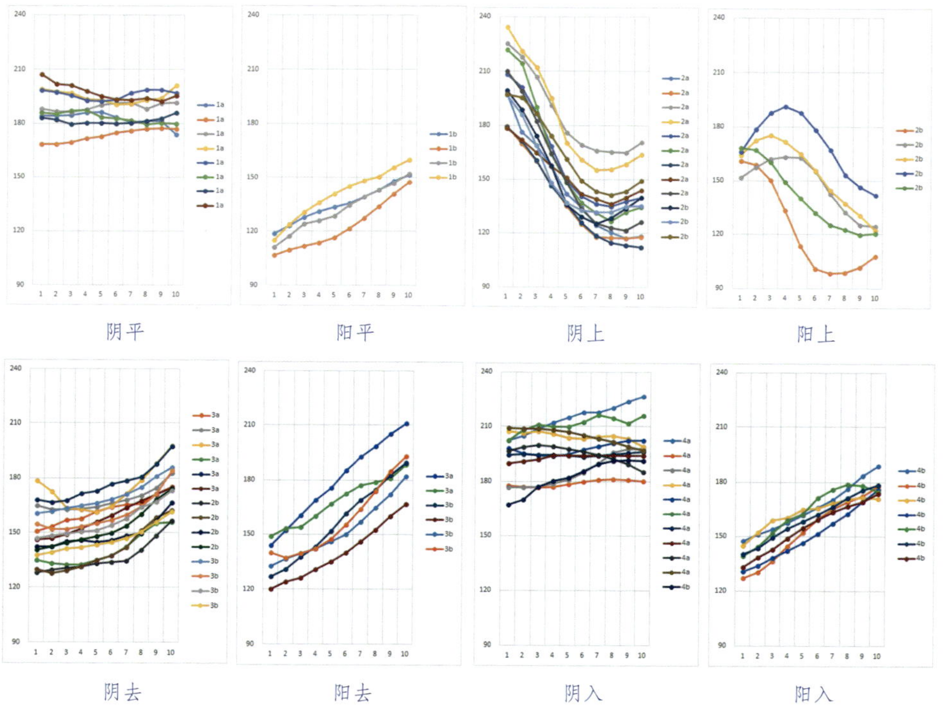

图 11－6b　今声调调域分布范围－湖州吴兴－OM

老男的声调有 8 个（见图 11－6a）：

阴平 44、阳平 13、阴上 52、阳上 31、阴去 34、阳去 25、阴入 <u>55</u>、阳入 <u>24</u>。

今调域的分布情况（见图 11－6b）：

阴平在 33～44 之间；阳平在 12～23 之间；阴上在 31～53 之间；阳上在 31～42 之间；阴去在 223～334 之间；阳去在 23～35 之间；阴入在 <u>44</u>～<u>55</u> 之间；阳入在 <u>23</u>～<u>24</u> 之间。

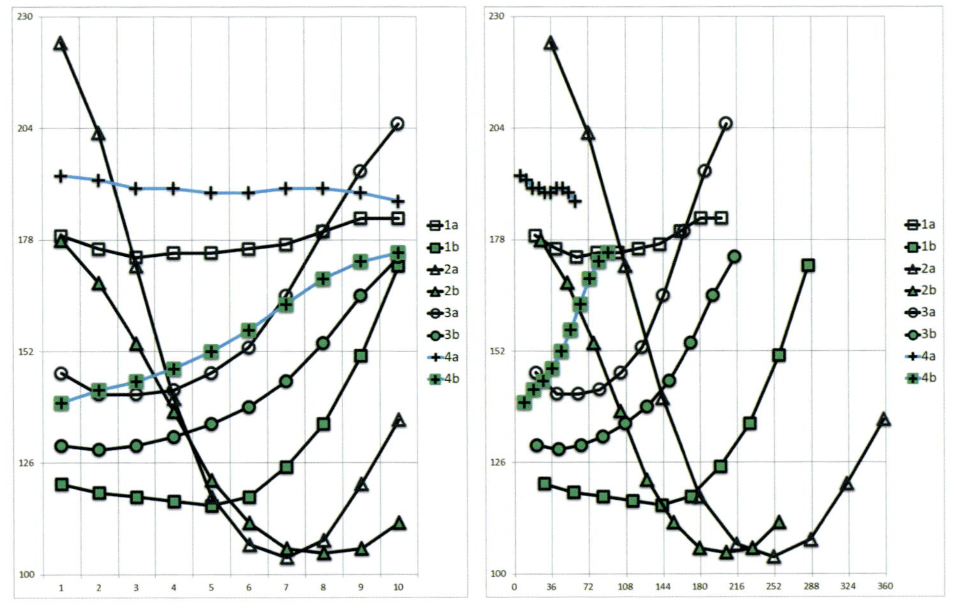

图 11－6c　单字调等长、实长音高模式－湖州吴兴－YM

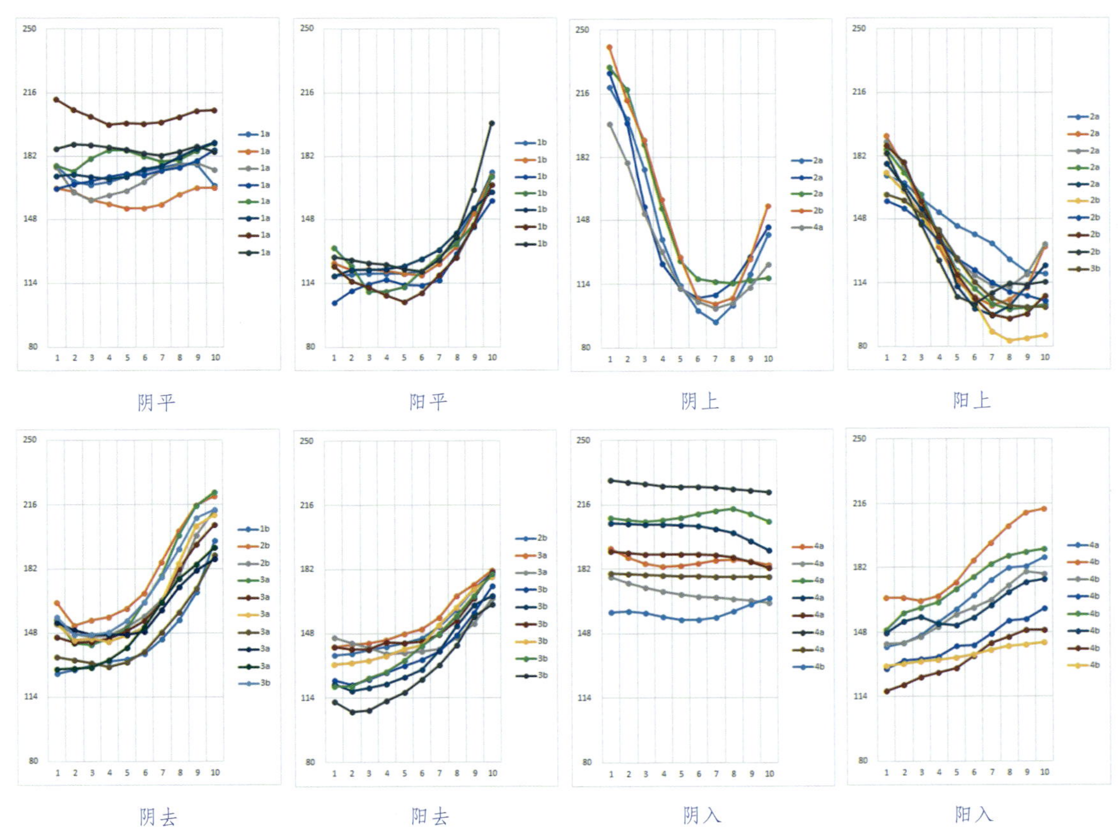

图 11－6d　今声调调域分布范围－湖州吴兴－YM

青男的声调有 8 个（见图 11－6c）：

阴平 44、阳平 113、阴上 512、阳上 41、阴去 35、阳去 24、阴入 44、阳入 23。

今调域的分布情况（见图 11－6d）：

阴平在 33～44 之间；阳平在 112～224 之间；阴上在 412～512 之间；阳上在 31～42 之间；阴去在 24～35 之间；阳去在 13～23 之间；阴入在 33～55 之间；阳入在 23～34 之间。

4. 嘉兴南湖

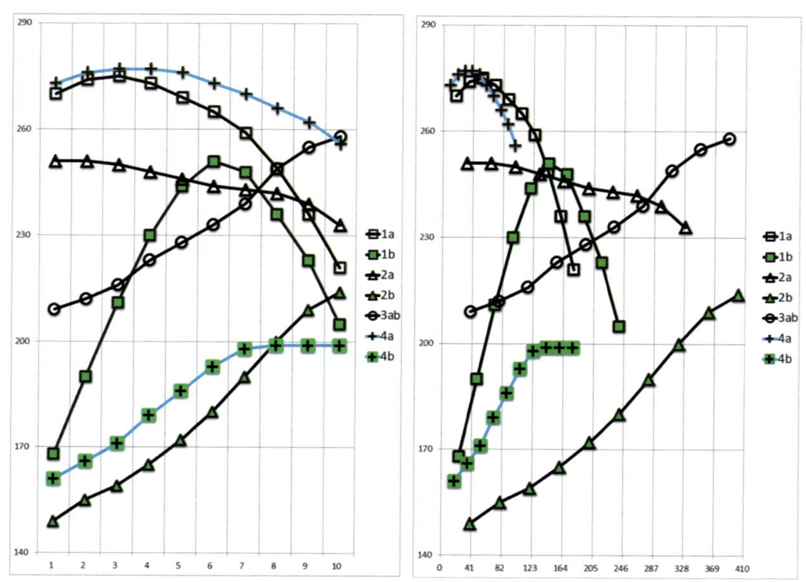

图 11－7a　单字调等长、实长音高模式－嘉兴南湖－OM

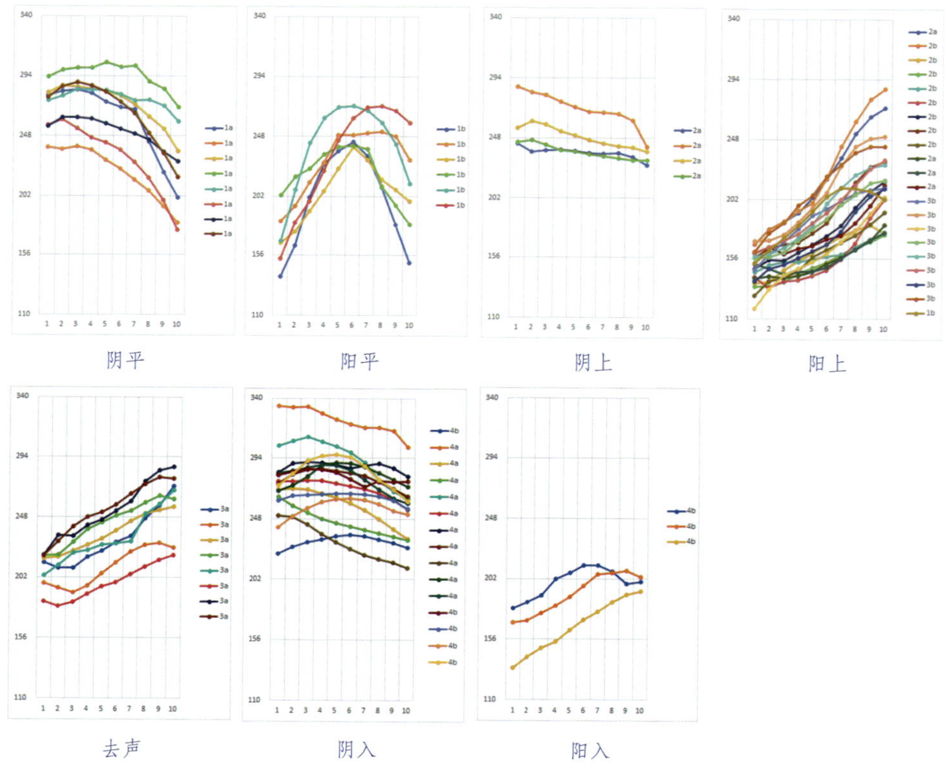

图 11－7b　今声调调域分布范围－嘉兴南湖－OM

老男的声调有 7 个（见图 11－7a）：

阴平 53、阳平 243、阴上 43、阳上 13、去声 24、阴入 54、阳入 12。

今调域的分布情况（见图 11－7b）：

阴平在 32～554 之间；阳平在 232～343 之间；阴上主要在 43 的范围；阳上在 12～24 之间；去声在 23～34 之间；阴入主要在 33～55 之间；阳入在 12～23 之间。

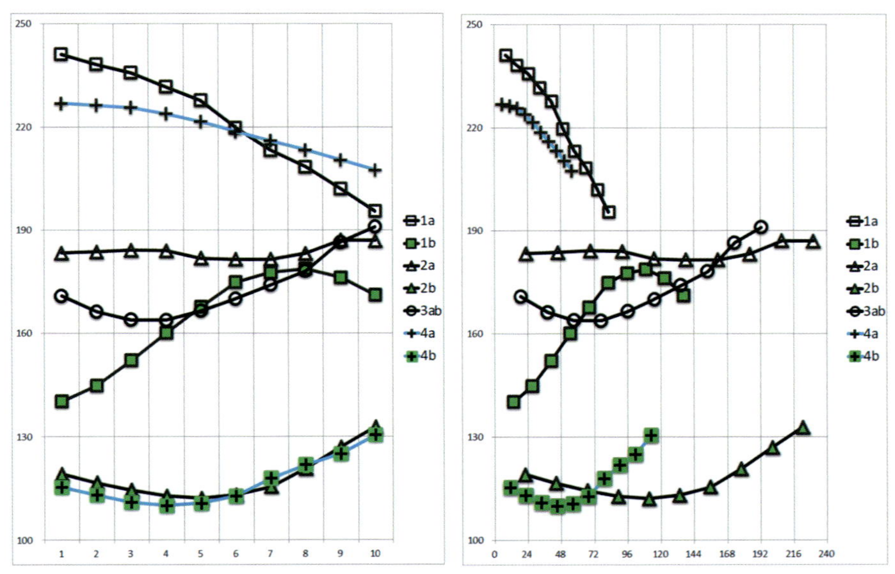

图 11－7c　单字调等长、实长音高模式－嘉兴南湖－YM

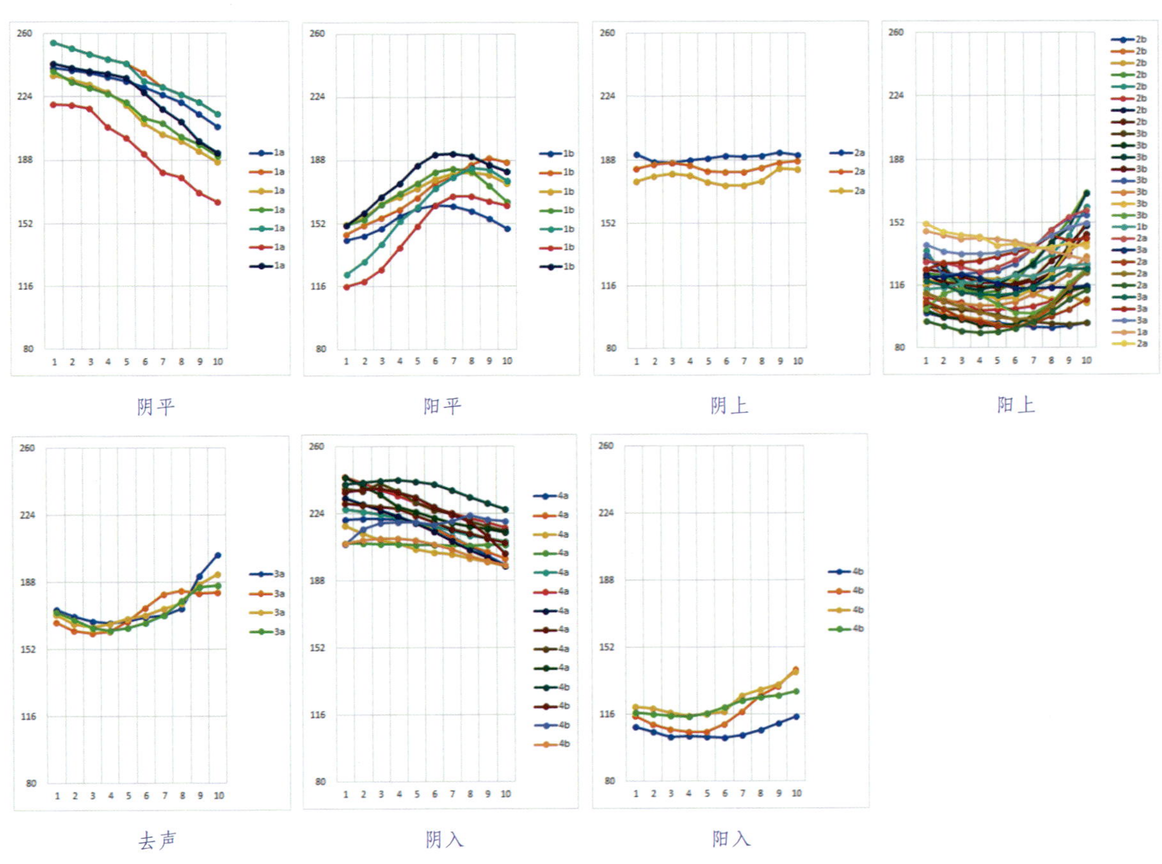

图 11－7d　今声调调域分布范围－嘉兴南湖－YM

青男的声调有 7 个（见图 11－7c）：

阴平 54、阳平 23、阴上 33、阳上 112、去声 34、阴入 54、阳入 12。

今调域的分布情况（见图 11－7d）：

阴平在 43～54 之间；阳平在 23～34 之间；阴上在 33～44 之间；阳上在 112～223 之间；去声主要在 34 的范围；阴入主要在 54 的范围；阳入在 11～22 之间。

11.1.3 上海小片

1. 上海 - 《音库》

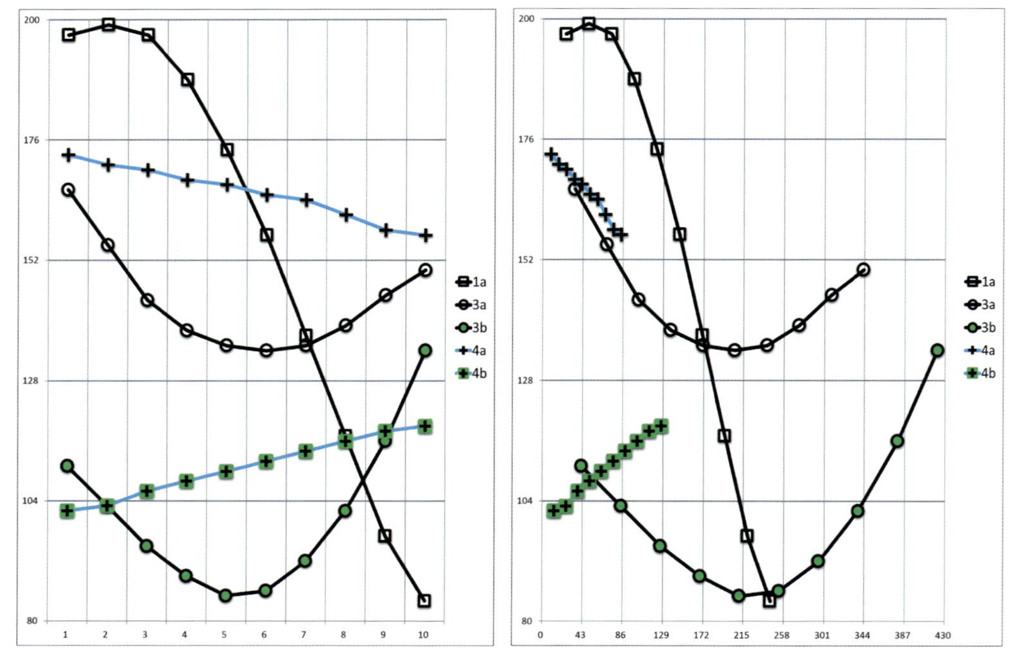

图 11 - 8a 单字调等长、实长音高模式 - 上海 - 《音库》

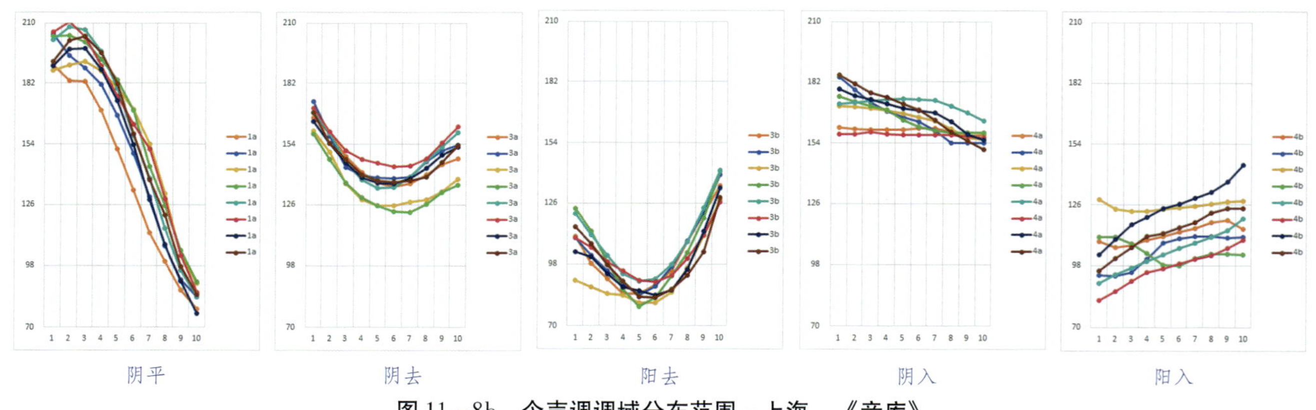

图 11 - 8b 今声调调域分布范围 - 上海 - 《音库》

《音库》的声调有 5 个（见图 11 - 8a）：

阴平 51、阴去 423、阳去 213、阴入 54、阳入 12。

今调域的分布情况（见图 11 - 8b）：

阴平主要在 51 的范围；阴去在 423 ~ 434 之间；阳去在 212 ~ 213 之间；阴入在 44 ~ 54 之间；阳入在 12 ~ 23 之间。

根据《音库》的描写，上海话声调的调类调值如下：阴平 53，刀东知天哥官居冤；阴去 35，岛手比酱鼓管劝怨；阳去 13，桃同皮近度换跪远；阴入 5，百督笔削骨挖缺血；阳入 1，白达极嚼活滑月越。

2. 上海宝山

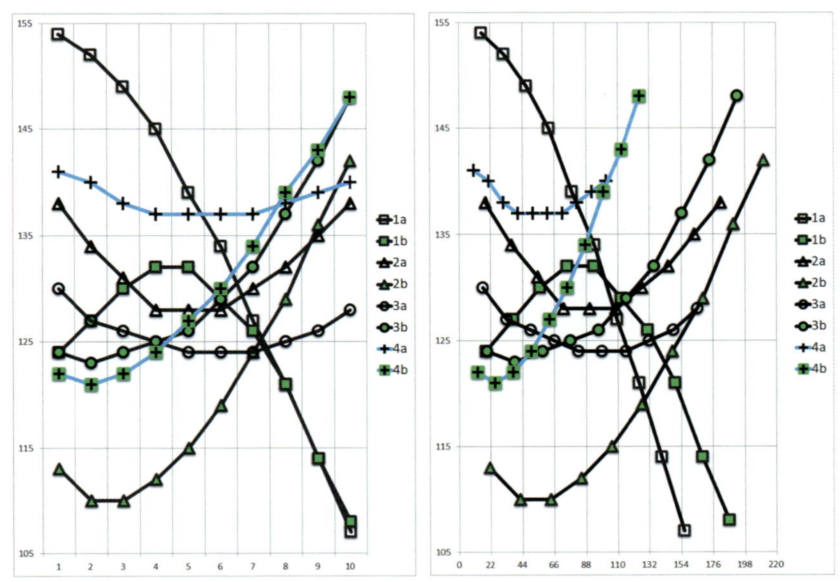

图 11－9a　单字调等长、实长音高模式－上海宝山－OM

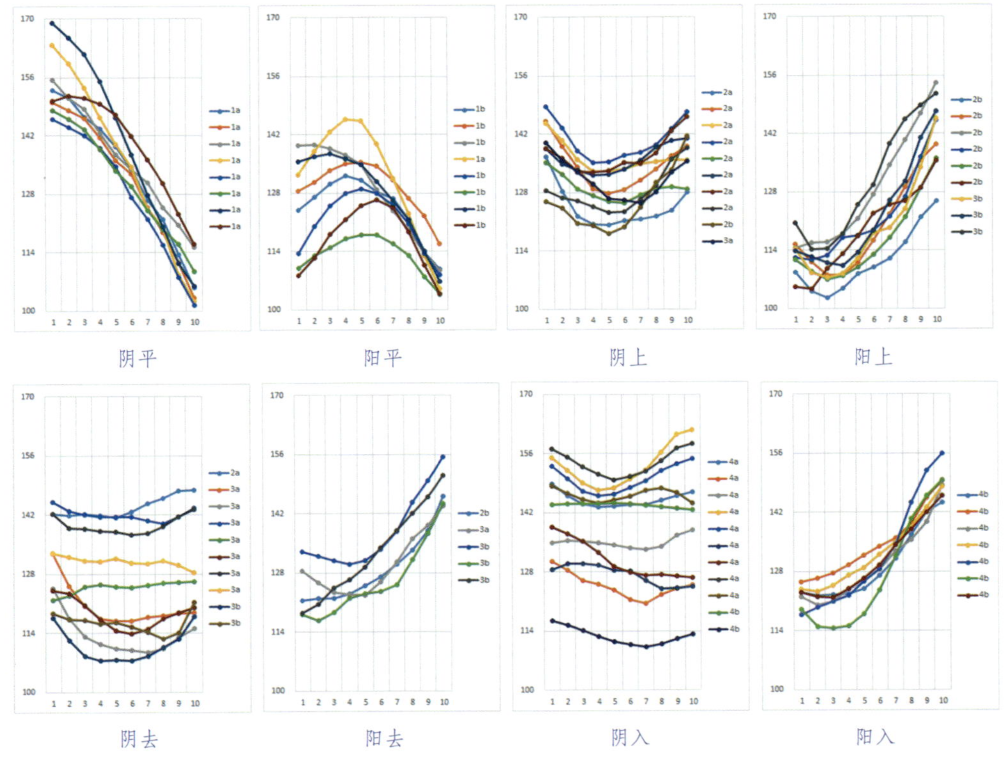

图 11－9b　今声调调域分布范围－上海宝山－OM

老男的声调有 8 个（见图 11－9a）：

阴平 51、阳平 231、阴上 434、阳上 14、阴去 33、阳去 25、阴入 44、阳入 25。

今调域的分布情况（见图 11－9b）：

阴平在 41～52 之间；阳平在 121～341 之间；阴上在 323～434 之间；阳上在 12～24 之间；阴去在 212～334 之间；阳去在 24～34 之间；阴入主要在 22～44 之间；阳入主要在 24 的范围。

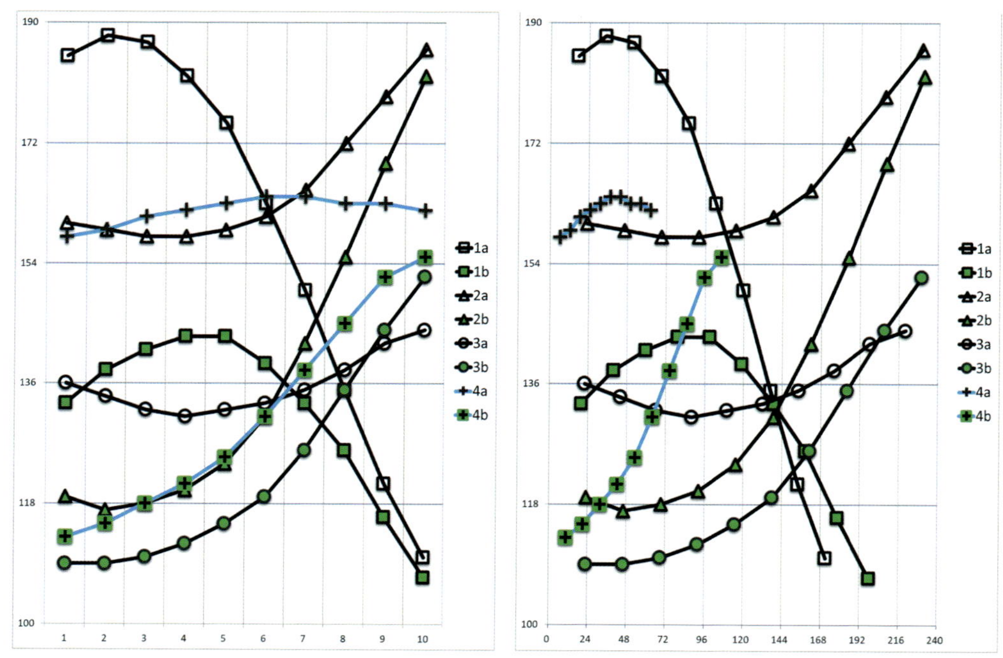

图 11－9c　单字调等长、实长音高模式－上海宝山－YM

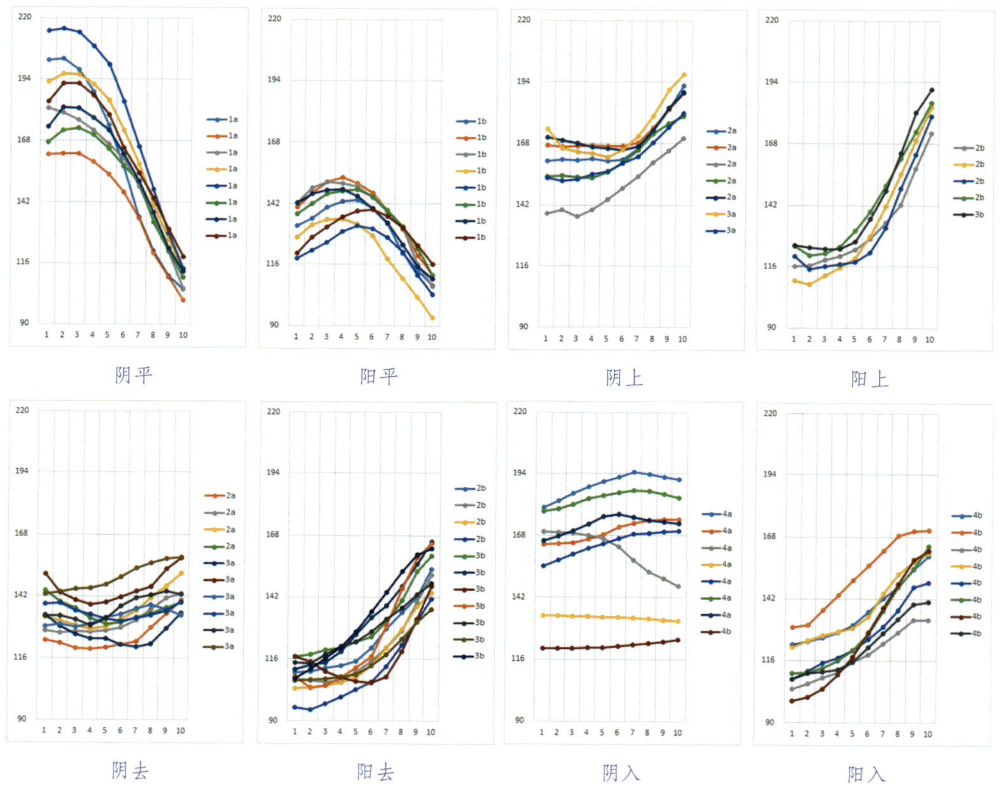

图 11－9d　今声调调域分布范围－上海宝山－YM

青男的声调有 8 个（见图 11－9c）：

阴平 51、阳平 231、阴上 445、阳上 25、阴去 223、阳去 14、阴入 <u>44</u>、阳入 <u>24</u>。

今调域的分布情况（见图 11－9d）：

阴平在 31～52 之间；阳平在 221～332 之间；阴上在 23～34 之间；阳上在 14～24 之间；阴去在 22～33 之间；阳去在 12～23 之间；阴入主要在 <u>22</u>～<u>44</u> 之间；阳入在 <u>12</u>～<u>24</u> 之间。

3. 江苏启东

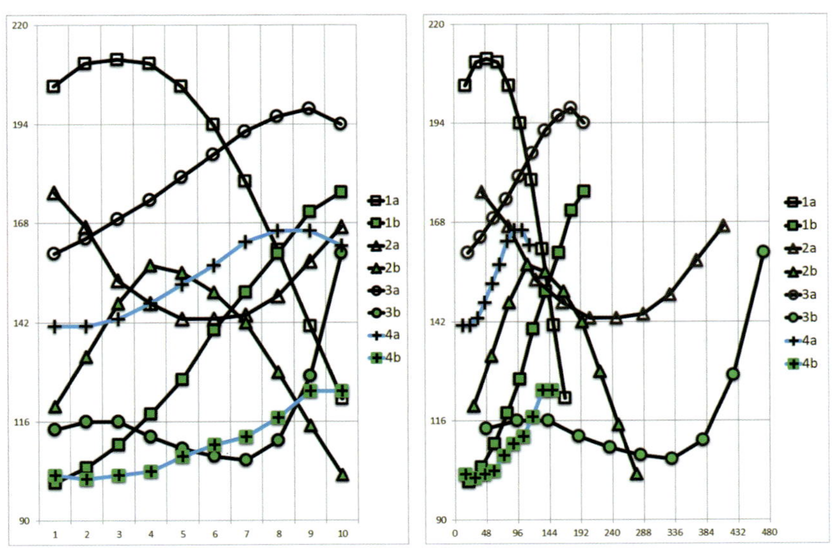

图 11－10a　单字调等长、实长音高模式－江苏启东－OM

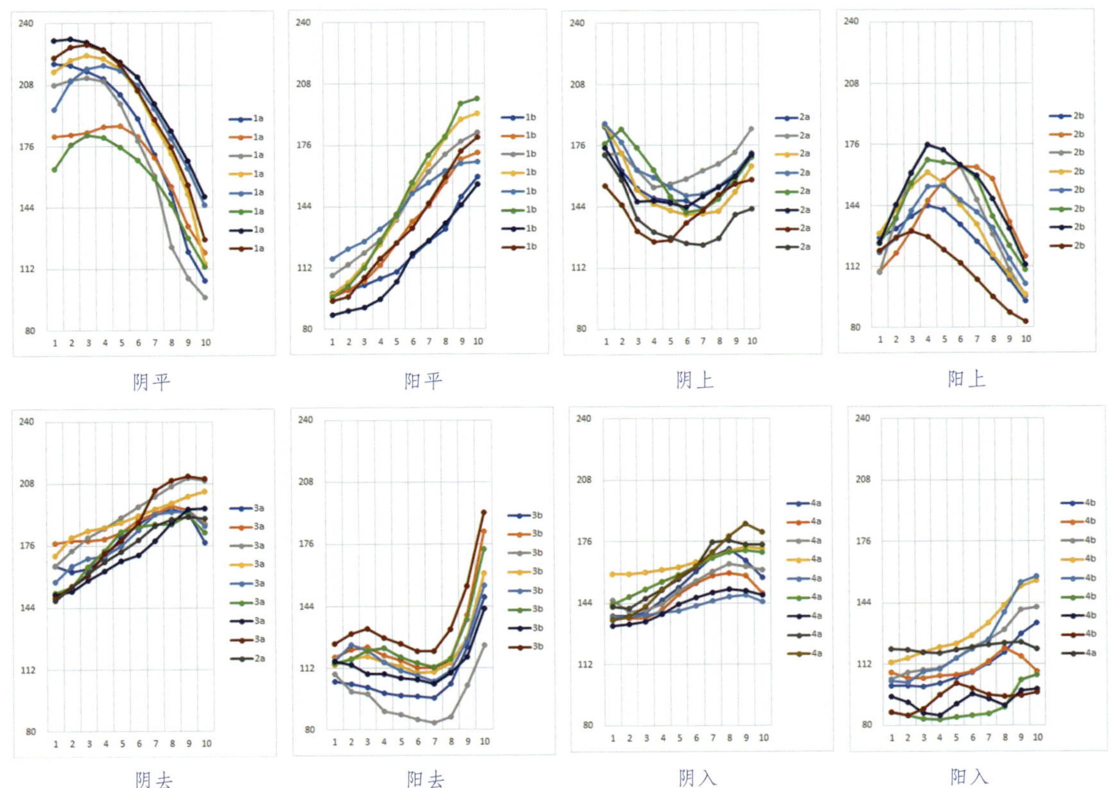

图 11－10b　今声调调域分布范围－江苏启东－OM

老男的声调有 8 个（见图 11－10a）：

阴平 52、阳平 14、阴上 434、阳上 231、阴去 35、阳去 213、阴入 23、阳入 12。

今调域的分布情况（见图 11－10b）：

阴平在 31～53 之间；阳平在 13～24 之间；阴上在 323～434 之间；阳上在 231～242 之间；阴去在 34～45 之间；阳去在 212～324 之间；阴入主要在 23～34 之间；阳入在 12～23 之间。

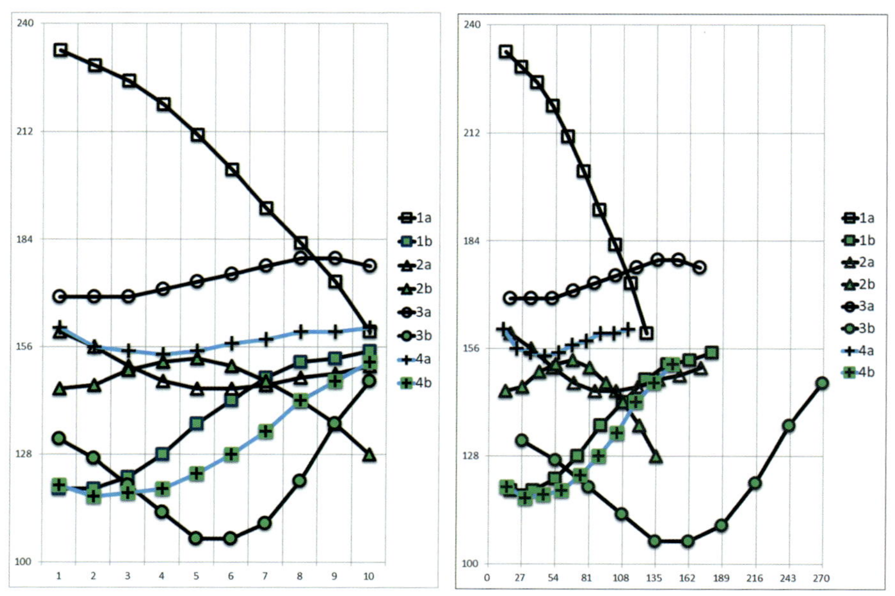

图 11－10c　单字调等长、实长音高模式－江苏启东－YM

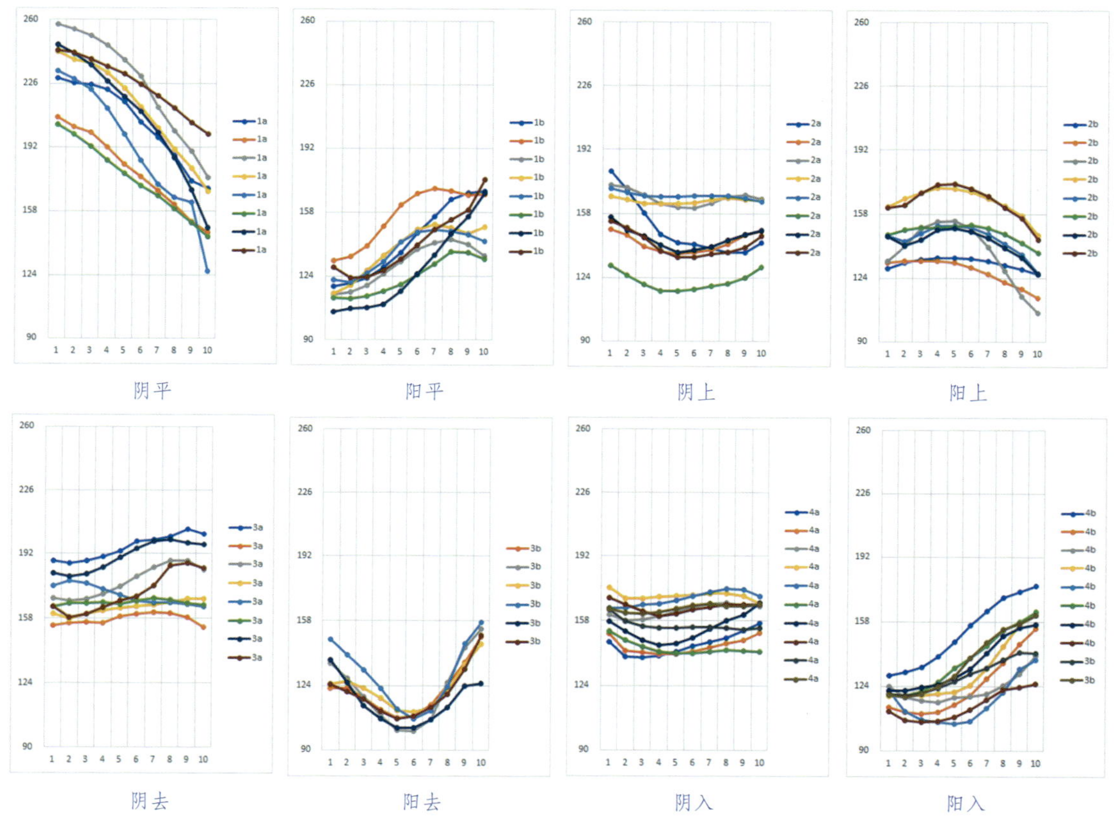

图 11－10d　今声调调域分布范围－江苏启东－YM

青男的声调有 8 个（见图 11－10c）：

阴平 53、阳平 12、阴上 323、阳上 231、阴去 34、阳去 213、阴入 33、阳入 13。

今调域的分布情况（见图 11－10d）：

阴平在 42～54 之间；阳平在 12～23 之间；阴上在 212～33 之间；阳上在 221～332 之间；阴去在 33～44 之间，音节后部略有上升；阳去在 212～313 之间；阴入主要在 22～33 之间；阳入在 12～23 之间。

11.1.4 杭州小片

1. 杭州 - 《音库》

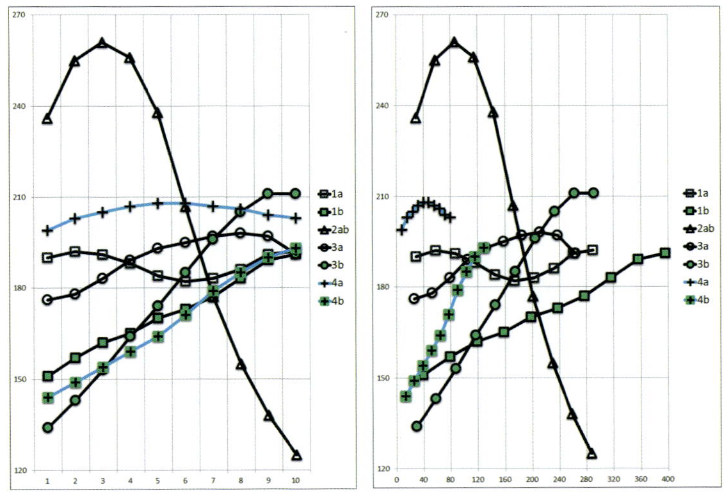

图 11 - 11a 单字调等长、实长音高模式 - 杭州 - 《音库》

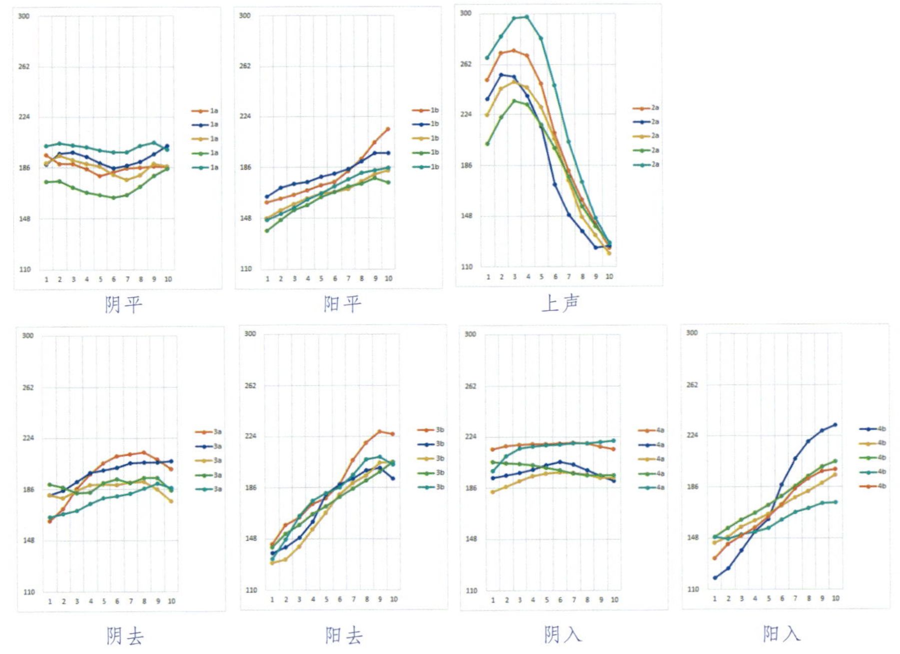

图 11 - 11b 今声调调域分布范围 - 杭州 - 《音库》

《音库》的声调有 7 个（见图 11 - 11a）：

阴平 33、阳平 23、上声 451、阴去 23、阳去 14、阴入 33、阳入 13。

今调域的分布情况（见图 11 - 11b）：

阴平在 22 ~ 33 之间；阳平在 12 ~ 23 之间；上声在 341 ~ 451 之间；阴去主要在 23 的范围；阳去在 13 ~ 14 之间；阴入主要在 33 的范围；阳入在 12 ~ 23 之间。

根据《音库》的描写，杭州话声调的调类调值如下：阴平 33，高猪专开婚；阳平 213，陈穷床寒鹅；阴上 53，古手口好五；阴去 445，盖帐唱菜放；阳去 13，近柱共阵用；阴入 5，急曲黑割歇；阳入 2，月六局读服。

2. 杭州上城

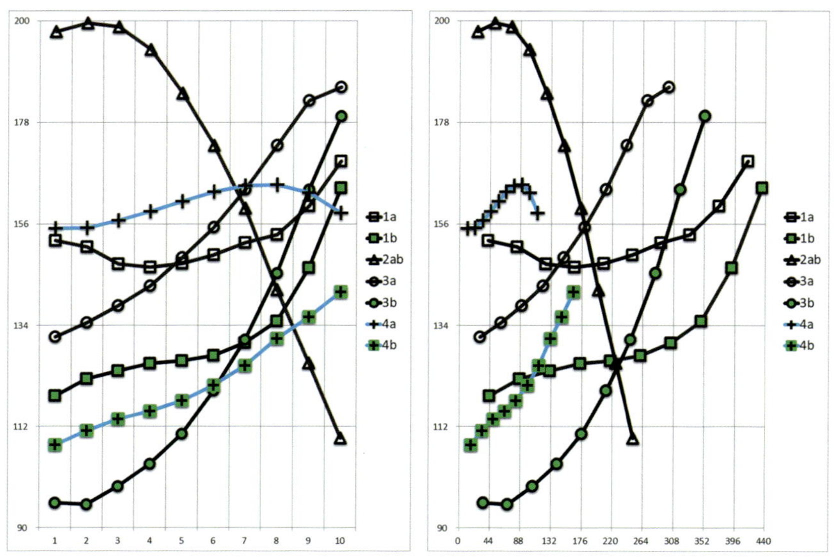

图 11－12a　单字调等长、实长音高模式－杭州上城－OM

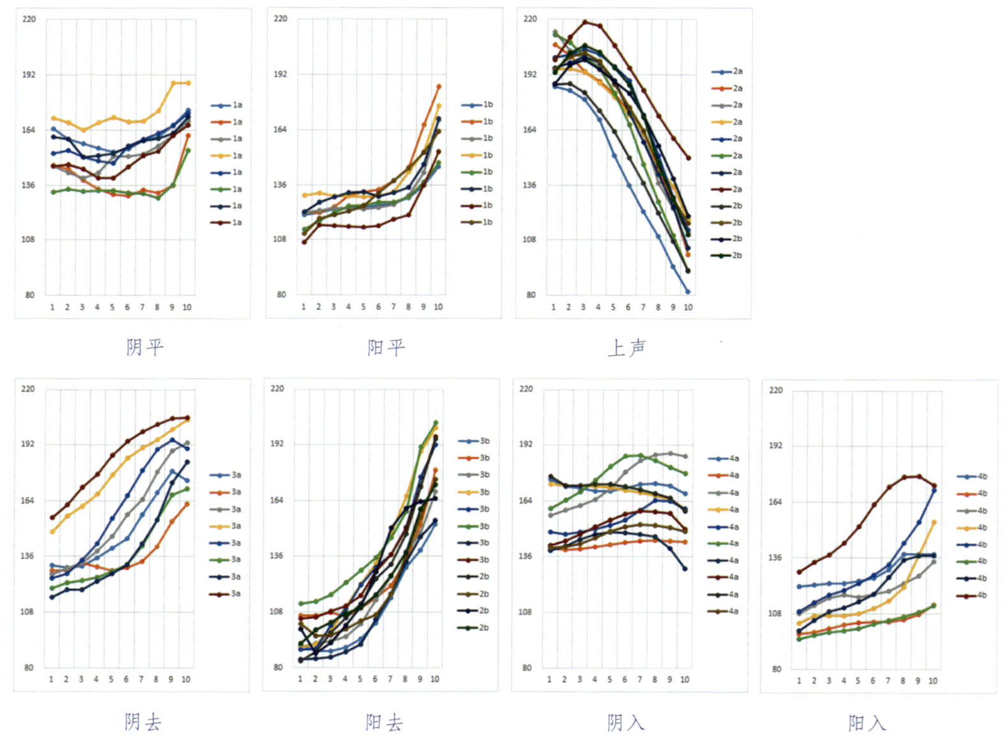

图 11－12b　今声调调域分布范围－杭州上城－OM

老男的声调有 7 个（见图 11－12a）：

阴平 334、阳平 224、上声 51、阴去 35、阳去 14、阴入 <u>44</u>、阳入 <u>13</u>。

今调域的分布情况（见图 11－12b）：

阴平在 223～334 之间；阳平在 223～224 之间；上声在 41～53 之间；阴去在 24～35 之间；阳去在 13～25 之间；阴入主要在 <u>33</u>～<u>44</u> 之间；阳入在 <u>12</u>～<u>24</u> 之间。

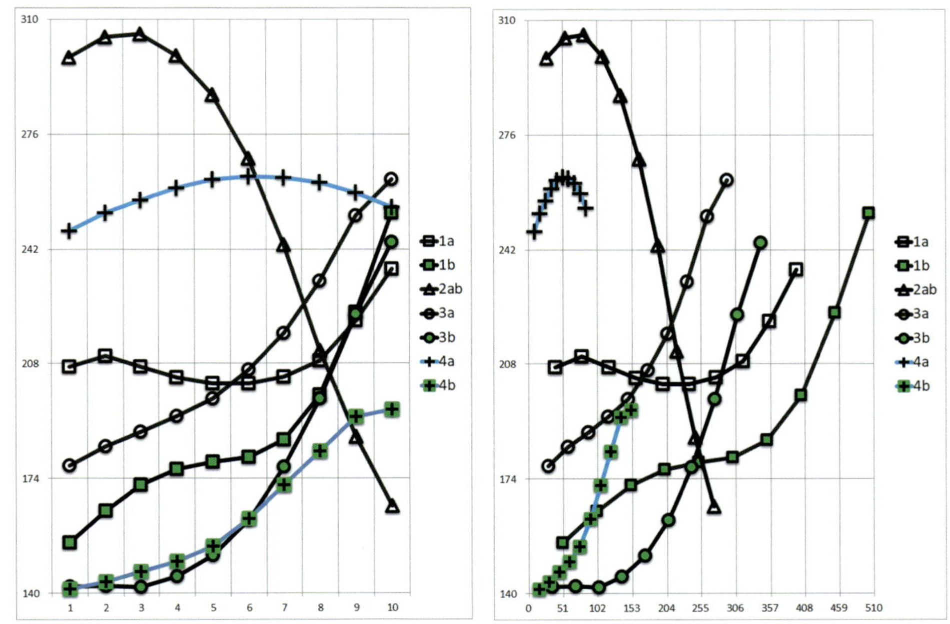

图 11－12c　单字调等长、实长音高模式－杭州上城－YM

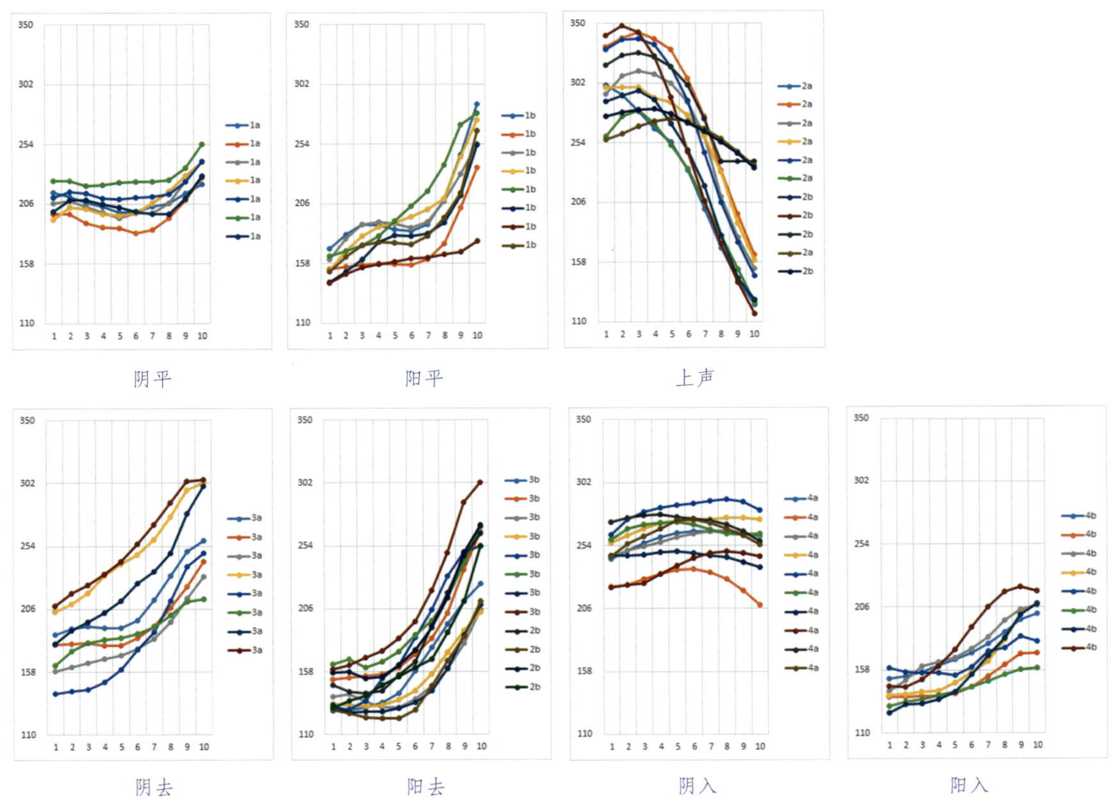

图 11－12d　今声调调域分布范围－杭州上城－YM

青男的声调有 7 个（见图 11－12c）：

阴平 223、阳平 14、上声 51、阴去 24、阳去 13、阴入 44、阳入 12。

今调域的分布情况（见图 11－12d）：

阴平主要在 223～334 之间；阳平在 113～224 之间；上声在 41～53 之间；阴去在 13～35 之间；阳去在 113～24 之间；阴入主要在 33～44 之间；阳入在 12～23 之间。

11.1.5 临绍小片

1. 绍兴上虞

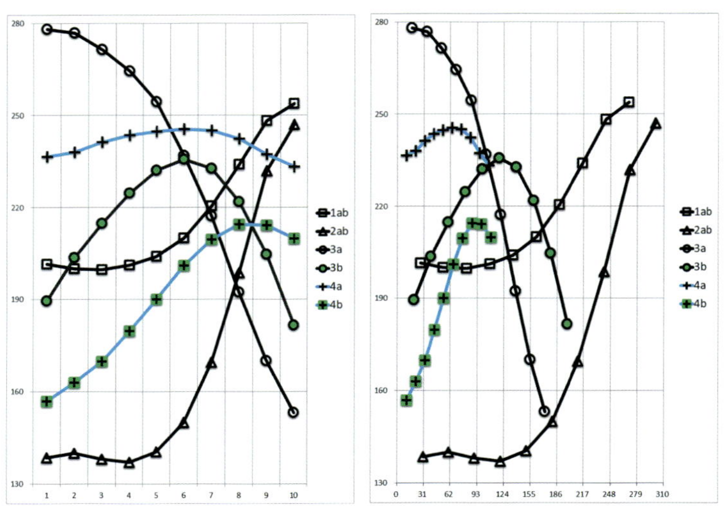

图 11－13a 单字调等长、实长音高模式－绍兴上虞－OM

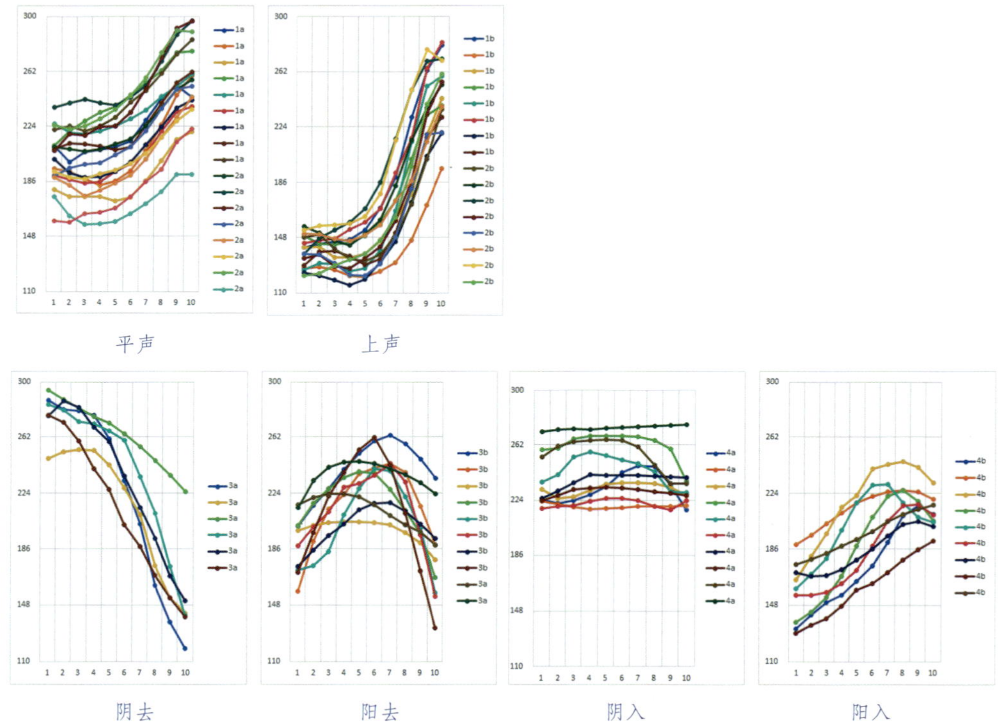

图 11－13b 今声调调域分布范围－绍兴上虞－OM

老男的声调有 6 个（见图 11－13a）：

平声 35、上声 14、阴去 51、阳去 242、阴入 44、阳入 23。

今调域的分布情况（见图 11－13b）：

平声在 23～45 之间；上声主要在 113～225 之间；阴去在 41～54 之间；阳去主要在 232～343 之间；阴入主要在 44～55 之间；阳入在 13～34 之间。

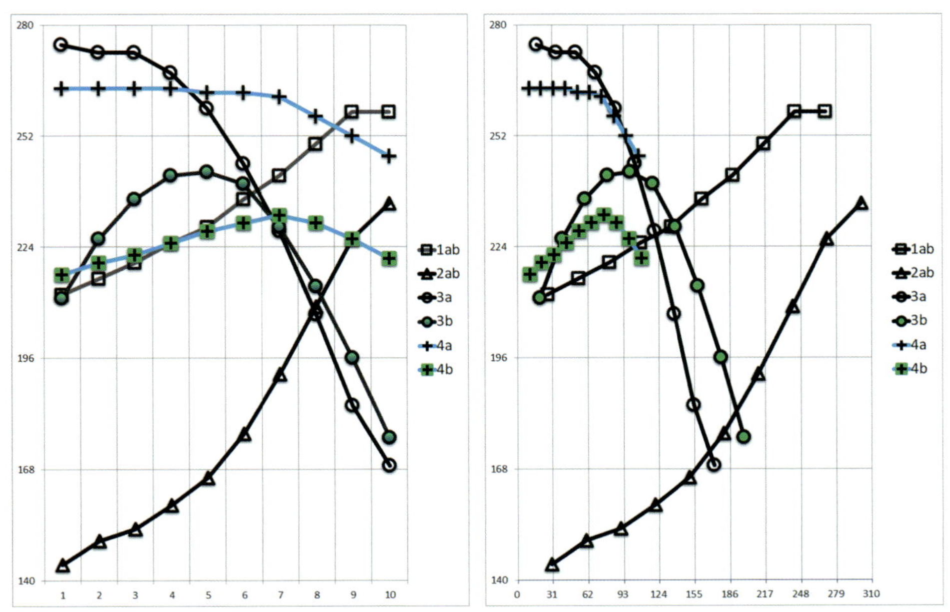

图 11－13c　单字调等长、实长音高模式－绍兴上虞－YM

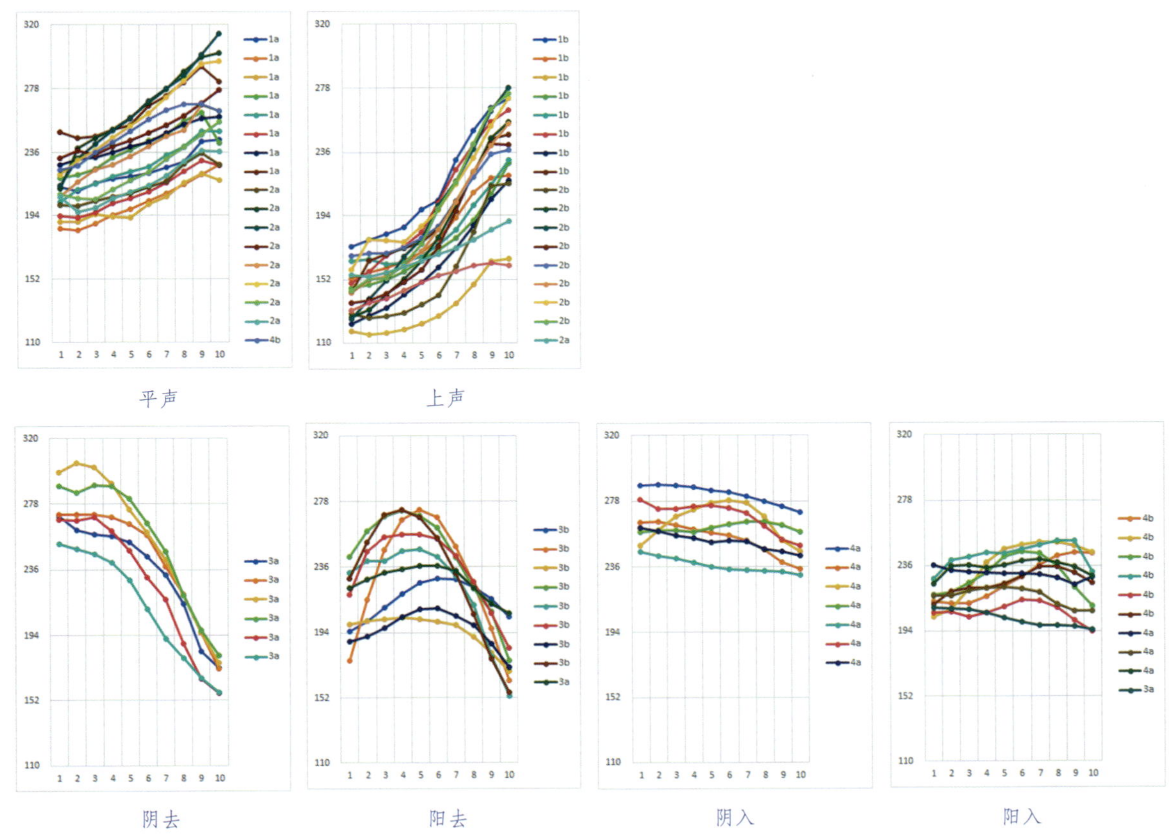

图 11－13d　今声调调域分布范围－绍兴上虞－YM

青男的声调有 6 个（见图 11－13c）：

平声 35、上声 14、阴去 52、阳去 342、阴入 55、阳入 34。

今调域的分布情况（见图 11－13d）：

平声在 23～45 之间；上声主要在 12～24 之间；阴去在 42～52 之间；阳去主要在 332～342 之间；阴入主要在 44～54 之间；阳入在 33～44 之间。

2. 义乌稠城

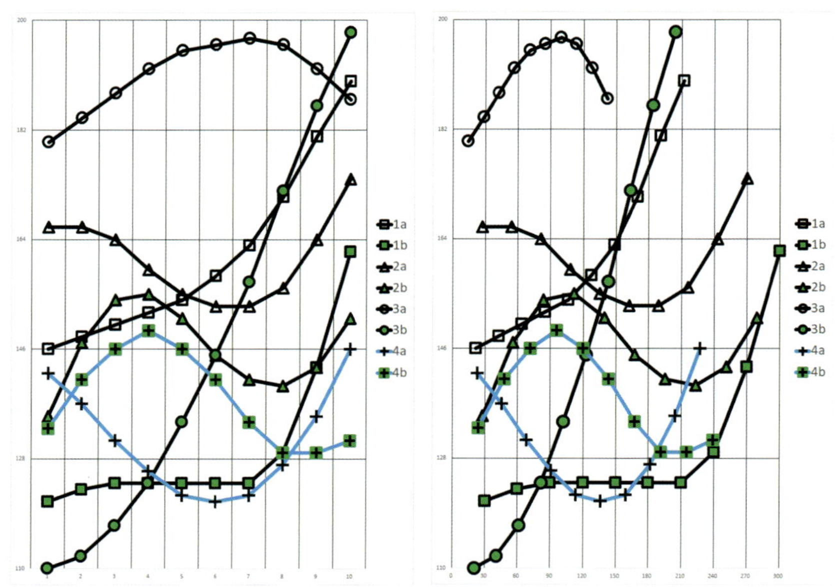

图 11－14a　单字调等长、实长音高模式－义乌稠城－OM

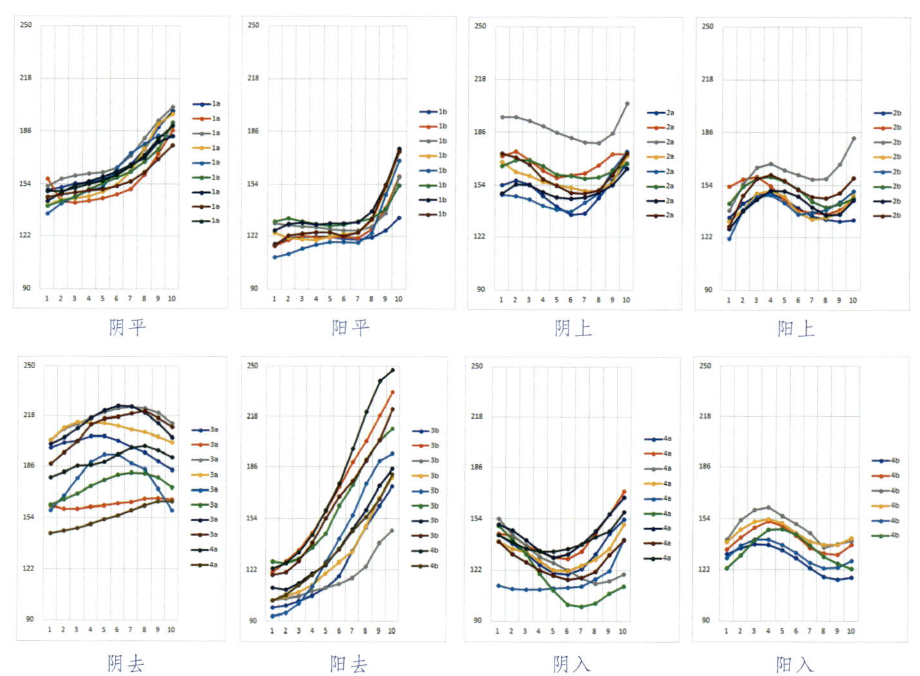

图 11－14b　今声调调域分布范围－义乌稠城－OM

老男的声调有 8 个（见图 11－14a）：

阴平 335、阳平 113、阴上 434、阳上 232、阴去 45、阳去 15、阴入 212、阳入 232。

今调域的分布情况（见图 11－14b）：

阴平主要在 223～334 之间；阳平在 112～223 之间；阴上主要在 323～434 之间；阳上主要在 232 的范围；阴去在 23～45 之间；阳去在 12～25 之间；阴入主要在 211～213 之间；阳入主要在 21～32 之间。

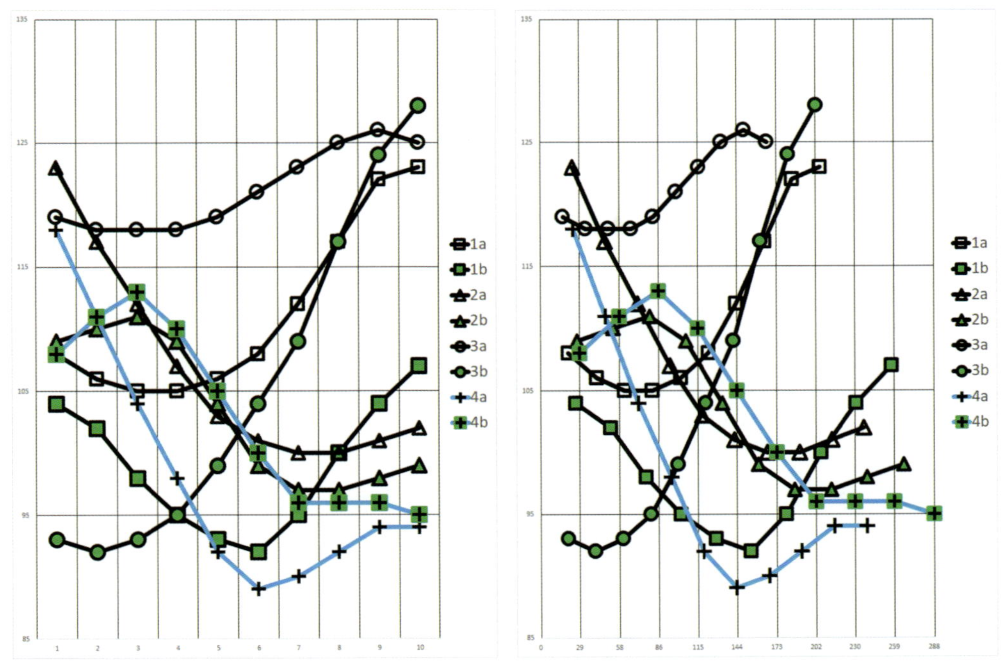

图 11－14c　单字调等长、实长音高模式－义乌稠城－YM

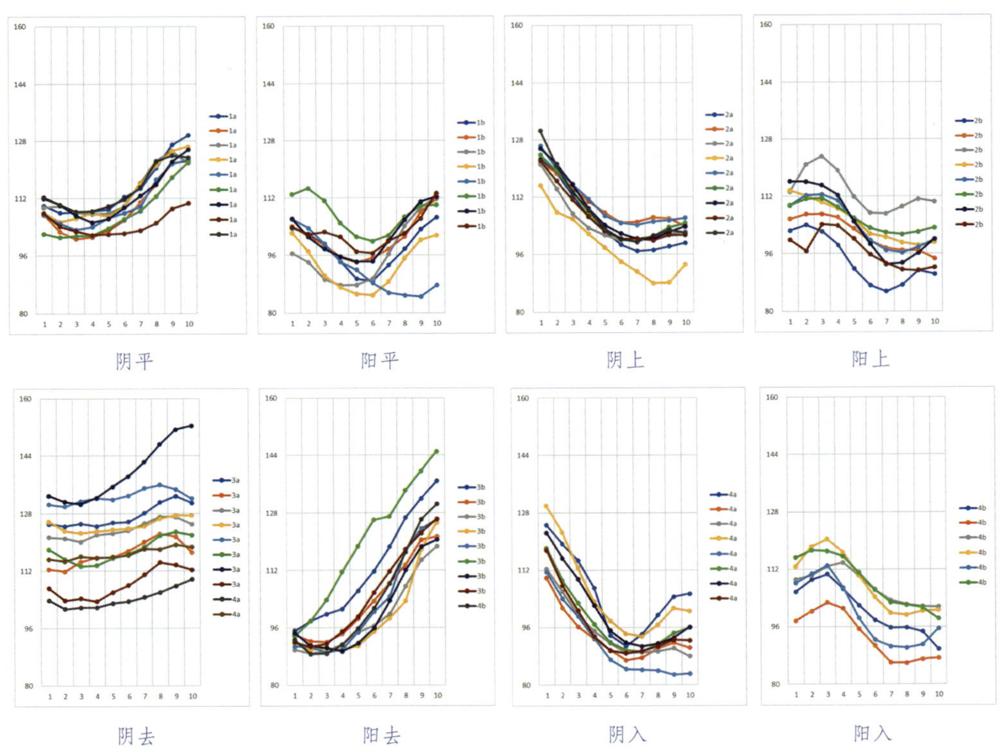

图 11－14d　今声调调域分布范围－义乌稠城－YM

青男的声调有 8 个（见图 11－14c）：

阴平 334、阳平 213、阴上 42、阳上 32、阴去 45、阳去 15、阴入 412、阳入 32。

今调域的分布情况（见图 11－14d）：

阴平主要在 23 的范围；阳平在 212～323 之间；阴上主要在 31～42 之间；阳上在 212～323 之间；阴去在 23～45 之间；阳去在 13～25 之间；阴入主要在 211～423 之间；阳入主要在 21～32 之间。

3. 义乌施付宅

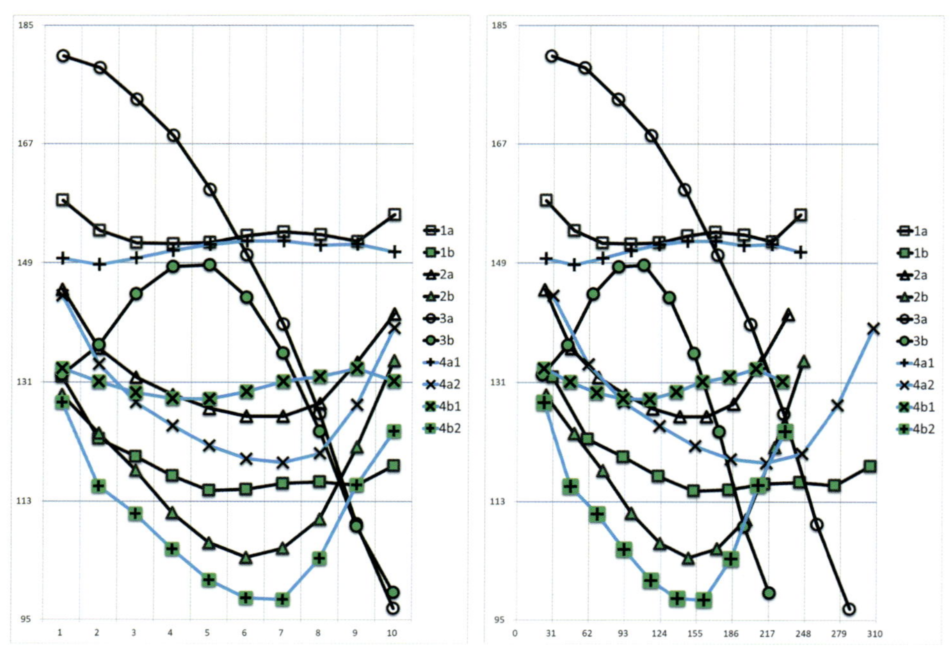

图 11－15a　单字调等长、实长音高模式－义乌施付宅－MM

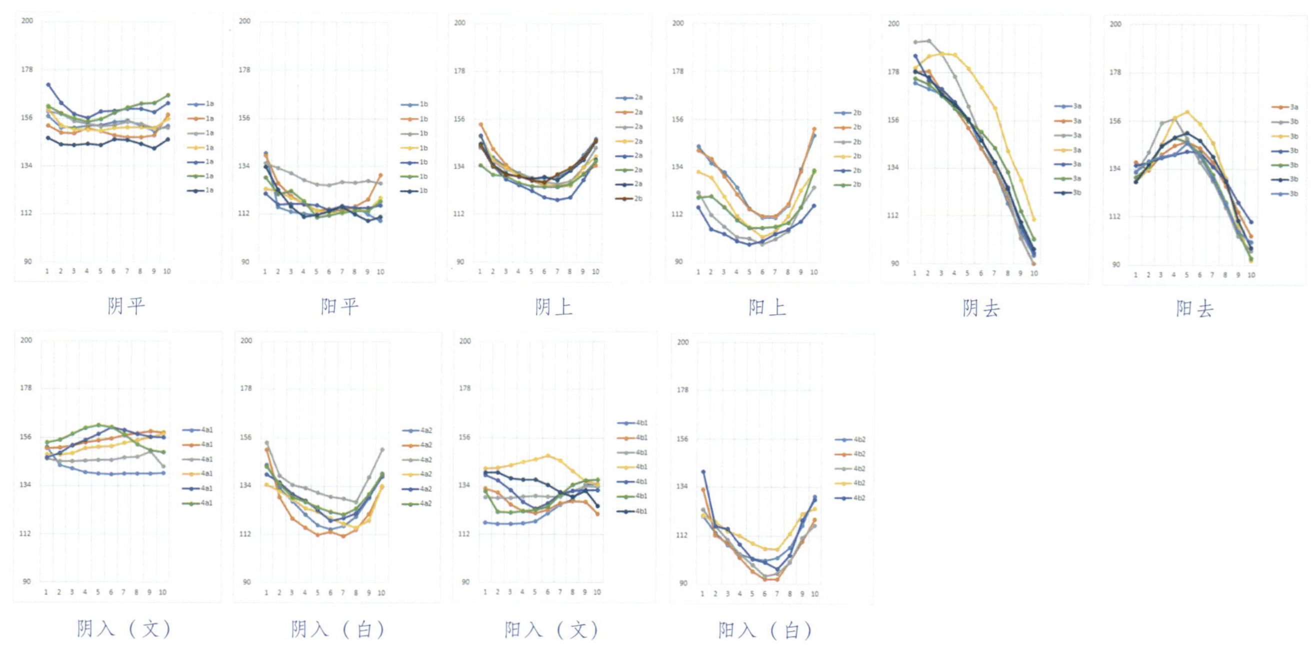

图 11－15b　今声调调域分布范围－义乌施付宅－MM

中男的声调有 10 个（见图 11－15a）：

阴平 44、阳平 22、阴上 323［同阴入（白）323］、阳上 213［同阳入（白）213］、阴去 51、阳去 341、阴入（文）<u>44</u>［调型同阴平 44，有喉塞尾，区别于舒声调］、阴入（白）323，阳入（文）<u>33</u>、阳入（白）213。

今调域的分布情况（见图 11－15b）：

阴平在 33～44 之间；阳平在 11～22 之间；阴上主要在 323 的范围，阴入（白）323 也在这个范围；

阳上主要在212～323之间，与阳入（白）213的范围大体重合；阴去在41～52之间；阳去主要在231～342之间；阴入（文）在33～44之间，调型同阴平44，有喉塞尾，区别于舒声调的阴平；阳入（文）在22～33之间。

义乌方言的声调非常复杂，我们根据施俊（2012）的研究列出了义乌九个点的调类调值情况，见表11－2。

表11－2　义乌九个点的调类调值情况①

代表点	调类数	阴平	阳平	阴上	阳上	阴去	阳去	阴入文	阴入白	阳入文	阳入白
		高猪	穷平	好口	老买	唱盖	阵助	答逼	黑发	觅力	日毒
乔亭	8	44	22	334	213	52	352	ʔ4	＝阴上	ʔ1	＝阳上
继成	8	44	22	334	213	52	352	ʔ4	＝阴上	ʔ1	＝阳上
义亭	8	44	22	334	213	52	352	ʔ4	＝阴上	ʔ1	＝阳上
黄山	8	44	213	334	312	52	352	ʔ4	＝阴上	ʔ1	＝阳上
上社	8	334	213	52	352	45	24	ʔ4	＝阴上	ʔ1	＝阳平
寺前	9	334	213	52	352	45	24	ʔ4	＝阴上	ʔ1	312
下骆宅	8	334	213	534	312	45	24	ʔ4	＝阴上	ʔ1	＝阳上
胡宅	8	334	213	52	352	45	24	ʔ4	＝阴上	ʔ1	＝阳平
东联	8	334	21	52	352	52	24	ʔ4	＝阴上	ʔ1	213

① 施俊．浙江义乌方言入声舒化探析［J］．方言，2012（1）：83－90.

11.1.6 甬江小片

1. 宁波宁海

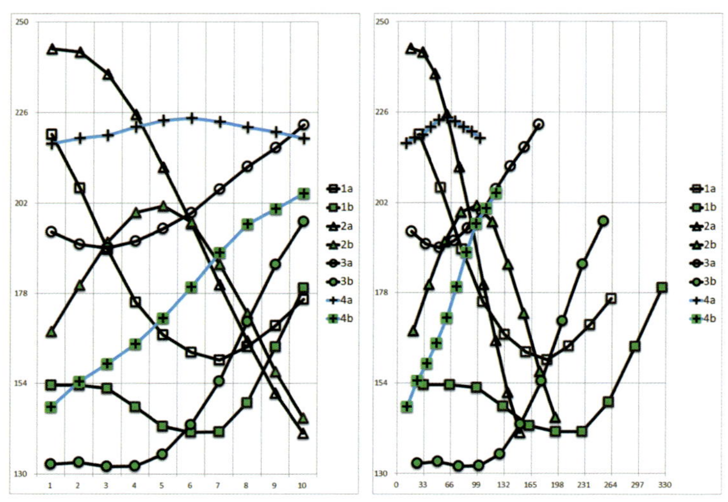

图 11－16a 单字调等长、实长音高模式－宁波宁海－OM

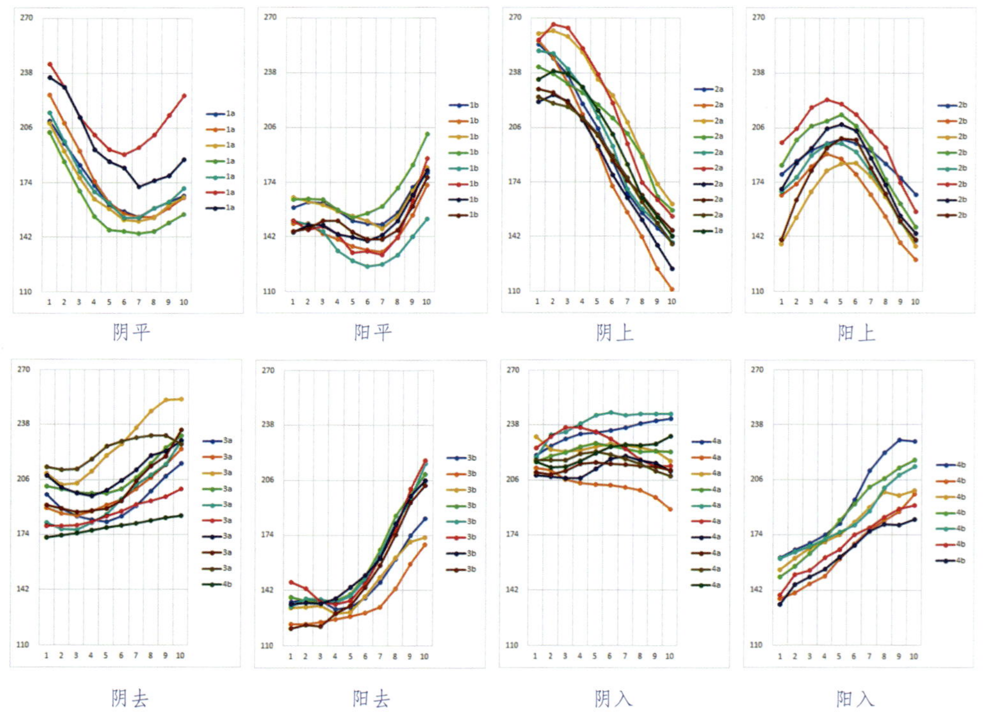

图 11－16b 今声调调域分布范围－宁波宁海－OM

老男的声调有 8 个（见图 11－16a）：

阴平 423、阳平 213、阴上 51、阳上 231、阴去 34、阳去 113、阴入 44、阳入 14。

今调域的分布情况（见图 11－16b）：

阴平主要在 323～534 之间；阳平在 212～223 之间；阴上主要在 41～52 之间；阳上在 231～342 之间；阴去在 34～45 之间；阳去在 112～224 之间；阴入主要在 44～55 之间；阳入主要在 13～24 之间。

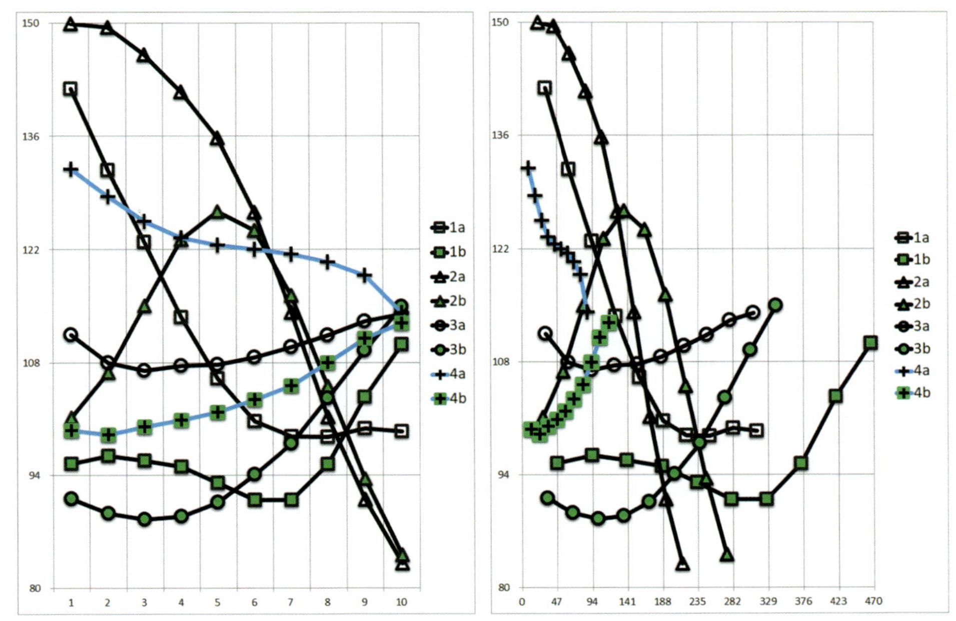

图 11－16c　单字调等长、实长音高模式－宁波宁海－YM

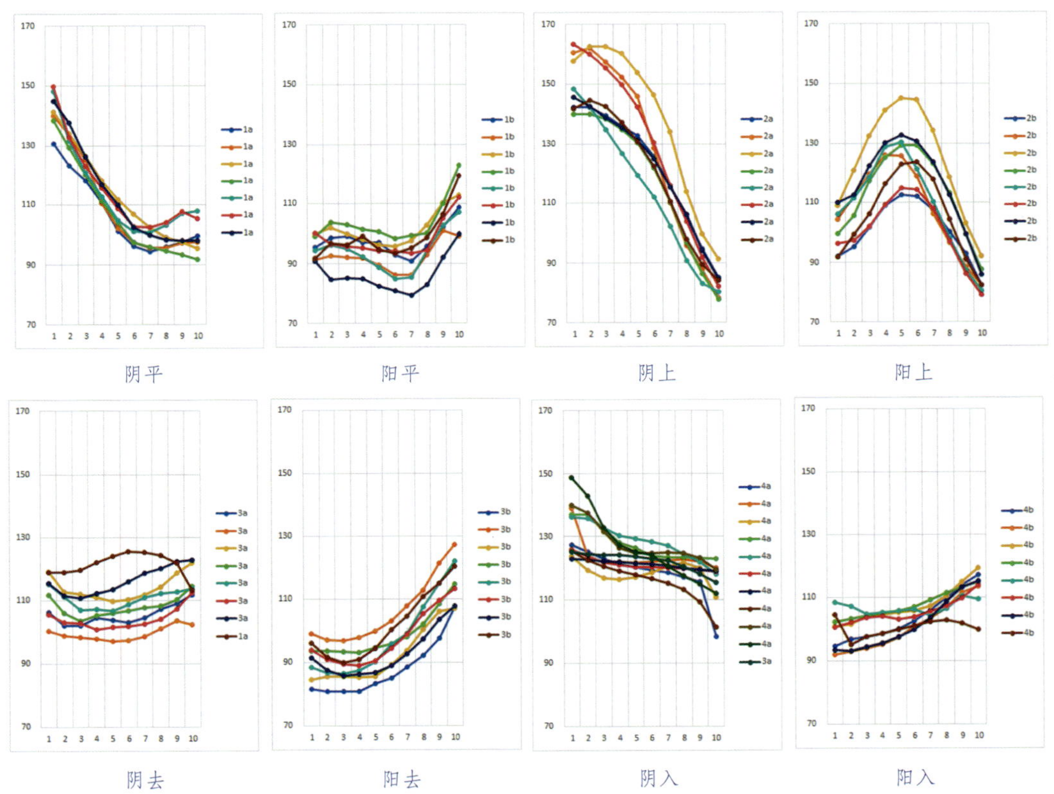

图 11－16d　今声调调域分布范围－宁波宁海－YM

青男的声调有 8 个（见图 11－16c）：

阴平 52、阳平 213、阴上 51、阳上 241、阴去 223、阳去 113、阴入 43、阳入 23。

今调域的分布情况（见图 11－16d）：

阴平主要在 32～42 之间；阳平在 212～223 之间；阴上主要在 41～52 之间；阳上在 231～342 之间；阴去主要在 22～33 之间，呈上升趋势；阳去在 12～23 之间；阴入主要在 32～43 之间；阳入主要在 23 的范围。

2. 奉化锦屏

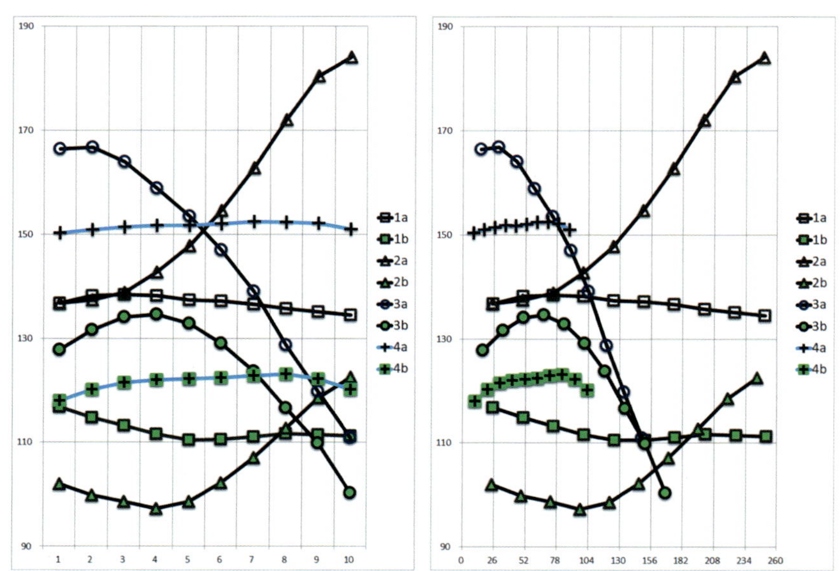

图 11－17a　单字调等长、实长音高模式－奉化锦屏－OM

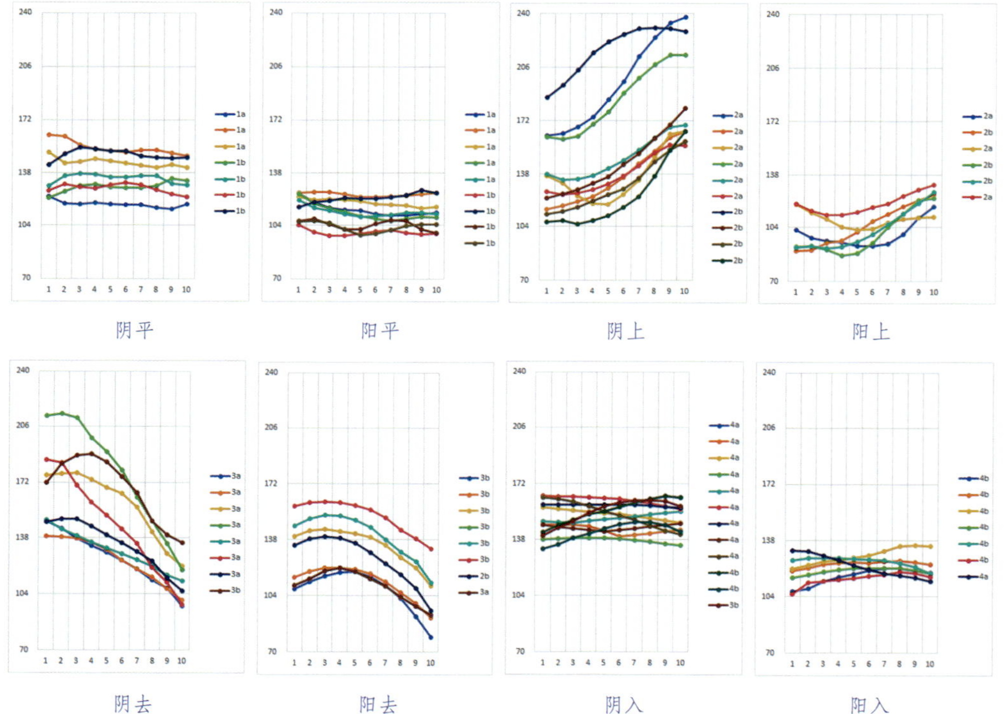

图 11－17b　今声调调域分布范围－奉化锦屏－OM

老男的声调有 8 个（见图 11－17a）：

阴平 33、阳平 22、阴上 35、阳上 112、阴去 42、阳去 331、阴入 44、阳入 22。

今调域的分布情况（见图 11－17b）：

阴平主要在 22～33 之间；阳平在 11～22 之间；阴上主要在 23～45 之间；阳上在12～23 之间；阴去主要在 32～53 之间；阳去在 221～332 之间；阴入主要在 33～44 之间；阳入主要在 22 的范围。

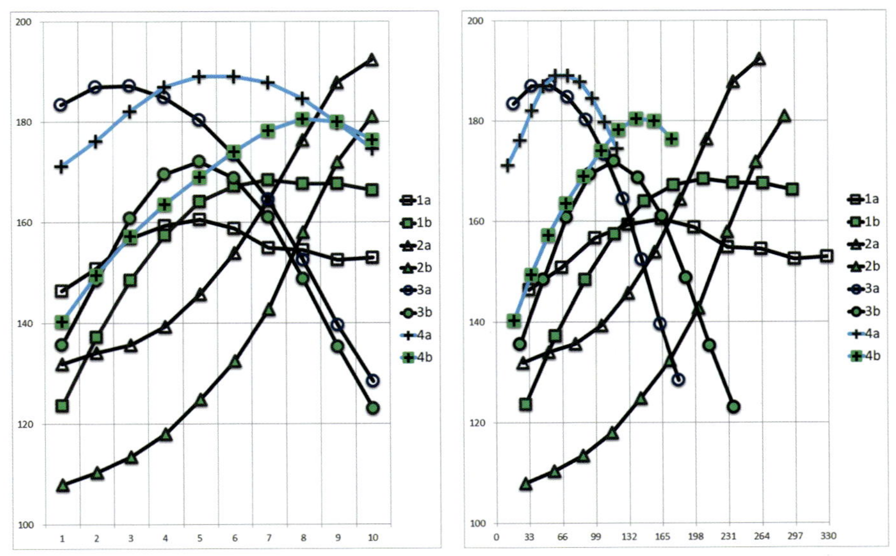

图 11－17c 单字调等长、实长音高模式－奉化锦屏－YM

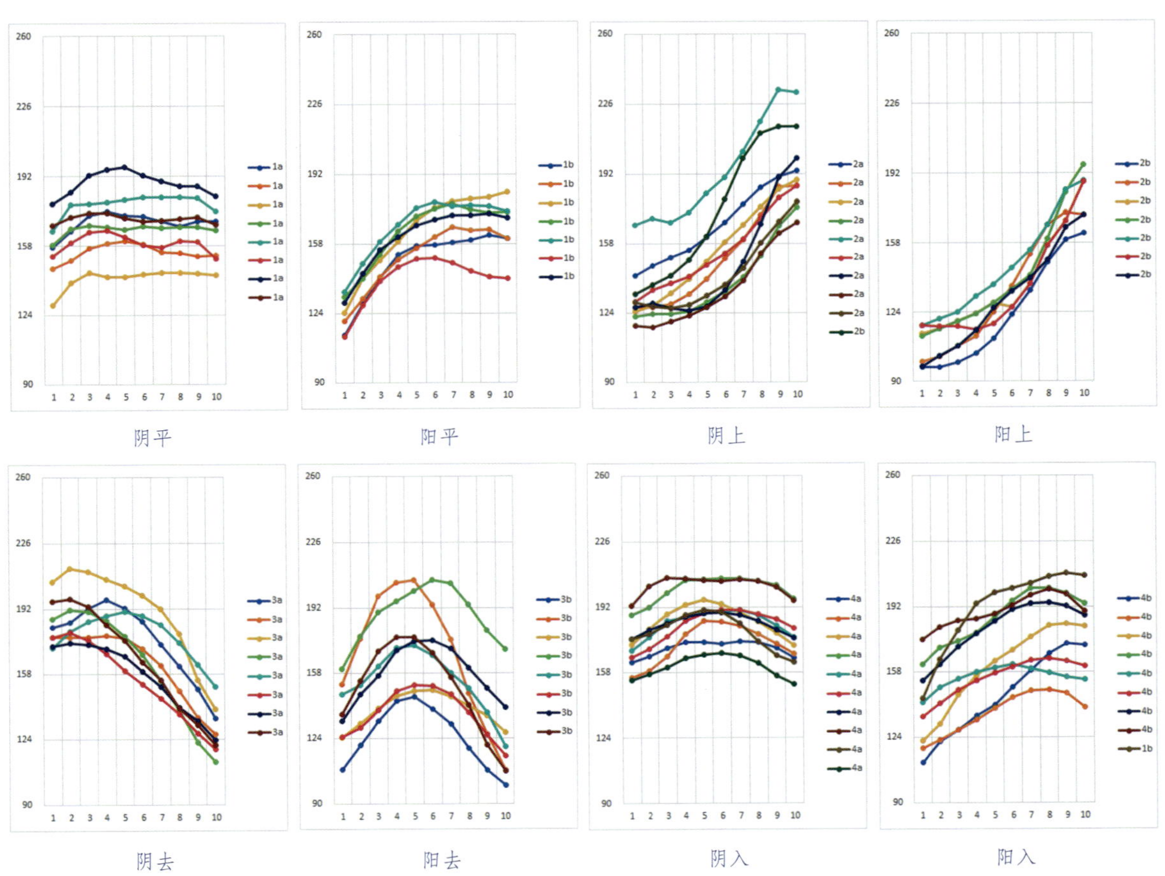

图 11－17d 今声调调域分布范围－奉化锦屏－YM

青男的声调有 8 个（见图 11－17c）：

阴平 33、阳平 244、阴上 25、阳上 14、阴去 52、阳去 242、阴入 454、阳入 35。

今调域的分布情况（见图 11－17d）：

阴平主要在 22～33 之间；阳平在 122～233 之间；阴上主要在 13～35 之间；阳上在 13～14 之间；阴去主要在 31～42 之间；阳去在 121～343 之间；阴入主要在 33～44 之间；阳入主要在 12～34 之间。

11.2 台州片

1. 台州玉环

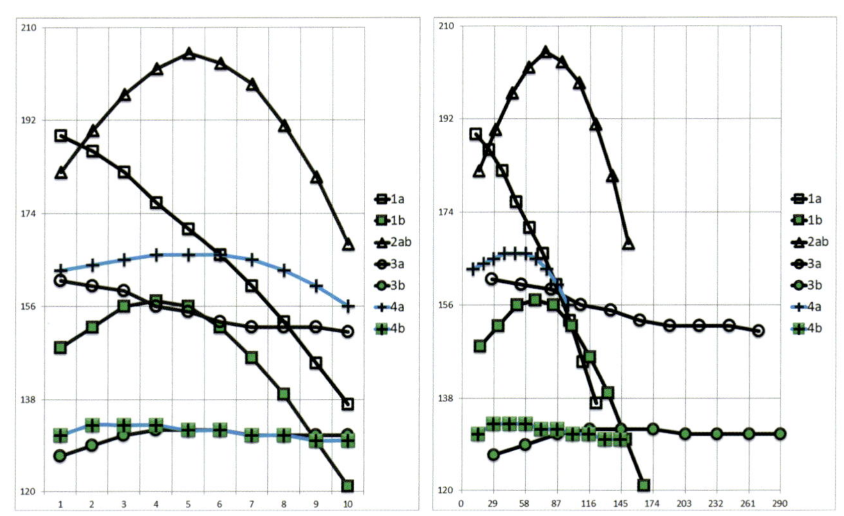

图 11－18a 单字调等长、实长音高模式－台州玉环－OM

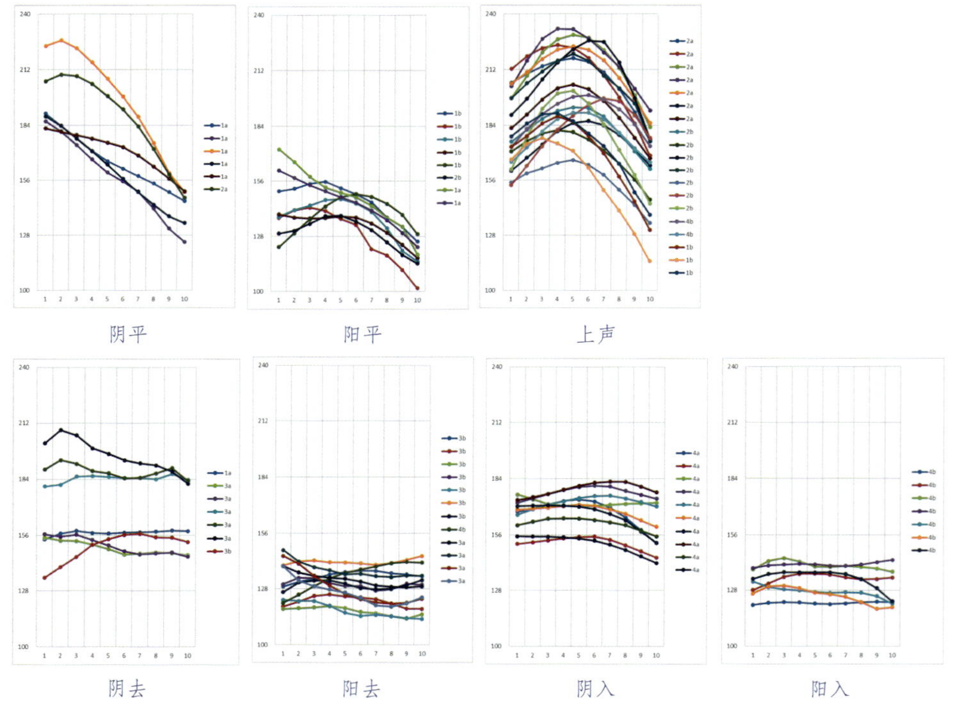

图 11－18b 今声调调域分布范围－台州玉环－OM

老男的声调有 7 个（见图 11－18a）：

阴平 42、阳平 231、上声 453、阴去 33、阳去 11、阴入 32、阳入 11。

今调域的分布情况（见图 11－18b）：

阴平在 31～52 之间；阳平在 21～32 之间；上声在 331～454 之间；阴去在 22～44 之间；阳去在 11～22 之间；阴入主要在 22～33 之间；阳入在 11～22 之间。

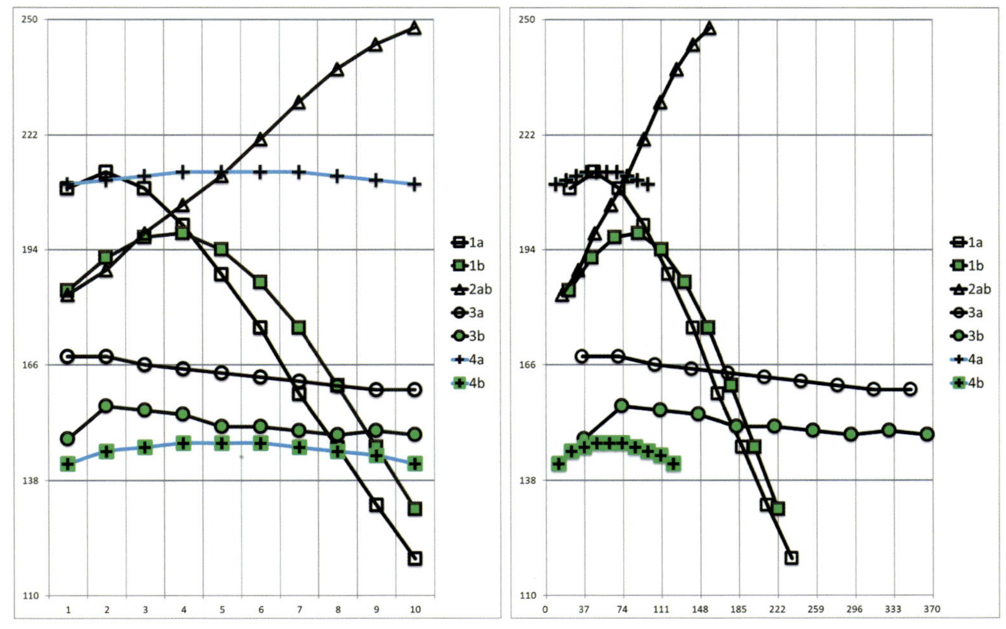

图 11－18c　单字调等长、实长音高模式－台州玉环－YM

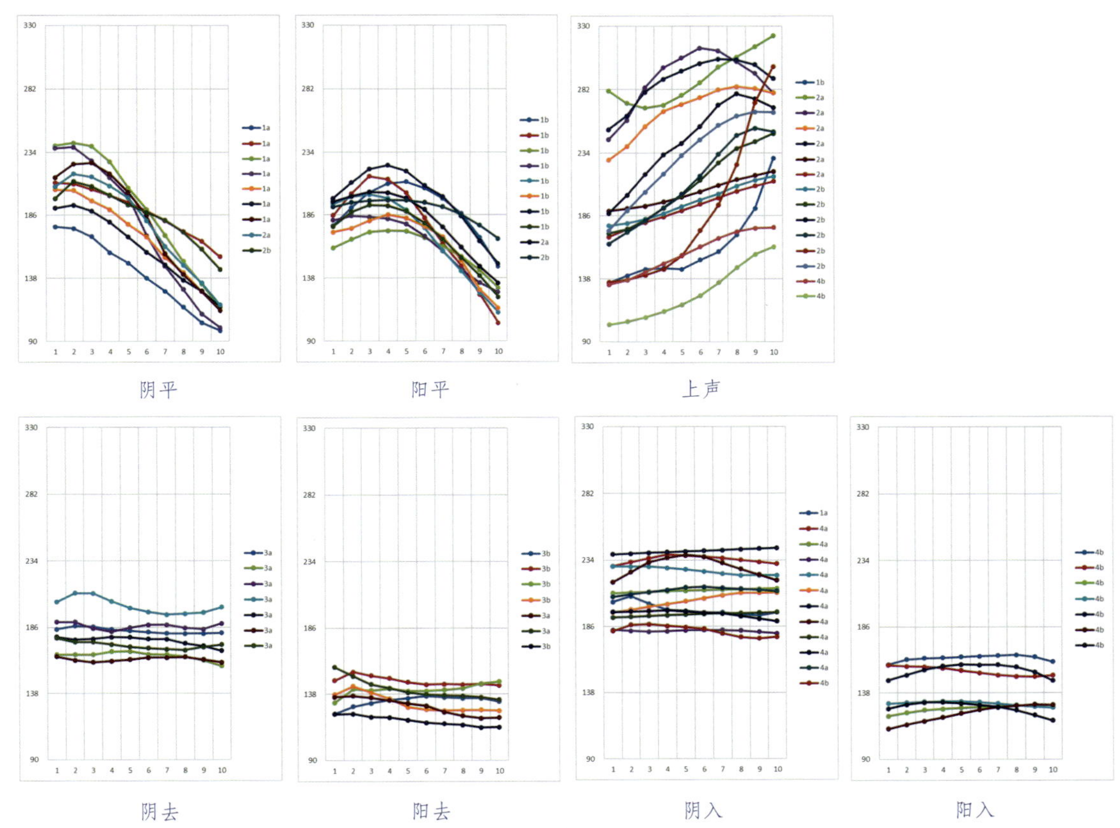

图 11－18d　今声调调域分布范围－台州玉环－YM

青男的声调有 7 个（见图 11－18c）：

阴平 41、阳平 342、上声 35、阴去 33、阳去 22、阴入 44、阳入 22。

今调域的分布情况（见图 11－18d）：

阴平主要在 21～32 之间；阳平在 221～332 之间；上声主要在 12～45 之间；阴去主要在 22～33 之间；阳去在 11～22 之间；阴入主要在 33～44 之间；阳入主要在 11～22 之间。

2. 浙江温岭

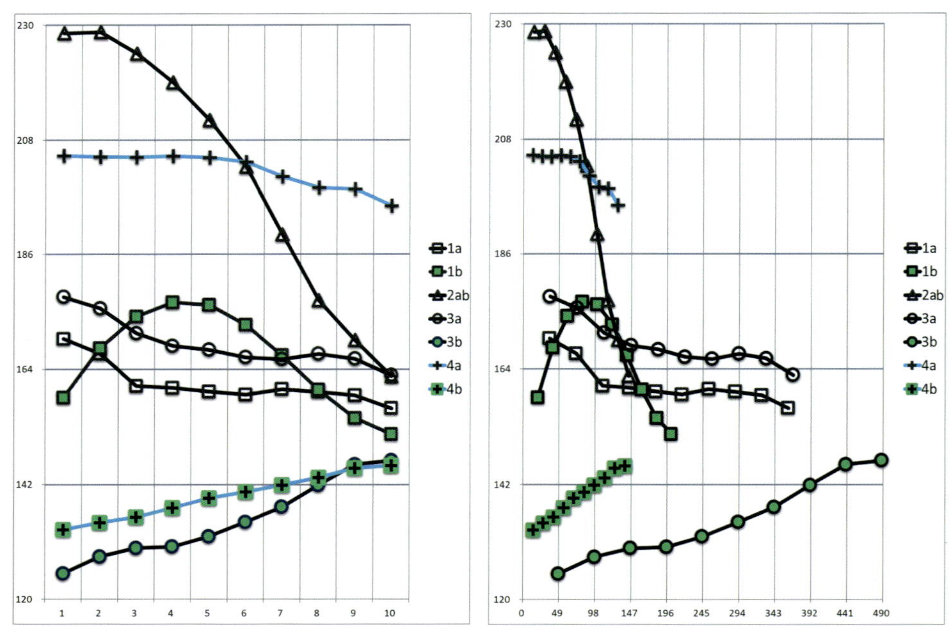

图 11－19a　单字调等长、实长音高模式－浙江温岭－OM

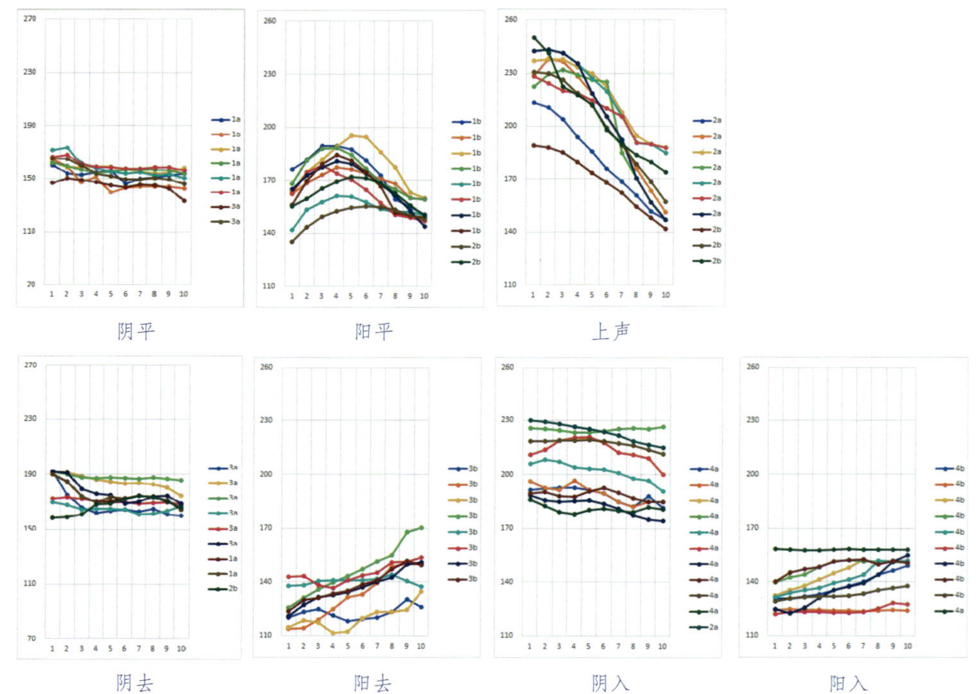

图 11－19b　今声调调域分布范围－浙江温岭－OM

老男的声调有 7 个（见图 11－19a）：

阴平 22、阳平 232、上声 53、阴去 33、阳去 12、阴入 44、阳入 12。

今调域的分布情况（见图 11－19b）：

阴平主要在 22～33 之间；阳平在 122～232 之间；上声在 32～53 之间；阴去主要在 33 的范围；阳去在 12～23 之间；阴入主要在 33～44 之间；阳入主要在 11～22 之间。

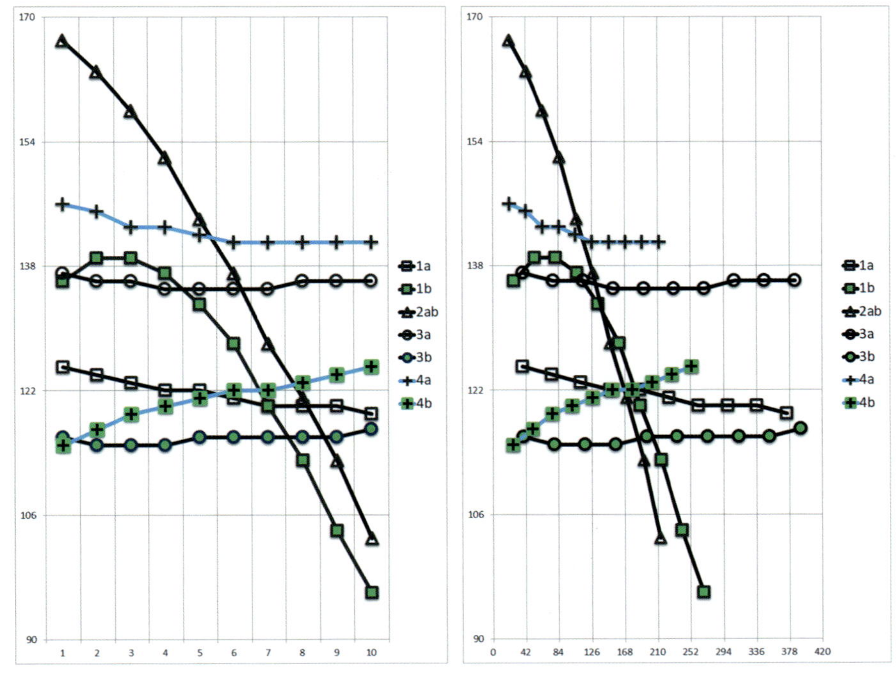

图 11－19c　单字调等长、实长音高模式－浙江温岭－YM

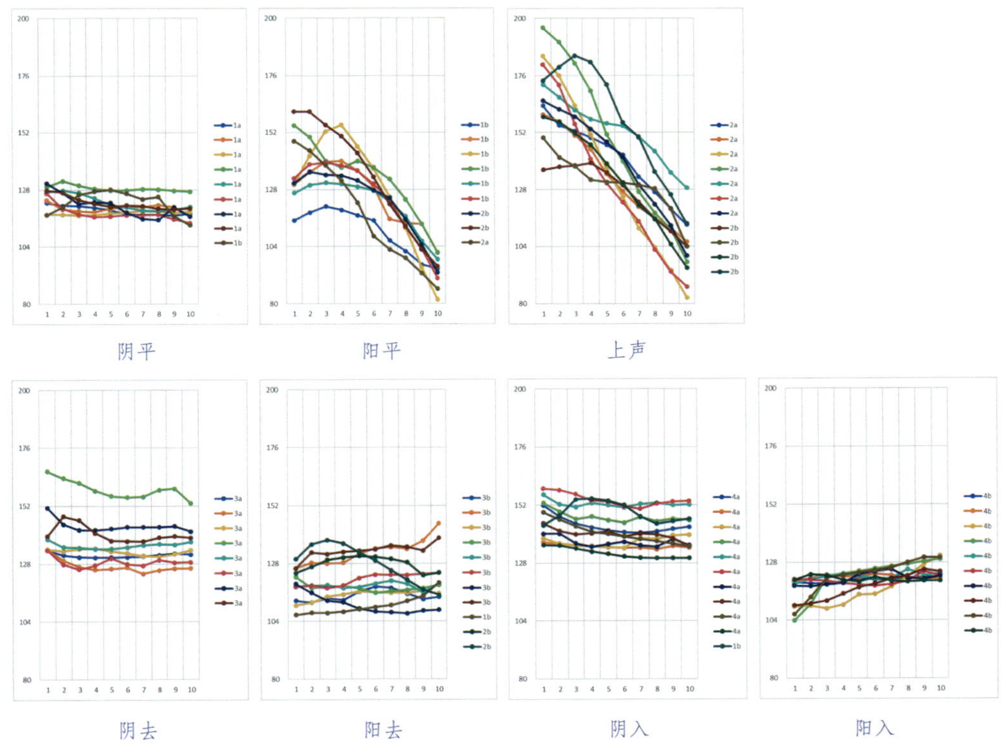

图 11－19d　今声调调域分布范围－浙江温岭－YM

青男的声调有 7 个（见图 11－19c）：

阴平 22、阳平 41、上声 51、阴去 33、阳去 22、阴入 44、阳入 23。

今调域的分布情况（见图 11－19d）：

阴平主要在 22～33 之间；阳平在 21～41 之间；上声在 31～52 之间；阴去主要在 33～44 之间；阳去在 22～33 之间；阴入主要在 33～44 之间；阳入主要在 22 的范围。

11.3 金衢片

1. 金华婺城

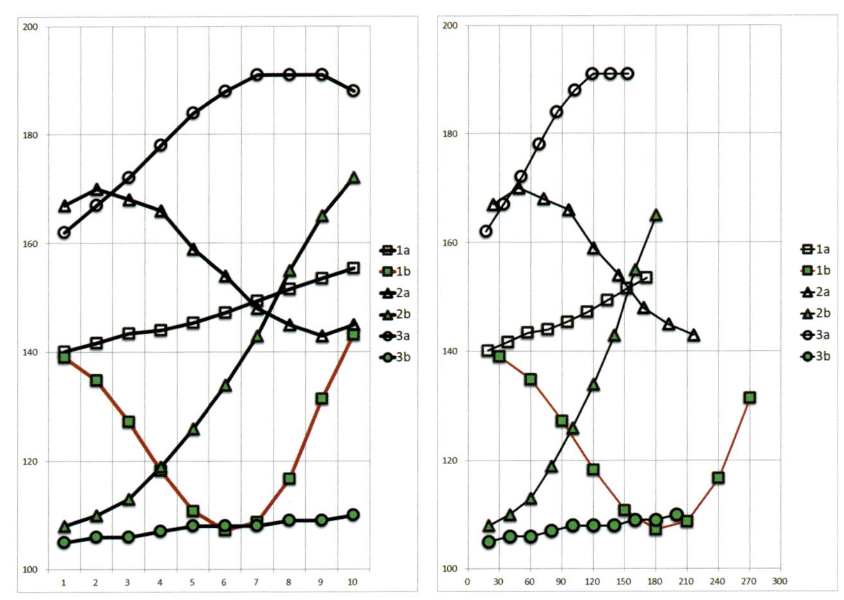

图 11－20a 单字调等长、实长音高模式－金华婺城－OM

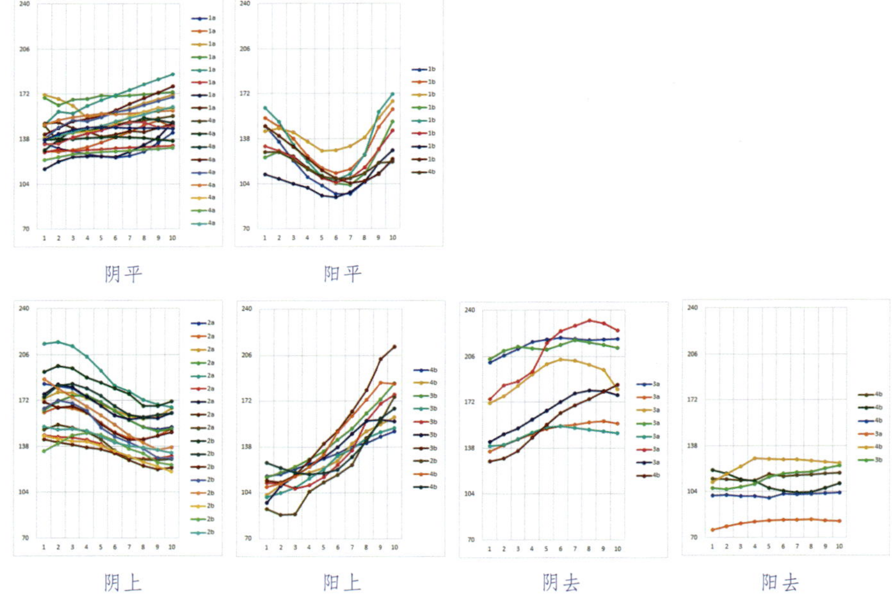

图 11－20b 今声调调域分布范围－金华婺城－OM

老男的声调有 6 个（见图 11－20a）：

阴平 23、阳平 313、阴上 43、阳上 14、阴去 45、阳去 11。

今调域的分布情况（见图 11－20b）：

阴平主要在 23～34 之间；阳平在 212～323 之间；阴上在 32～53 之间；阳上在 13～24 之间；阴去主要在 34～45 之间；阳去在 11～22 之间。

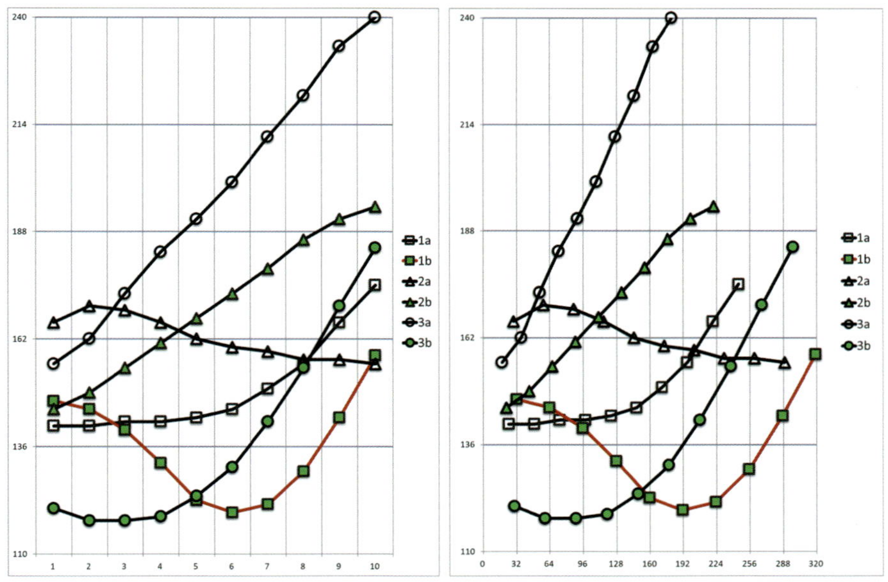

图 11－20c 单字调等长、实长音高模式－金华婺城－YM

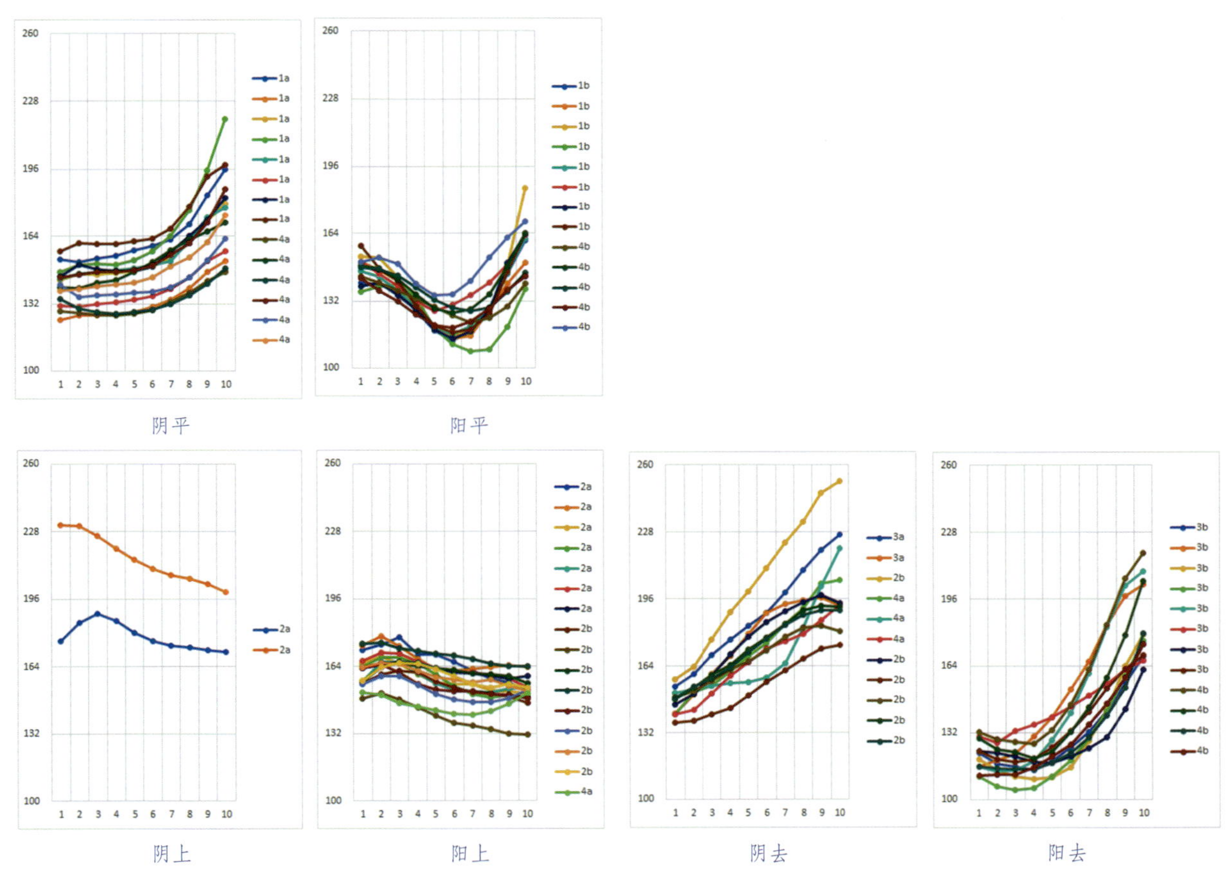

图 11－20d 今声调调域分布范围－金华婺城－YM

青男的声调有 6 个（见图 11－20c）：

阴平 23、阳平 213、阴上 32、阳上 24、阴去 25、阳去 13。

今调域的分布情况（见图 11－20d）：

阴平主要在 112～224 之间；阳平在 212～213 之间；阴上主要在 43～54 之间；阳上在 21～32 之间；阴去主要在 23～25 之间；阳去在 113～224 之间。

2. 兰溪兰江

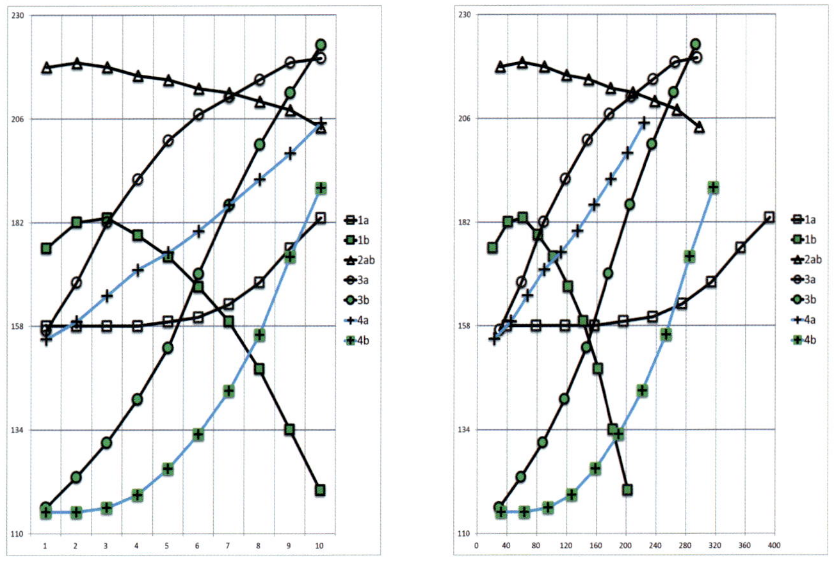

图 11－21a　单字调等长、实长音高模式－兰溪兰江－OM

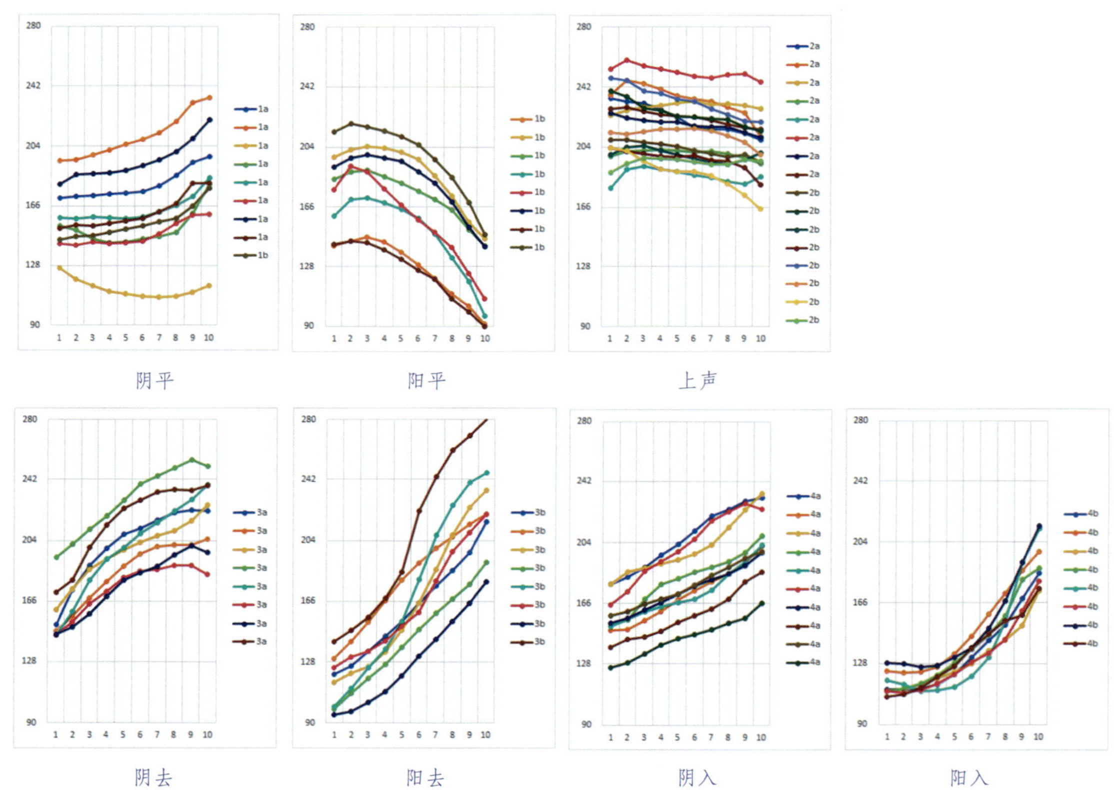

图 11－21b　今声调调域分布范围－兰溪兰江－OM

老男的声调有 7 个（见图 11－21a）：

阴平 334、阳平 31、上声 54、阴去 35、阳去 15、阴入 34、阳入 14。

今调域的分布情况（见图 11－21b）：

阴平主要在 23～34 之间；阳平在 21～42 之间；上声主要在 32～54 之间；阴去主要在 23～35 之间；阳去在 13～25 之间；阴入在 23～34 之间；阳入在 13～24 之间。

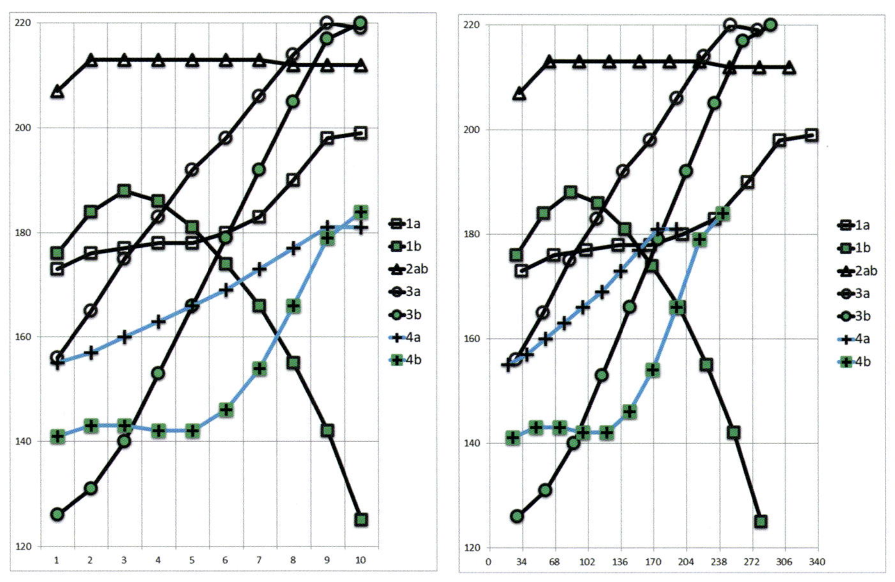

图 11－21c 单字调等长、实长音高模式－兰溪兰江－YM

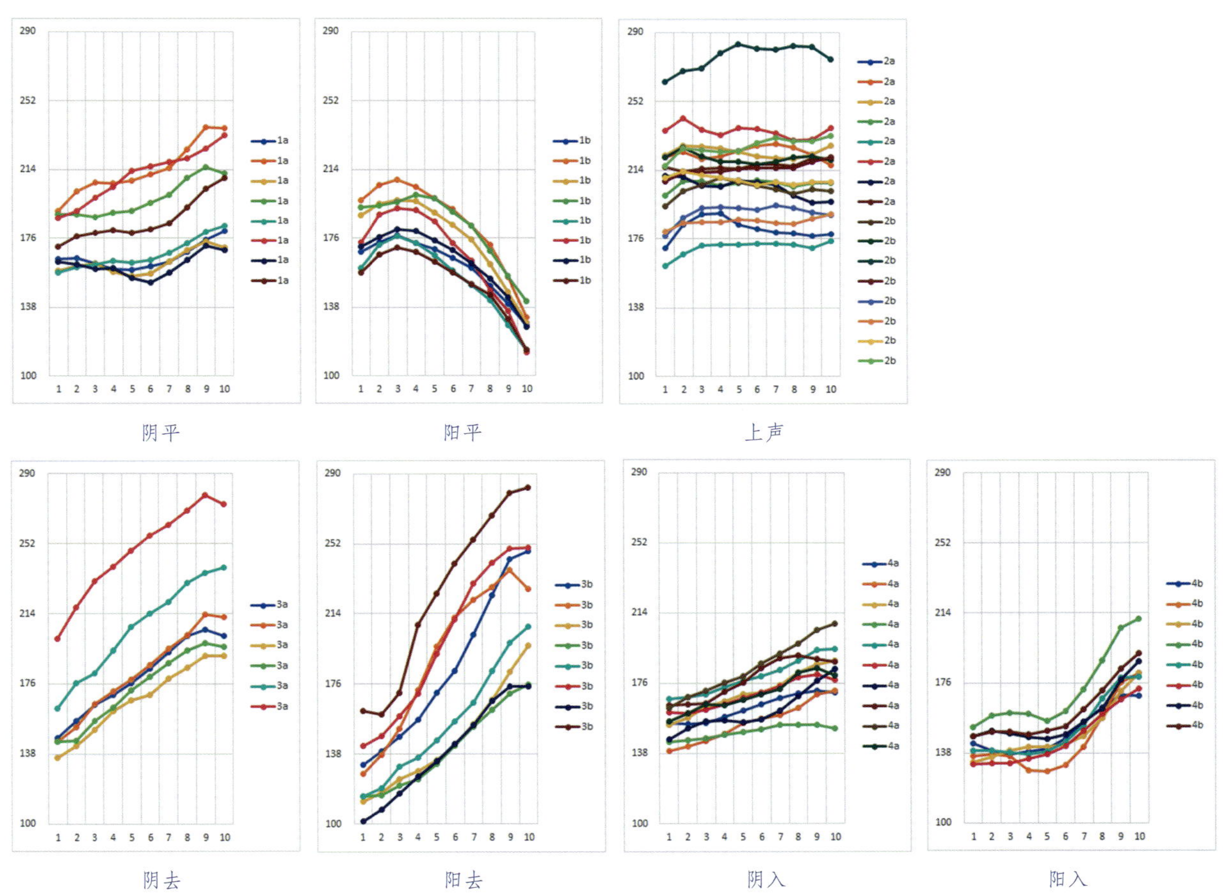

图 11－21d 今声调调域分布范围－兰溪兰江－YM

青男的声调有 7 个（见图 11－21c）：

阴平 34、阳平 341、上声 55、阴去 25、阳去 15、阴入 <u>34</u>、阳入 <u>224</u>。

今调域的分布情况（见图 11－21d）：

阴平主要在 23～34 之间；阳平在 21～32 之间；上声主要在 33～55 之间；阴去主要在 23～35 之间；阳去在 12～25 之间；阴入主要在 <u>23</u> 的范围；阳入在 <u>112</u>～<u>223</u> 之间。

3. 衢州龙游

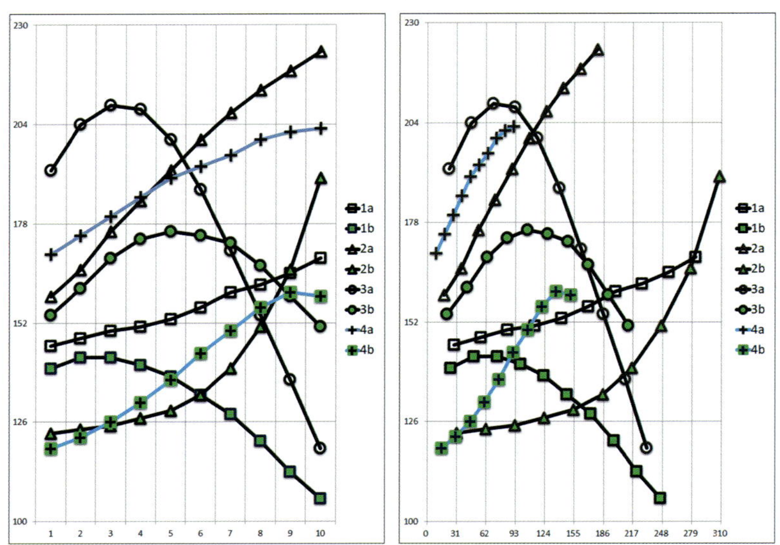

图 11－22a　单字调等长、实长音高模式－衢州龙游－OM

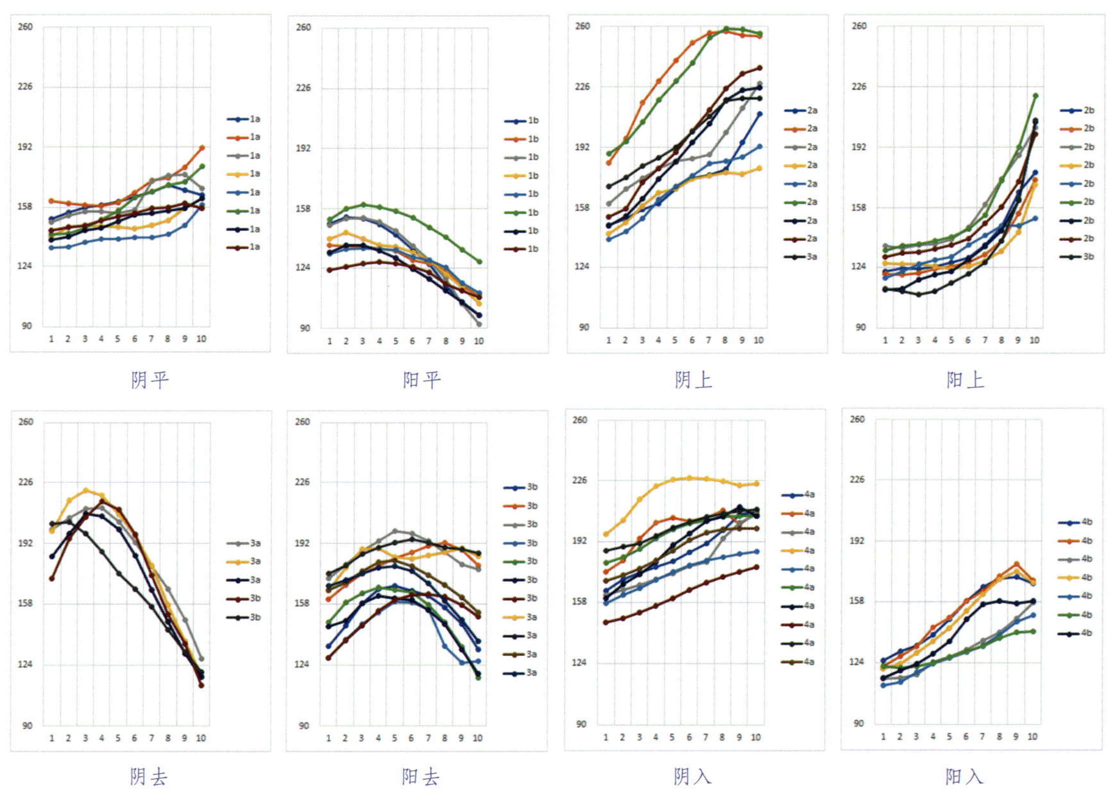

图 11－22b　今声调调域分布范围－衢州龙游－OM

老男的声调有 8 个（见图 11－22a）：

阴平 23、阳平 21、阴上 35、阳上 24、阴去 451、阳去 232、阴入 34、阳入 13。

今调域的分布情况（见图 11－22b）：

阴平主要在 223～334 之间；阳平在 21～32 之间；阴上主要在 24～35 之间；阳上在 13～24 之间；阴去主要在 41～42 之间；阳去在 232～343 之间；阴入在 34～45 之间；阳入在 12～23 之间。

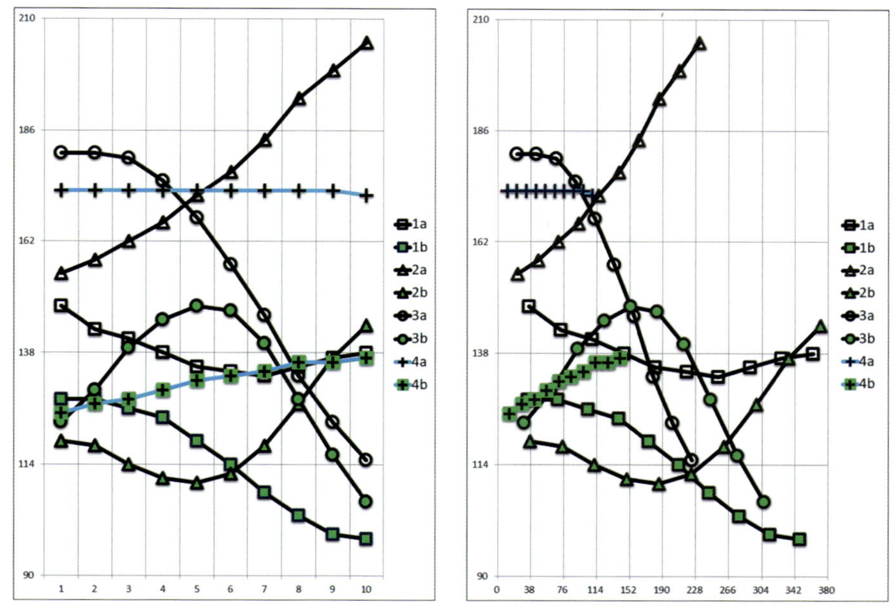

图 11－22c　单字调等长、实长音高模式－衢州龙游－YM

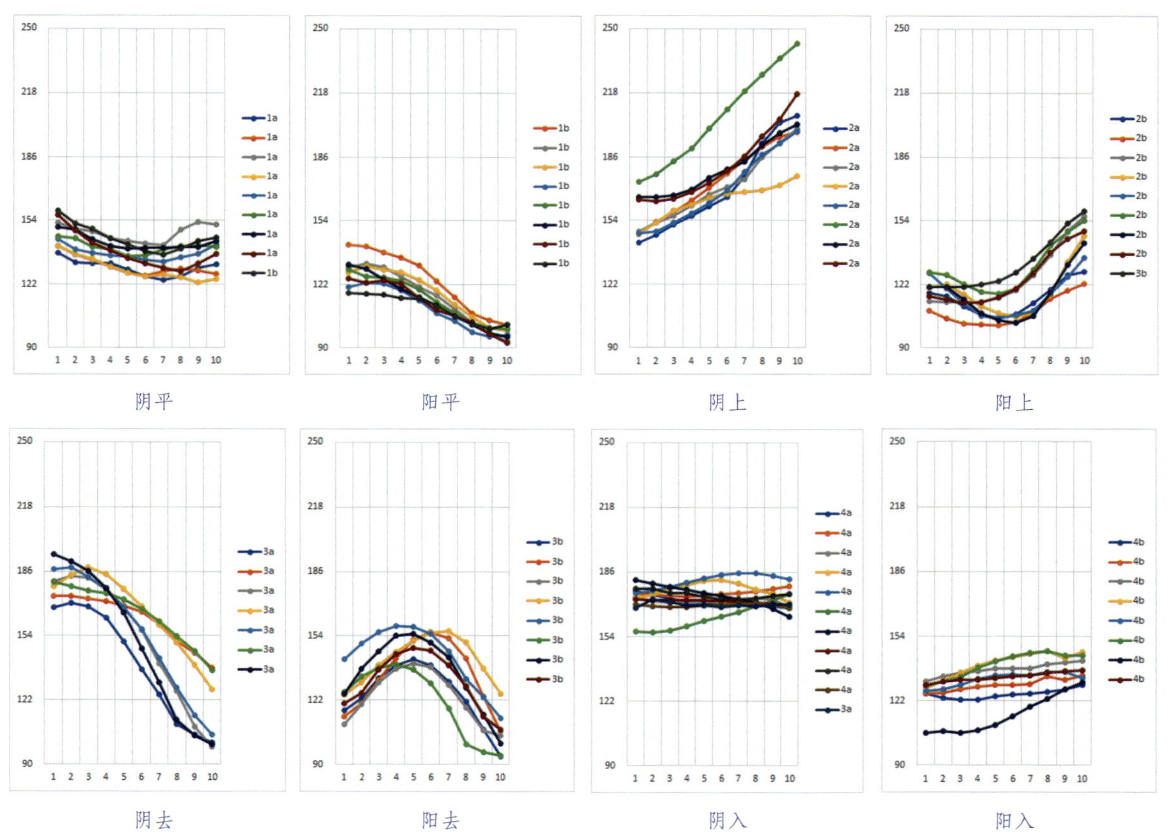

图 11－22d　今声调调域分布范围－衢州龙游－YM

青男的声调有 8 个（见图 11－22c）：

阴平 32、阳平 21、阴上 35、阳上 213、阴去 52、阳去 231、阴入 44、阳入 23。

今调域的分布情况（见图 11－22d）：

阴平主要在 21～32 之间；阳平主要在 21 的范围；阴上主要在 23～35 之间；阳上在 212～223 之间；阴去在 31～42 之间；阳去在 121～232 之间；阴入在 33～44 之间；阳入在 12～22 之间。

11.4 上丽片

11.4.1 上山小片

1. 浙江江山

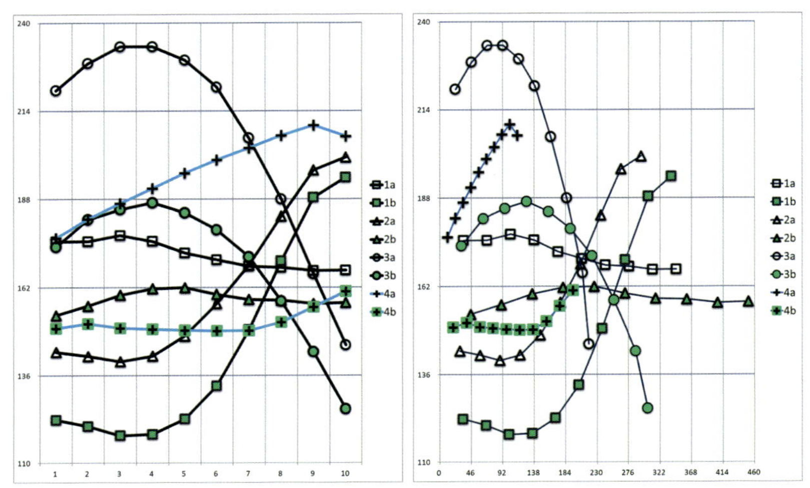

图 11－23a　单字调等长、实长音高模式－浙江江山－OM

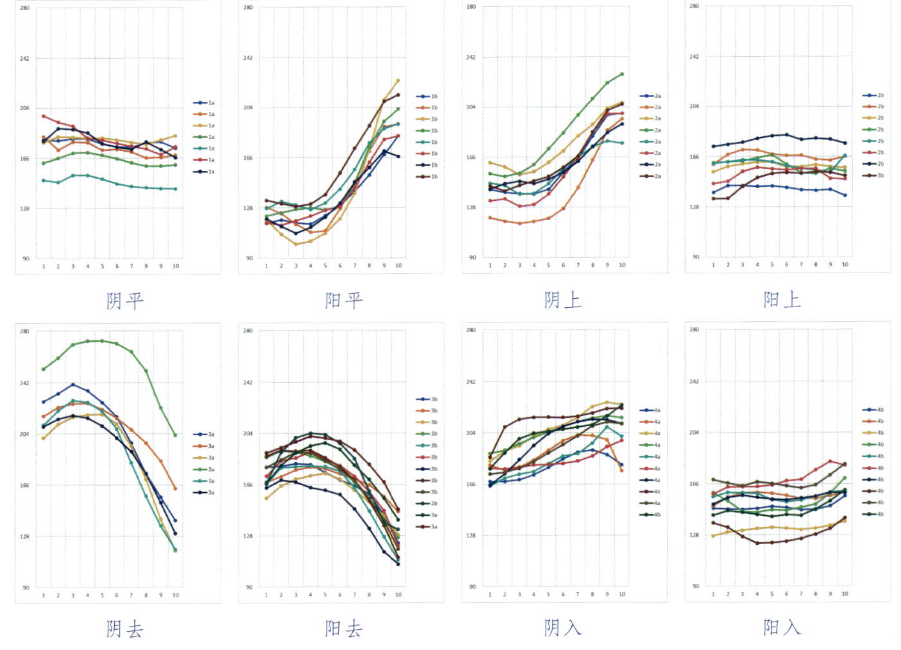

图 11－23b　今声调调域分布范围－浙江江山－OM

老男的声调有 8 个（见图 11－23a）：

阴平 33、阳平 114、阴上 224、阳上 22、阴去 552、阳去 331、阴入 <u>34</u>、阳入 <u>23</u>。

今调域的分布情况（见图 11－23b）：

阴平主要在 22～33 之间；阳平在 113～224 之间；阴上主要在 113～224 之间；阳上在 22～33 之间；阴去在 441～554 之间；阳去在 221～332 之间；阴入主要在 <u>34</u> 的范围；阳入在 <u>22</u>～<u>33</u> 之间。

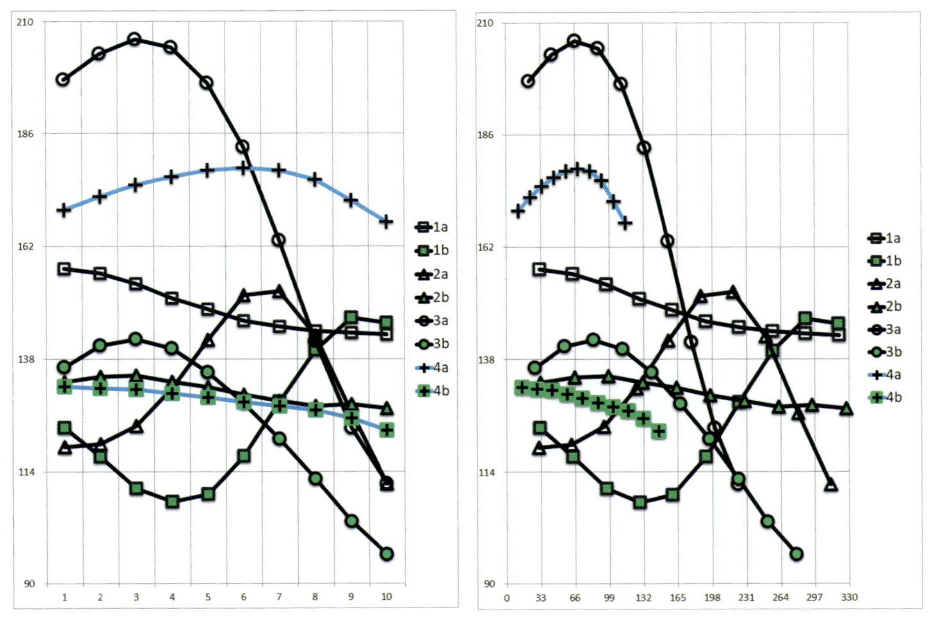

图 11－23c 单字调等长、实长音高模式－浙江江山－YM

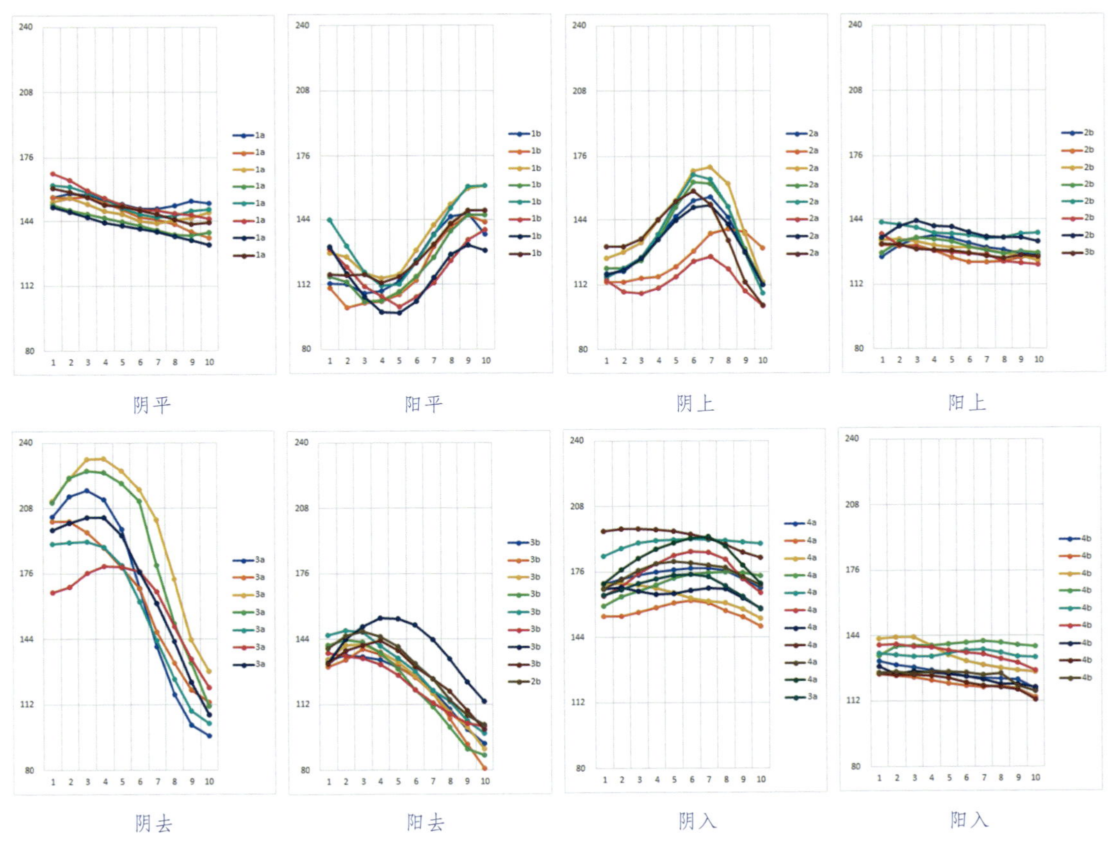

图 11－23d 今声调调域分布范围－浙江江山－YM

青男的声调有 8 个（见图 11－23c）：

阴平 32、阳平 213、阴上 231、阳上 22、阴去 51、阳去 31、阴入 44、阳入 22。

今调域的分布情况（见图 11－23d）：

阴平主要在 32 的范围；阳平在 212～213 之间；阴上主要在 121～231 之间；阳上主要在 22 的范围；阴去在 331～552 之间；阳去在 21～332 之间；阴入主要在 33～44 之间；阳入主要在 22 的范围。

2. 浙江开化

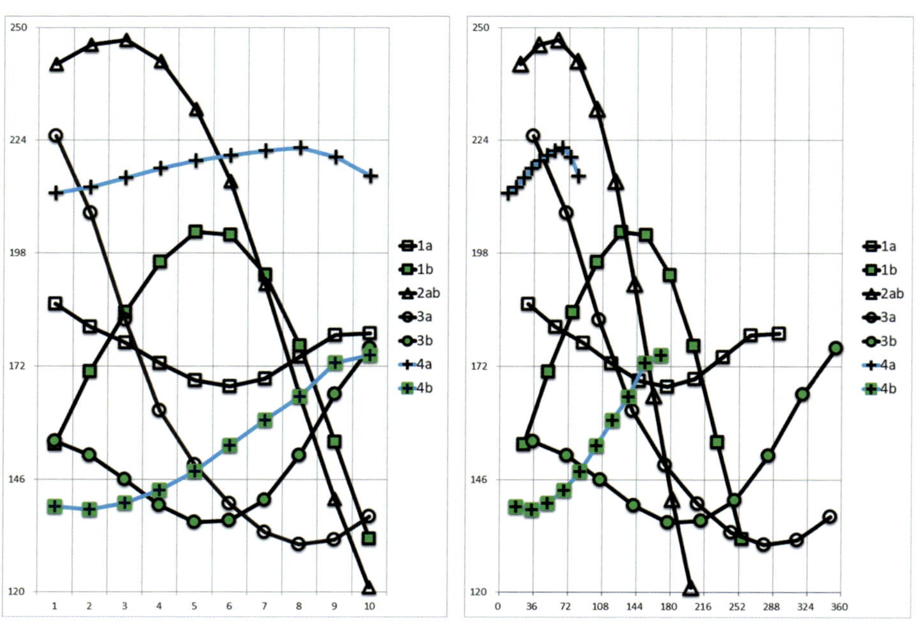

图 11－24a　单字调等长、实长音高模式－浙江开化－OM

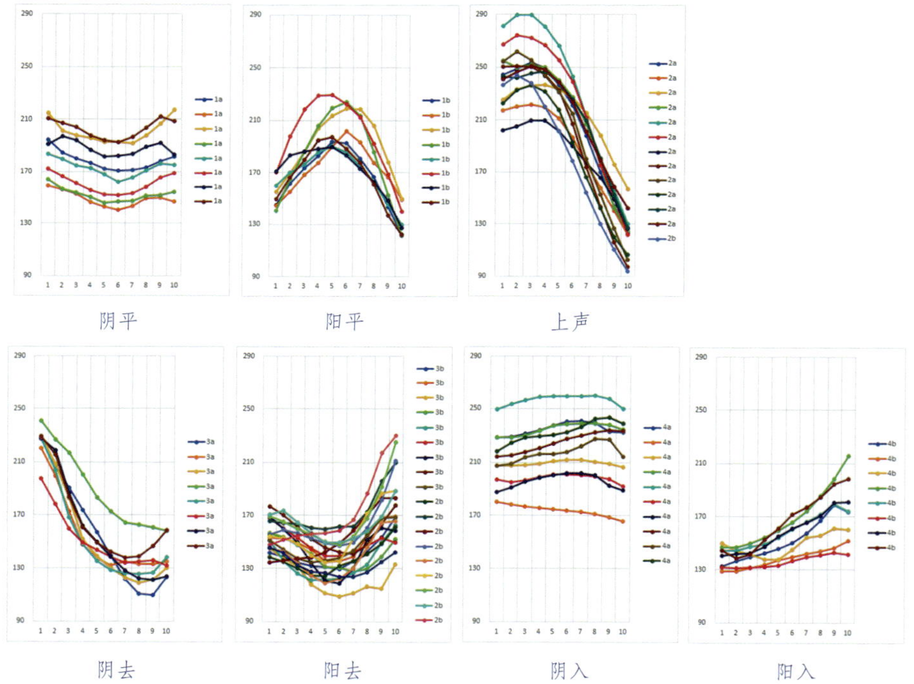

图 11－24b　今声调调域分布范围－浙江开化－OM

老男的声调有 7 个（见图 11－24a）：

阴平 323、阳平 241、上声 51、阴去 41、阳去 213、阴入 44、阳入 13。

今调域的分布情况（见图 11－24b）：

阴平主要在 212～323 之间；阳平在 231～242 之间；上声主要在 31～52 之间；阴去在 31～42 之间；阳去在 212～324 之间；阴入主要在 33～44 之间；阳入在 22～24 之间。

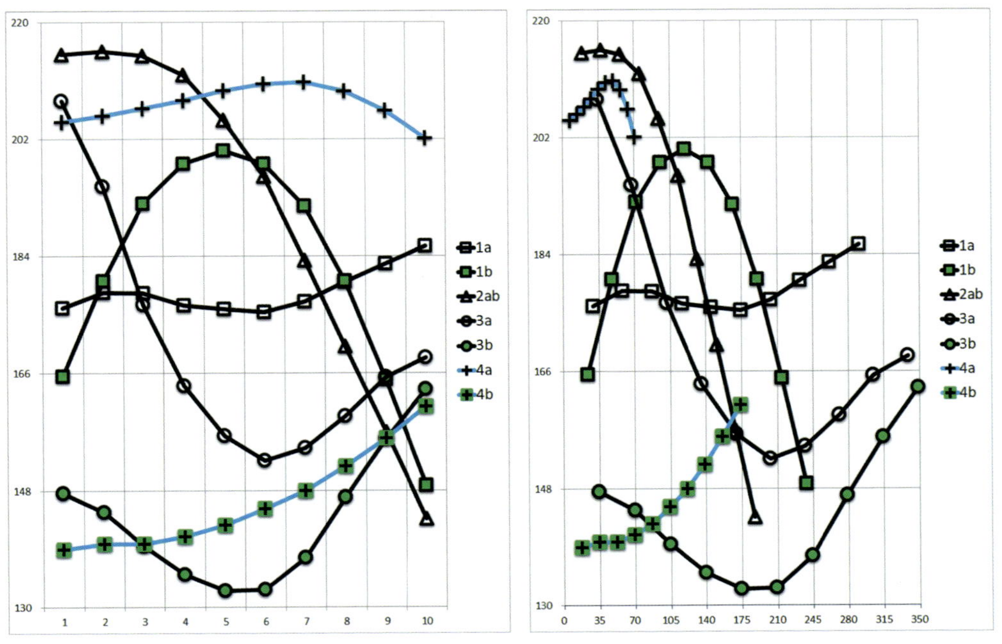

图 11－24c 单字调等长、实长音高模式－浙江开化－YM

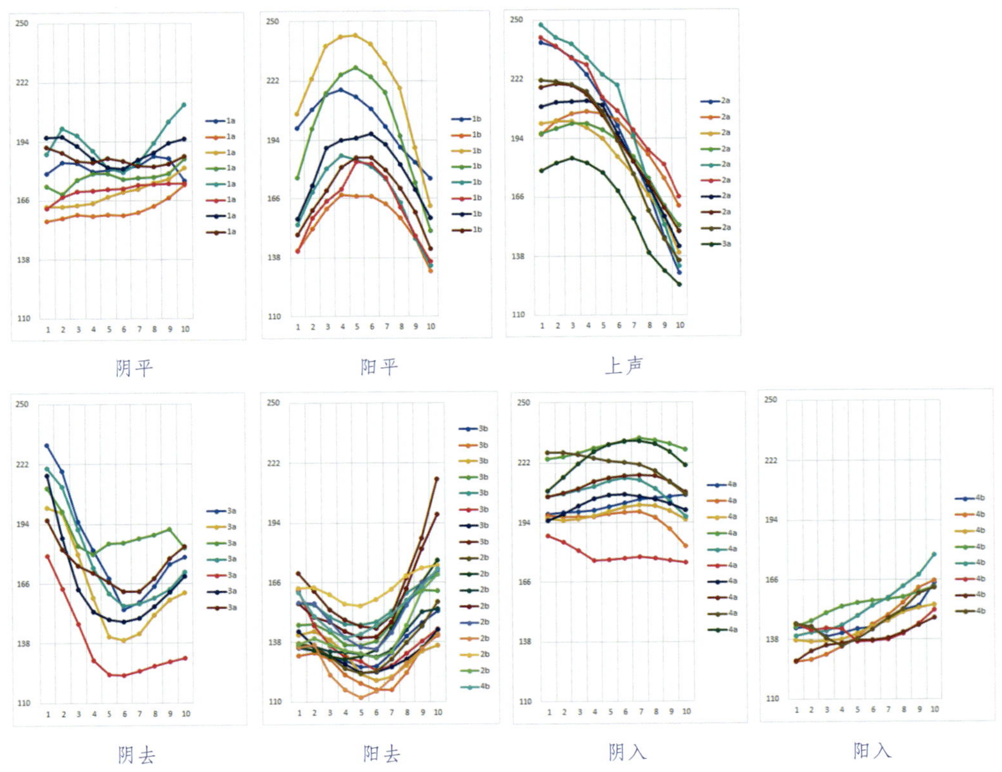

图 11－24d 今声调调域分布范围－浙江开化－YM

青男的声调有 7 个（见图 11－24c）：

阴平 33、阳平 342、上声 51、阴去 523、阳去 213、阴入 55、阳入 12。

今调域的分布情况（见图 11－24d）：

阴平主要在 22～33 之间；阳平在 231～453 之间；上声主要在 31～52 之间；阴去在 312～523 之间；阳去在 212～324 之间；阴入主要在 33～44 之间；阳入在 12～23 之间。

3. 江西上饶

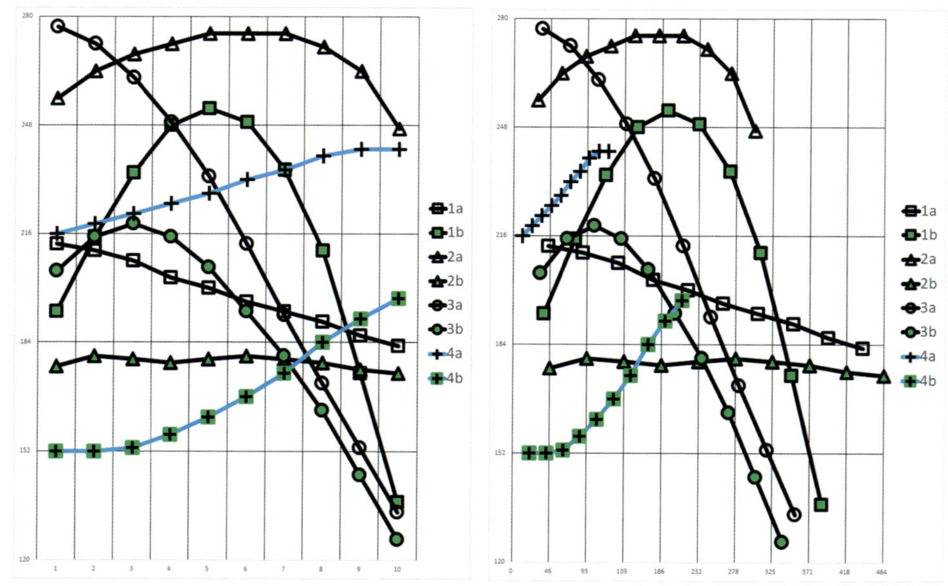

图 11－25a　单字调等长、实长音高模式－江西上饶－OM

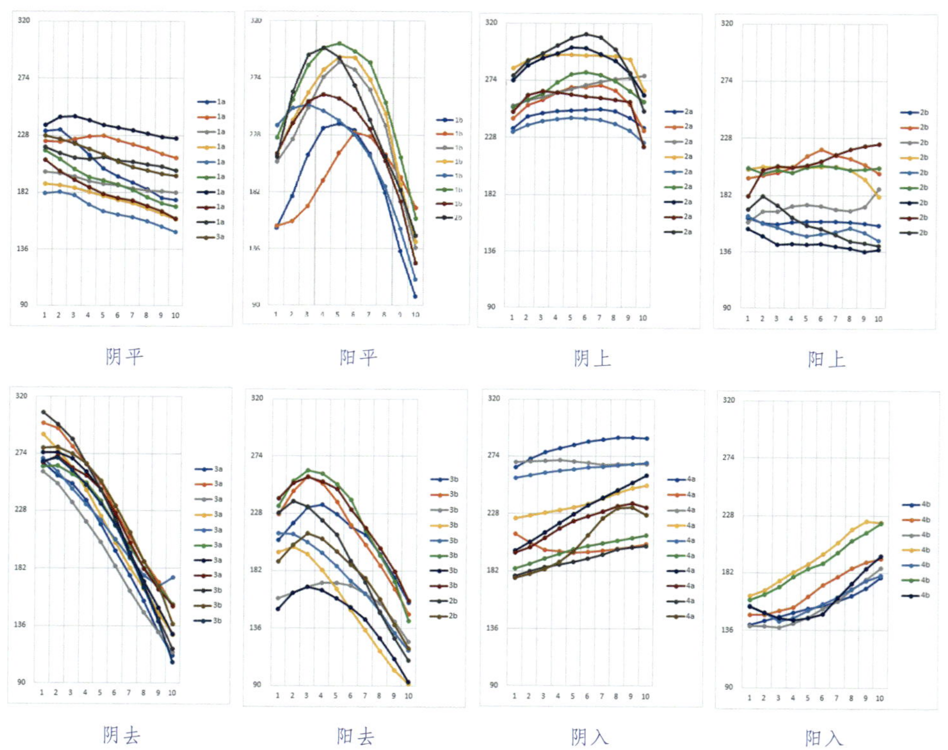

图 11－25b　今声调调域分布范围－江西上饶－OM

老男的声调有 8 个（见图 11－25a）：

阴平 32、阳平 351、阴上 55、阳上 22、阴去 51、阳去 31、阴入 <u>34</u>、阳入 <u>23</u>。

今调域的分布情况（见图 11－25b）：

阴平主要在 32～43 之间；阳平在 231～452 之间；阴上主要在 44～55 之间；阳上主要在 22～33 之间；阴去在 41～52 之间；阳去在 21～42 之间；阴入主要在 <u>34</u>～<u>45</u> 之间；阳入主要在 <u>23</u> 的范围。

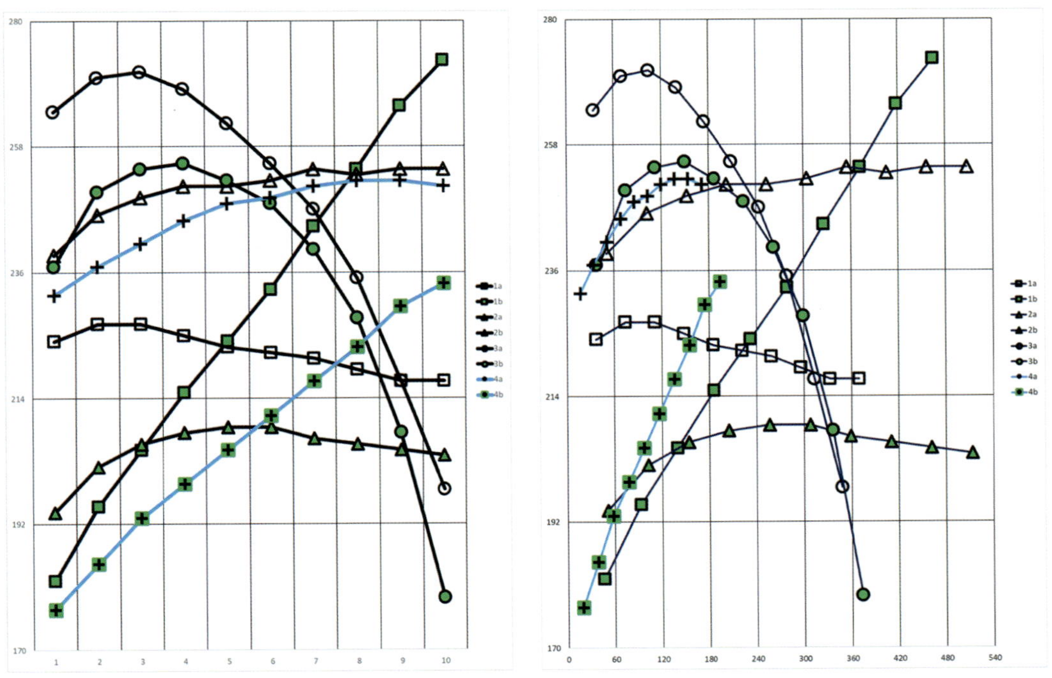

图 11－25c 单字调等长、实长音高模式－江西上饶－YM

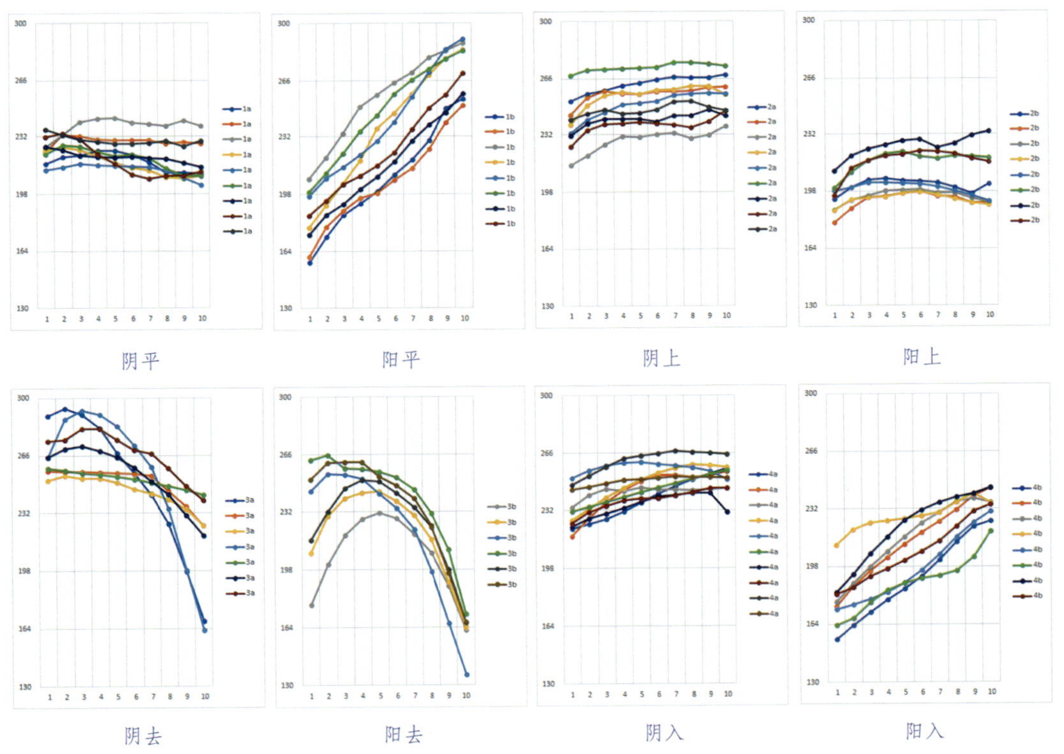

图 11－25d 今声调调域分布范围－江西上饶－YM

青男的声调有 8 个（见图 11－25c）：

阴平 33、阳平 15、阴上 44、阳上 22、阴去 52、阳去 441、阴入 34、阳入 13。

今调域的分布情况（见图 11－25d）：

阴平主要在 33～44 之间；阳平在 14～35 之间；阴上主要在 44～55 之间；阳上主要在 22～33 之间；阴去在 41～54 之间；阳去在 231～442 之间；阴入主要在 34～45 之间；阳入在 13～34 之间。

4. 江西广丰

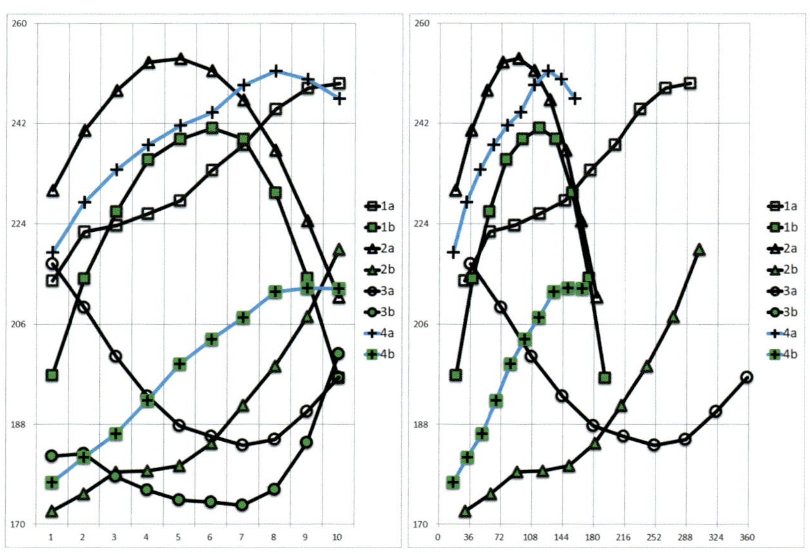

图 11－26a　单字调等长、实长音高模式－江西广丰－OM

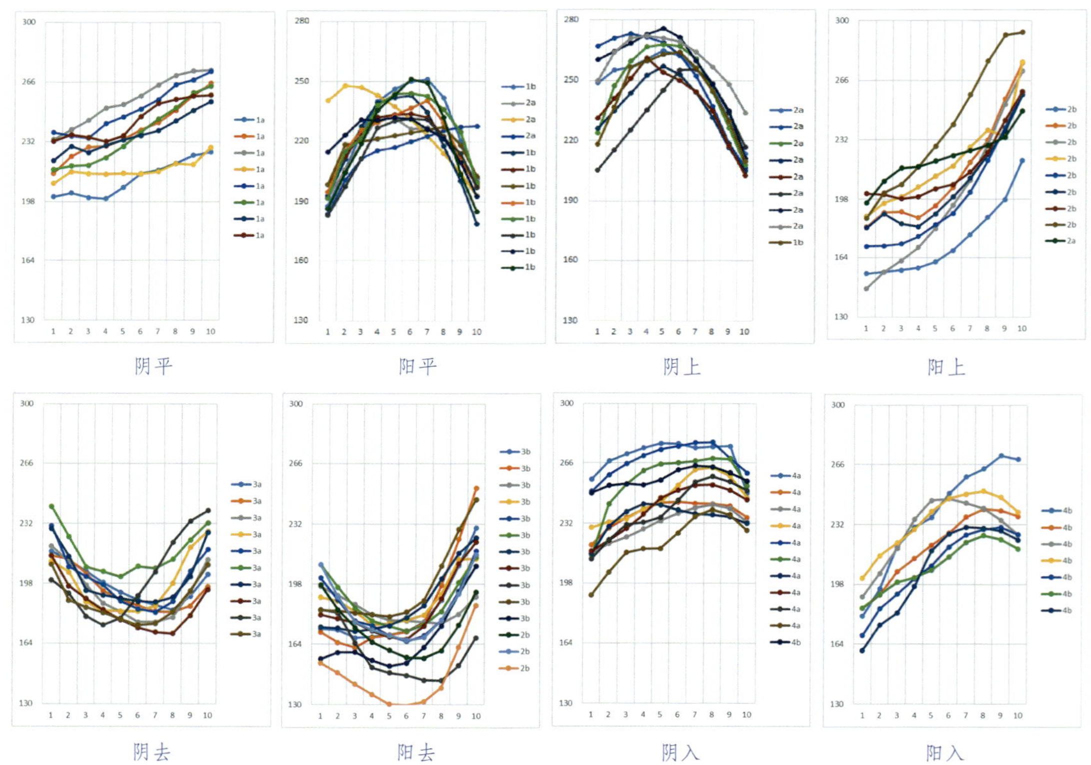

图 11－26b　今声调调域分布范围－江西广丰－OM

老男的声调有 8 个（见图 11－26a）：

阴平 35、阳平 242、阴上 453、阳上 13、阴去 312、阳去 112、阴入 35、阳入 13。

今调域的分布情况（见图 11－26b）：

阴平主要在 34～45 之间；阳平在 232～343 之间；阴上主要在 343～453 之间；阳上主要在 13～35 之间；阴去主要在 323～434 之间；阳去在 212～324 之间；阴入主要在 34～454 之间；阳入在 13～34 之间。

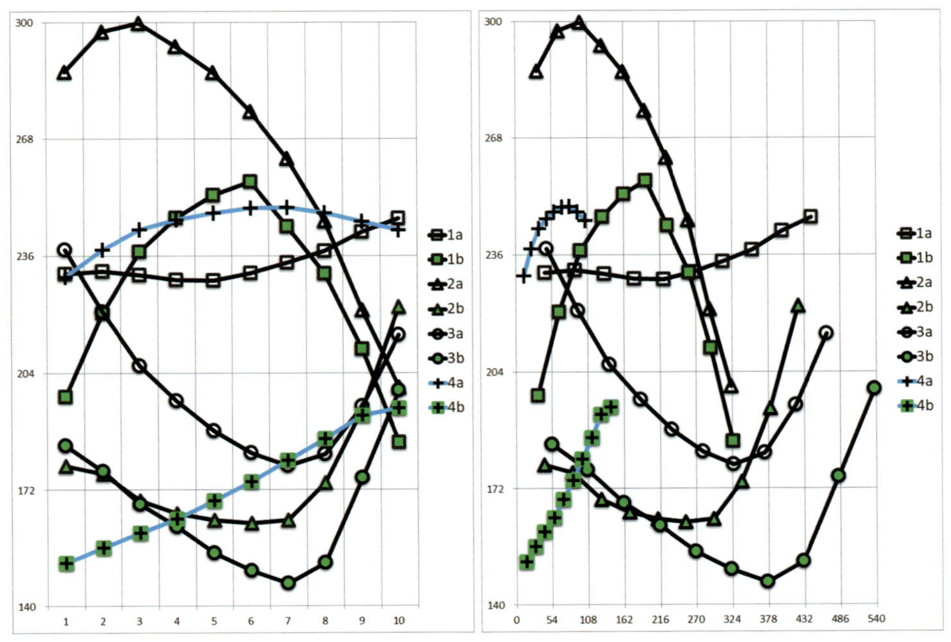

图 11－26c　单字调等长、实长音高模式－江西广丰－YM

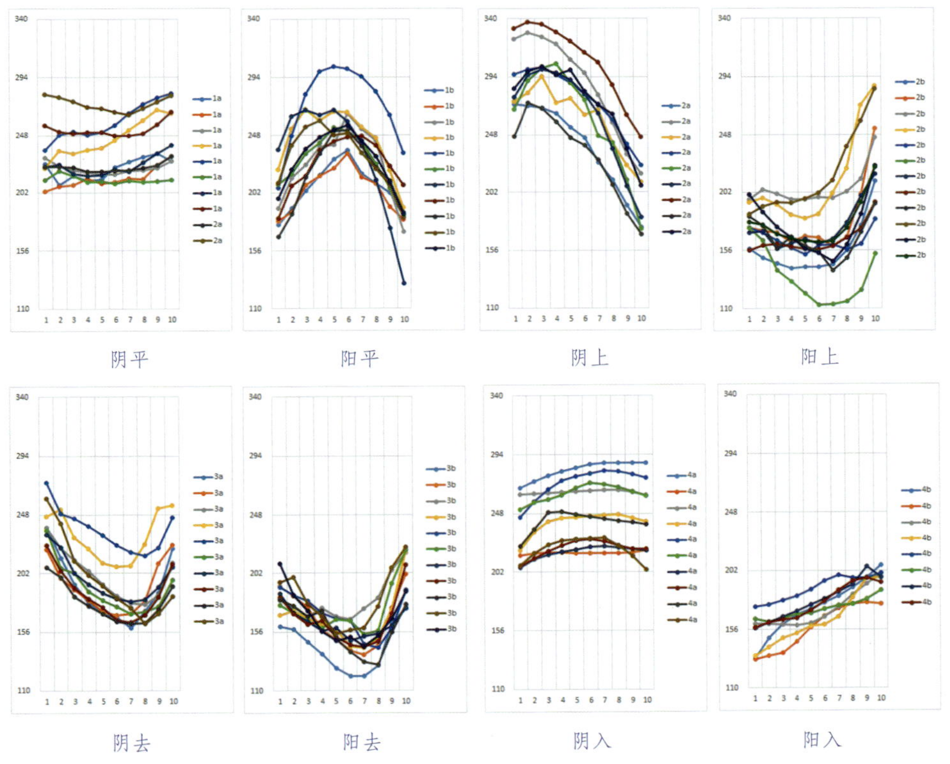

图 11－26d　今声调调域分布范围－江西广丰－YM

青男的声调有 8 个（见图 11－26c）：

阴平 34、阳平 242、阴上 52、阳上 213、阴去 423、阳去 213、阴入 44、阳入 12。

今调域的分布情况（见图 11－26d）：

阴平主要在 33～44 之间；阳平在 232～343 之间；阴上主要在 42～53 之间；阳上主要在 212～324 之间；阴去主要在 323～434 之间；阳去在 212～323 之间；阴入主要在 33～44 之间；阳入在 12～23 之间。

11.4.2 丽水小片

1. 丽水龙泉

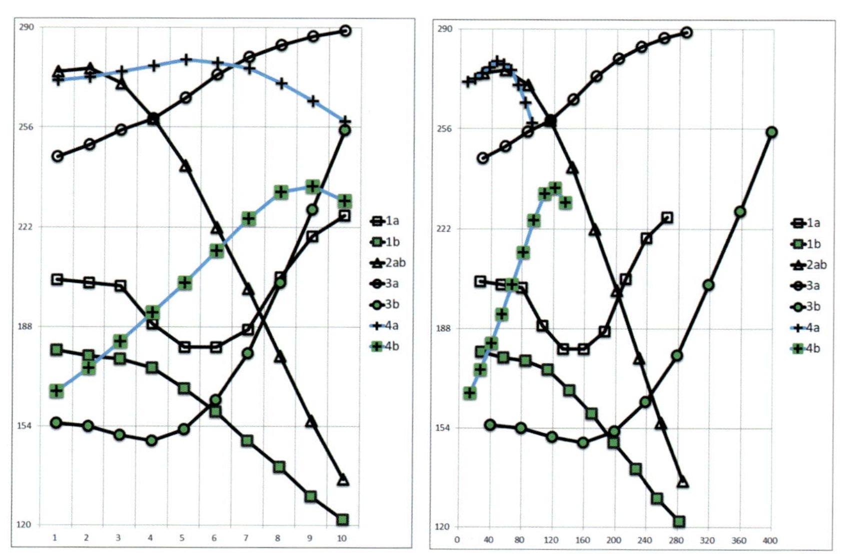

图 11－27a 单字调等长、实长音高模式－丽水龙泉－OM

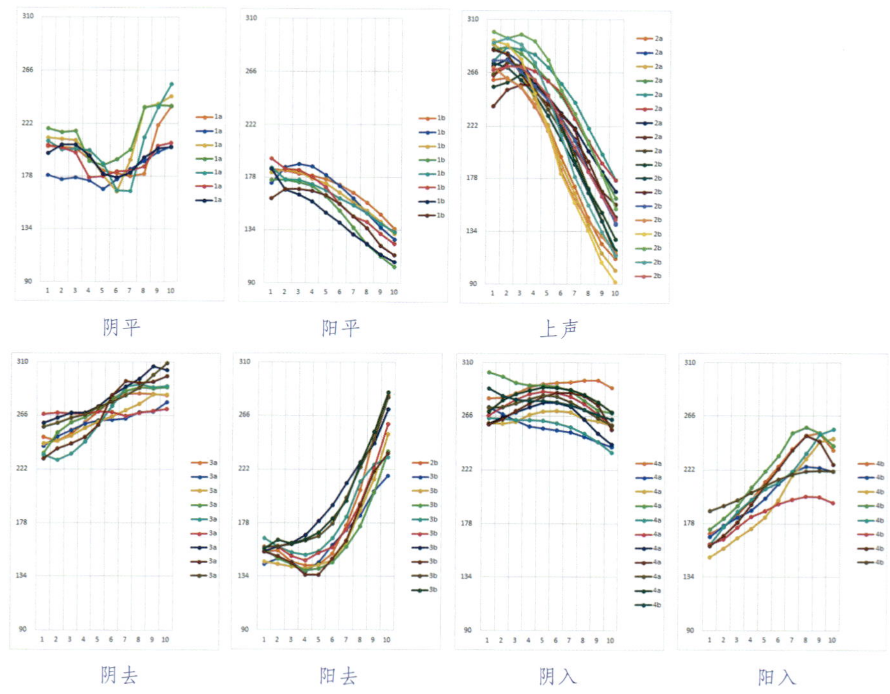

图 11－27b 今声调调域分布范围－丽水龙泉－OM

老男的声调有 7 个（见图 11－27a）：

阴平 324、阳平 21、上声 51、阴去 45、阳去 224、阴入 54、阳入 24。

今调域的分布情况（见图 11－27b）：

阴平主要在 323～324 之间；阳平在 21～32 之间；上声在 41～52 之间；阴去主要在 45 的范围；阳去在 223～225 之间；阴入主要在 54～55 之间；阳入在 23～34 之间。

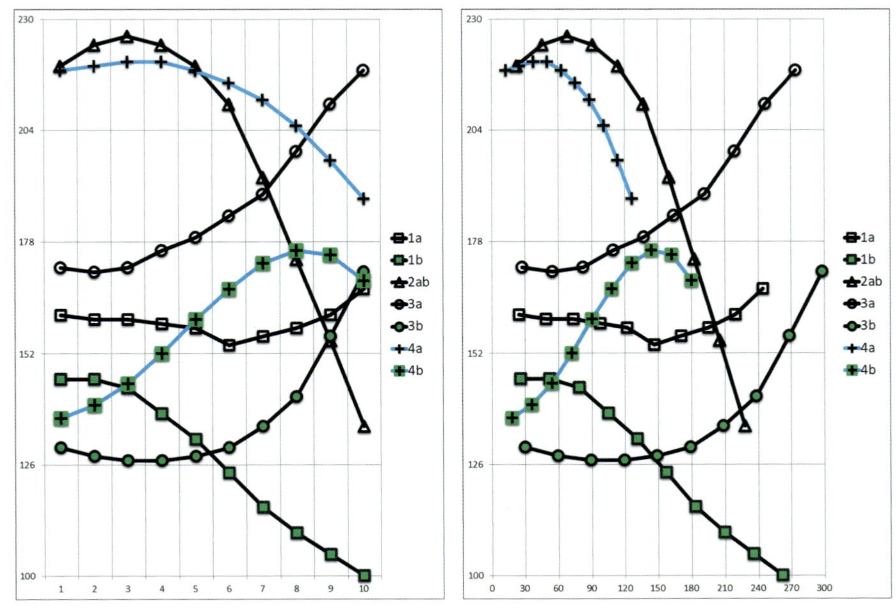

图 11－27c　单字调等长、实长音高模式－丽水龙泉－YM

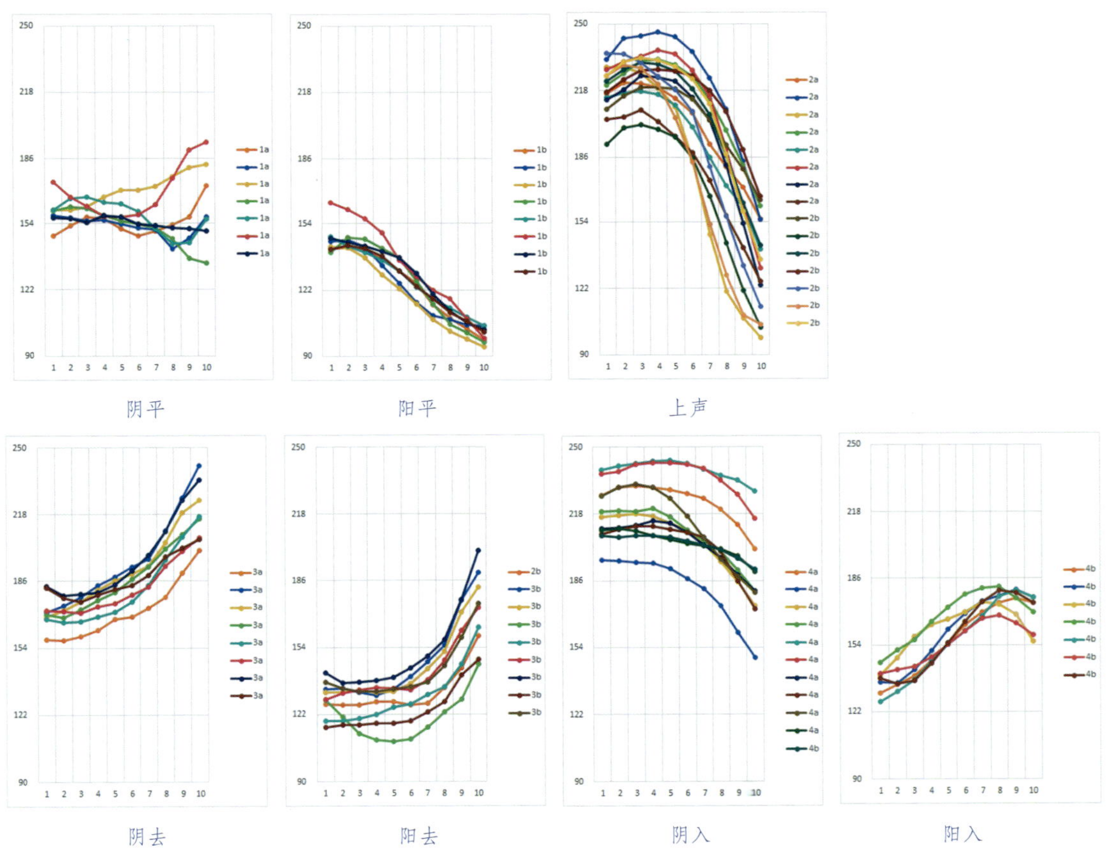

图 11－27d　今声调调域分布范围－丽水龙泉－YM

青男的声调有 7 个（见图 11－27c）：

阴平 33、阳平 21、上声 52、阴去 35、阳去 223、阴入 54、阳入 23。

今调域的分布情况（见图 11－27d）：

阴平主要在 22～33 之间；阳平在 21～31 之间；上声在 41～53 之间；阴去在 34～35 之间；阳去在 212～224 之间；阴入主要在 43～54 之间；阳入主要在 23 的范围。

2. 丽水青田

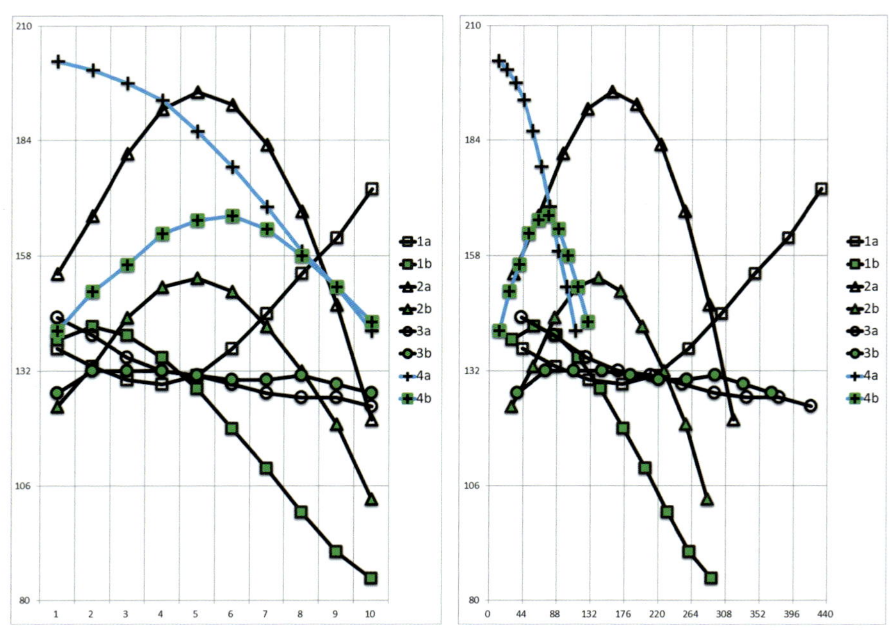

图 11 - 28a　单字调等长、实长音高模式 - 丽水青田 - OM

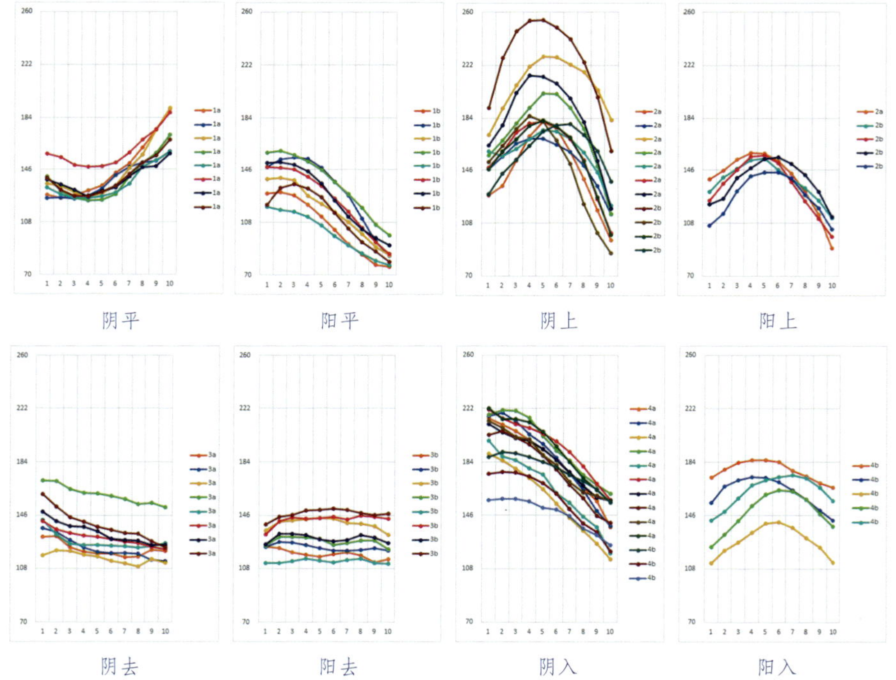

图 11 - 28b　今声调调域分布范围 - 丽水青田 - OM

老男的声调有 8 个（见图 11 - 28a）：

阴平 324、阳平 31、阴上 352、阳上 231、阴去 32、阳去 22、阴入 53、阳入 343。

今调域的分布情况（见图 11 - 28b）：

阴平主要在 223 ~ 334 之间；阳平在 21 ~ 31 之间；阴上在 231 ~ 453 之间；阳上在 231 ~ 232 之间；阴去主要在 32 的范围；阳去在 22 ~ 33 之间；阴入主要在 32 ~ 43 之间；阳入在 232 ~ 343 之间。

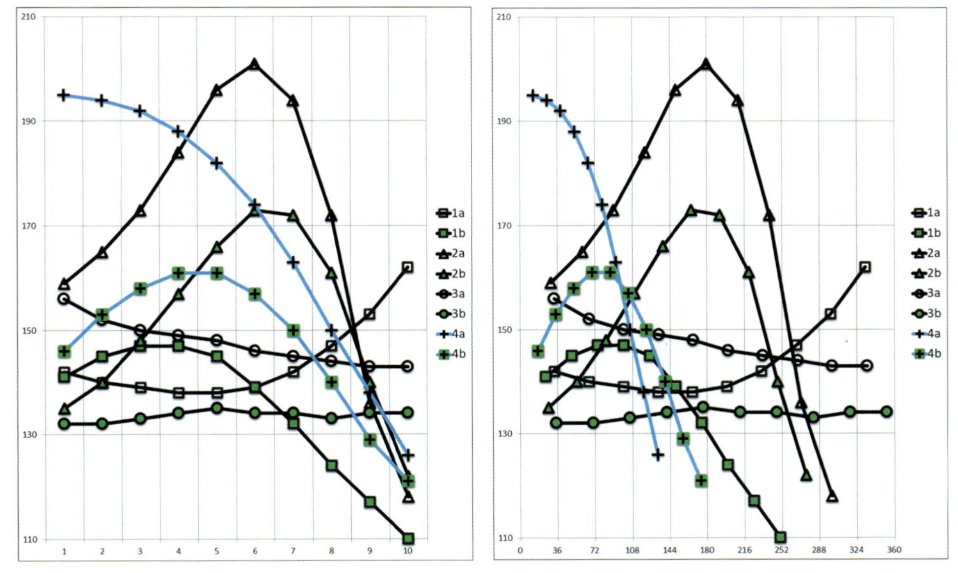

图 11－28c　单字调等长、实长音高模式－丽水青田－YM

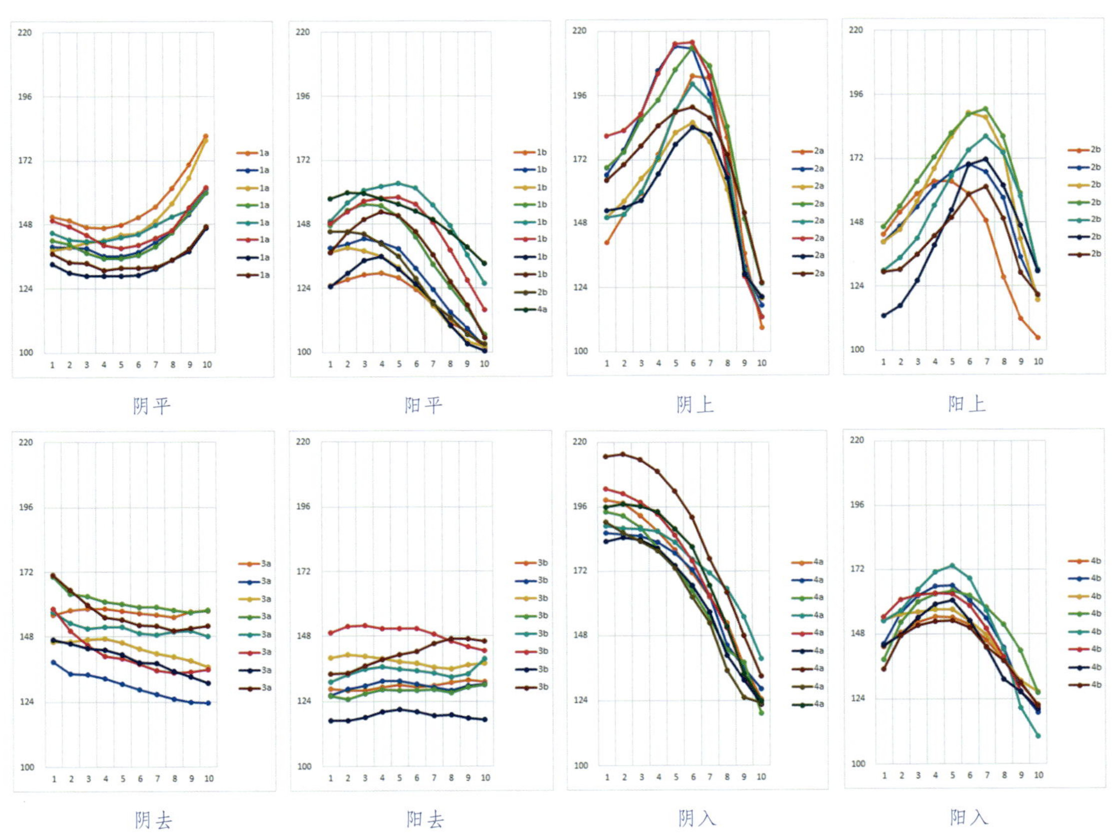

图 11－28d　今声调调域分布范围－丽水青田－YM

青男的声调有 8 个（见图 11－28c）：

阴平 223、阳平 221、阴上 351、阳上 241、阴去 32、阳去 22、阴入 51、阳入 231。

今调域的分布情况（见图 11－28d）：

阴平主要在 223～224 之间；阳平在 221～332 之间；阴上在 241～452 之间；阳上在 231～242 之间；阴去在 32～43 之间；阳去在 11～33 之间；阴入主要在 42～52 之间；阳入在 231～342 之间。

3. 南平浦城

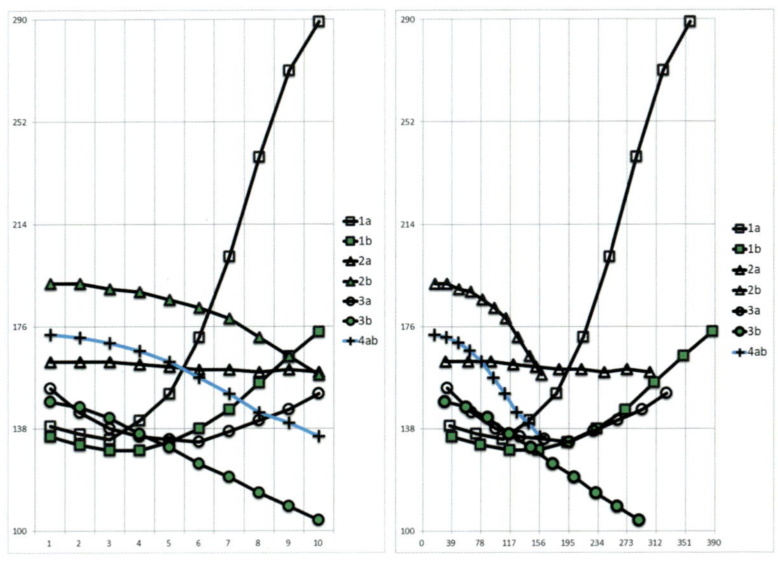

图 11－29a 单字调等长、实长音高模式－南平浦城－OM

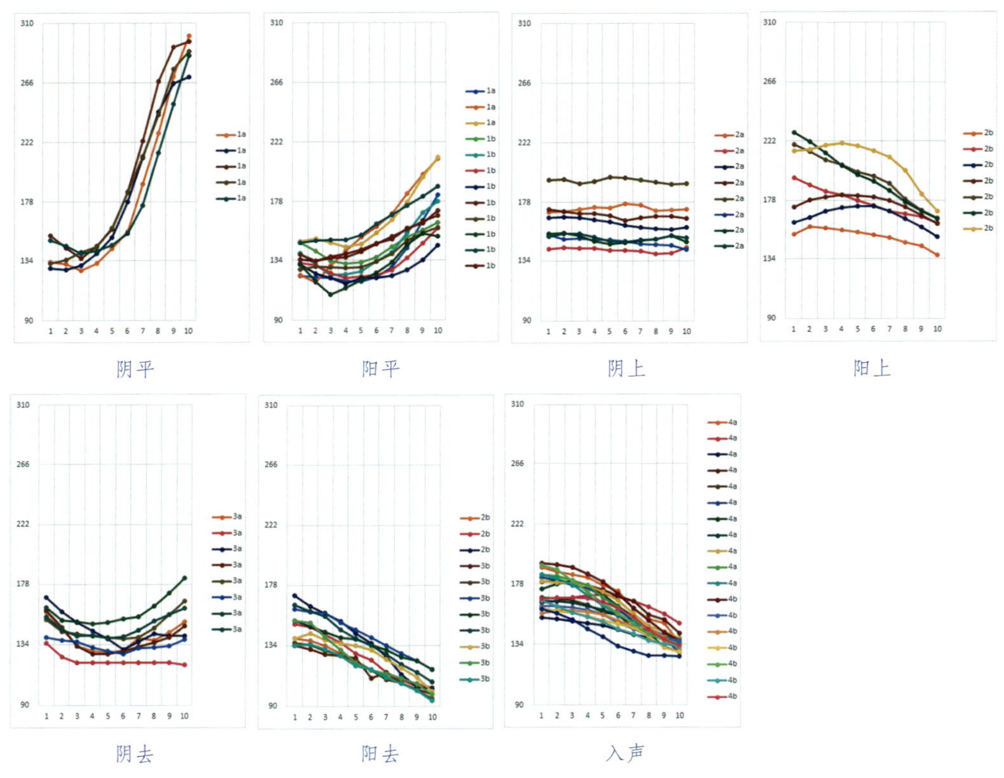

图 11－29b 今声调调域分布范围－南平浦城－OM

老男的声调有 7 个（见图 11－29a）：

阴平 25、阳平 23、阴上 22、阳上 32、阴去 212、阳去 21、入声 32。

今调域的分布情况（见图 11－29b）：

阴平在 14～25 之间；阳平在 12～23 之间；阴上在 22～33 之间；阳上在 32～42 之间；阴去在 211～223 之间；阳去主要在 21 的范围；入声在 21～32 之间。

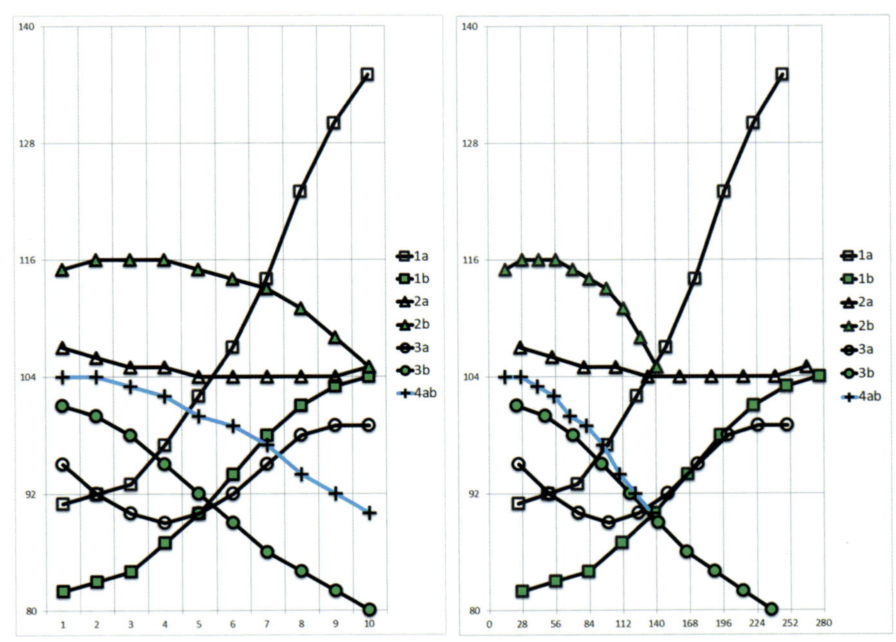

图 11 - 29c　单字调等长、实长音高模式 - 南平浦城 - YM

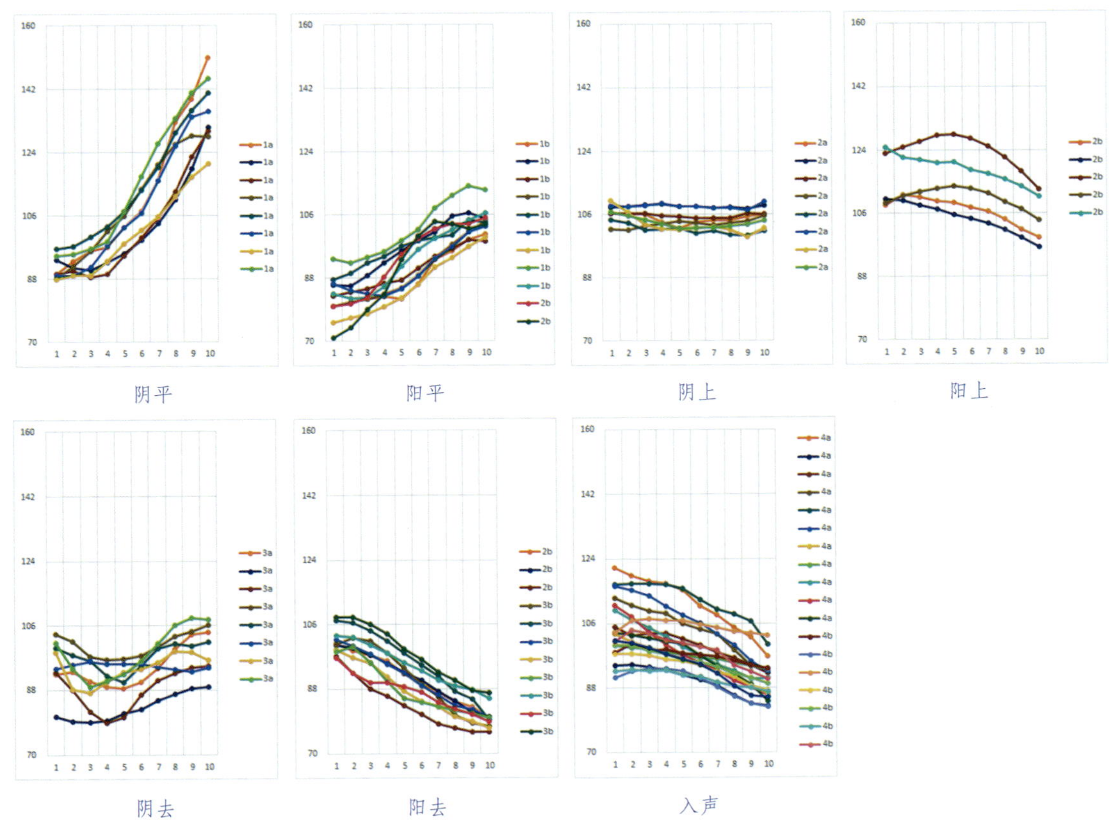

图 11 - 29d　今声调调域分布范围 - 南平浦城 - YM

青男的声调有 7 个（见图 11 - 29c）：

阴平 25、阳平 13、阴上 33、阳上 43、阴去 212、阳去 21、入声 32。

今调域的分布情况（见图 11 - 29d）：

阴平在 24 ~ 25 之间；阳平在 12 ~ 23 之间；阴上在 22 ~ 33 之间；阳上在 32 ~ 43 之间；阴去在 212 ~ 213 之间；阳去在 21 ~ 32 之间；入声在 21 ~ 32 之间。

11.5 瓯江片

1. 温州 - 《音库》

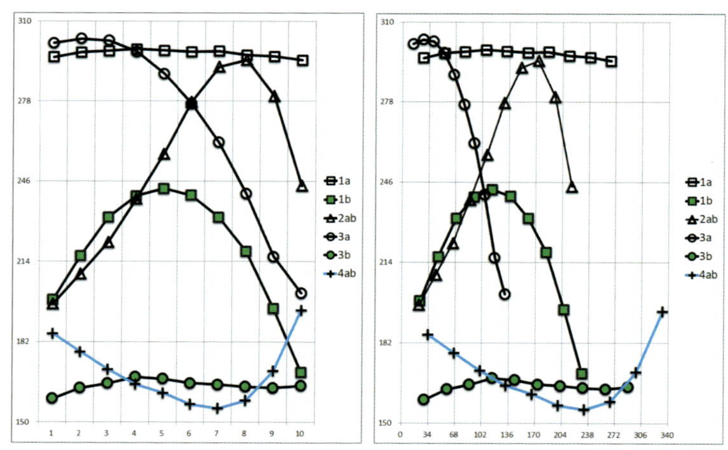

图 11 - 30a 单字调等长、实长音高模式 - 温州 - 《音库》

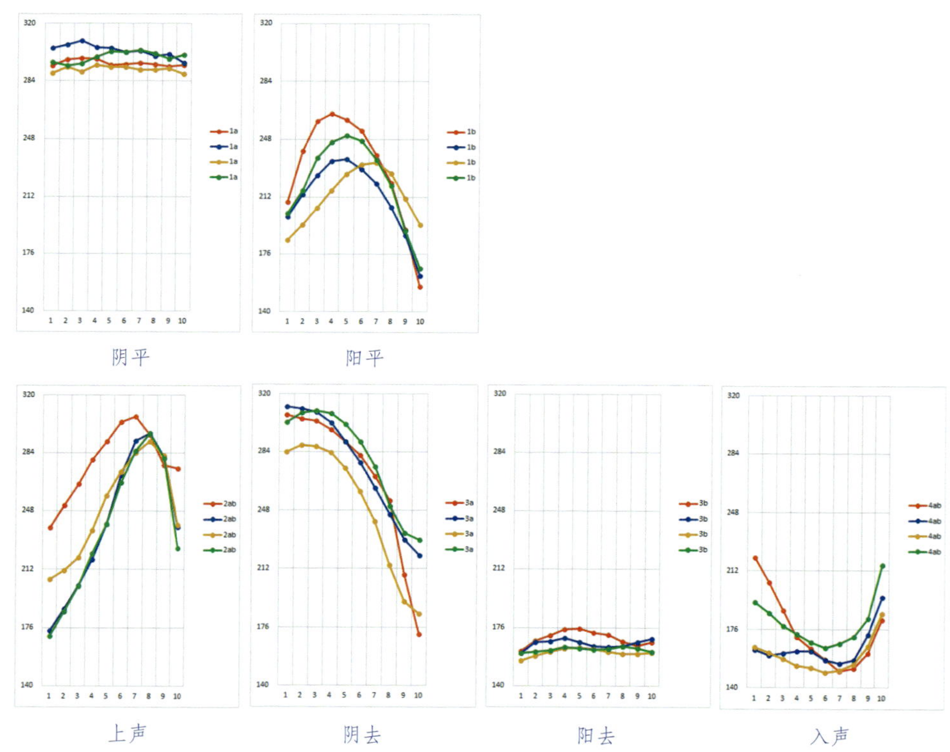

图 11 - 30b 今声调调域分布范围 - 温州 - 《音库》

《音库》的声调有 6 个（见图 11 - 30a）：

阴平 55、阳平 231、上声 253、阴去 52、阳去 11、入声 212。

今调域的分布情况（见图 11 - 30b）：

阴平主要在 55 的范围；阳平在 231 ~ 242 之间；上声在 253 ~ 354 之间；阴去在 42 ~ 53 之间；阳去在 11 ~ 22 之间；入声在 112 ~ 313 之间。

2. 浙江瑞安

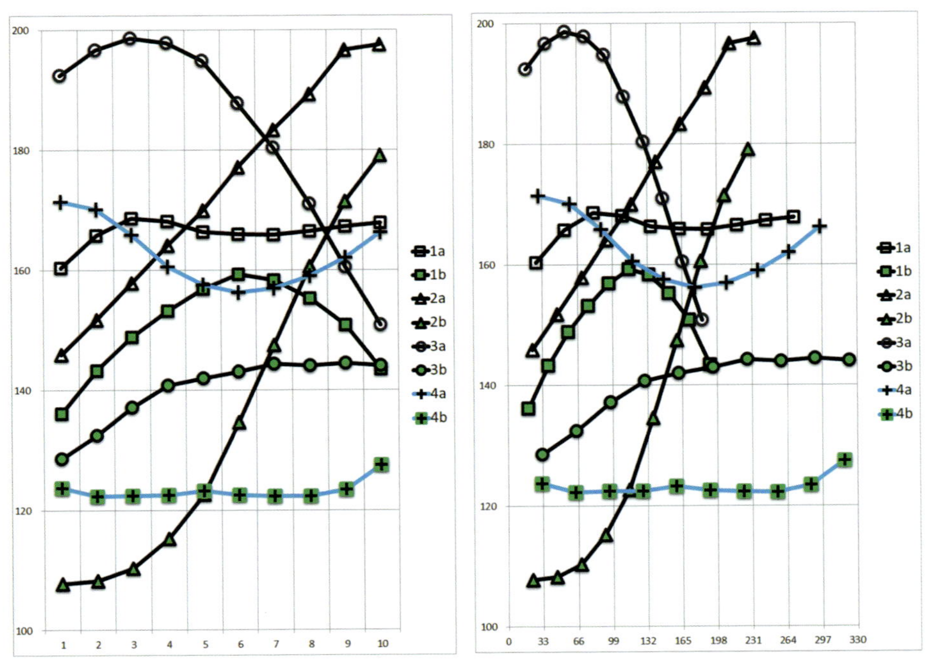

图 11－31a　单字调等长、实长音高模式－浙江瑞安－OM

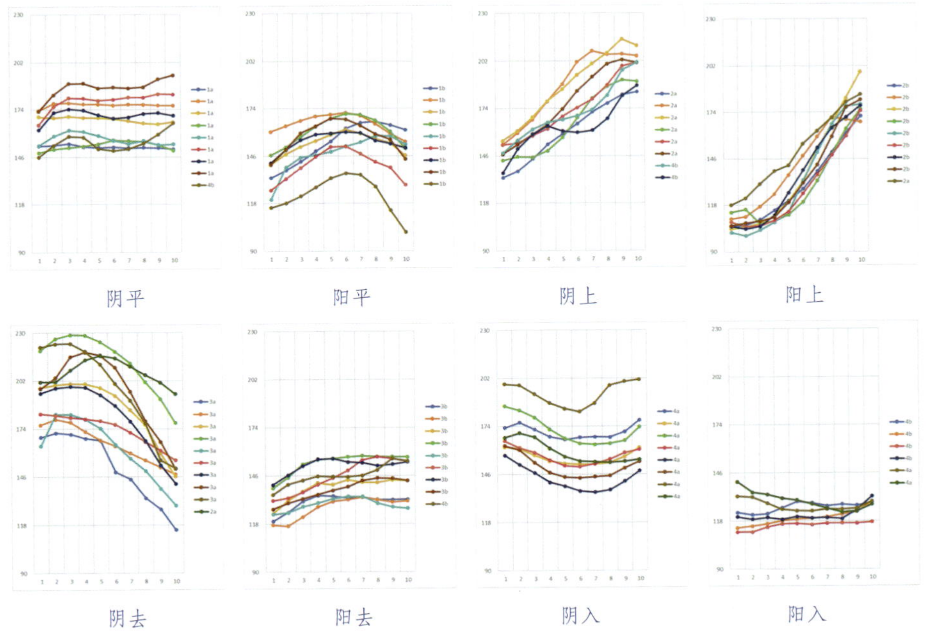

图 11－31b　今声调调域分布范围－浙江瑞安－OM

老男的声调有 8 个（见图 11－31a）：

阴平 44、阳平 232、阴上 35、阳上 14、阴去 53、阳去 233、阴入 434、阳入 22。

今调域的分布情况（见图 11－31b）：

阴平主要在 33～44 之间；阳平在 121～232 之间；阴上在 24～35 之间；阳上在 13～24 之间；阴去在 32～54 之间；阳去在 122～233 之间，阴入主要在 323～434 之间；阳入在 11～22 之间。

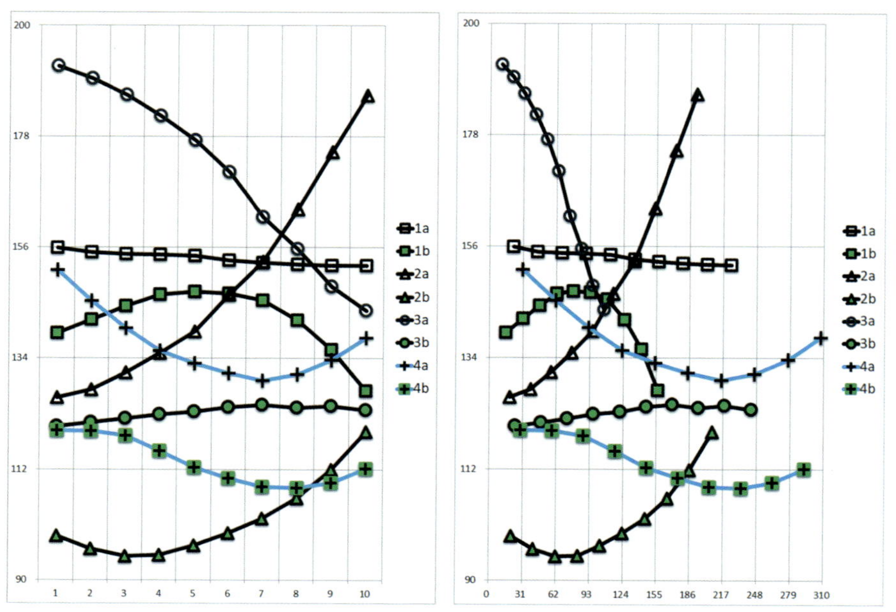

图 11－31c　单字调等长、实长音高模式－浙江瑞安－YM

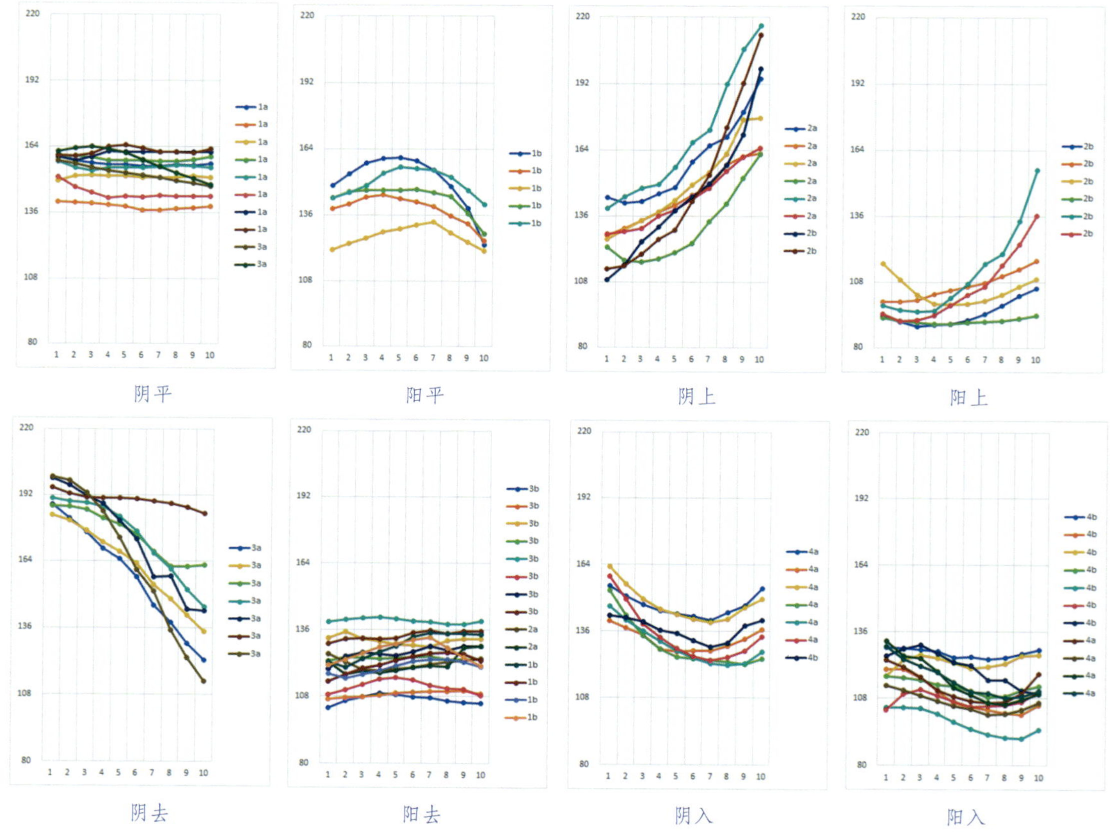

图 11－31d　今声调调域分布范围－浙江瑞安－YM

青男的声调有 8 个（见图 11－31c）：

阴平 33、阳平 332、阴上 25、阳上 12、阴去 53、阳去 22、阴入 323、阳入 21。

今调域的分布情况（见图 11－31d）：

阴平主要在 33～44 之间；阳平在 232～343 之间；阴上在 23～35 之间；阳上在 11～13 之间；阴去在 42～53 之间；阳去在 22～33 之间；阴入主要在 322～433 之间；阳入在 21～22 之间。

3. 永嘉东城

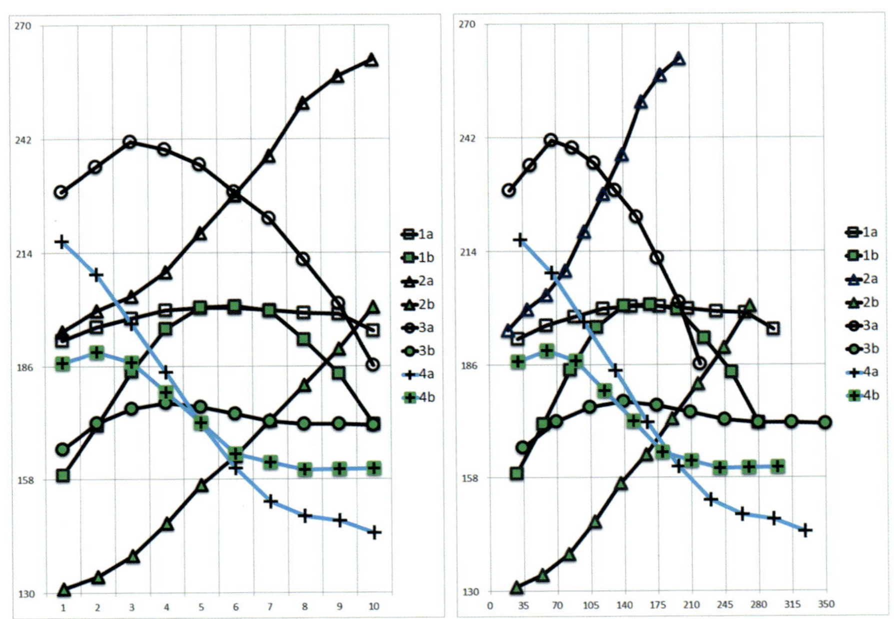

图 11－32a　单字调等长、实长音高模式－永嘉东城－OM

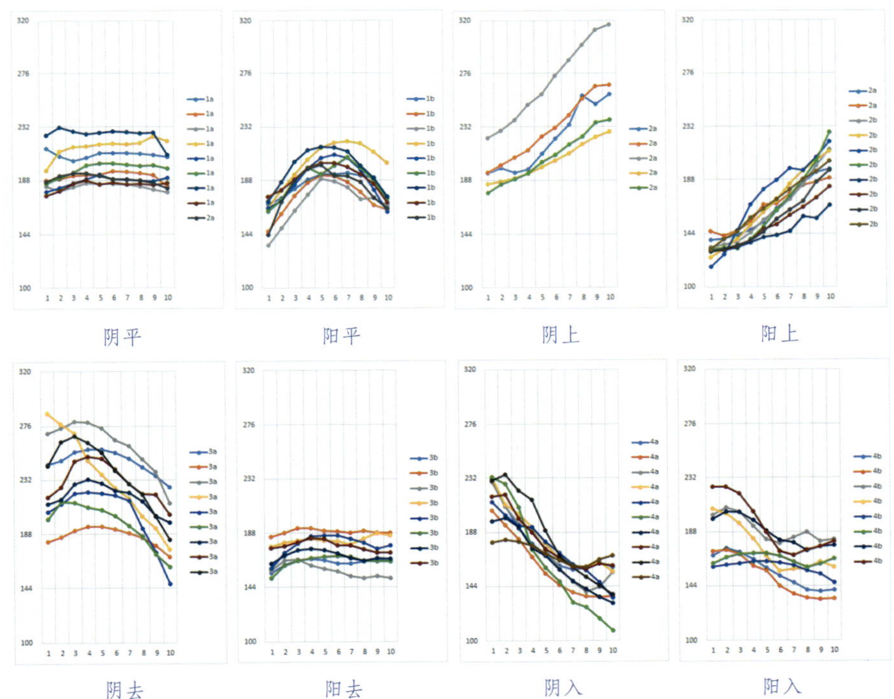

图 11－32b　今声调调域分布范围－永嘉东城－OM

老男的声调有 8 个（见图 11－32a）：

阴平 33、阳平 232、阴上 35、阳上 13、阴去 43、阳去 22、阴入 41、阳入 32。

今调域的分布情况（见图 11－32b）：

阴平主要在 22～33 之间；阳平主要在 232 的范围；阴上在 23～35 之间；阳上在 12～23 之间；阴去在 32～43 之间；阳去在 22～33 之间；阴入主要在 21～32 之间；阳入在 21～32 之间。

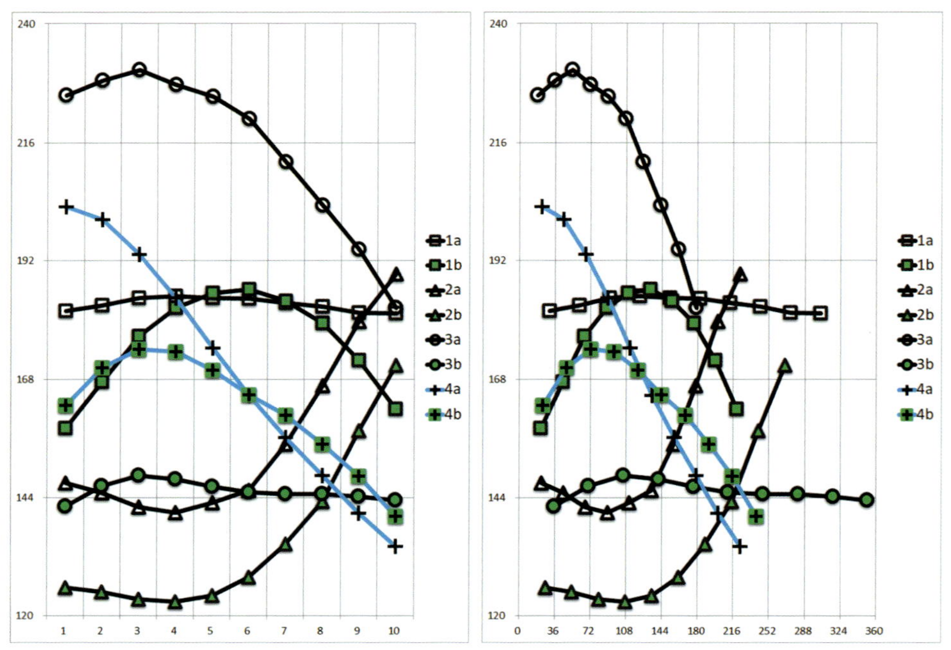

图 11－32c　单字调等长、实长音高模式－永嘉东城－YM

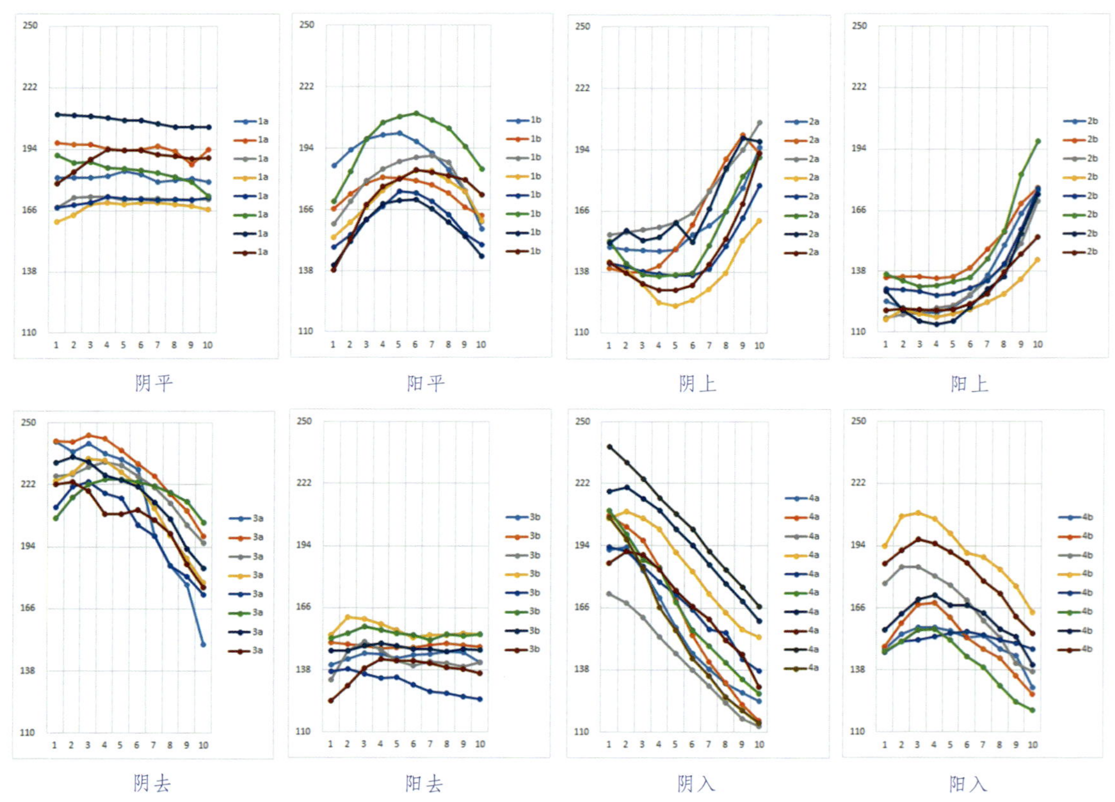

图 11－32d　今声调调域分布范围－永嘉东城－YM

青男的声调有 8 个（见图 11－32c）：

阴平 33、阳平 232、阴上 223、阳上 112、阴去 53、阳去 22、阴入 41、阳入 32。

今调域的分布情况（见图 11－33d）：

阴平主要在 33～44 之间；阳平在 232～343 之间；阴上在 213～224 之间；阳上主要在 112～223 之间；阴去在 43～54 之间；阳去在 11～22 之间；阴入在 31～53 之间；阳入在 21～43 之间。

4. **苍南灵溪**

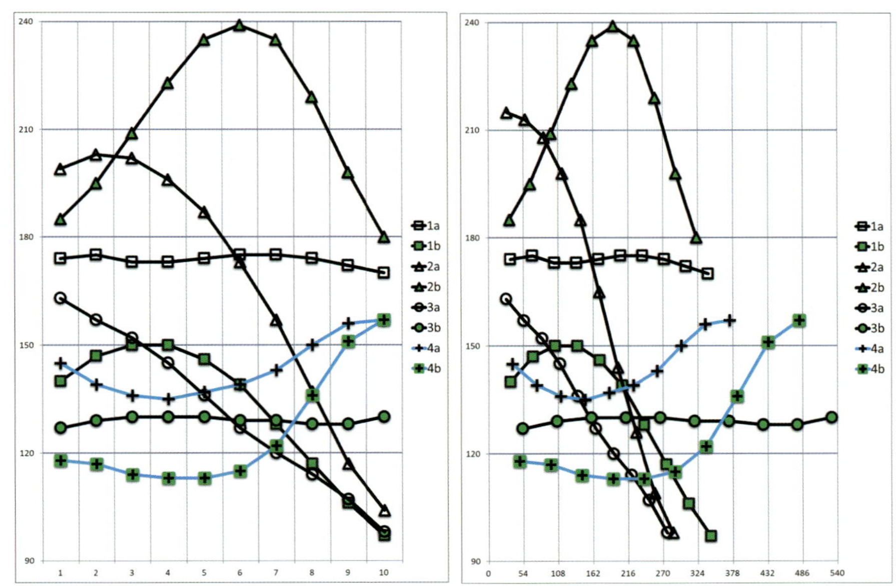

图 11－33a 单字调等长、实长音高模式－苍南灵溪－OM

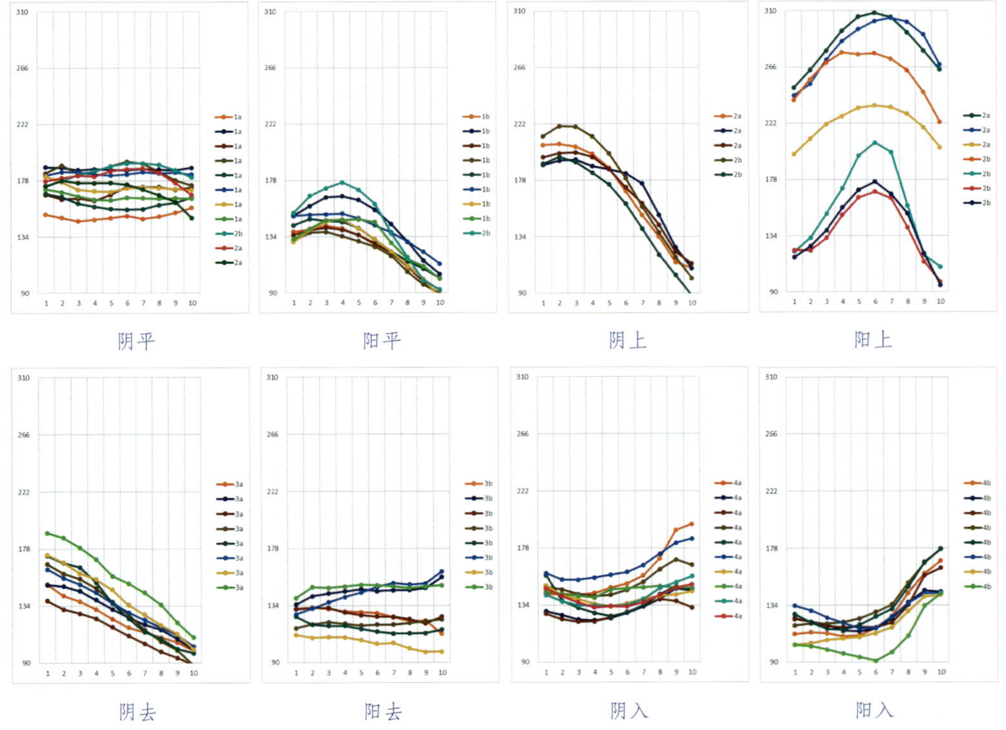

图 11－33b 今声调调域分布范围－苍南灵溪－OM

老男的声调有 8 个（见图 11－33a）：

阴平 33、阳平 221、阴上 41、阳上 454、阴去 31、阳去 22、阴入 223、阳入 213。

今调域的分布情况（见图 11－33b）：

阴平主要在 22～33 之间；阳平主要在 21 的范围；阴上主要在 31 的范围；阳上在 121～454 之间；阴去在 21～31 之间；阳去在 21～22 之间；阴入在 112～223 之间；阳入在 212～213 之间。

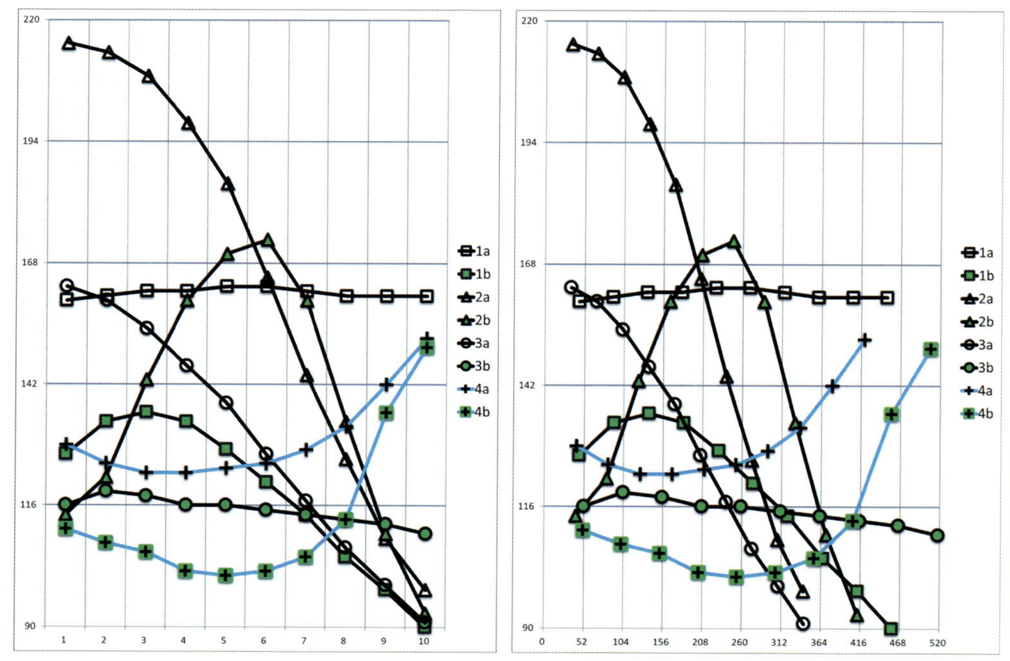

图 11－33c　单字调等长、实长音高模式－苍南灵溪－YM

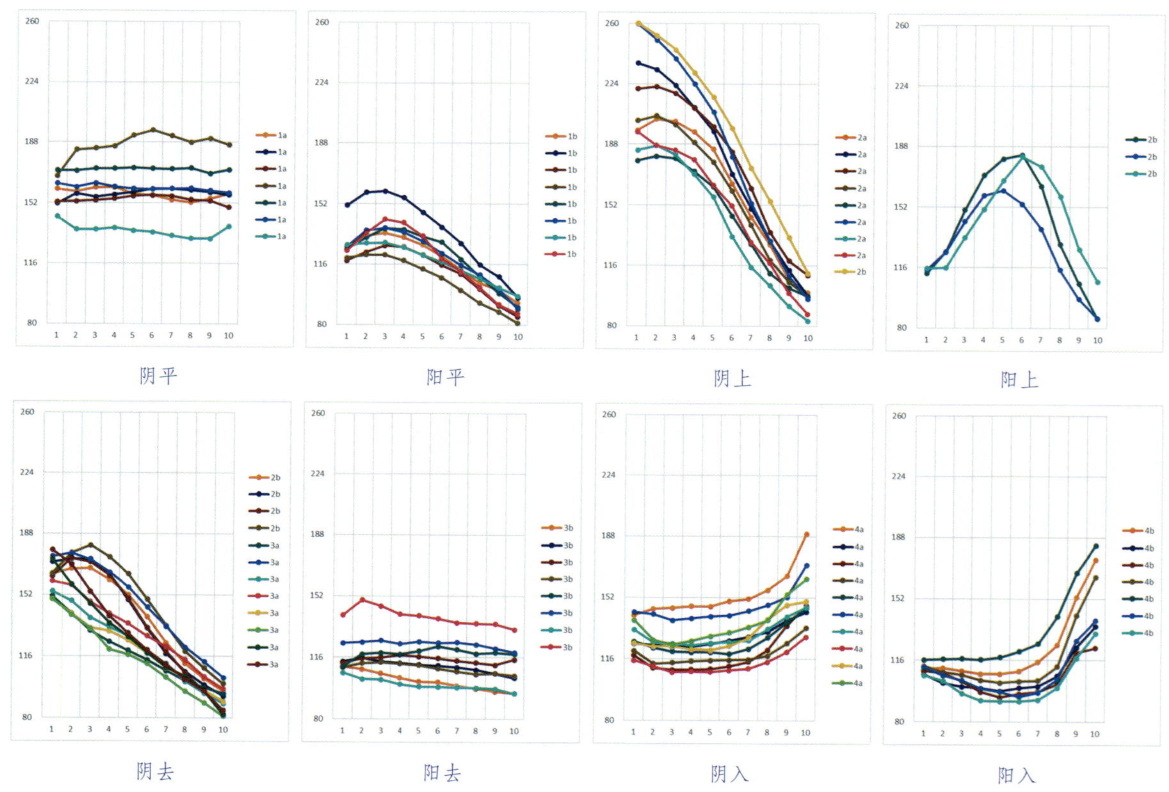

图 11－33d　今声调调域分布范围－苍南灵溪－YM

青男的声调有 8 个（见图 11－33c）：

阴平 33、阳平 21、阴上 51、阳上 241、阴去 31、阳去 22、阴入 223、阳入 213。

今调域的分布情况（见图 11－33d）：

阴平主要在 22～33 之间；阳平在 21～31 之间；阴上在 31～52 之间；阳上主要在 231～232 之间；阴去在 21～31 之间；阳去在 11～22 之间；阴入在 112～223 之间；阳入在 212～223 之间。

11.6 宣州片

11.6.1 铜泾小片

1. 宣城宣州

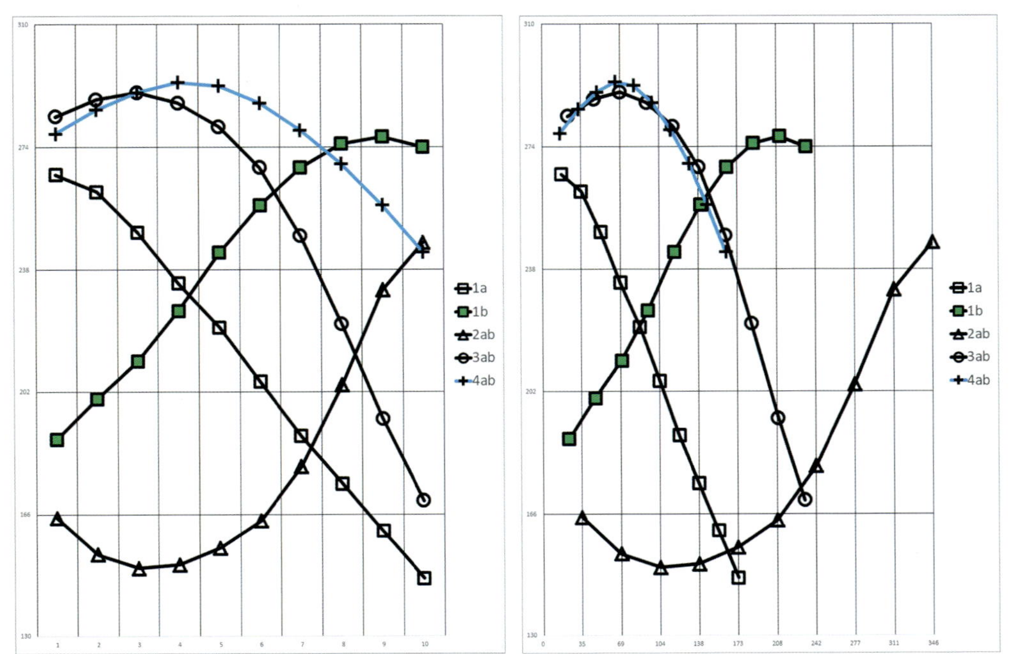

图 11－34a 单字调等长、实长音高模式－宣城宣州－OM

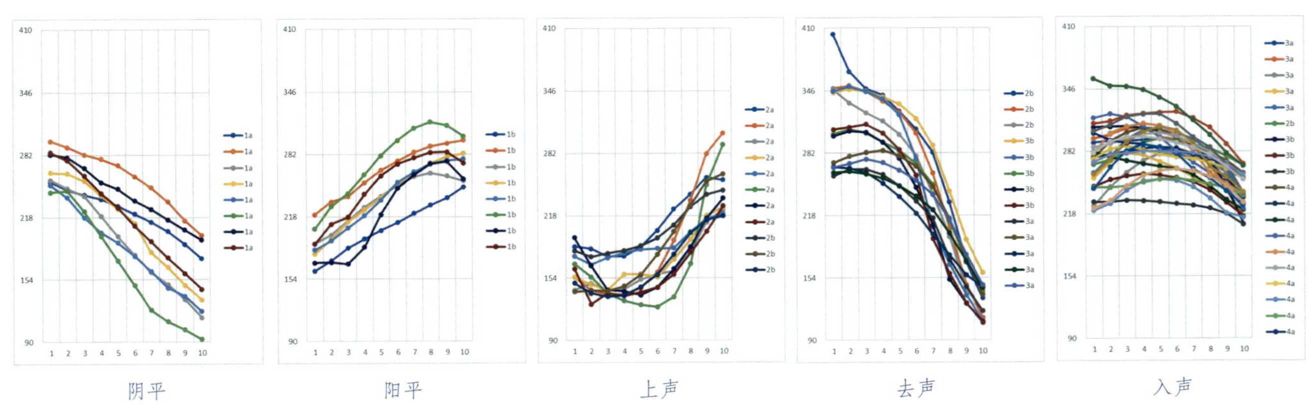

图 11－34b 今声调调域分布范围－宣城宣州－OM

老男的声调有 5 个（见图 11－34a）：

阴平 41、阳平 25、上声 114、去声 52、入声 54。

今调域的分布情况（见图 11－34b）：

阴平主要在 31～42 之间；阳平在 23～34 之间；上声在 213～224 之间；去声在 31～52 之间；入声在 33～54 之间。

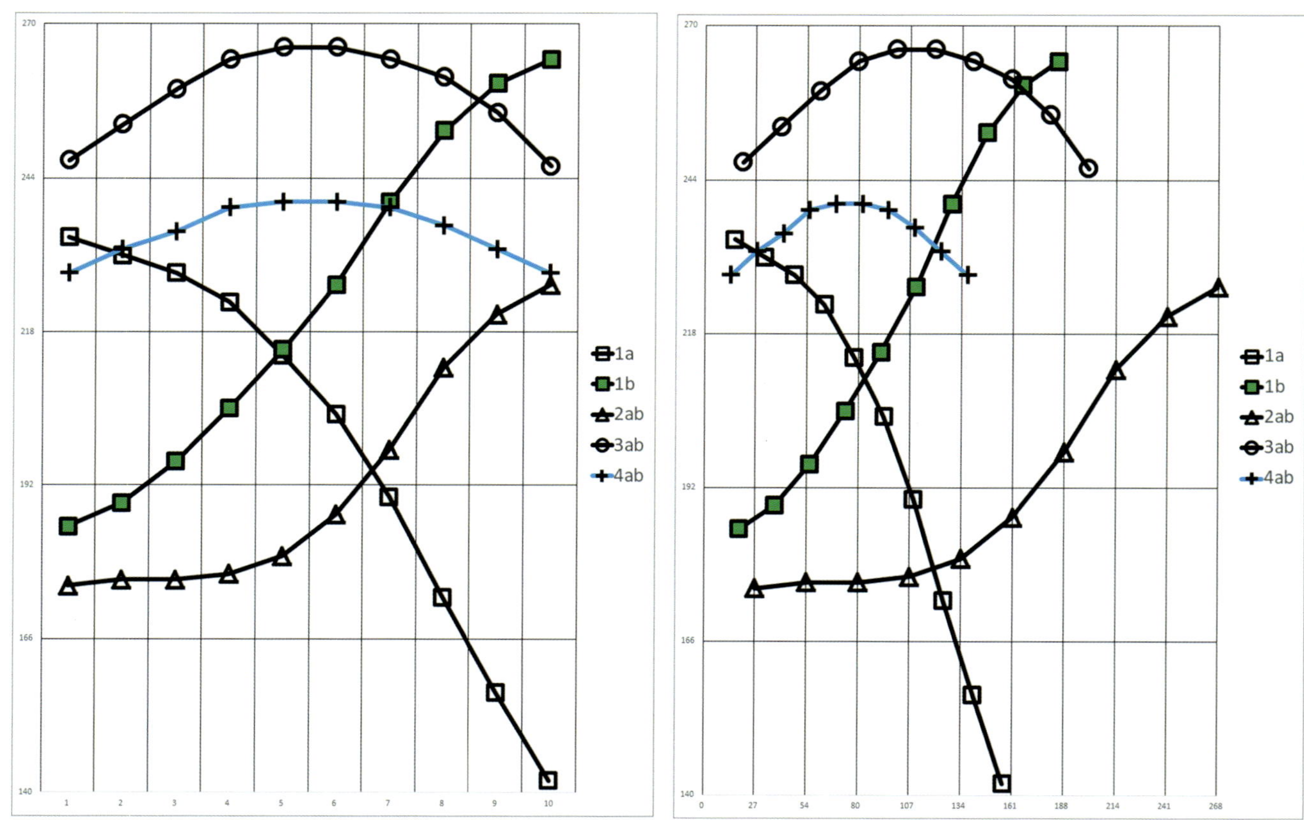

图 11－34c　单字调等长、实长音高模式－宣城宣州－YM

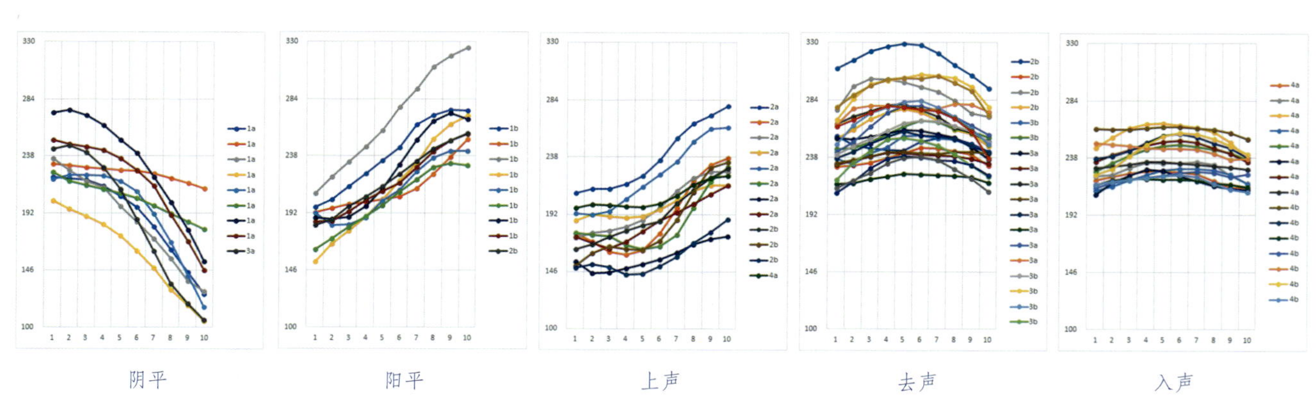

图 11－34d　今声调调域分布范围－宣城宣州－YM

青男的声调有 5 个（见图 11－34c）：

阴平 41、阳平 25、上声 223、去声 55、入声 <u>44</u>。

今调域的分布情况（见图 11－34d）：

阴平主要在 31～42 之间；阳平在 23～35 之间；上声在 112～334 之间；去声在 44～55 之间，略有拱度；入声在 <u>33</u>～<u>44</u> 之间。

2. 宣州泾县

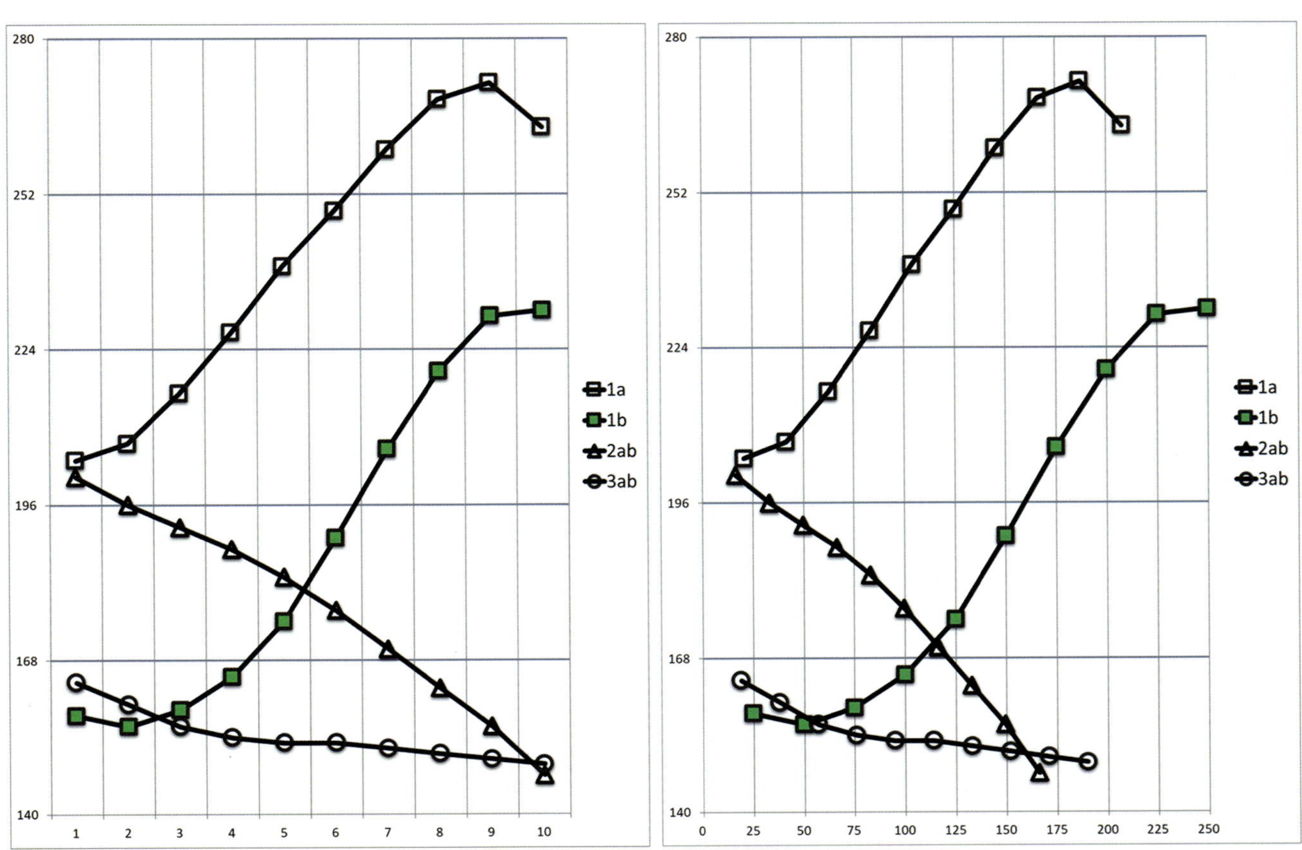

图 11－35a 单字调等长、实长音高模式－宣州泾县－OM

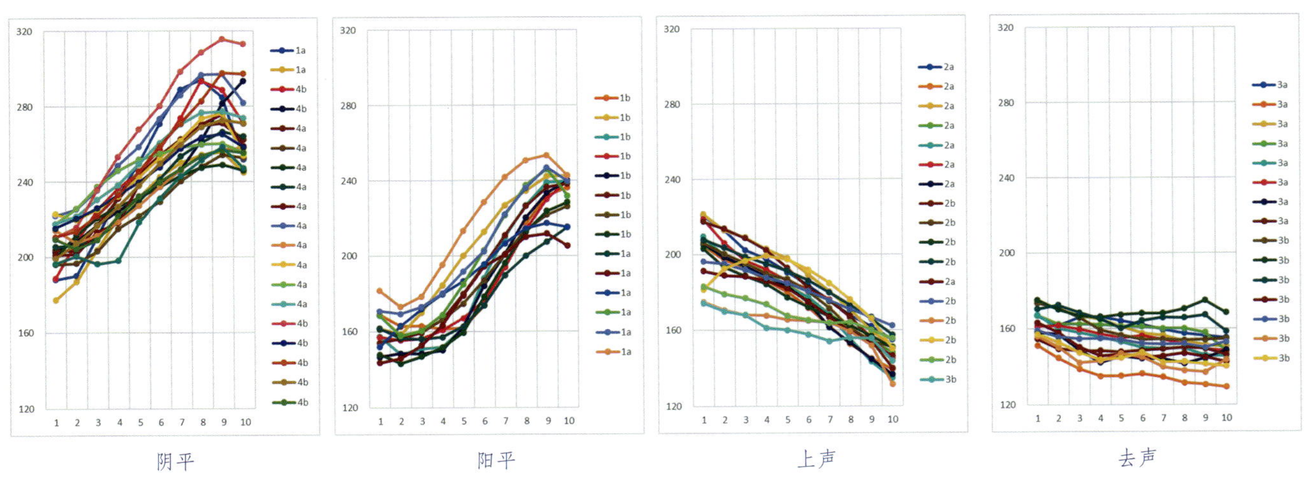

图 11－35b 今声调调域分布范围－宣州泾县－OM

老男的声调有 4 个（见图 11－35a）：

阴平 35、阳平 14、上声 31、去声 21。

今调域的分布情况（见图 11－35b）：

阴平主要在 24～35 之间；阳平在 13～24 之间；上声在 21～32 之间；去声主要在 21 的范围。

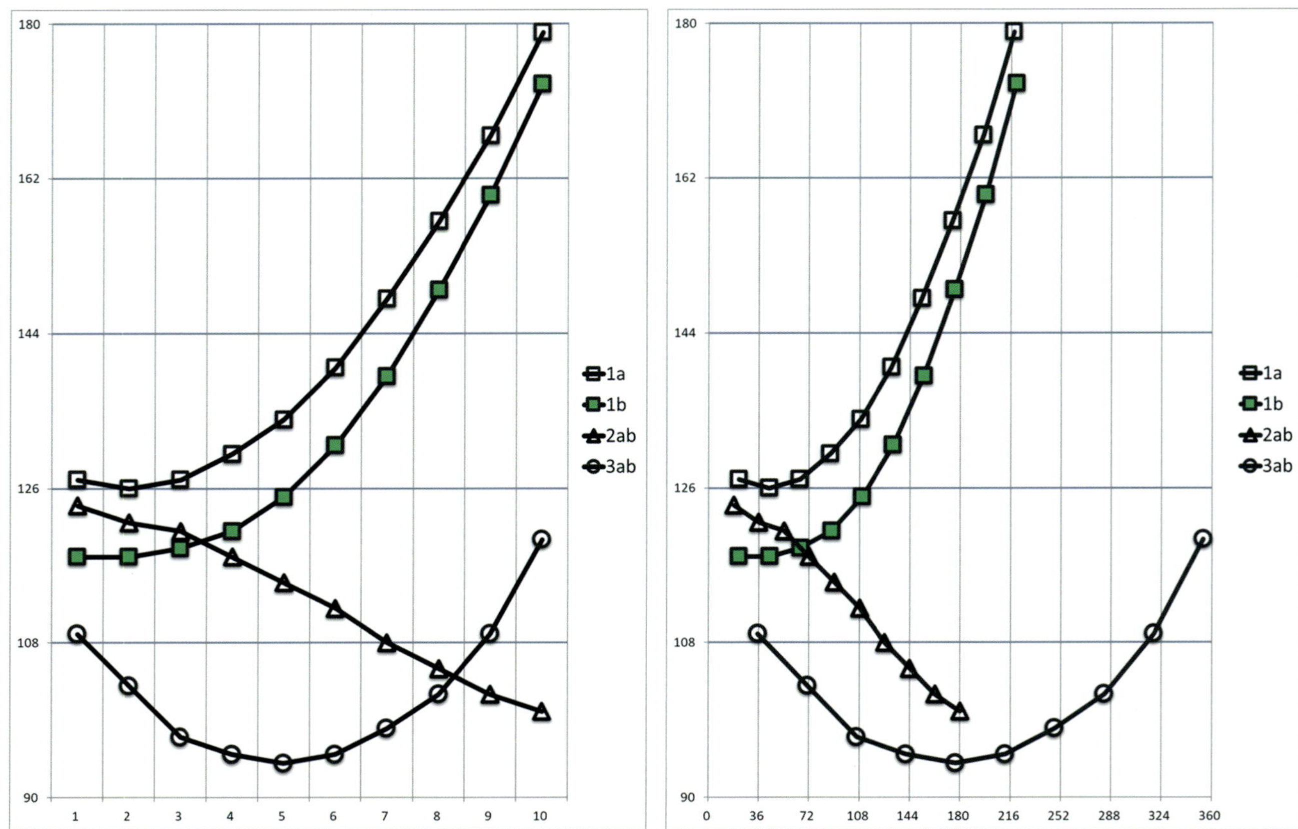

图 11－35c　单字调等长、实长音高模式－宣州泾县－YM

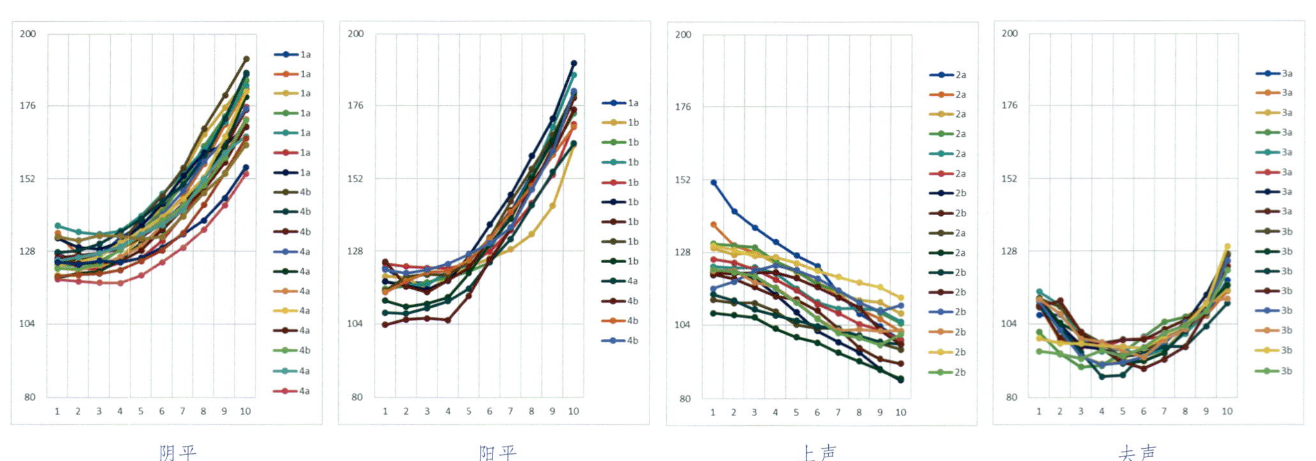

图 11－35d　今声调调域分布范围－宣州泾县－YM

青男的声调有 4 个（见图 11－35c）：

阴平 35、阳平 25、上声 21、去声 213。

今调域的分布情况（见图 11－35d）：

阴平主要在 24～35 之间；阳平在 24～25 之间；上声在 21～32 之间；去声主要在 212 的范围。

3. 安徽黄山

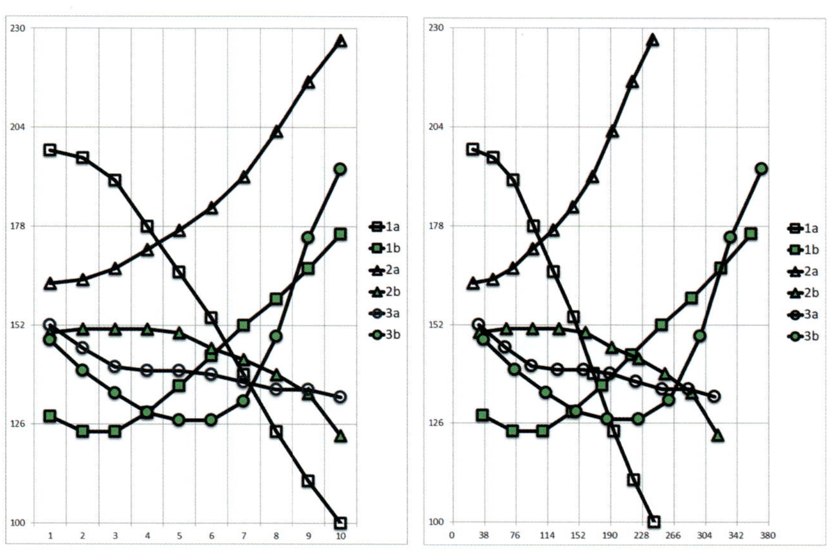

图 11－36a　单字调等长、实长音高模式－安徽黄山－OM

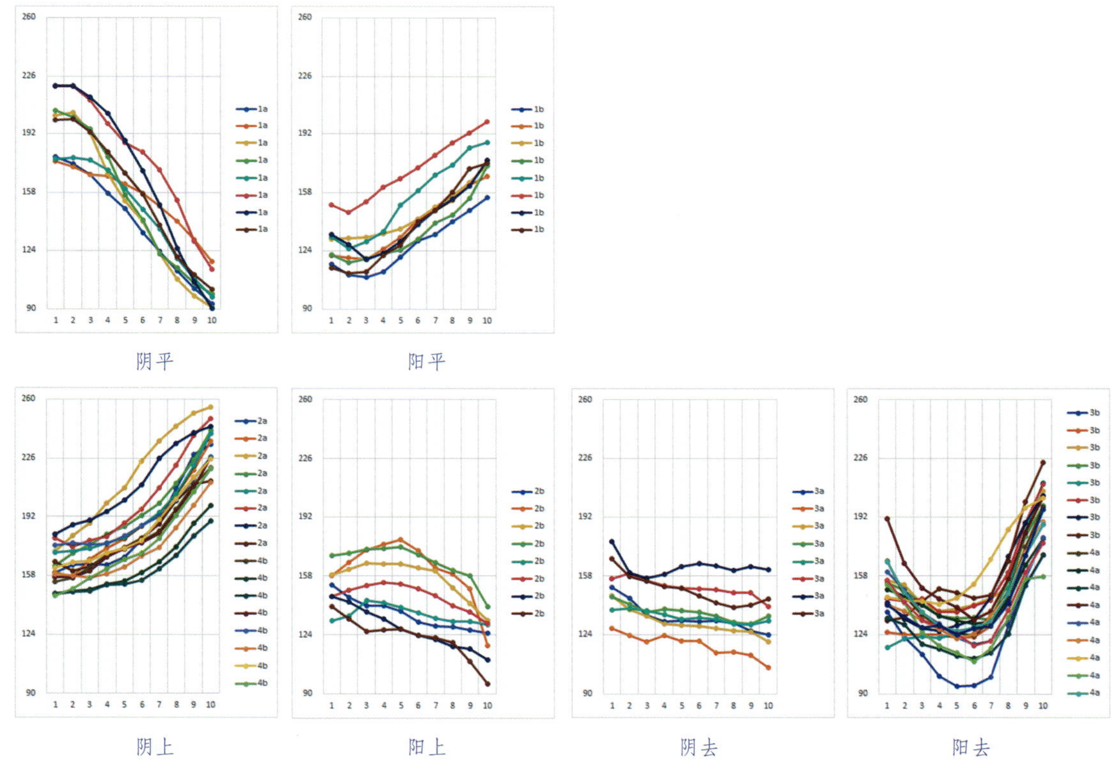

图 11－36b　今声调调域分布范围－安徽黄山－OM

老男的声调有 6 个（见图 11－36a）：

阴平 41、阳平 23、阴上 35、阳上 21、阴去 22、阳去 324。

今调域的分布情况（见图 11－36b）：

阴平主要在 31～41 之间；阳平在 12～24 之间；阴上在 23～35 之间；阳上在 21～32 之间；阴去主要在 21～33 之间；阳去在 213～324 之间。

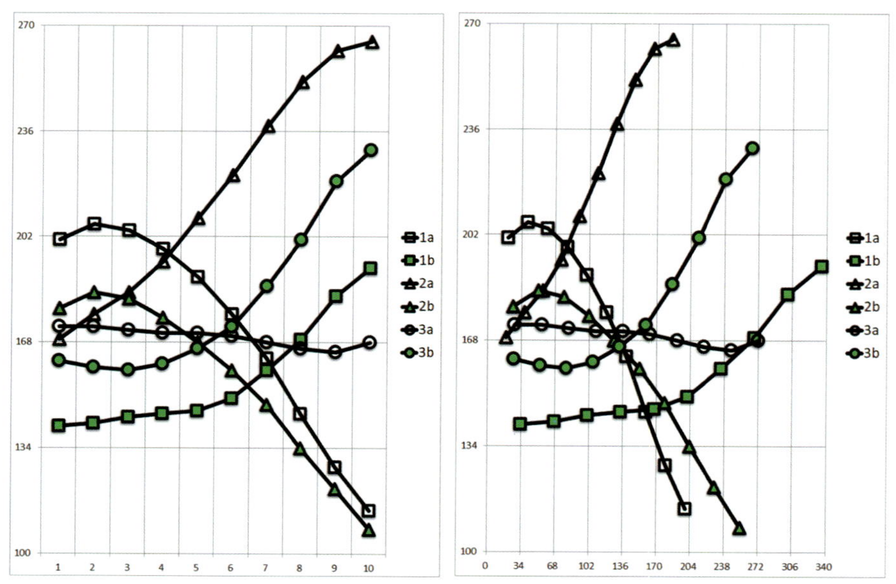

图 11-36c　单字调等长、实长音高模式 - 安徽黄山 - YM

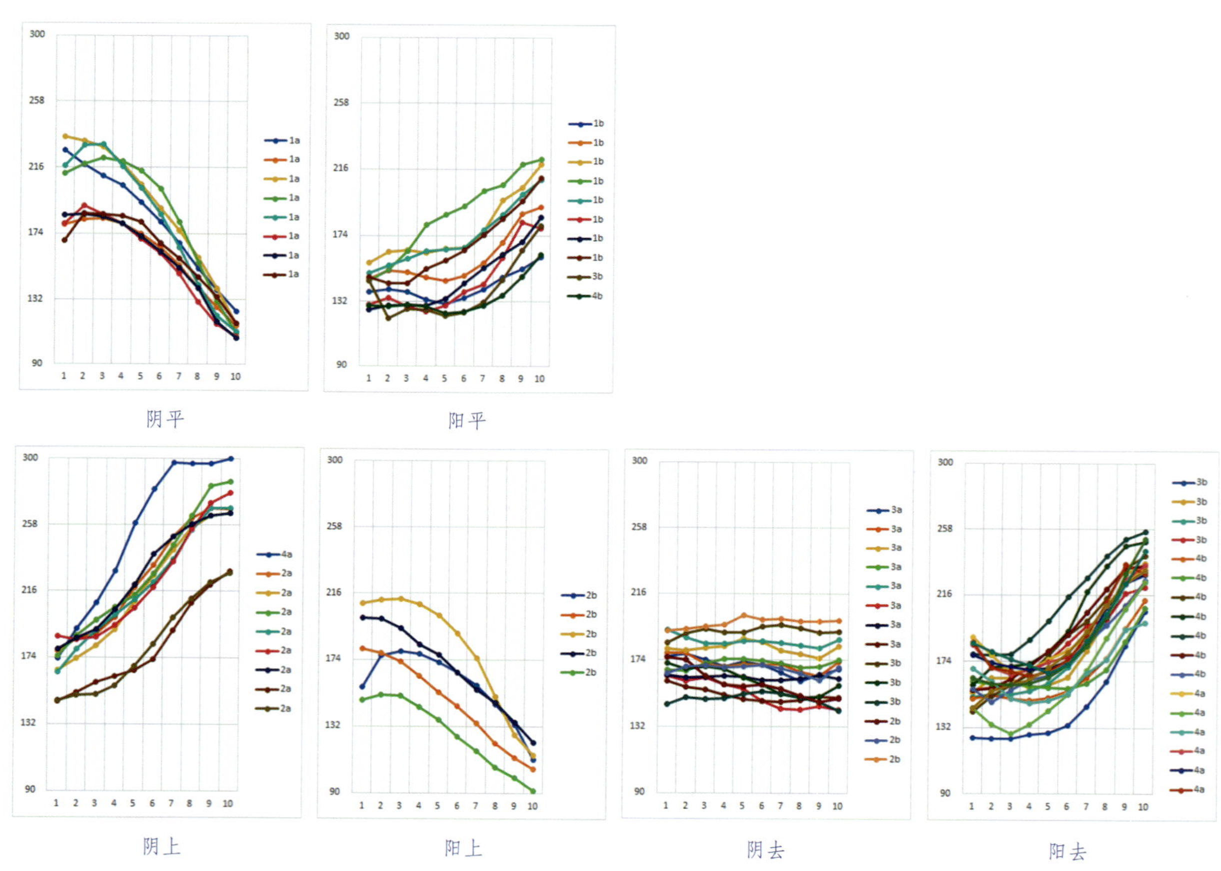

图 11-36d　今声调调域分布范围 - 安徽黄山 - YM

青男的声调有 6 个（见图 11-36c）：

阴平 41、阳平 23、阴上 35、阳上 31、阴去 33、阳去 24。

今调域的分布情况（见图 11-36d）：

阴平主要在 31～41 之间；阳平在 112～23 之间；阴上在 24～35 之间；阳上在 21～31 之间；阴去主要在 22～33 之间；阳去在 23～34 之间。

11.6.2 太高小片

1. 南京高淳

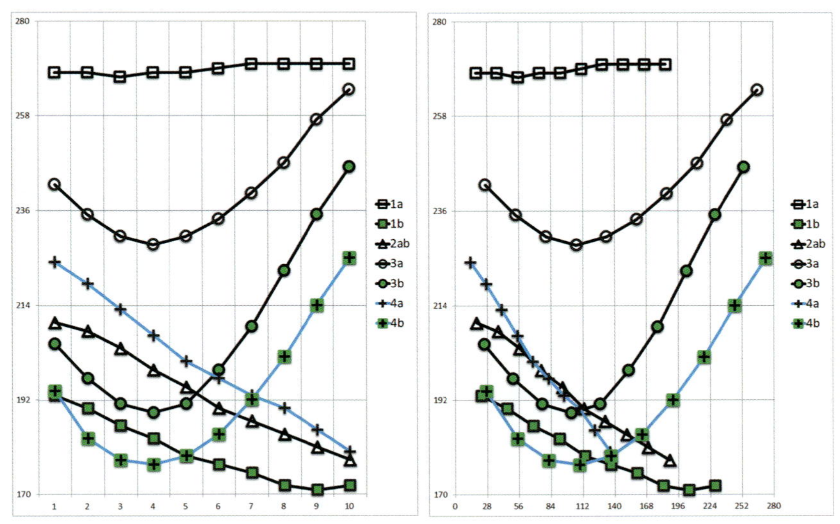

图 11－37a 单字调等长、实长音高模式－南京高淳－MF

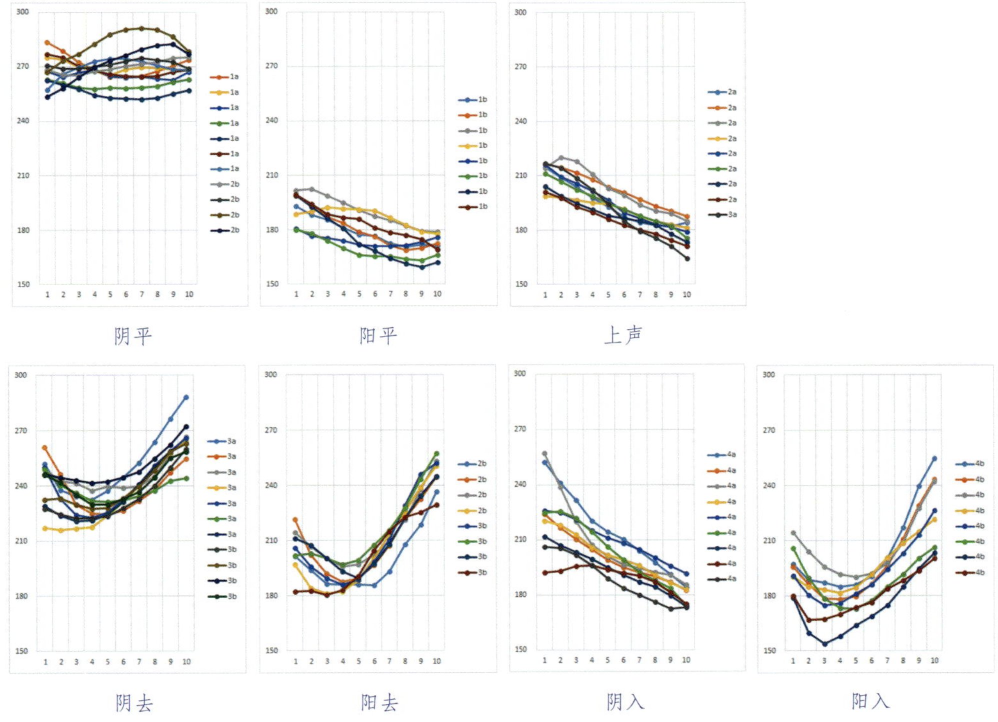

图 11－37b 今声调调域分布范围－南京高淳－MF

中女的声调有 7 个（见图 11－37a）：

阴平 55、阳平 21、上声 32、阴去 435、阳去 214、阴入 31、阳入 213。

今调域的分布情况（见图 11－37b）：

阴平主要在 44～55 之间；阳平主要在 21 的范围；上声在 21～32 之间；阴去在 34～45 之间；阳去主要在 213～324 之间；阴入在 21～42 之间；阳入在 212～324 之间。

2. 杭州临安

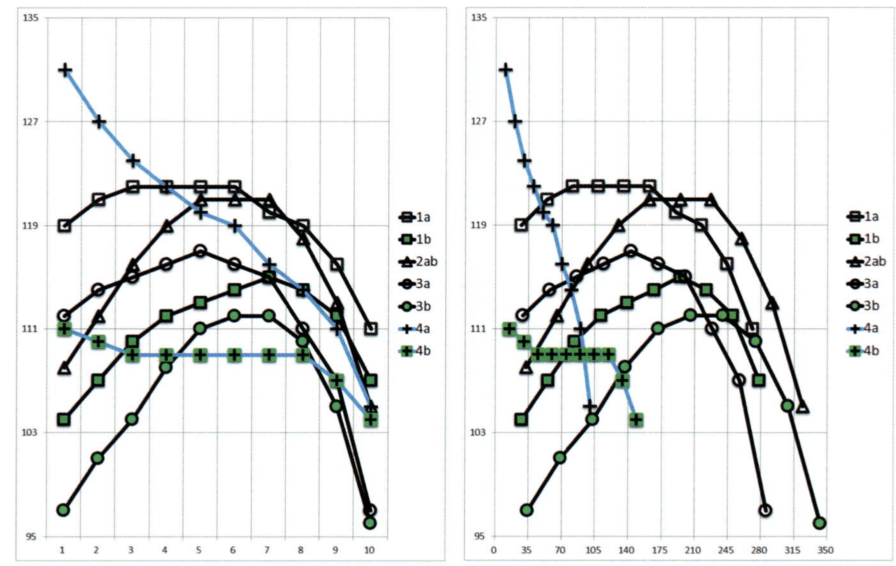

图 11－38a　单字调等长、实长音高模式－杭州临安－OM

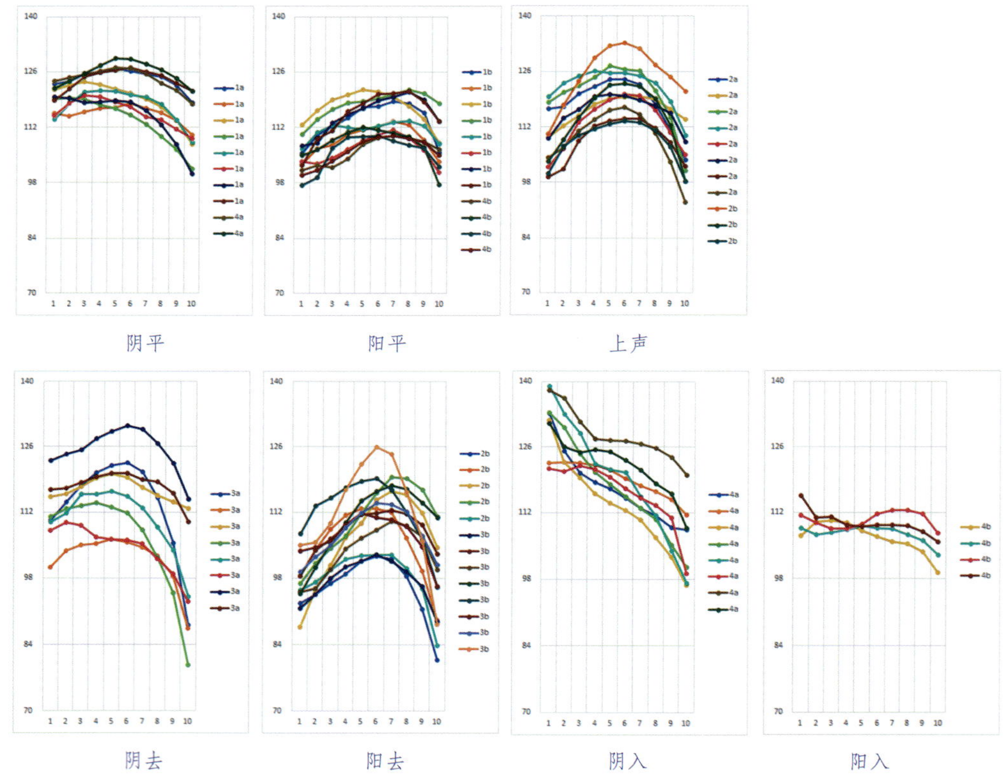

图 11－38b　今声调调域分布范围－杭州临安－OM

老男的声调有 7 个（见图 11－38a）：

阴平 443、阳平 232、上声 242、阴去 341、阳去 131、阴入 <u>52</u>、阳入 <u>22</u>。

今调域的分布情况（见图 11－38b）：

阴平主要在 43～55 之间；阳平在 232～343 之间；上声在 232～454 之间；阴去在 331～454 之间；阳去主要在 231～343 之间；阴入在 <u>43</u>～<u>54</u> 之间；阳入在 <u>33</u>～<u>44</u> 之间。

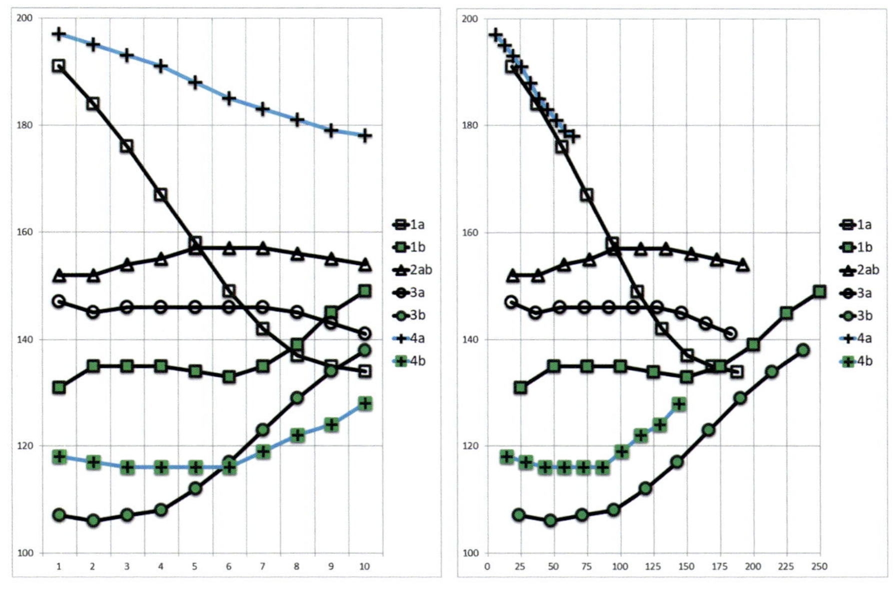

图 11－38c　单字调等长、实长音高模式－杭州临安－YM

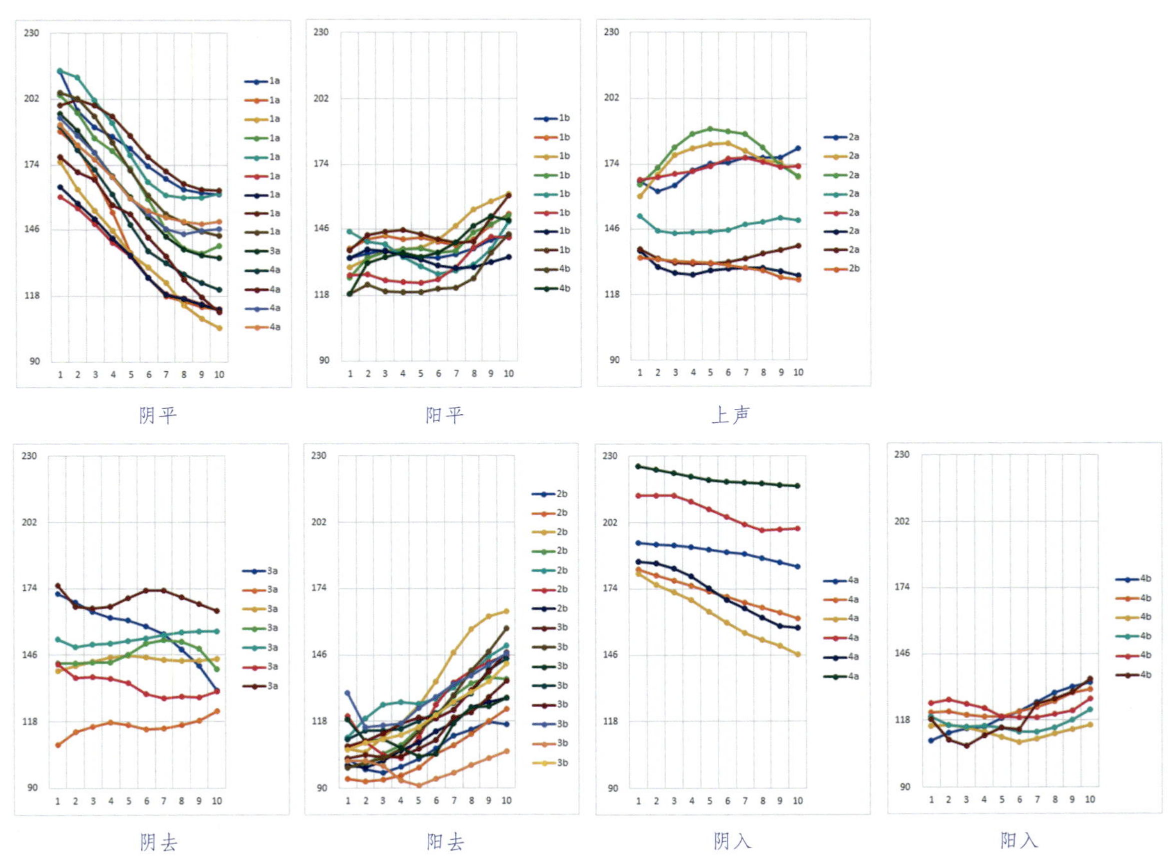

图 11－38d　今声调调域分布范围－杭州临安－YM

青男的声调有 7 个（见图 11－38c）：

阴平 52、阳平 223、上声 44、阴去 33、阳去 12、阴入 54、阳入 112。

今调域的分布情况（见图 11－38d）：

阴平主要在 31～53 之间；阳平主要在 223 的范围；上声主要在 22～44 之间；阴去主要在 22～33 之间；阳去在 12～23 之间；阴入在 43～54 之间；阳入主要在 11～22 之间。

11.6.3 石陵小片

1. 池州石台

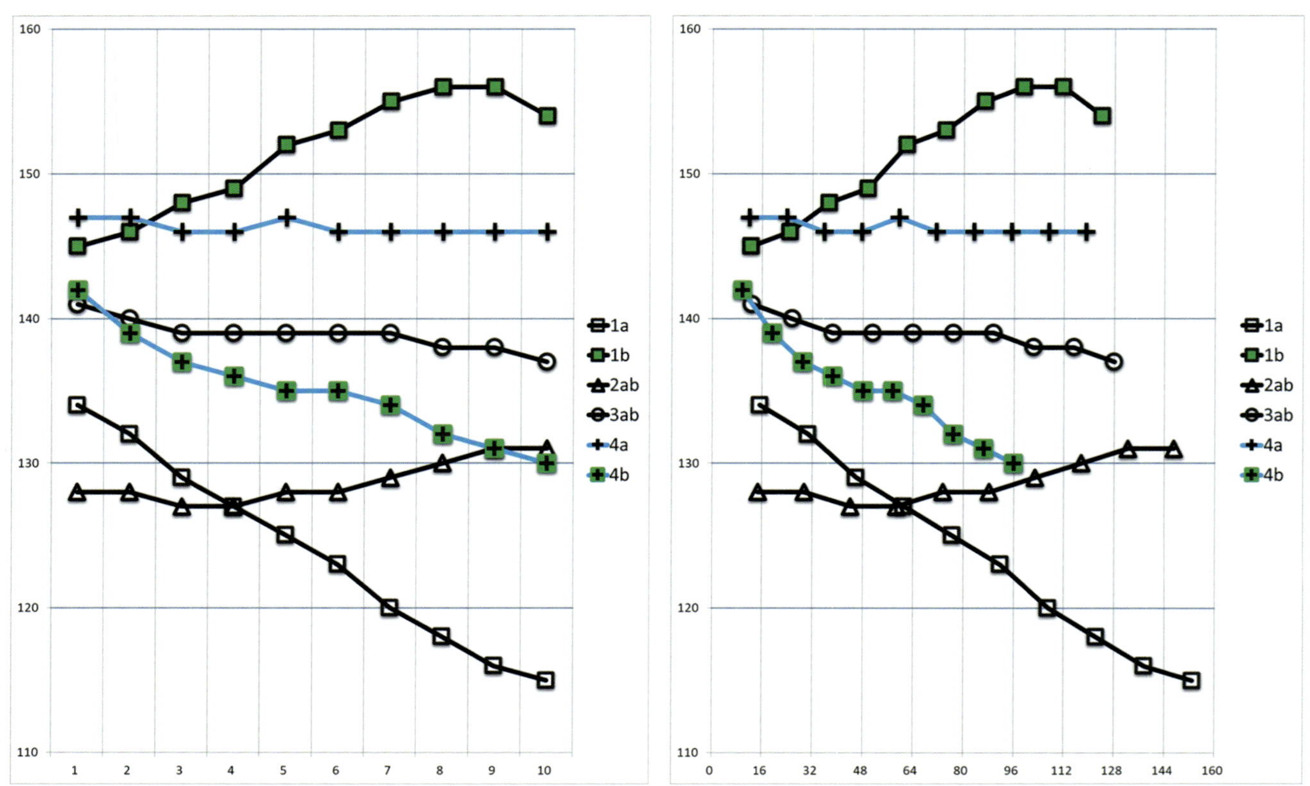

图 11－39a　单字调等长、实长音高模式－池州石台－OM

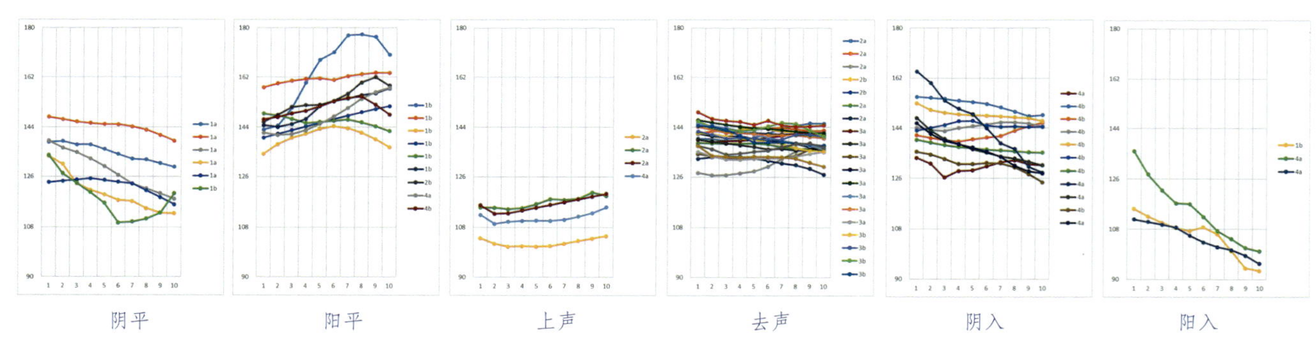

图 11－39b　今声调调域分布范围－池州石台－OM

老男的声调有 6 个（见图 11－39a）：

阴平 31、阳平 45、上声 22、去声 44、阴入 44、阳入 42。

今调域的分布情况（见图 11－39b）：

阴平主要在 32～43 之间；阳平在 34～45 之间；上声主要在 22～33 之间；去声主要在 33～44 之间；阴入在 32～ 43 之间；阳入主要在 21～31 之间。

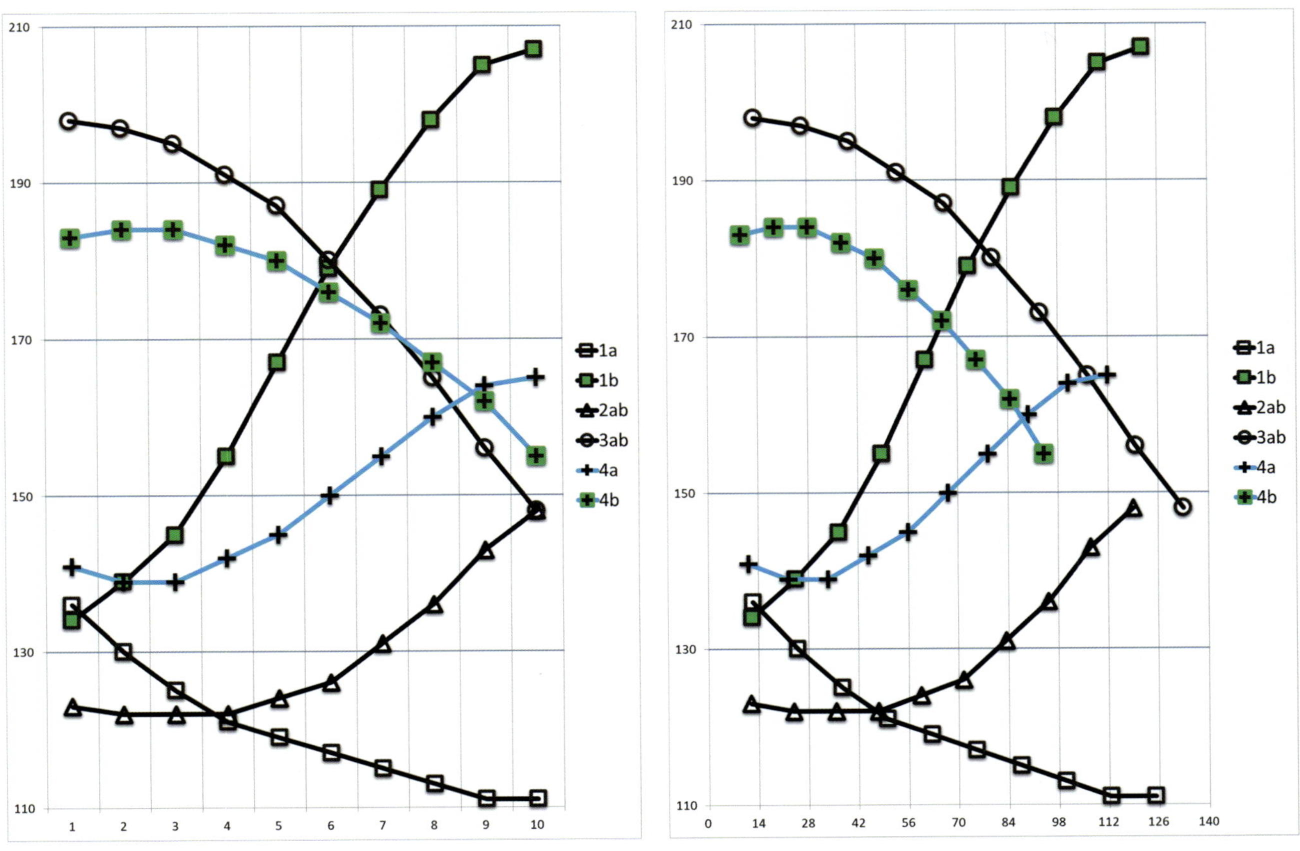

图 11 – 39c 单字调等长、实长音高模式 – 池州石台 – YM

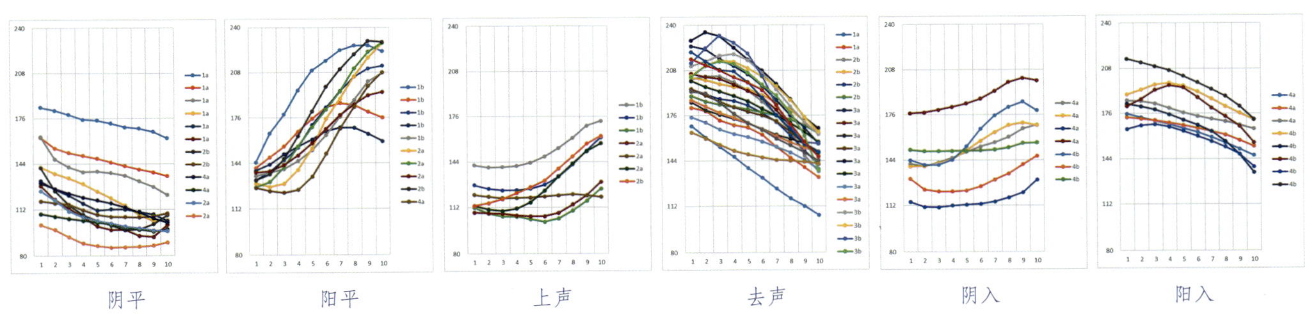

图 11 – 39d 今声调调域分布范围 – 池州石台 – YM

青男的声调有 6 个（见图 11 – 39c）：

阴平 21、阳平 25、上声 12、去声 52、阴入 <u>23</u>、阳入 <u>43</u>。

今调域的分布情况（见图 11 – 39d）：

阴平主要在 21 ~ 43 之间；阳平在 24 ~ 25 之间；上声主要在 212 ~ 223 之间；去声在 31 ~ 53 之间；阴入在 <u>23</u> ~ <u>34</u> 之间；阳入在 <u>32</u> ~ <u>54</u> 之间。

2. 池州贵池

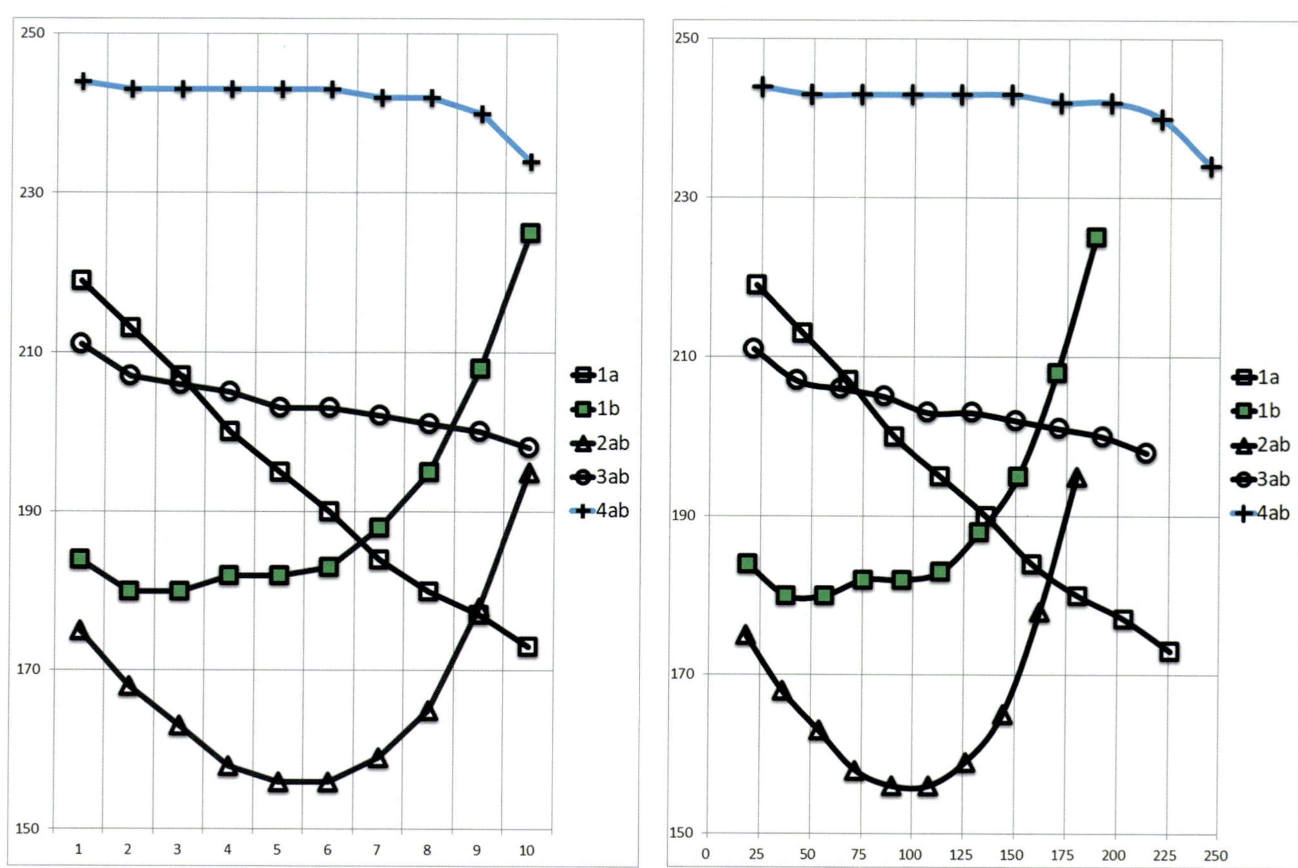

图 11－40a　单字调等长、实长音高模式－池州贵池－OM

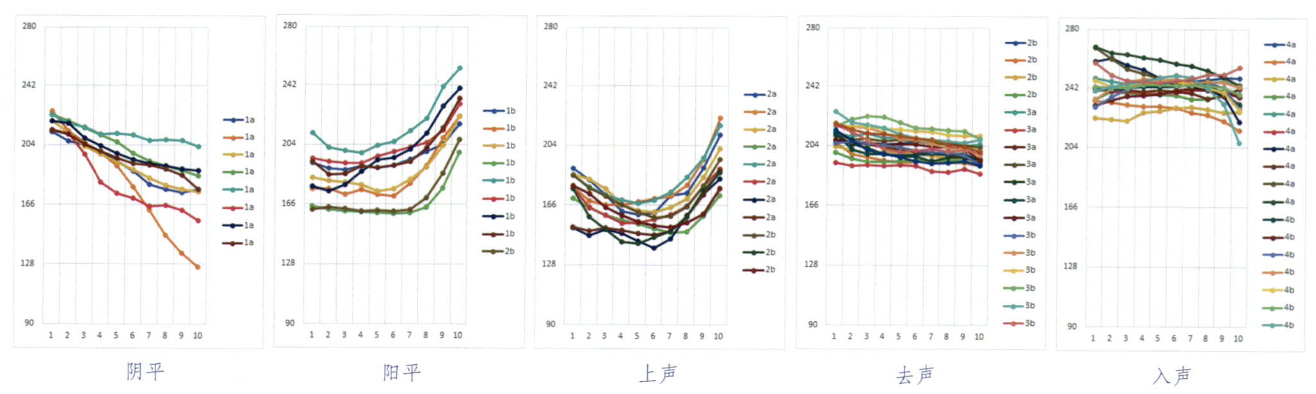

图 11－40b　今声调调域分布范围－池州贵池－OM

老男的声调有 5 个（见图 11－40a）：

阴平 42、阳平 224、上声 213、去声 33、入声 55。

今调域的分布情况（见图 11－40b）：

阴平主要在 42～43 之间；阳平主要在 223～334 之间；上声在 223～324 之间；去声主要在 33～44 之间，略有下降；入声在 44～55 之间。

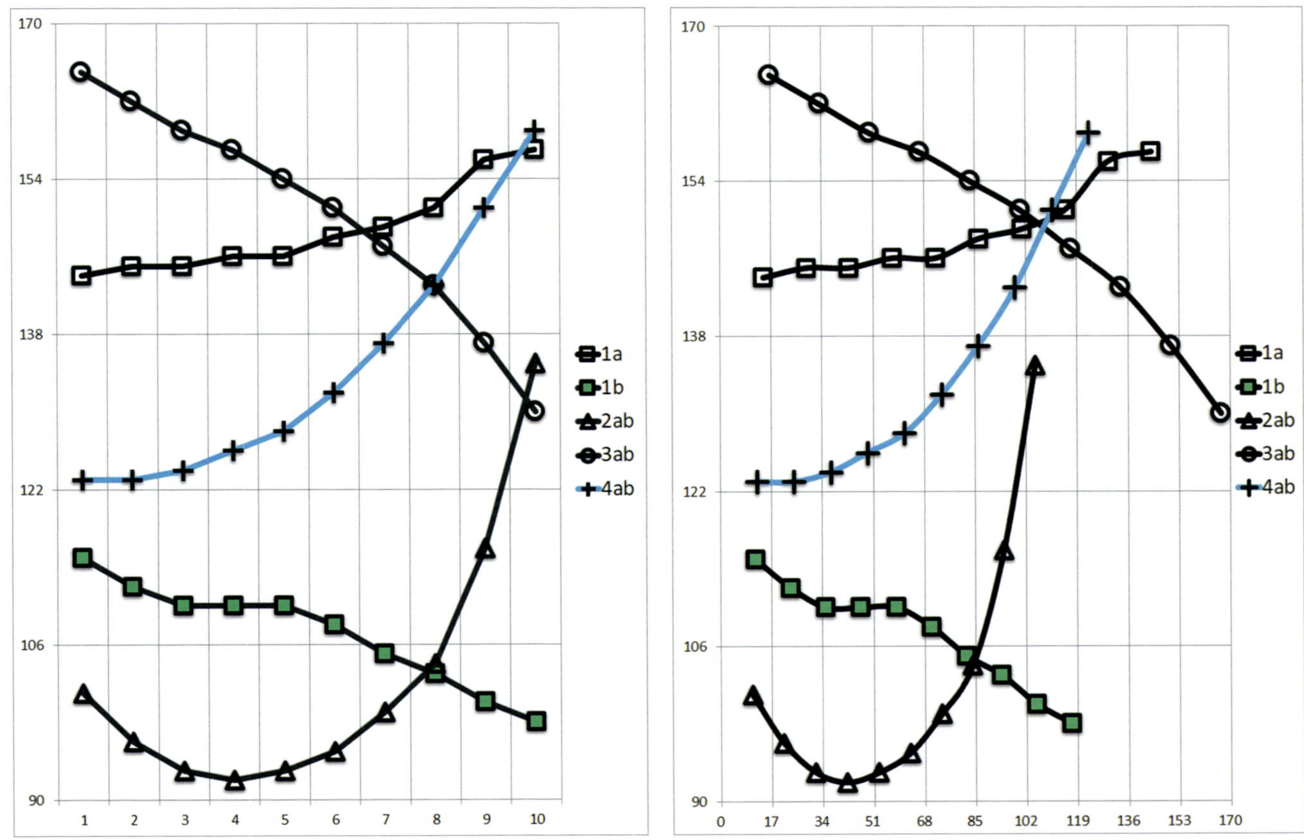

图 11－40c 单字调等长、实长音高模式－池州贵池－YM

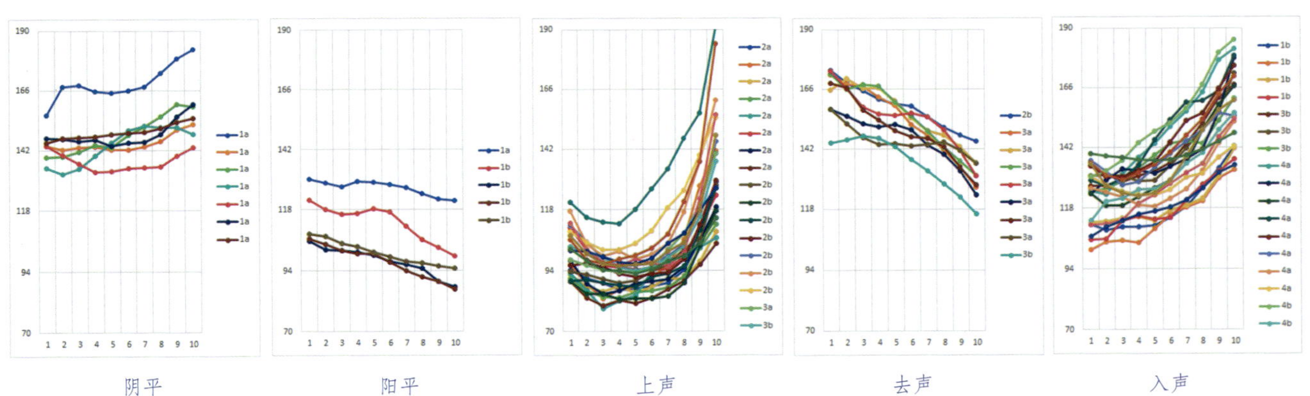

图 11－40d 今声调调域分布范围－池州贵池－YM

青男的声调有 5 个（见图 11－40c）：

阴平 45、阳平 21、上声 213、去声 53、入声 35。

今调域的分布情况（见图 11－40d）：

阴平主要在 34～45 之间；阳平主要在 21～32 之间；上声主要在 212～325 之间；去声在 43～54 之间；入声在 23～35 之间。

3. 池州青阳

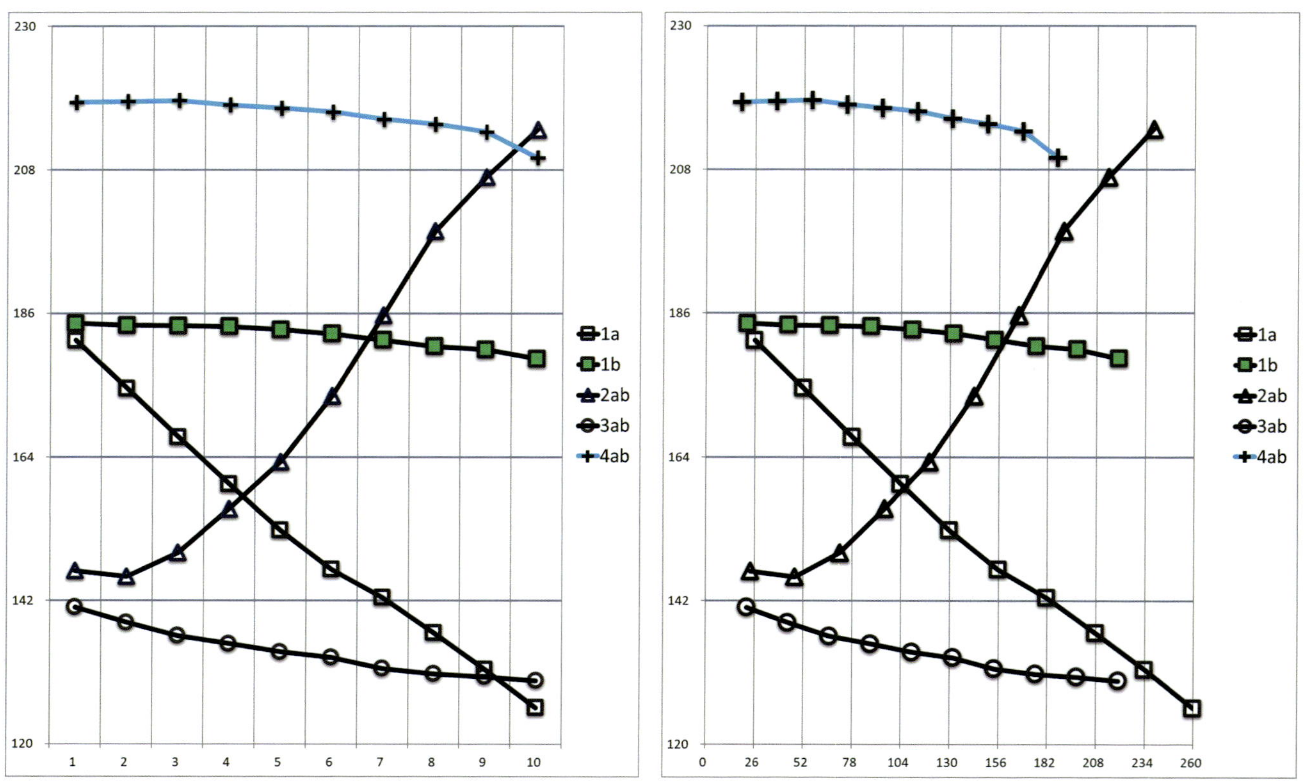

图 11－41a 单字调等长、实长音高模式－池州青阳－MF

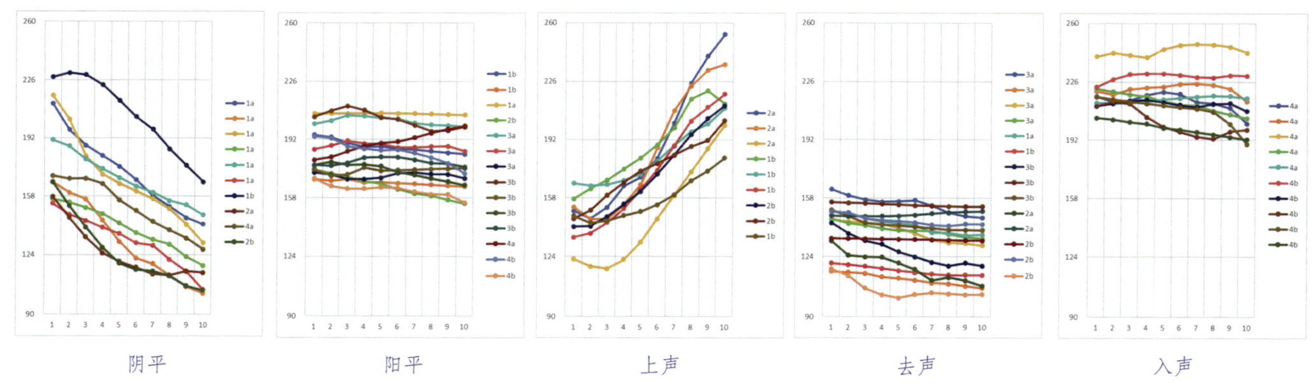

图 11－41b 今声调调域分布范围－池州青阳－MF

中女的声调有 5 个（见图 11－41a）：

阴平 31、阳平 33、上声 25、去声 11、入声 <u>55</u>。

今调域的分布情况（见图 11－41b）：

阴平主要在 21～42 之间；阳平主要在 33～44 之间；上声在 14～25 之间；去声在 11～22 之间，略有下降；入声在 <u>44</u>～<u>55</u> 之间。

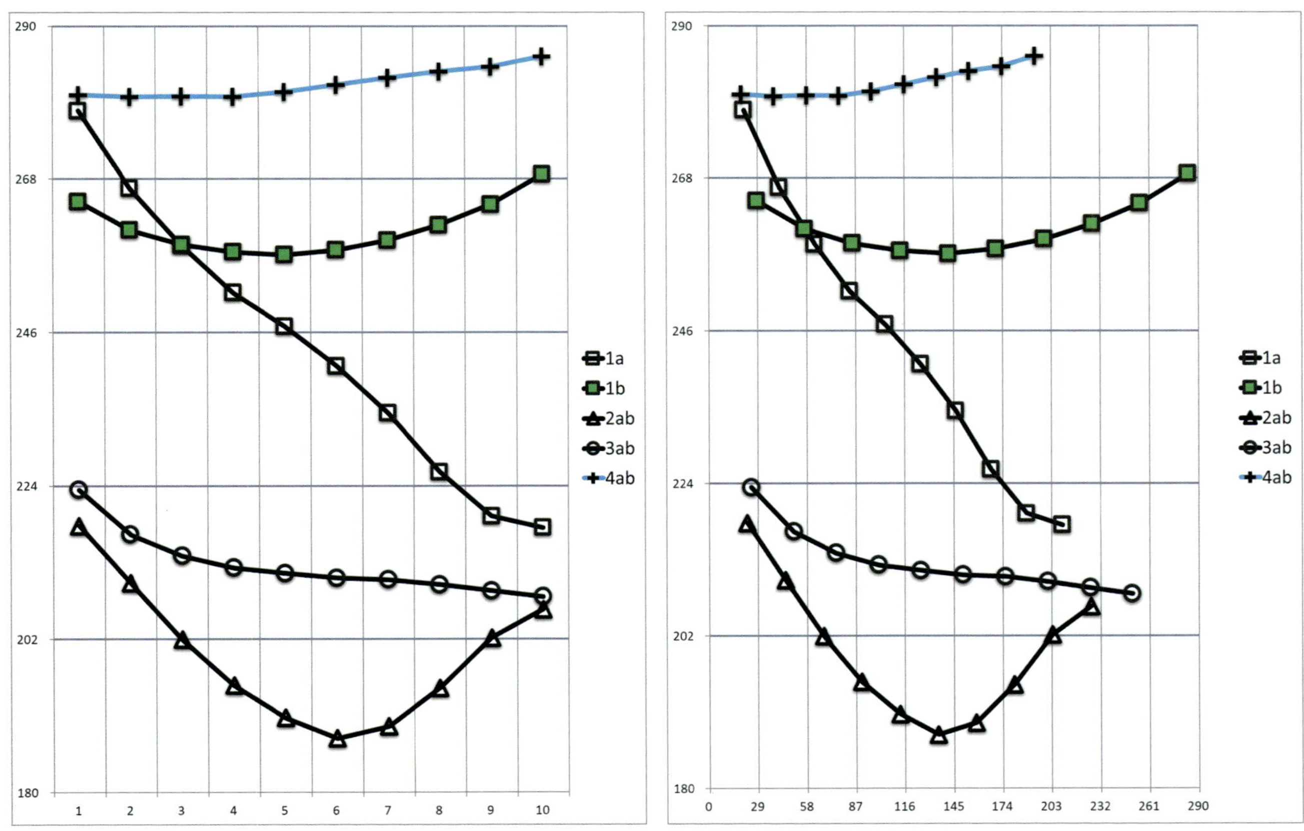

图 11 -41c 单字调等长、实长音高模式 - 池州青阳 - YM1

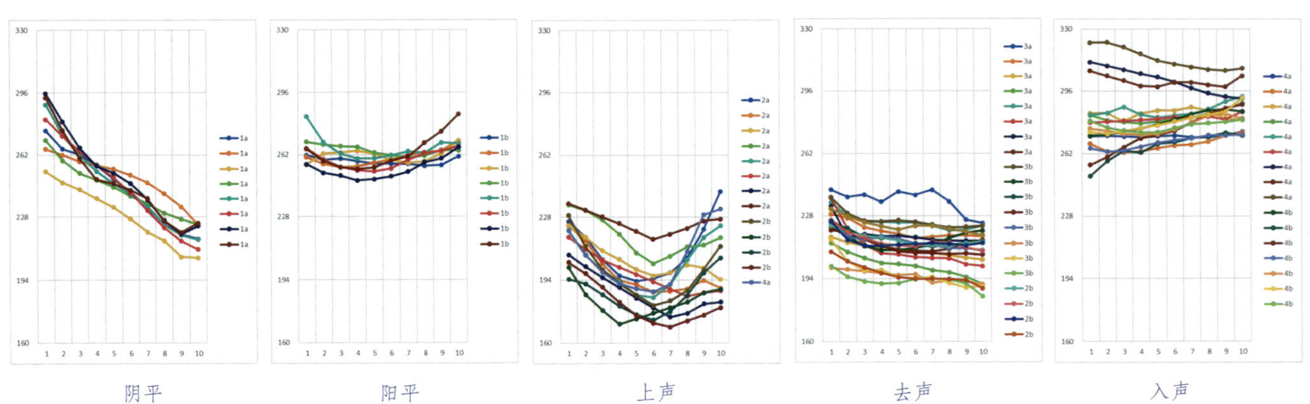

图 11 -41d 今声调调域分布范围 - 池州青阳 - YM1

青男 1 的声调有 5 个（见图 11 -41c）：

阴平 52、阳平 44、上声 312、去声 22、入声 55。

今调域的分布情况（见图 11 -11d）：

阴平在 32 ~42 之间；阳平在 33 ~44 之间；上声在 212 ~323 之间；去声在 21 ~33 之间；入声在 44 ~54 之间。

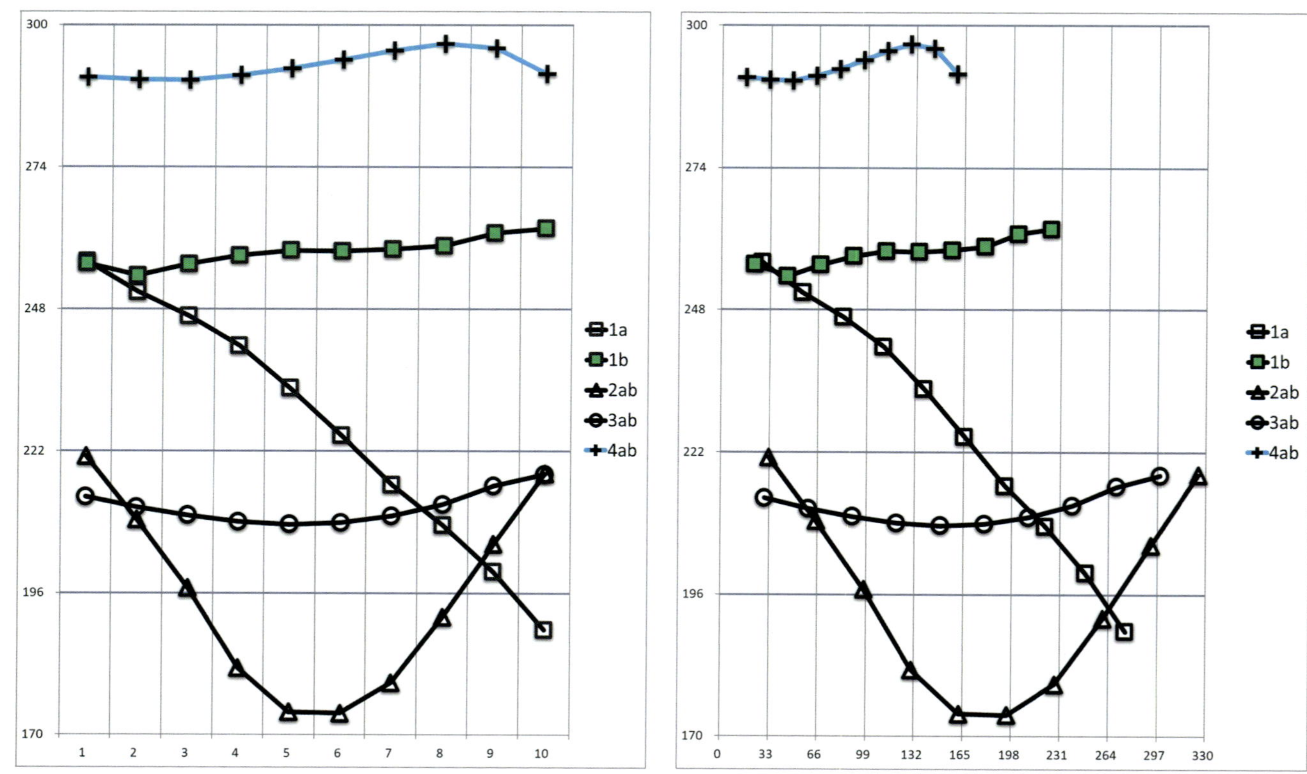

图 11－41e　单字调等长、实长音高模式－池州青阳－YM2

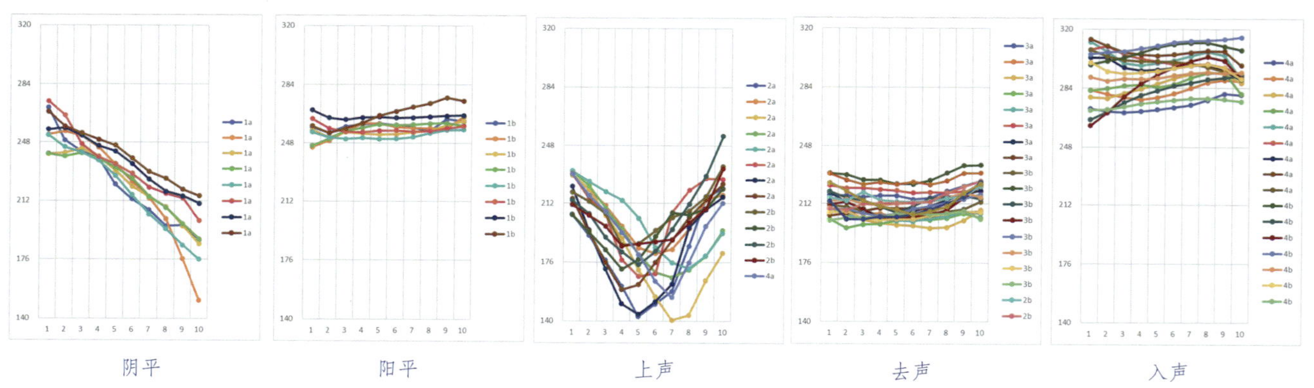

图 11－41f　今声调调域分布范围－池州青阳－YM2

青男 2 的声调有 5 个（见图 11－41e）：

阴平 41、阳平 44、上声 212、去声 22、入声 55。

今调域的分布情况（见图 11－41f）：

阴平主要在 31～42 之间；阳平主要在 44 的范围；上声在 212～323 之间；去声在 22～33 之间；入声在 44～55 之间。

11.7 吴方言声调小结

根据《中国语言地图集》(2012)，吴方言分布在江苏省、上海市、浙江省、安徽省、江西省、福建省等地区。吴方言分为太湖、台州、金衢、上丽、瓯江、宣州六片，有的片再分为若干小片，共分布于162个县市区，使用人口约7 379万人[①]。

这一部分的内容主要参照赵元任(1928)、钱乃荣(1992)以及《中国语言地图集》(2012)的论述。

(1) 赵元任先生的经典描述。

我们将赵元任先生关于吴方言声调的论述摘录如下[②]：

吴语的声调大致有两派。一派平上去入看声母清浊各有阴阳两类，一共八声；一派把阳上归入阳去，只有七声。

有入声而没有-p，-t，-k韵尾。

声调的区别没有官话清楚，阳平上去尤其易混。阴阳平两类的分法最整齐。阴平的音值降的多，升的少。阴平跟下字相连起来，在江苏是先高后低的多，在浙江是先低后高的多。(但从单字调上推测不出来这种倾向)。阳平的音值大多数是低升或低高升。

衢州的上声次浊全并入阴去是很特别的。上声的音值没有一致的倾向，至于阴阳上的比较末，阴上大概总是比阳上高一点。

……音值上头是阴去比阳去大都高一点。

入声的音值倒很一致，阴入大都是一个高而短的平音，阳入大都是一个低而短的升音。

各调的阴阳比较起来，除掉前者较后者略高之外，曲线的形状阳调比阴调也较复杂一点。这大概是因为发声母时浊音影响声带的状态，因而使音高的变化复杂一点。

赵元任先生就调类、调值等方面的情况做了分析和说明，侧重在音值的描写。

(2) 吴方言的声调调类。

吴方言的声调调类从5个到9个不等，主要以四声八调为主，古四声根据声母清浊各分阴阳，清声母的为阴调类，浊声母的为阳调类，有些吴方言点没有八调，其中主要是缺少阳上。

钱乃荣列举的八个声调的方言点[③]见表11-3。

表11-3 吴方言八个声调的方言点

方言点	阴平	阳平	阴上	阳上	阴去	阳去	阴入	阳入
松江	52	31	44	44	335	113	5	23
绍兴	52	31	334	113	33	22	5	23
常熟	52	233	44	31	324	213	5	23
无锡	544	14	323	33	34	213	5	23
靖江	44	23	34	31	51	31	5	34
衢州	434	323	45	45/31	53	31	5	12

① 中国社会科学院语言研究所，中国社会科学院民族学与人类学研究所，香港城市大学语言资讯科学研究中心．中国语言地图集：汉语方言卷［M］．2版．北京：商务印书馆，2012：103-109.

② 赵元任．现代吴语的研究［M］．北京：清华学校研究院，1928：136-149.

③ 钱乃荣．当代吴语研究［M］．上海：上海教育出版社，1992：20-24.

钱乃荣认为吴方言调类合并有两种[①]：

a. 阳调类或阴调类内部合并；

b. 阳调类跨向阴调类的合并，常见的有次浊阳调类并入阴调类的情况。

吴方言声调合并较为突出的是以上海、宁波为代表的大商埠：

上海：阴平 52，阴去 344，阳去 113，阴入 5，阳入 23。

宁波[②]：阴平 44，阳平 22，阴上 325，阳上 24，阳去 24，阴入 5，阳入 2。

（3）吴方言的声调调值。

吴方言的声调调值，总体上是阴高阳低，表现较为一致。下面是本书材料所反映的吴方言声调调值的一些特点。

①阴平。

如前所列赵元任的观察：阴平降多升少，这个也符合本书材料的实际，本书有 41 个点的数据，其中 30 多个点的阴平都是不同程度的下降调型。

根据钱乃荣的描写，阴平的调值，各地吴方言主要有两个模式：高平调和高降调。高平调 44/55 主要分布在太湖周围的宜兴、溧阳、常州、无锡、苏州、昆山、吴江、湖州、余杭，浙江的诸暨、温州、乐清、奉化、义乌、松阳。高降调主要分布在长江三角洲及附近地区，如江阴、童家桥、常熟、宝山、嘉定、上海、崇明、松江、南汇、绍兴、宁波、黄岩等地点。[③]

②阳平。

吴方言阳平多为升调或降升调，台州、丽水、瓯江、太高等小片则是以降调为常。

③上声。

上声不分阴阳的点，调值主要有升调和降调两个调型。有阴上的点，其调型主要有升、降、曲折。根据钱乃荣的记录，阴上保留上升调的点如，江阴 45，靖江 34，常州 334，绍兴 335，余姚 435，宁波 325，温州 35，乐清 45，平阳 45，龙游 45，衢州 45 等。[④] 有阳上的点，调型较复杂，升、降、曲折都有。

④去声。

去声不分阴阳的调型，平、降、升都有。有阴去调的点，调型平、降、升、曲折都有，以不同形式的降调和曲折调为常。有阳去的点，曲折和升调较多。

⑤入声。

入声有两种，一种是促声调，另一种是保留入声调类的舒声调。

入声不分阴阳的点，是短的中平、低降促声调型。有阴入的方言点，调值多为高、中促声平调、降调，也有高降的短调。有阳入的点，以低调和低升调型为主。

（4）吴方言一些区片的声调特点。[⑤]

①太湖片。

太湖片调类有 5 ~ 8 个，多数点是 7 ~ 8 个。入声分阴阳，阴高阳低，阳入调型以升调为常见。《中国语言地图集》（2012）认为太湖片内部一致性强、通话程度高，相比而言，南部吴方言内部差异大，通话程度很低。

上海小片在调值上的特点是阴平调值为高降的 53；调类以 5 ~ 6 个为主，也有 8 ~ 9 个调类的点，如启东。根据钱乃荣的记录，启东吕四有 9 个单字调：全浊阳平 113，次浊阳平并入阴去 334，全浊阳入

---

① 钱乃荣．当代吴方言研究［M］．上海：上海教育出版社，1992：20 – 21.

② 赵则玲．宁波话与上海话比较及其历史成因［J］．浙江社会科学，2012（12）：121 – 125.

③ 钱乃荣．当代吴语研究［M］．上海：上海教育出版社，1992：22.

④ 钱乃荣．当代吴语研究［M］．上海：上海教育出版社，1992：22.

⑤ 中国社会科学院语言研究所，中国社会科学院民族学与人类学研究所，香港城市大学语言资讯科学研究中心．中国语言地图集［M］．2 版．北京：商务印书馆，2012：103 – 109.

23，次浊阳入 55，全清阴入 34。①

临绍小片的特点是调类以 8 个声调为主，调类分配较为整齐，平上去入各分阴阳；也有 6 个调类的。

②台州片。

调类以 7 个声调为主，上声不分阴阳；上声为高降调或带拱度的升调。

③金衢片。

这一片多数点的入声韵喉塞尾已全部或部分消失，入声调类消失，声调系统简化为 6 ~7 个调类。龙游、衢州除外。

④瓯江片。

这一片调类保留较为完整，平上去入按声母清浊各分阴阳。各地方言的调值系统（包括连读调）高度一致。调值方面，上声调值很高，并带有紧喉特征。入声韵的喉塞尾消失，入声读为长调。

⑤宣州片。

这一片主要分布在皖南地区和江苏西南角，与安徽南部的徽语接触明显。就声调调类而言，多为 5 个，入声、去声分别只有 1 个。少数有 6 个声调，表现为去声分阴阳。这一特点与皖南徽州方言相似。

11.8 吴方言主要方言点的调类调值对照

吴方言主要方言点的调类调值对照见表 11 -4 至表 11 -9。

表 11 -4 吴方言主要方言点的调类调值对照（太湖片）

<table>
<tr><th>片</th><th>小片</th><th>方言点</th><th>选点</th><th>阴平
1a</th><th>阳平
1b</th><th>阴上
2a</th><th>阳上
2b</th><th>阴去
3a</th><th>阳去
3b</th><th>阴入
4a</th><th>阳入
4b</th><th>调类
数量</th><th>资料来源</th></tr>
<tr><td rowspan="10">太湖片</td><td rowspan="3">毗陵小片</td><td>常州
（江苏）</td><td>钟楼区</td><td>55</td><td>113</td><td colspan="2">45</td><td>52</td><td>24</td><td>55</td><td>24</td><td>7</td><td>语保 OM</td></tr>
<tr><td>宜兴
（江苏）</td><td>宜城镇</td><td>44</td><td>224</td><td>51</td><td>24</td><td>424</td><td>21</td><td>4</td><td>24</td><td>8</td><td>语保 OM</td></tr>
<tr><td>江阴
（江苏）</td><td>澄江镇</td><td>53</td><td>132</td><td colspan="2">45</td><td>424</td><td>224</td><td>45</td><td>23</td><td>7</td><td>语保 OM</td></tr>
<tr><td rowspan="4">苏嘉湖小片</td><td>苏州
（江苏）</td><td>姑苏区</td><td>44</td><td>223</td><td>51</td><td>231</td><td colspan="2">523</td><td>43</td><td>23</td><td>7</td><td>语保 OM</td></tr>
<tr><td>海宁
（浙江）</td><td>海洲街道</td><td>55</td><td>13</td><td>53</td><td>231</td><td colspan="2">35</td><td>5</td><td>2</td><td>7</td><td>语保 OM</td></tr>
<tr><td>湖州
（浙江）</td><td>吴兴区
月河街道</td><td>44</td><td>112</td><td>523</td><td>231</td><td>35</td><td>24</td><td>5</td><td>2</td><td>8</td><td>语保 OM</td></tr>
<tr><td>嘉兴
（浙江）</td><td>南湖区
建设街道</td><td>42</td><td>242</td><td>544</td><td>113</td><td>224</td><td></td><td>5</td><td>13</td><td>7</td><td>语保 OM</td></tr>
<tr><td rowspan="3">上海小片</td><td rowspan="2">上海</td><td>宝山区月浦镇</td><td>53</td><td>31</td><td>34</td><td>23</td><td>34</td><td>23</td><td>55</td><td>12</td><td>6</td><td>语保 OM</td></tr>
<tr><td>市区</td><td>53</td><td></td><td>34</td><td></td><td></td><td>13</td><td>5</td><td>23/ 12</td><td>5</td><td>顾钦
（2004）</td></tr>
<tr><td>启东</td><td>启东</td><td>53</td><td>25</td><td>545</td><td>241</td><td>45</td><td>214</td><td>34</td><td>23</td><td>8</td><td>语保 OM</td></tr>
</table>

① 钱乃荣．当代吴语研究［M］．上海：上海教育出版社，1992：20.

（续上表）

片	小片	方言点	选点	阴平 1a	阳平 1b	阴上 2a	阳上 2b	阴去 3a	阳去 3b	阴入 4a	阳入 4b	调类数量	资料来源
太湖片	杭州小片	杭州（浙江）	萧山	533	355	33	242	42	13	5	12	8	语保 OM
			上城区	334	213	53		45	13	5	2	7	语保 OM
	临绍小片	绍兴（浙江）	新昌县	534	22	454	232	335	13	5	2	8	语保 OM
			上虞区百官街道	35			213	53	31	5	2	6	语保 OM
		义乌（浙江）	稠城街道	335	213	423	312	45	24	324	312	8	语保 OM
	甬江小片	宁波（浙江）	宁海县跃龙街道	423	213	53	31	35	24	5	3	8	语保 OM
		奉化（浙江）	锦屏街道	44	33	545	324	53	31	5	2	8	语保 OM

表 11－5 吴方言主要方言点的调类调值对照（台州片）

片	方言点	选点	阴平 1a	阳平 1b	阴上 2a	阴去 3a	阳去 3b	阴入 4a	阳入 4b	调类数量	资料来源
台州片	台州（浙江）	玉环市玉城街道	42	31	53	55	22	5	2	7	语保 OM
	温岭（浙江）	太平街道	33	31	42	55	13	5	2	7	语保 OM

表 11－6 吴方言主要方言点的调类调值对照（金衢片）

片	方言点	选点	阴平 1a	阳平 1b	阴上 2a	阳上 2b	阴去 3a	阳去 3b	阴入 4a	阳入 4b	调类数量	资料来源
金衢片	金华（浙江）	婺城区	334	313	535		55	14	4	212	7	语保 OM
	兰溪（浙江）	兰江镇	334	21	55		45	24	34	12	7	语保 OM
	衢州（浙江）	龙游县龙洲街道	334	21	35	224	51	231	4	23	8	语保 OM

表 11－7 吴方言主要方言点的调类调值对照（上丽片）

片	小片	方言点	选点	阴平 1a	阳平 1b	阴上 2a	阳上 2b	阴去 3a	阳去 3b	阴入 4a	阳入 4b	调类数量	资料来源
上丽片	上山小片	江山（浙江）	江山	44	213	241	22	51	31	5	2	8	语保 OM
		开化（浙江）	芹阳街道	44	213	231		53	412	5	13	7	语保 OM
		上饶（江西）	东市街道	55	423	52	342	434	213	5	24	8	语保 OM
		广丰（江西）	永丰街道	445	231	53	24	434	213	5	23	8	语保 OM

（续上表）

<table>
<tr><th>片</th><th>小片</th><th>方言点</th><th>选点</th><th>阴平
1a</th><th>阳平
1b</th><th>阴上
2a</th><th>阳上
2b</th><th>阴去
3a</th><th>阳去
3b</th><th>阴入
4a</th><th>阳入
4b</th><th>调类
数量</th><th>资料来源</th></tr>
<tr><td rowspan="3">上丽片</td><td rowspan="3">丽水小片</td><td>丽水
（浙江）</td><td>龙渊街道</td><td>434</td><td>21</td><td colspan="2">51</td><td>45</td><td>224</td><td>5</td><td>24</td><td>7</td><td>语保 OM</td></tr>
<tr><td>青田
（浙江）</td><td>鹤城街道</td><td>445</td><td>21</td><td>454</td><td>343</td><td>33</td><td>22</td><td>42</td><td>31</td><td>8</td><td>语保 OM</td></tr>
<tr><td>浦城
（福建）</td><td>南浦街道</td><td>35</td><td>24</td><td>44</td><td>54</td><td>423</td><td>21</td><td colspan="2">32</td><td>7</td><td>语保 OM</td></tr>
</table>

表 11－8　吴方言主要方言点的调类调值对照（瓯江片）

<table>
<tr><th>片</th><th>方言点</th><th>选点</th><th>阴平
1a</th><th>阳平
1b</th><th>阴上
2a</th><th>阳上
2b</th><th>阴去
3a</th><th>阳去
3b</th><th>阴入
4a</th><th>阳入
4b</th><th>调类
数量</th><th>资料来源</th></tr>
<tr><td rowspan="3">瓯江片</td><td>温州
（浙江）</td><td>永嘉县
东城街道</td><td>44</td><td>31</td><td>45</td><td>13</td><td>53</td><td>22</td><td>423</td><td>213</td><td>8</td><td>语保 OM</td></tr>
<tr><td>瑞安
（浙江）</td><td>玉海街道</td><td>44</td><td>31</td><td>35</td><td>13</td><td>53</td><td>22</td><td>323</td><td>212</td><td>8</td><td>语保 OM</td></tr>
<tr><td>苍南
（浙江）</td><td>灵溪镇</td><td>44</td><td>31</td><td>53</td><td>24</td><td>42</td><td>11</td><td>223</td><td>112</td><td>8</td><td>语保 OM</td></tr>
</table>

表 11－9　吴方言主要方言点的调类调值对照（宣州片）

<table>
<tr><th>片</th><th>小片</th><th>方言点</th><th>选点</th><th>阴平
1a</th><th>阳平
1b</th><th>阴上
2a</th><th>阳上
2b</th><th>阴去
3a</th><th>阳去
3b</th><th>阴入
4a</th><th>阳入
4b</th><th>调类
数量</th><th>资料来源</th></tr>
<tr><td rowspan="6">宣州片</td><td rowspan="3">铜泾小片</td><td rowspan="2">宣城
（安徽）</td><td rowspan="2">泾县</td><td>35</td><td>24</td><td colspan="2">21</td><td colspan="2">23</td><td></td><td></td><td>4</td><td>语保 OM</td></tr>
<tr><td>55</td><td>25</td><td>11</td><td>31</td><td colspan="2">13</td><td></td><td></td><td>5</td><td>高永安
（2005）</td></tr>
<tr><td>黄山
（安徽）</td><td>甘棠镇</td><td>42</td><td>224</td><td>35</td><td>211</td><td>22</td><td>324</td><td></td><td></td><td>6</td><td>语保 OM</td></tr>
<tr><td rowspan="2">太高小片</td><td>高淳
（江苏）</td><td>淳溪镇</td><td>55</td><td>22</td><td colspan="2">33</td><td>35</td><td>14</td><td>32</td><td>13</td><td>7</td><td>侯超（2016）</td></tr>
<tr><td>临安
（浙江）</td><td>锦城街道</td><td>55</td><td>24</td><td>324</td><td></td><td>53</td><td>13</td><td>5</td><td>2</td><td>7</td><td>赵则玲
（2013）</td></tr>
<tr><td>石陵小片</td><td>池州
（安徽）</td><td>贵池</td><td>44</td><td>24</td><td colspan="2">213</td><td colspan="2">52</td><td colspan="2">35</td><td>5</td><td>程银银
（2012）</td></tr>
</table>

参考文献

［1］鲍明炜，王均．南通地区方言研究［M］．南京：江苏教育出版社，2002.

［2］鲍士杰．杭州方言词典［M］．南京：江苏教育出版社，1998.

［3］鲍士杰．浙江西北部吴语与官话的边界［J］．方言，1988（1）．

［4］蔡国璐．丹阳方言词典［M］．南京：江苏教育出版社，1995.

［5］曹志耘，秋谷裕幸，太田斋，等．吴语处衢方言研究［M］．东京：好文出版株式会社，2000.

［6］曹志耘，秋谷裕幸．吴语婺州方言研究［M］．北京：商务印书馆，2016.
［7］曹志耘．南部吴语语音研究［M］．北京：商务印书馆，2002.
［8］程银银．安徽贵池方言语音研究［D］．天津：天津师范大学，2012.
［9］高永安．宣城方言声调的早期形式［J］．中州大学学报，2005（1）．
［10］顾钦．最新派上海市区方言语音的调查分析［D］．上海：上海师范大学，2004.
［11］侯超．江苏高淳方言声调的格局及历史演变［J］．语言研究，2016，36（4）．
［12］江苏省地方志编纂委员会．江苏省志：方言志［M］．南京：南京大学出版社，1998.
［13］江苏省上海市方言调查指导组．江苏省和上海市方言概况［M］．南京：江苏人民出版社，1960.
［14］蒋冰冰．吴语宣州片方言音韵研究［M］．上海：华东师范大学出版社，2003.
［15］卢今元．吕四方言记略［J］．方言，1986（1）．
［16］钱乃荣．当代吴语研究［M］．上海：上海教育出版社，1992.
［17］钱乃荣．吴语声调系统的类型及其变迁［J］．语言研究，1988（2）．
［18］秋谷裕幸．吴语处衢方言（西北片）古音构拟［M］．东京：好文出版株式会社，2003.
［19］秋谷裕幸．吴语江山广丰方言研究［M］．松山：爱媛大学法文学部综合政策学科，2001.
［20］汤珍珠，陈忠敏．嘉定方言研究［M］．北京：社会科学文献出版社，1993.
［21］汪平．再说上海话的分区［J］．方言，2006（3）．
［22］汪平．北部吴语三小片的重新画分［J］．方言，2005（2）．
［23］徐越．吴语语音研究综述［J］．杭州师范学院学报（社会科学版），2003（6）．
［24］徐越．浙江吴语声调略说［J］．杭州大学学报（哲学社会科学版），1991（3）．
［25］许宝华，汤珍珠，游汝杰．北片吴语内部的异同［J］．方言，1984（4）．
［26］许宝华，游汝杰．苏南和上海吴语的内部差异［J］．方言，1984（1）．
［27］颜逸明，敖小平．南通金沙话的归类［J］．方言，1984（2）．
［28］颜逸明．浙南瓯语［M］．上海：华东师范大学出版社，2000.
［29］颜逸明．江苏境内吴语的北部边界［J］．方言，1984（1）．
［30］游汝杰，杨乾明．温州方言词典［M］．南京：江苏教育出版社，1998. 12.
［31］游汝杰．上海话《音库》［M］．上海：上海教育出版社，1994.
［32］张爱云．宣州吴语古上声的分合类型及其官话化［J］．方言，2020，42（4）．
［33］赵元任．现代吴语的研究［M］．北京：清华学校研究院，1928.
［34］赵则玲．浙江临安方言语音特点及其内部差异［J］．浙江学刊，2013（1）．
［35］郑张尚芳．浦城方言的南北区分［J］．方言，1985（1）．
［36］中国社会科学院语言研究所，中国社会科学院民族学与人类学研究所，香港城市大学语言资讯科学研究中心．中国语言地图集［M］．2 版．北京：商务印书馆，2012.
［37］朱晓农．上海声调实验录［M］．上海：上海教育出版社，2005.
［38］朱晓农．基频归一化：如何处理声调的随机差异？［J］．语言科学，2004（2）．

12　闽方言

闽方言主要分布在福建、台湾、海南三省，以及广东东部和西南部等地区。表 12 – 1 是本书的选点情况。

表 12 – 1　闽方言的分片选点

片	小片	方言点	序号
闽南片	泉漳小片	厦门 – 《音库》	12 – 1
		泉州青阳（福建）	12 – 2
		漳州芗城（福建）	12 – 3
		台北 – 《音库》	12 – 4
	大田小片	大田城关（福建）	12 – 5
	潮汕小片	汕头 – 《音库》	12 – 6
		潮州湘桥（广东）	12 – 7
		潮阳成田（广东）	12 – 8
		陆丰甲子（广东）	12 – 9
		揭阳榕城（广东）	12 – 10
		广东海丰	12 – 11
		广东汕尾	12 – 12
	浙东南小片	苍南灵溪（浙江）	12 – 13
莆仙片		福建莆田	12 – 14
		福建仙游	12 – 15
闽东片	侯官小片	福州 – 《音库》	12 – 16
		宁德古田（福建）	12 – 17
	福宁小片	福建福安	12 – 18
		宁德寿宁（福建）	12 – 19
		温州泰顺（浙江）	12 – 20
闽北片	建瓯小片	建瓯 – 《音库》	12 – 21
		南平松溪（福建）	12 – 22
	建阳小片	福建武夷山	12 – 23
闽中片		三明梅列（福建）	12 – 24
		福建永安	12 – 25
		三明沙县（福建）	12 – 26

（续上表）

片	小片	方言点	序号
琼文片	府城小片	海口 -《音库》	12 – 27
		海南澄迈	12 – 28
		屯昌坡心（海南）	12 – 29
	文万小片	文昌头苑（海南）	12 – 30
		文昌冯坡（海南）	12 – 31
		琼海温泉（海南）	12 – 32
		万宁港北（海南）	12 – 33
		陵水三才（海南）	12 – 34
	崖县、昌感小片	三亚港门（海南）	12 – 35
		乐东黄流（海南）	12 – 36
		乐东冲坡（海南）	12 – 37
		东方感城（海南）	12 – 38
	四镇小片	琼中营根（海南）	12 – 39
		琼中和平（海南）	12 – 40
		五指山通什（海南）	12 – 41
		白沙牙叉（海南）	12 – 42
		昌江昌化（海南）	12 – 43
雷州片		广东雷州	12 – 44
		湛江徐闻（广东）	12 – 45
		电白水东（广东）	12 – 46
邵将片	邵武小片	福建邵武	12 – 47
		南平光泽（福建）	12 – 48
	将乐小片	三明将乐（福建）	12 – 49

12.1 闽南片

12.1.1 泉漳小片

1. 厦门 - 《音库》

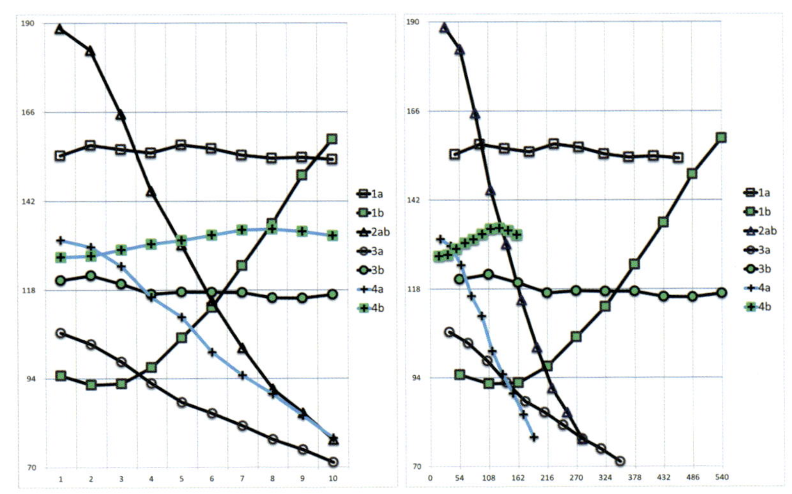

图 12 - 1a　单字调等长、实长音高模式 - 厦门 - 《音库》

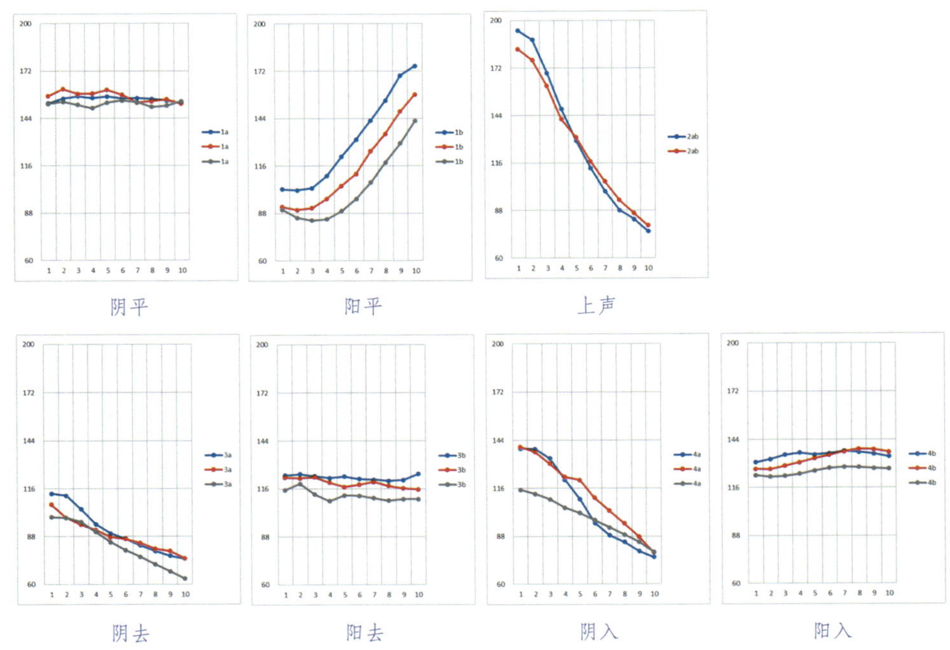

图 12 - 1b　今声调调域分布范围 - 厦门 - 《音库》

《音库》的声调有 7 个（见图 12 - 1a）：

阴平 44、阳平 24、上声 51、阴去 21、阳去 33、阴入 31、阳入 33。

今调域的分布情况（见图 12 - 1b）：

阴平在 44 的范围；阳平在 23 ~ 24 之间；上声在 51 的范围；阴去在 21 的范围；阳去在 22 ~ 33 之间；阴入在 21 ~ 31 之间；阳入在 33 的范围。

2. 泉州青阳

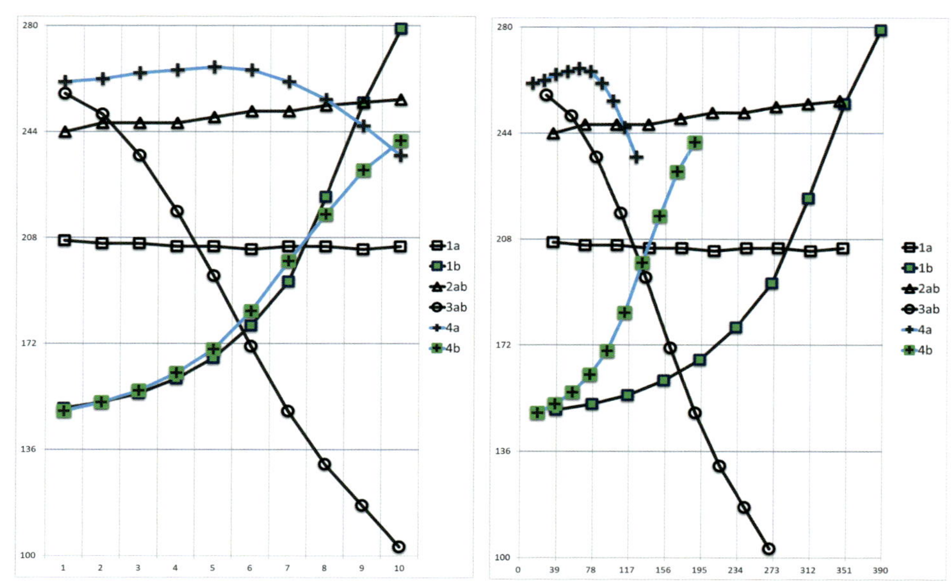

图 12－2a　单字调等长、实长音高模式－泉州青阳－OM

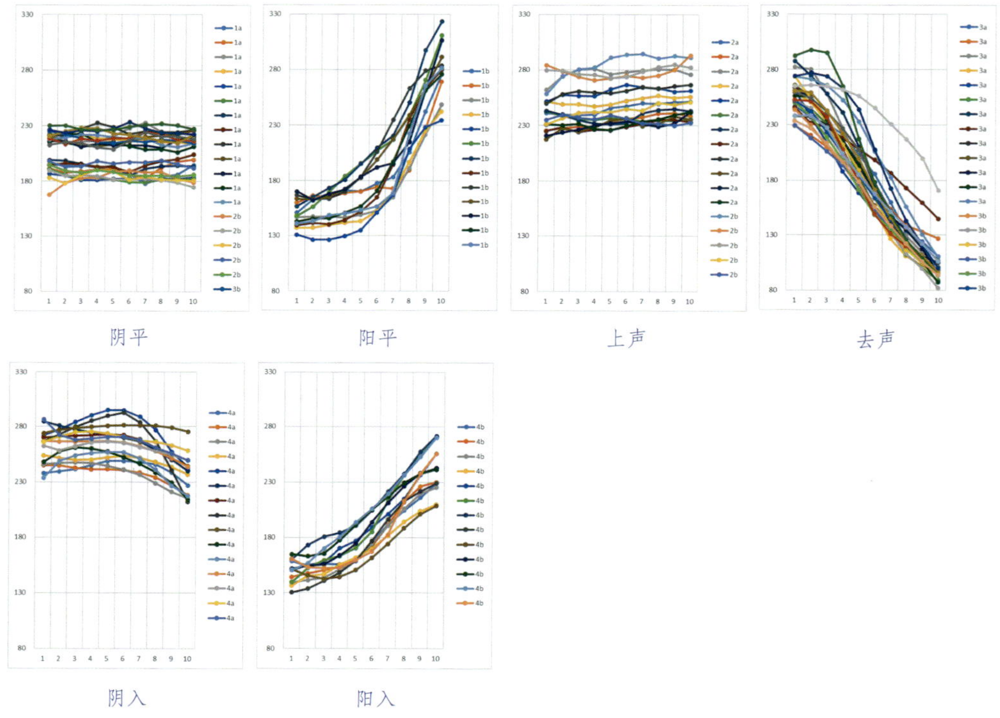

图 12－2b　今声调调域分布范围－泉州青阳－OM

老男的声调有 6 个（见图 12－2a）：

阴平 33、阳平 25、上声 55、去声 51、阴入 54、阳入 24。

今调域的分布情况（见图 12－2b）：

阴平在 22～33 之间；阳平在 24～25 之间；上声在 44～55 之间；去声在 41～52 之间；阴入在 43～54 之间；阳入在 23～24 之间。

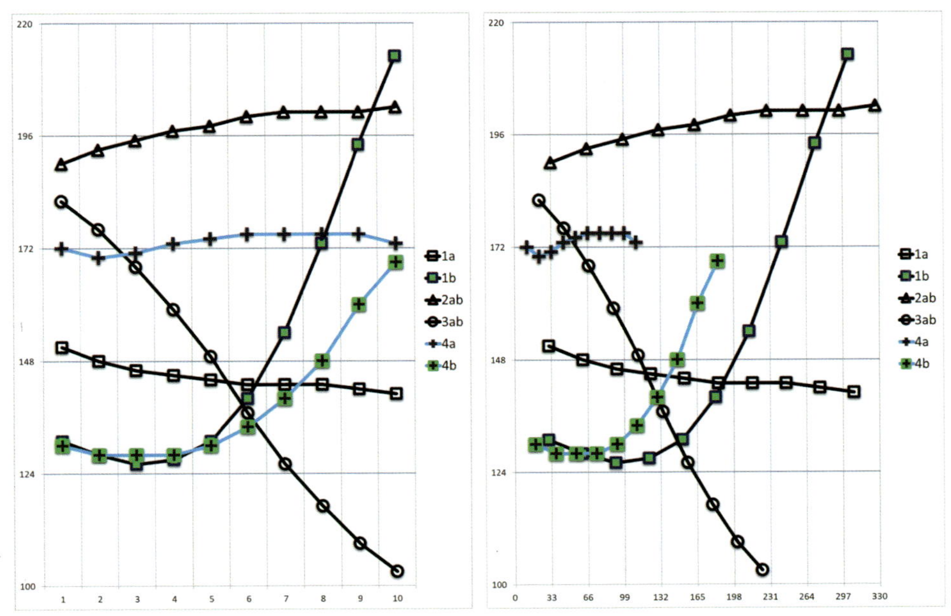

图 12－2c　单字调等长、实长音高模式－泉州青阳－YM

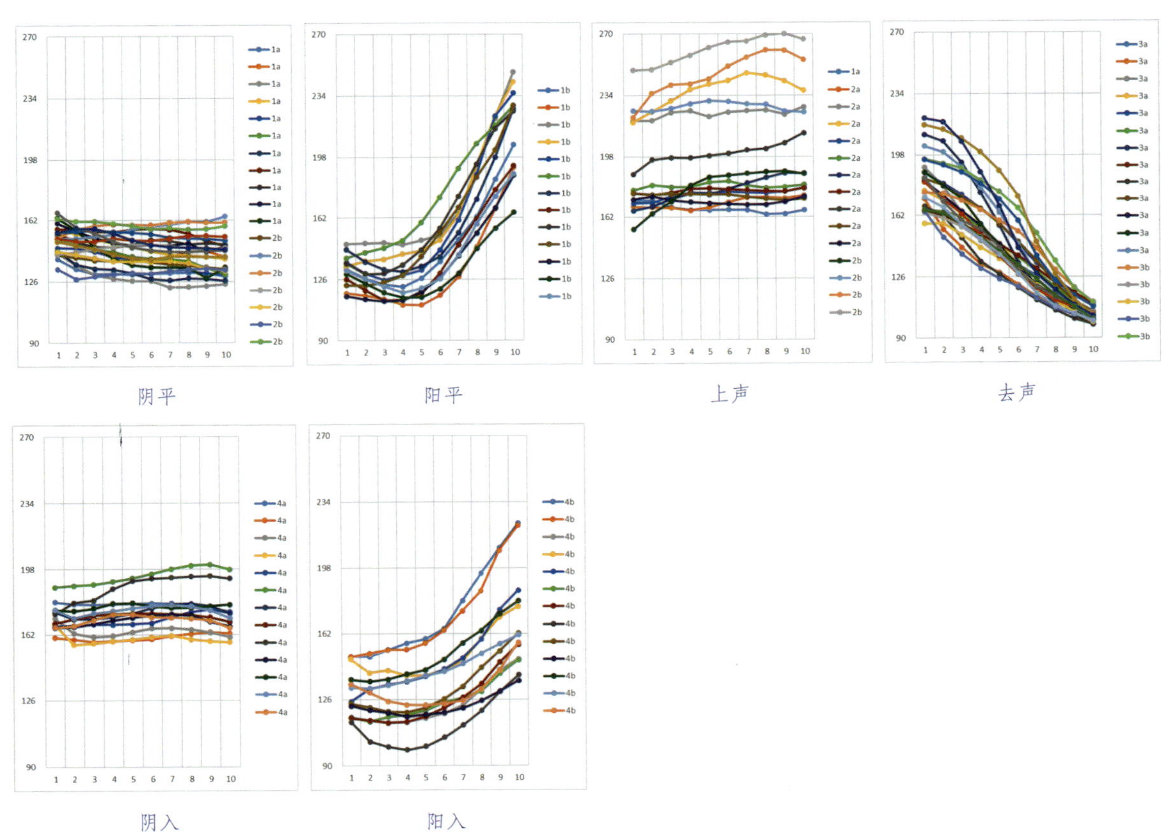

图 12－2d　今声调调域分布范围－泉州青阳－YM

青男的声调有 6 个（见图 12－2c）：

阴平 22、阳平 25、上声 45、去声 41、阴入 44、阳入 23。

今调域的分布情况（见图 12－2d）：

阴平主要在 22 的范围；阳平在 13～25 之间；上声在 33～55 之间；去声在 31～41 之间；阴入在 33～44 之间；阳入在 12～24 之间。

3. 漳州芗城

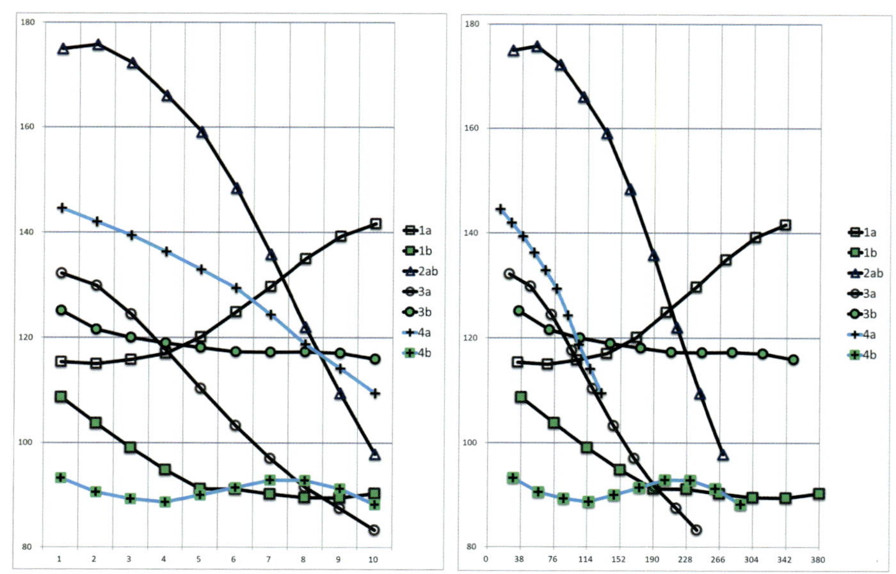

图 12－3a　单字调等长、实长音高模式－漳州芗城－OM

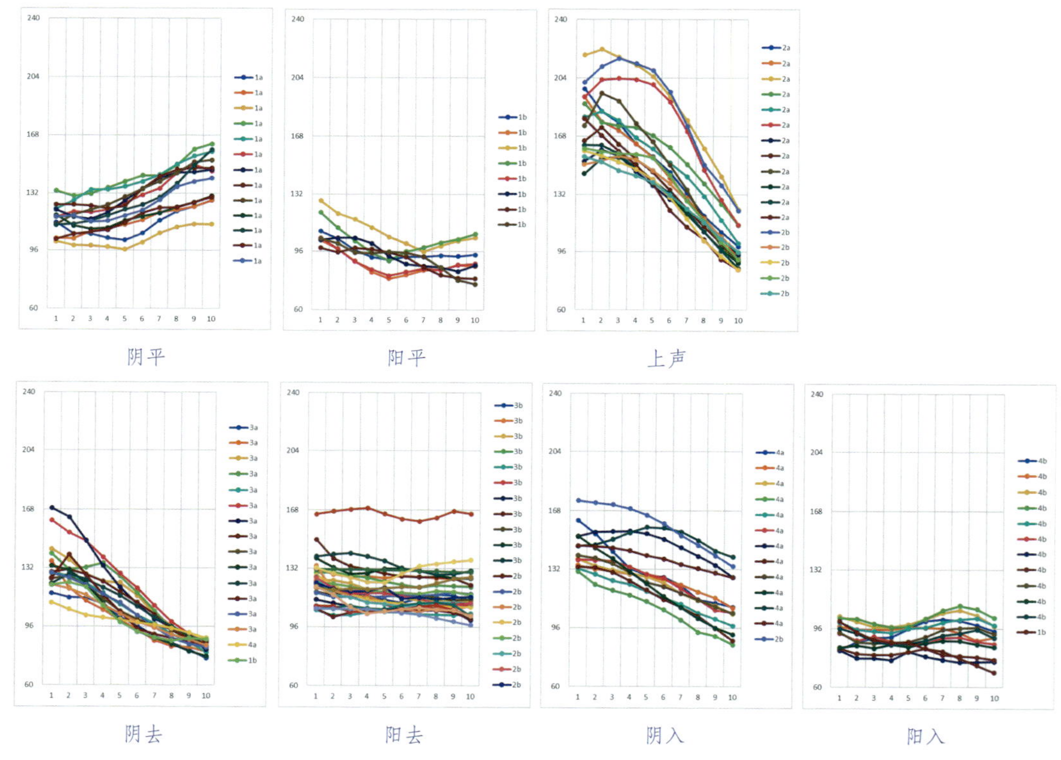

图 12－3b　今声调调域分布范围－漳州芗城－OM

老男的声调有 7 个（见图 12－3a）：

阴平 24、阳平 21、上声 51、阴去 31、阳去 33、阴入 42、阳入 11。

今调域的分布情况（见图 12－3b）：

阴平在 22～23 之间；阳平主要在 21 的范围，也有低降升的调型；上声在 31～52 之间；阴去在 21～31 之间；阳去在 22～33 之间；阴入在 21～43 之间；阳入在 11～22 之间。

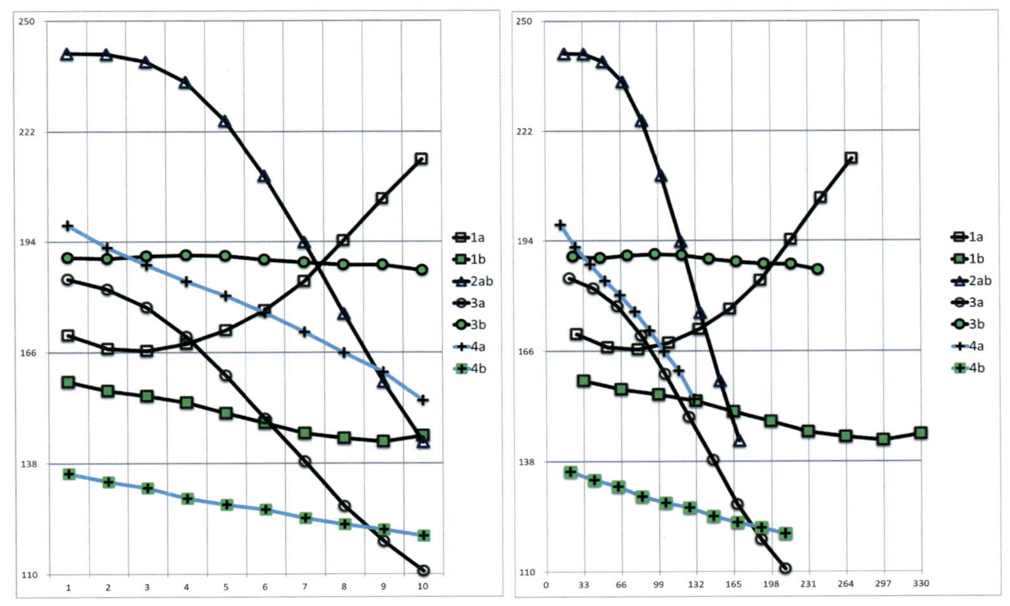

图 12－3c 单字调等长、实长音高模式－漳州芗城－YM

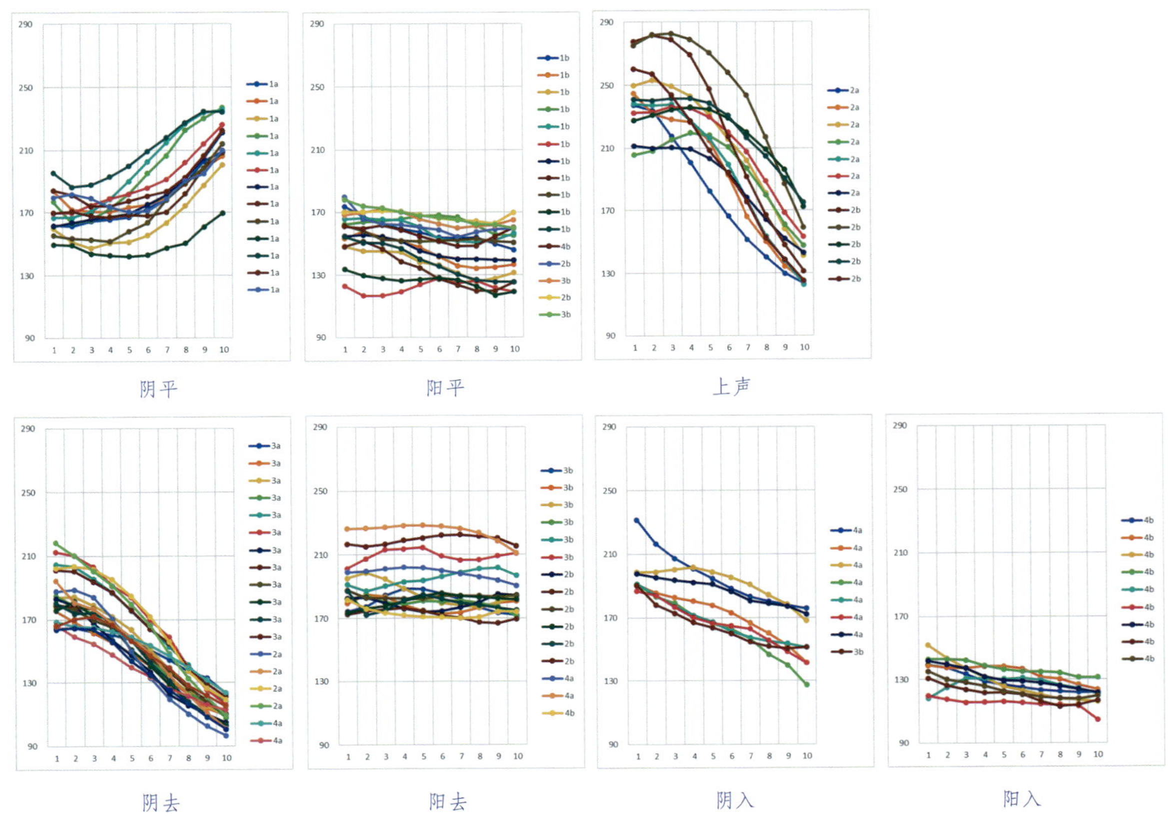

图 12－3d 今声调调域分布范围－漳州芗城－YM

青男的声调有 7 个（见图 12－3c）：

阴平 34、阳平 22、上声 52、阴去 31、阳去 33、阴入 42、阳入 21。

今调域的分布情况（见图 12－3d）：

阴平在 23～34 之间；阳平主要在 22 的范围；上声在 31～53 之间；阴去在 21～41 之间；阳去在 33～44 之间；阴入在 32～43 之间；阳入主要在 21 的范围。

4. 台北 - 《音库》

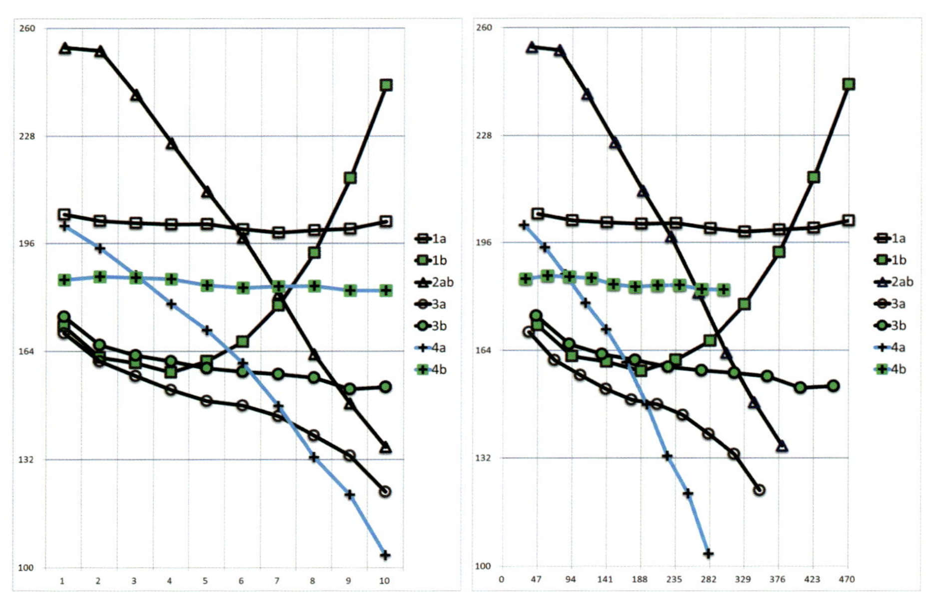

图 12 - 4a　单字调等长、实长音高模式 - 台北 - 《音库》

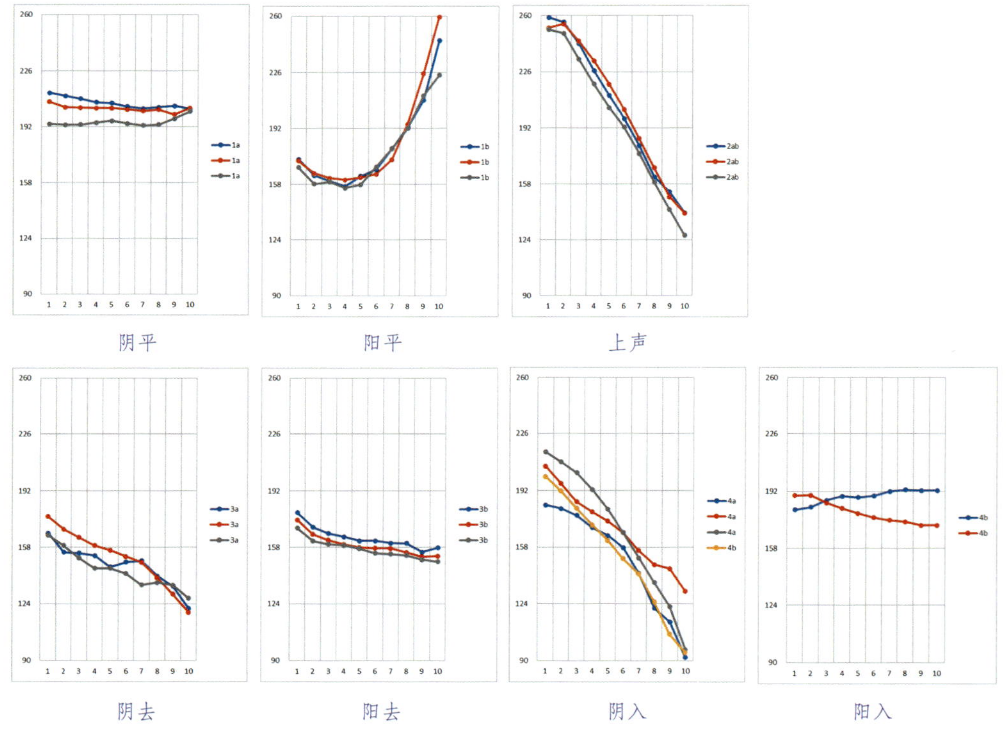

图 12 - 4b　今声调调域分布范围 - 台北 - 《音库》

《音库》的声调有 7 个（见图 12 - 4a）：

阴平 44、阳平 325、上声 52、阴去 31、阳去 32、阴入 41、阳入 33。

今调域的分布情况（见图 12 - 4b）：

阴平在 33 ~ 44 之间；阳平在 334 ~ 335 之间；上声在 52 的范围；阴去在 31 ~ 32 之间；阳去在 32 ~ 33 之间；阴入在 31 ~ 42 之间；阳入主要在 33 的范围。

12.1.2 大田小片

大田城关

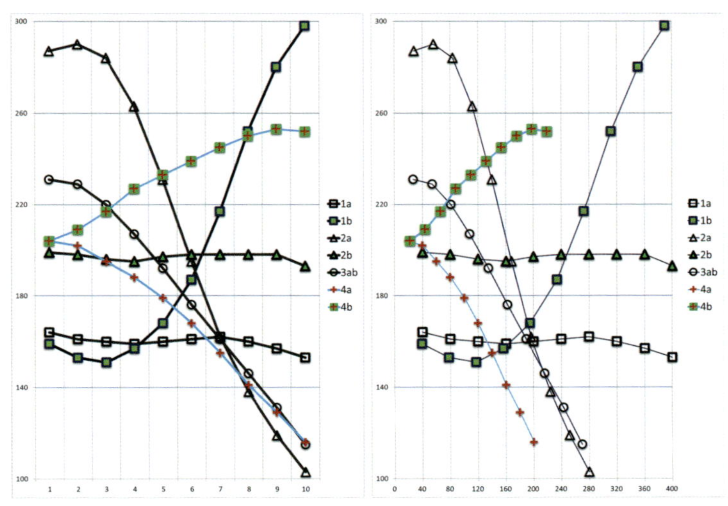

图 12－5a 单字调等长、实长音高模式－大田城关－OM

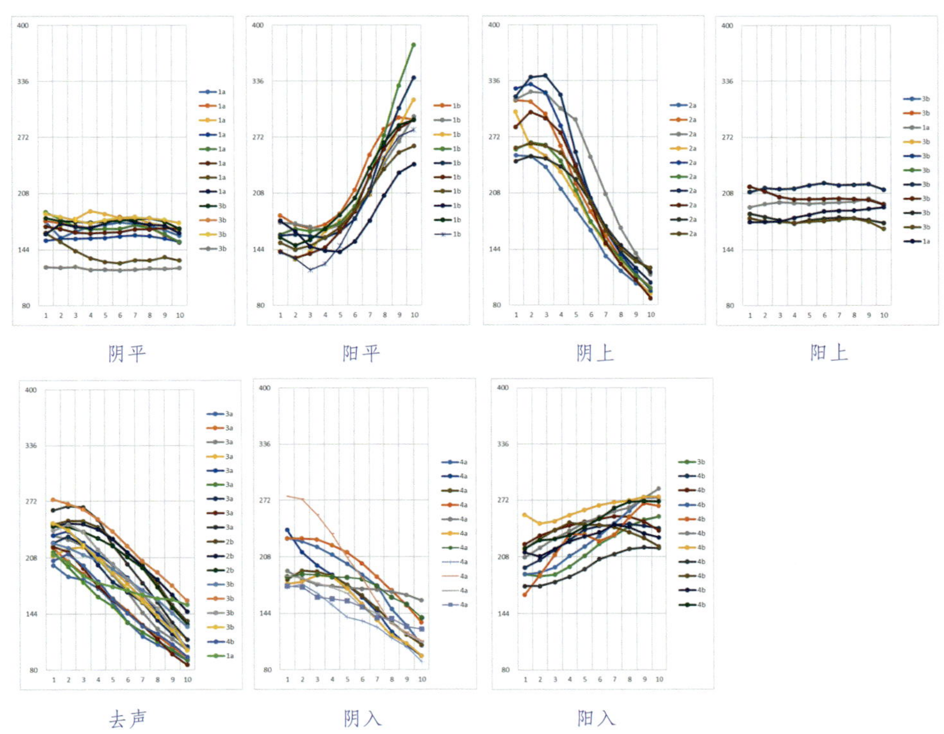

图 12－5b 今声调调域分布范围－大田城关－OM

老男的声调有 7 个（见图 12－5a）：

阴平 22、阳平 25、阴上 51、阳上 33、去声 41、阴入 31、阳入 34。

今调域的分布情况（见图 12－5b）：

阴平在 11～22 之间；阳平在 13～25 之间；阴上在 31～41 之间；阳上在 22～33 之间；去声在 21～32 之间；阴入在 21～32 之间；阳入在 23～34 之间。

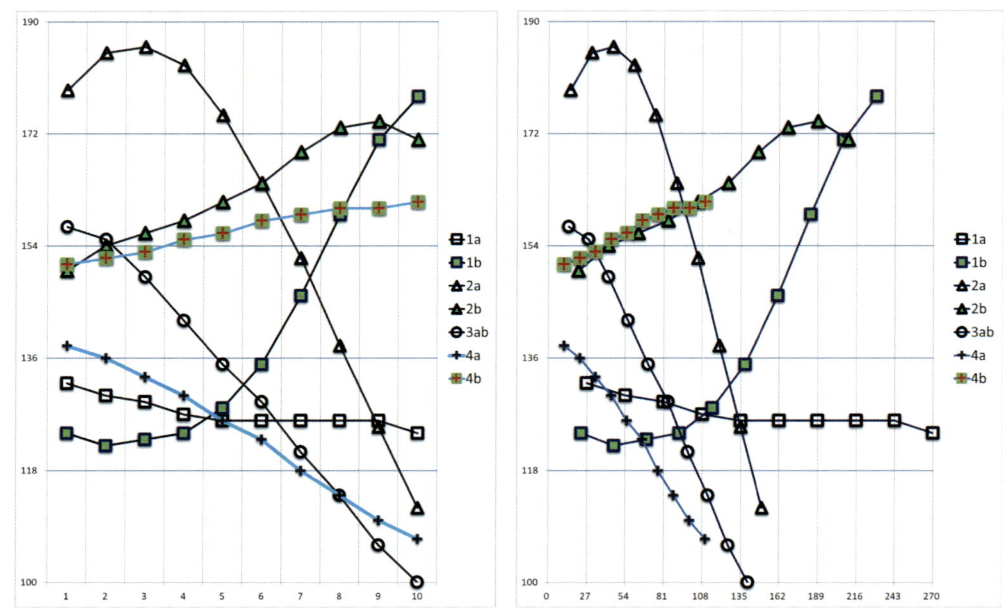

图 12-5c 单字调等长、实长音高模式-大田城关-YM

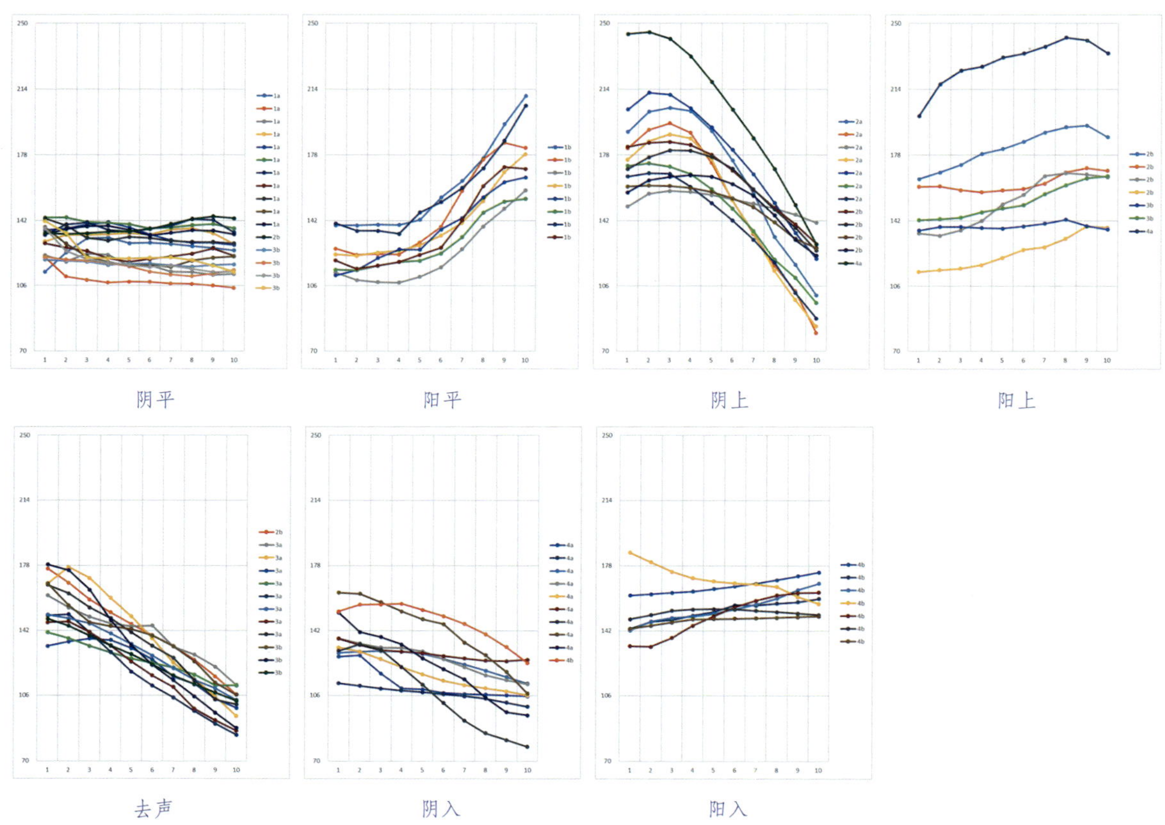

图 12-5d 今声调调域分布范围-大田城关-YM

青男的声调有 7 个（见图 12-5c）：

阴平 22、阳平 25、阴上 51、阳上 34，去声 41，阴入 31、阳入 34。

今调域的分布情况（见图 12-5d）：

阴平主要在 22 的范围；阳平在 23～24 之间；阴上在 31～52 之间，阳上在 23～45 之间；去声在 21～32 之间；阴入在 21～32 之间；阳入主要在 34 的范围。

12.1.3 潮汕小片

1. 汕头 -《音库》

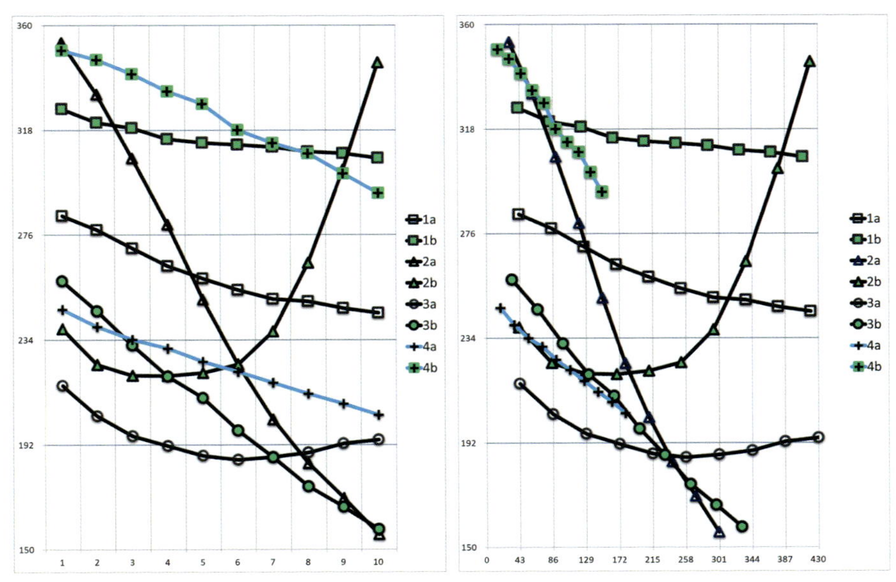

图 12-6a 单字调等长、实长音高模式 - 汕头 -《音库》

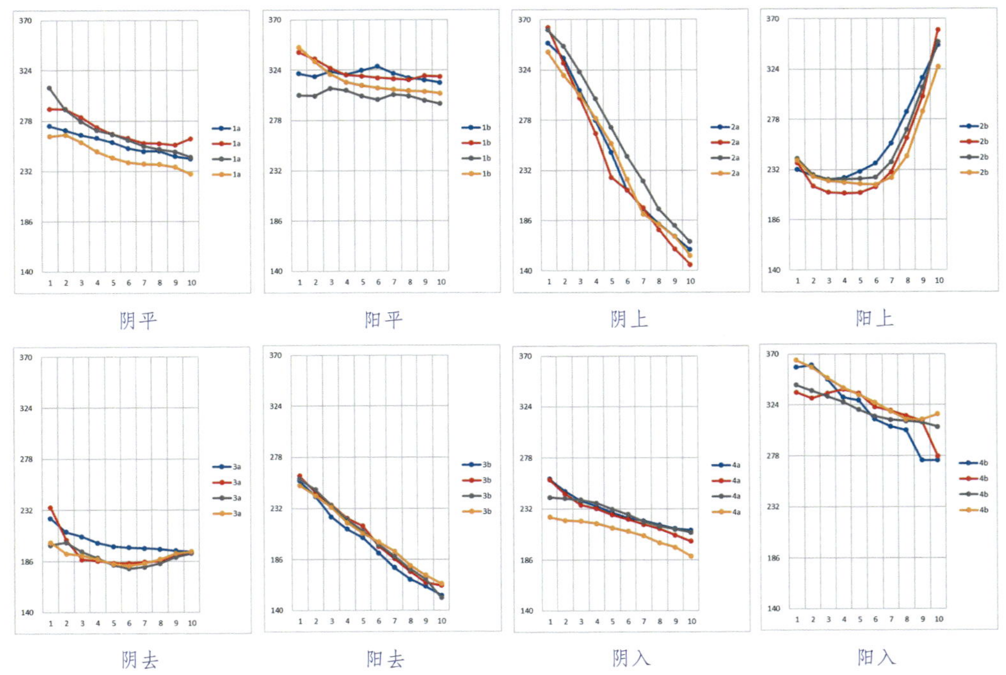

图 12-6b 今声调调域分布范围 - 汕头 -《音库》

《音库》的声调有 8 个（见图 12-6a）：

阴平 43、阳平 54、阴上 51、阳上 325、阴去 211、阳去 31、阴入 <u>32</u>、阳入 <u>54</u>。

今调域的分布情况（见图 12-6b）：

阴平在 32 ~ 43 之间；阳平在 44 ~ 55 之间；阴上在 51 的范围；阳上在 324 ~ 335 之间；阴去在 211 ~ 322 之间，阳去在 31 的范围；阴入在 <u>32</u> 的范围；阳入在 <u>53</u> ~ <u>54</u> 之间。

2. 潮州湘桥

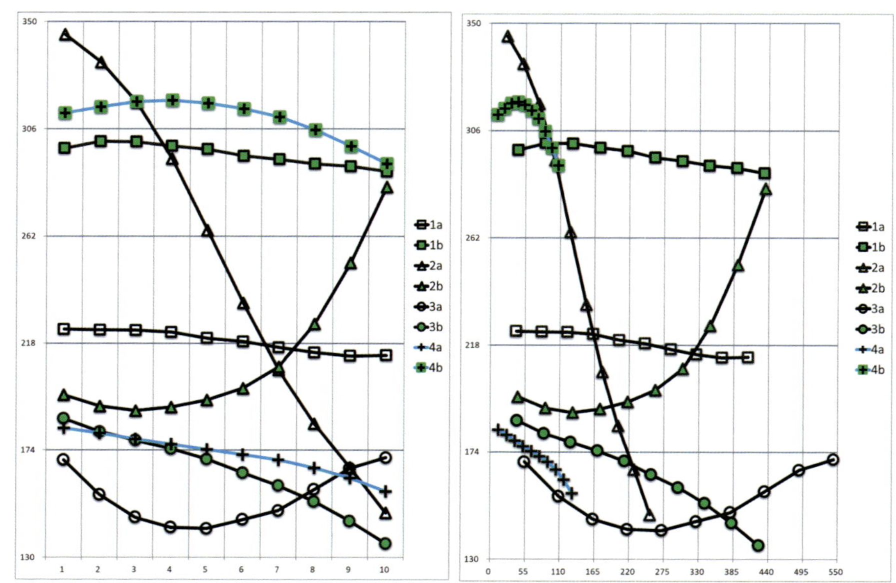

图 12－7a　单字调等长、实长音高模式－潮州湘桥－MF

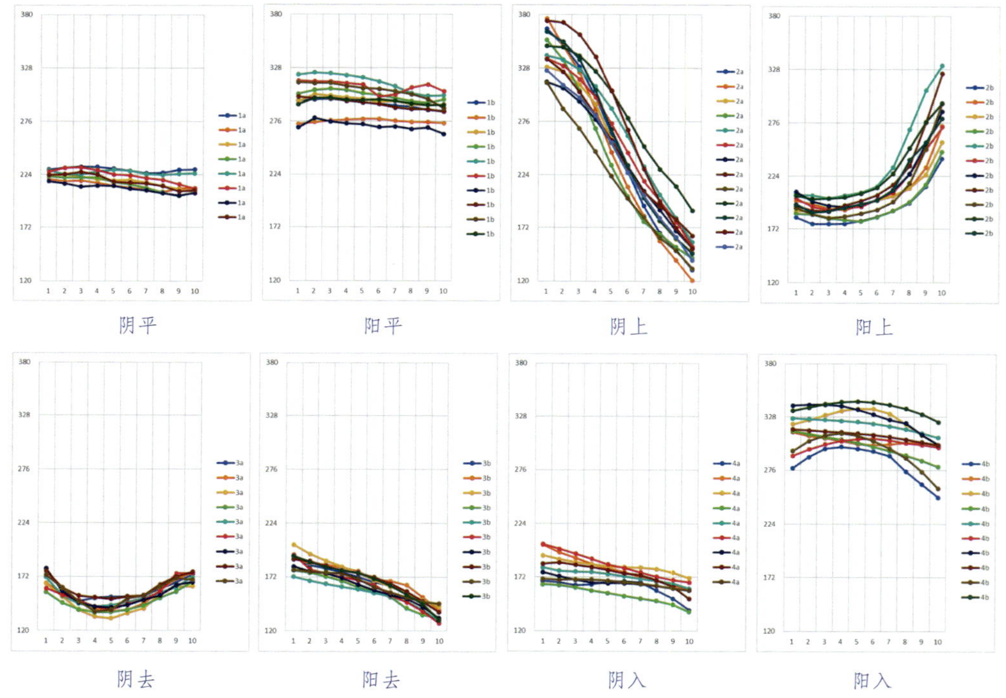

图 12－7b　今声调调域分布范围－潮州湘桥－MF

中女的声调有 8 个（见图 12－7a）：

阴平 33、阳平 44、阴上 51、阳上 224、阴去 212、阳去 21、阴入 21、阳入 54。

今调域的分布情况（见图 12－7b）：

阴平在 22～33 之间；阳平在 33～44 之间；阴上在 41～52 之间；阳上在 223～224 之间；阴去在 212 的范围；阳去在 21 的范围；阴入在 21 的范围；阳入在 43～55 之间。

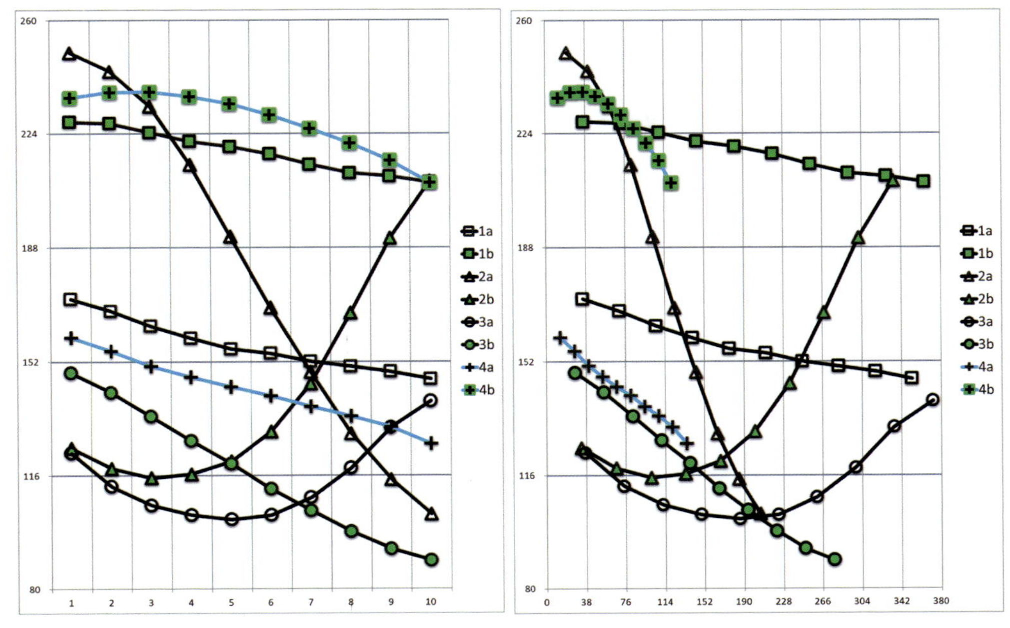

图 12－7c　单字调等长、实长音高模式－潮州湘桥－MM

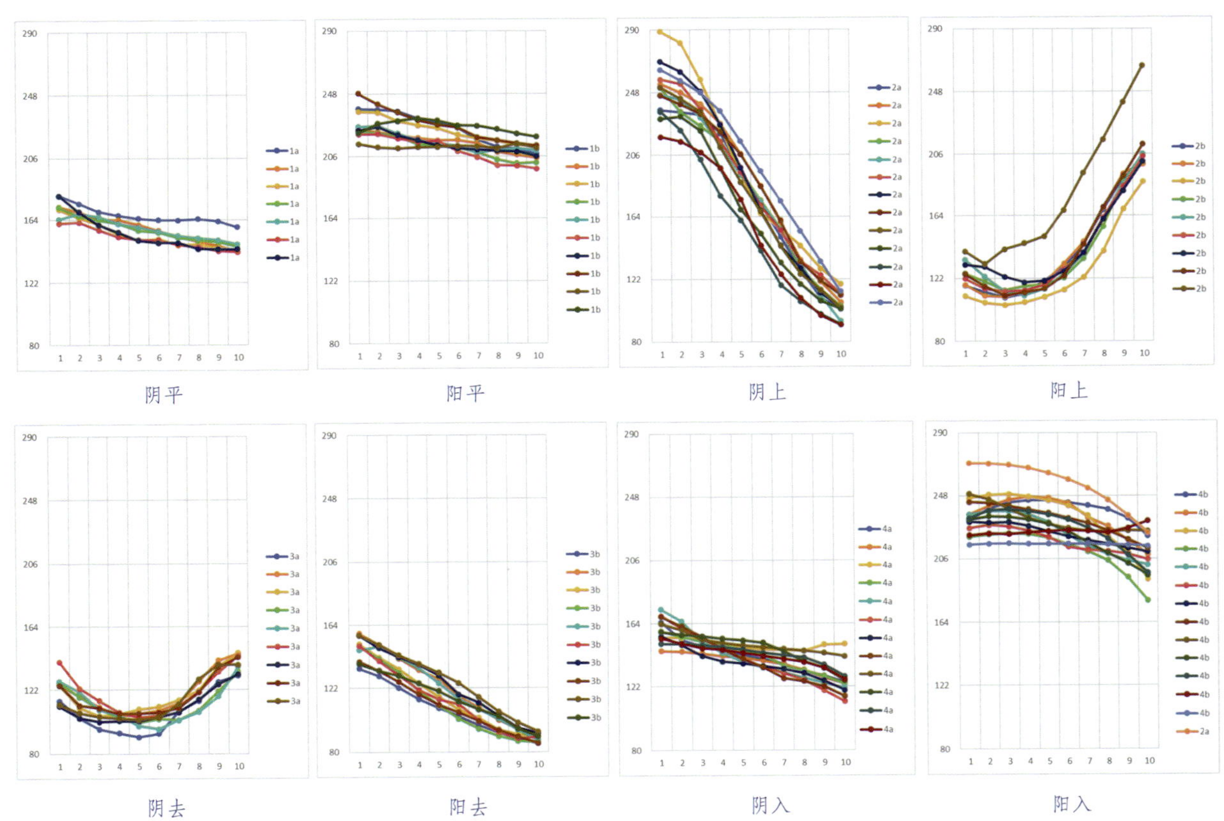

图 12－7d　今声调调域分布范围－潮州湘桥－MM

中男的声调有 8 个（见图 12－7c）：

阴平 32、阳平 54、阴上 51、阳上 224、阴去 212、阳去 21、阴入 32、阳入 54。

今调域的分布情况（见图 12－7d）：

阴平主要在 32 的范围；阳平在 43～54 之间；阴上在 41～51 之间；阳上在 113～225 之间；阴去在 212 的范围；阳去在 21 的范围；阴入在 21～32 之间；阳入在 43～54 之间。

3. 潮阳成田

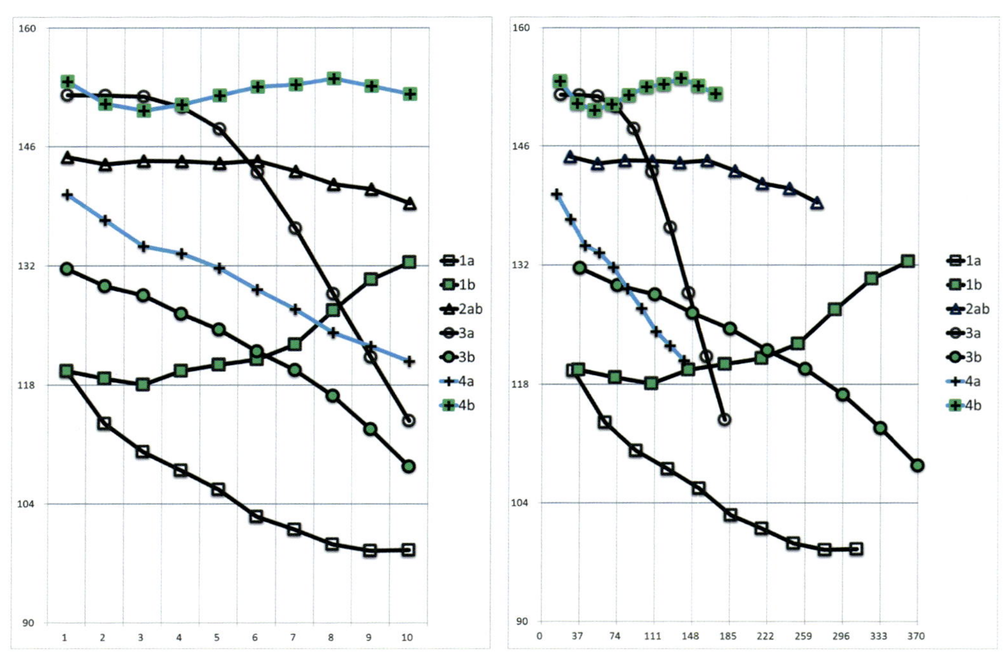

图 12－8a　单字调等长、实长音高模式－潮阳成田－OM

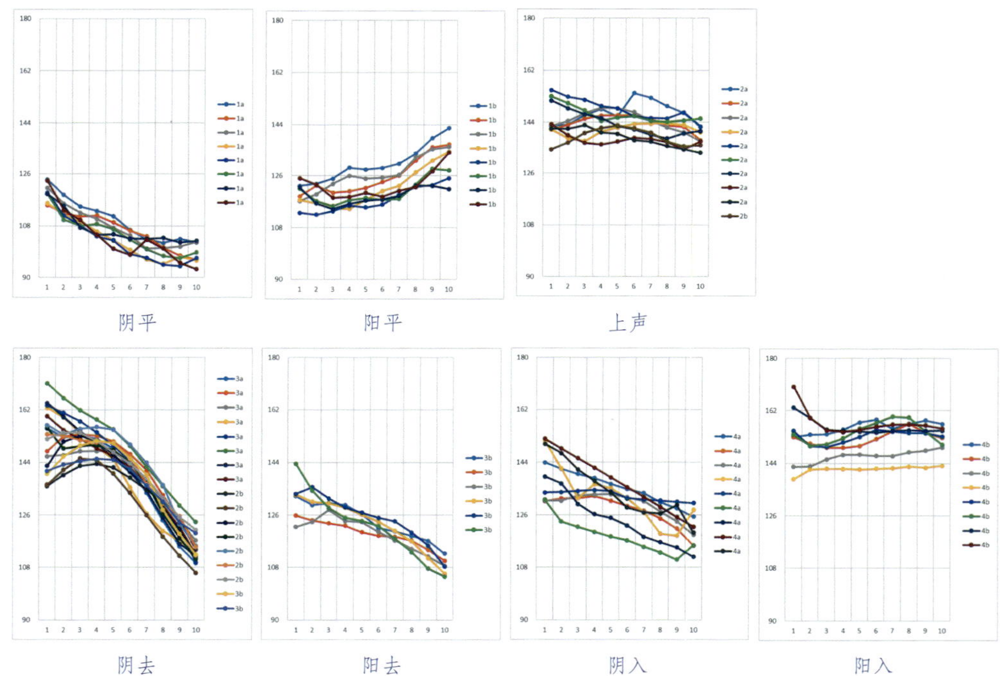

图 12－8b　今声调调域分布范围－潮阳成田－OM

老男的声调有 7 个（见图 12－8a）：

阴平 31、阳平 34、上声 44、阴去 52、阳去 32、阴入 43、阳入 55。

今调域的分布情况（见图 12－8b）：

阴平在 21～31 之间；阳平在 23～34 之间；上声在 33～44 之间；阴去在 32～52 之间；阳去在 21～32 之间；阴入在 32～43 之间；阳入在 44～54 之间。

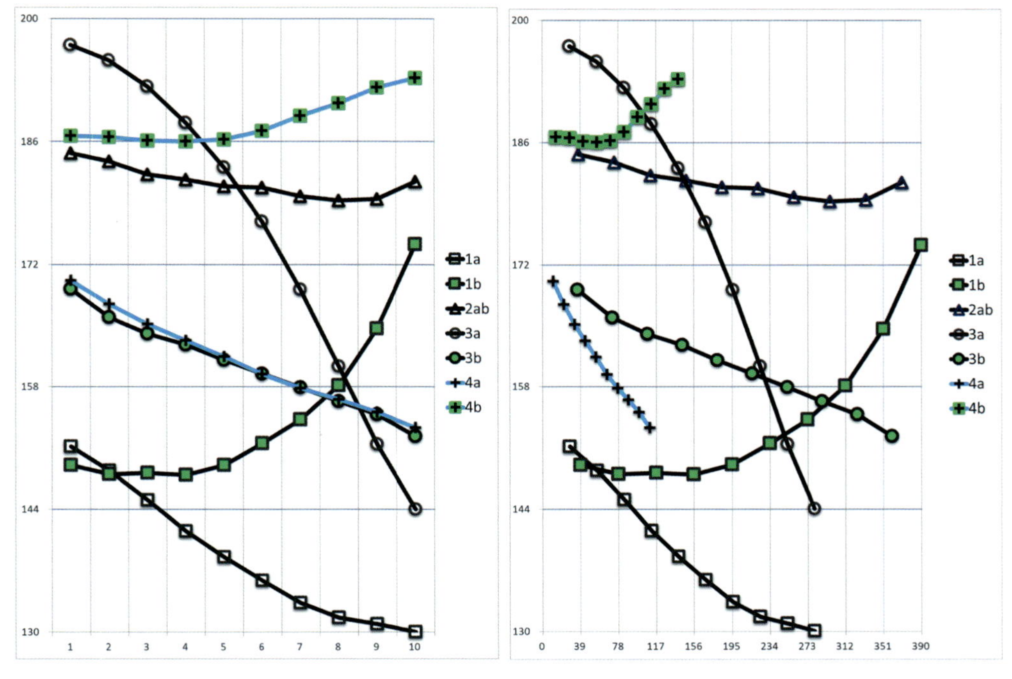

图 12－8c　单字调等长、实长音高模式－潮阳成田－YM

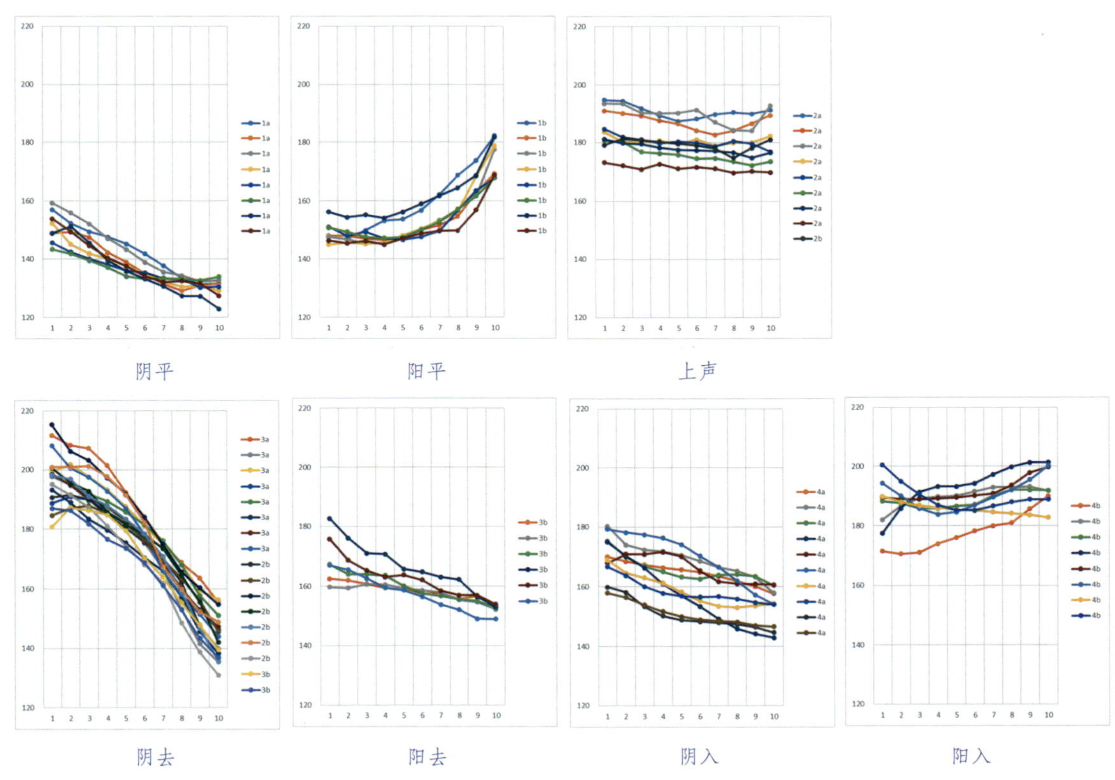

图 12－8d　今声调调域分布范围－潮阳成田－YM

青男的声调有 7 个（见图 12－8c）：

阴平 21、阳平 224、上声 44、阴去 52、阳去 32、阴入 32、阳入 45。

今调域的分布情况（见图 12－8d）：

阴平在 21～31 之间；阳平在 223～224 之间；上声在 33～44 之间；阴去在 41～52 之间；阳去在 32～43 之间；阴入主要在 32 的范围；阳入在 34～45 之间。

4. 陆丰甲子

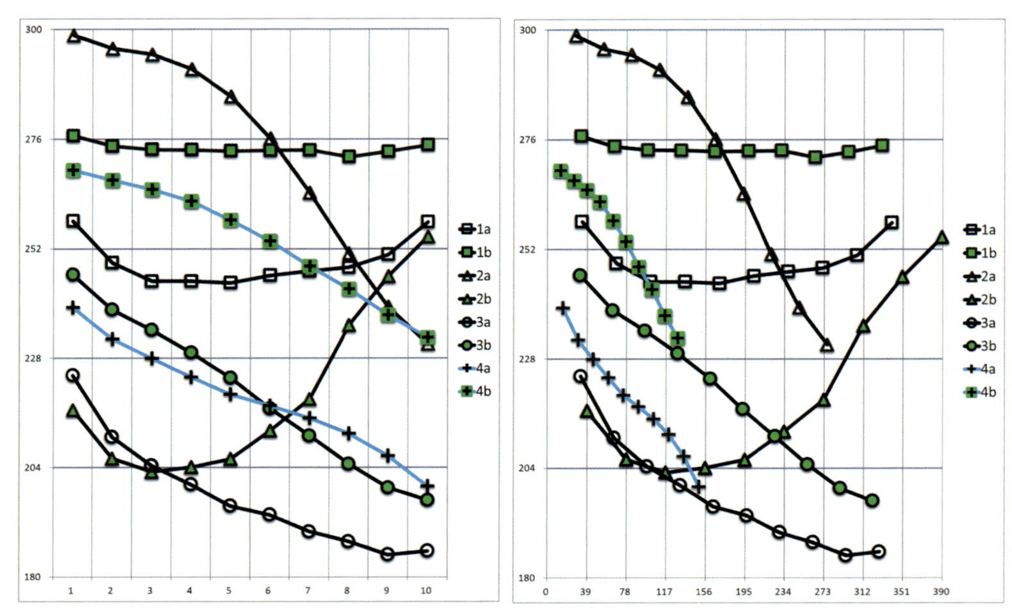

图 12－9a　单字调等长、实长音高模式－陆丰甲子－YF1

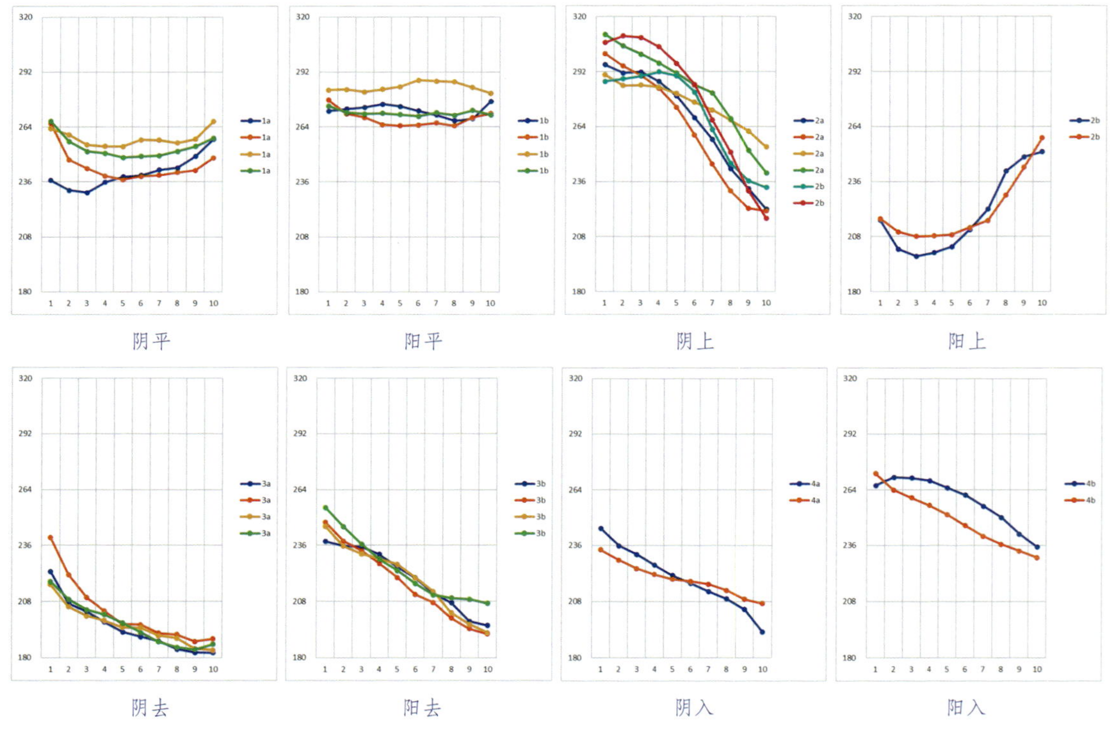

图 12－9b　今声调调域分布范围－陆丰甲子－YF1

青女 1 的声调有 8 个（见图 12－9a）：

阴平 33、阳平 44、阴上 53、阳上 214、阴去 21、阳去 31、阴入 31、阳入 43。

今调域的分布情况（见图 12－9b）：

阴平在 23～33 之间；阳平在 44 的范围；阴上在 42～53 之间；阳上在 213～223 之间；阴去在 21～31 之间；阳去在 31～32 之间；阴入在 21～32 之间；阳入在 42～43 之间。

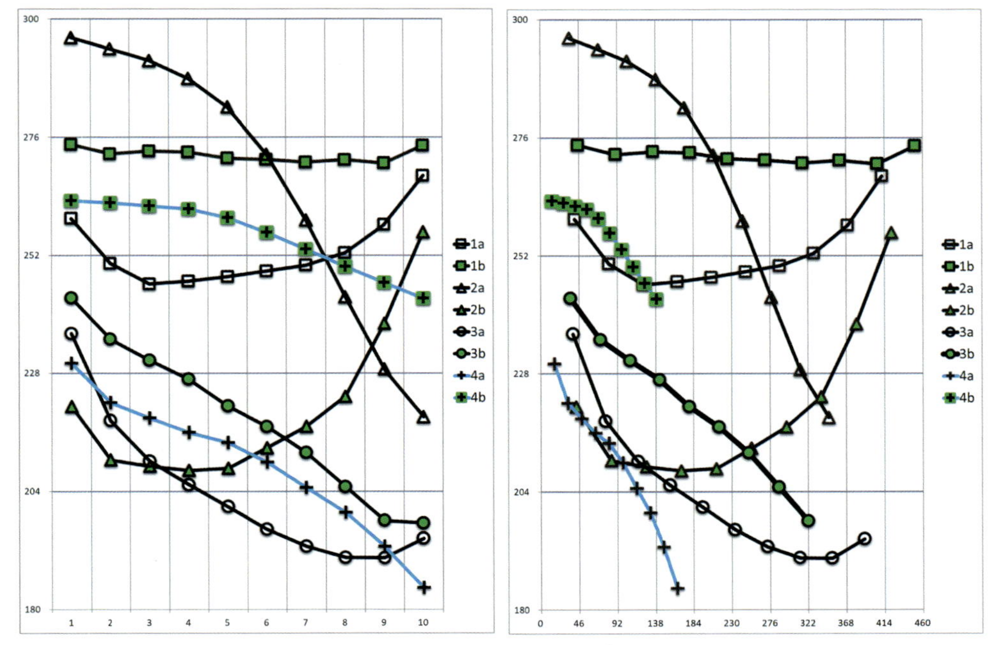

图 12－9c　单字调等长、实长音高模式－陆丰甲子－YF2

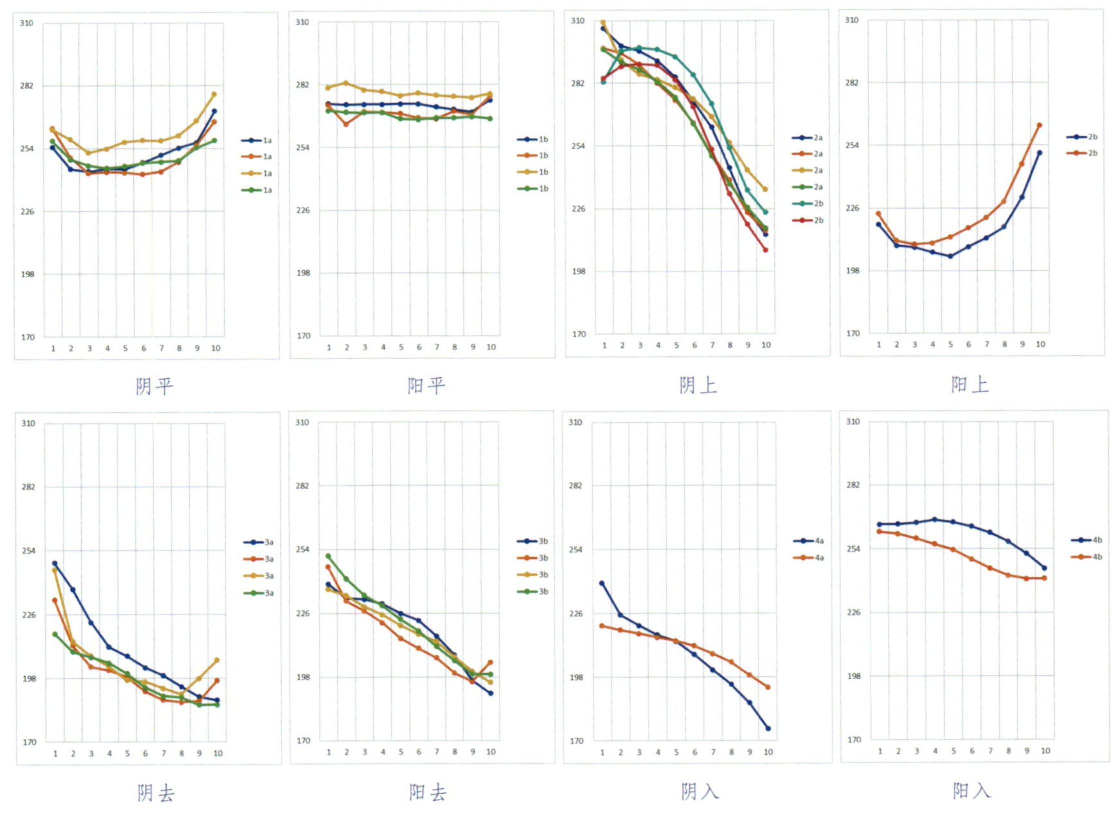

图 12－9d　今声调调域分布范围－陆丰甲子－YF2

青女 2 的声调有 8 个（见图 12－9c）：

阴平 33、阳平 44、阴上 52、阳上 224、阴去 311、阳去 31、阴入 31、阳入 43。

今调域的分布情况（见图 12－9d）：

阴平在 33～44 之间；阳平在 44～55 之间；阴上在 52～53 之间；阳上在 223～224 之间；阴去在 21～31 之间；阳去在 31～32 之间；阴入在 21～31 之间；阳入主要在 43 的范围。

5. 揭阳榕城

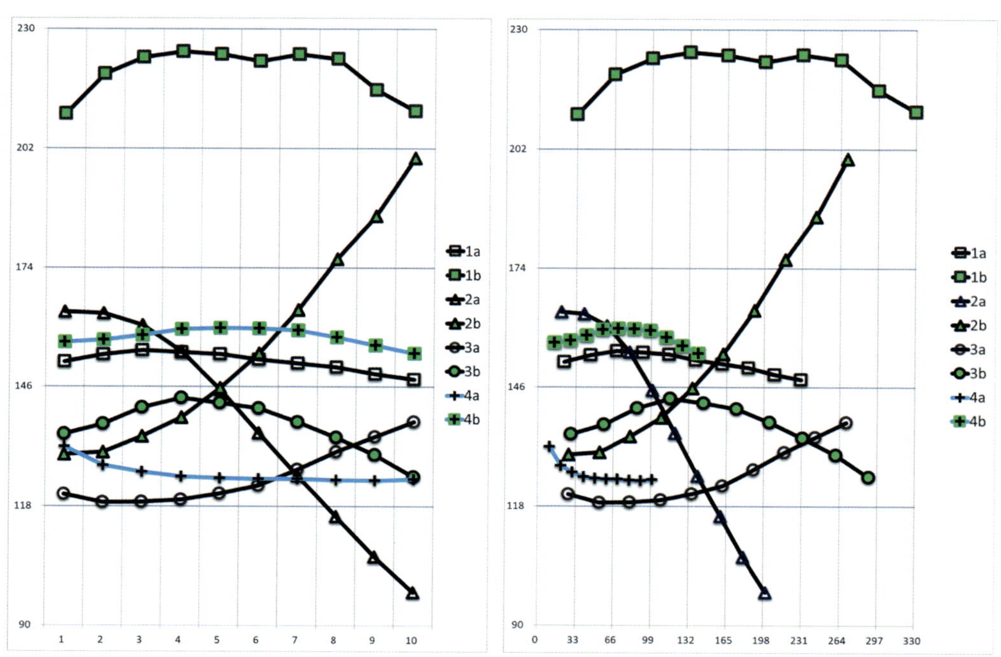

图 12－10a　单字调等长、实长音高模式－揭阳榕城－OM

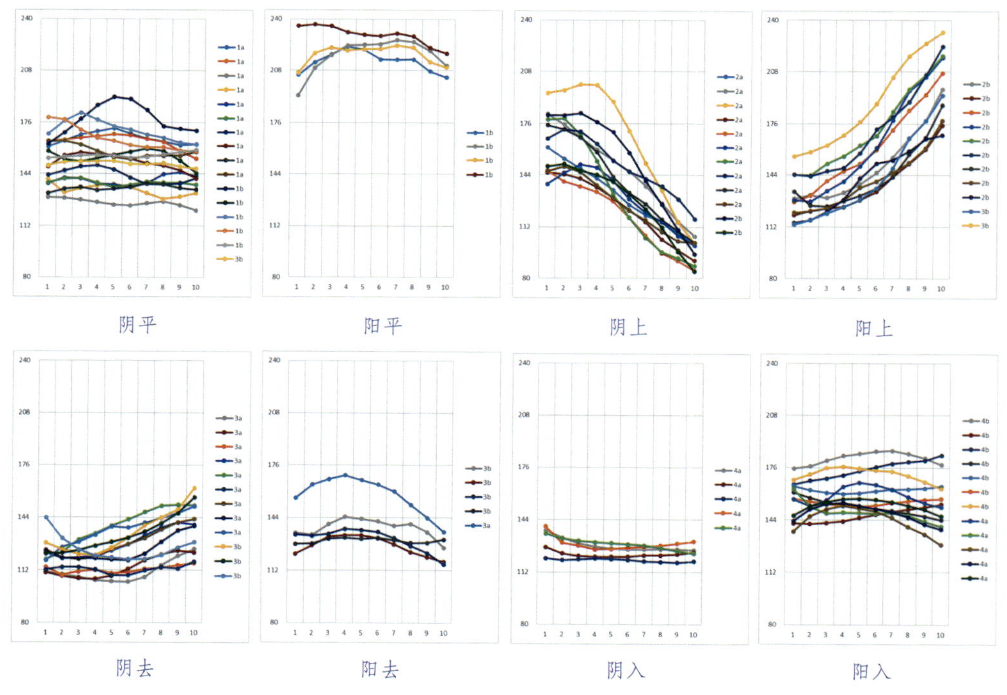

图 12－10b　今声调调域分布范围－揭阳榕城－OM

老男的声调有 8 个（见图 12－10a）：

阴平 33、阳平 55、阴上 31、阳上 24、阴去 223、阳去 232、阴入 22、阳入 33。

今调域的分布情况（见图 12－10b）：

阴平在 22～33 之间；阳平在 55 的范围，阴上在 21～42 之间；阳上在 24～35 之间；阴去在 112～223 之间；阳去在 232～332 之间；阴入在 22 的范围，阳入在 33～44 之间。

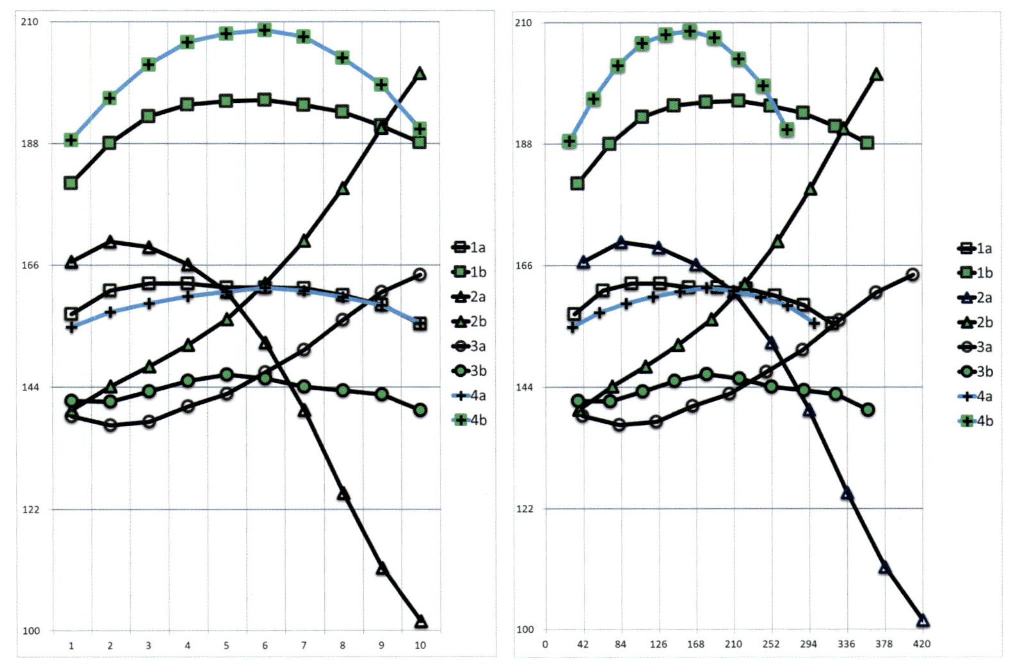

图 12-10c　单字调等长、实长音高模式-揭阳榕城-YM

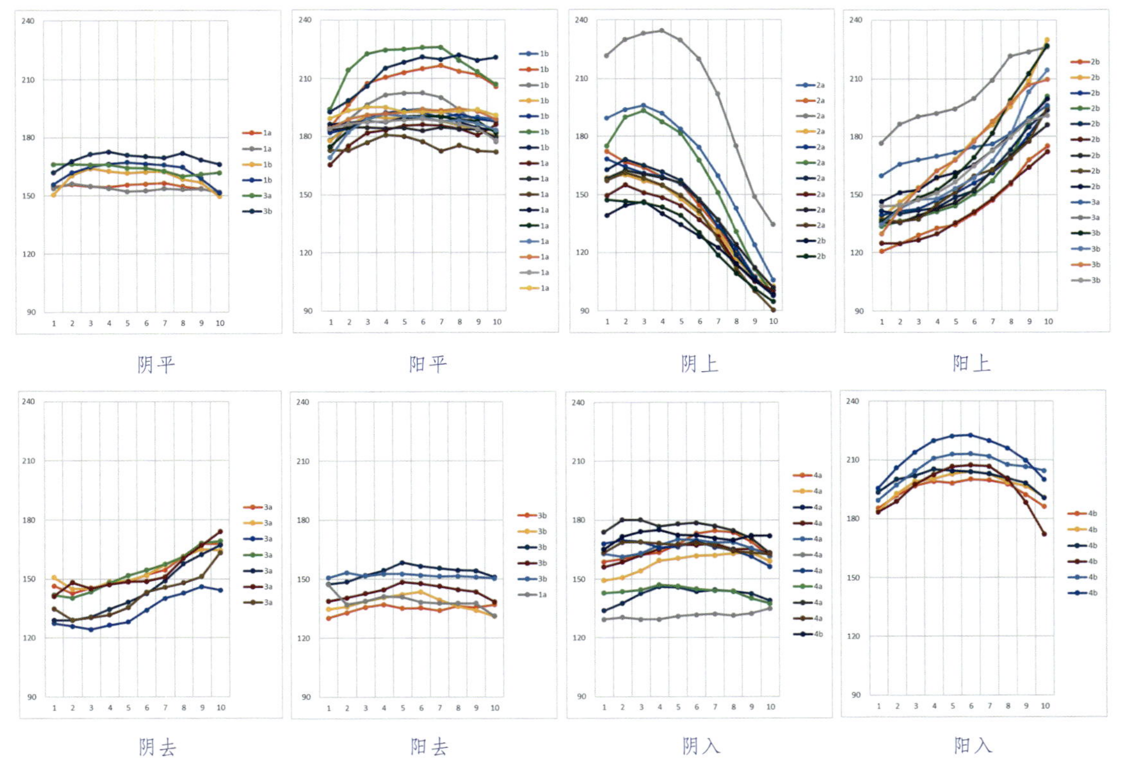

图 12-10d　今声调调域分布范围-揭阳榕城-YM

青男的声调有 8 个（见图 12-10c）：

阴平 33、阳平 55、阴上 41、阳上 25、阴去 23、阳去 22、阴入 33、阳入 55。

今调域的分布情况（见图 12-10d）：

阴平在 33 的范围；阳平在 44~455 之间；阴上在 21~52 之间；阳上在 23~35 之间；阴去在 23 的范围；阳去在 22~33 之间；阴入在 22~33 之间；阳入在 44~454 之间。

6. 广东海丰

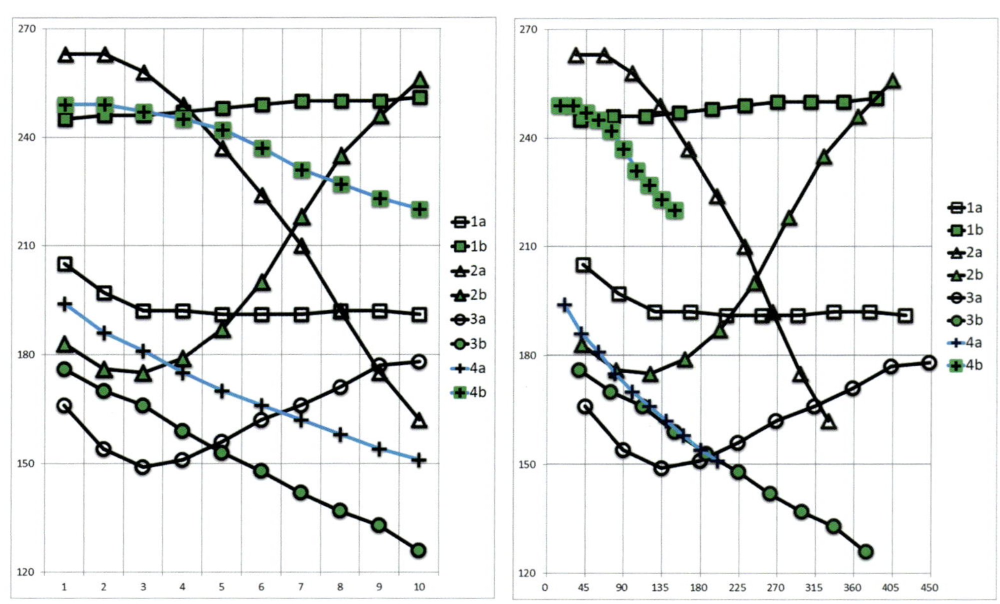

图 12－11a　单字调等长、实长音高模式－广东海丰－OM

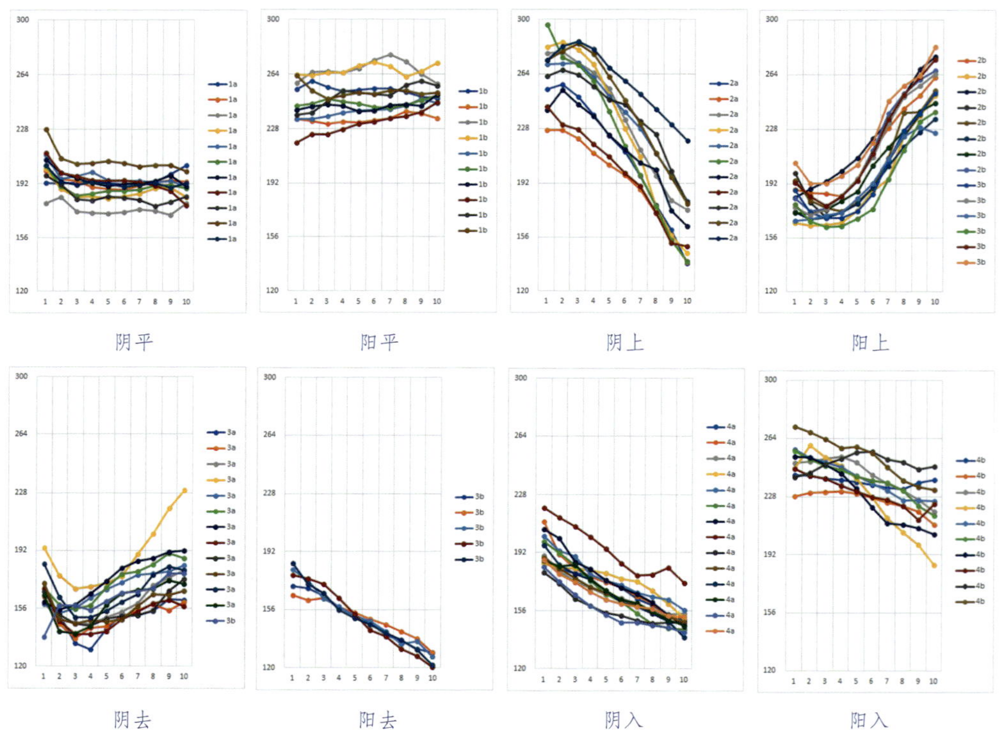

图 12－11b　今声调调域分布范围－广东海丰－OM

老男的声调有 8 个（见图 12－11a）：

阴平 33、阳平 55、阴上 52、阳上 325、阴去 212、阳去 21、阴入 32、阳入 54。

今调域的分布情况（见图 12－11b）：

阴平在 22～33 之间；阳平在 34～55 之间；阴上在 31～53 之间；阳上在 224～325 之间；阴去在 212～324 之间；阳去在 21 的范围；阴入在 21～32 之间；阳入在 43～54 之间。

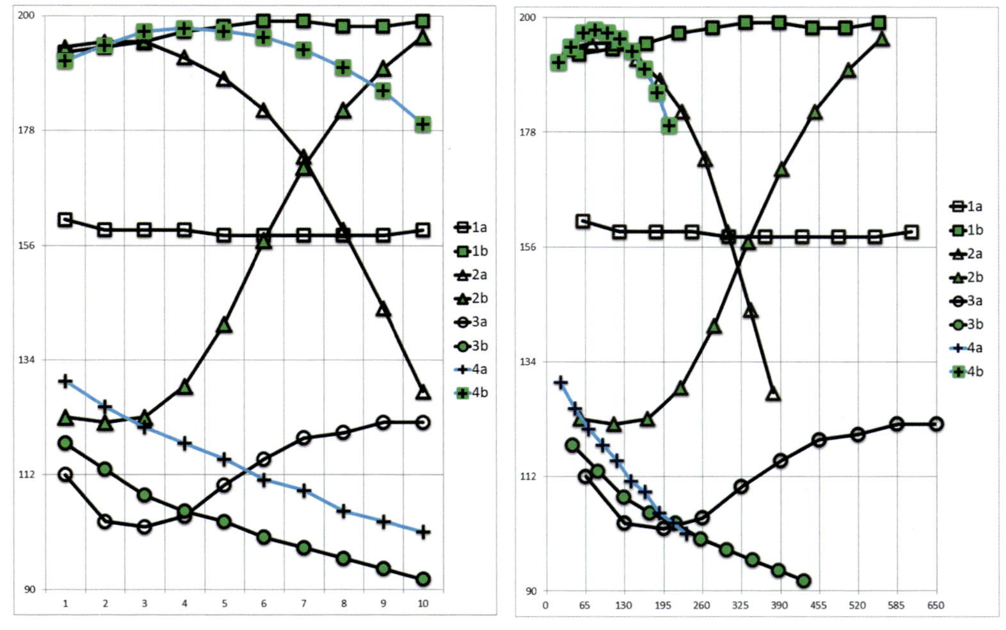

图 12－11c 单字调等长、实长音高模式－广东海丰－YM

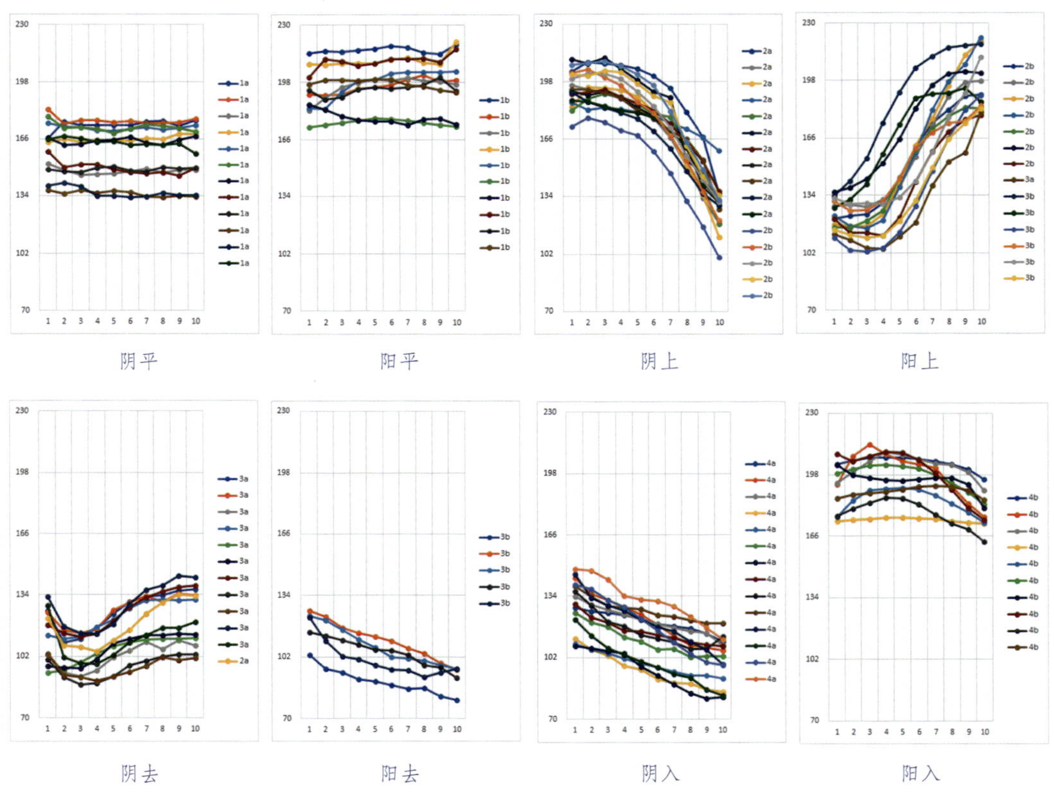

图 12－11d 今声调调域分布范围－广东海丰－YM

青男的声调有 8 个（见图 12－11c）：

阴平 44、阳平 55、阴上 52、阳上 25、阴去 212、阳去 21、阴入 21、阳入 54。

今调域的分布情况（见图 12－11d）：

阴平在 33～44 之间；阳平在 44～55 之间；阴上在 41～53 之间；阳上在 24～35 之间；阴去在 212～323 之间；阳去在 21 的范围；阴入在 31～32 之间；阳入在 43～54 之间。

7. 广东汕尾

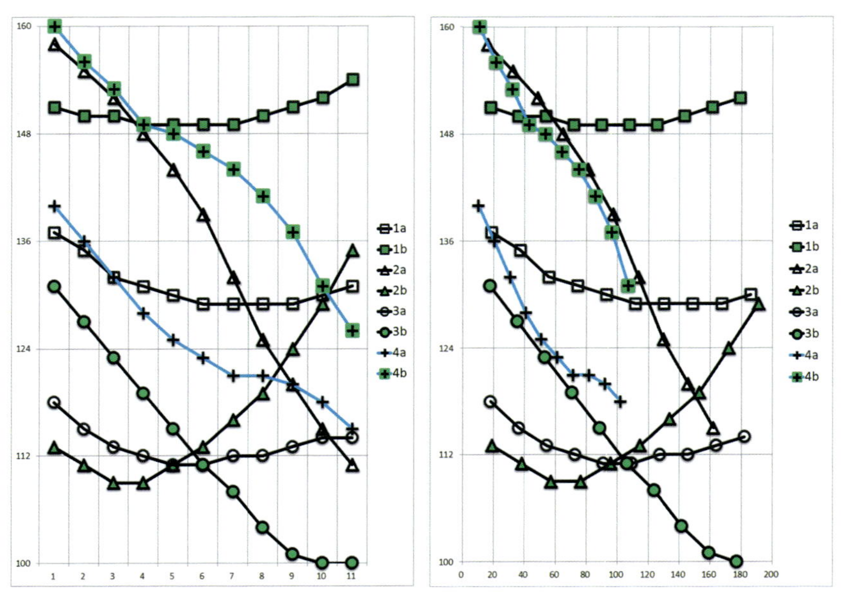

图 12-12a　单字调等长、实长音高模式－广东汕尾－OM

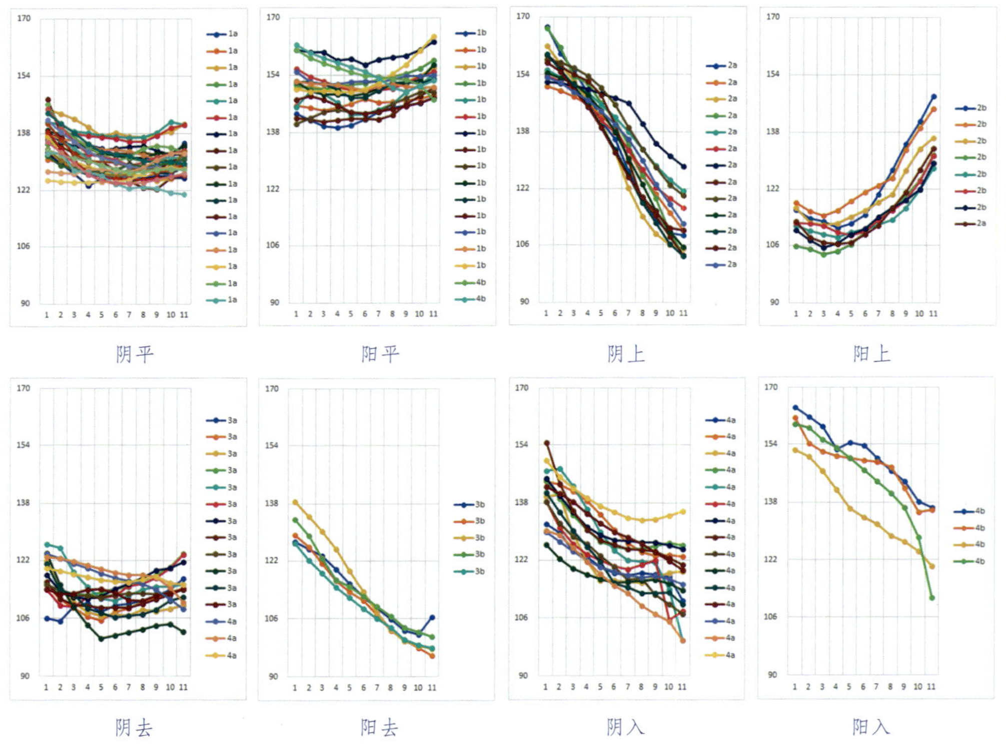

图 12-12b　今声调调域分布范围－广东汕尾－OM

老男的声调有 8 个（见图 12-12a）：

阴平 43、阳平 55、阴上 52、阳上 213、阴去 212、阳去 31、阴入 42、阳入 53。

今调域的分布情况（见图 12-12b）：

阴平在 32～43 之间；阳平在 44～55 之间；阴上在 41～53 之间；阳上在 213～324 之间；阴去在 212～323 之间；阳去在 31 的范围；阴入在 31～43 之间；阳入在 42～53 之间。

12.1.4　浙东南小片

苍南灵溪

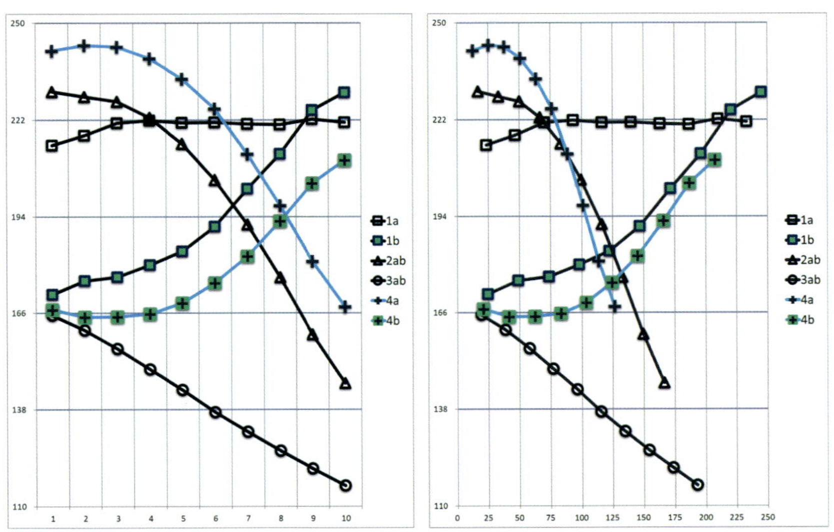

图 12－13a　单字调等长、实长音高模式－苍南灵溪－OM

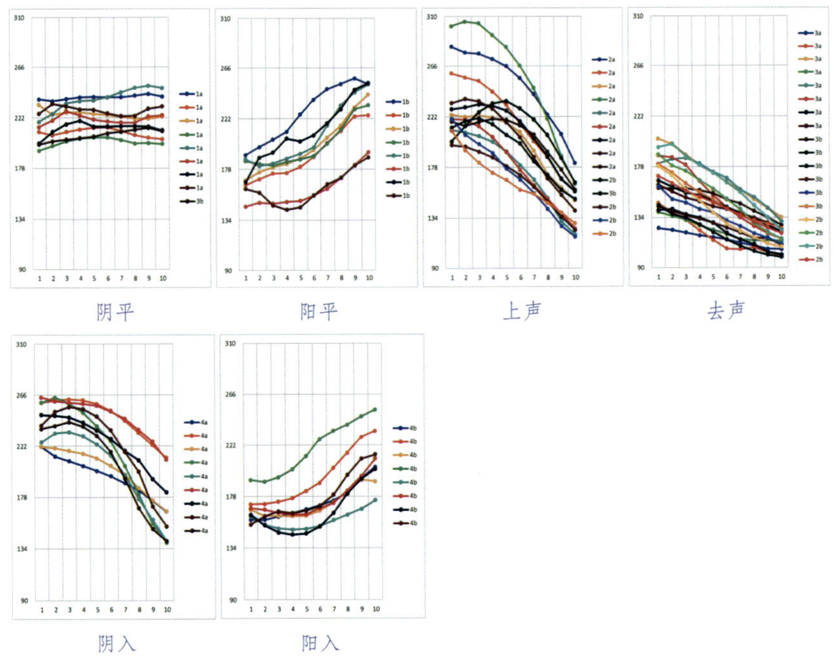

图 12－13b　今声调调域分布范围－苍南灵溪－OM

老男的声调有 6 个（见图 12－13a）：

阴平 44、阳平 35、上声 52、去声 21、阴入 53、阳入 24。

今调域的分布情况（见图 12－13b）：

阴平在 33～44 之间；阳平在 23～34 之间；上声在 31～53 之间；去声在 21～32 之间；阴入在 32～43 之间；阳入在 23～34 之间。

浙南闽方言在声调上有一个很大的特点是入声已经消失，灵溪话就是一个例子。

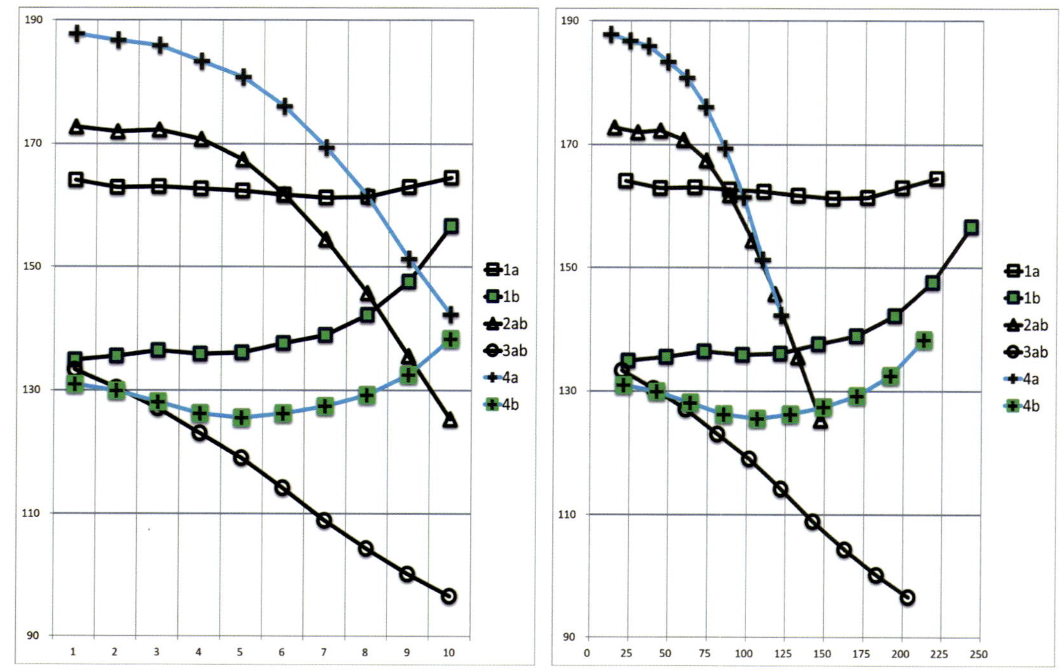

图 12－13c　单字调等长、实长音高模式－苍南灵溪－YM

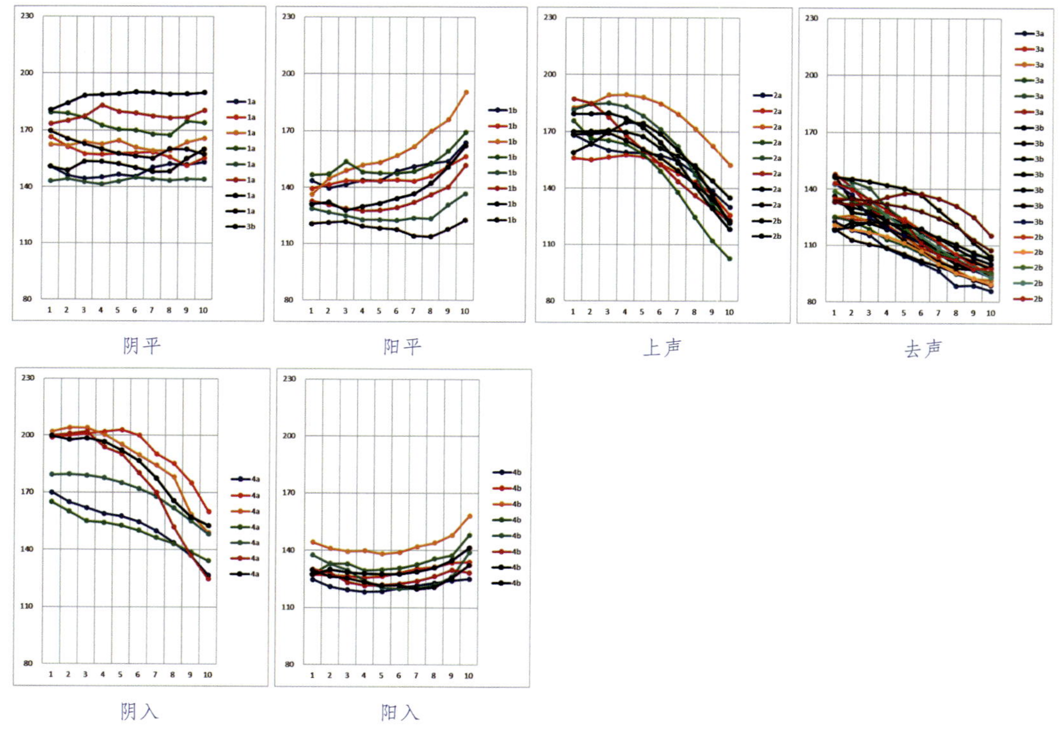

图 12－13d　今声调调域分布范围－苍南灵溪－YM

青男的声调有 6 个（见图 12－13c）：

阴平 44、阳平 334、上声 52、去声 31、阴入 53、阳入 223。

今调域的分布情况（见图 12－13d）：

阴平在 33～44 之间；阳平在 223～334 之间；上声在 31～43 之间；去声在 21～32 之间；阴入在 32～53 之间；阳入主要在 223 的范围。

12.2 莆仙片

1. 福建莆田

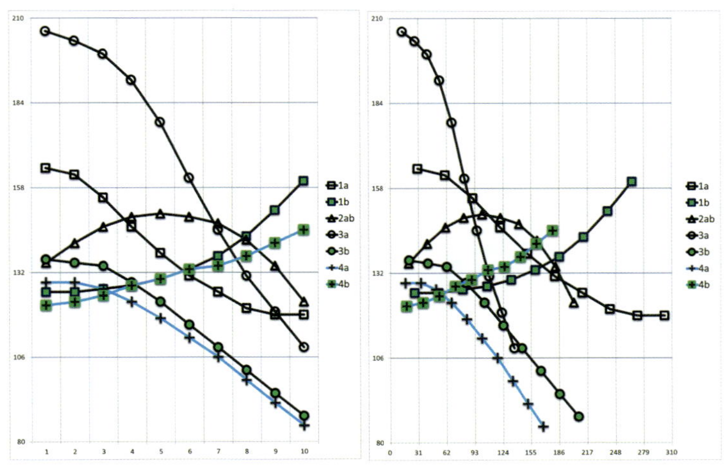

图 12－14a 单字调等长、实长音高模式－福建莆田－OM

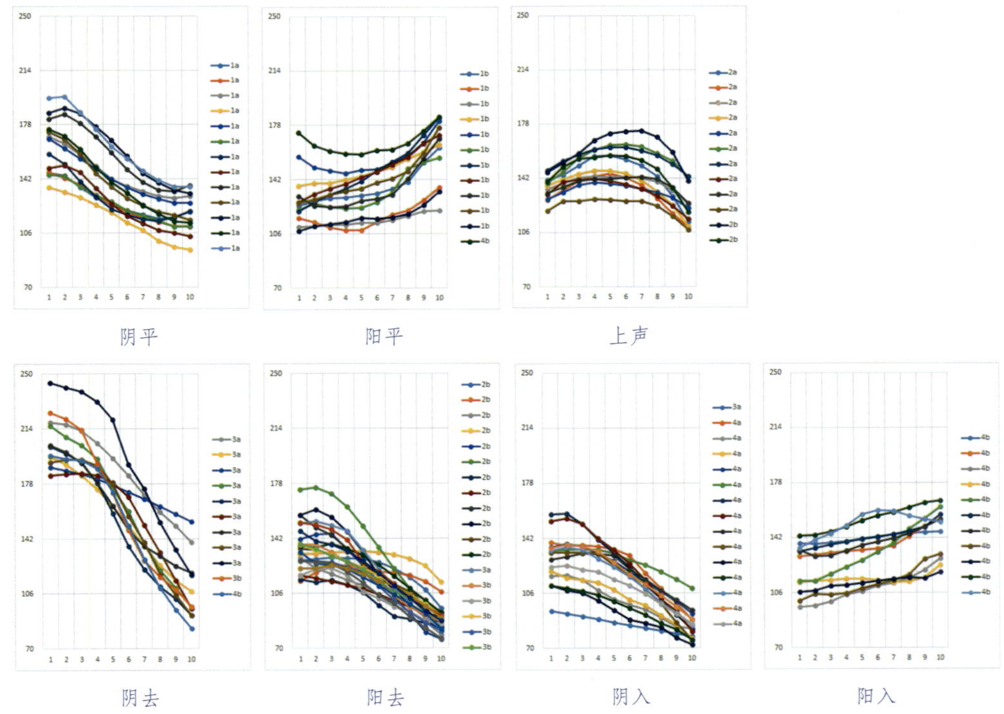

图 12－14b 今声调调域分布范围－福建莆田－OM

老男的声调有 7 个（见图 12－14a）：

阴平 42、阳平 24、上声 232、阴去 52、阳去 31、阴入 21、阳入 23。

今调域的分布情况（见图 12－14b）：

阴平在 21～42 之间；阳平在 12～34 之间；上声在 221～232 之间；阴去在 41～53 之间；阳去在 21～32 之间；阴入在 21～32 之间；阳入在 12～23 之间。

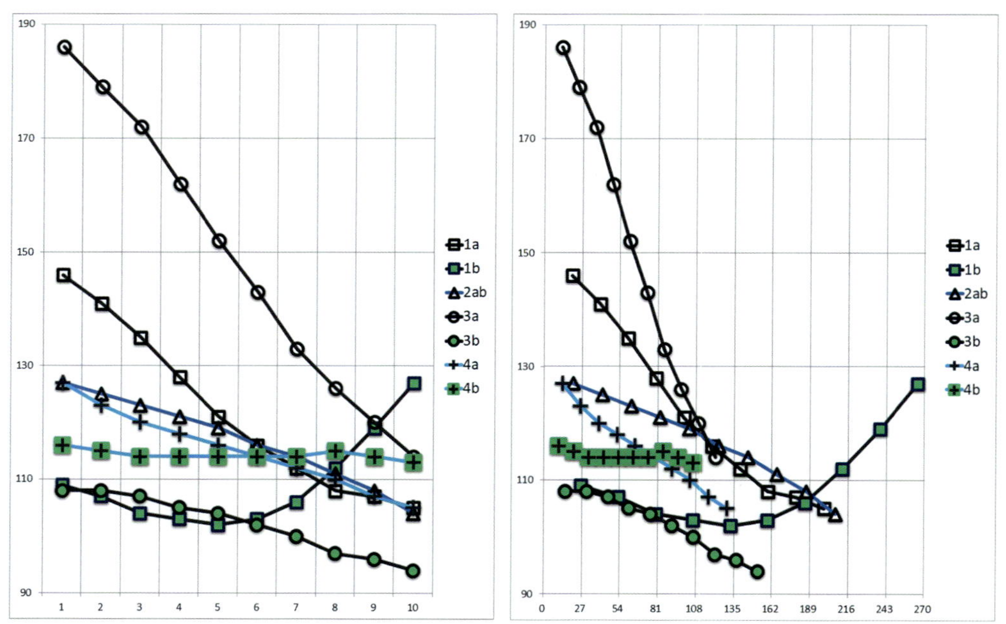

图 12－14c 单字调等长、实长音高模式－福建莆田－YM

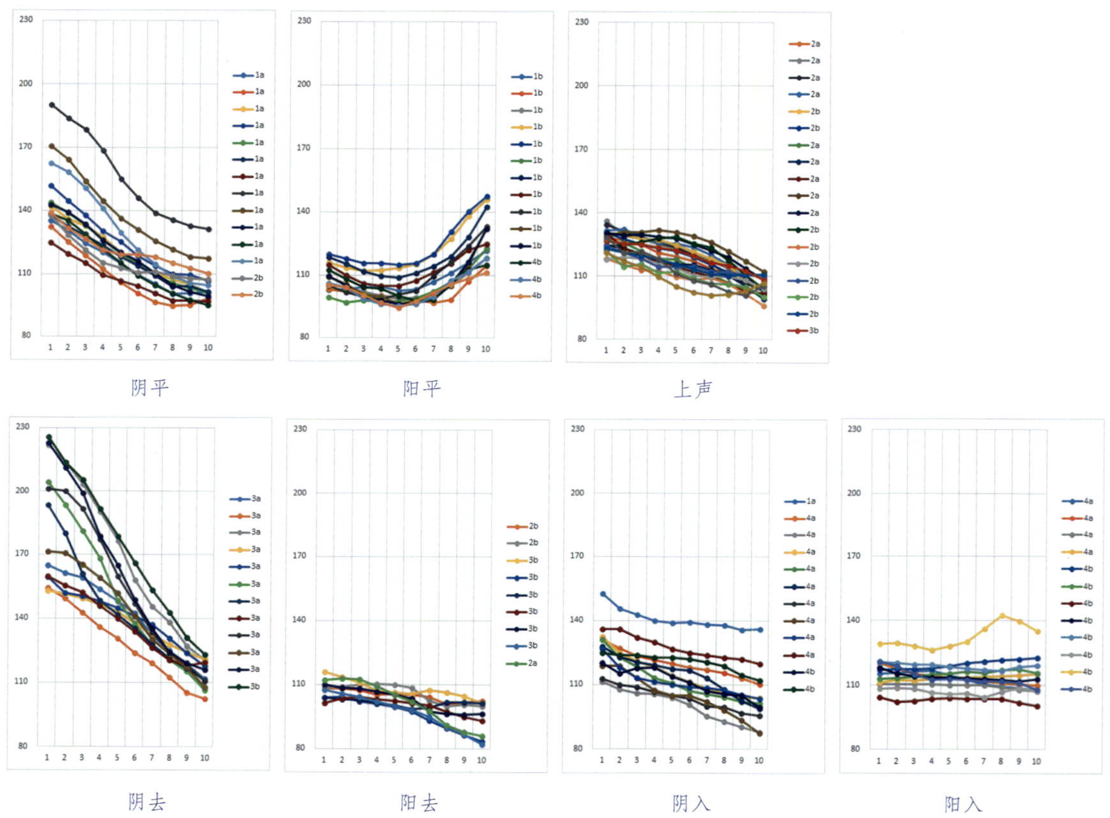

图 12－14d 今声调调域分布范围－福建莆田－YM

青男的声调有 7 个（见图 12－14c）：

阴平 31、阳平 112、上声 21、阴去 52、阳去 21、阴入 21、阳入 22。

今调域的分布情况（见图 12－14d）：

阴平在 21～42 之间；阳平在 112～223 之间；上声在 21 的范围；阴去在 31～52 之间；阳去主要在 21 的范围；阴入在 21～32 之间；阳入在 11～22 之间。

2. 福建仙游

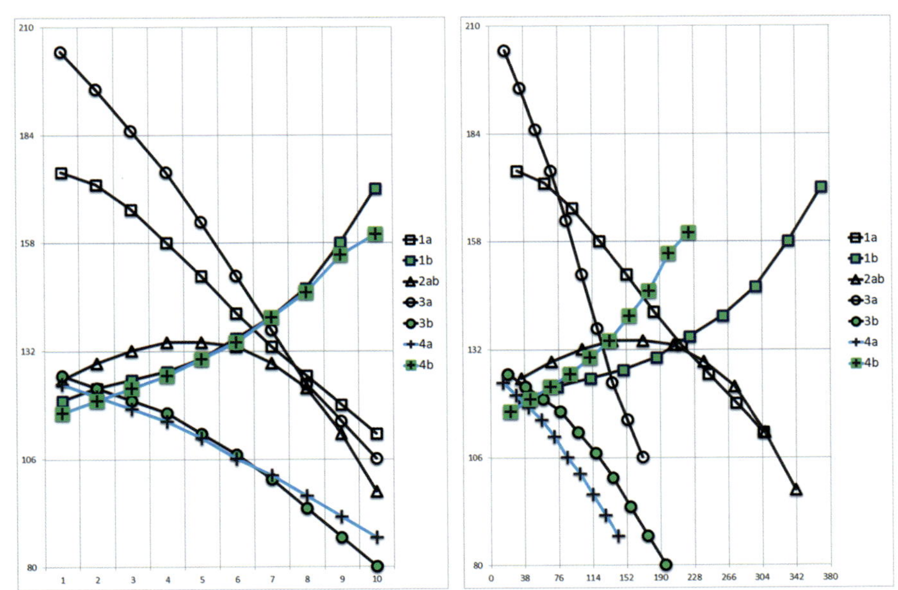

图 12－15a 单字调等长、实长音高模式－福建仙游－OM

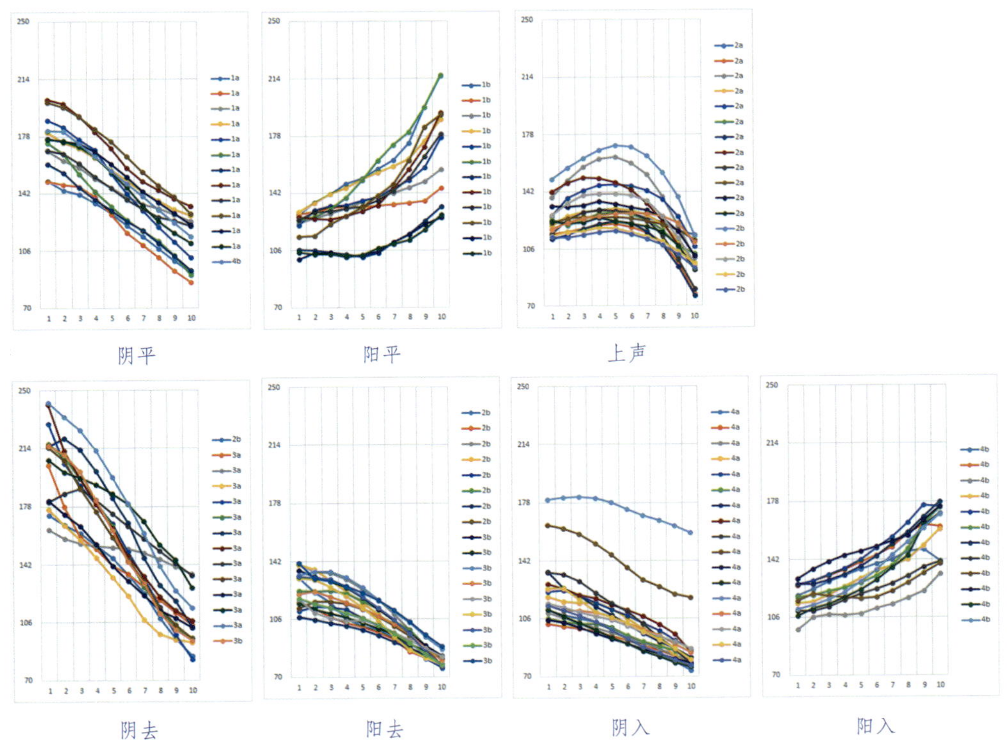

图 12－15b 今声调调域分布范围－福建仙游－OM

老男的声调有 7 个（见图 12－15a）：

阴平 42、阳平 24、上声 231、阴去 52、阳去 21、阴入 21、阳入 24。

今调域的分布情况（见图 12－15b）：

阴平在 31～42 之间；阳平在 112～25 之间；上声在 221－332 之间；阴去在 31～52 之间；阳去在 21 的范围；阴入在 21～43 之间；阳入在 12～24 之间。

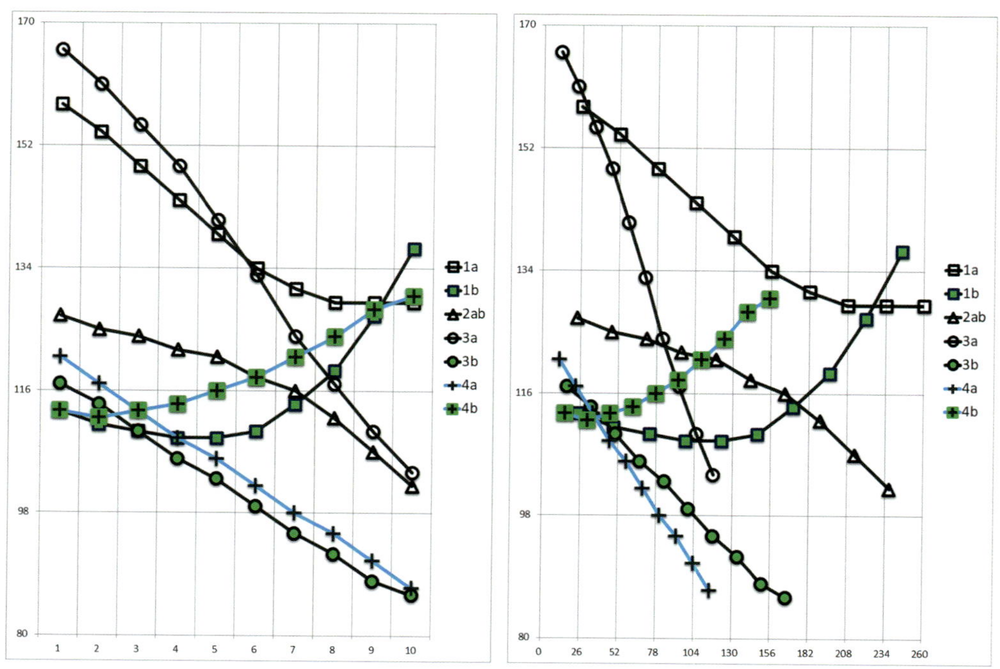

图 12－15c　单字调等长、实长音高模式－福建仙游－YM

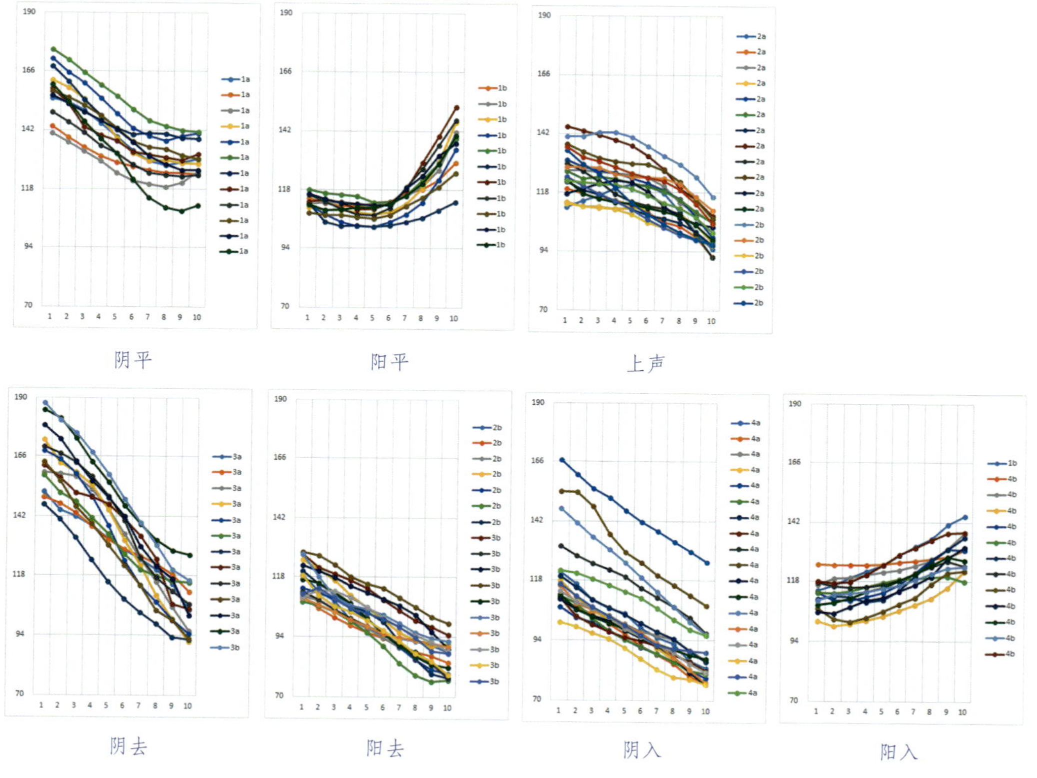

图 12－15d　今声调调域分布范围－福建仙游－YM

青男的声调有 7 个（见图 12－15c）：

阴平 53、阳平 224、上声 32、阴去 52、阳去 31、阴入 31、阳入 24。

今调域的分布情况（见图 12－15d）：

阴平在 32～53 之间；阳平在 223～224 之间；上声在 21～32 之间；阴去在 42～53 之间；阳去在 21～32 之间；阴入在 21～43 之间；阳入在 23～34 之间。

12.3 闽东片

12.3.1 侯官小片

1. 福州 –《音库》

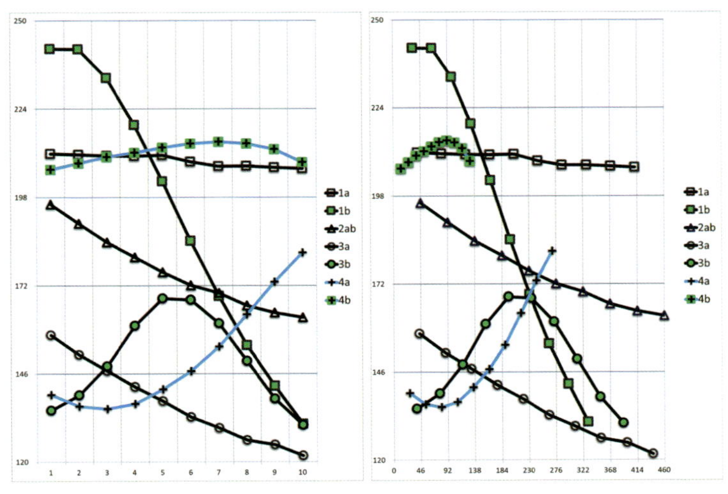

图 12 – 16a 单字调等长、实长音高模式 – 福州 –《音库》

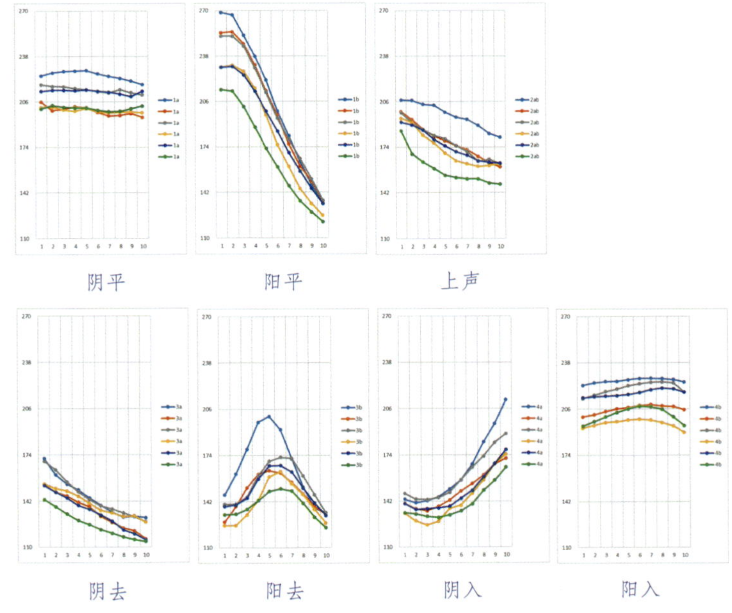

图 12 – 16b 今声调调域分布范围 – 福州 –《音库》

《音库》的声调有 7 个（见图 12 – 16a）：

阴平 44、阳平 51、上声 32、阴去 21、阳去 121、阴入 13、阳入 44。

今调域的分布情况（见图 12 – 16b）：

阴平在 33 ~ 44 之间；阳平在 41 ~ 51 之间；上声在 32 ~ 43 之间；阴去在 21 的范围；阳去在 121 ~ 231 之间；阴入在 12 ~ 24 之间；阳入在 33 ~ 44 之间。

2. 宁德古田

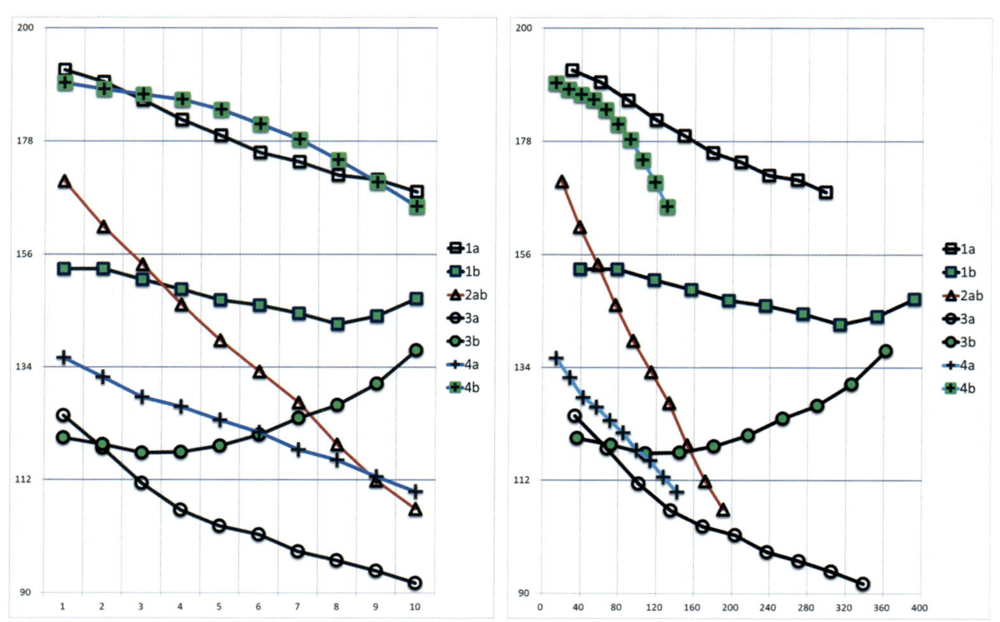

图 12－17a　单字调等长、实长音高模式－宁德古田－OM

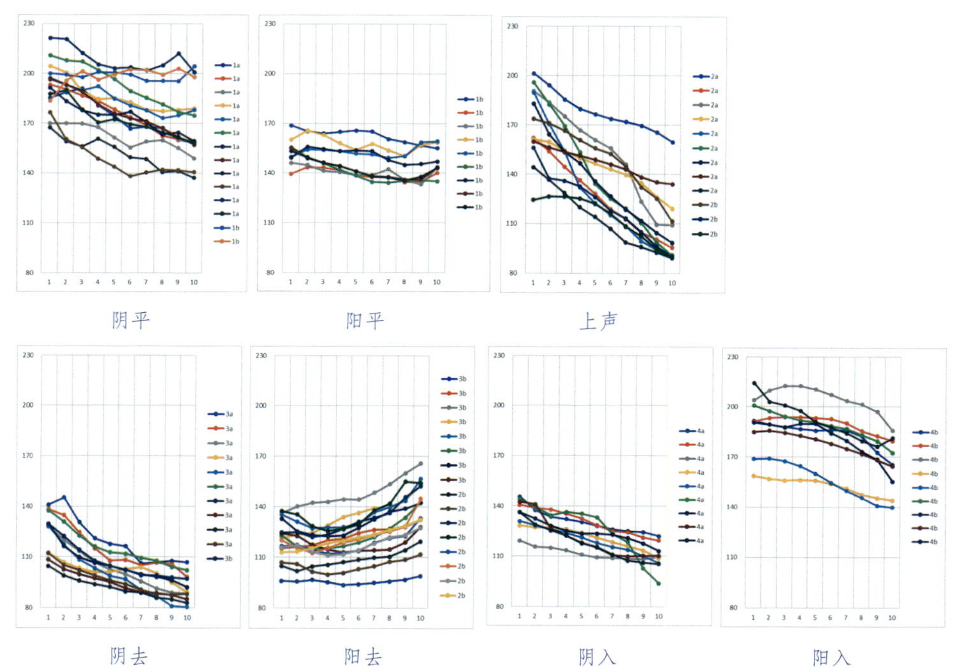

图 12－17b　今声调调域分布范围－宁德古田－OM

老男的声调有 7 个（见图 12－17a）：

阴平 54、阳平 33、上声 41、阴去 21、阳去 223、阴入 <u>31</u>、阳入 <u>54</u>。

今调域的分布情况（见图 12－17b）：

阴平在 32～54 之间；阳平在 22～33 之间；上声在 21～43 之间；阴去在 21～31 之间；阳去在 11～23 之间；阴入在 <u>21</u>～<u>32</u> 之间；阳入在 <u>32</u>～<u>54</u> 之间。

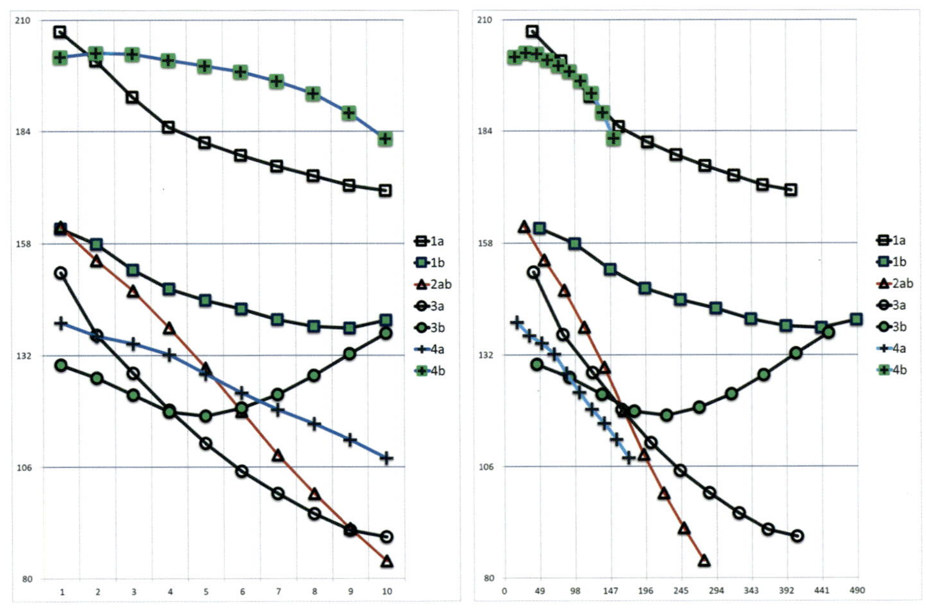

图 12－17c　单字调等长、实长音高模式－宁德古田－YM

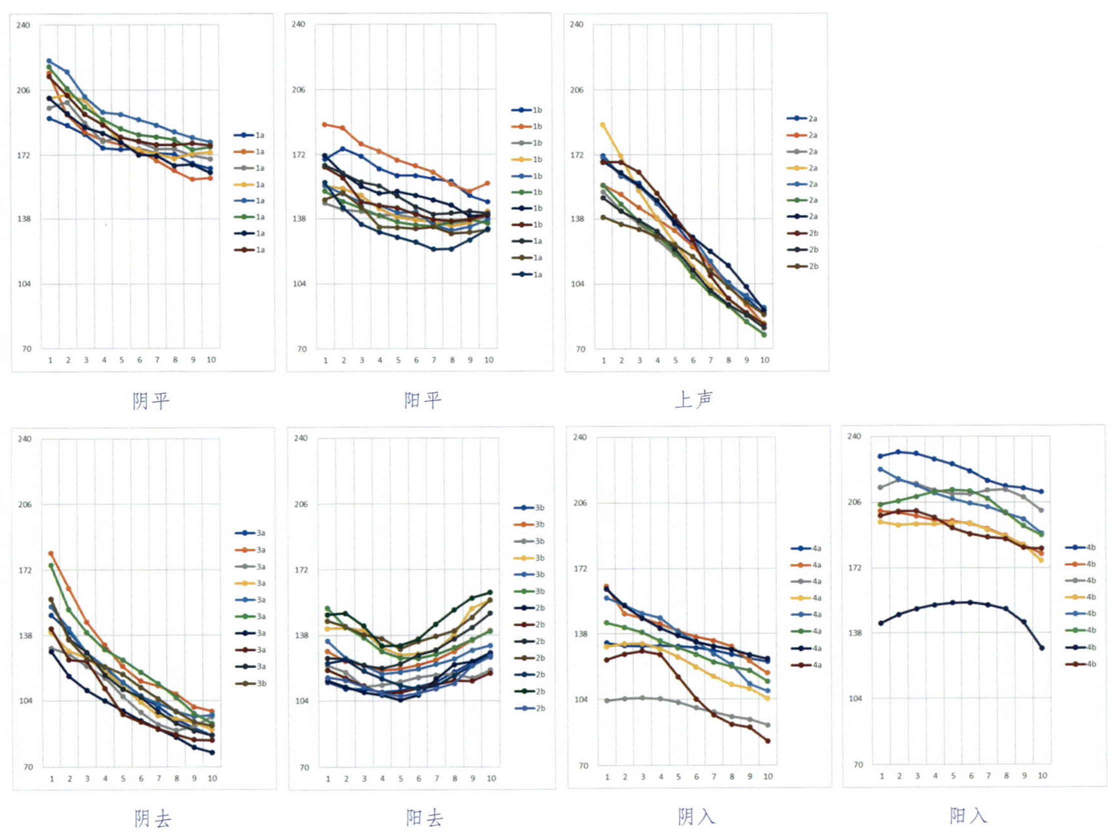

图 12－17d　今声调调域分布范围－宁德古田－YM

青男的声调有 7 个（见图 12－17c）：

阴平 54、阳平 43、上声 41、阴去 31、阳去 323、阴入 32、阳入 54。

今调域的分布情况（见图 12－17d）：

阴平在 43～54 之间；阳平在 32～43 之间；上声在 21～31 之间；阴去在 21～41 之间；阳去在 212～323 之间；阴入在 21～32 之间；阳入在 32～54 之间。

12.3.2　福宁小片

1. 福建福安

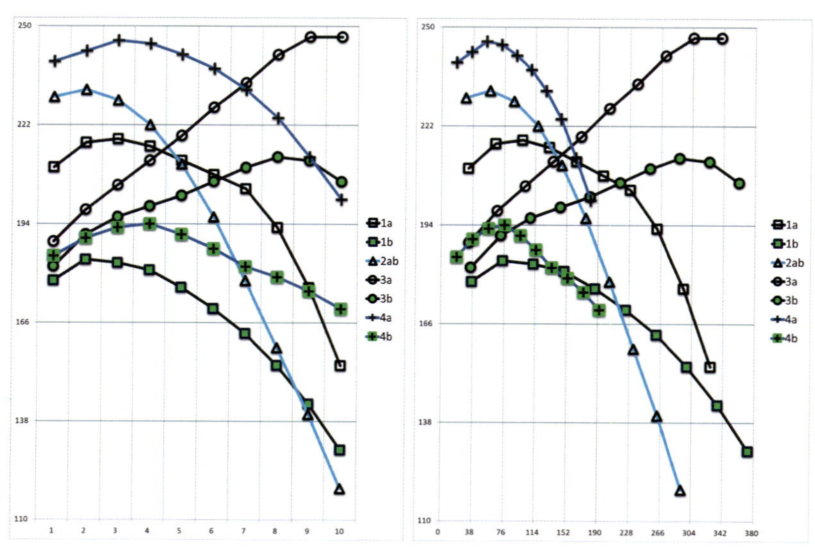

图 12－18a　单字调等长、实长音高模式－福建福安－OM

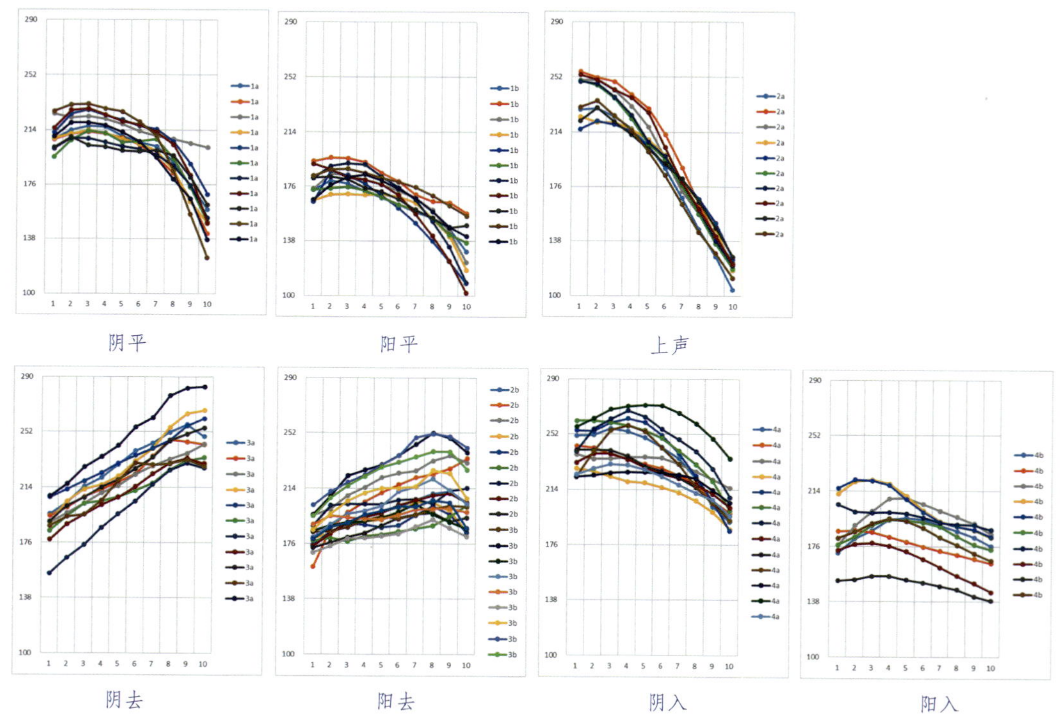

图 12－18b　今声调调域分布范围－福建福安－OM

老男的声调有 7 个（见图 12－18a）：

阴平 42、阳平 31、上声 51、阴去 35、阳去 34、阴入 54、阳入 32。

今调域的分布情况（见图 12－18b）：

阴平在 31 ~ 43 之间；阳平在 21 ~ 32 之间；上声在 41 ~ 51 之间；阴去在 24 ~ 35 之间；阳去在 23 ~ 34 之间；阴入在 43 ~ 54 之间；阳入在 22 ~ 43 之间。

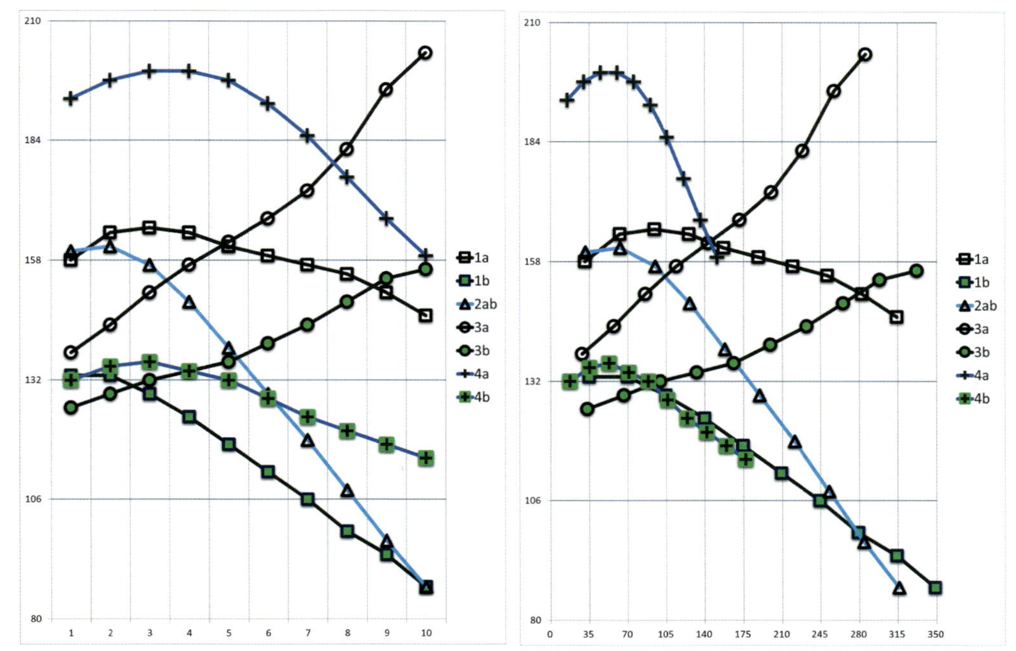

图 12－18c　单字调等长、实长音高模式－福建福安－YM

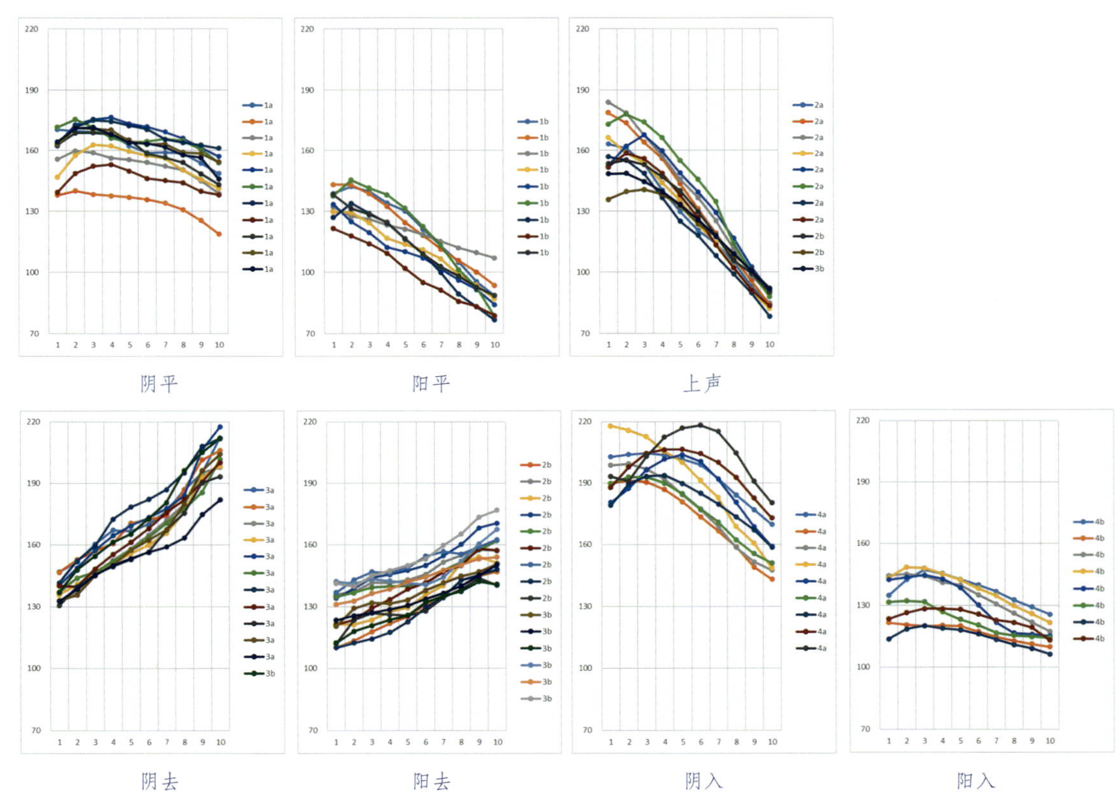

图 12－18d　今声调调域分布范围－福建福安－YM

青男的声调有 7 个（见图 12－18c）：

阴平 43、阳平 31、上声 41、阴去 35、阳去 23、阴入 54、阳入 32。

今调域的分布情况（见图 12－18d）：

阴平在 32～43 之间；阳平在 21～32 之间；上声在 31～41 之间；阴去在 34～35 之间；阳去在 23～34 之间；阴入在 43～54 之间；阳入主要在 32 的范围。

2. 宁德寿宁

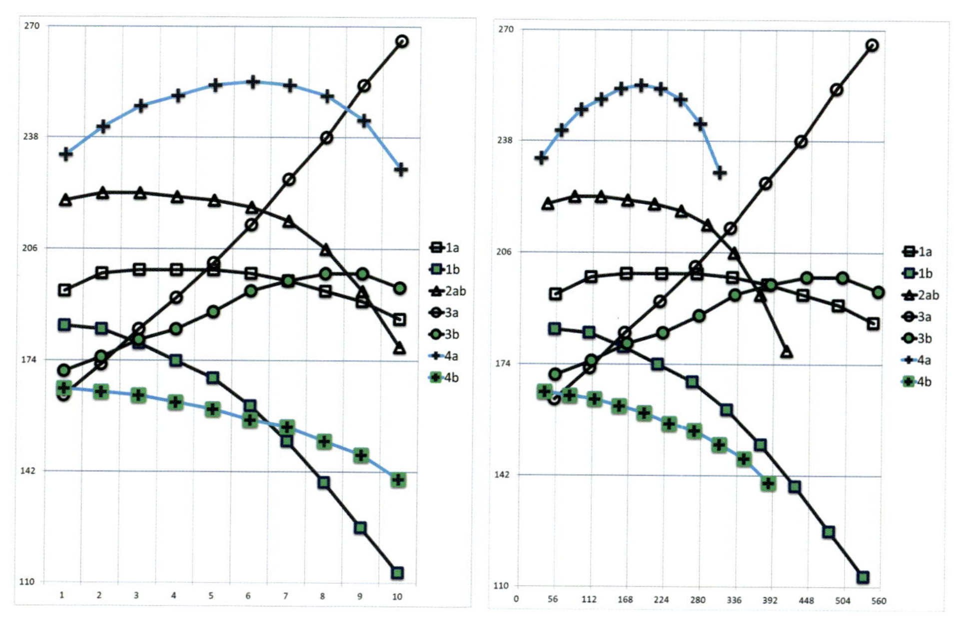

图 12－19a　单字调等长、实长音高模式－宁德寿宁－OM

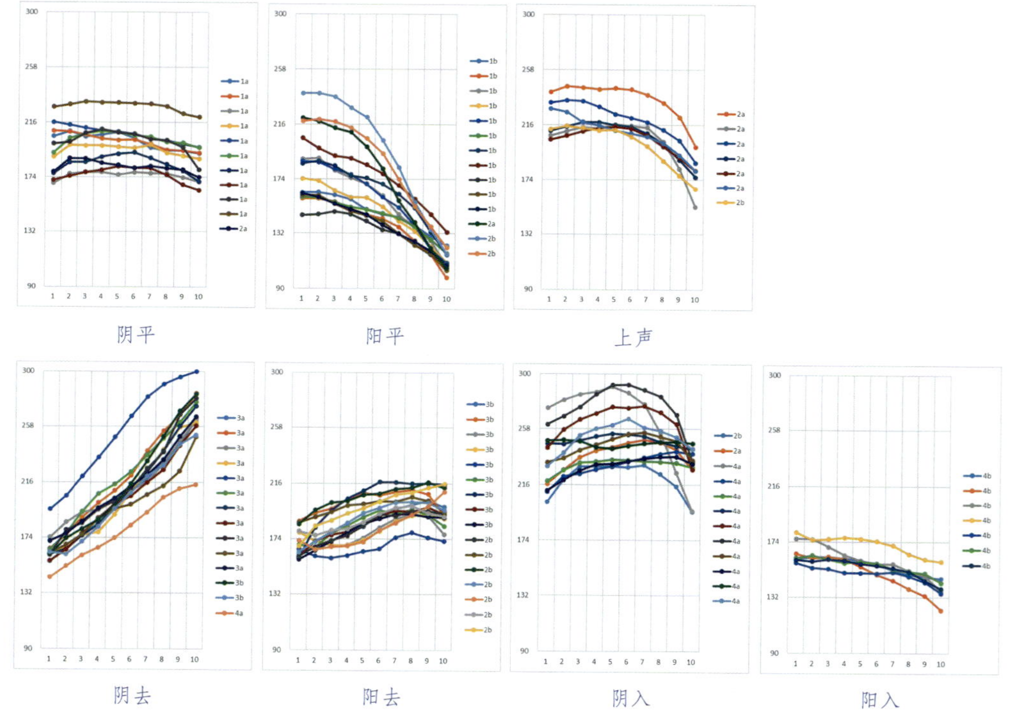

图 12－19b　今声调调域分布范围－宁德寿宁－OM

老男的声调有 7 个（见图 12－19a）：

阴平 33、阳平 31、上声 43、阴去 25、阳去 23、阴入 <u>454</u>、阳入 <u>21</u>。

今调域的分布情况（见图 12－19b）：

阴平在 33～44 之间；阳平在 21～42 之间；上声在 332～442 之间；阴去在 24～35 之间；阳去在 23～34 之间；阴入在 <u>343</u>～<u>454</u> 之间；阳入在 <u>21</u>～<u>32</u> 之间。

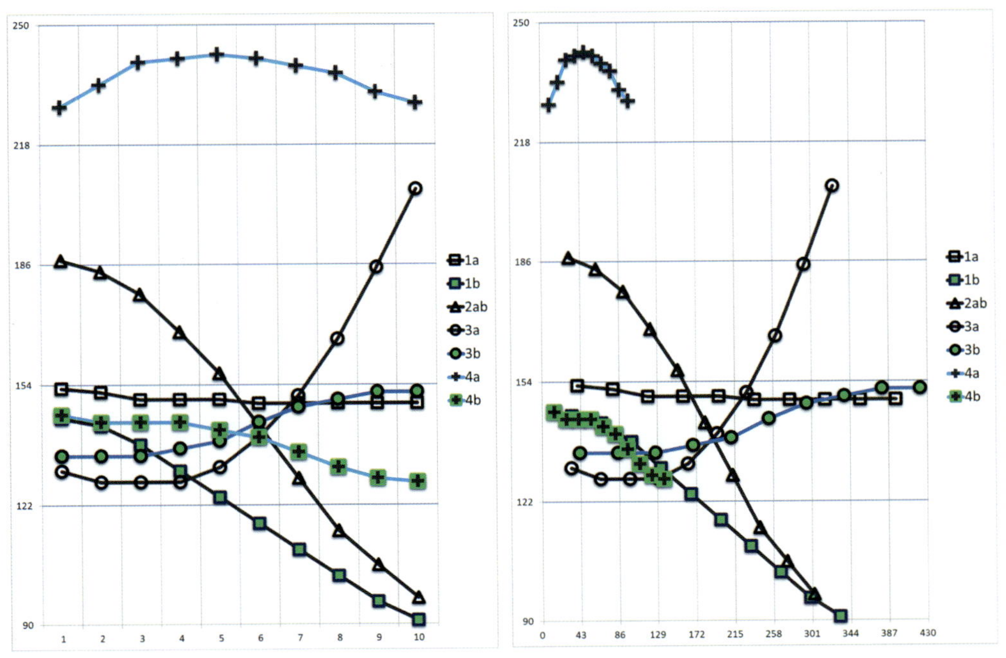

图 12－19c　单字调等长、实长音高模式－宁德寿宁－YM

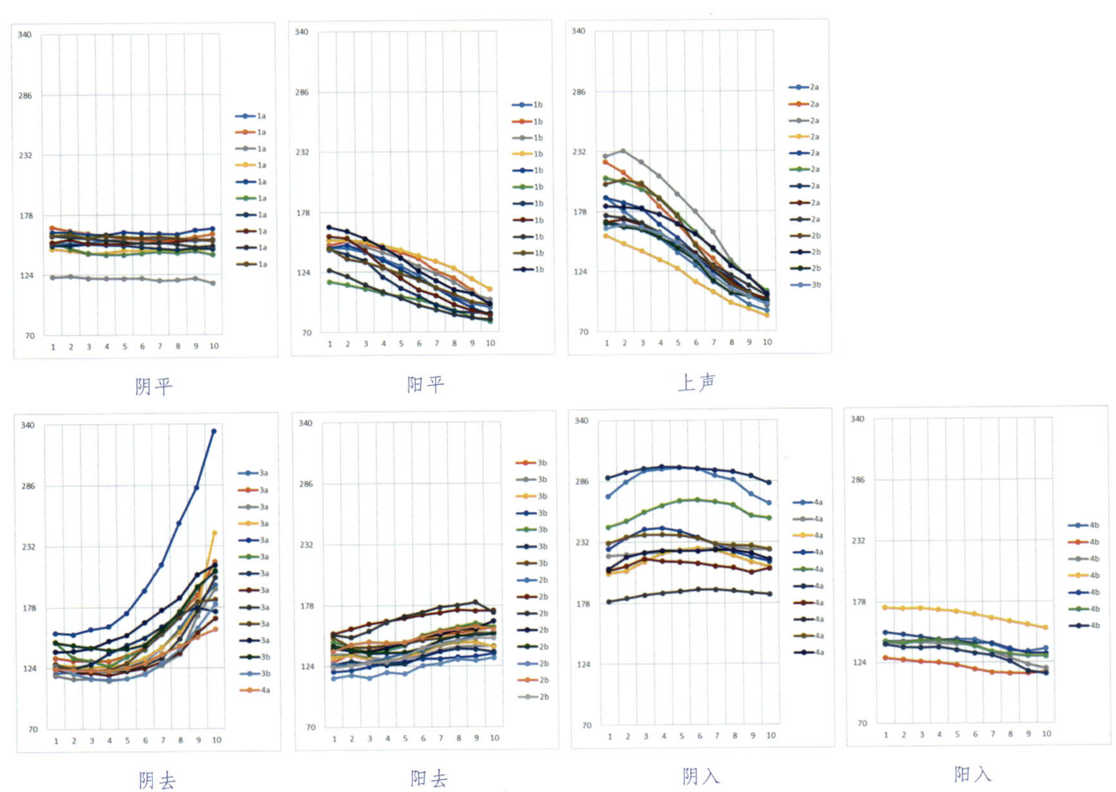

图 12－19d　今声调调域分布范围－宁德寿宁－YM

青男的声调有 7 个（见图 12－19c）：

阴平 33、阳平 21、上声 41、阴去 24、阳去 23、阴入 55、阳入 21。

今调域的分布情况（见图 12－19d）：

阴平在 11～22 之间；阳平在 21 的范围；上声在 21～41 之间；阴去在 112～25 之间；阳去在 12～23 之间；阴入在 33～55 之间；阳入在 21～22 之间。

3. 温州泰顺

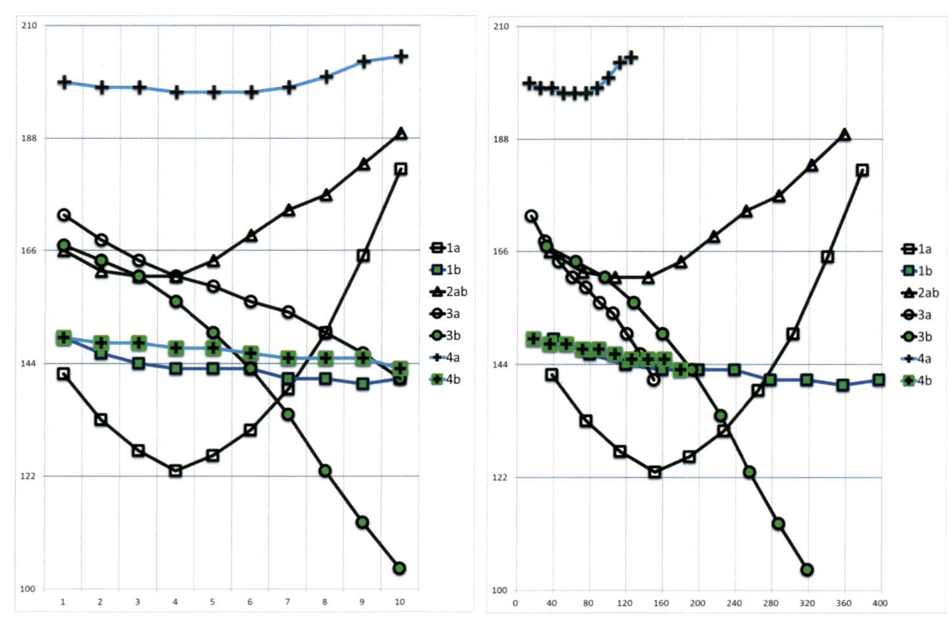

图 12－20a　单字调等长、实长音高模式－温州泰顺－OM

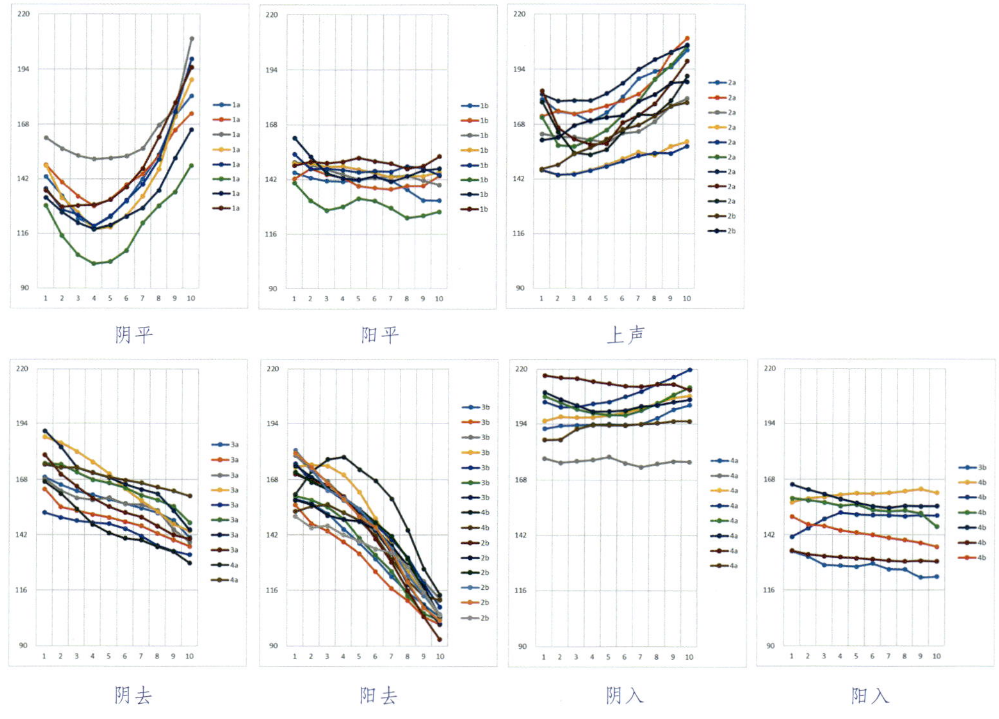

图 12－20b　今声调调域分布范围－温州泰顺－OM

老男的声调有 7 个（见图 12－20a）：

阴平 214、阳平 33、上声 35、阴去 42、阳去 41、阴入 55、阳入 33。

今调域的分布情况（见图 12－20b）：

阴平在 213～335 之间；阳平在 22～33 之间；上声在 34～45 之间；阴去在 32～43 之间；阳去在 31～41 之间；阴入在 44～55 之间；阳入在 22～33 之间。

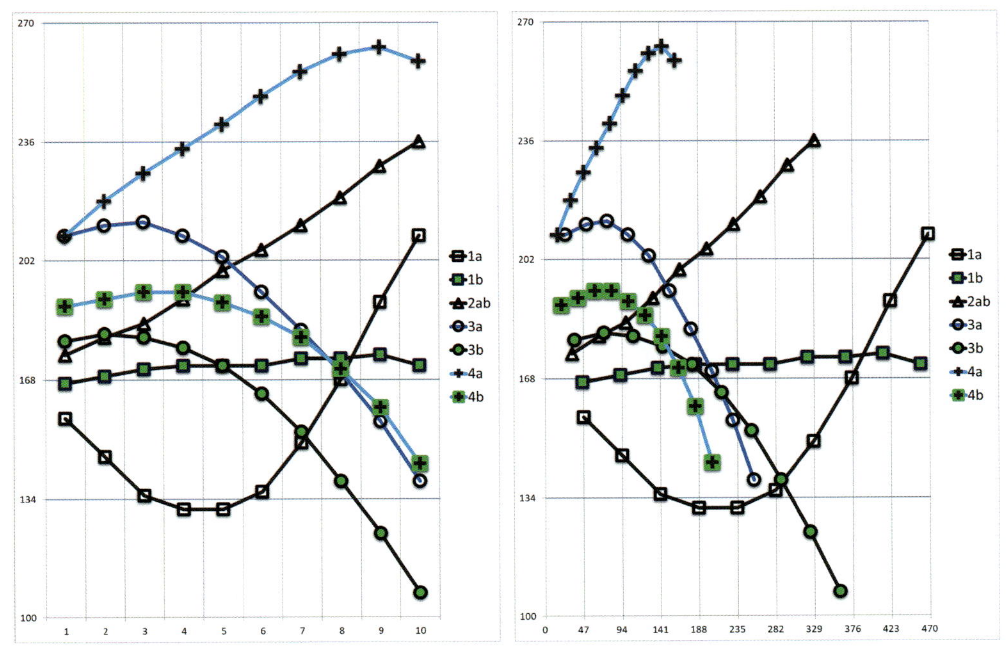

图 12－20c　单字调等长、实长音高模式－温州泰顺－YM

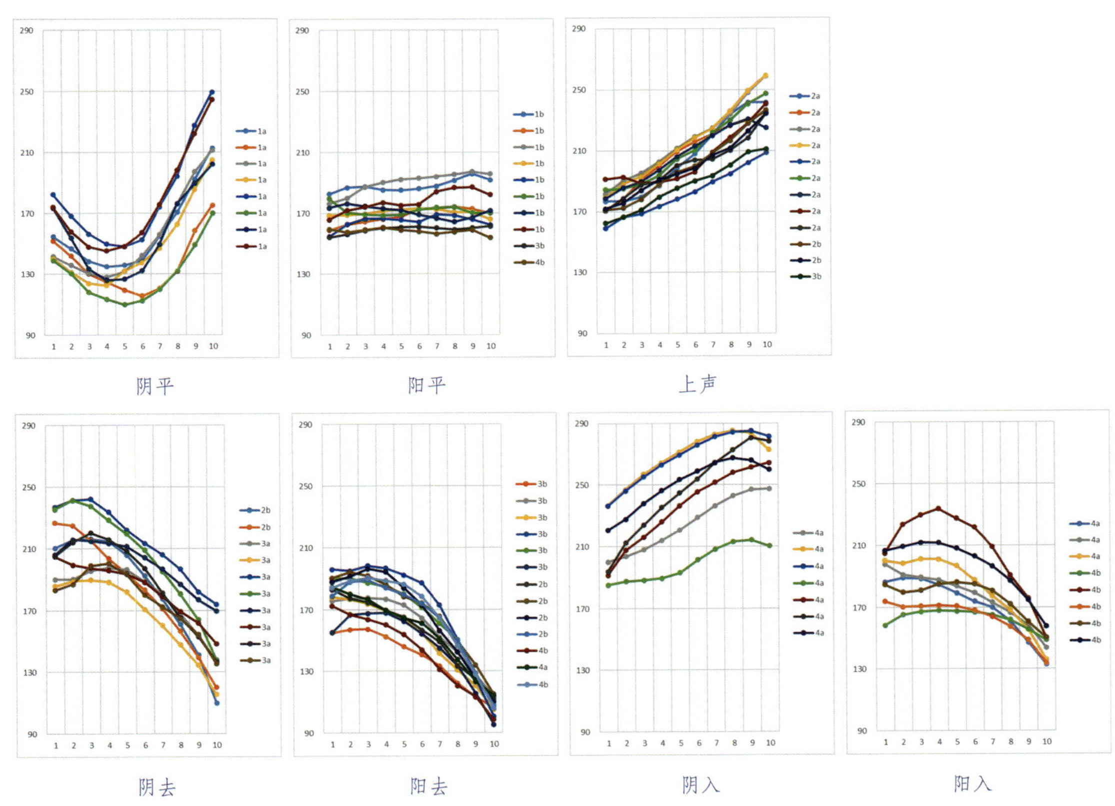

图 12－20d　今声调调域分布范围－温州泰顺－YM

青男的声调有 7 个（见图 12－20c）：

阴平 214、阳平 33、上声 35、阴去 42、阳去 31、阴入 <u>45</u>、阳入 <u>32</u>。

今调域的分布情况（见图 12－20d）：

阴平在 213～324 之间；阳平在 22～33 之间；上声在 24～35 之间；阴去在 31～43 之间；阳去在 21～31 之间；阴入在 <u>34</u>～<u>45</u> 之间；阳入在 <u>32</u>～<u>42</u> 之间。

12.4　闽北片

12.4.1　建瓯小片

1. 建瓯 - 《音库》

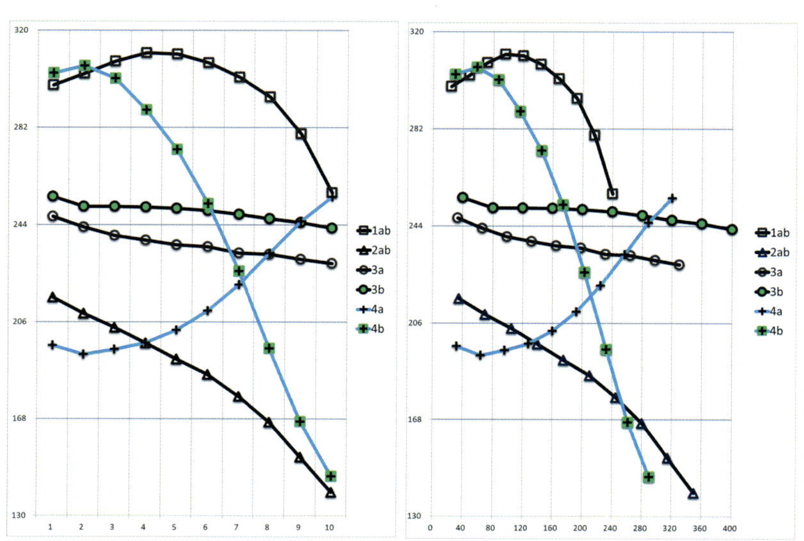

图 12 - 21a　单字调等长、实长音高模式 - 建瓯 - 《音库》

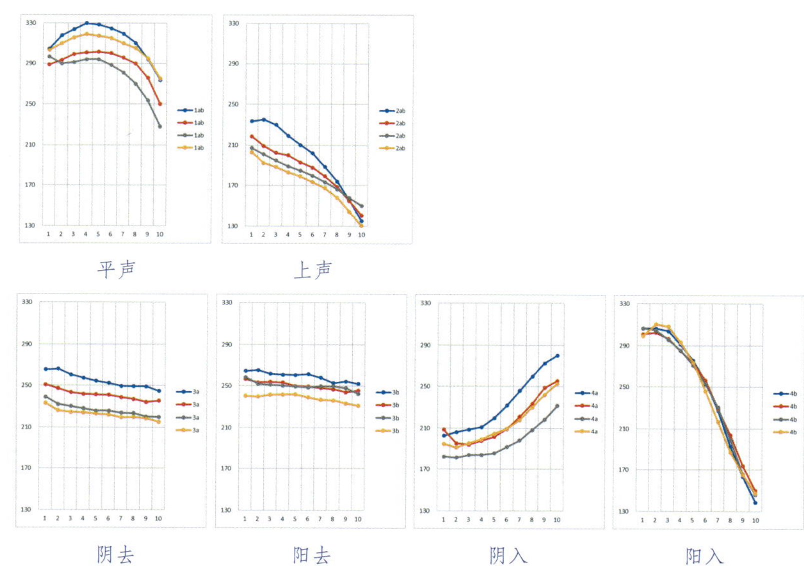

图 12 - 21b　今声调调域分布范围 - 建瓯 - 《音库》

《音库》的声调有 6 个（见图 12 - 21a）：

平声 54、上声 31、阴去 33、阳去 44、阴入 24、阳入 51。

今调域的分布情况（见图 12 - 21b）：

平声在 43 ~ 54 之间；上声在 21 ~ 31 之间；阴去主要在 33 的范围；阳去主要在 44 的范围；阴入在 23 ~ 34 之间；阳入在 51 的范围。

2. 南平松溪

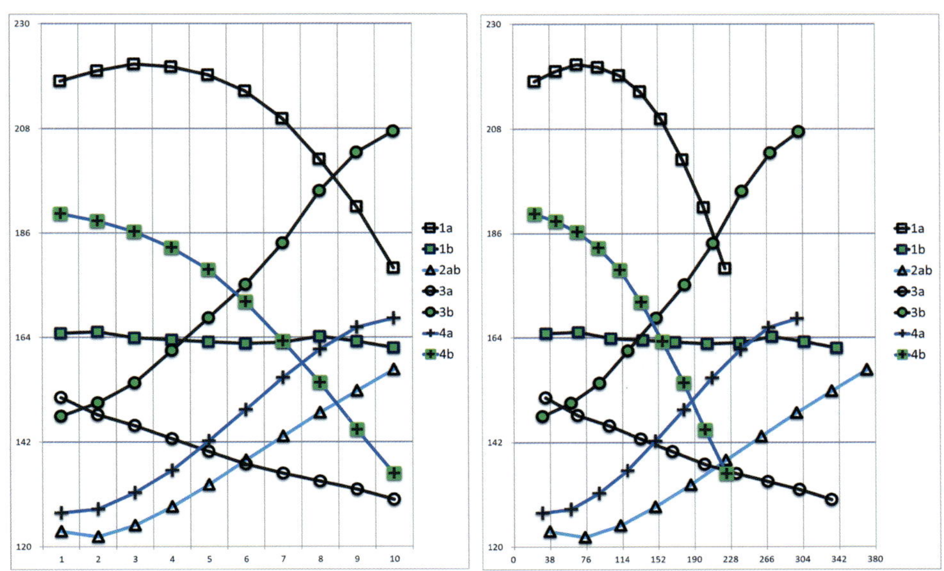

图 12－22a 单字调等长、实长音高模式－南平松溪－OM

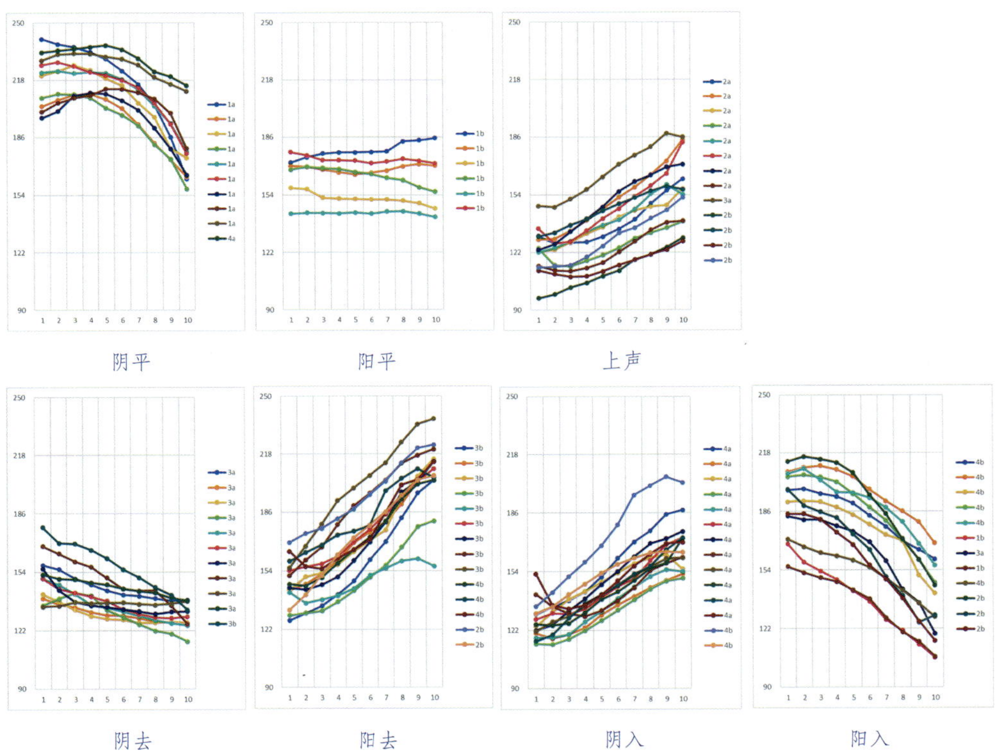

图 12－22b 今声调调域分布范围－南平松溪－OM

老男的声调有 7 个（见图 12－22a）：

阴平 53、阳平 33、上声 12、阴去 21、阳去 24、阴入 13、阳入 41。

今调域的分布情况（见图 12－22b）：

阴平在 43～54 之间；阳平在 22～33 之间；上声在 12～24 之间；阴去 21～32 之间；阳去在 23～35 之间；阴入在 12～24 之间；阳入在 31～43 之间。

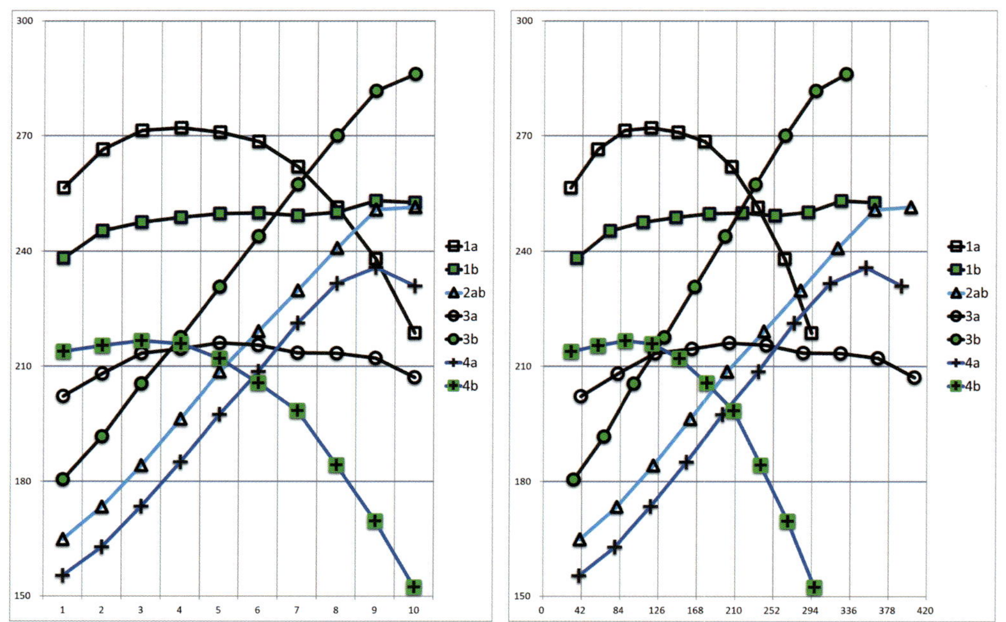

图 12－22c 单字调等长、实长音高模式－南平松溪－YM

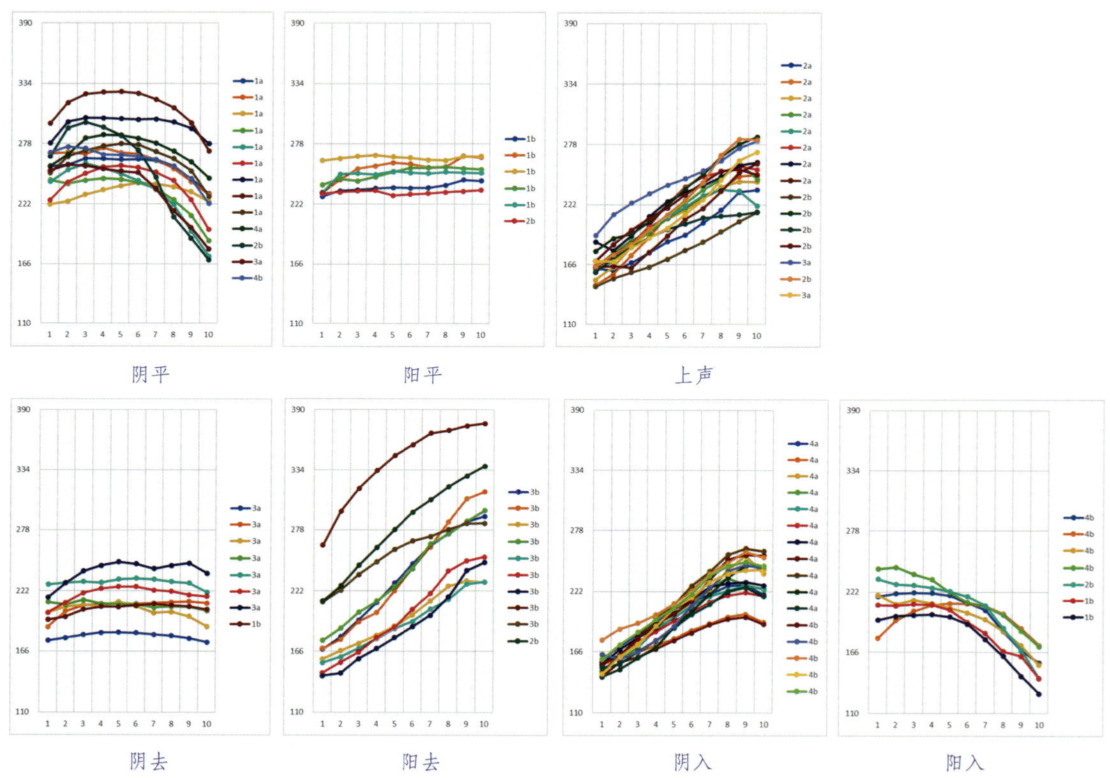

图 12－22d 今声调调域分布范围－南平松溪－YM

青男的声调有 7 个（见图 12－22c）：

阴平 443、阳平 44、上声 14、阴去 33、阳去 25、阴入 13、阳入 31。

今调域的分布情况（见图 12－22d）：

阴平在 332～443 之间；阳平在 33 的范围；上声在 12～24 之间；阴去 22～33 之间；阳去在 13～35 之间；阴入在 12～23 之间；阳入在 21～32 之间。

12.4.2 建阳小片

福建武夷山

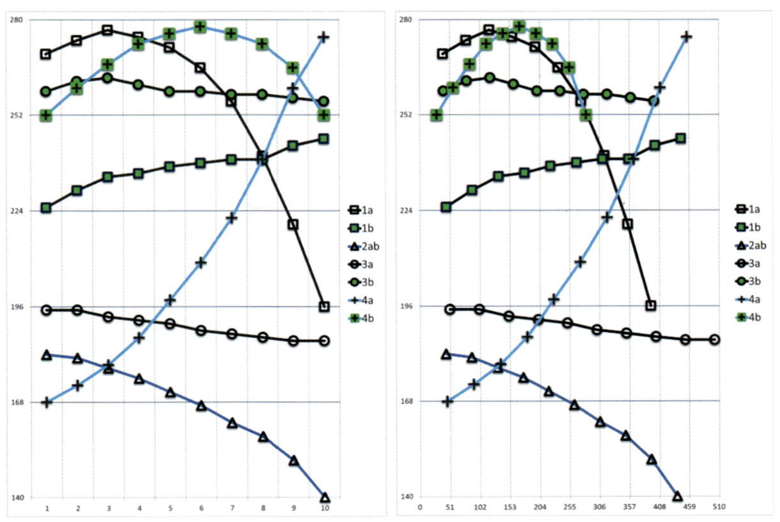

图 12－23a 单字调等长、实长音高模式－福建武夷山－OM

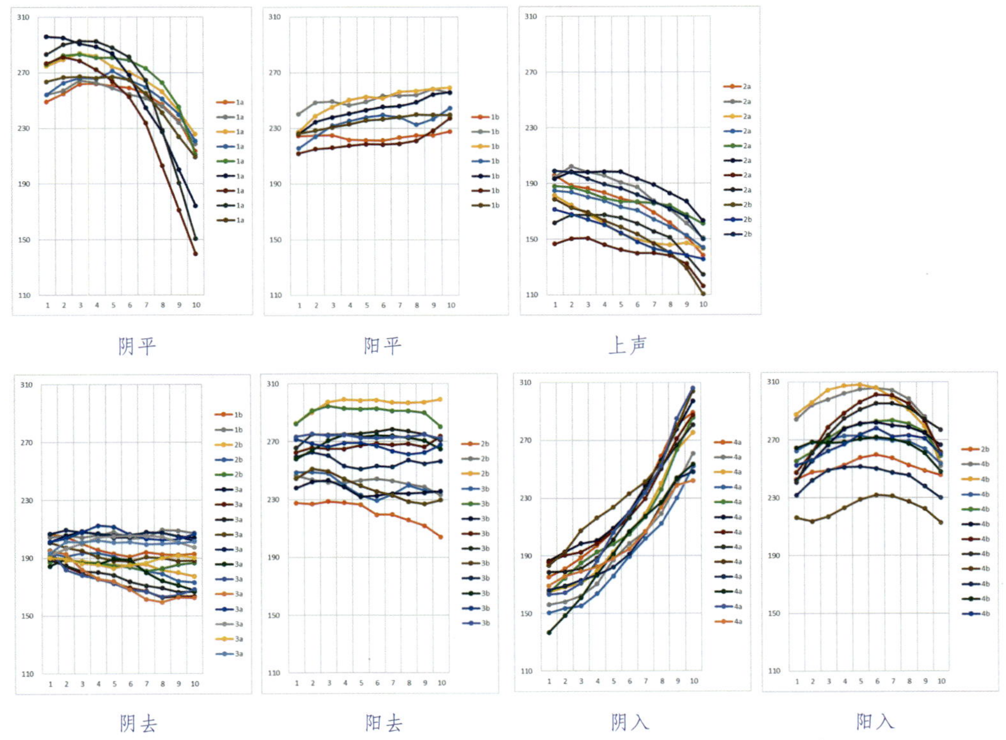

图 12－23b 今声调调域分布范围－福建武夷山－OM

老男的声调有 7 个（见图 12－23a）：

阴平 53、阳平 34、上声 21、阴去 22、阳去 55、阴入 25、阳入 454。

今调域的分布情况（见图 12－23b）：

阴平在 41～53 之间；阳平在 34～44 之间；上声在 21～32 之间；阴去在 32～33 之间；阳去在 33～55 之间；阴入在 14～35 之间；阳入在 343～454 之间。

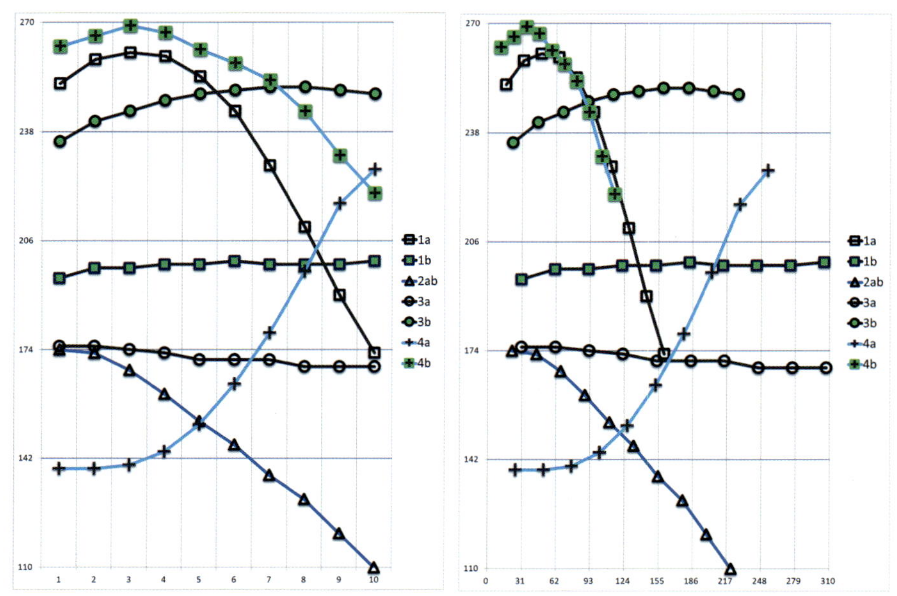

图 12－23c　单字调等长、实长音高模式－福建武夷山－YM

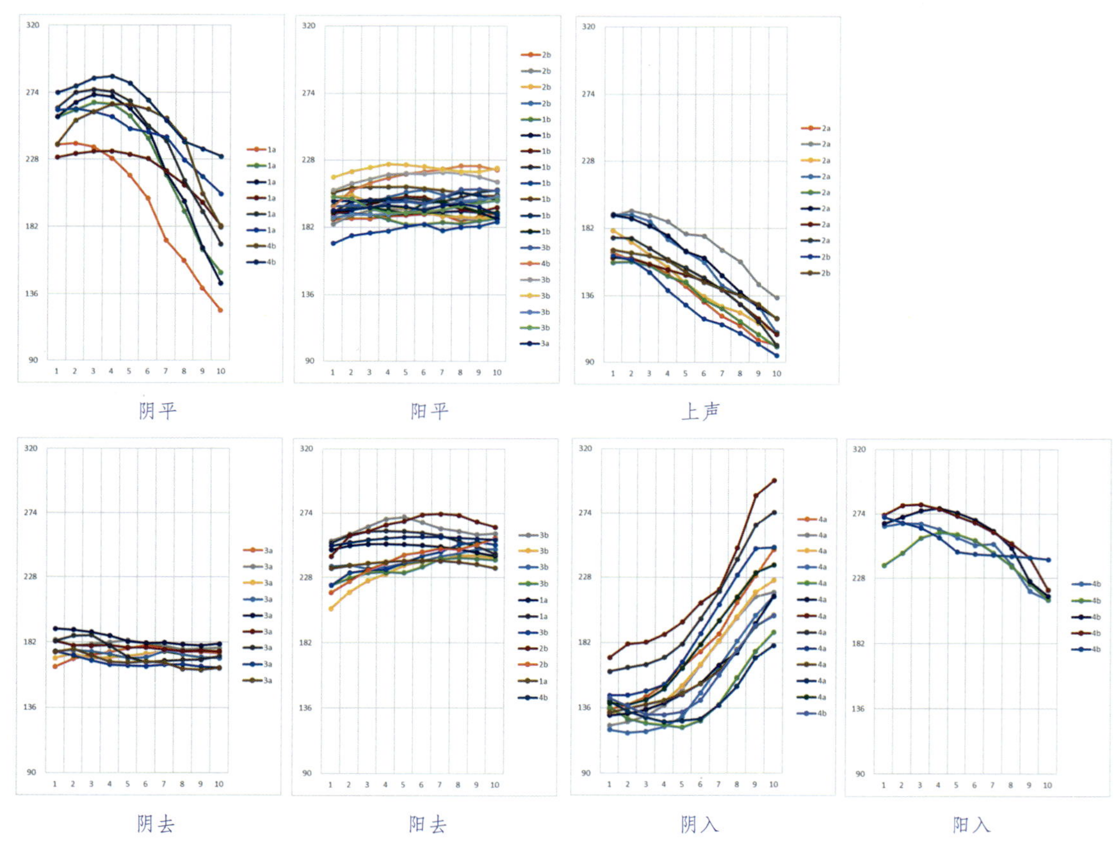

图 12－23d　今声调调域分布范围－福建武夷山－YM

青男的声调有 7 个（见图 12－23c）：

阴平 53、阳平 33、上声 21、阴去 22、阳去 55、阴入 14、阳入 54。

今调域的分布情况（见图 12－23d）：

阴平在 41～54 之间；阳平在 22～33 之间；上声在 21～32 之间；阴去在 22～33 之间；阳去在 44～55 之间；阴入在 13～25 之间；阳入在 43～54 之间。

12.5 闽中片

1. 三明梅列

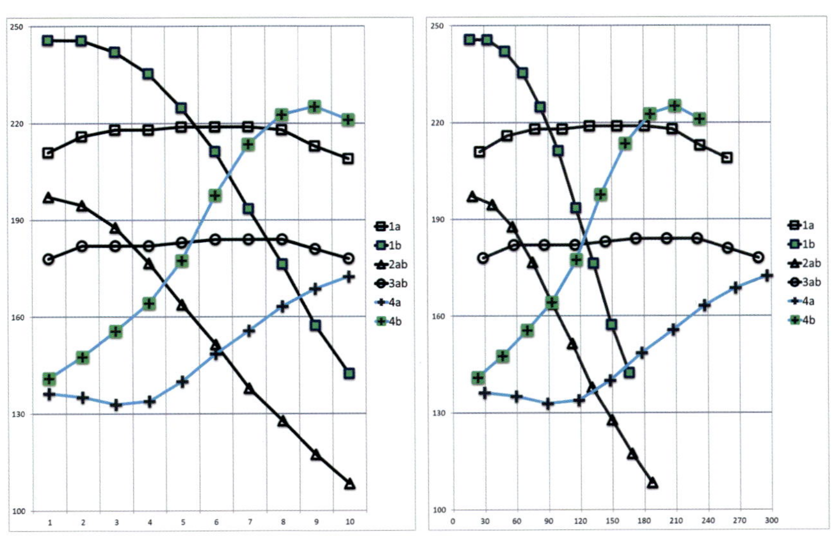

图 12－24a　单字调等长、实长音高模式－三明梅列－OM

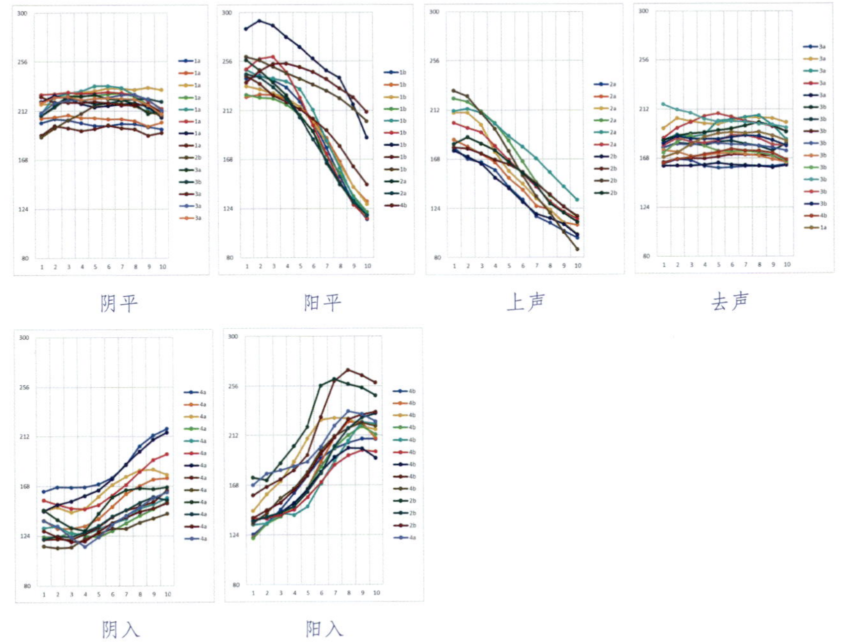

图 12－24b　今声调调域分布范围－三明梅列－OM

老男的声调有 6 个（见图 12－24a）：

阴平 44、阳平 52、上声 41、去声 33、阴入 23、阳入 25。

今调域的分布情况（见图 12－24b）：

阴平在 33～44 之间；阳平在 41～53 之间；上声在 31～42 之间；去声在 22～33 之间；阴入在 12～34 之间；阳入在 23～35 之间。

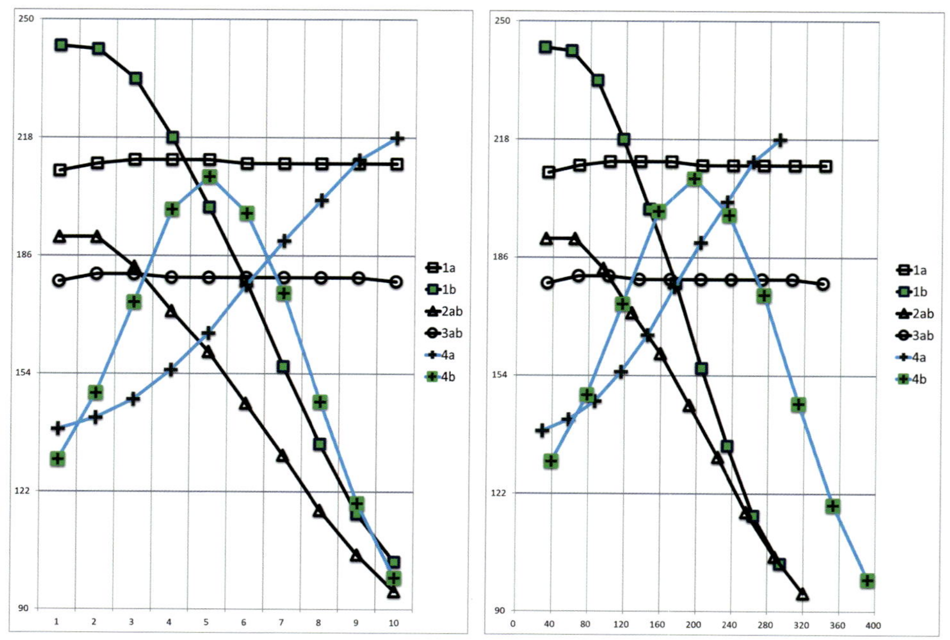

图 12－24c　单字调等长、实长音高模式－三明梅列－YM

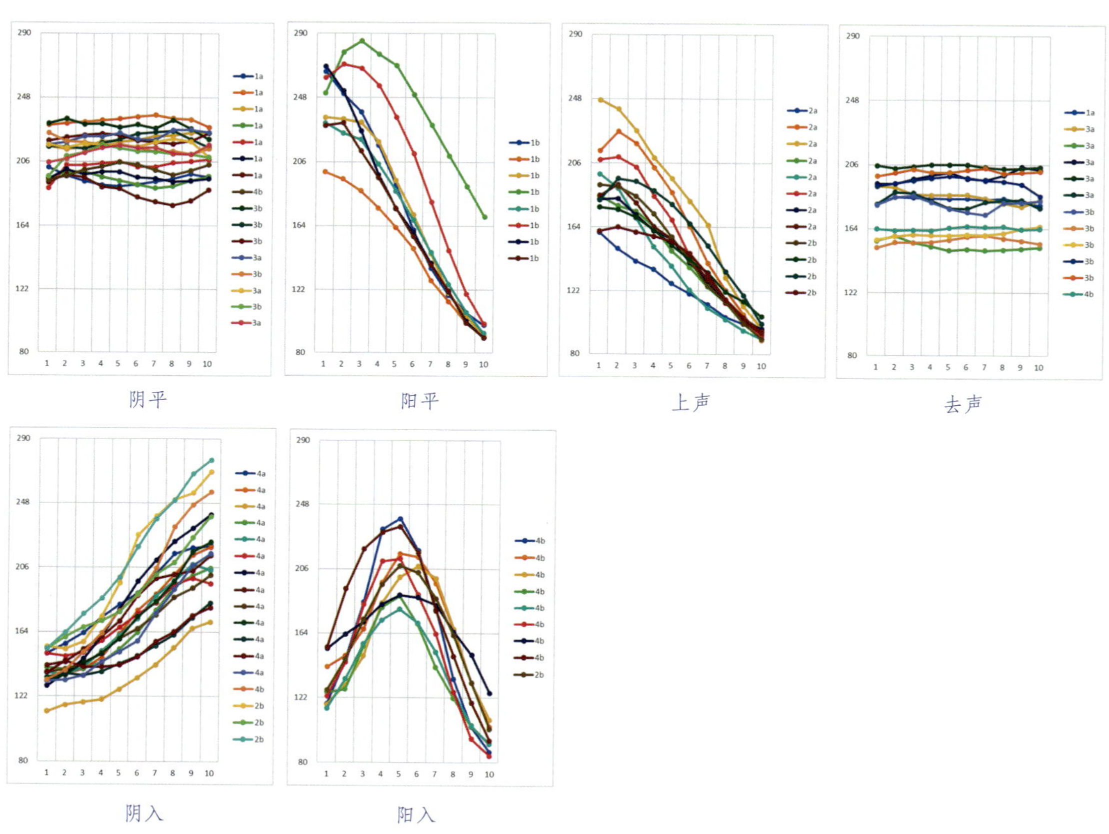

图 12－24d　今声调调域分布范围－三明梅列－YM

青男的声调有 6 个（见图 12－24c）：

阴平 44、阳平 51、上声 41、去声 33、阴入 25、阳入 241。

今调域的分布情况（见图 12－24d）：

阴平在 33～44 之间；阳平在 31～53 之间；上声在 21～41 之间；去声在 22～33 之间；阴入在 13～25 之间；阳入在 131～242 之间。

2. 福建永安

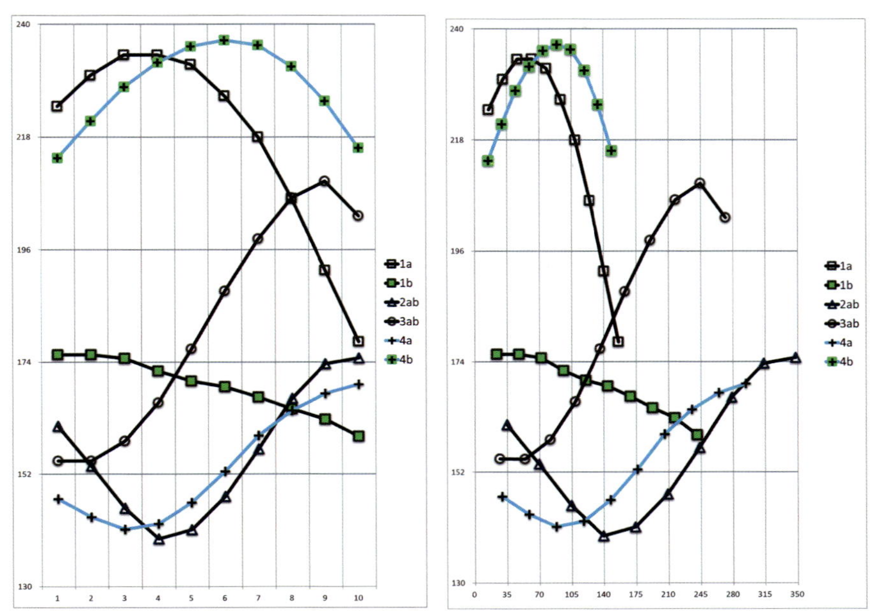

图 12－25a　单字调等长、实长音高模式－福建永安－OM

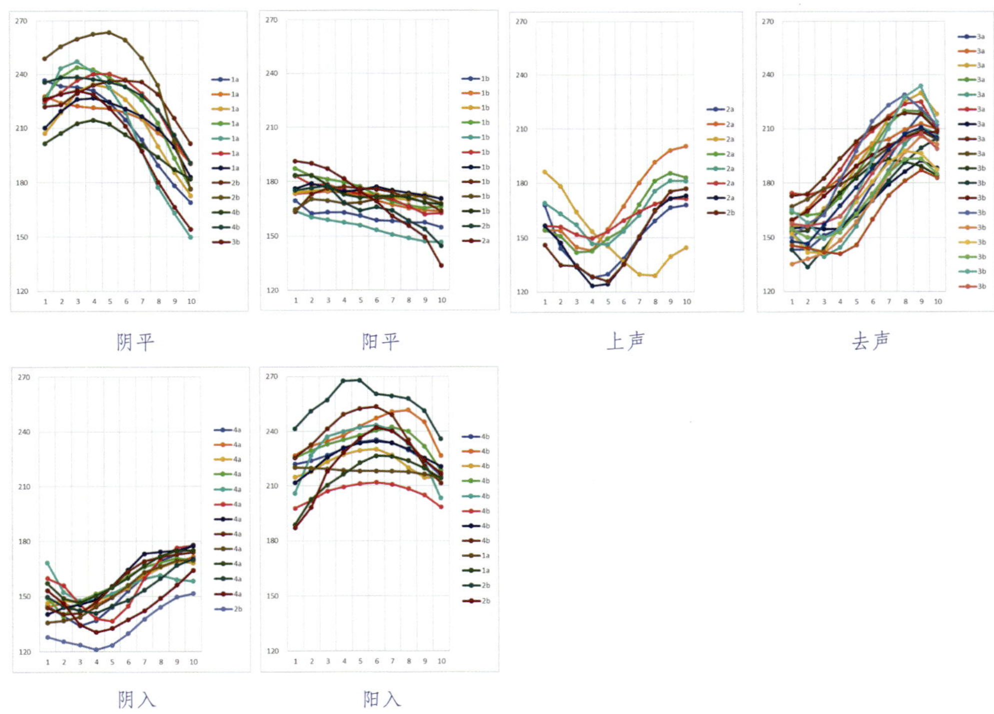

图 12－25b　今声调调域分布范围－福建永安－OM

老男的声调有 6 个（见图 12－25a）：

阴平 53、阳平 32、上声 213、去声 24、阴入 112、阳入 454。

今调域的分布情况（见图 12－25b）：

阴平在 332～553 之间；阳平在 21～32 之间；上声在 212～323 之间；去声在 13～24 之间；阴入在 112～323 之间；阳入在 33～55 之间。

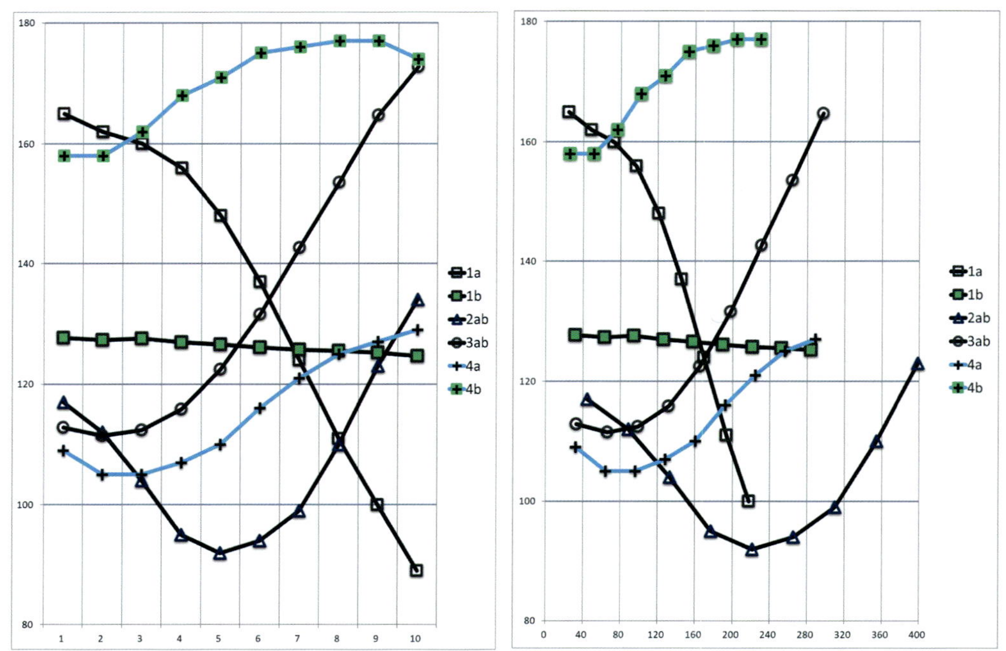

图 12－25c　单字调等长、实长音高模式－福建永安－YM

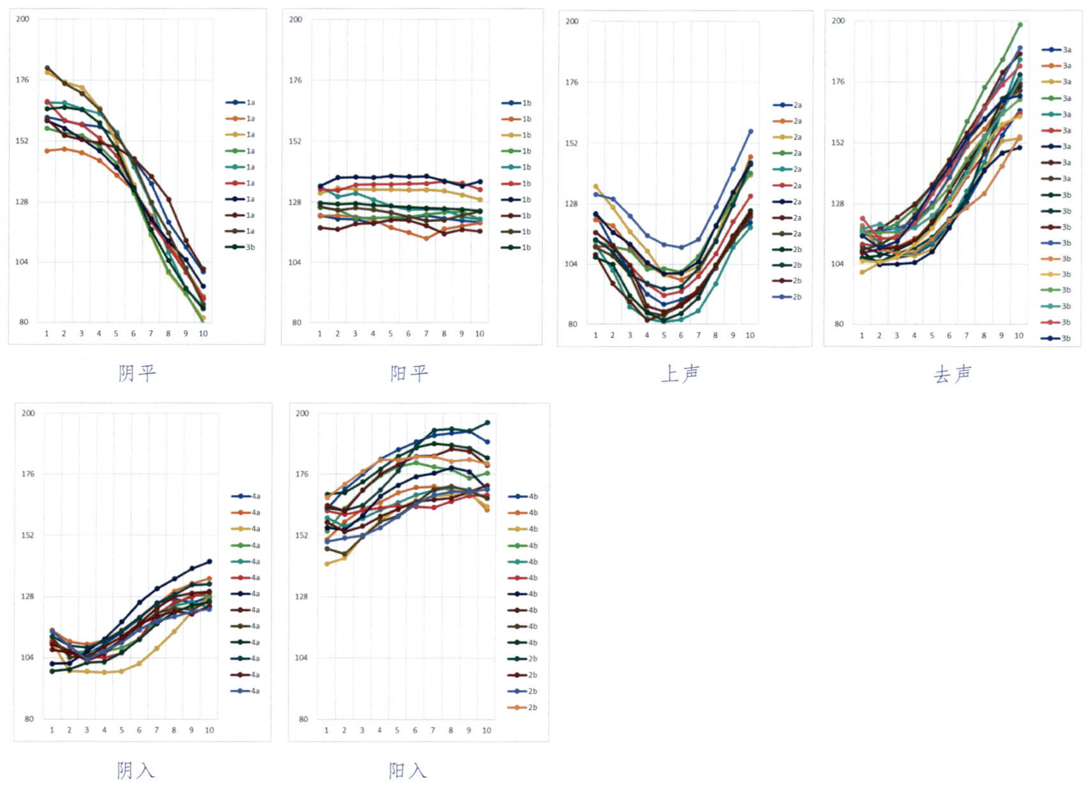

图 12－25d　今声调调域分布范围－福建永安－YM

青男的声调有 6 个（见图 12－25c）：

阴平 51、阳平 33、上声 213、去声 25、阴入 23、阳入 45。

今调域的分布情况（见图 12－25d）：

阴平在 31～51 之间；阳平在 22～33 之间；上声在 212～324 之间；去声在 13～25 之间；阴入在 12～23 之间；阳入在 34～45 之间。

3. 三明沙县

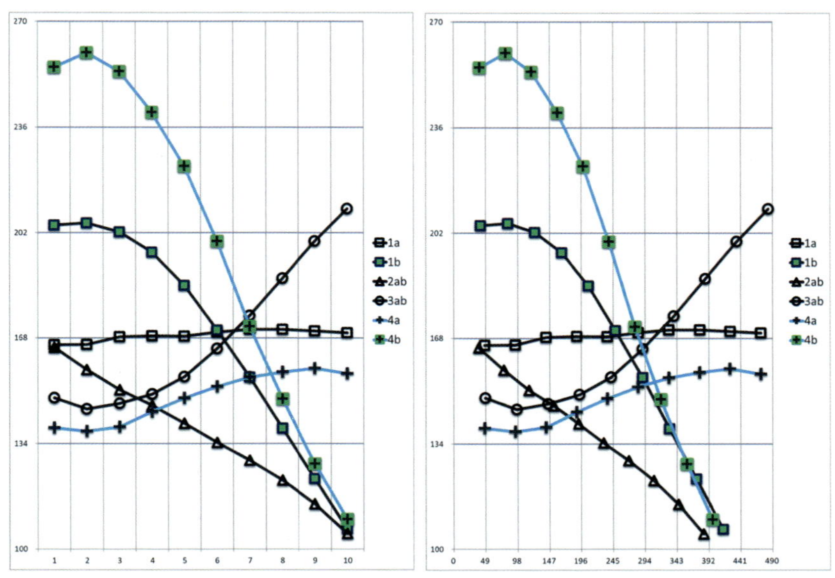

图 12－26a 单字调等长、实长音高模式－三明沙县－OM

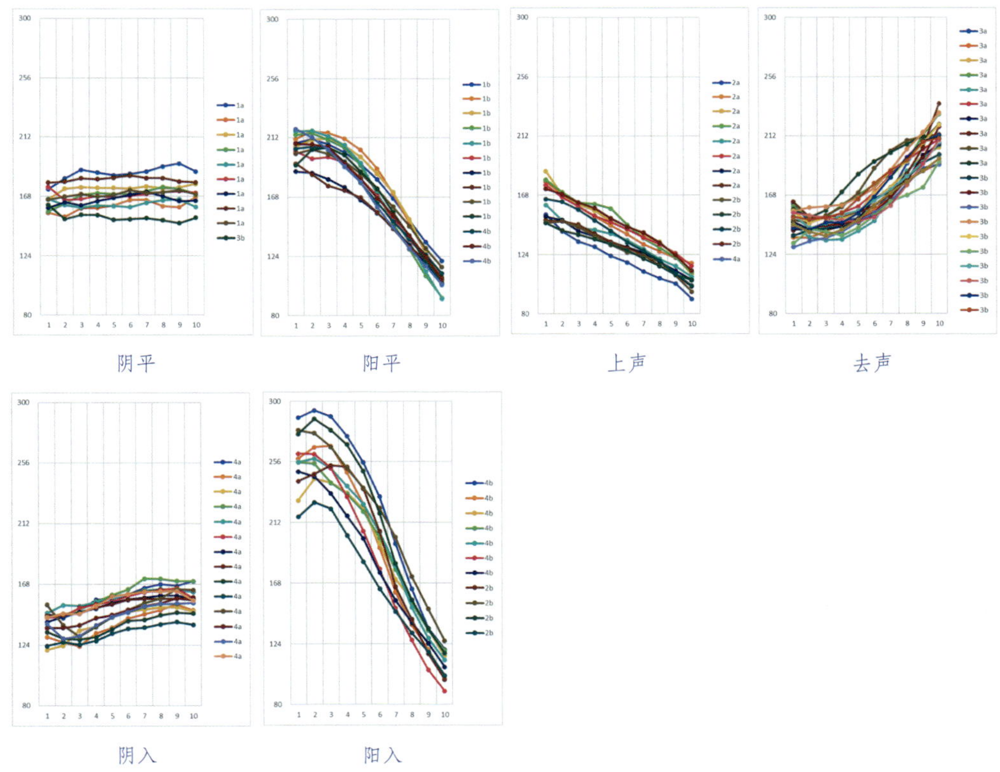

图 12－26b 今声调调域分布范围－三明沙县－OM

老男的声调有 6 个（见图 12－26a）：

阴平 33、阳平 41、上声 21、去声 24、阴入 23、阳入 51。

今调域的分布情况（见图 12－26b）：

阴平在 22～33 之间；阳平在 31～41 之间；上声在 21～31 之间；去声在 23～24 之间；阴入在 12～23 之间；阳入在 41～52 之间。

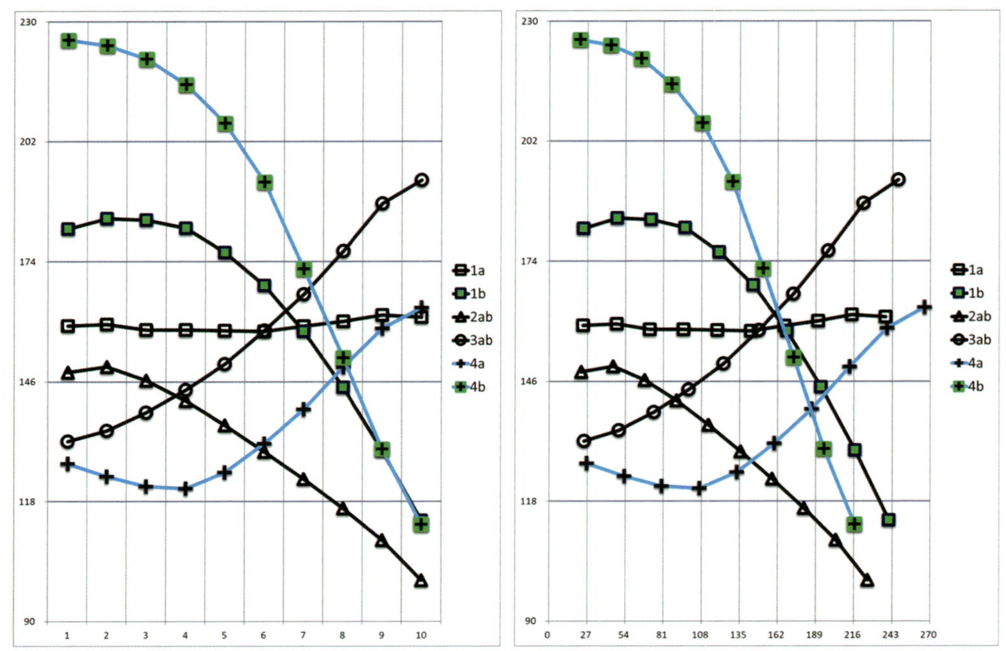

图 12－26c 单字调等长、实长音高模式－三明沙县－YM

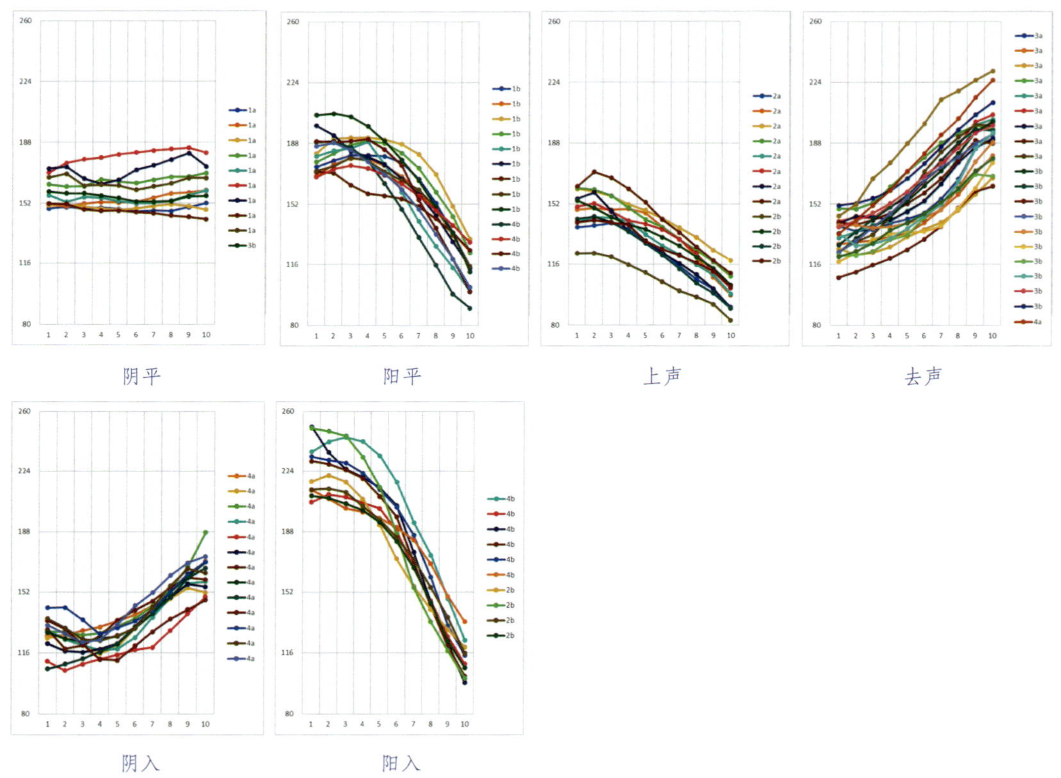

图 12－26d 今声调调域分布范围－三明沙县－YM

青男的声调有 6 个（见图 12－26c）：

阴平 33、阳平 41、上声 31、去声 24、阴入 23、阳入 51。

今调域的分布情况（见图 12－26d）：

阴平在 22～33 之间；阳平在 31～42 之间；上声在 21～32 之间；去声在 13～35 之间；阴入在 12～23 之间；阳入在 41～52 之间。

12.6 琼文片

12.6.1 府城小片

1. 海口－《音库》

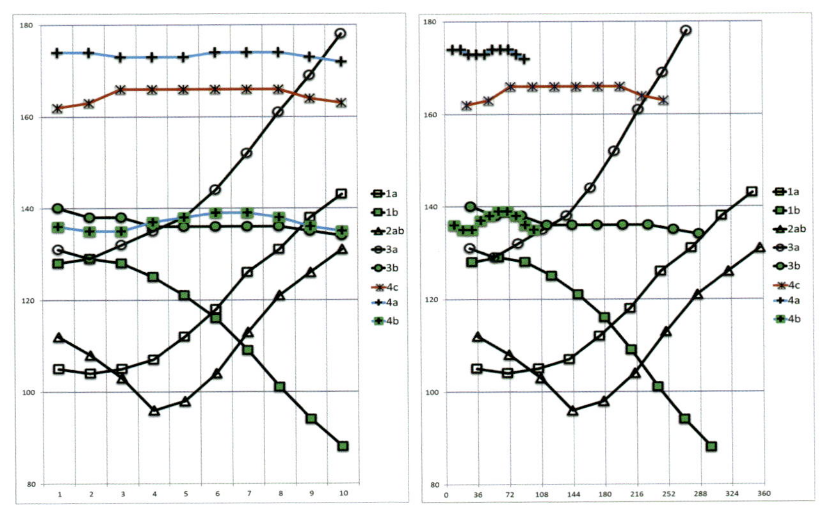

图 12－27a 单字调等长、实长音高模式－海口－《音库》

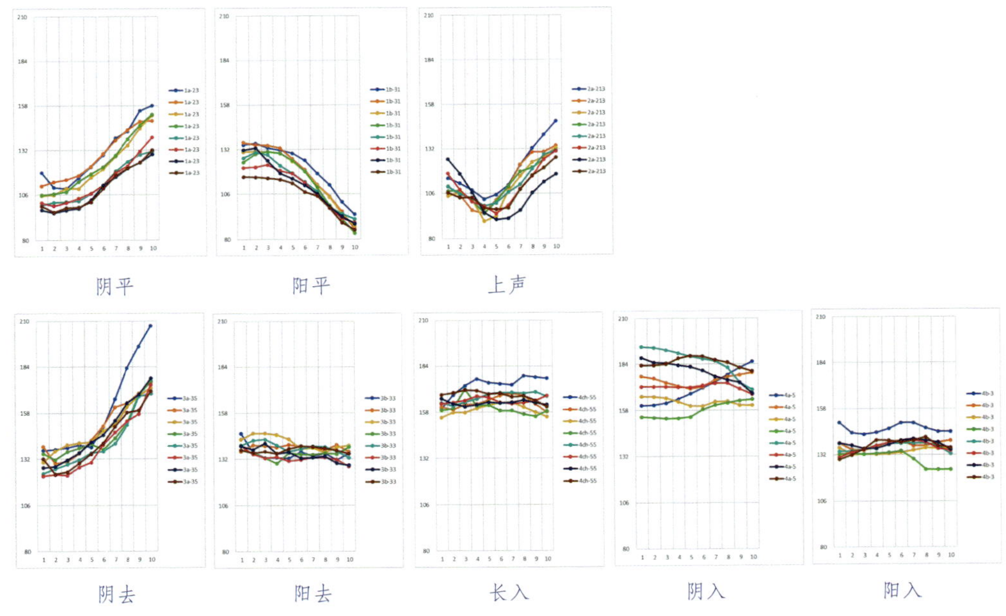

图 12－27b 今声调调域分布范围－海口－《音库》

《音库》的声调有 8 个（见图 12－27a）：

阴平 24、阳平 31、上声 213、阴去 35、阳去 33、长入 55、阴入 55、阳入 33。

今调域的分布情况（见图 12－27b）：

阴平在 13～24 之间；阳平在 21～31 之间；上声在 212～213 之间；阴去在 24～35 之间；阳去在 22～33 之间；长入在 33～44 之间；阴入在 33～55 之间；阳入在 22～33 之间。

2. 海南澄迈

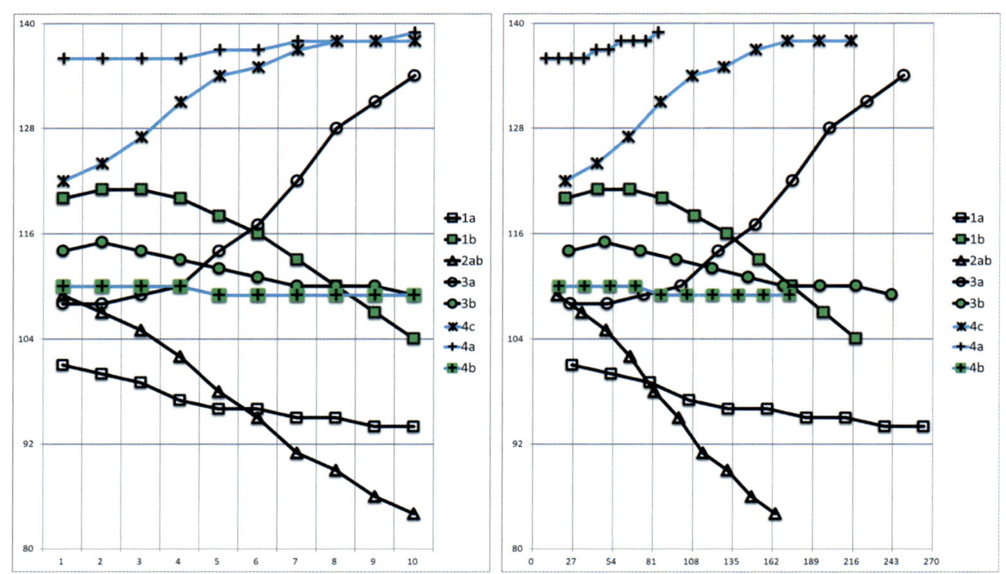

图 12-28a 单字调等长、实长音高模式-海南澄迈-OM

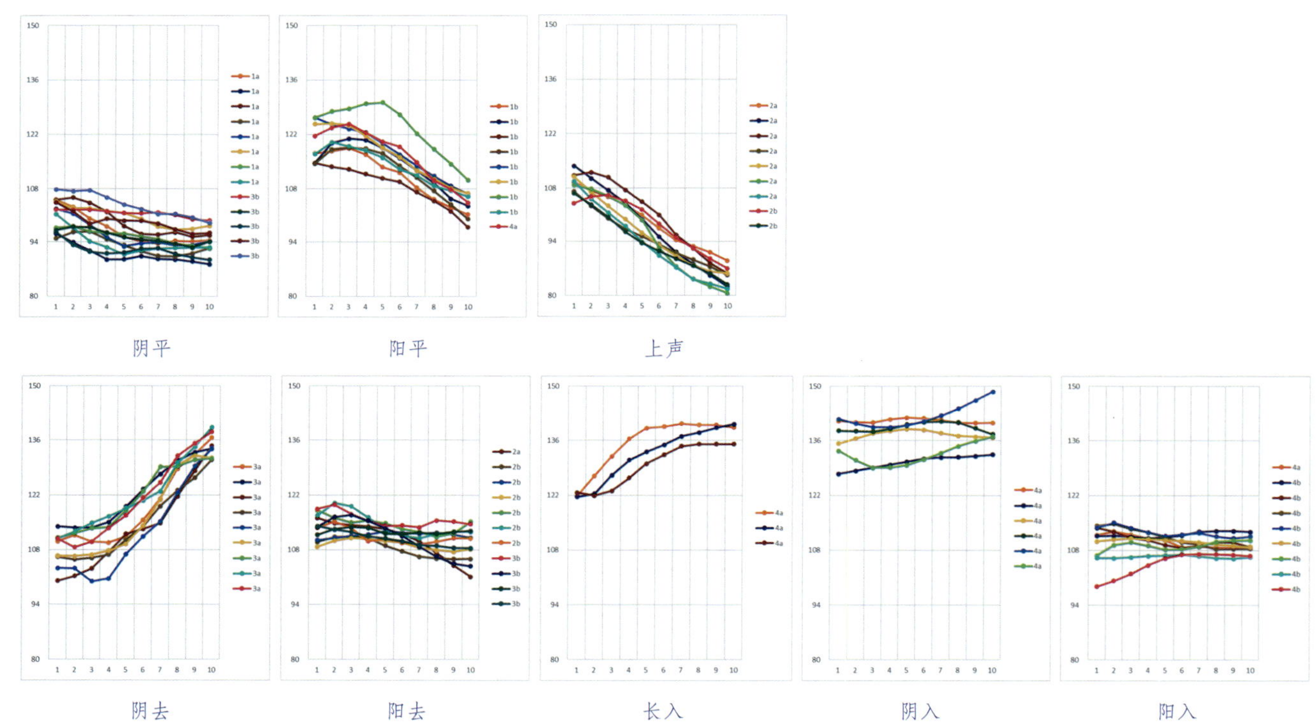

图 12-28b 今声调调域分布范围-海南澄迈-OM

老男的声调有 8 个（见图 12-28a）：

阴平 22、阳平 43、上声 31、阴去 35、阳去 33、长入 45、阴入 <u>55</u>、阳入 <u>33</u>。

今调域的分布情况（见图 12-28b）：

阴平在 21~22 之间；阳平在 32~43 之间；上声在 21~31 之间；阴去在 24~35 之间；阳去在 32~33 之间；长入在 45 的范围；阴入在 <u>44</u>~<u>55</u> 之间；阳入在 <u>22</u>~<u>33</u> 之间。

3. 屯昌坡心

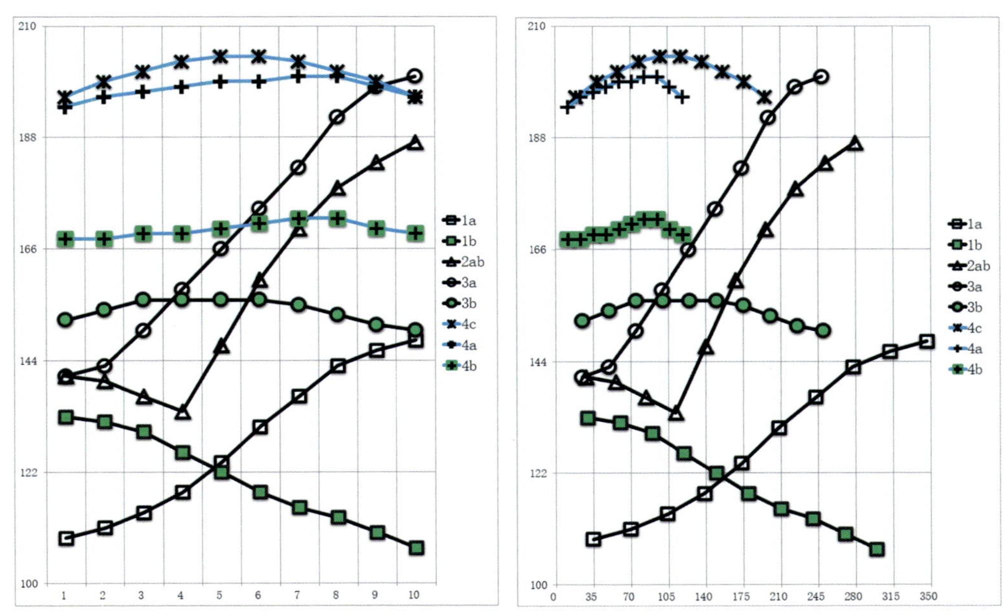

图 12－29a　单字调等长、实长音高模式－屯昌坡心－MM

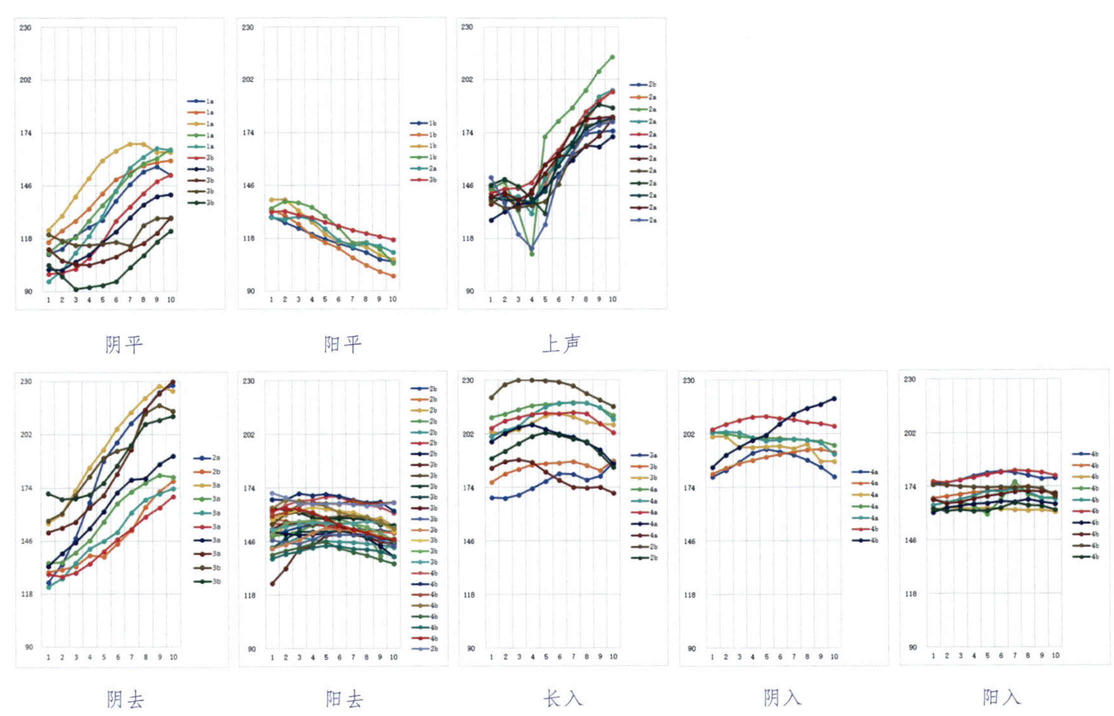

图 12－29b　今声调调域分布范围－屯昌坡心－MM

中男的声调有 8 个（见图 12－29a）：

阴平 13、阳平 21、上声 324、阴去 35、阳去 33、长入 55、阴入 <u>55</u>、阳入 <u>44</u>。

今调域的分布情况（见图 12－29b）：

阴平在 12～23 之间；阳平主要在 21 的范围；上声在 213～325 之间；阴去在 23～35 之间；阳去在 22～33 之间；长入在 44～55 之间；阴入在 <u>44</u>～<u>55</u> 之间；阳入在 <u>33</u>～<u>44</u> 之间。

12.6.2 文万小片

1. 文昌头苑

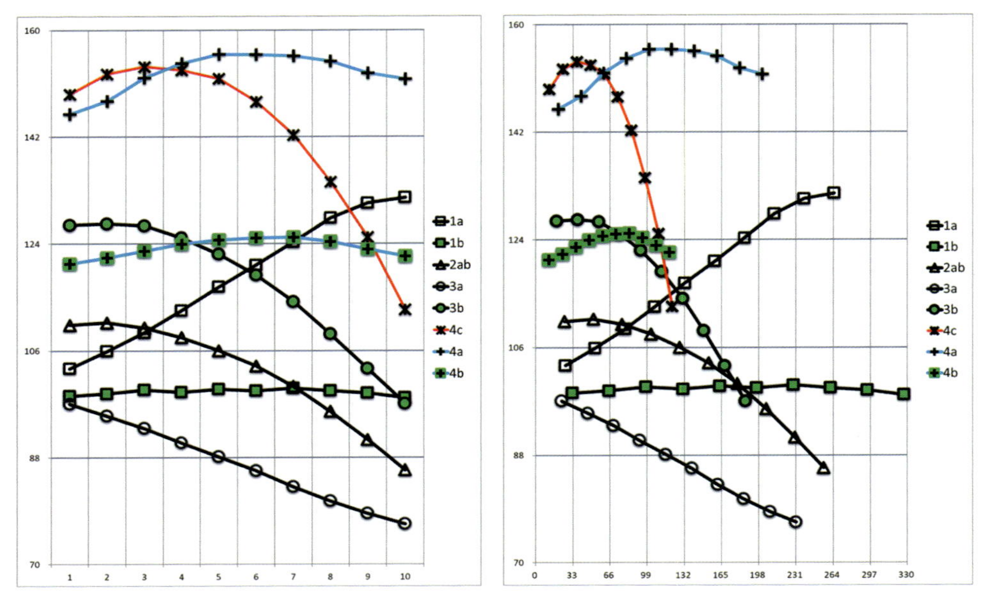

图 12－30a　单字调等长、实长音高模式－文昌头苑－OM

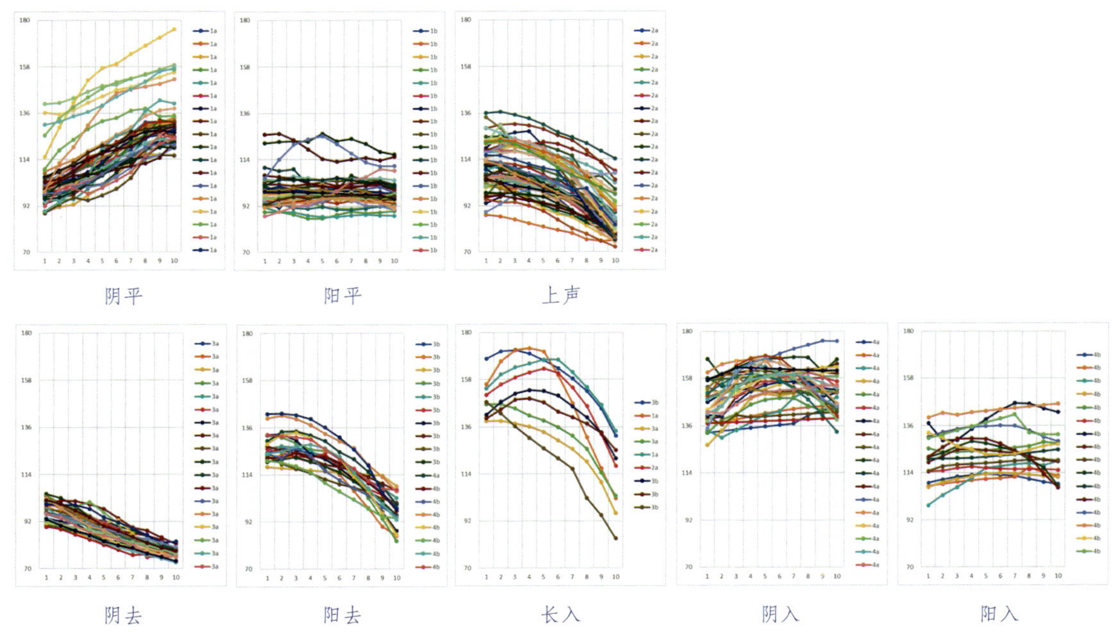

图 12－30b　今声调调域分布范围－文昌头苑－OM

老男的声调有 8 个（见图 12－30a）：

阴平 24、阳平 22、上声 31、阴去 21、阳去 42、长入 53、阴入 55、阳入 33。

今调域的分布情况（见图 12－30b）：

阴平在 13～45 之间；阳平在 11～33 之间；上声在 21～32 之间；阴去在 21 的范围；阳去在 31～42 之间；长入在 41～53 之间；阴入在 44～55 之间；阳入在 22～44 之间。

2. 文昌冯坡

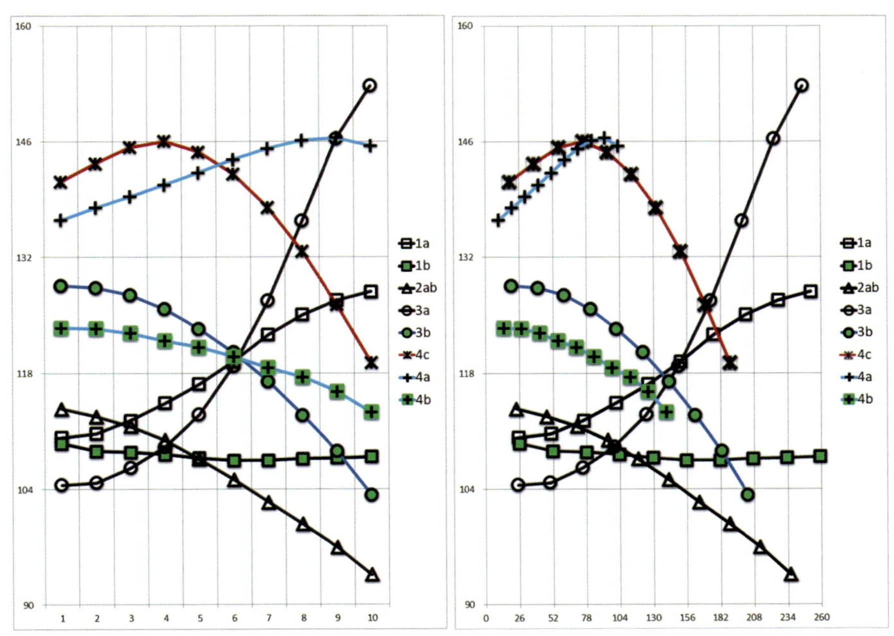

图 12－31a　单字调等长、实长音高模式－文昌冯坡－OM

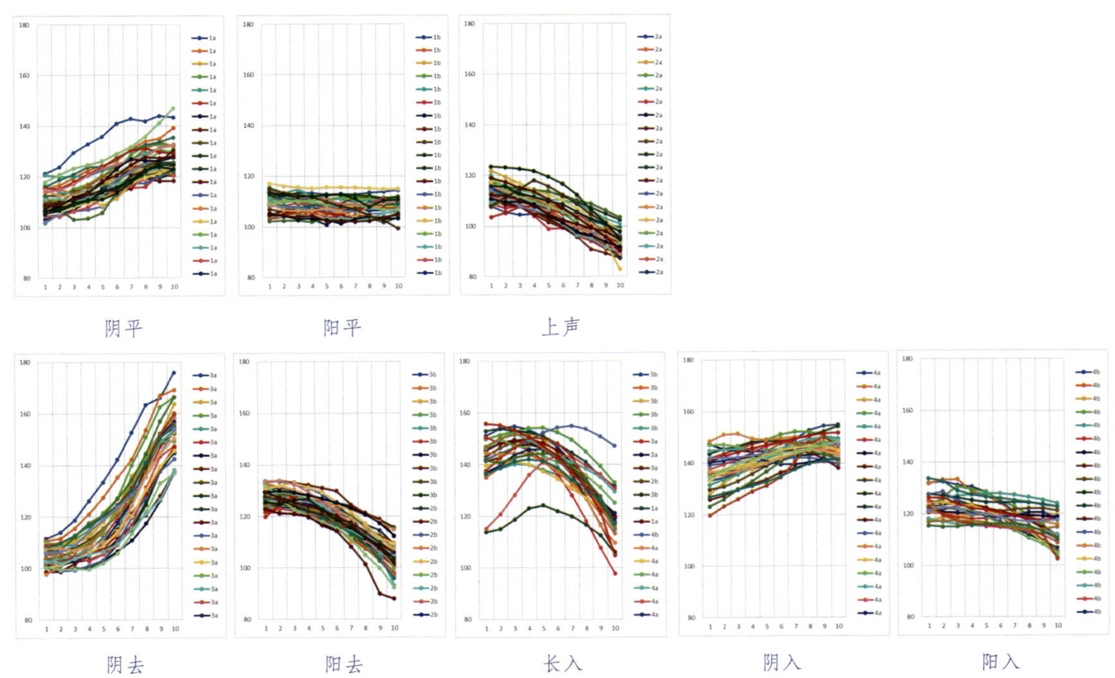

图 12－31b　今声调调域分布范围－文昌冯坡－OM

老男的声调有 8 个（见图 12－31a）：

阴平 23、阳平 22、上声 21、阴去 25、阳去 31、长入 43、阴入 45、阳入 32。

今调域的分布情况（见图 12－31b）：

阴平在 23～34 之间；阳平在 22 的范围；上声在 21～32 之间；阴去在 23～25 之间；阳去在 21～32 之间；长入在 32～43 之间；阴入在 34～44 之间；阳入主要在 32 的范围。

3. 琼海温泉

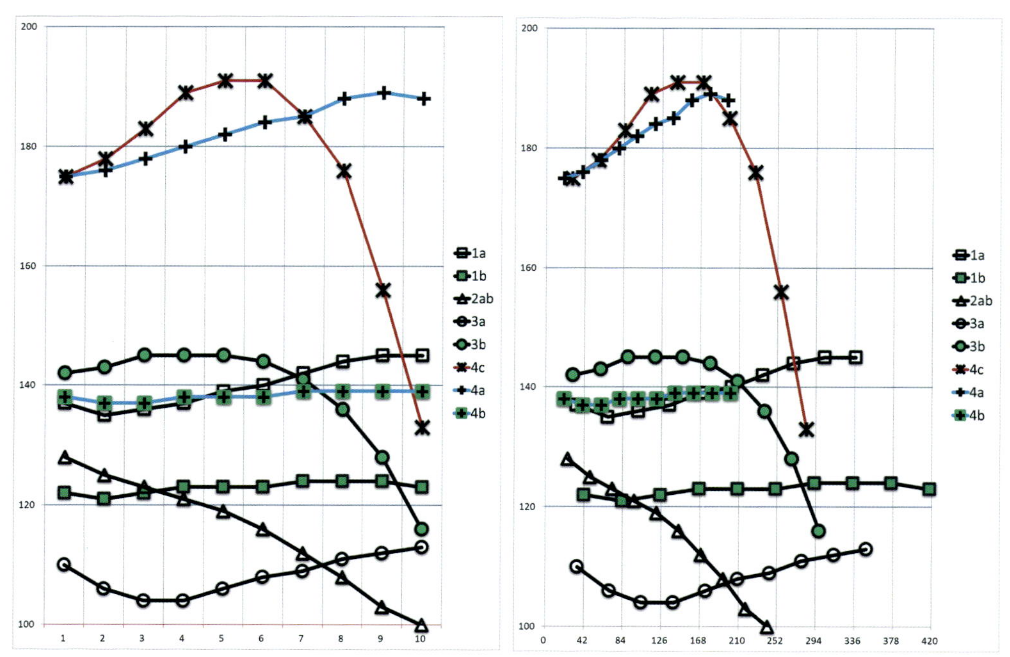

图 12－32a　单字调等长、实长音高模式－琼海温泉－OM

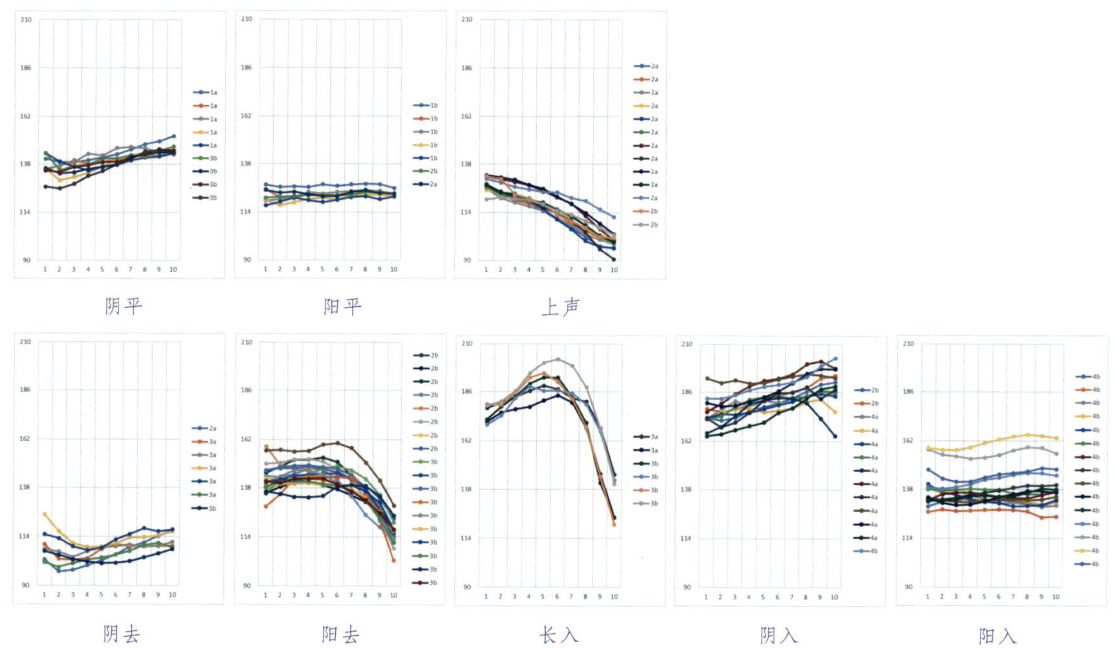

图 12－32b　今声调调域分布范围－琼海温泉－OM

老男的声调有 8 个（见图 12－32a）：

阴平 23、阳平 22、上声 21、阴去 11、阳去 331、长入 452、阴入 <u>45</u>、阳入 <u>22</u>。

今调域的分布情况（见图 12－32b）：

阴平在 23～33 之间；阳平在 22 的范围；上声在 21 的范围；阴去在 11～22 之间；阳去在 221～332 之间；长入在 442～453 之间；阴入在 <u>44</u>～<u>55</u> 之间；阳入在 <u>22</u>～<u>33</u> 之间。

4. 万宁港北

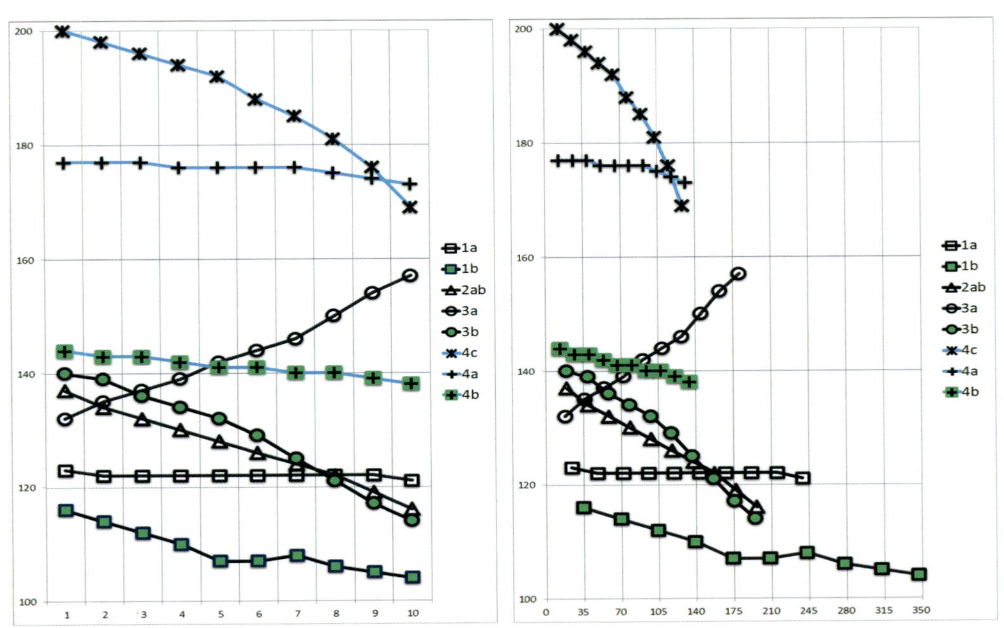

图 12－33a　单字调等长、实长音高模式－万宁港北－MM

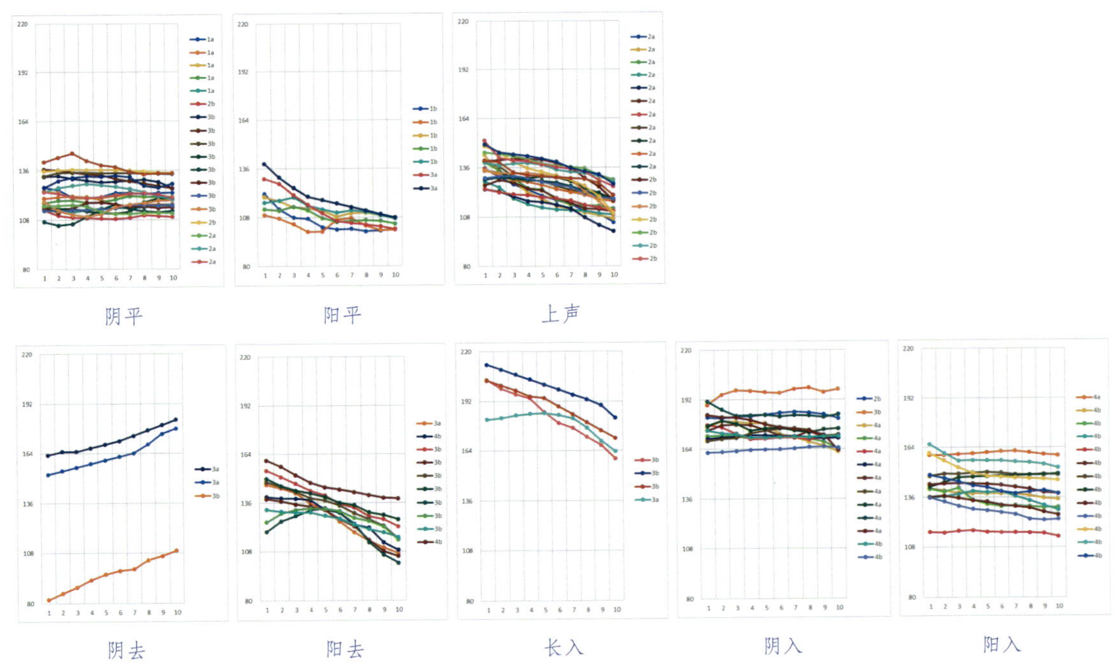

图 12－33b　今声调调域分布范围－万宁港北－MM

中男的声调有 8 个（见图 12－33a）：

阴平 22、阳平 21、上声 32、阴去 23、阳去 31、长入 54、阴入 <u>44</u>、阳入 <u>33</u>。

今调域的分布情况（见图 12－33b）：

阴平在 11～33 之间；阳平主要在 21 的范围；上声主要在 32 的范围；阴去在 12～34 之间；阳去在 21～32 之间；长入主要在 54 的范围；阴入在 <u>44</u>～<u>55</u> 之间；阳入在 <u>22</u>～<u>33</u> 之间。

5. 陵水三才

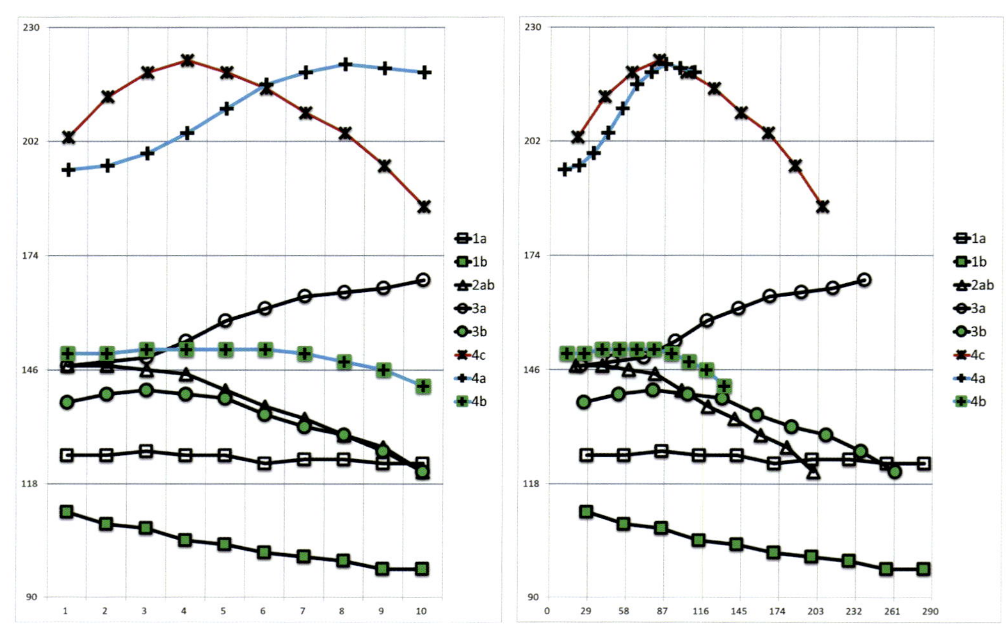

图 12－34a　单字调等长、实长音高模式－陵水三才－OM

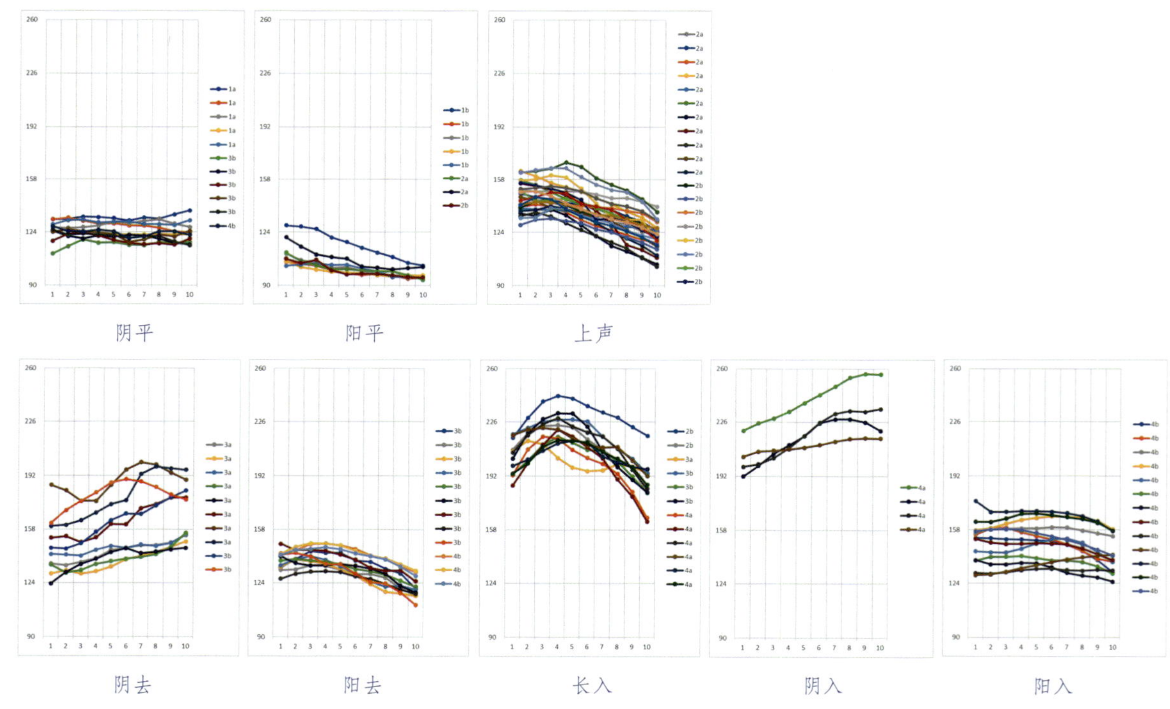

图 12－34b　今声调调域分布范围－陵水三才－OM

老男的声调有 8 个（见图 12－34a）：

阴平 22、阳平 21、上声 32、阴去 34、阳去 32、长入 454、阴入 <u>45</u>、阳入 <u>33</u>。

今调域的分布情况（见图 12－34b）：

阴平在 11～22 之间；阳平主要在 21 的范围；上声在 21～32 之间；阴去在 23～34 之间；阳去在 21～22，长入在 343～454 之间；阴入主要在 <u>45</u> 的范围；阳入在 <u>22</u>～<u>33</u> 之间。

12.6.3 崖县、昌感小片

1. 三亚港门

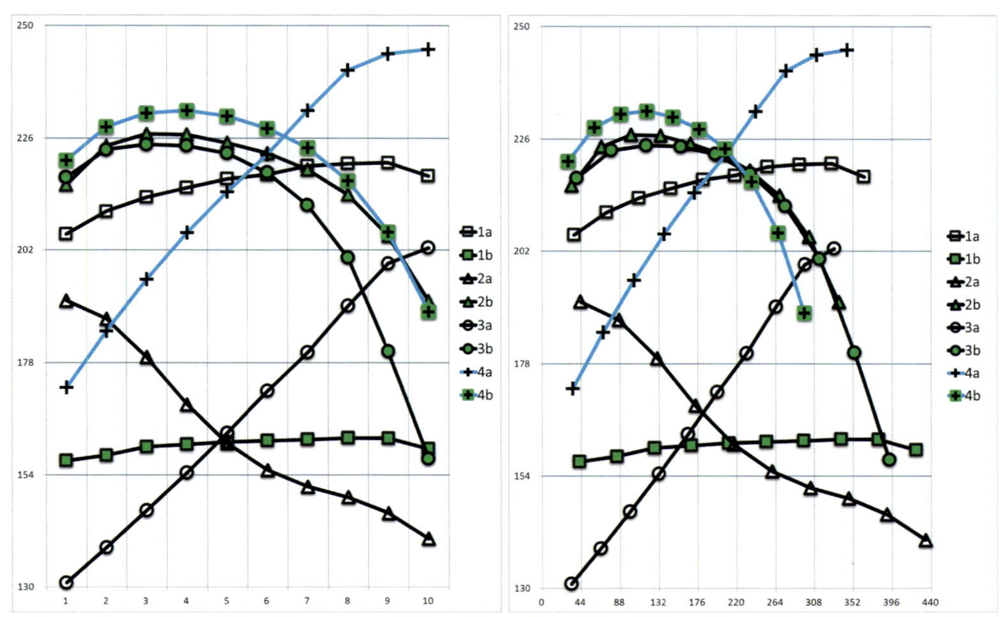

图 12－35a 单字调等长、实长音高模式－三亚港门－OM

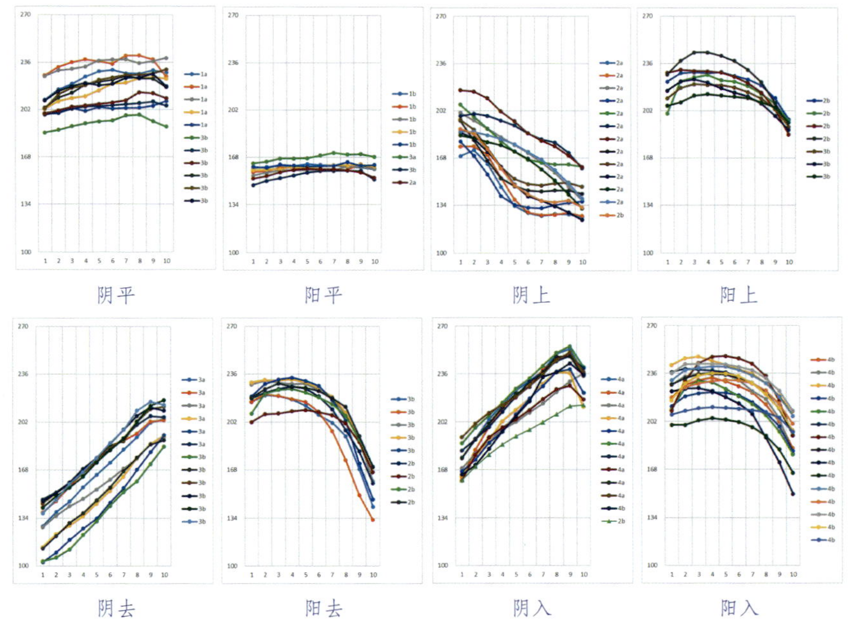

图 12－35b 今声调调域分布范围－三亚港门－OM

老男的声调有 8 个（见图 12－35a）：

阴平 44、阳平 22、阴上 31、阳上 443、阴去 14、阳去 442、阴入 25、阳入 53。

今调域的分布情况（见图 12－35b）：

阴平在 33～55 之间；阳平在 22～33 之间；阴上在 31～43 之间；阳上在 43～53 之间；阴去在 13～24 之间；阳去在 442～443 之间；阴入在 24～35 之间；阳入在 332～554 之间。

2. 乐东黄流

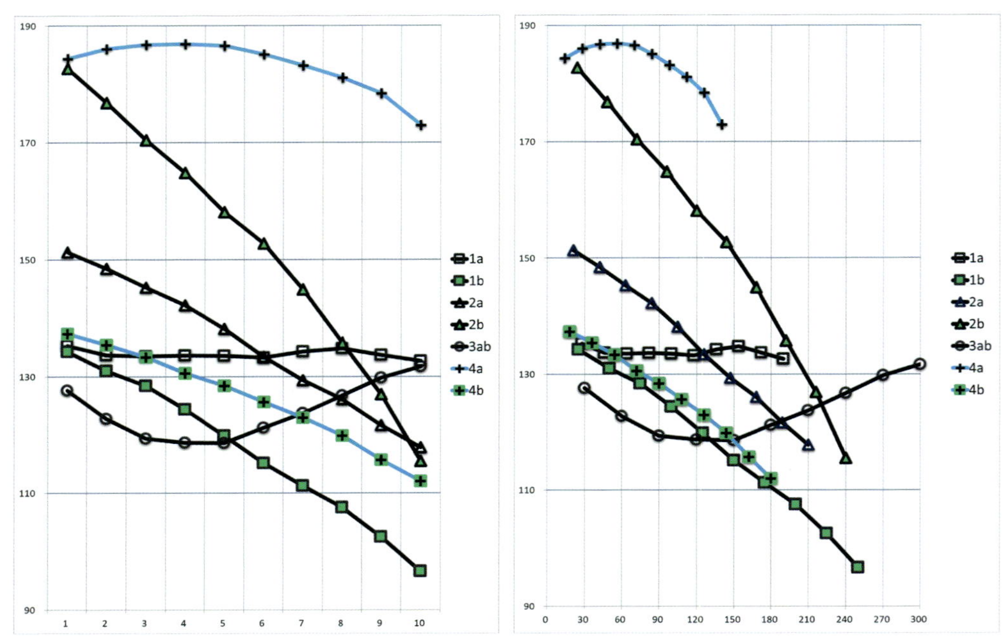

图 12－36a　单字调等长、实长音高模式－乐东黄流－OM

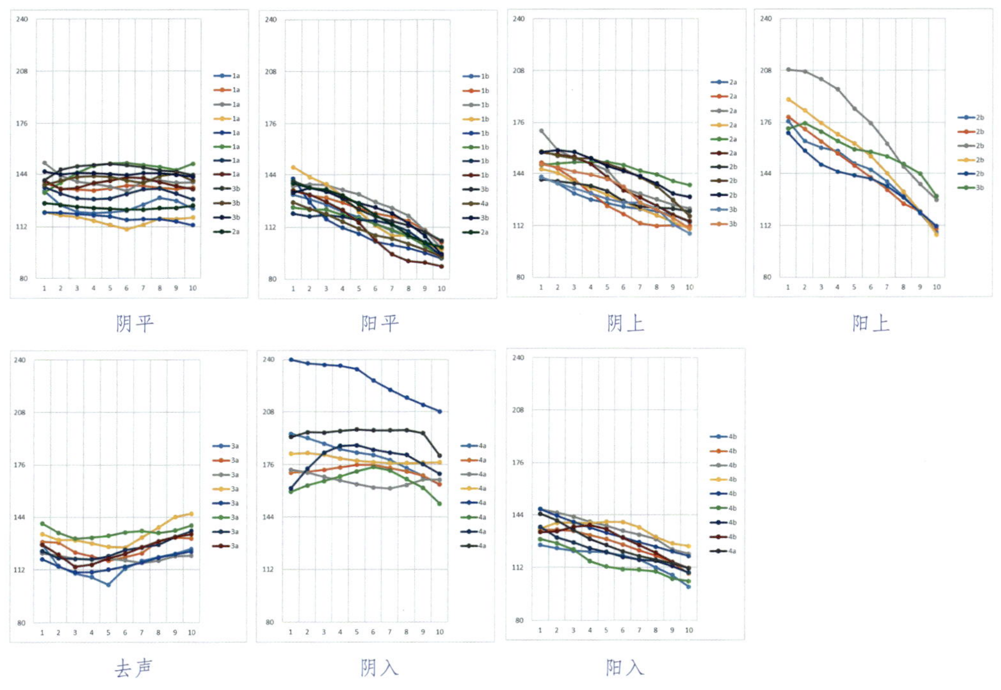

图 12－36b　今声调调域分布范围－乐东黄流－OM

老男的声调有 7 个（见图 12－36a）：

阴平 33、阳平 31、阴上 42、阳上 52、去声 223、阴入 55、阳入 32。

今调域的分布情况（见图 12－36b）：

阴平在 22～33 之间；阳平在 21～31 之间；阴上在 21～32 之间；阳上在 31～52 之间；去声在 212～22 之间；阴入在 33～55 之间；阳入在 32～21 之间。

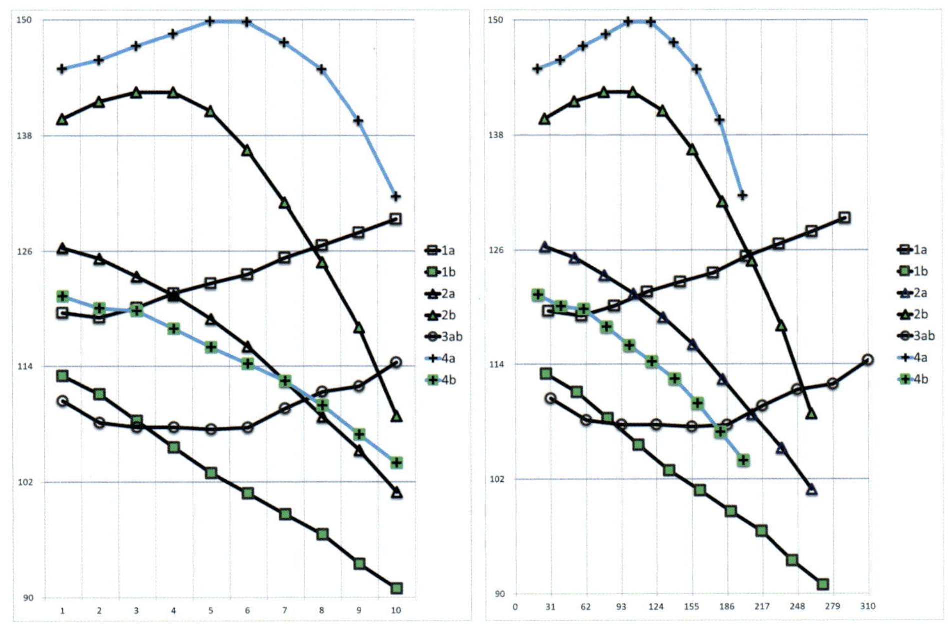

图 12－36c　单字调等长、实长音高模式－乐东黄流－YM

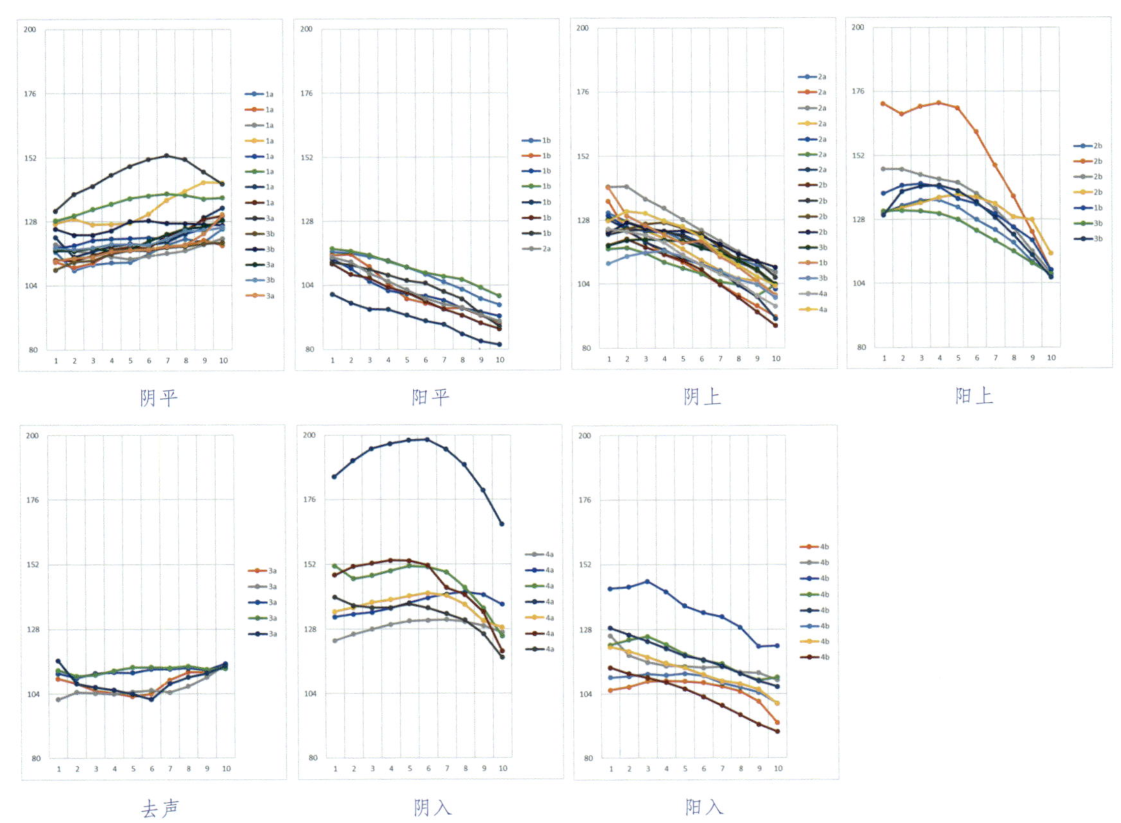

图 12－36d　今声调调域分布范围－乐东黄流－YM

青男的声调有 7 个（见图 12－36c）：

阴平 34、阳平 21、阴上 42、阳上 53、去声 223、阴入 <u>54</u>、阳入 <u>32</u>。

今调域的分布情况（见图 12－36d）：

阴平在 23～33 之间；阳平在 21 的范围；阴上在 21～32 之间；阳上在 32～42 之间；去声在 212～22 之间；阴入在 <u>33</u>～<u>55</u> 之间；阳入在 <u>21</u>～<u>32</u> 之间。

3. 乐东冲坡

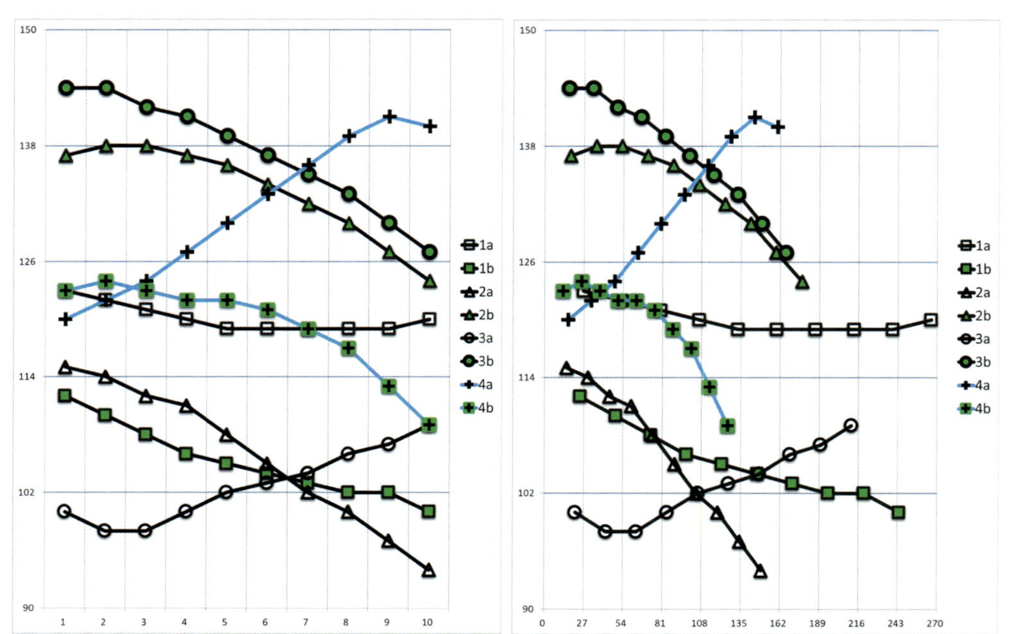

图 12－37a　单字调等长、实长音高模式－乐东冲坡－OM

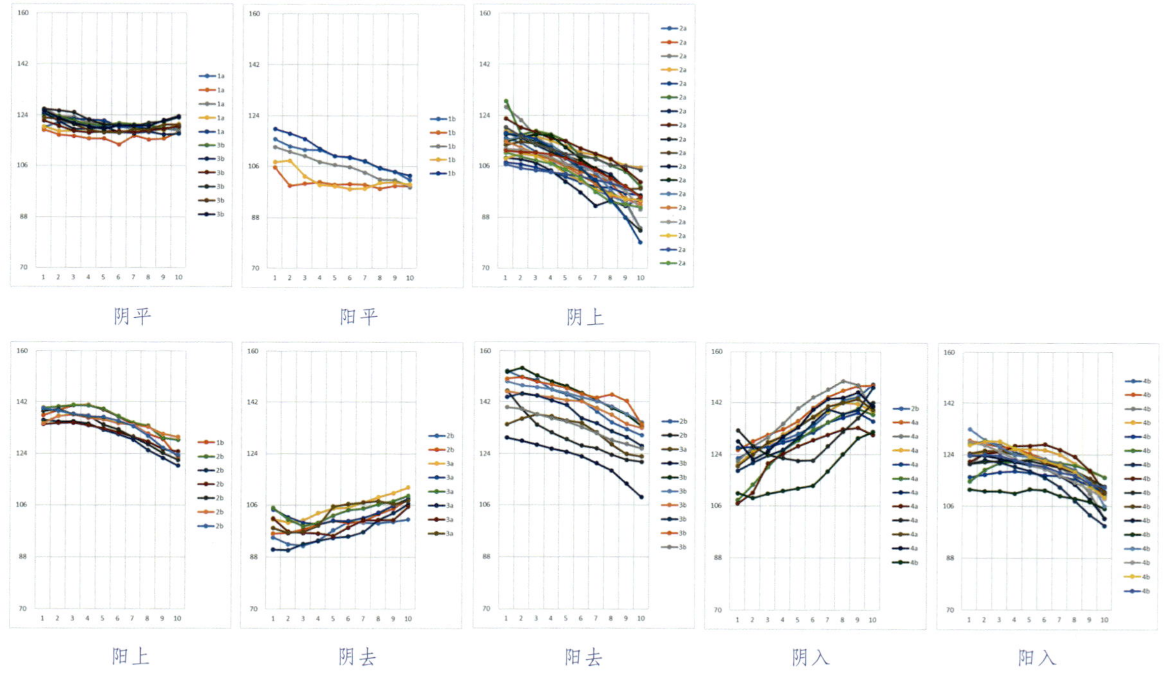

图 12－37b　今声调调域分布范围－乐东冲坡－OM

老男的声调有 8 个（见图 12－37a）：

阴平 33、阳平 21、阴上 31、阳上 43、阴去 12、阳去 54、阴入 35、阳入 32。

今调域的分布情况（见图 12－37b）：

阴平在 33～44 之间；阳平在 22～32 之间；阴上在 31～43 之间；阳上在 43～44 之间；阴去在 12～23 之间；阳去在 43～54 之间；阴入在 34～45 之间；阳入在 32～43 之间。

4. 东方感城

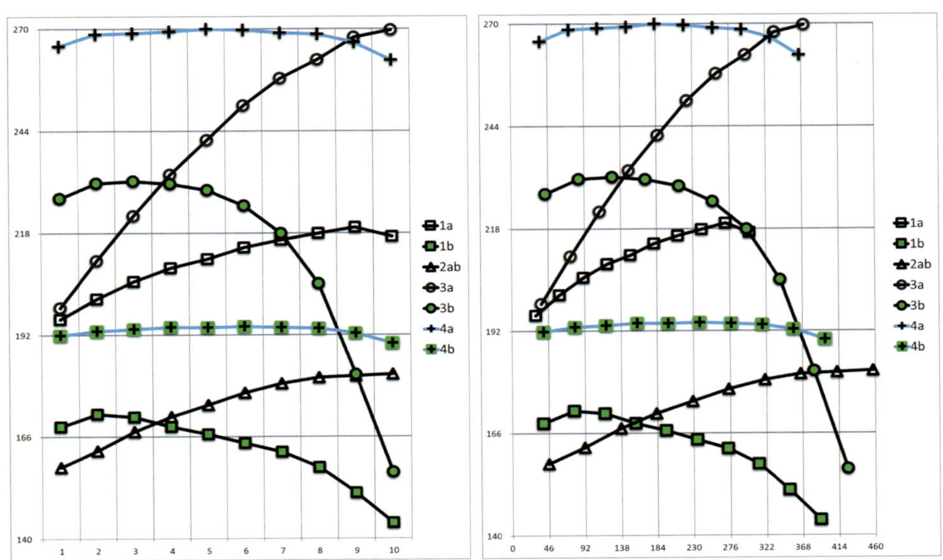

图 12－38a 单字调等长、实长音高模式－东方感城－OM

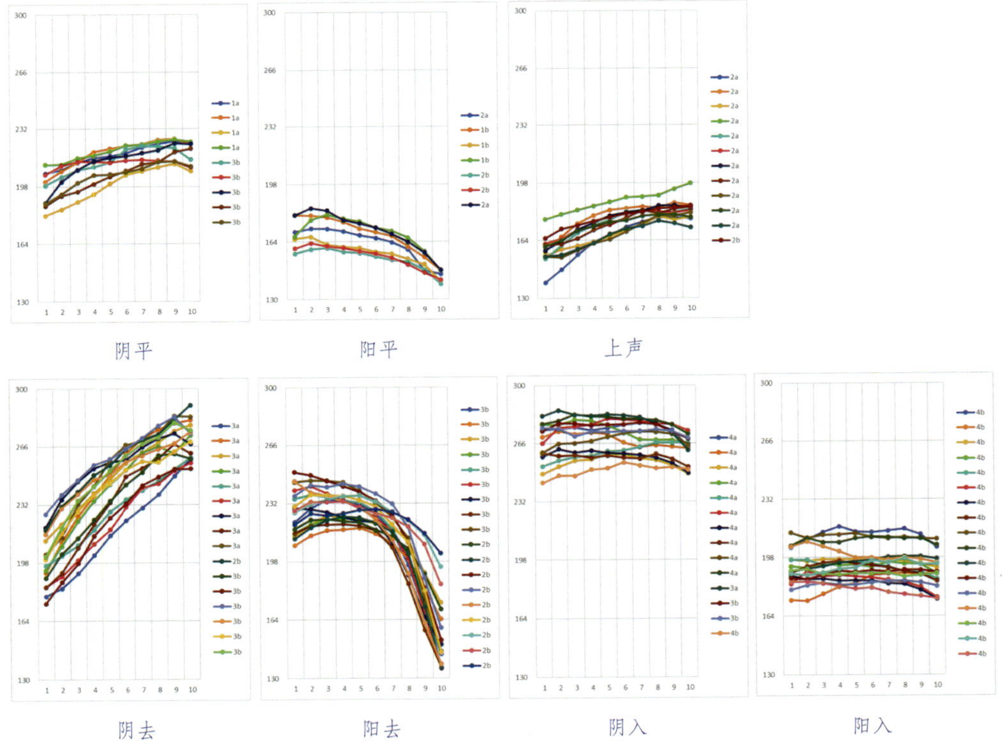

图 12－38b 今声调调域分布范围－东方感城－OM

老男的声调有 7 个（见图 12－38a）：

阴平 34、阳平 21、上声 12、阴去 35、阳去 441、阴入 55、阳入 33。

今调域的分布情况（见图 12－38b）：

阴平在 23～34 之间；阳平主要在 21 的范围；上声在 12～23 之间；阴去在 24～35 之间；阳去在 331～442 之间；阴入在 44～55 之间；阳入在 22～33 之间。

12.6.4 四镇小片

1. 琼中营根

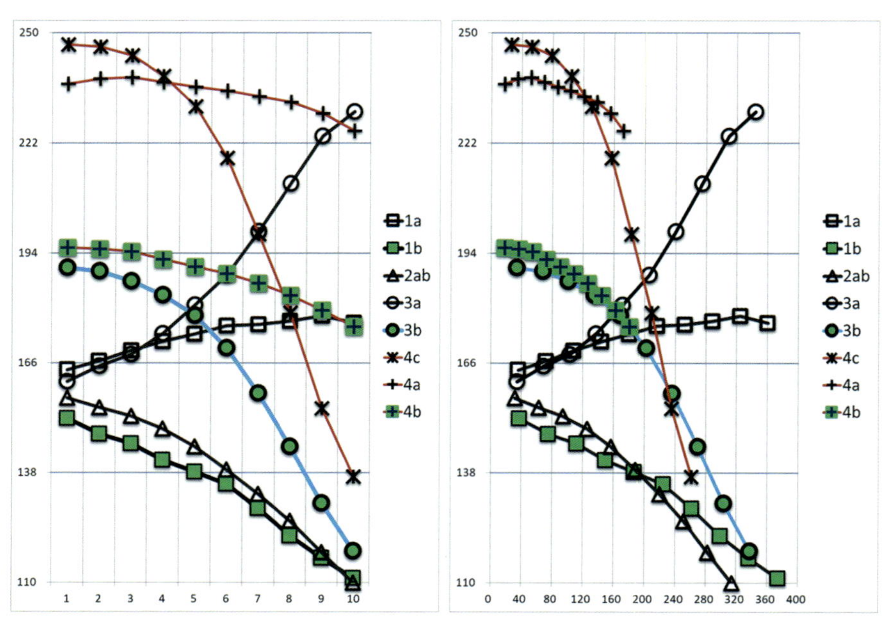

图 12－39a 单字调等长、实长音高模式－琼中营根－OM

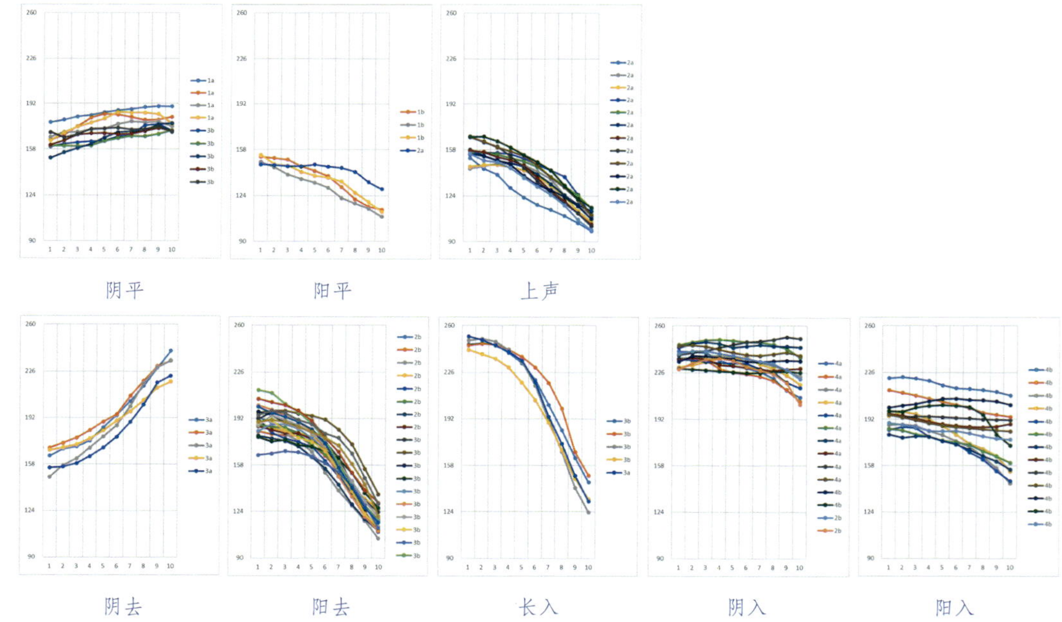

图 12－39b 今声调调域分布范围－琼中营根－OM

老男的声调有 8 个（见图 12－39a）：

阴平 33、阳平 21、上声 31、阴去 35、阳去 41、长入 52、阴入 55、阳入 43。

今调域的分布情况（见图 12－39b）：

阴平在 23～33 之间；阳平在 21～22 之间；上声在 21～31 之间；阴去在 24～35 之间；阳去在 31～42 之间；长入在 52 的范围；阴入在 44～55 之间；阳入在 32～44 之间。

2. 琼中和平

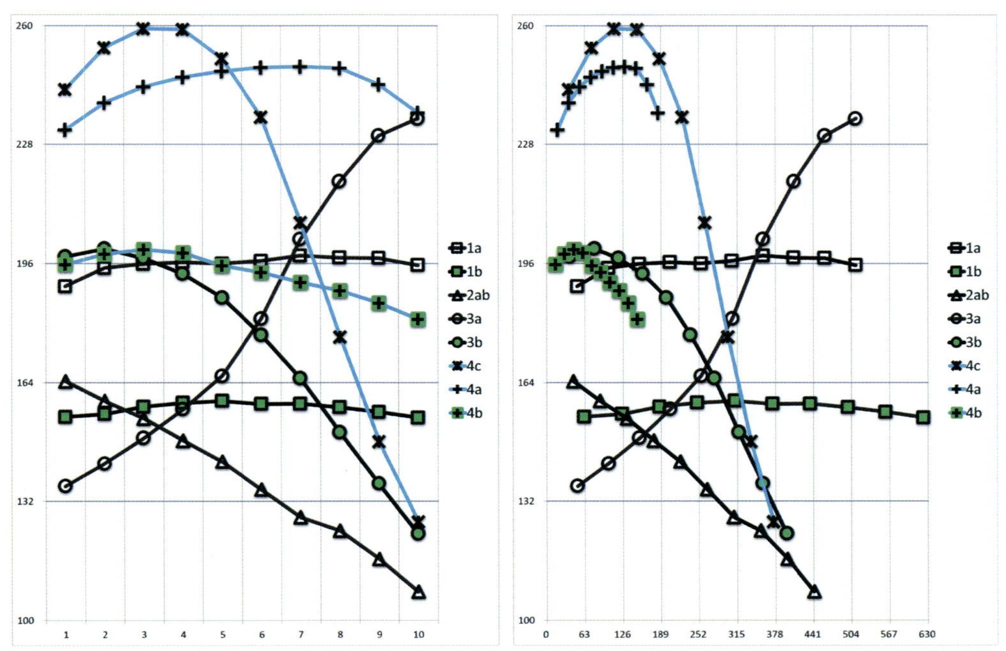

图 12－40a 单字调等长、实长音高模式－琼中和平－OM

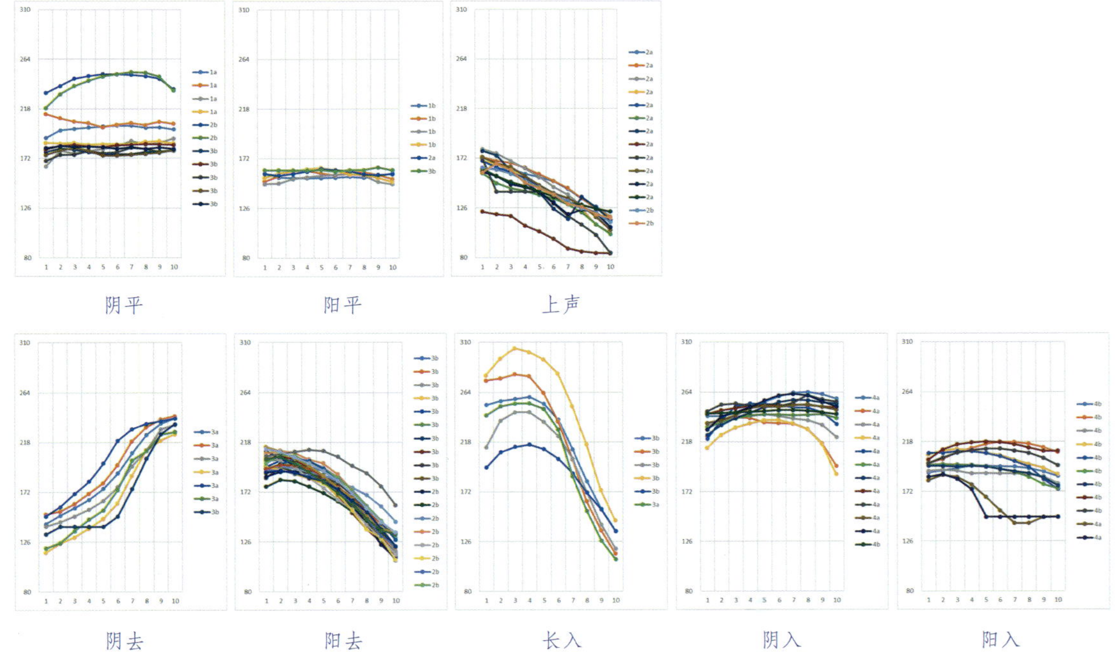

图 12－40b 今声调调域分布范围－琼中和平－OM

老男的声调有 8 个（见图 12－40a）：

阴平 44、阳平 22、上声 31、阴去 25、阳去 41、长入 51、阴入 55、阳入 43。

今调域的分布情况（见图 12－40b）：

阴平在 33～44 之间；阳平在 22 的范围；上声在 21～32 之间；阴去在 14～24 之间；阳去在 31～32 之间；长入在 331～552 之间；阴入在 43～44 之间；阳入在 32～33 之间。

3. 五指山通什

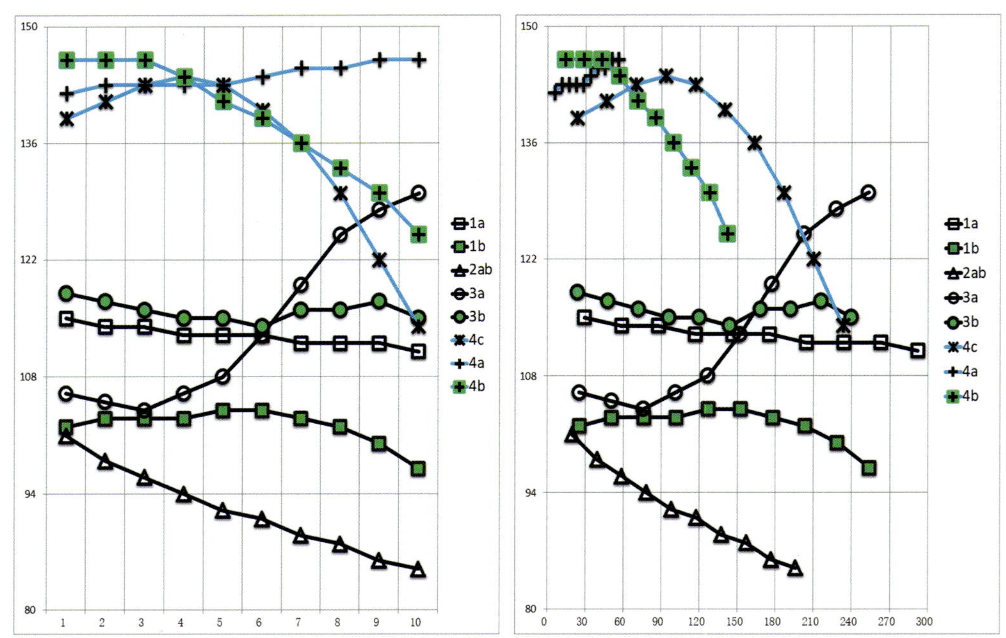

图 12－41a　单字调等长、实长音高模式－五指山通什－OM

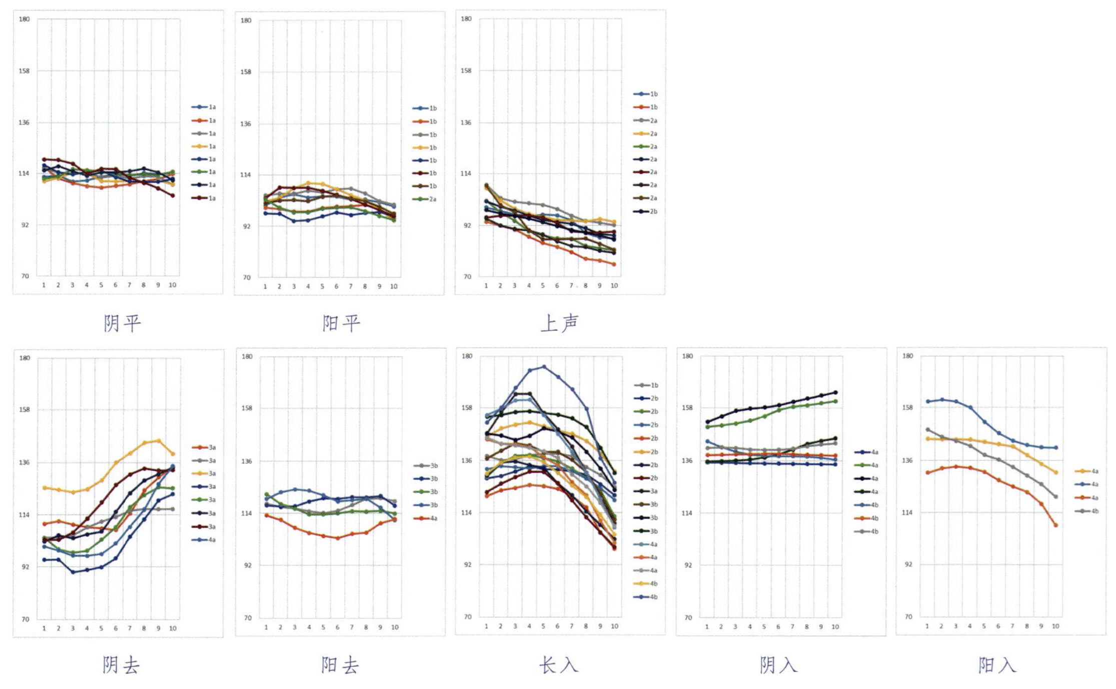

图 12－41b　今声调调域分布范围－五指山通什－OM

老男的声调有 8 个（见图 12－41a）：

阴平 33、阳平 22、上声 21、阴去 24、阳去 44、长入 553、阴入 55、阳入 54。

今调域的分布情况（见图 12－41b）：

阴平在 22～33 之间；阳平在 22 的范围；上声主要在 21 的范围；阴去在 23～34 之间；阳去主要在 22～33 之间；长入在 332～553 之间；阴入在 44～55 之间；阳入在 32～54 之间。

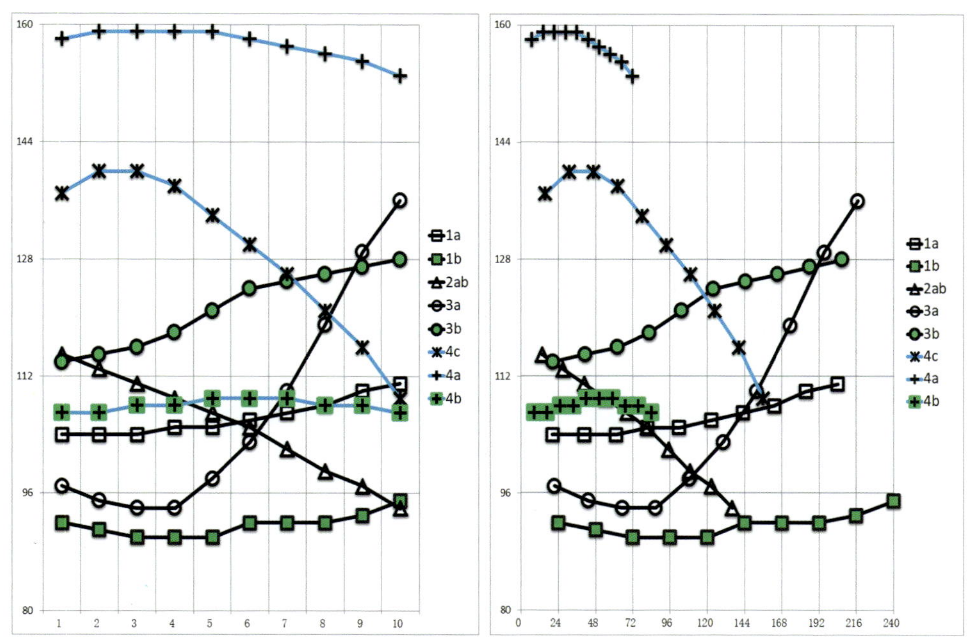

图 12－41c　单字调等长、实长音高模式－五指山通什－YM

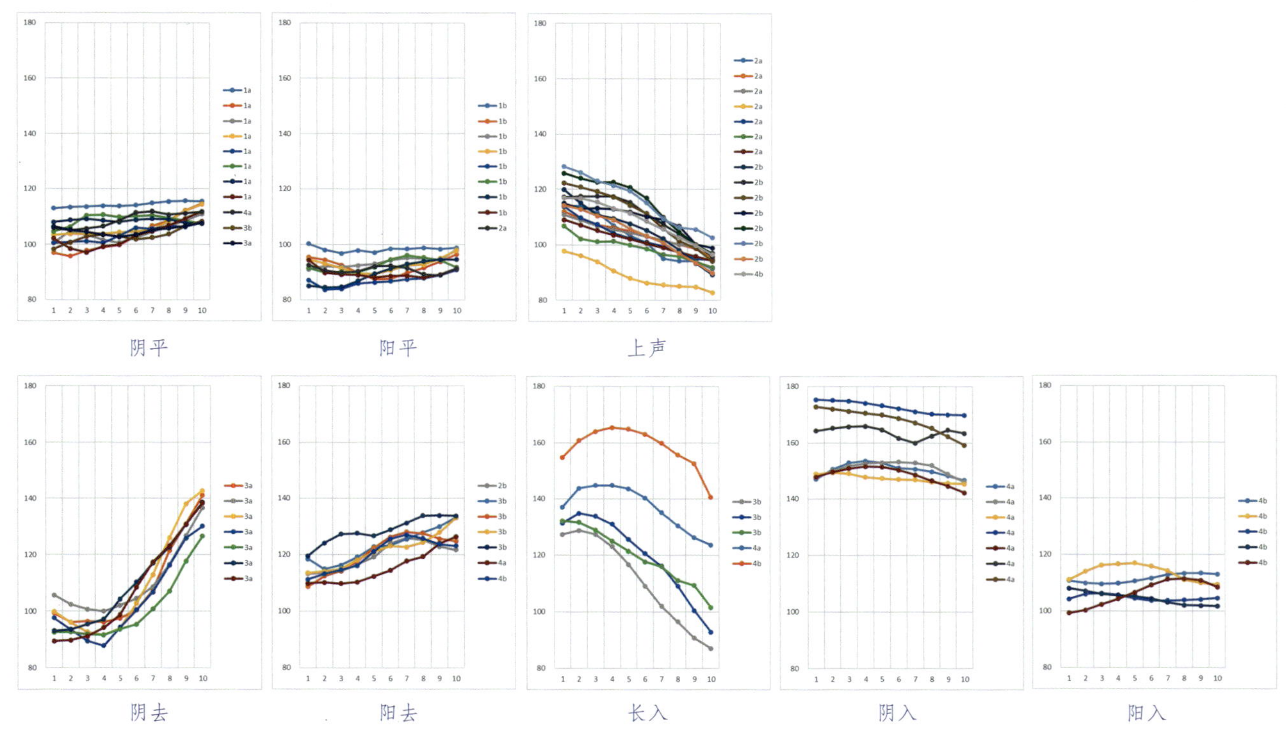

图 12－41d　今声调调域分布范围－五指山通什－YM

青男的声调有 8 个（见图 12－41c）：

阴平 22、阳平 11、上声 31、阴去 24、阳去 34、长入 42、阴入 55、阳入 22。

今调域的分布情况（见图 12－41d）：

阴平在 12～22 之间；阳平在 11 的范围；上声在 21～32 之间；阴去在 113～224 之间；阳去主要在 23 的范围；长入在 31～554 之间；阴入在 44～55 之间；阳入在 22 的范围。

五指山的闽方言多为海南不同地区方言的中和，这里老男、青男的声调会有所不同，可能是受不同祖语的影响。

4. 白沙牙叉

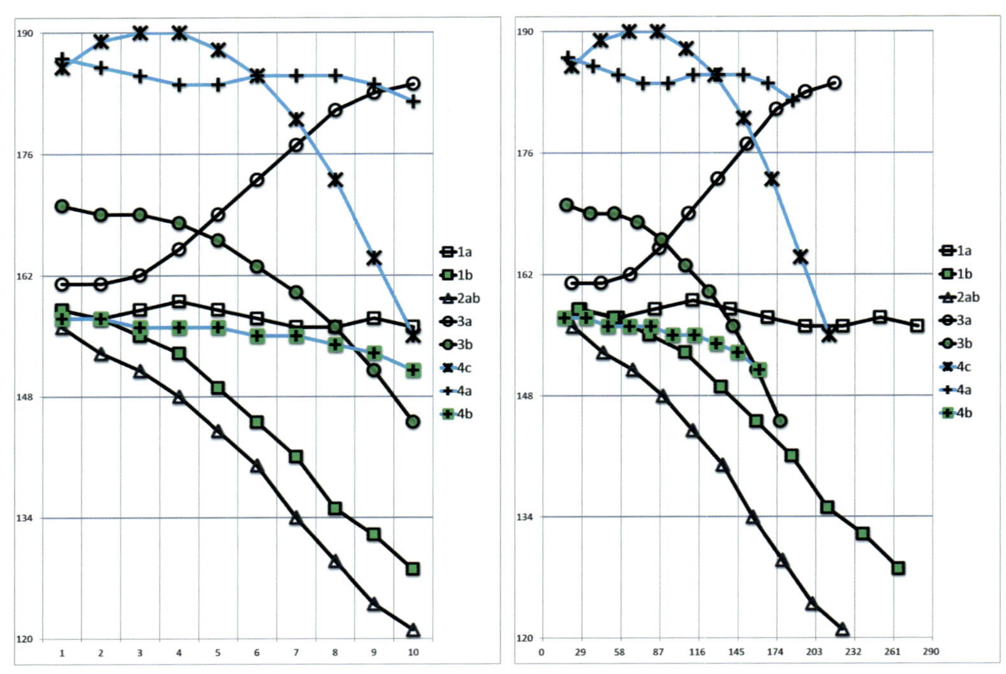

图 12－42a　单字调等长、实长音高模式－白沙牙叉－OM

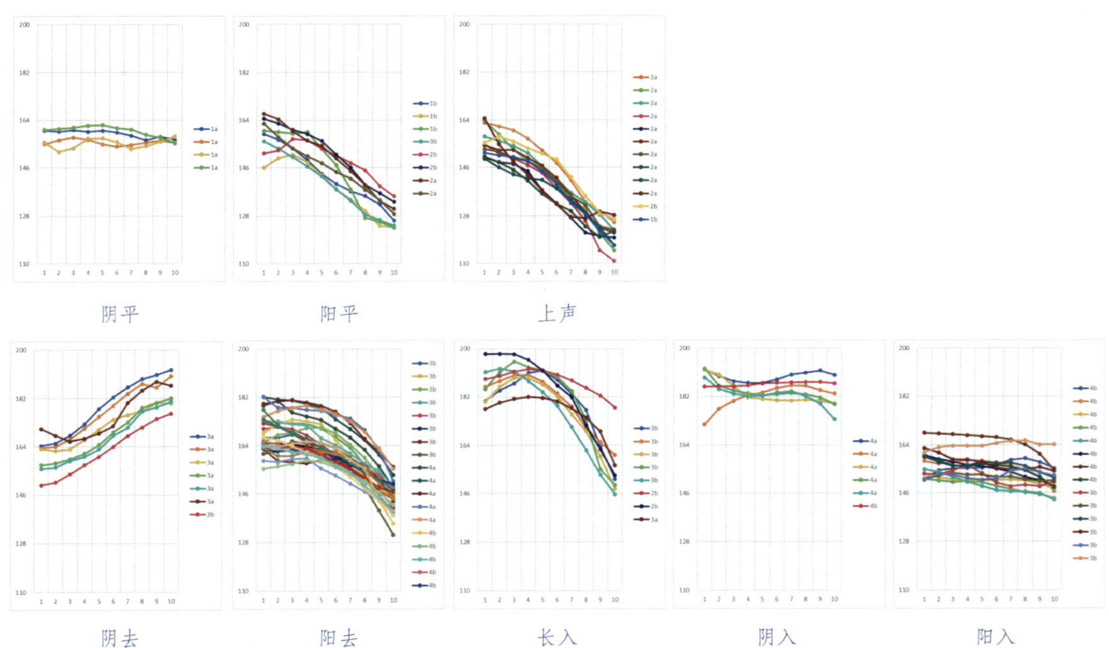

图 12－42b　今声调调域分布范围－白沙牙叉－OM

老男的声调有 8 个（见图 12－42a）：

阴平 33、阳平 32、上声 31、阴去 35、阳去 42、长入 553、阴入 <u>55</u>、阳入 <u>33</u>。

今调域的分布情况（见图 12－42b）：

阴平在 33 的范围，阳平在 32～42 之间；上声在 31～41 之间；阴去在 34～45 之间；阳去在 332～443 之间；长入在 443～54 之间；阴入在 <u>44</u>～<u>55</u> 之间；阳入在 <u>33</u>～<u>44</u> 之间。

5. 昌江昌化

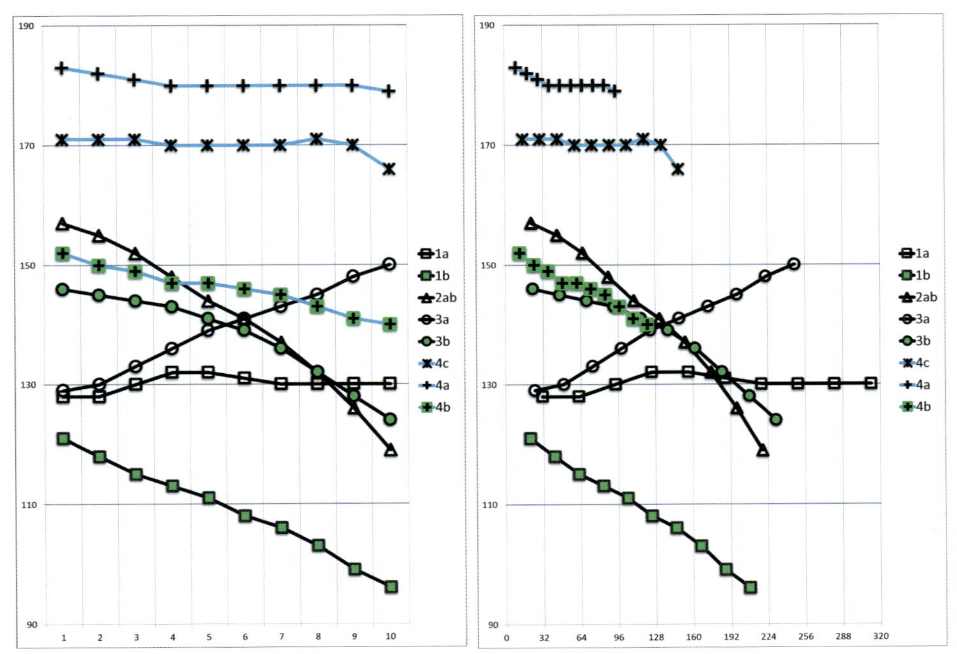

图 12－43a　单字调等长、实长音高模式－昌江昌化－OM

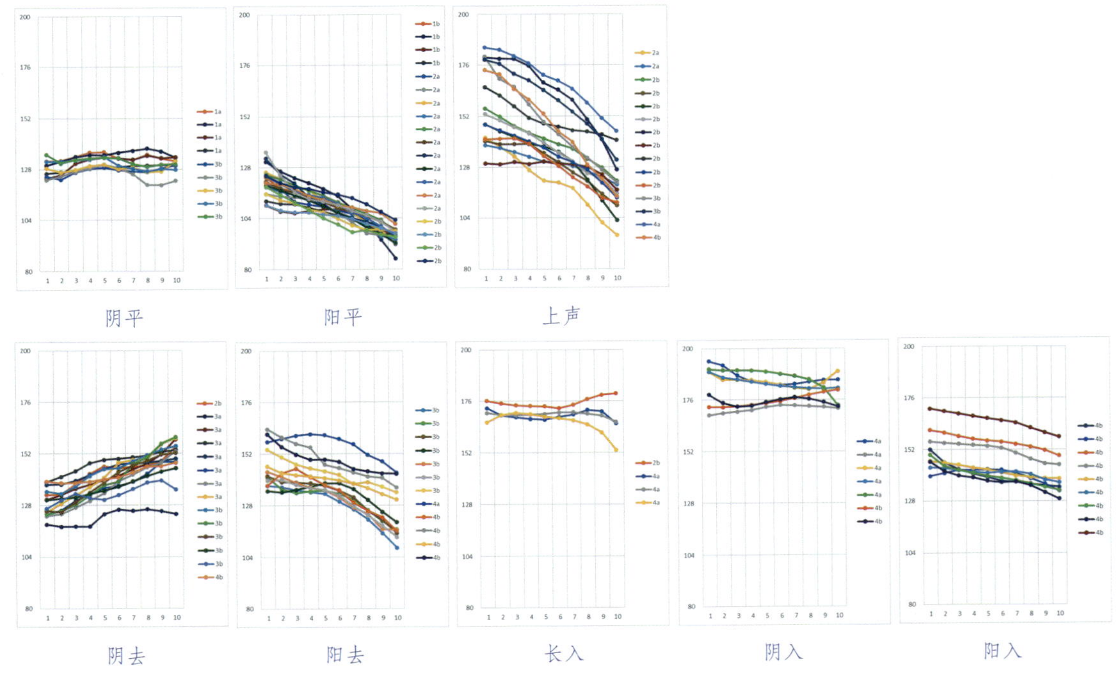

图 12－43b　今声调调域分布范围－昌江昌化－OM

老男的声调有 8 个（见图 12－43a）：

阴平 33、阳平 21、上声 42、阴去 24、阳去 32、长入 44、阴入 55、阳入 43。

今调域的分布情况（见图 12－43b）：

阴平在 22 ~ 33 之间；阳平在 21 ~ 32 之间；上声在 31 ~ 53 之间；阴去在 23 ~ 34 之间；阳去在 32 ~ 43 之间；长入在 44 ~ 55 之间；阴入在 44 ~ 55 之间；阳入在 32 ~ 43 之间。

12.7 雷州片

1. 广东雷州

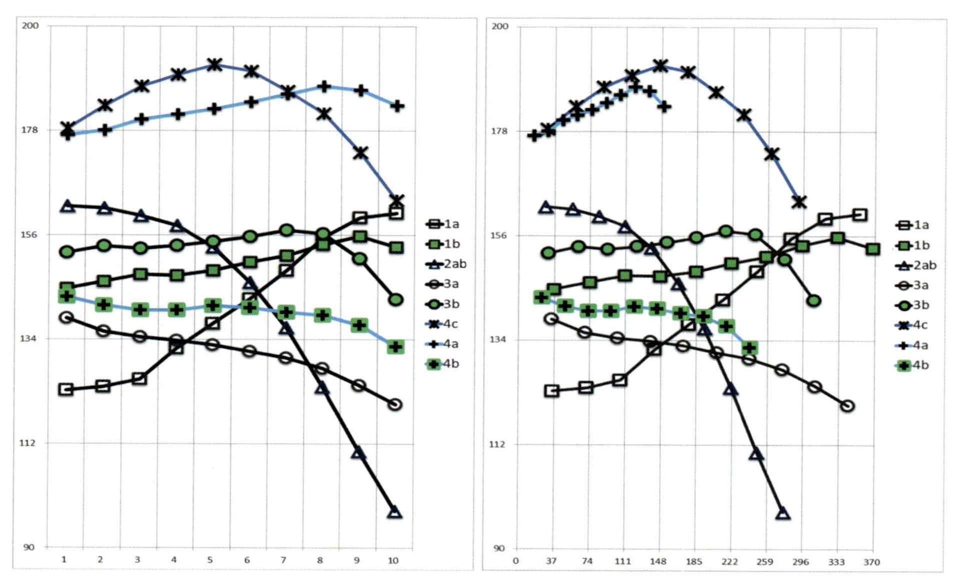

图 12－44a　单字调等长、实长音高模式－广东雷州－OM

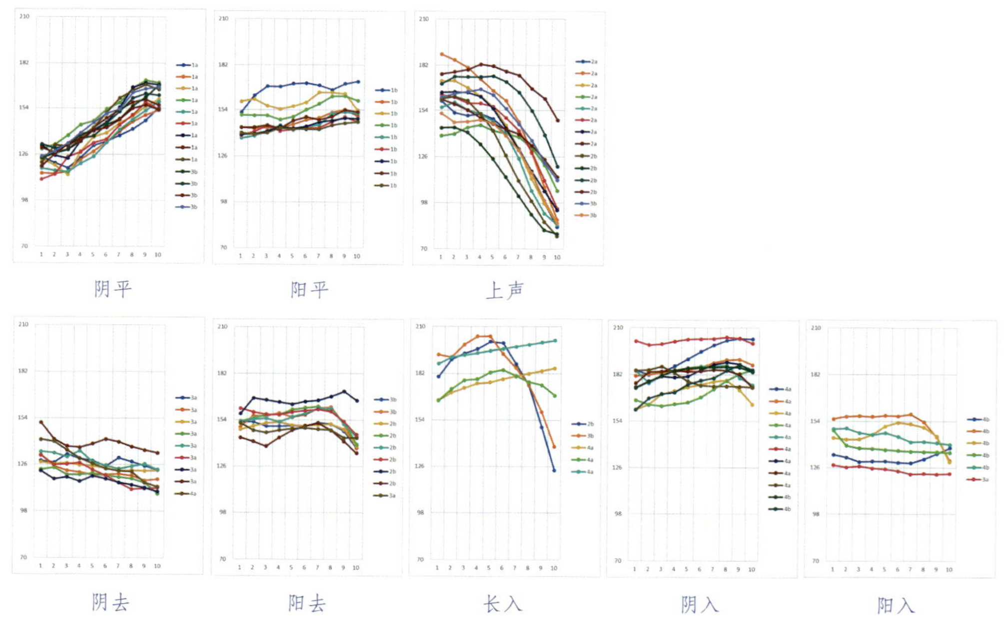

图 12－44b　今声调调域分布范围－广东雷州－OM

老男的声调有 8 个（见图 12－44a）：

阴平 24、阳平 34、上声 41、阴去 32、阳去 44、长入 454、阴入 55、阳入 33。

今调域的分布情况（见图 12－44b）：

阴平在 23～34 之间；阳平在 34～44 之间；上声在 31～54 之间；阴去主要在 32 的范围；阳去在 33～44 之间；长入在 45～553 之间；阴入在 44～55 之间；阳入主要在 33 的范围。

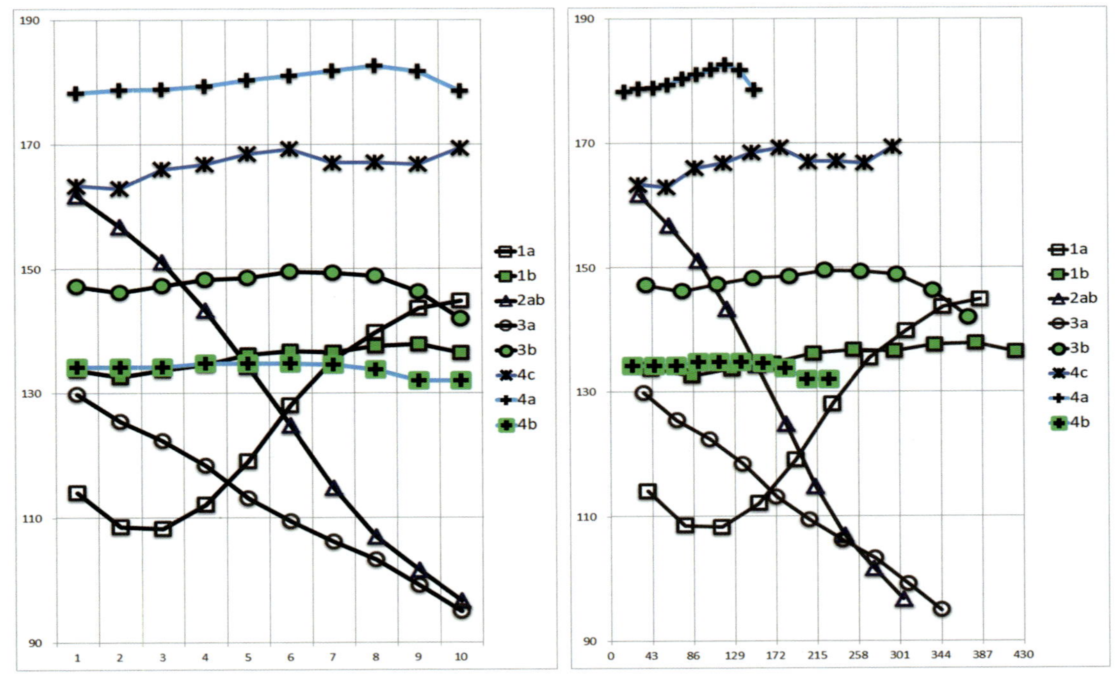

图 12－44c　单字调等长、实长音高模式－广东雷州－YM

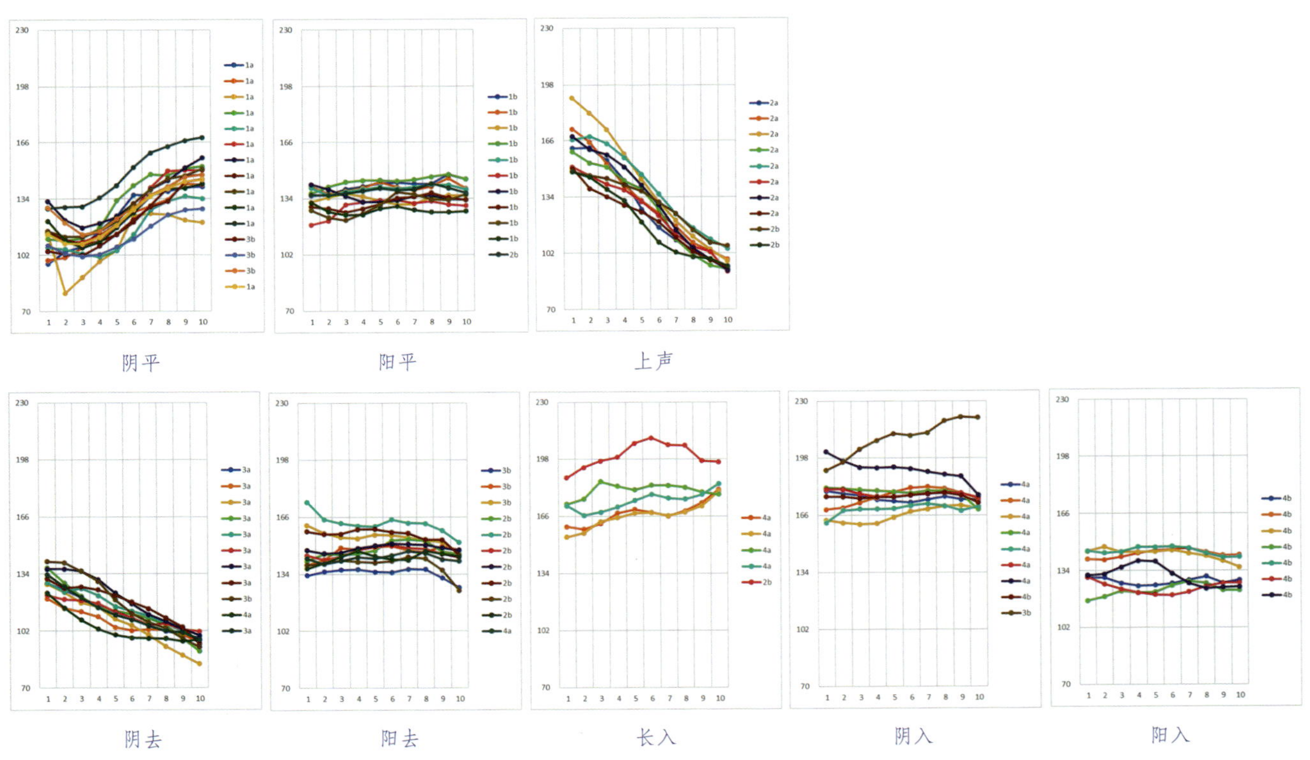

图 12－44d　今声调调域分布范围－广东雷州－YM

青男的声调有 8 个（见图 12－44c）：

阴平 23、阳平 33、上声 41、阴去 31、阳去 44、长入 44、阴入 55、阳入 33。

今调域的分布情况（见图 12－44d）：

阴平在 12～23 之间；阳平在 22～33 之间；上声在 31～42 之间；阴去在 21～31 之间；阳去主要在 33 的范围；长入在 34～45 之间；阴入在 44～55 之间；阳入在 22～33 之间。

2. 湛江徐闻

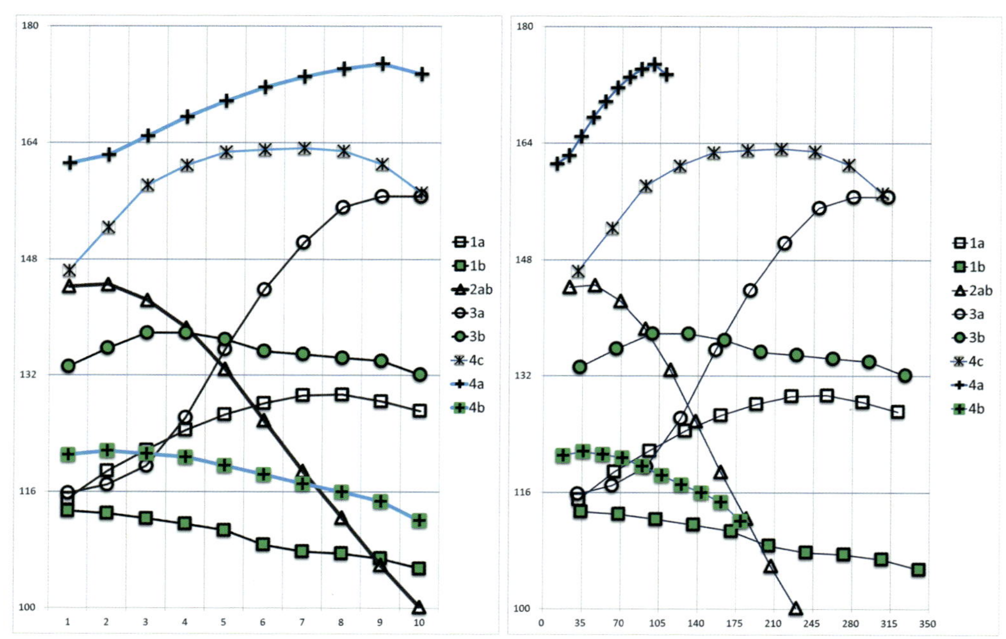

图 12－45a　单字调等长、实长音高模式－湛江徐闻－MM

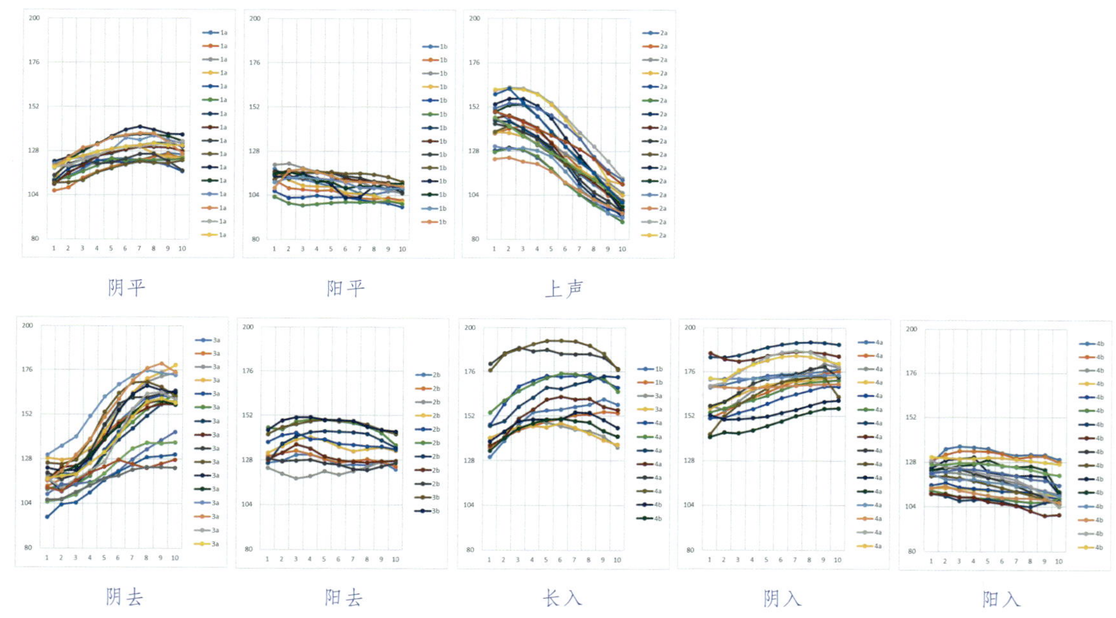

图 12－45b　今声调调域分布范围－湛江徐闻－MM

中男的声调有 8 个（见图 12－45a）：

阴平 12、阳平 11、上声 31、阴去 14、阳去 33、长入 344、阴入 45、阳入 21。

今调域的分布情况（见图 12－45b）：

阴平在 12～23 之间；阳平在 11～22 之间；上声在 21～42 之间；阴去在 13～25 之间；阳去在 22～33 之间；长入在 44～55 之间；阴入在 34～55 之间；阳入在 21～33 之间。

3. 电白水东

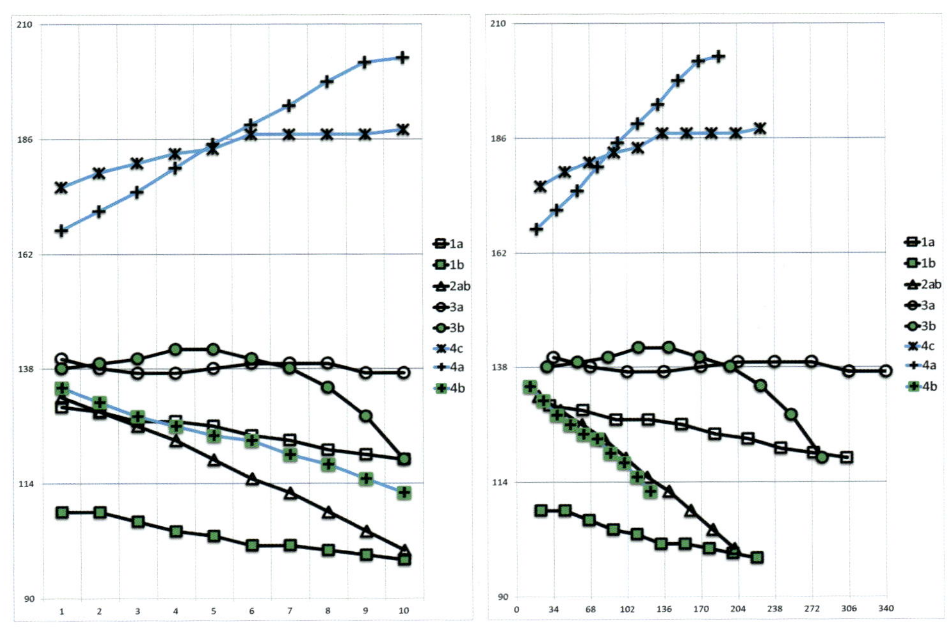

图 12－46a　单字调等长、实长音高模式－电白水东－OM

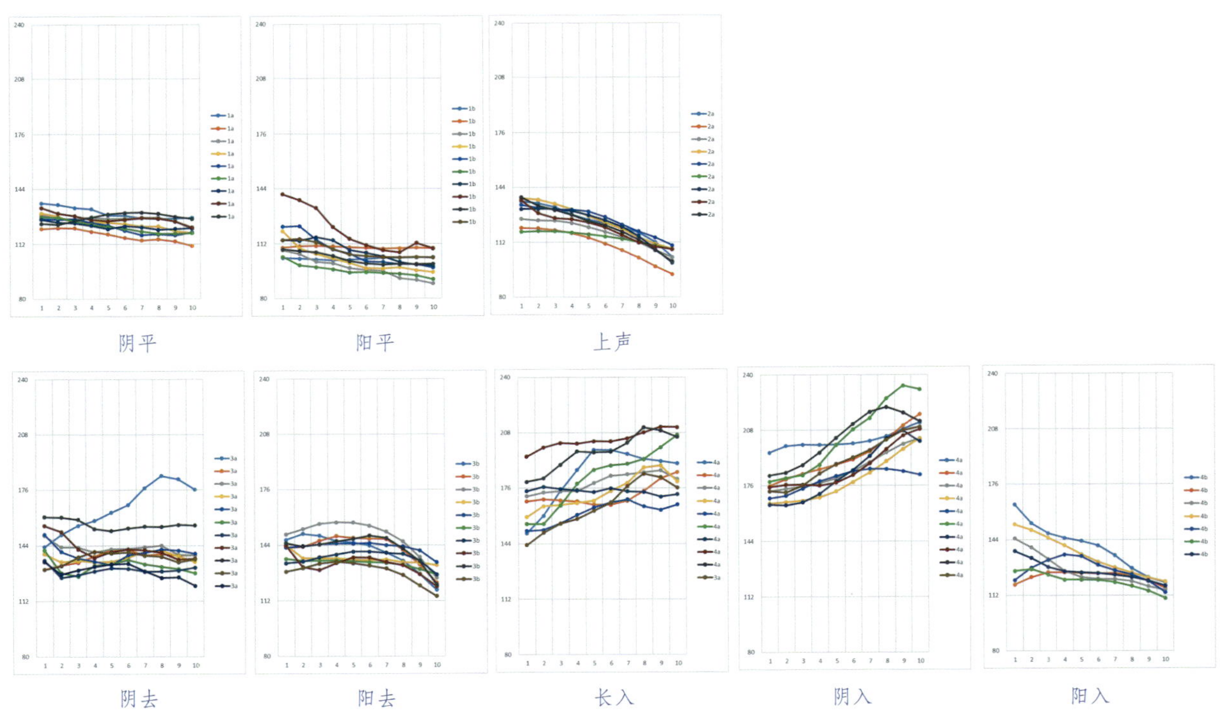

图 12－46b　今声调调域分布范围－电白水东－OM

老男的声调有 8 个（见图 12－46a）：

阴平 22、阳平 21、上声 31、阴去 33、阳去 332、长入 44、阴入 45、阳入 21。

今调域的分布情况（见图 12－46b）：

阴平主要在 22 的范围；阳平主要在 21 的范围；上声在 21～32 之间；阴去在 22～33 之间；阳去主要在 221～332 之间；长入在 34～45 之间；阴入在 34～45 之间；阳入在 21～32 之间。

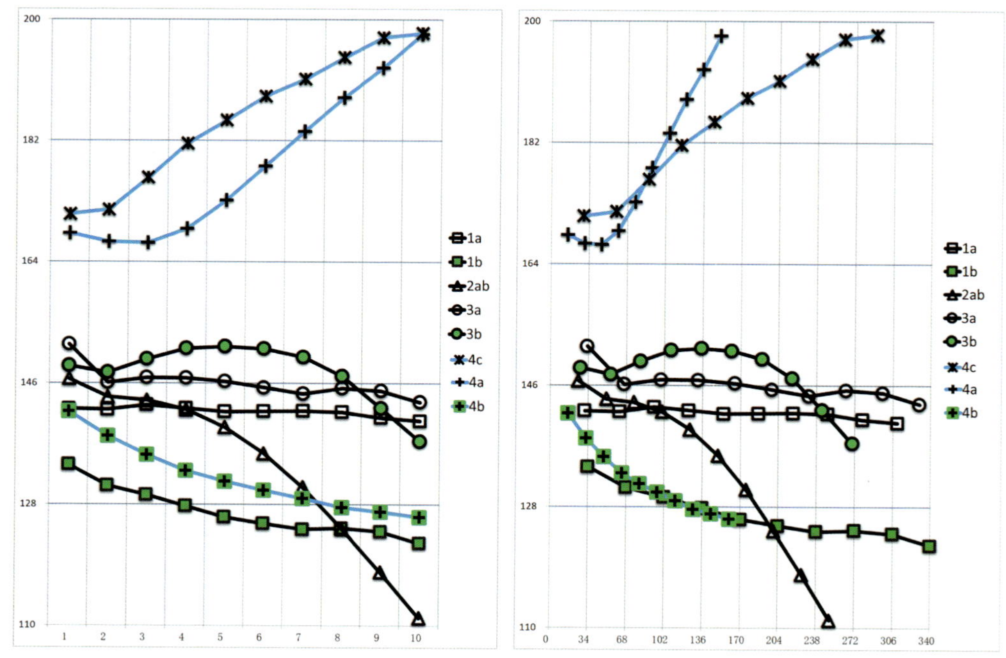

图 12－46c　单字调等长、实长音高模式－电白水东－YM

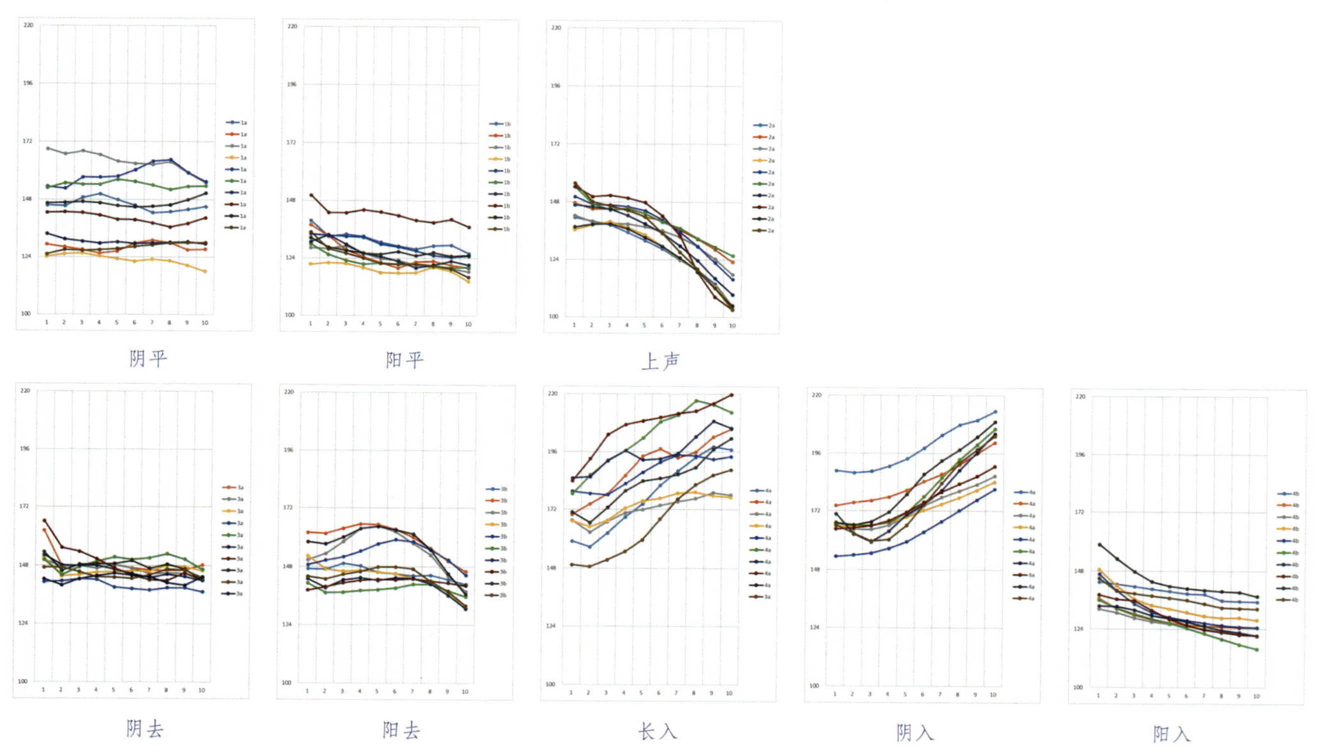

图 12－46d　今声调调域分布范围－电白水东－YM

青男的声调有 8 个（见图 12－46c）：

阴平 22、阳平 21、上声 31、阴去 33、阳去 332、长入 45、阴入 45、阳入 21。

今调域的分布情况（见图 12－46d）：

阴平在 22～33 之间，偏低；阳平主要在 21～22 之间；上声在 21～32 之间；阴去在 22～33 之间，略高；阳去主要在 221～332 之间；长入在 34～45 之间；阴入在 34～45 之间；阳入在 21～32 之间。

12.8 邵将片

12.8.1 邵武小片

1. 福建邵武

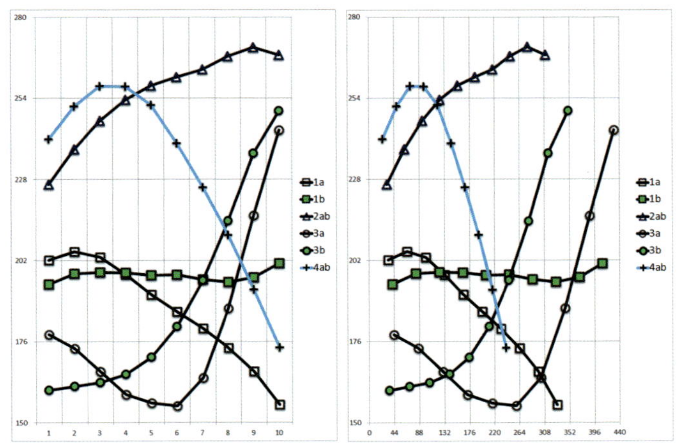

图 12－47a 单字调等长、实长音高模式－福建邵武－OM

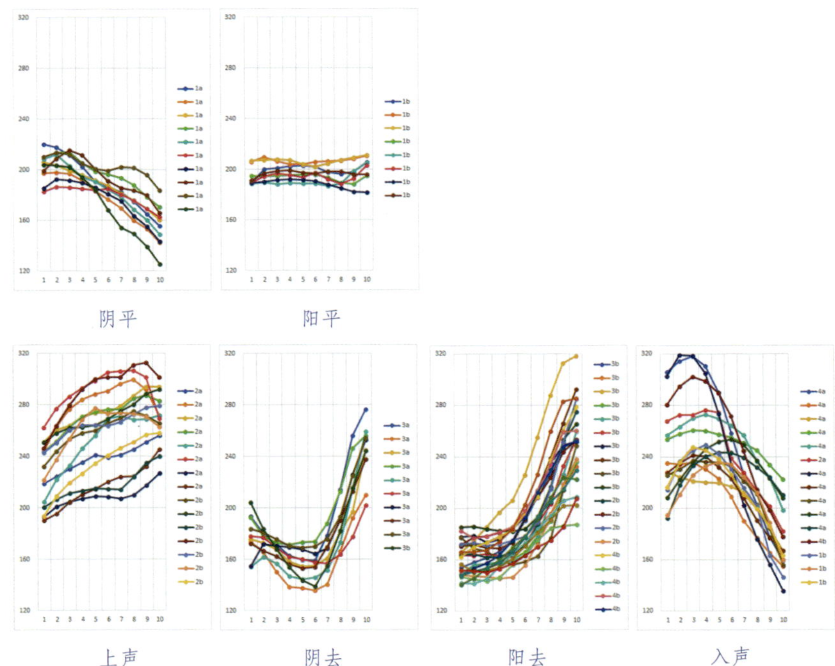

图 12－47b 今声调调域分布范围－福建邵武－OM

老男的声调有 6 个（见图 12－47a）：

阴平 31、阳平 22、上声 35、阴去 214、阳去 14、入声 451。

今调域的分布情况（见图 12－47b）：

阴平在 21～32 之间；阳平在 22～33 之间；上声在 23～45 之间；阴去在 213～324 之间；阳去在 113～225 之间；入声在 231～553 之间。

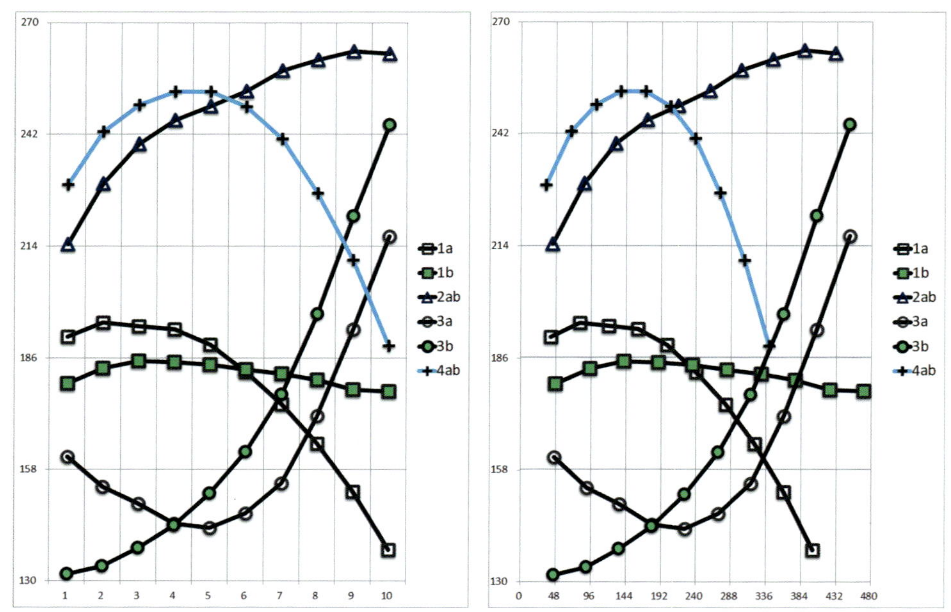

图 12－47c　单字调等长、实长音高模式－福建邵武－YM

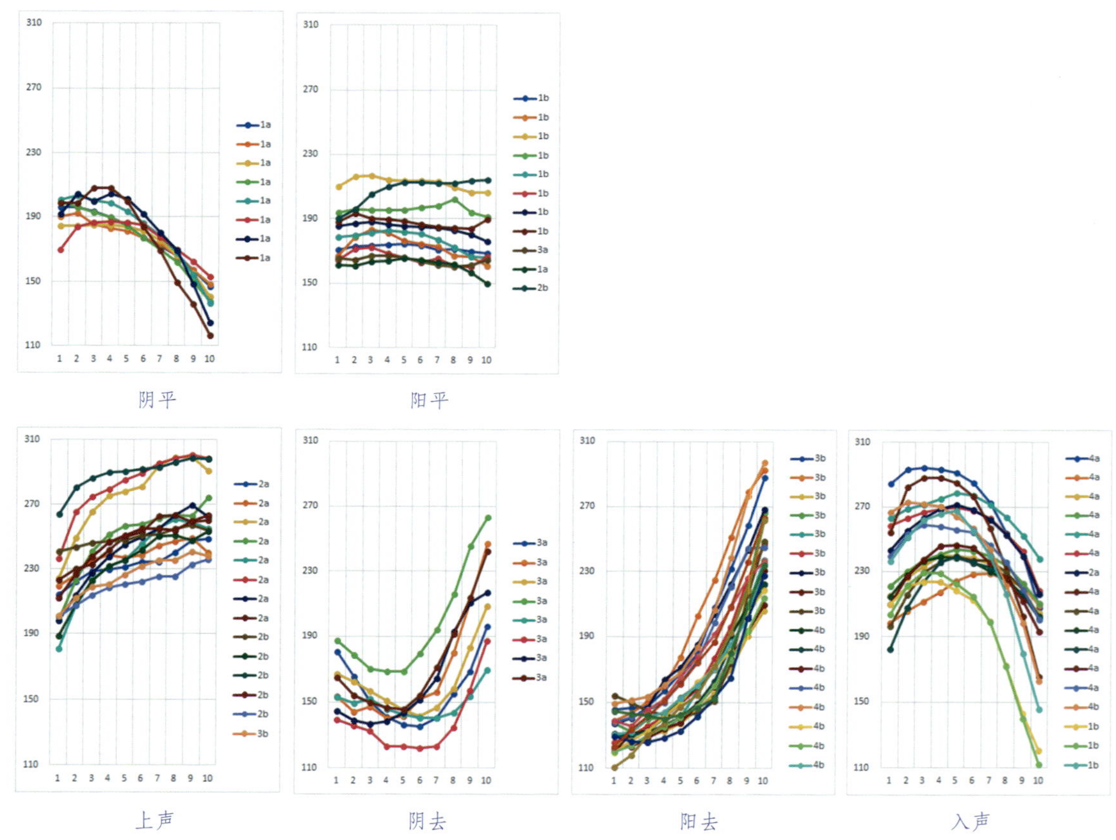

图 12－47d　今声调调域分布范围－福建邵武－YM

青男的声调有 6 个（见图 12－47c）：

阴平 31、阳平 22、上声 35、阴去 214、阳去 15、入声 453。

今调域的分布情况（见图 12－47d）：

阴平在 21～32 之间；阳平在 22～33 之间；上声在 24～45 之间；阴去在 212～324 之间；阳去在 13～25 之间；入声在 231～554 之间。

2. 南平光泽

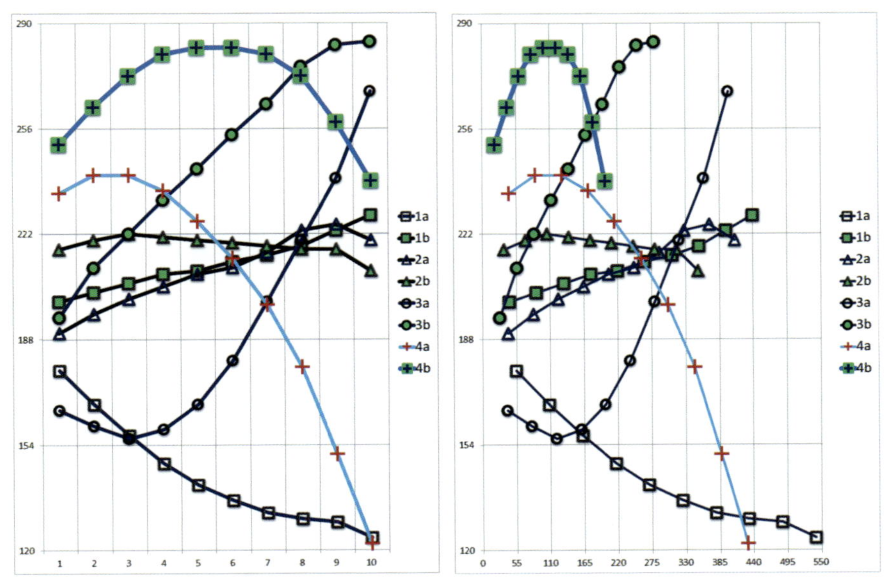

图 12 －48a 单字调等长、实长音高模式－南平光泽－OM

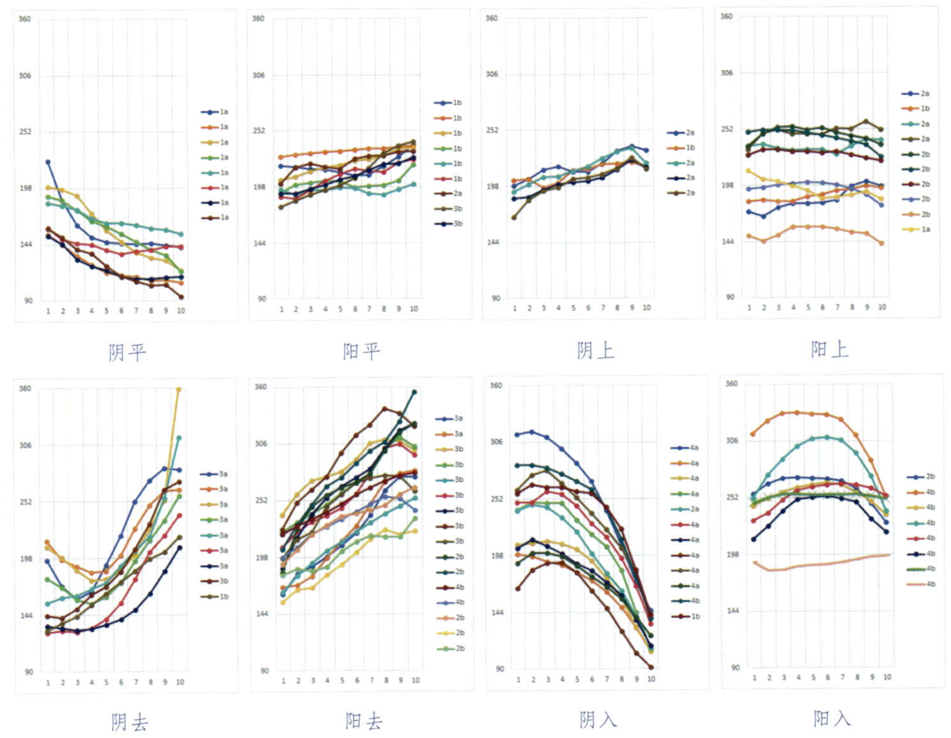

图 12 －48b 今声调调域分布范围－南平光泽－OM

老男的声调有 8 个（见图 12 －48a）：

阴平 21、阳平 34、阴上 23、阳上 33、阴去 225、阳去 35、阴入 41、阳入 454。

今调域的分布情况（见图 12 －48b）：

阴平在 21 ~32 之间；阳平在 23 ~33 之间；阴上在 23 的范围；阳上在 22 ~44 之间；阴去在 113 ~325 之间；阳去在 23 ~35 之间；阴入在 221 ~51 之间；阳入主要在 343 ~454 之间。

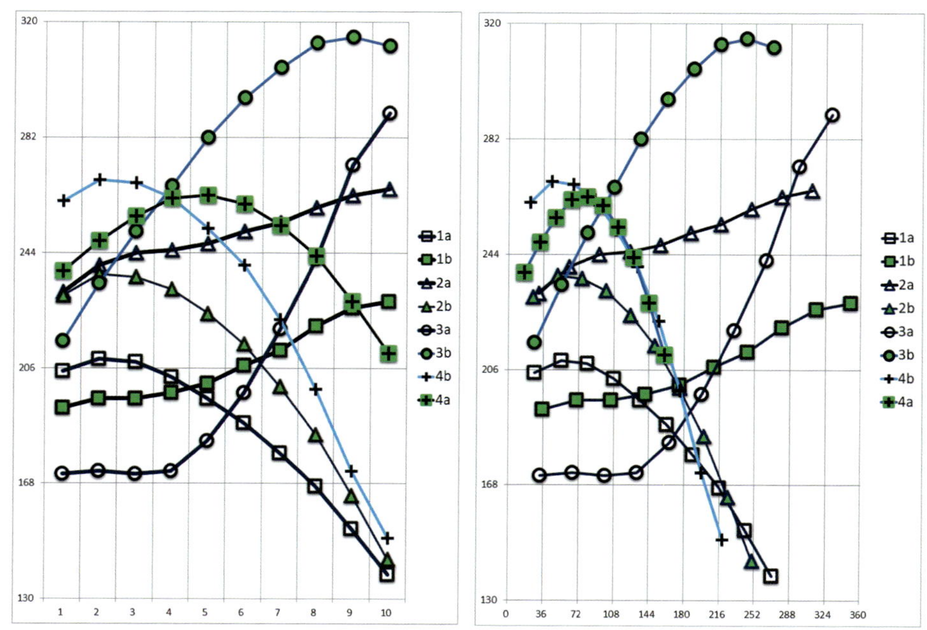

图 12－48c　单字调等长、实长音高模式－南平光泽－YM

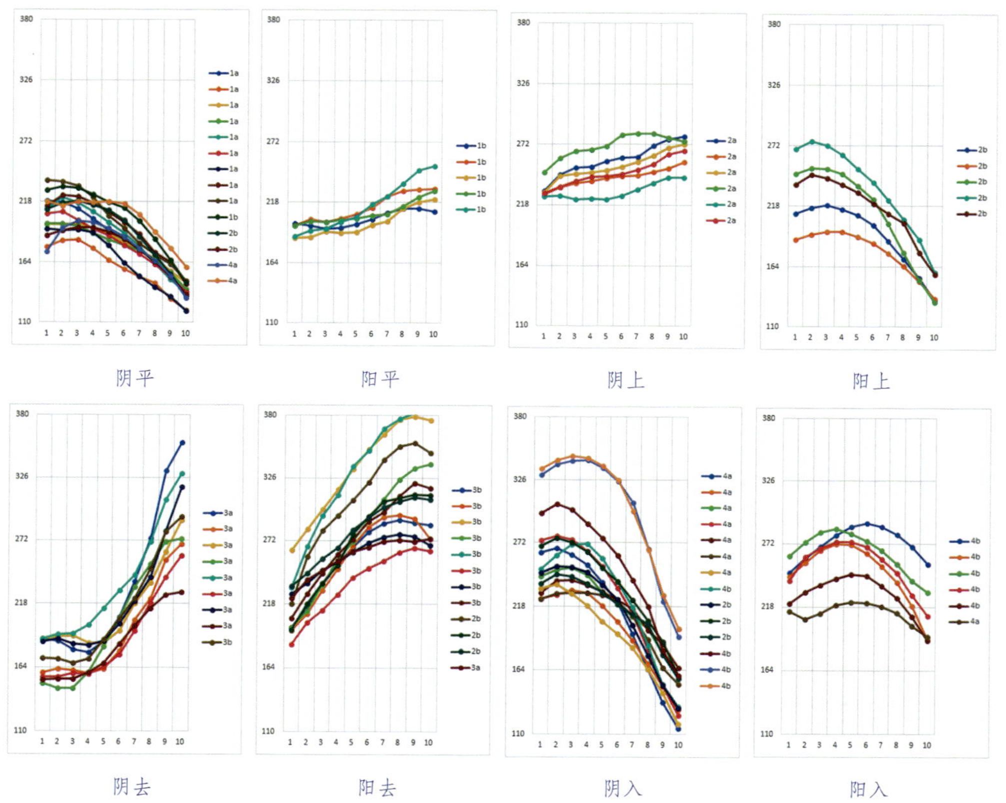

图 12－48d　今声调调域分布范围－南平光泽－YM

青男的声调有 8 个（见图 12－48c）：

阴平 21、阳平 23、阴上 34、阳上 31、阴去 25、阳去 35、阴入 41、阳入 342。

今调域的分布情况（见图 12－48d）：

阴平在 21～32 之间；阳平在 22～23 之间；阴上在 33～34 之间；阳上在 21～41 之间；阴去在 113～225 之间；阳去在 23～35 之间；阴入在 331～552 之间；阳入在 232～343 之间。

12.8.2 将乐小片

三明将乐

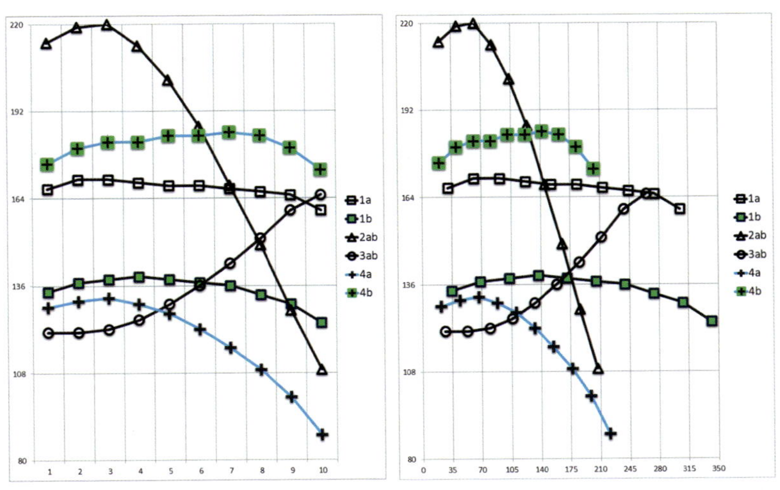

图 12－49a 单字调等长、实长音高模式－三明将乐－OM

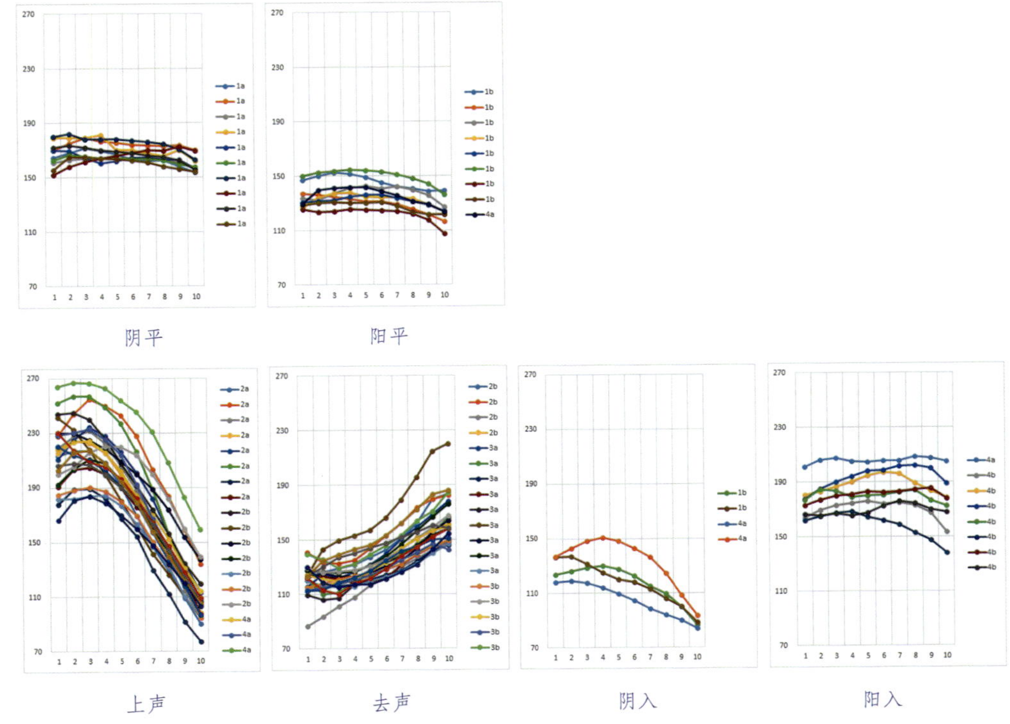

图 12－49b 今声调调域分布范围－三明将乐－OM

老男的声调有 6 个（见图 12－49a）：

阴平 44、阳平 22、上声 52、去声 23、阴入 21、阳入 44。

今调域的分布情况（见图 12－49b）：

阴平主要在 33 的范围；阳平主要在 22 的范围；上声在 31～53 之间；去声在 13～24 之间；阴入主要在 21 的范围；阳入在 32～44 之间。

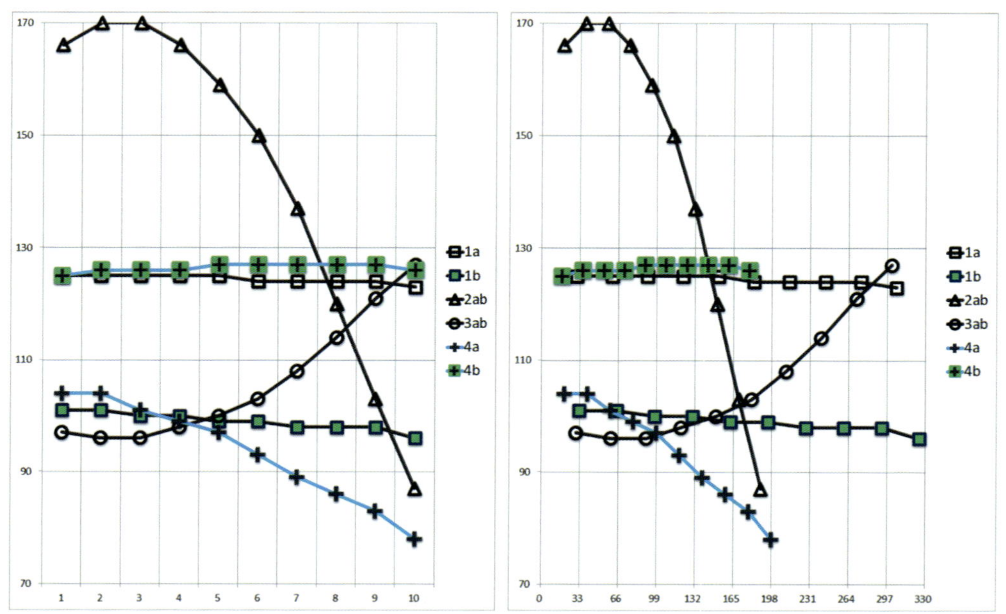

图 12－49c　单字调等长、实长音高模式－三明将乐－YM

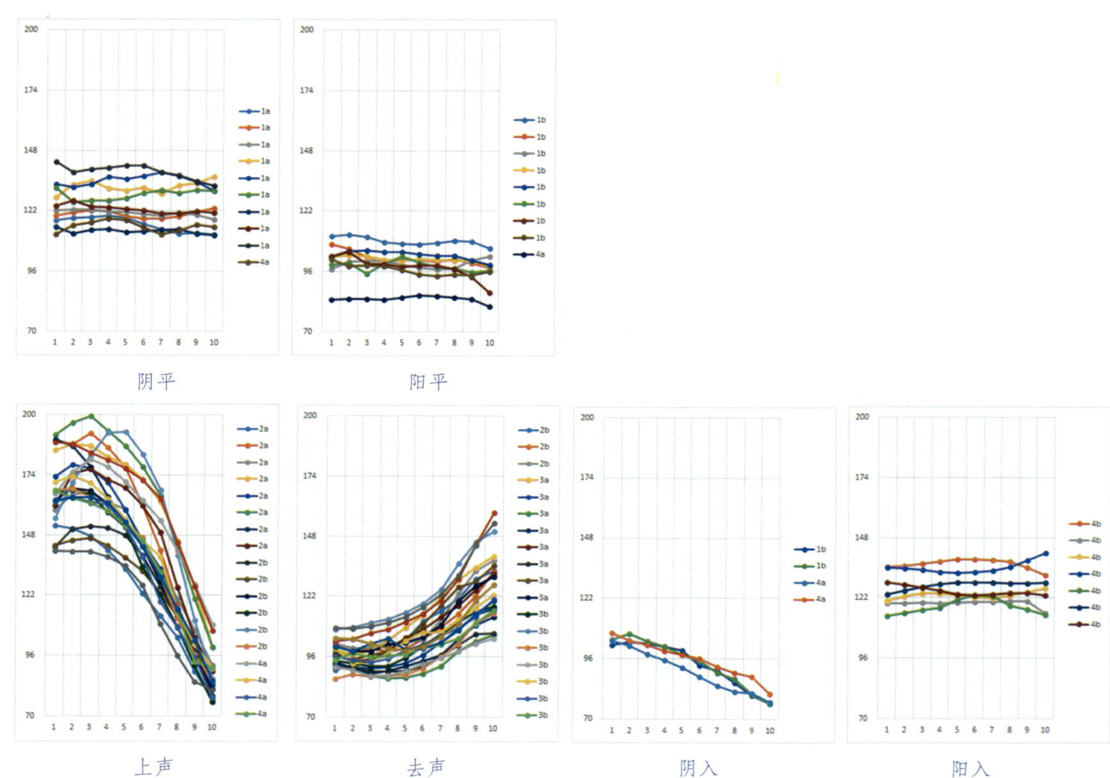

图 12－49d　今声调调域分布范围－三明将乐－YM

青男的声调有 6 个（见图 12－49c）：

阴平 33、阳平 22、上声 51、去声 23、阴入 21、阳入 33。

今调域的分布情况（见图 12－49d）：

阴平在 22～33 之间；阳平在 11～22 之间；上声在 31～52 之间；去声在 12～24 之间；阴入主要在 21 的范围；阳入在 22～33 之间。

12.9 闽方言声调小结

1. 调类的主要特点

闽方言语音是一个非常复杂的系统，就声调总体而言，调类有 7 ~ 8 个。这个调类保持古音四声八调的大格局：平上去入，各分阴阳。也有一些过渡性质的闽方言只有 5 ~ 6 个声调。我们根据调类数量和分派格局，观察闽方言调类分配的情况。

（1）八个调类的闽方言点。

八个调类的闽方言点见表 12 – 2。

表 12 – 2 八个调类的闽方言点一览

方言点	调类	平声	阴平	阳平	上声	阴上	阳上	去声	阴去	阳去	入声	长入	阴入	阳入
潮州	8		+	+		+	+		+	+			+	+
汕头	8		+	+		+	+		+	+			+	+
澄海	8		+	+		+	+		+	+			+	+
揭阳	8		+	+		+	+		+	+			+	+
潮阳棉城①	8		+	+		+	+		+	+			+	+
海丰	8		+	+		+	+		+	+			+	+
饶平	8		+	+		+	+		+	+			+	+
海康	8													
文昌	8		+	+	+				+	+		+	+	+
琼海	8		+	+	+				+	+		+	+	+
万宁	8		+	+	+				+	+		+	+	+
陵水	8		+	+	+				+	+		+	+	+
海口	8		+	+	+				+	+		+	+	+
澄迈	8		+	+	+				+	+		+	+	+
屯昌	8		+	+	+				+	+		+	+	+
乐东冲坡	8		+	+		+	+		+	+			+	+
琼中	8		+	+	+				+	+		+	+	+
白沙	8		+	+	+				+	+		+	+	+
雷州	8		+	+	+				+	+		+	+	+
徐闻	8		+	+	+				+	+		+	+	+
电白	8		+	+	+				+	+		+	+	+
光泽	8		+	+		+	+		+	+			+	+

① 张盛裕. 潮阳方言的语音系统［J］，方言，1981（1）：39.

闽方言声调有八个调类的，主要在潮汕地区、雷州半岛和海南。这三个大片的调类共同特点是平声、去声、入声分阴阳，不同之处是，潮汕片上声分阴阳，海南各点上声基本不分阴阳；海南、雷州半岛的闽方言点，有一个比较特殊的长入调，这一点不同于福建、粤东地区的闽方言。

（2）七个调类的闽方言点。

七个调类的调方言点见表 12－3。

表 12－3　七个调类的闽方言点一览

方言点	调类	平声	阴平	阳平	上声	阴上	阳上	去声	阴去	阳去	入声	长入	阴入	阳入
厦门	7		+	+	+				+	+			+	+
台北	7		+	+	+				+	+			+	+
大田城关	7		+	+		+	+	+					+	+
莆田	7		+	+	+				+	+			+	+
仙游	7		+	+	+				+	+			+	+
福州	7		+	+	+				+	+			+	+
古田	7		+	+	+				+	+			+	+
武夷山	7		+	+	+				+	+			+	+
福安	7		+	+	+				+	+			+	+
宁德	7		+	+	+				+	+			+	+
泰顺	7		+	+	+				+	+			+	+
乐东黄流	7		+	+		+	+	+					+	+
东方感城	7		+	+	+				+	+			+	+

七个调类的闽方言点主要分布在福建、台湾，闽南、闽东等地，海南西南部的乐东、感城等方言点也是七个声调。赣东北小片最重要的特点，也是七个声调。七个调类的方言点调类的演化，也是平、去、入声分阴阳，上声不分阴阳。

（3）六个调类的闽方言点。

六个调类的闽方言点见表 12－4。

表 12－4　六个调类的闽方言点一览

方言点	调类	平声	阴平	阳平	上声	阴上	阳上	去声	阴去	阳去	入声	长入	阴入	阳入
三明	6		+	+	+			+					+	+
永安	6		+	+	+			+					+	+
沙县	6		+	+	+			+					+	+
建瓯	6	+			+				+	+			+	+
松溪	6		+	+	+				+	+			+	+
苍南灵溪	6		+	+		+	+	+			+			
邵武	6		+	+	+				+	+	+			
将乐	6		+	+	+			+					+	+

六个声调的方言点情况，除了建瓯之外，主要是平声分阴阳，上声不分阴阳，有入声的方言点，多为入声分阴阳。去声分阴阳和不分阴阳都差不多。

2. 调值的主要特点

（1）阴高阳低。

阴高阳低的调值主要表现为两个情况：一是音高域的高低，二是调型支持下的末点音高。闽方言声调调值的高低是两种情况都有。

闽方言声调调值平、去、入分阴阳的方言点，在福建、台湾的次方言片，闽南、莆仙、闽中、闽东、闽北以及潮汕地区，调值大都呈现出阴低阳高的特点，但是粤西、海南则正好相反，是阴高阳低的特点。具体例子见后面的调值、调类对照。

（2）长入调。

粤西、海南闽方言声调中有一个“长入调”，在海南闽方言中把它叫做“长入”（海口、澄迈）、“高去”（文昌），这些字有很强的标记性，它们的来源一是口语化的入声字，二是其他声调。

长入调是海南、粤西闽方言的一个重要特征。它的表现形式在海南闽方言府城片海口、澄迈、屯昌、定安等地以及粤西的电白水东、徐闻徐城、雷州等地，是一个接近平调的高调；在海南文昌、万宁、陵水、海南中部民族地区等受文昌话影响较大的地区，是一个高降调。

长入调是一个与形态密切相关的声调。下面是本书所记录的长入调的具体情况：

海口：长入 55；澄迈：长入 45；屯昌：长入 55；电白水东：长入 44；雷州：长入 454；文昌头苑：长入 53；文昌冯坡：长入 43；琼海：长入 452；万宁：长入 54；陵水三才：长入 454；琼中营根：长入 52；琼中和平：长入 51；五指山通什：长入 553；白沙牙叉：长入 553；昌江昌化：长入 44。

（3）入声的调值。

入声调值除了阴调类阳调类的高低，还有长短、调型的问题。我们以阴入为参照点，将本书阴入为降调的方言点列举如下：

厦门：阴入 31、阳入 33

泉州：阴入 54、阳入 24

漳州：阴入 42、阳入 11

台北：阴入 41、阳入 33

大田城关：阴入 31、阳入 34

潮州湘桥：阴入 21、阳入 54

汕头：阴入 32、阳入 54

潮阳成田：阴入 43、阳入 55

甲子：阴入 31、阳入 43

揭阳榕城：阴入 22、阳入 33

海丰：阴入 32、阳入 54

汕尾：阴入 42、阳入 53

莆田：阴入 21、阳入 23

仙游：阴入 21、阳入 24

古田：阴入 31、阳入 54

福安：阴入 54、阳入 32

宁德宁寿：阴入 454、阳入 21

与阴入降调相对的阳入，有高降、升调与阴入的低降、中降相对。

本书阴入为平调或升调的方言点列举如下：

福州：阴入 13、阳入 44

泰顺：阴入 55、阳入 33
海口：阴入 55、阳入 33
澄迈：阴入 55、阳入 33
屯昌：阴入 55、阳入 44
文昌头苑：阴入 55、阳入 33
文昌冯坡：阴入 45、阳入 32
琼海温泉：阴入 45、阳入 22
万宁港北：阴入 44、阳入 33
陵水三才：阴入 45、阳入 33
三亚港门：阴入 25、阳入 53
乐东黄流：阴入 55、阳入 32
乐东冲坡：阴入 35、阳入 32
东方感城：阴入 55、阳入 33
琼中营根：阴入 55、阳入 43
琼中和平：阴入 55、阳入 43
五指山通什：阴入 55、阳入 54
白沙牙叉：阴入 55、阳入 33
昌江昌化：阴入 55、阳入 43
雷州：阴入 55、阳入 33
徐闻：阴入 45、阳入 21
电白水东：阴入 45、阳入 21
与阴入为平调或升调相对应的阳入调型，以平调为主，在音高域上保持差别，以提高区别度。

12.10 闽方言主要方言点的调类调值对照

闽方言主要方言点的调类调值对照见表 12－5 至表 12－12。

表 12－5 闽方言主要方言点的调类调值对照（闽南片）

<table>
<tr><th>片</th><th>小片</th><th>方言点</th><th>选点</th><th>阴平 1a</th><th>阳平 1b</th><th>阴上 2a</th><th>阳上 2b</th><th>阴去 3a</th><th>阳去 3b</th><th>阴入 4a</th><th>阳入 4b</th><th>调类数量</th><th>资料来源</th></tr>
<tr><td rowspan="6">闽南片</td><td rowspan="4">泉漳小片</td><td>厦门（福建）</td><td>《音库》</td><td>55</td><td>35</td><td colspan="2">53</td><td>21</td><td>22</td><td>32</td><td>5</td><td>7</td><td>《音库》</td></tr>
<tr><td>泉州（福建）</td><td>晋江市青阳街道</td><td>33</td><td>24</td><td colspan="2">55</td><td colspan="2">41</td><td>5</td><td>34</td><td>6</td><td>语保</td></tr>
<tr><td>漳州（福建）</td><td>芗城区</td><td>34</td><td>13</td><td colspan="2">53</td><td>21</td><td>22</td><td>32</td><td>121</td><td>7</td><td>语保</td></tr>
<tr><td>台北（台湾）</td><td>《音库》</td><td>44</td><td>24</td><td colspan="2">53</td><td>11</td><td>33</td><td>32</td><td>44</td><td>7</td><td>《音库》</td></tr>
<tr><td rowspan="2">大田小片</td><td rowspan="2">大田（福建）</td><td>城关镇</td><td>33</td><td>24</td><td>53</td><td>55</td><td>31</td><td>33
同1a</td><td>3</td><td>5</td><td>7</td><td>语保</td></tr>
<tr><td>广平</td><td>33</td><td>24</td><td colspan="2">51</td><td>31</td><td>45</td><td></td><td></td><td>5</td><td>语保</td></tr>
</table>

（续上表）

片	小片	方言点	选点	阴平 1a	阳平 1b	阴上 2a	阳上 2b	阴去 3a	阳去 3b	阴入 4a	阳入 4b	调类数量	资料来源
闽南片	潮汕小片	汕头（广东）	《音库》	33	55	53	35	213	31	2	5	8	《音库》
		潮州（广东）	府城	33	55	53	35	213	11	2	5	8	刘新中（2019）
		揭阳（广东）	榕城区	33	55	41	25	213	22	3	5	8	语保
		潮阳（广东）	潮南区成田镇	21	24	44		52	32	32	5	7	黄震（2024）
	待定	海丰（广东）	海丰县鹅埠	33	55	53	35	212	21	2	5	8	语保
	浙东南小片	瑞安（浙江）	玉海街道	44	31	35	13	53	22	323	212	8	语保
		苍南（浙江）	灵溪镇	55	24	42		21				4	语保

表 12－6　闽方言主要方言点的调类调值对照（莆仙片）

片	方言点	选点	阴平 1a	阳平 1b	上声 2ab	阴去 3a	阳去 3b	阴入 4a	阳入 4b	调类数量	资料来源
莆仙片	莆田（福建）	城厢区	533	13	453	42	21	1	4	7	语保
	仙游（福建）	鲤城街道	533	24	453	42	21	2	23	7	语保

表 12－7　闽方言主要方言点的调类调值对照（闽东片）

片	小片	方言点	选点	阴平 1a	阳平 1b	上声 2ab	阴去 3a	阳去 3b	阴入 4a	阳入 4b	调类数量	资料来源
闽东片	侯官小片	福州（福建）	《音库》	44	53	32	212	242	24	5	7	《音库》
		古田（福建）	城东城西街道	55	33	42	21	24	2	5	7	语保
	福宁小片	福安（福建）	宁德市福安县	331	21	41	35	23	5	2	7	语保
		宁德（福建）	寿宁县鳌阳镇	33	21	42	35	23	5	2	7	语保
		泰顺（浙江）	仕阳镇	213	22	344	53	31	5	3	7	语保

表 12－8　闽方言主要方言点的调类调值对照（闽北片）

片	小片	方言点	选点	平声 1a	阳平 1b	上声 2ab	阴去 3a	阳去 3b	阴入 4a	阳入 4b	调类数量	资料来源
闽北片	建瓯小片	建瓯（福建）	《音库》	54		21	33	44	24	42	6	《音库》
		南平（福建）	松溪县	53	44	223	22	45		42	6	语保
	建阳小片	武夷山（福建）	武夷街道	51	33	31	22	55	35	54	7	语保

表 12－9　闽方言主要方言点的调类调值对照（闽中片）

片	方言点	选点	阴平 1a	阳平 1b	上声 2ab	阴去 3a	阳去 3b	阴入 4a	阳入 4b	调类数量	资料来源
闽中片	三明（福建）	梅列区	44	51	31	33		213	254	6	语保
	永安（福建）	燕南街道	52	33	21	24		13	54	6	语保
	沙县（福建）	凤岗街道	33	31	21	24		212	53	6	语保

表 12－10　闽方言主要方言点的调类调值对照（琼文片）

片	小片	方言点	选点	阴平 1a	阳平 1b	上声 2ab	阴去 3a	阳去 3b	阴入 4a	阳入 4b	其他	调类数量	资料来源
琼文片	府城小片	海口（海南）	府城	24	21	211	35	332	55	33	长入 45	8	刘新中（2006）
		澄迈（海南）	金江	22	31	214	24	44	55	33	长入 45	8	刘新中（2006）
	文万小片	文昌（海南）	头苑	35	33	21	22	42	55	33	高去 41	8	刘新中（2006）
		琼海（海南）	嘉积	34	33	21	22	42	55	33	高去 53	8	刘新中（2006）
		万宁（海南）	港北	44	22	31	112	41	55	33	高去 54	8	刘新中（2006）
	崖县、昌感小片	三亚（海南）	港门	44	22	422	14	51	354	42		7	刘新中（2006）
		乐东（海南）	冲坡	44	22	21	34	42	45	32		7	刘新中（2006）
		东方（海南）	感城	44	21	33	35	42	55	33		7	刘新中（2006）
	四镇小片	昌江（海南）	昌化	33	21	31	45	42	55	53	高去 55	8	刘新中（2006）
		琼中（海南）	和平	44	22	21	35	42	55	33	高去 53	8	刘新中（2006）
		白沙（海南）	白沙	33	21	31	35	42	55	33	高去 54	8	刘新中（2006）

表 12－11 闽方言主要方言点的调类调值对照（雷州片）

片	方言点	选点	阴平 1a	阳平 1b	阴上 2a	阳上 2b	阴去 3a	阳去 3b	阴入 4a	阳入 4b	其他	调类数量	资料来源
雷州片	雷州（广东）	徐城	24	11	42	33	21	55	5	1		8	徐闻县志（2000）
	徐闻（广东）	雷州	33	22	21		13	442	5	2	舒入 53	8	郑冠宇（2022）
	电白（广东）	水东	24	22	42		21	33	5	3	舒入 54	8	语保

表 12－12 闽方言主要方言点的调类调值对照（邵将片）

片	小片	方言点	选点	阴平 1a	阳平 1b	阴上 2a	阳上 2b	阴去 3a	阳去 3b	阴入 4a	阳入 4b	调类数量	资料来源
邵将片	邵武小片	邵武（福建）	南平市邵武市	21	33	55		213	35	53		6	语保
		光泽（福建）	光泽区杭川镇	21	22	44	41	35	55	41	5	8	语保
	将乐小片	将乐（福建）	三明市将乐县	55	22	51		324		21	5	6	语保

参考文献

［1］曹志耘．汉语方言地图集［M］．北京：商务印书馆，2008.

［2］陈泽平．福州方言研究［M］．福州：福建人民出版社，1998.

［3］陈章太，李如龙．闽语研究［M］．北京：语文出版社，1991.

［4］丁邦新．台湾语言源流［M］．台北：台湾学术书局，1970.

［5］冯爱珍．福州方言词典［M］．南京：江苏教育出版社，1998.

［6］冯法强，王旭东．中国语言资源集．海南（汉语方言）：语音词汇卷［M］．海口：南方出版社，2023.

［7］福建省地方志编纂委员会．福建省志·方言志［M］．北京：方志出版社，1998.

［8］福建省莆田市地方志编纂委员会．莆田市志·莆田方言志［M］．北京：方志出版社，2001.

［9］郭启熹．龙岩方言研究［M］．香港：纵横出版社，1996.

［10］黄震．潮阳话单字调共时分布和历时演变系统实验研究［J］．南方语言学，2024（1）.

［11］李荣，陈鸿迈．海口方言词典［M］．南京：江苏教育出版社，1996.

［12］李如龙，潘渭水．建瓯方言词典［M］．南京：江苏教育出版社，1998.

［13］李如龙．福建县市方言志 12 种［M］．福州：福建教育出版社，2001.

［14］梁玉璋．武平县中山镇的“军家话”［J］．方言，1990（3）.

［15］刘新中，刘卫宁，祖漪清．潮州府城话语音特征调查手册［M］．广州：暨南大学出版社，2019.

［16］刘新中，吴艳芬，梁嘉莹．海南付马话的文白两套声调系统的实验研究［J］．中国语音学报，2017（1）.

［17］刘新中．广东、海南闽语若干问题的比较研究［M］．广州：暨南大学出版社，2010.
［18］刘新中．海南闽语的语音研究［M］．北京：中国社会科学出版社，2006.
［19］刘新中．海南闽语文昌话的文白异读［J］．暨南学报（人文社科版），2006（3）．
［20］刘新中．汉语方言语音特征调查手册［M］．北京：科学出版社，2016.
［21］潘茂鼎，李如龙，梁玉璋，等．福建汉语方言分区略说［J］．中国语文，1963（6）．
［22］温端政．苍南方言志［M］．北京：语文出版社，1991.
［23］辛世彪．海南闽语比较研究［M］．北京：商务印书馆，2013.
［24］熊正辉．广东方言的分区［J］．方言，1987（3）．
［25］徐闻县志编纂委员会．徐闻县志［M］．广州：广东人民出版社，2000.
［26］云惟利．海南方言［M］．澳门：澳门东亚大学出版社，1987.
［27］张光宇．闽客方言史稿［M］．台北：南天书局，1996.
［28］张振兴，蔡叶青．雷州方言词典［M］．南京：江苏教育出版社，1998.
［29］张振兴．闽语的分区（稿）［J］．方言，1985（3）．
［30］郑冠宇．粤西闽语水东话单字调系统实验研究［J］．南方语言学，2022（2）．
［31］郑张尚芳．浦城方言的南北区分［J］．方言，1985（1）．
［32］周长楫，林宝卿．永安方言［M］．厦门：厦门大学出版社，1992.
［33］周长楫，欧阳忆耘．厦门方言研究［M］．福州：福建人民出版社，1998.
［34］周长楫．厦门方言词典［M］．南京：江苏教育出版社，1998.

13　客家方言

客家方言是一个不以地点为命名方式的地方方言，主要分布在广东、江西、福建、台湾、广西、湖南、香港、海南等省区。表 13－1 是本书的选点情况。

表 13－1　客家方言的分片选点

片	小片	方言点	序号
粤台片	梅惠小片	广东梅州	13－1
		广东兴宁	13－2
		大埔西河（广东）	13－3
		惠州惠阳（广东）	13－4
		香港新界	13－5
		台湾桃园－《音库》	13－6
		台湾新竹	13－7
	龙华小片	五华水寨（广东）	13－8
		河源龙川（广东）	13－9
		丰顺丰良（广东）	13－10
		广东连南	13－11
海陆片		汕尾陆河（广东）	13－12
		揭阳揭西（广东）	13－13
粤北片		韶关翁源（广东）	13－14
		始兴太平（广东）	13－15
		乐昌廊田（广东）	13－16
粤西片		阳春双滘（广东）	13－17
		阳春合水（广东）	13－18
		信宜钱排（广东）	13－19
		信宜新宝（广东）	13－20
		信宜合水（广东）	13－21
汀州片		连城莲峰（福建）	13－22
		永定城关（福建）	13－23
		永定河滨路（福建）	13－24
宁龙片		石城琴江（江西）	13－25
		宁都小湖（江西）	13－26

（续上表）

片	小片	方言点	序号
于信片		于都城区（江西）	13－27
		于都葛坳（江西）	13－28
		瑞金象湖（江西）	13－29
铜桂片		郴州汝城（湖南）	13－30
		株洲攸县（湖南）	13－31

多数客家方言入声分阴入、阳入两类。比较常见的情况是古清音入声字今读阴入，古全浊入声字今读阳入，阳入的调值比阴入的调值高。下面根据各片的选点，描写说明它们基于调类的声学模式。

13.1 粤台片

13.1.1 梅惠小片

1. 广东梅州

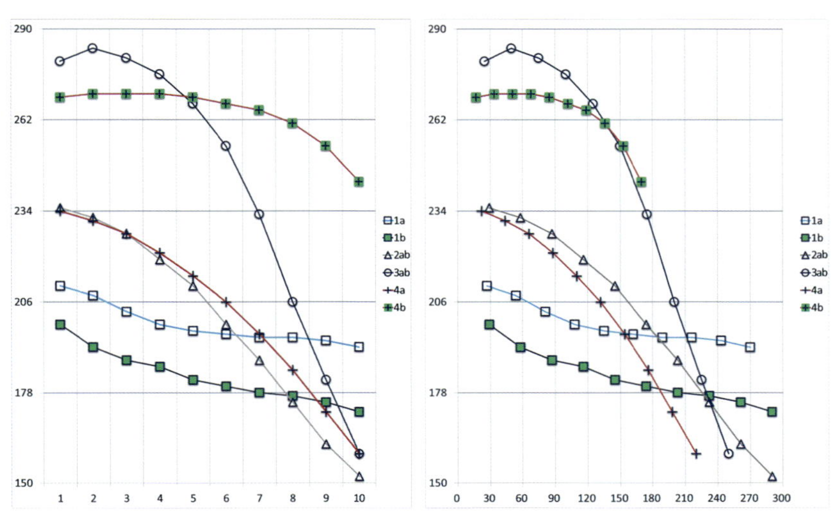

图 13－1a 单字调等长、实长音高模式－梅县－《音库》

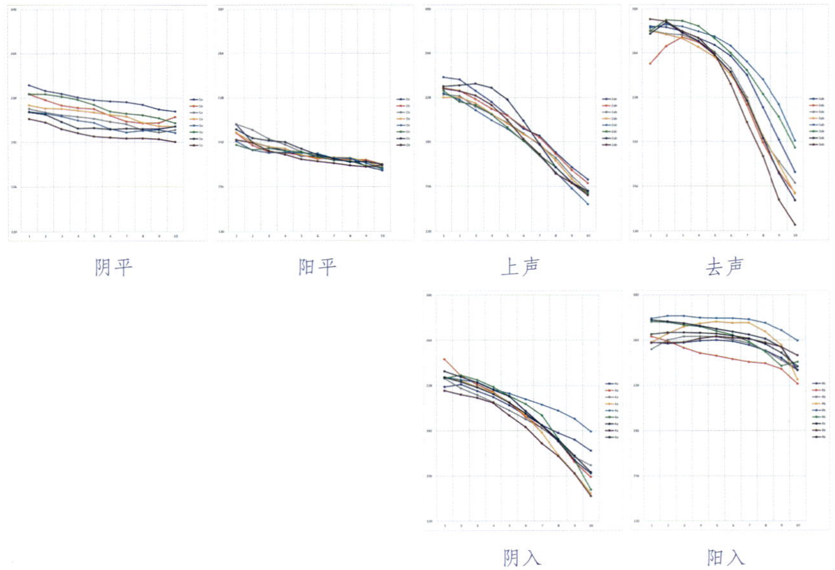

图 13－1b 今声调调域分布范围－梅县－《音库》

《音库》的声调有 6 个（见图 13－1a）：

阴平 32、阳平 21、上声 31、去声 51、阴入 <u>31</u>、阳入 <u>54</u>。

今调域的分布情况（见图 13－1b）：

阴平主要在 33 的范围；阳平主要在 22 的范围，音节前部略高；上声在 31～42 之间；去声在 51～53 之间；阴入主要在 <u>31</u>～<u>42</u> 之间，阳入在 <u>54</u>～<u>55</u> 之间。

根据《音库》的描写，梅县话声调的调类调值与例字见表 13－2。

表 13－2 《音库》中梅县话的调类调值与例字

调类调值	阴平 44	阳平 11	上声 31	去声 53	阴入 1	阳入 5
例字	杯书多拿 毛美冷坐	华河鹅鞋 头房门红	酒井手柳 掌桶闷纵	大豆饭帽 染俭信送	鸭笔脚谷 袜六肉木	碟舌白佛 麦落鹿玉

下面是梅州梅江区老男的声调。

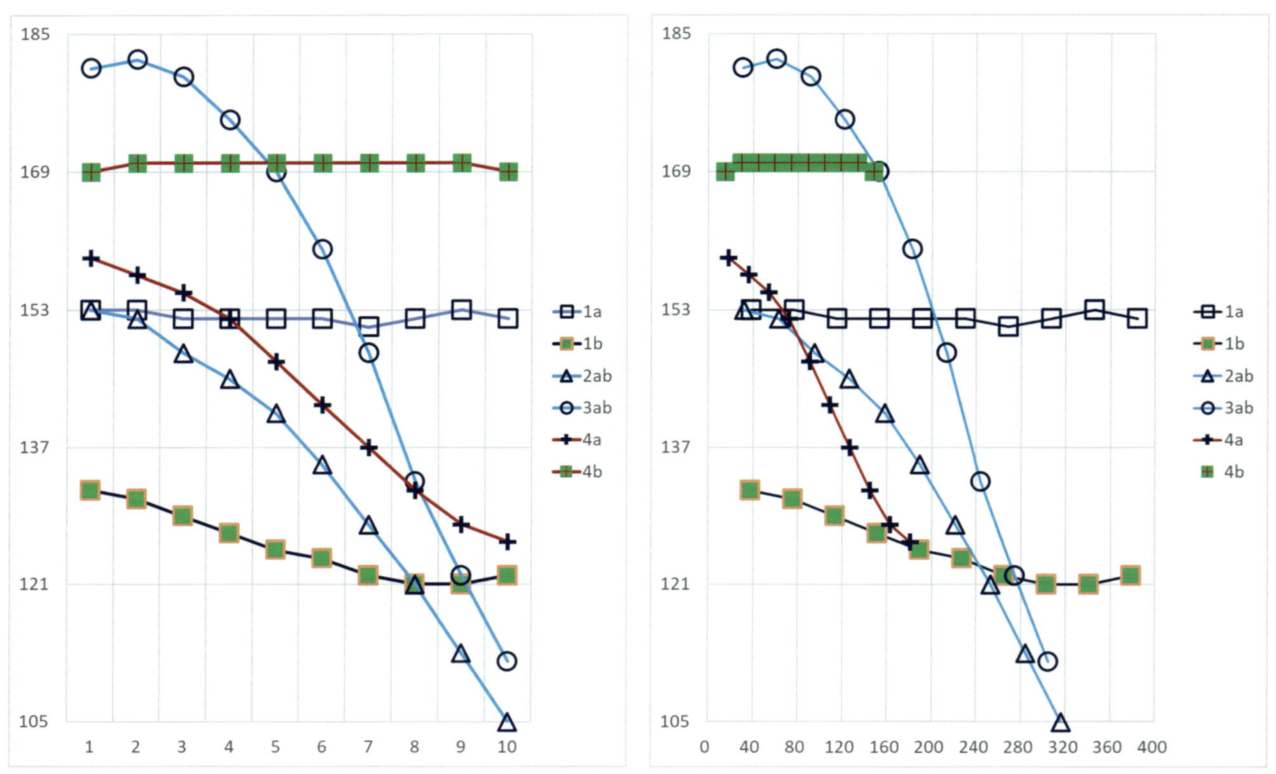

图 13－1c 单字调等长、实长音高模式－梅州梅江－OM

梅江老男的声调有 6 个（见图 13－1c）：

阴平 33、阳平 21、上声 31、去声 51、阴入 <u>42</u>、阳入 <u>55</u>。

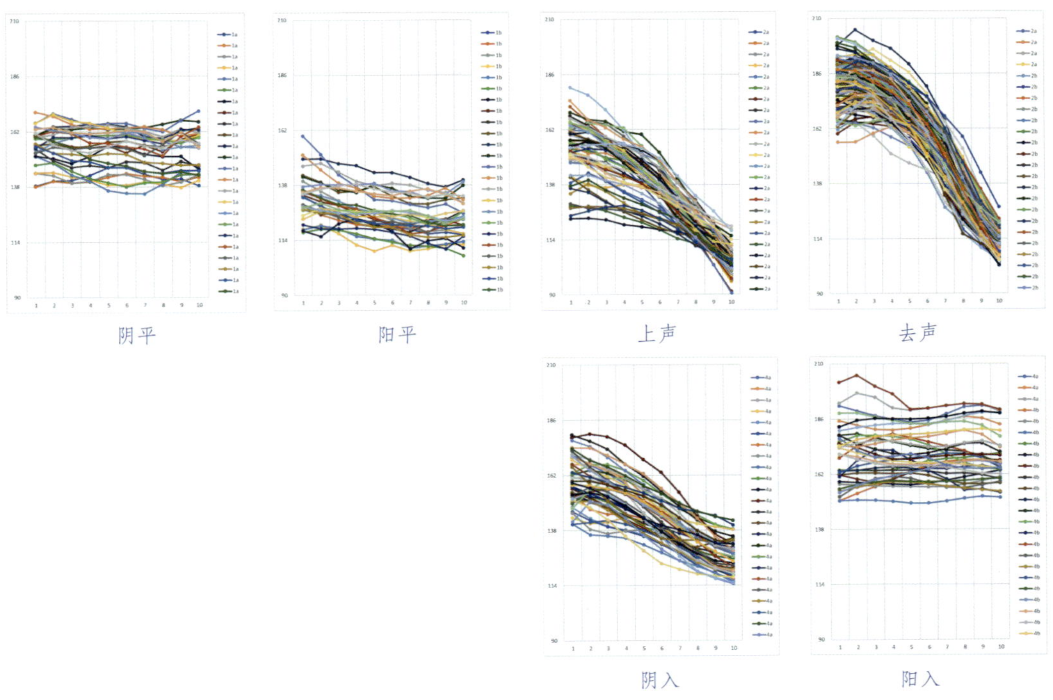

图 13-1d 今声调调域分布范围-梅州梅江-OM

梅江老男的今调域分布情况（见图 13-1d）：

阴平在 33～44 之间；阳平在 21～32 之间；上声在 21～42 之间；去声在 41～52 之间；阴入在 32～43 之间；阳入在 33～55 之间。

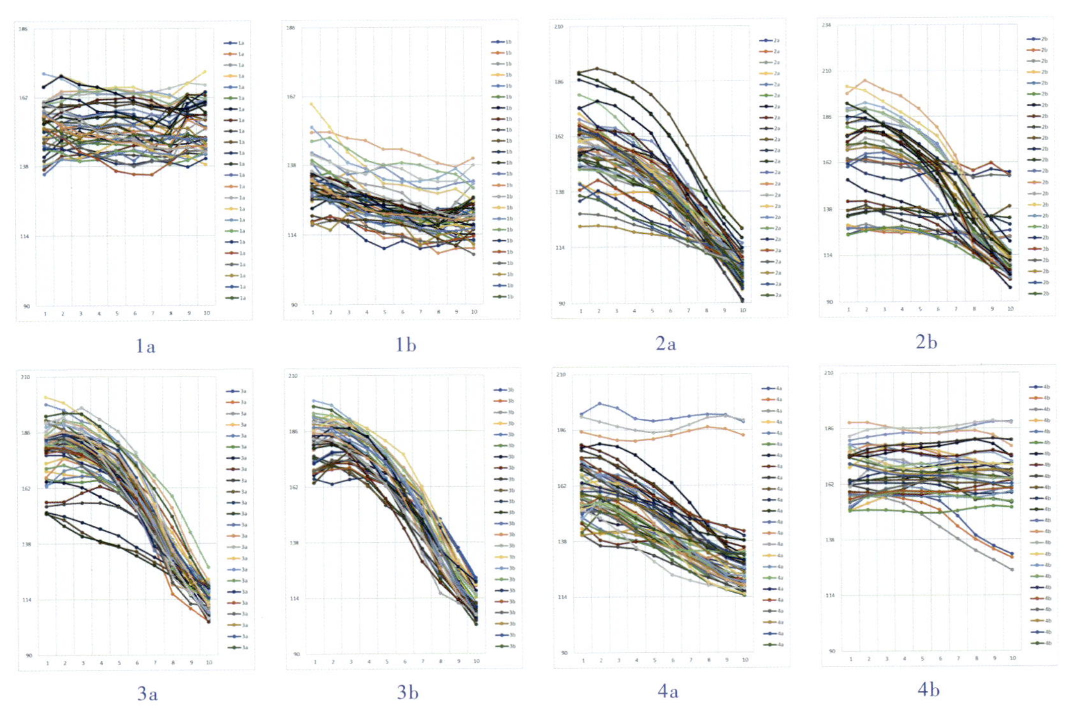

图 13-1e 古四声今读-梅州梅江-OM

图 13-1e 是本书较少列出的古调类今读的情况，这里反映的是古次浊声母字在今读中的情况，梅江区表现的规律为古平、上、入都有成系统的次浊两分并归入不同阴调类的特点。

2. 广东兴宁

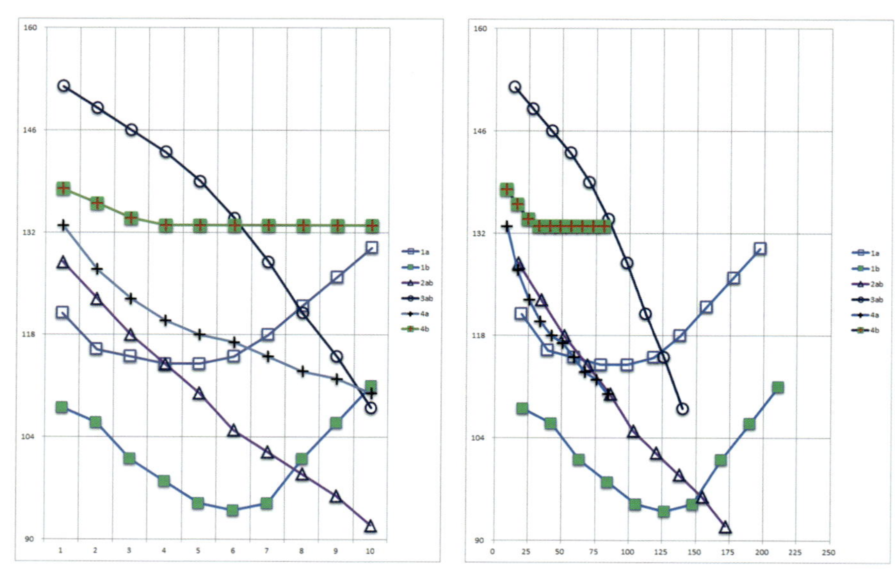

图 13－2a　单字调等长、实长音高模式－广东兴宁－OM

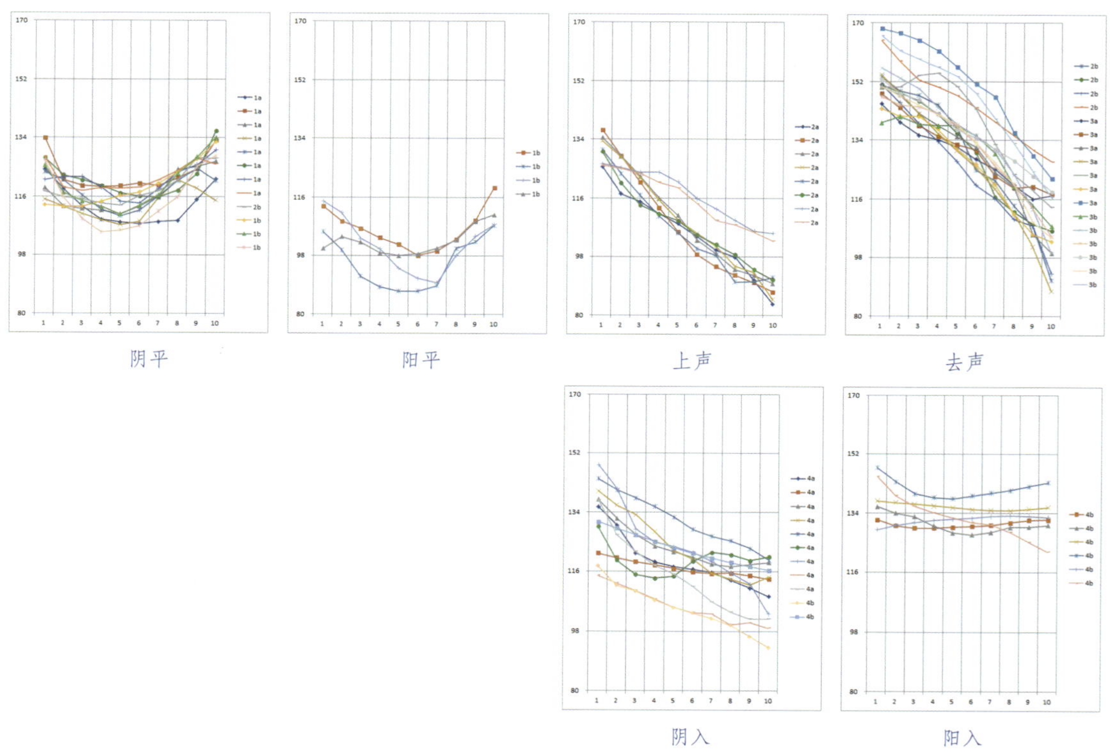

图 13－2b　今声调调域分布范围－广东兴宁－OM

老男的声调有 6 个（见图 13－2a）：

阴平 323、阳平 212、上声 31、去声 52、阴入 32、阳入 44。

今调域的分布情况（见图 13－2b）：

阴平在 323～434 之间；阳平主要在 212 的范围；上声主要在 31 的范围；去声在 41～53 之间；阴入在 21～43 之间；阳入在 33～44 之间。

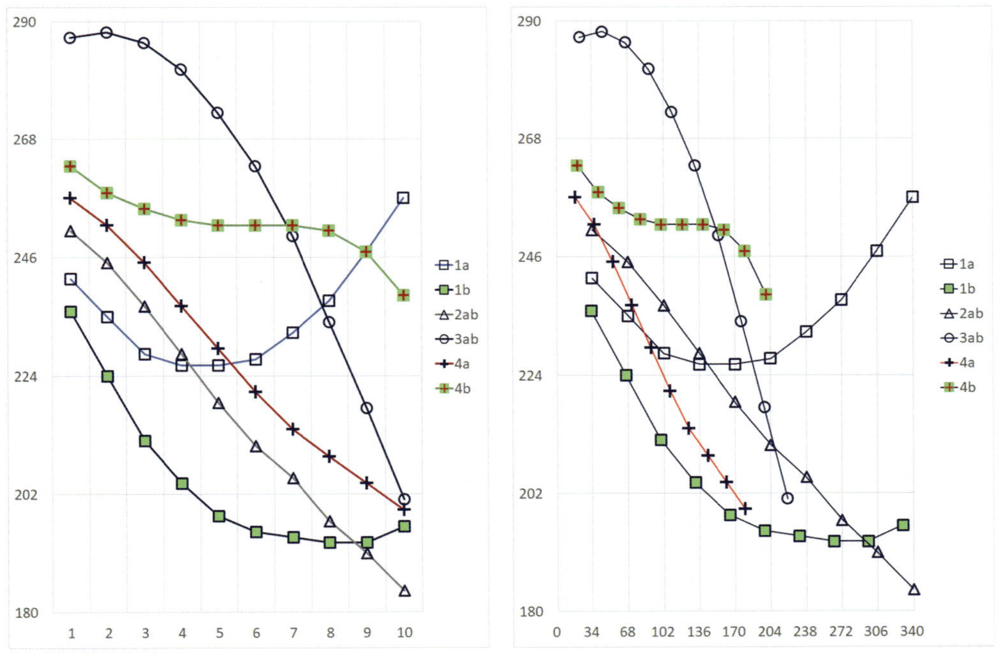

图 13－2c　单字调等长、实长音高模式－广东兴宁－YF

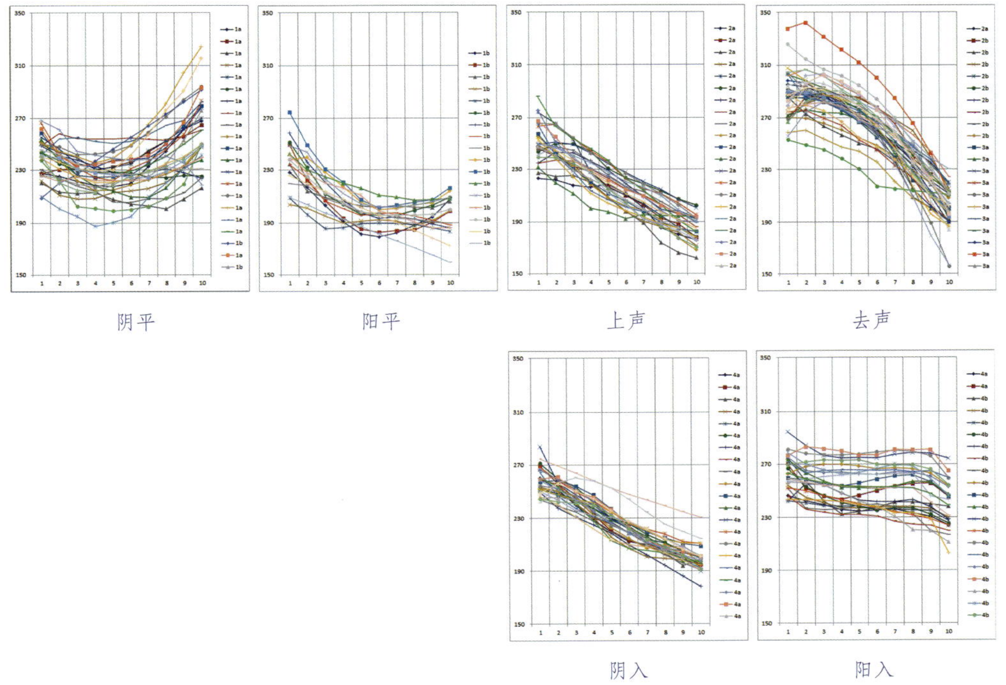

图 13－2d　今声调调域分布范围－广东兴宁－YF

青女的声调有 6 个（见图 13－2c）：

阴平 324、阳平 311、上声 41、去声 51、阴入 41、阳入 43。

今调域的分布情况（见图 13－2d）：

阴平主要在 213～324 之间；阳平主要在 211～322 之间；上声在 21～42 之间；去声在 32～52 之间；阴入主要在 31～42 之间；阳入在 33～44 之间。

兴宁话两位发音人的今声调调值有差别，但调类的大势相似。

3. 大埔西河

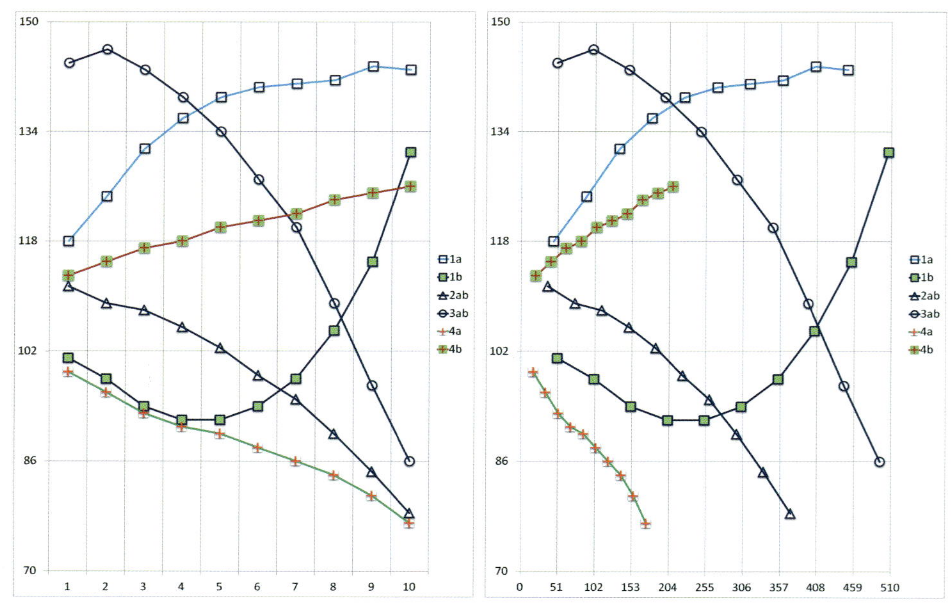

图 13－3a　单字调等长、实长音高模式－大埔西河－OM

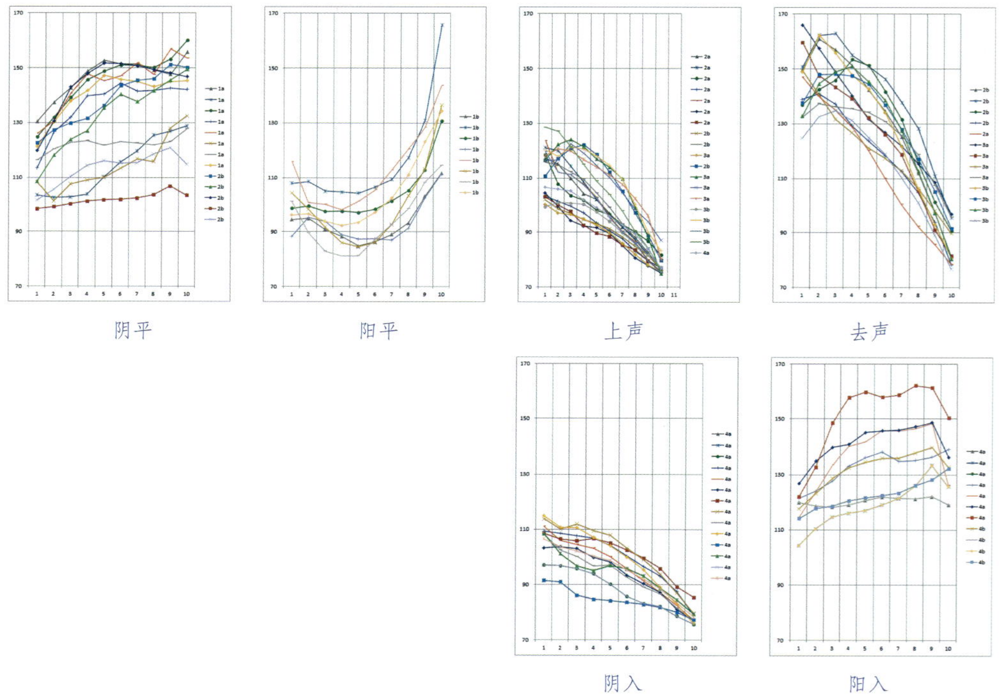

图 13－3b　今声调调域分布范围－大埔西河－OM

老男的声调有 6 个（见图 13－3a）：

阴平 45、阳平 324、上声 31、去声 52、阴入 21、阳入 34。

今调域的分布情况（见图 13－3b）：

阴平在 23～45 之间；阳平在 213～225 之间；上声在 21～31 之间；去声在 41～52 之间；阴入在 21～31 之间；阳入在 23～45 之间。

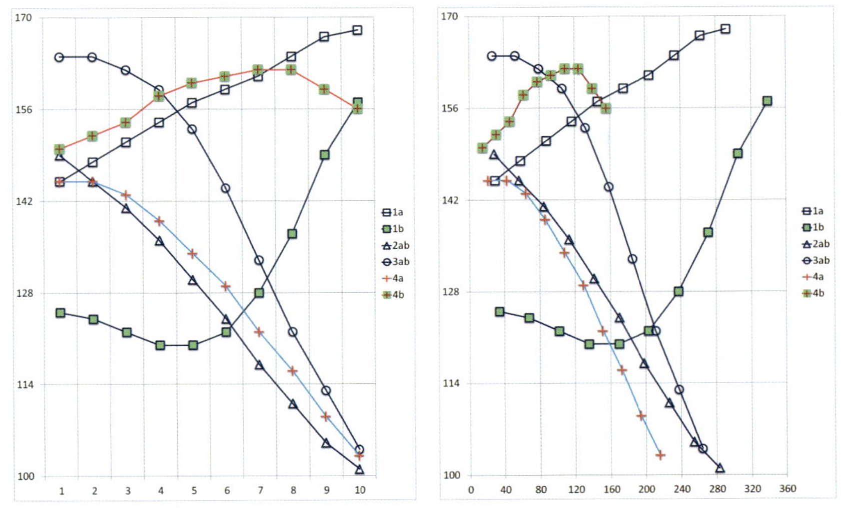

图 13－3c 单字调等长、实长音高模式－大埔西河－YM

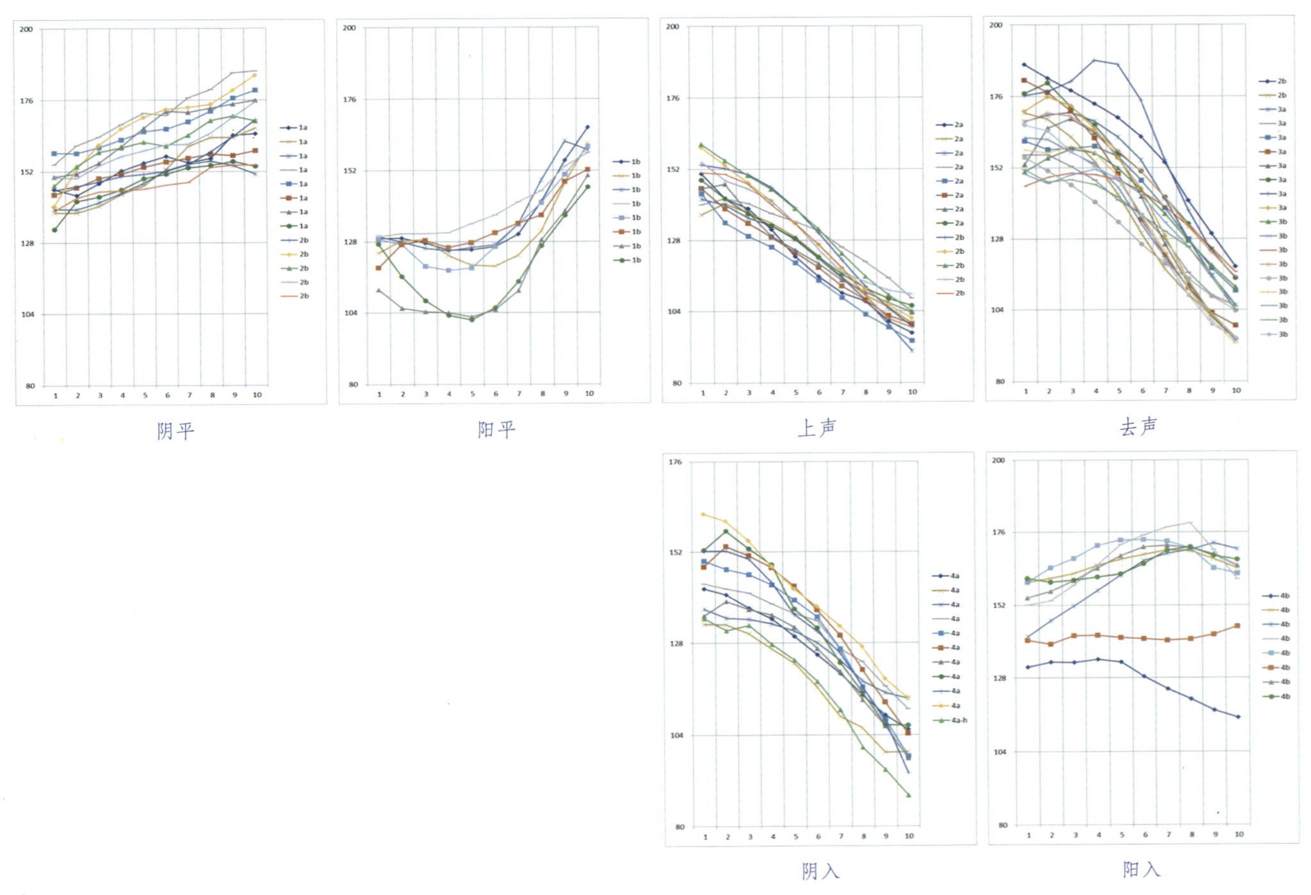

图 13－3d 今声调调域分布范围－大埔西河－YM

青男的声调有 6 个（见图 13－3c）：

阴平 45、阳平 324、上声 41、去声 51、阴入 41、阳入 45。

今调域的分布情况（见图 13－3d）：

阴平在 34～45 之间；阳平曲折低升，在 214～324 之间；上声在 31～42 之间；去声在 41～52 之间；阴入在 31～42 之间；阳入主要在 34～ 45 之间。

大埔话中有一些舒化的字，分别与阴平和上声的舒声调相类，见图 13 -3e。

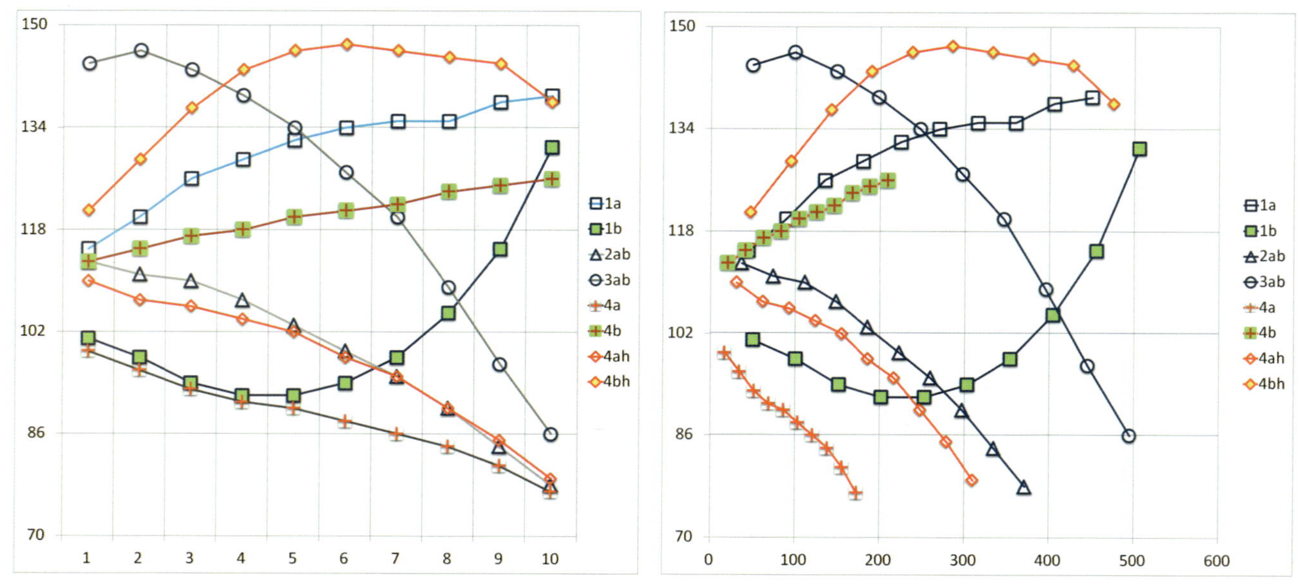

图 13 -3e　单字调等长、实长音高模式 - 大埔西河 - 舒化

舒化的字，与相应的阴平、上声合并了。

根据图 13 -3e，大埔西河客家话的单字调如下：阴平 45、阳平 324、上声 31、去声 52、阴入 21、阳入 34。

本书与《中国语言地图集》(2012)、语保等的描写对照如表 13 -3 所示。

表 13 -3　大埔几个点的调类与调值

调类	阴平	阳平	上声	去声	阴入	阳入
《中国语言地图集》(2012)	55	11	31	53	1	5
语保（湖寮）	34	13	31	52	2	5
本书	45	324	31	51	21	34
西河（田野调查）	44	11	31	52	32	54

4. 惠州惠阳

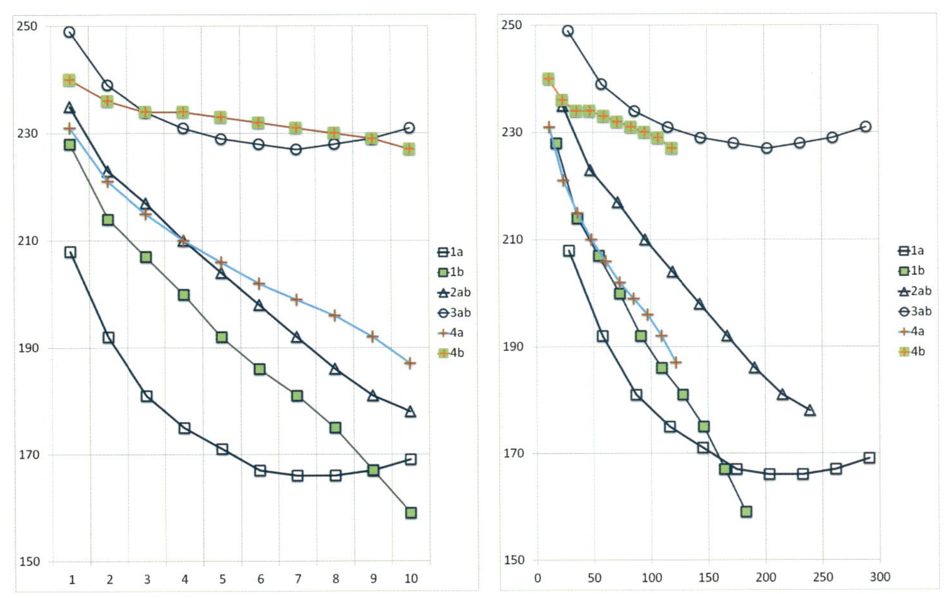

图 13－4a　单字调等长、实长音高模式－惠州惠阳－YF

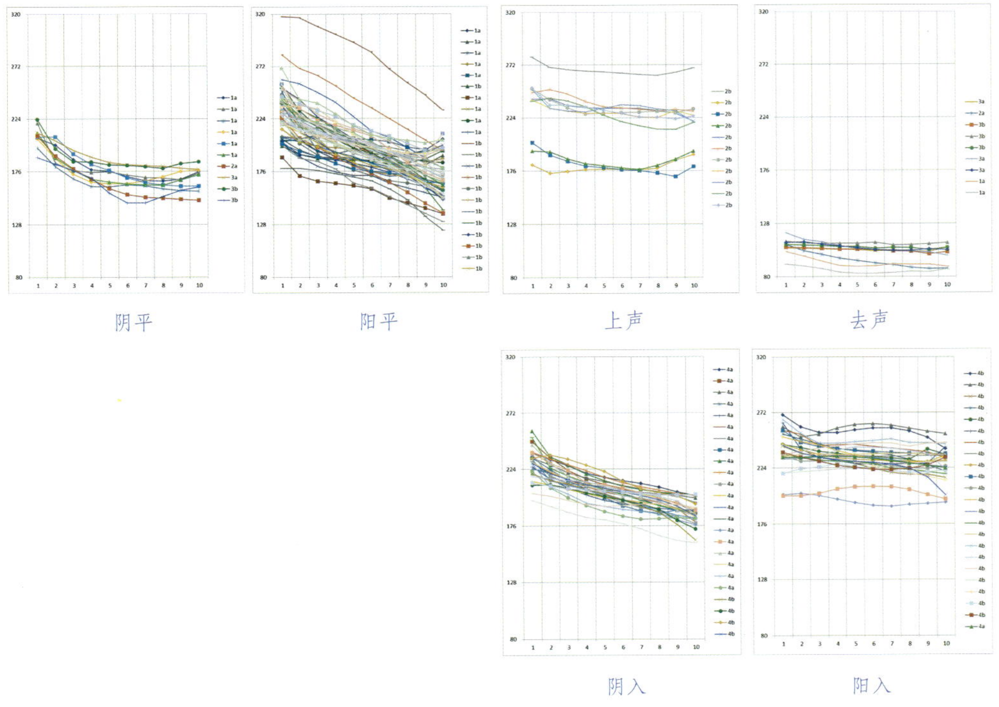

图 13－4b　今声调调域分布范围－惠州惠阳－YF

青女的声调有 6 个（见图 13－4a）：

阴平 311、阳平 41、上声 52、去声 544、阴入 43、阳入 54。

今调域的分布情况（见图 13－4b）：

阴平在 322 的范围；阳平在 32～54 之间；上声在 22～44 之间；去声主要在 11 的范围；阴入在 32～43 之间；阳入主要在 33～44 之间。

5. 香港新界

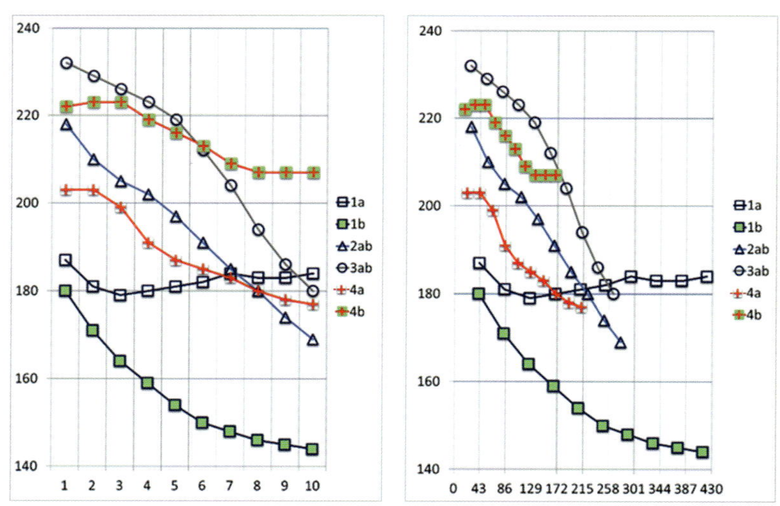

图 13－5a　单字调等长、实长音高模式－香港新界－OM

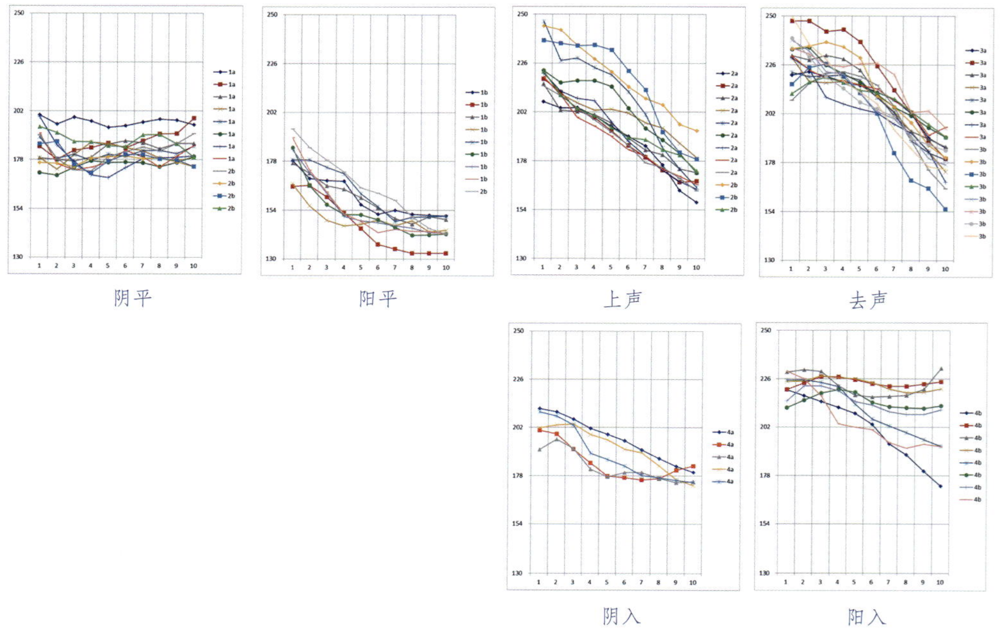

图 13－5b　今声调调域分布范围－香港新界－OM

老男的声调有 6 个①（见图 13－5a）：

阴平 33、阳平 21、上声 42、去声 53、阴入 43、阳入 54。

这个单字调系统，上声和去声调型相同，音高域有差别，具体见图 13－5b。

今调域的分布情况（见图 13－5b）：

阴平主要在 33 的范围；阳平在 21～32 之间；上声主要在 42 的范围；去声主要在 53 的范围；阴入主要在 43 的范围；阳入主要在 43～44 之间。

---

① 老男的发音人为厦门大学文学院的刘镇发教授。

香港客家话在《中国语言地图集》(2012)中有2个点，我们将新界加上去，具体情况见表13－4。

表13－4 香港三个客家话点的声调记录

方言点	调类					
	阴平	阳平	上声	去声	阴入	阳入
香港崇谦堂	23	11	32	53	3	5
香港西贡	34	21	41	52	32	5
香港新界	33	21	42	53	43	54

6. 台湾桃园 – 《音库》

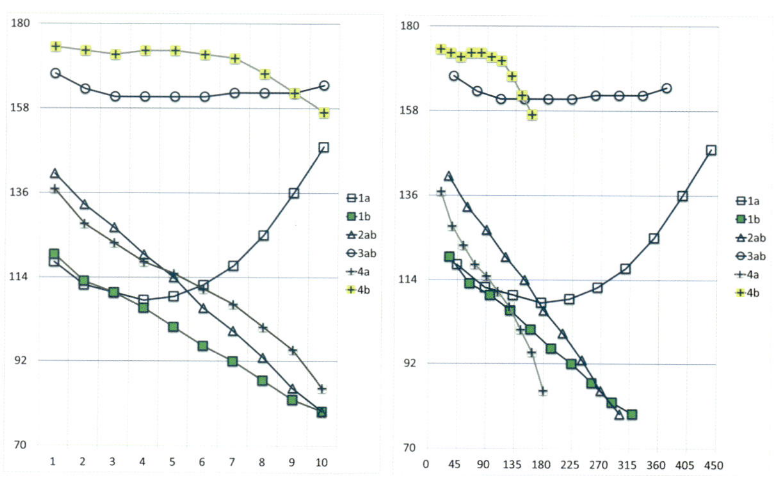

图 13 – 6a　单字调等长、实长音高模式 – 台湾桃园 – 《音库》

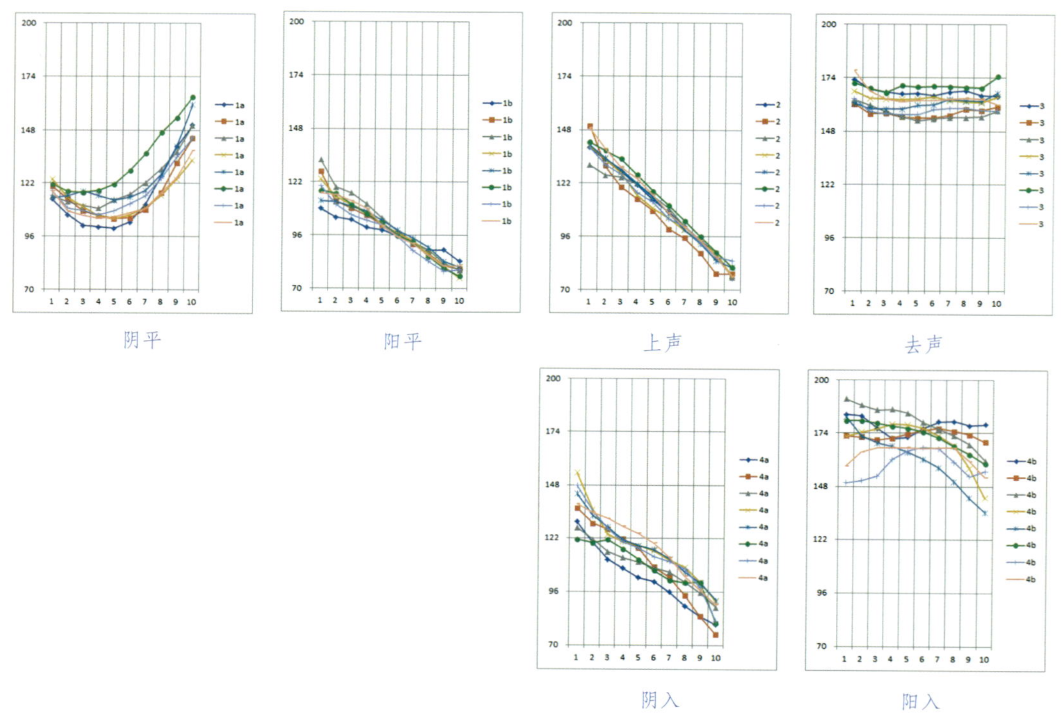

图 13 – 6b　今声调调域分布范围 – 台湾桃园 – 《音库》

《音库》的声调有 6 个（见图 13 – 6a）：

阴平 324、阳平 31、上声 41、去声 55、阴入 31、阳入 54。

今调域的分布情况（见图 13 – 6b）：

阴平主要在 23 ~ 24 之间；阳平主要在 21 的范围；上声在 31 的范围；去声主要在 44 的范围；阴入主要在 31 的范围；阳入在 54 的范围。

根据《音库》的描写，桃园话声调的调类调值如下：阴平 24，包咬资天衣书偷烧；阳平 11，人慈神苗头桥吵肥；上声 31，屎采海改水鬼洗草；去声 55，顺晒怪叫会队到课；阴入 22，答北必百尺客恶脱；阳入 55，踏石贼热舌食粒叶。

7. 台湾新竹

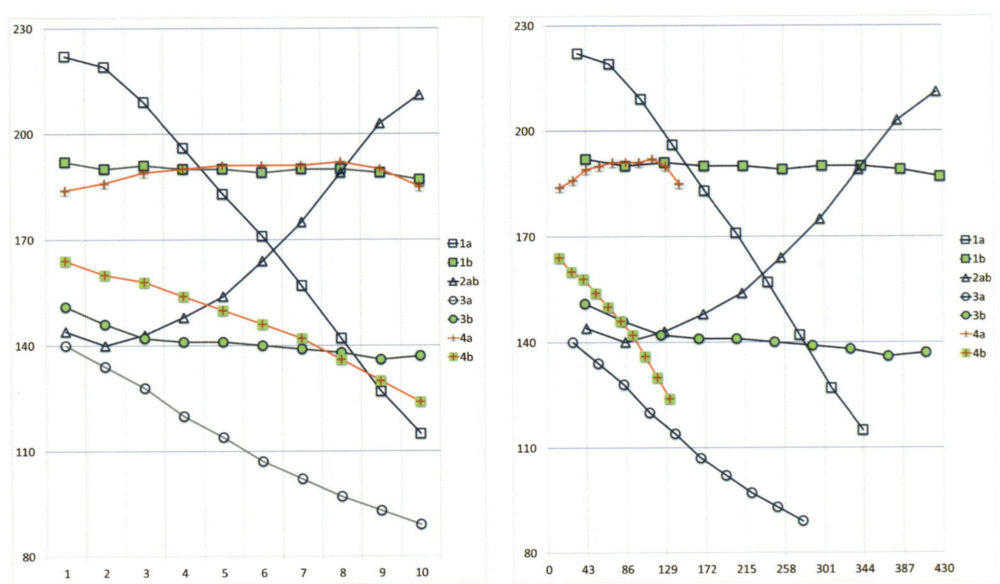

图 13－7a　单字调等长、实长音高模式－台湾新竹－OM

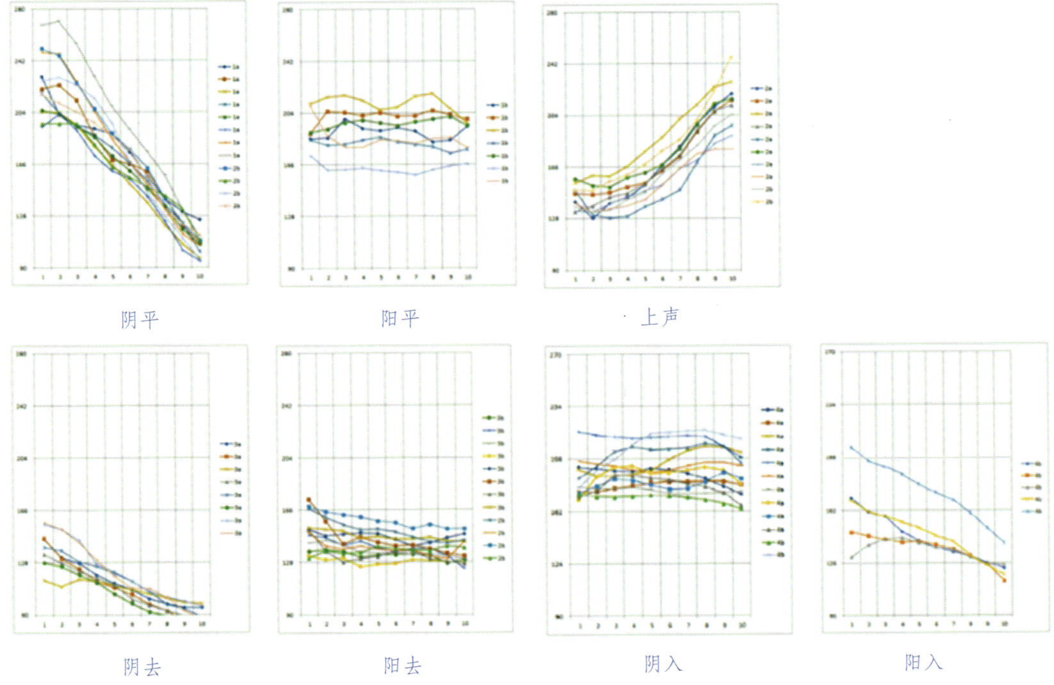

图 13－7b　今声调调域分布范围－台湾新竹－OM

老男的声调有 7 个（见图 13－7a）：

阴平 52、阳平 44、上声 35、阴去 21、阳去 22、阴入 44、阳入 32。

今调域的分布情况（见图 13－7b）：

阴平主要在 31～52 之间；阳平主要在 22～33 之间；上声在 23～24 之间；阴去主要在 21 的范围；阳去主要在 22 的范围；阴入主要在 33～44 之间，阳入在 21～42 之间。

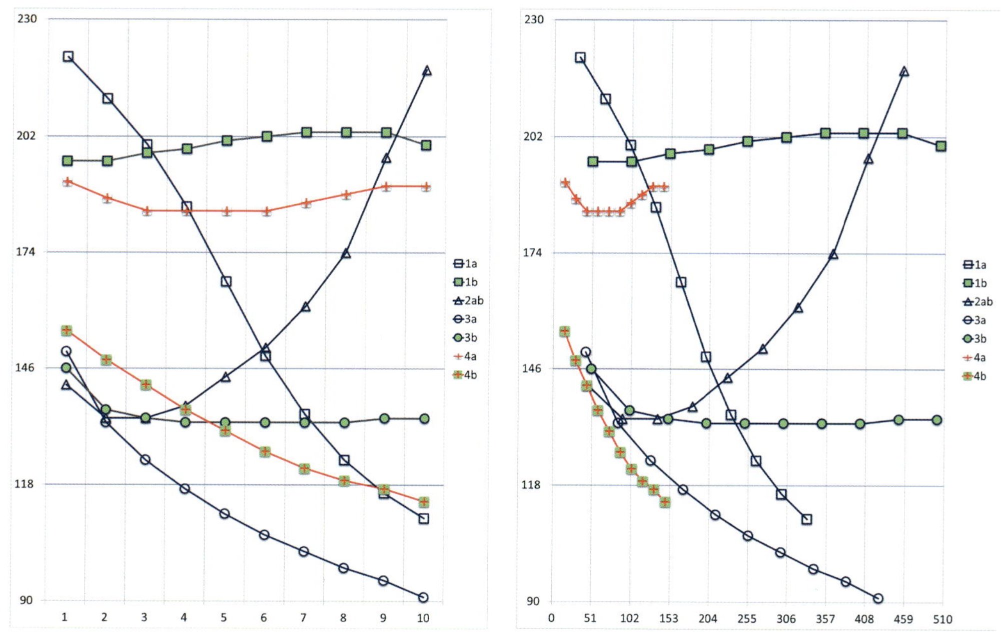

图 13－7c　单字调等长、实长音高模式－台湾新竹－YM

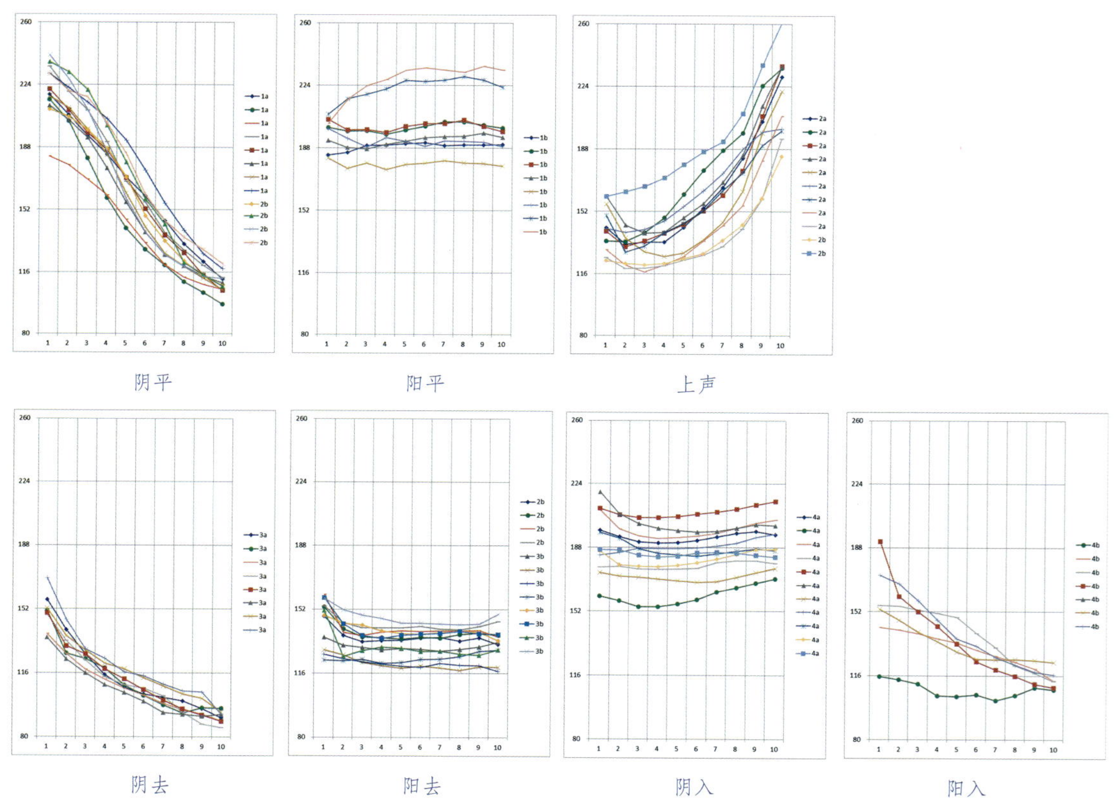

图 13－7d　今声调调域分布范围－台湾新竹－YM

青男的声调有 7 个（见图 13－7c）：

阴平 51、阳平 44、上声 25、阴去 31、阳去 22、阴入 44、阳入 32。

今调域的分布情况（见图 13－7d）：

阴平主要在 31～52 之间；阳平主要在 33～44 之间；上声在 24～35 之间；阴去主要在 21 的范围；阳去主要在 22 的范围；阴入主要在 33～44 之间，阳入在 21～32 之间。

13.1.2 龙华小片

1. 五华水寨

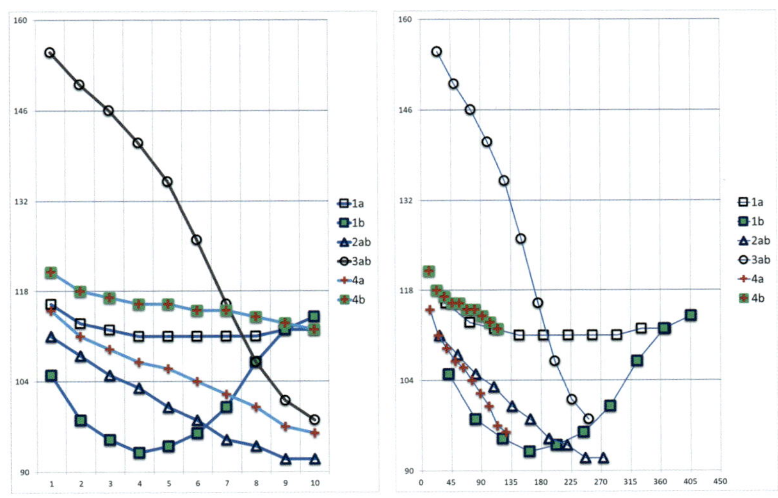

图 13－8a 单字调等长、实长音高模式－五华水寨－OM

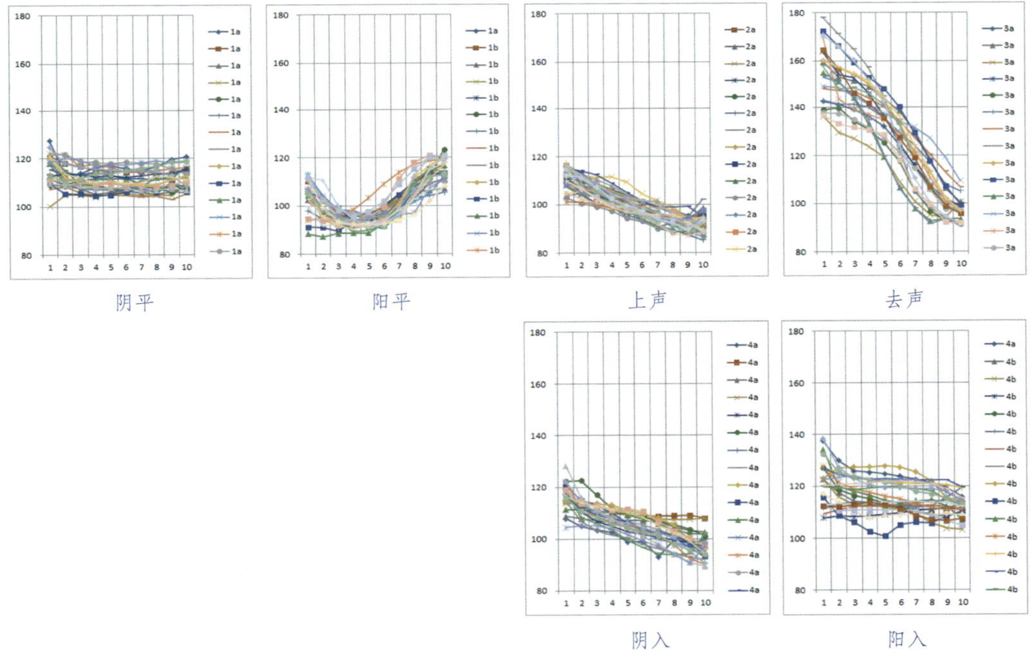

图 13－8b 今声调调域分布范围－五华水寨－OM

老男的声调有 6 个（见图 13－8a）：

阴平 22、阳平 213、上声 21、去声 51、阴入 21、阳入 32。

需要说明的是，五华的去声占了太多高调域的范围，将其他 5 个声调的音高域挤压到 3 度的范围，因此，声调描写时，将 4～5 度之间都当作 5，其他的做适当调整。

今调域的分布情况（见图 13－8b）：

阴平主要在 22～33 之间；阳平主要在 112～323 之间；上声主要在 21 的范围；去声在 31～52 之间；阴入主要在 21～32 之间；阳入主要在 22～32 之间。

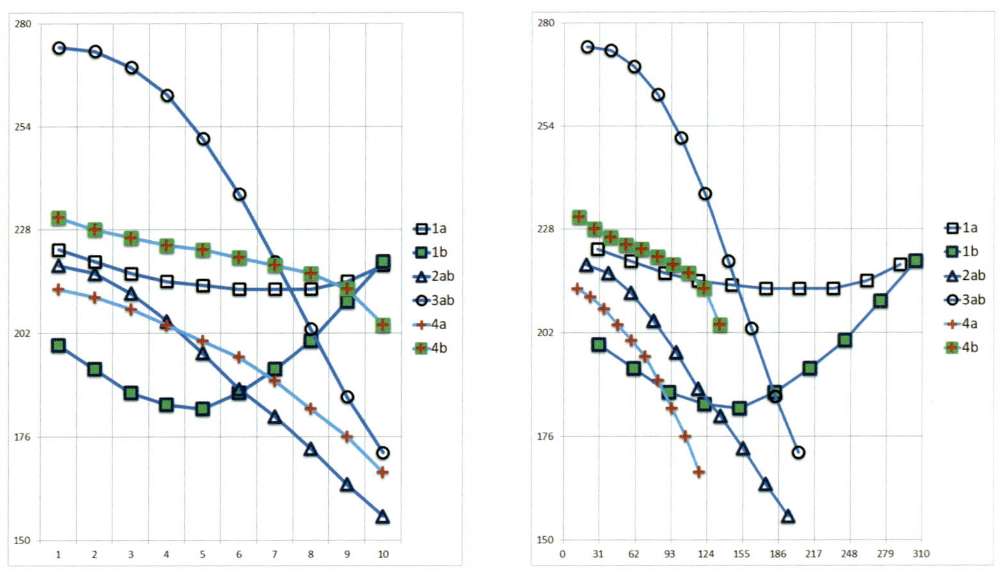

图 13－8c　单字调等长、实长音高模式－五华水寨－OF

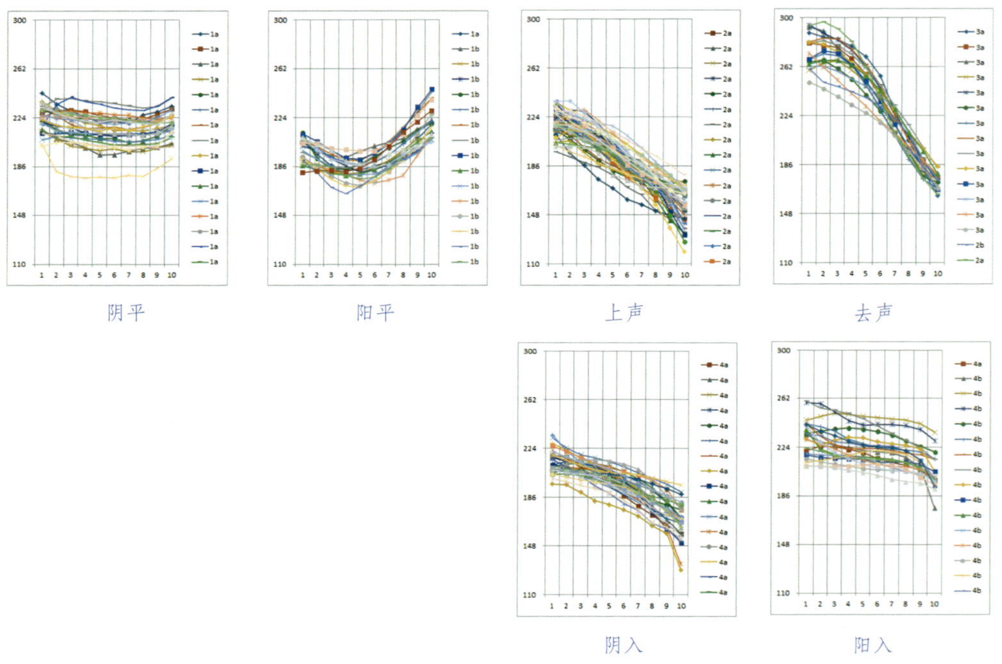

图 13－8d　今声调调域分布范围－五华水寨－OF

老女的声调有 6 个（见图 13－8c）：

阴平 33、阳平 324、上声 31、去声 52、阴入 31、阳入 43。

与老男相似，五华老女的去声也是占了较多高调域的范围，将其他 5 个声调的音高域挤压到 3 度略多的范围。

今调域的分布情况（见图 13－8d）：

阴平主要在 33～44 之间；阳平主要在 323～324 之间；上声在 31～42 之间；去声在 42～52 之间；阴入主要在 31～43 之间；阳入主要在 32～43 之间。

五华水寨声调的各个调类的今读范围，两位发音人的数据较为一致，有一个很高的去声，挤压了另外 5 个声调的音高范围。但因为声调是相对音高，因此，在不影响类的划分的条件下，可以描写如下：阴平 44、阳平 324、上声 31、去声 52、阴入 32、阳入 43。

2. 河源龙川

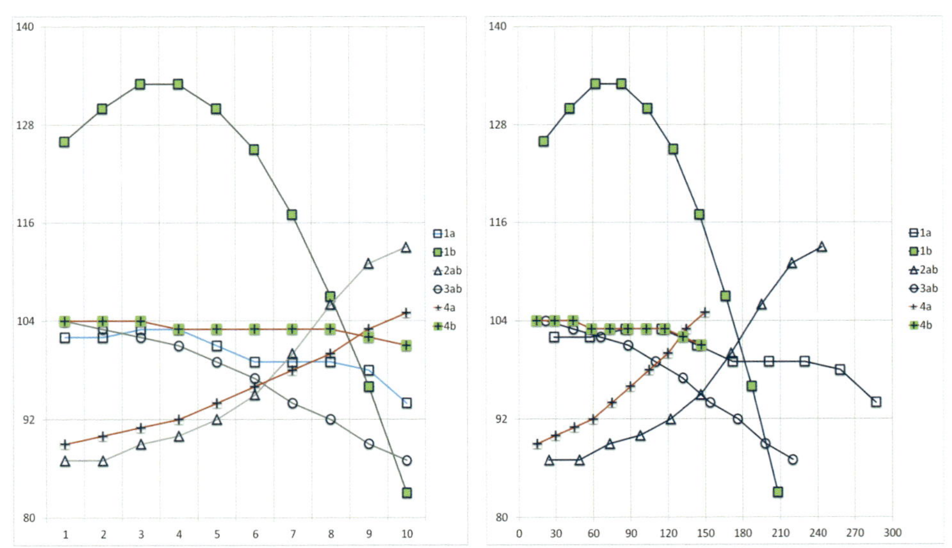

图 13 – 9a　单字调等长、实长音高模式 – 河源龙川 – OM

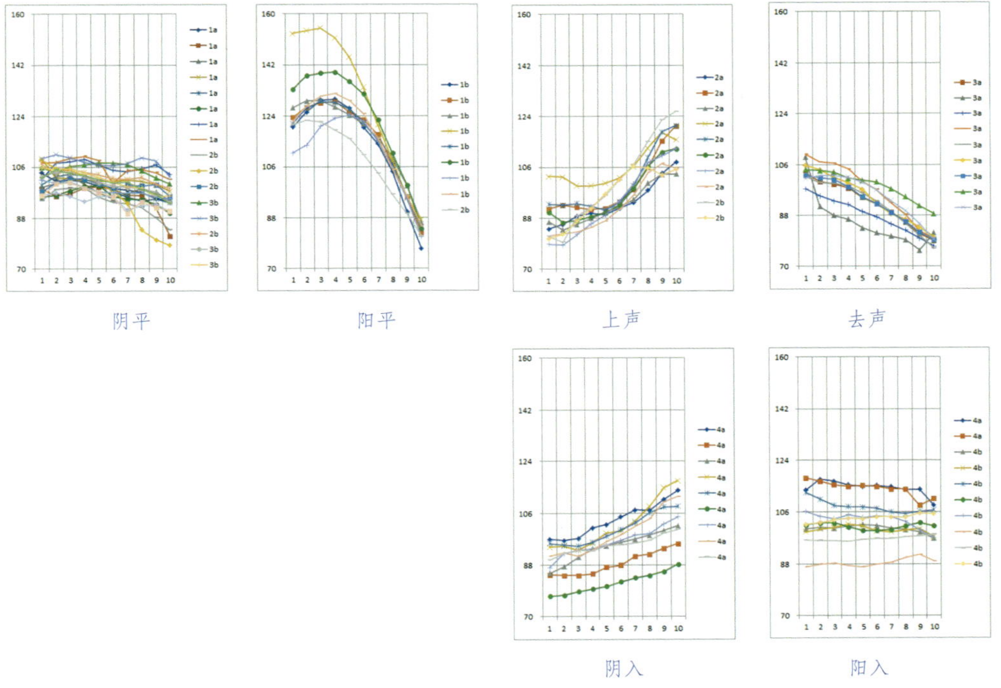

图 13 – 9b　今声调调域分布范围 – 河源龙川 – OM

老男的声调有 6 个（见图 13 – 9a）：

阴平 33、阳平 51、上声 13、去声 21、阴入 13、阳入 33。

龙川客家方言与五华客家方言的单字调格局有相似之处，有一个特别高的降调，调值描写可根据声学调型抬高一点，非阳平的调值描写。

今调域的分布情况（见图 13 – 9b）：

阴平主要在 22 ~ 33 之间；阳平主要在 31 ~ 52 之间；上声在 12 ~ 23 之间；去声在 21 ~ 32 之间；阴入主要在 12 ~ 23 之间；阳入主要在 22 ~ 33 之间。

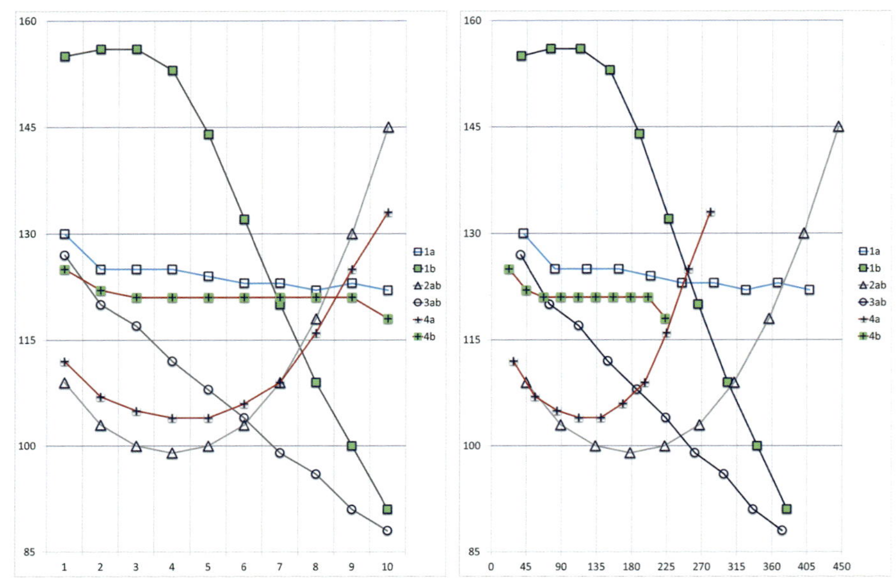

图 13 - 9c　单字调等长、实长音高模式 - 河源龙川 - YM

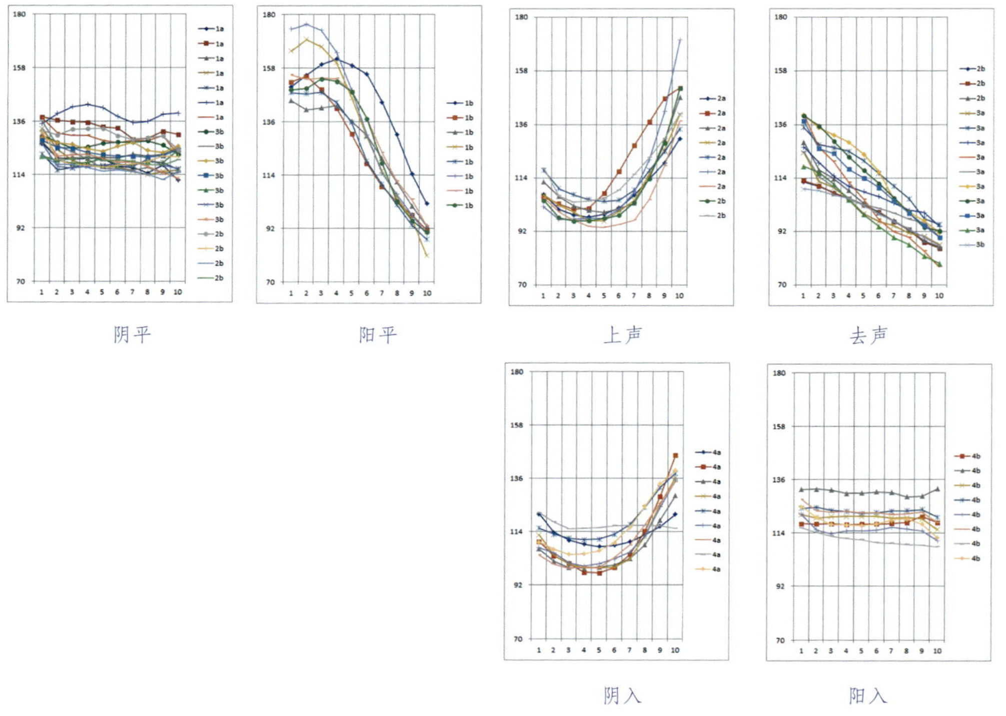

图 13 - 9d　今声调调域分布范围 - 河源龙川 - YM

青男的声调有 6 个（见图 13 - 9c）：

阴平 33、阳平 51、上声 324、去声 31、阴入 324、阳入 33。

龙川客家方言与五华客家方言的单字调格局有相似之处，有一个特别高的降调，上声老男基本是 24，青男则像 324，其主要部分是 24，前面曲折的部分可当作上升前的准备。阴入的情况类似，青男前部有一点曲折。

今调域的分布情况（见图 13 - 9d）：

阴平主要在 33 ~ 44 之间；阳平主要在 41 ~ 52 之间；上声在 213 ~ 325 之间；去声在 21 ~ 42 之间；阴入主要在 323 ~ 324 之间；阳入主要在 22 ~ 33 之间。

3. 丰顺丰良

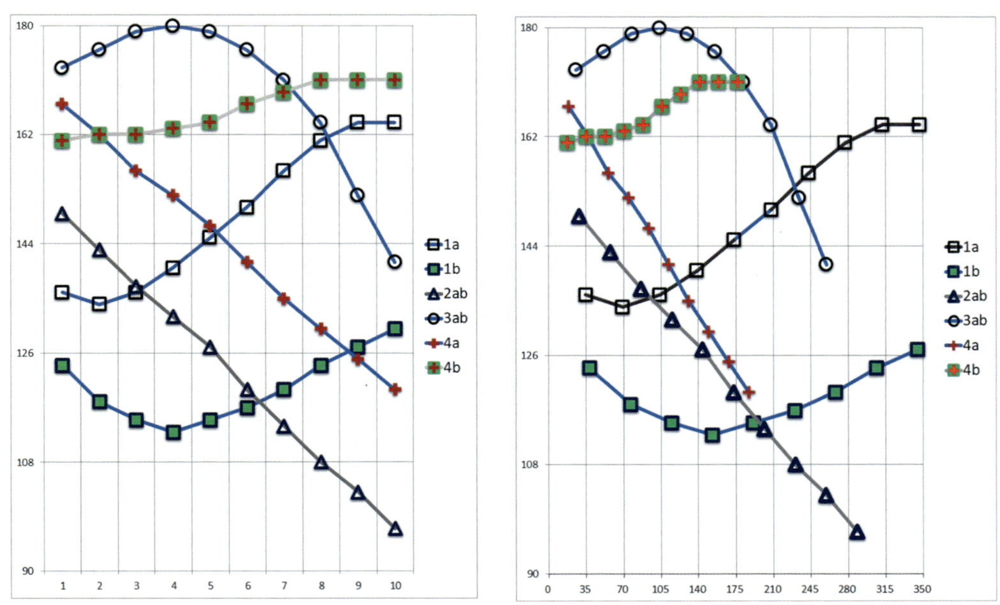

图 13－10a 单字调等长、实长音高模式－丰顺丰良－OM

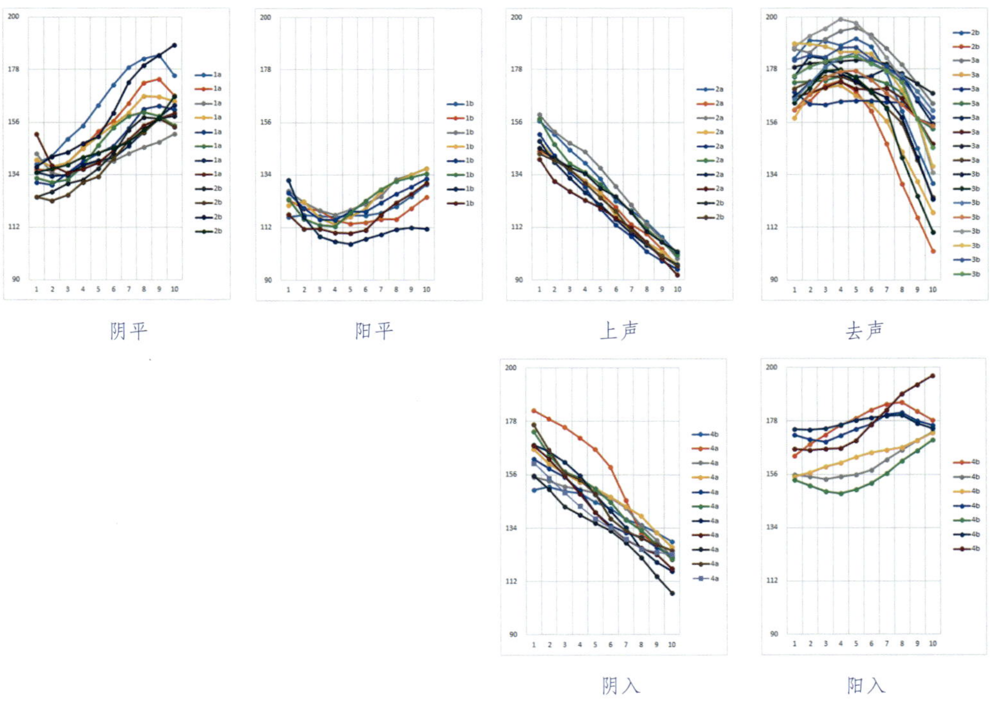

图 13－10b 今声调调域分布范围－丰顺丰良－OM

老男的声调有 6 个（见图 13－10a）：

阴平 24、阳平 323、上声 41、去声 553、阴入 52、阳入 45。

今调域的分布情况（见图 13－10b）：

阴平主要在 23～35 之间；阳平主要在 211～213 之间；上声在 31～41 之间；去声在 41～54 之间；阴入主要在 31～52 之间；阳入在 34～45 之间。

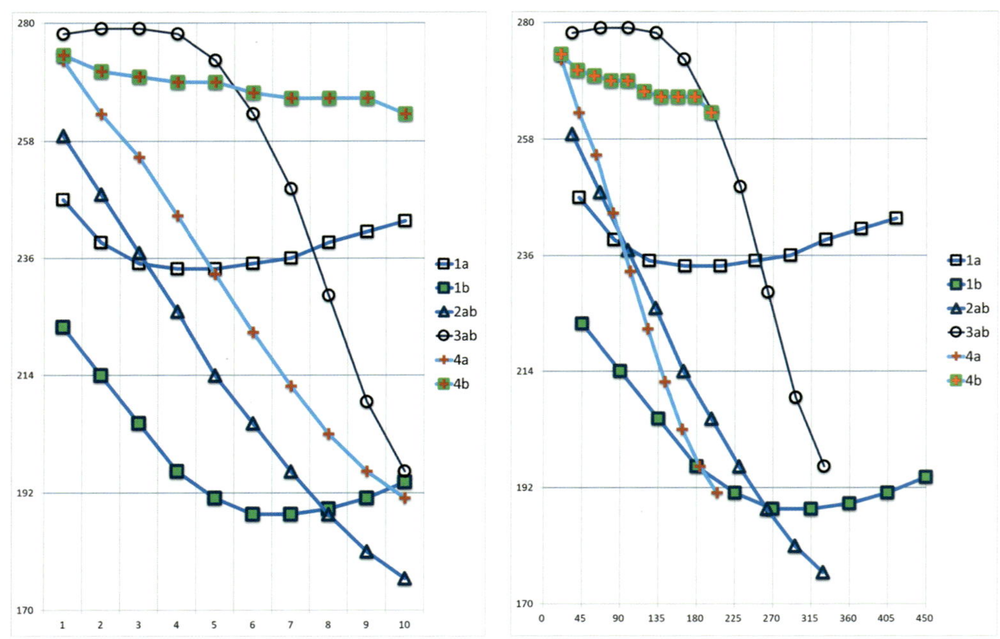

图 13－10c　单字调等长、实长音高模式－丰顺丰良－YF

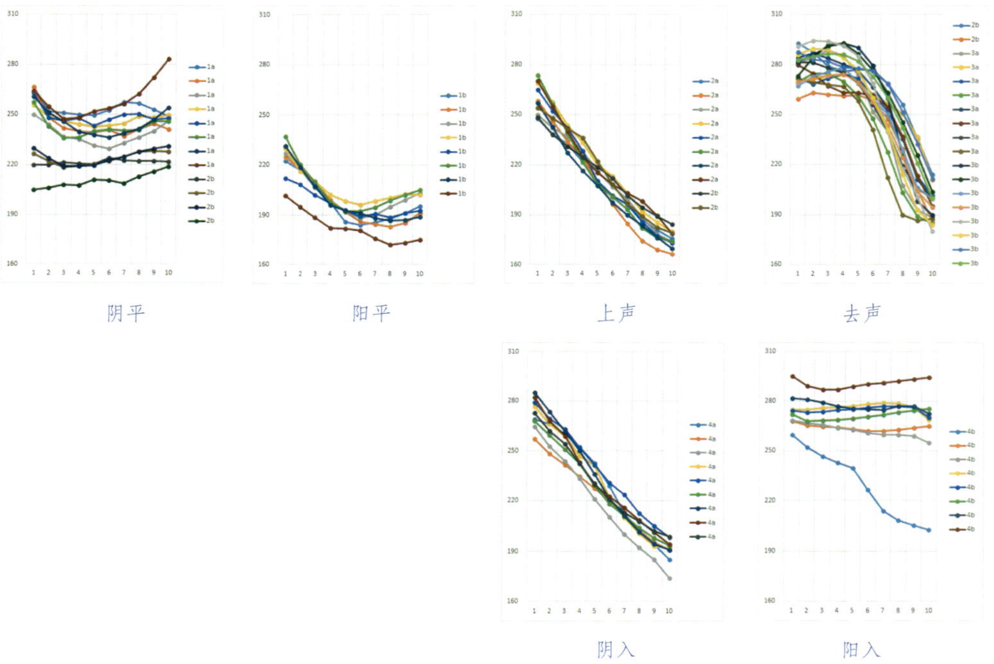

图 13－10d　今声调调域分布范围－丰顺丰良－YF

青女的声调有 6 个（见图 13－10c）：

阴平 44、阳平 311、上声 41、去声 52、阴入 52、阳入 54。

根据单字调的音高曲线和各个调类的分布范围，老男、青女的调类还是一致的，但是阴平、阳平的调值有区别，阴平老男是 24，青女是 44；阳平老男是 323，青女是 311。上声、去声、阴入、阳入则基本一致。

今调域的分布情况（见图 13－10d）：

阴平主要在 22～44 之间，尾部略升；阳平主要在 211～322 之间；上声在 31～41 之间；去声在 41～52 之间；阴入主要在 41～52 之间；阳入主要在 44～55 之间。

4. 广东连南

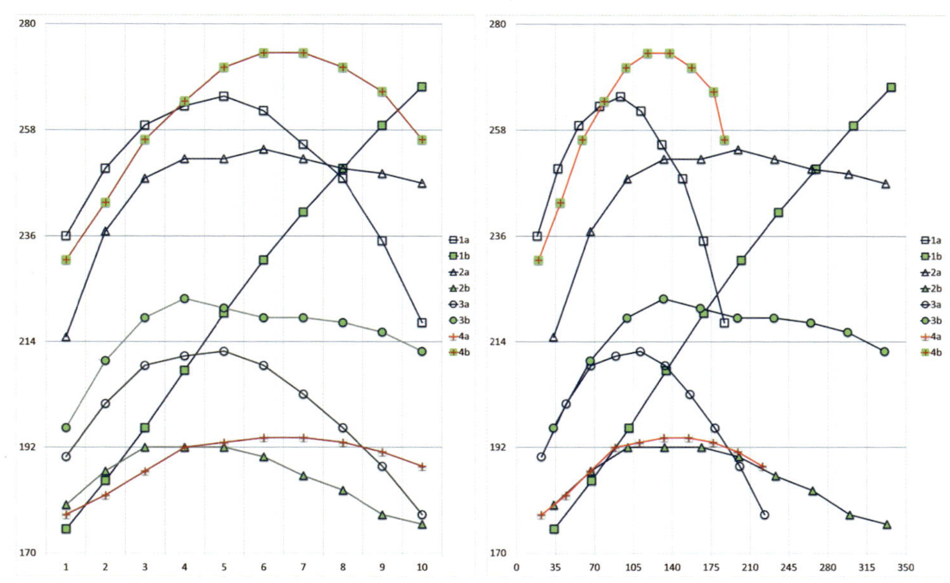

图 13－11a　单字调等长、实长音高模式－广东连南－OM

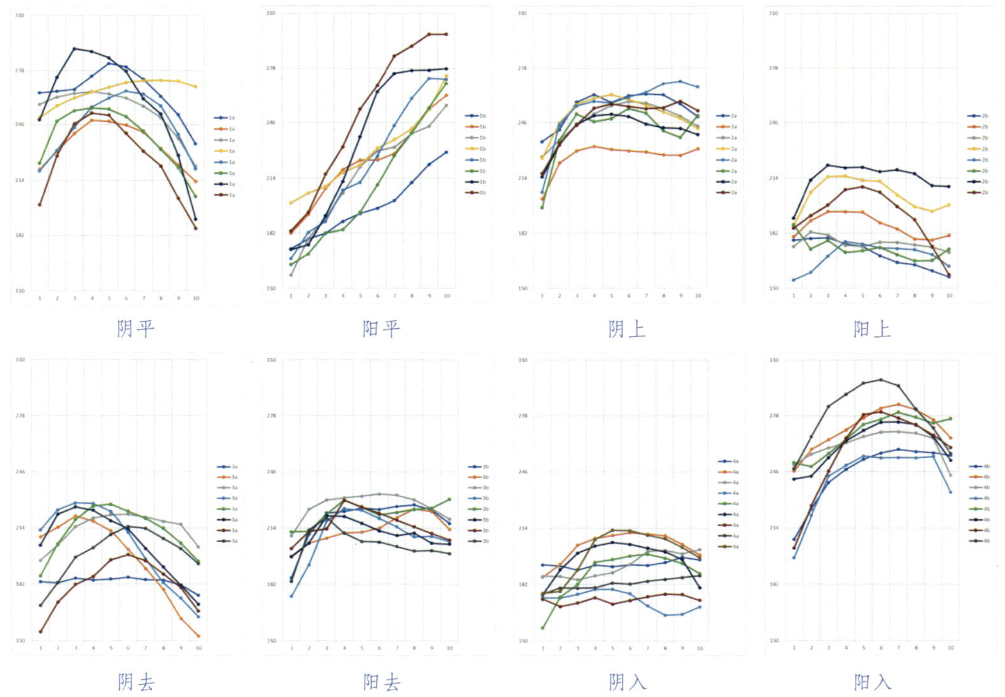

图 13－11b　今声调调域分布范围－广东连南－OM

老男的声调有 8 个（见图 13－11a）：

阴平 453、阳平 15、阴上 344、阳上 121、阴去 231、阳去 233、阴入 <u>122</u>、阳入 <u>355</u>。

今调域的分布情况（见图 13－11b）：

阴平主要在 42～53 之间；阳平在 23～34 之间；阴上在 33～44 之间；阳上主要在 21～33 之间；阴去在 121～232 之间；阳去主要在 32～33 之间；阴入主要在 <u>11</u>～<u>22</u> 之间；阳入主要在 <u>44</u>～<u>55</u> 之间。

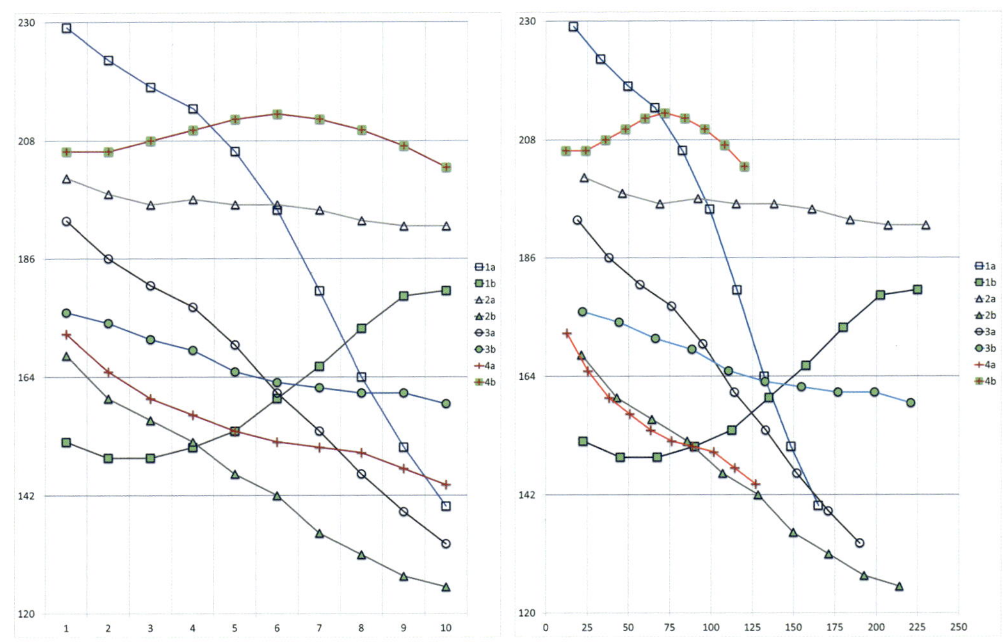

图 13－11c　单字调等长、实长音高模式－广东连南－YM

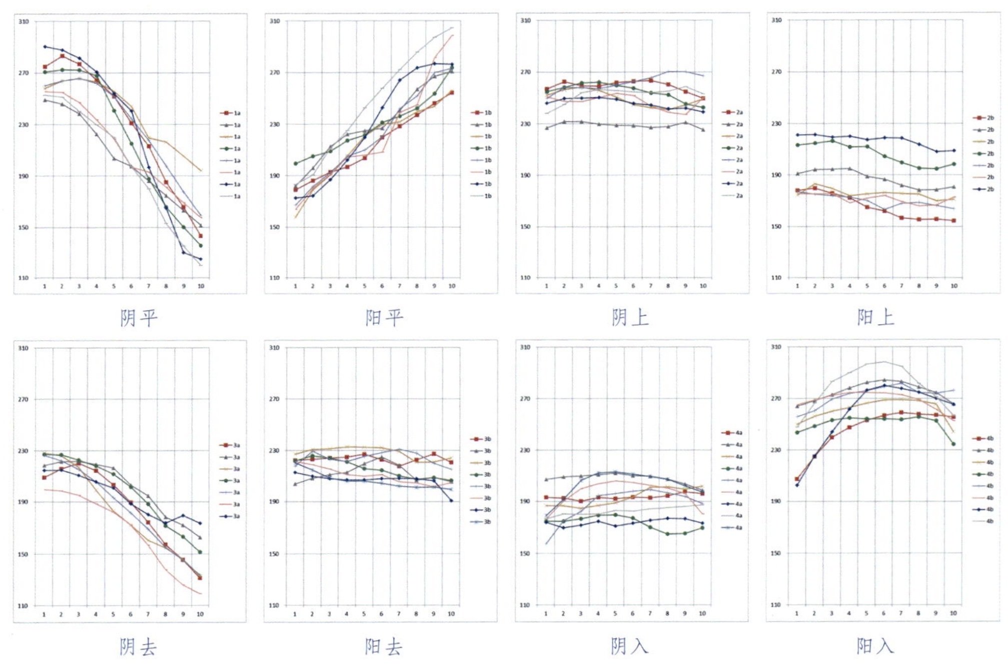

图 13－11d　今声调调域分布范围－广东连南－YM

青男的声调有 8 个（见图 13－11c）：

阴平 51、阳平 23、阴上 44、阳上 31、阴去 41、阳去 32、阴入 32、阳入 454。

今调域的分布情况（见图 13－11d）：

阴平主要在 42～53 之间；阳平在 24～35 之间；阴上主要在 33～44 之间；阳上在 22～33 之间；阴去在 31～32 之间；阳去在 33 的范围；阴入主要在 22～33 之间；阳入主要在 44～55 之间。

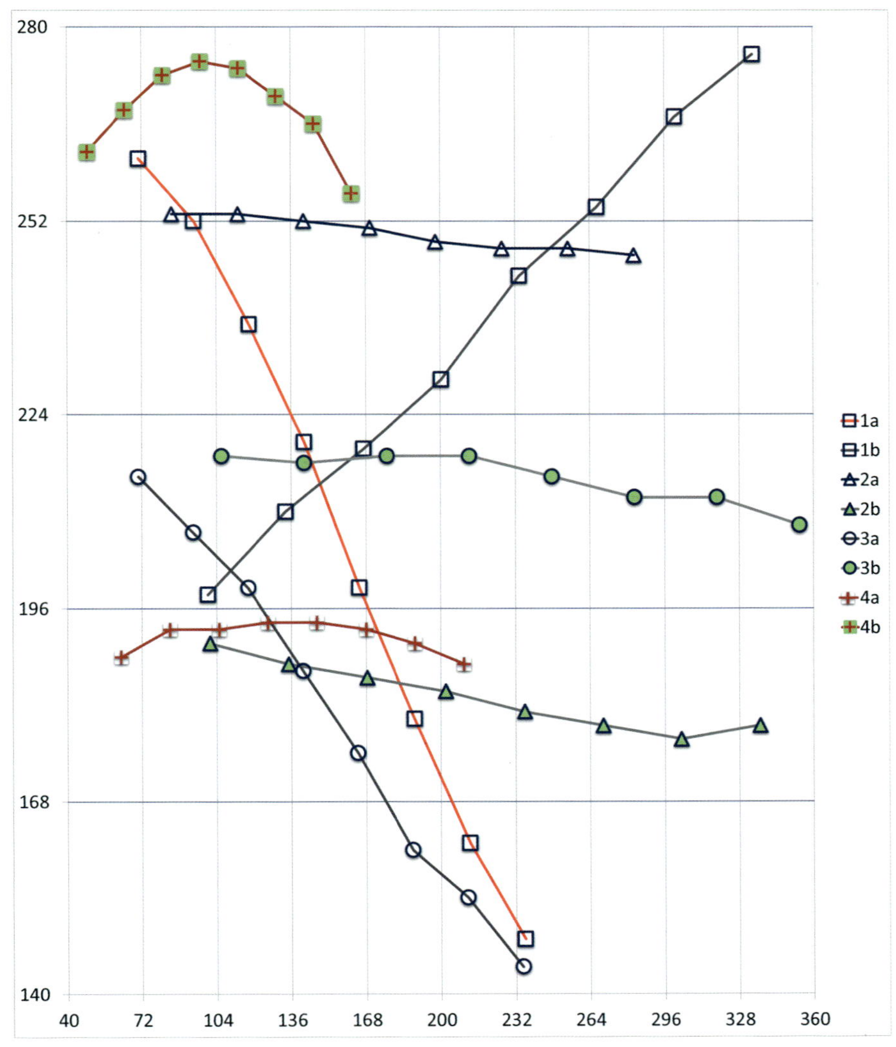

图 13－11e　今声调均值图－广东连南－OM

假如我们减去老男的前 50 毫秒，就可以把连南的声调规整如图 13－11e 所示，调类调值如下：

阴平 51、阳平 35、阴上 44、阳上 22、阴去 31、阳去 33、阴入 22、阳入 454。

从青男与老男的声调调型图比较可以知道，声调前面开始升高的部分是为了提升后面的起头部分，不计入声调的调型归纳，而作为音系的说明是可以的。这个综合性的描写，可以通过老男、青男的比较来验证，有些同调型的没有对立，因此可以在同调型中任意选择一个。具体而言，阴平，老男 53，青男 52，可记为 51；阳平，老男 15，青男 23，可记为 35；阴上 44，老男、青男基本一致；阳上 21，老男、青男基本一致；阴去 31，老男、青男基本一致；阳去 33，老男较平，青男略降；阴入，老男 22，青男 32；阳入，老男 54，青男 44。

连南今声调的调域分布范围，老男、青男都较好地反映了声调的基本调型。为了便于观察，我们把老男的声调均值调整如图 13－11e 是可行的。

13.2 海陆片

1. 汕尾陆河

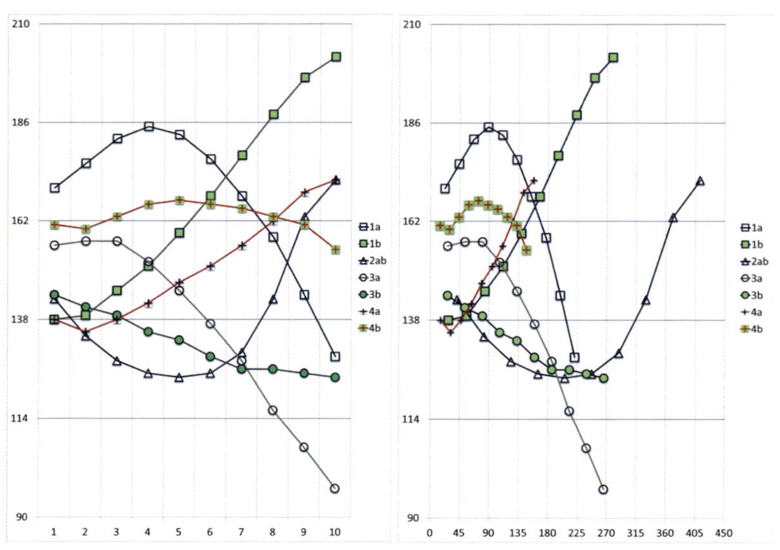

图 13－12a　单字调等长、实长音高模式－汕尾陆河－OM

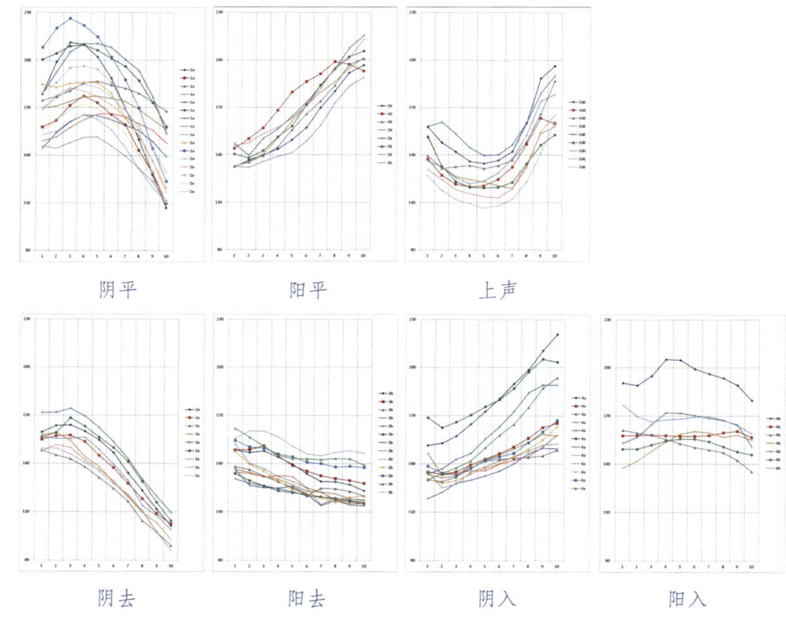

图 13－12b　今声调调域分布范围－汕尾陆河－OM

老男的声调有 7 个（见图 13－12a）：

阴平 42、阳平 35、上声 324、阴去 31、阳去 32、阴入 34、阳入 44。

今调域的分布情况（见图 13－12b）：

阴平主要在 32～53 之间；阳平在 24～35 之间；上声主要在 213～324 之间；阴去主要在 31 的范围；阳去主要在 32 的范围；阴入主要在 23～35 之间；阳入主要在 33～44 之间。

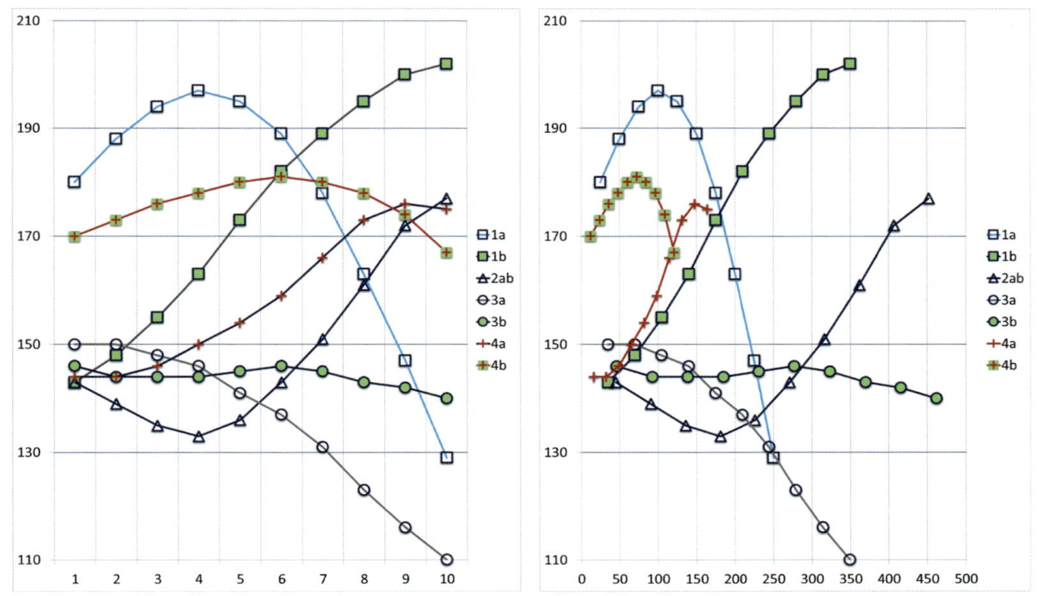

图 13－12c 单字调等长、实长音高模式－汕尾陆河－YM

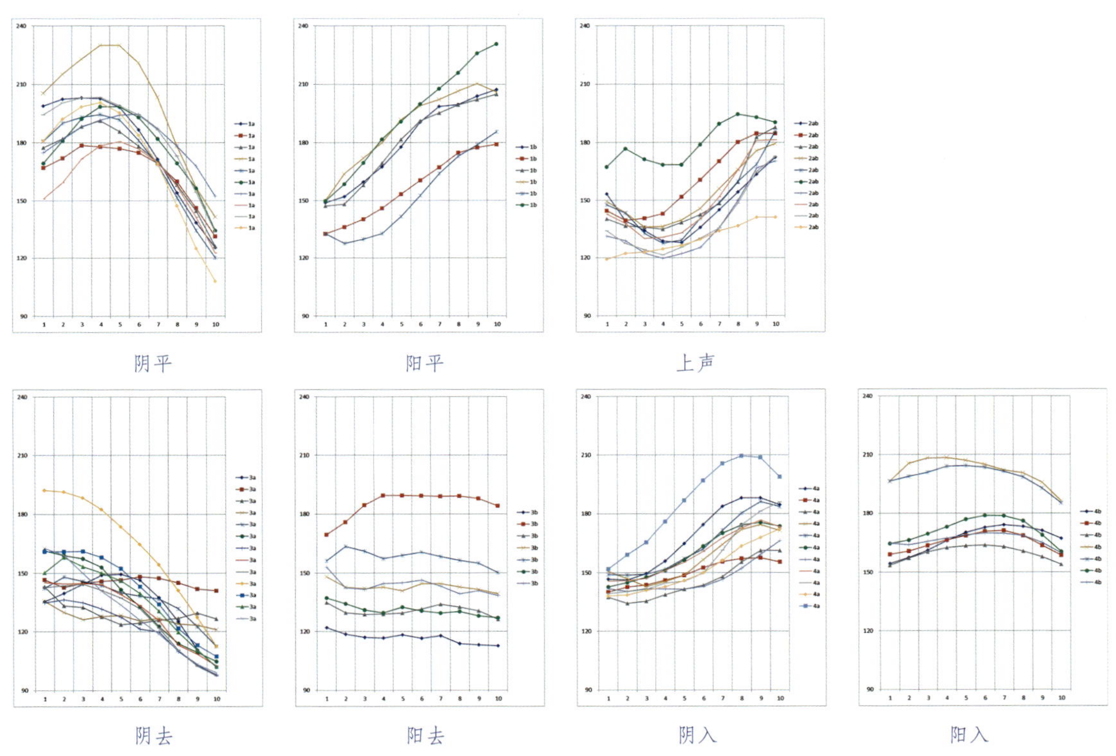

图 13－12d 今声调调域分布范围－汕尾陆河－YM

青男的声调有 7 个（见图 13－12c）：

阴平 52、阳平 25、上声 324、阴去 31、阳去 22、阴入 24、阳入 44。

今调域的分布情况（见图 13－12d）：

阴平主要在 32～53 之间；阳平在 24～35 之间；上声主要在 213～324 之间；阴去主要在 21～42 之间；阳去在 22～44 之间；阴入主要在 23～34 之间；阳入主要在 33～44 之间，略有拱度。

2. 揭阳揭西

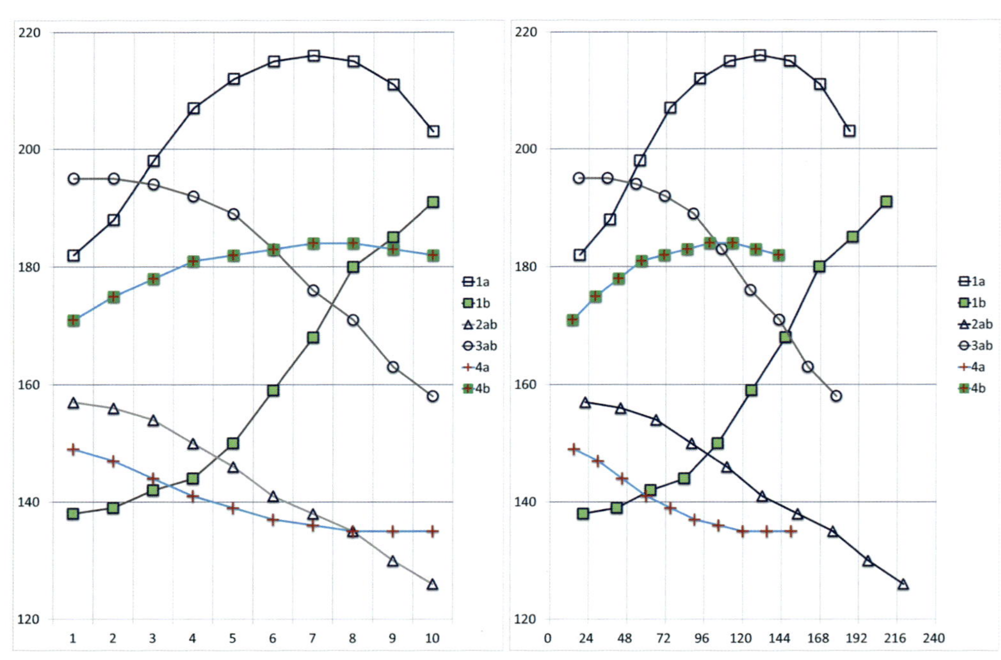

图 13－13a　单字调等长、实长音高模式－揭阳揭西－OM

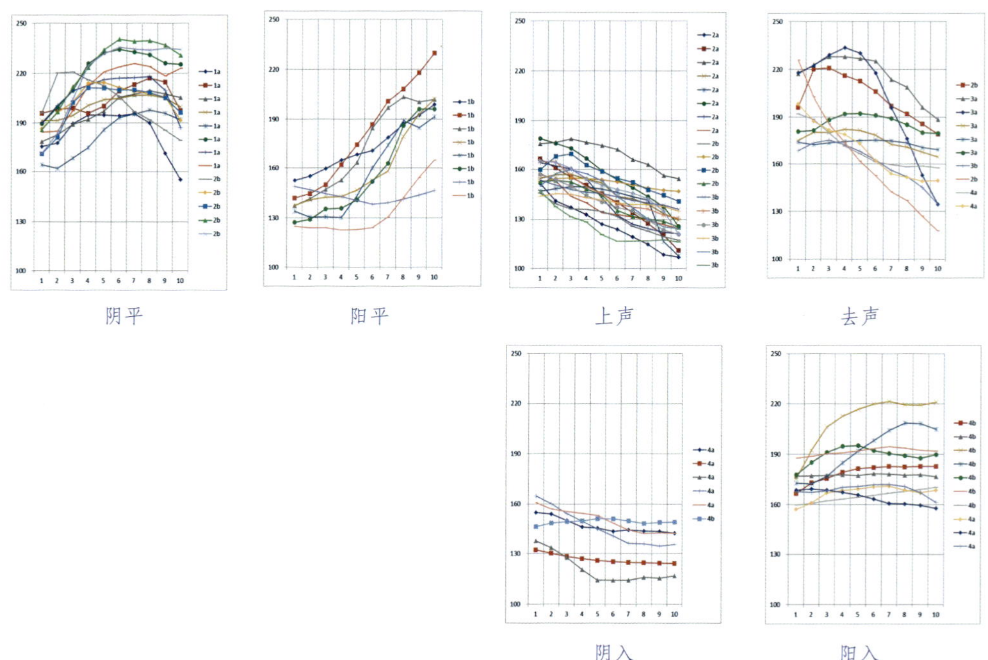

图 13－13b　今声调调域分布范围－揭阳揭西－OM

老男的声调有 6 个（见图 13－13a）：

阴平 354（带拱度）、阳平 24、上声 21、去声 42、阴入 21、阳入 34。

今调域的分布情况（见图 13－13b）：

阴平在 344～455 之间；阳平在 23～24 之间；上声在 21～32 之间；去声在 32～54 之间；阴入主要在 21～22 之间，略带下降；阳入在 33～34 之间，略带上升。

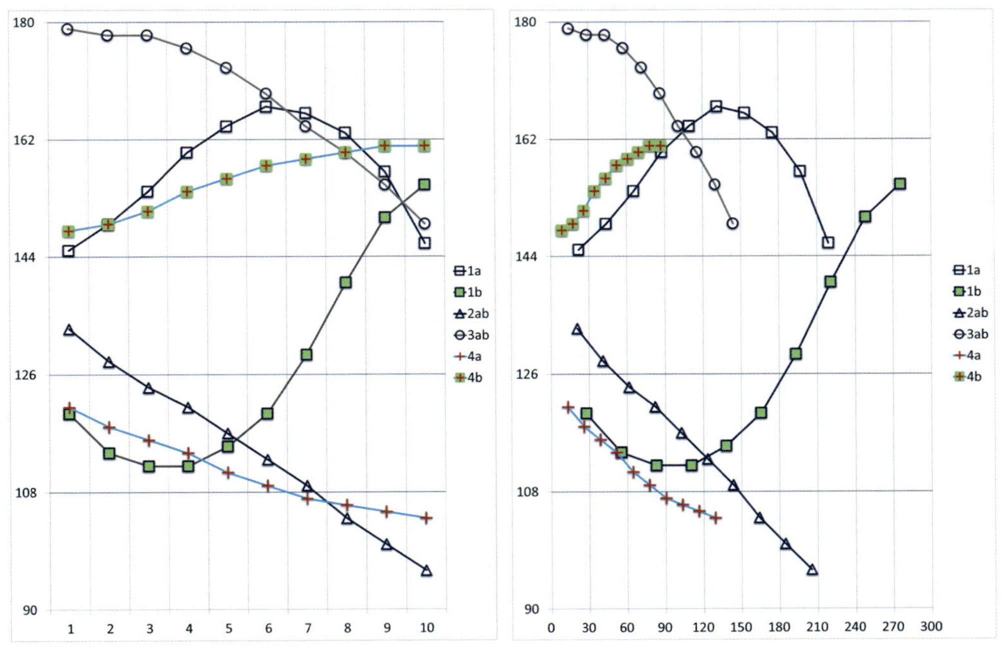

图 13－13c　单字调等长、实长音高模式－揭阳揭西－YM

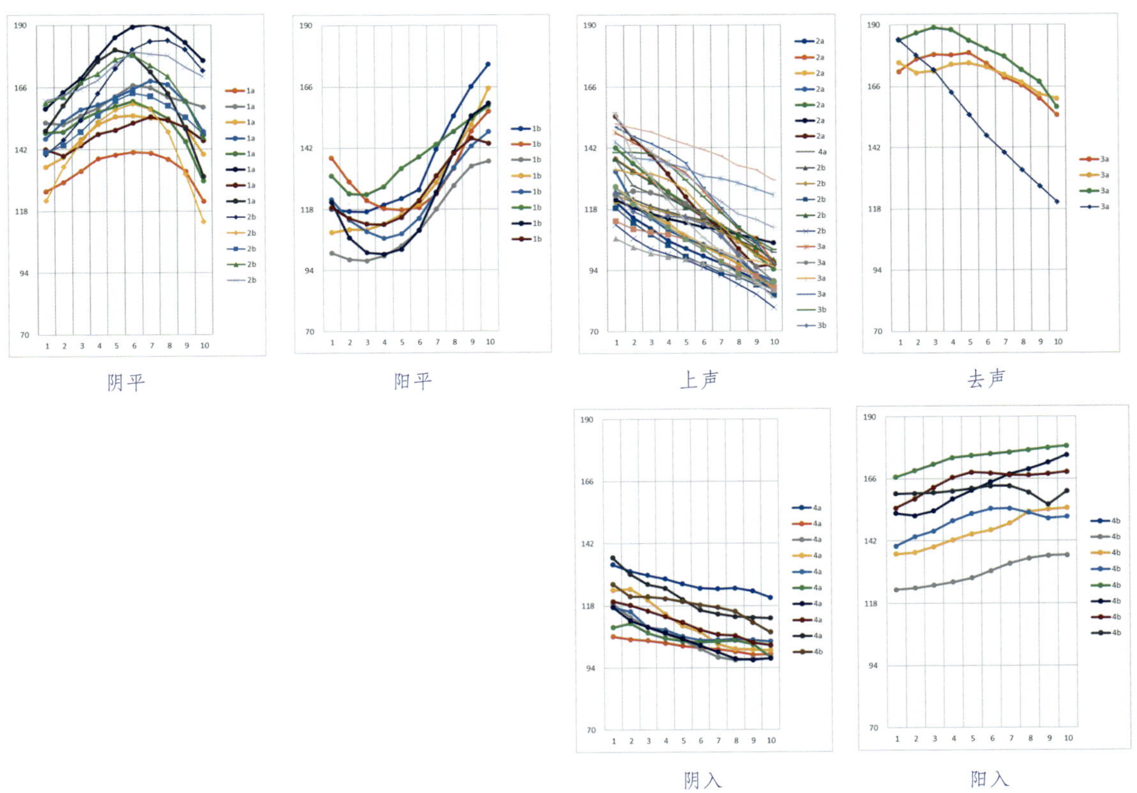

图 13－13d　今声调调域分布范围－揭阳揭西－YM

青男的声调有 6 个（见图 13－13c）：

阴平 454、阳平 224、上声 31、去声 54、阴入 <u>21</u>、阳入 <u>45</u>。

今调域的分布情况（见图 13－13d）：

阴平在 343～454 之间；阳平主要在 24 的范围；上声在 21～43 之间；去声在 53～54 之间；阴入主要在 <u>32</u> 的范围；阳入在 <u>33</u>～<u>45</u> 之间。

13.3 粤北片

粤北地区，根据《韶关方言概说》（余伯禧、林立芳，1991）① 的记载，曲江马坝、翁源龙仙、始兴和翁源4个点的声调描写如下，见表13－5。

表13－5　韶关客家方言4个点的调类调值

方言点	阴平	阳平	上声	去声	阴入	阳入
曲江马坝	44	34	31	52	21/1	5
翁源龙仙	22	51	21	55	2	5
始兴	22	51	31	33	45	3
翁源	22	41	31	45	31	45

粤北客家方言大都维持客家方言较为典型的声调格局：阴平、阳平、上声、去声、阴入、阳入。

① 余伯禧，林立芳．韶关方言概说［J］．韶关大学韶关师专学报（社会科学版·粤北文史专辑），1991（3）：79－87.

1. **韶关翁源**

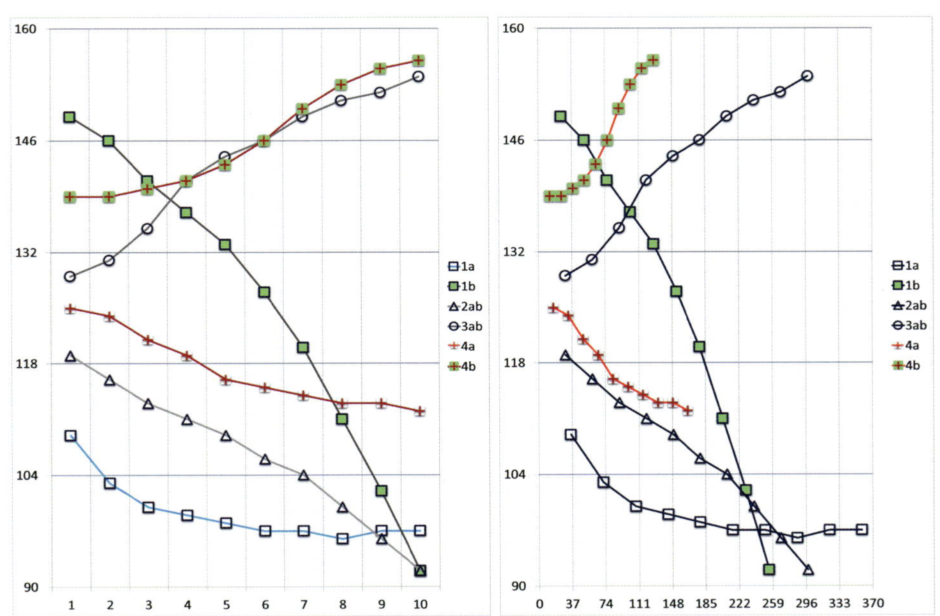

图 13－14a 单字调等长、实长音高模式－韶关翁源－OM

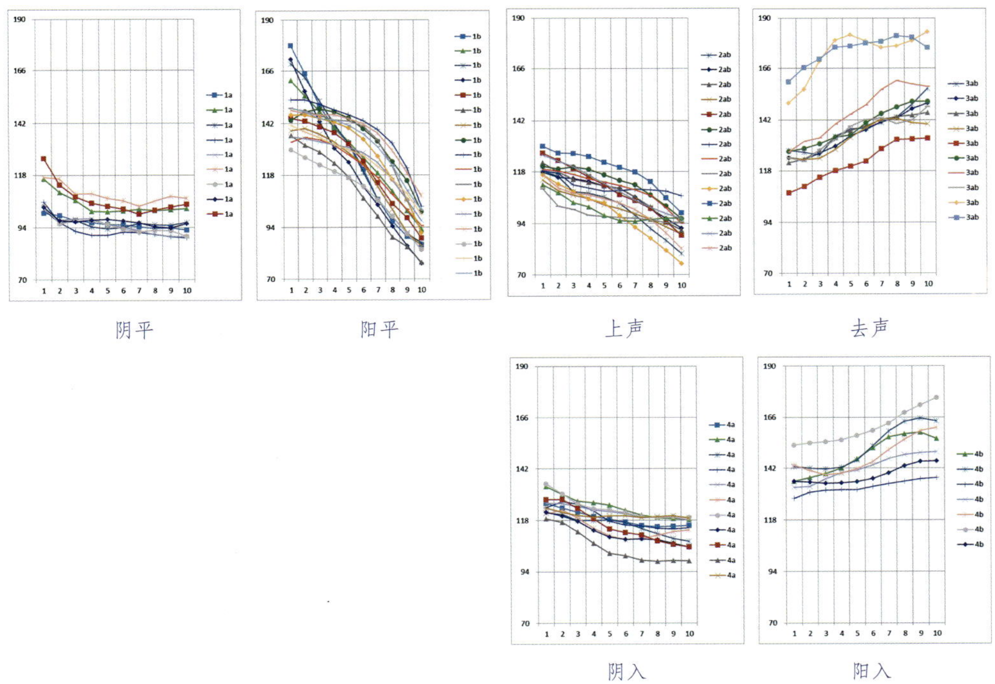

图 13－14b 今声调调域分布范围－韶关翁源－OM

老男的声调有 6 个（见图 13－14a）：

阴平 21、阳平 51、上声 31、去声 35、阴入 32、阳入 45。

今调域的分布情况（见图 13－14b）：

阴平在 211～322 之间；阳平在 31～52 之间；上声在 21～32 之间；去声在 23～45 之间；阴入主要在 32 的范围；阳入在 34～45 之间。

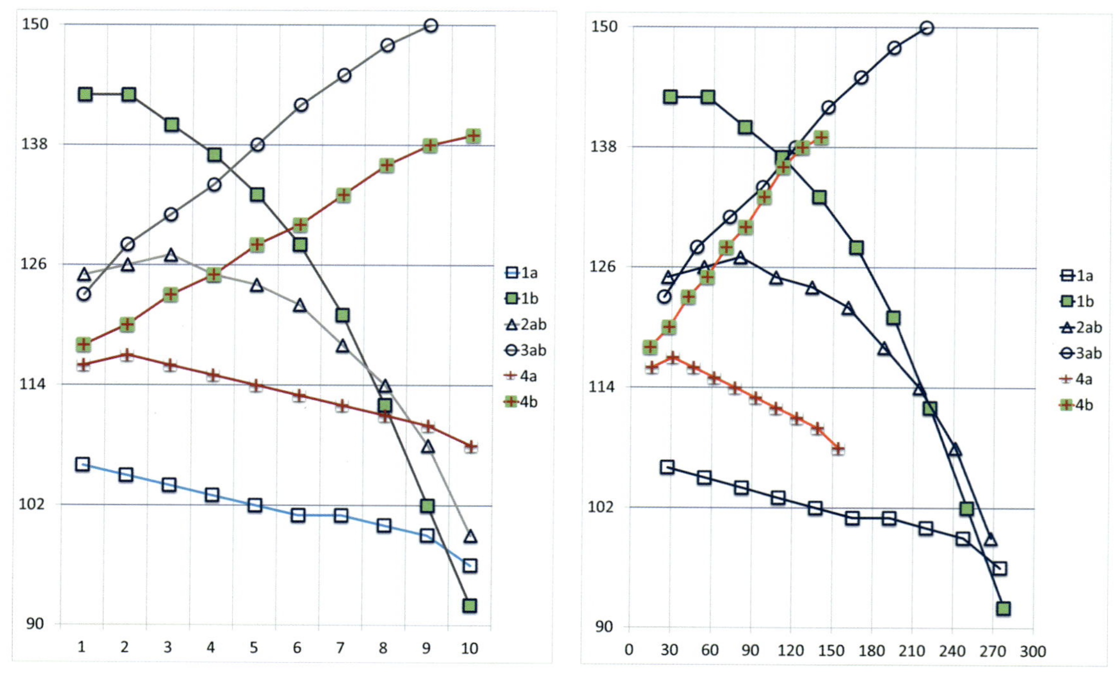

图 13－14c 单字调等长、实长音高模式－韶关翁源－YM

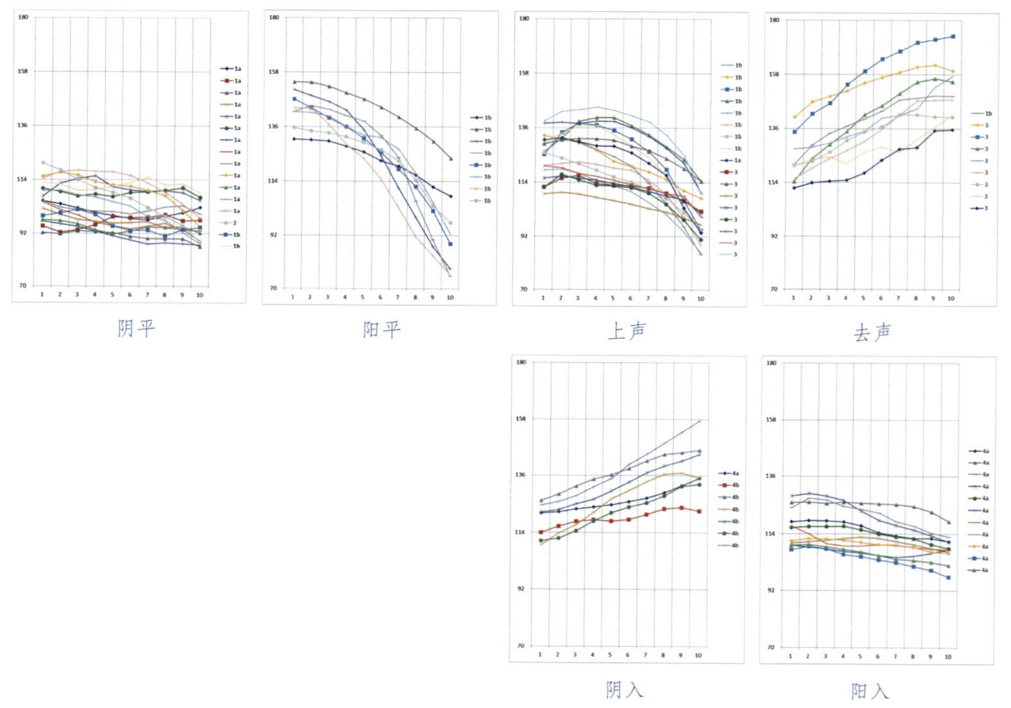

图 13－14d 今声调调域分布范围－韶关翁源－YM

青男的声调有 6 个（见图 13－14c）：

阴平 21、阳平 51、上声 31、去声 35、阴入 32、阳入 35。

今调域的分布情况（见图 13－14d）：

阴平主要在 21～32 之间；阳平在 31～43 之间；上声在 32～43 之间；去声在 34～45 之间；阴入在 23～34 之间；阳入主要在 32 的范围。

2. 始兴太平

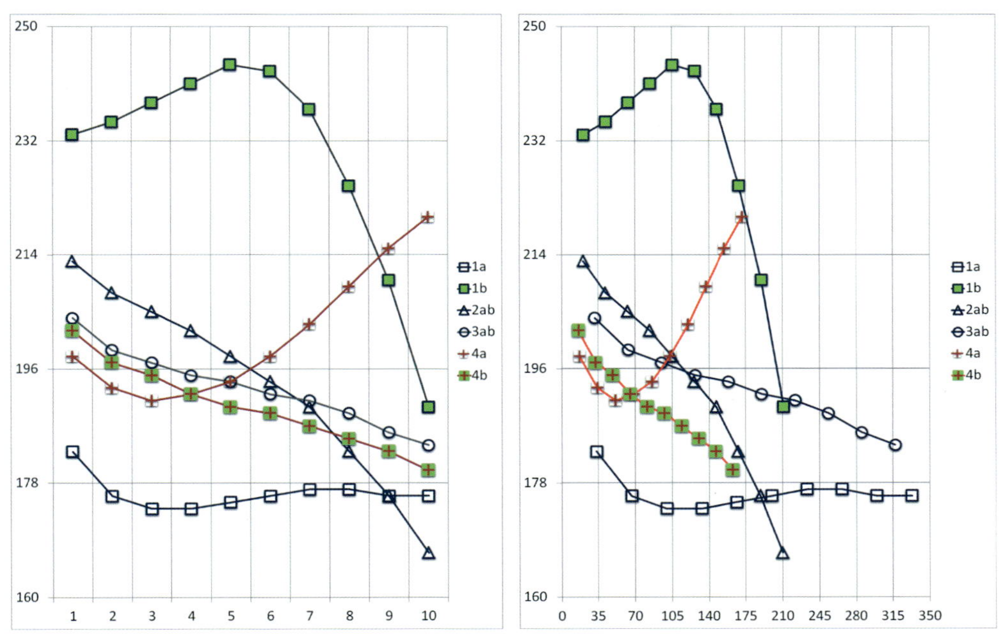

图 13－15a 单字调等长、实长音高模式－始兴太平－YF1

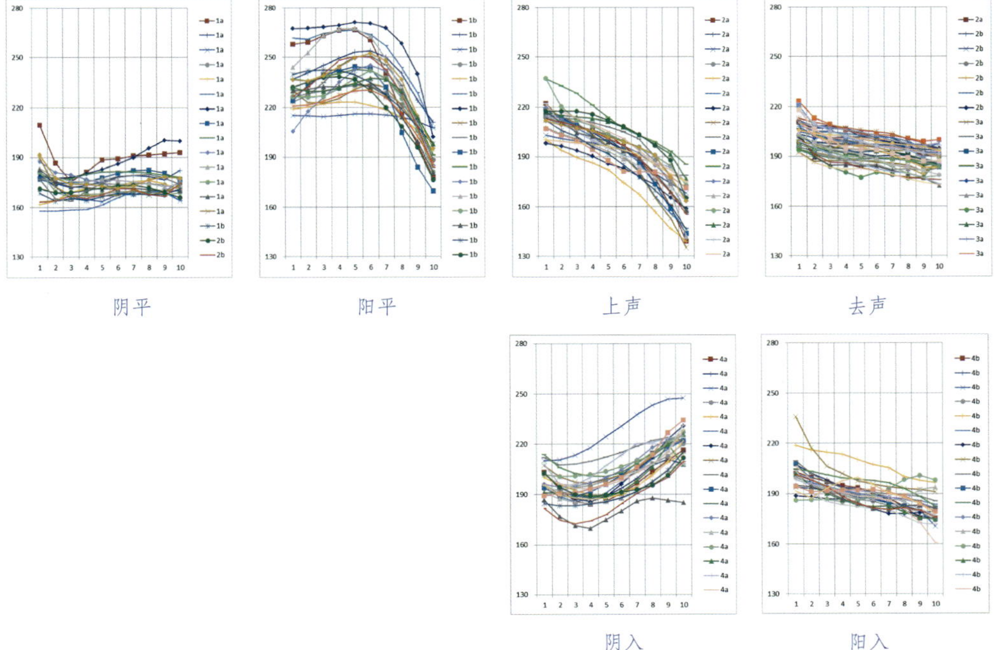

图 13－15b 今声调调域分布范围－始兴太平－YF1

青女 1 的声调有 6 个（见图 13－15a）：

阴平 22、阳平 452、上声 31、去声 32、阴入 24、阳入 32。

今调域的分布情况（见图 13－15b）：

阴平主要在 22 的范围；阳平在 442～553 之间；上声在 31～43 之间；去声主要在 32 的范围；阴入主要在 23～34 之间；阳入主要在 32 的范围。

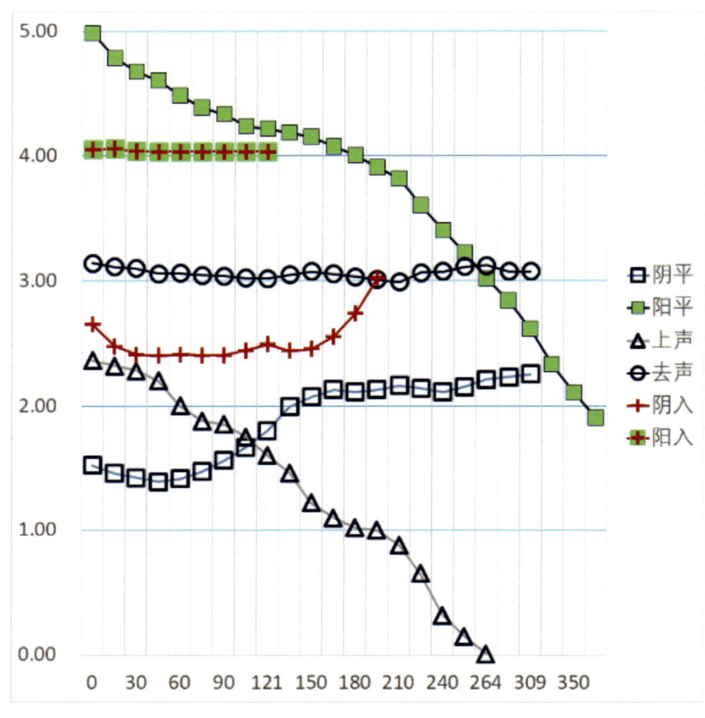

图 13－15c　单字调实长音高模式－始兴太平－YF2

青女 2 的声调有 6 个（见图 13－15c）：

阴平 23、阳平 53、上声 31、去声 33、阴入 334、阳入 55。

始兴县客家方言共有六个调类，我们可以参照这两位发音人的声学数据，来确定始兴客家方言的阴平、阳平、上声、去声、阴入和阳入这六个调类的调值，同时可以比较粤北其他点的客家方言的声调的记录，具体见表 13－6。

表 13－6　始兴客家方言与粤北客家方言部分方言点调值对照

方言点	阴平	阳平	上声	去声	阴入	阳入
始兴	23	52	21	33	3	4
翁城	22	214	41	45	31	45
庙墩	11	21	31	35	32	35
周陂	22	31	41	45	32	45
仙南	21	41	31	44	42	5

表 13－6 所反映的粤北地区的客家方言，调类调值还是有许多类似之处。

3. 乐昌廊田

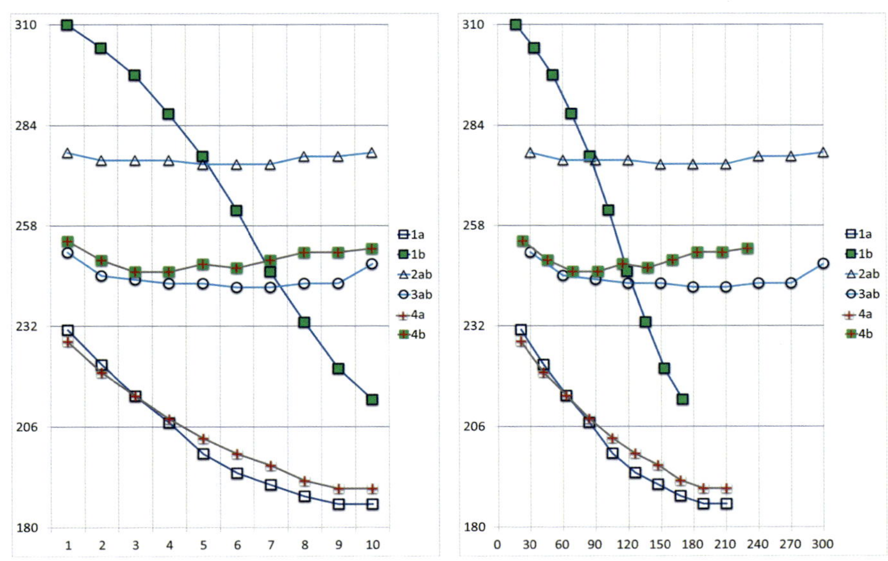

图 13－16a　单字调等长、实长音高模式－乐昌廊田－YF

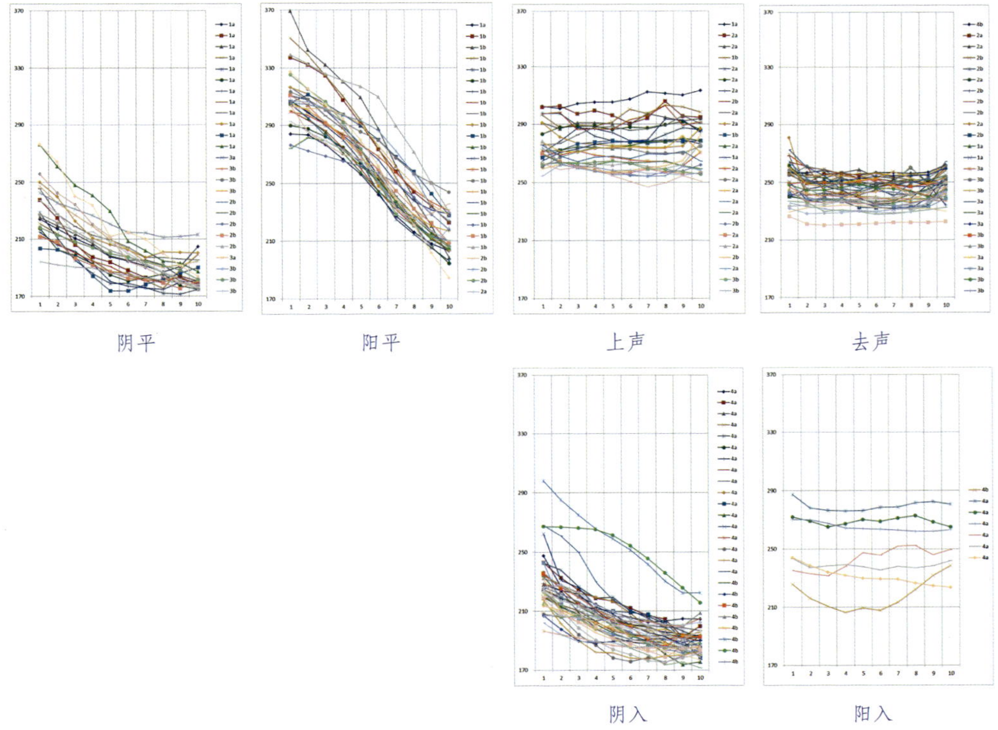

图 13－16b　今声调调域分布范围－乐昌廊田－YF

青女的声调有 6 个（见图 13－16a）：

阴平 21、阳平 52、上声 44、去声 33、阴入 21、阳入 33。

今调域的分布情况（见图 13－16b）：

阴平主要在 21 的范围；阳平在 32～52 之间；上声在 33～44 之间；去声在 22～33 之间；阴入主要在 21～32 之间；阳入主要在 22～33 之间。

13.4 粤西片

1. 阳春双滘

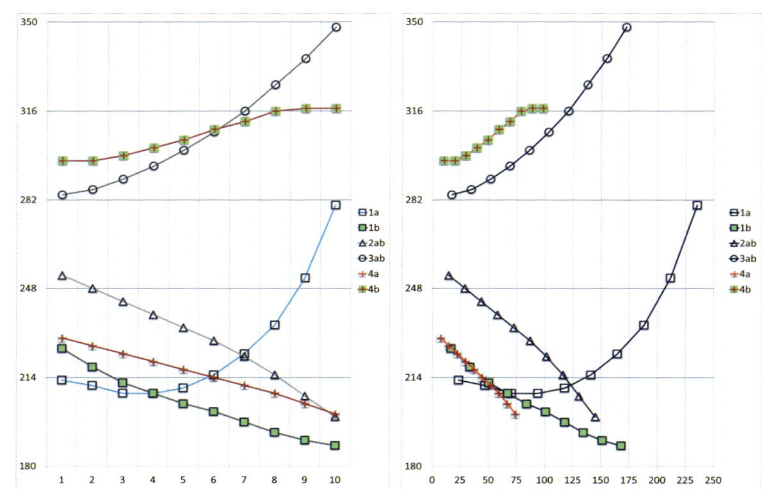

图 13－17a　单字调等长、实长音高模式－阳春双滘－YF

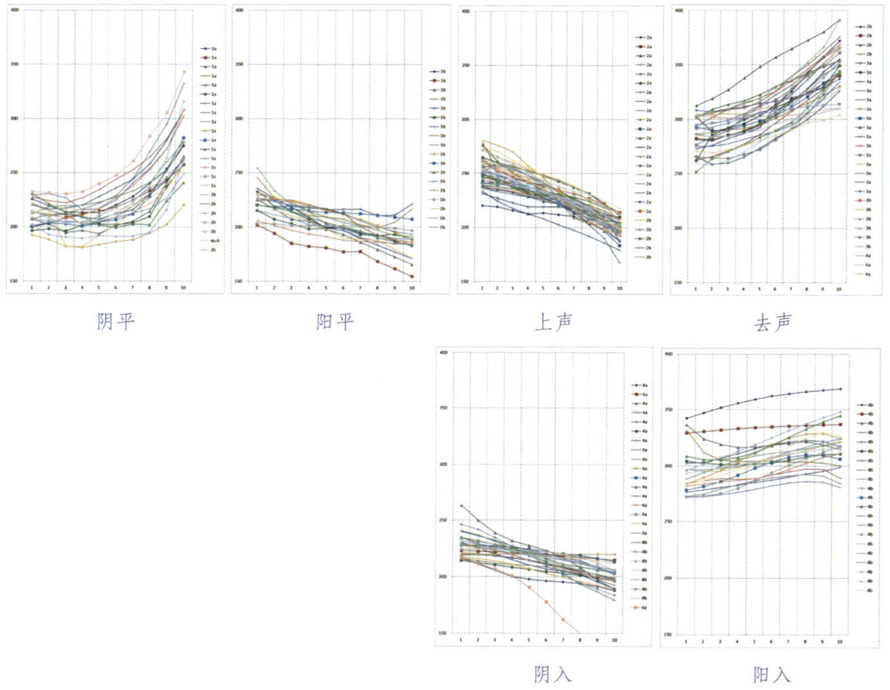

图 13－17b　今声调调域分布范围－阳春双滘－YF

青女的声调有 6 个（见图 13－17a）：

阴平 113、阳平 21、上声 31、去声 45、阴入 <u>21</u>、阳入 <u>45</u>。

今调域的分布情况（见图 13－17b）：

阴平主要在 112～223 之间；阳平主要在 21 的范围；上声主要在 21～32 之间；去声在 34～45 之间；阴入主要在 <u>21</u>～<u>32</u> 之间；阳入主要在 <u>34</u>～<u>45</u> 之间。

2. 阳春合水

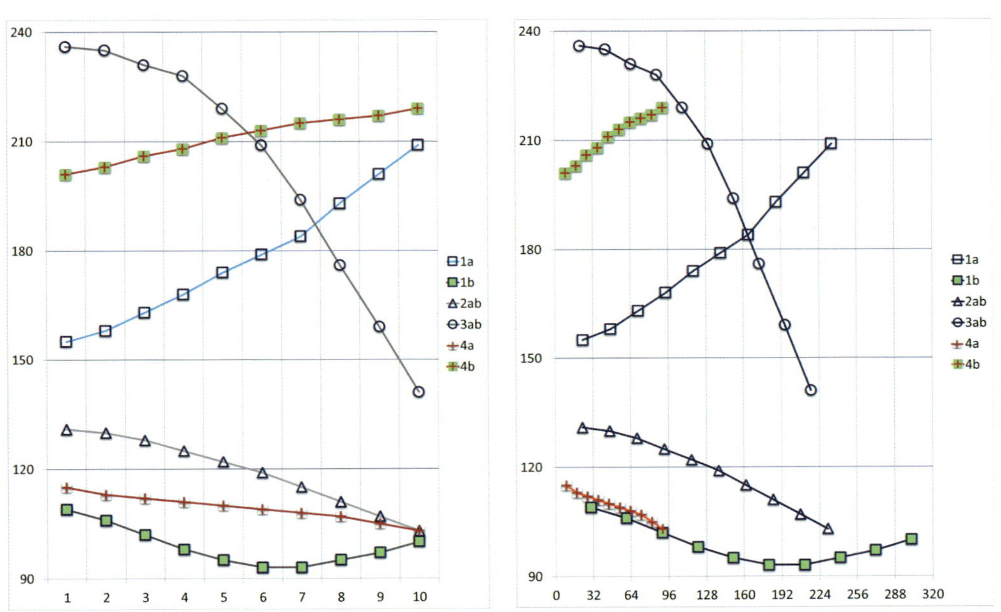

图 13－18a　单字调等长、实长音高模式－阳春合水－YM

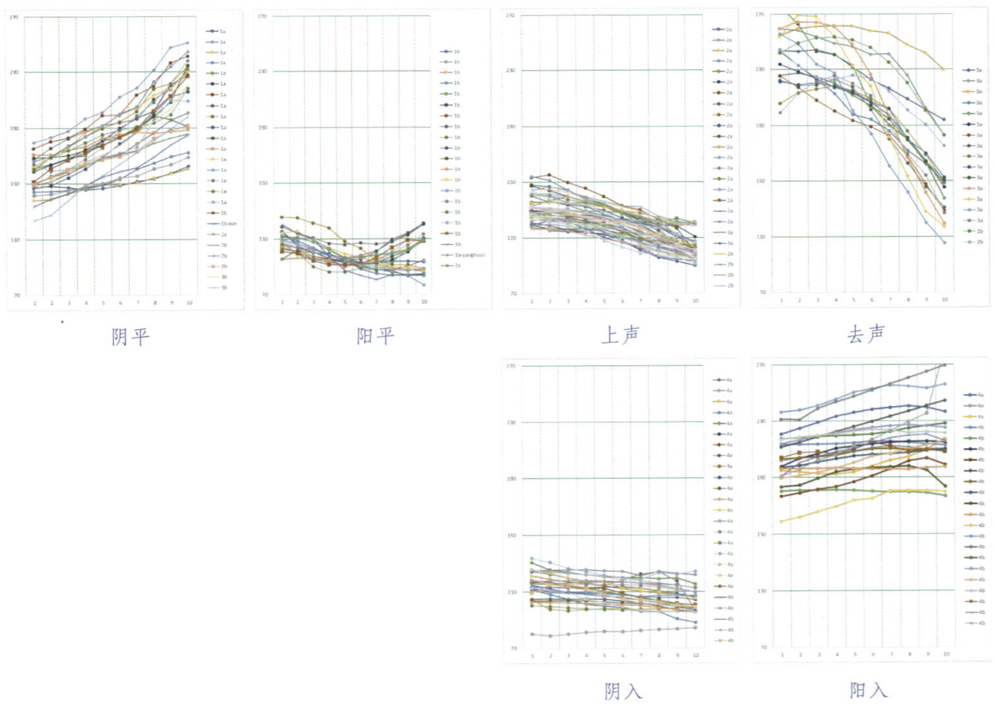

图 13－18b　今声调调域分布范围－阳春合水－YM

青男的声调有 6 个（见图 13－18a）：

阴平 34、阳平 11、上声 21、去声 52、阴入 21、阳入 45。

今调域的分布情况（见图 13－18b）：

阴平在 23～35 之间；阳平主要在 11～212 之间；上声主要在 21 的范围；去声在 42～54 之间；阴入主要在 11～22 之间；阳入主要在 34～45 之间。

3. 信宜钱排

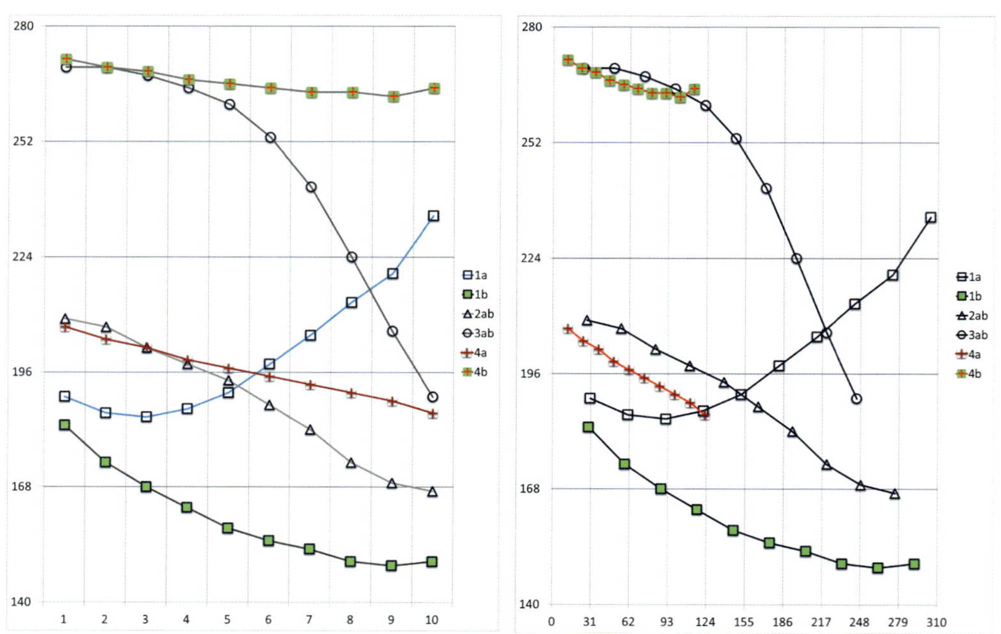

图 13－19a 单字调等长、实长音高模式－信宜钱排－YF

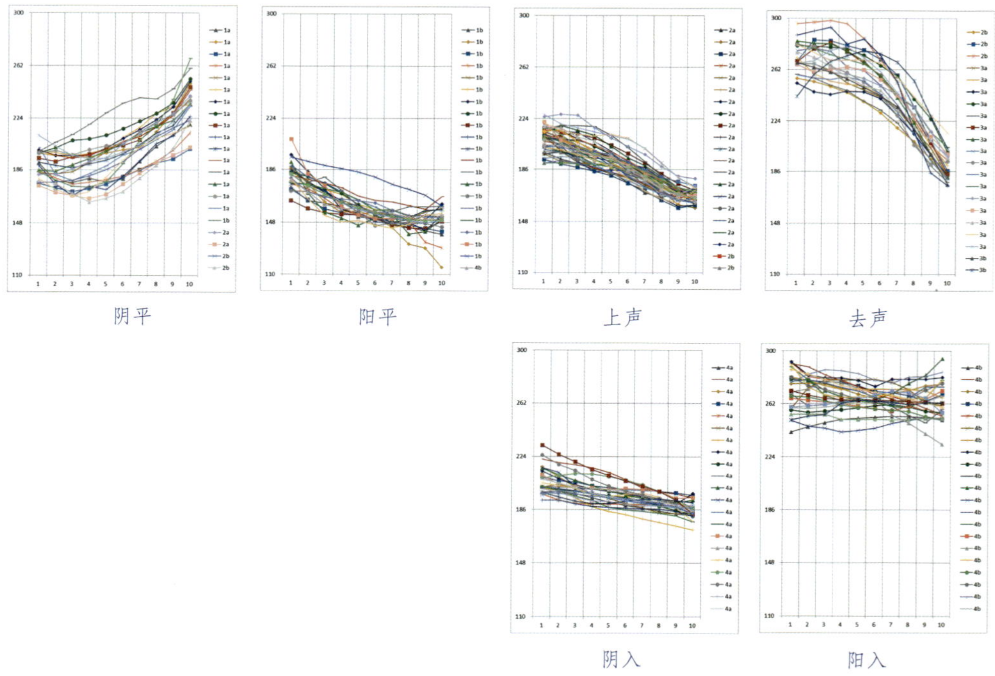

图 13－19b 今声调调域分布范围－信宜钱排－YF

青女的声调有 6 个（见图 13－19a）：

阴平 24、阳平 21、上声 32、去声 52、阴入 32、阳入 54。

今调域的分布情况（见图 13－19b）：

阴平在 23～34 之间；阳平主要在 21 的范围；上声主要在 32 的范围；去声在 42～53 之间；阴入主要在 32 的范围；阳入主要在 44～55 之间。

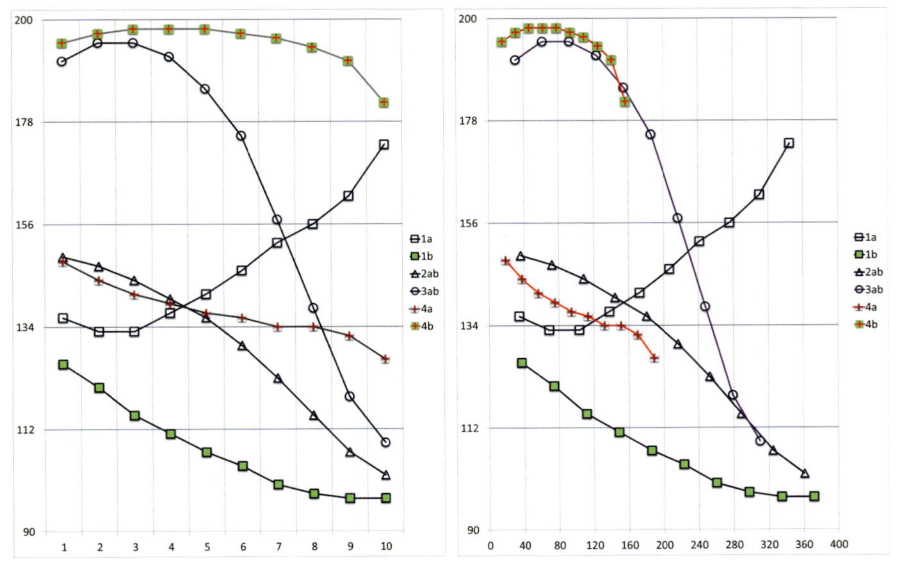

图 13－19c　单字调等长、实长音高模式－信宜钱排－YM

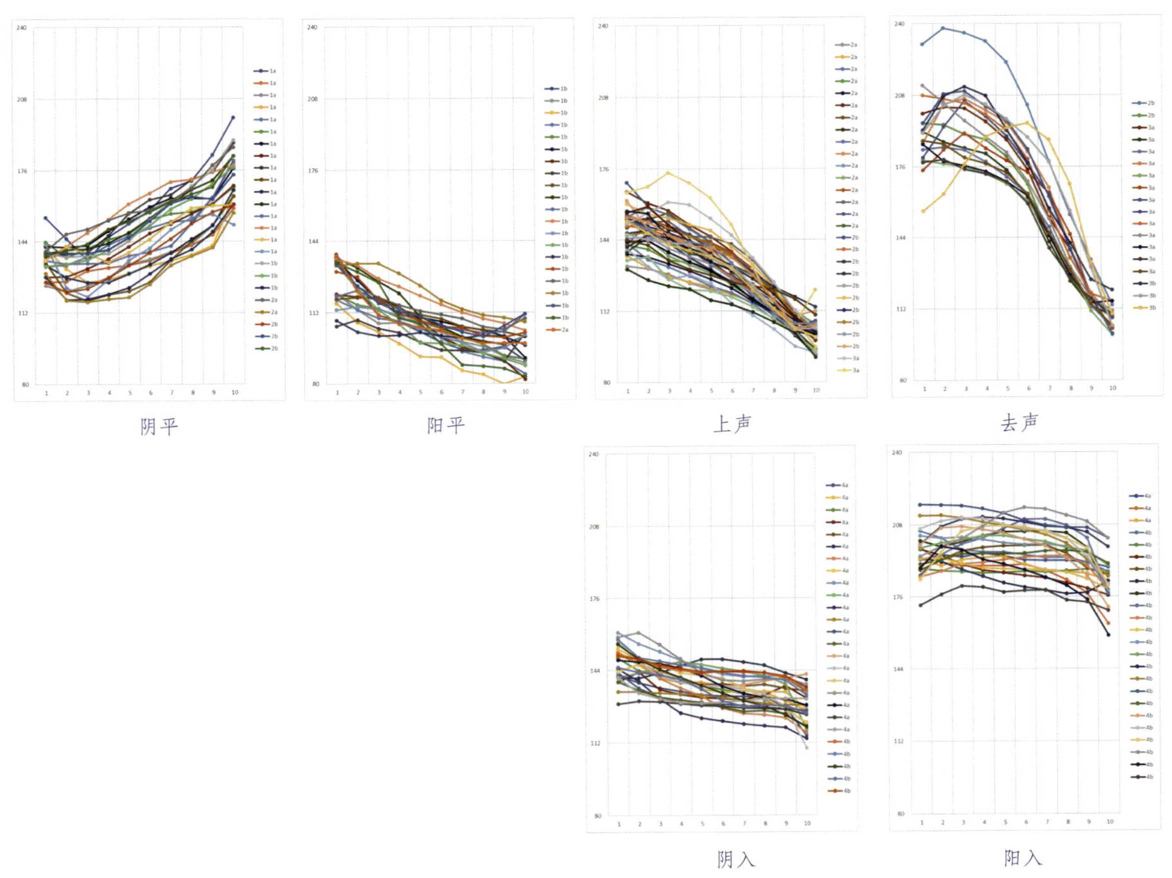

图 13－19d　今声调调域分布范围－信宜钱排－YM

青男的声调有 6 个（见图 13－19c）：

阴平 24、阳平 21、上声 31、去声 52、阴入 32、阳入 54。

今调域的分布情况（见图 13－19d）：

阴平在 23～24 之间；阳平主要在 21 的范围；上声主要在 32 的范围；去声在 31～52 之间；阴入主要在 32 的范围；阳入在 44～55 之间。

4. 信宜新宝

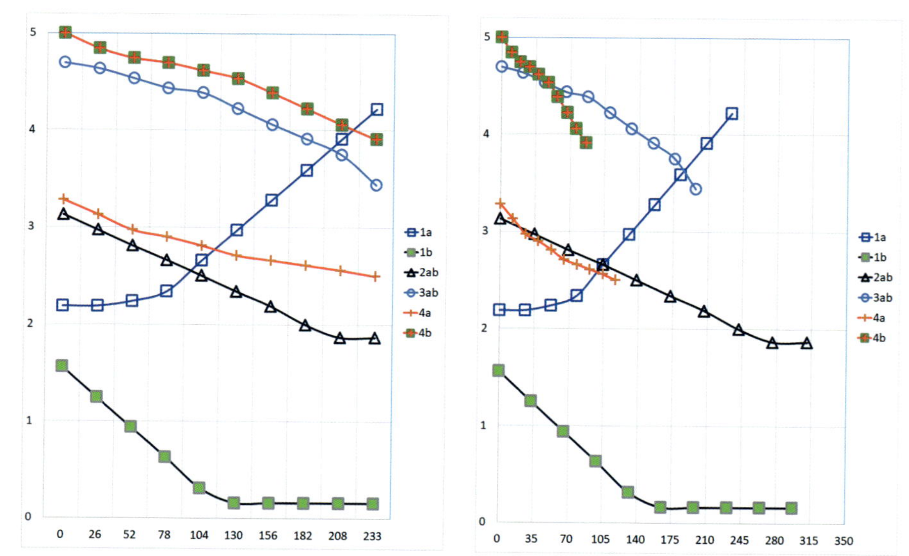

图 13－20a　单字调等长、实长音高模式－信宜新宝－YF

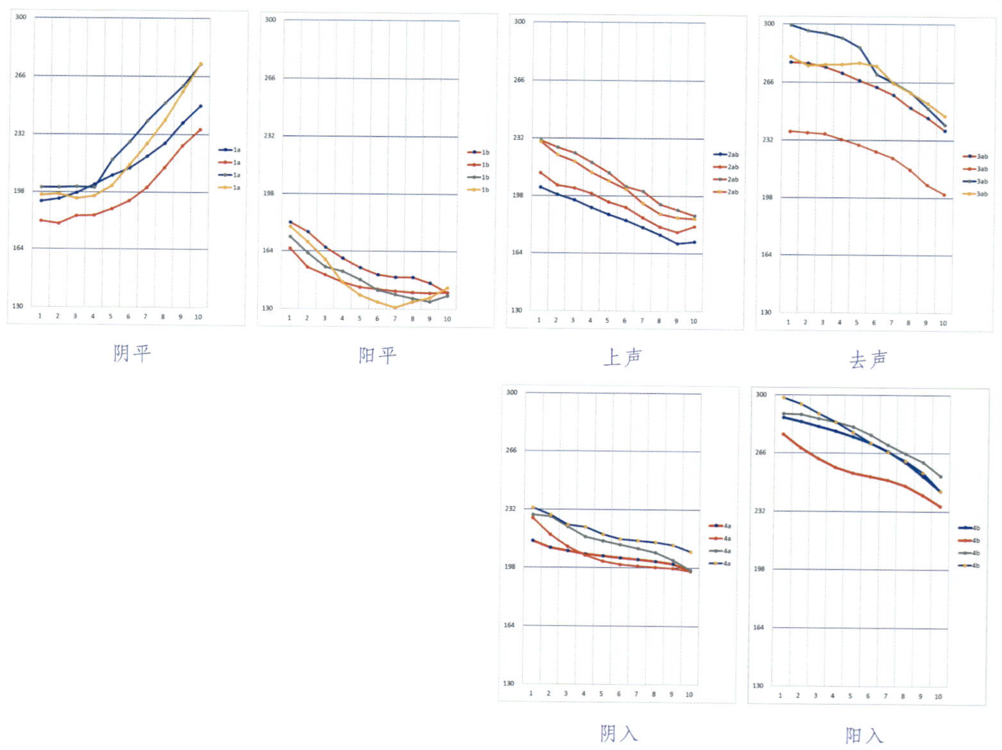

图 13－20b　今声调调域分布范围－信宜新宝－YF

青女的声调有 6 个（见图 13－20a）：

阴平 24、阳平 21、上声 32、去声 54、阴入 43、阳入 54。

今调域的分布情况（见图 13－20b）：

阴平在 23～35 之间；阳平主要在 21 的范围；上声主要在 32 的范围；去声在 32～54 之间；阴入主要在 32～33 之间；阳入主要在 54 的范围。

5. 信宜合水

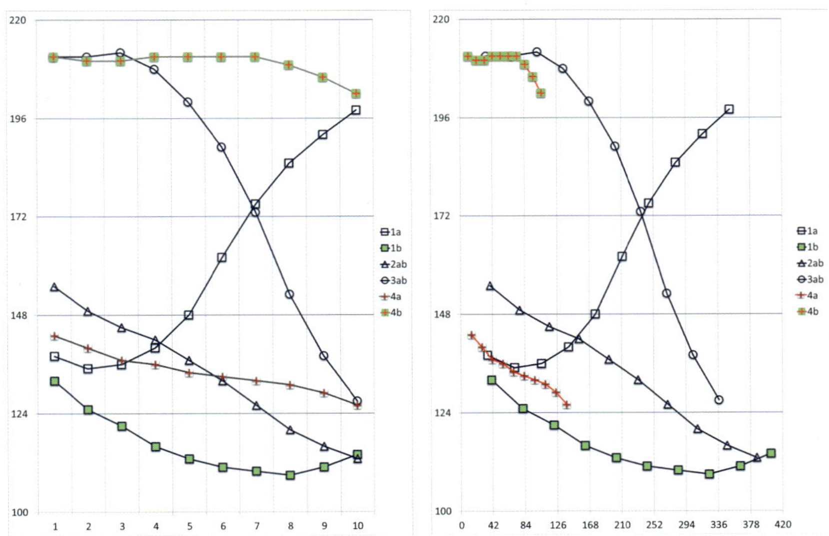

图 13－21a　单字调等长、实长音高模式－信宜合水－YM

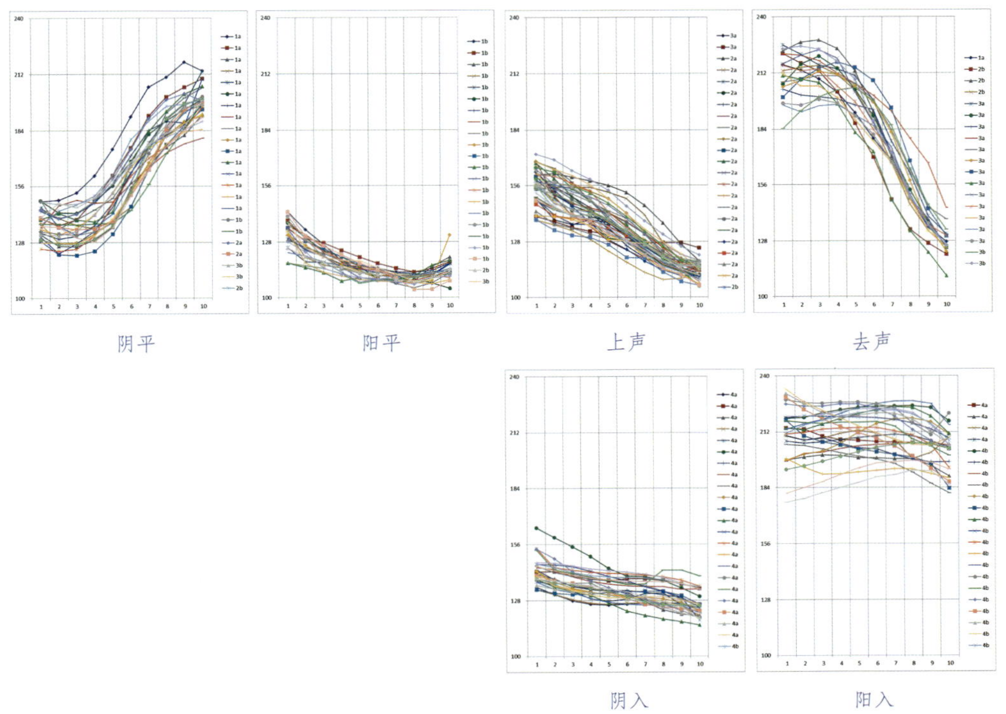

图 13－21b　今声调调域分布范围－信宜合水－YM

青男的声调有 6 个（见图 13－21a）：

阴平 24、阳平 21、上声 31、去声 52、阴入 32、阳入 54。

今调域的分布情况（见图 13－21b）：

阴平在 13～24 之间；阳平主要在 11～21 之间；上声主要在 21～31 之间；去声在 41～52 之间；阴入主要在 21～32 之间；阳入主要在 44～55 之间。

信宜钱排、新宝、合水都在信宜市的东部，单字调基本一致，可以记录为：阴平 24、阳平 21、上声 31、去声 52、阴入 32、阳入 54。

13.5 汀州片

1. 连城莲峰

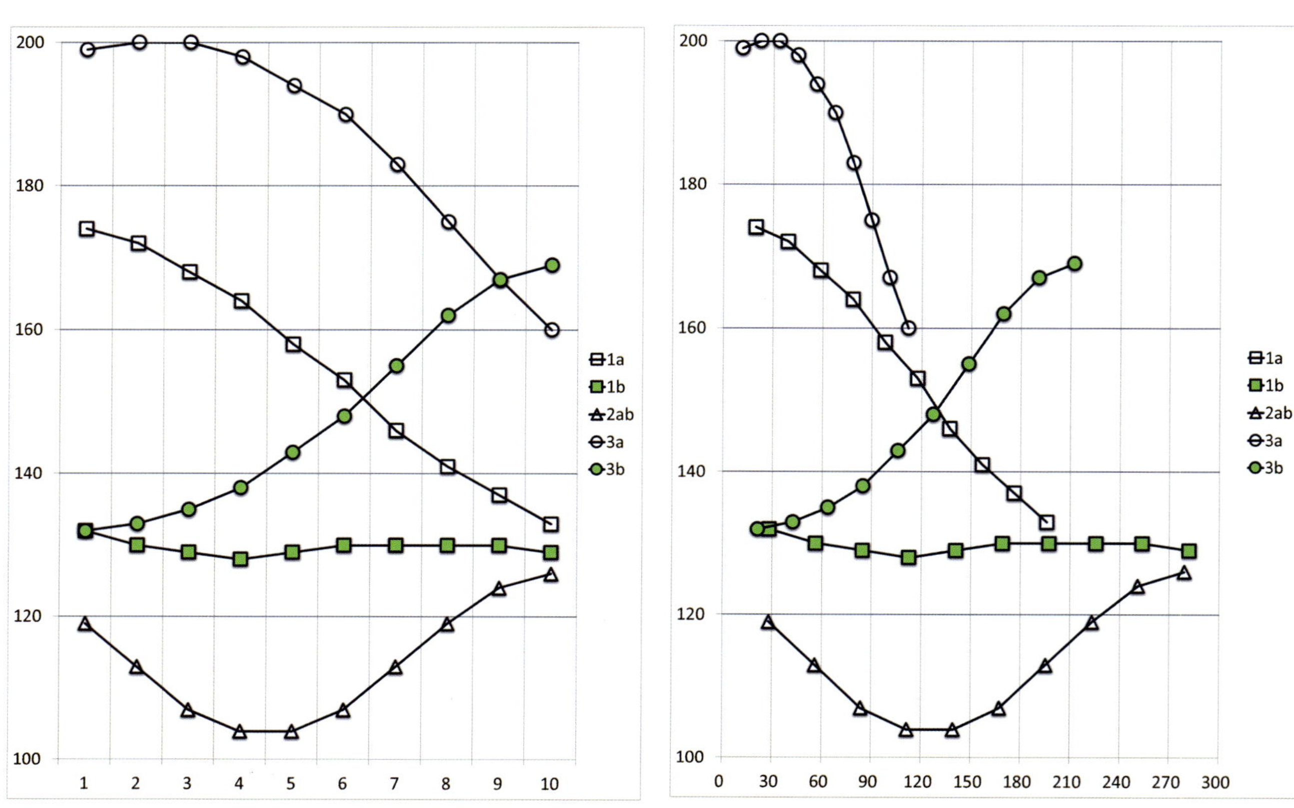

图 13 – 22a 单字调等长、实长音高模式 – 连城莲峰 – OM

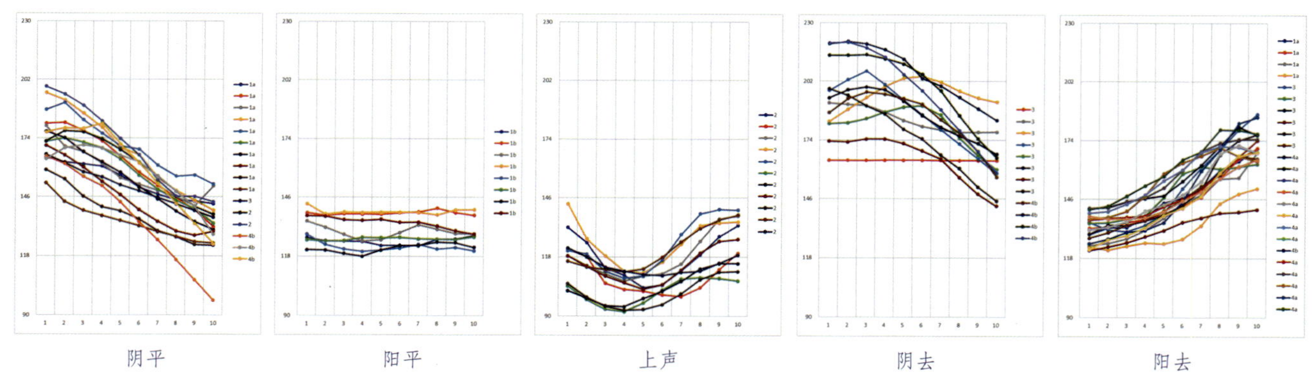

图 13 – 22b 今声调调域分布范围 – 连城莲峰 – OM

老男的声调有 5 个（见图 13 – 22a）：

阴平 42、阳平 22、上声 212、阴去 53、阳去 24。

今调域的分布情况（见图 13 – 22b）：

阴平在 31 ~ 42 之间；阳平主要在 22 的范围；上声在 212 ~ 323 之间；阴去在 42 ~ 54 之间；阳去主要在 23 ~ 24 之间。

2. 永定城关

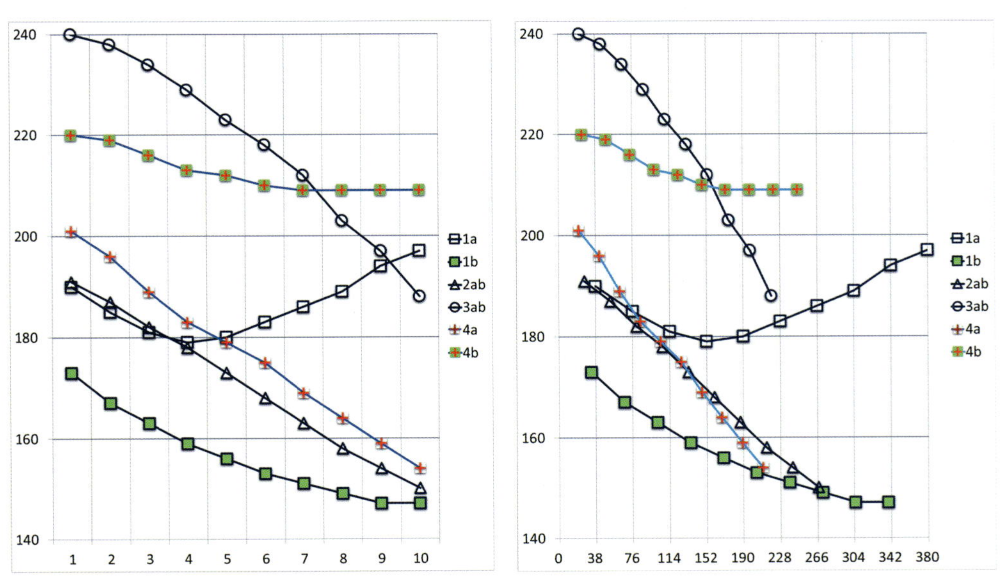

图 13－23a 单字调等长、实长音高模式－永定城关－OM

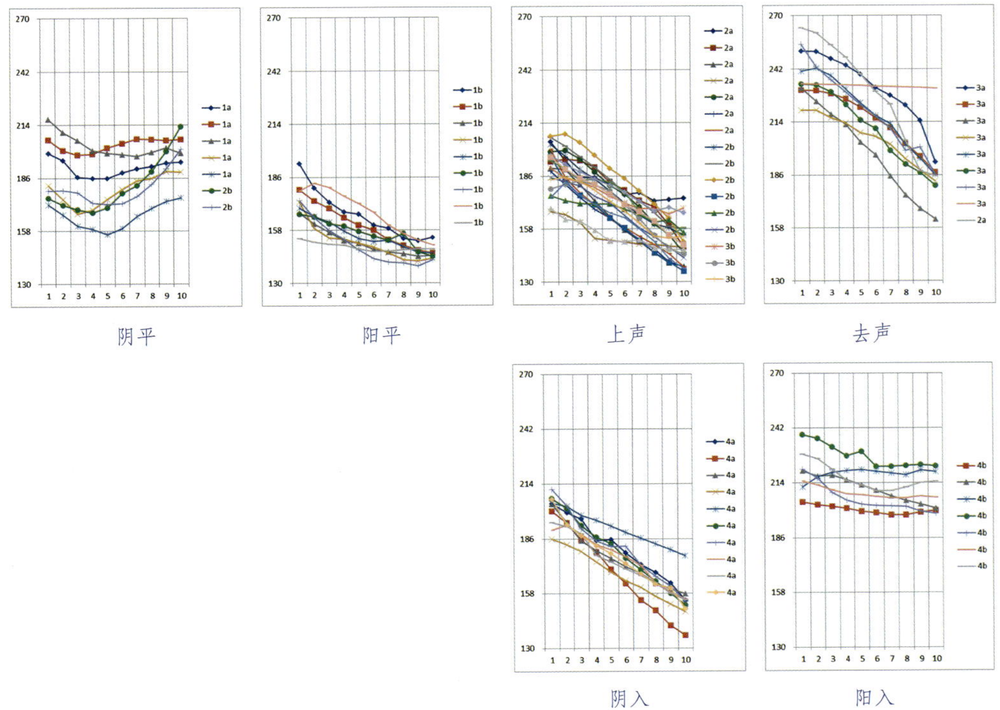

图 13－23b 今声调调域分布范围－永定城关－OM

老男的声调有 6 个（见图 13－23a）：

阴平 323、阳平 21、上声 31、去声 53、阴入 <u>31</u>、阳入 <u>54</u>。

今调域的分布情况（见图 13－23b）：

阴平在 212～323 之间；阳平主要在 21 的范围；上声主要在 31 的范围；去声在 42～53 之间；阴入在 <u>21</u>～<u>31</u> 之间；阳入主要在 <u>33</u>～<u>44</u> 之间。

3. 永定河滨路

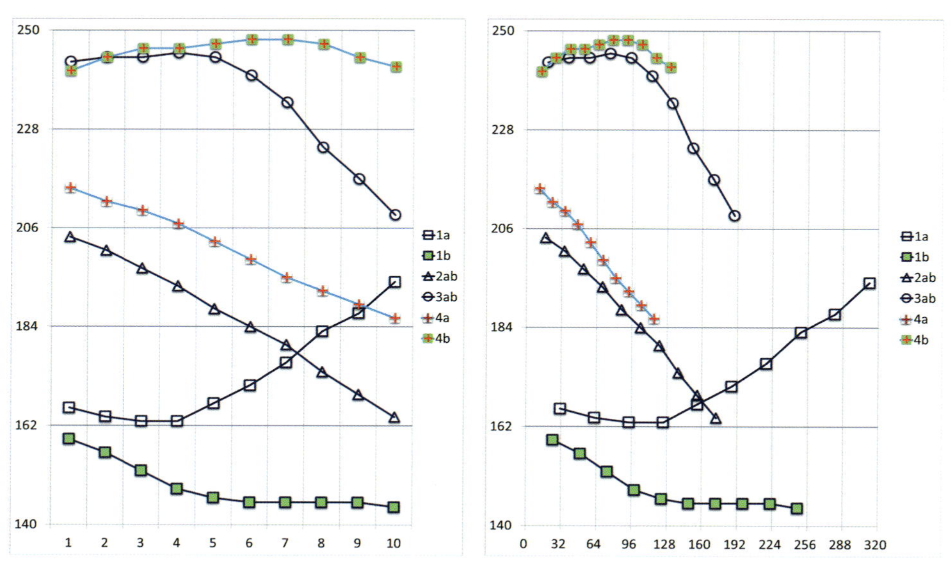

图 13－24a　单字调等长、实长音高模式－永定河滨路－OM

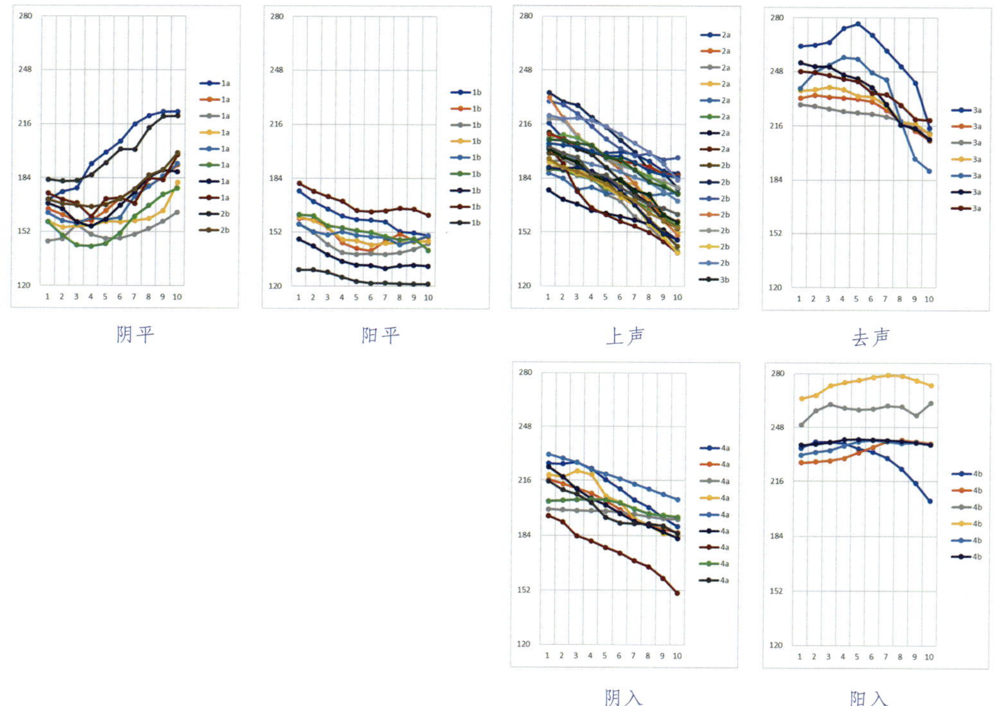

图 13－24b　今声调调域分布范围－永定河滨路－OM

老男的声调有 6 个（见图 13－24a）：

阴平 223、阳平 21、上声 32、去声 54、阴入 <u>43</u>、阳入 <u>55</u>。

今调域的分布情况（见图 13－24b）：

阴平在 212～24 之间；阳平主要在 11～22 之间，略有下降；上声主要在 21～43 之间；去声在 43～54 之间；阴入在 <u>32</u>～<u>43</u> 之间；阳入主要在 <u>44</u>～<u>55</u> 之间。

永定两位发音人都是城关的老男，调类调值基本一致。

13.6 宁龙片

1. 石城琴江

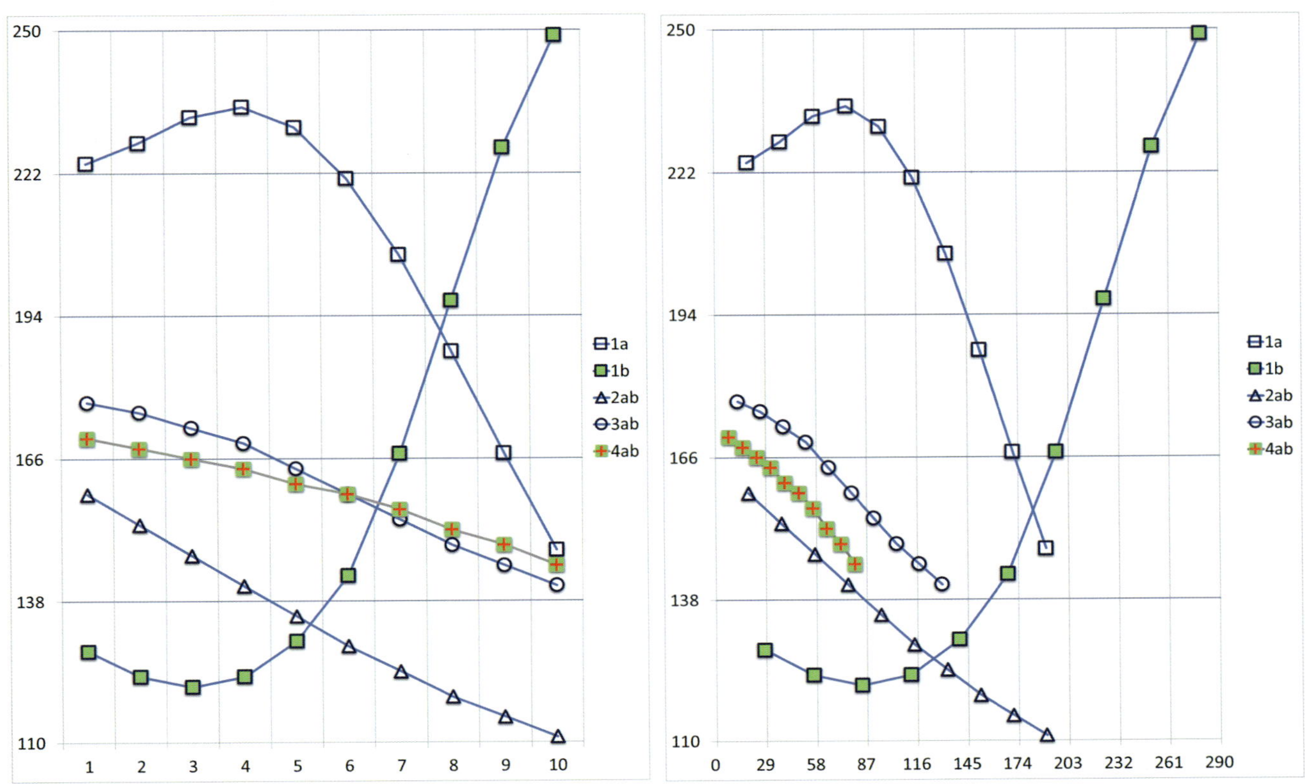

图 13－25a　单字调等长、实长音高模式－石城琴江－OM

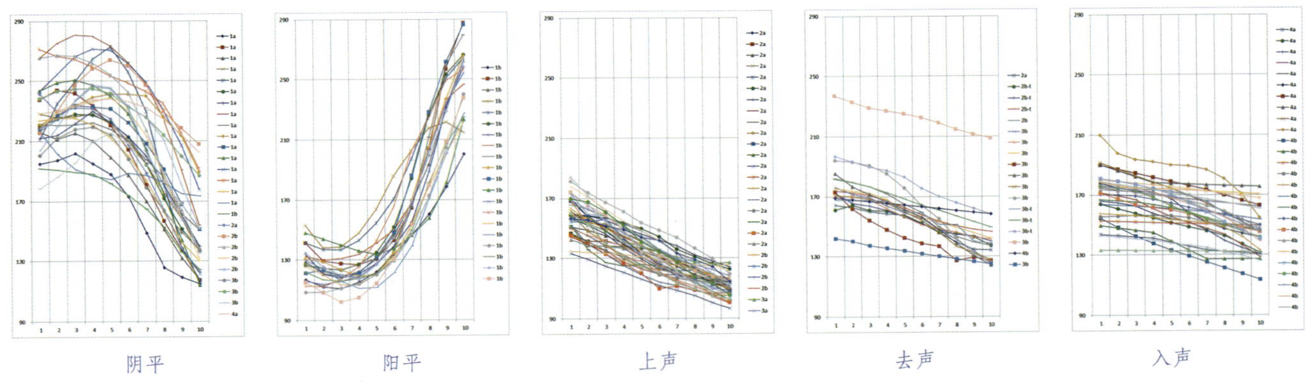

图 13－25b　今声调调域分布范围－石城琴江－OM

老男的声调有 5 个（见图 13－25a）：

阴平 52、阳平 15、上声 21、去声 32、入声 32。

今调域的分布情况（见图 13－25b）：

阴平在 31～53 之间；阳平在 13～25 之间；上声主要在 21 的范围；去声在 21～43 之间；入声主要在 21～32 之间。

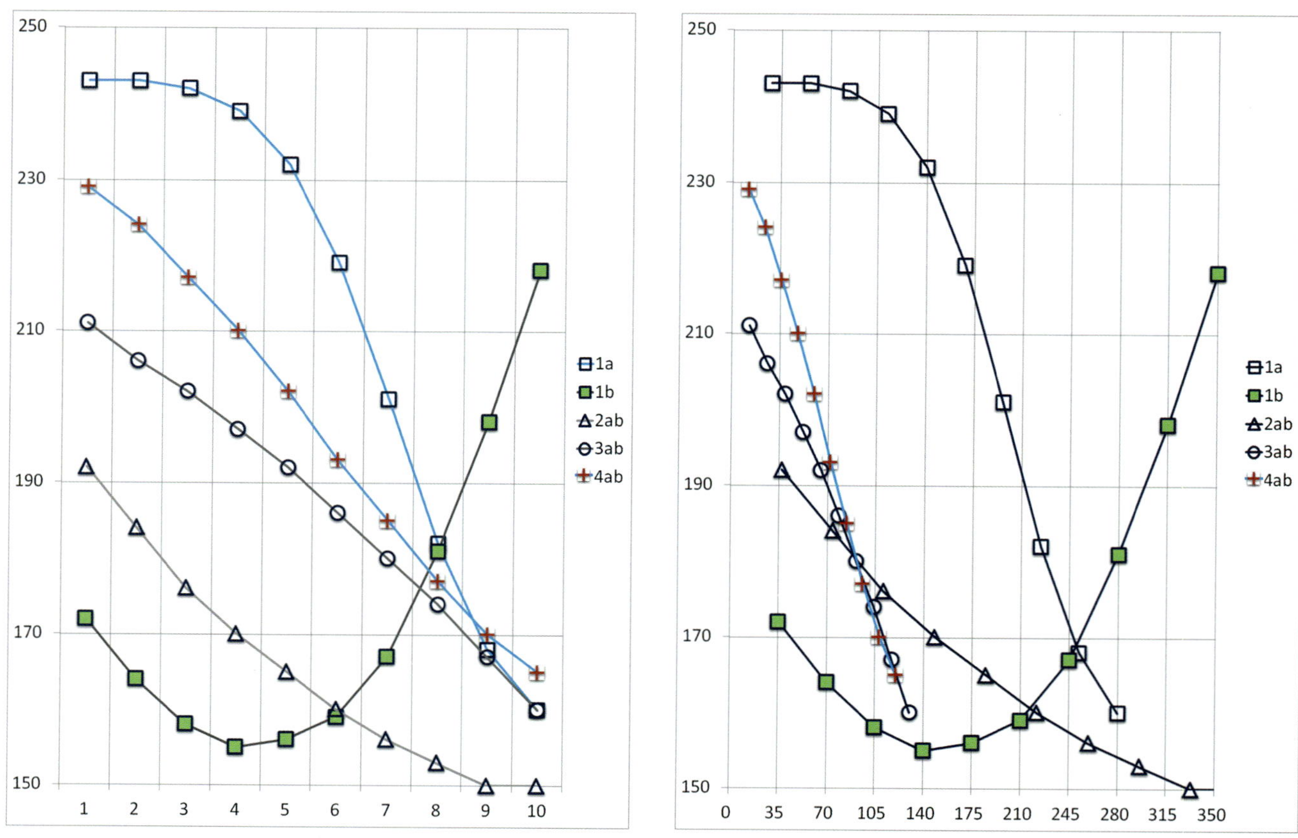

图 13－25c　单字调等长、实长音高模式－石城琴江－YF

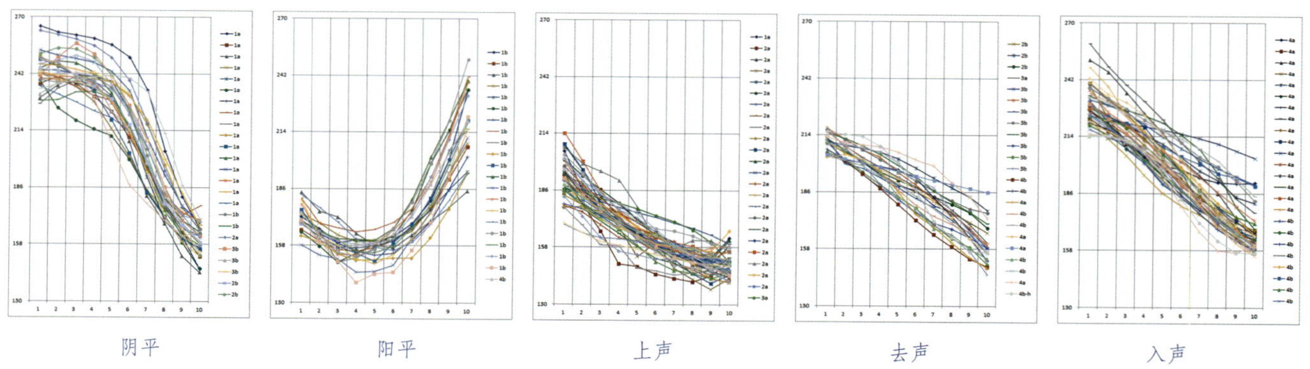

图 13－25d　今声调调域分布范围－石城琴江－YF

青女的声调有 5 个（见图 13－25c）：

阴平 51、阳平 214、上声 31、去声 42、入声 41。

今调域的分布情况（见图 13－25d）：

阴平在 41～52 之间；阳平在 213～324 之间；上声在 21～32 之间；去声在 32～42 之间；入声主要在 42～53 之间。

2. 宁都小湖

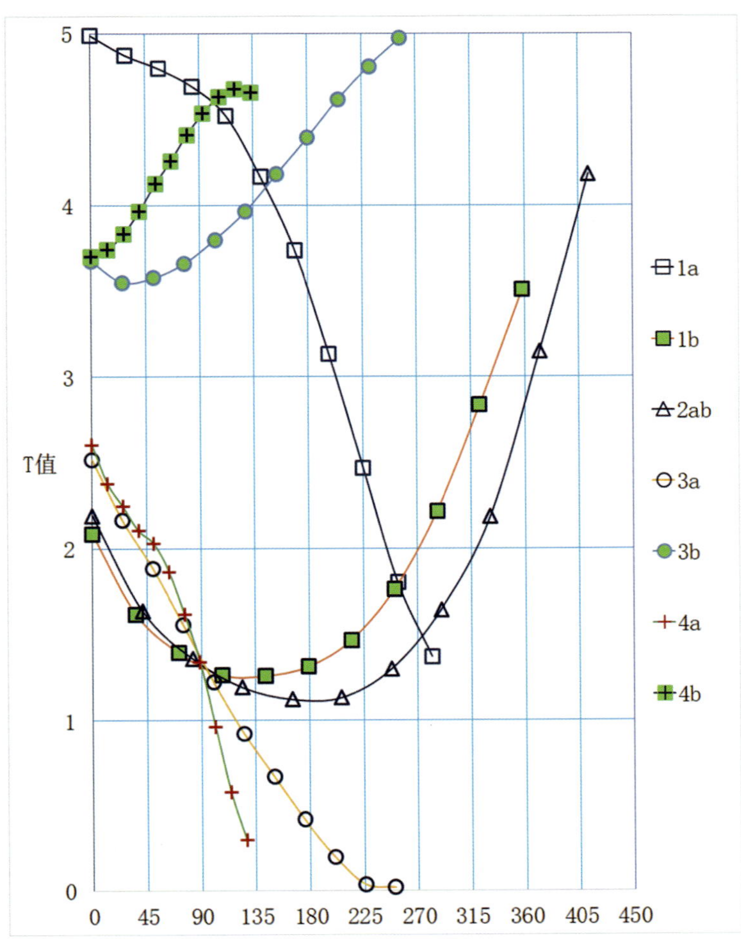

图 13－26 单字调实长音高模式－宁都小湖－YF

青女的声调有 7 个（见图 13－26）：

阴平 52、阳平 324、上声 325、阴去 31、阳去 45、阴入 <u>31</u>、阳入 <u>45</u>。

我们摘录前人已有的描写，简单比较如表 13－7 所示。

表 13－7 宁都已有的声调描写

	阴平	阳平	上声	阴去	阳去	阴入	阳入
李如龙、张双庆（1992）	43	24	213	31	55	2	5
刘纶鑫（1999）	42	13	214	31	44	3	5
谢留文（2008）	42	24	214	22	55	2	5
本书	52	324	325	31	45	<u>31</u>	<u>45</u>

我们基于声学数据得出的宁都小湖方言声调与前人的研究成果基本一致。有所不同的是，前人将阴入记为短促调，我们根据实验数据发现，阴入、阳入都是有升降调型的短促调。

13.7 于信片

1. 于都城区

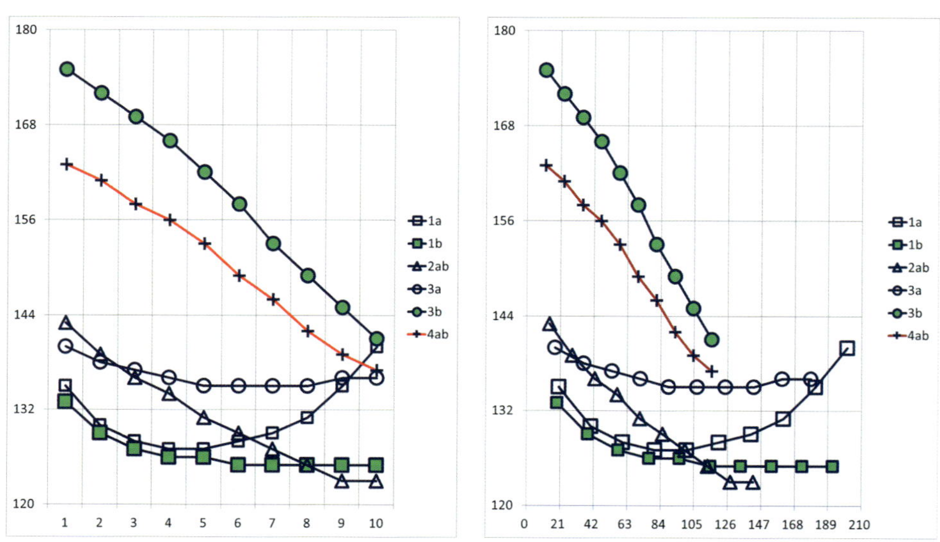

图 13－27a 单字调等长、实长音高模式－于都城区－YM

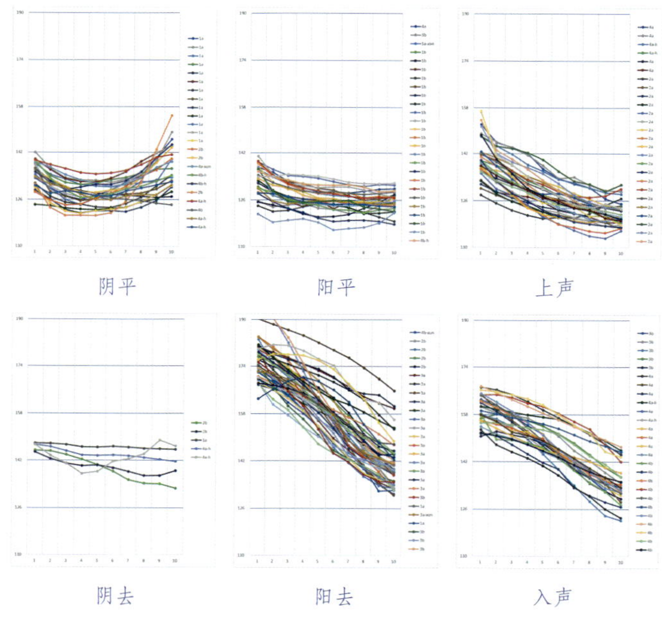

图 13－27b 今声调调域分布范围－于都城区－YM

青男的声调有 6 个（见图 13－27a）：

阴平 213、阳平 211、上声 21、阴去 22、阳去 53、入声 42。

今调域的分布情况（见图 13－27b）：

阴平在 212～213 之间；阳平主要在 11～21 之间；上声在 21～32 之间；阴去在 32～33 之间；阳去在 42～54 之间；入声主要在 31～43 之间。

2. 于都葛坳

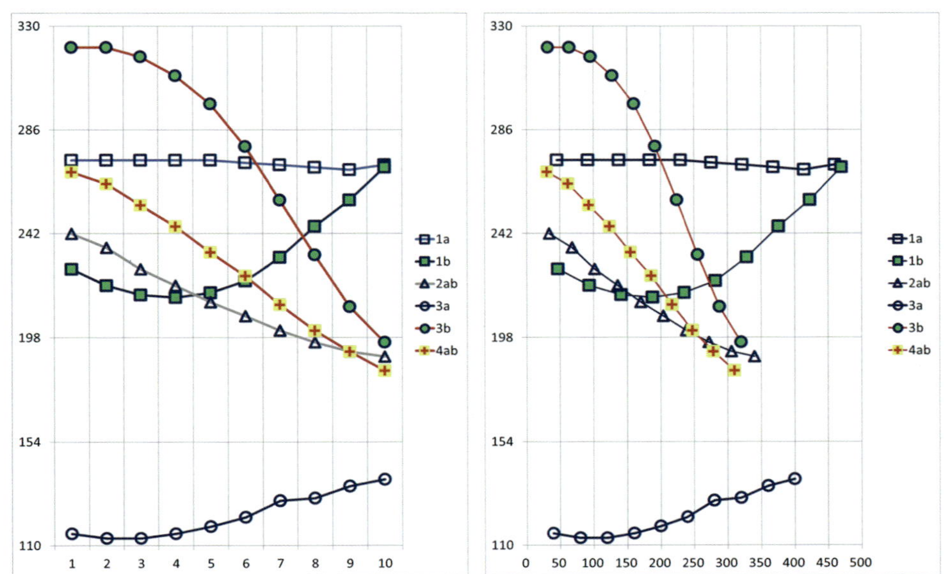

图 13 - 28a　单字调等长、实长音高模式 - 于都葛坳 - YF

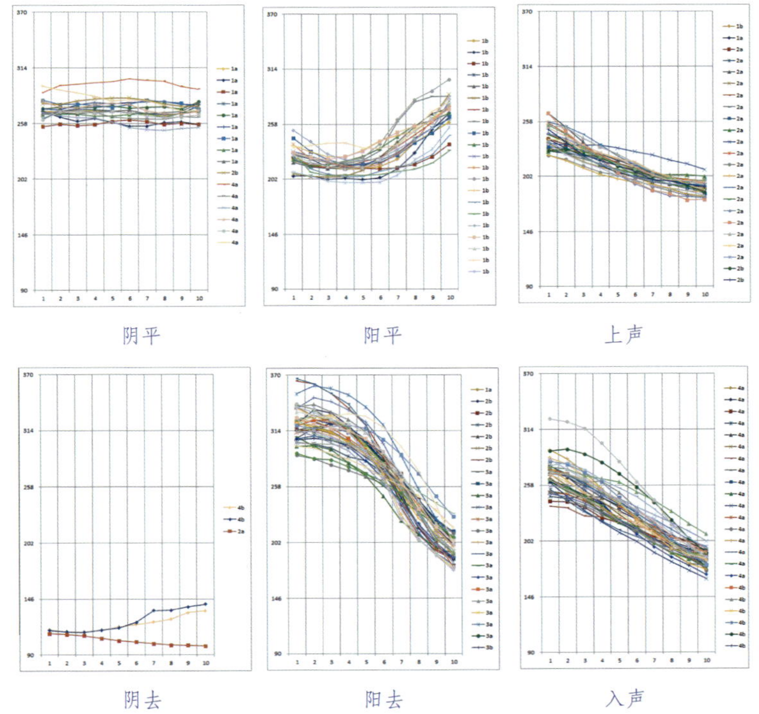

图 13 - 28b　今声调调域分布范围 - 于都葛坳 - YF

青女的声调有 6 个（见图 13 - 28a）：

阴平 44、阳平 334、上声 32、阴去 12、阳去 53、入声 42。

今调域的分布情况（见图 13 - 28b）：

阴平在 33 ~ 44 之间；阳平主要在 223 ~ 334 之间；上声主要在 32 的范围；阴去主要在 11 的范围；阳去在 42 ~ 53 之间；入声主要在 32 ~ 43 之间。

3. 瑞金象湖

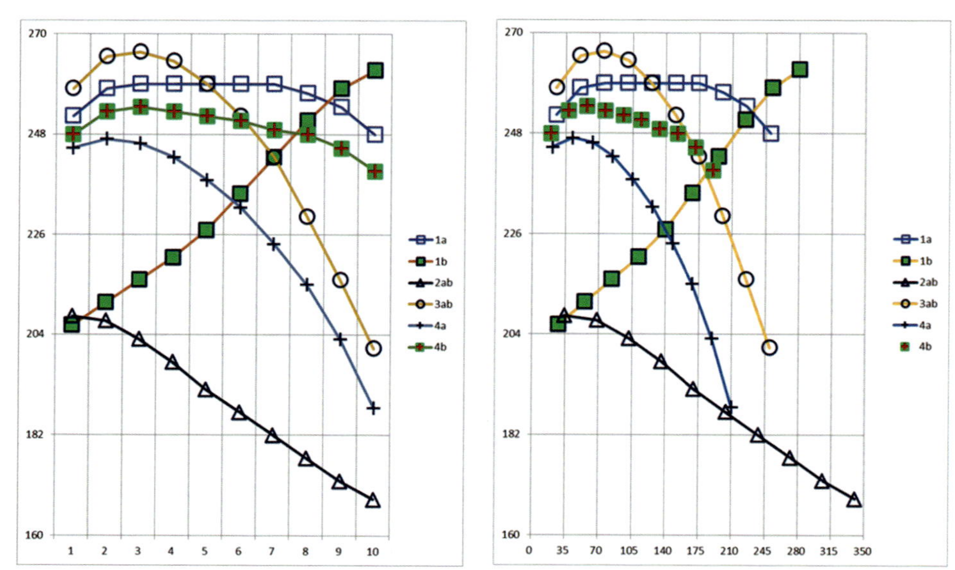

图 13－29a　单字调等长、实长音高模式－瑞金象湖－OM

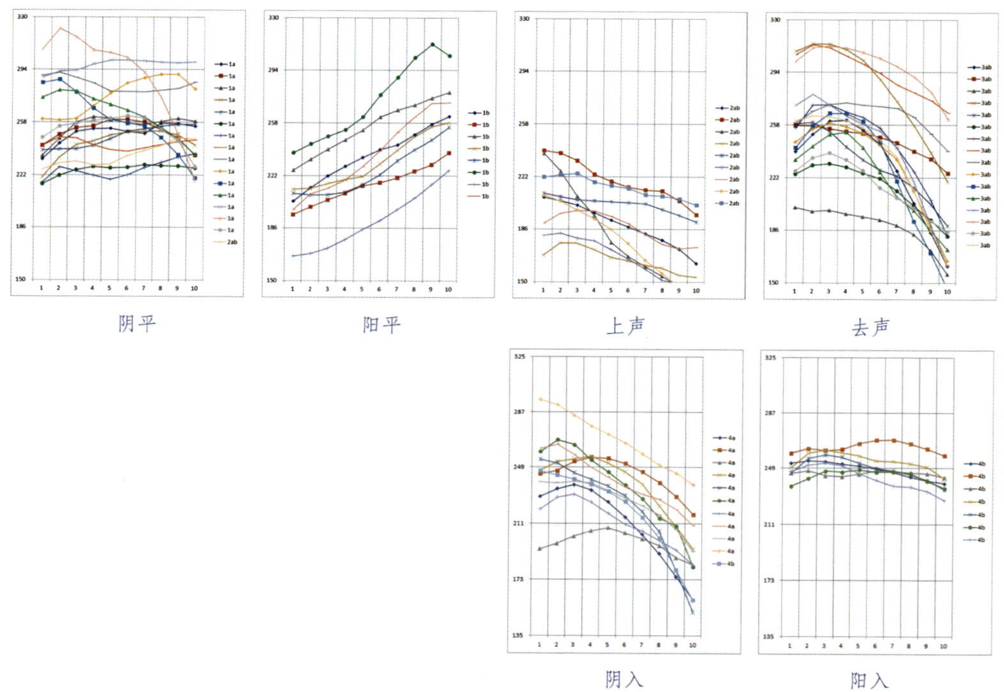

图 13－29b　今声调调域分布范围－瑞金象湖－OM

老男的声调有 6 个（见图 13－29a）：

阴平 55、阳平 35、上声 31、去声 53、阴入 42、阳入 454。

今调域的分布情况（见图 13－29b）：

阴平在 33～55 之间；阳平主要在 12～35 之间；上声在 21～32 之间；去声在 221～54 之间；阴入在 221～43 之间；阳入在 33～44 之间。

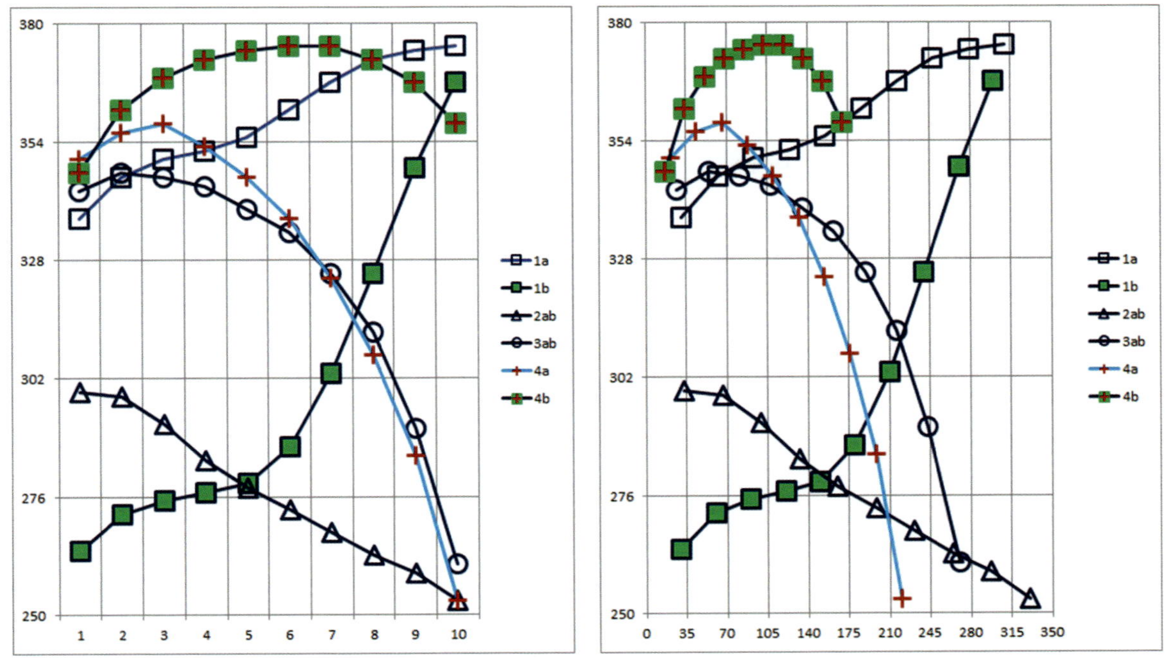

图 13 - 29c 单字调等长、实长音高模式 - 瑞金象湖 - YM

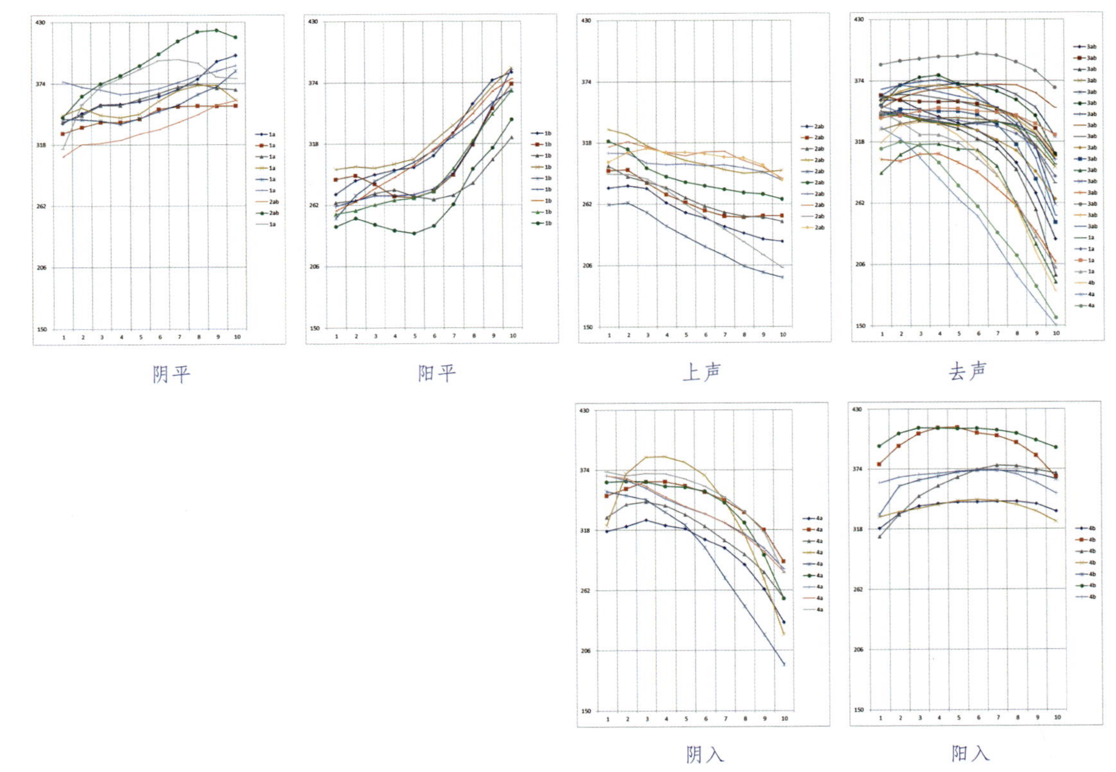

图 13 - 29d 今声调调域分布范围 - 瑞金象湖 - YM

青男的声调有 6 个（见图 13 - 29c）：

阴平 45、阳平 15、上声 21、去声 41、阴入 41、阳入 454。

今调域的分布情况（见图 13 - 29d）：

阴平主要在 45 的范围；阳平主要在 24 ~ 34 之间；上声在 21 ~ 43 之间；去声在 31 ~ 554 之间；阴入在 41 ~ 43 之间；阳入在 44 ~ 55 之间。

13.8 铜桂片

1. 郴州汝城

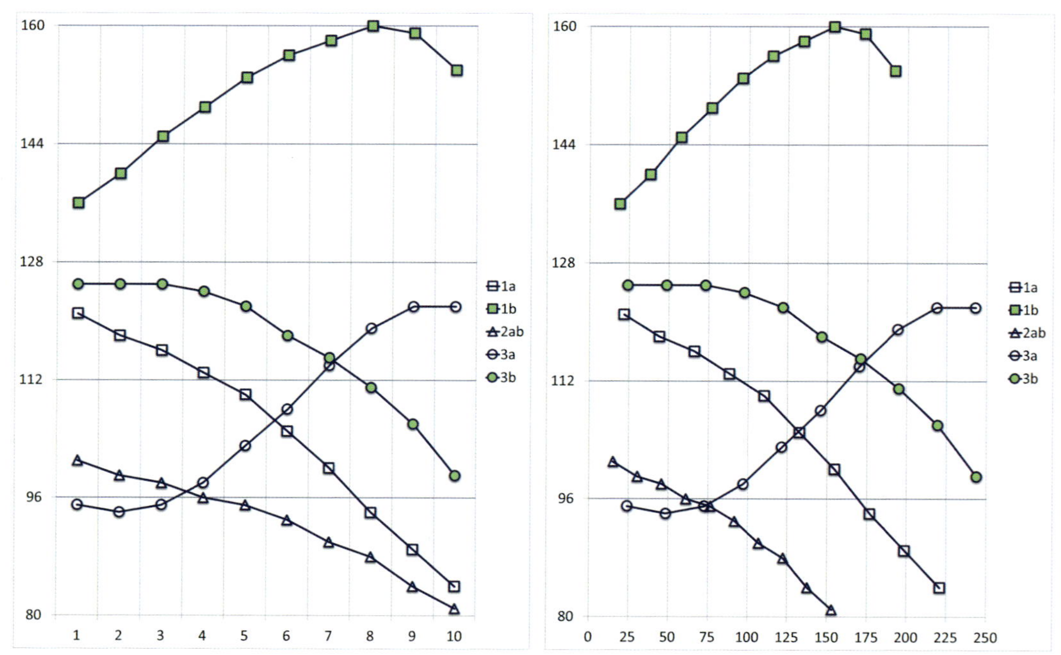

图 13－30a　单字调等长、实长音高模式－郴州汝城－OM

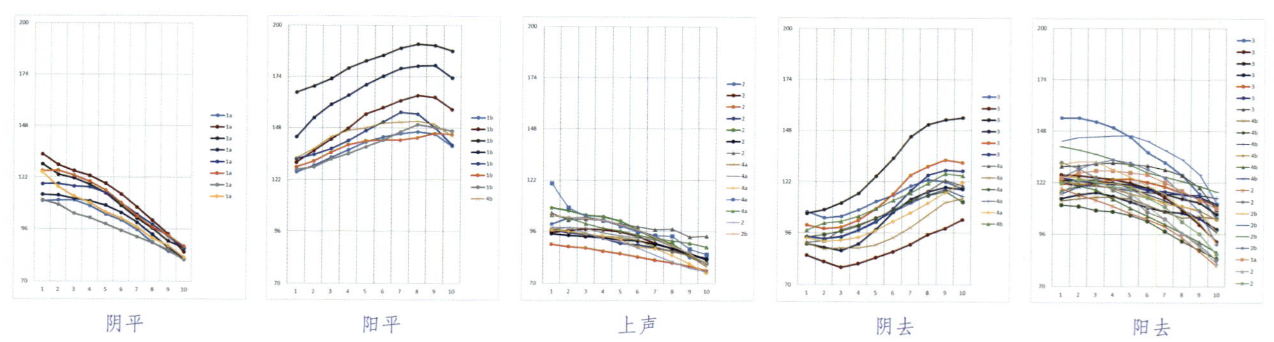

图 13－30b　今声调调域分布范围－郴州汝城－OM

老男的声调有 5 个（见图 13－30a）：

阴平 31；阳平 45；上声 21；阴去 23；阳去 32，入声舒化派入其他调类。

今调域的分布情况（见图 13－30b）：

阴平在 21～31 之间；阳平主要在 34～45 之间；上声主要在 21 的范围；阴去在 12～24 之间；阳去在 21～42 之间。

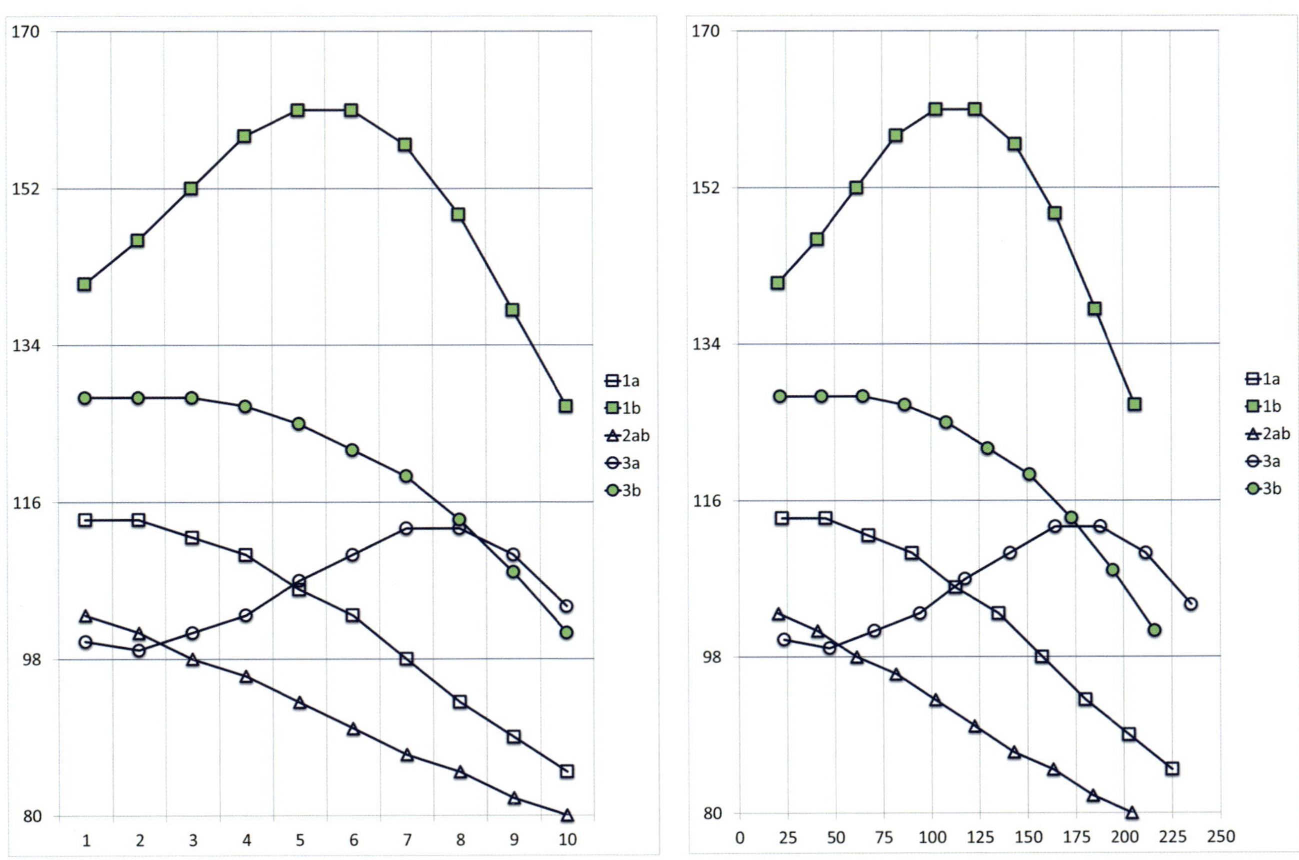

图 13－30c 单字调等长、实长音高模式－郴州汝城－YM

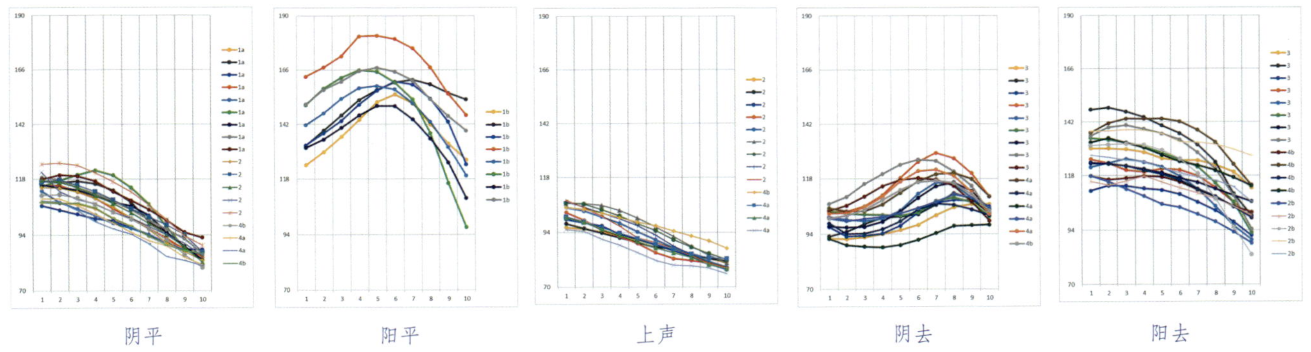

图 13－30d 今声调调域分布范围－郴州汝城－YM

青男的声调有 5 个（见图 13－30c）：

阴平 21；阳平 453；上声 21；阴去 23；阳去 32，入声已经舒化。

今调域的分布情况（见图 13－30d）：

阴平在 21～32 之间；阳平在 342～454 之间；上声主要在 21 的范围；阴去在 12～23 之间；阳去在 32～43 之间。

2. 株洲攸县

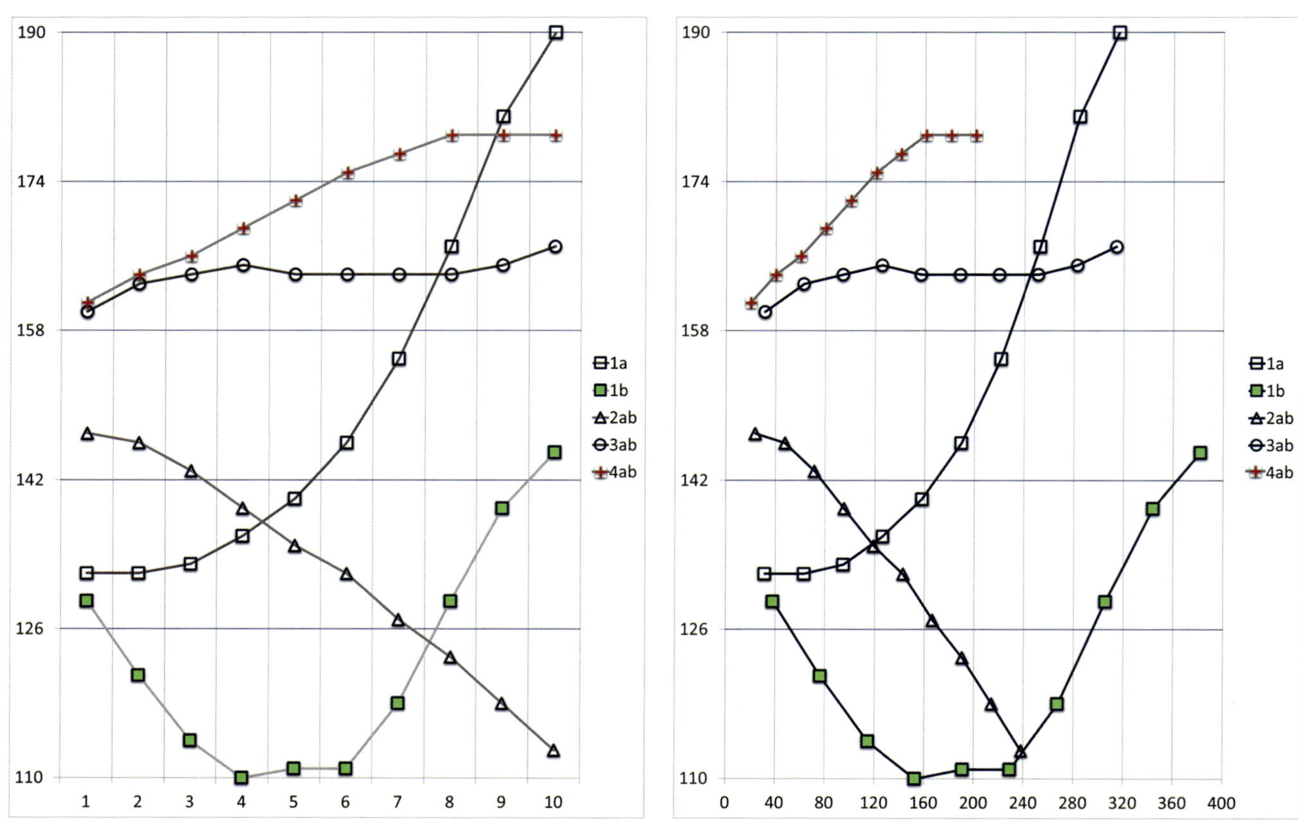

图 13-31a 单字调等长、实长音高模式-株洲攸县-OM

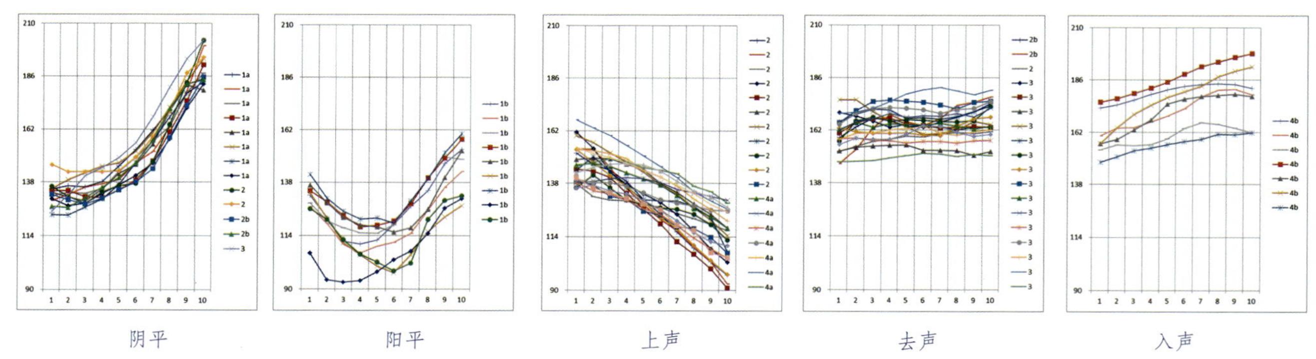

图 13-31b 今声调调域分布范围-株洲攸县-OM

老男的声调有 5 个（见图 13-31a）：

阴平 25、阳平 213、上声 31、去声 44、入声 45。

今调域的分布情况（见图 13-31b）：

阴平在 24～35 之间；阳平主要在 212～324 之间；上声在 21～43 之间；去声在 33～44 之间；入声在 34～45 之间。

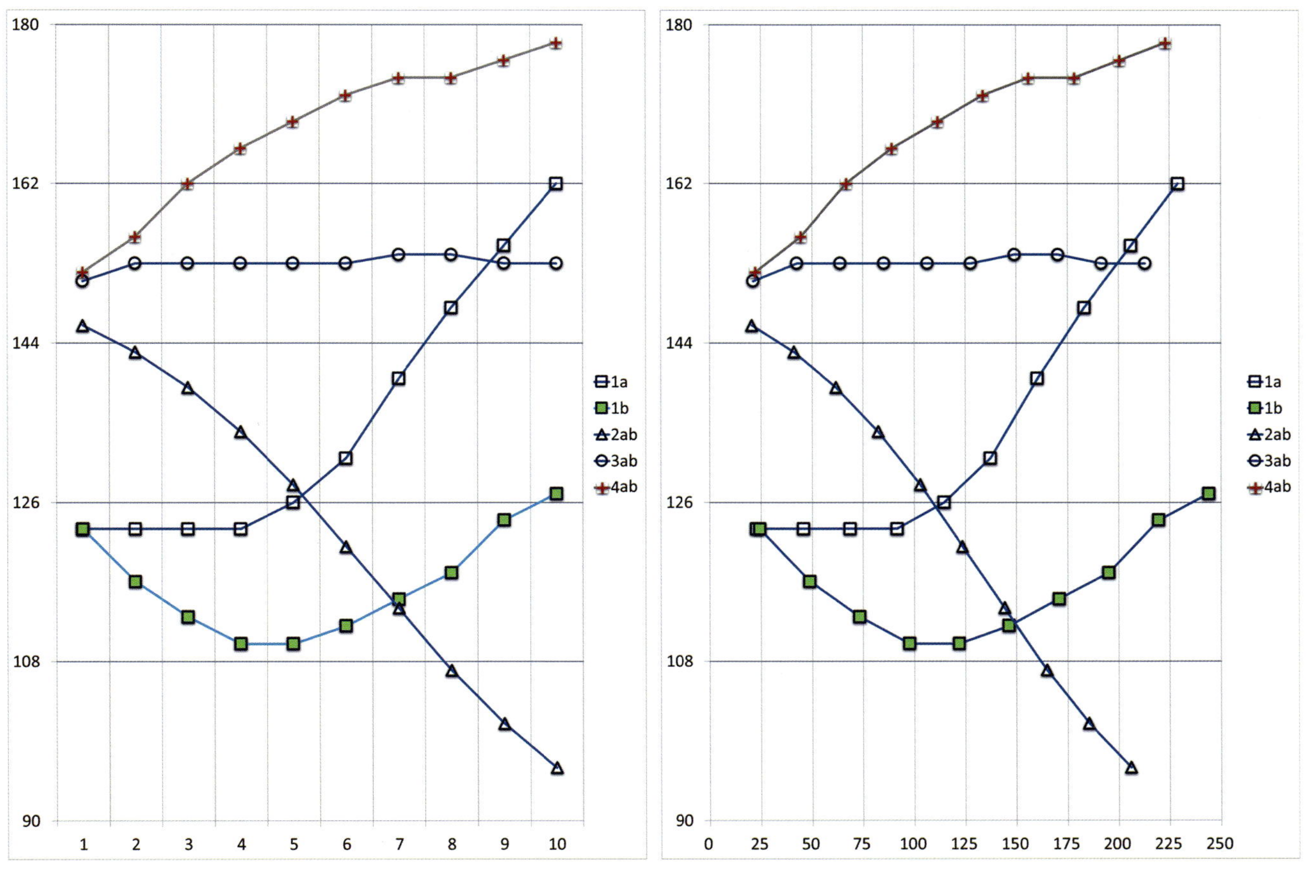

图 13－31c　单字调等长、实长音高模式－株洲攸县－YM

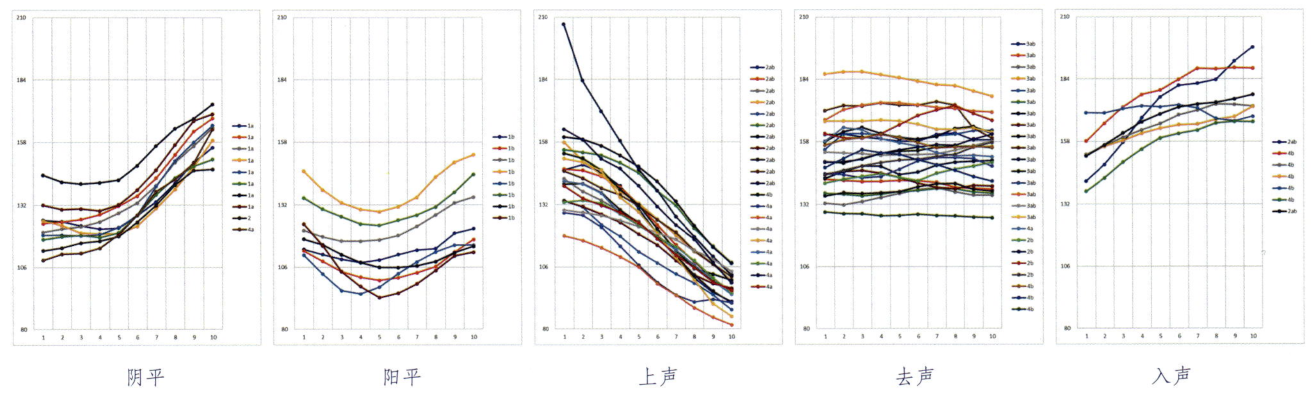

图 13－31d　今声调调域分布范围－株洲攸县－YM

青男的声调有 5 个（见图 13－31c）：

阴平 24、阳平 323、上声 31、去声 44、入声 45。

今调域的分布情况（见图 13－31d）：

阴平在 23～34 之间；阳平主要在 212～323 之间；上声主要在 21～42 之间；去声主要在 33～44 之间；入声在 34～45 之间。

13.9 客家方言声调小结

1. 客家方言调类调值概况

就调类而言，六个声调的格局，是客家方言的主要特点，即平、入分阴阳，上、去不分类。

调值的情况比较复杂，一是调型以降调、平调为主，如梅州、兴宁、蕉岭、大埔、丰顺、五华；二是升、降、平调都有，如平远；三是多数点呈现出调值、调类的关系是阴低阳高。

客家方言各个片最为一致的调值特点反映在上声低降、去声高降上，这几乎是目前所见多数客家方言点的共同特征；入声也不是一个简单的短平调，而是一个略带升或降的短调。阴平的多数点为平调或升调也是一个一致性较强的特点。

综合前人的研究，客家方言声调几个主要特点列举如下：

（1）古全浊上、次浊上的口语字今读阴平。

（2）古全浊上的非口语字今读阳去或去声。

（3）古浊去除部分次浊去字今读去声外，其他的基本上今读上声。

（4）“毛鳞蚊笼聋”这五字在口语中均今读阴平。

（5）古入声以古清浊为条件分化为阴入、阳入两调。

（6）古次浊入有规律地分化为阴入、阳入两调。

（7）调值方面阴入低阳入高。

（8）有小称变音。

2. 客家方言主要片区调类调值特点

根据《中国语言地图集》（2012），结合调类调型两个角度，我们初步介绍客家方言各个部分的主要特点。

（1）粤台片。

本片的主要调类特点是，多数具有六个调类，平声、入声分阴阳，上声、去声不分阴阳。

从调值来看，阴平绝大多数是高平调，少数是高升或中升调；阳平有两类，一类是低平或低降调，另一类是升调；上声是低降调；去声是高降调；入声是阴入调值低，阳入调值高。根据今阳平调的调值，本片分为2个小片。

一是梅惠小片，这一小片的特点是，阳平调是一个低平调或低降调。

惠州市的方言今有7个声调：阴平55，阳平33，上声35，阴去13，阳去53，阴入$\underline{45}$，阳入1。显然，惠州客家方言受粤语影响比较大，《中国语言地图集》（2012）将其列为一个独立的客家方言片惠州片，这个片只包括惠州市区客家方言。本文把惠州市的客家方言归入粤台片梅惠小片。

二是龙华小片，这个小片在调值方面的特点是，阳平多数点是一个升调。

河源市的客家方言有7个声调：阴平33，阳平31，上声24，阴去12，阳去55，阴入5，阳入2。其调型和调值与周围方言差别明显，周围的客家方言一般都是6个声调，去声不分阴阳。

（2）海陆片。

这个片方言的主要特点是，声调较多，多数点有7个声调，平声、去声、入声也都分阴阳。以陆河（河田）客家方言声调为例：阴平53，阳平55，上声213，阴去31，阳去22，阴入$\underline{34}$，阳入$\underline{54}$。台湾的“海陆腔”客家方言与广东的海丰、陆丰客家方言语音系统极为接近，差别较小①。

---

① 潘家懿．海陆丰客家方言与台湾“海陆客”［J］．汕头大学学报（人文科学版），2000（2）：86－93.

（3）粤北片。

粤北片的客家方言也多是6个声调，很多地方阳平高降、上声低降。阳平与上声调值反映为高低调域的不同分配。

粤北片的客家方言与江西南部的客家方言、粤北的土话以及湖南南部的土话深度交融，方言之间相互影响，所以本片的客家方言与同是广东省的粤台片、粤西片、海陆片方言声调系统都不一样，内部一致性不强。

（4）粤西片。

粤西片的客家方言也多是6个声调，阴平多为升调，阳平中降、上声低降。阳平与上声调值也反映在高低调域的不同分配，见表13－8。

表13－8　阳春、信宜的调类调值

地点	阴平	阳平	上声	去声	阴入	阳入	资料来源
阳春双滘 YF	113	21	31	45	21	45	本书
阳春合水 YM	34	11	21	52	21	45	本书
信宜钱排 YM	24	21	31	52	32	54	本书
信宜新宝 YF	24	21	32	54	43	54	本书
信宜合水 YM	24	21	31	52	32	54	本书

（5）汀州片。

这个片的客家方言多是5个声调，平声分阴阳，多数方言点上声为低降调，见表13－9。

表13－9　连城、永定三个点的调类调值

地点	阴平	阳平	上声	去声	阴入	阳入	资料来源
连城莲峰 OM	42	22	323	阴去53 阳去24			本书
永定城关 OM	323	21	31	53	31	54	本书
永定河滨路 OM	223	21	32	54	43	55	本书

黄雪贞（1989）描写的永定方言声调如下：阴平44，阳平11，上声53，去声33，阴入1，阳入5。

（6）宁龙片。

这个片的客家方言多是5个声调，也有6个声调的，平声分阴阳，阴平高降，阳平多为高升。客家方言5个声调的方言主要分布在汀州片、宁龙片，见表13－10。

表13－10　宁都、石城的调类调值

地点	阴平	阳平	上声	去声	阴入	阳入	资料来源
石城琴江 OM	52	15	21	31	入声32		本书
石城琴江 YF	51	214	31	42	入声41		本书
宁都小湖 YF	52	324	325	阴去31 阳去45	31	45	本书
宁都	42	24	214	阴去22 阳去55	2	5	谢留文（2003）

与以往描写的调类一致，而调值略有不同，这是因为本书的描写根据声学数据突出了调型的情况。

（7）于信片。

这个片的客家方言多为 6 个声调，平声、去声分阴阳，阴平降、升都有，阳平多为升调，上声、去声多为降调，见表 13－11。

表 13－11　于都、瑞金的调类调值

地点	阴平	阳平	上声	去声	阴入	阳入	资料来源
于都	31	44	35	阴去 22 阳去 42	入声 ʔ5		谢留文（1992）
城区 YM	213	211	21	阴去 22 阳去 53	入声 42		本书
葛坳 YF	44	334	32	阴去 12 阳去 53	入声 42		本书
瑞金 OM	55	35	31	去声 53	42	454	本书
瑞金 YM	45	15	21	41	41	454	本书

根据谢留文的描写，于都单字调不包括轻声有 6 个，具体如下①：阴平 31、阳平 44、上声 35、阴去 22、阳去 42、入声 ʔ5。

阴平字包括古平声清声母字，部分古平声次浊声母字和古上声次浊声母、全浊声母的部分字。

阴去字主要包括古去声清声母字和古咸、深、山、臻四摄入声清声母字以及部分次浊声母字。

阳去字主要包括古去声全浊声母字和古入声全浊声母字。

入声主要包括古宕、江、曾、梗、通五摄的入声清声母字和部分入声次浊声母字。

关于连读变调：

于都方言有 6 个单字调，5 个变调，这 5 个变调是：31、44、42、ʔ5、ʔ2。前四个变调调值与单字调调值相同，ʔ2 是变调产生的新调值。②

（8）铜桂片。

这个片的客家方言有 5～6 个声调，平声分阴阳，阴平降、平都有，阳平多为曲折调，上声、去声、入声的分化各有特点，见表 13－12。

客家方言的声调古今对应与今方言声调的命名，考虑的也是两个主要的方面，一是根据中古调类和声母的清浊来决定名称；二是根据共时声调的演变所呈现的主流方向和数量。客家方言中，上声、去声、入声等声调都涉及演变趋势和命名的问题，需要我们进一步深入研究。

---

① 中国社会科学院语言研究所，中国社会科学院民族学与人类学研究所和香港城市大学语言资讯科学研究中心．中国语言地图集［M］．2 版．北京：商务印书馆，2012：116－124.

② 谢留文．于都方言词典［M］．南京：江苏教育出版社，1998：5－7.

表 13－12　汝城、攸县的调类调值

地点	阴平	阳平	上声	去声	阴入	阳入	资料来源
汝城 OM	31	45	21	阴去 23 阳去 32			本书
汝城 YM	21	453	21	阴去 23 阳去 32			本书
汝城	35	13	11	44	2	5	《中国语言地图集》（2012）
攸县 OM	25	213	31	44	入声 45		本书
攸县 YM	24	323	31	44	入声 45		本书

客家方言的声调多为 6 个，铜桂片有 5～6 个调类的，上声是低降调，如果入声分阴阳，则阴入是低短调，阳入是高短调。

13.10　客家方言主要方言点的调类调值对照

客家方言主要方言点的调类调值对照见表 13－13 至表 13－20。

表 13－13　客家方言主要方言点的调类调值对照（粤台片）

片	小片	方言点	选点	阴平 1a	阳平 1b	阴上 2a	阳上 2b	阴去 3a	阳去 3b	阴入 4a	阳入 4b	调类数量	资料来源
粤台片	梅惠小片	梅州（广东）	梅江区	44	21	31		52		2	5	6	语保 OM
			梅县	44	11	31		53		1	5	6	《中国语言地图集》（2012）
		兴宁（广东）	兴宁	24	13	31		51		2	4	6	语保 OM
			兴宁	44	11	21		52		2	5	6	《中国语言地图集》（2012）
		大埔（广东）	湖寮镇	34	13	31		52		2	5	6	语保 OM
			大埔	55	11	31（上声、去声）				1	5	5	《中国语言地图集》（2012）
		惠州（广东）	惠城区	33	22	35		23	31	45	21	7	语保 OM
			惠阳区	44	11	31		53		1	5	6	《中国语言地图集》（2012）
			惠东	44	11	31		53		1	5	6	《中国语言地图集》（2012）
		香港	崇谦堂	23	11	32		53		3	5	6	《中国语言地图集》（2012）
			西贡	34	21	41		52		32	5	6	《中国语言地图集》（2012）
		新竹（台湾）	新竹	53	55	24		11	33	5	2	7	语保 OM
			关西镇东平里	11	55	31		54		2	5	6	陆露（2016）

（续上表）

片	小片	方言点	选点	阴平 1a	阳平 1b	阴上 2a	阳上 2b	阴去 3a	阳去 3b	阴入 4a	阳入 4b	调类数量	资料来源
粤台片	梅惠小片	桃园（台湾）	桃园	24	11	31		54		2	5	6	《中国语言地图集》（2012）
			大溪镇南兴村	22	53	31		33		3	43	6	陆露（2016）
			中坜区水尾里	24	11	31		52		2	4	6	陆露（2016）
			杨梅区秀才里	33	55	31		11		2	5	6	陆露（2016）
			观音区三和里	33	55	53		21		2	5	6	陆露（2016）
	龙华小片	五华（广东）	五华	44	212	31		51		2	5	6	语保 OM
			五华	44	13	31		53		1	5	6	《中国语言地图集》（2012）
		龙川（广东）	老隆镇	33	51	24		31		13	3	6	语保 OM
			龙川	44	35	31		51		21	54	6	《中国语言地图集》（2012）
		连南（广东）	连南	51	24	44	21	42	33	2	5	8	语保 OM
			连南	44	24	22		51		2	5	6	《中国语言地图集》（2012）

表 13－14　客家方言主要方言点的调类调值对照（海陆片）

片	方言点	选点	阴平 1a	阳平 1b	阴上 2a	阳上 2b	阴去 3a	阳去 3b	阴入 4a	阳入 4b	调类数量	资料来源
海陆片	海丰（广东）	水口	33	52	31	55	31	55	13	54	6	邱韵琳（2019）
	陆丰（广东）	下陂	44	55	41	435	41	435	34	54	6	邱韵琳（2019）
	陆河（广东）	河田镇	53	35	24		31	33	45	5	7	语保 OM
		河田镇	53	55	213		31	22	34	54	7	《中国语言地图集》（2012）

表 13－15　客家方言主要方言点的调类调值对照（粤北片）

片	方言点	选点	阴平 1a	阳平 1b	上声 2ab	去声 3ab	阴入 4a	阳入 4b	调类数量	资料来源
粤北片	乐昌（广东）	梅花镇	44	24	41	453	4	2	6	《中国语言地图集》（2012）
	始兴（广东）	始兴	22	51	31	33	45	3	6	语保 OM
		始兴	11	53	21	33	35	31	6	《中国语言地图集》（2012）
		太平镇	12	51	31	33	45	32	6	《中国语言地图集》（2012）

表 13－16 客家方言主要方言点的调类调值对照（粤西片）

片	方言点	选点	阴平 1a	阳平 1b	上声 2ab	去声 3ab	阴入 4a	阳入 4b	调类数量	资料来源
粤西片	阳春（广东）	三甲镇	35	12	31	42	21	5	6	《中国语言地图集》（2012）
	信宜（广东）	思贺镇	45	24	31	51	2	5	6	《中国语言地图集》（2012）

表 13－17 客家方言主要方言点的调类调值对照（汀州片）

片	方言点	选点	阴平 1a	阳平 1b	上声 2ab	去声 3ab	阴入 4a	阳入 4b	调类数量	资料来源
汀州片	连城（福建）	莲峰镇	433	22	212	53	35（阳去、入声）		5	语保 OM
	永定（福建）	湖坑镇	33	13	53	11	2	5	6	陆露（2016）
		下洋镇	55	11	53	33	2	5	6	陆露（2016）

表 13－18 客家方言主要方言点的调类调值对照（宁龙片）

片	方言点	选点	阴平 1a	阳平 1b	上声 2ab	去声 3ab	阴入 4a	阳入 4b	调类数量	资料来源
宁龙片	石城（江西）	琴江镇	551	224	331（上声、阴去）	42	32		5	语保 OM
	宁都（江西）	宁都	51	24	213	31	2	5	6	语保 OM

表 13－19 客家方言主要方言点的调类调值对照（于信片）

片	方言点	选点	阴平 1a	阳平 1b	上声 2ab	阴去 3a	阳去 3b	阴入 4a	阳入 4b	调类数量	资料来源
于信片	于都（江西）	贡江镇	41	44	35	34	53	34	54	7	语保 OM
	瑞金（江西）	象湖镇	55	24	322	51		41	54	6	语保 OM

表 13－20 客家方言主要方言点的调类调值对照（铜桂片）

片	方言点	选点	阴平 1a	阳平 1b	上声 2ab	阴去 3a	阳去 3b	阴入 4a	阳入 4b	调类数量	资料来源
铜桂片	井冈山（湖南）	井冈山	44	11	31	53		1	5	6	卢绍浩（1995）《中国语言地图集》（2012）
	吉安（江西）	永丰县君埠乡	35	33	552	55		3	5	6	袁雪瑶（2018）
		永平县恩江镇	44	221	31	24		53		5	朱珠（2018）
	汝城（湖南）	卢阳镇	33	45	21	23	43	23		6	语保 OM
		汝城	33	12	21	53		35		5	《中国语言地图集》（2012）

（续上表）

<table>
<tr><th>片</th><th>方言点</th><th>选点</th><th>阴平
1a</th><th>阳平
1b</th><th>上声
2ab</th><th>阴去
3a</th><th>阳去
3b</th><th>阴入
4a</th><th>阳入
4b</th><th>调类
数量</th><th>资料来源</th></tr>
<tr><td rowspan="2">铜桂片</td><td rowspan="2">攸县
（湖南）</td><td>鸾山镇
南岸村</td><td>35</td><td>213</td><td>31</td><td colspan="2">44</td><td>3</td><td>5</td><td>6</td><td>语保 OM</td></tr>
<tr><td>攸县</td><td>35</td><td>13</td><td>11</td><td colspan="2">44</td><td>2</td><td>5</td><td>6</td><td>《中国语言地图集》
（2012）</td></tr>
</table>

参考文献

［1］鲍厚星，颜森．湖南方言的分区［J］．方言，1986（4）．

［2］陈立中．湖南客家方言的源流与演变［M］．长沙：岳麓书社，2003.

［3］崔荣昌，彭锦维．四川客家话语音特点综述［C］//谢栋元．客家方言调查研究：第四届客家方言研讨会论文集．广州：暨南大学出版社，2002.

［4］甘于恩，简倩敏．广东方言的分布［J］．学术研究，2010（9）．

［5］高然．广东丰顺客方言的分布及其音韵特征［C］//李如龙，周日健．客家方言研究：第二届客家方言研讨会论文集．广州：暨南大学出版社，1998.

［6］侯精一．现代汉语方言概要［M］．上海：上海教育出版社，2002.

［7］黄雪贞．福建永定（下洋）方言语音构造的特点［J］．方言，1985（3）．

［8］黄雪贞．惠州话的归属［J］．方言，1987（4）．

［9］黄雪贞．客家话的分布与内部异同［J］．方言，1987（2）．

［10］黄雪贞．客家方言声调的特点续论［J］．方言，1989（2）．

［11］吉川雅之．大埔县客家话语音特点简介［C］//李如龙，周日健．客家方言研究：第二届客家方言研讨会论文集．广州：暨南大学出版社，1998.

［12］江西省地方志编纂委员会．江西省志：江西省方言志［M］．北京：方志出版社，2005.

［13］蓝小玲．闽西客家方言［M］．厦门：厦门大学出版社，1999.

［14］李如龙，张双庆．客赣方言调查报告［M］．厦门：厦门大学出版社，1992.

［15］李如龙．福建县市方言志 12 种［M］．福州：福建教育出版社，2001.

［16］李如龙．闽西七县客家方言语音的异同［C］//李如龙，周日健．客家方言研究：第二届客家方言研讨会论文集．广州：暨南大学出版社，1998.

［17］李如龙，庄初升，李健．粤西客家方言调查报告［M］．广州：暨南大学出版社，1999.

［18］林立芳，庄初升．南雄珠玑方言志［M］．广州：暨南大学出版社，1995.

［19］刘村汉．广西客家话的分布及使用人口（提纲）［C］//谢栋元．客家方言调查研究：第四届客家方言研讨会论文集，广州：暨南大学出版社，2002.

［20］刘纶鑫．江西客家方言概况［M］．南昌：江西人民出版社，2001.

［21］刘纶鑫．客赣方言比较研究［M］．北京：中国社会科学出版社，1999.

［22］刘新中．海南闽语的语音研究［M］．北京：中国社会科学出版社，2006.

［23］刘新中．粤西客家话与海南儋州南丰客家话的语音对比［J］．华南师范大学学报（社会科学版），2004（4）．

［24］刘泽民．客赣方言历史层次研究［M］．兰州：甘肃民族出版社，2005.

［25］刘镇发．客家人的分布与客语的分类［C］//李如龙，周日健．客家方言研究：第二届客家方言研讨会论文集．广州：暨南大学出版社，1998.

［26］刘镇发．香港原居民客语：一个小时中的声音［M］．香港：中国语文学会，2004.

［27］卢绍浩．井冈山客家话音系［J］．方言，1995（2）．

［28］陆露．同源异境视野下闽台客家方言的音韵比较［D］．福州：福建师范大学，2016.

［29］潘家懿，谢鸿猷，段英．陆河客家话语音概况［C］//林立芳．第三届客家方言研讨会论文集：韶关大学学报：2000 年增刊．韶关：韶关大学学报编辑部，2000.

［30］邱韵琳．广东海丰水口与陆丰下陂“漳属”客话语音对比［J］．汉字文化，2019（21）.

［31］饶秉才．兴宁客家话语音：兴宁客家话研究之一［C］//李逢蕊．乡音传真情：首届客家方言学术研讨会专集：客家纵横（增刊）．龙岩：闽西客家学研究会，1994.

［32］魏宇文．五华方言同音字汇［J］．方言，1997（3）.

［33］谢留文．江西省于都方言两字组连读变调［J］．方言，1992（3）.

［34］谢留文，黄雪贞．客家方言的分区（稿）［J］．方言，2007（3）.

［35］谢留文．客家方言语言研究［M］．北京：中国社会科学出版社，2003.

［36］谢留文．江西省的汉语方言［J］．方言，2008（2）.

［37］颜森．江西方言的分区（稿）［J］．方言，1986（1）.

［38］袁雪瑶．江西省永丰县方言研究［D］．复旦大学，2011.

［39］中国社会科学院，澳大利亚人文科学院．中国语言地图集［M］．香港：朗文出版（远东）有限公司，1987.

［40］中国社会科学院语言研究所，中国社会科学院民族学与人类学研究所，香港城市大学语言资讯科学研究中心．中国语言地图集［M］．2 版．北京：商务印书馆，2012.

［41］周日健．广东省惠东客家方言的语缀［J］．方言，1994（2）.

［42］周日健．广东省惠阳客家话音系［J］．方言，1987（3）.

［43］周日健．广东新丰客家方言记略［J］．方言，1992（1）.

［44］朱珠．江西永丰方言语音研究［D］．南昌：江西师范大学，2018.

［45］庄初升．粤北客家方言语音概貌［J］．韶关学院学报（社会科学版），2005（5）.

14　粤方言

粤方言主要分布在广东、广西、香港、澳门以及海外多个粤方言社区。表 14－1 是本书的选点情况。

表 14－1　粤方言的分片选点

片	方言点	序号
广府片	广州－《音库》	14－1
	广州市区（广东）	14－2
	香港－《音库》	14－3
	香港大埔	14－4
	澳门新桥	14－5
	中山南朗（广东）	14－6
	东莞莞城（广东）	14－7
	梧州万秀（广西）	14－8
	广西玉林	14－9
四邑片	台山台城（广东）	14－10
	新会会城（广东）	14－11
	江门开平（广东）	14－12
高阳片	阳江江城（广东）	14－13
	阳江阳春（广东）	14－14
	阳江阳东（广东）	14－15
	茂名高州（广东）	14－16
	廉江廉城（广东）	14－17
吴化片①	湛江吴川（广东）	14－18
	化州河西（广东）	14－19
	化州上江（广东）	14－20

① 高阳、吴化两个片分类较为复杂，本书暂时根据已调查的点排列，不涉及分区问题。

（续上表）

片	方言点	序号
勾漏片	肇庆四会（广东）	14－21
	肇庆广宁（广东）	14－22
	封开封川（广东）	14－23
	广东连南	14－24
	玉林北流（广西）	14－25
	贺州昭平（广西）	14－26
	贵港平南（广西）	14－27
	玉林容县（广西）	14－28
邕浔片	南宁－《音库》	14－29
	南宁市区（广西）	14－30
	贵港港北（广西）	14－31
	玉林博白（广西）	14－32
	百色新安（广西）	14－33
	崇左凭祥（广西）	14－34
	来宾古昔村（广西）	14－35
	武鸣城厢（广西）	14－36
钦廉片	钦州钦南（广西）	14－37
	北海海城（广西）	14－38
	东兴锦绣街（广西）	14－39
	防城港港口（广西）	14－40
	北海合浦（广西）	14－41

14.1 广府片

1. 广州 -《音库》

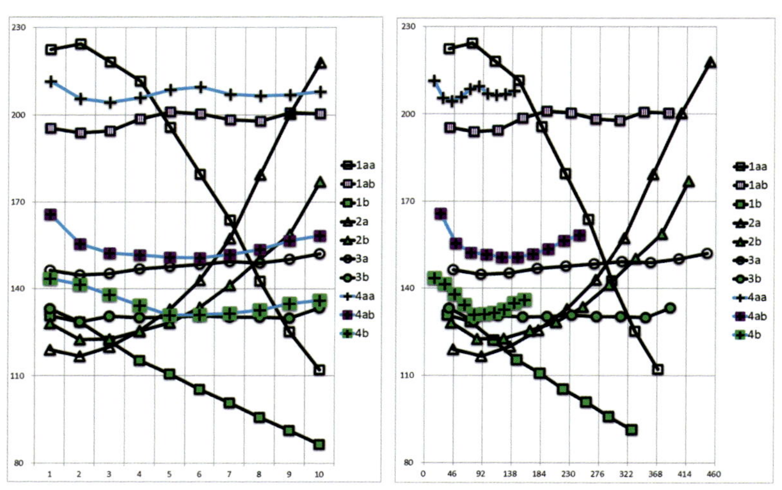

图 14 - 1a　单字调等长、实长音高模式 - 广州 -《音库》

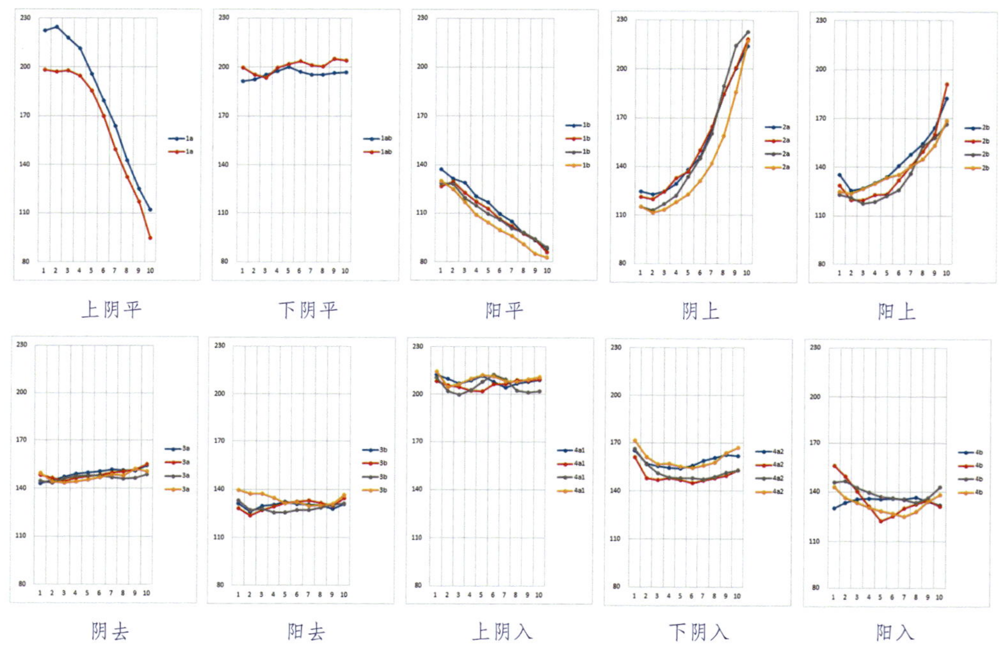

图 14 - 1b　今声调调域分布范围 - 广州 -《音库》

《音库》的声调有 10 个（见图 14 - 1a）：

上阴平 52、下阴平 44、阳平 21、阴上 25、阳上 24、阴去 33、阳去 22、上阴入 55、下阴入 33、阳入 32。

今调域的分布情况（见图 14 - 1b）：

上阴平在 41 ~ 52 之间；下阴平在 44 ~ 55 之间；阳平在 21 的范围；阴上在 25 的范围；阳上在 23 ~ 24 之间；阴去在 33 的范围；阳去在 22 的范围；上阴入在 55 的范围；下阴入主要在 33 的范围；阳入在 22 ~ 32 之间。

2. 广州市区

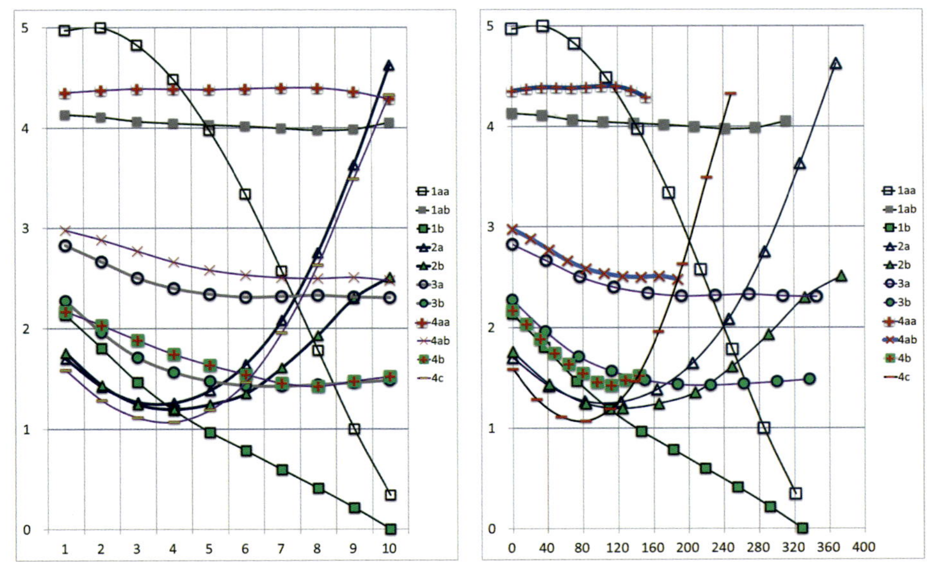

图 14－2a　单字调等长、实长音高模式－广州市区－MF

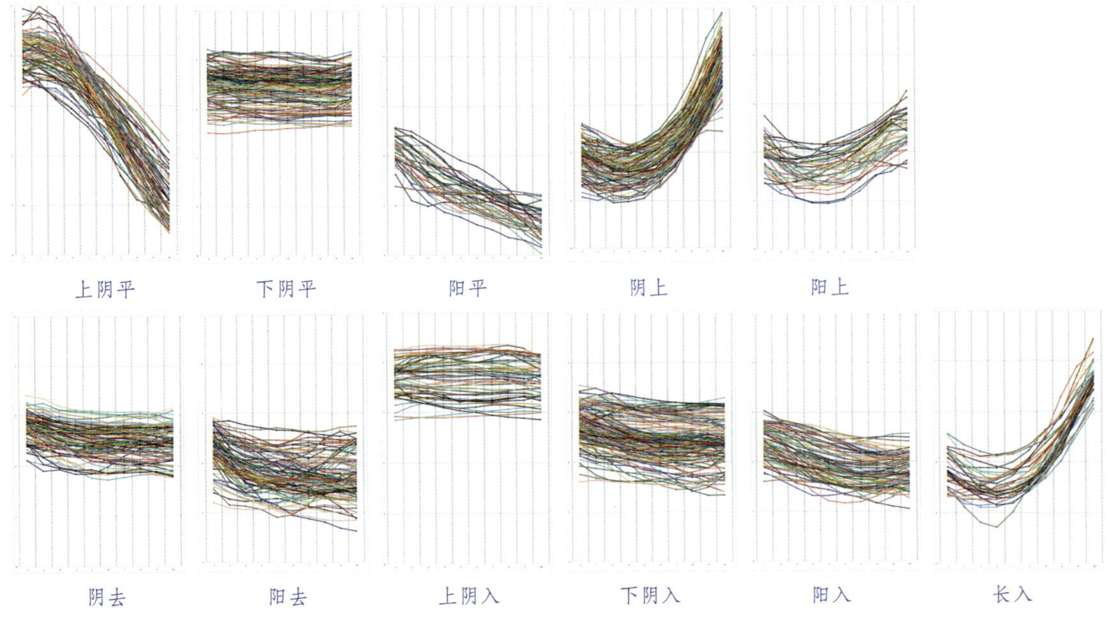

图 14－2b　今声调调域分布范围－广州市区－MF

中女的声调有 11 个[①]（见图 14－2a）：

上阴平 51、下阴平 55、阳平 21、阴上 25、阳上 23、阴去 33、阳去 22、上阴入 55、下阴入 33、阳入 32、长入 25。

今调域的分布情况（见图 14－2b）：

上阴平在 41～53 之间；下阴平在 44～55 之间；阳平在 21～31 之间；阴上在 24～35 之间；阳上主要在 23 的范围；阴去主要在 33 的范围；阳去在 21～33 之间，略有下降；上阴入在 44～55 之间；下阴入在 32～43 之间；阳入主要在 32 的范围；长入在 23～35 之间。

① 中女的发音人为华南师范大学国际文化学院的方小燕教授。

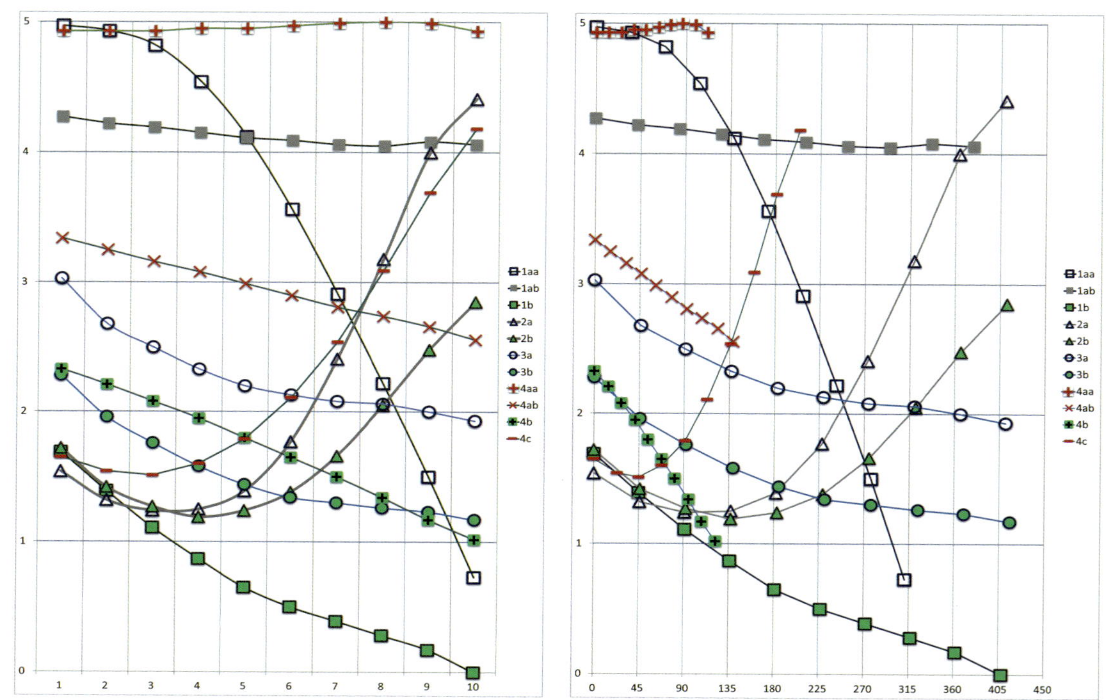

图 14－2c　单字调等长、实长音高模式－广州市区－MM

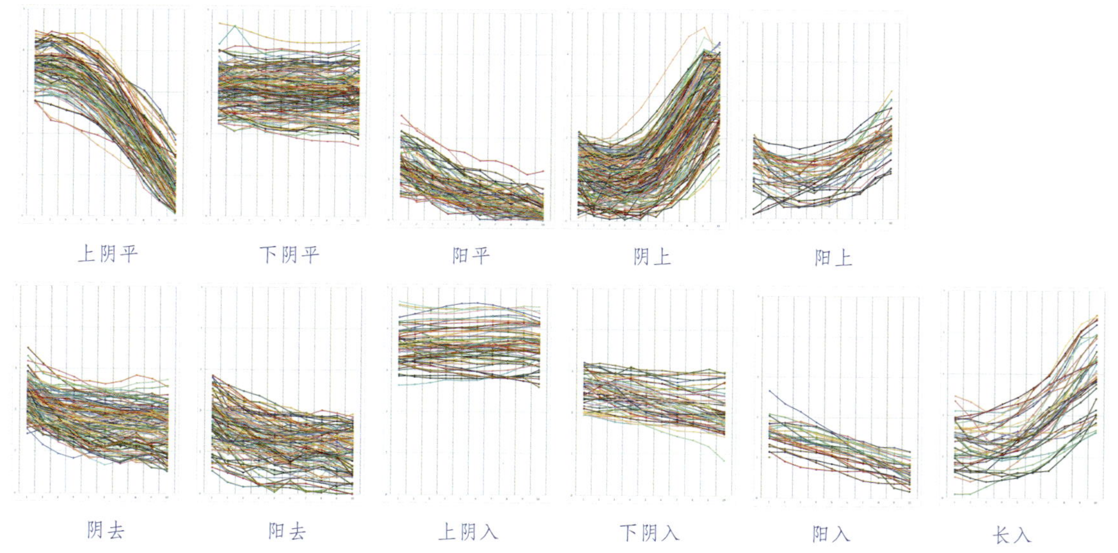

图 14－2d　今声调调域分布范围－广州市区－MM

中男的声调有 11 个[①]（见图 14－2c）：

上阴平 51、下阴平 55、阳平 21、阴上 25、阳上 23、阴去 33、阳去 22、上阴入 55、下阴入 43、阳入 32、长入 25。

今调域的分布情况（见图 14－2d）：

上阴平在 31～53 之间；下阴平主要在 44～55 之间；阳平在 21～31 之间；阴上在 12～25 之间；阳上主要在 12～23 之间；阴去主要在 22～33 之间，略有下倾；阳去在 11～32 之间，也有下降的特点；上阴入在 44～55 之间；下阴入在 32～43 之间；阳入主要在 21 的范围；长入在 12～35 之间。

① 中男的发音人为华南师范大学国际文化学院的甘甲才教授。

为了反映广州话的现状，我们增加一位青女的声调样本。

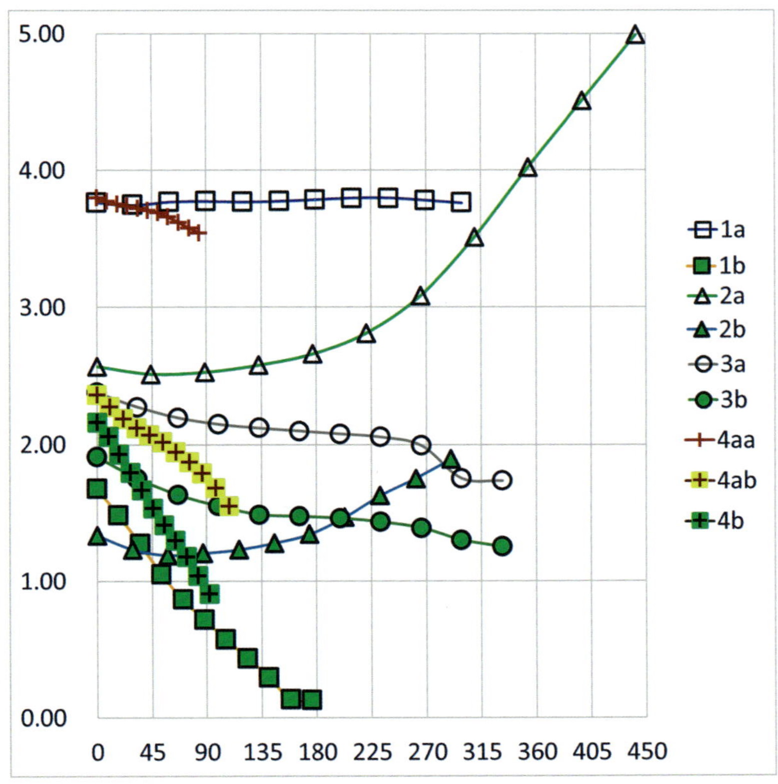

图 14－2e　单字调实长音高模式－广州市区－YF

青女的声调有 9 个（见图 14－2e）：

阴平 44、阳平 21、阴上 35、阳上 23、阴去 33、阳去 22、上阴入 44、下阴入 32、阳入 21。

3. 香港 -《音库》

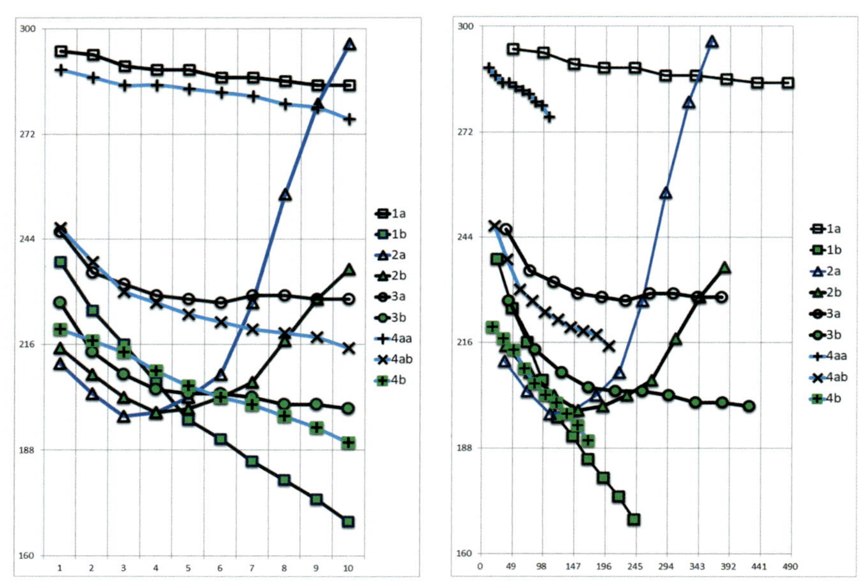

图 14-3a　单字调等长、实长音高模式 - 香港 -《音库》

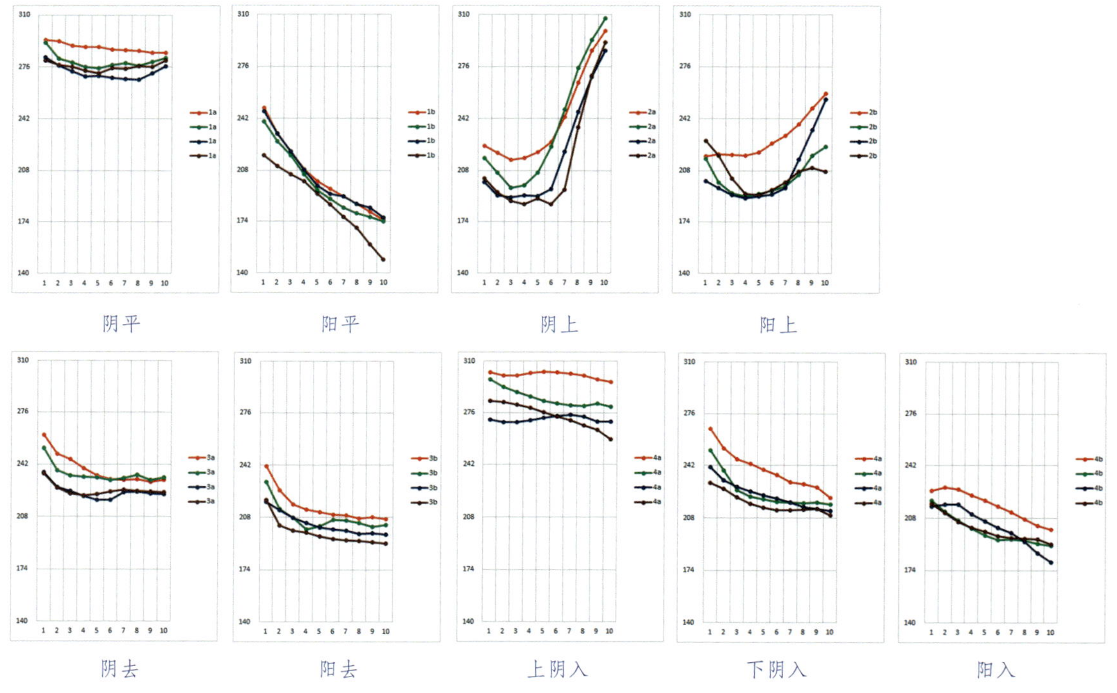

图 14-3b　今声调调域分布范围 - 香港 -《音库》

《音库》的声调有 9 个（见图 14-3a）：

阴平 55、阳平 31、阴上 25、阳上 23、阴去 33、阳去 22、上阴入 54、下阴入 43、阳入 32。

今调域的分布情况（见图 14-3b）：

阴平在 44～55 之间，略降；阳平在 31～32 之间；阴上在 225～335 之间；阳上在 223～334 之间；阴去在 33～43 之间；阳去主要在 32 的范围；上阴入在 44～55 之间；下阴入在 33～43 之间，略降；阳入主要在 32 的范围。

4. 香港大埔

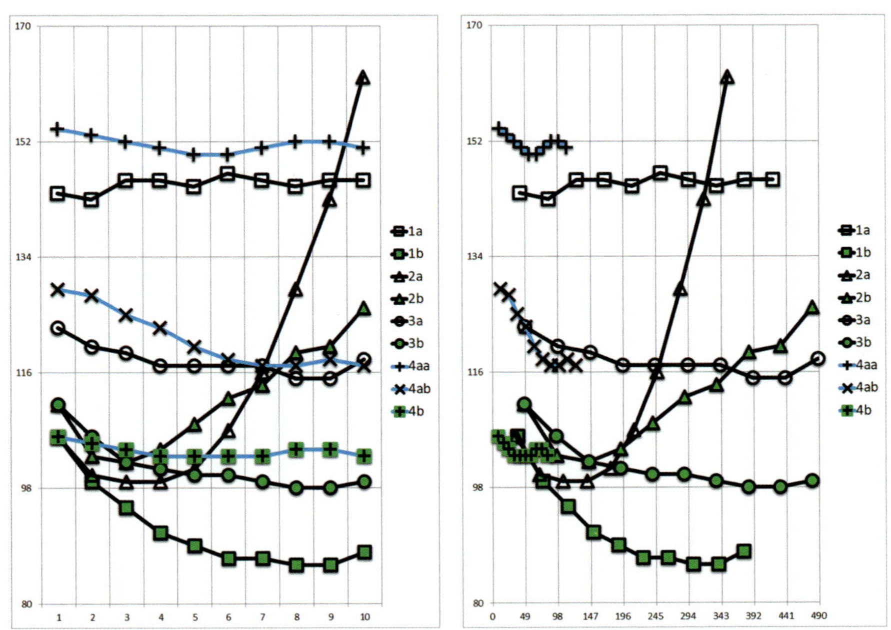

图 14－4a 单字调等长、实长音高模式－香港大埔－OM

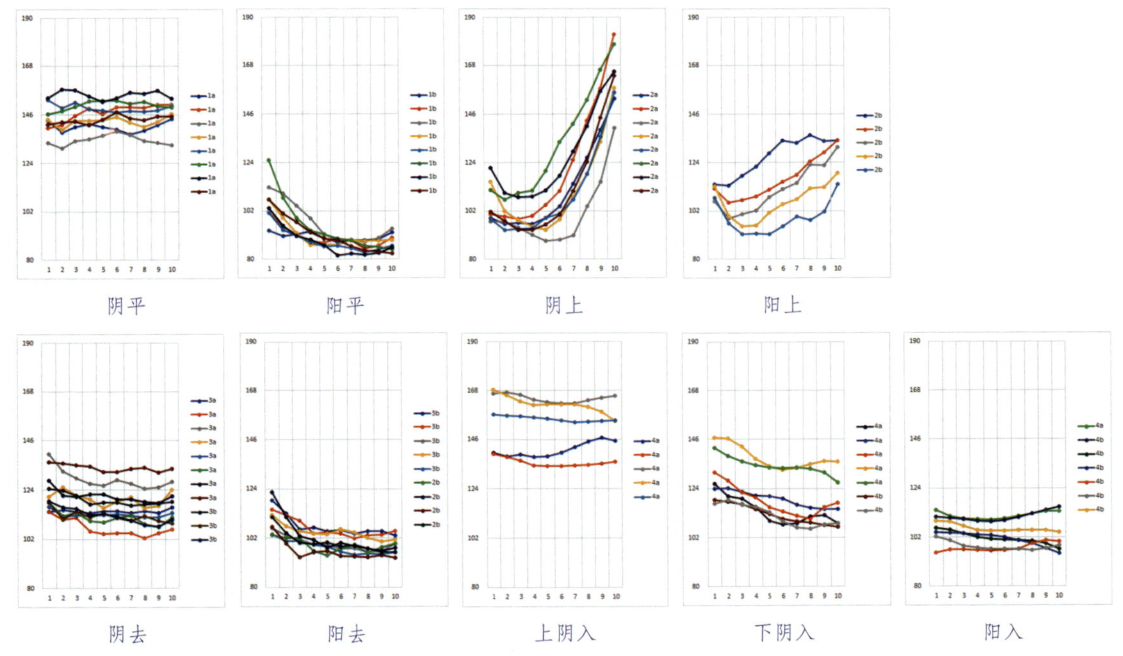

图 14－4b 今声调调域分布范围－香港大埔－OM

老男的声调有 9 个（见图 14－4a）：

阴平 44、阳平 21、阴上 25、阳上 23、阴去 33、阳去 22、上阴入 54、下阴入 43、阳入 22。

今调域的分布情况（见图 14－4b）：

阴平在 33～44 之间；阳平在 11～21 之间；阴上在 113～225 之间；阳上在 112～23 之间；阴去在 22～33 之间；阳去在 11～21 之间；上阴入在 33～44 之间；下阴入在 22～33 之间；阳入在 11～22 之间。

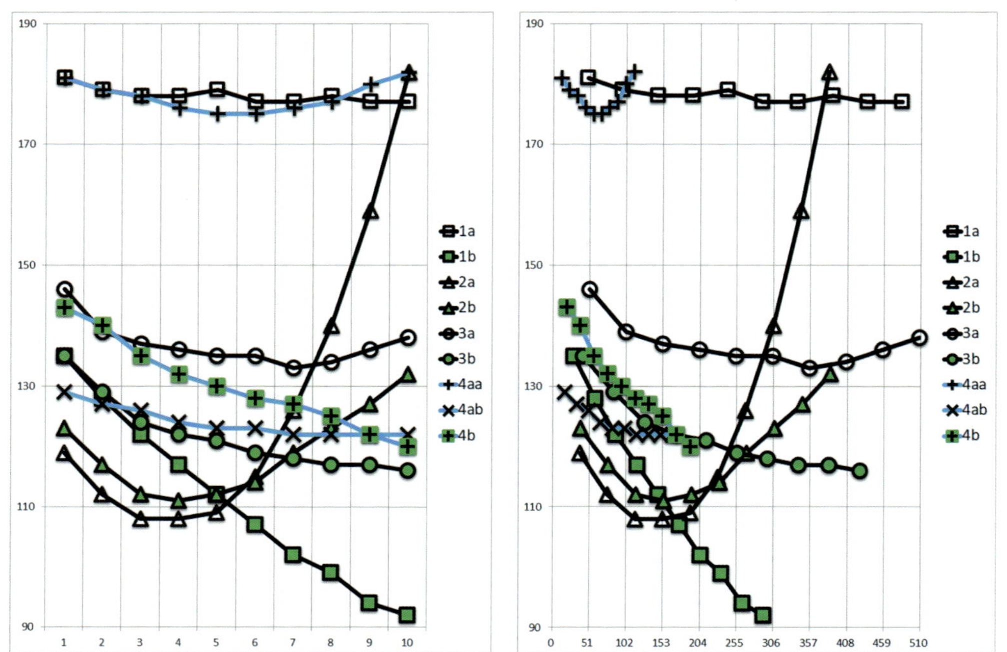

图 14－4c　单字调等长、实长音高模式－香港大埔－YM

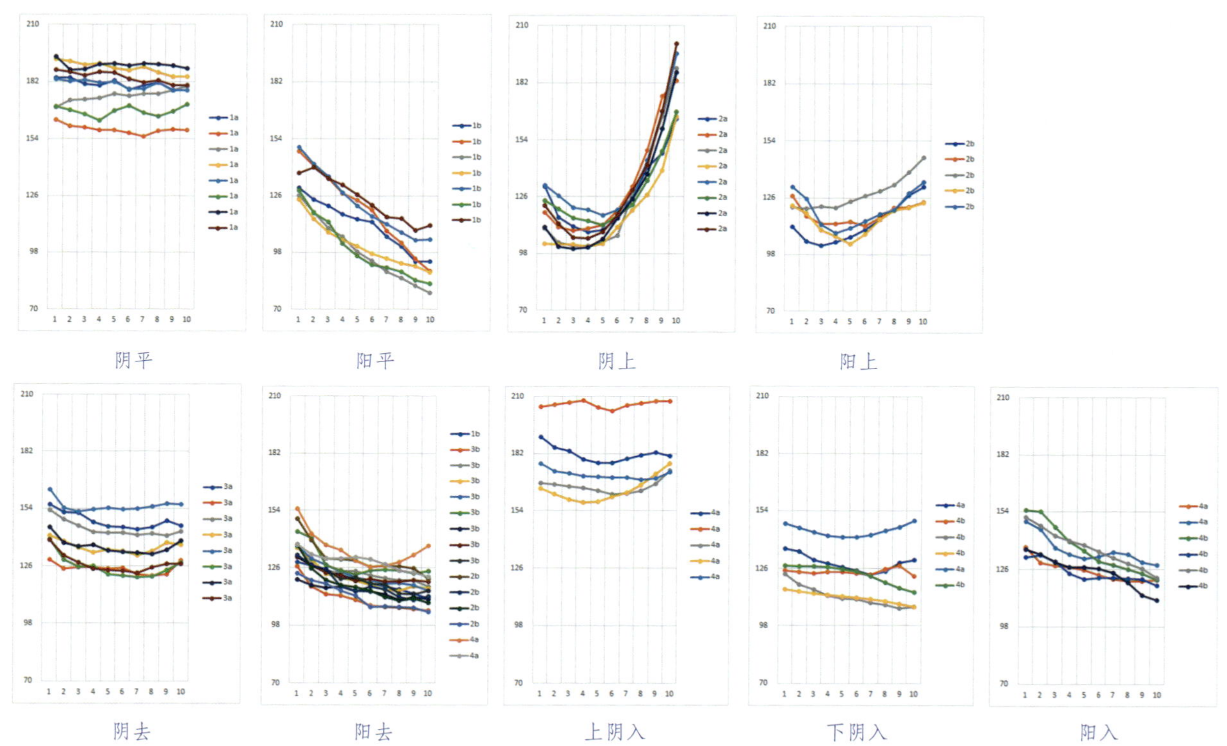

图 14－4d　今声调调域分布范围－香港大埔－YM

青男的声调有 9 个（见图 14－4c）：

阴平 55、阳平 31、阴上 25、阳上 23、阴去 33、阳去 32、上阴入 545、下阴入 22、阳入 32。

今调域的分布情况（见图 14－4d）：

阴平在 44～55 之间；阳平在 21～32 之间；阴上在 224～225 之间；阳上主要在 23 的范围；阴去在 33～44 之间；阳去在 22～33 之间，略降；上阴入在 44～55 之间；下阴入在 32～33 之间；阳入主要在 32 的范围。

5. 澳门新桥

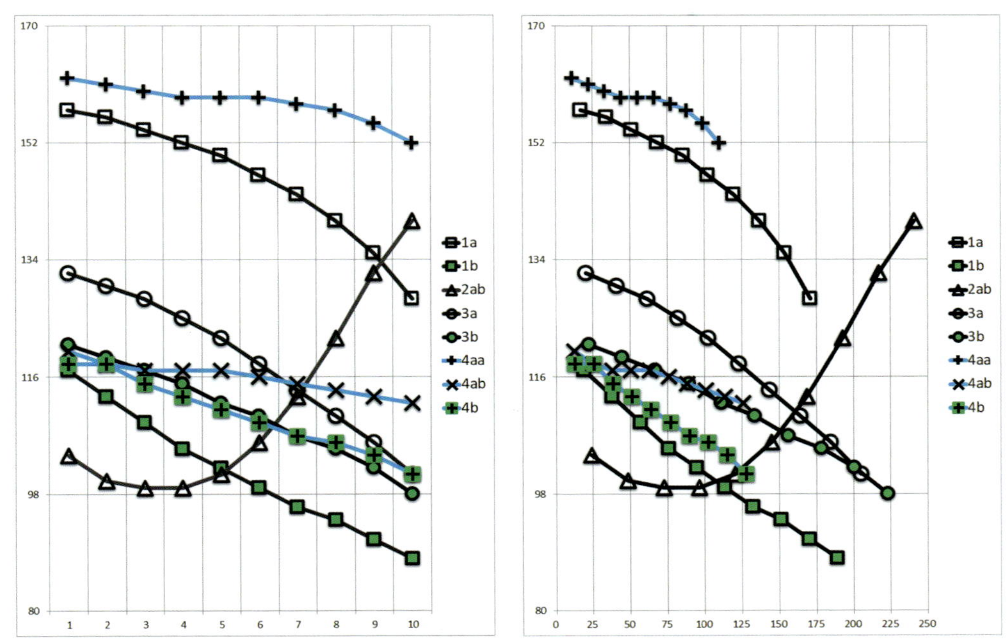

图 14－5a　单字调等长、实长音高模式－澳门新桥－OM

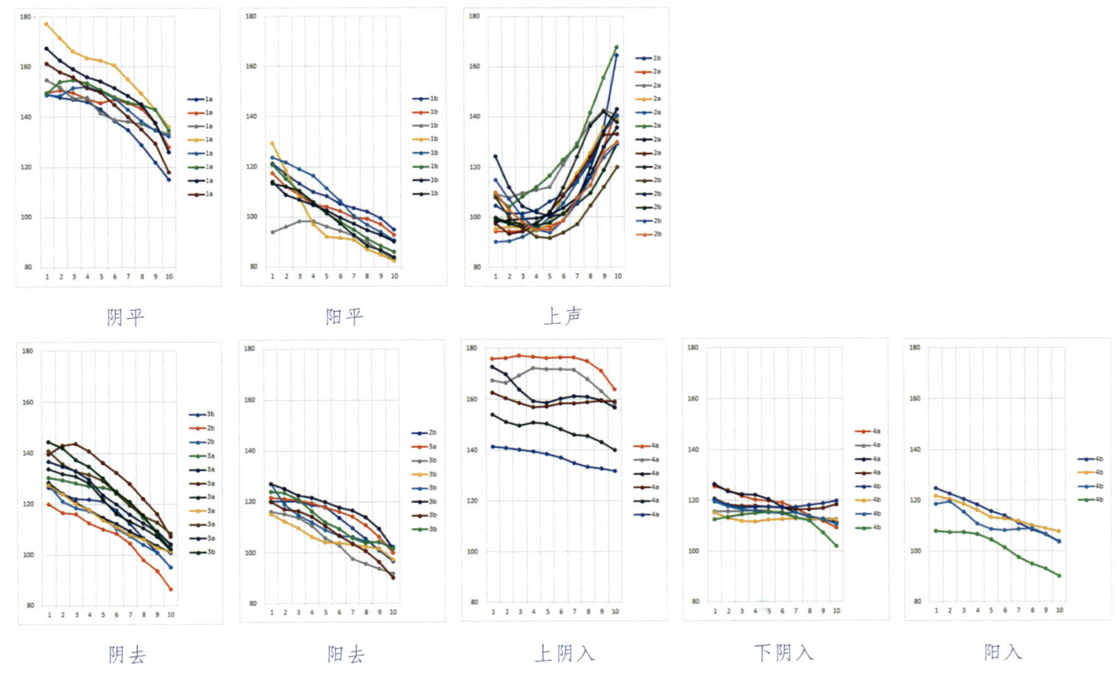

图 14－5b　今声调调域分布范围－澳门新桥－OM

老男的声调有 8 个（见图 14－5a）：

阴平 53、阳平 31、上声 24、阴去 42、阳去 32、上阴入 54、下阴入 33、阳入 32。

今调域的分布情况（见图 14－5b）：

阴平在 42～53 之间；阳平在 21～32 之间；上声在 113～225 之间；阴去在 21～42 之间；阳去在 21～32 之间；上阴入在 43～55 之间；下阴入在 22～33 之间；阳入在 21～32 之间。

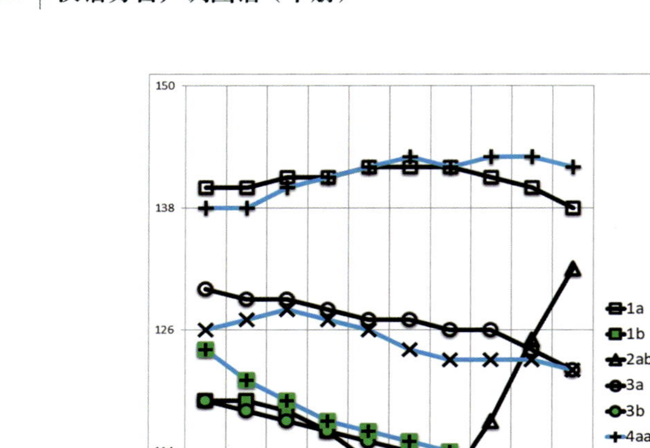

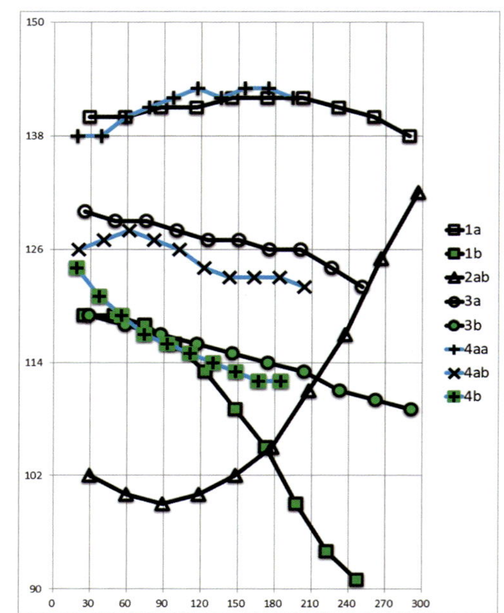

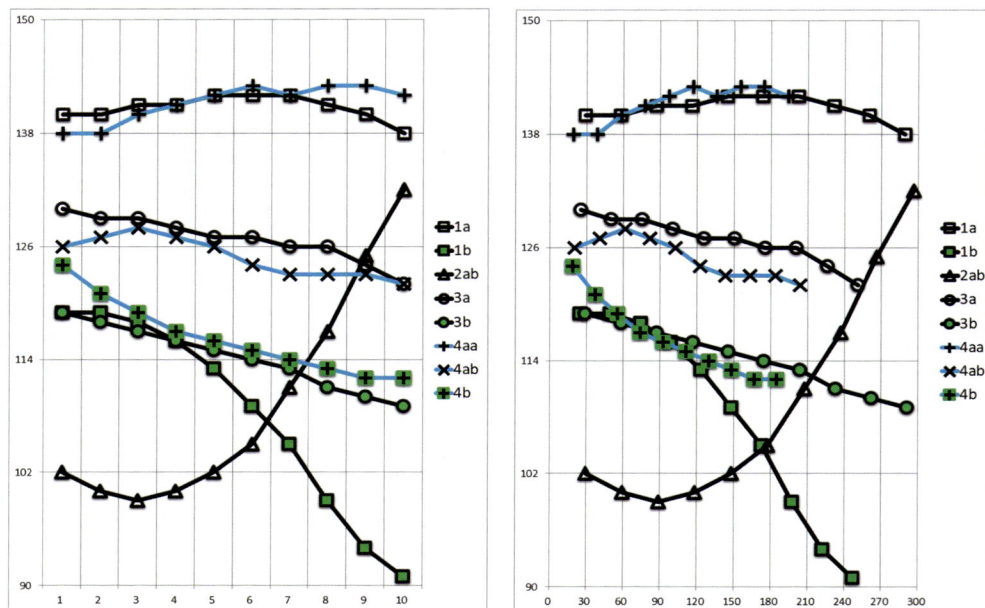

图 14-5c 单字调等长、实长音高模式-澳门新桥-YM

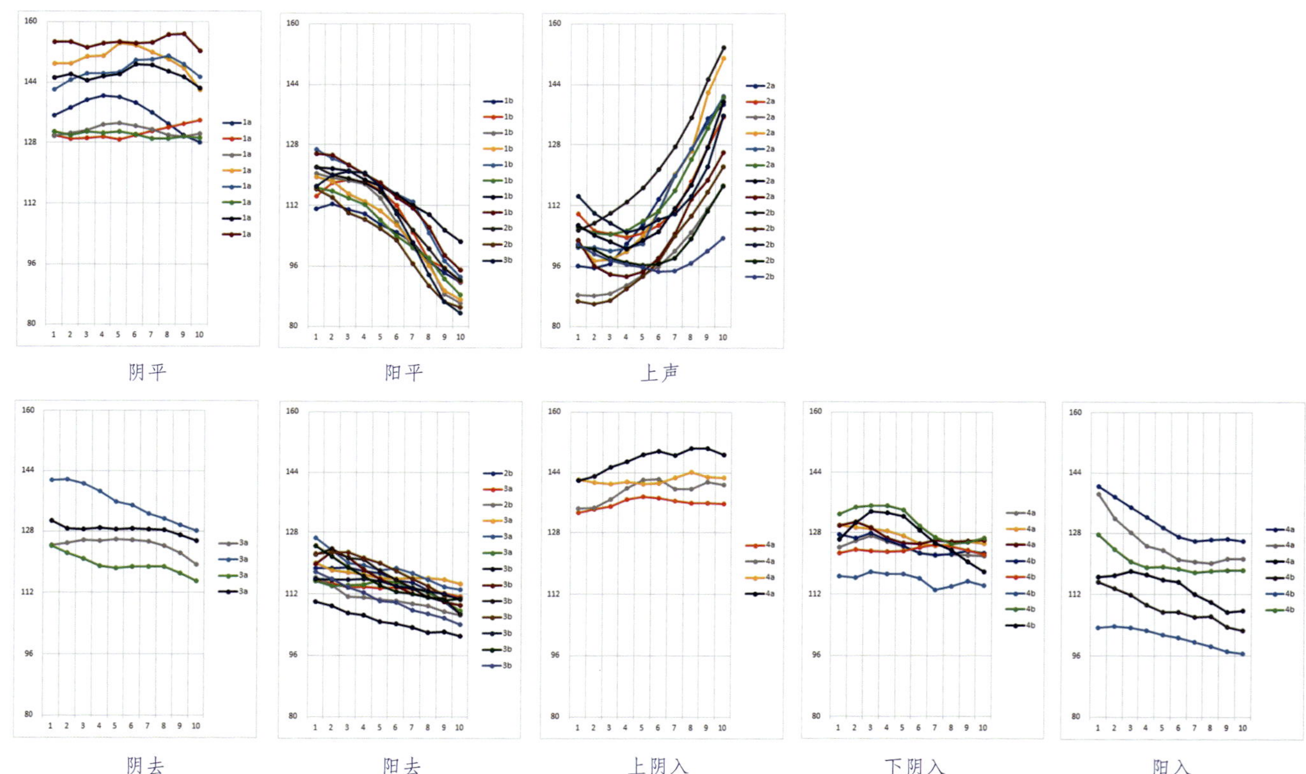

图 14-5d 今声调调域分布范围-澳门新桥-YM

青男的声调有 8 个（见图 14-5c）：

阴平 55、阳平 31、上声 14、阴去 43、阳去 32、上阴入 <u>55</u>、下阴入 <u>33</u>、阳入 <u>32</u>。

今调域的分布情况（见图 14-5d）：

阴平在 44～55 之间；阳平在 21～32 之间；上声在 12～25 之间；阴去在 33～43 之间；阳去主要在 32 的范围；上阴入在 <u>44</u>～<u>45</u> 之间；下阴入在 <u>33</u>～<u>43</u> 之间；阳入在 <u>22</u>～<u>43</u> 之间。

我们再增加一位青女的声调数据。

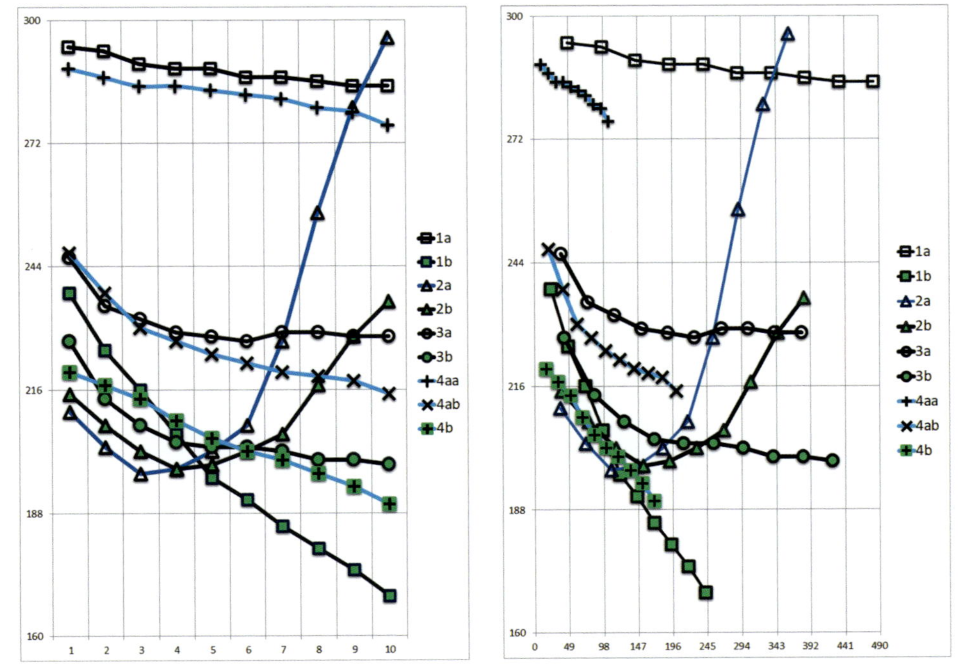

图 14 – 5e　单字调等长、实长音高模式 – 澳门 – YF

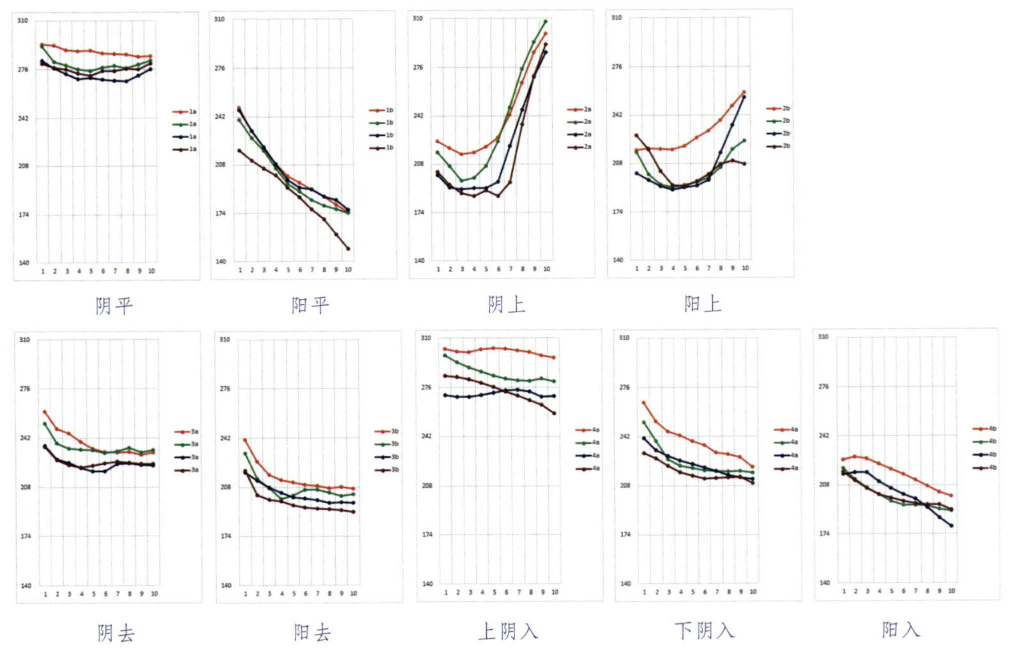

图 14 – 5f　今声调调域分布范围 – 澳门 – YF

青女的声调有 9 个（见图 14 – 5e）：

阴平 55、阳平 31、阴上 25、阳上 23、阴去 33、阳去 32、上阴入 54、下阴入 42、阳入 32。

今调域的分布情况（见图 14 – 5f）：

阴平在 44 ~ 55 之间；阳平在 31 ~ 32 之间；阴上在 225 ~ 335 之间；阳上在 223 ~ 34 之间；阴去在 33 ~ 43 之间；阳去主要在 32 的范围；上阴入在 44 ~ 55 之间；下阴入在 33 ~ 43 之间；阳入主要在 32 的范围。

青女有 9 个声调，明显受了香港、广州影响。

6. 中山南朗[①]

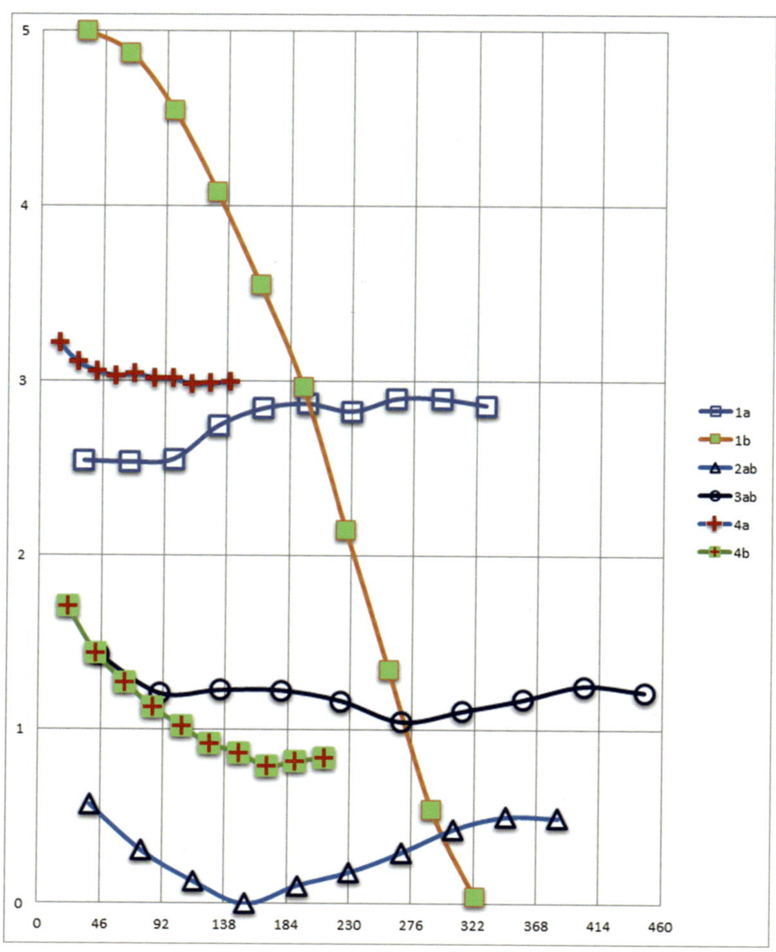

图 14－6　单字调实长音高模式－中山南朗－YF

青女的声调有 6 个（见图 14－6）：

阴平 33、阳平 51、上声 212、去声 22、阴入 <u>44</u>、阳入 <u>21</u>。

① 录音、数据来自 2021 级暨南大学文学院学生杨怡薇的语音学课作业。

7. 东莞莞城

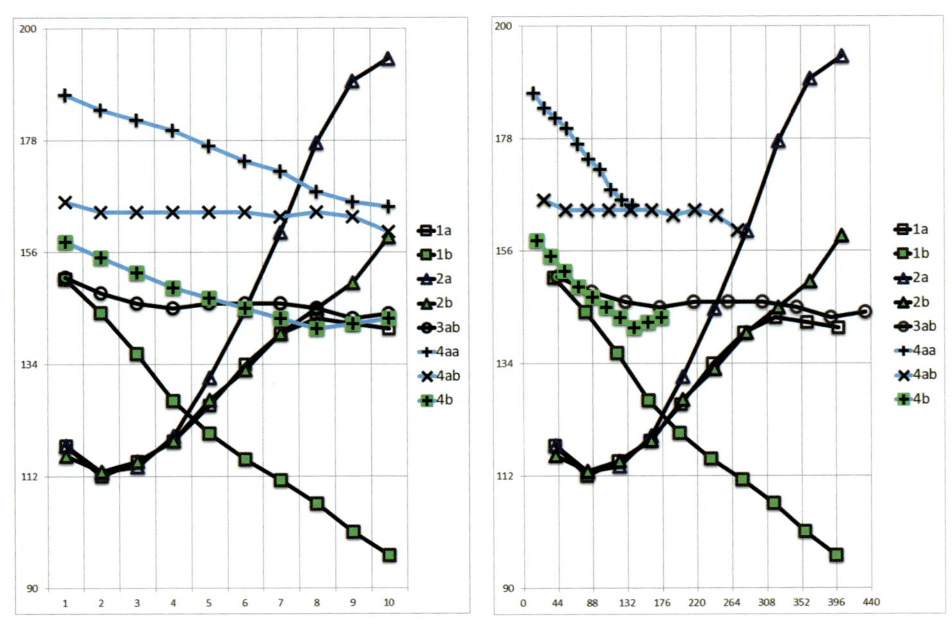

图 14－7a 单字调等长、实长音高模式－东莞莞城－OM

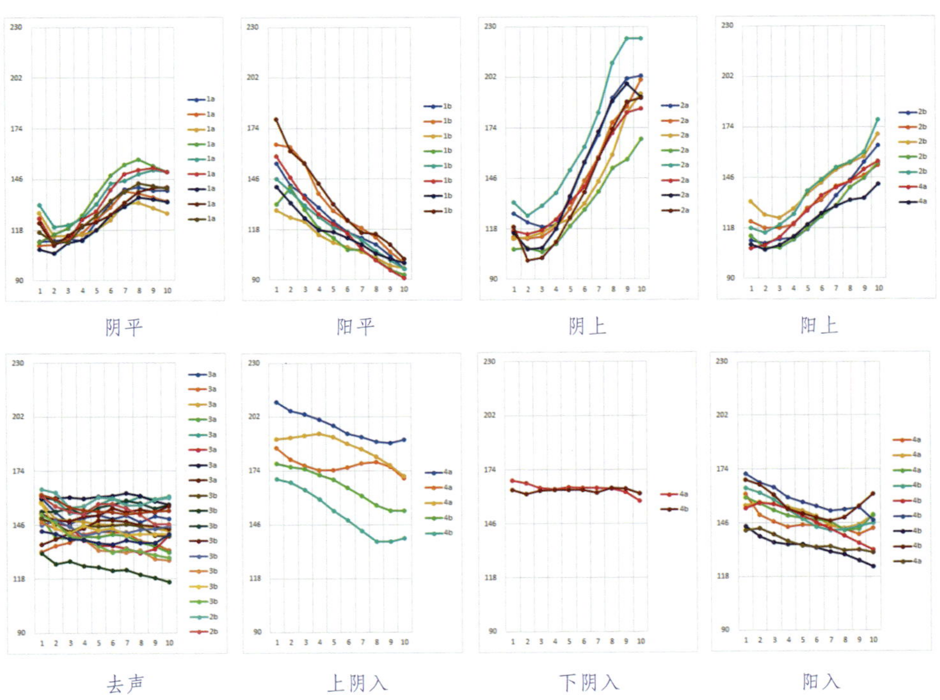

图 14－7b 今声调调域分布范围－东莞莞城－OM

老男的声调有 8 个（见图 14－7a）：

阴平 23、阳平 31、阴上 25、阳上 24、去声 33、上阴入 54、下阴入 44、阳入 32。

今调域的分布情况（见图 14－7b）：

阴平在 12～23 之间；阳平在 21～31 之间；阴上在 13～25 之间；阳上在 12～24 之间；去声主要在 22～33 之间；上阴入在 32～54 之间；下阴入主要在 33 的范围；阳入主要在 32 的范围。

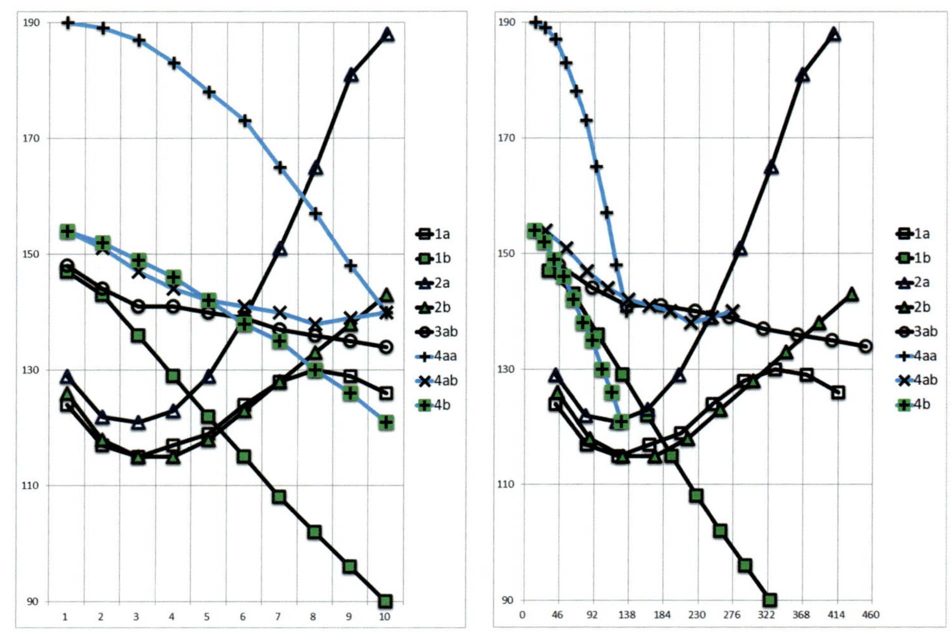

图 14－7c　单字调等长、实长音高模式－东莞莞城－YM

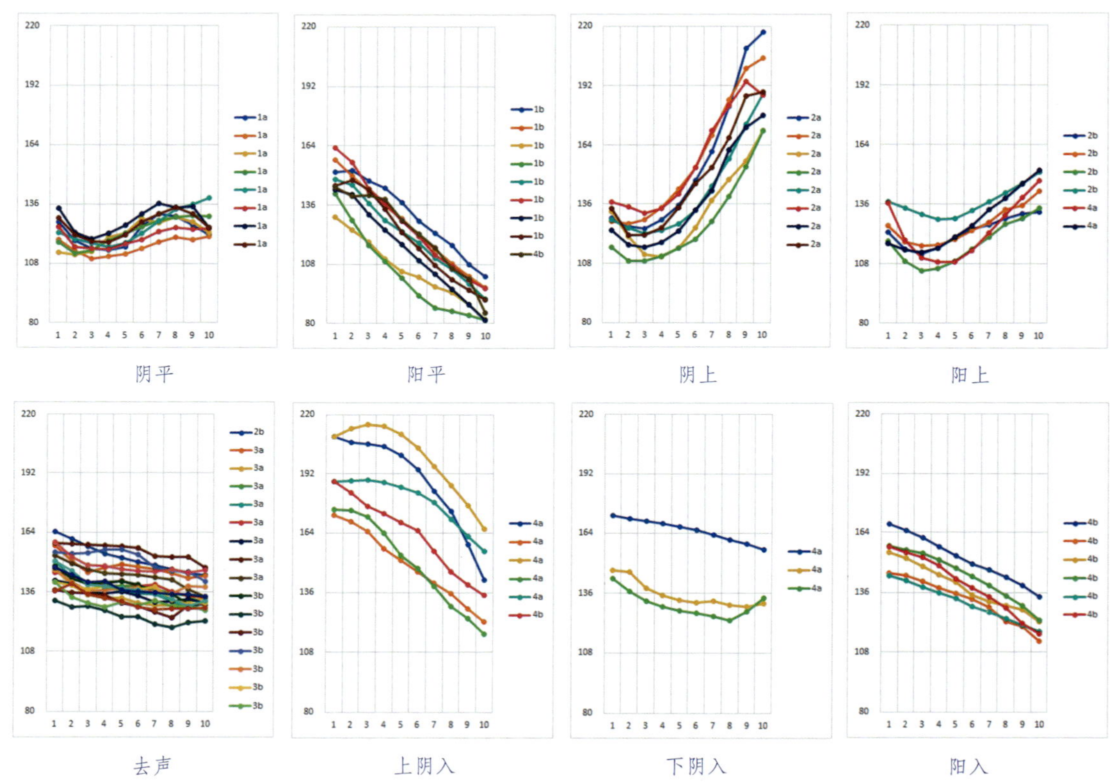

图 14－7d　今声调调域分布范围－东莞莞城－YM

青男的声调有 8 个（见图 14－7c）：

阴平 212、阳平 31、阴上 25、阳上 23、去声 33、上阴入 <u>53</u>、下阴入 <u>33</u>、阳入 <u>32</u>。

今调域的分布情况（见图 14－7d）：

阴平在 22～23 之间；阳平在 21～31 之间；阴上在 24～25 之间；阳上在 12～23 之间；去声在 22～33 之间；上阴入在 <u>42</u>～<u>54</u> 之间；下阴入在 <u>32</u>～<u>43</u> 之间；阳入主要在 <u>32</u> 的范围。

8. 梧州万秀

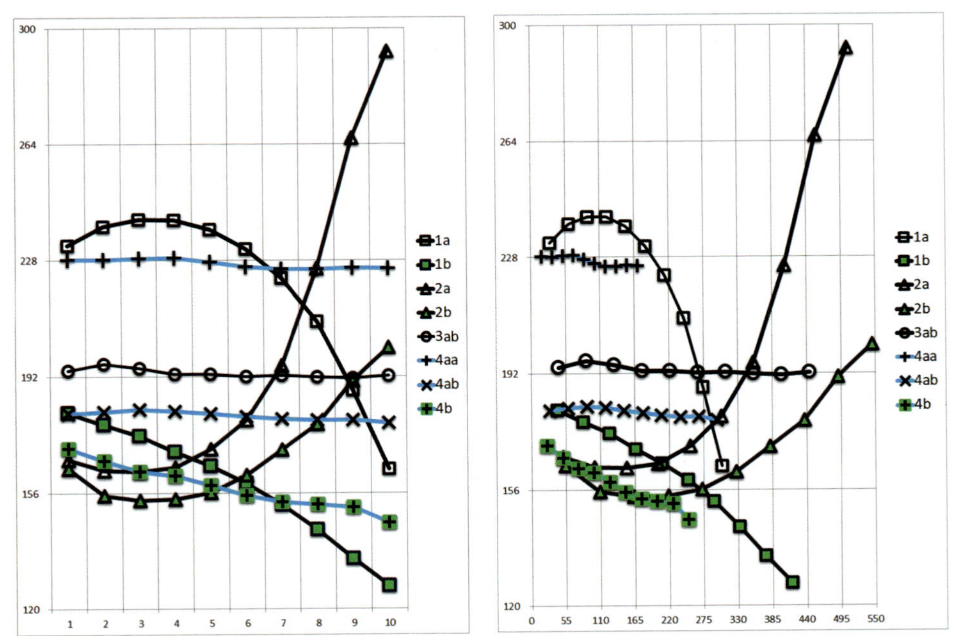

图 14－8a 单字调等长、实长音高模式－梧州万秀－OM

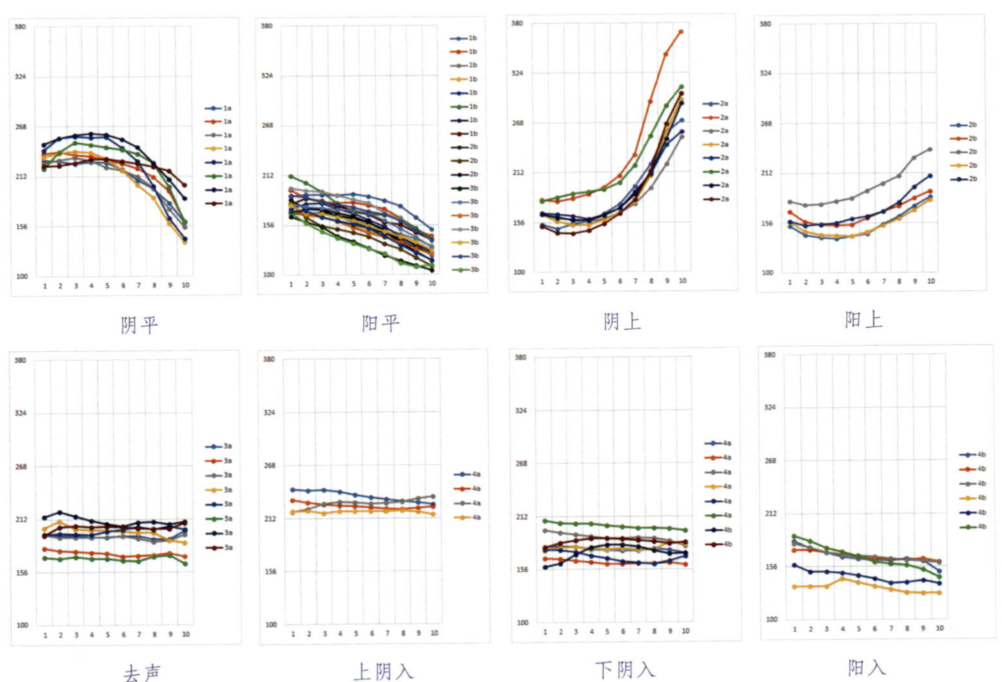

图 14－8b 今声调调域分布范围－梧州万秀－OM

老男的声调有 8 个（见图 14－8a）：

阴平 42、阳平 21、阴上 25、阳上 23、去声 33、上阴入 44、下阴入 33、阳入 21。

今调域的分布情况（见图 14－8b）：

阴平主要在 32 的范围；阳平主要在 21 的范围；阴上在 13～25 之间；阳上在 12～23 之间；去声在 22～33之间；上阴入主要在 33 的范围；下阴入主要在 22 的范围；阳入主要在 21 的范围。

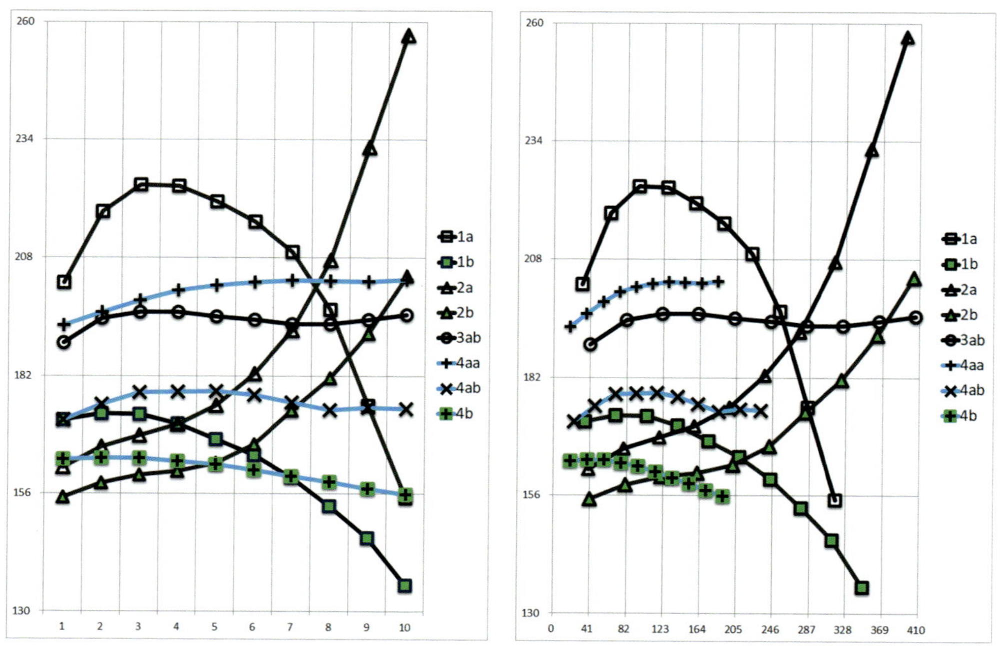

图 14－8c　单字调等长、实长音高模式－梧州万秀－YM

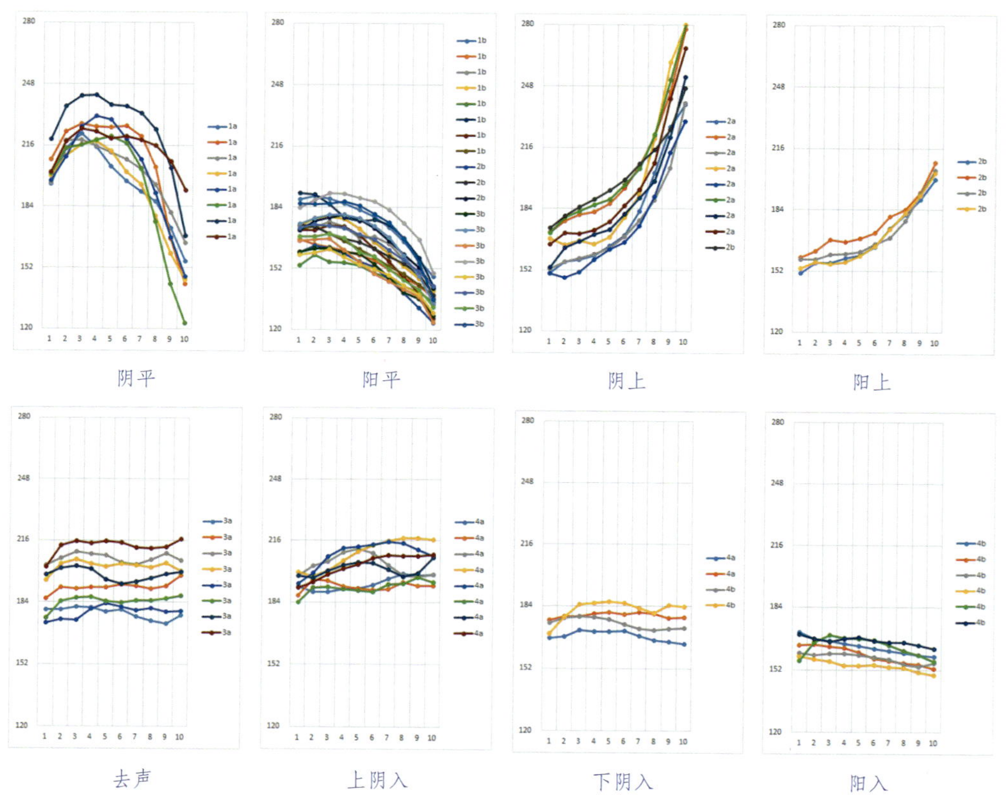

图 14－8d　今声调调域分布范围－梧州万秀－YM

青男的声调有 8 个（见图 14－8c）：

阴平 42、阳平 21、阴上 25、阳上 23、去声 33、上阴入 44、下阴入 33、阳入 22。

今调域的分布情况（见图 14－8d）：

阴平在 31～42 之间；阳平在 21～31 之间；阴上在 14～25 之间；阳上主要在 23 的范围；去声主要在 22～33 之间；上阴入主要在 33 的范围，略高；下阴入主要在 22～33 之间；阳入主要在 11～22 之间。

9. 广西玉林

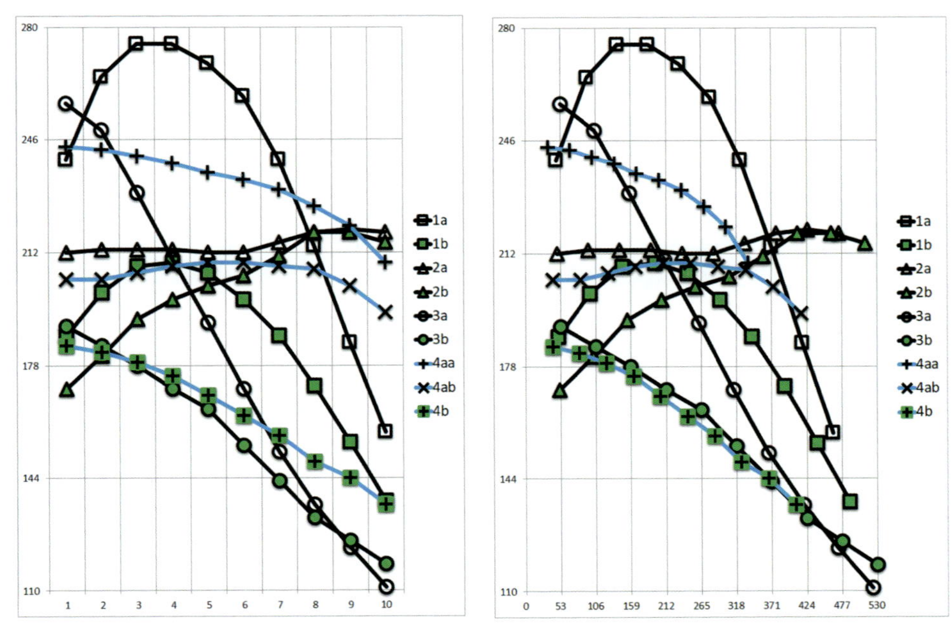

图 14－9a　单字调等长、实长音高模式－广西玉林－OM

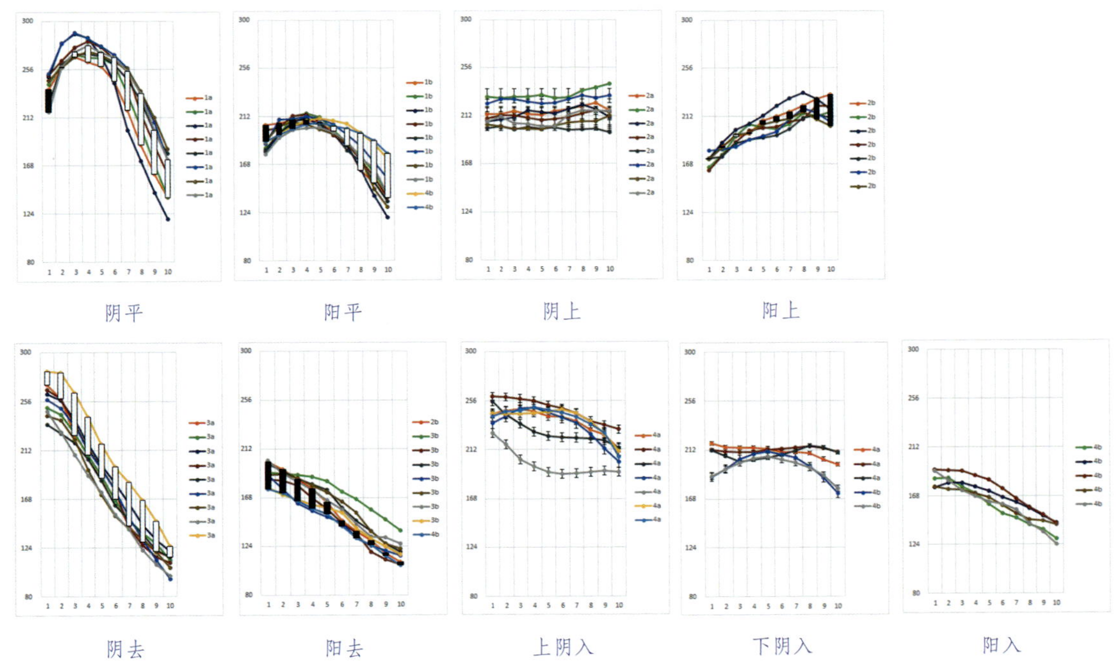

图 14－9b　今声调调域分布范围－广西玉林－OM

老男的声调有 9 个（见图 14－9a）：

阴平 452、阳平 341、阴上 44、阳上 24、阴去 51、阳去 31、上阴入 43、下阴入 33、阳入 31。

今调域的分布情况（见图 14－9b）：

阴平在 451～452 之间；阳平在 31～32 之间；阴上在 33～44 之间；阳上在 23～34 之间；阴去在 41～52 之间；阳去在 31～32 之间；上阴入在 43～54 之间；下阴入在 33～44 之间；阳入主要在 32 的范围。

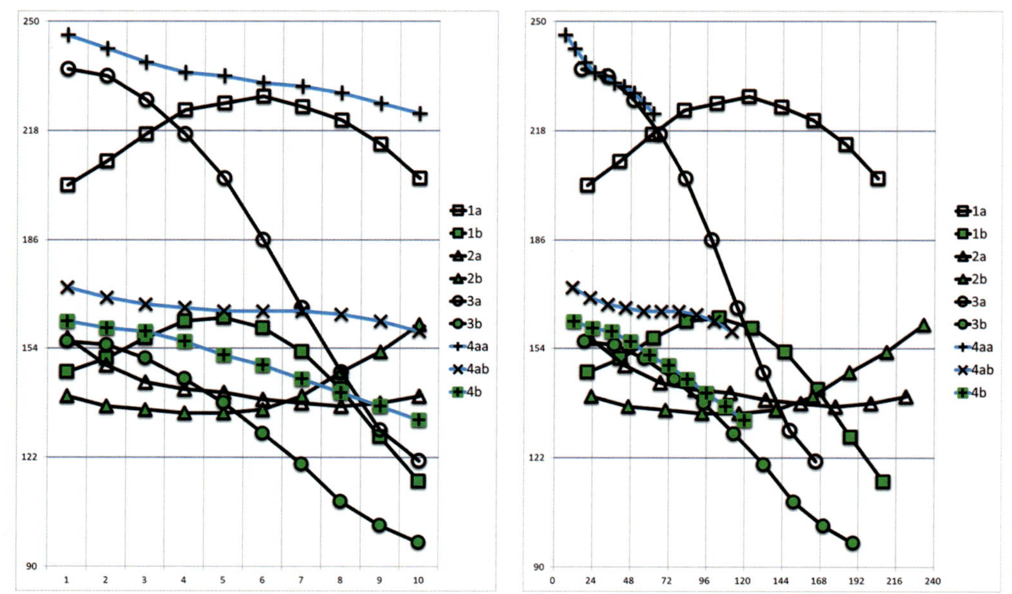

图 14－9c　单字调等长、实长音高模式－广西玉林－YM

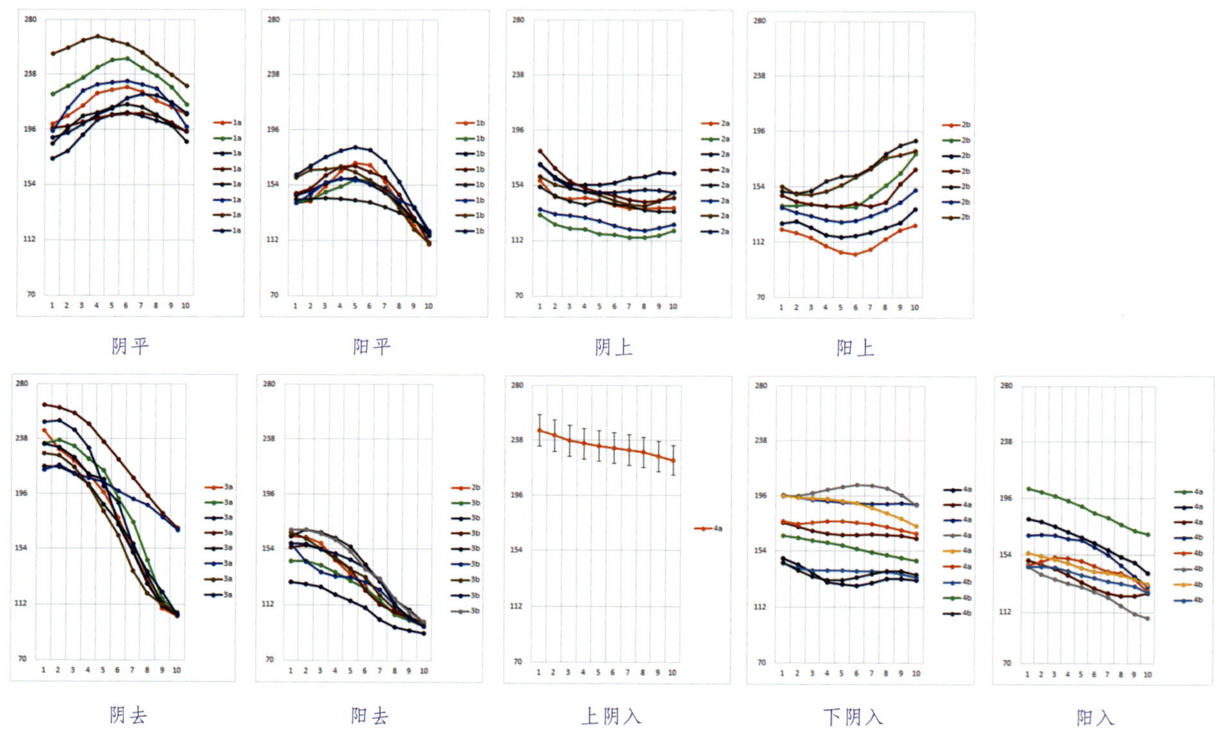

图 14－9d　今声调调域分布范围－广西玉林－YM

青男的声调有 9 个（见图 14－9c）：

阴平 454、阳平 231、阴上 32、阳上 23、阴去 52、阳去 31、上阴入 54、下阴入 33、阳入 32。

今调域的分布情况（见图 14－9d）：

阴平在 343～454 之间；阳平在 21～332 之间；阴上在 22～33 之间；阳上在 212～23 之间；阴去在 41～53 之间；阳去在 21～32 之间；上阴入主要在 54 的范围；下阴入在 22～44 之间；阳入主要在 32～43 之间。

14.2 四邑片

1. 台山台城

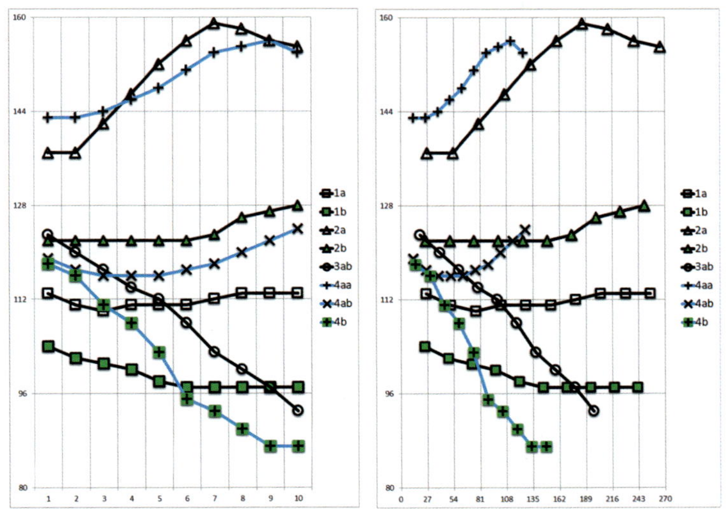

图 14－10a 单字调等长、实长音高模式－台山台城－OM

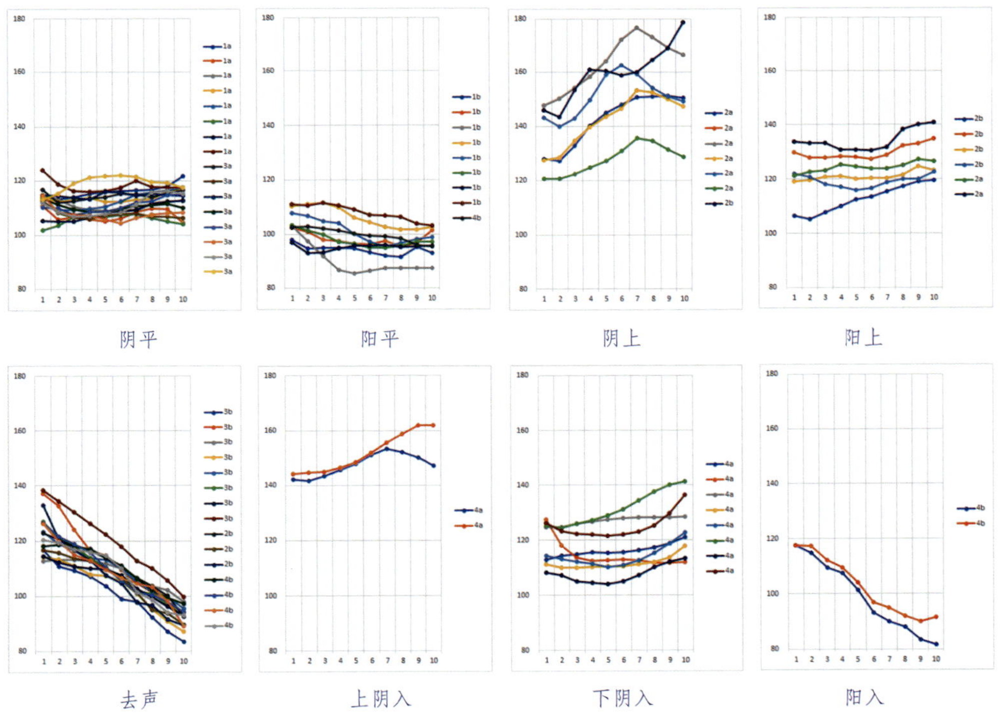

图 14－10b 今声调调域分布范围－台山台城－OM

老男的声调有 8 个（见图 14－10a）：

阴平 33、阳平 22、阴上 45、阳上 33、去声 31、上阴入 45、下阴入 33、阳入 31。

今调域的分布情况（见图 14－10b）：

阴平在 22～33 之间；阳平在 21～22 之间；阴上在 34～45 之间；阳上在 23～33 之间；去声在 21～31 之间；上阴入主要在 45 的范围；下阴入在 22～23 之间；阳入主要在 21 的范围。

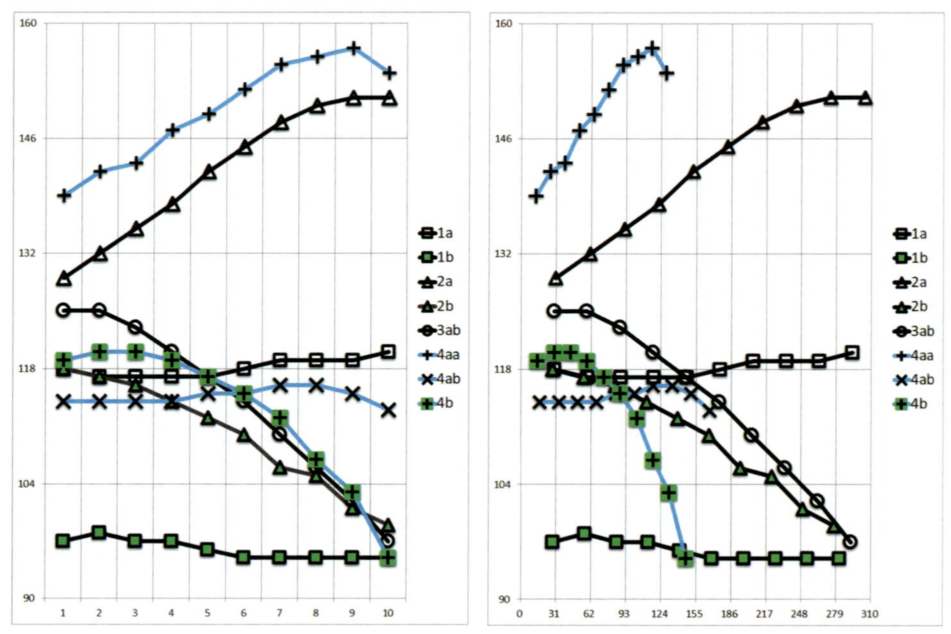

图 14－10c　单字调等长、实长音高模式－台山台城－YM

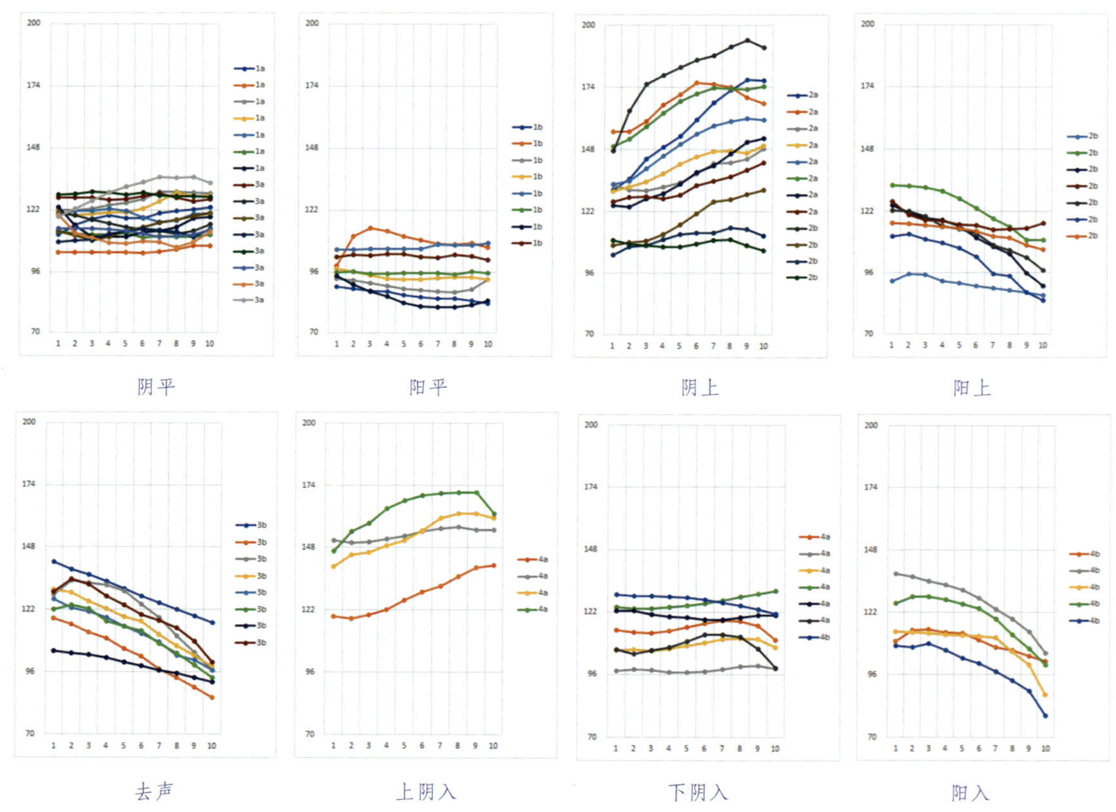

图 14－10d　今声调调域分布范围－台山台城－YM

青男的声调有 8 个（见图 14－10c）：

阴平 33、阳平 11、阴上 35、阳上 31、去声 31、上阴入 45、下阴入 22、阳入 31。

今调域的分布情况（见图 14－10d）：

阴平在 22～33 之间；阳平主要在 11～22 之间；阴上在 23～45 之间；阳上主要在 21～32 之间；去声在 21～32 之间；上阴入在 23～34 之间；下阴入主要在 22～33 之间；阳入在 21～32 之间。

2. 新会会城

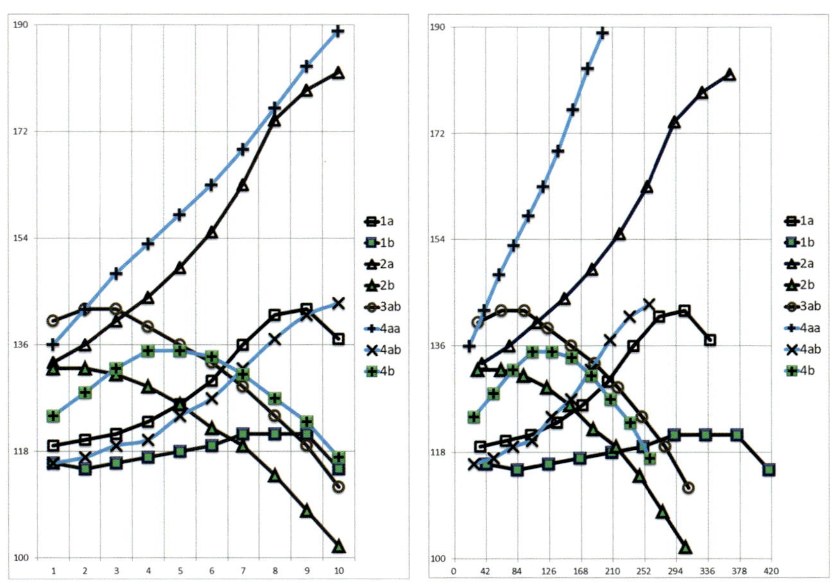

图 14－11a　单字调等长、实长音高模式－新会会城－OM

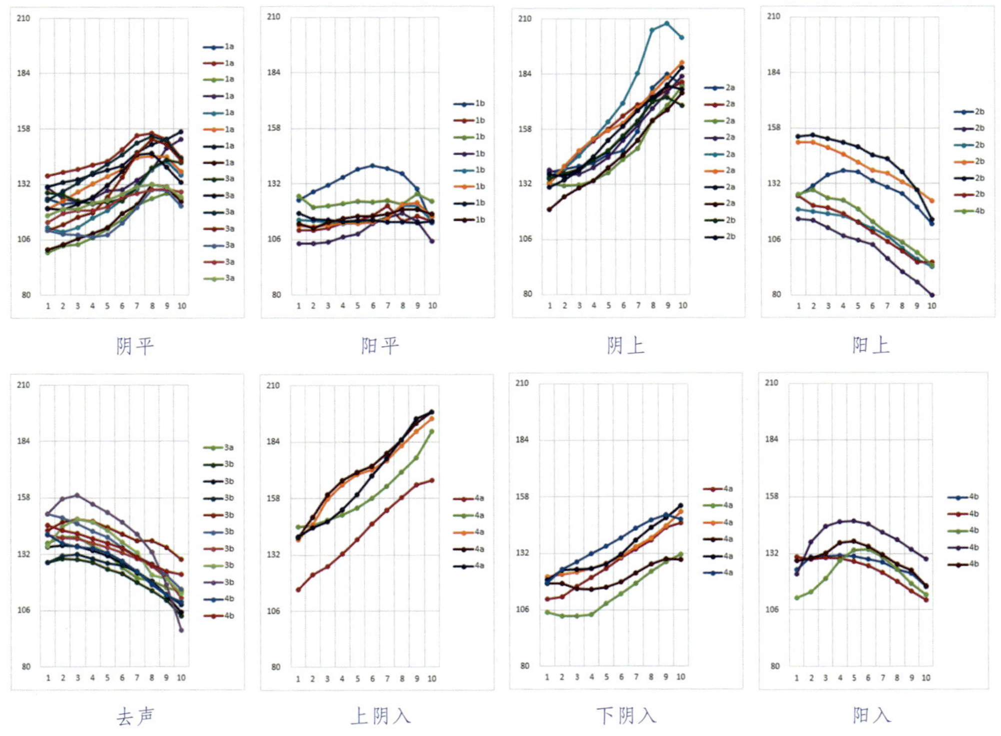

图 14－11b　今声调调域分布范围－新会会城－OM

老男的声调有 8 个（见图 14－11a）：

阴平 23、阳平 22、阴上 25、阳上 21、去声 31、上阴入 35、下阴入 23、阳入 232。

今调域的分布情况（见图 14－11b）：

阴平在 12～34 之间；阳平在 22～23 之间；阴上在 24～35 之间；阳上在 21～32 之间；去声在 21～32 之间；上阴入在 24～35 之间；下阴入在 12～23 之间；阳入主要在 232 的范围。

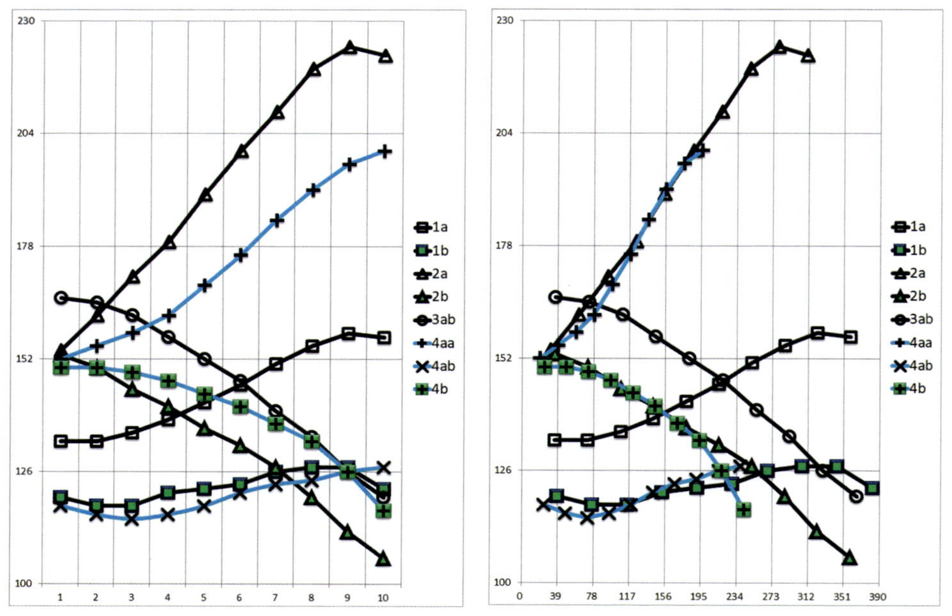

图 14－11c　单字调等长、实长音高模式－新会会城－YM

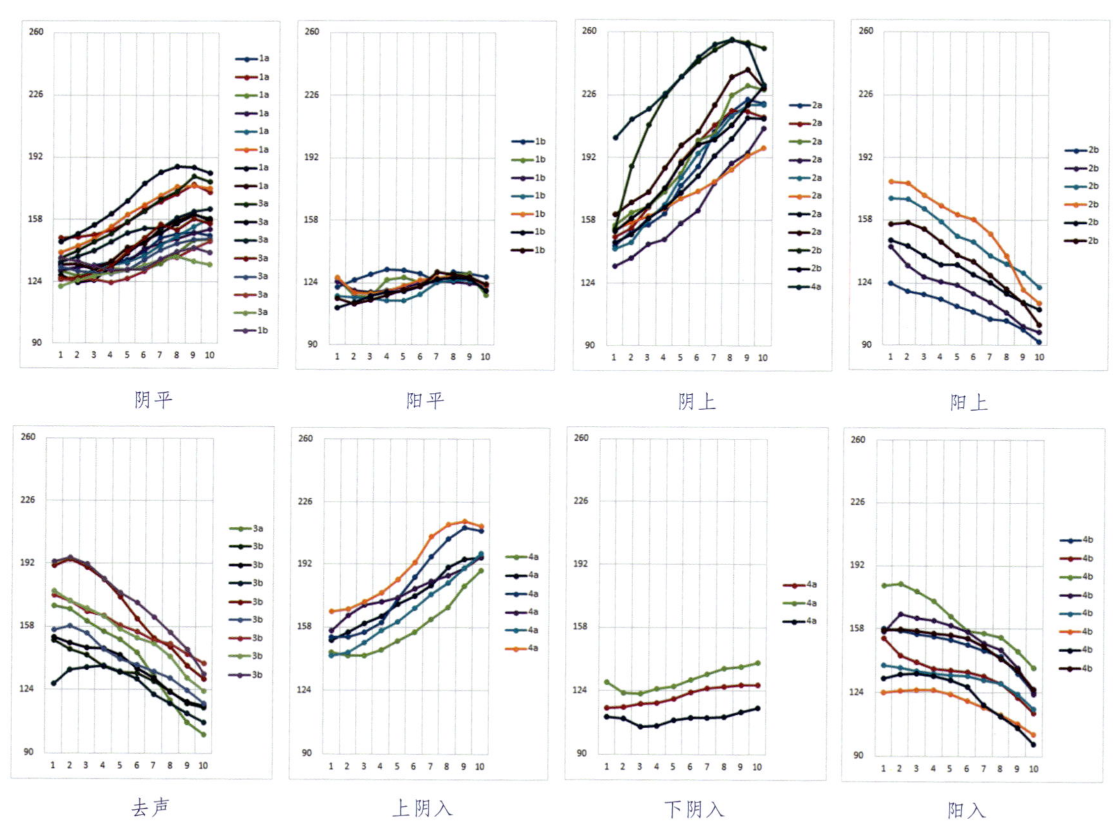

图 14－11d　今声调调域分布范围－新会会城－YM

青男的声调有 8 个（见图 14－11c）：

阴平 23、阳平 22、阴上 35、阳上 21、去声 32、上阴入 34、下阴入 22、阳入 21。

今调域的分布情况（见图 14－11d）：

阴平主要在 23 的范围；阳平在 11～22 之间；阴上在 24～45 之间；阳上主要在 21～31 之间；去声主要在 32 的范围；上阴入在 23～34 之间；下阴入在 11～22 之间；阳入在 21～32 之间。

3. 江门开平

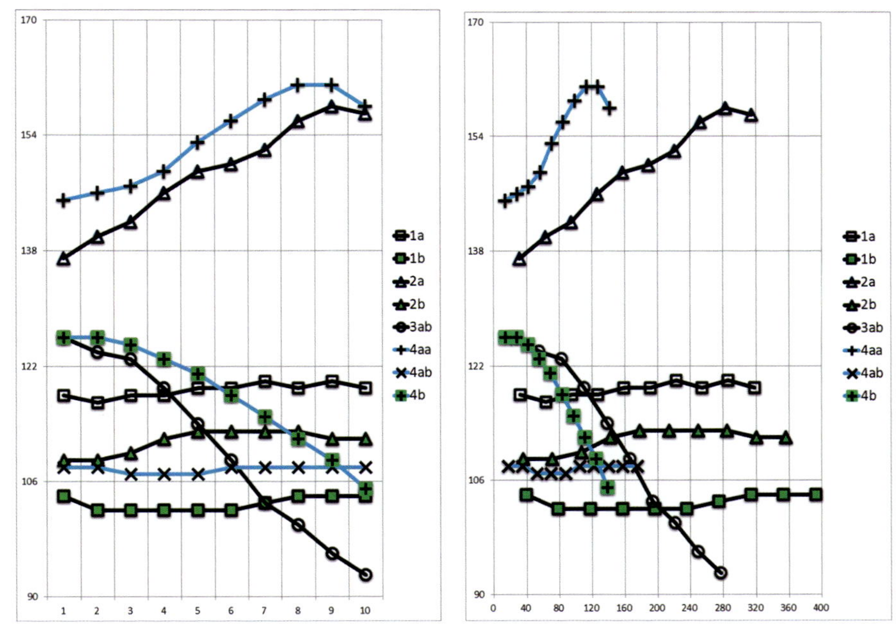

图 14－12a　单字调等长、实长音高模式－江门开平－OM

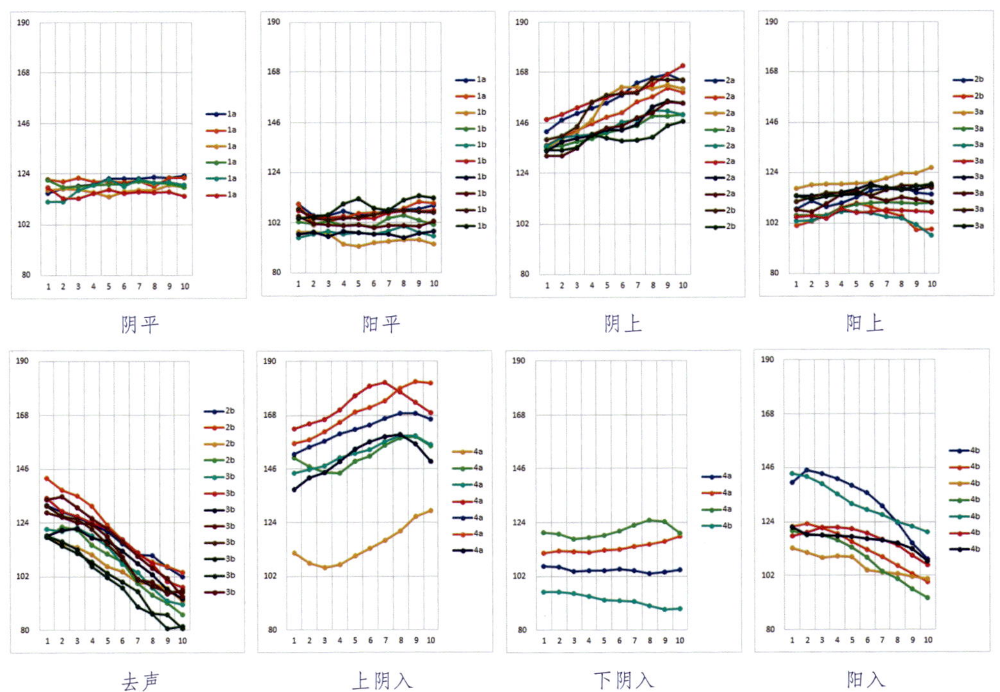

图 14－12b　今声调调域分布范围－江门开平－OM

老男的声调有 8 个（见图 14－12a）：

阴平 33、阳平 11、阴上 35、阳上 22、去声 31、上阴入 45、下阴入 22、阳入 32。

今调域的分布情况（见图 14－12b）：

阴平在 22～33 之间；阳平在 11～22 之间；阴上在 34～45 之间；阳上主要在 22 的范围；去声在 21～32 之间；上阴入在 23～45 之间；下阴入在 11～22 之间；阳入在 21～32 之间。

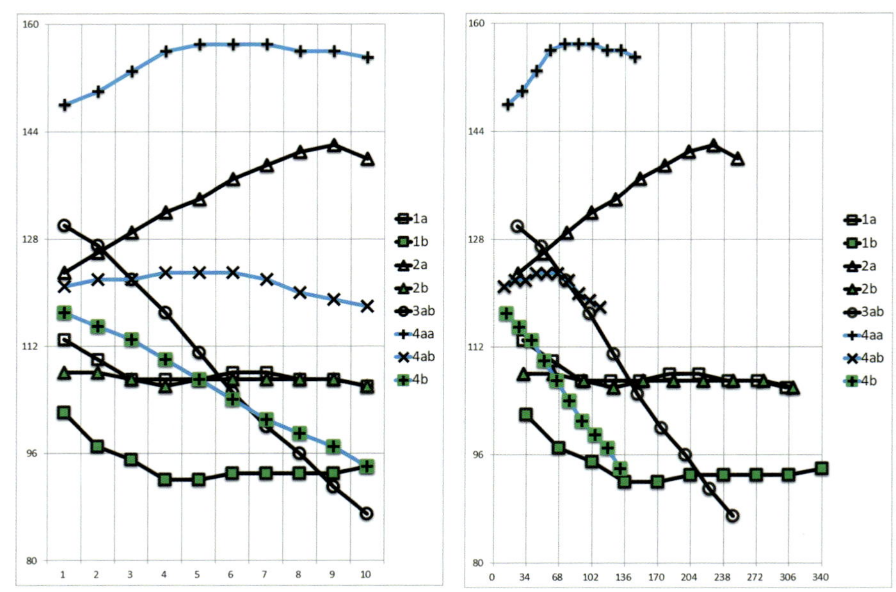

图 14－12c　单字调等长、实长音高模式－江门开平－YM

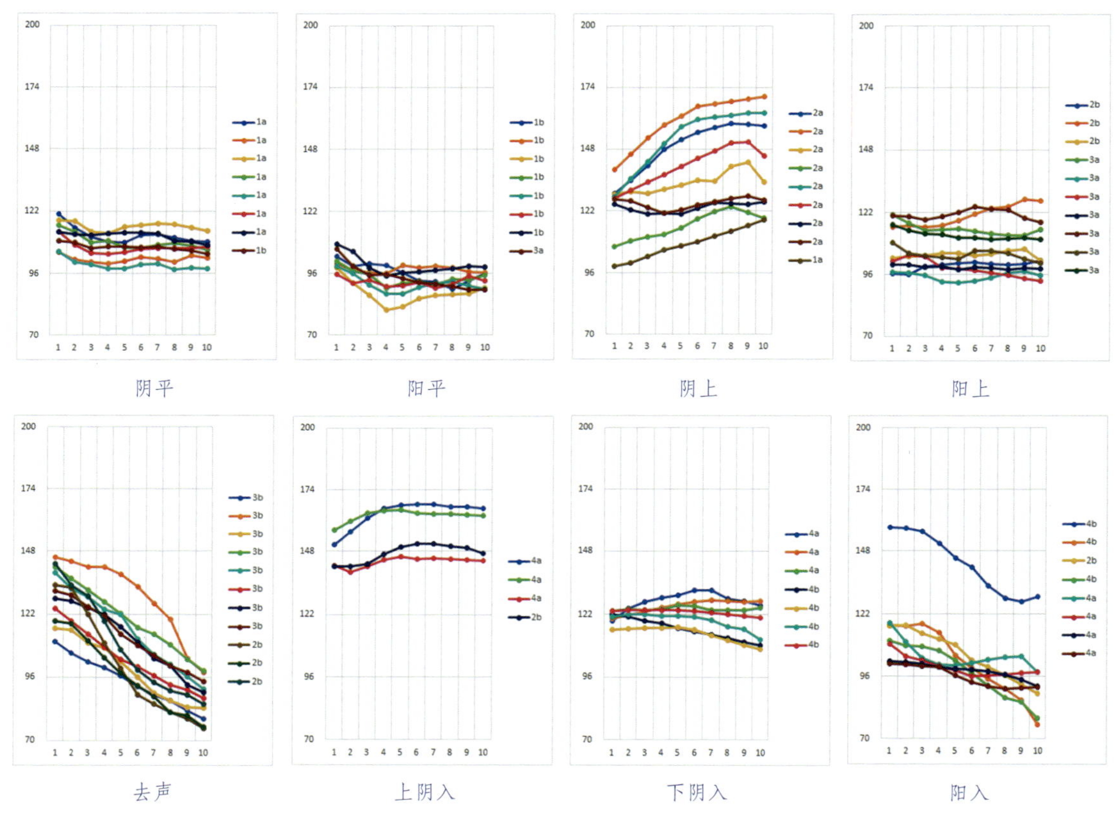

图 14－12d　今声调调域分布范围－江门开平－YM

青男的声调有 8 个（见图 14－12c）：

阴平 322、阳平 211、阴上 34、阳上 22、去声 41、上阴入 <u>45</u>、下阴入 <u>33</u>、阳入 <u>32</u>。

今调域的分布情况（见图 14－12d）：

阴平主要在 22 的范围；阳平在 11～22 之间；阴上在 23～34 之间；阳上在 22～33 之间；去声在 21～32 之间；上阴入在 <u>33</u>～<u>44</u> 之间；下阴入在 <u>22</u>～<u>33</u> 之间；阳入在 <u>21</u>～<u>43</u> 之间。

14.3 高阳片

1. 阳江江城

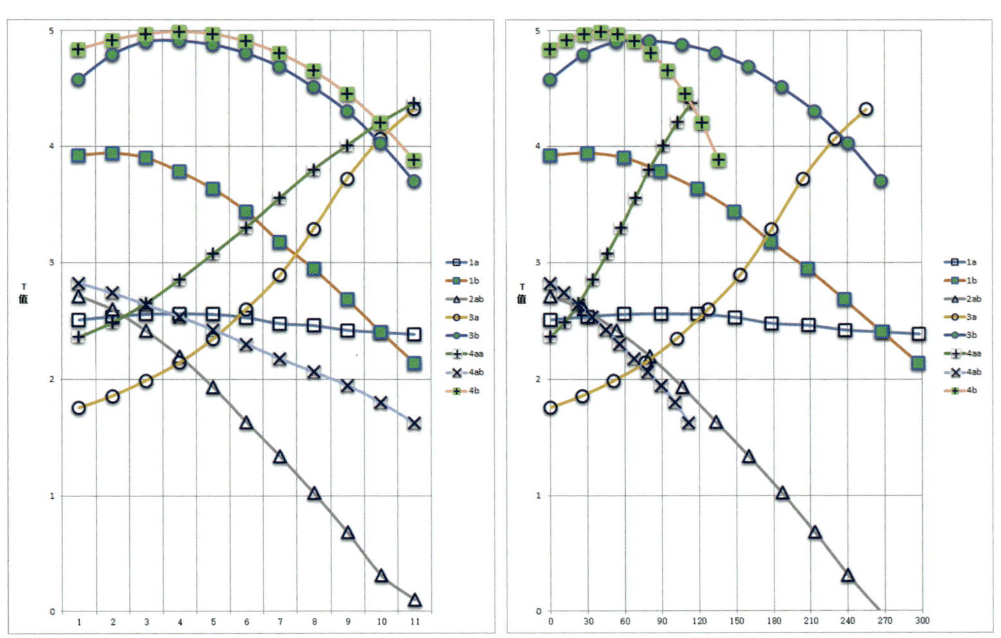

图 14－13a 单字调等长、实长音高模式－阳江江城－OM

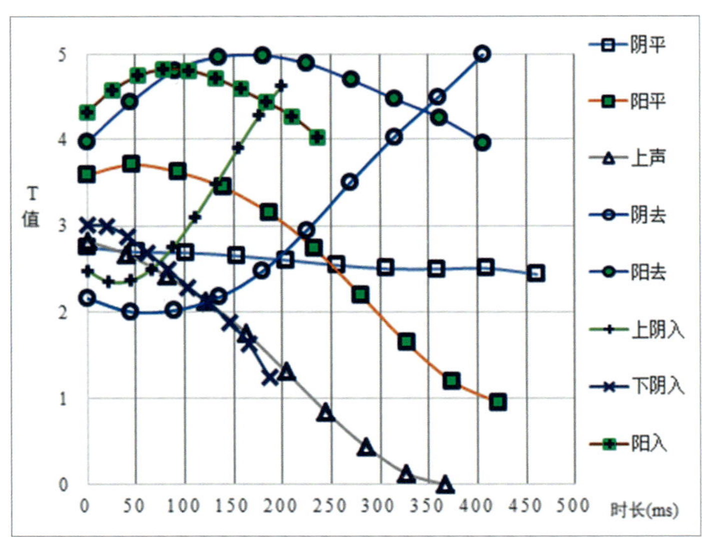

图 14－13b 单字调实长音高模式－阳江江城－OF

老男的声调有 8 个（见图 14－13a）：

阴平 33、阳平 42、上声 31、阴去 25、阳去 54、上阴入 35、下阴入 32、阳入 54。

老女的声调有 8 个（见图 14－13b）：

阴平 33、阳平 42、上声 31、阴去 35、阳去 454、上阴入 35、下阴入 32、阳入 454。

江城区两位老年发音人的数据较为一致。

2. 阳江阳春

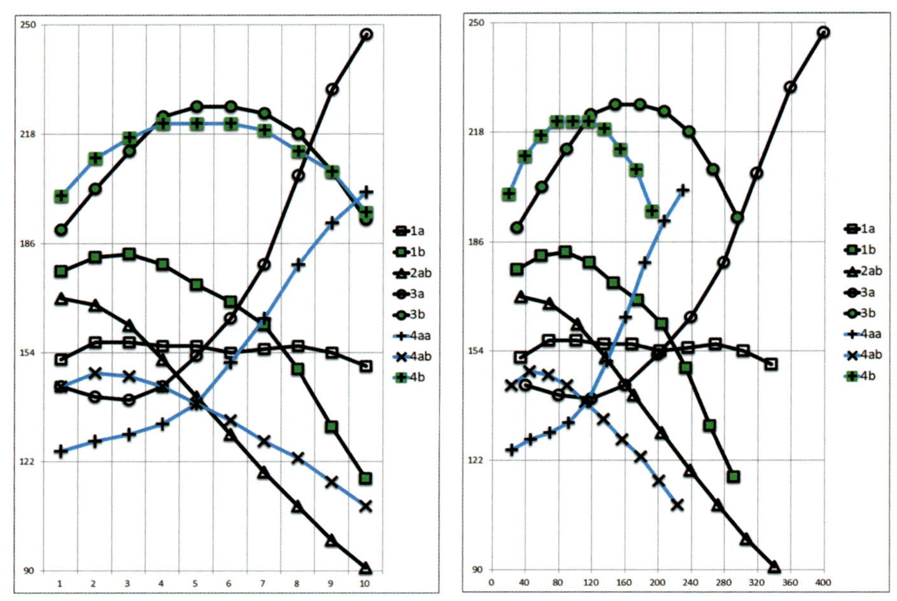

图 14－14a　单字调等长、实长音高模式－阳江阳春－OM

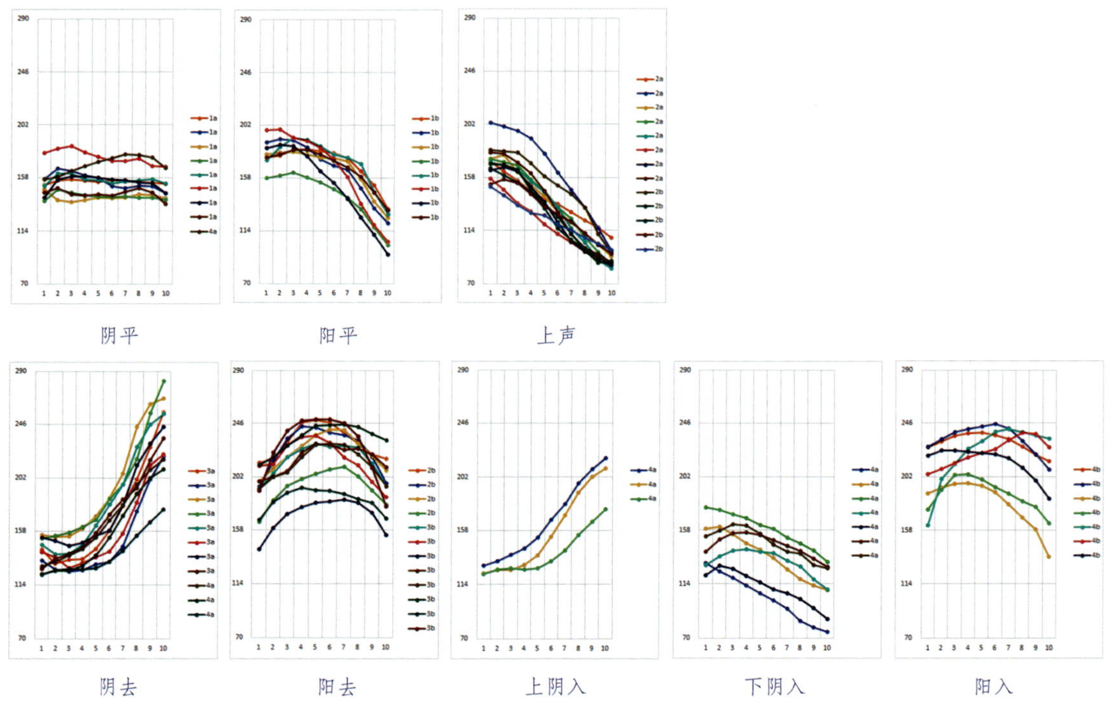

图 14－14b　今声调调域分布范围－阳江阳春－OM

老男的声调有 8 个（见图 14－14a）：

阴平 33、阳平 32、上声 31、阴去 25、阳去 454、上阴入 24、下阴入 21、阳入 454。

今调域的分布情况（见图 14－14b）：

阴平在 22～33 之间；阳平主要在 32 的范围；上声在 21～31 之间；阴去在 23～25 之间；阳去在 33～44 之间，有拱度；上阴入在 23～24 之间；下阴入在 21～32 之间；阳入在 343～454 之间。

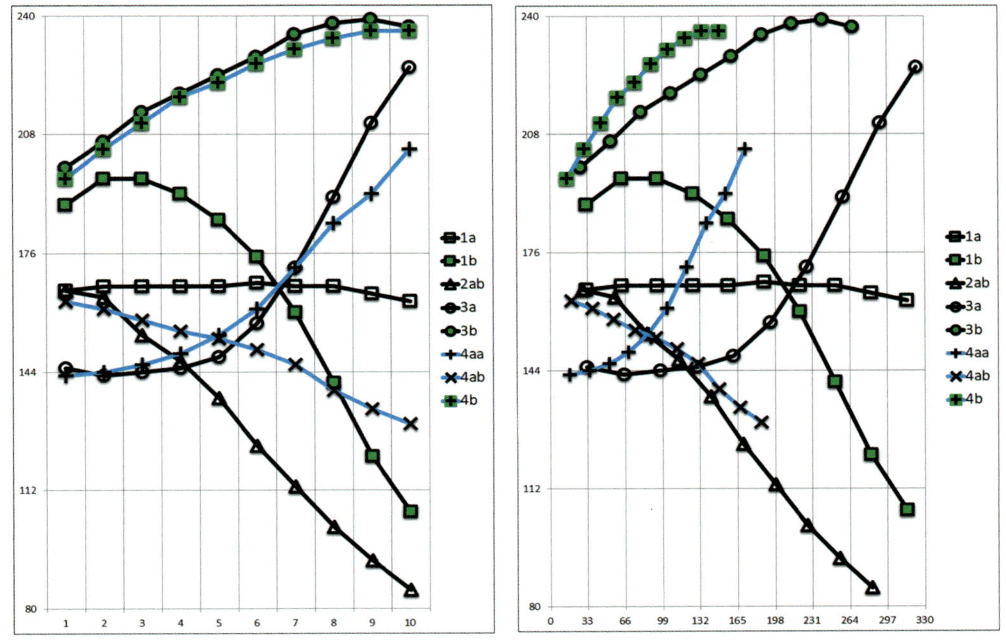

图 14－14c　单字调等长、实长音高模式－阳江阳春－YM

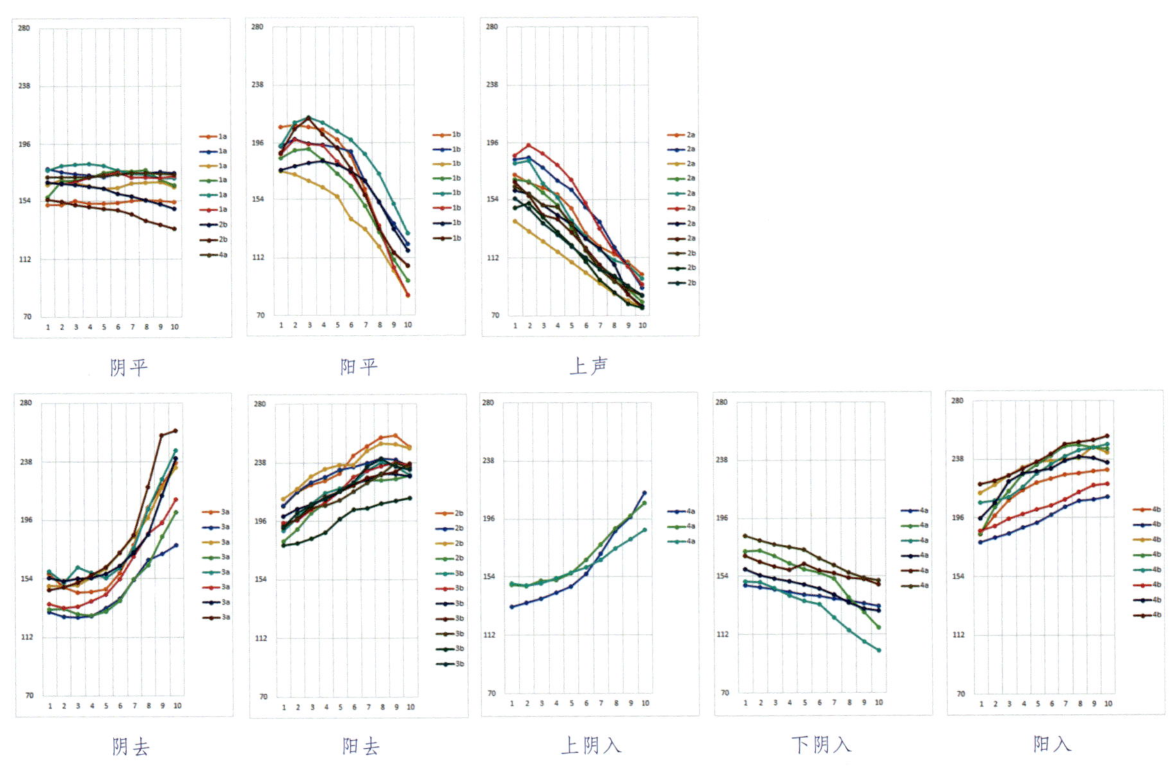

图 14－14d　今声调调域分布范围－阳江阳春－YM

青男的声调有 8 个（见图 14－14c）：

阴平 33、阳平 42、上声 31、阴去 35、阳去 45、上阴入 34、下阴入 32、阳入 45。

今调域的分布情况（见图 14－14d）：

阴平在 22～33 之间；阳平在 31～42 之间；上声在 21～31 之间；阴去在 23～25 之间；阳去在 34～45 之间；上阴入在 23～34 之间；下阴入在 21～32 之间；阳入在 34～45 之间。

3. 阳江阳东

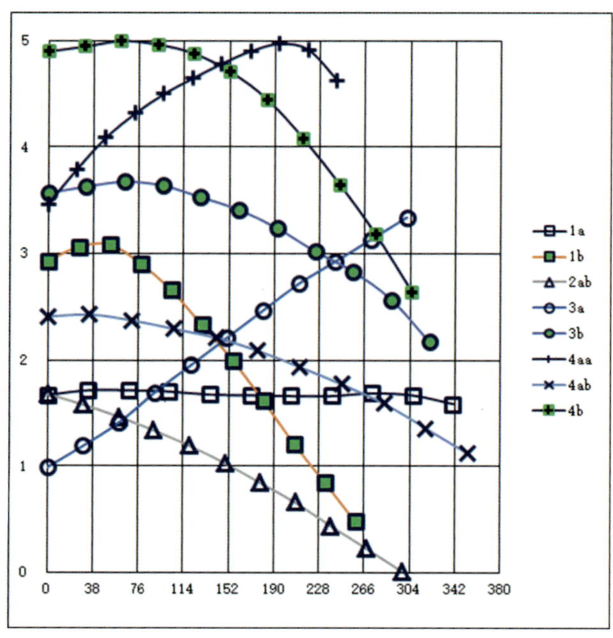

图 14－15a 单字调实长音高模式－阳东大八－OM

阳东大八的声调有 8 个（见图 14－15a）：

阴平 22、阳平 41、上声 21、阴去 24、阳去 43、上阴入 45、下阴入 32、阳入 53。

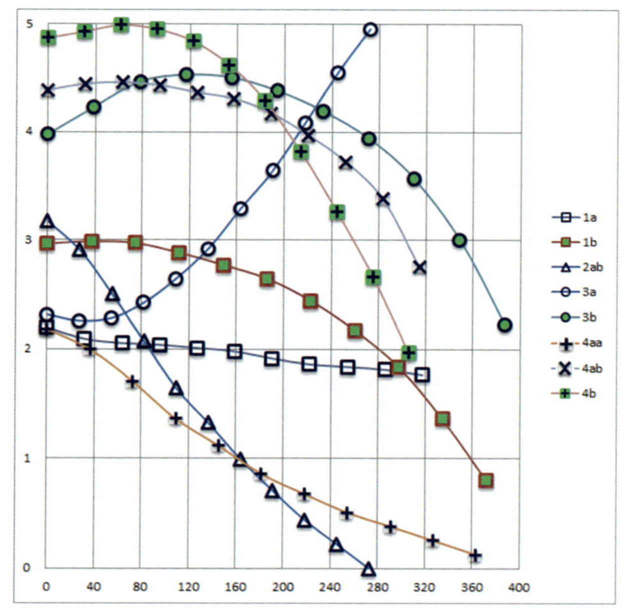

图 14－15b 单字调实长音高模式－阳东新洲－OM

阳东新洲的声调有 8 个（见图 14－15b）：

阴平 33、阳平 32、上声 31、阴去 35、阳去 53、上阴入 31、下阴入 42、阳入 53。

上述阳东两个点的粤方言单字调，是两位年老的男性发音人的材料，他们共同的特点是在读单字音时，将每个字都拖得很长，即便是入声也将元音部分读得很长，可能是为了强调。

4. 茂名高州

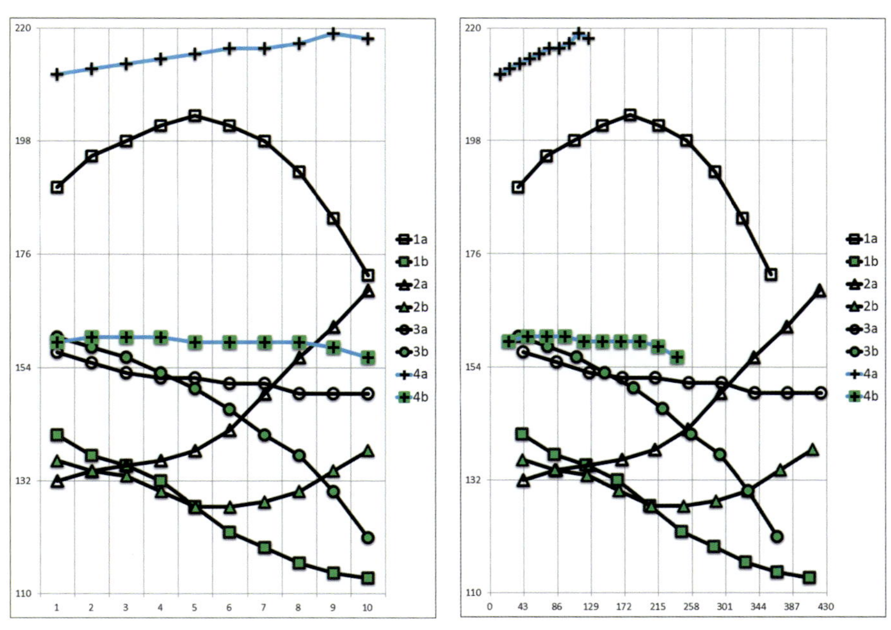

图 14－16a　单字调等长、实长音高模式－茂名高州－OM

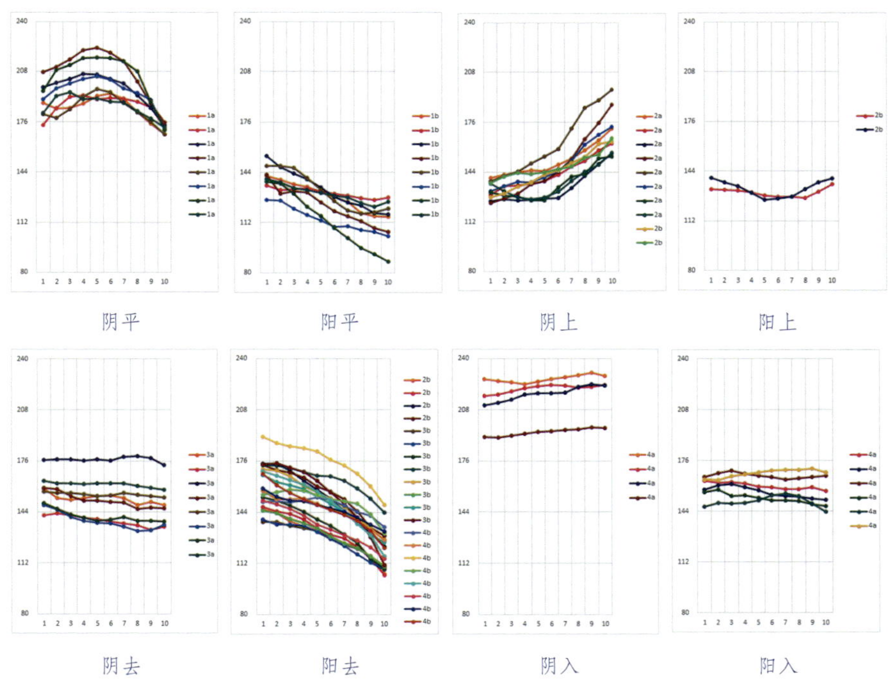

图 14－16b　今声调调域分布范围－茂名高州－OM

老男的声调有 8 个（见图 14－16a）：

阴平 453、阳平 21、阴上 23、阳上 22、阴去 33、阳去 31、阴入 55、阳入 33。

今调域的分布情况（见图 14－16b）：

阴平在 343～454 之间；阳平在 21～32 之间；阴上在 23～24 之间；阳上主要在 22 的范围；阴去在 22～33 之间；阳去在 21～43 之间；阴入在 44～55 之间；阳入主要在 33 的范围。

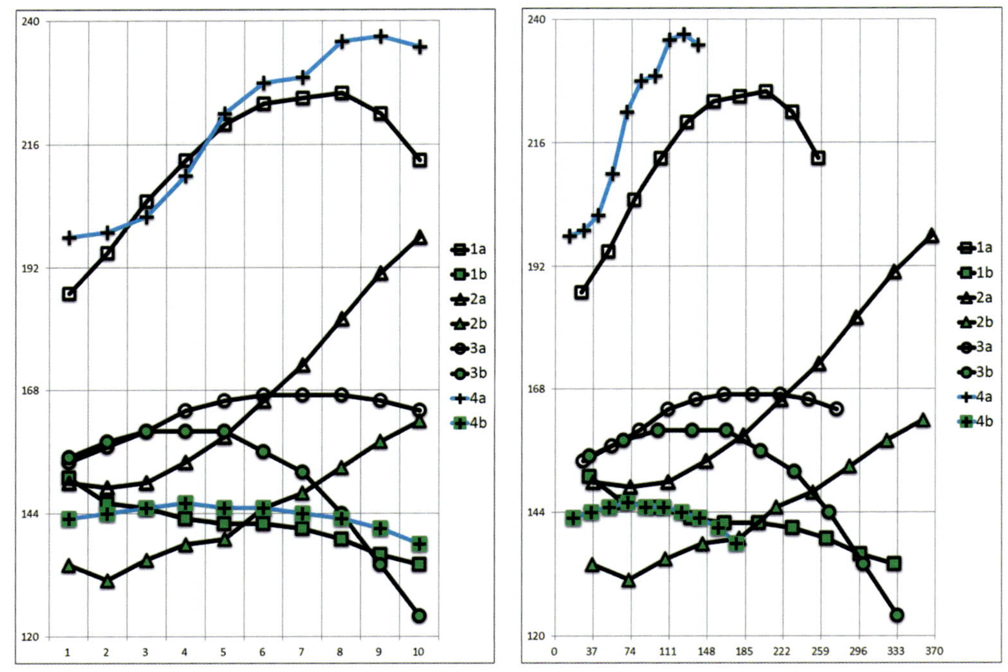

图 14－16c 单字调等长、实长音高模式－茂名高州－YM

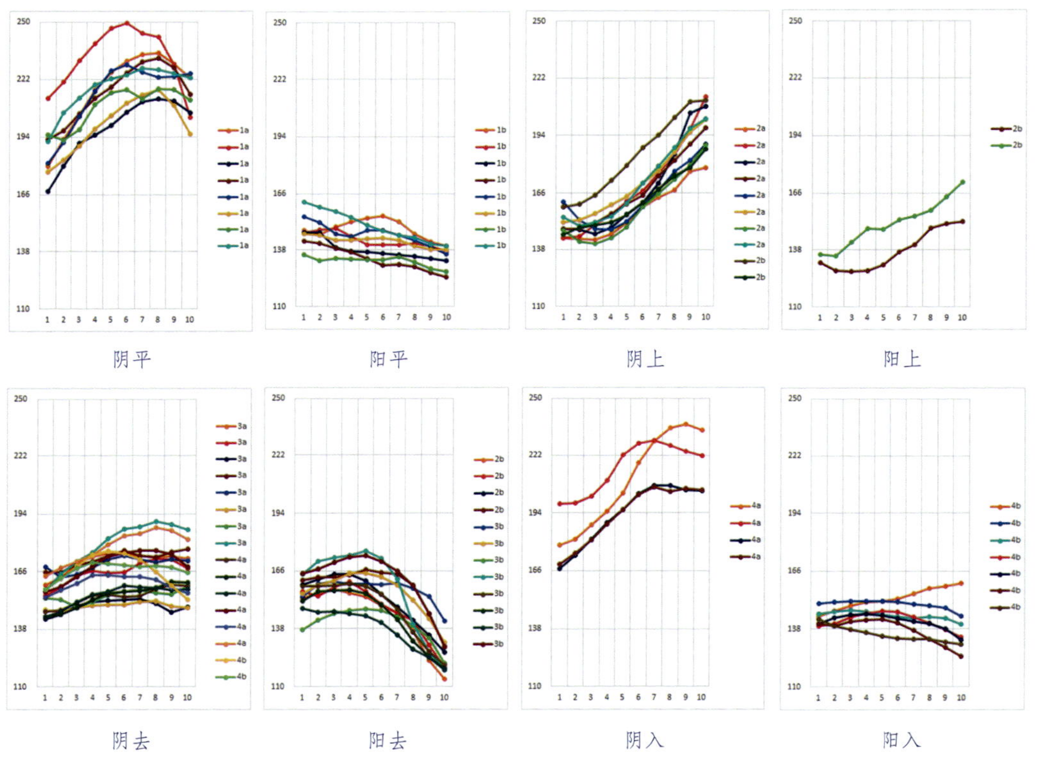

图 14－16d 今声调调域分布范围－茂名高州－YM

青男的声调有 8 个（见图 14－16c）：

阴平 35、阳平 22、阴上 24、阳上 12、阴去 33、阳去 21、阴入 45、阳入 22。

今调域的分布情况（见图 14－16d）：

阴平在 34～45 之间；阳平在 11～22 之间；阴上在 23～24 之间；阳上在 12～13 之间；阴去在 22～33 之间；阳去在 21～32 之间；阴入在 34～45 之间；阳入在 11～22 之间。

下面我们补充一位青女的声调数据：

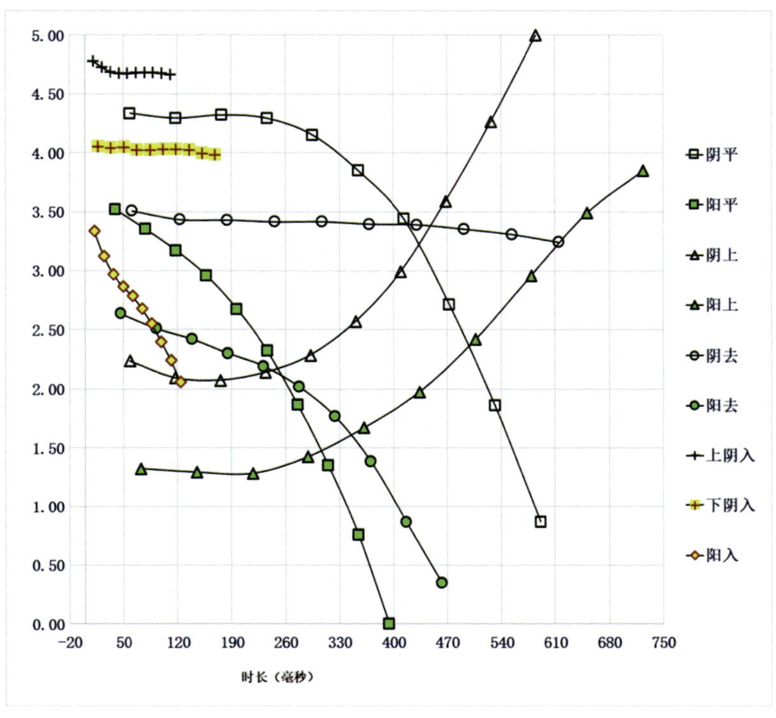

图 14－16e　单字调实长音高模式－茂名高州－YF

青女的声调有 9 个（见图 14－16e）：

阴平 52、阳平 41、阴上 35、阳上 24、阴去 44、阳去 31、上阴入 55、下阴入 44、阳入 43。

青女的单字调有 9 个，阴入分为上阴入、下阴入，但是非常接近，与广州话一致，可能是受广州话的影响。

5. 廉江廉城

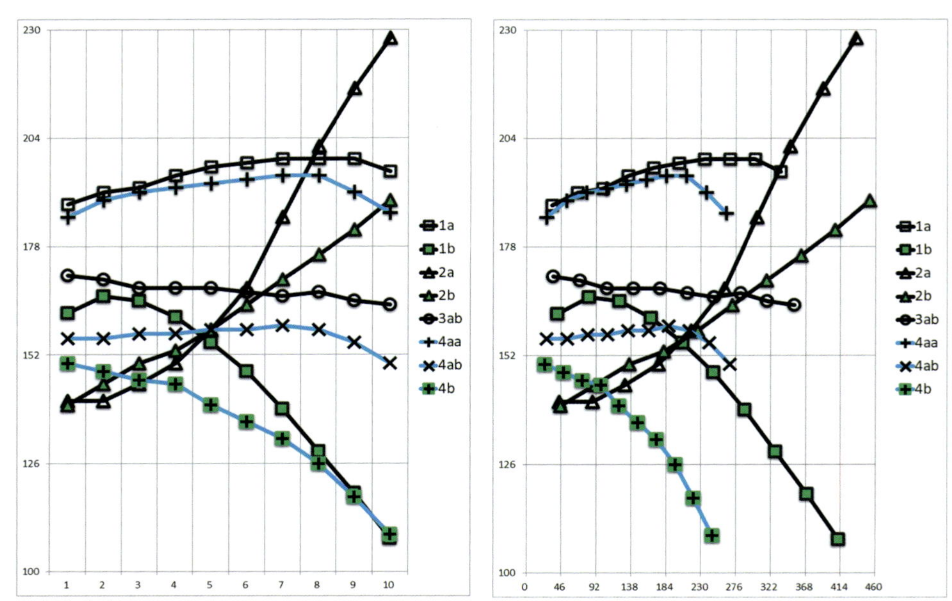

图 14－17a　单字调等长、实长音高模式－廉江廉城－OM

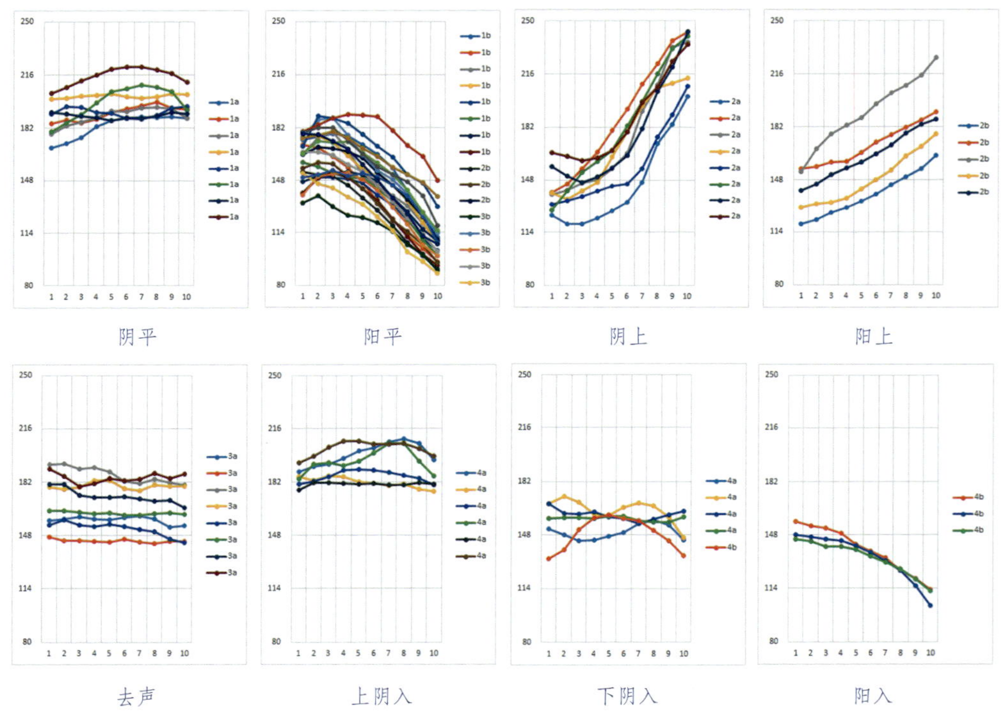

图 14－17b　今声调调域分布范围－廉江廉城－OM

老男的声调有 8 个（见图 14－17a）：

阴平 44、阳平 31、阴上 25、阳上 24、去声 33、上阴入 44、下阴入 33、阳入 21。

今调域的分布情况（见图 14－17b）：

阴平在 44～55 之间；阳平在 21～43 之间；阴上在 24～35 之间；阳上在 23～35 之间；去声在 22～44 之间；上阴入主要在 44 的范围；下阴入主要在 33 的范围；阳入在 21～32 之间。

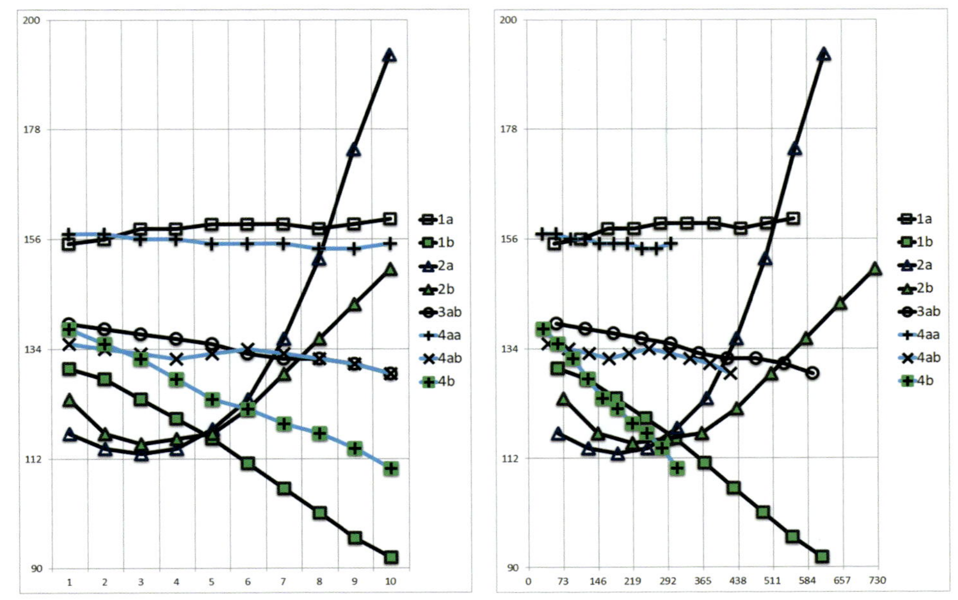

图 14－17c　单字调等长、实长音高模式－廉江廉城－YM

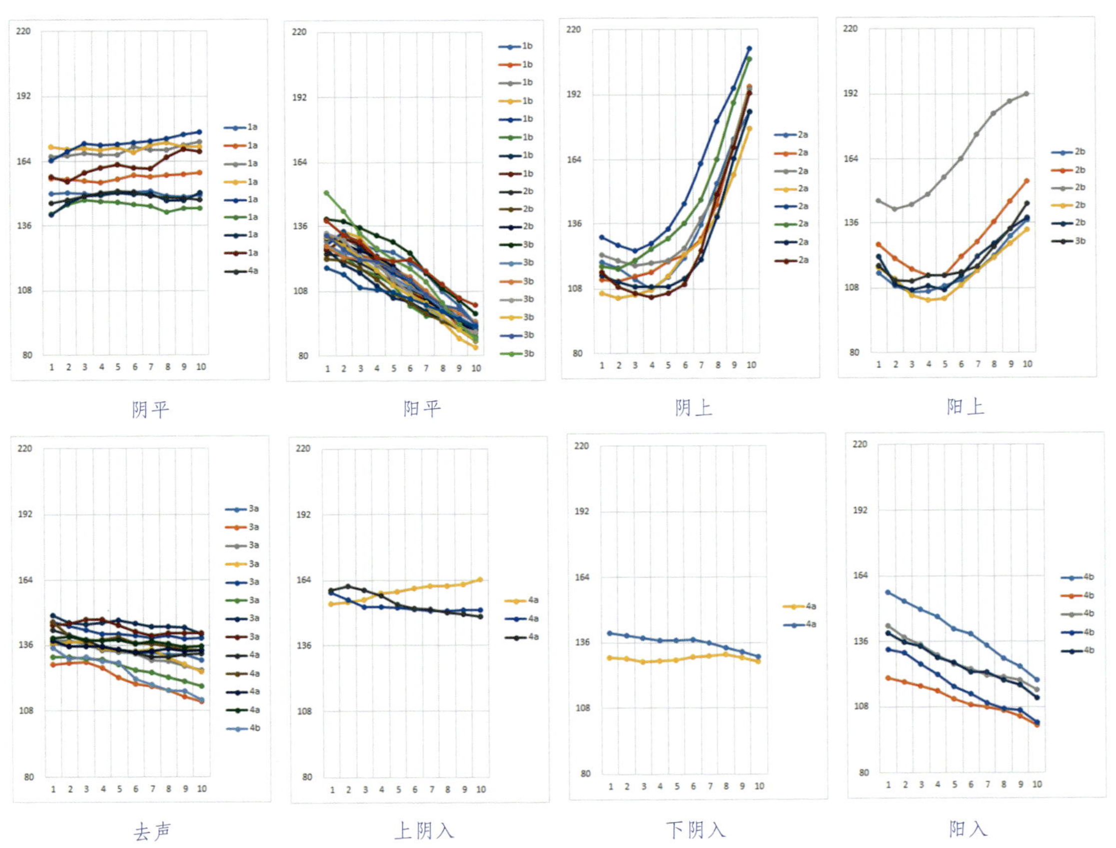

图 14－17d　今声调调域分布范围－廉江廉城－YM

青男的声调有 8 个（见图 14－17c）：

阴平 44、阳平 21、阴上 25、阳上 23、去声 33、上阴入 44、下阴入 33、阳入 32。

今调域的分布情况（见图 14－17d）：

阴平在 33～44 之间；阳平在 21～31 之间；阴上主要在 24～25 之间；阳上主要在 23～34 之间；去声在 22～33 之间；上阴入主要在 33 的范围；下阴入在 22～33 之间；阳入在 21～ 32 之间。

14.4 吴化片①

1. 湛江吴川

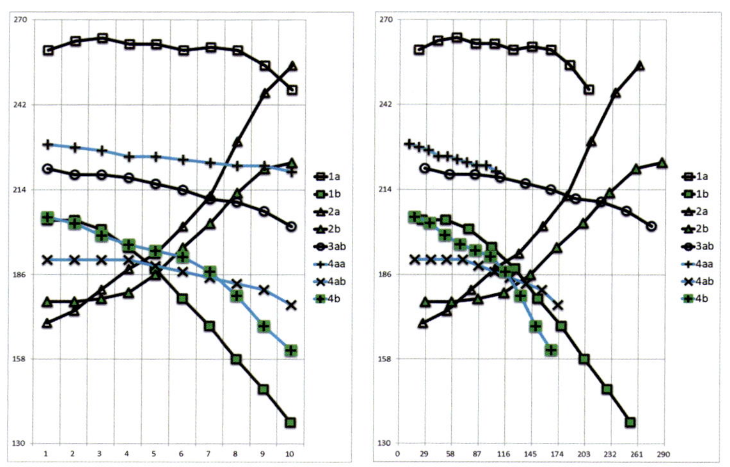

图 14－18a 单字调等长、实长音高模式－湛江吴川－OM

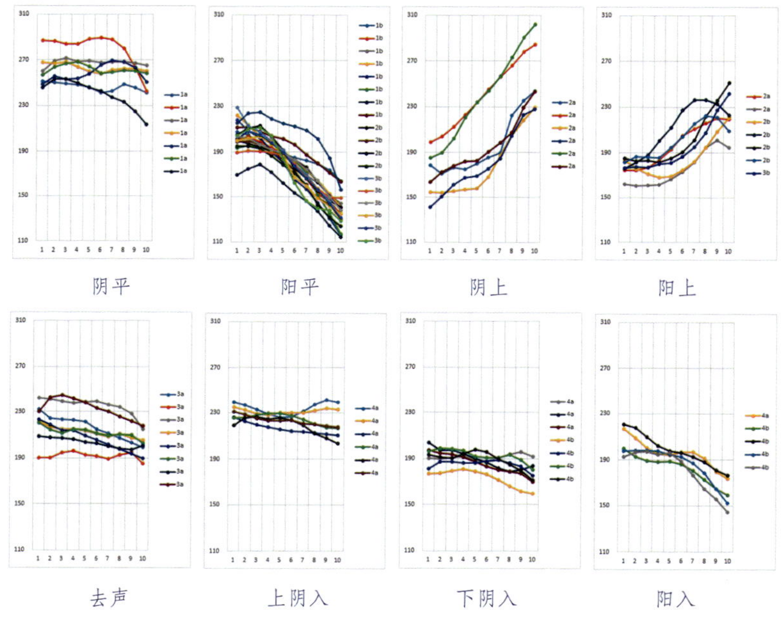

图 14－18b 今声调调域分布范围－湛江吴川－OM

老男的声调有 8 个（见图 14－18a）：

阴平 55、阳平 31、阴上 25、阳上 24、去声 43、上阴入 44、下阴入 33、阳入 32。

今调域的分布情况（见图 14－18b）：

阴平主要在 44～55 之间；阳平在 21～32 之间；阴上在 23～35 之间；阳上在 23～24 之间；去声在 33～44 之间；上阴入在 33～44 之间；下阴入在 22～33 之间；阳入在 31～32 之间。

---

① 吴化片，《中国语言地图集》（2012）中化州东部归两阳片，本书为了方便，暂将化州的点放在这里。

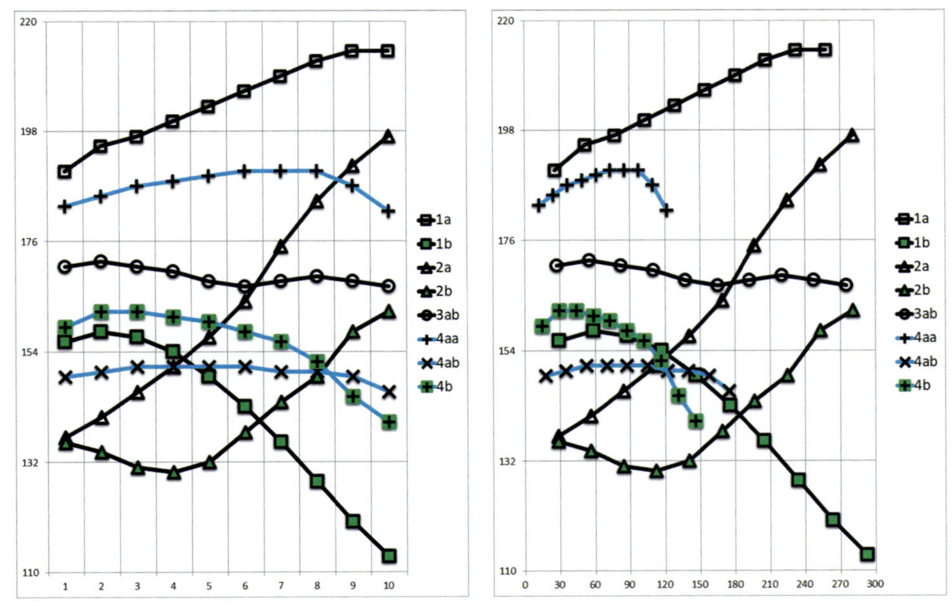

图 14－18c　单字调等长、实长音高模式－湛江吴川－YM

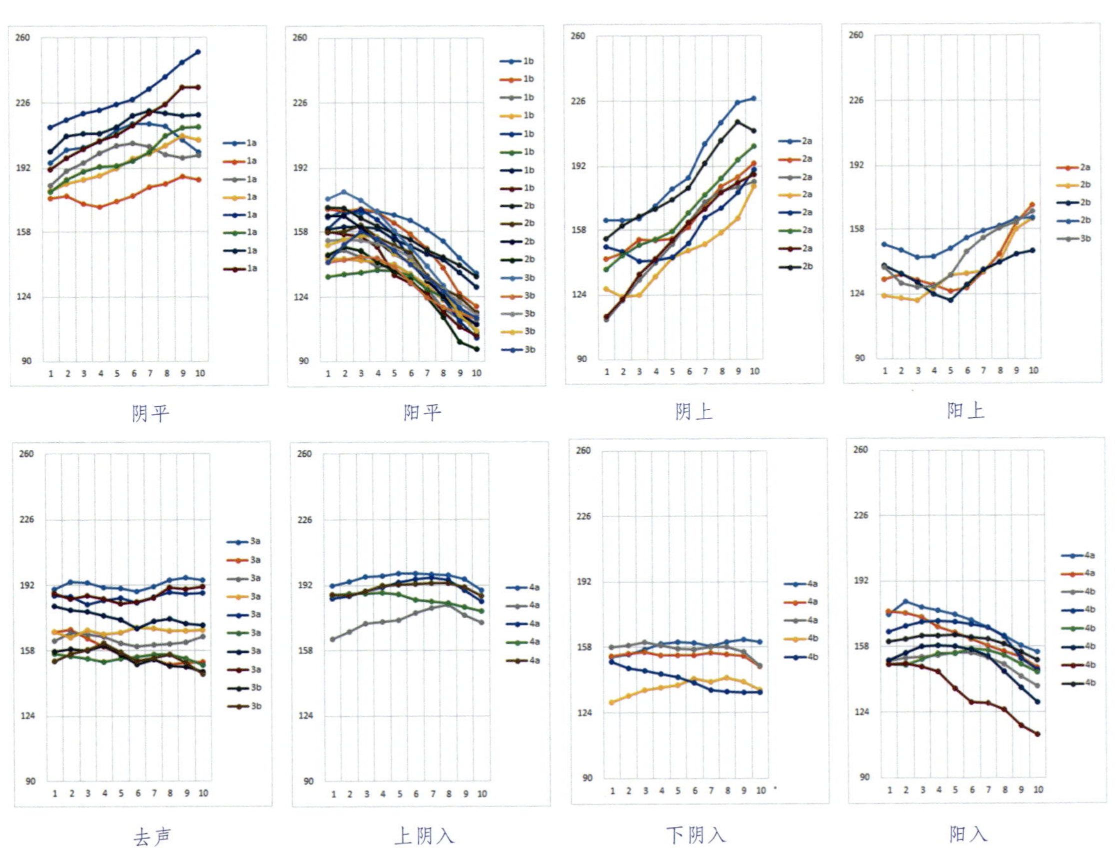

图 14－18d　今声调调域分布范围－湛江吴川－YM

青男的声调有 8 个（见图 14－18c）：

阴平 45、阳平 31、阴上 24、阳上 23、去声 33、上阴入 44、下阴入 22、阳入 32。

今调域的分布情况（见图 14－18d）：

阴平在 34～45 之间；阳平在 21～32 之间；阴上在 13～35 之间；阳上在 12～23 之间；去声在 22～33 之间；上阴入在 33～44 之间；下阴入在 22～33 之间；阳入在 21～32 之间。

2. 化州河西

化州粤语分为上江话和下江话，上江话分布在中部和东部，以市区的方言为代表，下江话分布在南部长岐、杨梅、同庆等地，以长岐镇南安墟话为代表①。下面是化州上江话代表点的声调情况。

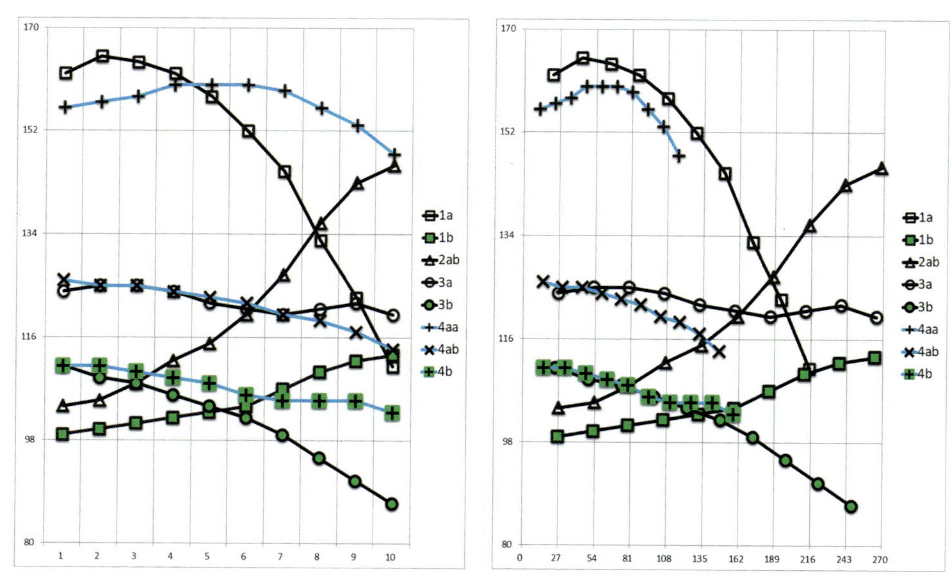

图 14－19a 单字调等长、实长音高模式－化州河西－OM

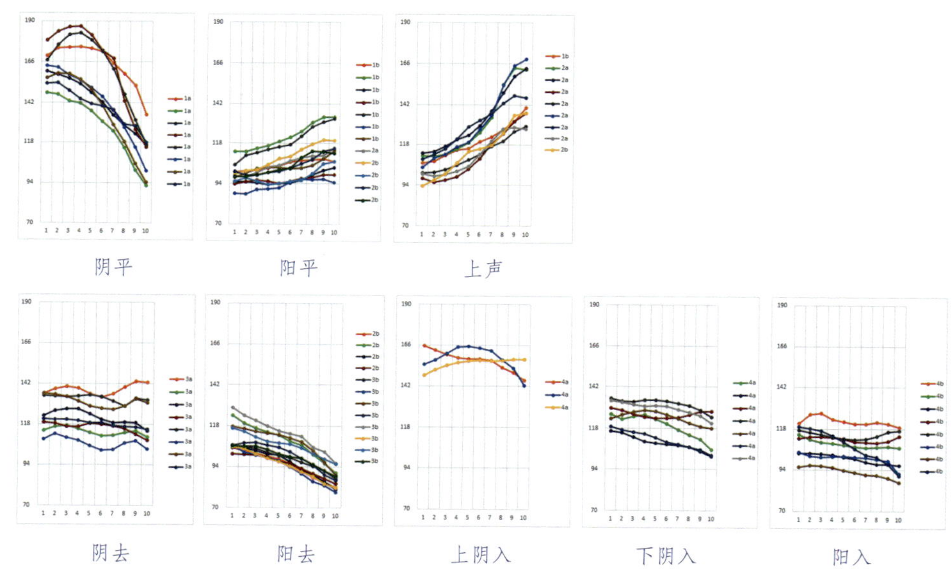

图 14－19b 今声调调域分布范围－化州河西－OM

老男的声调有 8 个（见图 14－19a）：

阴平 52、阳平 23、上声 24、阴去 33、阳去 21、上阴入 54、下阴入 33、阳入 22。

今调域的分布情况（见图 14－19b）：

阴平在 42～53 之间；阳平在 12～23 之间；上声在 23～25 之间；阴去在 22～23 之间；阳去在 21～32 之间；上阴入主要在 44 的范围；下阴入在 22～33 之间；阳入在 21～33 之间。

---

① 李健．化州粤语概说［M］．天津：天津古籍出版社，1996：6.

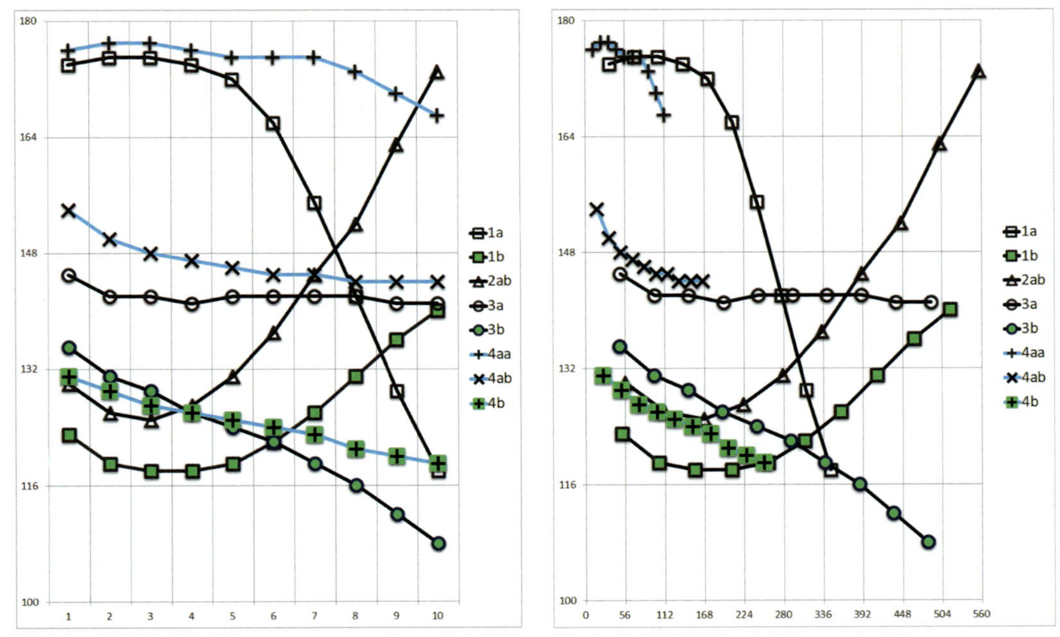

图 14－19c　单字调等长、实长音高模式－化州河西－YM

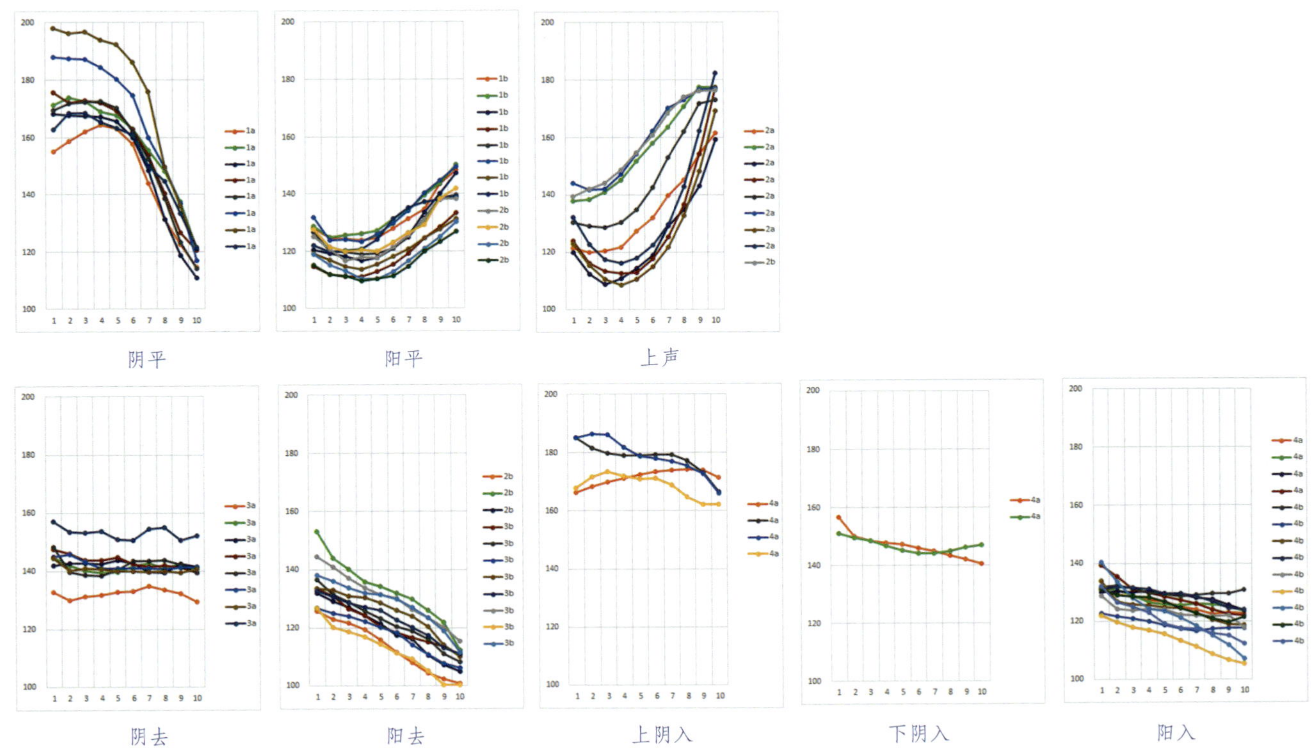

图 14－19d　今声调调域分布范围－化州河西－YM

青男的声调有 8 个（见图 14－19c）：

阴平 52、阳平 23、上声 25、阴去 33、阳去 31、上阴入 <u>54</u>、下阴入 <u>43</u>、阳入 <u>32</u>。

今调域的分布情况（见图 14－19d）：

阴平在 31～52 之间；阳平在 12～23 之间；上声在 13～24 之间；阴去在 22～33 之间；阳去在 21～31 之间；上阴入在 <u>44</u>～<u>54</u> 之间；下阴入主要在 <u>43</u> 的范围；阳入在 <u>21</u>～<u>32</u> 之间。

3. 化州上江

我们根据林珮雯（2018），将化州市区上江话的单字调模型绘制成图。

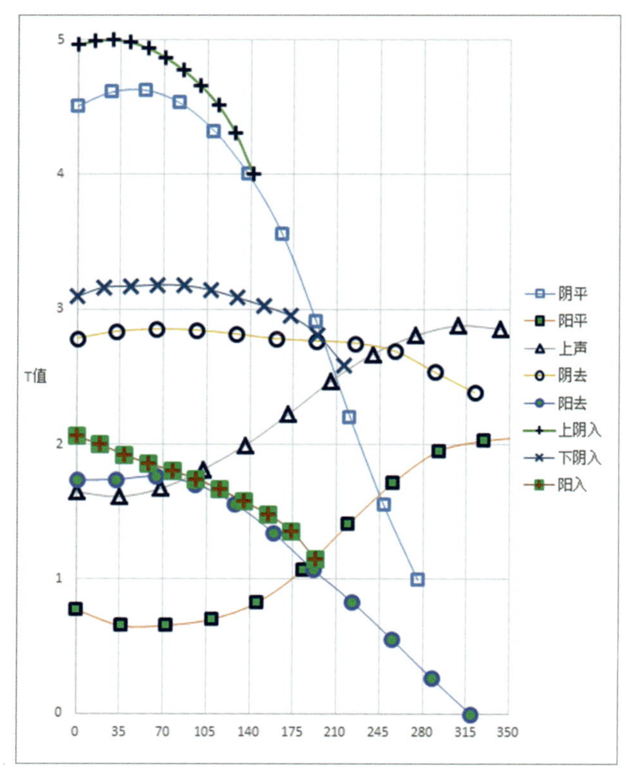

图 14－20a　单字调实长音高模式－化州上江－MM1

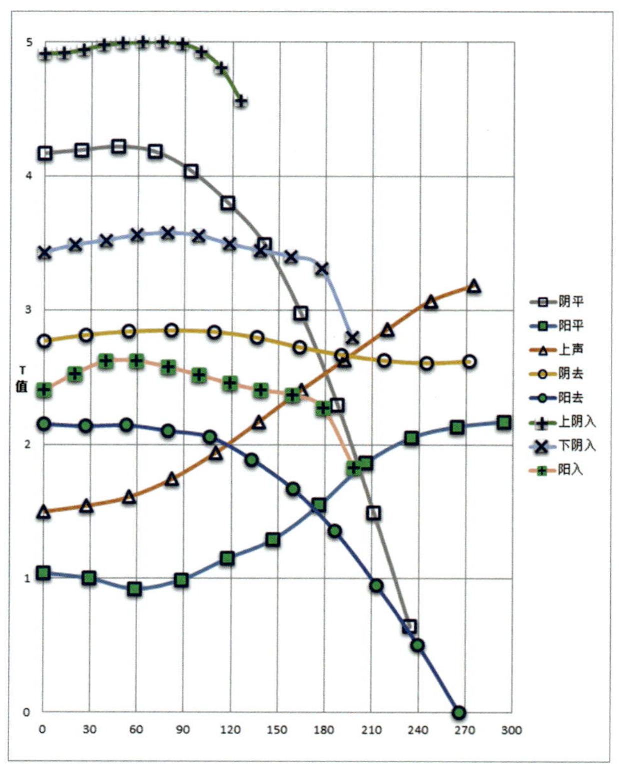

图 14－20b　单字调实长音高模式－化州上江－MM2

化州上江话两位中男的声调都是 8 个（见图 14－20a、图 14－20b）：阴平 52/51、阳平 13/23、上声 23、阴去 33、阳去 31、上阴入 55、下阴入 44、阳入 32 / 33。

14.5 勾漏片

1. 肇庆四会

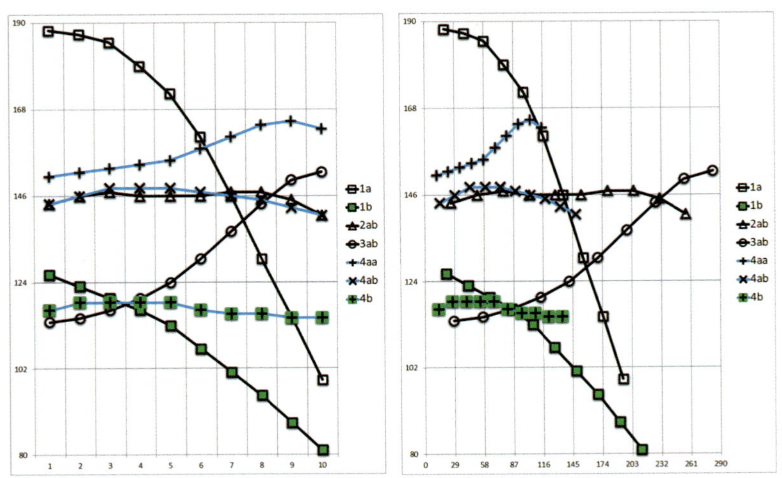

图 14－21a 单字调等长、实长音高模式－肇庆四会－OM

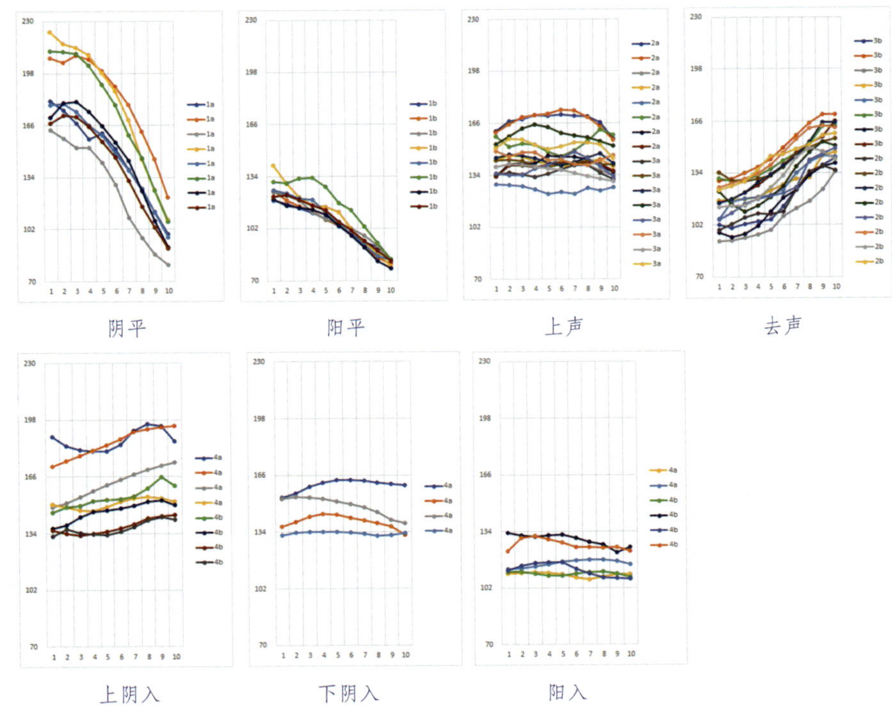

图 14－21b 今声调调域分布范围－肇庆四会－OM

老男的声调有 7 个（见图 14－21a）：

阴平 51、阳平 21、上声 33、去声 24、上阴入 45、下阴入 33、阳入 22。

今调域的分布情况（见图 14－21b）：

阴平在 31～52 之间；阳平主要在 21 的范围；上声在 22～44 之间；去声在 12～24 之间；上阴入在 22～44 之间；下阴入主要在 33 的范围；阳入主要在 22 的范围。

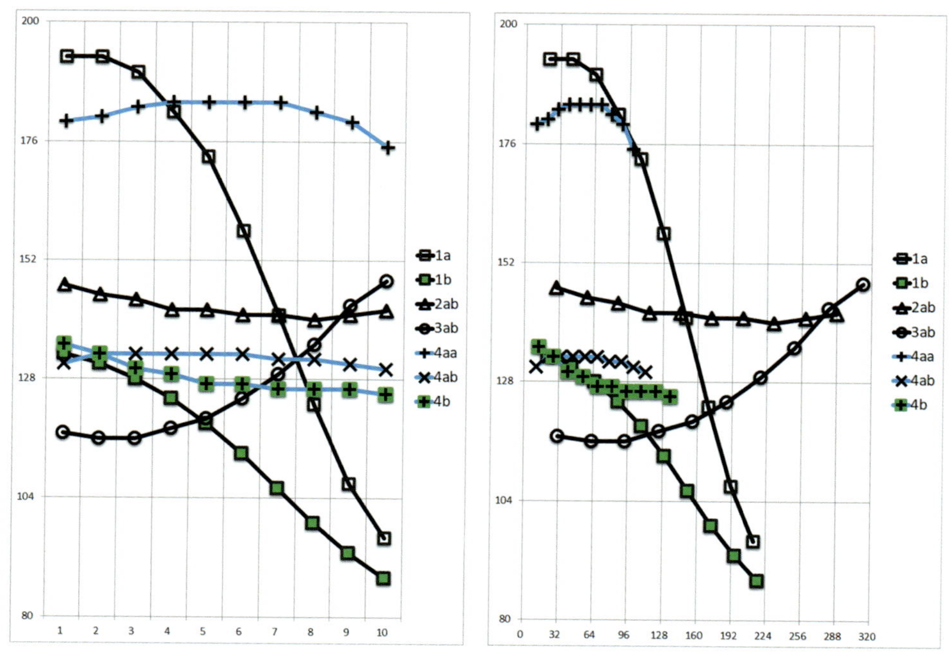

图 14－21c　单字调等长、实长音高模式－肇庆四会－YM

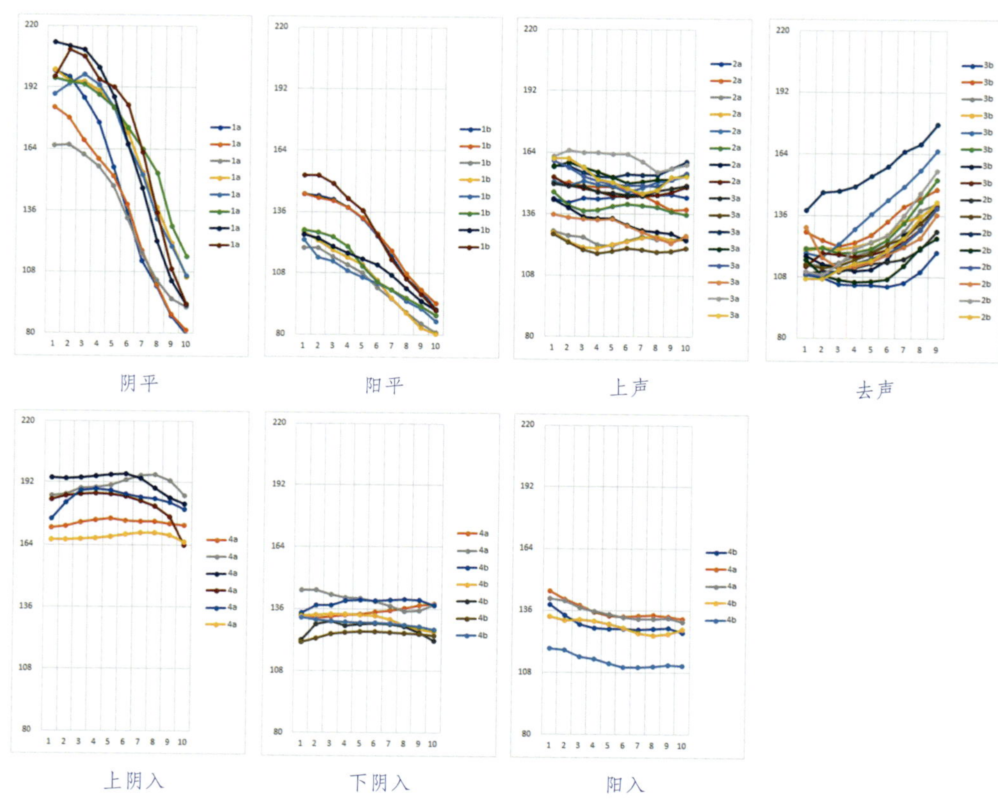

图 14－21d　今声调调域分布范围－肇庆四会－YM

青男的声调有 7 个（见图 14－21c）：

阴平 51、阳平 31、上声 33、去声 23、上阴入 55、下阴入 33、阳入 32。

今调域的分布情况（见图 14－21d）：

阴平在 31～52 之间；阳平在 21～31 之间；上声在 22～33 之间；去声在 223～34 之间；上阴入在 44～55 之间；下阴入在 22～33 之间；阳入主要在 32 的范围。

2. 肇庆广宁

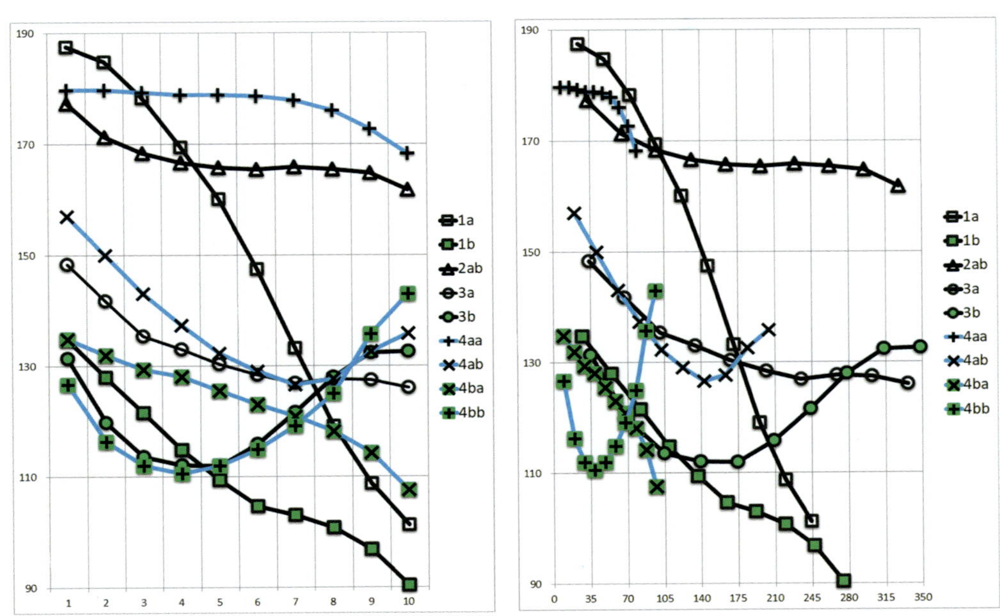

图 14－22a　单字调等长、实长音高模式－肇庆广宁－OM

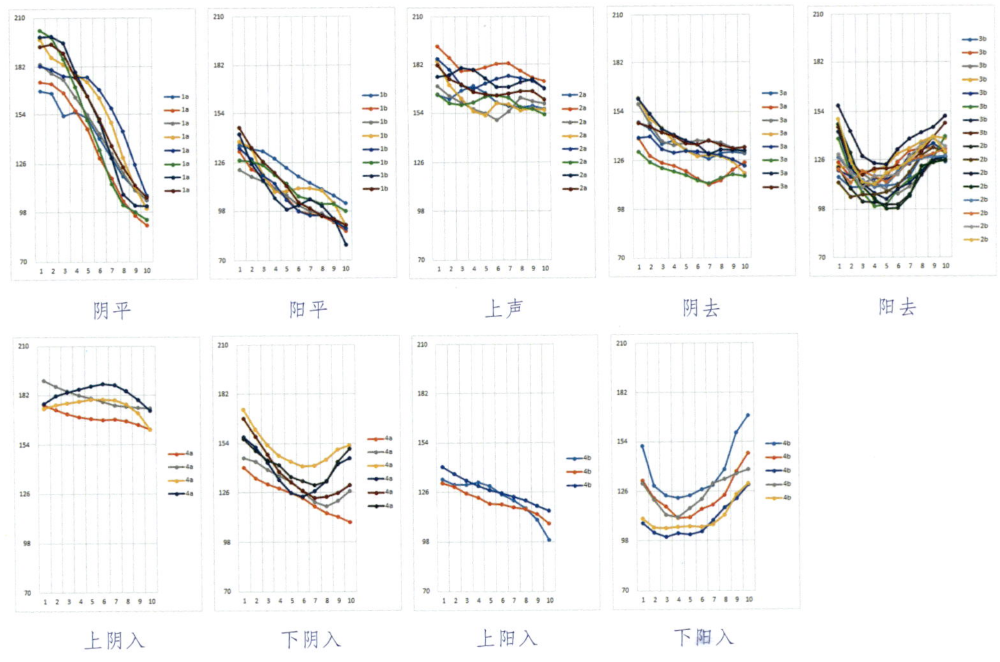

图 14－22b　今声调调域分布范围－肇庆广宁－OM

老男的声调有 9 个（见图 14－22a）：

阴平 51、阳平 31、上声 54、阴去 32、阳去 323、上阴入 54、下阴入 423、上阳入 32、下阳入 213。

今调域的分布情况（见图 14－22b）：

阴平在 41～52 之间；阳平在 21～32 之间；上声主要在 44 的范围；阴去在 32～43 之间；阳去在 212～323 之间；上阴入在 44～55 之间；下阴入在 32～43 之间；上阳入主要在 32 的范围；下阳入在 223～324 之间。

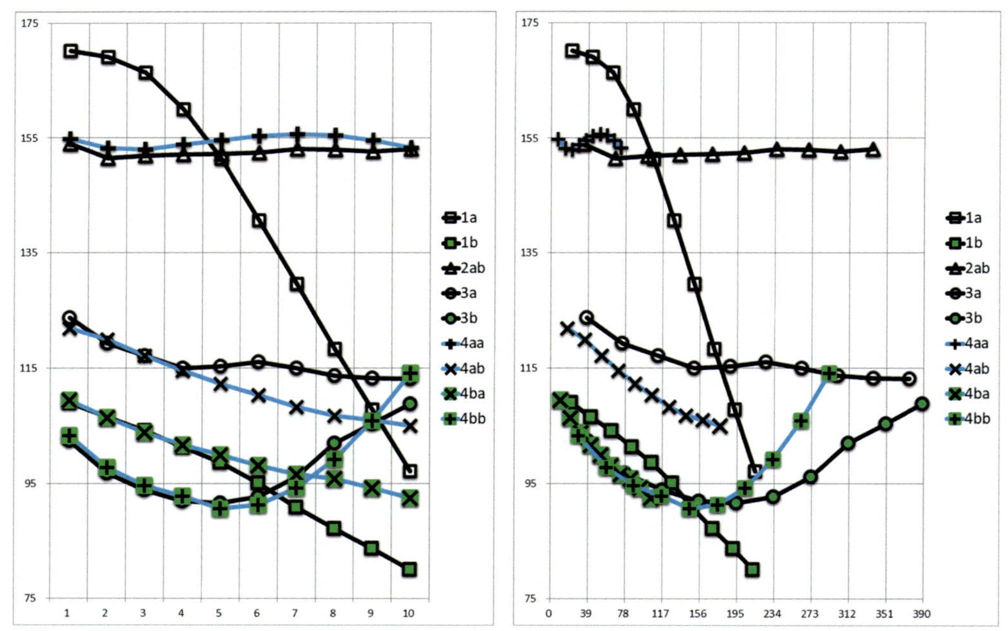

图 14－22c　单字调等长、实长音高模式－肇庆广宁－YM

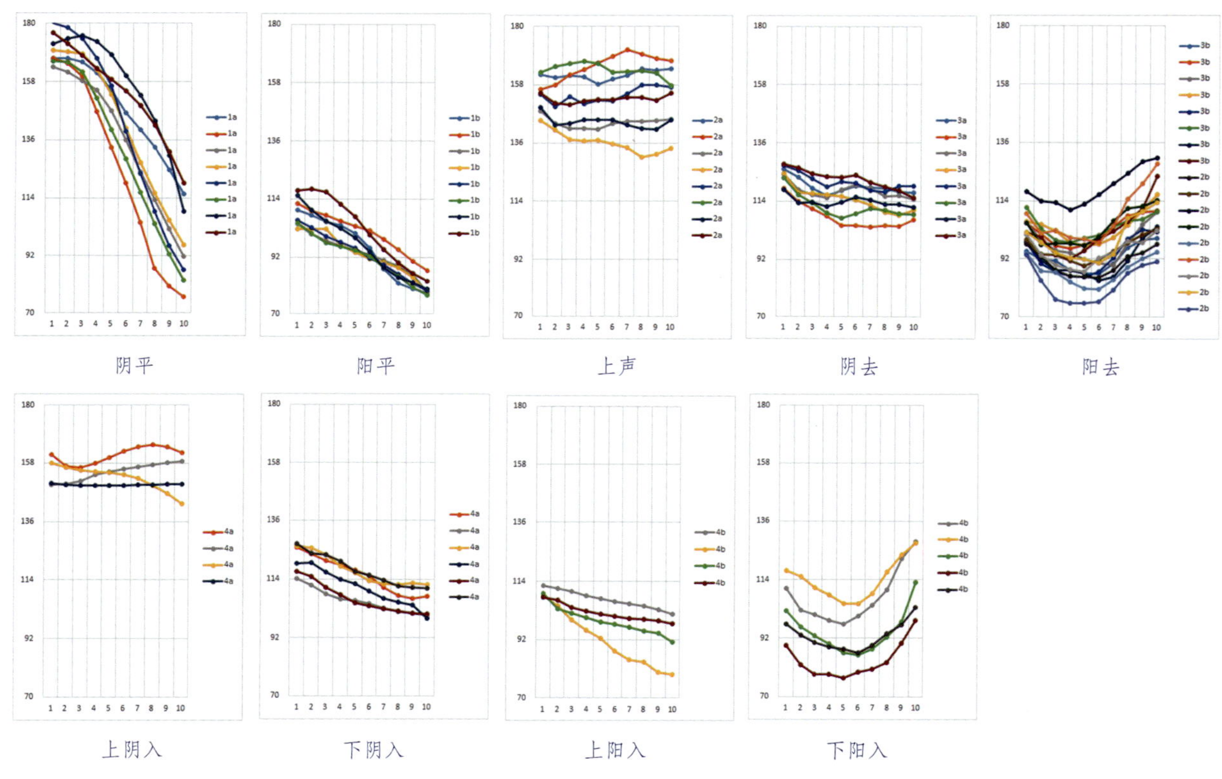

图 14－22d　今声调调域分布范围－肇庆广宁－YM

青男的声调有 9 个（见图 14－22c）：

阴平 52、阳平 21、上声 44、阴去 32、阳去 212、上阴入 <u>44</u>、下阴入 <u>32</u>、上阳入 <u>21</u>、下阳入 <u>213</u>。

今调域的分布情况（见图 14－22d）：

阴平在 51～53 之间；阳平在 21～31 之间；上声在 43～55 之间；阴去主要在 32 的范围；阳去在 212～323 之间；上阴入在 <u>44</u>～<u>55</u> 之间；下阴入主要在 <u>32</u> 的范围；上阳入在 <u>21</u>～<u>22</u> 之间；下阳入在 <u>212</u>～<u>323</u> 之间。

3. 封开封川

封开的粤方言主要分为两个部分，南部原属封川县，以封川镇口音为代表；北部是原来的开建县，文教发达，以南丰镇口音为代表。本书选取封川镇的语音材料。

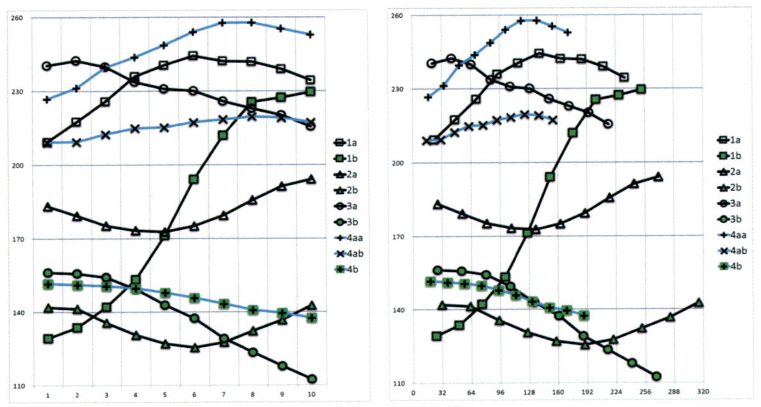

图 14－23a　单字调等长、实长音高模式－封开封川－OM

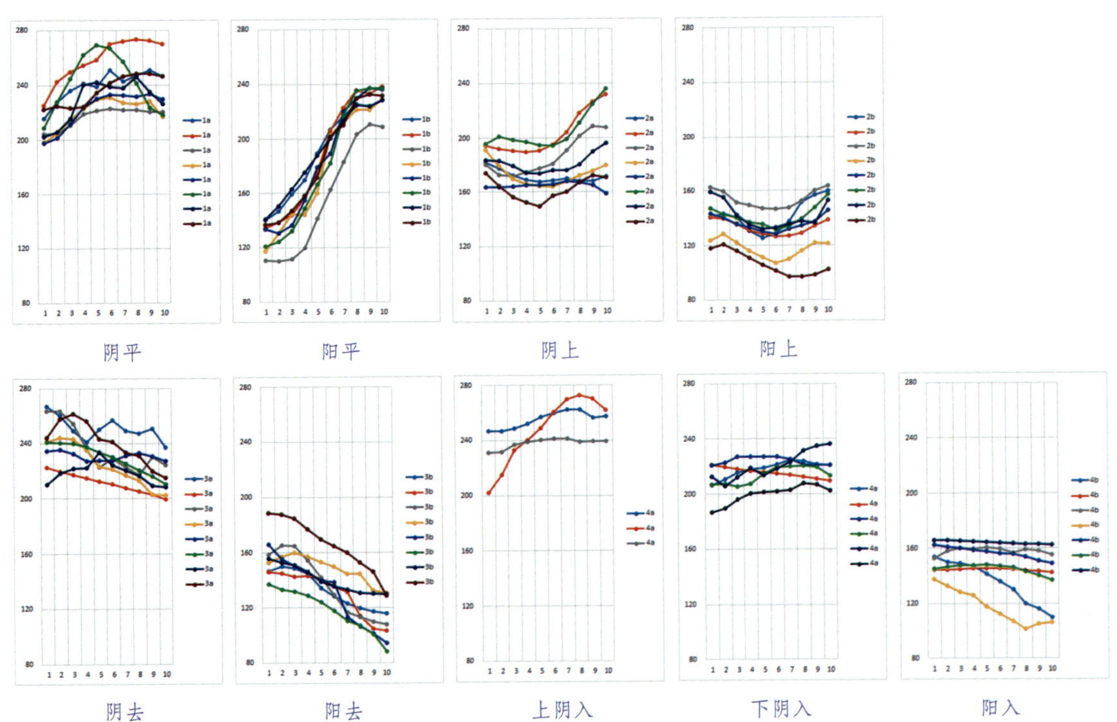

图 14－23b　今声调调域分布范围－封开封川－OM

老男的声调有 9 个（见图 14－23a）：

阴平 45、阳平 14、阴上 33、阳上 212、阴去 54、阳去 21、上阴入 45、下阴入 44、阳入 21。

今调域的分布情况（见图 14－23b）：

阴平主要在 44～55 之间；阳平在 14～24 之间；阴上在 323～334 之间；阳上在 212～323 之间；阴去在 43～54 之间；阳去在 21～32 之间；上阴入在 45～55 之间；下阴入在 34～44 之间；阳入在 21～22 之间。

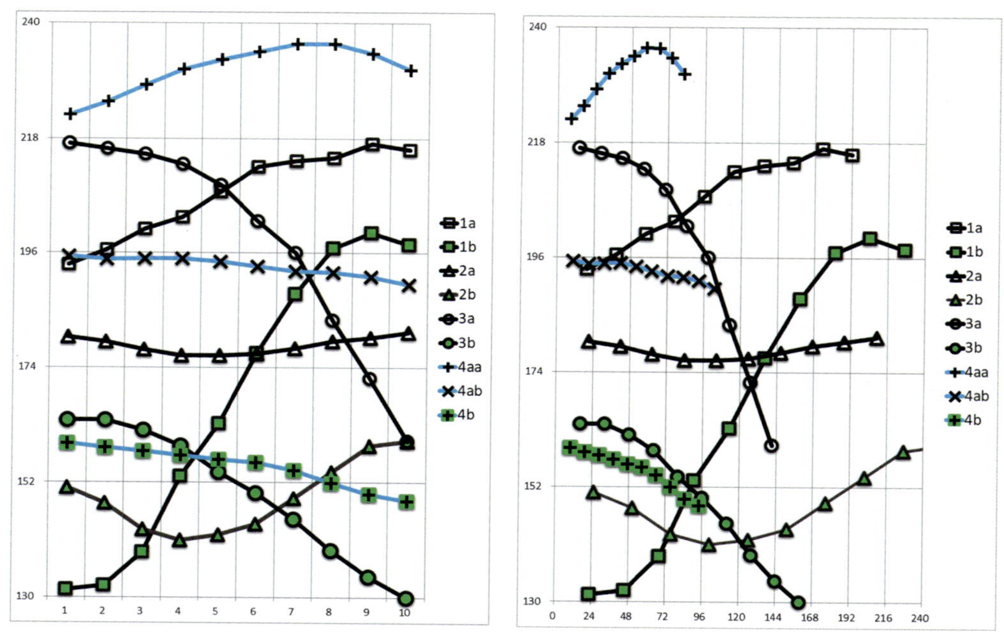

图 14－23c　单字调等长、实长音高模式－封开封川－YM

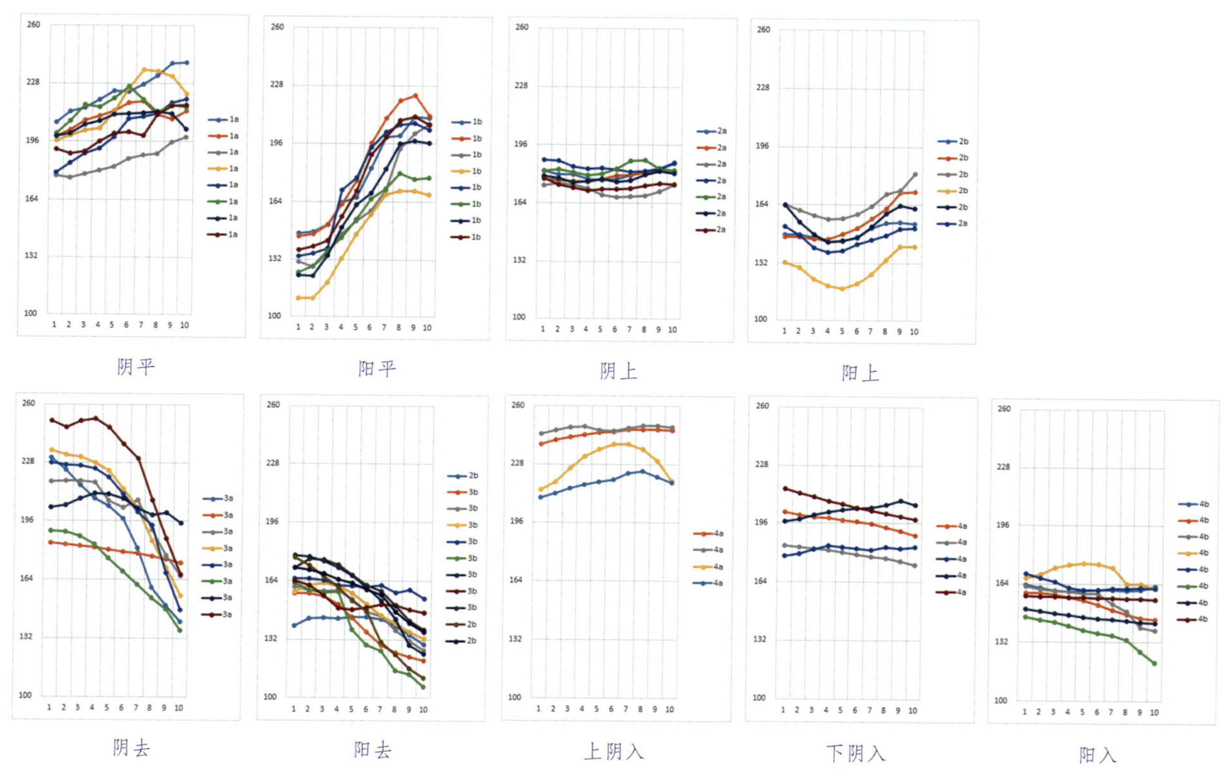

图 14－23d　今声调调域分布范围－封开封川－YM

青男的声调有 9 个（见图 14－23c）：

阴平 34、阳平 14、阴上 33、阳上 212、阴去 42、阳去 21、上阴入 45、下阴入 44、阳入 21。

今调域的分布情况（见图 14－23d）：

阴平在 34～45 之间；阳平在 13～24 之间；阴上主要在 33 的范围；阳上在 212～323 之间；阴去在 32～53 之间；阳去在 21～32 之间；上阴入在 45～55 之间；下阴入在 33～44 之间；阳入在 21～22 之间。

4. 广东连南

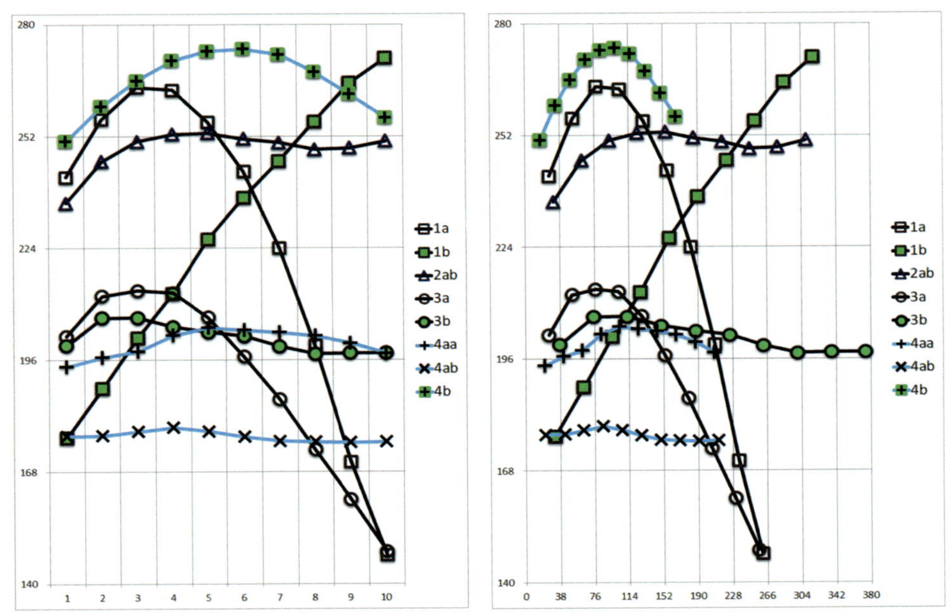

图 14－24a　单字调等长、实长音高模式－广东连南－OM

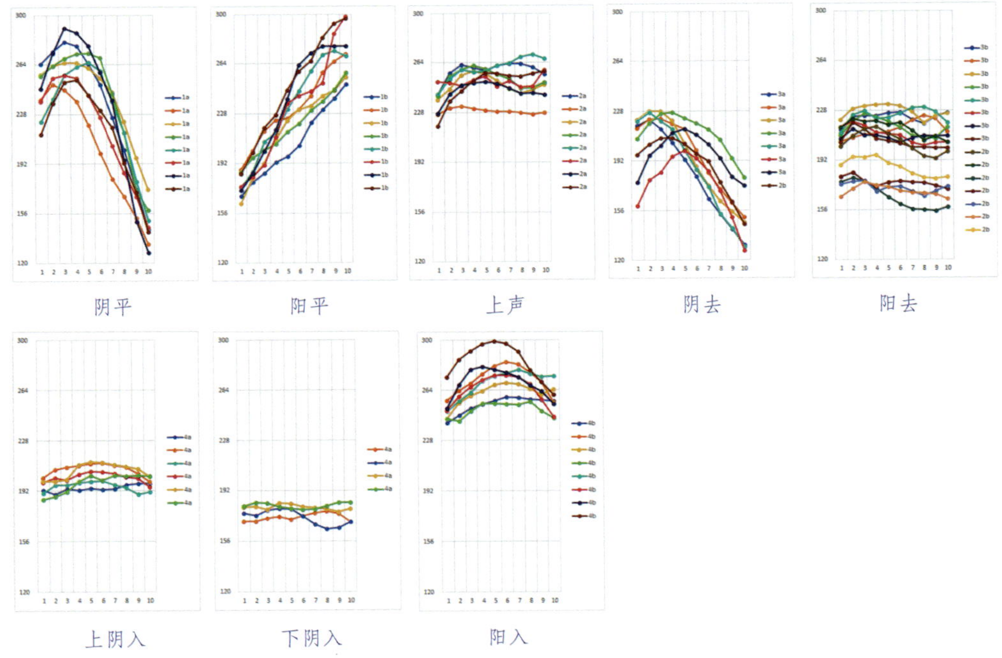

图 14－24b　今声调调域分布范围－广东连南－OM

老男的声调有 8 个（见图 14－24a）：

阴平 451、阳平 25、上声 44、阴去 31、阳去 33、上阴入 33、下阴入 22、阳入 454。

今调域的分布情况（见图 14－24b）：

阴平在 41～52 之间；阳平在 24～25 之间；上声主要在 44 的范围；阴去主要在 231～32 之间；阳去主要在 22～33 之间；上阴入在 22～33 之间；下阴入主要在 22 的范围；阳入主要在 44～54 之间，有拱度。

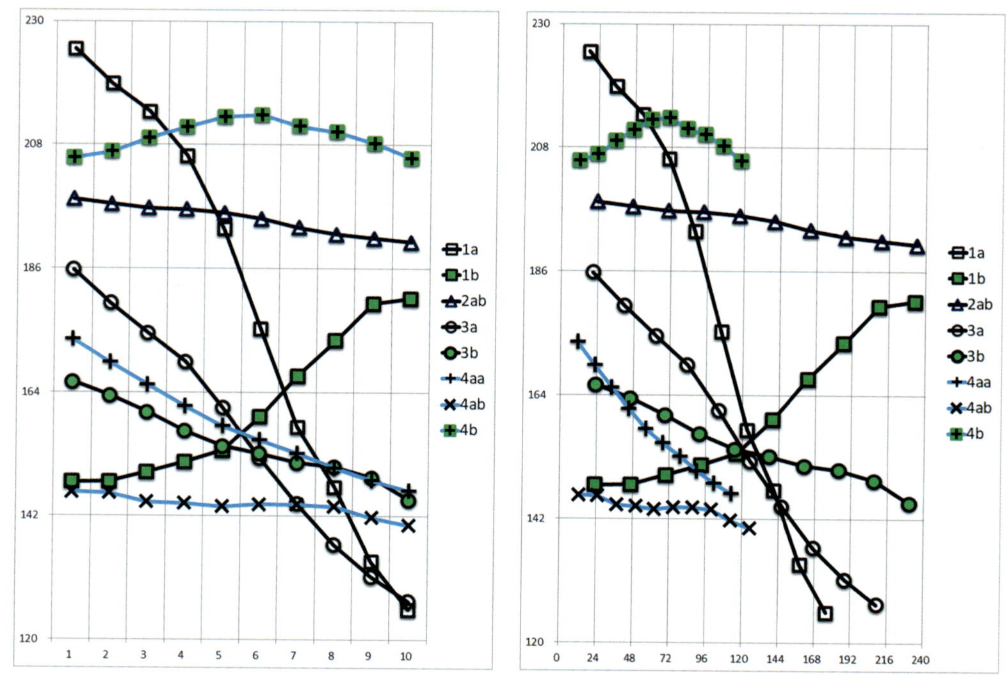

图 14－24c　单字调等长、实长音高模式－广东连南－YM

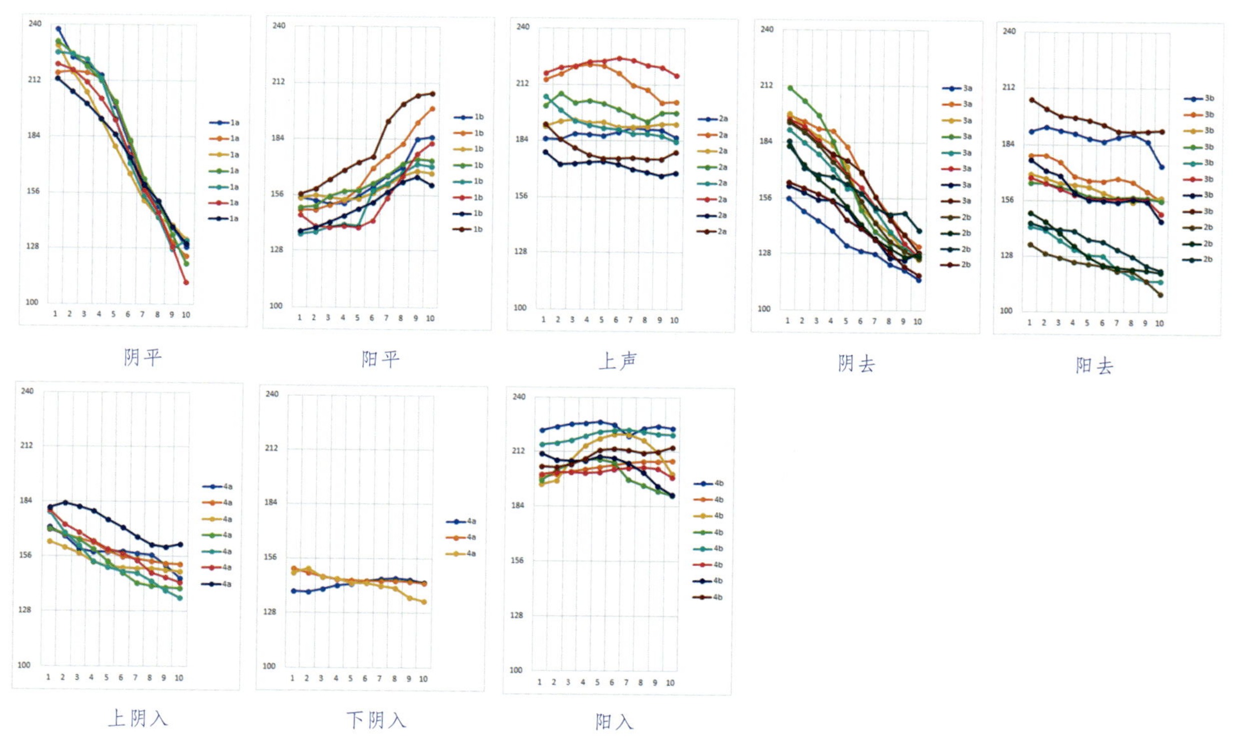

图 14－24d　今声调调域分布范围－广东连南－YM

青男的声调有 8 个（见图 14－24c）：

阴平 51、阳平 23、上声 44、阴去 31、阳去 32、上阴入 32、下阴入 22、阳入 454。

今调域的分布情况（见图 14－24d）：

阴平在 41～52 之间；阳平在 23～34 之间；上声在 33～55 之间；阴去在 21～42 之间；阳去在 21～43 之间；上阴入主要在 32 的范围；下阴入主要在 22 的范围；阳入在 44～55 之间。

5. 玉林北流

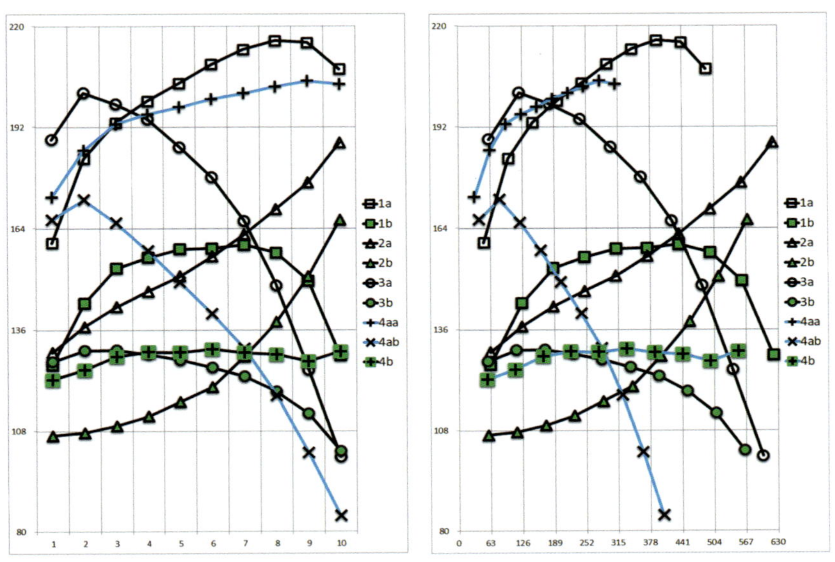

图 14－25a　单字调等长、实长音高模式－玉林北流－OM

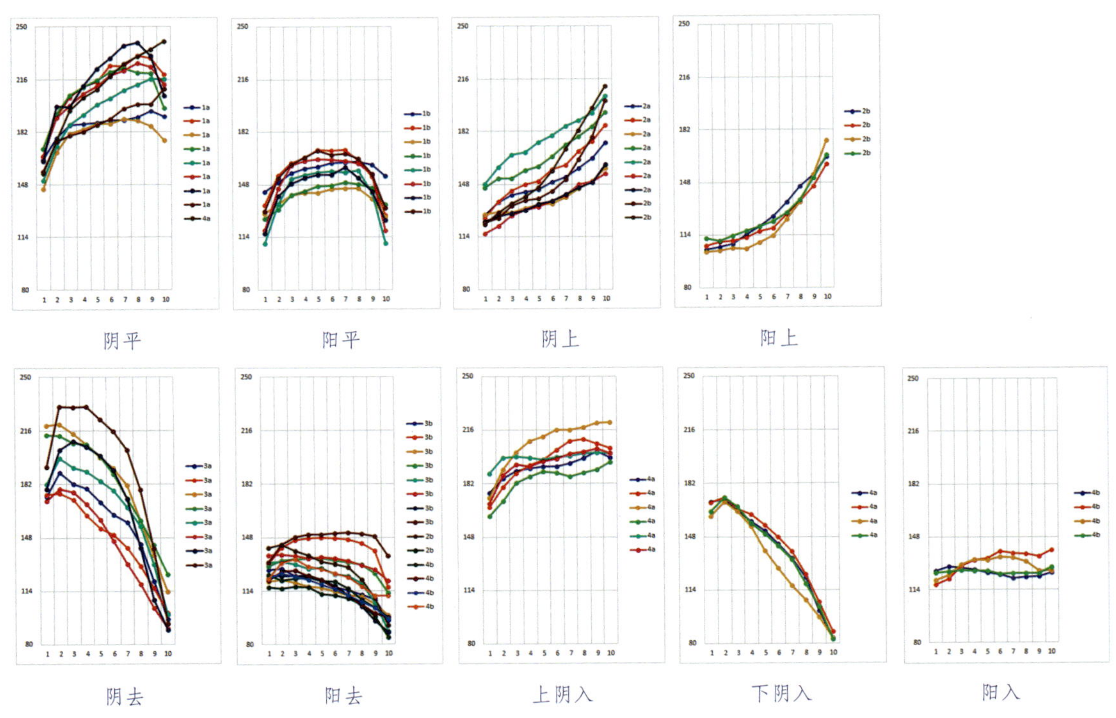

图 14－25b　今声调调域分布范围－玉林北流－OM

老男的声调有 9 个（见图 14－25a）：

阴平 45、阳平 232、阴上 24、阳上 13、阴去 451、阳去 221、上阴入 45、下阴入 41、阳入 22。

今调域的分布情况（见图 14－25b）：

阴平在 34～45 之间；阳平主要在 232 的范围；阴上在 23～34 之间；阳上主要在 13 的范围；阴去在 31～52 之间；阳去在 21～232 之间；上阴入在 34～45 之间；下阴入主要在 31 的范围；阳入主要在 22 的范围。

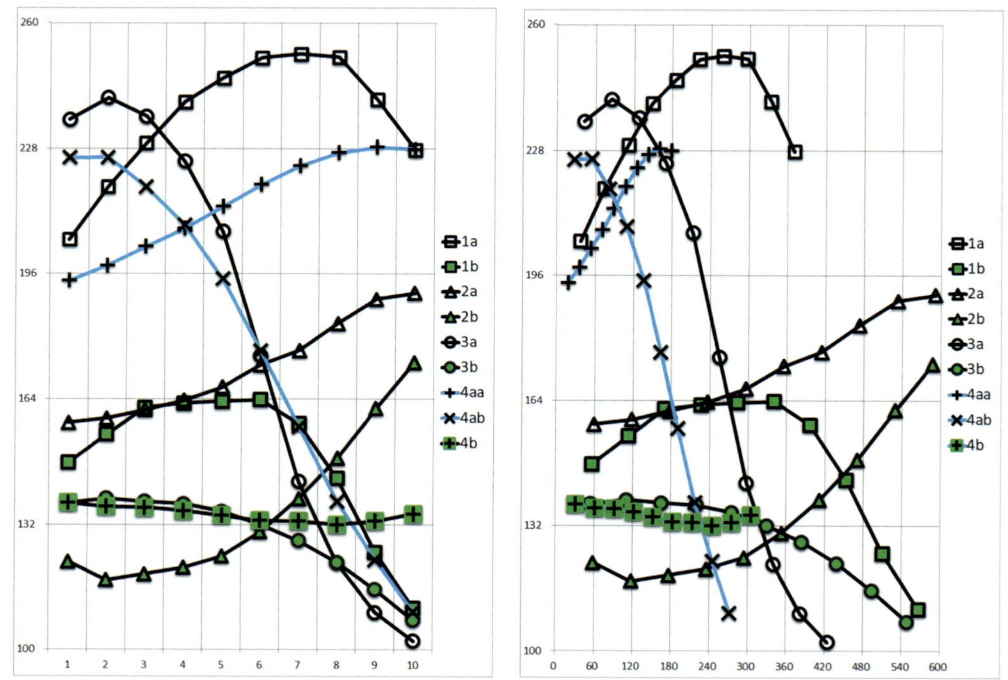

图 14－25c　单字调等长、实长音高模式－玉林北流－YM

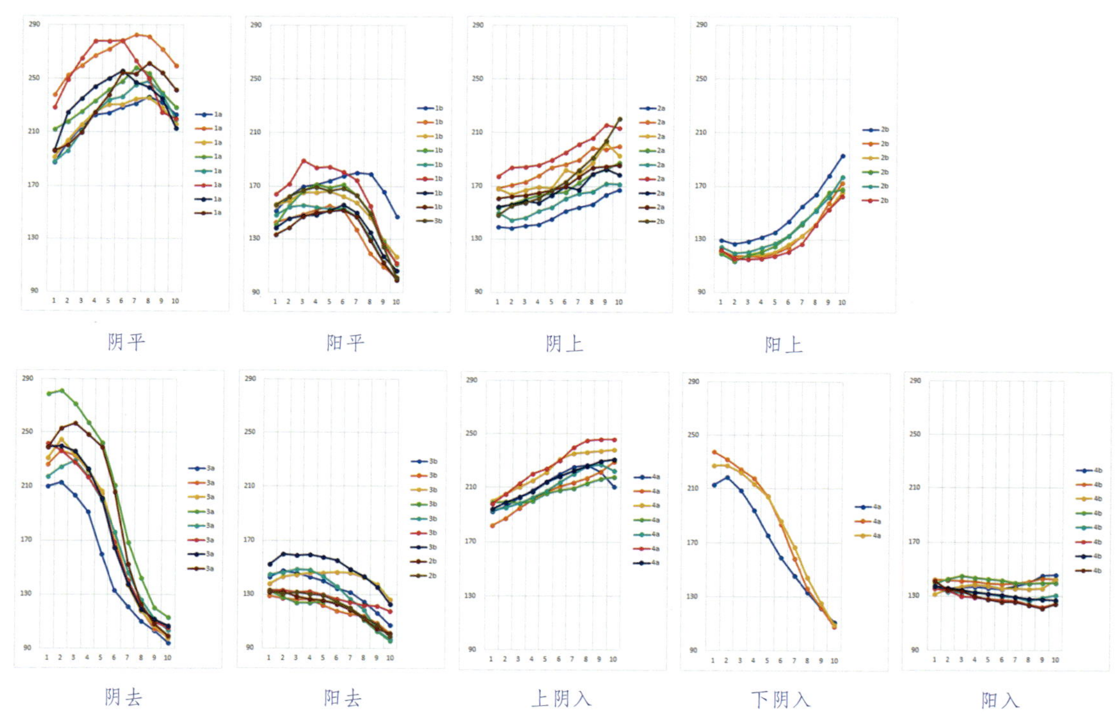

图 14－25d　今声调调域分布范围－玉林北流－YM

青男的声调有 9 个（见图 14－25c）：

阴平 454、阳平 231、阴上 23、阳上 13、阴去 51、阳去 221、上阴入 45、下阴入 41、阳入 22。

今调域的分布情况（见图 14－25d）：

阴平主要在 454 的范围；阳平主要在 221～232 之间；阴上在 23～34 之间；阳上在 12～13 之间；阴去在 31～51 之间；阳去在 21～32 之间；上阴入主要在 34 的范围；下阴入主要在 41 的范围；阳入在 11～22 之间。

6. 贺州昭平

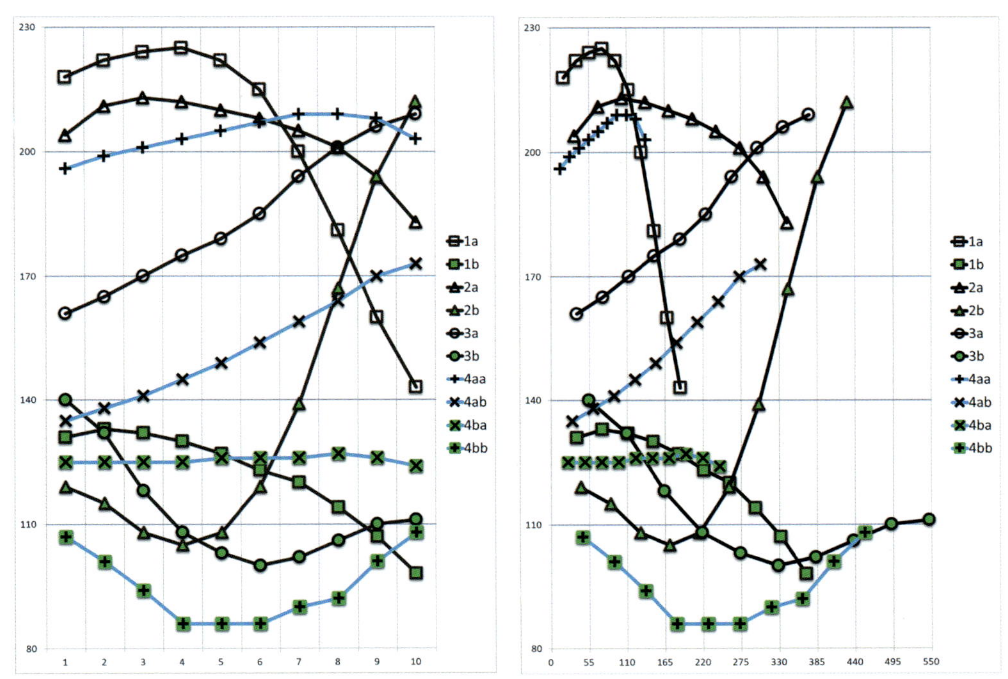

图 14－26a　单字调等长、实长音高模式－贺州昭平－OM

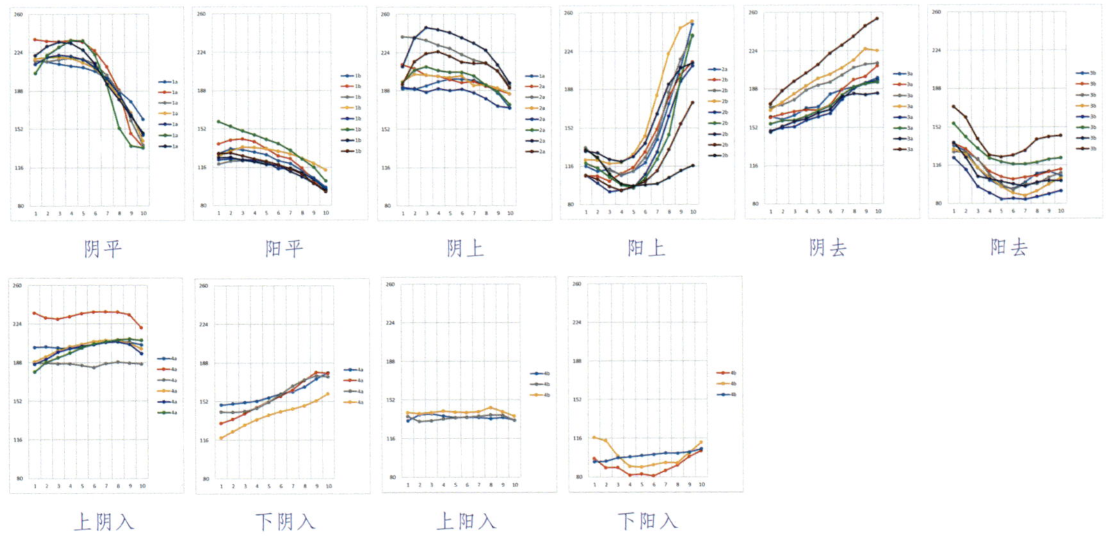

图 14－26b　今声调调域分布范围－贺州昭平－OM

老男的声调有 10 个（见图 14－26a）：

阴平 53、阳平 21、阴上 54、阳上 215、阴去 35、阳去 312、上阴入 45、下阴入 24、上阳入 22、下阳入 212。

今调域的分布情况（见图 14－26b）：

阴平在 42～53 之间；阳平在 21～31 之间；阴上在 43～54 之间；阳上在 213～225 之间；阴去在 34～35 之间；阳去在 211～323 之间；上阴入在 44～55 之间；下阴入主要在 23 的范围；上阳入主要在 22 的范围；下阳入主要在 11 的范围。

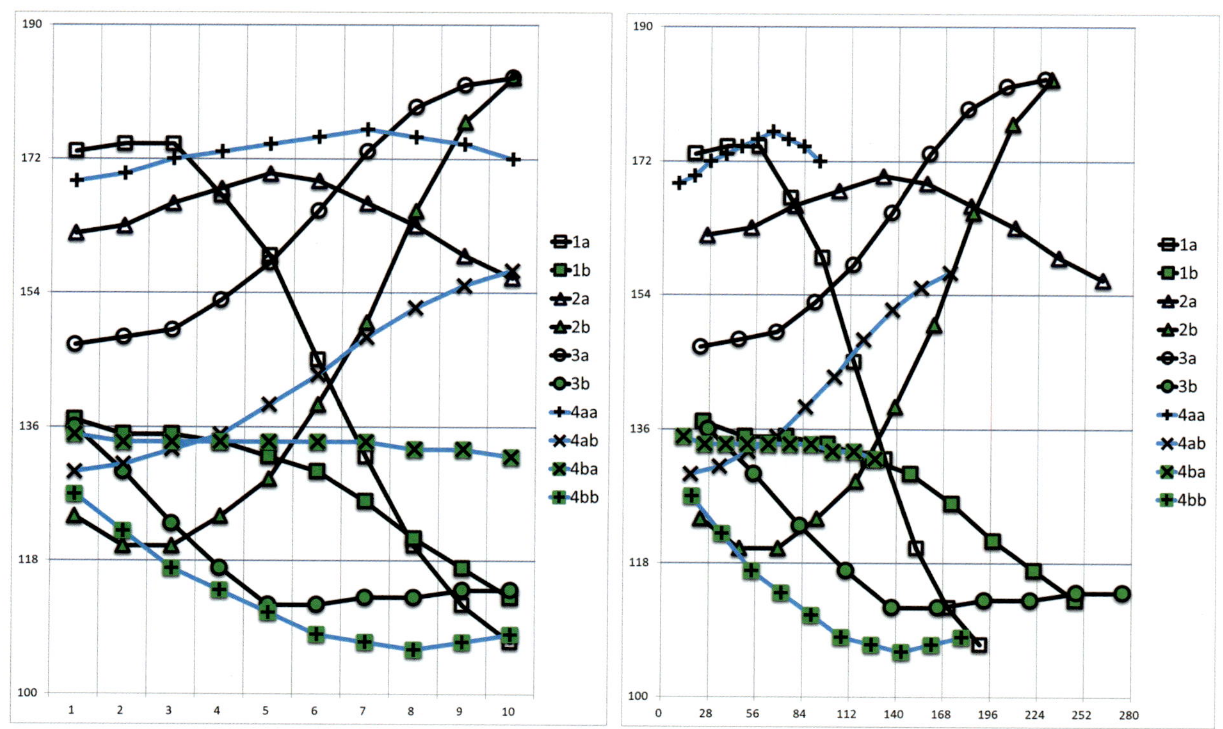

图 14－26c　单字调等长、实长音高模式－贺州昭平－YM

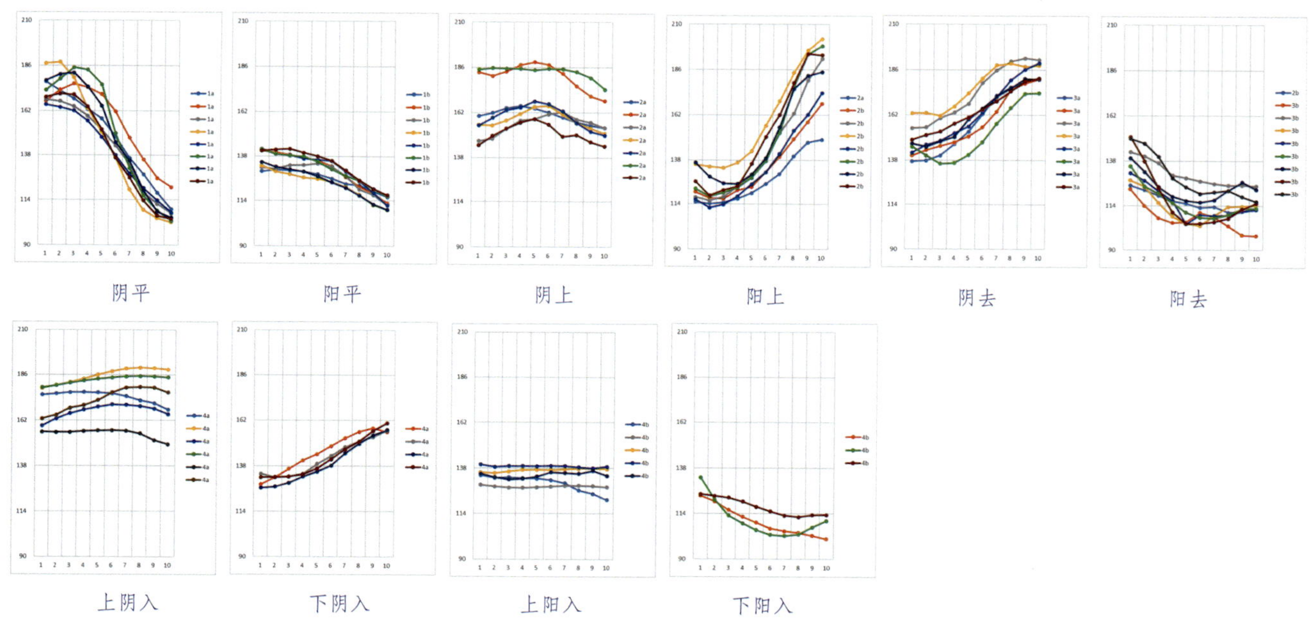

图 14－26d　今声调调域分布范围－贺州昭平－YM

青男的声调有 10 个（见图 14－26c）：

阴平 51、阳平 221、阴上 454、阳上 225、阴去 35、阳去 211、上阴入 454、下阴入 24、上阳入 22、下阳入 21。

今调域的分布情况（见图 14－26d）：

阴平在 41～52 之间；阳平在 21～32 之间；阴上在 33～44 之间；阳上在 23～25 之间；阴去在 34～45 之间；阳去在 211～322 之间；上阴入在 33～45 之间；下阴入主要在 23 的范围；上阳入在 22～33 之间；下阳入主要在 21 的范围。

7. 贵港平南

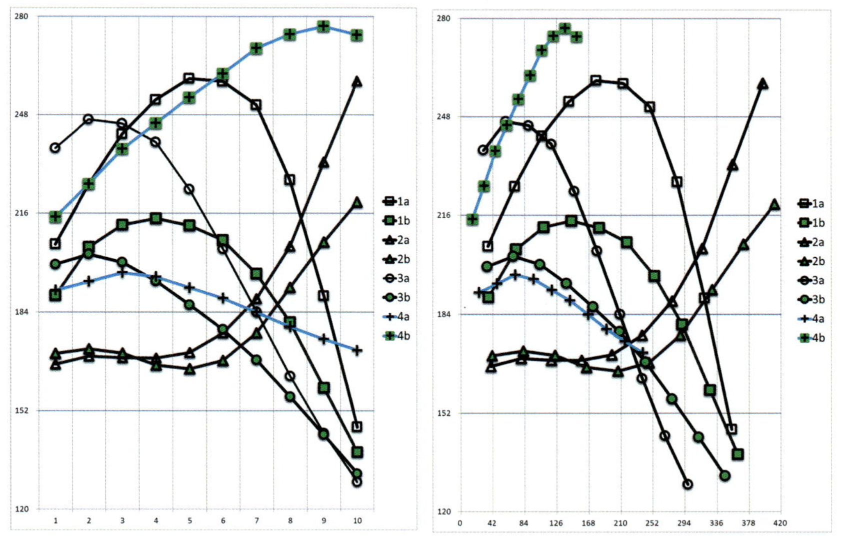

图 14－27a　单字调等长、实长音高模式－贵港平南－OM

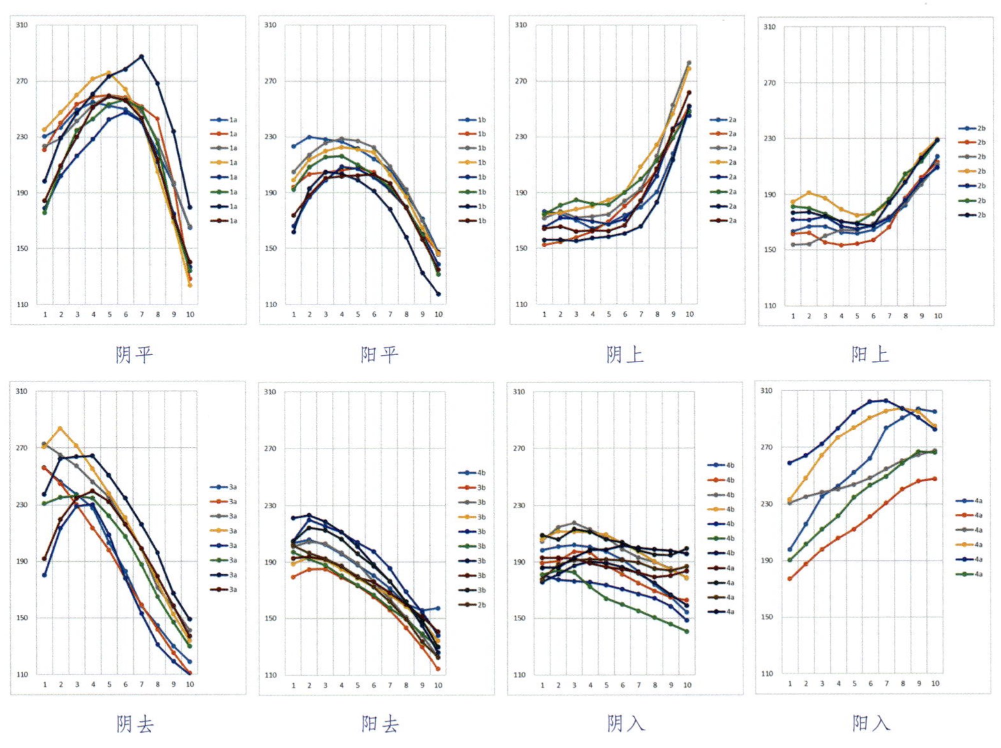

图 14－27b　今声调调域分布范围－贵港平南－OM

老男的声调有 8 个（见图 14－27a）：

阴平 351、阳平 231、阴上 25、阳上 24、阴去 41、阳去 31、阴入 32、阳入 45。

今调域的分布情况（见图 14－27b）：

阴平在 241～453 之间；阳平在 231～331 之间；阴上在 224～225 之间；阳上主要在 223 的范围；阴去在 231～52 之间；阳去在 21～31 之间；阴入在 21～32 之间；阳入在 24～45 之间。

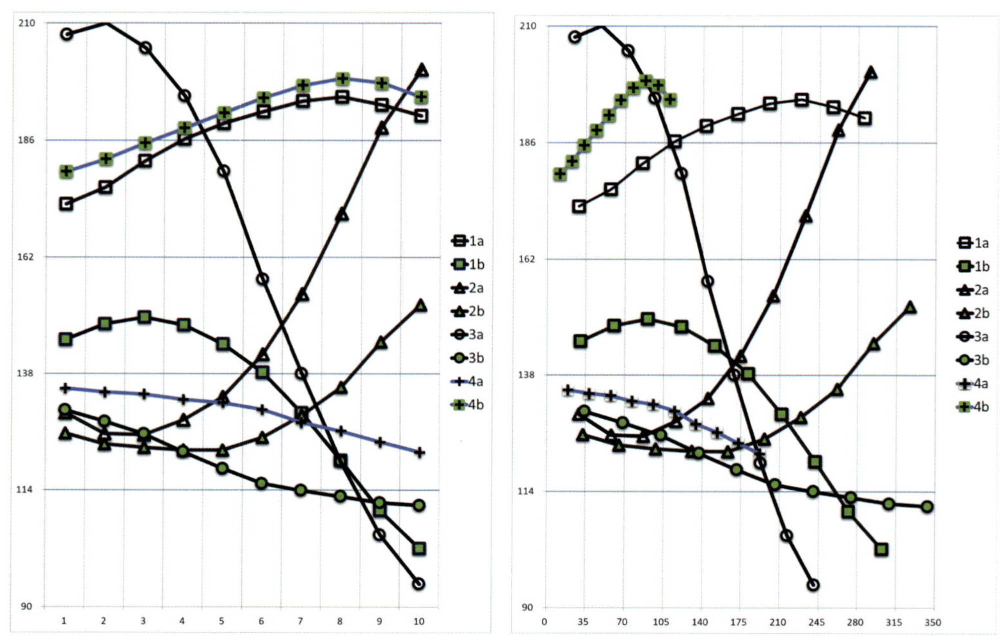

图 14－27c　单字调等长、实长音高模式－贵港平南－YM

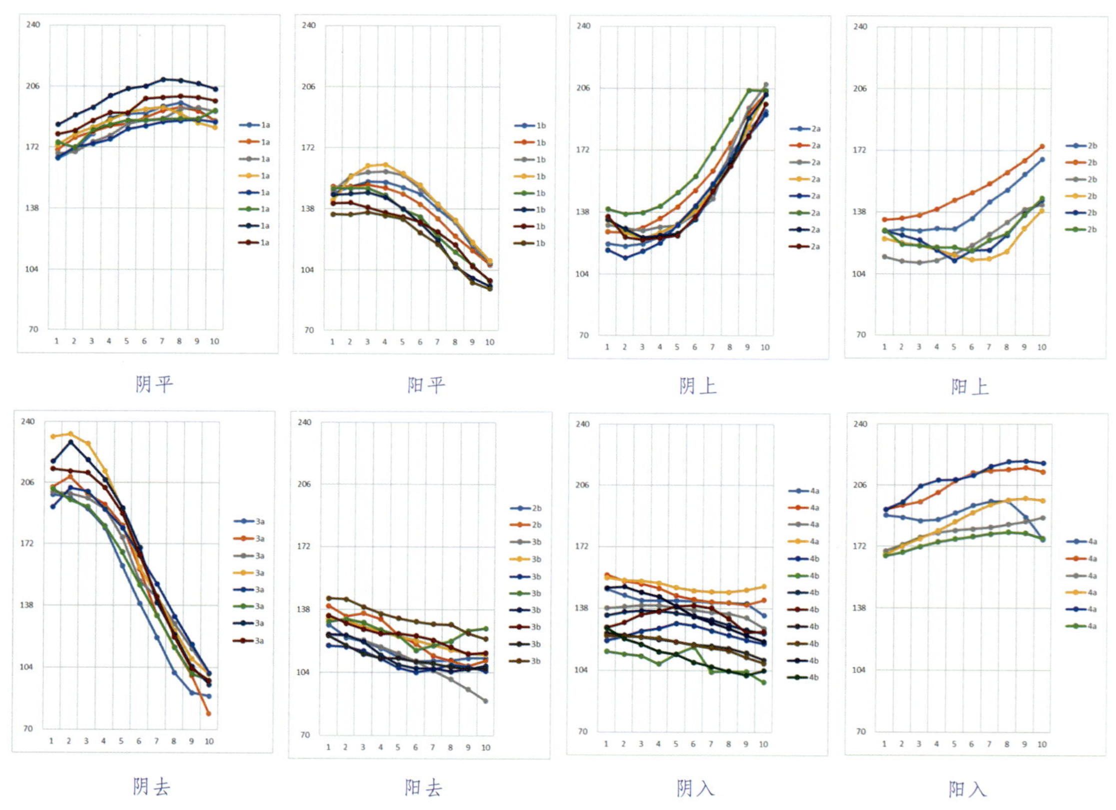

图 14－27d　今声调调域分布范围－贵港平南－YM

青男的声调有 8 个（见图 14－27c）：

阴平 45、阳平 31、阴上 25、阳上 223、阴去 51、阳去 21、阴入 <u>32</u>、阳入 <u>45</u>。

今调域的分布情况（见图 14－27d）：

阴平在 34～45 之间；阳平在 21～32 之间；阴上在 24～34 之间；阳上主要在 223 的范围；阴去在 41～52 之间；阳去在 21～32 之间；阴入在 <u>21</u>～<u>32</u> 之间；阳入在 <u>34</u>～<u>45</u> 之间。

8. 玉林容县

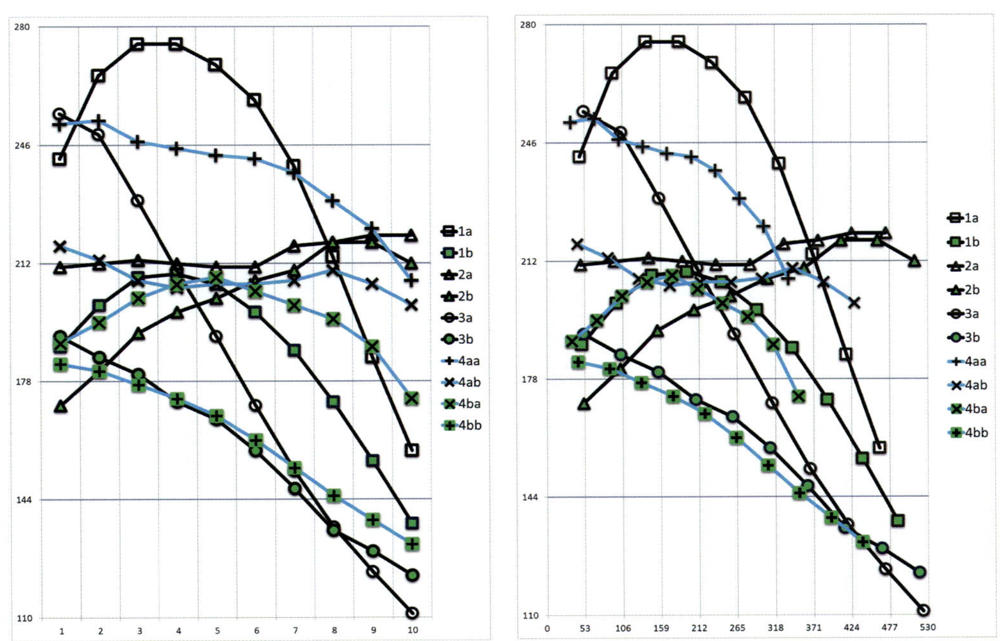

图 14－28a　单字调等长、实长音高模式－玉林容县－OM

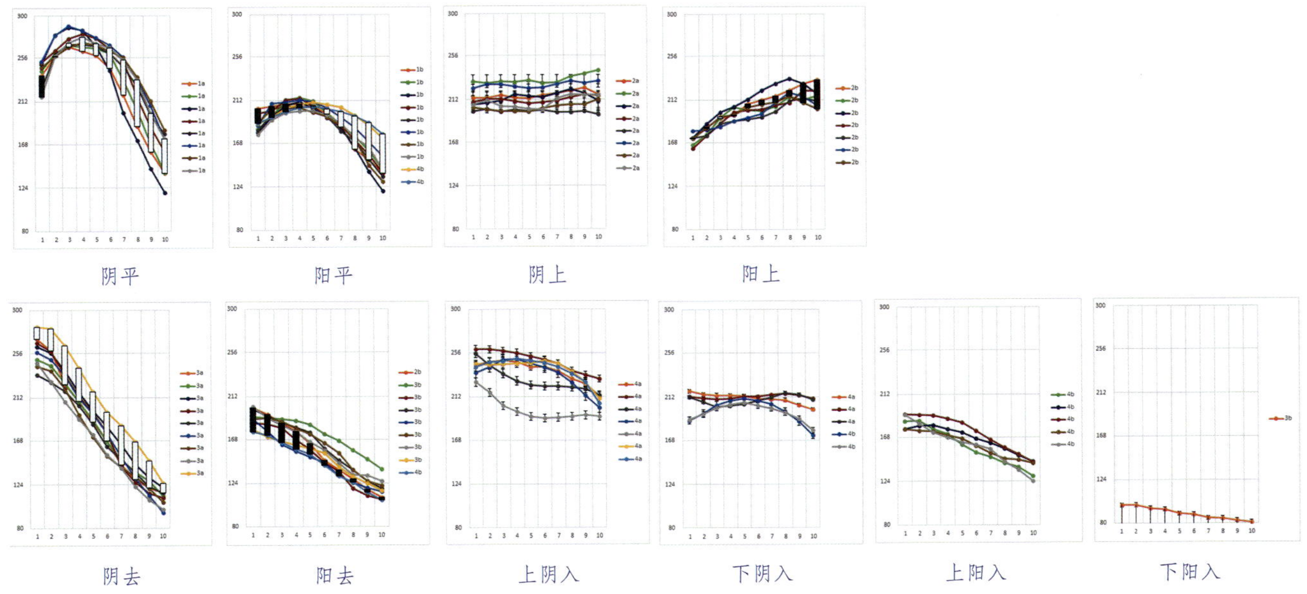

图 14－28b　今声调调域分布范围－玉林容县－OM

老男的声调有 10 个（见图 14－28a）：

阴平 452、阳平 231、阴上 44、阳上 24、阴去 51、阳去 31、上阴入 54、下阴入 43、上阳入 343、下阳入 21。

今调域的分布情况（见图 14－28b）：

阴平在 451～453 之间；阳平在 231～232 之间；阴上在 33～44 之间；阳上在 23～34 之间；阴去在 41～51 之间；阳去在 21～32 之间；上阴入在 43～54 之间；下阴入在 33～44 之间；上阳入主要在 32 的范围；下阳入在 21 的范围，偏低。

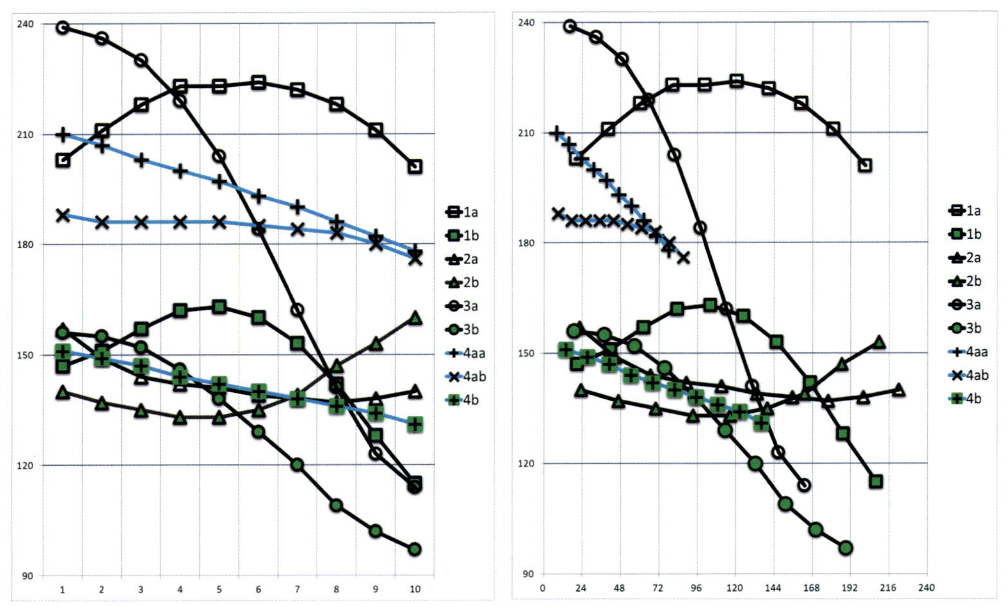

图 14－28c　单字调等长、实长音高模式－玉林容县－YM

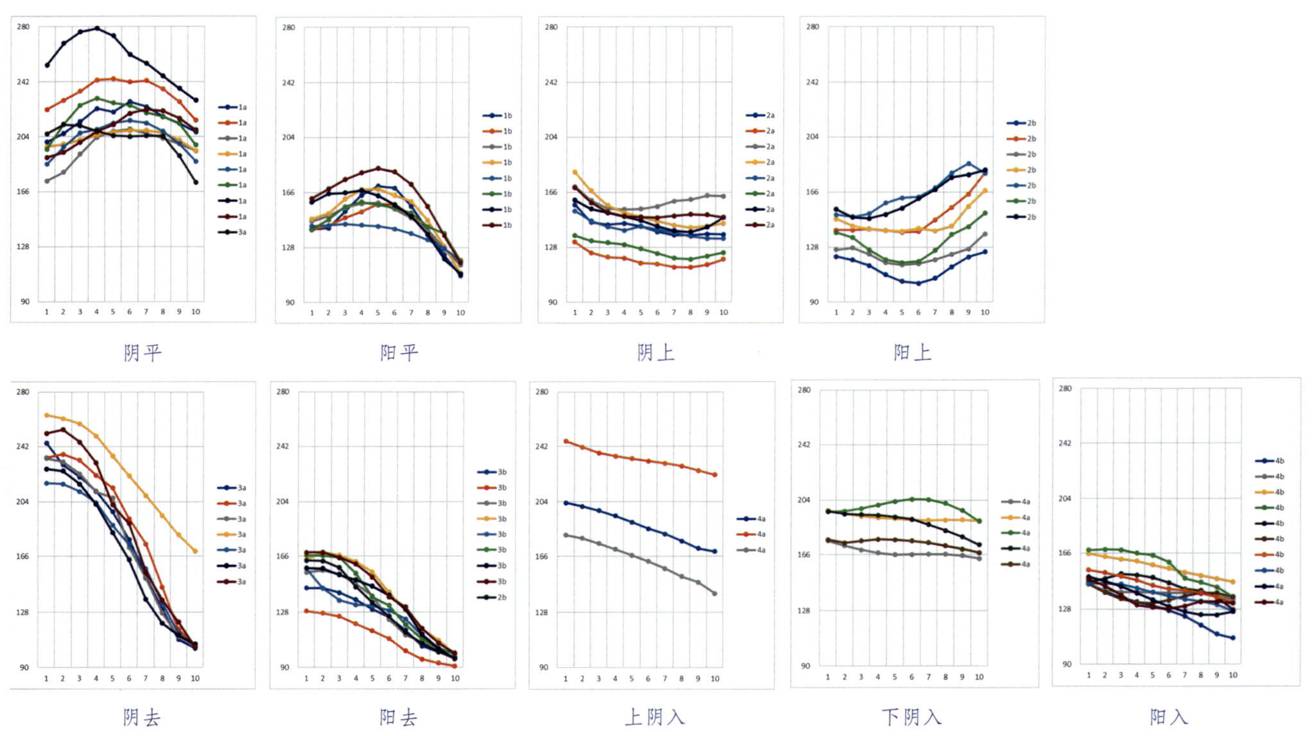

图 14－28d　今声调调域分布范围－玉林容县－YM

青男的声调有 9 个（见图 14－28c）：

阴平 454、阳平 231、阴上 32、阳上 23、阴去 51、阳去 31、上阴入 43、下阴入 44、阳入 32（上、下阳入合并）。

今调域的分布情况（见图 14－28d）：

阴平在 343～454 之间；阳平在 221～231 之间；阴上在 21～32 之间；阳上在 212～223 之间；阴去在 41～53 之间；阳去在 21～31 之间；上阴入在 32～54 之间；下阴入主要在 33 的范围；阳入（上、下阳入合并）在 21～32 之间。

14.6 邕浔片

1. 南宁 - 《音库》

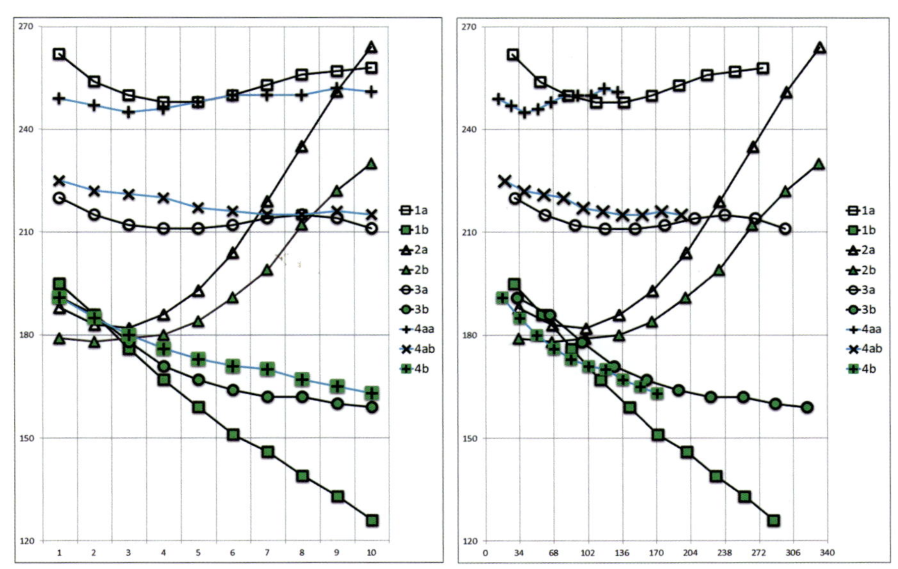

图 14－29a 单字调等长、实长音高模式 - 南宁 - 《音库》

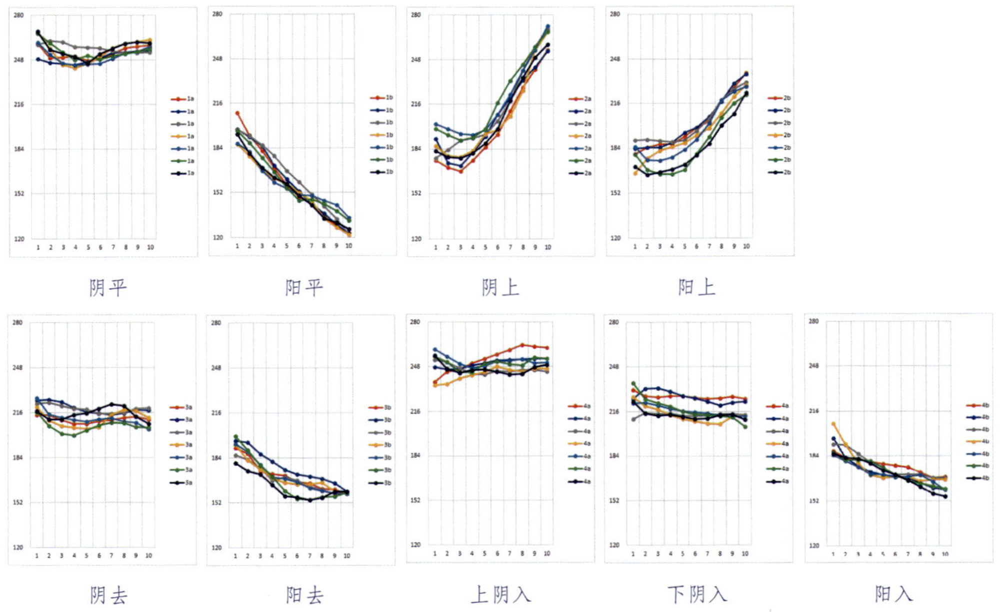

图 14－29b 今声调调域分布范围 - 南宁 - 《音库》

《音库》的声调有 9 个（见图 14－29a）：

阴平 55、阳平 31、阴上 35、阳上 34、阴去 44、阳去 32、上阴入 55、下阴入 44、阳入 32。

今调域的分布情况（见图 14－29b）：

阴平主要在 55 的范围；阳平在 21～31 之间；阴上在 25～35 之间；阳上在 23～24 之间；阴去在 33～44 之间；阳去主要在 32 的范围；上阴入在 44～55 之间；下阴入在 33～44 之间；阳入主要在 32 的范围。

2. 南宁市区

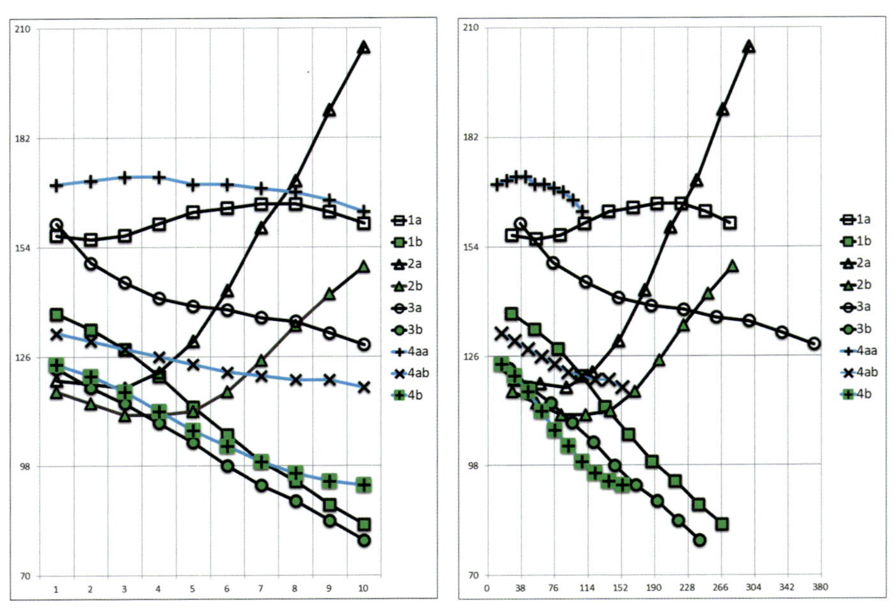

图 14－30a　单字调等长、实长音高模式－南宁市区－OM

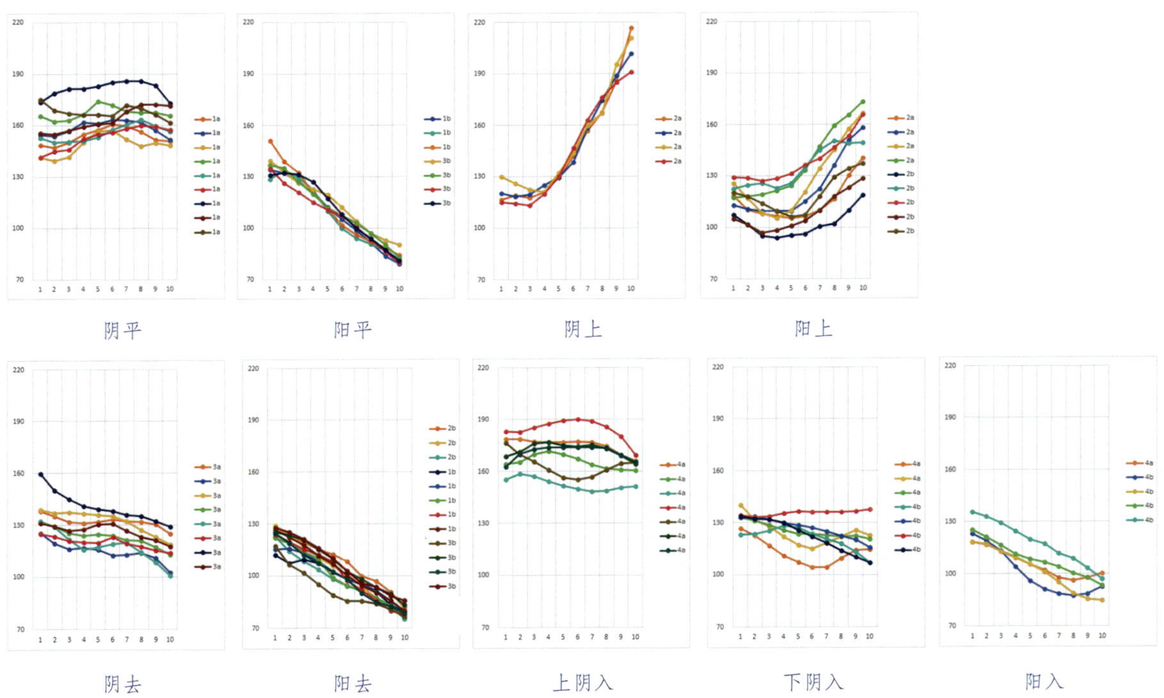

图 14－30b　今声调调域分布范围－南宁市区－OM

老男的声调有 9 个（见图 14－30a）：

阴平 44、阳平 31、阴上 25、阳上 23、阴去 43、阳去 21、上阴入 44、下阴入 32、阳入 21。

今调域的分布情况（见图 14－30b）：

阴平在 33～44 之间；阳平在 21～31 之间；阴上在 24～25 之间；阳上在 212～224 之间；阴去主要在 32 的范围；阳去主要在 21 的范围；上阴入在 33～44 之间；下阴入在 22～33 之间；阳入在 21～32 之间。

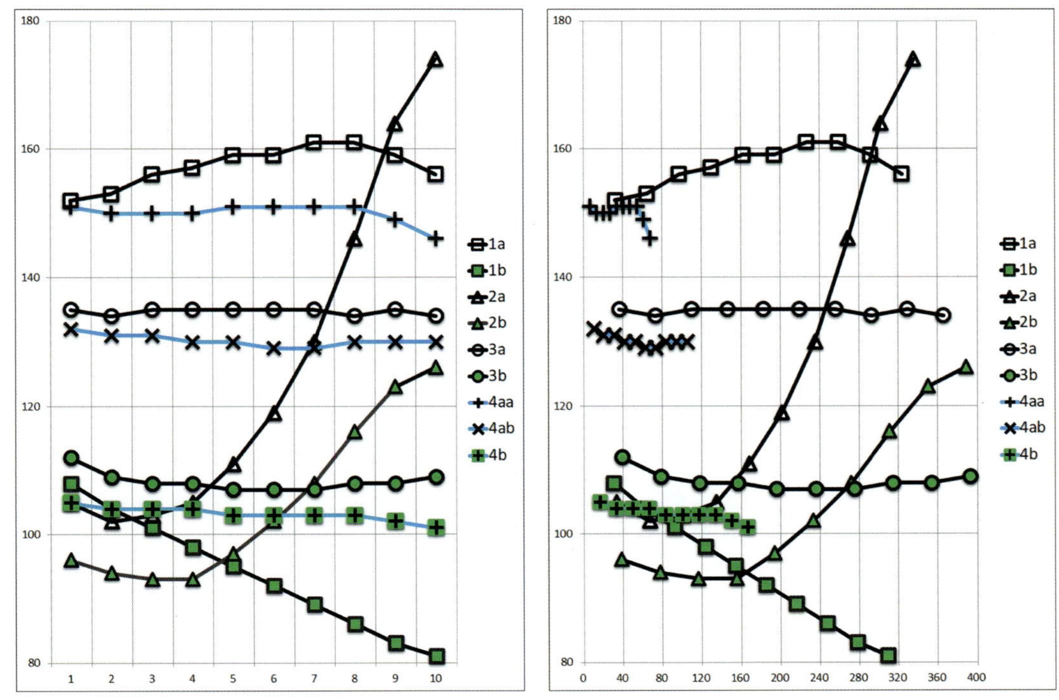

图 14－30c　单字调等长、实长音高模式－南宁市区－YM

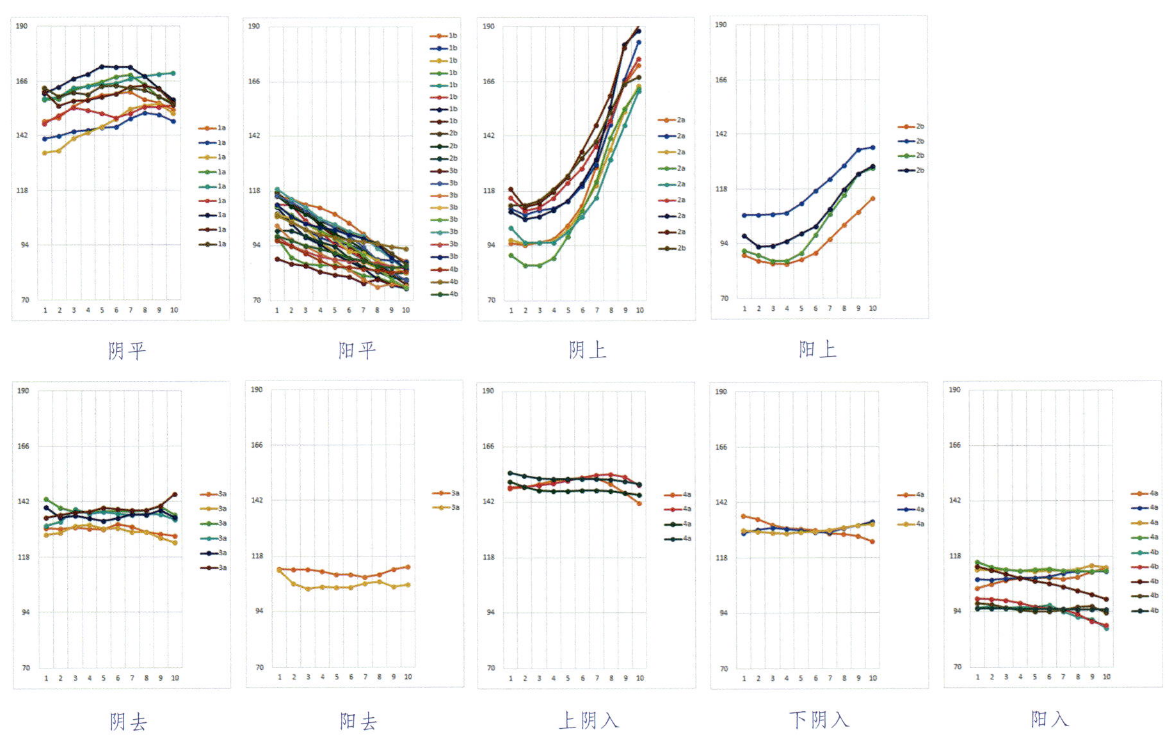

图 14－30d　今声调调域分布范围－南宁市区－YM

青男的声调有 9 个（见图 14－30c）：

阴平 44、阳平 21、阴上 25、阳上 13、阴去 33、阳去 22、上阴入 44、下阴入 33、阳入 22。

今调域的分布情况（见图 14－30d）：

阴平在 34～45 之间；阳平在 21～31 之间；阴上在 14～25 之间；阳上在 12～23 之间；阴去在 33～44 之间；阳去主要在 22 的范围；上阴入主要在 44 的范围；下阴入主要在 33 的范围；阳入在 11～22 之间。

3. 贵港港北

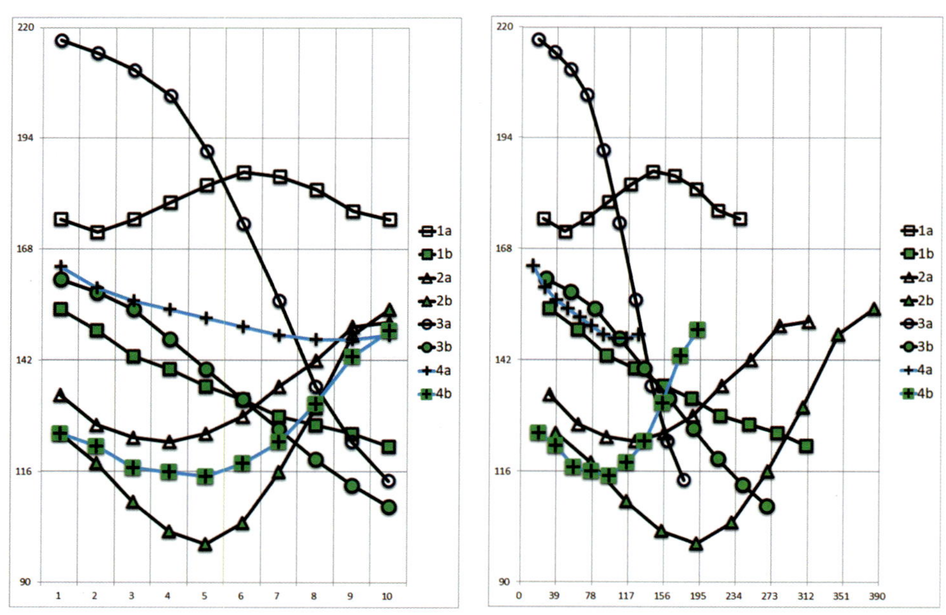

图 14－31a　单字调等长、实长音高模式－贵港港北－OM

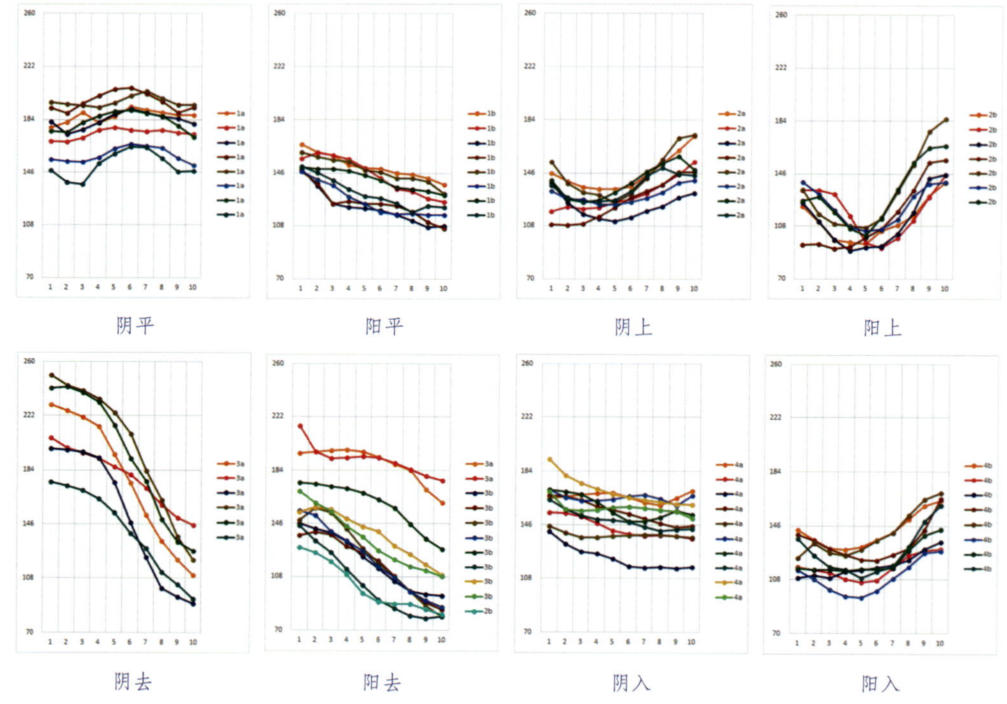

图 14－31b　今声调调域分布范围－贵港港北－OM

老男的声调有 8 个（见图 14－31a）：

阴平 44、阳平 32、阴上 23、阳上 213、阴去 51、阳去 31、阴入 43、阳入 23。

今调域的分布情况（见图 14－31b）：

阴平在 33～44 之间；阳平主要在 32 的范围；阴上在 22～323 之间；阳上在 212～213 之间；阴去在 31～52 之间；阳去在 21～43 之间；阴入在 32～43 之间；阳入在 212～223 之间。

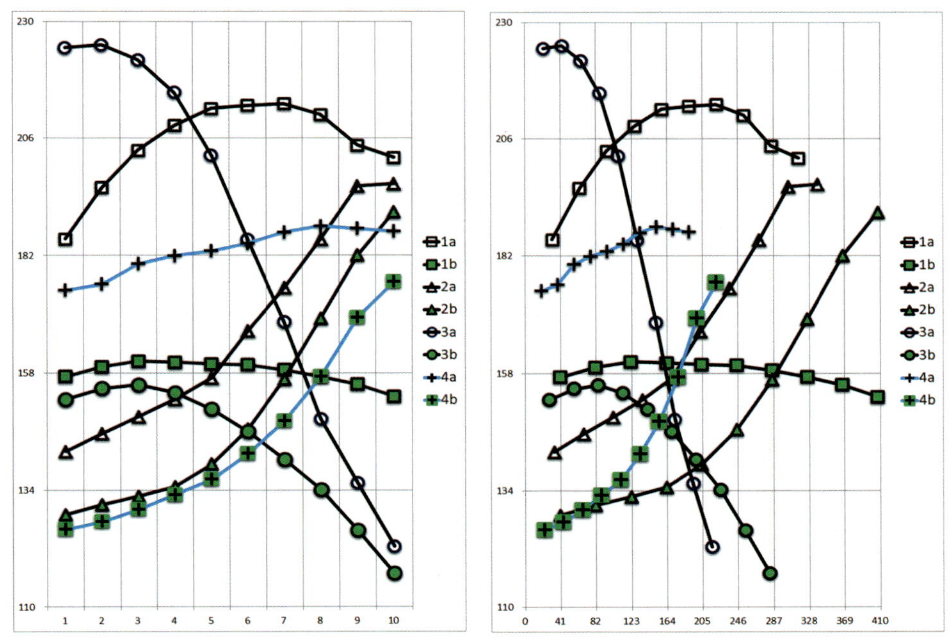

图 14－31c　单字调等长、实长音高模式－贵港港北－YM

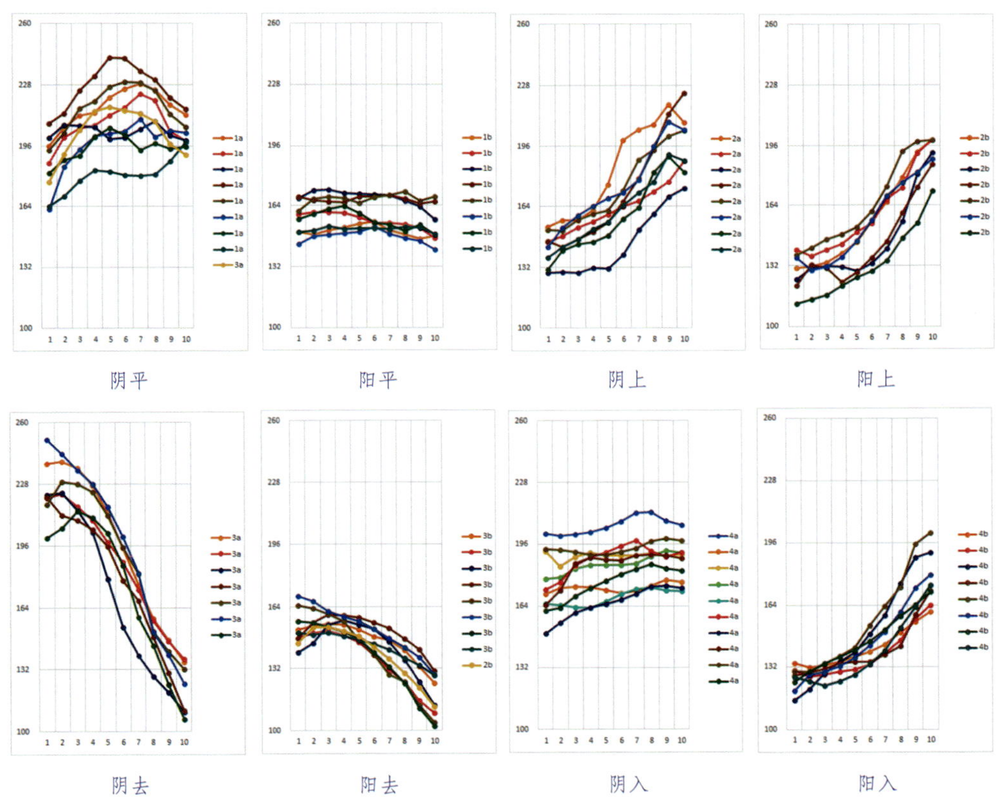

图 14－31d　今声调调域分布范围－贵港港北－YM

青男的声调有 8 个（见图 14－31c）：

阴平 454、阳平 22、阴上 24、阳上 14、阴去 51、阳去 21、阴入 34、阳入 13。

今调域的分布情况（见图 14－31d）：

阴平在 33～454 之间；阳平在 22～33 之间；阴上在 23～24 之间；阳上在 13～24 之间；阴去在 41～52 之间；阳去在 21～32 之间；阴入在 23～44 之间；阳入在 12～24 之间。

4. 玉林博白

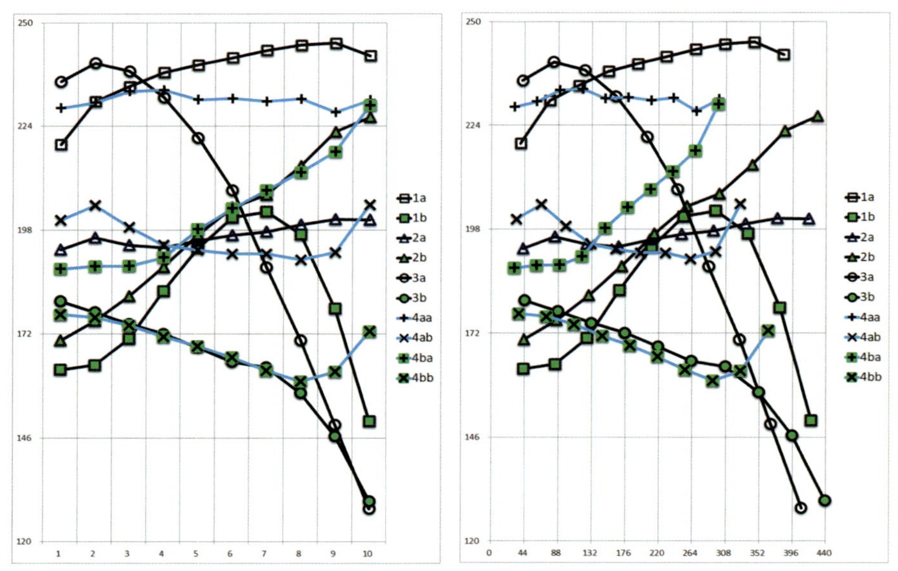

图 14－32a　单字调等长、实长音高模式－玉林博白－OM

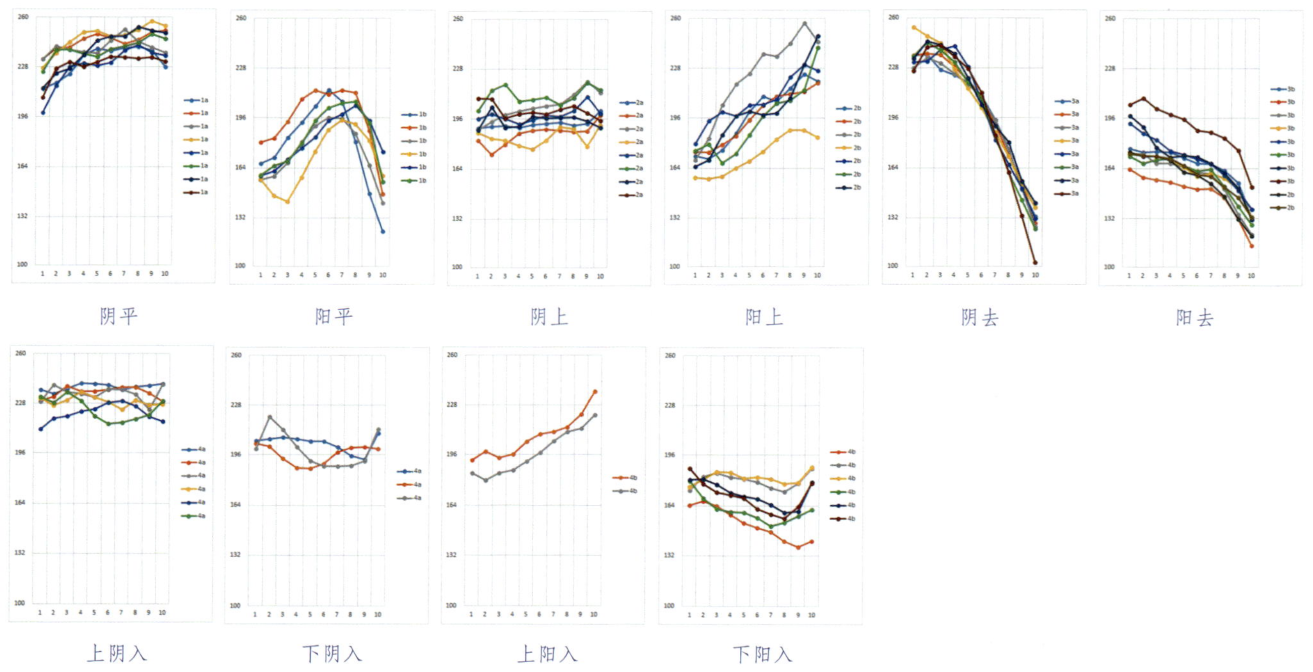

图 14－32b　今声调调域分布范围－玉林博白－OM

老男的声调有 10 个（见图 14－32a）：

阴平 45、阳平 242、阴上 44、阳上 24、阴去 51、阳去 31、上阴入 45、下阴入 33、上阳入 35、下阳入 32。

今调域的分布情况（见图 14－32b）：

阴平主要在 45 的范围；阳平在 231～343 之间；阴上在 33～44 之间；阳上在 34～35 之间；阴去在 51～52 之间；阳去在 21～42 之间；上阴入在 44～55 之间；下阴入在 33～44 之间；上阳入在 34～45 之间；下阳入在 32～33 之间。

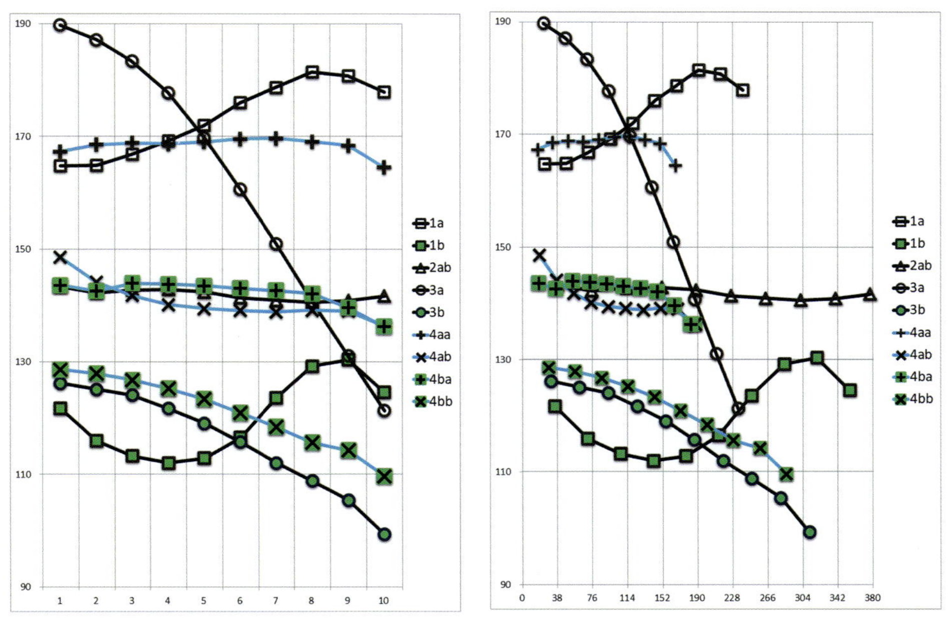

图 14－32c　单字调等长、实长音高模式－玉林博白－YM

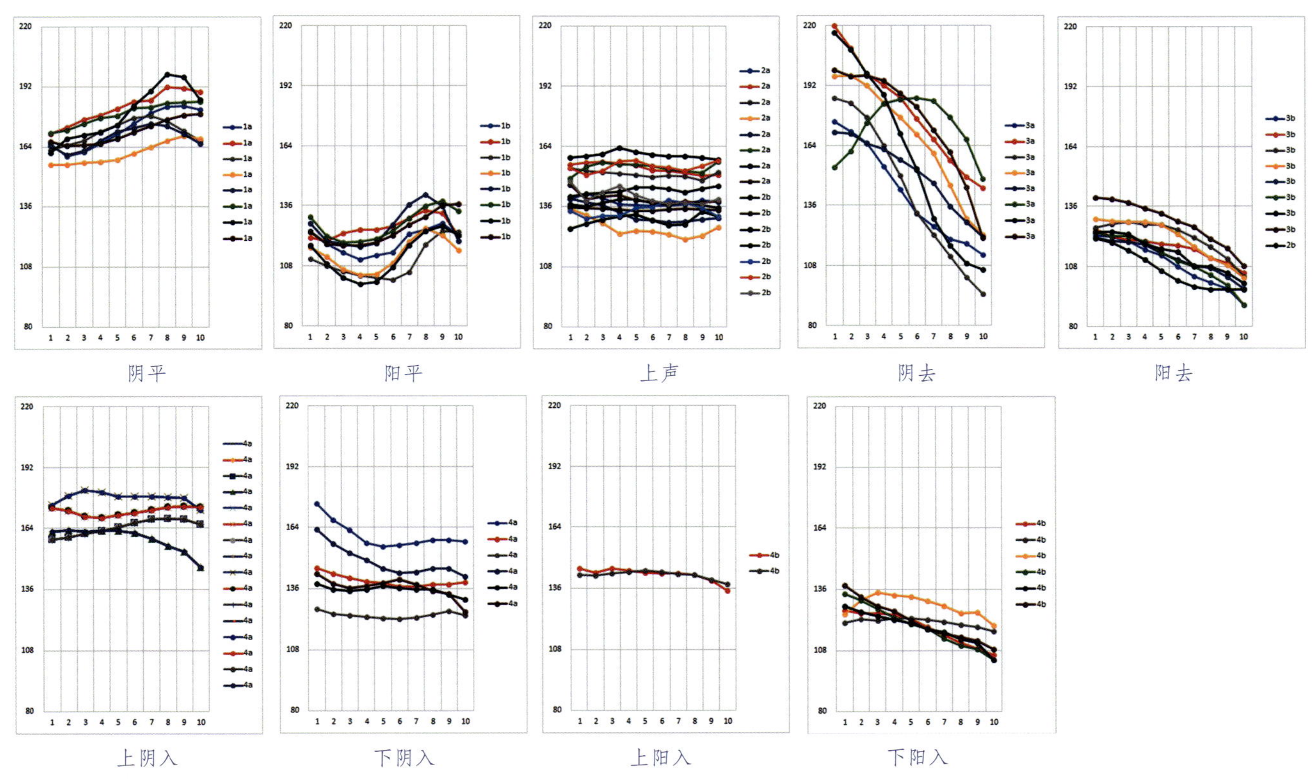

图 14－32d　今声调调域分布范围－玉林博白－YM

青男的声调有 9 个（见图 14－32c）：

阴平 45、阳平 212、上声 33、阴去 52、阳去 21、上阴入 44、下阴入 33、上阳入 32、下阳入 21。

今调域的分布情况（见图 14－32d）：

阴平在 34～45 之间；阳平在 212～323 之间；上声在 22～33 之间；阴去在 41～52 之间；阳去在 21～32 之间；上阴入在 33～44 之间；下阴入在 22～33 之间；上阳入主要在 33 的范围；下阳入在 21～32 之间。

青男的上声不分阴阳，且与老男的上阳入不同。

5. 百色新安

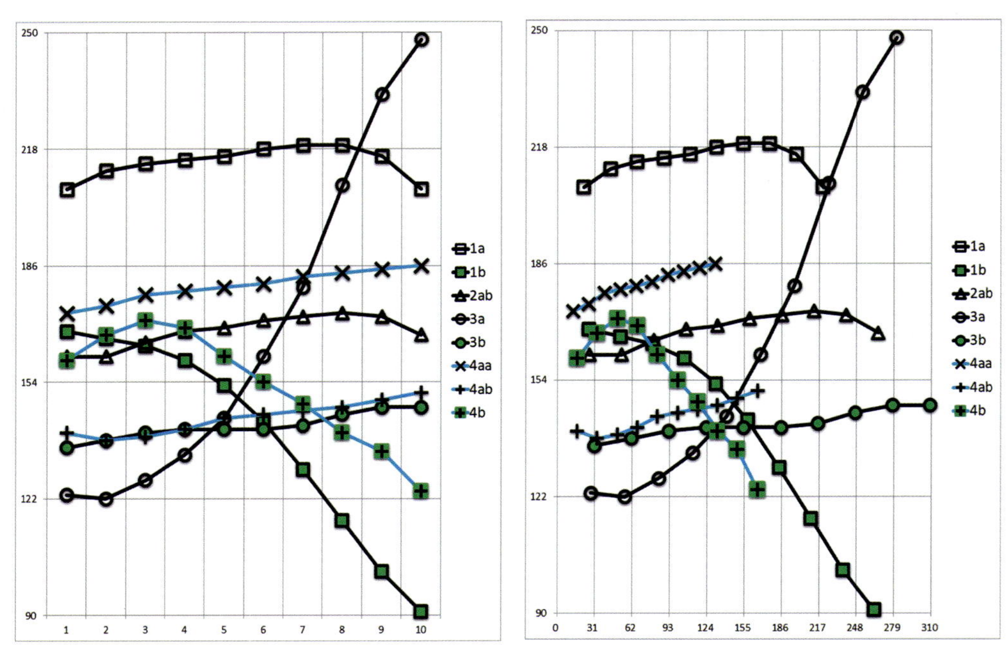

图 14－33a　单字调等长、实长音高模式－百色新安－OM

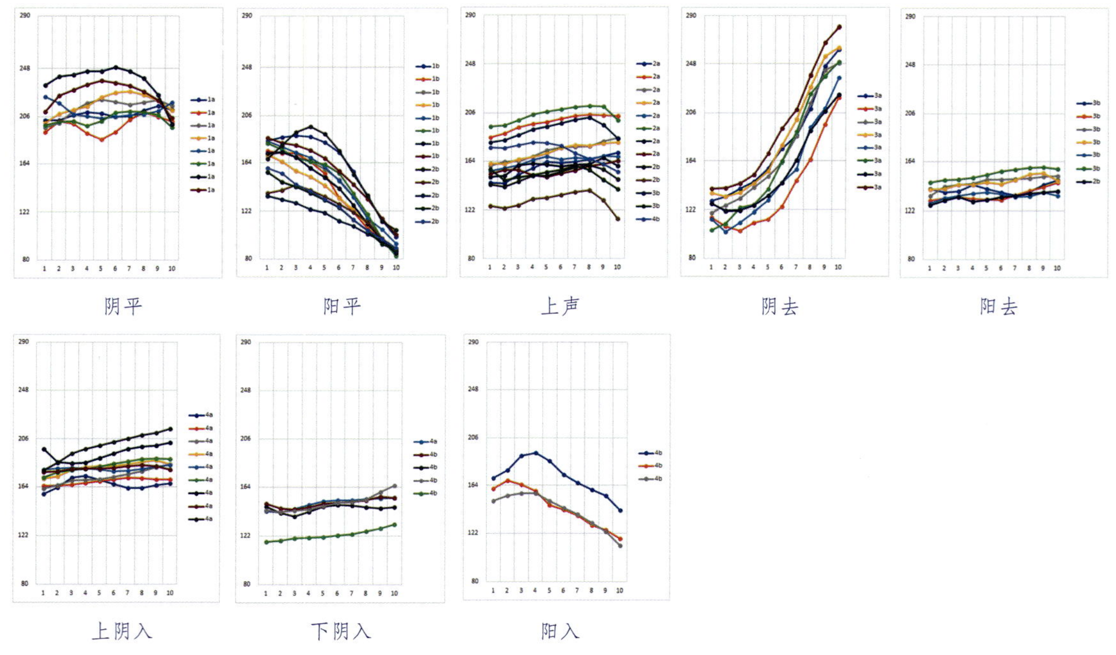

图 14－33b　今声调调域分布范围－百色新安－OM

老男的声调有 8 个（见图 14－33a）：

阴平 44、阳平 31、上声 33、阴去 25、阳去 22、上阴入 33、下阴入 22、阳入 32。

今调域的分布情况（见图 14－33b）：

阴平在 33～44 之间；阳平在 21～31 之间；上声在 22～33 之间；阴去在 14～25 之间；阳去主要在 22 的范围；上阴入主要在 34 的范围；下阴入主要在 22 的范围；阳入在 21～32 之间。

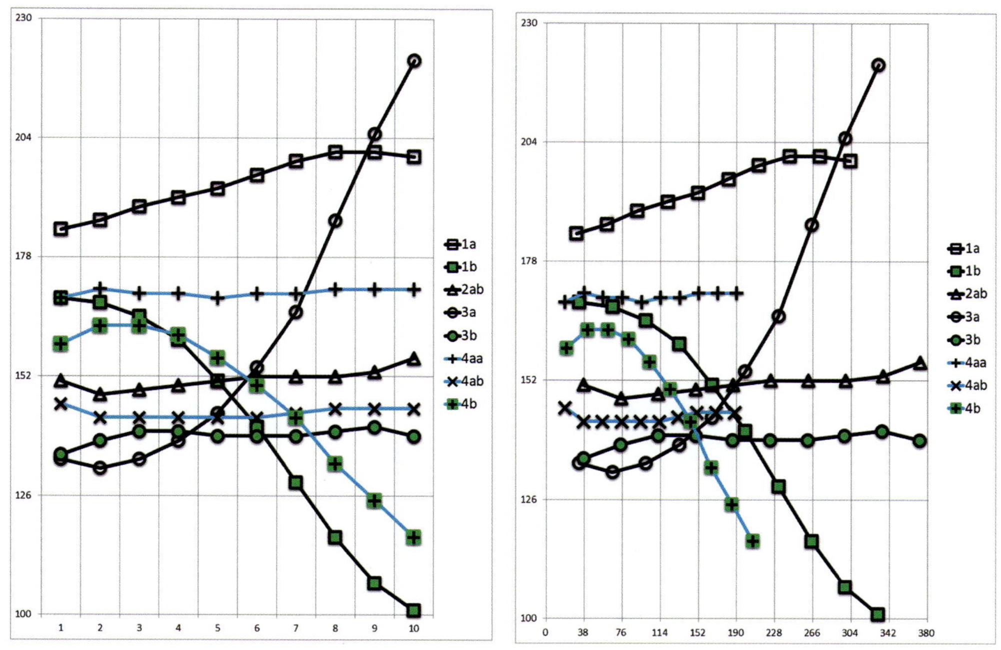

图 14－33c 单字调等长、实长音高模式－百色新安－YM

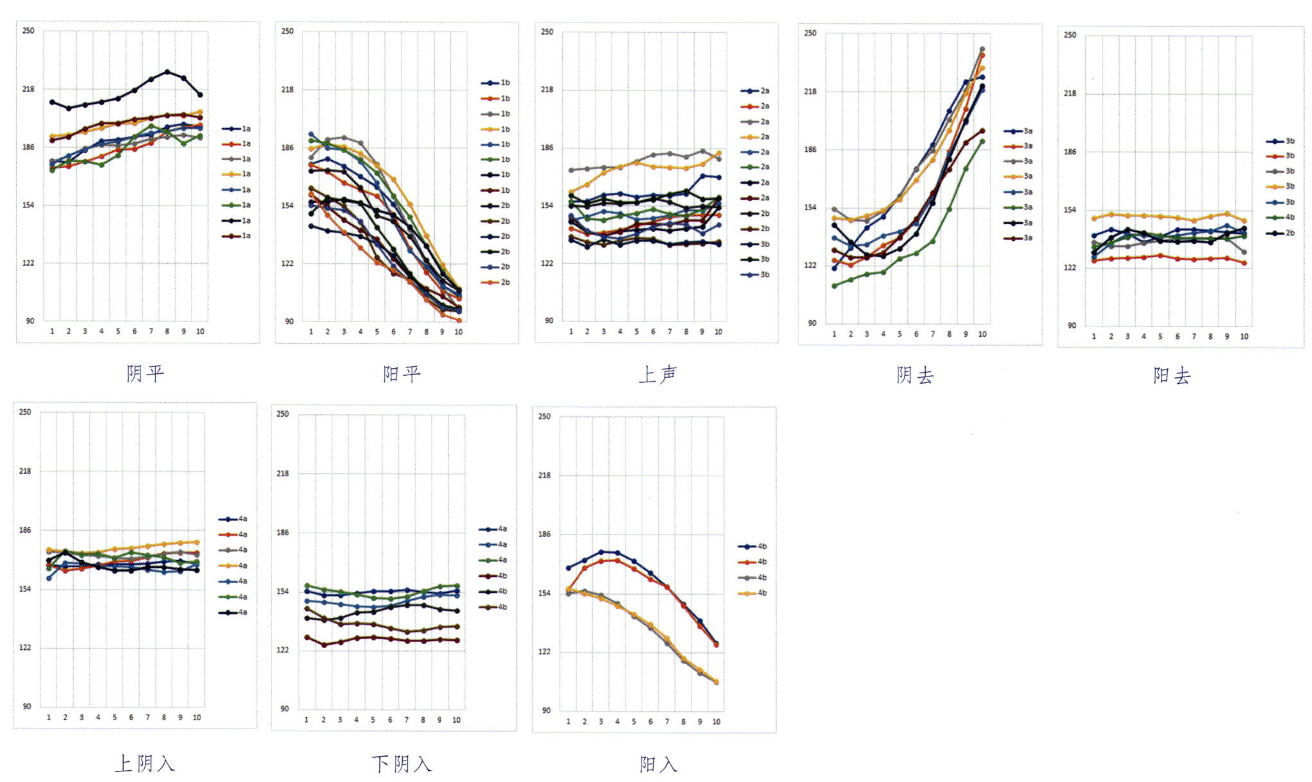

图 14－33d 今声调调域分布范围－百色新安－YM

青男的声调有 8 个（见图 14－33c）：

阴平 44、阳平 31、上声 33、阴去 25、阳去 22、上阴入 33、下阴入 22、阳入 31。

今调域的分布情况（见图 14－33d）：

阴平在 34～45 之间；阳平在 21～41 之间；上声在 22～33 之间；阴去在 14～25 之间；阳去主要在 22 的范围；上阴入主要在 33 的范围；下阴入在 22～33 之间；阳入在 21～32 之间。

6. 崇左凭祥

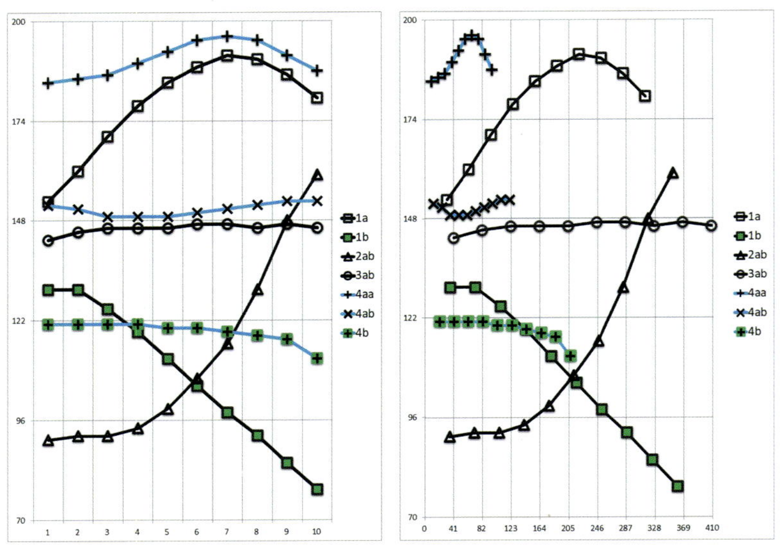

图 14－34a　单字调等长、实长音高模式－崇左凭祥－OM

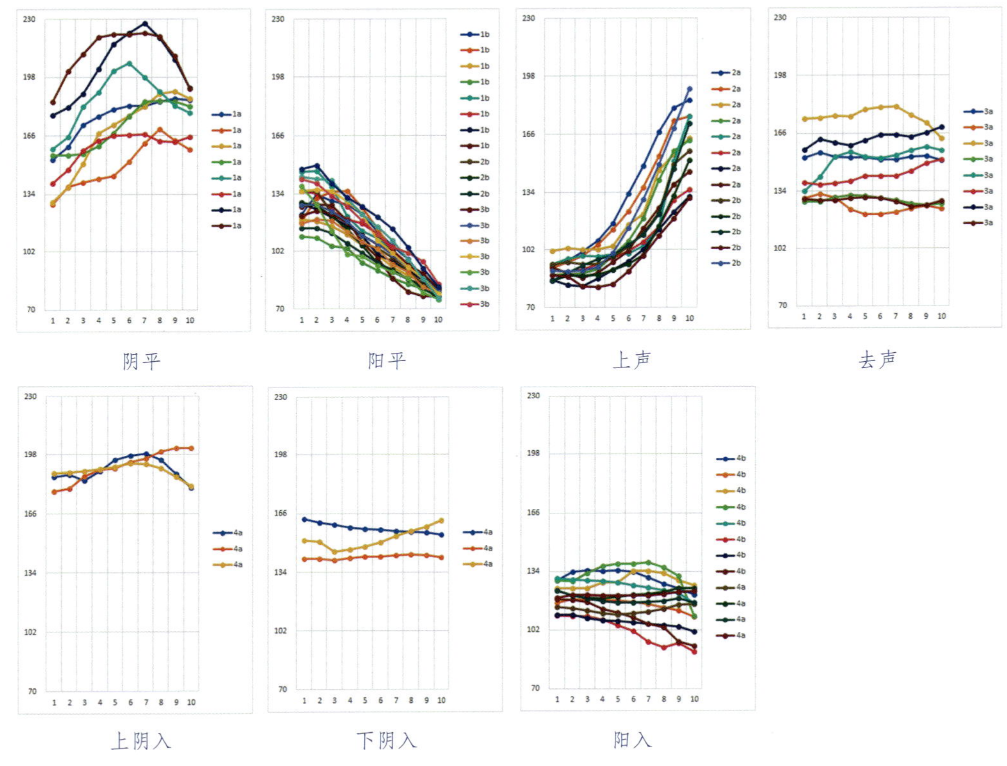

图 14－34b　今声调调域分布范围－崇左凭祥－OM

老男的声调有 7 个（见图 14－34a）：

阴平 45、阳平 31、上声 14、去声 33、上阴入 45、下阴入 44、阳入 22。

今调域的分布情况（见图 14－34b）：

阴平在 34～454 之间；阳平在 21～31 之间；上声在 12～24 之间；去声在 22～44 之间；上阴入在 44～45 之间；下阴入主要在 33 的范围；阳入在 21～22 之间。

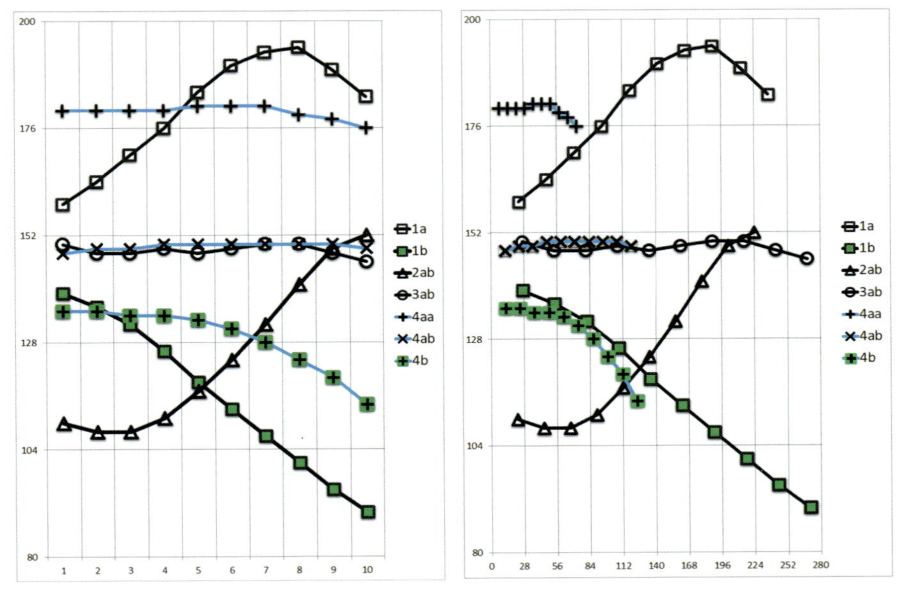

图 14－34c 单字调等长、实长音高模式－崇左凭祥－YM

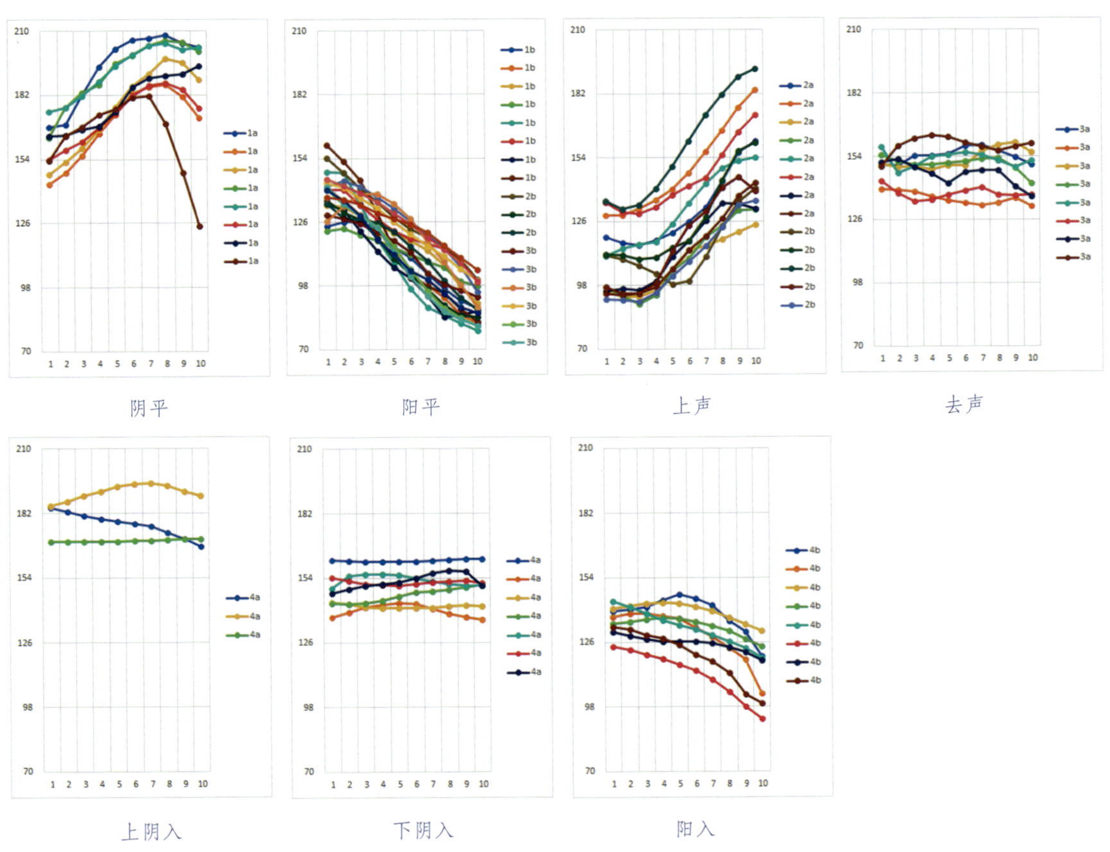

图 14－34d 今声调调域分布范围－崇左凭祥－YM

青男的声调有 7 个（见图 14－34c）：

阴平 45、阳平 31、上声 23、去声 33、上阴入 55、下阴入 33、阳入 32。

今调域的分布情况（见图 14－34d）：

阴平主要在 34～45 之间；阳平在 21～42 之间；上声在 23～35 之间；去声在 33～44 之间；上阴入在 44～55 之间；下阴入在 33～44 之间；阳入在 21～32 之间。

7. 来宾古昔村

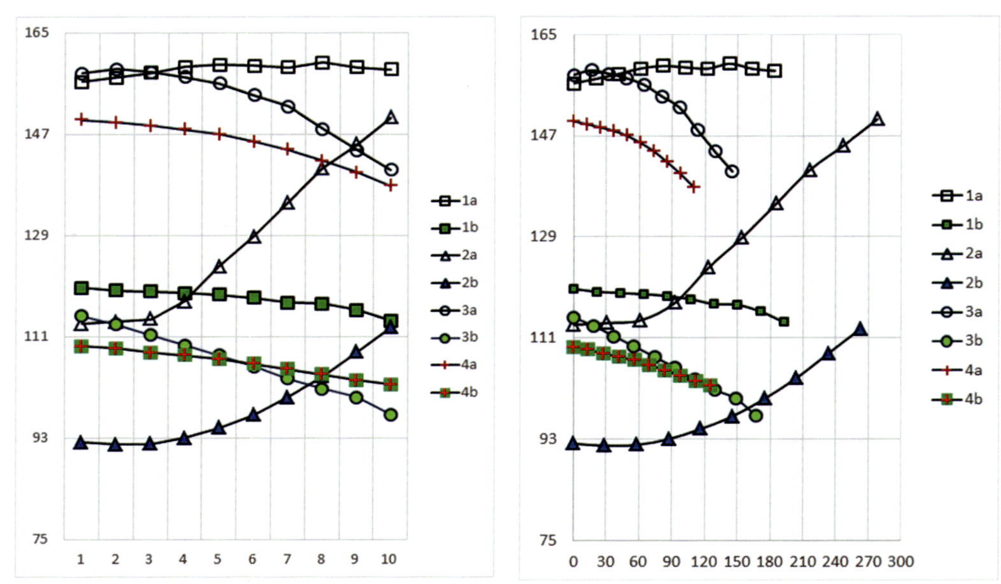

图 14－35a 单字调等长、实长音高模式－来宾古昔村－OM

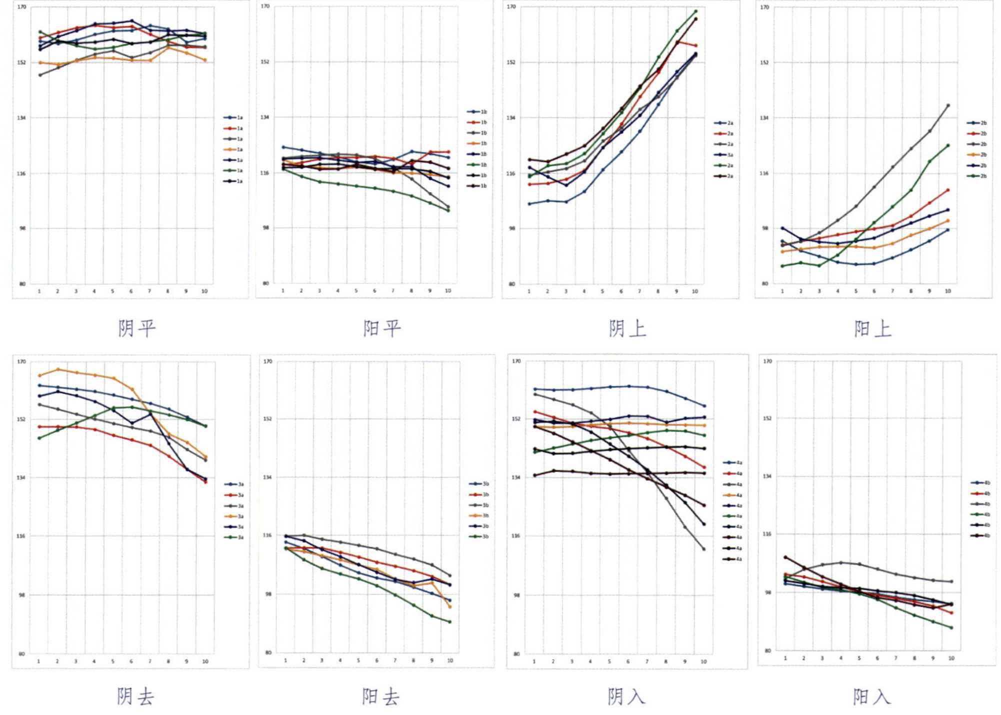

图 14－35b 今声调调域分布范围－来宾古昔村－OM

老男的声调有 8 个（见图 14－35a）：

阴平 55、阳平 33、阴上 35、阳上 23、阴去 54、阳去 32、阴入 54、阳入 32。

今调域的分布情况（见图 14－35b）：

阴平主要在 55 的范围；阳平在 32～33 之间；阴上在 25～35 之间；阳上在 12～14 之间；阴去在 43～54 之间；阳去在 21～32 之间；阴入主要在 43～55 之间；阳入在 21～22 之间。

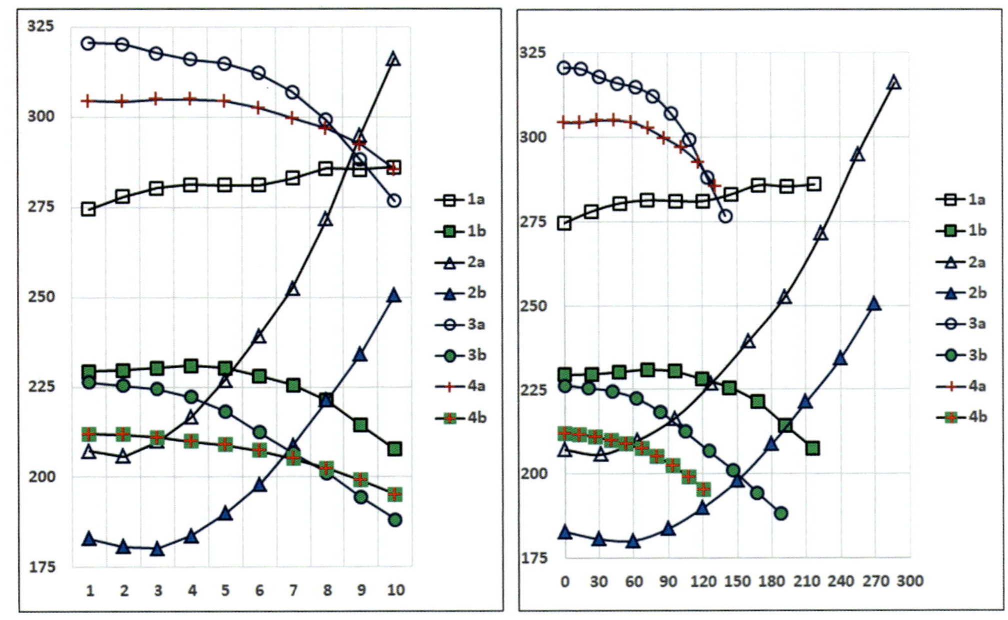

图 14－35c　单字调等长、实长音高模式－来宾古昔村－MF

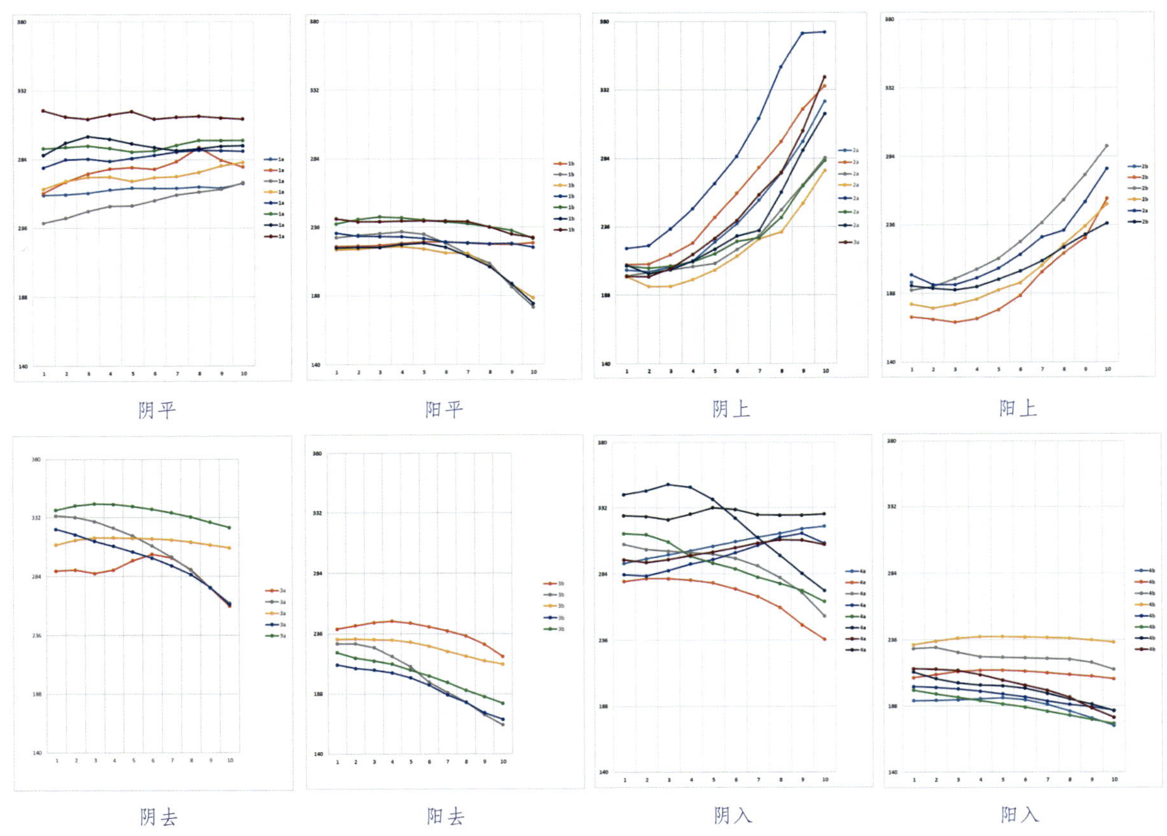

图 14－35d　今声调调域分布范围－来宾古昔村－MF

中女的声调有 8 个（见图 14－35c）：

阴平 44、阳平 332、阴上 25、阳上 13、阴去 54、阳去 21、阴入 54、阳入 21。

今调域的分布情况（见图 14－35d）：

阴平在 33～44 之间；阳平在 21～33 之间；阴上在 23～25 之间；阳上在 13～24 之间；阴去在 43～55 之间；阳去在 21～32 之间；阴入主要在 43～54 之间；阳入在 21～22 之间。

8. 武鸣城厢

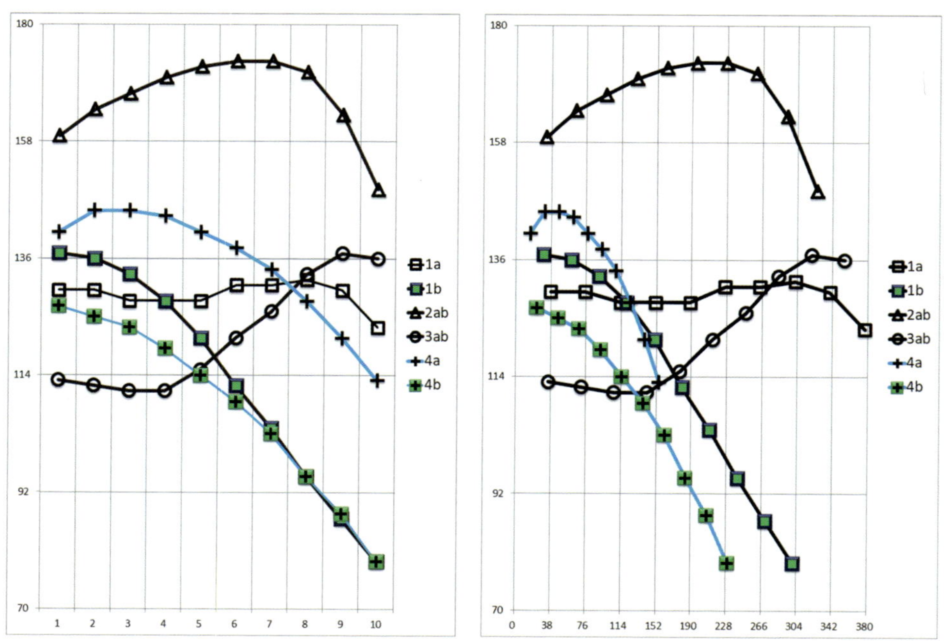

图 14－36a　单字调等长、实长音高模式－武鸣城厢－OM

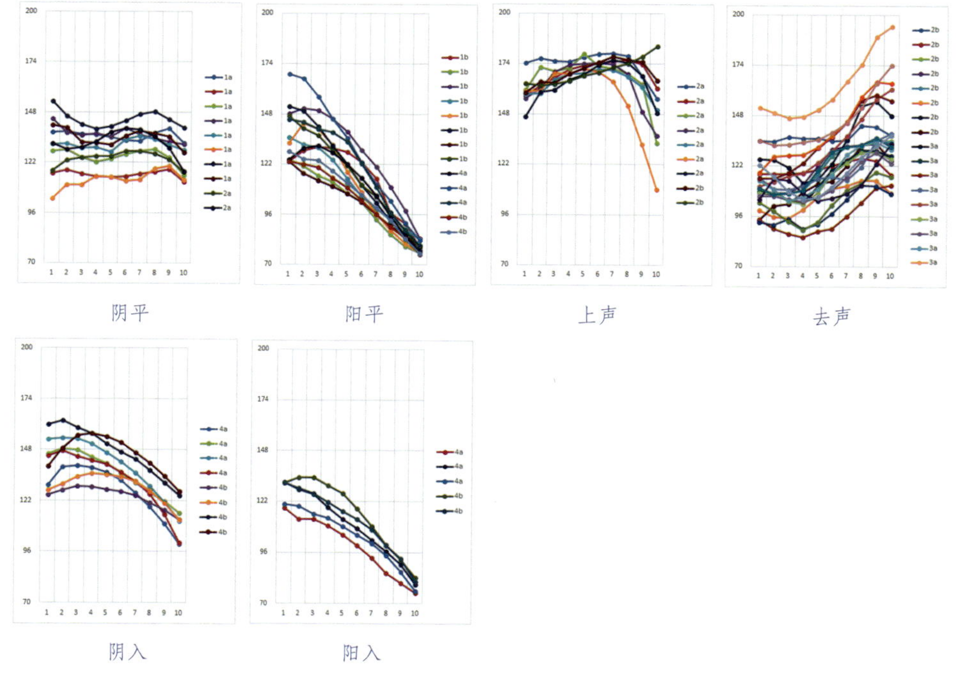

图 14－36b　今声调调域分布范围－武鸣城厢－OM

老男的声调有 6 个（见图 14－36a）：

阴平 33、阳平 31、上声 454、去声 223、阴入 43、阳入 31。

今调域的分布情况（见图 14－36b）：

阴平在 22～33 之间；阳平在 21～41 之间；上声在 42～44 之间；去声在 12～45 之间；阴入在 32～43 之间；阳入在 21～31 之间。

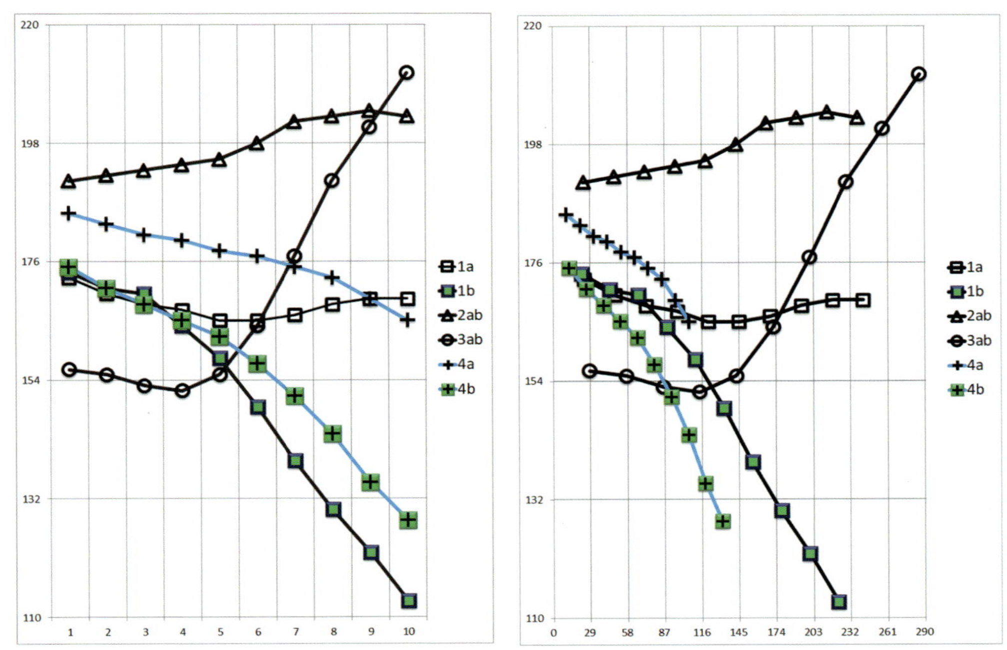

图 14 - 36c　单字调等长、实长音高模式 - 武鸣城厢 - YM

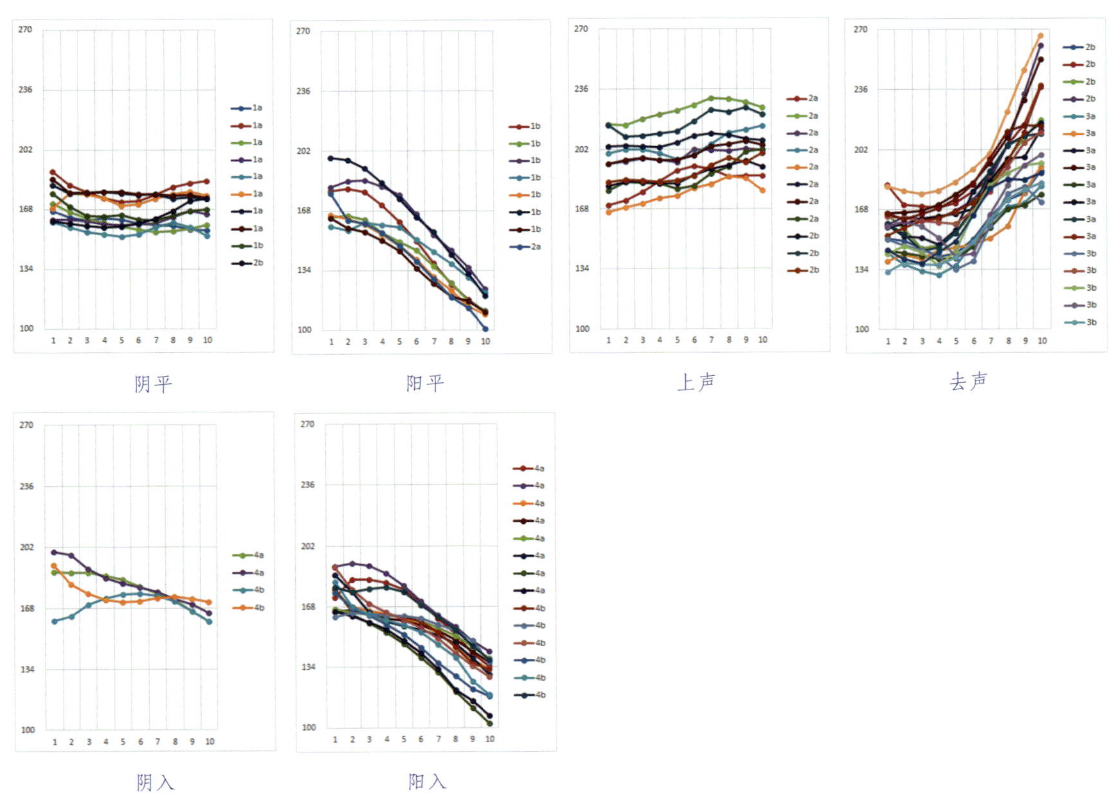

图 14 - 36d　今声调调域分布范围 - 武鸣城厢 - YM

青男的声调有 6 个（见图 14 - 36c）：

阴平 33、阳平 31、上声 45、去声 335、阴入 43、阳入 32。

今调域的分布情况（见图 14 - 36d）：

阴平在 22 ~ 33 之间；阳平在 21 ~ 31 之间；上声在 23 ~ 34 之间；去声在 23 ~ 35 之间；阴入在 32 ~ 33 之间；阳入在 21 ~ 32 之间。

14.7 钦廉片

1. 钦州钦南

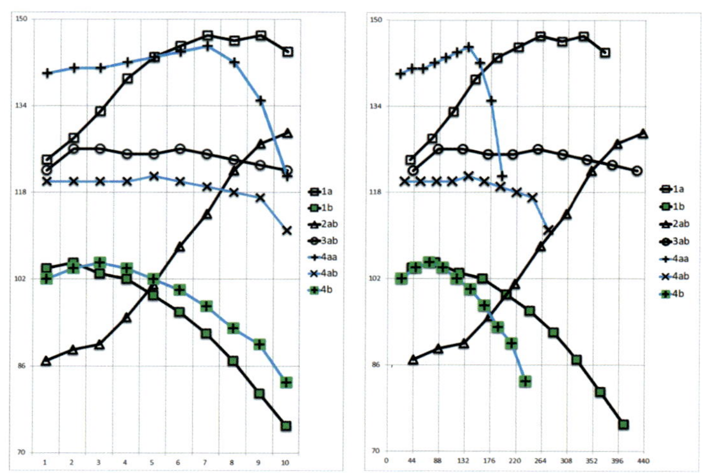

图 14－37a　单字调等长、实长音高模式－钦州钦南－OM

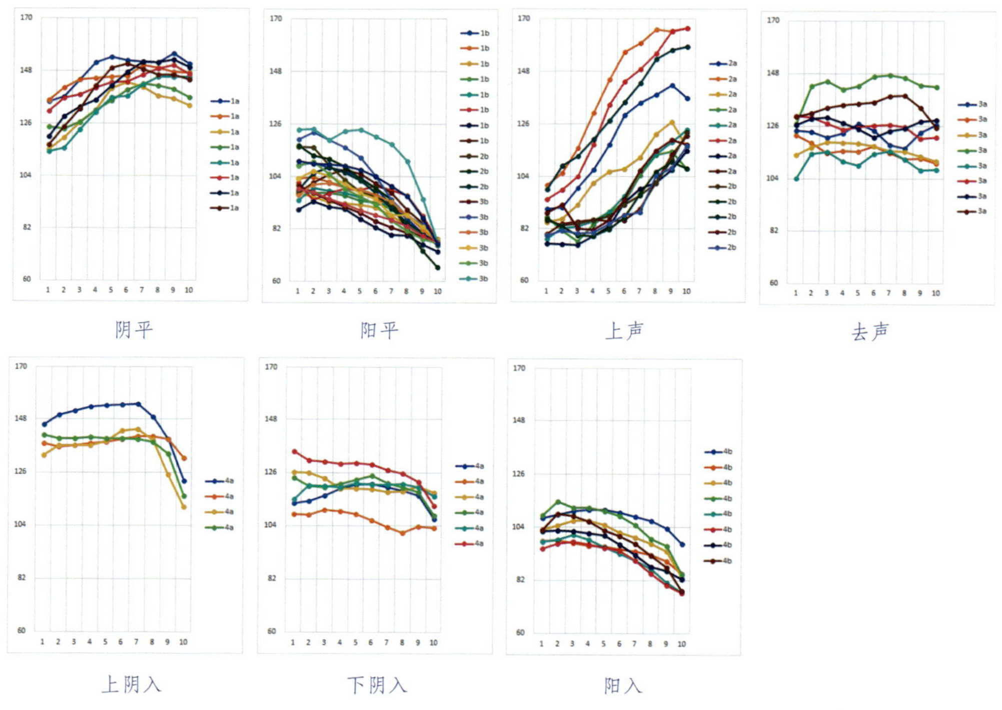

图 14－37b　今声调调域分布范围－钦州钦南－OM

老男的声调有 7 个（见图 14－37a）：

阴平 45、阳平 31、上声 24、去声 44、上阴入 <u>54</u>、下阴入 <u>44</u>、阳入 <u>32</u>。

今调域的分布情况（见图 14－37b）：

阴平在 34～45 之间；阳平在 21～31 之间；上声在 13～25 之间；去声在 33～44 之间；上阴入主要在 <u>44</u>～<u>55</u> 之间；下阴入在 <u>33</u>～<u>43</u> 之间；阳入在 <u>21</u>～<u>32</u> 之间。

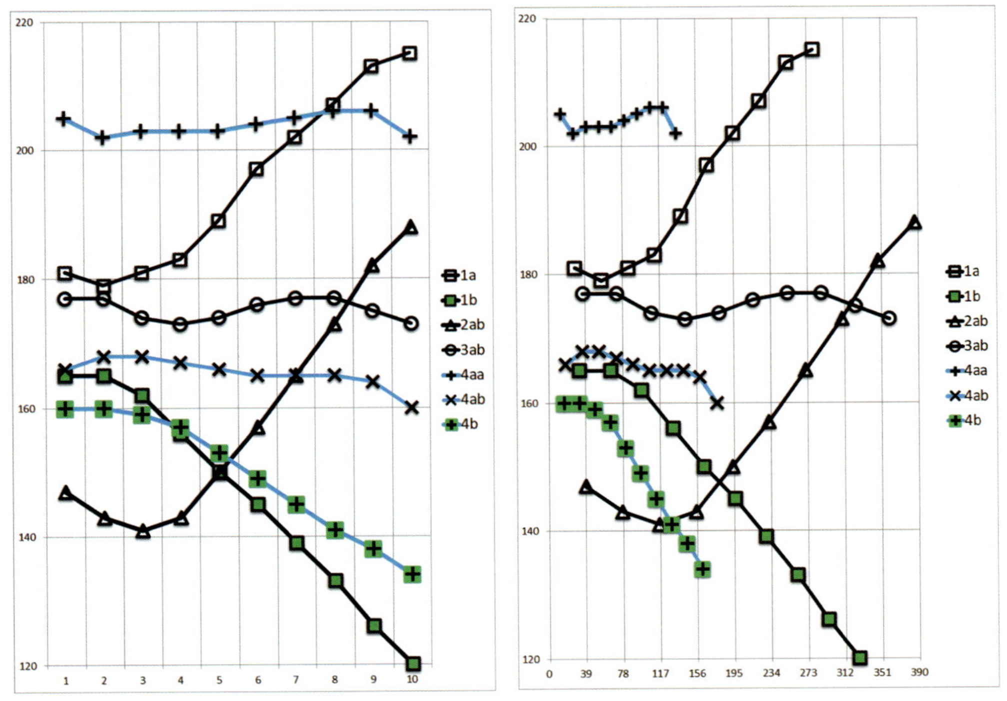

图 14－37c　单字调等长、实长音高模式－钦州钦南－YM

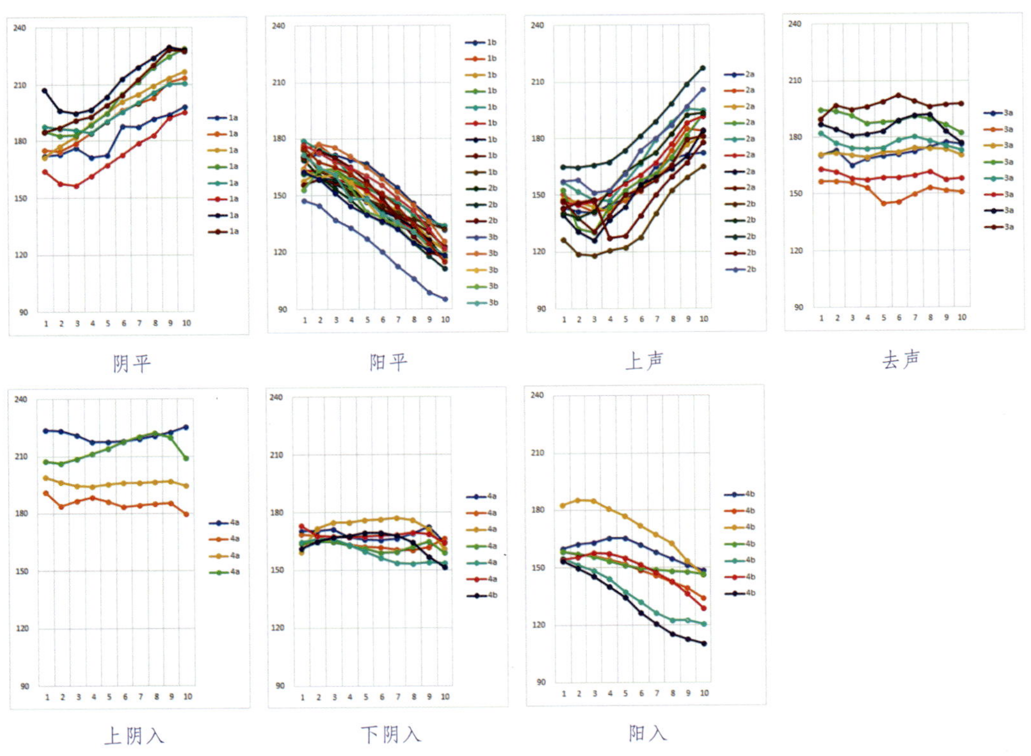

图 14－37d　今声调调域分布范围－钦州钦南－YM

青男的声调有 7 个（见图 14－37c）：

阴平 45、阳平 31、上声 224、去声 33、上阴入 55、下阴入 33、阳入 32。

今调域的分布情况（见图 14－37d）：

阴平在 34～45 之间；阳平在 21～32 之间；上声主要在 23～35 之间；去声主要在 33～44 之间；上阴入在 44～55 之间；下阴入主要在 33 的范围；阳入在 31～42 之间。

2. 北海海城

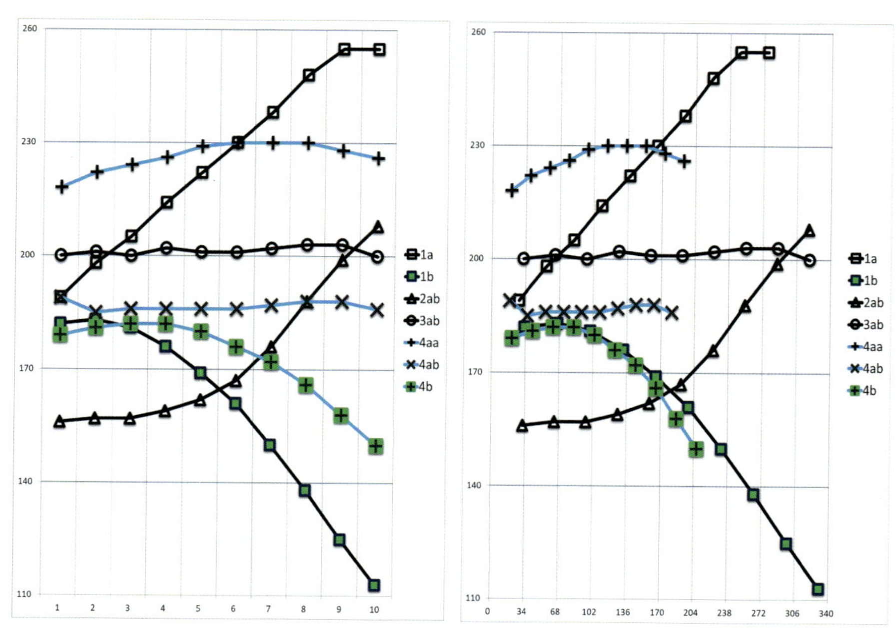

图 14－38a　单字调等长、实长音高模式－北海海城－OM

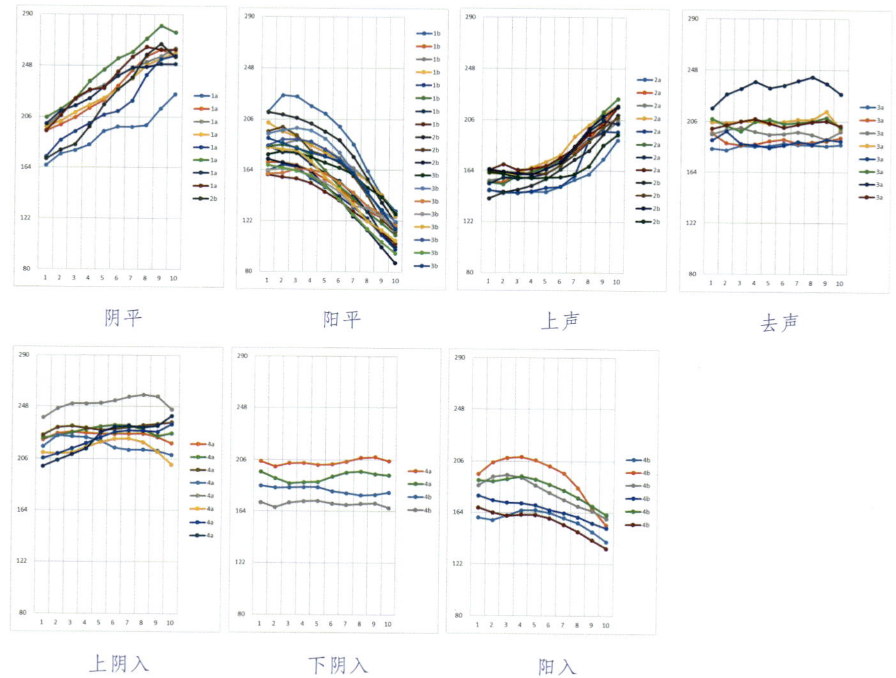

图 14－38b　今声调调域分布范围－北海海城－OM

老男的声调有 7 个（见图 14－38a）：

阴平 35、阳平 31、上声 24、去声 44、上阴入 45、下阴入 33、阳入 32。

今调域的分布情况（见图 14－38b）：

阴平在 34～35 之间；阳平在 21～42 之间；上声在 23～34 之间；去声在 33～44 之间；上阴入主要在 44～55 之间；下阴入主要在 33 的范围；阳入主要在 32 的范围。

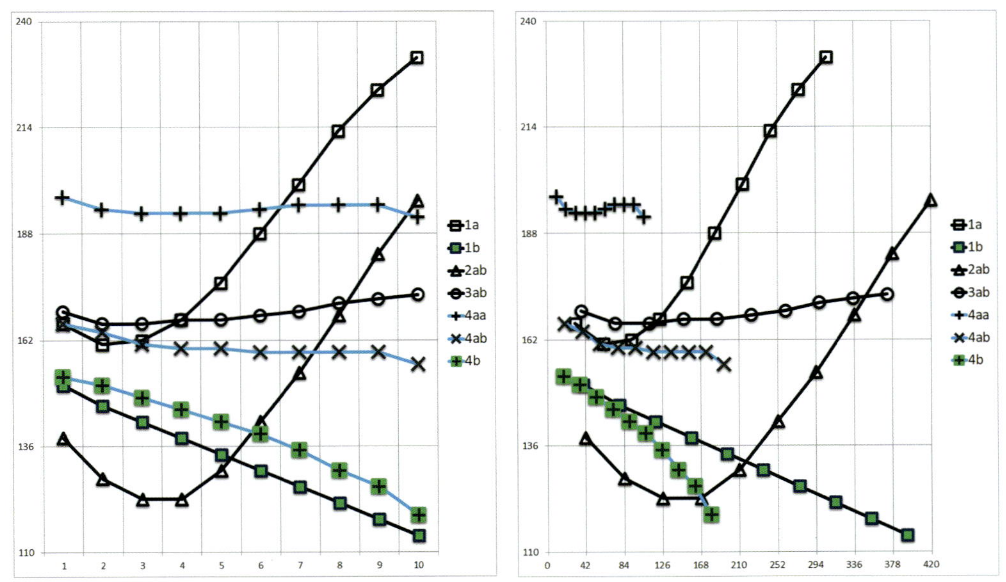

图 14－38c 单字调等长、实长音高模式－北海海城－YM

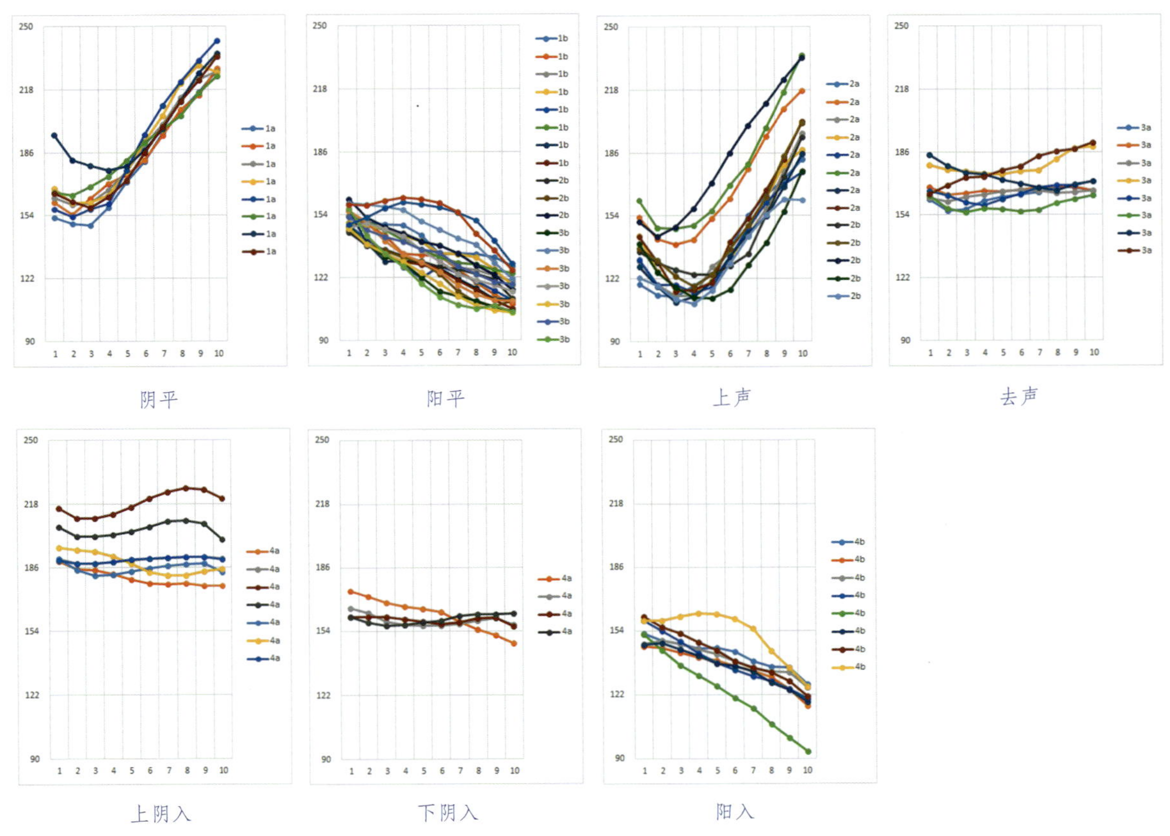

图 14－38d 今声调调域分布范围－北海海城－YM

青男的声调有 7 个（见图 14－38c）：

阴平 35、阳平 21、上声 214、去声 33、上阴入 44、下阴入 33、阳入 21。

今调域的分布情况（见图 14－38d）：

阴平在 35～45 之间；阳平在 21～32 之间；上声在 213～325 之间；去声主要在 33 的范围；上阴入在 44～45 之间；下阴入主要在 33 的范围；阳入在 21～32 之间。

3. 东兴锦绣街

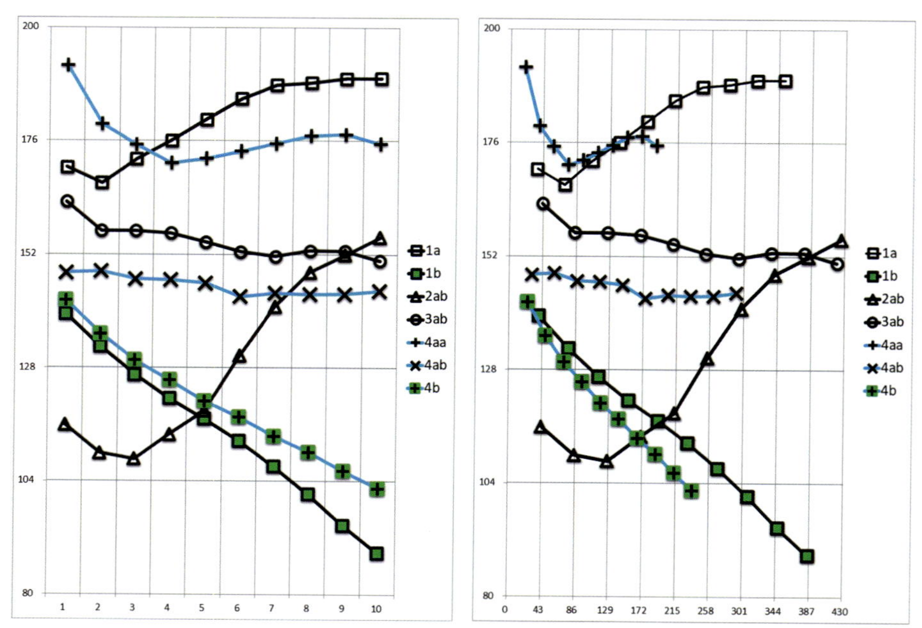

图 14－39a　单字调等长、实长音高模式－东兴锦绣街－OM

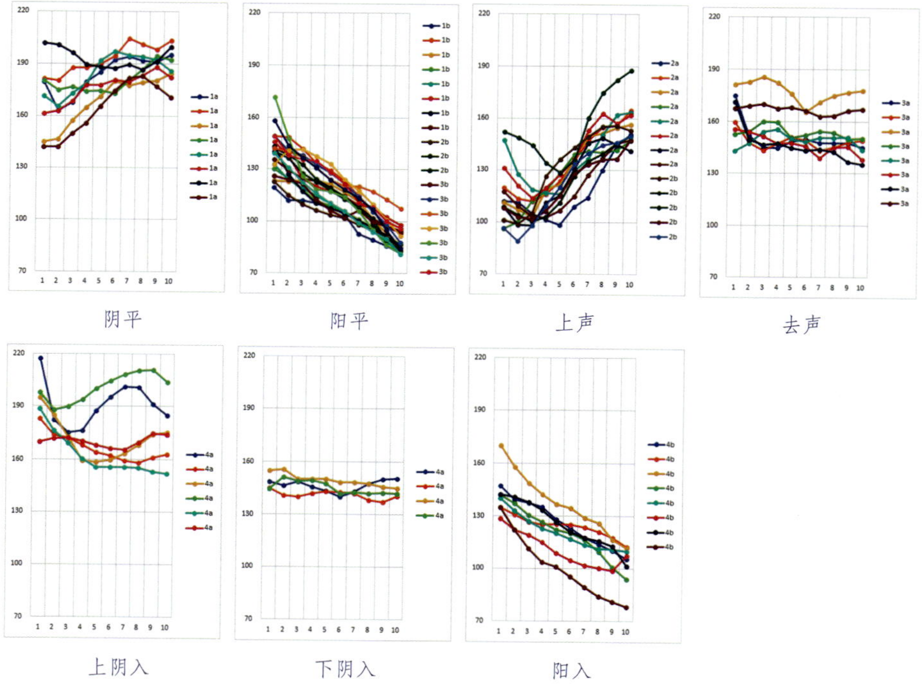

图 14－39b　今声调调域分布范围－东兴锦绣街－OM

老男的声调有 7 个（见图 14－39a）：

阴平 45、阳平 31、上声 24、去声 44、上阴入 54、下阴入 33、阳入 32。

今调域的分布情况（见图 14－39b）：

阴平在 34～45 之间；阳平在 21～32 之间；上声在 213～324 之间；去声在 33～44 之间；上阴入在 45～54 之间；下阴入主要在 33 的范围；阳入在 21～42 之间。

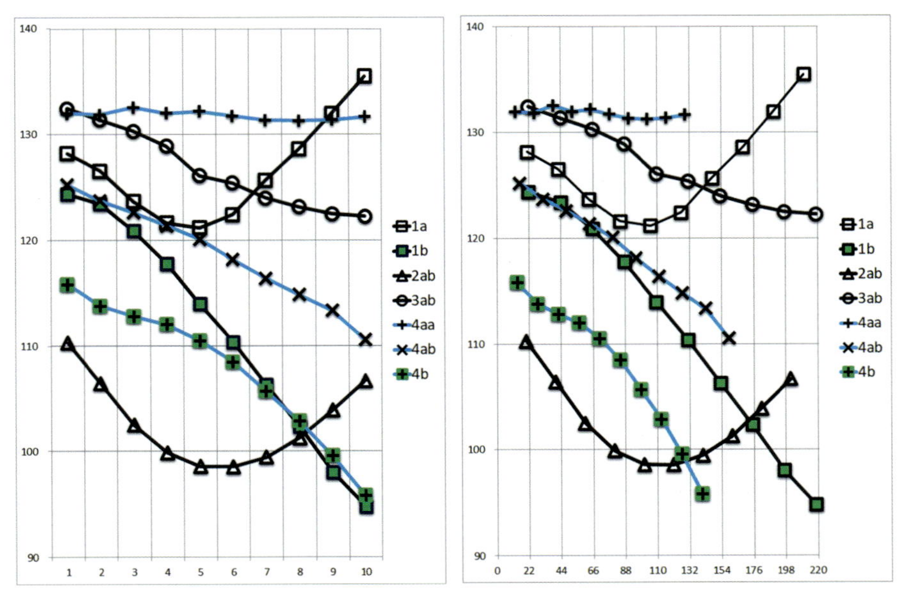

图 14－39c　单字调等长、实长音高模式－东兴锦绣街－YM

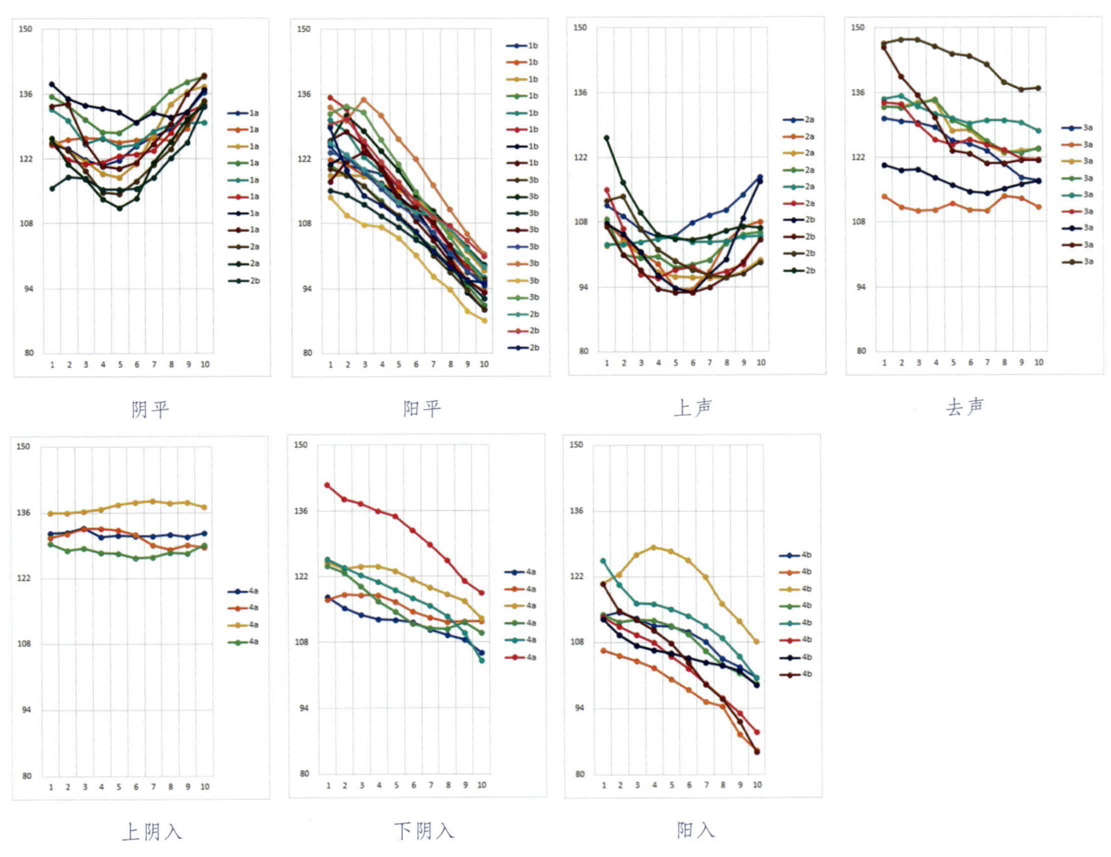

图 14－39d　今声调调域分布范围－东兴锦绣街－YM

青男的声调有 7 个（见图 14－39c）：

阴平 545、阳平 41、上声 312、去声 54、上阴入 55、下阴入 43、阳入 31。

今调域的分布情况（见图 14－39d）：

阴平在 434～545 之间；阳平在 31～42 之间；上声在 212～423 之间；去声在 33～55 之间；上阴入在 44～55 之间；下阴入主要在 32～43 之间；阳入在 21～43 之间。

4. 防城港港口

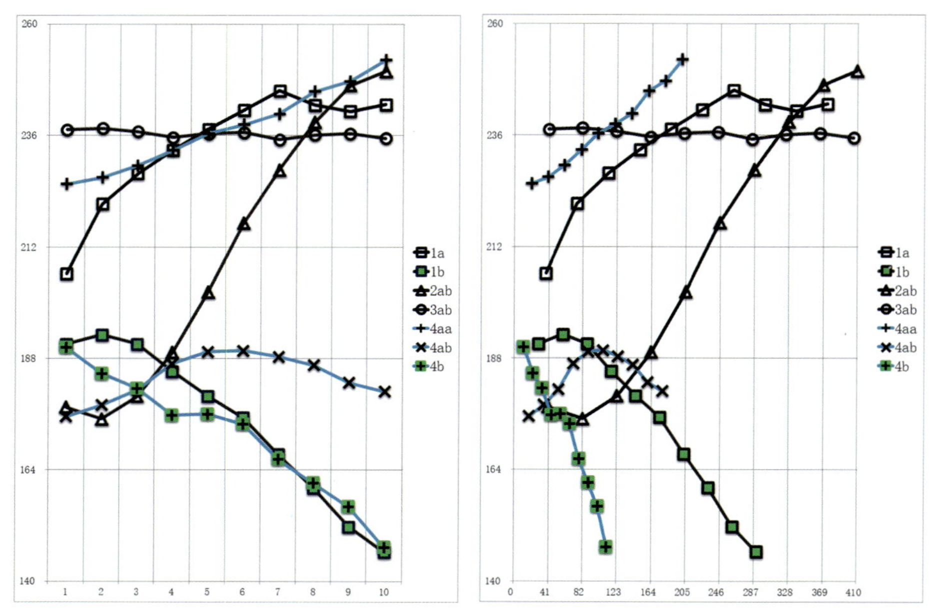

图 14－40a　单字调等长、实长音高模式－防城港港口－OM

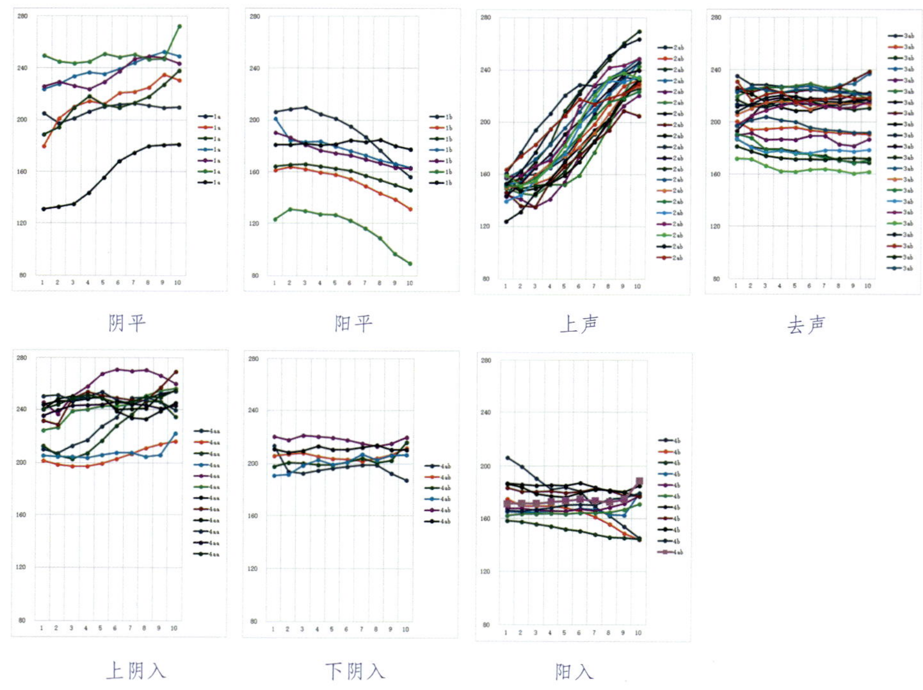

图 14－40b　今声调调域分布范围－防城港港口－OM

老男的声调有 7 个（见图 14－40a）：

阴平 35、阳平 31、上声 25、去声 55、上阴入 45、下阴入 232、阳入 31。

今调域的分布情况（见图 14－40b）：

阴平在 23～45 之间；阳平在 21～43 之间；上声在 24～35 之间；去声在 33～44 之间；上阴入在 44～55 之间；下阴入在 33～44 之间；阳入在 32～43 之间。

5. 北海合浦

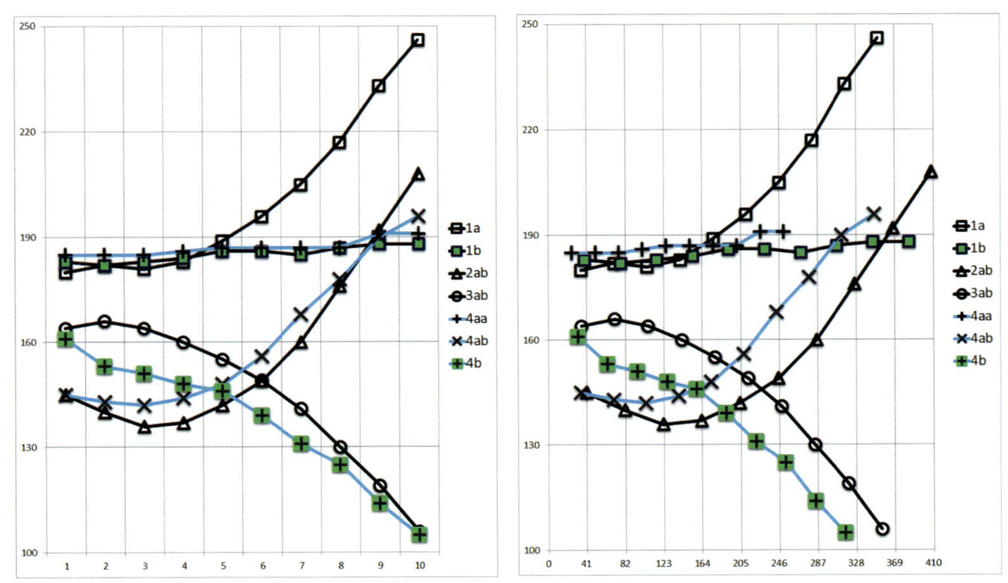

图 14－41a 单字调等长、实长音高模式－北海合浦－OM

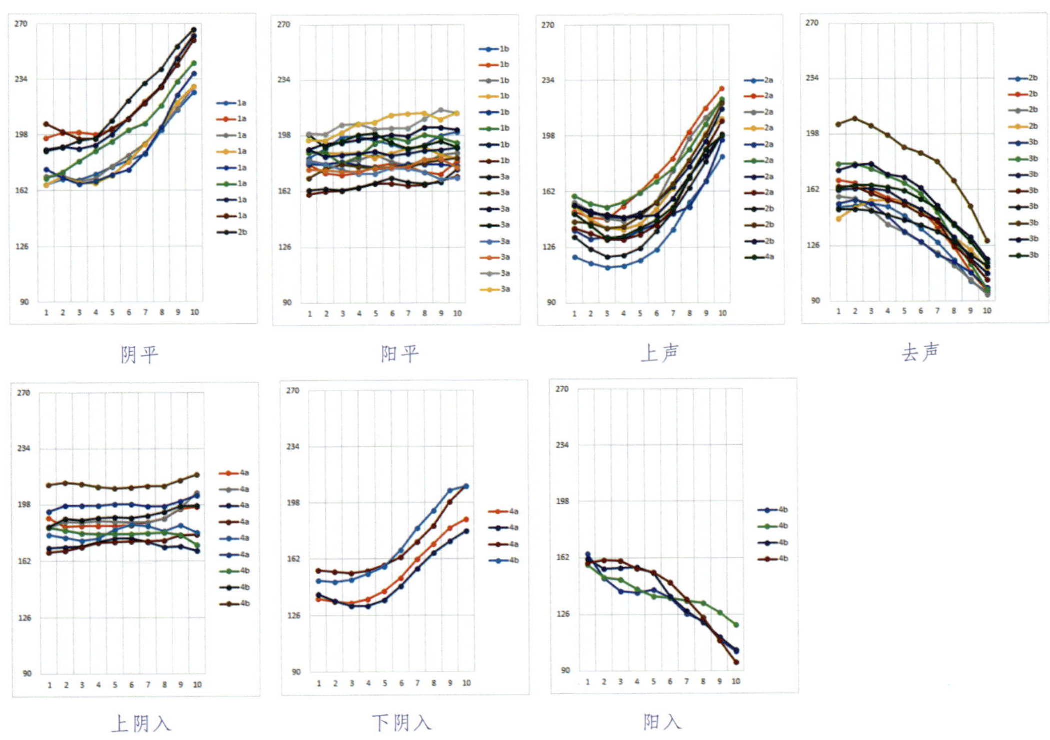

图 14－41b 今声调调域分布范围－北海合浦－OM

老男的声调有 7 个（见图 14－41a）：

阴平 35、阳平 33、上声 24、去声 31、上阴入 <u>33</u>、下阴入 <u>24</u>、阳入 <u>21</u>。

今调域的分布情况（见图 14－41b）：

阴平在 34～45 之间；阳平在 33～44 之间；上声在 13～24 之间；去声在 21～42 之间；上阴入在 <u>33</u>～<u>44</u> 之间；下阴入在 <u>23</u>～<u>24</u> 之间；阳入主要在 <u>21</u> 的范围。

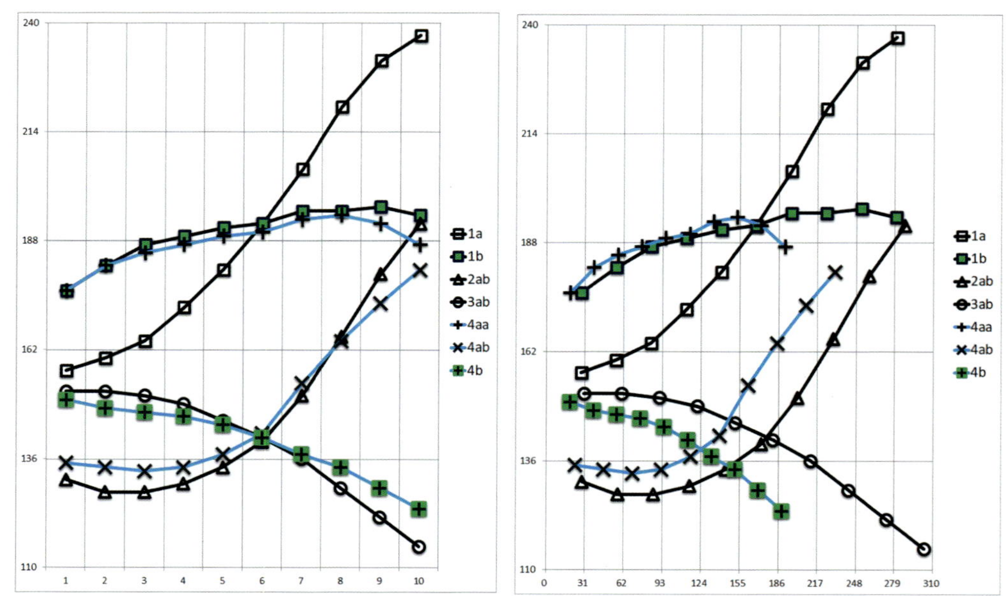

图 14 -41c　单字调等长、实长音高模式 - 北海合浦 - YM

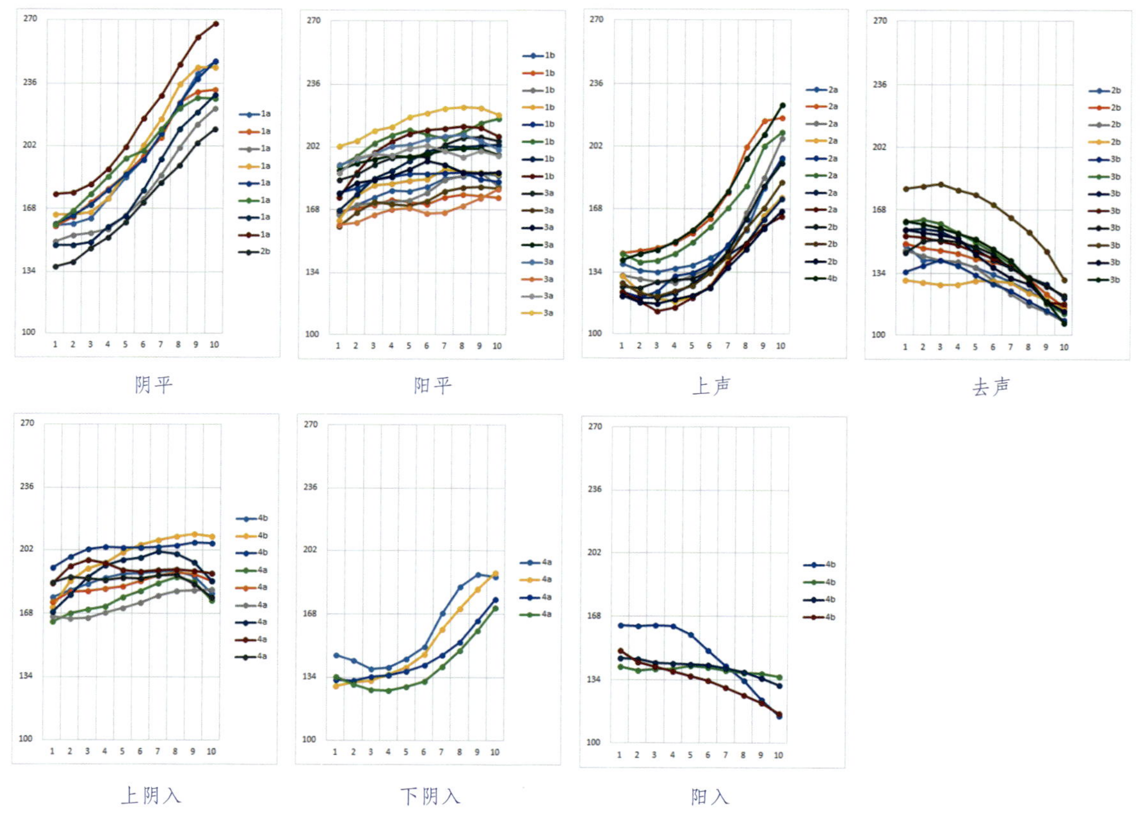

图 14 -41d　今声调调域分布范围 - 北海合浦 - YM

青男的声调有 7 个（见图 14 -41c）：

阴平 25、阳平 34、上声 14、去声 21、上阴入 <u>34</u>、下阴入 <u>13</u>、阳入 <u>21</u>。

今调域的分布情况（见图 14 -41d）：

阴平在 24 ~35 之间；阳平在 23 ~34 之间；上声在 12 ~24 之间；去声在 21 ~32 之间；上阴入在 <u>23</u> ~ <u>34</u> 之间；下阴入在 <u>12</u> ~ <u>23</u> 之间；阳入主要在 <u>21</u> 的范围。

14.8 粤方言声调小结

总体上而言，粤方言较好地保留了古四声之四声八调的格局，同时粤方言也是汉语方言中声调最为复杂的方言之一。

1. 调类及各片的主要特点

大致来说，粤方言七个大片声调调类分化情况为平声分阴阳，入声三分：上阴入、下阴入和阳入，这是粤方言各片的主要特点。具体情况见表 14－2。

表 14－2 粤方言七个大片声调调类分化情况

方言点（调类数目）	调类															
	阴平	上阴平	下阴平	阳平	上声	阴上	阳上	去声	阴去	阳去	阴入	上阴入	下阴入	阳入	上阳入	下阳入
广州（10）		■	■	■		■	■		■	■		■	■	■		
香港（9）	■			■		■	■		■	■		■	■	■		
澳门（8）	■			■	■				■	■		■	■	■		
梧州（9）	■			■		■	■		■	■		■	■	■		
玉林（9）	■			■		■	■		■	■		■	■	■		
东莞（7）	■			■		■	■	■			■			■		
台山（8）	■			■		■	■	■				■	■	■		
新会（8）	■			■		■	■	■				■	■	■		
开平（8）	■			■		■	■	■				■	■	■		
阳江（8）	■			■	■				■	■		■	■	■		
阳春（8）	■			■	■				■	■		■	■	■		
阳东（8）	■			■	■				■	■		■	■	■		
高州（8）	■			■		■	■		■	■	■			■		
廉江（8）	■			■		■	■	■				■	■	■		
吴川（8）	■			■		■	■	■				■	■	■		
化州（8）	■			■	■				■	■		■	■	■		
四会（7）	■			■	■			■				■	■	■		
广宁（9）	■			■	■				■	■		■	■		■	■
封开（9）	■			■		■	■		■	■		■	■	■		
连南（8）	■			■	■				■	■		■	■	■		
北流（9）	■			■		■	■		■	■		■	■	■		

（续上表）

方言点（调类数目）	调类															
	阴平	上阴平	下阴平	阳平	上声	阴上	阳上	去声	阴去	阳去	阴入	上阴入	下阴入	阳入	上阳入	下阳入
昭平（10）	■			■		■	■		■	■		■	■		■	■
平南（10）	■			■		■	■		■	■		■	■		■	■
容县（10）	■			■		■	■		■	■		■	■		■	■
南宁（9）	■			■		■	■		■	■		■	■	■		
百色（8）	■			■	■				■	■		■	■	■		
博白（10）	■			■		■	■		■	■		■	■		■	■
贵港（8）	■			■		■	■		■	■	■			■		
凭祥（7）	■			■	■			■				■	■	■		
武鸣（6）	■			■	■			■			■			■		
钦州（7）	■			■	■			■				■	■	■		
北海（7）	■			■	■			■				■	■	■		
东兴（7）	■			■	■			■				■	■	■		
防城港（7）	■			■	■			■				■	■	■		
合浦（7）	■			■	■			■				■	■	■		

表 14－2 按照粤方言 7 个大片对本书的选点的调类情况进行归纳，表中有绿色底纹的部分代表这个方言点有表头所列的调类，各片之间用灰色底纹隔开，这 7 个片的顺序是广府片、四邑片、高阳片、吴化片、勾漏片、邕浔片、钦廉片。

从表中可以看出，广府片调类以 9 调为主，平上去入各分阴阳，但是澳门、东莞等地的调类较少，分别是 8 个和 7 个。

四邑片、高阳片、吴化片的调类，都是以 8 调为主，平分阴阳、入声三分；高阳片上声不分阴阳，四邑片、吴化片去声不分阴阳。

邕浔片调类系统，平分阴阳，入声二分、三分或四分的都有；上声、去声分阴阳的情况也有不同，主要特点是不分阴阳。

钦廉片的主要特点是上声、去声分别只有一类。钦州浊上、浊去大都并入阳平；廉州浊上大都并入去声，清去大都并入阳平。这是钦廉片粤方言区别于其他粤方言的主要特点①。

2. 调值特点

调值从声学的数据而言，主要指调型，是音高在时间轴上的变化形式；调值还包括时间因素——时长，粤方言的舒声调和促声调都是较为系统的。

（1）阴平。

粤方言 7 个片区中，多数方言点的阴平都是高调——高降和高平为主，广州话阴平分为上阴平 53、

① 中国社会科学院语言研究所，中国社会科学院民族学与人类学研究所，香港城市大学语言资讯科学研究中心．中国语言地图集［M］．2 版．北京：商务印书馆，2012：32.

下阴平55，这表面上是广州话的特点，但是除了四邑片，粤方言多数点的阴平主要读高平和高降，这可以说是粤方言的一个特点。

（2）阳平。

粤方言阳平调调型主要是低降，四邑片的阳平则以中低平调为主，勾漏片的一些点是升调。

（3）上声。

广府片、邕浔片上声有两个，阴上高升，阳上低升；四邑片和高阳片上声也分阴阳，阴上多为高升，阳上多为降调；勾漏片上声不分阴阳的点，调值多为平调；钦廉片上声不分阴阳，调型多为升调，低升、高升都有。

（4）去声。

在对广府片的广州话、香港话的一般描写中，去声分阴阳，阴去33，阳去22，但实际上，多数的阳去是一个中低降调，这在广府片、邕浔片都较为普遍；勾漏片去声分阴阳的点，阴去高、阳去低，平调、降调都有；四邑片、高阳片、钦廉片去声不分阴阳，四邑片、高阳片多为中平调，钦廉片则多为低升调、中升调。

（5）入声。

除了勾漏片、邕浔片的一些点，粤方言多数的方言点入声三分，上阴入为高调，下阴入为中调，阳入多为低调或低降调；从音高的分布范围来看，多数点的入声调型都对应特定的舒声调，广府片的上阴入、下阴入、阳入，分别对应阴平、阴去、阳去/阳平。这是粤方言非常显著的一个特点。

广府片的上阴入 $\underline{55}$ 一般对应短元音，下阴入 $\underline{33}$ 则对应长元音。

勾漏片、邕浔片的一些点有4个入声，就是阴入、阳入各分为两个调，这4个入声调型，除了原有的高、中、低格局，还增加了上升、下降等调型。

14.9 粤方言主要方言点的调类调值对照

粤方言主要方言点的调类调值对照见表14－3至表14－9。

表14－3 粤方言主要方言点的调类调值对照（广府片）

<table>
<tr><th>片</th><th>方言点</th><th>选点</th><th>阴平
1a</th><th>阳平
1b</th><th>阴上
2a</th><th>阳上
2b</th><th>阴去
3a</th><th>阳去
3b</th><th>上阴入
4aa</th><th>下阴入
4ab</th><th>上阳入
4ba</th><th>下阳入
4bb</th><th>调类
数量</th><th>资料
来源</th></tr>
<tr><td rowspan="7">广府片</td><td>广州
（广东）</td><td>《音库》</td><td>55/
53</td><td>21</td><td>35</td><td>13</td><td>33</td><td>22</td><td>5</td><td>3</td><td colspan="2">2</td><td>9</td><td>语保 OM</td></tr>
<tr><td>玉林
（广西）</td><td>玉州区玉城</td><td>54</td><td>232</td><td>33</td><td>24</td><td>42</td><td>21</td><td>5</td><td>3</td><td colspan="2">2</td><td>9</td><td>语保 OM</td></tr>
<tr><td>梧州
（广西）</td><td>万秀区城中办街道</td><td>53</td><td>21</td><td>35</td><td>13</td><td>33</td><td>21</td><td>5</td><td>3</td><td colspan="2">$\underline{21}$</td><td>9</td><td>语保 OM</td></tr>
<tr><td>香港</td><td>大埔区大埔</td><td>55</td><td>21</td><td>35</td><td>13</td><td>33</td><td>22</td><td>5</td><td>3</td><td colspan="2">2</td><td>9</td><td>语保 OM</td></tr>
<tr><td>澳门</td><td>嘉模堂区
柯维纳马路</td><td>53</td><td>21</td><td colspan="2">35</td><td>33</td><td>22</td><td>5</td><td>3</td><td colspan="2">2</td><td>8</td><td>语保 OM</td></tr>
<tr><td>东莞
（广东）</td><td>莞城区</td><td>23</td><td>31</td><td>35</td><td>34</td><td colspan="2">44</td><td>5</td><td>3</td><td colspan="2">2</td><td>8</td><td>语保 OM</td></tr>
<tr><td>中山
（广东）</td><td>南朗</td><td>33</td><td>51</td><td>212</td><td></td><td colspan="2">22</td><td>$\underline{44}$</td><td></td><td colspan="2">$\underline{21}$</td><td>6</td><td>本书</td></tr>
</table>

表 14－4　粤方言主要方言点的调类调值对照（四邑片）

片	方言点	选点	阴平 1a	阳平 1b	阴上 2a	阳上 2b	阴去 3a	阳去 3b	上阴入 4aa	下阴入 4ab	上阳入 4ba	下阳入 4bb	调类数量	资料来源
四邑片	江门（广东）	开平县赤坎镇	33	11	45	31	33		5	3	2		8	语保 OM
	新会（广东）	新会区会城	23	22	45	21	32		5	3	2		8	语保 OM 甘于恩（2002）
	台山（广东）	台城街道 台城街道	33	22	55	31	42		55	33	31		8	语保
	开平（广东）	开平	33	11	35	22	31		45	22	32		8	本书

表 14－5　粤方言主要方言点的调类调值对照（高阳片）

片	方言点	选点	阴平 1a	阳平 1b	阴上 2a	阳上 2b	阴去 3a	阳去 3b	上阴入 4aa	下阴入 4ab	上阳入 4ba	下阳入 4bb	调类数量	资料来源
高阳片	阳江（广东）	江城	33	42	31		35	454	35	32	454		8	梁嘉莹（2017）
		阳春市春城街道	45	31	324	52	33		45	33	52		8	语保 OM
		阳东	22	42	21		24	43	45	32	53		8	梁嘉莹（2017）
	高州（广东）	高州市潘州街道	53	21	24	31	33		5	3	21		8	语保 OM
	廉江（广东）	廉江市廉城镇	55	21	25	23	33		5	3	2		8	语保 OM

表 14－6　粤方言主要方言点的调类调值对照（勾漏片）

片	方言点	选点	阴平 1a	阳平 1b	阴上 2a	阳上 2b	阴去 3a	阳去 3b	上阴入 4aa	下阴入 4ab	上阳入 4ba	下阳入 4bb	调类数量	资料来源
勾漏片	四会（广东）	四会市城中	51	31	33			24	5	3	2		7	语保 OM
	广宁（广东）	广宁县南街镇	51	31	44	323	33	323	5	43	32		8	语保 OM
	封开（广东）	封开县江口镇	55	243	334	223	51	21	5	53	21		9	语保 OM
	清远（广东）	连南三江镇	51	24	44	21	42	33	2		5		8	语保 OM
	北流（广西）	北流市陵城街道	55	32	34	213	51	21	45	42	21		9	语保 OM
	贺州（广西）	贺州市昭平镇	51	31	55	325	445	312	5	35	2	312	10	语保 OM
	贵港（广西）	平南区	352	231	335	113	51	31	45	33	32		9	语保 OM
	阳朔（广西）	阳朔县阳朔镇	44	21	54		24						4	语保 OM
	玉林（广西）	容县容州镇	55	231	33	24	53	31	5	53	2		9	语保 OM

表 14－7 粤方言主要方言点的调类调值对照（吴化片）

<table>
<tr><th>片</th><th>方言点</th><th>选点</th><th>阴平
1a</th><th>阳平
1b</th><th>阴上
2a</th><th>阳上
2b</th><th>阴去
3a</th><th>阳去
3b</th><th>上阴入
4aa</th><th>下阴入
4ab</th><th>上阳入
4ba</th><th>下阳入
4bb</th><th>调类
数量</th><th>资料
来源</th></tr>
<tr><td rowspan="2">吴化片</td><td>化州
（广东）</td><td>化州市
河西街道</td><td>53</td><td>13</td><td>35</td><td></td><td>33</td><td>31</td><td>5</td><td>3</td><td colspan="2">31</td><td>8</td><td>语保 OM</td></tr>
<tr><td>吴川
（广东）</td><td>吴川市梅菉镇</td><td>55</td><td>31</td><td>35</td><td>24</td><td colspan="2">33</td><td>55</td><td>33</td><td colspan="2">31</td><td>8</td><td>语保 OM</td></tr>
</table>

表 14－8 粤方言主要方言点的调类调值对照（邕浔片）

<table>
<tr><th>片</th><th>方言点</th><th>选点</th><th>阴平
1a</th><th>阳平
1b</th><th>阴上
2a</th><th>阳上
2b</th><th>阴去
3a</th><th>阳去
3b</th><th>上阴入
4aa</th><th>下阴入
4ab</th><th>上阳入
4ba</th><th>下阳入
4bb</th><th>调类
数量</th><th>资料
来源</th></tr>
<tr><td rowspan="6">邕浔片</td><td>南宁
（广西）</td><td>城区</td><td>55</td><td>21</td><td>35</td><td>24</td><td>33</td><td>22</td><td>5</td><td>3</td><td colspan="2">2</td><td>9</td><td>语保 OM</td></tr>
<tr><td>百色
（广西）</td><td>右江区</td><td>55</td><td>51</td><td colspan="2">35</td><td>33</td><td>21</td><td>5</td><td>3</td><td colspan="2">2</td><td>8</td><td>语保 OM</td></tr>
<tr><td>博白
（广西）</td><td>博白县博白镇</td><td>55</td><td>242</td><td>33</td><td>24</td><td>53</td><td>21</td><td>5</td><td>3</td><td>2</td><td>23</td><td>10</td><td>语保 OM</td></tr>
<tr><td>贵港
（广西）</td><td>港北区贵城镇</td><td>55</td><td>22</td><td>35</td><td>24</td><td>53</td><td>31</td><td colspan="2">3</td><td colspan="2">24</td><td>8</td><td>语保 OM</td></tr>
<tr><td>凭祥
（广西）</td><td>凭祥市凭祥镇</td><td>45</td><td>21</td><td colspan="2">24</td><td colspan="2">33</td><td>5</td><td>3</td><td colspan="2">2</td><td>7</td><td>语保 OM</td></tr>
<tr><td>武鸣
（广西）</td><td>武鸣县城厢镇</td><td>33</td><td>31</td><td colspan="2">55</td><td colspan="2">24</td><td colspan="2">31</td><td colspan="2">2</td><td>6</td><td>语保 OM</td></tr>
</table>

表 14－9 粤方言主要方言点的调类调值对照（钦廉片）

<table>
<tr><th>片</th><th>方言点</th><th>选点</th><th>阴平
1a</th><th>阳平
1b</th><th>阴上
2a</th><th>阳上
2b</th><th>阴去
3a</th><th>阳去
3b</th><th>上阴入
4aa</th><th>下阴入
4ab</th><th>上阳入
4ba</th><th>下阳入
4bb</th><th>调类
数量</th><th>资料
来源</th></tr>
<tr><td rowspan="5">钦廉片</td><td>钦州
（广西）</td><td>钦南区攀桂街道</td><td>45</td><td>21</td><td colspan="2">13</td><td colspan="2">33</td><td>5</td><td>3</td><td colspan="2">2</td><td>7</td><td>语保 OM</td></tr>
<tr><td>北海
（广西）</td><td>海城区中街</td><td>45</td><td>31</td><td colspan="2">24</td><td colspan="2">33</td><td>5</td><td>3</td><td colspan="2">2</td><td>7</td><td>语保 OM</td></tr>
<tr><td>东兴
（广西）</td><td>东兴市景秀路</td><td>45</td><td>31</td><td colspan="2">24</td><td colspan="2">33</td><td>5</td><td>3</td><td colspan="2">2</td><td>7</td><td>语保 OM</td></tr>
<tr><td>防城港
（广西）</td><td>港口区
渔洲社区</td><td>45</td><td>21</td><td colspan="2">13</td><td colspan="2">33</td><td>5</td><td>3</td><td colspan="2">2</td><td>7</td><td>语保 OM</td></tr>
<tr><td>合浦
（广西）</td><td>合浦县廉州镇</td><td>45</td><td>33</td><td colspan="2">24</td><td colspan="2">21</td><td>3</td><td>24</td><td colspan="2">2</td><td>7</td><td>语保 OM</td></tr>
</table>

参考文献

［1］甘于恩．广东四邑方言语法研究［D］．广州：暨南大学，2002.

［2］黄绮烨．广西防城港粤语语音研究［D］．广州：暨南大学，2013.

［3］黄倩．钦州市区白话与北海廉州话语音比较研究［D］．桂林：广西师范大学，2017.

［4］黄拾全，刘磊．广东连南粤语的语音特点［J］．河池学院学报，2012，32（3）．

［5］黄拾全．广东四会（城中）方言同音字汇［J］．方言，2022，44（3）．

［6］黎平．广西百色话的语音特点及其嬗变［D］．武汉：华中师范大学，2006.

［7］李立林．东莞粤语语音研究［D］．广州：暨南大学，2010.

［8］李雯雯．广西博白地佬话语音的实验语音学研究［D］．广州：暨南大学，2019.

［9］李新魁．广东的方言［M］．广州：广东人民出版社，1994.

［10］李行德．广州话元音的音值及长短对立［J］．方言，1985（1）．

［11］梁嘉莹．粤方言阳江话语音特征的实验语音学研究［D］．广州：暨南大学，2017.

［12］林珮雯．粤语化州上江话语音实验语音学研究［D］．广州：暨南大学，2018.

［13］刘新中．广州话单音节语图册［M］．广州：世界图书出版公司，2014.

［14］陆森焱．武鸣县城官话调查报告［D］．南宁：广西大学，2012.

［15］罗婷．南宁白话单字调实验语音研究［D］．南宁：广西大学，2015.

［16］施其生．广州方言的介音［J］．方言，1991（2）．

［17］施其生．广州话元音音位再探讨［C］//詹伯慧．第二届国际粤方言研讨会论文集．广州：暨南大学出版社，1990.

［18］施其生．一百年前广州话的阴平调［J］．方言，2004（1）．

［19］石锋，刘艺．广州话元音再分析［J］．方言，2005（1）．

［20］石锋，刘艺．香港粤语长短元音的听辨实验［M］//潘悟云．东方语言与文化．上海：东方出版社，2002.

［21］石锋，麦耘．广州话长［a］短［ɐ］元音的听辨实验［J］．中国语文研究，2003（2）．

［22］孙祥愉．广西北海市区白话单字调和双字调实验研究［D］．桂林：广西师范大学，2010.

［23］翁砺锋．高阳片粤语的音韵研究［D］．广州：暨南大学，2012.

［24］余霭芹．粤语方言分区问题初探［J］．方言，1991（3）．

［25］詹伯慧．广东粤方言概要［M］．广州：暨南大学出版社，2002.

［26］詹伯慧，张日升．珠江三角洲方言调查报告［M］．广州：广东人民出版社，1987.

［27］詹伯慧，张日升．粤北十县市粤方言调查报告［M］．广州：暨南大学出版社，1994.

［28］詹伯慧，张日升．粤西十县市粤方言调查报告［M］．广州：暨南大学出版社，1998.

［29］张丽红．广西合浦县廉州方言语音研究［D］．广州：暨南大学，2012.

［30］张群显．粤语元音的音长单位［C］//单周尧．第一届国际粤方言研讨会论文集．香港：现代教育研究社，1994.

［31］张晓山．连县四会话的声韵调及其特点［J］．韶关大学学报（社会科学版），1994（3）．

［32］中国社会科学院语言研究所，中国社会科学院民族学与人类学研究所，香港城市大学语言资讯科学研究中心．中国语言地图集［M］．2 版．北京：商务印书馆，2012.

［33］钟奇．广州话的长短音在其他方言中的对应［C］//詹伯慧．第五届国际粤方言研讨会论文集．广州：暨南大学出版社，1997.

［34］周丽娜．贵港话语音研究［D］．南宁：广西大学，2018.

［35］Chao，Yuen Ren. Cantonese Primer［M］. Cambridge：Harvard University Press，1947.

［36］HASHIMOTO YUE O K. Studies in Yüe dialects 1：phonology of Cantonese［M］. Cambridge：Cambridge University Press, 1972.

[37] KAO D L. Structure of the syllable in Cantonese [M]. Hague: Mouton, 1971.

[38] ZEE E. Temporal organization of syllable production in Cantonese Chinese [C]. Stockholm: 13th ICPhS, 1995.

[39] ZEE E. Formant frequency and vowel categorization in Cantonese [C]. California: 7th IACL and 10th NACCL, 1998.

15　湘方言

湘方言主要分布在湖南、广西两省，本书根据《中国语言地图集》（2012）将其分为 5 个方言片。表 15－1是本书的选点情况。

表 15－1　湘方言的分片选点

片	小片	方言点	序号
长益片	长株潭小片	长沙－《音库》	15－1
		长沙开福（湖南）	15－2
		株洲芦淞（湖南）	15－3
		湘潭－《音库》	15－4
		湘潭易俗河（湖南）	15－5
	益沅小片	资阳长春（湖南）	15－6
		沅江琼湖（湖南）	15－7
	岳阳小片	岳阳荣家湾（湖南）	15－8
娄邵片	湘双小片	湘乡新湘路（湖南）	15－9
		双峰永丰（湖南）	15－10
		娄底娄星（湖南）	15－11
		韶山清溪（湖南）	15－12
	涟梅小片	涟源蓝田（湖南）	15－13
		安化梅城（湖南）	15－14
	新化小片	新化上梅（湖南）	15－15
		冷水江布溪（湖南）	15－16
	武邵小片	武冈辕门口（湖南）	15－17
		邵东两市塘（湖南）	15－18
		城步儒林（湖南）	15－19
	绥会小片	绥宁长铺（湖南）	15－20
		会同林城（湖南）	15－21

（续上表）

片	小片	方言点	序号
衡州片	衡阳小片	衡阳常宁（湖南）	15－22
		衡南云集（湖南）	15－23
	衡山小片	衡山开云（湖南）	15－24
		衡东洣水（湖南）	15－25
辰溆片		辰溪辰阳（湖南）	15－26
		溆浦卢峰（湖南）	15－27
		泸溪武溪（湖南）	15－28
永全片	东祁小片	东安石期（湖南）	15－29
		祁阳浯溪（湖南）	15－30
	道江小片	道县上关（湖南）	15－31
		江永潇浦（湖南）	15－32
	全资小片	全州县全州镇（广西）	15－33
		灌阳县灌阳镇（广西）	15－34
		富川富阳（广西）	15－35
		阳朔县前（广西）	15－36

15.1 长益片

15.1.1 长株潭小片

1. 长沙 -《音库》

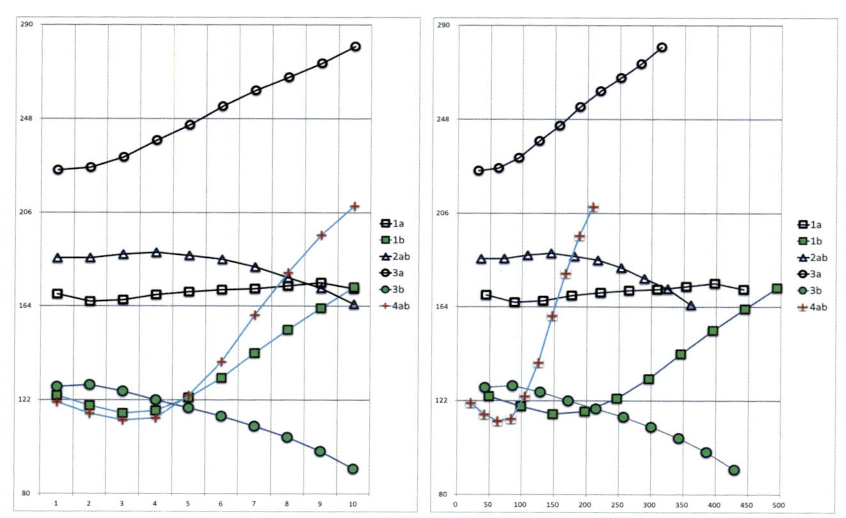

图 15－1a 单字调等长、实长音高模式－长沙－《音库》

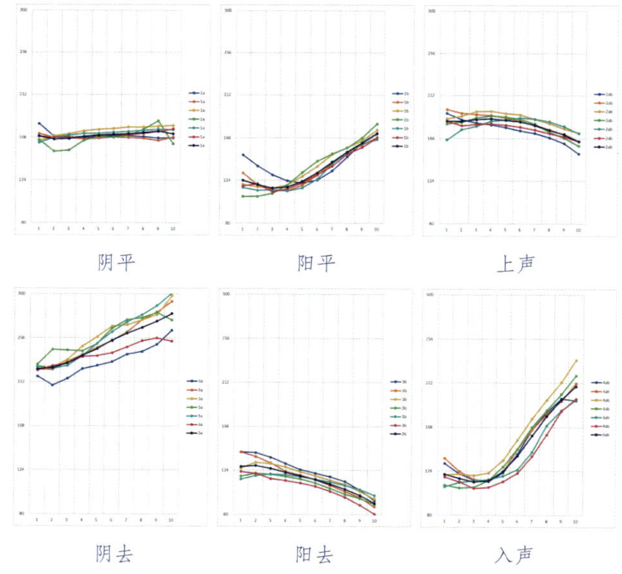

图 15－1b 今声调调域分布范围－长沙－《音库》

《音库》的声调有 6 个（见图 15－1a）：

阴平 33、阳平 23、上声 32、阴去 45、阳去 21、入声 24。

今调域的分布情况（见图 15－1b）：

阴平主要在 33 的范围；阳平主要在 23 的范围；上声在 32 的范围；阴去在 45 的范围；阳去在 21 的范围；入声在 213～214 之间。

根据《音库》的描写，长沙话声调的调类调值与例字见表15－2。

表15－2 《音库》中长沙话的调类调值与例字

调类调值	阴平33	阳平13	上声41	阴去55	阳去11	入声24
例字	巴多猪诗乌鸦	爬驼除时吴衙	把朵煮使武雅	霸剁巨世务亚	稗舵住是雾夜	爸夺局食屋押

2. 长沙开福

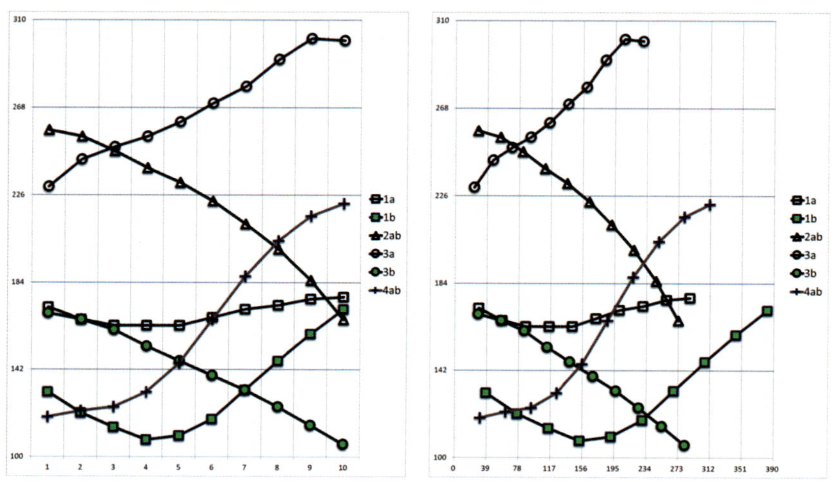

图 15－2a　单字调等长、实长音高模式－长沙开福－OM

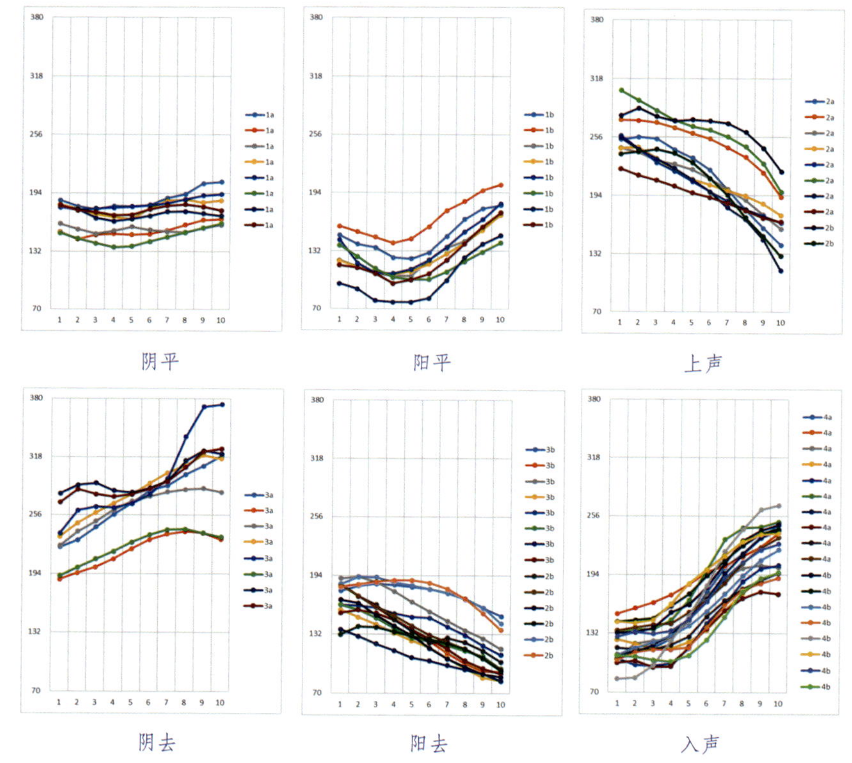

图 15－2b　今声调调域分布范围－长沙开福－OM

老男的声调有 6 个（见图 15－2a）：

阴平 22、阳平 213、上声 42、阴去 45、阳去 21、入声 13。

今调域的分布情况（见图 15－2b）：

阴平主要在 22 的范围；阳平在 212～223 之间；上声在 32～43 之间；阴去在 34～45 之间；阳去主要在 21 的范围；入声在 12～24 之间。

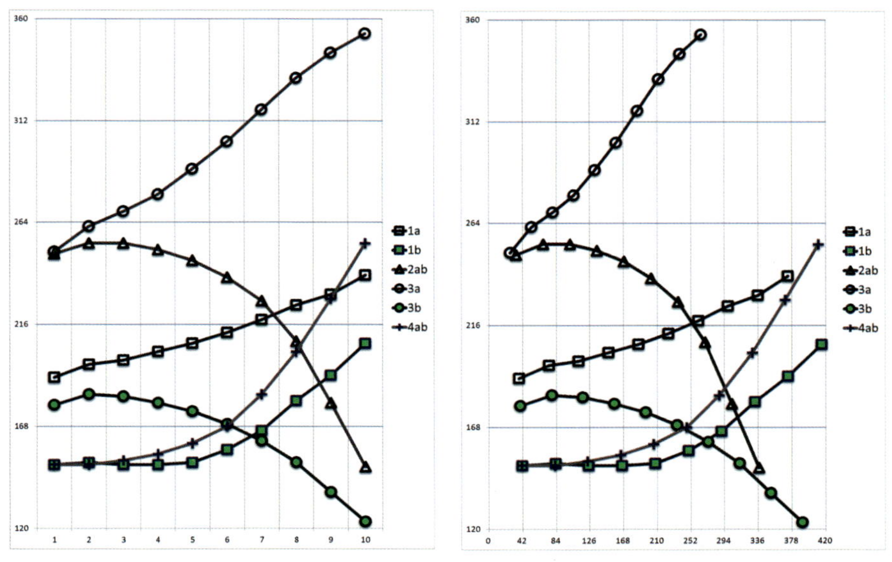

图 15－2c　单字调等长、实长音高模式－长沙开福－YM

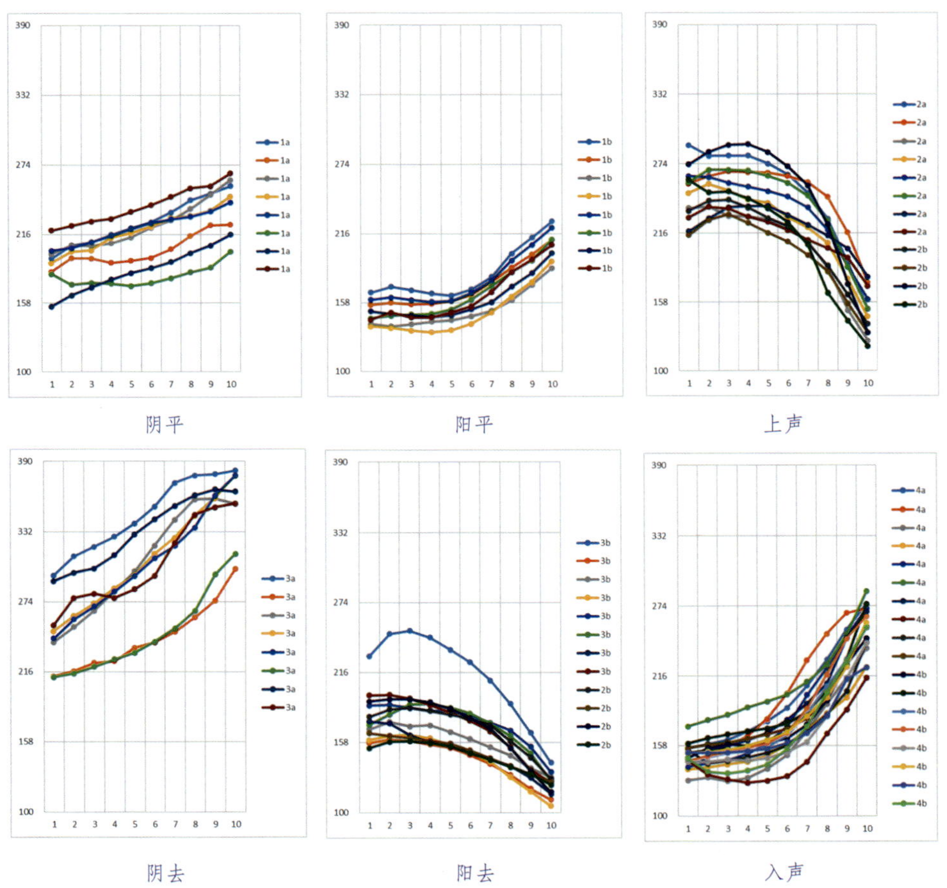

图 15－2d　今声调调域分布范围－长沙开福－YM

青男的声调有 6 个（见图 15－2c）：

阴平 23、阳平 112、上声 31、阴去 35、阳去 21、入声 13。

今调域的分布情况（见图 15－2d）：

阴平主要在 23 的范围；阳平在 12～23 之间；上声在 31～42 之间；阴去在 34～45 之间；阳去在 21～31 之间；入声在 112～223 之间。

3. 株洲芦淞

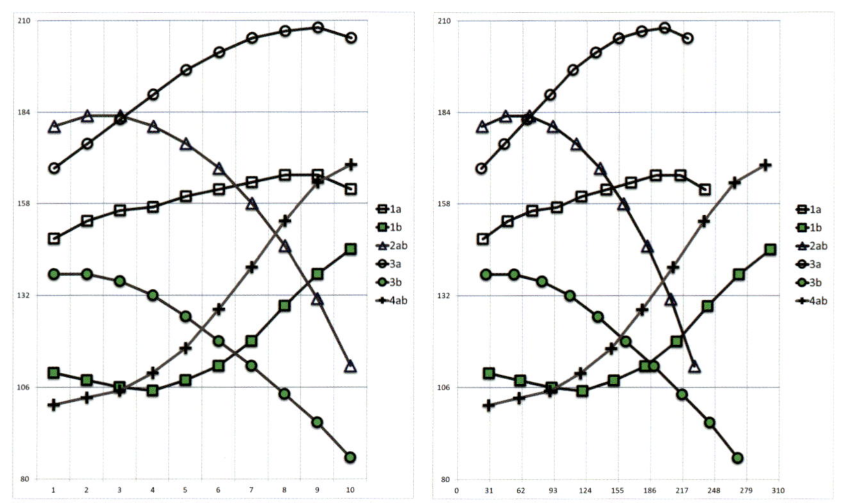

图 15－3a　单字调等长、实长音高模式－株洲芦淞－OM

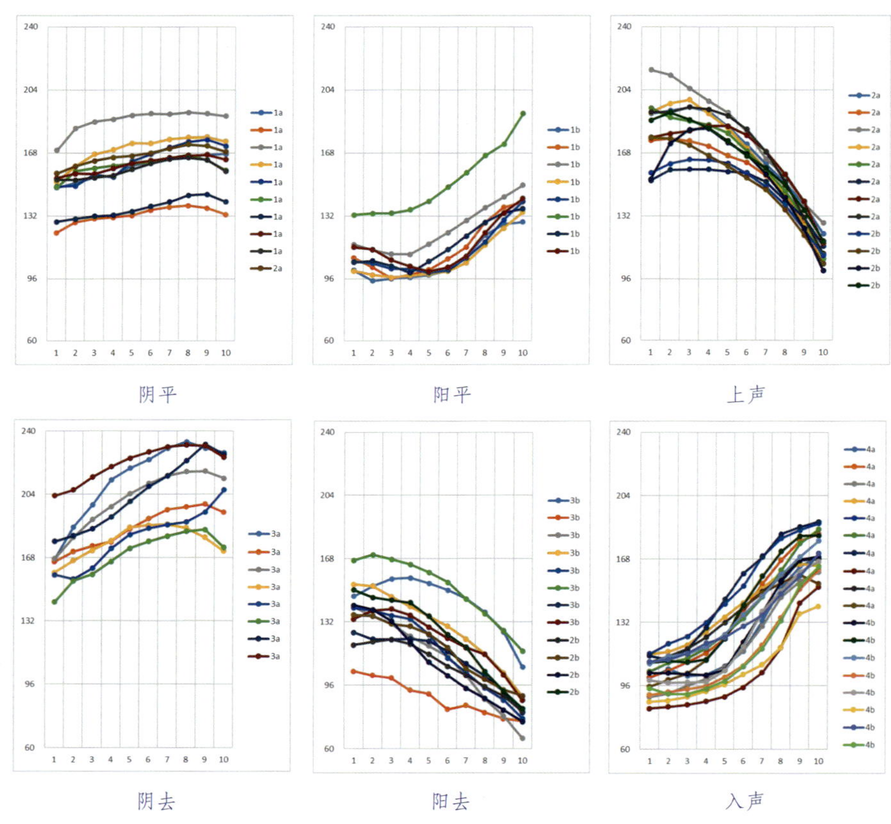

图 15－3b　今声调调域分布范围－株洲芦淞－OM

老男的声调有 6 个（见图 15－3a）：

阴平 34、阳平 223、上声 42、阴去 45、阳去 31、入声 14。

今调域的分布情况（见图 15－3b）：

阴平在 33～44 之间，略有上升；阳平在 23～34 之间；上声在 32～42 之间；阴去在 34～45 之间；阳去在 21～32 之间；入声在 113～224 之间。

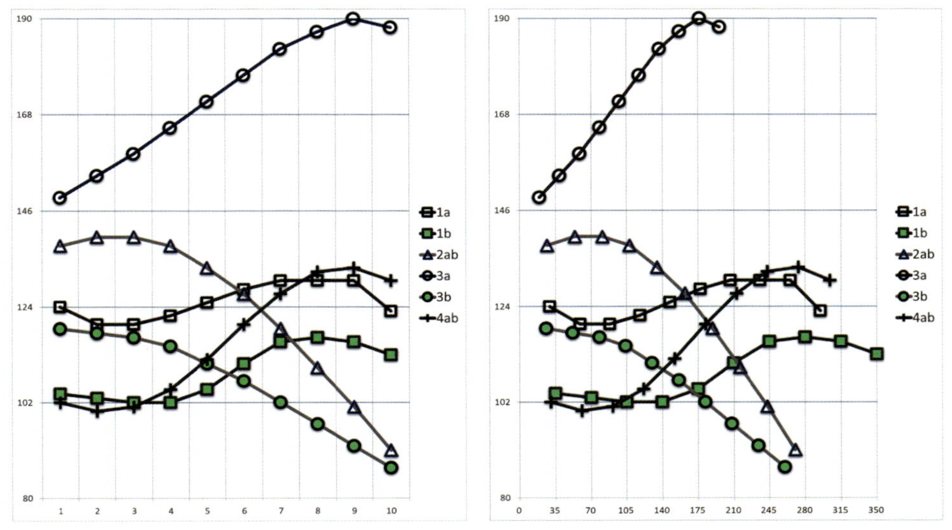

图 15－3c 单字调等长、实长音高模式－株洲芦淞－YM

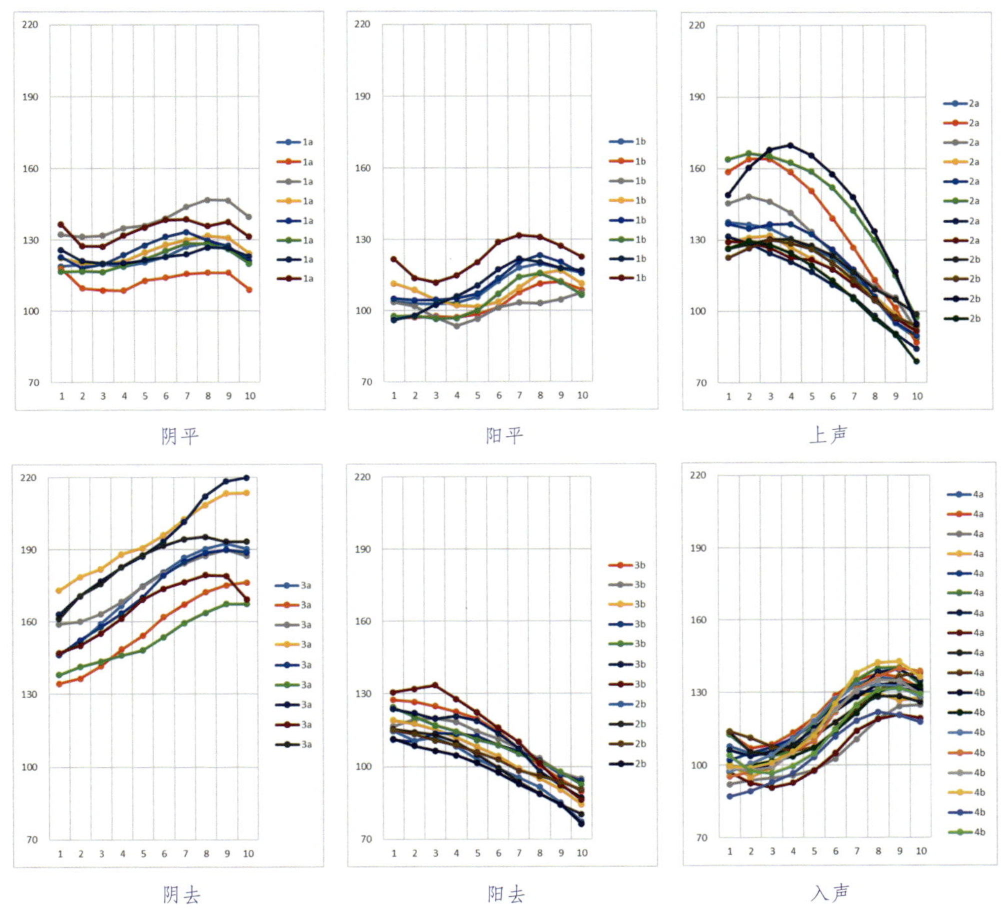

图 15－3d 今声调调域分布范围－株洲芦淞－YM

青男的声调有 6 个（见图 15－3c）：

阴平 23、阳平 112、上声 31、阴去 45、阳去 21、入声 13。

今调域的分布情况（见图 15－3d）：

阴平主要在 23 的范围；阳平在 112～223 之间；上声在 21～41 之间；阴去在 34～45 之间；阳去在 21～31 之间；入声在 112～223 之间。

4. 湘潭 -《音库》

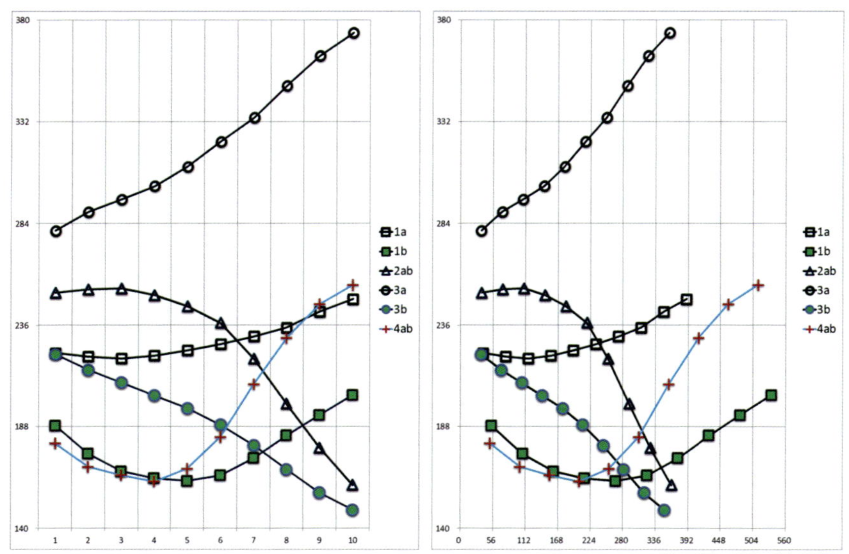

图 15 -4a 单字调等长、实长音高模式 - 湘潭 -《音库》

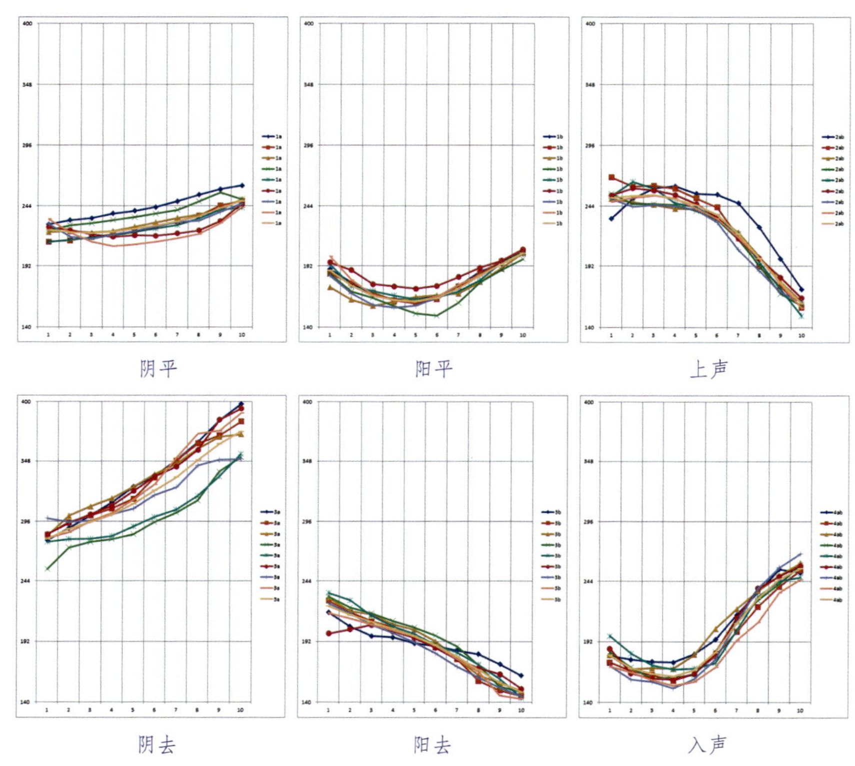

图 15 -4b 今声调调域分布范围 - 湘潭 -《音库》

《音库》的声调有 6 个（见图 15 -4a）：

阴平 23、阳平 213、上声 31、阴去 35、阳去 21、入声 213。

今调域的分布情况（见图 15 -4b）：

阴平在 22 ~23 之间；阳平主要在 212 的范围；上声在 21 ~31 之间；阴去在 34 ~35 之间；阳去主要在 21 的范围；入声主要在 213 的范围。

根据《音库》的描写，湘潭话声调的调类调值与例字见表 15－3。

表 15－3 《音库》中湘潭话的调类调值与例字

调类调值	阴平 33	阳平 12	上声 42	阴去 55	阳去 21	入声 24
例字	多他加书 夫班三张	牙麻鱼梨 潭盘防陈	我可祖手 九反绑粉	个课句爱 介抗菜圣	大坐夜豆 共岸上段	答纳节学 铁熟匹越

5. 湘潭易俗河

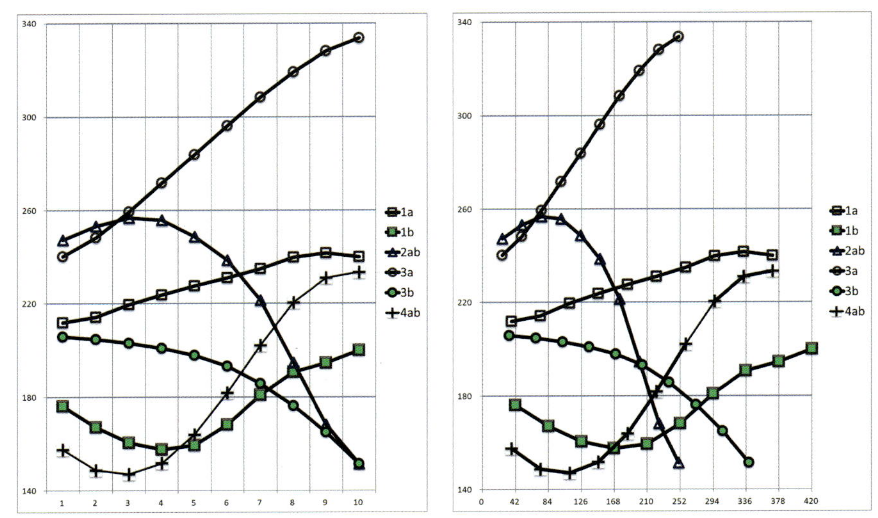

图 15－5a　单字调等长、实长音高模式－湘潭易俗河－OM

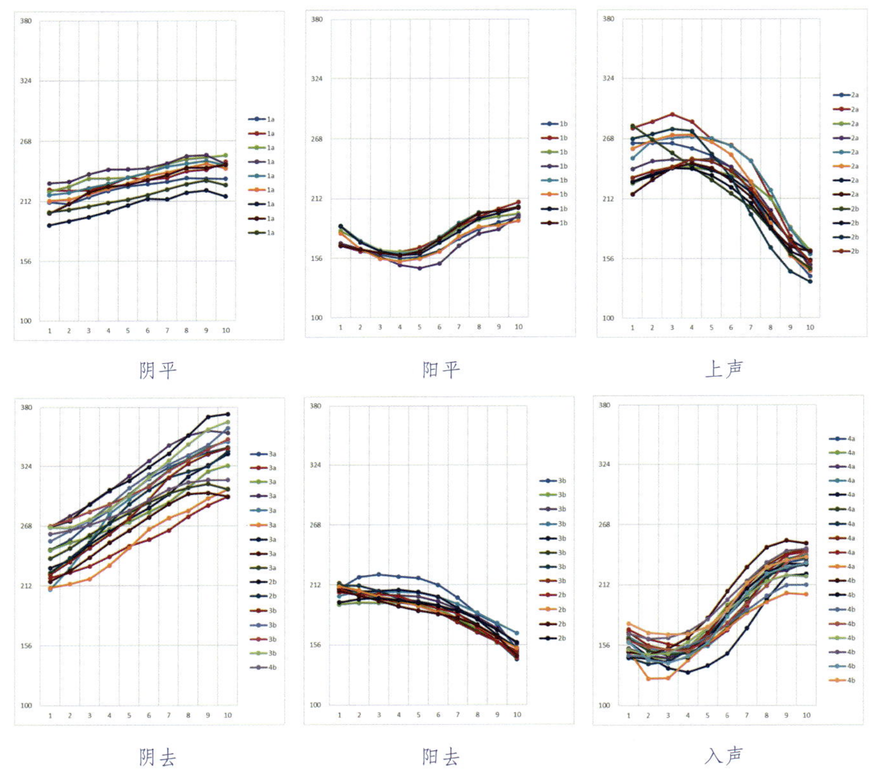

图 15－5b　今声调调域分布范围－湘潭易俗河－OM

老男的声调有 6 个（见图 15－5a）：

阴平 23、阳平 112、上声 31、阴去 35、阳去 21、入声 13。

今调域的分布情况（见图 15－5b）：

阴平主要在 23 的范围；阳平主要在 213 的范围；上声在 31～42 之间；阴去在 34～45 之间；阳去在 21～32 之间；入声在 213～223 之间。

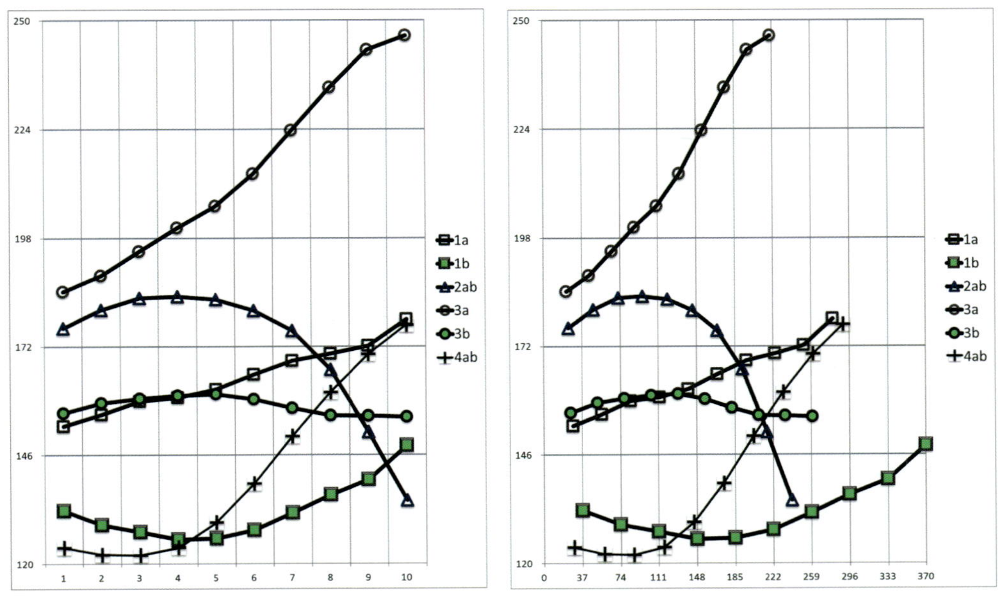

图 15－5c　单字调等长、实长音高模式－湘潭易俗河－YM

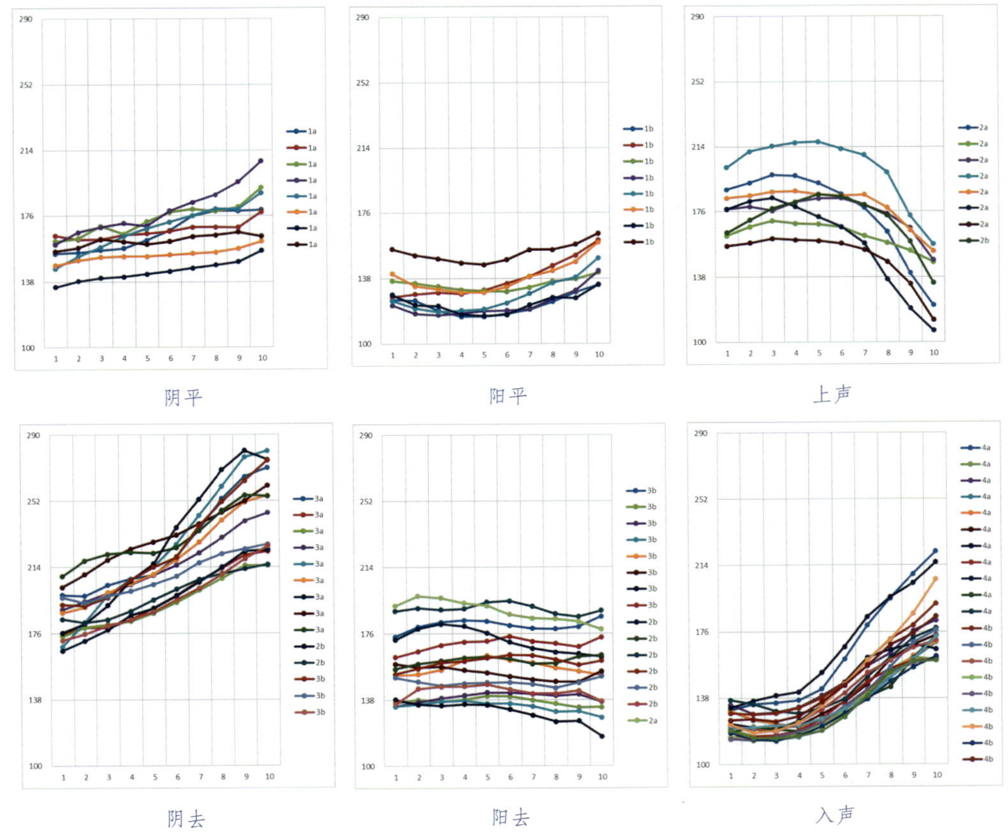

图 15－5d　今声调调域分布范围－湘潭易俗河－YM

青男的声调有 6 个（见图 15－5c）：

阴平 23、阳平 112、上声 31、阴去 35、阳去 22、入声 13。

今调域的分布情况（见图 15－5d）：

阴平主要在 23 的范围；阳平在 11～22 之间；上声在 221～332 之间；阴去在 24～25 之间；阳去在 22～33 之间；入声在 12～24 之间。

15.1.2 益沅小片

1. 资阳长春

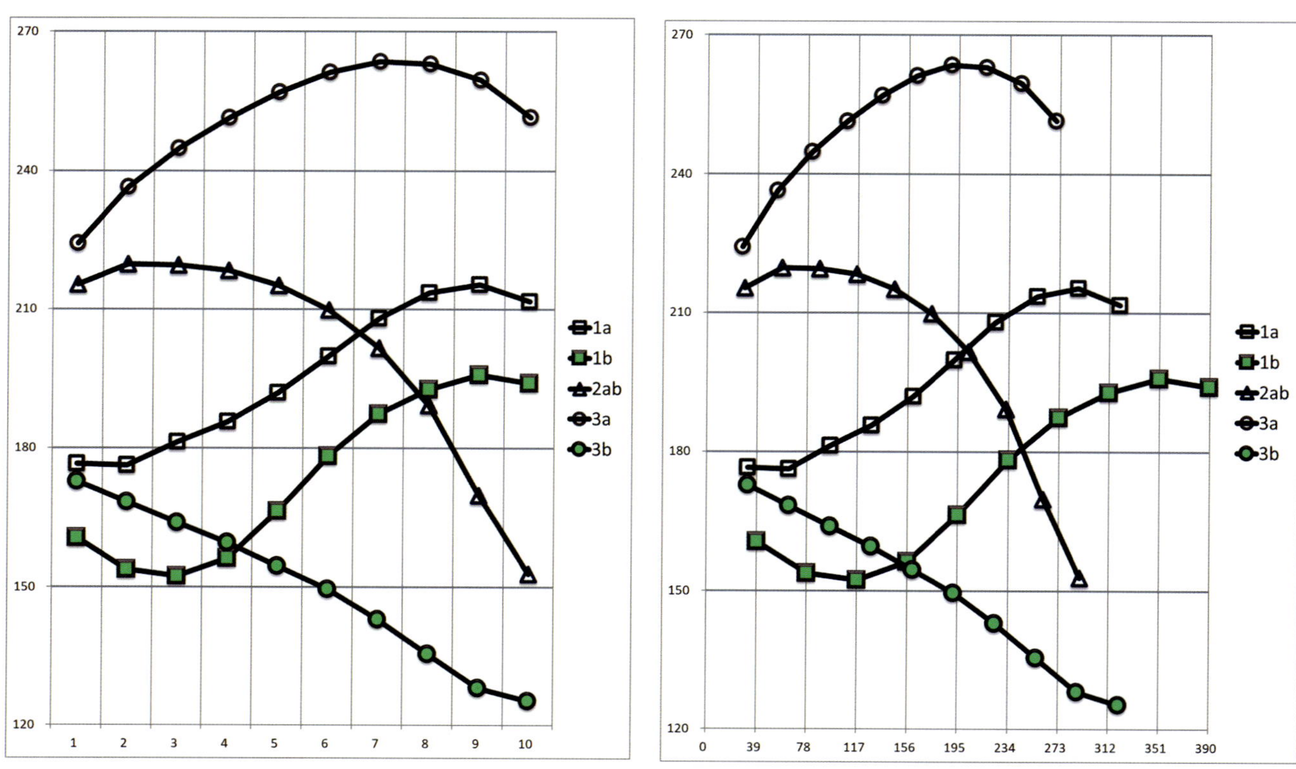

图 15－6a　单字调等长、实长音高模式－资阳长春－OM

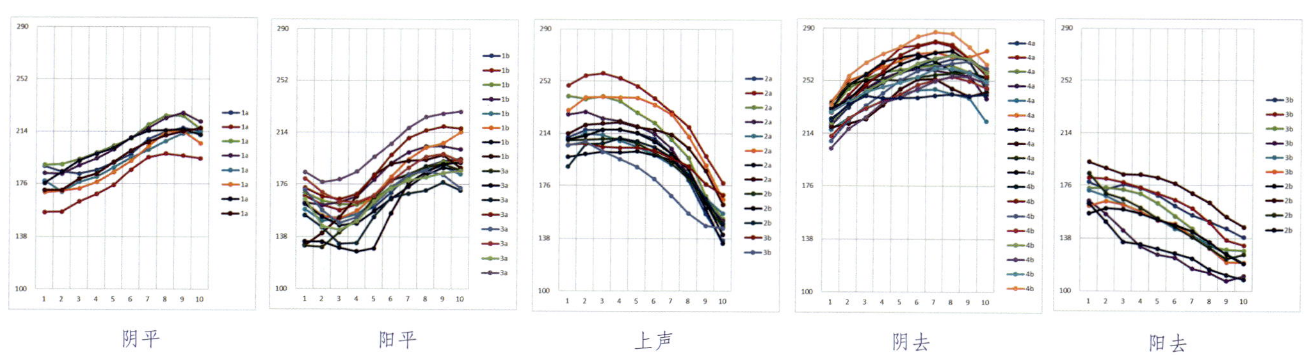

图 15－6b　今声调调域分布范围－资阳长春－OM

老男的声调有 5 个（见图 15－6a）：

阴平 34、阳平 23、上声 42、阴去 45、阳去 21。

今调域的分布情况（见图 15－6b）：

阴平在 23～34 之间；阳平在 13～34 之间；上声在 32～43 之间；阴去在 34～45 之间；阳去在 21～32 之间。

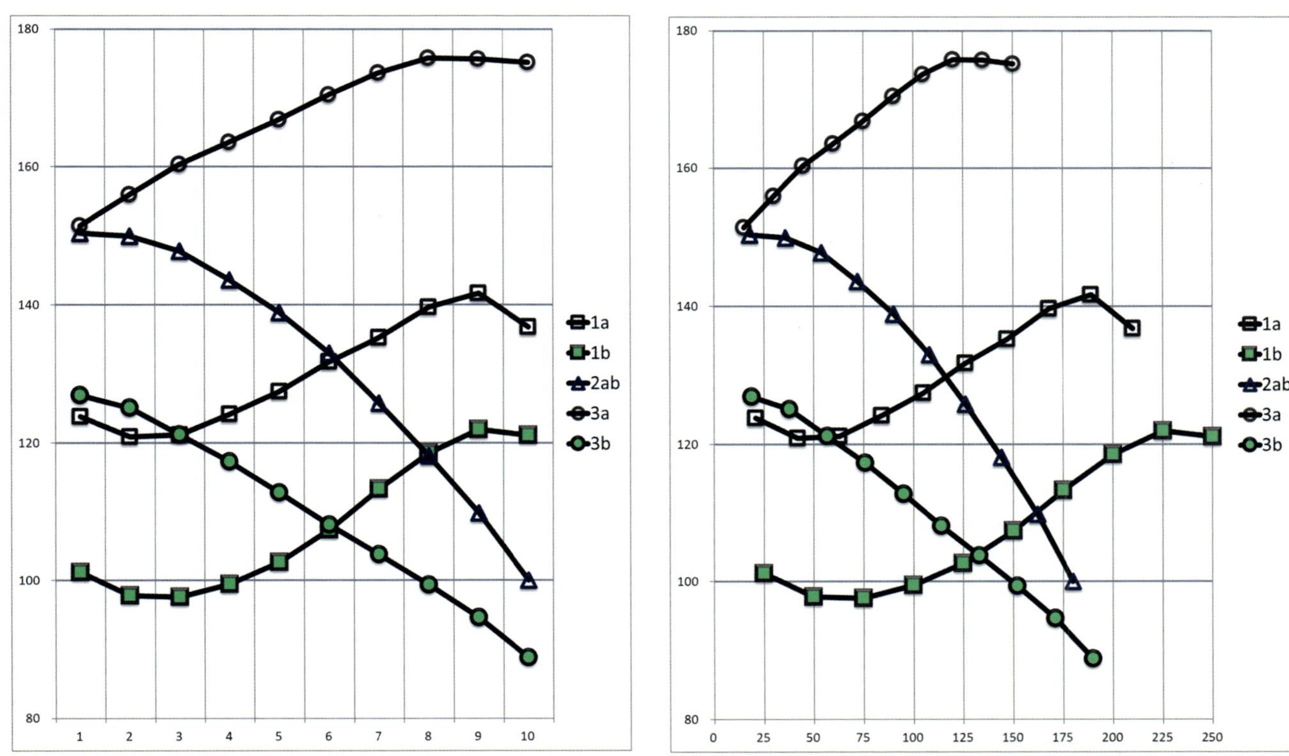

图 15－6c　单字调等长、实长音高模式－资阳长春－YM

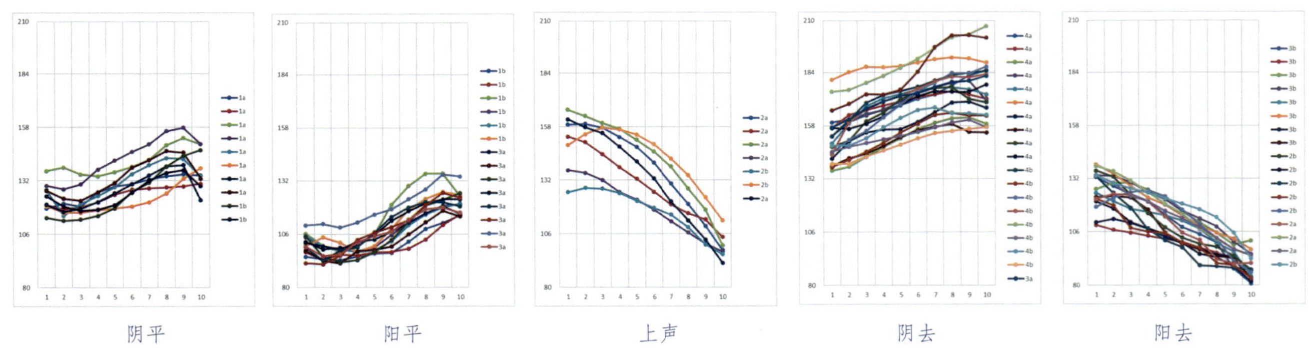

图 15－6d　今声调调域分布范围－资阳长春－YM

青男的声调有 5 个（见图 15－6c）：

阴平 34、阳平 23、上声 42、阴去 45、阳去 31。

今调域的分布情况（见图 15－6d）：

阴平在 23～34 之间；阳平在 12～23 之间；上声在 21～42 之间；阴去在 34～45 之间；阳去在 21～32 之间。

2. 沅江琼湖

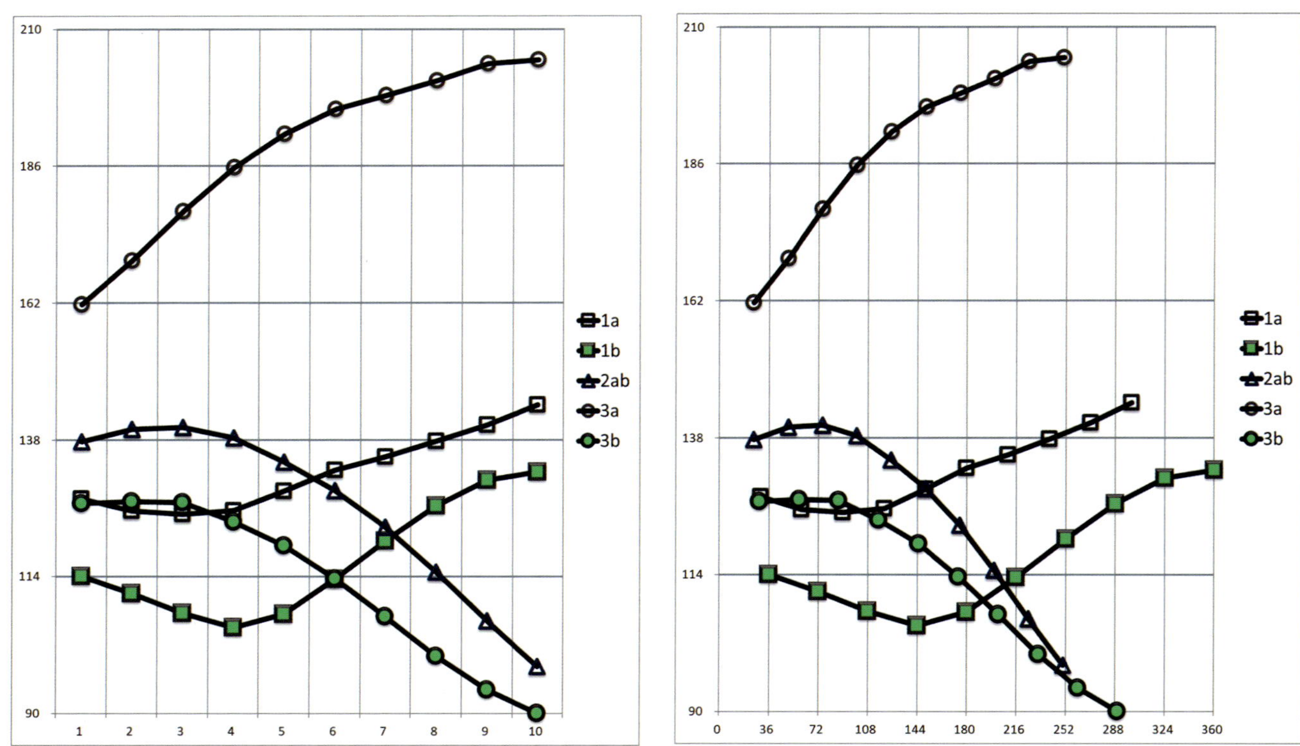

图 15－7a　单字调等长、实长音高模式－沅江琼湖－OM

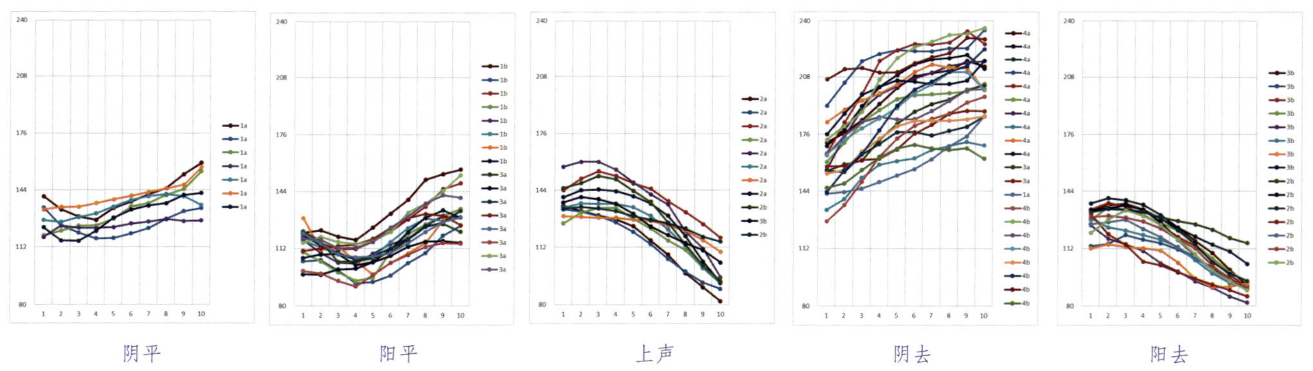

图 15－7b　今声调调域分布范围－沅江琼湖－OM

老男的声调有 5 个（见图 15－7a）：

阴平 23、阳平 212、上声 31、阴去 45、阳去 21。

今调域的分布情况（见图 15－7b）：

阴平在 22～23 之间；阳平在 212～223 之间；上声在 21～32 之间；阴去在 23～45 之间；阳去主要在 21 的范围。

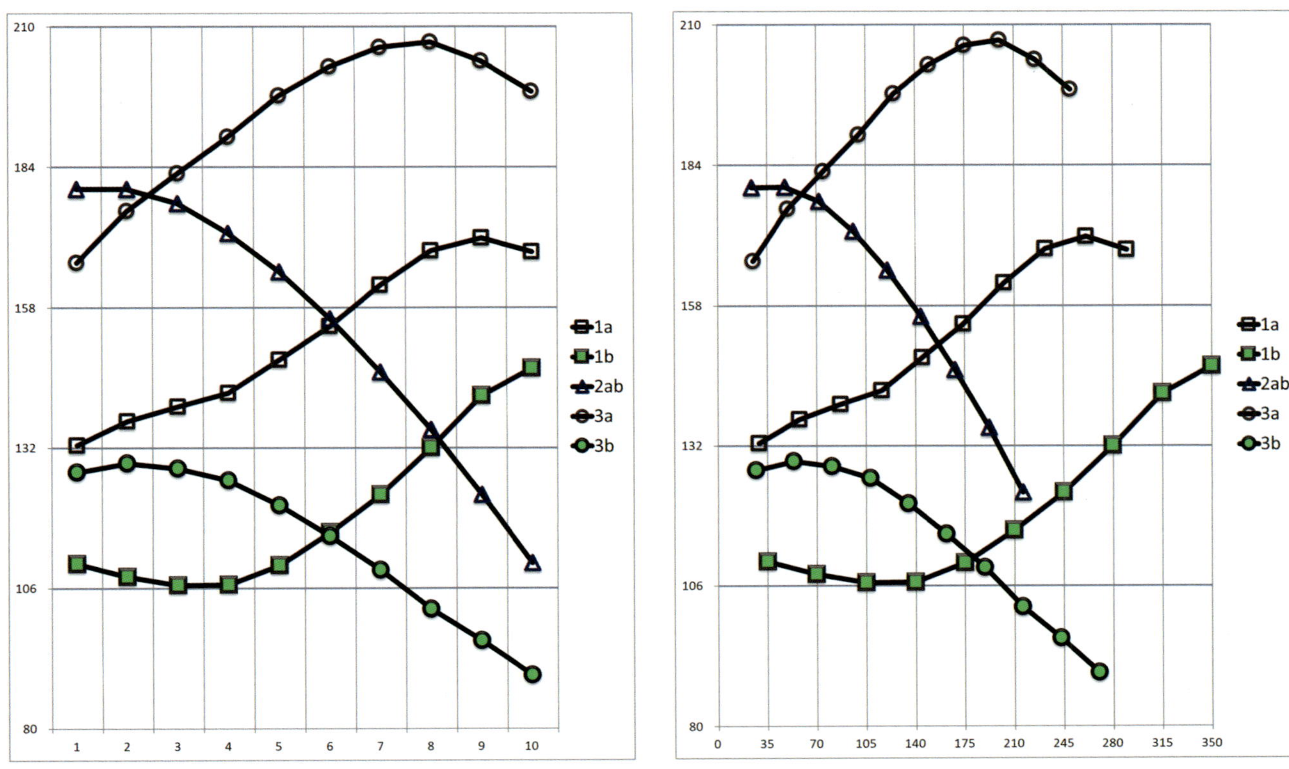

图 15－7c　单字调等长、实长音高模式－沅江琼湖－YM

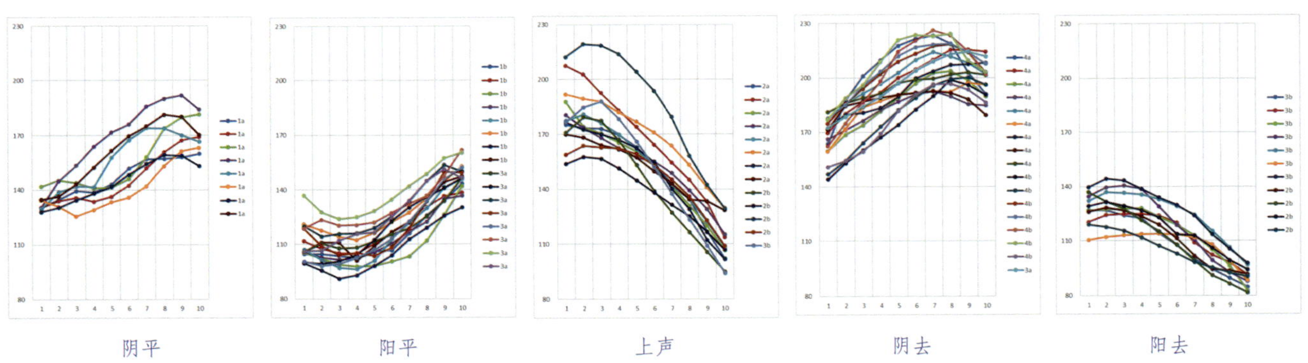

图 15－7d　今声调调域分布范围－沅江琼湖－YM

青男的声调有 5 个（见图 15－7c）：

阴平 34、阳平 223、上声 42、阴去 45、阳去 21。

今调域的分布情况（见图 15－7d）：

阴平在 23～24 之间；阳平在 112～223 之间；上声在 31～52 之间；阴去在 34～45 之间；阳去主要在 21 的范围。

15.1.3 岳阳小片

岳阳荣家湾①

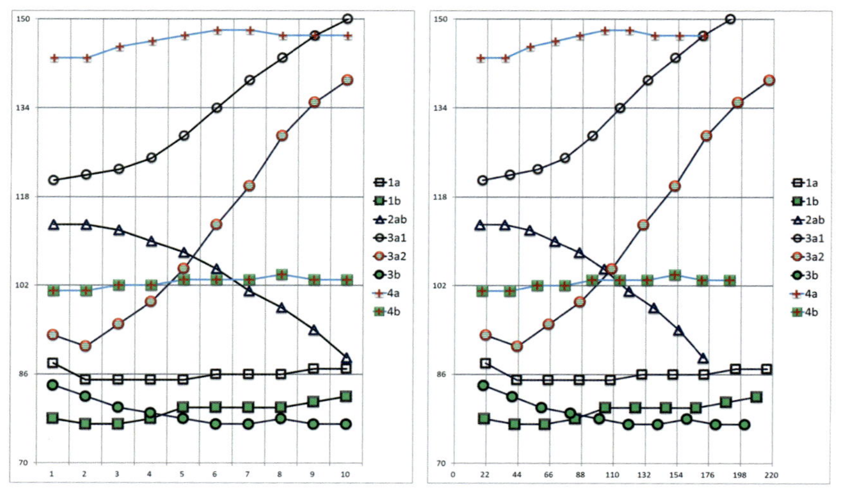

图 15－8a 单字调等长、实长音高模式－岳阳荣家湾－OM

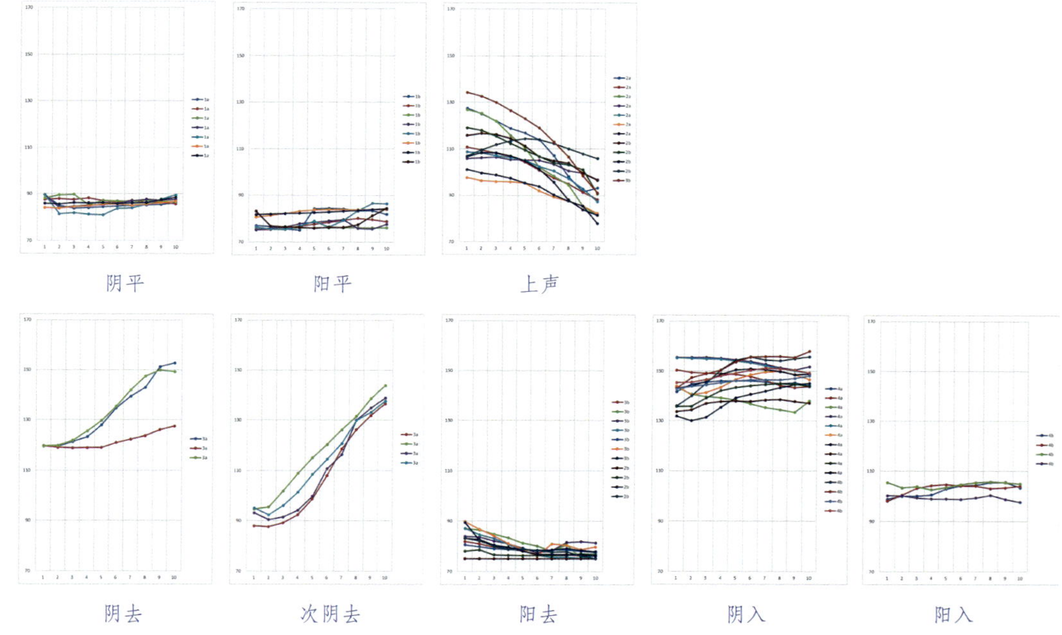

图 15－8b 今声调调域分布范围－岳阳荣家湾－OM

老男的声调有 8 个（见图 15－8a）：

阴平 22、阳平 11、上声 32、阴去 45、次阴去 25、阳去 21、阴入 55、阳入 22，入声没有明显的促声尾。

今调域的分布情况（见图 15－8b）：

阴平主要在 22 的范围；阳平主要在 11 的范围；上声在 21～42 之间；阴去在 34～35 之间；次阴去主要在 24 的范围；阳去主要在 21 的范围，阴入在 44～55 之间；阳入主要在 22 的范围。

---

① 发音人的发音未能放开，对调值调类的归纳有影响。

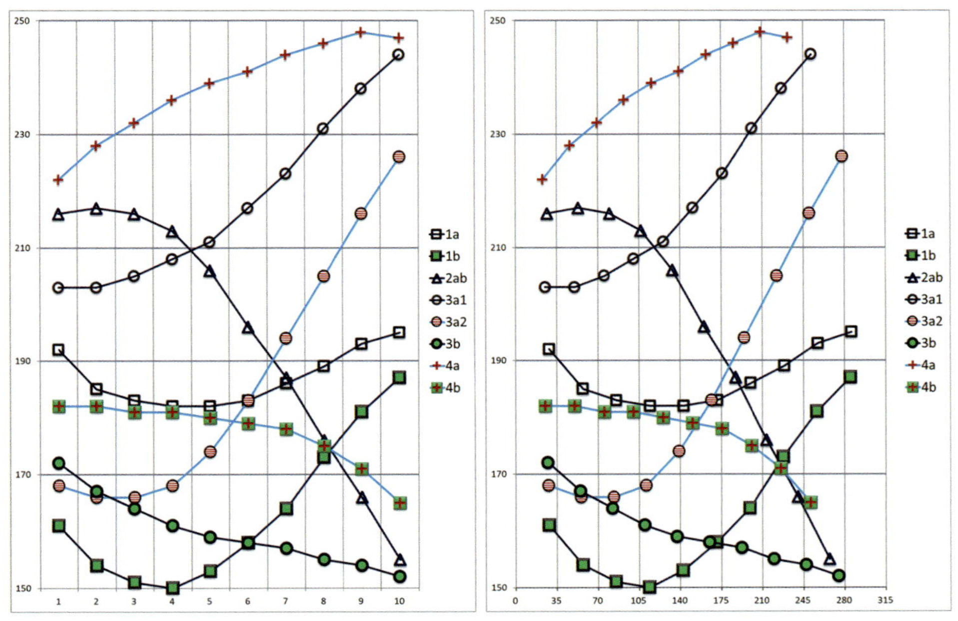

图 15－8c 单字调等长、实长音高模式－岳阳荣家湾－YM

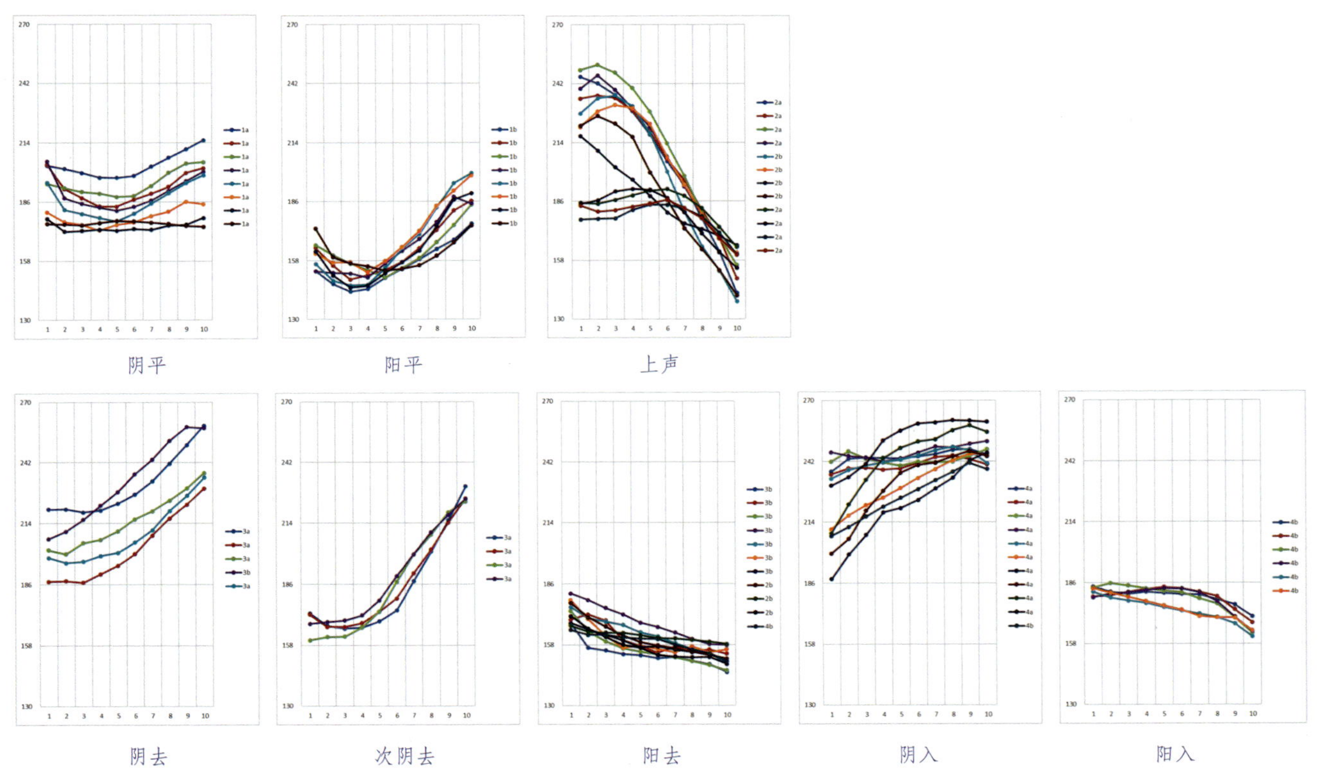

图 15－8d 今声调调域分布范围－岳阳荣家湾－YM

青男的声调有 8 个（见图 15－8c）：

阴平 33、阳平 112、上声 41、阴去 35、次阴去 14、阳去 21、阴入 45、阳入 21。入声促声尾不明显，但有明显的气化噪音特点。

今调域的分布情况（见图 15－8d）：

阴平在 22～33 之间；阳平在 12～23 之间；上声在 31～52 之间；阴去在 34～35 之间；次阴去主要在 24 的范围；阳去主要在 21 的范围；阴入在 34～45 之间；阳入主要在 21 略高的范围。

15.2 娄邵片

15.2.1 湘双小片

1. 湘乡新湘路

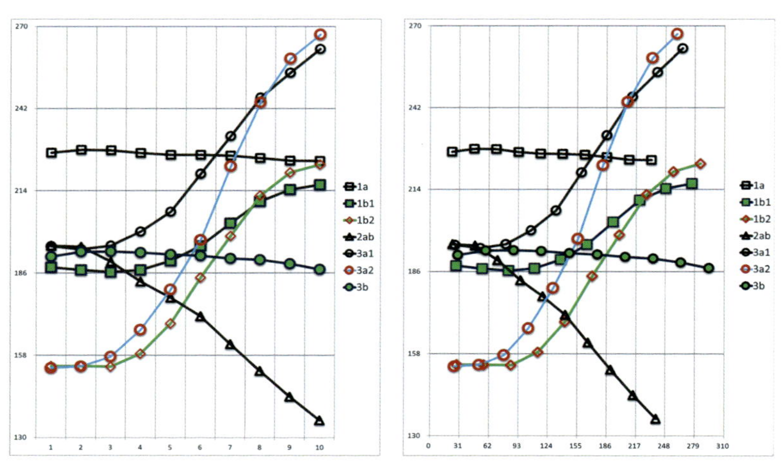

图 15－9a　单字调等长、实长音高模式－湘乡新湘路－OM

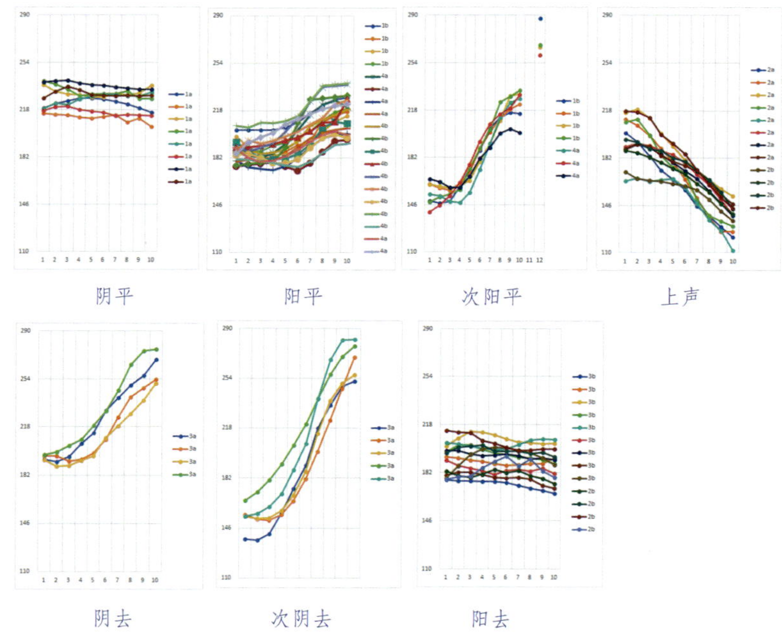

图 15－9b　今声调调域分布范围－湘乡新湘路－OM

老男的声调有 7 个（见图 15－9a）：

阴平 44、阳平 34、次阳平 14、上声 31、阴去 35、次阴去 15、阳去 33。

今调域的分布情况（见图 15－9b）：

阴平在 33～44 之间；阳平在 23～34 之间；次阳平主要在 14 的范围；上声在 21～32 之间；阴去主要在 35 的范围，次阴去在 14～25 之间；阳去在 22～33 之间。

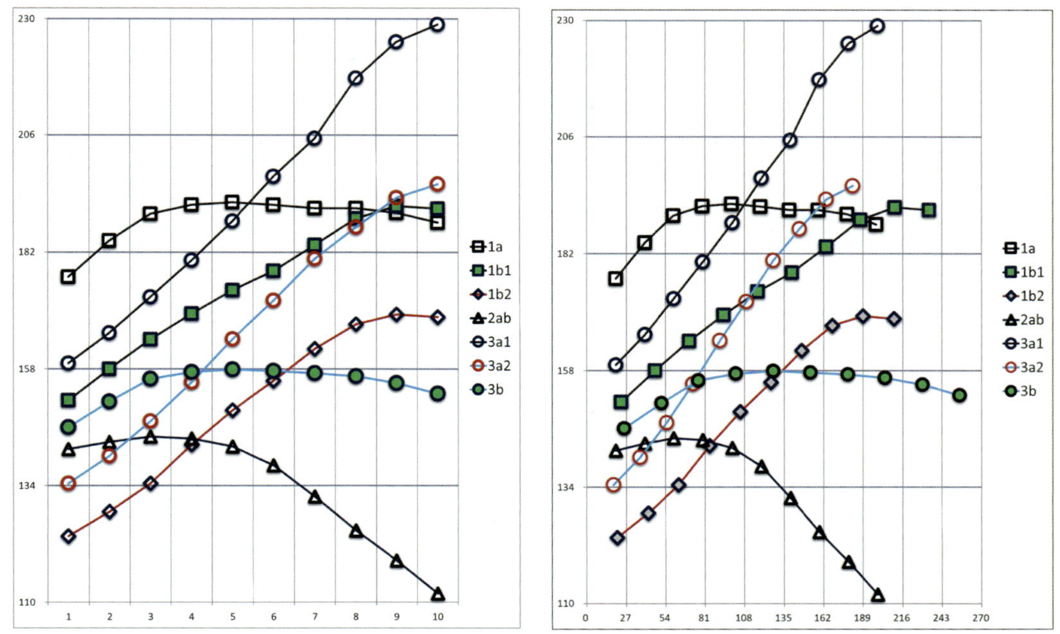

图 15－9c　单字调等长、实长音高模式－湘乡新湘路－YM

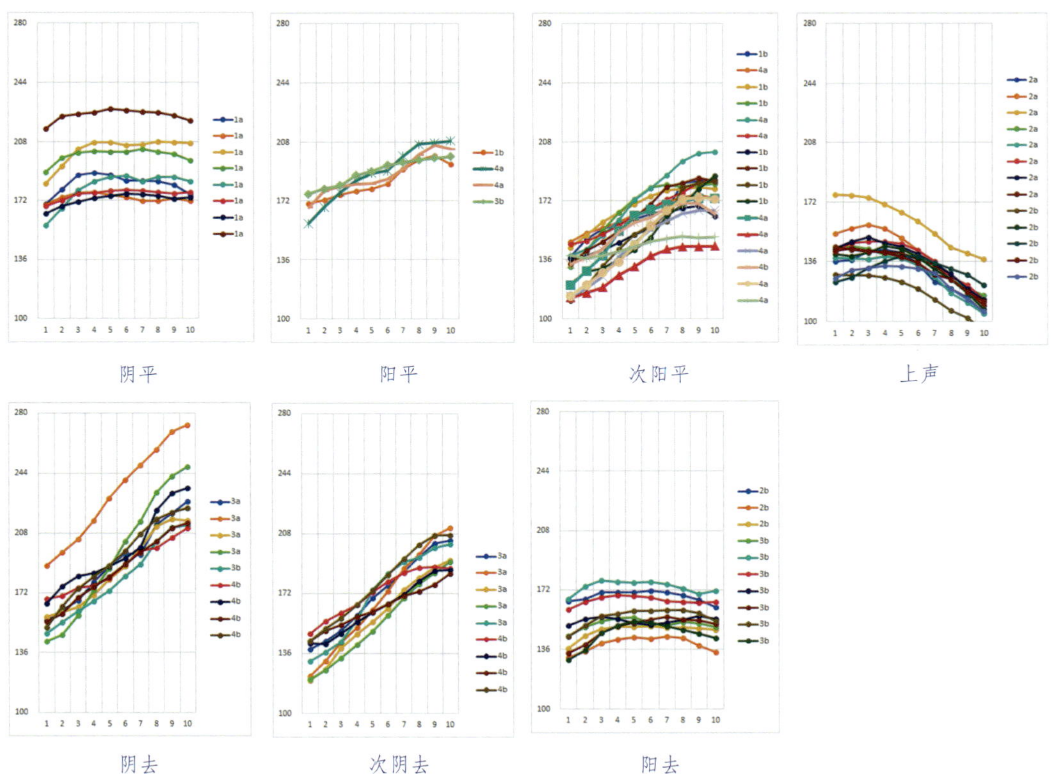

图 15－9d　今声调调域分布范围－湘乡新湘路－YM

青男的声调有 7 个（见图 15－9c）：

阴平 44、阳平 34、次阳平 13、上声 21、阴去 35、次阴去 24、阳去 33。

今调域的分布情况（见图 15－9d）：

阴平在 33～44 之间；阳平在 23～24 之间；次阳平在 12～23 之间；上声在 21～32 之间；阴去主要在 23～35 之间；次阴去在 13～24 之间；阳去在 22～33 之间。

2. 双峰永丰

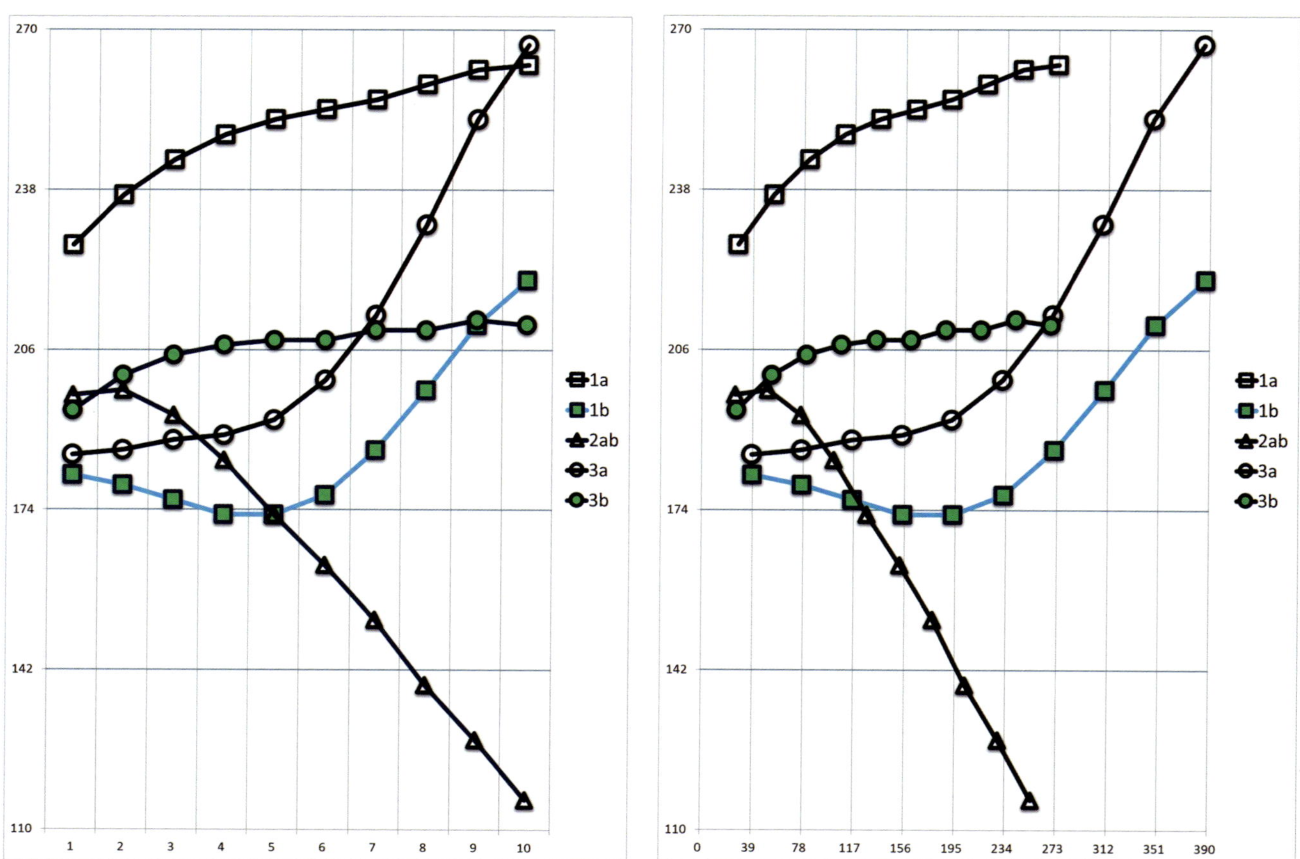

图 15－10a　单字调等长、实长音高模式－双峰永丰－OM

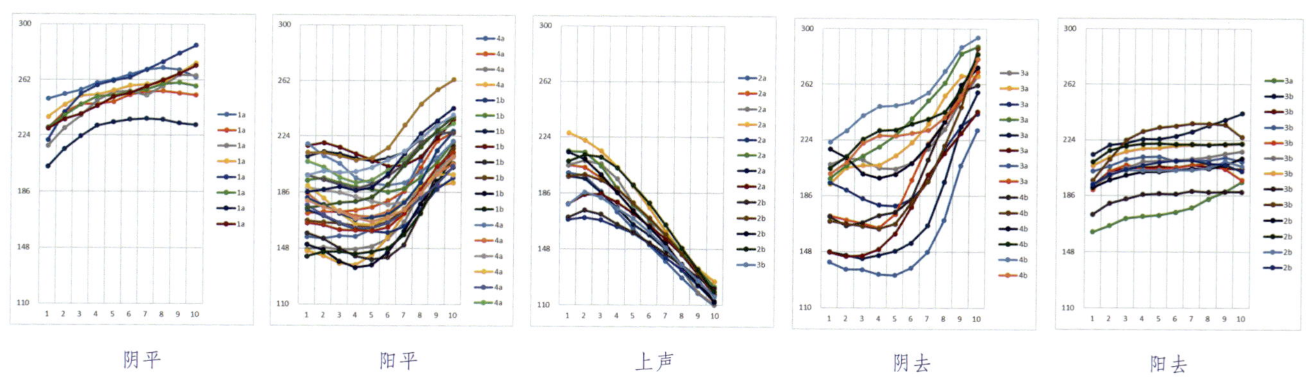

图 15－10b　今声调调域分布范围－双峰永丰－OM

老男的声调有 5 个（见图 15－10a）：

阴平 45、阳平 324、上声 31、阴去 335、阳去 34。

今调域的分布情况（见图 15－10b）：

阴平在 34～45 之间；阳平在 213～324 之间；上声在 21～31 之间；阴去在 114～35 之间；阳去在 23～34 之间。

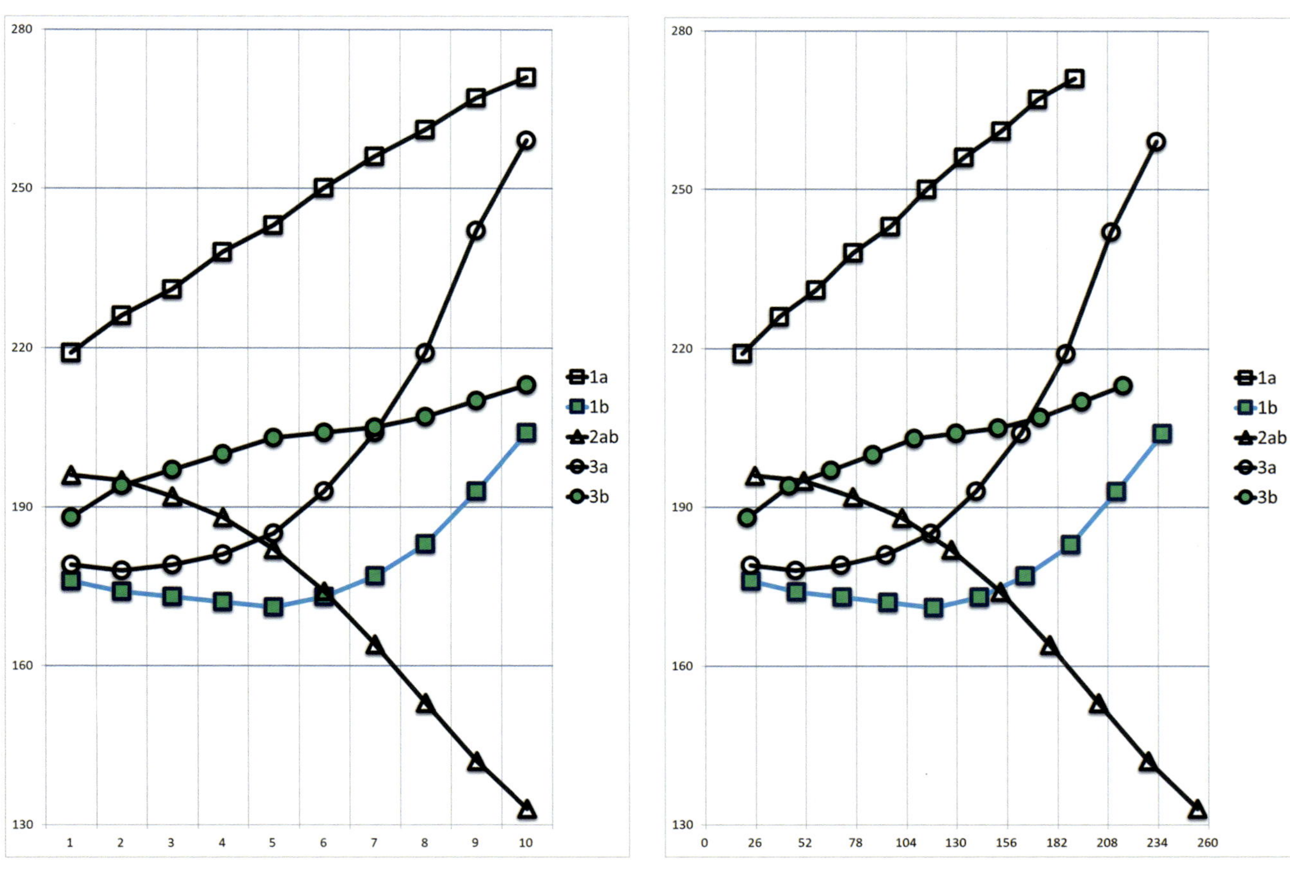

图 15－10c　单字调等长、实长音高模式－双峰永丰－YM

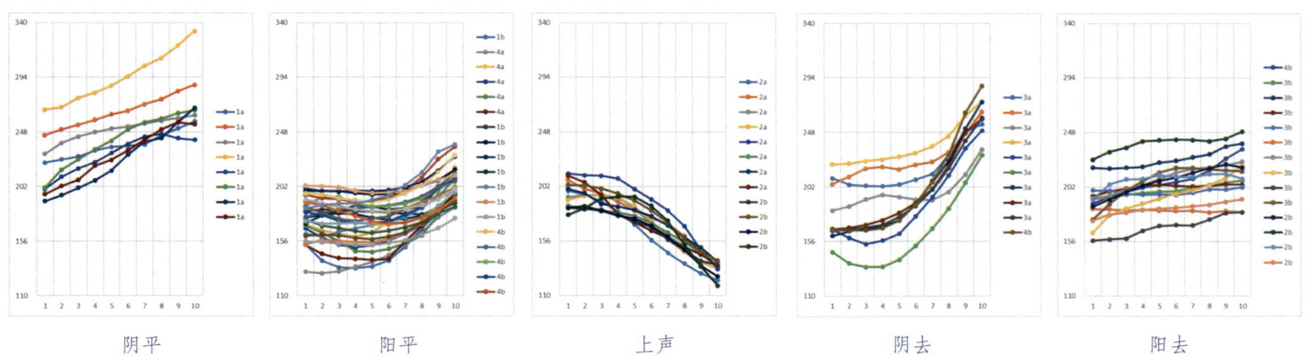

图 15－10d　今声调调域分布范围－双峰永丰－YM

青男的声调有 5 个（见图 15－10c）：

阴平 45、阳平 223、上声 31、阴去 25、阳去 23。

今调域的分布情况（见图 15－10d）：

阴平在 23～45 之间；阳平在 212～223 之间；上声在 21～31 之间；阴去在 113～334 之间；阳去在 22～33 之间。

3. 娄底娄星

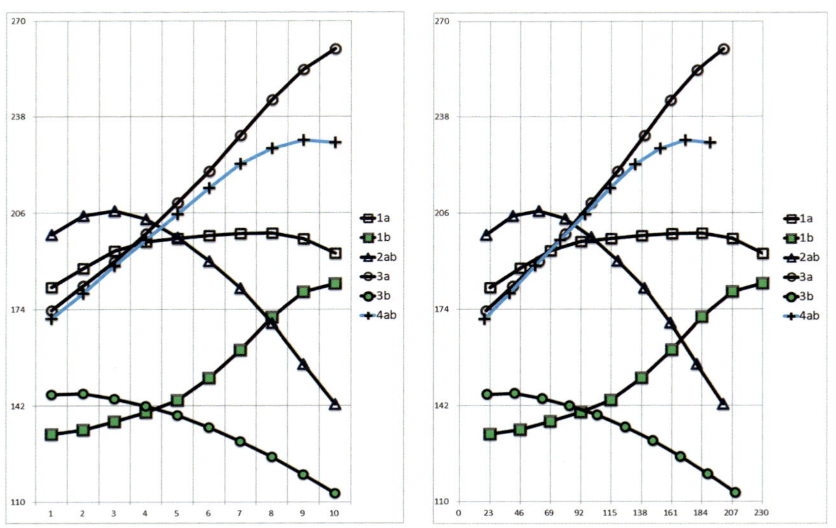

图 15－11a 单字调等长、实长音高模式－娄底娄星－OM

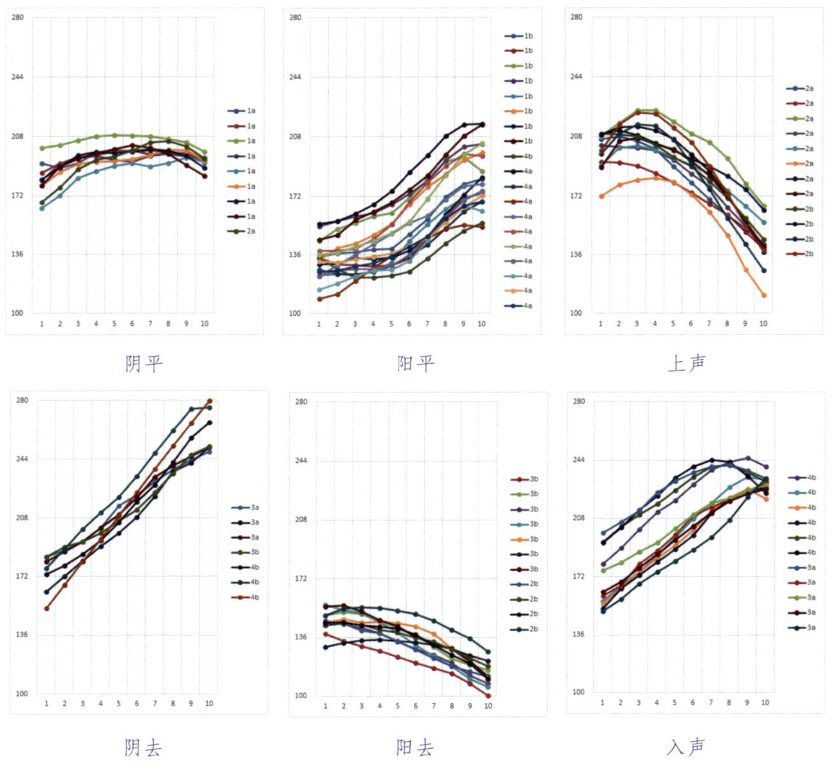

图 15－11b 今声调调域分布范围－娄底娄星－OM

老男的声调有 6 个（见图 15－11a）：

阴平 33、阳平 13、上声 42、阴去 35、阳去 21、入声 24。

今调域的分布情况（见图 15－11b）：

阴平主要在 33 的范围；阳平在 12～23 之间；上声在 31～42 之间；阴去在 24～35 之间；阳去主要在 21 的范围；入声在 24～34 之间。

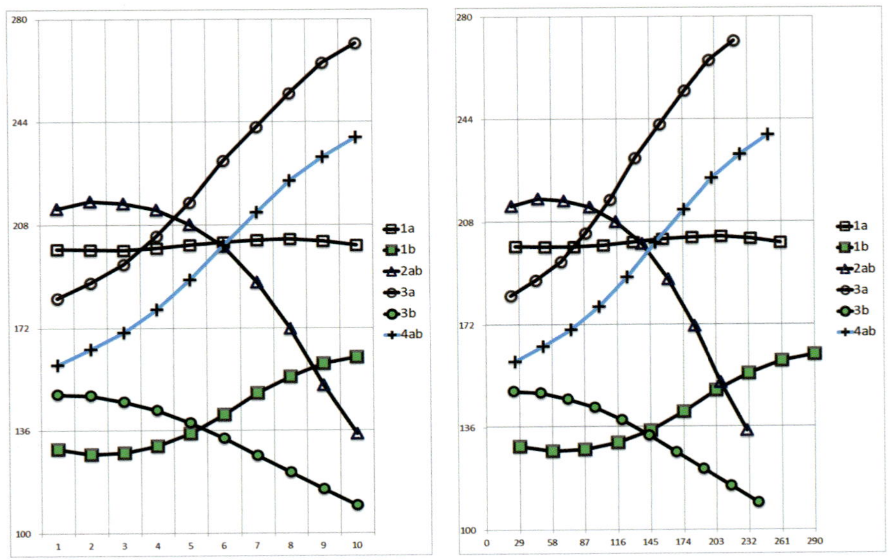

图 15－11c　单字调等长、实长音高模式－娄底娄星－YM

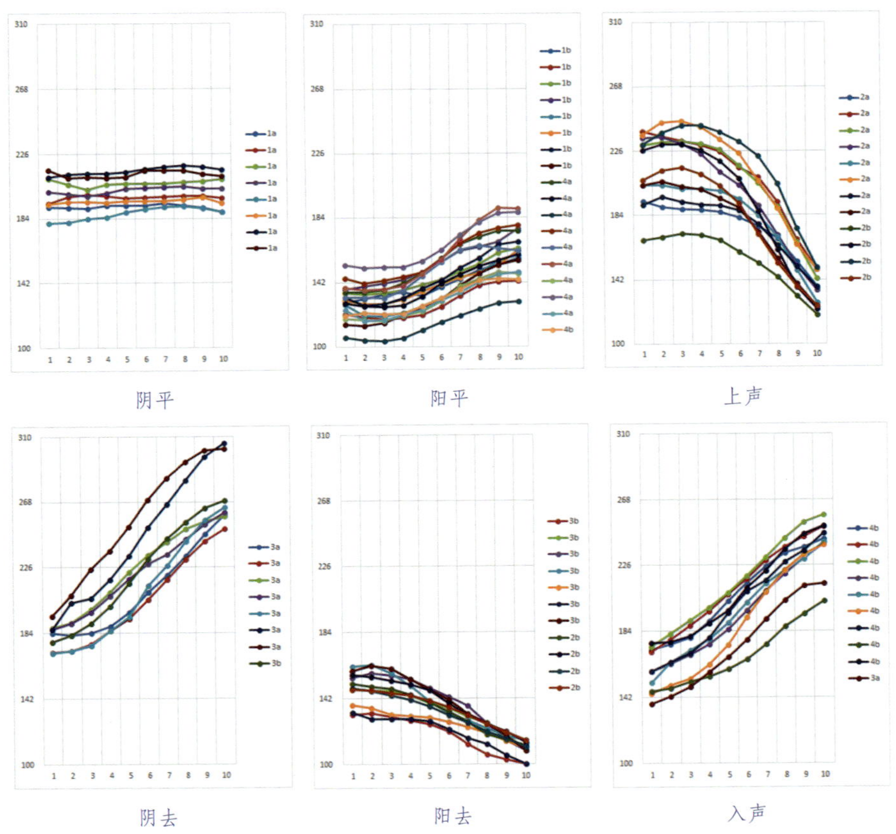

图 15－11d　今声调调域分布范围－娄底娄星－YM

青男的声调有 6 个（见图 15－11c）：

阴平 33、阳平 12、上声 42、阴去 35、阳去 21、入声 24。

今调域的分布情况（见图 15－11d）：

阴平主要在 33 的范围；阳平在 12～23 之间；上声在 21～42 之间；阴去在 24～25 之间；阳去主要在 21 的范围；入声在 23～24 之间。

4. 韶山清溪

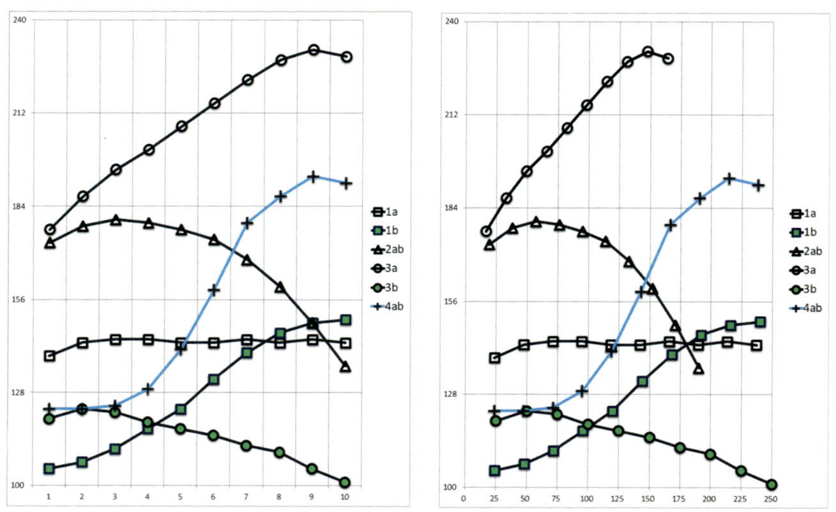

图 15－12a　单字调等长、实长音高模式－韶山清溪－OM

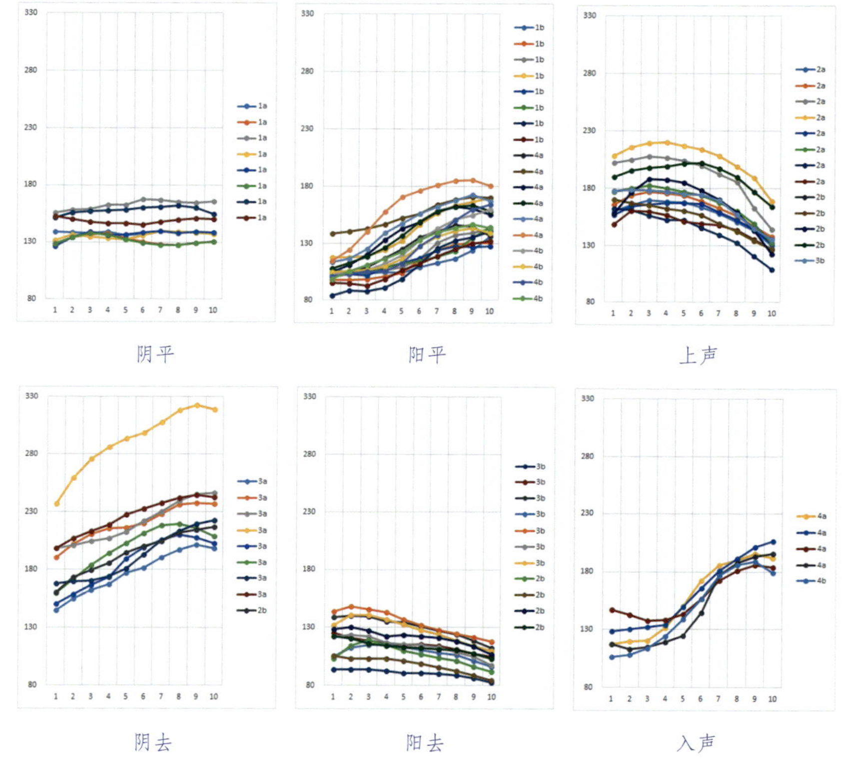

图 15－12b　今声调调域分布范围－韶山清溪－OM

老男的声调有 6 个（见图 15－12a）：

阴平 22、阳平 12、上声 32、阴去 35、阳去 21、入声 14。

今调域的分布情况（见图 15－12b）：

阴平在 11～22 之间；阳平在 12～23 之间；上声在 21～32 之间；阴去在 23～45 之间；阳去主要在 21 的范围；入声在 12～23 之间。

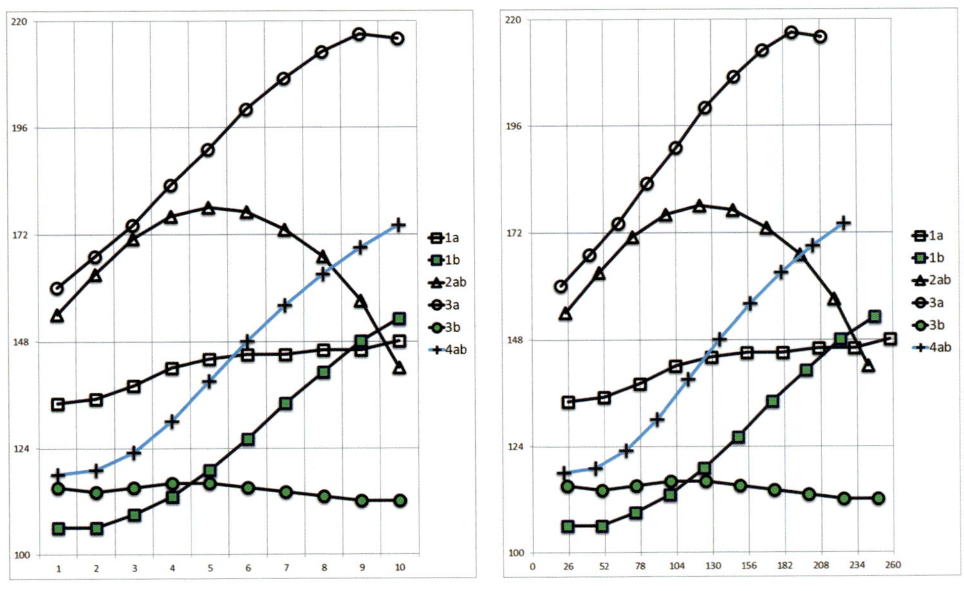

图 15－12c　单字调等长、实长音高模式－韶山清溪－YM

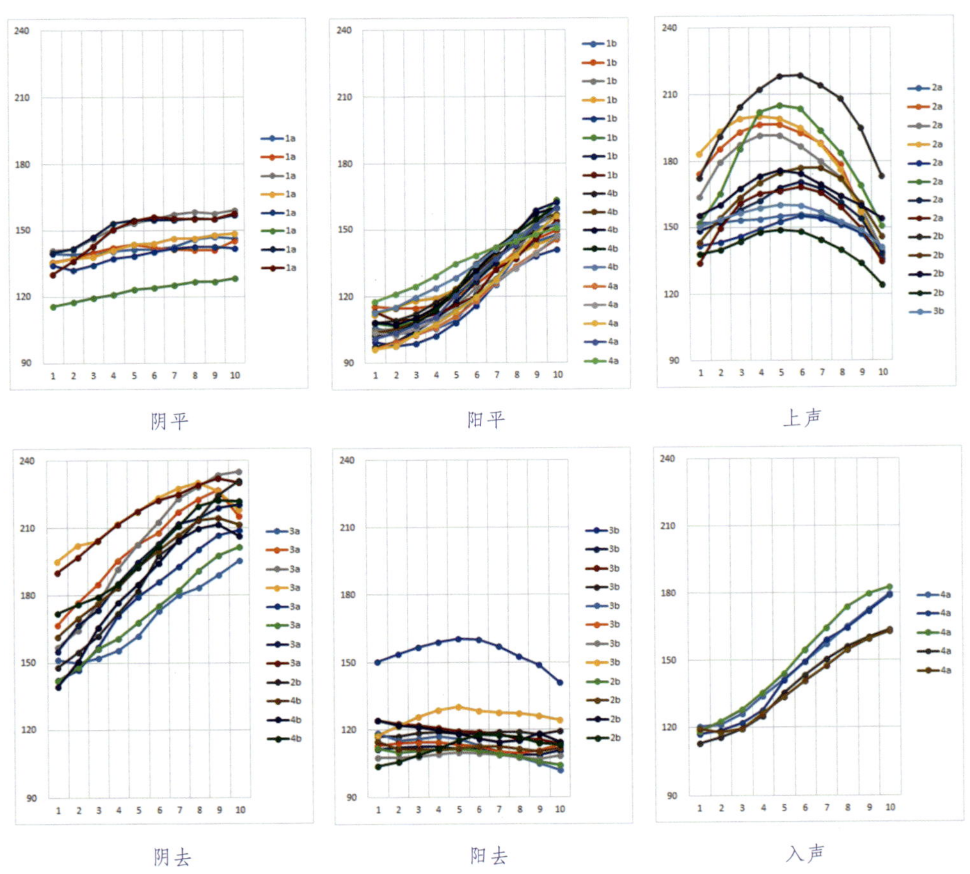

图 15－12d　今声调调域分布范围－韶山清溪－YM

青男的声调有 6 个（见图 15－12c）：

阴平 23、阳平 13、上声 342、阴去 35、阳去 11、入声 14。

今调域的分布情况（见图 15－12d）：

阴平在 12～23 之间；阳平在 12～23 之间；上声在 221～353 之间；阴去在 24～45 之间；阳去主要在 11～22 之间；入声在 12～23 之间。

15.2.2 涟梅小片

1. 涟源蓝田

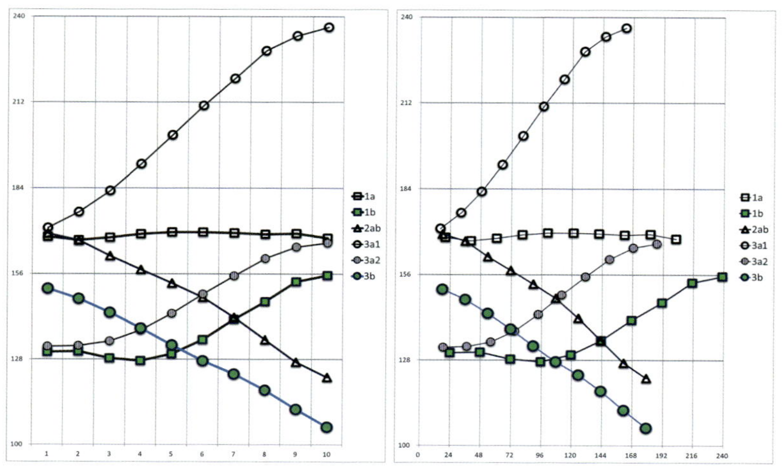

图 15 - 13a　单字调等长、实长音高模式 - 涟源蓝田 - OM

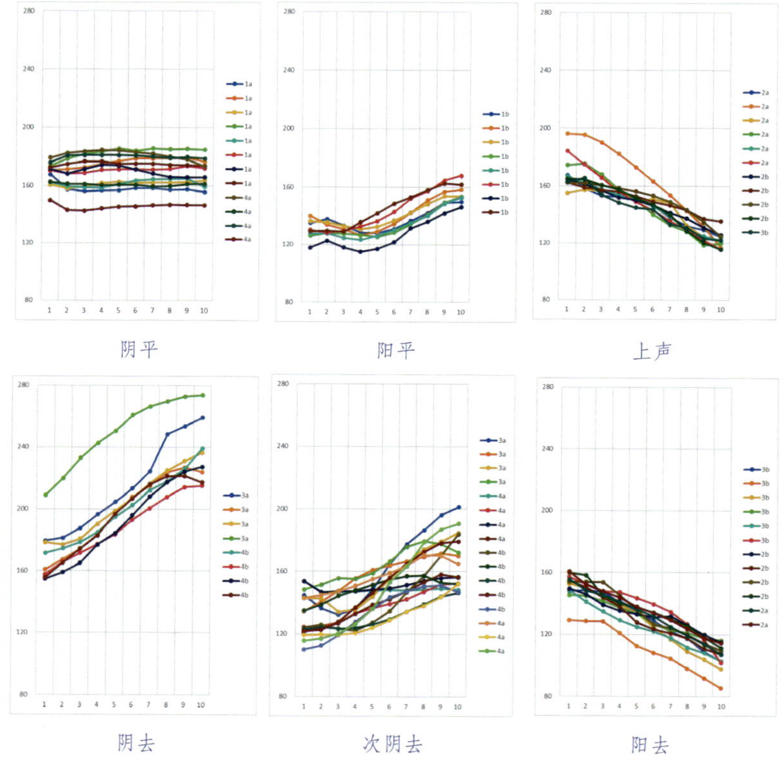

图 15 - 13b　今声调调域分布范围 - 涟源蓝田 - OM

老男的声调有 6 个（见图 15 - 13a）：

阴平 33、阳平 223、上声 31、阴去 35、次阴去 23、阳去 21。

今调域的分布情况（见图 15 - 13b）：

阴平在 22 ~ 33 之间；阳平在 12 ~ 23 之间；上声在 21 ~ 32 之间；阴去在 34 ~ 45 之间；次阴去在 12 ~ 23 之间；阳去主要在 21 的范围。

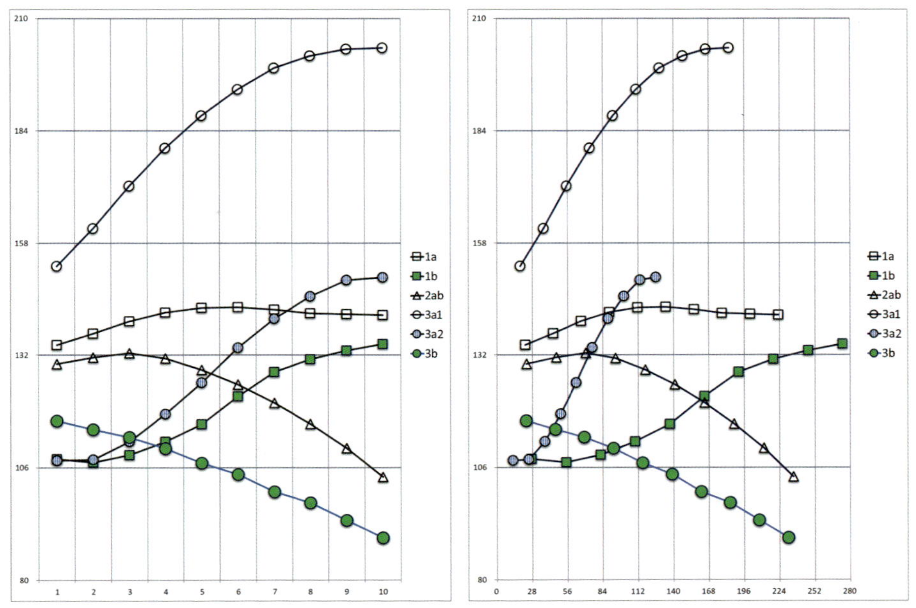

图 15－13c 单字调等长、实长音高模式－涟源蓝田－YM

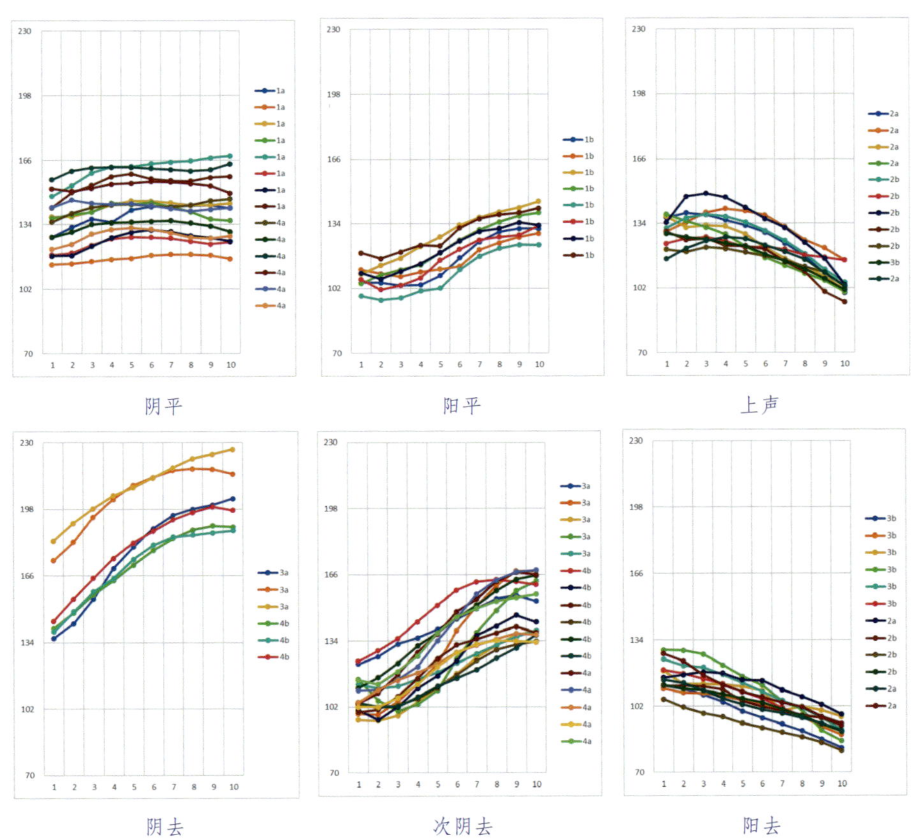

图 15－13d 今声调调域分布范围－涟源蓝田－YM

青男的声调有 6 个（见图 15－13c）：

阴平 33、阳平 23、上声 31、阴去 35、次阴去 23、阳去 21。

今调域的分布情况（见图 15－13d）：

阴平在 22～33 之间；阳平在 12～23 之间；上声在 21～32 之间；阴去在 34～45 之间；次阴去在 12～23 之间；阳去主要在 21 的范围。

2. 安化梅城

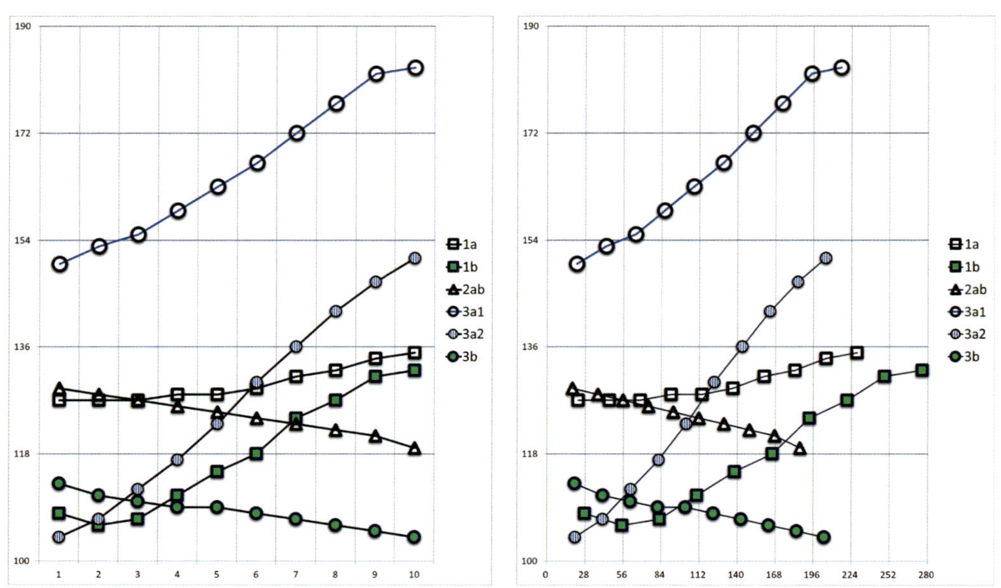

图 15－14a　单字调等长、实长音高模式－安化梅城－MM

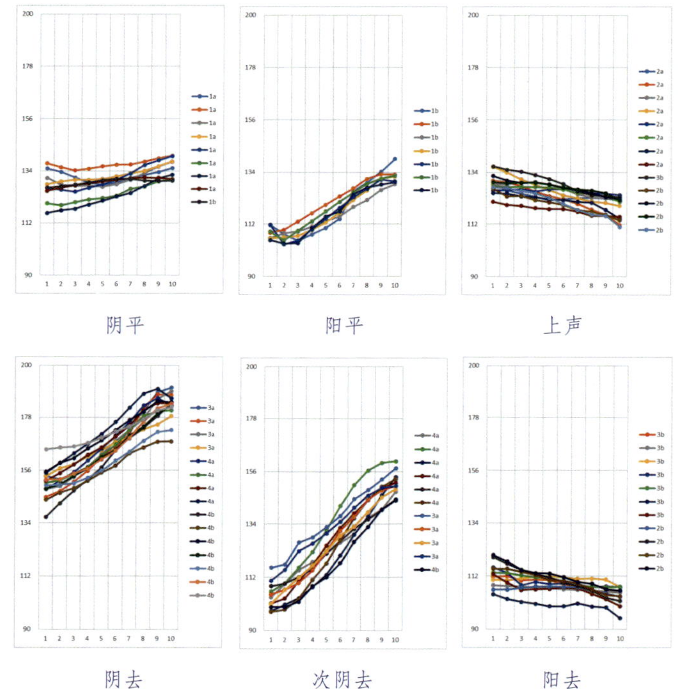

图 15－14b　今声调调域分布范围－安化梅城－MM

中男的声调有 6 个（见图 15－14a）：

阴平 22、阳平 12、上声 32、阴去 35、次阴去 13、阳去 21。

今调域的分布情况（见图 15－14b）：

阴平在 22～33 之间；阳平在 12～13 之间；上声在 21～32 之间；阴去在 34～45 之间；次阴去在 13～24 之间；阳去主要在 21 的范围。

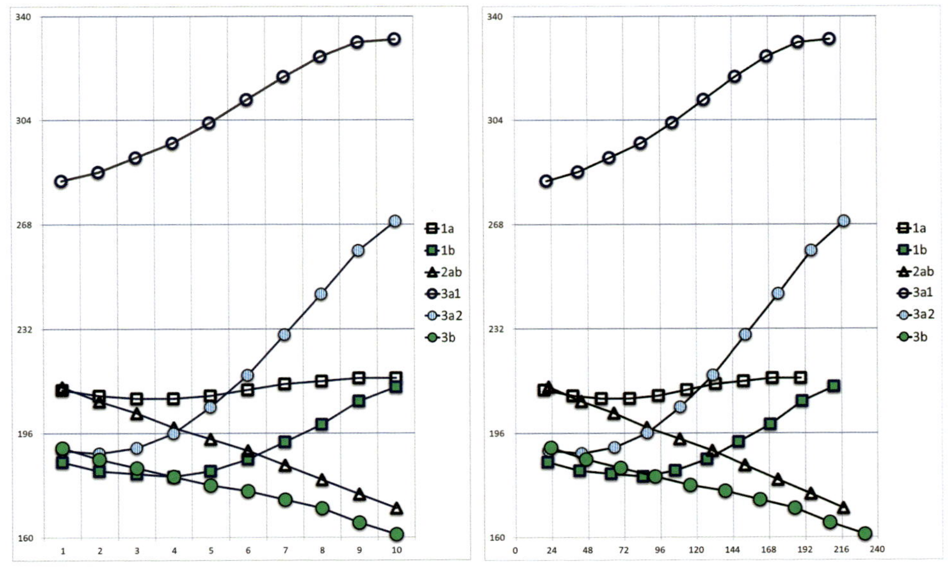

图 15－14c　单字调等长、实长音高模式－安化梅城－YF

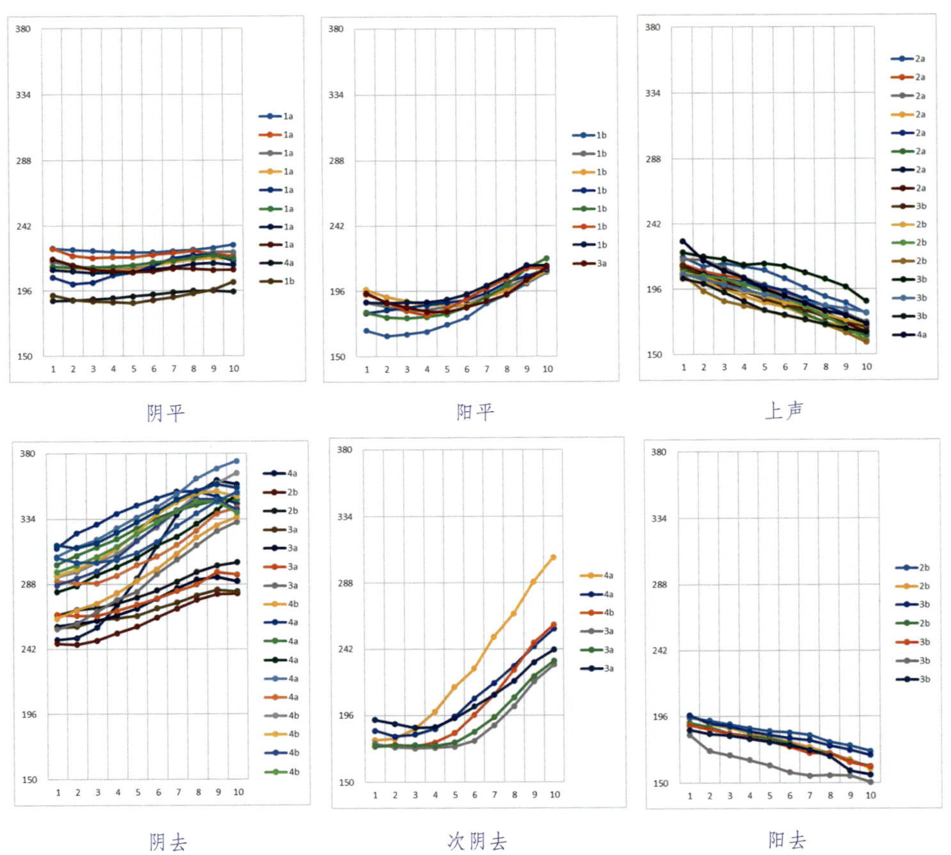

图 15－14d　今声调调域分布范围－安化梅城－YF

青女声调有 6 个（见图 15－14c）：

阴平 22、阳平 12、上声 31、阴去 45、次阴去 13、阳去 21。

今调域的分布情况（见图 15－14d）：

阴平在 11～22 之间；阳平主要在 12 的范围；上声主要在 21 的范围；阴去在 34～45 之间；次阴去在 12～14 之间；阳去主要在 21 的范围。

15.2.3 新化小片

1. 新化上梅

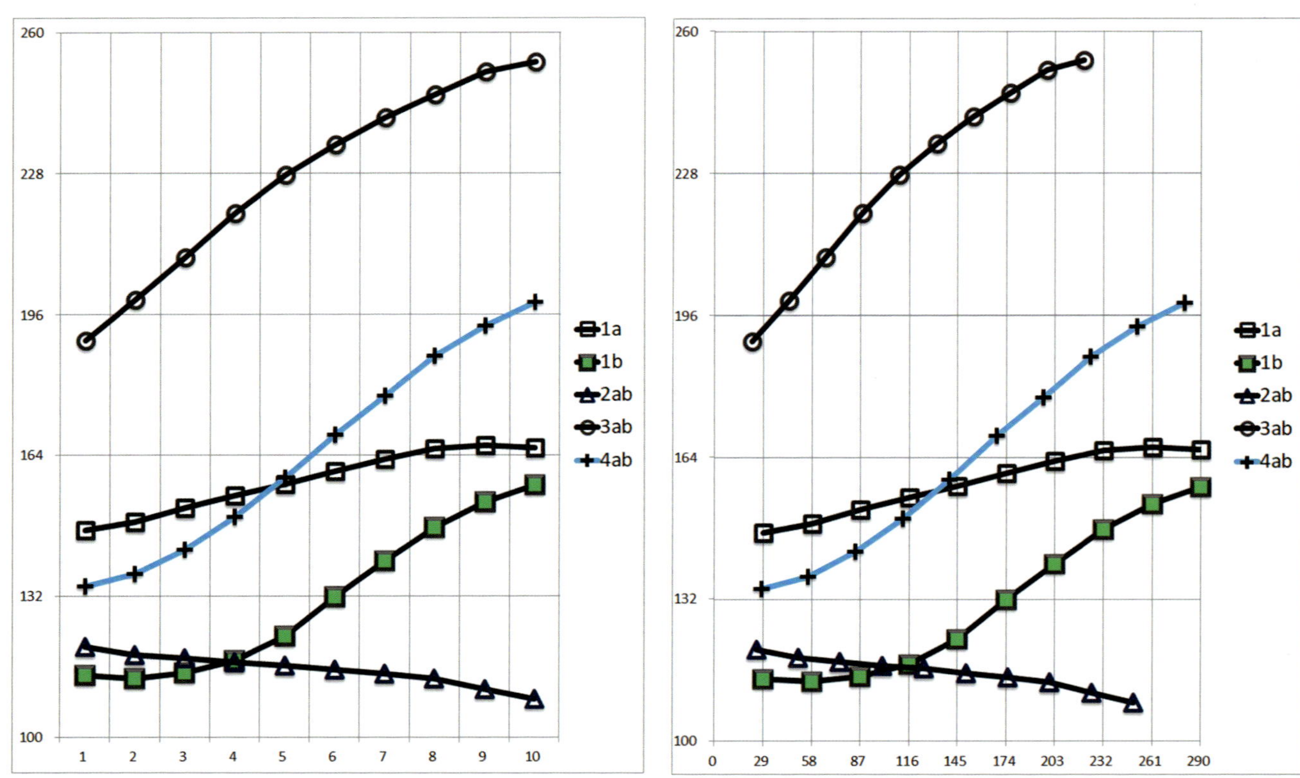

图 15－15a 单字调等长、实长音高模式－新化上梅－OM

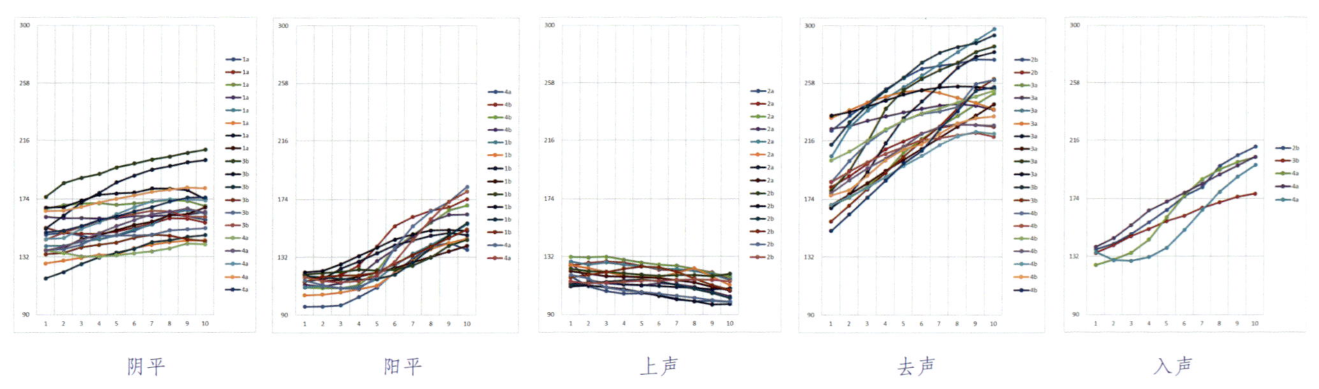

图 15－15b 今声调调域分布范围－新化上梅－OM

老男的声调有 5 个（见图 15－15a）：

阴平 23、阳平 12、上声 21、去声 35、入声 24。

今调域的分布情况（见图 15－15b）：

阴平在 12～23 之间；阳平主要在 12 的范围；上声主要在 21 的范围；去声在 23～45 之间；入声主要在 23 的范围。

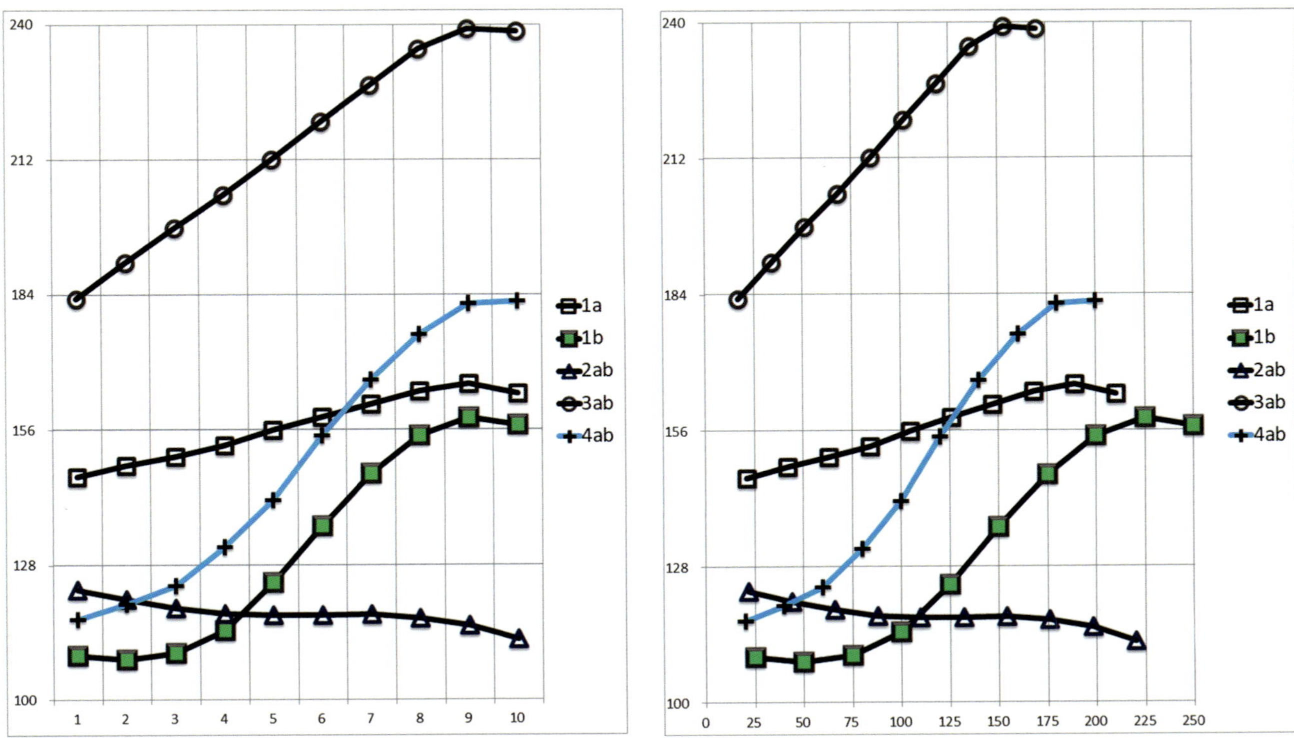

图 15－15c 单字调等长、实长音高模式－新化上梅－YM

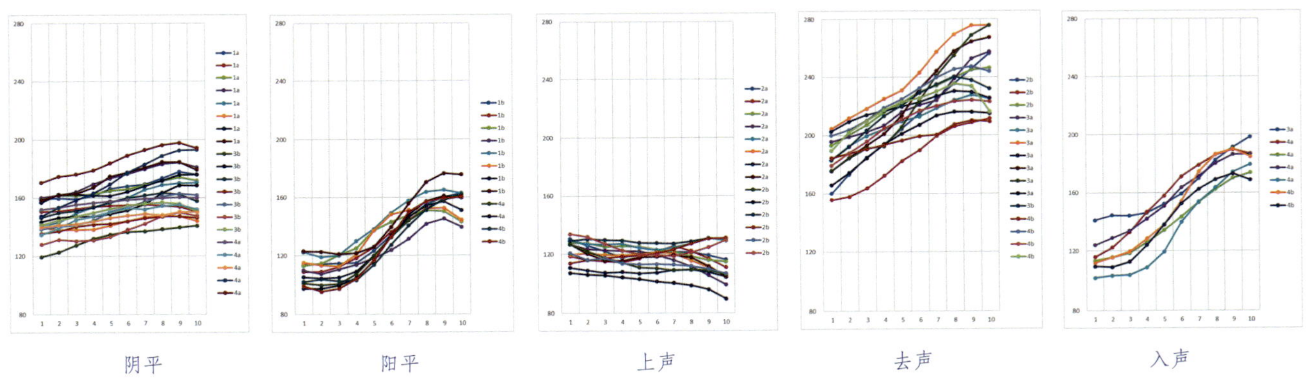

图 15－15d 今声调调域分布范围－新化上梅－YM

青男的声调有 5 个（见图 15－15c）：

阴平 23、阳平 12、上声 21、去声 35、入声 13。

今调域的分布情况（见图 15－15d）：

阴平主要在 23 的范围；阳平在 12～23 之间；上声主要在 21 的范围；去声在 34～45 之间；入声在 13～23 之间。

2. 冷水江布溪

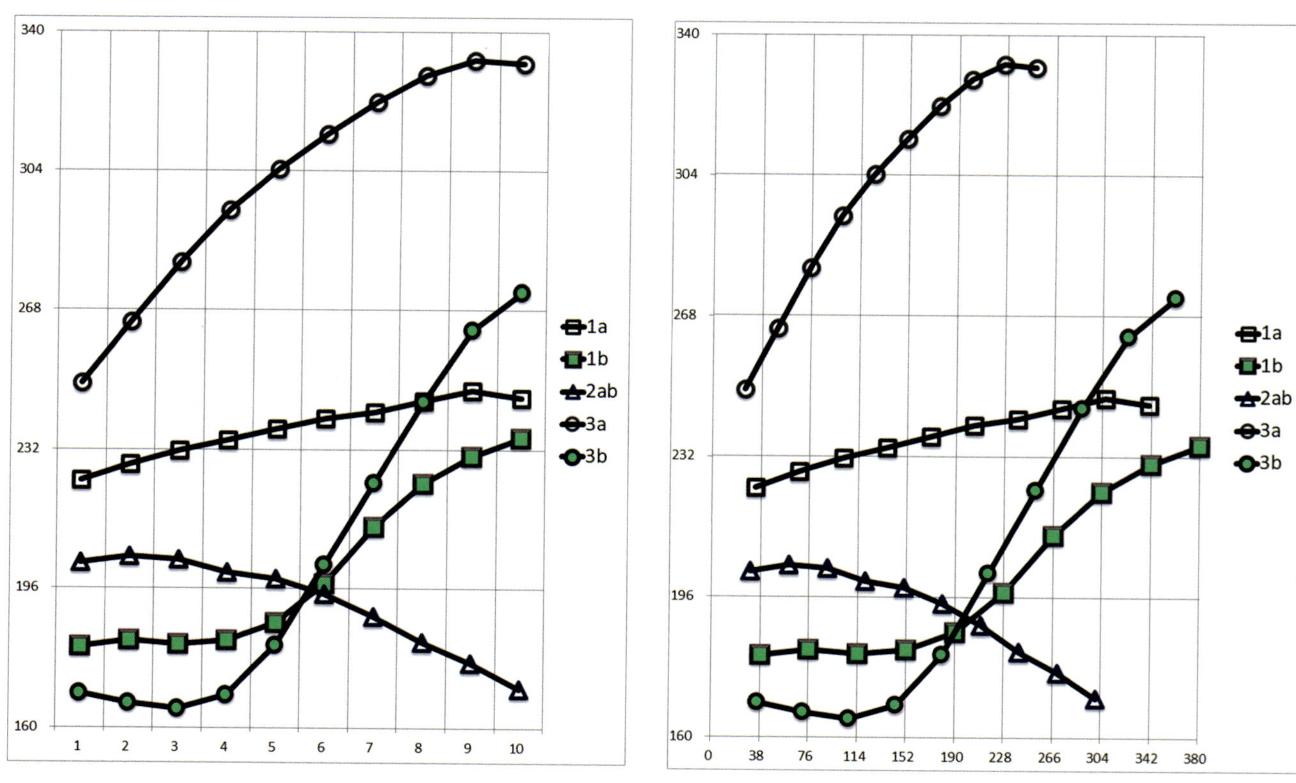

图 15－16a 单字调等长、实长音高模式－冷水江布溪－OM

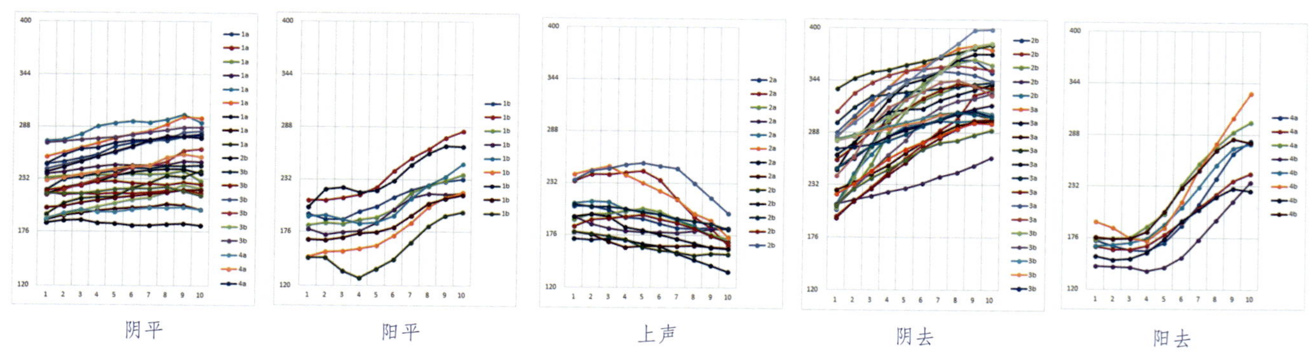

图 15－16b 今声调调域分布范围－冷水江布溪－OM

老男的声调有 5 个（见图 15－16a）：

阴平 23、阳平 12、上声 21、阴去 35、阳去 14。

今调域的分布情况（见图 15－16b）：

阴平主要在 22～33 之间；阳平在 12～23 之间；上声在 21～32 之间；阴去在 23～45 之间；阳去在 12～24 之间。

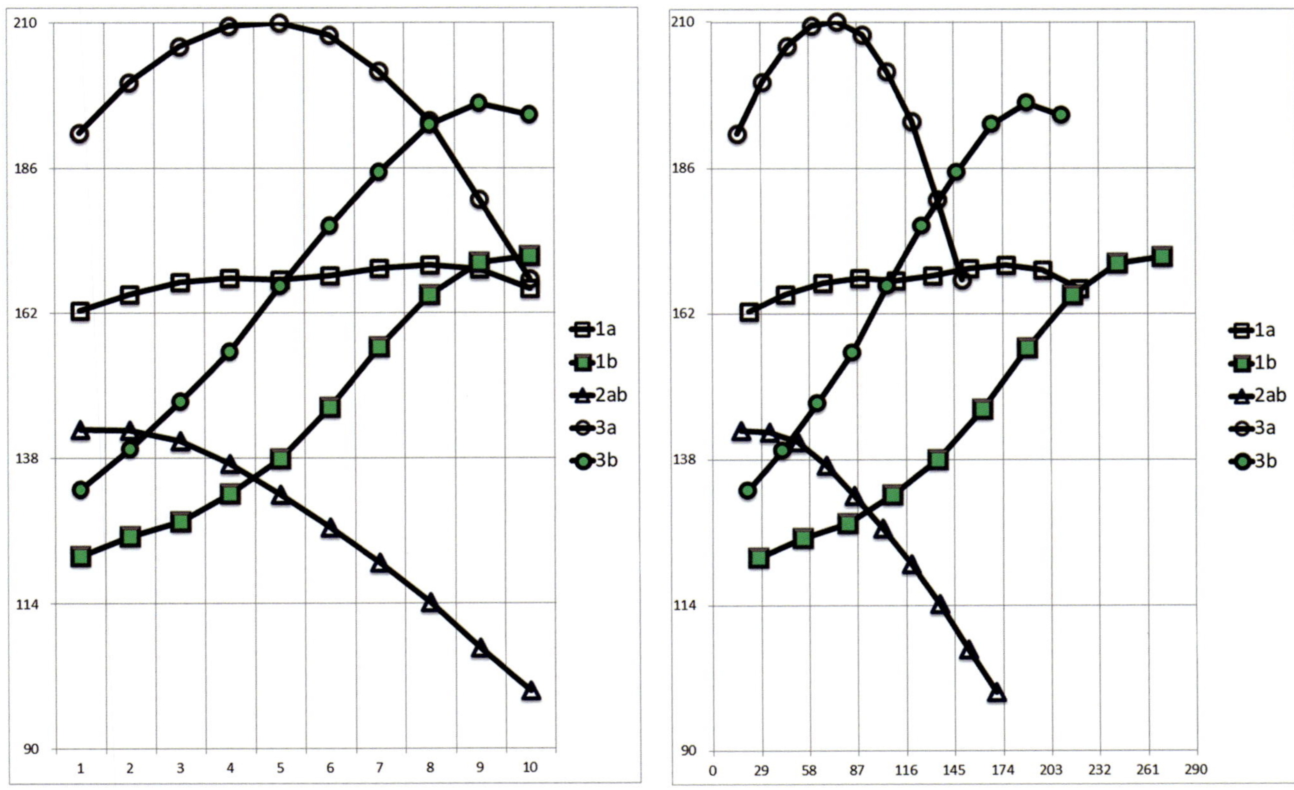

图 15－16c　单字调等长、实长音高模式－冷水江布溪－YM

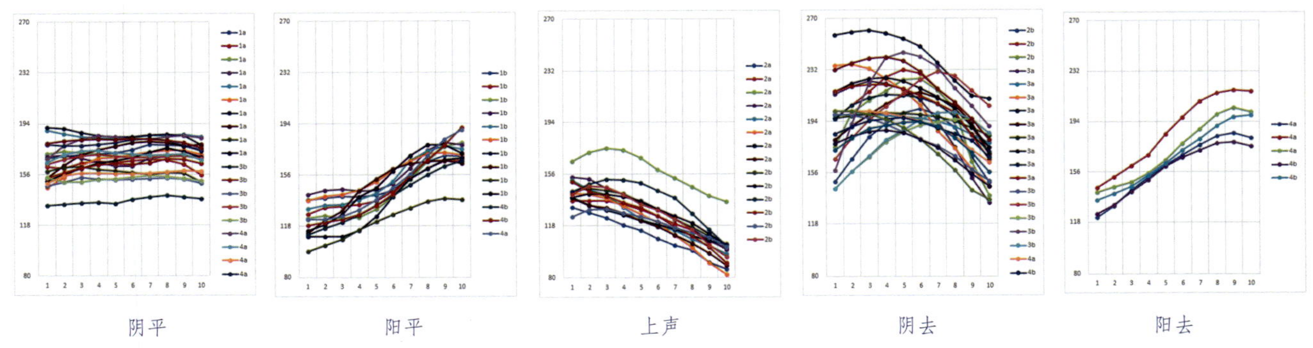

图 15－16d　今声调调域分布范围－冷水江布溪－YM

青男的声调有 5 个（见图 15－16c）：

阴平 44、阳平 24、上声 31、阴去 454、阳去 25。

今调域的分布情况（见图 15－16d）：

阴平在 22～33 之间；阳平在 12～23 之间；上声在 21～32 之间；阴去在 343～554 之间；阳去在 23～24 之间。

15.2.4 武邵小片

1. 武冈辕门口

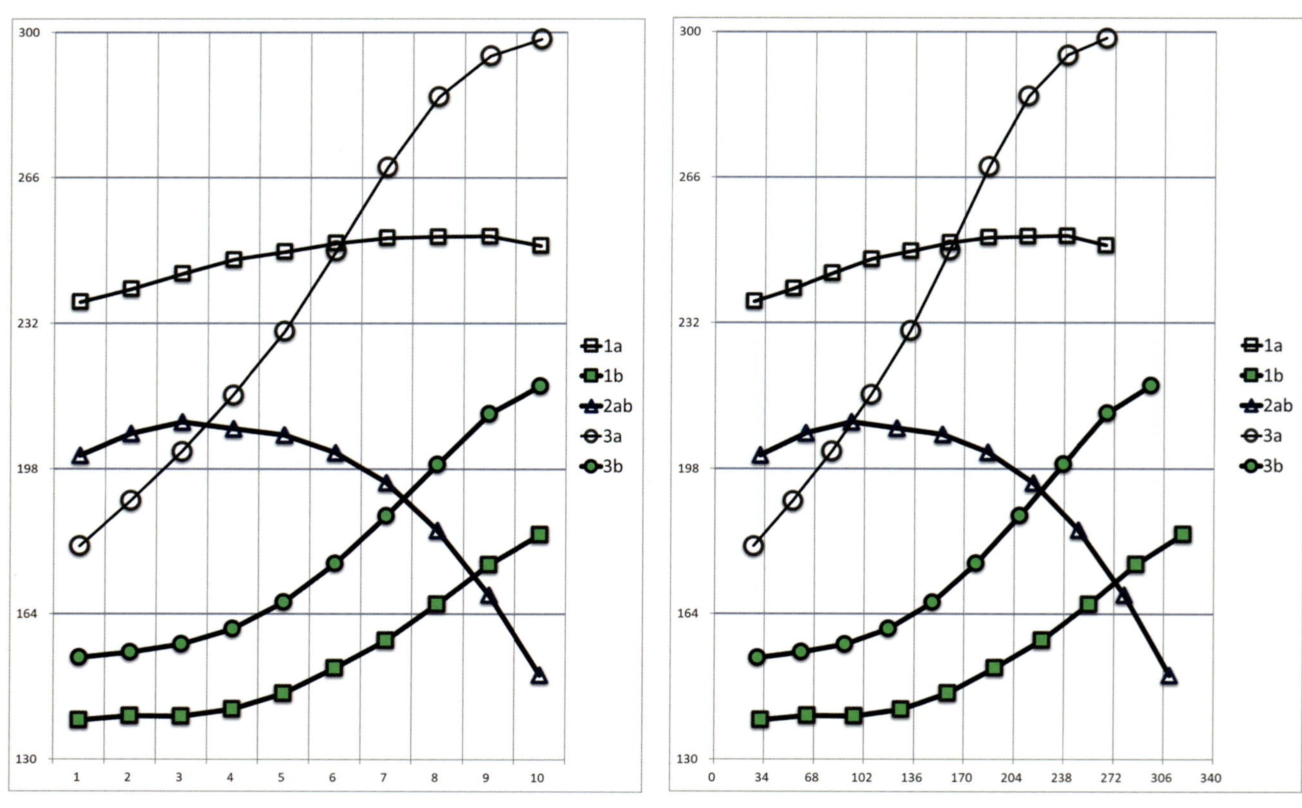

图 15－17a 单字调等长、实长音高模式－武冈辕门口－OM

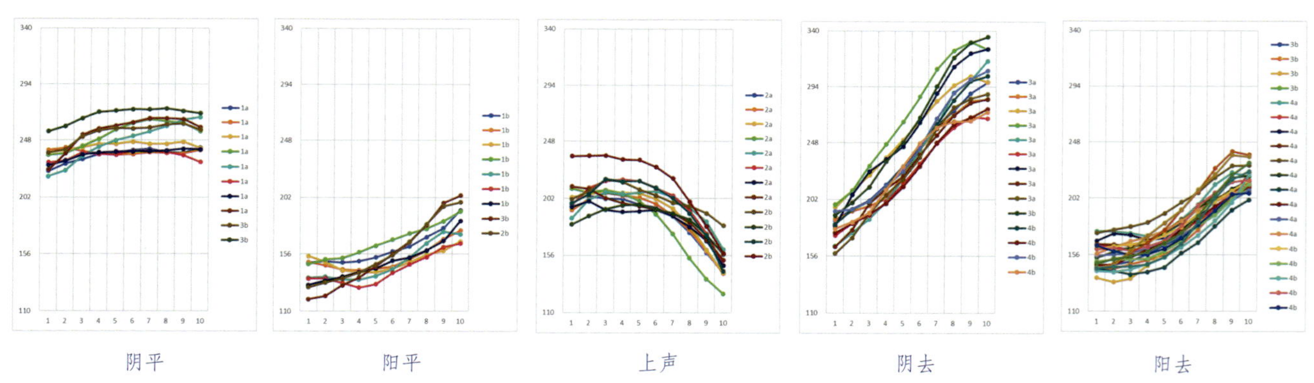

图 15－17b 今声调调域分布范围－武冈辕门口－OM

老男的声调有 5 个（见图 15－17a）：

阴平 44、阳平 12、上声 331、阴去 25、阳去 13。

今调域的分布情况（见图 15－17b）：

阴平在 44～55 之间；阳平主要在 12 的范围；上声在 221～332 之间；阴去在 24～25 之间；阳去在 12～23 之间。

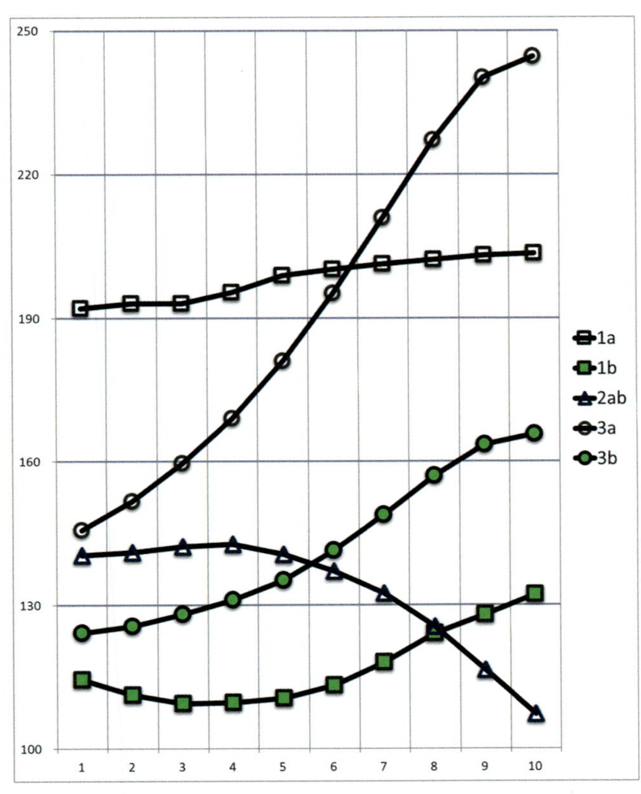

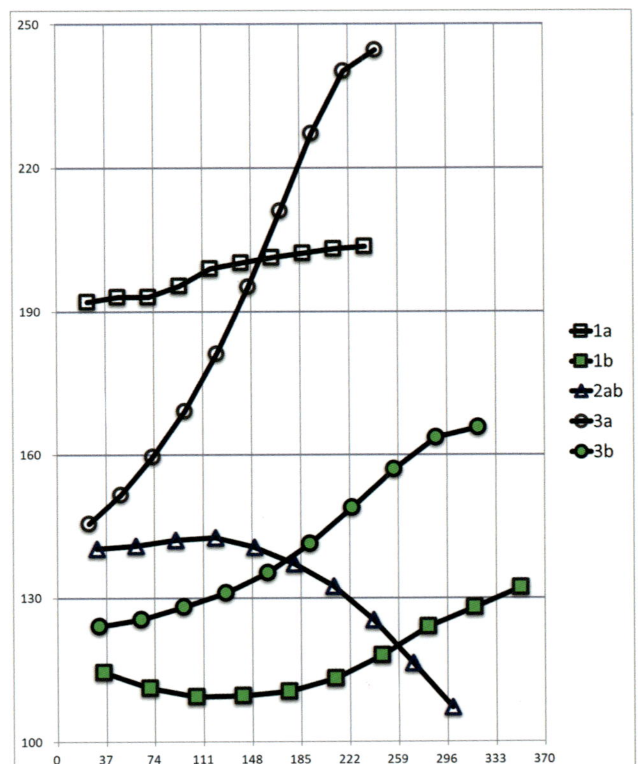

图 15 – 17c 单字调等长、实长音高模式 – 武冈辕门口 – YM

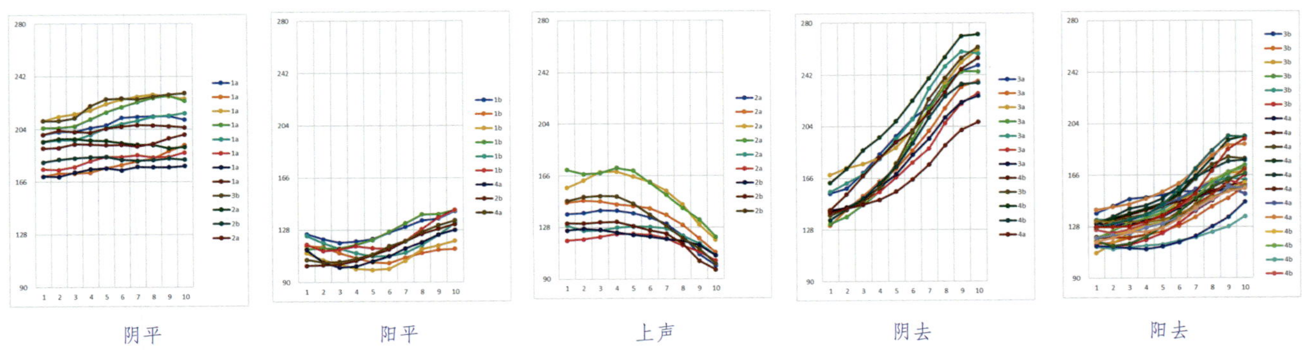

图 15 – 17d 今声调调域分布范围 – 武冈辕门口 – YM

青男的声调有 5 个（见图 15 – 17c）：

阴平 44、阳平 12、上声 221、阴去 25、阳去 13。

今调域的分布情况（见图 15 – 17d）：

阴平在 33 ~ 44 之间；阳平主要在 12 的范围；上声在 221 ~ 332 之间；阴去在 24 ~ 35 之间；阳去在 12 ~ 23 之间。

2. 邵东两市塘

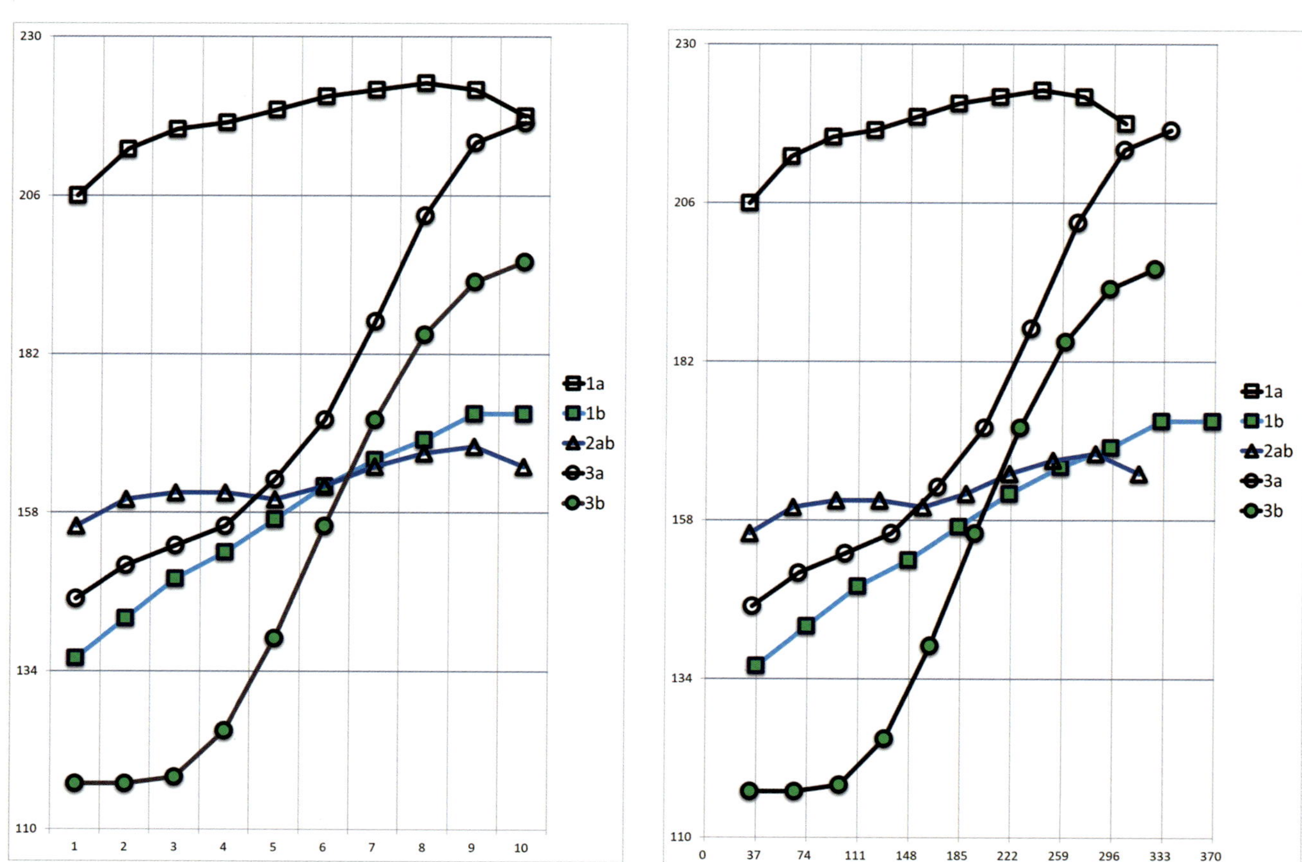

图 15－18a 单字调等长、实长音高模式－邵东两市塘－OM

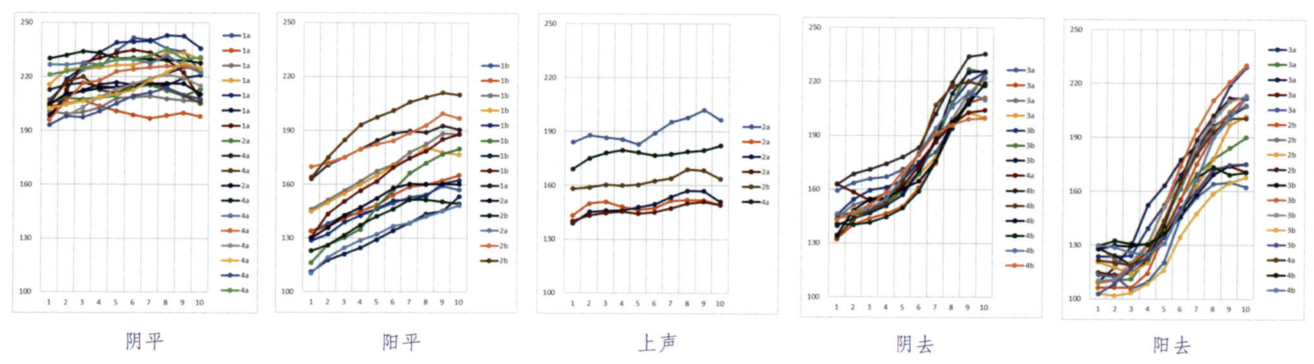

图 15－18b 今声调调域分布范围－邵东两市塘－OM

老男的声调有 5 个（见图 15－18a）：

阴平 55、阳平 23、上声 33、阴去 25、阳去 14。

今调域的分布情况（见图 15－18b）：

阴平在 44～55 之间；阳平在 12～34 之间；上声在 22～33 之间；阴去在 24～35 之间；阳去在 13～14 之间。

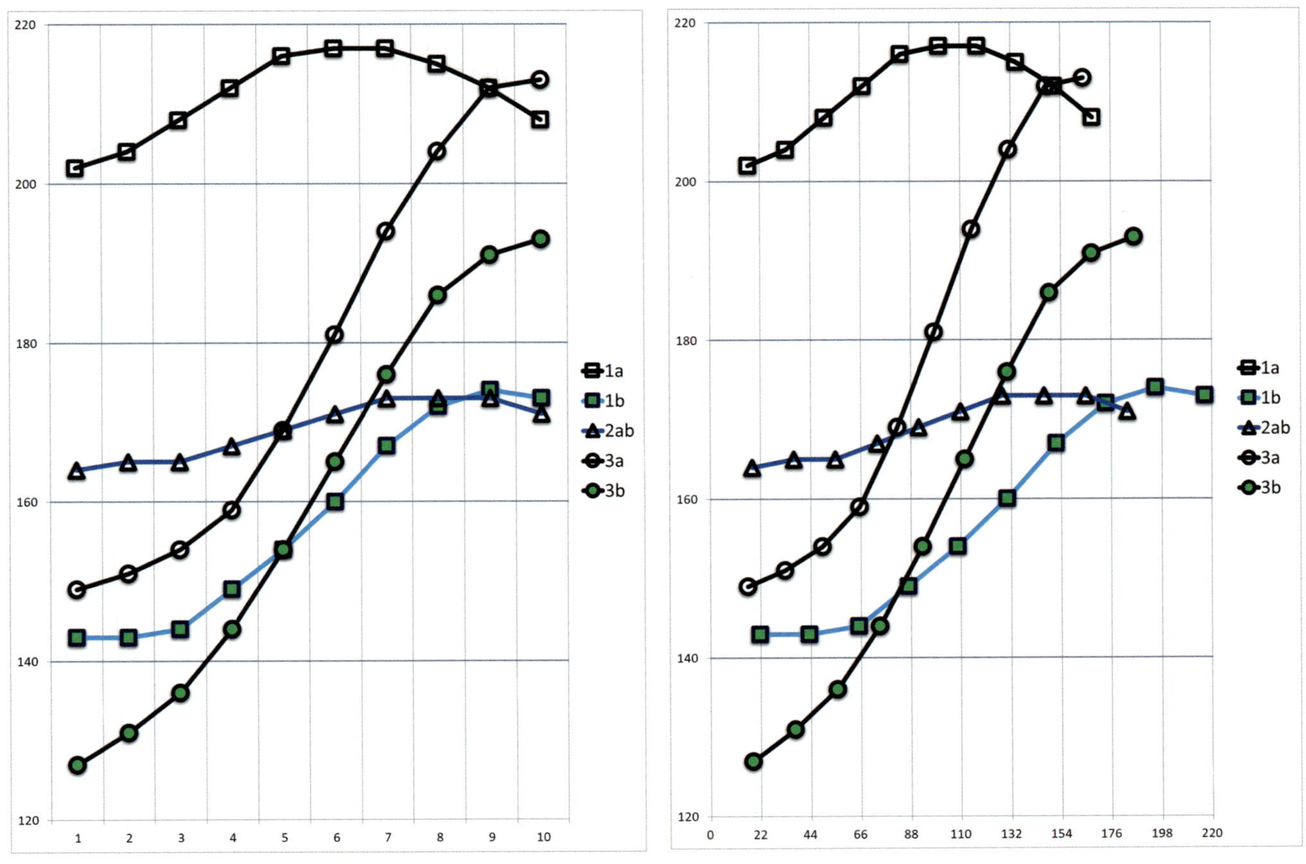

图 15－18c 单字调等长、实长音高模式－邵东两市塘－YM

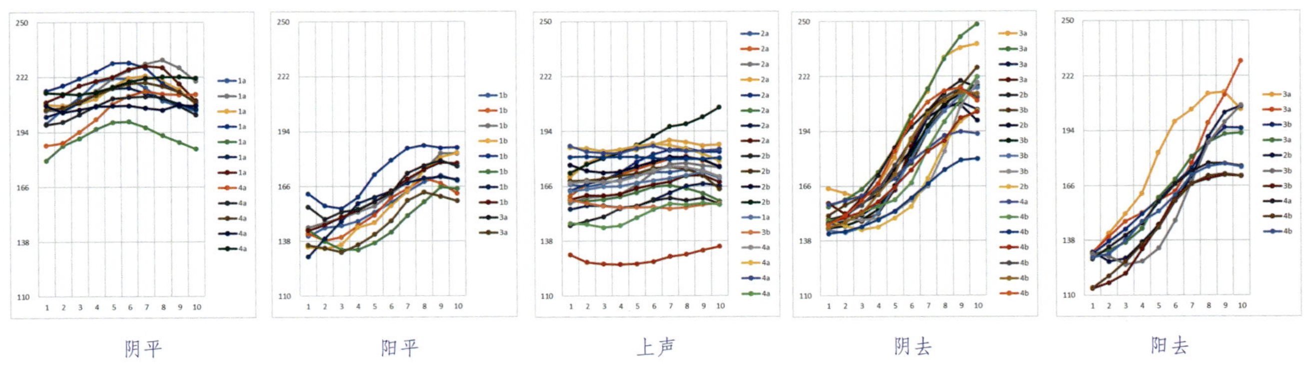

图 15－18d 今声调调域分布范围－邵东两市塘－YM

青男的声调有 5 个（见图 15－18c）：

阴平 55、阳平 23、上声 33、阴去 25、阳去 14。

今调域的分布情况（见图 15－18d）：

阴平在 44～55 之间；阳平在 12～23 之间；上声主要在 22～33 之间；阴去在 23～25 之间；阳去在 13～14 之间。

3. 城步儒林

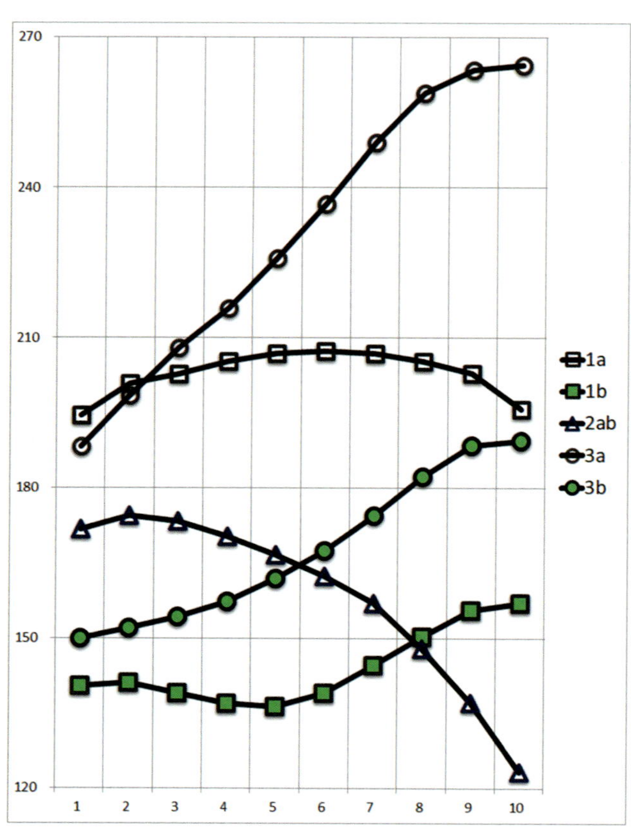

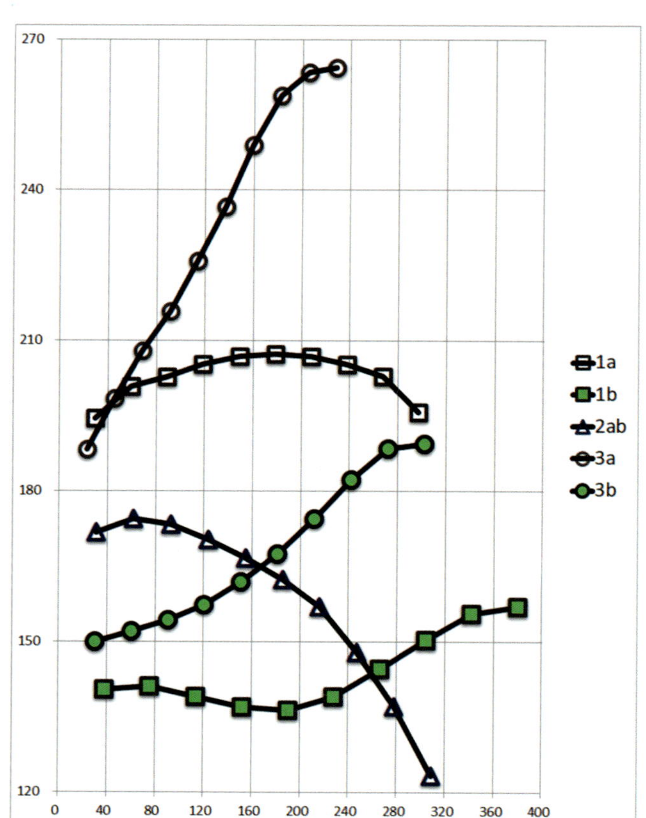

图 15－19a　单字调等长、实长音高模式－城步儒林－OM

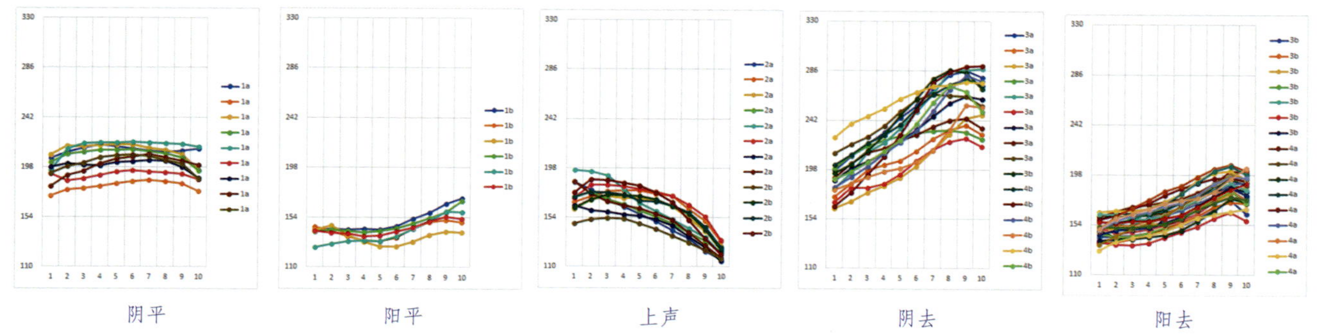

图 15－19b　今声调调域分布范围－城步儒林－OM

老男的声调有 5 个（见图 15－19a）：

阴平 33、阳平 112、上声 21、阴去 35、阳去 23。

今调域的分布情况（见图 15－19b）：

阴平在 22～33 之间；阳平主要在 112 的范围；上声主要在 21 的范围；阴去在 23～35 之间；阳去在 12～23 之间。

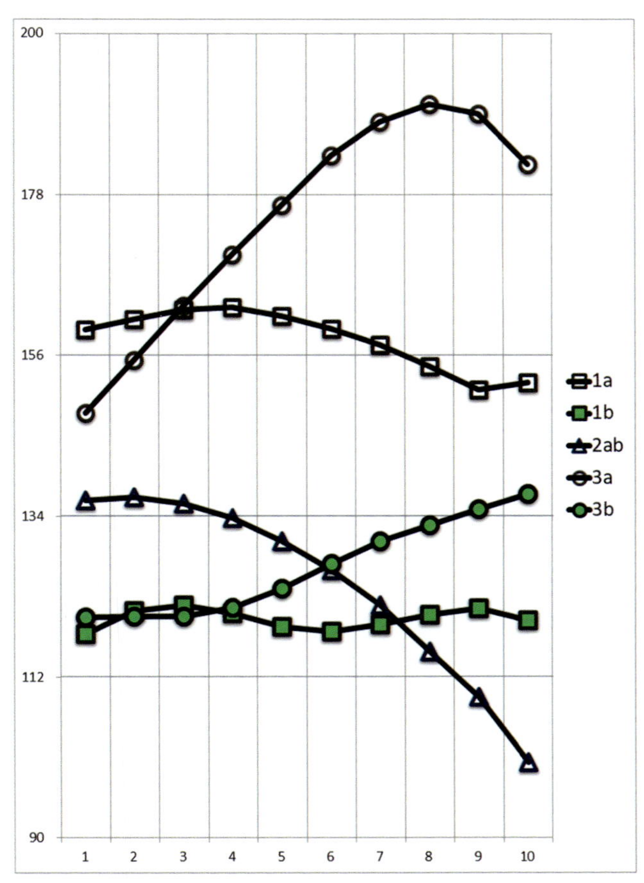

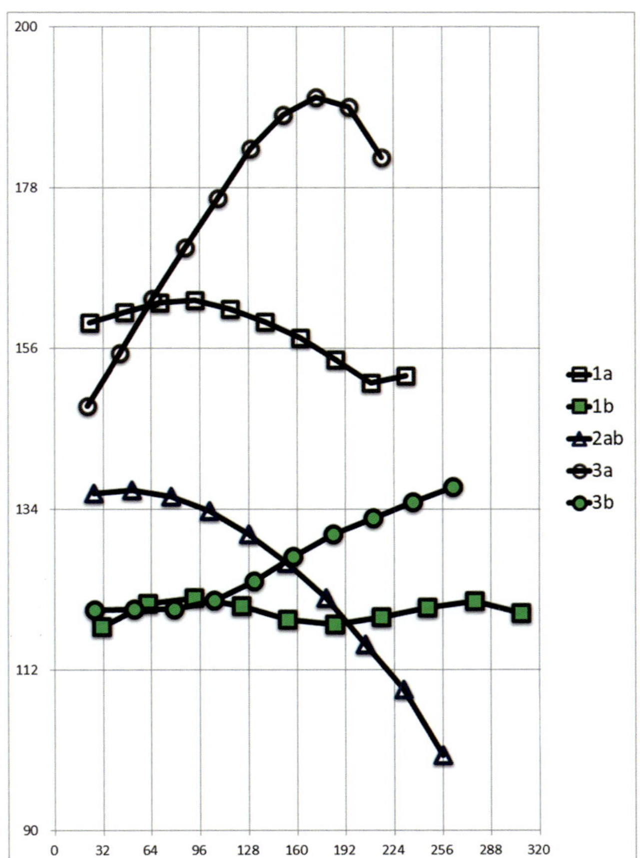

图 15－19c 单字调等长、实长音高模式－城步儒林－YM

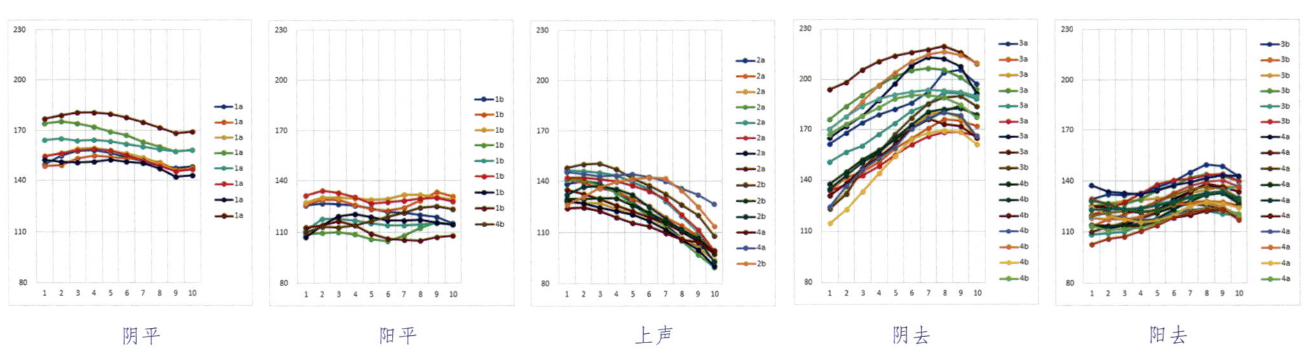

图 15－19d 今声调调域分布范围－城步儒林－YM

青男的声调有 5 个（见图 15－19c）：

阴平 44、阳平 22、上声 31、阴去 35、阳去 23。

今调域的分布情况（见图 15－19d）：

阴平在 33～44 之间；阳平在 11～22 之间；上声在 21～32 之间；阴去在 23～45 之间；阳去在 12～23 之间。

15.2.5 绥会小片

1. 绥宁长铺

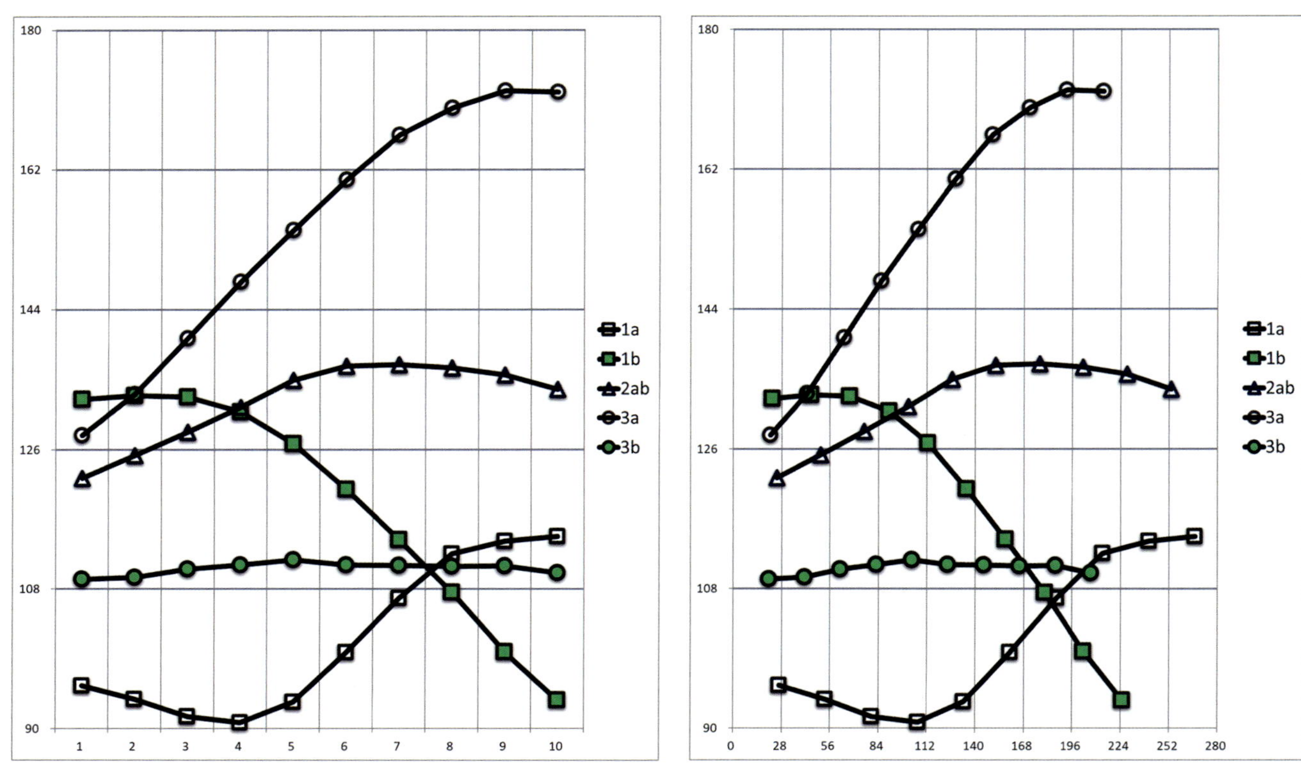

图 15－20a 单字调等长、实长音高模式－绥宁长铺－OM

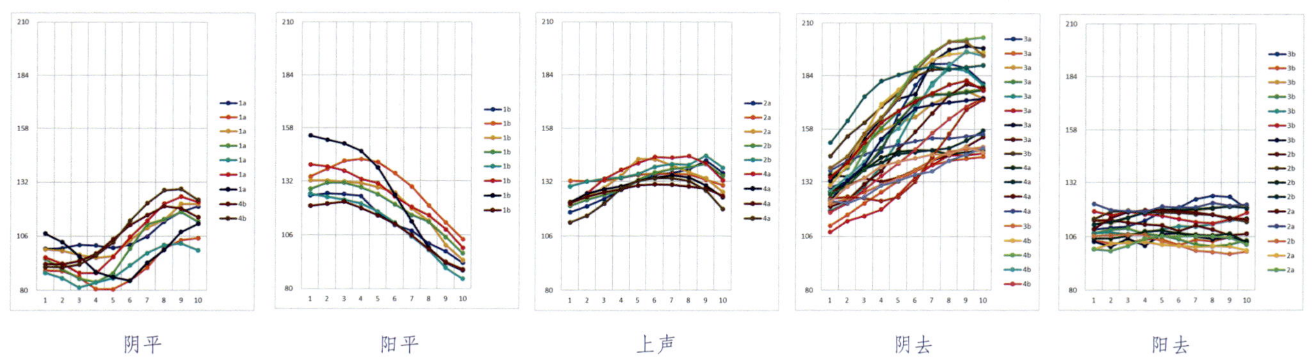

图 15－20b 今声调调域分布范围－绥宁长铺－OM

老男的声调有 5 个（见图 15－20a）：

阴平 112、阳平 31、上声 233、阴去 35、阳去 22。

今调域的分布情况（见图 15－20b）：

阴平主要在 12 的范围；阳平在 21～31 之间；上声在 22～33 之间；阴去在 23～35 之间；阳去在 11～22 之间。

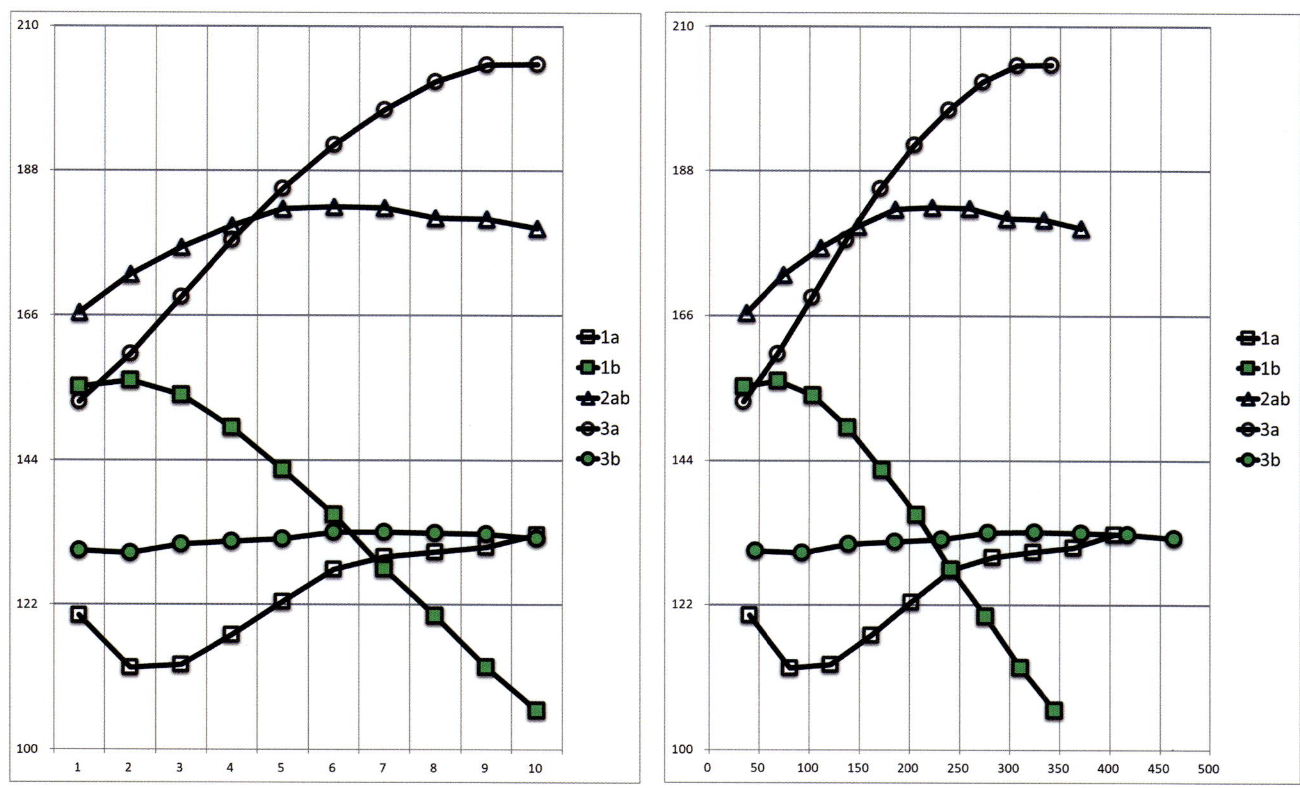

图 15－20c　单字调等长、实长音高模式－绥宁长铺－YM

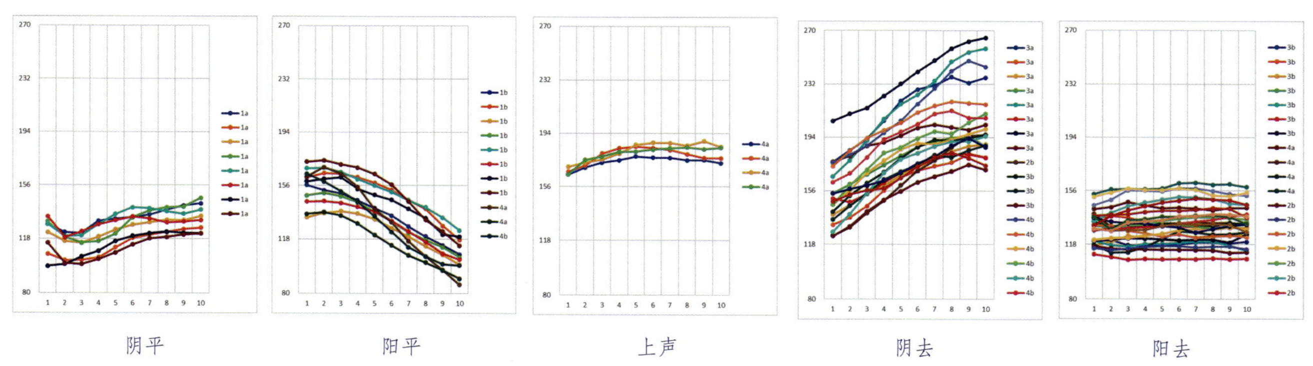

图 15－20d　今声调调域分布范围－绥宁长铺－YM

青男的声调有 5 个（见图 15－20c）：

阴平 112、阳平 31、上声 344、阴去 35、阳去 22。

今调域的分布情况（见图 15－20d）：

阴平主要在 12 的范围；阳平在 21～32 之间；上声主要在 33 的范围；阴去在 23～45 之间；阳去在 11～33之间。

2. 会同林城

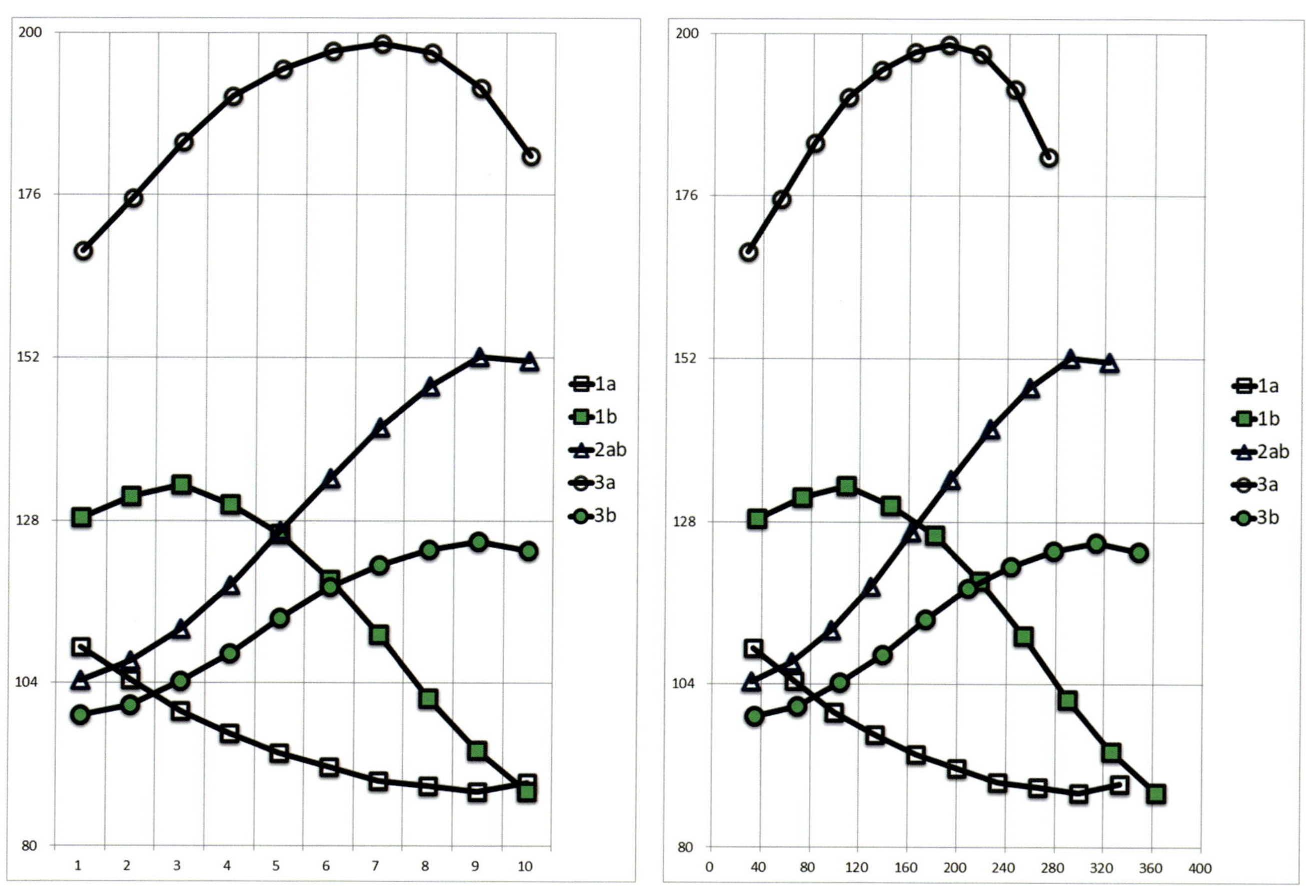

图 15－21a 单字调等长、实长音高模式－会同林城－OM

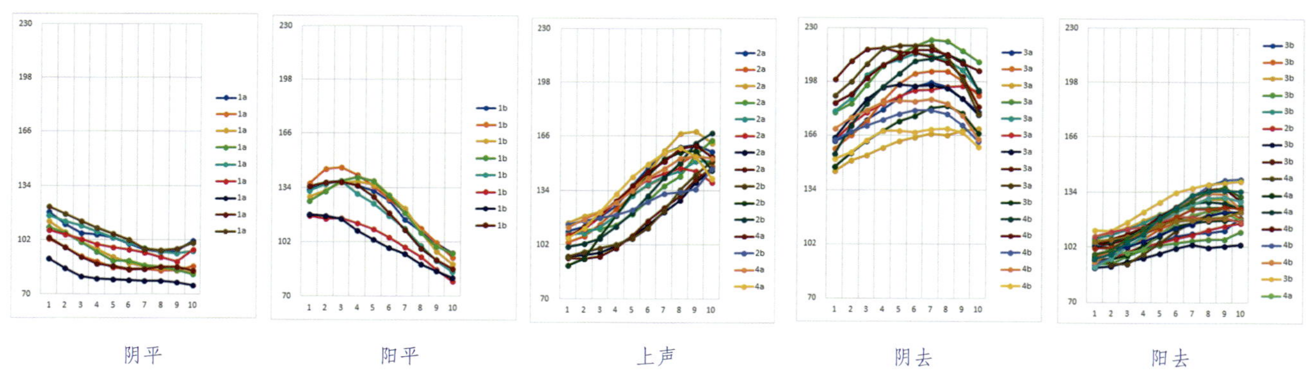

图 15－21b 今声调调域分布范围－会同林城－OM

老男的声调有 5 个（见图 15－21a）：

阴平 21、阳平 31、上声 24、阴去 45、阳去 12。

今调域的分布情况（见图 15－21b）：

阴平主要在 21 的范围；阳平在 21～31 之间；上声在 13～23 之间；阴去在 34～45 之间；阳去主要在 12 的范围。

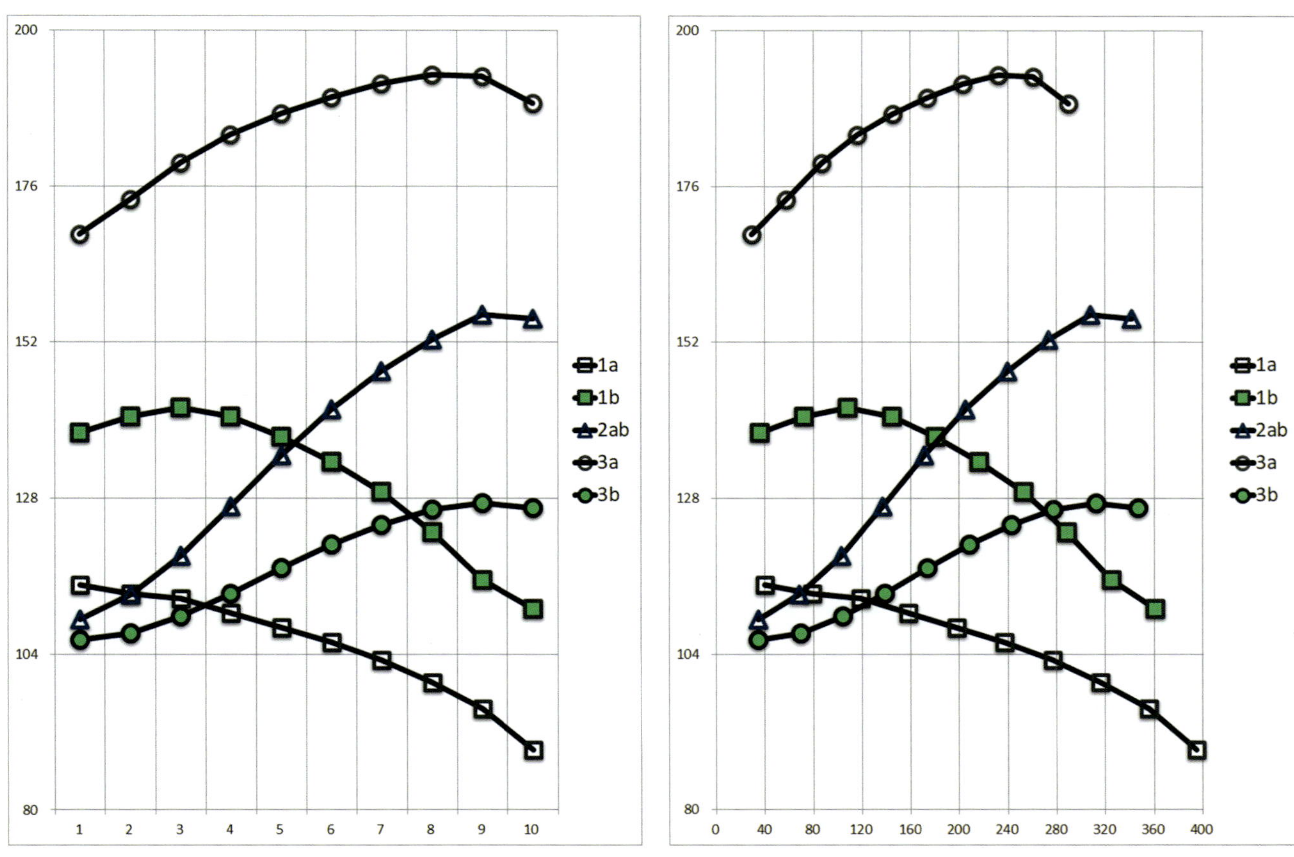

图 15－21c　单字调等长、实长音高模式－会同林城－YM

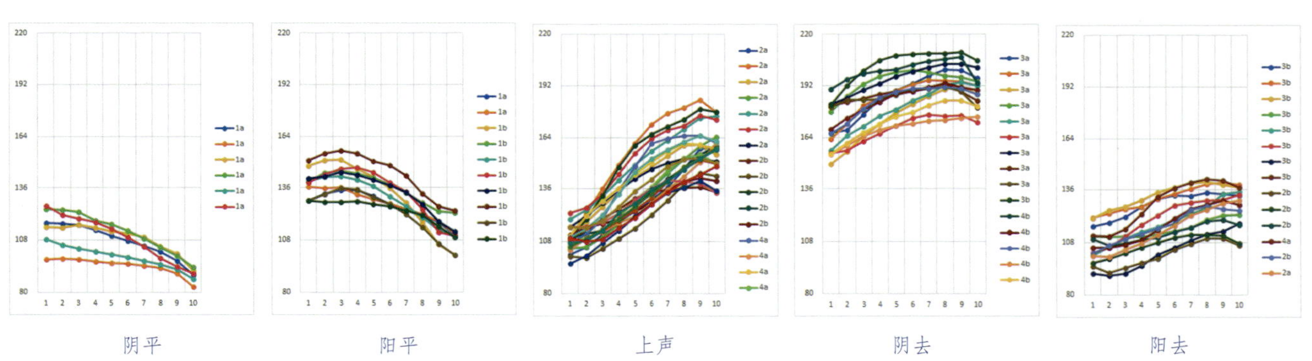

图 15－21d　今声调调域分布范围－会同林城－YM

青男的声调有 5 个（见图 15－21c）：

阴平 21、阳平 32、上声 24、阴去 45、阳去 23。

今调域的分布情况（见图 15－21d）：

阴平主要在 21 的范围；阳平在 21～32 之间；上声在 13～24 之间；阴去在 34～45 之间；阳去在 12～23 之间。

15.3 衡州片

15.3.1 衡阳小片

1. 衡阳常宁

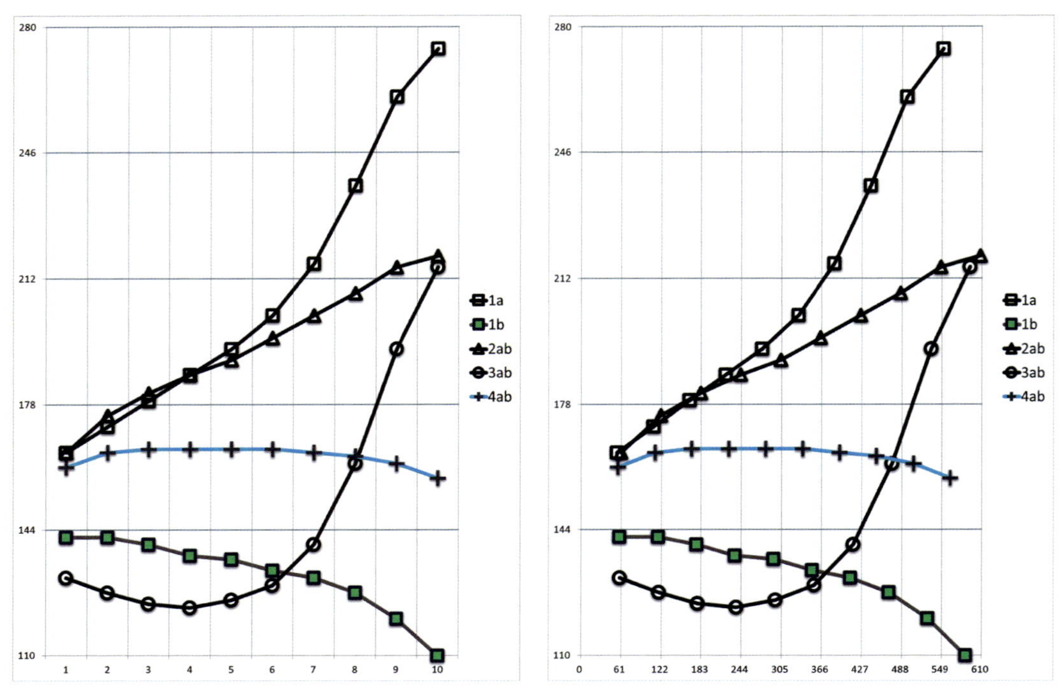

图 15－22a 单字调等长、实长音高模式－衡阳常宁－OM

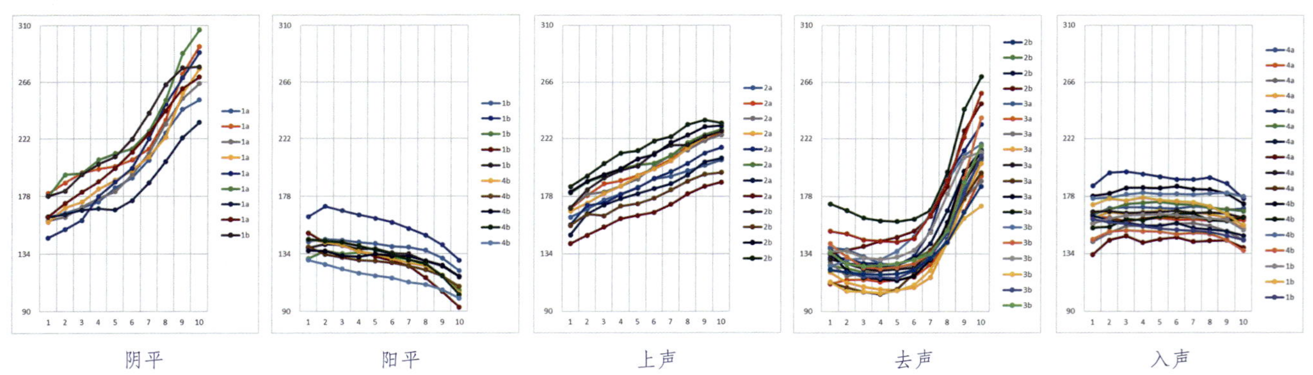

图 15－22b 今声调调域分布范围－衡阳常宁－OM

老男的声调有 5 个（见图 15－22a）：

阴平 25、阳平 21、上声 24、去声 114、入声 22。

今调域的分布情况（见图 15－22b）：

阴平在 24～35 之间；阳平主要在 21 的范围；上声在 23～34 之间；去声在 113～225 之间；入声在 22～33 之间。

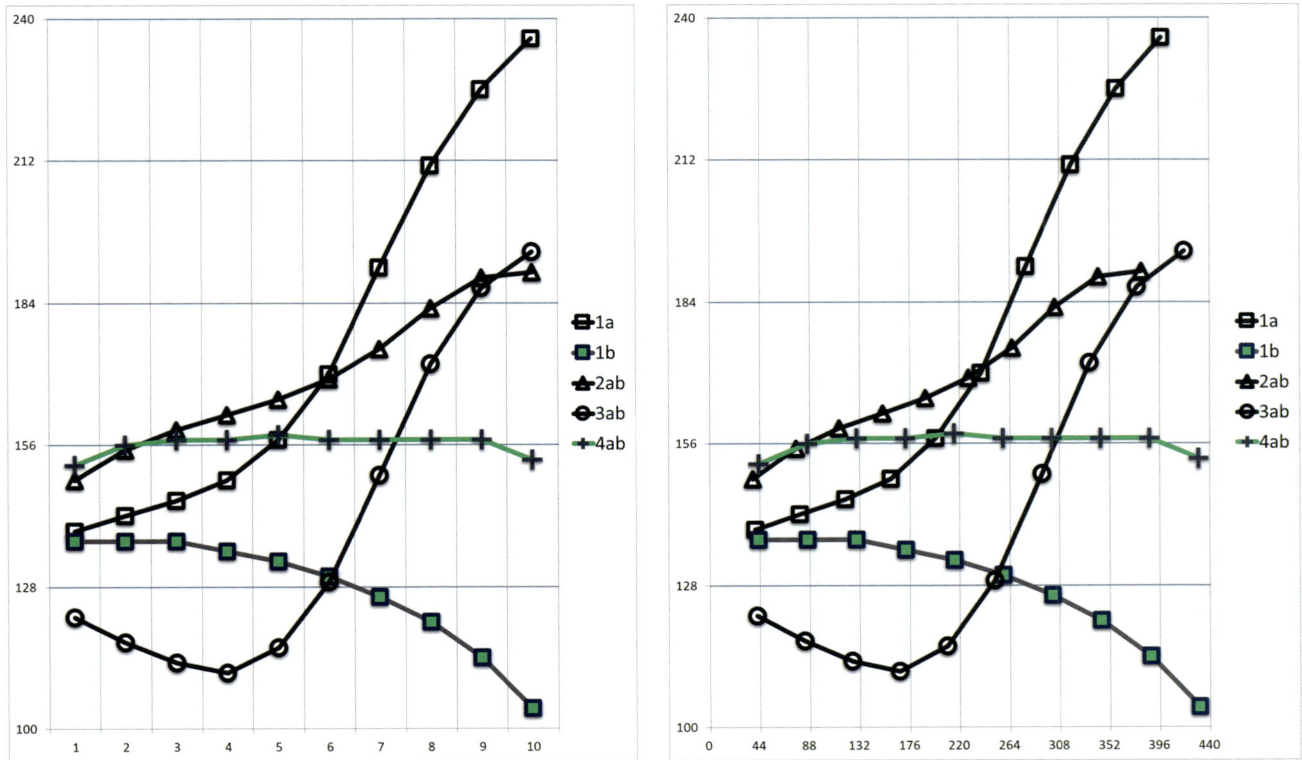

图 15 - 22c　单字调等长、实长音高模式 - 衡阳常宁 - YM

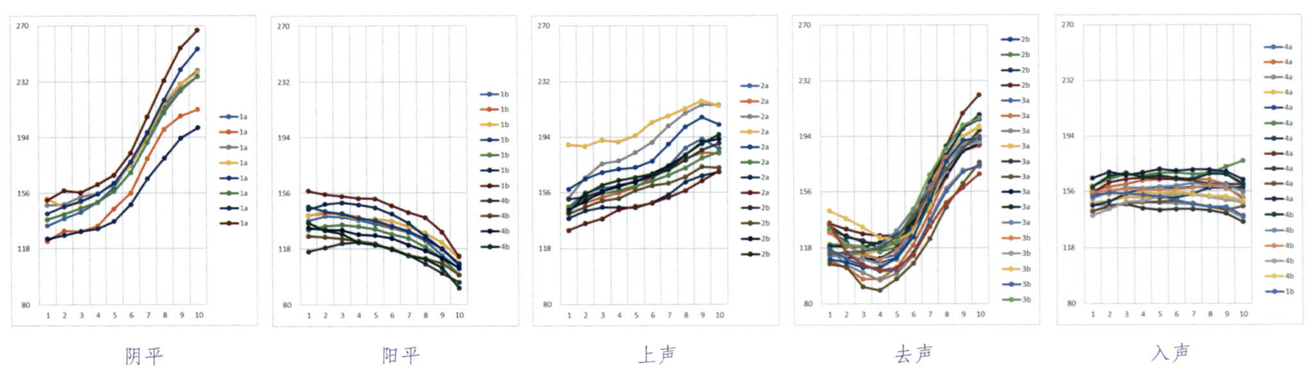

图 15 - 22d　今声调调域分布范围 - 衡阳常宁 - YM

青男的声调有 5 个（见图 15 - 22c）：

阴平 25、阳平 21、上声 24、去声 114、入声 33。

今调域的分布情况（见图 15 - 22d）：

阴平在 23 ~ 25 之间；阳平在 21 ~ 32 之间；上声在 23 ~ 34 之间；去声在 113 ~ 224 之间；入声在 22 ~ 33 之间。

2. 衡南云集

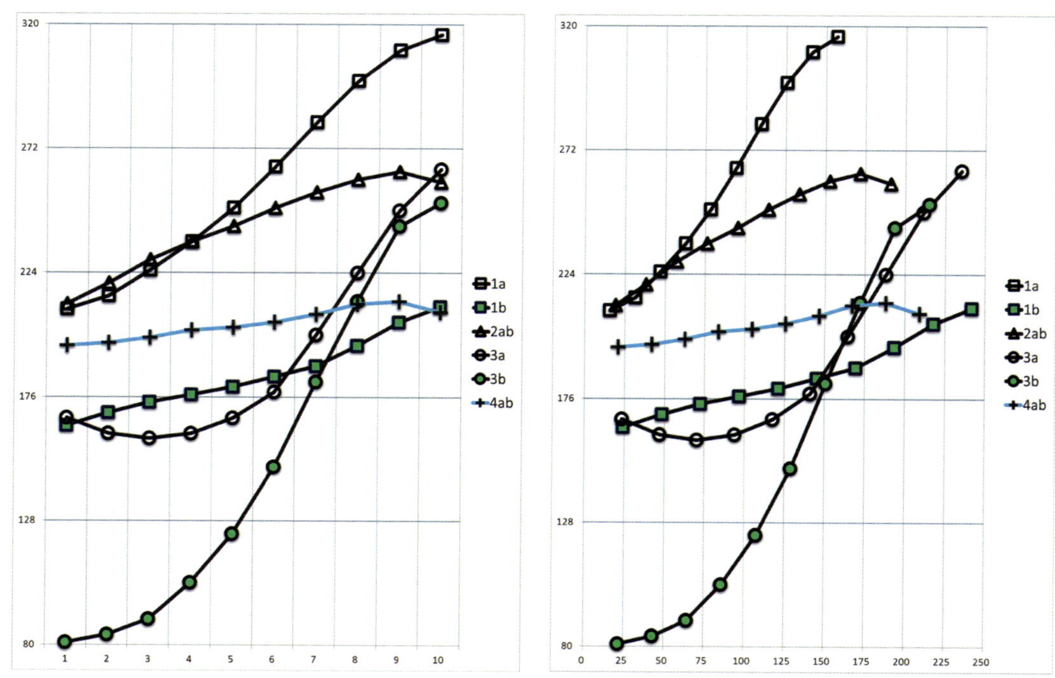

图 15－23a　单字调等长、实长音高模式－衡南云集－OM

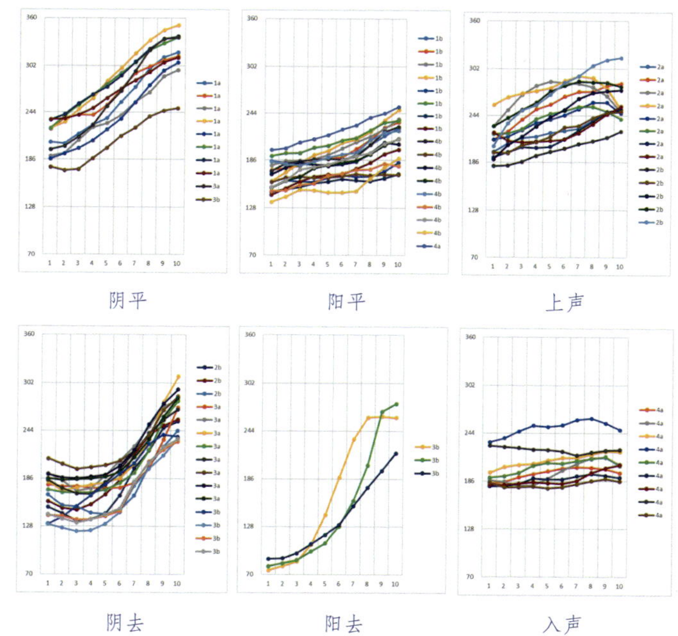

图 15－23b　今声调调域分布范围－衡南云集－OM

老男的声调有 6 个（见图 15－23a）：

阴平 35、阳平 23、上声 34、阴去 224、阳去 14、入声 33。

今调域的分布情况（见图 15－23b）：

阴平在 24～35 之间；阳平主要在 23 的范围；上声在 34～45 之间；阴去在 223～335 之间；阳去在 13～14 之间；入声在 33～44 之间。

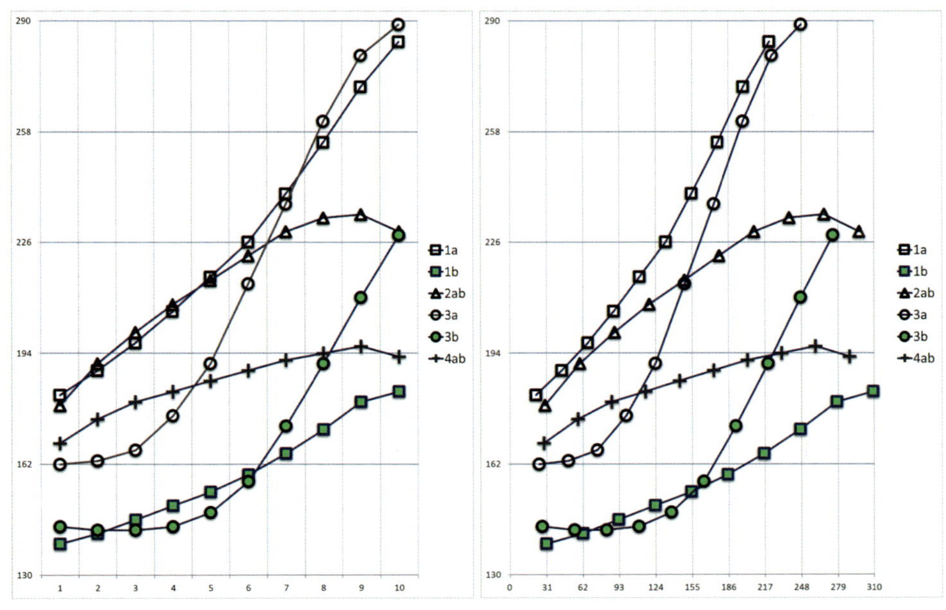

图 15－23c　单字调等长、实长音高模式－衡南云集－YM

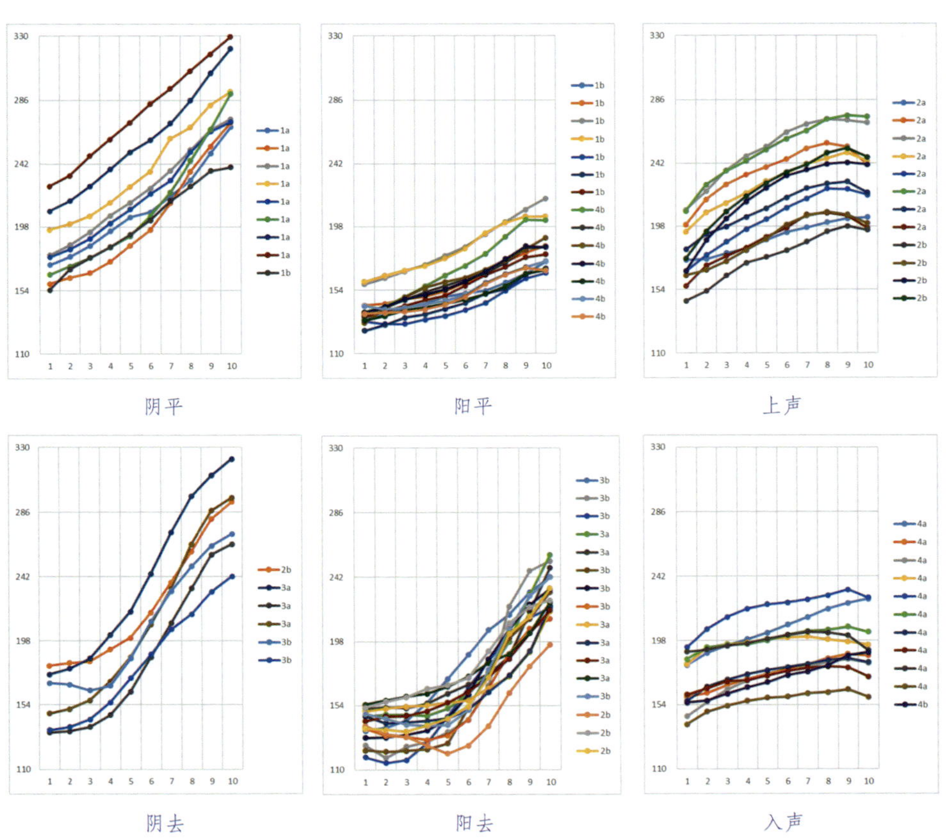

图 15－23d　今声调调域分布范围－衡南云集－YM

青男的声调有 6 个（见图 15－23c）：

阴平 25、阳平 12、上声 24、阴去 25、阳去 113、入声 23。

今调域的分布情况（见图 15－23d）：

阴平在 23～35 之间；阳平在 12～23 之间；上声主要在 23～34 之间；阴去在 13～25 之间；阳去在 112～224 之间；入声在 22～33 之间。

15.3.2 衡山小片

1. 衡山开云

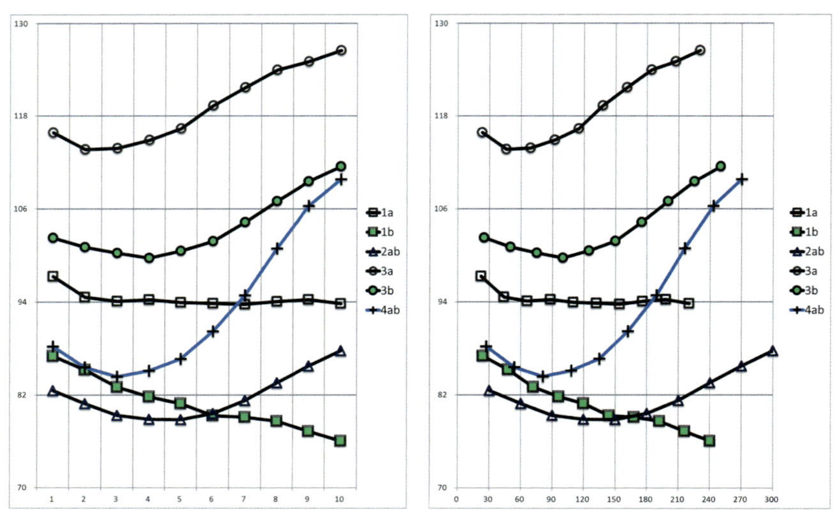

图 15－24a　单字调等长、实长音高模式－衡山开云－YM

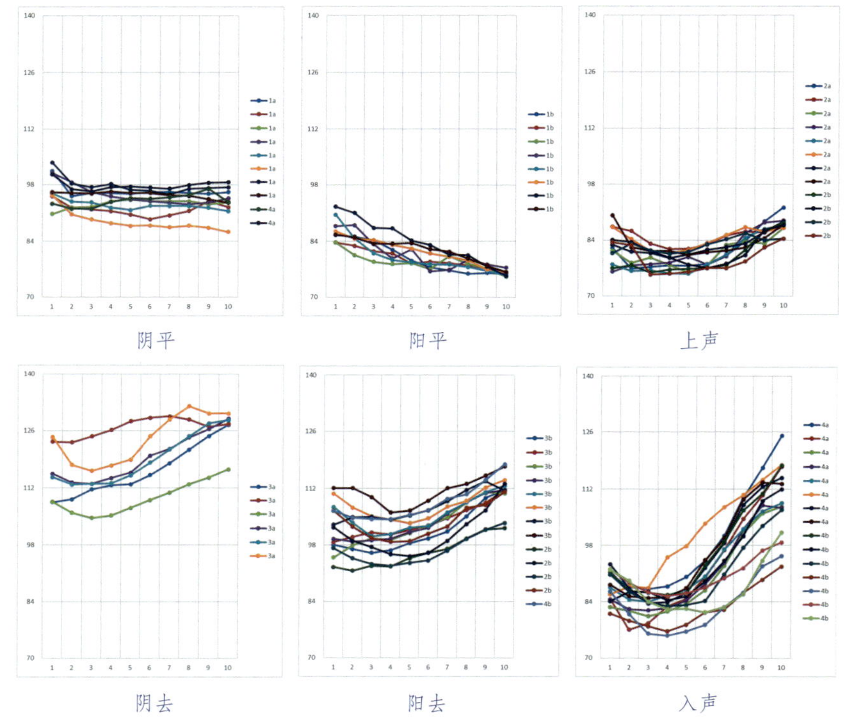

图 15－24b　今声调调域分布范围－衡山开云－YM

青男的声调有 6 个（见图 15－24a）：

阴平 33、阳平 21、上声 212、阴去 45、阳去 34、入声 224。

今调域的分布情况（见图 15－24b）：

阴平在 22～33 之间；阳平主要在 21 的范围；上声主要在 212 的范围；阴去在 34～45 之间；阳去在 23～34 之间；入声在 112～224 之间。

2. 衡东洣水

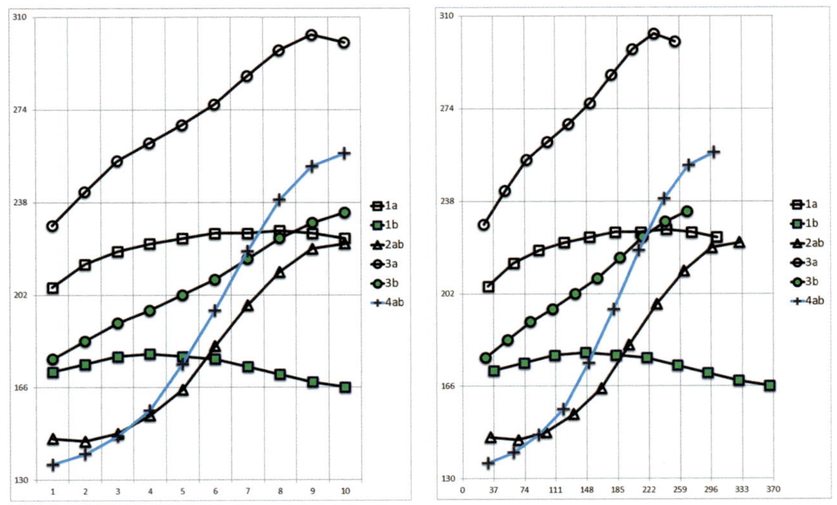

图 15－25a　单字调等长、实长音高模式－衡东洣水－OM

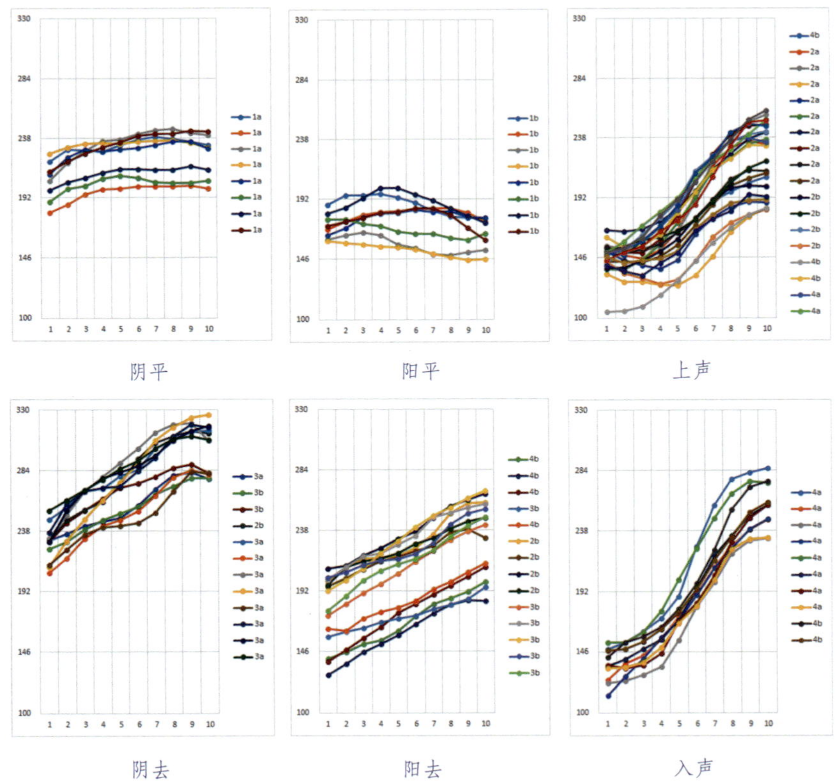

图 15－25b　今声调调域分布范围－衡东洣水－OM

老男的声调有 6 个（见图 15－25a）：

阴平 33、阳平 22、上声 13、阴去 35、阳去 23、入声 14。

今调域的分布情况（见图 15－25b）：

阴平在 33～44 之间；阳平主要在 22 的范围；上声在 12～24 之间；阴去在 34～45 之间；阳去在 12～34 之间；入声在 13～24 之间。

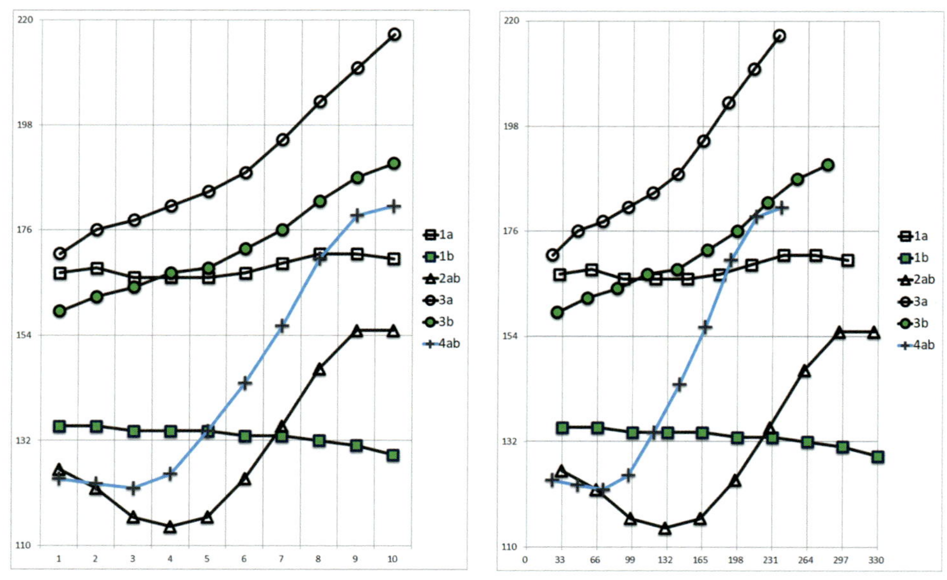

图 15－25c　单字调等长、实长音高模式－衡东洣水－YM

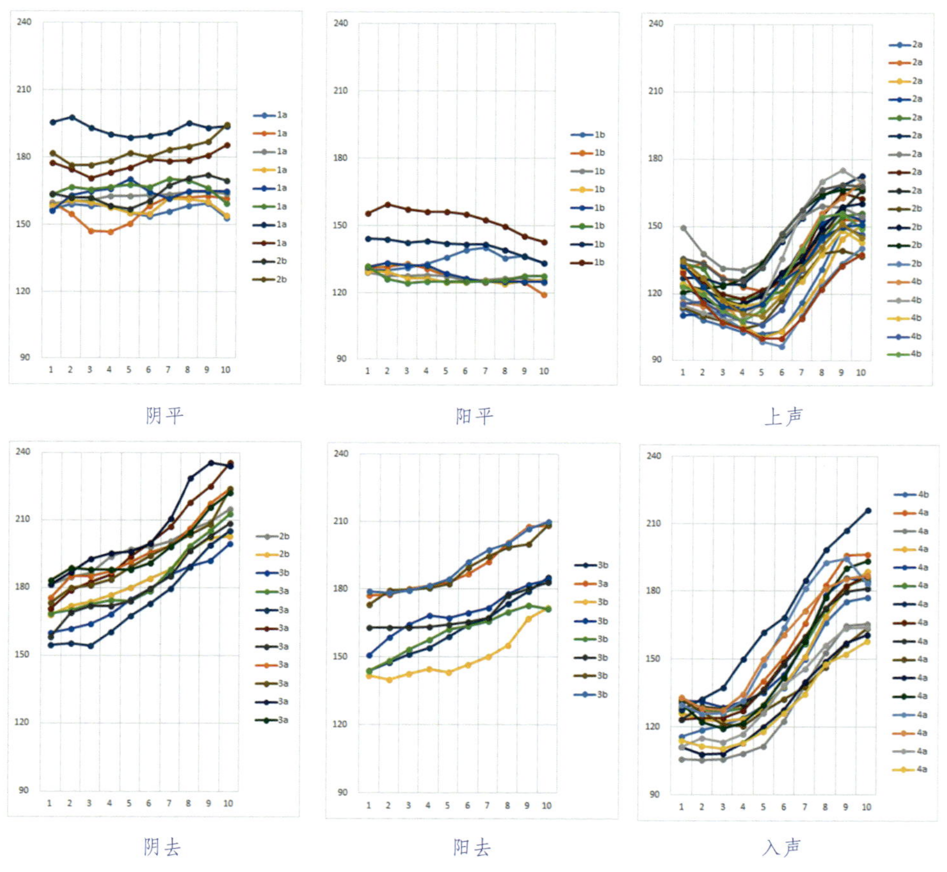

图 15－25d　今声调调域分布范围－衡东洣水－YM

青男的声调有 6 个（见图 15－25c）：

阴平 33、阳平 22、上声 213、阴去 45、阳去 34、入声 14。

今调域的分布情况（见图 15－25d）：

阴平在 33～44 之间；阳平在 22～33 之间；上声在 213～323 之间；阴去在 34～45 之间；阳去在 23～34 之间；入声在 13～25 之间。

15.4　辰溆片

1. 辰溪辰阳

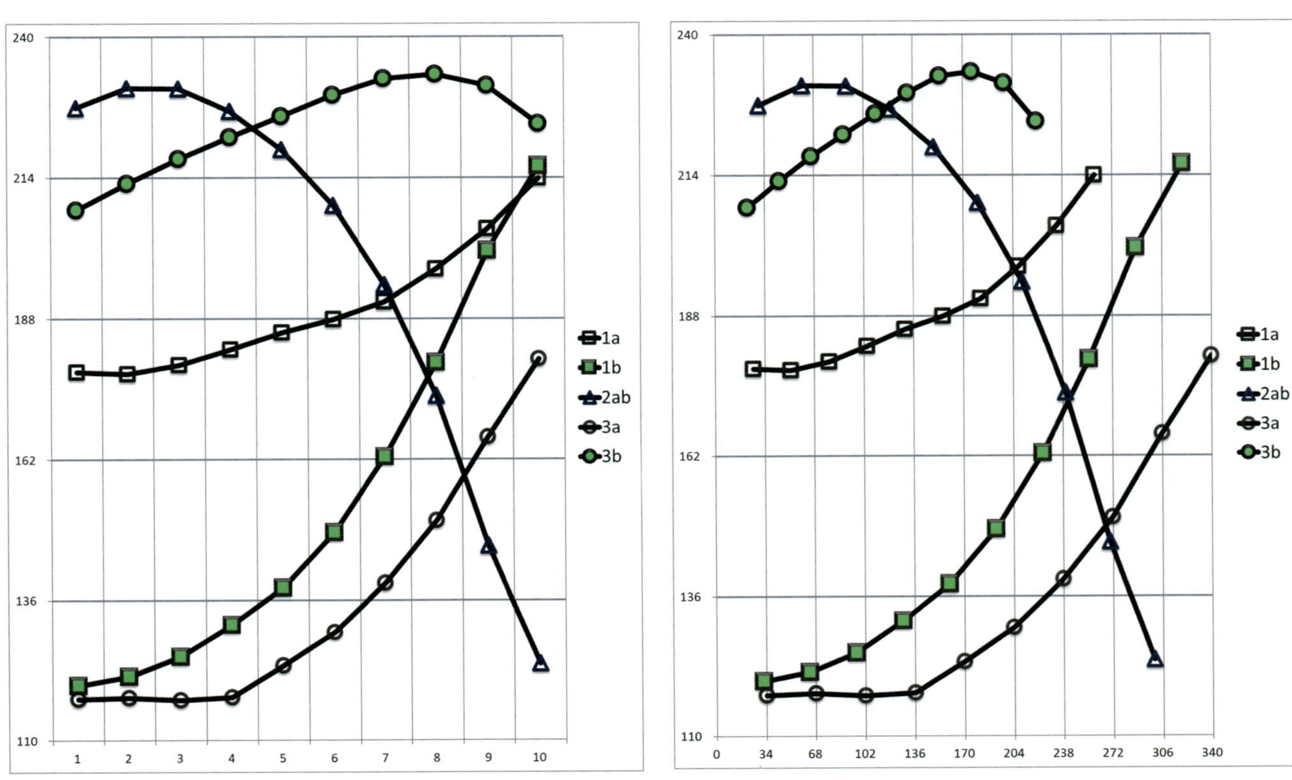

图 15 - 26a　单字调等长、实长音高模式 - 辰溪辰阳 - OM

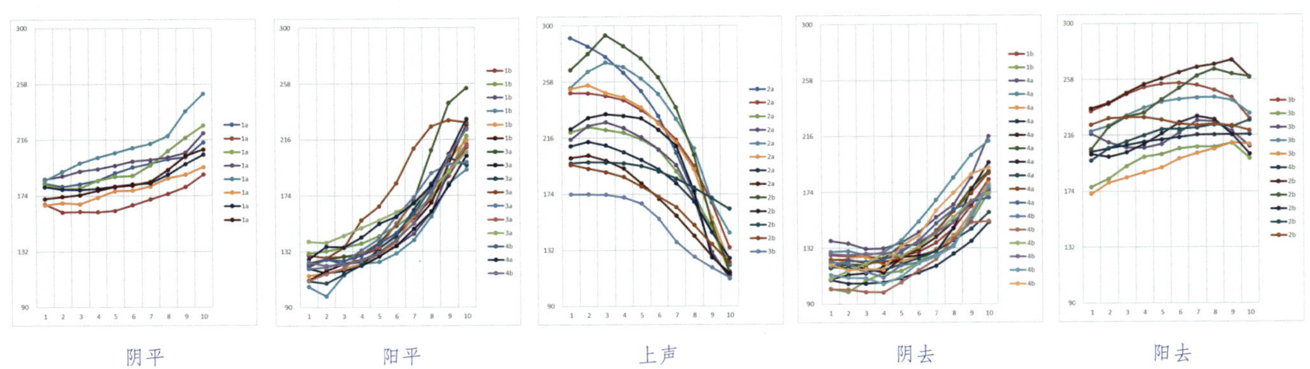

图 15 - 26b　今声调调域分布范围 - 辰溪辰阳 - OM

老男的声调有 5 个（见图 15 - 26a）：

阴平 34、阳平 14、上声 51、阴去 13、阳去 45。

今调域的分布情况（见图 15 - 26b）：

阴平在 23 ~ 34 之间；阳平在 13 ~ 24 之间；上声在 31 ~ 52 之间；阴去在 112 ~ 223 之间；阳去在 34 ~ 45 之间。

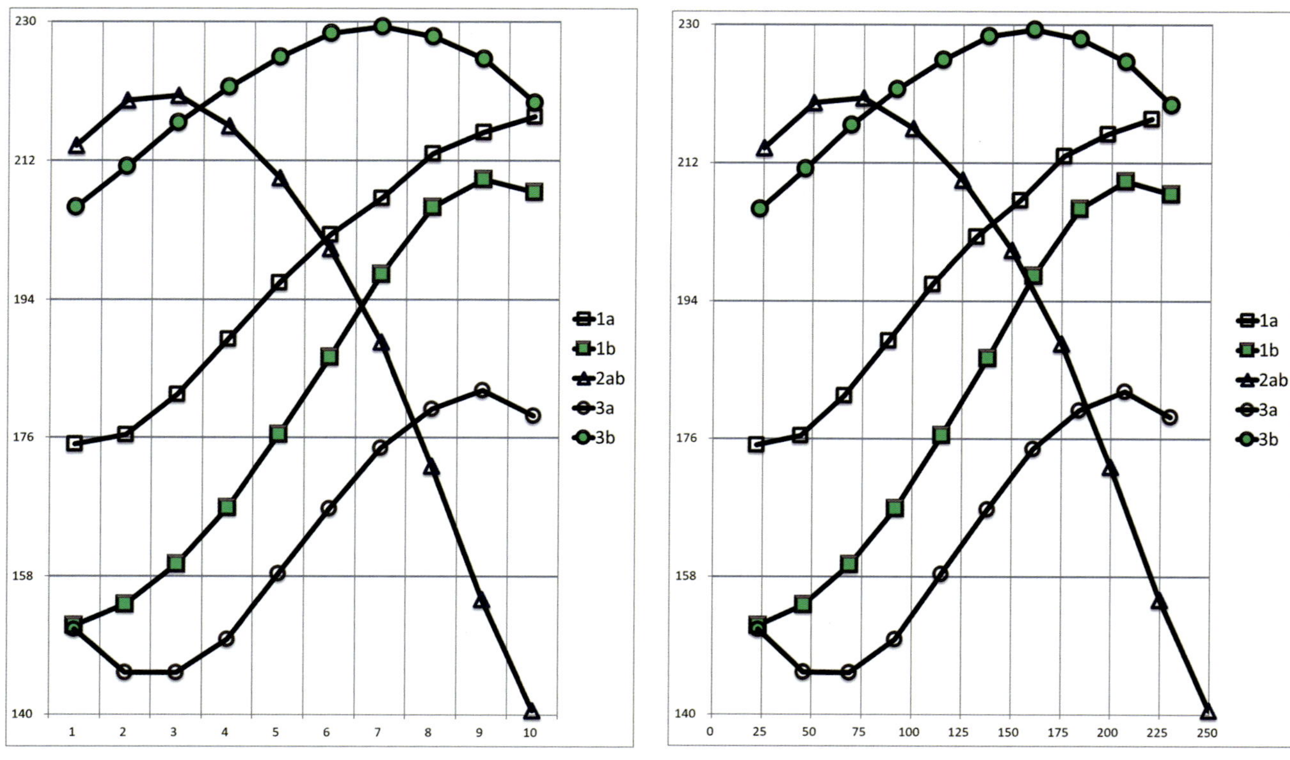

图 15－26c　单字调等长、实长音高模式－辰溪辰阳－YM

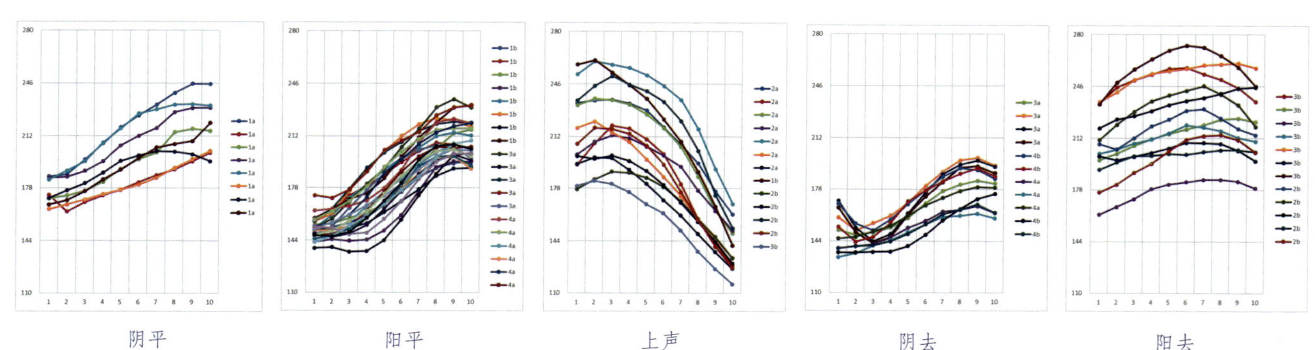

图 15－26d　今声调调域分布范围－辰溪辰阳－YM

青男的声调有 5 个（见图 15－26c）：

阴平 35、阳平 14、上声 51、阴去 113、阳去 45。

今调域的分布情况（见图 15－26d）：

阴平在 23～34 之间；阳平在 23～24 之间；上声在 21～52 之间；阴去在 112～223 之间；阳去在 23～454 之间。

2. 溆浦卢峰

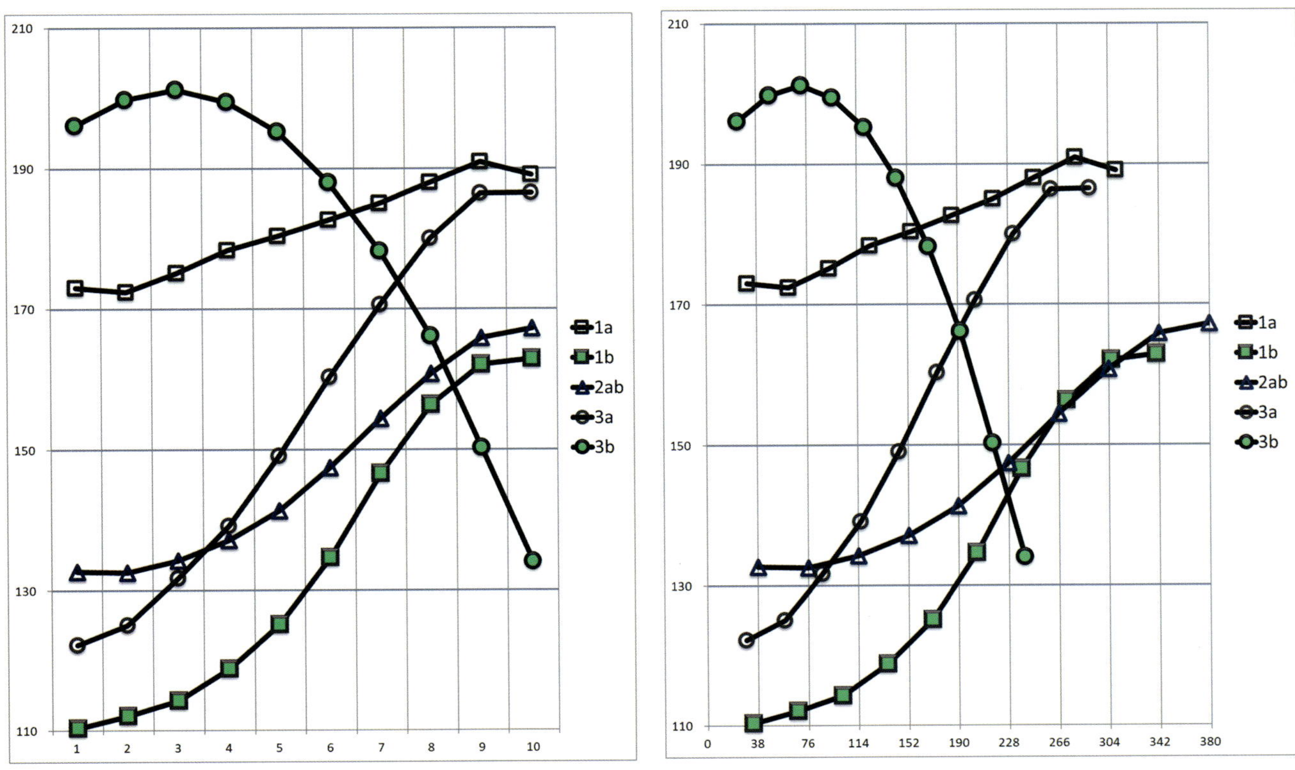

图 15－27a 单字调等长、实长音高模式－溆浦卢峰－OM

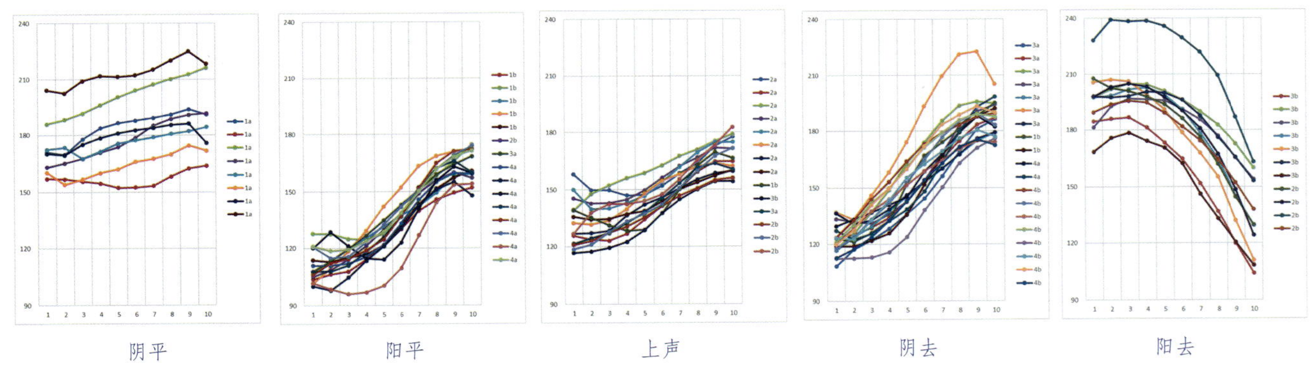

图 15－27b 今声调调域分布范围－溆浦卢峰－OM

老男的声调有 5 个（见图 15－27a）：

阴平 45、阳平 13、上声 23、阴去 14、阳去 52。

今调域的分布情况（见图 15－27b）：

阴平主要在 34～45 之间；阳平在 13～23 之间；上声主要在 23 的范围；阴去主要在 13～24 之间；阳去在 31～53 之间。

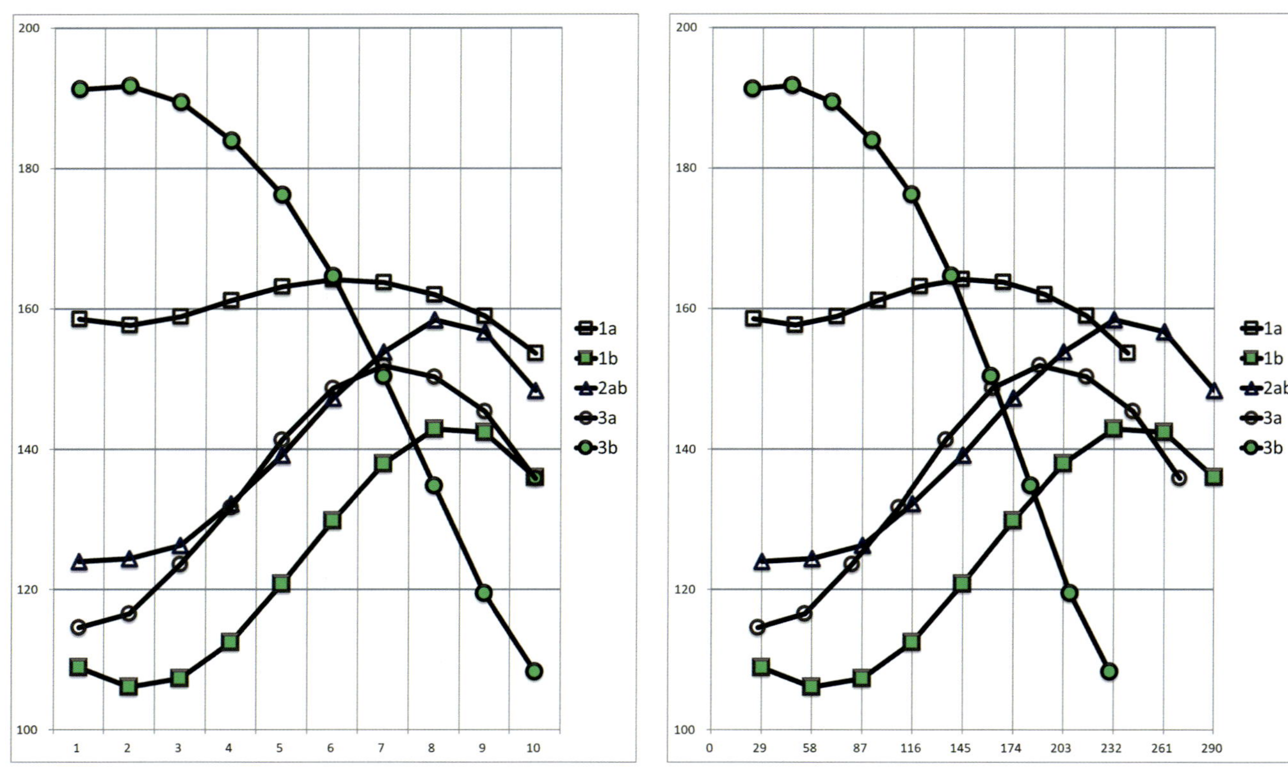

图 15－27c　单字调等长、实长音高模式－溆浦卢峰－YM

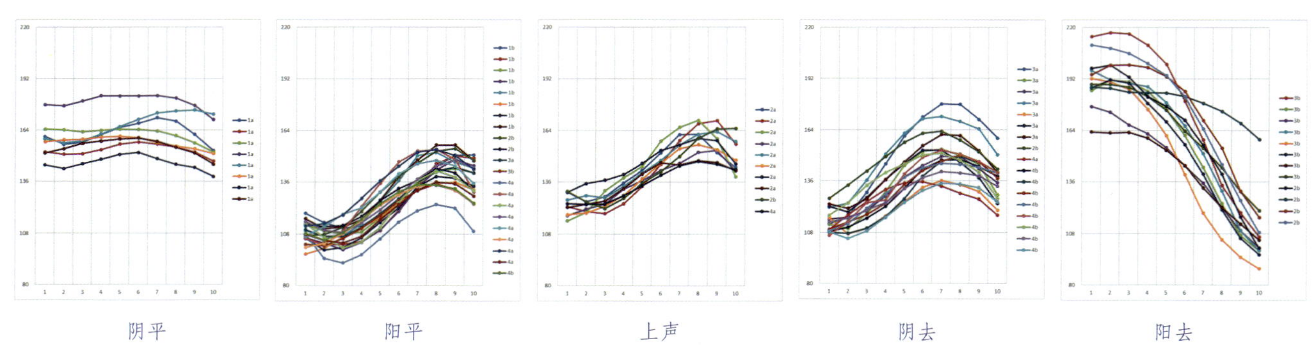

图 15－27d　今声调调域分布范围－溆浦卢峰－YM

青男的声调有 5 个（见图 15－27c）：

阴平 44、阳平 13、上声 24、阴去 13、阳去 51。

今调域的分布情况（见图 15－27d）：

阴平在 33～44 之间；阳平在 12～23 之间；上声主要在 23 的范围；阴去在 23～34 之间；阳去在 31～52 之间。

3. 泸溪武溪

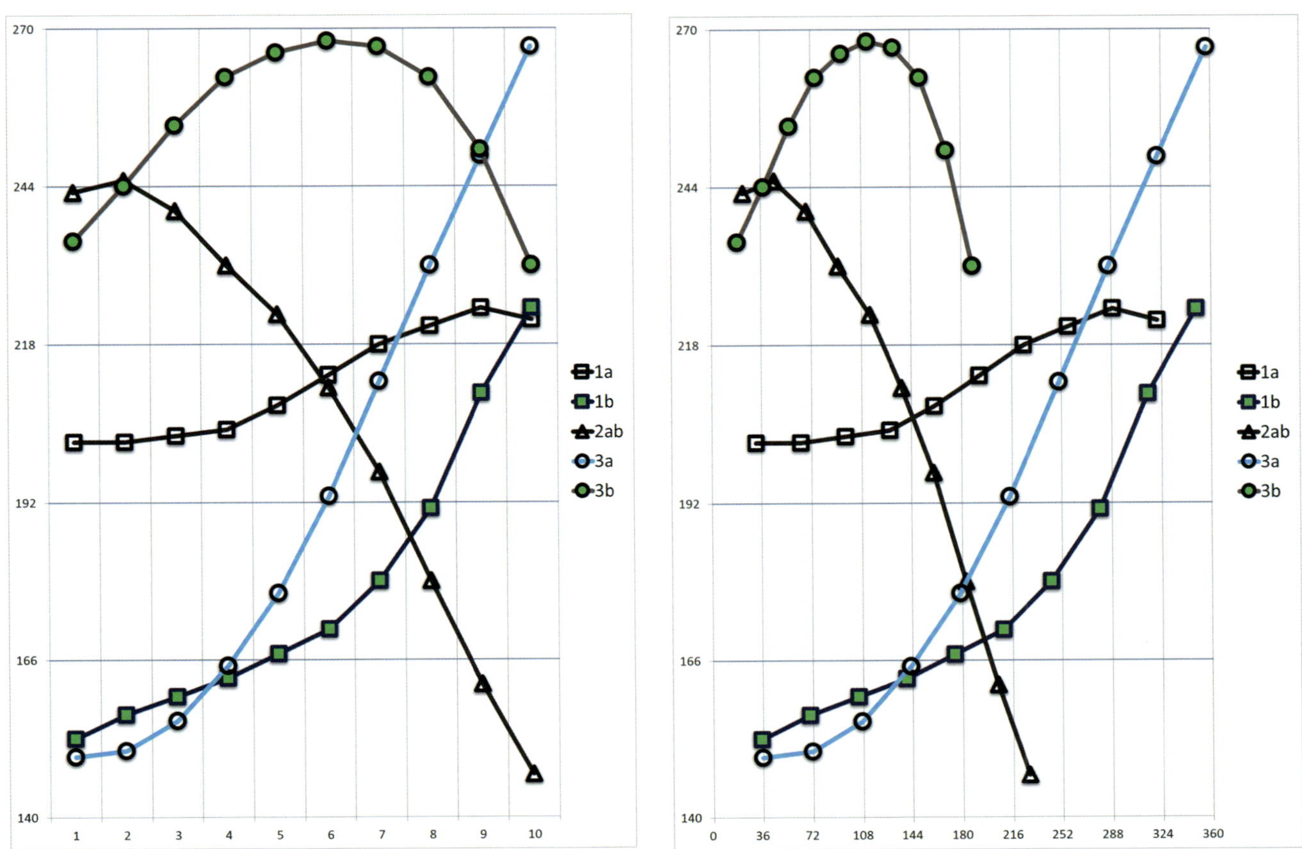

图 15－28a　单字调等长、实长音高模式－泸溪武溪－OM

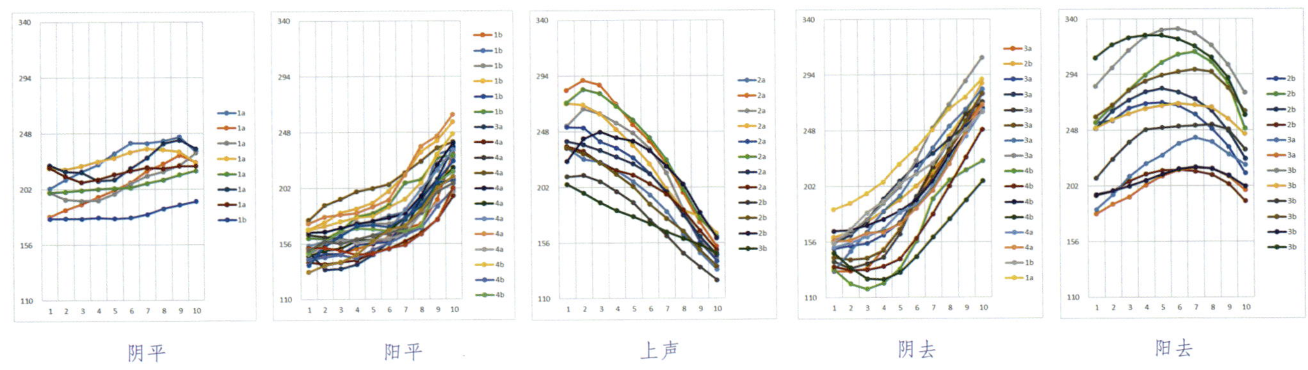

图 15－28b　今声调调域分布范围－泸溪武溪－OM

老男的声调有 5 个（见图 15－28a）：

阴平 34、阳平 14、上声 41、阴去 15、阳去 454。

今调域的分布情况（见图 15－28b）：

阴平在 22～33 之间；阳平在 12～24 之间；上声在 21～42 之间；阴去在 13～24 之间；阳去在 44～55 之间，呈拱形。

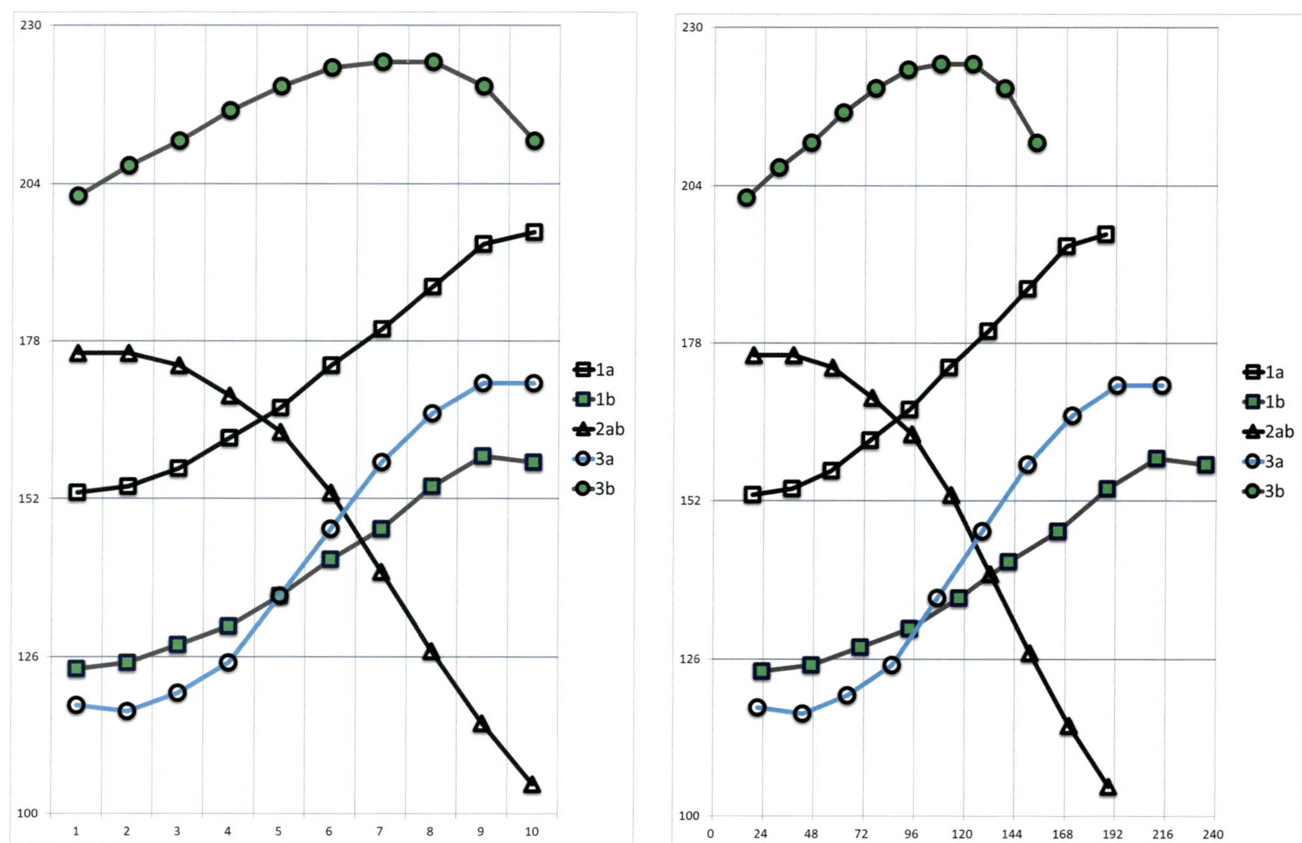

图 15－28c　单字调等长、实长音高模式－泸溪武溪－YM

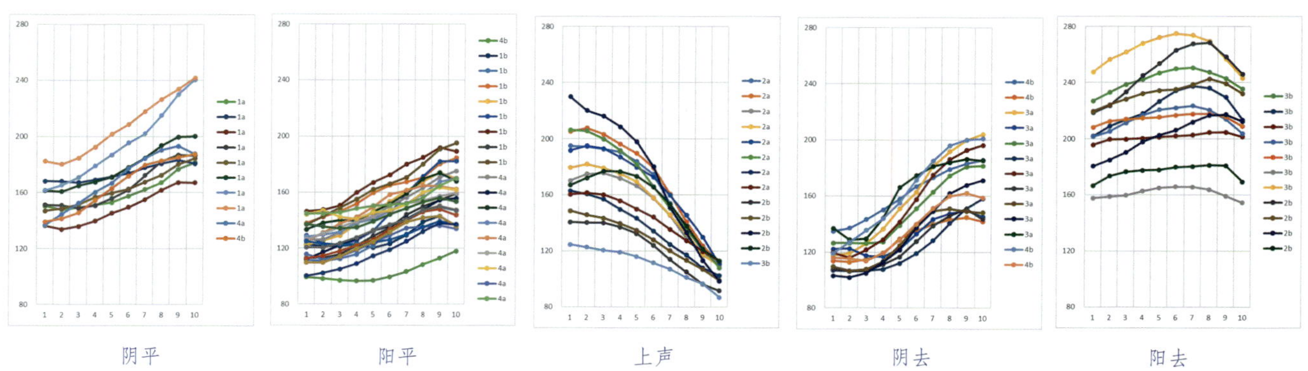

图 15－28d　今声调调域分布范围－泸溪武溪－YM

青男的声调有 5 个（见图 15－28c）：

阴平 34、阳平 23、上声 31、阴去 13、阳去 454。

今调域的分布情况（见图 15－28d）：

阴平在 23～34 之间；阳平在 12～23 之间；上声在 21～41 之间；阴去在 12～23 之间；阳去在 33～55 之间，略呈拱形。

15.5 永全片

15.5.1 东祁小片

1. 东安石期

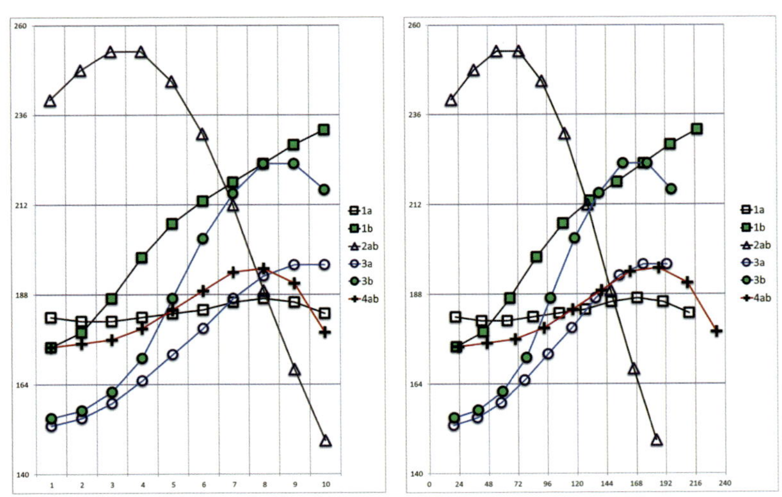

图 15 - 29a　单字调等长、实长音高模式 - 东安石期 - OM

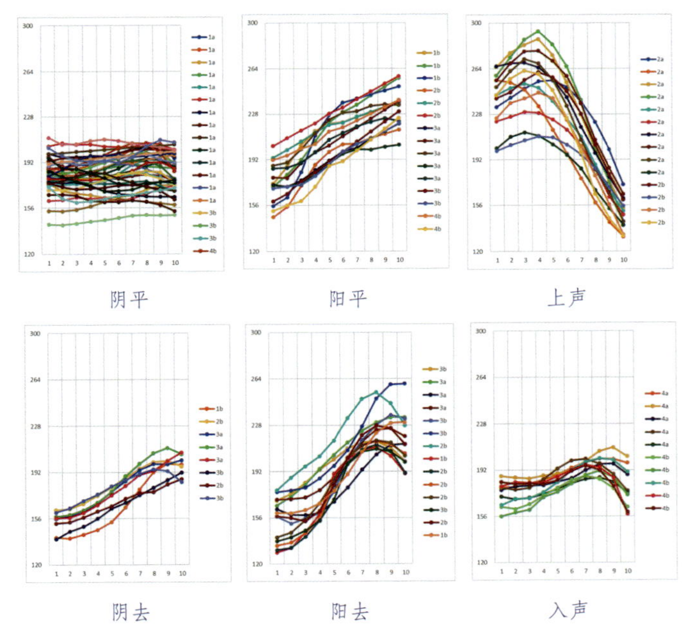

图 15 - 29b　今声调调域分布范围 - 东安石期 - OM

老男的声调有 6 个（见图 15 - 29a）：

阴平 22、阳平 24、上声 51、阴去 13、阳去 14、入声 232。

今调域的分布情况（见图 15 - 29b）：

阴平主要在 22 ~ 33 之间；阳平在 13 ~ 34 之间；上声在 31 ~ 52 之间；阴去在 12 ~ 23 之间；阳去在 13 ~ 24 之间；入声主要在 232 ~ 233 之间。

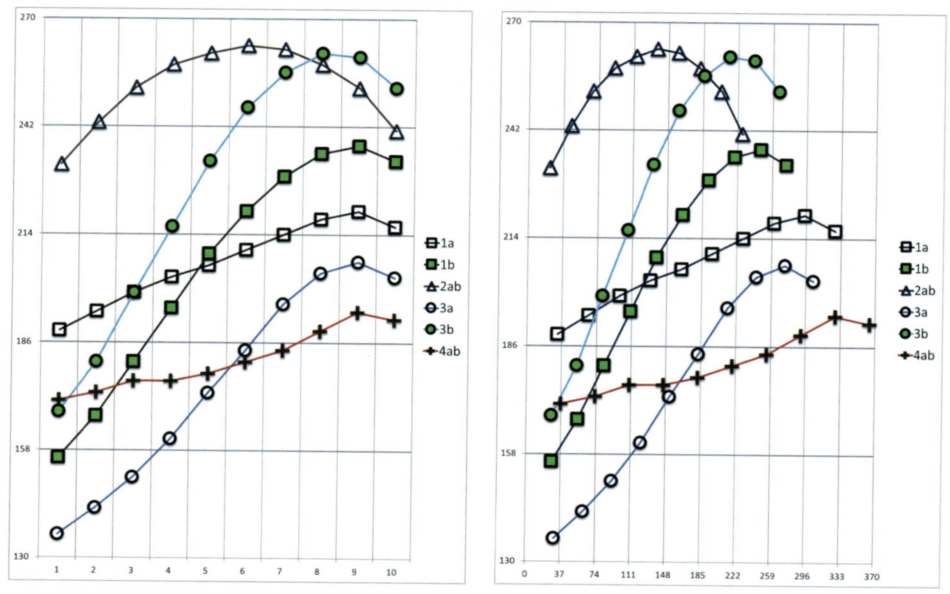

图 15 - 29c　单字调等长、实长音高模式 - 东安石期 - YM

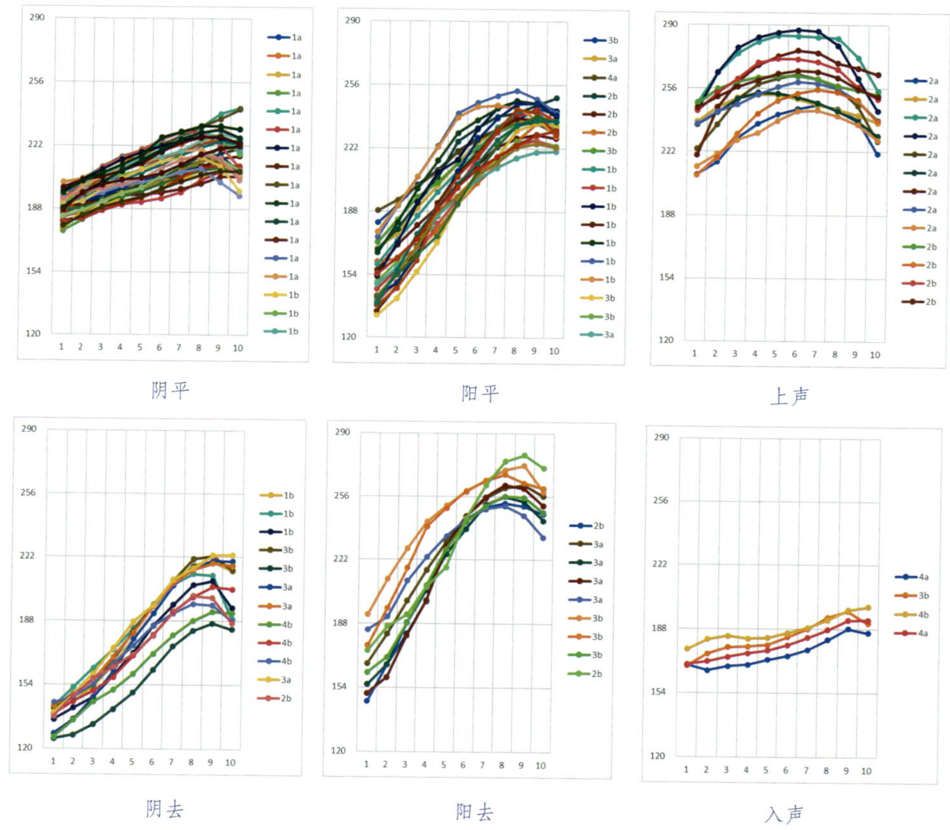

图 15 - 29d　今声调调域分布范围 - 东安石期 - YM

青男的声调有 6 个（见图 15 - 29c）：

阴平 34、阳平 24、上声 454、阴去 13、阳去 25、入声 23。

今调域的分布情况（见图 15 - 29d）：

阴平在 23 ~ 34 之间；阳平在 13 ~ 24 之间；上声在 343 ~ 454 之间；阴去在 12 ~ 13 之间；阳去在 24 ~ 35 之间；入声主要在 23 的范围。

2. 祁阳浯溪

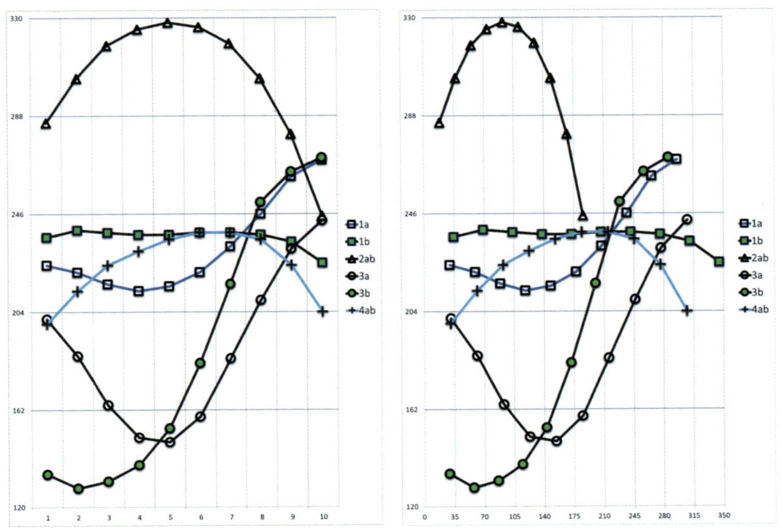

图 15－30a　单字调等长、实长音高模式－祁阳浯溪－OM

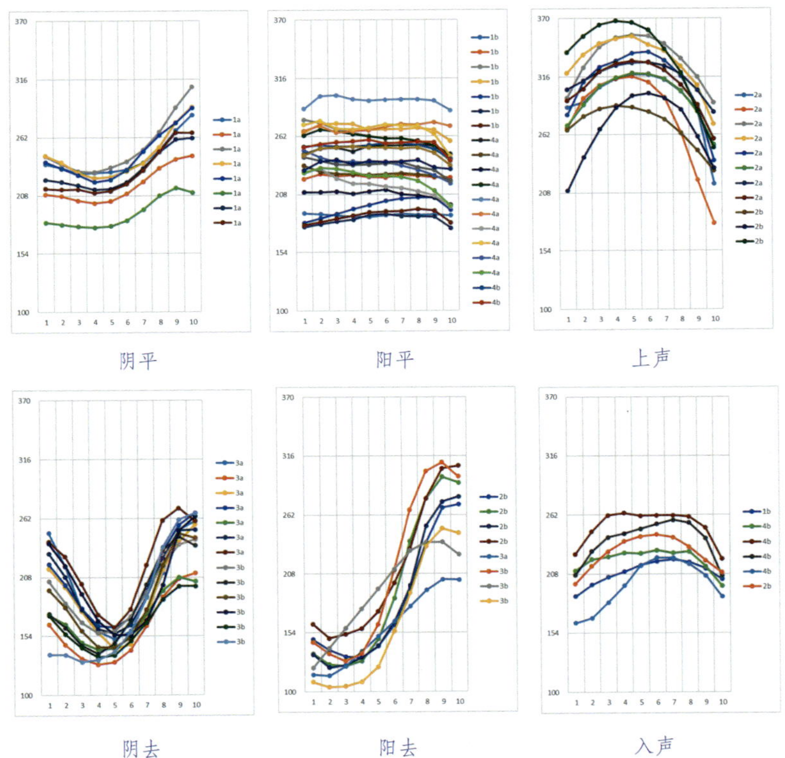

图 15－30b　今声调调域分布范围－祁阳浯溪－OM

老男的声调有 6 个（见图 15－30a）：

阴平 334、阳平 33、上声 453、阴去 213、阳去 14、入声 232。

今调域的分布情况（见图 15－30b）：

阴平主要在 23～34 之间；阳平在 22～44 之间；上声在 343～454 之间；阴去在 212～323 之间；阳去在 13～24 之间；入声在 232～343 之间。

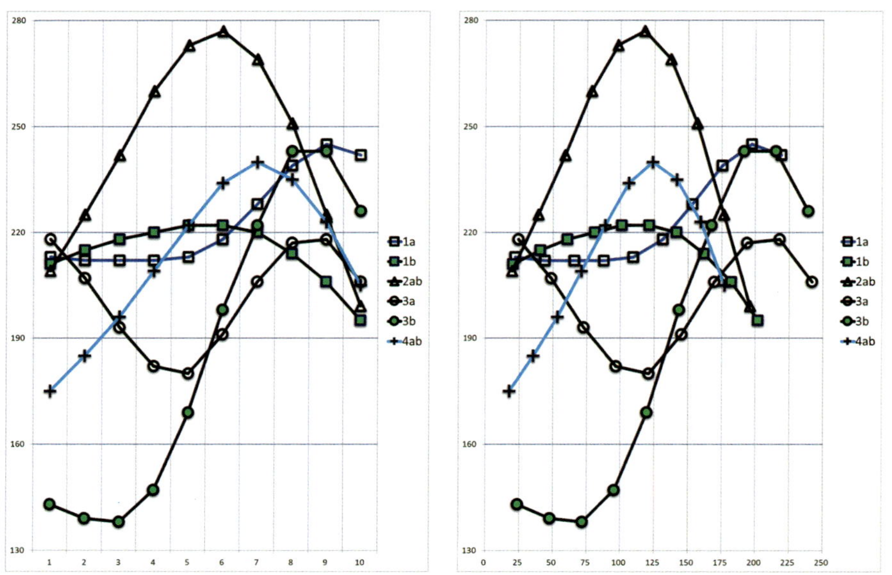

图 15 - 30c　单字调等长、实长音高模式 - 祁阳浯溪 - YM

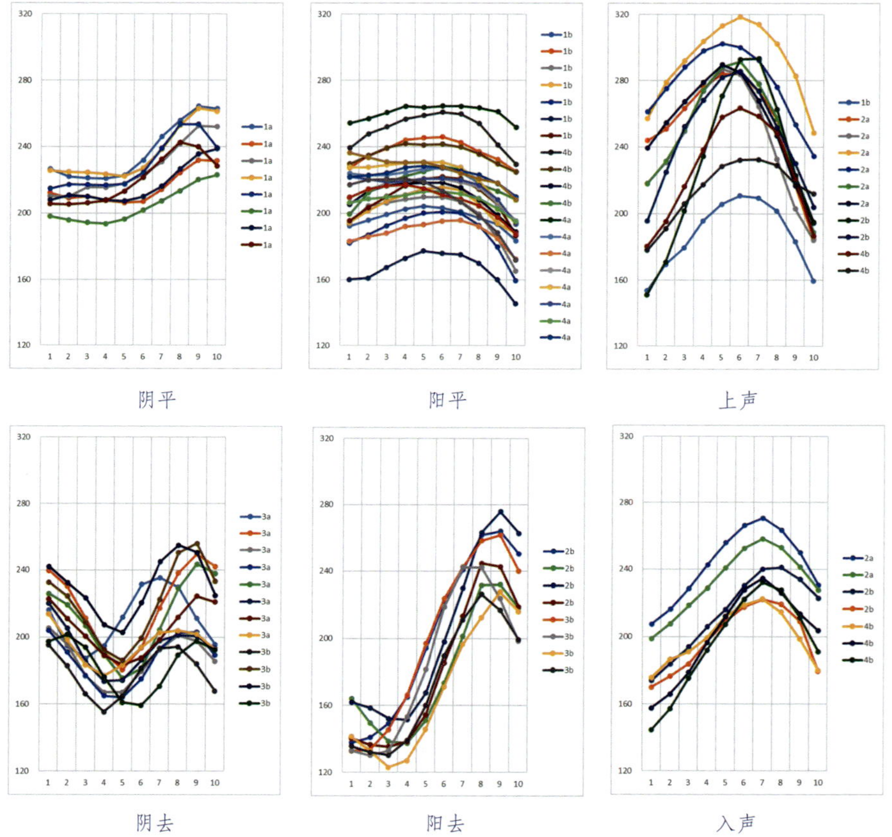

图 15 - 30d　今声调调域分布范围 - 祁阳浯溪 - YM

青男的声调有 6 个（见图 15 - 30c）：

阴平 334、阳平 33、上声 353、阴去 323、阳去 14、入声 243。

今调域的分布情况（见图 15 - 30d）：

阴平主要在 223 ~ 334 之间；阳平在 22 ~ 44 之间；上声在 232 ~ 454 之间；阴去在 212 ~ 323 之间；阳去在 13 ~ 14 之间；入声在 132 ~ 343 之间。

15.5.2 道江小片

1. 道县上关

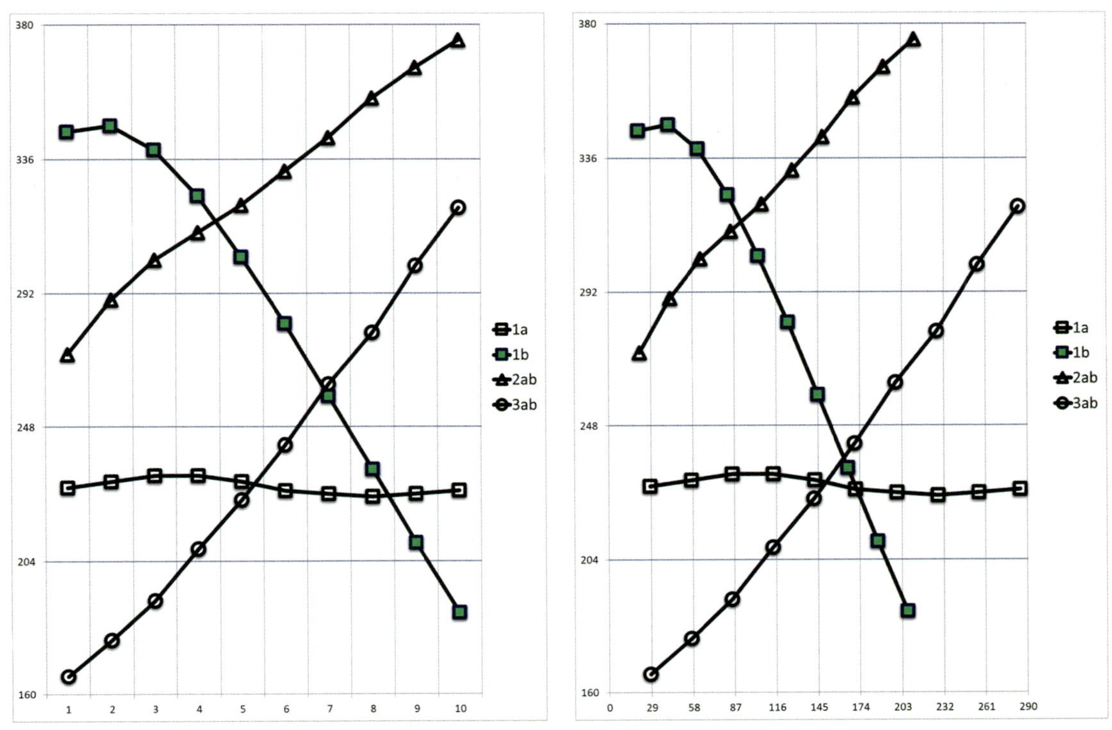

图 15－31a 单字调等长、实长音高模式－道县上关－OM

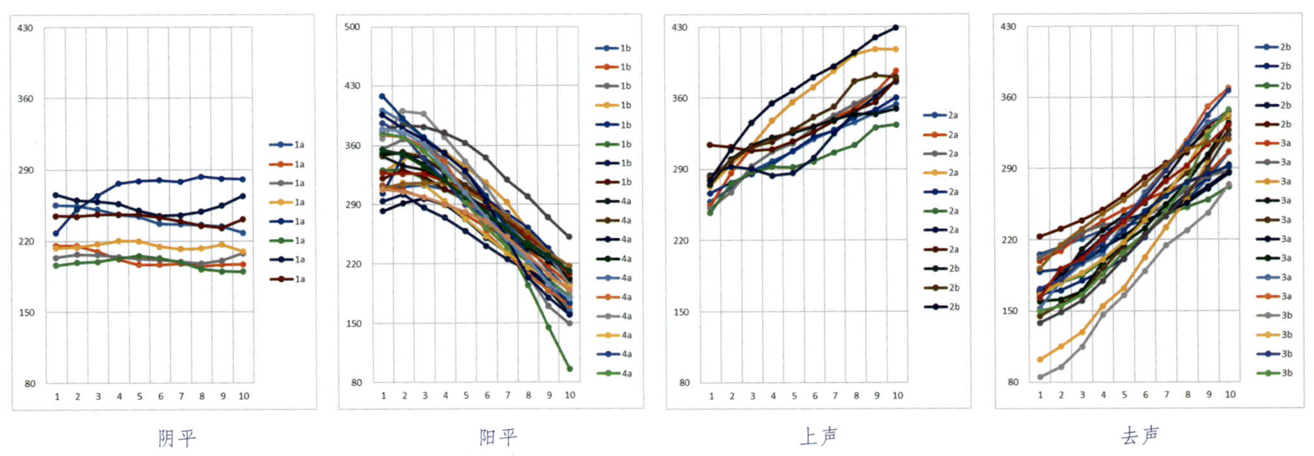

图 15－31b 今声调调域分布范围－道县上关－OM

老男的声调有 4 个（见图 15－31a）：

阴平 22、阳平 51、上声 35、去声 14。

今调域的分布情况（见图 15－31b）：

阴平主要在 22～33 之间；阳平在 32～42 之间；上声在 34～45 之间；去声在 13～24 之间。

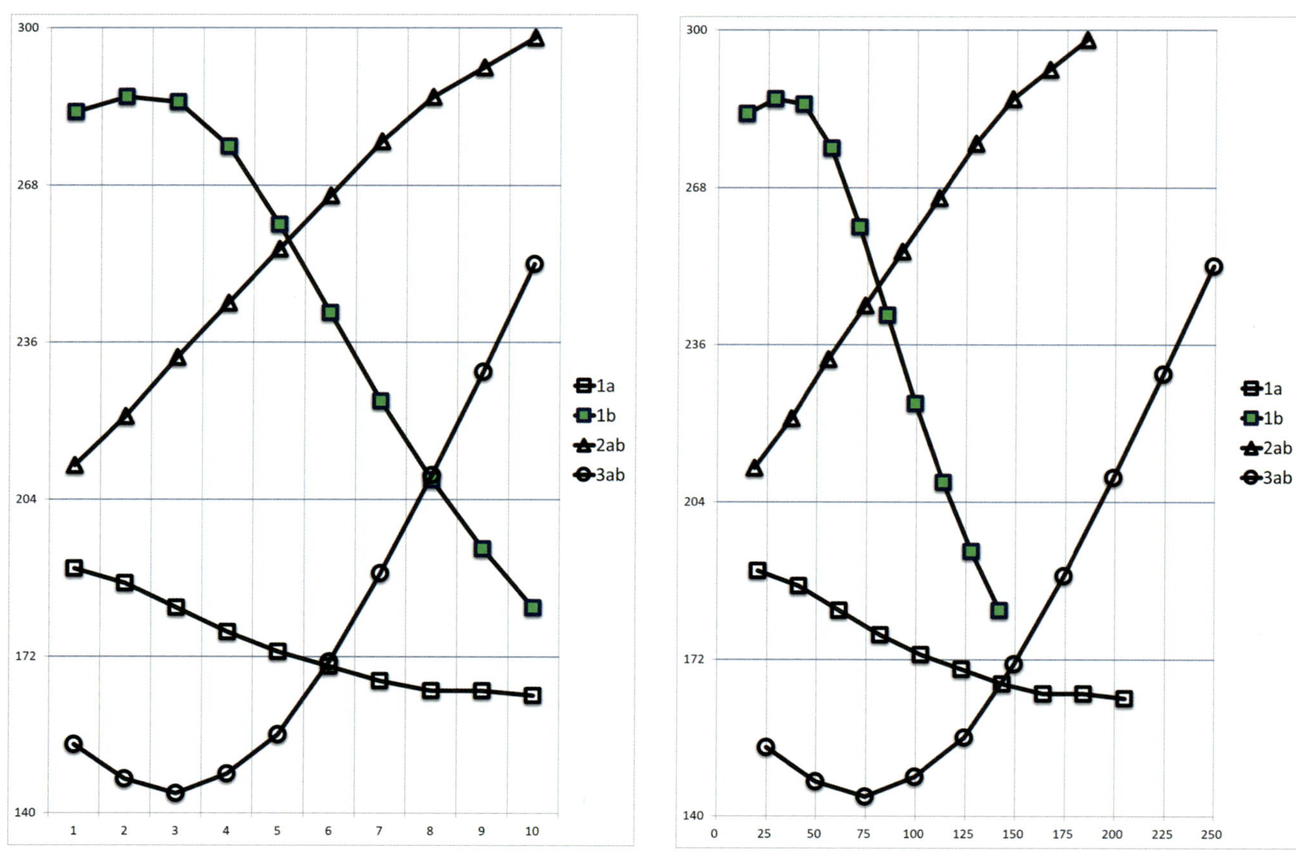

图 15－31c　单字调等长、实长音高模式－道县上关－YM

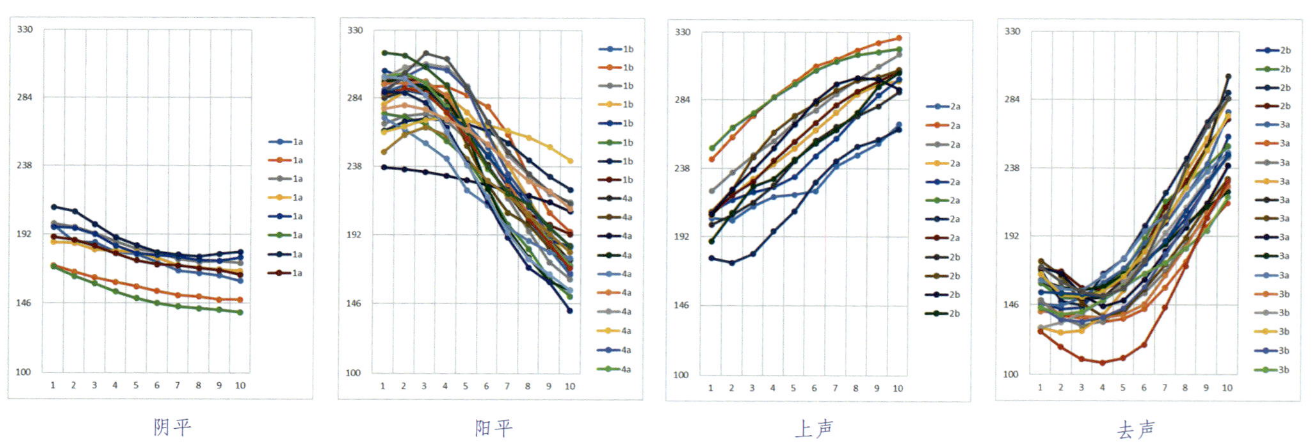

图 15－31d　今声调调域分布范围－道县上关－YM

青男的声调有 4 个（见图 15－31c）：

阴平 21、阳平 52、上声 35、去声 14。

今调域的分布情况（见图 15－31d）：

阴平主要在 21～32 之间；阳平在 42～53 之间；上声在 24～45 之间；去声在 13～24 之间。

2. 江永潇浦

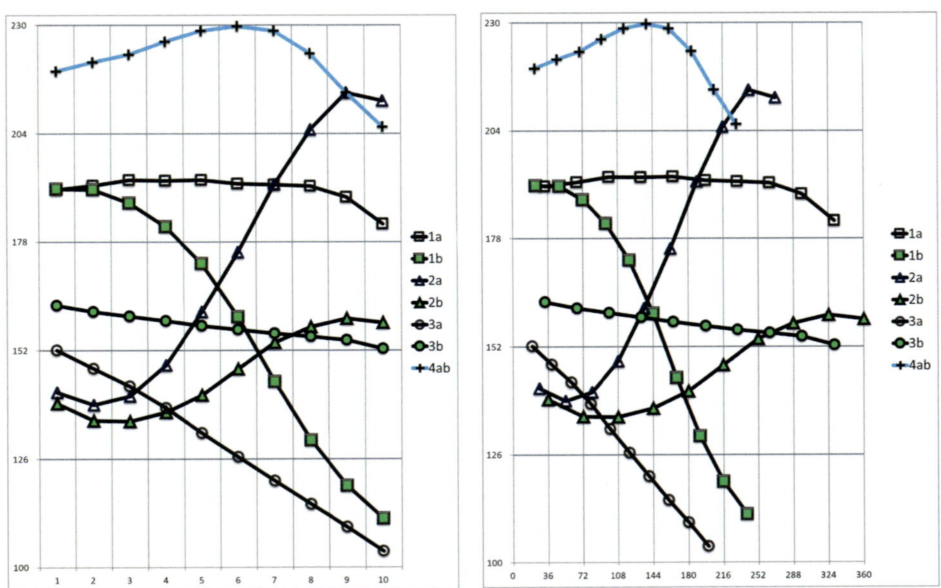

图 15－32a　单字调等长、实长音高模式－江永潇浦－OM

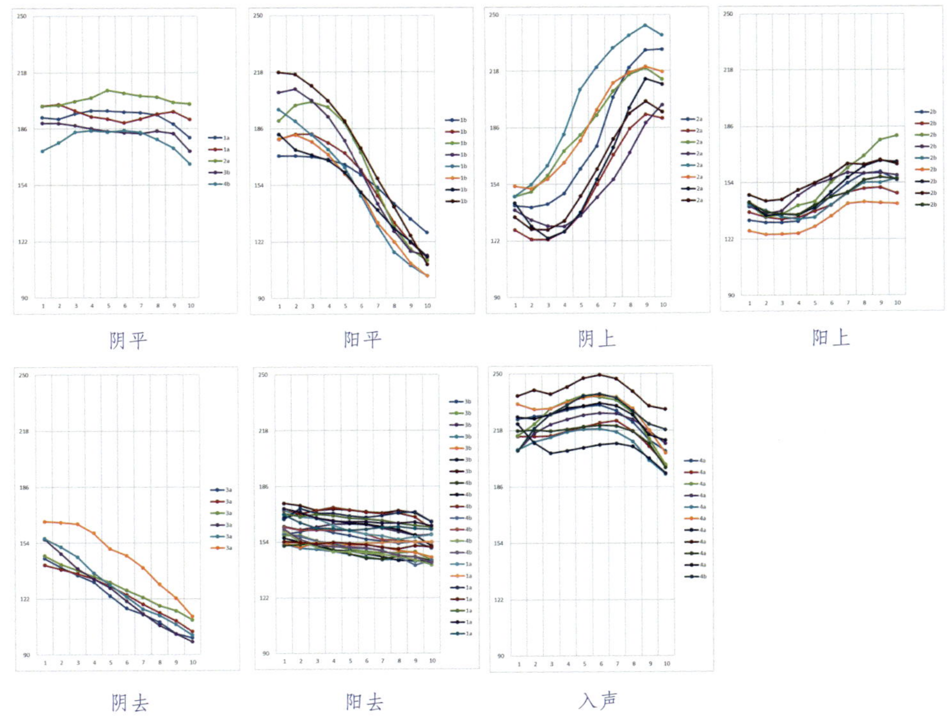

图 15－32b　今声调调域分布范围－江永潇浦－OM

老男的声调有 7 个（见图 15－32a）：

阴平 44、阳平 41、阴上 25、阳上 23、阴去 31、阳去 33、入声 554。

今调域的分布情况（见图 15－32b）：

阴平在 33～44 之间；阳平在 31～42 之间；阴上在 24～25 之间；阳上主要在 23 的范围；阴去在 21～31 之间；阳去在 22～33 之间；入声在 44～554 之间。

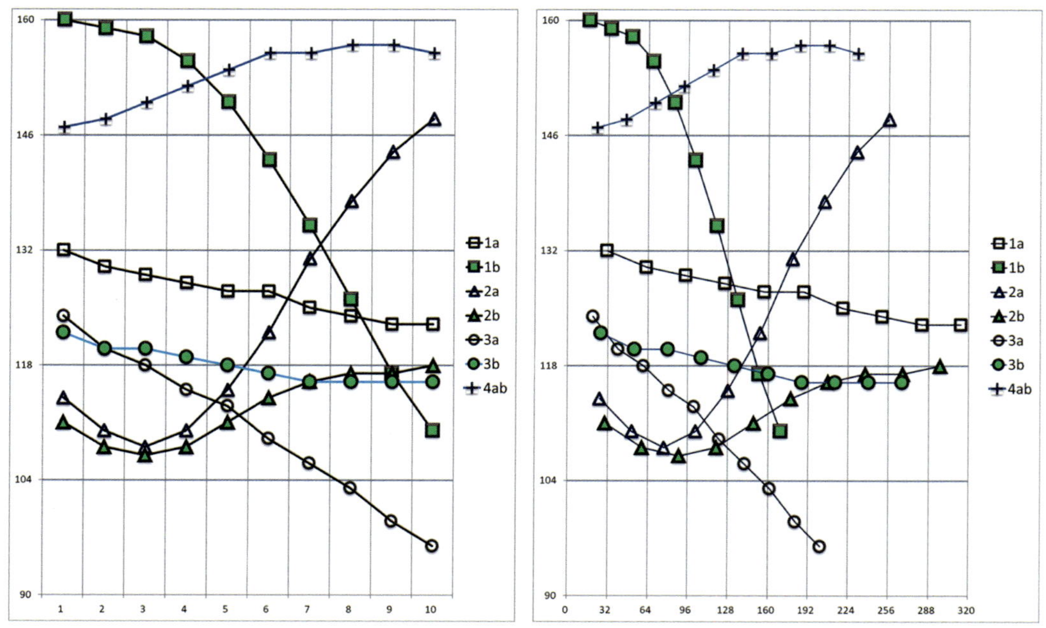

图 15－32c　单字调等长、实长音高模式－江永潇浦－YM

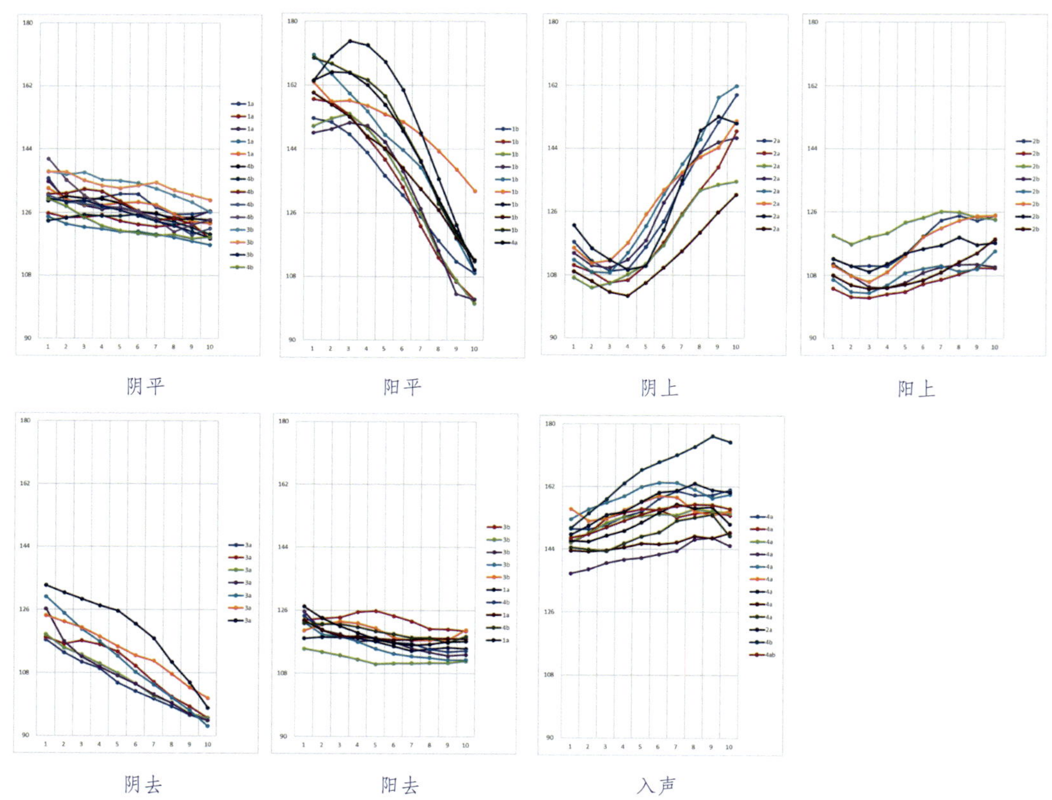

图 15－32d　今声调调域分布范围－江永潇浦－YM

青男的声调有 7 个（见图 15－32c）：

阴平 33、阳平 52、阴上 25、阳上 23、阴去 31、阳去 22、入声 55。

今调域的分布情况（见图 15－32d）：

阴平在 22～33 之间；阳平在 41～53 之间；阴上在 13～24 之间；阳上在 12～23 之间；阴去在 21～31 之间；阳去主要在 22 的范围；入声在 34～45 之间。

15.5.3 全资小片

1. 全州县全州镇

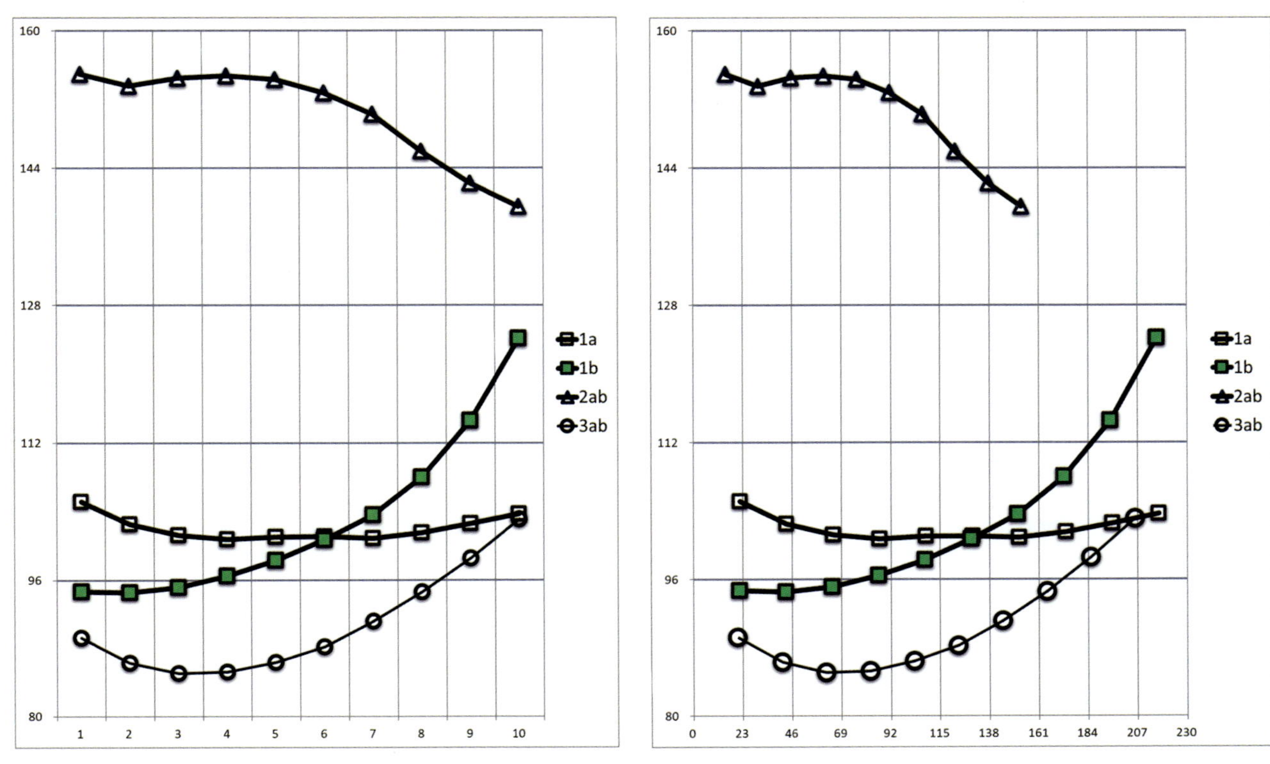

图 15－33a 单字调等长、实长音高模式－全州县全州镇－OM

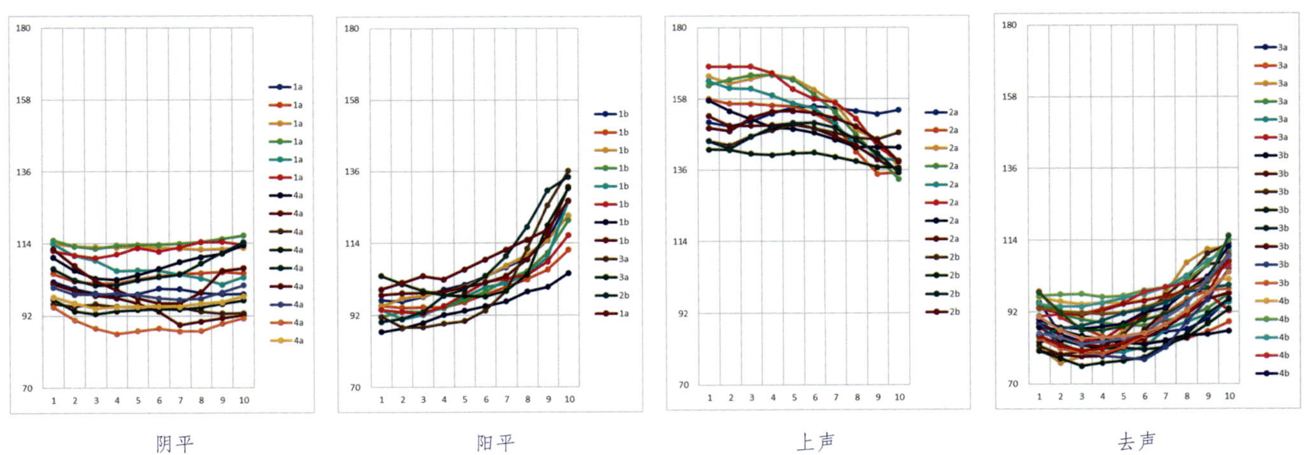

图 15－33b 今声调调域分布范围－全州县全州镇－OM

老男的声调有 4 个（见图 15－33a）：

阴平 22、阳平 13、上声 54、去声 12。

今调域的分布情况（见图 15－33b）：

阴平主要在 11～22 之间；阳平在 12～23 之间；上声在 44～54 之间；去声主要在 12 的范围。

2. 灌阳县灌阳镇

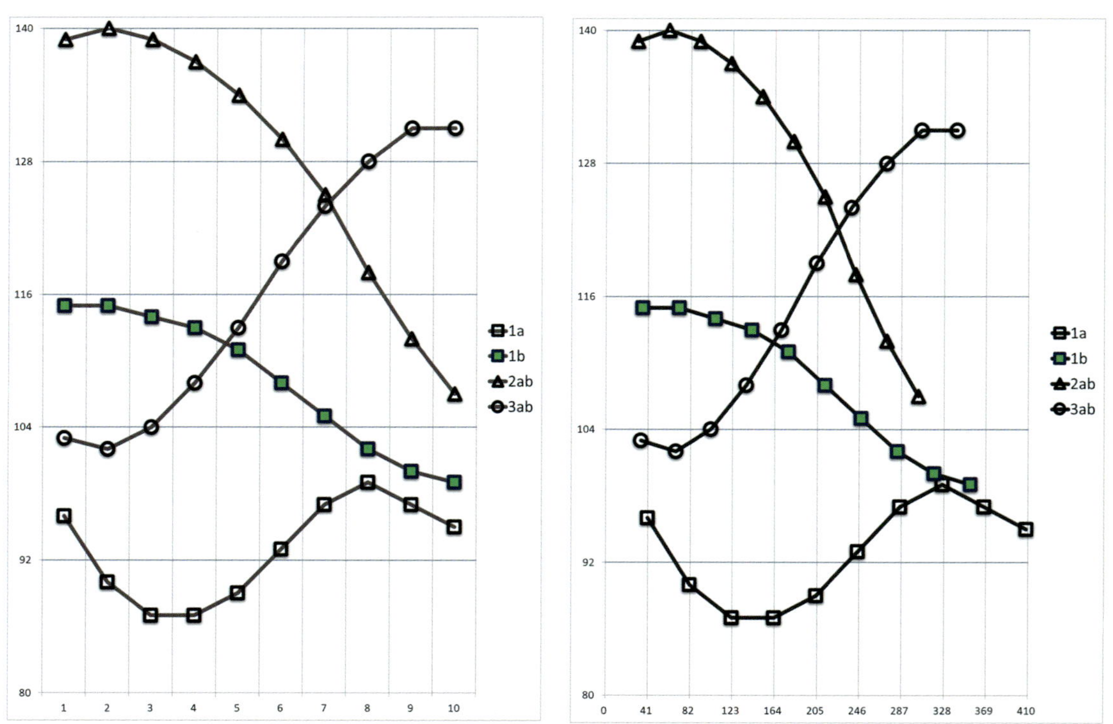

图 15－34a　单字调等长、实长音高模式－灌阳县灌阳镇－YM1

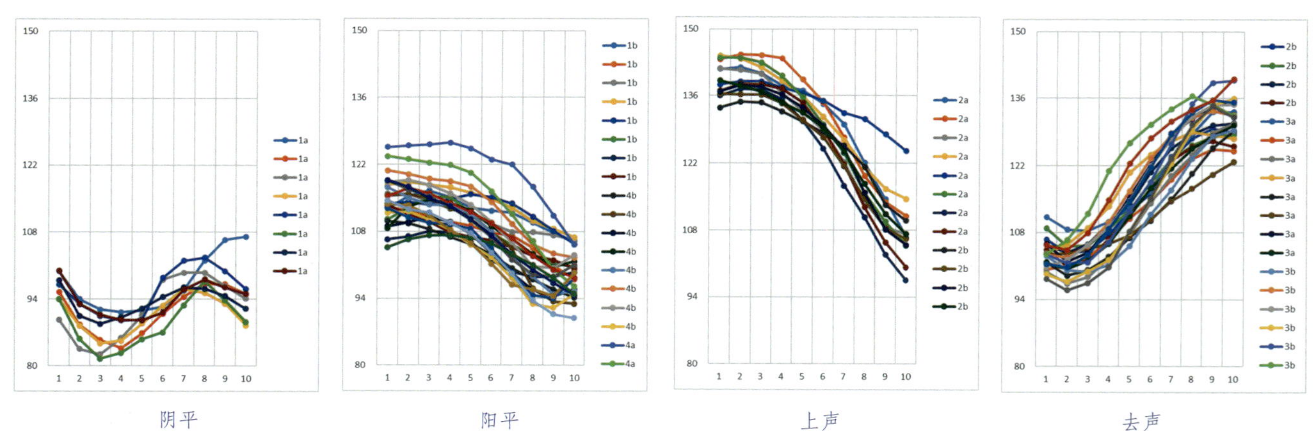

图 15－34b　今声调调域分布范围－灌阳县灌阳镇－YM1

青男 1 的声调有 4 个（见图 15－34a）：

阴平 212、阳平 32、上声 53、去声 25。

今调域的分布情况（见图 15－34b）：

阴平主要在 212 的范围；阳平在 21～42 之间；上声在 42～53 之间；去声在 24～35 之间。

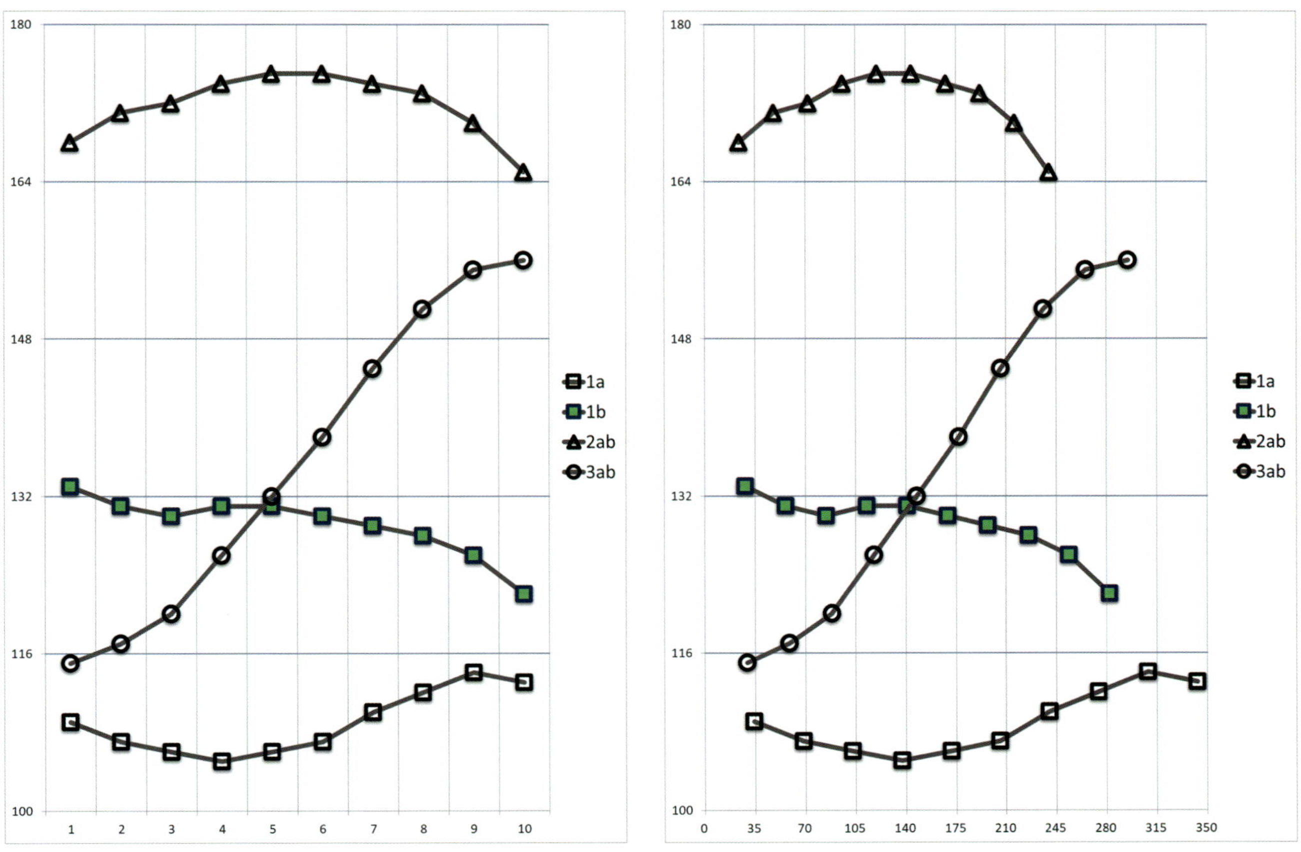

图 15－34c　单字调等长、实长音高模式－灌阳县灌阳镇－YM2

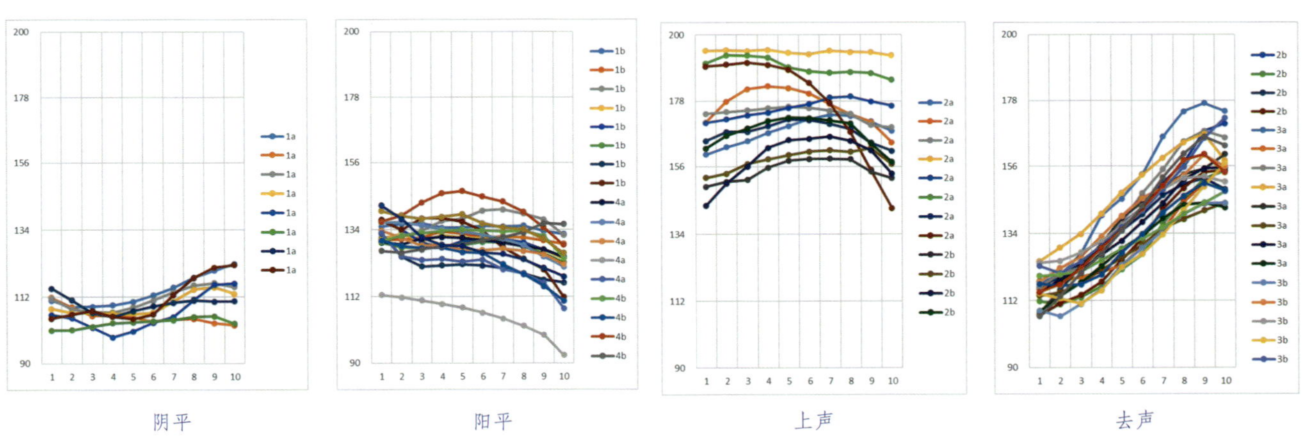

图 15－34d　今声调调域分布范围－灌阳县灌阳镇－YM2

青男 2 的声调有 4 个（见图 15－34c）：

阴平 11、阳平 32、上声 55、去声 24。

今调域的分布情况（见图 15－34d）：

阴平主要在 11～22 之间；阳平在 21～32 之间；上声在 343～55 之间；去声在 13～24 之间。

3. 富川富阳

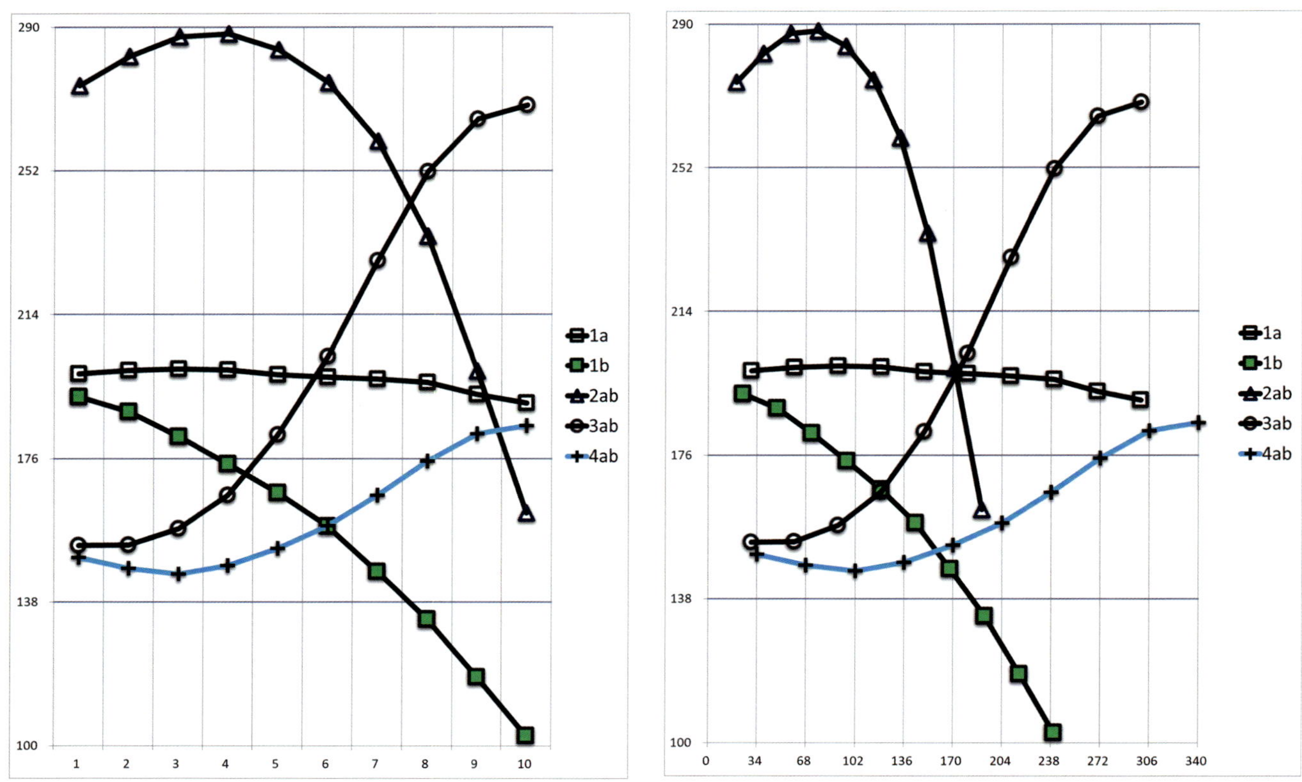

图 15－35a　单字调等长、实长音高模式－富川富阳－OM

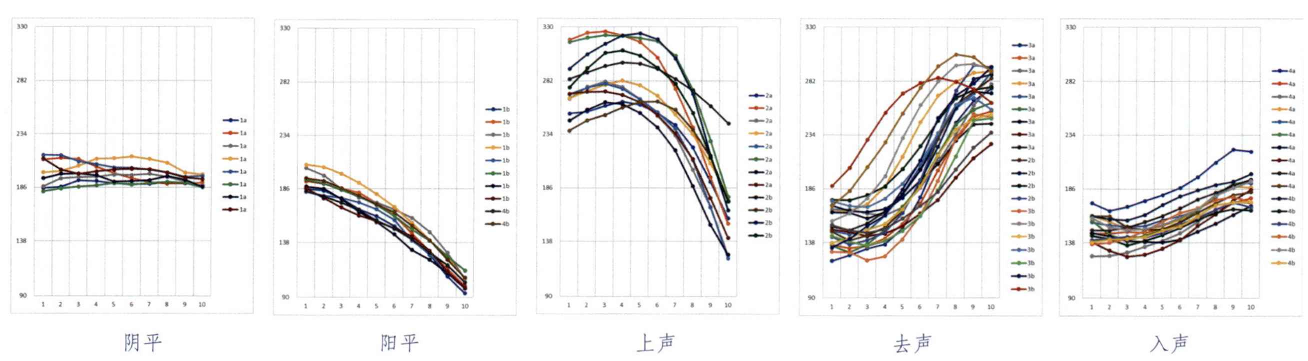

图 15－35b　今声调调域分布范围－富川富阳－OM

老男的声调有 5 个（见图 15－35a）：

阴平 33、阳平 31、上声 52、去声 25、入声 23。

今调域的分布情况（见图 15－35b）：

阴平主要在 22～33 之间；阳平在 21～31 之间；上声在 41～52 之间；去声在 13～35 之间；入声在 12～23 之间。

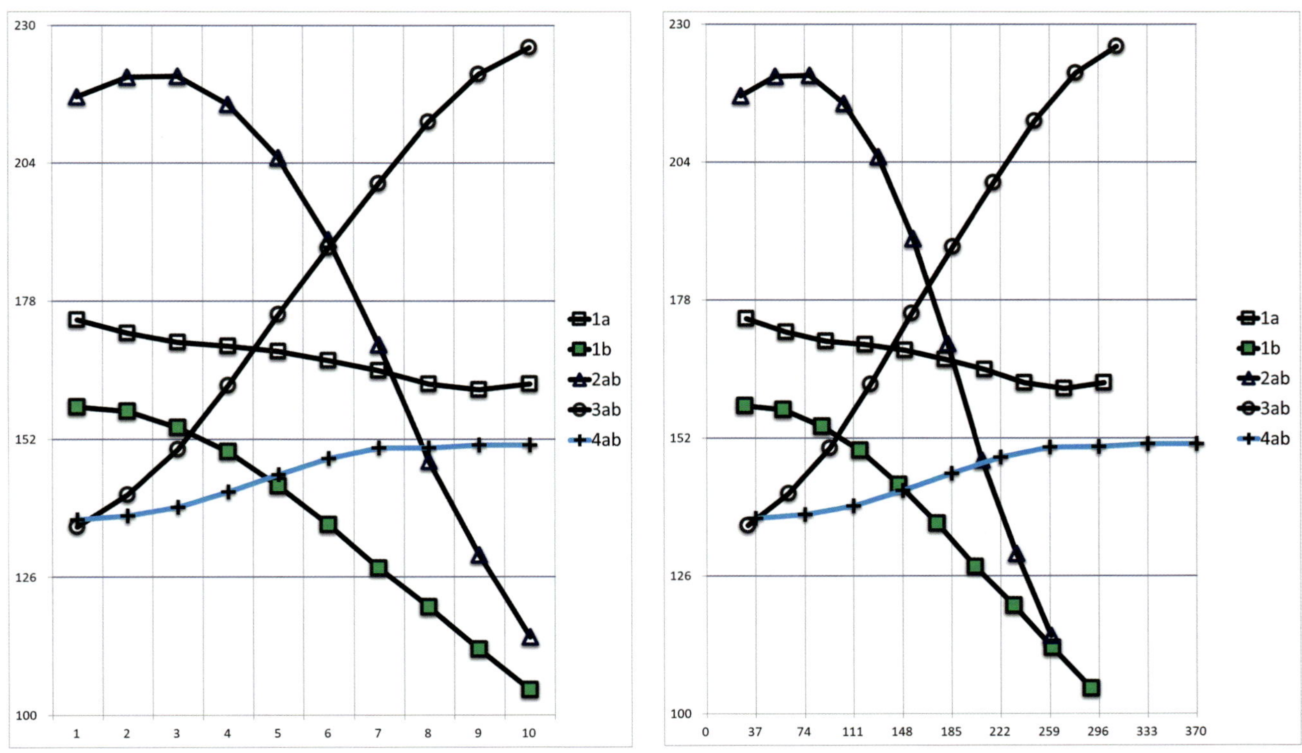

图 15－35c　单字调等长、实长音高模式－富川富阳－YM

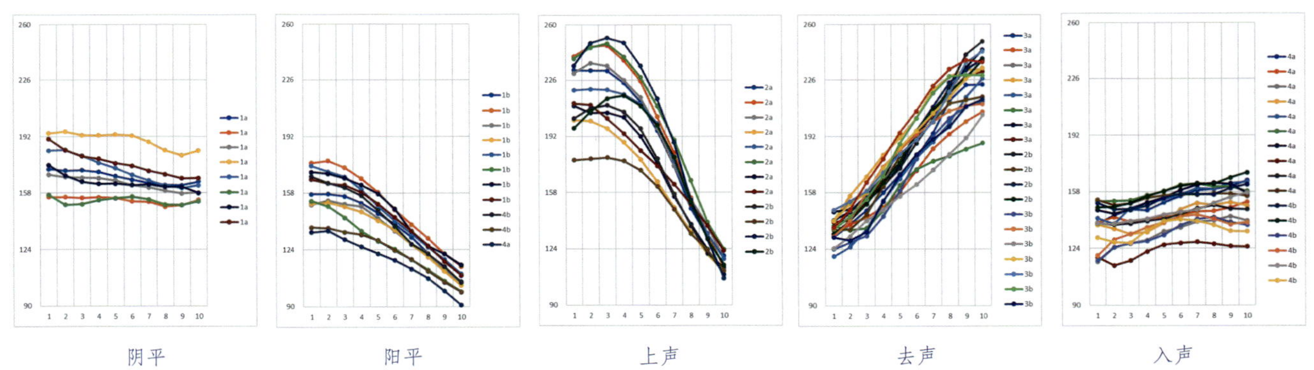

图 15－35d　今声调调域分布范围－富川富阳－YM

青男的声调有 5 个（见图 15－35c）：

阴平 33、阳平 31、上声 51、去声 25、入声 23。

今调域的分布情况（见图 15－35d）：

阴平主要在 22～33 之间；阳平在 21～31 之间；上声在 31～52 之间；去声在 23～25 之间；入声在 11～22 之间，略有上升趋势。

4. 阳朔县前

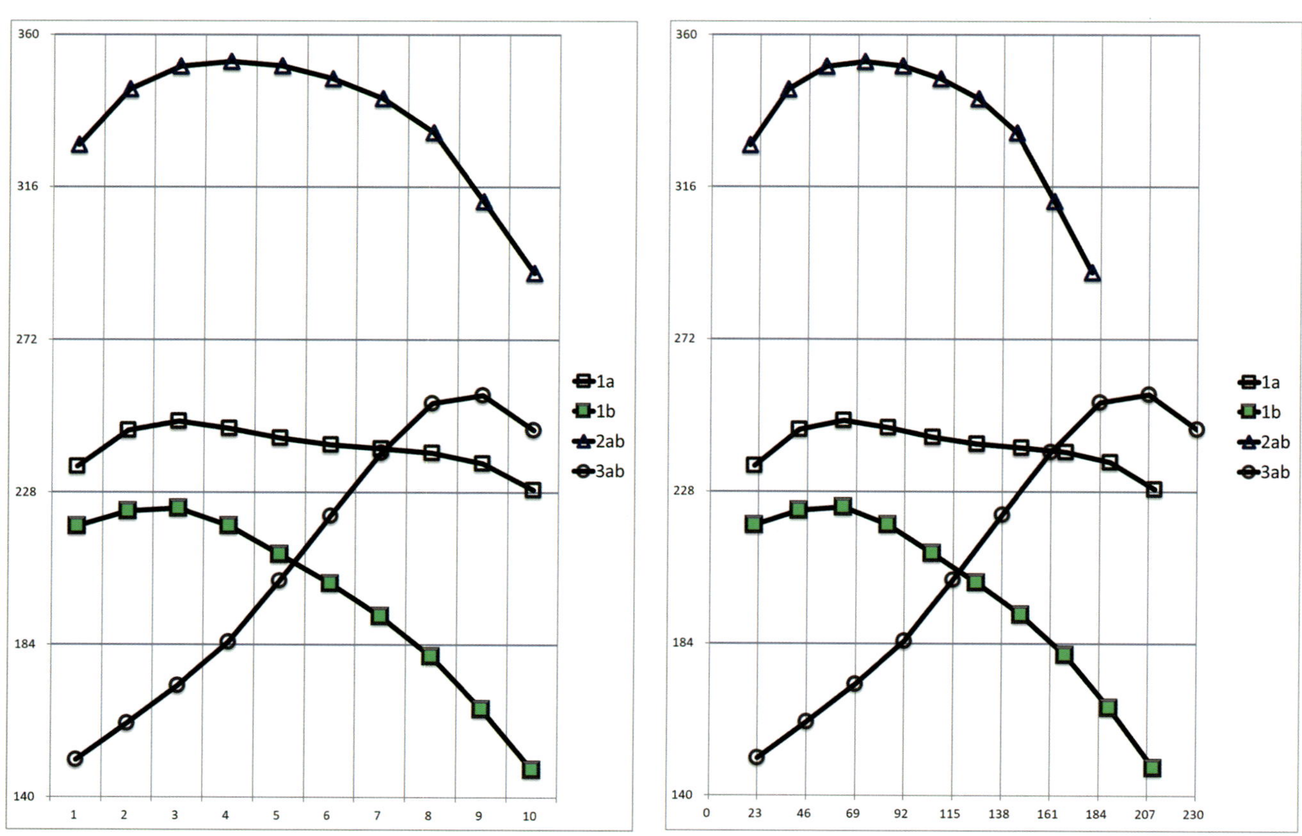

图 15－36a　单字调等长、实长音高模式－阳朔县前－OM

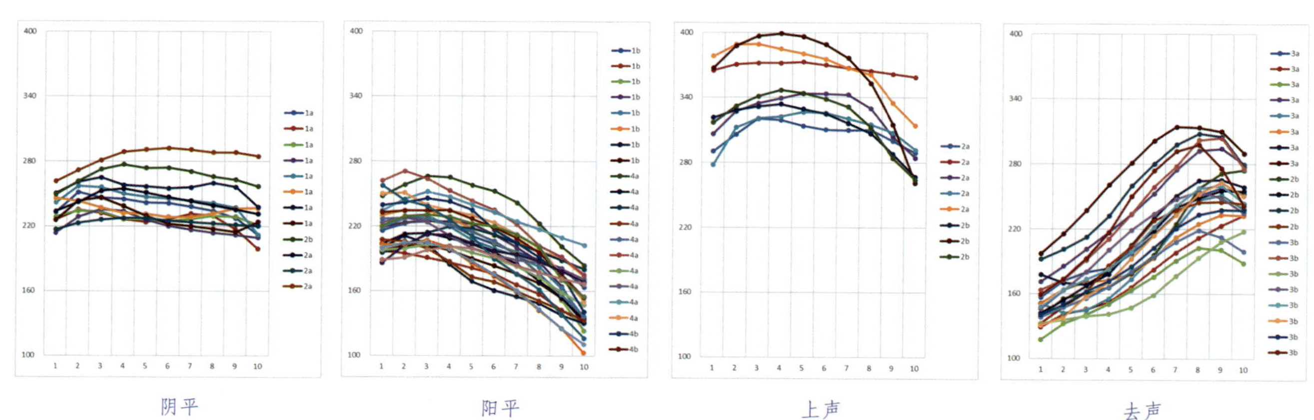

图 15－36b　今声调调域分布范围－阳朔县前－OM

老男的声调有 4 个（见图 15－36a）：

阴平 33、阳平 21、上声 54、去声 13。

今调域的分布情况（见图 15－36b）：

阴平在 33～44 之间；阳平在 21～32 之间；上声在 343～454 之间；去声在 12～24 之间。

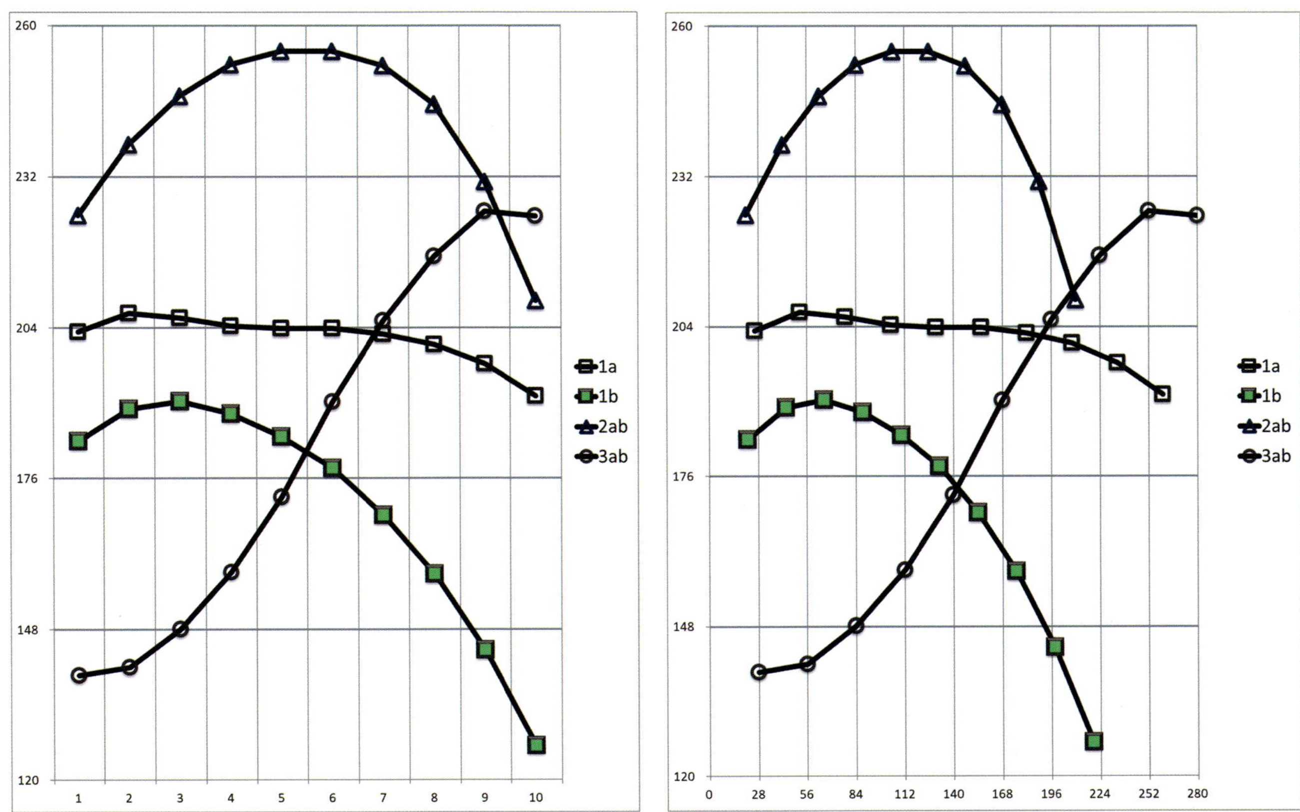

图 15 – 36c 单字调等长、实长音高模式 – 阳朔县前 – YM

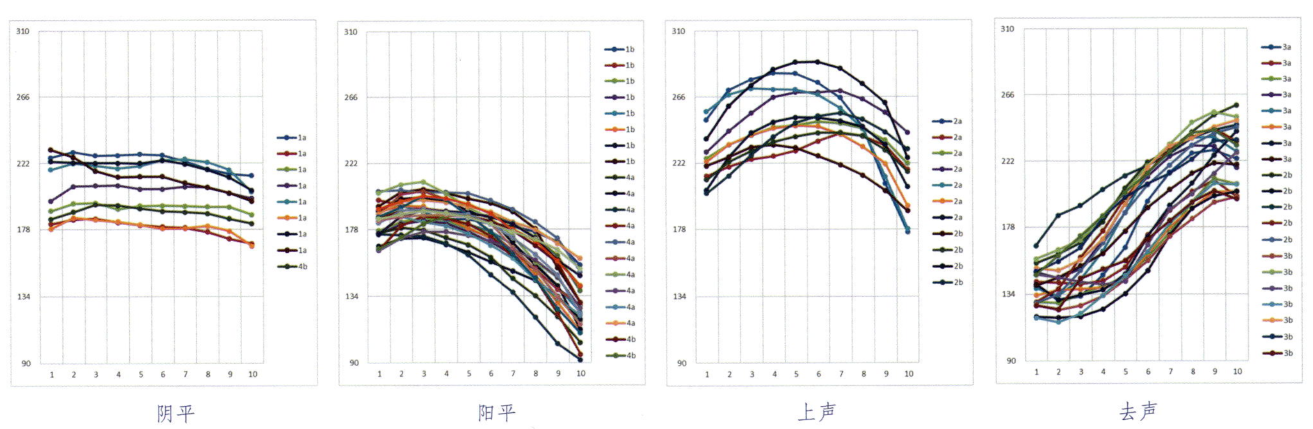

图 15 – 36d 今声调调域分布范围 – 阳朔县前 – YM

青男的声调有 4 个（见图 15 – 36c）：

阴平 33、阳平 31、上声 454、去声 14。

今调域的分布情况（见图 15 – 36d）：

阴平主要在 33 的范围；阳平在 21 ~ 32 之间；上声在 343 ~ 454 之间；去声在 13 ~ 24 之间。

15.6 湘方言声调小结

1. 各方言片的调类特点

（1）长益片。

长益片在调类数量方面，多为五类或六类，在声调格局、调值等方面，保持了较强的一致性。调类方面，平声、去声各分阴阳，上声、入声只有一个调类。下面是本书长株潭等小片的几个点的调类、调值：

长株潭小片

长沙《音库》：阴平 33、阳平 23、上声 32、阴去 45、阳去 21、入声 24。

长沙开福：阴平 22、阳平 213、上声 42、阴去 45、阳去 21、入声 13。

株洲芦淞：阴平 34、阳平 223、上声 42、阴去 45、阳去 31、入声 14。

湘潭《音库》：阴平 23、阳平 213、上声 31、阴去 35、阳去 21、入声 213。

湘潭易俗河：阴平 23、阳平 112、上声 31、阴去 35、阳去 21、入声 13。

益沅小片

益沅小片在调类方面的主要特点是声调有五类，平声、去声各分阴阳，上声只有一个调类。入声消失，入声非常整齐地派入阴去；古清去读如今阳平。下面是本书益沅小片两个点的调类、调值：

资阳长春：阴平 34、阳平 23、上声 42、阴去 45、阳去 21。

沅江琼湖：阴平 23、阳平 212、上声 31、阴去 45、阳去 21。

岳阳小片

岳阳小片在调类方面的主要特点是调类多，有七类或八类声调。最有特点的是，去声三分，古全清去读阴去，古次清去读次阴去，古浊去读阳去。八类调类中有五个调类即阴平、阳平、上声、阴去和阳去的调值与长沙方言一致，又加上古全浊声母舒声字不送气清音的读法，使这一小片方言带上了长益片的主要色彩。[①] 下面是本书岳阳荣家湾的调类、调值：

岳阳荣家湾：阴平 22、阳平 11、上声 32、阴去 45、次阴去 25、阳去 21、阴入 $\underline{55}$、阳入 $\underline{22}$。

（2）娄邵片。

娄邵片在调类方面的主要特点是有声母送气影响声调分化的现象。今声母送气与否，有的影响新调类的产生，有的影响调类的分合归派。前者如涟源蓝田等一些方言古去声字今声母送气的自成一个调类；后者如邵阳等地今声母送气的去声字与全浊去为一类，今声母不送气的去声字与次浊去为一类。[②]

湘双小片

湘双小片的主要特点，首先是无入声调，入声归派舒声的规律各地较为一致，即清入与浊平字同调；浊入部分字与清去同调，部分字与浊平同调。其次，阳平、阴去的分化较为复杂。湘乡、双峰两县市的一些乡镇平声依声母的清、次浊、全浊一分为三：阴平、次阳平、阳平；去声依古声母的清浊及今声母送气与否一分为三：阴去、次阴去、阳去，其中，古去声字今声母送气的自成一类，为次阴去；今声母不送气的古清去字为阴去；今声母不送气的古浊去字为阳去。[③] 下面是本书四个点的调类、调值：

湘乡新湘路：阴平 44、阳平 34、次阳平 14、上声 31、阴去 35、次阴去 15、阳去 33。

---

① 中国社会科学院，中国社会科学院民族学与人类学研究所，香港城市大学语言资讯科学研究中心，中国语言地图集［M］. 2 版. 北京：商务印书馆，2012：134－140.

② 中国社会科学院，中国社会科学院民族学与人类学研究所，香港城市大学语言资讯科学研究中心，中国语言地图集［M］. 2 版. 北京：商务印书馆，2012：134－140.

③ 中国社会科学院，中国社会科学院民族学与人类学研究所，香港城市大学语言资讯科学研究中心，中国语言地图集［M］. 2 版. 北京：商务印书馆，2012：134－140.

双峰永丰：阴平45、阳平324、上声31、阴去335、阳去34。

娄底娄星：阴平33、阳平13、上声42、阴去35、阳去21、入声24。

韶山清溪：阴平22、阳平12、上声32、阴去35、阳去21、入声14。

涟梅小片

涟梅小片在调类方面的特点是平声分阴阳，去声三分，上声有一类，入声消失。下面是本书两个点的调类、调值：

涟源蓝田：阴平33、阳平223、上声31、阴去35、次阴去23、阳去21。

安化梅城：阴平22、阳平12、上声32、阴去35、次阴去13、阳去21。

新化小片

新化小片调类的主要特点是古入声部分字进入阴平和去声，部分字仍保留独立的入声调类，但入声调发音不短促，无塞音韵尾。声调文白异读现象很普遍，平、上、去、入四声都存在文白异读现象：部分古浊声母平声字文读阳平，白读入声；古全浊声母上声字文读去声，白读上声或阴平；古浊声母去声字，文读去声，白读阴平；古清声母入声字文读入声，白读阴平，古浊声母入声字文读入声，白读去声。[①] 下面是本书新化小片两个点的调类、调值：

新化上梅：阴平23、阳平12、上声21、去声35、入声24。

冷水江布溪：阴平23、阳平12、上声21、阴去35、阳去14。

武邵小片

武邵小片在调类方面的主要特点是多数点无入声调，入声以派入阳去为主。

邵阳、邵东、新邵、隆回等地送气去声字虽不自成调类，但声调的分化与今声母的送气与否密切相关：今声母送气的去声字与全浊去为一类（阳去），今声母不送气的去声字与次浊去为一类（阴去）。[②] 下面是本书武邵小片三个点的调类、调值：

武冈辕门口：阴平44、阳平12、上声331、阴去25、阳去13。

邵东两市塘：阴平55、阳平23、上声33、阴去25、阳去14。

城步儒林：阴平33、阳平112、上声21、阴去35、阳去23。

绥会小片

绥会小片在调类方面的主要特点是声调一般都为五类，平声、去声分阴阳，上声只有一类，无入声，古入声有部分字归入上声。下面是本书绥会小片两个点的调类、调值：

绥宁长铺：阴平112、阳平31、上声233、阴去35、阳去22。

会同林城：阴平21、阳平31、上声24、阴去45、阳去12。

（3）衡州片。

衡州片有两个小片。

衡阳小片

衡阳小片在调类方面的主要特点是以六调类为主，也有五调类的。五个调类，平分阴阳，上去入各有一类；六个调类，平声、去声分阴阳，上声、入声各有一类。下面是本书衡阳小片两个点的调类、调值：

衡阳常宁：阴平25、阳平21、上声24、去声114、入声22。

衡南云集：阴平35、阳平23、上声34、阴去224、阳去14、入声33。

---

① 中国社会科学院，中国社会科学院民族学与人类学研究所，香港城市大学语言资讯科学研究中心，中国语言地图集［M］. 2版. 北京：商务印书馆，2012：134－140.

② 中国社会科学院，中国社会科学院民族学与人类学研究所，香港城市大学语言资讯科学研究中心，中国语言地图集［M］. 2版. 北京：商务印书馆，2012：134－140.

衡山小片

衡山小片在调类方面的主要特点是声调以六类为主，平分阴阳、去声也分阴阳，上声、入声各有一类。下面是本书衡山小片的两个点的调类、调值：

衡山开云：阴平33、阳平21、上声212、阴去45、阳去34、入声224。

衡东洣水：阴平33、阳平22、上声13、阴去35、阳去23、入声14。

（4）辰溆片。

辰溆片在调类方面的主要特点是声调以五类为主，平、去各分阴阳，上声只有一类，无入声调，古入声字主要归阳平（占大多数）和阴去。下面是本书三个点的调类、调值：

辰溪辰阳：阴平34、阳平14、上声51、阴去13、阳去45。

溆浦卢峰：阴平45、阳平13、上声23、阴去14、阳去52。

泸溪武溪：阴平34、阳平14、上声41、阴去15、阳去454。

（5）永全片。

永全片调类方面的主要特点是平、去各分阴阳，上声、入声各有一类，入声调类无塞尾。永全片分为三个小片。

东祁小片

东祁小片调类的主要特点是声调以五类或六类为主，平、去各分阴阳，上声、入声各有一类，下面是本书两个方言点的调类、调值：

东安石期：阴平22、阳平24、上声51、阴去13、阳去14、入声232。

祁阳浯溪：阴平334、阳平33、上声453、阴去213、阳去14、入声232。

道江小片

道江小片的声调较多，有四至七类。下面是本书两个方言点的调类、调值：

道县上关：阴平22、阳平51、上声35、去声14。

江永潇浦：阴平44、阳平41、阴上25、阳上23、阴去31、阳去33、入声554。

全资小片

全资小片的声调主要特点是趋于简化，调类有四类或五类。下面是本书四个点的调类、调值：

全州县全州镇：阴平22、阳平13、上声54、去声12。

灌阳县灌阳镇：阴平212、阳平32、上声53、去声25。

富川富阳：阴平33、阳平31、上声52、去声25、入声23。

阳朔县前：阴平33、阳平21、上声54、去声13。

2. 调值特点

（1）高而短的去声。

湘方言有一个比较特别的高调，除辰溆片外，其他去声分阴阳的方言点，大都是阴高阳低，阴去比较高，与之相对的阳去则比较低，整个声调格局就在阴去和阳去之间展开，长益片、娄邵片、衡州片、永全片等大都如此。

（2）阴高阳低。

除了去声的阴高阳低，平声也有阴高阳低的调值，长益片、娄邵片、衡州片大都是阴高阳低。

（3）舒化的入声。

湘方言很多点有入声调类，但入声已经舒化。长益片、娄邵片的入声大都是一个中升调；衡州片的入声是一个中低平调；辰溆片有入声的点，入声是升调或带有拱度的平调。

（4）阴去与次阴去、阳平与次阳平。

湘方言的一些点去声分为三类，它们的调值如下：

岳阳荣家湾：阴去45、次阴去25、阳去21。

湘乡新湘路：阴去35、次阴去15、阳去33

涟源蓝田：阴去35、次阴去23、阳去21。

安化梅城：阴去35、次阴去13、阳去21。

这四个点的三分去声，分别占据音高的高—中—低三个音高域。

与此相对，阳平二分的点，如湘乡新湘路，它的两个阳平是，阳平34、次阳平14，虽然都是升调，末点音高接近，但是声调的前半段还是有高低的区别。

因此从音高形式而言，阴去、次阴去，阳平、次阳平的区别主要在音高域的分别。

15.7　湘方言主要方言点的调类调值对照

湘方言主要方言点的调类调值对照见表15－4至表15－8。

表15－4　湘方言主要方言点的调类调值对照（长益片）

片	小片	方言点	选点	阴平 1a	阳平 1b	阴上 2a	阳上 2b	阴去 3a	阳去 3b	阴入 4a	阳入 4b	调类数量	资料来源
长益片	长株潭小片	长沙（湖南）	开福区	33	13	42		45	21	24		6	语保OM
		株州（湖南）	渌口区渌口镇	33	13	42		45	21	24		6	语保OM
		湘潭（湖南）	湘潭县易俗河镇	33	13	42		45	21	24		6	语保OM
	益沅小片	益阳（湖南）	资阳区长春镇	34	13	41		45	21			5	语保OM
		沅江（湖南）	琼湖镇	334	13	41		45	21			5	语保OM
	岳阳小片	岳阳（湖南）	岳阳县荣家湾	33	13	41		阴去45 次阴去24	11	55	22	8	《中国语言地图集》（2012）

表15－5　湘方言主要方言点的调类调值对照（娄邵片）

片	小片	方言点	选点	阴平 1a	阳平 1b	阴上 2a	阳上 2b	阴去 3a	阳去 3b	阴入 4a	阳入 4b	调类数量	资料来源
娄邵片	湘双小片	湘乡（湖南）	新湘路	55	阳平24 次阳平13	31		阴去45 次阴去35	33			7	语保OM
		双峰（湖南）	永丰镇	55	13	31		35	33			5	语保OM
		娄底（湖南）	娄星区花山	44	13	42		45	21			5	语保OM
		韶山（湖南）	清溪镇	44	13	42		45	21	24		6	语保OM

（续上表）

片	小片	方言点	选点	阴平 1a	阳平 1b	阴上 2a	阳上 2b	阴去 3a	阳去 3b	阴入 4a	阳入 4b	调类数量	资料来源
娄邵片	涟梅小片	涟源（湖南）	蓝田街道办事处	44	13	42		阴去 35 次阴去 24	21			6	语保 OM
		安化（湖南）	梅城	44	13	42		阴去 35 次阴去 24	21			6	陈晖（2006）
	新化小片	新化（湖南）	上梅镇	33	13	21		45		24		5	语保 OM
		冷水江（湖南）	布溪街道	33	13	21		45		24		5	语保 OM
	武邵小片	武冈（湖南）	辕门口办事处	44	112	31		35	24			5	语保 OM
		邵阳（湖南）	邵东县两市塘	55	12	33		35	24			5	语保 OM
		城步（湖南）	儒林镇	44	212	42		45	34			5	语保 OM
	绥会小片	绥宁（湖南）	长铺镇	13	41	44		35	22			5	语保 OM
		会同（湖南）	林城镇	21	31	24		45	22			5	语保 OM

表 15－6 湘方言主要方言点的调类调值对照（衡州片）

片	小片	方言点	选点	阴平 1a	阳平 1b	阴上 2a	阳上 2b	阴去 3a	阳去 3b	阴入 4a	阳入 4b	调类数量	资料来源
衡州片	衡阳小片	衡阳（湖南）	蒸湘区华兴街道	45	11	33		24	213	22		6	语保 OM
		衡南（湖南）	云集	45	12	44		24	214	22		6	语保 OM
	衡山小片	衡山（湖南）	开云镇	33	11	13		55	44	24		6	语保 OM
		衡东（湖南）	洣水镇	33	11	13		45	34	24		6	语保 OM

表 15－7 湘方言主要方言点的调类调值对照（辰溆片）

片	方言点	选点	阴平 1a	阳平 1b	阴上 2a	阳上 2b	阴去 3a	阳去 3b	调类数量	资料来源
辰溆片	辰溪（湖南）	辰阳镇	45	24		42	214	55	5	语保 OM
	溆浦（湖南）	卢峰镇	44	13		23	14	52	5	语保 OM
	泸溪（湖南）	武溪镇	45	24		42	213	53	5	语保 OM

表 15－8　湘方言主要方言点的调类调值对照（永全片）

片	小片	方言点	选点	阴平 1a	阳平 1b	阴上 2a	阳上 2b	阴去 3a	阳去 3b	阴入 4a	阳入 4b	调类数量	资料来源
永全片	东祁小片	东安（湖南）	石期市	33	13	54		35	24	22		6	语保 OM
		祁阳（湖南）	浯溪镇	335	22	453		313	113	33		6	语保 OM
	道江小片	道县（湖南）	上关街道办事处	33	41	45		324				4	语保 OM
		江永（湖南）	潇浦	44	42	24	13	31	33	5		7	语保 OM
	全资小片	全州（广西）	全州镇	44	12	54		34				4	语保 OM
		灌阳（广西）	灌阳镇	213	32	53		35				4	语保 OM
		富川（广西）	富阳镇	44	31	53		35		23		5	语保 OM
		阳朔（广西）	县前街	44	21	54		24				4	语保 OM

参考文献

［1］鲍厚星，崔振华，沈若云，等．长沙方言研究［M］．长沙：湖南教育出版社，1999.

［2］鲍厚星，颜森．湖南方言的分区［J］．方言，1986（4）．

［3］鲍厚星．东安土话研究［M］．长沙：湖南教育出版社，1998.

［4］鲍厚星．湖南城步（儒林）方言音系［J］．方言，1993（1）．

［5］鲍厚星．湖南邵阳方言音系［J］．方言，1989（3）．

［6］鲍厚星．湘南东安型土话的系属［J］．方言，2002（3）．

［7］鲍厚星．湘南土话系属问题［J］．方言，2004（4）．

［8］鲍厚星等．湘南土话论丛［M］．长沙：湖南师范大学出版社，2004.

［9］陈晖．涟源方言研究［M］．长沙：湖南教育出版社，1999.

［10］陈晖．湘方言语音研究［M］．长沙：湖南师范大学出版社，2006.

［11］陈晖．异纽同调和异纽异调：兼论湘语娄部片与吴语在古全浊声母演变上的差异［C］//香港大学第四届研究生语言学学术会议论文集，2004.

［12］陈立中．湘语与吴语音韵比较研究［M］．北京：中国社会科学出版社，2004.

［13］陈蒲清．益阳方言的边音声母［J］．方言，1981（3）．

［14］储泽祥．邵阳方言研究［M］．长沙：湖南教育出版社，1998.

［15］崔振华．益阳方言研究［M］．长沙：湖南教育出版社，1998.

［16］方平权．岳阳方言研究［M］．长沙：湖南师范大学出版社，1999.

［17］贺凯林．溆浦方言研究［M］．长沙：湖南教育出版社，1999.

［18］贺凯林．湖南道县寿雁平话音系［J］．方言，2003（1）．

［19］侯精一．现代汉语方言概论［M］．上海：上海教育出版社，2002.

［20］湖南省地方志编纂委员会．湖南省志：第二十五卷：方言志［M］．长沙：湖南人民出版社，2001.

［21］湖南省公安厅《湖南汉语方音字汇》编纂组．湖南汉语方音字汇［M］．长沙：岳麓书社，1993.

［22］黄雪贞．江永方言研究［M］．北京：社会科学文献出版社，1993.

［23］黄雪贞．湖南江永方言音系［J］．方言，1988（3）．

［24］蒋军凤．湘乡方言语音研究［D］．长沙：湖南师范大学，2008.

［25］李启群．吉首方言研究［M］．北京：民族出版社，2002.

［26］李维琦．祁阳方言研究［M］．长沙：湖南教育出版社，1998.

［27］李星辉．湖南永州岚角山土话音系［J］．方言，2003（1）．

［28］李永明．衡阳方言［M］．长沙：湖南人民出版社，1986.

［29］刘丽华．娄底方言研究［M］．长沙：中南大学出版社，2001.

［30］刘祥友．广西灌阳方言音系特点及其归属［D］．长沙：湖南师范大学，2002.

［31］罗昕如．新化方言研究［M］．长沙：湖南教育出版社，1998.

［32］毛秉生．湖南衡山方言音系［J］．方言，1995（2）．

［33］彭建国．湘语音韵历史层次研究［D］．上海：上海师范大学，2006.

［34］彭泽润．衡山方言研究［M］．长沙：湖南教育出版社，1999.

［35］瞿建慧．湖南泸溪（浦市）方言音系［J］．方言，2005，（1）．

［36］瞿建慧．湘语辰溆片语音研究［D］．西安：陕西师范大学，2008.

［37］唐作藩．从湖南黄桥镇方言定母字的读音探讨湘方言全浊声母的演变［C］//余霭芹，远藤光晓．桥本万太郎纪念中国语学论集，东京：内山书店，1997.

［38］唐作藩．湖南洞口县黄桥镇方言［J］．语言学论丛，1960（4）．

［39］田范芬．湘语入声与去声的关系［J］．方言，2015（4）．

［40］王定康．益阳方言“去入同调”现象探析［J］．湖南第一师范学院学报，2013（2）．

［41］王福堂．平话、湘南土话和粤北土话的归属［J］．方言，2001（2）．

［42］谢奇勇．湖南新田南乡土话同音字汇［J］．方言，2004（2）．

［43］曾春蓉．湘语声调实验研究［D］．长沙：湖南师范大学，2007.

［44］曾毓美．韶山方言研究［M］．长沙：湖南师范大学出版社，1999.

［45］张盛裕，汪平，沈同．湖南桃江（高桥）方言同音字汇［J］．方言，1988，（4）．

［46］中国社会科学院，澳大利亚人文科学院．中国语言地图集［M］．香港：香港朗文（远东）有限公司，1987.

［47］中国社会科学院语言研究所，中国社会科学院民族学与人类学研究所，香港城市大学语言资讯科学研究中心．中国语言地图集［M］．2 版．北京：商务印书馆，2012.

［48］钟奇．湘语的音韵特征［C］//詹伯慧．暨南大学汉语方言学博士研究生学术论文集．广州：暨南大学出版社，2001.

［49］周赛红．湘方言音韵比较研究［D］．长沙：湖南师范大学，2005.

［50］周先义．湖南道县（小甲）土话同音字汇［J］．方言，1994（3）．

16　赣方言

赣方言除了江西境内，在湘东、湘西南、闽西北和鄂东南等地区也有分布。

根据《中国语言地图集》（2012）以"古全浊音声母字今读塞音，古塞擦音今读送气清音，古次浊声母上声字一般不读阴平"作为划分赣方言区的标准，将赣方言分为九个片。表 16－1 是本书的选点情况。

表 16－1　赣方言的分片选点

片	方言点	序号
昌都片	南昌西湖（江西）	16－1
宜浏片	宜春袁州（江西）	16－2
	铜鼓永宁（江西）	16－3
	浏阳淮川（湖南）	16－4
	醴陵仙岳山（湖南）	16－5
吉茶片	吉安吉州（江西）	16－6
	遂川泉江（江西）	16－7
	茶陵城关（湖南）	16－8
	炎陵沔渡（湖南）	16－9
抚广片	抚州临川（江西）	16－10
	黎川日峰（江西）	16－11
	建宁濉溪（福建）	16－12
鹰弋片	鹰潭月湖（江西）	16－13
	余干玉亭（江西）	16－14
	弋阳弋江（江西）	16－15
大通片	大冶东岳（湖北）	16－16
	通城隽水（湖北）	16－17
	岳阳平江（湖南）	16－18
	华容章华（湖南）	16－19
耒资片	耒阳蔡子池（湖南）	16－20
	资兴兴宁（湖南）	16－21
洞绥片	邵阳洞口（湖南）	16－22
	绥宁长铺（湖南）	16－23
怀岳片	安庆怀宁（安徽）	16－24
	岳西天堂（安徽）	16－25

16.1 昌都片

南昌西湖

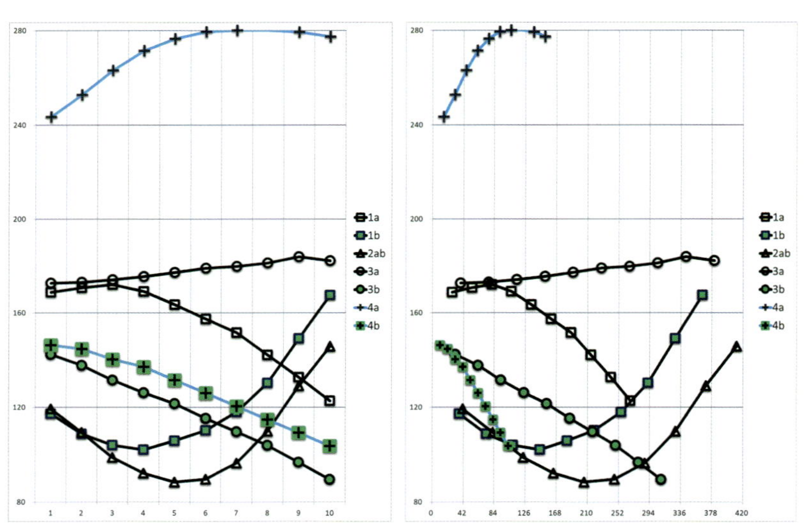

图 16－1a　单字调等长、实长音高模式－南昌西湖－OM

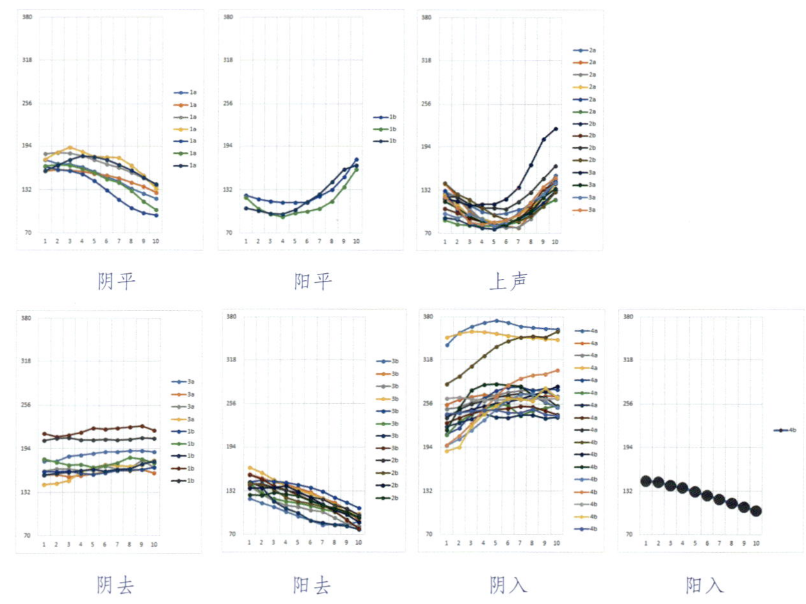

图 16－1b　今声调调域分布范围－南昌西湖－OM

老男的声调有 7 个（见图 16－1a）：

阴平 32、阳平 13、上声 213、阴去 33、阳去 21、阴入 45、阳入 21。

今调域的分布情况，因为要照顾几个特别高的阴入的音高范围，加大了今调域分布的范围，使得今调域分布的五度表达比单字调图中的数值略低，但是调类不变，具体如下（见图 16－1b）：

阴平在 21～22 之间；阳平主要在 112 的范围；上声在 212～213 之间；阴去在 22～33 之间；阳去主要在 21 的范围；阴入在 34～45 之间；阳入主要在 21 的范围。

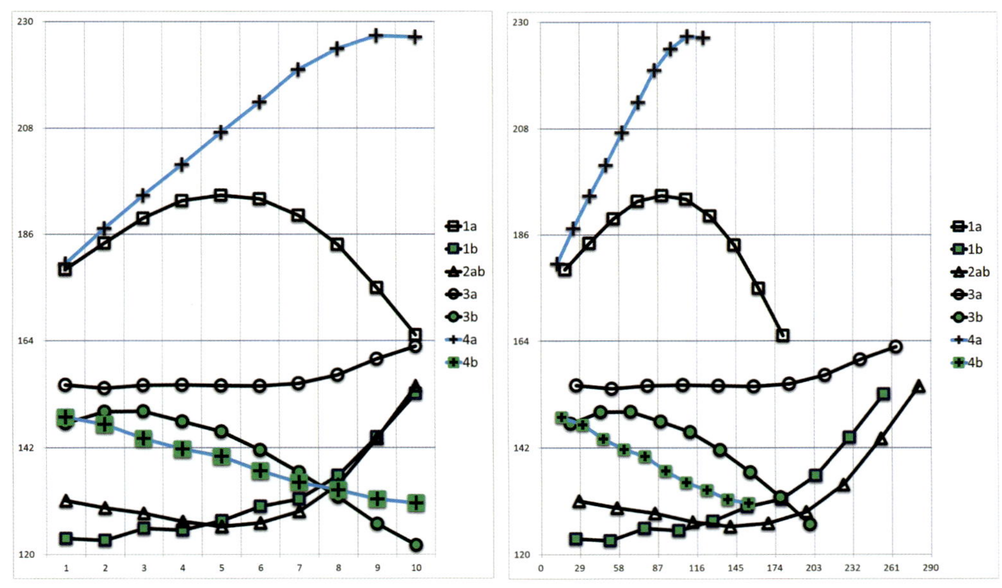

图 16－1c　单字调等长、实长音高模式－南昌西湖－YM

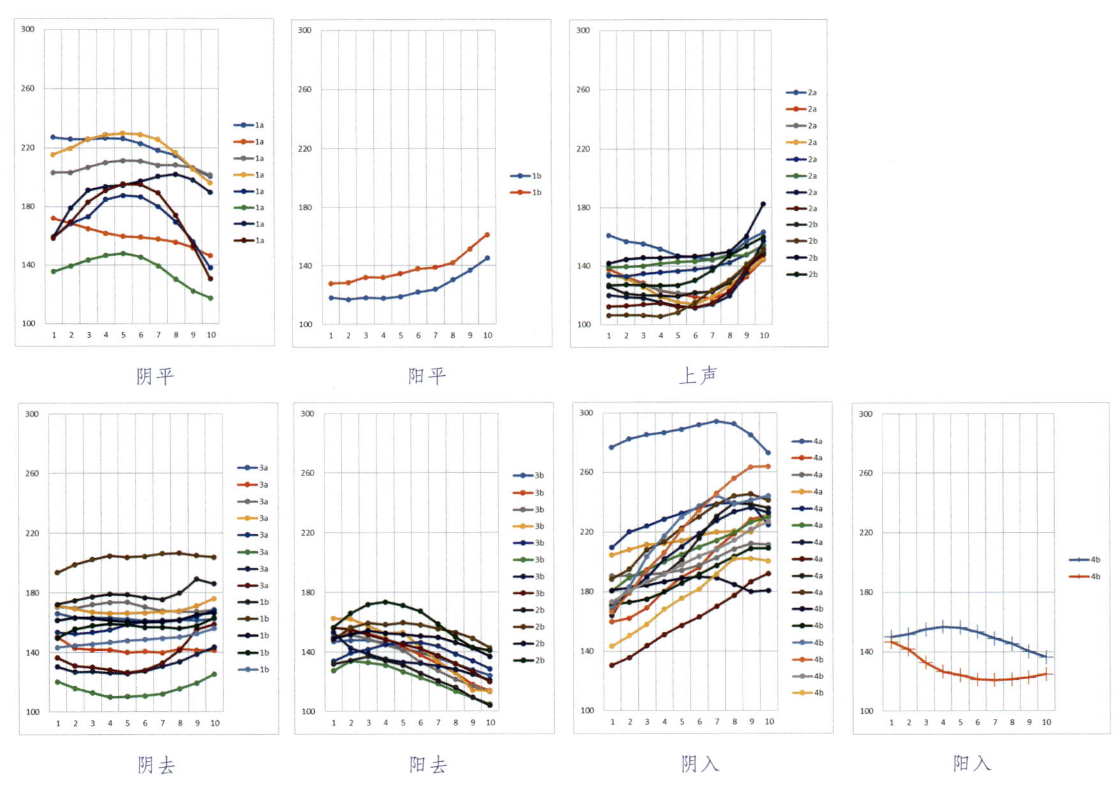

图 16－1d　今声调调域分布范围－南昌西湖－YM

青男的声调有 7 个（见图 16－1c）：

阴平 343、阳平 112、上声 213、阴去 33、阳去 21、阴入 45、阳入 21。

今调域的分布情况，同样为了照顾几个特别高的阴入的音高范围，加大了今调域分布的范围，使得今调域分布的五度表达比单字调图中的数值略低，但是调类不变，具体如下（见图 16－1d）：

阴平主要在 11～33 之间；阳平主要在 112 的范围；上声在 112～223 之间；阴去在 11～33 之间；阳去主要在 21 的范围；阴入在 13～45 之间；阳入主要在 21 的范围。

16.2 宜浏片

1. 宜春袁州

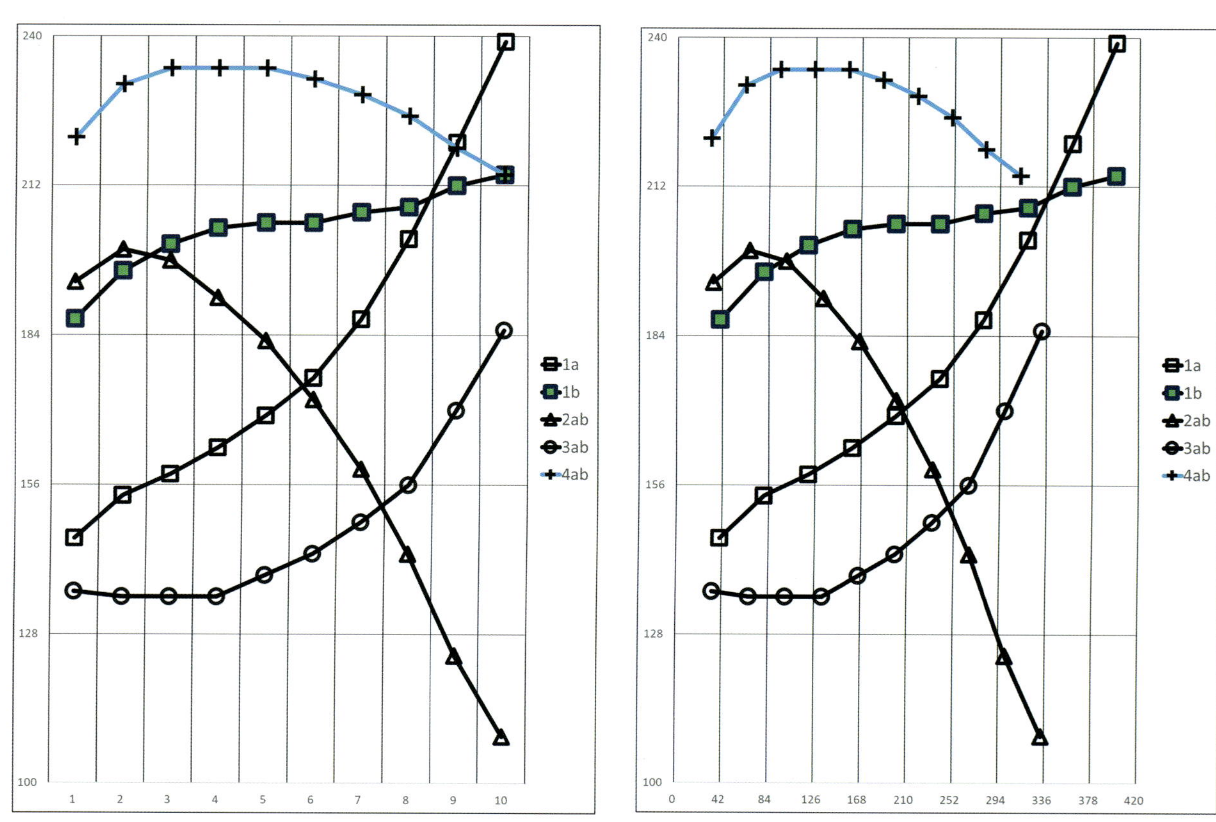

图 16－2a　单字调等长、实长音高模式－宜春袁州－OM

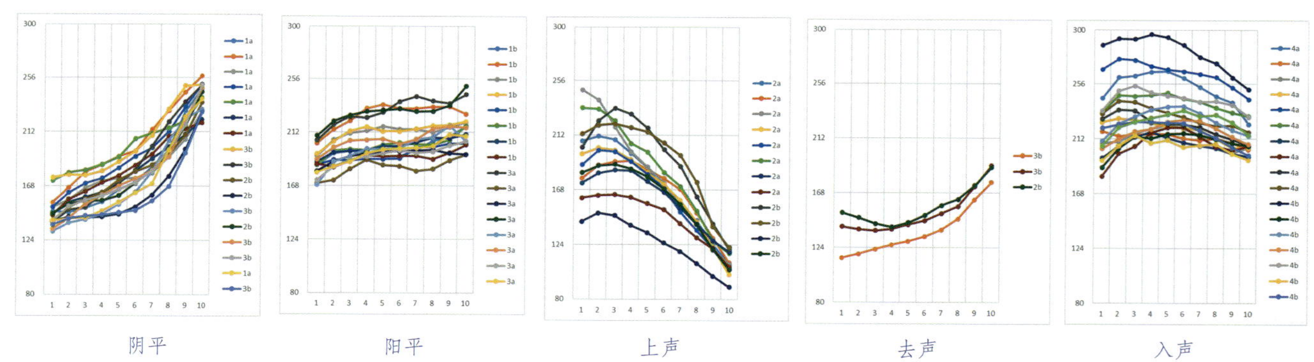

图 16－2b　今声调调域分布范围－宜春袁州－OM

老男的声调有 5 个（见图 16－2a）：

阴平 25、阳平 45、上声 41、去声 23、入声 55（略带拱度）。

今调域的分布情况（见图 16－2b）：

阴平在 23～34 之间；阳平在 34～45 之间；上声在 21～42 之间；去声在 13～23 之间；入声在 44～54 之间。

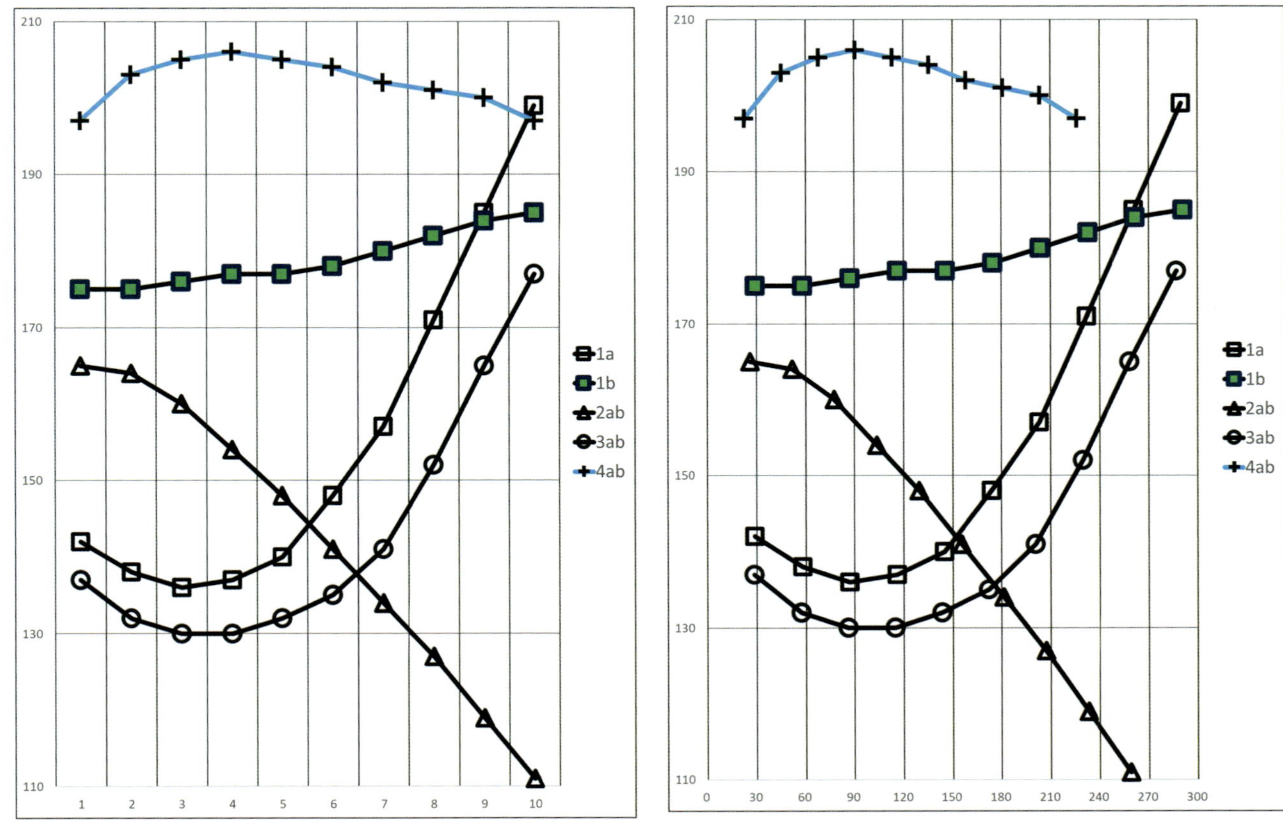

图 16－2c 单字调等长、实长音高模式－宜春袁州－YM

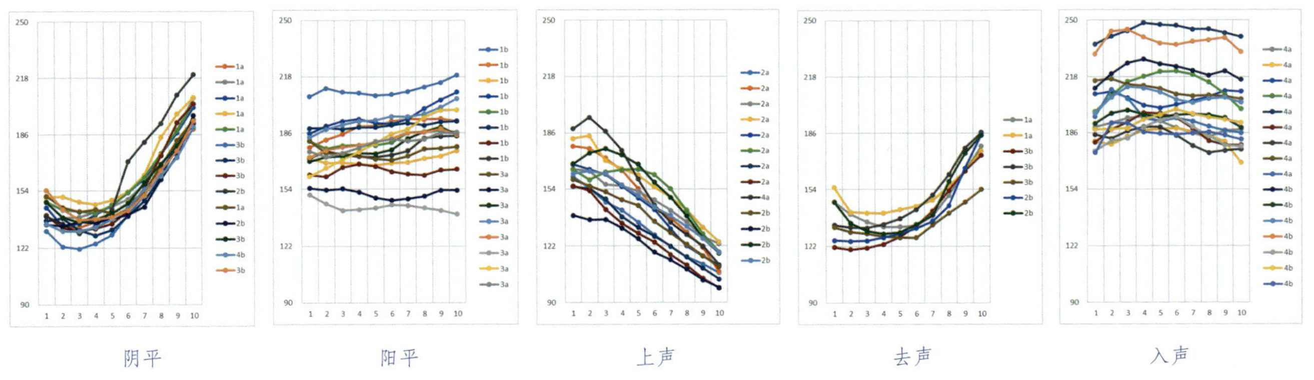

图 16－2d 今声调调域分布范围－宜春袁州－YM

青男的声调有 5 个（见图 16－2c）：

阴平 25、阳平 45、上声 31、去声 24、入声 <u>55</u>（略带拱度）。

今调域的分布情况（见图 16－2d）：

阴平主要在 24 的范围；阳平在 22～44 之间；上声在 21～42 之间；去声主要在 23 的范围；入声在 <u>44</u>～<u>55</u> 之间。

2. 铜鼓永宁

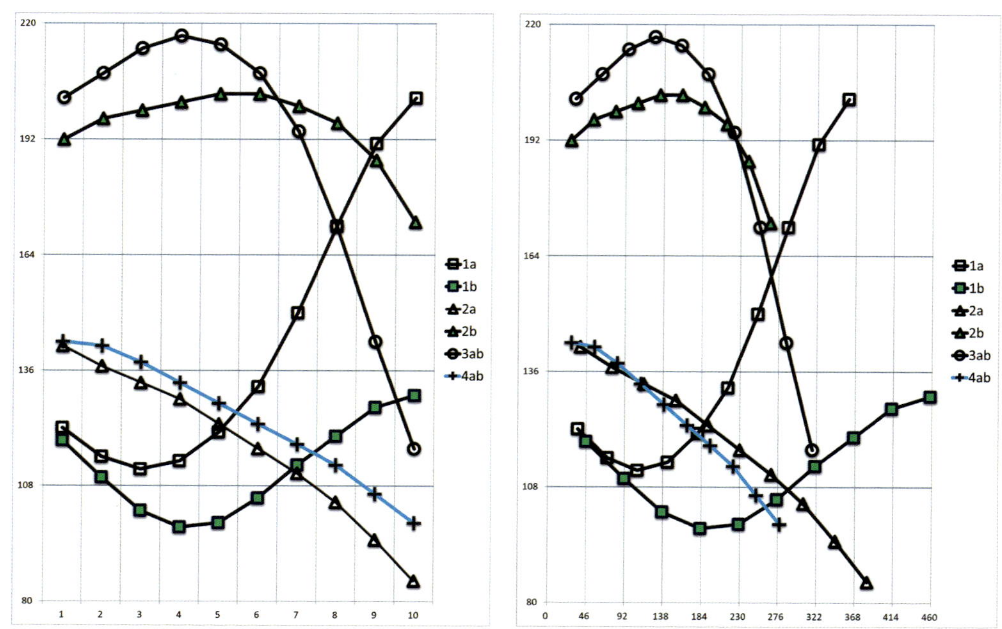

图 16－3a　单字调等长、实长音高模式－铜鼓永宁－OM

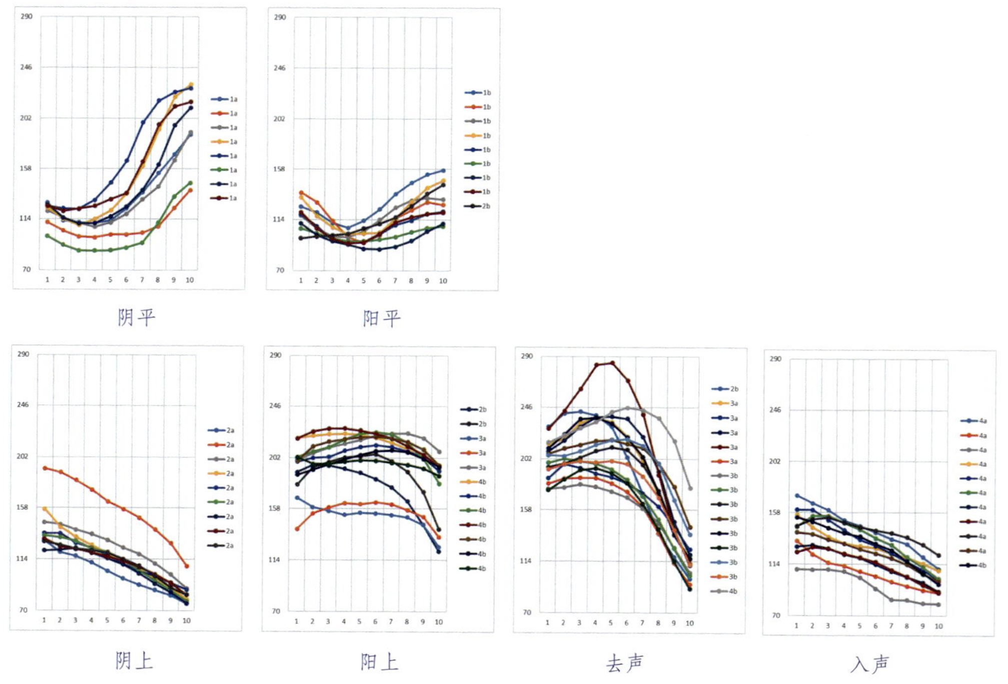

图 16－3b　今声调调域分布范围－铜鼓永宁－OM

老男的声调有 6 个（见图 16－3a）：

阴平 25、阳平 212、阴上 31、阳上 54、去声 52、入声 <u>32</u>。

今调域的分布情况（见图 16－3b）：

阴平在 112～24 之间；阳平主要在 212 的范围；阴上在 21～31 之间；阳上主要在 33～44 之间；去声在 31～453 之间；入声在 <u>21</u>～<u>32</u> 之间。

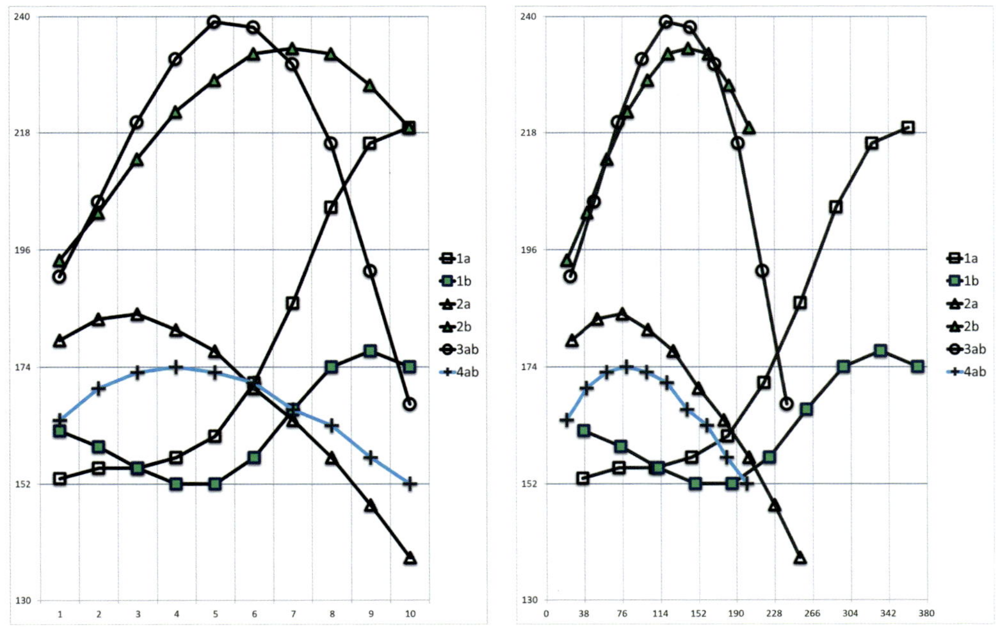

图 16－3c 单字调等长、实长音高模式－铜鼓永宁－YM

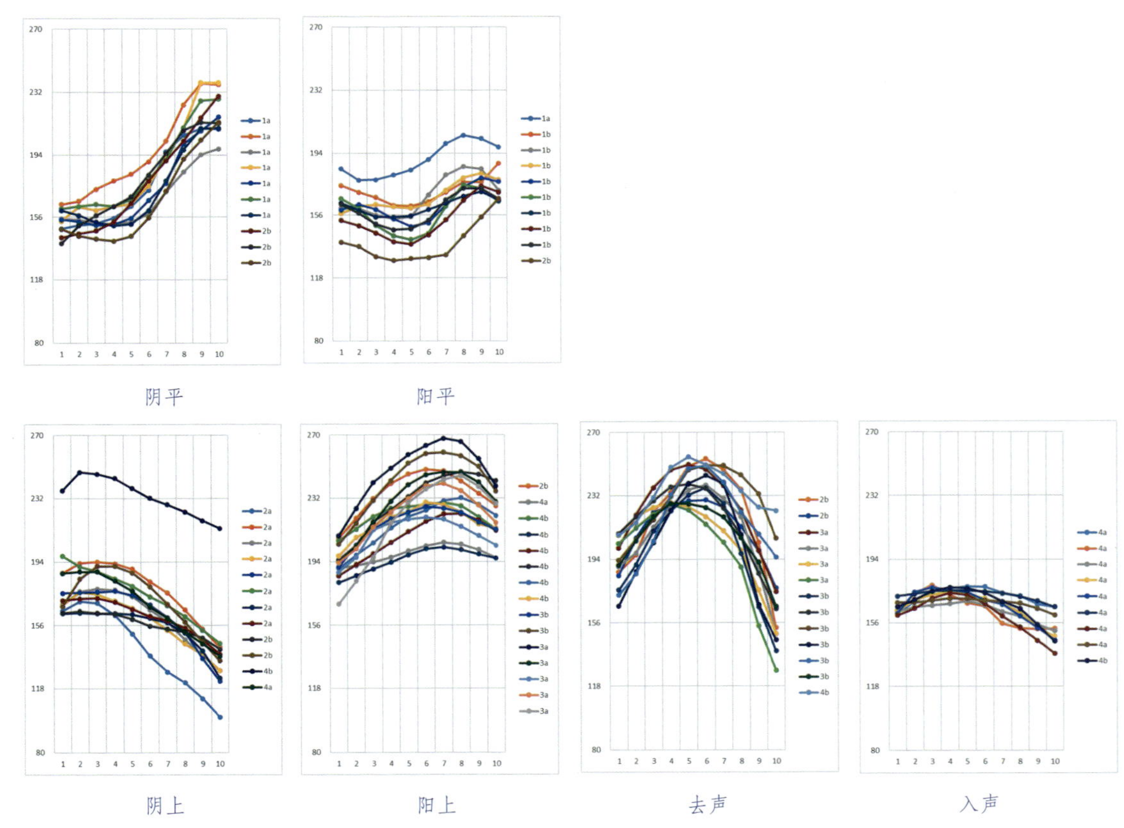

图 16－3d 今声调调域分布范围－铜鼓永宁－YM

青男的声调有 6 个（见图 16－3c）：

阴平 25、阳平 213、阴上 31、阳上 354、去声 352、入声 32。

今调域的分布情况（见图 16－3d）：

阴平在 24～35 之间；阳平在 223～334 之间；阴上主要在 31～32 之间；阳上主要在 34～45 之间；去声在 342～454 之间；入声在 332 的范围。

3. 浏阳淮川

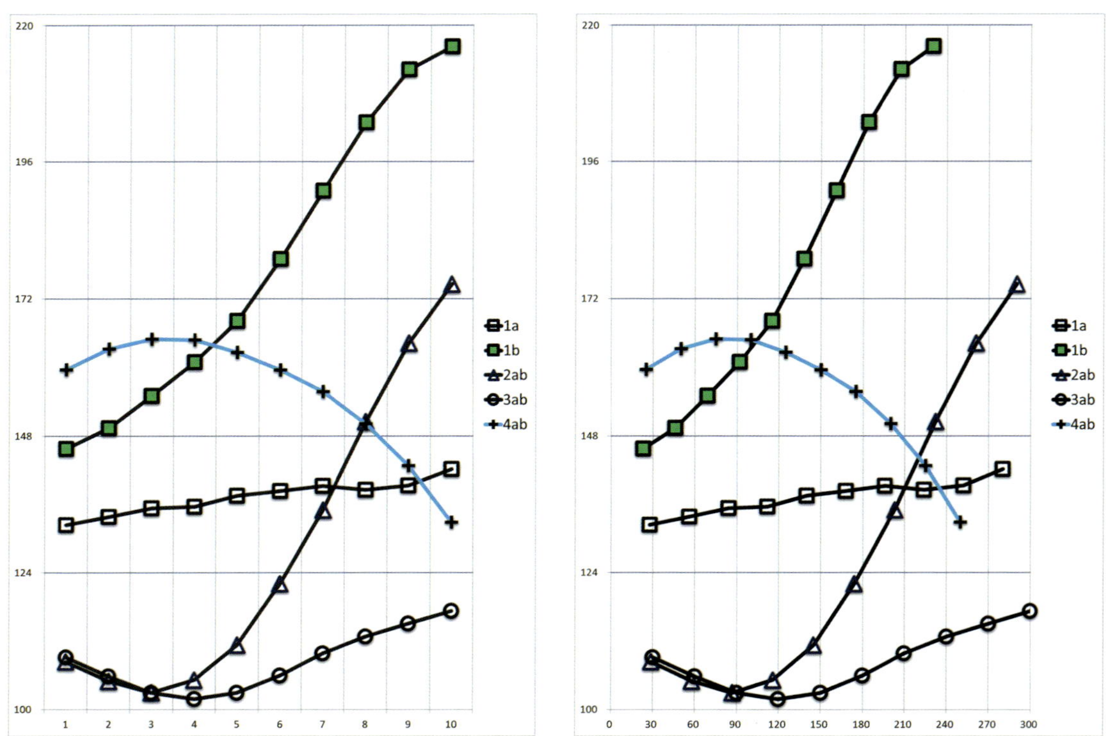

图 16－4a　单字调等长、实长音高模式－浏阳淮川－OM

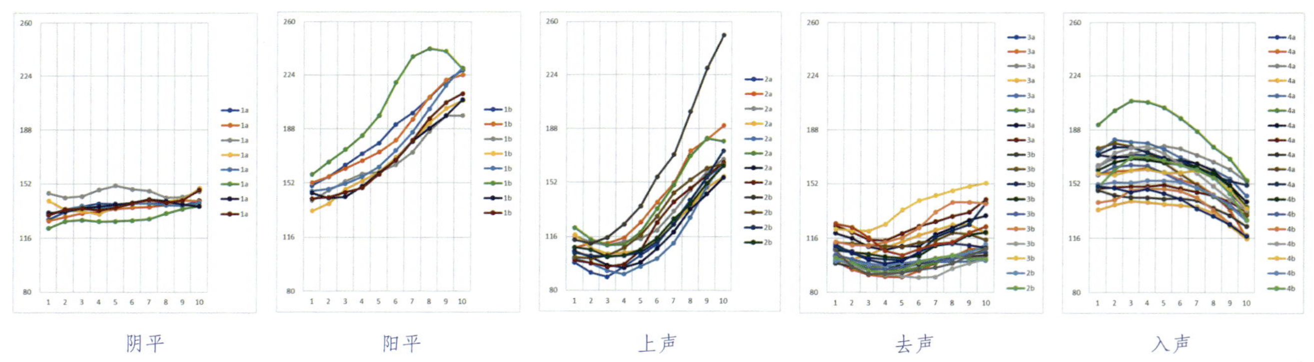

图 16－4b　今声调调域分布范围－浏阳淮川－OM

老男的声调有 5 个（见图 16－4a）：

阴平 22、阳平 35、上声 13、去声 11、入声 32。

今调域的分布情况（见图 16－4b）：

阴平主要在 22 的范围；阳平在 24～35 之间；上声在 13～25 之间；去声主要在 11～23 之间；入声在 32～43 之间。

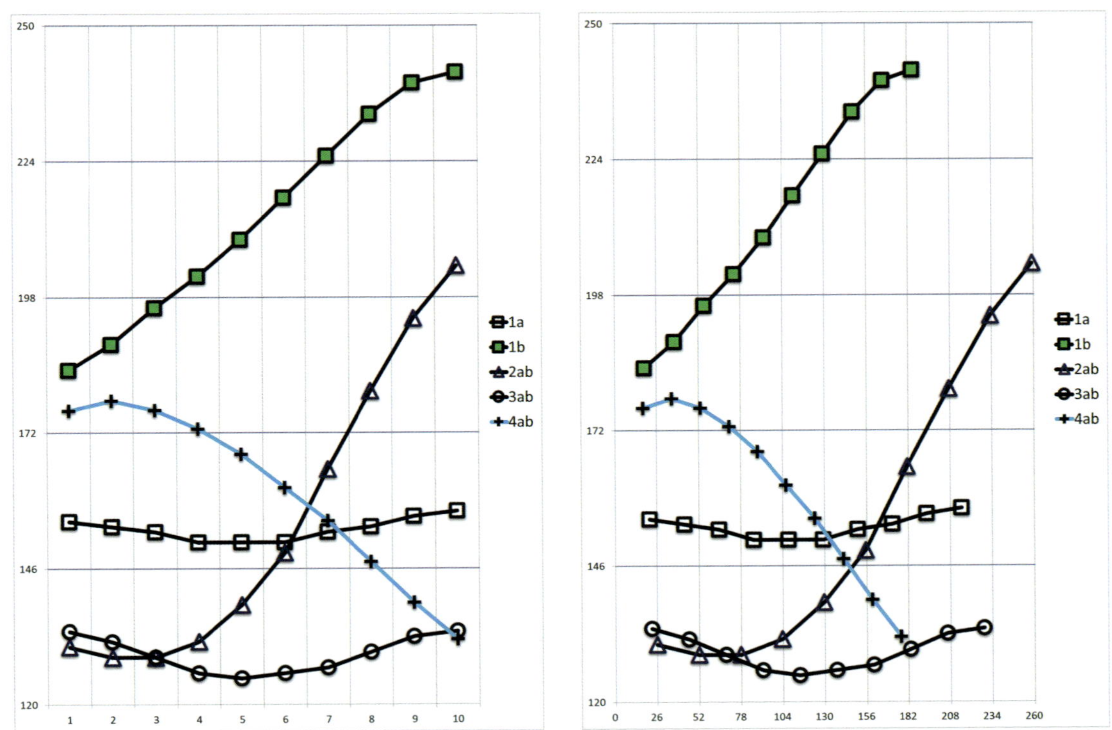

图 16－4c　单字调等长、实长音高模式－浏阳淮川－YM

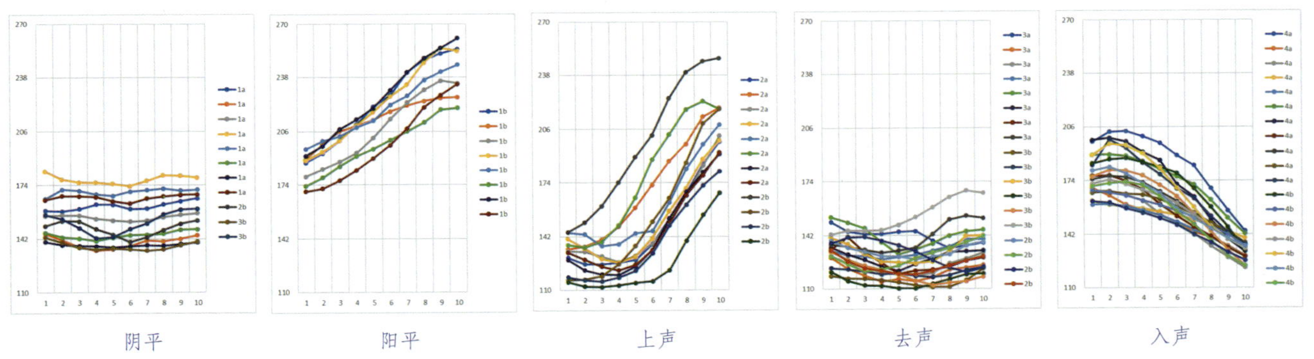

图 16－4d　今声调调域分布范围－浏阳淮川－YM

青男的声调有 5 个（见图 16－4c）：

阴平 22、阳平 35、上声 14、去声 11、入声 31。

今调域的分布情况（见图 16－4d）：

阴平在 22～33 之间；阳平在 24～35 之间；上声在 12～25 之间；去声主要在 11～23 之间；入声在 21～32 之间。

4. 醴陵仙岳山

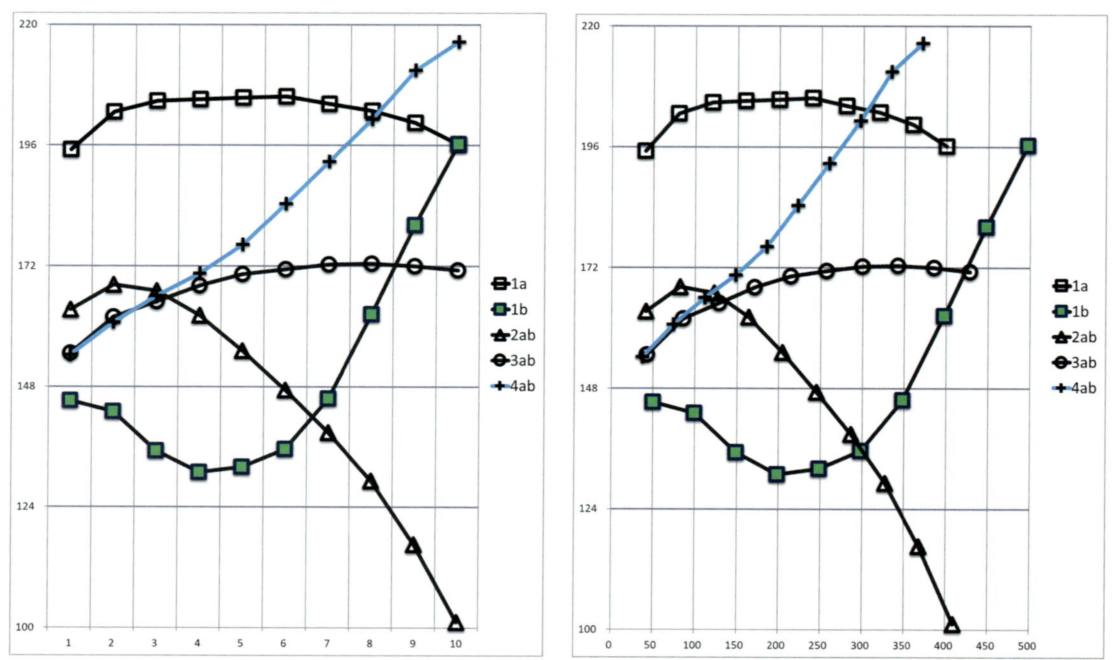

图 16－5a　单字调等长、实长音高模式－醴陵仙岳山－OM

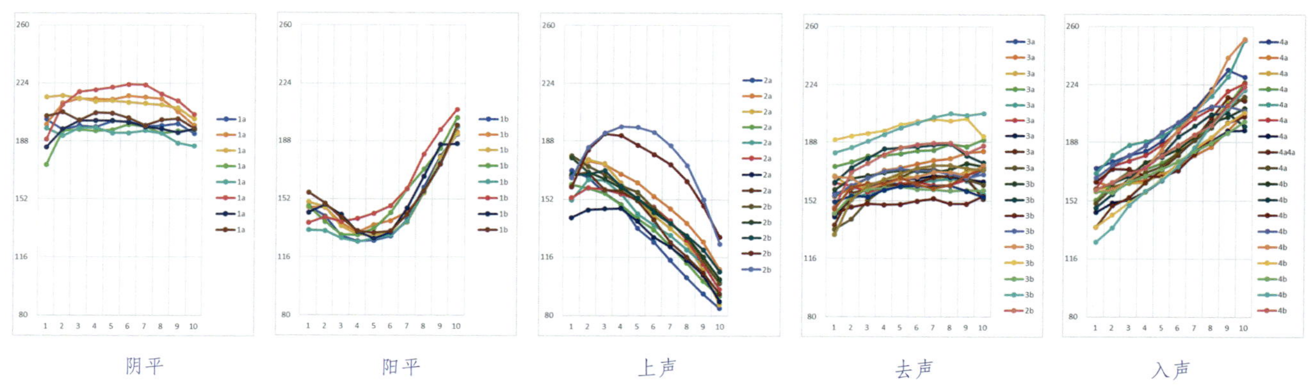

图 16－5b　今声调调域分布范围－醴陵仙岳山－OM

老男的声调有 5 个（见图 16－5a）：

阴平 55、阳平 214、上声 31、去声 33、入声 35。

今调域的分布情况（见图 16－5b）：

阴平主要在 44 的范围；阳平主要在 324 的范围；上声在 21～342 之间；去声主要在 23～44 之间；入声在 24～35 之间。

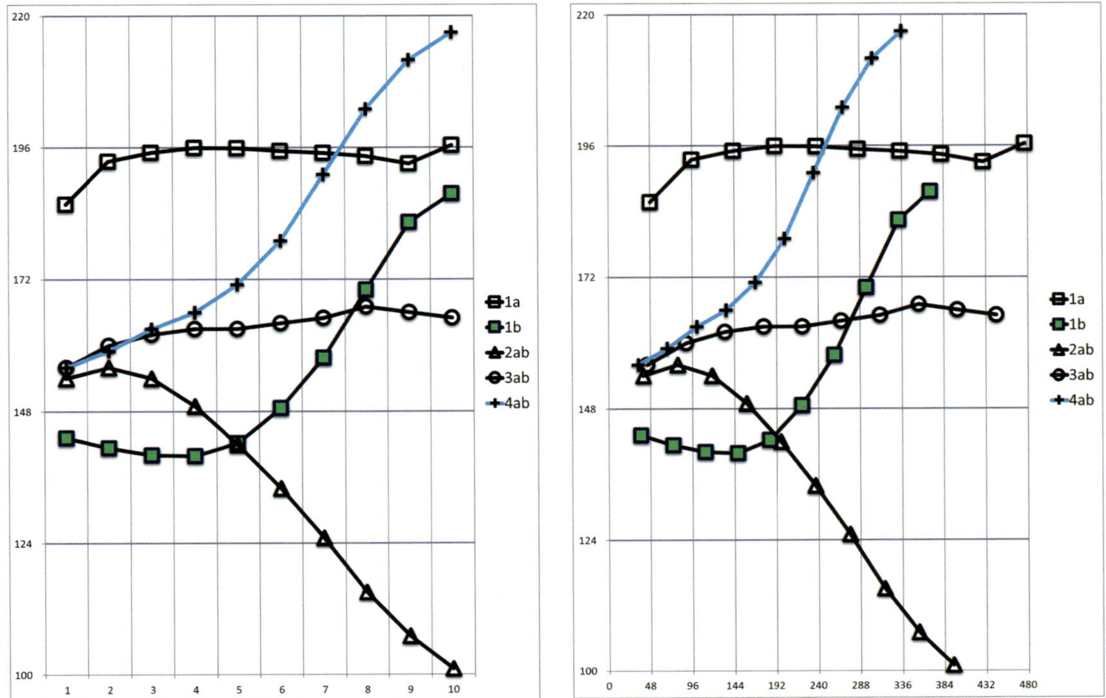

图 16-5c 单字调等长、实长音高模式-醴陵仙岳山-YM

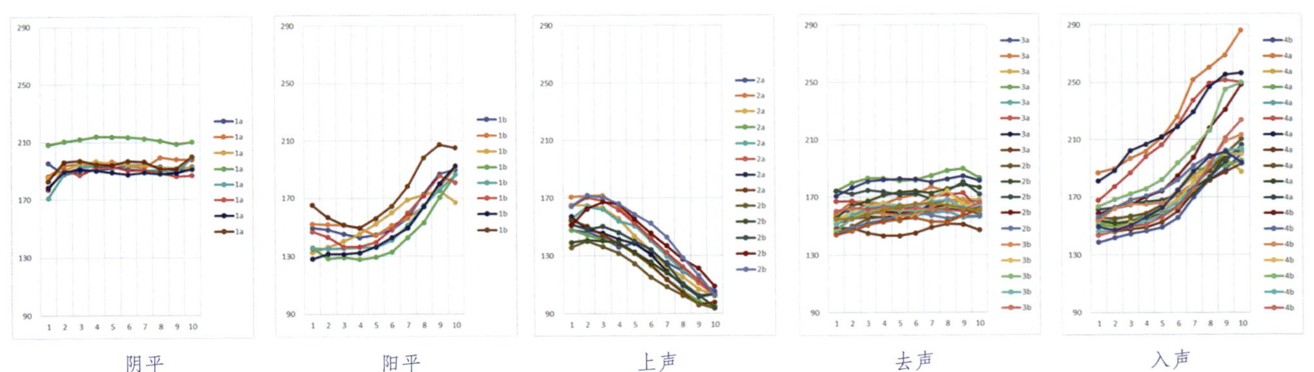

图 16-5d 今声调调域分布范围-醴陵仙岳山-YM

青男的声调有 5 个（见图 16-5c）：

阴平 55、阳平 224、上声 31、去声 33、入声 35。

今调域的分布情况（见图 16-5d）：

阴平在 33~44 之间；阳平在 223~224 之间；上声主要在 21 的范围；去声在 22~33 之间；入声在 23~35 之间。

16.3 吉茶片

1. 吉安吉州

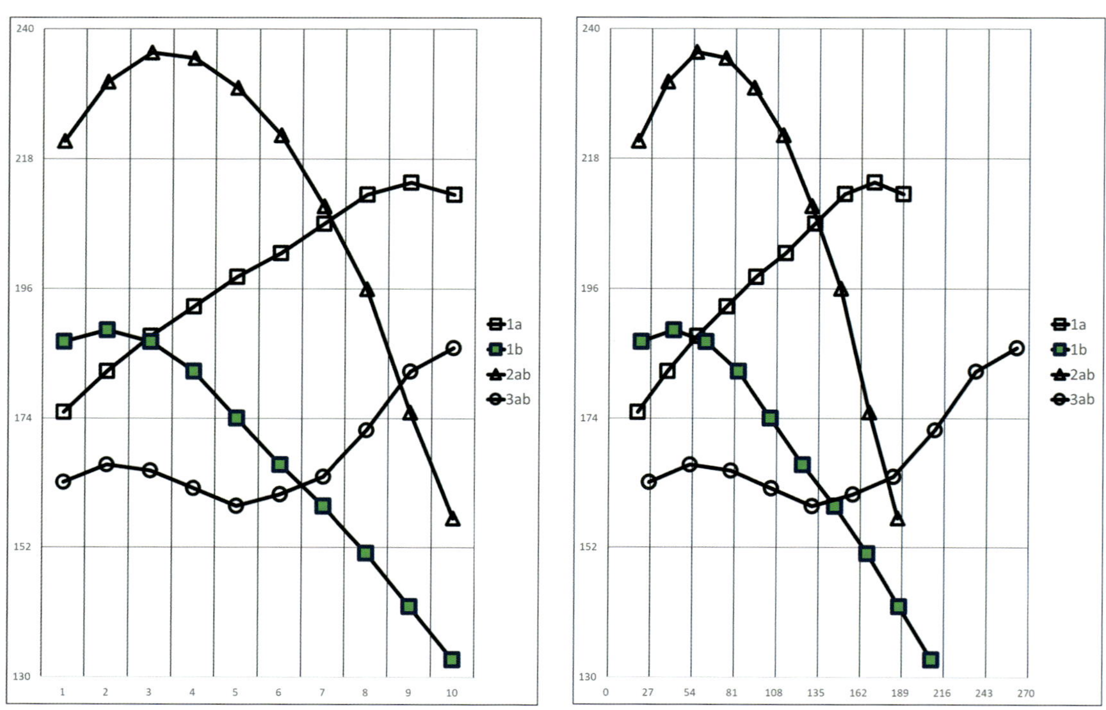

图 16－6a 单字调等长、实长音高模式－吉安吉州－OM

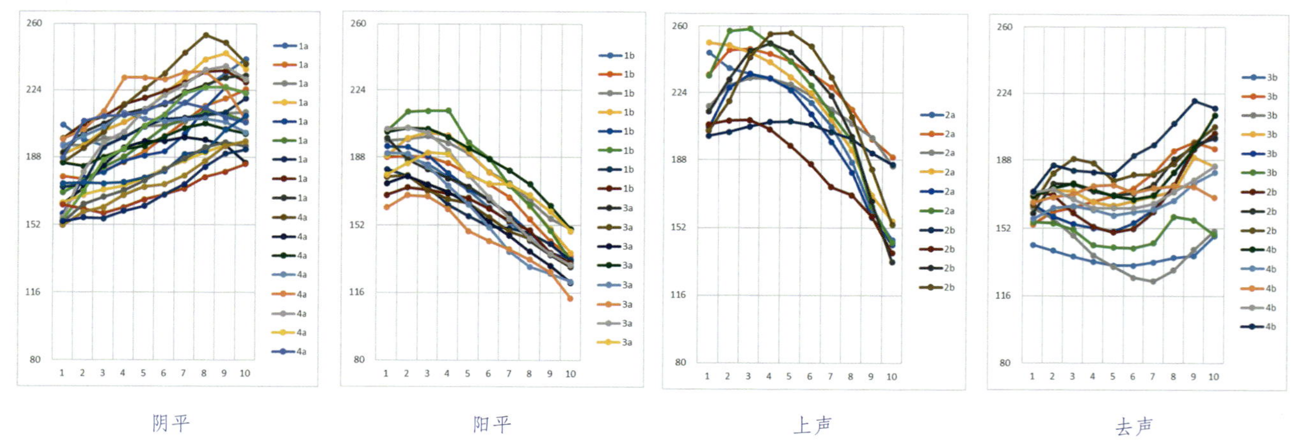

图 16－6b 今声调调域分布范围－吉安吉州－OM

老男的声调有 4 个（见图 16－6a）：

阴平 34、阳平 31、上声 52、去声 324。

今调域的分布情况（见图 16－6b）：

阴平在 34～45 之间；阳平在 32～43 之间；上声主要在 42～54 之间；去声在 322～334 之间。

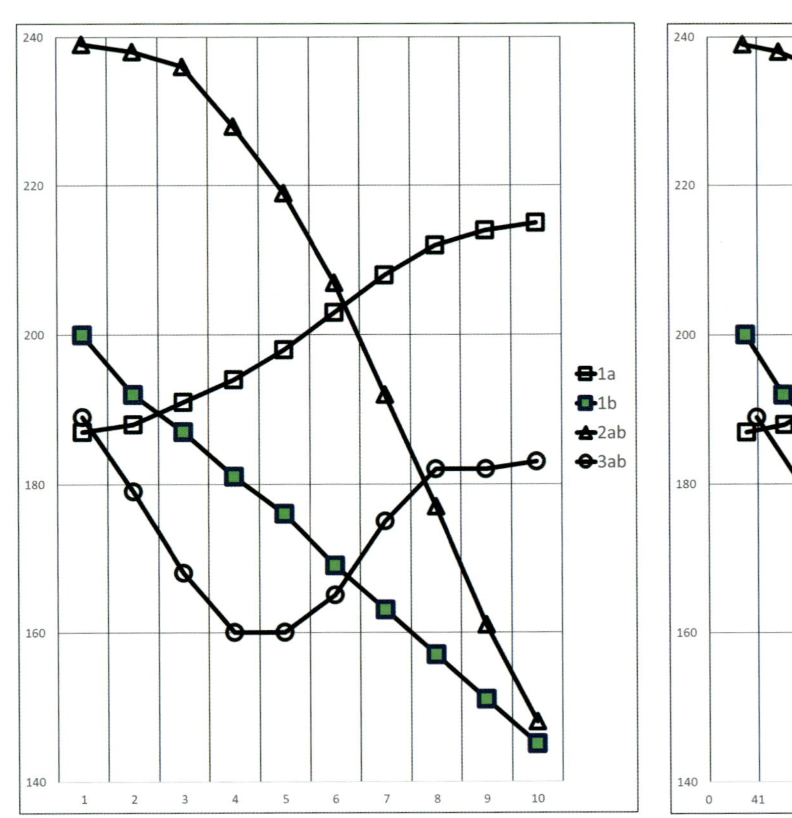

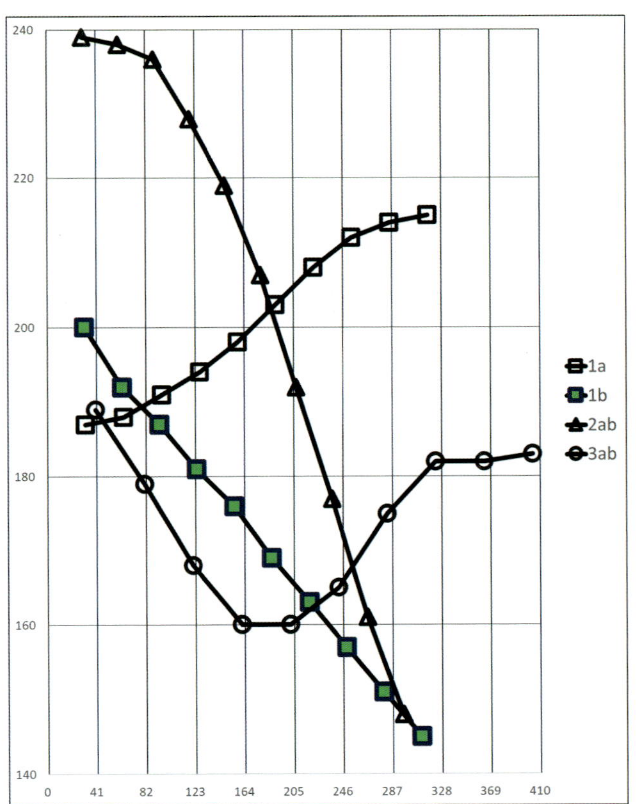

图 16－6c　单字调等长、实长音高模式－吉安吉州－YM

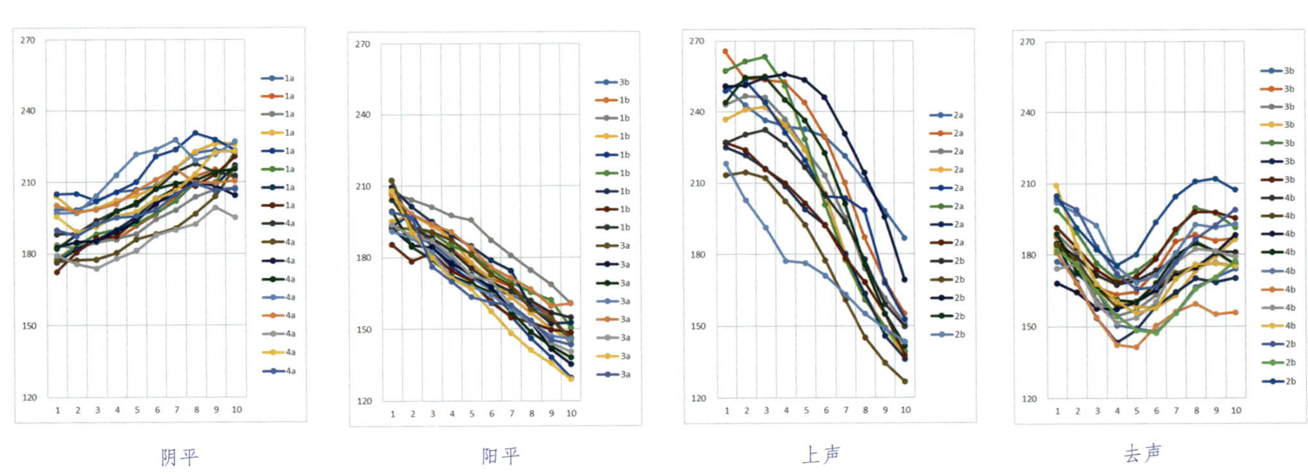

图 16－6d　今声调调域分布范围－吉安吉州－YM

青男的声调有 4 个（见图 16－6c）：

阴平 34、阳平 31、上声 51、去声 323。

今调域的分布情况（见图 16－6d）：

阴平在 23～34 之间；阳平在 31～32 之间；上声在 31～53 之间；去声在 212～323 之间。

2. 遂川泉江

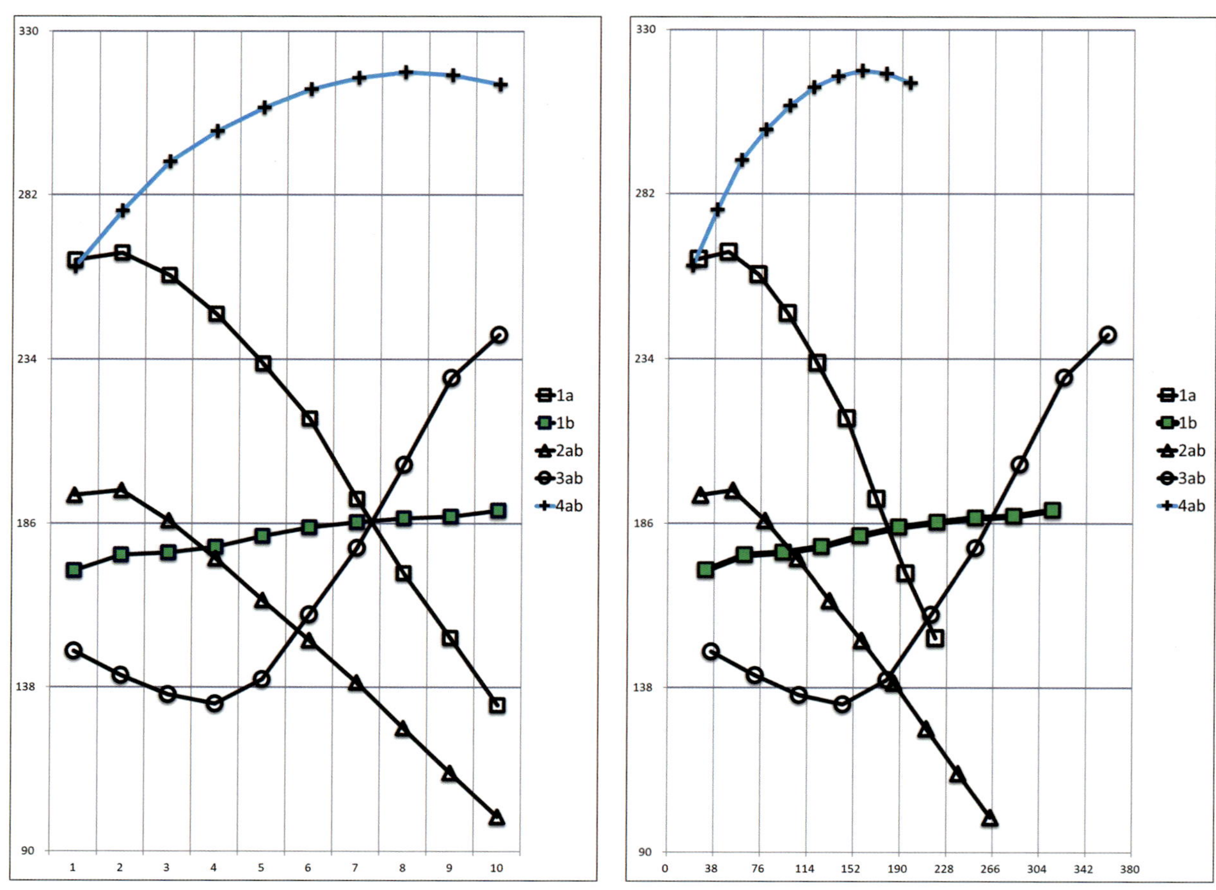

图 16－7a　单字调等长、实长音高模式－遂川泉江－OM

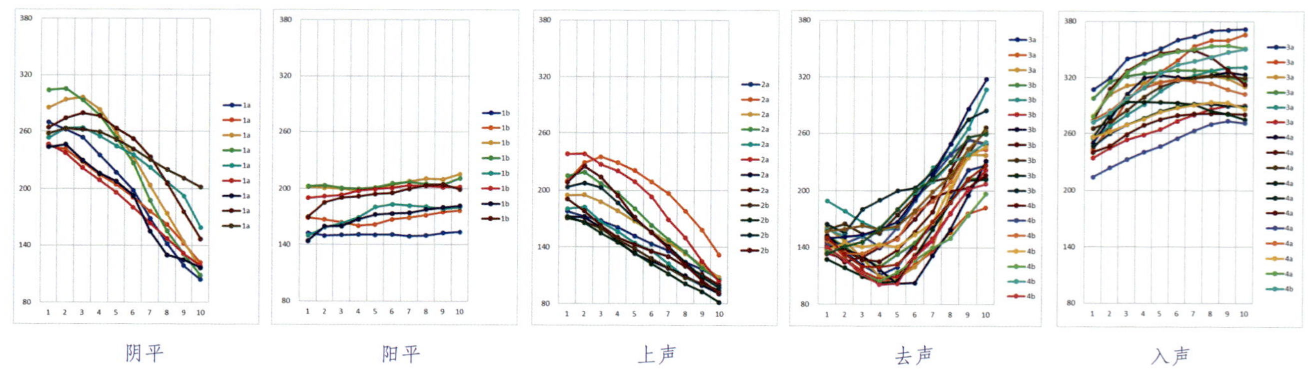

图 16－7b　今声调调域分布范围－遂川泉江－OM

老男的声调有 5 个（见图 16－7a）：

阴平 42、阳平 33、上声 31、去声 214、入声 45。

今调域的分布情况（见图 16－7b）：

阴平在 31～42 之间；阳平主要在 22～33 之间；上声在 21～31 之间；去声主要在 212～324 之间；入声在 34～45 之间。

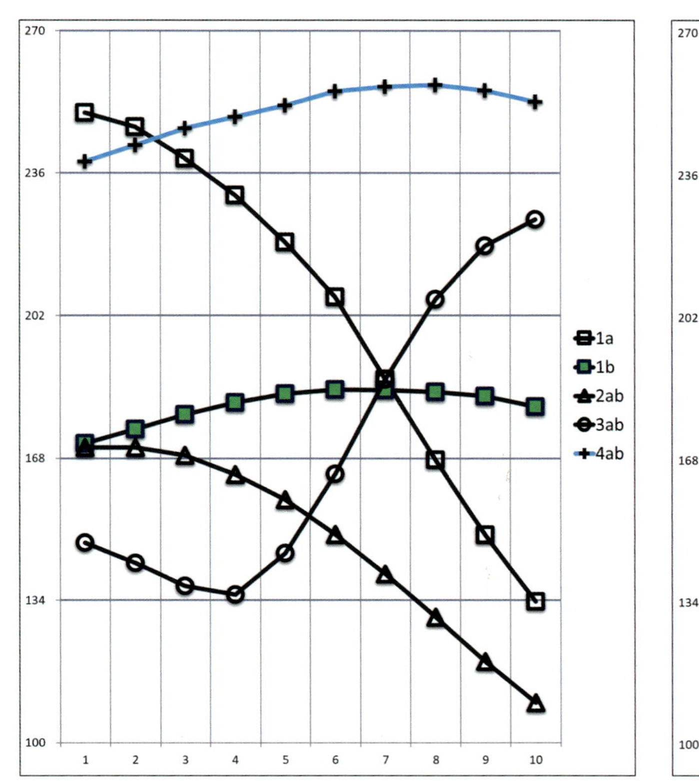

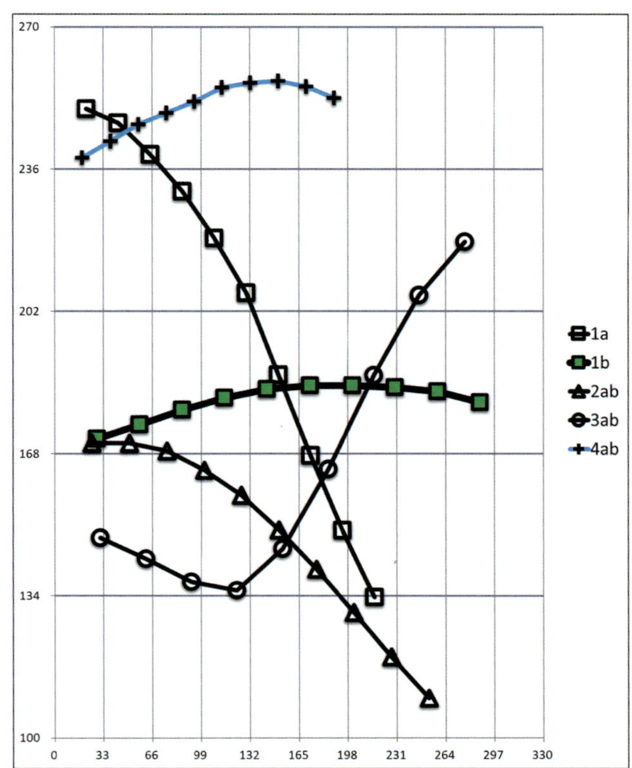

图 16－7c　单字调等长、实长音高模式－遂川泉江－YM

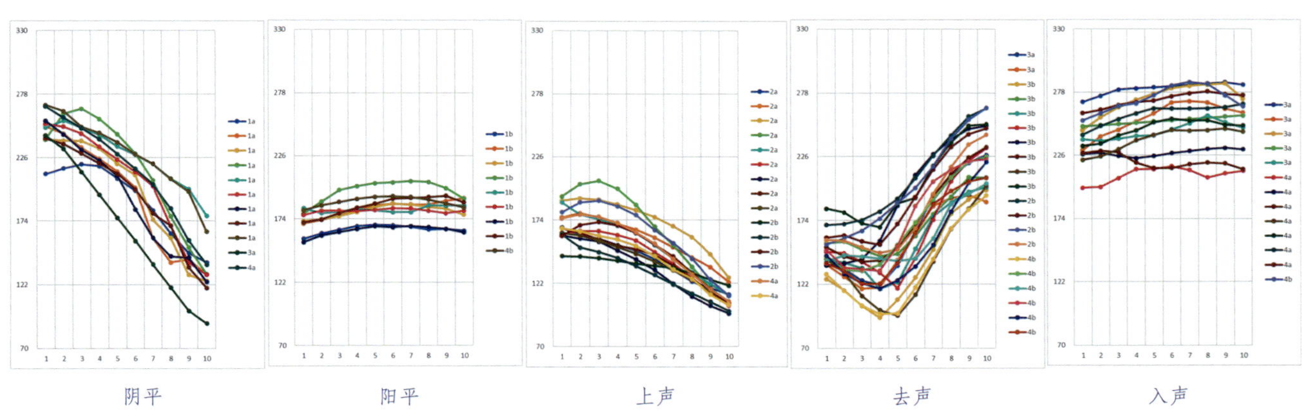

图 16－7d　今声调调域分布范围－遂川泉江－YM

青男的声调有 5 个（见图 16－7c）：

阴平 52、阳平 33、上声 21、去声 214、入声 45。

今调域的分布情况（见图 16－7d）：

阴平在 31～43 之间；阳平主要在 22～33 之间；上声在 21～32 之间；去声主要在 213～324 之间；入声在 33～44 之间。

3. 茶陵城关

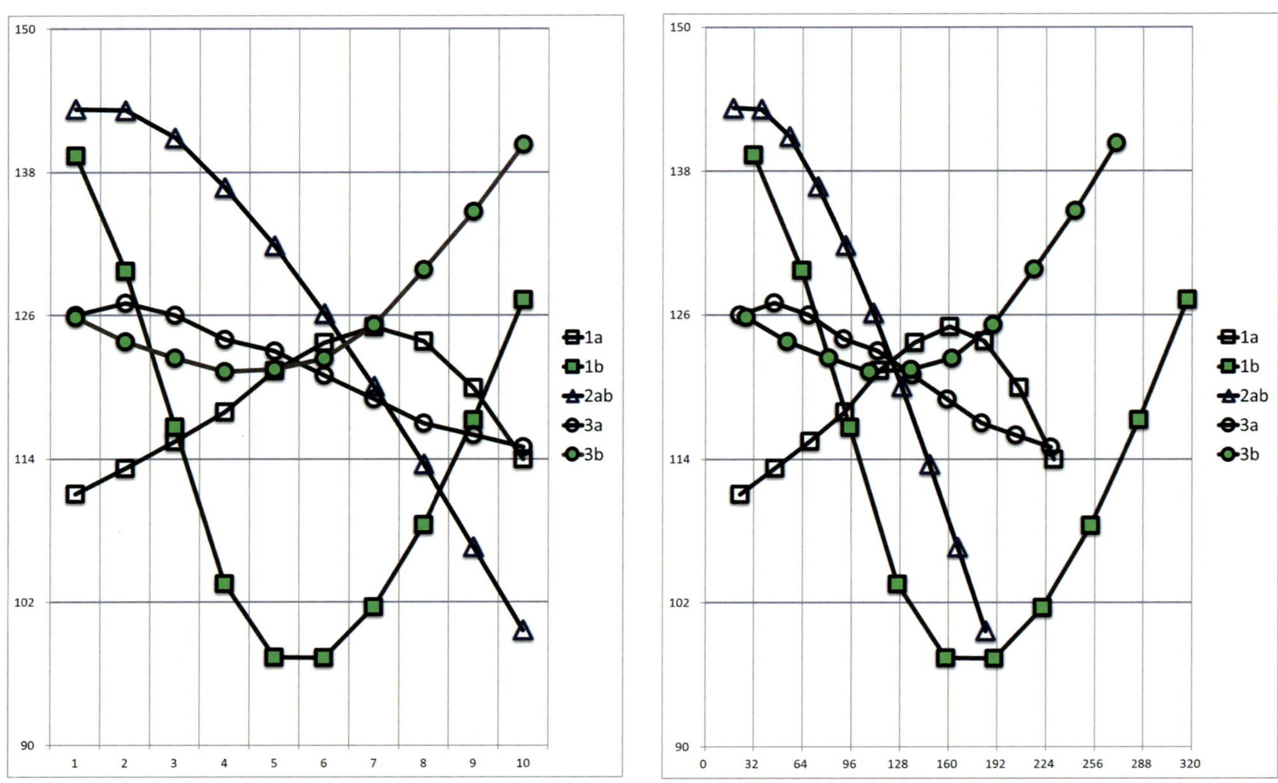

图 16－8a 单字调等长、实长音高模式－茶陵城关－OM

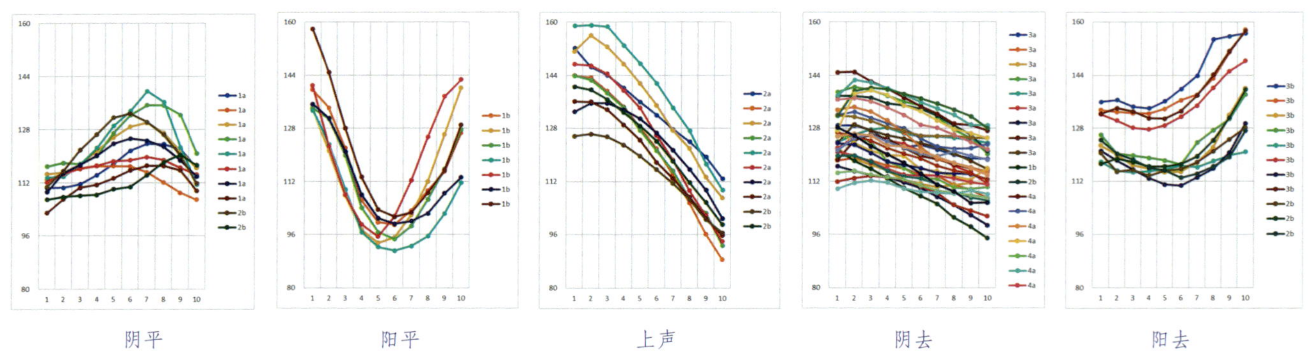

图 16－8b 今声调调域分布范围－茶陵城关－OM

老男的声调有 5 个（见图 16－8a）：

阴平 232、阳平 514、上声 51、阴去 43、阳去 435。

今调域的分布情况（见图 16－8b）：

阴平在 23～343 之间；阳平在 412～524 之间；上声在 31～53 之间；阴去在 32～54 之间；阳去在 323～435 之间。

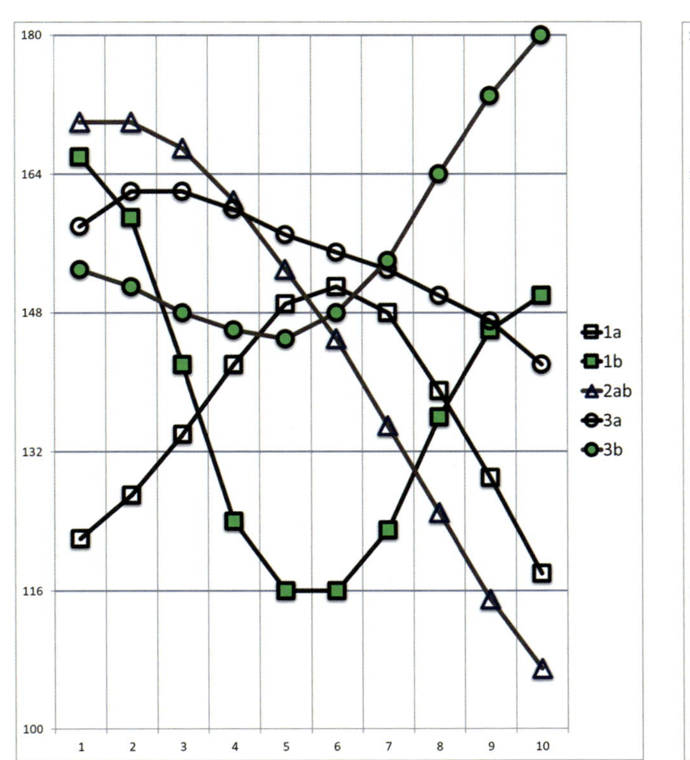

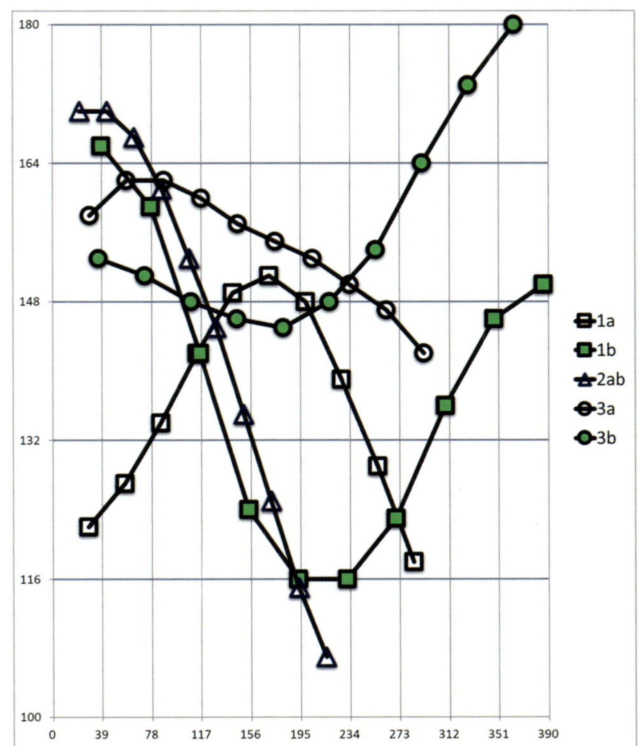

图 16－8c　单字调等长、实长音高模式－茶陵城关－YM

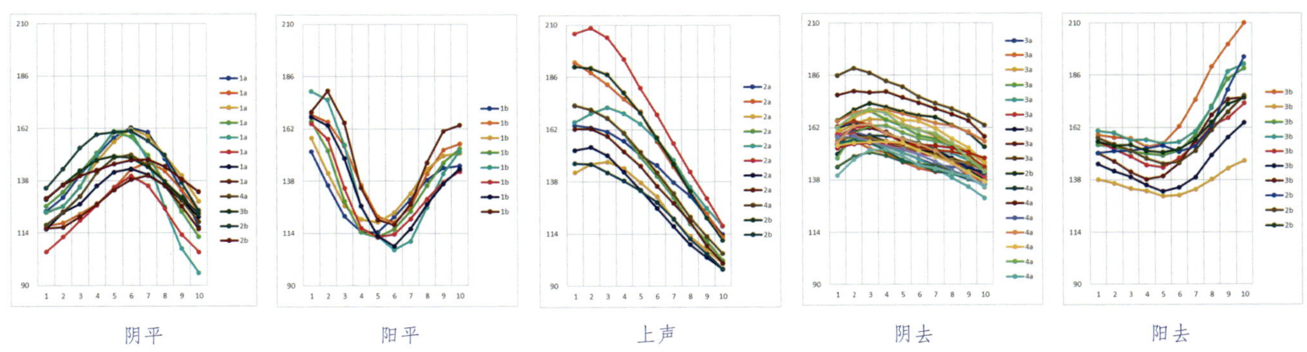

图 16－8d　今声调调域分布范围－茶陵城关－YM

青男的声调有 5 个（见图 16－8c）：

阴平 232、阳平 424、上声 51、阴去 43、阳去 435。

今调域的分布情况（见图 16－8d）：

阴平在 121～232 之间；阳平在 313～424 之间；上声在 31～52 之间；阴去在 32～54 之间；阳去在 323～325 之间。

4. 炎陵沔渡

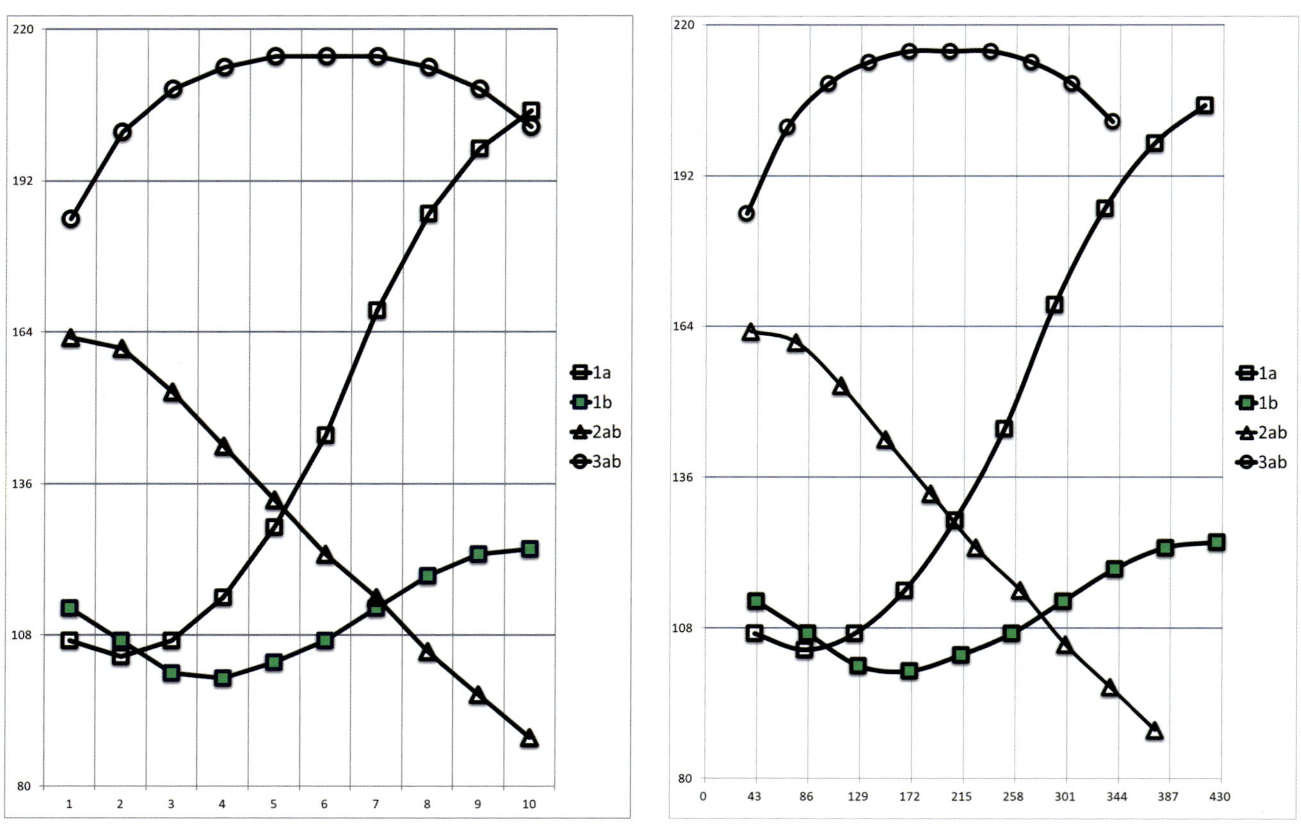

图 16－9a　单字调等长、实长音高模式－炎陵沔渡－OM

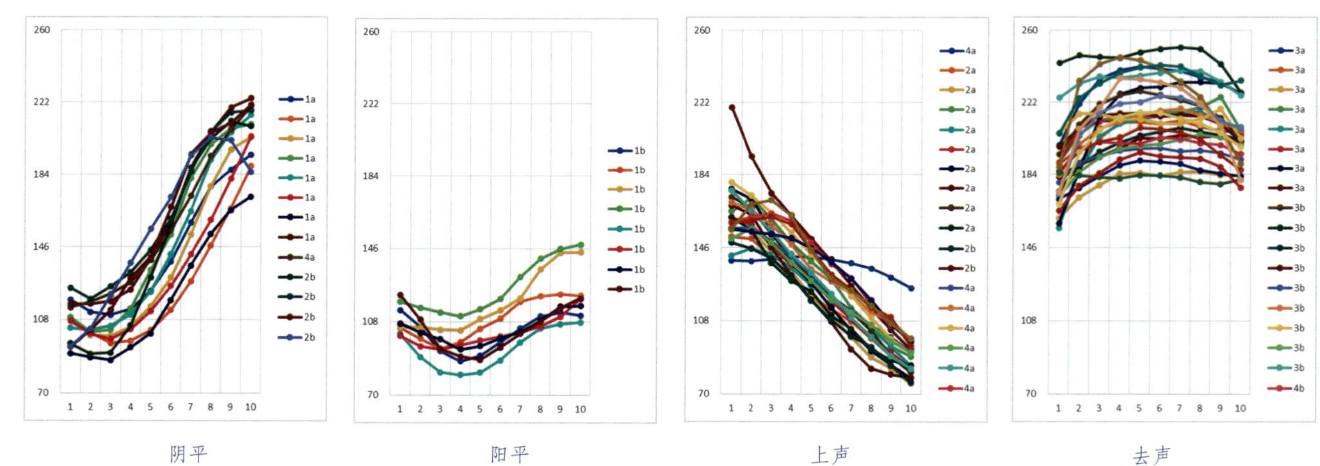

图 16－9b　今声调调域分布范围－炎陵沔渡－OM

老男的声调有 4 个（见图 16－9a）：

阴平 25、阳平 212、上声 31、去声 455。

今调域的分布情况（见图 16－9b）：

阴平在 13～24 之间；阳平在 212～223 之间；上声在 21～42 之间；去声主要在 44～55 之间。

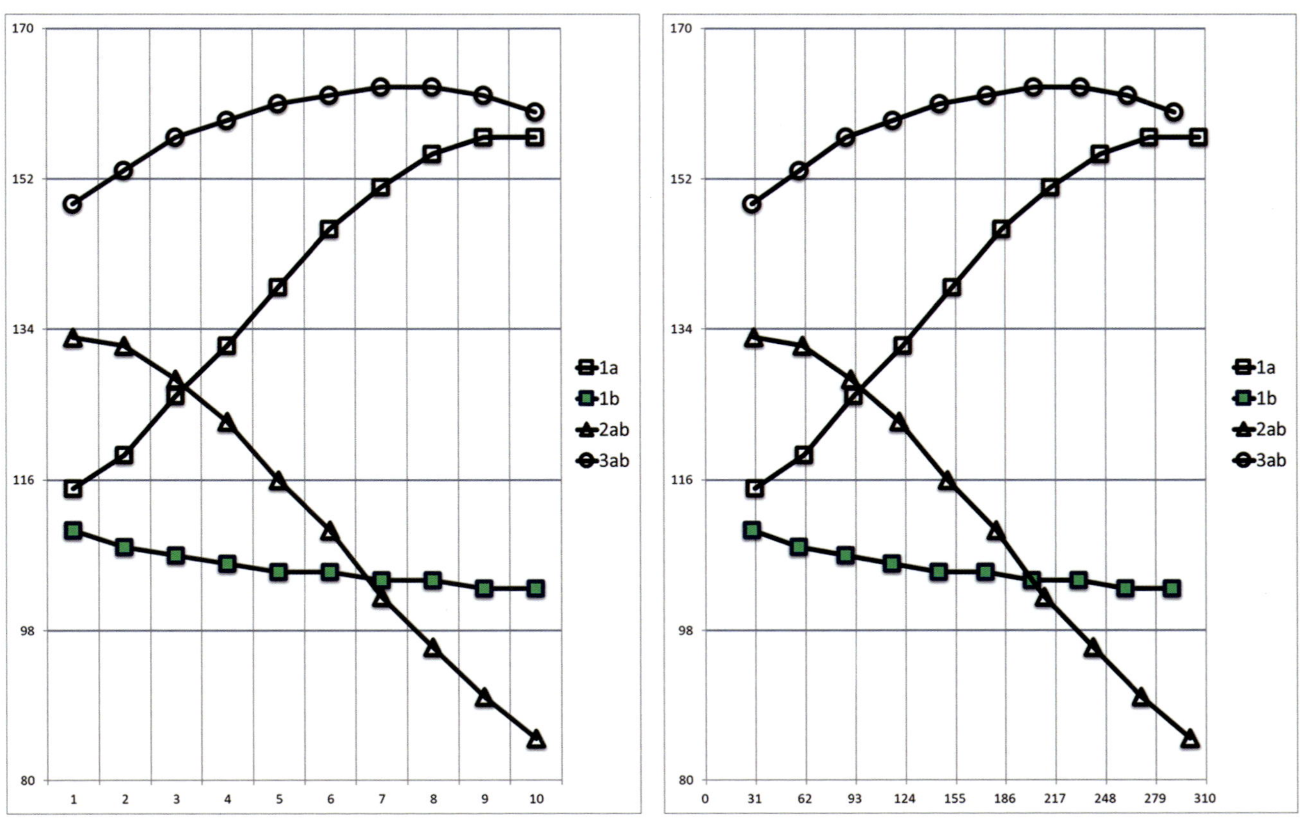

图 16－9c　单字调等长、实长音高模式－炎陵沔渡－YM

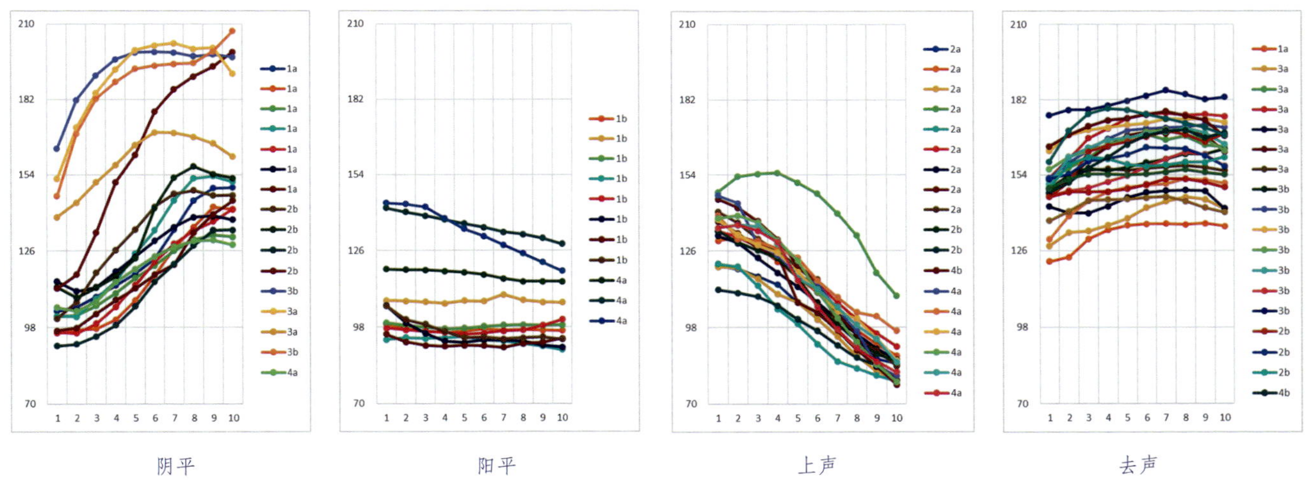

图 16－9d　今声调调域分布范围－炎陵沔渡－YM

青男的声调有 4 个（见图 16－9c）：

阴平 25、阳平 22、上声 31、去声 455。

今调域的分布情况（见图 16－9d）：

阴平在 13～45 之间；阳平在 22～33 之间；上声在 21～32 之间；去声主要在 33～44 之间。

16.4 抚广片

1. 抚州临川

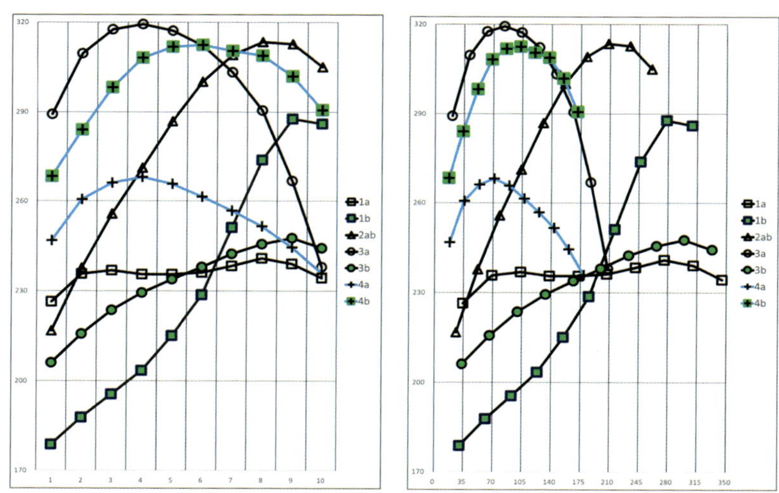

图 16－10a 单字调等长、实长音高模式－抚州临川－OM

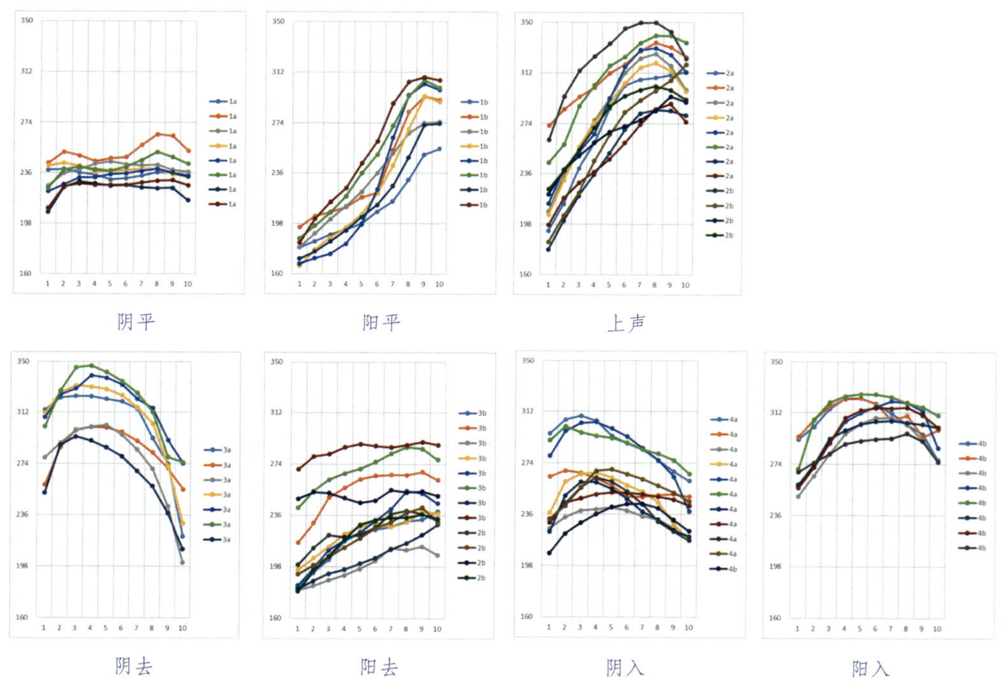

图 16－10b 今声调调域分布范围－抚州临川－OM

老男的声调有 7 个（见图 16－10a）：

阴平 33、阳平 14、上声 25、阴去 453、阳去 23、阴入 343、阳入 454。

今调域的分布情况（见图 16－10b）：

阴平在 22～33 之间；阳平在 13～24 之间；上声在 14～35 之间；阴去在 342～453 之间；阳去主要在 12～34 之间；阴入在 232～443 之间；阳入在 343～454 之间。

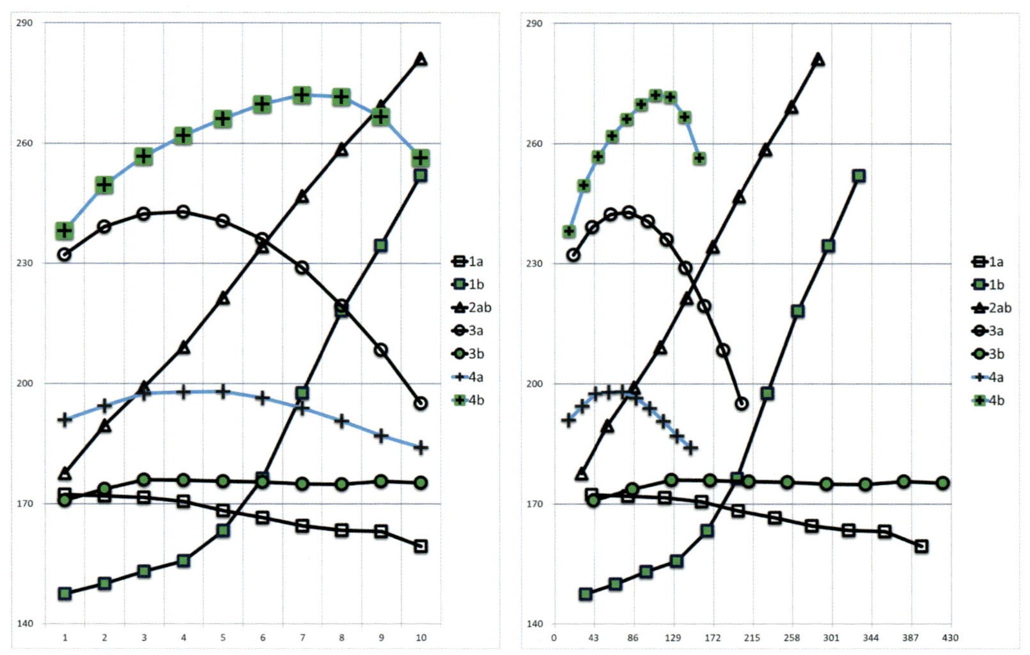

图 16－10c　单字调等长、实长音高模式－抚州临川－YM

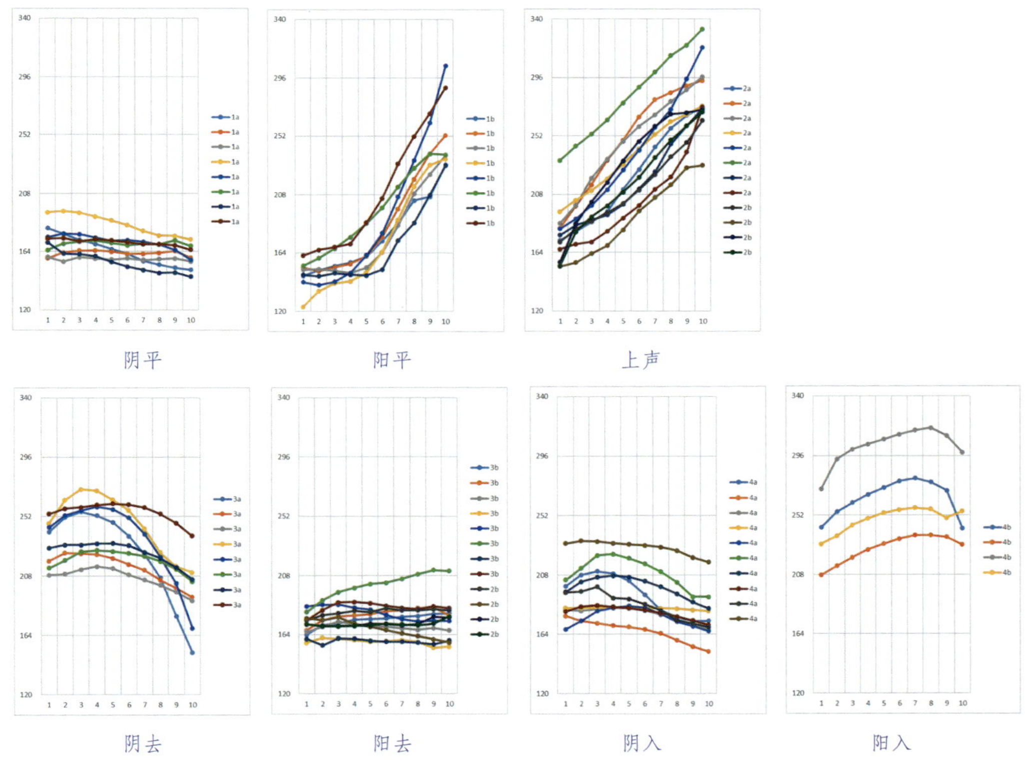

图 16－10d　今声调调域分布范围－抚州临川－YM

青男的声调有 7 个（见图 16－10c）：

阴平 21、阳平 14、上声 25、阴去 42、阳去 22、阴入 <u>232</u>、阳入 <u>454</u>。

今调域的分布情况（见图 16－10d）：

阴平主要在 21 的范围；阳平在 13～25 之间；上声在 13～35 之间；阴去在 332～342 之间；阳去主要在 22 的范围；阴入在 <u>21</u>～<u>33</u> 之间；阳入在 <u>34</u>～<u>45</u> 之间。

2. 黎川日峰

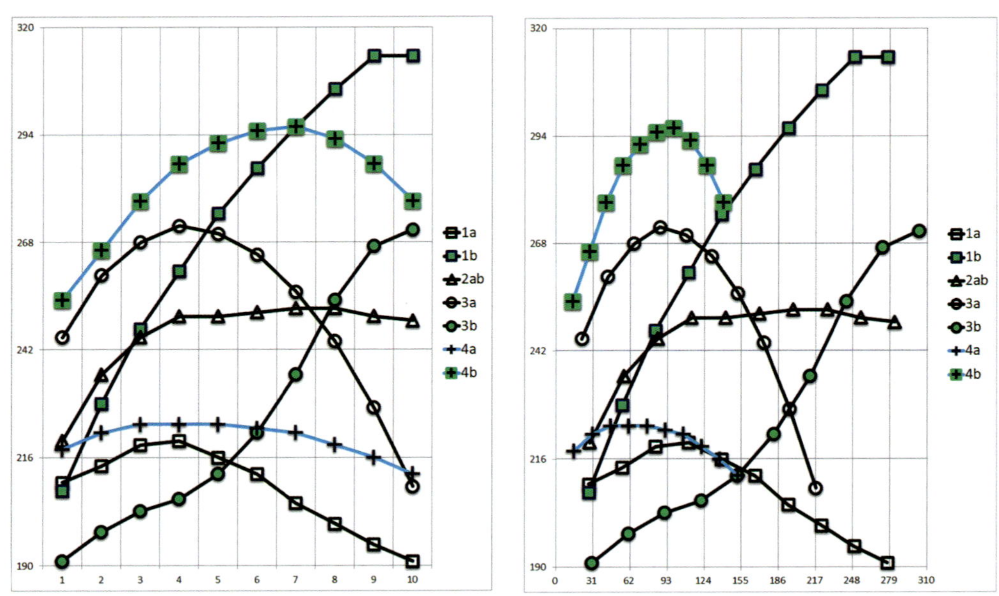

图 16－11a　单字调等长、实长音高模式－黎川日峰－OM

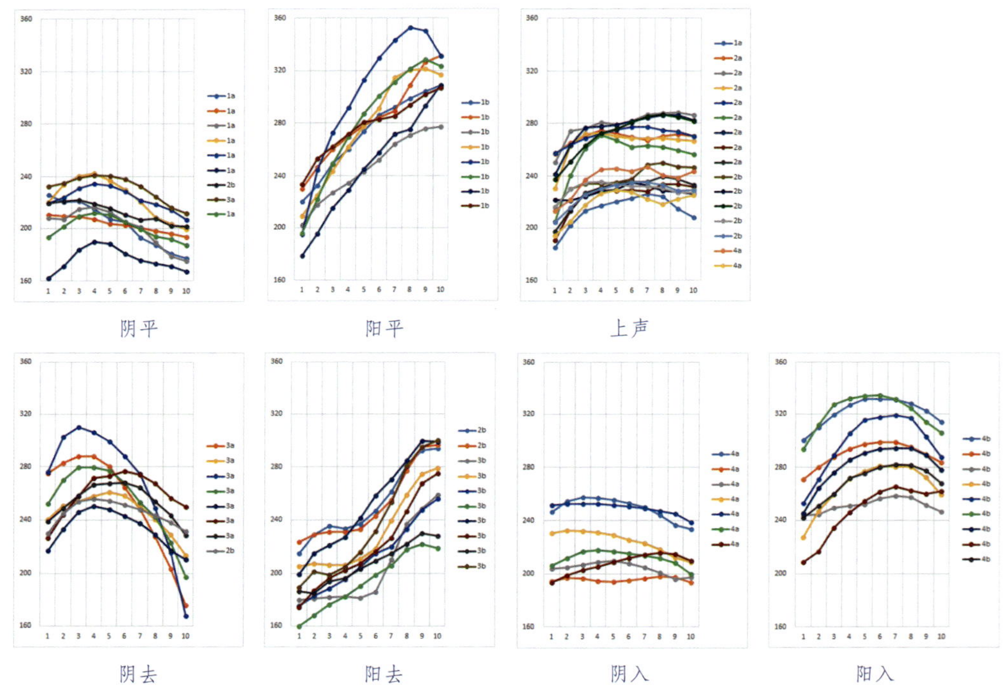

图 16－11b　今声调调域分布范围－黎川日峰－OM

老男的声调有 7 个（见图 16－11a）：

阴平 221、阳平 15、上声 233、阴去 341、阳去 14、阴入 22、阳入 354。

今调域的分布情况（见图 16－11b）：

阴平主要在 121～221 之间；阳平在 13～25 之间；上声在 122～233 之间；阴去在 231～343 之间；阳去在 12～24 之间；阴入在 11～33 之间；阳入在 233～454 之间。

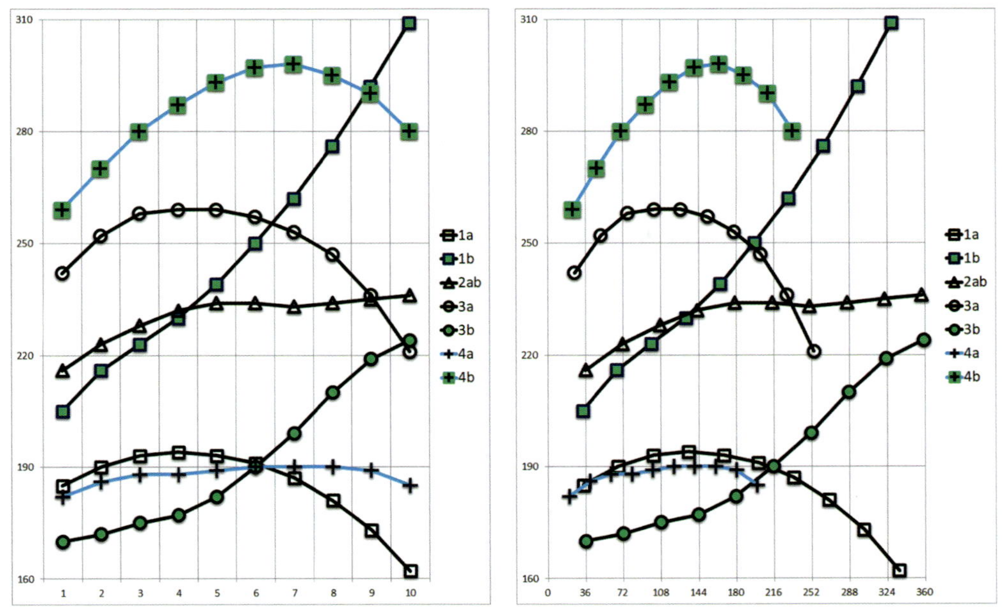

图 16－11c　单字调等长、实长音高模式－黎川日峰－YM

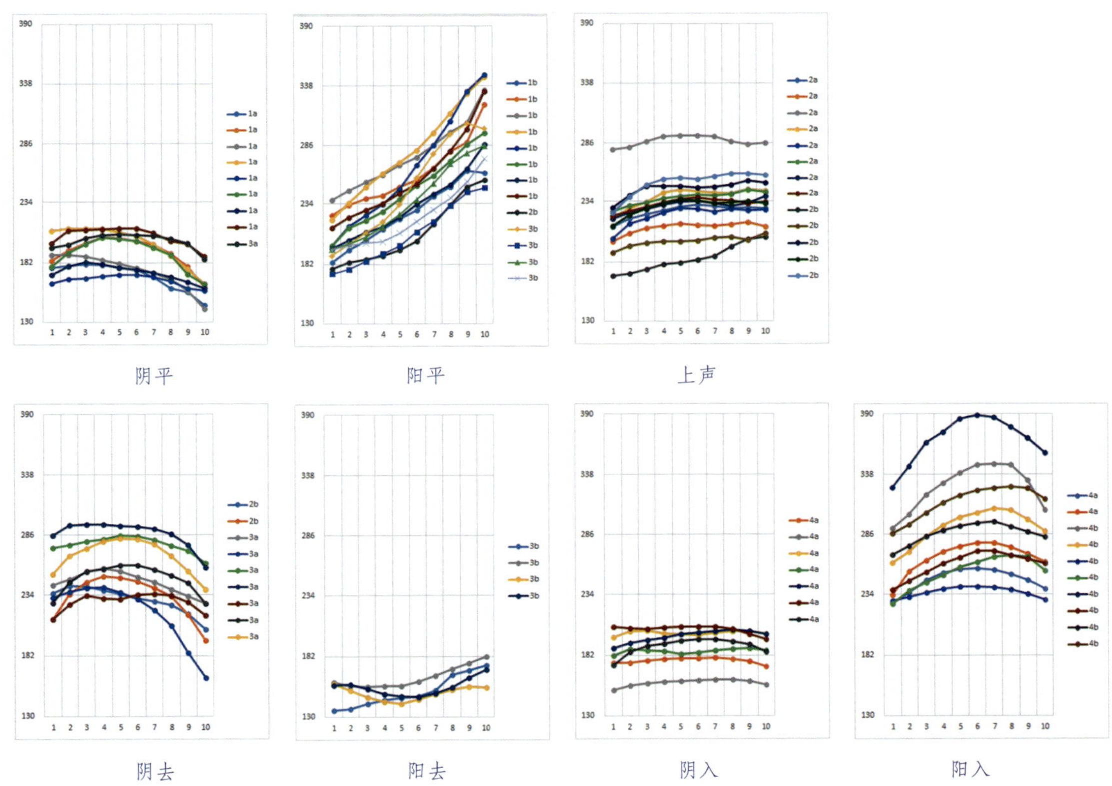

图 16－11d　今声调调域分布范围－黎川日峰－YM

青男的声调有 7 个（见图 16－11c）：

阴平 221、阳平 25、上声 233、阴去 342、阳去 13、阴入 22、阳入 454。

今调域的分布情况（见图 16－11d）：

阴平主要在 21～22 之间；阳平在 23～25 之间；上声主要在 12～23 之间；阴去在 221～443 之间；阳去主要在 12 的范围；阴入在 11～22 之间；阳入在 33～454 之间。

3. 建宁濉溪

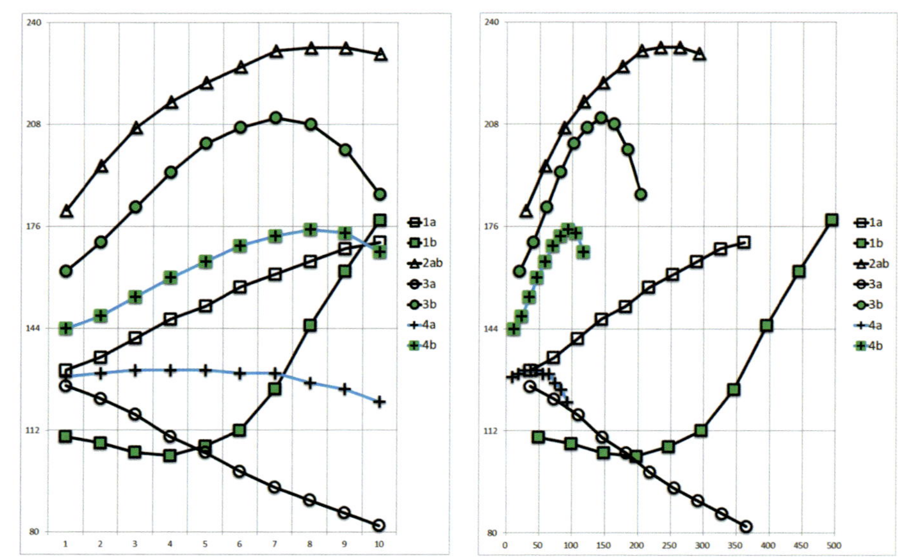

图 16－12a　单字调等长、实长音高模式－建宁濉溪－OM

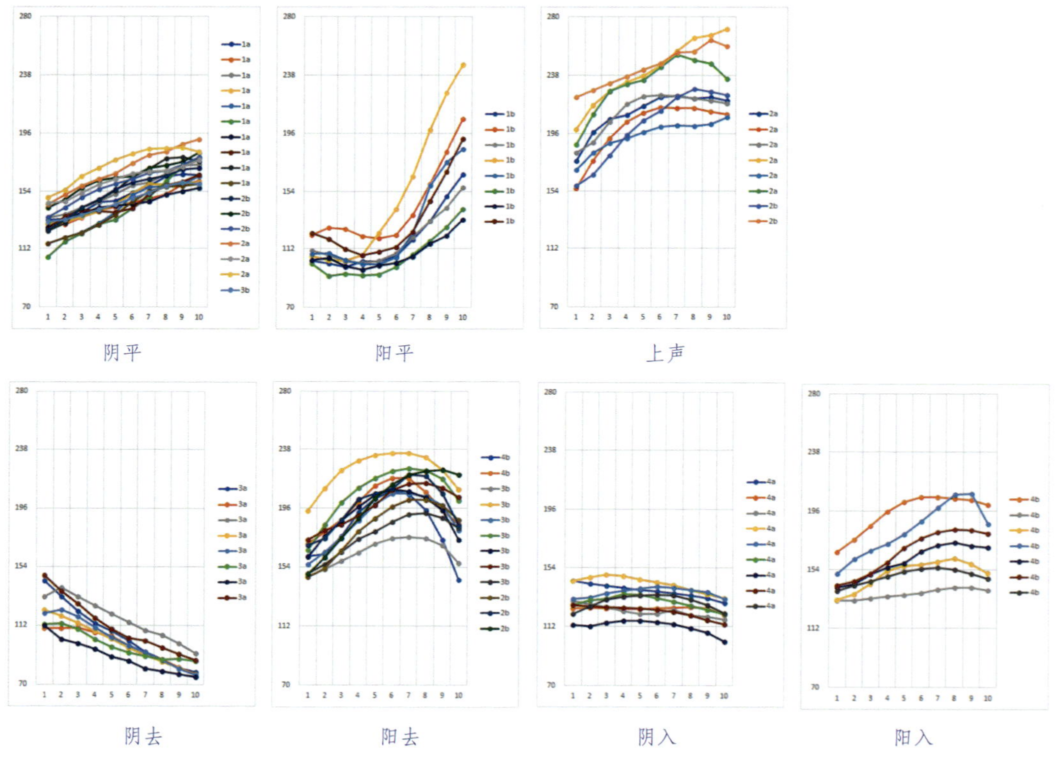

图 16－12b　今声调调域分布范围－建宁濉溪－OM

老男的声调有 7 个（见图 16－12a）：

阴平 23、阳平 223、上声 45、阴去 21、阳去 34、阴入 32、阳入 34。

今调域的分布情况（见图 16－12b）：

阴平主要在 23 的范围；阳平在 112～224 之间；上声在 34～45 之间；阴去主要在 21 的范围；阳去主要在 34 的范围；阴入主要在 22 的范围；阳入在 22～34 之间。

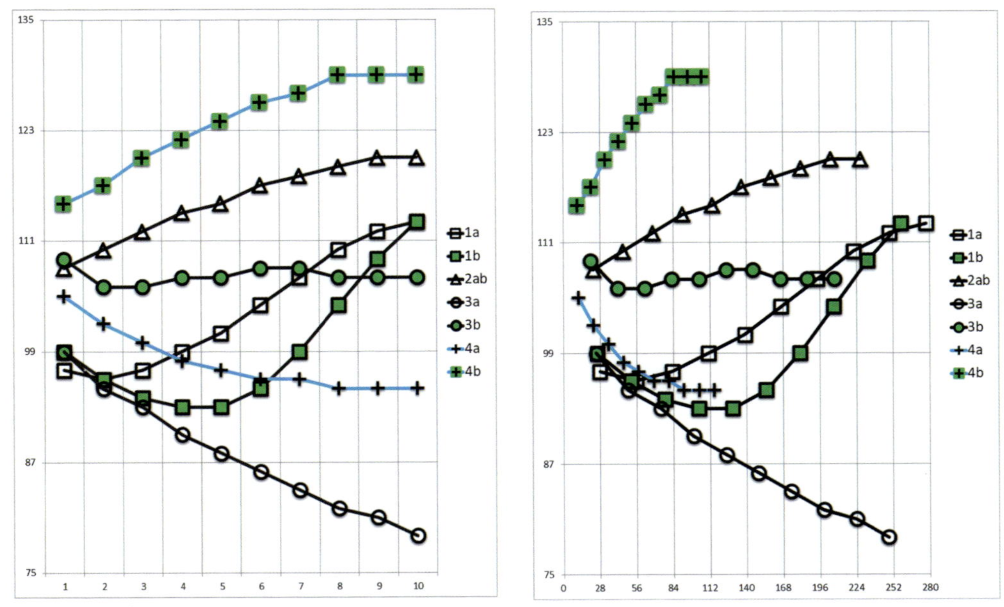

图 16－12c　单字调等长、实长音高模式－建宁濉溪－YM

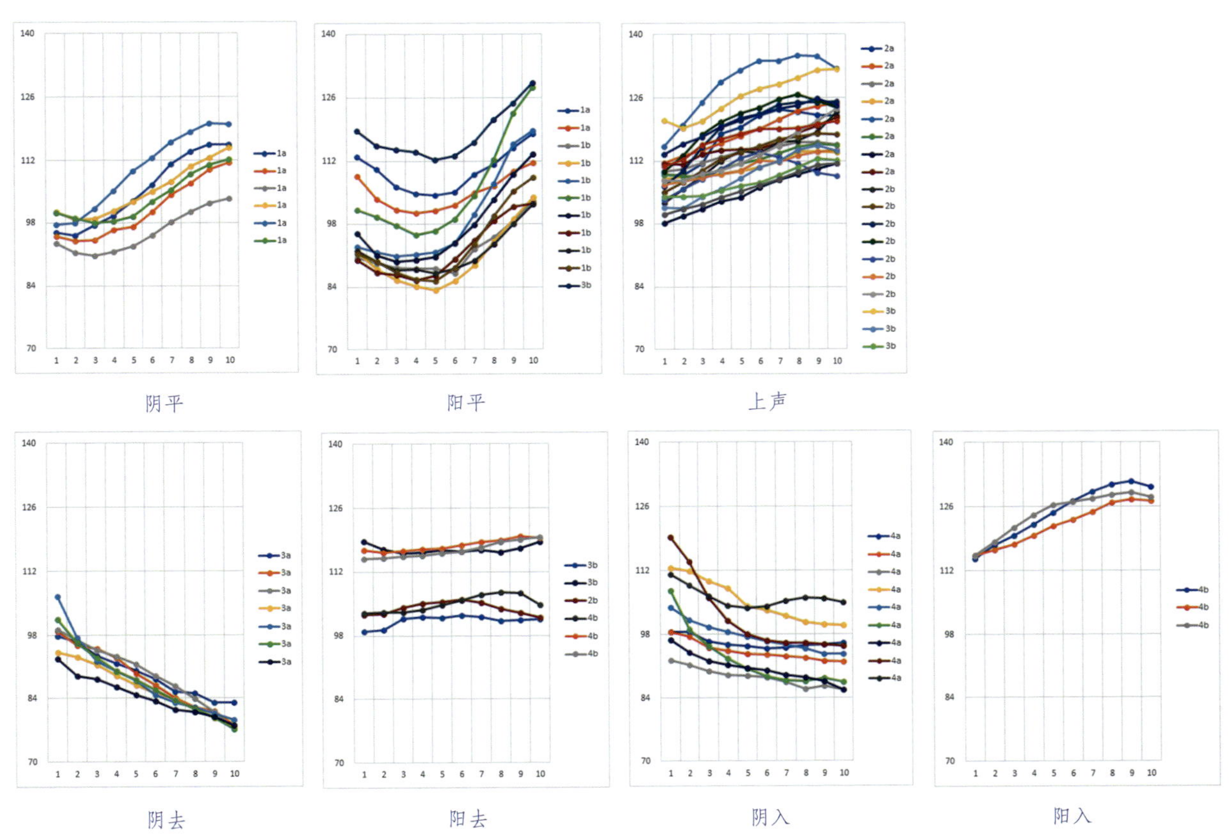

图 16－12d　今声调调域分布范围－建宁濉溪－YM

青男的声调有 7 个（见图 16－12c）：

阴平 24、阳平 324、上声 34、阴去 21、阳去 33、阴入 32、阳入 45。

今调域的分布情况（见图 16－12d）：

阴平在 23～34 之间；阳平在 213～435 之间；上声在 34～45 之间；阴去主要在 21 的范围；阳去在 33～44 之间；阴入主要在 32～43 之间；阳入主要在 45 的范围。

16.5 鹰弋片

1. 鹰潭月湖

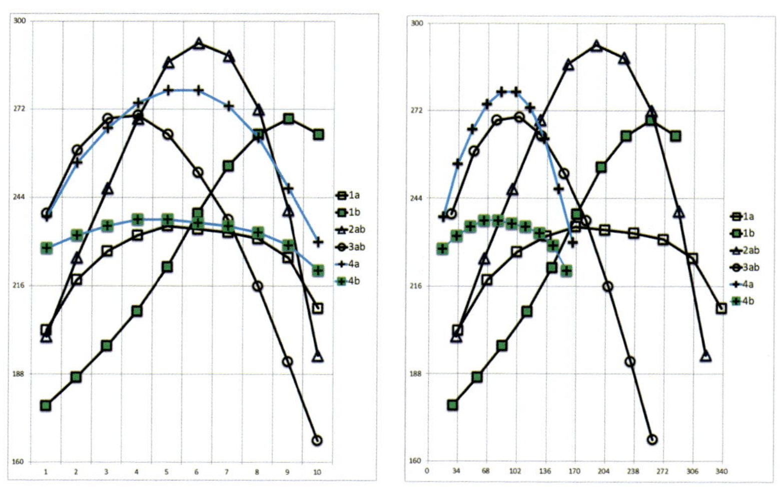

图 16－13a　单字调等长、实长音高模式－鹰潭月湖－OM

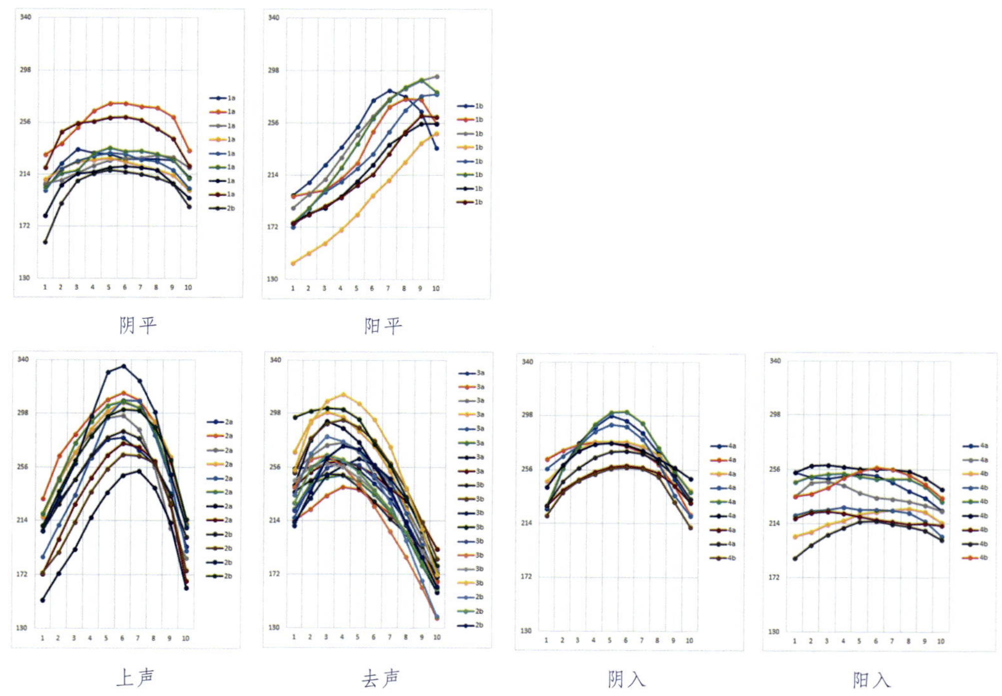

图 16－13b　今声调调域分布范围－鹰潭月湖－OM

老男的声调为 6 个（见图 16－13a）：

阴平 232、阳平 14、上声 252、去声 341、阴入 353、阳入 33。

今调域的分布情况（见图 16－13b）：

阴平主要在 232～343 之间；阳平在 13～24 之间；上声在 131～353 之间；去声在 231～452 之间；阴入在 343～ 454 之间；阳入主要在 22～33 之间。

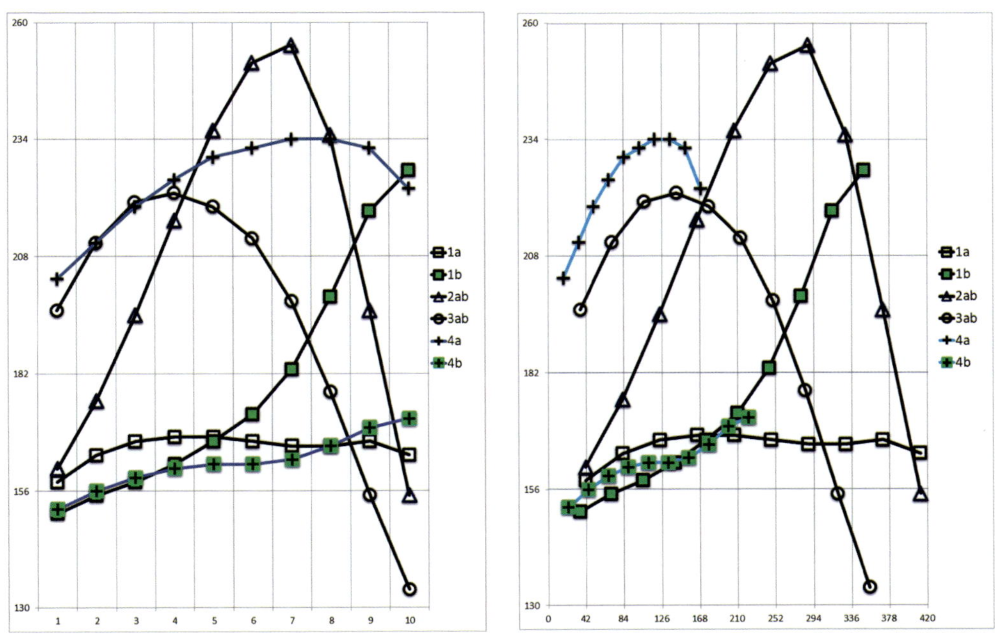

图 16－13c　单字调等长、实长音高模式－鹰潭月湖－YM

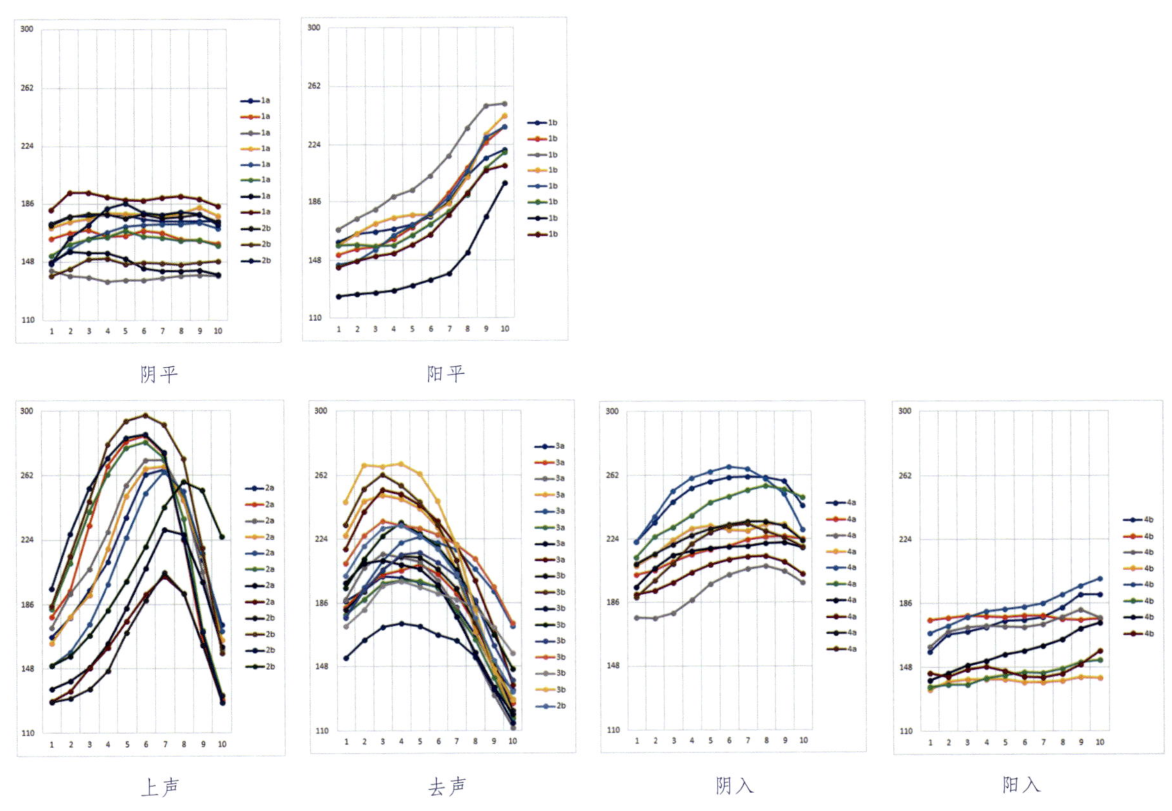

图 16－13d　今声调调域分布范围－鹰潭月湖－YM

青男的声调有 6 个（见图 16－13c）：

阴平 22、阳平 14、上声 252、去声 341、阴入 <u>34</u>、阳入 <u>12</u>。

今调域的分布情况（见图 16－13d）：

阴平在 11～33 之间；阳平在 13～24 之间；上声在 131～353 之间；去声在 221～342 之间；阴入在 <u>34</u>～<u>45</u> 之间；阳入在 <u>12</u>～<u>23</u> 之间。

2. 余干玉亭

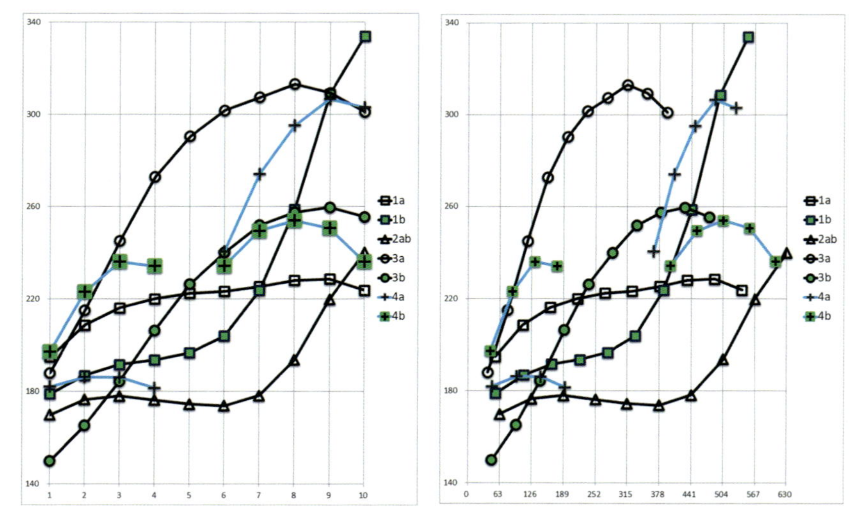

图 16－14a　单字调等长、实长音高模式－余干玉亭－OM

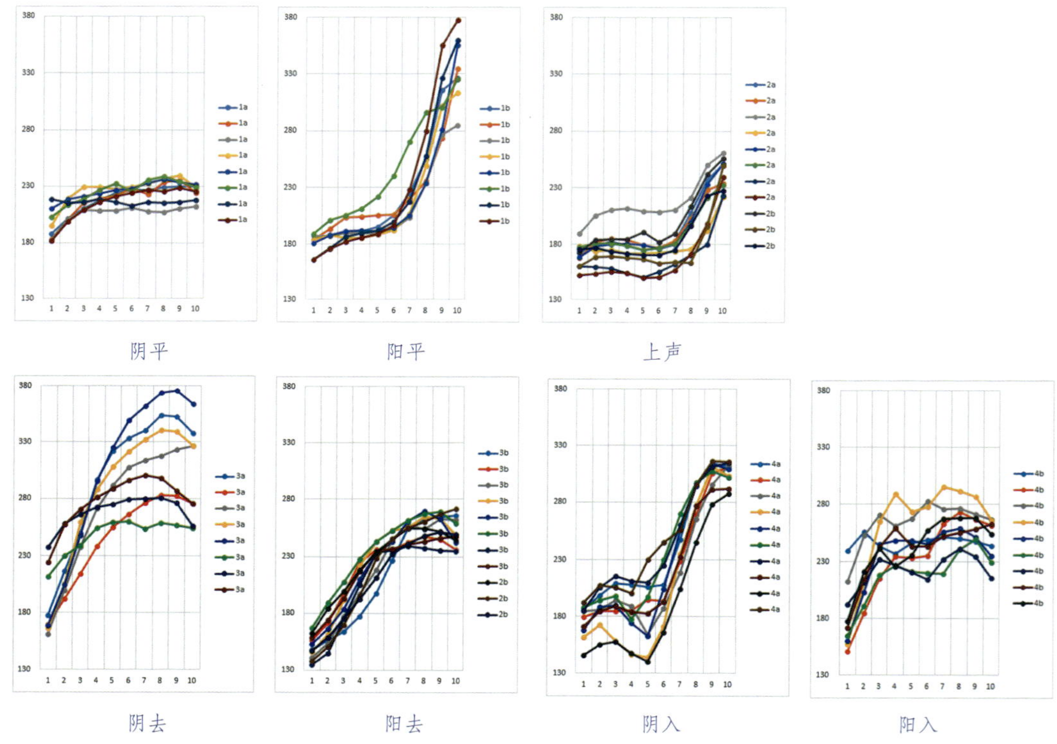

图 16－14b　今声调调域分布范围－余干玉亭－OM

老男的声调有 7 个（见图 16－14a）：

阴平 233、阳平 225、上声 223、阴去 25、阳去 13、阴入 <u>20</u><u>35</u>、阳入 <u>23</u><u>03</u>。

今调域的分布情况（见图 16－14b）：

阴平在 22～33 之间；阳平在 114～225 之间；上声在 112～223 之间；阴去在 13～25 之间；阳去主要在 13 的范围；阴入在 <u>10</u><u>14</u>～<u>20</u><u>24</u> 之间；阳入在 <u>12</u><u>02</u>～<u>34</u><u>04</u> 之间。

余干方言非常特殊的地方是，单字调入声有音节内部的音段不连续的现象。

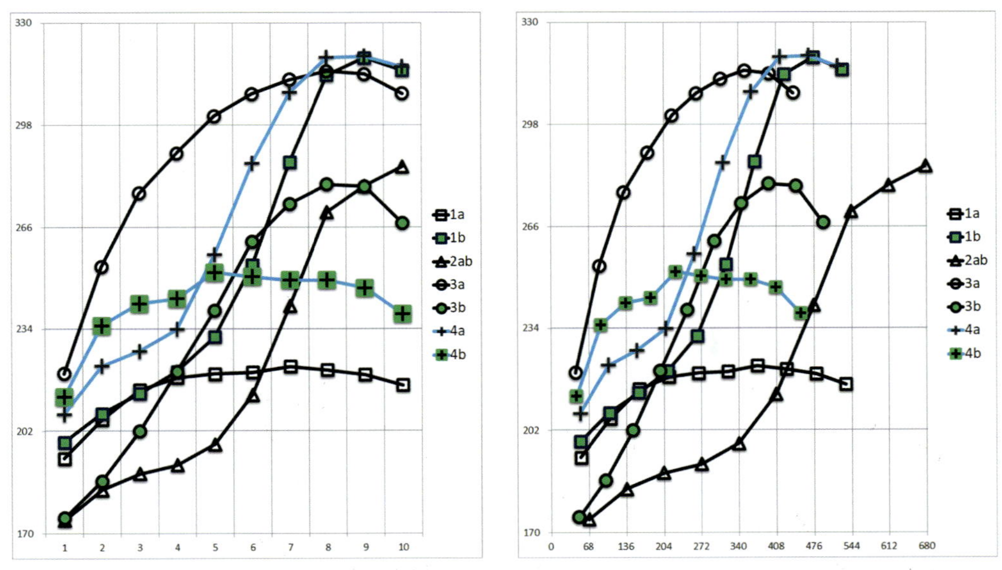

图 16－14c 单字调等长、实长音高模式－余干玉亭－YM

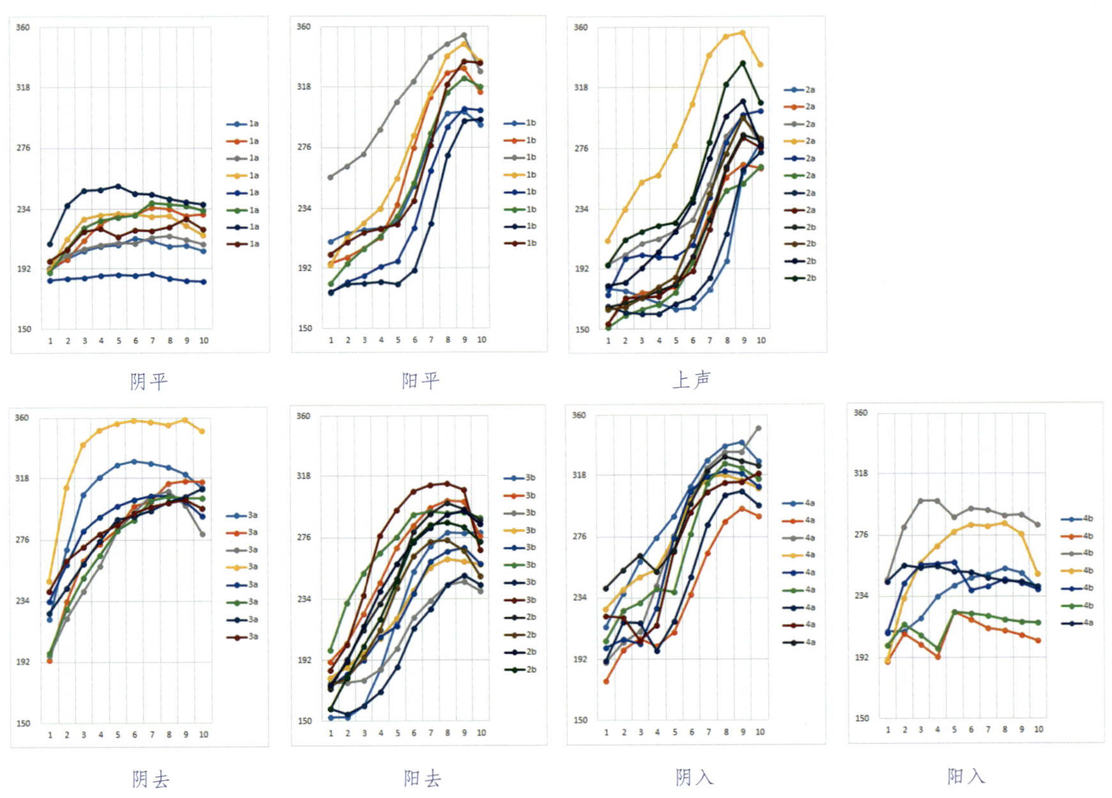

图 16－14d 今声调调域分布范围－余干玉亭－YM

青男的声调有 7 个（见图 16－14c）：

阴平 122、阳平 15、上声 114、阴去 25、阳去 14、阴入 2025、阳入 2303。

今调域的分布情况（见图 16－14d）：

阴平主要在 11～233 之间；阳平在 114～35 之间；上声在 113～25 之间；阴去在 24～355 之间；阳去在 13～24 之间；阴入在 1024～3035 之间；阳入在 202～404 之间。

青男单字调入声也同样有音节内部的音段不连续的现象。

3. 弋阳弋江

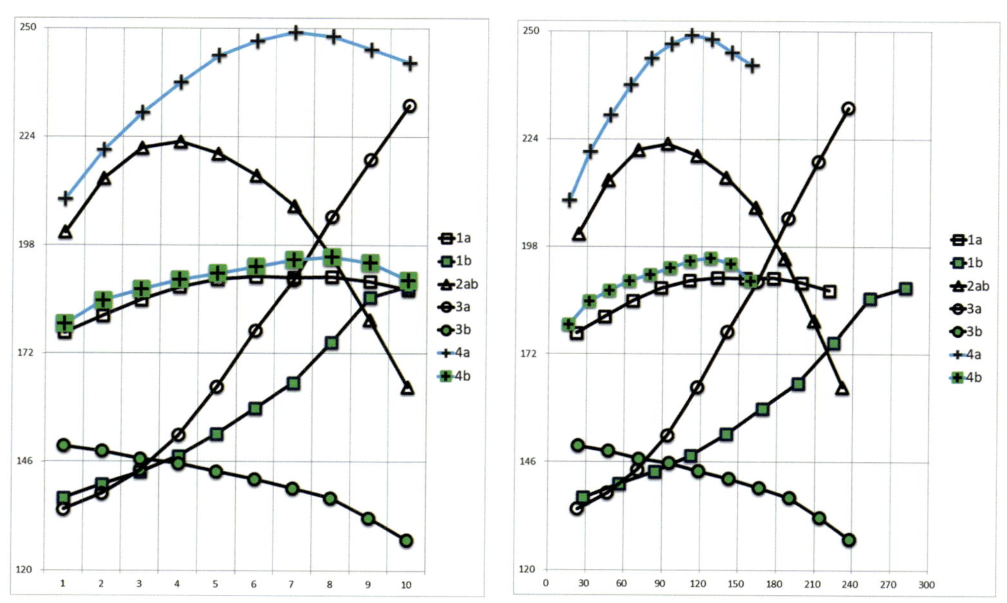

图 16－15a　单字调等长、实长音高模式－弋阳弋江－OM

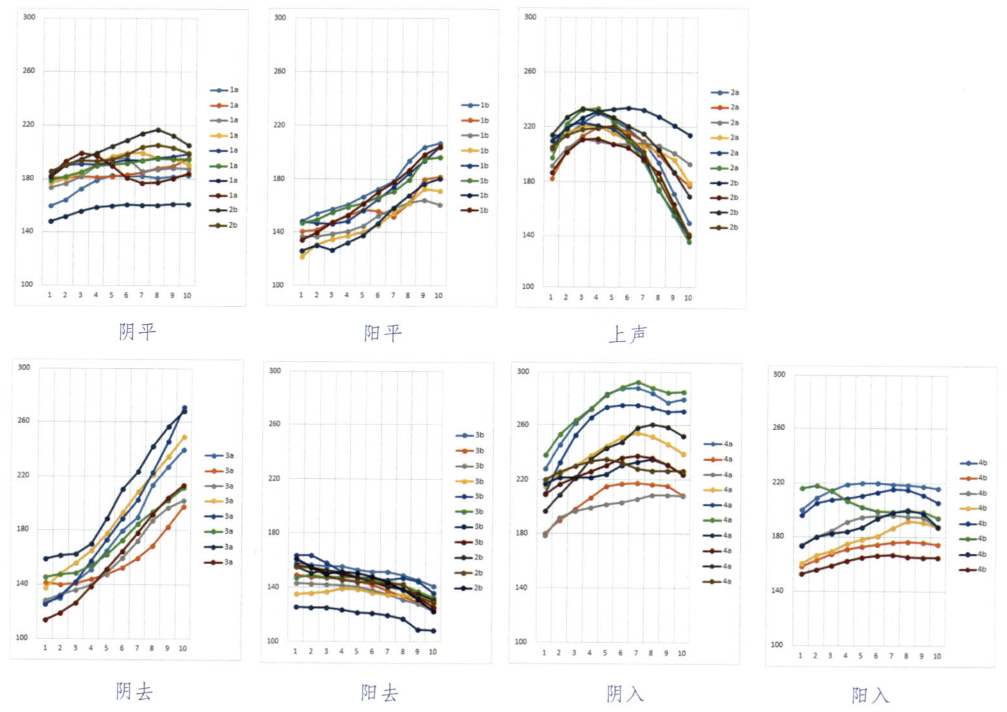

图 16－15b　今声调调域分布范围－弋阳弋江－OM

老男的声调有 7 个（见图 16－15a）：

阴平 33、阳平 13、上声 342、阴去 15、阳去 21、阴入 45、阳入 33。

今调域的分布情况（见图 16－15b）：

阴平主要在 22～33 之间；阳平在 12～23 之间；上声在 342～343 之间；阴去在 13～25 之间；阳去主要在 21 的范围；阴入在 34～45 之间；阳入在 22～33 之间。

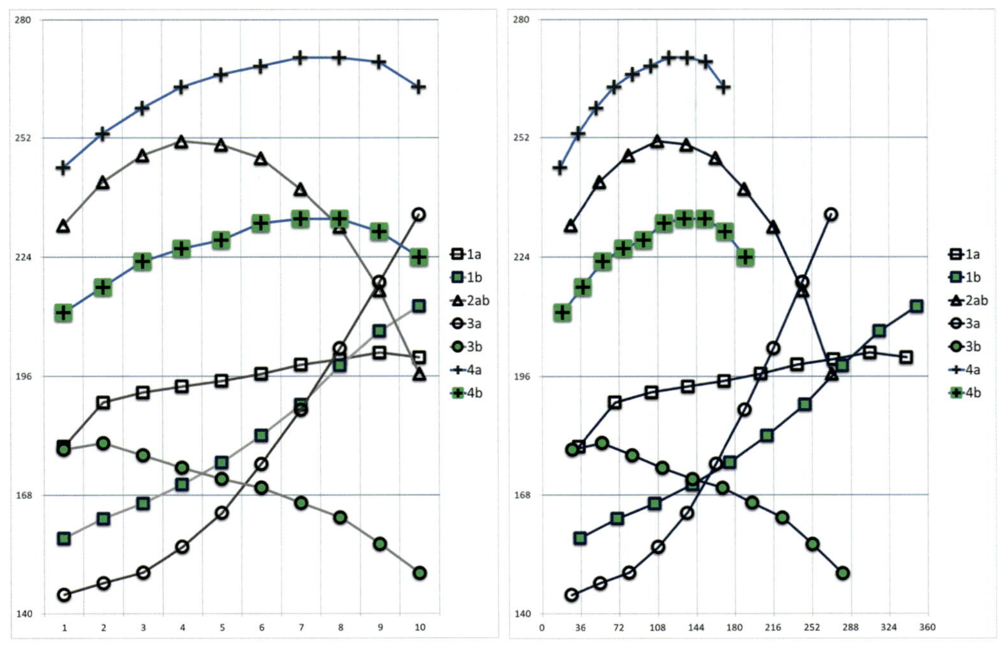

图 16－15c　单字调等长、实长音高模式－弋阳弋江－YM

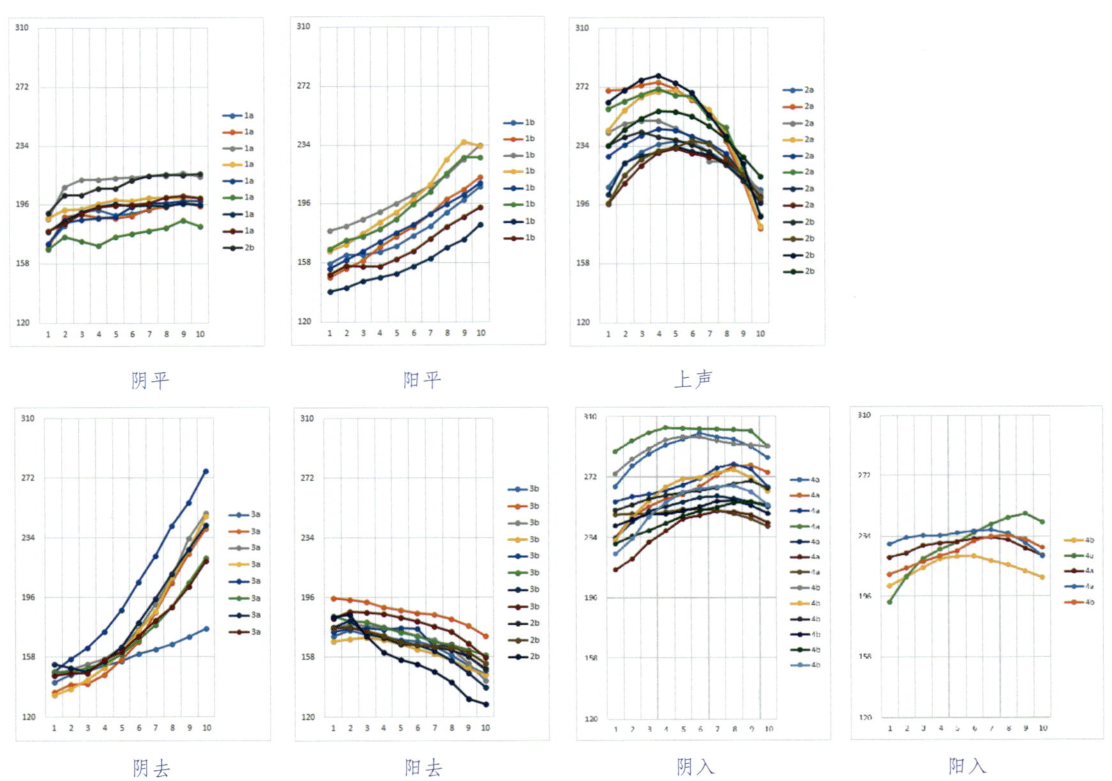

图 16－15d　今声调调域分布范围－弋阳弋江－YM

青男的声调有 7 个（见图 16－15c）：

阴平 33、阳平 13、上声 453、阴去 14、阳去 21、阴入 <u>45</u>、阳入 <u>34</u>。

今调域的分布情况（见图 16－15d）：

阴平主要在 22～33 之间；阳平在 12～23 之间；上声在 342～443 之间；阴去在 12～25 之间；阳去主要在 21 的范围；阴入在 <u>34</u>～<u>45</u> 之间；阳入主要在 <u>34</u> 的范围。

16.6 大通片

1. 大冶东岳

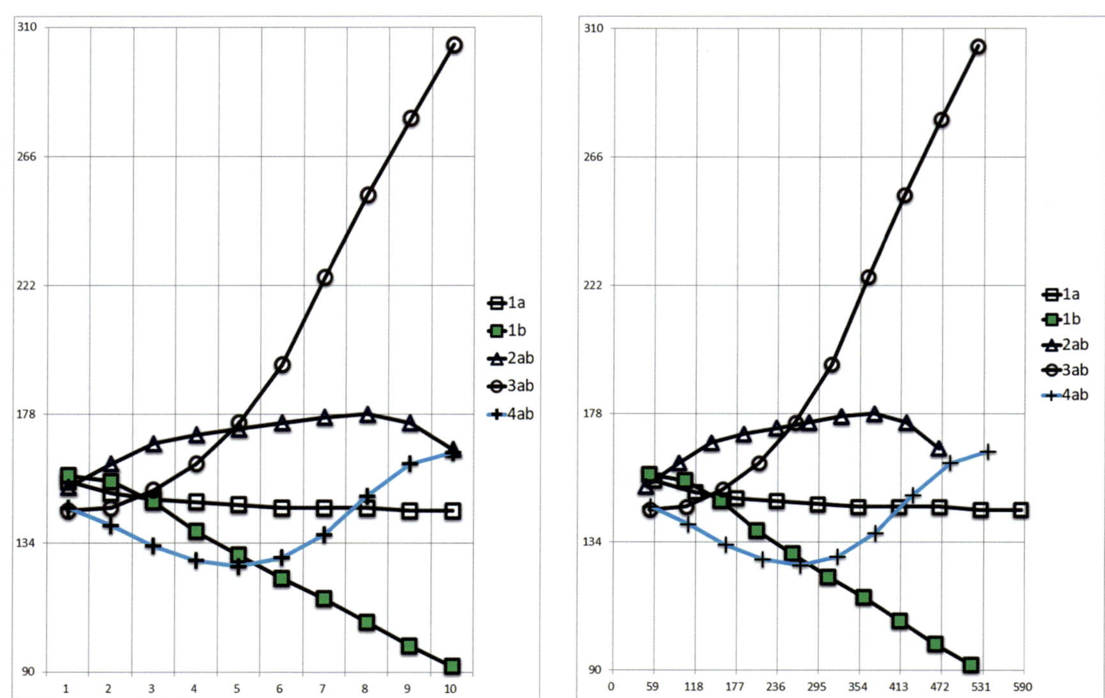

图 16－16a 单字调等长、实长音高模式－大冶东岳－OM

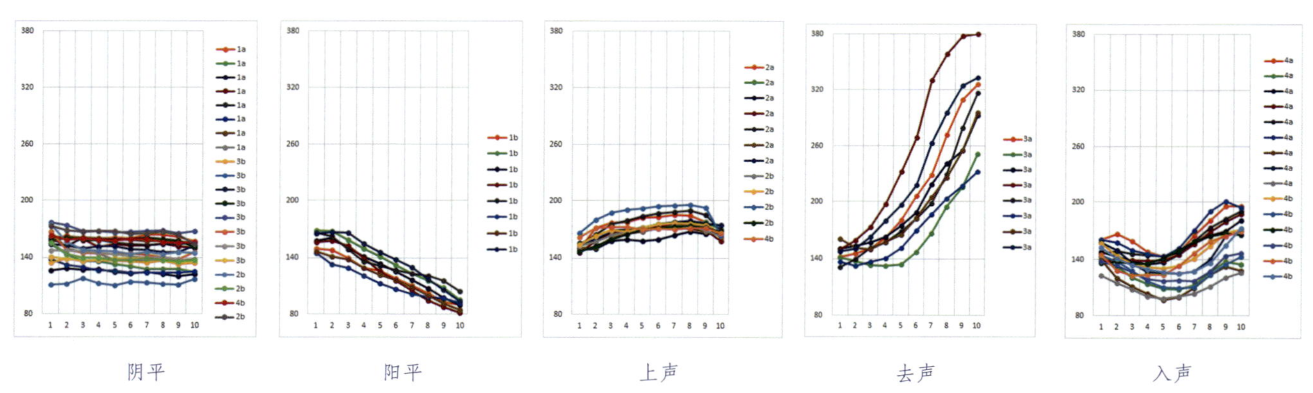

图 16－16b 今声调调域分布范围－大冶东岳－OM

老男的声调有 5 个（见图 16－16a）：

阴平 22、阳平 21、上声 33、去声 25、入声 213。

今调域的分布情况（见图 16－16b）：

阴平在 11～22 之间；阳平主要在 21 的范围；上声在 22 的范围，偏高；去声在 23～25 之间；入声在 212～213 之间。

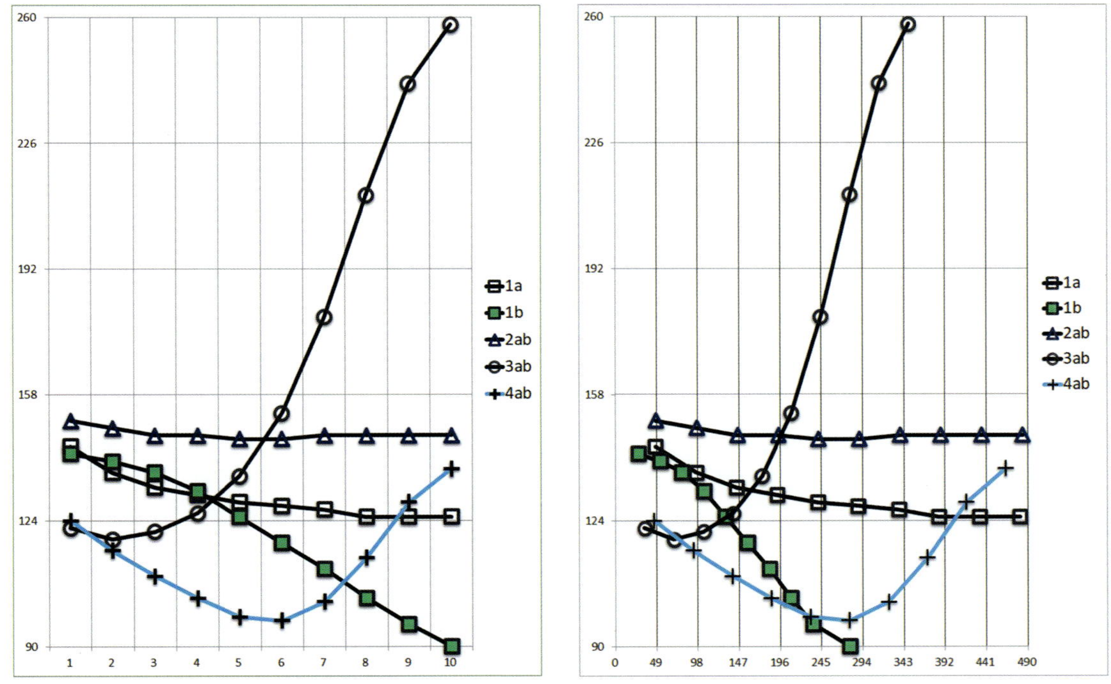

图 16－16c　单字调等长、实长音高模式－大冶东岳－YM

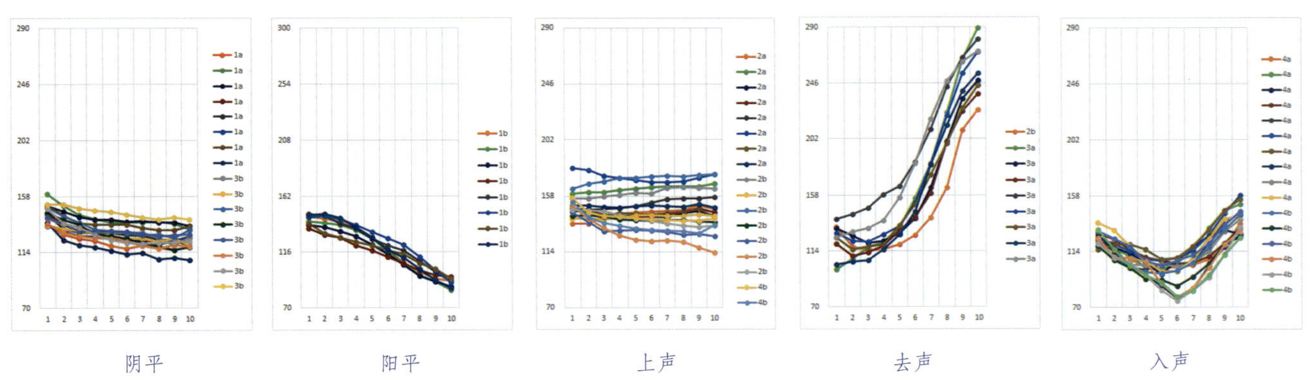

图 16－16d　今声调调域分布范围－大冶东岳－YM

青男的声调有 5 个（见图 16－16c）：

阴平 22、阳平 21、上声 33、去声 25、入声 213。

今调域的分布情况（见图 16－16d）：

阴平在 11～22 之间；阳平主要在 21 的范围；上声在 22～33 之间；去声在 24～25 之间；入声在 212～213 之间。

2. 通城隽水

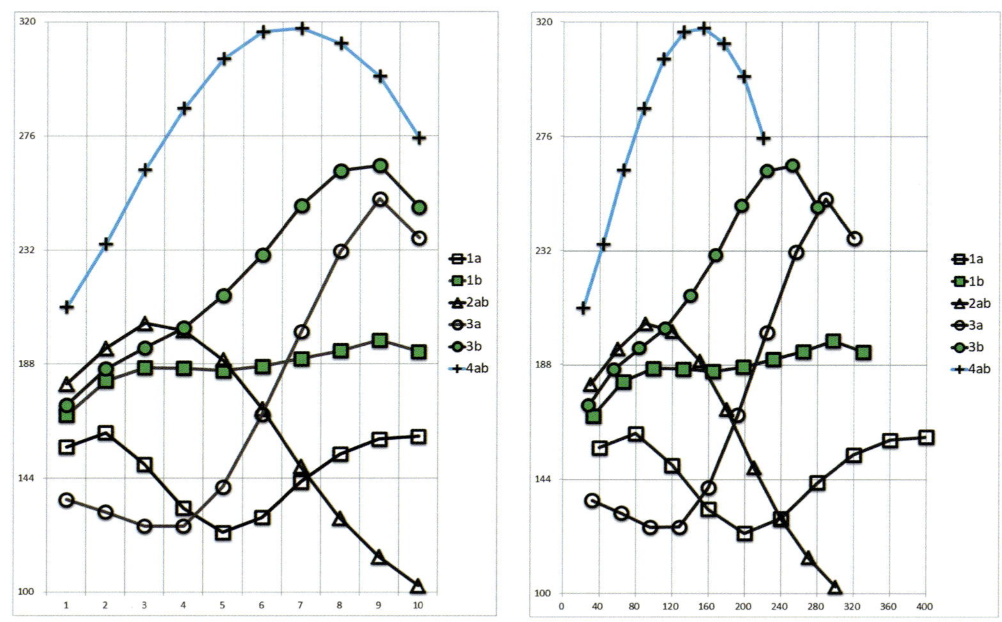

图 16－17a　单字调等长、实长音高模式－通城隽水－OM

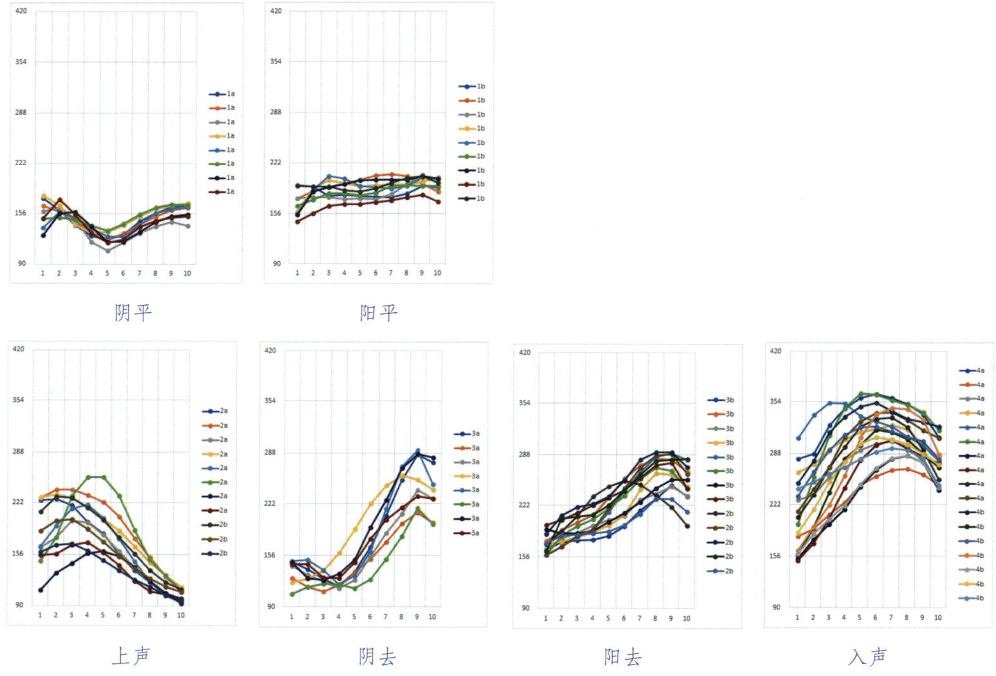

图 16－17b　今声调调域分布范围－通城隽水－OM

老男的声调有 6 个（见图 16－17a）：

阴平 212、阳平 33、上声 231、阴去 214、阳去 24、入声 354。

今调域的分布情况（见图 16－17b）：

阴平主要在 212 的范围；阳平在 22 的范围，偏高；上声主要在 21～31 之间；阴去在 112～113 之间；阳去主要在 23 的范围；入声在 133～354 之间。

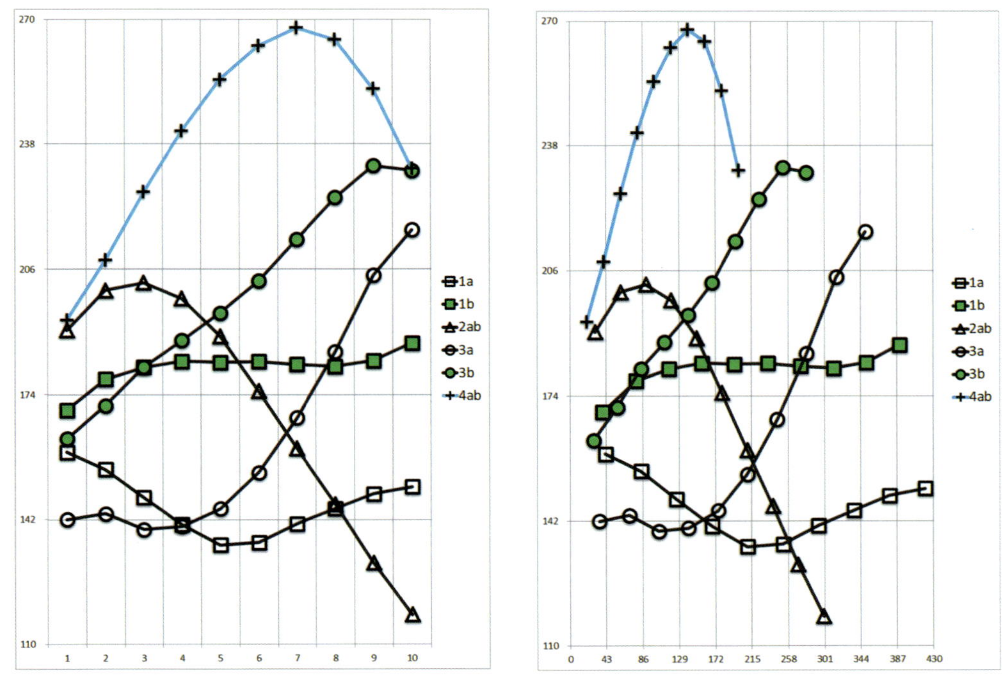

图 16－17c　单字调等长、实长音高模式－通城隽水－YM

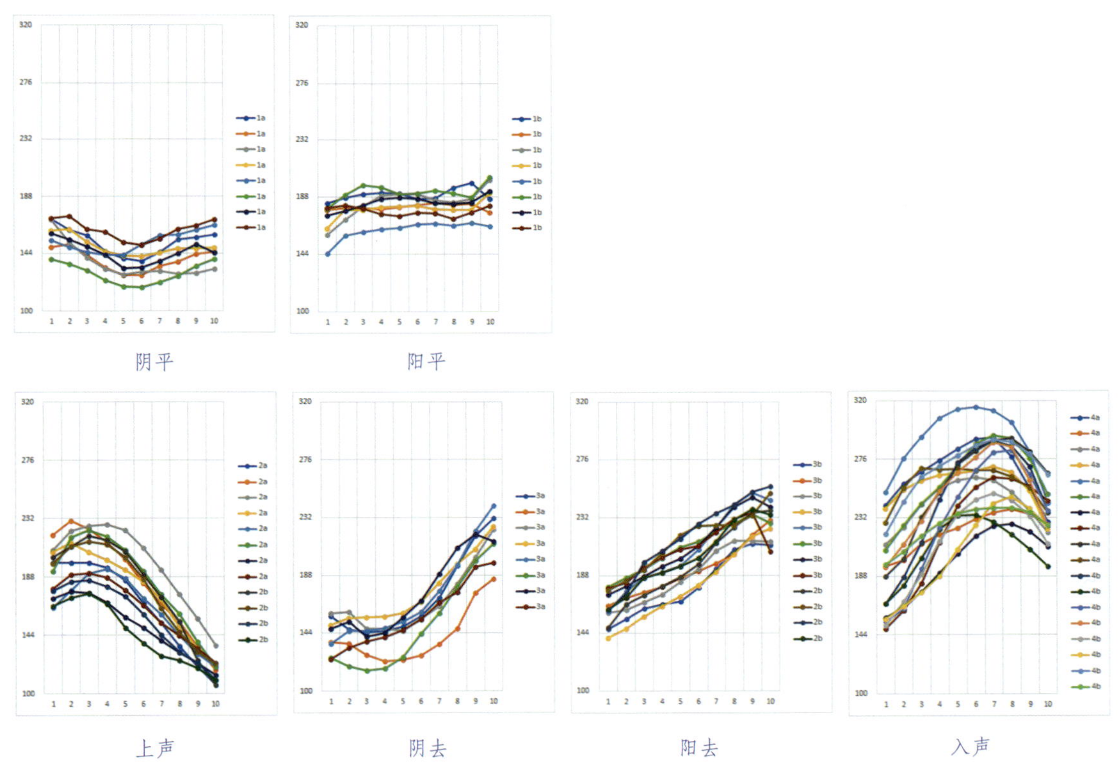

图 16－17d　今声调调域分布范围－通城隽水－YM

青男的声调有 6 个（见图 16－17c）：

阴平 212、阳平 33、上声 31、阴去 224、阳去 24、入声 354。

今调域的分布情况（见图 16－17d）：

阴平主要在 212 的范围；阳平在 22～33 之间；上声主要在 21～31 之间；阴去在 112～224 之间；阳去在 23～24 之间；入声在 233～454 之间。

3. 岳阳平江

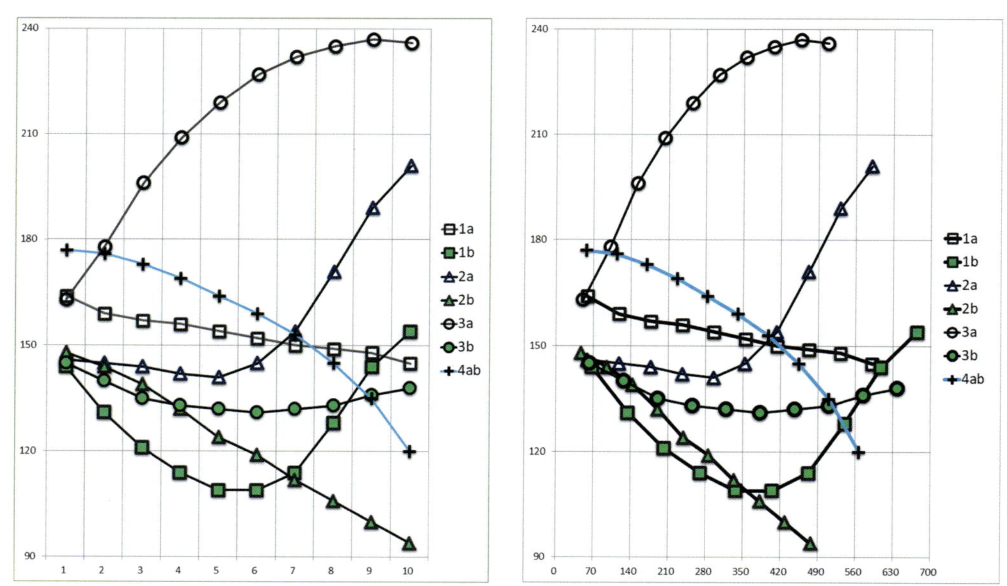

图 16－18a　单字调等长、实长音高模式－岳阳平江－OM

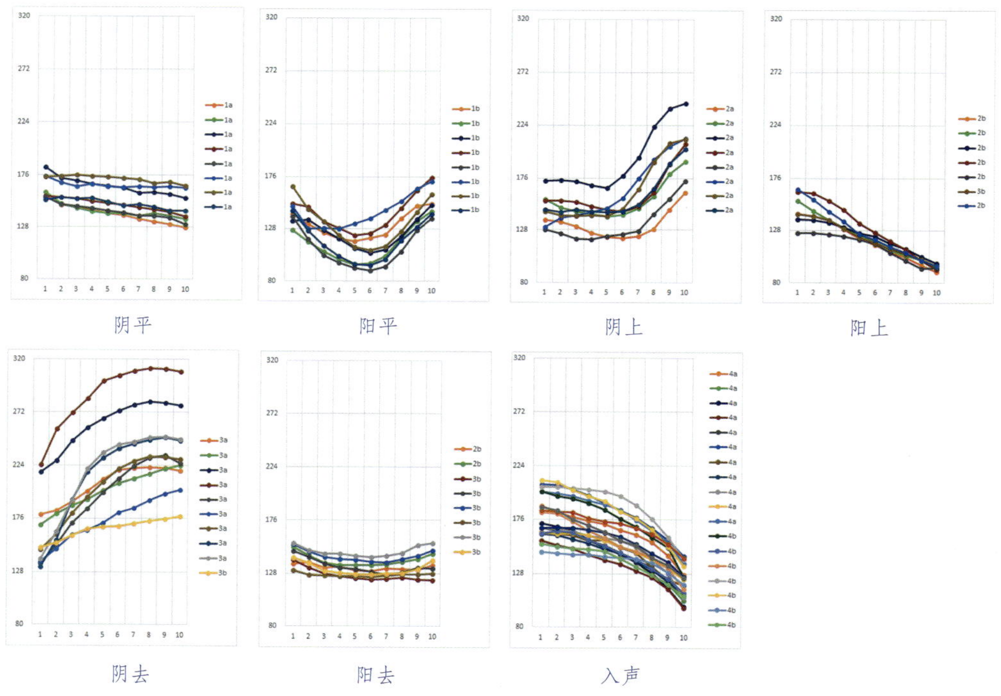

图 16－18b　今声调调域分布范围－岳阳平江－OM

老男的声调有 7 个（见图 16－18a）：

阴平 32、阳平 213、阴上 224、阳上 21、阴去 35、阳去 22、入声 32。

今调域的分布情况（见图 16－18b）：

阴平在 22～32 之间；阳平在 212～323 之间；阴上在 223～224 之间；阳上主要在 21 的范围；阴去在 23～45 之间；阳去主要在 22 的范围；入声在 21～32 之间。

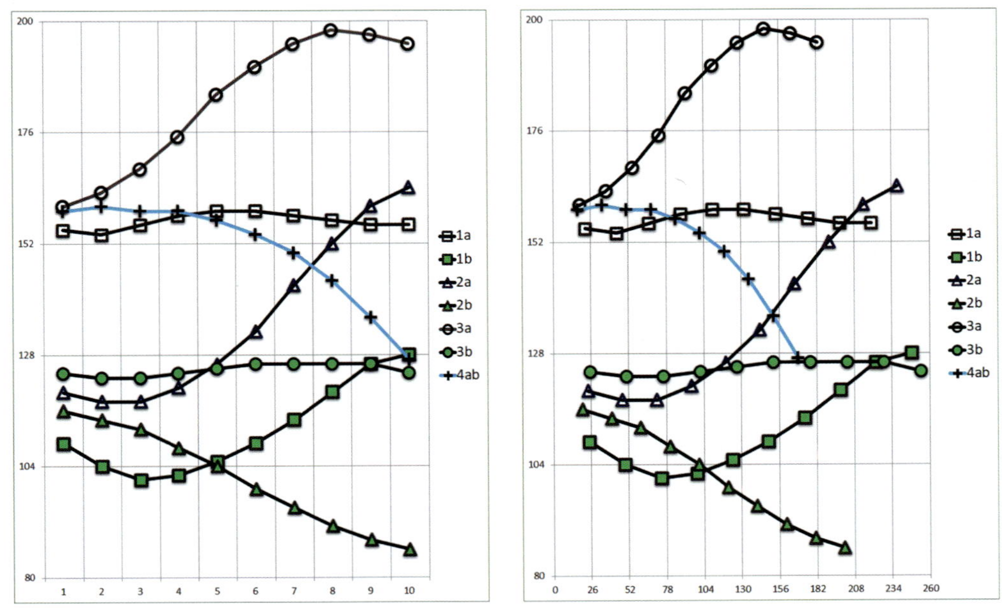

图 16－18c 单字调等长、实长音高模式－岳阳平江－YM

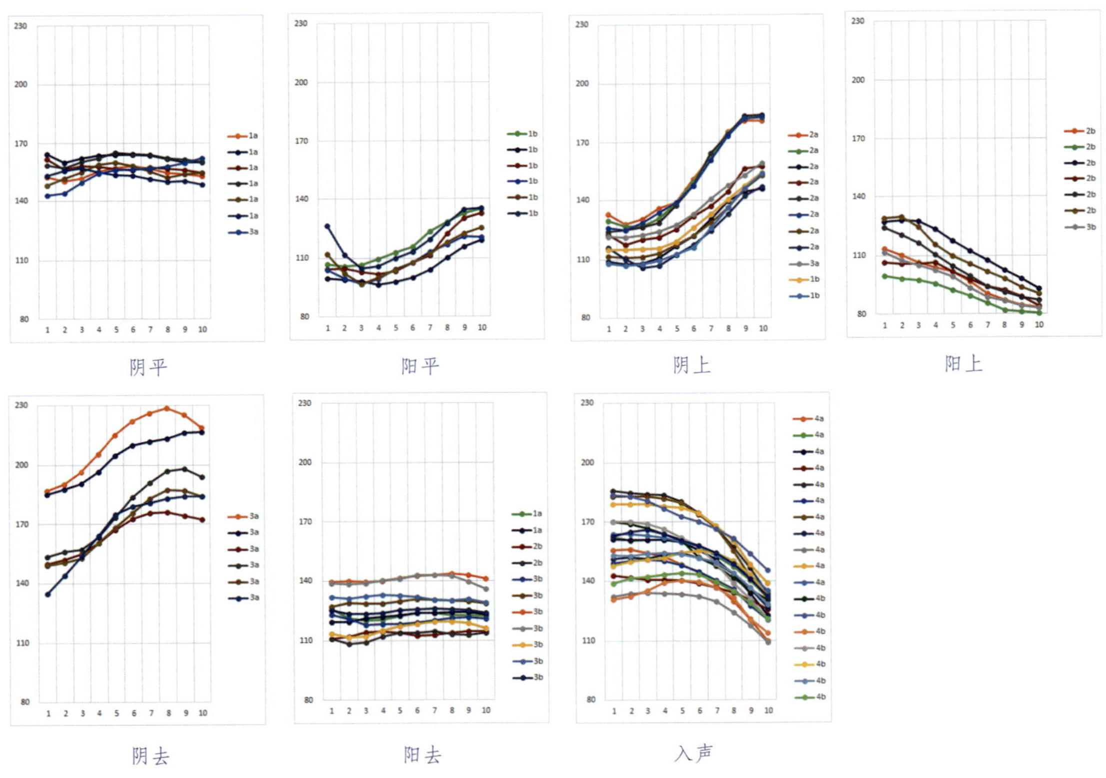

图 16－18d 今声调调域分布范围－岳阳平江－YM

青男的声调有 7 个（见图 16－18c）：

阴平 44、阳平 213、阴上 24、阳上 21、阴去 45、阳去 22、入声 42。

今调域的分布情况（见图 16－18d）：

阴平主要在 33 的范围；阳平主要在 23 的范围；阴上在 223～224 之间；阳上主要在 21 的范围；阴去在 34～45 之间；阳去主要在 22 的范围；入声在 221～43 之间。

4. 华容章华

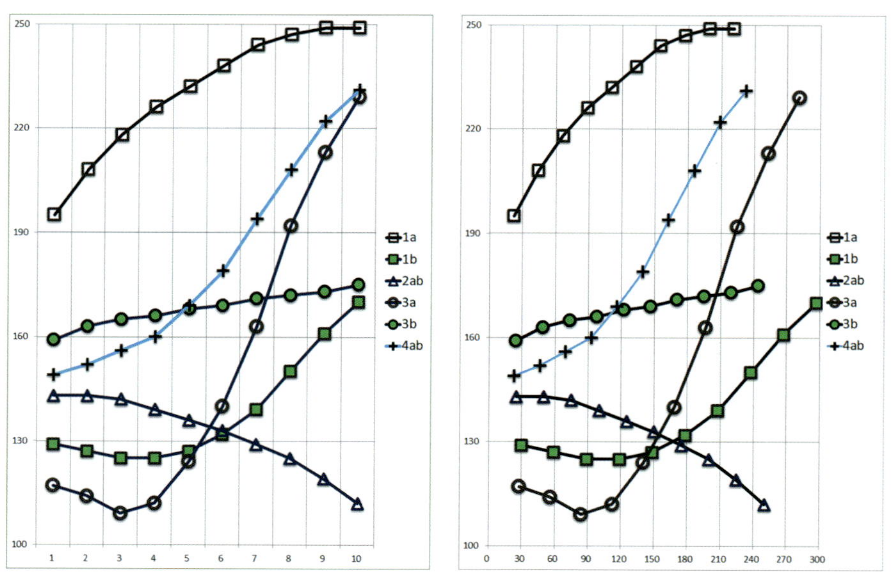

图 16－19a　单字调等长、实长音高模式－华容章华－OM

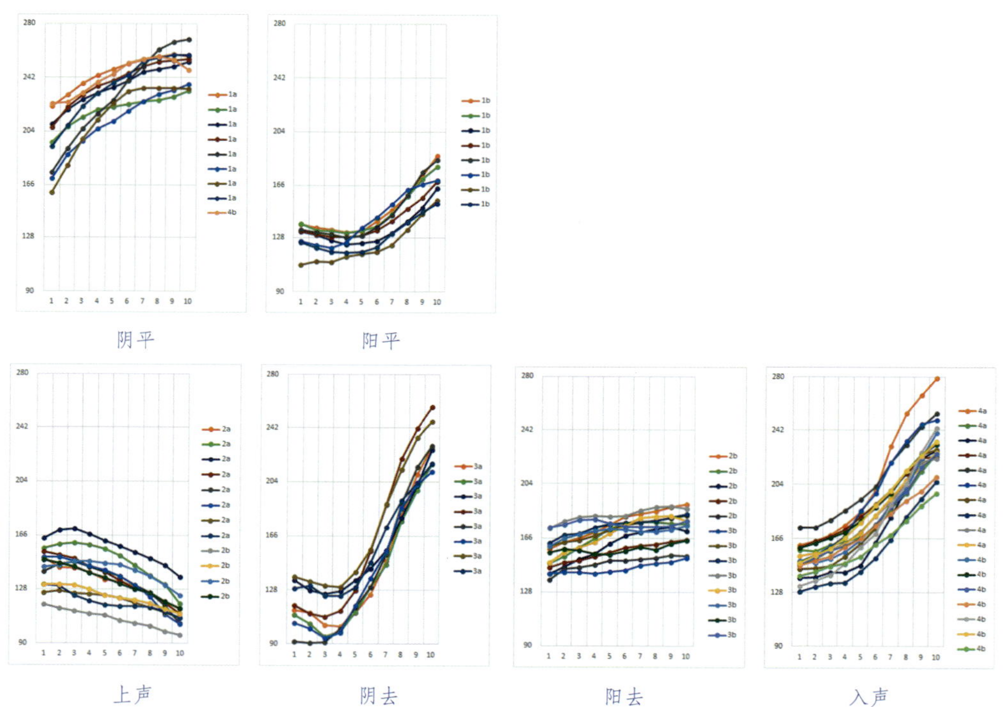

图 16－19b　今声调调域分布范围－华容章华－OM

老男的声调有 6 个（见图 16－19a）：

阴平 45、阳平 113、上声 21、阴去 115、阳去 33、入声 25。

今调域的分布情况（见图 16－19b）：

阴平在 34～45 之间；阳平在 112～223 之间；上声在 21～32 之间；阴去在 114～225 之间；阳去在 22～33 之间；入声在 23～35 之间。

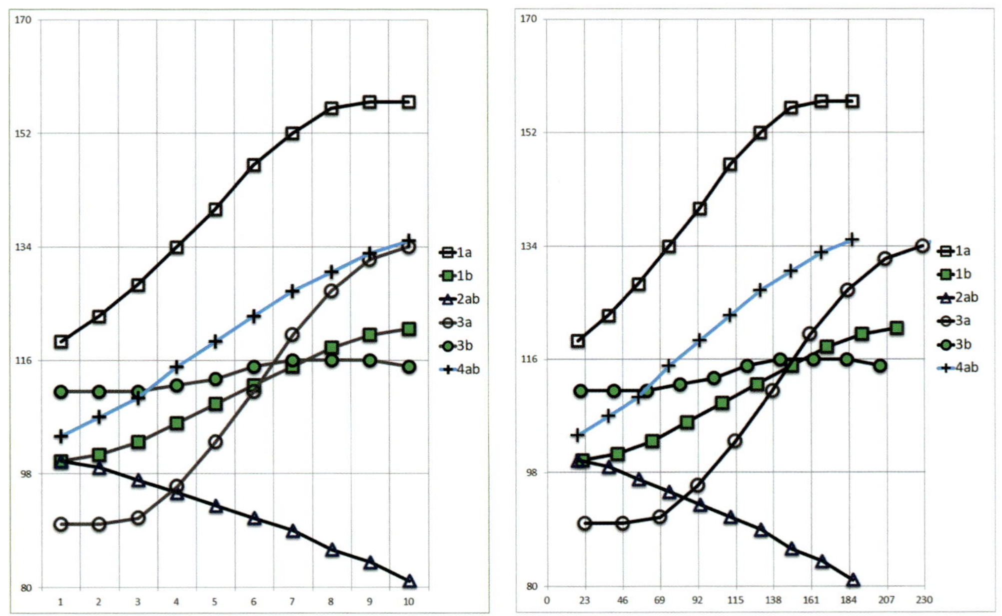

图 16－19c　单字调等长、实长音高模式－华容章华－YM

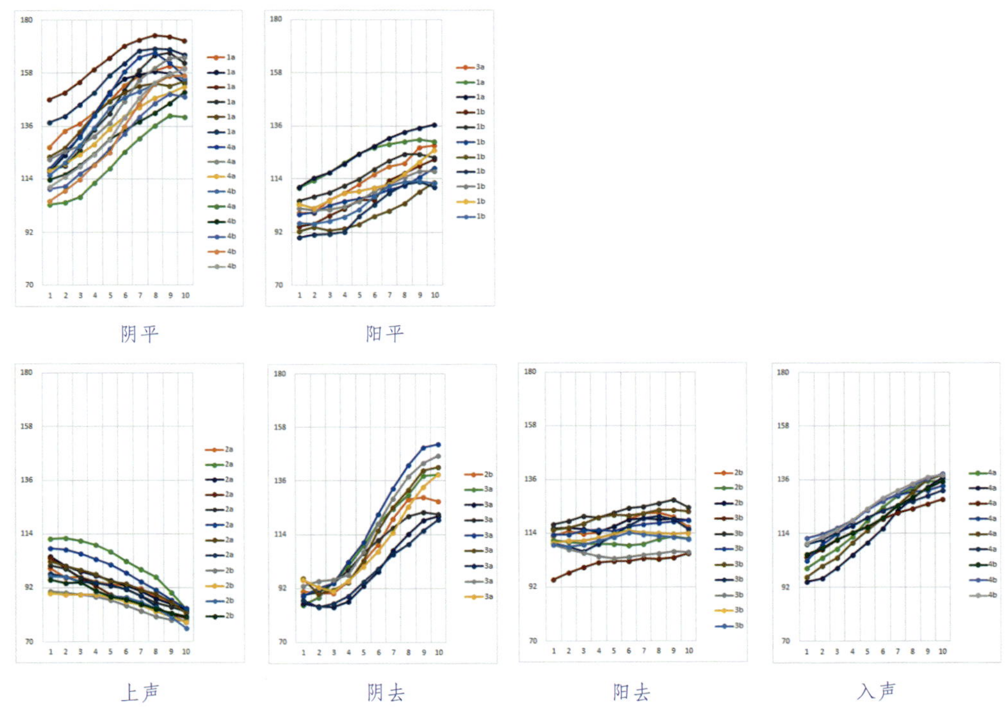

图 16－19d　今声调调域分布范围－华容章华－YM

青男的声调有 6 个（见图 16－19c）：

阴平 35、阳平 23、上声 21、阴去 113、阳去 33、入声 23。

今调域的分布情况（见图 16－19d）：

阴平在 24～45 之间；阳平在 23～34 之间；上声在 21～32 之间；阴去在 113～224 之间；阳去在 22～33 之间；入声在 23 的范围。

16.7 耒资片

1. 耒阳蔡子池

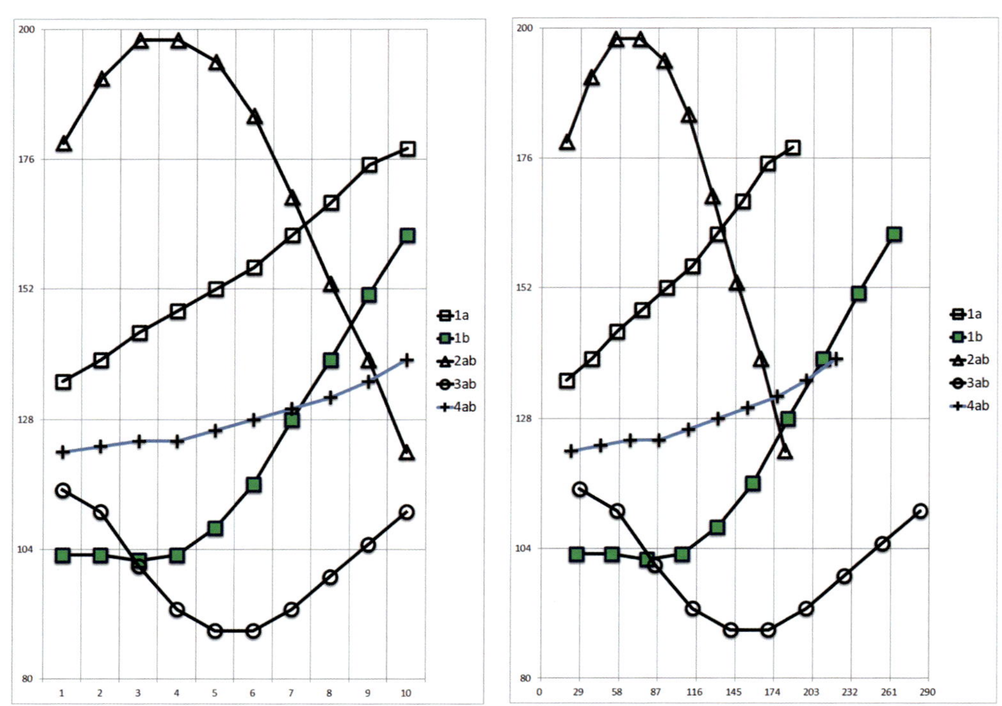

图 16-20a 单字调等长、实长音高模式-耒阳蔡子池-OM

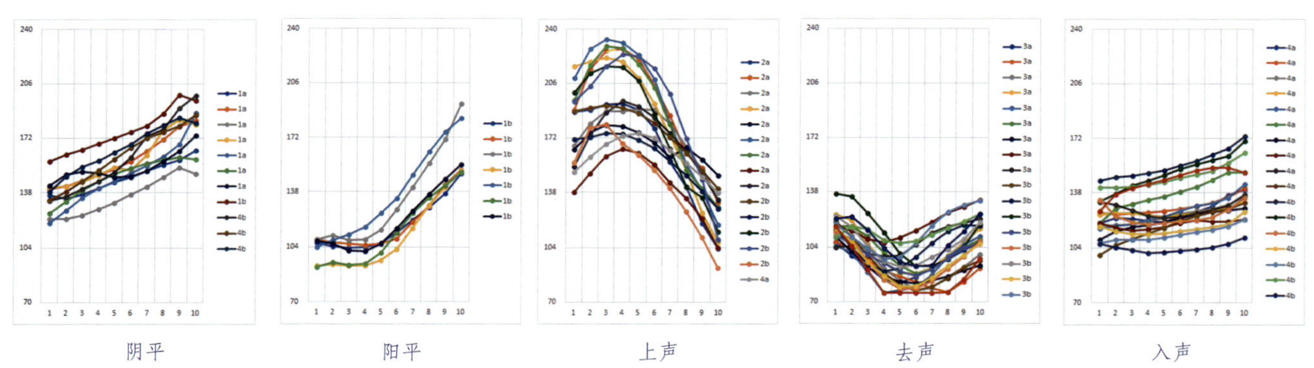

图 16-20b 今声调调域分布范围-耒阳蔡子池-OM

老男的声调有 5 个（见图 16-20a）：

阴平 35、阳平 224、上声 452、去声 212、入声 23。

今调域的分布情况（见图 16-20b）：

阴平在 23~34 之间；阳平在 13~24 之间；上声在 231~453 之间；去声主要在 212 的范围；入声在 23~34 之间。

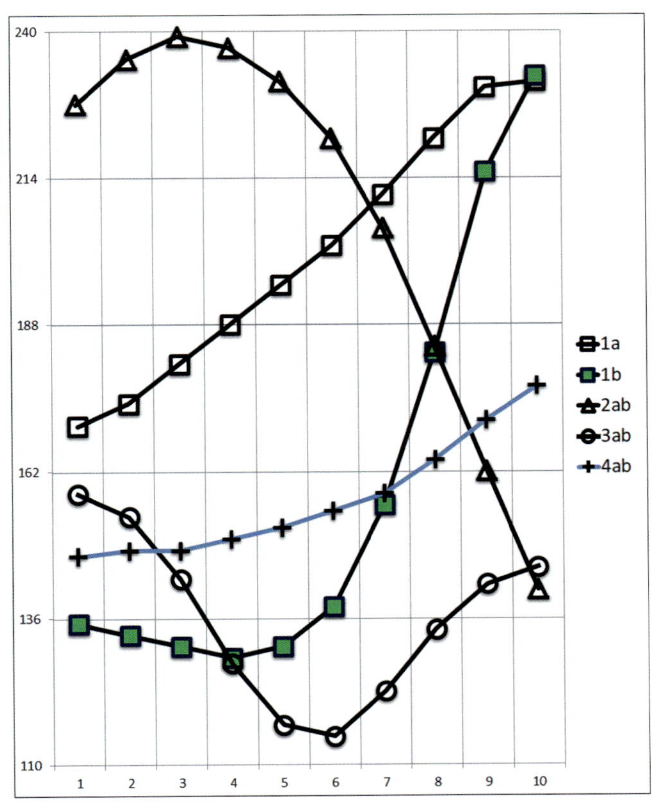

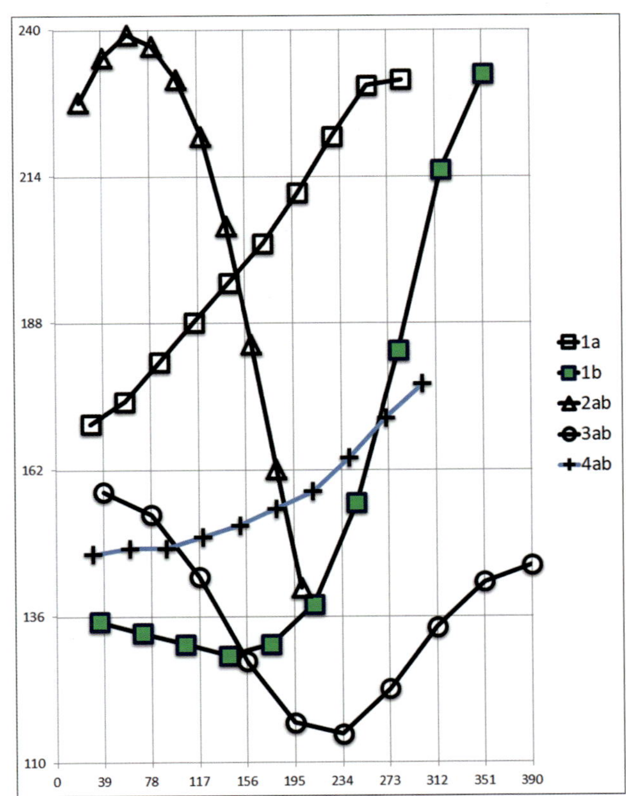

图 16－20c　单字调等长、实长音高模式－耒阳蔡子池－YM

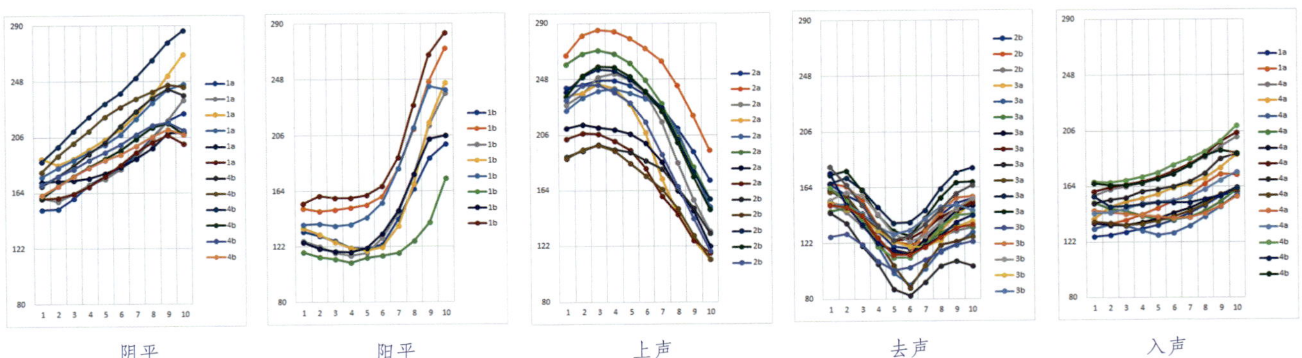

图 16－20d　今声调调域分布范围－耒阳蔡子池－YM

青男的声调有 5 个（见图 16－20c）：

阴平 35、阳平 225、上声 452、去声 212、入声 23。

今调域的分布情况（见图 16－20d）：

阴平在 23～35 之间；阳平在 223～225 之间；上声在 331～553 之间；去声在 212～323 之间；入声在 22～23 之间。

2. 资兴兴宁

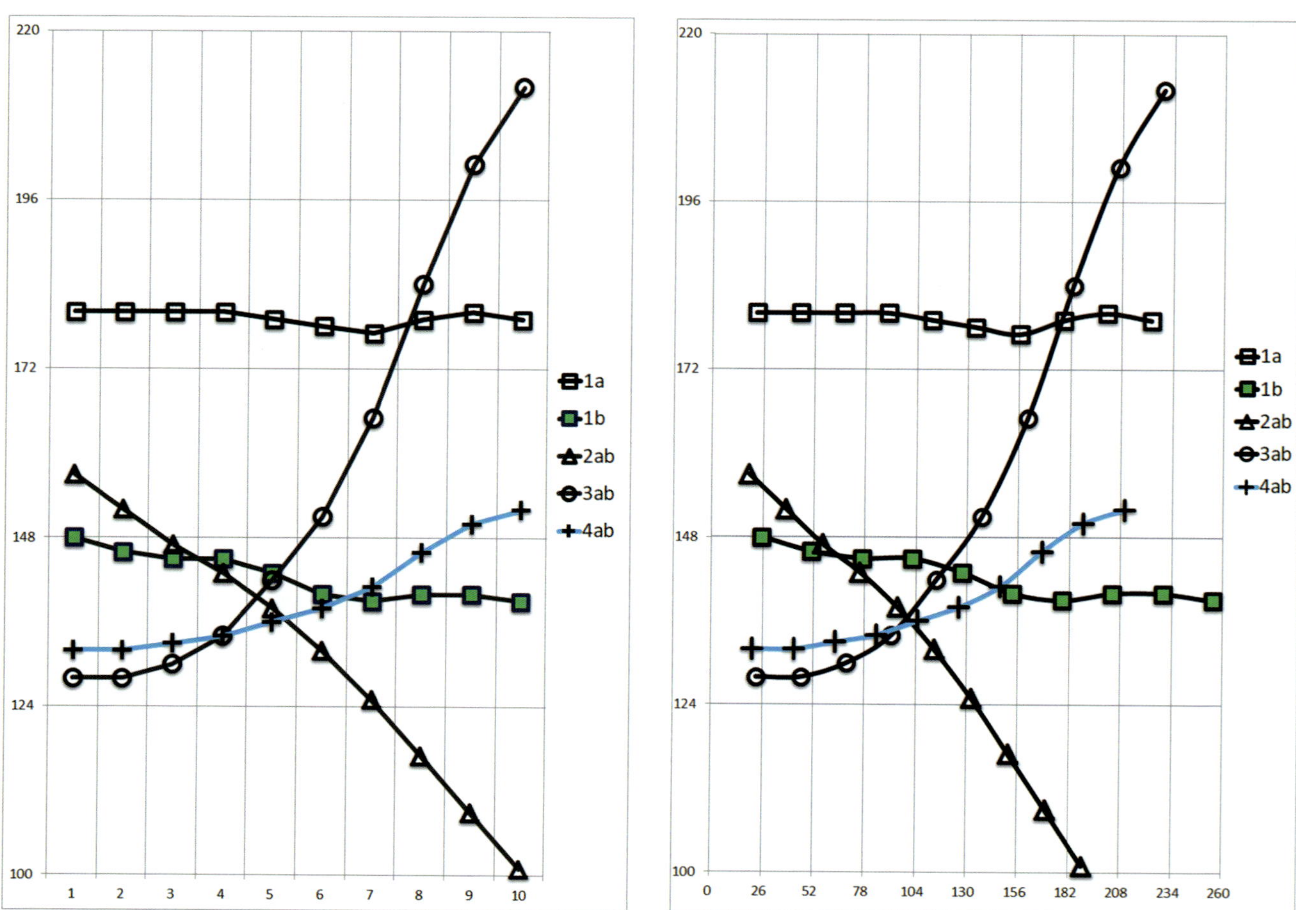

图 16－21a　单字调等长、实长音高模式－资兴兴宁－OM

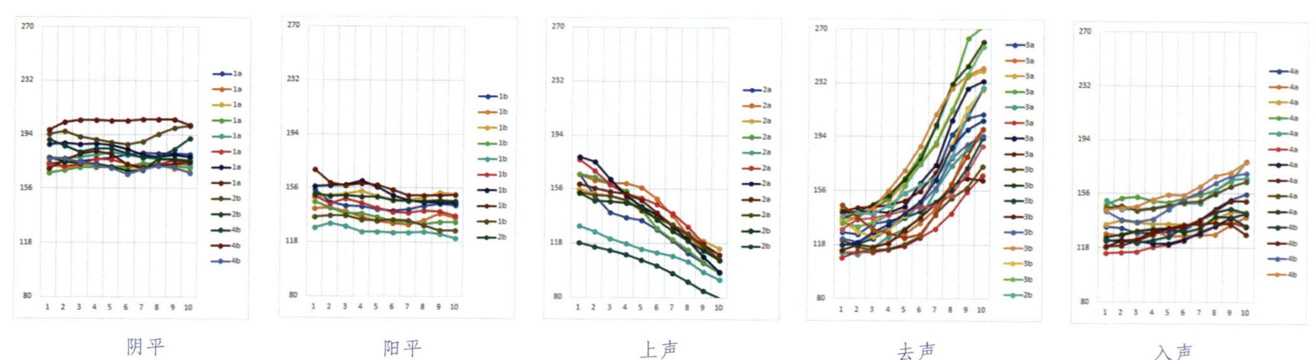

图 16－21b　今声调调域分布范围－资兴兴宁－OM

老男的声调有 5 个（见图 16－21a）：

阴平 44、阳平 22、上声 31、去声 25、入声 23。

今调域的分布情况（见图 16－22b）：

阴平在 33～44 之间；阳平主要在 22 的范围；上声在 21～31 之间；去声在 23～25 之间；入声在 12～23 之间。

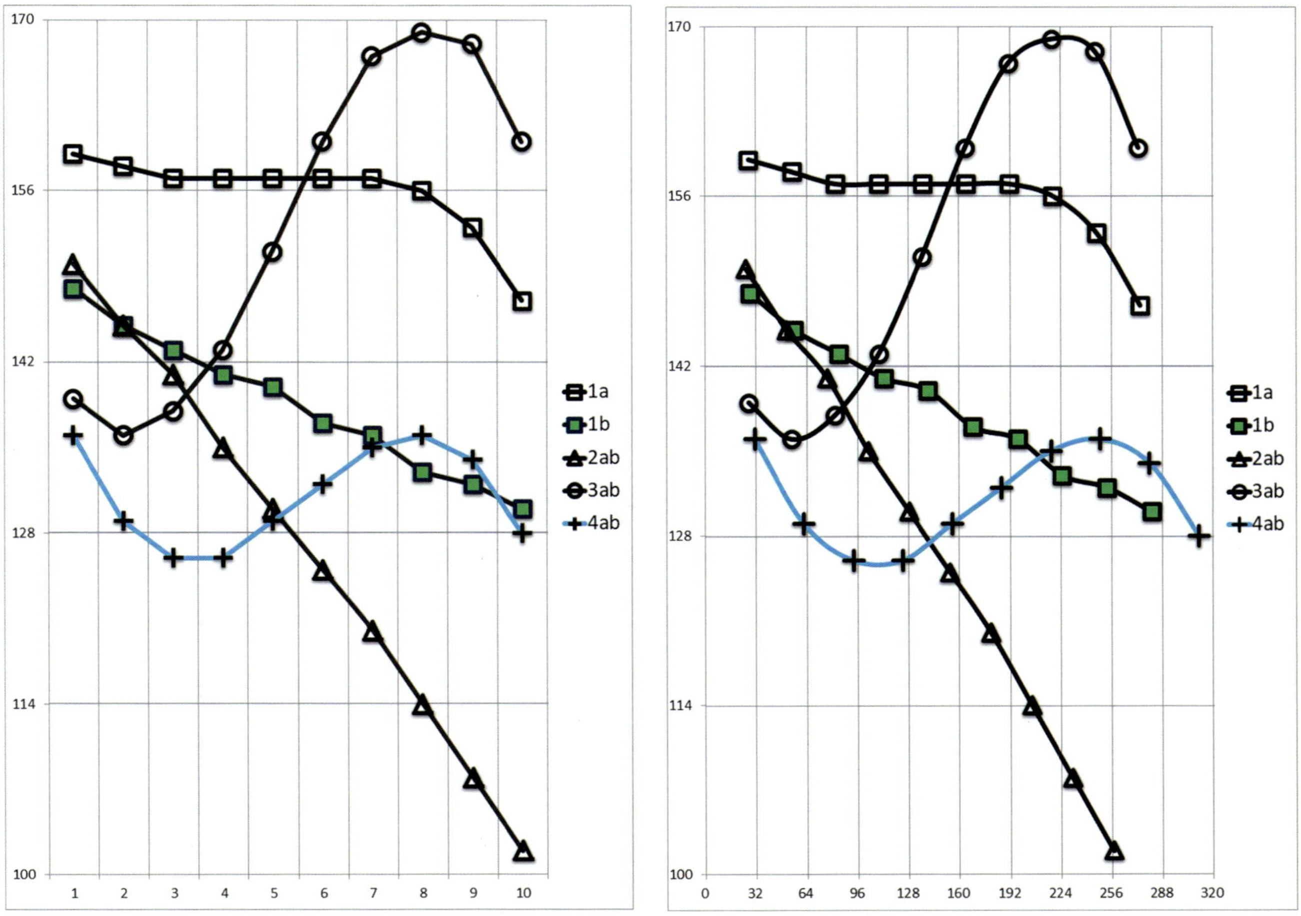

图 16－21c　单字调等长、实长音高模式－资兴兴宁－YM

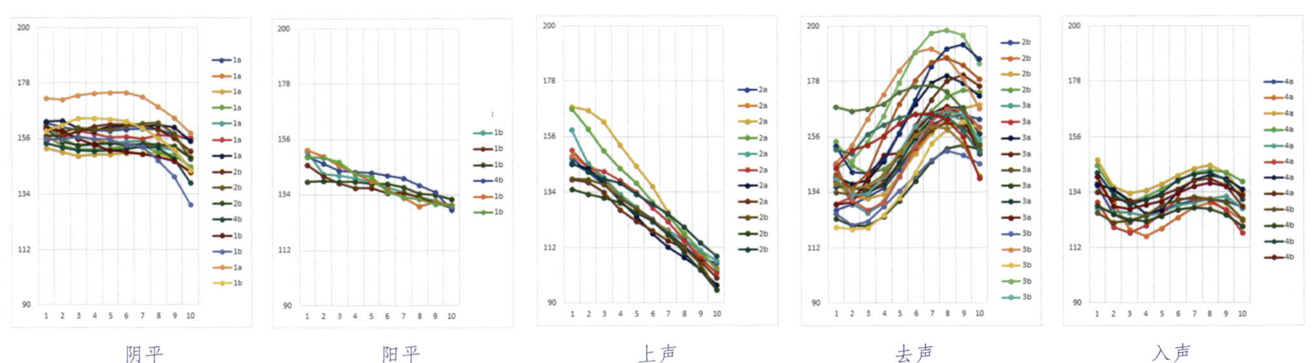

图 16－21d　今声调调域分布范围－资兴兴宁－YM

青男的声调有 5 个（见图 16－21c）：

阴平 55、阳平 43、上声 41、去声 35、入声 323。

今调域的分布情况（见图 16－21d）：

阴平在 33～44 之间；阳平主要在 32 的范围；上声在 31～41 之间；去声在 23～35 之间；入声在 212～323 之间。

16.8 洞绥片

1. 邵阳洞口

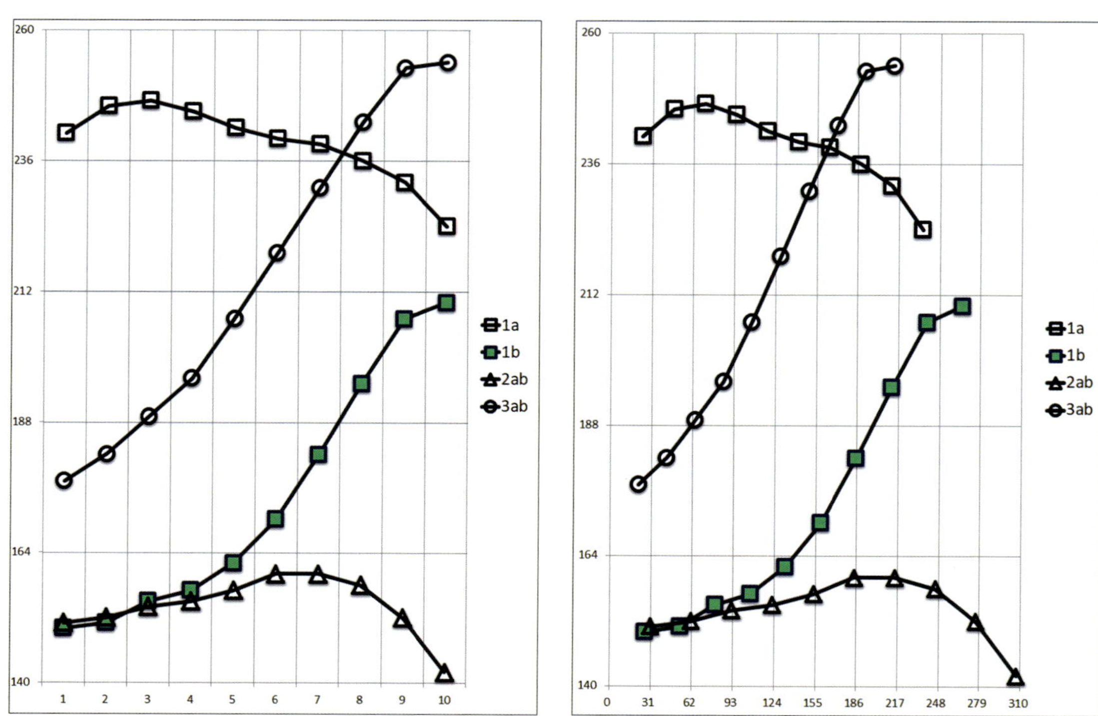

图 16－22a 单字调等长、实长音高模式－邵阳洞口－OM

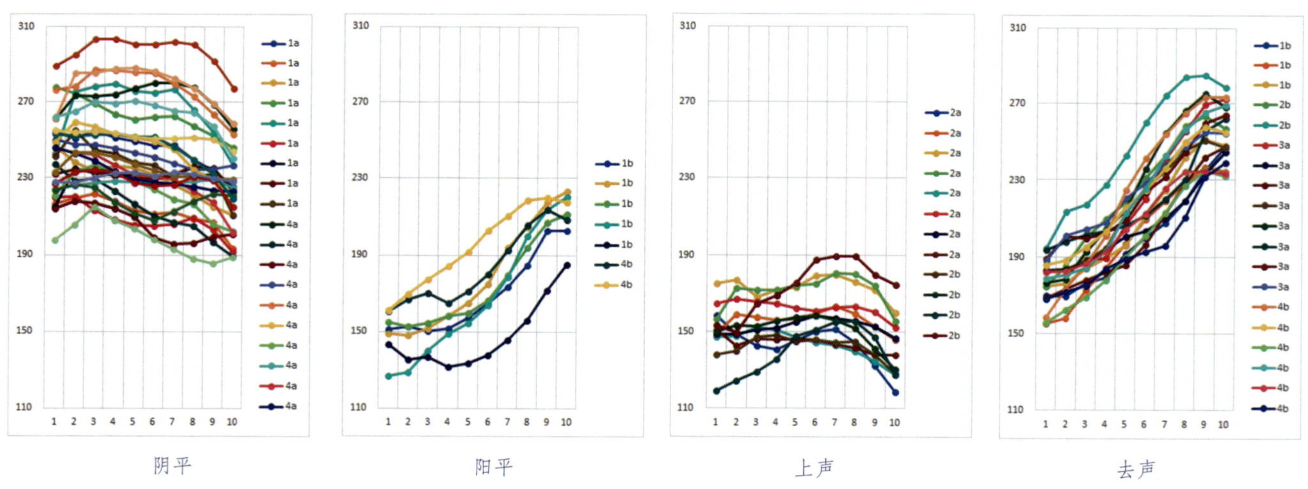

图 16－22b 今声调调域分布范围－邵阳洞口－OM

老男的声调有 4 个（见图 16－22a）：

阴平 54、阳平 13、上声 11、去声 25。

今调域的分布情况（见图 16－22b）：

阴平在 33～55 之间；阳平在 12～23 之间；上声在 11～22 之间，带拱度；去声在 24～35 之间。

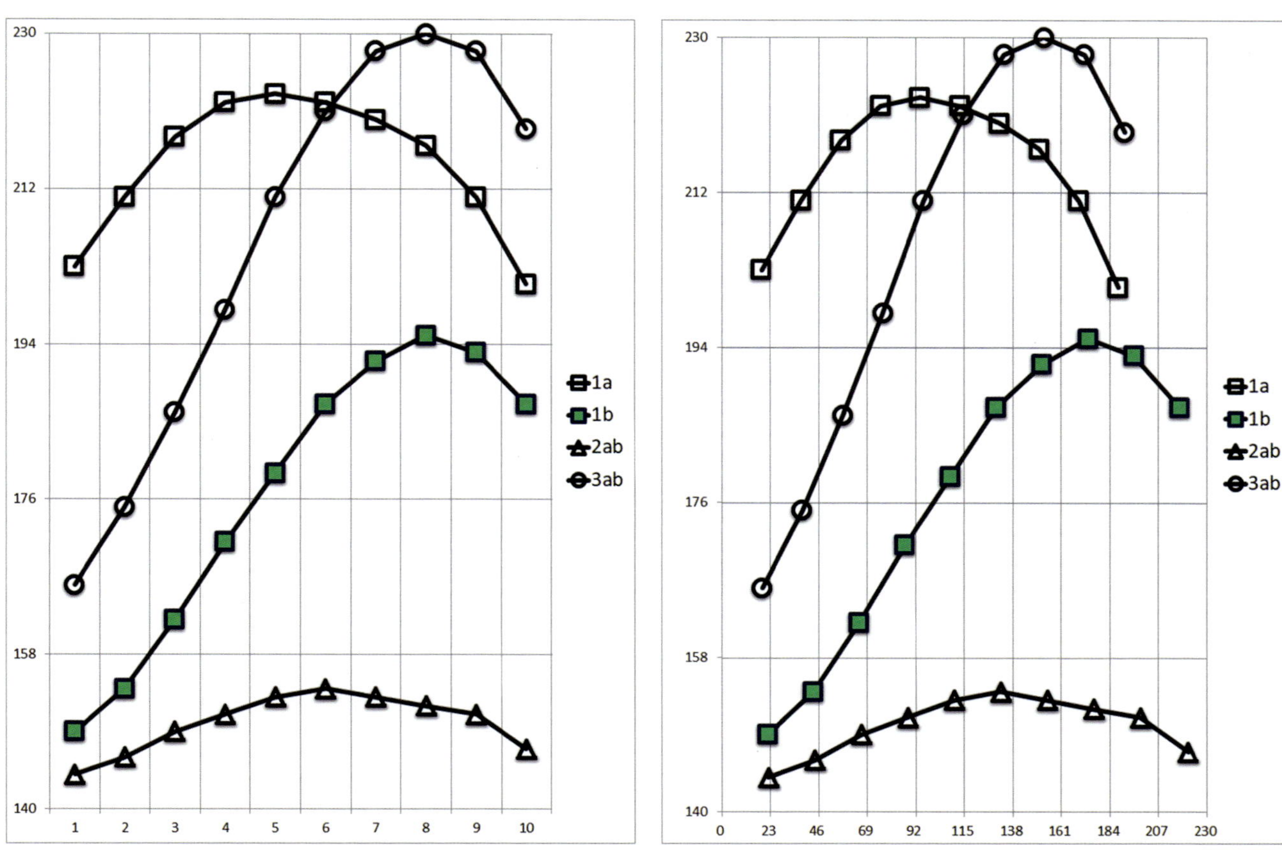

图 16－22c　单字调等长、实长音高模式－邵阳洞口－YM

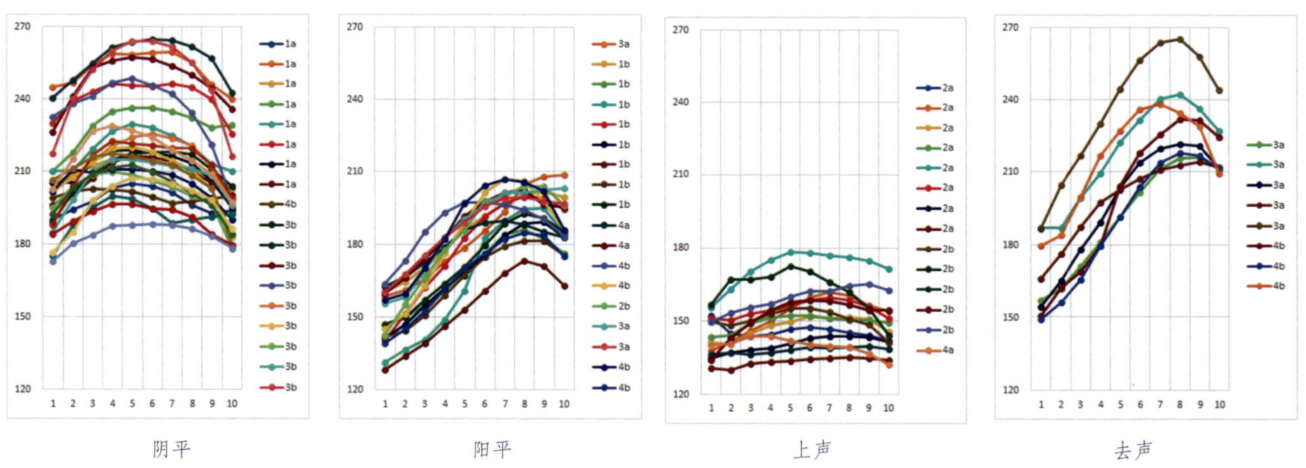

图 16－22d　今声调调域分布范围－邵阳洞口－YM

青男的声调有 4 个（见图 16－22c）：

阴平 454、阳平 13、上声 11、去声 25。

今调域的分布情况（见图 16－22d）：

阴平在 33～55 之间；阳平在 12～23 之间；上声在 11～22 之间；去声在 24～35 之间。

2. 绥宁长铺

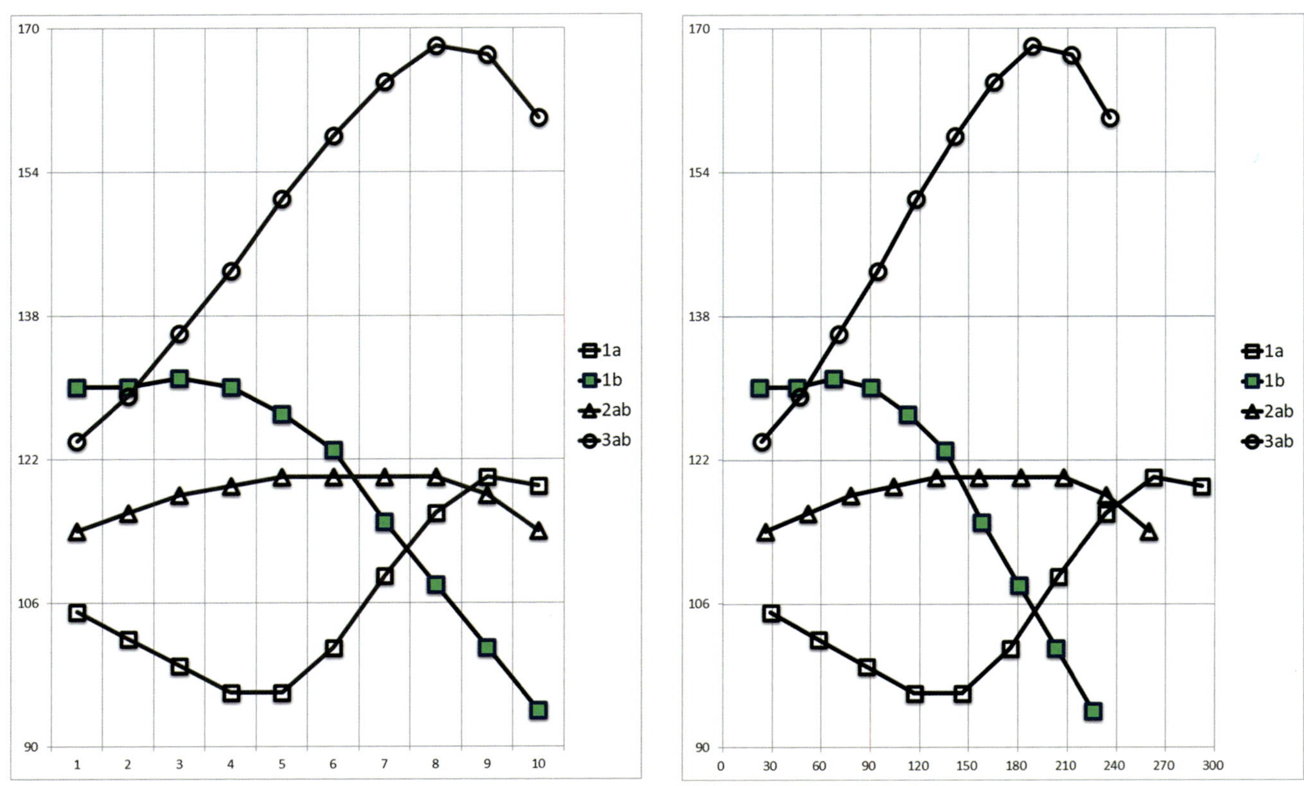

图 16－23a　单字调等长、实长音高模式－绥宁长铺－OM

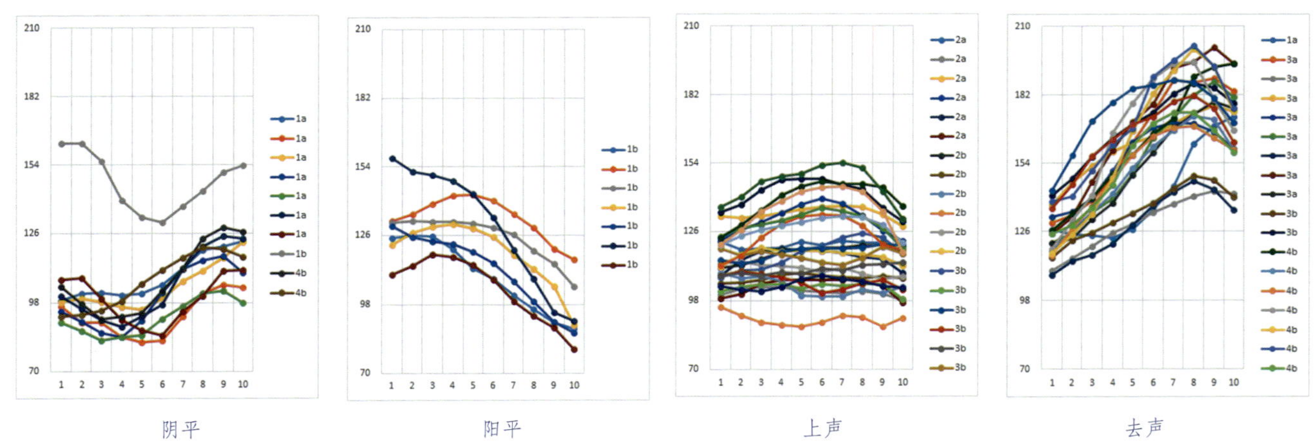

图 16－23b　今声调调域分布范围－绥宁长铺－OM

老男的声调有 4 个（见图 16－23a）：

阴平 213、阳平 31、上声 22、去声 35。

今调域的分布情况（见图 16－23b）：

阴平主要在 212 的范围；阳平在 21～32 之间；上声在 11～33 之间；去声在 23～35 之间。

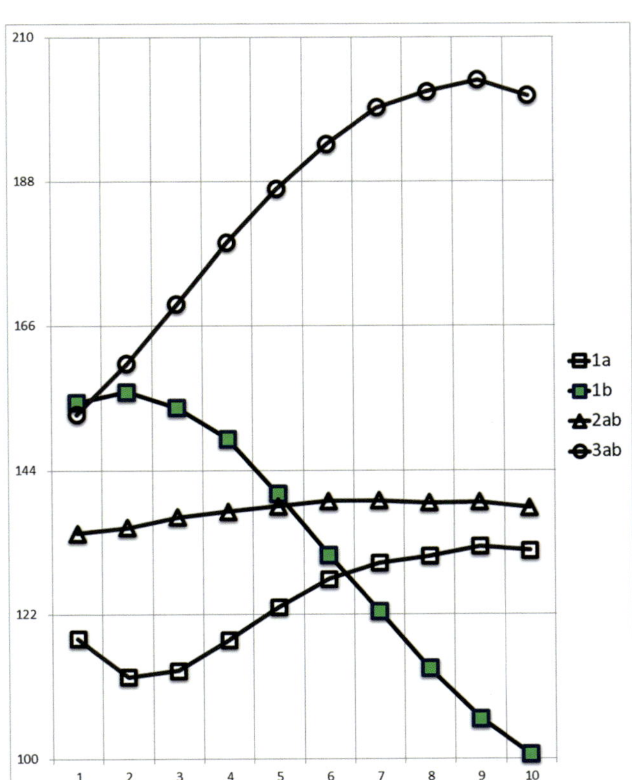

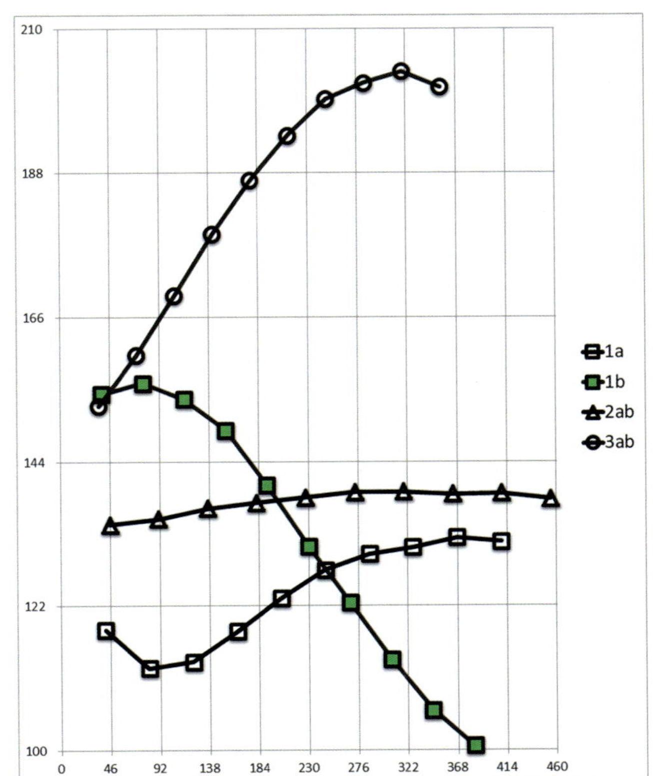

图 16－23c　单字调等长、实长音高模式－绥宁长铺－YM

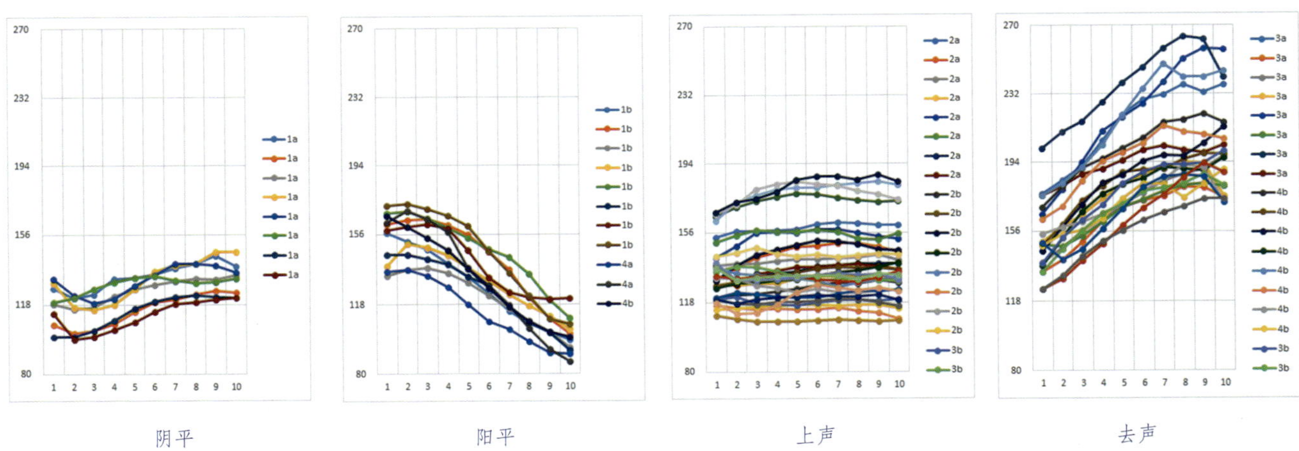

图 16－23d　今声调调域分布范围－绥宁长铺－YM

青男的声调有 4 个（见图 16－23c）：

阴平 112、阳平 31、上声 22、去声 35。

今调域的分布情况（见图 16－23d）：

阴平主要在 12 的范围；阳平在 21～32 之间；上声在 11～33 之间；去声在 23～45 之间。

16.9 怀岳片

1. 安庆怀宁

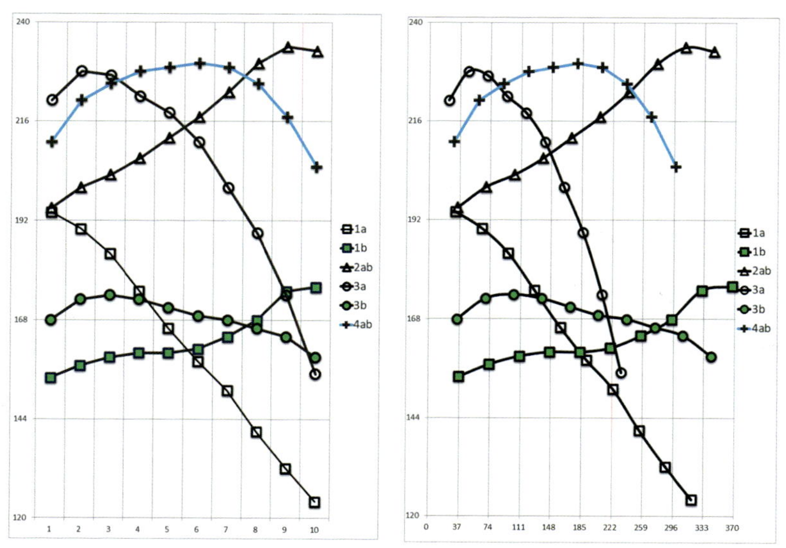

图 16－24a　单字调等长、实长音高模式－安庆怀宁－OM

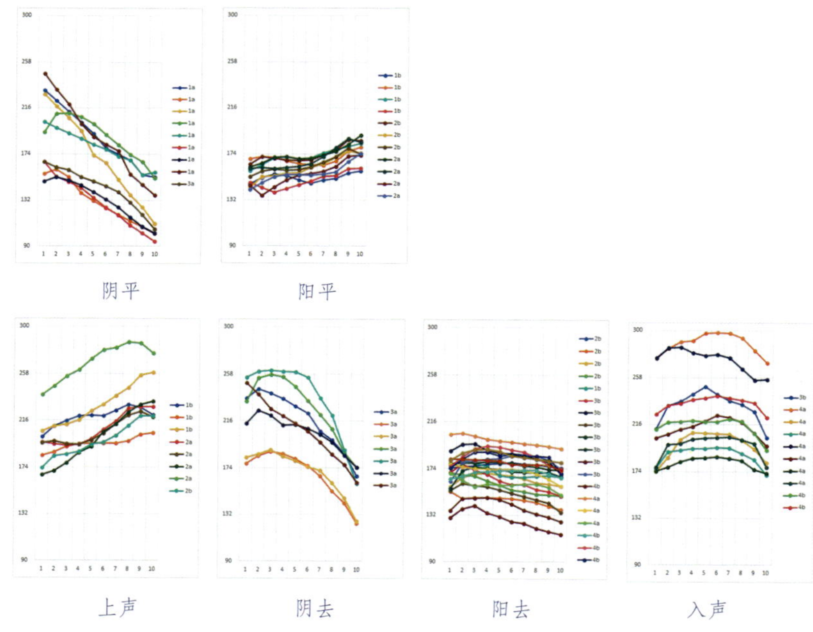

图 16－24b　今声调调域分布范围－安庆怀宁－OM

老男的声调有 6 个（见图 16－24a）：

阴平 41、阳平 23、上声 45、阴去 52、阳去 32、入声 454。

今调域的分布情况（见图 16－24b）：

阴平在 21～42 之间；阳平主要在 23 的范围；上声在 23～45 之间；阴去在 31～42 之间；阳去在 21～32 之间；入声在 33～55 之间。

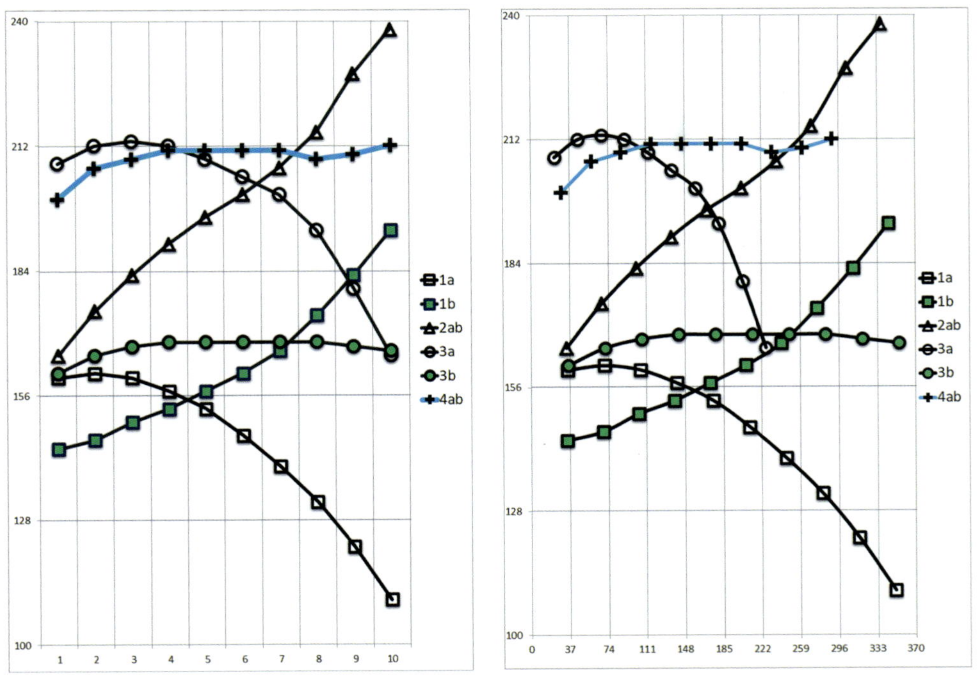

图 16-24c 单字调等长、实长音高模式 - 安庆怀宁 - YM

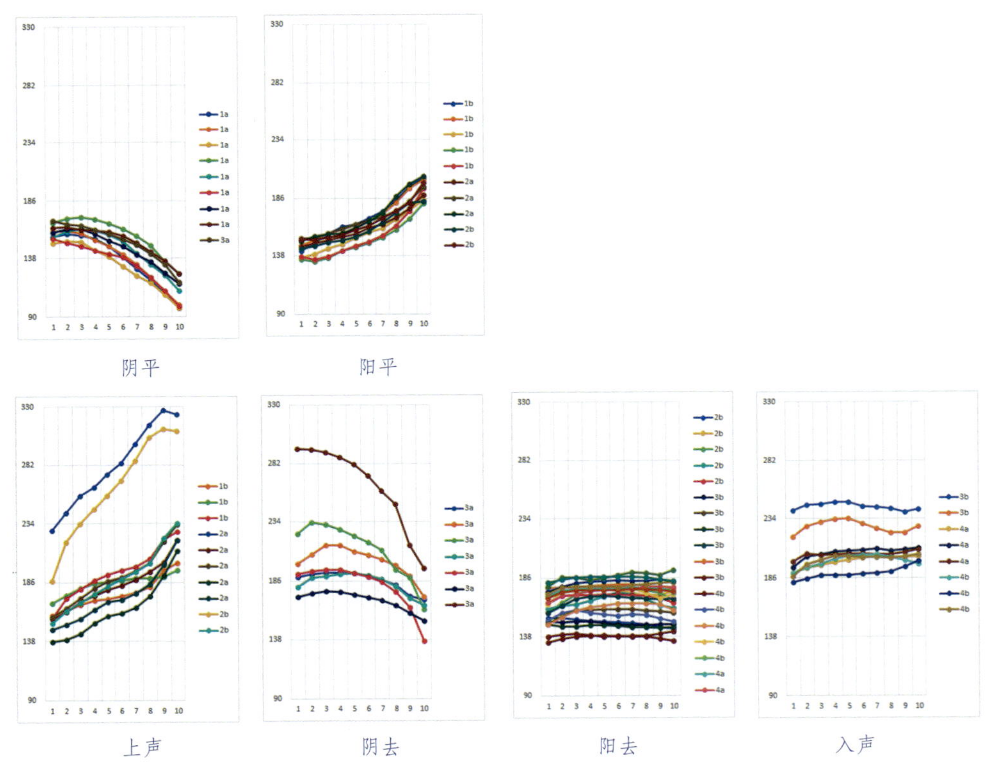

图 16-24d 今声调调域分布范围 - 安庆怀宁 - YM

青男的声调有 6 个（见图 16-24c）：

阴平 31、阳平 24、上声 35、阴去 43、阳去 33、入声 44。

今调域的分布情况（见图 16-24d）：

阴平主要在 21 的范围；阳平主要在 23 的范围；上声在 23～35 之间；阴去在 32～53 之间；阳去在 22～33 之间；入声在 33～44 之间。

2. 岳西天堂

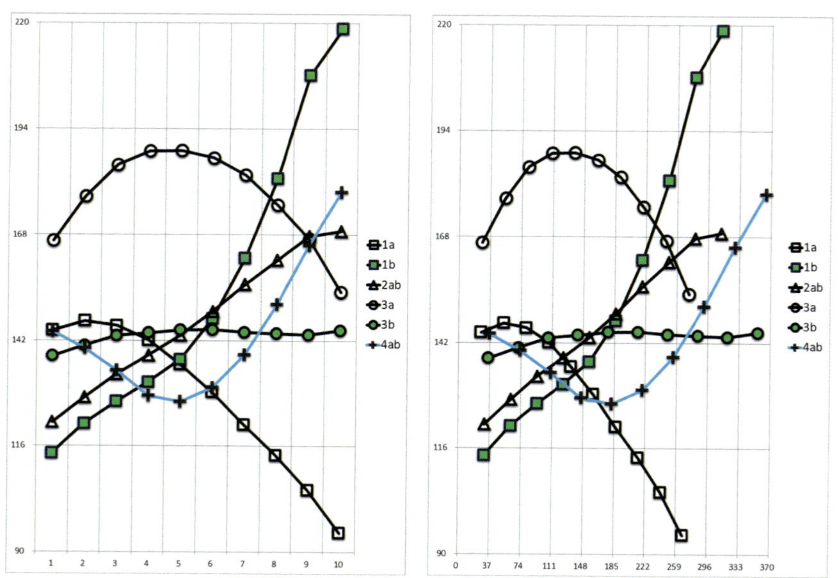

图 16－25a　单字调等长、实长音高模式－岳西天堂－OM

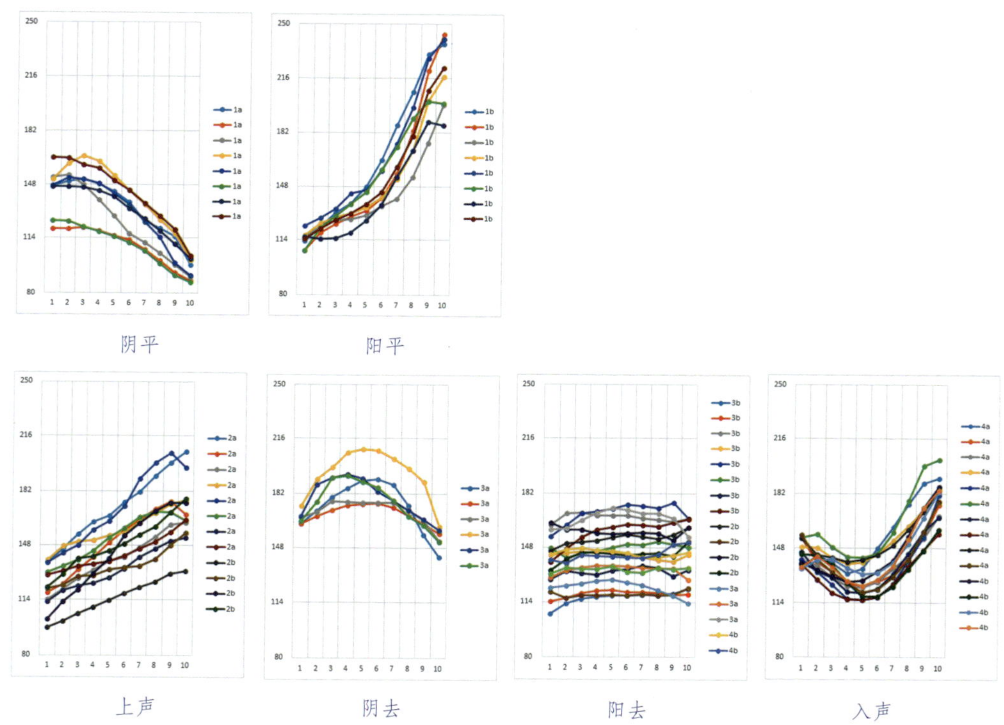

图 16－25b　今声调调域分布范围－岳西天堂－OM

老男的声调有 6 个（见图 16－25a）：

阴平 31、阳平 25、上声 24、阴去 343、阳去 33、入声 324。

今调域的分布情况（见图 16－25b）：

阴平在 21～31 之间；阳平在 24～25 之间；上声在 12～24 之间；阴去主要在 22～33 之间；阳去在 22～33 之间；入声在 213～324 之间。

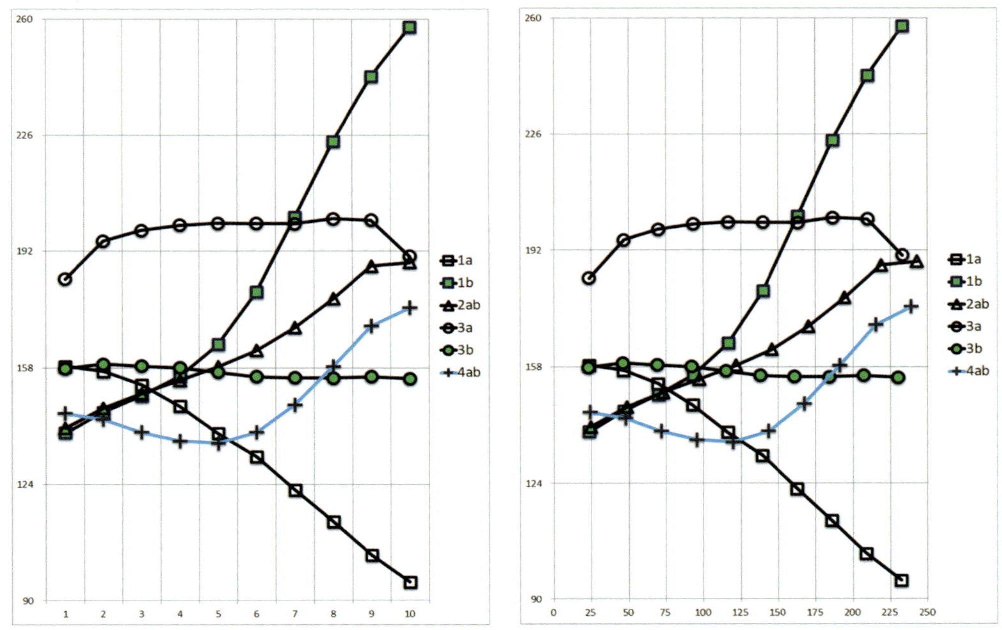

图 16－25c　单字调等长、实长音高模式－岳西天堂－YM

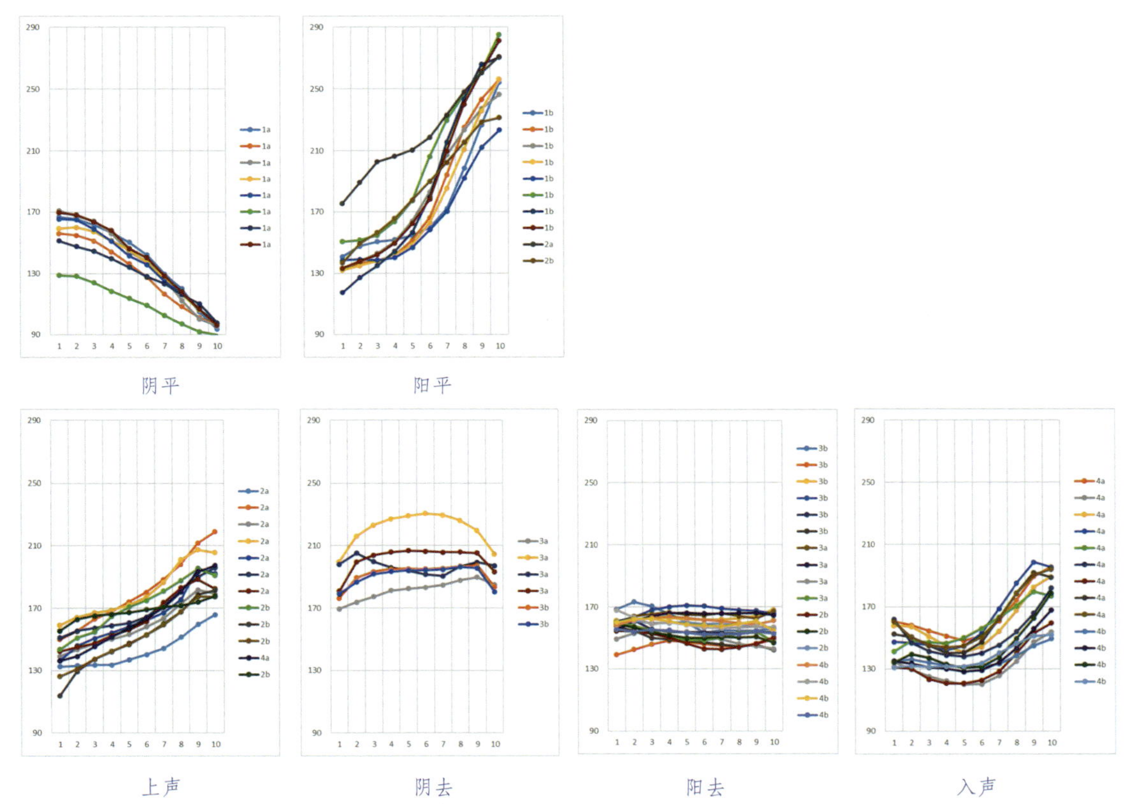

图 16－25d　今声调调域分布范围－岳西天堂－YM

青男的声调有 6 个（见图 16－25c）：

阴平 21、阳平 25、上声 23、阴去 44、阳去 22、入声 213。

今调域的分布情况（见图 16－25d）：

阴平主要在 21 的范围；阳平在 24～35 之间；上声主要在 23 的范围；阴去在 33～44 之间；阳去主要在 22 的范围；入声在 212～324 之间。

16.10 赣方言声调小结

1. 赣方言调类的主要特点

我们将赣方言调类的情况说明如下。

昌都片，较为复杂，调类数量有 7 ~ 10 个。这一片最突出的特点是“送气分调”，根据谢留文的研究，有两个观察视角，一是今声母送气与否的情况，二是古声母送气与否的影响①。我们根据出现分调调类的情况说明。阳平今声调有“送气分调”的情况，去声根据今声母、古声母送气与否而形成“送气分调”。

宜浏片，主要特点以 5 个调类为常，平分阴阳，上去入保留一个调类。

吉茶片，调类数量较少，为 4 ~ 5 个。四调方言为阴、阳、上、去，五调方言有两种情况，一种是有入声，调类有阴、阳、上、去、入五调；另一种是阴平、阳平、上声、阴去、阳去。

抚广片，以 7 个调类为主，平、去、入分阴阳，上声不分阴阳。

鹰戈片，以 6 ~ 7 个调类为主。六调方言点如鹰潭，平声、入声分阴阳，上声、去声各有一个调类；7 个调类的方言点，与扶广片类似，平、去、入分阴阳，上声不分阴阳。

大通片，以 5 ~ 7 个调类为主，平分阴阳，入声有一个调类。五调方言点，有阴平、阳平、上声、去声、入声；六调方言点，去声分阴阳，七调方言点上声、去声都各自分阴阳。

耒资片，声调调类也较少，以 5 个调类为主。五调方言点，调类有阴平、阳平、上声、去声、入声。

洞绥片，以 4 个调类为主，如洞口、绥宁，分别是阴平、阳平、上声、去声。

怀岳片，以 6 个调类为主，如怀宁、岳西，平声、去声分阴阳，上声、入声保留一个调类。

2. 赣方言调值的主要特点

（1）调型。

根据阴平和阳平音高域的分布，有两种情况。一是阴平低阳平高，方言点有岳西、怀宁、绥宁、余干、鹰潭、建宁、黎川、抚州、浏阳、宜春、茶陵等；二是阴平高阳平低，方言点有洞口、资兴、耒阳、华容、平江、大冶、炎陵、遂川、吉安、醴陵、南昌、铜鼓等。

有两个入声的方言点也有两类，一是阴高阳低，如南昌、鹰潭、弋阳等；二是阴低阳高，如抚州、黎川、建宁。

（2）音节内部单字调不连续现象。

余干方言非常特殊的地方是，单字调入声有音节内部的音段不连续的现象，陈昌仪曾经作过描写②。余干等地的这种非常特别的现象，我们暂时叫它“音节内部单字调不连续”现象，具体表现是：阴入起头较低，中间频率很低，后面是一个高升调，听感上是这个声调断了一下；阳入起头在中高调域，中断后还基本保持中高调域的范围。记录时，我们最好能够标出这个声调的调型，比如阴入 $\underline{2035}$，阳入 $\underline{2303}$，“0”表示中间短暂的低频段。遂川话的去声也有声调内部不连贯的情况③。

（3）音高域特别高的声调。

高调多有强调和标记的作用，特别的高调，在整个声调系统中会非常特别，如果我们把所有声调数据同时呈现时，这些特高调常常会挤占较大的音高域，使得其他声调的描写音域变窄。

根据本书的数据，赣方言中的特高调的方言点，举例如下：

---

① 中国社会科学院语言研究所，中国社会科学院民族学与人类学研究所，香港城市大学语言资讯科学研究中心．中国语言地图集：汉语方言卷［M］．2 版．北京：商务印书馆，2012：141 – 151.

② 陈昌仪．余干方言入声调的不连续成分［J］．方言，1992（2）：125 – 127.

③ 曾玲，余俊毅，刘新中．基于系统声学实验的赣语遂川话声调研究［J］．中国语音学报，2022（1）：56 – 67.

阳平 35、25 的点：黎川、浏阳、岳西。
上声 35、45 的点：怀宁、建宁。
去声 455、35、25 的点：绥宁、洞口、资兴、大冶、炎陵。
阴平是 45 的点：华容。
入声高调的点：南昌阴入 45、遂川入声 45、宜春入声 55、通城入声 354。

16.11　赣方言主要方言点的调类调值对照

赣方言主要方言点的调类调值对照见表 16－2 至表 16－10。

表 16－2　赣方言主要方言点的调类调值对照（昌都片）

片	方言点	选点	阴平 1a	阳平 1b	上声 2ab	阴去 3a	阳去 3b	阴入 4a	阳入 4b	调类数量	资料来源
昌都片	南昌（江西）	南昌市西湖区	42	45	213	45	21	5		6	语保 OM

表 16－3　赣方言主要方言点的调类调值对照（宜浏片）

片	方言点	选点	阴平 1a	阳平 1b	阴上 2a	阳上 2b	阴去 3a	阳去 3b	入声 4ab	调类数量	资料来源
宜浏片	宜春（江西）	宜春市袁州区	24	33	31		33	113	5	5	语保 OM
	铜鼓（江西）	铜鼓县永宁镇	24	212	31	24	53		2	6	语保 OM
	浏阳（湖南）	浏阳市淮川街道	33	45	24		212		42	5	语保 OM
	醴陵（湖南）	醴陵市仙岳山街道	55	214	31		33		35	5	语保 OM

表 16－4　赣方言主要方言点的调类调值对照（吉茶片）

片	方言点	选点	阴平 1a	阳平 1b	阴上 2a	阳上 2b	阴去 3a	阳去 3b	入声 4ab	调类数量	资料来源
吉茶片	吉安（江西）	吉安市吉州区	24	31	52		31	324	45	5	语保 OM
	遂川（江西）	遂川县泉江镇	51	33	31		213		5	5	语保 OM
	茶陵（湖南）	茶陵县城关镇	341	524	51		43	445	43	5	语保 OM
	炎陵（湖南）	炎陵县沔渡镇	25	13	41		55		41	4	语保 OM

表 16－5　赣方言主要方言点的调类调值对照（抚广片）

片	方言点	选点	阴平 1a	阳平 1b	上声 2ab	阴去 3a	阳去 3b	阴入 4a	阳入 4b	调类 数量	资料来源
抚广片	抚州 （江西）	抚州市 临川县	33	24	35	51	133	3	5	7	语保 OM
	黎川 （江西）	黎川县 日峰镇	21	35	44	53	13	3	5	7	语保 OM
	建宁 （福建）	建宁县 濉溪镇	34	24	55	21	45	2	5	7	语保 OM

表 16－6　赣方言主要方言点的调类调值对照（鹰弋片）

<table>
<tr><th>片</th><th>方言点</th><th>选点</th><th>阴平
1a</th><th>阳平
1b</th><th>上声
2ab</th><th>阴去
3a</th><th>阳去
3b</th><th>阴入
4a</th><th>阳入
4b</th><th>调类
数量</th><th>资料来源</th></tr>
<tr><td rowspan="3">鹰弋片</td><td>鹰潭
（江西）</td><td>鹰潭市
月湖区</td><td>44</td><td>24</td><td>354</td><td colspan="2">41</td><td>5</td><td>2</td><td>6</td><td>语保 OM</td></tr>
<tr><td>余干
（江西）</td><td>余干县
玉亭镇</td><td>33</td><td>325</td><td>213</td><td>35</td><td>13</td><td>205</td><td>304</td><td>7</td><td>语保 OM</td></tr>
<tr><td>弋阳
（江西）</td><td>弋阳县
弋江镇</td><td>33</td><td>24</td><td>42</td><td>35</td><td>21</td><td>5</td><td>3</td><td>7</td><td>语保 OM</td></tr>
</table>

表 16－7　赣方言主要方言点的调类调值对照（大通片）

<table>
<tr><th>片</th><th>方言点</th><th>选点</th><th>阴平
1a</th><th>阳平
1b</th><th>上声
2ab</th><th>阴去
3a</th><th>阳去
3b</th><th>阴入
4a</th><th>阳入
4b</th><th>调类
数量</th><th>资料来源</th></tr>
<tr><td rowspan="4">大通片</td><td>大冶
（湖北）</td><td>大冶市
东岳街道</td><td>22</td><td>31</td><td colspan="2">44</td><td>25</td><td>22</td><td>213</td><td>5</td><td>语保 OM</td></tr>
<tr><td>通城
（湖北）</td><td>通城县
隽永镇</td><td>212</td><td>33</td><td colspan="2">42</td><td>214</td><td>35</td><td>55</td><td>6</td><td>语保 OM</td></tr>
<tr><td>岳阳
（湖南）</td><td>岳阳市
平江县</td><td>33</td><td>213</td><td>24</td><td>21</td><td>55</td><td>22</td><td>42</td><td>7</td><td>语保 OM</td></tr>
<tr><td>华容
（湖南）</td><td>华容县
章华镇</td><td>55</td><td>13</td><td colspan="2">21</td><td>24</td><td>33</td><td>35</td><td>6</td><td>语保 OM</td></tr>
</table>

表 16－8　赣方言主要方言点的调类调值对照（耒资片）

片	方言点	选点	阴平 1a	阳平 1b	上声 2ab	去声 3ab	入声 4ab	调类 数量	资料来源
耒资片	耒阳 （湖南）	耒阳市 蔡子池街道	35	335	51	313	334	5	语保 OM
	资兴 （湖南）	资兴市兴宁镇	44	22	31	35	23	5	语保 OM

表 16－9 赣方言主要方言点的调类调值对照（洞绥片）

<table>
<tr><th>片</th><th>方言点</th><th>选点</th><th>阴平
1a</th><th>阳平
1b</th><th>上声
2ab</th><th>阴去
3a</th><th>阳去
3b</th><th>阴入
4a</th><th>阳入
4b</th><th>调类
数量</th><th>资料来源</th></tr>
<tr><td rowspan="2">洞绥片</td><td>邵阳
（湖南）</td><td>邵阳市洞口县</td><td>44</td><td>13</td><td>21</td><td>35</td><td colspan="2">44</td><td>35</td><td>4</td><td>语保 OM</td></tr>
<tr><td>绥宁
（湖南）</td><td>绥宁县长铺镇</td><td>13</td><td>41</td><td>44</td><td colspan="2">35</td><td>44</td><td>35</td><td>4</td><td>语保 OM</td></tr>
</table>

表 16－10 赣方言主要方言点的调类调值对照（怀岳片）

<table>
<tr><th>片</th><th>方言点</th><th>选点</th><th>阴平
1a</th><th>阳平
1b</th><th>上声
2ab</th><th>阴去
3a</th><th>阳去
3b</th><th>入声
4ab</th><th>调类
数量</th><th>资料来源</th></tr>
<tr><td rowspan="2">怀岳片</td><td>安庆
（安徽）</td><td>安庆市怀宁县</td><td>41</td><td>223</td><td>334</td><td>53</td><td>33</td><td>55</td><td>6</td><td>语保 OM</td></tr>
<tr><td>岳西
（安徽）</td><td>岳西县天堂镇</td><td>21</td><td>35</td><td>24</td><td>53</td><td>33</td><td>213</td><td>6</td><td>语保 OM</td></tr>
</table>

参考文献

［1］安徽省地方志编纂委员会．安徽省志：方言志［M］．北京：方志出版社，1997.

［2］陈昌仪．赣方言概要［M］．南昌：江西教育出版社，1991.

［3］侯精一．现代汉语方言概论［M］．上海：上海教育出版社，2002.

［4］黄群建．鄂东南方言音汇［M］．武汉：华中师范大学出版社，2002.

［5］江西省地方志编纂委员会．江西省方言志［M］．北京：方志出版社，2005.

［6］李荣，熊正辉．南昌方言词典［M］．南京：江苏教育出版社，1995.

［7］李如龙，张双庆．客赣方言调查报告［M］．厦门：厦门大学出版社，1992.

［8］李如龙．福建省县市方言志 12 种［M］．福州：福建教育出版社，2001.

［9］刘纶鑫．客赣方言比较研究［M］．北京：中国社会科学出版社，1999.

［10］孙宜志，陈昌仪，徐阳春．江西境内赣方言区述评及再分区［J］．南昌大学学报（人文社会科学版），2001（2）．

［11］魏钢强．萍乡方言志［M］．北京：语文出版社，1990.

［12］温端政．苍南方言志［M］．北京：语文出版社，1991.

［13］吴艳芬．江西赣方言实验语音学研究［D］．广州：暨南大学，2021.

［14］颜森．黎川方言研究［M］．北京：社会科学文献出版社，1993.

［15］颜森．江西方言的分区（稿）［J］．方言，1986（1）．

［16］颜森．江西方言的声调［J］．江西师范大学学报（哲学社会科学版），1988（3）．

［17］杨时逢．江西方言声调的调类［M］//“中央”研究院历史语言研究所集刊编辑委员会．“中央”研究院历史语言研究所集刊：第四十三本：第三分．台北：“中央”研究院历史语言研究所，1971.

［18］杨时逢．南昌音系［M］//“中央”研究院历史语言研究所集刊编辑委员会．“中央”研究院历史语言研究所集刊：第三十九本：上．台北：“中央”研究院历史语言研究所，1969.

［19］中国社会科学院，澳大利亚人文科学院．中国语言地图集［M］．香港：香港朗文出版（远东）有限公司，1987.

［20］中国社会科学院语言研究所，中国社会科学院民族学与人类学研究所，香港城市大学语言资讯科学研究中心．中国语言地图集［M］．2 版．北京：商务印书馆，2012.

17　徽州方言

徽州方言分布在古徽州的范围，主要包括安徽、浙江、江西等省的部分地区。表 17－1 是本书的选点情况。

表 17－1　徽州方言的分片选点

片	方言点	序号
绩歙片	歙县－《音库》	17－1
	黄山歙县（安徽）	17－2
	绩溪华阳（安徽）	17－3
休黟片	屯溪－《音库》	17－4
	黄山休宁（安徽）	17－5
	黟县碧阳（安徽）	17－6
祁婺片	祁门祁山（安徽）	17－7
	安徽婺源	17－8
	江西景德镇	17－9
严州片	杭州淳安（浙江）	17－10
	浙江建德	17－11
旌占片	旌德旌阳（安徽）	17－12
	祁门安凌（安徽）	17－13

17.1 绩歙片

1. 歙县 – 《音库》

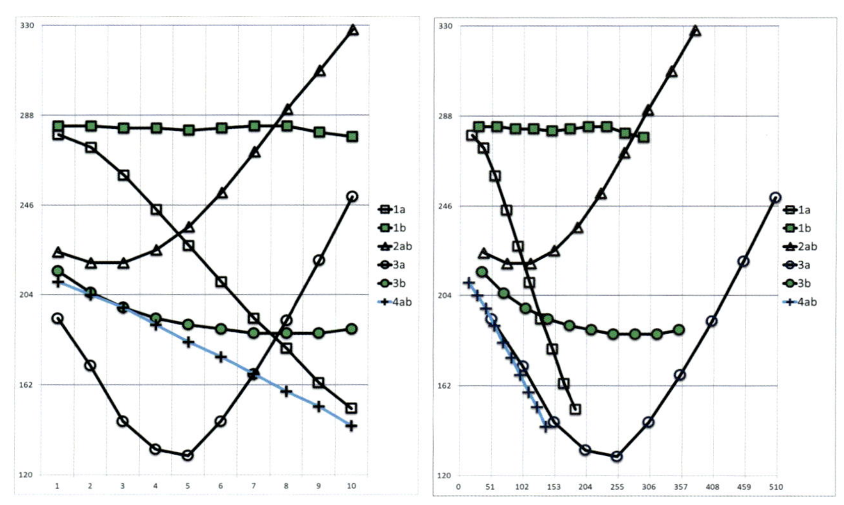

图 17 – 1a　单字调等长、实长音高模式 – 歙县 – 《音库》

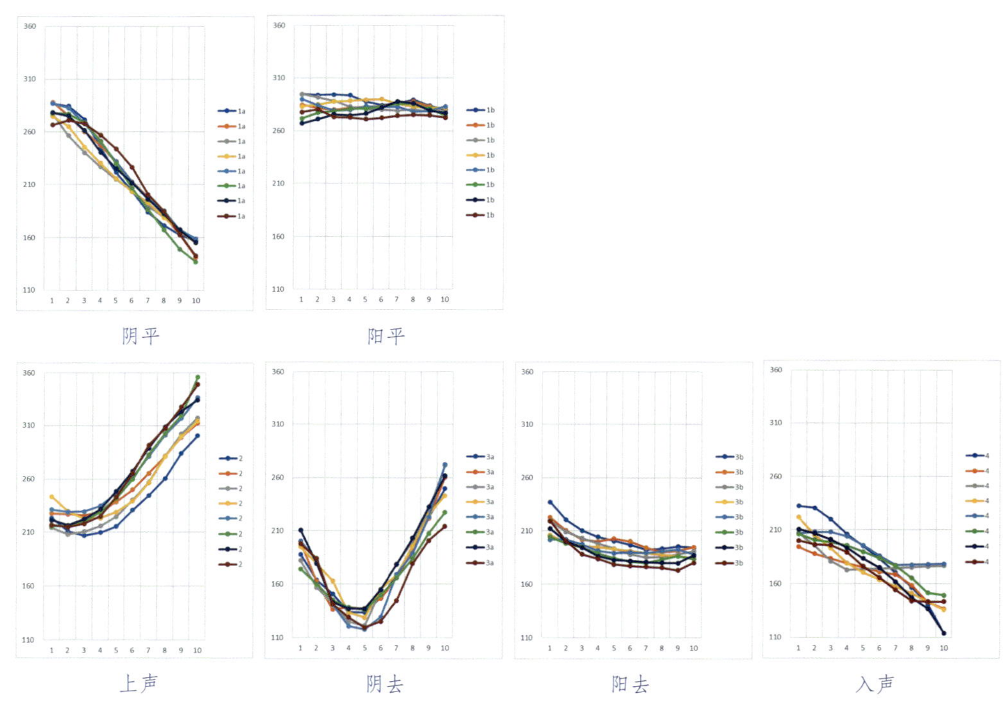

图 17 – 1b　今声调调域分布范围 – 歙县 – 《音库》

《音库》的声调有 6 个（见图 17 – 1a）：

阴平 41、阳平 44、上声 35、阴去 214、阳去 32、入声 31。

今调域的分布情况（见图 17 – 1b）：

阴平在 41 的范围；阳平在 44 的范围；上声在 34 ~ 35 之间；阴去在 213 ~ 214 之间；阳去主要在 32 的范围；入声在 21 ~ 32 之间。

2. 黄山歙县

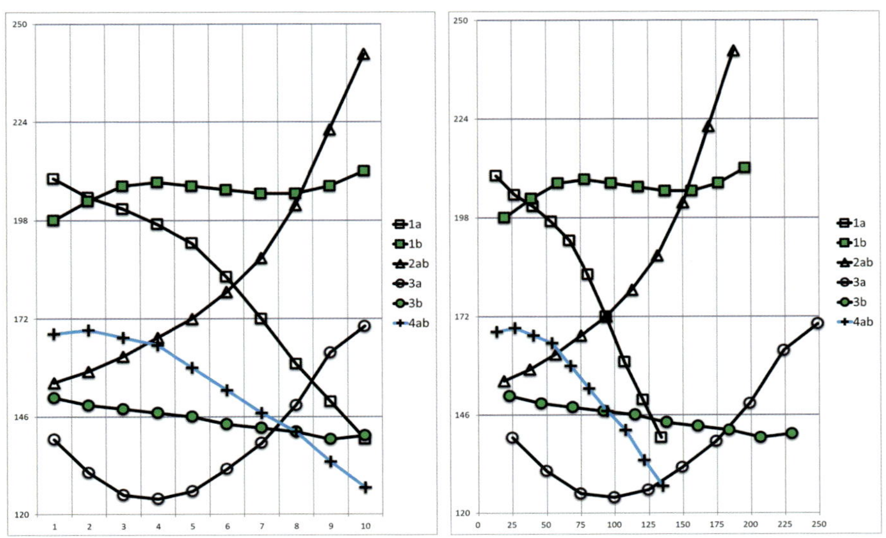

图 17－2a　单字调等长、实长音高模式－黄山歙县－OM

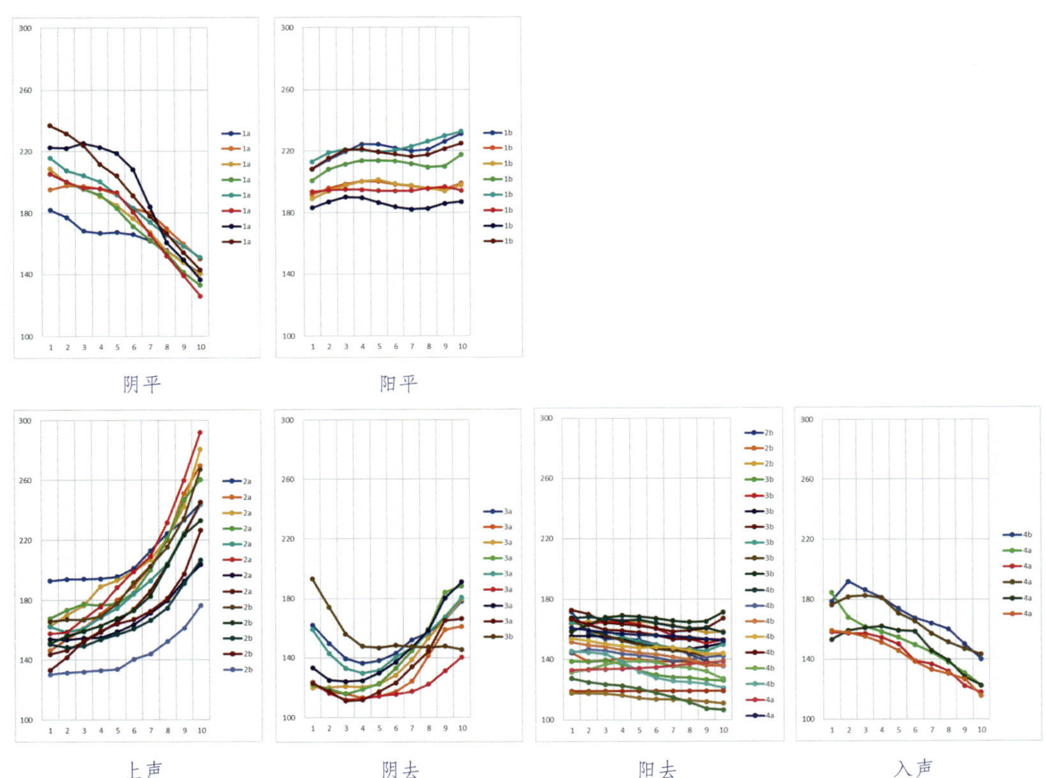

图 17－2b　今声调调域分布范围－黄山歙县－OM

老男的声调有 6 个（见图 17－2a）：

阴平 41、阳平 44、上声 25、阴去 213、阳去 21、入声 21。

今调域的分布情况（见图 17－2b）：

阴平在 31～42 之间；阳平在 33～44 之间；上声在 12～35 之间；阴去在 112～213 之间；阳去在 11～22 之间；入声在 21～32 之间。

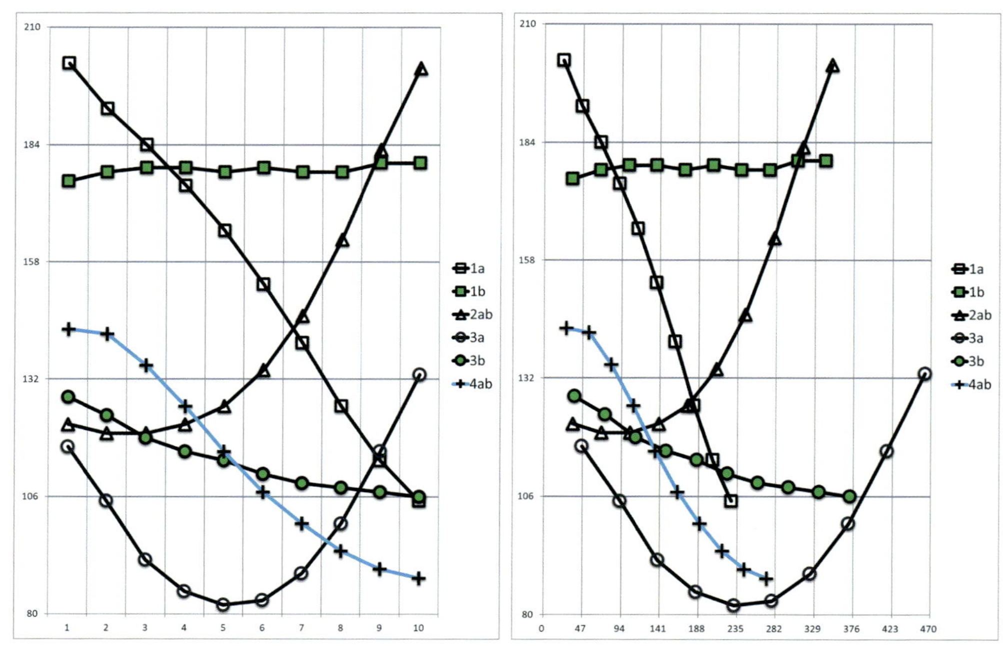

图 17－2c　单字调等长、实长音高模式－黄山歙县－YM

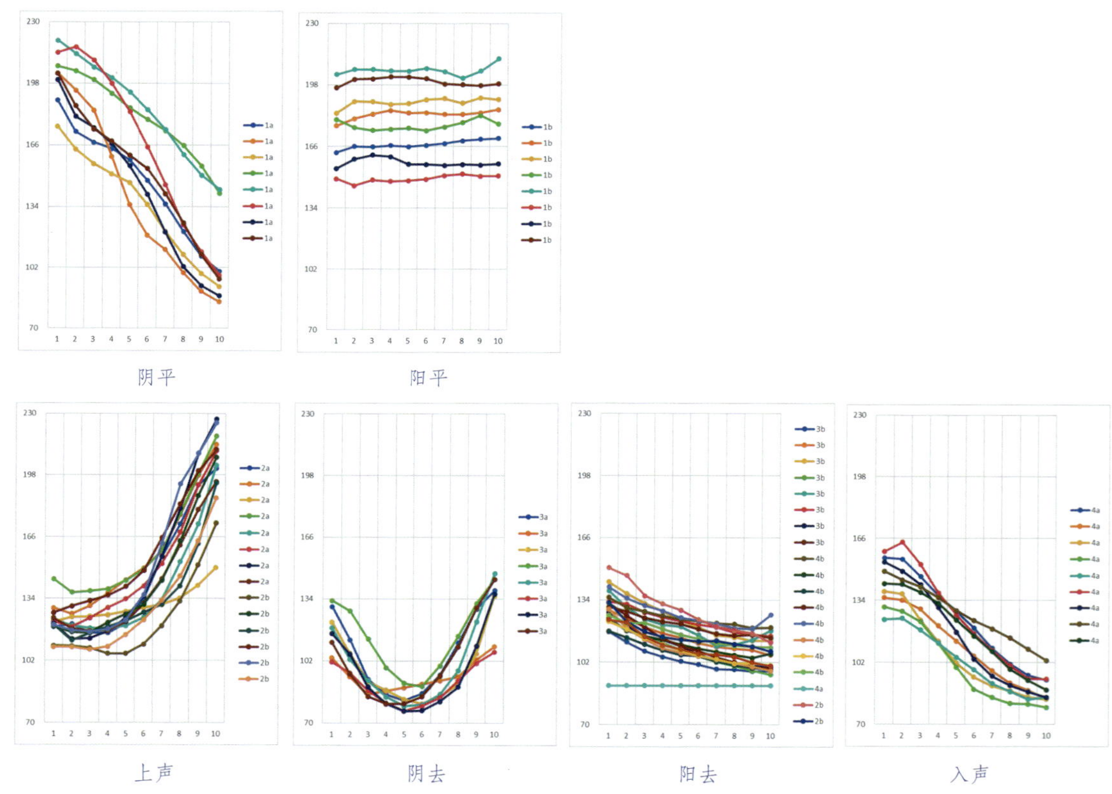

图 17－2d　今声调调域分布范围－黄山歙县－YM

青男的声调有 6 个（见图 17－2c）：

阴平 52、阳平 44、上声 25、阴去 213、阳去 21、入声 31。

今调域的分布情况（见图 17－2d）：

阴平在 41～53 之间；阳平在 33～55 之间；上声在 23～35 之间；阴去在 212～313 之间；阳去主要在 32 的范围；入声在 21～32 之间。

3. **绩溪华阳**

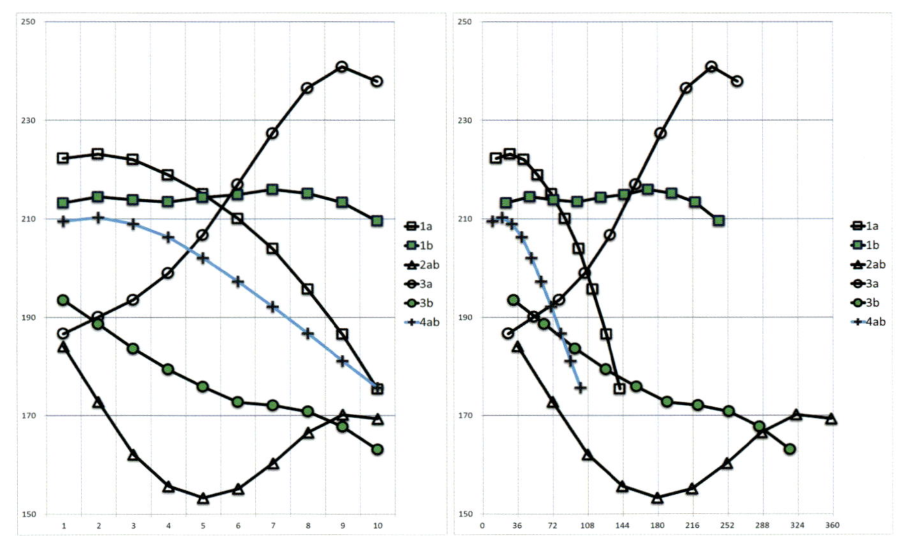

图 17－3a　单字调等长、实长音高模式－绩溪华阳－OM

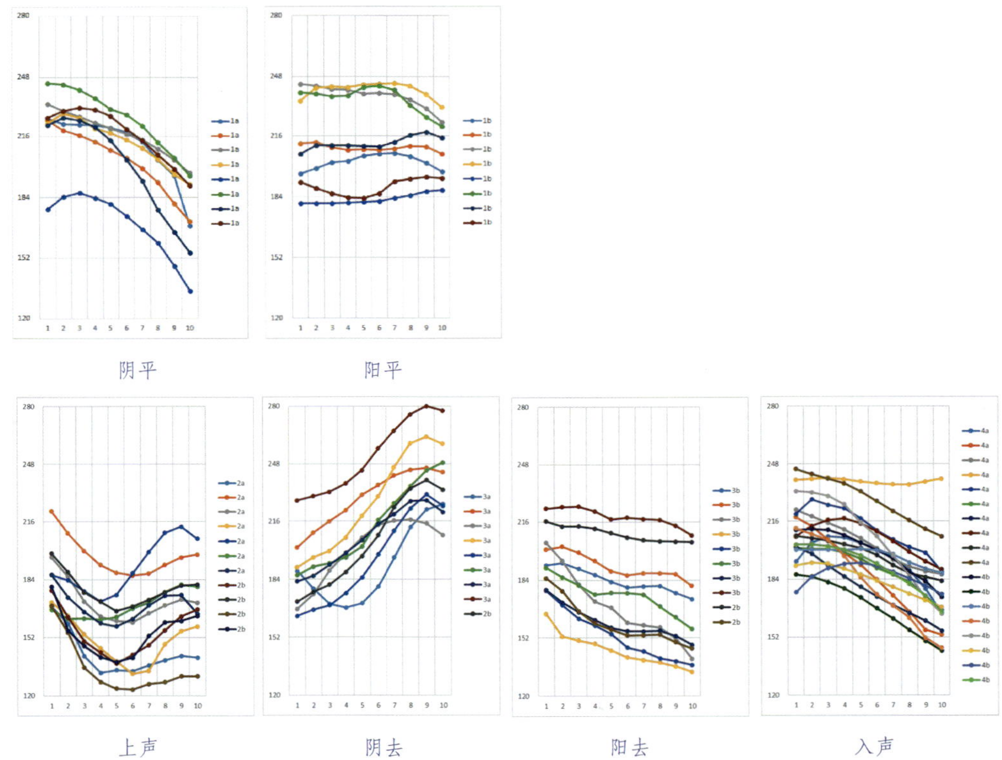

图 17－3b　今声调调域分布范围－绩溪华阳－OM

老男的声调有 6 个（见图 17－3a）：

阴平 42、阳平 44、上声 312、阴去 25、阳去 31、入声 32。

今调域的分布情况（见图 17－3b）：

阴平主要在 43 的范围；阳平在 33～44 之间；上声在 211～433 之间；阴去在 24～45 之间；阳去在 21～43 之间；入声在 31～44 之间。

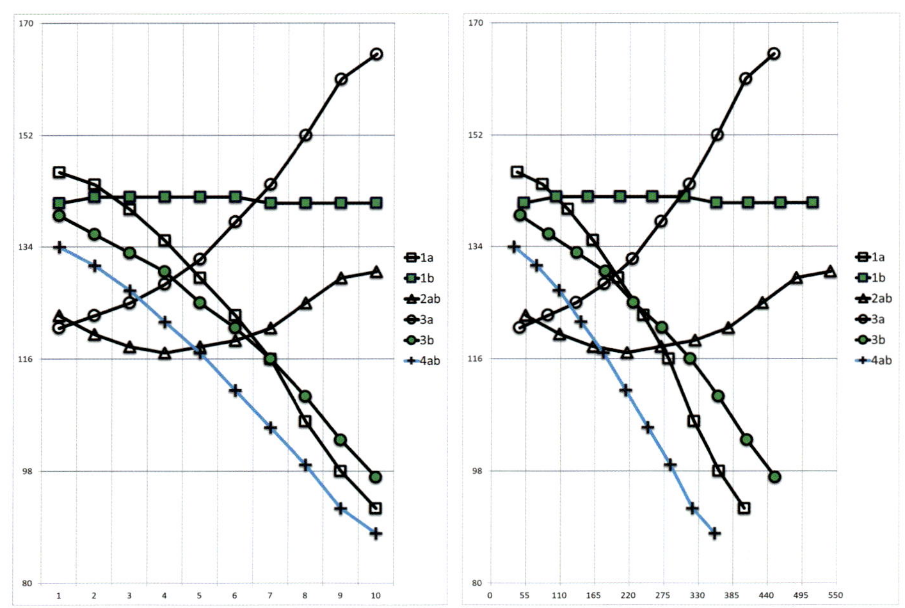

图 17－3c　单字调等长、实长音高模式－绩溪华阳－YM

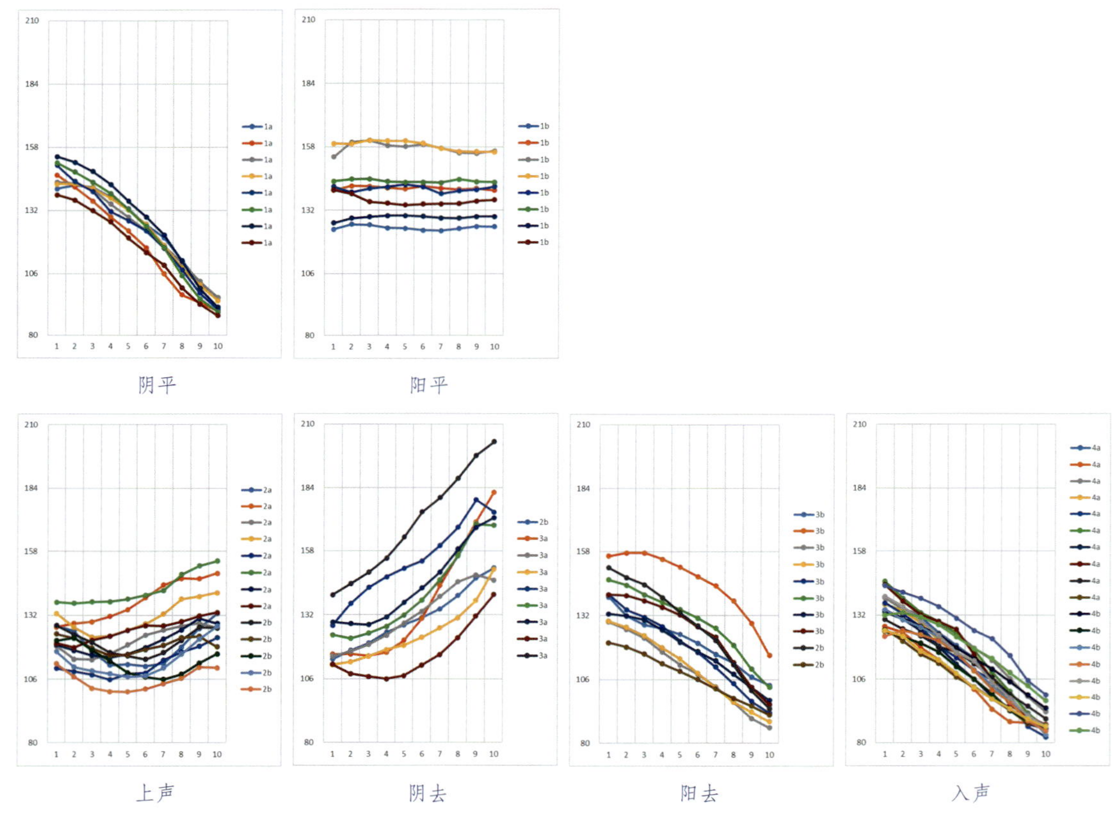

图 17－3d　今声调调域分布范围－绩溪华阳－YM

青男的声调有 6 个（见图 17－3c）：

阴平 41、阳平 44、上声 223、阴去 35、阳去 42、入声 31。

今调域的分布情况（见图 17－3d）：

阴平在 31 的范围；阳平在 22～44 之间；上声在 112～223 之间；阴去在 23～35 之间；阳去在 21～32 之间；入声在 21～32 之间。

17.2 休黟片

1. 屯溪 -《音库》

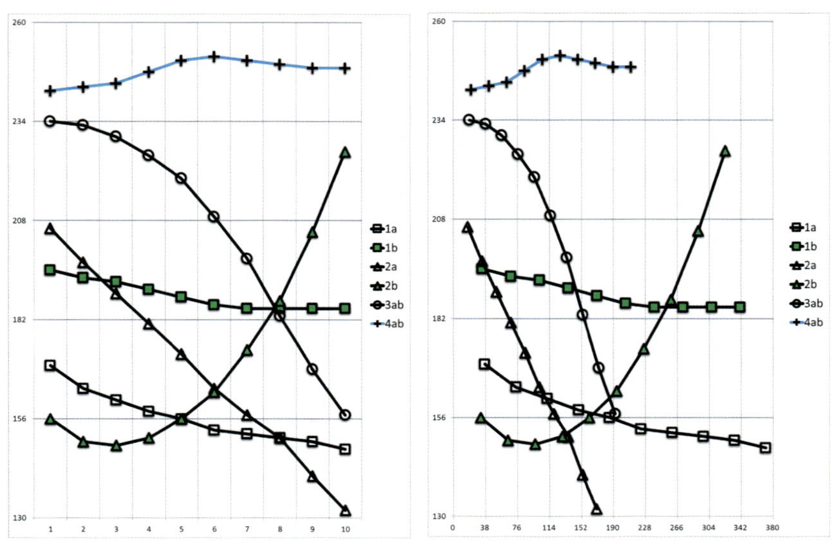

图 17 - 4a 单字调等长、实长音高模式 - 屯溪 -《音库》

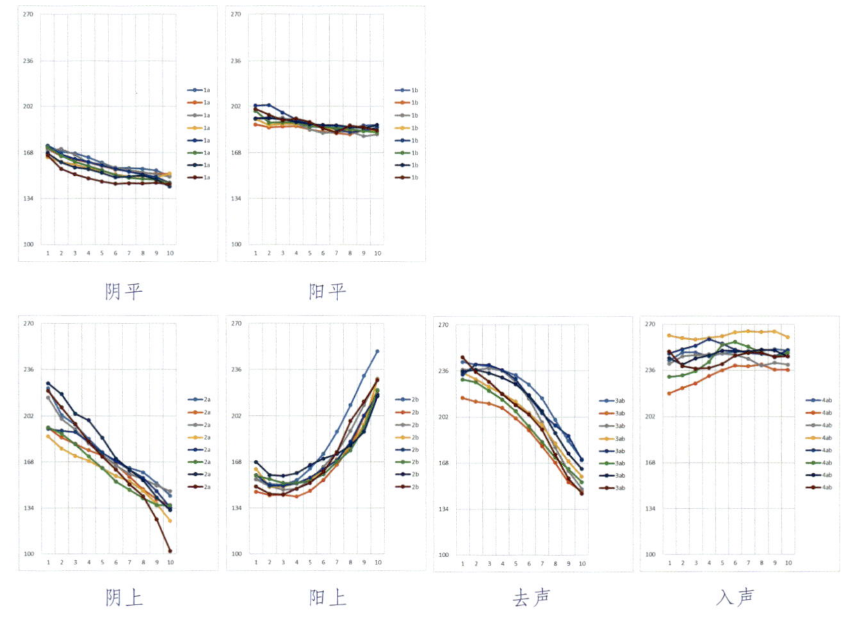

图 17 - 4b 今声调调域分布范围 - 屯溪 -《音库》

《音库》的声调有 6 个（见图 17 - 4a）：

阴平 21、阳平 33、阴上 31、阳上 24、去声 42、入声 55。

今调域的分布情况（见图 17 - 4b）：

阴平在 32 的范围；阳平在 33 的范围；阴上在 31 ~ 42 之间；阳上在 24 ~ 25 之间；去声在 42 ~ 53 之间；入声在 45 ~ 55 之间。

2. 黄山休宁

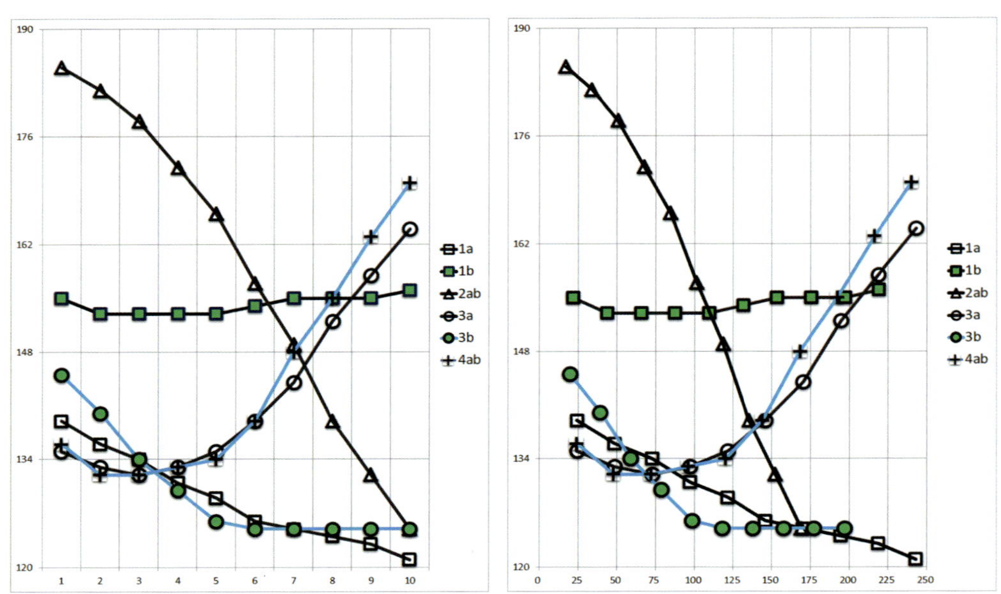

图 17－5a 单字调等长、实长音高模式－黄山休宁－OM

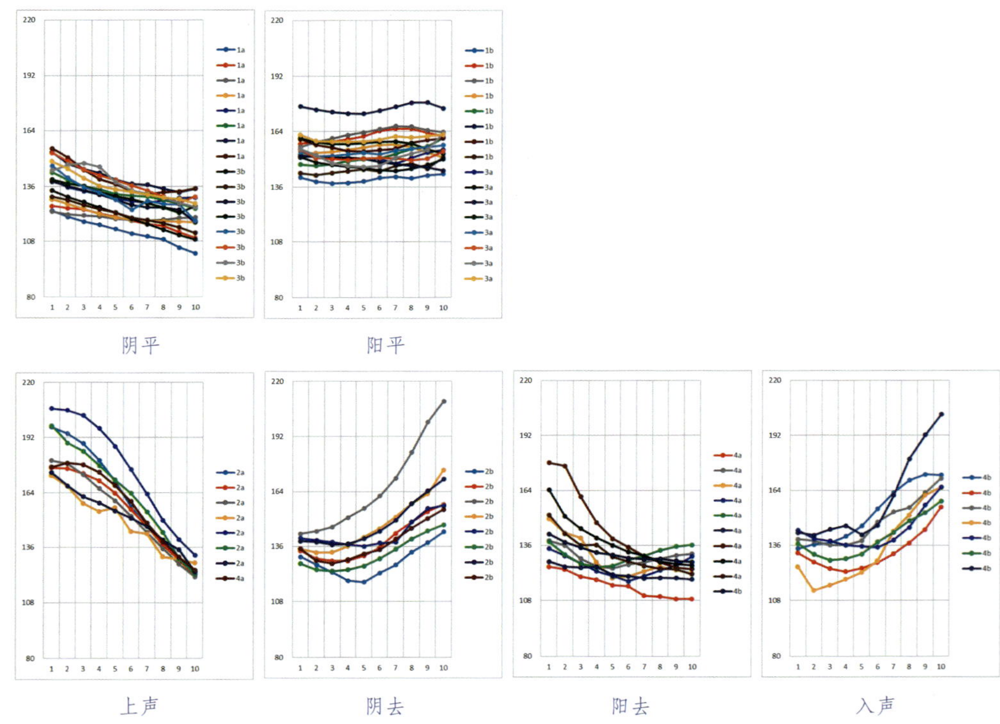

图 17－5b 今声调调域分布范围－黄山休宁－OM

老男的声调有 6 个（见图 17－5a）：

阴平 21、阳平 33、上声 51、阴去 213、阳去 211、入声 24。

今调域的分布情况（见图 17－5b）：

阴平在 21～32 之间；阳平在 33～44 之间；上声在 42～52 之间；阴去在 323～35 之间；阳去在 21～42 之间；入声在 223～335 之间。

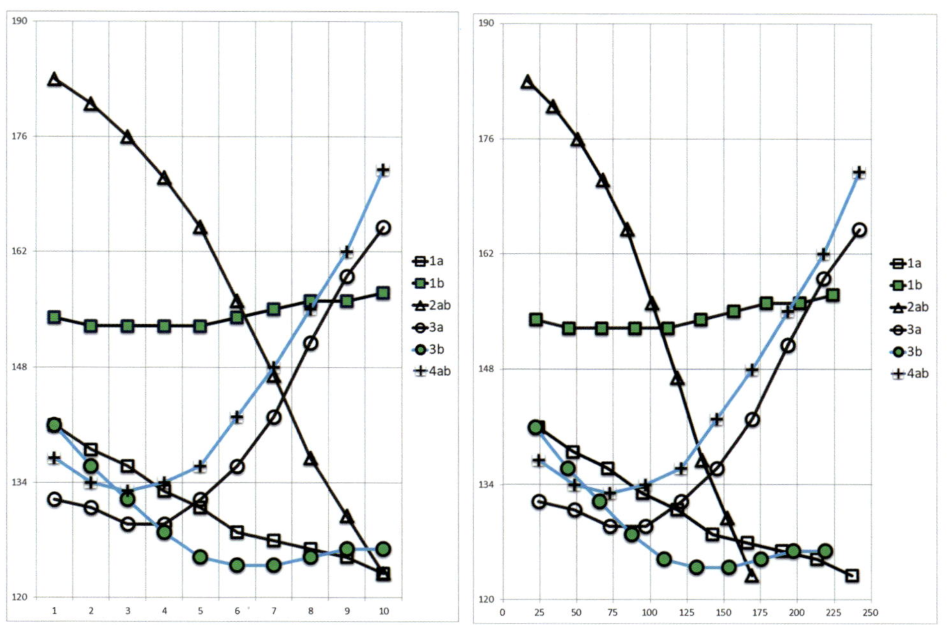

图 17 - 5c　单字调等长、实长音高模式 - 黄山休宁 - YM

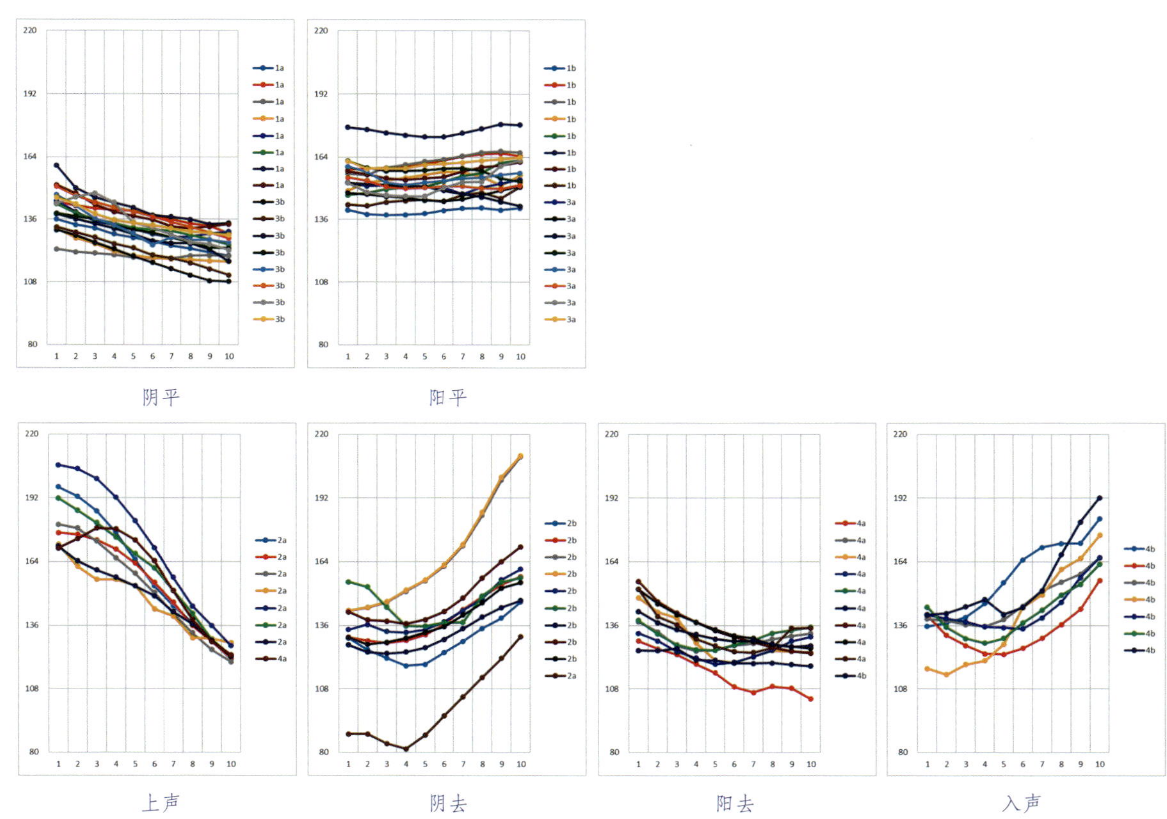

图 17 - 5d　今声调调域分布范围 - 黄山休宁 - YM

青男的声调有 6 个（见图 17 - 5c）：

阴平 21、阳平 33、上声 51、阴去 214、阳去 211、入声 24。

今调域的分布情况（见图 17 - 5d）：

阴平主要在 32 的范围；阳平在 33 ~ 44 之间；上声在 42 ~ 52 之间；阴去在 213 ~ 324 之间；阳去在 21 ~ 32 之间；入声在 323 ~ 334 之间。

3. 黟县碧阳

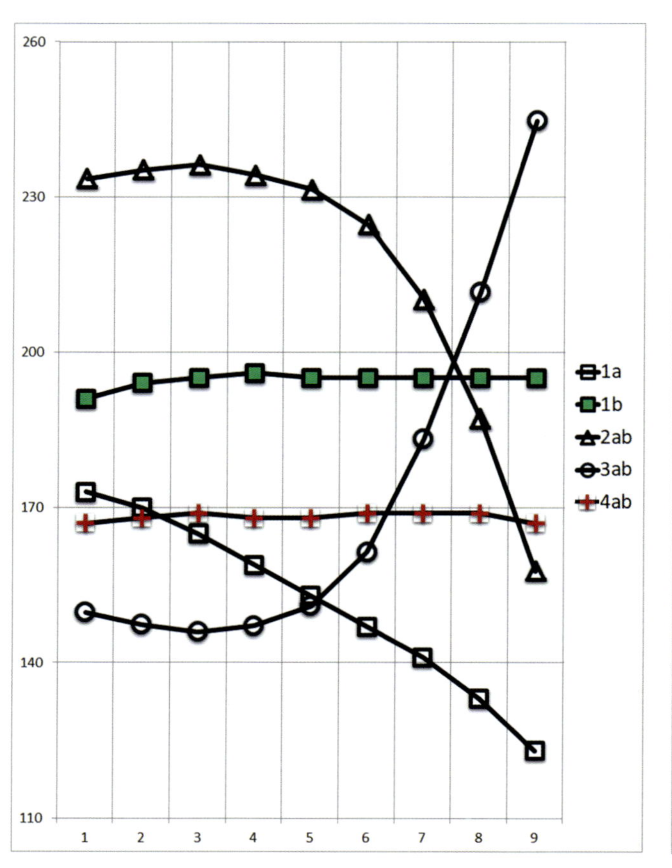

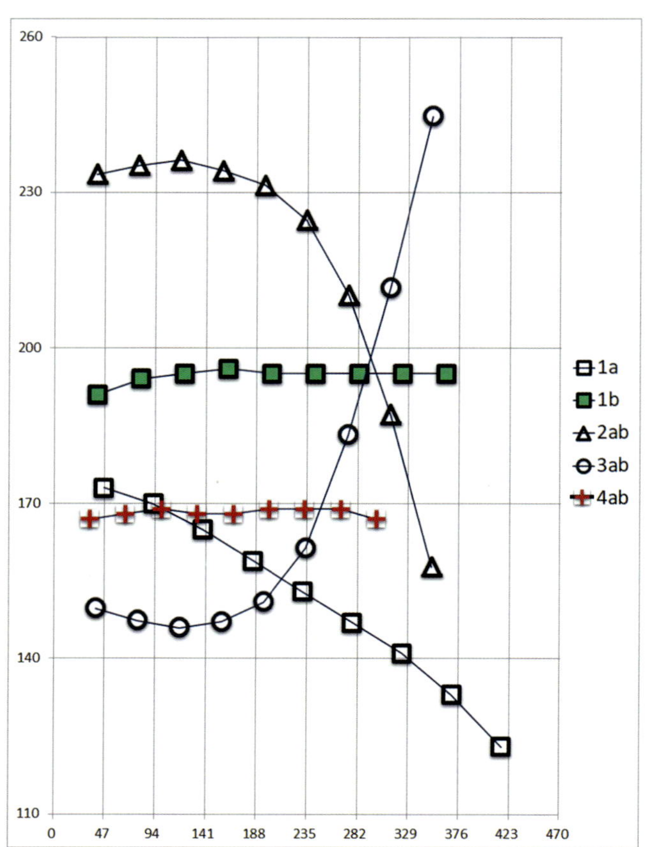

图 17－6a　单字调等长、实长音高模式－黟县碧阳－OM

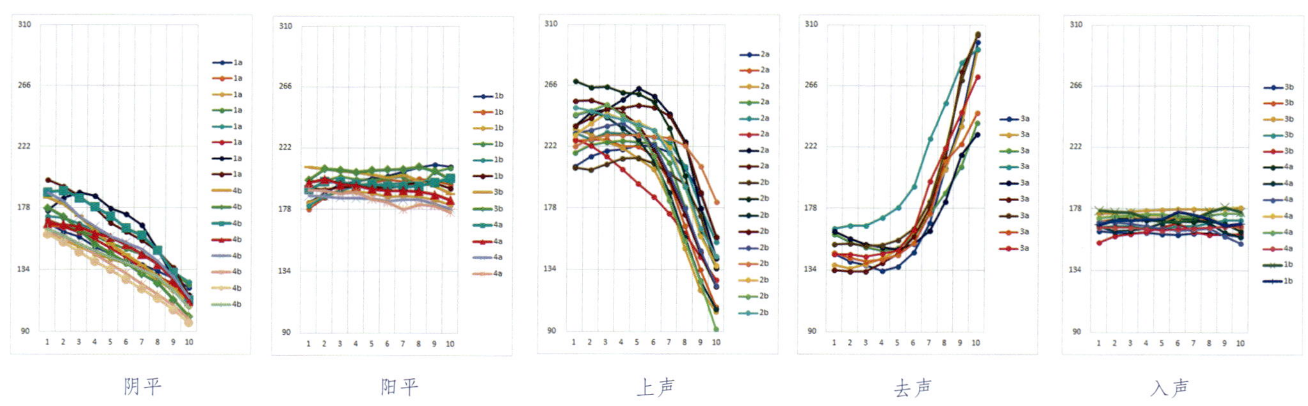

图 17－6b　今声调调域分布范围－黟县碧阳－OM

老男的声调有 5 个（见图 17－6a）：

阴平 21、阳平 33、上声 52、去声 25、入声 22。

今调域的分布情况（见图 17－6b）：

阴平在 21～31 之间；阳平主要在 33 的范围；上声在 31～43 之间；去声在 224～225 之间；入声主要在 22 的范围。

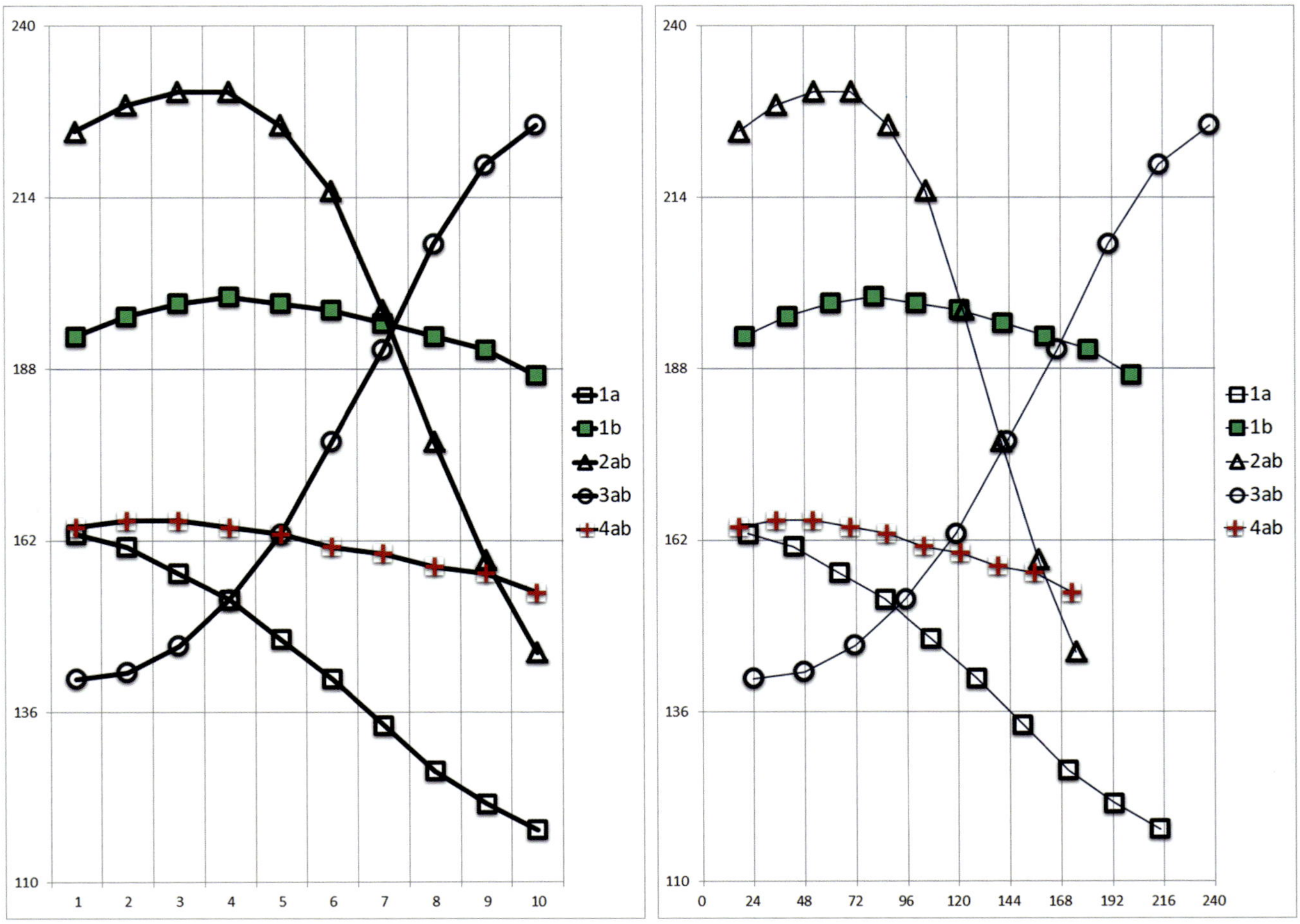

图 17－6c　单字调等长、实长音高模式－黟县碧阳－YM

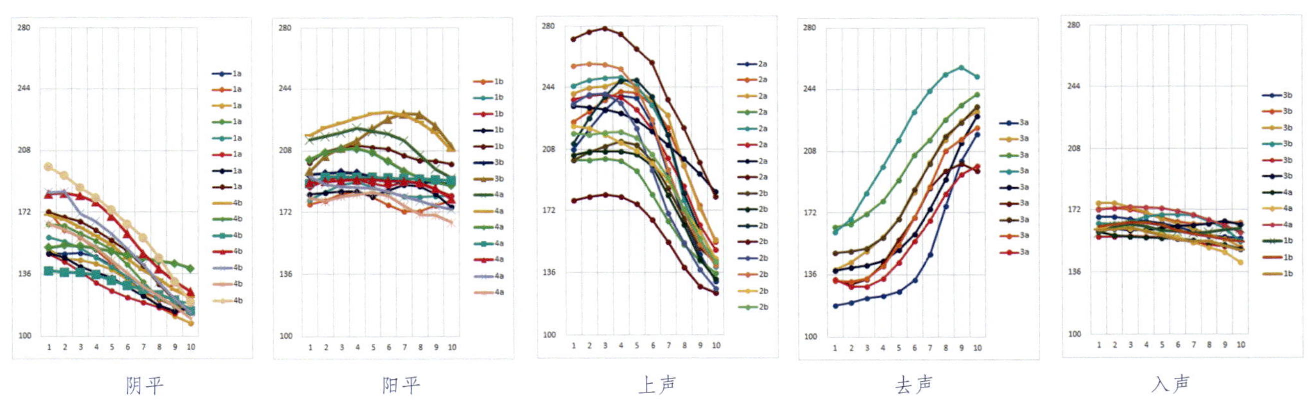

图 17－6d　今声调调域分布范围－黟县碧阳－YM

青男的声调有 5 个（见图 17－6c）：

阴平 21、阳平 44、上声 52、去声 25、入声 33。

今调域的分布情况（见图 17－6d）：

阴平在 21～31 之间；阳平在 33～44 之间；上声在 31～53 之间；去声在 13～25 之间；入声主要在 22 的范围。

17.3 祁婺片

1. 祁门祁山

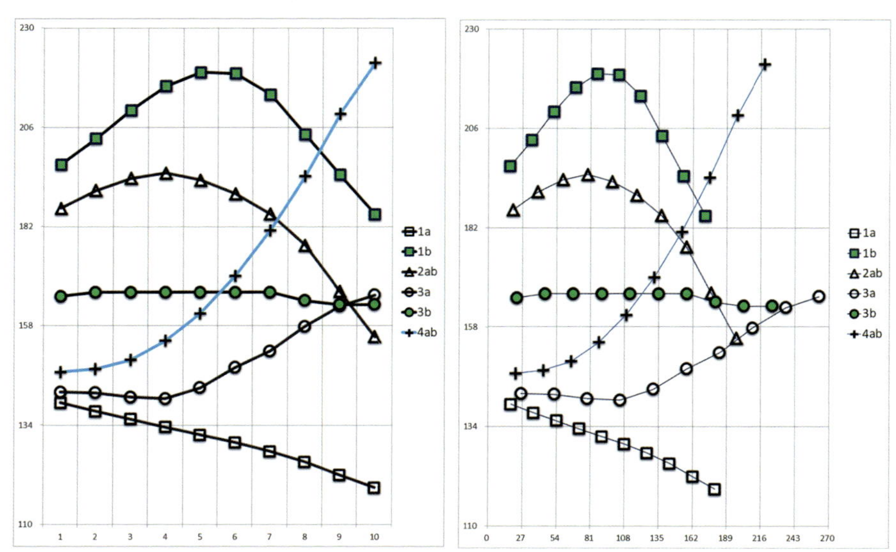

图 17－7a　单字调等长、实长音高模式－祁门祁山－OM

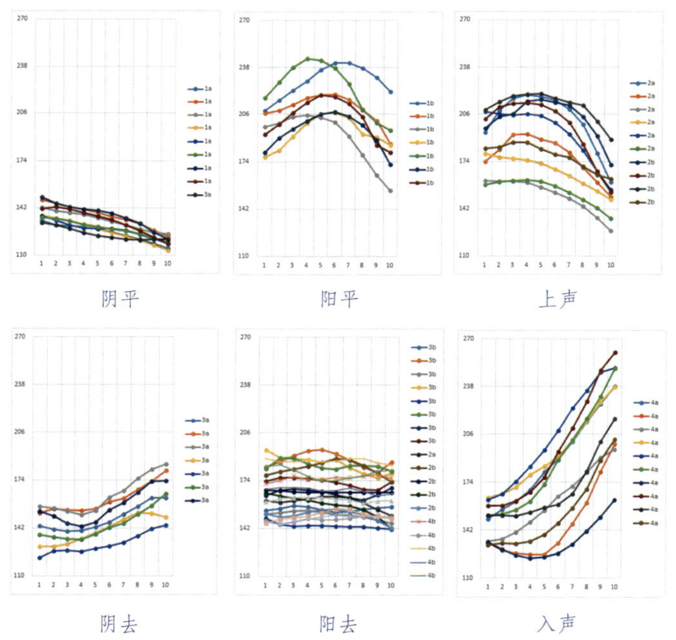

图 17－7b　今声调调域分布范围－祁门祁山－OM

老男的声调有 6 个（见图 17－7a）：

阴平 21、阳平 454、上声 442、阴去 23、阳去 33、入声 25。

今调域的分布情况（见图 17－7b）：

阴平在 21 的范围；阳平在 342～454 之间；上声在 221～443 之间；阴去在 12～23 之间；阳去在 22～33 之间；入声在 12～25 之间。

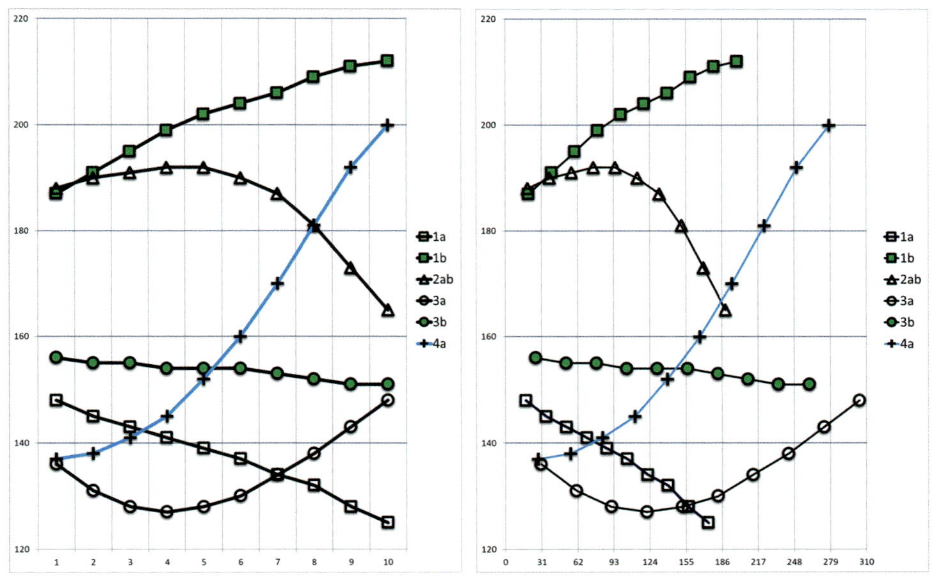

图 17－7c 单字调等长、实长音高模式－祁门祁山－YM

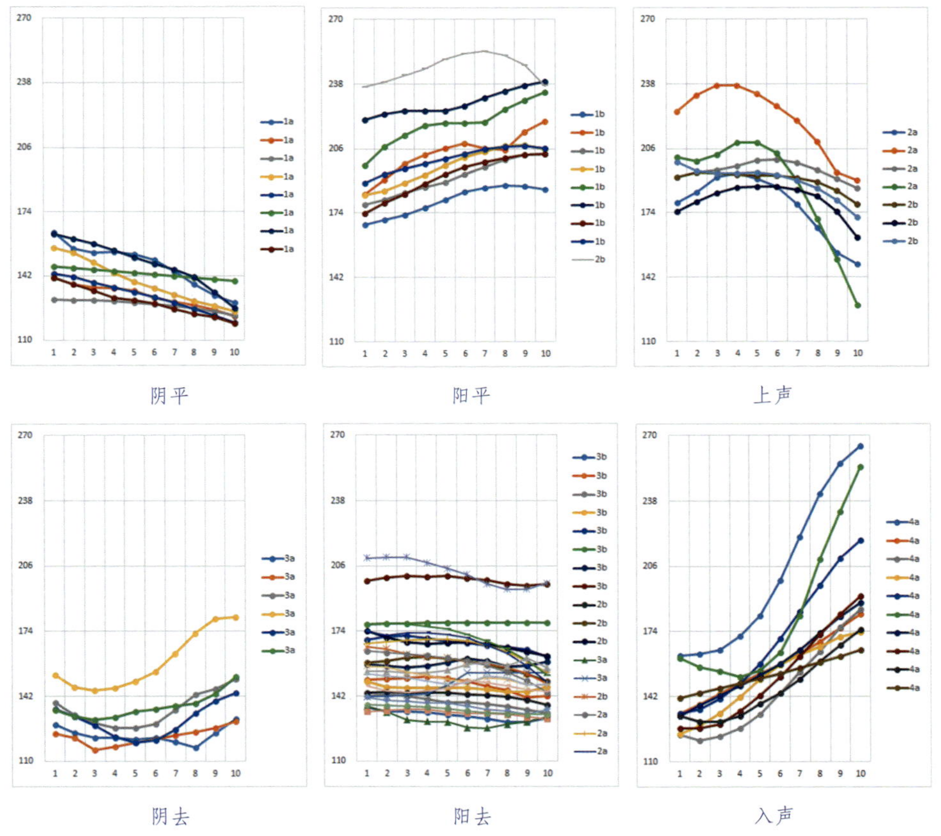

图 17－7d 今声调调域分布范围－祁门祁山－YM

青男的声调有 6 个（见图 17－7c）：

阴平 21、阳平 45、上声 443、阴去 213、阳去 22、入声 14。

今调域的分布情况（见图 17－7d）：

阴平主要在 21 的范围；阳平在 23～45 之间；上声在 331～443 之间；阴去在 112～223 之间；阳去在 11～33 之间；入声在 12～25 之间。

2. 安徽婺源

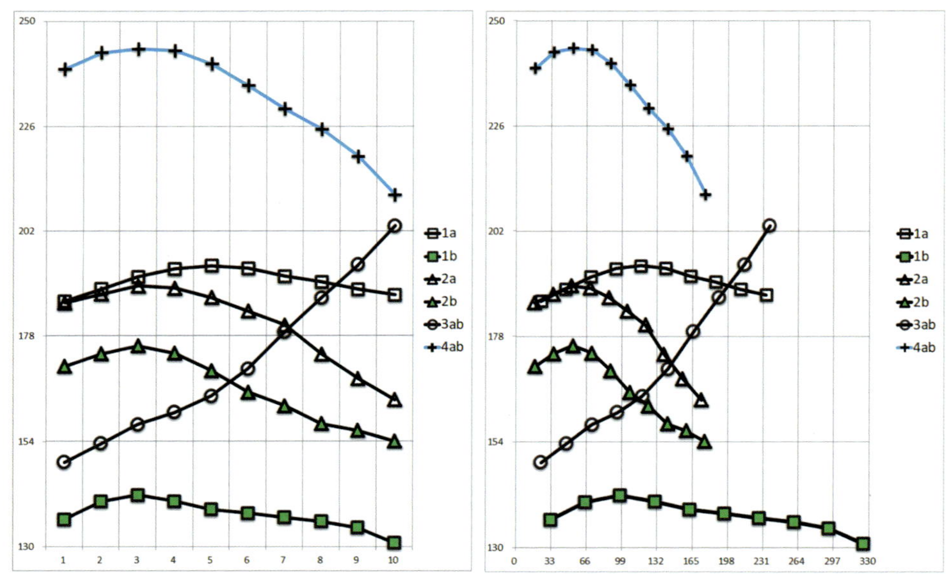

图 17－8a　单字调等长、实长音高模式－安徽婺源－OM

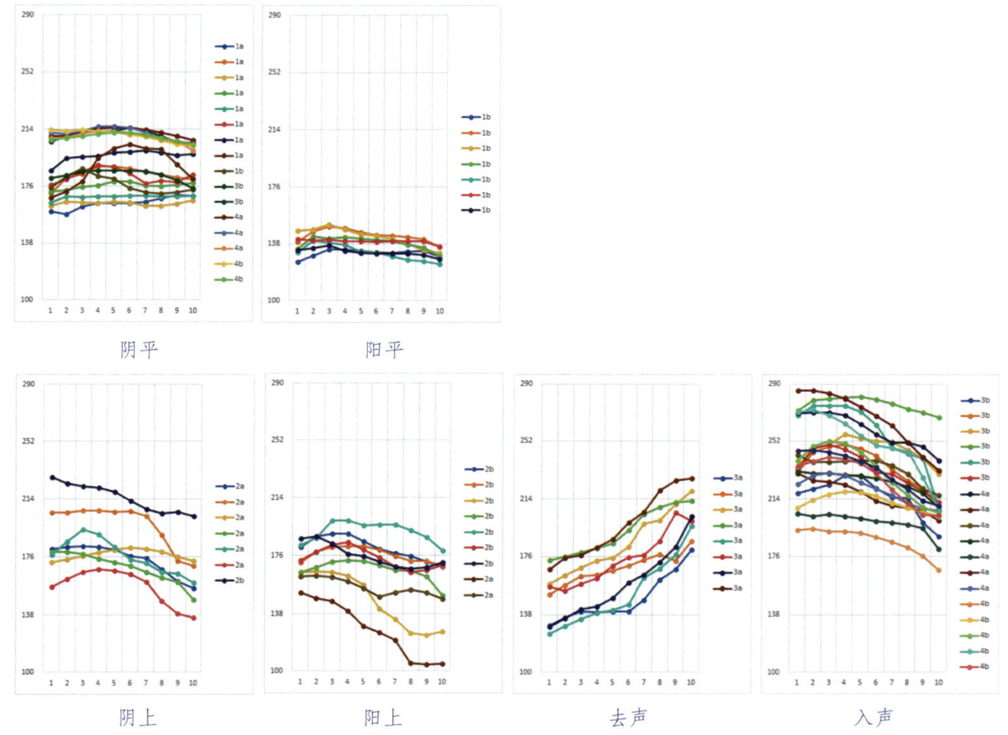

图 17－8b　今声调调域分布范围－安徽婺源－OM

老男的声调有 6 个（见图 17－8a）：

阴平 33、阳平 11、阴上 32、阳上 21、去声 14、入声 54。

今调域的分布情况（见图 17－8b）：

阴平在 22～33 之间；阳平在 11～22 之间；阴上在 21～43 之间；阳上在 21～32 之间；去声在 13～24 之间；入声在 32～54 之间。

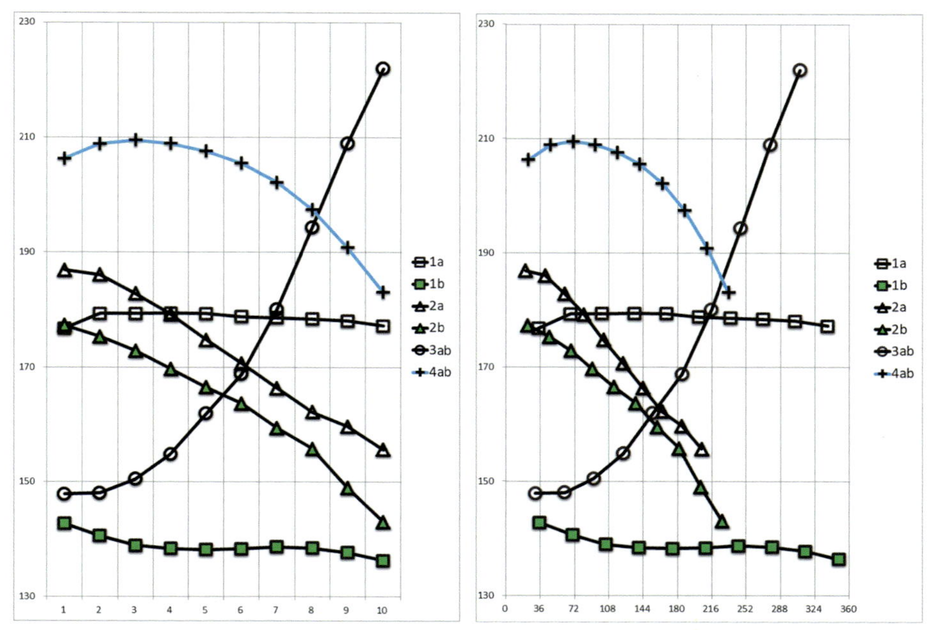

图 17－8c　单字调等长、实长音高模式－安徽婺源－YM

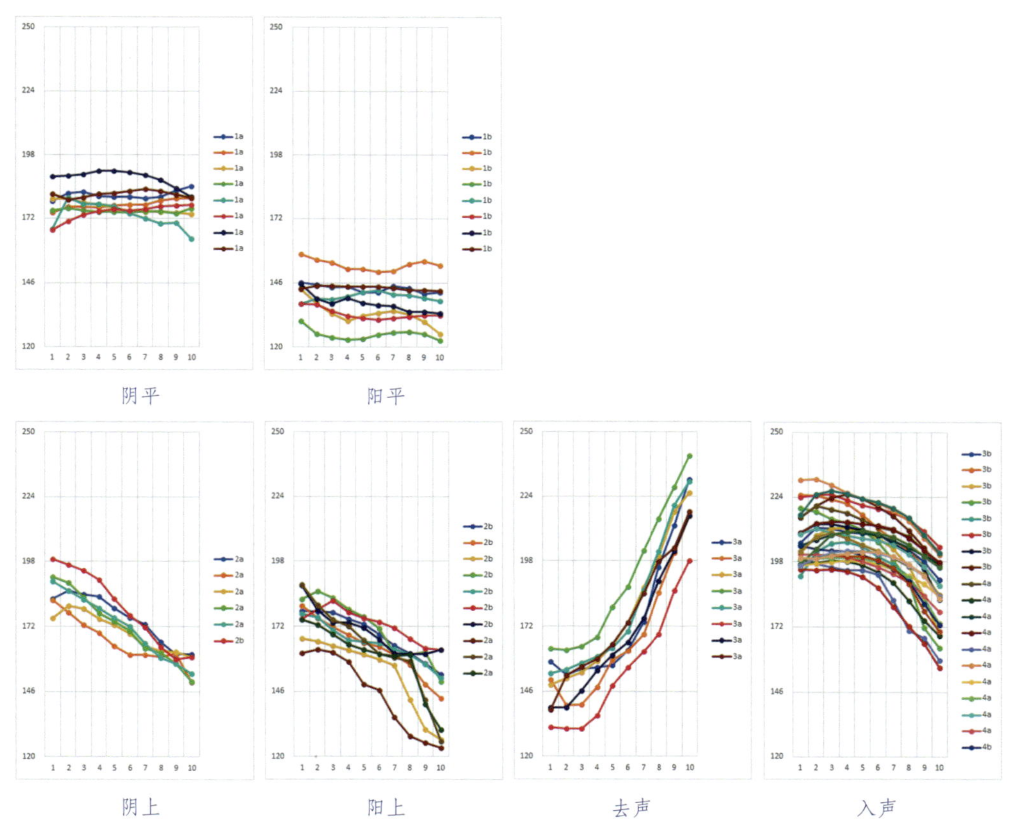

图 17－8d　今声调调域分布范围－安徽婺源－YM

青男的声调有 6 个（见图 17－8c）：

阴平 33、阳平 11、阴上 32、阳上 31、去声 25、入声 43。

今调域的分布情况（见图 17－8d）：

阴平在 22～33 之间；阳平在 11～22 之间；阴上在 32 的范围；阳上在 21～32 之间；去声在 14～25 之间；入声在 32～54 之间。

3. 江西景德镇

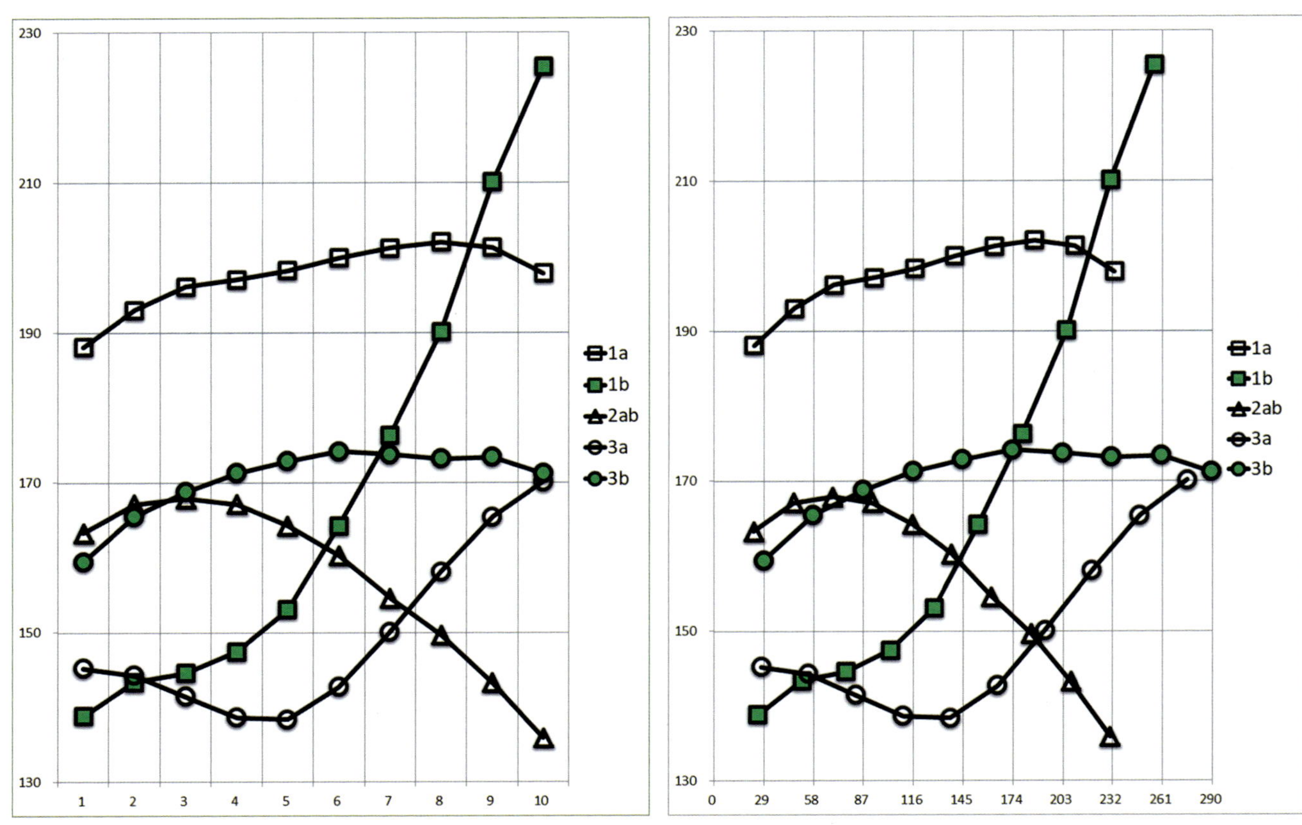

图 17－9a 单字调等长、实长音高模式－江西景德镇－OM

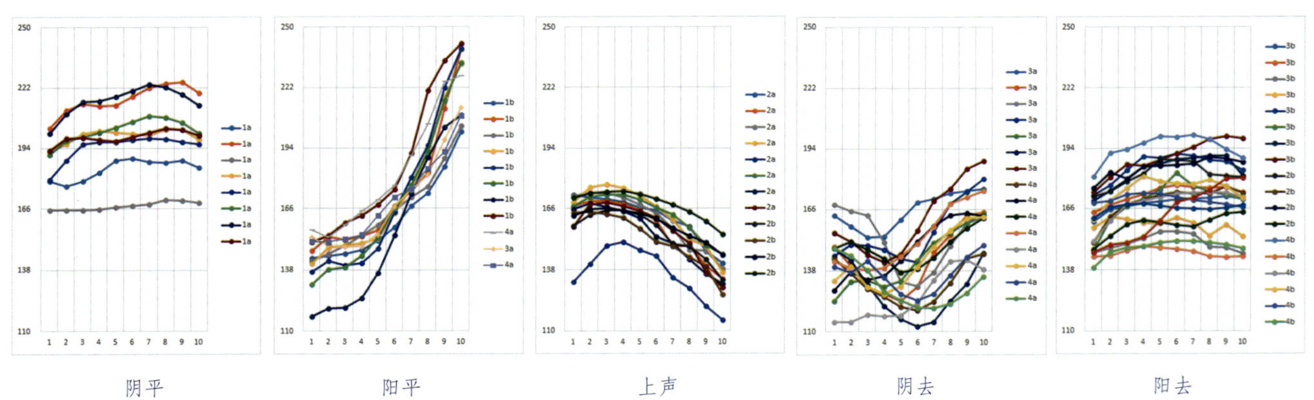

图 17－9b 今声调调域分布范围－江西景德镇－OM

老男的声调有 5 个（见图 17－9a）：

阴平 44、阳平 15、上声 221、阴去 213、阳去 33。

今调域的分布情况（见图 17－9b）：

阴平在 33～45 之间；阳平在 14～25 之间；上声在 221～332 之间；阴去在 212～323 之间；阳去在 22～33 之间。

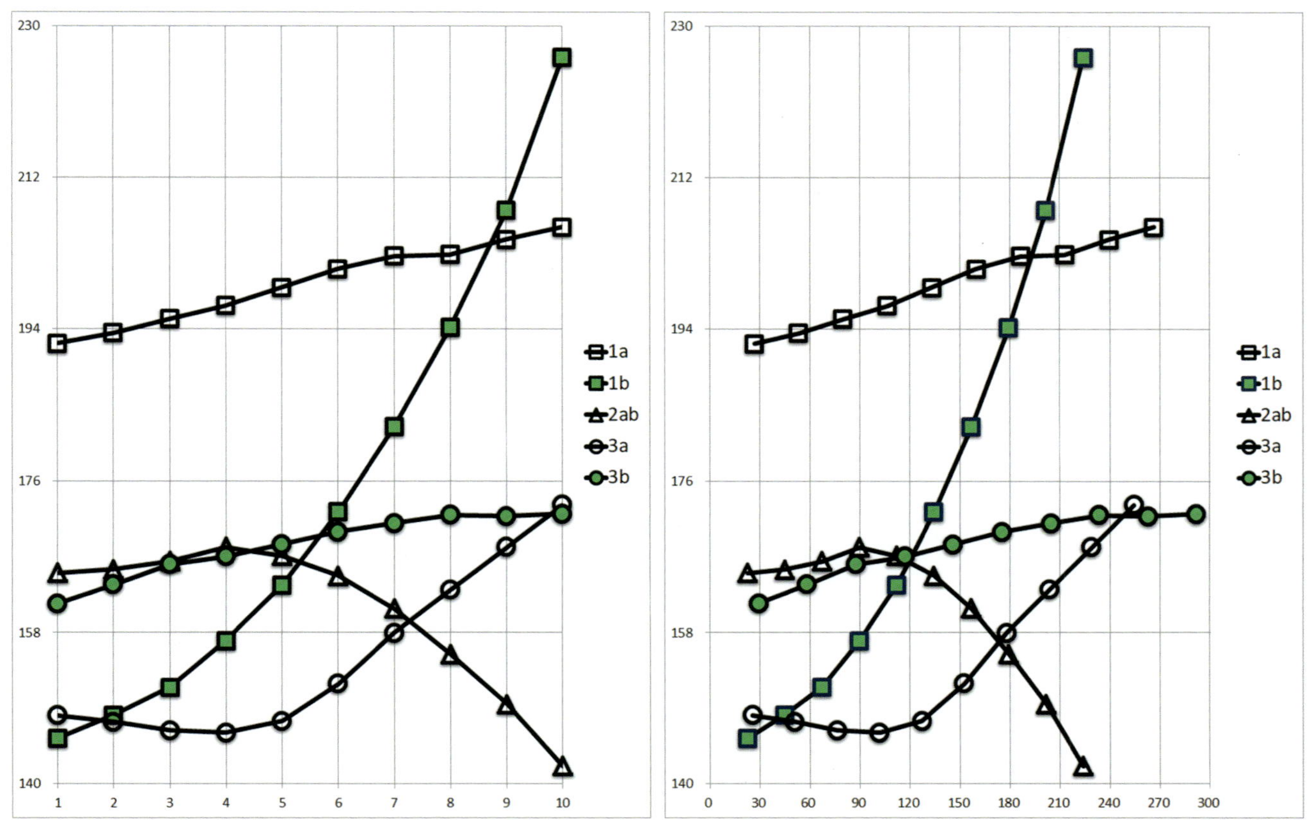

图 17－9c 单字调等长、实长音高模式－江西景德镇－YM

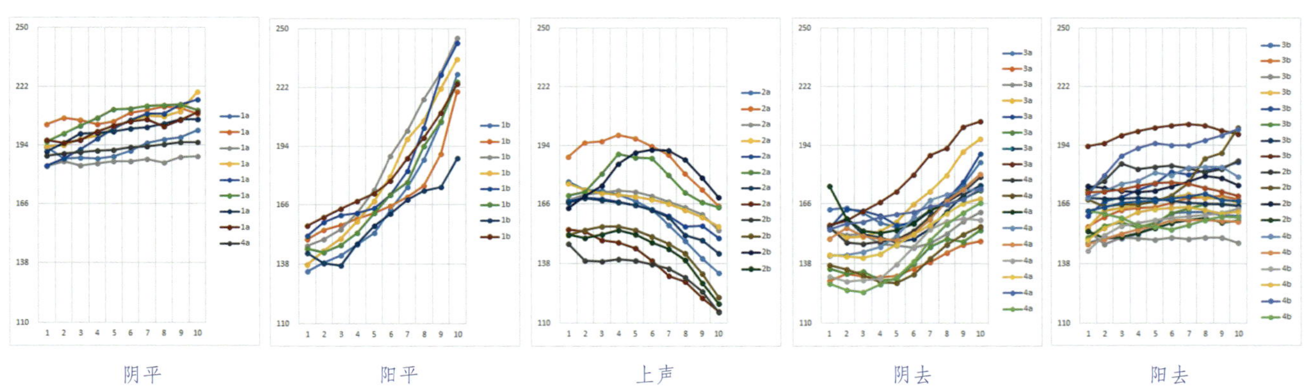

图 17－9d 今声调调域分布范围－江西景德镇－YM

青男的声调有 5 个（见图 17－9c）：

阴平 45、阳平 15、上声 221、阴去 112、阳去 23。

今调域的分布情况（见图 17－9d）：

阴平在 33～44 之间；阳平在 23～25 之间；上声在 221～443 之间；阴去在 212～324 之间；阳去主要在 22～33 之间。

17.4 严州片

1. 杭州淳安

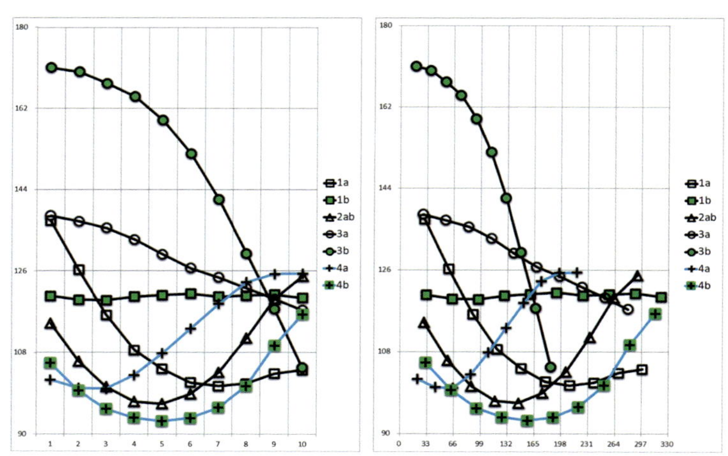

图 17－10a 单字调等长、实长音高模式－杭州淳安－OM

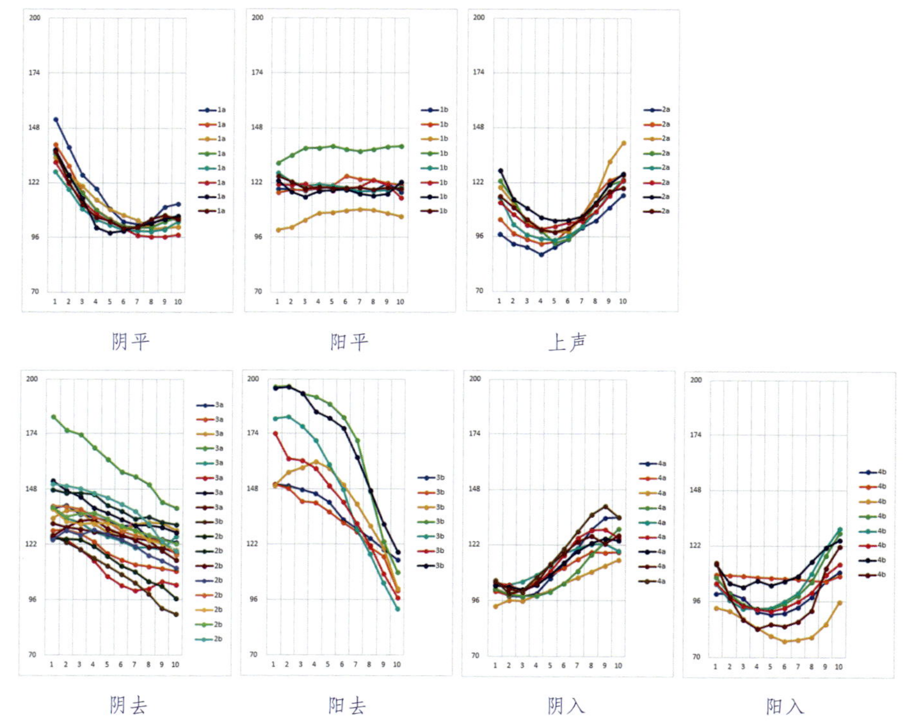

图 17－10b 今声调调域分布范围－杭州淳安－OM

老男的声调有 7 个（见图 17－10a）：

阴平 31、阳平 22、上声 213、阴去 32、阳去 51、阴入 12、阳入 212。

今调域的分布情况（见图 17－10b）：

阴平主要在 32 的范围；阳平在 22～33 之间；上声在 212～323 之间；阴去主要在 31～43 之间；阳去在 32～52 之间；阴入在 12～23 之间；阳入在 212～213 之间。

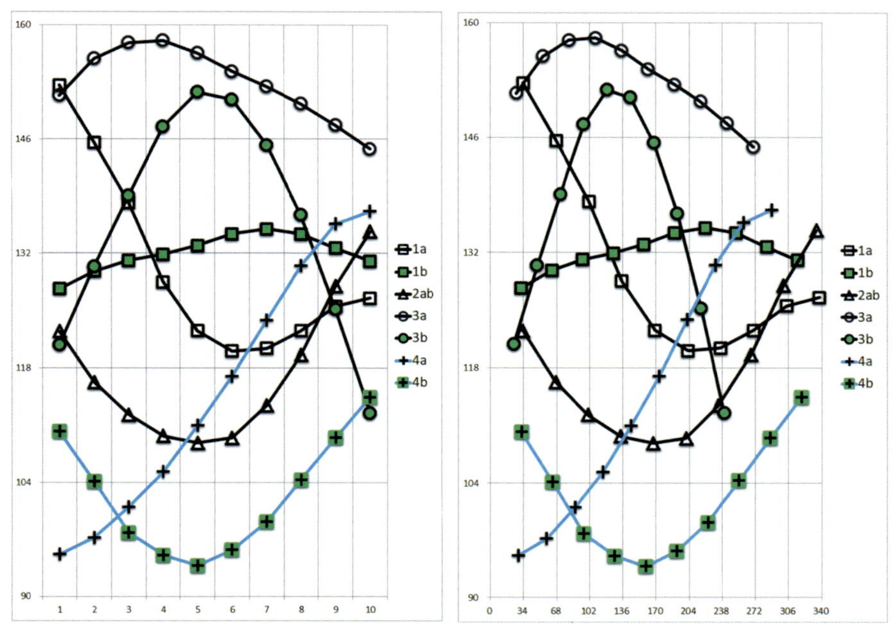

图 17－10c　单字调等长、实长音高模式－杭州淳安－YM

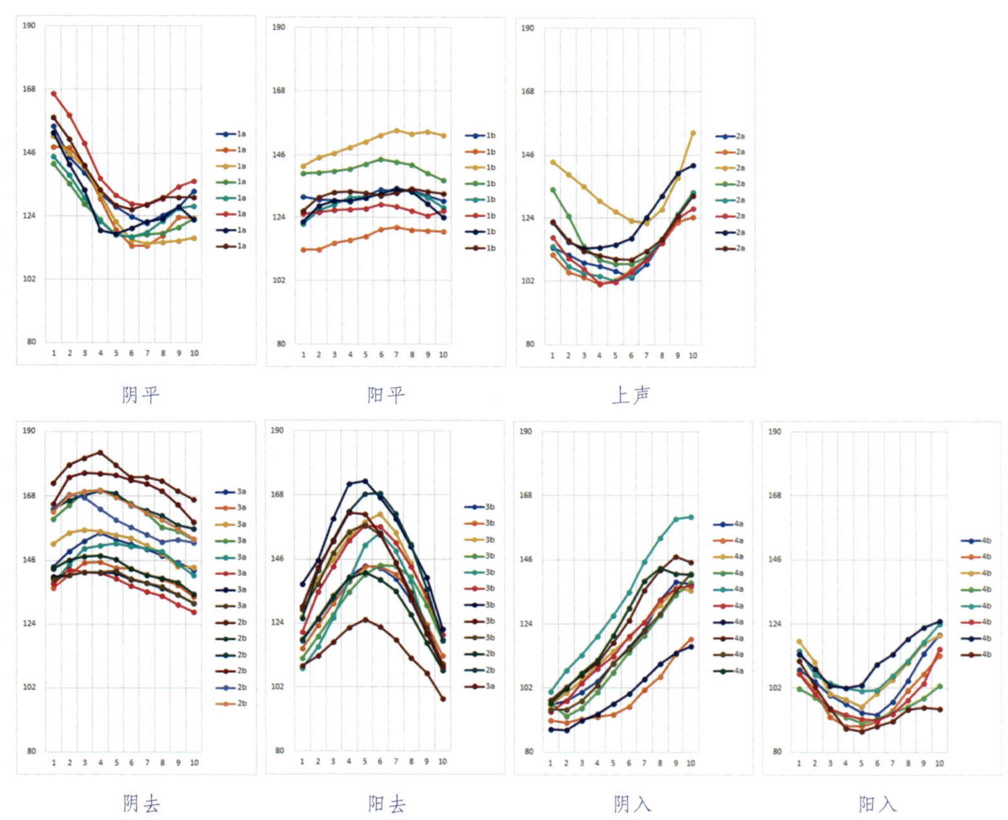

图 17－10d　今声调调域分布范围－杭州淳安－YM

青男的声调有 7 个（见图 17－10c）：

阴平 533、阳平 33、上声 324、阴去 54、阳去 352、阴入 14、阳入 212。

今调域的分布情况（见图 17－10d）：

阴平在 322～433 之间；阳平在 22～33 之间；上声在 212～323 之间；阴去在 43～54 之间；阳去在 231～352 之间；阴入在 12～24 之间；阳入在 212～323 之间。

2. 浙江建德

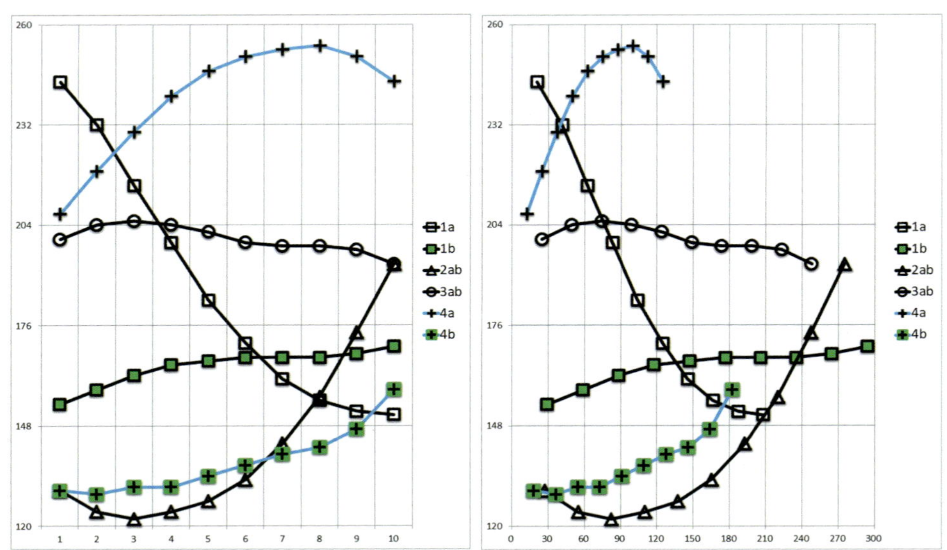

图 17－11a　单字调等长、实长音高模式－浙江建德－OM

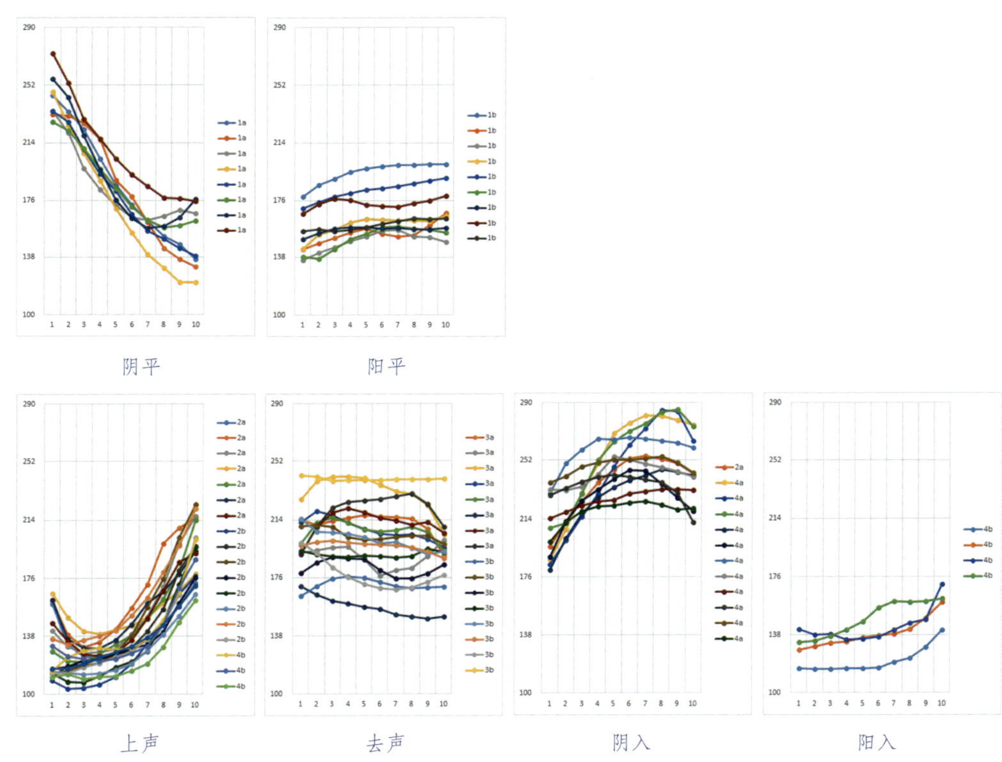

图 17－11b　今声调调域分布范围－浙江建德－OM

老男的声调有 6 个（见图 17－11a）：

阴平 52、阳平 22、上声 113、去声 33、阴入 45、阳入 12。

今调域的分布情况（见图 17－11b）：

阴平在 41～53 之间；阳平在 22～33 之间；上声在 112～224 之间；去声在 22～44 之间；阴入在 34～45 之间；阳入在 12 的范围。

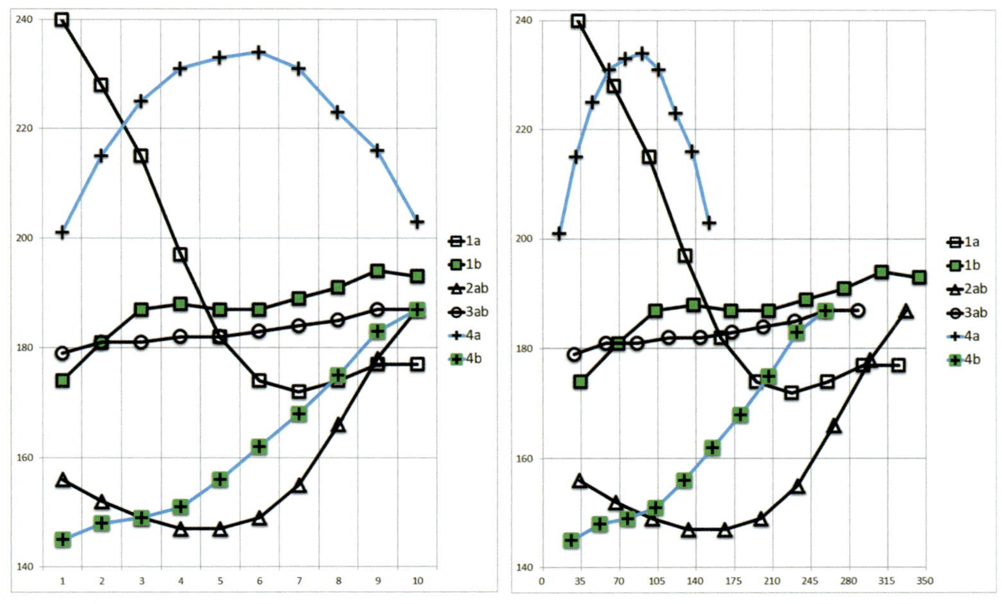

图 17－11c　单字调等长、实长音高模式－浙江建德－YM

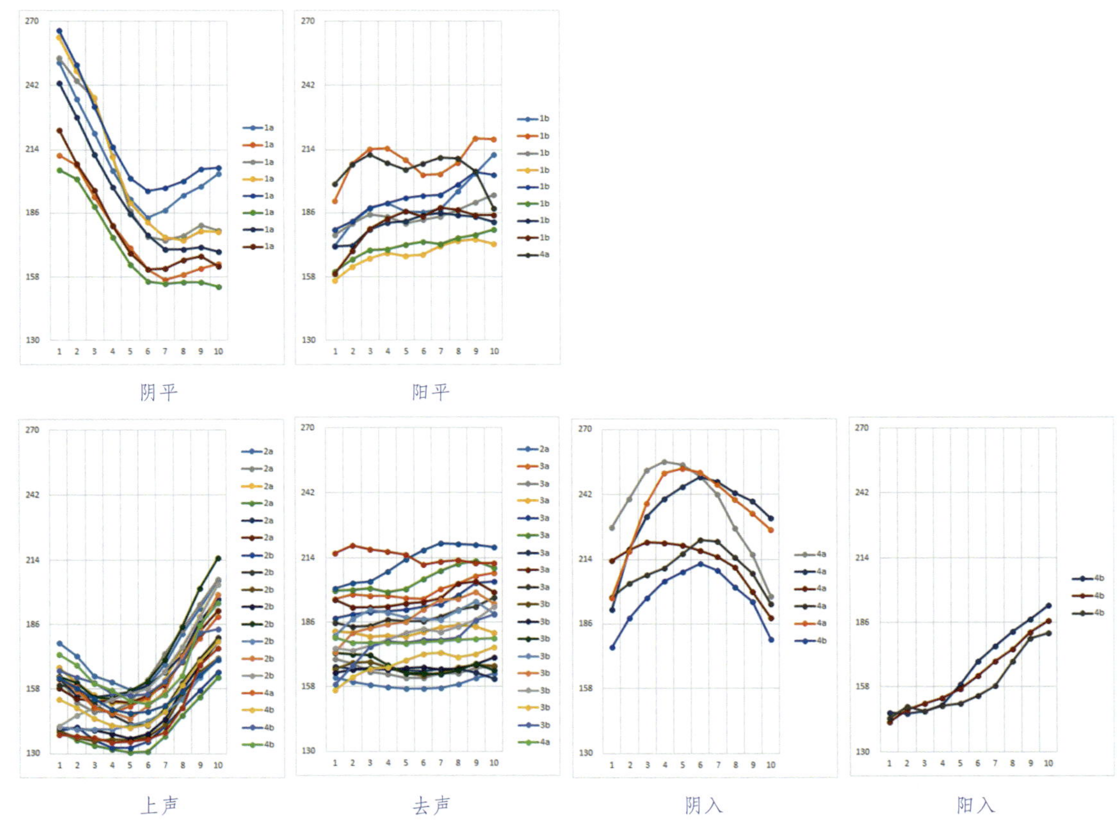

图 17－11d　今声调调域分布范围－浙江建德－YM

青男的声调有 6 个（见图 17－11c）：

阴平 52、阳平 23、上声 113、去声 33、阴入 454、阳入 13。

今调域的分布情况（见图 17－11d）：

阴平在 311～533 之间；阳平在 22～33 之间；上声在 112～224 之间；去声在 22～44 之间；阴入在 232～454 之间；阳入在 12～13 之间。

17.5 旌占片

1. 旌德旌阳

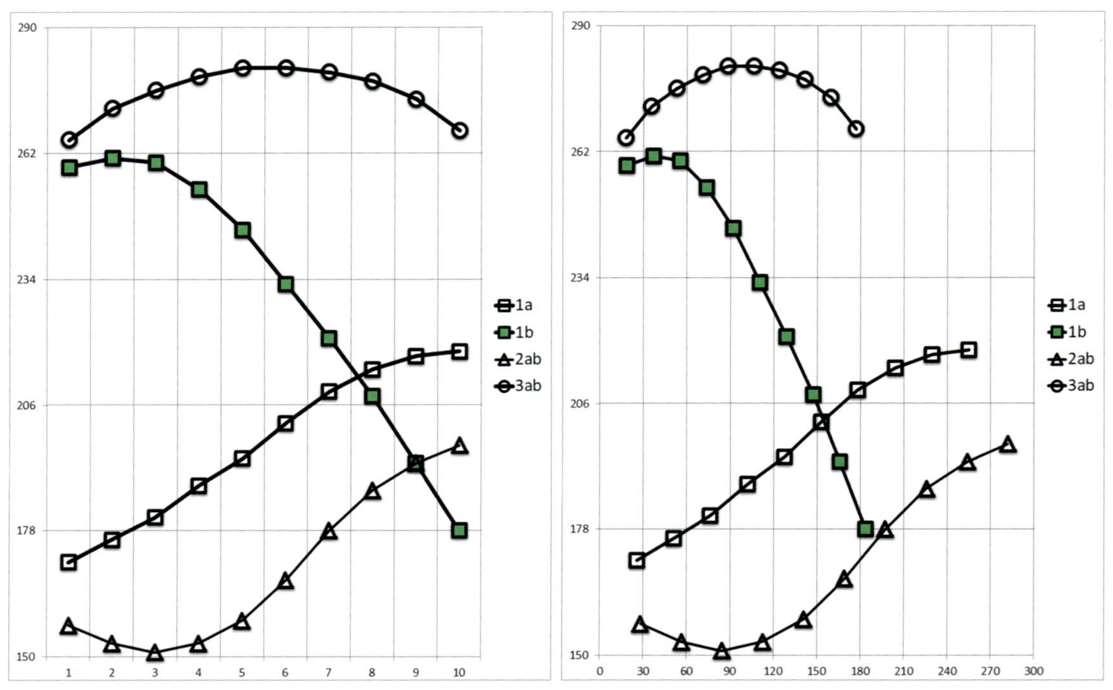

图 17－12a 单字调等长、实长音高模式－旌德旌阳－OM

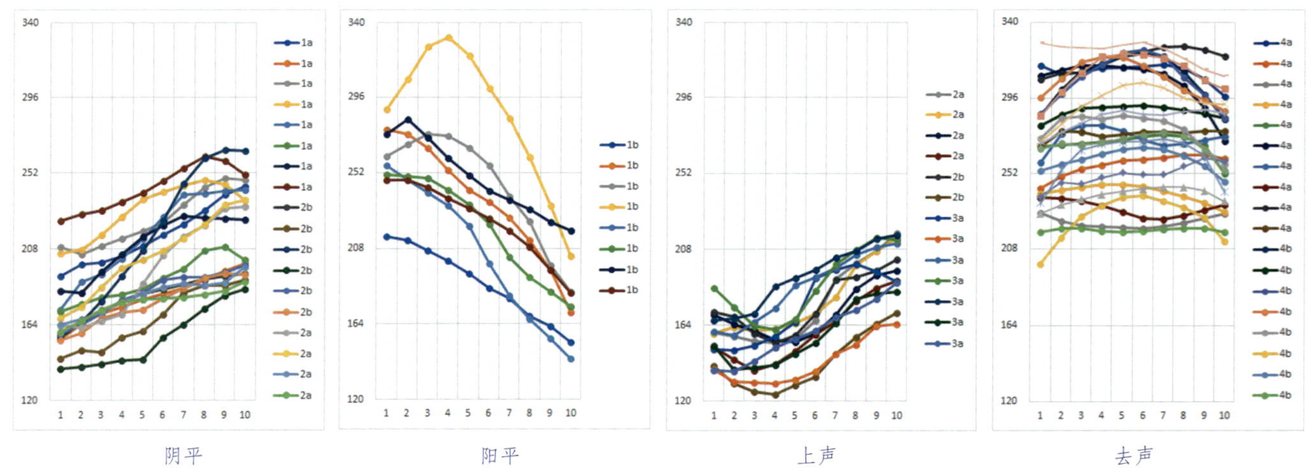

图 17－12b 今声调调域分布范围－旌德旌阳－OM

老男的声调有 4 个（见图 17－12a）：

阴平 23、阳平 52、上声 112、去声 55。

今调域的分布情况（见图 17－12b）：

阴平在 12～34 之间；阳平在 31～53 之间；上声在 212～213 之间；去声在 33～55 之间。

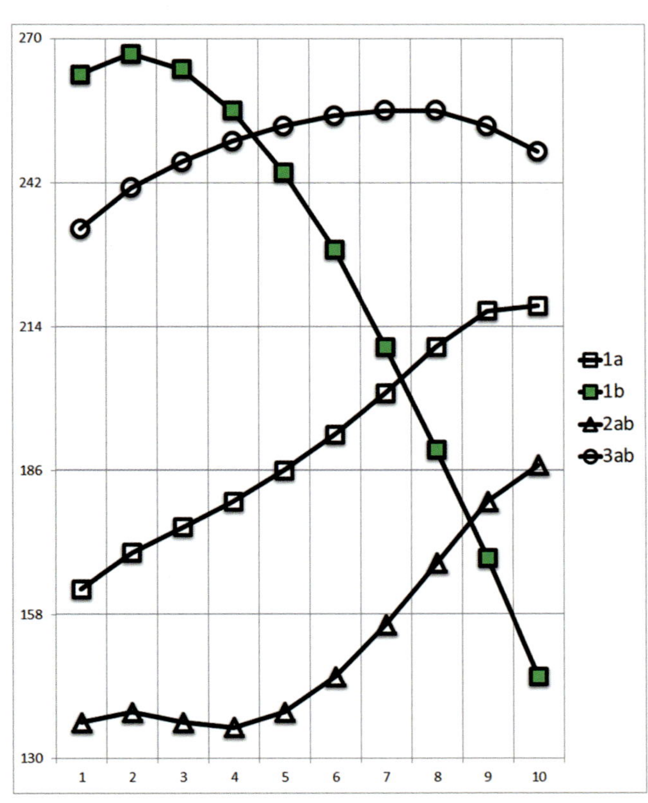

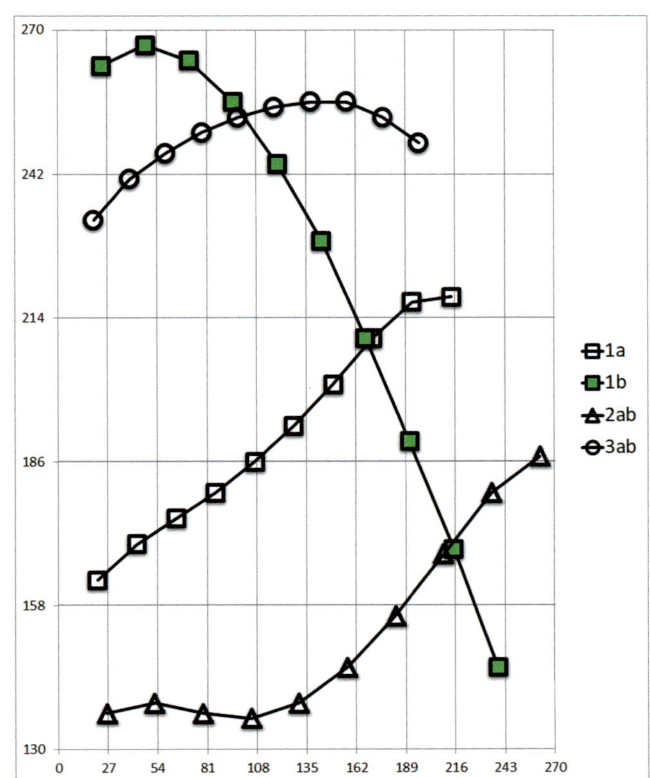

图 17－12c　单字调等长、实长音高模式－旌德旌阳－YM

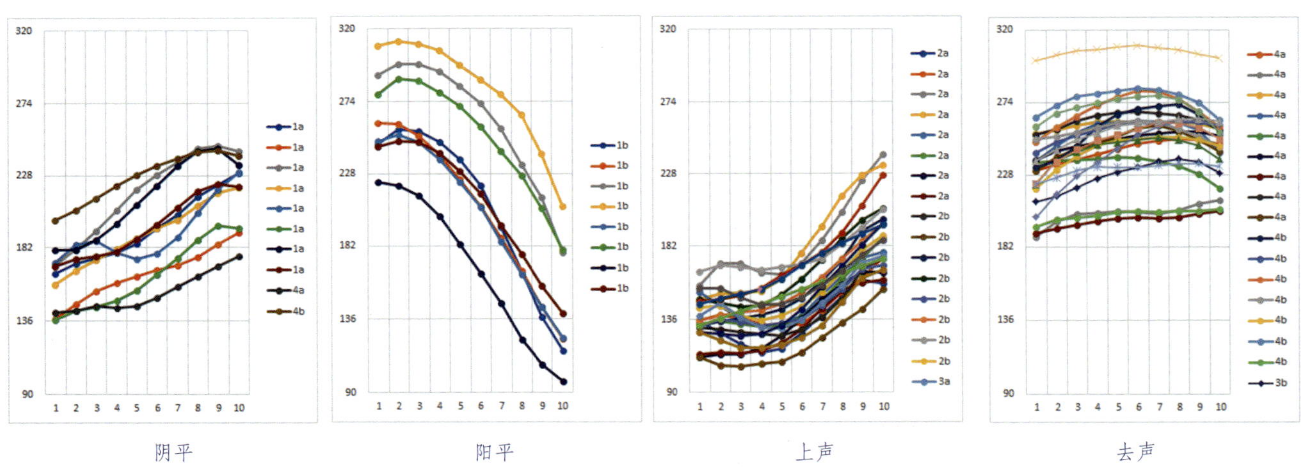

图 17－12d　今声调调域分布范围－旌德旌阳－YM

青男的声调有 4 个（见图 17－12c）：

阴平 24、阳平 51、上声 112、去声 45。

今调域的分布情况（见图 17－12d）：

阴平在 23～34 之间；阳平在 31～53 之间；上声在 112～224 之间；去声在 33～55 之间。

2. 祁门安凌

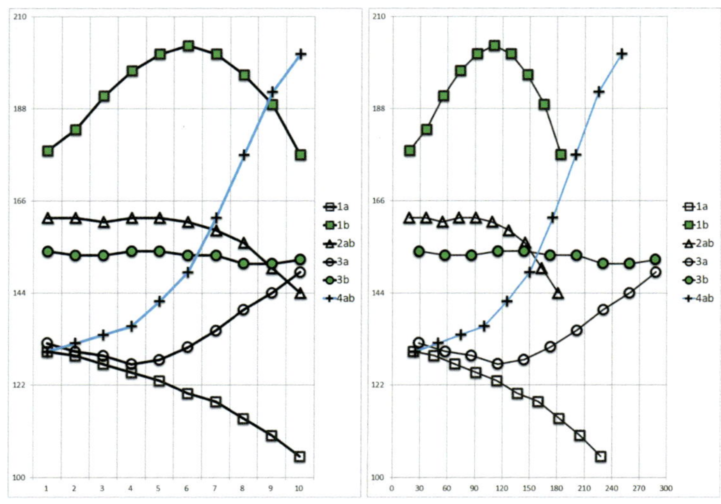

图 17－13a 单字调等长、实长音高模式－祁门安凌－OM

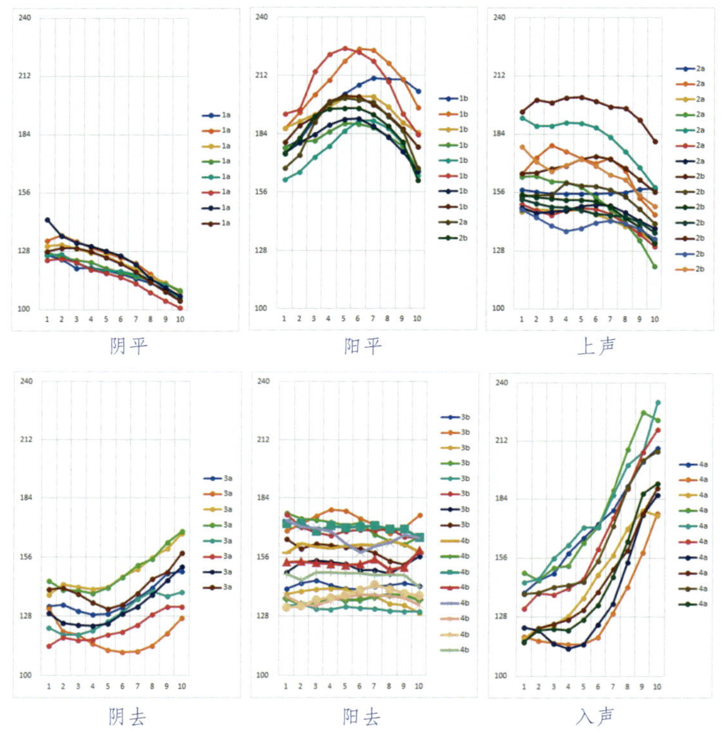

图 17－13b 今声调调域分布范围－祁门安凌－OM

老男的声调有 6 个（见图 17－13a）：

阴平 21、阳平 454、上声 32、阴去 223、阳去 33、入声 25。

今调域的分布情况（见图 17－13b）：

阴平主要在 21 的范围；阳平在 343～454 之间；上声在 21～43 之间；阴去在 212～223 之间；阳去在 22～33 之间；入声在 13～25 之间。

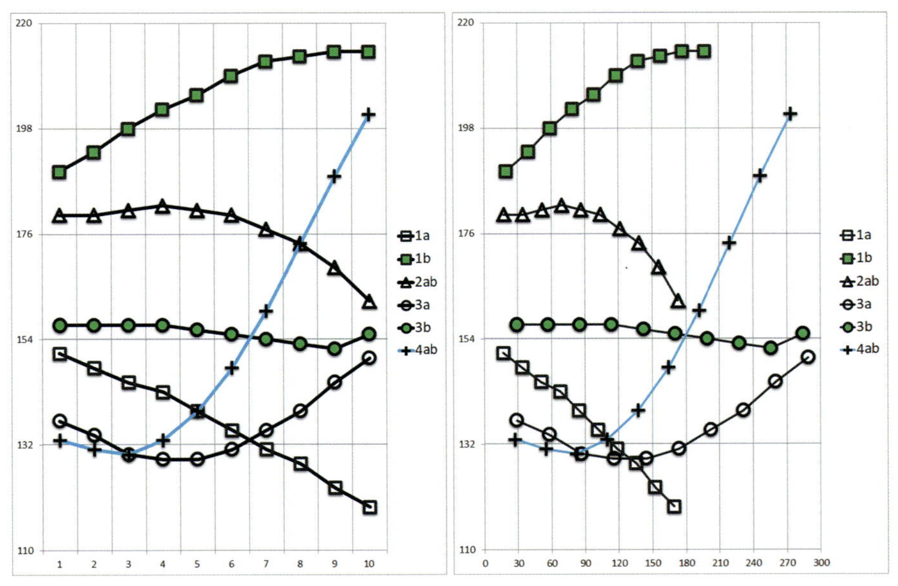

图 17－13c 单字调等长、实长音高模式－祁门安凌－YM

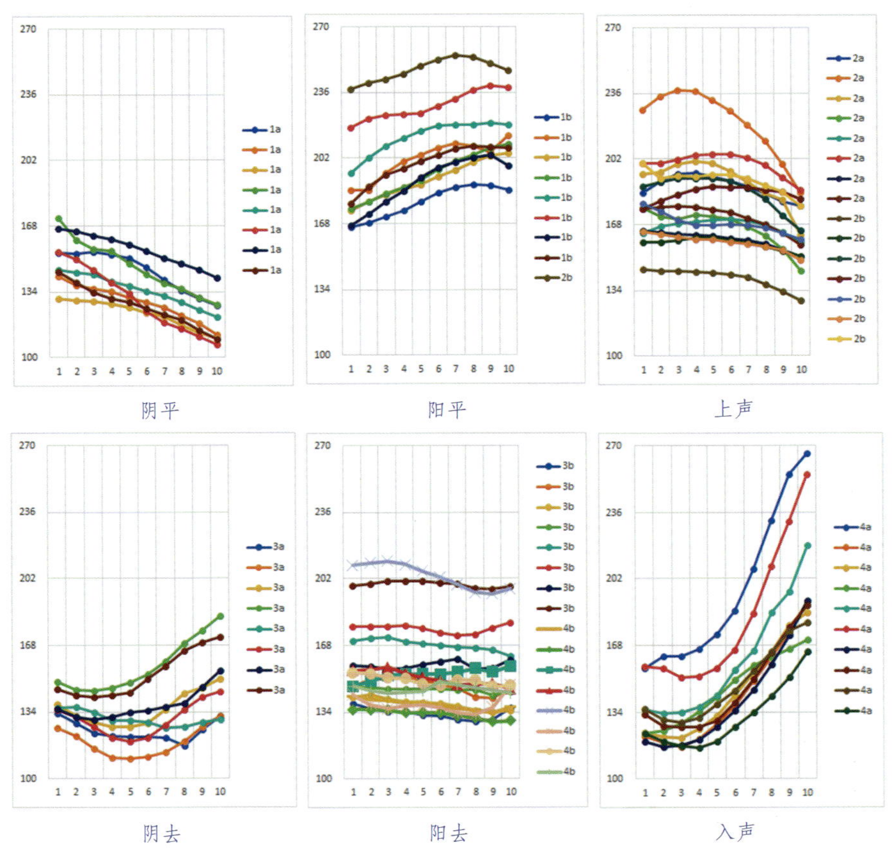

图 17－13d 今声调调域分布范围－祁门安凌－YM

青男的声调有 6 个（见图 17－13c）：

阴平 21、阳平 45、上声 43、阴去 223、阳去 33、入声 25。

今调域的分布情况（见图 17－13d）：

阴平在 21～32 之间；阳平在 23～45 之间；上声在 32～43 之间；阴去在 212～223 之间；阳去主要在 22～33 之间；入声在 12～25 之间。

17.6 徽州方言声调小结

1. 徽州方言声调的调类特点

徽州方言以六调为主。平声全部分阴阳，多数点去声也分阴阳。去声不分阴阳的点，有两种情况，一是上声分阴阳，二是上声、去声都不分阴阳。多数点有入声调类，休宁、建德等少数点入声分阴阳。根据本书的材料，徽州方言调类的总体情况见表 17－2。

表 17－2　徽州方言调类的总体情况

方言点	调类			
歙县－《音库》	阴平 41、阳平 44	上声 35	阴去 214、阳去 32	入声 31
黄山歙县	阴平 41、阳平 44	上声 25	阴去 213、阳去 21	入声 21
绩溪华阳	阴平 42、阳平 44	上声 312	阴去 24、阳去 31	入声 32
屯溪－《音库》	阴平 21、阳平 33	阴上 31 阳上 24	去声 42	入声 55
黄山休宁	阴平 21、阳平 33	上声 51	阴去 213、阳去 211	入声 24
黟县碧阳	阴平 21、阳平 33	上声 52	去声 25	入声 22
祁门祁山	阴平 21、阳平 454	上声 442	阴去 23、阳去 33	入声 25
安徽婺源	阴平 33、阳平 11	阴上 32 阳上 21	去声 14	入声 54
江西景德镇	阴平 44、阳平 15	上声 211	阴去 213、阳去 33	
杭州淳安	阴平 31、阳平 22	上声 213	阴去 32、阳去 51	阴入 12、阳入 212
浙江建德	阴平 52、阳平 22	上声 113	去声 33	阴入 45、阳入 12
旌德旌阳	阴平 23、阳平 52	上声 112	去声 55	
祁门安凌	阴平 21、阳平 454	上声 32	阴去 223、阳去 33	入声 25

2. 徽州方言声调的调值特点

（1）平声。

平声分阴阳，多数点阴平为降调，阳平为平调或升调。在音高域的方面，阴低阳高，但婺源、景德镇就正好相反。

（2）入声。

徽州方言入声调类的情况，根据赵日新的研究[1]，保留喉塞的点有绩溪、歙县、休宁、黟县、淳安、建德、寿昌等；喉塞不明显的点有屯溪等地；有独立的入声调，但无喉塞音尾的点，如休宁、婺源。

入声的调型以降调为主，升调次之；带喉塞的入声多为短促的降调。

① 中国社会科学院语言研究所，中国社会科学院民族学与人类学研究所，香港城市大学语言资讯科学研究中心．中国语言地图集［M］．2 版．北京：商务印书馆，2012：149.

17.7 徽州方言主要方言点的调类调值对照

徽州方言主要方言点的调类调值对照见表 17－3 至表 17－7。

表 17－3 徽州方言主要方言点的调类调值对照（绩歙片）

片	方言点	选点	阴平 1a	阳平 1b	上声 2ab	阴去 3a	阳去 3b	阴入 4a	阳入 4b	调类数量	资料来源
绩歙片	歙县（安徽）	歙县	31	44	35	313	33	32		6	《中国语言地图集》（2012）
		歙县徽城镇	42	55	35	213	33	21		6	语保 OM
	绩溪（安徽）	绩溪	31	44	213	35	22	32		6	《中国语言地图集》（2012）
		绩溪县华阳镇	41	44	212	35	322	32		6	语保 OM
	淳安（浙江）	淳安	224	45	55	24	535	5	13	7	《中国语言地图集》（2012）
		姜家镇	534	33	213	43	52	24	213	7	语保 OM

表 17－4 徽州方言主要方言点的调类调值对照（休黟片）

片	方言点	选点	阴平 1a	阳平 1b	阴上 2a	阳上 2b	阴去 3a	阳去 3b	阴入 4a	阳入 4b	调类数量	资料来源
休黟片	休宁（安徽）	休宁县海阳镇	33	55	31	13	55	33	212	35	6	《中国语言地图集》（2012）
	黟县（安徽）	黟县	31	44	53		324	3		31	5	《中国语言地图集》（2012）
		黟县碧阳镇	21	44	53		24	3		21	5	语保 OM

表 17－5 徽州方言主要方言点的调类调值对照（祁婺片）

片	方言点	选点	阴平 1a	阳平 1b	阴上 2a	阳上 2b	阴去 3a	阳去 3b	阴入 4a	阳入 4b	调类数量	资料来源
祁婺片	祁门（安徽）	祁门	11	55	42		213	33	435	33	6	《中国语言地图集》（2012）
		祁门县祁山镇	21	54	42		213	33	24	33	6	语保 OM
	婺源（安徽）	婺源蚺城	44	22	42	31	35	53	53		6	语保 OM
	景德镇（江西）	景德镇浮梁	55	24	31		213	33	213	33	5	语保 OM

表 17-6　徽州方言主要方言点的调类调值对照（严州片）

<table>
<tr><th>片</th><th>方言点</th><th>选点</th><th>阴平
1a</th><th>阳平
1b</th><th>阴上
2a</th><th>阳上
2b</th><th>阴去
3a</th><th>阳去
3b</th><th>阴入
4a</th><th>阳入
4b</th><th>调类
数量</th><th>资料来源</th></tr>
<tr><td rowspan="2">严州片</td><td>淳安
（浙江）</td><td>淳安县
姜家镇</td><td>534</td><td>33</td><td colspan="2">213</td><td>43</td><td>52</td><td>24</td><td>213</td><td>6</td><td>语保 OM</td></tr>
<tr><td>建德
（浙江）</td><td>建德
梅城镇</td><td>534</td><td>33</td><td colspan="2">24</td><td colspan="2">44</td><td>5</td><td>12/24</td><td>6</td><td>语保 OM</td></tr>
</table>

表 17-7　徽州方言主要方言点的调类调值对照（旌占片）

<table>
<tr><th>片</th><th>方言点</th><th>选点</th><th>阴平
1a</th><th>阳平
1b</th><th>阴上
2a</th><th>阳上
2b</th><th>阴去
3a</th><th>阳去
3b</th><th>阴入
4a</th><th>阳入
4b</th><th>调类
数量</th><th>资料来源</th></tr>
<tr><td rowspan="2">旌占片</td><td>旌德
（安徽）</td><td>旌德县
旌阳镇</td><td>24</td><td>53</td><td colspan="2">213</td><td></td><td colspan="3">55</td><td>4</td><td>语保 OM</td></tr>
<tr><td>祁门（安徽，
濒危方言）</td><td>祁门县
祁山镇</td><td>21</td><td>54</td><td colspan="2">42</td><td>213</td><td>33</td><td>24</td><td>33</td><td>6</td><td>语保 OM</td></tr>
</table>

参考文献

[1] 曹志耘. 南部吴语语音研究［M］. 北京：商务印书馆，2002.

[2] 曹志耘. 吴徽语入声演变的方式［J］. 中国语文，2002（5）.

[3] 陈瑶. 徽州方言音韵研究［D］. 福州：福建师范大学，2009.

[4] 金家骐. 休宁方言有阳去调［J］. 方言，1999（2）.

[5] 潘悟云. 吴语的语音特征［J］. 温州师专学报（社会科学版），1986（2）.

[6] 平田昌司. 徽州方言研究［M］. 东京：好文出版，1998.

[7] 钱乃荣. 当代吴语研究［M］. 上海：上海教育出版社，1992.

[8] 伍巍. 论徽州方音［D］. 广州：暨南大学，1994.

[9] 赵日新. 徽语的特点和分区［J］. 方言，2005（3）.

[10] 郑张尚芳. 皖南方言的分区（稿）［J］. 方言，1986（1）.

[11] 中国社会科学院语言研究所，中国社会科学院民族学与人类学研究所，香港城市大学语言资讯科学研究中心. 中国语言地图集［M］. 2 版. 北京：商务印书馆，2012.

18　平话、土话及其他

这一章展示了20个方言点的声调模式，主要是平话、土话以及一些归属不明确的方言点，这些点只是众多系属未明的方言点的一小部分，希望今后有机会能够做更多方言点的相关研究。表18－1是本书的选点情况。

表18－1　平话、土话及其他归属未明方言的分片选点

<table>
<tr><th colspan="2">方言</th><th>方言点</th><th>序号</th></tr>
<tr><td rowspan="3">平话</td><td>桂南平话</td><td>南宁横县（广西）</td><td>18－1</td></tr>
<tr><td rowspan="2">桂北平话</td><td>桂林全州（广西）</td><td>18－2</td></tr>
<tr><td>桂林雁山（广西）</td><td>18－3</td></tr>
<tr><td rowspan="7">土话</td><td>湘南土话</td><td>永州江永（湖南）</td><td>18－4</td></tr>
<tr><td rowspan="5">粤北土话</td><td>乐昌坪石（广东）</td><td>18－5</td></tr>
<tr><td>仁化丹霞（广东）</td><td>18－6</td></tr>
<tr><td>清远连州（广东）</td><td>18－7</td></tr>
<tr><td>韶关乳源（广东）</td><td>18－8</td></tr>
<tr><td>曲江虱婆声（广东）</td><td>18－9</td></tr>
<tr><td>山瑶话</td><td>电白林头（广东）</td><td>18－10</td></tr>
<tr><td colspan="2">儋州话</td><td>儋州新英（海南）</td><td>18－11</td></tr>
<tr><td rowspan="4">军话</td><td rowspan="3">海南军话</td><td>三亚崖城（海南）</td><td>18－12</td></tr>
<tr><td>东方八所（海南）</td><td>18－13</td></tr>
<tr><td>昌江乌烈（海南）</td><td>18－14</td></tr>
<tr><td>安徽军话</td><td>祁门安凌（安徽）</td><td>18－15</td></tr>
<tr><td rowspan="2">疍家话</td><td rowspan="2">海南疍家话</td><td>陵水新村（海南）</td><td>18－16</td></tr>
<tr><td>文昌铺前（海南）</td><td>18－17</td></tr>
<tr><td colspan="2">乡话</td><td>沅陵麻溪铺（湖南）</td><td>18－18</td></tr>
<tr><td colspan="2">迈话</td><td>三亚崖城（海南）</td><td>18－19</td></tr>
<tr><td colspan="2">付马话</td><td>东方付马（海南）</td><td>18－20</td></tr>
</table>

18.1 平话

18.1.1 桂南平话

南宁横县

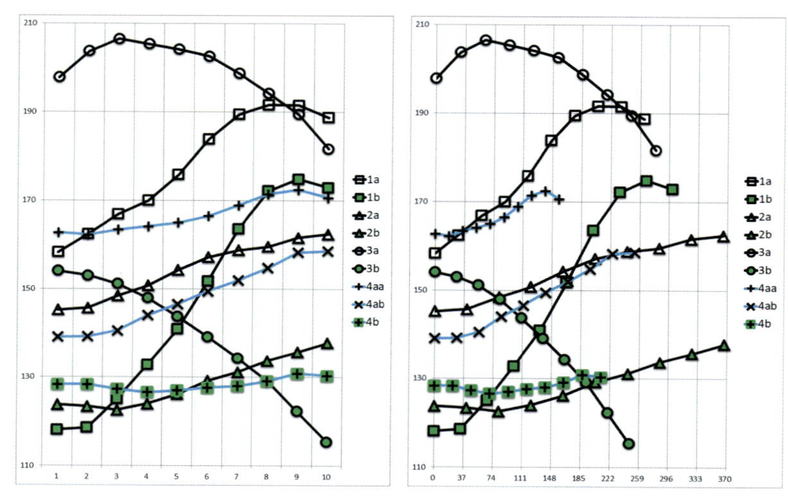

图 18－1a　单字调等长、实长音高模式－南宁横县－OM

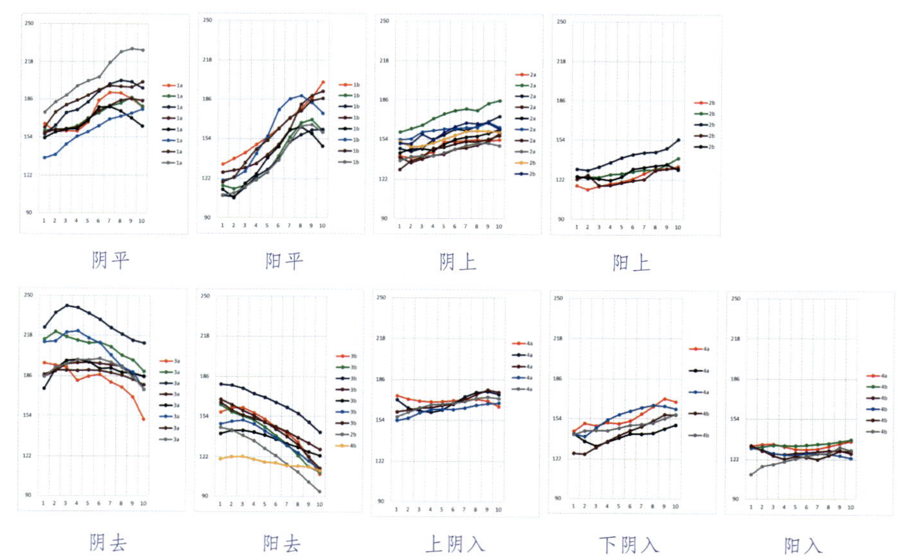

图 18－1b　今声调调域分布范围－南宁横县－OM

老男的声调有 9 个（见图 18－1a）：

阴平 35、阳平 14、阴上 23、阳上 12、阴去 54、阳去 31、上阴入 <u>34</u>、下阴入 <u>23</u>、阳入 <u>22</u>。

今调域的分布情况（见图 18－1b）：

阴平在 23～35 之间；阳平在 13～24 之间；阴上主要在 23 的范围；阳上主要在 12 的范围；阴去在 43～54 之间；阳去在 21～32 之间；上阴入主要在 <u>33</u> 的范围；下阴入主要在 <u>23</u> 的范围；阳入主要在 <u>22</u> 的范围。

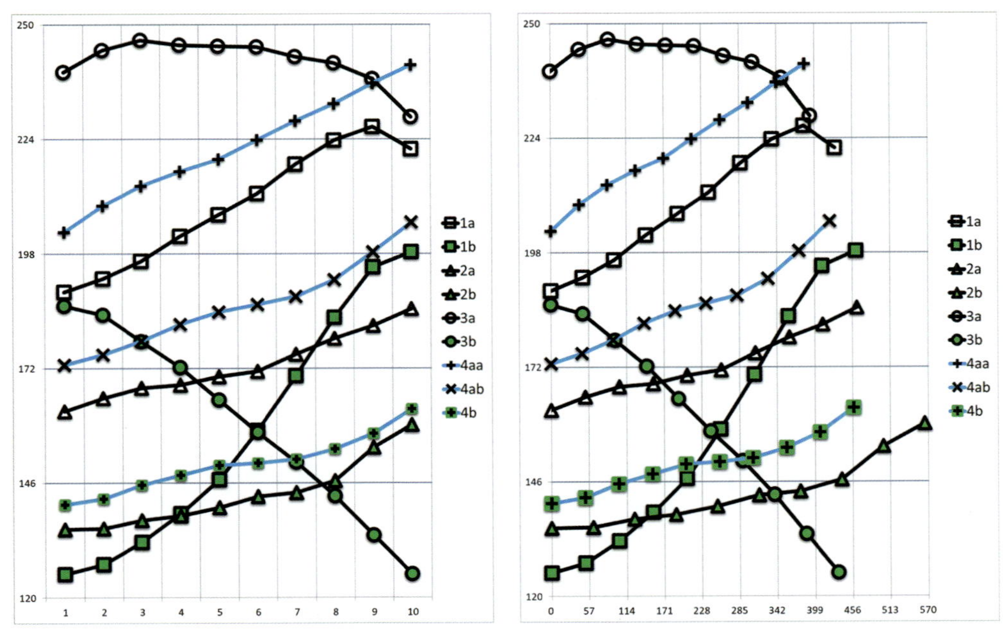

图 18－1c 单字调等长、实长音高模式－南宁横县－YM

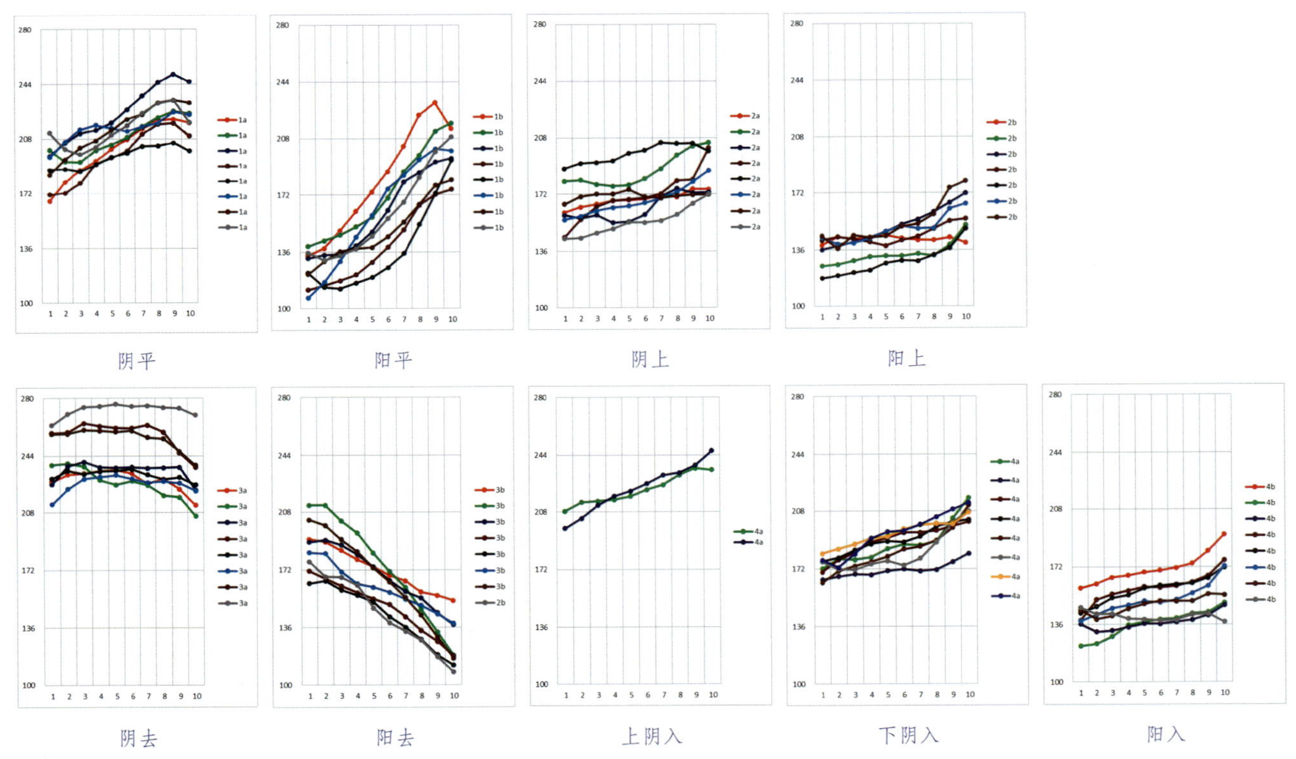

图 18－1d 今声调调域分布范围－南宁横县－YM

青男的声调有 9 个（见图 18－1c）：

阴平 35、阳平 13、阴上 23、阳上 12、阴去 554、阳去 31、上阴入 45、下阴入 34、阳入 22。

今调域的分布情况（见图 18－1d）：

阴平在 34～35 之间；阳平在 13～24 之间；阴上主要在 23 的范围；阳上主要在 12 的范围；阴去在 44～55 之间；阳去在 21～32 之间；上阴入主要在 45 的范围；下阴入主要在 34 的范围；阳入主要在 22 的范围。

18.1.2 桂北平话

1. 桂林全州

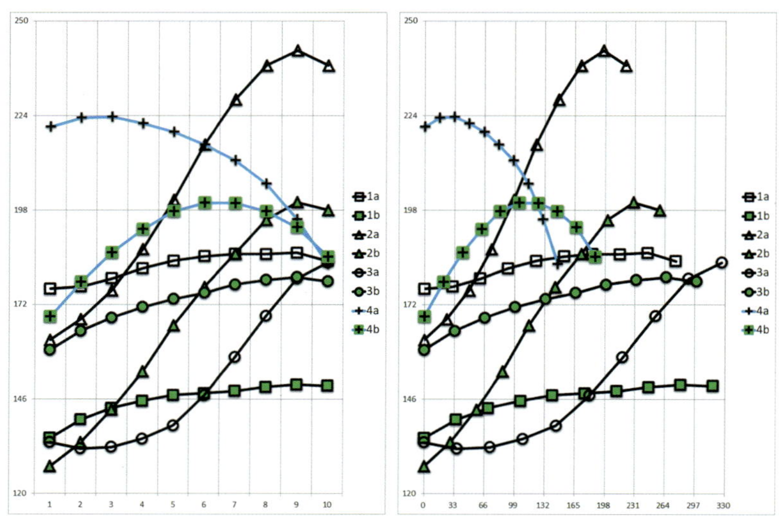

图 18－2a　单字调等长、实长音高模式－桂林全州－OM

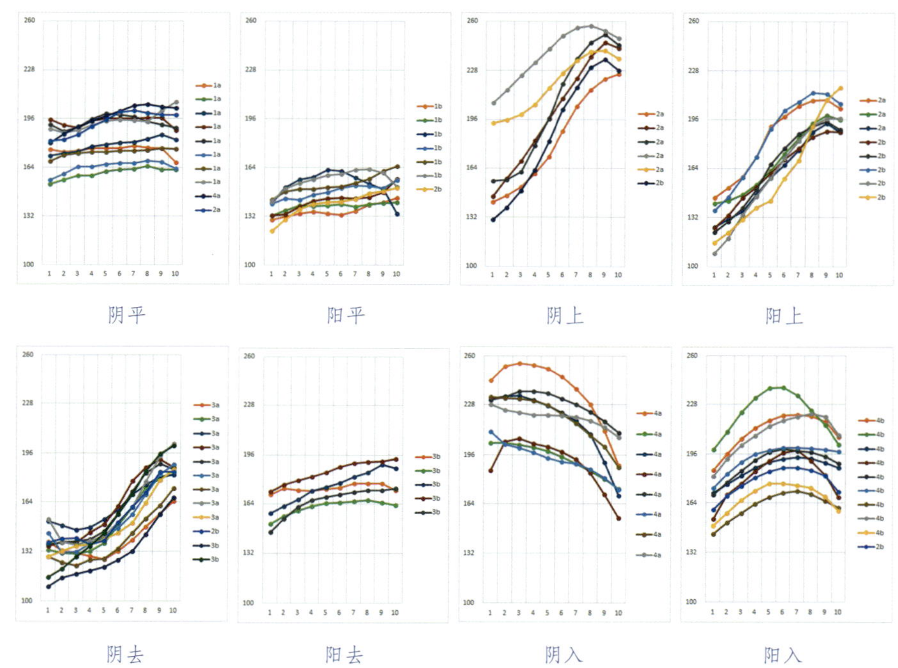

图 18－2b　今声调调域分布范围－桂林全州－OM

老男的声调有 8 个（见图 18－2a）：

阴平 33、阳平 12、阴上 25、阳上 13、阴去 113、阳去 23、阴入 43、阳入 34。

今调域的分布情况（见图 18－2b）：

阴平在 22～44 之间；阳平主要在 22 的范围；阴上在 24～45 之间；阳上在 13～24 之间；阴去在 12～24 之间；阳去在 23～34 之间，阴入在 42～54 之间；阳入主要在 23～34 之间。

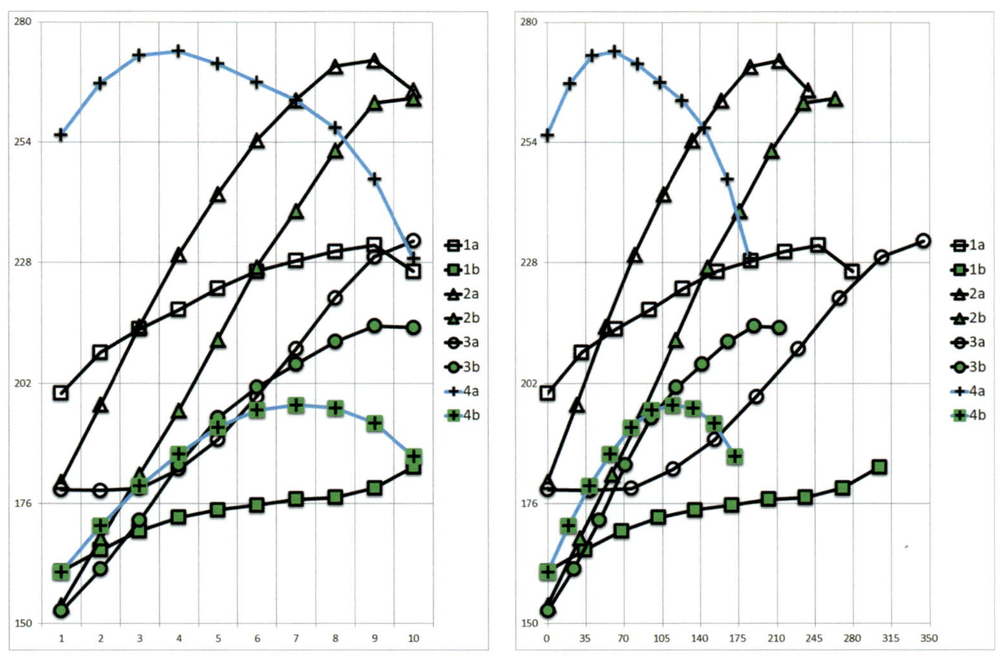

图 18－2c　单字调等长、实长音高模式－桂林全州－YM

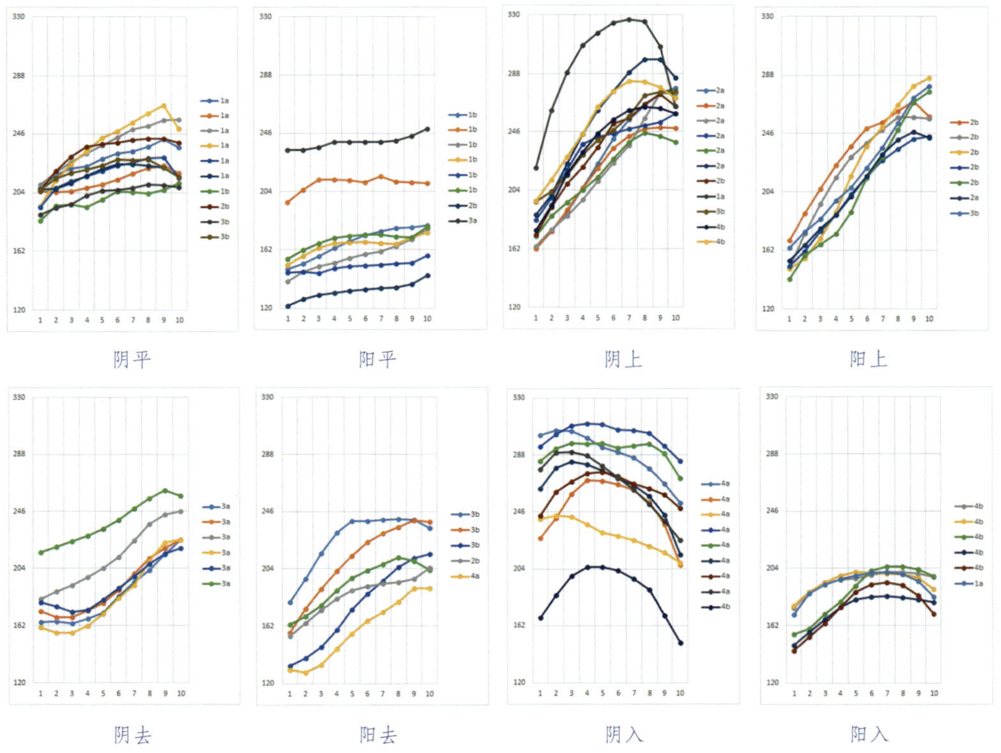

图 18－2d　今声调调域分布范围－桂林全州－YM

青男的声调有 8 个（见图 18－2c）：

阴平 34、阳平 12、阴上 25、阳上 14、阴去 24、阳去 13、阴入 54、阳入 12。

今调域的分布情况（见图 18－2d）：

阴平在 23～34 之间；阳平在 11～33 之间；阴上在 24～35 之间；阳上在 13～24 之间；阴去在 23～34 之间；阳去在 12～23 之间；阴入主要在 232～ 454 之间；阳入主要在 122 的范围。

2. 桂林雁山

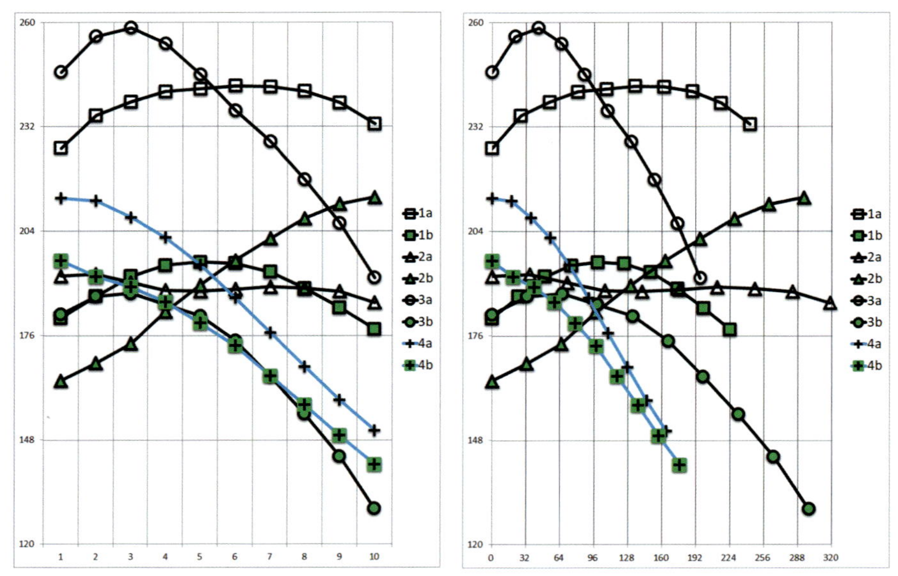

图 18－3a　单字调等长、实长音高模式－桂林雁山－OM

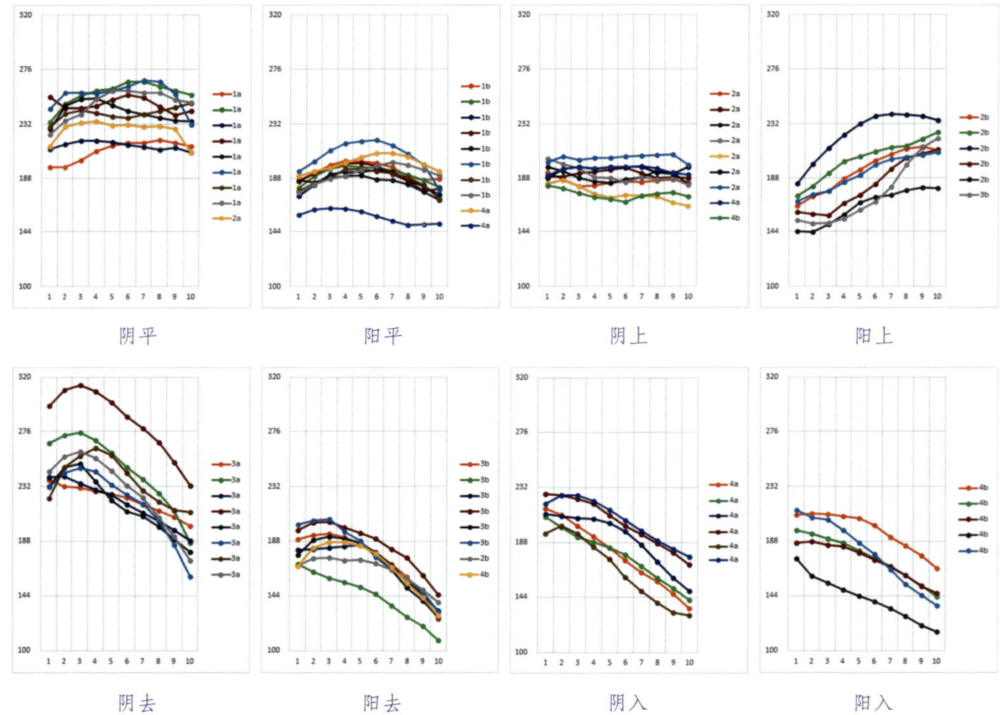

图 18－3b　今声调调域分布范围－桂林雁山－OM

老男的声调有 8 个（见图 18－3a）：

阴平 55、阳平 232、阴上 33、阳上 24、阴去 53、阳去 31、阴入 <u>42</u>、阳入 <u>31</u>。

今调域的分布情况（见图 18－3b）：

阴平在 33～44 之间；阳平主要在 232 的范围；阴上在 22～33 之间；阳上在 23～34 之间；阴去在 42～54 之间；阳去在 21～32 之间；阴入主要在 <u>32</u> 的范围；阳入主要在 <u>21</u>～<u>31</u> 之间。

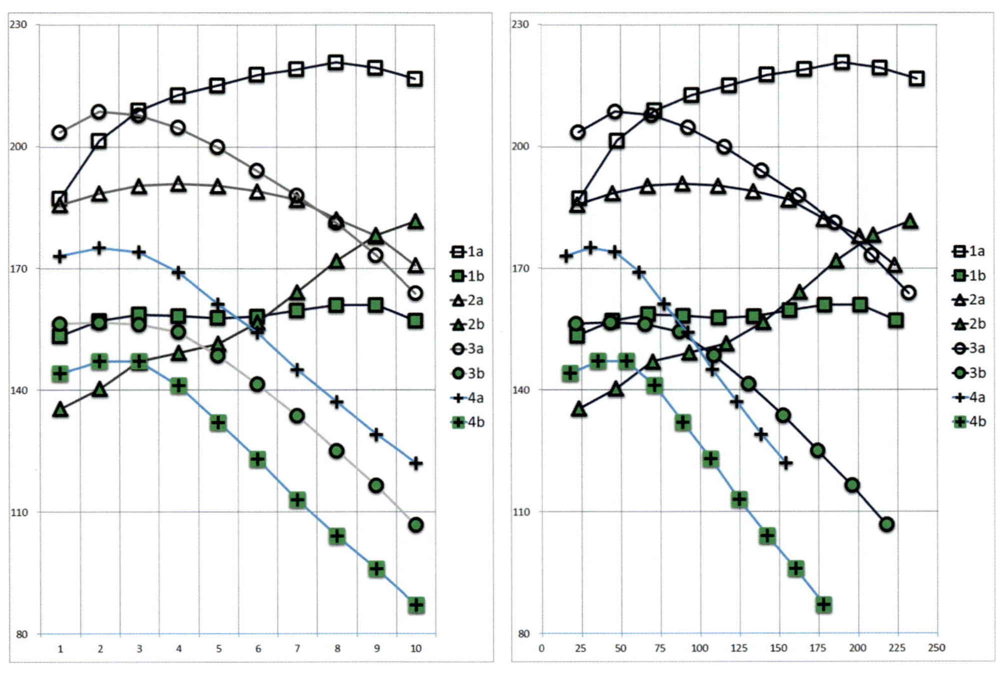

图 18－3c 单字调等长、实长音高模式－桂林雁山－YM

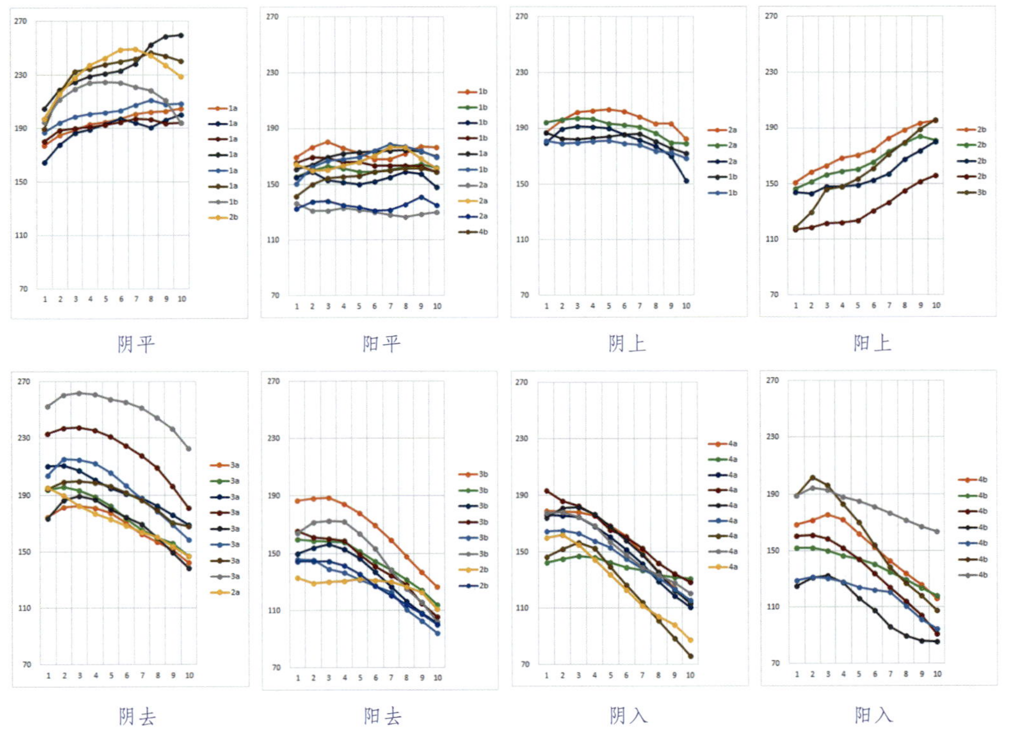

图 18－3d 今声调调域分布范围－桂林雁山－YM

青男的声调有 8 个（见图 18－3c）：

阴平 455、阳平 33、阴上 44、阳上 24、阴去 53、阳去 31、阴入 42、阳入 31。

今调域的分布情况（见图 18－3d）：

阴平在 34～45 之间；阳平在 22～33 之间；阴上在 33～44 之间；阳上在 23～34 之间；阴去在 32～54 之间；阳去在 21～32 之间；阴入主要在 32 的范围；阳入在 21～32 之间。

18.2 土话

18.2.1 湘南土话

永州江永

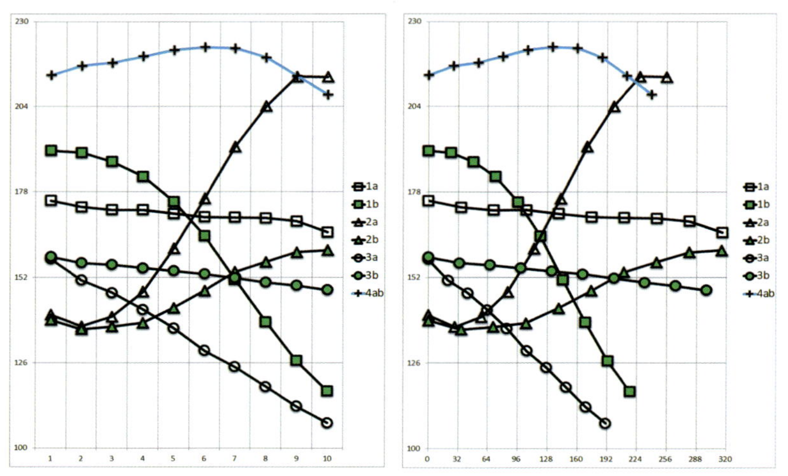

图 18－4a　单字调等长、实长音高模式－永州江永－OM

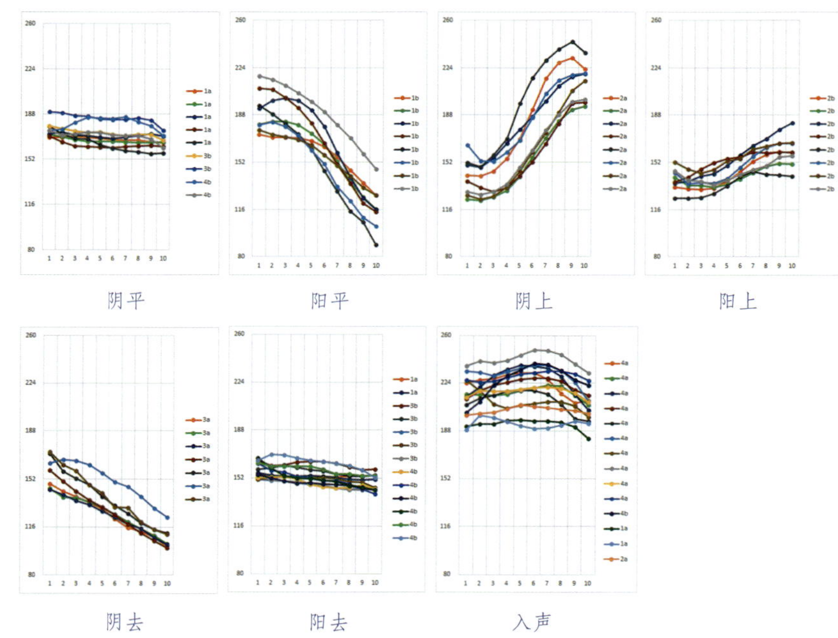

图 18－4b　今声调调域分布范围－永州江永－OM

老男的声调有 7 个（见图 18－4a）：

阴平 33、阳平 41、阴上 25、阳上 23、阴去 31、阳去 22、入声 55。

今调域的分布情况（见图 18－4b）：

阴平在 33～44 之间；阳平在 31～42 之间；阴上在 24～35 之间；阳上主要在 23 的范围；阴去在 21～32 之间；阳去在 22～33 之间；入声主要在 44～55 之间。

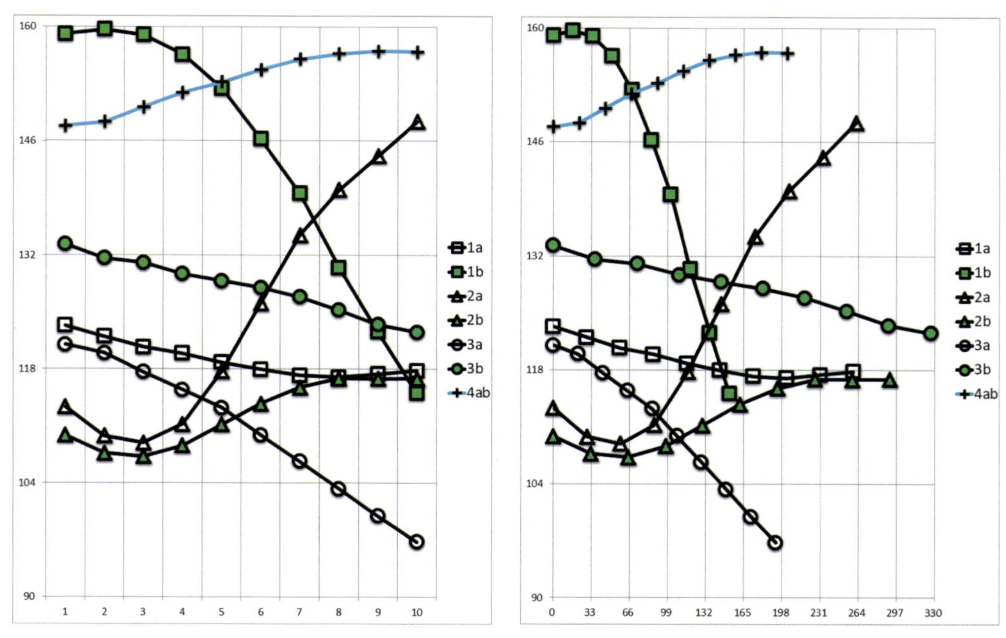

图 18－4c　单字调等长、实长音高模式－永州江永－YM

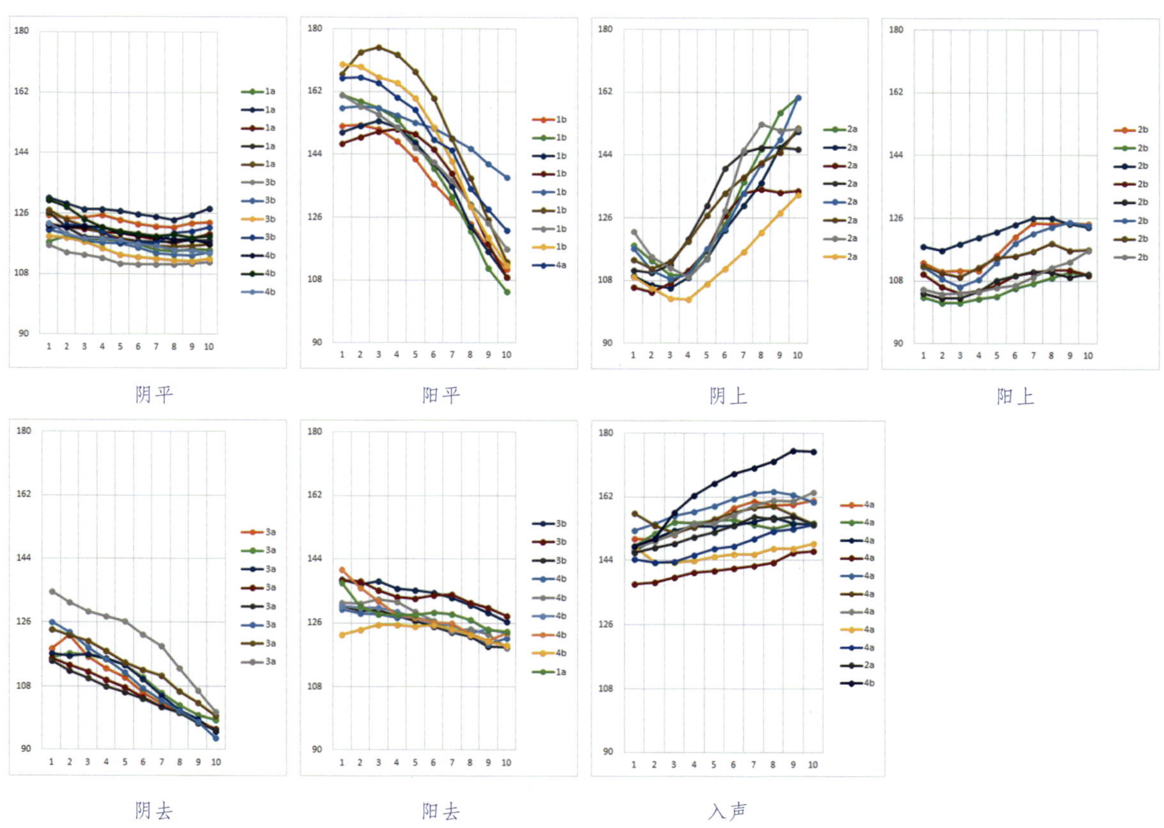

图 18－4d　今声调调域分布范围－永州江永－YM

青男的声调有 7 个（见图 18－4c）：

阴平 22、阳平 52、阴上 25、阳上 23、阴去 31、阳去 43、入声 45。

今调域的分布情况（见图 18－4d）：

阴平在 22～33 之间；阳平在 41～52 之间；阴上在 13～24 之间；阳上主要在 23 的范围；阴去在 21～31 之间；阳去主要在 32 的范围；入声主要在 34～45 之间。

18.2.2 粤北土话

1. 乐昌坪石

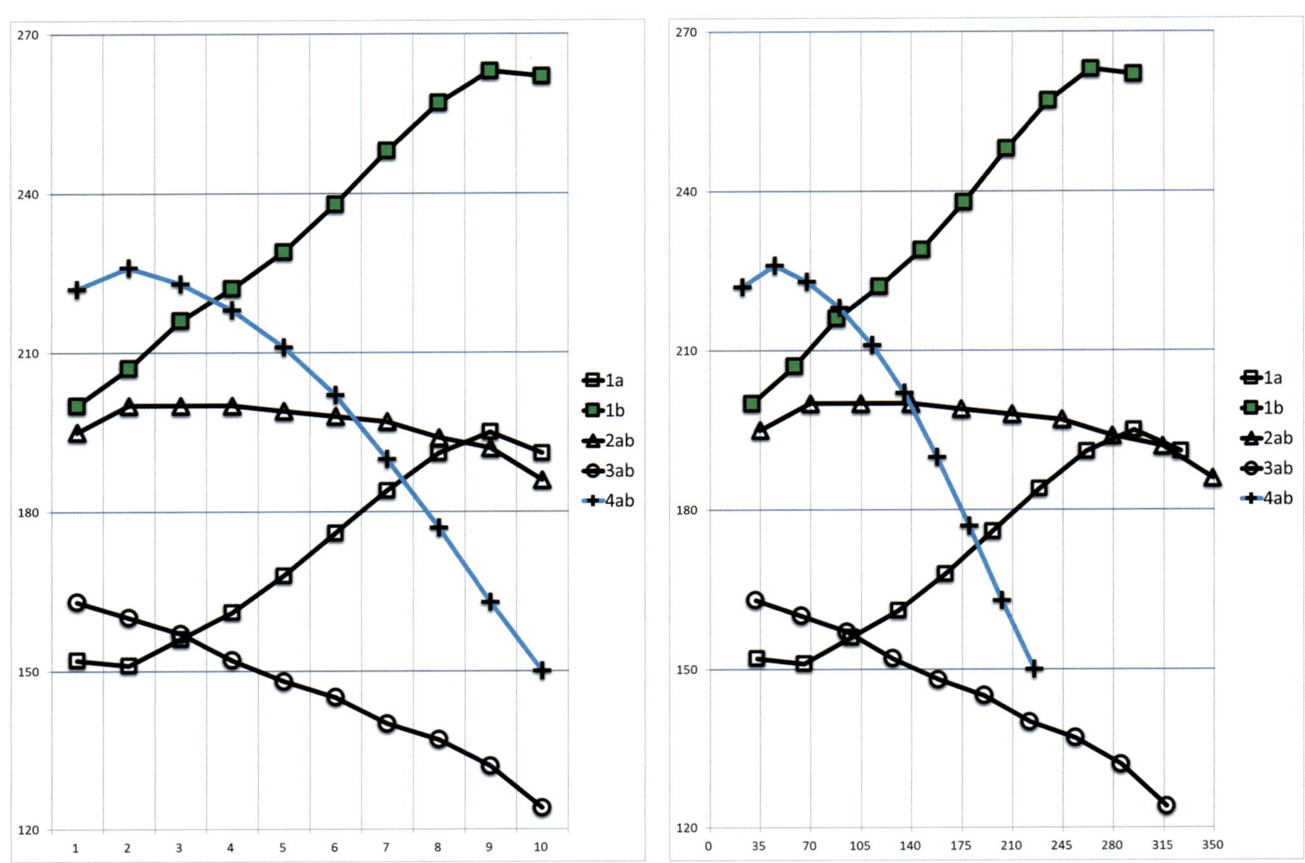

图 18－5a 单字调等长、实长音高模式－乐昌坪石－OM

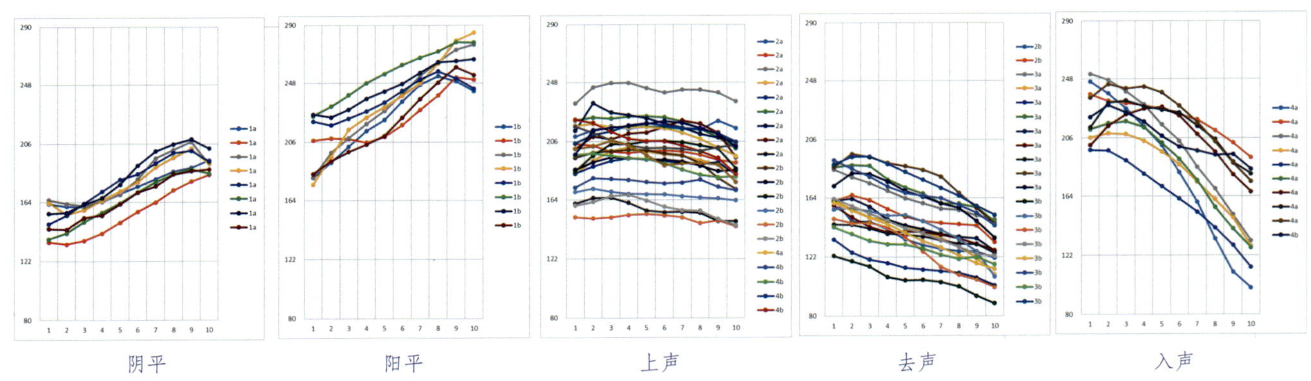

图 18－5b 今声调调域分布范围－乐昌坪石－OM

老男的声调有 5 个（见图 18－5a）：

阴平 23、阳平 35、上声 33、去声 21、入声 42。

今调域的分布情况（见图 18－5b）：

阴平主要在 23～34 之间；阳平主要在 34～45 之间；上声主要在 22～44 之间；去声主要在 21～32 之间；入声主要在 31～43 之间，有的字有喉塞。

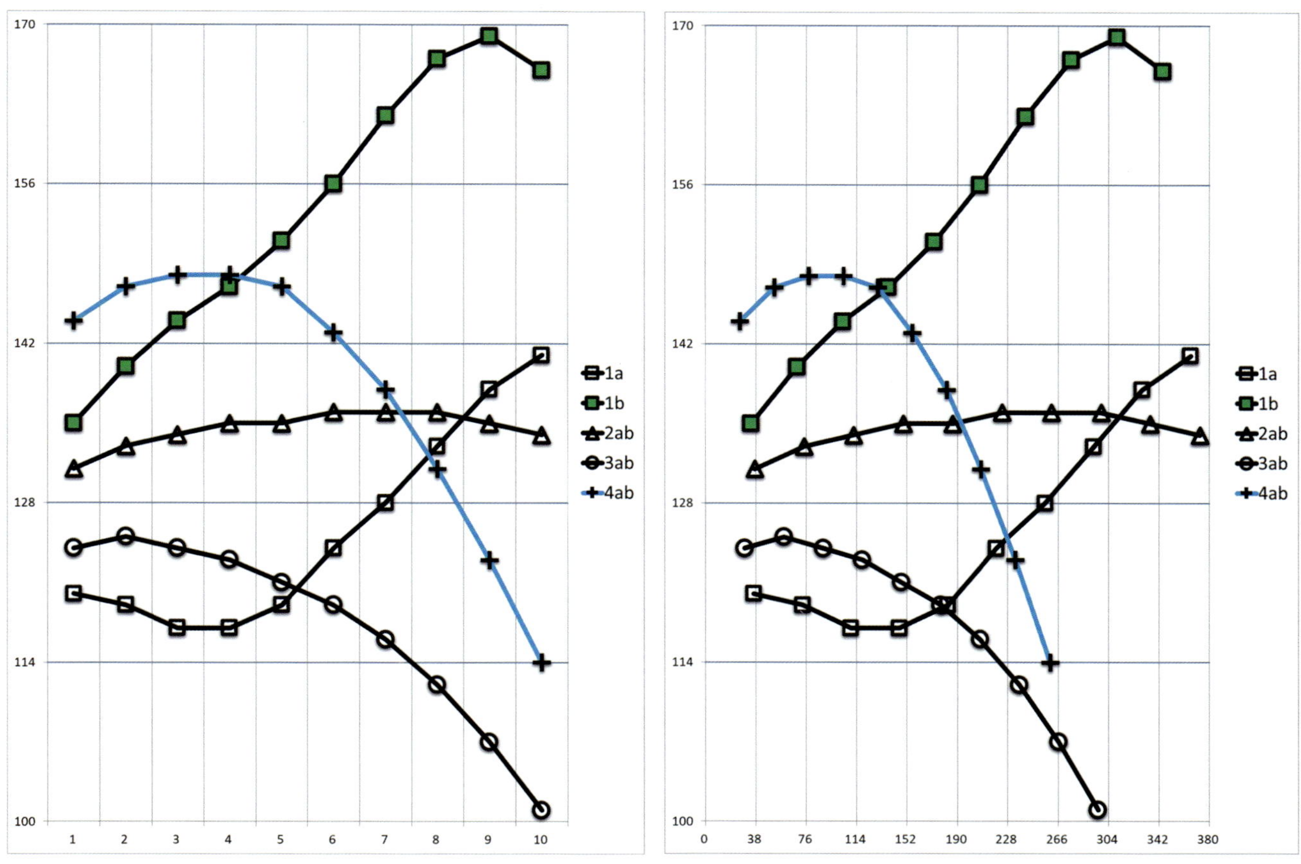

图 18－5c 单字调等长、实长音高模式－乐昌坪石－YM

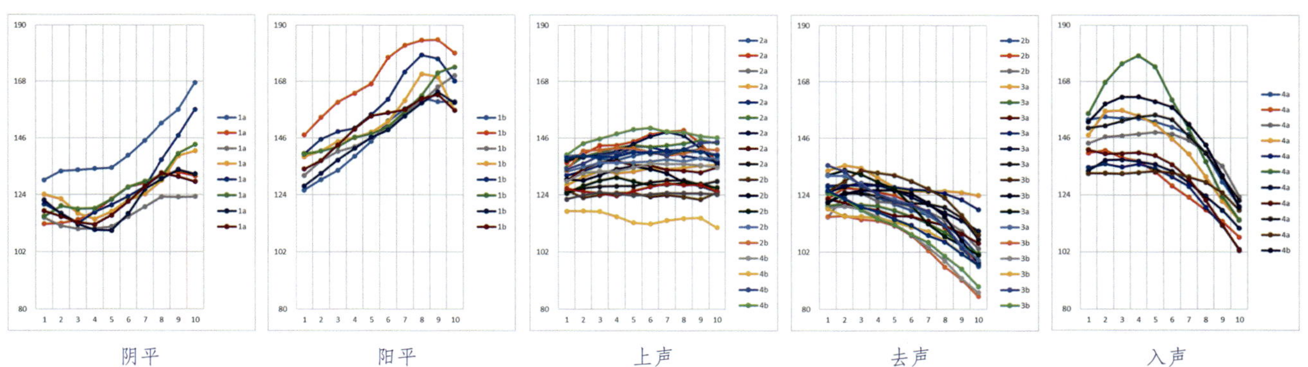

图 18－5d 今声调调域分布范围－乐昌坪石－YM

青男的声调有 5 个（见图 18－5c）：

阴平 223、阳平 35、上声 33、去声 21、入声 42。

今调域的分布情况（见图 18－5d）：

阴平主要在 223～334 之间；阳平主要在 34～45 之间；上声主要在 22～44 之间；去声主要在 21～32 之间；入声主要在 32～53 之间。

2. 仁化丹霞

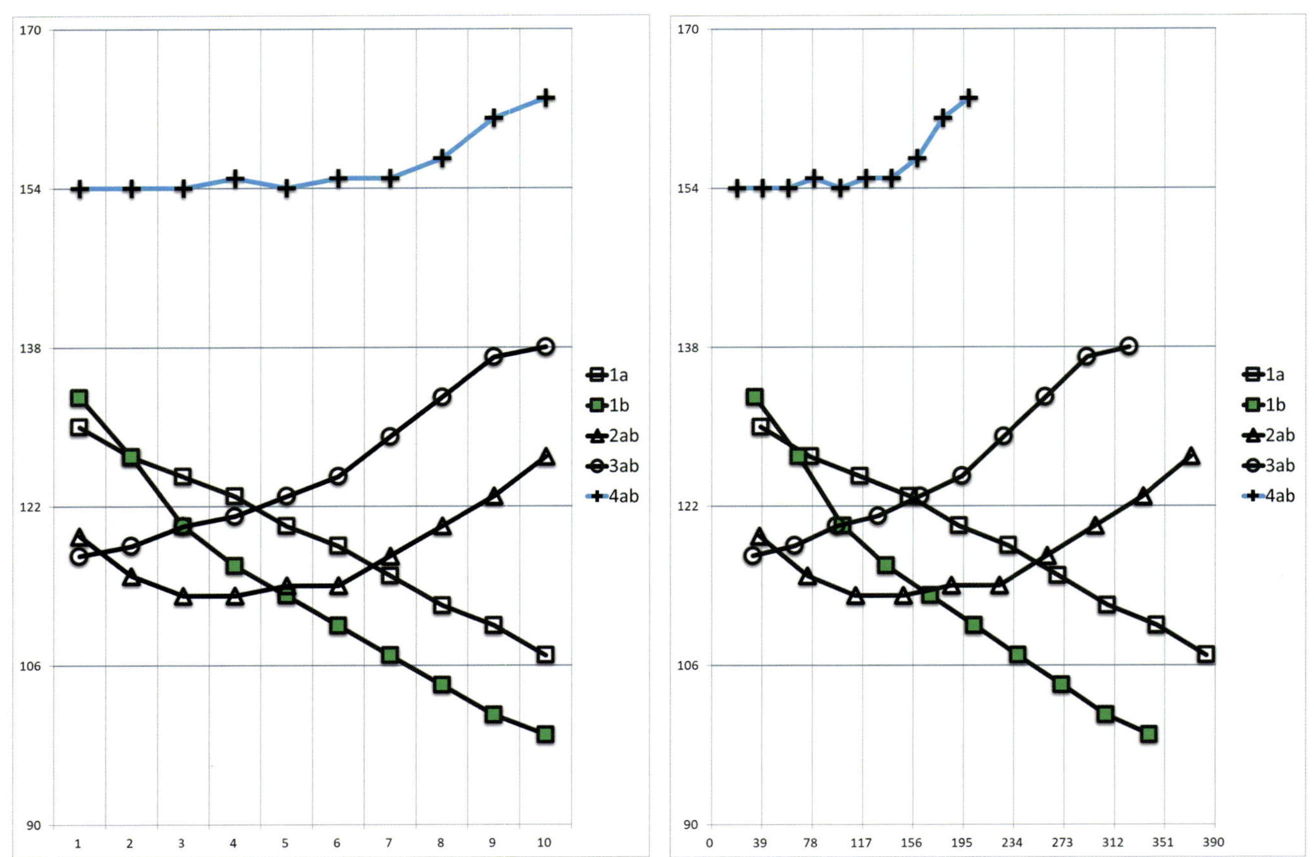

图 18－6a 单字调等长、实长音高模式－仁化丹霞－OM

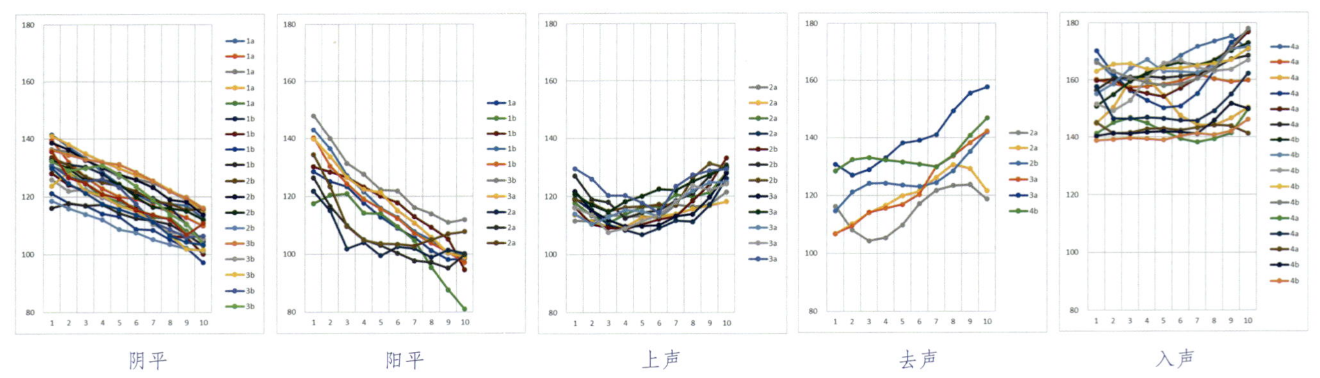

图 18－6b 今声调调域分布范围－仁化丹霞－OM

老男的声调有 5 个（见图 18－6a）：

阴平 32、阳平 31、上声 223、去声 24、入声 55。

今调域的分布情况（见图 18－6b）：

阴平主要在 32～43 之间；阳平主要在 21～42 之间；上声主要在 223～323 之间；去声主要在 23～34 之间；入声主要在 44～55 之间。

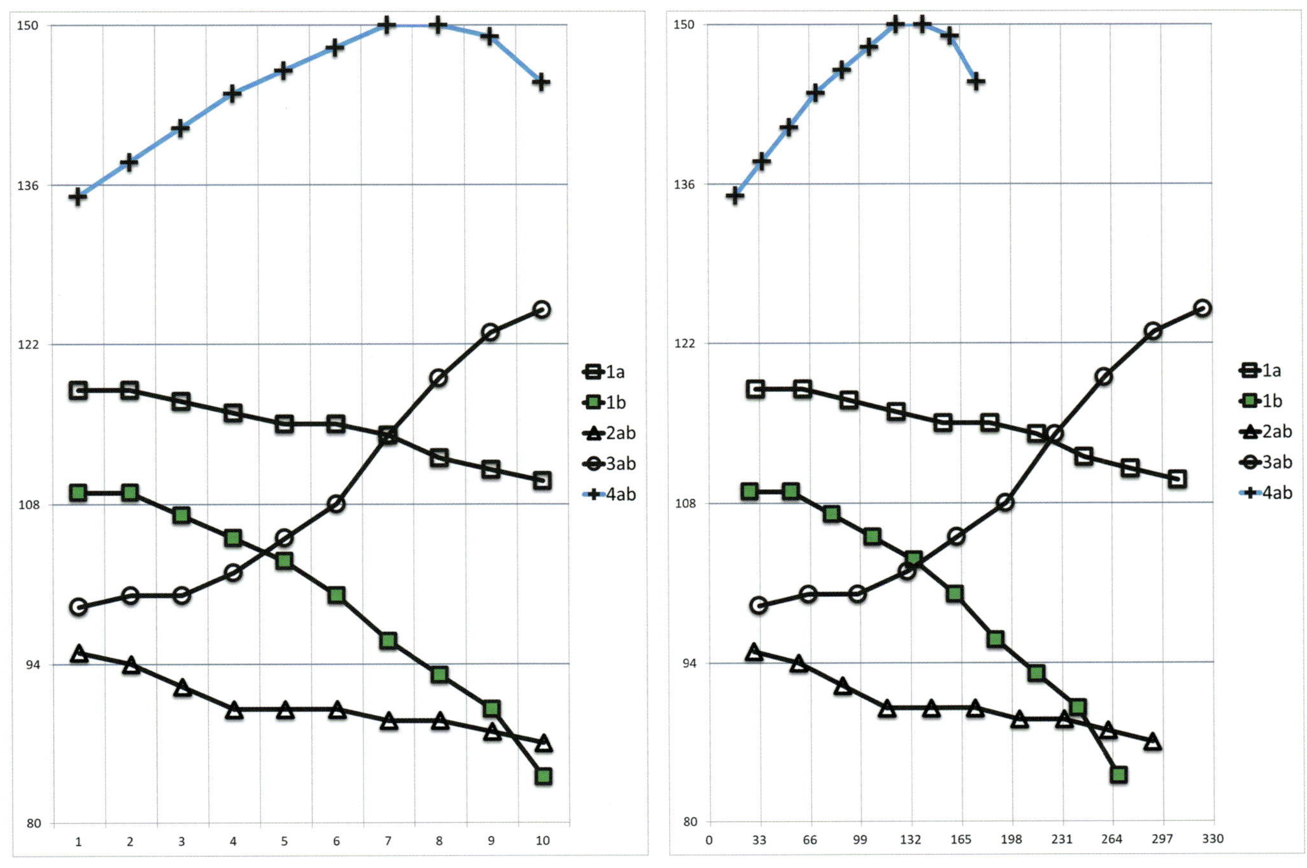

图 18－6c　单字调等长、实长音高模式－仁化丹霞－YM

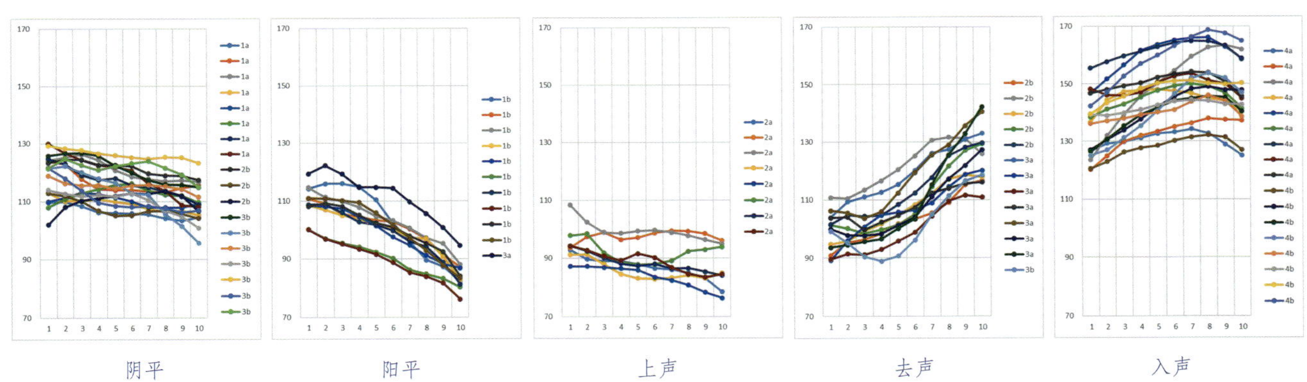

图 18－6d　今声调调域分布范围－仁化丹霞－YM

青男的声调有 5 个（见图 18－6c）：

阴平 32、阳平 31、上声 211、去声 24、入声 45。

今调域的分布情况（见图 18－6d）：

阴平主要在 32～33 之间；阳平主要在 21～32 之间；上声主要在 21～22 之间；去声主要在 23～34 之间；入声主要在 34～45 之间。

3. 清远连州

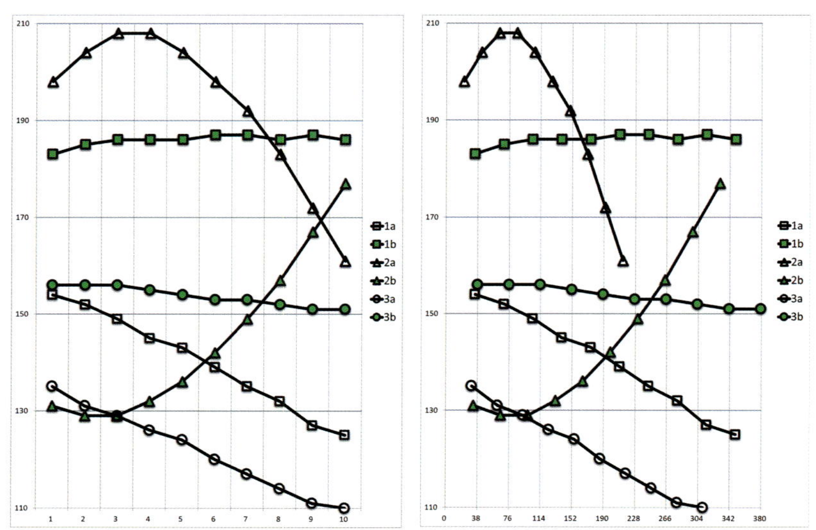

图 18－7a　单字调等长、实长音高模式－清远连州－OM

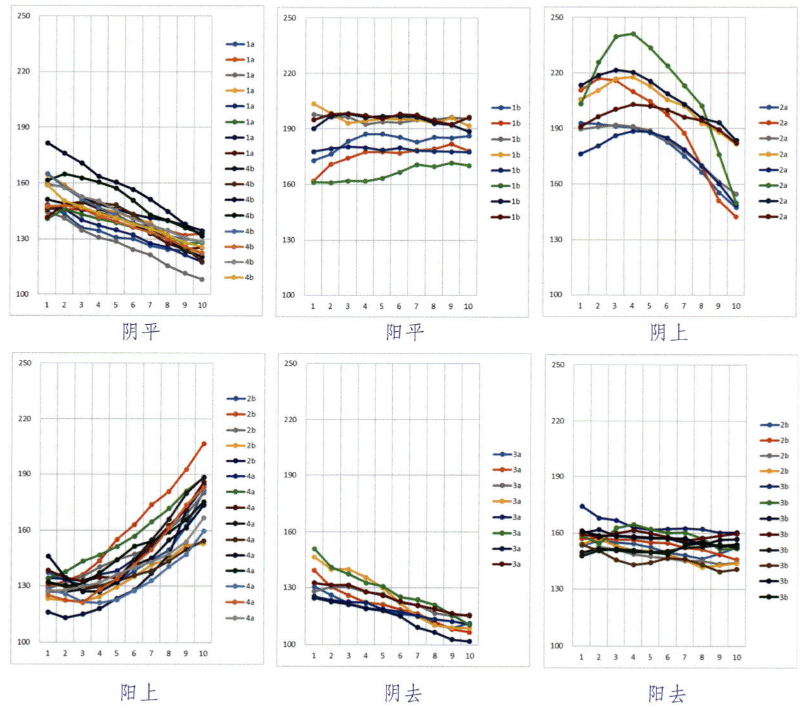

图 18－7b　今声调调域分布范围－清远连州－OM

老男的声调有 6 个（见图 18－7a）：

阴平 32、阳平 44、阴上 53、阳上 24、阴去 21、阳去 33。

今调域的分布情况（见图 18－7b）：

阴平主要在 21～32 之间；阳平主要在 33～44 之间；阴上在 32～54 之间；阳上主要在 12～24 之间；阴去主要在 21 的范围；阳去主要在 22～33 之间。

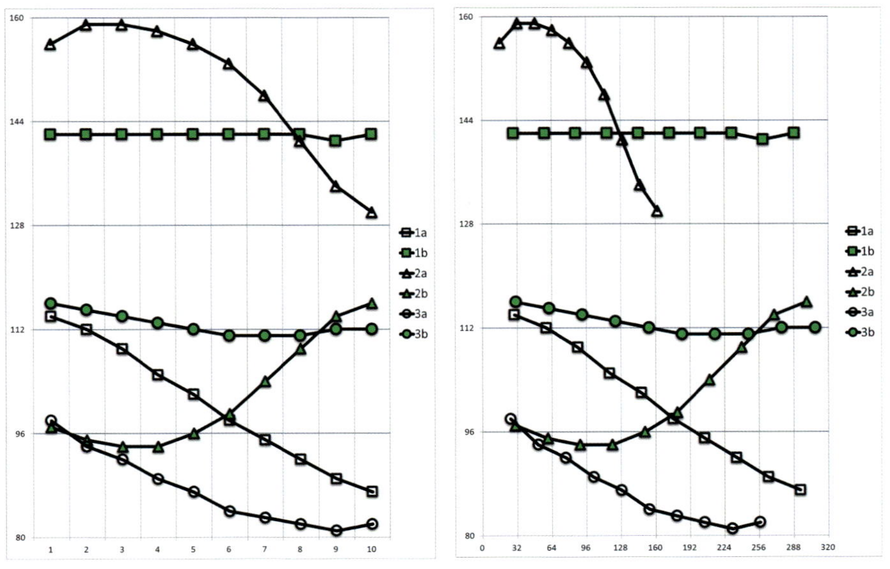

图 18－7c　单字调等长、实长音高模式－清远连州－YM

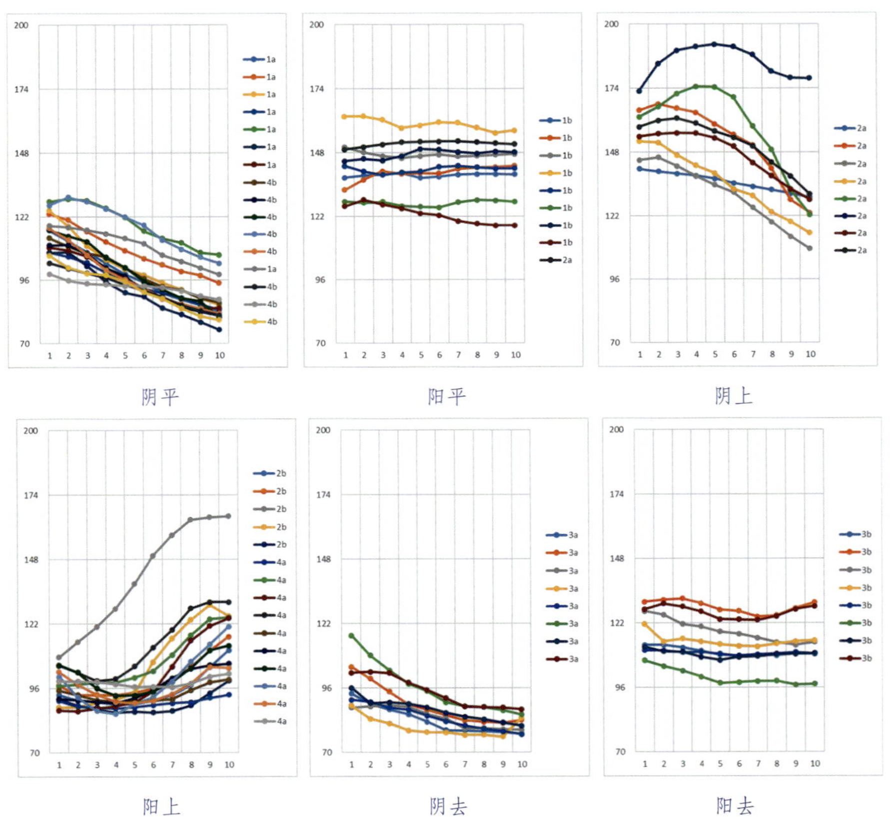

图 18－7d　今声调调域分布范围－清远连州－YM

青男的声调有 6 个（见图 18－7c）：

阴平 31、阳平 44、阴上 54、阳上 223、阴去 21、阳去 33。

今调域的分布情况（见图 18－7d）：

阴平主要在 21～32 之间；阳平主要在 33～44 之间；阴上在 32～54 之间；阳上主要在 112～24 之间；阴去主要在 11～21 之间；阳去主要在 22～33 之间。

4. 韶关乳源

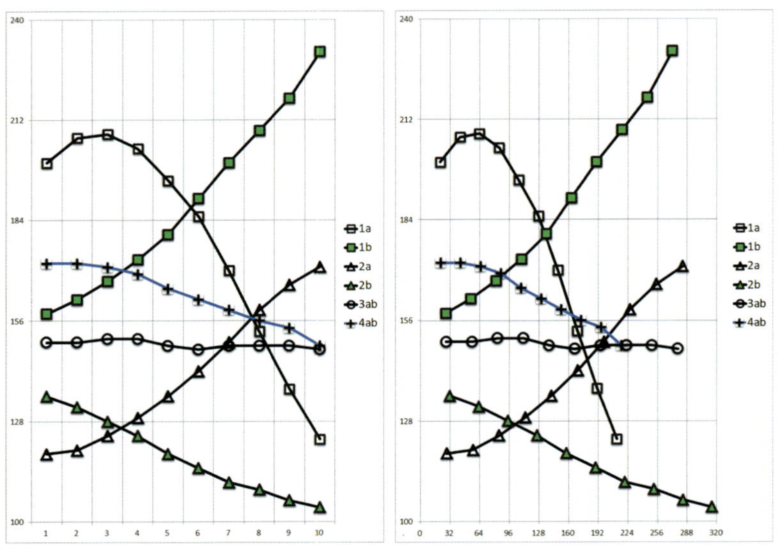

图 18－8a　单字调等长、实长音高模式－韶关乳源－OM

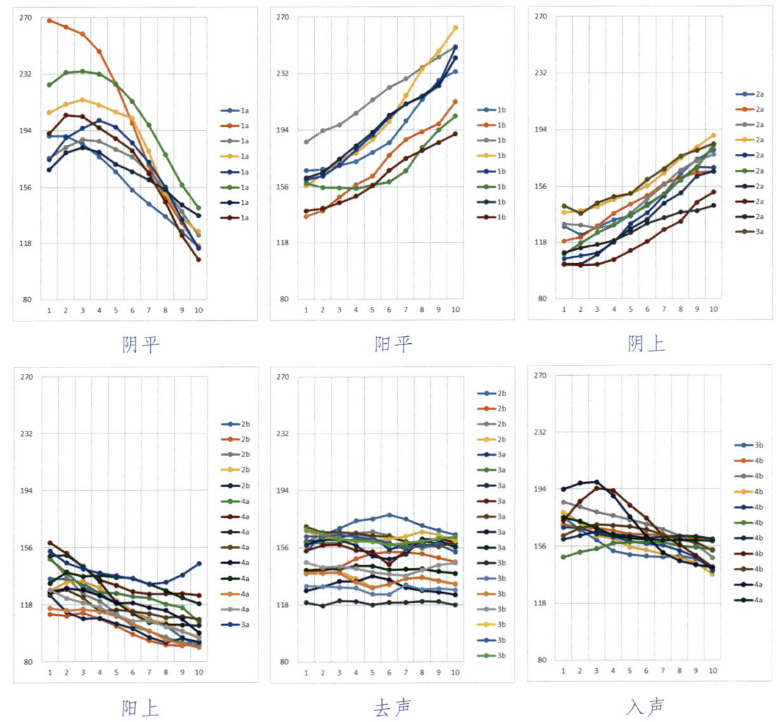

图 18－8b　今声调调域分布范围－韶关乳源－OM

老男的声调有 6 个（见图 18－8a）：

阴平 41、阳平 35、阴上 13、阳上 21、去声 22、入声 32。

今调域的分布情况（见图 18－8b）：

阴平主要在 31～52 之间；阳平主要在 24～35 之间；阴上主要在 12～24 之间；阳上主要在 21～32 之间；去声主要在 22～33 之间；入声主要在 32～42 之间。

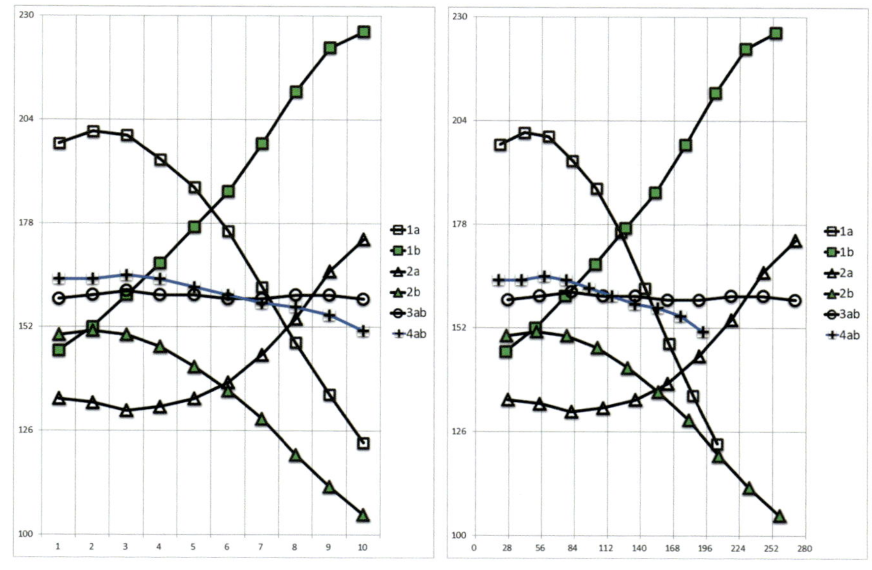

图 18－8c 单字调等长、实长音高模式－韶关乳源－YM

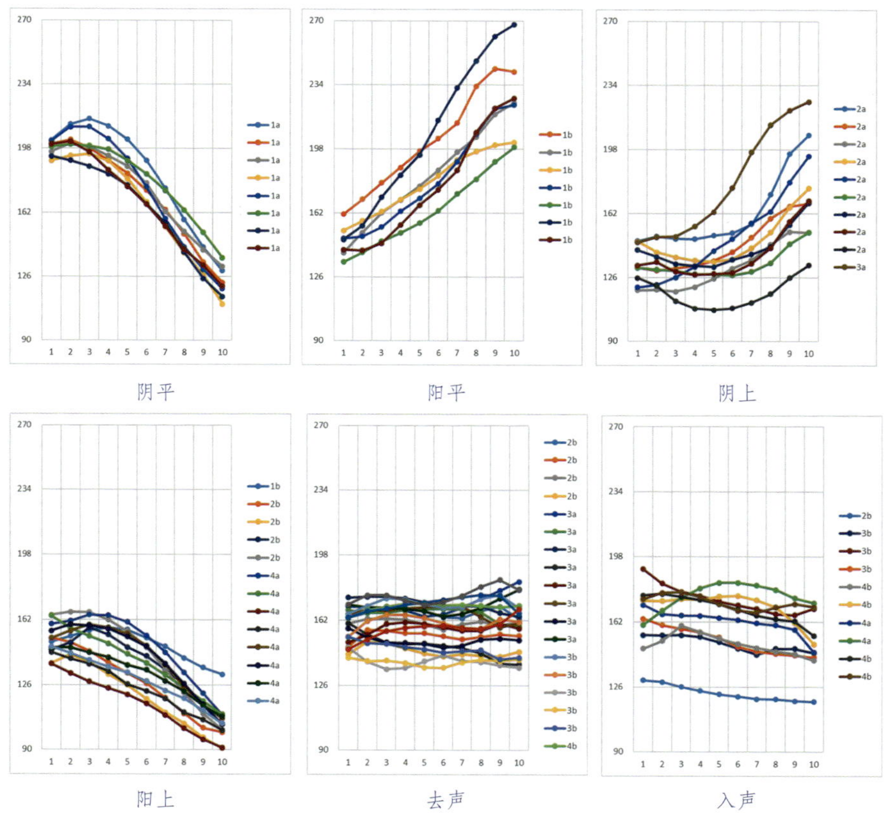

图 18－8d 今声调调域分布范围－韶关乳源－YM

青男的声调有 6 个（见图 18－8c）：

阴平 41、阳平 25、阴上 223、阳上 21、去声 33、入声 32。

今调域的分布情况（见图 18－8d）：

阴平在 31～42 之间；阳平在 23～35 之间；阴上主要在 212～224 之间；阳上主要在 21～32 之间；去声在 22～33 之间；入声主要在 21～33 之间。

5. 曲江虱婆声①

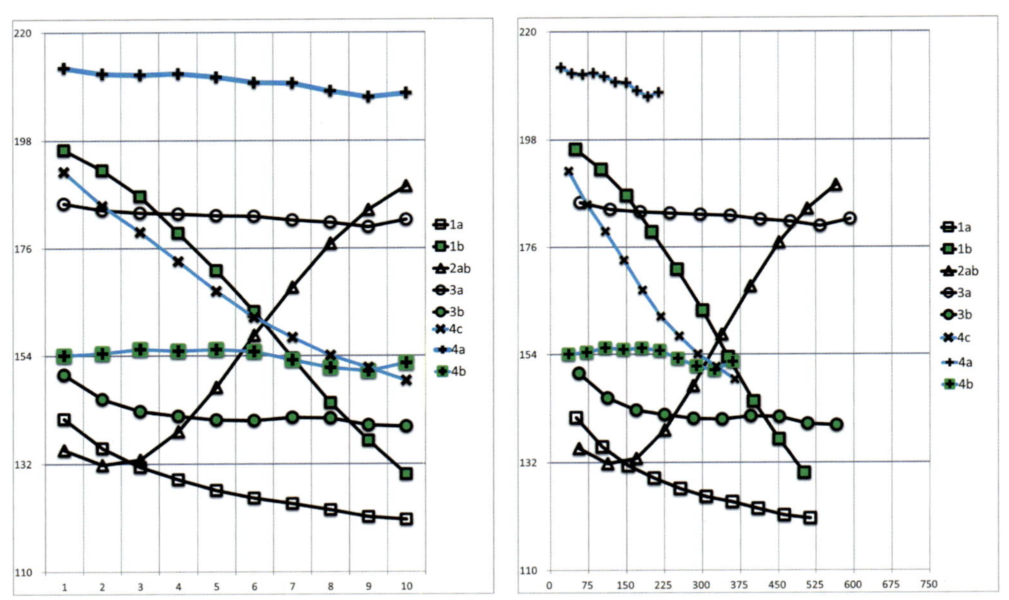

图 18－9a　单字调等长、实长音高模式－曲江虱婆声－OM

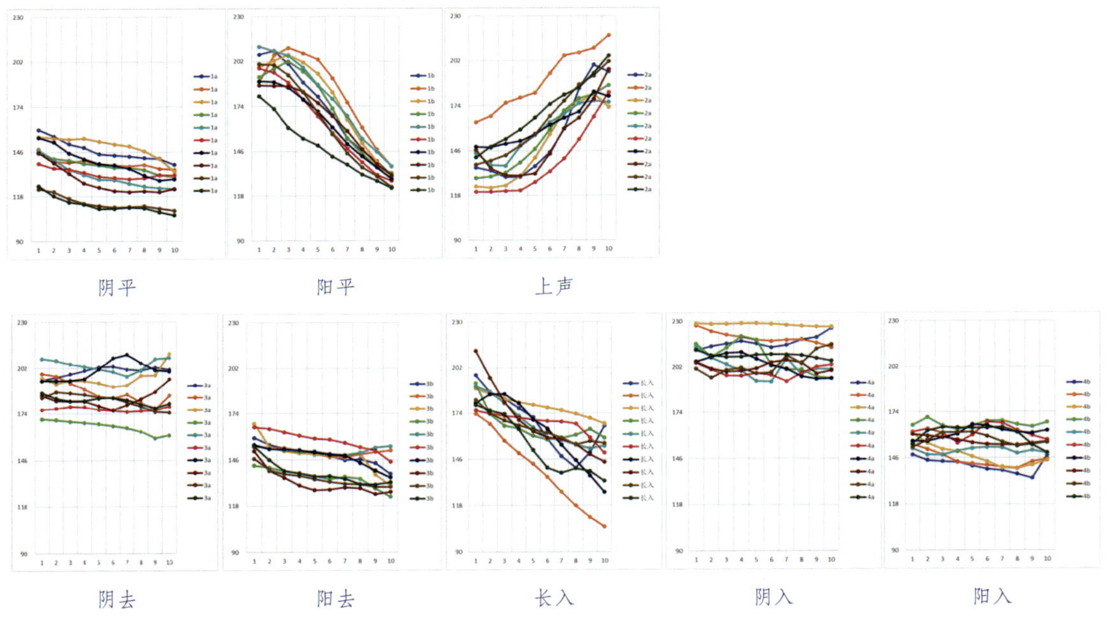

图 18－9b　今声调调域分布范围－曲江虱婆声－OM

老男的声调有 8 个（见图 18－9a）：

阴平 21、阳平 42、上声 24、阴去 44、阳去 22、长入 42、阴入 55、阳入 33。

今调域的分布情况（见图 18－9b）：

阴平在 21～32 之间；阳平在 32～52 之间；上声在 24～35 之间；阴去在 44～55 之间；阳去在 22～33 之间；长入在 31～53 之间；阴入主要在 55 的范围；阳入在 22～33 之间。

---

① 虱婆声的材料是毛文艺同学调查所得。

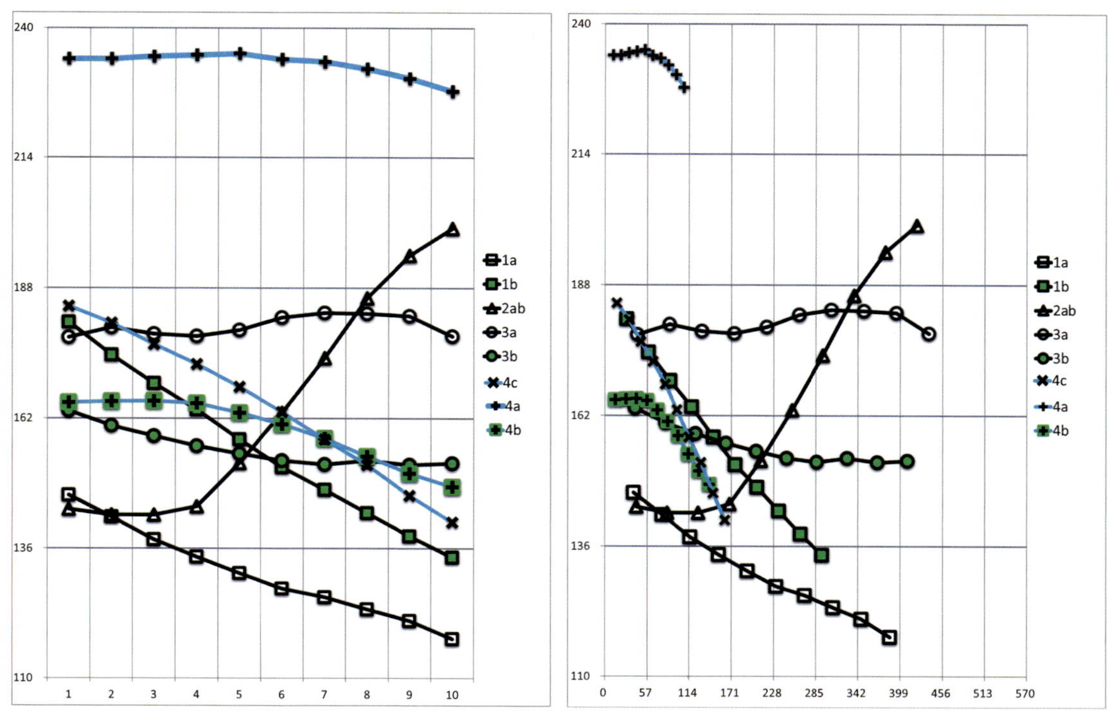

图 18－9c　单字调等长、实长音高模式－曲江虱婆声－OF

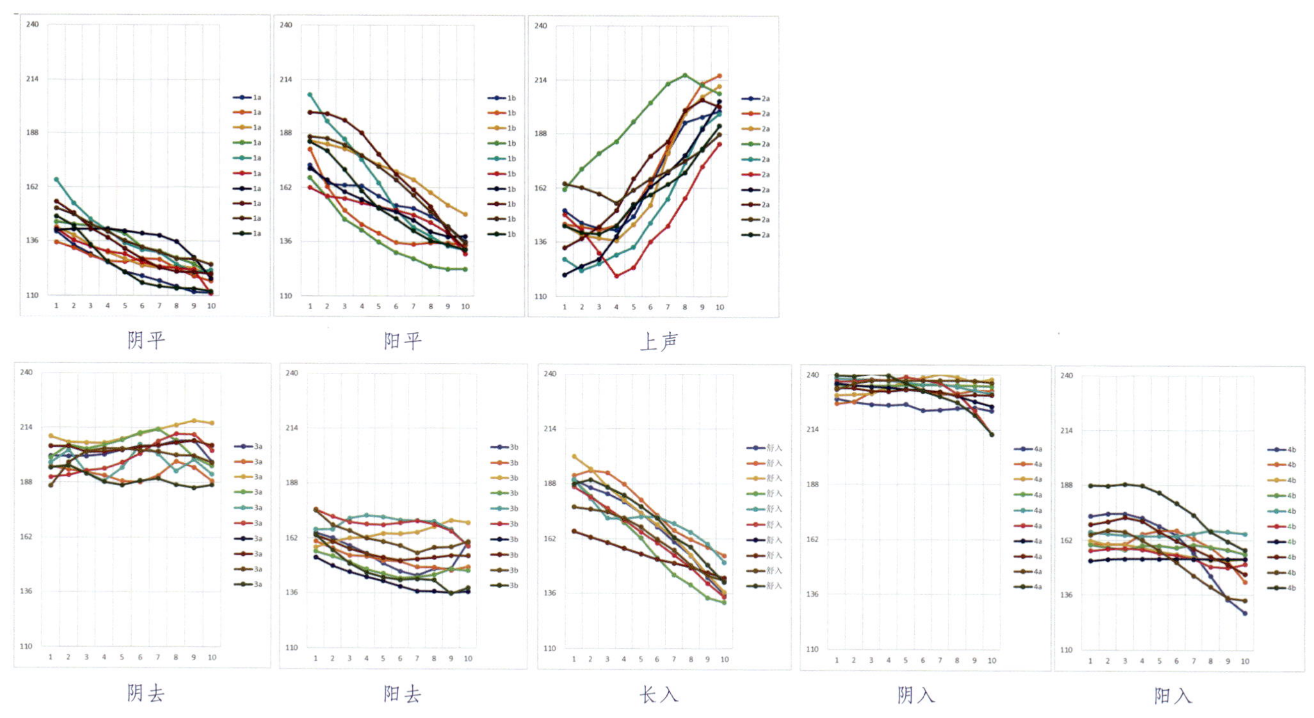

图 18－9d　今声调调域分布范围－曲江虱婆声－OF

老女的声调有 8 个（见图 18－9c）：

阴平 21、阳平 31、上声 24、阴去 33、阳去 22、长入 42、阴入 <u>55</u>、阳入 <u>32</u>。

今调域的分布情况（见图 18－9d）：

阴平主要在 21 的范围；阳平在 31～42 之间；上声主要在 13～24 之间；阴去主要在 44 的范围；阳去在 22～33 之间；长入在 31～42 之间；阴入主要在 <u>55</u> 的范围；阳入主要在 <u>32</u> 的范围。

18.2.3 山瑶话

电白林头

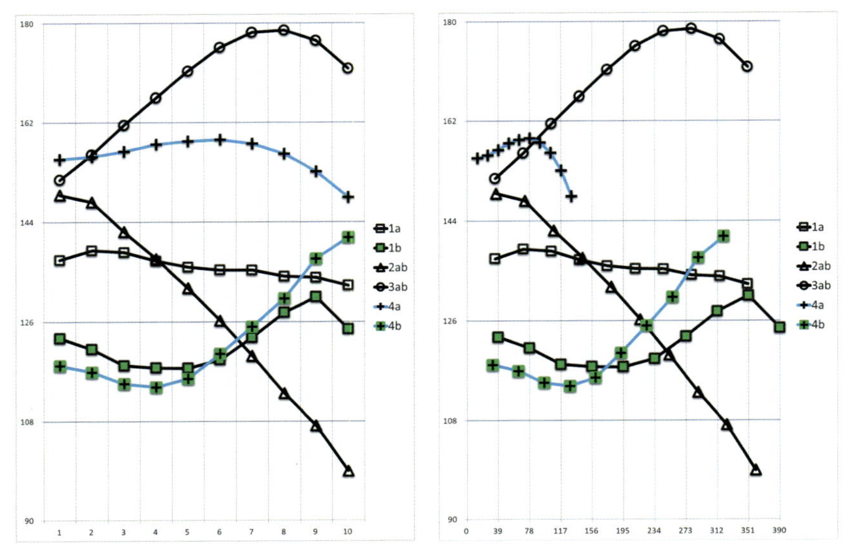

图 18－10a 单字调等长、实长音高模式－电白林头－OM

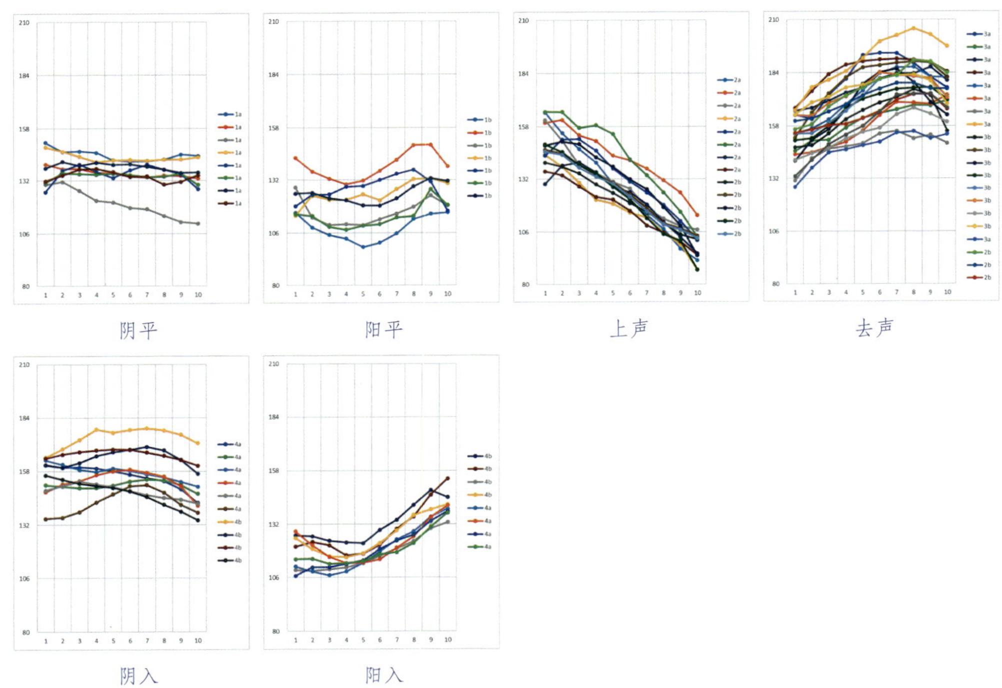

图 18－10b 今声调调域分布范围－电白林头－OM

老男的声调有 6 个（见图 18－10a）：

阴平 33、阳平 223、上声 41、去声 45、阴入 44、阳入 23。

今调域的分布情况（见图 18－10b）：

阴平主要在 22～33 之间；阳平主要在 212～323 之间；上声主要在 31～42 之间；去声主要在 34～45 之间；阴入主要在 33～44 之间；阳入主要在 23 的范围。

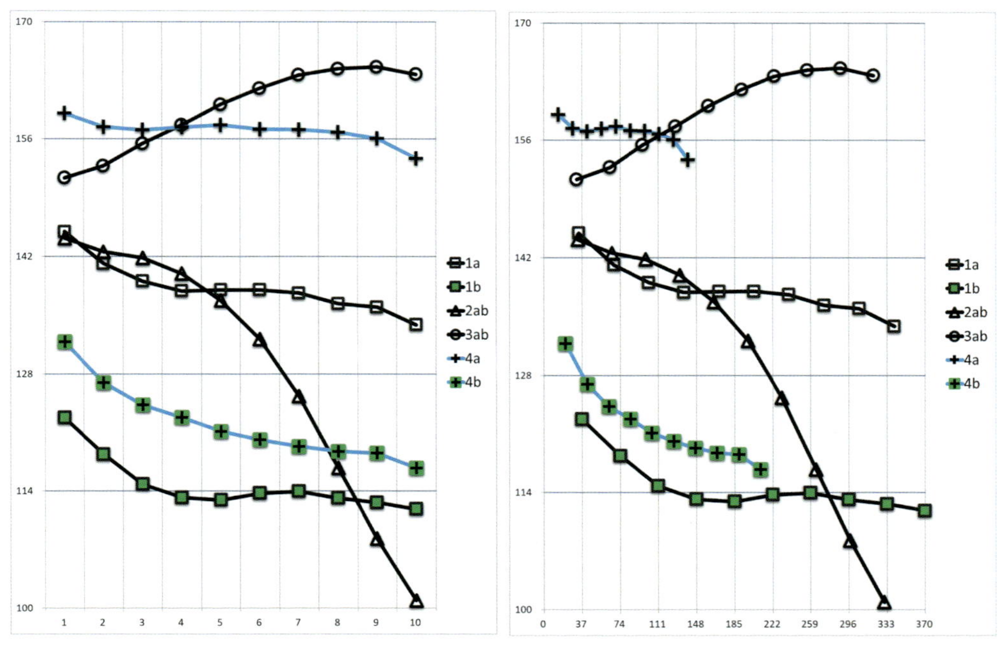

图 18－10c　单字调等长、实长音高模式－电白林头－YM

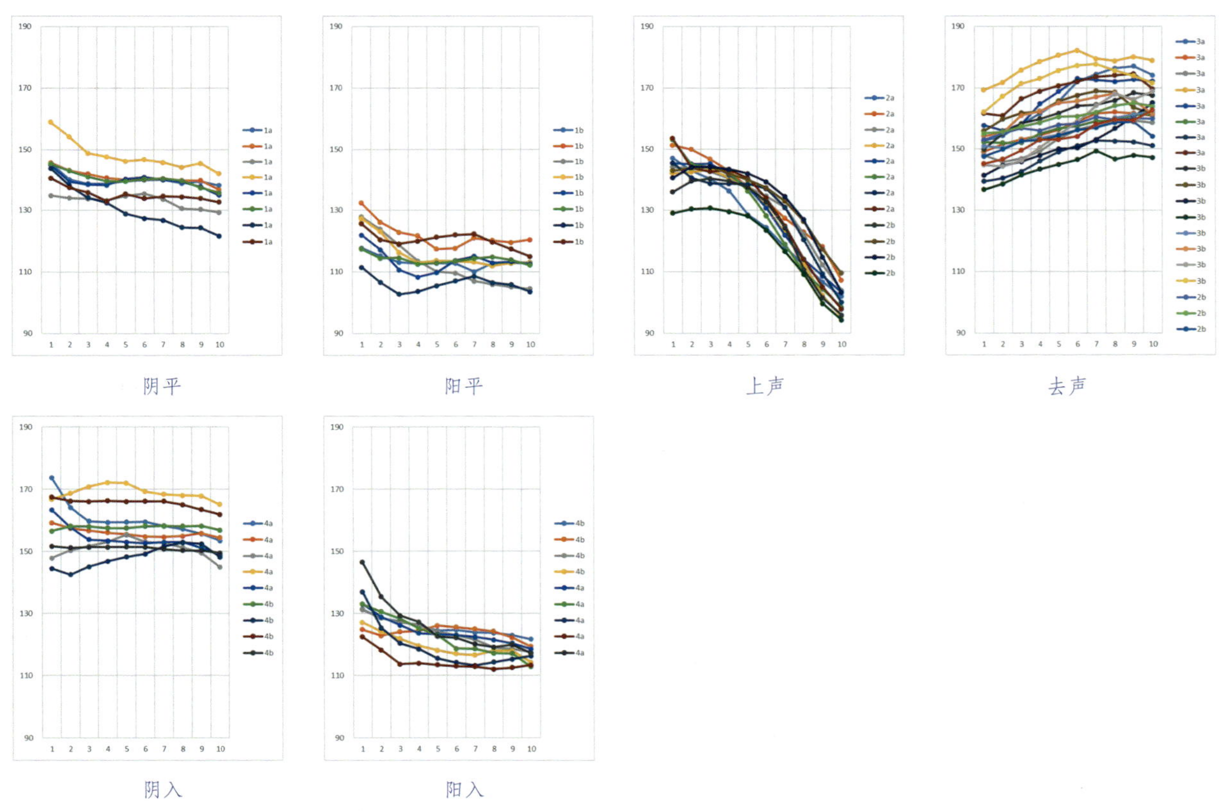

图 18－10d　今声调调域分布范围－电白林头－YM

青男的声调有 6 个（见图 18－10c）：

阴平 43、阳平 21、上声 41、去声 45、阴入 55、阳入 32。

今调域的分布情况（见图 18－10d）：

阴平主要在 32～43 之间；阳平主要在 21～32 之间；上声主要在 31～42 之间；去声主要在 34～45 之间；阴入主要在 44～55 之间；阳入主要在 32 的范围。

18.3　儋州话

儋州新英

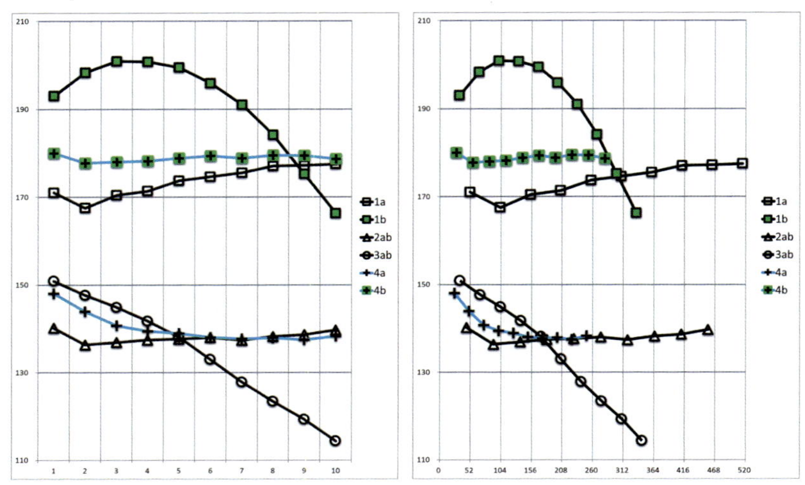

图 18－11a　单字调等长、实长音高模式－儋州新英－OM

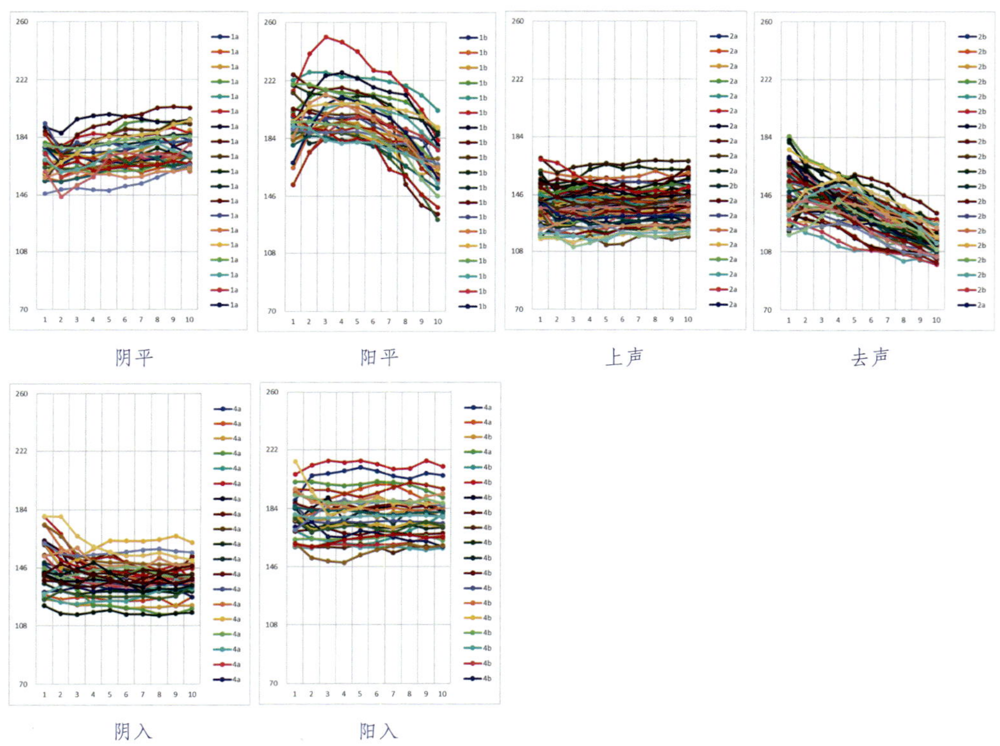

图 18－11b　今声调调域分布范围－儋州新英－OM

老男的声调有 6 个（见图 18－11a）：

阴平 44、阳平 53、上声 22、去声 31、阴入 22、阳入 44。

今调域的分布情况（见图 18－11b）：

阴平主要在 33～44 之间；阳平主要在 32～54 之间；上声在 22～33 之间；去声在 21～32 之间；阴入在 22～33 之间；阳入主要在 33～44 之间。

18.4 军话

18.4.1 海南军话

1. 三亚崖城

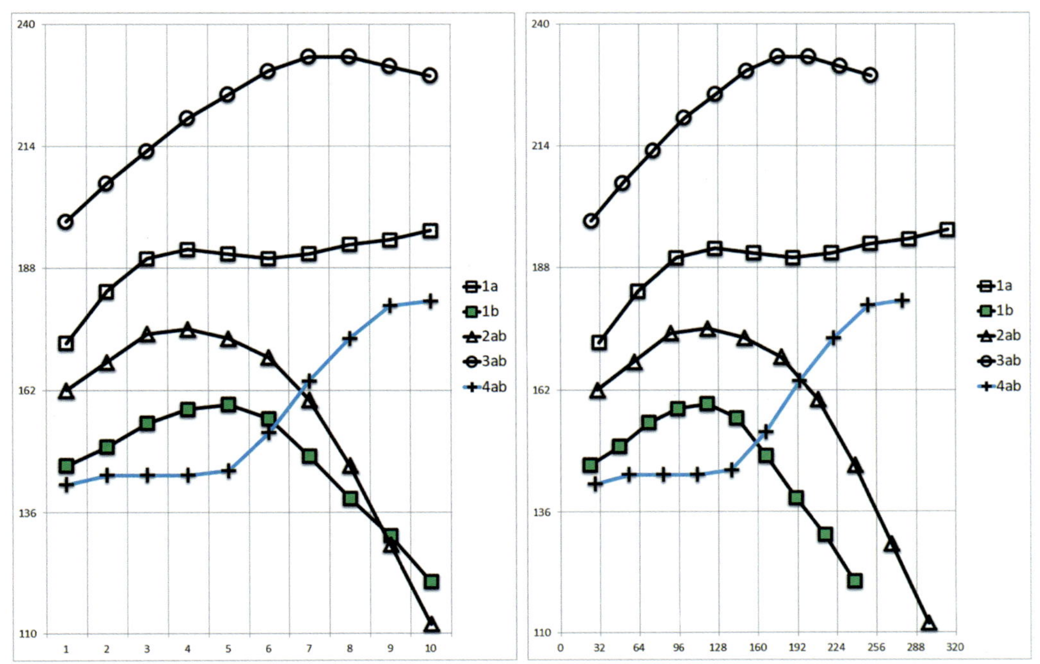

图 18－12a 单字调等长、实长音高模式－三亚崖城－OM

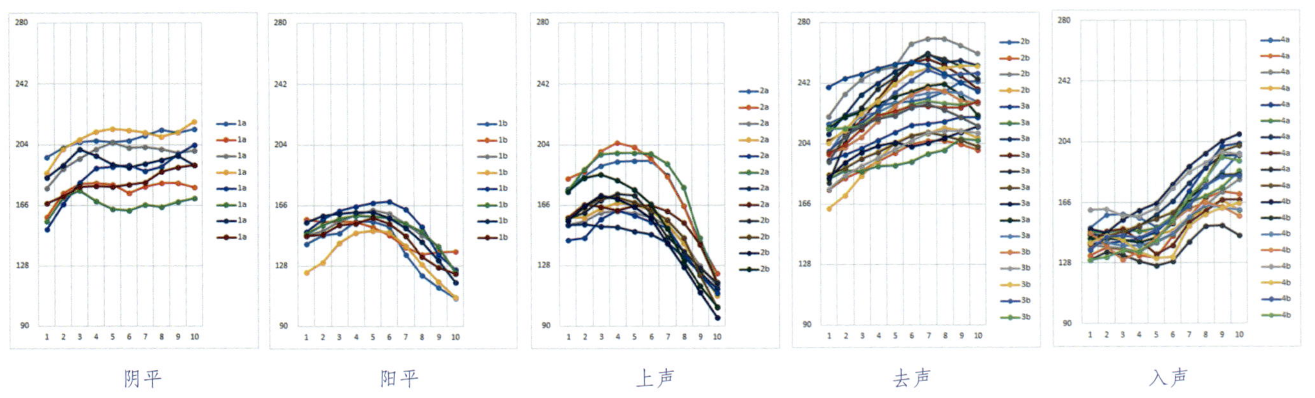

图 18－12b 今声调调域分布范围－三亚崖城－OM

老男的声调有 5 个（见图 18－12a）：

阴平 344、阳平 221、上声 331、去声 45、入声 223。

今调域的分布情况（见图 18－12b）：

阴平主要在 233～344 之间；阳平主要在 221～332 之间；上声主要在 221～331 之间；去声主要在 34～45 之间；入声主要在 223～224 之间。

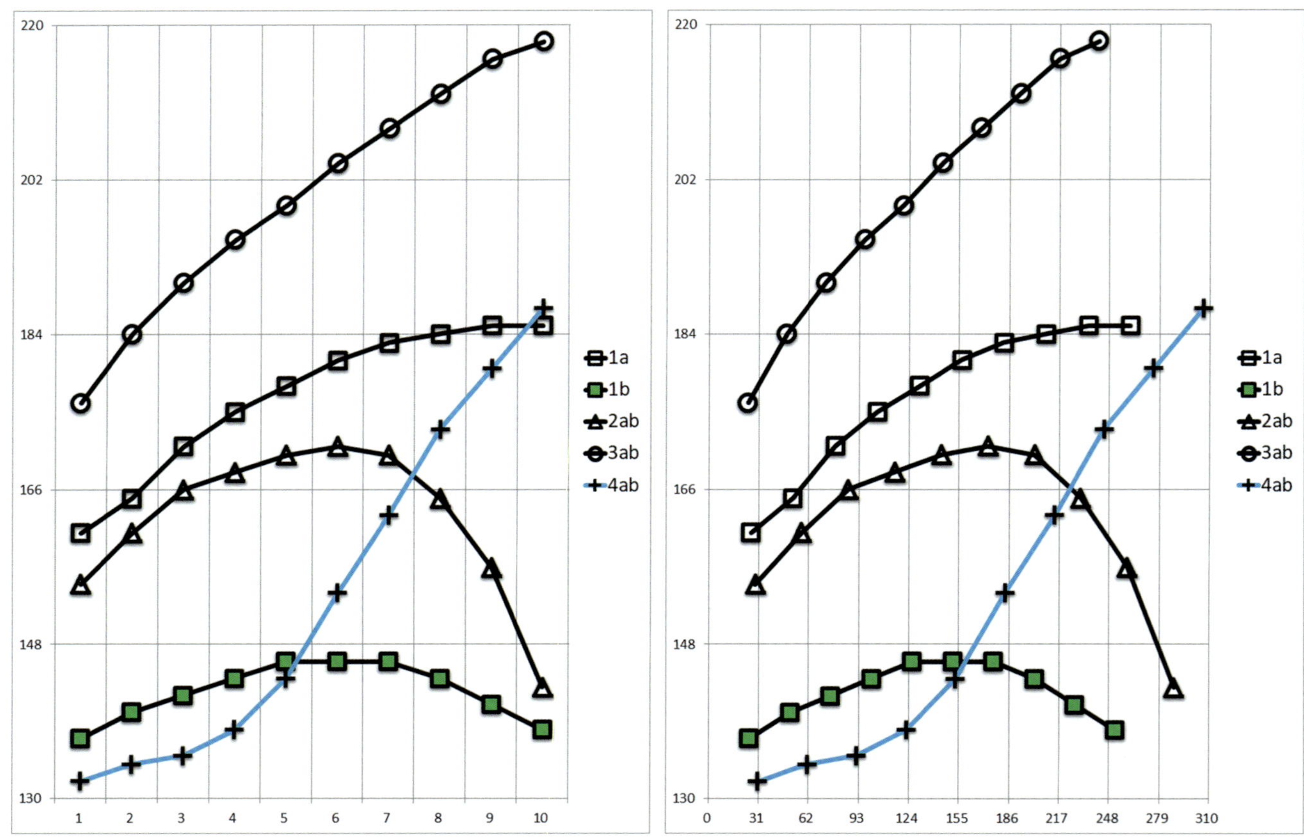

图 18－12c 单字调等长、实长音高模式－三亚崖城－YM

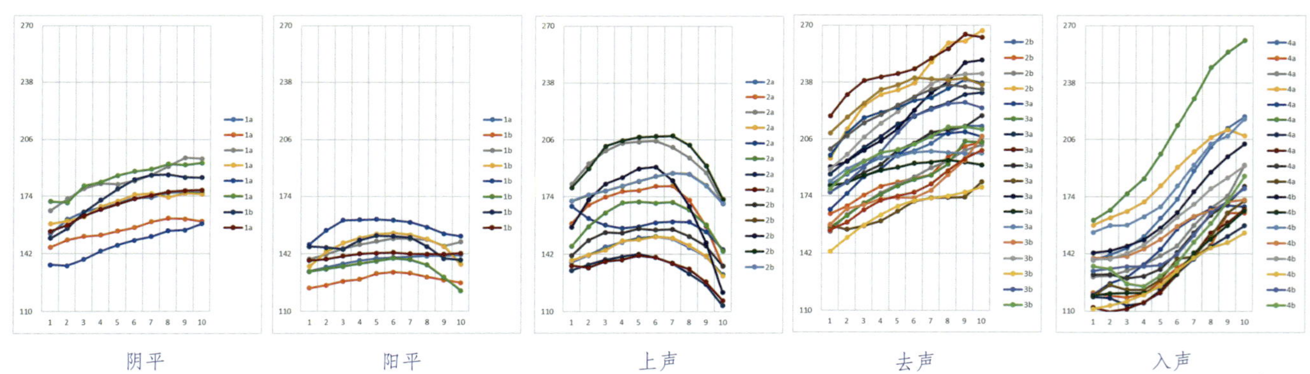

图 18－12d 今声调调域分布范围－三亚崖城－YM

青男的声调有 5 个（见图 18－12c）：

阴平 24、阳平 11、上声 231、去声 35、入声 14。

今调域的分布情况（见图 18－12d）：

阴平主要在 12～23 之间；阳平主要在 11～22 之间，略带拱度；上声主要在 221～343 之间；去声主要在 23～45 之间；入声主要在 112～25 之间。

2. 东方八所

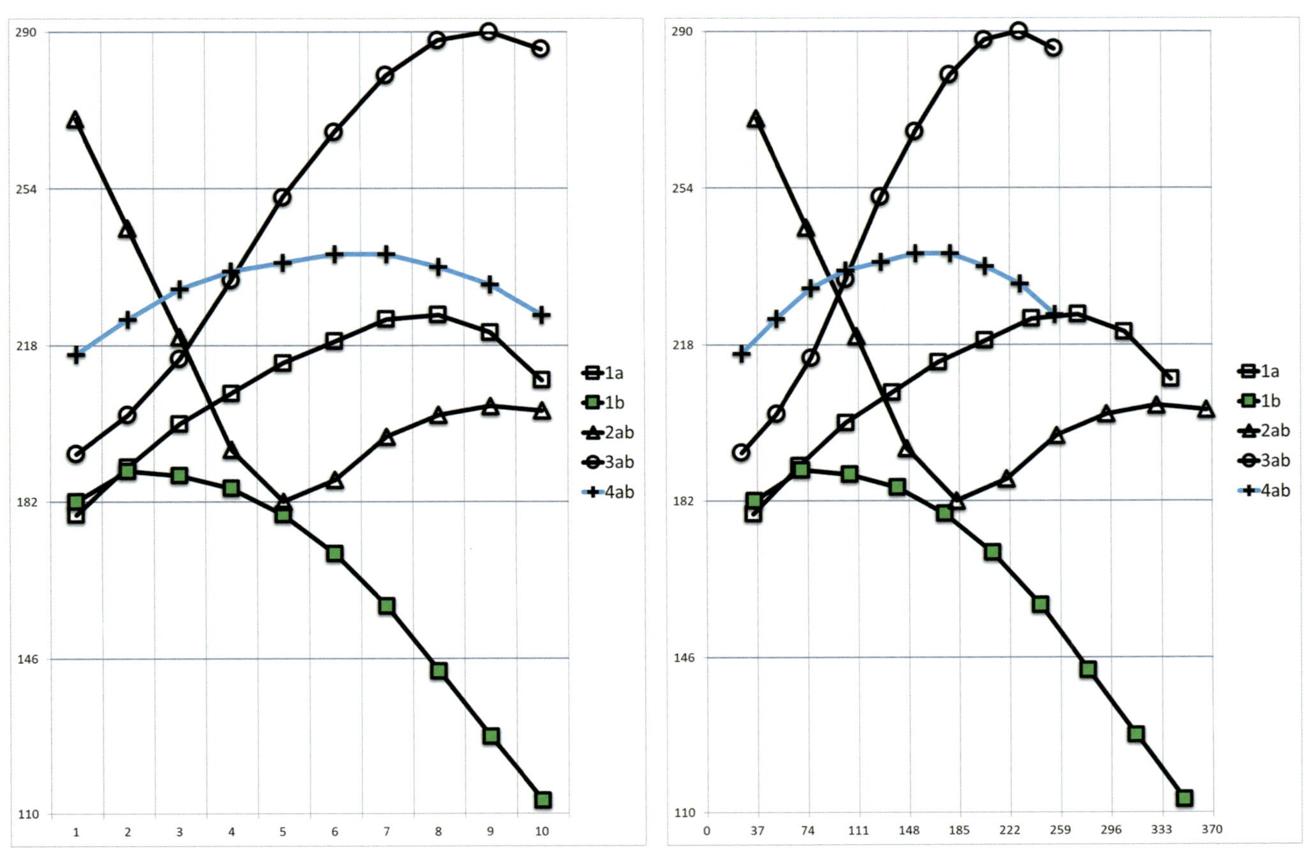

图 18－13a 单字调等长、实长音高模式－东方八所－OM

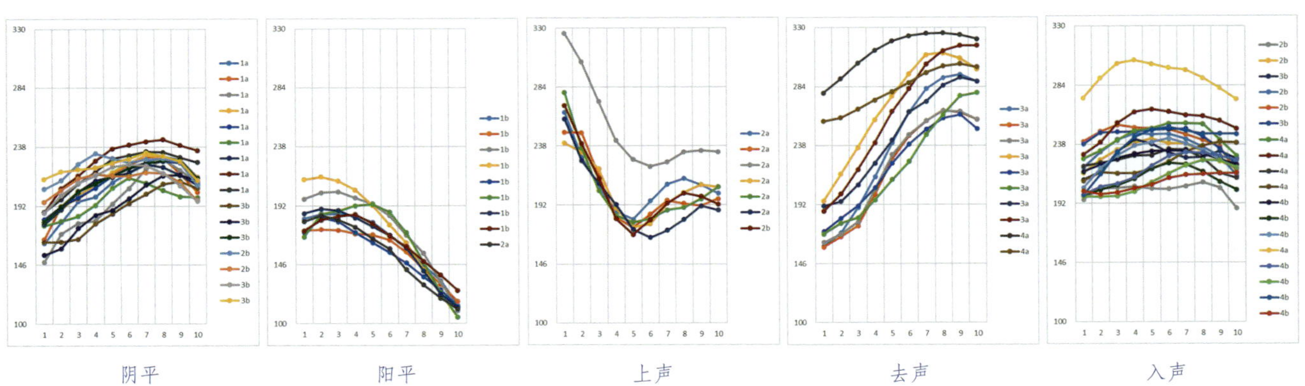

图 18－13b 今声调调域分布范围－东方八所－OM

老男的声调有 5 个（见图 18－13a）：

阴平 34、阳平 31、上声 534、去声 35、入声 44。

今调域的分布情况（见图 18－13b）：

阴平主要在 23～34 之间；阳平主要在 21～31 之间，略带拱度；上声主要在 423～533 之间；去声主要在 24～45 之间；入声主要在 33～44 之间。

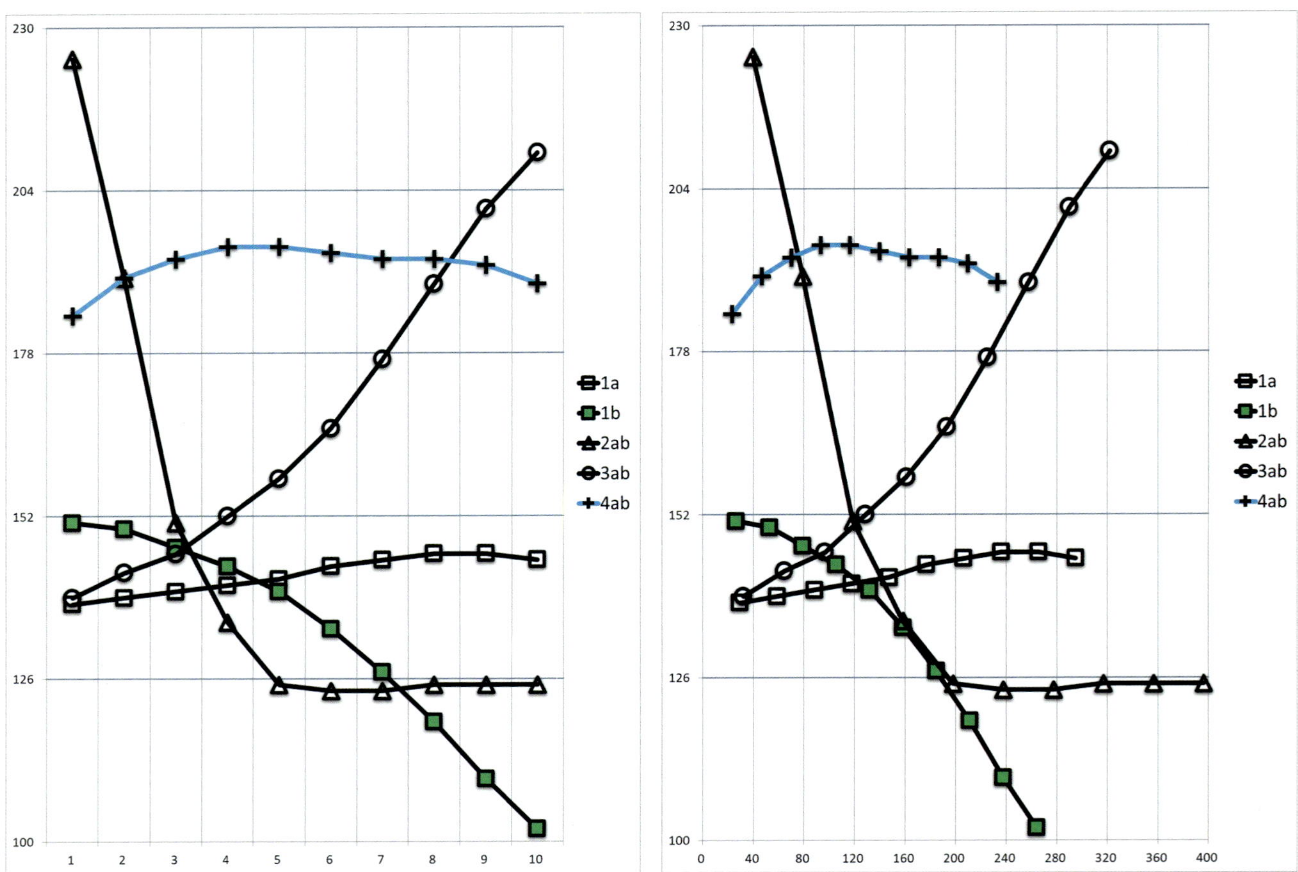

图 18－13c　单字调等长、实长音高模式－东方八所－YM

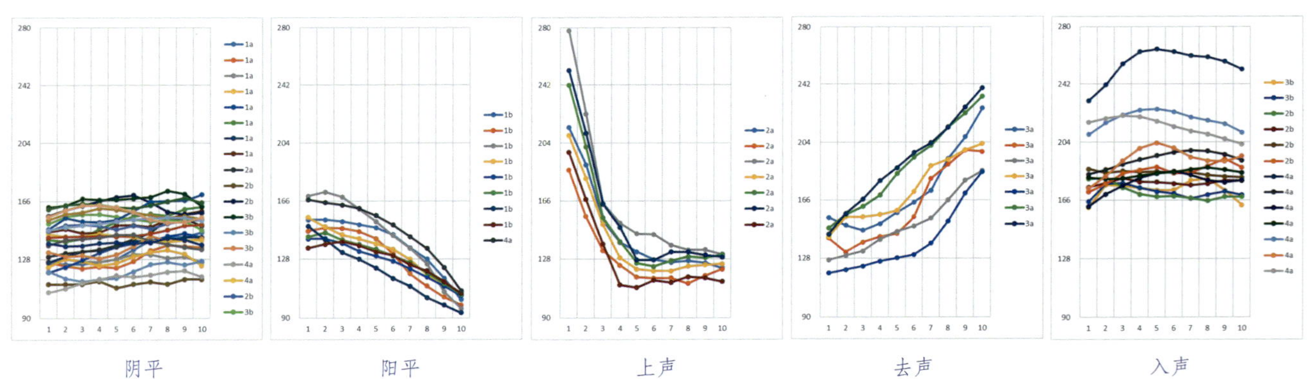

图 18－13d　今声调调域分布范围－东方八所－YM

青男的声调有 5 个（见图 18－13c）：

阴平 22、阳平 21、上声 522、去声 25、入声 44。

今调域的分布情况（见图 18－13d）：

阴平主要在 11～22 之间；阳平主要在 21～32 之间；上声主要在 311～522 之间；去声主要在 13～24 之间；入声主要在 33～55 之间。

3. 昌江乌烈

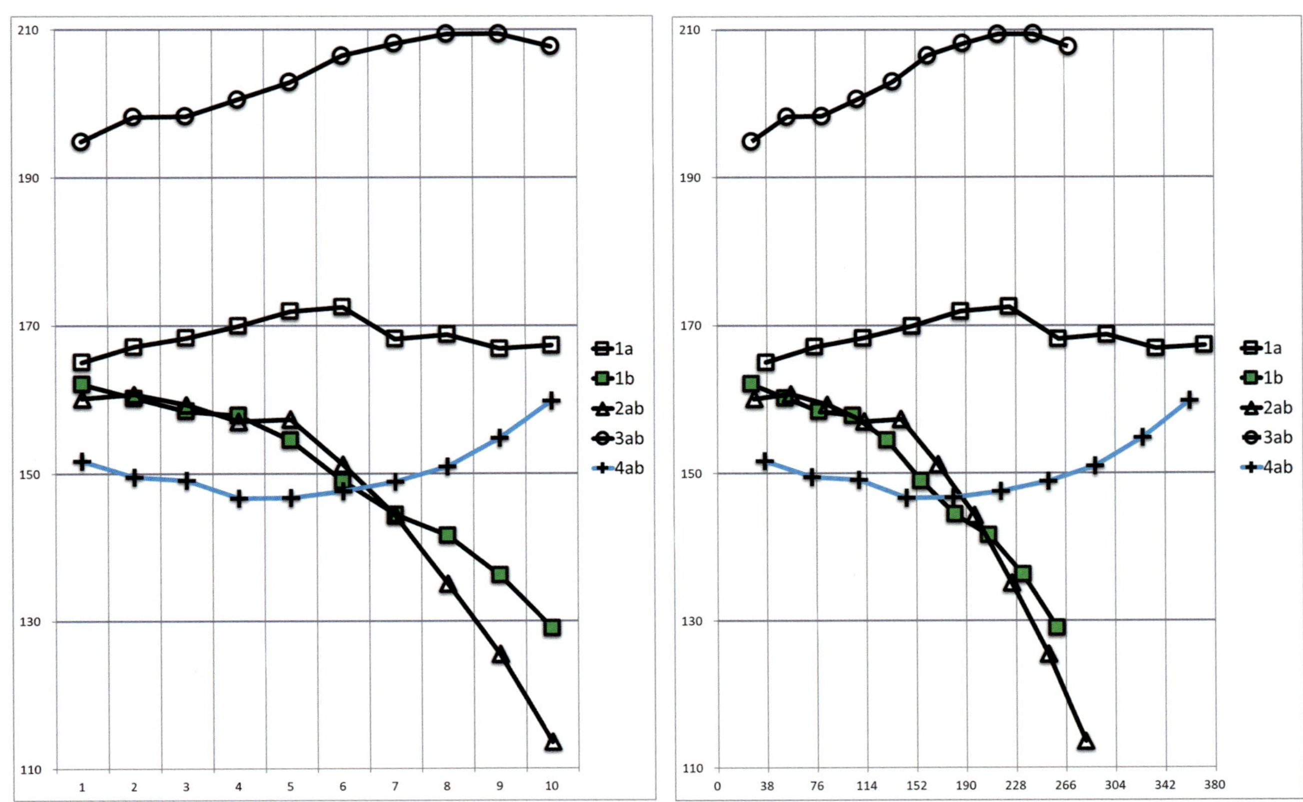

图 18－14a 单字调等长、实长音高模式－昌江乌烈－OM

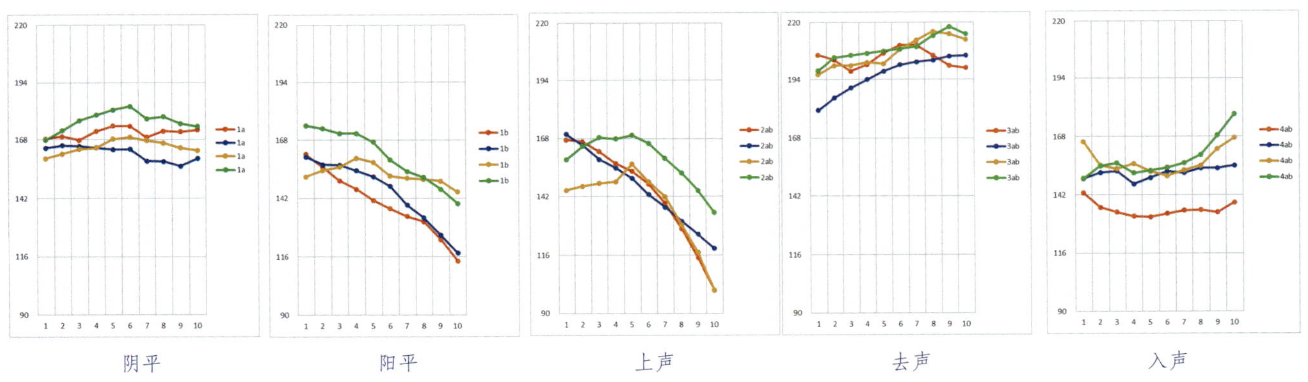

图 18－14b 今声调调域分布范围－昌江乌烈－OM

老男的声调有 5 个（见图 18－14a）：

阴平 33、阳平 32、上声 31、去声 55、入声 223。

今调域的分布情况（见图 18－14b）：

阴平主要在 33～44 之间；阳平主要在 32～43 之间；上声主要在 31～43 之间；去声主要在 55 的范围；入声主要在 22～34 之间。

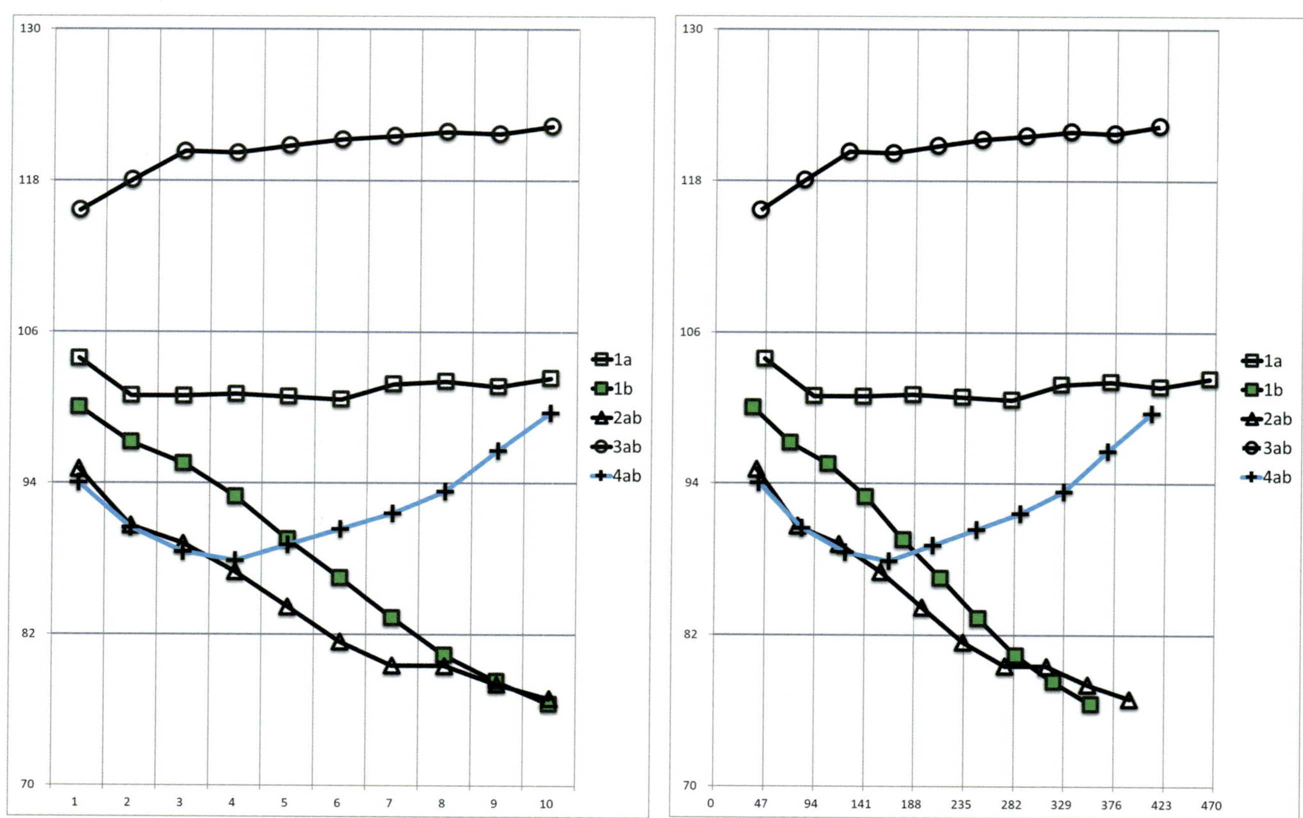

图 18－14c　单字调等长、实长音高模式－昌江乌烈－MM

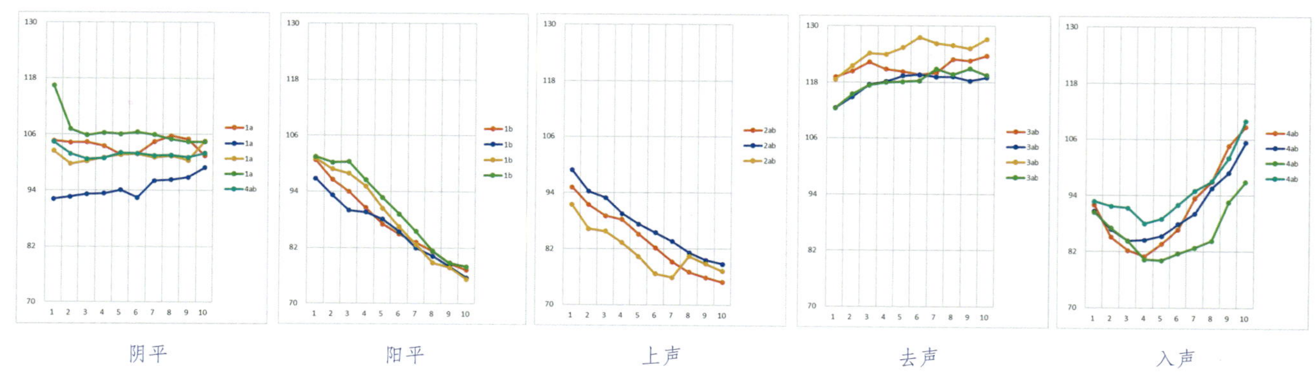

图 18－14d　今声调调域分布范围－昌江乌烈－MM

中男的声调有 5 个（见图 18－14c）：

阴平 33、阳平 31、上声 21、去声 55、入声 223。

今调域的分布情况（见图 18－14d）：

阴平主要在 22～33 之间；阳平主要在 31 的范围；上声主要在 21 的范围；去声主要在 55 的范围；入声主要在 213～224 之间。

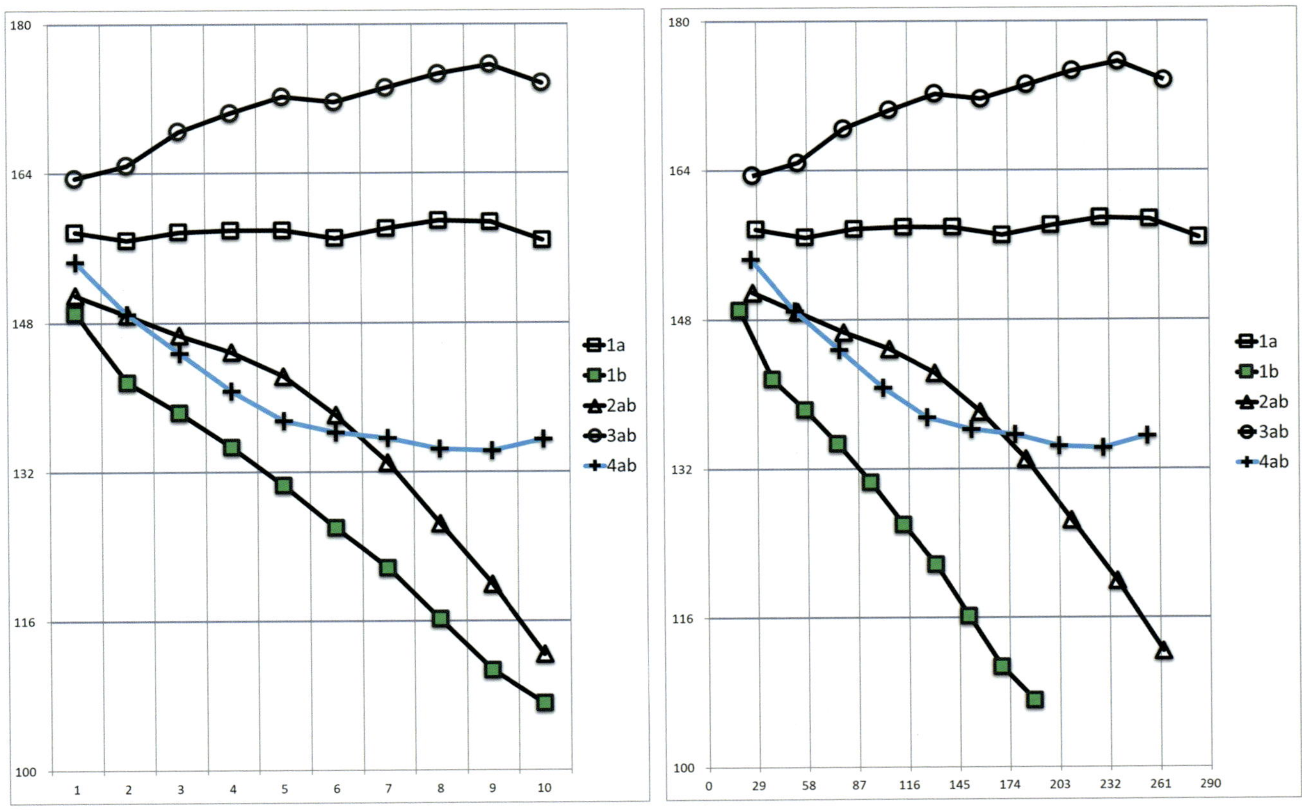

图 18－14e　单字调等长、实长音高模式－昌江乌烈－YM

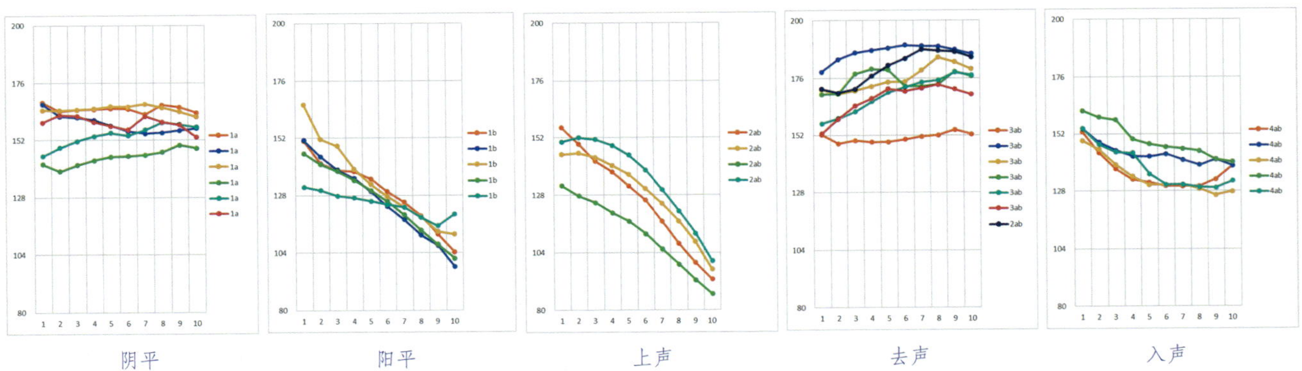

图 18－14f　今声调调域分布范围－昌江乌烈－YM

青男的声调有 5 个（见图 18－14e）：

阴平 44、阳平 31、上声 42、去声 55、入声 43。

今调域的分布情况（见图 18－14f）：

阴平主要在 33～44 之间；阳平主要在 31～32 之间；上声主要在 31～42 之间；去声主要在 44～55 之间；入声主要在 43 的范围。

表面上看，乌烈三位发音人的入声调值差异较大，但都处于中调域的范围，调型略平。

18.4.2 安徽军话

祁门安凌

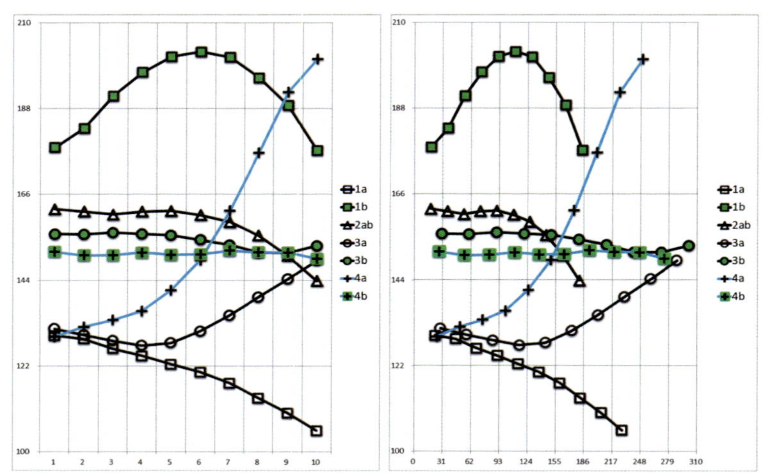

图 18－15a 单字调等长、实长音高模式－祁门安凌－OM

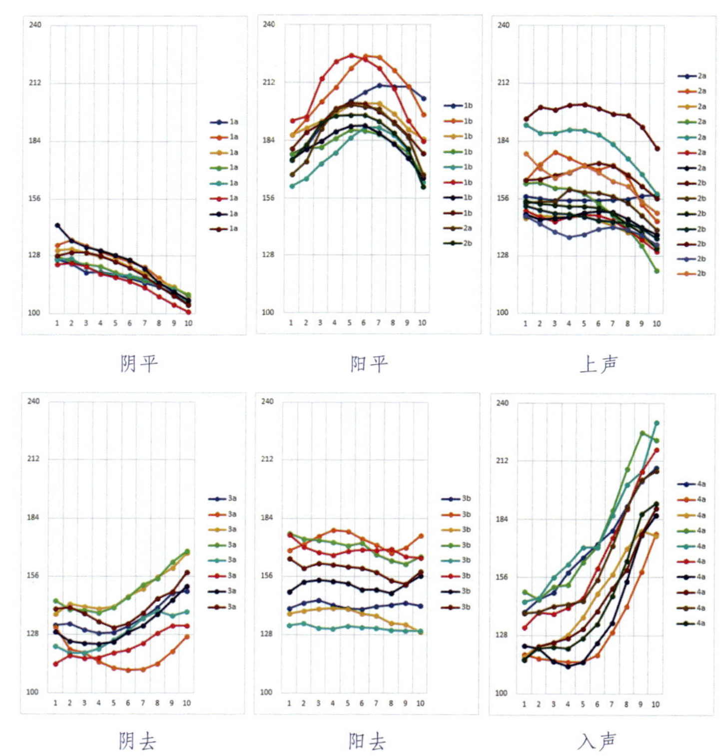

图 18－15b 今声调调域分布范围－祁门安凌－OM

老男的声调有 6 个（见图 18－15a）：

阴平 21、阳平 454、上声 32、阴去 223、阳去 33（阳去也包括阳入来源的字）、入声 25。

今调域的分布情况（见图 18－15b）：

阴平主要在 21 的范围；阳平在 343～454 之间；上声在 21～43 之间；阴去在 212～223 之间；阳去在 22～33 之间；入声在 13～25 之间。

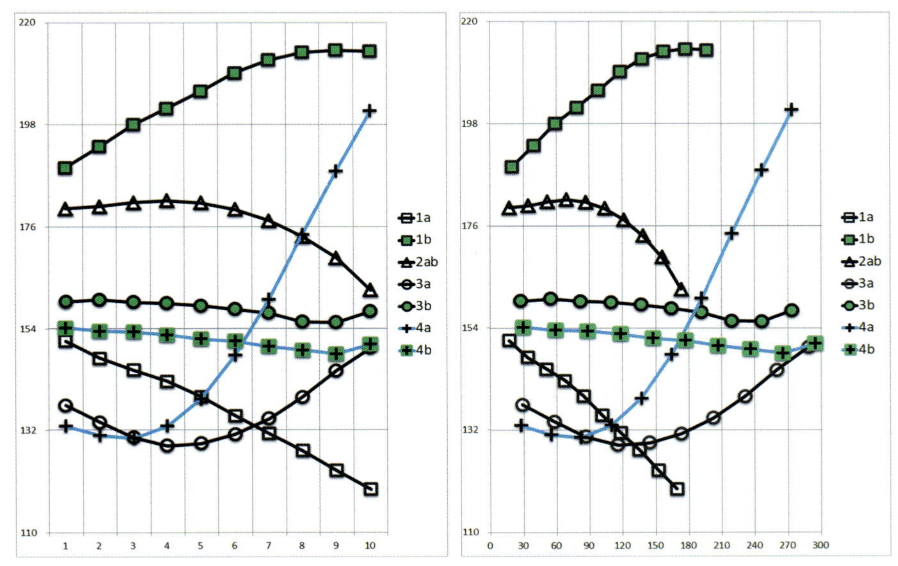

图 18－15c　单字调等长、实长音高模式－祁门安凌－YM

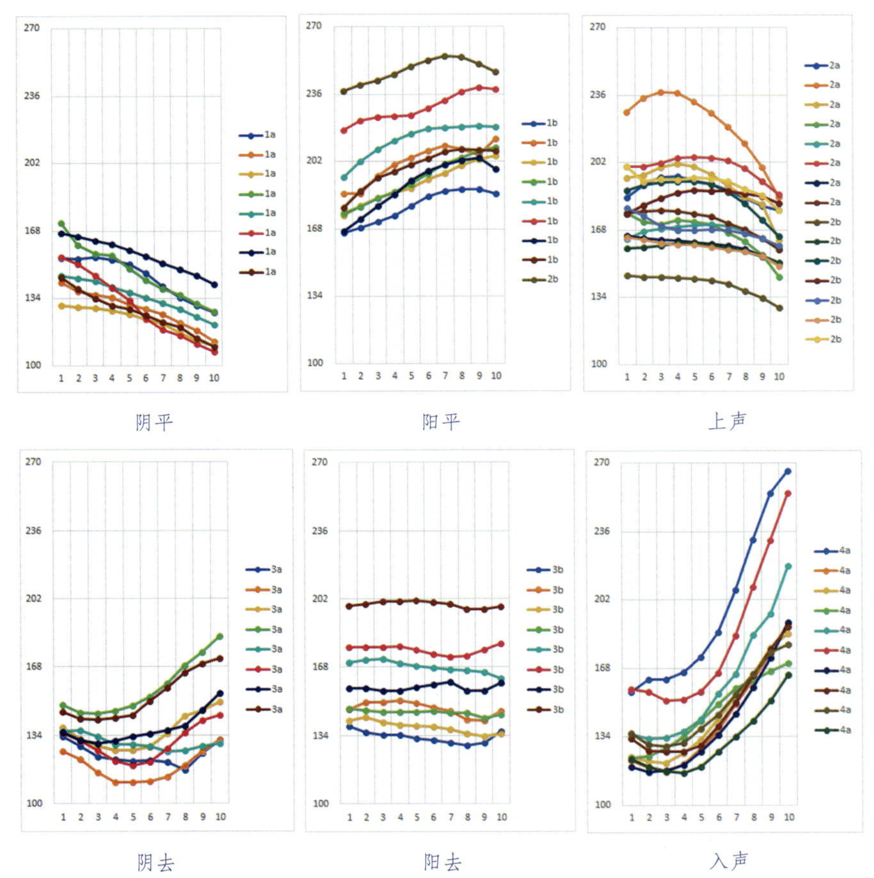

图 18－15d　今声调调域分布范围－祁门安凌－YM

青男的声调有 6 个（见图 18－15c）：

阴平 21、阳平 45、上声 43、阴去 223、阳去 33（阳去包括阳入来源的字）、入声 25。

今调域的分布情况（见图 18－15d）：

阴平在 21～32 之间；阳平在 23～45 之间；上声在 32～43 之间；阴去在 212～223 之间；阳去主要在 22～33 之间；入声在 12～25 之间。

18.5 疍家话

海南疍家话

1. 陵水新村

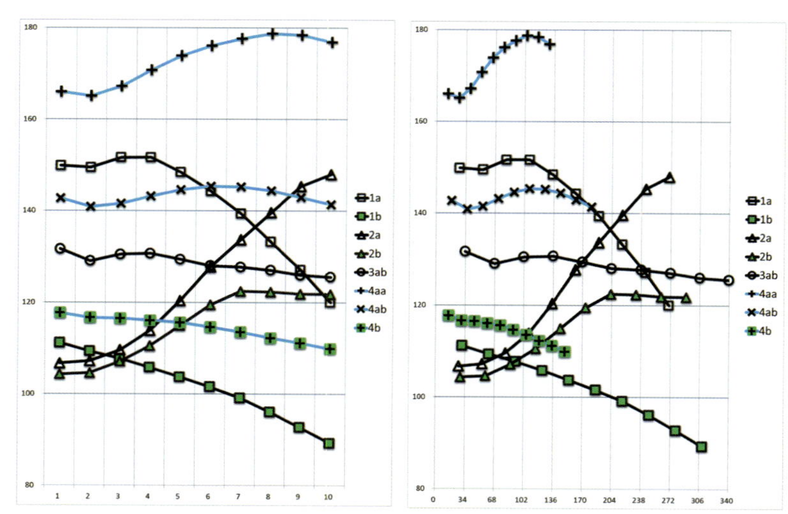

图 18－16a 单字调等长、实长音高模式－陵水新村－OM

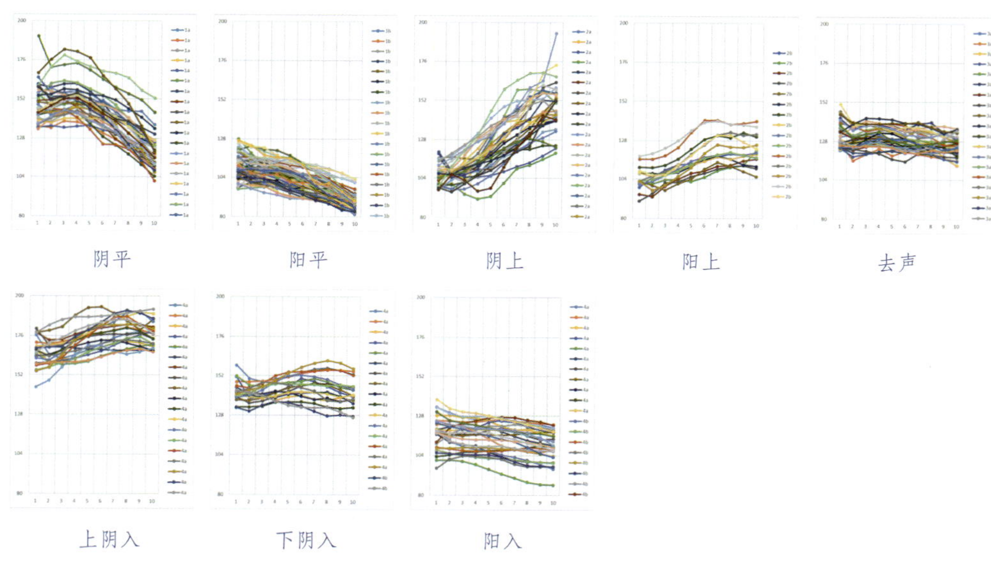

图 18－16b 今声调调域分布范围－陵水新村－OM

老男的声调有 8 个（见图 18－16a）：

阴平 43、阳平 21、阴上 24、阳上 23、去声 33、上阴入 45、下阴入 44、阳入 21。

今调域的分布情况（见图 18－16b）：

阴平主要在 32～54 之间；阳平主要在 21 的范围；阴上主要在 12～24 之间；阳上在 12～23 之间；去声在 22～33 之间；上阴入主要在 34～45 之间；下阴入主要在 33～44 之间；阳入主要在 21～32 之间。

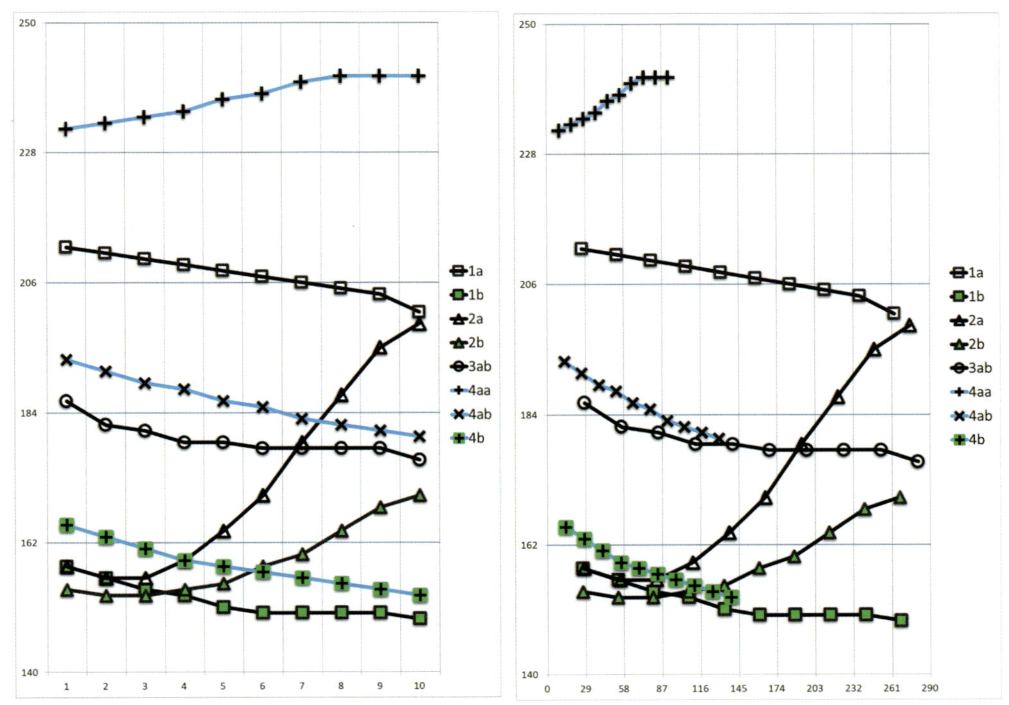

图 18－16c　单字调等长、实长音高模式－陵水新村－OF

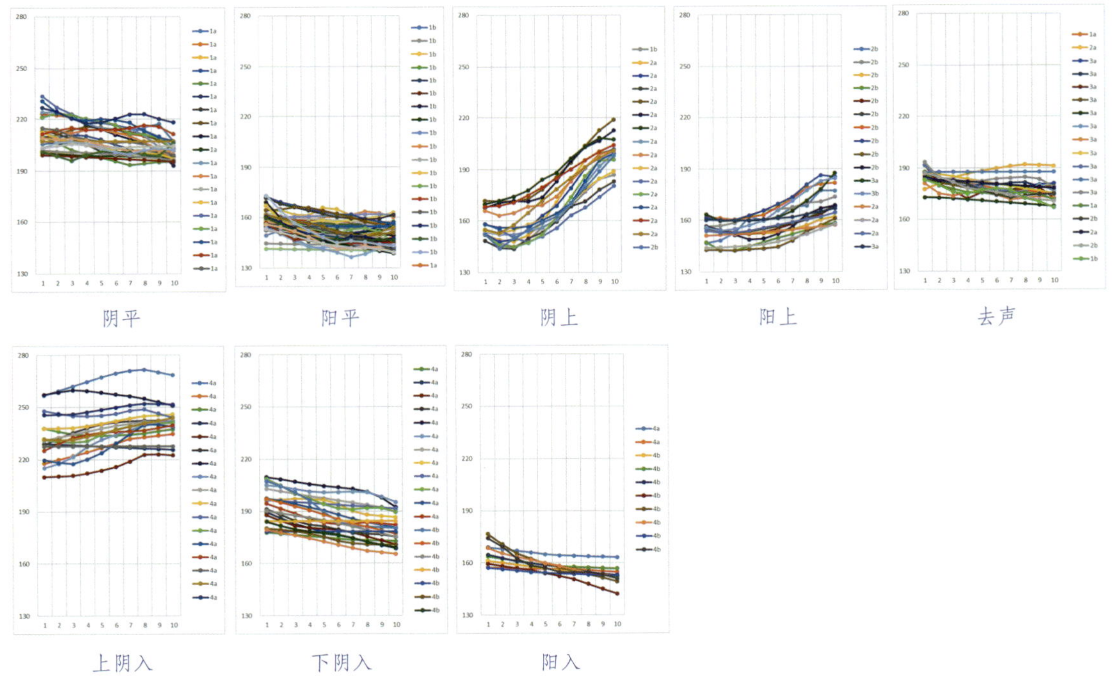

图 18－16d　今声调调域分布范围－陵水新村－OF

老女的声调有 8 个（见图 18－16c）：

阴平 43、阳平 21、阴上 13、阳上 12、去声 33、上阴入 45、下阴入 32、阳入 21。

今调域的分布情况（见图 18－16d）：

阴平主要在 33～44 之间；阳平主要在 11～21 之间；阴上主要在 23 的范围；阳上主要在 12 的范围；去声主要在 22～33 之间；上阴入主要在 44～55 之间；下阴入主要在 32 的范围；阳入主要在 21～22 之间。

2. 文昌铺前

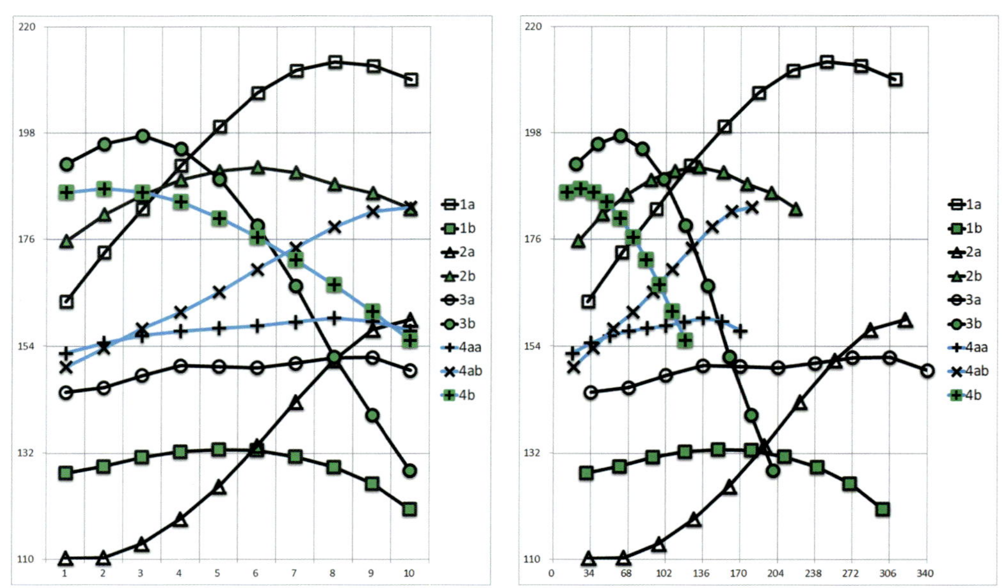

图 18－17a　单字调等长、实长音高模式－文昌铺前－OM

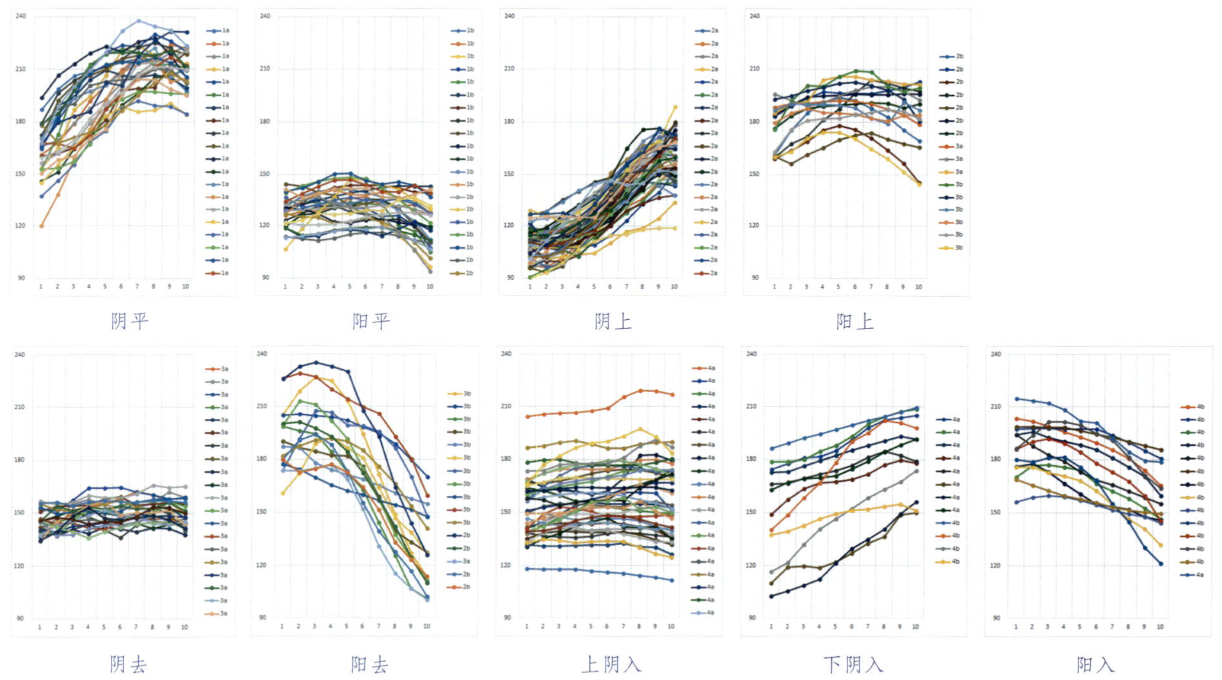

图 18－17b　今声调调域分布范围－文昌铺前－OM

老男的声调有 9 个（见图 18－17a）：

阴平 35、阳平 22、阴上 13、阳上 44、阴去 33、阳去 41、上阴入 33、下阴入 34、阳入 43。

今调域的分布情况（见图 18－17b）：

阴平在 24～45 之间；阳平主要在 11～22 之间；阴上在 12～23 之间；阳上主要在 33～44 之间；阴去在 22～33 之间；阳去在 31～53 之间；上阴入主要在 22～44 之间；下阴入主要在 12～34 之间；阳入主要在 32～43 之间。

18.6　乡话

沅陵麻溪铺

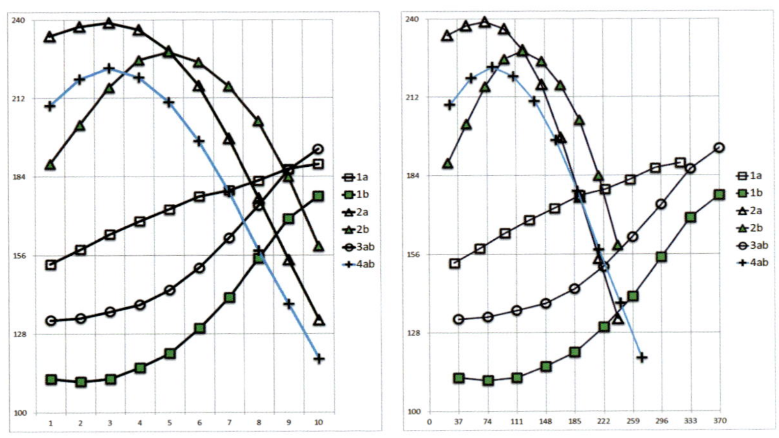

图 18 - 18a　单字调等长、实长音高模式 - 沅陵麻溪铺 - OM

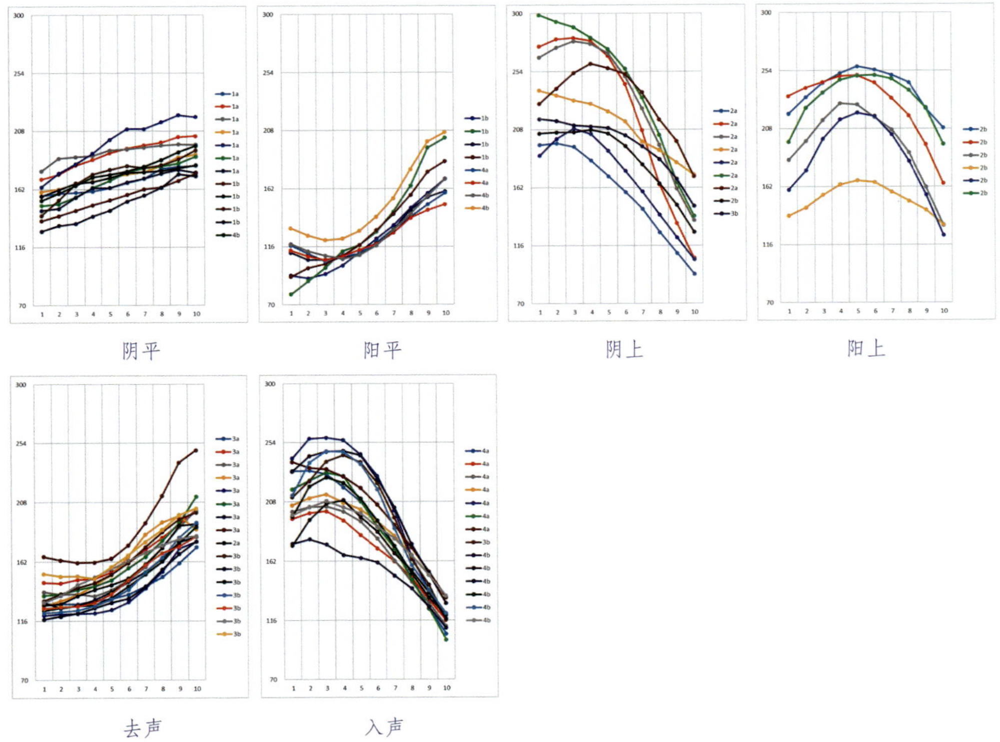

图 18 - 18b　今声调调域分布范围 - 沅陵麻溪铺 - OM

老男的声调有 6 个（见图 18 - 18a）：

阴平 34、阳平 13、阴上 52、阳上 453、去声 24、入声 51。

今调域的分布情况（见图 18 - 18b）：

阴平主要在 23 ~ 34 之间；阳平主要在 13 ~ 23 之间；阴上主要在 31 ~ 53 之间；阳上主要在 232 ~ 453 之间；去声主要在 23 ~ 35 之间；入声主要在 31 ~ 52 之间。

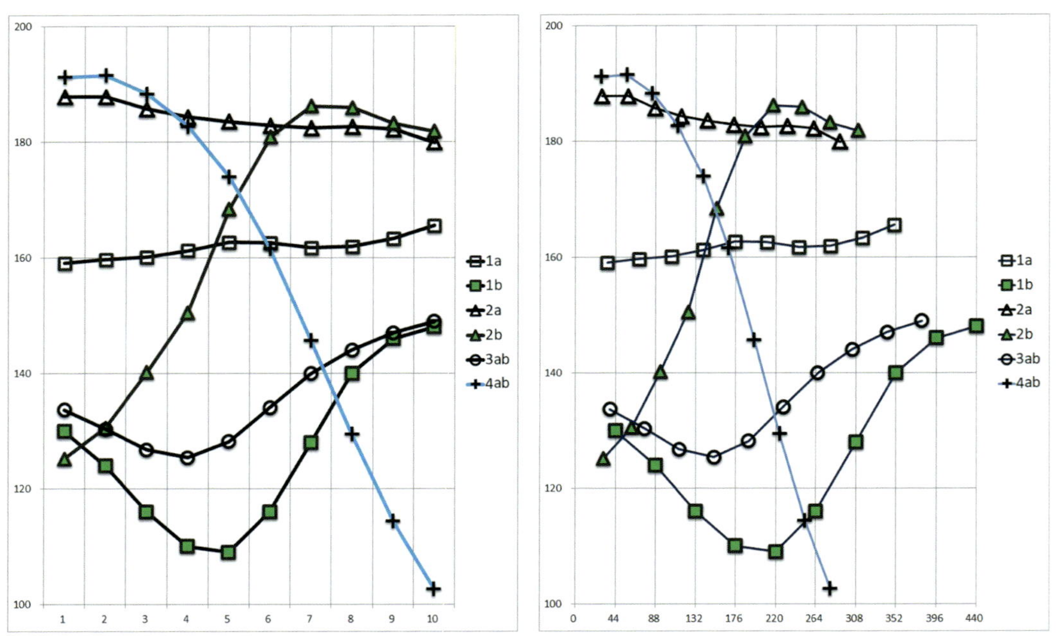

图 18－18c　单字调等长、实长音高模式－沅陵麻溪铺－YM

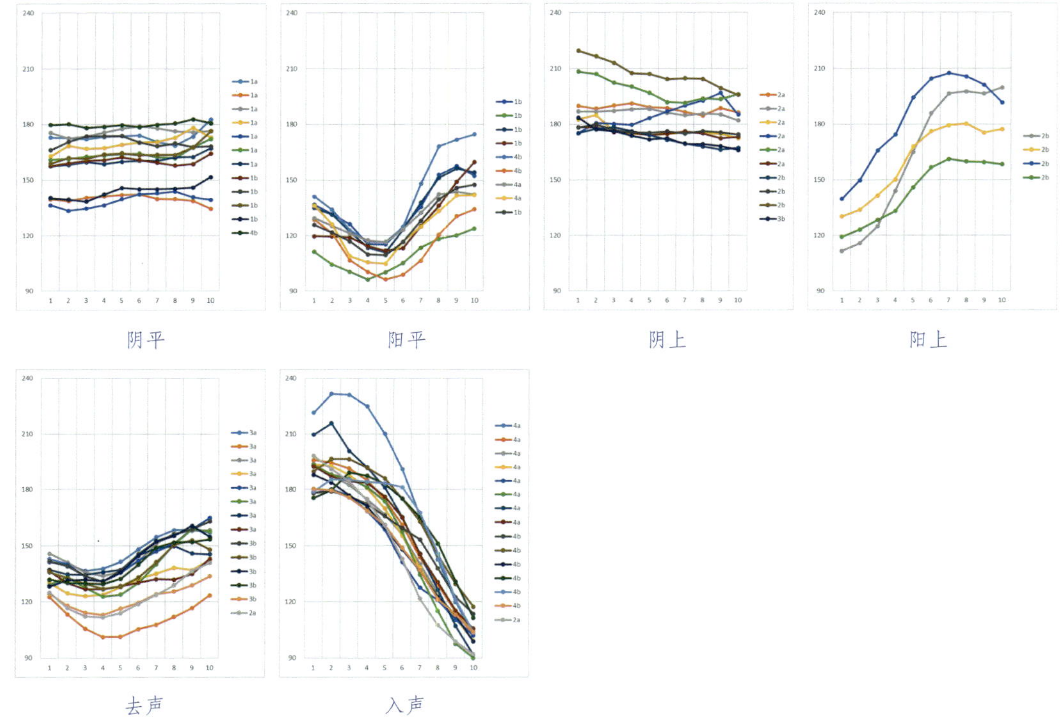

图 18－18d　今声调调域分布范围－沅陵麻溪铺－YM

青男的声调有 6 个（见图 18－18c）：

阴平 44、阳平 213、阴上 55、阳上 25、去声 223、入声 51。

今调域的分布情况（见图 18－18d）：

阴平主要在 22～44 之间；阳平主要在 212～213 之间；阴上主要在 33～54 之间；阳上主要在 13～24 之间；去声主要在 212～223 之间；入声主要在 31～51 之间。

18.7 迈话

三亚崖城

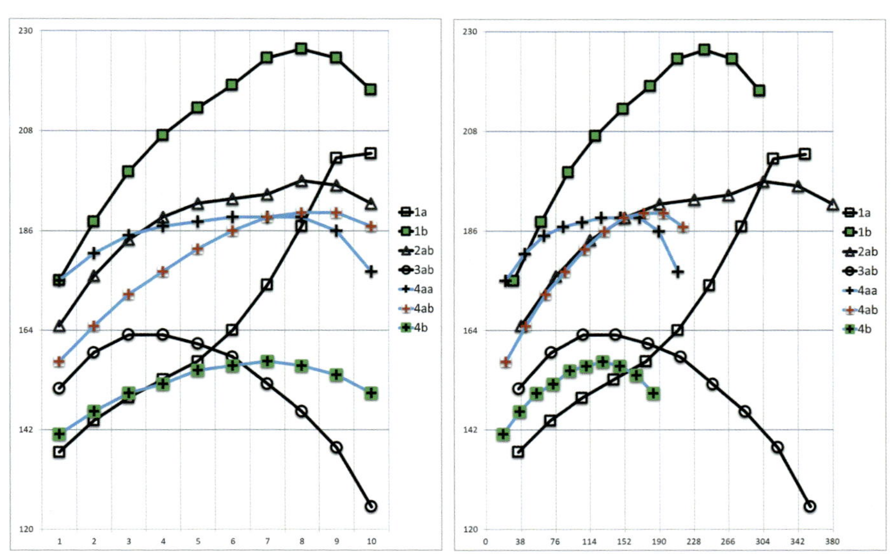

图 18-19a 单字调等长、实长音高模式-三亚崖城-OM

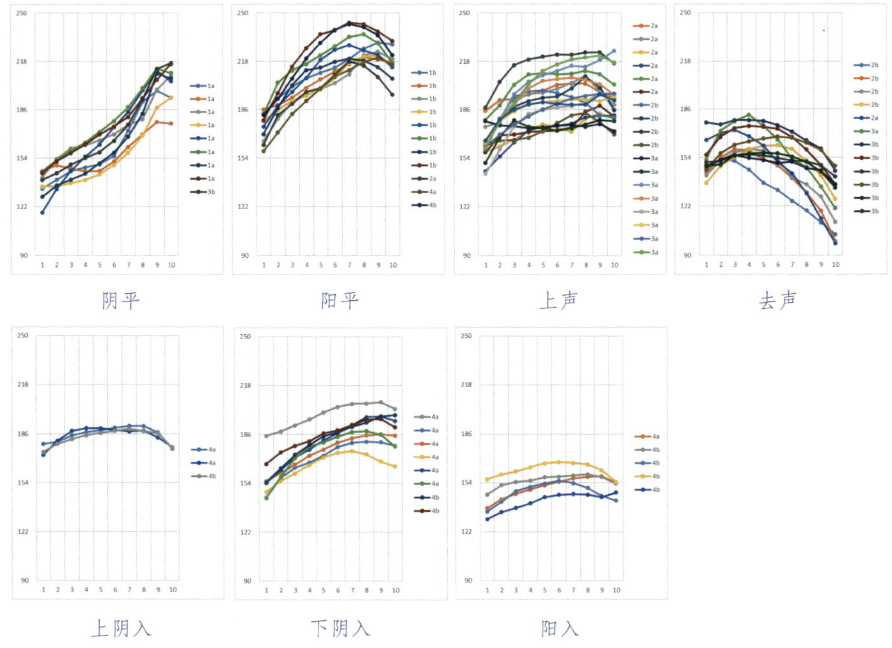

图 18-19b 今声调调域分布范围-三亚崖城-OM

老男的声调有 7 个（见图 18-19a）：

阴平 14、阳平 35、上声 344、去声 221、上阴入 44、下阴入 24、阳入 22。

今调域的分布情况（见图 18-19b）：

阴平主要在 23~24 之间；阳平主要在 35~45 之间；上声主要在 33~44 之间；去声主要在 221~332 之间；上阴入主要在 33~44 之间；下阴入主要在 23~34 之间；阳入主要在 22~33 之间。

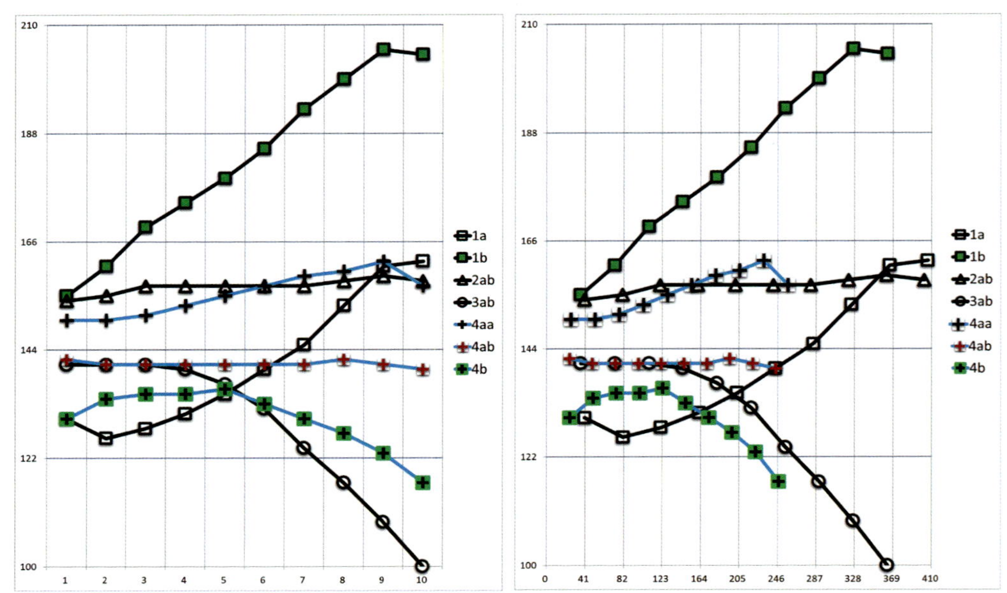

图 18－19c　单字调等长、实长音高模式－三亚崖城－YM

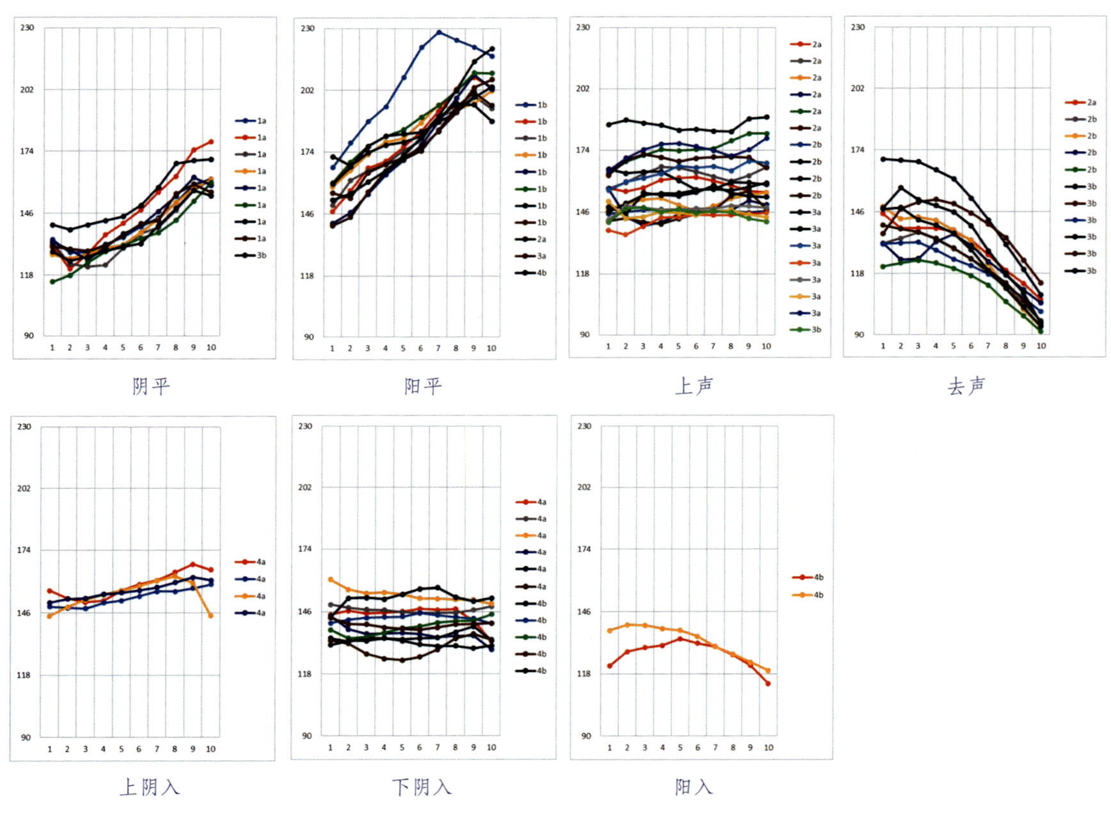

图 18－19d　今声调调域分布范围－三亚崖城－YM

青男的声调有 7 个（见图 18－19c）：

阴平 23、阳平 35、上声 33、去声 21、上阴入 34、下阴入 22、阳入 21。

今调域的分布情况（见图 18－19d）：

阴平主要在 23 的范围；阳平主要在 24～35 之间；上声主要在 33～44 之间；去声主要在 21～32 之间；上阴入主要在 34 的范围；下阴入主要在 22～33 之间；阳入主要在 21 的范围。

18.8 付马话

东方付马

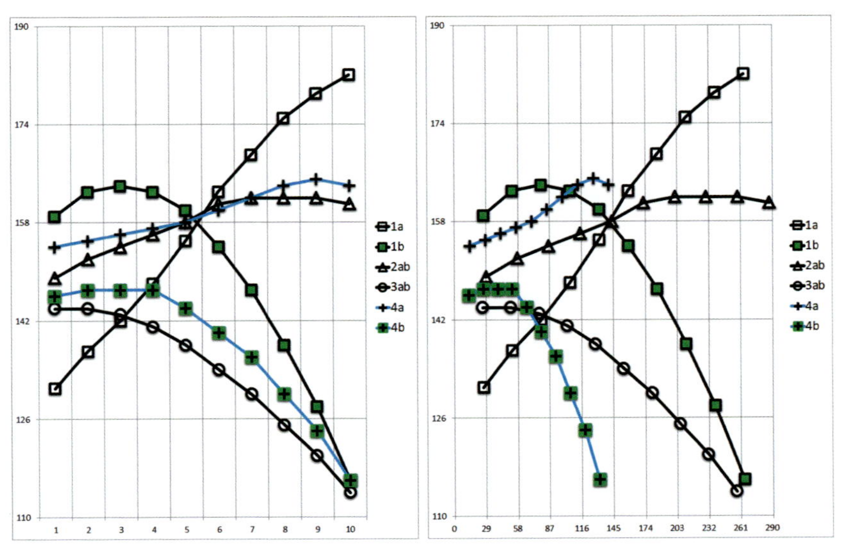

图 18－20a 单字调等长、实长音高模式－东方付马－OM

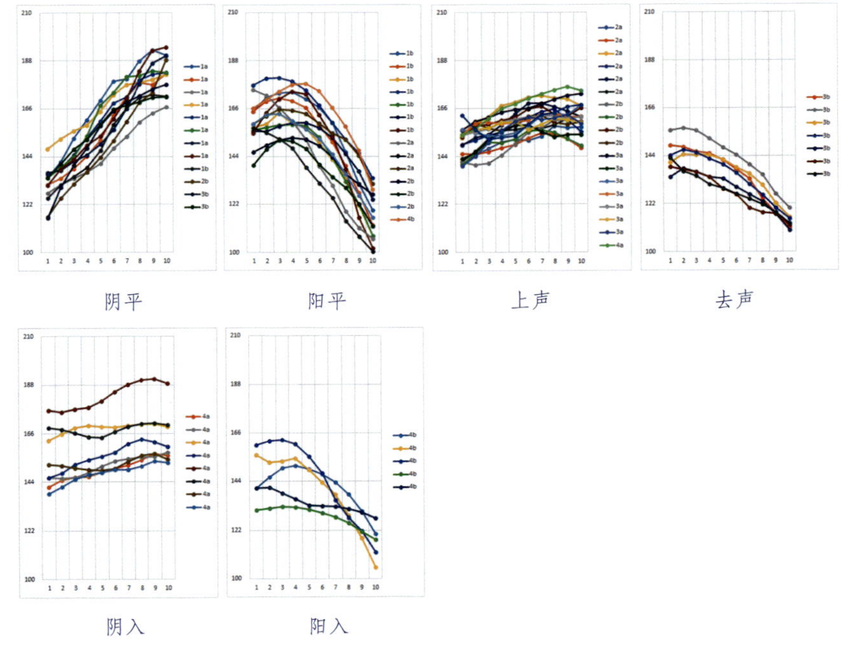

图 18－20b 今声调调域分布范围－东方付马－OM

老男的声调有 6 个（见图 18－20a）：

阴平 25、阳平 41、上声 34、去声 31、阴入 34、阳入 31。

今调域的分布情况（见图 18－20b）：

阴平主要在 24～35 之间；阳平主要在 31～42 之间；上声主要在 23～34 之间；去声主要在 21～32 之间；阴入在 23～45 之间；阳入主要在 21～32 之间。

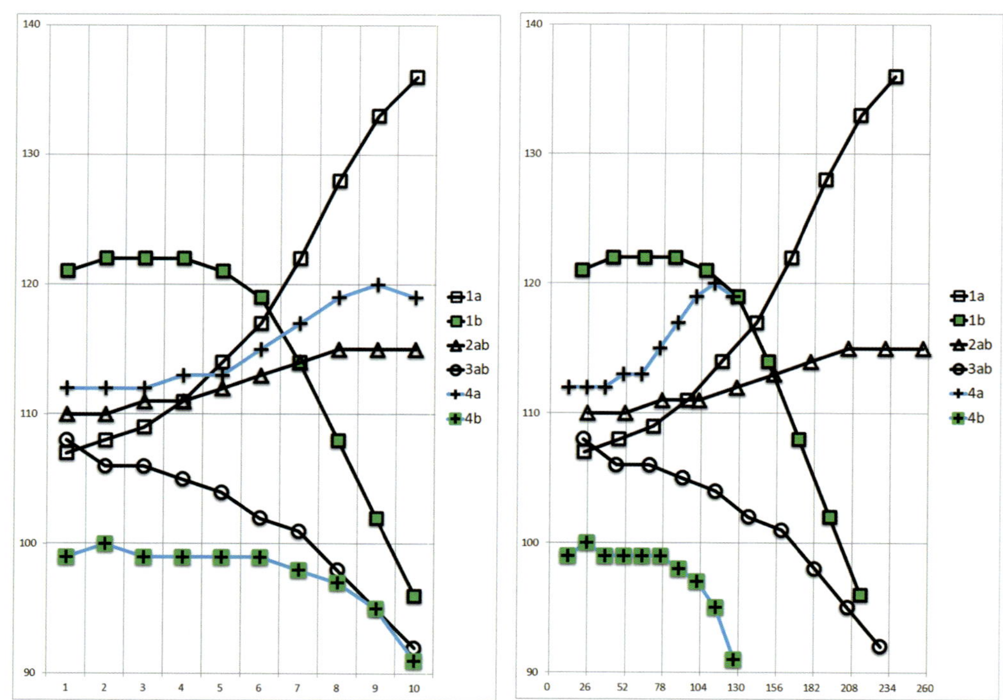

图 18－20c　单字调等长、实长音高模式－东方付马－YM

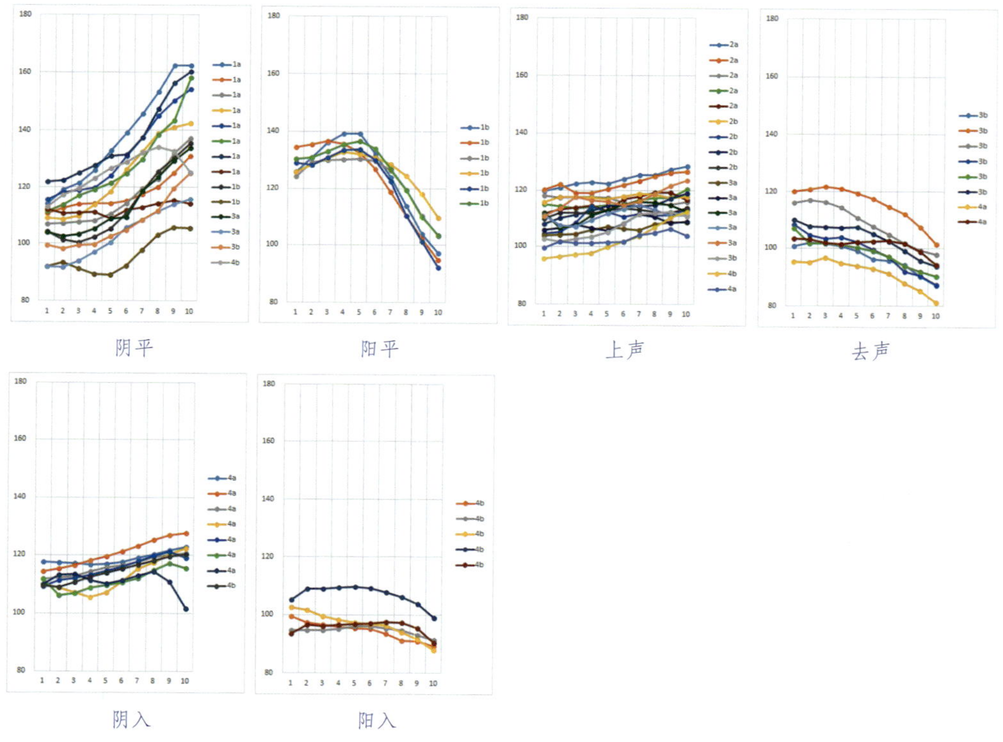

图 18－20d　今声调调域分布范围－东方付马－YM

青男的声调有 6 个（见图 18－20c）：

阴平 25、阳平 41、上声 34、去声 21、阴入 34、阳入 21。

今调域的分布情况（见图 18－20d）：

阴平主要在 12～35 之间；阳平主要在 31～42 之间；上声主要在 12～23 之间；去声主要在 21～32 之间；阴入在 23 的范围；阳入主要在 21～22 之间。

18.9 平话、土话及其他方言的调类调值对照

平话、土话及其他方言的调类调值对照见表 18 －2 至表 18 －9。

(一) 平话

表 18 －2 平话主要方言点的调类调值对照

方言	方言点	选点	阴平 1a	阳平 1b	阴上 2a	阳上 2b	阴去 3a	阳去 3b	阴入 4a		阳入 4b		调类数量	资料来源
									上阴入	下阴入	上阳入	下阳入		
桂南土话	柳州（广西）	融水县融水镇	53	132	55	44	435	24	55		23	24	9	覃远雄（2004）
	融安（广西）	融安	51	31	55	33	45	213	4		3	12	9	语保 OM
	横县（广西）	横县	55	24	33	13	53	21	44	24	33	21	10	覃远雄（2004）
桂北平话	贺州（广西）	富川瑶族自治县	53	242	44	34	413	213					6	盘美花（2002）
	临桂（广西）	凤凰村	35	21	33	13	45	351	5				7	粟梦琪（2022）
	桂林（广西）	全州县庙头镇	44	22	45		213	12	53		31		7	语保 OM

(二) 土话

表 18 －3 土话主要方言点的调类调值对照

方言	方言点	选点	阴平 1a	阳平 1b	阴上 2a	阳上 2b	阴去 3a	阳去 3b	阴入 4a		阳入 4b		其他	调类数量	资料来源
									上阴入	下阴入	上阳入	下阳入			
湘南土话	桂阳（湖南）	洋市镇	35	11	55		24	22	53					6	邓永红（2004）
	江永（湖南）	潇浦镇	44	42	24	13	31	33	5					7	语保 OM

（续上表）

方言	方言点	选点	阴平 1a	阳平 1b	阴上 2a	阳上 2b	阴去 3a	阳去 3b	阴入 4a		阳入 4b		其他	调类数量	资料来源
									上阴入	下阴入	上阳入	下阳入			
粤北土话	乐昌（广东）	坪石镇	24	45	33		21		$\underline{41}$					5	语保 OM
		廊田镇	21	52	45		33						变调 4	5	李冬香（2011）
	曲江虱婆声（广东）	白土镇	21	42	24		44	22	$\underline{55}$		$\underline{33}$		42	8	本书
	韶关虱婆声（广东）	上窑村	13	21	24		44	22	5		3		中塞 45	8	林立芳、邝永辉、庄初升（1995）
	仁化（广东）	长江镇	33	22	21		55		$\underline{13}$				小称变调	5	李冬香（2000）
	清远连州（广东）	丰阳镇	34	31	55		53	21						5	庄初升（2001）
		上河村	31	55	53	24	11	33	$\underline{23}$		2			8	魏慧斌、梁逸云、严修鸿（2021）
		元壁村	22	24	55		51	33	3		2			7	丁沾沾（2023）
	韶关乳源（广东）	桂头镇	51	45	324	21	44		4					6	语保 OM

（三）儋州话

表 18－4　儋州话主要方言点的调类调值对照

方言点	读音	阴平 1a	阳平 1b	上声 2ab	去声 3ab	阴入 4a	阳入 4b	调类数量	资料来源
新英（海南）	白读	55	53	33	31	$\underline{22}$	$\underline{55}$	6	吴英俊（1988）
	文读	33	31	53	55		$\underline{55}$	5	

（四）军话

表 18－5 军话主要方言点的调类调值对照

<table>
<tr><th rowspan="2">方言</th><th rowspan="2">方言点</th><th rowspan="2">选点</th><th>阴平</th><th>阳平</th><th>上声</th><th colspan="2">去声</th><th colspan="2">入声</th><th rowspan="2">调类数量</th><th rowspan="2">资料来源</th></tr>
<tr><th>1a</th><th>1b</th><th>2ab</th><th colspan="2">3ab</th><th colspan="2">4ab</th></tr>
<tr><td rowspan="3">广东军话</td><td>陆丰（广东）</td><td>大安</td><td colspan="2">33</td><td>13</td><td>阴去 45</td><td>阳去 31</td><td>阴入 5</td><td>阳入 1</td><td>6</td><td>丘学强（2002）</td></tr>
<tr><td rowspan="2">惠东（广东）</td><td rowspan="2">平海</td><td>33</td><td>213</td><td>31</td><td colspan="2">55</td><td>入声 1：33</td><td>入声 2：213</td><td>6</td><td>潘家懿[①]（1998）</td></tr>
<tr><td>33</td><td>13</td><td>21</td><td colspan="2">55</td><td>上入 2</td><td>下入 13</td><td>6</td><td>丘学强（2002）</td></tr>
<tr><td rowspan="6">海南军话</td><td rowspan="2">三亚（海南）</td><td rowspan="2">崖城</td><td>33</td><td>32</td><td>21</td><td colspan="2">55</td><td colspan="2">314</td><td>5</td><td>冯法强（2017）</td></tr>
<tr><td>33</td><td>21</td><td>11</td><td colspan="2">55</td><td colspan="2">214</td><td>5</td><td>丘学强（2002）</td></tr>
<tr><td rowspan="2">东方（海南）</td><td rowspan="2">八所</td><td>33</td><td>31</td><td>51</td><td colspan="2">24</td><td colspan="2">3</td><td>5</td><td>冯法强（2017）</td></tr>
<tr><td>33</td><td>31</td><td>51</td><td colspan="2">13</td><td colspan="2">3</td><td>5</td><td>丘学强（2002）</td></tr>
<tr><td rowspan="2">昌江（海南）</td><td rowspan="2">乌烈</td><td>44</td><td>31</td><td>42</td><td colspan="2">55</td><td colspan="2">324</td><td>5</td><td>刘新中、吴艳芬（2020）</td></tr>
<tr><td>33</td><td>21</td><td>31</td><td colspan="2">55</td><td colspan="2">213</td><td>5</td><td>冯法强（2017）</td></tr>
<tr><td>安徽军话</td><td>祁门（安徽）</td><td>雷湖、赤岭</td><td>11</td><td>55</td><td>35</td><td colspan="2">213</td><td colspan="2">42</td><td>5</td><td>邓楠（2010）</td></tr>
</table>

（五）疍家话

表 18－6 疍家话主要方言点的调类调值对照

<table>
<tr><th rowspan="2">方言点</th><th>阴平</th><th>阳平</th><th>阴上</th><th>阳上</th><th>阴去</th><th>阳去</th><th colspan="2">阴入 4a</th><th>阳入</th><th rowspan="2">调类数量</th><th rowspan="2">资料来源</th></tr>
<tr><th>1a</th><th>1b</th><th>2a</th><th>2b</th><th>3a</th><th>3b</th><th>上阴入</th><th>下阴入</th><th>4b</th></tr>
<tr><td>陵水新村（海南）</td><td>55</td><td>21</td><td>25</td><td>23</td><td>33</td><td>21</td><td>5</td><td>32</td><td>3</td><td>9</td><td>语保 OM</td></tr>
<tr><td>文昌铺前（海南）</td><td>35</td><td>22</td><td>13</td><td>44</td><td>33</td><td>41</td><td>33</td><td>34</td><td>43</td><td>9</td><td>本书</td></tr>
<tr><td>东莞沙田（广东）</td><td>53</td><td>21</td><td>35</td><td>23</td><td>33</td><td>31</td><td>5</td><td></td><td>3</td><td>8</td><td>姚琼姿（2022）</td></tr>
<tr><td>柳州融水（广西）</td><td>41</td><td>21</td><td colspan="2">34</td><td>44</td><td>23</td><td>5</td><td>3</td><td>24</td><td>8</td><td>白云（2007）</td></tr>
</table>

① 入声 1 和入声 2 的区别与古音的清浊无关，但与韵母有关，所以不称阴入和阳入。

（六）乡话

表 18－7　乡话主要方言点的调类调值对照

方言点	阴平 1a	阳平 1b	上声 2ab	去声 3ab	入声 4ab	调类数量	资料来源
沅陵麻溪铺（湖南）	334	213	51	24	41	5	唐昱（2022）
泸溪梁家潭（湖南）	44	24	51	13	41	5	陈晖（2016）

（七）迈话

表 18－8　迈话主要方言点的调类调值对照

方言点	阴平 1a	阳平 1b	上声 2ab	去声 3ab	阴入甲	阴入乙	阳入 4b	调类数量	资料来源
三亚崖城（海南）	13	55	33	21	55	33	11	7	江荻、欧阳觉亚、邹嘉彦（2007）

（八）付马话

表 18－9　付马话主要方言点的调类调值对照

方言点	读音	阴平 1a	阳平 1b	上声 2ab	去声 3ab	阴入 4a	阳入 4b	调类数量	资料来源
东方付马（海南）	白读	35	53	44	31	4	2	6	刘新中、区靖（2010）
	文读	44	23	31	35	5	5	5	

参考文献

［1］白云．广西融水疍家话音系［J］．桂林师范高等专科学校学报，2007，21（3）．

［2］陈波．海南岛西北部的古粤语变体：儋州话记略［J］．海南大学学报（人文社会科学版），1988，6（2）．

［3］陈海婷，赵媛．桂林朝阳土话音系及语音特点［J］．贺州学院学报，2021，37（2）．

［4］陈海婷．桂林市城区土话语音研究［D］．桂林：广西师范大学，2022.

［5］陈晖．湖南泸溪梁家潭乡话同音字汇［J］．方言，2016，38（4）．

［6］邓楠．祁门军话和民话语音概况［J］．黄山学院学报，2010，12（1）．

［7］邓永红．湖南桂阳县洋市土话音系［J］．湘南学院学报，2004（4）．

［8］丁邦新．儋州村话［M］．台北：“中央”研究院历史语言研究所，1986.

［9］丁沾沾．广东连州（元璧）土话同音字汇［J］．方言，2023，45（2）．
［10］冯冬梅．海南儋州话研究概况［J］．语文建设，2017（20）．
［11］冯法强．海南岛内四地军话音韵比较［J］．南海学刊，2017，3（4）．
［12］符美花．海南儋州话语音研究［D］．厦门：厦门大学，2019.
［13］甘于恩，简倩敏．广东方言的分布［J］．学术研究，2010（9）．
［14］江荻，欧阳觉亚，邹嘉彦．海南省三亚市迈话音系［J］．方言，2007（1）．
［15］邝永辉．粤北虱婆声土话区的语言生活［J］．语文研究，2002（2）．
［16］李晨雨．广西贺州汉语方言音韵比较研究［D］．上海：华东师范大学，2020.
［17］李冬香，庄初升．韶关土语调查研究［M］．广州：暨南大学出版社，2009.
［18］李冬香．粤北乐昌廊田土话音系［J］．韶关学院学报，2011，32（11）．
［19］李冬香．粤北仁化县长江方言的归属［J］．语文研究，2000（3）．
［20］李星辉．湖南永州岚角山土话音系［J］．方言，2003（1）．
［21］梁猷刚．语言复杂的海南岛儋县那大镇［J］．方言，1985（1）．
［22］林立芳，邝永辉，庄初升．韶关市近郊“虱婆声”的初步研究［J］．韶关大学学报（社会科学版），1995（1）．
［23］刘新中，区靖．海南东方市四更镇付马话同音字汇［J］．方言，2010（1）．
［24］刘新中，吴艳芬，梁嘉莹．海南付马话的文白两套声调系统的实验研究［J］．中国语音学报，2017（1）．
［25］刘新中，吴艳芬．海南昌江乌烈军话的单字调与两字组连调［J］．华中学术，2020，12（1）．
［26］刘新中．海南闽语的语音研究［M］．北京：中国社会科学出版社，2006.
［27］刘新中．海南岛的语言与方言［J］．方言，2001（1）．
［28］刘志华．桂北平话内部分片探讨［D］．南宁：广西大学，2008.
［29］潘家懿．军话与广东平海“军声”［J］．方言，1998（1）．
［30］盘美花．富川县“梧州话”考察报告［J］．广西民族学院学报（哲学社会科学版），2002（S2）．
［31］丘学强．粤、琼军话研究［D］．广州：暨南大学，2002.
［32］粟梦琪．桂北平话和湘南土话中古阴声韵摄比较研究［D］．长沙：湖南大学，2022.
［33］覃远雄．桂北平话的声调及其演变［J］．贺州学院学报，2016，32（1）．
［34］覃远雄．桂南平话的声调及其演变［J］．方言，2004（3）．
［35］覃远雄．平话和土话［J］．方言，2007（2）．
［36］唐昱．湖南沅陵麻溪铺乡话声调实验［J］．汉字文化，2022（21）．
［37］王福堂．平话、湘南土话和粤北土话的归属［J］．方言，2001（2）．
［38］魏慧斌，梁逸云，严修鸿．广东连州（上河）土话同音字汇［J］．方言，2021，43（3）．
［39］吴英俊．海南省儋州方言单字音表［J］．方言，1988（2）．
［40］杨焕典，梁振仕，李谱英，等．广西的汉语方言（稿）［J］．方言，1985（3）．
［41］姚琼姿．东莞沙田疍家话的语音变异［J］．广东技术师范大学学报，2022，43（4）．
［42］詹伯慧．海南岛“军话”语音概述［C］//北京大学中文系语言学论丛编辑部．语言学论丛：第3辑．上海：上海教育出版社，1959.
［43］张惠英．海南方言的分区（稿）［J］．方言，2006（1）．
［44］赵日新．安徽省的汉语方言［J］．方言，2008（4）．
［45］庄初升，林立芳．曲江县白沙镇大村土话的小称变音［J］．方言，2000（3）．
［46］庄初升．粤北土话音韵研究［M］．北京：中国社会科学出版社，2004.
［47］庄初升．连州市丰阳土话的音韵特点［J］．语文研究，2001（3）．

附　录

本书声调调查例字

一、《方言调查字表》例字

我们根据《方言调查字表》编制了8组声调调查例字，具体如下：

1. 声调调类速检

第一组： 诗　时　使　是　试　事　识　锡　食　石
第二组： 梯　题　体　弟　替　第　滴　踢　笛　敌
第三组： 披　皮　始　士　世　视　必　鳖　别　灭
第四组： 夫　扶　苦　妇　富　负　福　捉　服　伏
第五组： 碑　皮　比　美　被　备　壁　百　白　薄
第六组： 低　提　底　礼　帝　地　得　托　读　毒
第七组： 分　焚　粉　愤　训　份　忽　发　佛　局

2. 四声清－次浊的对比

四声： 平　上　去　入
清： 衣　灯　椅　等　意　凳　一　得
次浊： 移　棉　以　免　异　面　逸　灭

3. 平声清浊的对比

清： 坡　方　天　初　张
浊： 婆　房　田　锄　肠

4. 上声清－次浊的对比

清： 碗　委　隐　比　九　卷　碗
次浊： 晚　尾　引　米　有　远　晚

5. 清去－全浊上－全浊去的对比

清　去： 付　到　四　试　注　见　救　汉　辈　订　冻
全浊上： 妇　稻　似　市　柱　件　舅　旱　倍　艇　动
全浊去： 附　盗　寺　示　住　健　旧　汗　背~诵　定　洞

6. 清入－全浊入的对比

清　入： 八　發　督　桌　失　濕　百
全浊入： 拔　罰　毒　濁　實　十　白

7. 清入的对比

清入： 嗒　测　握　急　即　出　黑　北　七
清入： 答　拆　轭　鸽　脊　猝　客　百　刷

8. 各调类初步检校

清　平： 高－猪－专－尊－低－边－安－开－抽－初－粗－天－偏－婚－伤－三－飞
次浊平： 鹅－娘－人－龙－难－麻－文－云
全浊平： 穷－陈－床－才－唐－平－寒－神－徐－扶
清　上： 古－展－纸－走－短－比－碗－口－丑－楚－草－体－普－好－手－死－粉
次浊上： 五－女－染－老－暖－买－网－有
全浊上： 近－柱－是－坐－淡－抱－厚－社－似－父
清　去： 盖－帐－正－醉－对－变－爱－抗－唱－菜－怕－汉－世－送－放
次浊去： 岸－让－漏－怒－帽－望－用
全浊去： 共－阵－助－贱－大－病－害－树－谢－饭
清　入： 急－竹－织－积－得－笔－曲－出－七－秃－匹－黑－湿－锡－福－割－桌－窄－接－搭－百－缺－尺－切－铁－拍－歇－说－削－发
次浊入： 月－入－六－纳－麦－袜－药
全浊入： 局－宅－食－杂－读－白－合－舌－俗－服

二、《汉语方言地图集》、语保声调例字

1a：东　该　灯　风　通　开　天　春
1b：门　龙　牛　油　铜　皮　糖　红
2a：懂　古　鬼　九　统　苦　讨　草
2b：买　老　五　有　动　罪　近　后前～
3a：冻　怪　半　四　痛　快　寸　去
3b：卖　路　硬　乱　洞　地　饭　树
4a：谷稻～　百　搭　节　急　哭　拍　塔　切　刻
4b：六　麦　叶树～　月　毒　白　盒　罚

三、粤方言声调调查例字

1aa 上阴平：私　天　夫　专　开　蛙　辫　分
1ab 下阴平：诗　打十二　渣　卡　车　厢　虾　瓜　娃　杈
1b 阳平：时　田　扶　陈　唐　寒　麻　焚
2a 阴上：使　统　苦　古　展　比　佬　粉
2b 阳上：市　买　妇　五　老　米　柱　愤
3a 阴去：试　再　富　盖　帐　对　变　训
3b 阳去：事　卖　父　共　阵　大　败　份
4aa 上阴入：篋小箱子　速　忽　急　竹　得　笔　忽
4ab 下阴入：劫　杀　法　割　窄　搭　百　发
4b 阳入：夹动　杂　十　六　昨　绿　白　佛
4c 变入：夹名　额定～　瘼痣　盒　侄　扼手镯　贼　膜薄～

四、客家方言声调调查例字

1a 阴平：杯　书　多　拿　毛　美　冷　坐
1b 阳平：华　河　鹅　鞋　头　房　门　红
2ab 上声：酒　井　手　柳　掌　桶　闷　纵
3ab 去声：大　豆　饭　帽　染　俭　信　送

4a 阴入：鸭　笔　脚　谷　袜　六　肉　木
4b 阳入：碟　舌　白　佛　麦　落　鹿　玉

五、闽方言声调调查例字

（一）潮州话声调调查例字

1. 潮州话单字调调查例字

1a 阴平：诗　扳　哮　京　蚶　分　于　鸯　园　谋
1b 阳平：时　棚　毫　行　涵　云　余　圆　哼　某
2a 阴上：史　井　吼　仔　撼　粉　予　椅　远　姆
2b 阳上：是　硬　校　件　憾　混　誉　善　饭　晚
3a 阴去：世　柄　孝　镜　喊　训　淤　燕　望　贸
3b 阳去：示　病　效　健　陷　份　额　院　韵　梦
4a 阴入：薛　么　揭　接　汁　忽　乞　积　笔　折　吃　乜
4b 阳入：蚀　漠　杰　捷　十　佛　稠　宅　毕　舌　粤　没

2. 潮州话连读调调查例字（见附表 1）

附表 1　潮州话连读调调查例字

	1a 阴平	1b 阳平	2a 阴上	2b 阳上	3a 阴去	3b 阳去	4a 阴入	4b 阳入
1a 阴平	担心	撑船	相好	猪肚	花布	生病	清洁	分别
1b 阳平	夜暝昏	洋油	牛母	门第	微笑	黄豆	螺壳	猴栗
2a 阴上	拐脚	扁头	手指	闪电	仔婿	看病	指甲	丙药
2b 阳上	近边	老人	建议	援助	电报	上任	建筑	辨别
3a 阴去	透风	退潮	燕鸟	灶下	奋斗	政治	种竹	算术
3b 阳去	外公	旧年	露水	误会	面布	豆腐	外国	大佛
4a 阴入	菊花	踢球	熨斗	革命	失信	壁画	失约	出力
4b 阳入	立功	日头	石板	落雨	白菜	白帽	落雪	入学

（二）海南话声调调查例字

诗　山　梯　方　天
大　病　树　面　漏
时　流　题　房　雄　楚　暖
体　史　使　比　纸　碗　古　展　走　短　草　五　女　染　老　有
试　世　替　放　汉　异　帽
岸　让　奴　望　用　是　弟　共　害　谢　近　柱　坐　社
月　麦　药　食　杂　白　舌
视　杜　厚　袖　宙　电　队　旦　迅
锡　割　百　缺　八
急　竹　曲　出　七
入　灭　纳　袜　六　局　合　俗　服　十

后　记

从录音采集数据到制图出版经历了一个漫长的过程，时间跨度超过了30年。这30多年的积累让我们有两个认识上的突破：一是看到的材料多了，加深了对方言及其声调的认识，慢慢有了较为清晰的理念：调类的准确概括是方言声调实验研究的基础。二是技术的进步，让我们有机会更为精确地描写各个不同声调的调值及其表现形式，这样既可以看到每个声调的具体特征，又可以梳理每个声调的调位分布范围。这很好地助力我们加深和拓宽了研究的内容。

我从1993年在华东师范大学朱川老师的实验室做第一张声调曲线图，到2023年底完成现在的声调图谱，终于摸索出了一套汉语方言声调实验研究的范式，这本图谱就是这个范式的集中体现。它包括几个基本的声调可视化模型：①古调类今读。②今调类调域分布范围，主要观察声调的音高域的分布。今调类调域分布范围，可以反映一个“调位”的不同变体，可以对声调的总体面貌有一个初步的认识：每一个调类都是一个分布的范围，而不是简单的线条。③今声调等长均值图——等长图。④今声调音高在时间里的实际变化——实长图，它反映音高在时间轴上的实际变化。

从共时描写的角度看，最重要的是今调类调域分布和实长图。在本书中，我们集中、系统地记录、展示这两种图，并在北京官话和东北官话等部分适当展示古调类今读，这是为了提供对普通话古今演变的一点观察。全书也提供了等长图，这是为了与实长图进行比较，让读者更好地观察音高的变化情况，更好地理解实长图的作用。

图谱的编辑主导思想确定之后，就是如何处理如此大量的声音数据。我们用项目组的方式招募志愿者参与录音和标注工作，我自己对每一种材料都作了审核。

图谱编辑阶段，参加的同学、老师超过60人，主要流程如下：

（1）根据《中国语言地图集》（2012）的片区分布确定具体点。

（2）声音采集补点。例字主要来源于三个方面：一是《方言调查字表》声调例字；二是语保声调例字；三是根据个别方言点设计的例字。

（3）录音材料审核。

（4）标注，按照声调与韵母一致的原则进行声调承载段的标注。

（5）标注材料审核。

（6）提取音高数据和时长数据。

（7）检查数据并审核。

（8）根据审核过的数据初步出图。

（9）核对数据和三类声调图。

（10）核对方言点调类和调值的对应关系，并正式出图：一是古调类今读；二是今调类调域分布；三是调类声学模式的等长图和实长图。

这几个工作以调类为核心，环环相扣，如此才能得出相对可靠的结论。

编辑图谱是一个较为劳心费神的工作，好在我们有一支有责任心、有耐心、有技术的团队，保证了工作的有序进行。

图谱编辑团队分工如下：

统筹：刘新中
录音、标注组织：刘新中、陆晨、钟耀祖
录音、标注审核：刘新中
数据管理：刘新中、陆晨、刘若楠
数据审核：刘新中
草图制作：刘新中
正式出图：刘新中

书稿编辑阶段，也对图谱的各片分别进行了校对，参加编校的人员如下：

统筹：刘新中
官话：刘新中、陆晨、刘若楠、邓宏丽
非官话：刘新中、黄震、杨玉婷、吴艳芬、黄绮烨、余俊毅、陈家欣

图谱的编辑出版有赖于暨南大学出版社李战副总编辑、姚晓莉主任的支持。

编辑期间，很多同学参与了图谱调查点的补点、标注工作，具体参与的同学、老师如下（按姓氏音序排列）：

陈家欣　陈　榔　陈雨茵　戴春晖　邓宏丽　邓睿维　丁春华　丁　杰　房　琪
付昱芯　何芷彤　洪俪栩　侯欣宜　黄　冰　黄健儿　黄俊贤　黄绮烨　黄　玮
黄　瑶　黄　震　李秋丹　林灏朋　林丽丽　林徐扬　刘付杰　刘　恋　刘若楠
刘　薇　刘欣欣　刘新中　刘馨语　刘　洋　罗楚乔　罗雅曦　毛文艺　阮佳敏
孙逸恒　汤俊怡　王　婧　王　权　王诗琪　吴渲琪　吴艳芬　伍常旭　杨鑫培
杨玉婷　叶承易　余俊毅　袁　璐　曾　静　曾莹莹　张铭桐　郑冠宇　钟耀祖

图谱能够出版，有很多因素。首先是我们赶上了一个大时代，学术积累、技术支持都能够满足这项工作的要求，这在百年前刘复出版《四声实验录》时是没有办法实现的。

把各地的声调用可视化的手段呈现出来，意义重大，我们引用傅斯年给《四声实验录》作的序言中的话来说明：

●这里所谓实验，是在几个适用统计方法科目中的意义，就是受约束的，有界向度量可寻的观察。虽然这类方法不及物理学上的实验之透辟的深入——这是为这科目的性质所限，无可如何的——然由此所得，已经很不少了；有图可寻，意境清楚得多；耳朵里骗我们的事，瞒不过把气吹到鼓上的结果。刘先生是位以言语学专门的人，于左文右史的忙劳中，抓定语音学，于语音学中，急于见鼓上出图的符验；这样的择路何等扼要，这样的选述何等迫切！但刘先生仍不舍推测故训的大本营；这样对付的法子，恰合这件学问在现在所处的地位和性质。

实验手段只是语言研究中的一环，它必须服务于语言本质、语言特征的研究，而对语言本质、特征、规律的总结研究是语言学家、方言学者的强项，实验研究必须在他们研究总结的基础上才能有高水平的成果。可视化的手段可以很好地呈现声调实验的结果，对不同调类的语音形式，读者可以借助可视化的声音形式一目了然，这是只靠耳听口说的办法无法实现的。

本书最核心的语料是通过田野调查获得的声调例字及其录音，除了我自己的调查、《现代汉语方言音库》、语保录音数据，还有一些是通过同学、朋友的多方帮助获得的录音材料，特别要感谢下面这几位挚友的倾力帮助：四川大学陈思广教授、丁淑梅教授，作家李健，安徽大学陈勇教授，广东技术师范大学徐红梅教授，延边大学李英浩教授，暨南大学廖健琦教授，没有他们的帮助，一些难以调查的方言点是无法完成的。

此外，本书的写作得到了中国社会科学院语言研究所李爱军研究员、熊子瑜研究员，北京大学孔江平教授、北京语言大学曹志耘教授等学界同仁的大力支持，没有他们的支持，就无法完成这么大的系统工程。

本书的数据脚本均由荷兰阿姆斯特丹大学语音科学研究院的 David Weenink 教授编写，没有这些脚本，大量的语音数据是无法顺利提取分析的。

最后还是回到本书的由头——纪念刘复先生《四声实验录》出版 100 周年，我们提供一个全景式的汉语方言声调图谱，就是对刘复、赵元任等前辈先贤最好的纪念。末了还是要借傅斯年先生的序作为结束：

● 论到这“实验录”的本身。现在半农先生只是把这个问题托出来，把这个方法搬进去，只做了“开宗明义第一章”。这是为工作的地方所限的。将来刘先生要想得积极的结果，他预备回国后大大研究一番。即以中间帮助的人一件论，这些位到巴黎求学的先生们，恐怕都有些“东西南北之人”的意思，所发的音，或不免不能代表本乡土。在国内研究，这些地方必更代表些，推广些。又加已得的曲线，自然有些很引人惊异深想的地方，当从这地方更解辟的进去，愈比析愈得进境。这本书虽是“开宗明义第一章”，但我们确信这问题是极提醒人的问题，这方法是极刺激人的方法，确信这本书要引起好多本书，这本实验录要引起多次实验，刘先生的和别人的。

刘新中

2024 年 7 月